Bernd Hoefer

Gesetze des Landes Schleswig-Holstein

Textsammlung

8. Auflage

Kiel 2021

Bibliografische Information Der Deutschen Bibliothek

Die Deutsche Bibliothek verzeichnet diese Publikation in der Deutschen Nationalbibliografie; detaillierte bibliografische Daten sind im Internet unter http://dnb.ddb.de abrufbar.

ISBN 978-3-945992-18-0

Verlag:
Lorenz-von-Stein-Institut für Verwaltungswissenschaften
an der Christian-Albrechts-Universität zu Kiel
Leibnizstraße 2 (Juridicum)
24118 Kiel

Das Werk ist urheberrechtlich geschützt. Der Nachdruck, die Vervielfältigung, die Verbreitung oder Bearbeitungen dieses Werkes oder Teile dieses Werkes bedürfen der vorherigen schriftlichen Zustimmung des Verlages.

© Lorenz-von-Stein-Institut für Verwaltungswissenschaften
   an der Christian-Albrechts-Universität zu Kiel
   Kiel 2021

Vorwort

Etwas länger als gewöhnlich hat es gedauert, bis diese Neuauflage der Gesetze des Landes Schleswig-Holstein das Licht der Welt erblickt hat. Nahezu alle Bereiche des Landesrechts erfuhren seither größere Veränderungen, die hier kurz vorgestellt seien.

Während die Neufassung des **Finanzausgleichsgesetzes** und die Neuordnung der haushaltsrechtlichen Vorschriften in der **Gemeindeordnung** – die Doppik wird zum Standard, die Kameralistik zum Auslaufmodell – eher etwas für kommunalaffine Feinschmecker sind, dürfte die Überarbeitung der Bestimmungen zu örtlichen Bekanntmachungen im Internet durch die **Bekanntmachungsverordnung** durchaus von allgemeinem Interesse sein. Politisch nicht unumstritten waren die Änderungen der polizei- und ordnungsrechtlichen Vorschriften im **Landesverwaltungsgesetz**, insbesondere die Regelung des „finalen Rettungsschusses". Dass darüber hinaus Verordnungen nicht mehr grundsätzlich zu befristen sind (§ 62 LVwG), dürfte die Verordnungsgebung auf Landes- und kommunaler Ebene vereinfachen und entlasten.

Bereits 2019 erhielt das **Landeswassergesetz** eine Neufassung, unter anderem mit geänderten Vorschriften zur Abwasserbeseitigung und zum Küsten- und Hochwasserschutz. Das **Landes-UVP-Gesetz** wurde zwar nicht neu gefasst, aber stark gekürzt. Das gab Raum frei, um auch die Anlagen zum LUVPG abzudrucken. Erwähnenswert sind auch die zahlreichen Änderungen in der **Landesbauordnung**, die teils der Anpassung an europarechtliche Vorgaben geschuldet, teils landespolitischen Ursprungs sind und etwa den Ausbau von Dachgeschossen und den Aufbau von Ladepunkten für Elektrofahrzeuge vereinfachen sollen. Außerdem ist der in der Vorauflage versehentlich nicht enthaltene § 2 Abs. 9 LBO jetzt natürlich wieder Teil der Gesetzessammlung.

Weitere redaktionelle Veränderungen betreffen das Vergaberecht und das Recht der Justiz. Das 2019 geschaffene **Vergabegesetz** löst das bisherige Tariftreue- und Vergabegesetz ab und wird durch eine neu gefasste **Vergabeverordnung** ergänzt. Das **Landesjustizgesetz** war beim Erscheinen der Vorauflage noch nicht verkündet und erstrahlt jetzt erstmals in der „Vollversion" mit amtlichen Überschriften. Begleitet wird es durch die **Justizzuständigkeitsverordnung**, die bisher verstreute Einzelregelungen über Sonderzuständigkeiten von Gerichten und Justizbehörden bündelt.

Kaum eine Wahlperiode kommt ohne Änderungen des **Schulgesetzes** aus; diesmal betreffen sie unter anderem die Regelungen über die beruflichen Schulen. Die Änderungen der Besoldungsstruktur nicht nur der Grundschullehrerinnen und -lehrer finden sich im **Besoldungsgesetz** wieder.

Und schließlich: Corona. Die schleswig-holsteinische Rechtssetzung besteht seit März 2020 in erheblichem Maße aus den Verordnungen, die bisweilen im Zweiwochentakt Maßnahmen verschärften und wieder lockerten, um die SARS-CoV-2-Pandemie zu bekämpfen. Diese ihrem Wesen nach kurzlebigen Verordnungen wird man im vorliegenden Werk vergeblich suchen. Dennoch hinterlässt das Virus unübersehbar Spuren im Landesrecht. Das **Hochschulgesetz** etwa enthält bis auf Weiteres ergänzende Vorschriften, die „während der Corona-Pandemie" gelten sollen. Der in der **Landesverfassung** verankerte Notausschuss des Landtages und Regelungen über digitale Sitzungen kommunaler, schulischer oder mitbestimmungsrechtlicher Gremien wurden zwar aus Anlass der Pandemie geschaffen, werden aber bleiben, auch wenn sie vorüber ist – wann auch immer das sein wird.

Kiel, im August 2021

Bernd Hoefer

Über das Landesrecht

Von der Landesverfassung und dem Friesisch-Gesetz bis zu Eigenbetriebs- und Vergabeverordnung, von A wie Abfallwirtschaftsgesetz bis Z wie Zuständigkeitsverordnung für Widerspruchsbescheide: Alle in dieser Textsammlung zusammengestellten Gesetze, von einer Ausnahme im Juristenausbildungsrecht und zwei Staatsverträgen abgesehen, eint, dass sie **„Gesetze des Landes Schleswig-Holstein"** sind, was diesem Werk seinen Titel verleiht. Der berühmt-berüchtigten schleswig-holsteinischen Geschichte zum Trotz ist das „Land" Schleswig-Holstein ein relativ junges: Mit Wirkung vom 23. August 1946 trat die „Verordnung Nr. 46 – Auflösung der Provinzen des ehemaligen Landes Preußen in der Britischen Zone und ihre Neubildung als selbständige Länder" [1] der Militärregierung Deutschland in Kraft. Sie löste die bisherigen Provinzen des Landes Preußen, darunter Schleswig-Holstein, „als solche auf" und gewährte ihnen „vorläufig die staatsrechtliche Stellung von Ländern". Weder die Auflösung des Landes Preußen insgesamt durch das Kontrollratsgesetz Nr. 46 aus dem Februar 1947 [2] noch die Gründung der Bundesrepublik Deutschland 1949 haben an der Eigenstaatlichkeit und der Staatsqualität Schleswig-Holsteins etwas geändert. Folgerichtig formuliert Art. 1 der Landesverfassung: „Das Bundesland Schleswig-Holstein ist ein Gliedstaat der Bundesrepublik Deutschland".

Seit der Landwerdung Schleswig-Holsteins haben zwei ernannte und achtzehn gewählte Landtage sowie kraft ihrer Rechtsverordnungskompetenz die Landesregierungen das geltende Landesrecht ausgeformt. An seiner Spitze steht die **Verfassung des Landes Schleswig-Holstein** (Ordnungsnummer 1 in dieser Sammlung), die der erste gewählte Schleswig-Holsteinische Landtag im Dezember 1949 als „Landessatzung" verabschiedete. Die Landessatzung war im Grunde nicht mehr als ein Organisationsstatut und auch als solches gedacht; denn der Landtag hielt das Land Schleswig-Holstein wirtschaftlich nicht für überlebensfähig. Art. 53 Abs. 2 Landessatzung erwähnte ausdrücklich eine angestrebte Neugliederung des Bundesgebiets, sie sah das Land Schleswig-Holstein lediglich als ein Provisorium an, dem nicht einmal der Anschein des Dauerhaften gegeben werden sollte. Obgleich sich das Land bald festigte, änderte sich Grundlegendes erst mit der Verfassungsreform 1990. Der Gesetzgeber erweiterte den Katalog von Staatszielen, wo sich die Landessatzung auf den Schutz der nationalen Minderheiten und die Förderung von Wissenschaft, Kunst und Erwachsenenbildung beschränkte. Er stärkte den Landtag im Verfassungsgefüge vor allem gegenüber der Landesregierung, indem er die Frage- und Auskunftsrechte der Abgeordneten ausbaute und der Landesregierung eine Pflicht zur Information auferlegte. Er koppelte die Amtszeit des Ministerpräsidenten an die Wahlperiode des Landtags und erlaubte Volksinitiativen, Volksbegehren und Volksentscheid. Schließlich benannte er die Landessatzung in „Verfassung" um, ohne, wie Art. 70 Abs. 1 LVerf zeigt, das Verfassungswerk von seinen Wurzeln zu trennen. Der Geist der Selbstbeschränkung aus Landessatzungszeiten verweht jedoch nur allmählich. Weitere achtzehn Jahre dauerte es, bis Schleswig-Holstein ein eigenes Landesverfassungsgericht erhielt. Ebenfalls erst seit 2008 gewährt die Landesverfassung nach dem Vorbild zum Beispiel Mecklenburg-Vorpommerns oder Niedersachsens über die Inkorporationsklausel in Art. 3 LVerf die Grundrechte des Grundgesetzes. Den Weg der Individualverfassungs-

---

[1] *Amtsblatt für Schleswig-Holstein 1946 S. 113.*
[2] *Amtsblatt des Kontrollrates in Deutschland S. 262.*

beschwerde eröffnet sie gleichwohl nicht; lediglich im Zuge einer konkreten Normenkontrolle nach Art. 51 Abs. 2 Nr. 3 LVerf gelangen Streitigkeiten von Bürgerinnen und Bürgern des Landes vor das Landesverfassungsgericht. Die zeitgenössisch so genannte Verfassungsreform von 2014 bescherte der Landesverfassung einige weitere Staatsziele, den bemerkenswerten Art. 30 LVerf und eine jedenfalls vorerst gottesbezugslose Präambel.

Besondere Aufmerksamkeit aus dem einfachgesetzlichen Staatsrecht sei dem **Friesisch-Gesetz** (Nr. 31) geschenkt, das seit Ende 2004 den Gebrauch des Friesischen in Behörden in Nordfriesland und auf Helgoland erlaubt und nach dem daselbst Friesischkenntnisse als Einstellungskriterium im öffentlichen Dienst zu berücksichtigen sind.

Die Zentralnorm des schleswig-holsteinischen Verwaltungsrechts, wenn nicht gar der „Mittelpunkt des schleswig-holsteinischen Landesrechts" [3], ist das **Landesverwaltungsgesetz** (LVwG, Nr. 50). Es vereinigt in weit über 330 Paragraphen Normen des Verwaltungsorganisationsrechts (die in Baden-Württemberg allein das dortige Landesverwaltungsgesetz ausmachen) und des Verwaltungsverfahrensrechts zuzüglich der Regelungen über Vollzug und Vollstreckung sowie des allgemeinen Gefahrenabwehrrechts einschließlich der polizeilichen Generalklausel, der Standardmaßnahmen und der Vorschriften über die örtliche und sachliche Zuständigkeit von Ordnungsbehörden und Polizei. Es bündelt Bestimmungen, die auf Bundesebene und in anderen Ländern auf diverse Gesetze verstreut sind – genannt seien nur VwVfG, VwVG und VwZG sowie die Sicherheits- und Ordnungsgesetze –, und führt sie zu einem insgesamt konsistenten System zusammen. Die verwaltungsverfahrensrechtlichen Vorschriften des LVwG entsprechen dabei im Wesentlichen denen des VwVfG, weichen aber etwa in der Heilung von Verfahrens- und Formfehlern von der bundesrechtlichen Regelung ab. Erheblich umfangreicher als § 40 VwVfG zeichnen §§ 72, 73 LVwG die Grundsätze der behördlichen Ermessensausübung vor, und dem Verwaltungshandeln durch Verordnung und Satzung widmet das LVwG eigene Unterabschnitte. Außerhalb des LVwG hat der Landesgesetzgeber im **Gesetz über die Errichtung allgemeiner unterer Landesbehörden** (Nr. 51) die sog. Organleihe des Landrats für die Aufgaben der unteren Landesbehörde verankert. Der verwaltungsverfahrensunabhängige Zugang zu bei Behörden vorhandenen Informationen findet sich, obwohl es sich um allgemeines Verwaltungsrecht handelt, ebenso in einem eigenständigen Gesetz, dem **Informationszugangsgesetz** (Nr. 59).

Das allgemeine Gefahrenabwehrrecht ist geprägt durch die einheitliche Generalklausel im LVwG als Grundlage für polizeiliche oder ordnungsbehördliche Rechtseingriffe, die ein eigenständiges Polizeigesetz, das es bis zum Inkrafttreten des LVwG am 1.1.1968 gab, weitgehend überflüssig macht. Lediglich der organisatorische Aufbau der Polizeibehörden ist dem **Polizeiorganisationsgesetz** (Nr. 80) vorbehalten, wohingegen Sonderbefugnisse von Polizeivollzugsbeamten bei der Gefahrenabwehr, z.B. bei der Anwendung unmittelbaren Zwangs, im LVwG normiert sind. Das **Versammlungsfreiheitsgesetz** (Nr. 81) tritt seit 2015 als Teil des klassischen besonderen Polizeirechts hinzu.

---

[3] So Busch, *Das Landesverwaltungsgesetz als Mittelpunkt des schleswig-holsteinischen Lan-desrechts (1999).*

Ein Spiegel der Eigenständigkeit der Bundesländer und ihrer normativen Gestaltungskraft bei gleichzeitiger Einbindung in den Bundesstaat ist das Kommunalrecht. **Gemeindeordnung** (Nr. 100) und **Kreisordnung** (Nr. 102) unterscheiden sich jedenfalls vom Aufbau her erheblich von Land zu Land, auch wenn sich die inhaltlichen Unterschiede nicht zuletzt aufgrund der bundesverfassungsrechtlichen Vorgaben aus Art. 28 Abs. 2 GG in Grenzen halten. Überdies sind im Verlauf der vergangenen fünfzehn Jahre wesentliche Unterschiede des Kommunalverfassungsrechts eingeebnet worden: In Schleswig-Holstein wie in allen Ländern steht nun an der Spitze der Verwaltung in Städten und hauptamtlich verwalteten Gemeinden ein direkt gewählter Bürgermeister; die kollegialen Verwaltungsorgane Kreisausschuss und Magistrat gehören seit 1996/1998 der Vergangenheit an. Anders als einige andere Länder hält das hiesige Kommunalrecht aber an einer Doppelspitze fest: Neben den hauptamtlichen Bürgermeister oder Landrat tritt der Bürgervorsteher (der vor allem in kreisfreien Städten Stadtpräsident heißt) oder Kreispräsident als Vorsitzender der ehrenamtlichen Vertretungskörperschaft. Eine Episode blieb hierzulande die Direktwahl der Landräte. Ansonsten rühren die augenfälligsten Unterschiede zum Kommunalrecht anderer Länder aus der Gemeindestruktur: Da Schleswig-Holstein auf eine umfassende Gemeindegebietsreform verzichtet hat, bestehen nach wie vor zahlreiche selbständige Gemeinden, die zu klein sind, um über eine eigene Verwaltung mit hauptamtlichen Dienstkräften zu verfügen. Sie bilden mit anderen kleineren Gemeinden ein so genanntes Amt, das ihre Verwaltung übernimmt und die Gemeinde auch gerichtlich vertritt (§ 3 Abs. 1 S. 5 AO). „Amtsbezirke" gab es bereits in preußischer Zeit; sie waren allerdings verwaltungspolizeiliche Untergliederungen der Kreise. Die Amtsordnung (Nr. 104) von 1947 etablierte die Ämter als eigenständige Verwaltungsträger, wobei die Kirchspielslandgemeinden von der Westküste als Vorbild dienten [4]. Im Zuge der gegenwärtigen Verwaltungsstrukturreform stieg wie schon die Mindesteinwohnerzahl für eine hauptamtliche Verwaltung in den Gemeinden auch die Regelgröße der Ämter, weswegen die Zahl der Ämter sinkt. Auch nach dem Urteil des Landesverfassungsgerichts [5] zur Unwirksamkeit von Teilen der **Amtsordnung** ist es nicht erforderlich, das Modell der Ämter zugunsten von größeren Einheitsgemeinden aufzugeben.

Wie sehr die europäische Rechtsetzung das Landesrecht beeinflusst, lässt sich besonders am Umweltrecht ablesen. Im **Landesnaturschutzgesetz** (Nr. 200) setzen etwa die §§ 22 ff. LNatSchG über das europäische ökologische Netz „Natura 2000" maßgebliche Bestimmungen Brüsseler Herkunft um. Ebenso gehen auf Richtlinien der Europäischen Gemeinschaften das **Landes-UVP-Gesetz** (Nr. 295) und zahlreiche wasserrechtliche Verordnungen zurück. Seit es die Föderalismusreform den Ländern erlaubt, von bundesrechtlichen Bestimmungen zum Naturschutz abzuweichen, sind die Vorgaben des Bundesnaturschutzgesetzes für das Land zwar nicht mehr im strengen Sinne verbindlich, sie zeichnen aber modellhaft etwa das System der Schutzgebietstypen und das Reglement hinsichtlich der Eingriffe in Natur und Landschaft vor. Dem Landesgesetzgeber verbleibt indes ein weiter eigener Gestaltungsspielraum, der über den Schutz von Knicks (§ 25 Abs. 3 LNatSchG) oder das im **Landeswaldgesetz** (Nr. 220) geregelte Recht zum Betreten des Waldes hinausgeht. Die Regelungsbereiche der umweltrechtlichen Gesetze überschneiden sich vielfach. Das Landesnaturschutzgesetz beschränkt sich nicht nur auf allgemeine Bestimmungen über die Land-

---

4 Lauritzen, *Die Selbstverwaltung in Schleswig-Holstein (1950)*, S. 122.
5 LVerfG, SchlHA 2010, 131 ff.

schaftspflege und die „Regenerationsfähigkeit und nachhaltige Nutzungsfähigkeit der Naturgüter", sondern regelt auch Einzelheiten in Bezug auf den Schutz von Wäldern und Gewässern. So bestimmen sich der Schutz des Meeresstrandes und die Zulässigkeit von Bootsliegeplätzen außerhalb von Häfen nach dem Landesnaturschutzgesetz, wohingegen das **Landeswassergesetz** (Nr. 250) den Schutz des Deichvorlandes und die Errichtung von Handels- sowie nunmehr auch von Sportboothäfen normiert. Das LWG enthält überdies praktisch alle Regelungen rund ums Wasser, von der Wasserver- und -entsorgung über das Staurecht und den Hochwasserschutz an Binnengewässern und die Gewässerbenutzung bis zum Grundwasser- und Quellenschutz. Eine besondere Erwähnung wert ist der Siebente Teil des LWG über Küstenschutz, Deich- und Sperrwerksbau sowie die Deichbenutzung, der den geographischen Eigenarten eines Küstenlandes Rechnung trägt.

In besonderem Maße bundesrechtlich geprägt ist das Recht des öffentlichen Dienstes. Die Statusrechte und Statuspflichten der Beamten bestimmen sich nach Bundesrecht, gleichwohl gehören das **Landesbeamtengesetz** (Nr. 150), die übrigen Bestimmungen über den öffentlichen Dienst sowie das **Landesrichtergesetz** (Nr. 475) zu den Kernbestimmungen des Landesrechts. Zudem trug die Föderalismusreform dem Land die Zuständigkeit für das Besoldungs- und das Beamtenversorgungsrecht ein. Das **Besoldungsgesetz** (Nr. 180) bildet seit 2012 die Grundlage für die Beamtenbesoldung. Im öffentlichen Wirtschaftsrecht sind dem Land wegen der hohen Regelungsdichte auf Bundes- oder Europaebene nur geringe Spielräume eröffnet, wobei etwa das **Tariftreue- und Vergabegesetz** (Nr. 400) durchaus Symbole wirtschaftspolitischer Gestaltungskraft des Landes sind.

Eine Domäne des Bundes ist das bürgerliche Recht. Die Landesgesetzgebung beschränkt sich hier im Wesentlichen auf das **Nachbarrechtsgesetz** (Nr. 505), das Antworten auf einige Fragen gibt, die ein scheinbar nie versiegender Quell von Nachbarschaftsstreitigkeiten sind: Wo darf an die Nachbarwand angebaut werden? Muss ein Grundstück eingefriedigt werden? Wo darf ein Fenster eingebaut werden? Wann darf ich das Nachbargrundstück betreten? – Nicht allzu umfangreich sind die Entfaltungsmöglichkeiten des Landes auch im Gerichtsverfassungs- und -verfahrensrecht, das im Wesentlichen dem Bund vorbehalten ist. Das Land entscheidet jedoch darüber, wie das von § 15a EGZPO geforderte vorprozessuale Schlichtungsverfahren ausgestaltet wird. Das Landesschlichtungsgesetz (Nr. 450) verzichtet jedoch inzwischen darauf, für geringwertige Streitigkeiten einen Einigungsversuch vor einer Gütestelle zu verlangen, schreibt das Schlichtungsverfahren aber für Streitigkeiten über Ansprüche nach dem Allgemeinen Gleichbehandlungsgesetz vor. Landesrechtliche Ausführungsregelungen zur Gerichtsorganisation und zur Justizverwaltung bündelt künftig das **Landesjustizgesetz** (Nr. 440), dessen § 69 – wie bisher § 6 des nunmehr außer Kraft tretenden Ausführungsgesetzes zur Verwaltungsgerichtsordnung (Nr. 460) Landesbehörden (nicht aber kommunale Behörden) für beteiligtenfähig im Verwaltungsprozess erklärt.

Seit der Föderalismusreform erstreckt sich die Landeszuständigkeit auf das Strafvollzugsgesetz, die sich zuerst im Jugendstrafvollzugsgesetz manifestierte, mittlerweile auch in den Gesetzen und Staatsverträgen über den Untersuchungshaftvollzug, den Vollzug der Sicherungsverwahrung und den Vollzug der Therapieunterbringung. Für alle Normwerke hat Schleswig-Holstein die enge Abstimmung mit einer Reihe anderer Bundesländer gesucht, um länderübergreifend vergleichbare Regelungen zu treffen.

Weit mehr als das **Hochschulgesetz** (Nr. 360) hat das **Schulgesetz** (Nr. 350) die Gemüter innerhalb und außerhalb der Politik und der Schulen bewegt. Gestritten wurde nicht nur über Details, sondern immer auch über die Richtung des Bildungswesens, die gleichsam eine Visitenkarte des Wirkens einer jeden Landesregierung ist. Nicht von ungefähr kommt es, dass die Novellierung des Schulgesetzes von 1990 als „Ausdruck der bildungspolitischen Ziele der Landesregierung" [6] bezeichnet wurde. Abseits aller inhaltlichen Auseinandersetzungen stellt die Einführung des Schulgesetzes im Jahr 1978 einen erheblichen Fortschritt dar: Denn bis dahin beschränkte sich die Schulgesetzgebung auf Regelungen über die Schulpflicht und die Schulverwaltung; das Schulverhältnis selbst – also das Verhältnis zwischen Schüler und Schule sowie die Mitbestimmung von Schülern und Eltern in schulischen Angelegenheiten – wurde nach überkommener Auffassung als „besonderes Gewaltverhältnis" angesehen, das durch Verwaltungsvorschriften geprägt und über ein paar Generalklauseln hinaus gesetzlich nicht näher geregelt war [7]. Das Schulgesetz führte nun nicht nur die auf mehrere kleinere Gesetze verteilten Regelungen zusammen, sondern benennt auch einen Katalog von Bildungszielen und verankert Grundlagen und Einzelheiten des Schulverhältnisses im Gesetz. Außerdem regelt das Schulgesetz die Grundzüge der Schülerbeförderung sowie in §§ 119 ff. das politisch sensible Thema der Zuschüsse an die Schulen in freier Trägerschaft, zu denen insbesondere die Schulen der dänischen Minderheit gehören. Wenngleich das Schulgesetz seit 1990 zahlreiche Änderungen erfuhr – so wurde die Mitbestimmung von Schülern und Eltern ausgebaut –, wurde es erst mit dem „Gesetz zur Weiterentwicklung des Schulwesens" 2007 neu bekannt gemacht. Mit der Einführung der Gemeinschaftsschule und der Rückkehr zur grundsätzlich neunjährigen Gymnasialzeit entfacht das Schulgesetz bis heute anhaltende rege Diskussionen.

Eingangs dieser Einführung war von der Geburt Schleswig-Holsteins anno 1946 die Rede. Das damals neu entstandene Land war allerdings kein rechtsfreier Raum. Großenteils seit 1867, in seinen heutigen Grenzen dann seit dem Groß-Hamburg-Gesetz von 1937 war Schleswig-Holstein preußische Provinz. Daher galt – von nationalsozialistisch verseuchten Gesetzen abgesehen, welche bereits die Militärregierung außer Kraft setzte – als schleswig-holsteinisches Landesrecht das weiter, was schon vor dem Krieg im Range unterhalb des Reichsrechts stand, vor allem also preußische Gesetze und Verordnungen. Eine Vielzahl dieser Überbleibsel aus alter Zeit ist mittlerweile durch Neuschöpfungen des Landtags oder der Landesregierung abgelöst worden, doch haben einige „Veteranen" überlebt. Beispielhaft genannt sei das **Gesetz über die Enteignung von Grundeigentum** (Nr. 70) aus dem Jahr 1874, das gleichsam als allgemeiner Teil des Enteignungsrechts das Verfahren der Enteignung regelt, da die Fachgesetze sich zumeist darauf beschränken, die Zulässigkeit der Enteignung zu normieren. Wenngleich seine Sprache bisweilen etwas altertümlich klingt, entspricht es in seiner heutigen Form den rechtsstaatlichen Anforderungen hinsichtlich der Beteili-

---

[6] *LT-Drs. 12/546, S. 1.*
[7] *LT-Drs. 8/869, S. 1.*

gung des Eigentümers und seines Rechtsschutzes. Bis der Landesgesetzgeber flächendeckend aktiv wurde, waren beileibe nicht alle Rechtsnormen aus der Vorkriegszeit preußischen Ursprungs, denn auch die preußische Legislation ging im wahrsten Sinne des Wortes nicht immer eigene Wege: Als das **Straßen- und Wegegesetz** (Nr. 330) im Jahre 1962 erstmals in Kraft trat, löste es einen ganzen Strauß von Gesetzen und Verordnungen ab, die zuvor in den einzelnen Landesteilen in natürlich zuweilen unterschiedlicher Art und Weise den Bau, die Einstufung und die Benutzung der Straßen und Wege regelten, darunter die Wegeverordnung für die Herzogtümer Schleswig und Holstein von 1842, die Wegeordnung für das Herzogtum Lauenburg von 1876, die Wegeordnung für das Staatsgebiet der Freien und Hansestadt Lübeck von 1874 sowie die Wegeordnung für das Fürstentum Lübeck von 1912. Nicht überraschend sollte das Straßen- und Wegegesetz vor allem für eine einheitliche Rechtslage sorgen [8].

Ist schleswig-holsteinisches Recht nun anders als das Recht anderer Länder? Als Bundesland hat Schleswig-Holstein eine eigenständige Landesrechtsordnung [9], zweifelsohne mit Besonderheiten, die – allen voran das Landesverwaltungsgesetz – sinnbildlich für diese Eigenständigkeit stehen. Einen Sonderstatus innerhalb der Länderrechtsordnungen nimmt das Land zwischen den Meeren gleichwohl nicht ein. Die Wechselwirkungen im föderalen System sorgen für eine gute Durchmischung, und immer wieder finden sich Nachahmer für besondere Regelungen, oder aber Spezialitäten werden zugunsten einer bundesweiten Einheitlichkeit aufgegeben. Alle Absonderlichkeiten hiesiger Rechtsetzung aufzulisten, erscheint im Übrigen nicht nur kaum machbar, sondern wäre auch sinnlos. Denn auch in Schleswig-Holstein gilt: Der Blick ins Gesetz erleichtert die Rechtsfindung.

Bernd Hoefer

---

8   *LT-Drs. IV/466, S. 37.*
9   *Dazu Schubert, Schleswig-Holstein als deutsches Bundesland mit eigener Verfassung und Gesetzgebung, SchlHA 2008, 429 (439).*

Verfassung des Landes Schleswig-Holstein
in der Fassung vom 2. Dezember 2014
– GVOBl. Schl.-H. S. 345
berichtigt GVOBl. Schl.-H. 2015, S. 41 –

Zuletzt geändert durch Gesetz vom 20. April 2021 (GVOBl. Schl.-H. S. 438)

Präambel

Der Landtag hat in Vertretung der schleswig-holsteinischen Bürgerinnen und Bürger auf der Grundlage der unverletzlichen und unveräußerlichen Menschenrechte als Fundament jeder menschlichen Gemeinschaft, des Friedens und der Gerechtigkeit, in dem Willen, Demokratie, Freiheit, Toleranz und Solidarität auf Dauer zu sichern und weiter zu stärken, im Bewusstsein der eigenen Geschichte, bestrebt, durch nachhaltiges Handeln die Interessen gegenwärtiger wie künftiger Generationen zu schützen, in dem Willen, die kulturelle und sprachliche Vielfalt in unserem Land zu bewahren, in dem Bestreben, die Zusammenarbeit der norddeutschen Länder sowie die grenzüberschreitende Partnerschaft der Regionen an Nord- und Ostsee und im vereinten Europa zu vertiefen, diese Verfassung beschlossen:

Abschnitt I
Land und Volk

Artikel 1
Bundesland Schleswig-Holstein

Das Land Schleswig-Holstein ist ein Gliedstaat der Bundesrepublik Deutschland.

Artikel 2
Demokratie, Funktionentrennung

(1) Alle Staatsgewalt geht vom Volk aus.

(2) Das Volk bekundet seinen Willen durch Wahlen und Abstimmungen. Es handelt durch seine gewählten Vertretungen im Lande, in den Gemeinden und Gemeindeverbänden sowie durch Abstimmungen.

(3) Die Verwaltung wird durch die gesetzmäßig bestellten Organe, die Rechtsprechung durch unabhängige Gerichte ausgeübt.

Artikel 3
Geltung der Grundrechte

Die im Grundgesetz der Bundesrepublik Deutschland festgelegten Grundrechte und staatsbürgerlichen Rechte sind Bestandteil dieser Verfassung und unmittelbar geltendes Recht.

Artikel 4
Wahlen und Abstimmungen

(1) Die Wahlen zu den Volksvertretungen im Lande, in den Gemeinden und Gemeindeverbänden und die Abstimmungen sind allgemein, unmittelbar, frei, gleich und geheim.

(2) Die Wahlen und Abstimmungen finden an einem Sonntag oder öffentlichen Ruhetag statt.

(3) Die Wahlprüfung und die Abstimmungsprüfung stehen den Volksvertretungen jeweils für ihr Wahlgebiet zu. Ihre Entscheidungen unterliegen der gerichtlichen Nachprüfung.

(4) Das Nähere regelt ein Gesetz[1].

Artikel 5
Kandidatur

Wer sich um einen Sitz in einer Volksvertretung bewirbt, hat Anspruch auf den zur Vorbereitung seiner Wahl erforderlichen Urlaub. Niemand darf gehindert werden, das Abgeordnetenamt zu übernehmen und auszuüben. Eine Kündigung oder Entlassung aus diesem Grunde ist unzulässig.

Artikel 6
Nationale Minderheiten und Volksgruppen

(1) Das Bekenntnis zu einer nationalen Minderheit ist frei; es entbindet nicht von den allgemeinen staatsbürgerlichen Pflichten.

(2) Die kulturelle Eigenständigkeit und die politische Mitwirkung nationaler Minderheiten und Volksgruppen stehen unter dem Schutz des Landes, der Gemeinden und Gemeindeverbände. Die nationale dänische Minderheit, die Minderheit der deutschen Sinti und Roma und die friesische Volksgruppe haben Anspruch auf Schutz und Förderung.

Artikel 7
Inklusion

Das Land setzt sich für die Selbstbestimmung von Menschen mit Behinderung und ihre gleichberechtigte gesellschaftliche Teilhabe ein.

Artikel 8
Schutz und Förderung pflegebedürftiger Menschen

Das Land schützt die Rechte und Interessen pflegebedürftiger Menschen und fördert eine Versorgung, die allen Pflegebedürftigen ein menschenwürdiges Leben ermöglicht.

Artikel 9
Förderung der Gleichstellung von Frauen und Männern

Die Förderung der rechtlichen und tatsächlichen Gleichstellung von Frauen und Männern ist Aufgabe des Landes, der Gemeinden und Gemeindeverbände sowie der anderen Träger der öffentlichen Verwaltung. Insbesondere ist darauf hinzuwirken, dass Frauen und Männer in kollegialen öffentlich-rechtlichen Beschluss- und Beratungsorganen zu gleichen Anteilen vertreten sind.

Artikel 10
Schutz von Kindern und Jugendlichen

(1) Kinder und Jugendliche stehen unter dem besonderen Schutz des Landes, der Gemeinden und Gemeindeverbände sowie der anderen Träger der öffentlichen Verwaltung.

(2) Bei der Schaffung und Erhaltung kindgerechter Lebensverhältnisse ist dem besonderen Schutz von Kindern und ihren Fähigkeiten und Bedürfnissen Rechnung zu tragen.

(3) Kinder und Jugendliche sind Träger von Rechten. Sie haben ein Recht auf gewaltfreie Erziehung, auf Bildung, auf soziale Sicherheit und auf die Förderung ihrer Entwicklung zu eigenverantwortlichen und gemeinschaftsfähigen Persönlichkeiten.

Artikel 11
Schutz der natürlichen Grundlagen des Lebens

Die natürlichen Grundlagen des Lebens sowie die Tiere stehen unter dem besonderen Schutz des Landes, der Gemeinden und Gemeindeverbände sowie der anderen Träger der öffentlichen Verwaltung.

Artikel 12
Schulwesen

(1) Es besteht allgemeine Schulpflicht.

(2) Für die Aufnahme in die weiterführenden Schulen sind außer dem Wunsch der Erziehungsberechtigten nur Begabung und Leistung maßgebend.

---

1 *Landeswahlgesetz, Nr. 8; Volksabstimmungsgesetz, Nr. 5*

(3) Die öffentlichen Schulen fassen die Schülerinnen und Schüler ohne Unterschied des Bekenntnisses und der Weltanschauung zusammen.

(4) Die Erziehungsberechtigten entscheiden, ob ihre Kinder die Schule einer nationalen Minderheit besuchen sollen.

(5) Schulen der nationalen dänischen Minderheit gewährleisten für deren Angehörige Schulunterricht im Rahmen der Gesetze. Ihre Finanzierung durch das Land erfolgt in einer der Finanzierung der öffentlichen Schulen entsprechenden Höhe.

(6) Das Land schützt und fördert die Erteilung von Friesischunterricht und Niederdeutschunterricht in öffentlichen Schulen.

(7) Das Nähere regelt ein Gesetz[2].

Artikel 13
Schutz und Förderung der Kultur

(1) Das Land schützt und fördert Kunst und Wissenschaft, Forschung und Lehre.

(2) Das Land schützt und fördert die Pflege der niederdeutschen Sprache.

(3) Die Förderung der Kultur einschließlich des Sports, der Erwachsenenbildung, des Büchereiwesens und der Volkshochschulen ist Aufgabe des Landes, der Gemeinden und Gemeindeverbände.

Artikel 14
Digitale Basisdienste, Zugang zu Behörden und Gerichten

(1) Das Land gewährleistet im Rahmen seiner Kompetenzen den Aufbau, die Weiterentwicklung und den Schutz digitaler Basisdienste sowie die Teilhabe der Bürgerinnen und Bürger an diesen.

(2) Das Land sichert im Rahmen seiner Kompetenzen einen persönlichen, schriftlichen und elektronischen Zugang zu seinen Behörden und Gerichten. Niemand darf wegen der Art des Zugangs benachteiligt werden.

Artikel 15
Digitale Privatsphäre

Das Land gewährleistet im Rahmen seiner Kompetenzen auch den Schutz der digitalen Privatsphäre der Bürgerinnen und Bürger.

Abschnitt II
Der Landtag

Artikel 16
Funktion und Zusammensetzung des Landtages

(1) Der Landtag ist das vom Volk gewählte oberste Organ der politischen Willensbildung. Der Landtag wählt die Ministerpräsidentin oder den Ministerpräsidenten. Er übt die gesetzgebende Gewalt aus und kontrolliert die vollziehende Gewalt. Er behandelt öffentliche Angelegenheiten.

(2) Die Abgeordneten des Landtages werden nach einem Verfahren gewählt, das die Persönlichkeitswahl mit den Grundsätzen der Verhältniswahl verbindet. Das Nähere regelt ein Gesetz, das für den Fall des Entstehens von Überhangmandaten Ausgleichsmandate vorsehen muss.[3]

Artikel 17
Stellung der Abgeordneten

(1) Die Abgeordneten vertreten das ganze Volk. Bei der Ausübung ihres Amtes sind sie nur ihrem Gewissen unterworfen und an Aufträge und Weisungen nicht gebunden.

(2) Die Abgeordneten haben das Recht, im Landtag sowie in den ständigen Ausschüssen und in den Sonderausschüssen des Landtages Fragen und Anträge zu stellen. Sie können bei Wahlen und Beschlüssen ihre Stimme abgeben; Stimmrecht in den Ausschüssen des Landtages haben nur die Ausschussmitglieder.

(3) Die Abgeordneten haben Anspruch auf eine angemessene, ihre Unabhängigkeit sichernde Entschädigung. Dieser Anspruch ist weder übertragbar, noch kann auf ihn verzichtet werden. Das Nähere regelt ein Gesetz[4].

Artikel 18
Parlamentarische Opposition

(1) Die parlamentarische Opposition ist ein wesentlicher Bestandteil der parlamentarischen Demokratie. Die Opposition hat die Aufgabe, Regierungsprogramm und Regierungsentscheidungen zu kritisieren und zu kontrollieren. Sie steht den die Regierung tragenden Abgeordneten und Fraktionen als Alternative gegenüber. Insoweit hat sie das Recht auf politische Chancengleichheit.

(2) Die oder der Vorsitzende der stärksten die Regierung nicht tragenden Fraktion ist die Oppositionsführerin oder der Oppositionsführer. Bei gleicher Fraktionsstärke ist das bei der letzten Landtagswahl erzielte Stimmenergebnis der Parteien maßgeblich. Im Übrigen entscheidet das von der Präsidentin oder dem Präsidenten des Landtages zu ziehende Los.

Artikel 19
Wahlperiode, Zusammentritt des Landtages

(1) Der Landtag wird auf fünf Jahre gewählt. Seine Wahlperiode endet mit dem Zusammentritt eines neuen Landtages. Die Neuwahl findet frühestens achtundfünfzig, spätestens sechzig Monate nach Beginn der Wahlperiode statt.

(2) Der Landtag kann mit der Mehrheit von zwei Dritteln seiner Mitglieder unter gleichzeitiger Bestimmung eines Termins zur Neuwahl die Wahlperiode vorzeitig beenden.

(3) Im Falle einer vorzeitigen Beendigung der Wahlperiode muss die Neuwahl innerhalb von siebzig Tagen stattfinden.

(4) Der Landtag tritt spätestens am dreißigsten Tag nach der Wahl zusammen. Er wird von der Präsidentin oder von dem Präsidenten des alten Landtages einberufen.

Artikel 20
Landtagspräsidentin oder Landtagspräsident, Ältestenrat, Geschäftsordnung

(1) Der Landtag wählt die Präsidentin oder den Präsidenten, die Vizepräsidentinnen oder Vizepräsidenten, die Schriftführerinnen oder Schriftführer und deren Stellvertreterinnen oder Stellvertreter. Der Landtag gibt sich eine Geschäftsordnung[5].

(2) Die Präsidentin oder der Präsident und die Vizepräsidentinnen oder Vizepräsidenten können durch Beschluss des Landtages abberufen werden. Der Beschluss setzt einen Antrag der Mehrheit der Mitglieder des Landtages voraus. Er bedarf der Zustimmung einer Mehrheit von zwei Dritteln der Mitglieder des Landtages.

(3) Die Präsidentin oder der Präsident führt die Geschäfte des Landtages. Dazu gehören die Ausübung der Ordnungsgewalt im Landtag und die Hausrechts in den Räumen des Landtages, die Verwaltung der gesamten wirtschaftlichen Angelegenheiten des Landtages nach Maßgabe des Landeshaushaltsgesetzes und die Vertretung des Landes in allen Rechtsgeschäften und Rechtsstreitigkeiten des Landtages sowie die Feststellung des Entwurfs des Haushaltsplans des Landtages. Ihr oder ihm stehen die Einstellung und Entlassung der Angestellten, Arbeiterinnen und Arbeiter sowie die Ernennung, Entlassung und Versetzung in den Ruhestand der Beamtinnen und Beamten des Landtages nach den geltenden Rechts- und Verwaltungsvorschriften zu. Die Präsidentin oder der Präsident ist oberste Dienstbehörde der Beamtinnen und Beamten, Angestellten, Arbeiterinnen und Arbeiter des Landtages.

(4) Die Feststellung des Entwurfs des Haushaltsplans des Landtages, Entscheidungen nach Absatz 3 Satz 3 und solche, die Verhaltensregeln für die Abgeordneten betreffen oder die Fraktionen des Landtages in ihrer Gesamtheit

---

[2] Schulgesetz, Nr. 350
[3] Landeswahlgesetz, Nr. 8
[4] Abgeordnetengesetz, Nr. 11
[5] Geschäftsordnung des Landtages, Nr. 10

berühren, trifft die Präsidentin oder der Präsident im Benehmen mit dem Ältestenrat. Im Übrigen unterstützt der Ältestenrat die Präsidentin oder den Präsidenten bei der Wahrnehmung ihrer oder seiner Aufgaben.

(5) Der Ältestenrat besteht aus der Präsidentin oder dem Präsidenten, den Vizepräsidentinnen oder Vizepräsidenten und je einer Vertreterin oder einem Vertreter der Fraktionen.

Artikel 21
Öffentlichkeit, Berichterstattung

(1) Der Landtag verhandelt öffentlich. Die Öffentlichkeit kann auf Antrag mit einer Mehrheit von zwei Dritteln der Mitglieder des Landtages ausgeschlossen werden. Über den Antrag wird in nichtöffentlicher Sitzung entschieden.

(2) Wegen wahrheitsgetreuer Berichte über die öffentlichen Sitzungen des Landtages oder seiner Ausschüsse darf niemand zur Verantwortung gezogen werden.

Artikel 22
Beschlussfassung, Wahlen

(1) Der Landtag beschließt mit der Mehrheit der abgegebenen Stimmen, soweit diese Verfassung nichts anderes vorschreibt. Über Anträge ist offen abzustimmen.

(2) Für die vom Landtag vorzunehmenden Wahlen können durch ein Gesetz oder die Geschäftsordnung des Landtages Ausnahmen zugelassen werden.

(3) Der Landtag ist beschlussfähig, wenn die Mehrheit seiner Mitglieder anwesend ist.

(4) Mehrheit der Mitglieder des Landtages im Sinne dieser Verfassung ist die Mehrheit seiner gesetzlichen Mitgliederzahl.

Artikel 22 a
Notausschuss

(1) Der Landtag bestellt einen Notausschuss. Der Notausschuss besteht aus mindestens elf Abgeordneten; diese dürfen nicht der Landesregierung angehören. Die Fraktionen benennen durch Erklärung gegenüber der Landtagspräsidentin oder dem Landtagspräsidenten die von ihnen zu stellenden Ausschussmitglieder und die Stellvertreterinnen und Stellvertreter. Der Notausschuss kann bei Zusammentritt als Notparlament nach Absatz 2 um weitere anwesende Abgeordnete vergrößert werden. Die Fraktionen sind mit mindestens je einem Mitglied vertreten. Die Sitze werden unter Berücksichtigung der Stärkeverhältnisse der Fraktionen verteilt; dabei ist sicherzustellen, dass die Mehrheitsverhältnisse im Ausschuss den Mehrheitsverhältnissen im Landtag entsprechen. Das Nähere, insbesondere Zusammensetzung und Verfahren, regelt die Geschäftsordnung des Landtages.

(2) Während einer Notlage nach Absatz 4 hat der Notausschuss als Notparlament die Stellung des Landtages und nimmt dessen Rechte wahr. Der Notausschuss darf nur die erforderlichen Maßnahmen treffen, um die Handlungsfähigkeit des Landes während der Notlage zu sichern. Die Landesverfassung und die Geschäftsordnung des Landtages dürfen durch den Notausschuss weder geändert noch ganz oder teilweise außer Kraft oder außer Anwendung gesetzt werden. Die Befugnis, der Ministerpräsidentin oder dem Ministerpräsidenten nach Artikel 42 das Misstrauen auszusprechen, steht dem Notausschuss nicht zu.

(3) Während einer Notlage finden durch den Landtag vorzunehmende Wahlen nicht statt. Nachdem der Landtag die Notlage für beendet erklärt hat, sind die Wahlen innerhalb von zwei Monaten nachzuholen. Der Notausschuss kann die Amtszeit von Personen, deren Ämter während der Notlage nachzubesetzen wären, mit einer Mehrheit von zwei Dritteln seiner Mitglieder bis zum Ablauf des Tages der Neuwahl nach Satz 2 verlängern.

(4) Eine Notlage liegt vor, wenn aufgrund einer außerordentlich schweren Katastrophe oder einer epidemischen Lage von überregionaler Tragweite im Land dem unaufschiebbaren Zusammentritt des Landtages unüberwindliche Hindernisse entgegenstehen oder seine Beschlussfähigkeit nicht hergestellt werden kann.

(5) Der Notausschuss tritt nicht als Notparlament zusammen, wenn während einer Notlage eine Sitzung des Landtages in Anwesenheit und durch Zuschaltung mittels Bild- und Tonübertragung (hybride Sitzung) zulässig ist. Dies ist der Fall, wenn eine Mehrheit von zwei Dritteln der anwesenden und der zugeschalteten Abgeordneten feststellt, dass eine Notlage vorliegt und die Anwesenheit oder Zuschaltung durch Bild- und Tonübertragung allen Abgeordneten sowie den Mitgliedern und Beauftragten der Landesregierung ermöglicht und eine sichere elektronische Kommunikation gewährleistet ist. Artikel 22 Absatz 3 findet entsprechende Anwendung. Die Rechte der Abgeordneten aus Artikel 17 und der Landesregierung aus Artikel 27 bleiben unberührt. Beschlussfassungen in einer hybriden Sitzung unterliegen den Beschränkungen des Absatzes 2 Satz 2 bis 4. Das Nähere regelt die Geschäftsordnung des Landtages.

(6) Die Landtagspräsidentin oder der Landtagspräsident beruft den Notausschuss unverzüglich als Notparlament ein, wenn eine Notlage vorliegt und eine hybride Sitzung des Landtages nach Absatz 5 nicht zulässig ist, und macht die Einberufung und ihre Begründung in geeigneter Weise bekannt. Der Notausschuss tritt in Präsenz zusammen und stellt zu Beginn jeder Sitzung mit der Mehrheit von zwei Dritteln seiner Mitglieder fest, ob eine Notlage nach Absatz 4 vorliegt. Das Landesverfassungsgericht kann auf Antrag einer oder eines Abgeordneten im Wege der einstweiligen Anordnung den Zusammentritt des Notausschusses als Notparlament untersagen oder dessen Beschlüsse für einstweilen unanwendbar erklären. Das Nähere regelt ein Gesetz.

(7) Die Regelungen über die Verhandlungen des Landtages gelten entsprechend. Abgeordnete, die dem Notausschuss nicht angehören, haben das Recht, in seinen Sitzungen anwesend zu sein. Ihnen ist auf Wunsch das Wort zu erteilen. Sie haben das Recht, Fragen und Anträge zu stellen. Die Vorlagen und Beschlüsse des Notausschusses sind allen Abgeordneten unverzüglich zuzuleiten.

(8) Vom Notausschuss beschlossene Gesetze werden nach Artikel 46 verkündet. Ist dies nicht rechtzeitig möglich, so erfolgt die Verkündung in anderer Weise; sie ist im Gesetz- und Verordnungsblatt nachzuholen, sobald die Umstände es zulassen. Beschlüsse des Notausschusses treten frühestens mit Ablauf des auf die Beschlussfassung folgenden Tages in Kraft. Stellt eine Abgeordnete oder ein Abgeordneter einen Antrag auf Erlass einer einstweiligen Anordnung nach Absatz 6 Satz 3, verzögert sich das Inkrafttreten der Beschlüsse des Notausschusses bis zur Entscheidung des Landesverfassungsgerichts, höchstens jedoch um zwei weitere Tage. Der Aufschub ist unverzüglich in geeigneter Weise bekannt zu machen.

(9) Beschlüsse des Notausschusses treten mit Ablauf des Tages außer Kraft, an dem der Landtag erstmalig nach Ende der Notlage zusammentritt, sofern der Landtag diese Beschlüsse nicht bestätigt hat. Zum gleichen Zeitpunkt treten Rechtsverordnungen, die auf Grund nicht bestätigter Gesetze ergangen sind, außer Kraft. Bestätigung und Außerkrafttreten werden von der Landtagspräsidentin oder dem Landtagspräsidenten bekannt gemacht.

(10) Der Landtag hat die Notlage unverzüglich für beendet zu erklären, wenn die Voraussetzungen für ihre Feststellung nicht mehr vorliegen.

Artikel 23
Ausschüsse

(1) Zur Vorbereitung seiner Verhandlungen und Beschlüsse setzt der Landtag Ausschüsse ein.

(2) Die Ausschüsse werden im Rahmen der ihnen vom Landtag erteilten Aufträge tätig. Sie können sich auch unabhängig von Aufträgen mit Angelegenheiten aus ihrem Aufgabengebiet befassen und hierzu dem Landtag Empfehlungen geben.

(3) Die Sitzungen der Ausschüsse sind in der Regel öffentlich. Dies gilt nicht für die Haushaltsprüfung. Darüber hinaus kann die Öffentlichkeit für bestimmte Verhandlungsgegenstände ausgeschlossen werden, wenn überwiegende Belange des öffentlichen Wohls oder schutzwürdige Inter-

essen Einzelner dies erfordern. Über den Ausschluss der Öffentlichkeit wird in nichtöffentlicher Sitzung entschieden.

Artikel 24
Untersuchungsausschüsse

(1) Der Landtag hat das Recht und auf Antrag eines Fünftels seiner Mitglieder die Pflicht, zur Aufklärung von Tatbeständen im öffentlichen Interesse einen Untersuchungsausschuss einzusetzen. Der Untersuchungsausschuss erhebt die erforderlichen Beweise in öffentlicher Verhandlung. Seine Beratungen sind nicht öffentlich. Der Ausschluss der Öffentlichkeit bei der Beweiserhebung und die Herstellung der Öffentlichkeit bei der Beratung bedürfen einer Mehrheit von zwei Dritteln der Mitglieder des Ausschusses. Über den Ausschluss der Öffentlichkeit wird in nichtöffentlicher Sitzung entschieden.

(2) Im Untersuchungsausschuss sind die Fraktionen und die Antragstellenden mit mindestens je einem Mitglied vertreten. Im Übrigen werden die Sitze unter Berücksichtigung der Stärkeverhältnisse der Fraktionen verteilt; dabei ist sicherzustellen, dass die Mehrheitsverhältnisse im Untersuchungsausschuss den Mehrheitsverhältnissen im Landtag entsprechen. Bei der Einsetzung jedes neuen Untersuchungsausschusses wechselt der Vorsitz unter den Fraktionen in der Reihenfolge ihrer Stärke.

(3) Beweise sind zu erheben, wenn Mitglieder des Untersuchungsausschusses, die zu den Antragstellenden gehören, oder ein Fünftel der Mitglieder des Untersuchungsausschusses es beantragen. Der in einem Minderheitsantrag bezeichnete Untersuchungsgegenstand kann gegen den Willen der Antragstellenden nicht eingeschränkt werden.

(4) Auf Verlangen eines Fünftels der Mitglieder des Untersuchungsausschusses ist die Landesregierung verpflichtet, Akten vorzulegen und ihren Bediensteten Aussagegenehmigungen zu erteilen. Artikel 29 Absatz 3 gilt entsprechend. Gerichte und Verwaltungsbehörden haben Rechts- und Amtshilfe zu leisten. Das Brief-, Post- und Fernmeldegeheimnis bleibt unberührt.

(5) Der Untersuchungsbericht ist der richterlichen Erörterung entzogen. In der Würdigung und Beurteilung des der Untersuchung zugrunde liegenden Sachverhalts sind die Gerichte frei.

(6) Das Nähere regelt ein Gesetz[6].

Artikel 25
Petitionsausschuss

(1) Zur Wahrung von Rechten gegenüber der Landesregierung, den Behörden des Landes und den Trägern der öffentlichen Verwaltung, soweit sie oder ihre Behörden der Aufsicht des Landes unterstehen, zur Behandlung von Bitten und Beschwerden an den Landtag sowie zur Durchführung von Anhörungen nach Artikel 48 Absatz 1 Satz 4 bestellt der Landtag einen Ausschuss (Petitionsausschuss). Soweit Träger der öffentlichen Verwaltung oder ihre Behörden der Rechtsaufsicht des Landes unterstehen, ist der Petitionsausschuss auf eine Rechtskontrolle beschränkt.

(2) Die Landesregierung, die Behörden des Landes und die Träger der öffentlichen Verwaltung, soweit sie oder ihre Behörden der Aufsicht des Landes unterstehen, sind verpflichtet, dem Petitionsausschuss zur Wahrnehmung seiner Aufgaben auf sein Verlangen Akten vorzulegen, ihm jederzeit Zutritt zu den von ihnen verwalteten öffentlichen Einrichtungen zu gestatten, alle erforderlichen Auskünfte zu erteilen und Amtshilfe zu leisten. Die gleiche Verpflichtung besteht gegenüber vom Ausschuss beauftragten Ausschussmitgliedern. Artikel 29 Absatz 3 gilt entsprechend.

(3) Der Petitionsausschuss behandelt Petitionen in nichtöffentlicher Sitzung. Der Ausschuss kann beschließen, eine Petition öffentlich zu behandeln, soweit überwiegende Belange des öffentlichen Wohls oder schutzwürdige Interessen Einzelner nicht entgegenstehen und die Petentin oder der Petent zustimmt.

Artikel 26
Parlamentarischer Einigungsausschuss

(1) Die Aufgaben nach Artikel 29 Absatz 3 Satz 3 und 4 nimmt ein Parlamentarischer Einigungsausschuss wahr.

(2) Dem Parlamentarischen Einigungsausschuss gehören als Mitglieder je eine Vertreterin oder ein Vertreter der Fraktionen an. Die oder der Vorsitzende wird im Wechsel zwischen den Fraktionen aus der Mitte des Ausschusses gewählt.

(3) Die Sitzungen des Ausschusses sind nicht öffentlich. Artikel 17 Absatz 2 Satz 1 findet keine Anwendung. Die Fragestellenden oder die Antragstellenden und die Landesregierung haben Anspruch auf Anhörung durch den Ausschuss.

Artikel 27
Anwesenheitspflicht und Zutrittsrecht
der Landesregierung

(1) Der Landtag und seine Ausschüsse haben das Recht und auf Antrag eines Viertels der jeweils vorgesehenen Mitglieder die Pflicht, die Anwesenheit jedes Mitgliedes der Landesregierung zu verlangen.

(2) Die Mitglieder der Landesregierung und ihre Beauftragten haben zu den Sitzungen des Landtages und seiner Ausschüsse Zutritt. Zu nichtöffentlichen Sitzungen der Untersuchungsausschüsse, die nicht der Beweiserhebung dienen, besteht für Regierungsmitglieder und ihre Beauftragten kein Zutritt, es sei denn, dass sie geladen werden.

(3) Den Mitgliedern der Landesregierung ist im Landtag und seinen Ausschüssen, ihren Beauftragten in den Ausschüssen auf Wunsch das Wort zu erteilen.

Artikel 28
Informationspflichten der Landesregierung
gegenüber dem Landtag

(1) Die Landesregierung ist verpflichtet, den Landtag über die Vorbereitung von Gesetzen und Staatsverträgen sowie über die Grundsatzfragen der Landesplanung, der Standortplanung und der Durchführung von Großvorhaben frühzeitig und vollständig zu unterrichten. Das Gleiche gilt für die Vorbereitung von Verwaltungsabkommen, Verordnungen und Verwaltungsvorschriften, für die Mitwirkung im Bundesrat und für die Zusammenarbeit mit dem Bund, den Ländern, anderen Staaten, zwischenstaatlichen Einrichtungen, insbesondere der Europäischen Union, sowie deren Organen, soweit es um Gegenstände von grundsätzlicher Bedeutung geht.

(2) Artikel 29 Absatz 3 gilt entsprechend.

(3) Das Nähere regelt ein Gesetz[7].

Artikel 29
Frage- und Auskunftsrecht der Abgeordneten,
Aktenvorlage durch die Landesregierung

(1) Fragen einzelner Abgeordneter oder parlamentarische Anfragen haben die Landesregierung oder ihre Mitglieder im Landtag und in seinen Ausschüssen nach bestem Wissen unverzüglich und vollständig zu beantworten. Die gleiche Verpflichtung trifft die Beauftragten der Landesregierung in den Ausschüssen des Landtages.

(2) Die Landesregierung hat jeder oder jedem Abgeordneten Auskünfte zu erteilen. Sie hat dem Landtag und den von ihm eingesetzten Ausschüssen auf Verlangen eines Viertels der jeweils vorgesehenen Mitglieder Akten vorzulegen. Die Auskunftserteilung und die Aktenvorlage müssen unverzüglich und vollständig erfolgen.

(3) Die Landesregierung kann die Beantwortung von Fragen, die Erteilung von Auskünften oder die Vorlage von Akten ablehnen, wenn dem Bekanntwerden des Inhalts gesetzliche Vorschriften oder Staatsgeheimnisse oder schutzwürdige Interessen Einzelner, insbesondere des Datenschutzes, entgegenstehen oder wenn die Funktionsfähigkeit und die Eigenverantwortung der Landesregierung beeinträchtigt

---

6 *Untersuchungsausschussgesetz, Nr. 15*

7 *Parlamentsinformationsgesetz vom 17.10.2006 (GVOBl. Schl.-H. S. 217), zuletzt geändert durch Gesetz vom 24.4.2018 (GVOBl. Schl.-H. S. 257)*

werden. Die Entscheidung ist den Fragestellenden oder den Antragstellenden mitzuteilen. Auf deren Verlangen ist die Ablehnung vor dem Parlamentarischen Einigungsausschuss zu begründen. Soweit zwischen dem Parlamentarischen Einigungsausschuss und der Landesregierung keine Einigung erzielt wird, ist die Landesregierung verpflichtet, dem Informationsverlangen unverzüglich zu entsprechen, es sei denn, dass sie eine gegenteilige einstweilige Anordnung des Landesverfassungsgerichts erwirkt; bis zur Entscheidung über ihren Antrag besteht keine Antwort-, Auskunfts- oder Vorlagepflicht.

(4) Das Nähere regelt ein Gesetz.

Artikel 30
Verfahren vor dem Bundesverfassungsgericht auf Verlangen des Landtages

Die Landesregierung ist verpflichtet, beim Bundesverfassungsgericht für das Land ein Verfahren gegen eine Maßnahme oder Unterlassung des Bundes anhängig zu machen, wenn der Landtag dies zur Wahrung seiner Rechte verlangt.

Artikel 31
Indemnität, Immunität, Zeugnisverweigerungsrecht

(1) Keine Abgeordnete und kein Abgeordneter dürfen zu irgendeiner Zeit wegen einer Abstimmung oder wegen einer Äußerung im Landtag oder in einem seiner Ausschüsse gerichtlich oder dienstlich verfolgt oder sonst außerhalb des Landtages zur Verantwortung gezogen werden. Dies gilt nicht für verleumderische Beleidigungen.

(2) Wegen einer mit Strafe bedrohten Handlung darf eine Abgeordnete oder ein Abgeordneter nur mit Genehmigung des Landtages zur Verantwortung gezogen oder verhaftet werden, es sei denn, sie oder er wird bei Ausübung der Tat oder im Laufe des folgenden Tages festgenommen. Strafverfahren gegen Abgeordnete sowie die Durchführung von Haft oder sonstigen Beschränkungen der persönlichen Freiheit sind auf Verlangen des Landtages auszusetzen.

(3) Die Abgeordneten sind berechtigt, das Zeugnis zu verweigern über Personen, die ihnen in ihrer Eigenschaft als Abgeordnete Tatsachen anvertraut haben, über Personen, denen sie in ihrer Eigenschaft als Abgeordnete Tatsachen anvertraut haben, sowie über diese Tatsachen. Insoweit sind auch Schriftstücke der Beschlagnahme entzogen.

Artikel 32
Untersuchung und Beschlagnahme im Landtagsgebäude

In den Räumen des Landtages darf eine Untersuchung oder Beschlagnahme nur mit Zustimmung der Landtagspräsidentin oder des Landtagspräsidenten vorgenommen werden.

Abschnitt III
Die Landesregierung

Artikel 33
Zusammensetzung, Wahl und Berufung

(1) Die Landesregierung ist im Bereich der vollziehenden Gewalt oberstes Leitungs-, Entscheidungs- und Vollzugsorgan. Sie besteht aus der Ministerpräsidentin oder dem Ministerpräsidenten und den Landesministerinnen und Landesministern.

(2) Die Ministerpräsidentin oder der Ministerpräsident wird vom Landtag ohne Aussprache gewählt. Sie oder er beruft und entlässt die Landesministerinnen und Landesminister und bestellt aus diesem Kreis für sich eine Vertreterin oder einen Vertreter.

(3) Zur Ministerpräsidentin oder zum Ministerpräsidenten ist gewählt, wer die Stimmen der Mehrheit der Mitglieder des Landtages auf sich vereinigt.

(4) Erhält im ersten Wahlgang niemand diese Mehrheit, so findet ein neuer Wahlgang statt. Kommt die Wahl auch im zweiten Wahlgang nicht zustande, so ist gewählt, wer in einem weiteren Wahlgang die meisten Stimmen erhält.

Artikel 34
Ende der Amtszeit, Rücktritt

(1) Das Amt der Ministerpräsidentin oder des Ministerpräsidenten und der Landesministerinnen und Landesminister endet mit dem Zusammentritt eines neuen Landtages, das Amt der Landesministerinnen und Landesminister auch mit dem Rücktritt oder jeder anderen Erledigung des Amtes der Ministerpräsidentin oder des Ministerpräsidenten.

(2) Endet das Amt der Ministerpräsidentin oder des Ministerpräsidenten, so sind sie oder er und mit ihr oder ihm die anderen Mitglieder der Landesregierung verpflichtet, die Geschäfte bis zum Amtsantritt der Nachfolgerinnen oder der Nachfolger weiterzuführen. Auf Ersuchen der Ministerpräsidentin oder des Ministerpräsidenten hat eine Landesministerin oder ein Landesminister die Geschäfte bis zur Ernennung einer Nachfolgerin oder eines Nachfolgers weiterzuführen.

Artikel 35
Amtseid

(1) Die Ministerpräsidentin oder der Ministerpräsident leistet bei der Amtsübernahme vor dem Landtag den folgenden Eid:

„Ich schwöre: Ich werde meine Kraft dem Wohle des deutschen Volkes widmen, seine Freiheit verteidigen, seinen Nutzen mehren, Schaden von ihm wenden, die Gesetze des Bundesrepublik Deutschland und des Landes Schleswig-Holstein wahren, meine Pflichten gewissenhaft erfüllen und Gerechtigkeit gegenüber allen Menschen üben."

Dem Eid kann eine religiöse Beteuerung angefügt werden.

(2) Die Landesministerinnen und Landesminister haben nach ihrer Berufung unverzüglich vor dem Landtag den gleichen Eid zu leisten.

Artikel 36
Richtlinienkompetenz, Ressortverantwortlichkeit, Geschäftsordnung

(1) Die Ministerpräsidentin oder der Ministerpräsident bestimmt die Richtlinien der Regierungspolitik und trägt dafür die Verantwortung. Sie oder er führt den Vorsitz in der Landesregierung und leitet deren Geschäfte.

(2) Innerhalb der Richtlinien der Regierungspolitik leiten und verantworten die Landesministerinnen und Landesminister ihren Geschäftsbereich selbständig.

(3) Die Landesregierung gibt sich eine Geschäftsordnung[8].

Artikel 37
Vertretung des Landes, Staatsverträge

(1) Die Ministerpräsidentin oder der Ministerpräsident vertritt das Land, soweit die Gesetze nichts anderes bestimmen. Diese Befugnis kann übertragen werden.

(2) Verträge mit der Bundesrepublik oder mit anderen Ländern bedürfen der Zustimmung der Landesregierung. Soweit sie Gegenstände der Gesetzgebung betreffen oder zu ihrer Durchführung eines Gesetzes bedürfen, muss auch der Landtag zustimmen.

Artikel 38
Öffentlicher Dienst

Zu den Aufgaben der Ministerpräsidentin oder des Ministerpräsidenten gehören die Ernennung, Einstellung und Entlassung von Richterinnen und Richtern, Beamtinnen und Beamten, Angestellten, Arbeiterinnen und Arbeitern des Landes. Die Ministerpräsidentin oder der Ministerpräsident kann dieses Recht übertragen. Artikel 20 Absatz 3 Satz 3 bleibt unberührt.

Artikel 39
Begnadigung, Amnestie

(1) Die Ministerpräsidentin oder der Ministerpräsident übt im Namen des Volkes das Begnadigungsrecht aus. Die Befugnis kann übertragen werden.

(2) Eine Amnestie bedarf eines Gesetzes.

---

8 *Geschäftsordnung der Landesregierung, Nr. 20*

Artikel 40
Amts- und Rechtsverhältnisse
der Mitglieder der Landesregierung

(1) Die Ministerpräsidentin oder der Ministerpräsident und die Landesministerinnen und Landesminister stehen in einem besonderen öffentlich-rechtlichen Amtsverhältnis.

(2) Die Rechtsverhältnisse der Mitglieder der Landesregierung werden durch Gesetz geregelt.[9]

Artikel 41
Inkompatibilität

Die Mitglieder der Landesregierung dürfen kein anderes besoldetes Amt, kein Gewerbe und keinen Beruf ausüben; sie dürfen weder der Leitung noch ohne Zustimmung des Landtages dem Aufsichtsrat eines auf Erwerb gerichteten Unternehmens angehören.

Artikel 42
Konstruktives Misstrauensvotum

Der Landtag kann der Ministerpräsidentin oder dem Ministerpräsidenten das Misstrauen nur dadurch aussprechen, dass er mit der Mehrheit seiner Mitglieder eine Nachfolgerin oder einen Nachfolger wählt.

Artikel 43
Vorzeitige Beendigung der Wahlperiode durch die Ministerpräsidentin oder den Ministerpräsidenten

(1) Stellt die Ministerpräsidentin oder der Ministerpräsident in einem Antrag die Vertrauensfrage, ohne hierfür die Zustimmung der Mehrheit der Mitglieder des Landtages zu finden, so kann die Ministerpräsidentin oder der Ministerpräsident binnen zehn Tagen die Wahlperiode vorzeitig beenden. Zwischen dem Antrag und der Abstimmung müssen achtundvierzig Stunden liegen. Artikel 19 Absatz 3 ist anzuwenden.

(2) Das Recht der Ministerpräsidentin oder des Ministerpräsidenten zur vorzeitigen Beendigung der Wahlperiode erlischt, sobald der Landtag mit der Mehrheit seiner Mitglieder eine andere Ministerpräsidentin oder einen anderen Ministerpräsidenten wählt.

Abschnitt IV
Die Gesetzgebung

Artikel 44
Gesetzgebungsverfahren

(1) Die Gesetzentwürfe werden von der Landesregierung oder von einzelnen oder mehreren Abgeordneten oder durch Initiativen aus dem Volk eingebracht.

(2) Die Gesetze werden vom Landtag oder durch Volksentscheid beschlossen.

Artikel 45
Rechtsverordnungen

(1) Die Ermächtigung zum Erlass einer Rechtsverordnung kann nur durch Gesetz erteilt werden. Das Gesetz muss Inhalt, Zweck und Ausmaß der erteilten Ermächtigung bestimmen. In der Verordnung ist die Rechtsgrundlage anzugeben.

(2) Ist durch Gesetz vorgesehen, dass eine Ermächtigung weiter übertragen werden kann, so bedarf es zu ihrer Übertragung einer Rechtsverordnung.

Artikel 46
Ausfertigung und Verkündung, Inkrafttreten

(1) Die Ministerpräsidentin oder der Ministerpräsident fertigt unter Mitzeichnung der beteiligten Landesministerinnen und Landesminister die Gesetze aus und verkündet sie unverzüglich im Gesetz- und Verordnungsblatt.

(2) Rechtsverordnungen werden von der Stelle, die sie erlässt, ausgefertigt und, vorbehaltlich anderweitiger gesetzlicher Regelung, im Gesetz- und Verordnungsblatt verkündet.

(3) Die Gesetze und Rechtsverordnungen treten, wenn nichts anderes bestimmt ist, mit dem vierzehnten Tag nach Ablauf des Tages in Kraft, an dem sie verkündet worden sind. Unmittelbar nach Verkündung sind Gesetze und Rechtsverordnungen auch elektronisch zu veröffentlichen.

Artikel 47
Verfassungsändernde Gesetze

(1) Diese Verfassung kann nur durch ein Gesetz geändert werden, das ihren Wortlaut ausdrücklich ändert oder ergänzt.

(2) Ein solches Gesetz bedarf der Zustimmung von zwei Dritteln der Mitglieder des Landtages oder der Zustimmung des Volkes nach Artikel 49 Absatz 4 Satz 2 und 3.

Abschnitt V
Initiativen aus dem Volk, Volksbegehren
und Volksentscheid

Artikel 48
Initiativen aus dem Volk

(1) Bürgerinnen und Bürger haben das Recht, den Landtag im Rahmen seiner Entscheidungszuständigkeit mit bestimmten Gegenständen der politischen Willensbildung zu befassen. Einer Initiative kann auch ein mit Gründen versehener Gesetzentwurf zugrunde liegen; er darf den Grundsätzen des demokratischen und sozialen Rechtsstaates nicht widersprechen. Die Initiativen müssen von mindestens 20.000 Stimmberechtigten unterzeichnet sein. Ihre Vertreterinnen und Vertreter haben das Recht auf Anhörung.

(2) Initiativen über den Haushalt des Landes, über Dienst- und Versorgungsbezüge sowie über öffentliche Abgaben sind unzulässig.

(3) Über die Zulässigkeit der Initiative entscheidet der Landtag.

(4) Das Nähere regelt ein Gesetz[10].

Artikel 49
Volksbegehren und Volksentscheid

(1) Stimmt der Landtag dem Gesetzentwurf oder der Vorlage nach Artikel 48 innerhalb einer Frist von vier Monaten nicht zu, so sind die Vertreterinnen und Vertreter der Initiative berechtigt, die Durchführung eines Volksbegehrens zu beantragen. Die Frist beginnt mit dem Tag der Entscheidung über die Zulässigkeit der Initiative. Der Landtag entscheidet, ob das beantragte Volksbegehren zulässig ist. Auf Antrag der Landesregierung oder eines Viertels der Mitglieder des Landtages entscheidet das Landesverfassungsgericht über die Vereinbarkeit des beanstandeten Volksbegehrens mit Artikel 48 Absatz 1 Satz 1 und 2 oder Absatz 2. Ein Volksbegehren ist zu-stande gekommen, wenn mindestens 80.000 Stimmberechtigte innerhalb eines halben Jahres dem Volksbegehren zugestimmt haben.

(2) Ist ein Volksbegehren zustande gekommen, so muss innerhalb von neun Monaten über den Gesetzentwurf oder die andere Vorlage ein Volksentscheid herbeigeführt werden. Der Landtag kann einen eigenen Gesetzentwurf oder eine andere Vorlage zur gleichzeitigen Abstimmung stellen. Ein Volksentscheid findet nicht statt, wenn

1. der Landtag dem Gesetzentwurf oder der anderen Vorlage bis zur Bestimmung des Abstimmungstages durch die Landtagspräsidentin oder den Landtagspräsidenten in unveränderter oder in einer von den Vertreterinnen und Vertretern der Initiative gebilligten geänderten Fassung zustimmt oder

2. auf Antrag der Landesregierung oder eines Viertels der Mitglieder des Landtages das Landesverfassungsgericht die Vereinbarkeit des zustande gekommenen Volksbegehrens mit Artikel 48 Absatz 1 Satz 1 und 2 oder Absatz 2 verneint.

---

[9] *Landesministergesetz, Nr. 22*

[10] *Volksabstimmungsgesetz, Nr. 5*

(3) Vor der Abstimmung über ein Volksbegehren oder vor der Durchführung eines Volksentscheids hat die Landesregierung den mit Gründen versehenen Gesetzentwurf oder die andere Vorlage ohne Stellungnahme in angemessener Form zu veröffentlichen. Wenn das Volksbegehren zustande gekommen ist, haben die Vertreterinnen und Vertreter der Initiative Anspruch auf Erstattung der notwendigen Kosten einer angemessenen Werbung für den Volksentscheid.

(4) Der Gesetzentwurf oder die andere Vorlage ist durch Volksentscheid angenommen, wenn die Mehrheit derjenigen, die ihre Stimme abgegeben haben, jedoch mindestens 15 vom Hundert der Stimmberechtigten zugestimmt haben. Eine Verfassungsänderung durch Volksentscheid bedarf der Zustimmung von zwei Dritteln derjenigen, die ihre Stimme abgegeben haben, jedoch mindestens die Hälfte der Stimmberechtigten. In der Abstimmung zählen nur die gültigen Ja- und Nein-Stimmen.

(5) Das Nähere regelt ein Gesetz[11].

Abschnitt VI
Die Rechtsprechung

Artikel 50
Gerichte, Richterinnen und Richter

(1) Die rechtsprechende Gewalt ist den Richterinnen und Richtern anvertraut; sie wird im Namen des Volkes ausgeübt. Die Richterinnen und Richter sind unabhängig und nur dem Gesetz unterworfen.

(2) Über die Anstellung einer Richterin oder eines Richters entscheidet die oder der für die jeweilige Gerichtszweig zuständige Landesministerin oder Landesminister gemeinsam mit einem Richterwahlausschuss, der zu zwei Dritteln aus Abgeordneten besteht. Die Mitglieder des Richterwahlausschusses werden vom Landtag gewählt. Der Richterwahlausschuss und der Landtag treffen die ihnen nach Satz 1 und 2 obliegenden Entscheidungen mit der Mehrheit von zwei Dritteln der abgegebenen Stimmen.

(3) Die Präsidentinnen oder Präsidenten der oberen Landesgerichte werden auf Vorschlag der oder des für die jeweilige Gerichtsbarkeit zuständigen Landesministerin oder Landesministers vom Landtag mit der Mehrheit von zwei Dritteln der abgegebenen Stimmen gewählt.

(4) Wenn eine Richterin oder ein Richter im Amt oder außerhalb des Amtes gegen die Grundsätze des Grundgesetzes für die Bundesrepublik Deutschland oder gegen die verfassungsmäßige Ordnung des Landes verstößt, kann der Landtag beim Bundesverfassungsgericht gegen sie oder ihn Anklage erheben.

(5) Das Nähere regelt ein Gesetz[12].

Artikel 51
Landesverfassungsgericht

(1) Es wird ein Landesverfassungsgericht errichtet.

(2) Das Landesverfassungsgericht entscheidet:
1. über die Auslegung der Verfassung aus Anlass von Streitigkeiten über den Umfang der Rechte und Pflichten des Landtages oder der Landesregierung oder anderer Beteiligter, die durch die Landesverfassung oder die Geschäftsordnung des Landtages mit eigenen Rechten ausgestattet sind;
2. bei Meinungsverschiedenheiten oder Zweifeln über die förmliche oder sachliche Vereinbarkeit von Landesrecht mit dieser Verfassung auf Antrag der Landesregierung oder eines Drittels der Mitglieder des Landtages, zweier Fraktionen oder einer Fraktion gemeinsam mit den Abgeordneten, denen die Rechte einer Fraktion zustehen;
3. über die Vereinbarkeit eines Landesgesetzes mit dieser Verfassung, wenn ein Gericht das Verfahren nach Artikel 100 Absatz 1 des Grundgesetzes für die Bundesrepublik Deutschland ausgesetzt hat;
4. über Verfassungsbeschwerden von Gemeinden und Gemeindeverbänden wegen der Verletzung des Rechts auf Selbstverwaltung nach Artikel 54 Absatz 1 und 2 durch ein Landesgesetz;
5. über Beschwerden gegen die Nichtanerkennung als Partei für die Landtagswahl;
6. über Beschwerden gegen die Entscheidung des Landtages über die Gültigkeit der Landtagswahl;
7. in den übrigen in dieser Verfassung vorgesehenen Fällen.

(3) Das Landesverfassungsgericht besteht aus sieben Mitgliedern. Sie werden vom Landtag mit einer Mehrheit von zwei Dritteln seiner Mitglieder gewählt. Gewählt werden kann nur, wer die Befähigung zum Richteramt besitzt.

(4) Die Mitglieder des Landesverfassungsgerichts dürfen weder dem Bundestag, dem Bundesrat, der Bundesregierung, noch entsprechenden Organen eines Landes angehören; sie üben ihre verfassungsrichterliche Tätigkeit ehrenamtlich aus. Die Wahrnehmung dieser Tätigkeit geht allen anderen Aufgaben vor.

(5) Das Nähere regelt ein Gesetz[13]. Es bestimmt, in welchen Fällen die Entscheidungen des Landesverfassungsgerichts Gesetzeskraft haben.

Abschnitt VII
Die Verwaltung

Artikel 52
Gesetzesvorrang, Verwaltungsorganisation

(1) Die Verwaltung ist an Gesetz und Recht gebunden.

(2) Die Organisation der Verwaltung sowie die Zuständigkeiten und das Verfahren werden durch Gesetz bestimmt. Die Organisation der Verwaltung und die Ausgestaltung der Verwaltungsverfahren orientieren sich an den Grundsätzen der Bürgernähe, Zweckmäßigkeit und Wirtschaftlichkeit.

(3) Die Einrichtung der Landesbehörden obliegt der Landesregierung. Sie kann diese Befugnis übertragen.

Artikel 53
Transparenz

Die Behörden des Landes, der Gemeinden und Gemeindeverbände stellen amtliche Informationen zur Verfügung, soweit nicht entgegenstehende öffentliche oder schutzwürdige private Interessen überwiegen. Das Nähere regelt ein Gesetz.

Artikel 54
Kommunale Selbstverwaltung

(1) Die Gemeinden sind berechtigt und im Rahmen ihrer Leistungsfähigkeit verpflichtet, in ihrem Gebiet alle öffentlichen Aufgaben in eigener Verantwortung zu erfüllen, soweit die Gesetze nicht ausdrücklich etwas anderes bestimmen.

(2) Die Gemeindeverbände haben im Rahmen ihrer gesetzlichen Zuständigkeit die gleichen Rechte und Pflichten.

(3) Das Land sichert durch seine Aufsicht die Durchführung der Gesetze. Das Nähere regelt ein Gesetz.

(4) Durch Gesetz oder aufgrund eines Gesetzes durch Verordnung können die Gemeinden und Gemeindeverbände zur Erfüllung bestimmter öffentlicher Aufgaben verpflichtet werden.

Artikel 55
Kommunale Haushaltswirtschaft

Die Gemeinden und Gemeindeverbände führen ihre Haushaltswirtschaft im Rahmen der Gesetze in eigener Verantwortung.

Artikel 56
Abgabenhoheit

Zur Erfüllung ihrer Aufgaben fließen den Gemeinden und Gemeindeverbänden nach Maßgabe der Steuergesetze Einnahmen aus den Realsteuern und den sonstigen Kommunalsteuern zu.

---

11 *Volksabstimmungsgesetz, Nr.* **5**
12 *Landesrichtergesetz, Nr.* **475**
13 *Landesverfassungsgerichtsgesetz, Nr.* **25**

Artikel 57
Kommunaler Finanzausgleich

(1) Um die Leistungsfähigkeit der steuerschwachen Gemeinden und Gemeindeverbände zu sichern und eine unterschiedliche Belastung mit Ausgaben auszugleichen, stellt das Land im Rahmen seiner finanziellen Leistungsfähigkeit den Gemeinden und Gemeindeverbänden im Wege des Finanzausgleichs Mittel zur Verfügung, durch die eine angemessene Finanzausstattung der Kommunen gewährleistet wird.

(2) Werden die Gemeinden oder Gemeindeverbände durch Gesetz oder aufgrund eines Gesetzes durch Verordnung zur Erfüllung bestimmter öffentlicher Aufgaben verpflichtet, so sind dabei Bestimmungen über die Deckung der Kosten zu treffen. Führen diese Aufgaben zu einer Mehrbelastung der Gemeinden oder Gemeindeverbände, so ist dafür ein entsprechender finanzieller Ausgleich zu schaffen.[14]

Abschnitt VIII
Das Haushaltswesen

Artikel 58
Landeshaushalt

(1) Alle Einnahmen und Ausgaben sowie Verpflichtungsermächtigungen des Landes müssen für jedes Rechnungsjahr veranschlagt und in den Haushaltsplan eingestellt werden; bei Landesbetrieben und Sondervermögen des Landes brauchen nur die Zuführungen oder die Ablieferungen eingestellt zu werden. Der Haushaltsplan ist in Einnahme und Ausgabe auszugleichen.

(2) Der Haushaltsplan ist vor Beginn des Rechnungsjahres durch ein Gesetz festzustellen.

(3) Der Gesetzentwurf nach Absatz 2 sowie Entwürfe der Landesregierung zur Änderung des Haushaltsgesetzes und des Haushaltsplans werden von ihr in den Landtag eingebracht.

(4) In das Haushaltsgesetz dürfen nur Vorschriften aufgenommen werden, die sich auf die Einnahmen und die Ausgaben des Landes und auf den Zeitraum beziehen, für den das Haushaltsgesetz beschlossen wird. Das Haushaltsgesetz kann vorschreiben, dass die Vorschriften erst mit der Verkündung des nächsten Haushaltsgesetzes oder bei Ermächtigung nach Artikel 61 zu einem späteren Zeitpunkt außer Kraft treten.

Artikel 59
Haushaltswirtschaft bis zur Feststellung
des Landeshaushalts

(1) Kann der Haushaltsplan nicht vor Beginn eines Rechnungsjahres durch Gesetz festgestellt werden, so ist die Landesregierung bis zum Inkrafttreten des Gesetzes ermächtigt, alle Ausgaben zu leisten oder Verpflichtungen einzugehen, die nötig sind, um

1. gesetzlich bestehende Einrichtungen zu erhalten und gesetzlich beschlossene Maßnahmen durchzuführen,
2. die rechtlich begründeten Verpflichtungen des Landes zu erfüllen sowie
3. Bauten, Beschaffungen und sonstige Leistungen fortzusetzen oder Beihilfen für diesen Zweck weiter zu gewähren, sofern durch den Haushaltsplan eines Vorjahres bereits Beträge bewilligt worden sind.

(2) Die Landesregierung kann für die nach Absatz 1 zulässigen Ausgaben Kredite aufnehmen, soweit der Geldbedarf des Landes nicht durch Steuern, Abgaben und sonstige Einnahmen gedeckt werden kann. Die Kreditaufnahme darf ein Drittel der im Haushaltsplan des Vorjahres veranschlagten Einnahmen nicht übersteigen.

Artikel 60
Überplanmäßige und außerplanmäßige Ausgaben

(1) Überplanmäßige und außerplanmäßige Ausgaben und Verpflichtungen bedürfen der vorherigen Zustimmung der Landesministerin oder des Landesministers für Finanzen. Sie darf nur bei unvorhergesehenem und unabweisbarem Bedürfnis erteilt werden. Das Nähere kann durch Gesetz geregelt werden.

(2) Über Einwilligungen in überplanmäßige und außerplanmäßige Ausgaben und Verpflichtungen ist dem Landtag für jedes Vierteljahr nachträglich zu berichten.

Artikel 61
Kredite, Sicherheits- und Gewährleistungen

(1) Einnahmen und Ausgaben sind grundsätzlich ohne Einnahmen aus Krediten auszugleichen.

(2) Bei einer von der Normallage abweichenden konjunkturellen Entwicklung sind die Auswirkungen auf den Haushalt im Auf- und Abschwung symmetrisch zu berücksichtigen.

(3) Im Falle von Naturkatastrophen oder außergewöhnlichen Notsituationen, die sich der Kontrolle des Staates entziehen und die staatliche Finanzlage erheblich beeinträchtigen, kann von den Vorgaben nach Absatz 1 und 2 aufgrund eines Beschlusses mit der Mehrheit von zwei Dritteln der Mitglieder des Landtages abgewichen werden. Im Falle der Abweichung von den Vorgaben des Absatzes 1 ist der Beschluss mit einem Tilgungsplan zu verbinden. Die Rückführung der nach Satz 1 aufgenommenen Kredite hat binnen eines angemessenen Zeitraumes zu erfolgen.

(4) Die Aufnahme von Krediten sowie die Übernahme von Bürgschaften, Garantien oder sonstigen Gewährleistungen, die zu Ausgaben in künftigen Haushaltsjahren führen können, bedürfen einer der Höhe nach bestimmten oder bestimmbaren Ermächtigung durch Gesetz.

(5) Näheres, insbesondere die Bereinigung der Einnahmen und Ausgaben um finanzielle Transaktionen und das Verfahren zur Berechnung der Vorgaben der Absätze 1 und 2 unter Berücksichtigung der konjunkturellen Entwicklung auf der Grundlage eines Konjunkturbereinigungsverfahrens sowie die Kontrolle und den Ausgleich von Abweichungen von diesen Vorgaben, regelt ein Gesetz.[15]

Artikel 62
Deckungsnachweispflicht

Beschließt der Landtag Maßnahmen, die Kosten verursachen, so ist gleichzeitig für die nötige Deckung zu sorgen. Abweichend von Artikel 58 Absatz 3 können hierzu aus der Mitte des Landtages Entwürfe zur Änderung des Haushaltsgesetzes und des Haushaltsplanes eingebracht werden.

Artikel 63
Rechnungslegung, Entlastung der Landesregierung

(1) Die Landesregierung hat durch die Landesministerin oder den Landesminister für Finanzen dem Landtag über alle Einnahmen und Ausgaben sowie die Inanspruchnahme der Verpflichtungsermächtigungen jährlich Rechnung zu legen. Sie hat die Rechnung mit einer Übersicht über das Vermögen und die Schulden des Landes im nächsten Haushaltsjahr dem Landtag vorzulegen. Der Landesrechnungshof berichtet dem Landtag und der Landesregierung unmittelbar zur Haushaltsrechnung.

(2) Der Landtag beschließt über die Entlastung der Landesregierung aufgrund der Haushaltsrechnung sowie aufgrund der Berichte des Landesrechnungshofs nach Absatz 1 und nach Artikel 64 Absatz 5.

(3) Das Nähere regelt ein Gesetz.[16]

---

[14] Konnexitätsausführungsgesetz vom 27.4.2012 (GVOBl. Schl.-H. S. 450), zuletzt geändert durch Gesetz vom 23.6.2020 (GVOBl. Schl.-H. S. 364)

[15] Gesetz zur Ausführung von Artikel 61 der Verfassung des Landes Schleswig-Holstein in der Fassung vom 13.12.2019 (GVOBl. Schl.-H. S. 612), geändert durch Gesetz vom 25.2.2021 (GVOBl. Schl.-H. S. 201)

[16] Landeshaushaltsordnung, Nr. **40**

Artikel 64
Überwachung der Haushalts- und Wirtschaftsführung durch den Landesrechnungshof

(1) Der Landesrechnungshof überwacht die gesamte Haushalts- und Wirtschaftsführung des Landes. Er untersucht hierbei die zweckmäßigste, wirtschaftlichste und einfachste Gestaltung der öffentlichen Verwaltung. Er ist auch zuständig, soweit Stellen außerhalb der Landesverwaltung Landesmittel erhalten oder Landesvermögen oder Landesmittel verwalten.

(2) Der Landesrechnungshof überwacht die Haushalts- und Wirtschaftsführung der kommunalen Körperschaften. Das Nähere regelt ein Kommunalprüfungsgesetz[17].

(3) Der Landesrechnungshof überwacht die Haushalts- und Wirtschaftsführung der übrigen juristischen Personen des öffentlichen Rechts, die der Aufsicht des Landes unterstehen.

(4) Der Landesrechnungshof prüft die Haushalts- und Wirtschaftsführung der juristischen Personen des privaten Rechts, wenn sie Mittel aus dem Landeshaushalt erhalten, Landesvermögen verwalten oder dem Landesrechnungshof ein Prüfungsrecht eingeräumt ist.

(5) Der Landesrechnungshof übermittelt jährlich das Ergebnis seiner Prüfung gleichzeitig dem Landtag und der Landesregierung.

(6) Das Nähere regelt ein Gesetz[18].

Artikel 65
Landesrechnungshof

(1) Der Landesrechnungshof ist eine selbständige, nur dem Gesetz unterworfene oberste Landesbehörde. Seine Mitglieder genießen den Schutz richterlicher Unabhängigkeit.

(2) Der Landesrechnungshof besteht aus der Präsidentin oder dem Präsidenten, der Vizepräsidentin oder dem Vizepräsidenten und den weiteren Mitgliedern. Präsidentin oder Präsident und Vizepräsidentin oder Vizepräsident werden vom Landtag mit einer Mehrheit von zwei Dritteln seiner Mitglieder auf die Dauer von zwölf Jahren gewählt; eine Wiederwahl ist nicht zulässig. Die Ministerpräsidentin oder der Ministerpräsident ernennt die Präsidentin oder den Präsidenten und die Vizepräsidentin oder den Vizepräsidenten. Die weiteren Mitglieder des Landesrechnungshofs werden von der Ministerpräsidentin oder von dem Ministerpräsidenten auf Vorschlag der Präsidentin oder des Präsidenten des Landesrechnungshofs mit Zustimmung des Landtages ernannt.

(3) Das Nähere regelt ein Gesetz[19].

---

[17] *Kommunalprüfungsgesetz in der Fassung der Bekanntmachung vom 28.2.2003 (GVOBl. Schl.-H. S. 129), zuletzt geändert durch Gesetz vom 23.6.2020 (GVOBl. Schl.-H. S. 364)*
[18] *Gesetz über den Landesrechnungshof vom 2.1.1991 (GVOBl. Schl.-H. S. 3), zuletzt geändert durch Gesetz vom 25.2.2011 (GVOBl. Schl.-H. S. 71)*
[19] *Gesetz über den Landesrechnungshof vom 2.1.1991 (GVOBl. Schl.-H.*

Abschnitt IX
Übergangs- und Schlussbestimmungen

Artikel 66
Geltungsbereich

Veränderungen des räumlichen Geltungsbereichs des Landesrechts werden durch Gesetz festgestellt.

Artikel 67
Übergangsvorschrift

(1) Abweichend von Artikel 61 Absatz 1 können bis 2019 Kredite aufgenommen werden. Dabei sind jährliche Obergrenzen einzuhalten. Die Obergrenze für 2011 errechnet sich, indem das strukturelle Finanzierungsdefizit des Jahres 2010 (Ausgangswert) um ein Zehntel verringert wird. Für die Folgejahre errechnet sich die jährliche Obergrenze, indem die Obergrenze des Vorjahres jeweils um ein Zehntel des Ausgangswertes verringert wird.

(2) Die Landesregierung legt dem Landtag eine jährlich fortzuschreibende Planung zum Abbau des strukturellen Finanzierungsdefizits vor. Der Landesrechnungshof gibt hierzu eine Stellungnahme ab.

(3) Die Landesregierung berücksichtigt bei ihrer Mitwirkung an der Bundesgesetzgebung und in Angelegenheiten der Europäischen Union die Verpflichtung aus Artikel 61 Absatz 1 in Verbindung mit Artikel 67 Absatz 1.

Artikel 68
Erste Mitgliederwahl zum Landesverfassungsgericht

Bei der ersten Wahl der gemäß Artikel 51 Absatz 3 zu bestellenden Mitglieder des Landesverfassungsgerichts werden vier Mitglieder auf die Dauer von neun Jahren und drei Mitglieder auf die Dauer von sechs Jahren gewählt.

Artikel 69
Elektronischer Zugang zu Gerichten

Artikel 14 Absatz 2 gilt mit der Maßgabe, dass das Land einen elektronischen Zugang zu seinen Gerichten ab dem 1. Januar 2018 sichert.

Artikel 70
Inkrafttreten, Geltungsdauer

(1) Diese Landesverfassung ist unter der Bezeichnung „Landessatzung" am 12. Januar 1950 in Kraft getreten.

(2) Diese Verfassung verliert vorbehaltlich anderweitiger bundesgesetzlicher Regelung ihre Geltung an dem Tag, an dem eine Neugliederung des Bundesgebietes in Kraft tritt.

S. 3), zuletzt geändert durch Gesetz vom 25.2.2011 (GVOBl. Schl.-H. S. 71)

Volksabstimmungsgesetz
in der Fassung der Bekanntmachung vom 5. April 2004
– GVOBl. Schl.-H. S. 108 –

Zuletzt geändert durch Gesetz vom 22. April 2021 (GVOBl. Schl.-H. S. 430)

Inhaltsübersicht

Abschnitt I
Allgemeines

§ 1	Beteiligungsrecht
§ 2	Mitwirkungspflicht
§ 3	Abstimmungsorgane
§ 4	Bildung und Zusammensetzung der Abstimmungsorgane

Abschnitt II
Volksinitiative

§ 5	Beratung
§ 6	Antragsvoraussetzungen
§ 7	Rücknahme des Antrages
§ 8	Entscheidung über die Zulässigkeit
§ 9	Rechtsmittel
§ 10	Behandlung der Volksinitiative im Landtag

Abschnitt III
Volksbegehren

§ 11	Antrag auf Durchführung eines Volksbegehrens
§ 12	Entscheidung über die Zulässigkeit, Bekanntmachung des Volksbegehrens, Zuleitung der Eintragungslisten
§ 13	Rechtsmittel
§ 14	Eintragungsrecht
§ 15	Eintragung
§ 16	Eintragungsräume, Bekanntmachung
§ 17	Ungültige Eintragungen
§ 18	Abschluss der Eintragungslisten und Einzelanträge
§ 19	Ergebnis des Volksbegehrens

Abschnitt IV
Volksentscheid

§ 20	Zulässigkeit des Volksentscheides
§ 21	Abstimmungstag
§ 21 a	Darstellung der Standpunkte von Landtag und Volksinitiative
§ 22	Anwendung des Landeswahlgesetzes
§ 23	Abstimmung
§ 24	Feststellung des Abstimmungsergebnisses
§ 25	Rechtsbehelf, Abstimmungsprüfung
§ 26	Ergebnis des Volksentscheides, Ausfertigung und Verkündung
§ 27	Kostenerstattung

Abschnitt V
Gemeinsame Vorschriften

§ 28	Datenschutz
§ 29	Fristenhemmung
§ 30	Durchführungsbestimmungen
§ 31	Inkrafttreten

Abschnitt I
Allgemeines

§ 1
Beteiligungsrecht

Das Recht, sich an Volksinitiativen, Volksbegehren und Volksentscheiden nach den Artikeln 48 und 49 der Verfassung des Landes Schleswig-Holstein zu beteiligen, steht allen Deutschen im Sinne des Artikels 116 Absatz 1 des Grundgesetzes zu, die am Tage der Unterzeichnung, der Eintragung oder am Abstimmungstag zur Landtagswahl wahlberechtigt sind. § 5 des Landeswahlgesetzes gilt entsprechend.

§ 2
Mitwirkungspflicht

Die Gemeinden, Kreise und Ämter sind zur Mitwirkung bei der Prüfung der förmlichen Voraussetzungen von Volksinitiativen sowie bei der Vorbereitung und Durchführung von Volksbegehren und Volksentscheiden nach Maßgabe dieses Gesetzes verpflichtet. Sie nehmen diese Aufgaben zur Erfüllung nach Weisung wahr.

§ 3
Abstimmungsorgane

(1) Abstimmungsorgane sind

1. die Landesabstimmungsleiterin oder der Landesabstimmungsleiter und der Landesabstimmungsausschuss,

2. die Kreisabstimmungsleiterin oder der Kreisabstimmungsleiter und der Kreisabstimmungsausschuss für jeden Kreis sowie die Stadtabstimmungsleiterin oder der Stadtabstimmungsleiter und der Stadtabstimmungsausschuss für jede kreisfreie Stadt und

3. der Abstimmungsvorstand für jeden Abstimmungsbezirk.

(2) Die Abstimmungsleiterinnen und Abstimmungsleiter führen die Geschäfte der Abstimmungsausschüsse. Sie tragen im Rahmen ihres Zuständigkeitsbereichs die Verantwortung für die Vorbereitung und Durchführung der Abstimmung.

§ 4
Bildung und Zusammensetzung
der Abstimmungsorgane

(1) Die Landesabstimmungsleiterin oder der Landesabstimmungsleiter und eine Stellvertreterin oder ein Stellvertreter werden von der Landesregierung auf unbestimmte Zeit ernannt; sie können jederzeit abberufen werden.

(2) Die Kreis- oder Stadtabstimmungsleiterin oder der Kreis- oder Stadtabstimmungsleiter und eine Stellvertreterin oder ein Stellvertreter werden auf Vorschlag des Kreises oder der kreisfreien Stadt von dem Ministerium für Inneres, ländliche Räume und Integration vor jeder Abstimmung ernannt.

(3) Der Abstimmungsausschuss besteht aus der Abstimmungsleiterin als der Vorsitzenden oder dem Abstimmungsleiter als dem Vorsitzenden und acht von ihr oder ihm berufenen Abstimmungsberechtigten als Beisitzerinnen und Beisitzer. Dabei sollen möglichst auch Personen berufen werden, die die Vorlage aus dem Volk unterstützen.

(4) Die Mitglieder des Abstimmungsvorstandes, der aus der Abstimmungsvorsteherin oder dem Abstimmungsvorsteher, bis zu zwei Stellvertreterinnen oder Stellvertretern und drei bis sieben Beisitzerinnen oder Beisitzern besteht, werden von den Gemeinden aus dem Kreis der Abstimmungsberechtigten berufen; Absatz 3 Satz 2 gilt entsprechend.

Abschnitt II
Volksinitiative

§ 5
Beratung

(1) Die Vertrauenspersonen einer beabsichtigten Volksinitiative können sich durch das Ministerium für Inneres, ländliche Räume und Integration beraten lassen. Die Beratung soll die verfassungs- und verfahrensrechtlichen Zulässigkeitsvoraussetzungen umfassen; Bedenken sind den Vertrauenspersonen unverzüglich mitzuteilen.

(2) Zur Beratung gehört auch die Bereitstellung von Unterlagen, insbesondere
1. Informationen über bisherige Volksinitiativen,
2. Adressen der amtsfreien Gemeinden und Ämter,
3. Textsammlung erforderlicher Rechtsvorschriften.

(3) Das Ministerium für Inneres, ländliche Räume und Integration unterrichtet die Landtagspräsidentin oder den Landtagspräsidenten und das in der Sache betroffene Ministerium unverzüglich über die beabsichtigte Volksinitiative sowie nach Abschluss der Beratung über das Ergebnis.

(4) Gebühren und Auslagen werden nicht erhoben.

§ 6
Antragsvoraussetzungen

(1) Der Antrag auf Behandlung der Volksinitiative im Landtag ist schriftlich an die Landtagspräsidentin oder den Landtagspräsidenten zu richten.

(2) Der Antrag muß enthalten
1. a) den vollständigen Wortlaut des Gegenstandes der politischen Willensbildung, mit dem sich der Landtag befassen soll, oder
   b) einen ausgearbeiteten und mit Gründen versehenen Gesetzentwurf,
2. die persönliche und handschriftliche Unterschrift von mindestens 20 000 Stimmberechtigten, die bei Eingang des Antrages nicht älter als ein Jahr sein darf,
3. die Namen von drei Vertreterinnen oder Vertretern der Volksinitiative, die gemeinsam berechtigt sind, namens der Unterzeichnenden verbindliche Erklärungen abzugeben und entgegenzunehmen (Vertrauenspersonen). Für die Vertrauenspersonen sind drei Stellvertreterinnen oder Stellvertreter zu benennen.

(2 a) Trifft der Landtag eine Feststellung nach § 35 a Absatz 1 Satz 1 des Wahlgesetzes für den Landtag von Schleswig-Holstein in der Fassung der Bekanntmachung vom 7. Oktober 1991 (GVOBl. Schl.-H. S. 442, ber. S. 637), [zuletzt geändert durch das Gesetz zur Änderung wahlrechtlicher Vorschriften], ist die Frist nach Absatz 2 Nummer 2 auf Antrag der Vertreterinnen und Vertreter der Volksinitiative um bis zu drei Monate zu verlängern. Die Frist nach Absatz 2 Nummer 2 ist auf Antrag der Vertreterinnen und Vertreter der Volksinitiative jeweils um bis zu drei weitere Monate zu verlängern, solange der Landtag keine Feststellung nach § 35 a Absatz 9 Satz 1 des Wahlgesetzes für den Landtag von Schleswig-Holstein in der Fassung der Bekanntmachung vom 7. Oktober 1991 (GVOBl. Schl.-H. S. 442, ber. S. 637), [zuletzt geändert durch das Gesetz zur Änderung wahlrechtlicher Vorschriften], getroffen hat. Über den Antrag entscheidet die Präsidentin oder der Präsident des Landtages. Die Entscheidung ist im Gesetz- und Verordnungsblatt des Landes Schleswig-Holstein zu veröffentlichen. Die Sätze 1 bis 4 gelten auch für Volksinitiativen, die vor einer Feststellung des Landtages nach § 35 a Absatz 1 Satz 1 des Wahlgesetzes für den Landtag von Schleswig-Holstein in der Fassung der Bekanntmachung vom 7. Oktober 1991 (GVOBl. Schl.-H. S. 442, ber. S. 637), [zuletzt geändert durch das Gesetz zur Änderung wahlrechtlicher Vorschriften], mit dem Sammeln von Unterschriften begonnen haben und bisher ihre Volksinitiative noch nicht beim Landtag eingereicht haben.

(3) Unleserliche, unvollständige oder fehlerhafte Eintragungen, die die Identität der Person nicht zweifelsfrei erkennen lassen, sind ungültig. Dies gilt ferner für Eintragungen, die einen Zusatz oder Vorbehalt enthalten. Doppel- oder Mehrfacheintragungen gelten als eine Eintragung.

§ 6 a
Online-Eintragung

Die Vertrauenspersonen können es ermöglichen, die Unterschrift durch eine elektronische Zeichnung zu ersetzen. Das Ministerium für Inneres, ländliche Räume und Integration bestimmt durch Rechtsverordnung die hierfür zulässigen, rechtlich geregelten technischen Verfahren, welche die Authentizität des elektronisch übermittelten Dokuments hinreichend sichern. Eine Übermittlung der Daten an die Meldebehörden zum Zwecke der Prüfung des Beteiligungsrechtes i. S. § 1 Satz 1 ist zulässig.

§ 7
Rücknahme des Antrags

(1) Die Vertrauenspersonen können den Antrag bis zur Entscheidung über die Zulässigkeit der Volksinitiative zurücknehmen. Die Rücknahme erfolgt durch handschriftlich unterzeichnete Erklärung gegenüber der Landtagspräsidentin oder dem Landtagspräsidenten.

(2) Als Rücknahme gilt auch die schriftliche Zurückziehung so vieler Unterschriften durch die Unterzeichnenden, dass dadurch deren Anzahl unter 20 000 sinkt. Die Zurückziehung der Unterschrift erfolgt gegenüber der Landtagspräsidentin oder dem Landtagspräsidenten.

§ 8
Entscheidung über die Zulässigkeit

(1) Die Volksinitiative ist unzulässig, wenn sie
1. den Anforderungen des Artikels 48 Abs. 1 und 2 der Verfassung des Landes Schleswig-Holstein oder
2. den Antragsvoraussetzungen nach § 6
nicht entspricht oder
3. innerhalb der letzten zwei Jahre vor der Antragstellung ein Volksbegehren über eine inhaltlich gleiche Vorlage erfolglos durchgeführt wurde.

(2) Die Prüfung der im Absatz 1 genannten Voraussetzungen obliegt dem Landtag, der sich dabei der Amtshilfe des Ministeriums für Inneres, ländliche Räume und Integration bedienen kann. Die Meldebehörden bescheinigen die Stimmberechtigungsnachweise kostenfrei.

(3) Der Landtag entscheidet innerhalb von vier Monaten nach Eingang des Antrags über die Zulässigkeit der Volksinitiative. Die Entscheidung ist zu begründen, wenn der Antrag auf Behandlung der Vorlage abgelehnt wird. Sie ist den Vertrauenspersonen zuzustellen und bekanntzumachen.

§ 9
Rechtsmittel

(1) Hält der Landtag die Volksinitiative nach § 8 Abs. 1 Nr. 1 oder Nr. 3 für unzulässig, können die Vertrauenspersonen gegen die ablehnende Entscheidung binnen eines Monats nach Zustellung des Landtagsbeschlusses das Landesverfassungsgericht anrufen.

(2) Hält der Landtag die Volksinitiative nach § 8 Abs. 1 Nr. 2 für unzulässig, ist für die Vertrauenspersonen der Verwaltungsrechtsweg gegeben.

§ 10
Behandlung der Volksinitiative im Landtag

(1) Die Vertrauenspersonen haben das Recht auf Anhörung durch den Petitionsausschuss des Landtages.

(2) Der Landtag kann dem Gesetzentwurf oder der anderen Vorlage nur in unveränderter Form zustimmen, es sei denn, die Vertrauenspersonen erklären sich mit einer Änderung einverstanden.

(3) Stimmt der Landtag dem Gesetzentwurf oder der anderen Vorlage nicht zu, so ist der hierüber ergehende Beschluss zu begründen und unverzüglich bekanntzumachen.

Abschnitt III
Volksbegehren

§ 11
Antrag auf Durchführung eines Volksbegehrens

(1) Der Antrag auf Durchführung eines Volksbegehrens ist schriftlich von den Vertrauenspersonen nach § 6 Abs. 2 Nr. 3 an die Landtagspräsidentin oder den Landtagspräsidenten zu richten. Der Antrag ist innerhalb von vier Monaten nach Bekanntmachung des Landtagsbeschlusses nach § 10 Abs. 3 zu stellen.

(2) Die Vertrauenspersonen können dem Antrag den Gesetzentwurf oder die andere Vorlage in geringfügig geänderter

Fassung zugrunde legen, wenn der wesentliche Inhalt durch die Änderungen nicht berührt wird.

(3) Die Landtagspräsidentin oder der Landtagspräsident teilt den Eingang des Antrages sowie den begründeten Gesetzentwurf oder die andere Vorlage unverzüglich der Landesregierung mit.

§ 12
Entscheidung über die Zulässigkeit, Bekanntmachung des Volksbegehrens, Zuleitung der Eintragungslisten

(1) Der Landtag entscheidet innerhalb eines Monats nach Eingang des Antrages auf Durchführung eines Volksbegehrens über dessen Zulässigkeit nach § 11 Abs. 1 und 2. Die Entscheidung ist zu begründen, wenn die Zulässigkeit verneint wird. Sie ist den Vertrauenspersonen zuzustellen und bekanntzumachen.

(2) Wird dem Antrag auf Durchführung des Volksbegehrens entsprochen, so gibt die Landtagspräsidentin oder der Landtagspräsident unverzüglich die Zulassung des Volksbegehrens sowie die Namen und Erreichbarkeitsanschriften der Vertrauenspersonen und der stellvertretenden Vertrauenspersonen bekannt.

(3) Die Landtagspräsidentin oder der Landtagspräsident macht gleichzeitig Anfang und Ende der Frist bekannt, innerhalb der das Volksbegehren durch Eintragung unterstützt werden kann. Die Eintragungsfrist beträgt sechs Monate. Sie beginnt frühestens vier, spätestens acht Wochen nach der Bekanntmachung.

(4) Die Landesregierung macht den Wortlaut des Gesetzentwurfes und seine Begründung oder die Vorlage vor Beginn der Eintragungsfrist ohne Stellungnahme bekannt.

(5) Die Antragstellerinnen und Antragsteller haben die Eintragungslisten und Einzelanträge auf eigene Kosten herzustellen und der Landtagspräsidentin oder dem Landtagspräsidenten zuzuleiten. Sie oder er hat den amtsfreien Gemeinden und Ämtern die Eintragungslisten und Einzelanträge bis spätestens zwei Wochen vor Beginn der Eintragungsfrist zuzuleiten. Dabei kann sie oder er sich der Amtshilfe des Ministeriums für für Inneres, ländliche Räume und Integration bedienen.

§ 13
Rechtsmittel

(1) Bestehen Zweifel an der Zulässigkeit des Volksbegehrens aufgrund des Artikels 48 Absatz 1 Satz 1 und 2 und Absatz 2 der Verfassung des Landes Schleswig-Holstein, haben die Landesregierung oder ein Viertel der Mitglieder des Landtages des Landtages, innerhalb eines Monats nach der Entscheidung des Landtages nach § 12 Abs. 2 die Entscheidung des Landesverfassungsgerichts zu beantragen.

(2) Verneint der Landtag die Zulässigkeit des Volksbegehrens nach § 12 Abs. 1, ist für die Vertrauenspersonen der Verwaltungsrechtsweg gegeben.

§ 14
Eintragungsrecht

(1) Wer sich an einem Volksbegehren beteiligen will, hat das Recht, sich landesweit in Eintragungslisten oder Einzelanträgen zuzutragen. Die Eintragung darf nur einmal erfolgen. Sie kann nicht zurückgenommen werden.

(2) Tragen sich mehrere Personen auf einer Eintragungsliste ein, müssen sie ihre Hauptwohnung in derselben amtsfreien Gemeinde oder im Bezirk desselben Amtes haben.

§ 15
Eintragung

Bei der Eintragung muss die Unterschrift persönlich und handschriftlich geleistet werden. Wer des Schreibens oder Lesens unkundig oder wegen einer körperlichen Beeinträchtigung in der Stimmabgabe gehindert ist, kann das Volksbegehren durch Erklärung zur Niederschrift einer Gemeinde oder eines Amtes unterstützen.

§ 16
Eintragungsräume, Bekanntmachung

(1) Die Eintragung in Eintragungslisten oder Einzelanträgen kann in amtlichen oder nicht amtlichen Räumen sowie anderen Örtlichkeiten, auch in der Öffentlichkeit, stattfinden.

(2) Die amtsfreien Gemeinden und Ämter haben die Eintragungslisten und Einzelanträge für die Dauer der Eintragungsfrist bereitzuhalten. Die amtlichen Eintragungsräume und Eintragungszeiten sind so zu bestimmen, dass die eintragungsberechtigten Personen ausreichend Gelegenheit haben, sich an dem Volksbegehren zu beteiligen. Die amtsfreien Gemeinden und Ämter geben bis spätestens eine Woche vor Beginn der Eintragungsfrist den Gegenstand des beantragten Volksbegehrens, die amtlichen Eintragungsräume, die Eintragungszeiten und die Eintragungsfrist örtlich bekannt.

(3) Vertrauenspersonen oder von ihnen örtlich beauftragte Personen können vor oder während der Eintragungsfrist weitere Eintragungsräume oder andere Örtlichkeiten mit Zustimmung der oder des Berechtigten festlegen. Eintragungen in Eintragungslisten oder Einzelanträge können mit Zustimmung der Vertrauenspersonen auch auf öffentlichen Straßen, Wegen und Plätzen gesammelt werden.

§ 17
Ungültige Eintragungen

Ungültig sind Eintragungen, die
1. von Personen stammen, die nicht nach § 1 beteiligungsberechtigt sind,
2. nicht den Erfordernissen des § 15 entsprechen,
3. unleserlich, unvollständig oder fehlerhaft sind und die Identität der Person nicht zweifelsfrei erkennen lassen,
4. nicht auf den vorschriftsmäßigen Eintragungslisten oder Einzelanträgen oder nicht rechtzeitig erfolgt sind oder
5. einen Zusatz oder Vorbehalt enthalten.

§ 6 Absatz 3 Satz 3 findet Anwendung.

§ 18
Abschluss der Eintragungslisten und Einzelanträge

(1) Unmittelbar nach Abschluss der Eintragungsfrist nach § 12 Abs. 3 schließen die amtsfreien Gemeinden und Ämter sowie die verantwortlichen Personen nach § 16 Abs. 3 Satz 1 die Eintragungslisten und Einzelanträge ab.

(2) Eintragungslisten und Einzelanträge, die in amtlichen Räumen nach § 16 Abs. 2 von Personen unterschrieben wurden, die ihre Hauptwohnung in einer anderen Gemeinde haben, sind an diese amtsfreie Gemeinde oder an das für die Gemeinde zuständige Amt zu versenden. Eintragungslisten und Einzelanträge, die in weiteren Eintragungsräumen oder anderen Örtlichkeiten nach § 16 Abs. 3 unterschrieben wurden, sind von den hierfür verantwortlichen Personen an die amtsfreie Gemeinde oder an das für die Gemeinde zuständige Amt zu versenden, in der oder dem die eingetragenen Personen ihre Hauptwohnung haben. Die Versendungen haben so rechtzeitig zu erfolgen, dass die Eintragungslisten und Einzelanträge spätestens vier Wochen nach Abschluss der Eintragungsfrist bei den für die Prüfung zuständigen Gemeinden und Ämtern vorliegen. Danach eingehende Eintragungslisten und Einzelanträge werden nicht berücksichtigt.

(3) Nach Ablauf der Versendungsfrist stellen die Gemeinden und Ämter die Anzahl der gültigen und ungültigen Eintragungen fest und machen sie örtlich bekannt.

(4) Das Land erstattet auf Antrag die Kosten der Versendung und die den amtsfreien Gemeinden und Ämtern durch die Prüfung der Eintragungen entstandenen notwendigen Kosten.

§ 19
Ergebnis des Volksbegehrens

(1) Der Landesabstimmungsausschuss stellt die Gesamtzahl der Beteiligungsberechtigten und das zahlenmäßige Ergebnis des Volksbegehrens fest. Er ist dabei an die Auffassung der Gemeinden und Ämter über die Gültigkeit der Eintragungen nicht gebunden.

(2) Der Landtag stellt das Quorum nach Artikel 49 Absatz 1 Satz 5 der Verfassung des Landes Schleswig-Holstein fest

und macht es zusammen mit der Feststellung, ob das Volksbegehren zustandegekommen ist, bekannt. Die Entscheidung ist den Vertrauenspersonen zuzustellen.

Abschnitt IV
Volksentscheid

§ 20
Zulässigkeit des Volksentscheides

(1) Ist ein Volksbegehren zustandegekommen, findet innerhalb von neun Monaten ab Bekanntmachung dieser Feststellung nach § 19 Abs. 2 Satz 1 ein Volksentscheid über den Gesetzentwurf oder die andere Vorlage statt.

(2) § 13 gilt entsprechend.

§ 21
Abstimmungstag

Die Landtagspräsidentin oder der Landtagspräsident bestimmt den Abstimmungstag. Vorher sind die Vertrauenspersonen und die Landesregierung anzuhören. Nach Möglichkeit ist die Abstimmung mit der nächsten Wahl zusammenzulegen.

§ 21 a
Darstellung der Standpunkte von Landtag und Volksinitiative

Vor der Durchführung eines Volksentscheides ist dem Landtag und der Volksinitiative Gelegenheit zu geben, die jeweils vertretenen Auffassungen den Bürgerinnen und Bürgern in geeigneter Form darzustellen.

§ 22
Anwendung des Landeswahlgesetzes

Auf das Verfahren bei Volksentscheiden finden die Vorschriften des Landeswahlgesetzes, insbesondere die Regelungen über

1. die förmlichen Voraussetzungen des Wahlrechts (§ 6 LWahlG),
2. die Einteilung in Wahlbezirke (§ 18 LWahlG),
3. die Wahlhandlung einschließlich der Briefwahl (§§ 36 bis 39, 22 LWahlG),
4. die Ungültigkeit von Stimmen und die Zurückweisung von Wahlbriefen sowie die dazu bestehenden Auslegungsregeln (§ 40 LWahlG),
5. die Bestimmungen über die Gemeindewahlbehörden, die gemeinsamen Vorschriften für die Wahlausschüsse und die ehrenamtliche Mitwirkung (§§ 13, 14 und 53 LWahlG),
6. die Einsicht in das Wählerverzeichnis, Einsprüche und Beschwerden gegen das Wählerverzeichnis, die Erteilung von Wahlscheinen (§§ 19 bis 21 LWahlG),
7. die Nachwahl und die Wiederholung der Wahl (§ 32 Abs. 2, § 46 LWahlG),
8. die Neufeststellung und Bestätigung des Wahlergebnisses (§§ 47, 48 LWahlG),

entsprechende Anwendung, soweit sich aus diesem Gesetz nicht etwas anderes ergibt.

§ 23
Abstimmung

(1) Die dem Volk zur Entscheidung vorzulegende Frage ist so zu stellen, daß sie mit „Ja" oder „Nein" beantwortet werden kann. Stehen mehrere Gesetzentwürfe oder andere Vorlagen, die den gleichen Gegenstand betreffen, inhaltlich aber miteinander nicht vereinbar sind, zur Abstimmung, so kann die abstimmende Person zu jeder einzelnen Vorlage kenntlich machen, ob sie sie annimmt (Ja-Stimme) oder ablehnt (Nein-Stimme). Zusätzlich kann sie kenntlich machen, welche der Vorlagen sie vorzieht für den Fall, dass zwei oder mehr Vorlagen jeweils die erforderliche Zustimmung (Artikel 49 Absatz 4 der Verfassung des Landes Schleswig-Holstein) erreichen (Stichfrage).

(2) Auf dem Stimmzettel ist der Text des Gesetzentwurfs oder der anderen Vorlage abzudrucken oder auf den Gesetzentwurf oder die andere Vorlage Bezug zu nehmen. Bei mehreren Gesetzentwürfen oder anderen Vorlagen, die den gleichen Gegenstand betreffen, richtet sich ihre Reihenfolge auf den Stimmzettel nach der Anzahl der gültigen Eintragungen des Volksbegehrens. Hat der Landtag einen eigenen Gesetzentwurf oder eine andere Vorlage zur gleichzeitigen Abstimmung gestellt, so wird diese nach den durch Volksbegehren unterstützten Vorlagen angeführt.

(3) Die Gesetzentwürfe oder anderen Vorlagen sind in ihrem vollen Wortlaut einschließlich ihrer Begründung im Abstimmungsraum auszulegen sowie den Briefabstimmungsunterlagen beizufügen, soweit sie nicht auf dem Stimmzettel abgedruckt werden.

(4) Hat von mehreren nach Absatz 1 Satz 2 zur Abstimmung stehenden Vorlagen nur eine Vorlage die erforderliche Zustimmung erreicht, so ist diese Vorlage angenommen. Haben mehrere Vorlagen die erforderliche Zustimmung erreicht, so ist von diesen diejenige Vorlage angenommen, die bei der Stichfrage die Mehrheit der gültigen Stimmen erhält. Ergibt sich Stimmengleichheit zwischen zwei oder mehr Vorlagen, so wird über diese Vorlagen erneut abgestimmt.

§ 24
Feststellung des Abstimmungsergebnisses

(1) Der Abstimmungsvorstand führt die Abstimmungshandlung im Abstimmungsbezirk durch und stellt das Abstimmungsergebnis unmittelbar nach Beendigung der Abstimmung fest. Er entscheidet über die Gültigkeit der abgegebenen Stimmen. Die Kreis- und Stadtabstimmungsausschüsse haben das Recht der Nachprüfung.

(2) Die Kreis- und Stadtabstimmungsausschüsse stellen das Abstimmungsergebnis in den Kreisen und kreisfreien Städten fest. Der Landesabstimmungsausschuss stellt die Gesamtzahl der Beteiligungsberechtigten und das Abstimmungsergebnis im Land unverzüglich fest. Die Feststellungen werden von der Landesabstimmungsleiterin oder dem Landesabstimmungsleiter bekanntgegeben.

§ 25
Rechtsbehelf, Abstimmungsprüfung

(1) Gegen die Gültigkeit der Abstimmung kann jede abstimmungsberechtigte Person binnen zwei Wochen nach Bekanntmachung des Abstimmungsergebnisses nach § 24 Abs. 2 Satz 3 Einspruch erheben. Der Einspruch ist schriftlich bei der Landtagspräsidentin oder dem Landtagspräsidenten einzureichen oder mündlich zur Niederschrift zu erklären. Der Einspruch ist innerhalb der Einspruchsfrist zu begründen.

(2) Der Landtag entscheidet über die Einsprüche nach Absatz 1 sowie über die Gültigkeit der Abstimmung von Amts wegen nach Vorprüfung durch einen hierfür bestellten Ausschuss. Die Entscheidung ist bekanntzumachen.

(3) Gegen die Entscheidungen des Landtages ist binnen zwei Wochen die Beschwerde an das Landesverfassungsgericht zulässig.

§ 26
Ergebnis des Volksentscheides,
Ausfertigung und Verkündung

(1) Im Anschluss an seine Entscheidung nach § 25 Abs. 2 stellt der Landtag fest, ob ein Gesetzentwurf oder eine andere Vorlage durch Volksentscheid angenommen worden ist.

(2) Nach der Feststellung des Landtages, dass ein Gesetzentwurf durch Volksentscheid angenommen worden ist, hat die Ministerpräsidentin oder der Ministerpräsident den Gesetzentwurf auszufertigen und mit dem Hinweis zu verkünden, dass das Gesetz durch Volksentscheid angenommen worden ist.

§ 27
Kostenerstattung

(1) Das Land erstattet den Gemeinden und Ämtern die ihnen durch einen Volksentscheid entstandenen notwendigen Kosten unter Ausschluß der laufenden Kosten für Personal und Sachmittel. Für die Inanspruchnahme eigener Räume wird keine Erstattung gewährt.

(2) Wenn das Volksbegehren zustande gekommen ist, werden den Vertrauenspersonen die notwendigen Kosten einer angemessenen Werbung für den Volksentscheid mit einem Pauschalbetrag von 0,28 Euro für jede Ja-Stimme vom Land erstattet. Der Erstattungsbetrag darf den von den Vertrauenspersonen nachgewiesenen Gesamtbetrag für Werbungskosten nicht übersteigen. Die Festsetzung und die Auszahlung des Erstattungsbetrages sind innerhalb von sechs Monaten nach Bekanntmachung des Ergebnisses des Volksentscheides nach § 25 Abs. 2 Satz 2 schriftlich bei der Landtagspräsidentin oder dem Landtagspräsidenten zu beantragen. Die Landtagspräsidentin oder der Landtagspräsident setzt den Erstattungsbetrag fest und zahlt ihn aus. Sie oder er gewährt den Vertrauenspersonen auf Antrag eine Abschlagszahlung in Höhe von 5 000 Euro.

Abschnitt V
Gemeinsame Vorschriften

§ 28
Datenschutz

Personenbezogene Daten, die auf der Grundlage dieses Gesetzes erhoben werden, dürfen nur für die Durchführung der Volksinitiative, des Volksbegehrens und des Volksentscheides genutzt werden. Werden sie für den Verfahrensabschnitt, für den sie erhoben worden sind, nicht mehr benötigt, sind sie zu löschen.

§ 29
Fristenhemmung

Die Fristen nach § 8 Abs. 3 Satz 1 und § 12 Abs. 1 Satz 1 werden durch die sitzungsfreie Zeit des Landtages gehemmt.

§ 30
Durchführungsbestimmungen

Das Ministerium für Inneres, ländliche Räume und Integration erlässt durch Verordnung die zur Durchführung dieses Gesetzes erforderlichen Rechtsvorschriften[1]. Es trifft insbesondere nähere Bestimmungen über

1. die Berechnung der Frist nach § 1 Abs. 1 Nr. 2,
2. den Nachweis der Beteiligungsberechtigung,
3. Inhalt und Form der Unterschriftsbögen sowie ihre Bearbeitung nach § 8 Abs. 2 Satz 2,
4. Inhalt und Form der Eintragungslisten und Einzelanträge sowie ihre Bearbeitung, Einreichung und Weiterleitung,
5. die Ausübung des Eintragungsrechtes,
6. die Auslegung der Gesetzentwürfe oder Vorlagen,
7. Inhalt und Form der Stimmzettel sowie die Form der Umschläge,
8. die Feststellung der Ergebnisse der Eintragung und der Stimmabgabe und ihre Weitermeldung,
9. die Ermittlung der Gesamtzahl der Beteiligungsberechtigten nach § 19 Abs. 1 Satz 1 und § 24 Abs. 2 Satz 2,
10. die Art und Weise der nach diesem Gesetz vorgesehenen Bekanntmachungen,
11. die Sicherung, Aufbewahrung und Vernichtung von Unterlagen der Volksinitiative, des Volksbegehrens und Volksentscheides,
12. den Umfang und das Ausmaß der entsprechenden Anwendung der Landeswahlordnung,
13. die Vernichtung von Daten, die auf der Grundlage dieses Gesetzes erhoben wurden.

§ 31
Inkrafttreten

---

1 Landesverordnung zur Durchführung des Volksabstimmungsgesetzes (VAbstGDVO) vom 6.7.2017 (GVOBl. Schl.-H. S. 44)

Wahlgesetz für den Landtag von Schleswig-Holstein
(Landeswahlgesetz – LWahlG)
in der Fassung der Bekanntmachung vom 7. Oktober 1991
– GVOBl. Schl.-H. S. 442, berichtigt S. 637 –

Zuletzt geändert durch Gesetz vom 22. April 2021 (GVOBl. Schl.-H. S. 430)

Inhaltsübersicht

Abschnitt I
Allgemeines und Wahlverfahren

- § 1 Zusammensetzung des Landtages und Wahlsystem
- § 2 Wahl der Abgeordneten in den Wahlkreisen
- § 3 Wahl der Abgeordneten aus den Landeslisten
- § 4 Wahltag

Abschnitt II
Wahlrecht und Wählbarkeit

- § 5 Sachliche Voraussetzungen des Wahlrechts
- § 6 Förmliche Voraussetzungen des Wahlrechts
- § 7 Ausschluß vom Wahlrecht
- § 8 Wählbarkeit
- § 9 Verlust des Abgeordnetensitzes

Abschnitt III
Vorbereitung der Wahl

Unterabschnitt 1
Wahlleitung

- § 10 Wahlorgane und Wahlbehörden
- § 11 Landeswahlausschuß und Landeswahlleiterin oder Landeswahlleiter
- § 12 Kreiswahlausschuß und Kreiswahlleiterin oder Kreiswahlleiter
- § 13 Gemeindewahlbehörden
- § 14 Gemeinsame Vorschriften für die Wahlausschüsse
- § 15 Wahlvorstand

Unterabschnitt 2
Wahlkreise und Wahlbezirke

- § 16 Wahlkreise
- § 17 Wahlkreisausschuß
- § 18 Wahlbezirke

Unterabschnitt 3
Wählerverzeichnisse

- § 19 Einsicht in das Wählerverzeichnis
- § 20 Einsprüche und Beschwerden gegen das Wählerverzeichnis

Unterabschnitt 4
Wahlscheine

- § 21 Wahlschein
- § 22 Briefwahl

Unterabschnitt 5
Wahlvorschläge

- § 23 Aufstellung der Bewerberinnen und Bewerber
- § 24 Wahlvorschlagsrecht, Beteiligungsanzeige
- § 25 Einreichung der Wahlvorschläge
- § 26 Inhalt und Form der Wahlvorschläge
- § 27 Vertrauensperson
- § 28 Zurücknahme von Wahlvorschlägen
- § 29 Änderung von Wahlvorschlägen
- § 30 Beseitigung von Mängeln
- § 31 Zulassung der Wahlvorschläge

Unterabschnitt 6
Sonstige Wahlvorbereitungen

- § 32 Nachwahl
- § 33 Herstellung und Inhalt der Stimmzettel
- § 34 Bestimmung und Ausstattung der Wahlräume

Unterabschnitt 7
Sonderregelungen für Neuwahlen des Landtages im Falle einer vorzeitigen Beendigung der Wahlperiode

- § 35 Wahlvorschläge, Fristen und Termine

Unterabschnitt 8
Sonderregelungen im Falle einer Notlage

- § 35 a Aufstellung der Bewerberinnen und Bewerber, Wahlvorschläge

Abschnitt IV
Wahlhandlung und Feststellung des Wahlergebnisses

- § 36 Wahrung des Wahlgeheimnisses
- § 37 Öffentlichkeit
- § 38 Wahlwerbung, unzulässige Veröffentlichung von Befragungen
- § 39 Stimmabgabe
- § 40 Ungültige Stimmen, Zurückweisung von Wahlbriefen, Auslegungsregeln
- § 41 Feststellung des Wahlergebnisses
- § 41 a Annahme der Wahl
- § 42 Erwerb der Mitgliedschaft im Landtag

Abschnitt V
Wahlprüfung

- § 43 Zuständigkeit und Rechtsmittel
- § 44 Einsprüche gegen die Gültigkeit der Wahl und Anfechtung von Wahlverwaltungsakten
- § 45 Ausscheiden nicht wählbarer Abgeordneter
- § 46 Wiederholungswahl
- § 47 Neufeststellung des Wahlergebnisses
- § 48 Bestätigung des Wahlergebnisses
- § 49 Verlust des Abgeordnetensitzes durch Wegfall einer Wählbarkeitsvoraussetzung

Abschnitt VI
Ersatz für ablehnende Bewerberinnen und Bewerber sowie ausscheidende Abgeordnete

- § 50 Einberufung von Listennachfolgerinnen und Listennachfolgern
- § 51 Ersatzwahl
- § 52 Folgen eines Parteiverbots

Abschnitt VII
Gemeinsame Vorschriften für die Abschnitte I bis VI

- § 53 Ehrenamtliche Mitwirkung
- § 54 Ordnungswidrigkeiten
- § 54 a Wahlstatistik

Abschnitt VIII
Staatliche Mittel für Parteien sowie Einzelbewerberinnen und Einzelbewerber

- § 55 Auszahlung staatlicher Mittel
- § 56 Staatliche Mittel für parteilose Einzelbewerberinnen und Einzelbewerber

Abschnitt IX
Übergangs- und Schlußvorschriften

- § 57 Anfechtung
- § 58 Durchführung des Gesetzes
- § 59 Fristen und Termine
- § 60 (Inkrafttreten)

Abschnitt I
Allgemeines und Wahlverfahren

§ 1
Zusammensetzung des Landtages und Wahlsystem

(1) Der Landtag besteht vorbehaltlich der sich aus diesem Gesetz ergebenden Abweichungen aus 69 Abgeordneten. 35 Abgeordnete werden durch Mehrheitswahl in den Wahlkreisen, die übrigen durch Verhältniswahl aus den Landeslisten der Parteien auf der Grundlage der im Land abgegebenen Zweitstimmen und unter Berücksichtigung der in den Wahlkreisen erfolgreichen Bewerberinnen und Bewerber gewählt.

(2) Jede Wählerin und jeder Wähler hat zwei Stimmen, eine Erststimme für die Wahl einer Bewerberin oder eines Bewerbers im Wahlkreis, eine Zweitstimme für die Wahl einer Landesliste.

§ 2
Wahl der Abgeordneten in den Wahlkreisen

Im Wahlkreis ist als Bewerberin oder Bewerber gewählt, wer die meisten Stimmen erhalten hat. Bei Stimmengleichheit entscheidet das von der Kreiswahlleiterin oder dem Kreiswahlleiter zu ziehende Los.

§ 3
Wahl der Abgeordneten aus den Landeslisten

(1) An dem Verhältnisausgleich nimmt jede Partei teil, für die eine Landesliste aufgestellt und zugelassen worden ist, sofern für sie in mindestens einem Wahlkreis eine Abgeordnete oder ein Abgeordneter gewählt worden ist oder sofern sie insgesamt fünf v. H. der im Land abgegebenen gültigen Zweitstimmen erzielt hat. Diese Einschränkungen gelten nicht für Parteien der dänischen Minderheit.

(2) Von der Gesamtzahl der Abgeordneten (§ 1 Abs. 1 Satz 1) werden die Zahl der in den Wahlkreisen erfolgreichen Bewerberinnen und Bewerber einer Partei, für die keine Landesliste zugelassen oder die nicht nach Absatz 1 zu berücksichtigen ist, sowie die Zahl der in den Wahlkreisen erfolgreichen parteilosen Einzelbewerberinnen und Einzelbewerber (§ 24 Abs. 1) abgezogen.

(3) Für die Verteilung der nach Absatz 2 zu besetzenden Sitze werden die für jede Landesliste einer am Verhältnisausgleich teilnehmenden Partei abgegebenen gültigen Zweitstimmen zusammengezählt. Anhand der Gesamtstimmenzahlen wird für jede ausgleichsberechtigte Partei nach der Reihenfolge der Höchstzahlen, die sich durch Teilung durch 0,5 – 1,5 – 2,5 usw. ergibt (Höchstzahlenverfahren), festgestellt, wie viele der nach Absatz 2 verbleibenden Sitze auf sie entfallen (verhältnismäßiger Sitzanteil). Über die Zuteilung des letzten Sitzes entscheidet bei gleicher Höchstzahl das von der Landeswahlleiterin oder dem Landeswahlleiter zu ziehende Los.

(4) Die Parteien erhalten so viele Sitze aus den Landeslisten, wie ihnen unter Anrechnung der in den Wahlkreisen für sie gewählten Bewerberinnen und Bewerber an dem verhältnismäßigen Sitzanteil fehlen.

(5) Ist die Anzahl der in den Wahlkreisen für eine Partei gewählten Bewerberinnen und Bewerber größer als ihr verhältnismäßiger Sitzanteil, so verbleiben ihr die darüber hinausgehenden Sitze (Mehrsitze). In diesem Fall sind auf die nach Absatz 3 Satz 2 und 3 noch nicht berücksichtigten nächstfolgenden Höchstzahlen so lange weitere Sitze zu verteilen und nach Absatz 3 zu besetzen, bis der letzte Mehrsitz durch den verhältnismäßigen Sitzanteil gedeckt ist. Ist die nach den Sätzen 1 und 2 erhöhte Gesamtsitzzahl eine gerade Zahl, so wird auf die nach Absatz 3 noch nicht berücksichtigte nächstfolgende Höchstzahl ein zusätzlicher Sitz vergeben.

(6) Innerhalb der Parteien werden die aus den Landeslisten zu verteilenden Sitze nach der sich aus den Listen ergebenden Reihenfolge verteilt. Entfallen auf eine Partei mehr Sitze, als Bewerberinnen und Bewerber auf ihrer Landesliste vorhanden sind, so bleiben diese Sitze leer.

(7) Aus der Landesliste scheiden aus:

1. Bewerberinnen und Bewerber, die in einem Wahlkreis unmittelbar gewählt sind,
2. Bewerberinnen und Bewerber, die nach der Aufstellung der Landesliste einer Partei aus dieser ausgeschieden oder einer anderen Partei beigetreten sind.

§ 4
Wahltag

Die Landesregierung bestimmt den Wahltag.

Abschnitt II
Wahlrecht und Wählbarkeit

§ 5
Sachliche Voraussetzungen des Wahlrechts

(1) Wahlberechtigt sind alle Deutschen im Sinne des Artikels 116 Abs. 1 des Grundgesetzes, die am Wahltag

1. das 16. Lebensjahr vollendet haben,
2. seit mindestens sechs Wochen
    a) in Schleswig-Holstein eine Wohnung haben oder
    b) sich in Schleswig-Holstein sonst gewöhnlich aufhalten und keine Wohnung außerhalb des Landes haben sowie
3. nicht nach § 7 vom Wahlrecht ausgeschlossen sind.

(2) Wer in mehreren Gemeinden des Landes Schleswig-Holstein eine Wohnung hat, ist in der Gemeinde wahlberechtigt, in der sich nach dem Melderegister die Hauptwohnung befindet. Wer eine Wohnung an mehreren Orten inner- und außerhalb des Landes Schleswig-Holstein hat, ist nur wahlberechtigt, wenn sich die Hauptwohnung in einer Gemeinde des Landes befindet.

(3) Bei der Berechnung der Frist nach Absatz 1 Nummer 2 ist der Tag der Wohnungs- oder Aufenthaltsnahme einzubeziehen.

§ 6
Förmliche Voraussetzungen des Wahlrechts

(1) Wählen kann nur, wer in einem Wählerverzeichnis eingetragen ist oder einen Wahlschein hat.

(2) Eine im Wählerverzeichnis eingetragene Person kann nur in dem Wahlbezirk wählen, in dessen Wählerverzeichnis sie geführt wird.

(3) Wer einen Wahlschein hat, kann an der Wahl des Wahlkreises, für den der Wahlschein ausgestellt ist, entweder durch Stimmabgabe in einem beliebigen Wahlbezirk dieses Wahlkreises oder durch Briefwahl teilnehmen.

(4) Jede wahlberechtigte Person kann ihr Wahlrecht nur einmal und nur persönlich ausüben.

§ 7
Ausschluß vom Wahlrecht

Ausgeschlossen vom Wahlrecht sind Personen, die infolge Richterspruchs das Wahlrecht nicht besitzen.

§ 8
Wählbarkeit

(1) Wählbar ist, wer am Wahltag
1. Deutsche oder Deutscher im Sinne des Artikels 116 Abs. 1 des Grundgesetzes ist,
2. das 18. Lebensjahr vollendet hat und
3. seit mindestens drei Monaten
    a) in Schleswig-Holstein eine Wohnung hat oder
    b) sich in Schleswig-Holstein sonst gewöhnlich aufhält und keine Wohnung außerhalb des Landes hat.

§ 5 Abs. 2 Satz 2 und Abs. 3 gilt entsprechend.

(2) Nicht wählbar ist, wer
1. nach § 7 vom Wahlrecht ausgeschlossen ist,
2. nach § 63 in Verbindung mit § 20 des Strafgesetzbuches in einem psychiatrischen Krankenhaus untergebracht ist,
3. infolge Richterspruchs aufgrund des Gesetzes für psychisch Kranke nicht nur einstweilig in einem Krankenhaus untergebracht ist oder
4. infolge Richterspruchs die Wählbarkeit oder die Fähigkeit zur Bekleidung öffentlicher Ämter nicht besitzt.

§ 9
Verlust des Abgeordnetensitzes

(1) Eine Abgeordnete oder ein Abgeordneter verliert den Sitz
1. durch Verzicht,
2. wenn die Wahl für ungültig erklärt oder ihr oder sein Ausscheiden aufgrund einer sonstigen Entscheidung im Wahlprüfungsverfahren notwendig wird (§§ 43 bis 47),
3. wenn die Voraussetzungen der Wählbarkeit wegfallen (§ 49).

(2) Der Verzicht ist der Landtagspräsidentin oder dem Landtagspräsidenten schriftlich zu erklären und kann nicht widerrufen werden.

Abschnitt III
Vorbereitung der Wahl

Unterabschnitt 1
Wahlleitung

§ 10
Wahlorgane und Wahlbehörden

(1) Wahlorgane sind
1. der Landeswahlausschuß und die Landeswahlleiterin oder der Landeswahlleiter für das Land,
2. der Kreiswahlausschuß und die Kreiswahlleiterin oder der Kreiswahlleiter für den Wahlkreis,
3. der Wahlvorstand oder mehrere Wahlvorstände für den Wahlbezirk,
4. in den Fällen des § 18 Absatz 3 und 4 der Wahlvorstand oder mehrere Wahlvorstände zur Feststellung des Briefwahlergebnisses.

(2) Für die Vorbereitung und Durchführung der Wahl in den Gemeinden sind die Gemeindewahlbehörden zuständig, soweit in diesem Gesetz oder in den aufgrund dieses Gesetzes erlassenen Rechtsvorschriften nicht etwas anderes bestimmt ist.

§ 11
Landeswahlausschuß und Landeswahlleiterin oder Landeswahlleiter

(1) Der Landeswahlausschuss besteht aus der Landeswahlleiterin als der Vorsitzenden oder dem Landeswahlleiter als dem Vorsitzenden sowie acht Beisitzerinnen und Beisitzern und zwei Richterinnen und Richtern des Oberverwaltungsgerichts Schleswig-Holstein. Die Landeswahlleiterin oder der Landeswahlleiter und eine Stellvertreterin oder ein Stellvertreter werden von der Landesregierung auf unbestimmte Zeit ernannt; sie können jederzeit abberufen werden. Die Beisitzerinnen und Beisitzer sowie ihre Stellvertreterinnen und Stellvertreter werden von der Landeswahlleiterin oder dem Landeswahlleiter vor jeder Wahl aus dem Kreis der Wahlberechtigten nach den Vorschlägen der Parteien berufen; dabei sollen möglichst alle Parteien berücksichtigt werden. Die Richterinnen und Richter sowie ihre Stellvertreterinnen und Stellvertreter werden von der Landeswahlleiterin oder dem Landeswahlleiter vor jeder Wahl auf Vorschlag der Präsidentin oder des Präsidenten des Oberverwaltungsgerichts Schleswig-Holstein berufen.

(2) Die Landeswahlleiterin oder der Landeswahlleiter führt die Geschäfte des Landeswahlausschusses. Sie oder er trägt im Rahmen ihrer oder seiner Aufgaben die Verantwortung für die Vorbereitung und Durchführung der Wahl im Land.

§ 12
Kreiswahlausschuß und Kreiswahlleiterin oder Kreiswahlleiter

(1) Der Kreiswahlausschuß besteht aus der Kreiswahlleiterin als der Vorsitzenden oder dem Kreiswahlleiter als dem Vorsitzenden sowie acht Beisitzerinnen und Beisitzern. Die Kreiswahlleiterin oder der Kreiswahlleiter und eine Stellvertreterin oder ein Stellvertreter werden auf Vorschlag des zuständigen Kreises oder der zuständigen kreisfreien Stadt vom Ministerium für Inneres, ländliche Räume und Integration vor jeder Wahl ernannt. Die Beisitzerinnen und Beisitzer sowie ihre Stellvertreterinnen und Stellvertreter werden von der Kreiswahlleiterin oder dem Kreiswahlleiter vor jeder Wahl aus dem Kreis der Wahlberechtigten nach den Vorschlägen der Parteien berufen; dabei sollen möglichst alle Parteien berücksichtigt werden.

(2) Das Ministerium für Inneres, ländliche Räume und Integration bestimmt, welcher Kreis oder welche kreisfreie Stadt zuständig ist, Personen als Kreiswahlleiterin oder Kreiswahlleiter und als Stellvertreterin oder Stellvertreter vorzuschlagen. Sie oder er kann ferner bestimmen, daß für mehrere Wahlkreise eine gemeinsame Kreiswahlleiterin oder ein gemeinsamer Kreiswahlleiter und ein gemeinsamer Kreiswahlausschuß tätig werden.

(3) Die Kreiswahlleiterin oder der Kreiswahlleiter führt die Geschäfte des Kreiswahlausschusses. Sie oder er trägt im Rahmen ihrer oder seiner Aufgaben die Verantwortung für die Vorbereitung und Durchführung der Wahl im Wahlkreis. Darüber hinaus sind die Landrätinnen und Landräte sowie die Oberbürgermeisterinnen und Oberbürgermeister auch dann, wenn sie nicht selbst Kreiswahlleiterinnen oder Kreiswahlleiter sind, in ihrem Verwaltungsbereich für den reibungslosen Vollzug und die Durchführung der von der Landeswahlleiterin oder dem Landeswahlleiter und von der zuständigen Kreiswahlleiterin oder dem zuständigen Kreiswahlleiter gegebenen Weisungen verantwortlich.

§ 13
Gemeindewahlbehörden

Gemeindewahlbehörden sind die Bürgermeisterinnen und Bürgermeister der amtsfreien Gemeinden sowie die Amtsdirektorinnen und Amtsdirektoren, in ehrenamtlich verwalteten Ämtern die Amtsvorsteherinnen und Amtsvorsteher; sie können die Stellvertretung abweichend von den Vorschriften der Gemeindeordnung und der Amtsordnung regeln. Nimmt ein Amt die Verwaltung einer größeren amtsangehörigen Gemeinde in Anspruch (§ 1 Abs. 3 der Amtsordnung), so ist die Bürgermeisterin oder der Bürgermeister dieser Gemeinde Gemeindewahlbehörde für alle Gemeinden des Amtes. Nimmt eine Gemeinde oder ein Amt die Verwaltung einer anderen Gemeinde oder eines anderen Amtes aufgrund eines öffentlich-rechtlichen Vertrages nach § 19 a des Gesetzes über kommunale Zusammenarbeit in Anspruch, ist die Bürgermeisterin oder der Bürgermeister der geschäftsführenden Gemeinde oder der Amtsdirektorin oder der Amtsdirektor, in ehrenamtlich verwalteten Ämtern die Amtsvorsteherin oder der Amtsvorsteher, des geschäftsführenden Amtes Gemeindewahlbehörde für alle am Vertrag Beteiligten.

§ 14
Gemeinsame Vorschriften für die Wahlausschüsse

(1) Die Namen der Mitglieder der Wahlausschüsse sowie ihrer Stellvertreterinnen und Stellvertreter sollen von der Wahlleiterin oder dem Wahlleiter öffentlich bekanntgemacht werden.

(2) Der Wahlausschuß ist ohne Rücksicht auf die Anzahl der erschienenen Mitglieder beschlußfähig.

(3) Der Wahlausschuß beschließt mit Stimmenmehrheit. Bei Stimmengleichheit entscheidet die Stimme der oder des Vorsitzenden.

§ 15
Wahlvorstand

(1) Der Wahlvorstand besteht aus
1. der Wahlvorsteherin oder dem Wahlvorsteher,

2. einer Stellvertreterin oder einem Stellvertreter,
3. einer weiteren Stellvertreterin oder einem weiteren Stellvertreter bei Bedarf und
4. vier bis sieben Beisitzerinnen und Beisitzern.

Die Mitglieder des Wahlvorstandes werden von der Gemeindewahlbehörde aus dem Kreis der Wahlberechtigten berufen; dabei sollen möglichst alle Parteien berücksichtigt werden.

(2) Zu Mitgliedern des Wahlvorstandes sollen möglichst nur Personen berufen werden, die in dem betreffenden Wahlbezirk wohnen.

(3) § 14 Abs. 3 findet auch auf den Wahlvorstand Anwendung.

Unterabschnitt 2
Wahlkreise und Wahlbezirke

§ 16
Wahlkreise

(1) Das Land wird in 35 Wahlkreise eingeteilt.

(2) Die Wahlkreise sind so zu begrenzen, daß sie unter Berücksichtigung der folgenden Grundsätze möglichst gleiche Bevölkerungszahlen aufweisen:
1. Sie müssen ein zusammenhängendes Ganzes bilden;
2. sie sollen auch im Hinblick auf die Bevölkerungsentwicklung möglichst beständig sein;
3. Gemeindegrenzen sollen nur ausnahmsweise durchschnitten werden;
4. örtliche Zusammenhänge sind nach Möglichkeit zu wahren.

(3) Die Bevölkerungszahl eines Wahlkreises darf nicht mehr als 20 v. H. von der durchschnittlichen Bevölkerungszahl der Wahlkreise abweichen. Maßgebend ist die vom Statistischen Amt für Hamburg und Schleswig-Holstein fortgeschriebene Bevölkerungszahl nach dem Stand vom 31. Dezember des vierten Jahres vor der Wahl.

§ 17
Wahlkreisausschuß

(1) Für die Wahlkreiseinteilung nach § 16 ist der Wahlkreisausschuß zuständig.

(2) Der Wahlkreisausschuss besteht aus der Landeswahlleiterin oder dem Vorsitzenden oder dem Landeswahlleiter als dem Vorsitzenden und mindestens elf Abgeordneten als Beisitzerinnen und Beisitzern. Die Beisitzerinnen und Beisitzer sowie ihre Stellvertreterinnen und Stellvertreter wählt der Landtag für die Dauer der Wahlperiode. Dem Wahlkreisausschuss soll mindestens ein Mitglied jeder im Landtag vertretenen Fraktion angehören. § 1 Absatz 2 des Gesetzes über die Rechtsstellung und Finanzierung der Fraktionen im Schleswig-Holsteinischen Landtag findet Anwendung.

(3) Der Wahlkreisausschuß ist beschlußfähig, wenn mindestens die Hälfte der Beisitzerinnen und Beisitzer oder der stellvertretenden Beisitzerinnen und Beisitzer anwesend ist.

(4) § 11 Abs. 2 Satz 1 und § 14 Abs. 1 und 3 gelten entsprechend.

§ 18
Wahlbezirke

(1) Die Wahlkreise gliedern sich in Wahlbezirke. Jede Gemeinde bildet einen Wahlbezirk. Die Gemeindewahlbehörde kann bei Bedarf die Gemeinde in mehrere Wahlbezirke von angemessener Größe einteilen.

(2) Die Gemeindewahlbehörde bestimmt einen oder mehrere der nach Absatz 1 gebildeten Wahlbezirke für die Briefwahl (§ 22 Abs. 3); in Gemeinden mit mehreren Wahlkreisen ist je Wahlkreis mindestens ein Wahlbezirk für die Briefwahl zu bestimmen.

(3) Abweichend von Absatz 2 können zur Feststellung des Briefwahlergebnisses für jede amtsfreie Gemeinde und für jedes Amt Briefwahlvorsteherinnen und Briefwahlvorsteher sowie Briefwahlvorstände eingesetzt werden. Die Entscheidung hierüber trifft die Gemeindewahlbehörde. In Gemeinden mit mehreren Wahlkreisen ist je Wahlkreis mindestens ein Briefwahlvorstand einzusetzen. Die für die Ämter eingesetzten Briefwahlvorstände stellen das Briefwahlergebnis auch für die amtsangehö-

rigen geschäftsführenden Gemeinden (§ 1 Absatz 3 und § 23 der Amtsordnung) fest. § 15 gilt entsprechend.

(4) Nimmt eine Gemeinde oder ein Amt die Verwaltung einer anderen Gemeinde oder eines anderen Amtes aufgrund eines öffentlich-rechtlichen Vertrages nach § 19 a des Gesetzes über die kommunale Zusammenarbeit in Anspruch, gilt Absatz 3 entsprechend.

(5) Die Kreiswahlleiterin oder der Kreiswahlleiter kann Gemeinden mit bis zu 70 Einwohnerinnen und Einwohnern mit anderen Gemeinden oder mit Teilen von anderen Gemeinden zu einem Wahlbezirk vereinigen, sofern dies zur Wahrung des Wahlgeheimnisses erforderlich ist; maßgebend ist die vom Statistischen Amt für Hamburg und Schleswig-Holstein fortgeschriebene Bevölkerungszahl nach dem Stand vom 31. Dezember des zweiten Jahres vor der Wahl.

Unterabschnitt 3
Wählerverzeichnisse

§ 19
Einsicht in das Wählerverzeichnis

(1) Jede wahlberechtigte Person hat das Recht, die Richtigkeit oder Vollständigkeit der zu ihrer Person im Wählerverzeichnis eingetragenen Daten zu überprüfen. Zur Überprüfung der Richtigkeit oder Vollständigkeit der Daten von anderen im Wählerverzeichnis eingetragenen Personen haben Wahlberechtigte nur dann ein Recht auf Einsicht in das Wählerverzeichnis, wenn sie Tatsachen glaubhaft machen, aus denen sich eine Unrichtigkeit oder Unvollständigkeit des Wählerverzeichnisses ergeben kann.

(2) Die Gemeindewahlbehörde hat Ort und Zeit der Möglichkeit zur Einsichtnahme in das Wählerverzeichnis öffentlich bekannt zu geben. In der Bekanntmachung ist darauf hinzuweisen, innerhalb welcher Frist und bei welcher Stelle Einsprüche gegen das Wählerverzeichnis erhoben werden können.

§ 20
Einsprüche und Beschwerden
gegen das Wählerverzeichnis

Über Einsprüche gegen das Wählerverzeichnis entscheidet die Gemeindewahlbehörde. Gegen ihre Entscheidung kann bei ihr Beschwerde erhoben werden. Über die Beschwerde entscheidet die Kreiswahlleiterin oder der Kreiswahlleiter.

Unterabschnitt 4
Wahlscheine

§ 21
Wahlschein

Eine wahlberechtigte Person, die im Wählerverzeichnis eingetragen ist oder die aus einem von ihr nicht zu vertretenden Grund in das Wählerverzeichnis nicht aufgenommen worden ist, erhält auf Antrag einen Wahlschein.

§ 22
Briefwahl

(1) Bei der Briefwahl hat die Wählerin oder der Wähler der Gemeindewahlbehörde einen von der Gemeinde oder von dem Amt freigemachten Wahlbrief so rechtzeitig zu übersenden, daß dieser spätestens am Wahltag bis 18 Uhr eingehen kann. Wer den Wahlbrief erst am Wahltag überreichen will, muß dafür sorgen, daß der Wahlbrief bis 18 Uhr dem Wahlvorstand der auf dem Wahlbriefumschlag angegebenen Stelle zugeht. Der Wahlbrief muß in einem verschlossenen Wahlbriefumschlag enthalten
1. den Wahlschein,
2. in einem besonderen verschlossenen Umschlag den Stimmzettel.

Wer nicht lesen kann oder wegen einer körperlichen Beeinträchtigung gehindert ist, die Briefwahl persönlich zu vollziehen, kann sich von einer Hilfsperson helfen lassen.

(2) Auf dem Wahlschein hat die Wählerin oder der Wähler oder die Hilfsperson gegenüber der Gemeindewahlbehörde an Eides Statt zu versichern, daß der Stimmzettel persönlich oder nach dem erklärten Willen der Wählerin oder des Wählers gekennzeichnet worden ist. Die Gemeindewahlbehörde ist zur Abnahme einer solchen Versicherung an Eides Statt zuständig.

(3) Die Gemeindewahlbehörde leitet die Wahlbriefe dem oder den für die Briefwahl bestimmten Wahlbezirken oder den für die Briefwahl bestimmten Wahlvorständen zu.

Unterabschnitt 5
Wahlvorschläge

§ 23
Aufstellung der Bewerberinnen und Bewerber

(1) Als Bewerberin oder Bewerber einer Partei kann in einem Wahlvorschlag nur benannt werden, wer in einer Mitglieder- oder Delegiertenversammlung hierzu gewählt worden ist.

(2) Wahlkreisbewerberinnen und Wahlkreisbewerber können gewählt werden

1. in einer Versammlung der im Zeitpunkt ihres Zusammentritts im Wahlkreis zum Landtag wahlberechtigten Mitglieder oder Delegierten der Partei (Wahlkreisversammlung) oder

2. in einer Versammlung der im Zeitpunkt ihres Zusammentritts zum Landtag wahlberechtigten Mitglieder oder Delegierten der Partei (Landesversammlung).

In Kreisen und kreisfreien Städten, die mehrere Wahlkreise umfassen, können die Bewerberinnen und Bewerber für diejenigen Wahlkreise, deren Gebiet die Grenze des Kreises oder der kreisfreien Stadt nicht durchschneidet, in einer Versammlung der im Zeitpunkt ihres Zusammentrittes in diesen Wahlkreisen zum Landtag wahlberechtigten Mitglieder oder Delegierten der Partei gewählt werden (gemeinsame Wahlkreisversammlung).

(3) Landeslistenbewerberinnen und Landeslistenbewerber sind in einer Landesversammlung zu wählen.

(4) Zu den Versammlungen nach den Absätzen 2 und 3 sind die Mitglieder oder Delegierten von dem zuständigen Vorstand der Partei mit mindestens einer dreitägigen Frist entweder einzeln oder durch öffentliche Ankündigung zu laden. Die Bewerberinnen und Bewerber sowie die Delegierten werden von den Teilnehmerinnen und Teilnehmern der Versammlung in geheimer schriftlicher Abstimmung gewählt. Vorschlagsberechtigt ist jede Teilnehmerin und jeder Teilnehmer der Versammlung. Unter den vorgeschlagenen Wahlkreisbewerberinnen und Wahlkreisbewerbern ist gewählt, wer die meisten Stimmen erhalten hat.

(5) Über die Versammlung ist eine Niederschrift zu fertigen, aus der die ordnungsmäßige Vorbereitung und Durchführung der Wahl hervorgehen muß. Die Niederschrift muß von mindestens zehn Personen, die an der Versammlung teilgenommen haben, unterschrieben werden; unter ihnen muß sich der Wahlvorstand der Versammlung befinden.

(6) Die Wahlen dürfen frühestens 44 Monate, für die Delegiertenversammlung frühestens 38 Monate nach Beginn der Wahlperiode des Landtags stattfinden; dies gilt nicht, wenn die Wahlperiode vorzeitig endet.

(7) Das Nähere über die Wahl der Delegierten, über die Einberufung und Beschlußfähigkeit der Mitglieder- oder Delegiertenversammlung sowie über das Verfahren für die Wahl der Bewerberinnen und Bewerber bleibt der Regelung durch Satzung der Parteien vorbehalten.

(8) Wenn eine nach den Absätzen 1 bis 7 ordnungsgemäß gewählte Person nach dem 66. Tag vor der Wahl und vor der Zulassung der Wahlvorschläge (§ 31 Abs. 1) stirbt oder die Wählbarkeit verliert oder wenn von der Wahlleiterin oder dem Wahlleiter innerhalb dieser Frist Bedenken gegen ihre Wählbarkeit erhoben werden, so kann eine neue Bewerberin oder ein neuer Bewerber auch von einem satzungsgemäßen oder von der Mitglieder- oder Delegiertenversammlung (Absätze 1 bis 3) dazu ermächtigten Organ der Partei gewählt werden, das mindestens sieben Mitglieder haben muß. Absatz 4 Satz 2 und 3 und Absatz 5 Satz 1 sind entsprechend anzuwenden.

§ 24
Wahlvorschlagsrecht, Beteiligungsanzeige

(1) Wahlvorschläge können von Parteien sowie von parteilosen Einzelbewerberinnen und Einzelbewerbern eingereicht werden.

(2) Parteien, die nicht mit mindestens einer oder einem für sie in Schleswig-Holstein gewählten Abgeordneten im Bundestag oder im Landtag vertreten sind, können als solche einen Wahlvorschlag nur einreichen, wenn sie spätestens am 82. Tag vor der Wahl bis 18.00 Uhr der Landeswahlleiterin oder dem Landeswahlleiter ihre Beteiligung an der Wahl schriftlich angezeigt haben und der Landeswahlausschuß ihre Parteieigenschaft festgestellt hat. In der Anzeige ist anzugeben, unter welchem Namen sich die Partei an der Wahl beteiligen will. Die Anzeige muß von mindestens drei Mitgliedern des Landesvorstandes, darunter dem oder der Vorsitzenden oder einer Stellvertreterin oder einem Stellvertreter, persönlich und handschriftlich unterzeichnet sein. Die schriftliche Satzung und das schriftliche Programm der Landesorganisation der Partei sowie ein Nachweis über die satzungsgemäße Bestellung des Landesvorstandes sind der Anzeige beizufügen. Der Anzeige sollen Nachweise über die Parteieigenschaft nach § 2 Absatz 1 Satz 1 des Parteiengesetzes beigefügt werden.

(3) Die Landeswahlleiterin oder der Landeswahlleiter hat die Anzeige nach Absatz 2 unverzüglich nach Eingang zu prüfen. Stellt sie oder er Mängel fest, so benachrichtigt sie oder er sofort den Landesvorstand der Partei und fordert ihn auf, behebbare Mängel rechtzeitig zu beseitigen. Nach Ablauf der Anzeigefrist können nur noch Mängel an sich gültiger Anzeigen behoben werden. Eine gültige Anzeige liegt nicht vor, wenn

1. die Form oder Frist des Absatzes 2 nicht gewahrt ist,
2. die Parteibezeichnung fehlt,
3. die nach Absatz 2 Satz 3 erforderlichen gültigen Unterschriften oder die nach Absatz 2 Satz 4 der Anzeige beizufügenden Anlagen fehlen oder
4. die Vorstandsmitglieder mangelhaft bezeichnet sind, so daß ihre Person nicht feststeht.

Nach der Entscheidung über die Feststellung der Parteieigenschaft ist jede Mängelbeseitigung ausgeschlossen. Gegen Verfügungen der Landeswahlleiterin oder des Landeswahlleiters im Mängelbeseitigungsverfahren kann der Landesvorstand den Landeswahlausschuß anrufen.

(4) Hat eine Partei keinen Landesverband, so treten bei der Anwendung der Absätze 2 und 3 die Vorstände der im Land bestehenden nächstniedrigen Gebietsverbände (§ 7 Abs. 2 des Parteiengesetzes) an die Stelle des Landesvorstandes.

(5) Der Landeswahlausschuß stellt spätestens am 72. Tag vor der Wahl für alle Wahlorgane verbindlich fest,

1. welche Parteien mit mindestens einer oder einem für sie in Schleswig-Holstein gewählten Abgeordneten im Bundestag oder im Landtag vertreten sind und

2. welche Vereinigungen, die nach Absatz 2 ihre Beteiligung angezeigt haben, für die Wahl als Parteien anzuerkennen sind; für die Ablehnung der Anerkennung als Partei für die Wahl ist abweichend von § 14 Absatz 3 eine Zweidrittelmehrheit erforderlich.

Die Feststellung ist von der Landeswahlleiterin oder dem Landeswahlleiter in der Sitzung des Landeswahlausschusses bekanntzugeben.

(6) Gegen die Feststellung des Landeswahlausschusses nach Absatz 5, die sie an der Einreichung von Wahlvorschlägen hindert, kann eine Partei oder Vereinigung binnen vier Tagen nach der Bekanntgabe Beschwerde zum Landesverfassungsgericht erheben. In diesem Fall ist die Partei oder Vereinigung von den Wahlorganen bis zu einer Entscheidung des Landesverfassungsgerichts, längstens bis zum Ablauf des 52. Tages vor der Wahl wie wahlvorschlagsberechtigte Partei zu behandeln.

(7) Absatz 6 gilt nicht für eine Neuwahl des Landtages im Falle einer vorzeitigen Beendigung der Wahlperiode.

(8) Die Wahlvorschläge werden getrennt für die Wahlkreise (Kreiswahlvorschläge) und für den Verhältnisausgleich (Landeslisten) aufgestellt. Eine Partei kann in jedem Wahlkreis nur einen Kreiswahlvorschlag einreichen. Landeslisten können nur von Parteien eingereicht werden.

§ 25
Einreichung der Wahlvorschläge

Die Kreiswahlvorschläge sind der zuständigen Kreiswahlleiterin oder dem zuständigen Kreiswahlleiter, die Landeslisten der Landeswahlleiterin oder dem Landeswahlleiter spätestens am 55. Tag vor der Wahl bis 18 Uhr schriftlich einzureichen.

§ 26
Inhalt und Form der Wahlvorschläge

(1) Jede Bewerberin und jeder Bewerber kann nur auf einem Kreiswahlvorschlag benannt sein. Sie oder er kann gleichzeitig in einem Kreiswahlvorschlag und in der Landesliste derselben Partei auftreten. Der Kreiswahlvorschlag darf nur den Namen einer Bewerberin oder eines Bewerbers enthalten. Die Anzahl der Bewerberinnen und Bewerber auf der Landesliste unterliegt keinen Beschränkungen.

(2) Als Bewerberin oder Bewerber kann nur vorgeschlagen werden, wer die Zustimmung dazu schriftlich erteilt hat. Die Zustimmung ist unwiderruflich.

(3) Jeder Wahlvorschlag einer Partei muß deren Namen tragen. Wenn es zur Unterscheidung von früher eingereichten Wahlvorschlägen nötig ist, kann die Wahlleiterin oder der Wahlleiter einen Zusatz verlangen.

(4) Wahlvorschläge von Parteien müssen von mindestens drei Mitgliedern des Landesvorstandes, darunter der oder dem Vorsitzenden oder einer Stellvertreterin oder einem Stellvertreter, persönlich und handschriftlich unterzeichnet sein. Hat eine Partei keinen Landesverband, so treten an die Stelle des Landesvorstandes die Vorstände der nächstniedrigen Gebietsverbände (§ 7 Abs. 2 des Parteiengesetzes), auf deren Bereich sich der Wahlvorschlag ganz oder teilweise erstreckt. Wahlvorschläge der in § 24 Abs. 2 genannten Parteien müssen außerdem, ebenso wie Kreiswahlvorschläge für parteilose Einzelbewerberinnen und Einzelbewerber, von Wahlberechtigten persönlich und handschriftlich unterzeichnet sein. Im einzelnen sind erforderlich:
1. für einen Kreiswahlvorschlag Unterschriften von mindestens 100 Wahlberechtigten,
2. für eine Landesliste Unterschriften von mindestens 1.000 Wahlberechtigten;

die Wahlberechtigung muß im Zeitpunkt der Unterzeichnung gegeben sein und ist bei der Einreichung des Wahlvorschlages nachzuweisen. Die Unterzeichnerinnen und Unterzeichner eines Kreiswahlvorschlages müssen im Wahlkreis wahlberechtigt sein.

(5) Tritt eine Bewerberin oder ein Bewerber für eine Partei auf, so sind dem Wahlvorschlag beizufügen
1. die Niederschrift über die Aufstellung der Bewerberinnen und Bewerber nach § 23,
2. die Versicherung an Eides Statt der Bewerberin oder des Bewerbers,
   a) daß sie oder er Mitglied der Partei ist, für die sie oder er sich bewirbt, und daß sie oder er keiner weiteren Partei angehört, oder
   b) daß sie oder er keiner Partei angehört.

Für die Abnahme der Versicherung an Eides Statt ist bei Kreiswahlvorschlägen die Kreiswahlleiterin oder der Kreiswahlleiter, bei Landeslisten die Landeswahlleiterin oder der Landeswahlleiter zuständig; sie sind Behörden im Sinne des § 156 des Strafgesetzbuches.

§ 27
Vertrauensperson

(1) In jedem Wahlvorschlag sollen eine Vertrauensperson und eine stellvertretende Vertrauensperson bezeichnet werden. Fehlt diese Bezeichnung, so gilt die Person, die als erste unterzeichnet hat, als Vertrauensperson, und diejenige, die als zweite unterzeichnet hat, als stellvertretende Vertrauensperson.

(2) Soweit in diesem Gesetz nichts anderes bestimmt ist, sind nur die Vertrauensperson und die stellvertretende Vertrauensperson, jede für sich, berechtigt, verbindliche Erklärungen zum Wahlvorschlag abzugeben und entgegenzunehmen.

(3) Die Vertrauensperson und die stellvertretende Vertrauensperson können durch schriftliche Erklärung der Mehrheit der Unterzeichnerinnen und Unterzeichner des Wahlvorschlages an die Wahlleiterin oder den Wahlleiter abberufen und durch andere ersetzt werden.

§ 28
Zurücknahme von Wahlvorschlägen

Ein Wahlvorschlag kann durch gemeinsame schriftliche Erklärung der Vertrauensperson und der stellvertretenden Vertrauensperson zurückgenommen werden, solange nicht über seine Zulassung entschieden ist. Ein von Wahlberechtigten unterzeichneter Wahlvorschlag (§ 26 Abs. 4 Satz 3 und 4) kann auch von der Mehrheit der Unterzeichnerinnen und Unterzeichner durch eine von ihnen persönlich und handschriftlich vollzogene Erklärung zurückgenommen werden.

§ 29
Änderung von Wahlvorschlägen

Ein Wahlvorschlag kann nach Ablauf der Einreichungsfrist nur durch gemeinsame schriftliche Erklärung der Vertrauensperson und der stellvertretenden Vertrauensperson und nur dann geändert werden, wenn die Bewerberin oder der Bewerber stirbt oder die Wählbarkeit verliert. Der Unterschriften nach § 26 Abs. 4 Satz 3 und 4 bedarf es nicht. Nach der Entscheidung über die Zulassung eines Wahlvorschlages (§ 31 Abs. 1) ist jede Änderung ausgeschlossen.

§ 30
Beseitigung von Mängeln

(1) Die Wahlleiterin oder der Wahlleiter hat die Wahlvorschläge unverzüglich nach Eingang zu prüfen. Stellt sie oder er Mängel fest, so benachrichtigt sie oder sofort die Vertrauensperson und fordert sie auf, behebbare Mängel rechtzeitig zu beseitigen.

(2) Nach Ablauf der Einreichungsfrist können nur noch Mängel an sich gültiger Wahlvorschläge behoben werden. Ein gültiger Wahlvorschlag liegt nicht vor, wenn
1. die Form oder Frist des § 25 nicht gewahrt ist,
2. die nach § 26 Abs. 4 erforderlichen gültigen Unterschriften mit dem Nachweis der Wahlberechtigung der Unterzeichnerinnen und Unterzeichner fehlen, es sei denn, der Nachweis kann infolge von Umständen, die der Wahlvorschlagsberechtigte nicht zu vertreten hat, nicht rechtzeitig erbracht werden,
3. bei einem Parteiwahlvorschlag die Parteibezeichnung fehlt, die nach § 24 Abs. 2 erforderliche Feststellung der Parteieigenschaft abgelehnt ist oder die in § 26 Abs. 5 genannten Unterlagen nicht beigebracht sind,
4. die Bewerberin oder der Bewerber so mangelhaft bezeichnet ist, daß ihre oder seine Person nicht feststeht, oder
5. die Zustimmungserklärung der Bewerberin oder des Bewerbers fehlt.

(3) Nach der Entscheidung über die Zulassung eines Wahlvorschlages (§ 31 Abs. 1) ist jede Mängelbeseitigung ausgeschlossen.

(4) Gegen Verfügungen der Wahlleiterin oder des Wahlleiters im Mängelbeseitigungsverfahren kann die Vertrauensperson den für die Zulassung zuständigen Wahlausschuß anrufen.

§ 31
Zulassung der Wahlvorschläge

(1) Über die Zulassung entscheidet bei Kreiswahlvorschlägen der zuständige Kreiswahlausschuß, bei Landeslisten der Landeswahlausschuß. Die Entscheidung über die Zulassung hat am 51. Tag vor der Wahl in öffentlicher Sitzung zu erfolgen. Der Wahlausschuß hat Wahlvorschläge zurückzuweisen, wenn sie
1. verspätet eingereicht sind oder
2. den Anforderungen nicht entsprechen, die durch dieses Gesetz und die aufgrund dieses Gesetzes erlassenen

Landeswahlgesetz

Rechtsvorschriften aufgestellt sind, es sei denn, daß in diesen Vorschriften etwas anderes bestimmt ist. Entspricht eine Landesliste nur hinsichtlich einzelner Bewerberinnen und Bewerber nicht den Anforderungen, so werden ihre Namen aus der Liste gestrichen. Die Entscheidung ist in der Sitzung des Wahlausschusses bekanntzugeben.

(2) Weist der Kreiswahlausschuß einen Kreiswahlvorschlag zurück, kann nach Bekanntgabe der Entscheidung hiergegen spätestens bis zum 48. Tag vor der Wahl, 18.00 Uhr Beschwerde an den Landeswahlausschuß eingelegt werden. Beschwerdeberechtigt sind die Vertrauensperson des Kreiswahlvorschlages und die Kreiswahlleiterin oder der Kreiswahlleiter. Die Kreiswahlleiterin oder der Kreiswahlleiter kann auch gegen die Zulassung eines Kreiswahlvorschlages Beschwerde erheben. Über die Beschwerde entscheidet der Landeswahlausschuß in öffentlicher Sitzung spätestens am 45. Tag vor der Wahl. In der Beschwerdeverhandlung sind die erschienenen Beteiligten zu hören.

(3) Die Kreiswahlleiterin oder der Kreiswahlleiter gibt die zugelassenen Wahlkreisbewerberinnen und Wahlkreisbewerber, die Landeswahlleiterin oder der Landeswahlleiter alle im Land zugelassenen Wahlvorschläge (Wahlkreisbewerberinnen und Wahlkreisbewerber sowie Landeslisten) spätestens am 34. Tag vor der Wahl bekannt.

Unterabschnitt 6
Sonstige Wahlvorbereitungen

§ 32
Nachwahl

(1) Stirbt eine Bewerberin oder ein Bewerber in einem Wahlkreis nach der Zulassung ihres oder seines Wahlvorschlages und vor Beginn der Wahl, so ist die Wahl im Wahlkreis von der Kreiswahlleiterin oder dem Kreiswahlleiter abzusagen und um höchstens sechs Wochen zu verschieben (Nachwahl).

(2) Eine Nachwahl findet ferner statt, wenn die Wahl in einem Wahlkreis infolge höherer Gewalt nicht durchgeführt werden kann. In diesem Fall setzt das Ministerium für Inneres, ländliche Räume und Integration den Tag der Nachwahl fest.

(3) Die Verteilung der Sitze aus den Listen ist nach dem Ergebnis der Nachwahl zu berichtigen.

§ 33
Herstellung und Inhalt der Stimmzettel

(1) Die Stimmzettel und die Wahlbriefumschläge (§ 22) werden amtlich hergestellt.

(2) Der Stimmzettel enthält:
1. für die Wahl im Wahlkreis die Namen der Bewerberinnen und Bewerber der zugelassenen Kreiswahlvorschläge,
2. für die Wahl nach Landeslisten die Namen der Parteien sowie die Namen der ersten fünf Bewerberinnen und Bewerber der zugelassenen Landeslisten.

(3) Die Reihenfolge der Landeslisten von Parteien, die sich an der letzten Landtagswahl beteiligt haben, richtet sich nach der von ihnen bei dieser Wahl erreichten Stimmenzahl. Die übrigen Landeslisten schließen sich in alphabetischer Reihenfolge des Namens dieser Parteien an.

(4) Die Reihenfolge der Kreiswahlvorschläge richtet sich nach der Reihenfolge der entsprechenden Landeslisten. Kreiswahlvorschläge sonstiger Parteien schließen sich in alphabetischer Reihenfolge des Namens dieser Parteien an. Es folgen Kreiswahlvorschläge von parteilosen Einzelbewerberinnen und Einzelbewerbern in alphabetischer Reihenfolge des Familiennamens.

§ 34
Bestimmung und Ausstattung der Wahlräume

(1) Die Gemeindewahlbehörde bestimmt für jeden Wahlbezirk einen geeigneten Wahlraum.

(2) Der Wahlraum muß so ausgestattet sein, daß das Wahlgeheimnis gewahrt wird.

Unterabschnitt 7
Sonderregelungen für Neuwahlen des Landtages im Falle einer vorzeitigen Beendigung der Wahlperiode

§ 35
Wahlvorschläge, Fristen und Termine

Für Neuwahlen des Landtages im Falle einer vorzeitigen Beendigung der Wahlperiode gelten folgende Regelungen:
1. In den Fällen des § 26 Abs. 4 Satz 3 und 4 sind für einen Kreiswahlvorschlag mindestens 50 Unterschriften, für eine Landesliste mindestens 500 Unterschriften von Wahlberechtigten erforderlich.
2. Die Fristen und Termine des Unterabschnitts 5 ändern sich, wie nachfolgend in Spalte III angegeben:

I Vorschrift	II Allgemein geltende Fristen und Termine	III Veränderte Fristen und Termine
§ 23 Absatz 8 Satz 1	nach dem 66. Tag vor der Wahl	nach dem 55. Tag vor der Wahl
§ 24 Absatz 2 Satz 1	spätestens am 82. Tag vor der Wahl	spätestens am 48. Tag vor der Wahl
§ 24 Absatz 5	spätestens am 72. Tag vor der Wahl	spätestens am 40. Tag vor der Wahl
§ 25	spätestens am 55. Tag vor der Wahl	spätestens am 37. Tag vor der Wahl
§ 31 Absatz 1 Satz 2	am 51. Tag vor der Wahl	am 33. Tag vor der Wahl
§ 31 Absatz 2 Satz 4	spätestens am 45. Tag vor der Wahl	spätestens am 26. Tag vor der Wahl

Unterabschnitt 8
Sonderregelungen im Falle einer Notlage

§ 35 a
Aufstellung der Bewerberinnen und Bewerber, Wahlvorschläge

(1) Der Landtag kann im Falle einer Notlage mit der Mehrheit von zwei Dritteln seiner Mitglieder feststellen, dass die Durchführung von Versammlungen im Sinne von § 23 wegen damit einhergehender Gefahren für Leib oder Leben ganz oder teilweise unzumutbar ist. Eine Notlage liegt vor, wenn eine außerordentlich schwere Katastrophe oder eine epidemische Lage von überregionaler Tragweite im Land besteht. Trifft der Landtag diese Feststellung, kann von den Bestimmungen des Landeswahlgesetzes nach Maßgabe dieser Vorschrift abgewichen werden.

(2) Eine Anwendung dieser Vorschrift und der nach dieser Vorschrift vorgesehenen Verfahren setzt keine entsprechende Regelung in der Satzung der Partei voraus. Vor dem Inkrafttreten dieser Vorschrift getroffene satzungsrechtliche Bestimmungen der Partei stehen der Anwendung dieser Vorschrift nicht entgegen.

(3) Den Beschluss über die Möglichkeit zur Abweichung von den Bestimmungen der Satzungen fasst für alle Gliederungen der Partei im Land der Landesvorstand. Der Beschluss des Landesvorstandes kann durch den Landesparteitag aufgehoben werden. Hat eine Partei keinen Landesverband, so treten an die Stelle des Landesvorstandes die jeweiligen Vorstände der nächstniedrigen Gebietsverbände und an die Stelle der Landesparteitags die jeweiligen Mitglieder- oder Vertreterversammlungen der nächstniedrigen Gebietsverbände. Das Nähere bleibt der Regelung durch Satzung der Partei vorbehalten.

(4) Versammlungen, die der Aufstellung von Bewerberinnen und Bewerbern einer Partei dienen, können ganz oder teilweise mit Ausnahme der Abstimmung über einen Wahlvorschlag im Wege der Bild- und Tonübertragung oder durch mehrere miteinander im Wege der Bild- und Tonübertragung verbundene gleichzeitige Teilversammlungen an verschiedenen Orten durchgeführt werden. Für in Präsenz durchgeführte Versammlungen kann von der satzungsgemäßen, für die Beschlussfähigkeit der Versammlung erforderlichen Mitglieder- oder Delegiertenzahl abgewichen werden.

(5) Bei gemäß Absatz 4 durchgeführten Versammlungen sind das Vorschlagsrecht der Vorschlagsberechtigten, ein Vorstellungsrecht der Bewerberinnen und Bewerber und der Zugang der Stimmberechtigten zu Angaben über Person und Programm der Bewerberinnen und Bewerber in schriftlicher Form zu gewährleisten. Wenn einzelne oder alle Teilnehmerinnen und Teilnehmer nur durch einseitige Bild- und Tonübertragung an der Versammlung teilnehmen, sind die Wahrnehmung des Vorschlagsrechts der Vorschlagsberechtigten, das Vorstellungsrecht der Bewerberinnen und Bewerber sowie die Befragung zumindest schriftlich im Vorwege, elektronisch oder fernmündlich zu gewährleisten.

(6) Die Wahl von Mitgliedern oder Delegierten für Versammlungen, die der Aufstellung von Bewerberinnen und Bewerbern einer Partei dienen, oder die Wahl von Bewerberinnen und Bewerbern einer Partei kann auch im schriftlichen Verfahren durchgeführt werden. Vorstellung und Befragung können dabei zusätzlich unter Nutzung elektronischer Medien erfolgen. Das Vorschlagsrecht der Vorschlagsberechtigten, das Vorstellungsrecht der Bewerberinnen und Bewerber sowie der Zugang der Stimmberechtigten zu Angaben über Person und Programm der Bewerberinnen und Bewerber sind in schriftlicher Form zu gewährleisten.

(7) Die Abstimmung über einen Wahlvorschlag kann im Wege der Urnenwahl, der Briefwahl oder einer Kombination aus Urnen- und Briefwahl durchgeführt werden. Dabei ist durch geeignete Vorkehrungen zu gewährleisten, dass nur Stimmberechtigte an der Abstimmung teilnehmen, das Wahlgeheimnis gewahrt wird und die Stimmabgabe erst nach der Eröffnung des Wahlganges auf der Versammlung möglich ist. Soweit die Satzungen der Parteien keine einschlägigen Regelungen zur Abstimmung im Wege der Briefwahl enthalten, finden die Bestimmungen zur Zurückweisung von Wahlbriefen und die Auslegungsregeln nach § 40 Absatz 2 entsprechende Anwendung.

(8) Abweichend von § 26 Absatz 2 Satz 4 Nr. 1 und Nr. 2 sind für einen Kreiswahlvorschlag die Unterschriften von 50 sowie für eine Landesliste die Unterschriften von 500 Wahlberechtigten ausreichend.

(9) Liegen die Voraussetzungen nach Absatz 1 Satz 1 nicht mehr vor, stellt der Landtag dies mit der Mehrheit seiner Mitglieder fest. Trifft der Landtag diese Feststellung, so kann bei Verfahren, die vor der Feststellung nach den Bestimmungen dieser Vorschrift begonnen oder durchgeführt wurden, von den Abweichungsmöglichkeiten dieser Vorschrift für sechs Wochen ab der Feststellung weiter Gebrauch gemacht werden.

(10) Die Gewährleistung der Voraussetzungen dieser Vorschrift obliegt den Trägerinnen und Trägern der Wahlvorschläge. Versammlungen nach dieser Vorschrift sind der Landeswahlleiterin oder dem Landeswahlleiter anzuzeigen.

Abschnitt IV
Wahlhandlung und Feststellung des Wahlergebnisses

§ 36
Wahrung des Wahlgeheimnisses

(1) Es ist dafür zu sorgen, daß die Wählerin oder der Wähler den Stimmzettel unbeobachtet kennzeichnen kann. Für die Aufnahme der Stimmzettel sind Wahlurnen zu verwenden, die das Wahlgeheimnis sichern. In der Wahlkabine soll ein nicht radierfähiger Schreibstift bereitliegen.

(2) Wer nicht lesen kann oder wegen einer körperlichen Beeinträchtigung gehindert ist, den Stimmzettel zu kennzeichnen und in die Wahlurne zu legen, kann sich von einer Hilfsperson helfen lassen.

§ 37
Öffentlichkeit

Die Wahlhandlung und die Feststellung des Wahlergebnisses sind öffentlich. Der Wahlvorstand kann Personen, die die Ordnung und Ruhe stören, aus dem Wahlraum verweisen.

§ 38
Wahlwerbung, unzulässige Veröffentlichung von Befragungen

(1) Den Trägern von Wahlvorschlägen ist vor der Wahl die Wahlsichtwerbung in einem für ihre Selbstdarstellung notwendigen und angemessenen Umfang zu ermöglichen.

(2) In und an dem Gebäude, in dem sich der Wahlraum befindet, sowie unmittelbar vor dem Zugang zu dem Gebäude sind jede Beeinflussung der Wählerinnen und Wähler durch Wort, Ton, Schrift oder Bild sowie jede Unterschriftensammlung verboten.

(3) Die Veröffentlichung von Ergebnissen von Befragungen von Wählerinnen und Wählern nach der Stimmabgabe über den Inhalt der Wahlentscheidung ist vor Ablauf der Wahldauer unzulässig.

§ 39
Stimmabgabe

(1) Gewählt wird mit amtlichen Stimmzetteln.

(2) Die Wählerin oder der Wähler gibt

1. ihre oder seine Erststimme in der Weise ab, daß sie oder er durch ein auf den Stimmzettel gesetztes Kreuz oder auf andere Weise eindeutig kenntlich macht, welcher Bewerberin oder welchem Bewerber sie gelten soll,

2. ihre oder seine Zweitstimme in der Weise ab, daß sie oder er durch ein auf den Stimmzettel gesetztes Kreuz oder auf andere Weise eindeutig kenntlich macht, welcher Landesliste sie gelten soll.

(3) Das Ministerium für Inneres, ländliche Räume und Integration kann zulassen, daß an Stelle von Stimmzetteln amtlich zugelassene Stimmzählgeräte verwendet werden.

§ 40
Ungültige Stimmen, Zurückweisung von Wahlbriefen, Auslegungsregeln

(1) Ungültig sind Stimmen, wenn der Stimmzettel

1. als nicht amtlich hergestellt erkennbar ist,
2. keine Kennzeichnung enthält,
3. den Willen der Wählerin oder des Wählers nicht zweifelsfrei erkennen läßt oder
4. einen Zusatz oder Vorbehalt enthält.

In den Fällen der Nummern 1 und 2 sind beide Stimmen ungültig. Wenn der Stimmzettel für einen anderen Wahlkreis gültig ist, ist die Erststimme ungültig. Enthält der Stimmzettel nur eine Stimmabgabe, so ist die nicht abgegebene Stimme ungültig.

(2) Für die Briefwahl gelten neben den Bestimmungen des Absatzes 1 folgende Regelungen:

1. Der Wahlbrief ist zurückzuweisen, wenn
   a) der Wahlbrief nicht rechtzeitig eingegangen ist,
   b) der Wahlbriefumschlag keinen oder keinen gültigen Wahlschein enthält,
   c) der Wahlbriefumschlag keinen Stimmzettelumschlag enthält,
   d) weder der Wahlbriefumschlag noch der Stimmzettelumschlag verschlossen ist,
   e) der Wahlbriefumschlag mehrere Stimmzettelumschläge, aber nicht die gleiche Anzahl gültiger und mit der vorgeschriebenen Versicherung an Eides Statt versehener Wahlscheine enthält,
   f) die Wählerin oder der Wähler oder die Hilfsperson die vorgeschriebene Versicherung an Eides Statt zur Briefwahl auf dem Wahlschein nicht unterschrieben hat,
   g) kein amtlicher Stimmzettelumschlag benutzt worden ist oder
   h) ein Stimmzettelumschlag benutzt worden ist, der offensichtlich in einer das Wahlgeheimnis gefährdenden Weise von den übrigen abweicht oder einen deutlich fühlbaren Gegenstand enthält.

Die Einsenderinnen und Einsender zurückgewiesener Wahlbriefe werden nicht als Wählerinnen und Wähler gezählt; ihre Stimmen gelten als nicht abgegeben. Ein Grund für die Zurückweisung eines Wahlbriefes liegt nicht vor, wenn eine Person, die an der Briefwahl teilgenommen hat, verstorben ist, ihre Wohnung oder ihren gewöhnlichen Aufenthalt in Schleswig-Holstein (§ 5 Abs. 1 Nr. 2) aufgegeben oder sonst ihr Wahlrecht verloren hat.

2. Ist der Stimmzettelumschlag leer, so gelten beide Stimmen als ungültig.

3. Mehrere Stimmzettel in einem Stimmzettelumschlag gelten als ein Stimmzettel, wenn alle gekennzeichneten Stimmzettel gleich lauten oder nur einer gekennzeichnet ist; sonst zählen sie als ein Stimmzettel mit je einer ungültigen Erst- und Zweitstimme.

§ 41
Feststellung des Wahlergebnisses

(1) Der Wahlvorstand führt die Wahlhandlung im Wahlbezirk durch und stellt das Wahlergebnis fest.

(2) In den Fällen des § 18 Absatz 3 und 4 stellt der für die Briefwahl eingesetzte Wahlvorstand fest, wieviele durch Briefwahl abgegebene Stimmen auf die einzelnen Kreiswahlvorschläge und Landeslisten entfallen.

(3) Der Wahlvorstand entscheidet über die Gültigkeit der abgegebenen Stimmen. Der Kreiswahlausschuß hat das Recht der Nachprüfung.

(4) Der Kreiswahlausschuß stellt das Wahlergebnis im Wahlkreis fest. Der Landeswahlausschuß stellt das Wahlergebnis im Land fest. Die Kreiswahlleiterin oder der Kreiswahlleiter gibt das Wahlergebnis im Wahlkreis, die Landeswahlleiterin oder der Landeswahlleiter das Wahlergebnis aus den Wahlkreisen und aus den Landeslisten bekannt.

§ 41 a
Annahme der Wahl

Die Kreiswahlleiterinnen und Kreiswahlleiter benachrichtigen die gewählten Wahlkreisbewerberinnen und Wahlkreisbewerber. Die Landeswahlleiterin oder der Landeswahlleiter benachrichtigt die aus den Landeslisten gewählten Bewerberinnen und Bewerber. In den Benachrichtigungen nach Satz 1 und 2 werden die Gewählten aufgefordert, binnen einer Woche der Landeswahlleiterin oder dem Landeswahlleiter schriftlich zu erklären, ob sie die Wahl annehmen. Gibt der oder die Gewählte bis zum Ablauf der gesetzlichen Frist keine oder keine schriftliche Erklärung ab, so gilt die Wahl zu diesem Zeitpunkt als angenommen. Eine Erklärung unter Vorbehalt gilt als Ablehnung. Die Annahme- oder Ablehnungserklärung kann nicht widerrufen werden.

§ 42
Erwerb der Mitgliedschaft im Landtag

Eine gewählte Bewerberin oder ein gewählter Bewerber erwirbt die Mitgliedschaft im Landtag mit dem fristgerechten Eingang der auf die Benachrichtigung nach § 41 a Satz 1 bis 3 erfolgenden schriftlichen Annahmeerklärung bei der Landeswahlleiterin bzw. bei dem Landeswahlleiter oder mit der fiktiven Annahme gemäß § 41 a Satz 4. Ist zum Zeitpunkt der Annahme der Wahlperiode des letzten Landtages nicht abgelaufen, wird die Mitgliedschaft im Landtag nicht vor Ablauf der Wahlperiode des letzten Landtages erworben.

Abschnitt V
Wahlprüfung

§ 43
Zuständigkeit und Rechtsmittel

(1) Die Wahlprüfung obliegt dem Landtag. Er entscheidet über die Einsprüche sowie über die Gültigkeit der Wahl von Amts wegen nach Vorprüfung durch einen hierfür bestellten Ausschuß.

(2) Gegen die Entscheidungen des Landtages ist binnen zwei Wochen die Beschwerde an das Landesverfassungsgericht zulässig.

§ 44
Einsprüche gegen die Gültigkeit der Wahl und Anfechtung von Wahlverwaltungsakten

(1) Gegen die Gültigkeit der Wahl kann jede oder jeder Wahlberechtigte binnen zwei Wochen nach Bekanntgabe des Wahlergebnisses durch die Landeswahlleiterin oder den Landeswahlleiter Einspruch erheben. Der Einspruch ist bei der zuständigen Kreiswahlleiterin oder dem zuständigen Kreiswahlleiter oder bei der Landeswahlleiterin oder dem Landeswahlleiter schriftlich einzureichen oder mündlich zur Niederschrift zu erklären. Der Einspruch ist innerhalb der Einspruchsfrist zu begründen.

(2) Werden im Zusammenhang mit Einsprüchen gegen die Gültigkeit der Wahl nach Absatz 1 einzelne Verwaltungsakte der Wahlbehörden angefochten, über die nicht gleichzeitig nach den §§ 45 bis 47 entschieden wird, so ist über die Gültigkeit dieser Verwaltungsakte im Wahlprüfungsverfahren gesondert zu entscheiden.

§ 45
Ausscheiden nicht wählbarer Abgeordneter

(1) Ergibt die Wahlprüfung, daß eine Abgeordnete oder ein Abgeordneter nicht wählbar war, so ist ihre oder seine Wahl für ungültig zu erklären. Ihre oder seine Mitgliedschaft ruht, solange der Beschluß des Landtages noch anfechtbar ist oder das Landesverfassungsgericht noch nicht entschieden hat.

(2) Während die Mitgliedschaft ruht, tritt vorübergehend eine Bewerberin oder ein Bewerber aus der Landesliste ein; § 50 Abs. 1 und 3 Satz 1 und 2 findet entsprechende Anwendung. Ist der Beschluß des Landtages rechtskräftig geworden, so scheidet die oder der bisherige Abgeordnete aus, und die vorläufige Ersatzperson tritt ein. Ist der Beschluß des Landtages rechtskräftig aufgehoben worden, so tritt die oder der bisherige Abgeordnete wieder in ihre oder seine vollen Rechte ein, und die vorläufige Ersatzperson scheidet aus.

§ 46
Wiederholungswahl

(1) Ergibt die Wahlprüfung, daß bei der Vorbereitung der Wahl oder bei der Wahlhandlung Unregelmäßigkeiten vorgekommen sind, von denen anzunehmen ist, daß sie im Einzelfall auf das Wahlergebnis im Wahlkreis oder auf die Verteilung der Sitze aus den Landeslisten von Einfluß gewesen sind, so ist eine Wiederholungswahl anzuordnen.

(2) Erstrecken sich die Unregelmäßigkeiten nur auf einzelne Wahlbezirke, so ist in ihnen eine Wiederholungswahl aufgrund der Kreiswahlvorschläge der Hauptwahl abzuhalten. Soweit die Unregelmäßigkeiten nicht in der ordnungswidrigen Feststellung der Wählerverzeichnisse liegen, ist auch das für die Hauptwahl festgestellte Wählerverzeichnis zugrunde zu legen. Andernfalls ist das Wählerverzeichnis für den Stichtag der Hauptwahl neu aufzustellen.

(3) Erstrecken sich die Unregelmäßigkeiten auf mehr als die Hälfte der Wahlbezirke des Wahlkreises oder auf den ganzen Wahlkreis, so ist die Wiederholungswahl im ganzen Wahlkreis nach den für eine Neuwahl geltenden Grundsätzen abzuhalten.

(4) Aufgrund der Wiederholungswahl ist das Ergebnis für den Wahlkreis neu zu ermitteln und die Verteilung der Sitze aus den Landeslisten zu berichtigen.

(5) Wird die Wahl nur in einzelnen Wahlkreisen für ungültig erklärt, so gilt für die dort gewählten Bewerberinnen und Bewerber § 45 Abs. 1 Satz 2 und Abs. 2. Wird die Wahl in allen Wahlkreisen für ungültig erklärt, so bleiben die Abgeordneten bis zur Neuwahl im Amt.

(6) Wiederholungswahlen sind spätestens sechs Wochen nach rechtskräftiger Feststellung der Ungültigkeit der Hauptwahl abzuhalten.

§ 47
Neufeststellung des Wahlergebnisses

(1) Ergibt die Wahlprüfung, daß das Wahlergebnis in einem Wahlkreis oder aus den Landeslisten durch seine unrichtige Feststellung beeinflußt worden ist, so hat es der Landtag zu

berichtigen. Die Landeswahlleiterin oder der Landeswahlleiter gibt das berichtigte Wahlergebnis öffentlich bekannt. Auf die mit der Berichtigung vorgenommene Neufeststellung des Wahlergebnisses findet § 43 Abs. 2 Anwendung.

(2) Für Abgeordnete, die nach dem neu festgestellten Wahlergebnis nicht mehr gewählt sind, gilt § 45 Abs. 1 Satz 2 und Abs. 2 entsprechend.

(3) Kommt das Landesverfassungsgericht aufgrund einer Wahlbeschwerde zu einer abweichenden Feststellung des Wahlergebnisses, die auf das Wahlergebnis in einem Wahlkreis oder auf der Landesliste von Einfluß ist, so stellt es das Wahlergebnis endgültig fest.

§ 48
Bestätigung des Wahlergebnisses

Ergibt die Wahlprüfung, daß alle Abgeordneten wählbar waren und daß bei der Vorbereitung der Wahl und bei der Wahlhandlung Unregelmäßigkeiten nach § 46 Abs. 1 nicht festgestellt worden sind und daß bei der Feststellung des Wahlergebnisses keine Irrtümer unterlaufen sind, die nach § 47 Abs. 1 eine Berichtigung des Wahlergebnisses erforderlich machen, so ist das vom Landeswahlausschuß nach § 41 Abs. 3 festgestellte Wahlergebnis zu bestätigen.

§ 49
Verlust des Abgeordnetensitzes
durch Wegfall einer Wählbarkeitsvoraussetzung

Der Landtag entscheidet darüber, ob eine Abgeordnete oder ein Abgeordneter ihren oder seinen Sitz verloren hat, weil die Voraussetzungen der Wählbarkeit nach der Wahl weggefallen sind. § 43 Abs. 2 und § 45 Abs. 1 Satz 2 und Abs. 2 finden Anwendung.

Abschnitt VI
Ersatz für ablehnende
Bewerberinnen und Bewerber
sowie ausscheidende Abgeordnete

§ 50
Einberufung von Listennachfolgerinnen
und Listennachfolgern

(1) Wenn eine gewählte Bewerberin oder ein gewählter Bewerber stirbt oder die Annahme der Wahl ablehnt oder wenn eine Abgeordnete oder ein Abgeordneter stirbt oder sonst nachträglich aus dem Landtag ausscheidet, so wird der Sitz aus der Landesliste derjenigen Partei besetzt, für die ausgeschiedene Person bei der Wahl aufgetreten ist.

(2) Ist ein Nachrücken nicht möglich, weil eine Liste hierfür nicht vorhanden ist oder eine vorhandene Liste erschöpft ist, so bleibt der Sitz leer.

(3) Die Landeswahlleiterin oder der Landeswahlleiter stellt die Ersatzperson oder das Leerbleiben des Sitzes fest. In Zweifelsfällen entscheidet der Landtag. Die Landeswahlleiterin oder der Landeswahlleiter gibt den Namen der Ersatzperson oder das Leerbleiben des Sitzes öffentlich bekannt. Auf die Feststellung durch die Landeswahlleiterin oder den Landeswahlleiter findet § 44 und durch den Landtag § 43 Abs. 2 Anwendung. Die festgestellten Ersatzpersonen bleiben bis zur rechtskräftigen Entscheidung über die Anfechtung im Amt.

§ 51
Ersatzwahl

(1) Ist die nach § 50 Abs. 1 ausgeschiedene Person bei der Wahl nicht als Bewerberin oder Bewerber einer Partei aufgetreten, so findet eine Ersatzwahl statt.

(2) Die Ersatzwahl muß spätestens sechs Wochen nach dem Zeitpunkt stattfinden, in dem die Voraussetzung dafür eingetreten ist. Sie unterbleibt, wenn feststeht, daß innerhalb eines Jahres ein neuer Landtag gewählt wird.

(3) Die Zuteilung der Sitze aus der Landesliste wird durch die Ersatzwahl nicht berührt.

(4) Den Tag der Ersatzwahl bestimmt das Ministerium für Inneres, ländliche Räume und Integration. Für die Ersatzwahl gelten im übrigen die gleichen Vorschriften wie für eine Neuwahl.

§ 52
Folgen eines Parteiverbots

(1) Wird eine Partei oder die Teilorganisation einer Partei durch das Bundesverfassungsgericht nach Artikel 21 Abs. 2 Satz 2 des Grundgesetzes für verfassungswidrig erklärt, verlieren die Abgeordneten ihre Mitgliedschaft im Landtag, sofern sie dieser Partei oder Teilorganisation in der Zeit zwischen der Antragstellung (§ 43 des Gesetzes über das Bundesverfassungsgericht) und der Verkündung der Entscheidung (§ 46 des Gesetzes über das Bundesverfassungsgericht) angehört haben. Der Landtag stellt den Verlust der Mitgliedschaft fest; § 43 Abs. 2 und § 45 Abs. 1 Satz 2 sind anzuwenden.

(2) Haben Abgeordnete nach Absatz 1 die Mitgliedschaft verloren, bleiben die Sitze unbesetzt. Die gesetzliche Mitgliederzahl des Landtages verringert sich entsprechend für den Rest der Wahlperiode. Eine Neuverteilung der verbleibenden Sitze findet nicht statt. Die Sätze 1 bis 3 gelten nicht, wenn die ausgeschiedenen Abgeordneten aufgrund eines Wahlvorschlages einer nicht für verfassungswidrig erklärten Partei gewählt waren; in diesem Fall ist § 45 Abs. 2 anzuwenden.

Abschnitt VII
Gemeinsame Vorschriften
für die Abschnitte I bis VI

§ 53
Ehrenamtliche Mitwirkung

(1) Die Beisitzerinnen und Beisitzer der Wahlausschüsse und die Mitglieder der Wahlvorstände üben ihre Tätigkeit ehrenamtlich aus. Zur Übernahme dieser ehrenamtlichen Tätigkeit ist vorbehaltlich der Absätze 2 und 3 jede und jeder Wahlberechtigte verpflichtet.

(2) Wahlbewerberinnen und Wahlbewerber, Vertrauenspersonen für Wahlvorschläge und stellvertretende Vertrauenspersonen dürfen nicht Wahlleiterinnen oder Wahlleiter oder deren Stellvertreterinnen oder Stellvertreter sein und keine ehrenamtliche Tätigkeit nach Absatz 1 Satz 1 ausüben. Niemand darf in mehr als einem Wahlorgan Mitglied sein.

(3) Die Übernahme einer ehrenamtlichen Tätigkeit nach Absatz 1 Satz 1 dürfen ablehnen

1. die Mitglieder des Europäischen Parlaments, des Bundestages, des Landtages, der Bundesregierung und der Landesregierung,
2. die im öffentlichen Dienst Beschäftigten, die amtlich mit dem Vollzug der Wahl oder mit der Aufrechterhaltung der öffentlichen Ruhe und Sicherheit beauftragt sind,
3. Wahlberechtigte, die das 60. Lebensjahr vollendet haben,
4. Wahlberechtigte, die glaubhaft machen, daß ihnen die Fürsorge für ihre Familie die Ausübung des Amts in besonderem Maße erschwert,
5. Wahlberechtigte, die glaubhaft machen, daß sie aus dringenden Gründen oder wegen Krankheit oder einer körperlichen Beeinträchtigung gehindert sind, das Amt ordnungsmäßig zu führen,
6. Wahlberechtigte, die sich am Wahltag aus zwingenden Gründen außerhalb ihres Wohnorts aufhalten.

§ 54
Ordnungswidrigkeiten

(1) Ordnungswidrig handelt, wer

1. entgegen § 53 ohne gesetzlichen Grund die Übernahme einer ehrenamtlichen Tätigkeit ablehnt oder sich ohne genügende Entschuldigung diesen Pflichten entzieht oder
2. entgegen § 38 Abs. 2 Ergebnisse von Befragungen von Wählerinnen und Wählern nach der Stimmabgabe über den Inhalt der Wahlentscheidung vor Ablauf der Wahldauer veröffentlicht.

(2) Die Ordnungswidrigkeit nach Absatz 1 Nr. 1 kann mit einer Geldbuße bis zu 500 Euro, die Ordnungswidrigkeit nach Absatz 1 Nr. 2 mit einer Geldbuße bis zu 5 000 Euro geahndet werden.

(3) Verwaltungsbehörde im Sinne des § 36 Abs. 1 Nr. 1 des Gesetzes über Ordnungswidrigkeiten ist bei Ordnungswidrigkeiten nach Absatz 1 Nr. 1 die Kreiswahlleiterin oder der Kreiswahlleiter, bei Ordnungswidrigkeiten nach Absatz 1 Nr. 2 die Landeswahlleiterin oder der Landeswahlleiter.

§ 54 a
Wahlstatistik

Das Ergebnis der Wahl zum Schleswig-Holsteinischen Landtag ist vom Statistischen Amt für Hamburg und Schleswig-Holstein statistisch auszuwerten und zu veröffentlichen.

Abschnitt VIII
Staatliche Mittel für Parteien sowie Einzelbewerberinnen und Einzelbewerber

§ 55
Auszahlung staatlicher Mittel an Parteien

(1) Die staatlichen Mittel nach dem Parteiengesetz für die bei Landtagswahlen erzielten gültigen Stimmen werden von der Landtagspräsidentin oder dem Landtagspräsidenten ausgezahlt.

(2) Die erforderlichen Mittel sind im Haushalt des Landtages – Einzelplan 01 – zu veranschlagen.

(3) Der Landesrechnungshof prüft, ob die Landtagspräsidentin oder der Landtagspräsident als mittelverwaltende Stelle die staatlichen Mittel nach den Vorschriften des Parteiengesetzes ausgezahlt hat.

§ 56
Staatliche Mittel für parteilose Einzelbewerberinnen und Einzelbewerber

(1) Parteilose Einzelbewerberinnen und Einzelbewerber, die mindestens 10 v.H. der in einem Wahlkreis abgegebenen gültigen Stimmen erreicht haben, erhalten je gültige Stimme zwei Euro. § 55 Abs. 2 gilt entsprechend.

(2) Die Festsetzung und die Auszahlung der staatlichen Mittel sind von der Einzelbewerberin oder dem Einzelbewerber innerhalb von zwei Monaten nach dem Zusammentritt des Landtages bei der Landtagspräsidentin oder dem Landtagspräsidenten schriftlich zu beantragen danach eingehende Anträge bleiben unberücksichtigt. Der Betrag wird von der Landtagspräsidentin oder dem Landtagspräsidenten festgesetzt und ausgezahlt.

(3) Der Landesrechnungshof prüft, ob die Landtagspräsidentin oder der Landtagspräsident als mittelverwaltende Stelle die staatlichen Mittel entsprechend den Absätzen 1 und 2 festgesetzt und ausgezahlt hat.

Abschnitt IX
Übergangs- und Schlußvorschriften

§ 57
Anfechtung

Entscheidungen und Maßnahmen, die sich unmittelbar auf das Wahlverfahren beziehen, können nur mit den Rechtsbehelfen, die in diesem Gesetz und in den aufgrund dieses Gesetzes erlassenen Verordnungen vorgesehen sind, sowie im Wahlprüfungsverfahren angefochten werden.

§ 58
Durchführung des Gesetzes

(1) Das Ministerium für Inneres, ländliche Räume und Integration erlässt durch Verordnung die zur Durchführung dieses Gesetzes erforderlichen Rechtsvorschriften[1]. Sie oder er trifft insbesondere Regelungen über

1. die Bestellung der Kreiswahlleiterinnen und Kreiswahlleiter sowie der Wahlvorsteherinnen und Wahlvorsteher, die Bildung der Wahlausschüsse und Wahlvorstände sowie über die Tätigkeit, Beschlußfähigkeit und das Verfahren der Wahlorgane einschließlich des Ersatzes von Auslagen,
2. die Bekanntmachung der Wahlkreiseinteilung,
3. die Bildung der Wahlbezirke und ihre Bekanntmachung,
4. die einzelnen Voraussetzungen für die Aufnahme in die Wählerverzeichnisse, deren Führung, Bereithaltung zur Einsichtnahme, Berichtigung und Abschluß, über den Einspruch und die Beschwerde gegen das Wählerverzeichnis sowie über die Benachrichtigung der Wahlberechtigten,
5. die einzelnen Voraussetzungen für die Erteilung von Wahlscheinen, deren Ausstellung und über die Beschwerde gegen die Ablehnung von Wahlscheinen,
6. das Verfahren nach § 24 Abs. 2 bis 5,
7. Einreichung, Inhalt und Form der Wahlvorschläge sowie der dazugehörigen Unterlagen, über ihre Prüfung, die Beseitigung von Mängeln sowie über ihre Zulassung und Bekanntgabe,
8. Form und Inhalt des Stimmzettels einschließlich des Abdrucks eines farbigen Logos der Parteien sowie über den Stimmzettelumschlag,
9. die Dauer der Wahlhandlung,
10. Bereitstellung, Einrichtung und Bekanntmachung der Wahlräume sowie über Wahlschutzvorrichtungen und Wahlkabinen,
11. die Stimmabgabe, auch soweit besondere Verhältnisse besondere Regelungen erfordern,
12. die Zulassung von Stimmenzählgeräten und die durch die Verwendung von Stimmenzählgeräten bedingten Besonderheiten im Zusammenhang mit der Wahl,
13. die Briefwahl,
14. die Wahl in Krankenhäusern, Heimen und Anstalten,
15. Auslegungsregeln für die Gültigkeit von Stimmzetteln und Stimmen,
16. die Feststellung der Wahlergebnisse, ihre Weitermeldung und Bekanntgabe,
17. die Vorbereitung der Wahlprüfung und die Bekanntmachung der im Wahlprüfungsverfahren getroffenen Entscheidungen,
18. die Durchführung von Nachwahlen, Wiederholungswahlen und Ersatzwahlen sowie die Berufung von Listennachfolgerinnen und Listennachfolgern.

(2) Es stellt darüber hinaus für die Wahlen umfassende barrierefreie Informationen unter anderem in Leichter Sprache, und Informationen in anderen Sprachen in geeigneter Form zum Beispiel als online-Angebot zur Verfügung. Auf den Wahlbenachrichtigungen sollte ein deutlicher Hinweis in Leichter Sprache auf das barrierefreie Angebot sowie auf die Möglichkeit zur Abforderung der Informationen aus Satz 1 erfolgen.

§ 59
Fristen und Termine

Die in diesem Gesetz und in den aufgrund dieses Gesetzes erlassenen Verordnungen vorgesehenen Fristen und Termine verlängern oder ändern sich nicht dadurch, daß der letzte Tag der Frist oder ein Termin auf einen Sonnabend, einen Sonntag, einen gesetzlichen oder staatlich geschützten Feiertag fällt. Eine Wiedereinsetzung in den vorigen Stand ist ausgeschlossen.

§ 60
(Inkrafttreten)

---

[1] Landeswahlordnung, Nr. 9

Landesverordnung
über die Wahl zum Schleswig-Holsteinischen Landtag
(Landeswahlordnung – LWO)
vom 9. Juli 2019
– GVOBl. Schl.-H. S. 224 –

Zuletzt geändert durch LVO vom 9. Juli 2021 (GVOBl. Schl.-H. S. 907)

Aufgrund des § 58 des Landeswahlgesetzes in der Fassung der Bekanntmachung vom 7. Oktober 1991 (GVOBl. Schl.-H. S. 442, ber. S. 637), zuletzt geändert durch Artikel 13 des Gesetzes vom 14. Dezember 2016 (GVOBl. Schl.-H. S. 999), Ressortbezeichnungen ersetzt durch Verordnung vom 16. Januar 2019 (GVOBl. Schl.-H. S. 30), verordnet das Ministerium für Inneres, ländliche Räume und Integration:

Inhaltsübersicht:

Abschnitt 1
Vorbereitung der Wahl

Unterabschnitt 1
Wahlleitung, Wahlkreise und Wahlbezirke

§	
§ 1	Wahlausschüsse
§ 2	Wahlvorstand
§ 2 a	Briefwahlvorstand
§ 3	Beweglicher Wahlvorstand
§ 4	Ersatz von Auslagen
§ 5	Wahlkreise; Kreiswahlleiterinnen und Kreiswahlleiter
§ 6	Allgemeine Wahlbezirke
§ 7	Sonderwahlbezirke
§ 8	Unterrichtung über die Abgrenzung der Wahlbezirke

Unterabschnitt 2
Wählerverzeichnis

§ 9	Führung des Wählerverzeichnisses
§ 10	Eintragung der Wahlberechtigten in das Wählerverzeichnis
§ 11	Benachrichtigung der Wahlberechtigten
§ 12	Einsicht in das Wählerverzeichnis
§ 13	Einspruch gegen das Wählerverzeichnis
§ 14	Behandlung von Einsprüchen gegen das Wählerverzeichnis, Beschwerde
§ 15	Berichtigung des Wählerverzeichnisses
§ 16	Abschluss des Wählerverzeichnisses

Unterabschnitt 3
Wahlscheine

§ 17	Wahlscheinanträge
§ 18	Erteilung von Wahlscheinen
§ 19	Erteilung von Wahlscheinen an bestimmte Personengruppen
§ 20	Vermerk im Wählerverzeichnis

Unterabschnitt 4
Wahlvorschläge

§ 21	Aufforderung zur Einreichung von Wahlvorschlägen
§ 22	Beteiligungsanzeige der in § 24 Absatz 2 des Gesetzes genannten Parteien, Beseitigung von Mängeln
§ 23	Inhalt und Form der Kreiswahlvorschläge
§ 24	Vorprüfung der Kreiswahlvorschläge
§ 25	Änderung von Kreiswahlvorschlägen
§ 26	Zulassung der Kreiswahlvorschläge
§ 27	Beschwerde gegen Entscheidungen des Kreiswahlausschusses
§ 28	Bekanntmachung der Kreiswahlvorschläge
§ 29	Inhalt und Form der Landeslisten
§ 30	Vorprüfung der Landeslisten, Änderung von Landeslisten
§ 31	Zulassung der Landeslisten, Bekanntmachung der Wahlvorschläge durch die Landeswahlleiterin oder den Landeswahlleiter

Unterabschnitt 5
Sonstige Wahlvorbereitungen

§ 32	Nachwahl
§ 33	Stimmzettel, Umschläge für die Briefwahl
§ 34	Wahlräume
§ 35	Wahlkabinen
§ 36	Wahlurne, Wahltisch
§ 37	Wahlbekanntmachung

Abschnitt 2
Wahlhandlung

§ 38	Wahldauer
§ 39	Wahlfrieden
§ 40	Ausstattung des Wahlvorstands
§ 41	Vorbereitung der Wahlhandlung
§ 42	Öffentlichkeit
§ 43	Ordnung im Wahlraum
§ 44	Stimmabgabe
§ 45	Hilfeleistung bei der Stimmabgabe
§ 46	Stimmabgabe mit Wahlschein
§ 47	Schluss der Wahlhandlung
§ 48	Wahl in Sonderwahlbezirken
§ 49	Stimmabgabe in kleineren Krankenhäusern, kleineren Alten- und Pflegeheimen, sozialtherapeutischen Anstalten und Justizvollzugsanstalten
§ 50	Briefwahl
§ 51	Behandlung der Wahlbriefe
§ 52	Zulassung der Wahlbriefe

Abschnitt 3
Feststellung des Wahlergebnisses

§ 53	Ermittlung und Feststellung des Wahlergebnisses im Wahlbezirk
§ 54	Zählung der Wählerinnen und Wähler
§ 55	Zählung der Stimmen
§ 56	Ungültige Stimmen, Auslegungsregeln
§ 57	Bekanntgabe des Wahlergebnisses
§ 58	Schnellmeldungen
§ 59	Wahlniederschrift
§ 60	Übergabe und Verwahrung der Wahlunterlagen
§ 61	Ermittlung und Feststellung des Wahlergebnisses im Wahlkreis
§ 62	Ablehnung der Wahl im Wahlkreis
§ 63	Ermittlung und Feststellung des Zweitstimmenergebnisses im Land
§ 64	Bekanntmachung der Wahlergebnisse

Abschnitt 4
Wahlprüfung; Listennachfolgerinnen und Listennachfolger, Wiederholungswahl

§ 65	Vorbereitung der Wahlprüfung durch die Landeswahlleiterin oder den Landeswahlleiter
§ 66	Bekanntmachung von Entscheidungen
§ 67	Wiederholungswahl

§ 68 Einberufung von Listennachfolgerinnen und Listennachfolgern

**Abschnitt 5
Gemeinsame Vorschriften für die Abschnitte 1 bis 4**

§ 69 Verpflichtung
§ 70 Bekanntmachungen
§ 71 Zustellungen
§ 72 Beschaffung von Stimmzetteln und Vordrucken
§ 73 Sicherung der Wahlunterlagen
§ 74 Vernichtung von Wahlunterlagen
§ 75 Anlagen

**Abschnitt 6
Schlussvorschrift**

§ 76 Inkrafttreten

Abschnitt 1
Vorbereitung der Wahl

**Unterabschnitt 1
Wahlleitung, Wahlkreise und Wahlbezirke**

**§ 1
Wahlausschüsse**

(1) Die oder der Vorsitzende bestimmt Ort und Zeit der Sitzungen und lädt die Beisitzerinnen und Beisitzer zu den Sitzungen ein. Bei öffentlichen Sitzungen (§ 31 Absatz 1 und 2 und § 41 Absatz 4 in Verbindung mit § 37 des Landeswahlgesetzes (Gesetz)) sind Ort, Zeit und Gegenstand vereinfacht bekanntzumachen mit dem Hinweis, dass jede Person Zutritt zu der Sitzung hat. Die oder der Vorsitzende ist befugt, Personen, die die Sitzung stören, aus dem Sitzungsraum zu weisen.

(2) Die oder der Vorsitzende bestellt eine Schriftführerin oder einen Schriftführer.

(3) Über jede Sitzung wird eine Niederschrift gefertigt. Sie wird von der oder dem Vorsitzenden, von den Beisitzerinnen und Beisitzern und von der Schriftführerin oder dem Schriftführer unterzeichnet.

(4) Die Vorschriften über die Beisitzerinnen und Beisitzer in Absatz 1 und 3, in § 4 Absatz 2 und in § 69 Absatz 1 und 2 Nummer 1 gelten für die nach § 11 Absatz 1 Satz 4 des Gesetzes berufenen Richterinnen und Richter des Oberverwaltungsgerichts Schleswig-Holstein entsprechend.

**§ 2
Wahlvorstand**

(1) Bei der Berufung der Mitglieder des Wahlvorstands (§ 15 des Gesetzes) bestimmt die Gemeindewahlbehörde je eine Beisitzerin und einen Beisitzer zur Schriftführerin oder zum Schriftführer und zur Stellvertreterin oder zum Stellvertreter.

(2) Die Stellvertreterinnen und Stellvertreter der Wahlvorsteherin oder des Wahlvorstehers sind zugleich Beisitzerinnen und Beisitzer des Wahlvorstands.

(3) Der Wahlvorstand wird von der Gemeindewahlbehörde oder in ihrem Auftrag von der Wahlvorsteherin oder dem Wahlvorsteher einberufen. Er tritt am Wahltag rechtzeitig vor Beginn der Wahldauer im Wahlraum zusammen. Die Wahlvorsteherin oder der Wahlvorsteher leitet die Tätigkeit des Wahlvorstands.

(4) Während der Wahlhandlung müssen immer mindestens drei Mitglieder des Wahlvorstands, darunter die Wahlvorsteherin oder der Wahlvorsteher und die Schriftführerin oder der Schriftführer oder die jeweilige Stellvertreterin oder der jeweilige Stellvertreter, anwesend sein. Bei der Ermittlung und Feststellung des Wahlergebnisses sollen alle Mitglieder des Wahlvorstands anwesend sein.

(5) Der Wahlvorstand ist beschlussfähig

1. während der Wahlhandlung, wenn mindestens drei Mitglieder,

2. bei der Ermittlung und Feststellung des Wahlergebnisses, wenn mindestens fünf Mitglieder,

darunter jeweils die Wahlvorsteherin oder der Wahlvorsteher und die Schriftführerin oder der Schriftführer oder die jeweilige Stellvertreterin oder der jeweilige Stellvertreter, anwesend sind. Fehlende Beisitzerinnen und Beisitzer sind von der Wahlvorsteherin oder dem Wahlvorsteher durch Wahlberechtigte zu ersetzen, wenn es mit Rücksicht auf die Beschlussfähigkeit des Wahlvorstands erforderlich ist.

(6) Bei Bedarf stellt die Gemeindewahlbehörde dem Wahlvorstand die erforderlichen Hilfskräfte zur Verfügung.

(7) Die Mitglieder des Wahlvorstands dürfen während ihrer Tätigkeit kein auf eine politische Überzeugung hinweisendes Zeichen sichtbar tragen.

**§ 2a
Briefwahlvorstand**

Für die Tätigkeit der nach § 18 Absatz 3 und 4 des Gesetzes gebildeten Briefwahlvorstände gelten die Vorschriften der §§ 2 und 4 Absatz 2 und 4 und des § 69 entsprechend mit folgenden Maßgaben:

1. Die Gemeindewahlbehörde bestimmt, wie viele Briefwahlvorstände zu bilden sind, um das Ergebnis der Briefwahl noch am Wahltag festzustellen,

2. die Zahl der auf einen Briefwahlvorstand entfallenden Wahlbriefe darf nicht so gering sein, dass erkennbar wird, wie einzelne Wahlberechtigte gewählt haben; auf einen Briefwahlvorstand sollen mindestens 50 Wahlbriefe entfallen,

3. die Gemeindewahlbehörde macht Ort und Zeit des Zusammentritts des Briefwahlvorstandes öffentlich bekannt.

**§ 3
Beweglicher Wahlvorstand**

Für die Stimmabgabe in kleineren Krankenhäusern, kleineren Alten- oder Pflegeheimen, sozialtherapeutischen Anstalten und Justizvollzugsanstalten sollen nach Möglichkeit durch die Gemeindewahlbehörde bewegliche Wahlvorstände gebildet werden. Der bewegliche Wahlvorstand besteht aus

1. der Wahlvorsteherin oder dem Wahlvorsteher oder der Stellvertreterin oder dem Stellvertreter und

2. zwei Beisitzerinnen und Beisitzern

des Wahlvorstands des zuständigen Wahlbezirks. Die Gemeindewahlbehörde kann stattdessen den beweglichen Wahlvorstand eines anderen Wahlbezirks beauftragen.

**§ 4
Ersatz von Auslagen**

(1) Die Beisitzerinnen und Beisitzer des Wahlkreisausschusses erhalten Sitzungsgelder und Reisekosten nach den für Landtagsabgeordnete geltenden Bestimmungen.

(2) Die Beisitzerinnen und Beisitzer der Wahlausschüsse sowie die Mitglieder der Wahlvorstände erhalten, wenn sie außerhalb ihres Wahlbezirks tätig werden, Ersatz ihrer notwendigen Fahrkosten in entsprechender Anwendung der §§ 5 und 6 Absatz 1 des Bundesreisekostengesetzes; sie erhalten außerdem Tage- und Übernachtungsgelder nach den Reisekostenvorschriften für Landesbeamtinnen und Landesbeamte, wenn sie außerhalb ihres Wohnorts tätig werden.

(3) Die Wahlleiterinnen und Wahlleiter erhalten bei auswärtigen Dienstgeschäften Reisekosten

1. nach den Reisekostenvorschriften für Landesbeamtinnen und Landesbeamte oder

2. nach den für ihr Hauptamt geltenden Vorschriften, wenn sie Beamtinnen oder Beamte oder Arbeitnehmerinnen oder Arbeitnehmer des öffentlichen Dienstes sind.

(4) Ein pauschalierter Auslagenersatz in angemessener Höhe kann den Mitgliedern

1. der Wahlausschüsse für die Teilnahme an einer nach § 1 einberufenen Sitzung und

2. der Wahlvorstände für den Wahltag

gewährt werden. Der pauschalierte Auslagenersatz ist auf ein Tagegeld nach den Absätzen 2 und 3 anzurechnen.

§ 5
Wahlkreise; Kreiswahlleiterinnen und Kreiswahlleiter

(1) Die Landeswahlleiterin oder der Landeswahlleiter veröffentlicht den Beschluss des Wahlkreisausschusses über die Wahlkreiseinteilung nach § 17 Absatz 1 in Verbindung mit § 16 des Gesetzes spätestens 35 Monate nach Beginn der Wahlperiode des Landtages im Gesetz- und Verordnungsblatt für Schleswig-Holstein. Hat der Wahlkreisausschuss vor einer Landtagswahl die Einteilung der Wahlkreise nicht verändert, bedarf es keiner Veröffentlichung der unveränderten Wahlkreiseinteilung.

(2) Das für Wahlen und Abstimmungen zuständige Ministerium gibt die Namen der Kreiswahlleiterinnen und Kreiswahlleiter sowie der Stellvertreterinnen und Stellvertreter im Amtsblatt für Schleswig-Holstein bekannt.

§ 6
Allgemeine Wahlbezirke

(1) Gemeinden mit nicht mehr als 2.500 Einwohnerinnen und Einwohnern bilden in der Regel einen Wahlbezirk. Größere Gemeinden werden in mehrere Wahlbezirke eingeteilt; die Wahlbezirke sind zu nummerieren. Kein Wahlbezirk soll mehr als 2.500 Einwohnerinnen und Einwohner aufweisen. Die Wahlbezirke dürfen nicht so eng begrenzt sein, dass das Wahlgeheimnis gefährdet wird.

(2) Werden nach § 18 Absatz 5 des Gesetzes Gemeinden mit anderen Gemeinden oder mit Teilen von anderen Gemeinden zu einem Wahlbezirk vereinigt, teilt die Kreiswahlleiterin oder der Kreiswahlleiter dies unverzüglich den beteiligten Gemeinden und Ämtern mit. Sofern erforderlich, bestimmt die Kreiswahlleiterin oder der Kreiswahlleiter, welche Gemeinde die Wahl durchführt.

§ 7
Sonderwahlbezirke

Für Krankenhäuser, Altenheime, Altenwohnheime, Pflegeheime, Erholungsheime und gleichartige Einrichtungen mit einer größeren Anzahl von Wahlberechtigten, die keinen Wahlraum außerhalb der Einrichtung aufsuchen können, sollen nach Möglichkeit Sonderwahlbezirke zur Stimmabgabe für Wahlscheininhaberinnen und Wahlscheininhaber gebildet werden. Mehrere Einrichtungen können zu einem Sonderwahlbezirk zusammengefasst werden. Wird ein Sonderwahlbezirk nicht gebildet, gilt § 3 entsprechend.

§ 8
Unterrichtung über die Abgrenzung der Wahlbezirke

Die Abgrenzung der Wahlbezirke ist umgehend der Kreiswahlleiterin oder dem Kreiswahlleiter mitzuteilen.

Unterabschnitt 2
Wählerverzeichnis

§ 9
Führung des Wählerverzeichnisses

(1) Die Gemeindewahlbehörde legt vor jeder Wahl für jeden allgemeinen Wahlbezirk (§ 6) ein Verzeichnis der Wahlberechtigten nach Familiennamen und Vornamen, Geburtsdatum und Wohnung an. Das Wählerverzeichnis kann auch im automatisierten Verfahren geführt werden.

(2) Das Wählerverzeichnis wird unter fortlaufender Nummer in alphabetischer Reihenfolge der Familiennamen, bei gleichen Familiennamen der Vornamen, angelegt. Es kann auch nach Ortsteilen, Straßen und Hausnummern gegliedert werden. Es enthält je eine Spalte für Vermerke über die Stimmabgabe und für Bemerkungen.

(3) Besteht ein Wahlbezirk aus mehreren Gemeinden oder Teilen mehrerer Gemeinden, legt jede Gemeindewahlbehörde das Wählerverzeichnis für ihren Teil des Wahlbezirks an.

§ 10
Eintragung der Wahlberechtigten in das Wählerverzeichnis

(1) In das Wählerverzeichnis werden von Amts wegen alle Wahlberechtigten (§ 5 des Gesetzes) eingetragen, die am 42. Tag vor der Wahl (Stichtag) bei der Meldebehörde für eine Wohnung, bei mehreren Wohnungen für die Hauptwohnung, im Wahlbezirk gemeldet sind.

(2) In das Wählerverzeichnis werden auf Antrag ferner alle Wahlberechtigten eingetragen, die sich im Wahlbezirk sonst gewöhnlich aufhalten und im Bundesgebiet für eine Wohnung nicht gemeldet sind.

(3) Verlegt eine wahlberechtigte Person, die nach Absatz 1 im Wählerverzeichnis eingetragen ist, ihre Wohnung und meldet sie sich vor Beginn der Einsichtsfrist für das Wählerverzeichnis (§ 12 Absatz 1) bei der Meldebehörde der Zuzugsgemeinde an, wird sie dort nur auf Antrag in das Wählerverzeichnis eingetragen. Eine nach Absatz 1 im Wählerverzeichnis eingetragene wahlberechtigte Person, die sich innerhalb derselben Gemeinde für eine andere Wohnung anmeldet, bleibt in dem Wählerverzeichnis des Wahlbezirks eingetragen, für den sie am Stichtag gemeldet war. Die wahlberechtigte Person ist bei der Anmeldung über die Regelung in den Sätzen 1 und 2 zu belehren. Erfolgt die Eintragung auf Antrag, benachrichtigt die Gemeindewahlbehörde der Zuzugsgemeinde hiervon unverzüglich die Gemeindewahlbehörde der Fortzugsgemeinde, die die wahlberechtigte Person in ihrem Wählerverzeichnis streicht. Wenn im Fall des Satzes 1 bei der Gemeindewahlbehörde der Fortzugsgemeinde eine Mitteilung über den Ausschluss vom Wahlrecht vorliegt oder nachträglich eingeht, benachrichtigt sie hiervon unverzüglich die Gemeindewahlbehörde der Zuzugsgemeinde, die die wahlberechtigte Person in ihrem Wählerverzeichnis streicht; die betroffene Person ist von der Streichung zu unterrichten.

(4) Bezieht eine wahlberechtigte Person, die nach Absatz 1 im Wählerverzeichnis eingetragen ist, in einer anderen Gemeinde eine weitere Wohnung, die ihre Hauptwohnung wird, oder verlegt sie ihre Hauptwohnung in eine andere Gemeinde, gilt, wenn sie sich vor dem Beginn der Einsichtsfrist für das Wählerverzeichnis bei der Meldebehörde anmeldet, Absatz 3 entsprechend.

(5) Absatz 3 Satz 1 und 3 gilt entsprechend für Wahlberechtigte, die am Stichtag

1. im Bundesgebiet für eine Wohnung nicht gemeldet sind und sich vor dem Beginn der Einsichtsfrist für das Wählerverzeichnis bei der Meldebehörde für eine Wohnung anmelden oder

2. für eine Nebenwohnung in einer Gemeinde in Schleswig-Holstein gemeldet sind und sich vor dem Beginn der Einsichtsfrist für das Wählerverzeichnis bei der Meldebehörde dieser oder einer anderen Gemeinde in Schleswig-Holstein für die Hauptwohnung anmelden.

§ 11
Benachrichtigung der Wahlberechtigten

(1) Spätestens am Tag vor der Bereithaltung des Wählerverzeichnisses zur Einsichtnahme benachrichtigt die Gemeindewahlbehörde jede wahlberechtigte Person, die im Wählerverzeichnis eingetragen ist. Die Benachrichtigung erfolgt nach dem Muster der Anlage 1 im DIN A4-Format und soll enthalten

1. den Familiennamen, den Vornamen (bei mehreren Vornamen den oder die Rufnamen) und die Wohnung der wahlberechtigten Person,

2. die Angabe des Wahlbezirks und des Wahlkreises,

3. die Angabe des Wahlraums,

4. die Angabe, ob der Wahlraum barrierefrei im Sinne des § 2 Absatz 3 des Landesbehindertengleichstellungsgesetzes in der Fassung vom 18. November 2008 (GVOBl. Schl.-H. S. 582), zuletzt geändert durch Gesetz vom 2. April 2019 (GVOBl. Schl.-H. S. 76), zu erreichen ist, und ein Hinweis, wo Wahlberechtigte Informationen über barrierefreie Wahlräume erhalten können,

5. die Angabe der Wahldauer,
6. die Nummer, unter der die wahlberechtigte Person im Wählerverzeichnis eingetragen ist,
7. die Aufforderung, die Wahlbenachrichtigung zur Wahl mitzubringen und den Personalausweis oder Reisepass bereitzuhalten,
8. die Belehrung, dass die Wahlbenachrichtigung einen Wahlschein nicht ersetzt und daher nicht zur Wahl in einem anderen als dem angegebenen Wahlraum berechtigt,
9. die Belehrung über die Beantragung eines Wahlscheines und über die Übersendung von Briefwahlunterlagen; sie muss mindestens Hinweise darüber enthalten,
   a) dass der Wahlscheinantrag nur auszufüllen ist, wenn die wahlberechtigte Person in einem anderen Wahlbezirk ihres Wahlkreises oder durch Briefwahl wählen will,
   b) unter welchen Voraussetzungen ein Wahlschein erteilt wird (§ 17 Absatz 3 und 5 Satz 3),
   c) dass eine andere als die wahlberechtigte Person den Wahlscheinantrag für diese nur stellen kann, wenn sie eine schriftliche Vollmacht vorlegt,
   d) dass der Wahlschein und die Briefwahlunterlagen einer anderen als der wahlberechtigten Person persönlich nur ausgehändigt werden dürfen, wenn die Voraussetzungen des § 18 Absatz 5 vorliegen; die Voraussetzungen sind im Einzelnen anzugeben,
10. den auffälligen Hinweis, dass die wahlberechtigte Person ihren Wahlscheinantrag auch direkt bei der Gemeindewahlbehörde abgeben und die Briefwahl gleich an Ort und Stelle vollziehen kann,
11. den Hinweis, dass Informationen zur Wahl auch in Leichter Sprache sowie in anderen Sprachen im Internet verfügbar sind und auch beim Ministerium für Inneres, ländliche Räume und Integration abgefordert werden können.

(2) Auf der Rückseite der Benachrichtigung nach Absatz 1 ist ein Vordruck für einen Wahlscheinantrag abzudrucken. Für den Mindestinhalt des Vordrucks ist das Muster der Anlage 1a maßgebend. Abweichungen in der Gestaltung sind zulässig.

(3) Auf dem Umschlag der Wahlbenachrichtigung kann ein Hinweis „Wahlbenachrichtigung" aufgedruckt werden.

§ 12
Einsicht in das Wählerverzeichnis

(1) Das Wählerverzeichnis ist an den Werktagen vom 20. bis zum 16. Tag vor der Wahl während der allgemeinen Öffnungszeiten zur Einsichtnahme bereit zu halten. Wird das Wählerverzeichnis in automatisierten Verfahren geführt, kann die Einsichtnahme durch ein Datensichtgerät ermöglicht werden. Es ist sicherzustellen, dass Bemerkungen (§ 15 Absatz 3) im Klartext gelesen werden können. Das Datensichtgerät darf nur von einer oder einem Bediensteten der Gemeindewahlbehörde bedient werden.

(2) Die Gemeindewahlbehörde macht spätestens am 24. Tag vor der Wahl nach dem Muster der Anlage 2 bekannt,
1. von wem, zu welchen Zwecken und unter welchen Voraussetzungen, wie lange und zu welchen Tagesstunden das Wählerverzeichnis eingesehen werden kann,
2. dass bei der Gemeindewahlbehörde innerhalb der Einsichtsfrist schriftlich oder zur Niederschrift Einspruch gegen das Wählerverzeichnis eingelegt werden kann,
3. dass den Wahlberechtigten, die im Wählerverzeichnis eingetragen sind, spätestens bis zum 21. Tag vor der Wahl eine Wahlbenachrichtigung zugeht,
4. bei welcher Stelle, in welcher Zeit und unter welchen Voraussetzungen Wahlscheine beantragt werden können,
5. wie durch Briefwahl gewählt wird.

(3) Das Recht zur Überprüfung gemäß § 19 Absatz 1 Satz 2 des Gesetzes besteht nicht hinsichtlich der Daten von Wahlberechtigten, für die zu Beginn der Einsichtsfrist eine Auskunftssperre gemäß § 51 Absatz 1 des Bundesmeldegesetzes vom 3. Mai 2013 (BGBl. I S. 1084), zuletzt geändert durch Artikel 11 Absatz 4 des Gesetzes vom 18. Juli 2017 (BGBl. I S. 2745), besteht.

(4) Innerhalb der Einsichtsfrist ist das Anfertigen von Auszügen aus dem Wählerverzeichnis durch Wahlberechtigte zulässig, soweit dies im Zusammenhang mit der Prüfung des Wahlrechts einzelner bestimmter Personen steht. Die Auszüge dürfen nur für diesen Zweck verwendet und unbeteiligten Dritten nicht zugänglich gemacht werden.

§ 13
Einspruch gegen das Wählerverzeichnis

(1) Wer das Wählerverzeichnis für unrichtig oder unvollständig hält, kann innerhalb der Einsichtsfrist Einspruch einlegen.

(2) Der Einspruch ist schriftlich oder zur Niederschrift bei der Gemeindewahlbehörde einzulegen; die Schriftform gilt auch durch Telefax als gewahrt. Soweit die behaupteten Tatsachen nicht offenkundig sind, hat die Einspruchsführerin oder der Einspruchsführer die erforderlichen Beweismittel beizubringen.

§ 14
Behandlung von Einsprüchen gegen das Wählerverzeichnis, Beschwerde

(1) Will die Gemeindewahlbehörde einem Einspruch gegen die Eintragung einer anderen Person stattgeben, hat sie dieser vor der Entscheidung Gelegenheit zur Äußerung zu geben.

(2) Die Gemeindewahlbehörde hat ihre Entscheidung der Einspruchsführerin oder dem Einspruchsführer und der oder dem Betroffenen spätestens am zehnten Tag vor der Wahl zuzustellen und auf den zulässigen Rechtsbehelf hinzuweisen. Einem auf Eintragung gerichteten Einspruch gibt die Gemeindewahlbehörde in der Weise statt, dass sie der oder dem Wahlberechtigten nach Berichtigung des Wählerverzeichnisses die Wahlbenachrichtigung zugehen lässt; ist die oder der Wahlberechtigte bereits in einer anderen Gemeinde nach § 10 Absatz 1 im Wählerverzeichnis eingetragen, gilt § 10 Absatz 3 Satz 4 und 5 entsprechend.

(3) Gegen die Entscheidung der Gemeindewahlbehörde kann binnen zwei Tagen nach Zustellung Beschwerde an die Kreiswahlleiterin oder den Kreiswahlleiter eingelegt werden. Die Beschwerde ist schriftlich oder zur Niederschrift bei der Gemeindewahlbehörde einzulegen. Die Gemeindewahlbehörde legt die Beschwerde mit den Vorgängen unverzüglich der Kreiswahlleiterin oder dem Kreiswahlleiter vor. Diese oder dieser entscheidet über die Beschwerde spätestens am vierten Tag vor der Wahl; Absatz 1 gilt entsprechend. Die Entscheidung über die Beschwerde ist den Beteiligten und der Gemeindewahlbehörde bekannt zu geben. Sie ist vorbehaltlich anderer Entscheidung im Wahlprüfungsverfahren endgültig.

§ 15
Berichtigung des Wählerverzeichnisses

(1) Nach Beginn der Einsichtsfrist können Personen nur auf Einspruch in das Wählerverzeichnis eingetragen oder darin gestrichen werden.

(2) Ist das Wählerverzeichnis offensichtlich unrichtig oder unvollständig, kann es die Gemeindewahlbehörde auch von Amts wegen berichtigen. Dies gilt nicht für Fälle, die Gegenstand eines Einspruchsverfahrens sind. § 14 gilt entsprechend. Die Frist für die Zustellung der Entscheidung (§ 14 Absatz 2 Satz 1) und für die Entscheidung über die Beschwerde (§ 14 Absatz 3 Satz 4) gilt nur, wenn die von Amts wegen behebbaren Mängel vor dem zwölften Tag vor der Wahl bekannt werden.

(3) Alle vom Beginn der Einsichtsfrist ab vorgenommenen Änderungen sind in der Spalte „Bemerkungen" zu erläutern und mit Datum und Unterschrift der oder des vollziehenden Bediensteten, im automatisierten Verfahren an Stelle der Unterschrift mit einem Hinweis auf die verantwortliche Bedienstete oder den verantwortlichen Bediensteten zu versehen.

(4) Nach Abschluss des Wählerverzeichnisses (§ 16) sind Änderungen mit Ausnahme der in Absatz 2 und in § 41 Absatz 1 vorgesehenen Berichtigungen nicht mehr zulässig.

§ 16
Abschluss des Wählerverzeichnisses

(1) Das Wählerverzeichnis ist spätestens am Tag vor der Wahl, jedoch nicht früher als am dritten Tag vor der Wahl, durch die Gemeindewahlbehörde abzuschließen. Sie stellt dabei die Anzahl der Wahlberechtigten des Wahlbezirks fest. Der Abschluss wird nach dem Muster der Anlage 3 beurkundet. Bei automatisierter Führung des Wählerverzeichnisses ist vor der Beurkundung ein Ausdruck herzustellen.

(2) Ist ein Wahlbezirk nach § 18 Absatz 5 des Gesetzes gebildet worden, werden die Wählerverzeichnisse der einzelnen Gemeinden oder Gemeindeteile von der Gemeindewahlbehörde, die die Wahl durchführt, zum Wählerverzeichnis des Wahlbezirks verbunden und abgeschlossen.

Unterabschnitt 3
Wahlscheine

§ 17
Wahlscheinanträge

(1) Eine wahlberechtigte Person, die in das Wählerverzeichnis eingetragen ist, erhält auf Antrag einen Wahlschein.

(2) Eine wahlberechtigte Person, die nicht in das Wählerverzeichnis eingetragen ist, erhält auf Antrag einen Wahlschein, wenn

1. sie nachweist, dass sie ohne Verschulden die Einspruchsfrist (§ 13 Absatz 1) versäumt hat,
2. ihr Recht auf Teilnahme an der Wahl erst nach Ablauf der Einspruchsfrist entstanden ist oder
3. ihr Wahlrecht im Einspruchsverfahren festgestellt worden und die Feststellung erst nach Abschluss des Wählerverzeichnisses der Gemeindewahlbehörde bekannt geworden ist.

(3) Der Wahlschein kann schriftlich, mündlich oder elektronisch in dokumentierbarer Form bei der Gemeindewahlbehörde beantragt werden. Die Schriftform gilt auch durch Telefax als gewahrt. Eine telefonische Antragstellung ist unzulässig.

(4) Wer den Antrag für eine andere Person stellt, muss eine schriftliche Vollmacht vorlegen.

(5) Wahlscheine können bis zum zweiten Tag vor der Wahl, 12.00 Uhr, beantragt werden. In den Fällen des Absatzes 2 können Wahlscheine noch bis zum Wahltag, 15.00 Uhr, beantragt werden. Satz 2 gilt auch, wenn wegen plötzlicher Erkrankung der Wahlraum nicht oder nur unter nicht zumutbaren Schwierigkeiten aufgesucht werden kann.

(6) Verspätet eingegangene schriftliche Anträge sind unbearbeitet mit den dazugehörigen Briefumschlägen zu verpacken und vorläufig aufzubewahren.

(7) Gegen die Versagung eines Wahlscheins kann Einspruch eingelegt werden. § 13 Absatz 2 und § 14 Absatz 2 und 3 gelten entsprechend. Die Frist für die Zustellung der Entscheidung (§ 14 Absatz 2 Satz 1) und für die Entscheidung über die Beschwerde (§ 14 Absatz 3 Satz 4) gilt nur, wenn der Einspruch vor dem zwölften Tag vor der Wahl eingelegt worden ist.

§ 18
Erteilung von Wahlscheinen

(1) Der Wahlschein wird nach dem Muster der Anlage 4 von der Gemeindewahlbehörde der Gemeinde erteilt, in deren Wählerverzeichnis die oder der Wahlberechtigte eingetragen ist oder hätte eingetragen werden müssen.

(2) Wahlscheine dürfen nicht vor dem 41. Tag vor der Wahl erteilt werden.

(3) Der Wahlschein muss von der oder dem mit der Erteilung beauftragten Bediensteten eigenhändig unterschrieben werden und mit dem Dienstsiegel versehen sein. Das Dienstsiegel kann eingedruckt werden. Wird der Wahlschein mit Hilfe automatischer Einrichtungen erstellt, kann abweichend von Satz 1 die Unterschrift fehlen; stattdessen ist der Name der oder des Bediensteten einzudrucken.

(4) Dem Wahlschein sind beizufügen

1. ein amtlicher Stimmzettel des Wahlkreises,
2. ein amtlicher Stimmzettelumschlag,
3. ein amtlicher Wahlbriefumschlag, auf dem
   a) die vollständige Anschrift der Gemeindewahlbehörde angegeben ist,
   b) der Wahlkreis bezeichnet ist, für den der Stimmzettel gilt, und
   c) der nach § 18 Absatz 2 des Gesetzes für die Briefwahl bestimmte Wahlbezirk oder der nach § 18 Absatz 3 und 4 des Gesetzes für die Briefwahl bestimmte Wahlvorstand bezeichnet ist,
4. ein Merkblatt zur Briefwahl nach dem Muster der Anlage 5.

Satz 1 gilt nicht in den Fällen des § 19.

(5) Einer anderen als der wahlberechtigten Person persönlich dürfen der Wahlschein und die Briefwahlunterlagen nur dann ausgehändigt werden, wenn der von der wahlberechtigten Person unterschriebene Wahlscheinantrag (§ 17 Absatz 3) oder eine schriftliche Vollmacht zur Beantragung des Wahlscheins (§ 17 Absatz 4) oder eine schriftliche Vollmacht zur Entgegennahme des Wahlscheins vorgelegt wird. Postsendungen sind von der Gemeindewahlbehörde freizumachen. Die Gemeindewahlbehörde übersendet der wahlberechtigten Person den Wahlschein und die Briefwahlunterlagen mit Luftpost, wenn sich aus dem Antrag ergibt, dass sie aus einem außereuropäischen Gebiet wählen will, oder dieses aus den sonst gegebenen Umständen erkennbar wird. Wird der Wahlschein in elektronisch dokumentierbarer Form beantragt und erfolgt die Versendung des Wahlscheins und der Briefwahlunterlagen an eine andere als die Wohnanschrift der wahlberechtigten Person, versendet die Gemeindewahlbehörde gleichzeitig eine entsprechende Mitteilung an die Wohnanschrift.

(6) Holt die wahlberechtigte Person selbst den Wahlschein und die Briefwahlunterlagen bei der Gemeindewahlbehörde ab, soll ihr Gelegenheit gegeben werden, die Briefwahl an Ort und Stelle auszuüben. Es ist sicherzustellen, dass der Stimmzettel unbeobachtet gekennzeichnet und in den Stimmzettelumschlag gelegt werden kann.

(7) Über die erteilten Wahlscheine führt die Gemeindewahlbehörde ein Wahlscheinverzeichnis, in dem die Fälle des § 17 Absatz 2 gesondert aufgeführt werden. Das Verzeichnis wird als Liste oder als Sammlung der Durchschriften der Wahlscheine geführt. Auf dem Wahlschein sind zu vermerken

1. die Nummer, unter der der Wahlschein im Wahlscheinverzeichnis eingetragen ist,
2. die Nummer, unter der die wahlberechtigte Person im Wählerverzeichnis geführt wird,
3. bei nicht im Wählerverzeichnis eingetragenen Wahlberechtigten, dass der Wahlschein nach § 17 Absatz 2 erteilt worden ist.

(8) Wird eine wahlberechtigte Person, die bereits einen Wahlschein erhalten hat, im Wählerverzeichnis gestrichen, ist der Wahlschein für ungültig zu erklären und das Wahlscheinverzeichnis zu berichtigen. Die Gemeindewahlbehörde führt eine Verzeichnis, in das der Name dieser Person und die Nummer des für ungültig erklärten Wahlscheins aufzunehmen sind, und verständigt hiervon die Kreiswahlleiterin oder den Kreiswahlleiter. Diese oder dieser unterrichtet die anderen Gemeindewahlbehörden des Wahlkreises über die Ungültigkeit des Wahlscheins, die ihre Verzeichnisse nach Satz 2 entsprechend ergänzen. In den Fällen des § 40 Absatz 2 Nummer 1 Satz 3 des Gesetzes ist im Wahlscheinverzeichnis und im Verzeichnis der für ungültig erklärten Wahlscheine in geeigneter Form zu vermerken, dass insoweit kein Grund für die Zurückweisung des Wahlbriefes vorliegt.

(9) Verlorene Wahlscheine werden nicht ersetzt. Versichert eine wahlberechtigte Person glaubhaft, dass der beantragte Wahlschein nicht zugegangen ist, kann ihr bis zum Tag vor der Wahl, 12.00 Uhr, ein neuer Wahlschein mit ei-

ner neuen Nummer erteilt werden; Absatz 8 Satz 1 bis 3 gilt entsprechend.

§ 19
Erteilung von Wahlscheinen an bestimmte Personengruppen

Die Gemeindewahlbehörde fordert spätestens am achten Tag vor der Wahl von den Leitungen der Einrichtungen, für die ein Sonderwahlbezirk gebildet worden ist (§ 7) oder für deren Wahlberechtigte die Stimmabgabe vor einem beweglichen Wahlvorstand vorgesehen ist (§ 3), ein Verzeichnis der wahlberechtigten Personen aus der Gemeinde, die sich in der Einrichtung befinden oder dort beschäftigt sind und die am Wahltag in der Einrichtung wählen wollen. Sie erteilt diesen Wahlberechtigten Wahlscheine und übersendet sie der Leitung der Einrichtung zur unverzüglichen Aushändigung. Für die Briefwahl gelten die allgemeinen Bestimmungen.

§ 20
Vermerk im Wählerverzeichnis

(1) Hat eine wahlberechtigte Person einen Wahlschein erhalten, wird im Wählerverzeichnis in der Spalte für den Vermerk über die Stimmabgabe „Wahlschein" oder „W" eingetragen.

(2) Ist das Wählerverzeichnis bereits abgeschlossen, ist der Wahlvorsteherin oder dem Wahlvorsteher bis zum Beginn der Wahlhandlung ein Verzeichnis der im Wählerverzeichnis eingetragenen Wahlberechtigten zu übermitteln, die nachträglich einen Wahlschein erhalten haben. Nach Beginn der Wahlhandlung dürfen Wahlscheine an Wahlberechtigte, die im Wählerverzeichnis eingetragen sind, von der Gemeindewahlbehörde nur ausgestellt werden, wenn zuvor vom Wahlvorstand der Vermerk nach Absatz 1 eingetragen worden ist.

Unterabschnitt 4
Wahlvorschläge
§ 21
Aufforderung zur Einreichung von Wahlvorschlägen

Nach Bestimmung des Wahltags fordert die Landeswahlleiterin oder der Landeswahlleiter durch öffentliche Bekanntmachung zur möglichst frühzeitigen Einreichung der Wahlvorschläge auf und weist auf die Voraussetzungen für die Einreichung von Wahlvorschlägen nach § 24 Absatz 2 des Gesetzes hin. Sie oder er gibt bekannt, wo und bis zu welchem Zeitpunkt die Anzeigen nach § 24 Absatz 2 des Gesetzes und die Wahlvorschläge eingereicht werden müssen, und weist auf die Bestimmungen über Inhalt und Form der Wahlvorschläge hin.

§ 22
Beteiligungsanzeige der in § 24 Absatz 2 des Gesetzes genannten Parteien, Beseitigung von Mängeln

(1) Die Landeswahlleiterin oder der Landeswahlleiter vermerkt auf jeder Beteiligungsanzeige den Tag des Eingangs und prüft unverzüglich, ob sie den Anforderungen des Gesetzes entspricht. Stellt sie oder er Mängel fest, benachrichtigt sie oder er sofort den Landesvorstand der Partei und fordert ihn auf, behebbare Mängel rechtzeitig zu beseitigen; dabei hat sie oder er darauf hinzuweisen, dass nach § 24 Absatz 3 des Gesetzes

1. nach Ablauf der Anzeigefrist nur noch Mängel an sich gültiger Anzeigen behoben werden können,
2. nach der Entscheidung über die Feststellung der Parteieigenschaft jede Mängelbeseitigung ausgeschlossen ist,
3. der Landesvorstand der Partei gegen Verfügungen der Landeswahlleiterin oder des Landeswahlleiters den Landeswahlausschuss anrufen kann.

(2) Die Landeswahlleiterin oder der Landeswahlleiter lädt die Vereinigungen, die ihre Beteiligung an der Wahl angezeigt haben, zu der Sitzung, in der über ihre Anerkennung als Partei für die Wahl entschieden wird. Sie oder er legt dem Landeswahlausschuss die Beteiligungsanzeigen vor und berichtet über das Ergebnis der Vorprüfung. Vor der Beschlussfassung ist den erschienenen Beteiligten Gelegenheit zur Äußerung zu geben.

(3) Im Anschluss an die Feststellung nach § 24 Absatz 5 des Gesetzes gibt die Landeswahlleiterin oder der Landeswahlleiter die Entscheidung des Landeswahlausschusses in der Sitzung unter kurzer Angabe der Gründe bekannt. Ist eine Partei oder Vereinigung wegen der Feststellung an der Einreichung von Wahlvorschlägen gehindert, weist die Landeswahlleiterin oder der Landeswahlleiter dabei auf den Rechtsbehelf der Beschwerde nach § 24 Absatz 6 des Gesetzes hin. Die Entscheidung des Landeswahlausschusses ist von der Landeswahlleiterin oder dem Landeswahlleiter nach § 70 bekannt zu machen.

(4) Die Niederschrift über die Sitzung ist unverzüglich auszufertigen. In der Niederschrift sind die die Entscheidung tragenden Gründe darzustellen. Die Landeswahlleiterin oder der Landeswahlleiter übermittelt den Parteien oder Vereinigungen, die durch die Feststellung des Landeswahlausschusses an der Einreichung von Wahlvorschlägen gehindert sind, unverzüglich, spätestens am Tag nach der Sitzung des Landeswahlausschusses, auf schnellstem Wege eine Ausfertigung des sie betreffenden Teils der Niederschrift mit den nach Absatz 3 Satz 2 erforderlichen Hinweisen.

§ 23
Inhalt und Form der Kreiswahlvorschläge

(1) Der Kreiswahlvorschlag soll nach dem Muster der Anlage 6 eingereicht werden. Er muss enthalten

1. vom Familiennamen, den Vornamen (bei mehreren Vornamen den oder die Rufnamen), den Beruf oder Stand, das Geburtsdatum und die Anschrift (Hauptwohnung) der Bewerberin oder des Bewerbers,
2. bei Wahlvorschlägen von Parteien den Namen der einreichenden Partei und, sofern sie eine Kurzbezeichnung verwendet, auch diese; hiervon ist nur abzuweichen, wenn ein Zusatz zur Unterscheidung von einem früher eingereichten Kreiswahlvorschlag erforderlich ist (§ 26 Absatz 3 Satz 2 des Gesetzes).

Er soll ferner Namen und Anschriften der Vertrauensperson und der stellvertretenden Vertrauensperson enthalten.

(2) Kreiswahlvorschläge von Parteien sind nach § 26 Absatz 4 Satz 1 oder 2 des Gesetzes zu unterzeichnen.

(3) Muss ein Kreiswahlvorschlag von mindestens 100 Wahlberechtigten unterzeichnet sein (§ 26 Absatz 4 Satz 3 und 4 des Gesetzes), gilt Folgendes:

1. Die Unterschriften sind auf amtlichen Formblättern nach Anlage 7 zu leisten. Die Kreiswahlleiterin oder der Kreiswahlleiter liefert die Formblätter auf Anforderung kostenfrei, sie oder er kann das Formblatt auch als Druckvorlage oder elektronisch bereitstellen. Bei der Anforderung sind der Familienname, der Vorname (bei mehreren Vornamen der Rufname oder die Rufnamen) und die Anschrift (Hauptwohnung) der vorzuschlagenden Bewerberin oder des vorzuschlagenden Bewerbers anzugeben. Wird bei der Anforderung der Nachweis erbracht, dass für die Bewerberin oder für den Bewerber im Melderegister eine Auskunftssperre gemäß § 51 Absatz 1 des Bundesmeldegesetzes eingetragen ist, wird anstelle ihrer oder seiner Anschrift (Hauptwohnung) eine Erreichbarkeitsanschrift verwendet; die Angabe eines Postfaches genügt nicht. Als Bezeichnung des Trägers des Wahlvorschlags, der den Kreiswahlvorschlag einreichen will, sind bei Parteien außerdem deren Namen und, sofern sie eine Kurzbezeichnung verwenden, auch diese anzugeben. Parteien haben ferner zu bestätigen, dass die Bewerberin oder der Bewerber nach § 23 des Gesetzes aufgestellt worden ist. Die Kreiswahlleiterin oder der Kreiswahlleiter hat die in Satz 2 und 3 genannten Angaben auf den Formblättern zu vermerken.
2. Die Wahlberechtigten, die einen Kreiswahlvorschlag unterstützen, müssen die Erklärung auf dem Formblatt persönlich und handschriftlich unterzeichnen; neben der Unterschrift sind Familienname, Vornamen, Geburtsdatum und Anschrift (Hauptwohnung) der Unterzeichnerin oder des Unterzeichners sowie der Tag der Unterzeichnung anzugeben.

3. Kreiswahlvorschläge von Parteien dürfen erst unterzeichnet werden, nachdem die Bewerberin oder der Bewerber nach § 23 des Gesetzes aufgestellt worden ist. Vorher geleistete Unterschriften sind ungültig.
4. Für jede Unterzeichnerin und jeden Unterzeichner ist von der Gemeindewahlbehörde auf dem Formblatt oder auf einem besonderen Vordruck nach dem Muster der Anlage 8 zu bescheinigen, dass sie oder er im Zeitpunkt der Unterzeichnung in dem betreffenden Wahlkreis wahlberechtigt ist. Gesonderte Bescheinigungen des Wahlrechts sind vom Träger des Wahlvorschlags bei der Einreichung des Kreiswahlvorschlags mit dem Unterstützungsunterschriften zu verbinden. Wer für eine andere Person eine Bescheinigung des Wahlrechts beantragt, muss nachweisen, dass diese Person den Kreiswahlvorschlag unterstützt.
5. Eine wahlberechtigte Person darf nur einen Kreiswahlvorschlag unterzeichnen. Werden mehrere Kreiswahlvorschläge unterzeichnet, sind die Unterschriften, die der Gemeindewahlbehörde nach der ersten Bescheinigung des Wahlrechts nach Nummer 4 vorgelegt werden, ungültig. Die Unterzeichnung des Kreiswahlvorschlags durch die Bewerberin oder den Bewerber ist zulässig.
6. Bei Kreiswahlvorschlägen für parteilose Einzelbewerberinnen und Einzelbewerber haben drei Personen, die den Wahlvorschlag unterzeichnen, ihre Unterschriften auf dem Kreiswahlvorschlag (Anlage 6) selbst zu leisten.
7. Nach Einreichung des Kreiswahlvorschlags können Unterschriften nicht mehr zurückgenommen werden.

(4) Allen Kreiswahlvorschlägen sind beizufügen
1. die schriftliche Zustimmungserklärung der Bewerberin oder des Bewerbers nach dem Muster der Anlage 9,
2. eine Bescheinigung der zuständigen Gemeindewahlbehörde nach dem Muster der Anlage 10, dass die Bewerberin oder der Bewerber wählbar ist,
3. die erforderliche Anzahl von Unterstützungsunterschriften nebst Bescheinigungen des Wahlrechts der Unterzeichnerinnen und Unterzeichner, sofern der Kreiswahlvorschlag nach § 26 Absatz 4 Satz 3 und 4 des Gesetzes von Wahlberechtigten unterzeichnet sein muss.

(5) Den Kreiswahlvorschlägen von Parteien sind außerdem beizufügen
1. eine Ausfertigung der Niederschrift über die Aufstellung der Bewerberin oder des Bewerbers nach § 23 des Gesetzes,
2. die Versicherung an Eides Statt der Bewerberin oder des Bewerbers, dass sie oder er Mitglied der Partei ist, für die sie oder sich bewirbt, und dass sie oder er keiner weiteren Partei angehört oder dass sie oder er keiner Partei angehört.

Die Niederschrift soll nach dem Muster der Anlage 11 gefertigt, die Versicherung an Eides Statt nach dem Muster der Anlage 12 abgegeben werden.

(6) Die Bescheinigung des Wahlrechts (Absatz 3 Nummer 4) und die Bescheinigung der Wählbarkeit (Absatz 4 Nummer 2) sind kostenfrei zu erteilen. Die Gemeindewahlbehörde darf für jede wahlberechtigte Person die Bescheinigung des Wahlrechts nur einmal zu einem Kreiswahlvorschlag erteilen; dabei darf sie nicht festhalten, für welchen Wahlvorschlag die erteilte Bescheinigung bestimmt ist.

§ 24
Vorprüfung der Kreiswahlvorschläge

(1) Die Kreiswahlleiterin oder der Kreiswahlleiter vermerkt auf jedem Kreiswahlvorschlag das Datum des Eingangs, am letzten Tag der Einreichungsfrist außerdem die Uhrzeit, und übersendet der Landeswahlleiterin oder dem Landeswahlleiter sofort einen Abdruck. Sie oder er prüft unverzüglich, ob die eingegangenen Kreiswahlvorschläge vollständig sind und den Anforderungen des Gesetzes und dieser Verordnung entsprechen; bei der Prüfung der Kreiswahlvorschläge von Parteien bleibt die Satzungsmäßigkeit der internen Erklärungen und Beschlüsse über die Wahlvorschläge außer Betracht.

(2) Wird der Kreiswahlleiterin oder dem Kreiswahlleiter bekannt, dass eine im Wahlkreis vorgeschlagene Bewerberin oder ein im Wahlkreis vorgeschlagener Bewerber noch in einem anderen Wahlkreis vorgeschlagen worden ist, weist sie oder er die Kreiswahlleiterin oder den Kreiswahlleiter des anderen Wahlkreises auf die Doppelbewerbung hin.

§ 25
Änderung von Kreiswahlvorschlägen

Wird ein Kreiswahlvorschlag nach Ablauf der Einreichungsfrist geändert (§ 29 des Gesetzes), sind für die neue Bewerberin oder den neuen Bewerber die in § 23 Absatz 4 Nummer 1 und 2 und Absatz 5 genannten Unterlagen bis zur Entscheidung über die Zulassung beizubringen.

§ 26
Zulassung der Kreiswahlvorschläge

(1) Die Kreiswahlleiterin oder der Kreiswahlleiter lädt die Vertrauenspersonen der Kreiswahlvorschläge zu der Sitzung, in der über die Zulassung der Kreiswahlvorschläge entschieden wird.

(2) Die Kreiswahlleiterin oder der Kreiswahlleiter legt dem Kreiswahlausschuss alle eingegangenen Kreiswahlvorschläge vor und berichtet über das Ergebnis der Vorprüfung.

(3) Der Kreiswahlausschuss prüft die eingegangenen Kreiswahlvorschläge und beschließt über ihre Zulassung oder Zurückweisung. Vor der Entscheidung ist der erschienenen Vertrauensperson des betroffenen Wahlvorschlages Gelegenheit zur Äußerung zu geben.

(4) Der Kreiswahlausschuss stellt die zugelassenen Kreiswahlvorschläge mit den in § 23 Absatz 1 Satz 2 bezeichneten Angaben fest. Geben die Namen mehrerer Parteien oder deren Kurzbezeichnungen zu Verwechslungen Anlass und ist ein Zusatz nach § 23 Absatz 1 Satz 2 Nummer 2 nicht bestimmt, fügt der Kreiswahlausschuss den Kreiswahlvorschlägen die für die Unterscheidung erforderlichen Bezeichnungen bei; hat der Landeswahlausschuss eine Unterscheidungsregelung getroffen (§ 31 Absatz 1 Satz 2), gilt diese.

(5) Die Kreiswahlleiterin oder der Kreiswahlleiter gibt die Entscheidung des Kreiswahlausschusses in der Sitzung im Anschluss an die Beschlussfassung unter kurzer Angabe der Gründe bekannt und weist auf den zulässigen Rechtsbehelf hin.

(6) Die Niederschrift über die Sitzung (§ 1 Absatz 3) ist nach dem Muster der Anlage 13 zu fertigen.

(7) Die Kreiswahlleiterin oder der Kreiswahlleiter übersendet der Landeswahlleiterin oder dem Landeswahlleiter sofort eine Ausfertigung der Niederschrift.

§ 27
Beschwerde gegen Entscheidungen des Kreiswahlausschusses

(1) Die Beschwerde der Vertrauensperson ist schriftlich oder zur Niederschrift bei der Kreiswahlleiterin oder dem Kreiswahlleiter einzulegen. Die Kreiswahlleiterin oder der Kreiswahlleiter legt ihre oder seine Beschwerde schriftlich bei der Landeswahlleiterin oder dem Landeswahlleiter ein. Die Schriftform gilt auch durch Telefax als gewahrt. Die Kreiswahlleiterin oder der Kreiswahlleiter unterrichtet unverzüglich die Landeswahlleiterin oder den Landeswahlleiter über die eingegangenen Beschwerden und verfährt nach deren oder dessen Anweisung.

(2) Die Landeswahlleiterin oder der Landeswahlleiter lädt die Beschwerdeführerinnen und Beschwerdeführer, die Vertrauenspersonen der betroffenen Kreiswahlvorschläge und die Kreiswahlleiterin oder den Kreiswahlleiter zu der Sitzung, in der über die Beschwerde entschieden wird.

(3) Die Landeswahlleiterin oder der Landeswahlleiter gibt die Entscheidung des Landeswahlausschusses in der Sitzung im Anschluss an die Beschlussfassung unter kurzer Angabe der Gründe bekannt.

§ 28
Bekanntmachung der Kreiswahlvorschläge

Die Kreiswahlleiterin oder der Kreiswahlleiter ordnet die zugelassenen Kreiswahlvorschläge in der Reihenfolge, wie sie durch § 33 Absatz 3 des Gesetzes und durch die

Bekanntmachung des für Wahlen und Abstimmungen zuständigen Ministeriums bestimmt ist, und gibt sie bekannt. Die Bekanntmachung enthält die in § 23 Absatz 1 Satz 2 bezeichneten Angaben; statt des Geburtsdatums ist jeweils nur das Geburtsjahr der Bewerberin oder des Bewerbers anzugeben. Weist eine Bewerberin oder ein Bewerber bis zur Zulassung der Wahlvorschläge gegenüber der Kreiswahlleiterin oder dem Kreiswahlleiter nach, dass für sie oder ihn im Melderegister ein Sperrvermerk gemäß § 51 Absatz 1 des Bundesmeldegesetzes eingetragen ist, ist anstelle ihrer oder seiner Anschrift (Hauptwohnung) eine Erreichbarkeitsanschrift zu verwenden; die Angabe eines Postfaches genügt nicht. Die Kreiswahlleiterin oder der Kreiswahlleiter unterrichtet unverzüglich die Landeswahlleiterin oder den Landeswahlleiter über die Erreichbarkeitsanschrift.

§ 29
Inhalt und Form der Landeslisten

(1) Die Landesliste soll nach dem Muster der Anlage 14 eingereicht werden. Sie muss enthalten

1. den Namen der einreichenden Partei und, sofern sie eine Kurzbezeichnung verwendet, auch diese; hiervon ist nur abzuweichen, wenn ein Zusatz zur Unterscheidung von einer früher eingereichten Landesliste erforderlich ist (§ 26 Absatz 3 Satz 2 des Gesetzes),
2. Familiennamen, Vornamen (bei mehreren Vornamen jeweils den oder die Rufnamen), Beruf oder Stand, Geburtsdatum und Anschrift (Hauptwohnung) der Bewerberinnen und Bewerber.

Sie soll ferner Namen und Anschriften der Vertrauensperson und der stellvertretenden Vertrauensperson enthalten.

(2) Die Landesliste ist nach § 26 Absatz 4 Satz 1 oder 2 des Gesetzes zu unterzeichnen.

(3) Muss eine Landesliste von mindestens 1.000 Wahlberechtigten unterzeichnet sein (§ 26 Absatz 4 Satz 4 Nummer 2 des Gesetzes), sind die Unterschriften auf amtlichen Formblättern nach Anlage 15 zu leisten. Die Landeswahlleiterin oder der Landeswahlleiter liefert die Formblätter auf Anforderung kostenfrei. Sie oder er kann das Formblatt auch als Druckvorlage oder elektronisch bereitstellen. Bei der Anforderung sind der Name der Partei, die die Landesliste einreichen will, und, sofern sie eine Kurzbezeichnung verwendet, auch diese anzugeben; die Partei hat ferner zu bestätigen, dass die Landesliste nach § 23 des Gesetzes aufgestellt worden ist. Die Landeswahlleiterin oder der Landeswahlleiter hat den Namen der Partei und, sofern sie eine Kurzbezeichnung verwendet, auch diese auf den Formblättern zu vermerken. Im Übrigen gilt § 23 Absatz 3 Nummer 2 bis 5 und 7 entsprechend.

(4) Der Landesliste sind beizufügen

1. die schriftlichen Zustimmungserklärungen der Bewerberinnen und Bewerber nach dem Muster der Anlage 16,
2. die Bescheinigungen der zuständigen Gemeindewahlbehörden nach dem Muster der Anlage 10, dass die Bewerberinnen und Bewerber wählbar sind,
3. eine Ausfertigung der Niederschrift über die Aufstellung der Landesliste nach § 23 des Gesetzes; die Niederschrift soll nach dem Muster der Anlage 17 gefertigt werden,
4. die Versicherungen an Eides Statt der Bewerberinnen und Bewerber, dass sie Mitglied der Partei sind, für die sie sich bewerben, und dass sie keiner weiteren Partei angehören oder dass sie keiner Partei angehören; die Versicherungen an Eides Statt sollen nach dem Muster der Anlage 12 abgegeben werden,
5. die erforderliche Anzahl von Unterstützungsunterschriften nebst Bescheinigungen des Wahlrechts der Unterzeichnerinnen und Unterzeichner, sofern die Landesliste nach § 26 Absatz 4 Satz 3 des Gesetzes von Wahlberechtigten unterzeichnet sein muss.

(5) § 23 Absatz 6 gilt entsprechend.

(6) Der Landesliste einer Partei soll in elektronischer Form das Logo der einreichenden Partei beigefügt werden. Das Logo darf an textlichen Elementen nur den Namen der einreichenden Partei oder ihre Kurzbezeichnung oder beides enthalten und maximal 45 mm breit und 18 mm hoch sein.

§ 30
Vorprüfung der Landeslisten, Änderung von Landeslisten

(1) Die Landeswahlleiterin oder der Landeswahlleiter vermerkt auf jeder Landesliste das Datum des Eingangs, am letzten Tag der Einreichungsfrist außerdem die Uhrzeit. Sie oder er prüft unverzüglich, ob die eingegangenen Landeslisten vollständig sind und den Anforderungen des Gesetzes und dieser Verordnung entsprechen; bei dieser Prüfung bleibt die Satzungsmäßigkeit der internen Erklärungen und Beschlüsse der Parteien über die Landeslisten außer Betracht.

(2) § 25 gilt entsprechend.

§ 31
Zulassung der Landeslisten, Bekanntmachung der Wahlvorschläge durch die Landeswahlleiterin oder den Landeswahlleiter

(1) Der Landeswahlausschuss stellt die zugelassenen Landeslisten mit den in § 29 Absatz 1 Satz 2 bezeichneten Angaben und mit der maßgebenden Reihenfolge der Bewerberinnen und Bewerber fest. Geben die Namen mehrerer Parteien oder deren Kurzbezeichnungen zu Verwechslungen Anlass und ist ein Zusatz nach § 29 Absatz 1 Satz 2 Nummer 1 nicht bestimmt, fügt der Landeswahlausschuss den Landeslisten die für die Unterscheidung erforderlichen Bezeichnungen bei. Für das Verfahren gilt § 26 Absatz 1 bis 3, 5 und 6 entsprechend.

(2) Der Landeswahlausschuss stellt ferner fest, von welcher Partei innerhalb der Einreichungsfrist für Wahlvorschläge (§ 25 des Gesetzes) zu ihrer Landesliste ein den Vorgaben des § 29 Absatz 6 entsprechendes Logo in elektronischer Form eingereicht wurde.

(3) Die Landeswahlleiterin oder der Landeswahlleiter ordnet die zugelassenen Kreiswahlvorschläge und Landeslisten in der Reihenfolge, wie sie durch § 33 Absatz 3 und 4 des Gesetzes bestimmt ist, und macht sie bekannt. Die Bekanntmachung enthält bei den Kreiswahlvorschlägen die in § 23 Absatz 1 Satz 2, bei den Landeslisten die in § 29 Absatz 1 Satz 2 bezeichneten Angaben; statt des Geburtsdatums ist jeweils nur das Geburtsjahr der Bewerberin oder des Bewerbers anzugeben. Weist eine Bewerberin oder ein Bewerber auf einer Landesliste gegenüber der Landeswahlleiterin oder dem Landeswahlleiter nach, dass für sie oder ihn im Melderegister eine Auskunftssperre gemäß § 51 Absatz 1 des Bundesmeldegesetzes eingetragen ist, ist anstelle ihrer oder seiner Anschrift (Hauptwohnung) eine Erreichbarkeitsanschrift zu verwenden; die Angabe eines Postfaches genügt nicht. Für die Bekanntmachung der zugelassenen Kreiswahlvorschläge gilt § 28 Satz 3 entsprechend.

Unterabschnitt 5
Sonstige Wahlvorbereitungen

§ 32
Nachwahl

(1) Bei der Nachwahl (§ 32 des Gesetzes) ist wahlberechtigt, wer am Tag der Hauptwahl wahlberechtigt war. Gewählt wird nach den für die Hauptwahl aufgestellten Wählerverzeichnissen. Diese werden nicht erneut zur Einsichtnahme bereitgehalten und nicht berichtigt.

(2) Ist eine Bewerberin oder ein Bewerber bei der Hauptwahl aus der Landesliste gewählt, steht dies ihrer oder seiner Bewerbung im Wahlkreis bei der Nachwahl nicht entgegen. Wird sie oder er bei der Nachwahl gewählt, scheidet sie oder er aus der Landesliste aus.

(3) Findet die Nachwahl wegen Todes einer Wahlkreisbewerberin oder eines Wahlkreisbewerbers statt (§ 32 Absatz 1 des Gesetzes), gilt Folgendes:

1. Die Kreiswahlleiterin oder der Kreiswahlleiter fordert die Vertrauensperson des betroffenen Kreiswahlvorschlags auf, binnen einer zu bestimmenden Frist schriftlich eine andere Bewerberin oder einen anderen Bewerber zu benennen. Der Ersatzvorschlag muss von der Vertrauensperson und der stellvertretenden Vertrauensperson persönlich und handschriftlich unterzeichnet sein. Der Unterschriften nach § 26 Absatz 4 Satz 3 und 4

des Gesetzes bedarf es nicht. Zur Behebung etwaiger Mängel des Ersatzvorschlags setzt die Kreiswahlleiterin oder der Kreiswahlleiter im Einvernehmen mit der Landeswahlleiterin oder dem Landeswahlleiter eine Frist fest. Die Landeswahlleiterin oder der Landeswahlleiter bestimmt den Zeitpunkt der Zulassung und der Veröffentlichung des geänderten Kreiswahlvorschlags. Die übrigen für die Hauptwahl zugelassenen Kreiswahlvorschläge bleiben für die Nachwahl unverändert.

2. Die für die Hauptwahl ausgestellten Wahlscheine sind für die Nachwahl ungültig. Sie werden von Amts wegen ersetzt. § 18 Absatz 4 ist anzuwenden. Neue Wahlscheine werden nach den allgemeinen Vorschriften erteilt.

3. Wahlbriefe mit alten Wahlscheinen, die bei den Gemeindewahlbehörden eingegangen sind, werden von diesen gesammelt und unter Beachtung des Wahlgeheimnisses vernichtet.

(4) Bei der Nachwahl aufgrund höherer Gewalt (§ 32 Absatz 2 des Gesetzes) wird nach den für die Hauptwahl zugelassenen Wahlvorschlägen gewählt. Die für die Hauptwahl ausgestellten Wahlscheine bleiben für die Nachwahl gültig; neue Wahlscheine dürfen nur von den Gemeindewahlbehörden in dem Gebiet, in dem die Nachwahl stattfindet, erteilt werden.

§ 33
Stimmzettel, Umschläge für die Briefwahl

(1) Für den Stimmzettel ist das Muster der Anlage 18 maßgebend. Für jede Wahlkreisbewerberin und jeden Wahlkreisbewerber sowie für jede Landesliste ist jeweils ein abgegrenztes Feld vorzusehen. Die Angaben zur Erststimme sind in schwarzem Druck, die Angaben zur Zweitstimme sind in blauem Druck vorzunehmen. Bei einem Nachweis nach § 28 Satz 3 ist bei den Angaben zur Erststimme anstelle der Anschrift (Hauptwohnung) die Erreichbarkeitsanschrift anzugeben. Die Breite des Stimmzettels beträgt 29,7 cm; die Länge des Stimmzettels richtet sich nach der Anzahl der Kreiswahlvorschläge und der Landeslisten.

(2) Auf dem Stimmzettel ist das vom Landeswahlausschuss nach § 31 Absatz 2 festgestellte Logo der Partei farbig aufzudrucken. Das Logo darf maximal 45 mm breit und 18 mm hoch sein. Der Aufdruck erfolgt in einem Feld rechts neben dem Feld mit den Angaben zur Zweitstimme. Hat der Landeswahlausschuss festgestellt, dass eine Partei zu ihrer Landesliste innerhalb der Einreichungsfrist für Wahlvorschläge kein den Vorgaben des § 29 Absatz 6 entsprechendes Logo in elektronischer Form eingereicht hat, bleibt bei dieser Landesliste das vorgesehene Feld leer.

(3) Der Stimmzettel ist aus weißem oder weißlichem Papier, das undurchsichtig und für jeden Wahlkreis von gleicher Beschaffenheit sein muss. Schriftart, Schriftgröße und Kontrast sollen so gewählt werden, dass die Lesbarkeit erleichtert wird.

(4) Muster der Stimmzettel werden unverzüglich nach ihrer Fertigstellung den Blindenvereinen, die ihre Bereitschaft zur Herstellung der Stimmzettelschablonen erklärt haben, zur Verfügung gestellt.

(5) Die Stimmzettelumschläge für die Briefwahl sollen mindestens 16,2 x 22,9 cm (DIN C 5) groß, von blauer Farbe und nach dem Muster der Anlage 19 beschriftet sein. Sie müssen undurchsichtig und mindestens innerhalb des Bezirks der Gemeindewahlbehörde, in kreisfreien Städten in jedem Wahlkreis von gleicher Größe und Farbe sein.

(6) Die Wahlbriefumschläge sollen mindestens 17,6 x 25,0 cm (DIN B 5) groß, von hellroter Farbe und nach dem Muster der Anlage 20 beschriftet sein.

§ 34
Wahlräume

(1) Soweit möglich, stellen die Gemeinden Wahlräume in Gemeindegebäuden zur Verfügung. Die Wahlräume sollen nach den örtlichen Verhältnissen so ausgewählt und eingerichtet werden, dass allen Wahlberechtigten, insbesondere behinderten und anderen Menschen mit Mobilitätsbeeinträchtigung, die Teilnahme an der Wahl möglichst erleichtert wird. Die Gemeindewahlbehörde teilt frühzeitig und in geeigneter Weise mit, welche Wahlräume barrierefrei im Sinne des § 2 Absatz 3 des Landesbehindertengleichstellungsgesetzes sind.

(2) In großen Wahlbezirken, in denen das Wählerverzeichnis zweckmäßigerweise geteilt wird, kann gleichzeitig an zwei verschiedenen Tischen in demselben Raum oder in zwei verschiedenen Räumen desselben Gebäudes oder in zwei verschiedenen Gebäuden gewählt werden. Für jeden Tisch des Wahlraums ist ein Wahlvorstand zu bilden.

§ 35
Wahlkabinen

In jedem Wahlraum richtet die Gemeindewahlbehörde eine oder mehrere Wahlkabinen mit Tischen ein, in denen der Stimmzettel unbeobachtet gekennzeichnet werden kann. Als Wahlkabine kann auch ein nur durch den Wahlraum zugänglicher Nebenraum dienen, wenn dessen Eingang vom Wahltisch aus übersehen werden kann.

§ 36
Wahlurne, Wahltisch

(1) Die von den Wählerinnen und Wählern abgegebenen Stimmzettel werden in Wahlurnen gesammelt.

(2) Die Wahlurne muss mit einem verschließbaren Deckel versehen und so beschaffen sein, dass sie die Stimmzettel in einer das Wahlgeheimnis wahrenden Weise aufnehmen kann.

(3) Der Tisch, an dem der Wahlvorstand Platz nimmt, muss von allen Seiten zugänglich sein. An oder auf diesen Tisch wird die Wahlurne gestellt.

§ 37
Wahlbekanntmachung

(1) Die Gemeindewahlbehörde macht spätestens am sechsten Tag vor der Wahl bekannt, welche Regelungen von den Wählerinnen und Wählern bei der Stimmabgabe zu beachten sind, und gibt dazu die erforderlichen Hinweise (Wahlbekanntmachung). Für den Mindestinhalt der Wahlbekanntmachung ist das Muster der Anlage 21 maßgebend; Abweichungen in der Gestaltung sind zulässig. Anstelle der Aufzählung der Wahlbezirke mit ihrer Abgrenzung und den Wahlräumen kann auf die Angaben in der Wahlbenachrichtigung verwiesen werden.

(2) Ein Abdruck der Wahlbekanntmachung ist vor Beginn der Wahlhandlung am oder im Eingang des Gebäudes anzubringen, in dem sich der Wahlraum befindet. Dem Abdruck ist ein Stimmzettel beizufügen; dieser Stimmzettel muss deutlich als Muster gekennzeichnet sein.

Abschnitt 2
Wahlhandlung

§ 38
Wahldauer

(1) Die Wahl dauert von 8.00 bis 18.00 Uhr.

(2) Die Landeswahlleiterin oder der Landeswahlleiter kann im Einzelfall, wenn besondere Gründe es erfordern, die Wahldauer mit einem früheren Beginn oder einem späteren Ende festsetzen.

§ 39
Wahlfrieden

Als unzulässige Beeinflussung der Wählerinnen und Wähler durch Ton (§ 38 Absatz 1 des Gesetzes) gilt auch die Verwendung von Lautsprechern, die im Wahlgebäude bei geschlossenen Fenstern noch deutlich zu vernehmen sind.

§ 40
Ausstattung des Wahlvorstands

Die Gemeindewahlbehörde übergibt der Wahlvorsteherin oder dem Wahlvorsteher eines jeden Wahlbezirks vor Beginn der Wahlhandlung

1. das abgeschlossene Wählerverzeichnis,
2. das Verzeichnis der im Wählerverzeichnis eingetragenen Wahlberechtigten, denen nach Abschluss des Wählerverzeichnisses noch Wahlscheine erteilt worden sind,

3. das Verzeichnis über die für ungültig erklärten Wahlscheine oder die schriftliche Mitteilung, dass keine Wahlscheine für ungültig erklärt worden sind, und
4. die außerdem erforderlichen Unterlagen und Ausstattungsgegenstände.

§ 41
Vorbereitung der Wahlhandlung

(1) Vor Beginn der Wahlhandlung berichtigt die Wahlvorsteherin oder der Wahlvorsteher das Wählerverzeichnis nach dem Verzeichnis der nachträglich ausgestellten Wahlscheine (§ 20 Absatz 2), indem sie oder er bei den in diesem Verzeichnis aufgeführten Wahlberechtigten in der Spalte für den Stimmabgabevermerk „Wahlschein" oder „W" einträgt. Sie oder er berichtigt dementsprechend den Abschluss des Wählerverzeichnisses in der daneben vorgesehenen Spalte und bescheinigt dies an der vorgesehenen Stelle. Ebenso verfährt die Wahlvorsteherin oder der Wahlvorsteher nach Beginn der Wahlhandlung, wenn ihr oder ihm die Gemeindewahlbehörde mitteilt, dass sie an eine im Wählerverzeichnis eingetragene wahlberechtigte Person einen Wahlschein ausstellt (§ 17 Absatz 5 Satz 3 und § 20 Absatz 2 Satz 2).

(2) Der Wahlvorstand überzeugt sich vor Beginn der Wahlhandlung, dass die Wahlurne leer ist. Die Wahlvorsteherin oder der Wahlvorsteher verschließt die Wahlurne. Diese darf bis zum Schluss der Wahlhandlung nicht mehr geöffnet werden.

§ 42
Öffentlichkeit

Während der Wahlhandlung sowie der Ermittlung und Feststellung des Wahlergebnisses hat jede Person zum Wahlraum Zutritt, soweit das ohne Störung des Wahlgeschäfts möglich ist.

§ 43
Ordnung im Wahlraum

(1) Der Wahlvorstand sorgt für Ruhe und Ordnung im Wahlraum. Er ordnet bei Andrang den Zutritt zum Wahlraum ab.

(2) Sind mehrere Wahlvorstände in einem Wahlraum tätig, bestimmt die Gemeindewahlbehörde, welcher Vorstand für Ruhe und Ordnung im Wahlraum sorgt.

§ 44
Stimmabgabe

(1) Die Wählerin oder der Wähler gibt die Wahlbenachrichtigung beim Wahlvorstand ab. Auf Verlangen, insbesondere wenn sie oder er die Wahlbenachrichtigung nicht vorlegt, hat sie oder er sich auszuweisen.

(2) Sobald die Schriftführerin oder der Schriftführer im Wählerverzeichnis die Wahlberechtigung festgestellt hat, übergibt eine Beisitzerin oder ein Beisitzer der Wählerin oder dem Wähler einen amtlichen Stimmzettel. Die Schriftführerin oder der Schriftführer vermerkt die Stimmabgabe im Wählerverzeichnis in der dafür bestimmten Spalte. Die Mitglieder des Wahlvorstands sind nicht befugt, Angaben zur Person der Wählerin oder des Wählers so zu verlautbaren, dass sie von sonstigen im Wahlraum Anwesenden zur Kenntnis genommen werden können, es sei denn, dass es zur Feststellung der Wahlberechtigung erforderlich ist.

(3) Die Wählerin oder der Wähler kennzeichnet in der Wahlkabine den Stimmzettel und faltet ihn so zusammen, dass dessen Inhalt verdeckt ist. In der Wahlkabine darf nicht fotografiert oder gefilmt werden. Der Wahlvorstand achtet darauf, dass sich immer nur eine Wählerin oder ein Wähler und nur so lange wie notwendig in der Wahlkabine aufhält.

(4) Besteht kein Anlass zur Zurückweisung der Wählerin oder des Wählers nach den Absätzen 5 und 6, gibt die Wahlvorsteherin oder der Wahlvorsteher die Wahlurne frei. Die Wählerin oder der Wähler legt den zusammengefalteten Stimmzettel in die Wahlurne. Unterbleibt die Stimmabgabe, ist der Stimmabgabevermerk im Wählerverzeichnis zu streichen; § 15 Absatz 3 gilt entsprechend.

(5) Der Wahlvorstand hat eine Wählerin oder einen Wähler zurückzuweisen, wenn sie oder er
1. den Stimmzettel außerhalb der Wahlkabine gekennzeichnet oder ihn mit einem äußerlich sichtbaren, das Wahlgeheimnis offensichtlich gefährdenden Kennzeichen versehen hat,
2. den Stimmzettel nicht oder nicht so zusammengefaltet hat, dass dessen Inhalt verdeckt ist,
3. für den Wahlvorstand erkennbar in der Wahlkabine fotografiert oder gefilmt hat,
4. außer dem Stimmzettel einen weiteren Gegenstand in die Wahlurne legen will oder
5. offensichtlich mehrere Stimmzettel abgeben will.

(6) Bestehen Bedenken gegen die Zulassung einer Wählerin oder eines Wählers zur Stimmabgabe, beschließt der Wahlvorstand über die Zulassung oder Zurückweisung.

(7) Hat die Wählerin oder der Wähler den Stimmzettel versehentlich falsch gekennzeichnet oder unbrauchbar gemacht oder wird sie oder er nach Absatz 5 Nummer 1 bis 3 zurückgewiesen, ist ihr oder ihm auf Verlangen ein neuer Stimmzettel auszuhändigen, nachdem sie oder er den alten Stimmzettel zerrissen hat.

§ 45
Hilfeleistung bei der Stimmabgabe

(1) Eine Wählerin oder ein Wähler, die oder der nicht lesen kann oder wegen einer körperlichen Beeinträchtigung in der Stimmabgabe gehindert ist, bestimmt eine Hilfsperson, die ihr oder ihm bei der Stimmabgabe helfen soll, und gibt dies dem Wahlvorstand bekannt. Hilfsperson kann auch ein von der Wählerin oder dem Wähler bestimmtes Mitglied des Wahlvorstands sein.

(2) Die Hilfeleistung hat sich auf die Erfüllung der Wünsche der Wählerin oder des Wählers zu beschränken. Die Hilfsperson darf gemeinsam mit der Wählerin oder dem Wähler die Wahlkabine aufsuchen, wenn das zur Hilfeleistung erforderlich ist.

(3) Die Hilfsperson ist zur Geheimhaltung dessen verpflichtet, was sie bei der Hilfeleistung von der Wahl einer anderen Person erfahren hat.

(4) Eine Wählerin oder ein Wähler, die oder der blind oder sehbehindert ist, kann sich zur Kennzeichnung des Stimmzettels auch einer Stimmzettelschablone bedienen.

§ 46
Stimmabgabe mit Wahlschein

(1) Die Inhaberin oder der Inhaber eines Wahlscheins übergibt diesen der Wahlvorsteherin oder dem Wahlvorsteher zur Prüfung. Auf Verlangen hat sich die Wahlscheininhaberin oder der Wahlscheininhaber auszuweisen.

(2) Entstehen Zweifel über die Gültigkeit des Wahlscheins oder über den rechtmäßigen Besitz, klärt der Wahlvorstand diese Zweifel nach Möglichkeit auf und beschließt über die Zulassung oder Zurückweisung der Inhaberin oder des Inhabers. Die Wahlvorsteherin oder der Wahlvorsteher behält den Wahlschein auch im Fall der Zurückweisung ein.

§ 47
Schluss der Wahlhandlung

Sobald die Wahldauer beendet ist, gibt die Wahlvorsteherin oder der Wahlvorsteher dies bekannt. Danach dürfen nur noch die Wählerinnen und Wähler zur Stimmabgabe zugelassen werden, die sich zu diesem Zeitpunkt im Wahlraum befinden. Der Zutritt zu diesem ist so lange zu sperren, bis die anwesenden Wählerinnen und Wähler ihre Stimme abgegeben haben. Danach erklärt die Wahlvorsteherin oder der Wahlvorsteher die Wahlhandlung für geschlossen.

§ 48
Wahl in Sonderwahlbezirken

(1) Zur Stimmabgabe in Sonderwahlbezirken (§ 7) wird jede in der Einrichtung anwesende wahlberechtigte Person zugelassen, die einen für den Wahlkreis gültigen Wahlschein hat.

(2) Es ist zulässig, für verschiedene Teile eines Sonderwahlbezirks verschiedene Personen als Beisitzerinnen oder Beisitzer des Wahlvorstands zu bestellen.

(3) Die Gemeindewahlbehörde bestimmt im Einvernehmen mit der Leitung der Einrichtung einen geeigneten Wahlraum. Für die verschiedenen Teile eines Sonderwahlbezirks

können verschiedene Wahlräume bestimmt werden. Die Gemeindewahlbehörde richtet den Wahlraum her und sorgt für Wahlurnen und sonstige Vorrichtungen zum Schutz des Wahlgeheimnisses.

(4) Die Gemeindewahlbehörde bestimmt im Einvernehmen mit der Leitung der Einrichtung die Wahldauer für den Sonderwahlbezirk im Rahmen der Wahldauer nach § 38 nach dem tatsächlichen Bedarf.

(5) Die Leitung der Einrichtung gibt den Wahlberechtigten den Wahlraum und die Wahldauer am Tag vor der Wahl bekannt und weist auf die Möglichkeit der Stimmabgabe nach Absatz 6 hin.

(6) Die Wahlvorsteherin oder der Wahlvorsteher oder eine Stellvertreterin oder ein Stellvertreter und zwei Personen aus dem Kreis der Beisitzerinnen und Beisitzer können sich zur Durchführung der Wahl unter Mitnahme einer verschlossenen Wahlurne und der erforderlichen Stimmzettel in die Krankenzimmer und an die Krankenbetten begeben. Dabei muss auch bettlägerigen Wählerinnen und Wählern Gelegenheit gegeben werden, den Stimmzettel unbeobachtet zu kennzeichnen. Die Wahlvorsteherin oder der Wahlvorsteher oder die Stellvertreterin oder der Stellvertreter weist Wählerinnen und Wähler, die sich bei der Stimmabgabe von einer anderen Person helfen lassen wollen, darauf hin, dass sie auch ein von ihnen bestimmtes Mitglied des Wahlvorstands als Hilfsperson in Anspruch nehmen können. Nach Schluss der Stimmabgabe nach Satz 1 sind die verschlossene Wahlurne und die Wahlscheine unverzüglich in den Wahlraum des Sonderwahlbezirks zu bringen. Dort ist die Wahlurne bis zum Schluss der allgemeinen Wahlhandlung unter Aufsicht des Wahlvorstands verschlossen zu verwahren. Danach wird ihr Inhalt mit dem Inhalt der im Wahlraum aufgestellten Wahlurne vermengt und zusammen mit den übrigen Stimmen des Sonderwahlbezirks ausgezählt. Der Vorgang wird in der Wahlniederschrift (§ 59) vermerkt.

(7) Die Öffentlichkeit soll durch die Anwesenheit anderer Wahlberechtigter gewährleistet werden.

(8) Die Leitung der Einrichtung hat bei Kranken, die ansteckende Krankheiten haben, insbesondere § 30 Absatz 1 des Infektionsschutzgesetzes vom 20. Juli 2000 (BGBl. I S. 1045), zuletzt geändert durch Artikel 14 b des Gesetzes vom 6. Mai 2019 (BGBl. I S. 646), zu beachten.

(9) Das Wahlergebnis des Sonderwahlbezirks darf nicht vor Schluss der Wahldauer nach § 38 ermittelt werden.

(10) Im Übrigen gelten die allgemeinen Bestimmungen.

§ 49
Stimmabgabe in kleineren Krankenhäusern, kleineren Alten- und Pflegeheimen, sozialtherapeutischen Anstalten und Justizvollzugsanstalten

(1) Wird für die Stimmabgabe in einem kleineren Krankenhaus, einem kleineren Alten- oder Pflegeheim, einer sozialtherapeutischen Anstalt oder einer Justizvollzugsanstalt ein beweglicher Wahlvorstand gebildet (§ 3), ist nach den Absätzen 2 bis 4 zu verfahren; im Übrigen gelten die allgemeinen Bestimmungen.

(2) Die Gemeindewahlbehörde vereinbart mit der Leitung der Einrichtung die Zeit der Stimmabgabe innerhalb der Wahldauer nach § 38. Die Leitung der Einrichtung stellt einen geeigneten Wahlraum bereit. Die Gemeindewahlbehörde richtet ihn her. Die Leitung der Einrichtung gibt den Wahlberechtigten Ort und Zeit der Stimmabgabe bekannt und sorgt dafür, dass sie, soweit möglich, zur Stimmabgabe den Wahlraum aufsuchen können.

(3) Der bewegliche Wahlvorstand begibt sich unter Mitnahme einer verschlossenen Wahlurne und der erforderlichen Stimmzettel in die Einrichtung und nimmt die Wahlscheine sowie die Stimmzettel entgegen. § 48 Absatz 6 Satz 3 bis 7 gilt entsprechend.

(4) Für die Stimmabgabe in kleineren Krankenhäusern sowie kleineren Alten- und Pflegeheimen gilt § 48 Absatz 6 Satz 1 und 2 sowie Absatz 7 und 8 entsprechend.

§ 50
Briefwahl

(1) Wer durch Briefwahl wählt,
1. kennzeichnet persönlich den Stimmzettel, legt ihn in den amtlichen Stimmzettelumschlag und verschließt diesen,
2. unterschreibt die auf dem Wahlschein vorgedruckte Versicherung an Eides Statt zur Briefwahl unter Angabe des Datums,
3. steckt den verschlossenen amtlichen Stimmzettelumschlag und den unterschriebenen Wahlschein in den amtlichen Wahlbriefumschlag,
4. verschließt den Wahlbriefumschlag und
5. übersendet den Wahlbrief der darauf angegebenen Gemeindewahlbehörde durch ein Postunternehmen.

Der Wahlbrief kann auch in der Dienststelle der Gemeindewahlbehörde oder am Wahltag bei dem für die Briefwahl zuständigen Wahlvorstand abgegeben werden. Nach Eingang des Wahlbriefs bei der zuständigen Stelle darf dieser nicht mehr zurückgegeben werden.

(2) Der Stimmzettel ist unbeobachtet zu kennzeichnen und in den Stimmzettelumschlag zu legen; § 44 Absatz 7 gilt entsprechend. Für die Stimmabgabe behinderter Wählerinnen und Wähler gilt § 45 sinngemäß. Hat die Wählerin oder der Wähler den Stimmzettel durch eine Hilfsperson kennzeichnen lassen, hat diese die auf dem Wahlschein vorgedruckte Versicherung an Eides Statt zur Briefwahl zu unterschreiben und damit zu bestätigen, dass sie den Stimmzettel nach dem erklärten Willen der Wählerin oder des Wählers gekennzeichnet hat.

(3) In Krankenhäusern, Altenheimen, Altenwohnheimen, Pflegeheimen, Erholungsheimen, sozialtherapeutischen Anstalten und Justizvollzugsanstalten sowie Gemeinschaftsunterkünften ist dafür zu sorgen, dass der Stimmzettel unbeobachtet gekennzeichnet und in den Stimmzettelumschlag gelegt werden kann. Die Leitung der Einrichtung bestimmt einen geeigneten Raum, veranlasst dessen Ausstattung und gibt den Wahlberechtigten bekannt, in welcher Zeit der Raum für die Ausübung der Briefwahl zur Verfügung steht.

(4) Die Gemeindewahlbehörde weist die Leitungen der Einrichtungen in ihrem Bezirk spätestens am 13. Tag vor der Wahl auf die Regelung des Absatzes 3 hin.

§ 51
Behandlung der Wahlbriefe

(1) Die Gemeindewahlbehörde sammelt die Wahlbriefe ungeöffnet und hält sie unter Verschluss. Sie vermerkt auf jedem am Wahltag nach Schluss der Wahldauer eingegangenen Wahlbrief Datum und Uhrzeit des Eingangs, auf den vom nächsten Tag an eingehenden Wahlbriefen nur das Eingangsdatum.

(2) Die Gemeindewahlbehörde ordnet, sofern erforderlich, die Wahlbriefe nach den Wahlkreisen. Sie verteilt die Wahlbriefe auf die nach § 18 Absatz 2 des Gesetzes für die Briefwahl bestimmten Wahlbezirke oder auf die nach § 18 Absatz 3 und 4 des Gesetzes gebildeten Briefwahlvorstände. Die am Wahltag bis 18.00 Uhr eingehenden Wahlbriefe sind den zuständigen Wahlvorständen auf schnellstem Wege zu übermitteln.

(3) Verspätet eingegangene Wahlbriefe werden von der Gemeindewahlbehörde angenommen, mit den in Absatz 1 vorgeschriebenen Vermerken versehen und ungeöffnet verpackt. Das Paket wird von ihr versiegelt, mit Inhaltsangabe versehen und verwahrt, bis die Vernichtung der Wahlbriefe zulässig ist (§ 74). Sie hat sicherzustellen, dass das Paket Unbefugten nicht zugänglich ist.

§ 52
Zulassung der Wahlbriefe

(1) Ein von der Wahlvorsteherin oder dem Wahlvorsteher bestimmtes Mitglied des Wahlvorstands öffnet die Wahlbriefe nacheinander und entnimmt ihnen den Wahlschein und den Stimmzettelumschlag. Ist der Wahlschein in einem Verzeichnis für ungültig erklärter Wahlscheine nicht aufgeführt und werden auch sonst keine Bedenken gegen die Gültigkeit des Wahlscheins erhoben, wird der Stimmzettelumschlag ungeöffnet in die für die Stimmzettel der Urnenwählerinnen und Urnenwähler bestimmte Wahlurne gelegt. Die Wahlscheine werden gesammelt.

(2) Werden gegen einen Wahlbrief Bedenken erhoben, beschließt der Wahlvorstand über die Zulassung oder Zurückweisung. Der Wahlbrief ist vom Wahlvorstand zurückzuweisen, wenn ein Tatbestand des § 40 Absatz 2 Nummer 1 des Gesetzes vorliegt. Die zurückgewiesenen Wahlbriefe sind samt Inhalt auszusondern, mit einem Vermerk über den Zurückweisungsgrund zu versehen, wieder zu verschließen, fortlaufend zu nummerieren und zu verpacken; das Paket ist zu versiegeln.

(3) Die Absätze 1 und 2 gelten entsprechend in den Fällen, in denen nach § 18 Absatz 3 und 4 des Gesetzes ein Briefwahlvorstand gebildet worden ist.

(4) Stellt die Landeswahlleiterin oder der Landeswahlleiter fest, dass infolge von Naturkatastrophen oder ähnlichen Ereignissen höherer Gewalt die regelmäßige Beförderung von Wahlbriefen gestört war, gelten die betroffenen Wahlbriefe, die nach dem Datum des Poststempels spätestens am zweiten Tag vor der Wahl zur Post gegeben worden sind, als rechtzeitig eingegangen. In einem solchen Fall werden, sobald die Auswirkungen des Ereignisses behoben sind, spätestens aber am 22. Tag nach der Wahl, die durch das Ereignis betroffenen Wahlbriefe ausgesondert und dem Wahlvorstand zur nachträglichen Feststellung des Wahlergebnisses zugeleitet. Die nachträgliche Feststellung unterbleibt, wenn sie wegen der geringen Anzahl der vorliegenden Wahlbriefe nicht möglich ist, ohne das Wahlgeheimnis zu gefährden.

Abschnitt 3
Feststellung des Wahlergebnisses

§ 53
Ermittlung und Feststellung des Wahlergebnisses im Wahlbezirk

Im Anschluss an die Wahlhandlung ermittelt der Wahlvorstand ohne Unterbrechung das Wahlergebnis im Wahlbezirk und stellt fest

1. die Anzahl der Wahlberechtigten,
2. die Anzahl der Wählerinnen und Wähler insgesamt,
3. die Anzahl der gültigen und ungültigen Erststimmen,
4. die Anzahl der gültigen und ungültigen Zweitstimmen,
5. die Anzahl der für jede Bewerberin und jeden Bewerber abgegebenen gültigen Erststimmen,
6. die Anzahl der für jede Landesliste abgegebenen gültigen Zweitstimmen.

Im Übrigen gelten für die Tätigkeit des nach § 18 Absatz 3 und 4 des Gesetzes gebildeten Briefwahlvorstandes die für den Wahlvorstand geltenden Bestimmungen entsprechend.

§ 54
Zählung der Wählerinnen und Wähler

(1) Vor dem Öffnen der Wahlurne werden alle nicht benutzten Stimmzettel vom Wahltisch entfernt. Sodann werden die Stimmzettel der Wahlurne entnommen und gezählt. Zugleich werden die Stimmabgabevermerke im Wählerverzeichnis und die entgegengenommenen Wahlscheine gezählt. Ergibt sich dabei auch nach wiederholter Zählung keine Übereinstimmung, ist dies in der Wahlniederschrift anzugeben und, soweit möglich, zu erläutern; in diesem Fall gilt die Zahl der in der Wahlurne befindlichen Stimmzettel als Anzahl der Wählerinnen und Wähler.

(2) Ist der Wahlbezirk für die Briefwahl bestimmt (§ 18 Absatz 2 des Gesetzes), gilt Absatz 1 mit folgenden Maßgaben:

1. Nach dem Öffnen der Wahlumschläge werden die Stimmzettel der Briefwählerinnen und Briefwähler den Stimmzettelumschlägen entnommen und in gefaltetem Zustand mit den Stimmzetteln der Urnenwählerinnen und Urnenwähler vermengt.
2. Ein leerer Stimmzettelumschlag wird mit dem Vermerk „Leer abgegeben" versehen und wie ein Stimmzettel gezählt; der Umschlag ist aufzubewahren.
3. Befinden sich in einem Stimmzettelumschlag mehrere Stimmzettel, werden sie zusammengeheftet, auf der Rückseite mit dem Vermerk „Mehrfach abgegeben" versehen und wie ein Stimmzettel gezählt.

(3) Die in Absatz 2 Nummer 2 und 3 genannten Maßgaben gelten entsprechend auch in den Fällen, in denen nach § 18 Absatz 3 und 4 des Gesetzes ein Briefwahlvorstand gebildet worden ist.

§ 55
Zählung der Stimmen

(1) Mehrere Beisitzerinnen und Beisitzer legen die Stimmzettel zu folgenden Stapeln, die sie unter Aufsicht behalten:

1. nach Landeslisten getrennte Stapel mit Stimmzetteln, auf denen die Erst- und Zweitstimme zweifelsfrei gültig für die Bewerberin oder den Bewerber sowie für die Landesliste derselben Partei abgegeben worden ist,
2. einen Stapel mit den Stimmzetteln, auf denen die Erst- und Zweitstimme zweifelsfrei gültig für Bewerberinnen und Bewerber und Landeslisten verschiedener Träger von Wahlvorschlägen abgegeben worden ist, sowie mit den Stimmzetteln, auf denen nur die Erst- oder Zweitstimme jeweils zweifelsfrei gültig und die andere Stimme nicht abgegeben worden ist,
3. einen Stapel mit den ungekennzeichneten Stimmzetteln und den leer abgegebenen Stimmzettelumschlägen (§ 54 Absatz 2 Nummer 2).

Stimmzettel, die Anlass zu Bedenken geben, werden ausgesondert und von einer Beisitzerin oder einem Beisitzer, die oder den die Wahlvorsteherin oder der Wahlvorsteher hierzu bestimmt hat, in Verwahrung genommen.

(2) Die Beisitzerinnen und Beisitzer, die die nach Absatz 1 Satz 1 Nummer 1 geordneten Stimmzettel unter ihrer Aufsicht haben, übergeben der Wahlvorsteherin oder dem Wahlvorsteher die einzelnen Stapel nacheinander in der Reihenfolge der Landeslisten auf dem Stimmzettel. Die Wahlvorsteherin oder der Wahlvorsteher prüft, ob die Stimmzettel eines jeden Stapels gleich gekennzeichnet sind, und sagt zu jedem Stapel an, für welche Bewerberin oder welchen Bewerber und für welche Landesliste er Stimmen enthält. Gibt ein Stimmzettel der Wahlvorsteherin oder dem Wahlvorsteher Anlass zu Bedenken, fügt sie oder er diesen den nach Absatz 1 Satz 2 ausgesonderten Stimmzetteln bei. Die Wahlvorsteherin oder der Wahlvorsteher kann in den Fällen der Sätze 1 bis 3 ihre oder seine Aufgaben ganz oder teilweise auf ein anderes Mitglied des Wahlvorstands, das keine Tätigkeit nach Absatz 1 ausgeübt hat, übertragen.

(3) Anschließend prüft die Wahlvorsteherin oder der Wahlvorsteher die ungekennzeichneten Stimmzettel und leer abgegebenen Stimmzettelumschläge (Absatz 1 Satz 1 Nummer 3). Sie oder er sagt an, dass beide Stimmen ungültig sind, und versieht jeden dieser Stimmzettel und Stimmzettelumschläge auf der Rückseite mit dem Vermerk „Ungültig".

(4) Danach zählen je zwei Mitglieder des Wahlvorstands, die von der Wahlvorsteherin oder dem Wahlvorsteher hierzu bestimmt worden sind, nacheinander die nach den Absätzen 2 und 3 geprüften Stimmzettel und Stimmzettelumschläge eines Stapels unter gegenseitiger Kontrolle und ermitteln die Zahl der für die einzelnen Wahlvorschläge abgegebenen gültigen Stimmen sowie die Zahl der ungültigen Stimmen. Die Zahlen werden als Zwischensummen in die Wahlniederschrift übertragen.

(5) Sodann übergeben die Beisitzerinnen und Beisitzer, die den nach Absatz 1 Satz 1 Nummer 2 gebildeten Stimmzettelstapel unter ihrer Aufsicht haben, diesen Stapel der Wahlvorsteherin oder dem Wahlvorsteher. Er oder sie legt die Stimmzettel zunächst getrennt nach Zweitstimmen für

die einzelnen Landeslisten und sagt zu jedem Stimmzettel an, für welche Landesliste die Zweitstimme lautet. Bei den Stimmzetteln, auf denen nur die Erststimme abgegeben worden ist, sagt sie oder er an, dass die nicht abgegebene Zweitstimme ungültig ist. Gibt ein Stimmzettel der Wahlvorsteherin oder dem Wahlvorsteher Anlass zu Bedenken, fügt sie oder er diesen den nach Absatz 1 Satz 2 ausgesonderten Stimmzettel bei. Dann werden die auf den von der Wahlvorsteherin oder vom Wahlvorsteher gebildeten Stapel entsprechend Absatz 4 gezählt. Anschließend ordnet die Wahlvorsteherin oder der Wahlvorsteher die Stimmzettel nach abgegebenen Erststimmen neu, und es wird entsprechend den Sätzen 2 bis 5 verfahren. Die jeweiligen Stimmzahlen werden als Zwischensummen in die Wahlniederschrift übertragen.

(6) Zum Schluss entscheidet der Wahlvorstand über die Gültigkeit der Stimmen, die auf den ausgesonderten Stimmzetteln abgegeben worden sind. Die Wahlvorsteherin oder der Wahlvorsteher gibt die Entscheidung mündlich bekannt und sagt bei gültigen Stimmen an, für welche Bewerberin oder welchen Bewerber oder welche Landesliste die Stimme lautet. Sie oder er vermerkt auf der Rückseite des Stimmzettels, ob beide Stimmen oder nur die Erststimme oder nur die Zweitstimme für gültig oder ungültig erklärt worden sind. Die Stimmzettel sind fortlaufend zu nummerieren. Die jeweiligen Stimmzahlen werden als Zwischensummen in die Wahlniederschrift übertragen.

(7) Die nach den Absätzen 2 bis 6 ermittelten Zahlen der ungültigen und für die einzelnen Wahlvorschläge abgegebenen Stimmen werden von der Schriftführerin oder dem Schriftführer zusammengezählt. Zwei Mitglieder des Wahlvorstands, die von der Wahlvorsteherin oder dem Wahlvorsteher hierzu bestimmt worden sind, prüfen die Zusammenzählung. Beantragt ein Mitglied des Wahlvorstands vor der Unterzeichnung der Wahlniederschrift eine erneute Zählung der Stimmen, ist diese nach den Absätzen 1 bis 6 zu wiederholen. Die Gründe für die erneute Zählung sind in der Wahlniederschrift zu vermerken.

(8) Die von der Wahlvorsteherin oder dem Wahlvorsteher bestimmten Beisitzerinnen und Beisitzer sammeln
1. die Stimmzettel, auf denen die Erststimme und die Zweitstimme oder nur die Erststimme abgegeben worden sind, getrennt nach den Bewerberinnen und Bewerbern, denen die Erststimme zugefallen ist,
2. die Stimmzettel, auf denen nur die Zweitstimme abgegeben worden ist,
3. die ungekennzeichneten Stimmzettel und die leer abgegebenen Stimmzettelumschläge,

je für sich und behalten sie unter Aufsicht.

§ 56
Ungültige Stimmen, Auslegungsregeln

(1) Ungültig nach § 40 Absatz 1 Satz 1 Nummer 3 des Gesetzes sind Stimmen insbesondere,
1. wenn der Stimmzettel anders als durch ein Kreuz in einem Kreis gekennzeichnet ist, es sei denn, dass die Kennzeichnung den Willen der Wählerin oder des Wählers zweifelsfrei erkennen lässt,
2. wenn auf dem Stimmzettel mehr als eine Bewerberin oder ein Bewerber oder mehr als eine Landesliste gekennzeichnet ist,
3. wenn der Stimmzettel erheblich beschädigt ist; die Beschädigung ist erheblich, wenn der Stimmzettel durchgerissen oder der Aufdruck oder die Kennzeichnung beschädigt ist; Beschädigungen, die bei der Stimmenzählung entstanden sind, beeinträchtigen die Gültigkeit der Stimme nicht.

(2) Ungültig nach § 40 Absatz 1 Satz 1 Nummer 4 des Gesetzes sind insbesondere Stimmen, die Eintragungen über die Kennzeichnung der Bewerberin oder des Bewerbers oder der Landesliste hinaus enthalten.

§ 57
Bekanntgabe des Wahlergebnisses

Die Wahlvorsteherin oder der Wahlvorsteher gibt das Wahlergebnis im Wahlbezirk mit den in § 53 bezeichneten Angaben im Anschluss an die Feststellung mündlich bekannt.

§ 58
Schnellmeldungen

(1) Sobald das Wahlergebnis im Wahlbezirk festgestellt ist, meldet die Wahlvorsteherin oder der Wahlvorsteher dieses der Kreiswahlleiterin oder dem Kreiswahlleiter. Ist die Gemeinde in mehrere Wahlbezirke eingeteilt, meldet die Wahlvorsteherin oder der Wahlvorsteher das Wahlergebnis ihres oder seines Wahlbezirks der Gemeindewahlbehörde, die die Wahlergebnisse aller Wahlbezirke der Gemeinde zusammenfasst und der Kreiswahlleiterin oder dem Kreiswahlleiter meldet.

(2) Die Meldungen werden auf schnellstem Wege erstattet. Sie enthalten die Angaben nach § 53.

(3) Die Absätze 1 und 2 gelten entsprechend auch in den Fällen, in denen nach § 18 Absatz 3 und 4 des Gesetzes ein oder mehrere Briefwahlvorstände gebildet worden sind.

(4) Die Kreiswahlleiterin oder der Kreiswahlleiter ermittelt aufgrund der Schnellmeldungen nach den Absätzen 1 und 2 das vorläufige Wahlergebnis im Wahlkreis. Sie oder er teilt dieses auf schnellstem Wege der Landeswahlleiterin oder dem Landeswahlleiter mit; dabei gibt sie oder er an, welche Bewerberin oder welcher Bewerber als gewählt gelten kann.

(5) Die Landeswahlleiterin oder der Landeswahlleiter ermittelt nach den Schnellmeldungen der Kreiswahlleiterinnen und Kreiswahlleiter das vorläufige Wahlergebnis im Land.

(6) Die Schnellmeldungen nach den Absätzen 1 bis 4 werden nach dem Muster der Anlage 22 erstattet.

§ 59
Wahlniederschrift

(1) Über die Wahlhandlung sowie die Ermittlung und Feststellung des Wahlergebnisses wird von der Schriftführerin oder dem Schriftführer eine Wahlniederschrift nach dem Muster der Anlage 23 aufgenommen. Die Wahlniederschrift ist von den anwesenden Mitgliedern des Wahlvorstands zu genehmigen und zu unterzeichnen. Verweigert ein Mitglied des Wahlvorstands die Unterschrift, ist der Grund hierfür in der Wahlniederschrift zu vermerken. Beschlüsse nach § 44 Absatz 6, § 46 Absatz 2, § 52 Absatz 2 und § 55 Absatz 6 sowie Beschlüsse über sonstige besondere Vorfälle bei der Wahlhandlung oder bei der Ermittlung und Feststellung des Wahlergebnisses sind in der Wahlniederschrift zu vermerken.

(2) Der Wahlniederschrift werden beigefügt
1. die Stimmzettel, über die der Wahlvorstand nach § 55 Absatz 6 besonders beschlossen hat,
2. die Wahlscheine, über die der Wahlvorstand nach § 46 Absatz 2 besonders beschlossen hat,
3. in Wahlbezirken, die für die Briefwahl bestimmt sind (§ 18 Absatz 2 des Gesetzes),
   a) das in § 52 Absatz 2 Satz 3 bezeichnete Paket mit den zurückgewiesenen Wahlbriefen,
   b) die Wahlscheine, über die der Wahlvorstand nach § 52 Absatz 2 besonders beschlossen hat, ohne dass die Wahlbriefe zurückgewiesen wurden.

(3) Die Wahlvorsteherin oder der Wahlvorsteher übergibt die Wahlniederschrift mit den Anlagen nach Absatz 2 unverzüglich der Gemeindewahlbehörde.

(4) Die Gemeindewahlbehörde übersendet der Kreiswahlleiterin oder dem Kreiswahlleiter die Wahlniederschriften aller Wahlbezirke der Gemeinde mit den Anlagen auf schnellstem Wege. Besteht die Gemeinde aus mehreren Wahlbezirken, fügt sie eine Zusammenstellung der Wahlergebnisse der einzelnen Wahlbezirke nach dem Muster der Anlage 24 bei.

(5) Die Absätze 1 bis 4 gelten entsprechend auch in den Fällen, in denen nach § 18 Absatz 3 und 4 des Gesetzes ein Briefwahlvorstand gebildet worden ist. Für die Wahlniederschrift ist das Muster der Anlage 23 a maßgebend.

§ 60
Übergabe und Verwahrung der Wahlunterlagen

(1) Hat der Wahlvorstand seine Aufgaben erledigt, verpackt die Wahlvorsteherin oder der Wahlvorsteher je für sich

1. die gültigen Stimmzettel, geordnet und gebündelt nach Wahlkreisbewerberinnen und Wahlkreisbewerbern und nach Stimmzetteln, auf denen nur die Zweitstimme abgegeben worden ist,
2. die ungekennzeichneten Stimmzettel und
3. die entgegengenommenen Wahlscheine,

soweit sie nicht der Wahlniederschrift beigefügt sind, versiegelt die einzelnen Pakete, versieht sie mit Inhaltsangabe und übergibt sie der Gemeindewahlbehörde. Ist der Wahlbezirk für die Briefwahl bestimmt (§ 18 Absatz 2 des Gesetzes) oder ist nach § 18 Absatz 3 und 4 des Gesetzes ein Briefwahlvorstand gebildet, gilt Satz 1 auch für die leer abgegebenen Stimmzettelumschläge (§ 54 Absatz 2 Nummer 2). Bis zur Übergabe an die Gemeindewahlbehörde hat die Wahlvorsteherin oder der Wahlvorsteher sicherzustellen, dass die in Satz 1 und 2 genannten Unterlagen Unbefugten nicht zugänglich sind.

(2) Die Gemeindewahlbehörde verwahrt die Pakete, bis deren Vernichtung zulässig ist (§ 74). Sie hat sicherzustellen, dass die Pakete Unbefugten nicht zugänglich sind.

(3) Die Wahlvorsteherin oder der Wahlvorsteher gibt der Gemeindewahlbehörde die nach § 40 zur Verfügung gestellten Unterlagen und Ausstattungsgegenstände zurück und fügt die entgegengenommenen Wahlbenachrichtigungen bei.

(4) Die Gemeindewahlbehörde hat die in Absatz 1 bezeichneten Unterlagen auf Anforderung der Kreiswahlleiterin oder des Kreiswahlleiters vorzulegen. Werden nur Teile eines Paketes angefordert, bricht die Gemeindewahlbehörde das Paket in Gegenwart von mindestens zwei weiteren Personen auf, entnimmt ihm den angeforderten Teil und versiegelt dieses erneut. Über den Vorgang ist eine Niederschrift zu fertigen und von allen Beteiligten zu unterzeichnen.

§ 61
Ermittlung und Feststellung des Wahlergebnisses im Wahlkreis

(1) Die Kreiswahlleiterin oder der Kreiswahlleiter prüft die Wahlniederschriften der Wahlvorstände auf Vollständigkeit und Ordnungsmäßigkeit. Sie oder er stellt nach diesen Wahlniederschriften das endgültige Ergebnis der Wahl im Wahlkreis und der Wahl nach Landeslisten, nach Wahlbezirken und nach Briefwahlvorständen geordnet, nach dem Muster der Anlage 24 zusammen; dabei bildet sie oder er für die Gemeinden und Ämter Zwischensummen. Ergeben sich aus der Wahlniederschrift oder aus sonstigen Gründen Bedenken gegen die Ordnungsmäßigkeit des Wahlgeschäfts, klärt die Kreiswahlleiterin oder der Kreiswahlleiter diese so weit wie möglich auf.

(2) Nach Berichterstattung durch die Kreiswahlleiterin oder den Kreiswahlleiter ermittelt der Kreiswahlausschuss das Wahlergebnis des Wahlkreises und stellt fest

1. die Anzahl der Wahlberechtigten,
2. die Anzahl der Wählerinnen und Wähler insgesamt,
3. die Anzahl der gültigen und ungültigen Erststimmen,
4. die Anzahl der gültigen und ungültigen Zweitstimmen,
5. die Anzahl der für jede Bewerberin und jeden Bewerber abgegebenen gültigen Erststimmen,
6. die Anzahl der für jede Landesliste abgegebenen gültigen Zweitstimmen.

Der Kreiswahlausschuss ist berechtigt, rechnerische Feststellungen des Wahlvorstands und fehlerhafte Zuordnungen gültig abgegebener Stimmen zu berichtigen sowie über die Gültigkeit abgegebener Stimmen abweichend zu beschließen. Ungeklärte Bedenken vermerkt er in der Niederschrift.

(3) Der Kreiswahlausschuss stellt ferner fest, welche Bewerberin oder welcher Bewerber im Wahlkreis gewählt ist.

(4) Im Anschluss an die Feststellung gibt die Kreiswahlleiterin oder der Kreiswahlleiter das Wahlergebnis mit den in Absatz 2 Satz 1 und Absatz 3 bezeichneten Angaben mündlich bekannt.

(5) Die Niederschrift über die Sitzung (§ 1 Absatz 3) ist nach dem Muster der Anlage 25 zu fertigen. Die Niederschrift und die ihr beigefügte Zusammenstellung des Wahlergebnisses nach dem Muster der Anlage 24 sind von allen Mitgliedern des Kreiswahlausschusses, die an der Feststellung teilgenommen haben, sowie von der Schriftführerin oder dem Schriftführer zu unterzeichnen. Die Kreiswahlleiterin oder der Kreiswahlleiter übersendet der Landeswahlleiterin oder dem Landeswahlleiter auf schnellstem Wege eine Ausfertigung der Niederschrift des Kreiswahlausschusses mit der dazugehörigen Zusammenstellung.

§ 62
Ablehnung der Wahl im Wahlkreis

Die Kreiswahlleiterin oder der Kreiswahlleiter übersendet etwaige bei ihr oder ihm eingehende Ablehnungserklärungen der Gewählten unverzüglich der Landeswahlleiterin oder dem Landeswahlleiter.

§ 63
Ermittlung und Feststellung des Zweitstimmenergebnisses im Land

(1) Die Landeswahlleiterin oder der Landeswahlleiter prüft die Wahlniederschriften der Kreiswahlausschüsse und stellt danach die endgültigen Wahlergebnisse in den einzelnen Wahlkreisen nach dem Muster der Anlage 24 zum Wahlergebnis des Landes zusammen. Sie oder er ermittelt

1. die Gesamtzahl der im Land abgegebenen gültigen und ungültigen Zweitstimmen,
2. die Gesamtzahl der für jede Landesliste abgegebenen gültigen Zweitstimmen,
3. den Prozentsatz des Zweitstimmenanteils der einzelnen Parteien im Land an der Gesamtzahl der gültigen Zweitstimmen,
4. die an der Verteilung der Sitze aus den Landeslisten teilnehmenden Parteien,
5. den verhältnismäßigen Sitzanteil dieser Parteien,
6. die Verteilung der Sitze aus den Landeslisten auf die Parteien unter Anrechnung der in den Wahlkreisen gewählten Bewerberinnen und Bewerber.

(2) Nach der Berichterstattung durch die Landeswahlleiterin oder den Landeswahlleiter ermittelt der Landeswahlausschuss das Wahlergebnis aus den Landeslisten und stellt für das Land fest

1. die Anzahl der Wahlberechtigten,
2. die Anzahl der Wählerinnen und Wähler insgesamt,
3. die Anzahl der ungültigen Zweitstimmen,
4. die Anzahl der gültigen Zweitstimmen,
5. für jede Partei die Anzahl der auf ihre Landesliste entfallenen gültigen Zweitstimmen,
6. die Parteien, die nach § 3 Absatz 1 des Gesetzes
   a) an der Verteilung der Sitze aus den Landeslisten teilnehmen,
   b) bei der Verteilung der Sitze aus den Landeslisten unberücksichtigt bleiben,
7. die Anzahl der Sitze, die den einzelnen Parteien insgesamt zustehen,
8. die Anzahl der Sitze, die die Parteien aus den Landeslisten unter Anrechnung der in den Wahlkreisen für sie gewählten Bewerberinnen und Bewerber erhalten,
9. die Namen der aus den Landeslisten gewählten Bewerberinnen und Bewerber.

Der Landeswahlausschuss ist berechtigt, die Feststellungen der Wahlvorstände und Kreiswahlausschüsse rechnerisch zu berichtigen.

(3) Im Anschluss an die Feststellung gibt die Landeswahlleiterin oder der Landeswahlleiter das Wahlergebnis mit den in Absatz 2 Satz 1 bezeichneten Angaben mündlich bekannt.

(4) Für die Niederschrift über die Sitzung (§ 1 Absatz 3) gilt § 61 Absatz 5 Satz 2 entsprechend.

§ 64
Bekanntmachung des Wahlergebnisses

(1) Sobald die Feststellungen abgeschlossen sind, wird das endgültige Wahlergebnis
1. für den Wahlkreis mit den in § 61 Absatz 2 und 3 bezeichneten Angaben von der Kreiswahlleiterin oder dem Kreiswahlleiter,
2. für das Land mit den in § 63 Absatz 2 bezeichneten Angaben, gegliedert nach Wahlkreisen, und den Namen der im Land gewählten Bewerberinnen und Bewerber von der Landeswahlleiterin oder dem Landeswahlleiter

bekannt gemacht.

(2) Die Kreiswahlleiterin oder der Kreiswahlleiter übersendet der Landeswahlleiterin oder dem Landeswahlleiter eine Ausfertigung ihrer oder seiner Bekanntmachung.

Abschnitt 4
Wahlprüfung; Listennachfolgerinnen und Listennachfolger, Wiederholungswahl

§ 65
Vorbereitung der Wahlprüfung durch die Landeswahlleiterin oder den Landeswahlleiter

Die Landeswahlleiterin oder der Landeswahlleiter nimmt eine Vorprüfung anhand der bei ihr oder ihm eingehenden Unterlagen vor. Nach Abschluss dieser Vorprüfung übermittelt sie oder er das Ergebnis und die Unterlagen dem vom Landtag zur Vorprüfung bestellten Ausschuss (Wahlprüfungsausschuss). Sie oder er führt die weiteren vom Wahlprüfungsausschuss noch für erforderlich gehaltenen Ermittlungen durch.

§ 66
Bekanntmachung von Entscheidungen

Die Landeswahlleiterin oder der Landeswahlleiter macht die im Wahlprüfungsverfahren getroffenen rechtskräftigen Entscheidungen des Landtages oder des Landesverfassungsgerichts bekannt.

§ 67
Wiederholungswahl

(1) Den Tag der Wiederholungswahl (§ 46 des Gesetzes) bestimmt das für Wahlen und Abstimmungen zuständige Ministerium.

(2) Das Wahlverfahren ist nur insoweit zu erneuern, als das nach der Entscheidung im Wahlprüfungsverfahren erforderlich ist.

(3) Wird die Wahl nur in einzelnen Wahlbezirken wiederholt, darf die Abgrenzung dieser Wahlbezirke nicht geändert werden. Auch sonst soll die Wahl möglichst in denselben Wahlbezirken wie bei der Hauptwahl wiederholt werden. Wahlvorstände können neu gebildet und Wahlräume neu bestimmt werden.

(4) Findet die Wiederholungswahl infolge von Unregelmäßigkeiten bei der Aufstellung und Behandlung von Wählerverzeichnissen statt, ist in den betroffenen Wahlbezirken das Verfahren der Aufstellung, Bereithaltung zur Einsichtnahme, Berichtigung und des Abschlusses des Wählerverzeichnisses erneut durchzuführen, sofern sich aus der Wahlprüfungsentscheidung keine Einschränkungen ergeben.

(5) Wählerinnen und Wähler, die seit der Hauptwahl ihr Wahlrecht verloren haben, sind im Wählerverzeichnis zu streichen. Wahlberechtigte, die bei der Hauptwahl mit Wahlschein gewählt haben, können nur dann an der Wahl teilnehmen, wenn sie ihren Wahlschein in dem Wahlbezirken abgegeben haben, für die die Wahl wiederholt wird.

(6) Wahlscheine dürfen nur von Gemeindewahlbehörden in dem Gebiet, in dem die Wiederholungswahl stattfindet, erteilt werden. Personen, die bei der Hauptwahl in einem Wahlbezirk dieses Gebiets mit Wahlschein gewählt haben, erhalten auf Antrag ihren Wahlschein mit einem Gültigkeitsvermerk für die Wiederholungswahl zurück, wenn sie inzwischen aus dem Gebiet der Wiederholungswahl verzogen sind.

(7) Sind bei der Wiederholungswahl neue Kreiswahlvorschläge einzureichen, können diese auch Bewerberinnen und Bewerber enthalten, die bei der Hauptwahl bereits aus der Landesliste gewählt sind. Wird eine solche Bewerberin oder ein solcher Bewerber bei der Wiederholungswahl im Wahlkreis gewählt, scheidet sie oder er aus der Landesliste aus.

(8) Die Landeswahlleiterin oder der Landeswahlleiter kann im Rahmen der Wahlprüfungsentscheidung Regelungen zur Anpassung des Wiederholungswahlverfahrens an besondere Verhältnisse treffen.

§ 68
Einberufung von Listennachfolgerinnen und Listennachfolgern

(1) Liegen die Voraussetzungen für eine Listennachfolge vor, benachrichtigt die Landeswahlleiterin oder der Landeswahlleiter die zuständige Landesleitung der Partei und fordert sie auf, unverzüglich, spätestens innerhalb einer Woche, mitzuteilen, ob die nächste Bewerberin oder der nächste Bewerber, die oder der bei der Wahl für die Partei als deren Mitglied aufgetreten war, seit der Aufstellung der Landesliste ununterbrochen der Partei angehört hat. Die Landeswahlleiterin oder der Landeswahlleiter fordert die nächste Bewerberin oder den nächsten Bewerber auf, unverzüglich, spätestens innerhalb einer Woche, mitzuteilen, ob sie oder er seit der Aufstellung der Landesliste einer anderen Partei beigetreten ist oder ob sie oder er weiterhin parteilos ist.

(2) Die Landeswahlleiterin oder der Landeswahlleiter benachrichtigt die berufene Listennachfolgerin oder den berufenen Listennachfolger von ihrer oder seiner Wahl und fordert sie oder ihn auf, binnen einer Woche schriftlich zu erklären, ob sie oder er die Wahl annimmt. Die Benachrichtigung ist zuzustellen. In der Benachrichtigung ist darauf hinzuweisen, dass

1. sie oder er die Mitgliedschaft im Landtag mit dem fristgerechten Eingang der auf die Benachrichtigung nach Satz 1 erfolgenden schriftlichen Annahmeerklärung bei der Landeswahlleiterin oder dem Landeswahlleiter erwirbt,
2. die Wahl als angenommen gilt, wenn innerhalb der gesetzten Frist keine oder keine schriftliche Erklärung abgegeben wird,
3. eine Erklärung unter Vorbehalt als Ablehnung gilt und
4. die Annahme- oder Ablehnungserklärung nicht widerrufen werden kann.

(3) Die berufenen Listennachfolgerinnen und Listennachfolger können ihr Amt erst ausüben, wenn sie die Wahl angenommen haben.

Abschnitt 5
Gemeinsame Vorschriften
für die Abschnitte 1 bis 4

§ 69
Verpflichtung

(1) Personen, die eine ehrenamtliche Tätigkeit nach dem Landeswahlgesetz übernehmen, sind zur unparteiischen Wahrnehmung ihres Amtes und zur Verschwiegenheit über die ihnen bei ihrer amtlichen Tätigkeit bekannt gewordenen Tatsachen, insbesondere über alle dem Wahlgeheimnis unterliegenden Angelegenheiten, zu verpflichten.

(2) Verpflichtet werden

1. die Beisitzerinnen und Beisitzer des Wahlausschusses sowie die Schriftführerin oder der Schriftführer von der oder dem Vorsitzenden des Wahlausschusses bei ihrer ersten Teilnahme an einer Sitzung zu Beginn dieser Sitzung,
2. die in § 15 Absatz 1 Satz 1 Nummer 1 bis 3 des Gesetzes bezeichneten Mitglieder des Wahlvorstands von der Gemeindewahlbehörde vor Beginn der Wahlhandlung,
3. die übrigen Mitglieder des Wahlvorstands von der Wahlvorsteherin oder dem Wahlvorsteher zu Beginn der Wahlhandlung oder, wenn ein Mitglied später hinzukommt, vor Beginn der ehrenamtlichen Tätigkeit.

(3) Die Verpflichtung entfällt bei Personen, die bereits für ihr Hauptamt verpflichtet sind.

§ 70
Bekanntmachungen

(1) Die Landeswahlleiterin oder der Landeswahlleiter veröffentlicht ihre oder seine Bekanntmachungen im Amtsblatt für

Schleswig-Holstein. Sie oder er kann den Inhalt dieser Bekanntmachungen zusätzlich im Internet veröffentlichen. Dabei sind die Unversehrtheit, Vollständigkeit und Ursprungszuordnung der Veröffentlichung nach dem aktuellen Stand der Technik zu gewährleisten. Statt einer Anschrift ist nur der Wohnort anzugeben. Internetveröffentlichungen von öffentlichen Bekanntmachungen nach den §§ 28 und 31 Absatz 3 sind spätestens sechs Monate nach Bekanntgabe des endgültigen Wahlergebnisses, von öffentlichen Bekanntmachungen nach § 64 Absatz 1 Nummer 2 und § 68 Absatz 3 spätestens sechs Monate nach Ende der Wahlperiode zu löschen.

(2) Die Kreiswahlleiterinnen und Kreiswahlleiter veröffentlichen ihre Bekanntmachungen in der Form, die für den zuständigen Kreis oder die zuständige kreisfreie Stadt (§ 12 Absatz 2 des Gesetzes) üblich ist. Die Kreiswahlleiterinnen und Kreiswahlleiter sollen darüber hinaus darauf hinwirken, dass die Bevölkerung des gesamten Wahlkreises durch Presseveröffentlichungen, Plakatanschläge oder auf andere Weise vom Inhalt der Bekanntmachungen Kenntnis erhalten kann.

(3) Die Gemeindewahlbehörden veröffentlichen ihre Bekanntmachungen in der für die Gemeinde oder für das Amt üblichen Form. Soweit danach die Bekanntmachung durch Aushang erfolgt, beträgt die Aushangsfrist eine Woche. Neben der Veröffentlichung in ortsüblicher Form sollen die Bekanntmachungen der Gemeindewahlbehörden durch Aushang oder Plakatanschlag an möglichst vielen dem Verkehr zugänglichen Stellen bekannt gegeben werden.

(4) Soweit die Gemeindewahlbehörden ihre Bekanntmachungen über die Bereithaltung des Wählerverzeichnisses zur Einsichtnahme und die Erteilung von Wahlscheinen (§ 12 Absatz 2) und ihre Bekanntmachungen (§ 37) in den gleichen Verkündungsblättern oder Tageszeitungen veröffentlichen, können gemeinsame Bekanntmachungen erfolgen. Für deren Gestaltung sind die Muster nach Anlage 2 a und Anlage 21 maßgebend.

(5) Wird durch die Bekanntmachung eine Frist in Lauf gesetzt, beginnt die Frist
1. bei Bekanntmachungen, die mindestens auch durch Verkündungsblätter oder Tageszeitungen veröffentlicht werden, mit dem auf das Erscheinen folgenden Tag,
2. bei Bekanntmachungen, die ausschließlich durch Aushang erfolgen, mit dem achten Tag, der auf das Aushängen der Bekanntmachung folgt,
3. bei Bekanntmachungen, die durch Bereitstellung im Internet erfolgen, mit Ablauf des Tages, an dem sie im Internet verfügbar sind.

(6) Muss die Bekanntmachung bis zu einem bestimmten Tag bewirkt sein, genügt es, wenn
1. bei Bekanntmachungen, die mindestens auch durch Verkündungsblätter, Tageszeitungen oder durch Bereitstellung im Internet veröffentlicht werden, die Veröffentlichung an dem Tag erscheint, an dem die Bekanntmachung spätestens bewirkt sein muss; im Falle der Bereitstellung im Internet muss,
2. bei Bekanntmachungen, die ausschließlich durch Aushang erfolgen, der Aushang an dem Tag beginnt, an dem die Bekanntmachung spätestens bewirkt sein muss.

(7) Ist eine vereinfachte Bekanntmachung zulässig, genügt ein Aushang am Dienstgebäude der Wahlleiterin oder des Wahlleiters oder im Eingang des Gebäudes.

§ 71
Zustellungen

Zustellungen sind nach den Bestimmungen des Landesverwaltungsgesetzes vorzunehmen.

§ 72
Beschaffung von Stimmzetteln und Vordrucken

(1) Die Gemeindewahlbehörde beschafft die Vordrucke für die Bekanntmachungen nach den Mustern der Anlagen 2 und 21 sowie die Wahlbriefumschläge (Anlage 20).
(2) Die Kreiswahlleiterin oder der Kreiswahlleiter beschafft die Stimmzettel (Anlage 18).
(3) Die übrigen Vordrucke und die Stimmzettelumschläge für die Briefwahl werden von der Landeswahlleiterin oder dem Landeswahlleiter beschafft.

§ 73
Sicherung der Wahlunterlagen

(1) Die Wählerverzeichnisse, die Wahlscheinverzeichnisse, die Verzeichnisse nach § 18 Absatz 8 Satz 2 und § 19, die Formblätter mit Unterstützungsunterschriften für Wahlvorschläge sowie die entgegengenommenen Wahlbenachrichtigungen sind so zu verwahren, dass sie gegen Einsichtnahme durch Unbefugte geschützt sind.
(2) Auskünfte aus Wählerverzeichnissen, Wahlscheinverzeichnissen und Verzeichnissen nach § 18 Absatz 8 Satz 2 und § 19 dürfen nur Behörden, Gerichten und sonstigen amtlichen Stellen in der Bundesrepublik Deutschland und nur unter der Voraussetzung erteilt werden, dass die Auskunft für die Empfängerin oder den Empfänger im Zusammenhang mit der Wahl erforderlich ist. Ein solcher Anlass liegt insbesondere bei Verdacht von Wahlstraftaten und bei Wahlprüfungsangelegenheiten vor.
(3) Mitglieder von Wahlorganen, Amtsträgerinnen und Amtsträger sowie für den öffentlichen Dienst besonders Verpflichtete dürfen Auskünfte über Unterstützungsunterschriften für Wahlvorschläge nur Behörden, Gerichten und sonstigen amtlichen Stellen in der Bundesrepublik Deutschland und nur unter der Voraussetzung erteilen, dass die Auskunft zur Durchführung der Wahl oder eines Wahlprüfungsverfahrens oder zur Aufklärung des Verdachts einer Wahlstraftat erforderlich ist.

§ 74
Vernichtung von Wahlunterlagen

(1) Die entgegengenommenen Wahlbenachrichtigungen sind unverzüglich zu vernichten.
(2) Wählerverzeichnisse, Wahlscheinverzeichnisse, Verzeichnisse nach § 18 Absatz 8 Satz 2 und § 19 sowie Formblätter mit Unterstützungsunterschriften für Wahlvorschläge sind nach Ablauf von sechs Monaten seit der Wahl zu vernichten, wenn nicht die Landeswahlleiterin oder der Landeswahlleiter mit Rücksicht auf ein schwebendes Wahlprüfungsverfahren etwas anderes anordnet oder diese Unterlagen für die Strafverfolgungsbehörde zur Ermittlung einer Wahlstraftat von Bedeutung sein können.
(3) Die übrigen Wahlunterlagen können 60 Tage vor der Wahl des neuen Landtages vernichtet werden. Die Landeswahlleiterin oder der Landeswahlleiter kann zulassen, dass die Unterlagen früher vernichtet werden, soweit sie nicht für ein schwebendes Wahlprüfungsverfahren oder für die Strafverfolgungsbehörde zur Ermittlung einer Wahlstraftat von Bedeutung sein können.

§ 75
Anlagen

Die dieser Verordnung beigefügten Anlagen sind Bestandteile dieser Verordnung.[1]

Abschnitt 6
Schlussvorschrift

§ 76
Inkrafttreten

Diese Verordnung tritt am 6. August 2019 in Kraft.

---

1 *Vom Abdruck der Anlagen wurde abgesehen.*

Geschäftsordnung des Schleswig-Holsteinischen Landtages vom 8. Februar 1991
– GVOBl. Schl.-H. S. 85 –

Zuletzt geändert durch Beschluss vom 30. Oktober 2020 (GVOBl. Schl.-H. 2015 S. 825)

Aufgrund des Artikels 14 Abs. 1 Satz 2 der Verfassung des Landes Schleswig-Holstein vom 13. Dezember 1949 in der Fassung des Gesetzes zur Änderung der Landessatzung für Schleswig-Holstein vom 13. Juni 1990 (GVOBl. Schl.-H. S. 391) hat sich der Schleswig-Holsteinische Landtag die folgende Geschäftsordnung gegeben:

I. Eröffnung

§ 1
Erstes Zusammentreten, Wahl der Präsidentin oder des Präsidenten

(1) Der Landtag wird zu seiner ersten Sitzung von der Präsidentin oder dem Präsidenten des letzten Landtages spätestens zum dreißigsten Tag nach der Wahl einberufen.

(2) Den Vorsitz übernimmt die Alterspräsidentin oder der Alterspräsident. Alterspräsidentin oder Alterspräsident ist die- oder derjenige anwesende Abgeordnete, der oder die dem Landtag die längste Zeit angehört hat und der oder die bereit ist, dieses Amt zu übernehmen. Weisen mehrere Abgeordnete eine gleichlange Zugehörigkeit zum Parlament auf, fällt die Präsidentschaft auf den oder die Abgeordnete mit dem höchsten Lebensalter.

(3) Die Alterspräsidentin oder der Alterspräsident eröffnet die erste Sitzung, stellt die ordnungsgemäße Einberufung und die Beschlußfähigkeit fest, ernennt zwei Abgeordnete zu vorläufigen Schriftführerinnen oder Schriftführern und bildet mit ihnen ein vorläufiges Präsidium.

(4) Die Alterspräsidentin oder der Alterspräsident läßt die Präsidentin oder den Präsidenten in geheimer Wahl für die Dauer der Wahlperiode wählen und nimmt die Vereidigung vor.

(5) Gewählt ist, wer mehr als die Hälfte der abgegebenen gültigen Stimmen erhält. Ergibt sich eine solche Mehrheit nicht, so kommen die beiden Abgeordneten mit den höchsten Stimmenzahlen in die engere Wahl. Bei Stimmengleichheit entscheidet das von der Alterspräsidentin oder dem Alterspräsidenten zu ziehende Los.

§ 2
Verpflichtung der Abgeordneten

(1) Die Präsidentin oder der Präsident verpflichtet die Abgeordneten durch Eid und Handschlag.

(2) Die Eidesformel lautet:
„Ich schwöre, meine Pflichten als Abgeordnete/Abgeordneter gewissenhaft zu erfüllen, Verfassung und Gesetze zu wahren und dem Lande unbestechlich und ohne Eigennutz zu dienen, so wahr mir Gott helfe."
Der Eid kann auch ohne religiöse Beteuerung geleistet werden.

II. Vertretung und Aufgaben der Präsidentin oder des Präsidenten; Schriftführerinnen und Schriftführer

§ 3
Wahl

(1) Nach der Verpflichtung der Abgeordneten werden für die Dauer der Wahlperiode drei Vizepräsidentinnen oder Vizepräsidenten sowie zwei Schriftführerinnen oder Schriftführer und für Letztere je eine Stellvertretung in getrennter Wahl durch geheime Abstimmung gewählt. Auf Beschluß des Landtages kann anders verfahren werden, es sei denn, daß achtzehn Abgeordnete oder zwei Fraktionen widersprechen. Für die Wahl gilt § 1 Abs. 5.

(2) Scheiden die Präsidentin oder der Präsident und die Vizepräsidentinnen oder Vizepräsidenten vor Ablauf der Wahlperiode aus, so hat die Alterspräsidentin oder der Alterspräsident unverzüglich die Neuwahl zu veranlassen; § 1 Absatz 4 und 5 sowie § 3 Absatz 1 finden entsprechende Anwendung.

§ 4
Sitzungspräsidium

In den Sitzungen des Landtages bilden die amtierende Präsidentin oder der amtierende Präsident und die beiden amtierenden Schriftführerinnen oder Schriftführer das Sitzungspräsidium.

§ 5
Aufgaben der Präsidentin oder des Präsidenten

(1) Die Präsidentin oder der Präsident führt die Geschäfte des Landtages. Dazu gehören die Ausübung der Ordnungsgewalt im Landtag und des Hausrechts in den Räumen des Landtages, die Verwaltung der gesamten wirtschaftlichen Angelegenheiten des Landtages nach Maßgabe des Landeshaushaltsgesetzes und die Vertretung des Landes in allen Rechtsgeschäften und Rechtsstreitigkeiten des Landtages sowie die Feststellung des Entwurfs des Haushaltsplans des Landtages. Ihr oder ihm stehen die Einstellung und Entlassung der Angestellten, Arbeiterinnen und Arbeiter sowie die Ernennung, Entlassung und Versetzung in den Ruhestand der Beamtinnen und Beamten des Landtages nach den geltenden Rechts- und Verwaltungsvorschriften zu. Die Präsidentin oder der Präsident ist oberste Dienstbehörde der Beamtinnen und Beamten, Angestellten, Arbeiterinnen und Arbeiter des Landtages.

(2) Die Feststellung des Entwurfs des Haushaltsplans des Landtages, Entscheidungen nach Absatz 1 Satz 3 und solche, die Verhaltensregeln für die Abgeordneten betreffen oder die Fraktionen des Landtages in ihrer Gesamtheit berühren, trifft die Präsidentin oder der Präsident im Benehmen mit dem Ältestenrat.

(3) Die Landtagsverwaltung untersteht der Präsidentin oder dem Präsidenten.

(4) Ist die Präsidentin oder der Präsident verhindert, so wird sie oder er durch die Vizepräsidentinnen oder Vizepräsidenten entsprechend der Reihenfolge der Stärke der Fraktionen vertreten.

§ 6
Schriftführerinnen und Schriftführer

(1) Die Schriftführerinnen und Schriftführer unterstützen die Präsidentin oder den Präsidenten. Im besonderen führen sie die Liste der Rednerinnen und Redner, überwachen die Einhaltung der Redezeiten, nehmen den Namensaufruf vor, sammeln und zählen die Stimmen und beurkunden die Verhandlungen. Die Präsidentin oder der Präsident verteilt die Geschäfte unter ihnen.

(2) Im Bedarfsfalle kann die amtierende Präsidentin oder der amtierende Präsident stellvertretende Schriftführerinnen oder Schriftführer aus der Mitte des Landtages ernennen.

III. Ältestenrat

§ 7
Zusammensetzung und Aufgaben

(1) Der Ältestenrat besteht aus der Präsidentin oder dem Präsidenten, den Vizepräsidentinnen oder Vizepräsidenten sowie je einer Vertreterin oder einem Vertreter der Fraktionen.

(2) Der Ältestenrat nimmt die ihm nach § 5 Abs. 2 obliegenden Aufgaben wahr. Im übrigen hat er die Präsidentin

oder den Präsidenten bei der Führung der Geschäfte zu unterstützen, im besonderen eine Verständigung zwischen den Fraktionen über den Arbeitsplan des Landtages und über die Besetzung der Stellen der Ausschußvorsitzenden sowie ihrer Stellvertreterinnen oder Stellvertreter herbeizuführen.

§ 8
Sitzungen

(1) Die Präsidentin oder der Präsident beruft den Ältestenrat ein und leitet seine Verhandlungen. Der Ältestenrat muß einberufen werden, wenn es drei seiner Mitglieder verlangen.

(2) Der Ältestenrat ist beratungsfähig, wenn mehr als die Hälfte seiner Mitglieder anwesend ist.

(3) Die Beratungen, Protokolle und Unterlagen des Ältestenrates sind vertraulich; die Bestimmungen der Geheimschutzordnung bleiben unberührt. Über Art und Umfang von Mitteilungen an die Öffentlichkeit aus den vertraulichen Sitzungen entscheidet die Präsidentin oder der Präsident im Benehmen mit dem Ältestenrat. § 49 a gilt entsprechend.

(4) Im Falle eines gröblichen Verstoßes gegen die Vertraulichkeit gilt § 17 a Absatz 1 mit der Maßgabe entsprechend, dass der Sitzungsausschluss auch gegenüber einer Fraktion ausgesprochen werden kann.

IV. Ausschüsse

§ 9
Ständige Ausschüsse und Sonderausschüsse

(1) Der Landtag bildet zur Vorbereitung seiner Verhandlungen und Beschlüsse folgende ständigen Ausschüsse:
1. den Ausschuss für Verfassung, innere Verwaltung, Justiz, Polizei, Gleichstellung, Integration, Medien, Sport, Wohnungs- und Städtebau, Landesentwicklung, Geschäftsordnung, Wahl- und Abstimmungsprüfung (Innen- und Rechtsausschuss)
2. den Ausschuss für Finanzen (Finanzausschuss)
3. den Ausschuss für Bildung, Wissenschaft und Kultur (Bildungsausschuss)
4. den Ausschuss für Landwirtschaft, Verbraucherschutz, Fischerei, Forsten, Natur und Umwelt (Umwelt- und Agrarausschuss)
5. den Ausschuss für Wirtschaft, Technik, Verkehr, Tourismus, Energie, Reaktorsicherheit und Strahlenschutz (Wirtschaftsausschuss)
6. den Ausschuss für Arbeit und Soziales, Familie, Jugend und Gesundheit (Sozialausschuss)
7. den Ausschuss für Bürgerinitiativen, andere Petitionen und Anhörungen zu Initiativen aus dem Volk (Petitionsausschuss)
8. den Ausschuss für Bundes- und Europaangelegenheiten, für Kooperationen im Ostsee- und Nordseeraum und für Minderheiten (Europaausschuss)
9. den Ausschuss für die Zusammenarbeit der Länder Schleswig-Holstein und Hamburg.

(2) Für einzelne Angelegenheiten können Sonderausschüsse gebildet werden.

§ 10
Unterausschuss des Finanzausschusses für Unternehmensbeteiligungen des Landes

(1) Der Finanzausschuss kann zur Vorbereitung seiner Beratungen über Unternehmensbeteiligungen, Bürgschaften, Garantien und sonstigen Gewährleistungen des Landes einen Unterausschuss einsetzen (Unterausschuss für Unternehmensbeteiligungen des Landes). Der Unterausschuss bereitet die Themen vor, die ihm vom Finanzausschuss zugewiesen werden. Dazu gehört insbesondere die Beratung
- des Beteiligungsberichts der Landesregierung,
- der Wirtschaftspläne der Landesregierung,
- der Sonderberichte über bestimmte Landesbeteiligungen,
- der Bericht im Zusammenhang mit dem Beteiligungscontrolling,
- der Bürgschaftsermächtigungen im Rahmen der Haushaltsberatungen,
- der Bürgschaftsverpflichtungen des Landes im Rahmen der Berichterstattung über Eintragungen im Landesschuldbuch.

(2) Dem Unterausschuss gehören als Mitglieder je eine Vertreterin oder ein Vertreter der im Finanzausschuss vertretenen Fraktionen an. Der Finanzausschuss wählt die Mitglieder sowie deren Stellvertreterinnen und Stellvertreter aus seiner Mitte. Ist ein Mitglied verhindert, so ist seine Vertretung nur durch die gewählte Vertreterin oder den gewählten Vertreter zulässig. Den Vorsitz des Unterausschusses führt die oder der Vorsitzende des Finanzausschusses.

(3) Soweit es der Unterausschuss zur Wahrnehmung seiner Aufgaben für erforderlich hält, kann er den Finanzausschuss auffordern, von dem Aktenvorlagerecht Gebrauch zu machen, das diesem gegenüber der Landesregierung zusteht (Artikel 29 Absatz 2 Satz 2 der Landesverfassung).

(4) Die Sitzungen des Unterausschusses sind nicht öffentlich.

(5) Der Unterausschuss beschließt die Vertraulichkeit und Geheimhaltung seiner Beratungen, soweit dies zum Schutz von Geschäfts-, Betriebs-, Erfindungs-, Steuer- oder sonstigen privaten Geheimnissen geboten ist; die Bestimmungen der Geheimschutzordnung bleiben unberührt. An den vertraulichen Sitzungen dürfen außer den Ausschussmitgliedern nur Abgeordnete teilnehmen, die ein Ausschussmitglied vertreten.

(6) Die Fraktionen können je eine Mitarbeiterin oder einen Mitarbeiter benennen, die oder der zu den öffentlichen und vertraulichen Sitzungen des Unterausschusses Zutritt hat. Die Benennung erfolgt durch Erklärung gegenüber der Präsidentin oder dem Präsidenten. Den benannten Personen dürfen vertrauliche Unterlagen nur zugänglich gemacht werden und sie dürfen Zutritt zu den vertraulichen Sitzungen des Unterausschusses nur erhalten, wenn sie von der Präsidentin oder dem Präsidenten hierzu schriftlich ermächtigt und unter Hinweis auf die Strafbarkeit der Geheimnisverletzung zur Geheimhaltung förmlich verpflichtet sind.

§ 11
Parlamentarischer Einigungsausschuß

(1) Der Parlamentarische Einigungsausschuß nimmt die ihm nach Artikel 29 Absatz 3 Satz 3 und 4 Landesverfassung obliegenden Aufgaben wahr.

(2) Dem Ausschuß gehören als Mitglieder je eine Vertreterin oder ein Vertreter der Fraktionen an. Die oder der Vorsitzende wird im jährlichen Wechsel zwischen den Fraktionen aus der Mitte des Ausschusses gewählt. Die Fraktionen stimmen untereinander ab, in welcher Reihenfolge die Fraktionen Berücksichtigung finden sollen.

(3) Die Sitzungen des Ausschusses sind nicht öffentlich. Artikel 17 Absatz 2 Satz 1 Landesverfassung findet keine Anwendung. Die Fragestellenden oder Antragstellenden und die Landesregierung haben Anspruch auf Anhörung durch den Ausschuß.

§ 11 a
Ausschuss zur Vorbereitung der Wahl der Mitglieder des Landesverfassungsgerichts

(1) Der Ausschuss zur Vorbereitung der Wahl der Mitglieder des Landesverfassungsgerichts nimmt die Aufgabe nach § 6 Abs. 2 Satz 2 des Landesverfassungsgerichtsgesetzes wahr.

(2) Dem Ausschuss gehören elf stimmberechtigte Mitglieder nach Maßgabe von § 13 Abs. 2 und 3 an.

(3) Der Ausschuss unterbreitet dem Landtag einen Vorschlag für die Wahl der Mitglieder des Landesverfassungsgerichts. Für jedes Amt, das zu besetzen ist, schlägt der Ausschuss eine Person vor.

(4) Die Fraktionen benennen für die Wahl geeignete Personen. Mit der Benennung sind eine schriftliche Erklärung der benannten Person nach § 5 Abs. 1 des Landesverfassungsgerichtsgesetzes, ein aussagekräftiger Lebenslauf (persönlicher und beruflicher Werdegang) sowie für im öffentlichen

Dienst beschäftigte Personen deren schriftliches Einverständnis mit der Beiziehung ihrer Personalakte vorzulegen.
(5) Der Ausschuss prüft, ob die benannten Personen die Voraussetzungen des § 5 des Landesverfassungsgerichtsgesetzes erfüllen. Der Ausschuss kann die benannten Personen anhören.
(6) Die Sitzungen des Ausschusses sind nicht öffentlich. Seine Beratungen sind vertraulich. An den Sitzungen dürfen außer den Ausschussmitgliedern nur Abgeordnete teilnehmen, die ein Ausschussmitglied vertreten.

§ 12
Enquete-Kommissionen

(1) Zur Vorbereitung von Entscheidungen über umfangreiche und bedeutsame Sachkomplexe kann der Landtag eine Enquete-Kommission einsetzen. Auf Antrag eines Viertels seiner Mitglieder ist er dazu verpflichtet. Der Antrag muß den Auftrag der Kommission bezeichnen.
(2) Die Mitglieder der Kommission werden im Einvernehmen der Fraktionen benannt und von der Präsidentin oder dem Präsidenten berufen. Kann ein Einvernehmen nicht hergestellt werden, so benennen die Fraktionen die Mitglieder im Verhältnis ihrer Stärke. Die Mitgliederzahl der Kommission soll neun nicht übersteigen. Jede Fraktion benennt mindestens ein Mitglied. Eine Vertretung der Abgeordneten in der Enquete-Kommission ist in zu begründenden Ausnahmefällen möglich.
(3) Werden während einer Wahlperiode mehrere Enquete-Kommissionen eingesetzt, so ist der Vorsitz unter den Fraktionen zu wechseln. Die Reihenfolge bestimmt sich nach der Stärke der Fraktionen. Die Fraktionen können untereinander abstimmen, daß von dieser Reihenfolge abgewichen wird.
(4) Im übrigen gelten die Vorschriften über die Ausschüsse sinngemäß.

§ 13
Zusammensetzung der Ausschüsse

(1) Die ständigen Ausschüsse des Parlaments mit Ausnahme des Petitionsausschusses haben elf Mitglieder. Der Petitionsausschuss hat dreizehn Mitglieder.
(2) Die Verteilung der Sitze im Ausschuss erfolgt nach der Reihenfolge der Höchstzahlen, wie sie sich bei der Teilung der Sitze der Fraktionen im Landtag durch 0,5 - 1,5 - 2,5 usw. ergeben (Höchstzahlverfahren). Bei gleicher Höchstzahl ist das bei der letzten Landtagswahl erzielte Zweitstimmenergebnis der Parteien maßgeblich.
(3) Die Fraktionen, die bei der Sitzverteilung nach Absatz 2 unberücksichtigt bleiben, erhalten einen Sitz in jedem Ausschuss. Die danach zuzuteilenden Sitze werden bei der Berechnung nach Absatz 2 von der Anzahl der Sitze nach Absatz 1 abgezogen.
(4) Die Regelung des Vorsitzes in den ständigen Ausschüssen erfolgt im Wege des Zugriffsverfahrens. Absatz 2 gilt entsprechend. Jeder Ausschuß wählt aus seiner Mitte mit der Mehrheit der abgegebenen Stimmen in geheimer Wahl die Vorsitzende oder den Vorsitzenden sowie deren oder dessen Stellvertretung; § 63 Absatz 3 Satz 3 findet keine Anwendung. Das anwesende ordentliche Mitglied, das dem Landtag die längste Zeit angehört hat, leitet die erste Sitzung des Ausschusses, bis die oder der Vorsitzende gewählt ist; § 1 Absatz 2 Sätze 2 und 3 findet entsprechende Anwendung.
(5) Die Fraktionen benennen durch Erklärung gegenüber der Präsidentin oder dem Präsidenten die von ihnen zu stellenden Ausschussmitglieder und eine gleiche Anzahl Stellvertreterinnen oder Stellvertreter. Im Bedarfsfall können die Fraktionen durch Erklärung gegenüber der oder dem Ausschussvorsitzenden weitere Stellvertreterinnen oder Stellvertreter für die Vertretung in einzelnen Ausschusssitzungen benennen.
(6) Für jedes Mitglied eines Untersuchungsausschusses ist eine bestimmte Stellvertreterin oder ein bestimmter Stellvertreter zu benennen. Ist ein Mitglied eines Untersuchungsausschusses verhindert, so ist seine Vertretung nur durch die benannte Vertreterin oder den benannten Vertreter zulässig.
(7) Die Präsidentin oder der Präsident gibt dem Landtag die Mitglieder, die Vorsitzenden und die stellvertretenden Vorsitzenden der Ausschüsse bekannt.

§ 14
Aufgaben der Ausschüsse

(1) Die Ausschüsse werden im Rahmen der ihnen vom Landtag erteilten Aufträge tätig. Sie können sich auch unabhängig von Aufträgen mit Angelegenheiten aus ihrem Aufgabengebiet befassen und hierzu dem Landtag Empfehlungen geben.
(2) Wird eine Vorlage oder ein Antrag zugleich mehreren Ausschüssen überwiesen, so ist ein Ausschuß als federführend zu bestimmen. Die beteiligten Ausschüsse beraten getrennt und teilen das Ergebnis ihrer Beratungen dem federführenden Ausschuß mit. Der federführende Ausschuß kann gemeinsame Beratungen anberaumen.
(3) Die Ausschüsse sind zu baldiger Erledigung der ihnen erteilten Aufträge verpflichtet. Sie haben im Rahmen der ihnen erteilten Aufträge die Pflicht, dem Landtag bestimmte Beschlüsse zu empfehlen. Die Pflicht entfällt, wenn eine Ausschußüberweisung zur abschließenden Beratung erfolgt ist.

§ 14 a
Verfahren bei der Mitwirkung
im Bundesrat und in Angelegenheiten
der Europäischen Union

Soweit die Mitwirkung im Bundesrat oder Vorhaben im Rahmen der Europäischen Union betroffen sind, kann in eilbedürftigen Angelegenheiten der federführende Ausschuss vorläufig Stellung nehmen (§ 7 Abs. 3 und § 9 Abs. 8 Satz 8 Parlamentsinformationsgesetz). Eilbedürftig sind Angelegenheiten, über die nach dem vom Ältestenrat festgelegten Terminplan der Landtag nicht mehr rechtzeitig beschließen kann.

§ 15
Einberufung

(1) Die oder der Vorsitzende bestimmt im Rahmen der vom Ältestenrat empfohlenen Sitzungsstruktur im Benehmen mit den Ausschußmitgliedern Zeit und Ort der Ausschußsitzungen, setzt die vorläufige Tagesordnung fest und veranlaßt nach Unterrichtung der Präsidentin oder des Präsidenten die Einladung der Ausschußmitglieder. Soll eine Ausschußsitzung zeitgleich mit Sitzungen anderer Ausschüsse stattfinden, ist zuvor auch das Benehmen mit den Vorsitzenden dieser Ausschüsse herzustellen.
(2) Die oder der Vorsitzende teilt Zeit, Ort und vorläufige Tagesordnung jeder Sitzung der Ministerpräsidentin oder dem Ministerpräsidenten und der für den Arbeitsbereich des Ausschusses zuständigen Ministerin oder dem für den Arbeitsbereich des Ausschusses zuständigen Minister rechtzeitig mit.

§ 16
Teilnahme an Ausschußsitzungen,
beratende Mitglieder

(1) Jede Abgeordnete und jeder Abgeordnete ist verpflichtet, an den Sitzungen eines Ausschusses, dem sie oder er angehört, teilzunehmen. Die Abgeordneten sind berechtigt, an Sitzungen eines Ausschusses, dem sie nicht angehören, teilzunehmen. Ihnen ist auf Wunsch das Wort zu erteilen. Sie haben das Recht, Fragen und Anträge zu stellen.
(2) Die Ausschüsse können Personen, die dem Landtag nicht angehören, Gelegenheit zur Stellungnahme vor dem Ausschuß geben. Sie können ferner mit Zustimmung der Präsidentin oder des Präsidenten Sachverständige zu ihren Beratungen hinzuziehen. Die Ausschüsse können mit der Mehrheit von zwei Dritteln der abgegebenen Stimmen beschließen, die Anzahl der Personen nach Satz 1 zu begrenzen.
(2 a) Die Ausschüsse können ferner beschließen, Fachgespräche durchzuführen. Hierzu können sie Sachverständige oder andere Personen, insbesondere soweit sie betroffene Interes-

sen vertreten, zur Beratung einzelner Gegenstände einladen und mit ihnen eine allgemeine Aussprache durchführen.

(3) Die Präsidentin oder der Präsident hat das Recht, an allen Ausschußsitzungen teilzunehmen. Ihr oder ihm ist auf Wunsch das Wort zu erteilen.

(4) Die Mitglieder der Landesregierung und ihre Beauftragten haben zu den Sitzungen der Ausschüsse Zutritt. Ihnen ist auf Wunsch das Wort zu erteilen.

(5) Der Ausschuß hat das Recht und auf Antrag eines Viertels seiner Mitglieder die Pflicht, die Anwesenheit jedes Mitglieds der Landesregierung zu verlangen. Wird von diesem Recht Gebrauch gemacht, so sollen dem jeweiligen Mitglied der Landesregierung der Termin und der Beratungsgegenstand, zu dem die Anwesenheit verlangt wird, mindestens sieben Tage vor der Sitzung bekanntgegeben werden. Bei Verhinderung des Mitglieds der Landesregierung kann es einmal verlangen, stattdessen an der jeweils nachfolgenden turnusmäßigen Ausschußsitzung teilzunehmen. Die Ministerpräsidentin oder der Ministerpräsident kann sich vertreten lassen, jedoch zu einem Beratungsgegenstand nur einmal.

(6) Die Mitglieder des Landesrechnungshofs haben im Rahmen ihrer gesetzlichen Aufgaben zu den Sitzungen der Ausschüsse Zutritt. Ihnen ist auf Wunsch das Wort zu erteilen. Der Ausschuß kann ihre Anwesenheit verlangen.

(7) Die von den Fraktionen benannten Mitarbeiterinnen und Mitarbeiter haben im Rahmen ihrer Aufgaben zu den nicht öffentlichen Sitzungen der Ausschüsse Zutritt. Die Benennung erfolgt durch Erklärung gegenüber der Präsidentin oder dem Präsidenten. Ist für Teile nicht öffentlicher Beratungen oder bestimmte Mitteilungen in nicht öffentlicher Sitzung nach § 17 Absatz 2 Satz 1 Vertraulichkeit und Geheimhaltung beschlossen, so können die Ausschüsse je einer Mitarbeiterin oder einem Mitarbeiter der Fraktionen im Rahmen ihrer Aufgaben den Zutritt gestatten und vertrauliche Unterlagen zugänglich machen, wenn diese von der Präsidentin oder dem Präsidenten hierzu schriftlich ermächtigt und unter Hinweis auf die Strafbarkeit der Geheimnisverletzung zur Geheimhaltung förmlich verpflichtet sind.

§ 16 a
Teilnahme an Ausschusssitzungen per Videokonferenz

Personen, die dem Landtag nicht angehören, kann die Möglichkeit eröffnet werden, zur öffentlichen Sitzung eines Ausschusses per Videokonferenz zugeschaltet zu werden. § 16 Absatz 5 bleibt unberührt.

§ 17
Öffentlichkeit

(1) Die Sitzungen der Ausschüsse sind in der Regel öffentlich. Dies gilt nicht für die Haushaltsprüfung. Darüber hinaus kann die Öffentlichkeit für bestimmte Verhandlungsgegenstände ausgeschlossen werden, wenn überwiegende Belange des öffentlichen Wohls oder schutzwürdige Interessen einzelner dies erfordern. Über den Ausschluss der Öffentlichkeit wird in nichtöffentlicher Sitzung entschieden.

(2) Die Ausschüsse können beschließen, dass Teile ihrer nichtöffentlichen Beratungen oder bestimmte Mitteilungen in nichtöffentlicher Sitzung als vertraulich gelten und geheim zu halten sind. Die Stellungnahmen einzelner Ausschussmitglieder sowie Abstimmungsvorgänge in nichtöffentlichen Sitzungen sind in jedem Fall vertraulich.

(3) Die Regelungen der Geheimschutzordnung bleiben unberührt.

§ 17 a
Ausschließung von Abgeordneten wegen Verletzung der Vertraulichkeit

(1) Wegen eines gröblichen Verstoßes gegen die Geheimschutzordnung oder die Vertraulichkeit von Sitzungen oder Sitzungsteilen kann eine Abgeordnete oder ein Abgeordneter für bestimmte Beratungsgegenstände oder bis zu drei Sitzungen von der Teilnahme an den Sitzungen des Ausschusses ausgeschlossen werden. Über die Verhängung sowie Umfang und Dauer eines Sitzungsausschlusses entscheidet die Präsidentin oder der Präsident auf Antrag des Ausschusses. Die oder der betroffene Abgeordnete erhält Gelegenheit zur Stellungnahme.

(2) § 68 Absatz 2 gilt entsprechend.

§ 17 b
Zulässigkeit von Telefon- und Videokonferenzen in außergewöhnlichen Fällen

(1) In außergewöhnlichen Fällen, in denen ein Zusammentreffen des Ausschusses an einem Sitzungsort aufgrund äußerer, nicht kontrollierbarer Umstände erheblich erschwert ist, können öffentliche Ausschusssitzungen bei Vorliegen der technischen Voraussetzungen im Wege der Telefonkonferenz oder Videokonferenz durchgeführt werden, wenn kein Mitglied des Ausschusses dem widerspricht. Die Ausschusssitzungen können auch so durchgeführt werden, dass einzelne Mitglieder des Ausschusses oder weitere Personen per Telefon- oder Videokonferenztechnik zugeschaltet werden.

(2) Telefon- und Videokonferenzen dienen ausschließlich der Übermittlung von und dem Austausch über Informationen, die den Zuständigkeitsbereich des jeweiligen Ausschusses betreffen. Videokonferenzen können auch für die Anhörung von Sachverständigen durchgeführt werden. Beschlussfassungen sind im Rahmen von Telefon- oder Videokonferenzen nicht zulässig. Die Tagesordnung gilt als genehmigt, wenn kein Mitglied des Ausschusses der Durchführung der Sitzung als Konferenz widersprochen hat.

(3) Bei der Durchführung von Telefon- oder Videokonferenzen genügt es, wenn der Öffentlichkeit der Zugang ausschließlich durch elektronische Übermittlungswege gewährt wird.

§ 18
Beschlußfähigkeit

Die Ausschüsse sind beschlußfähig, wenn die Mehrheit ihrer stimmberechtigten Mitglieder anwesend ist.

§ 18 a
Abstimmung im schriftlichen oder elektronischen Beschlussverfahren

(1) Die Ausschussvorsitzenden können in außergewöhnlichen Fällen, in denen ein Zusammentreffen des Ausschusses an einem Sitzungsort aufgrund äußerer, nicht kontrollierbarer Umstände erheblich erschwert ist, Abstimmungen und Beschlussfassungen über Verfahrensfragen außerhalb einer Sitzung im schriftlichen oder elektronischen Beschlussverfahren durchführen. § 61 Absatz 2 Satz 1 und 2 gilt entsprechend. Ein schriftliches oder elektronisches Beschlussverfahren ist nicht zulässig, wenn ein Mitglied des Ausschusses dem widerspricht.

(2) Jedem Mitglied des Ausschusses ist einzeln die entsprechende Vorlage zu übermitteln, einschließlich einer Fristsetzung für Rückäußerungen. Die Frist soll mindestens 48 Stunden betragen. Eine nicht fristgemäße Rückäußerung gilt als Ablehnung. Einzelheiten für die Durchführung des schriftlichen oder elektronischen Beschlussverfahrens regelt der Landtagspräsident im Benehmen mit dem Ältestenrat.

(3) Die oder der Vorsitzende des Ausschusses informiert über das Ergebnis des Beschlussverfahrens.

§ 19
Berichterstattung und Ausschußberichte

(1) Für die Beratung im Ausschuß kann die oder der Vorsitzende für jeden Beratungsgegenstand eine Berichterstatterin oder einen Berichterstatter oder mehrere Berichterstatterinnen oder Berichterstatter bestellen.

(2) Das Ergebnis der Beratung ist dem Landtag schriftlich zu unterbreiten.

(3) Für die Beratung im Landtag bestellt der Ausschuß eine Berichterstatterin oder einen Berichterstatter oder mehrere Berichterstatterinnen oder Berichterstatter.

(4) Bei Beteiligung mehrerer Ausschüsse gelten die Absätze 2 und 3 nur für den federführenden Ausschuß. Der Bericht des federführenden Ausschusses muß die Stellungnahme der beteiligten Ausschüsse enthalten.

§ 20
Sitzungsprotokoll

(1) Über jede Ausschußsitzung ist ein Protokoll zu führen, das von der Vorsitzenden oder dem Vorsitzenden und von der Protokollführerin oder dem Protokollführer zu unterzeichnen ist. Es muß enthalten:
a) die Namen der anwesenden und der fehlenden Mitglieder,
b) die Tagesordnung,
c) die Zeit des Beginns und des Schlusses der Sitzung,
d) eine kurze Zusammenfassung der Beratung, die Abstimmung sowie den vollen Wortlaut der Anträge und Beschlüsse.

(2) Die ständige Protokollführung in den Ausschüssen ist Aufgabe der Landtagsstenographinnen und Landtagsstenographen.

§ 21
Anwendbarkeit der Geschäftsordnung

Für die Beratungen der Ausschüsse und Enquete-Kommissionen gilt diese Geschäftsordnung sinngemäß, soweit nichts anderes bestimmt ist.

V. Fraktionen

§ 22
Bildung der Fraktionen

(1) Abgeordnete derselben Partei können sich zu einer Fraktion zusammenschließen, wenn die Partei mit mindestens vier Abgeordneten im Landtag vertreten ist. Schließen sich Mitglieder des Landtages zusammen, die nicht derselben Partei angehören, bedarf die Anerkennung als Fraktion der Zustimmung des Landtages. Wollen Mitglieder des Landtages, die derselben Partei angehören oder aufgrund von Wahlvorschlägen derselben Partei in den Landtag gewählt wurden, mehr als eine Fraktion bilden, bedarf dies der Zustimmung des Landtages. Die Bildung einer Fraktion, die Namen ihrer oder ihres Vorsitzenden und der Mitglieder sind der Präsidentin oder dem Präsidenten schriftlich mitzuteilen.

(2) Jede oder jeder Abgeordnete kann nur einer Fraktion angehören.

(3) Abgeordnete, die keiner Fraktion angehören, können sich einer Fraktion mit deren Zustimmung als ständige Gäste anschließen; die Anschlußerklärung und die Zustimmung sind der Präsidentin oder dem Präsidenten schriftlich mitzuteilen.

(4) Dem, der oder den Abgeordneten der nationalen dänischen Minderheit stehen die Rechte einer Fraktion zu.

VI. Vorlagen und Anträge

§ 23
Verteilung der Vorlagen

(1) Vorlagen (Gesetzentwürfe und Anträge der Landesregierung), Gesetzesinitiativen und Anträge der Abgeordneten und der Fraktionen, Anfragen von Abgeordneten sowie Berichte und Beschlußempfehlungen der Ausschüsse sind der Präsidentin oder dem Präsidenten einzureichen. Sie werden unverzüglich als Drucksachen an die Abgeordneten und die Landesregierung verteilt. Die Verteilung erfolgt in der Regel auf elektronischem Weg. Drucksachen gelten als verteilt, wenn sie elektronisch veröffentlicht worden sind. Eine zusätzliche Verteilung in Papierform ist zulässig. Einzelheiten regelt die Präsidentin oder der Präsident. Im Falle einer erheblichen Störung der Informations- und Kommunikationseinrichtungen des Landtages kann die Präsidentin oder der Präsident anordnen, dass die Verteilung auf elektronischem Weg durch die Verteilung in Papierform ersetzt wird. In diesem Fall gelten Drucksachen zur Tagesordnung (§ 51 Absatz 1) als rechtzeitig verteilt, wenn sie am zwölften Tag, in den Fällen des § 51 Absatz 1 Satz 3 am achten Tag vor Beginn der Tagung zur Post gegeben worden sind.

(2) § 29 Abs. 3 bleibt unberührt.

(3) Denkschriften und sonstige Eingänge kann die Präsidentin oder der Präsident als Umdruck unmittelbar einem Ausschuß zuleiten. Absatz 1 Satz 3 bis 6 gilt entsprechend.

§ 24
Anzahl der Beratungen

(1) Gesetzentwürfe, Haushaltsvorlagen und über den Bereich des Landes hinausgehende Vereinbarungen sind grundsätzlich in zwei Lesungen zu beraten. Bis zum Beginn der Schlußabstimmung kann der Landtag eine dritte Lesung beschließen.

(2) Über sonstige Vorlagen und über Anträge kann nach einmaliger Beratung beschlossen werden.

§ 25
Erste Lesung
(Grundsatzberatung)

(1) In der ersten Lesung eines Gesetzentwurfs, einer Haushaltsvorlage oder über den Bereich des Landes hinausgehenden Vereinbarung werden in der Regel die allgemeinen Grundsätze der Vorlage besprochen. Die Beratung kann nach einzelnen Abschnitten getrennt werden.

(2) Die erste Lesung soll frühestens am dritten Tag nach Verteilung der Vorlage beginnen.

(3) Zu Gesetzentwürfen, Haushaltsvorlagen oder einer über den Bereich des Landes hinausgehenden Vereinbarung, die wichtige kommunale Belange berühren, sollen die auf Landesebene bestehenden kommunalen Spitzenverbände schriftlich oder mündlich gehört werden. Von der Anhörung kann nur abgesehen werden, wenn aus den Vorlagen die Auffassung der kommunalen Spitzenverbände ersichtlich ist.

§ 26
Ausschußüberweisung

(1) Haushaltsvorlagen sowie andere Vorlagen und Anträge, die geeignet sind, auf die öffentlichen Finanzen erheblich einzuwirken, müssen dem Finanzausschuß überwiesen werden.

(2) Anfragen des Finanzministeriums, zur Vermeidung überplanmäßiger oder außerplanmäßiger Ausgaben vom Landtag rechtzeitig ein Nachtragshaushalt verabschiedet werden kann, überweist die Präsidentin oder der Präsident unmittelbar dem Finanzausschuß. Dieser kann abschließend darüber entscheiden. Der abschließend entscheidende Beschluß des Ausschusses gilt als Beschluß des Landtages im Sinne von § 73. Wird die Anfrage innerhalb von zwei Wochen nicht zustimmend beantwortet, gilt sie als verneint.

(3) Vorlagen, Anträge und Anfragen, die eigene Angelegenheiten des Landesrechnungshofs betreffen, überweist die Präsidentin oder der Präsident unmittelbar dem zuständigen Ausschuß.

(4) Sonstige Vorlagen und Anträge können jederzeit einem Ausschuß oder mehreren Ausschüssen überwiesen oder an sie zurückverwiesen werden, solange nicht die Schlußabstimmung erfolgt ist. Hat das Plenum keine Entscheidung über die Federführung getroffen, so wird der federführende Ausschuß durch die Präsidentin oder den Präsidenten bestimmt.

§ 27
Zweite Lesung
(Einzelberatung)

(1) Die zweite Lesung kann frühestens am zweiten Tag nach dem Schluß der ersten Lesung stattfinden. Der Landtag kann diese Frist abkürzen, es sei denn, daß mindestens achtzehn Abgeordnete oder zwei Fraktionen widersprechen. Zu Beginn der zweiten Lesung kann der Landtag eine nochmalige Grundsatzberatung zulassen.

(2) In der zweiten Lesung werden die Überschrift und Reihenfolge nach jede selbständige Bestimmung verlesen, beraten und zur Abstimmung gestellt (Einzelberatung). Die Verlesung kann unterbleiben, wenn nicht mindestens achtzehn Abgeordnete oder zwei Fraktionen widersprechen.

§ 28
Dritte Lesung

Beschließt der Landtag, eine dritte Lesung durchzuführen, so gilt § 27 entsprechend.

§ 29
Nachtragshaushaltsvorlagen

(1) Über Nachtragshaushaltsvorlagen kann nach einmaliger Beratung beschlossen werden.

(2) Die Präsidentin oder der Präsident überweist Nachtragshaushaltsvorlagen in der Regel unmittelbar an den Finanzausschuß. Dieser ist verpflichtet, darüber innerhalb von drei Wochen nach der Überweisung zu beraten.

(3) Liegt der Bericht des Ausschusses vor, so ist er ohne Berücksichtigung der in § 51 Abs. 1 gesetzten Fristen auf die Tagesordnung der nächsten Tagung des Landtages zu setzen. Hat der Ausschuß seine Beratungen nicht innerhalb der in Absatz 2 Satz 2 gesetzten Frist abgeschlossen, ist die Vorlage ohne Ausschußbericht auf die Tagesordnung der nächsten Tagung des Landtages zu setzen.

§ 30
Schlußabstimmung

Am Schluß der letzten Lesung wird über die Vorlage im ganzen abgestimmt (Schlußabstimmung). Sind während der Einzelberatung Änderungen beschlossen worden, so ist die Schlußabstimmung auszusetzen, bis die Präsidentin oder der Präsident mit den Schriftführerinnen oder Schriftführern die in der Einzelberatung gefaßten Beschlüsse zusammengestellt hat.

§ 31
Anträge

(1) Anträge von Abgeordneten sind der Präsidentin oder dem Präsidenten schriftlich einzureichen. Sie sollen mit den Worten beginnen „Der Landtag wolle beschließen" und so abgefaßt sein, daß sich klar erkennen läßt, wie der von der Antragstellerin oder dem Antragsteller erstrebte Landtagsbeschluß lauten soll.

(2) Anträge, die einen Gesetzentwurf enthalten, können von einer oder einem Abgeordneten oder von mehreren Abgeordneten oder einer Fraktion eingebracht werden.

(3) Anträge zu einem Gegenstand der Tagesordnung, die einen Antrag ändern, ergänzen oder ihm eine Alternative gegenüberstellen, können bis zum Schluss der Beratung des Gegenstandes, auf den sie sich beziehen, gestellt werden; liegen sie den Abgeordneten nicht schriftlich vor, so müssen sie verlesen werden.

(4) Anträge zu einem Gegenstand der Tagesordnung, die einem Antrag eine Alternative gegenüberstellen, sind als selbständige Anträge zu behandeln. Über Anträge zu einem Gegenstand der Tagesordnung, die einen Antrag ändern oder ergänzen, wird nur abgestimmt, wenn die Antragstellenden des Antrags, auf den sie sich beziehen, mit der Abstimmung einverstanden sind. Wird das Einverständnis nicht erteilt, gilt der Änderungs- oder Ergänzungsantrag als erledigt. Die Sätze 1 bis 3 gelten nicht, soweit der in Bezug genommene Antrag einen Gesetzentwurf enthält.

(5) Zu Beginn der Beratung erhält die Antragstellerin oder der Antragsteller das Wort zur Begründung.

(6) Anträge können im Benehmen mit dem Ältestenrat ohne Behandlung im Plenum von der Präsidentin oder dem Präsidenten unmittelbar an den zuständigen Ausschuß überwiesen werden, wenn es sich um Gesetzentwürfe oder Haushaltsvorlagen handelt.

(7) Beabsichtigt eine Abgeordnete oder ein Abgeordneter, einen Gesetzentwurf oder einen sonstigen Antrag einzubringen, so kann sie oder er verlangen, daß sich der zuständige Ausschuß mit diesem Vorhaben beschäftigt.

(8) Für Vorlagen der Landesregierung gelten die Absätze 1, 5 und 6 entsprechend.

§ 32
Aktuelle Stunde

(1) Eine Fraktion oder mindestens fünf Abgeordnete können über einen bestimmt bezeichneten Gegenstand von allgemeinem und aktuellem Interesse eine Aktuelle Stunde beantragen.

(2) Gegenstand der Aktuellen Stunde können sein:
1. Angelegenheiten aus dem Bereich der Landespolitik,
2. politisch besonders bedeutsame Äußerungen von Landespolitikerinnen oder Landespolitikern oder von Mitarbeiterinnen oder Mitarbeitern des Landes.

Die Formulierung des Gegenstandes muß kurz und sachlich gefaßt sein. Sie darf keine Wertungen oder Unterstellungen enthalten.

(3) Der Antrag ist der Präsidentin oder dem Präsidenten frühestens nach Ablauf der Redaktionsfrist des § 51 Abs. 1, spätestens zwei Arbeitstage vor dem Tage einzureichen, an dem die Plenartagung beginnt. Er muss bis 17.00 Uhr bei der Präsidentin oder dem Präsidenten eingegangen sein. In besonders begründeten Ausnahmefällen kann die Präsidentin oder der Präsident eine kürzere Frist zulassen.

(4) Die Präsidentin oder der Präsident setzt die Aussprache über den Gegenstand des Antrages als Punkt 1 auf die Tagesordnung der nächsten Tagung. In der Regel soll in einer Plenartagung des Landtages nur ein Gegenstand in einer Aktuellen Stunde behandelt werden.

(5) Liegen mehrere Anträge zu verschiedenen Gegenständen vor, so wird der Gegenstand behandelt, dessen Besprechung zuerst beantragt worden ist, es sei denn, dass die Präsidentin oder der Präsident im Benehmen mit dem Ältestenrat
a) einem anderen Gegenstand wegen dessen besonderer Aktualität den Vorzug gibt oder
b) auf Vorschlag der antragstellenden Fraktionen eine Aktuelle Stunde mit zwei Gegenständen auf die Tagesordnung setzt. In diesem Fall soll je ein Antrag einer die Regierung tragenden Fraktion und einer Oppositionsfraktion berücksichtigt werden.

Die nicht in die Tagesordnung aufgenommenen Anträge gelten als erledigt, wenn nicht der Landtag auf Vorschlag der Präsidentin oder des Präsidenten etwas anderes beschließt.

(6) Über die von der Präsidentin oder dem Präsidenten nach den Absätzen 4 und 5 zu treffenden Entscheidungen ist eine Aussprache nicht zulässig. Die Entscheidungen dürfen auch nicht bei der Beratung anderer Tagesordnungspunkte erörtert werden.

(7) Die Dauer der Aktuellen Stunde ist auf eine Stunde beschränkt; werden zwei Anträge in einer Aktuellen Stunde behandelt, ist die Dauer auf eineinhalb Stunden beschränkt. Die von den Mitgliedern der Landesregierung in Anspruch genommene Redezeit bleibt unberücksichtigt. Sie sollte zehn Minuten nicht überschreiten. Wird einem Mitglied der Landesregierung nach der letzten Rednerin oder dem letzten Redner das Wort erteilt, kann je eine Rednerin oder ein Redner der Fraktionen über die festgesetzte Zeit hinaus einen Kurzbeitrag (§ 56 Abs. 4) leisten.

(8) Die Redezeit beträgt für jede Rednerin und jeden Redner bis zu fünf Minuten. Die Präsidentin oder der Präsident kann die Redezeiten verlängern, wenn dies erforderlich erscheint. Die Verlesung von Erklärungen oder von Reden ist unzulässig.

(9) Anträge zur Sache können nicht gestellt werden. Der Antrag auf Übergang zur Tagesordnung ist nicht zulässig.

§ 33
Übergang zur Tagesordnung

Ein Antrag auf Übergang zur Tagesordnung kann bis zur Abstimmung jederzeit gestellt werden und bedarf keiner Unterstützung. Wird ihm widersprochen, so sind vor der Abstimmung noch je eine Rednerin oder ein Redner für und wider den Antrag zu hören. Wird der Antrag abgelehnt, so darf er im Laufe der Beratung desselben Gegenstandes nicht wiederholt werden. Über Vorlagen der Landesregierung und Anträge der Ausschüsse darf nicht zur Tagesordnung übergegangen werden.

§ 34
Mißtrauensantrag

(1) Der Antrag, der Ministerpräsidentin oder dem Ministerpräsidenten das Mißtrauen auszusprechen, muß schriftlich und als selbständiger Antrag eingebracht werden und bedarf der Unterschrift von mindestens achtzehn Abgeordneten oder zwei Fraktionen. Er muß den Vorschlag enthalten, eine namentlich benannte Nachfolgerin oder einen namentlich benannten Nachfolger zu wählen.

(2) Anträge, die diesen Voraussetzungen nicht entsprechen, dürfen nicht auf die Tagesordnung gesetzt werden.

VII. Informationsrechte und Informationspflichten

§ 35
Form der parlamentarischen Anfragen

(1) Die Abgeordneten können von der Landesregierung Auskunft über bestimmt bezeichnete Tatsachen verlangen,
a) durch Kleine Anfrage,
b) durch mündliche Frage in der Fragestunde,
c) durch Große Anfrage.

(2) Die Fragen sind der Präsidentin oder dem Präsidenten einzureichen; sie müssen kurz und sachlich gefaßt sein und dürfen sich nur auf einen Gegenstand beziehen. Fragen, die diesen Bestimmungen nicht entsprechen, gibt die Präsidentin oder der Präsident zurück und begründet die Rückgabe.

§ 36
Kleine Anfragen

(1) Kleine Anfragen der Abgeordneten an die Landesregierung sind der Präsidentin oder dem Präsidenten schriftlich einzureichen.

(2) Die Präsidentin oder der Präsident übermittelt die Kleinen Anfragen unverzüglich der Landesregierung mit der Aufforderung, sie innerhalb von zwei Wochen schriftlich zu beantworten.

(3) Wird die Kleine Anfrage nicht innerhalb der gesetzten Frist beantwortet, so hat sie die Präsidentin oder der Präsident auf Verlangen der Fragestellerin oder des Fragestellers auf die Tagesordnung der nächsten Tagung des Landtages zu setzen. Die Fragestellerin oder der Fragesteller kann bei der Behandlung der Anfrage zusätzlich Fragen stellen.

(4) Die Kleinen Anfragen und die Antworten werden an die Abgeordneten verteilt.

§ 37
Fragestunde

(1) Eine Fragestunde findet grundsätzlich zu Beginn einer ordentlichen Plenartagung statt. Sie soll am Ende der Plenartagung stehen, wenn eine Aktuelle Stunde stattfindet.

(2) Zulässig sind Einzelfragen aus dem Bereich der Landespolitik sowie Einzelfragen aus dem Bereich der Verwaltung, soweit die Landesregierung unmittelbar oder mittelbar verantwortlich ist.

(3) Jede Abgeordnete und jeder Abgeordnete ist berechtigt, eine Frage an die Landesregierung zu richten.

(4) Die Fragen sollen eine kurze Beantwortung ermöglichen und dürfen keine Feststellungen oder Wertungen enthalten.

(5) Die Fragen müssen spätestens am dritten Arbeitstag vor dem Tag eingereicht werden, an dem die Plenartagung beginnt. Sie müssen bis 12.00 Uhr bei der Präsidentin oder dem Präsidenten eingegangen sein. Rechtzeitig eingegangene Fragen werden der Landesregierung unverzüglich zugestellt.

(6) Die Präsidentin oder der Präsident bestimmt, in welcher Reihenfolge die Fragen aufgerufen werden. Die Fragestellerin oder der Fragesteller ist berechtigt, nach der Beantwortung der Frage bis zu drei Zusatzfragen zu stellen, die im unmittelbaren Zusammenhang mit der Beantwortung stehen müssen. Die Präsidentin oder der Präsident kann weitere Zusatzfragen anderer Abgeordneter zulassen, wenn sie in unmittelbarem Zusammenhang mit der Beantwortung stehen. Sie oder er kann hierbei das Wort abwechselnd nach der Fraktionszugehörigkeit der Zusatzfragestellerinnen und Zusatzfragesteller erteilen.

(7) Die in der Fragestunde gestellten Fragen werden von dem zuständigen Mitglied der Landesregierung während der Tagung mündlich beantwortet, es sei denn, daß die Fragestellerin oder der Fragesteller einer Vertagung zustimmt.

(8) Im Zusammenhang mit der Antwort der Landesregierung wird eine Beratung nicht durchgeführt.

(9) Hält eine Fragestellerin oder ein Fragesteller die Beantwortung einer Frage für unzureichend, so kann sie oder er die Fortsetzung der Fragestunde in einer Aktuellen Stunde beantragen.

§ 38
Große Anfragen

(1) Große Anfragen an die Landesregierung können von einer Fraktion oder mindestens achtzehn Abgeordneten gestellt werden. Sie sind der Präsidentin oder dem Präsidenten schriftlich einzureichen.

(2) Die Präsidentin oder der Präsident übermittelt die Große Anfrage unverzüglich der Landesregierung und fordert sie schriftlich zur Erklärung auf, wann sie antworten werde. Erklärt sich die Landesregierung zur Beantwortung innerhalb von drei Monaten nicht in der Lage, so hat die Präsidentin oder der Präsident auf Verlangen der Fragestellenden die Große Anfrage auf die Tagesordnung der nächsten Tagung zu setzen. Eine oder einer der Fragestellenden erhält bei der Einbringung das Wort zur Begründung. Daran kann sich eine Aussprache anschließen.

(3) Haben die Fragestellenden bei der Einbringung nicht das Wort zur Begründung erhalten, so ist es vor der Beantwortung zu erteilen. An die Beantwortung soll sich eine Aussprache anschließen.

§ 39
Informationspflichten der Landesregierung gegenüber dem Landtag

Unterrichtungen der Landesregierung nach Artikel 28 Landesverfassung leitet die Präsidentin oder der Präsident unverzüglich den Fraktionen zu und übermittelt sie gleichzeitig den zuständigen Ausschüssen.

§ 40
Antworten und Auskünfte der Landesregierung Aktenvorlage durch die Landesregierung

(1) Fragen einzelner Abgeordneter, die nicht parlamentarische Anfragen (§ 35) sind, beantwortet die Landesregierung unmittelbar gegenüber der Fragestellerin oder dem Fragesteller. Das Gleiche gilt für die Erteilung von Auskünften, die eine Abgeordnete oder ein Abgeordneter von der Landesregierung verlangt hat. Die Antworten und Auskünfte sind der oder dem Abgeordneten innerhalb von zwei Wochen schriftlich zuzuleiten.

(2) Hat der Landtag gemäß Artikel 29 Absatz 2 Satz 2 Landesverfassung die Vorlage von Akten verlangt, so sind die Akten von der Landesregierung der Präsidentin oder dem Präsidenten zuzuleiten. Ist das Aktenvorlageverlangen von einem Ausschuß beschlossen worden, so sind die Akten von der Landesregierung unmittelbar der oder dem Vorsitzenden des Ausschusses zuzuleiten.

VIII. Petitionen und Anhörungen zu Initiativen aus dem Volk

§ 41
Behandlung der Petitionen

(1) An den Landtag gerichtete Petitionen, die die Tätigkeit des Landtages, der Landesregierung, der Behörden des Landes und der Träger der öffentlichen Verwaltung, soweit sie oder ihre Behörden der Aufsicht des Landes unterstehen, betreffen, überweist die Präsidentin oder der Präsident unmittelbar an den Petitionsausschuss. Petitionen in sozialen Angelegenheiten, auch soweit sie Bundesbehörden oder Behörden außerhalb Schleswig-Holsteins betreffen, übermittelt die Präsidentin oder der Präsident mit dem Einverständnis der Einsenderin oder des Einsenders an die Bürgerbeauftragte oder den Bürgerbeauftragten. Die übrigen Petitionen gibt die Präsidentin oder der Präsident an die zuständigen Behörden ab oder an die Einsenderin oder den Einsender zurück. Der Petitionsausschuss und die oder der Bürgerbeauftragte legen in Verfahrensgrundsätzen für die Zusammenarbeit fest, welche Petitionen mit Zustimmung der Einsenderin oder des Einsenders von der oder dem Bürgerbeauftragten an den Petitionsausschuss und umgekehrt abgegeben werden.

(2) Der Petitionsausschuss behandelt Petitionen in nichtöffentlicher Sitzung. Der Ausschuss kann beschließen, eine Petition öffentlich zu behandeln, soweit überwiegende Belange des öffentlichen Wohls oder schutzwürdige Interessen

Einzelner nicht entgegenstehen und die Petentin oder der Petent zustimmt.

(3) Der Petitionsausschuss kann die Stellungnahme anderer Ausschüsse einholen.

(4) Der Petitionsausschuss kann Petitionen in Gesetzgebungsangelegenheiten dem zuständigen Fachausschuss zuleiten, damit dieser sie bei seiner Arbeit berücksichtigen kann.

(5) Zur Bestätigung der Erledigung der Petitionen durch den Petitionsausschuss erstattet dieser dem Landtag vierteljährlich Bericht. Die Bestätigung gilt als erteilt, wenn keine Anträge gestellt werden.

(6) Der Petitionsausschuss stellt Grundsätze für die Behandlung von Petitionen auf.

§ 42
Anhörungen zu Initiativen aus dem Volk

Der Petitionsausschuss führt die Anhörungen nach Artikel 48 Absatz 1 Satz 4 Landesverfassung durch.

IX. Beteiligung an Verfassungsstreitigkeiten, Behandlung von Immunitätsangelegenheiten

§ 43
Beteiligung an Verfassungsstreitigkeiten

(1) Klagen und Verfassungsbeschwerden, die beim Bundes- oder Landesverfassungsgericht anhängig sind und zu denen dem Landtag Gelegenheit zur Stellungnahme gegeben wird, überweist die Präsidentin oder der Präsident unmittelbar dem Innen- und Rechtsausschuss zur Beratung.

(2) Der Ausschuß unterbreitet dem Landtag in einem Bericht einen Vorschlag darüber, ob und gegebenenfalls in welchem Sinne Stellung genommen werden soll. Der Bericht wird auf die Tagesordnung der nächsten Tagung des Landtages gesetzt.

§ 44
Behandlung von Immunitätsangelegenheiten

Ersuchen in Immunitätsangelegenheiten überweist die Präsidentin oder der Präsident unmittelbar dem Innen- und Rechtsausschuß. Über den Bericht des Ausschusses entscheidet der Landtag ohne Aussprache.

X. Sitzungen des Landtages

§ 45
Ordentliche Tagungen

(1) Der Landtag tritt außerhalb der sitzungsfreien Zeiten in der Regel monatlich mindestens einmal zusammen und tagt grundsätzlich in der Landeshauptstadt. Jede Tagung kann aus einem Sitzungstag oder mehreren aufeinanderfolgenden Sitzungstagen bestehen.

(2) Die Präsidentin oder der Präsident schlägt vor Schluß jeder Tagung Zeit und Ort der nächsten Tagung vor. Widerspricht eine Abgeordnete oder ein Abgeordneter, so entscheidet der Landtag.

(3) Die Präsidentin oder der Präsident setzt Zeit und Ort der nächsten Tagung selbständig fest, wenn der Landtag sie oder ihn hierzu ermächtigt oder wegen Beschlußunfähigkeit oder aus einem anderen Grunde nicht entscheiden kann.

(4) Die Präsidentin oder der Präsident lädt die Abgeordneten spätestens acht Tage vor der Tagung schriftlich ein. In dringenden Fällen kann die Einladungsfrist im Benehmen mit dem Ältestenrat unterschritten werden.

§ 46
Außerordentliche Tagungen

(1) In besonderen Fällen kann die Präsidentin oder der Präsident den Landtag zu außerordentlichen Tagungen einberufen.

(2) Die Präsidentin oder der Präsident muß den Landtag einberufen, wenn achtzehn Abgeordnete oder zwei Fraktionen oder die Landesregierung es verlangen.

(3) Außerordentliche Tagungen dürfen nicht einberufen werden, wenn lediglich eine Aktuelle Stunde stattfinden soll.

§ 47
Teilnahmepflicht

(1) Die Abgeordneten haben die Pflicht, an den Sitzungen des Landtages teilzunehmen.

(2) Wer verhindert ist, an einer Sitzung des Landtages teilzunehmen, hat dies der Präsidentin oder dem Präsidenten unverzüglich mitzuteilen.

(3) Für jede Sitzung des Landtages wird eine Anwesenheitsliste ausgelegt, in die sich die anwesenden Abgeordneten eintragen.

(4) Abgeordnete, die die Sitzung vor ihrem Schluß verlassen wollen, haben dies der Präsidentin oder dem Präsidenten unter Angabe der Uhrzeit schriftlich mitzuteilen.

(5) Urlaub genehmigt die Präsidentin oder der Präsident.

§ 48
Teilnahme der Landesregierung und der Präsidentin oder des Präsidenten des Landesrechnungshofs

(1) Die Mitglieder der Landesregierung, ihre Beauftragten sowie die Präsidentin oder der Präsident des Landesrechnungshofs haben zu den Sitzungen des Landtages Zutritt; den Mitgliedern der Landesregierung ist auf Wunsch das Wort zu erteilen.

(2) Der Landtag hat das Recht und auf Antrag eines Viertels seiner Mitglieder die Pflicht, die Anwesenheit jedes Mitglieds der Landesregierung zu verlangen.

§ 49
Öffentlichkeit der Sitzungen

(1) Der Landtag verhandelt öffentlich. Die Öffentlichkeit kann mit Zweidrittelmehrheit der Abgeordneten ausgeschlossen werden. Der Antrag kann von der Präsidentin oder dem Präsidenten, von achtzehn Abgeordneten oder zwei Fraktionen oder von der Landesregierung gestellt werden. Über den Antrag wird in nichtöffentlicher Sitzung beraten und beschlossen.

(2) Beschließt der Landtag den Ausschluß der Öffentlichkeit, so dürfen nur Abgeordnete, Mitglieder der Landesregierung sowie im Einzelfall von der Präsidentin oder dem Präsidenten zugelassene Personen anwesend sein.

§ 49 a
Nutzung mobiler Informationstechnik

Während der Sitzungen des Landtages ist die Nutzung mobiler Informationstechnik auf der Grundlage einer Verständigung im Ältestenrat zulässig.

§ 50
Leitung der Sitzungen

(1) Die amtierende Präsidentin oder der amtierende Präsident eröffnet, leitet und schließt die Sitzung.

(2) Zu Beginn der ersten Sitzung einer Tagung stellt sie oder er die ordnungsgemäße Einberufung und die Beschlußfähigkeit des Landtages fest.

(3) Die Präsidentin oder der Präsident hat über jeden Gegenstand, der auf der Tagesordnung steht, die Beratung zu eröffnen.

(4) Bei Beschlußunfähigkeit hebt die Präsidentin oder der Präsident die Sitzung sofort auf und verkündet Zeit, Ort und Tagesordnung der nächsten Sitzung.

§ 51
Tagesordnung

(1) Die Präsidentin oder der Präsident setzt die vorläufige Tagesordnung fest. Tagesordnungspunkte, die einen inneren Zusammenhang aufweisen können zusammengefaßt werden. Beratungsgegenstände, die in die Tagesordnung aufgenommen werden sollen, müssen spätestens am zwölften Tag vor der Tagung um 12.00 Uhr eingereicht sein. Für Ausschußberichte kann diese Frist auf fünf Tage verkürzt werden. Folgt einer mehrtägigen Tagung eine eintägige Ta-

gung, so verkürzt sich die Redaktionsfrist für die eintägige Tagung auf den achten Tag, 12.00 Uhr, vor Beginn dieser Tagung. Werden diese Fristen unterschritten, so kann die Beratung nicht erfolgen, wenn eine Abgeordnete oder ein Abgeordneter widerspricht.

(2) Die Beratung erfolgt in der durch die Tagesordnung festgelegten Reihenfolge. Auf Vorschlag der Präsidentin oder des Präsidenten kann die Reihenfolge der Beratungsgegenstände geändert werden.

(3) Gegenstände, die nicht auf der Tagesordnung stehen, dürfen nur beraten werden, wenn der Landtag mit der Mehrheit von zwei Dritteln der abgegebenen Stimmen die Dringlichkeit bejaht. Der Landtag beschließt zugleich über die Einreihung in die Tagesordnung. Zur Begründung des Dringlichkeitsantrages steht jeder Fraktion eine Redezeit bis zu drei Minuten zu.

(4) Der Landtag kann einen Gegenstand von der Tagesordnung absetzen. Abgesetzte Anträge sind in der nächsten oder der darauffolgenden Landtagssitzung zu behandeln.

XI. Redeordnung

§ 52
Worterteilung, Liste der Rednerinnen und Redner

(1) Eine Abgeordnete oder ein Abgeordneter darf sprechen, wenn ihr oder ihm die Präsidentin oder der Präsident das Wort erteilt hat.

(2) Wer zur Sache sprechen will, hat sich bei der Schriftführerin oder dem Schriftführer, die oder der die Liste der Rednerinnen und Redner führt, zu Wort zu melden.

(3) Die Präsidentin oder der Präsident bestimmt die Reihenfolge der Rednerinnen und Redner. Sie oder er kann dabei von der Reihenfolge der Wortmeldungen abweichen.

(4) Nach der Rede der Ministerpräsidentin oder des Ministerpräsidenten kann die Oppositionsführerin oder der Oppositionsführer das Wort ergreifen. In diesem Falle ist den Vorsitzenden der anderen Fraktionen nach der Oppositionsführerin oder dem Oppositionsführer auf Wunsch das Wort zu erteilen.

(5) Zu einem durch Abstimmung erledigten Gegenstand darf in derselben Sitzung nicht mehr das Wort erteilt werden.

(6) Einem Mitglied des Sitzungspräsidiums kann das Wort nicht erteilt werden.

§ 53
Zwischenfragen und Zwischenbemerkungen

Die Präsidentin oder der Präsident kann mit Zustimmung der Rednerin oder des Redners Abgeordneten zu Zwischenfragen und Zwischenbemerkungen das Wort erteilen. Die Zwischenfragen und Zwischenbemerkungen müssen kurz gehalten sein. Sie werden vom Platz aus vorgetragen. Die Beantwortungszeit beträgt bis zu einer Minute; die Zeit der Fragestellung, Zwischenbemerkung und der Beantwortung wird nicht auf die Redezeit angerechnet.

§ 54
Bemerkungen zur Geschäftsordnung

(1) Zur Geschäftsordnung muß das Wort außer der Reihe der Wortmeldungen unverzüglich erteilt werden. Eine Rede darf dadurch jedoch nicht unterbrochen werden.

(2) Bemerkungen zur Geschäftsordnung dürfen sich nur auf den Verhandlungsablauf beziehen und nicht länger als drei Minuten dauern.

§ 55
Persönliche Bemerkungen

(1) Persönliche Bemerkungen sind erst nach Schluß der Beratung eines Gegenstandes oder im Falle der Vertagung am Schluß der Sitzung zulässig. Wer das Wort zu einer persönlichen Bemerkung erhält, darf nur Angriffe auf die eigene Person zurückweisen oder eigene Ausführungen berichtigen.

(2) Auch außerhalb der Tagesordnung kann die Präsidentin oder der Präsident das Wort zu einer persönlichen Erklärung erteilen, die ihr oder ihm vorher schriftlich mitzuteilen ist.

§ 56
Form und Dauer der Rede

(1) Die Abgeordneten sprechen in der Regel in freiem Vortrag. Sie können dabei stichwortartige Aufzeichnungen benutzen.

(2) Jede Fraktion kann zu jedem Gegenstand der Tagesordnung für eine ihrer Rednerinnen oder einen ihrer Redner bis zu zehn Minuten Redezeit beanspruchen. Jede weitere Rede soll nicht länger als fünf Minuten dauern. Im Ältestenrat kann eine Verlängerung dieser Redezeiten vereinbart werden, wenn der Gegenstand der Tagesordnung dies erforderlich macht. Die Präsidentin oder der Präsident kann die Redezeiten auf Antrag einer Fraktion während der Sitzung des Landtages verlängern, wenn der Verlauf der Aussprache dies erforderlich macht.

(3) Spricht eine Abgeordnete oder ein Abgeordneter über die Redezeit hinaus, so entzieht ihr oder ihm die Präsidentin oder der Präsident nach einmaliger Mahnung das Wort. Ist einer Rednerin oder einem Redner das Wort entzogen, so darf sie oder er es zum gleichen Gegenstand nicht mehr erhalten.

(4) Für die Beratung der einzelnen Gegenstände setzt der Landtag in der Regel aufgrund eines Vorschlags der Präsidentin oder des Präsidenten, der im Benehmen mit dem Ältestenrat und unter Berücksichtigung der Anmeldungen der Landesregierung ergeht, eine bestimmte Zeitdauer fest. Der Vorschlag berücksichtigt, dass zu Anträgen, bei denen es sich nicht um Gesetzentwürfe oder Haushaltsvorlagen handelt, nur eine Aussprache stattfinden soll, es sei denn, mindestens zwei Fraktionen sprechen sich für eine weitere Aussprache aus. Die nach Satz 1 festgesetzte Zeitdauer kann während der Beratung des Gegenstands geändert werden. Der Anteil der Fraktionen wird von der Präsidentin oder dem Präsidenten im Benehmen mit dem Ältestenrat festgesetzt. Über diese festgesetzte Zeit hinaus können Abgeordnete je einen Kurzbeitrag bis zu drei Minuten Dauer leisten.

(5) Reden können zu Protokoll gegeben werden, wenn im Laufe einer Landtagssitzung die gemäß Absatz 4 vorgesehene Aussprache entfällt. Die Reden werden dem Plenarprotokoll als Anhang beigefügt. Einzelheiten regelt die Präsidentin oder der Präsident im Benehmen mit dem Ältestenrat.

(6) Die Vorschriften der Absätze 1 und 2 finden auf Berichterstatter keine Anwendung.

(7) Überschreitet die Landesregierung die von ihr angemeldeten Redezeiten, so verlängert sich die Redezeit jeder Fraktion um die Dauer der Überschreitung.

§ 57
Schluß der Beratung

(1) Die Präsidentin oder der Präsident erklärt die Beratung für geschlossen, wenn die Liste der Rednerinnen und Redner erschöpft ist und sich niemand mehr zu Wort meldet.

(2) Der Landtag kann die Beratung unterbrechen, vertagen oder schließen.

(3) Wird ein Antrag auf Vertagung oder Schluß der Beratung gestellt, so kann nach Verlesung der Liste der Rednerinnen und Redner neben der Antragstellerin oder dem Antragsteller je einer weiteren Abgeordneten oder einem weiteren Abgeordneten für und wider den Antrag das Wort erteilt werden.

(4) Über einen Schlußantrag kann erst abgestimmt werden, wenn mindestens eine Abgeordnete oder ein Abgeordneter von jeder Fraktion Gelegenheit gehabt hat, zur Sache zu sprechen.

§ 58
Eröffnung der Beratung, zusätzliche Redezeiten

(1) Erhält nach Schluß der Beratung oder nach Ablauf der gemäß § 56 Abs. 4 Satz 1 und 2 festgesetzten Redezeit ein Mitglied der Landesregierung zu dem Gegenstand das Wort, so ist die Aussprache wieder eröffnet. Das gleiche gilt, wenn

eine Abgeordnete oder ein Abgeordneter nach Ablauf der gemäß § 56 Abs. 4 Satz 1 und 2 festgesetzten Redezeit zu dem Gegenstand das Wort erhält. Allen Fraktionen steht in diesen Fällen wieder die Hälfte der festgesetzten Redezeit zu.

(2) Erhält während der Beratung ein Mitglied der Landesregierung zu dem Gegenstand das Wort, so haben alle Fraktionen, denen zu diesem Zeitpunkt nicht mehr ein volles Viertel ihrer ursprünglichen Redezeit zu diesem Tagesordnungspunkt zur Verfügung steht, Anspruch auf ein zusätzliches Viertel der festgesetzten Redezeit.

(3) Ergreift ein Mitglied der Landesregierung das Wort außerhalb der Tagesordnung, so wird auf Verlangen von vier Abgeordneten die Beratung über seine Ausführungen eröffnet. Anträge zur Sache dürfen hierbei nicht gestellt werden.

XII. Abstimmung

§ 59
Beschlußfähigkeit

(1) Der Landtag ist beschlußfähig, wenn die Mehrheit seiner Mitglieder anwesend ist. Die Beschlußfähigkeit wird angenommen, solange sie nicht vor einer Abstimmung oder Wahl angezweifelt wird.

(2) Wird die Beschlußfähigkeit angezweifelt, so ist sie durch Namensaufruf oder Zählung der Abgeordneten festzustellen.

(3) Eine Abstimmung oder Wahl, die infolge Beschlußunfähigkeit nicht durchgeführt werden kann, wird in der nächstfolgenden Sitzung nachgeholt. Dabei bleibt ein bereits gestellter Antrag auf namentliche Abstimmung bestehen.

§ 60
Beschlußfassung

(1) Der Landtag beschließt vorbehaltlich des Absatzes 2 mit der Mehrheit der abgegebenen Stimmen. Stimmengleichheit gilt als Ablehnung.

(2) Soweit in der Landesverfassung, in der Geschäftsordnung oder in anderen Gesetzen für eine Antragstellung, Beschlußfassung, Abstimmung oder Wahl Mehrheiten oder Minderheiten der Abgeordneten vorgeschrieben sind, werden diese nach der gesetzlichen Abgeordnetenzahl berechnet.

§ 61
Eröffnung der Abstimmung, Fragestellung

(1) Nach Schluß der Beratung und nach Abgabe persönlicher Bemerkungen eröffnet die Präsidentin oder der Präsident die Abstimmung. Unmittelbar vor der Abstimmung ist auf Antrag der Beratungsgegenstand zu verlesen, über den abgestimmt werden soll.

(2) Die Präsidentin oder der Präsident stellt die Fragen so, daß sie sich mit „ja" oder „nein" beantworten lassen. Sie oder er hat festzustellen, ob dem Antrag zugestimmt wird und durch Gegenprobe Ablehnung und Stimmenthaltung zu ermitteln. Der Stimme enthält sich, wer bei einer Abstimmung anwesend ist und weder mit „ja" noch mit „nein" stimmt. Bei alternativer Abstimmung werden nur die „Ja"-Stimmen gezählt. Ein Antrag ist angenommen, wenn er die Mehrheit der abgegebenen Stimmen auf sich vereinigt.

(3) Über die Fassung der Fragen kann das Wort zur Abstimmung verlangt werden. Bei Widerspruch gegen die vorgeschlagene Fassung entscheidet der Landtag.

§ 62
Reihenfolge der Abstimmung

Bei der Abstimmung ist nachstehende Reihenfolge einzuhalten:
a) Anträge auf Übergang zur Tagesordnung (§ 33),
b) Anträge auf Schluß der Beratung (§ 57 Abs. 3),
c) Anträge auf Schluß der Liste der Rednerinnen und Redner,
d) Anträge auf Vertagung der Beratung (§ 57 Abs. 3),
e) Anträge, die, ohne die Sache selbst zu berühren, lediglich Vorfragen betreffen, insbesondere Überweisung an einen Ausschuß, Einholung einer Auskunft und dergleichen,
f) Änderungsanträge,
g) Zusatzanträge,
h) Abstimmung über den Beratungsgegenstand selbst.

Im übrigen ist über den weitergehenden Antrag zuerst abzustimmen. Gehen mehrere Anträge gleich weit, so ist über den älteren zuerst abzustimmen. Bei verschiedenen in Frage stehenden Geldsummen ist die kleinere in Antrag gebrachte Einnahme- und die größere Ausgabesumme zuerst zur Abstimmung zu stellen. Bei Zeitbestimmungen ist über die längere Zeit zuerst zu entscheiden.

§ 63
Formen der Abstimmung

(1) Über Anträge ist offen abzustimmen. Dies geschieht in der Regel durch Handaufheben. Liegen zu einem Beratungsgegenstand mehrere Anträge vor, kann über diese alternativ abgestimmt werden, wenn keine Fraktion widerspricht. Eine alternative Abstimmung über Gesetzentwürfe ist nicht zulässig.

(1 a) Gesetzentwürfe, Anträge, Berichte, Beschlussempfehlungen der Ausschüsse und Wahlvorschläge, über die eine Aussprache nicht vorgesehen ist, können in eine Sammeldrucksache aufgenommen werden. Der Landtag entscheidet in einer Gesamtabstimmung, wenn keine Abgeordnete oder kein Abgeordneter widerspricht. Bei Widerspruch ist über den betreffenden Gegenstand gesondert abzustimmen.

(2) Namentliche Abstimmung muß stattfinden, wenn sie vor der Eröffnung der Abstimmung von achtzehn Abgeordneten oder zwei Fraktionen verlangt wird. Die Abgeordneten geben in diesem Fall ihre Stimme nach Aufruf ihrer Namen ab. Eine namentliche Abstimmung über Anträge zur Geschäftsordnung ist unzulässig.

(3) Bei Wahlen muß geheime Abstimmung stattfinden. Sie erfolgt durch Abgabe von Stimmzetteln. Auf Vorschlag der Präsidentin oder des Präsidenten oder auf Antrag kann offen abgestimmt werden, es sei denn, daß achtzehn Abgeordnete oder zwei Fraktionen widersprechen.

§ 64
Abstimmungsergebnis

(1) Nach jeder Abstimmung wird das Ergebnis durch die Präsidentin oder den Präsidenten festgestellt und mitgeteilt. Dabei ist die Zusammensetzung von Mehrheit und Minderheit bekanntzugeben. Bei alternativer Abstimmung stellt die Präsidentin oder der Präsident fest, welcher der Anträge angenommen und welcher abgelehnt ist.

(2) Jede Abgeordnete oder jeder Abgeordnete hat das Recht, ihre oder seine Abstimmung kurz zu begründen. Eine Erklärung zur Abstimmung kann auch von einer Fraktion abgegeben werden. Erklärungen nach Satz 1 und 2 dürfen die Dauer von drei Minuten nicht überschreiten. Anstelle einer mündlichen Begründung kann die Erklärung zu Protokoll gegeben werden.

XIII. Ordnungsbestimmungen

§ 65
Sachruf

Die Präsidentin oder der Präsident kann Rednerinnen oder Redner, die vom Beratungsgegenstand abschweifen, „zur Sache" rufen.

§ 66
Ordnungsruf

(1) Wenn eine Abgeordnete oder ein Abgeordneter die Ordnung verletzt, wird sie oder er von der Präsidentin oder dem Präsidenten „zur Ordnung" gerufen. Ist der Präsidentin oder dem Präsidenten eine Ordnungsverletzung entgangen, so kann sie oder er diese Ordnungsverletzung in der nächsten Sitzung erwähnen und gegebenenfalls rügen.

(2) Die oder der Abgeordnete kann hiergegen spätestens bis zum folgenden Werktag bei der Präsidentin oder dem Präsidenten schriftlich Einspruch erheben.

(3) Der Einspruch ist auf die Tagesordnung der nächsten Sitzung zu setzen. Der Landtag entscheidet ohne Beratung, ob der Ordnungsruf gerechtfertigt war.

§ 67
Wortentziehung

(1) Ist eine Rednerin oder ein Redner bei derselben Rede dreimal „zur Sache" oder „zur Ordnung" gerufen worden, so entzieht ihr oder ihm die Präsidentin oder der Präsident das Wort. Nach dem zweiten Ruf „zur Sache" oder „zur Ordnung" muß die Präsidentin oder der Präsident auf diese Folge hinweisen.

(2) Ist einer Rednerin oder einem Redner das Wort entzogen worden, so darf sie oder er es zu diesem Beratungsgegenstand bis zur Eröffnung der Abstimmung nicht wieder erhalten.

§ 68
Ausschließung von Abgeordneten

(1) Wegen gröblicher Verletzung der Ordnung kann die Präsidentin oder der Präsident eine Abgeordnete oder einen Abgeordneten für die Dauer des Sitzungstages ausschließen, ohne daß ein Ordnungsruf ergangen ist. Die oder der Abgeordnete hat den Sitzungssaal sofort zu verlassen. Geschieht dies trotz Aufforderung der Präsidentin oder des Präsidenten nicht, so wird die Sitzung unterbrochen oder aufgehoben. Die oder der Abgeordnete zieht sich hierdurch ohne weiteres den Ausschluß für die Dauer von weiteren drei Sitzungstagen zu; die Präsidentin oder der Präsident stellt dies bei Wiedereröffnung der Sitzung oder bei Beginn der nächsten Sitzung fest.

(2) Gegen den Ausschluß ist der Einspruch bei der Präsidentin oder dem Präsidenten bis zum nächsten Sitzungstag zulässig. Der Einspruch ist schriftlich zu begründen. Gibt die Präsidentin oder der Präsident dem Einspruch nicht statt, so entscheidet der Landtag darüber in der nächsten Sitzung ohne Beratung.

(3) Für die Dauer des Ausschlusses ruht die Berechtigung, an Ausschußsitzungen teilzunehmen.

§ 69
Unterbrechung und Aufhebung der Sitzung

Wenn im Landtag störende Unruhe entsteht, kann die Präsidentin oder der Präsident die Sitzung unterbrechen oder aufheben.

§ 70
Weitere Ordnungsmaßnahmen

(1) Sitzungsteilnehmer, die nicht Abgeordnete sind, sowie Zuhörerinnen und Zuhörer unterstehen der Ordnungsgewalt der Präsidentin oder des Präsidenten.

(2) Wer auf den Tribünen Beifall oder Mißbilligung äußert, kann auf Anordnung der Präsidentin oder des Präsidenten sofort entfernt werden. Die Präsidentin oder der Präsident kann die Tribüne wegen störender Unruhe räumen lassen.

XIV. Beurkundung der Verhandlungen

§ 71
Stenographischer Bericht

(1) Über jede Sitzung werden unter Verantwortung der Präsidentin oder des Präsidenten ein Stenographischer Bericht sowie ein Beschlußprotokoll angefertigt.

(2) Der Stenographische Bericht enthält:
a) die Tagesordnung nebst Beginn und Schluß der Sitzungen,
b) die Wiedergabe alles Gesprochenen nach der Kurzschriftaufnahme.

(3) Die Abgeordneten und die Landesregierung erhalten das Beschlußprotokoll und den Stenographischen Bericht.

§ 72
Prüfung der Reden

(1) Alle Rednerinnen und Redner erhalten eine Niederschrift ihrer Rede zur Nachprüfung. Geben sie sie nicht innerhalb der ihnen gesetzten Frist zurück, so gilt der übersandte Wortlaut als von ihnen gebilligt.

(2) Eine Berichtigung darf den Sinn der Rede nicht ändern. Unzulässig sind auch Änderungen, die nach ihrem Umfang von der Niederschrift des gesprochenen Wortes wesentlich abweichen. In Zweifelsfällen entscheidet, wenn sich die Rednerin oder der Redner und der Stenographische Dienst nicht verständigen, die Präsidentin oder der Präsident.

(3) Die Fraktionen und die Landesregierung erhalten vor der Prüfung der Reden durch die Rednerinnen und Redner nach Absatz 1 einen vorläufigen Stenographischen Bericht zur internen Unterrichtung.

§ 73
Beurkundung der Beschlüsse

Die vom Landtag gefaßten Beschlüsse werden von der Präsidentin oder dem Präsidenten ausgefertigt und der Landesregierung zugestellt.

XV. Auslegung der Geschäftsordnung

§ 74
Auslegung der Geschäftsordnung

(1) Während einer Sitzung auftauchende Fragen zur Auslegung der Geschäftsordnung entscheidet die Präsidentin oder der Präsident.

(2) Eine grundsätzliche, über den Einzelfall hinausgehende Auslegung einer Vorschrift der Geschäftsordnung kann nur der Landtag nach Prüfung durch den Innen- und Rechtsausschuß beschließen.

§ 75
Abweichung von der Geschäftsordnung

Abweichungen von der Geschäftsordnung können im Einzelfall durch Beschluß des Landtages zugelassen werden, wenn keine Abgeordnete und kein Abgeordneter widerspricht und Vorschriften der Landesverfassung nicht entgegenstehen.

XVI. Schlußvorschriften

§ 76
Auskunft über die Erledigung der Landtagsbeschlüsse

(1) Die Landesregierung unterrichtet den Landtag schriftlich über die Erledigung der Landtagsbeschlüsse. Die Präsidentin oder der Präsident kann für die Unterrichtung Fristen setzen.

(2) Auf Verlangen von achtzehn Abgeordneten oder zwei Fraktionen, die mit der Erledigung nicht einverstanden sind, hat die Präsidentin oder der Präsident den Gegenstand auf die Tagesordnung zu setzen. Das Verlangen muß schriftlich begründet werden.

§ 77
Unerledigte Vorlagen am Schluss der Wahlperiode

Mit Ablauf oder vorzeitiger Beendigung der Wahlperiode des Landtages gelten alle Vorlagen, Anträge und Anfragen als erledigt. Unerledigte Petitionen werden in der nächsten Wahlperiode weiter beraten.

§ 78
Geheimschutzordnung

Der Landtag gibt sich eine Geheimschutzordnung[1], die dieser Geschäftsordnung als Anlage beigefügt wird.

§ 79
Inkrafttreten

Diese Geschäftsordnung tritt mit ihrer Verkündung in Kraft.

---

1 *Geheimschutzordnung vom 23.5.1991 (GVOBl. Schl.-H. S. 319), geändert am 22.7.2016 (GVOBl. Schl.-H. S. 661); vom Abdruck wurde abgesehen.*

Gesetz
über die Rechtsverhältnisse der Mitglieder des Schleswig-Holsteinischen Landtages
(Schleswig-Holsteinisches Abgeordnetengesetz – SH AbgG)
in der Fassung der Bekanntmachung vom 13. Februar 1991

Zuletzt geändert durch Gesetz vom 1. September 2020 (GVOBl. Schl.-H. S. 510)

Abschnitt I
Erwerb und Verlust
der Mitgliedschaft im Landtag

§ 1
Erwerb und Verlust der Mitgliedschaft im Landtag

Erwerb und Verlust der Mitgliedschaft im Landtag regeln sich nach den Vorschriften des Landeswahlgesetzes in der Fassung der Bekanntmachung vom 7. Oktober 1991 (GVOBl. Schl.-H. S. 442), zuletzt geändert durch Artikel 11 des Gesetzes vom 1. Februar 2005 (GVOBl. Schl.-H. S. 57).

Abschnitt II
Mitgliedschaft im Landtag und Beruf

§ 2
Schutz der freien Mandatsausübung

(1) Niemand darf gehindert werden, sich um ein Mandat im Landtag zu bewerben, es zu übernehmen oder auszuüben.

(2) Benachteiligungen am Arbeitsplatz im Zusammenhang mit der Bewerbung um ein Mandat sowie der Annahme und Ausübung eines Mandats sind unzulässig.

(3) Eine Kündigung oder Entlassung wegen der Bewerbung für ein Mandat sowie der Annahme und Ausübung des Mandats ist unzulässig. Eine Kündigung ist im Übrigen nur aus wichtigem Grund zulässig. Der Kündigungsschutz beginnt mit der Aufstellung der Bewerber und Bewerberinnen durch das dafür zuständige Organ der Partei oder mit der Einreichung des Wahlvorschlags. Er gilt ein Jahr nach Beendigung des Mandats fort, für nicht gewählte Bewerber und Bewerberinnen sechs Monate nach dem Tag der Wahl.

§ 3
Wahlvorbereitungsurlaub

Einer Bewerberin oder einem Bewerber um einen Sitz im Landtag ist zur Vorbereitung ihrer oder seiner Wahl innerhalb der letzten zwei Monate vor dem Wahltag auf Antrag Urlaub bis zu zwei Monaten zu gewähren. Ein Anspruch auf Fortzahlung des Gehaltes oder des Lohnes besteht für die Dauer der Beurlaubung nicht.

§ 4
Berufs- und Betriebszeiten

(1) Die Zeit der Mitgliedschaft im Landtag ist nach Beendigung des Mandats auf die Berufs- und Betriebszugehörigkeit anzurechnen.

(2) Im Rahmen einer bestehenden betrieblichen oder überbetrieblichen Altersversorgung wird die Anrechnung nach Absatz 1 nur im Hinblick auf die Erfüllung der Unverfallbarkeitsfristen des § 1 des Betriebsrentengesetzes vom 19. Dezember 1974 (BGBl. I S. 3610), zuletzt geändert durch Gesetz vom 29. August 2005 (BGBl. I S. 2546), vorgenommen.

§ 5
Mitglieder anderer Volksvertretungen

Die §§ 2 bis 4 gelten auch zugunsten von Mitgliedern anderer Volksvertretungen im Geltungsbereich des Grundgesetzes.

Abschnitt III
Entschädigung der Abgeordneten und Versorgung

Titel 1
Entschädigung

§ 6
Entschädigung[1]

(1) Abgeordnete erhalten eine monatliche Entschädigung in Höhe von 8.219,98 Euro.

(2) Als zusätzliche Entschädigung für die Ausübung besonderer parlamentarischer Funktionen erhalten

1. die Präsidentin oder der Präsident 72 v.H.,
2. die Vizepräsidentinnen und/oder Vizepräsidenten 13 v.H.,
3. die Fraktionsvorsitzenden 72 v.H.,
4. eine Abgeordnete oder ein Abgeordneter der dänischen Minderheit, wenn die Stärke einer Fraktion nicht erreicht wird, 45 v.H., und
5. die Parlamentarischen Geschäftsführerinnen oder die Parlamentarischen Geschäftsführer der Fraktionen 45 v.H. der Entschädigung gemäß Abs. 1.

(3) Der Auszahlungsbetrag der Entschädigung nach Absatz 1 und der zusätzlichen Entschädigungen nach Absatz 2 vermindert sich in Anlehnung der zu den Kosten in Pflegefällen nach § 25 gewährten Zuschüsse vom 1. Januar 1995 an um ein Dreihundertfünfundsechzigstel. Er beträgt für die Entschädigung nach Absatz 1 8.197,46 Euro; in den Fällen der zusätzlichen Entschädigungen gemäß Absatz 2 wird der jeweilige Vom-Hundert-Satz von dem verminderten Betrag ausgezahlt. Die Auszahlungsbeträge werden nicht vermindert, wenn Zuschüsse nach § 25 nicht gewährt werden.

(4) Zusätzliche Entschädigungen nach Absatz 2 dürfen nur an eine Präsidentin oder einen Präsidenten, drei Vizepräsidentinnen und/oder Vizepräsidenten sowie je Fraktion an eine Fraktionsvorsitzende oder einen Fraktionsvorsitzenden und eine Parlamentarische Geschäftsführerin oder einen Parlamentarischen Geschäftsführer gezahlt werden.

(5) Nehmen Abgeordnete mehrere besondere parlamentarische Funktionen wahr, steht ihnen nur die jeweils höchste zusätzliche Entschädigung nach Absatz 2 zu.

(6) Über die in Absatz 2 genannten zusätzlichen Entschädigungen hinausgehende Zahlungen für besondere parlamentarische Funktionen aus Mitteln der Fraktionen sind unzulässig.

§ 7
Kürzung der Entschädigung

(gestrichen)

Titel 2
Aufwendungsersatz

§ 8
Amtsausstattung

(1) Abgeordnete erhalten zur Mandatsausübung eine Amtsausstattung, die Sachleistungen umfasst.

(2) Zur Amtsausstattung gehören auch die Benutzung der Fernsprechanlagen im Parlamentsgebäude, soweit dies zur Mandatsausübung erforderlich ist, und die Inanspruchnahme sonstiger vom Landtag zur Verfügung gestellter Leistungen.

§ 9
Mitarbeiterkostenerstattung

(1) Abgeordneten oder einem anderen Mitglied des Schleswig-Holsteinischen Landtages werden auf Antrag nachgewiesene Aufwendungen für die Beschäftigung von persönlichen Mitarbeiterinnen und Mitarbeitern zur Unterstützung bei der mandatsbedingten Arbeit bis zur Höhe des Betrages

---

1 *Beachte das Anpassungsverfahren nach § 28.*

erstattet, der dem jeweiligen Bruttoarbeitsentgelt einer oder eines in Vollzeit Beschäftigten des Landes in der Entgeltgruppe 9b, Stufe 3 TV-L ohne Sonderzahlungen und Sonderzuwendungen entspricht. Erstattet werden darüber hinaus die entsprechenden Nebenleistungen wie Arbeitgeberanteile, -beiträge und -umlagen sowie die von Abgeordneten als Arbeitgeberinnen und Arbeitgeber für geringfügig Beschäftigte zu entrichtenden einheitlichen Pauschsteuern gemäß § 40a Absatz 2 des Einkommensteuergesetzes.

(2) Ist die Mitarbeiterin oder der Mitarbeiter mit der oder dem Abgeordneten oder einem anderen Mitglied des Schleswig-Holsteinischen Landtages verheiratet, bis zum dritten Grad verwandt oder bis zum zweiten Grad verschwägert, werden Aufwendungen für die Beschäftigung nicht erstattet. Entsprechendes gilt für die Erstattung von Aufwendungen für die Beschäftigung einer Lebenspartnerin oder eines Lebenspartners der oder des Abgeordneten oder eines anderen Mitglieds des Schleswig-Holsteinischen Landtages.

(3) Die näheren Regelungen, insbesondere über den Nachweis der Beschäftigung, trifft die Präsidentin oder der Präsident im Benehmen mit dem Ältestenrat.

§ 10
Reisekostenentschädigung

(1) Abgeordnete erhalten für Fahrten in Ausübung ihres Mandats im Wahlkreis und für die Teilnahme an Sitzungen des Landtages, des Ältestenrats, eines Ausschusses, einer Fraktion und eines Fraktionsarbeitskreises auf Antrag Reisekostenentschädigung. Die Präsidentin oder der Präsident stellt für Sitzungen des Landtages, des Ältestenrats und der Ausschüsse im Benehmen mit dem Ältestenrat einen jährlichen Sitzungsplan auf.

(2) Das gleiche gilt, wenn die Präsidentin oder der Präsident, die Vizepräsidentinnen und Vizepräsidenten oder Abgeordnete im Auftrag der Präsidentin oder des Präsidenten oder eines Ausschusses mit vorheriger Zustimmung der Präsidentin oder des Präsidenten oder im Auftrage eines Fraktionsarbeitskreises mit vorheriger Zustimmung der oder des Fraktionsvorsitzenden in Ausübung ihres Amtes oder ihres Mandats außerhalb ihres Wohnortes tätig werden.

(3) Die Reisekostenentschädigung umfasst
1. Erstattung der Übernachtungskosten und
2. Fahrkostenerstattung.

(4) Anträge auf Reisekostenentschädigung sind grundsätzlich innerhalb des laufenden Haushaltsjahres, spätestens bis zum 31. März des folgenden Jahres zu stellen. Die Frist bis zum 31. März des folgenden Jahres ist eine Ausschlussfrist. Der Anspruch auf Reisekostenentschädigung erlischt, wenn der Antrag nicht binnen dieser Frist gestellt worden ist.

(5) Wird eine Fraktionsvorsitzende oder ein Fraktionsvorsitzender oder werden Abgeordnete im Auftrag einer oder eines Fraktionsvorsitzenden tätig, bleibt die Reisekostenentschädigung insoweit der Fraktion überlassen.

§ 11
(gestrichen)

§ 12
Übernachtungskosten

Haben Abgeordnete wegen der Teilnahme an einer in § 10 Abs. 1 bezeichneten Sitzung oder an einer Veranstaltung nach § 10 Abs. 2 aus zwingenden Gründen außerhalb ihres Wohnortes übernachtet, werden ihnen auf Antrag die nachgewiesenen angemessenen Übernachtungskosten erstattet.

§ 13
Fahrkostenerstattung

(1) Abgeordnete erhalten für Fahrten in ihrem Wahlkreis sowie für Fahrten zu den in § 10 Abs. 1 und 2 bezeichneten Sitzungen oder Veranstaltungen auf Antrag und Einzelnachweis

a) bei Benutzung eines Kraftfahrzeugs für jeden gefahrenen Kilometer einen Aufwendungsersatz in Höhe von 0,30 Euro,

b) bei Benutzung regelmäßig verkehrender öffentlicher Beförderungsmittel die Kosten der 1. Klasse erstattet; Fahrpreisermäßigungen sind zu berücksichtigen; Fahrkosten werden nicht erstattet, wenn das regelmäßig verkehrende öffentliche oder ein anderes Beförderungsmittel unentgeltlich benutzt werden kann. Bei der Benutzung anderer Beförderungsmittel wird keine höhere Fahrkostenerstattung gewährt als beim Benutzen eines regelmäßig verkehrenden öffentlichen Beförderungsmittels oder

c) bei Flügen nach Brüssel die Kosten entsprechend § 14 Satz 2 und 3 erstattet.

(2) Wahlkreise im Sinne des Absatzes 1 sind

a) bei Abgeordneten, die in einem Wahlkreis kandidiert haben, die jeweiligen Wahlkreise,

b) bei Abgeordneten, die nicht in Wahlkreisen kandidiert haben, die Wahlkreise, in denen sie wohnen,

c) diejenigen Wahlkreise, die ihnen durch Fraktionsbeschluss zur Betreuung zugewiesen worden sind und

d) ferner diejenigen Wahlkreise, in die Abgeordnete reisen, um Gesprächstermine in Wahlkreisangelegenheiten, insbesondere mit Vertreterinnen und Vertretern der Gemeinden und Gemeindeverbände, wahrzunehmen.

(3) Die näheren Regelungen, insbesondere über die Abrechnungszeiträume und die Bestätigung der sachlichen und rechnerischen Richtigkeit, trifft die Präsidentin oder der Präsident im Benehmen mit dem Ältestenrat.

(4) Bei Mitnahme einer Kraftfahrerin oder eines Kraftfahrers werden für diese oder diesen im Falle der Übernachtung gemäß § 12 Kosten bis zur Hälfte der bei der oder dem Abgeordneten anfallenden Übernachtungskosten erstattet. Abgeordnete, die wegen einer dauernden Körperbehinderung überwiegend auf die Mitnahme einer Kraftfahrerin oder eines Kraftfahrers angewiesen sind, wird auf Antrag die der Kraftfahrerin oder dem Kraftfahrer gezahlte Vergütung bis zur Höhe eines im Haushaltsplan festzulegenden Betrages erstattet.

(5) Die Präsidentin oder der Präsident und andere Abgeordnete, denen ein landeseigener Dienstkraftwagen zur ausschließlichen Verfügung steht, erhalten keine Fahrkostenerstattung. In besonderen Einzelfällen können aus wirtschaftlichen Gründen Kosten für Fahrten erstattet werden.

§ 14
Reisen außerhalb Schleswig-Holsteins

(1) Für Reisen, die Abgeordnete im Auftrag des Landtages, der Präsidentin oder des Präsidenten oder aufgrund eines von der Präsidentin oder vom Präsidenten genehmigten Ausschussbeschlusses außerhalb Schleswig-Holsteins, Hamburgs, Nordschleswigs, Niedersachsens, Bremens, Mecklenburg-Vorpommerns, Berlins und Brüssels unternehmen, erhalten sie als Fahrkostenerstattung bei der Benutzung der Bahn die Kosten der 1. Klasse sowie bei Benutzung eines eigenen Kraftfahrzeugs bei Einzelnachweise für jeden gefahrenen km 0,30 Euro erstattet. Die Kosten für Flüge werden grundsätzlich in sinngemäßer Anwendung des geltenden Reisekostenrechts abgegolten. Nebenkosten bei der Benutzung der Bahn oder bei Flügen werden auf Nachweis sowie nachgewiesene Übernachtungskosten auf Antrag erstattet.

(2) Nähere Regelungen trifft die Präsidentin oder der Präsident des Landtages im Benehmen mit dem Ältestenrat.

§ 15
Wegfall des Anspruchs auf Aufwendungsersatz

Abgeordnete, die nach Ablauf des 58. Monats einer Wahlperiode in den Landtag eintreten, haben keinen Anspruch auf Leistungen nach den §§ 8 bis 14, wenn der Landtag seine Tätigkeit bereits abgeschlossen hat.

Titel 3
Leistungen und Ausscheiden aus dem Landtag

§ 16
Übergangsgeld

(1) Abgeordnete erhalten nach ihrem Ausscheiden aus dem Landtag Übergangsgeld, sofern sie dem Landtag mindes-

tens ein Jahr angehört haben. Das Übergangsgeld wird in Höhe der Entschädigung nach § 6 Abs. 1 und 3 für mindestens drei Monate gewährt. Für jedes weitere Jahr der Zugehörigkeit zum Landtag wird das Übergangsgeld für drei weitere Monate, höchstens für 24 Monate gewährt. Zeiten, für die bereits Übergangsgeld gezahlt worden ist, bleiben unberücksichtigt. Bei der Berechnung der Mandatsdauer nach Satz 3 wird ein verbleibender Rest von mehr als einem halben Jahr als volles Jahr gezählt. Auf Antrag ist das Übergangsgeld zum halben Betrag für den doppelten Zeitraum zu zahlen.

(2) Die Zahlung des Übergangsgeldes endet mit Vollendung des 67. Lebensjahres. Für Abgeordnete, die vor dem 1. Januar 1947 geboren sind, endet die Zahlung des Übergangsgeldes mit Vollendung des 65. Lebensjahres. Für Abgeordnete, die nach dem 31. Dezember 1946 geboren sind, wird die Zahlungsgrenze wie folgt angehoben:

Geburtsjahr	Anhebung um Monate	Zahlungsgrenze Jahr	Monat
1947	1	65	1
1948	2	65	2
1949	3	65	3
1950	4	65	4
1951	5	65	5
1952	6	65	6
1953	7	65	7
1954	8	65	8
1955	9	65	9
1956	10	65	10
1957	11	65	11
1958	12	66	0
1959	14	66	2
1960	16	66	4
1961	18	66	6
1962	20	66	8
1963	22	66	10

Abs. 1 Satz 6 bleibt unberührt.

Fassung des Absatz 2 ab Satz 4 ab der 20. Wahlperiode:
Die Zahlung des Übergangsgeldes endet ferner mit der Zahlung einer vorzeitigen Altersentschädigung nach § 17 Absatz 3 und 4. Abs. 1 Satz 6 bleibt unberührt.

(3) Bezüge aus der Mitgliedschaft im Europäischen Parlament, dem Deutschen Bundestag, der gesetzgebenden Körperschaft eines anderen Landes, aus einem Amtsverhältnis oder aus einer Verwendung im öffentlichen Dienst werden auf das Übergangsgeld angerechnet. Das gilt auch für Erwerbseinkommen aus einer Beschäftigung oder Tätigkeit außerhalb des öffentlichen Dienstes sowie für Versorgungsbezüge und Renten. Renten, die aus den zusätzlichen Entschädigungen gemäß § 17 finanziert worden sind, werden ebenfalls angerechnet. Nicht angerechnet werden Bezüge aus ehrenamtlicher Tätigkeit.

Fassung des Absatz 3 ab der 20. Wahlperiode:
(3) Bezüge aus der Mitgliedschaft im Europäischen Parlament, dem Deutschen Bundestag, der gesetzgebenden Körperschaft eines anderen Landes, aus einem Amtsverhältnis oder aus einer Verwendung im öffentlichen Dienst werden auf das Übergangsgeld angerechnet. Das gilt auch für Erwerbseinkommen aus einer Beschäftigung oder Tätigkeit außerhalb des öffentlichen Dienstes sowie für Versorgungsbezüge und Renten. Renten, die aus den zusätzlichen Entschädigungen gemäß § 17 in der Fassung der Bekanntmachung vom 13. Februar 1991 (GVOBl. Schl.-H. S. 100, ber. 1992 S. 225), zuletzt geändert durch Gesetz vom 2. Mai 2018 (GVOBl. Schl.-H. S. 162), finanziert worden sind, werden ebenfalls angerechnet. Nicht angerechnet werden Bezüge aus ehrenamtlicher Tätigkeit.

(4) Treten ehemalige Abgeordnete wieder in den Landtag ein, so ruht bei monatlicher Zahlung der Anspruch nach Absatz 1. Der Anspruch ruht auch, solange ehemalige Abgeordnete Entschädigung als Abgeordnete des Europäischen Parlaments, des Deutschen Bundestages oder der gesetzgebenden Körperschaft eines anderen Landes beziehen.

(5) Stirbt eine ehemalige Abgeordnete oder ein ehemaliger Abgeordneter, so werden die Leistungen nach Absatz 1 an ihre oder seine Hinterbliebenen im Sinne von § 22 Abs. 1 und Abs. 2 Nr. 1 des Beamtenversorgungsgesetzes Schleswig-Holstein (SHBeamtVG) vom 26. Januar 2012 (GVOBl. Schl.-H. S. 153) fortgesetzt, wenn Ansprüche auf Hinterbliebenenversorgung nach dem Abgeordnetengesetz in der Fassung der Bekanntmachung vom 13. Februar 1991, zuletzt geändert durch Gesetz vom 17. Dezember 2007, nicht entstehen oder Renten, die aus der zusätzlichen Entschädigung gemäß § 17 dieses Gesetzes finanziert worden sind, nicht gezahlt werden; sind mehrere gleichberechtigte Personen vorhanden, so ist für die Bestimmung der Zahlungsempfängerin oder des Zahlungsempfängers die Reihenfolge der Aufzählung in § 22 Abs. 1 und Abs. 2 Nr. 1 SHBeamtVG maßgebend.

(6) Absatz 1 gilt nicht, wenn Abgeordnete die Mitgliedschaft im Landtag aufgrund des § 9 Abs. 1 Nr. 3 des Landeswahlgesetzes in der Fassung der Bekanntmachung vom 7. Oktober 1991 (GVOBl. Schl.-H. S. 442), zuletzt geändert durch Artikel 11 des Gesetzes vom 1. Februar 2005 (GVOBl. Schl.-H. S. 57), verlieren. § 29 Abs. 4 Satz 3 gilt entsprechend.

Fassung des Absatz 5 (anstelle der Absätze 5 und 6) ab der 20. Wahlperiode:
(5) Absatz 1 gilt nicht, wenn Abgeordnete die Mitgliedschaft im Landtag aufgrund des § 9 Absatz 1 Nr. 3 des Landeswahlgesetzes in der Fassung der Bekanntmachung vom 7. Oktober 1991 (GVOBl. Schl.-H. S. 442, ber. S. 637), zuletzt geändert durch Gesetz vom 1. Oktober 2019 (GVOBl. Schl.-H. S. 405), verlieren. § 29 Absatz 4 Satz 3 gilt entsprechend.

§ 17
Altersversorgung

(1) Abgeordnete erhalten zur Finanzierung der Altersversorgung eine zusätzliche monatliche Entschädigung in Höhe von 1.829 Euro. Voraussetzung für die Zahlung ist die Erklärung, dass die Entschädigung in Höhe von mindestens 85 Prozent für die Altersversorgung der Abgeordneten und zur Unterstützung ihrer überlebenden Ehegatten, der eingetragenen Lebenspartner und der Waisen durch eine Rente verwendet wird und ein Kapitalwahlrecht vollständig ausgeschlossen ist. Haben Abgeordnete bei Aufnahme der Zahlung der zusätzlichen Entschädigung keine Ehegatten, eingetragenen Lebenspartner oder Kinder, ist die Unterstützung gemäß Satz 2 für den Fall der Heirat, der Begründung der eingetragenen Lebenspartnerschaft oder der Geburt oder Adoption des Kindes durch Erklärung mitzuteilen.

(2) Die Erklärungen gemäß Absatz 1 müssen binnen eines Jahres gegenüber der Präsidentin oder dem Präsidenten erbracht werden. Die zusätzliche Entschädigung gemäß Absatz 1 wird vom Tag der Vorlage der Erklärung an gezahlt, rückwirkend höchstens bis zu einem Jahr. Weiter zurückliegende Ansprüche erlöschen.

(3) Diese Entschädigung wird nicht an Abgeordnete gezahlt, die bei Inkrafttreten dieses Gesetzes die Höchstversorgung gemäß §§ 18, 19 Schleswig-Holsteinisches Abgeordnetengesetz in der Fassung der Bekanntmachung vom 13. Februar 1991 (GVOBl. Schl.-H. S. 100, ber. 1992 S. 225), zuletzt geändert durch Gesetz vom 16. Dezember 2002 (GVOBl. Schl.-H. S. 269), erreicht haben.

(4) Diese Entschädigung wird nicht an Abgeordnete gezahlt, die einen Anspruch auf Einkommen aus einem Amtsverhältnis haben. Die Zahlung entfällt vom auf die Ernennung folgenden Kalendermonat bis zum Kalendermonat, in dem die Abgeordnete oder der Abgeordnete aus dem Amtsverhältnis ausscheidet. Hat die Abgeordnete oder der Abgeordnete nach Ausscheiden noch keinen Anspruch und keine Anwartschaft auf Ruhegehalt aus dem Amtsverhältnis erworben, wird ihr oder ihm die entfallene Entschädigung nach Maßgabe des Absatzes 1 nachgezahlt.

Fassung des § 17 ab der 20. Wahlperiode:

§ 17
Anspruch auf Altersentschädigung

(1) Ehemalige Abgeordnete erhalten nach ihrem Ausscheiden eine Altersentschädigung, wenn sie das 67. Lebensjahr

vollendet und dem Landtag mindestens ein Jahr angehört haben. § 16 Absatz 2 Satz 2 und 3 findet entsprechende Anwendung.

(2) Gehörte ein ausgeschiedenes Mitglied dem Landtag mehrmals mit Unterbrechung an, so sind die Zeitabschnitte zusammenzurechnen.

(3) Auf Antrag kann die Altersentschädigung vorzeitig ab Vollendung des 63. Lebensjahres in Anspruch genommen werden. Die Altersentschädigung vermindert sich in diesem Fall um 0,3 v. H. für jeden Monat, für den die Altersentschädigung vor dem in Absatz 1 genannten Zeitpunkt in Anspruch genommen wird. Anrechnungen nach § 27 erfolgen bezogen auf den nach Satz 2 verminderten Betrag der Altersentschädigung.

(4) Abgeordnete, die schwerbehindert im Sinne des § 2 Absatz 2 des Neunten Buches Sozialgesetzbuch sind, erhalten nach ihrem Ausscheiden eine Altersentschädigung mit Vollendung des 65. Lebensjahres in sinngemäßer Anwendung des § 236 a Absatz 1 Satz 1 Nr. 1 und 2 und Satz 2 sowie Absatz 2 Satz 1 und 2 Sechstes Buch Sozialgesetzbuch – Gesetzliche Rentenversicherung – in der Fassung der Bekanntmachung vom 19. Februar 2002 (BGBl. I S. 754, 1404, 3384), zuletzt geändert durch Artikel 34 des Gesetzes vom 12. Dezember 2019 (BGBl. I S. 2652). Die Altersentschädigung vermindert sich um 0,3 v. H. für jeden Monat, für den sie vorzeitig in Anspruch genommen wird, höchstens jedoch um 10,8 v. H.; Absatz 3 Satz 3 findet Anwendung.

§ 18
(gestrichen)

Fassung des § 18 ab der 20. Wahlperiode:

§ 18
Höhe der Altersentschädigung

Die Altersentschädigung bemisst sich nach der monatlichen Abgeordnetenentschädigung gemäß § 6 Absatz 1. Sie beträgt für jedes Jahr der Mitgliedschaft im Landtag 1,5 v. H. der Abgeordnetenentschädigung nach § 6 Absatz 1. Der Höchstbemessungssatz der Altersentschädigung beträgt 60 v. H. § 16 Absatz 1 Satz 5 gilt entsprechend.

§ 19
(gestrichen)

Fassung des § 19 ab der 20. Wahlperiode:

§ 19
Versorgungsfonds

(1) Zur Finanzierung zukünftiger Altersentschädigungen nach § 17 für ehemalige Abgeordnete und die Versorgung ihrer Hinterbliebenen nach § 23 wird ein Versorgungsfonds als Sondervermögen errichtet. Das Nähere über die Aufgabe und die Verwaltung des Versorgungsfonds sowie die Zuführungen und die Entnahmen wird durch Gesetz geregelt.

(2) Für jede Abgeordnete und jeden Abgeordneten werden monatlich jeweils 2.150 Euro dem Versorgungsfonds zugeführt.

§ 20
Gesundheitsschäden, Tod

(1) Haben Abgeordnete während ihrer Zugehörigkeit zum Landtag oder, sofern sie fünf Jahre Mitglied des Landtages waren, innerhalb von drei Jahren nach dem Ausscheiden ohne grobes eigenes Verschulden Gesundheitsschäden erlitten, die ihre Arbeitskraft dauernd und so wesentlich beeinträchtigen, dass sie ihr Mandat und bei Ausscheiden aus dem Landtag die bei ihrer Wahl zum Landtag ausgeübte oder eine andere zumutbare Tätigkeit nicht ausüben können, erhalten sie eine Altersentschädigung in Höhe von 25 v.H. der Entschädigung gemäß § 6 Abs. 1.

(2) Versterben Abgeordnete während ihrer Zugehörigkeit zum Landtag, so erhalten ihre Hinterbliebenen im Sinne des § 17 Abs. 1 eine Hinterbliebenenversorgung in Höhe von 55 % der Altersentschädigung nach Absatz 1. Die Witwen- beziehungsweise Witwerrente vermindert sich hierbei für jedes volle Kalenderjahr, um das die Hinterbliebenen mehr als 15 Jahre jünger als die verstorbenen Abgeordneten sind, um 5 %, höchstens jedoch auf 27,5 %. Halbwaisen erhalten 12 %, Vollwaisen 20 % der Altersentschädigung nach Absatz 1.

(3) Renten gemäß § 17 Abs. 1 werden in voller Höhe angerechnet und verringern dementsprechend den Anspruch auf Altersentschädigung und Hinterbliebenenversorgung. Versorgungsansprüche nach dem Abgeordnetengesetz in der Fassung der Bekanntmachung vom 13. Februar 1991 (GVOBl. Schl.-H. S. 100, ber. 1992 S. 225), zuletzt geändert durch Gesetz vom 16. Dezember 2002 (GVOBl. Schl.-H. S. 269), nach dem Europaabgeordnetengesetz und dem Abgeordnetengesetz des Bundes oder eines anderen Landes und Versorgungsbezüge aus einem Amtsverhältnis oder einer Verwendung im öffentlichen Dienst vermindern den Anspruch nach Absatz 1 und Absatz 2 um den Betrag, um den die Versorgungsbezüge zusammen mit den Ansprüchen nach Absatz 1 und Absatz 2 den Höchstbetrag von 40 v.H. der Entschädigung nach § 6 Abs. 1 übersteigen.

(4) Leistungen nach Absatz 1 werden nur auf Antrag gewährt. Für zurückliegende Zeiten werden Leistungen nach Absatz 1 höchstens für drei Monate vor dem Monat gewährt, in dem der Antrag bei der Präsidentin oder dem Präsidenten eingegangen ist.

(5) Für die Versorgung nach Absatz 1 und 2 sind die für die Versorgung von Landesbeamtinnen und Landesbeamten geltenden Vorschriften sinngemäß anzuwenden.

Fassung des § 20 ab der 20. Wahlperiode:

§ 20
Gesundheitsschäden, Tod

(1) Haben Abgeordnete während ihrer Zugehörigkeit zum Landtag oder, sofern sie fünf Jahre Mitglied des Landtages waren, innerhalb von drei Jahren nach dem Ausscheiden ohne grobes eigenes Verschulden Gesundheitsschäden erlitten, die ihre Arbeitskraft dauernd und so wesentlich beeinträchtigen, dass sie ihr Mandat und bei Ausscheiden aus dem Landtag die bei ihrer Wahl zum Landtag ausgeübte oder eine andere zumutbare Tätigkeit nicht ausüben können, erhalten sie eine Altersentschädigung in Höhe von 25 v.H. der Entschädigung gemäß § 6 Abs. 1 .

(2) Leistungen nach Absatz 1 werden nur auf Antrag gewährt. Für zurückliegende Zeiten werden Leistungen nach Absatz 1 höchstens für drei Monate vor dem Monat gewährt, in dem der Antrag bei der Präsidentin oder dem Präsidenten eingegangen ist.

(3) Die Gesundheitsschäden sind durch ein amtsärztliches Gutachten nachzuweisen. Das Gutachten wird ersetzt durch den Bescheid über Rente wegen Berufs- oder Erwerbsunfähigkeit oder durch den Bescheid über Dienstunfähigkeit im Sinne des Beamtenrechts.

§ 21
(gestrichen)

Fassung des § 21 ab der 20. Wahlperiode:

§ 21
Versorgungsabfindung

(1) Abgeordnete, die bei ihrem Ausscheiden weder eine Anwartschaft noch einen Anspruch auf Altersentschädigung nach § 17 erworben haben, erhalten für die Zeit der Zugehörigkeit zum Landtag auf Antrag eine Versorgungsabfindung. Sie wird für jeden angefangenen Monat der Mitgliedschaft im Landtag in Höhe des für diesen Monat jeweils geltenden Höchstbetrages zur gesetzlichen Rentenversicherung gezahlt.

(2) Hat ein ausgeschiedenes Mitglied bis zu seinem Tod keinen Antrag auf Versorgungsabfindung gestellt, können die überlebende Ehegattin oder der überlebende Ehegatte oder die überlebende eingetragene Lebenspartnerin oder der überlebende eingetragene Lebenspartner oder, soweit solche nicht vorhanden sind, die leiblichen oder die als Kind angenommenen Kinder einen Antrag nach Absatz 1 stellen.

(3) Die Möglichkeit der Nachentrichtung von Beiträgen zur gesetzlichen Rentenversicherung oder zu einer zusätzlichen Alters- und Hinterbliebenenversorgung oder zu einem berufsständischen Versorgungswerk für die Zeit der Mitglied-

schaft im Landtag richtet sich nach § 23 Absatz 3 und 8 des Gesetzes über die Rechtsverhältnisse der Mitglieder des Deutschen Bundestages (Abgeordnetengesetz – AbgG) in der Fassung der Bekanntmachung vom 21. Februar 1996 (BGBl. I S. 326), zuletzt geändert durch Artikel 12 des Gesetzes vom 5. Januar 2017 (BGBl. I S. 17).

(4) Anstelle der Versorgungsabfindung nach Absatz 1 wird die Zeit der Mitgliedschaft im Landtag auf Antrag als Dienstzeit im Sinne des Besoldungs- und Versorgungsrechts der Beamtinnen und Beamten sowie Richterinnen und Richter berücksichtigt.

(5) Im Falle des Wiedereintritts in den Landtag beginnen die Fristen für die Mitgliedschaftsdauer nach § 17 erneut zu laufen, wenn den Abgeordneten eine Versorgungsabfindung nach Absatz 1 oder Absatz 3 gewährt wurde oder eine Anrechnung der Zeit der früheren Mitgliedschaft als Dienstzeit nach Absatz 4 erfolgt ist.

§ 22
Überbrückungsgeld

(1) Stirbt eine Abgeordnete oder ein Abgeordneter, so erhalten ihr überlebender Ehegatte oder seine überlebende Ehegattin, die leiblichen und die als Kind angenommenen Kinder Überbrückungsgeld in Höhe der zweifachen Entschädigung nach § 6 Abs. 1. An wen der Zahlungen zu leisten sind, bestimmt die Präsidentin oder der Präsident; sind mehrere Berechtigte vorhanden, ist das Überbrückungsgeld in der Regel in der Reihenfolge der Aufzählung in Satz 1 zu gewähren. Sind Hinterbliebene im Sinne des Satzes 1 nicht vorhanden, so wird auf Antrag sonstigen Personen, die die Kosten der letzten Krankheit oder der Bestattung getragen haben, das Überbrückungsgeld bis zur Höhe ihrer Aufwendungen gewährt.

(2) Die Hinterbliebenen von Abgeordneten im Sinne von Absatz 1 Satz 1 erhalten die noch nicht abgerechneten Leistungen nach diesem Gesetz, soweit sie im Zeitpunkt des Todes fällig waren. Absatz 1 Satz 2 gilt entsprechend.

(3) Sterbegelder, die nach beamtenrechtlichen Vorschriften gewährt werden, sind nach § 27 Abs. 3 anzurechnen.

Fassung des § 22 ab der 20. Wahlperiode:

§ 22
Überbrückungsgeld

(1) Stirbt eine Abgeordnete oder ein Abgeordneter, so erhalten ihr überlebender Ehegatte oder seine überlebende Ehegattin, die eingetragene Lebenspartnerin oder der eingetragene Lebenspartner, die leiblichen und die als Kind angenommenen Kinder Überbrückungsgeld in Höhe der zweifachen Entschädigung nach § 6 Abs. 1. An wen die Zahlungen zu leisten sind, bestimmt die Präsidentin oder der Präsident; sind mehrere Berechtigte vorhanden, ist das Überbrückungsgeld in der Regel in der Reihenfolge der Aufzählung in Satz 1 zu gewähren. Sind Hinterbliebene im Sinne des Satzes 1 nicht vorhanden, so wird auf Antrag sonstigen Personen, die die Kosten der letzten Krankheit oder der Bestattung getragen haben, das Überbrückungsgeld bis zur Höhe ihrer Aufwendungen gewährt.

(2) Das Gleiche gilt beim Tod ehemaliger Abgeordneter, die Altersentschädigung erhalten oder eine Anwartschaft auf Altersentschädigung erworben haben. Bei der Berechnung des Überbrückungsgeldes tritt an die Stelle der Entschädigung nach § 6 Absatz 1 die Altersentschädigung nach § 18.

(3) Die Hinterbliebenen von Abgeordneten im Sinne von Absatz 1 Satz 1 erhalten die noch nicht abgerechneten Leistungen nach diesem Gesetz, soweit sie im Zeitpunkt des Todes fällig waren. Absatz 1 Satz 2 gilt entsprechend.

(4) Sterbegelder, die nach beamtenrechtlichen Vorschriften gewährt werden, sind nach § 27 Abs. 6 anzurechnen.

§ 23
(gestrichen)

Fassung des § 23 ab der 20. Wahlperiode:

§ 23
Hinterbliebenenversorgung

(1) Überlebende Ehegattinnen und Ehegatten und überlebende eingetragene Lebenspartnerinnen und Lebenspartner von Abgeordneten oder ehemaligen Abgeordneten erhalten 50 v. H. der nach § 18 berechneten Altersentschädigung.

(2) Die leiblichen und die als Kind angenommenen Kinder von Abgeordneten oder ehemaligen Abgeordneten erhalten Waisengeld. Es beträgt für die Vollwaise 20 v. H. und für die Halbwaise 12 v. H. der nach § 18 berechneten Altersentschädigung.

(3) Die Hinterbliebenen erhalten eine Mindestversorgung, wenn die Mandatszeit der Abgeordneten weniger als zehn Mandatsjahre beträgt. In diesem Fall ist Berechnungsgrundlage für die Mindestversorgung ein Betrag i.H.v. 15 v. H. der Entschädigung nach § 6 Absatz 1. Hinterbliebene nach Absatz 1 erhalten 50 v. H., Vollwaisen und Halbwaisen nach Absatz 2 erhalten 20 v. H. und 12 v. H. dieses Betrages.

(4) Die Hinterbliebenenversorgung wird auch gewährt, wenn die Abgeordneten oder die ehemaligen Abgeordneten im Zeitpunkt ihres Todes die Altersvoraussetzung nach § 17 noch nicht erfüllt hatten.

§ 24
(gestrichen)

Fassung des § 24 ab der 20. Wahlperiode:

§ 24
Anwendung beamtenrechtlicher Vorschriften

Soweit in diesem Gesetz nichts anderes bestimmt ist, sind für die Versorgung die für die Landesbeamtinnen und Landesbeamten geltenden Vorschriften sinngemäß anzuwenden.

Titel 4
Zuschuß zu den Kosten in Krankheitsfällen, Unterstützungen

§ 25
Zuschuß zu den Kosten in Krankheitsfällen

(1) Abgeordnete erhalten einen Zuschuß zu ihren Krankenversicherungsbeiträgen, wenn

a) kein Beitrag nach § 249 des Fünften Buches des Sozialgesetzbuches vom 20. Dezember 1988 (BGBl. I S. 2477, 2482), zuletzt geändert durch Gesetz vom 26. April 2006 (BGBl. I S. 984), für sie gezahlt wird oder

b) sie keinen Anspruch auf einen Beitragszuschuß nach § 257 des Fünften Buches des Sozialgesetzbuches haben oder

c) sie nicht Beiträge zahlen, für die nur der halbe Beitragssatz gilt.

Diejenigen, die eine Rente aus der gesetzlichen Rentenversicherung beziehen und entweder den darauf entfallenden Krankenversicherungsbeitrag nach § 249 a des Fünften Buches des Sozialgesetzbuches zu ihrer Hälfte tragen oder gemäß § 106 des Sechsten Buches des Sozialgesetzbuches in der Fassung der Bekanntmachung vom 19. Februar 2002 (BGBl. I S. 754), zuletzt geändert durch Gesetz vom 24. April 2006 (BGBl. I S. 926), einen Beitragszuschuß beziehen, erhalten für diesen rentenbezogenen Krankenversicherungsbeitrag keinen Zuschuß. Entsprechendes gilt für die Fälle des § 35 a des Gesetzes über die Alterssicherung der Landwirte vom 29. Juli 1994 (BGBl. I S. 1890), zuletzt geändert durch Gesetz vom 6. September 2005 (BGBl. I S. 2725). Für andere Einkünfte, die für die Berechnung der Krankenversicherungsbeiträge zugrunde gelegt werden, wird ebenfalls kein Zuschuss gezahlt. Als Zuschuß ist die Hälfte des aus eigenen Mitteln geleisteten Krankenversicherungsbeitrages zu zahlen, höchstens jedoch die Hälfte des Höchstbeitrages im Sinne des § 257 des Fünften Buches des Sozialgesetzbuches der im Falle der Versicherungspflicht zuständigen allgemeinen Ortskrankenkasse. Von dritter Seite ohne Rechtsanspruch gezahlte Zuschüsse werden angerechnet. Abgeordnete, die einen Anspruch auf Beihilfe aus anderen landesrechtlichen oder bundesrechtlichen Vorschriften haben, erhalten keinen Zuschuss zu ihren Krankenversicherungsbeiträgen. Der Anspruch auf Zuschuß zu den Krankenversicherungsbeiträgen nach Satz 1 schließt den Anspruch auf einen Zuschuß in Höhe der Hälfte des aus eigenen Mitteln geleisteten Pflegeversicherungsbeitrages, höchstens jedoch die Hälfte des Höchstbeitrages der sozialen Pflegeversicherung, ein. Der Zuschuss umfasst nicht den Beitragszuschlag für Kinderlose.

Fassung des Absatz 1 ab der 20. Wahlperiode:

(1) Abgeordnete und Versorgungsempfängerinnen und Versorgungsempfänger erhalten einen Zuschuß zu ihren Krankenversicherungsbeiträgen, wenn

a) kein Beitrag nach § 249 des Fünften Buches des Sozialgesetzbuches vom 20. Dezember 1988 (BGBl. I S. 2477, 2482), zuletzt geändert durch Gesetz vom 26. April 2006 (BGBl. I S. 984), für sie gezahlt wird oder

b) sie keinen Anspruch auf einen Beitragszuschuß nach § 257 des Fünften Buches des Sozialgesetzbuches haben oder

c) sie nicht Beiträge zahlen, für die nur der halbe Beitragssatz gilt.

Diejenigen, die eine Rente aus der gesetzlichen Rentenversicherung beziehen und entweder den darauf entfallenden Krankenversicherungsbeitrag nach § 249 a des Fünften Buches des Sozialgesetzbuches nur zur Hälfte tragen oder gemäß § 106 des Sechsten Buches des Sozialgesetzbuches in der Fassung der Bekanntmachung vom 19. Februar 2002 (BGBl. I S. 754), zuletzt geändert durch Gesetz vom 24. April 2006 (BGBl. I S. 926), einen Beitragszuschuß beziehen, erhalten für diesen rentenbezogenen Krankenversicherungsbeitrag keinen Zuschuß. Entsprechendes gilt für die Fälle des § 35 a des Gesetzes über die Alterssicherung der Landwirte vom 29. Juli 1994 (BGBl. I S. 1890), zuletzt geändert durch Gesetz vom 6. September 2005 (BGBl. I S. 2725). Für andere Einkünfte, die der Berechnung der Krankenversicherungsbeiträge zugrunde gelegt werden, wird ebenfalls kein Zuschuss gezahlt. Als Zuschuß ist die Hälfte des aus eigenen Mitteln geleisteten Krankenversicherungsbeitrages zu zahlen, höchstens jedoch die Hälfte des Höchstbeitrages im Sinne des § 257 des Fünften Buches des Sozialgesetzbuches der im Falle der Versicherungspflicht zuständigen allgemeinen Ortskrankenkasse. Von dritter Seite ohne Rechtsanspruch gezahlte Zuschüsse werden angerechnet. Abgeordnete, die einen Anspruch auf Beihilfe aus anderen landesrechtlichen oder bundesrechtlichen Vorschriften haben, erhalten keinen Zuschuss zu ihren Krankenversicherungsbeiträgen. Der Anspruch auf Zuschuß zu den Krankenversicherungsbeiträgen nach Satz 1 schließt den Anspruch auf einen Zuschuß in Höhe der Hälfte des aus eigenen Mitteln geleisteten Pflegeversicherungsbeitrages, höchstens jedoch die Hälfte des Höchstbeitrages der sozialen Pflegeversicherung, ein. Der Zuschuss umfasst nicht den Beitragszuschlag für Kinderlose; dies gilt nicht für Versorgungsempfängerinnen und Versorgungsempfänger.

(2) Anstelle eines Anspruchs auf einen Zuschuss nach Absatz 1 erhalten Abgeordnete, die bei Annahme ihres Mandats beihilfeberechtigt sind, einen Zuschuß zu den notwendigen Kosten in Krankheits-, Pflege-, Geburts- und Todesfällen in sinngemäßer Anwendung der Beihilfevorschriften für Landesbeamtinnen und Landesbeamte, sofern sich ein Anspruch auf Beihilfe nicht aus anderen landesrechtlichen oder bundesrechtlichen Vorschriften ergibt. Das Überbrückungsgeld nach § 22 ist eine auf die Erstattung der Bestattungskosten anrechenbare Leistung im Sinne der in Satz 1 genannten Vorschriften.

(3) Die Entscheidung darüber, ob Abgeordnete, die bei Annahme des Mandats beihilfeberechtigt sind, anstelle des Zuschusses nach Absatz 1 Leistungen nach Absatz 2 in Anspruch nehmen wollen, haben die Abgeordneten der Präsidentin oder dem Präsidenten innerhalb von vier Monaten nach Annahme des Mandats mitzuteilen. An diese Entscheidung sind die Abgeordneten bis zum Ablauf des Jahres gebunden. Teilen sie bis zum 31. Oktober dieses oder eines folgenden Jahres der Präsidentin oder dem Präsidenten keine andere Entscheidung mit, so gilt die Entscheidung für die Dauer des kommenden Jahres.

(4) Die Zuschüsse nach den Absätzen 1 und 2 werden auch gewährt für die Dauer des Bezugs von Übergangsgeld nach § 16. Besteht ein Anspruch auf einen Zuschuss auch nach § 27 des Abgeordnetengesetzes des Bundes, so ruht der Anspruch nach diesem Gesetz.

Zusätzlicher Absatz 5 ab der 20. Wahlperiode:

(5) Versorgungsempfängerinnen und Versorgungsempfänger im Sinne dieser Vorschrift sind ehemalige Abgeordnete, die Altersentschädigung beziehen, sowie Bezieherinnen und Bezieher von Hinterbliebenenversorgung.

§ 26
Unterstützungen

Die Präsidentin oder der Präsident kann in besonderen wirtschaftlichen Notfällen Abgeordneten einmalige Unterstützungen, ausgeschiedenen Abgeordneten und deren Hinterbliebenen einmalige Unterstützungen und laufende Unterhaltszuschüsse gewähren.

Titel 5
Anrechnung beim Zusammentreffen mehrerer Bezüge aus öffentlichen Kassen

§ 27
Anrechnung beim Zusammentreffen mehrerer Bezüge

(1) Haben Abgeordnete neben ihrer Entschädigung nach § 6 Anspruch auf Einkommen aus einem Amtsverhältnis, wird die Entschädigung nach § 6 um 95 v.H. gekürzt.

(2) Für die Zeit, für die Abgeordnete eine Entschädigung als Mitglied des Europäischen Parlaments oder des Deutschen Bundestages erhalten, werden die Entschädigungen nach § 6 und der Aufwendungsersatz nach Abschnitt III Titel 2 nicht gewährt.

(3) Haben Abgeordnete neben ihrer Entschädigung nach § 6 Anspruch auf Versorgungsbezüge aus einem Amtsverhältnis oder aus einer Verwendung im öffentlichen Dienst, so ruht die Entschädigung in Höhe von 50 vom Hundert der Versorgungsbezüge, höchstens jedoch zu 30 vom Hundert der Entschädigung nach § 6 Abs. 1. Ausgenommen von der Anrechnung nach Satz 1 ist der Anspruch auf ein Übergangsgeld nach § 10 des Schleswig-Holsteinischen Landesministergesetzes; insoweit findet eine Anrechnung nach § 14 Abs. 2 des Landesministergesetzes statt.

Zusätzliche Absätze 4 bis 6 ab der 20. Wahlperiode:

(4) Beziehen ehemalige Abgeordnete Entschädigung als Mitglied des Europäischen Parlaments oder des Deutschen Bundestages oder der gesetzgebenden Körperschaft eines anderen Landes, ruht die Altersentschädigung nach diesem Gesetz bis zur Höhe des Betrages der Entschädigung, die sie als Abgeordnete des anderen Parlaments erhalten.

(5) Die Altersentschädigung nach diesem Gesetz ruht neben dem Einkommen aus einem Amtsverhältnis oder einer Verwendung im öffentlichen Dienst zu 50 v. H. des Betrages, um den sie und das Einkommen die Entschädigung nach § 6 Absatz 1 übersteigen.

(6) Die Altersentschädigung nach diesem Gesetz ruht neben Versorgungsbezügen aus einem Amtsverhältnis oder einer Verwendung im öffentlichen Dienst zu 50 v. H. des Betrages, um den sie und die anderen Bezüge die Entschädigung nach § 6 Absatz 1 übersteigen, höchstens jedoch in Höhe der Altersentschädigung. Entsprechendes gilt beim Bezug einer Rente aus einer zusätzlichen Alters- und Hinterbliebenenversorgung für Angehörige des öffentlichen Dienstes; § 66 Absatz 4 Beamtenversorgungsgesetz Schleswig-Holstein (SHBeamtVG) vom 26. Januar 2012 (GVOBl. Schl.-H.S. 153, 219), zuletzt geändert durch Gesetz vom 29. Mai 2019 (GVOBl. Schl.-H. S. 120), ist sinngemäß anzuwenden.

Titel 6
Gemeinsame Vorschriften

§ 28
Anpassungsverfahren

(1) Die Entschädigungen nach § 6 Absatz 1 und 2 und die zusätzliche Entschädigung zur Finanzierung der Altersversorgung nach § 17 Absatz 1 werden während der 19. Wahlperiode jeweils zum 1. Juli eines Jahres an die Einkommensentwicklung angepasst, die jeweils im abgelaufenen Jahr gegenüber dem vorangegangenen Jahr eingetreten ist. Maßstab für die Anpassung der Entschädigungen und der zusätzlichen Entschädigung ist die Veränderung des Indexes der durchschnittlichen Bruttomonatsverdienste der vollbeschäftigten Arbeitnehmerinnen und Arbeitnehmer (einschließlich der Beamtinnen und Beamten) im produzierenden Gewerbe und im Dienstleistungsbereich in Schleswig-Holstein. Die prozentualen Veränderungen der nach Satz 2 ermittelten Einkommensentwicklungen teilt das Statistische Amt für Hamburg und Schleswig-Holstein bis zum 1. Juni eines Jahres der Präsidentin oder dem Präsidenten mit. Diese oder dieser veröffentlicht die neuen Beträge der Entschädigungen und der zusätzlichen Entschädigung im Gesetz- und Verordnungsblatt.[2]

(2) Der Schleswig-Holsteinische Landtag beschließt innerhalb des ersten Halbjahres nach der konstituierenden Sitzung über die Anpassung der Entschädigungen nach § 6 Absatz 1 und 2 sowie § 17 Absatz 1 mit Wirkung für die gesamte Wahlperiode. Die Präsidentin oder der Präsident leitet den Fraktionen einen entsprechenden Gesetzesvorschlag zu.

Fassung des § 28 ab der 20. Wahlperiode:

§ 28
Anpassungsverfahren

(1) Die Entschädigungen nach § 6 Absatz 1 und 2 und die Zuführungen an den Versorgungsfonds nach § 19 Absatz 2 werden während der 20. Wahlperiode jeweils zum 1. Juli eines Jahres an die Einkommensentwicklung angepasst, die jeweils im abgelaufenen Jahr gegenüber dem vorangegangenen Jahr eingetreten ist. Maßstab für die Anpassung der Entschädigungen und der Zuführungen an den Versorgungsfonds ist die Veränderung des Indexes der durchschnittlichen Bruttomonatsverdienste der vollbeschäftigten Arbeitnehmerinnen und Arbeitnehmer (einschließlich der Beamtinnen und Beamten) im produzierenden Gewerbe und im Dienstleistungsbereich in Schleswig-Holstein. Die prozentualen Veränderungen der nach Satz 2 ermittelten Einkommensentwicklungen teilt das Statistische Amt für Hamburg und Schleswig-Holstein bis zum 1. Juni eines Jahres der Präsidentin oder dem Präsidenten mit. Diese oder dieser veröffentlicht die neuen Beträge der Entschädigungen und der Zuführungen an den Versorgungsfonds im Gesetz- und Verordnungsblatt.

(2) Der Schleswig-Holsteinische Landtag beschließt innerhalb des ersten Halbjahres nach der konstituierenden Sitzung über die Anpassungen nach § 6 Absatz 1 und 2 sowie § 19 Absatz 2 mit Wirkung für die gesamte Wahlperiode. Die Präsidentin oder der Präsident leitet den Fraktionen einen entsprechenden Gesetzesvorschlag zu.

§ 29
Beginn und Ende der Ansprüche, Zahlungsvorschriften

(1) Zahlungen nach § 6 Abs. 1, den §§ 9 bis 13, 17, 25 und 26 werden vom Tage der Annahme der Wahl ab geleistet, auch wenn die Wahlperiode des letzten Landtags noch nicht abgelaufen ist. Ausscheidende Abgeordnete erhalten die Entschädigung nach § 6 Abs. 1, § 17 und Aufwendungsersatz nach Abschnitt III Titel 2 bis zum Ende des Monats, in dem ihre Mitgliedschaft endet. Zusätzliche Entschädigung gemäß § 6 Abs. 2 werden vom Tage der Übertragung der besonderen parlamentarischen Funktionen ab gezahlt, frühestens jedoch ab Zusammentritt des neu gewählten Landtages. Zusätzliche Entschädigungen gemäß § 6 Abs. 2 werden bis zum Ende des Monats gezahlt, in dem die besonderen Funktionen enden. Die Leistungen nach den §§ 6, 9, 17, 25 und 26 werden für einen Monat, die Leistungen nach § 12 für dieselbe Nacht und die Leistungen nach § 13 für dieselbe Fahrt nur einmal gewährt.

(2) Die Entschädigung nach § 6 und die Leistungen nach den §§ 16, 17, 20, 22 und 25 werden monatlich im Voraus gezahlt. Besteht der Anspruch nicht für einen vollen Kalendermonat, so wird nur der Teil gezahlt, der auf den Anspruchszeitraum entfällt, soweit gesetzlich nichts anderes bestimmt ist.

Fassung des § 29 ab der 20. Wahlperiode:

§ 29
Beginn und Ende der Ansprüche, Zahlungsvorschriften

(1) Zahlungen nach § 6 Abs. 1, den §§ 9 bis 13, 25 und 26 werden vom Tage der Annahme der Wahl ab geleistet, auch wenn die Wahlperiode des letzten Landtages noch nicht abgelaufen ist. Ausscheidende Abgeordnete erhalten die Entschädigung nach § 6 Abs. 1 und den Aufwendungsersatz nach Abschnitt III Titel 2 bis zum Ende des Monats, in dem ihre Mitgliedschaft endet. Zusätzliche Entschädigungen gemäß § 6 Abs. 2 werden vom Tage der Übertragung der besonderen parlamentarischen Funktionen ab gezahlt, frühestens jedoch ab Zusammentritt des neu gewählten Landtages. Zusätzliche Entschädigungen gemäß § 6 Abs. 2 werden bis zum Ende des Monats gezahlt, in dem die besonderen Funktionen enden. Die Leistungen nach den §§ 6, 9, 25 und 26 werden für einen Monat, die Leistungen nach § 12 für dieselbe Nacht und die Leistungen nach § 13 für dieselbe Fahrt nur einmal gewährt.

(2) Die Altersentschädigung wird vom Ersten des Monats, in welchem das anspruchsbegründende Ereignis eintritt, es sei denn, dass für diesen Monat noch Entschädigung nach § 6 gezahlt wird, bis zum Ablauf des Monats gewährt, in dem die oder der Berechtigte stirbt.

(3) Die Ansprüche auf Altersentschädigung ruhen bei einem späteren Wiedereintritt in den Landtag für die Dauer der Mitgliedschaft.

(4) Altersentschädigung nach diesem Gesetz wird nicht gezahlt, wenn Abgeordnete oder ehemalige Abgeordnete ihre Mitgliedschaft im Landtag aufgrund des § 9 Absatz 1 Nr. 3 des Landeswahlgesetzes in der Fassung der Bekanntmachung vom 7. Oktober 1991 (GVOBl. Schl.-H. S. 442, ber. S. 637), zuletzt geändert durch Gesetz vom 1. Oktober 2019 (GVOBl. Schl.-H. S. 405) verlieren. Für die Zeit der Mitgliedschaft im Landtag gilt § 21. Die Präsidentin oder der Präsident kann die Zahlungen aussetzen, wenn ein Verfahren zu erwarten ist, das die Folgen des § 9 Absatz 1 Nr. 3 des Landeswahlgesetzes nach sich zieht.

(5) Die Entschädigung nach § 6 und die Leistungen nach den §§ 16, 20, 22, 23 und 25 werden monatlich im Voraus gezahlt. Besteht der Anspruch nicht für einen vollen Kalendermonat, so wird nur der Teil gezahlt, der auf den Anspruchszeitraum entfällt, soweit gesetzlich nichts anderes bestimmt ist.

§ 30
Abrundung

Die Leistungen nach diesem Gesetz werden auf volle Euro abgerundet.

§ 31
Ausführungsbestimmungen

Die Präsidentin oder der Präsident des Landtages erlässt die Ausführungsbestimmungen zu diesem Gesetz[3] im Benehmen mit dem Ältestenrat.

§ 32
Begriffsbestimmungen

(1) Einkommen aus einer Verwendung im öffentlichen Dienst ist das Verwendungseinkommen sowie das ihm gleichgestellte Einkommen im Sinne des § 53 Abs. 8 Beamtenversorgungsgesetzes in der Fassung der Bekanntmachung vom 16. März 1999 (BGBl. I S. 322), zuletzt geändert durch Gesetz vom 21. Juni 2005 (BGBl. I S. 1818).

---

2 *Siehe Veröffentlichung vom 7.6.2021 (GVOBl. Schl.-H. S. 798).*

3 *Ausführungsbestimmungen vom 14.3.2007 (Amtsbl. Schl.-H. S. 334), zuletzt geändert durch Bekanntmachung vom 8.5.2019 (Amtsbl. Schl.-H. S. 502).*

(2) Erwerbseinkommen aus einer Beschäftigung oder Tätigkeit außerhalb des öffentlichen Dienstes sind Einkünfte aus selbständiger und nichtselbständiger Arbeit, aus einem Gewerbebetrieb und aus der Land- und Forstwirtschaft. Anzusetzen ist bei den Einkünften aus nichtselbständiger Arbeit das monatliche Erwerbseinkommen, bei den anderen Einkunftsarten das Erwerbseinkommen des Kalenderjahres, geteilt durch zwölf Kalendermonate.

(3) Rentenansprüche im Sinne dieses Gesetzes sind nur Ansprüche aus Renten aus den gesetzlichen Rentenversicherungen und aus einer zusätzlichen Alters- und Hinterbliebenenversorgung des öffentlichen Dienstes. Der Umfang ihrer Einbeziehung in die Anrechnungsbestimmungen dieses Gesetzes ergibt sich aus einer sinngemäßen Anwendung der für die Beamtinnen und Beamten des Landes jeweils geltenden versorgungsrechtlichen Vorschriften.

Fassung des § 32 ab der 20. Wahlperiode:

§ 32
Begriffsbestimmungen

(1) Einkommen aus einer Verwendung im öffentlichen Dienst ist das Verwendungseinkommen sowie das ihm gleichgestellte Einkommen im Sinne des § 64 Absatz 6 des Beamtenversorgungsgesetzes Schleswig-Holstein (SHBeamtVG) vom 26. Januar 2012 (GVOBl. Schl.-H. S. 153, 219), zuletzt geändert durch Gesetz vom 29. Mai 2019 (GVOBl. Schl.-H. S. 120).

(2) Erwerbseinkommen aus einer Beschäftigung oder Tätigkeit außerhalb des öffentlichen Dienstes sind Einkünfte aus selbständiger und nichtselbständiger Arbeit, aus einem Gewerbebetrieb und aus der Land- und Forstwirtschaft. Anzusetzen ist bei den Einkünften aus nichtselbständiger Arbeit das monatliche Erwerbseinkommen, bei den anderen Einkunftsarten das Erwerbseinkommen des Kalenderjahres, geteilt durch zwölf Kalendermonate.

§ 32a
Datenverarbeitung

Die Präsidentin oder der Präsident des Schleswig-Holsteinischen Landtages darf personenbezogene Daten einschließlich Daten im Sinne des Artikel 9 Absatz 1 der Verordnung (EU) 2016/679 (Verarbeitung besonderer Kategorien personenbezogener Daten) über Abgeordnete, ehemalige Abgeordnete und weitere Personen verarbeiten, soweit dies für die Gewährung von Leistungen und die Erfüllung von Verpflichtungen nach diesem Gesetz erforderlich ist. § 12 LDSG gilt entsprechend.

Abschnitt IV
Angehörige des öffentlichen Dienstes im Landtag

Titel 1
Wahlvorbereitungsurlaub

§ 33
Wahlvorbereitungsurlaub

(1) Stimmt eine Beamtin oder ein Beamter ihrer oder seiner Aufstellung als Bewerberin oder Bewerber für die Wahl zum Europäischen Parlament, zum Deutschen Bundestag oder zu der gesetzgebenden Körperschaft eines Landes zu, so ist ihr oder ihm auf Antrag innerhalb der letzten zwei Monate vor dem Wahltag der zur Vorbereitung ihrer oder seiner Wahl erforderliche Urlaub unter Wegfall der Dienstbezüge zu gewähren. Unberührt bleibt der Anspruch der Beamtin oder des Beamten auf Beihilfen in Krankheits-, Geburts- und Todesfällen.

(2) Absatz 1 Satz 2 gilt auch für Richterinnen und Richter für die Zeit, für die ihnen der zur Vorbereitung der Wahl erforderliche Urlaub gewährt wird.

Titel 2
Unvereinbarkeit von Amt und Mandat

§ 34
Unvereinbare Ämter

Beamtinnen oder Beamte mit Dienstbezügen gemäß § 1 Landesbeamtengesetz in der Fassung der Bekanntmachung vom 3. August 2005 (GVOBl. Schl.-H. S. 283), zuletzt geändert durch Artikel 1 des Gesetzes vom 28. März 2006 (GVOBl. Schl.-H. S. 31), dürfen nicht Mitglieder des Landtages sein. Dies gilt auch für Beamtinnen und Beamte des Bundes und anderer Länder.

§ 35
Ruhen der Rechte und Pflichten
aus einem öffentlich-rechtlichen Dienstverhältnis

(1) In den Landtag gewählte Beamtinnen und Beamte scheiden mit der Annahme der Wahl aus ihrem Amt aus. Die Rechte und Pflichten aus ihrem Dienstverhältnis ruhen vom Tage der Annahme der Wahl für die Dauer der Mitgliedschaft mit Ausnahme der Pflicht zur Amtsverschwiegenheit und des Verbots der Annahme von Belohnungen und Geschenken. Die Beamtinnen und Beamten haben das Recht, ihre Amts- oder Dienstbezeichnung mit dem Zusatz „außer Dienst" („a. D.") zu führen. Bei unfallverletzten Beamtinnen und Beamten bleiben die Ansprüche auf das Heilverfahren und einen Unfallausgleich unberührt. Satz 2 gilt längstens bis zum Eintritt oder bis zur Versetzung in den Ruhestand.

(2) Für die in den einstweiligen Ruhestand versetzten Beamtinnen und Beamten gilt Absatz 1 längstens bis zum Eintritt oder bis zur Versetzung in den dauernden Ruhestand sinngemäß.

(3) Einer oder einem in den Landtag gewählten Beamtin oder Beamten auf Widerruf im Vorbereitungsdienst ist auf ihren oder seinen Antrag Urlaub ohne Anwärterbezüge zu gewähren. Wird die Beamtin oder der Beamte nach Bestehen der Laufbahnprüfung zur Beamtin oder zum Beamten auf Probe ernannt, so ruhen ihre oder seine Rechte und Pflichten aus diesem Dienstverhältnis nach Absatz 1 vom Tage an, mit dem die Ernennung wirksam wird.

§ 36
Wiederverwendung nach Beendigung des Mandats

(1) Nach Beendigung der Mitgliedschaft im Landtag ruhen die in dem Dienstverhältnis einer Beamtin oder eines Beamten begründeten Rechte und Pflichten für längstens weitere drei Monate. Die Beamtin oder der Beamte ist auf ihren oder seinen Antrag, der binnen einem Monat seit der Beendigung der Mitgliedschaft zu stellen ist, spätestens zwei Monate nach Antragstellung wieder in das frühere Dienstverhältnis zurückzuführen. Das ihr oder ihm zu übertragende Amt muß derselben oder einer gleichwertigen Laufbahn angehören wie das zuletzt bekleidete Amt und mit mindestens demselben Endgrundgehalt ausgestattet sein. Vom Tage der Antragstellung an erhält sie oder er die Dienstbezüge des zuletzt bekleideten Amtes.

(2) Stellt die Beamtin oder der Beamte nicht binnen einem Monat seit der Beendigung der Mitgliedschaft im Landtag einen Antrag nach Absatz 1, so ruhen die in dem Dienstverhältnis begründeten Rechte und Pflichten (§ 35 Abs. 1) weiter bis zum Eintritt oder bis zur Versetzung in den Ruhestand. Die oberste Dienstbehörde kann die Beamtin oder den Beamten jedoch, wenn sie oder er weder dem Landtag mindestens zwei Wahlperioden angehört noch bei Beendigung der Mitgliedschaft im Landtag das fünfundfünfzigste Lebensjahr vollendet hat, unter Übertragung eines Amtes im Sinne des Absatzes 1 Satz 3 wieder in das frühere Dienstverhältnis zurückführen. Lehnt die Beamtin oder der Beamte die Rückführung ab oder folgt sie oder er ihr nicht, so ist sie oder er entlassen. Satz 2 ist nicht anzuwenden, wenn die Beamtin oder der Beamte während der Dauer ihrer oder seiner Mitgliedschaft im Landtag dessen Präsidentin oder Präsident oder wenn sie oder er mindestens vier Jahre Vizepräsidentin oder Vizepräsident des Landtages oder Vorsitzende oder Vorsitzender einer Landtagsfraktion war.

§ 37
Dienstzeiten im öffentlichen Dienst

(1) Für die Bemessung des Grundgehalts nach § 28 des Besoldungsgesetzes Schleswig-Holstein (SHBesG) vom

26. Januar 2012 (GVOBl. Schl.-H. S. 153) werden Zeiten der Mitgliedschaft im Landtag zur Hälfte angerechnet. Dies gilt auch für die Zeit, in der die Rechte und Pflichten aus dem Dienstverhältnis nach § 36 Abs. 1 ruhen, bis zur Rückführung in das frühere Dienstverhältnis.

(2) Wird die Beamtin oder der Beamte nicht nach § 36 in das frühere Dienstverhältnis zurückgeführt, so wird das Besoldungsdienstalter um die Zeit nach Beendigung der Mitgliedschaft im Landtag bis zum Eintritt des Versorgungsfalles hinausgeschoben.

(3) Die Zeit der Mitgliedschaft im Landtag gilt nicht als Dienstzeit im Sinne des Versorgungsrechts. Das gleiche gilt für die Zeit nach der Beendigung der Mitgliedschaft im Landtag, wenn die Beamtin oder der Beamte nicht nach § 36 in das frühere Dienstverhältnis zurückgeführt wird. Satz 2 ist nicht anzuwenden, wenn ein Antrag nach § 36 Abs. 1 Satz 2 gestellt wird.

(4) Nach Beendigung der Mitgliedschaft im Landtag ist die Zeit der Mitgliedschaft auf laufbahnrechtliche Dienstzeiten anzurechnen.

§ 38
Beförderungsverbot

(1) Legt eine Beamtin ihr Mandat nieder oder legt ein Beamter sein Mandat nieder und bewirbt sie oder er sich zu diesem Zeitpunkt erneut um einen Sitz im Europäischen Parlament, im Deutschen Bundestag oder in der gesetzgebenden Körperschaft eines Landes, so ist die Übertragung eines anderen Amtes mit höherem Endgrundgehalt und die Übertragung eines anderen Amtes beim Wechsel der Laufbahngruppe nicht zulässig.

(2) Legt eine Richterin ihr Mandat nieder oder legt ein Richter sein Mandat nieder und bewirbt sie oder er sich zu diesem Zeitpunkt erneut um einen Sitz im Europäischen Parlament oder in der gesetzgebenden Körperschaft eines Landes, so ist die Übertragung eines anderen Amtes mit höherem Endgrundgehalt nicht zulässig.

§ 39
Entlassung

Beamtinnen und Beamte, die in ein mit dem Mandat unvereinbares Amt berufen werden, sind zu entlassen; ihre bis zur Zeit der Ernennung Mitglied des Deutschen Bundestags oder der gesetzgebenden Körperschaft eines Landes waren und nicht innerhalb einer von der obersten Dienstbehörde zu bestimmenden angemessenen Frist ihr Mandat niederlegen.

§ 40
Beamtinnen oder Beamte auf Zeit, Wahlbeamtinnen oder Wahlbeamte auf Zeit

(1) Für Beamtinnen oder Beamte auf Zeit und Wahlbeamtinnen oder Wahlbeamte auf Zeit gelten die nachfolgenden besonderen Vorschriften:
1. Die Rechte und Pflichten aus dem Dienstverhältnis ruhen längstens bis zum Ablauf der Amtszeit.
2. Fällt bei Wahlbeamtinnen oder Wahlbeamten auf Zeit der Ablauf der Amtszeit auf einen Zeitpunkt nach dem Ausscheiden aus dem Landtag, gilt die Amtszeit zum Zeitpunkt des Ausscheidens aus dem Landtag insgesamt als abgeleistet. Wird in der Zeit zwischen dem Ausscheiden aus dem Landtag und dem Ablauf der Amtszeit wieder ein Beamtenverhältnis begründet, so kann die Dienstzeit nur einmal berücksichtigt werden.

(2) Für die in den Deutschen Bundestag oder in die gesetzgebende Körperschaft eines anderen Landes gewählten Wahlbeamtinnen oder Wahlbeamten auf Zeit gilt Absatz 1 entsprechend.

§ 41
Richterinnen oder Richter, Angestellte des öffentlichen Dienstes

(1) Die §§ 35 bis 37 gelten für Richterinnen oder Richter entsprechend.

(2) Die §§ 35 bis 38 gelten sinngemäß für Angestellte des öffentlichen Dienstes. Öffentlicher Dienst im Sinne dieser Vorschrift ist die Tätigkeit im Dienste des Landes Schleswig-Holstein, des Bundes, eines anderen Landes, einer Gemeinde oder anderer Körperschaften, Anstalten oder Stiftungen des öffentlichen Rechts mit Ausnahme der öffentlich-rechtlichen Religionsgesellschaften und ihrer Verbände. Als Tätigkeit im öffentlichen Dienst gilt auch die Tätigkeit bei sonstigen Organisationen des öffentlichen oder privaten Rechts, die der Aufsicht des Landes unterstehen oder an denen die öffentliche Hand mit mehr als 50 v.H. beteiligt ist; eine Beteiligung am Stimmrecht genügt.

(3) Nach Beendigung der Mitgliedschaft im Landtag ist bei Angestellten die Zeit der Mitgliedschaft auf Dienst- und Beschäftigungszeiten anzurechnen; im Rahmen einer bestehenden zusätzlichen Alters- und Hinterbliebenenversorgung gilt dies nur im Hinblick auf Vorschriften, die die Anwartschaft oder den Anspruch dem Grunde nach regeln.

§§ 42 bis 45
(gestrichen)

§ 46
Ausübung des Mandats

(1) Bei der Ausübung ihres Mandats sind die Mitglieder des Landtages nur ihrem Gewissen unterworfen und an Aufträge und Weisungen nicht gebunden. Die Ausübung des Mandats steht im Mittelpunkt der Tätigkeit eines Mitglieds des Landtages. Unbeschadet dieser Verpflichtung bleiben Tätigkeiten beruflicher oder anderer Art neben dem Mandat grundsätzlich zulässig.

(2) Für die Ausübung des Mandats darf ein Mitglied des Landtages keine anderen als die gesetzlich vorgesehenen Zuwendungen oder andere Vermögensvorteile annehmen. Unzulässig ist insbesondere die Annahme von Geld oder von geldwerten Zuwendungen, die nur deshalb gewährt werden, weil dafür die Vertretung und Durchsetzung der Interessen der oder des Leistenden im Landtag erwartet wird. Unzulässig ist ferner die Annahme von Geld oder von geldwerten Zuwendungen, wenn diese Leistung ohne angemessene Gegenleistung des Mitglieds des Landtages gewährt wird. Die Entgegennahme von Spenden bleibt unberührt.

(3) Nach Absatz 2 unzulässige Zuwendungen oder Vermögensvorteile oder ihr Gegenwert sind dem Haushalt des Landes zuzuführen. Die Präsidentin oder der Präsident macht den Anspruch durch Verwaltungsakt geltend, soweit der Erhalt der Zuwendung oder des Vermögensvorteils nicht länger als drei Jahre zurückliegt. Der Anspruch wird durch einen Verlust der Mitgliedschaft im Landtag nicht berührt. Das Nähere bestimmen die Verhaltensregeln nach § 47.

(4) Tätigkeiten vor Übernahme des Mandats sowie Tätigkeiten und Einkünfte neben dem Mandat, die auf für die Ausübung des Mandats bedeutsame Interessenverknüpfungen hinweisen können, sind nach Maßgabe der Verhaltensregeln (§ 47) anzuzeigen und zu veröffentlichen. Werden anzeigepflichtige Tätigkeiten oder Einkünfte nicht angezeigt, kann die Präsidentin oder der Präsident im Benehmen mit dem Ältestenrat ein Ordnungsgeld bis zur Höhe der Hälfte der jährlichen Abgeordnetenentschädigung festsetzen. Die Präsidentin oder der Präsident macht das Ordnungsgeld durch Verwaltungsakt geltend. Das Nähere bestimmen die Verhaltensregeln nach § 47.

Abschnitt VI
Unabhängigkeit der Abgeordneten

§ 47
Verhaltensregeln

(1) Um Gefahren für die Unabhängigkeit der Abgeordneten erkennen und ihnen entgegenwirken zu können und damit zugleich die Funktionsfähigkeit des Landtages zu stärken, gibt sich der Landtag Verhaltensregeln[4].

(2) Die Verhaltensregeln müssen insbesondere Bestimmungen enthalten über:
1. die Pflicht zur Anzeige von Geburtsort und -datum und des Berufs;

---
4 Verhaltensregeln für die Abgeordneten des Schleswig-Holsteinischen Landtages vom 28.9.2018 (GVOBl. Schl.-H. S. 655).

2. die Pflicht zur Anzeige von Tätigkeiten als Mitglied in einem Vorstand, Aufsichtsrat, Verwaltungsrat, Beirat oder einem vergleichbaren Gremium einer Gesellschaft, eines in einer anderen Rechtsform betriebenen Unternehmens, einer Körperschaft, einer Stiftung, einer Anstalt des öffentlichen Rechts, eines Vereines oder eines Verbandes;
3. die Pflicht zur Anzeige von regelmäßigen Tätigkeiten vor der Mitgliedschaft im Landtag sowie einmaliger und regelmäßiger Tätigkeiten neben dem Mandat einschließlich ihrer Änderungen während der Ausübung des Mandats;
4. die Pflicht der Abgeordneten, das Halten und die Aufnahme von Beteiligungen an Kapital- oder Personengesellschaften in der Art und Höhe anzuzeigen, wenn dadurch ein wesentlicher wirtschaftlicher Einfluss auf ein Unternehmen begründet wird;
5. die Pflicht zur Anzeige der jährlichen Gesamteinkünfte aus den in den Nummern 2 bis 4 genannten Tätigkeiten oder Beteiligungen oberhalb von Mindestbeträgen;
6. die Pflicht der Abgeordneten, im Ausschuss auf eine Interessenverknüpfung hinzuweisen, wenn sie an der Beratung oder Abstimmung über einen Gegenstand mitwirken, an dem sie selbst oder ein anderer, für den sie gegen Entgelt tätig sind, ein unmittelbares wirtschaftliches Interesse haben;
7. die Pflicht zur Rechnungsführung und zur Anzeige von Spenden sowie Annahmeverbote und Ablieferungspflichten in den in den Verhaltensregeln näher bestimmten Fällen;
8. die Pflicht der Abgeordneten, in beruflichen oder geschäftlichen Angelegenheiten Hinweise auf die Mitgliedschaft im Landtag zu unterlassen;
9. das Verfahren sowie die Befugnisse und Pflichten der Präsidentin oder des Präsidenten bei Entscheidungen nach § 47 Absatz 4 und 5;
10. das Verfahren sowie über die Befugnisse und Pflichten der Präsidentin oder des Präsidenten bei Verstößen gegen die Verhaltensregeln.

Die Anzeigepflicht umfasst nicht die Mitteilung von Tatsachen über Dritte, für die der oder die Abgeordnete gesetzliche Zeugnisverweigerungsrechte oder Verschwiegenheitspflichten geltend machen kann. Statt der Angaben zum Auftraggeber ist eine Branchenbezeichnung anzugeben.

(3) Die Angaben zu Absatz 2 Nummer 1 bis 5 werden als Drucksache und auf den Internetseiten des Landtages veröffentlicht. Für die Angaben zu Absatz 2 Nummer 5 werden aus den jährlichen Gesamteinkünften die durchschnittlichen monatlichen Einkünfte errechnet, indem die jährlichen Gesamteinkünfte durch zwölf geteilt werden. Die durchschnittlichen monatlichen Einkünfte werden in folgender Staffelung ausgewiesen: Die Stufe 1 erfasst durchschnittliche monatliche Einkünfte in einer Größenordnung von 1.000 bis 3.500 Euro, die Stufe 2 Einkünfte bis 7.000 Euro, die Stufe 3 Einkünfte bis 15.000 Euro, die Stufe 4 Einkünfte bis 30.000 Euro, die Stufe 5 Einkünfte bis 50.000 Euro, die Stufe 6 Einkünfte bis 75.000 Euro, die Stufe 7 Einkünfte bis 100.000 Euro, die Stufe 8 Einkünfte bis 150.000 Euro, die Stufe 9 Einkünfte bis 250.000 Euro. Bei allen folgenden Stufen, deren Nummerierung sich fortlaufend erhöht, werden jeweils 30.000 Euro zum Höchstbetrag der vorhergehenden Stufe addiert. Die Einkünfte werden der entsprechenden Stufe zugeordnet, sofern der Höchstbetrag der vorhergehenden Stufe überschritten wurde. Von der Veröffentlichung der in Satz 2 genannten Angaben kann die Präsidentin oder der Präsident im Benehmen mit dem Ältestenrat Ausnahmen zulassen.

(4) Die Präsidentin oder der Präsident des Landtages verarbeitet die in Absatz 2 genannten personenbezogenen Daten der Abgeordneten. Die Verarbeitung ist nur zulässig, soweit sie zur rechtmäßigen Erfüllung der Aufgaben im Rahmen der Verhaltensregeln erforderlich ist. Werden sie für diese Zwecke nicht mehr benötigt, sind sie zu löschen, es sei denn, die oder der Betroffene willigt in die weitere Datenverarbeitung ein. Die Präsidentin oder der Präsident hat die technischen und organisatorischen Maßnahmen zu veranlassen, die notwendig sind, um die Verarbeitung personenbezogener Daten der Abgeordneten auf das erforderliche Maß zu beschränken, Unbefugten den Zugang zu den Daten zu verwehren und die rechtzeitige Löschung und Einschränkung der Verarbeitung der Daten sicherzustellen.

(5) Die Präsidentin oder der Präsident erlässt Ausführungsbestimmungen zu den Verhaltensregeln[5].

Abschnitt VII
Weitergeltung alten Rechts, Übergangsregelungen

§ 48
Weitergeltung alten Rechts

(1) Die in §§ 48, 49, 49 a, 50, 51, 52, 53, 56, 57 des Abgeordnetengesetzes in der Fassung der Bekanntmachung vom 13. Februar 1991 (GVOBl. Schl.-H. S. 100, ber. 1992 S. 225), zuletzt geändert durch Gesetz vom 16. Dezember 2002 (GVOBl. Schl.-H. S. 269), getroffenen Regelungen gelten fort, soweit nicht in diesem Gesetz etwas anderes bestimmt ist.

(1 a) Die Berechnung der Höhe der Versorgung nach § 49 Absatz 1 des Abgeordnetengesetzes in der Fassung der Bekanntmachung vom 13. Februar 1991 (GVOBl. Schl.-H. S. 100, ber. 1992 S. 225), zuletzt geändert durch Gesetz vom 16. Dezember 2002 (GVOBl. Schl.-H. S. 269), richtet sich nach § 7 Abs. 2 des Gesetzes über die Rechtsverhältnisse der Ministerpräsidentin oder des Ministerpräsidenten und der Landesministerinnen und Landesminister (Landesministergesetz) in der Fassung der Bekanntmachung vom 1. Oktober 1990 (GVOBl. Schl.-H. S. 515), zuletzt geändert durch Gesetz vom 26. Januar 2012 (GVOBl. Schl.-H. S. 153).

(2) Abgeordnete, die bis zum Inkrafttreten dieses Gesetzes aus dem Landtag ausgeschieden sind, und ihre Hinterbliebenen erhalten Übergangsgeld, Versorgung und Zuschüsse zu den Kosten in Krankheitsfällen nach dem Abgeordnetengesetz in der Fassung der Bekanntmachung vom 13. Februar 1991 (GVOBl. Schl.-H. S. 100, ber. 1992 S. 225), zuletzt geändert durch Gesetz vom 16. Dezember 2002 (GVOBl. Schl.-H. S. 269), soweit nicht in diesem Gesetz etwas anderes bestimmt ist.

(2 a) Im Rahmen der Hinterbliebenenversorgung stehen überlebende Lebenspartner überlebenden Ehegatten gleich.

(3) Die Höhe der Altersentschädigung wird anstelle der Entschädigung gemäß § 6 Abs. 1 des Abgeordnetengesetzes in der Fassung der Bekanntmachung vom 13. Februar 1991 (GVOBl. Schl.-H. S. 100, ber. 1992 S. 225), zuletzt geändert durch Gesetz vom 16. Dezember 2002 (GVOBl. Schl.-H. S. 269), ab In-Kraft-Treten dieses Gesetzes auf der Grundlage eines Betrages von 5.030,12 Euro bemessen. Der genannte Betrag ist ebenfalls Grundlage für die Leistungen gemäß §§ 20, 22 sowie im Rahmen der Anrechnung gemäß § 27. Die Anpassung dieser Altersentschädigung erfolgt anteilig entsprechend den künftigen Veränderungen der Entschädigung der Abgeordneten gemäß § 6 Abs. 1.

(3 a) Die Berechnung und Durchführung des Versorgungsausgleichs bestimmt sich nach §§ 14 und 16 des Versorgungsausgleichsgesetzes des Bundes.

(4) Soweit Anspruch auf Zuschuss zu den Kosten in Krankheitsfällen nach § 25 des Abgeordnetengesetzes in der Fassung der Bekanntmachung vom 13. Februar 1991 (GVOBl. Schl.-H. S. 100, ber. 1992 S. 225), zuletzt geändert durch Gesetz vom 16. Dezember 2002 (GVOBl. Schl.-H. S. 269), besteht, richtet sich die Höhe nach den Vorschriften dieses Gesetzes. Versorgungsempfängerinnen und Versorgungsempfänger erhalten keinen Zuschuss in Höhe der Hälfte des aus eigenen Mitteln geleisteten Pflegeversicherungsbeitrages.

§ 49
Übergangsregelungen für Abgeordnete der 16. Wahlperiode

(1) Abgeordnete der 16. Wahlperiode, die nach Inkrafttreten dieses Gesetzes aus dem Landtag ausscheiden, erhalten für die Zeit bis zum Inkrafttreten dieses Gesetzes für sich und

---
[5] *Ausführungsbestimmungen vom 1.10.2018 (Amtsbl. Schl.-H. S. 870).*

ihre Hinterbliebenen Versorgung nach dem Abgeordnetengesetz in der Fassung der Bekanntmachung vom 13. Februar 1991 (GVOBl. Schl.-H. S. 100, ber. 1992 S. 225), zuletzt geändert durch Gesetz vom 16. Dezember 2002 (GVOBl. Schl.-H. S. 269), soweit nicht in diesem Gesetz etwas anderes bestimmt ist.

(2) Abgeordnete, die dem Landtag erstmalig in der 16. Wahlperiode angehören, erhalten auf Antrag für die Zeit vom Beginn ihrer Mitgliedschaft im Landtag bis zum Inkrafttreten dieses Gesetzes anstelle der Versorgungsabfindung nach dem Abgeordnetengesetz in der Fassung der Bekanntmachung vom 13. Februar 1991 (GVOBl. Schl.-H. S. 100, ber. 1992 S. 225), zuletzt geändert durch Gesetz vom 16. Dezember 2002 (GVOBl. Schl.-H. S. 269), die zusätzliche Entschädigung gemäß § 17 .

(3) Abgeordnete der 16. Wahlperiode, die dem Landtag bereits in der 15. Wahlperiode angehört haben, können ebenfalls den Antrag gemäß Absatz 2 stellen. Sie können jedoch beantragen, für die gesamte 16. Wahlperiode Altersentschädigung beziehungsweise Versorgungsabfindung nach dem Abgeordnetengesetz in der Fassung der Bekanntmachung vom 13. Februar 1991 (GVOBl. Schl.-H. S. 100, ber. 1992 S. 225), zuletzt geändert durch Gesetz vom 16. Dezember 2002 (GVOBl. Schl.-H. S. 269), anstelle der zusätzlichen Entschädigung gemäß § 17 dieses Gesetzes zu erhalten.

(4) Abgeordneten der 16. Wahlperiode, die nach In-Kraft-Treten dieses Gesetzes aus dem Landtag ausscheiden und für sich sowie ihre Hinterbliebenen Versorgung nach dem Abgeordnetengesetz in der Fassung der Bekanntmachung vom 13. Februar 1991 (GVOBl. Schl.-H. S. 100, ber. 1992 S. 225), zuletzt geändert durch Gesetz vom 16. Dezember 2002 (GVOBl. Schl.-H. S. 269), erhalten, steht die Altersentschädigung mit folgenden Maßgaben zu:

a) Die Höhe der Altersentschädigung wird anstelle der Entschädigung gemäß § 6 Abs. 1 des Abgeordnetengesetzes in der Fassung der Bekanntmachung vom 13. Februar 1991 (GVOBl. Schl.-H. S. 100, ber. 1992 S. 225), zuletzt geändert durch Gesetz vom 16. Dezember 2002 (GVOBl. Schl.-H. S. 269), auf der Grundlage eines Betrages von 5.888,94 Euro bemessen. Der genannte Betrag ist ebenfalls Grundlage für die Leistungen gemäß §§ 20, 22 sowie im Rahmen der Anrechnung gemäß § 27.

b) Die Altersentschädigung erhöht sich nach einer Mitgliedschaft von acht Jahren für jedes weitere Jahr der Mitgliedschaft bis zum 18. Jahr um 3,675 v.H. Die Höchstversorgung der Altersentschädigung beträgt 71,75 v.H.

c) Die Anpassung dieser Altersentschädigung erfolgt anteilig entsprechend den künftigen Veränderungen der Entschädigung der Abgeordneten gemäß § 6 Abs. 1.

d) In die Anrechnung gemäß § 27 Abs. 6 des Abgeordnetengesetzes in der Fassung der Bekanntmachung vom 19. Februar 1991 (GVOBl. Schl.-H. S. 100, ber. 1992 S. 225), zuletzt geändert durch Gesetz vom 16. Dezember 2002 (GVOBl. Schl.-H. S. 269), werden zusätzlich die Versorgungsbezüge aus der Mitgliedschaft im Europäischen Parlament einbezogen.

(4 a) Im Rahmen der Hinterbliebenenversorgung stehen überlebende Lebenspartner überlebenden Ehegatten gleich.

(5) Abgeordneten der 16. Wahlperiode, die nach Inkrafttreten dieses Gesetzes aus dem Landtag ausscheiden und für sich sowie ihre Hinterbliebenen Versorgung nach dem Abgeordnetengesetz in der Fassung der Bekanntmachung vom 13. Februar 1991 (GVOBl. Schl.-H. S. 100, ber. 1992 S. 225), zuletzt geändert durch Gesetz vom 16. Dezember 2002 (GVOBl. Schl.-H. S. 269), erhalten, steht die Versorgungsabfindung auf Antrag vor ihrem Ausscheiden aus dem Landtag zu.

(6) Versorgungsansprüche nach dem Abgeordnetengesetz in der Fassung der Bekanntmachung vom 13. Februar 1991 (GVOBl. Schl.-H. S. 100, ber. 1992 S. 225), zuletzt geändert durch Gesetz vom 16. Dezember 2002 (GVOBl. Schl.-

H. S. 269), werden darüber hinaus gekürzt aufgrund von Renten, die aus den zusätzlichen Entschädigungen gemäß § 17 dieses Gesetzes finanziert worden sind, soweit sie zusammen mit den Renten die Höchstversorgung der Altersentschädigung übersteigen. Satz 1 gilt ebenfalls für die auf die 16. Wahlperiode folgenden Wahlperioden.

(7) Die Anträge nach Absatz 2 und 3 sind innerhalb von sechs Monaten nach Inkrafttreten dieses Gesetzes bei dem Präsidenten des Schleswig-Holsteinischen Landtages schriftlich zu stellen. Sie wirken zurück auf den Beginn der Mitgliedschaft im Landtag ab der 16. Wahlperiode.

(7 a) Die Berechnung und Durchführung des Versorgungsausgleichs bestimmt sich nach §§ 14 und 16 des Versorgungsausgleichsgesetzes des Bundes.

(8) Abgeordnete der 16. Wahlperiode erhalten auch über die 16. Wahlperiode hinaus Zuschuss zu den Kosten in Krankheitsfällen nach § 25 des Abgeordnetengesetzes in der Fassung der Bekanntmachung vom 13. Februar 1991 (GVOBl. Schl.-H. S. 100, ber. 1992 S. 225), zuletzt geändert durch Gesetz vom 16. Dezember 2002 (GVOBl. Schl.-H. S. 269). Die Höhe des Zuschusses richtet sich nach den Vorschriften dieses Gesetzes. Versorgungsempfängerinnen und Versorgungsempfänger erhalten keinen Zuschuss in Höhe der Hälfte des aus eigenen Mitteln geleisteten Pflegeversicherungsbeitrages.

(9) Für die Abgeordneten der 16. Wahlperiode gelten für diese Wahlperiode die Vorschriften des Abschnitts IV (§§ 34 bis 46) des Abgeordnetengesetzes in der Fassung der Bekanntmachung vom 13. Februar 1991 (GVOBl. Schl.-H. S. 100, ber. 1992 S. 225), zuletzt geändert durch Gesetz vom 16. Dezember 2002 (GVOBl. Schl.-H. S. 269), hinsichtlich der Ämter, die mit dem Mandat unvereinbar oder vereinbar sind; die Regelungen der §§ 42 Abs. 1 Satz 1 Nr. 1, Satz 3 und 43 gelten übergangsweise bis zum 30. Juni 2010.

§ 49 a
(gestrichen)

§ 50
Übergangsregelung für Abgeordnete der 17. Wahlperiode

Abgeordnete der 17. Wahlperiode, die nach Inkrafttreten dieses Gesetzes aus dem Landtag ausscheiden, erhalten Übergangsgeld nach dem Abgeordnetengesetz in der Fassung der Bekanntmachung vom 13. Februar 1991 (GVOBl. Schl.-H. S. 100, ber. 1992 S. 225), zuletzt geändert durch Gesetz vom 24. August 2010 (GVOBl. Schl.-H. S. 567).

§§ 51 bis 57
(gestrichen)

Fassung der § 51 und 52 ab der 20. Wahlperiode:

§ 51
Übergangsregelung für ehemalige Abgeordnete der 16. bis 19. Wahlperiode

Ehemalige Abgeordnete der 16. bis 19. Wahlperiode, die eine Altersversorgung nach dem Versicherungsmodell gemäß § 17 des Abgeordnetengesetzes in der Fassung der Bekanntmachung vom 13. Februar 1991 (GVOBl. Schl.-H. S. 100, ber. 1992 S. 225), zuletzt geändert durch Gesetz vom 2. Mai 2018 (GVOBl. Schl.-H. S. 162), beziehen, und deren Hinterbliebene erhalten einen Zuschuss zu den Kosten in Krankheitsfällen, wenn sie dem Landtag mindestens ein Jahr angehört haben. § 25 gilt entsprechend.

§ 52
Weiteranwendung bisherigen Rechts

Auf alle bis zum Tag der ersten Sitzung der 20. Wahlperiode entstandenen Ansprüche und Anwartschaften von Mitgliedern des Landtages, ehemaligen Mitgliedern und ihren Hinterbliebenen finden die Regelungen des Dritten Abschnitts, Titel 3, in der bis zum Tag der ersten Sitzung der 20. Wahlperiode geltenden Fassung Anwendung. Die §§ 48 bis 50 bleiben unberührt.

Gesetz
über die Rechtsstellung und Finanzierung der Fraktionen im Schleswig-Holsteinischen Landtag (FraktionsG)
vom 18. Dezember 1994
– GVOBl. Schl.-H. 1995 S. 4 –

Zuletzt geändert durch Gesetz vom 26. Mai 1999 (GVOBl. Schl.-H. S. 134)

§ 1
Fraktionsbildung

(1) Mitglieder des Landtages können sich zu Fraktionen zusammenschließen.

(2) Der, dem oder den Abgeordneten der dänischen Minderheit stehen die Rechte einer Fraktion zu.

(3) Das Nähere regelt die Geschäftsordnung des Landtages.

§ 2
Rechtsstellung

(1) Die Fraktionen sind rechtsfähige Vereinigungen von Abgeordneten im Landtag.

(2) Fraktionen können am allgemeinen Rechtsverkehr teilnehmen und unter ihrem Namen klagen und verklagt werden. Die nach Satz 1 vorgenommenen Rechtshandlungen binden das Land nicht.

(3) Die Fraktionen sind nicht Teil der öffentlichen Verwaltung; sie üben keine öffentliche Gewalt aus.

§ 3
Aufgaben

(1) Die Fraktionen wirken an der Erfüllung der Aufgaben des Landtages mit.

(2) Die Fraktionen können mit den Fraktionen anderer Parlamente und parlamentarischen Einrichtungen zusammenarbeiten.

(3) Die Fraktionen und ihre Mitglieder können die Öffentlichkeit über ihre Tätigkeit unterrichten.

§ 4
Organisation

(1) Die Fraktionen sind verpflichtet, ihre Organisation und Arbeitsweise auf den Grundsätzen der parlamentarischen Demokratie aufzubauen und an diesen auszurichten.

(2) Die Fraktionen geben sich eine eigene Geschäftsordnung.

§ 5
Geheimhaltungspflicht der Fraktionsmitarbeiterinnen und -mitarbeiter

(1) Die Mitarbeiterinnen und Mitarbeiter der Fraktionen sind auch nach Beendigung ihres Beschäftigungsverhältnisses verpflichtet, über die ihnen bei ihrer Tätigkeit bekanntgewordenen Angelegenheiten Verschwiegenheit zu bewahren. Dies gilt nicht für Tatsachen, die offenkundig sind oder ihrer Bedeutung nach keiner Geheimhaltung bedürfen.

(2) Die Mitarbeiterinnen und Mitarbeiter der Fraktionen dürfen auch nach Beendigung ihres Beschäftigungsverhältnisses ohne Genehmigung über solche Angelegenheiten weder vor Gericht noch außergerichtlich aussagen oder Erklärungen abgeben. Die Genehmigung erteilt die oder der jeweilige Fraktionsvorsitzende.

(3) Unberührt bleibt die gesetzlich begründete Pflicht, Straftaten anzuzeigen und bei Gefährdung der freiheitlich demokratischen Grundordnung für deren Erhaltung einzutreten.

§ 6
Geld- und Sachleistungen

(1) Die Fraktionen haben zur Erfüllung ihrer Aufgaben Anspruch auf Geld- und Sachleistungen gegen das Land.

(2) Die Geldleistungen setzen sich aus einem Grundbetrag für jede Fraktion, aus einem Betrag für jedes Mitglied und einem Zuschlag für jede Fraktion, die nicht die Landesregierung trägt (Oppositionszuschlag), zusammen. Die Höhe dieser Beträge und des Oppositionszuschlages legt der Landtag fest.

(3) Die Fraktionen erhalten die Geldleistungen nach Absatz 1 in monatlichen Teilbeträgen für die Zeit, in der sie nach der Geschäftsordnung des Landtages die Rechtsstellung einer Fraktion haben. Die Geldleistungen nach Absatz 1, die der oder dem Abgeordneten bzw. dem Zusammenschluß der Abgeordneten der dänischen Minderheit zustehen, werden in monatlichen Teilbeträgen für die gesamte Wahlperiode gezahlt.

(4) Die Sachleistungen werden nach Maßgabe des Haushaltsgesetzes zur Nutzung erbracht.

(5) Leistungen nach Absatz 1 dürfen die Fraktionen nur für Aufgaben verwenden, die ihnen nach der Landesverfassung, diesem Gesetz oder der Geschäftsordnung des Landtages obliegen. Eine Verwendung für Parteiaufgaben oder für Aufwendungen, für die die Abgeordneten eine Amtsausstattung erhalten, ist unzulässig.

(6) Geldleistungen nach Absatz 1 können auf neue Rechnung vorgetragen werden.

§ 7
Haushalts- und Wirtschaftsführung, Buchführung

(1) Bei der Verwendung der Geld- und Sachleistungen haben die Fraktionen die Grundsätze der Sparsamkeit und Wirtschaftlichkeit im Sinne der Landeshaushaltsordnung zu beachten. Die Vergütung der Mitarbeiterinnen und Mitarbeiter der Fraktionen soll in entsprechender Anwendung der für den öffentlichen Dienst geltenden Tarife vereinbart werden.

(2) Die Fraktionen haben Bücher über ihre rechnungslegungspflichtigen Einnahmen und Ausgaben sowie über ihr Vermögen zu führen. Dabei ist nach den Grundsätzen ordnungsgemäßer Buchführung zu verfahren.

(3) Aus den Geldleistungen nach § 6 Abs. 1 beschaffte Gegenstände sind, soweit sie nicht zum kurzfristigen Verbrauch bestimmt sind oder ihr Wert 800,00 DM übersteigt, zu kennzeichnen und in einem Nachweis aufzuführen.

(4) Die Rechnungsunterlagen sind fünf Jahre aufzubewahren.

§ 8
Rechnungslegung

(1) Die Fraktionen haben über die Herkunft und Verwendung der Mittel, die ihnen innerhalb eines Kalenderjahres (Rechnungsjahr) gemäß § 6 Abs. 1 zugeflossen sind, öffentlich Rechnung zu legen.

(2) Die Rechnung ist wie folgt zu gliedern:
1. Einnahmen:
   a) Geldleistungen nach § 6 Abs. 1,
   b) sonstige Einnahmen.
2. Ausgaben:
   a) Summe der Personalausgaben für Fraktionsmitarbeiterinnen und -mitarbeiter,
   b) Ausgaben für Veranstaltungen,
   c) Sachverständigen-, Gerichts- und ähnliche Kosten,
   d) Ausgaben für die Zusammenarbeit mit Fraktionen anderer Parlamente,
   e) Ausgaben für die Öffentlichkeitsarbeit,
   f) Ausgaben des laufenden Geschäftsbetriebes,
   g) Ausgaben für Investitionen sowie
   h) sonstige Ausgaben.

(3) Der Rechnung nach Absatz 2 ist eine Übersicht über das Kapitalvermögen und die Schulden beizufügen.

(4) Die Rechnung ist der Präsidentin oder dem Präsidenten des Landtages spätestens bis zum Ende des sechsten Monats nach Ablauf des Kalenderjahres oder des Monats vorzulegen, in dem die Geldleistungen nach § 6 Abs. 1 letztmals gezahlt wurden. Die Präsidentin oder der Präsident des Landtages kann die Frist aus besonderen Gründen bis zu drei Monaten verlängern. Die Rechnung wird als Drucksache verteilt.

(5) Solange eine Fraktion mit der Rechnungslegung in Verzug ist, sind Geld- und Sachleistungen nach § 6 Abs. 1 zurückzuhalten.

§ 9
Rechnungsprüfung

(1) Der Landesrechnungshof ist berechtigt, die Rechnung sowie die den Fraktionen nach § 6 Abs. 1 zur Verfügung gestellten Geld- und Sachleistungen auf ihre wirtschaftliche und ordnungsgemäße Verwendung zu prüfen.

(2) Bei der Prüfung sind die Rechtsstellung und die Aufgaben der Fraktionen zu beachten. Die politische Erforderlichkeit einer Maßnahme der Fraktionen ist nicht Gegenstand der Prüfung.

§ 10
Einzelne Abgeordnete

(1) Über Leistungen an einzelne Abgeordnete oder an Zusammenschlüsse von fraktionslosen Abgeordneten, die ihnen die Wahrnehmung ihrer parlamentarischen Aufgaben ermöglichen sollen, beschließt der Landtag.

(2) Für Leistungen nach Abs. 1 gelten die §§ 6 und 9 entsprechend.

§ 11
Beendigung der Rechtsstellung und Liquidation

(1) Die Rechtsstellung nach § 2 entfällt
1. bei Erlöschen des Fraktionsstatus,
2. bei Auflösung der Fraktion,
3. mit dem Ende der Wahlperiode.

(2) In den Fällen des Absatzes 1 findet vorbehaltlich des Absatzes 7 eine Liquidation statt. Die Fraktion gilt bis zur Beendigung der Liquidation als fortbestehend, soweit der Zweck der Liquidation dies erfordert. Die Liquidation erfolgt durch den Vorstand, soweit die Geschäftsordnung der Fraktion nichts anderes bestimmt.

(3) Die Liquidatoren haben die laufenden Geschäfte zu beenden, die Forderungen einzuziehen und die Gläubiger zu befriedigen. Sie sind berechtigt, zu diesem Zweck neue Geschäfte einzugehen und das Vermögen in Geld umzusetzen. Die Zweckbindung gemäß § 6 Abs. 5 ist zu beachten. Fällt den Liquidatoren bei der Durchführung der Liquidation ein Verschulden zur Last, haften sie für den daraus entstehenden Schaden gegenüber den Gläubigern als Gesamtschuldner.

(4) Soweit nach der Beendigung der Liquidation nach § Abs. 1 gewährte Geldleistungen verbleiben, sind diese an das Land zurückzuführen. Das gleiche gilt für Vermögenswerte, die mit diesen Geldern angeschafft worden sind. Die nicht verbrauchten Sachleistungen nach § 6 Abs. 1 sind derjenigen Stelle zurückzugeben, die die Sachleistung erbracht hat.

(5) Das verbleibende Vermögen der Fraktion ist der, dem oder den Anfallsberechtigten zu überlassen. Anfallsberechtigt sind die in der Geschäftsordnung der Fraktion bestimmten Personen oder Stellen.

(6) Maßnahmen nach den Absätzen 4 und 5 dürfen erst vorgenommen werden, wenn seit dem Ereignis, das zum Verlust der Rechtsstellung nach § 2 geführt hat, sechs Monate verstrichen sind. Die Sicherung der Gläubiger hat nach § 52 des Bürgerlichen Gesetzbuches zu erfolgen.

(7) Im Falle des Absatzes 1 Nr. 3 findet eine Liquidation nicht statt, wenn sich innerhalb von 30 Tagen nach Beginn der neuen Wahlperiode eine Fraktion konstituiert, deren Mitglieder einer Partei angehören, die durch eine Fraktion in der abgelaufenen Wahlperiode im Landtag vertreten war, und die sich gegenüber der Präsidentin oder dem Präsidenten des Landtages zur Nachfolgefraktion erklärt. In diesem Fall ist die neu konstituierte Fraktion die Rechtsnachfolgerin der alten Fraktion.

§ 12
Inkrafttreten

Dieses Gesetz tritt mit Wirkung vom 1. Januar 1995 in Kraft.

Gesetz
zur Regelung des Rechts der parlamentarischen Untersuchungsausschüsse
(Untersuchungsausschussgesetz)
vom 17. April 1993
– GVOBl. Schl.-H. S. 145 –

Zuletzt geändert durch Gesetz vom 12. November 2014 (GVOBl. Schl.-H. S. 328)

§ 1
Aufgabe und Zulässigkeit

(1) Ein Untersuchungsausschuß des Landtages hat die Aufgabe, Sachverhalte, deren Aufklärung im öffentlichen Interesse liegt, zu untersuchen und dem Landtag darüber zu berichten.

(2) Die Untersuchung ist nur im Rahmen der verfassungsmäßigen Zuständigkeit des Landtages zulässig.

(3) Bei Zweifeln über die Zulässigkeit einer beantragten Untersuchung überweist der Landtag den Einsetzungsantrag zur gutachtlichen Äußerung an den für Rechtsfragen zuständigen Ausschuß; der Ausschuß gibt seine Äußerung unverzüglich ab.

§ 2
Antragsrecht und Einsetzung

(1) Ein Untersuchungsausschuß wird jeweils für einen bestimmten Untersuchungsgegenstand eingesetzt.

(2) Die Einsetzung erfolgt auf Antrag durch Beschluß des Landtages.

(3) Ein Antrag, der den Landtag nach Artikel 24 Absatz 1 Satz 1 der Landesverfassung zur Einsetzung eines Untersuchungsausschusses verpflichtet (Minderheitsantrag), muß bei seiner Einreichung die Unterschriften von einem Fünftel der Mitglieder des Landtages tragen. Im übrigen gelten für Anträge auf Einsetzung eines Untersuchungsausschusses die Vorschriften der Geschäftsordnung.

(4) Liegen dem Landtag zu einer Sitzung mehrere Anträge auf Einsetzung eines Untersuchungsausschusses zum selben Untersuchungsgegenstand vor, sollen die Untersuchungsaufträge zu einem Auftrag zusammengefaßt werden. Dies kann nicht gegen den Willen einer antragstellenden Minderheit nach Absatz 3 erfolgen.

(5) Ein Antrag auf Einsetzung eines Untersuchungsausschusses wird vor anderen Beratungsgegenständen auf die Tagesordnung der nächsten Sitzung des Landtags gesetzt. Über einen Minderheitsantrag muß der Landtag auf Verlangen der Antragstellenden innerhalb von zwei Wochen nach der Einreichung entscheiden. Im Falle einer Überweisung nach § 1 Abs. 3 verlängert sich diese Frist um eine Woche.

§ 3
Gegenstand

(1) Der Gegenstand der Untersuchung ist im Antrag und im Beschluß über die Einsetzung hinreichend bestimmt festzulegen.

(2) Der in einem Minderheitsantrag bezeichnete Untersuchungsgegenstand kann gegen den Willen der Antragstellenden nicht eingeschränkt werden; er kann gegen ihren Willen nur dann konkretisiert oder erweitert werden, wenn dadurch der Kern des Untersuchungsgegenstandes nicht berührt wird und eine wesentliche Verzögerung des Untersuchungsverfahrens nicht zu erwarten ist.

(3) Der Untersuchungsausschuß ist an den Untersuchungsgegenstand gebunden und zu einer Ausdehnung nicht berechtigt. Eine nachträgliche Ergänzung durch Beschluß des Landtages ist zulässig. Absatz 2 bleibt unberührt.

§ 4
Zusammensetzung

(1) Im Untersuchungsausschuß sind die Fraktionen und die Antragstellenden mit mindestens je einem Mitglied vertreten. Im übrigen werden die Sitze unter Berücksichtigung der Stärkeverhältnisse der Fraktionen verteilt; dabei ist sicherzustellen, daß die Mehrheitsverhältnisse im Untersuchungsausschuß den Mehrheitsverhältnissen im Landtag entsprechen.

(2) Der Untersuchungsausschuß besteht in der Regel aus derselben Anzahl von Mitgliedern des Landtages, wie sie nach seiner Geschäftsordnung den ständigen Ausschüssen angehören, sowie derselben Anzahl von stellvertretenden Mitgliedern, die ebenfalls dem Landtag angehören.

(3) Die Überschreitung der in Absatz 2 genannten Mitgliederzahl ist nur zulässig, wenn und soweit sie nach Absatz 1 erforderlich ist; in diesem Fall wird die Zahl der Ausschußmitglieder durch Beschluß das Landtages festgesetzt.

(4) Die Fraktionen und die Antragstellenden nach § 2 Abs. 3 benennen durch Erklärung gegenüber der Präsidentin oder dem Präsidenten die von ihnen zu stellenden Ausschußmitglieder und eine gleiche Anzahl von stellvertretenden Mitgliedern.

§ 5
Stellvertretende Mitglieder

(1) Die stellvertretenden Mitglieder haben das Recht, an allen Sitzungen teilzunehmen.

(2) Bei Verhinderung eines Mitglieds nimmt eine Stellvertreterin oder ein Stellvertreter der Fraktion oder der Gruppe der Antragstellenden nach § 2 Abs. 3, der das abwesende Mitglied angehört, dessen Aufgaben wahr.

§ 6
Vorsitz

(1) Der Untersuchungsausschuß wählt die Vorsitzende oder den Vorsitzenden und die stellvertretende Vorsitzende oder den stellvertretenden Vorsitzenden aus seiner Mitte.

(2) Bei der Einsetzung eines jeden neuen Untersuchungsausschusses wechselt der Vorsitz unter den Fraktionen in der Reihenfolge ihrer Stärke.

(3) Die oder der Vorsitzende und die oder der stellvertretende Vorsitzende müssen verschiedenen Fraktionen angehören, unter denen sich eine die Regierung tragende Fraktion und eine Fraktion der parlamentarischen Opposition befinden muß.

(4) Der Untersuchungsausschuß kann die Vorsitzende oder den Vorsitzenden oder die stellvertretende Vorsitzende oder den stellvertretenden Vorsitzenden auf Antrag eines Fünftels seiner Mitglieder abwählen; der Beschluß bedarf der Mehrheit von zwei Dritteln der Mitglieder der Ausschusses. § 7 Abs. 1 bis 5 bleibt unberührt. Über einen Antrag auf Abwahl ist in derselben Sitzung zu entscheiden. Im Falle der Abwahl bleibt das Recht einer Fraktion, die Vorsitzende oder den Vorsitzenden oder die stellvertretende Vorsitzende oder den stellvertretenden Vorsitzenden zu stellen, unberührt.

§ 7
Ausscheiden von Ausschußmitgliedern,
Ruhen der Mitgliedschaft

(1) Ein Mitglied des Landtages, bei dem zureichende tatsächliche Anhaltspunkte für eine unmittelbare und persönliche Beteiligung an den zu untersuchenden Vorgängen vorliegen, darf dem Untersuchungsausschuß nicht angehören; liegt diese Voraussetzung bei einem Ausschußmitglied vor und wird dies erst nach der Einsetzung des Ausschusses bekannt, so hat das Mitglied aus dem Untersuchungsausschuß auszuscheiden.

(2) Bestehen innerhalb des Untersuchungsausschusses Meinungsverschiedenheiten, ob die Voraussetzung des Absatzes 1 vorliegt, entscheidet auf Antrag eines Ausschußmitgliedes der Untersuchungsausschuß. Die Entscheidung des

Untersuchungsausschusses, daß ein Mitglied auszuscheiden hat, bedarf der Mehrheit von zwei Dritteln seiner Mitglieder; bei dieser Entscheidung wird das betroffene Mitglied gemäß § 5 Abs. 2 vertreten.

(3) Ein Ausschußmitglied scheidet ferner aus, wenn es der Fraktion, von der es benannt wurde, nicht mehr angehört. Satz 1 gilt für das die Antragstellenden nach § 2 Abs. 3 vertretende Ausschußmitglied entsprechend, wenn es aus der Gruppe der Antragstellenden ausscheidet.

(4) Ist ein Ausschußmitglied ausgeschieden, ist nach Maßgabe des § 4 Abs. 4 ein neues Mitglied zu benennen.

(5) Hat der Untersuchungsausschuß die Vernehmung eines Ausschußmitglieds als Auskunftsperson beschlossen, so ruht dessen Mitgliedschaft bis zum Abschluß der Vernehmung. Seine Aufgaben als Ausschußmitglied werden in dieser Zeit von einem stellvertretenden Mitglied, das derselben Fraktion oder Gruppe der Antragstellenden nach § 2 Abs. 3 angehört, wahrgenommen. Hat der Untersuchungsausschuß die Vernehmung des oder der Vorsitzenden oder des oder der stellvertretenden Vorsitzenden beschlossen, so wird für die Dauer des Ruhens der Mitgliedschaft eine andere Vorsitzende oder ein anderer Vorsitzender oder eine andere stellvertretende Vorsitzende oder ein anderer stellvertretender Vorsitzender entsprechend den Vorschriften des § 6 gewählt. Über einen Antrag auf Vernehmung eines Ausschußmitgliedes als Auskunftsperson ist unverzüglich zu entscheiden; die Vernehmung ist gegebenenfalls unverzüglich durchzuführen.

(6) Absätze 1 bis 5 gelten für stellvertretende Mitglieder entsprechend.

§ 8
Einberufung, Beschlußfähigkeit und Beschlußfassung

(1) Die oder der Vorsitzende beruft den Untersuchungsausschuß unter Angabe der Tagesordnung ein. Sie oder er ist zur Einberufung einer Sitzung binnen zwei Wochen verpflichtet, wenn dies unter Angabe des Beratungsgegenstandes von mindestens einem Fünftel der Mitglieder oder von den Vertreterinnen oder Vertretern der Antragstellenden nach § 2 Abs. 3 verlangt wird.

(2) Der Untersuchungsausschuß ist beschlußfähig, wenn die Mehrheit seiner Mitglieder anwesend ist.

(3) Wird die Beschlußfähigkeit zu Beginn der Sitzung nicht erreicht, unterbricht der Vorsitzende oder die Vorsitzende die Sitzung bis zu einem bestimmten Zeitpunkt desselben Tages; wird auch zu diesem Zeitpunkt die Beschlußfähigkeit nicht erreicht, ist eine neue Sitzung anzuberaumen, die innerhalb von drei Tagen stattzufinden hat. In dieser Sitzung ist der Untersuchungsausschuß unabhängig von der Zahl der teilnehmenden Mitglieder beschlußfähig. Hierauf ist in der Einladung hinzuweisen.

(4) Wird der Ausschuß im Laufe einer Sitzung beschlußunfähig, so ist die Sitzung sofort zu beenden. Die unerledigt gebliebenen Beratungsgegenstände werden in der nächstfolgenden Sitzung zunächst aufgerufen.

(5) Soweit dieses Gesetz nichts anderes bestimmt, beschließt der Untersuchungsausschuß mit der Mehrheit der abgegebenen Stimmen. Bei Stimmengleichheit ist der Antrag abgelehnt.

§ 9
Unterausschüsse

(1) Der Untersuchungsausschuß kann mit einer Mehrheit von zwei Dritteln seiner Mitglieder eine vorbereitende Untersuchung durch einen Unterausschuß (Vorbereitender Unterausschuß) oder einen Unterausschuß mit der Erhebung einzelner Beweise beauftragen (Unterausschuß zur Beweisaufnahme).

(2) Der Vorbereitende Unterausschuß sammelt und gliedert den Untersuchungsstoff und beschafft das erforderliche Beweismaterial, insbesondere die einschlägigen Akten und Unterlagen. Er kann Personen informatorisch hören. Seine Sitzungen sind nicht öffentlich; sie sind zu protokollieren.

(3) Für den Unterausschuß zur Beweisaufnahme gelten die Vorschriften über die Durchführung der Beweisaufnahme entsprechend.

(4) Jede Fraktion und die Antragstellenden nach § 2 Abs. 3 haben Anspruch auf einen Sitz im Unterausschuß; den Vorsitz führt die oder der Vorsitzende des Untersuchungsausschusses. Die Mitglieder des Unterausschusses werden von den Vertreterinnen oder Vertretern der Fraktionen und der Antragstellenden nach § 2 Abs. 3 im Untersuchungsausschuß aus dem Kreis der Ausschußmitglieder benannt.

§ 10
Öffentlichkeit der Sitzungen

(1) Die Beweiserhebung erfolgt in öffentlicher Sitzung. Ton- und Filmaufnahmen sowie Ton- und Bildübertragungen sind nicht zulässig.

(2) Die Öffentlichkeit kann ausgeschlossen werden, wenn überragende Interessen der Allgemeinheit oder überwiegende Interessen einzelner dies gebieten oder wenn es zur Erlangung einer wahrheitsgemäßen Aussage erforderlich erscheint. Aus denselben Gründen können auch einzelne Personen ausgeschlossen werden. § 18 bleibt unberührt.

(3) Die Beratungen und Beschlußfassungen des Untersuchungsausschusses sind nicht öffentlich. Der Untersuchungsausschuß kann beschließen, daß von den Fraktionen oder den Antragstellenden nach § 2 Abs. 3 benannte Mitarbeiterinnen und Mitarbeiter Zutritt zu diesen Sitzungen erhalten. Über Beschlußfassungen nach Satz 1 unterrichtet die oder der Vorsitzende die Öffentlichkeit unter Bekanntgabe des Abstimmungsergebnisses.

(4) Der Ausschluß der Öffentlichkeit bei der Beweiserhebung und die Herstellung der Öffentlichkeit bei der Beratung und Beschlußfassung bedürfen einer Mehrheit von zwei Dritteln der Mitglieder des Ausschusses. Über den Ausschluß der Öffentlichkeit wird in nichtöffentlicher Sitzung entschieden.

(5) Die Mitglieder der Landesregierung und ihre Beauftragten haben zu den Sitzungen des Untersuchungsausschusses Zutritt. Zu nichtöffentlichen Sitzungen, die nicht der Beweiserhebung dienen, haben sie nur Zutritt, wenn sie geladen werden. § 17 Abs. 1 Satz 1 bleibt unberührt.

(6) Die Geheimschutzordnung des Landtages findet entsprechende Anwendung.

§ 11
Beweiserhebung

(1) Der Untersuchungsausschuß erhebt die durch den Untersuchungsgegenstand gebotenen Beweise. Jedes Mitglied des Untersuchungsausschusses hat das Recht, Beweisanträge zu stellen.

(2) Beweise sind zu erheben, wenn dies von den Mitgliedern des Untersuchungsausschusses, die zu den Antragstellenden nach § 2 Abs. 3 gehören, beantragt wird oder ein Fünftel der Mitglieder des Ausschusses es verlangt. Wird ein Beweisantrag von weniger als einem Fünftel der Mitglieder gestellt, entscheidet der Ausschuß unverzüglich durch Beschluß, spätestens aber in seiner nächsten Sitzung.

(3) Auf Verlangen der Vertreterinnen oder Vertreter der Antragstellenden nach § 2 Abs. 3 sind die von ihnen beantragten Beweise mit Vorrang zu erheben.

(4) Soweit sich aus diesem Gesetz nichts anderes ergibt, gelten für die Beweisaufnahme die Vorschriften über den Strafprozeß entsprechend.

§ 12
Ordnungsgewalt

Die Aufrechterhaltung der Ordnung in den Sitzungen obliegt der oder dem Vorsitzenden. Die §§ 176 bis 179 des Gerichtsverfassungsgesetzes gelten entsprechend.

§ 13
Zutrittsrecht, Aussagegenehmigung, Aktenvorlage

(1) Die Landesregierung, alle Behörden des Landes und die Träger der öffentlichen Verwaltung, soweit sie oder ihre Behörden der Aufsicht des Landes unterstehen, sind verpflichtet, dem Untersuchungsausschuß auf Verlangen

eines Fünftels seiner Mitglieder Auskünfte zu erteilen, Akten vorzulegen, Aussagegenehmigungen zu erteilen und jederzeit Zutritt zu den von ihnen verwalteten öffentlichen Einrichtungen zu gestatten. Die Verpflichtung der Gerichte und der Verwaltungsbehörden zur Rechts- und Amtshilfe bleibt unberührt.

(2) Ersuchen um Zutritt, Aussagegenehmigung und Aktenvorlage sind an die zuständige oberste Dienstbehörde oder oberste Aufsichtsbehörde zu richten.

(3) Aktenvorlage und Aussagegenehmigung dürfen nach Maßgabe des Artikels 29 Absatz 3 der Landesverfassung in Verbindung mit dem Ausführungsgesetz nach Artikel 29 Absatz 4 der Landesverfassung verweigert werden.

(4) Die die Auskunft nach Absatz 3 verweigernde Stelle legt dem Untersuchungsausschuß die Gründe für die Verweigerung in nichtöffentlicher oder vertraulicher Sitzung dar. Hält der Untersuchungsausschuß die Voraussetzungen der Verweigerung nicht für gegeben, muß er das zuständige Gericht anrufen, wenn es ein Fünftel der Mitglieder des Untersuchungsausschusses verlangt.

§ 14
Auskunftspersonen

(1) Auskunftspersonen (Zeuginnen und Zeugen sowie Sachverständige) sind verpflichtet, auf Ladung des Untersuchungsausschusses zu erscheinen. Sie sind in der Ladung über den Beweisgegenstand zu unterrichten sowie auf die gesetzlichen Folgen des Ausbleibens hinzuweisen. Die Vorschriften der §§ 49 und 50 der Strafprozeßordnung gelten entsprechend.

(2) Auskunftspersonen sind zur Wahrheit verpflichtet; sie können die Auskunft auf solche Fragen verweigern, deren Beantwortung sie selbst oder einen der in § 52 Abs. 1 der Strafprozeßordnung bezeichneten Angehörigen der Gefahr aussetzen würde, wegen einer Straftat oder einer Ordnungswidrigkeit verfolgt zu werden. Die §§ 52, 53, 53 a und 76 der Strafprozeßordnung finden entsprechende Anwendung.

(3) Auskunftspersonen sind vor ihrer Vernehmung über ihre Rechte und Pflichten zu belehren. Für die Glaubhaftmachung von Verweigerungsgründen gilt § 56 der Strafprozeßordnung entsprechend.

(4) Auskunftspersonen sind vor ihrer Vernehmung darauf hinzuweisen, daß der Untersuchungsausschuß nach Maßgabe dieses Gesetzes zu ihrer Vereidigung berechtigt ist. Hierbei sind sie über die Bedeutung des Eides und die strafrechtlichen Folgen einer unrichtigen oder unvollständigen Aussage zu belehren.

§ 15
Vereidigung

(1) Der Untersuchungsausschuß kann beschließen, Auskunftspersonen zu vereidigen, wenn dies wegen der besonderen Bedeutung der Aussage oder zur Erlangung einer wahrheitsgemäßen Aussage geboten erscheint.

(2) Vor der Vereidigung ist der Auskunftsperson Gelegenheit zu geben, sich erneut zu dem Beweisthema zu äußern. Die §§ 61, 64 bis 67 und 79 Abs. 2 und 3 der Strafprozeßordnung gelten entsprechend.

(3) Von der Vereidigung ist abzusehen,

1. wenn der Verdacht besteht, die Auskunftsperson könne an einer strafbaren Handlung beteiligt sein, deren Aufklärung nach dem Sinn des Untersuchungsgegenstandes zum Gegenstand der Untersuchung gehört,
2. bei Personen, die zur Zeit der Vernehmung das 16. Lebensjahr noch nicht vollendet haben oder die wegen verminderter Einsichtsfähigkeit vom Wesen und der Bedeutung eines Eides keine genügende Vorstellung haben.

§ 16
Maßnahmen zur Sicherung der Beweiserhebung

(1) Gegen eine ordnungsgemäß geladene Auskunftsperson, die ohne genügende Entschuldigung nicht erscheint oder ohne gesetzlichen Grund das Zeugnis, die Erstattung des Gutachtens oder die Eidesleistung verweigert, setzt auf Antrag der oder des Vorsitzenden des Untersuchungsausschusses das örtlich zuständige Amtsgericht Ordnungsgeld oder Ordnungshaft (Ordnungsmittel) fest; die entstandenen Kosten werden der Auskunftsperson auferlegt. In dem Antrag ist ein der Art nach bestimmtes Ordnungsmittel zu bezeichnen. Im übrigen finden Artikel 6 bis 9 des Einführungsgesetzes zum Strafgesetzbuch Anwendung.

(2) Unter den Voraussetzungen des Absatzes 1 Satz 1 ordnet das zuständige Amtsgericht auf Antrag der oder des Vorsitzenden des Untersuchungsausschusses die Vorführung einer nicht erschienenen Auskunftsperson an.

(3) Auf Antrag der oder des Vorsitzenden des Untersuchungsausschusses ordnet das zuständige Amtsgericht die Beschlagnahme oder Durchsuchung an, wenn dies zur Aufklärung des Sachverhalts notwendig ist; die Vorschriften des Achten Abschnitts des Ersten Buches der Strafprozeßordnung gelten sinngemäß.

(4) Die oder der Vorsitzende stellt den Antrag nach Absatz 1 bis 3 auf Beschluß des Untersuchungsausschusses, auf Verlangen der Untersuchungsausschußmitglieder, die zu den Antragstellenden nach § 2 Abs. 3 gehören, oder auf Verlangen eines Fünftels seiner Mitglieder.

§ 17
Vernehmung und Fragerecht

(1) Auskunftspersonen werden in der Regel einzeln und in Abwesenheit später zu hörender Auskunftspersonen vernommen. Auskunftspersonen werden zunächst durch die Vorsitzende oder den Vorsitzenden, sodann durch die stellvertretende Vorsitzende oder den stellvertretenden Vorsitzenden vernommen. Anschließend können die übrigen Mitglieder des Untersuchungsausschusses eine oder jeweils mehrere Fragen stellen, die in einem Sachzusammenhang stehen. Das Erstfragerecht richtet sich nach der Stärke der Fraktionen. Danach entscheidet die oder der Vorsitzende nach der Reihenfolge der Wortmeldungen.

(2) Die oder der Vorsitzende kann nicht zum Beweisthema gehörende Fragen zurückweisen. § 68 a der Strafprozeßordnung findet Anwendung.

(3) Bei Zweifeln über die Zulässigkeit von Fragen sowie über die Rechtmäßigkeit der Zurückweisung von Fragen entscheidet auf Antrag eines Untersuchungsausschußmitgliedes der Untersuchungsausschuß mit der Mehrheit von zwei Dritteln der anwesenden Mitglieder.

§ 18
Rechtsstellung der Betroffenen

(1) Betroffene sind natürliche und juristische Personen, gegen die sich nach dem Sinn des Untersuchungsgegenstandes die Untersuchung richtet. Der Untersuchungsausschuß stellt auf Antrag eines Mitgliedes mit der Mehrheit von zwei Dritteln seiner Mitglieder fest, wer Betroffener ist; antragsberechtigt sind auch natürliche und juristische Personen, die geltend machen, daß bei ihnen die Voraussetzungen des Satzes 1 vorliegen.

(2) Den Betroffenen ist Gelegenheit zu geben, zeitlich vor den Auskunftspersonen eine zusammenhängende Sachdarstellung zu geben. Sie haben das Recht auf Anwesenheit bei der Beweisaufnahme.

(3) Hält der Untersuchungsausschuß mit den Stimmen eines Fünftels seiner Mitglieder zur Aufklärung des Sachverhalts die Vernehmung der oder des Betroffenen als Auskunftsperson für erforderlich, so finden die Regelungen der §§ 11 und 14 Anwendung.

(4) Für die Vernehmung und Befragung gelten §§ 16 und 17.

(5) Die oder der Betroffene hat ein Beweisanregungs- und Fragerecht. Betroffene können sich zur Wahrnehmung ihrer Rechte eines Rechtsbeistands bedienen und Auskunftspersonen benennen.

(6) Die oder der Betroffene und der Beistand können von der nichtöffentlichen Beweisaufnahme ausgeschlossen werden, wenn überragende Interessen der Allgemeinheit oder überwiegende Interessen einzelner ihrer Anwesenheit entgegenstehen oder wenn dies zur Erlangung einer wahrheitsgemäßen Aussage erforderlich erscheint. Die oder der Vorsitzende hat der oder dem Betroffenen nach Wiederzu-

lassung zur Beweisaufnahme den wesentlichen Inhalt der in Abwesenheit der oder des Betroffenen erfolgten Beweisaufnahme sowie sie oder ihn betreffende Beschlüsse mitzuteilen, soweit nicht überragende Interessen der Allgemeinheit oder überwiegende Interessen einzelner dem entgegenstehen.

(7) Ergibt sich erst im Verlauf der Untersuchung, daß jemand Betroffene oder Betroffener ist, so bleiben vor der Beschlußfassung nach Absatz 1 Satz 2 liegende Untersuchungshandlungen wirksam. Sie oder er ist über alle bisherigen Untersuchungshandlungen und deren Ergebnisse in gedrängter Form zu unterrichten, soweit sie sich auf sie oder ihn beziehen und überragende Interessen der Allgemeinheit oder überwiegende Interessen einzelner nicht entgegenstehen. Der oder dem Betroffenen ist Gelegenheit zur Stellungnahme zu geben.

§ 19
Rechts- und Amtshilfe

(1) Bei Ersuchen um Rechts- und Amtshilfe zur Vernehmung von Auskunftspersonen sind die an die Auskunftsperson zu richtenden Fragen im einzelnen festzulegen. Dem Ersuchen ist eine schriftliche Fassung des Untersuchungsgegenstandes und des Beweisbeschlusses beizufügen. Der Untersuchungsausschuß gibt an, ob die Auskunftsperson vereidigt werden soll.

(2) Über die Vernehmung ist ein Protokoll aufzunehmen.

(3) Ersuchen um Rechtshilfe sind an die zuständigen Amtsgerichte zu richten. Die Befugnisse des Untersuchungsausschusses nach § 15 bleiben unberührt.

(4) Ersuchen um Amtshilfe sind an die jeweils zuständigen Obersten Landes- und Bundesbehörden zu richten; Absätze 1 und 2 gelten entsprechend.

§ 20
Verlesung von Protokollen und Schriftstücken

(1) Die Protokolle über Untersuchungshandlungen von Gerichten, Verwaltungsbehörden und anderen Untersuchungsausschüssen sowie Schriftstücke, die als Beweismittel dienen, sind in öffentlicher Sitzung zu verlesen; § 10 Abs. 2 und 4 gilt entsprechend.

(2) Von der Verlesung kann abgesehen werden, wenn die Protokolle oder Schriftstücke allen Mitgliedern des Untersuchungsausschusses zugegangen sind und die Mehrheit der anwesenden Mitglieder im Einvernehmen mit den Vertreterinnen und Vertretern der Antragstellenden nach § 2 Abs. 3 auf die Verlesung verzichtet. Der wesentliche Inhalt der Protokolle, Schriftstücke und Urkunden ist in öffentlicher Sitzung durch die Vorsitzende oder den Vorsitzenden bekanntzugeben. § 10 Abs. 2 und 4 gilt entsprechend.

§ 21
Mitteilungen über Sitzungen und Unterlagen

(1) Über Art und Umfang von Mitteilungen an die Öffentlichkeit aus nichtöffentlichen Sitzungen entscheidet der Untersuchungsausschuß unbeschadet der Vorschrift in § 10 Abs. 3 Satz 3. Die Mitteilung erfolgt durch die Vorsitzende oder den Vorsitzenden und die stellvertretende Vorsitzende oder den stellvertretenden Vorsitzenden gemeinsam.

(2) Die Mitglieder des Untersuchungsausschusses sowie ihre Stellvertreterinnen und Stellvertreter sind zur Verschwiegenheit verpflichtet, soweit es sich um Tatsachen handelt, die sie bei ihrer Tätigkeit im Untersuchungsausschuß erfahren haben und die nicht Gegenstand einer öffentlichen Sitzung gewesen sind. Die Verschwiegenheitspflicht gilt nicht für die Beratung in nichtöffentlichen Fraktionssitzungen, an denen nur Mitglieder des Landtages und besonders verpflichtete Mitarbeiterinnen und Mitarbeiter teilnehmen. Satz 1 gilt für Teilnehmerinnen und Teilnehmer an Fraktionssitzungen entsprechend. Die Vorschriften der Geheimschutzordnung des Landtages bleiben unberührt.

§ 22
Protokollierung

(1) Über die Sitzungen des Untersuchungsausschusses ist ein Protokoll aufzunehmen und von dem oder der Vorsitzenden zu unterschreiben.

(2) Beweiserhebungen sind wörtlich zu protokollieren. Über die Art der Protokollierung der Beratungen entscheidet der Untersuchungsausschuß.

(3) Die Protokolle über öffentliche und nichtöffentliche Sitzungen werden den Ausschußmitgliedern, den stellvertretenden Ausschußmitgliedern, den Vorsitzenden der Fraktionen und der Landesregierung, soweit sie Zutrittsrecht nach § 10 Abs. 5 hatte, zugeleitet.

(4) Bezüglich der Einsicht und Weitergabe der Protokolle gelten die Richtlinien für die Arbeit und die Benutzung der Informations- und Dokumentationseinrichtungen im Wissenschaftlichen Dienst des Schleswig-Holsteinischen Landtages, soweit der Untersuchungsausschuß nicht eine andere Regelung beschließt. Die Vorschriften der Geheimschutzordnung des Landtages bleiben unberührt.

§ 23
Aussetzung und Einstellung des Verfahrens

(1) Das Untersuchungsverfahren kann ausgesetzt werden, wenn eine alsbaldige Aufklärung auf andere Weise zu erwarten ist oder die Gefahr besteht, daß gerichtliche Verfahren oder Ermittlungsverfahren beeinträchtigt werden. Über die Aussetzung entscheidet der Landtag auf Antrag des Untersuchungsausschusses; ist der Untersuchungsausschuß aufgrund eines Minderheitsantrages (§ 2 Abs. 3) eingesetzt worden, so bedarf die Aussetzung der Zustimmung der Antragstellenden. Ein ausgesetztes Verfahren kann jederzeit durch Beschluß des Landtages wieder aufgenommen werden. Der Beschluß muß gefaßt werden, wenn es von einem Fünftel der Mitglieder des Landtages beantragt wird; § 2 Abs. 3 und 4 gilt entsprechend.

(2) Der Landtag kann einen Untersuchungsausschuß vor Abschluß der Untersuchung auflösen. Absatz 1 Satz 2 gilt entsprechend.

§ 24
Schlußbericht

(1) Der Untersuchungsausschuß erstattet dem Landtag nach Abschluß der Untersuchung einen schriftlichen Bericht über die ermittelten Tatsachen sowie Verlauf und Ergebnis der Untersuchung; das Ergebnis ist zu begründen.

(2) Der Bericht darf keine geheimhaltungsbedürftigen Tatsachen enthalten, es sei denn, daß er ohne Bezug auf solche Tatsachen nicht verständlich wäre. In diesem Fall sind die geheimhaltungsbedürftigen Tatsachen gesondert darzustellen. Die Vorschriften der Geheimschutzordnung des Landtages bleiben unberührt.

(3) Der Landtag kann während der Untersuchung Zwischenberichte über den Stand des Verfahrens verlangen.

(4) Die Anfertigung der Entwürfe für die Berichte nach Absatz 1 und 3 obliegt der oder dem Vorsitzenden und der oder dem stellvertretenden Vorsitzenden. Über den Wortlaut der dem Landtag zuzuleitenden Berichte entscheidet der Untersuchungsausschuß.

(5) Jedes Mitglied des Untersuchungsausschusses hat das Recht, seine von der Mehrheitsmeinung abweichende Auffassung in einem eigenen Bericht niederzulegen, der dem Ausschußbericht angefügt wird.

(6) Der Untersuchungsausschußbericht sowie die angefügten Minderheitenberichte sind der richterlichen Erörterung entzogen. In der Würdigung und Beurteilung des der Untersuchung zugrunde liegenden Sachverhalts sind die Gerichte frei.

§ 25
Rechtliches Gehör

(1) Personen, die durch die Veröffentlichung des Abschlußberichtes in ihren Rechten erheblich beeinträchtigt werden können, ist vor Abschluß des Untersuchungsverfahrens Gelegenheit zu geben, zu den sie betreffenden Ausführungen

des Abschlußberichts innerhalb von zwei Wochen Stellung zu nehmen, soweit diese Ausführungen nicht mit ihnen inhaltlich in einer Sitzung zur Beweisaufnahme erörtert worden sind.

(2) Der wesentliche Inhalt der Stellungnahme ist im Bericht wiederzugeben.

§ 26
Akteneinsicht, Aktenauskunft

(1) Die Mitglieder und die stellvertretenden Mitglieder des Untersuchungsausschusses, von den Fraktionen für diesen Zweck benannte Mitarbeiterinnen und Mitarbeiter sowie die Beauftragten der Landesregierung für das Untersuchungsverfahren können jederzeit Einsicht in die Akten des Untersuchungsausschusses nehmen; ihnen können für die Zwecke des Untersuchungsverfahrens nach Maßgabe der Beschlüsse des Untersuchungsausschusses und der Bestimmungen über die Geheimhaltung Ablichtungen aus den Akten überlassen werden. Die Einschränkungen des § 10 Abs. 5 gelten entsprechend.

(2) Auskunftspersonen erhalten auf Verlangen Einsicht in die Niederschrift ihrer eigenen Ausführungen.

(3) Betroffene können die Protokolle über öffentliche Sitzungen einsehen. Im übrigen kann der Untersuchungsausschuß dem Rechtsbeistand des Betroffenen Akteneinsicht gewähren, soweit dies zur Wahrnehmung der Rechte des Betroffenen erforderlich ist und dadurch der Untersuchungszweck nicht gefährdet erscheint. Die Akteneinsicht ist zu versagen, soweit überragende Belange des öffentlichen Wohls oder überwiegende Interessen einzelner dies erfordern.

(4) Gerichte, Staatsanwaltschaften und andere Justizbehörden erhalten die zu Zwecken der Rechtspflege erforderliche Akteneinsicht. Im übrigen werden Behörden und anderen öffentlichen Stellen die zur Erfüllung ihrer Aufgaben erforderlichen Auskünfte aus den Akten erteilt, soweit überragende Belange des öffentlichen Wohls oder überwiegende Interessen einzelner nicht entgegenstehen und der Untersuchungszweck nicht gefährdet erscheint; zu diesem Zweck kann auch Akteneinsicht gewährt werden.

(5) In den Fällen der Absätze 3 und 4 wird bei beigezogenen Akten, die nicht Aktenbestandteil sind, Einsicht nur gewährt und Auskunft nur erteilt, soweit die Antragstellerin oder der Antragsteller die Zustimmung derjenigen Stelle nachweist, um deren Akte es sich handelt. Soweit Akten oder Aktenteile anderer Stellen Bestandteile der Akten des Untersuchungsausschusses geworden sind, ist zu prüfen, ob die Akteneinsicht oder Auskunfterteilung nach den für diese Stellen geltenden Vorschriften zulässig wäre; die Akteneinsicht und die Auskunftserteilung können in diesen Fällen auch von der Zustimmung dieser Stellen abhängig gemacht werden.

(6) Die Geheimschutzordnung des Landtages bleibt unberührt.

§ 27
Kosten und Auslagen

(1) Die Kosten des Untersuchungsverfahrens trägt das Land.

(2) Auskunftspersonen werden nach dem Justizvergütungs- und -entschädigungsgesetz vom 5. Mai 2004 (BGBl. I S. 718), zuletzt geändert durch Artikel 9 Abs. 2 des Gesetzes vom 16. August 2005 (BGBl. I S. 2437), entschädigt. Die Entschädigung wird durch die Landtagsverwaltung festgesetzt. Die Auskunftsperson kann beim Amtsgericht Kiel die gerichtliche Festsetzung der Entschädigung beantragen. § 4 des Justizvergütungs- und -entschädigungsgesetzes gilt entsprechend.

(3) Den Betroffenen können die durch die Wahrnehmung der ihnen nach diesem Gesetz zustehenden Rechte entstandenen notwendigen Auslagen ganz oder teilweise erstattet werden. § 464 a Abs. 2 der Strafprozeßordnung gilt entsprechend. Hierüber entscheidet der Untersuchungsausschuß nach pflichtgemäßem Ermessen, nach Abschluß des Untersuchungsverfahrens die Präsidentin oder der Präsident des Landtages. Gegen den Beschluß kann binnen einer Frist von einer Woche nach seiner Bekanntmachung die Entscheidung des Amtsgerichts Kiel beantragt werden. § 161 a Abs. 3 Satz 3 und 4 und § 464 Abs. 3 Satz 2 der Strafprozeßordnung gelten entsprechend.

§ 28
Ergänzende Vorschriften

Soweit dieses Gesetz keine besonderen Vorschriften enthält, sind das Gerichtsverfassungsgesetz und die Strafprozeßordnung ergänzend sinngemäß anzuwenden.

§ 29
Inkrafttreten

Das Gesetz tritt am Tag nach der Verkündung in Kraft.

Geschäftsordnung der Landesregierung Schleswig-Holstein – GeschO LReg –
vom 19. August 2013
– GVOBl. Schl.-H. S. 358 –

Aufgrund des Artikels 29 Abs. 3 der Verfassung des Landes Schleswig-Holstein hat die Landesregierung die folgende Geschäftsordnung beschlossen:

Inhaltsübersicht:

Abschnitt I
Die Ministerpräsidentin oder der Ministerpräsident

- § 1 Richtlinien der Regierungspolitik
- § 2 Leitung der Geschäfte der Landesregierung
- § 3 Unterrichtungspflicht und Auskunftsrecht
- § 4 Staatskanzlei
- § 5 Übertragung von Rechten der Ministerpräsidentin oder des Ministerpräsidenten
- § 6 Die Stellvertreterin oder der Stellvertreter der Ministerpräsidentin oder des Ministerpräsidenten

Abschnitt II
Die Ministerinnen und Minister

- § 7 Eigenverantwortlichkeit der Ministerinnen und Minister
- § 8 Unterstützungsleistungen für die Beratung von Gesetzentwürfen im Landtag und in den Ausschüssen des Landtages
- § 9 Geschäftsbereiche
- § 10 Wahrnehmung der Interessen des Landes gegenüber dem Bund
- § 11 Vertretung der Ministerinnen und Minister
- § 12 Abwesenheit

Abschnitt III
Die Landesregierung

- § 13 Gegenstand der Beratung und Beschlussfassung
- § 14 Initiativrecht des für Gleichstellung zuständigen Ministeriums
- § 15 Kabinettsvorlagen
- § 16 Vorherige Abstimmung zwischen den Ressorts
- § 17 Besprechung der Staatssekretärinnen und Staatssekretäre
- § 18 Aufstellung der Tagesordnung, Behandlung der Kabinettsvorlagen
- § 19 Anberaumung der Sitzungen, Umlaufverfahren
- § 20 Teilnahme an den Sitzungen
- § 21 Durchführung der Sitzungen
- § 22 Beschlussfähigkeit
- § 23 Abstimmung
- § 24 Widerspruchsrecht gegen Beschlüsse
- § 25 Festlegung der Beschlüsse
- § 26 Vertraulicher Charakter der Beratungen
- § 27 Einheitliche Vertretung
- § 28 Ausfertigung von Gesetzen und Verordnungen
- § 29 Niederschriften

Abschnitt IV
Schlussvorschriften

- § 30 Auslegung der Geschäftsordnung
- § 31 Inkrafttreten

Abschnitt I
Die Ministerpräsidentin oder der Ministerpräsident

§ 1
Richtlinien der Regierungspolitik

(1) Die von der Ministerpräsidentin oder dem Ministerpräsidenten gegebenen Richtlinien der Regierungspolitik sind von sämtlichen Ministerinnen und Ministern einzuhalten und in ihrem Geschäftsbereich zu verwirklichen. Die Ministerpräsidentin oder der Ministerpräsident hat das Recht und die Pflicht, auf die Einheitlichkeit der Regierungspolitik der Ministerinnen und Minister hinzuwirken. In Zweifelsfällen ist ihre oder seine Entscheidung einzuholen.

(2) Treten wesentliche Gründe für eine Änderung der Richtlinien hervor, hat die zuständige Ministerin oder der zuständige Minister hiervon der Ministerpräsidentin oder dem Ministerpräsidenten unter Darlegung der wesentlichen Gründe sofort Mitteilung zu machen und ihre oder seine Entscheidung zu erbitten. Maßnahmen von allgemeiner politischer Bedeutung auf einem Gebiet, für das die Ministerpräsidentin oder der Ministerpräsident noch keine Richtlinien festgelegt hat, bedürfen ihrer oder seiner Zustimmung.

§ 2
Leitung der Geschäfte der Landesregierung

Die Ministerpräsidentin oder der Ministerpräsident führt den Vorsitz in der Landesregierung und leitet nach den in Abschnitt III (Die Landesregierung) enthaltenen Bestimmungen die Geschäfte.

§ 3
Unterrichtungspflicht und Auskunftsrecht

(1) Die Ministerpräsidentin oder der Ministerpräsident ist aus dem Geschäftsbereich der einzelnen Ministerinnen oder Minister über alle Maßnahmen, die für die Bestimmung der Richtlinien der Regierungspolitik und die Leitung der Geschäfte der Landesregierung von Bedeutung sind, laufend zu unterrichten.

(2) Beabsichtigen Ministerinnen oder Minister mit einem anderen deutschen Land oder der Bundesrepublik Deutschland Verhandlungen aufzunehmen, die zum Abschluss von Verträgen auf dem Gebiete des öffentlichen Rechts führen können oder sollen, oder die sonst von grundlegender Bedeutung sind, so ist diese Absicht der Ministerpräsidentin oder dem Ministerpräsidenten vorher mitzuteilen, sofern die Verhandlungen wegen der Eigenart des Verhandlungsstoffes sich nicht ständig zu wiederholen pflegen. Verhandlungen mit Ländern außerhalb der Bundesrepublik Deutschland (Artikel 32 Abs. 3 GG) bedürfen der Zustimmung der Ministerpräsidentin oder des Ministerpräsidenten. Die Ministerpräsidentin oder der Ministerpräsident ist, sofern es sich nicht um laufende Verwaltungsangelegenheiten handelt, über den Gang der Verhandlungen zu unterrichten.

(3) Die Ministerpräsidentin oder der Ministerpräsident kann zu allen Ressortangelegenheiten jederzeit Auskünfte einholen.

§ 4
Staatskanzlei

(1) Die Ministerpräsidentin oder der Ministerpräsident bedient sich zur Führung ihrer oder seiner Geschäfte und der Geschäfte der Landesregierung der Staatskanzlei.

(2) Die Chefin oder der Chef der Staatskanzlei leitet die Staatskanzlei. Sie oder er vertritt die Ministerpräsidentin oder den Ministerpräsidenten in den Verwaltungsgeschäften der Staatskanzlei.

(3) Die Staatskanzlei bereitet die Kabinettssitzungen (§§ 15, 18 bis 20) und die Besprechungen der Staatssekretärinnen und Staatssekretäre vor (§ 17). Ihr obliegt unbeschadet der Eigenverantwortung der Ministerinnen und Minister insbesondere die Koordinierung der Tätigkeit der Ministerien in der Landes- und Bundesgesetzgebung und in der mittel- und langfristigen Planung. Die Staatskanzlei ist deshalb zu einem frühestmöglichen Zeitpunkt über beabsichtigte Rechtsetzungs- und Planungsvorhaben zu unterrichten. Sie hält ihrerseits die Ressorts unterrichtet, um die Koordinierung der Tätigkeit der Ministerien zu befördern.

§ 5
Übertragung von Rechten der Ministerpräsidentin oder des Ministerpräsidenten

Die Ministerpräsidentin oder der Ministerpräsident trifft die erforderlichen Bestimmungen darüber, in welchem Umfang sie oder er das Recht,

1. das Land zu vertreten (Artikel 30 Abs. 1 Satz 1 der Verfassung des Landes Schleswig-Holstein – LV),
2. Richterinnen und Richter, Beamtinnen und Beamte sowie Beschäftigte des Landes zu ernennen, einzustellen und zu entlassen (Artikel 31 Satz 1 LV),
3. zu begnadigen (Artikel 32 Abs. 1 Satz 1 LV),

auf die Ministerinnen und Minister oder weiter überträgt.

§ 6
Die Stellvertreterin oder der Stellvertreter der Ministerpräsidentin oder des Ministerpräsidenten

Die Ministerpräsidentin oder der Ministerpräsident bestellt eine Ministerin oder einen Minister zu ihrer oder seiner Stellvertreterin oder ihrem oder seinem Stellvertreter und bestimmt den Umfang der Vertretung. Für die Auswahl der Stellvertreterin oder des Stellvertreters ist weder die Führung eines bestimmten Ministeriums noch die Dauer der Tätigkeit als Ministerin oder Minister maßgebend. Ist auch die Stellvertreterin oder der Stellvertreter der Ministerpräsidentin oder des Ministerpräsidenten verhindert, gilt für deren oder dessen Stellvertretung § 21 Abs. 1 entsprechend.

Abschnitt II
Die Ministerinnen und Minister

§ 7
Eigenverantwortlichkeit der Ministerinnen und Minister

Die Ministerinnen und Minister leiten ihren Geschäftsbereich selbständig nach den von der Ministerpräsidentin oder dem Ministerpräsidenten bestimmten Richtlinien der Regierungspolitik. Sie tragen hierfür die Verantwortung gegenüber dem Landtag.

§ 8
Unterstützungsleistungen für die Beratung von Gesetzentwürfen im Landtag und in den Ausschüssen des Landtages

Werden einzelne Ministerien im Gesetzgebungsverfahren um Unterstützungsleistungen für die Beratung von Gesetzentwürfen im Landtag und in den Ausschüssen des Landtages gebeten, dürfen diese nicht gegen die Auffassung der Landesregierung wirken. Unterstützungsleistungen, die ihrem Inhalt nach von Beschlüssen der Landesregierung abweichen oder über sie hinausgehen, sind dem Kabinett zur Beschlussfassung vorzulegen. § 16 gilt entsprechend.

§ 9
Geschäftsbereiche

(1) Der Geschäftsbereich der Ministerinnen und Minister wird in den Grundzügen durch die Ministerpräsidentin oder den Ministerpräsidenten festgelegt[1]. Bei Überschneidungen und sich daraus ergebenden Meinungsverschiedenheiten zwischen den einzelnen Ministerinnen oder Ministern entscheidet die Landesregierung durch Beschluss.

(2) Bei allen Angelegenheiten, im Besonderen bei allen Kabinettsvorlagen, die den Geschäftsbereich mehrerer Ministerinnen oder Minister berühren, hat die federführende Ministerin oder der federführende Minister die anderen Ministerinnen oder Minister so frühzeitig zu beteiligen, dass eine sorgfältige fachliche Prüfung in den beteiligten Ressorts möglich ist.

(3) Über die Grundsätze zur Verwendung von Mitteln der europäischen Fonds und des INTERREG-Programms wird im Einvernehmen zwischen den Fachministerinnen und -ministern und der Chefin oder des Chefs der Staatskanzlei entschieden. § 13 Abs. 1 Nr. 9 bleibt unberührt.

(4) Im Besonderen sind stets frühzeitig zu beteiligen:

1. das für Inneres zuständige Ministerium zur Prüfung aller Entwürfe von Gesetzen und Verordnungen im Hinblick auf die ihm obliegenden Aufgaben der Normenprüfung, insbesondere der Rechtsförmlichkeit und Erforderlichkeit, sowie der Verwaltungsorganisation und der Kommunalaufsicht;
2. das für Justiz zuständige Ministerium bei allen Entwürfen von Gesetzen und Verordnungen, wenn Rechtsfragen von grundsätzlicher Bedeutung zu klären sind oder besondere Straf- oder Bußgeldvorschriften eingeführt werden sollen;
3. das für Finanzen zuständige Ministerium in allen Fragen von finanzieller Bedeutung;
4. das für die Energiewende zuständige Ministerium bei Entscheidungen, die von Bedeutung für die Energiewende sind; diese dürfen nur im Einvernehmen mit dem für die Energiewende zuständigen Ministerium getroffen werden;
5. das für Gleichstellung zuständige Ministerium bei allen Angelegenheiten von gleichstellungspolitischer Bedeutung.

§ 10
Wahrnehmung der Interessen des Landes gegenüber dem Bund

Der oder dem Bevollmächtigten des Landes Schleswig-Holstein beim Bund obliegt die ständige Vertretung der Interessen des Landes gegenüber den Organen der Bundesrepublik Deutschland.

§ 11
Vertretung der Ministerinnen und Minister

(1) Die Ministerinnen und Minister werden vorbehaltlich des Satzes 4 und der Absätze 2 bis 4 durch andere Ministerinnen und andere Minister oder durch die Ministerpräsidentin oder den Ministerpräsidenten vertreten. Diese Vertretung gilt stets für die abschließende Zeichnung von Gesetzen. Die Landesregierung bestimmt die Reihenfolge der Vertretung. Bei der abschließenden Zeichnung von Verordnungen wird die Ministerin oder der Minister durch die Staatssekretärin oder den Staatssekretär vertreten.

(2) Die Staatssekretärinnen und die Staatssekretäre vertreten die Ministerinnen und Minister in sämtlichen Verwaltungsgeschäften und in den Richterwahlausschüssen.

(3) Die Ministerinnen und Minister haben im Verhinderungsfall für die Teilnahme einer Vertreterin oder eines Vertreters an den Sitzungen des Landtages, der zuständigen Landtagsausschüsse, der Landesregierung sowie der Bundesratsausschüsse, denen sie angehören, zu sorgen. Die Vertreterin oder der Vertreter soll über die zur Beratung stehenden Fragen unterrichtet sein. In den Landtagssitzungen sollen bei Abwesenheit der Ministerinnen und Minister die Staatssekretärinnen oder Staatssekretäre zugegen sein.

(4) In den Sitzungen der Landesregierung lassen sich die Ministerinnen und Minister durch die Staatssekretärinnen oder Staatssekretäre vertreten, die in diesem Fall beratende Stimme haben; sie können jedoch nach § 21 Abs. 2 Widerspruch erheben. Die Regelung des § 24 bleibt unberührt.

(5) Die Bestimmungen der Ministerpräsidentin oder des Ministerpräsidenten über die Vertretung des Landes Schleswig-Holstein und über die Übertragung ihrer oder seiner Aufgaben und Befugnisse nach Artikel 31 und 32 Abs. 1 LV bleiben unberührt (vergleiche § 5).

§ 12
Abwesenheit

(1) Die Ministerinnen und Minister setzen, bevor sie das Land länger als drei Tage verlassen, hiervon die Ministerpräsidentin oder den Ministerpräsidenten in Kenntnis. Sind für die Zeit der Abwesenheiten Landtags- oder Kabinettssitzungen vorgesehen, ist vor der Abreise das Ein-

---

[1] Geschäftsverteilung der Landesregierung, zuletzt geändert am 7.1.2021 (GVOBl. Schl.-H. S. 19)

verständnis der Ministerpräsidentin oder des Ministerpräsidenten einzuholen.

(2) Abwesenheiten der Ministerinnen und Minister bei Landtagssitzungen sind dem Landtagspräsidenten rechtzeitig vor der Sitzung des Ältestenrates über die Chefin oder den Chef der Staatskanzlei anzuzeigen.

Abschnitt III
Die Landesregierung

§ 13
Gegenstände der Beratung und Beschlussfassung

(1) Der Landesregierung sind zur Beratung und Beschlussfassung zu unterbreiten:
1. Gesetzentwürfe;
2. Entwürfe von Verordnungen der Landesregierung;
3. alle Angelegenheiten, die der Landesregierung ausdrücklich vorbehalten sind;
4. Beschlüsse über die Stimmabgabe im Bundesrat;
5. Angelegenheiten von grundsätzlicher politischer Bedeutung, zu denen insbesondere grundsätzliche Fragen der Durchführung des Landeshaushalts, Berichte für den Landtag, mittel- und langfristige Planungen sowie grundsätzliche Stellungnahmen in Fachministerkonferenzen und gleichrangigen Planungs- und Beratungsgremien auf Bundesebene gehören;
6. Angelegenheiten, die den Geschäftsbereich mehrerer Ministerinnen oder Minister berühren, soweit sie nicht durch die beteiligten Ministerinnen oder Minister unmittelbar erledigt werden, und ressortübergreifende Verwaltungsfragen sind der Besprechung der Staatssekretärinnen und Staatssekretäre zuzuweisen;
7. Vorschläge für die Besetzung der Funktion der Staatssekretärinnen und Staatssekretäre;
8. Vorschläge für Berufungen in Aufsichtsorgane von juristischen Personen und Gesellschaften, bei denen das Land ein Besetzungsrecht innehat und dieses auf Minister- oder Staatssekretärsebene besetzt werden soll sowie bei allen weiteren erstmaligen Berufungen in Aufsichtsorgane von juristischen Personen und Gesellschaften, bei denen das Land ein Besetzungsrecht innehat und an denen es unmittelbar maßgeblich beteiligt ist. Näheres zu verwaltungsseitigen Berufungsverfahren in Aufsichtsorgane wird durch das für Finanzen zuständige Ministerium geregelt;
9. beginnend mit der Förderperiode 2014 bis 2020 Vorschläge für die Verwendung von Mitteln der europäischen Fonds und des INTERREG-Programms, soweit sie einen Betrag von 500.000 € übersteigen. Bis zum Ende der laufenden Förderperiode (Ende 2013) wird das Kabinett durch Tischvorlagen der fondsverwaltenden Ressorts für die Verwendung von Mitteln der europäischen Fonds und des INTERREG-Programms in Kenntnis gesetzt, soweit sie einen Betrag von 500.000 € übersteigen oder politisch bedeutsame Projekte sind.

(2) Der Landesregierung sind zur Besetzung oder Ernennung zur Kenntnis zu unterbreiten:
1. Geplante Entscheidungen über die Besetzung der Funktion der Vertreterinnen und Vertreter der Staatssekretärinnen und Staatssekretäre, die erstmalige Übertragung der Funktion der Abteilungsleiterinnen und Abteilungsleiter der obersten Landesbehörden, der Leiterinnen und Leiter von Behörden, mit Ausnahme der Gerichte, soweit sie der Besoldungsordnung B oder R zugeordnet sind. Der Delegationserlass des Ministerpräsidenten bleibt hiervon unberührt.
2. Vorschläge der zuständigen Ministerin oder des zuständigen Ministers für die Wahl der Präsidentinnen oder Präsidenten der oberen Landesbehörden rechtzeitig vor der Zuleitung des Vorschlages an den Schleswig-Holsteinischen Landtag. Es gilt Absatz 2 Nr. 1 Satz 2.
3. Vorschläge für die Berufung von Geschäftsleitungen von juristischen Personen und Gesellschaften, bei denen die Position auf Minister- oder Staatssekretärsebene besetzt werden soll sowie bei allen weiteren erstmaligen Berufungen in Geschäftsleitungen von juristischen Personen und Gesellschaften, bei denen das Land unmittelbar maßgeblich beteiligt ist. Näheres zu verwaltungsseitigen Berufungsverfahren in Geschäftsleitungen wird durch das für Finanzen zuständige Ministerium geregelt.

(3) Im Übrigen kann die Ministerpräsidentin oder der Ministerpräsident die Beratung auch jeder weiteren Angelegenheit eines oder mehrerer Ressorts verlangen.

§ 14
Initiativrecht des für Gleichstellung zuständigen Ministeriums

Das für Gleichstellung zuständige Ministerium kann gegenüber den federführenden Ministerien verlangen, dass Angelegenheiten von gleichstellungspolitischer Bedeutung der Landesregierung zur Beratung und Beschlussfassung unterbreitet werden, auch wenn diese zum Geschäftsbereich eines anderen Ministeriums gehören. Die Vorlage an die Landesregierung erfolgt durch das federführende Ministerium.

§ 15
Kabinettsvorlagen

(1) Kabinettsvorlagen, mit denen Entscheidungen der Landesregierung nach § 13 Abs. 1 herbeigeführt werden sollen, ist ein Beschlussvorschlag voranzustellen.

(2) Vorlagen, mit denen die Landesregierung in einer bestimmten Angelegenheit informiert werden soll (Tischvorlagen), sind lediglich zur Kenntnis zuzuleiten.

(3) Kabinettsvorlagen mit Ausnahme von Vorlagen nach § 13 Abs. 1 Nr. 4 im Rahmen der Vorbesprechung der Plenartagungen des Bundesrates und § 13 Abs. 2 müssen spätestens acht Kalendertage vor der Kabinettssitzung bei der Chefin oder dem Chef der Staatskanzlei eingehen. Später eingereichte Kabinettsvorlagen sind als Dringlichkeitsvorlagen nur dann auf die Tagesordnung der nächsten Sitzung zu setzen, wenn die Chefin oder der Chef der Staatskanzlei mit Zustimmung der Ministerpräsidentin oder des Ministerpräsidenten die schriftlich begründete Dringlichkeit bejaht. Dies gilt nicht für Vorlagen nach Absatz 2.

§ 16
Vorherige Abstimmung zwischen den Ressorts

(1) Angelegenheiten, die den Geschäftsbereich mehrerer Ministerinnen und Minister berühren, können erst dann der Landesregierung zur Beratung und Beschlussfassung zugeleitet werden, wenn die Abstimmung zwischen den beteiligten Ressorts abgeschlossen ist. Bewirken die Beschlüsse nicht veranschlagte Ausgaben, die zu Lasten aller Ressorts (Gesamthaushalt) finanziert werden sollen, sind alle Ressorts an der Abstimmung zu beteiligen.

(2) Bei nicht ausgeräumten Meinungsverschiedenheiten über Fragen, die den Geschäftsbereich mehrerer Ministerinnen und Minister berühren, ist die Abstimmung zwischen den beteiligten Ressorts erst dann abgeschlossen, wenn ein persönlicher Verständigungsversuch zwischen den beteiligten Ministerinnen und Ministern oder im Verhinderungsfall zwischen ihren Staatssekretärinnen oder Staatssekretären ohne Erfolg geblieben ist.

(3) Kabinettsvorlagen, die eine Abweichung von den Grundsätzen der Regierungspolitik enthalten, sind vorher mit der Ministerpräsidentin oder dem Ministerpräsidenten abzustimmen.

§ 17
Besprechung der Staatssekretärinnen und Staatssekretäre

(1) Zur Wahrnehmung der Koordinierungsaufgaben nach § 4 Abs. 3, zur Vorbesprechung der Kabinettssitzungen und zur abschließenden Klärung aller ressortübergreifenden Verwaltungsfragen, die keiner Kabinettsentscheidung bedürfen oder soweit sie nicht in Koordinierungsgremien unterhalb der Staatssekretärsebene abschließend be-

handelt werden können, beruft die Chefin oder der Chef der Staatskanzlei die Besprechung der Staatssekretärinnen und Staatssekretäre ein. Soweit im Folgenden nicht gesondert geregelt, gelten für die Vorbereitung und Durchführung der Besprechungen der Staatssekretärinnen und Staatssekretäre die Bestimmungen für die Kabinettssitzungen entsprechend.

(2) An den Sitzungen nehmen außer der Chefin oder dem Chef der Staatskanzlei sowie den Staatssekretärinnen und Staatssekretären die Regierungssprecherin oder der Regierungssprecher, die Leiterin oder der Leiter des Kabinettsreferats und die Protokollführerin oder der Protokollführer teil. Die Chefin oder der Chef der Staatskanzlei kann die Teilnahme weiterer Personen zulassen.

(3) Die Chefin oder der Chef der Staatskanzlei stellt die Tagesordnung auf und führt den Vorsitz. Im Verhinderungsfall führt die oder der nach Lebensjahren älteste Staatssekretärin oder Staatssekretär den Vorsitz.

(4) Abwesende Staatssekretärinnen oder Staatssekretäre werden durch ihre oder seine Vertreterin oder ihren oder seinen Vertreter im Amt vertreten, es sei denn, es wird ausdrücklich eine abweichende Regelung beschlossen.

(5) Über die Sitzung der Besprechung der Staatssekretärinnen und Staatssekretäre wird eine Ergebnisniederschrift angefertigt. Eine Abschrift der Niederschrift wird der Ministerpräsidentin oder dem Ministerpräsidenten, den Staatssekretärinnen und Staatssekretären und der Regierungssprecherin oder dem Regierungssprecher zugesandt. Die Chefin oder der Chef der Staatskanzlei kann diesen Personenkreis erweitern. Die Niederschrift ist vertraulich zu behandeln.

§ 18
Aufstellung der Tagesordnung, Behandlung der Kabinettsvorlagen

(1) Die Landesregierung berät, entscheidet und erhält Kenntnis auf der Grundlage von schriftlichen Vorlagen (Kabinetts-, Dringlichkeits- und Tischvorlagen), die der Staatskanzlei in der gewünschten Anzahl von Abdrucken zuzuleiten sind, soweit nicht Angelegenheiten während der Kabinettssitzung auf die Tagesordnung gesetzt werden.

(2) Die Chefin oder der Chef der Staatskanzlei veranlasst unverzüglich die Verteilung der in der vorläufigen Tagesordnung enthaltenen Kabinettsvorlagen und die Einladung zu den Sitzungen der Landesregierung unter Beifügung der mit Zustimmung der Ministerpräsidentin oder des Ministerpräsidenten erstellten vorläufigen Tagesordnung. Kabinettsvorlagen nach § 13 Abs. 1 Nr. 4, mit denen Plenartagungen des Bundesrates vorbereitet werden sollen, Kabinettsvorlagen, die Personalvorschläge enthalten, und Tischvorlagen kann die Chefin oder der Chef der Staatskanzlei kurzfristig vor der Sitzung der Landesregierung verteilen.

(3) Kabinetts- und Dringlichkeitsvorlagen können nur zur Beratung auf die Tagesordnung gesetzt werden, wenn folgende Angaben in ihnen enthalten sind:
1. Die Stellungnahme der beteiligten Ministerinnen und Minister ist anzugeben oder es ist darzulegen, dass ausreichend Gelegenheit zur Stellungnahme gegeben worden ist.
2. Strittig gebliebene Punkte sind so darzustellen, dass die unterschiedlichen Standpunkte deutlich werden. Die vorgeschlagene Lösung ist kurz zu begründen.
3. Hat die Kabinettsvorlage einen Gegenstand nach § 13 Abs. 1 Nr. 7 und 8 sowie § 13 Abs. 2 zum Inhalt, ist darzulegen, ob geeignete Frauen und Männer zur Verfügung stehen und gegebenenfalls, weshalb keine Frau vorgeschlagen wird.
4. In jedem Fall ist anzugeben, ob und in welcher Höhe dem Land Kosten durch die Annahme des Beschlussvorschlages erwachsen werden.

Die Chefin oder der Chef der Staatskanzlei ist mit Zustimmung der Ministerpräsidentin oder des Ministerpräsidenten berechtigt, die Kabinettsvorlage auf die Tagesordnung zu setzen, wenn der Mangel bis zu der Kabinettssitzung behoben werden kann und wenn es sich um eine Dringlichkeitsvorlage nach § 15 Abs. 2 Satz 3 handelt.

§ 19
Anberaumung der Sitzungen, Umlaufverfahren

(1) Die Landesregierung fasst ihre Beschlüsse in der Regel in gemeinschaftlichen Sitzungen. Sie werden von der Ministerpräsidentin oder dem Ministerpräsidenten anberaumt, so oft es die Geschäfte erfordern. Die Ministerpräsidentin oder der Ministerpräsident muss eine Sitzung anberaumen, wenn zwei Ministerinnen oder Minister dies beantragen.

(2) Kann wegen der Eilbedürftigkeit einer Angelegenheit nicht die nächste Kabinettssitzung abgewartet werden, kann die Ministerpräsidentin oder der Ministerpräsident die Zustimmung der Mitglieder der Landesregierung schriftlich einholen. Die Beschlüsse sind in der nächsten ordentlichen Sitzung bekanntzugeben.

§ 20
Teilnahme an den Sitzungen

An den Sitzungen der Landesregierung nehmen außer ihren Mitgliedern regelmäßig die Staatssekretärinnen und Staatssekretäre, die Regierungssprecherin oder der Regierungssprecher, die Leiterin oder der Leiter des Kabinettsreferats und die Protokollführerin oder der Protokollführer teil. Alle Ressorts sollen in den Sitzungen der Landesregierung durch die Ministerinnen und Minister oder durch die Staatssekretärinnen oder Staatssekretäre vertreten sein. Die Ministerpräsidentin oder der Ministerpräsident kann die Teilnahme weiterer Personen zulassen. Halten Ministerinnen oder Minister die Anwesenheit einer oder eines Beschäftigten ihres Ministeriums für erwünscht, haben sie die Genehmigung der Ministerpräsidentin oder des Ministerpräsidenten einzuholen. Die oder der Beschäftigte nimmt an der Sitzung nur während der Verhandlung über den Punkt teil, zu dem sie oder er hinzugezogen ist.

§ 21
Durchführung der Sitzungen

(1) Die Sitzungen der Landesregierung werden von der Ministerpräsidentin oder dem Ministerpräsidenten, im Falle ihrer oder seiner Verhinderung von der Stellvertreterin oder dem Stellvertreter geleitet. Ist auch diese oder dieser verhindert, werden die Sitzungen durch das Mitglied der Landesregierung geleitet, das von der Ministerpräsidentin oder dem Ministerpräsidenten oder der Stellvertreterin oder dem Stellvertreter besonders bezeichnet worden ist. Anderenfalls werden die Sitzungen durch das dem am längsten angehörende Mitglied geleitet; bei gleicher Amtszeit werden die Sitzungen durch das an Lebensjahren älteste Mitglied geleitet.

(2) Zu Beginn der Sitzung wird die Tagesordnung festgestellt. Ein Punkt darf nicht auf die Tagesordnung gesetzt werden, sofern die Kabinettsvorlage nicht spätestens am sechsten Tage mittags vor der Sitzung der Landesregierung den Mitgliedern der Landesregierung zugestellt worden ist, wenn eine Ministerin oder ein Minister widerspricht. Dies gilt nicht für die Behandlung von Dringlichkeitsvorlagen (§ 15 Abs. 3), Kabinettsvorlagen, die Personalvorschläge enthalten (§ 15 Abs. 2) und Kabinettsvorlagen nach § 13 Abs. 1 Nr. 4. Außerdem darf ein Punkt nicht auf die Tagesordnung gesetzt werden, wenn ein fachlich berührtes Mitglied der Landesregierung der Behandlung widerspricht, weil es nicht beteiligt worden ist.

§ 22
Beschlussfähigkeit

(1) Die Landesregierung ist beschlussfähig, wenn einschließlich der Ministerpräsidentin oder des Ministerpräsidenten oder ihrer oder seiner Vertreterin oder ihres oder seines Vertreters die Hälfte ihrer Mitglieder anwesend ist.

(2) Sind die federführenden Ministerien nicht vertreten (§ 11), darf über Gegenstände ihrer Geschäftsbereiche nicht beraten und beschlossen werden.

§ 23
Abstimmung

(1) Bei der Beschlussfassung entscheidet die Mehrheit der Stimmen. Bei Stimmengleichheit gibt die Stimme der Vorsitzenden oder des Vorsitzenden den Ausschlag.

(2) Die Mitglieder der Landesregierung können sich nicht der Stimme enthalten. Beteiligt sich ein anwesendes Mitglied nicht an der Abstimmung, gilt dessen Stimme als gegen den Antrag abgegeben.

§ 24
Widerspruchsrecht gegen Beschlüsse

Beschließt die Landesregierung in einer Frage von finanzieller Bedeutung gegen oder ohne die Stimme der für Finanzen zuständigen Ministerin oder des für Finanzen zuständigen Ministers oder ihrer oder seiner Vertreterin oder ihres oder seines Vertreters, kann diese oder dieser gegen den Beschluss Widerspruch erheben. Wird Widerspruch erhoben, ist über die Angelegenheit in einer weiteren Sitzung der Landesregierung erneut abzustimmen. Die Durchführung der Angelegenheit, der die für Finanzen zuständige Ministerin oder der für Finanzen zuständige Minister widersprochen hat, muss unterbleiben, wenn sie nicht in der neuen Abstimmung in Anwesenheit der für Finanzen zuständigen Ministerin oder des für Finanzen zuständigen Ministers oder ihrer oder seiner Vertreterin oder ihres oder seines Vertreters von der Mehrheit sämtlicher Mitglieder der Landesregierung beschlossen wird und die Ministerpräsidentin oder der Ministerpräsident mit der Mehrheit gestimmt hat. Entsprechendes gilt, wenn das für Gleichstellung zuständige Ministerium in Fragen von gleichstellungspolitischer Bedeutung Widerspruch erhebt.

§ 25
Festlegung der Beschlüsse

Der Wortlaut der Beschlüsse der Landesregierung wird von der Vorsitzenden oder dem Vorsitzenden jeweils im Anschluss an die mündliche Beratung eines Gegenstandes festgelegt.

§ 26
Vertraulicher Charakter der Beratungen

Die Beratungen der Landesregierung sind vertraulich. Dies gilt im Besonderen für die Ausführungen der an der Sitzung Teilnehmenden, für das Stimmenverhältnis und für die Sitzungsniederschrift (§ 29).

§ 27
Einheitliche Vertretung

Die Beschlüsse der Landesregierung sind im Landtag und in der Öffentlichkeit einheitlich zu vertreten, auch wenn einzelne Mitglieder der Landesregierung eine andere Auffassung haben.

§ 28
Ausfertigung von Gesetzen und Verordnungen

(1) Gesetze und Verordnungen, die von der Landesregierung zu erlassen sind, werden nach Mitzeichnung durch die zuständige Ministerin oder den zuständigen Minister von der Ministerpräsidentin oder dem Ministerpräsidenten ausgefertigt. Die übrigen Verordnungen fertigt die zuständige Ministerin oder der zuständige Minister aus. Die Gesetze und Verordnungen tragen das Datum der Ausfertigung.

(2) Die näheren Einzelheiten über die Behandlung von Gesetzesvorlagen und Verordnungen werden durch Erlass des für Inneres zuständigen Ministeriums geregelt.

§ 29
Niederschriften

(1) Über die Sitzungen der Landesregierung wird eine Ergebnisniederschrift angefertigt, die von der Vorsitzenden oder dem Vorsitzenden und von der Protokollführerin oder dem Protokollführer unterzeichnet wird. Eine Abschrift der Niederschrift wird den Mitgliedern der Landesregierung, den Staatssekretärinnen und Staatssekretären und der Regierungssprecherin oder dem Regierungssprecher umgehend zugesandt. Die Ministerpräsidentin oder der Ministerpräsident kann den Personenkreis erweitern.

(2) Die Niederschrift hat die Namen der anwesenden und abwesenden Teilnehmerinnen und Teilnehmer, die sachliche Angabe der Verhandlungsgegenstände und die dazu gefassten Beschlüsse und Ergebnisse zu enthalten.

(3) Die Niederschrift gilt als genehmigt, wenn die beteiligten Ministerinnen und Minister nicht innerhalb von fünf Tagen nach Zugang Einwendungen gegen den Inhalt oder die Fassung erheben.

(3) In Zweifelsfällen ist die Angelegenheit nochmals der Landesregierung zu unterbreiten.

Abschnitt IV
Schlussvorschriften

§ 30
Auslegung der Geschäftsordnung

Bei Zweifeln über die Auslegung der Geschäftsordnung entscheidet die Ministerpräsidentin oder der Ministerpräsident im Benehmen mit der für Inneres zuständigen Ministerin oder dem für Inneres zuständigen Minister.

§ 31
Inkrafttreten

Diese Geschäftsordnung tritt am Tage nach in ihrer Verkündung in Kraft. Gleichzeitig tritt die Geschäftsordnung vom 13. Mai 1992 (GVOBl. Schl.-H. S. 236), zuletzt geändert durch Bekanntmachung vom 22. November 2012 (GVOBl. Schl.-H. S. 753), außer Kraft.

Gesetz
über die Rechtsverhältnisse des Ministerpräsidenten und der Landesminister
(Landesministergesetz)
in der Fassung der Bekanntmachung vom 1. Oktober 1990
– GVOBl. Schl.-H. S. 515 –

Zuletzt geändert durch Gesetz vom 9. November 2016 (GVOBl. Schl.-H. S. 846)

§ 1
Allgemeines

(1) Dieses Gesetz regelt das Amtsverhältnis, die Amtsbezüge und die Versorgung der Ministerpräsidentin oder des Ministerpräsidenten, der Landesministerinnen und Landesminister und ihrer Hinterbliebenen.

(2) Die Vorschriften für die Landesministerinnen und Landesminister gelten auch für die Ministerpräsidentin oder den Ministerpräsidenten, soweit nichts Besonderes bestimmt ist.

I. Abschnitt
Amtsverhältnis

§ 2
Beginn des Amtsverhältnisses

(1) Das Amtsverhältnis der Ministerpräsidentin oder des Ministerpräsidenten beginnt mit der Annahme der Wahl gegenüber dem Landtag.

(2) Das Amtsverhältnis einer Landesministerin oder eines Landesministers beginnt mit der Aushändigung der von der Ministerpräsidentin oder dem Ministerpräsidenten vollzogenen Berufungsurkunde, in der der übertragene Geschäftsbereich bezeichnet sein soll. Eine Berufung in elektronischer Form ist ausgeschlossen.

§ 3
Beamtinnen und Beamte als
Landesministerinnen und Landesminister

(1) Wird eine Beamtin oder ein Beamter im Sinne des § 1 Abs. 1 des Landesbeamtengesetzes Landesministerin oder Landesminister, so ruhen für die Dauer dieser Tätigkeit die Rechte und Pflichten aus dem Amtsverhältnis.

(2) Endet das Amtsverhältnis als Mitglied der Landesregierung, so tritt die Beamtin oder der Beamte, wenn ihr oder ihm nicht innerhalb dreier Monate mit ihrem oder seinem Einverständnis ein anderes Amt übertragen wird, mit Ablauf dieser Frist als Beamtin oder Beamter in den Ruhestand und erhält das Ruhegehalt, das sie oder er in dem früheren Amt erdient hätte, wenn sie oder er bis zum Ausscheiden aus der Landesregierung darin verblieben wäre.

(3) Ist ein anderer Dienstherr zur Zahlung der Versorgungsbezüge verpflichtet, so erstattet ihm das Land den Teil der Versorgungsbezüge, der dem Verhältnis der Amtszeit als Landesministerin oder Landesminister zu der bei diesem Dienstherrn im Beamtenverhältnis abgeleisteten ruhegehaltfähigen Dienstzeit entspricht. Bei der Berechnung werden nur volle Jahre berücksichtigt.

§ 4
Amtsverschwiegenheit

(1) Eine Landesministerin oder ein Landesminister ist auch nach Beendigung des Amtsverhältnisses zur Amtsverschwiegenheit über solche ihr oder ihm amtlich bekanntgewordenen Angelegenheiten verpflichtet, deren Geheimhaltung ihrer Natur nach erforderlich, besonders vorgeschrieben oder von der Landesregierung beschlossen worden ist. Sie oder er darf ohne Genehmigung der Landesregierung über geheimzuhaltende Angelegenheiten keine Erklärung abgeben.

(2) Eine Landesministerin oder ein Landesminister darf auch nach Beendigung des Amtsverhältnisses als Zeugin oder Zeuge oder Sachverständige oder Sachverständiger nicht vernommen werden, wenn die Landesregierung erklärt, daß die Vernehmung den öffentlichen und dienstlichen Interessen Nachteile bereiten würde.

(3) Eine Landesministerin oder ein Landesminister ist an ihrem oder seinem Amtssitz oder Aufenthaltsort zu vernehmen. Die Landesregierung kann Ausnahmen genehmigen.

§ 5
Geltung anderer Bestimmungen

(1) Auf die Rechte und Pflichten einer Landesministerin oder eines Landesministers finden im übrigen die Grundsätze der für die Landesbeamtinnen und Landesbeamten geltenden Vorschriften unter Berücksichtigung des besonderen öffentlich-rechtlichen Amtsverhältnisses der Landesministerin oder des Landesministers entsprechende Anwendung. In Zweifelsfällen entscheidet die Landesregierung.

(2) Gegen eine Landesministerin oder einen Landesminister findet kein Disziplinarverfahren statt.

§ 6
Beendigung des Amtsverhältnisses

(1) Das Amtsverhältnis der Ministerpräsidentin oder des Ministerpräsidenten endet durch Tod, durch Rücktritt oder durch Annahme der Wahl durch eine neue Ministerpräsidentin oder einen neuen Ministerpräsidenten.

(2) Das Amtsverhältnis einer Landesministerin oder eines Landesministers endet durch Tod, durch die Aushändigung der von der Ministerpräsidentin oder dem Ministerpräsidenten vollzogenen Entlassungsurkunde oder durch ihre öffentliche Bekanntmachung sowie durch Rücktritt.

II. Abschnitt
Amtsbezüge

§ 7
Laufende Bezüge

(1) Eine Landesministerin oder ein Landesminister hat Anspruch auf Amtsbezüge. Der Anspruch entsteht mit dem Tag, an dem das Amtsverhältnis beginnt und endet mit Ablauf des Tages, an dem das Amtsverhältnis endet.

(2) Als Amtsbezüge werden gewährt

a) für die Ministerpräsidentin oder den Ministerpräsidenten ein Amtsgehalt, bestehend aus einem Grundgehalt in Höhe von 104,8 % des einer Beamtin oder einem Beamten der Besoldungsgruppe B 11 zustehenden Grundgehaltsatzes und dem Familienzuschlag,

b) für die Landesministerinnen und Landesminister ein Amtsgehalt, bestehend aus einem Grundgehalt in Höhe von 104,8 % des einer Beamtin oder einem Beamten der Besoldungsgruppe B 10 zustehenden Grundgehaltsatzes und dem Familienzuschlag.

Außerdem werden die jährlichen Sonderzahlungen sowie vermögenswirksamen Leistungen in entsprechender Anwendung der für die Beamtinnen und Beamten des Landes geltenden Vorschriften gewährt.

(3) Besteht ein Anspruch auf Amtsbezüge nicht für einen vollen Kalendermonat, so wird nur der Teil der Amtsbezüge gezahlt, der auf den Anspruchszeitraum entfällt.

(4) Amtsbezüge werden monatlich im Voraus gezahlt.

§ 8
Sonstige Bezüge

(1) Eine Landesministerin oder ein Landesminister erhält eine Vergütung für die infolge ihrer oder seiner Berufung oder Entlassung erforderlich werdenden Umzüge wie eine Landesbeamtin oder Landesbeamter der höchsten Besoldungsgruppe.

(2) Bei amtlicher Tätigkeit außerhalb des Sitzes der Landesregierung erhält die Landesministerin oder der Landes-

minister Tagegelder und Reisekostenentschädigung. Die weiteren Bestimmungen erläßt das Finanzministerium nach gutachtlicher Äußerung der Präsidentin oder des Präsidenten des Landesrechnungshofs.

(3) Trennungsentschädigung wird nicht gewährt.

§ 8 a
Tätigkeit nach Beendigung des Amtsverhältnisses[1]

(1) Ausgeschiedene Landesministerinnen und Landesminister haben der Landesregierung die Absicht der Aufnahme einer Erwerbstätigkeit oder sonstigen ständigen Beschäftigung außerhalb des öffentlichen Dienstes schriftlich anzuzeigen. Die Anzeigepflicht besteht bereits während der Mitgliedschaft in der Landesregierung und für einen Zeitraum von zwei Jahren nach Beendigung des Amtsverhältnisses.

(2) Die Landesregierung hat die Erwerbstätigkeit oder sonstige ständige Beschäftigung zu untersagen, soweit sie mit dem früheren, innerhalb der letzten fünf Jahre vor dem Ausscheiden ausgeübten Amt des ehemaligen Mitglieds der Landesregierung im Zusammenhang steht und aufgrund tatsächlicher Anhaltspunkte die dringende Besorgnis besteht, dass durch sie amtliche Interessen beeinträchtigt werden. Die Untersagung ist innerhalb von einem Monat nach Eingang der Anzeige nach Absatz 1 und für einen bestimmten Zeitraum auszusprechen. Das Verbot endet spätestens mit Ablauf von zwei Jahren nach Beendigung des Amtsverhältnisses; im Übrigen sind die Fristen des § 10 Absatz 1 Satz 2 sinngemäß anzuwenden. Während der Zeit der Untersagung erhält die ausgeschiedene Landesministerin oder der ausgeschiedene Landesminister Übergangsgeld gemäß § 10 Absatz 2.

(3) Der Landtag benennt zu Beginn der Wahlperiode ein Gremium bestehend aus jeweils einem Mitglied jeder Fraktion, das zur Durchführung des Verfahrens gemäß Absatz 2 eine Empfehlung an die Landesregierung richtet. Das Gremium gibt sich eine Geschäftsordnung. Seine Sitzungen sind nicht öffentlich. Es spricht eine Empfehlung nach Satz 1 aus, wenn diese von der Mehrheit seiner Mitglieder unterstützt wird. Die Mitglieder des Gremiums sind auch nach ihrem Ausscheiden zur Verschwiegenheit über die ihnen bei oder bei Gelegenheit ihrer Tätigkeit bekannt gewordenen Angelegenheiten verpflichtet. Die Landesregierung veröffentlicht ihre Entscheidung nach Absatz 2 unter Mitteilung der Empfehlung des Gremiums.

(4) Bei freiberuflichen Tätigkeiten sind die entsprechenden Regelungen in den Berufsordnungen zur Vermeidung von Interessenskollisionen anzuwenden; sie gehen dieser Regelung vor.

III. Abschnitt
Versorgung

§ 9
Allgemeines

(1) Die Landesministerinnen und Landesminister und ihre Hinterbliebenen erhalten nach Beendigung des Amtsverhältnisses Versorgung nach den Vorschriften der §§ 10 bis 15.

(2) Soweit in diesem Abschnitt nichts anderes bestimmt ist, sind die für die Landesbeamtinnen und Landesbeamten geltenden versorgungsrechtlichen Vorschriften sinngemäß anzuwenden. An die Stelle der obersten Dienstbehörde und des Finanzministeriums tritt dabei die Landesregierung.

(3) Eine Landesministerin oder ein Landesminister, die oder der vor Beginn ihres oder seines Amtsverhältnisses bereits Ruhestandsbeamtin oder Ruhestandsbeamter war, erhält das Ruhegehalt, das sie oder er in ihrem oder seinem früheren Amt erdient hätte, wenn sie oder er auch während ihrer oder seiner Amtszeit als Ministerin oder Minister in ihrem oder seinem früheren Amt tätig gewesen wäre, solange sich nicht die Regelung nach § 11 im Einzelfall günstiger auswirkt.

§ 10
Übergangsgeld

(1) Eine ausgeschiedene Landesministerin oder ein ausgeschiedener Landesminister erhält im Anschluß an ihre oder seine Amtsbezüge Übergangsgeld. Es wird für die gleiche Anzahl von Monaten gewährt, für die sie oder er ohne Unterbrechung Amtsbezüge erhalten hat, jedoch höchstens für zwei Jahre.

(2) Das Übergangsgeld wird gewährt

a) für die ersten drei Monate in Höhe des Grundgehalts und des Familienzuschlags,

b) für die restlichen Monate in Höhe der Hälfte des Grundgehalts und des vollen Familienzuschlags.

(3) Das Übergangsgeld wird monatlich im voraus gezahlt.

§ 11
Ruhegehalt

(1) Eine ausgeschiedene Landesministerin oder ein ausgeschiedener Landesminister, die oder der insgesamt fünf Jahre Mitglied der Landesregierung gewesen ist, erhält ab Beginn des Monats, in dem das 62. Lebensjahr vollendet wird, lebenslänglich Ruhegehalt.

(2) Ruhegehaltfähig sind die Amtszeiten nach Absatz 1. Daneben werden andere aus dem Beamtenrecht ruhegehaltfähige Dienstzeiten, die bei Anwendung des § 16 Abs. 1 Satz 1 des Beamtenversorgungsgesetzes Schleswig-Holstein (SHBeamtVG) vom 26. Januar 2012 (GVOBl. Schl.-H. S. 153) zu einer Steigerung des Ruhegehalts geführt hätten, bis zur Dauer von insgesamt fünf Jahren berücksichtigt. Amtszeiten in einer anderen Landesregierung oder in der Bundesregierung werden gleichfalls berücksichtigt, soweit diese nicht zu einem eigenen Ruhegehaltsanspruch führen.

(3) Das Ruhegehalt beträgt 25 % der Amtsbezüge. Es erhöht sich nach einer Amtszeit von fünf Jahren mit jedem weiteren Jahr der nach Absatz 2 zu berücksichtigenden Zeiten um 5 % bis zu einem Höchstsatz von 35 % und darüber hinaus mit jedem weiteren Jahr der nach Absatz 2 zu berücksichtigenden Zeiten um 2 % bis zum Höchstsatz von 71,75 %.

(4) Eine Landesministerin oder ein Landesminister, die oder der

1. die Voraussetzungen des Absatzes 1 nicht erfüllt und

2. anlässlich der Ernennung zur Landesministerin oder zum Landesminister aus dem Beamtenverhältnis auf Lebenszeit oder auf Zeit ohne Versorgungsanwartschaft entlassen worden ist,

erhält ab Beginn des Monats, in dem das 62. Lebensjahr vollendet wird, ein Ruhegehalt. Dessen Höhe bemisst sich nach der Höhe des Ruhegehalts, das im früheren Amt erdient worden wäre, wenn sie oder er bis zum Ausscheiden aus der Landesregierung darin verblieben wäre. Der Anspruch auf Ruhegehalt besteht nicht, solange eine Wiederverwendung mit mindestens dem früheren allgemeinen Rechtsstand als Beamtin oder Beamter möglich ist. Diese Regelung gilt auch für Landesministerinnen und Landesminister mit mindestens fünfjähriger Amtszeit, wenn sie im Einzelfall günstiger ist als die Regelung nach den Absätzen 1 bis 3.

(5) Eine Landesministerin oder ein Landesminister, die oder der die Voraussetzung des Absatzes 1 nicht erfüllt und die oder der mindestens zwei Jahre Mitglied der Landesregierung gewesen ist, erhält ab Beginn des Monats, in dem das 62. Lebensjahr vollendet wird, ein Ruhegehalt von 10 % der Amtsbezüge, sofern deren oder dessen Amtszeiten nicht bereits bei einem anderweitigen Versorgungsanspruch Berücksichtigung finden. Der Ruhegehaltssatz von 10 % erhöht sich nach einer Amtszeit von drei Jahren auf 15 % und nach einer Amtszeit von 4 Jahren auf 20 %.

(6) Bei der Berechnung der ruhegehaltfähigen Zeiten nach Absatz 2 gilt ein Rest von mehr als 273 Tagen als volles Jahr.

§ 12
Unfallfürsorge

(1) Wird eine Landesministerin oder ein Landesminister durch einen Dienstunfall verletzt, so wird ihr oder ihm und ihren oder seinen Hinterbliebenen Unfallfürsorge gewährt. Unfälle aus Anlaß einer im Interesse des Landes erfolgten

---

1 § 8 a gilt nicht für Mitglieder der Landesregierung, die vor Beginn der 19. Wahlperiode in ihre Ämter gewählt oder berufen worden sind (Artikel 2 des Gesetzes vom 9.11.2016, GVOBl. Schl.-H. S. 846).

Teilnahme an Veranstaltungen gelten als Dienstunfälle. Die Unfallfürsorge besteht in

a) dem Heilverfahren für die Verletzte oder den Verletzten,
b) dem Ruhegehalt, wenn die Landesministerin oder der Landesminister dienstunfähig geworden ist und ihr oder sein Amtsverhältnis deswegen endet,
c) der Hinterbliebenenversorgung, wenn die Landesministerin oder der Landesminister infolge Unfalls verstorben ist,

falls nicht höhere Bezüge nach § 10 zustehen.

(2) Die Unfallfürsorge wird nicht gewährt, wenn die oder der Verletzte den Unfall vorsätzlich oder grob fahrlässig herbeigeführt hat. In diesen Fällen kann die Landesregierung beim Vorliegen besonderer Umstände eine Versorgung bis zur gesetzlichen Höhe bewilligen.

§ 13
Hinterbliebenenbezüge

(1) Die Hinterbliebenen einer während der Amtszeit verstorbenen Landesministerin oder eines während der Amtszeit verstorbenen Landesministers erhalten Hinterbliebenenversorgung auch dann, wenn zur Zeit ihres oder seines Todes die Voraussetzungen des § 11 oder des § 12 nicht erfüllt sind.

(2) Die Hinterbliebenen einer ausgeschiedenen Landesministerin oder eines ausgeschiedenen Landesministers, die oder der Anspruch auf Ruhegehalt hatte, erhalten Hinterbliebenenversorgung. Dies gilt auch für die Hinterbliebenen einer ausgeschiedenen Landesministerin oder eines ausgeschiedenen Landesministers, die oder der keinen Anspruch auf Ruhegehalt hatte, wenn ihr oder sein Tod innerhalb von zwei Jahren nach dem Ausscheiden aus dem Amt eingetreten ist.

IV. Abschnitt
Zusammentreffen von Bezügen

§ 14
Zusammentreffen von Übergangsgeld mit anderen Einkommen

(1) Beim Zusammentreffen von Übergangsgeld und Ruhegehalt nach diesem Gesetz werden nur die höheren Bezüge gezahlt.

(2) Bezieht eine ausgeschiedene Landesministerin oder ein ausgeschiedener Landesminister Erwerbs- oder Erwerbsersatzeinkommen im Sinne des § 64 Abs. 5 SHBeamtVG oder Bezüge aus einem anderen Amtsverhältnis, verringert sich das Übergangsgeld um den Betrag dieser Einkünfte. Eine Entschädigung aus der Mitgliedschaft in einer gesetzgebenden Körperschaft (Europäisches Parlament, Deutscher Bundestag oder Landtag) steht einem Erwerbseinkommen im Sinne des Satzes 1 gleich, wenn nicht bereits die Anrechnung seitens der gesetzgebenden Körperschaft auf die Leistung geregelt ist.

(3) Bezieht eine ausgeschiedene Landesministerin oder ein ausgeschiedener Landesminister Ruhegehalt aus einem Dienst- oder Amtsverhältnis oder eine ähnliche Versorgung, so werden diese Bezüge insoweit auf das Übergangsgeld angerechnet, als sie zusammen mit dem Übergangsgeld den Betrag der Amtsbezüge übersteigen.

(4) Beim Zusammentreffen von Übergangsgeld aus dem Amtsverhältnis mit Renten ist § 66 SHBeamtVG sinngemäß anzuwenden.

(5) Beim Zusammentreffen von Übergangsgeld aus dem Amtsverhältnis mit Versorgung aus zwischenstaatlicher oder überstaatlicher Verwendung ist § 67 SHBeamtVG sinngemäß anzuwenden.

§ 15
Zusammentreffen von Ruhegehalt mit anderen Einkommen

(1) Bezieht eine ausgeschiedene Landesministerin oder ein ausgeschiedener Landesminister Erwerbs- oder Erwerbsersatzeinkommen im Sinne des § 64 Abs. 5 SHBeamtVG oder Bezüge aus einem anderen Amtsverhältnis, so wird dieses Einkommen insoweit auf das Ruhegehalt angerechnet, als es zusammen mit dem Ruhegehalt den Betrag der Amtsbezüge übersteigt. Eine Entschädigung aus der Mitgliedschaft in einer gesetzgebenden Körperschaft (Europäisches Parlament, Deutscher Bundestag oder Landtag) steht einem Erwerbseinkommen im Sinne des Satzes 1 gleich, wenn nicht bereits die Anrechnung seitens der gesetzgebenden Körperschaft auf die Leistung geregelt ist. Beim Zusammentreffen von Ruhegehalt mit Erwerbseinkommen nach Satz 1 aus einer Tätigkeit außerhalb des öffentlichen Dienstes ist vom Ruhegehalt mindestens ein Betrag von 20 % zu belassen. In diesem Fall endet die Anrechnung mit dem Ende des Monats, in dem die Altersgrenze nach § 35 Abs. 1 oder 2 des Landesbeamtengesetzes erreicht wird.

(2) Auf das Ruhegehalt wird das Ruhegehalt aus einem Dienst- oder Amtsverhältnis oder eine ähnliche Versorgung angerechnet. Das Ruhegehalt aus dem Amtsverhältnis wird nur insoweit gezahlt, als es das Ruhegehalt oder die ruhegehaltähnliche Versorgung übersteigt.

(3) Beim Zusammentreffen von Ruhegehalt aus dem Amtsverhältnis mit Hinterbliebenenversorgung nach dem Ehegatten ist Absatz 2 entsprechend anzuwenden.

(4) Beim Zusammentreffen von Ruhegehalt aus dem Amtsverhältnis mit Renten ist § 66 SHBeamtVG sinngemäß anzuwenden.

(5) Beim Zusammentreffen von Ruhegehalt aus dem Amtsverhältnis mit Versorgung aus zwischenstaatlicher oder überstaatlicher Verwendung ist § 67 SHBeamtVG sinngemäß anzuwenden.

(6) Die Absätze 1, 2, 4 und 5 finden auf die Hinterbliebenen entsprechende Anwendung. § 65 Abs. 3 und Abs. 4 Satz 2 SHBeamtVG gilt sinngemäß.

V. Abschnitt
Übergangs- und Schlußbestimmungen

§ 16
Übergangsregelung aus Anlass der Übernahme des Versorgungsänderungsgesetzes 2001

Für Versorgungsfälle, in denen die Voraussetzungen des § 11 Abs. 1 vor dem Inkrafttreten der zweiten auf den 1. März 2012 folgenden Anpassung der Versorgungsbezüge nach § 80 SHBeamtVG eingetreten sind, gilt § 11 Abs. 3 in der bis zum 30. Juni 2003 geltenden Fassung. § 69 e Abs. 3 Satz 1 und 3 und Abs. 4 des Beamtenversorgungsgesetzes – Überleitungsfassung für Schleswig-Holstein – in der am 29. Februar 2012 geltenden Fassung ist entsprechend anzuwenden; dies gilt nicht für das gemäß § 11 Abs. 5 nach zwei Jahren ermittelte Ruhegehalt und die in § 12 geregelte Unfallfürsorge.

§ 16 a
Übergangsregelung aus Anlass der Anhebung der Altersgrenzen und der Neustaffelung der Versorgungssätze

(1) § 11 Abs. 3 und 5 Satz 2 findet in der ab 1. Januar 2011 geltenden Fassung nur für danach in die Landesregierung eintretende Landesministerinnen und Landesminister Anwendung, sofern sie bis dahin nicht einer Landesregierung im Geltungsbereich des Landesministergesetzes angehört haben. § 11 Abs. 1 und 4 gilt mit der Maßgabe, dass an Stelle der Angabe „62. Lebensjahr" für ehemalige Ministerinnen und Minister, die vor dem 1. August 2014 das 55. Lebensjahr vollenden, die Angabe „57. Lebensjahr" und für ehemalige Ministerinnen und Minister, die nach dem 31. Juli 2014 und vor dem 1. August 2016 das 55. Lebensjahr vollenden, die Angabe „59. Lebensjahr" tritt.

(2) § 11 Abs. 1, 4 und 5 Satz 1 findet in der bis zum 1. Januar 2011 geltenden Fassung Anwendung für zum 1. Januar 2011 ausgeschiedene Landesministerinnen und Landesminister, sofern sie bereits Ruhegehalt erhalten oder innerhalb eines Zeitraumes von zwei Jahren nach dem 28. Dezember 2010 Ruhegehalt nach den bis zum 1. Januar 2011 bestehenden Vorschriften des Gesetzes erhalten würden.

§ 17
Rechtsweg

Für vermögensrechtliche Ansprüche aus diesem Gesetz ist der für Landesbeamtinnen und Landesbeamte gegebene Rechtsweg offen.

§ 18
Inkrafttreten

Übergangsvorschriften

Artikel 2 des Gesetzes vom 19.12.2000
(GVOBl. Schl.-H. 2001 S. 4)

Dieses Gesetz findet für die Versorgung mit Ausnahme von § 11 Abs. 1, 4, 5 und 6 nur für zukünftig in die Landesregierung eintretende Landesministerinnen und Landesminister Anwendung, die bis zum In-Kraft-Treten dieses Gesetzes nicht einer Landesregierung im Geltungsbereich des Landesministergesetzes angehört haben. Zeiten, die nach bisher geltendem Recht ruhegehaltsfähig sind, bleiben erhalten. Auf bis zum In-Kraft-Treten dieses Gesetzes ausgeschiedene Landesministerinnen und Landesminister finden die bis zu diesem Zeitpunkt geltenden Vorschriften weiter Anwendung.

Artikel 2 des Gesetzes vom 11.12.2003
(GVOBl. Schl.-H. S. 661)

§§ 14 und 15 gelten auch für vor Inkrafttreten des Gesetzes zur Änderung des Landesministergesetzes vom 19. Dezember 2000 bereits ausgeschiedene Landesministerinnen und Landesminister.

Artikel 3 des Gesetzes vom 11.12.2003
(GVOBl. Schl.-H. S. 661)

Führt § 15 Abs. 2 Satz 2 zum Ruhen eines Teils der Versorgung nach diesem Gesetz, erhält die oder der im Zeitpunkt des In-Kraft-Tretens dieses Gesetzes bereits ausgeschiedene Landesministerin oder ausgeschiedene Landesminister einen Ausgleichsbetrag. Er wird in Höhe des Unterschiedsbetrages zwischen dem Ruhegehalt gewährt, welches der Berechtigten oder dem Berechtigten vor In-Kraft- Treten dieses Gesetzes zugestanden hat und nach dem In-Kraft-Treten dieses Gesetzes zusteht. Der Ausgleichsbetrag wird in vier gleichmäßigen Schritten jeweils zum 1. März eines Kalenderjahres, beginnend erstmals zum 1. März 2004, reduziert. Versorgungsanpassungen bleiben unberücksichtigt.

Gesetz
über das Schleswig-Holsteinische Landesverfassungsgericht
(Landesverfassungsgerichtsgesetz – LVerfGG)
vom 10. Januar 2008
– GVOBl. Schl.-H. S. 25 –

Zuletzt geändert durch Gesetz vom 17. April 2018 (GVOBl. Schl.-H. S. 231)

Der Landtag hat das folgende Gesetz beschlossen:

Inhaltsübersicht

Erster Teil
Verfassung, Zuständigkeit und Organisation

§ 1	Errichtung
§ 2	Rechtsstellung des Gerichts
§ 3	Zuständigkeit
§ 4	Zusammensetzung und Stellvertretung
§ 5	Wählbarkeit
§ 6	Wahl
§ 7	Ernennung und Amtseid
§ 8	Rechtsstellung der Richterinnen und Richter
§ 9	Beendigung der Amtszeit
§ 10	Präsidentin oder Präsident
§ 11	Beschlussfähigkeit, Abstimmung
§ 12	Geschäftsstelle, Geschäftsordnung, wissenschaftliche Hilfskräfte

Zweiter Teil
Allgemeine Verfahrensvorschriften

§ 13	Ergänzende Verfahrensvorschriften
§ 14	Zulässigkeit von Ton- und Fernseh-Rundfunkaufnahmen
§ 15	Ausschließung einer Richterin oder eines Richters
§ 16	Ablehnung einer Richterin oder eines Richters wegen Besorgnis der Befangenheit
§ 17	Akteneinsicht
§ 18	Beauftragte von Personengruppen
§ 19	Prozessvertretung
§ 20	Einleitung des Verfahrens
§ 20 a	Elektronischer Rechtsverkehr; elektronische Aktenführung
§ 21	Verwerfung von Anträgen
§ 22	Zustandekommen und Form der Entscheidung
§ 23	Protokoll und Tonbandaufnahmen
§ 24	Beweiserhebung
§ 25	Rechts- und Amtshilfe
§ 26	Stellungnahme durch sachkundige Dritte
§ 27	Zeugen und Sachverständige
§ 28	Entscheidung und Verkündung
§ 29	Verbindlichkeit der Entscheidungen
§ 30	Einstweilige Anordnungen
§ 31	Aussetzung des Verfahrens
§ 32	Verbindung und Trennung von Verfahren
§ 33	Kosten und Auslagen
§ 34	Vollstreckung

Dritter Teil
Besondere Verfahrensvorschriften

Erster Abschnitt
Verfahren in den Fällen des § 3 Nr. 1
(Organstreitigkeiten)

§ 35	Antragstellerin oder Antragsteller und Antragsgegnerin oder Antragsgegner
§ 36	Zulässigkeit des Antrags
§ 37	Beitritt zum Verfahren
§ 38	Entscheidung

Zweiter Abschnitt
Verfahren in den Fällen des § 3 Nr. 2
(Abstrakte Normenkontrolle)

§ 39	Antragstellerin oder Antragsteller
§ 40	Zulässigkeit des Antrags
§ 41	Beteiligung des Landtages und der Landesregierung
§ 42	Entscheidung
§ 43	Wirkung der Entscheidung

Dritter Abschnitt
Verfahren in den Fällen des § 3 Nr. 3
(Konkrete Normenkontrolle)

§ 44	Vorlagebeschluss
§ 45	Verfahren
§ 46	Entscheidung

Vierter Abschnitt
Verfahren in den Fällen des § 3 Nr. 4
(Kommunale Verfassungsbeschwerde)

§ 47	Zulässigkeit des Antrags
§ 48	Verfahren

Fünfter Abschnitt
Verfahren in den Fällen des § 3 Nr. 5
(Wahlprüfung)

§ 49	Zulässigkeit des Antrags
§ 50	Verfahren

Sechster Abschnitt
Verfahren in den Fällen des § 3 Nummer 6
(Beschwerde gegen die Nichtanerkennung als Partei)

§ 51	Zulässigkeit des Antrags
§ 52	Verfahren

Siebenter Abschnitt
Verfahren in den Fällen des § 3 Nr. 6
(Streitigkeiten über die Durchführung von Volksinitiativen, Volksbegehren und Volksentscheiden)

§ 53	Zulässigkeit des Antrags
§ 54	Verfahren

Vierter Teil
Übergangs- und Schlussvorschriften

§ 55	Änderung von Rechtsvorschriften
§ 56	Erste Mitgliederwahl zum Landesverfassungsgericht
§ 57	Aufwandsentschädigung
§ 58	Überleitung anhängiger Verfahren
§ 59	Inkrafttreten

Erster Teil
Verfassung, Zuständigkeit und Organisation

§ 1
Errichtung

Für das Land Schleswig-Holstein wird ein Landesverfassungsgericht errichtet. Es führt die Bezeichnung „Schleswig-Holsteinisches Landesverfassungsgericht". Es hat seinen Sitz in Schleswig.

§ 2
Rechtsstellung des Gerichts

Das Landesverfassungsgericht ist ein allen übrigen Verfassungsorganen gegenüber selbständiges und unabhängiges Gericht des Landes.

§ 3
Zuständigkeit

Das Landesverfassungsgericht entscheidet

1. über die Auslegung der Verfassung des Landes Schleswig-Holstein (Landesverfassung) aus Anlass von Streitigkeiten über den Umfang der Rechte und Pflichten des Landtages oder der Landesregierung oder anderer

Beteiligter, die durch die Landesverfassung oder die Geschäftsordnung des Landtages mit eigenen Rechten ausgestattet sind (Artikel 51 Absatz 2 Nummer 1 der Landesverfassung),
2. bei Meinungsverschiedenheiten oder Zweifeln über die förmliche oder sachliche Vereinbarkeit von Landesrecht mit der Landesverfassung (Artikel 51 Absatz 2 Nummer 2 der Landesverfassung),
3. über die Vereinbarkeit eines Landesgesetzes mit der Landesverfassung, wenn ein Gericht das Verfahren nach Artikel 100 Abs.1 des Grundgesetzes für die Bundesrepublik Deutschland ausgesetzt hat (Artikel 51 Absatz 2 Nummer 3 der Landesverfassung),
4. über Verfassungsbeschwerden von Gemeinden und Gemeindeverbänden wegen der Verletzung des Rechts auf Selbstverwaltung nach Artikel Artikel 54 Absatz 1 und 2 der Landesverfassung durch ein Landesgesetz (Artikel 51 Absatz 2 Nummer 4 der Landesverfassung),
5. über Beschwerden gegen die Entscheidung des Landtages über die Gültigkeit der Landtagswahl (Artikel 51 Absatz 2 Nummer 5 der Landesverfassung), über den Verlust der Mitgliedschaft im Landtag (§ 45 Abs. 1, § 49 Satz 2 des Landeswahlgesetzes) und über die Einberufung von Listennachfolgerinnen und Listennachfolgern (§ 50 Abs. 3 Satz 4 des Landeswahlgesetzes),
6. über Beschwerden von Vereinigungen oder Parteien gegen ihre Nichtanerkennung als Partei für die Landtagswahl (§ 24 Absatz 5 des Landeswahlgesetzes),
7. über die Zulässigkeit einer Volksinitiative (§ 9 Abs. 1 des Volksabstimmungsgesetzes) oder eines Volksbegehrens (Artikel 49 Absatz 1 Satz 4 und Absatz 2 Satz 3 Nummer 2 der Landesverfassung) und über Beschwerden gegen die Entscheidung des Landtages über die Gültigkeit der Abstimmung bei einem Volksentscheid (§ 25 Abs. 3 des Volksabstimmungsgesetzes),
8. in den übrigen in der Landesverfassung vorgesehenen Fällen (Artikel 51 Absatz 2 Nummer 6 der Landesverfassung).

§ 4
Zusammensetzung und Stellvertretung[1]

(1) Das Landesverfassungsgericht besteht aus der Präsidentin oder dem Präsidenten, der Vizepräsidentin oder dem Vizepräsidenten und fünf weiteren Mitgliedern. Mindestens drei Mitglieder des Landesverfassungsgerichts müssen zum Zeitpunkt ihrer Wahl Berufsrichterinnen oder Berufsrichter sein.

(2) Jedes Mitglied hat eine persönliche Stellvertreterin oder einen persönlichen Stellvertreter. Soweit nichts anderes bestimmt ist, gelten die Vorschriften über die Mitglieder auch für die Stellvertreterinnen und Stellvertreter. Durch die Beendigung des Amtes des Mitglieds wird das Amt seiner Stellvertreterin oder seines Stellvertreters nicht berührt. Scheidet eine Stellvertreterin oder ein Stellvertreter vorzeitig aus, so wird für den Rest ihrer oder seiner Amtszeit eine Nachfolgerin oder ein Nachfolger gewählt.

(3) Die Stellvertreterin oder der Stellvertreter vertritt das Mitglied bei dessen Verhinderung, soweit kein Fall des § 9 Abs. 2 vorliegt. Ist auch die Stellvertreterin oder der Stellvertreter verhindert, so tritt an ihre oder seine Stelle in der Reihenfolge des Lebensalters eine der übrigen Stellvertreterinnen oder einer der übrigen Stellvertreter, beginnend mit der oder dem Lebensältesten. § 10 Abs. 2 bleibt unberührt.

(4) Scheidet ein Mitglied gemäß § 9 Absatz 3 aus dem Amt, wird dessen Stellvertreterin oder dessen Stellvertreter für die verbleibende Amtszeit des ausgeschiedenen Mitglieds Mitglied des Landesverfassungsgerichts. Der Landtag wählt eine Stellvertreterin oder einen Stellvertreter als Nachfolger für den Rest der Amtszeit. Scheidet die Präsidentin oder der Präsident oder die Vizepräsidentin oder der Vizepräsident gemäß § 9 Absatz 3 aus dem Amt, wählt der Landtag für den Rest ihrer oder seiner Amtszeit aus den Mitgliedern eine Nachfolgerin oder einen Nachfolger.

§ 5
Wählbarkeit

(1) Zum Mitglied des Landesverfassungsgerichts kann nur gewählt werden, wer die Befähigung zum Richteramt besitzt, das 40. Lebensjahr vollendet hat, zum Deutschen Bundestag wählbar ist und sich schriftlich bereit erklärt hat, Mitglied des Landesverfassungsgerichts zu werden.

(2) Die Mitglieder des Landesverfassungsgerichts dürfen weder dem Bundestag, dem Bundesrat, der Bundesregierung, noch entsprechenden Organen eines Landes angehören. Beamtinnen und Beamte sowie sonstige Angehörige des öffentlichen Dienstes mit Ausnahme der Richterinnen und Richter und der Rechtslehrerinnen und Rechtslehrer an einer deutschen Hochschule können nicht Mitglied des Landesverfassungsgerichts sein.

§ 6
Wahl

(1) Die Präsidentin oder der Präsident, die Vizepräsidentin oder der Vizepräsident und die weiteren Mitglieder des Landesverfassungsgerichts werden vom Landtag mit einer Mehrheit von zwei Dritteln seiner Mitglieder auf die Dauer von zwölf Jahren gewählt. Eine Wiederwahl ist nicht zulässig.[2]

(2) Die Amtszeit als stellvertretendes Mitglied wird auf die höchstzulässige Amtszeit eines Mitglieds nicht angerechnet. Wird eine Stellvertreterin oder ein Stellvertreter gemäß § 4 Absatz 4 Mitglied des Landesverfassungsgerichts, ist nach Ablauf seiner oder ihrer Amtszeit eine Wiederwahl für eine weitere Amtszeit mit der Maßgabe zulässig, dass die sich aus beiden Amtszeiten ergebende Dauer der Mitgliedschaft der Amtszeit nach Absatz 1 Satz 1 entspricht.

(3) Die Wahl ist geheim und findet ohne Aussprache statt. Die Wahl erfolgt auf Vorschlag eines Ausschusses, dessen Zusammensetzung und Verfahren der Landtag in seiner Geschäftsordnung regelt.

(4) Die Mitglieder des Landesverfassungsgerichts sollen frühestens drei Monate und spätestens einen Monat vor Ablauf der Amtszeit ihrer Vorgängerinnen oder Vorgänger gewählt werden.

§ 7
Ernennung und Amtseid

(1) Die Mitglieder des Landesverfassungsgerichts werden von der Ministerpräsidentin oder dem Ministerpräsidenten ernannt. Sie erhalten eine Urkunde über Art und Dauer ihres Amtes. Ihre Amtszeit beginnt mit der Aushändigung der Ernennungsurkunde.

(2) Sie leisten, bevor sie ihr Amt antreten, in öffentlicher Sitzung des Landtages den für Berufsrichterinnen und Berufsrichter des Landes vorgesehenen Eid (§ 2 des Landesrichtergesetzes).

§ 8
Rechtsstellung der Richterinnen und Richter

(1) Die Mitglieder des Landesverfassungsgerichts sind als Richterinnen und Richter unabhängig und nur dem Gesetz unterworfen.

(2) Sie üben ihr Amt ehrenamtlich aus und erhalten eine Entschädigung nach Maßgabe dieses Gesetzes.

(3) Die Wahrnehmung der verfassungsrichterlichen Tätigkeit geht allen anderen Aufgaben vor.

---

[1] Übergangsregelung gemäß Artikel 2 Absatz 1 des Gesetzes vom 9.1.2017 (GVOBl. Schl.-H. S. 2): Für die bei Inkrafttreten dieses Gesetzes (13.1.2017) im Amt befindlichen Mitglieder des Landesverfassungsgerichts und ihre persönlichen Stellvertreterinnen und Stellvertreter gelten die vor Inkrafttreten dieses Gesetzes geltenden Vorschriften über die Amtszeit und die Wahrnehmung der Stellvertretung.

[2] Übergangsregelung gemäß Artikel 2 Absatz 2 des Gesetzes vom 9.1.2017 (GVOBl. Schl.-H. S. 2): Für Mitglieder des Landesverfassungsgerichts, die vor dem 13.1.2017 ernannt worden sind, ist eine Wiederwahl mit der Maßgabe zulässig, dass das Mitglied mit Ablauf des Jahres aus dem Amt scheidet, in dem es eine ununterbrochene Amtszeit von insgesamt zwölf Jahren erreicht. Amtszeiten als stellvertretendes Mitglied bleiben bei der Feststellung der Dauer der Mitgliedschaft außer Betracht.

§ 9
Beendigung der Amtszeit

(1) Das Amt der Mitglieder des Landesverfassungsgerichts endet mit Ablauf der Amtszeit, für die sie gewählt sind, oder nach Maßgabe der folgenden Bestimmungen.

(2) Endet das Amt durch Ablauf der regulären Amtszeit (Absatz 1), so führt das Mitglied des Landesverfassungsgerichts die Amtsgeschäfte bis zur Ernennung seiner Nachfolgerin oder seines Nachfolgers fort.

(3) Ein Mitglied des Landesverfassungsgerichts scheidet aus dem Amt aus, wenn

1. die oder der Betroffene durch Erklärung zur Niederschrift der Präsidentin oder des Präsidenten des Landtages auf sein Amt verzichtet, mit Ablauf des auf die Erklärung folgenden Monats,
2. dauernde Dienstunfähigkeit eingetreten ist,
3. die Voraussetzungen für die Wählbarkeit zum Deutschen Bundestag entfallen sind (§ 5 Abs. 1),
4. ein Wählbarkeitshindernis nach § 5 Abs. 2 eingetreten ist,
5. die oder der Betroffene rechtskräftig zu einer Freiheitsstrafe verurteilt worden ist,
6. die oder der Betroffene sich einer so groben Pflichtverletzung schuldig gemacht hat, dass ihr oder sein Verbleiben im Amt ausgeschlossen erscheint.

(4) In den Fällen des Absatzes 3 Nr. 2 bis 6 stellt das Landesverfassungsgericht das Ausscheiden von Amts wegen oder auf Antrag des Landtages oder der Landesregierung durch Beschluss fest. An Stelle des betroffenen Mitglieds wirkt die Stellvertreterin oder der Stellvertreter mit. In den Fällen des Absatzes 3 Nr. 6 bedarf der Beschluss der Mehrheit von fünf Mitgliedern des Landesverfassungsgerichts. Für das Verfahren gelten die Vorschriften des zweiten Teils entsprechend.

(5) Nach Einleitung des Verfahrens nach Absatz 4 kann das Landesverfassungsgericht in den Fällen des Absatzes 3 Nr. 3 bis 6 das Mitglied von Amts wegen oder auf Antrag des Landtages oder der Landesregierung vorläufig von seinem Amt entbinden. Das gleiche gilt, wenn gegen das Mitglied wegen einer vorsätzlich begangenen Straftat das Hauptverfahren eröffnet worden ist. Der Beschluss bedarf der Mehrheit von fünf Mitgliedern des Landesverfassungsgerichts. Absatz 4 Satz 2 und 4 gilt entsprechend.

§ 10
Präsidentin oder Präsident

(1) Die Präsidentin oder der Präsident führt den Vorsitz und nimmt außerhalb der Sitzungen die Befugnisse des Landesverfassungsgerichts wahr. Sie oder er vertritt das Landesverfassungsgericht gegenüber den anderen Verfassungsorganen, leitet die allgemeine Verwaltung und vertritt das Land in allen Rechtsgeschäften und Rechtsstreitigkeiten des Landesverfassungsgerichts.

(2) Die Präsidentin oder der Präsident wird in ihrer oder seiner Eigenschaft als Vorsitzende oder Vorsitzender und in ihren oder seinen weiteren Aufgaben nach Absatz 1 durch die Vizepräsidentin oder den Vizepräsidenten und bei deren oder dessen Verhinderung durch das dienstälteste Mitglied des Landesverfassungsgerichts vertreten. Im Übrigen wird die Präsidentin oder der Präsident durch die gewählte Stellvertreterin oder den gewählten Stellvertreter vertreten. Das Nähere regelt die Geschäftsordnung.

§ 11
Beschlussfähigkeit, Abstimmung

(1) Das Landesverfassungsgericht ist beschlussfähig, wenn mindestens sechs Richterinnen und Richter anwesend sind.

(2) Soweit nichts anderes bestimmt ist, entscheidet die Mehrheit der an der Entscheidung mitwirkenden Richterinnen und Richter. Bei Stimmengleichheit ist ein Antrag abgelehnt. Ein Verstoß gegen die Landesverfassung oder sonstiges Recht kann bei Stimmengleichheit nicht festgestellt werden.

§ 12
Geschäftsstelle, Geschäftsordnung, wissenschaftliche Hilfskräfte

(1) Das Landesverfassungsgericht kann sich der Geschäftsstelle des Schleswig-Holsteinischen Oberverwaltungsgerichts Schleswig und der Geschäftseinrichtungen der Gerichte des Landes bedienen.

(2) Das Landesverfassungsgericht gibt sich eine Geschäftsordnung[3]. Sie ist im Gesetz- und Verordnungsblatt für Schleswig-Holstein zu veröffentlichen.

(3) Soweit es der Geschäftsanfall erfordert, kann sich das Landesverfassungsgericht der Hilfe von wissenschaftlichen Mitarbeiterinnen und Mitarbeitern bedienen.

Zweiter Teil
Allgemeine Verfahrensvorschriften

§ 13
Ergänzende Verfahrensvorschriften

(1) Soweit in diesem Gesetz nichts anderes bestimmt ist, sind hinsichtlich der Öffentlichkeit, der Sitzungspolizei, der Gerichtssprache, der Beratung und Abstimmung die Vorschriften der Titel 14 bis 16 des Gerichtsverfassungsgesetzes entsprechend anzuwenden.

(2) Soweit dieses Gesetz keine Bestimmungen über das Verfahren enthält, sind die Vorschriften der Verwaltungsgerichtsordnung und ergänzend diejenigen der Zivilprozessordnung entsprechend heranzuziehen.

§ 14
Zulässigkeit von Ton- und Fernseh-Rundfunkaufnahmen

(1) Abweichend von § 169 Satz 2 des Gerichtsverfassungsgesetzes sind Ton- und Fernseh-Rundfunkaufnahmen sowie Ton- und Filmaufnahmen zum Zwecke der öffentlichen Vorführung oder der Veröffentlichung ihres Inhalts zulässig

1. in der mündlichen Verhandlung, bis das Gericht die Anwesenheit der Beteiligten festgestellt hat,
2. bei der öffentlichen Verkündung von Entscheidungen.

(2) Zur Wahrung schutzwürdiger Interessen der Beteiligten oder Dritter sowie eines ordnungsgemäßen Ablaufs des Verfahrens kann das Landesverfassungsgericht die Aufnahmen nach Absatz 1 oder deren Übertragung ganz oder teilweise ausschließen oder von der Einhaltung von Auflagen abhängig machen.

§ 15
Ausschließung einer Richterin oder eines Richters

(1) Ein Mitglied des Landesverfassungsgerichts ist von der Ausübung seines Richteramtes ausgeschlossen, wenn es

1. an der Sache beteiligt oder mit einer oder einem Beteiligten verheiratet ist oder war, eine Lebenspartnerschaft führt oder führte, in gerader Linie verwandt oder verschwägert oder in der Seitenlinie bis zum dritten Grade verwandt oder bis zum zweiten Grade verschwägert ist oder
2. in derselben Sache bereits von Amts oder Berufs wegen tätig gewesen ist.

(2) Beteiligt ist nicht, wer aufgrund seines Familienstandes, seines Berufs, seiner Abstammung, seiner Zugehörigkeit zu einer politischen Partei oder aus einem ähnlich allgemeinen Gesichtspunkt am Ausgang des Verfahrens interessiert ist.

(3) Als Tätigkeit im Sinne des Absatzes 1 Nr. 2 gilt nicht

1. die Mitwirkung im Gesetzgebungsverfahren,
2. die Äußerung einer wissenschaftlichen Meinung zu einer Rechtsfrage, die für das Verfahren bedeutsam sein kann.

---

3 Geschäftsordnung des Schleswig-Holsteinischen Landesverfassungsgerichts vom 1.5.2008 (GVOBl. Schl.-H. S. 217).

§ 16
Ablehnung einer Richterin oder eines Richters wegen Besorgnis der Befangenheit

(1) Wird ein Mitglied des Landesverfassungsgerichts wegen Besorgnis der Befangenheit abgelehnt, so entscheidet das Gericht unter Ausschluss der oder des Abgelehnten; bei Stimmengleichheit gibt die Stimme der oder des Vorsitzenden den Ausschlag.

(2) Die Ablehnung ist zu begründen. Die oder der Abgelehnte hat sich dazu zu äußern. Eine Beteiligte oder ein Beteiligter kann ein Mitglied des Landesverfassungsgerichts wegen Besorgnis der Befangenheit nicht mehr ablehnen, wenn sie oder er sich in eine Verhandlung eingelassen hat, ohne den ihr oder ihm bekannten Ablehnungsgrund geltend gemacht zu haben.

(3) Erklärt sich ein Mitglied des Landesverfassungsgerichts, das nicht abgelehnt ist, selbst für befangen, so gilt Absatz 1 entsprechend.

§ 17
Akteneinsicht

(1) Die Beteiligten haben während des laufenden Verfahrens das Recht der Akteneinsicht.

(2) Im Übrigen kann Akteneinsicht gewährt werden, soweit ein berechtigtes Interesse glaubhaft gemacht wird und die Belange der Beteiligten, Dritter und des Staates sowie die Erfordernisse des Verfahrens nicht entgegenstehen.

(3) Die der Vorbereitung der Entscheidung dienenden Voten und sonstigen Unterlagen unterliegen nicht der Akteneinsicht.

§ 18
Beauftragte von Personengruppen

Wenn das Verfahren von einer Personengruppe oder gegen eine Personengruppe beantragt wird, kann das Landesverfassungsgericht anordnen, dass sie ihre Rechte, insbesondere das Recht auf Anwesenheit im Termin, durch eine oder einen oder mehrere Beauftragte wahrnehmen lässt.

§ 19
Prozessvertretung

(1) Die Beteiligten können sich in jeder Lage des Verfahrens durch eine Rechtsanwältin oder einen Rechtsanwalt oder durch eine Lehrerin oder einen Lehrer des Rechts an einer Hochschule vertreten lassen. In der mündlichen Verhandlung vor dem Landesverfassungsgericht müssen sie sich in dieser Weise vertreten lassen. Der Landtag und Teile von ihm, die in der Landesverfassung oder in der Geschäftsordnung des Landtages mit eigenen Rechten ausgestattet sind, können sich auch durch ihre Mitglieder vertreten lassen. Das Land und andere Verfassungsorgane sowie die Gemeinden und Gemeindeverbände können sich außerdem durch ihre Bediensteten vertreten lassen, soweit diese die Befähigung zum Richteramt besitzen oder aufgrund der vorgeschriebenen Staatsprüfungen die Befähigung zum höheren Verwaltungsdienst erworben haben. Das Landesverfassungsgericht kann auch eine andere Person als Beistand einer oder eines Beteiligten zulassen.

(2) Die Vollmacht ist schriftlich zu erteilen. Sie muss sich ausdrücklich auf das Verfahren beziehen.

(3) Ist eine Bevollmächtigte oder ein Bevollmächtigter bestellt, so sind alle Mitteilungen des Gerichts an sie oder ihn zu richten.

§ 20
Einleitung des Verfahrens

(1) Anträge, die das Verfahren einleiten, sind schriftlich oder zur Niederschrift des Urkundsbeamten der Geschäftsstelle beim Landesverfassungsgericht zu stellen. Sie sind zu begründen; die erforderlichen Beweismittel sind anzugeben.

(2) Die oder der Vorsitzende stellt den Antrag der Antragsgegnerin oder dem Antragsgegner, den übrigen Beteiligten sowie den Dritten, denen nach § 26 Gelegenheit zur Stellungnahme gegeben wird, unverzüglich mit der Aufforderung zu, sich binnen einer zu bestimmenden Frist dazu zu äußern.

(3) Die oder der Vorsitzende kann jeder oder jedem Beteiligten aufgeben, binnen einer zu bestimmenden Frist die erforderliche Zahl von Abschriften ihrer oder seiner Schriftsätze für das Gericht und für die übrigen Beteiligten nachzureichen.

§ 20 a
Elektronischer Rechtsverkehr; elektronische Aktenführung

Die Vorschriften der Verwaltungsgerichtsordnung zum elektronischen Rechtsverkehr und zur elektronischen Aktenführung sowie Rechtsverordnungen aufgrund von § 55 a Absatz 2 und § 55 c der Verwaltungsgerichtsordnung gelten entsprechend. Das Landesverfassungsgericht bestimmt in seiner Geschäftsordnung den Zeitpunkt, von dem an die Prozessakten elektronisch geführt werden, und legt die organisatorisch-technischen Rahmenbedingungen für die Bildung, Führung und Verwahrung der elektronischen Akten fest.

§ 21
Verwerfung von Anträgen

Unzulässige oder offensichtlich unbegründete Anträge können durch einstimmigen Beschluss des Landesverfassungsgerichts verworfen werden. Der Beschluss bedarf keiner weiteren Begründung, wenn die Antragstellerin oder der Antragsteller vorher auf die Bedenken gegen die Zulässigkeit oder Begründetheit ihres oder seines Antrags hingewiesen worden ist.

§ 22
Zustandekommen und Form der Entscheidung

(1) Das Landesverfassungsgericht entscheidet, soweit nichts anderes bestimmt ist, aufgrund mündlicher Verhandlung, es sei denn, dass alle Beteiligten ausdrücklich auf sie verzichten.

(2) Die Entscheidung aufgrund mündlicher Verhandlung ergeht als Urteil, die Entscheidung ohne mündliche Verhandlung als Beschluss.

(3) Teil- und Zwischenentscheidungen sind zulässig.

(4) Die Entscheidungen des Landesverfassungsgerichts ergehen „im Namen des Volkes".

§ 23
Protokoll und Tonbandaufnahmen

Über die mündliche Verhandlung wird ein Protokoll geführt. Darüber hinaus kann sie in einer Tonbandaufnahme festgehalten werden; das Nähere regelt die Geschäftsordnung.

§ 24
Beweiserhebung

(1) Das Landesverfassungsgericht erhebt den zur Erforschung der Wahrheit erforderlichen Beweis. Es kann damit außerhalb der mündlichen Verhandlung ein Mitglied des Gerichts beauftragen oder mit Begrenzung auf bestimmte Tatsachen und Personen ein anderes Gericht darum ersuchen.

(2) Aufgrund eines Beschlusses mit einer Mehrheit von zwei Dritteln der Stimmen des Gerichts kann die Beiziehung einzelner Urkunden unterbleiben, wenn ihre Verwendung mit der Sicherheit des Bundes oder eines Landes unvereinbar ist.

(3) Die Beteiligten werden von allen Beweisterminen benachrichtigt und können der Beweisaufnahme beiwohnen. Sie können an Zeuginnen und Zeugen sowie Sachverständige Fragen richten. Wird eine Frage beanstandet, so entscheidet das Gericht.

§ 25
Rechts- und Amtshilfe

Gerichte und Verwaltungsbehörden leisten dem Landesverfassungsgericht Rechts- und Amtshilfe. Fordert das Landesverfassungsgericht Akten eines Ausgangsverfahrens an, werden ihm diese unmittelbar vorgelegt. Im Übrigen sind Akten und Urkunden über die oberste Dienstbehörde vorzulegen.

§ 26
Stellungnahme durch sachkundige Dritte
Das Landesverfassungsgericht kann sachkundigen Dritten Gelegenheit zur Stellungnahme geben.

§ 27
Zeuginnen und Zeugen sowie Sachverständige
(1) Für die Vernehmung von Zeuginnen und Zeugen sowie Sachverständigen gelten die Vorschriften der Zivilprozessordnung entsprechend.

(2) Soweit eine Zeugin oder ein Zeuge oder eine Sachverständige oder ein Sachverständiger nur mit Genehmigung einer vorgesetzten Stelle vernommen werden darf, kann diese Genehmigung nur verweigert werden, wenn es das Wohl des Bundes oder eines Landes erfordert. Die Zeugin oder der Zeuge oder die Sachverständige oder der Sachverständige kann sich nicht auf ihre oder seine Schweigepflicht berufen, wenn das Landesverfassungsgericht mit einer Mehrheit von zwei Dritteln der Stimmen die Verweigerung der Aussagegenehmigung für unbegründet erklärt.

§ 28
Entscheidung und Verkündung
(1) Das Landesverfassungsgericht entscheidet in geheimer Beratung nach seiner freien, aus dem Inhalt der Verhandlung und dem Ergebnis der Beweisaufnahme geschöpften Überzeugung. Die Entscheidung ist schriftlich abzufassen, zu begründen und von den Richterinnen und Richtern, die bei ihr mitgewirkt haben, zu unterzeichnen. Sie ist sodann, wenn eine mündliche Verhandlung stattgefunden hat, unter Mitteilung der wesentlichen Entscheidungsgründe öffentlich zu verkünden. Der Termin zur Verkündung einer Entscheidung kann in der mündlichen Verhandlung bekannt gegeben oder nach Abschluss der Beratungen festgelegt werden; in diesem Fall ist er den Beteiligten unverzüglich mitzuteilen. Zwischen dem Abschluss der mündlichen Verhandlung und der Verkündung der Entscheidung sollen nicht mehr als drei Monate liegen. Der Termin kann durch Beschluss des Landesverfassungsgerichts verlegt werden.

(2) Die Mitglieder des Landesverfassungsgerichts sind verpflichtet, über den Gang der Beratung und Abstimmung Stillschweigen zu bewahren. Eine Richterin oder ein Richter kann ihre oder seine in der Beratung vertretene abweichende Meinung zu der Entscheidung oder zu deren Begründung in einem Sondervotum niederlegen; das Sondervotum ist der Entscheidung anzuschließen. Das Landesverfassungsgericht kann in seinen Entscheidungen das Stimmenverhältnis mitteilen. Das Nähere regelt die Geschäftsordnung.

(3) Alle Entscheidungen sind den Beteiligten bekannt zu geben und dem Landtag und der Landesregierung mitzuteilen.

§ 29
Verbindlichkeit der Entscheidungen
(1) Die Entscheidungen des Landesverfassungsgerichts binden die Verfassungsorgane sowie alle Gerichte und Behörden des Landes.

(2) In den Fällen des § 3 Nr. 2 und 3 hat die Entscheidung des Landesverfassungsgerichts Gesetzeskraft. Das gilt auch in den Fällen des § 3 Nr. 4, wenn das Landesverfassungsgericht ein Gesetz als mit der Landesverfassung vereinbar oder unvereinbar oder für nichtig erklärt. Soweit ein Gesetz als mit der Landesverfassung vereinbar oder unvereinbar oder für nichtig erklärt wird, ist die Entscheidungsformel durch das Ministerium für Inneres, ländliche Räume und Integration im Gesetz- und Verordnungsblatt für Schleswig-Holstein zu veröffentlichen.

§ 30
Einstweilige Anordnungen
(1) Das Landesverfassungsgericht kann im Streitfall einen Zustand durch einstweilige Anordnung vorläufig regeln, wenn dies zur Abwehr schwerer Nachteile, zur Verhinderung drohender Gewalt oder aus einem anderen wichtigen Grund zum gemeinen Wohl dringend geboten ist.

(2) Die einstweilige Anordnung kann ohne mündliche Verhandlung ergehen. Bei besonderer Dringlichkeit kann das Landesverfassungsgericht davon absehen, den am Verfahren zur Hauptsache Beteiligten, zum Beitritt Berechtigten oder Äußerungsberechtigten Gelegenheit zur Stellungnahme zu geben.

(3) Wird die einstweilige Anordnung durch Beschluss erlassen oder abgelehnt, so kann Widerspruch erhoben werden. Über den Widerspruch entscheidet das Landesverfassungsgericht nach mündlicher Verhandlung. Diese soll binnen zwei Wochen nach dem Eingang der Begründung des Widerspruchs stattfinden.

(4) Der Widerspruch gegen die einstweilige Anordnung hat keine aufschiebende Wirkung. Das Landesverfassungsgericht kann die Vollziehung der einstweiligen Anordnung aussetzen.

(5) Das Landesverfassungsgericht kann die Entscheidung über die einstweilige Anordnung oder über den Widerspruch ohne Begründung bekannt geben. In diesem Fall ist die Begründung den Beteiligten gesondert zu übermitteln.

(6) Die einstweilige Anordnung tritt nach sechs Monaten außer Kraft. Sie kann mit einer Mehrheit von zwei Dritteln der Stimmen wiederholt werden.

(7) Ist das Landesverfassungsgericht nicht beschlussfähig, so kann die einstweilige Anordnung bei besonderer Dringlichkeit erlassen werden, wenn mindestens drei Richterinnen oder Richter anwesend sind und der Beschluss einstimmig gefasst wird. Sie tritt nach einem Monat außer Kraft. Wird sie durch das Landesverfassungsgericht bestätigt, so tritt sie sechs Monate nach ihrem Erlass außer Kraft.

§ 31
Aussetzung des Verfahrens
(1) Das Landesverfassungsgericht kann sein Verfahren bis zur Erledigung eines bei einem anderen Gericht anhängigen Verfahrens aussetzen, wenn für seine Entscheidung die Feststellungen oder die Entscheidung dieses anderen Gerichts von Bedeutung sein können.

(2) Das Landesverfassungsgericht kann seiner Entscheidung die tatsächlichen Feststellungen eines rechtskräftigen Urteils zugrunde legen, das in einem Verfahren ergangen ist, in dem die Wahrheit von Amts wegen zu erforschen ist.

§ 32
Verbindung und Trennung von Verfahren
Das Landesverfassungsgericht kann anhängige Verfahren verbinden und verbundene trennen.

§ 33
Kosten und Auslagen
(1) Das Verfahren des Landesverfassungsgerichts ist kostenfrei.

(2) Das Landesverfassungsgericht kann eine Gebühr bis zu 2.500 Euro auferlegen, wenn die Einlegung der Beschwerde gegen die Entscheidung des Landtages über die Gültigkeit der Landtagswahl (§ 3 Nr. 5) oder der Beschwerde gegen die Entscheidung des Landtages über die Gültigkeit der Abstimmung bei einem Volksentscheid (§ 3 Nr. 6) einen Missbrauch darstellt oder wenn ein Antrag auf Erlass einer einstweiligen Anordnung (§ 30) missbräuchlich gestellt ist.

(3) Für die Einziehung der Gebühr gilt § 59 Abs. 1 der Landeshaushaltsordnung entsprechend.

(4) Auf Antrag kann das Landesverfassungsgericht volle oder teilweise Erstattung der Auslagen anordnen.

§ 34
Vollstreckung
Das Landesverfassungsgericht kann in seiner Entscheidung bestimmen, wer sie vollstreckt; es kann auch im Einzelfall die Art und Weise der Vollstreckung regeln.

Dritter Teil
Besondere Verfahrensvorschriften
Erster Abschnitt
Verfahren in den Fällen des § 3 Nr. 1 (Organstreitigkeiten)

§ 35
Antragstellerin oder Antragsteller und Antragsgegnerin oder Antragsgegner

Antragstellerin oder Antragsteller und Antragsgegnerin oder Antragsgegner können nur der Landtag, die Landesregierung und andere Beteiligte, die durch die Landesverfassung oder die Geschäftsordnung des Landtages mit eigenen Rechten ausgestattet sind, sein.

§ 36
Zulässigkeit des Antrags

(1) Der Antrag ist nur zulässig, wenn die Antragstellerin oder der Antragsteller geltend macht, dass sie oder er oder das Organ, dem sie oder er angehört, durch eine Maßnahme oder Unterlassung der Antragsgegnerin oder des Antragsgegners in ihren oder seinen ihr oder ihm durch die Landesverfassung übertragenen Rechten und Pflichten verletzt oder unmittelbar gefährdet ist.

(2) Im Antrag ist die Bestimmung der Landesverfassung zu bezeichnen, gegen die durch die beanstandete Maßnahme oder Unterlassung der Antragsgegnerin oder des Antragsgegners verstoßen wird.

(3) Der Antrag muss binnen sechs Monaten, nachdem die beanstandete Maßnahme oder Unterlassung der Antragstellerin oder dem Antragsteller bekannt geworden ist, gestellt werden.

§ 37
Beitritt zum Verfahren

(1) Der Antragstellerin oder dem Antragsteller und der Antragsgegnerin oder dem Antragsgegner können in jeder Lage des Verfahrens andere in § 35 genannte Antragsberechtigte beitreten, wenn die Entscheidung auch für die Abgrenzung ihrer Zuständigkeiten von Bedeutung ist.

(2) Das Landesverfassungsgericht gibt von der Einleitung des Verfahrens dem Landtag und der Landesregierung Kenntnis.

§ 38
Entscheidung

Das Landesverfassungsgericht stellt in seiner Entscheidung fest, ob die beanstandete Maßnahme oder Unterlassung der Antragsgegnerin oder des Antragsgegners gegen eine Bestimmung der Landesverfassung verstößt. Die Bestimmung ist zu bezeichnen. Das Landesverfassungsgericht kann in der Entscheidungsformel zugleich eine für die Auslegung der Bestimmung der Landesverfassung erhebliche Rechtsfrage entscheiden, von der Feststellung gemäß Satz 1 abhängt.

Zweiter Abschnitt
Verfahren in den Fällen des § 3 Nr. 2
(Abstrakte Normenkontrolle)

§ 39
Antragstellerin oder Antragsteller

Antragstellerin oder Antragsteller können nur sein die Landesregierung, ein Drittel der Mitglieder des Landtages, zwei Fraktionen oder eine Fraktion gemeinsam mit den Abgeordneten, denen die Rechte einer Fraktion zustehen.

§ 40
Zulässigkeit des Antrags

Der Antrag ist nur zulässig, wenn die Antragstellerin oder der Antragsteller Landesrecht

1. wegen seiner förmlichen oder sachlichen Unvereinbarkeit mit der Landesverfassung für nichtig hält oder
2. für gültig hält, nachdem ein Gericht, eine Verwaltungsbehörde oder ein Organ des Bundes oder des Landes das Recht als unvereinbar mit der Landesverfassung nicht angewendet hat.

§ 41
Beteiligung des Landtages und der Landesregierung

Das Landesverfassungsgericht gibt dem Landtag und der Landesregierung Gelegenheit zur Äußerung binnen einer zu bestimmenden Frist. Landtag und Landesregierung können in jeder Lage des Verfahrens diesem beitreten.

§ 42
Entscheidung

Kommt das Landesverfassungsgericht zu der Überzeugung, dass Landesrecht mit der Landesverfassung unvereinbar ist, so erklärt es das Gesetz für nichtig. Sind weitere Bestimmungen des gleichen Gesetzes aus denselben Gründen mit der Landesverfassung unvereinbar, so kann sie das Landesverfassungsgericht gleichfalls für nichtig erklären.

§ 43
Wirkung der Entscheidung

(1) Gegen ein rechtskräftiges Strafurteil, das auf einer mit der Landesverfassung für unvereinbar oder nach § 42 für nichtig erklärten Norm oder auf der Auslegung einer Norm beruht, die vom Landesverfassungsgericht für unvereinbar mit der Landesverfassung erklärt worden ist, ist die Wiederaufnahme des Verfahrens nach den Vorschriften der Strafprozessordnung zulässig.

(2) Im übrigen bleiben vorbehaltlich einer besonderen gesetzlichen Regelung die nicht mehr anfechtbaren Entscheidungen, die auf einer gemäß § 42 für nichtig erklärten Norm beruhen, unberührt. Die Vollstreckung aus einer solchen Entscheidung ist unzulässig. Soweit die Zwangsvollstreckung nach den Vorschriften der Zivilprozessordnung durchzuführen ist, gilt die Vorschrift des § 767 der Zivilprozessordnung entsprechend. Ansprüche aus ungerechtfertigter Bereicherung sind ausgeschlossen.

Dritter Abschnitt
Verfahren in den Fällen des § 3 Nr. 3
(Konkrete Normenkontrolle)

§ 44
Vorlagebeschluss

(1) Hält ein Gericht ein Landesgesetz, auf dessen Gültigkeit es bei der Entscheidung ankommt, für unvereinbar mit der Landesverfassung, so hat es das Verfahren auszusetzen und unmittelbar die Entscheidung des Landesverfassungsgerichts einzuholen.

(2) Die Begründung muss angeben, inwiefern von der Gültigkeit des Landesgesetzes die Entscheidung des Gerichts abhängig ist und mit welcher Vorschrift der Landesverfassung das Landesgesetz unvereinbar ist. Die Akten sind beizufügen.

(3) Der Antrag des Gerichts ist unabhängig von der Rüge der Nichtigkeit der Rechtsvorschrift durch eine Beteiligte oder einen Beteiligten des Ausgangsverfahrens.

§ 45
Verfahren

(1) Das Landesverfassungsgericht gibt dem Landtag und der Landesregierung Gelegenheit zur Äußerung binnen einer zu bestimmenden Frist. Landtag und Landesregierung können in jeder Lage des Verfahrens diesem beitreten.

(2) Das Landesverfassungsgericht gibt auch den Beteiligten des Verfahrens vor dem Gericht, das den Antrag gestellt hat, Gelegenheit zur Äußerung; es lädt sie zur mündlichen Verhandlung und erteilt den anwesenden Prozessbevollmächtigten das Wort.

(3) Das Landesverfassungsgericht kann oberste Landesgerichte um die Mitteilung ersuchen, wie und aufgrund welcher Erwägungen sie die Landesverfassung in der streitigen Frage bisher ausgelegt haben, ob und wie sie die in ihrer Gültigkeit streitige Rechtsvorschrift in ihrer Rechtsprechung angewandt haben und welche damit zusammenhängenden Rechtsfragen zur Entscheidung anstehen. Es kann sie ferner ersuchen, ihre Erwägungen zu einer für die Entscheidung erheblichen Rechtsfrage darzulegen. Das Landesverfassungsgericht gibt den Äußerungsberechtigten Kenntnis von der Stellungnahme.

§ 46
Entscheidung

Das Landesverfassungsgericht entscheidet nur über die Rechtsfrage. Die Vorschriften der §§ 42 und 43 gelten entsprechend.

Vierter Abschnitt
Verfahren in den Fällen des § 3 Nr. 4
(Kommunale Verfassungsbeschwerde)

§ 47
Zulässigkeit des Antrags

(1) Gemeinden und Gemeindeverbände können Verfassungsbeschwerde mit der Behauptung erheben, dass ein Landesgesetz das Recht auf Selbstverwaltung nach Artikel 54 Absatz 1 und 2 der Landesverfassung verletzt.

(2) Die Verfassungsbeschwerde kann nur binnen eines Jahres seit dem Inkrafttreten des Gesetzes erhoben werden.

§ 48
Verfahren

Auf das Verfahren finden die Vorschriften der §§ 41 bis 43 entsprechende Anwendung.

Fünfter Abschnitt
Verfahren in den Fällen des § 3 Nr. 5
(Wahlprüfung)

§ 49
Zulässigkeit des Antrags

(1) Gegen die Entscheidung des Landtages können Beschwerde erheben

1. die oder der Abgeordnete, deren oder dessen Mitgliedschaft bestritten ist,
2. eine Wahlberechtigte oder ein Wahlberechtigter, deren oder dessen Einspruch vom Landtag verworfen worden ist,
3. eine Fraktion des Landtages,
4. Abgeordnete, denen die Rechte einer Fraktion zustehen,
5. eine Minderheit des Landtages, die wenigstens ein Zehntel der gesetzlichen Mitgliederzahl umfasst, oder
6. die Landeswahlleiterin oder der Landeswahlleiter.

(2) Die Beschwerde ist in den Fällen des Absatzes 1 Nr. 1 und 2 binnen einer Frist von zwei Wochen seit der Zustellung des Beschlusses des Landtages und in den Fällen des Absatzes 1 Nr. 3 bis 6 binnen einer Frist von zwei Wochen seit der Beschlussfassung des Landtages beim Landesverfassungsgericht zu erheben; die Beschwerde ist innerhalb der genannten Frist zu begründen.

§ 50
Verfahren

(1) Das Verfahren vor dem Landesverfassungsgericht richtet sich ergänzend nach dem fünften und sechsten Abschnitt des Landeswahlgesetzes.

(2) Das Landesverfassungsgericht kann von einer mündlichen Verhandlung absehen, wenn von ihr keine weitere Förderung des Verfahrens zu erwarten ist.

Sechster Abschnitt
Verfahren in den Fällen des § 3 Nummer 6
(Beschwerde gegen die Nichtanerkennung als Partei)

§ 51
Zulässigkeit des Antrags

(1) Vereinigungen oder Parteien, denen die Anerkennung als für eine Landtagswahl wahlvorschlagsberechtigte Partei nach § 24 Absatz 5 des Landeswahlgesetzes durch den Landeswahlausschuss versagt wurde, können beim Landesverfassungsgericht Beschwerde erheben.

(2) Die Beschwerde ist innerhalb einer Frist von vier Tagen nach der Bekanntgabe der Entscheidung in der Sitzung des Landeswahlausschusses nach § 24 Absatz 5 Satz 2 des Landeswahlgesetzes zu erheben. Die Beschwerde ist innerhalb der genannten Frist zu begründen.

(3) § 30 findet keine Anwendung.

§ 52
Verfahren

(1) Dem Landeswahlausschuss ist Gelegenheit zur Äußerung zu geben.

(2) Das Landesverfassungsgericht kann von der Durchführung einer mündlichen Verhandlung absehen, wenn von ihr keine weitere Förderung des Verfahrens zu erwarten ist.

(3) Das Landesverfassungsgericht kann seine Entscheidung ohne Begründung bekannt geben. In diesem Fall ist die Begründung der Beschwerdeführerin und dem Landeswahlausschuss gesondert zu übermitteln.

Siebenter Abschnitt
Verfahren in den Fällen des § 3 Nr. 6
(Streitigkeiten über die Durchführung von Volksinitiativen, Volksbegehren und Volksentscheiden)

§ 53
Zulässigkeit des Antrags

(1) Hält der Landtag gemäß Artikel 48 Absatz 3 der Landesverfassung die Volksinitiative für unzulässig, können die Vertrauenspersonen gegen die ablehnende Entscheidung das Landesverfassungsgericht anrufen. Dies gilt nicht in den Fällen des § 8 Abs. 1 Nr. 2 des Volksabstimmungsgesetzes. Der Antrag ist binnen einer Frist von einem Monat nach Zustellung des Landtagsbeschlusses zu stellen; er ist innerhalb der genannten Frist zu begründen.

(2) Bestehen Zweifel an der Vereinbarkeit des beanstandeten zustande gekommenen Volksbegehrens mit Artikel 48 Absatz 1 Satz 1 und 2 und Absatz 2 der Landesverfassung, haben die Landesregierung oder ein Viertel der Mitglieder des Landtages das Recht, die Entscheidung des Landesverfassungsgerichts zu beantragen. Der Antrag ist binnen einer Frist von einem Monat nach der Entscheidung des Landtages nach § 12 Abs. 2 des Volksabstimmungsgesetzes oder nach der Bekanntmachung nach § 19 Abs. 2 Satz 1 des Volksabstimmungsgesetzes zu stellen; er ist innerhalb der genannten Frist zu begründen.

(3) Gegen den Beschluss des Landtages über die Einsprüche sowie über die Gültigkeit der Abstimmung bei einem Volksentscheid können jede abstimmungsberechtigte Person, deren Einspruch vom Landtag verworfen worden ist, und die Landesabstimmungsleiterin oder der Landesabstimmungsleiter Beschwerde erheben. Die Beschwerde ist binnen einer Frist von zwei Wochen nach Bekanntgabe der Entscheidung des Landtages zu erheben; die Beschwerde ist innerhalb der genannten Frist zu begründen.

§ 54
Verfahren

(1) Das Verfahren vor dem Landesverfassungsgericht richtet sich ergänzend nach den Vorschriften des Volksabstimmungsgesetzes und, soweit die Abstimmungsprüfung betroffen ist (§ 53 Absatz 3), zusätzlich nach den Vorschriften des fünften Abschnitts des Landeswahlgesetzes.

(2) Das Landesverfassungsgericht gibt dem Landtag und der Landesregierung Gelegenheit zur Äußerung binnen einer zu bestimmenden Frist. In den Fällen des § 53 Absatz 1 und 2 können Landtag und Landesregierung in jeder Lage des Verfahrens diesem beitreten.

(3) In den Verfahren nach § 53 Absatz 2 gibt das Landesverfassungsgericht auch den Vertrauenspersonen der Volksinitiative Gelegenheit zur Äußerung und lädt sie zur mündlichen Verhandlung.

(4) In den Verfahren nach § 53 Absatz 3 kann das Landesverfassungsgericht von einer mündlichen Verhandlung absehen, wenn von ihr keine weitere Förderung des Verfahrens zu erwarten ist.

Vierter Teil
Übergangs- und Schlussvorschriften

§ 55
Änderung von Rechtsvorschriften

§ 56
Erste Mitgliederwahl zum Landesverfassungsgericht

Bei der ersten Wahl der gemäß Artikel 44 Abs. 3 und Artikel 59 b der Landesverfassung in der am 23. April 2008 geltenden Fassung zu bestellenden Mitglieder des Landesverfassungsgerichts wird die Präsidentin oder der Präsident für eine Amtszeit von neun Jahren, die Vizepräsidentin oder der Vizepräsident für eine Amtszeit von sechs Jahren gewählt.

§ 57
Aufwandsentschädigung

(1) Die Mitglieder des Landesverfassungsgerichts erhalten für jeden Monat, in dem sie mindestens an einer Sitzung oder Entscheidungsberatung teilnehmen, eine auf volle zehn Euro aufgerundete Aufwandsentschädigung in Höhe von einem Fünfzehntel des monatlichen Grundgehalts der Besoldungsgruppe R 9. Die Präsidentin oder der Präsident erhält einen Zuschlag von 30 % und die Vizepräsidentin oder der Vizepräsident einen Zuschlag von 15 % des sich nach Satz 1 ergebenden Betrages.

(2) Die Mitglieder des Landesverfassungsgerichts erhalten Reisekostenvergütung entsprechend den für Landesbeamtinnen und Landesbeamte geltenden Bestimmungen.

(3) Die Mitglieder des Landesverfassungsgerichts erhalten Unfallfürsorge in entsprechender Anwendung der Vorschriften des § 33 Absatz 2 Nummer 2 bis 4 und der § 34 bis 39 des Beamtenversorgungsgesetzes Schleswig-Holstein.

§ 58
Überleitung anhängiger Verfahren

Die nach § 3 in die Zuständigkeit des Landesverfassungsgerichts fallenden, beim Bundesverfassungsgericht und dem Schleswig-Holsteinischen Oberverwaltungsgericht anhängigen Verfahren gehen, soweit eine mündliche Verhandlung nicht stattgefunden hat oder eine Entscheidung in der Hauptsache noch nicht ergangen ist, zu dem in § 59 Satz 1 genannten Zeitpunkt in der Lage, in der sie sich befinden, auf das Landesverfassungsgericht über. Im Übrigen verbleibt es bei der bisherigen Zuständigkeit.

§ 59
Inkrafttreten

Dieses Gesetz tritt vorbehaltlich des Satzes 2 am 1. Mai 2008 in Kraft. Die §§ 4 bis 7, 12 und 56 treten am Tage nach der Verkündung in Kraft.

Gesetz
über Sonn- und Feiertage (SFTG)
vom 28. Juni 2004
– GVOBl. Schl.-H. S. 213 –

Zuletzt geändert durch Gesetz vom 21. März 2018 (GVOBl. Schl.-H. S. 69)

§ 1
Allgemeines

Die Sonntage, die gesetzlichen und kirchlichen Feiertage werden nach Maßgabe dieses Gesetzes geschützt.

§ 2
Feiertage

(1) Gesetzliche Feiertage sind
1. Neujahrstag,
2. Karfreitag,
3. Ostermontag,
4. 1. Mai,
5. Himmelfahrtstag,
6. Pfingstmontag,
7. 3. Oktober – Tag der Deutschen Einheit –,
8. 31. Oktober – Reformationstag –,
9. 1. Weihnachtstag,
10. 2. Weihnachtstag.

(2) Die Landesregierung wird ermächtigt, bei besonderem Anlass für das ganze Land oder für Teilgebiete des Landes durch Rechtsverordnung Werktage zu einmaligen Feiertagen zu erklären und die Schutzvorschriften der §§ 3, 5 und 6 auf sie auszudehnen.

(3) Kirchliche Feiertage sind Feiertage, die von Kirchen und Religionsgesellschaften außer den unter Absatz 1 genannten Feiertagen begangen werden.

§ 3
Grundbestimmungen

(1) Die Sonntage und die gesetzlichen Feiertage sind Tage allgemeiner Arbeitsruhe.

(2) Öffentlich bemerkbare Handlungen, die dem Wesen der Sonn- und Feiertage widersprechen, sind verboten.

§ 4
Ausnahmen

(1) Das Verbot des § 3 Abs. 2 findet keine Anwendung auf
1. unaufschiebbare Arbeiten, die erforderlich sind
   a) zur Abwendung eines Schadens an Gesundheit oder Eigentum sowie zur Verhütung von Gefahren für Gesundheit oder Eigentum,
   b) in der Landwirtschaft,
2. die Tätigkeit von Polizei, Feuerwehren, Rettungsdiensten, Trägern des Katastrophenschutzdienstes einschließlich der erforderlichen Übungen und Ausbildungsveranstaltungen,
3. eine nicht gewerbsmäßige Betätigung in Haus und Garten,
4. Videotheken, automatische Waschanlagen und Selbstwaschanlagen für Kraftfahrzeuge, Münz- und Selbstbedienungswaschsalons sowie Einrichtungen, die unmittelbar der Erholung im Rahmen der Freizeitgestaltung dienen wie insbesondere Saunen, Fitness- und Bräunungsstudios.

(2) Das Verbot des § 3 Abs. 2 findet ferner keine Anwendung auf Handlungen, die nach Bundes- oder Landesrecht zugelassen sind. Die zuständige Behörde kann die Durchführung einer marktähnlichen Veranstaltung erlauben, wenn keine gewerblichen Anbieter teilnehmen.

§ 5
Verbotene Handlungen während des Gottesdienstes

(1) Über die in § 3 Abs. 2 festgelegten Beschränkungen hinaus sind an Sonntagen und gesetzlichen Feiertagen mit Ausnahme des 1. Mai und des 3. Oktober alle Handlungen, die den Gottesdienst stören, verboten. Dies gilt nicht für Handlungen nach § 4 Abs. 1 Nr. 1 und 2 sowie Abs. 2 Satz 1.

(2) Das Verbot nach Absatz 1 Satz 1 gilt auch für öffentliche Versammlungen unter freiem Himmel und öffentliche Aufzüge, soweit sie den Gottesdienst stören. Das Grundrecht auf Versammlungsfreiheit (Artikel 8 Abs. 2 des Grundgesetzes) wird insoweit eingeschränkt.

§ 6
Schutz der stillen Feiertage
sowie von kirchlichen Feiertagen

(1) Am Volkstrauertag und am Totensonntag (Ewigkeitssonntag) sind von 6.00 Uhr bis 20.00 Uhr über die in §§ 3 und 5 festgelegten Beschränkungen hinaus alle öffentlichen Veranstaltungen verboten, soweit sie dem ernsten Charakter des Tages nicht entsprechen. Am Karfreitag gilt das in Satz 1 genannte Verbot von 2.00 Uhr bis 2.00 Uhr des folgenden Tages. Das Verbot gilt auch für öffentliche Versammlungen und öffentliche Aufzüge, die nicht mit dem Gottesdienst zusammenhängen; das Grundrecht auf Versammlungsfreiheit (Artikel 8 Absatz 2 des Grundgesetzes) wird insoweit eingeschränkt.

(2) Am Buß- und Bettag sind alle Handlungen, die den Gottesdienst stören, verboten.

(3) § 5 Abs. 1 Satz 2 und Abs. 2 gelten entsprechend.

§ 7
Dienst- und Arbeitsfreistellung

(1) Den in einem Beschäftigungs- oder Ausbildungsverhältnis stehenden Mitgliedern der Religionsgemeinschaften ist, soweit betriebliche Notwendigkeiten nicht entgegenstehen, an den Feiertagen ihres Bekenntnisses Gelegenheit zu geben, am Gottesdienst teilzunehmen.

(2) Lehrerinnen und Lehrern sowie Schülerinnen und Schülern ist an den Feiertagen ihrer Religionsgemeinschaften Gelegenheit zu geben, am Gottesdienst teilzunehmen.

(3) Am Buß- und Bettag ist Personen, die in einem Beschäftigungs- oder Ausbildungsverhältnis stehen, auf Antrag unbezahlte Freistellung für den gesamten Tag zu gewähren, soweit betriebliche Notwendigkeiten nicht entgegenstehen. Schülerinnen und Schüler werden an diesem Tag auf Antrag vom Unterricht freigestellt.

§ 8
Ausnahme von Verboten

Die zuständige Behörde kann im Einzelfall bei Vorliegen eines dringenden Bedürfnisses Ausnahmen von den Verboten und Beschränkungen der §§ 3, 5 und 6 zulassen.

§ 9
Ordnungswidrigkeiten, Zuständigkeiten

(1) Ordnungswidrig handelt, wer vorsätzlich oder fahrlässig
1. entgegen § 3 Abs. 2 Handlungen vornimmt,
2. entgegen §§ 5 und 6 Handlungen vornimmt oder Veranstaltungen durchführt,
3. einer Verordnung nach § 2 Abs. 2 zuwiderhandelt, soweit sie für einen bestimmten Tatbestand auf diese Bußgeldvorschriften verweist.

(2) Die Ordnungswidrigkeit kann mit einer Geldbuße bis zu 5.000 Euro geahndet werden.

(3) Zuständige Behörde nach diesem Gesetz und zuständige Verwaltungsbehörde nach § 36 Abs. 1 Nr. 1 des Gesetzes über Ordnungswidrigkeiten sind die Bürgermeisterinnen und Bürgermeister der amtsfreien Gemeinden sowie die Amtsdirektorinnen und Amtsdirektoren und Amtsvorsteherinnen und Amtsvorsteher als örtliche Ordnungsbehörden.

§ 10
Inkrafttreten, Außerkrafttreten

Dieses Gesetz tritt am Tage nach der Verkündung in Kraft. Gleichzeitig tritt das Gesetz über Sonn- und Feiertage in der Fassung vom 6. März 1997 (GVOBl. Schl.-H. S. 149), geändert durch Gesetz am 13. Dezember 2001 (GVOBl. Schl.-H. S. 397), Zuständigkeiten und Ressortbezeichnungen ersetzt durch Verordnung vom 16. September 2003 (GVOBl. Schl.-H. S. 503), außer Kraft.

Gesetz
zur Förderung des Friesischen im öffentlichen Raum
(Friesisch-Gesetz – FriesischG)
vom 13. Dezember 2004
– GVOBl. Schl.-H. S. 481 –

Geändert durch Gesetz vom 30. Juni 2016 (GVOBl. Schl.-H. S. 534)

Präambel

In Anerkennung des Willens der Friesen ihre Sprache und somit ihre Identität auch in Zukunft zu erhalten, im Bewusstsein, dass das Bekenntnis zur friesischen Volksgruppe frei ist, unter Berücksichtigung der Tatsache, dass die Friesen außerhalb der Grenzen der Bundesrepublik Deutschland keinen Mutterstaat haben, der sich ihnen verpflichtet fühlt und Sorge für die Bewahrung ihrer Sprache trägt, im Bewusstsein, dass der Schutz und die Förderung der friesischen Sprache im Interesse des Landes Schleswig-Holstein liegen, unter Berücksichtigung des Rahmenübereinkommens des Europarates zum Schutz nationaler Minderheiten und der Europäischen Charta der Regional- oder Minderheitensprachen, unter Berufung auf Artikel 3 des Grundgesetzes und auf Artikel 6 der Verfassung des Landes Schleswig-Holstein beschließt der Schleswig-Holsteinische Landtag das folgende Gesetz:

§ 1
Friesische Sprache in Behörden und Gerichten

(1) Das Land Schleswig-Holstein erkennt die in Schleswig-Holstein gesprochenen friesischen Sprachformen als Ausdruck des geistigen und kulturellen Reichtums des Landes an. Ihr Gebrauch ist frei. Ihre Anwendung in Wort und Schrift im öffentlichen Leben und die Ermutigung dazu werden geschützt und gefördert.

(2) Die Bürgerinnen und Bürger können sich in friesischer Sprache an Behörden im Kreis Nordfriesland und auf der Insel Helgoland wenden und Eingaben, Belege, Urkunden und sonstige Schriftstücke in friesischer Sprache vorlegen. Verwendet eine Bürgerin oder ein Bürger im Verkehr mit den Behörden im Kreis Nordfriesland oder auf der Insel Helgoland die friesische Sprache, können diese Behörden gegenüber dieser Bürgerin oder diesem Bürger ebenfalls die friesische Sprache verwenden, sofern durch das Verwaltungshandeln nicht die Rechte Dritter oder die Handlungsfähigkeit von anderen Trägern der öffentlichen Verwaltung beeinträchtigt wird. § 82 b des Landesverwaltungsgesetzes bleibt unberührt.

(3) Die Behörden können offizielle Formulare und öffentliche Bekanntmachungen im Kreis Nordfriesland und auf der Insel Helgoland zweisprachig in deutscher und friesischer Sprache abfassen.

(4) Die Bürgerinnen und Bürger können im Kreis Nordfriesland in zivilrechtlichen Verfahren Urkunden und Beweismittel in friesischer Sprache vorlegen, wenn nötig durch Inanspruchnahme von Dolmetschern und Übersetzungen und unter der Bedingung, dass dies nach Auffassung der zuständigen Richterin oder des zuständigen Richters eine ordentliche Rechtspflege nicht behindert.

§ 2
Friesischsprachige Mitarbeiter und Einstellungskriterium

(1) Im Kreis Nordfriesland und auf der Insel Helgoland sollen in Behörden und der Aufsicht des Landes unterstehenden Körperschaften, Anstalten und Stiftungen des öffentlichen Rechts friesischsprachige Mitarbeiter zur Verfügung stehen, um die in § 1 formulierten Rechte gewährleisten zu können.

(2) Das Land Schleswig-Holstein sowie der Kreis Nordfriesland und die Kommunen im Kreis Nordfriesland und auf der Insel Helgoland berücksichtigen nach Maßgabe der Verpflichtung aus § 1 und § 2 Absatz 1 friesische Sprachkenntnisse im Verfahren zur Einstellung in den öffentlichen Dienst, soweit dies im Einzelfall bei der Wahrnehmung einer konkreten Tätigkeit als erforderlich oder wünschenswert erachtet wird. Sie gestalten ihre Ausschreibungen entsprechend.

(3) Im Kreis Nordfriesland und auf der Insel Helgoland wirken das Land Schleswig-Holstein, der Kreis Nordfriesland und die Kommunen darauf hin, dass der Erwerb friesischer Sprachkenntnisse im Fortbildungsangebot für ihre Beschäftigten Berücksichtigung findet.

(4) Das Land Schleswig-Holstein sowie der Kreis Nordfriesland erfüllen nach Möglichkeit die Wünsche ihrer Beschäftigten in dem Gebiet eingesetzt zu werden, in dem ihre jeweilige friesische Sprachform gesprochen wird.

§ 3
Beschilderung an Gebäuden

(1) Im Kreis Nordfriesland und auf der Insel Helgoland ist an Gebäuden der Landesbehörden und an Gebäuden der der Aufsicht des Landes unterstehenden Körperschaften, Anstalten und Stiftungen des öffentlichen Rechts die Beschilderung zweisprachig in deutscher und friesischer Sprache auszuführen. Vorhandene einsprachige Beschilderung darf durch eine Beschilderung in friesischer Sprache ergänzt werden.

(2) Der Kreis Nordfriesland und die Kommunen im Kreis Nordfriesland und auf der Insel Helgoland können an öffentlichen Gebäuden und an den Gebäuden der ihrer Aufsicht unterstehenden Körperschaften, Anstalten und Stiftungen des öffentlichen Rechts im Kreis Nordfriesland und auf der Insel Helgoland die Beschilderung zweisprachig in deutscher und friesischer Sprache ausführen.

(3) Das Land Schleswig-Holstein wirkt darauf hin, dass die Beschilderung an anderen öffentlichen Gebäuden sowie topografische Bezeichnungen im Kreis Nordfriesland und auf der Insel Helgoland ebenfalls zweisprachig in deutscher und friesischer Sprache ausgeführt werden.

§ 4
Siegel und Briefköpfe

Die im § 3 genannten Bestimmungen können sinngemäß auch für die durch die Behörden und Körperschaften im Kreis Nordfriesland und auf der Insel Helgoland genutzten Siegel und Briefköpfe angewendet werden.

§ 5
Friesische Farben und Wappen

Die Farben und das Wappen der Friesen können im Kreis Nordfriesland neben den Landesfarben und dem Landeswappen verwendet werden. Die friesischen Farben sind Gold-Rot-Blau.

§ 6
Orts- und Hinweistafeln und wegweisende Beschilderungen

(1) Die vorderseitige Beschilderung der Ortstafeln, Ortshinweistafeln, Hinweistafeln zu besonderen touristischen Zielen und Routen, Hinweistafeln zu Gewässern sowie die wegweisende Beschilderung an Straßen können im Kreis Nordfriesland nach Maßgabe des § 46 Absatz 2 StVO zweisprachig in deutscher und friesischer Sprache erfolgen. Dieses Ziel haben die Behörden des Landes – gegebenenfalls unter näher zu benennenden Auflagen betreffend Gestaltung und Aufstellung der Schilder – zu beachten und zu fördern.

(2) Die zweisprachige straßenverkehrsrechtliche Beschilderung im Kreis Nordfriesland nach Maßgabe des Absatzes 1 erfolgt nach der Anlage[1] zu diesem Gesetz. Die Kosten

---

[1] Vom Abdruck der Anlage (GVOBl. Schl.-H. 2016 S. 534, 537) wurde abgesehen.

der Gemeinden und Gemeindeverbände für die erstmalige zweisprachige wegweisende Beschilderung im Kreis Nordfriesland übernimmt das Land. Das für Verkehr zuständige Ministerium erlässt die zur Konkretisierung erforderlichen Verwaltungsvorschriften.

(3) Vorhandene einsprachige Ortstafeln und Verkehrszeichen dürfen durch eine Hinzufügung in friesischer Sprache ergänzt werden.

§ 7
Verkündung

Dieses Gesetz wird in deutscher Sprache und in friesischer Übersetzung verkündet.

§ 8
Inkrafttreten

Dieses Gesetz tritt am Tage nach seiner Verkündung in Kraft.

Gesetz zur Gleichstellung von Menschen mit Behinderungen in Schleswig-Holstein (Landesbehindertengleichstellungsgesetz – LBGG) vom 18. November 2008
– GVOBl. Schl.-H. S. 582 –

Zuletzt geändert durch Gesetz vom 2. April 2019 (GVOBl. Schl.-H. S. 76)

Inhaltsverzeichnis

Abschnitt I
Allgemeine Bestimmungen

- § 1 Gesetzesziel
- § 2 Begriffsbestimmungen
- § 3 Klagerecht

Abschnitt II
Landesbeauftragte oder Landesbeauftragter für Menschen mit Behinderung

- § 4 Wahl und Abberufung
- § 5 Aufgaben
- § 6 Rechtliche Stellung
- § 6 a Stellvertretung, Mitarbeiterinnen und Mitarbeiter
- § 7 Unterstützung durch die Träger der öffentlichen Verwaltung
- § 8 Beteiligung
- § 9 Bericht

Abschnitt III
Besondere Vorschriften

- § 10 Gebärdensprache
- § 11 Herstellung von Barrierefreiheit in den Bereichen Bau- und Verkehr
- § 12 Barrierefreie Informationstechnik
- § 13 Gestaltung von Bescheiden, amtlichen Informationen und Vordrucken

Abschnitt I
Allgemeine Bestimmungen

§ 1
Gesetzesziel

(1) Ziel dieses Gesetzes ist es, die Benachteiligung von Menschen mit Behinderung zu beseitigen und zu verhindern sowie gleichwertige Lebensbedingungen und Chancengleichheit für Menschen mit Behinderung herzustellen, ihnen die gleichberechtigte Teilhabe am Leben in der Gesellschaft zu gewährleisten und ein selbstbestimmtes Leben zu ermöglichen.

(2) Die Träger der öffentlichen Verwaltung fördern im Rahmen ihrer gesetzlichen und satzungsmäßigen Aufgaben aktiv die Verwirklichung der Ziele gemäß Absatz 1 und ergreifen insbesondere geeignete Maßnahmen zur Herstellung der Barrierefreiheit in ihrem jeweiligen Aufgabenbereich. Sie dürfen Menschen mit Behinderung nicht benachteiligen.

(3) Bei der Verwirklichung der Gleichstellung von Frauen und Männern sind die besonderen Belange von Frauen mit Behinderung zu berücksichtigen. Dabei sind Maßnahmen zur Förderung der Gleichstellung von Frauen mit Behinderung, die dem Abbau oder dem Ausgleich bestehender Ungleichheiten dienen, zulässig.

§ 2
Begriffsbestimmungen

(1) Menschen sind behindert, wenn ihre körperliche Funktion, geistige Fähigkeit oder seelische Gesundheit mit hoher Wahrscheinlichkeit länger als sechs Monate von dem für das Lebensalter typischen Zustand abweichen und daher ihre Teilhabe am Leben in der Gesellschaft beeinträchtigt ist.

(2) Eine Benachteiligung im Sinne dieses Gesetzes liegt vor, wenn Menschen mit und ohne Behinderung ohne zwingenden Grund unterschiedlich behandelt werden und dadurch Menschen mit Behinderung in der gleichberechtigten Teilhabe am Leben in der Gesellschaft unmittelbar oder mittelbar beeinträchtigt werden. Eine unterschiedliche Behandlung ist insbesondere dann nicht gerechtfertigt, wenn sie ausschließlich oder überwiegend auf Umständen beruht, die in unmittelbarem oder mittelbarem Zusammenhang mit der Behinderung steht. Ist eine Benachteiligung aus zwingenden Gründen nicht zu vermeiden, ist für den Ausgleich ihrer Folgen Sorge zu tragen, soweit hiermit nicht ein unverhältnismäßiger Mehraufwand verbunden ist.

(3) Barrierefrei sind bauliche und sonstige Anlagen, Verkehrsmittel, technische Gebrauchsgegenstände, Systeme der Informationsverarbeitung, akustische und visuelle Informationsquellen und Kommunikationseinrichtungen sowie andere gestaltete Lebensbereiche, wenn sie für Menschen mit Behinderung in der allgemein üblichen Weise, ohne besondere Erschwernis und grundsätzlich ohne fremde Hilfe zugänglich und nutzbar sind.

§ 3
Klagerecht

(1) Ein Interessenverband für Menschen mit Behinderung nach Absatz 3 kann, ohne in seinen Rechten verletzt zu sein, Klage nach Maßgabe der Verwaltungsgerichtsordnung erheben auf Feststellung eines Verstoßes gegen

1. das Benachteiligungsverbot der Träger der öffentlichen Verwaltung nach § 1 Abs. 2,
2. die Verpflichtung der Träger der öffentlichen Verwaltung zur Herstellung der Barrierefreiheit nach § 10, § 11 Abs. 1, hinsichtlich öffentlich zugänglicher Verkehrsanlagen nach § 11 Abs. 2 sowie nach § 13,
3. die Verpflichtung zur Unterrichtung von gehörlosen Schülerinnen und Schülern in Deutscher Gebärdensprache und lautsprachbegleitenden Gebärden nach § 25 Abs. 7 Satz 1 Schulgesetz.

(2) Eine Klage ist nur zulässig, wenn der Verband durch die Maßnahme in seinem satzungsgemäßen Aufgabenbereich berührt wird. Soweit ein Mensch mit Behinderung selbst seine Rechte durch eine Gestaltungs- oder Leistungsklage verfolgen kann oder hätte verfolgen können, kann die Klage nach Absatz 1 nur erhoben werden, wenn der Verband geltend macht, dass es sich bei der Maßnahme um einen Fall von allgemeiner Bedeutung handelt. Dies ist insbesondere dann der Fall, wenn eine Vielzahl gleichgelagerter Fälle vorliegt. Für Klagen nach Absatz 1 gelten die Vorschriften des 8. Abschnittes der Verwaltungsgerichtsordnung entsprechend mit der Maßgabe, dass es eines Vorverfahrens auch dann bedarf, wenn die angegriffene Maßnahme von einer obersten Landesbehörde erlassen worden ist.

(3) Die Klagebefugnis nach Absatz 1 steht Interessenverbänden für Menschen mit Behinderung zu, die

1. nach ihrer Satzung ideell und nicht nur vorübergehend die Belange von Menschen mit Behinderung fördern,
2. nach der Zusammensetzung ihrer Mitglieder oder Mitgliedsvereine und -verbände dazu berufen sind, Interessen von Menschen mit Behinderung auf Landesebene zu vertreten,
3. mindestens drei Jahre bestehen und in diesem Zeitraum im Sinne der Nummer 1 tätig gewesen sind und
4. wegen Verfolgung gemeinnütziger Zwecke nach § 5 Abs. 1 Nr. 9 des Körperschaftsteuergesetzes von der Körperschaftsteuer befreit sind.

(4) Werden Menschen mit Behinderung in ihren Rechten nach Absatz 1 verletzt, können an ihrer Stelle und mit ihrem Einverständnis Verbände nach Absatz 3, die nicht selbst am Verfahren beteiligt sind, Rechtsschutz beantragen. In diesen Fällen müssen alle Verfahrensvoraussetzungen wie bei einem Rechtsschutzersuchen durch den Menschen mit Behin-

derung selbst vorliegen. Das Einverständnis ist schriftlich zu erklären.

Abschnitt II
Landesbeauftragte oder Landesbeauftragter für Menschen mit Behinderung

§ 4
Wahl und Abberufung

(1) Das Amt der oder des Beauftragten für Menschen mit Behinderung wird bei der Präsidentin oder dem Präsidenten des Schleswig-Holsteinischen Landtages eingerichtet.

(2) Der Landtag wählt ohne Aussprache die Landesbeauftragte oder den Landesbeauftragten mit mehr als der Hälfte seiner Mitglieder für die Dauer von sechs Jahren. Die Wiederwahl ist zulässig. Die oder der Landesbeauftragte soll ein Mensch mit Behinderung sein. Vorschlagsberechtigt sind die Fraktionen des Schleswig-Holsteinischen Landtages. Kommt vor Ablauf der Amtszeit eine Neuwahl nicht zustande, führt die oder der Landesbeauftragte das Amt bis zur Neuwahl weiter.

(3) Die Präsidentin oder der Präsident des Schleswig-Holsteinischen Landtages ernennt die Landesbeauftragte oder den Landesbeauftragten zur Beamtin oder zum Beamten auf Zeit.

(4) Vor Ablauf der Amtszeit kann die oder der Landesbeauftragte nur mit einer Mehrheit von zwei Dritteln der Mitglieder des Landtages abberufen werden. Die oder der Landesbeauftragte kann jederzeit die Entlassung verlangen. Für den Fall der vorzeitigen Abberufung oder Entlassung führt die Stellvertreterin oder der Stellvertreter gemäß § 6 a Abs. 1 bis zur Neuwahl die Geschäfte weiter.

§ 5
Aufgaben

(1) Aufgabe der oder des Landesbeauftragten ist es,
1. die gleichberechtigte Teilhabe von Menschen mit Behinderung am Leben in der Gesellschaft aktiv zu fördern,
2. darauf hinzuwirken, dass die Verpflichtung des Landes, für gleichwertige Lebensbedingungen von Menschen mit und ohne Behinderung zu sorgen, in allen Bereichen des gesellschaftlichen Lebens erfüllt wird und
3. die Landesregierung und den Landtag in Grundsatzangelegenheiten von Menschen mit Behinderung zu beraten.

(2) Die oder der Landesbeauftragte wirkt aktiv darauf hin, dass geschlechtsspezifische Benachteiligungen von Frauen mit Behinderung abgebaut und verhindert werden.

(3) Jede Person, jeder Verband oder jede Institution kann sich in Angelegenheiten, die die Lebenssituation von Menschen mit Behinderung betreffen, an die Landesbeauftragte oder den Landesbeauftragten wenden.

§ 6
Rechtliche Stellung

Die oder der Landesbeauftragte ist in der Ausübung des Amtes unabhängig und nur dem Gesetz unterworfen. Dies betrifft insbesondere Stellungnahmen gegenüber dem Landtag, Behörden, Verbänden oder der Öffentlichkeit. Sie oder er untersteht der Dienstaufsicht der Präsidentin oder des Präsidenten des Schleswig-Holsteinischen Landtages. Die oder der Landesbeauftragte darf weder einer Regierung noch einer gesetzgebenden Körperschaft des Bundes oder eines Landes noch einer kommunalen Vertretungskörperschaft angehören.

§ 6 a
Stellvertretung, Mitarbeiterinnen und Mitarbeiter

(1) Die oder der Landesbeauftragte bestellt eine Mitarbeiterin zur Stellvertreterin oder einen Mitarbeiter zum Stellvertreter. Die Stellvertreterin oder der Stellvertreter führt die Geschäfte, wenn die oder der Landesbeauftragte an der Ausübung des Amtes verhindert ist.

(2) Für die Erfüllung der Aufgaben ist der oder dem Landesbeauftragten die notwendige Personal- und Sachausstattung zur Verfügung zu stellen; die Mittel sind im Einzelplan des Landtages in einem gesonderten Kapitel auszuweisen.

(3) Die Mitarbeiterinnen und Mitarbeiter werden auf Vorschlag der oder des Landesbeauftragten ernannt. Sie können nur im Einvernehmen mit ihr oder ihm versetzt oder abgeordnet werden. Ihre Dienstvorgesetzte oder ihr Dienstvorgesetzter ist die oder der Landesbeauftragte, an deren oder dessen Weisungen sie ausschließlich gebunden sind.

§ 7
Unterstützung durch die Träger der öffentlichen Verwaltung

(1) Die Träger der öffentlichen Verwaltung erteilen der oder dem Landesbeauftragten zur Situation von Menschen mit Behinderung Auskunft und unterstützen sie oder ihn bei der Erfüllung der Aufgaben. Die dem Datenschutz dienenden Vorschriften bleiben hiervon unberührt.

(2) Stellt die oder der Landesbeauftragte Verstöße gegen das Benachteiligungsverbot des § 1 Abs. 2 fest, fordert sie oder er eine Stellungnahme an und beanstandet gegebenenfalls festgestellte Verstöße. Mit der Beanstandung können Vorschläge zur Beseitigung der Mängel und zur Verbesserung der Umsetzung des Benachteiligungsverbots verbunden werden.

§ 8
Beteiligung

(1) Die Landesregierung beteiligt die Landesbeauftragte oder den Landesbeauftragten frühzeitig und umfassend an allen Gesetzes- und Verordnungsvorhaben, die die Belange von Menschen mit Behinderung betreffen.

(2) Bei Gesetzesvorhaben, die den Zuständigkeitsbereich der oder des Landesbeauftragten betreffen, hat sie oder er das Recht auf Anhörung vor dem Landtag.

§ 9
Bericht

Die oder der Landesbeauftragte berichtet dem Landtag alle zwei Jahre über die Situation von Menschen mit Behinderung in Schleswig-Holstein sowie über ihre oder seine Tätigkeit. Darüber hinaus kann die oder der Landesbeauftragte dem Landtag weitere Berichte vorlegen.

Abschnitt III
Besondere Vorschriften

§ 10
Gebärdensprache

(1) Die Deutsche Gebärdensprache wird als eigenständige Sprache anerkannt. Lautsprachbegleitende Gebärden werden als Kommunikationsform der deutschen Sprache anerkannt.

(2) Hörbehinderte Menschen (Gehörlose, Ertaubte, hochgradig Schwerhörige) haben das Recht, in Verwaltungsverfahren mit Trägern der öffentlichen Verwaltung in Deutscher Gebärdensprache oder mit lautsprachbegleitenden Gebärden zu kommunizieren oder, soweit dies nicht möglich ist, andere geeignete Kommunikationshilfen zu verwenden, sofern nicht eine schriftliche Verständigung möglich ist. Die Träger der öffentlichen Verwaltung haben dafür auf Wunsch der Berechtigten eine Gebärdensprachdolmetscherin oder einen Gebärdensprachdolmetscher hinzuzuziehen oder andere geeignete Kommunikationshilfen bereitzustellen, mit deren oder dessen Hilfe die Verständigung erfolgen kann. Kann eine Frist nicht eingehalten werden, weil eine Gebärdensprachdolmetscherin oder ein Gebärdensprachdolmetscher oder eine andere geeignete Kommunikationshilfe nicht rechtzeitig zur Verfügung gestellt werden kann, ist die Frist angemessen zu verlängern. Darüber hinaus soll eine Gebärdensprachdolmetscherin oder ein Gebärdensprachdolmetscher hinzugezogen oder eine andere geeignete Kommunikationshilfe bereitgestellt werden, wenn dies zur Wahrnehmung eigener Rechte unerlässlich ist. Die notwendigen Aufwendungen sind von dem Träger der

öffentlichen Verwaltung zu tragen. Die Vergütung erfolgt in entsprechender Anwendung des Justizvergütungs- und -entschädigungsgesetzes vom 5. Mai 2004 (BGBl. I S. 718), zuletzt geändert durch Artikel 9 Abs. 2 des Gesetzes vom 16. August 2005 (BGBl. I S. 2437). Welche Kommunikationsformen als andere geeignete Kommunikationshilfen anzusehen sind, richtet sich nach der Kommunikationshilfenverordnung vom 17. Juli 2002 (BGBl. I S. 2650).

§ 11
Herstellung von Barrierefreiheit
in den Bereichen Bau- und Verkehr

(1) Neubauten sowie große Um- und Erweiterungsbauten baulicher Anlagen der Träger der öffentlichen Verwaltung sind entsprechend den allgemein anerkannten Regeln der Technik barrierefrei zu gestalten. Von diesen Anforderungen kann abgewichen werden, wenn mit einer anderen Lösung in gleichem Maße die Anforderungen an die Barrierefreiheit erfüllt werden können. Ausnahmen von Satz 1 können hinsichtlich großer Um- und Erweiterungsbauten gestattet werden, wenn die Anforderungen nur mit einem unverhältnismäßigen Mehraufwand erfüllt werden können. Die Bestimmungen der Landesbauordnung bleiben unberührt.

(2) Neubauten, große Um- und Erweiterungsbauten öffentlich zugänglicher Verkehrsanlagen der Träger der öffentlichen Verwaltung sowie die Beschaffungen neuer Beförderungsmittel für den öffentlichen Personennahverkehr sind unter Berücksichtigung der Belange von Menschen mit Behinderung, älterer Menschen sowie anderer Personen mit Mobilitätsbeeinträchtigung zu gestalten oder durchzuführen. Absatz 1 Satz 2 und 3 gilt entsprechend.

§ 12
Barrierefreie Informationstechnik

(1) Die öffentlichen Stellen im Land gestalten ihre Websites und mobilen Anwendungen, einschließlich der für ihre Beschäftigten bestimmten Angebote im Intranet, sowie die von ihnen zur Verfügung gestellten grafischen Programmoberflächen, die mit Mitteln der Informationstechnik dargestellt werden, barrierefrei im Sinne des Artikel 4 der Richtlinie (EU) 2016/2102, soweit dies nicht eine unverhältnismäßige Belastung für die öffentliche Stelle im Land bewirkt. Ob eine unverhältnismäßige Belastung bewirkt würde, ist durch abwägende Bewertung unter Beachtung der Vorgaben in Artikel 5 Absatz 2 der Richtlinie (EU) 2016/2102 festzustellen. Die Gründe für eine unverhältnismäßige Belastung sind in die Erklärung zur Barrierefreiheit nach § 12c einzustellen.

(2) Insbesondere bei Neuanschaffungen, Erweiterungen und Überarbeitungen ist die barrierefreie Gestaltung bereits bei der Planung, Entwicklung, Ausschreibung und Beschaffung zu berücksichtigen.

(3) Die barrierefreie Gestaltung der Websites und mobilen Anwendungen der öffentlichen Stellen im Land erfolgt innerhalb der in Artikel 12 Absatz 3 der Richtlinie (EU) 2016/2102 genannten Fristen.

(4) Die Regelungen zur behindertengerechten Einrichtung und Unterhaltung der Arbeitsstätten zugunsten von Menschen mit Behinderungen in anderen Rechtsvorschriften, insbesondere im Neunten Buch Sozialgesetzbuch – Rehabilitation und Teilhabe behinderter Menschen –, bleiben unberührt.

(5) Angebote öffentlicher Stellen im Internet, die auf Websites Dritter veröffentlicht werden, sind soweit möglich barrierefrei zu gestalten.

§ 12a
Öffentliche Stellen im Land

(1) Öffentliche Stellen im Land im Sinne dieser Vorschrift sind die in Artikel 3 Nummer 1 der Richtlinie (EU) 2016/2102, Artikel 2 Absatz 1 Nummer 4 der Richtlinie (EU) 2014/24 benannten Stellen, insbesondere die Gebietskörperschaften (Land, Kreise, kreisfreie Städte, Gemeinden), die Anstalten, Körperschaften und Stiftungen des öffentlichen Rechts, Beliehene und sonstige Landesorgane, soweit sie öffentlich-rechtliche Aufgaben wahrnehmen sowie Einrichtungen des öffentlichen Rechts oder Verbände, die aus einer oder mehreren Körperschaften oder Einrichtungen des öffentlichen Rechts bestehen. Einrichtungen des öffentlichen Rechts sind alle Einrichtungen, die

1. zu dem besonderen Zweck gegründet wurden, im Allgemeininteresse liegende Aufgaben nicht gewerblicher Art zu erfüllen,
2. Rechtspersönlichkeit besitzen und
3. überwiegend vom Land, anderen Gebietskörperschaften oder anderen Einrichtungen des öffentlichen Rechts finanziert werden (mehr als 50 Prozent der Gesamtheit der Mittel), oder hinsichtlich ihrer Leitung der Aufsicht dieser Gebietskörperschaften oder Einrichtungen unterstehen oder in deren Verwaltungs-, Leitungs- beziehungsweise Aufsichtsorgan haben, das mehrheitlich aus Mitgliedern besteht, die vom Land, von anderen Gebietskörperschaften oder anderen Einrichtungen des öffentlichen Rechts ernannt worden sind.

(2) Öffentliche Stellen im Land sind nicht die öffentlichen Stellen des Bundes und die dem Bund zuzurechnenden öffentlichen Stellen, insbesondere auch nicht Landesverwaltungen, einschließlich der landesunmittelbaren Körperschaften, Anstalten und Stiftungen des öffentlichen Rechts, soweit sie Bundesrecht ausführen.

(3) Die §§ 12 bis 12f gelten nicht für die gemäß Artikel 1 Absatz 3 und 4 der Richtlinie (EU) 2016/2102 ausgenommenen Websites und mobilen Anwendungen.

§ 12b
Anforderungen an die Barrierefreiheit,
Begriffsbestimmungen

(1) Websites und mobile Anwendungen müssen wahrnehmbar, bedienbar, verständlich und robust gestaltet sein.

(2) Der Begriff
1. „Websites" umfasst die Internet- sowie Intranetauftritte und -angebote;
2. „Mobile Anwendungen" bezeichnet Anwendungssoftware, die von öffentlichen Stellen im Land oder in deren Auftrag zur Nutzung durch die breite Öffentlichkeit auf mobilen Geräten konzipiert und entwickelt wurde. Dazu gehört nicht die Software zu Steuerung dieser Geräte oder die Hardware selbst;
3. „wahrnehmbar" bedeutet, dass dem Nutzer Informationen in einer Weise dargestellt werden, dass er sie wahrnehmen kann;
4. „bedienbar" bedeutet, dass die Nutzer die Komponenten der Nutzerschnittstelle und die Navigation handhaben können;
5. „verständlich" bedeutet, dass die Informationen und die Handhabung der Nutzerschnittstelle verständlich sind;
6. „robust" bedeutet, dass die Inhalte zuverlässig von einer Vielfalt von Benutzeragenten, einschließlich assistiven Technologien, interpretiert werden können.

(3) Die Anforderungen zur barrierefreien Gestaltung ergeben sich aus den Standards gemäß § 3 der Barrierefreie-Informationstechnik-Verordnung vom 12. September 2011 (BGBl. I S. 1843), zuletzt geändert durch Artikel 4 der Verordnung vom 25. November 2016 (BGBl. I S. 2659).

§ 12c
Erklärung zur Barrierefreiheit

(1) Die öffentlichen Stellen im Land stellen gemäß Artikel 7 Absatz 1 und 2 der Richtlinie (EU) 2016/2102 eine detaillierte, umfassende und klare Erklärung zur Barrierefreiheit ihrer Websites und mobilen Anwendungen bereit, die in einem zugänglichen Format unter Verwendung der Mustererklärung veröffentlicht wird.

(2) Die Erklärung zur Barrierefreiheit enthält
1. für den Fall, dass ausnahmsweise keine vollständige barrierefreie Gestaltung erfolgt ist,
   a) die Benennung der Teile des Inhalts, die nicht vollständig barrierefrei gestaltet sind,
   b) die Gründe hierfür sowie

c) gegebenenfalls einen Hinweis auf barrierefrei gestaltete Alternativen;
2. eine unmittelbar zugängliche barrierefrei gestaltete Möglichkeit, elektronisch Kontakt aufzunehmen,
   a) um noch bestehende Barrieren zu melden,
   b) um Informationen zur Umsetzung der Barrierefreiheit zu erfragen und
   c) um die gemäß Artikel 1 Absatz 4 und Artikel 5 der Richtlinie (EU) 2016/2102 ausgenommenen Informationen anzufordern;
3. einen Hinweis auf die Möglichkeit, Beschwerde bei der nach § 12e zu errichtenden zentralen Beschwerdestelle einzulegen mit einer entsprechenden Verlinkung.

(3) Mitteilungen, Anfragen oder Anforderungen nach Absatz 2 werden innerhalb einer angemessenen Frist in einer angemessenen Weise von der jeweiligen öffentlichen Stelle beantwortet.

(4) Die Erklärung zur Barrierefreiheit ist innerhalb der in Artikel 12 Absatz 3 der Richtlinie (EU) 2016/2102 genannten Fristen zu veröffentlichen.

§ 12d
Überwachung und Berichterstattung

(1) Die Umsetzung der Barrierefreiheitsanforderungen gemäß Artikel 4 der Richtlinie (EU) 2016/2102 wird periodisch unter Anwendung der in Artikel 8 Absatz 2 der Richtlinie (EU) 2016/2102 vorgesehenen Methode überwacht. Der notwendige Inhalt der Überwachung ergibt sich aus Artikel 8 Absatz 3 der Richtlinie (EU) 2016/2102.

(2) Über die Ergebnisse der Überwachung, einschließlich der Messdaten im Sinne des Artikel 3 Nummer 8 der Richtlinie (EU) 2016/2102 sowie über die Nutzung des Durchsetzungsverfahrens nach § 12e wird der Bundesfachstelle für Barrierefreiheit spätestens ab 30. Juni 2021 und danach alle drei Jahre berichtet. Der Bericht wird auf der Grundlage der in Artikel 8 Absatz 6 Satz 2 der Richtlinie (EU) 2016/2102 genannten Modalitäten für die Berichterstattung erstellt.

(3) Die Überwachung nach Absatz 1 wird von einer durch Rechtsverordnung nach § 12f zu benennenden zentralen Stelle durchgeführt. Diese Stelle erstellt auch die Berichte nach Absatz 2.

§ 12e
Beschwerdestelle für barrierefreie Informationstechnik

Bei der oder dem Landesbeauftragten für Menschen mit Behinderung wird eine zentrale Beschwerdestelle errichtet, an die sich die Menschen mit Behinderungen wenden können, wenn die Einhaltung der Anforderungen aus Artikel 4 (§ 12b dieses Gesetzes), Artikel 5 (§ 12 Absatz 3 dieses Gesetzes) und Artikel 7 Absatz 1 (§ 12c dieses Gesetzes) der Richtlinie (EU) 2016/2102 in Frage steht.

§ 12f
Verordnungsermächtigung

Die Landesregierung wird ermächtigt, durch Rechtsverordnung zur Umsetzung der Richtlinie (EU) 2016/2102 Regelungen zu treffen über:
1. die spezifizierten technischen Standards, die die öffentlichen Stellen im Land bei der barrierefreien Gestaltung der Websites und mobilen Anwendungen anzuwenden haben,
2. das Verfahren zur regelmäßigen Überprüfung und Aktualisierung der Standards der Informationstechnik,
3. die konkreten Anforderungen an die Erklärung zur Barrierefreiheit nach § 12c und das Verfahren zur regelmäßigen Aktualisierung,
4. die Anforderungen und das Verfahren zum Feedbackmechanismus nach § 12c Absatz 2 und 3,
5. das Verfahren vor der zentralen Beschwerdestelle nach § 12e,
6. das Abwägungsverfahren nach § 12 Absatz 1 Satz 2,
7. das Verfahren der Überwachung und zur Berichterstattung nach § 12d,
8. die Durchführung von Schulungsprogrammen für öffentliche Stellen im Land.

§ 13
Gestaltung von Bescheiden, amtlichen Informationen und Vordrucken

Die Träger der öffentlichen Verwaltung haben bei der Gestaltung von Verwaltungsakten, Allgemeinverfügungen, öffentlich-rechtlichen Verträgen, Vordrucken und amtlichen Informationen Behinderungen von Menschen zu berücksichtigen. Blinde und sehbehinderte Menschen können insbesondere verlangen, dass ihnen Verwaltungsakte, Vordrucke und amtliche Informationen in einer für sie wahrnehmbaren Form zugänglich gemacht werden. Gebühren und Auslagen werden nicht erhoben.

§ 14
Landesbeirat zur Teilhabe von Menschen mit Behinderungen

(1) Beim Landesbeauftragten für Menschen mit Behinderung wird ein Landesbeirat zur Teilhabe von Menschen mit Behinderungen gebildet, der die Landesbeauftragte oder den Landesbeauftragten in allen wesentlichen Fragen, die die Belange von Menschen mit Behinderungen berühren, berät und unterstützt.

(2) Der Landesbeirat besteht aus der oder dem Landesbeauftragten als vorsitzendem Mitglied und weiteren Mitgliedern. Diese sind je eine Vertreterin oder ein Vertreter der Landesarbeitsgemeinschaft der Bewohnerbeiräte und der Landesarbeitsgemeinschaft der Werkstatträte sowie Personen, welche die Landesbeauftragte oder der Landesbeauftragte für die Dauer der jeweiligen Wahlperiode des Landtages auf Vorschlag von landesweit tätigen Selbstvertretungsorganisationen und Vereinigungen von Menschen mit Behinderungen und deren Angehörigen beruft. Die weiteren Mitglieder nehmen ihre Aufgabe ehrenamtlich wahr.

(3) Die Geschäftsführung liegt bei der Landesbeauftragten oder dem Landesbeauftragten. Der oder die Landesbeauftragte für Menschen mit Behinderung beruft die konstituierende Sitzung des Landesbeirats ein.

(4) Der Beirat gibt sich eine Geschäftsordnung. In der Geschäftsordnung sind insbesondere Regelungen über die Vorbereitung, Einberufung und Durchführung von Sitzungen sowie über die Beschlussfassung zu treffen.

Landeshaushaltsordnung Schleswig-Holstein (LHO)
in der Fassung der Bekanntmachung vom 29. Juni 1992
– GVOBl. Schl.-H. S. 381 –

Zuletzt geändert durch Gesetz vom 25. Februar 2021 (GVOBl. Schl.-H. S. 201)

Inhaltsübersicht

Teil I
Allgemeine Vorschriften zum Haushaltsplan

- § 1 Feststellung des Haushaltsplans
- § 2 Bedeutung des Haushaltsplans
- § 3 Wirkungen des Haushaltsplans
- § 4 Haushaltsjahr
- § 5 Vorläufige und endgültige Haushalts- und Wirtschaftsführung
- § 6 Notwendigkeit der Ausgaben und Verpflichtungsermächtigungen
- § 7 Wirtschaftlichkeit und Sparsamkeit, Kosten- und Leistungsrechnung
- § 7 a Leistungsbezogene Planaufstellung und -bewirtschaftung
- § 8 Grundsatz der Gesamtdeckung
- § 9 Beauftragte oder Beauftragter für den Haushalt
- § 10 Unterrichtungspflichten
- § 10 a (aufgehoben)

Teil II
Aufstellung des Haushaltsplans

- § 11 Vollständigkeit und Einheit, Fälligkeitsprinzip
- § 12 Geltungsdauer der Haushaltspläne
- § 13 Einzelpläne, Gesamtplan, Gruppierungsplan
- § 14 Übersichten zum Haushaltsplan, Funktionenplan
- § 15 Bruttoveranschlagung, Selbstbewirtschaftungsmittel
- § 16 Verpflichtungsermächtigungen
- § 17 Einzelveranschlagung, Erläuterungen, Planstellen
- § 18 Krediterméchtigungen
- § 19 Übertragbarkeit
- § 20 Deckungsfähigkeit
- § 21 Wegfall- und Umwandlungsvermerke
- § 22 Sperrvermerk
- § 23 Zuwendungen
- § 24 Baumaßnahmen, größere Beschaffungen, größere Entwicklungsvorhaben
- § 25 Überschuß, Fehlbetrag
- § 26 Landesbetriebe, Sondervermögen, Zuwendungsempfängerinnen oder Zuwendungsempfänger
- § 27 Vorbereitung der Haushaltsaufstellung
- § 28 Aufstellung des Entwurfs des Haushaltsplans
- § 29 Beschluß über den Entwurf des Haushaltsplans
- § 30 Vorlagefrist
- § 31 Berichterstattung zur Finanzwirtschaft
- § 32 Ergänzungen zum Entwurf des Haushaltsplans
- § 33 Nachtragshaushaltsgesetze

Teil III
Ausführung des Haushaltsplans

- § 34 Erhebung der Einnahmen, Bewirtschaftung der Ausgaben
- § 35 Bruttonachweis, Einzelnachweis
- § 36 Aufhebung der Sperre
- § 37 Über- und außerplanmäßige Ausgaben
- § 38 Verpflichtungsermächtigungen
- § 39 Gewährleistungen, Kreditzusagen
- § 40 Andere Maßnahmen von finanzieller Bedeutung
- § 41 Haushaltswirtschaftliche Sperre
- § 42 Konjunkturpolitisch bedingte Maßnahmen
- § 43 Kassenmittel, Betriebsmittel
- § 44 Zuwendungen, Verwaltung von Mitteln oder Vermögensgegenständen
- § 45 Sachliche und zeitliche Bindung
- § 46 Deckungsfähigkeit
- § 47 Wegfall- und Umwandlungsvermerke
- § 48 Einstellung und Versetzung von Beamtinnen und Beamten
- § 49 Einweisung in eine Planstelle
- § 50 Umsetzung von Mitteln und Planstellen
- § 51 Besondere Personalausgaben
- § 52 Nutzungen und Sachbezüge
- § 53 Billigkeitsleistungen
- § 54 Baumaßnahmen, größere Beschaffungen, größere Entwicklungsvorhaben
- § 55 Öffentliche Ausschreibung
- § 56 Vorleistungen
- § 57 Verträge mit Angehörigen des öffentlichen Dienstes
- § 58 Änderungen von Verträgen, Vergleiche
- § 59 Veränderung von Ansprüchen
- § 60 Vorschüsse, Verwahrungen
- § 61 Interne Verrechnungen
- § 62 Rücklagen
- § 63 Erwerb und Veräußerung von Vermögensgegenständen
- § 64 Grundstücke
- § 65 Beteiligung an privatrechtlichen Unternehmen
- § 65 a Offenlegung von Bezügen und sonstigen Leistungen bei privatrechtlichen Unternehmen
- § 66 Unterrichtung des Landesrechnungshofes
- § 67 Prüfungsrecht durch Vereinbarung
- § 68 Zuständigkeitsregelungen
- § 69 Unterrichtung des Landesrechnungshofes

Teil IV
Zahlungen, Buchführung und Rechnungslegung

- § 70 Zahlungen
- § 70 a Elektronische Rechnungen
- § 71 Buchführung
- § 71 a Buchführung und Bilanzierung nach den Grundsätzen des Handelsgesetzbuches
- § 72 Buchung nach Haushaltsjahren
- § 73 Vermögensnachweis
- § 74 Buchführung bei Landesbetrieben
- § 75 Buchungen
- § 76 Abschluß der Bücher
- § 77 Kassensicherheit
- § 78 Unvermutete Prüfungen
- § 79 Landeskassen, Verwaltungsvorschriften
- § 80 Rechnungslegung
- § 81 Gliederung der Haushaltsrechnung
- § 82 Kassenmäßiger Abschluß
- § 83 Haushaltsabschluß
- § 84 Abschlußbericht
- § 85 Übersichten zur Haushaltsrechnung
- § 86 Vermögensübersicht
- § 87 Rechnungslegung der Landesbetriebe

Teil V
Rechnungsprüfung

- § 88 Aufgaben des Landesrechnungshofs
- § 89 Überwachung
- § 90 Inhalt der Prüfung
- § 91 Prüfung bei Stellen außerhalb der Landesverwaltung
- § 92 Prüfung staatlicher Betätigung bei privatrechtlichen Unternehmen
- § 93 Gemeinsame Prüfung
- § 94 Zeit und Art der Prüfung
- § 95 Auskunftspflicht
- § 96 Prüfungsergebnis
- § 97 Bemerkungen
- § 98 Nichtverfolgung von Ansprüchen
- § 99 Angelegenheiten von besonderer Bedeutung
- § 101 Rechnung des Landesrechnungshofs

§ 102 Unterrichtung des Landesrechnungshofs
§ 103 Anhörung des Landesrechnungshofs
§ 104 Prüfung der juristischen Personen des privaten Rechts

Teil VI
Landesunmittelbare juristische Personen des öffentlichen Rechts

§ 105 Grundsatz
§ 106 Haushaltsplan
§ 107 Umlagen, Beiträge
§ 108 Genehmigung des Haushaltsplans
§ 109 Rechnungslegung, Prüfung, Entlastung
§ 110 Wirtschaftsplan
§ 111 Überwachung durch den Landesrechnungshof
§ 112 Sonderregelungen

Teil VII
Sondervermögen

§ 113 Grundsatz

Teil VIII
Entlastung

§ 114 Entlastung

Teil IX
Übergangs- und Schlußbestimmungen

§ 115 Öffentlich-rechtliche Dienst- oder Amtsverhältnisse
§ 116 Endgültige Entscheidung
§ 117 Inkrafttreten

Teil I
Allgemeine Vorschriften zum Haushaltsplan

§ 1
Feststellung des Haushaltsplans

Der Haushaltsplan wird vor Beginn des Haushaltsjahres durch das Haushaltsgesetz festgestellt. Mit dem Haushaltsgesetz wird nur der Gesamtplan (§ 13 Abs. 4) verkündet.

§ 2
Bedeutung des Haushaltsplans

Der Haushaltsplan dient der Feststellung und Deckung des Finanzbedarfs, der zur Erfüllung der Aufgaben des Landes im Bewilligungszeitraum voraussichtlich notwendig ist. Er enthält auch die voraussichtlich benötigten Verpflichtungsermächtigungen. Der Haushaltsplan ist Grundlage für die Haushalts- und Wirtschaftsführung. Bei seiner Aufstellung und Ausführung ist den Erfordernissen des gesamtwirtschaftlichen Gleichgewichts und der Wirtschafts- und Beschäftigungslage des Landes Rechnung zu tragen.

§ 3
Wirkungen des Haushaltsplans

(1) Der Haushaltsplan ermächtigt die Verwaltung, Ausgaben zu leisten und Verpflichtungen einzugehen.

(2) Durch den Haushaltsplan werden Ansprüche oder Verbindlichkeiten weder begründet noch aufgehoben.

§ 4
Haushaltsjahr

Rechnungsjahr (Haushaltsjahr) ist das Kalenderjahr. Das Finanzministerium kann für einzelne Bereiche etwas anderes bestimmen.

§ 5
Vorläufige und endgültige Haushalts- und Wirtschaftsführung

Die Verwaltungsvorschriften zu diesem Gesetz sowie zur vorläufigen und endgültigen Haushalts- und Wirtschaftsführung erläßt das Finanzministerium.

§ 6
Notwendigkeit der Ausgaben und Verpflichtungsermächtigungen

Bei Aufstellung und Ausführung des Haushaltsplans sind nur die Ausgaben und die Ermächtigungen zum Eingehen von Verpflichtungen zur Leistung von Ausgaben in künftigen Jahren (Verpflichtungsermächtigungen) zu berücksichtigen, die zur Erfüllung der Aufgaben des Landes notwendig sind.

§ 7
Wirtschaftlichkeit und Sparsamkeit, Kosten- und Leistungsrechnung

(1) Bei Aufstellung und Ausführung des Haushaltsplans sind die Grundsätze der Wirtschaftlichkeit und Sparsamkeit unter Berücksichtigung insbesondere der wirtschaftlichen, ökologischen und sozialen Folgekosten zu beachten. Diese Grundsätze verpflichten zur Prüfung, inwieweit wahrgenommene Aufgaben verzichtbar sind oder in anderer Weise erfüllt werden können.

(2) Für alle finanzwirksamen Maßnahmen sind angemessene Wirtschaftlichkeitsuntersuchungen durchzuführen. In geeigneten Fällen ist Privaten die Möglichkeit zu geben, darzulegen, ob und inwieweit sie die vom Land wahrgenommenen Aufgaben ebenso gut oder besser wahrnehmen können. Wirtschaftlichkeitsuntersuchungen zur Feststellung, ob die wahrgenommenen Aufgaben ebenso gut oder besser in Zusammenarbeit mit Privaten erfüllt werden können, haben sich auf den gesamten Lebenszyklus eines Projekts zu beziehen und sämtliche Kosten und Lasten sowie die Risikoverteilung in den Projektphasen der Planung, Realisierung und Abwicklung nach Vertragsbeendigung einzustellen.

(3) In der Landesverwaltung wird in geeigneten Bereichen eine nach dem Steuerungs- und Informationsbedarf differenziert ausgestaltete Kosten- und Leistungsrechnung eingesetzt. Das Nähere regelt das Finanzministerium im Benehmen mit den Ressorts.

(4) In geeigneten Bereichen der Landesverwaltung werden zur Feststellung und Förderung der Leistungsfähigkeit dieser Bereiche ressortübergreifende Vergleichsstudien (Benchmarkings) auf der Grundlage einheitlicher Kriterien durchgeführt. Das Nähere regelt das Finanzministerium im Benehmen mit den Ressorts.

§ 7 a
Leistungsbezogene Planaufstellung und -bewirtschaftung

(1) Die Einnahmen, Ausgaben und Verpflichtungsermächtigungen können im Rahmen eines Systems der dezentralen Verantwortung einer Organisationseinheit veranschlagt und bewirtschaftet werden. Dabei wird die Finanzverantwortung auf der Grundlage der Haushaltsermächtigung auf die Organisationseinheiten übertragen, die die Fach- und Sachverantwortung haben. Voraussetzung sind geeignete Informations- und Steuerungsinstrumente, mit denen insbesondere sichergestellt wird, daß das jeweils verfügbare Ausgabevolumen nicht überschritten wird. Art und Umfang der zu erbringenden Leistungen sind durch Gesetz oder den Haushaltsplan festzulegen.

(2) In den Fällen des Absatzes 1 soll durch Gesetz oder Haushaltsplan für die jeweilige Organisationseinheit bestimmt werden, welche

1. Einnahmen für bestimmte Zwecke verwendet werden sollen,
2. Ausgaben übertragbar sind und
3. Ausgaben und Verpflichtungsermächtigungen jeweils gegenseitig oder einseitig deckungsfähig sind.

§ 8
Grundsatz der Gesamtdeckung

Alle Einnahmen dienen als Deckungsmittel für alle Ausgaben. Auf die Verwendung für bestimmte Zwecke dürfen Einnahmen beschränkt werden, soweit dies durch Gesetz vorgeschrieben oder im Haushaltsplan zugelassen ist.

§ 9
Beauftragte oder Beauftragter für den Haushalt

(1) Bei jeder Dienststelle, die Einnahmen oder Ausgaben bewirtschaftet, ist eine Beauftragte oder ein Beauftragter für den Haushalt zu bestellen, soweit die Leiterin oder der Leiter der Dienststelle diese Aufgabe nicht selbst wahrnimmt.

Die Beauftragte oder der Beauftragte soll der Leiterin oder dem Leiter der Dienststelle unmittelbar unterstellt werden.

(2) Der Beauftragten oder dem Beauftragten obliegen die Aufstellung der Unterlagen für die Finanzplanung und der Unterlagen für den Entwurf des Haushaltsplans sowie die Ausführung des Haushaltsplans. Im übrigen ist die Beauftragte oder der Beauftragte bei allen Maßnahmen von finanzieller Bedeutung zu beteiligen. Sie oder er kann Aufgaben bei der Ausführung des Haushaltsplans übertragen.

§ 10
Unterrichtungspflichten

(1) Die Landesregierung fügt ihren Gesetzesvorlagen einschließlich der nach Artikel Artikel 37 Absatz 2 Satz 2 der Verfassung des Landes Schleswig-Holstein vorzulegenden Verträge einen Überblick über die Auswirkungen auf die Haushalts- und Finanzwirtschaft des Landes, der Gemeinden (Gemeindeverbände) und des Bundes bei. Bei Einbringung von Gesetzesvorlagen, die voraussichtlich zu Mehrausgaben oder zu Mindereinnahmen führen, soll außerdem angegeben werden, auf welche Weise ein Ausgleich gefunden werden kann.

(2) Die Landesregierung unterrichtet den Landtag durch das Finanzministerium über den Stand des Haushaltsvollzugs. Einzelheiten werden zwischen dem Finanzausschuß und dem Finanzministerium festgelegt. Die Landesregierung unterrichtet den Landtag unverzüglich durch das Finanzministerium über erhebliche Änderungen der Haushaltsentwicklung und deren Auswirkung auf die Finanzplanung.

(3) Die Landesregierung leistet den Mitgliedern des Landtages, die einen einnahmemindernden oder ausgabeerhöhenden Antrag zu stellen beabsichtigen, Hilfe bei der Ermittlung der finanziellen Auswirkungen.

(4) Die Landesregierung legt dem Landtag die Entwürfe der Anmeldungen für die gemeinsame Rahmenplanung nach Artikel 91 a Grundgesetz so rechtzeitig vor dem Termin der Anmeldung vor, daß sie beraten werden können. Entsprechendes gilt für Anmeldungen zur Änderung der Rahmenpläne.

(5) Die Landesregierung legt dem Landtag die Entwürfe für Vereinbarungen im Sinne des Artikels 91 b Grundgesetz so rechtzeitig vor Abschluß vor, daß sie zur Abgabe einer Stellungnahme beraten werden können.

§ 10 a
(aufgehoben)

Teil II
Aufstellung des Haushaltsplans

§ 11
Vollständigkeit und Einheit, Fälligkeitsprinzip

(1) Für jedes Haushaltsjahr ist ein Haushaltsplan aufzustellen.

(2) Der Haushaltsplan enthält alle im Haushaltsjahr
1. zu erwartenden Einnahmen,
2. voraussichtlich zu leistenden Ausgaben und
3. voraussichtlich benötigten Verpflichtungsermächtigungen.

§ 12
Geltungsdauer der Haushaltspläne

Der Haushaltsplan kann für zwei Haushaltsjahre, nach Jahren getrennt, aufgestellt werden.

§ 13
Einzelpläne, Gesamtplan, Gruppierungsplan

(1) Der Haushaltsplan besteht aus den Einzelplänen und dem Gesamtplan.

(2) Die Einzelpläne enthalten die Einnahmen, Ausgaben und Verpflichtungsermächtigungen eines einzelnen Verwaltungszweigs oder bestimmte Gruppen von Einnahmen, Ausgaben und Verpflichtungsermächtigungen. Die Einzelpläne sind in Kapitel und Titel einzuteilen. Die Einteilung in Titel richtet sich nach Verwaltungsvorschriften über die Gruppierung der Einnahmen und Ausgaben des Haushaltsplans nach Arten (Gruppierungsplan).

(3) In dem Gruppierungsplan sind mindestens gesondert darzustellen
1. bei den Einnahmen: Steuern, Verwaltungseinnahmen, Einnahmen aus Vermögensveräußerungen, Darlehensrückflüsse, Zuweisungen und Zuschüsse, Einnahmen aus Krediten, wozu nicht Kredite zur Aufrechterhaltung einer ordnungsmäßigen Kassenwirtschaft (Kassenverstärkungskredite) zählen, Entnahmen aus Rücklagen;
2. bei den Ausgaben: Personalausgaben, sächliche Verwaltungsausgaben, Zinsausgaben, Zuweisungen an Gebietskörperschaften, Zuschüsse an Unternehmen, Tilgungsausgaben, Schuldendiensthilfen, Zuführungen an Rücklagen, Ausgaben für Investitionen. Ausgaben für Investi-tionen sind die Ausgaben für
  a) Baumaßnahmen,
  b) den Erwerb von beweglichen Sachen, soweit sie nicht als sächliche Verwaltungsausgaben veranschlagt werden,
  c) den Erwerb von unbeweglichen Sachen,
  d) den Erwerb von Beteiligungen und sonstigem Kapitalvermögen, von Forderungen und Anteilsrechten an Unternehmen, von Wertpapieren sowie für die Heraufsetzung des Kapitals von Unternehmen,
  e) Darlehen,
  f) die Inanspruchnahme aus Gewährleistungen,
  g) Zuweisungen und Zuschüsse zur Finanzierung von Ausgaben für die in den Buchstaben a bis f genannten Zwecke.

(4) Der Gesamtplan enthält
1. eine Zusammenfassung der Einnahmen, Ausgaben und Verpflichtungsermächtigungen der Einzelpläne (Haushaltsübersicht),
2. eine Berechnung des Finanzierungssaldos (Finanzierungsübersicht). Der Finanzierungssaldo ergibt sich aus einer Gegenüberstellung der Einnahmen mit Ausnahme der Einnahmen aus Krediten vom Kreditmarkt, der Entnahmen aus Rücklagen, der Einnahmen aus kassenmäßigen Überschüssen einerseits und der Ausgaben mit Ausnahme der Ausgaben zur Schuldentilgung am Kreditmarkt, der Zuführungen an Rücklagen und der Ausgaben zur Deckung eines kassenmäßigen Fehlbetrages andererseits,
3. eine Darstellung der Einnahmen aus Krediten und der Tilgungsausgaben (Kreditfinanzierungsplan).

§ 14
Übersichten zum Haushaltsplan, Funktionenplan

(1) Der Haushaltsplan hat folgende Anlagen:
1. Darstellungen der Einnahmen und Ausgaben
  a) in einer Gruppierung nach bestimmten Arten (Gruppierungsübersicht),
  b) in einer Gliederung nach bestimmten Aufgabengebieten (Funktionenübersicht),
  c) in einer Zusammenfassung nach Buchstabe a und Buchstabe b (Haushaltsquerschnitt);
2. eine Übersicht über die den Haushalt in Einnahmen und Ausgaben durchlaufenden Posten;
3. eine Übersicht über die Planstellen der Beamtinnen und Beamten und die anderen Stellen für Beamtinnen und Beamte, Arbeitnehmerinnen und Arbeitnehmer (andere Stellen als Planstellen).

Die Anlagen sind dem Entwurf des Haushaltsplans beizufügen.

(2) Die Funktionenübersicht richtet sich nach Verwaltungsvorschriften über die Gliederung der Einnahmen und Ausgaben des Haushaltsplans nach Aufgabengebieten (Funktionenplan).

§ 15
Bruttoveranschlagung, Selbstbewirtschaftungsmittel

(1) Die Einnahmen und Ausgaben sind in voller Höhe und getrennt voneinander zu veranschlagen. Dies gilt nicht für zusätzliche Tilgungen und die zu ihrer Anschlußfinanzierung erforderlichen Einnahmen aus Krediten, sowie für die

mit dem Abschluß von ergänzenden Verträgen im Sinne des § 18 Abs. 6 verbundenen Zahlungen. Darüber hinaus können Ausnahmen zugelassen werden, insbesondere für Nebenkosten und Nebenerlöse bei Erwerbs- oder Veräußerungsgeschäften. In Fällen des Satzes 3 ist die Berechnung des veranschlagten Betrages dem Haushaltsplan als Anlage beizufügen oder in die Erläuterungen aufzunehmen.

(2) Ausgaben können zur Selbstbewirtschaftung veranschlagt werden, wenn hierdurch eine sparsame Bewirtschaftung gefördert wird. Selbstbewirtschaftungsmittel stehen über das laufende Haushaltsjahr hinaus zur Verfügung. Bei der Bewirtschaftung aufkommende Einnahmen fließen den Selbstbewirtschaftungsmitteln zu. Bei der Rechnungslegung ist nur die Zuweisung der Mittel an die beteiligten Stellen als Ausgabe nachzuweisen.

§ 16
Verpflichtungsermächtigungen

Die Verpflichtungsermächtigungen sind bei den jeweiligen Ausgaben gesondert zu veranschlagen. Wenn Verpflichtungen zu Lasten mehrerer Haushaltsjahre eingegangen werden können, sollen die Jahresbeträge im Haushaltsplan angegeben werden. Aufgrund von Verpflichtungsermächtigungen aus den Jahren vor dem laufenden Haushaltsjahr eingegangene und noch bestehende Verpflichtungen sind in die Erläuterungen aufzunehmen.

§ 17
Einzelveranschlagung,
Erläuterungen, Planstellen

(1) Die Einnahmen sind nach dem Entstehungsgrund, die Ausgaben und die Verpflichtungsermächtigungen nach Zwecken getrennt zu veranschlagen und, soweit erforderlich, zu erläutern. Veränderungen der Erläuterungen im Haushaltsentwurf gegenüber dem laufenden Haushalt sollen kenntlich gemacht werden. Erläuterungen können für verbindlich erklärt werden.

(2) Bei Ausgaben für eine sich auf mehrere Jahre erstreckende Maßnahme sind bei der ersten Veranschlagung im Haushaltsplan die voraussichtlichen Gesamtkosten und bei jeder folgenden Veranschlagung außerdem die finanzielle Abwicklung darzulegen. Das gilt nicht für Verträge im Rahmen der laufenden Verwaltung. Das Nähere regelt das Finanzministerium; der Finanzausschuß ist zu unterrichten.

(3) Zweckgebundene Einnahmen und die dazugehörigen Ausgaben sind kenntlich zu machen.

(4) Für denselben Zweck sollen weder Ausgaben noch Verpflichtungsermächtigungen bei verschiedenen Titeln veranschlagt werden. In begründeten Fällen können Ausnahmen im Haushaltsplan zugelassen werden.

(5) Planstellen sind nach Besoldungsgruppen und Amtsbezeichnungen im Haushaltsplan (Stellenplan) auszubringen. Sie dürfen nur für Aufgaben eingerichtet werden, zu deren Wahrnehmung die Begründung eines Beamtenverhältnisses zulässig ist und die in der Regel Daueraufgaben sind.

(6) Andere Stellen als Planstellen sind in den Stellenübersichten auszuweisen.

§ 18
Kreditermächtigungen

(1) Das Haushaltsgesetz bestimmt, bis zu welcher Höhe das Finanzministerium Kredite aufnehmen darf
1. zur Deckung von Ausgaben,
2. zur Aufrechterhaltung einer ordnungsmäßigen Kassenwirtschaft (Kassenverstärkungskredite). Soweit diese Kredite zurückgezahlt sind, kann die Ermächtigung wiederholt in Anspruch genommen werden. Kassenverstärkungskredite dürfen nicht später als sechs Monate nach Ablauf des Haushaltsjahres, für das sie aufgenommen worden sind, fällig werden.

(2) Die Ermächtigungen nach Absatz 1 Nr. 1 gelten bis zum Ende des nächsten Haushaltsjahres und, wenn das Haushaltsgesetz für das zweitnächste Haushaltsjahr nicht rechtzeitig verkündet wird, bis zur Verkündung dieses Haushaltsgesetzes. Die Ermächtigungen nach Absatz 1 Nr. 2 gelten bis zum Ende des laufenden Haushaltsjahres und, wenn das Haushaltsgesetz für das nächste Haushaltsjahr nicht rechtzeitig verkündet wird, bis zur Verkündung dieses Haushaltsgesetzes.

(3) Die weitergeltende Ermächtigung nach Absatz 2 darf auch zum Ausgleich von Mindereinnahmen aus Steuern und bundesstaatlichem Finanzausgleich und zur Deckung von auf Rechtsverpflichtungen beruhenden Mehrausgaben bis zur Höhe von 3 vom Hundert der veranschlagten Einnahmen aus Steuern und bundesstaatlichem Finanzausgleich herangezogen werden.

(4) Die Ermächtigungen nach Absatz 1 Nr. 1 erhöhen sich um die Beträge, die zur Anschlußfinanzierung zusätzlicher Tilgungen und zum Ankauf eigener Wertpapiere des Landes im Rahmen der Marktpflege erforderlich werden.

(5) Der Zeitpunkt der Kreditaufnahme für Kredite nach Absatz 1 Nr. 1 ist nach der Kassenlage, den jeweiligen Kapitalmarktverhältnissen und den gesamtwirtschaftlichen Erfordernissen zu bestimmen.

(6) Im Rahmen der Kreditfinanzierung darf das Finanzministerium ergänzende derivative Finanzgeschäfte zur Optimierung der Zinsausgaben aus den Kreditmarktschulden und zur Begrenzung von Zinsänderungsrisiken abschließen. Grundlage für derivative Finanzgeschäfte können bereits bestehende Schulden, neue Kredite nach Maßgabe des Haushaltsgesetzes und Anschlusskredite für die in den nach Ablauf des Haushaltsjahres folgenden fünf Jahren fälligen Darlehen sein. Die derivativen Finanzgeschäfte sind in die nach Maßgabe des Haushaltsgesetzes vorgegebenen Obergrenzen für die Zinsänderungsrisiken einzubeziehen.

§ 19
Übertragbarkeit

(1) Ausgaben für Investitionen und Ausgaben aus zweckgebundenen Einnahmen sind übertragbar. Andere Ausgaben können im Haushaltsplan für übertragbar erklärt werden, wenn dies ihre wirtschaftliche und sparsame Verwendung fördert.

(2) Zur Deckung der Ausgaben, die übertragen werden sollen (Ausgabereste), sind Ausgabemittel unter Berücksichtigung der weitergeltenden Kreditermächtigung und weiterer Einnahmereste sowie der voraussichtlichen Entwicklung der Ausgabereste insgesamt zu veranschlagen.

§ 20
Deckungsfähigkeit

(1) Innerhalb desselben Einzelplans sind gegenseitig deckungsfähig die Ausgaben der Obergruppe 42 und der Titel 443 01.

(2) Innerhalb desselben Einzelplans sind gegenseitig deckungsfähig die Ausgaben, soweit es sich nicht um Ausgaben aus zweckgebundenen Einnahmen handelt, der Obergruppen 51 bis 54 mit Ausnahme der Gruppen 519 und 529 und der in den Kapiteln 01 ausgewiesenen Titel 531 02.

(3) Darüber hinaus können Ausgaben im Haushaltsplan für gegenseitig oder einseitig deckungsfähig erklärt werden, wenn ein verwaltungsmäßiger oder sachlicher Zusammenhang besteht oder eine Wirtschaftliche und sparsame Verwendung gefördert wird. Auf übertragbare Ausgaben ist Satz 1 nur in besonderen Fällen anzuwenden.

(4) Ausgaben, die ohne nähere Angabe des Verwendungszwecks veranschlagt sind, dürfen nicht für deckungsfähig erklärt werden.

(5) Verpflichtungsermächtigungen können bei anderen Titeln in Anspruch genommen werden, wenn die Ausgaben dieser Titel deckungsfähig sind.

§ 21
Wegfall- und Umwandlungsvermerke

(1) Ausgaben und Planstellen sind als künftig wegfallend zu bezeichnen, soweit sie in den folgenden Haushaltsjahren voraussichtlich nicht mehr benötigt werden.

(2) Planstellen sind als künftig umzuwandeln zu bezeichnen, soweit sie in den folgenden Haushaltsjahren voraussichtlich in Planstellen einer niedrigeren Besoldungsgruppe oder in Stellen für Arbeitnehmerinnen und Arbeitnehmer umgewandelt werden können.

(3) Die Absätze 1 und 2 gelten für andere Stellen als Planstellen entsprechend.
(4) Die Landesregierung berichtet dem Landtag jährlich über den Vollzug der Vermerke „künftig wegfallend" und „künftig umzuwandeln".

§ 22
Sperrvermerk

Ausgaben, die aus besonderen Gründen zunächst noch nicht geleistet oder zu deren Lasten noch keine Verpflichtungen eingegangen werden sollen, sind im Haushaltsplan als gesperrt zu bezeichnen. Entsprechendes gilt für Verpflichtungsermächtigungen. Durch Sperrvermerk kann bestimmt werden, daß die Leistung von Ausgaben oder die Inanspruchnahme von Verpflichtungsermächtigungen der vorherigen Zustimmung (Einwilligung) des Finanzausschusses bedarf.

§ 23
Zuwendungen

Ausgaben und Verpflichtungsermächtigungen für Leistungen an Stellen außerhalb der Landesverwaltung zur Erfüllung bestimmter Zwecke (Zuwendungen) dürfen nur veranschlagt werden, wenn das Land an der Erfüllung durch solche Stellen ein erhebliches Interesse hat, das ohne die Zuwendungen nicht oder nicht im notwendigen Umfang befriedigt werden kann.

§ 24
Baumaßnahmen, größere Beschaffungen, größere Entwicklungsvorhaben

(1) Ausgaben und Verpflichtungsermächtigungen für Baumaßnahmen dürfen erst veranschlagt werden, wenn Pläne, Kostenermittlungen und Erläuterungen vorliegen, aus denen die Art der Ausführung, die Kosten der Baumaßnahmen, des Grunderwerbs und der Einrichtungen sowie die vorgesehene Finanzierung und ein Zeitplan ersichtlich sind. Den Unterlagen ist eine Schätzung der nach Fertigstellung der Maßnahme entstehenden jährlichen Haushaltsbelastungen insbesondere auch hinsichtlich der Kosten der Nutzung beizufügen und zu beachten.
(2) Ausgaben und Verpflichtungsermächtigungen für größere Beschaffungen und größere Entwicklungsvorhaben dürfen erst veranschlagt werden, wenn Planungen und Schätzungen der Kosten und Kostenbeteiligungen vorliegen. Der Veranschlagung soll ein Nutzungskonzept beigefügt werden. In die Erläuterungen sollen Kostenrichtwerte und Rentabilitätsberechnungen aufgenommen werden. Absatz 1 Satz 2 gilt entsprechend.
(3) Ausnahmen von den Absätzen 1 und 2 sind nur zulässig, wenn es im Einzelfall nicht möglich ist, die Unterlagen rechtzeitig fertigzustellen, und aus einer späteren Veranschlagung dem Land ein Nachteil erwachsen würde. Die Notwendigkeit einer Ausnahme ist in den Erläuterungen zu begründen. Die Ausgaben und Verpflichtungsermächtigungen für Maßnahmen, für welche die Unterlagen noch nicht vorliegen, sind gesperrt.
(4) Auf einzeln veranschlagte Ausgaben und Verpflichtungsermächtigungen für Zuwendungen sind die Absätze 1 bis 3 entsprechend anzuwenden, wenn insgesamt mehr als 50 vom Hundert der Kosten durch Zuwendungen von Bund, Ländern und Gemeinden gedeckt werden. Mit dem Haushaltsplan soll die Gesamtfinanzierung vorgelegt werden. Das Finanzministerium Ausnahmen zulassen.

§ 25
Überschuß, Fehlbetrag

(1) Der Überschuß oder der Fehlbetrag ist der Unterschied zwischen den tatsächlich eingegangenen Einnahmen (Ist-Einnahmen) und den tatsächlich geleisteten Ausgaben (Ist-Ausgaben).
(2) Ein Überschuß ist insbesondere zur Verminderung des Kreditbedarfs oder zur Tilgung von Schulden zu verwenden oder einer Rücklage zuzuführen. Ein danach noch verbleibender Überschuß ist spätestens in den Haushaltsplan für das zweitnächste Haushaltsjahr als Einnahme einzustellen. § 6 Abs. 1 Satz 3 in Verbindung mit § 14 des Gesetzes zur Förderung der Stabilität und des Wachstums der Wirtschaft (StWG) vom 8. Juni 1967 (BGBl. I S. 582), zuletzt geändert durch Gesetz vom 18. März 1975 (BGBl. I S. 705), bleibt unberührt.
(3) Ein Fehlbetrag ist spätestens in den Haushaltsplan für das zweitnächste Haushaltsjahr einzustellen. Er darf durch Einnahmen aus Krediten nur gedeckt werden, soweit die Möglichkeiten einer Kreditaufnahme nicht ausgeschöpft sind.

§ 26
Landesbetriebe, Sondervermögen, Zuwendungsempfängerinnen oder Zuwendungsempfänger

(1) Landesbetriebe haben einen Wirtschaftsplan aufzustellen, wenn ein Wirtschaften nach Einnahmen und Ausgaben des Haushaltsplans nicht zweckmäßig ist. Der Wirtschaftsplan oder eine Übersicht über den Wirtschaftsplan ist dem Haushaltsplan als Anlage beizufügen oder in die Erläuterungen aufzunehmen. Im Haushaltsplan sind nur die Zuführungen oder die Ablieferungen zu veranschlagen. Planstellen sind nach Besoldungsgruppen und Amtsbezeichnungen im Haushaltsplan auszubringen.
(2) Bei Sondervermögen sind nur die Zuführungen oder die Ablieferungen im Haushaltsplan zu veranschlagen. Über die Einnahmen, Ausgaben und Verpflichtungsermächtigungen der Sondervermögen sind Übersichten dem Haushaltsplan als Anlagen beizufügen oder in die Erläuterungen aufzunehmen.
(3) Über die Einnahmen und Ausgaben von

1. juristischen Personen des öffentlichen Rechts, die vom Land ganz oder zum Teil zu unterhalten sind, und
2. Stellen außerhalb der Landesverwaltung, die vom Land Zuwendungen zur Deckung der gesamten Ausgaben oder eines nicht abgegrenzten Teils der Ausgaben erhalten,

sind Übersichten dem Haushaltsplan als Anlagen beizufügen oder in die Erläuterungen aufzunehmen. Das Finanzministerium kann Ausnahmen zulassen.
(4) Der Wirtschaftsplan oder der Haushaltsplan der in den Absätzen 1 bis 3 genannten Landesbetriebe, Sondervermögen und Zuwendungsempfängerinnen oder Zuwendungsempfänger soll rechtzeitig zu den Haushaltsberatungen vorgelegt werden. Das Nähere regelt das Finanzministerium im Einvernehmen mit dem Finanzausschuß.

§ 27
Vorbereitung der Haushaltsaufstellung

(1) Zur Vorbereitung der Haushaltsaufstellung beschließt die Landesregierung auf Vorschlag des Finanzministeriums im Rahmen des zur Verfügung stehenden Gesamtbudgets Vorgaben zur Höhe der Budgets der einzelnen Ministerien (Ressortbudgets).
(2) Die Budgetplanungen der Ministerien sind dem Finanzministerium zu dem von ihm zu bestimmenden Zeitpunkt zu übersenden. Das Finanzministerium kann verlangen, dass den Budgetplanungen Organisations- und Stellenpläne sowie andere Unterlagen beigefügt und erforderliche Auskünfte erteilt werden.
(3) Die Voranschläge für die Einzelpläne des Landtages, des Landesrechnungshofs und des Landesverfassungsgerichts sind dem Finanzministerium mit den für die Aufstellung des Haushaltsplanes erforderlichen Unterlagen so rechtzeitig einzureichen, dass sie in den Entwurf des Haushaltsplans aufgenommen werden können.

§ 28
Aufstellung des Entwurfs des Haushaltsplans

(1) Das Finanzministerium prüft die Budgetplanungen der Ministerien und stellt unter Einbeziehung der Voranschläge für die Einzelpläne des Landtages, des Landesrechnungshofs und des Landesverfassungsgerichts den Entwurf des Haushaltsplans auf. Das Finanzministerium kann die Budgetplanungen der Ministerien im Benehmen mit den beteiligten Stellen ändern. Die Voranschläge für die Einzelpläne des Landtages, des Landesrechnungshofs und des Landesverfassungsgerichts können nur mit Zustimmung der jeweiligen Präsidentin oder des jeweiligen Präsidenten geändert werden.
(2) Über Angelegenheiten von grundsätzlicher oder erheblicher finanzieller Bedeutung kann das zuständige Ministerium

die Entscheidung der Landesregierung einholen. Entscheidet die Landesregierung gegen oder ohne die Stimme der Finanzministerin oder des Finanzministers, so steht ihr oder ihm ein Widerspruchsrecht zu. Wird Widerspruch erhoben, ist über die Angelegenheit in einer weiteren Sitzung der Landesregierung erneut abzustimmen. Einnahmen, Ausgaben, Verpflichtungsermächtigungen und Vermerke, die den Widerspruch der Finanzministerin oder des Finanzministers betreffen, dürfen in den Entwurf des Haushaltsplans nicht aufgenommen werden, wenn sie nicht in der neuen Abstimmung in Anwesenheit der Finanzministerin oder des Finanzministers von der Mehrheit sämtlicher Mitglieder der Landesregierung beschlossen werden und die Ministerpräsidentin oder der Ministerpräsident mit der Mehrheit gestimmt hat.

§ 29
Beschluß über den Entwurf des Haushaltsplans

(1) Der Entwurf des Haushaltsgesetzes wird mit dem Entwurf des Haushaltsplans von der Landesregierung beschlossen.

(2) Einnahmen, Ausgaben, Verpflichtungsermächtigungen und Vermerke, die das Finanzministerium in den Entwurf des Haushaltsplans nicht aufgenommen hat, unterliegen auf Antrag des zuständigen Ministeriums der Beschlußfassung der Landesregierung, wenn es sich um Angelegenheiten von grundsätzlicher oder erheblicher finanzieller Bedeutung handelt. Dasselbe gilt für Vorschriften des Entwurfs des Haushaltsgesetzes. § 28 Abs. 2 Satz 2 bis 4 gelten entsprechend.

(3) Wird die Zustimmung zu Änderung der Voranschläge für die Einzelpläne des Landtages, des Landesrechnungshofs oder des Landesverfassungsgerichts nicht erteilt, sind die Voranschläge unverändert in den Entwurf des Haushaltsplans einzufügen.

§ 30
Vorlagefrist

(1) Der Entwurf des Haushaltsgesetzes ist mit dem Entwurf des Haushaltsplans vor Beginn des Haushaltsjahres beim Landtag einzubringen, in der Regel bis spätestens zum 30. September. Die Entwürfe sollen spätestens zwei Wochen vor der ersten Beratung des Haushaltsgesetzes im Landtag vom Finanzministerium dem Landtag übersandt werden.

(2) Dem Landesrechnungshof ist der Entwurf des Haushaltsgesetzes mit dem Entwurf des Haushaltsplans zu übersenden.

§ 31
Berichterstattung zur Finanzwirtschaft

Das Finanzministerium hat im Zusammenhang mit der Vorlage des Entwurfs des Haushaltsplans den Landtag über den Stand und die voraussichtliche Entwicklung der Finanzwirtschaft des Landes auch in Zusammenhang mit der gesamtwirtschaftlichen Entwicklung unter Beachtung der in der Verfassung des Landes Schleswig-Holstein festgelegten Staatsziele zu unterrichten.

§ 32
Ergänzungen zum Entwurf des Haushaltsplans

Auf Ergänzungen zum Entwurf des Haushaltsgesetzes und des Haushaltsplans sind die Teile I und II sinngemäß anzuwenden.

§ 33
Nachtragshaushaltsgesetze

Auf Nachträge zum Haushaltsgesetz und zum Haushaltsplan sind die Teile I und II sinngemäß anzuwenden. Der Entwurf ist bis zum Ende des Haushaltsjahres einzubringen.

Teil III
Ausführung des Haushaltsplans

§ 34
Erhebung der Einnahmen, Bewirtschaftung der Ausgaben

(1) Einnahmen sind rechtzeitig und vollständig zu erheben.

(2) Ausgaben dürfen nur soweit und nicht eher geleistet werden, als sie zur wirtschaftlichen und sparsamen Verwaltung erforderlich sind. Die Ausgabemittel sind so zu bewirtschaften, daß sie zur Deckung aller Ausgaben ausreichen, die unter die einzelne Zweckbestimmung fallen.

(3) Absatz 2 gilt für die Inanspruchnahme von Verpflichtungsermächtigungen entsprechend.

(4) Auf Anforderung des Finanzministeriums berichten die Ministerien über den Stand und die voraussichtliche Entwicklung des Haushaltsvollzuges sowie die voraussichtlichen Folgewirkungen.

§ 35
Bruttonachweis, Einzelnachweis

(1) Alle Einnahmen und Ausgaben sind mit ihrem vollen Betrag bei dem hierfür vorgesehenen Titel zu buchen, soweit sich aus § 15 Abs. 1 Satz 2 und 3 nichts anderes ergibt. Soweit das Land zuviel erhaltene Einnahmen oder die Empfängerin oder der Empfänger zuviel geleistete Ausgaben zurückzahlen muß, kann darüber hinaus das Finanzministerium im Einvernehmen mit dem Landesrechnungshof die Fälle festlegen, in denen die Rückzahlung bei dem Einnahmetitel oder bei dem Ausgabetitel abgesetzt werden kann.

(2) Für denselben Zweck dürfen Ausgaben aus verschiedenen Titeln nur geleistet werden, soweit der Haushaltsplan dies zuläßt. Entsprechendes gilt für die Inanspruchnahme von Verpflichtungsermächtigungen.

§ 36
Aufhebung der Sperre

Nur mit Einwilligung des Finanzministeriums dürfen Ausgaben, die durch Gesetz oder im Haushaltsplan als gesperrt bezeichnet sind, geleistet sowie Verpflichtungen zur Leistung solcher Ausgaben eingegangen werden. In den Fällen des § 22 Satz 3 hat das Finanzministerium die Einwilligung des Finanzausschusses einzuholen.

§ 37
Über- und außerplanmäßige Ausgaben

(1) Überplanmäßige und außerplanmäßige Ausgaben bedürfen der Einwilligung des Finanzministeriums. Sie darf nur im Falle eines unvorhergesehenen und unabweisbaren Bedürfnisses erteilt werden.

(2) Der Einbringung eines Nachtragshaushalts bedarf es nicht, wenn

a) die überplanmäßige oder außerplanmäßige Ausgabe einen im Haushaltsgesetz zu bestimmenden Betrag nicht übersteigt und gedeckt ist oder

b) Rechtsverpflichtungen zu erfüllen sind oder

c) Mittel von Stellen außerhalb der Landesverwaltung für einen bestimmten Zweck zur Verfügung gestellt werden.

(3) Sofern der Finanzausschuß zustimmt, bedarf es ferner der Einbringung eines Nachtragshaushalts nicht bei überplanmäßigen oder außerplanmäßigen Ausgaben innerhalb eines im Haushaltsgesetz zu bestimmenden Rahmens, wenn sie gedeckt sind.

(4) Absatz 1 gilt auch für Maßnahmen, durch die für das Land Verpflichtungen entstehen können, für die Ausgaben im Haushaltsplan nicht veranschlagt sind.

(5) Überplanmäßige und außerplanmäßige Ausgaben sollen durch Einsparungen bei anderen Ausgaben in demselben Einzelplan ausgeglichen werden.

(6) Über Einwilligungen in überplanmäßige und außerplanmäßige Ausgaben ist dem Landtag für jedes Vierteljahr nachträglich zu berichten; in Fällen, die nach dem Haushaltsgesetz von grundsätzlicher oder erheblicher finanzieller Bedeutung sind, ist unverzüglich zu berichten.

(7) Ausgaben, die ohne nähere Angabe des Verwendungszwecks veranschlagt sind, dürfen nicht überschritten werden.

(8) Mehrausgaben bei übertragbaren Ausgaben (Vorgriffe) sind unter den Voraussetzungen des Absatzes 1 auf die nächstjährige Bewilligung für den gleichen Zweck anzurechnen. Das Finanzministerium kann Ausnahmen zulassen.

§ 38
Verpflichtungsermächtigungen

(1) Maßnahmen, die das Land zur Leistung von Ausgaben in künftigen Haushaltsjahren verpflichten können, sind nur zulässig, wenn der Haushaltsplan dazu ermächtigt. Das Finanzministerium kann unter den Voraussetzungen des § 37 Abs. 1 Satz 2 Ausnahmen zulassen; § 37 Abs. 2, 3 und 6 gilt entsprechend.

(2) Die Inanspruchnahme von Verpflichtungsermächtigungen bedarf der Einwilligung des Finanzministeriums,
- sofern ein vom Finanzministerium zu bestimmender Rahmen überschritten wird oder
- in den Fällen des § 16 Satz 2 Jahresbeträge nicht angegeben sind.

(3) Im Einvernehmen mit dem Finanzministerium dürfen die Fälligkeiten von Verpflichtungsermächtigungen vorgezogen oder hinausgeschoben werden. Der Gesamtbetrag der veranschlagten Verpflichtungsermächtigungen darf dadurch nicht überschritten werden. Das Nähere regelt das Finanzministerium im Einvernehmen mit dem Finanzausschuß.

(4) Das Finanzministerium ist bei Maßnahmen nach Absatz 1 von grundsätzlicher oder erheblicher finanzieller Bedeutung über den Beginn und Verlauf von Verhandlungen zu unterrichten.

(5) Verpflichtungen für laufende Geschäfte dürfen eingegangen werden, ohne daß die Voraussetzungen der Absätze 1 und 2 vorliegen. Einer Verpflichtungsermächtigung bedarf es auch dann nicht, wenn zu Lasten übertragbarer Ausgaben Verpflichtungen eingegangen werden, die im folgenden Haushaltsjahr zu Ausgaben führen. Das Nähere regelt das Finanzministerium.

(6) Die Absätze 1 bis 5 sind auf Verträge im Sinne von Artikel 37 Absatz 2 Satz 2 der Verfassung des Landes Schleswig-Holstein nicht anzuwenden.

§ 39
Gewährleistungen, Kreditzusagen

(1) Die Übernahme von Bürgschaften, Garantien oder sonstigen Gewährleistungen, die zu Ausgaben in künftigen Haushaltsjahren führen können, bedarf einer Ermächtigung durch das Haushaltsgesetz. Die Höhe der Verpflichtung des Landes aus solchen Sicherheitsleistungen einschließlich der schon bestehenden wird im Haushaltsgesetz festgestellt.

(2) Kreditzusagen sowie die Übernahme von Bürgschaften, Garantien oder sonstigen Gewährleistungen bedürfen der Einwilligung des Finanzministeriums. Es ist an den Verhandlungen zu beteiligen. Das Ministerium kann auf seine Befugnisse verzichten.

(3) Bei Maßnahmen nach Absatz 2 haben die zuständigen Dienststellen auszubedingen, daß sie oder ihre Beauftragten bei den Beteiligten jederzeit prüfen können,
1. ob die Voraussetzungen für die Kreditzusage oder ihre Erfüllung vorliegen oder vorgelegen haben,
2. ob im Falle der Übernahme einer Gewährleistung eine Inanspruchnahme des Landes in Betracht kommen kann oder die Voraussetzungen für eine solche vorliegen oder vorgelegen haben.

Von der Ausbedingung eines Prüfungsrechts kann ausnahmsweise mit Einwilligung des Finanzministeriums abgesehen werden.

§ 40
Andere Maßnahmen von finanzieller Bedeutung

Der Erlaß von Rechtsverordnungen und Verwaltungsvorschriften, der Abschluß von Tarifverträgen und die Gewährung von über- oder außertariflichen Leistungen sowie die Festsetzung oder Änderung von Entgelten für Verwaltungsleistungen bedürfen der Einwilligung des Finanzministeriums, wenn diese Regelungen zu Einnahmeminderungen oder zu zusätzlichen Ausgaben im laufenden Haushaltsjahr oder in künftigen Haushaltsjahren führen können. Satz 1 ist auf sonstige Maßnahmen von grundsätzlicher oder erheblicher finanzieller Bedeutung anzuwenden, wenn sie zu Einnahmeminderungen im laufenden Haushaltsjahr oder in künftigen Haushaltsjahren führen können.

§ 41
Haushaltswirtschaftliche Sperre

Wenn die Entwicklung der Einnahmen oder Ausgaben es erfordert, kann das Finanzministerium nach Benehmen mit dem zuständigen Ministerium es von seiner Einwilligung abhängig machen, ob Verpflichtungen eingegangen oder Ausgaben geleistet werden. Das Finanzministerium unterrichtet den Finanzausschuß.

§ 42
Konjunkturpolitisch bedingte Maßnahmen

(1) Die erforderlichen Maßnahmen nach § 6 Abs. 1 und 2 sowie nach § 7 Abs. 2 des Gesetzes zur Förderung der Stabilität und des Wachstums der Wirtschaft (StWG) werden vom Finanzministerium im Einvernehmen mit dem Ministerium für Wissenschaft, Wirtschaft, und Verkehr vorgeschlagen und von der Landesregierung beschlossen.

(2) Soweit Ausgaben aufgrund von Absatz 1 geleistet werden sollen, bedürfen sie der Zustimmung des Landtages. Der Landtag kann die von der Landesregierung vorgeschlagenen Ausgaben kürzen. Die Zustimmung des Landtages gilt als erteilt, wenn er sie nicht binnen vier Wochen nach Eingang der Vorlage der Landesregierung verweigert hat.

(3) In den Haushaltsplan ist ein Leertitel für Ausgaben nach Absatz 1 einzustellen. Ausgaben aus diesem Titel dürfen nur nach Maßgabe von Absatz 2 und nur insoweit geleistet werden, als Einnahmen aus der Konjunkturausgleichsrücklage oder aus Krediten vorhanden sind.

(4) In den Haushaltsplan ist ferner ein Leertitel für Einnahmen aus der Konjunkturausgleichsrücklage oder aus Krediten einzustellen.

§ 43
Kassenmittel, Betriebsmittel

(1) Das Finanzministerium ermächtigt im Rahmen der zur Verfügung stehenden Kassenmittel die zuständigen Behörden, in ihrem Geschäftsbereich innerhalb eines bestimmten Zeitraums die notwendigen Auszahlungen bis zur Höhe eines bestimmten Betrages leisten zu lassen (Betriebsmittel).

(2) Das Finanzministerium soll nicht sofort benötigte Kassenmittel so anlegen, daß über sie bei Bedarf verfügt werden kann.

§ 44
Zuwendungen, Verwaltung von Mitteln oder Vermögensgegenständen

(1) Zuwendungen dürfen nur unter den Voraussetzungen des § 23 gewährt werden. Dabei ist zu bestimmen, wie die zweckentsprechende Verwendung der Zuwendungen nachzuweisen ist. Außerdem ist ein Prüfungsrecht der zuständigen Dienststelle oder ihrer Beauftragten festzulegen. Verwaltungsvorschriften, welche die Regelung des Verwendungsnachweises und die Prüfung durch den Landesrechnungshof (§ 91) betreffen, werden im Einvernehmen mit dem Landesrechnungshof erlassen.

(2) Sollen Landesmittel oder Vermögensgegenstände des Landes von Stellen außerhalb der Landesverwaltung verwaltet werden, ist Absatz 1 entsprechend anzuwenden.

(3) Einer juristischen Person des privaten Rechts kann mit ihrem Einverständnis die Befugnis verliehen werden, Verwaltungsaufgaben nach Absatz 1 im eigenen Namen und in den Handlungsformen des öffentlichen Rechts wahrzunehmen, wenn dies im öffentlichen Interesse liegt und die juristische Person die Gewähr für eine sachgerechte Erfüllung der ihr übertragenen Aufgaben bietet. Die Verleihung und die Entziehung der Befugnis obliegt dem zuständigen Fachministerium. Dieses übt die Fachaufsicht aus.

§ 45
Sachliche und zeitliche Bindung

(1) Ausgaben und Verpflichtungsermächtigungen dürfen nur zu dem im Haushaltsplan bezeichneten Zweck, soweit und solange er fortdauert, und nur bis zum Ende des Haushaltsjahres geleistet oder in Anspruch genommen werden. Nicht in Anspruch genommene Verpflichtungsermächtigungen gelten, wenn das Haushaltsgesetz für das nächste Haushaltsjahr nicht rechtzeitig verkündet wird, bis zur Verkündung dieses Haushaltsgesetzes.

(2) Bei übertragbaren Ausgaben können Ausgabereste gebildet werden, die für die jeweilige Zweckbestimmung über das Haushaltsjahr hinaus bis zum Ende des auf die Bewilligung folgenden zweitnächsten Haushaltsjahres verfügbar bleiben. Bei Bauten tritt an die Stelle des Haushaltsjahres der Bewilligung das Haushaltsjahr, in dem der Bau in seinen wesentlichen Teilen in Gebrauch genommen ist. Das Finanzministerium kann im Einzelfall Ausnahmen zulassen.

(3) Das zuständige Ministerium darf Ausgabereste nur bilden, wenn rechtliche Verpflichtungen oder Zusagen, die aufgrund der Veranschlagung eingegangen oder gemacht worden sind, noch erfüllt werden müssen. Dies gilt ausnahmsweise auch dann, wenn ohne diese Voraussetzungen die Leistung der Ausgabe im wirtschaftlicher und sparsamer Verwaltung erforderlich ist. Die Inanspruchnahme von Ausgaberesten sowie die Inanspruchnahme nicht ausgeschöpfter Verpflichtungsermächtigungen nach Absatz 1 Satz 2 bedürfen der Einwilligung des Finanzministeriums. Die Einwilligung darf nur unter den Voraussetzungen des § 19 Abs. 2 erteilt werden.

(4) Das Finanzministerium kann in besonders begründeten Einzelfällen die Übertragbarkeit von Ausgaben zulassen, soweit Ausgaben für bereits bewilligte Maßnahmen noch im nächsten Haushaltsjahr zu leisten sind.

§ 46
Deckungsfähigkeit

Deckungsfähige Ausgaben und Verpflichtungsermächtigungen dürfen, solange sie verfügbar sind, nach Maßgabe des § 20 Abs. 1, 2 und 5 oder des Deckungsvermerks zugunsten eines anderen Titels verwendet werden.

§ 47
Wegfall- und Umwandlungsvermerke

(1) Über Ausgaben, die der Haushaltsplan als künftig wegfallend bezeichnet, darf von dem Zeitpunkt an, mit dem die im Haushaltsplan bezeichnete Voraussetzung für den Wegfall erfüllt ist, nicht mehr verfügt werden. Entsprechendes gilt für Planstellen.

(2) Ist eine Planstelle ohne nähere Angabe als künftig wegfallend bezeichnet, darf die nächste freiwerdende Planstelle derselben Besoldungsgruppe für Beamtinnen und Beamte derselben Fachrichtung nicht wieder besetzt werden.

(3) Ist eine Planstelle ohne Bestimmung der Voraussetzungen als künftig umzuwandeln bezeichnet, gilt die nächste freiwerdende Planstelle derselben Besoldungsgruppe für Beamtinnen und Beamte derselben Fachrichtung im Zeitpunkt ihres Freiwerdens als in die Stelle umgewandelt, die in dem Umwandlungsvermerk angegeben ist.

(4) Die Absätze 1 bis 3 gelten für andere Stellen als Planstellen entsprechend.

(5) Der Zeitpunkt, an dem Planstellen und Stellen im Haushaltsplan erstmals als „künftig wegfallend" oder „künftig umzuwandeln" bezeichnet worden sind, ist in die Stellenpläne und Stellenübersichten aufzunehmen.

§ 48
Einstellung und Versetzung von Beamtinnen und Beamten

(1) Einstellung und Versetzung von Beamtinnen und Beamten sowie Richterinnen und Richtern in den Landesdienst bedürfen der Einwilligung des Finanzministeriums, wenn die Person zum Zeitpunkt der Einstellung oder Versetzung das 45. Lebensjahr, bei Hochschullehrerinnen und Hochschullehrern das 52. Lebensjahr vollendet hat.

(2) Die Einwilligung nach Absatz 1 ist nicht erforderlich, soweit die Personen

1. aus dem Dienstbereich einer landesunmittelbaren Körperschaft, Anstalt oder Stiftung des öffentlichen Rechts in den Dienstbereich des Landes versetzt werden und das 55. Lebensjahr nicht vollendet haben, oder
2. aus einem Richterverhältnis zum Land in ein Beamtenverhältnis zum Land und umgekehrt berufen werden oder
3. aus einem früheren Beamten- oder Richterverhältnis beim Land nach Ablauf der in § 62 Abs. 1 Landesbeamtengesetz beziehungsweise § 7 Abs. 1 Landesrichtergesetz genannten Fristen auf eigenen Antrag entlassen worden sind, um die Kindesbetreuung in häuslicher Gemeinschaft fortsetzen zu können, wenn sie im Anschluss hieran vor Vollendung des 55. Lebensjahres erneut in das Beamten- bzw. Richterverhältnis berufen werden oder
4. vor Vollendung des 55. Lebensjahres von einem anderen Dienstherrn in den Landesdienst treten und eine Versorgungslastenteilung gemäß den Regelungen des Versorgungslastenteilungsgesetzes vom 3. Juni 2010 (GVOBl. Schl.-H. S. 493) in Verbindung mit dem Versorgungslastenteilungsstaatsvertrag vom 16. Dezember 2009 – Anlage zum Zustimmungsgesetz vom 3. Juni 2010 (GVOBl. Schl.-H. S. 493) – stattfindet.

Laufbahnrechtliche Bestimmungen bleiben unberührt.

(3) Die Einwilligung des Finanzministeriums nach Absatz 1 darf nur erteilt werden, wenn ein außerordentlicher Mangel an geeigneten jüngeren Bewerberinnen oder Bewerbern besteht und die Übernahme unter Berücksichtigung aller Umstände, insbesondere auch der entstehenden Versorgungslasten, offensichtlich einen erheblichen Vorteil für das Land bedeutet, oder die Ablehnung zu einer erheblichen Schädigung der Landesinteressen führen könnte.

§ 49
Einweisung in eine Planstelle

(1) Ein Amt darf nur zusammen mit der Einweisung in eine besetzbare Planstelle verliehen werden.

(2) Wer als Beamtin oder Beamter befördert wird, kann frühestens mit Wirkung von dem Tag, an dem seine Ernennung wirksam geworden ist, in eine entsprechende, zu diesem Zeitpunkt besetzbare Planstelle eingewiesen werden.

(3) Jede Planstelle und jede Stelle für Arbeitnehmerinnen und Arbeitnehmer darf nur mit einer Person besetzt werden. Die in Folge von Teilzeitbeschäftigung – mit Ausnahme von Altersteilzeit – nicht vollständig in Anspruch genommenen Planstellen und Stellen dürfen mit weiteren teilzeitbeschäftigten Beamtinnen und Beamten, Richterinnen oder Richtern oder Arbeitnehmerinnen und Arbeitnehmern derselben oder einer niedrigeren Besoldungs- oder Entgeltgruppe besetzt werden. Die Gesamtarbeitszeit der teilzeitbeschäftigten Kräfte darf die auf die betroffenen Planstellen oder Stellen entfallende Arbeitszeit nicht überschreiten.

(4) Eine Planstelle darf mit einer Arbeitnehmerin oder einem Arbeitnehmer besetzt werden.

(5) Die Stellenpläne und Stellenübersichten sind verbindlich. In Bezug auf die Stellenübersichten sind Abweichungen von diesem Grundsatz mit Einwilligung des Finanzministeriums zulässig.

§ 50
Umsetzung von Mitteln und Planstellen

(1) Die Landesregierung kann Mittel und Planstellen umsetzen, wenn Aufgaben von einer Verwaltung auf eine andere Verwaltung übergehen. Eines Beschlusses der Landesregierung bedarf es nicht, wenn die beteiligten Ministerien und das Finanzministerium über die Umsetzung einig sind.

(2) Eine Planstelle darf mit Einwilligung des Finanzministeriums in eine andere Verwaltung umgesetzt werden, wenn dort ein unvorhergesehener und unabweisbarer vordringlicher Personalbedarf besteht. Über den weiteren Verbleib der Planstelle ist im nächsten Haushaltsplan zu bestimmen.

(3) Bei Abordnungen können mit Einwilligung des Finanzministeriums die Personalausgaben für abgeordnete Beamtinnen und Beamte von der abordnenden Verwaltung bis zur Verkündung des nächsten Haushaltsgesetzes weitergezahlt werden.

(4) Die Absätze 1 bis 3 gelten für Mittel und für andere Stellen als Planstellen entsprechend.

§ 51
Besondere Personalausgaben

Personalausgaben, die nicht auf Gesetz oder Tarifvertrag beruhen, dürfen nur geleistet werden, wenn dafür Ausgabemittel besonders zur Verfügung gestellt sind.

§ 52
Nutzungen und Sachbezüge

Nutzungen und Sachbezüge dürfen Angehörigen des öffentlichen Dienstes nur gegen angemessenes Entgelt gewährt werden, soweit nicht durch Gesetz oder Tarifvertrag oder im Haushaltsplan etwas anderes bestimmt ist. Das Finanzministerium kann für die Benutzung von Dienstfahrzeugen Ausnahmen zulassen. Das Nähere für die Zuweisung, Nutzung und Verwaltung von Dienstwohnungen sowie für die Festsetzung der Dienstwohnungsvergütung regelt das Finanzministerium unter Berücksichtigung der ortsüblichen Vergleichsmiete.

§ 53
Billigkeitsleistungen

Leistungen aus Gründen der Billigkeit dürfen nur gewährt werden, wenn dafür Ausgabemittel besonders zur Verfügung gestellt sind.

§ 54
Baumaßnahmen, größere Beschaffungen, größere Entwicklungsvorhaben

(1) Baumaßnahmen dürfen nur begonnen werden, wenn ausführliche Entwurfszeichnungen und Kostenberechnungen vorliegen, es sei denn, daß es sich um kleine Maßnahmen handelt. In den Zeichnungen und Berechnungen darf von den in § 24 bezeichneten Unterlagen nur insoweit abgewichen werden, als die Änderung nicht erheblich ist; weitergehende Ausnahmen bedürfen der Einwilligung des Finanzministeriums.

(2) Größeren Beschaffungen und größeren Entwicklungsvorhaben sind ausreichende Unterlagen zugrunde zu legen. Absatz 1 Satz 2 gilt entsprechend.

§ 55
Öffentliche Ausschreibung

(1) Dem Abschluss von Verträgen über Lieferungen und Leistungen muss eine Öffentliche Ausschreibung oder eine Beschränkte Ausschreibung mit Teilnahmewettbewerb vorausgehen, sofern nicht die Natur des Geschäfts oder besondere Umstände eine Ausnahme rechtfertigen. Teilnahmewettbewerb ist ein Verfahren, bei dem der öffentliche Auftraggeber nach vorheriger öffentlicher Aufforderung zur Teilnahme eine beschränkte Anzahl von geeigneten Unternehmen nach objektiven, transparenten und nichtdiskriminierenden Kriterien auswählt und zur Abgabe von Angeboten auffordert.

(2) Beim Abschluß von Verträgen ist nach einheitlichen Richtlinien zu verfahren.

§ 56
Vorleistungen

(1) Vor Empfang der Gegenleistung dürfen Leistungen des Landes nur vereinbart oder bewirkt werden, wenn dies allgemein üblich oder durch besondere Umstände gerechtfertigt ist.

(2) Werden Zahlungen vor Fälligkeit an das Land entrichtet, kann nach Richtlinien des Finanzministeriums ein angemessener Abzug gewährt werden.

§ 57
Verträge mit Angehörigen des öffentlichen Dienstes

Zwischen Angehörigen des öffentlichen Dienstes und ihrer Dienststelle dürfen Verträge nur mit Einwilligung der zuständigen Ministerien abgeschlossen werden. Dies gilt nicht bei öffentlichen Ausschreibungen und Versteigerungen sowie in Fällen, für die allgemein Entgelte festgesetzt sind.

§ 58
Änderung von Verträgen, Vergleiche

(1) Das zuständige Ministerium darf
1. Verträge zum Nachteil des Landes nur in besonders begründeten Ausnahmefällen aufheben oder ändern,
2. einen Vergleich nur abschließen, wenn dies für das Land zweckmäßig und wirtschaftlich ist.

Das zuständige Ministerium kann seine Befugnisse übertragen.

(2) Maßnahmen nach Absatz 1 bedürfen der Einwilligung des Finanzministeriums, soweit es nicht darauf verzichtet.

§ 59
Veränderung von Ansprüchen

(1) Das zuständige Ministerium darf Ansprüche nur
1. stunden, wenn die sofortige Einziehung mit erheblichen Härten für die Anspruchsgegnerin oder den Anspruchsgegner verbunden wäre und der Anspruch durch die Stundung nicht gefährdet wird. Die Stundung soll gegen angemessene Verzinsung und in der Regel nur gegen Sicherheitsleistung gewährt werden,
2. niederschlagen, wenn feststeht, daß die Einziehung keinen Erfolg haben wird, oder wenn die Kosten der Einziehung außer Verhältnis zur Höhe des Anspruchs stehen,
3. erlassen, wenn die Einziehung nach Lage des einzelnen Falles für die Anspruchsgegnerin oder den Anspruchsgegner eine besondere Härte bedeuten würde. Das gleiche gilt für die Erstattung oder Anrechnung von geleisteten Beträgen und für die Freigabe von Sicherheiten.

Das zuständige Ministerium kann seine Befugnisse übertragen.

(2) Maßnahmen nach Absatz 1 bedürfen der Einwilligung des Finanzministeriums, soweit es nicht darauf verzichtet.

(3) Andere Regelungen in Rechtsvorschriften bleiben unberührt.

§ 60
Vorschüsse, Verwahrungen

(1) Als Vorschuß darf eine Ausgabe nur gebucht werden, wenn die Verpflichtung zur Leistung zwar feststeht, die Ausgabe aber noch nicht nach der im Haushaltsplan oder sonst vorgesehenen Ordnung gebucht werden kann. Ein Vorschuß ist bis zum Ende des zweiten auf seine Entstehung folgenden Haushaltsjahres abzuwickeln; Ausnahmen bedürfen der Einwilligung des Finanzministeriums.

(2) In Verwahrung darf eine Einzahlung nur genommen werden, solange sie nicht nach der im Haushaltsplan oder sonst vorgesehenen Ordnung gebucht werden kann. Aus den Verwahrgeldern dürfen nur die mit ihnen im Zusammenhang stehenden Auszahlungen geleistet werden. Werden Verwahrungen in die im Haushaltsplan sonst vorgesehene Ordnung übernommen, so sind die Einnahmen und die aus ihnen geleisteten Ausgaben getrennt nachzuweisen.

(3) Kassenverstärkungskredite sind wie Verwahrungen zu behandeln.

§ 61
Interne Verrechnungen

(1) Innerhalb der Landesverwaltung dürfen Vermögensgegenstände für andere Zwecke als die, für die sie beschafft wurden, nur gegen Erstattung ihres vollen Wertes abgegeben werden, soweit sich aus dem Haushaltsplan nichts anderes ergibt. Aufwendungen einer Dienststelle für eine andere sind zu erstatten; andere Regelungen in Rechtsvorschriften bleiben unberührt. Ein Schadenausgleich zwischen Dienststellen unterbleibt.

(2) Absatz 1 gilt nicht, wenn der Wert der abzugebenden Vermögensgegenstände oder die zu erstattenden Aufwendungen einen bestimmten, vom Finanzministerium festzusetzenden Betrag nicht überschreiten oder das Finanzministerium weitere Ausnahmen zuläßt. Das Finanzministerium unterrichtet den Finanzausschuß von dem festgesetzten Betrag und den zugelassenen Ausnahmen.

(3) Der Wert der abgegebenen Vermögensgegenstände und die Aufwendungen sind stets zu erstatten, wenn Landesbetriebe oder Sondervermögen des Landes beteiligt sind. Entsprechendes gilt für den Ausgleich von Schäden. Im Wege der Verwaltungsvereinbarung können andere Regelungen getroffen werden, soweit sie aus Gründen der Verwaltungsvereinfachung dringend geboten sind.

(4) Für die Nutzung von Vermögensgegenständen gelten die Absätze 1 bis 3 entsprechend.

§ 62
Rücklagen

(1) Zur Sicherung des gesamtwirtschaftlichen Gleichgewichts ist unter den Voraussetzungen des Gesetzes zur Förderung der Stabilität und des Wachstums der Wirtschaft eine Konjunkturausgleichsrücklage zu bilden.

(2) Eine allgemeine Rücklage kann gebildet werden. Sie dient dem Haushaltsausgleich.

(3) Weitere Rücklagen dürfen nur für bestimmte Zwecke gebildet werden, soweit der Haushaltsplan dies zuläßt.

§ 63
Erwerb und Veräußerung von Vermögensgegenständen

(1) Vermögensgegenstände sollen nur erworben werden, soweit sie zur Erfüllung der Aufgaben des Landes in absehbarer Zeit erforderlich sind.

(2) Vermögensgegenstände dürfen nur veräußert werden, wenn sie zur Erfüllung der Aufgaben des Landes in absehbarer Zeit nicht benötigt werden. Werden sie zur Erfüllung der Aufgaben des Landes weiterhin benötigt, dürfen sie zur langfristigen Eigennutzung veräußert werden, wenn auf diese Weise die Aufgaben des Landes mindestens ebenso wirtschaftlich erfüllt werden können.

(3) Vermögensgegenstände dürfen nur zu ihrem vollen Wert veräußert werden. Ausnahmen können im Haushaltsplan zugelassen werden. Ist der Wert gering oder besteht ein dringendes Landesinteresse, so kann das Finanzministerium Ausnahmen zulassen.

(4) Für die Überlassung der Nutzung eines Vermögensgegenstandes gelten die Absätze 2 und 3 entsprechend.

§ 64
Grundstücke

(1) Grundstücke dürfen nur mit Einwilligung des Finanzministeriums erworben oder veräußert werden; es kann auf die Mitwirkung verzichten.

(2) Haben Grundstücke erheblichen Wert oder besondere Bedeutung und ist ihr Erwerb oder ihre Veräußerung im Haushaltsplan nicht vorgesehen, so dürfen sie nur mit Zustimmung des Landtages erworben oder veräußert werden.

(3) Für zu erwerbende oder zu veräußernde Grundstücke ist eine Wertermittlung unter Berücksichtigung der ortsüblichen Grundstückswerte aufzustellen. Soll bei dem Erwerb oder der Veräußerung um mehr als 10 v.H. und um mehr als 50.000 Euro zum Nachteil des Landes vom Ergebnis der Wertermittlung abgewichen werden, ist der Finanzausschuß rechtzeitig vor Abschluß des Rechtsgeschäfts zu unterrichten. Ein Erwerb soll nur bei feststehendem Erwerbs- und Nutzungszweck erfolgen.

(4) Dingliche Rechte dürfen an landeseigenen Grundstücken nur gegen angemessenes Entgelt bestellt werden. Die Bestellung bedarf der Einwilligung des Finanzministeriums.

(5) Beim Erwerb von Grundstücken können in Ausnahmefällen mit Einwilligung des Finanzministeriums Hypotheken, Grund- und Rentenschulden unter Anrechnung auf den Kaufpreis ohne die Voraussetzungen des § 38 Abs. 1 übernommen werden. In Fällen der Übernahme ist der anzurechnende Betrag beim zuständigen Haushaltsansatz einzusparen.

§ 65
Beteiligung an privatrechtlichen Unternehmen

(1) Das Land soll sich, außer in den Fällen des Absatzes 4, an der Gründung eines Unternehmens in einer Rechtsform des privaten Rechts oder an einem bestehenden Unternehmen in einer solchen Rechtsform nur beteiligen, wenn

1. ein wichtiges Interesse des Landes vorliegt und sich der vom Land angestrebte Zweck nicht besser und wirtschaftlicher auf andere Weise erreichen läßt,
2. die Einzahlungsverpflichtung des Landes auf einen bestimmten Betrag begrenzt ist,
3. das Land einen angemessenen Einfluß, insbesondere im Aufsichtsrat oder in einem entsprechenden Überwachungsorgan erhält,
4. gewährleistet ist, daß der Jahresabschluß und der Lagebericht, soweit nicht weitergehende gesetzliche Vorschriften gelten oder andere gesetzliche Vorschriften entgegenstehen, in entsprechender Anwendung der Vorschriften des Dritten Buches des Handelsgesetzbuches für große Kapitalgesellschaften aufgestellt und geprüft werden,
5. gewährleistet ist, dass die für die Tätigkeit im Geschäftsjahr gewährten Bezüge und sonstigen Leistungen im Sinne von § 285 Nummer 9 Buchstabe a des Handelsgesetzbuches jedes einzelnen Mitglieds der Geschäftsführung, des Aufsichtsrates, des Beirates oder einer ähnlichen Einrichtung unter Namensnennung, zusammengefasst aufgeteilt nach erfolgsunabhängigen und erfolgsbezogenen Komponenten sowie Komponenten mit langfristiger Anreizwirkung auf der Internetseite des Finanzministeriums sowie im Anhang des Jahresabschlusses gesondert veröffentlicht werden; ist der Jahresabschluss nicht um einen Anhang zu erweitern, ist die Veröffentlichung ausschließlich auf der Internetseite des Finanzministeriums vorzunehmen; die Halbsätze 1 und 2 gelten auch für:

a) Leistungen, die den genannten Mitgliedern für den Fall einer vorzeitigen Beendigung ihrer Tätigkeit zugesagt worden sind, und deren Voraussetzungen,

b) Leistungen, die den genannten Mitgliedern für den Fall der regulären Beendigung ihrer Tätigkeit zugesagt worden sind, mit ihrem Barwert sowie den von der Gesellschaft während des Geschäftsjahres hierfür aufgewandten oder zurückgestellten Betrag unter Angabe der vertraglich festgelegten Altersgrenze,

c) während des Geschäftsjahres vereinbarte Änderungen dieser Zusagen und

d) Leistungen, die einem früheren Mitglied, das seine Tätigkeit im Laufe des Geschäftsjahres beendet hat, in diesem Zusammenhang zugesagt und im Laufe des Geschäftsjahres gewährt worden sind.

(2) Das zuständige Ministerium hat die Einwilligung des Finanzministeriums einzuholen, bevor das Land Anteile an einem Unternehmen erwirbt, seine Beteiligung erhöht oder sie ganz oder zum Teil veräußert. Entsprechendes gilt bei einer Änderung des Nennkapitals oder des Gegenstandes des Unternehmens oder bei einer Änderung des Einflusses des Landes. Das Finanzministerium ist an den Verhandlungen zu beteiligen.

(3) Das zuständige Ministerium soll darauf hinwirken, daß ein Unternehmen, an dem das Land unmittelbar oder mittelbar mit Mehrheit beteiligt ist, nicht ohne ihrer oder seiner Einwilligung eine Beteiligung von mehr als dem vierten Teil der Anteile eines anderen Unternehmens erwirbt, eine solche Beteiligung erhöht oder sie ganz oder zum Teil veräußert. Es hat vor Erteilung seiner Zustimmung die Einwilligung des Finanzministeriums einzuholen. Absatz 1 und Absatz 2 Satz 2 gelten entsprechend

(4) An einer Erwerbs- oder Wirtschaftsgenossenschaft soll sich das Land nur beteiligen, wenn die Haftpflicht der Genossen für die Verbindlichkeiten der Genossenschaft dieser gegenüber im voraus auf eine bestimmte Summe beschränkt ist. Die Beteiligung des Landes an einer Genossenschaft bedarf der Einwilligung des Finanzministeriums. Die Grundsätze des Absatzes 1 Nummer 5 gelten entsprechend.

(5) Die auf Veranlassung des Landes gewählten oder entsandten Mitglieder der Aufsichtsorgane der Unternehmen haben bei ihrer Tätigkeit auch die besonderen Interessen des Landes zu berücksichtigen und die zur Wahrnehmung der Aufgabe der Beteiligungsverwaltung erforderlichen Berichte der zuständigen Behörde zu erstatten.

(6) Haben Anteile an Unternehmen besondere Bedeutung und ist deren Veräußerung im Haushaltsplan nicht vorgesehen, so dürfen sie nur mit Einwilligung des Landtages veräußert werden.

(7) Die Landesregierung soll dem Landtag mindestens einmal in jeder Wahlperiode einen Beteiligungsbericht erstatten, der Angaben über die Zielsetzungen und die Erfolgskontrolle der jeweiligen Beteiligungen enthalten muß.

§ 65 a
Offenlegung von Bezügen und sonstigen Leistungen bei privatrechtlichen Unternehmen[1]

(1) Bei Unternehmen in der Rechtsform des privaten Rechts, an denen das Land unmittelbar oder mittelbar mehrheitlich beteiligt ist, wirkt es darauf hin, dass die für die Tätigkeit im Geschäftsjahr gewährten Bezüge und sonstigen Leistungen

---

1 Zur Offenlegung von Bezügen bei landesunmittelbaren Körperschaften des öffentlichen Rechts siehe das Vergütungsoffenlegungsgesetz (verkündet als Artikel 2 des Gesetzes vom 7.7.2015, GVOBl. Schl.-H. S. 200).

im Sinne von § 285 Nummer 9 Buchstabe a des Handelsgesetzbuches jedes einzelnen Mitglieds der Geschäftsführung, des Aufsichtsrates, des Beirates oder einer ähnlichen Einrichtung unter Namensnennung, zusammengefasst aufgeteilt nach erfolgsunabhängigen und erfolgsbezogenen Komponenten mit langfristiger Anreizwirkung, auf der Internetseite des Finanzministeriums sowie im Anhang des Jahresabschlusses gesondert veröffentlicht werden. Ist der Jahresabschluss nicht um einen Anhang zu erweitern, ist die Veröffentlichung ausschließlich auf der Internetseite des Finanzministeriums vorzunehmen. Die Sätze 1 und 2 gelten auch für:

1. Leistungen, die den genannten Mitgliedern für den Fall einer vorzeitigen Beendigung ihrer Tätigkeit zugesagt worden sind und deren Voraussetzungen,
2. Leistungen, die den genannten Mitgliedern für den Fall der regulären Beendigung ihrer Tätigkeit zugesagt worden sind, mit ihrem Barwert sowie in dem Unternehmen während des Geschäftsjahres hierfür aufgewandten oder zurückgestellten Betrag unter Angabe der vertraglich festgelegten Altersgrenze,
3. während des Geschäftsjahres vereinbarte Änderungen dieser Zusagen und
4. Leistungen, die einem früheren Mitglied, das seine Tätigkeit im Laufe des Geschäftsjahres beendet hat, in diesem Zusammenhang zugesagt und im Laufe des Geschäftsjahres gewährt worden sind.

Der unmittelbaren oder mittelbaren mehrheitlichen Beteiligung des Landes steht es gleich, wenn das Land nur zusammen mit Gemeinden, Kreisen, Ämtern oder Zweckverbänden, einem Unternehmen im Sinne von Satz 1, dem Sparkassen- und Giroverband oder einem Unternehmen in der Rechtsform einer landesunmittelbaren juristischen Person des öffentlichen Rechts unmittelbar oder mittelbar mehrheitlich beteiligt ist. Die auf Veranlassung des Landes gewählten oder entsandten Mitglieder sind verpflichtet, auf die Veröffentlichung hinzuwirken.

(2) Ist das Land nicht mehrheitlich, jedoch in Höhe von mindestens 25 % an dem Unternehmen im Sinne des Absatzes 1 unmittelbar oder mittelbar beteiligt, soll es auf eine Veröffentlichung entsprechend den Sätzen 1 bis 3 des Absatzes 1 hinwirken.

(3) Absätze 1 und 2 gelten entsprechend für die an die Mitglieder des Aufsichtsrates, des Beirates oder einer ähnlichen Einrichtung gewährten Vorteile für persönlich erbrachte Leistungen, insbesondere Beratungs- und Vermittlungsleistungen.

§ 66
Unterrichtung des Landesrechnungshofs

Besteht eine Mehrheitsbeteiligung im Sinne des § 53 des Haushaltsgrundsätzegesetzes, so hat das zuständige Ministerium sicherzustellen, daß dem Landesrechnungshof die in § 54 des Haushaltsgrundsätzegesetzes bestimmten Befugnisse eingeräumt werden.

§ 67
Prüfungsrecht durch Vereinbarung

Besteht keine Mehrheitsbeteiligung im Sinne des § 53 des Haushaltsgrundsätzegesetzes, so soll das zuständige Ministerium, soweit das Interesse des Landes dies erfordert, bei Unternehmen, die nicht Aktiengesellschaften, Kommanditgesellschaften auf Aktien oder Genossenschaften sind, darauf hinwirken, daß dem Land in der Satzung oder im Gesellschaftsvertrag die Befugnisse nach den §§ 53 und 54 des Haushaltsgrundsätzegesetzes eingeräumt werden. Bei mittelbaren Beteiligungen gilt dies nur, wenn die Beteiligung den vierten Teil der Anteile übersteigt und einem Unternehmen zusteht, an dem das Land allein oder zusammen mit anderen Gebietskörperschaften mit Mehrheit im Sinne des § 53 des Haushaltsgrundsätzegesetzes beteiligt ist.

§ 68
Zuständigkeitsregelungen

(1) Die Rechte nach § 53 Abs. 1 des Haushaltsgrundsätzegesetzes übt das für die Beteiligung zuständige Ministerium aus. Bei der Wahl oder Bestellung der Prüferinnen und Prüfer nach § 53 Abs. 1 Nr. 1 des Haushaltsgrundsätzegesetzes übt das zuständige Ministerium die Rechte des Landes im Einvernehmen mit dem Landesrechnungshof aus.

(2) Einen Verzicht auf die Ausübung der Rechte des § 53 Abs. 1 des Haushaltsgrundsätzegesetzes erklärt das zuständige Ministerium im Einvernehmen mit dem Finanzministerium und dem Landesrechnungshof.

§ 69
Unterrichtung des Landesrechnungshofs

(1) Das zuständige Ministerium übersendet dem Landesrechnungshof innerhalb von drei Monaten nach der Haupt- oder Gesellschafterversammlung, die den Jahresabschluß für das abgelaufene Geschäftsjahr entgegennimmt oder festzustellen hat,

1. die Unterlagen, die dem Land als Aktionär oder Gesellschafter zugänglich sind,
2. die Berichte, welche die auf seine Veranlassung gewählten oder entsandten Mitglieder des Überwachungsorgans unter Beifügung aller ihnen über das Unternehmen zur Verfügung stehenden Unterlagen zu erstatten haben,
3. die ihm nach § 53 des Haushaltsgrundsätzegesetzes und nach § 67 zu übersendenden Prüfungsberichte.

Das Ministerium teilt dabei das Ergebnis seiner Prüfung mit.

(2) Der Landesrechnungshof kann auf die Übersendung der Unterlagen nach Absatz 1 verzichten.

Teil IV
Zahlungen, Buchführung und Rechnungslegung

§ 70
Zahlungen

Zahlungen dürfen nur von Kassen und Zahlstellen angenommen oder geleistet werden. Die Anordnung der Zahlung muß durch das zuständige Ministerium oder die von ihm ermächtigte Dienststelle schriftlich oder auf elektronischem Wege erteilt werden. Das Finanzministerium kann Ausnahmen zulassen.

§ 70 a
Elektronische Rechnungen

Rechnungen können auch ausschließlich elektronisch empfangen, verarbeitet und aufbewahrt werden.

§ 71
Buchführung

(1) Über Zahlungen ist nach der im Haushaltsplan oder sonst vorgesehenen Ordnung in zeitlicher Folge Buch zu führen. Über eingegangene Verpflichtungen sowie über Geldforderungen des Landes, die durch Landesbehörden verwaltet werden, ist ein Nachweis zu führen. Für andere Bewirtschaftungsvorgänge kann das Finanzministerium die Buchführung anordnen.

(2) Einnahmen und Ausgaben auf Einnahme- und Ausgabereste (Haushaltsreste) aus Vorjahren,

1. für die im Haushaltsplan des laufenden Haushaltsjahres wiederum ein Titel vorgesehen ist, sind bei diesem zu buchen,
2. für die im Haushaltsplan des laufenden Haushaltsjahres kein Titel vorgesehen ist, sind an der Stelle zu buchen, an der sie im Falle der Veranschlagung im Haushaltsplan vorzusehen gewesen wären.

(3) Absatz 2 Nr. 2 gilt entsprechend für außerplanmäßige Einnahmen und Ausgaben.

(4) Das Nähere regelt das Finanzministerium im Einvernehmen mit dem Landesrechnungshof.

§ 71 a
Buchführung und Bilanzierung nach den Grundsätzen des Handelsgesetzbuches

Die Buchführung kann zusätzlich nach den Grundsätzen ordnungsgemäßer Buchführung und Bilanzierung in sinngemäßer Anwendung der Vorschriften des Handelsgesetzbuches erfolgen. Die §§ 71 bis 87 bleiben unberührt.

§ 72
Buchung nach Haushaltsjahren

(1) Zahlungen, eingegangene Verpflichtungen, Geldforderungen sowie andere Bewirtschaftungsvorgänge, für die nach § 71 Abs. 1 Satz 3 die Buchführung angeordnet ist, sind nach Haushaltsjahren getrennt zu buchen.

(2) Alle Zahlungen mit Ausnahme der Fälle nach den Absätzen 3 und 4 sind für das Haushaltsjahr zu buchen, in dem sie eingegangen oder geleistet worden sind.

(3) Zahlungen, die im abgelaufenen Haushaltsjahr fällig waren, jedoch erst später eingehen oder geleistet werden, sind in den Büchern des abgelaufenen Haushaltsjahres zu buchen, solange die Bücher nicht abgeschlossen sind.

(4) Für das neue Haushaltsjahr sind zu buchen:
1. Einnahmen, die im neuen Haushaltsjahr fällig werden, jedoch vorher eingehen;
2. Ausgaben, die im neuen Haushaltsjahr fällig werden, jedoch wegen des fristgerechten Eingangs bei der Empfängerin oder beim Empfänger vorher gezahlt werden müssen;
3. im voraus zu zahlende Dienst-, Versorgungs- und entsprechende Bezüge sowie Renten für den ersten Monat des neuen Haushaltsjahres.

(5) Die Absätze 3 und 4 Nr. 1 gelten nicht für Steuern, Gebühren, andere Abgaben, Geldstrafen, Geldbußen sowie damit zusammenhängende Kosten. Steuern und andere Einnahmen nach Satz 1, die bis zum Schluß des Haushaltsjahres bei den Landeskassen eingehen, sollen bis zum Abschluß der Bücher als Einnahmen des ablaufenden Haushaltsjahres gebucht werden.

(6) Ausnahmen von den Absätzen 2 bis 4 können zugelassen werden.

§ 73
Vermögensnachweis

Über das Vermögen und die Schulden ist ein Nachweis zu erbringen. Das Nähere regelt das Finanzministerium im Einvernehmen mit dem Landesrechnungshof.

§ 74
Buchführung bei Landesbetrieben

(1) Landesbetriebe sollen nach den Regeln der kaufmännischen doppelten Buchführung buchen. Das Nähere regelt das zuständige Ministerium im Einvernehmen mit dem Finanzministerium und dem Landesrechnungshof.

(2) Geschäftsjahr ist das Haushaltsjahr. Ausnahmen kann das zuständige Ministerium im Einvernehmen mit dem Finanzministerium zulassen.

§ 75
Buchungen

Alle Buchungen sind unverzüglich vorzunehmen und zu belegen.

§ 76
Abschluß der Bücher

(1) Die Bücher sind jährlich abzuschließen. Das Finanzministerium bestimmt den Zeitpunkt des Abschlusses.

(2) Nach dem Abschluß der Bücher dürfen Einnahmen oder Ausgaben nicht mehr für den abgelaufenen Zeitraum gebucht werden.

§ 77
Kassensicherheit

Wer Anordnungen im Sinne des § 70 erteilt oder an ihnen verantwortlich mitwirkt, darf an Zahlungen oder Buchungen nicht beteiligt sein. Das Finanzministerium kann zulassen, daß die Kassensicherheit auf andere Weise gewährleistet wird.

§ 78
Unvermutete Prüfungen

Für Zahlungen oder Buchungen zuständige Stellen sind mindestens jährlich, für die Verwaltung von Vorräten zuständige Stellen mindestens alle zwei Jahre unvermutet zu prüfen. Das Finanzministerium kann Ausnahmen zulassen.

§ 79
Landeskassen, Verwaltungsvorschriften

(1) Die Aufgaben der Kassen bei der Annahme und der Leistung von Zahlungen für das Land werden für alle Stellen innerhalb und außerhalb der Landesverwaltung von den Landeskassen wahrgenommen, soweit nichts anderes bestimmt ist.

(2) Die Landeshauptkasse besteht bei dem Finanzministerium; sie nimmt die Aufgaben der Zentralkasse wahr. Das Finanzministerium kann bestimmen, dass die Aufgaben der Landeshauptkasse von einer Landeskasse wahrgenommen werden.

(3) Die Kassen sollen nach dem Grundsatz der Einheitskassen aufgebaut sein. Das Nähere bestimmt das Finanzministerium. Es regelt auch das Nähere über

1. die Einrichtung, den Zuständigkeitsbereich und das Verwaltungsverfahren der für Zahlungen und Buchungen zuständigen Stellen des Landes, bei Zahlstellen und Kassen der Landesbetriebe nach Benehmen mit dem zuständigen Ministerium,
2. die Einrichtung der Bücher und Belege im Einvernehmen mit dem Landesrechnungshof.

(4) Das Finanzministerium kann im Einvernehmen mit dem Landesrechnungshof Vereinfachungen für die Buchführung und die Belegung der Buchungen allgemein anordnen. Der Landesrechnungshof kann im Einvernehmen mit dem zuständigen Ministerium im Einzelfall Vereinfachungen zulassen.

§ 80
Rechnungslegung

(1) Die zuständigen Stellen haben für jedes Haushaltsjahr auf der Grundlage der abgeschlossenen Bücher Rechnung zu legen. Das Finanzministerium kann im Einvernehmen mit dem Landesrechnungshof bestimmen, daß für einen anderen Zeitraum Rechnung zu legen ist.

(2) Auf der Grundlage der abgeschlossenen Bücher und Nachweise stellt das Finanzministerium für jedes Haushaltsjahr die Haushaltsrechnung sowie eine Vermögensübersicht auf (Artikel 63 Absatz 1 Satz 2 der Verfassung des Landes Schleswig-Holstein).

§ 81
Gliederung der Haushaltsrechnung

(1) In der Haushaltsrechnung sind die Einnahmen und Ausgaben nach der in § 71 bezeichneten Ordnung den Ansätzen des Haushaltsplans unter Berücksichtigung der Haushaltsreste und der Vorgriffe gegenüberzustellen.

(2) Bei den einzelnen Titeln und entsprechend bei den Schlußsummen sind besonders anzugeben:
1. bei den Einnahmen:
   a) die Ist-Einnahmen,
   b) die zu übertragenden Einnahmereste,
   c) die Summe der Ist-Einnahmen und der zu übertragenden Einnahmereste,
   d) die veranschlagten Einnahmen,
   e) die aus dem Vorjahr übertragenen Einnahmereste,
   f) die Summe der veranschlagten Einnahmen und der übertragenen Einnahmereste,
   g) der Mehr- oder Minderbetrag der Summe aus Buchstabe c gegenüber der Summe aus Buchstabe f;
2. bei den Ausgaben:
   a) die Ist-Ausgaben,
   b) die zu übertragenden Ausgabereste oder die Vorgriffe,
   c) die Summe der Ist-Ausgaben und der zu übertragenden Ausgabereste oder der Vorgriffe,
   d) die veranschlagten Ausgaben,
   e) die aus dem Vorjahr übertragenen Ausgabereste oder die Vorgriffe,
   f) die Summe der veranschlagten Ausgaben und der übertragenen Ausgabereste oder der Vorgriffe,
   g) der Mehr- oder Minderbetrag der Summe aus Buchstabe c gegenüber der Summe aus Buchstabe f,
   h) der Betrag der über- oder außerplanmäßigen Ausgaben sowie der Vorgriffe.

(3) Für die jeweiligen Titel und entsprechend für die Schlußsummen ist die Höhe der eingegangenen Verpflich-

tungen und der Geldforderungen besonders anzugeben, soweit nach § 71 Abs. 2 ein Nachweis geführt wird.
(4) In den Fällen des § 25 Abs. 2 ist die Verminderung des Kreditbedarfs zugleich mit dem Nachweis des Überschusses darzustellen.

§ 82
Kassenmäßiger Abschluß

In dem kassenmäßigen Abschluß sind nachzuweisen:
1. a) die Summe der Ist-Einnahmen,
   b) die Summe der Ist-Ausgaben,
   c) der Unterschied aus Buchstabe a und Buchstabe b (kassenmäßiges Jahresergebnis),
   d) die haushaltsmäßig noch nicht abgewickelten kassenmäßigen Jahresergebnisse früherer Jahre,
   e) das kassenmäßige Gesamtergebnis aus Buchstabe c und Buchstabe d;
2. a) die Summe der Ist-Einnahmen mit Ausnahme der Einnahmen aus Krediten vom Kreditmarkt, der Entnahmen aus Rücklagen, der Einnahmen aus kassenmäßigen Überschüssen,
   b) die Summe der Ist-Ausgaben mit Ausnahme der Ausgaben zur Schuldentilgung am Kreditmarkt, der Zuführungen an Rücklagen und der Ausgaben zur Deckung eines kassenmäßigen Fehlbetrags,
   c) der Finanzierungssaldo aus Buchstabe a und Buchstabe b.

§ 83
Haushaltsabschluß

In dem Haushaltsabschluß sind nachzuweisen:
1. a) das kassenmäßige Jahresergebnis nach § 82 Nr. 1 Buchstabe c,
   b) das kassenmäßige Gesamtergebnis nach § 82 Nr. 1 Buchstabe e;
2. a) die aus dem Vorjahr übertragenen Einnahmereste und Ausgabereste,
   b) die in das folgende Haushaltsjahr zu übertragenden Einnahmereste und Ausgabereste,
   c) der Unterschied aus Buchstabe a und Buchstabe b,
   d) das rechnungsmäßige Jahresergebnis aus Nummer 1 Buchstabe a und Nummer 2 Buchstabe c,
   e) das rechnungsmäßige Gesamtergebnis aus Nummer 1 Buchstabe b und Nummer 2 Buchstabe b;
3. die Höhe der eingegangenen Verpflichtungen und der Geldforderungen, soweit nach § 71 Abs. 2 ein Nachweis geführt wird.

§ 84
Abschlußbericht

Der kassenmäßige Abschluß und der Haushaltsabschluß sind in einem Bericht zu erläutern.

§ 85
Übersichten zur Haushaltsrechnung

(1) Der Haushaltsrechnung sind Übersichten beizufügen über
1. die über- und außerplanmäßigen Ausgaben einschließlich der Vorgriffe und die über- und außerplanmäßigen Verpflichtungen und ihre jeweilige Begründung,
2. die Einnahmen und Ausgaben sowie den Bestand an Sondervermögen und Rücklagen,
3. den Jahresabschluß bei Landesbetrieben,
4. die Gesamtbeträge der nach § 59 erlassenen Ansprüche nach Geschäftsbereichen,
5. die nicht veranschlagten Einnahmen aus der Veräußerung von Vermögensgegenständen.

(2) Das Finanzministerium kann im Einvernehmen mit dem Landesrechnungshof von der Vorlage der Übersichten nach Absatz 1 Nr. 5 absehen.

§ 86
Vermögensübersicht

(1) In der Vermögensübersicht sind der Bestand des Vermögens und der Schulden zu Beginn des Haushaltsjahres, die Veränderungen während des Haushaltsjahres und der Bestand zum Ende des Haushaltsjahres nachzuweisen.
(2) Die Vermögensübersicht ist, gegliedert nach Einzelplänen, dem Landtag und dem Landesrechnungshof mit der jährlichen Haushaltsrechnung vorzulegen.

§ 87
Rechnungslegung der Landesbetriebe

(1) Landesbetriebe, die nach den Regeln der kaufmännischen doppelten Buchführung buchen, stellen einen Jahresabschluß sowie einen Lagebericht in entsprechender Anwendung der Vorschrift des § 264 Abs. 1 Satz 1 des Handelsgesetzbuches auf. Das zuständige Ministerium kann im Einvernehmen mit dem Finanzministerium auf die Aufstellung des Lageberichts verzichten. Die §§ 80 bis 85 sollen angewandt werden, soweit sie mit den Regeln der kaufmännischen doppelten Buchführung zu vereinbaren sind.
(2) Ist eine Betriebsbuchführung eingerichtet, so ist die Betriebsergebnisabrechnung dem Finanzministerium und dem Landesrechnungshof zu übersenden.

Teil V
Rechnungsprüfung

§ 88
Aufgaben des Landesrechnungshofs

(1) Der Landesrechnungshof überwacht die gesamte Haushalts- und Wirtschaftsführung des Landes. Er untersucht hierbei die zweckmäßigste, wirtschaftlichste und einfachste Gestaltung der öffentlichen Verwaltung. Er ist auch zuständig, soweit Stellen außerhalb der Landesverwaltung Landesmittel erhalten oder Landesvermögen oder Landesmittel verwalten.
(2) Bei bestimmten Ausgaben, deren Verwendung geheimzuhalten ist, kann der Haushaltsplan festlegen, daß die Prüfung allein durch die Präsidentin oder den Präsidenten des Landesrechnungshofs oder, wenn deren oder dessen Stelle nicht besetzt ist, durch die Vizepräsidentin oder den Vizepräsidenten vorgenommen wird. Weitere Beamtinnen und Beamte können zur Hilfeleistung herangezogen werden. § 11 des Gesetzes über den Landesrechnungshof Schleswig-Holstein vom 2. Januar 1991 (GVOBl. Schl.-H. S. 3) findet keine Anwendung.
(3) Der Landesrechnungshof kann aufgrund von Prüfungserfahrungen den Landtag, die Landesregierung und einzelne Ministerien beraten. Soweit der Landesrechnungshof den Landtag berät, unterrichtet er gleichzeitig die Landesregierung.
(4) Der Landesrechnungshof hat sich auf Ersuchen des Landtages oder der Landesregierung über Fragen gutachtlich zu äußern, deren Beantwortung für die Bewirtschaftung der Haushaltsmittel von Bedeutung ist.
(5) Durch Beschluß des Landtages kann der Landesrechnungshof ersucht werden, von dem Landtag bestimmt bezeichnete Angelegenheit von besonderer Bedeutung zu prüfen und hierüber zu berichten. Berichtet er dem Landtag, so unterrichtet er gleichzeitig die Landesregierung.

§ 89
Überwachung

(1) Zur Überwachung durch den Landesrechnungshof gehört insbesondere die Prüfung
1. der Einnahmen, Ausgaben, Verpflichtungen zur Leistung von Ausgaben, des Vermögens und der Schulden,
2. der Maßnahmen, die sich finanziell auswirken können,
3. der Verwahrungen und Vorschüsse,
4. der Verwendung der Mittel, die zur Selbstbewirtschaftung zugewiesen sind.

(2) Der Landesrechnungshof kann nach seinem Ermessen die Prüfung beschränken und Rechnungen ungeprüft lassen.

§ 90
Inhalt der Prüfung

Die Prüfung erstreckt sich auf die Einhaltung der für die Haushalts- und Wirtschaftsführung geltenden Vorschriften und Grundsätze, insbesondere darauf, ob
1. das Haushaltsgesetz und der Haushaltsplan eingehalten worden sind,

2. die Einnahmen und Ausgaben begründet und belegt sind und die Haushaltsrechnung sowie die Übersicht über das Vermögen und die Schulden ordnungsgemäß aufgestellt sind,
3. wirtschaftlich und sparsam verfahren wird,
4. die Aufgabe mit geringerem Personal- oder Sachaufwand, in verbesserter Organisationsstruktur oder auf andere Weise wirksamer erfüllt werden kann, insbesondere ob Einrichtungen unterhalten oder Stellen aufrechterhalten werden, die eingeschränkt oder eingespart werden könnten.

§ 91
Prüfung bei Stellen
außerhalb der Landesverwaltung

(1) Der Landesrechnungshof ist berechtigt, bei Stellen außerhalb der Landesverwaltung zu prüfen, wenn sie
1. Teile des Landeshaushaltsplans ausführen oder vom Land Ersatz von Aufwendungen erhalten,
2. Landesmittel oder Vermögensgegenstände des Landes verwalten oder
3. vom Land Zuwendungen erhalten.

Leiten diese Stellen die Mittel an Dritte weiter, so kann der Landesrechnungshof auch bei diesen prüfen.

(2) Die Prüfung erstreckt sich auf die bestimmungsmäßige und wirtschaftliche Verwaltung und Verwendung. Bei Zuwendungen kann sie sich auch auf die sonstige Haushalts- und Wirtschaftsführung der Empfängerin oder des Empfängers erstrecken, soweit es der Landesrechnungshof für seine Prüfung für notwendig hält.

(3) Bei der Gewährung von Krediten aus Haushaltsmitteln sowie bei der Übernahme von Bürgschaften, Garantien oder sonstigen Gewährleistungen durch das Land kann der Landesrechnungshof bei den Beteiligten prüfen, ob sie ausreichende Vorkehrungen gegen Nachteile für das Land getroffen oder ob die Voraussetzungen für eine Inanspruchnahme des Landes vorgelegen haben.

§ 92
Prüfung staatlicher Betätigung
bei privatrechtlichen Unternehmen

(1) Der Landesrechnungshof prüft die Betätigung des Landes bei Unternehmen in einer Rechtsform des privaten Rechts, an denen das Land unmittelbar oder mittelbar beteiligt ist, unter Beachtung kaufmännischer Grundsätze.

(2) Absatz 1 gilt entsprechend bei Erwerbs- und Wirtschaftsgenossenschaften, in denen das Land Mitglied ist.

§ 93
Gemeinsame Prüfung

Ist für die Prüfung sowohl der Landesrechnungshof als auch der Bundesrechnungshof oder der Rechnungshof eines anderen Landes zuständig, so soll gemeinsam geprüft werden. Der Landesrechnungshof kann durch Vereinbarung Prüfungsaufgaben mit Ausnahme der Prüfung der Haushaltsrechnung (Artikel 64 der Verfassung des Landes Schleswig-Holstein) auf den Bundesrechnungshof oder einen anderen Landesrechnungshof übertragen. Der Landesrechnungshof kann durch Vereinbarung auch Prüfungsaufgaben vom Bundesrechnungshof oder von anderen Landesrechnungshöfen übernehmen.

§ 94
Zeit und Art der Prüfung

(1) Der Landesrechnungshof bestimmt Zeit und Art der Prüfung und läßt erforderliche örtliche Erhebungen durch Beauftragte vornehmen.

(2) Der Landesrechnungshof kann Sachverständige hinzuziehen.

§ 95
Auskunftspflicht

(1) Unterlagen, die der Landesrechnungshof zur Erfüllung seiner Aufgaben für erforderlich hält, sind ihm auf Verlangen innerhalb einer bestimmten Frist zu übersenden oder seinen Beauftragten vorzulegen.

(2) Dem Landesrechnungshof und seinen Beauftragten sind die erbetenen Auskünfte zu erteilen.

(3) Die Vorlage- und Auskunftspflicht nach den Absätzen 1 und 2 umfasst auch elektronisch gespeicherte Daten sowie deren automatisierten Abruf. Die Einhaltung datenschutzrechtlicher Anforderungen bleibt unberührt.

§ 96
Prüfungsergebnis

(1) Der Landesrechnungshof teilt das Prüfungsergebnis den zuständigen Stellen zur Äußerung innerhalb einer von ihm zu bestimmenden Frist mit. Er hat es auch anderen Stellen mitzuteilen, soweit er dies aus besonderen Gründen, insbesondere zur Durchsetzung eines Schadenersatzanspruchs, für erforderlich hält. Von einer Mitteilung kann er absehen, wenn es sich um unerhebliche Mängel handelt oder Weiterungen oder Kosten zu erwarten sind, die nicht im angemessenen Verhältnis zu der Bedeutung der Angelegenheit stehen würden.

(2) Prüfungsergebnisse von grundsätzlicher oder erheblicher finanzieller Bedeutung teilt der Landesrechnungshof dem Finanzministerium mit.

(3) Informationszugangsrechte, die andere Gesetze einräumen, bestehen, wenn das Prüfungsergebnis abschließend festgestellt wurde. Gleiches gilt für Berichte, soweit diese abschließend vom Landtag beraten wurden. Zum Schutz des Prüfungs- und Beratungsverfahrens wird Zugang zu den zur Prüfungs- und Beratungstätigkeit geführten Akten nicht gewährt. Satz 3 gilt auch für die entsprechenden Akten bei den geprüften Stellen.

§ 97
Bemerkungen

(1) Der Landesrechnungshof faßt das Ergebnis seiner Prüfung, soweit es für die Entlastung der Landesregierung wegen der Haushalts- und Wirtschaftsführung von Bedeutung sein kann, jährlich für den Landtag in Bemerkungen zusammen, die er dem Landtag und der Landesregierung zuleitet.

(2) In den Bemerkungen ist insbesondere mitzuteilen,
1. ob die in der Haushaltsrechnung und der Vermögensübersicht und in den Büchern aufgeführten Beträge übereinstimmen und die geprüften Einnahmen und Ausgaben ordnungsgemäß belegt sind,
2. in welchen Fällen von Bedeutung die für die Haushalts- und Wirtschaftsführung geltenden Vorschriften und Grundsätze nicht beachtet worden sind,
3. welche wesentlichen Beanstandungen sich aus der Prüfung der Betätigung bei Unternehmen mit eigener Rechtspersönlichkeit ergeben haben,
4. welche Maßnahmen für die Zukunft empfohlen werden.

(3) In die Bemerkungen können Feststellungen auch über spätere oder frühere Haushaltsjahre aufgenommen werden.

(4) Bemerkungen zu geheimzuhaltenden Angelegenheiten werden der Präsidentin oder dem Präsidenten des Landtages sowie der Ministerpräsidentin oder dem Ministerpräsidenten und dem Finanzministerium mitgeteilt.

(5) Der Landesrechnungshof veröffentlicht seine Bemerkungen außer in den Fällen des Absatzes 4 unverzüglich nach Zuleitung im Internet.

§ 98
Nichtverfolgung von Ansprüchen

Der Landesrechnungshof ist zu hören, wenn die Verwaltung Ansprüche des Landes, die in Prüfungsmitteilungen erörtert worden sind, nicht verfolgen will. Er kann auf die Anhörung verzichten.

§ 99
Angelegenheiten von besonderer Bedeutung

Über Angelegenheiten von besonderer Bedeutung unterrichtet der Landesrechnungshof den Landtag und die Landesregierung. Der Landesrechnungshof veröffentlicht seine Berichte zu Angelegenheiten von besonderer Bedeutung unverzüglich nach Zuleitung im Internet.

§ 100
(frei)

§ 101
Rechnung des Landesrechnungshofs

Die Rechnung des Landesrechnungshofs wird von dem Landtag geprüft, der auch die Entlastung erteilt.

§ 102
Unterrichtung des Landesrechnungshofs

(1) Der Landesrechnungshof ist unverzüglich zu unterrichten, wenn

1. oberste Landesbehörden allgemeine Vorschriften erlassen oder erläutern, welche die Bewirtschaftung der Haushaltsmittel des Landes betreffen oder sich auf dessen Einnahmen und Ausgaben auswirken,
2. den Landeshaushalt berührende Verwaltungseinrichtungen oder Landesbetriebe geschaffen, wesentlich geändert oder aufgelöst werden,
3. unmittelbare Beteiligungen des Landes oder mittelbare Beteiligungen im Sinne des § 65 Abs. 3 an Unternehmen begründet, wesentlich geändert oder aufgegeben werden,
4. Vereinbarungen zwischen dem Land und einer Stelle außerhalb der Landesverwaltung oder zwischen obersten Landesbehörden über die Bewirtschaftung von Haushaltsmitteln des Landes getroffen werden,
5. von den obersten Landesbehörden organisatorische oder sonstige Maßnahmen von erheblicher finanzieller Tragweite getroffen werden.

(2) Dem Landesrechnungshof sind auf Anforderung Vorschriften oder Erläuterungen der in Absatz 1 Nr. 1 genannten Art auch dann mitzuteilen, wenn andere Stellen des Landes sie erlassen.

(3) Der Landesrechnungshof kann sich jederzeit zu den in den Absätzen 1 und 2 genannten Maßnahmen äußern.

§ 103
Anhörung des Landesrechnungshofs

(1) Der Landesrechnungshof ist vor dem Erlaß von Verwaltungsvorschriften zur Durchführung der Landeshaushaltsordnung zu hören.

(2) Zu den Verwaltungsvorschriften im Sinne des Absatzes 1 gehören auch allgemeine Dienstanweisungen über die Verwaltung der Kassen und Zahlstellen, über die Buchführung und den Nachweis des Vermögens.

§ 104
Prüfung der juristischen Personen
des privaten Rechts

(1) Der Landesrechnungshof prüft die Haushalts- und Wirtschaftsführung der juristischen Personen des privaten Rechts, wenn

1. sie Zuwendungen aus dem Landeshaushalt erhalten oder
2. sie Landesvermögen verwalten oder
3. sie aufgrund eines Gesetzes vom Land Zuschüsse erhalten oder eine Garantieverpflichtung des Landes gesetzlich begründet ist oder
4. sie vom Land oder einer vom Land bestellten Person allein oder überwiegend verwaltet werden oder
5. mit dem Landesrechnungshof eine Prüfung durch ihn vereinbart ist oder
6. sie nicht Unternehmen sind und in ihrer Satzung mit Zustimmung des Landesrechnungshofs eine Prüfung durch ihn vorgesehen ist.

(2) Absatz 1 ist auf die vom Land oder von anderen Stellen für das Land verwalteten Treuhandvermögen anzuwenden.

(3) Steht dem Land vom Gewinn eines Unternehmens, an dem es nicht beteiligt ist, mehr als der vierte Teil zu, so prüft der Landesrechnungshof den Abschluß und die Geschäftsführung daraufhin, ob die Interessen des Landes nach den bestehenden Bestimmungen gewahrt worden sind.

Teil VI
Landesunmittelbare juristische Personen des öffentlichen Rechts

§ 105
Grundsatz

(1) Für landesunmittelbare juristische Personen des öffentlichen Rechts gelten

1. die §§ 106 bis 110,
2. die §§ 1 bis 87 entsprechend,

soweit nicht durch Gesetz oder aufgrund eines Gesetzes etwas anderes bestimmt ist.

(2) Für landesunmittelbare juristische Personen des öffentlichen Rechts kann das zuständige Ministerium im Einvernehmen mit dem Finanzausschuß, dem Finanzministerium und dem Landesrechnungshof Ausnahmen von den in Absatz 1 bezeichneten Vorschriften zulassen, soweit kein erhebliches finanzielles Interesse des Landes besteht.

§ 106
Haushaltsplan

(1) Das zur Geschäftsführung berufene Organ einer landesunmittelbaren juristischen Person des öffentlichen Rechts hat vor Beginn jedes Haushaltsjahres einen Haushaltsplan festzustellen. Er muß alle im Haushaltsjahr zu erwartenden Einnahmen, voraussichtlich zu leistenden Ausgaben und voraussichtlich benötigten Verpflichtungsermächtigungen enthalten und ist in Einnahme und Ausgabe auszugleichen. In den Haushaltsplan dürfen nur die Ausgaben und Verpflichtungsermächtigungen eingestellt werden, die zur Erfüllung der Aufgaben der juristischen Person notwendig sind.

(2) Hat die juristische Person neben dem zur Geschäftsführung berufenen Organ ein besonderes Beschlußorgan, das in wichtigen Verwaltungsangelegenheiten zu entscheiden oder zuzustimmen oder die Geschäftsführung zu überwachen hat, so hat dieses den Haushaltsplan festzustellen. Das zur Geschäftsführung berufene Organ hat den Entwurf dem Beschlußorgan vorzulegen.

§ 107
Umlagen, Beiträge

Ist die landesunmittelbare juristische Person des öffentlichen Rechts berechtigt, von ihren Mitgliedern Umlagen oder Beiträge zu erheben, so ist die Höhe der Umlagen oder der Beiträge für das neue Haushaltsjahr gleichzeitig mit der Feststellung des Haushaltsplans festzusetzen.

§ 108
Genehmigung des Haushaltsplans

(1) Der Haushaltsplan und die Festsetzung der Umlagen oder der Beiträge bedürfen bei landesunmittelbaren juristischen Personen des öffentlichen Rechts der Genehmigung des zuständigen Ministeriums. Die Festsetzung der Umlagen oder der Beiträge bedarf außerdem der Genehmigung des Finanzministeriums. Der Haushaltsplan und der Beschluß über die Festsetzung der Umlagen oder der Beiträge sind dem zuständigen Ministerium spätestens einen Monat vor Beginn des Haushaltsjahres vorzulegen. Der Haushaltsplan und der Beschluß können nur gleichzeitig in Kraft treten.

(2) Ein Entwurf des Haushaltsplans, der Festsetzung der Umlagen oder der Beiträge soll zu den Haushaltsberatungen vorgelegt werden.

§ 109
Rechnungslegung, Prüfung, Entlastung

(1) Nach Ende des Haushaltsjahres hat das zur Geschäftsführung berufene Organ der landesunmittelbaren juristischen Person des öffentlichen Rechts eine Rechnung aufzustellen.

(2) Die Rechnung ist, unbeschadet einer Prüfung durch den Landesrechnungshof nach § 111, von der durch Gesetz oder Satzung bestimmten Stelle zu prüfen. Die Satzungsvorschrift über die Durchführung der Prüfung bedarf der Zustimmung des zuständigen Ministeriums im Einvernehmen mit dem Finanzministerium und dem Landesrechnungshof.

(3) Die Entlastung erteilt das zuständige Ministerium im Einvernehmen mit dem Finanzministerium. Ist ein besonderes Beschlussorgan vorhanden, obliegt ihm die Entlastung.

§ 110
Wirtschaftsplan

Landesunmittelbare juristische Personen des öffentlichen Rechts, bei denen ein Wirtschaften nach Einnahmen und Ausgaben des Haushaltsplans nicht zweckmäßig ist, haben einen Wirtschaftsplan aufzustellen. Buchen sie nach den Regeln der kaufmännischen doppelten Buchführung, stellen sie einen Jahresabschluß sowie einen Lagebericht in entsprechender Anwendung der Vorschrift des § 264 Abs. 1 Satz 1 des Handelsgesetzbuches auf.

§ 111
Überwachung durch den Landesrechnungshof

(1) Der Landesrechnungshof überwacht die Haushalts- und Wirtschaftsführung der landesunmittelbaren juristischen Personen des öffentlichen Rechts. Die §§ 89 bis 99, §§ 102, 103 sind entsprechend anzuwenden.

(2) Für landesunmittelbare juristische Personen des öffentlichen Rechts kann das zuständige Ministerium im Einvernehmen mit dem Finanzministerium und dem Landesrechnungshof Ausnahmen von Absatz 1 zulassen, soweit kein erhebliches finanzielles Interesse des Landes besteht. Die nach bisherigem Recht zugelassenen Ausnahmen bleiben unberührt.

(3) Die Absätze 1 und 2 gelten nicht für Religionsgesellschaften und Weltanschauungsgemeinschaften des öffentlichen Rechts nach Artikel 137 Abs. 5 und 7 der Deutschen Verfassung vom 11. August 1919 in Verbindung mit Artikel 140 des Grundgesetzes vom 23. Mai 1949.

(4) Andere gesetzliche Vorschriften, die die Überwachung durch den Landesrechnungshof regeln, bleiben unberührt.

§ 112
Sonderregelungen

(1) Auf die landesunmittelbaren Träger der gesetzlichen Krankenversicherung, der gesetzlichen Unfallversicherung und der gesetzlichen Rentenversicherung einschließlich der Altershilfe für Landwirte ist nur § 111 anzuwenden, und zwar nur dann, wenn sie aufgrund eines Landesgesetzes vom Land Zuschüsse erhalten oder eine Garantieverpflichtung des Landes gesetzlich begründet ist. Auf die Verbände der in Satz 1 genannten Sozialversicherungsträger ist unabhängig von ihrer Rechtsform § 111 anzuwenden, wenn Mitglieder dieser Verbände der Überwachung durch den Landesrechnungshof unterliegen. Auf sonstige Vereinigungen auf dem Gebiet der Sozialversicherung finden die Vorschriften dieses Gesetzes keine Anwendung.

(2) Auf Unternehmen in der Rechtsform einer landesunmittelbaren juristischen Person des öffentlichen Rechts sind unabhängig von der Höhe der Beteiligung des Landes § 65 Absatz 1 Nummer 3 bis 5 und Abs. 3, § 68 Abs. 1 und § 69 entsprechend, § 111 unmittelbar anzuwenden. Die Verpflichtung des Landes nach § 65 a besteht auch in Bezug auf die in Satz 1 genannten Unternehmen, soweit sie nicht durch Landesgesetz zur Offenlegung der Angaben nach § 65 a verpflichtet sind. Für Unternehmen in der Rechtsform einer juristischen Person des privaten Rechts, an denen die in Satz 1 genannten Unternehmen unmittelbar oder mittelbar mit Mehrheit beteiligt sind, gelten die §§ 53 und 54 des Haushaltsgrundsätzegesetzes und die §§ 65 bis 69 entsprechend.

Teil VII
Sondervermögen

§ 113
Grundsatz

Auf Sondervermögen des Landes sind die Teile I bis IV, VIII und IX dieses Gesetzes entsprechend anzuwenden, soweit nicht durch Gesetz oder aufgrund eines Gesetzes etwas anderes bestimmt ist. Der Landesrechnungshof überwacht die Haushalts- und Wirtschaftsführung der Sondervermögen; Teil V dieses Gesetzes ist entsprechend anzuwenden.

Teil VIII
Entlastung

§ 114
Entlastung

(1) Die Landesregierung hat durch das Finanzministerium dem Landtag über alle Einnahmen und Ausgaben sowie die Inanspruchnahme der Verpflichtungsermächtigungen jährlich Rechnung zu legen. Die Haushaltsrechnung ist mit einer Übersicht über das Vermögen und die Schulden des Landes im nächsten Haushaltsjahr dem Landtag zur Entlastung vorzulegen. Der Landesrechnungshof berichtet dem Landtag und der Landesregierung unmittelbar zur Haushaltsrechnung.

(2) Der Landtag beschließt über die Entlastung der Landesregierung aufgrund der Haushaltsrechnung sowie aufgrund des Berichts und der jährlichen Bemerkungen des Landesrechnungshofs. Er stellt hierbei die wesentlichen Sachverhalte fest und beschließt über einzuleitende Maßnahmen.

(3) Der Landtag kann den Landesrechnungshof zur weiteren Aufklärung einzelner Sachverhalte auffordern.

(4) Der Landtag bestimmt einen Termin, zu dem die Landesregierung über die eingeleiteten Maßnahmen dem Landtag zu berichten hat. Soweit Maßnahmen nicht zu dem beabsichtigten Erfolg geführt haben, kann der Landtag die Sachverhalte wieder aufgreifen.

(5) Der Landtag kann bestimmte Sachverhalte ausdrücklich mißbilligen.

Teil IX
Übergangs- und Schlußbestimmungen

§ 115
Öffentlich-rechtliche Dienst- oder Amtsverhältnisse

Vorschriften dieses Gesetzes für Beamtinnen und Beamte sind auf andere öffentlich-rechtliche Dienst- oder Amtsverhältnisse entsprechend anzuwenden.

§ 116
Endgültige Entscheidung

(1) Das Finanzministerium entscheidet in den Fällen des § 37 Abs. 1 endgültig. Soweit dieses Gesetz in anderen Fällen Befugnisse des Finanzministeriums enthält, kann das zuständige Ministerium über die Maßnahme des Finanzministeriums die Entscheidung der Landesregierung einholen; die Landesregierung entscheidet anstelle des Finanzministeriums endgültig. Entscheidet die Landesregierung gegen oder ohne die Stimme der Ministerin oder des Ministers für Finanzen und Energie, so gilt § 28 Abs. 2 Sätze 2 bis 4 entsprechend.

(2) Der Einwilligung des Finanzministeriums bedarf es ausnahmsweise nicht, wenn sofortiges Handeln zur Abwendung einer dem Land drohenden unmittelbar bevorstehenden Gefahr erforderlich ist, das durch die Notlage gebotene Maß nicht überschritten wird und die Einwilligung nicht rechtzeitig eingeholt werden kann. Zu den getroffenen Maßnahmen ist die Genehmigung des Finanzministeriums unverzüglich einzuholen.

§ 117
Inkrafttreten

(1) Dieses Gesetz tritt am 1. Januar 1972 in Kraft.

(2) Zugleich treten als Landesrecht außer Kraft:

1. Die Reichshaushaltsordnung vom 31. Dezember 1922 in der Fassung der Bekanntmachung vom 14. April 1930 (RGBl. II S. 693) und die dazu ergangenen Änderungs- und Ergänzungsgesetze.

2. Das Gesetz zur Erhaltung und Hebung der Kaufkraft vom 24. März 1934 (RGBl. I S. 235).

3. Das Gesetz zur Anpassung des Rechnungsjahres an das Kalenderjahr vom 2. März 1960 (GVOBl. Schl.-H. S. 59).

4. Die in Gesetzen über die einzelnen landesunmittelbaren juristischen Personen des öffentlichen Rechts enthaltenen Vorschriften, soweit sie mit §§ 111 und 112 nicht vereinbar sind; entgegenstehende Satzungsbestimmungen sind dem § 111 anzupassen.

5. Die in den Gesetzen über die einzelnen Sondervermögen des Landes enthaltenen Vorschriften, soweit sie mit § 113 nicht vereinbar sind.

Ferner treten diejenigen Vorschriften anderer Gesetze außer Kraft, die mit den Bestimmungen dieses Gesetzes nicht vereinbar sind.

(3) Soweit in anderen Gesetzes auf die nach Absatz 2 aufgehobenen Bestimmungen Bezug genommen wird, treten an ihre Stelle die Vorschriften dieses Gesetzes.

Gesetz über den Finanzausgleich in Schleswig-Holstein (Finanzausgleichsgesetz – FAG)[1]
vom 12. November 2020
– GVOBl. Schl.-H. S. 808, berichtigt S. 996 –

Inhaltsübersicht:

Erster Teil – Grundsätze
- § 1 Finanzierung kommunaler Aufgaben
- § 2 Finanzausgleichsleistungen

Zweiter Teil – Verbundwirtschaft
- § 3 Finanzausgleichsmasse
- § 4 Verwendung der Finanzausgleichsmasse
- § 5 Regelüberprüfung

Dritter Teil – Schlüsselzuweisungen an die Gemeinden und Zuweisungen an die Gemeinde Helgoland und die Gemeinden auf den nordfriesischen Marschinseln und Halligen
- § 6 Schlüsselzuweisungen an die Gemeinden
- § 7 Schlüsselzuweisungen an die Gemeinden zum Ausgleich unterschiedlicher Steuerkraft und bedarfstreibender Bevölkerungsstrukturlasten
- § 8 Ermittlung der Ausgangsmesszahl
- § 9 Ermittlung der Steuerkraftmesszahl
- § 10 Schlüsselzuweisungen an die Gemeinden zum Ausgleich bedarfstreibender Flächenlasten
- § 11 Zuweisungen an die Gemeinde Helgoland und die Gemeinden auf den nordfriesischen Marschinseln und Halligen

Vierter Teil – Schlüsselzuweisungen an die Kreise und kreisfreien Städte
- § 12 Schlüsselzuweisungen an die Kreise und kreisfreien Städte
- § 13 Schlüsselzuweisungen an die Kreise und kreisfreien Städte zum Ausgleich unterschiedlicher Umlagekraft, bedarfstreibender sozialer Lasten und bedarfstreibender Bevölkerungsstrukturlasten
- § 14 Schlüsselzuweisungen an die Kreise und kreisfreien Städte zum Ausgleich bedarfstreibender Flächenlasten

Fünfter Teil – Schlüsselzuweisungen an die Zentralen Orte
- § 15 Schlüsselzuweisungen an die Zentralen Orte zum Ausgleich übergemeindlicher Aufgaben

Sechster Teil – Maßnahmen zur Verbesserung der Finanzsituation der Gemeinden und Kreise
- § 16 Konsolidierungshilfen
- § 17 Fehlbetragszuweisungen

Siebter Teil – Zweckzuweisungen und kommunaler Investitionsfonds
- § 18 Sonderbedarfszuweisungen
- § 19 Kommunaler Investitionsfonds und weitere Finanzmittel für Infrastrukturmaßnahmen
- § 20 Zuweisungen für Theater und Orchester
- § 21 Zuweisungen für Aufnahme und Integration
- § 22 Zuweisungen zur Förderung des Büchereiwesens
- § 23 Zuweisungen zur Förderung von Frauenhäusern und Frauenberatungsstellen
- § 24 Zuweisungen für kommunale Schwimmsportstätten
- § 25 Zuweisungen für den IT-Verbund Schleswig-Holstein
- § 26 Zuweisungen für die Verwaltungsakademie Bordesholm

Achter Teil – Umlagen
- § 27 Kreisumlage
- § 28 Amtsumlage
- § 29 Finanzausgleichsumlage

Neunter Teil – Leistungen außerhalb der Verbundwirtschaft
- § 30 Feuerschutzsteuer
- § 31 Zuweisungen des Landes zur Förderung von freiwilligen gemeindlichen Gebietsänderungen
- § 32 Bedarfsunabhängige Zuweisungen von bestimmten Umsatzsteuereinnahmen des Landes an die Gemeinden
- § 33 Zuweisungen des Landes an die Kreise und kreisfreien Städte für Schulsozialarbeit

Zehnter Teil – Gemeinsame Vorschriften
- § 34 Beirat für den kommunalen Finanzausgleich
- § 35 Ermittlung der Einwohnerzahl
- § 36 Begriffsbestimmungen und statistische Grundlagen
- § 37 Festsetzung und Berichtigung der Schlüsselzuweisungen
- § 38 Auszahlung der Schlüsselzuweisungen

Erster Teil
Grundsätze

§ 1
Finanzierung kommunaler Aufgaben

(1) Dieses Gesetz regelt den kommunalen Finanzausgleich gemäß Artikel 57 Absatz 1 der Verfassung des Landes Schleswig-Holstein.

(2) Die Gemeinden, Kreise und Ämter tragen die Aufwendungen und Auszahlungen für ihre Aufgaben, soweit nicht durch Gesetz etwas anderes bestimmt ist.

(3) Den Gemeinden, Kreisen und Ämtern stehen die Erträge und Einzahlungen für ihre Aufgaben zu, soweit nicht durch Gesetz etwas anderes bestimmt ist.

(4) Die Gemeinden, Kreise und Ämter haben die zur ordnungsgemäßen Erfüllung ihrer Aufgaben notwendigen Mittel aus eigenen Erträgen und Einzahlungen aufzubringen. Darüber hinaus erhalten sie Zuweisungen nach diesem Gesetz.

(5) Die Absätze 2 bis 4 gelten für die Kreise entsprechend, soweit die Landrätinnen und Landräte Aufgaben als allgemeine untere Landesbehörde wahrnehmen.

§ 2
Finanzausgleichsleistungen

(1) Das Land gewährt den Gemeinden und Kreisen allgemeine Finanzzuweisungen nach den §§ 6 bis 17.

(2) Das Land gewährt den Gemeinden, Kreisen, Ämtern und Zweckverbänden Zweckzuweisungen nach den §§ 18 bis 26.

(3) Die Kreise und Ämter erheben Umlagen nach den §§ 27 und 28. Darüber hinaus tragen Gemeinden mit hoher Steu-

---

[1] Das Finanzausgleichsgesetz wurde als Artikel 1 des Gesetzes zur bedarfsgerechten Weiterentwicklung des kommunalen Finanzausgleichs vom 12.11.2020 (GVOBl. Schl.-H. S. 808) verkündet, das nach seinem Artikel 7 am 1.1.2021 in Kraft trat.

erkraft durch die Finanzausgleichsumlage nach § 29 zum interkommunalen Finanzausgleich bei.

(4) Das Land gewährt den Gemeinden, Kreisen, Ämtern und Zweckverbänden Zuweisungen aufgrund besonderer Gesetze und nach Maßgabe des Landeshaushalts.

(5) Das Land leitet Zuweisungen Dritter in dem Umfang an die Gemeinden, Kreise und Ämter weiter, der ihrer Beteiligung an der Erfüllung der Aufgabe oder an der Belastung mit Aufwendungen und Auszahlungen entspricht.

Zweiter Teil
Verbundwirtschaft

§ 3
Finanzausgleichsmasse

(1) Das Land stellt für die in § 4 bezeichneten Zuweisungen jährlich eine Finanzausgleichsmasse in Höhe von 18,18 % im Jahr 2021, in Höhe von 18,23 % im Jahr 2022, in Höhe von 18,28 % im Jahr 2023 und in Höhe von 18,33 % ab dem Jahr 2024 (Verbundsatz) der Verbundgrundlagen nach Absatz 2 zur Verfügung.

(2) Die Verbundgrundlagen umfassen

1. das dem Land zustehende Aufkommen aus der Einkommensteuer, der Körperschaftsteuer und der Umsatzsteuer (Artikel 106 Absatz 3 und Artikel 107 Absatz 1 des Grundgesetzes) unter Abzug der Zuweisungen des Landes nach § 32 Absatz 1, der Mittel aus der Weiterleitung der Bundesentlastung für Kommunen, die laut Artikel 1 des Gesetzes zur Beteiligung des Bundes an den Kosten der Integration und zur weiteren Entlastung von Ländern und Kommunen vom 1. Dezember 2016 (BGBl. I S. 2755) über den Landesanteil an der Umsatzsteuer zunächst im Landeshaushalt vereinnahmt werden, der vom Bund zur Entlastung von Ländern und Kommunen im Zusammenhang mit der Aufnahme, Unterbringung, Versorgung und Gesundheitsversorgung von Asylbewerberinnen und Asylbewerbern bereitgestellten Mittel, der vom Bund zum Ausgleich für Belastungen der Länder aus dem Gesetz zur Weiterentwicklung der Qualität und zur Teilhabe in der Kindertagesbetreuung bereitgestellten Mittel, der vom Bund über die Umsatzsteuer zur Verfügung gestellten Mittel laut des Entflechtungsgesetzes vom 20. Oktober 2015 (BGBl. I S. 1722) in der bis zum 7. Dezember 2016 geltenden Fassung, der vom Bund zur Verfügung gestellten Mittel für den Pakt für den Rechtsstaat zur Verbesserung der Personalausstattung der Justiz, der vom Bund über die Umsatzsteuer zur Verfügung gestellten Mittel laut Artikel 2 des Gesetzes zur Förderung von Kindern unter drei Jahren in Tageseinrichtungen und in Kindertagespflege (Kinderförderungsgesetz – KiföG) vom 10. Dezember 2008 (BGBl. I S. 2403) sowie der vom Bund über die Umsatzsteuer zur Verfügung gestellten Mittel laut Artikel 3 des Gesetzes zur zusätzlichen Förderung von Kindern unter drei Jahren in Tageseinrichtungen und Kindertagespflege vom 15. Februar 2013 (BGBl. I S. 250),

2. das Aufkommen aus der Vermögensteuer, der Erbschaftsteuer, der Grunderwerbsteuer, der Biersteuer und der Rennwett- und Lotteriesteuern mit Ausnahme der Totalisatorsteuer (Landessteuern nach Artikel 106 Absatz 2 des Grundgesetzes),

3. den dem Land zustehenden Kompensationsbetrag für die Übertragung der Ertragshoheit der Kraftfahrzeugsteuer auf den Bund (Artikel 106b des Grundgesetzes),

4. die Einnahmen des Landes aus den Ergänzungszuweisungen des Bundes (Artikel 107 Absatz 2 Satz 2 des Grundgesetzes) abzüglich der Zuweisungen des Bundes zum Ausgleich der unterdurchschnittlichen Forschungsförderung nach Artikel 91b des Grundgesetzes.

(3) Von den Mitteln aus der Weiterleitung der Bundesentlastung für Kommunen, die laut Artikel 1 des Gesetzes zur Beteiligung des Bundes an den Kosten der Integration und zur weiteren Entlastung von Ländern und Kommunen vom 1. Dezember 2016 (BGBl. I S. 2755) über den Landesanteil an der Umsatzsteuer zunächst im Landeshaushalt vereinnahmt werden, werden 5 Millionen Euro jährlich für die Finanzierung von Maßnahmen des öffentlichen Personennahverkehrs mit Bussen und U-Bahnen außerhalb dieses Gesetzes bereitgestellt; über die Verteilung entscheidet das für Verkehr zuständige Ministerium. Bis zum Jahr 2023 wird die Finanzausgleichsmasse für die Konsolidierungshilfen nach § 16 jährlich um 15 Millionen Euro erhöht.

(4) Die Finanzausgleichsmasse wird für jedes Haushaltsjahr nach den Ansätzen im Landeshaushaltsplan festgesetzt. Eine Änderung der Ansätze durch Nachtragshaushaltspläne wird für den Finanzausgleich des laufenden Haushaltsjahres nicht berücksichtigt.

(5) Ein Unterschied zwischen den Ansätzen im ursprünglichen Landeshaushaltsplan und den Ist-Einnahmen wird spätestens bei der Finanzausgleichsmasse des nächsten Haushaltsjahrs berücksichtigt, das dem Zeitpunkt der Feststellung der Ist-Einnahmen folgt. Eine abweichende Verwendung kann mit den Landesverbänden der Gemeinden und Kreise vereinbart werden. Bei einem Doppelhaushalt erfolgt die Berücksichtigung des Unterschiedes spätestens bei der Finanzausgleichsmasse des übernächsten Haushaltsjahres.

(6) Der negative Abrechnungsbetrag aus dem kommunalen Finanzausgleich des Jahres 2020 wird durch das Land und die Kommunen in den Jahren 2022 bis 2031 gemeinsam jeweils hälftig mit einem Betrag in Höhe von einem Zwanzigstel des Abrechnungsbetrages pro Jahr finanziert. Zur Stützung der Finanzausgleichsmasse im Jahr 2021 fließen die Jahresraten des Landes aus den Jahren 2029 bis 2031 der Finanzausgleichsmasse 2021 in Höhe von drei Zwanzigsteln des voraussichtlichen Abrechnungsbetrages zu. Der Unterschiedsbetrag zwischen dem für die Finanzausgleichsmasse 2021 angesetzten voraussichtlichen Abrechnungsbetrag für den kommunalen Finanzausgleich des Jahres 2020 und dem tatsächlichen anteiligen Abrechnungsbetrag wird bei der Finanzausgleichsmasse des Jahres 2022 berücksichtigt. Die Kommunen übernehmen in den Jahren 2029 und 2031 den Landesanteil, der der Finanzausgleichsmasse im Jahr 2021 zugeflossen ist, indem sie in diesen Jahren jeweils zwei Zwanzigstel des tatsächlichen Abrechnungsbetrages pro Jahr finanzieren.

§ 4
Verwendung der Finanzausgleichsmasse

(1) Die Finanzausgleichsmasse wird, soweit sie nicht für Zuweisungen nach Absatz 2 benötigt wird, verwendet für

1. Schlüsselzuweisungen an die Gemeinden nach den §§ 6 bis 10 sowie Zuweisungen an die Gemeinde Helgoland und die Gemeinden auf den nordfriesischen Marschinseln und Halligen nach § 11 mit einem Anteil von 30,73 %,

2. Schlüsselzuweisungen an die Kreise und kreisfreien Städte nach den §§ 12 bis 14 mit einem Anteil von 53,96 %,

3. Schlüsselzuweisungen an die Zentralen Orte nach § 15 mit einem Anteil von 15,31 %.

(2) Aus der Finanzausgleichsmasse werden jährlich bereitgestellt für

1. die Konsolidierungshilfen nach § 16 — 45,0 Millionen Euro in den Jahren 2021 bis 2023,

2. die Fehlbetragszuweisungen nach § 17 — 45,0 Millionen Euro in den Jahren 2021 bis 2023 sowie 50,0 Millionen Euro ab dem Jahr 2024,

3. die Sonderbedarfszuweisungen nach § 18 — 5,0 Millionen Euro,

4. die Zuweisungen zur Stärkung der Investitionskraft für Infrastrukturmaßnahmen der Gemeinden und Kreise nach § 19 Absatz 10 — 68,0 Millionen Euro,

5. die Zuweisungen für Theater und Orchester nach § 20	41,749 Millionen Euro im Jahr 2021, 42,793 Millionen Euro im Jahr 2022, 43,863 Millionen Euro im Jahr 2023 sowie 44,959 Millionen Euro im Jahr 2024, ab dem Jahr 2025 erhöht sich der jeweilige Vorjahresbetrag um 2,5 %,	
6. die Zuweisungen für Aufnahme und Integration nach § 21	11,0 Millionen Euro,	
7. die Zuweisungen zur Förderung des Büchereiwesens nach § 22	8,196 Millionen Euro im Jahr 2021, 8,401 Millionen Euro im Jahr 2022, 8,611 Millionen Euro im Jahr 2023 sowie 8,826 Millionen Euro im Jahr 2024, ab dem Jahr 2025 erhöht sich der jeweilige Vorjahresbetrag um 2,5 %,	
8. die Zuweisungen zur Förderung von Frauenhäusern und Frauenberatungsstellen nach § 23	7,500 Millionen Euro im Jahr 2021, 7,688 Millionen Euro im Jahr 2022, 7,880 Millionen Euro im Jahr 2023 sowie 8.077 Millionen Euro im Jahr 2024, ab dem Jahr 2025 erhöht sich der jeweilige Vorjahresbetrag um 2,5 %,	
9. die Zuweisungen für kommunale Schwimmsportstätten nach § 24	7,5 Millionen Euro,	
10. die Zuweisungen für den IT-Verbund Schleswig-Holstein nach § 25	1,5 Millionen Euro,	
11. die Zuweisungen für die Verwaltungsakademie Bordesholm nach § 26	1,0 Millionen Euro	

(Vorwegabzüge). Werden für Vorwegabzüge bereitgestellte Mittel nicht benötigt, sind sie im Folgejahr den Mitteln nach Absatz 1 zuzuführen, sofern im Einzelfall nichts Abweichendes bestimmt oder mit den Landesverbänden der Gemeinden und Kreise vereinbart wird.

§ 5
Regelüberprüfung

Die erste Regelüberprüfung der Finanzausgleichsmasse und ihrer Verwendung erfolgt im Jahr 2024. Die weiteren Regelüberprüfungen sollen alle fünf Jahre stattfinden.

Dritter Teil
Schlüsselzuweisungen an die Gemeinden und Zuweisungen an die Gemeinde Helgoland und die Gemeinden auf den nordfriesischen Marschinseln und Halligen

§ 6
Schlüsselzuweisungen an die Gemeinden

(1) Die Schlüsselzuweisungen an die Gemeinden (Gemeindeschlüsselzuweisungen) setzen sich zusammen aus den Schlüsselzuweisungen an die Gemeinden zum Ausgleich unterschiedlicher Steuerkraft und bedarfstreibender Bevölkerungsstrukturlasten nach den §§ 7 bis 9 und den Schlüsselzuweisungen an die Gemeinden zum Ausgleich bedarfstreibender Flächenlasten nach § 10.

(2) Von den nach § 4 Absatz 1 Nummer 1 für Schlüsselzuweisungen an die Gemeinden und Zuweisungen an die Gemeinde Helgoland und die Gemeinden auf den nordfriesischen Marschinseln und Halligen zur Verfügung stehenden Mitteln werden nach Abzug der für die Zuweisungen an die Gemeinde Helgoland und die Gemeinden auf den nordfriesischen Marschinseln und Halligen (§ 11) benötigten Mittel 15 % bereitgestellt für die Schlüsselzuweisungen an die Gemeinden zum Ausgleich bedarfstreibender Flächenlasten nach § 10.

(3) Eine Gemeinde,

1. in die eine oder mehrere Gemeinden eingegliedert werden (Eingemeindung),
2. die durch Zusammenschluss mehrerer Gemeinden entsteht (Vereinigung) oder
3. in die Teile einer aufgeteilten Gemeinde eingehen (Auflösung),

erhält in den drei Finanzausgleichsjahren nach der Gebietsänderung abweichend von den §§ 7 und 10 eine Gemeindeschlüsselzuweisung in Höhe der Summe der Gemeindeschlüsselzuweisungen, die die beteiligten Gemeinden bei getrennter Betrachtung auf Basis der Steuerkraftmesszahlen, der bedarfsinduzierten Einwohnerzahlen (§ 35 Absatz 3) und der Gemeindestraßenkilometer im Jahr der Gebietsänderung erhalten hätten, sofern dies für die neugebildete Gemeinde im jeweiligen Finanzausgleichsjahr günstiger ist. Im Falle einer Auflösung wird die Steuerkraftmesszahl der aufgeteilten Gemeinde anteilig nach der übergegangenen Einwohnerzahl zum Zeitpunkt der Gebietsänderung berücksichtigt. Erfolgt die Gebietsänderung zum 1. Januar eines Jahres, gilt die Regelung nach Satz 1 für das Finanzausgleichsjahr der Änderung und die beiden folgenden Finanzausgleichsjahre.

§ 7
Schlüsselzuweisungen an die Gemeinden zum Ausgleich unterschiedlicher Steuerkraft und bedarfstreibender Bevölkerungsstrukturlasten

(1) Jede Gemeinde erhält eine Schlüsselzuweisung zum Ausgleich unterschiedlicher Steuerkraft und bedarfstreibender Bevölkerungsstrukturlasten, wenn ihre Steuerkraftmesszahl (§ 9) hinter ihrer Ausgangsmesszahl (§ 8) zurückbleibt.

(2) Die Schlüsselzuweisung zum Ausgleich unterschiedlicher Steuerkraft und bedarfstreibender Bevölkerungsstrukturlasten beträgt 70 % der Differenz zwischen Ausgangsmesszahl und Steuerkraftmesszahl (Schlüsselzahl).

(3) Erreicht die Summe aus der Schlüsselzuweisung zum Ausgleich unterschiedlicher Steuerkraft und bedarfstreibender Bevölkerungsstrukturlasten und der Steuerkraftmesszahl einer Gemeinde nicht 80 % der Ausgangsmesszahl, wird die Schlüsselzuweisung zum Ausgleich unterschiedlicher Steuerkraft und bedarfstreibender Bevölkerungsstrukturlasten um den Differenzbetrag erhöht (Mindestgarantie). Erreicht die Summe aus der Schlüsselzuweisung zum Ausgleich unterschiedlicher Steuerkraft und bedarfstreibender Bevölkerungsstrukturlasten, der Erhöhung auf die Mindestgarantie und der Steuerkraftmesszahl einer Gemeinde nicht 85 % der Ausgangsmesszahl, wird die Schlüsselzuweisung zum Ausgleich unterschiedlicher Steuerkraft und bedarfstreibender Bevölkerungsstrukturlasten um 70 % des Differenzbetrages erhöht.

§ 8
Ermittlung der Ausgangsmesszahl

(1) Die Ausgangsmesszahl einer Gemeinde wird ermittelt, indem die bedarfsinduzierte Einwohnerzahl der Gemeinde (§ 35 Absatz 3) mit dem einheitlichen Grundbetrag (Absatz 2) vervielfältigt wird. Bei der Berechnung der bedarfsinduzierten Einwohnerzahl werden für die Ermittlung der Ausgangsmesszahl einer Gemeinde die Einwohnerinnen und Einwohner unter 18 Jahre mit dem 0,5-fachen zur Einwohnerzahl hinzugerechnet.

(2) Der einheitliche Grundbetrag ist durch das für Inneres zuständige Ministerium jährlich so festzusetzen, dass der Betrag nach § 4 Absatz 1 Nummer 1 für Schlüsselzuweisungen an die Gemeinden zum Ausgleich unterschiedlicher Steuerkraft und bedarfstreibender Bevölkerungsstrukturlasten verwendet wird, soweit er nicht für die Schlüsselzuweisungen an die Gemeinden zum Ausgleich bedarfstreibender Flächenlasten (§ 10) und für die Zuweisungen an die Gemeinde Helgoland und die Gemeinden auf den nordfriesischen Marschinseln und Halligen (§ 11) verwendet wird.

§ 9
Ermittlung der Steuerkraftmesszahl

(1) Die Steuerkraftmesszahl einer Gemeinde wird ermittelt, indem die Steuerkraftzahlen der Grundsteuern, der Gewerbesteuer, des Gemeindeanteils an der Einkommensteuer, des Gemeindeanteils an der Umsatzsteuer und der Zuweisung des Landes an die Gemeinden nach § 32 zusammengezählt werden.

(2) Als Steuerkraftzahlen werden angesetzt
1. bei der Grundsteuer von den land- und forstwirtschaftlichen Betrieben sowie bei der Grundsteuer von den Grundstücken die Messbeträge, multipliziert mit 90 % des gewogenen Durchschnitts des Hebesatzes für die Grundsteuer, der im vergangenen Jahr ermittelt wurde (Nivellierungssatz Grundsteuer),
2a) bei der Gewerbesteuer die Messbeträge, multipliziert mit 90 % des gewogenen Durchschnitts des Hebesatzes für die Gewerbesteuer, der im vergangenen Jahr ermittelt wurde, vermindert um den für die Ermittlung der Gewerbesteuerumlage maßgeblichen Prozentsatz, der im vorvergangenen Jahr Anwendung gefunden hat (Nivellierungssatz Gewerbesteuer),
2b) bei der Gewerbesteuer in den Finanzausgleichsjahren 2021 und 2022 zusätzlich jeweils die Hälfte der Zuweisungen, die nach dem Gesetz zum pauschalen Ausgleich von Gewerbesteuermindereinnahmen in Folge der COVID-19-Pandemie im Jahr 2020 vom 6. November 2020 (GVOBl. Schl.-H. S. 803) zur Auszahlung gekommen sind,
3. bei dem Gemeindeanteil an der Einkommensteuer das Ist-Aufkommen im Zeitraum vom 1. Juli des vorvergangenen Jahres bis zum 30. Juni des vergangenen Jahres; das Ist-Aufkommen im Zeitraum vom 1. Juli 2020 bis zum 30. Juni 2021 sowie im Zeitraum vom 1. Juli 2021 bis zum 30. Juni 2022 wird jeweils um die Hälfte der Zuweisungen nach dem Gesetz zum pauschalen Ausgleich von Lohn- und Einkommensteuermindereinnahmen der Gemeinden in Folge der COVID-19-Pandemie in den Jahren 2021 und 2022 vom 12. November 2020 (GVOBl. Schl.-H. S. 808) für das Jahr 2021 erhöht; das Ist-Aufkommen im Zeitraum vom 1. Juli 2021 bis zum 30. Juni 2022 sowie im Zeitraum vom 1. Juli 2022 bis zum 30. Juni 2023 wird jeweils um die Hälfte der Zuweisungen nach dem Gesetz zum pauschalen Ausgleich von Lohn- und Einkommensteuermindereinnahmen der Gemeinden in Folge der COVID-19-Pandemie in den Jahren 2021 und 2022 vom 12. November 2020 (GVOBl. Schl.-H. S. 808) für das Jahr 2022 erhöht,
4. bei dem Gemeindeanteil an der Umsatzsteuer das Ist-Aufkommen im Zeitraum vom 1. Juli des vorvergangenen Jahres bis zum 30. Juni des vergangenen Jahres,
5. bei der Zuweisung des Landes an die Gemeinden nach § 32 der Zuweisungsbetrag für den Zeitraum vom 1. Juli des vorvergangenen Jahres bis zum 30. Juni des vergangenen Jahres.

Die Prozentsätze, die sich aus der anteiligen Berücksichtigung des gewogenen Durchschnitts des Hebesatzes nach Satz 1 Nummer 1 und aus der anteiligen Berücksichtigung des gewogenen Durchschnitts des Hebesatzes nach Satz 1 Nummer 2 nach Abzug des Gewerbesteuerumlagesatzes ergeben, werden auf einen vollen Prozentsatz abgerundet.

(3) Als Messbeträge werden die Messbeträge der Grundsteuer von den land- und forstwirtschaftlichen Betrieben, die Messbeträge der Grundsteuer von den Grundstücken und die Messbeträge der Gewerbesteuer angesetzt, die sich ergeben, wenn das Ist-Aufkommen dieser Steuern im Zeitraum vom 1. Juli des vorvergangenen Jahres bis zum 30. Juni des vergangenen Jahres durch den Hebesatz des vergangenen Jahres für diese Steuern geteilt wird.

(4) Lassen sich Messbeträge nach Absatz 3 für eine Steuer nicht feststellen, weil eine Gemeinde sie nicht erhoben hat, kann das für Inneres zuständige Ministerium die Steuerkraftzahl festsetzen. Sie ist für jede Steuer nach dem Landesdurchschnitt je Einwohnerin oder Einwohner der Gemeinden nach § 35 Absatz 3 im vergangenen Finanzausgleichsjahr zu bemessen.

(5) Werden in einer Verbandssatzung oder in einer öffentlich-rechtlichen Vereinbarung nach den §§ 5 und 18 des Gesetzes über kommunale Zusammenarbeit in der Fassung der Bekanntmachung vom 28. Februar 2003 (GVOBl. Schl.-H. S. 122), zuletzt geändert durch Artikel 4 des Gesetzes vom 21. Juni 2016 (GVOBl. Schl.-H. S. 528), Bestimmungen über die Aufteilung des Grundsteueraufkommens oder des Gewerbesteueraufkommens getroffen, können diese bei der Ermittlung der Steuerkraftmesszahl berücksichtigt werden, wenn sie mindestens für die Dauer von fünf Jahren gelten.

§ 10
Schlüsselzuweisungen an die Gemeinden zum Ausgleich bedarfstreibender Flächenlasten

Die nach § 6 Absatz 2 für Schlüsselzuweisungen an die Gemeinden zum Ausgleich bedarfstreibender Flächenlasten bereitgestellten Mittel werden über einen einheitlichen Flächenfaktor je Gemeindestraßenkilometer einer Gemeinde verteilt. Die Höhe des Flächenfaktors errechnet sich aus der Division der zur Verfügung gestellten Schlüsselzuweisungen an die Gemeinden zum Ausgleich bedarfstreibender Flächenlasten durch die gesamten Gemeindestraßenkilometer.

§ 11
Zuweisungen an die Gemeinde Helgoland und die Gemeinden auf den nordfriesischen Marschinseln und Halligen

Die Gemeinde Helgoland und Gemeinden, deren Gemeindegebiete ausschließlich auf den nordfriesischen Marschinseln und Halligen liegen, können allgemeine Finanzzuweisungen erhalten, deren Höhe jährlich vom für Inneres zuständigen Ministerium festgesetzt wird. Die Zuweisungen werden unmittelbar an die Gemeinden gezahlt. Vor der Entscheidung soll der Beirat für den kommunalen Finanzausgleich gehört werden.

Vierter Teil
Schlüsselzuweisungen an die Kreise und kreisfreien Städte

§ 12
Schlüsselzuweisungen an die Kreise und kreisfreien Städte

(1) Die Schlüsselzuweisungen an die Kreise und kreisfreien Städte setzen sich zusammen aus den Schlüsselzuweisungen an die Kreise und kreisfreien Städte zum Ausgleich unterschiedlicher Umlagekraft, bedarfstreibender sozialer Lasten und bedarfstreibender Bevölkerungsstrukturlasten nach § 13 und den Schlüsselzuweisungen an die Kreise und kreisfreien Städte zum Ausgleich bedarfstreibender Flächenlasten nach § 14.

(2) Von den nach § 4 Absatz 1 Nummer 2 für Schlüsselzuweisungen an die Kreise und kreisfreien Städte zur Verfügung stehenden Mitteln werden 6 % bereitgestellt für die Schlüsselzuweisungen an die Kreise und kreisfreien Städte zum Ausgleich bedarfstreibender Flächenlasten nach § 14.

§ 13
Schlüsselzuweisungen an die Kreise und kreisfreien Städte zum Ausgleich unterschiedlicher Umlagekraft, bedarfstreibender sozialer Lasten und bedarfstreibender Bevölkerungsstrukturlasten

(1) Jeder Kreis und jede kreisfreie Stadt erhält eine Schlüsselzuweisung zum Ausgleich unterschiedlicher Umlagekraft, bedarfstreibender sozialer Lasten und bedarfstreibender Bevölkerungsstrukturlasten, wenn die Umlagekraftmesszahl nach Absatz 3 vermindert um die Soziallastenmesszahl nach Absatz 4 (integrierte Messzahl) hinter der Ausgangsmesszahl nach Absatz 2 zurückbleibt. Die Schlüsselzuweisung zum Ausgleich unterschiedlicher Umlagekraft, bedarfstreibender sozialer Lasten und bedarfstreibender Bevölkerungsstrukturlasten beträgt 85 % der Differenz zwischen der Ausgangsmesszahl und der integrierten Messzahl (Schlüsselzahl).

(2) Die Ausgangsmesszahl eines Kreises oder einer kreisfreien Stadt wird ermittelt, indem die bedarfsinduzierte Einwohnerzahl des Kreises oder der kreisfreien Stadt (§ 35 Absatz 3) mit einem einheitlichen Grundbetrag vervielfältigt wird. Bei der Berechnung der bedarfsinduzierten Einwohnerzahl werden für die Ermittlung der Ausgangsmesszahl eines Kreises oder einer kreisfreien Stadt die Einwohnerinnen und Einwohner unter 18 Jahre mit dem 0,3-fachen zur Einwohnerzahl hinzugerechnet. Der für die Kreise und kreisfreien Städte einheitliche Grundbetrag ist durch das für Inneres zuständige Ministerium jährlich so festzusetzen, dass der Betrag nach § 4 Absatz 1 Nummer 2 für Schlüsselzuweisungen an die Kreise und kreisfreien Städte zum Ausgleich unterschiedlicher Umlagekraft, bedarfstreibender sozialer Lasten und bedarfstreibender Bevölkerungsstrukturlasten verwendet wird, soweit er nicht für die Schlüsselzuweisungen an die Kreise und kreisfreien Städte zum Ausgleich bedarfstreibender Flächenlasten (§ 14) verwendet wird.

(3) Die Umlagekraftmesszahl des Kreises oder der kreisfreien Stadt wird ermittelt, indem die Umlagegrundlagen mit den gewogenen Durchschnitt der Umlagesätze für die Kreisumlage (§ 36 Absatz 3) des vorvergangenen Jahres vervielfältigt werden. Die Umlagegrundlagen des Kreises ergeben sich aus der Summe der für die kreisangehörigen Gemeinden ermittelten Steuerkraftmesszahlen (§ 9) zuzüglich ihrer Gemeindeschlüsselzuweisungen (§ 6 Absatz 1) und abzüglich ihrer Zahlungen in die Finanzausgleichsumlage (§ 29). Die Umlagegrundlagen der kreisfreien Stadt ergeben sich aus ihrer Steuerkraftmesszahl zuzüglich ihrer Gemeindeschlüsselzuweisung und abzüglich ihrer Zahlungen in die Finanzausgleichsumlage.

(4) Die Soziallastenmesszahl des Kreises oder der kreisfreien Stadt wird ermittelt, indem die Anzahl der Personen, die im Durchschnitt des vorvergangenen Jahres im Gebiet des Kreises oder der kreisfreien Stadt in Bedarfsgemeinschaften nach dem Zweiten Buch Sozialgesetzbuch – Grundsicherung für Arbeitsuchende – in der Fassung der Bekanntmachung vom 13. Mai 2011 (BGBl. I S. 850, 2094), zuletzt geändert durch Artikel 7 des Gesetzes vom 14. Dezember 2019 (BGBl. I S. 2789), lebten (§ 36 Absatz 4), mit 3.411 Euro vervielfältigt wird.

§ 14
Schlüsselzuweisungen an die Kreise und kreisfreien Städte zum Ausgleich bedarfstreibender Flächenlasten

Die nach § 12 Absatz 2 für Schlüsselzuweisungen an die Kreise und kreisfreien Städte zum Ausgleich bedarfstreibender Flächenlasten bereitgestellten Mittel werden über einen einheitlichen Flächenfaktor je Kreisstraßenkilometer eines Kreises oder einer kreisfreien Stadt verteilt. Die Höhe des Flächenfaktors errechnet sich aus der Division der zur Verfügung gestellten Schlüsselzuweisungen an die Kreise und kreisfreien Städte zum Ausgleich bedarfstreibender Flächenlasten durch die gesamten Kreisstraßenkilometer.

Fünfter Teil
Schlüsselzuweisungen an die Zentralen Orte

§ 15
Schlüsselzuweisungen an die Zentralen Orte zum Ausgleich übergemeindlicher Aufgaben

(1) Zentrale Orte erhalten Schlüsselzuweisungen für die Wahrnehmung von Aufgaben für die Einwohnerinnen und Einwohner ihres Verflechtungsbereichs.

(2) Zentrale Orte im Sinne dieses Gesetzes sind die Gemeinden, die durch die Verordnung zum Zentralörtlichen System vom 5. September 2019 (GVOBl. Schl.-H. S. 348) als Zentrale Orte und Stadtrandkerne, soweit letztere nicht Ortsteil eines Zentralen Ortes sind, festgelegt sind. Maßgebend für die Zahlung der Zuweisungen an die Zentralen Orte sind die Verhältnisse am 1. Januar des Finanzausgleichsjahres.

(3) Von den nach § 4 Absatz 1 Nummer 3 bereitgestellten Mitteln werden verwendet für Zuweisungen an

1. die Oberzentren   56,3 %,
2. die anderen Zentralen Orte   43,7 %.

(4) Die Mittel nach Absatz 3 Nummer 1 werden auf die Oberzentren im Verhältnis ihrer Einwohnerzahlen (§ 35 Absatz 1) aufgeteilt.

(5) Die Mittel nach Absatz 3 Nummer 2 werden so auf die anderen Zentralen Orte verteilt, dass die Zuweisung für

1. ein Mittelzentrum im Verdichtungsraum und ein Unterzentrum mit Teilfunktionen eines Mittelzentrums   60,0 %,
2. ein Unterzentrum und einen Stadtrandkern I. Ordnung mit Teilfunktionen eines Mittelzentrums   30,0 %,
3. einen ländlichen Zentralort und einen Stadtrandkern I. Ordnung   15,0 %,
4. einen Stadtrandkern II. Ordnung   7,5 %

der Zuweisung für ein Mittelzentrum beträgt, das nicht im Verdichtungsraum liegt.

(6) Sind Gemeinden nach der Verordnung zum Zentralörtlichen System gemeinsam als Zentraler Ort oder Stadtrandkern eingestuft, wird die Zuweisung auf die Gemeinden aufgeteilt. Gehören die Gemeinden einem Kreis an und unterliegen der Kommunalaufsicht der Landrätin oder des Landrats, entscheidet diese oder dieser über die Aufteilung der Zuweisung. In allen anderen Fällen entscheidet das für Inneres zuständige Ministerium.

(7) Gemeinsame Zentrale Orte oder Stadtrandkerne nach Absatz 6 erhalten nach erfolgter gemeinsamer Einstufung in den drei folgenden Finanzausgleichsjahren eine Zuweisung mindestens in Höhe des Betrages, die den beteiligten Gemeinden ohne gemeinsame Einstufung zugestanden hätte. Absatz 6 gilt entsprechend.

(8) Zentrale Orte und Stadtrandkerne nach Absatz 2 oder 6 erhalten nach erfolgter Abstufung in den drei folgenden Finanzausgleichsjahren eine Zuweisung mindestens in Höhe des Betrages, die der Gemeinde oder den beteiligten Gemeinden ohne Abstufung zugestanden hätte. Dies gilt entsprechend

1. für den Wegfall von Einstufungen,
2. bei einer Eingliederung einer Gemeinde in eine andere Gemeinde (Eingemeindung),
3. bei einem Zusammenschluss einer oder mehrerer Gemeinden zu einer neuen Gemeinde (Vereinigung).

In den Fällen von Satz 2 Nummer 2 und 3 erhält der jeweilige Rechtsnachfolger die Zuweisung.

Sechster Teil
Maßnahmen zur Verbesserung der Finanzsituation der Gemeinden und Kreise

§ 16
Konsolidierungshilfen

(1) Kreisfreie Städte, die ihren Haushalt nicht ausgleichen können oder aufgelaufene Jahresfehlbeträge ausweisen, können in den Jahren 2021 bis 2023 aus den nach § 4 Absatz 2 Satz 1 Nummer 1 bereitgestellten Mitteln Konsolidierungshilfen erhalten. Mit der Gewährung der Konsolidierungshilfen sollen die bisher aufgelaufenen sowie die künftig noch entstehenden Jahresfehlbeträge bis zum Jahr 2023 zurückgeführt werden.

(2) Als Voraussetzung für die Gewährung von Konsolidierungshilfen ist der nach dem bisherigen Vertrag über die Konsolidierungshilfen (2012 bis 2018) vereinbarte Eigenanteil weiterhin zu erbringen. In einem Konsolidierungskonzept sind sowohl die Erreichung des Eigenanteils bis 2018 als auch die Erreichung eines darüber hinausgehenden Eigenanteils darzustellen. Darin enthaltene neue Maßnahmen der Haushaltskonsolidierung sind mit ihren finanziellen Auswirkungen darzustellen. Die Höhe des darüber hinausgehenden Eigenanteils beträgt 10 Euro je Einwohnerin und Einwohner auf Grundlage der Einwohnerzahl zum 31. März 2018.

(3) Konsolidierungshilfen können gewährt werden, wenn diese bis zum 30. Juni 2019 beantragt worden sind und

1. ein Konsolidierungskonzept nach Absatz 2 erstellt wird,
2. auf der Grundlage dieses Konsolidierungskonzepts die notwendigen Konsolidierungsmaßnahmen zwischen der kreisfreien Stadt und dem für Inneres zuständigen Ministerium nach Beteiligung des für Finanzen zuständigen Ministeriums sowie nach Anhörung der Landesverbände der Gemeinden und Kreise einvernehmlich abgestimmt und in einem öffentlich-rechtlichen Vertrag verbindlich festgelegt worden sind und
3. die Stadtvertretung dem Abschluss des öffentlich-rechtlichen Vertrages nach Nummer 2 innerhalb von zwei Monaten zugestimmt hat; vor Beschlussfassung durch die Stadtvertretung sind die öffentlich-rechtlichen Verträge nach Nummer 2 dem Innen- und Rechtsausschuss sowie dem Finanzausschuss des Schleswig-Holsteinischen Landtages zur Kenntnis vorzulegen.

(4) Die nach § 4 Absatz 2 Satz 1 Nummer 1 jährlich bereitgestellten Mittel werden unter den kreisfreien Städten im Verhältnis ihrer aufgelaufenen Jahresfehlbeträge des Vorjahres aufgeteilt. Die aufgelaufenen Jahresfehlbeträge setzen sich aus dem aufgelaufenen Fehlbetrag vor Umstellung auf die doppelte Buchführung und den seit der Umstellung auf die doppelte Buchführung aufgelaufenen Jahresfehlbeträgen zusammen. Haben sich seit der Umstellung auf die doppelte Buchführung Überschüsse ergeben, vermindern diese bereits in Vorjahren aufgelaufene Fehlbeträge oder Jahresfehlbeträge. Werden die Mittel nach Satz 1 nicht vollständig benötigt, sind die nicht benötigten Mittel zugunsten der Fehlbetragszuweisungen nach § 17 zu verwenden.

(5) Über die Bewilligung der Konsolidierungshilfen im Einzelnen entscheidet das für Inneres zuständige Ministerium. Sofern einzelne Konsolidierungsmaßnahmen, die in den nach Absatz 2 und Absatz 3 Nummer 3 beschlossenen Konsolidierungskonzepten enthalten sind, nicht umgesetzt wurden, entscheidet das für Inneres zuständige Ministerium nach Beteiligung des für Finanzen zuständigen Ministeriums und Anhörung der Landesverbände der Gemeinden und Kreise über die Gewährung der Zuweisung.

(6) Soweit die Höhe der Konsolidierungshilfe im Einzelfall noch nicht endgültig feststeht, können Abschlagszahlungen gewährt werden. Gewährte Abschlagszahlungen sind zurückzuzahlen, soweit sie die endgültig feststehende Konsolidierungshilfe überschreiten oder ein öffentlich-rechtlicher Vertrag nach Absatz 3 nicht geschlossen wird. Die Rückzahlungen können mit den Ansprüchen nach § 4 Absatz 1 verrechnet werden.

(7) Das für Inneres zuständige Ministerium berichtet dem Innen- und Rechtsausschuss des Schleswig-Holsteinischen Landtages regelmäßig über die Finanzentwicklung der kreisfreien Städte, mit denen ein öffentlich-rechtlicher Vertrag nach Absatz 3 geschlossen wurde.

§ 17
Fehlbetragszuweisungen

(1) Kreisangehörige Gemeinden und Kreise können zum Ausgleich von unvermeidlichen Jahresfehlbeträgen der abgelaufenen Haushaltsjahre Fehlbetragszuweisungen erhalten. In Ausnahmefällen können Fehlbetragszuweisungen zum Ausgleich eines voraussichtlichen unvermeidlichen Jahresfehlbetrages des laufenden Haushaltsjahres gewährt werden.

(2) Bei der Feststellung des unvermeidlichen Jahresfehlbetrages müssen diejenigen Beträge außer Ansatz bleiben, die durch Aufwendungen entstanden sind, die nicht als unbedingt notwendig anerkannt werden können oder die durch eigene Erträge abgedeckt werden können, wenn alle Ertragsquellen in zumutbarem Umfang ausgeschöpft werden. Davon abweichend werden bei den Städten und Kreisen, die der Kommunalaufsicht des für Inneres zuständigen Ministeriums unterstehen, jeweils zwei Drittel der bis zum Ende des Jahres 2018 aufgelaufenen Jahresfehlbeträge sowie der ab 2019 entstehenden neuen Jahresfehlbeträge als unvermeidlich anerkannt.

(3) Kreisangehörigen Gemeinden und Kreisen können Fehlbetragszuweisungen aus den nach § 4 Absatz 2 Satz 1 Nummer 2 bereitgestellten Mitteln gewährt werden, wenn der in dem Haushaltsjahr entstandene oder voraussichtlich entstehende unvermeidliche Jahresfehlbetrag mindestens 80.000 Euro beträgt. Über die Bewilligung der Fehlbetragszuweisungen entscheidet das für Inneres zuständige Ministerium. Vor der Entscheidung sollen die Landesverbände der Gemeinden und Kreise gehört werden.

(4) Kreisangehörigen Gemeinden, die der Kommunalaufsicht der Landrätin oder des Landrats unterstehen, können aus eigenen Mitteln des Kreises Fehlbetragszuweisungen gewährt werden, wenn der in dem Haushaltsjahr entstandene oder voraussichtlich entstehende unvermeidliche Jahresfehlbetrag weniger als 80.000 Euro beträgt. Über die Bewilligung der Fehlbetragszuweisungen entscheidet der jeweilige Kreis. Zur Finanzierung der Fehlbetragszuweisungen nach Satz 1 stellt jeder Kreis einen Betrag in Höhe von mindestens 0,5 % seiner Erträge aus den Schlüsselzuweisungen an die kreisangehörigen Städte (§ 12) und der Kreisumlage (§ 27 Absatz 2) bereit. Der Kreis kann von einer Mittelbereitstellung absehen, wenn im jeweiligen Vorjahr kein Antrag auf Fehlbetragszuweisungen gestellt wurde oder eine Prüfung der gestellten Anträge durch das Gemeindeprüfungsamt zu dem Ergebnis geführt hat, dass kein unvermeidlicher Jahresfehlbetrag vorliegt.

(5) Werden die nach § 4 Absatz 2 Satz 1 Nummer 2 in den Jahren 2021 bis 2023 bereitgestellten Mittel nicht vollständig benötigt, sind die nicht benötigten Mittel zugunsten der Konsolidierungshilfen nach § 16 zu verwenden.

Siebter Teil
Zweckzuweisungen und kommunaler Investitionsfonds

§ 18
Sonderbedarfszuweisungen

(1) Gemeinden, Kreise, Ämter und Zweckverbände, die sich in einer außergewöhnlichen Lage befinden, können aus den nach § 4 Absatz 2 Satz 1 Nummer 3 bereitgestellten Mitteln Sonderbedarfszuweisungen für notwendige Investitionen in kommunale Grundinfrastruktur oder entsprechende Investitionsfördermaßnahmen erhalten, soweit diese Mittel nicht für Berichtigungen nach § 37 Absatz 2 in Anspruch genommen werden. Für Sonderbedarfszuweisungen nicht benötigte Mittel sind für Fehlbetragszuweisungen nach § 17 zu verwenden.

(2) Gemeinden, Kreisen, Ämtern und Zweckverbänden können Sonderbedarfszuweisungen aus den in Absatz 1 Satz 1 genannten Mitteln gewährt werden, wenn die Höhe im Einzelfall mindestens 80.000 Euro beträgt. Sonderbedarfszuweisungen sollen vorrangig kreisangehörigen Gemeinden, die im vergangenen Jahr Fehlbetragszuweisungen nach § 17 Absatz 3 erhalten haben, gewährt werden. Über die Bewilligung der Sonderbedarfszuweisungen im Einzelnen entscheidet das für Inneres zuständige Ministerium.

(3) Kreisangehörigen Gemeinden, Ämtern und Zweckverbänden können aus eigenen Mitteln des Kreises Sonderbedarfszuweisungen gewährt werden. Über die Bewilligung der Sonderbedarfszuweisungen entscheidet der jeweilige Kreis.

(4) Abweichend von Absatz 2 können von den in Absatz 1 Satz 1 genannten Mitteln bis zu 0,5 Millionen Euro für Sonderbedarfszuweisungen an Gemeinden, Kreise, Ämter und Zweckverbände für Projekte zur modellhaften Erprobung neuer Formen der Verwaltungsorganisation nach Anhörung der Landesverbände der Gemeinden und Kreise gewährt werden. Dabei kann der Mindestbetrag von 80.000 Euro unterschritten werden.

(5) Sonderbedarfszuweisungen sind auszuzahlen, sobald der Zuwendungsempfänger Zahlungen für den geförderten Zweck zu leisten hat.

§ 19
Kommunaler Investitionsfonds und weitere Finanzmittel für Infrastrukturmaßnahmen

(1) Der bei der Investitionsbank Schleswig-Holstein gebildete Fonds zur Vergabe von Darlehen und Zuschüssen für kommunale Infrastrukturinvestitionen (Kommunaler Inves-

titionsfonds) ist ein rechtlich unselbständiges, zweckgebundenes Sondervermögen des Landes nach § 26 Absatz 2 der Landeshaushaltsordnung. Es wird von der Investitionsbank Schleswig-Holstein im Auftrage des für Inneres zuständigen Ministeriums treuhänderisch verwaltet.

(2) Für die Herrichtung und Erweiterung der Landesfeuerwehrschule einschließlich der Einrichtungskosten sind aus dem Vermögen des Kommunalen Investitionsfonds nach Absatz 1 Mittel in Höhe von 8,997 Millionen Euro in Anspruch genommen worden. Das Land führt diese Mittel bis zum Erreichen des in Satz 1 genannten Betrages seit 2003 in Höhe von jährlich 0,4 Millionen Euro aus dem Aufkommen aus der Feuerschutzsteuer dem Vermögen des Kommunalen Investitionsfonds wieder zu.

(3) Von dem Vermögen des Kommunalen Investitionsfonds nach Absatz 1 werden im Benehmen mit den Landesverbänden der Gemeinden und Kreise bis zu 3,2 Millionen Euro entnommen und zur Finanzierung des Neubaus und der Sanierung der Verwaltungsakademie in Bordesholm verwendet.

(4) Die Investitionsbank Schleswig-Holstein ist ermächtigt, für den Kommunalen Investitionsfonds Kapitalmarktmittel aufzunehmen. Die Schulden des Fonds dürfen sein Nettovermögen nicht überschreiten.

(5) Aus dem kommunalen Investitionsfonds erhalten
1. Gemeinden, Kreise, Ämter, Anstalten des öffentlichen Rechts und Zweckverbände,
2. Wasser- und Bodenverbände, soweit sie kommunale Aufgaben wahrnehmen,
3. Gesellschaften, soweit sie Aufgaben im Bereich der Schwimmsportstätten wahrnehmen und an denen die Gemeinde mit mehr als 50 % beteiligt ist,

Darlehen und Zuschüsse für kommunale Infrastrukturmaßnahmen. Von der Förderung ausgeschlossen sind Finanzierungen von Krankenhäusern, sonstigen kommunalen Einrichtungen des Gesundheitswesens, des Pflegedienstes und des öffentlichen Personennahverkehrs sowie Kraftwerksanlagen zur Energie- und Wärmeversorgung.

(6) Zuschüsse können im Benehmen mit den Landesverbänden der Gemeinden und Kreise für festzulegende Förderschwerpunkte über ein gesondertes Programm vergeben werden. Die Höhe der zur Verfügung gestellten Zuschüsse ist begrenzt auf den Zuwachs des Nettovermögens des Fonds.

(7) Über den Kommunalen Investitionsfonds verfügt das für Inneres zuständige Ministerium.

(8) Die Zins- und Tilgungsleistungen für die Darlehen fließen dem Kommunalen Investitionsfonds wieder zu.

(9) Bei einer Auflösung des Kommunalen Investitionsfonds wird das verbleibende Vermögen den nach § 4 Absatz 1 zu verteilenden Beträgen zugeführt.

(10) Die nach § 4 Absatz 2 Satz 1 Nummer 4 zur Stärkung der Investitionskraft für Infrastrukturmaßnahmen der Gemeinden und Kreise als selbständige Fördersäule zur Verfügung gestellten Mittel werden jährlich über den folgenden Verteilungsschlüssel durch das für Inneres zuständige Ministerium ohne Festlegung von Förderschwerpunkten verteilt:

1. Ein Teilbetrag in Höhe von 48 Millionen Euro wird wie folgt verteilt:
    a) Die kreisfreien Städte erhalten einen Anteil von 31,5 %. Die Aufteilung auf die kreisfreien Städte erfolgt im Verhältnis der Einwohnerzahlen nach § 35 Absatz 1 Satz 1.
    b) Die Kreise und kreisangehörigen Gemeinden erhalten einen Anteil von 68,5 %.
        aa) Von diesen Mitteln erhalten die Kreise einen Anteil von 30 %. Die Aufteilung auf die Kreise erfolgt im Verhältnis der Einwohnerzahlen nach § 35 Absatz 1 Satz 1.
        bb) Die kreisangehörigen Gemeinden erhalten einen Anteil von 70 %. Die Aufteilung auf die kreisangehörigen Gemeinden erfolgt zu 70 % im Verhältnis der für die Aufteilung des Gemeindeanteils an der Umsatzsteuer geltenden Schlüsselzahlen sowie zu 30 % im Verhältnis der Einwohnerzahlen nach § 35 Absatz 1 Satz 1. Für die Auszahlung der Mittel an die kreisangehörigen Gemeinden findet § 38 Absatz 3 entsprechende Anwendung.

2. Der verbleibende Teilbetrag in Höhe von 20 Millionen Euro wird wie folgt verteilt:
    a) Die Kreise erhalten einen Anteil von 50 %. Die Aufteilung auf die Kreise erfolgt im Verhältnis der Einwohnerzahlen nach § 35 Absatz 1 Satz 1.
    b) Die Gemeinden erhalten einen Anteil von 50 %. Die Aufteilung auf die Gemeinden erfolgt zu 70 % im Verhältnis der für die Aufteilung des Gemeindeanteils an der Umsatzsteuer geltenden Schlüsselzahlen sowie zu 30 % im Verhältnis der Einwohnerzahlen nach § 35 Absatz 1 Satz 1. Für die Auszahlung der Mittel an die kreisangehörigen Gemeinden findet § 38 Absatz 3 entsprechende Anwendung.

§ 20
Zuweisungen für Theater und Orchester

(1) Die Landeshauptstadt Kiel, die Hansestadt Lübeck und die Gemeinden und Kreise, die an der Schleswig-Holsteinschen Landestheater und Sinfonieorchester GmbH beteiligt sind, erhalten aus den nach § 4 Absatz 2 Satz 1 Nummer 5 bereitgestellten Mitteln Zuweisungen zu den Betriebskosten oder zu den Finanzierungsanteilen an den Betriebskosten der Theater und Orchester.

(2) Über die Bewilligung der Zuweisungen entscheidet das für Kultur zuständige Ministerium.

§ 21
Zuweisungen für Aufnahme und Integration

(1) Die Gemeinden und Kreise erhalten aus den nach § 4 Absatz 2 Satz 1 Nummer 6 bereitgestellten Mitteln Zuweisungen zur Finanzierung von Aufwendungen und Auszahlungen im Zusammenhang mit der Aufnahme und Integration von Asylantragstellerinnen und Asylantragstellern und ihren Familienangehörigen. Von den zur Verfügung stehenden Mitteln erhalten die kreisfreien Städte 4,5 Millionen Euro, die Zentralen Orte, die nicht kreisfreie Städte sind, 3,5 Millionen Euro, die Gemeinden, die nicht-zentrale Orte sind, 1,75 Millionen Euro und die Kreise 1,25 Millionen Euro.

(2) Die Zuweisungen erfolgen nach einem Verteilungsschlüssel. Den Verteilungsschlüssel für die Zuweisungen bestimmt das für Aufnahme zuständige Ministerium in Abstimmung mit dem für Integration zuständigen Ministerium.

§ 22
Zuweisungen zur Förderung des Büchereiwesens

(1) Die Gemeinden, Kreise und Ämter, die Mitglieder des Büchereivereins Schleswig-Holstein sind, erhalten aus den nach § 4 Absatz 2 Satz 1 Nummer 7 bereitgestellten Mitteln Zuweisungen zur Förderung des Büchereiwesens.

(2) Über die Bewilligung der Zuweisungen entscheidet das für Kultur zuständige Ministerium.

§ 23
Zuweisungen zur Förderung von Frauenhäusern und Frauenberatungsstellen

(1) Die Kreise und kreisfreien Städte erhalten aus den nach § 4 Absatz 2 Satz 1 Nummer 8 bereitgestellten Mitteln Zuweisungen zur Förderung
1. von Personal-, Sach- und Mietkosten von Frauenhäusern,
2. der regionalen Koordination des Kooperations- und Interventionskonzeptes bei häuslicher Gewalt sowie
3. von Frauenberatungsstellen.

(2) Statt der Mietkosten nach Absatz 1 Nummer 1 können für Kredite zur Finanzierung von Gebäuden für Frauenhäu-

ser die tatsächlich gezahlten Zinsen und Tilgungen in vergleichbarer Höhe berücksichtigt werden.

(3) Zwischen dem Land und den jeweiligen Kreisen und kreisfreien Städten kann in Vereinbarungen geregelt werden, dass das Land die Zuweisungen nach Absatz 1 mit Wirkung für die Kommunen leistet und ihre Verwendung prüft.

(4) Über die Bewilligung der Zuweisungen entscheidet das für Gleichstellung zuständige Ministerium.

§ 24
Zuweisungen für kommunale Schwimmsportstätten

(1) Gemeinden, Kreise, Ämter und Zweckverbände, die Träger einer kommunalen Schwimmsportstätte in Form eines Hallenbades, Lehrschwimmbeckens oder Freibades sind, in der Schwimmunterricht angeboten wird, erhalten aus den nach § 4 Absatz 2 Satz 1 Nummer 9 bereitgestellten Mitteln Zuweisungen zu den Betriebskosten. Dies gilt auch für Schwimmsportstätten, an denen Träger eine Gemeinde, ein Kreis, ein Amt oder ein Zweckverband alleine oder zusammen mit anderen Gemeinden, Kreisen, Ämtern oder Zweckverbänden mit mehr als 50 % beteiligt ist.

(2) Über die Bewilligung der Zuweisungen entscheidet das für Sport zuständige Ministerium. Die Mittel werden entsprechend den im Vorjahr genutzten und dem Statistischen Amt für Hamburg und Schleswig-Holstein bis zum 31. März gemeldeten Zeitstunden durch Schulen, gemeinnützige Vereine und Verbände zur Verfügung gestellt. Für Zeiten, in denen durch pandemiebedingte gesetzliche Restriktionen Nutzungseinschränkungen bestehen, werden die Mittel abweichend davon entsprechend den dem Statistischen Amt für Hamburg und Schleswig-Holstein bekannten Flächengrößen der Lehrschwimmbecken/-flächen in Hallen- und Freibädern zur Verfügung gestellt.

§ 25
Zuweisungen für den IT-Verbund Schleswig-Holstein

(1) Die nach § 4 Absatz 2 Satz 1 Nummer 10 bereitgestellten Mittel werden jährlich zum 1. April im Einzelplan 14 des Landeshaushalts vereinnahmt und denjenigen Kommunen, die an der rechtsfähigen Anstalt des öffentlichen Rechts „IT-Verbund Schleswig-Holstein", errichtet durch Errichtungsgesetz ITVSH vom 14. Dezember 2018 (GVOBl. Schl.-H. S. 902, ber. 2019 S. 22), geändert durch Artikel 4 des Gesetzes vom 12. November 2020 (GVOBl. Schl.-H. S. 808), beteiligt sind, zweckgebunden zur Finanzierung von Maßnahmen gemeinde- und kreisübergreifender Zusammenarbeit im Bereich der Informations- und Kommunikationstechnik einschließlich der Grundlagen- und Entwicklungsarbeit bereitgestellt.

(2) Über die Verwendung entscheidet das für Digitalisierung zuständige Ministerium.

§ 26
Zuweisungen für die Verwaltungsakademie Bordesholm

(1) Diejenigen Kommunen, die durch ihre Mitgliedschaft im Schulverein mittelbar Träger der Verwaltungsakademie Bordesholm sind, erhalten aus den nach § 4 Absatz 2 Satz 1 Nummer 11 bereitgestellten Mitteln Zuweisungen zur Finanzierung der Verwaltungsakademie für laufende Betriebskosten sowie Maßnahmen der Bauunterhaltung.

(2) Über die Bewilligung der Zuweisungen entscheidet das für Personalentwicklung zuständige Ministerium.

Achter Teil
Umlagen

§ 27
Kreisumlage

(1) Soweit die sonstigen Erträge und Einzahlungen eines Kreises seinen Bedarf nicht decken, ist eine Umlage von den kreisangehörigen Gemeinden und gemeindefreien Gutsbezirken zu erheben (Kreisumlage).

(2) Die Kreisumlage wird für jedes Haushaltsjahr in einem Prozentsatz (Umlagesatz) der Umlagegrundlagen bemessen. Umlagegrundlagen sind die für die kreisangehörigen Gemeinden ermittelten Steuerkraftmesszahlen (§ 9) zuzüglich ihrer Gemeindeschlüsselzuweisungen (§ 6 Absatz 1) und abzüglich ihrer Zahlungen in die Finanzausgleichsumlage (§ 29).

(3) Werden die Prozentsätze (Umlagesätze) der Umlagegrundlagen verschieden festgesetzt (differenzierte Kreisumlage), darf der höchste Umlagesatz den niedrigsten um nicht mehr als die Hälfte übersteigen. Der Beschluss zur Festsetzung einer differenzierten Kreisumlage bedarf der Mehrheit von zwei Dritteln der anwesenden Kreistagsabgeordneten. Der Beschluss zur Abschaffung einer differenzierten Kreisumlage bedarf der Mehrheit der anwesenden Kreistagsabgeordneten.

(4) Die Kreise haben vor jeder Entscheidung über eine Veränderung eines Umlagesatzes die dem jeweiligen Kreis angehörenden Gemeinden und gemeindefreien Gutsbezirke anzuhören. Der Kreis legt in der Anhörung seine Maßnahmen zur Vermeidung der Erhöhung dar.

(5) Erfolgt die Beschlussfassung über die Festsetzung oder Änderung eines Umlagesatzes nach dem 30. Juni eines Jahres, darf der Umlagesatz den bisherigen Umlagesatz nicht übersteigen. Ist die Haushaltssatzung bei Beginn des Haushaltsjahres noch nicht bekannt gemacht, darf der Kreis Kreisumlage nach dem Umlagesatz des Vorjahres erheben.

(6) Der Kreis kann die finanziellen Folgen von Vereinbarungen zwischen dem Kreis und einer oder mehreren Gemeinden, durch die von der allgemeinen Verteilung der Aufgaben zwischen dem Kreis und den Gemeinden abgewichen wird, bei der Kreisumlage der betroffenen Gemeinde oder Gemeinden berücksichtigen. Dies gilt für Vereinbarungen mit Ämtern hinsichtlich der Kreisumlage der amtsangehörigen Gemeinden entsprechend.

(7) Die Kreisumlage ist monatlich zu zahlen. Für rückständige Beträge können Verzugszinsen erhoben werden.

§ 28
Amtsumlage

Soweit Ämter eine Amtsumlage nach den Vorschriften des Finanzausgleichsgesetzes erheben (§ 22 Absatz 2 Satz 1 der Amtsordnung in der Fassung der Bekanntmachung vom 28. Februar 2003 (GVOBl. Schl.-H. S. 112), zuletzt geändert durch Artikel 5 des Gesetzes vom 13. November 2019 (GVOBl. Schl.-H. S. 425)), gilt § 27 Absatz 2 und 6 entsprechend.

§ 29
Finanzausgleichsumlage

(1) Übersteigt die Steuerkraftmesszahl einer Gemeinde (§ 9) ihre Ausgangsmesszahl (§ 8) um weniger als 20 %, wird von der Gemeinde eine Finanzausgleichsumlage in Höhe von 30 % des übersteigenden Betrages erhoben. Übersteigt die Steuerkraftmesszahl einer Gemeinde ihre Ausgangsmesszahl um 20 % und mehr, wird von der Gemeinde eine Finanzausgleichsumlage bis zur Grenze des Satzes 1 in Höhe von 30 % und darüber hinaus in Höhe von 50 % des übersteigenden Betrages erhoben. Die Finanzausgleichsumlage fließt

1. zu 50 % den nach § 4 Absatz 1 Nummer 1 zu verteilenden Mitteln und

2. zu 50 % dem Kreis zu, von dessen Gemeinde die Umlage aufgebracht wird.

(2) Die Finanzausgleichsumlage ist von der kreisangehörigen Gemeinde zusammen mit der Kreisumlage (§ 27) an den Kreis zu zahlen. Dieser ist verpflichtet, den Anteil der Finanzausgleichsumlage nach Absatz 1 Satz 3 Nummer 1 unverzüglich an das Land weiterzuleiten. Dieser Anteil der Finanzausgleichsumlage kann mit der Zahlung der Schlüsselzuweisungen an den Kreis (§ 38 Absatz 1) verrechnet werden.

(3) § 37 Absatz 1 und § 38 Absatz 1 und 2 gelten entsprechend.

Neunter Teil
Leistungen außerhalb der Verbundwirtschaft

§ 30
Feuerschutzsteuer

(1) Das Aufkommen der Feuerschutzsteuer fließt, soweit es nicht für Zwecke des Absatzes 2 benötigt wird, den Kreisen und kreisfreien Städten zur Förderung des abwehrenden Brandschutzes und der technischen Hilfe zu. Die Aufteilung des Aufkommens erfolgt nach einem vom für Inneres zuständigen Ministerium nach Anhörung des Brandschutzbeirates festzusetzenden Schlüssel.

(2) Aus dem Aufkommen der Feuerschutzsteuer werden im Übrigen bereitgestellt
1. der für den Betrieb, die Unterhaltung und den Ausbau der Landesfeuerwehrschule erforderliche Betrag,
2. ein dem für Inneres zuständigen Ministerium zur Durchführung besonderer Maßnahmen im Bereich des Feuerwehrwesens zur Verfügung stehender Betrag, der 15 % des Steueraufkommens nicht übersteigen darf,
3. der für die Zuführung an den Kommunalen Investitionsfonds nach § 19 Absatz 2 erforderliche Betrag.

§ 31
Zuweisungen des Landes zur Förderung von freiwilligen gemeindlichen Gebietsänderungen

(1) Wird eine Gemeinde
1. in eine andere Gemeinde eingegliedert (Eingemeindung),
2. mit einer oder mehreren Gemeinden zu einer neuen Gemeinde zusammengeschlossen (Vereinigung),
3. auf mehrere Gemeinden aufgeteilt (Auflösung),

erhält der jeweilige Rechtsnachfolger oder erhalten die jeweiligen Rechtsnachfolger eine einmalige Zuweisung.

(2) Die Zuweisung beträgt in den Fällen des Absatzes 1 Nummer 1 und 2 50 Euro je Einwohnerin und Einwohner der beteiligten nach der Einwohnerzahl kleineren Gemeinde oder Gemeinden und in den Fällen des Absatzes 1 Nummer 3 50 Euro je Einwohnerin und Einwohner der Gemeinde, die aufgelöst wird. Die Zuweisung beträgt in der Summe jedoch mindestens 30.000 Euro und höchstens 100.000 Euro je Gemeinde, die durch Eingemeindung oder Auflösung in einer Gemeinde oder mehreren Gemeinden aufgeht. Satz 2 gilt im Falle einer Vereinigung zu einer neuen Gemeinde für die nach der Einwohnerzahl größere Gemeinde oder kleineren Gemeinden.

(3) Über die Bewilligung der Zuweisung entscheidet das für Inneres zuständige Ministerium. Die Zuweisung wird nach dem Wirksamwerden der Gebietsänderung ausgezahlt. Im Falle der Auflösung einer Gemeinde wird die Zuweisung jeweils anteilig nach der Einwohnerzahl den betroffenen Gemeinden gewährt.

§ 32
Bedarfsunabhängige Zuweisungen von bestimmten Umsatzsteuereinnahmen des Landes an die Gemeinden

(1) Das Land stellt den Gemeinden 26 % von den Umsatzsteuermehreinnahmen, die das Land nach § 1 des Gesetzes über den Finanzausgleich zwischen Bund und Ländern vom 20. Dezember 2001 (BGBl. I S. 3955, 3956), in der bis zum 31. Dezember 2019 geltenden Fassung, zum Ausgleich
1. der Kindergelderhöhung zum 1. Januar 2000,
2. der Belastungen aus dem Zweiten Gesetz zur Familienförderung vom 16. August 2001 (BGBl. I S. 2074),
3. der Steuersatzerhöhung ab dem 1. Januar 2007,
4. der Kindergelderhöhung zum 1. Januar 2010,
5. der Steuermindereinnahmen, die den Ländern aus der Berücksichtigung von Kindern im Einkommensteuerrecht entstehen, und
6. der Belastungen aus der Neuregelung des Familienleistungsausgleichs

erhält, zur Verfügung.

(2) Die Zuweisungen werden nach den in der Anlage der Landesverordnung über die Aufteilung und Auszahlung des Gemeindeanteils an der Einkommensteuer und die Abführung der Gewerbesteuerumlage vom 2. Dezember 2014 (GVOBl. Schl.-H. S. 405), zuletzt geändert durch Verordnung vom 27. August 2018 (GVOBl. Schl.-H. S. 458), enthaltenen Schlüsselzahlen auf die Gemeinden aufgeteilt.

(3) Für die Berechnung der Zuweisungen gelten die Vorschriften des § 3 Absatz 4 und 5, für die Auszahlung der Zuweisung die Vorschriften des § 38 entsprechend.

§ 33
Zuweisungen des Landes an die Kreise und kreisfreien Städte für Schulsozialarbeit

(1) Das Land stellt den Kreisen und kreisfreien Städten für Maßnahmen der Schulsozialarbeit (Betreuung, Beratung und Unterstützung der Schülerinnen und Schüler) jährlich 13,2 Millionen Euro zur Weiterleitung an die Schulträger zur Verfügung. Hierbei sollen die Schulen der dänischen Minderheit angemessen berücksichtigt werden.

(2) Die Höhe der Mittel bemisst sich nach dem Prozentanteil, mit dem der einzelne Kreis beziehungsweise die kreisfreie Stadt im jeweils vorvergangenen Jahr am Gesamtvolumen der Ausgleichsleistungen des Bundes gemäß § 7 Absatz 1 des Gesetzes zur Ausführung des Zweiten Buches Sozialgesetzbuch und des § 6b Bundeskindergeldgesetz vom 27. Mai 2011 (GVOBl. Schl.-H. S. 146), zuletzt geändert durch Gesetz vom 2. Mai 2018 (GVOBl. Schl.-H. S. 265), beteiligt war. Die Verteilung erfolgt durch das für Bildung zuständige Ministerium. Dieses kann mit dem Ziel einer Rahmensteuerung weitere Bestimmungen für den Einsatz der Mittel treffen.

Zehnter Teil
Gemeinsame Vorschriften

§ 34
Beirat für den kommunalen Finanzausgleich

(1) Dem Beirat für den kommunalen Finanzausgleich gehören als Mitglieder jeweils zwei Vertreterinnen oder Vertreter des
1. für Inneres zuständigen Ministeriums,
2. für Finanzen zuständigen Ministeriums,
3. Schleswig-Holsteinischen Gemeindetages,
4. Städtebundes Schleswig-Holstein,
5. Städtetages Schleswig-Holstein und
6. Schleswig-Holsteinischen Landkreistages

an. Die Mitglieder der Landesverbände der Gemeinden und Kreise werden auf Vorschlag des jeweiligen Verbandes vom für Inneres zuständigen Ministerium berufen und abberufen.

(2) Den Vorsitz des Beirats führt eine Vertreterin oder ein Vertreter des für Inneres zuständigen Ministeriums. Die oder der Vorsitzende ruft den Beirat nach Bedarf sowie auf Wunsch eines Mitglieds des Beirats zu einer Sitzung zusammen. Beschlüsse des Beirats erfolgen einstimmig. Die Mitglieder erhalten keinen Ersatz ihrer Auslagen und des entgangenen Arbeitsverdienstes. Der Beirat kann sich eine Geschäftsordnung geben.

(3) Der Beirat berät das für Inneres zuständige Ministerium in Fragen des kommunalen Finanzausgleichs. Er soll vor Entscheidungen der Landesregierung über den kommunalen Finanzausgleich gehört werden.

(4) Sonstige Mitwirkungsrechte der Gemeinden und Kreise bleiben unberührt.

§ 35
Ermittlung der Einwohnerzahl

(1) Als Einwohnerzahl im Sinne dieses Gesetzes gilt für Gemeinden die vom Statistischen Amt für Hamburg und Schleswig-Holstein nach dem Stand vom 31. Dezember des vorvergangenen Jahres fortgeschriebene Bevölkerung. Abweichend hiervon wird die durchschnittliche Einwohnerzahl nach dem Stand vom 31. Dezember jeweils des vorvergangenen und der dem vorvergangenen Jahr vorher-

gehenden zwei Jahren angesetzt, wenn diese höher ist als die Einwohnerzahl nach Satz 1. Die nach Satz 2 ermittelte Einwohnerzahl ist auf eine ganze Zahl abzurunden.

(2) Als Einwohnerzahl eines Kreises gilt die Summe der Einwohnerzahlen, die nach Absatz 1 für die kreisangehörigen Gemeinden des Kreises ermittelt wurde.

(3) Für die Berechnung der bedarfsinduzierten Einwohnerzahlen im Sinne dieses Gesetzes werden der Einwohnerzahl nach Absatz 1 für Gemeinden und Absatz 2 für Kreise die Einwohnerinnen und Einwohner unter 18 Jahre anteilig hinzugerechnet. Die anteilige Hinzurechnung für Gemeinden bestimmt sich nach § 8 Absatz 1 Satz 2, die anteilige Hinzurechnung für Kreise und kreisfreie Städte nach § 13 Absatz 2 Satz 2. Es gilt die vom Statistischen Amt für Hamburg und Schleswig-Holstein nach dem Stand vom 31. Dezember des vorvergangenen Jahres fortgeschriebene Bevölkerung. Findet bei der Ermittlung der Einwohnerzahl für Gemeinden Absatz 1 Satz 2 Anwendung, wird die Zahl der Einwohnerinnen und Einwohner unter 18 Jahre für Gemeinden und Kreise entsprechend ermittelt. Anteilig hinzuzurechnende Einwohnerzahlen sind auf eine ganze Zahl abzurunden.

§ 36
Begriffsbestimmungen und statistische Grundlagen

(1) Im Sinne dieses Gesetzes bedeuten
1. Finanzausgleichsjahr:
   das Haushaltsjahr, für das die Zahlungen geleistet werden,
2. vergangenes Jahr:
   das Jahr, welches dem Finanzausgleichsjahr vorhergeht,
3. vorvergangenes Jahr:
   das Jahr, welches dem vergangenen Jahr vorhergeht.

(2) Der gewogene Durchschnitt der Hebesätze für die Grundsteuer von land- und forstwirtschaftlichen Betrieben und für die Grundsteuer von den Grundstücken sowie des Hebesatzes für die Gewerbesteuer im Sinne dieses Gesetzes werden aus den vom Statistischen Amt für Hamburg und Schleswig-Holstein ermittelten Ist-Aufkommen im Zeitraum vom 1. Juli des vorvergangenen Jahres bis zum 30. Juni des vergangenen Jahres und den für den 30. Juni des Vorjahres ermittelten Hebesätzen gebildet.

(3) Als gewogener Durchschnitt der Umlagesätze für die Kreisumlage im Sinne dieses Gesetzes gilt der auf zwei Nachkommastellen gerundete Prozentsatz, der sich aus der Division der Summe der Kreisumlageaufkommens aller Kreise des vorvergangenen Jahres durch die Summe der Umlagegrundlagen aller Kreise (§ 13 Absatz 3 Satz 2) des vorvergangenen Jahres ergibt. Das Kreisumlageaufkommen eines Kreises wird ermittelt, indem die Umlagegrundlagen mit dem Kreisumlagesatz (§ 27) multipliziert werden. Bei Kreisen, die Prozentsätze (Umlagesätze) der Umlagegrundlagen nach § 27 Absatz 3 verschieden festsetzten, wird der Kreisumlagesatz nach Satz 2 aus der Division der Umlagegrundlagen und der Umlagesätze ermittelt.

(4) Die Anzahl der Personen im Sinne dieses Gesetzes, die in Bedarfsgemeinschaften nach dem Zweiten Buch Sozialgesetzbuch – Grundsicherung für Arbeitsuchende – in der Fassung der Bekanntmachung vom 13. Mai 2011 (BGBl. I S. 850, 2094), zuletzt geändert durch Artikel 7 des Gesetzes vom 14. Dezember 2019 (BGBl. I S. 2789), leben, wird als gerundeter Jahresdurchschnitt aus den Monatsberichten der Bundesagentur für Arbeit in der Statistik der Grundsicherung für Arbeitsuchende ermittelt.

(5) Gemeinde- und Kreisstraßenkilometer im Sinne dieses Gesetzes sind die vom Landesamt für Vermessung und Geoinformation Schleswig-Holstein nach dem Stand vom 30. September des vergangenen Jahres auf eine Nachkommastelle gerundeten übermittelten Kilometerzahlen in Schleswig-Holstein.

§ 37
Festsetzung und Berichtigung
der Schlüsselzuweisungen

(1) Die Schlüsselzuweisungen werden durch das für Inneres zuständige Ministerium errechnet und festgesetzt. Stellen sich nach der Festsetzung Unrichtigkeiten heraus, sind diese zu berichtigen, wenn sie im Einzelfall bei den Schlüsselzuweisungen an die Gemeinden und Zuweisungen an die Gemeinde Helgoland und die Gemeinden auf den nordfriesischen Marschinseln und Halligen (§§ 6 bis 11) und bei den Schlüsselzuweisungen an die Zentralen Orte zum Ausgleich übergemeindlicher Aufgaben (§ 15) das Fünffache und bei den Schlüsselzuweisungen an die Kreise und kreisfreien Städte (§§ 12 bis 14) das Fünfundzwanzigfache des Grundbetrages für die Schlüsselzuweisungen an die Gemeinden zum Ausgleich unterschiedlicher Steuerkraft und bedarfstreibender Bevölkerungsstrukturlasten übersteigen. Soweit Unrichtigkeiten in den vom Landesamt für Vermessung und Geoinformation Schleswig-Holstein übermittelten Kilometerzahlen nach § 36 Absatz 5 vorliegen, sind die Schlüsselzuweisungen zu berichtigen, wenn die herangezogenen Kilometerzahlen je Gemeinde, Kreis oder kreisfreier Stadt um mehr als 10 % von den tatsächlichen Kilometerzahlen abweichen. Einwendungen gegen die Festsetzung müssen innerhalb eines Monats nach der Bekanntgabe beim für Inneres zuständigen Ministerium eingegangen sein. Die Festsetzung kann eine längere Einwendungsfrist vorsehen. Die Frist ist auch gewahrt, wenn die Einwendung einer kreisangehörigen Gemeinde innerhalb dieser Frist bei der Landrätin oder dem Landrat eingeht. Rechtsbehelfe gegen die Festsetzung haben keine aufschiebende Wirkung. Berichtigt das Statistische Amt für Hamburg und Schleswig-Holstein im laufenden Finanzausgleichsjahr die einer Festsetzung zugrundeliegende Bevölkerungsstatistik (§ 35), kann die Festsetzung, auch wenn sie bereits unanfechtbar geworden ist, auf Antrag oder von Amts wegen berichtigt werden.

(2) Der Mittelbedarf für Berichtigungen der Schlüsselzuweisungen ist durch Abrundung der Grundbeträge für die Schlüsselzuweisungen an die Gemeinden zum Ausgleich unterschiedlicher Steuerkraft und bedarfstreibender Bevölkerungsstrukturlasten und für die Schlüsselzuweisungen an die Kreise und kreisfreien Städte zum Ausgleich unterschiedlicher Umlagekraft, bedarfstreibender sozialer Lasten und bedarfstreibender Bevölkerungsstrukturlasten, der Flächenfaktoren für die Schlüsselzuweisungen an Gemeinden und für die Schlüsselzuweisungen an die Kreise und kreisfreien Städte zum Ausgleich bedarfstreibender Flächenlasten oder aus den Mitteln für Sonderbedarfszuweisungen zu decken.

§ 38
Auszahlung der Schlüsselzuweisungen

(1) Die Schlüsselzuweisungen nach § 4 Absatz 1 sind in monatlichen Teilbeträgen am Schluss des Monats zu zahlen.

(2) Die Monatsbeträge der einzelnen Schlüsselzuweisungen sind jeweils auf volle Euro nach unten abzurunden.

(3) Die Schlüsselzuweisungen an kreisangehörige Gemeinden werden dem Kreis zugeleitet. Dieser ist verpflichtet, die Schlüsselzuweisungen unverzüglich an die Gemeinden weiterzuleiten. Er darf den der einzelnen Gemeinde zustehenden Betrag gegen Zahlungsverpflichtungen der Gemeinde nur aufrechnen, wenn es sich um fällige Kreisumlage oder sonstige gesetzliche Verpflichtungen handelt.

Allgemeines Verwaltungsgesetz für das Land Schleswig-Holstein
(Landesverwaltungsgesetz – LVwG)
in der Fassung der Bekanntmachung vom 2. Juni 1992
– GVOBl. Schl.-H. S. 243 –

Zuletzt geändert durch Gesetz vom 26. Februar 2021 (GVOBl. Schl.-H. S. 222)

Inhaltsübersicht

Einleitende Vorschrift
§ 1 Geltungsbereich des Gesetzes

Erster Teil
Verwaltungsorganisation

Abschnitt I
Die Träger der Verwaltung und ihre Behörden

Unterabschnitt 1
Allgemeine Bestimmungen
§ 2 Träger der öffentlichen Verwaltung
§ 3 Behörden

Unterabschnitt 2
Behörden des Landes, der Gemeinden, Kreise und Ämter
§ 4 Landesbehörden
§ 5 Oberste Landesbehörden
§ 6 Landesoberbehörden
§ 7 Untere Landesbehörden
§ 8 Errichtung und Auflösung von Landesbehörden
§ 9 Errichtung gemeinsamer Behörden mit anderen Bundesländern oder dem Bund
§ 10 Amtliches Verzeichnis der Landesbehörden
§ 11 Behörden der Gemeinden, Kreise und Ämter

Unterabschnitt 3
Sonstige Behörden
§ 12 Behörden der sonstigen Körperschaften und der Anstalten und Stiftungen des öffentlichen Rechts
§ 13 Natürliche und juristische Personen des Privatrechts

Abschnitt II
Aufsicht

Unterabschnitt 1
Dienst- und Fachaufsicht über Behörden des Landes
§ 14 Dienstaufsicht und Fachaufsicht
§ 15 Umfang der Dienstaufsicht und der Fachaufsicht
§ 16 Mittel der Dienstaufsicht und der Fachaufsicht

Unterabschnitt 2
Fachaufsicht über sonstige Behörden
§ 17 Fachaufsicht über Behörden der Gemeinden, Kreise und Ämter
§ 18 Umfang und Mittel der Fachaufsicht
§ 19 Fachaufsicht über Behörden der öffentlich-rechtlichen Körperschaften ohne Gebietshoheit und Anstalten und Stiftungen
§ 20 Aufsicht über natürliche und juristische Personen des Privatrechts
§ 21 Aufsicht bei der Ausführung von Bundesrecht

Abschnitt III
Aufgabenübertragung und Zuständigkeit

Unterabschnitt 1
Aufgabenübertragung
§ 22 Bestimmung des Verwaltungsträgers
§ 23 Übertragung von Aufgaben auf Körperschaften, Anstalten und Stiftungen des öffentlichen Rechts
§ 24 Übertragung von Aufgaben auf natürliche und juristische Personen des Privatrechts

Unterabschnitt 2
Sachliche Zuständigkeit
§ 25 Bestimmung der sachlichen Zuständigkeit
§ 25 a Experimentierklausel
§ 26 Grundsätze für die Bestimmung der sachlichen Zuständigkeit von Landesbehörden
§ 27 Änderung der sachlichen Zuständigkeit von Landesbehörden

Unterabschnitt 3
Sachliche Zuständigkeit nach Bundesrecht
§ 28 Bestimmung der Zuständigkeit

Unterabschnitt 4
Örtliche Zuständigkeit
§ 29 Grundsatz
§ 30 Bestimmung der Bezirke, Feste Fehmarnbeltquerung
§ 31 Örtliche Zuständigkeit

Abschnitt IV
Amtshilfe und europäische Verwaltungszusammenarbeit

Unterabschnitt 1
Amtshilfe
§ 32 Amtshilfepflicht
§ 33 Voraussetzungen und Grenzen der Amtshilfe
§ 33 a Auswahl der Behörde
§ 34 Durchführung der Amtshilfe
§ 35 Kosten der Amtshilfe
§ 36 Amtshilfe zwischen Behörden des Bundes und der Länder

Unterabschnitt 2
Europäische Verwaltungszusammenarbeit
§ 36 a Grundsätze der Hilfeleistung
§ 36 b Form und Behandlung der Ersuchen
§ 36 c Kosten der Hilfeleistung
§ 36 d Mitteilungen von Amts wegen
§ 36 e Anwendbarkeit

Abschnitt V
Körperschaften ohne Gebietshoheit und Anstalten und Stiftungen des öffentlichen Rechts

Unterabschnitt 1
Körperschaften des öffentlichen Rechts ohne Gebietshoheit
§ 37 Begriff
§ 38 Errichtung
§ 39 Aufhebung
§ 40 Satzung

Unterabschnitt 2
Rechtsfähige Anstalten des öffentlichen Rechts
§ 41 Begriff
§ 42 Errichtung
§ 43 Aufhebung
§ 44 Satzung
§ 45 Benutzungsordnungen für nichtrechtsfähige Anstalten

Unterabschnitt 3
Rechtsfähige Stiftungen des öffentlichen Rechts
§ 46 Begriff
§ 47 Errichtung
§ 48 Aufhebung
§ 49 Satzungen

Unterabschnitt 4
Aufsicht über Körperschaften des öffentlichen Rechts ohne Gebietshoheit und über rechtsfähige Anstalten und Stiftungen des öffentlichen Rechts
§ 50 Aufsicht
§ 51 Zuständigkeit
§ 52 Umfang der Aufsicht

Zweiter Teil
Verwaltungshandeln

Abschnitt I
Allgemeine Vorschriften

Unterabschnitt 1
Elektronische Kommunikation

- § 52 a Elektronische Kommunikation
- § 52 b Elektronischer Zugang zur Verwaltung
- § 52 c Informationen zu Behörden und über ihre Verfahren in öffentlich zugänglichen Netzen
- § 52 d Elektronische Aktenführung und Vorgangsbearbeitung
- § 52 e Ersetzendes Scannen
- § 52 f Akteneinsicht in elektronische Akten
- § 52 g Elektronische Zahlungsverfahren und Rechnungen
- § 52 h Barrierefreiheit
- § 52 i Zentrale E-Governmentstelle
- § 52 j Umsetzung von Standardisierungsbeschlüssen des IT-Planungsrates

Unterabschnitt 1 a
Verwaltungshandeln durch Verordnung

- § 53 Begriff der Verordnung
- § 54 Landesverordnungen
- § 55 Kreis-, Stadt-, Gemeinde- und Amtsverordnungen
- § 56 Form der Verordnungen
- § 57 Verbot des Widerspruchs mit anderen Rechtsvorschriften
- § 58 Inhalt der Verordnungen
- § 59 – gestrichen –
- § 60 Amtliche Bekanntmachung
- § 61 Inkrafttreten
- § 62 Geltungsdauer, Aufhebung
- § 63 Wirkung bei Gebietsänderungen
- § 64 Sonstige allgemeinverbindliche Anordnungen

Unterabschnitt 2
Verwaltungshandeln durch Satzung

- § 65 Begriff der Satzung
- § 66 Form der Satzungen
- § 67 Inhalt der Satzungen
- § 68 Amtliche Bekanntmachung
- § 69 Inkrafttreten
- § 70 Wirkung bei Gebietsänderungen

Unterabschnitt 3
Bewilligungsrichtlinien

- § 71 Bewilligungsrichtlinien

Unterabschnitt 4
Verwaltungshandeln durch Verwaltungsakt und öffentlich-rechtlichen Vertrag

I. Allgemeine Grundsätze

- § 72 Grundsatz der Gesetzmäßigkeit
- § 73 Ermessen

II. Das Verwaltungsverfahren

1. Verfahrensgrundsätze

- § 74 Begriff des Verwaltungsverfahrens
- § 75 Nichtförmlichkeit des Verwaltungsverfahrens
- § 76 Beteiligungsfähigkeit
- § 77 Handlungsfähigkeit
- § 78 Beteiligte
- § 79 Bevollmächtigte und Beistände
- § 79 a Bestellung von Empfangsbevollmächtigten
- § 80 Bestellung von Vertreterinnen oder Vertretern von Amts wegen
- § 80 a Vertreterinnen oder Vertreter bei gleichförmigen Eingaben
- § 80 b Vertreterinnen oder Vertreter für Beteiligte bei gleichem Interesse
- § 80 c Gemeinsame Vorschriften für Vertreterinnen und Vertreter bei gleichförmigen Eingaben und bei gleichem Interesse
- § 81 Ausgeschlossene Personen
- § 81 a Besorgnis der Befangenheit
- § 82 Beginn des Verfahrens
- § 82 a Amtssprache
- § 82 b Regional- oder Minderheitensprachen vor Behörden
- § 83 Untersuchungsgrundsatz
- § 83 a Beratung, Auskunft, frühe Öffentlichkeitsbeteiligung
- § 84 Beweismittel
- § 85 – gestrichen –
- § 86 Versicherung an Eides Statt
- § 86 a Öffentliche Bekanntmachung im Internet
- § 87 Anhörung Beteiligter
- § 88 Akteneinsicht durch Beteiligte

2. Fristen, Termine, Wiedereinsetzung

- § 88 a Geheimhaltung
- § 89 Fristen, Termine
- § 90 Wiedereinsetzung in den vorigen Stand

3. Amtliche Beglaubigung

- § 91 Beglaubigung von Dokumenten
- § 92 Beglaubigung von Unterschriften

4. Ehrenamtliche Tätigkeit

- § 93 Anwendbarkeit der Vorschriften über die ehrenamtliche Tätigkeit
- § 94 Pflicht zu ehrenamtlicher Tätigkeit
- § 95 Ausübung ehrenamtlicher Tätigkeit
- § 96 Verschwiegenheitspflicht
- § 97 Entschädigung
- § 98 Abberufung
- § 99 Ordnungswidrigkeiten

5. Ausschüsse

- § 100 Anwendbarkeit der Vorschriften über Ausschüsse
- § 101 Ordnung in den Sitzungen
- § 102 Beschlußfähigkeit
- § 103 Beschlußfassung
- § 104 Wahlen durch Ausschüsse
- § 105 Niederschrift

III. Der Verwaltungsakt

1. Zustandekommen des Verwaltungsaktes

- § 106 Begriff des Verwaltungsaktes
- § 106a Vollständig automatisierter Erlass eines Verwaltungsaktes
- § 107 Nebenbestimmungen zum Verwaltungsakt
- § 108 Bestimmtheit und Form des Verwaltungsaktes
- § 108 a Zusicherung
- § 109 Begründung des Verwaltungsaktes
- § 110 Bekanntgabe des Verwaltungsaktes
- § 111 Offenbare Unrichtigkeiten im Verwaltungsakt
- § 111 a Genehmigungsfiktion

2. Bestandskraft des Verwaltungsaktes

- § 112 Wirksamkeit des Verwaltungsaktes
- § 113 Nichtigkeit des Verwaltungsaktes
- § 114 Heilung von Verfahrens- und Formfehlern
- § 115 Folgen von Verfahrens- und Formfehlern
- § 115 a Umdeutung eines fehlerhaften Verwaltungsaktes
- § 116 Rücknahme eines rechtswidrigen Verwaltungsaktes
- § 117 Widerruf eines rechtmäßigen Verwaltungsaktes
- § 117 a Erstattung, Verzinsung
- § 118 Rücknahme und Widerruf im Rechtsbehelfsverfahren
- § 118 a Wiederaufgreifen des Verfahrens
- § 118 b Rückgabe von Urkunden und Sachen

3. Rechtsbehelfsverfahren

- § 119 Rechtsbehelfe gegen Verwaltungsakte
- § 120 Erstattung von Kosten im Widerspruchsverfahren

4. Verjährungsrechtliche Wirkungen des Verwaltungsaktes

- § 120 a Unterbrechung der Verjährung durch Verwaltungsakt

IV. Der öffentlich-rechtliche Vertrag

§	
§ 121	Zulässigkeit des öffentlich-rechtlichen Vertrages
§ 122	Vergleichsvertrag
§ 123	Austauschvertrag
§ 124	Schriftform
§ 125	Zustimmung von Dritten und Behörden
§ 126	Nichtigkeit des öffentlich-rechtlichen Vertrages
§ 127	Anpassung und Kündigung in besonderen Fällen
§ 128	Unterwerfung unter die sofortige Vollstreckung
§ 129	Ergänzende Anwendung von Vorschriften

Abschnitt II
Besondere Verfahrensarten

Unterabschnitt 1
Förmliches Verwaltungsverfahren

§ 130	Anwendung der Vorschriften über das förmliche Verwaltungsverfahren
§ 131	Form des Antrags
§ 132	Mitwirkung von Zeugen und Sachverständigen
§ 133	Verpflichtung zur Anhörung von Beteiligten
§ 134	Erfordernis der mündlichen Verhandlung
§ 135	Verlauf der mündlichen Verhandlung
§ 136	Entscheidung
§ 137	Anfechtung der Entscheidung
§ 138	Besondere Vorschriften für das förmliche Verfahren vor Ausschüssen

Unterabschnitt 1 a
Verfahren über eine einheitliche Stelle

§ 138 a	Anwendbarkeit
§ 138 b	Verfahren
§ 138 c	Informationspflichten
§ 138 d	Gegenseitige Unterstützung
§ 138 e	Elektronisches Verfahren

Unterabschnitt 2
Planfeststellungsverfahren

§ 139	Anwendung der Vorschriften über das Planfeststellungsverfahren
§ 140	Anhörungsverfahren
§ 141	Planfeststellungsbeschluss, Plangenehmigung
§ 142	Rechtswirkungen der Planfeststellung
§ 143	Planänderungen vor Fertigstellung des Vorhabens
§ 144	Aufhebung des Planfeststellungsbeschlusses
§ 145	Zusammentreffen mehrerer Vorhaben

Unterabschnitt 3
Zustellungsverfahren

§ 146	Ausdrückliche Anordnung der Zustellung
§ 147	Allgemeines
§ 148	Zustellung durch die Post mit Zustellungsurkunde
§ 149	Zustellung durch die Post mittels Einschreiben
§ 150	Zustellung durch die Behörde gegen Empfangsbekenntnis
§ 150 a	Elektronische Zustellung gegen Abholbestätigung über De-Mail-Dienste
§ 151	Zustellung an gesetzliche Vertreterinnen und Vertreter
§ 152	Zustellung an Bevollmächtigte
§ 153	Heilung von Zustellungsmängeln
§ 154	Zustellung im Ausland
§ 155	Öffentliche Zustellung

Abschnitt III
Öffentliche Sicherheit

Unterabschnitt 1
Aufgaben und Zuständigkeit

§ 162	Aufgaben
§ 163	Ordnungsbehörden und Polizei
§ 164	Begriff der Ordnungsbehörden und der Polizei
§ 165	Sachliche Zuständigkeit der Ordnungsbehörden
§ 166	Örtliche Zuständigkeit der Ordnungsbehörden
§ 167	Selbsteintrittsrecht der unteren Fachaufsichtsbehörden
§ 168	Sachliche Zuständigkeit der Polizei
§ 169	Örtliche Zuständigkeit der Polizeivollzugsbeamtinnen und Polizeivollzugsbeamten
§ 170	Amtshandlungen von Polizeivollzugsbeamtinnen und Polizeivollzugsbeamten, die nicht in einem Dienstverhältnis zum Land Schleswig-Holstein stehen
§ 171	Amtshandlungen von Polizeivollzugsbeamtinnen und Polizeivollzugsbeamten außerhalb Schleswig-Holsteins
§ 172	Zusammenarbeit von Ordnungsbehörden und Polizei

Unterabschnitt 2
Maßnahmen zur Aufrechterhaltung der öffentlichen Sicherheit

I. Allgemeine Vorschriften

§ 173	Rechtsgrundlage
§ 174	Allgemeiner Grundsatz
§ 175	Verordnungen über die öffentliche Sicherheit
§ 176	Verwaltungsakte (Verfügungen)

II. Personenbezogene Daten

1. Allgemeine Verfahrensvorschrift

§ 177	Zulässigkeit der Verarbeitung personenbezogener Daten

2. Datenerhebung

§ 178	Grundsätze der Datenerhebung
§ 179	Voraussetzungen der Datenerhebung
§ 180	Befragung und Auskunftspflicht, Anhalte- und Sichtkontrollen
§ 180 a	Bestandsdatenauskunft
§ 180 b	Verfahren zur Bestandsdatenauskunft
§ 181	Identitätsfeststellung
§ 181 a	Zuverlässigkeitsüberprüfungen zum Schutz von Veranstaltungen und staatlichen Einrichtungen
§ 182	Prüfung von Berechtigungsscheinen
§ 183	Erkennungsdienstliche Maßnahmen
§ 183 a	Identitätsfeststellung mit medizinischen und molekulargenetischen Mitteln
§ 183 b	Untersuchung von Personen
§ 184	Datenerhebung bei öffentlichen Veranstaltungen und Ansammlungen sowie auf öffentlichen Flächen
§ 184 a	Einsatz körpernah getragener Aufnahmegeräte
§ 185	Besondere Mittel der Datenerhebung
§ 185 a	Überwachung der Telekommunikation
§ 185 b	Unterbrechung der Telekommunikation
§ 185 c	Datenerhebung durch die Verwendung von Vertrauenspersonen
§ 186	Anordnung und Benachrichtigung bei Maßnahmen nach §§ 185 bis 185c
§ 186 a	Grundsätze der Datenverarbeitung bei Maßnahmen nach §§ 185, 185a und 185c
§ 186 b	Aufsichtliche Kontrolle durch die Landesbeauftragte oder den Landesbeauftragten für Datenschutz und den Landtag
§ 186 c	Protokollierung bei verdeckten oder eingriffsintensiven Maßnahmen
§ 187	Kontrollmeldungen (Verdeckte Registrierungen zur polizeilichen Beobachtung, Gezielte Kontrollen)

3. Speicherung, Veränderung und Nutzung

§ 188	Grundsätze der Verarbeitung personenbezogener Daten und sonstige Verarbeitungszwecke
§ 188 a	Datenweiterverarbeitung, Grundsatz der hypothetischen Datenneuerhebung
§ 188 b	Kennzeichnung
§ 189	Besondere Voraussetzungen der Verarbeitung personenbezogener Daten
§ 190	Vorgangsverwaltung und Dokumentation

4. Datenübermittlung und Datenabgleich

§ 191	Grundsätze der Datenübermittlung
§ 192	Datenübermittlung zwischen Polizei- und Ordnungsbehörden, Datenübermittlung an ausländische Polizeidienststellen in Mitgliedstaaten der Europäischen Union sowie über- und zwischenstaatlichen Stellen der Europäischen Union und in Staaten des Schengen-Verbundes

Landesverwaltungsgesetz

§ 193	Datenübermittlung an Behörden, öffentliche Stellen oder sonstige Stellen
§ 194	Automatisiertes Abrufverfahren
§ 195	Datenabgleich
§ 195 a	Datenabgleich mit anderen Dateien

5. Weitere Verfahrensvorschriften

§ 196	Berichtigung und Löschung personenbezogener Daten
§ 197	(aufgehoben)
§ 198	(aufgehoben)

III. Besondere Maßnahmen

§ 199	Vorladung
§ 200	Verfahren bei der Vorführung
§ 201	Platzverweis, Aufenthaltsverbot, Aufenthaltsgebot und Meldeauflage
§ 201 a	Wohnungsverweisung sowie Rückkehr- und Betretungsverbot zum Schutz vor häuslicher Gewalt
§ 201 b	Elektronische Aufenthaltsüberwachung
§ 202	Durchsuchung von Personen
§ 203	Verfahren bei der Durchsuchung von Personen
§ 204	Gewahrsam von Personen
§ 205	Verfahren bei amtlichem Gewahrsam
§ 206	Durchsuchung von Sachen
§ 206 a	Durchsuchung bei Gezielten Kontrollen
§ 207	Verfahren bei der Durchsuchung von Sachen
§ 208	Betreten und Durchsuchung von Räumen
§ 209	Verfahren bei der Durchsuchung von Räumen
§ 210	Sicherstellung von Sachen
§ 211	Verfahren bei der Sicherstellung von Sachen
§ 212	Amtliche Verwahrung
§ 213	Verwertung, Vernichtung
§ 214	Verfahren bei der Wegnahme einer Person
§ 215	Verfahren bei der Zwangsräumung
§ 216	Übertragung des Eigentums

Unterabschnitt 3
In Anspruch zu nehmende Personen

§ 217	Grundsatz
§ 218	Verantwortlichkeit für das Verhalten von Personen
§ 219	Verantwortlichkeit für Sachen
§ 220	Inanspruchnahme anderer Personen

Unterabschnitt 4
Entschädigungsansprüche

§ 221	Entschädigungsanspruch des Nichtstörers
§ 222	Entschädigungsanspruch unbeteiligter Dritter
§ 223	Art, Inhalt und Umfang der Entschädigungsleistung
§ 224	Entschädigungspflichtiger, Rückgriff
§ 225	Schadensersatzansprüche aus der Verarbeitung von Daten
§ 226	Rechtsweg

Unterabschnitt 5
Einschränkung von Grundrechten, Kosten

§ 227	Einschränkung von Grundrechten
§ 227 a	Kosten

Abschnitt IV
Erzwingung von Handlungen, Duldungen oder Unterlassungen

Unterabschnitt 1
Allgemeines Vollzugsverfahren

§ 228	Grundsatz
§ 229	Zulässigkeit des Vollzugs von Verwaltungsakten
§ 230	Sofortiger Vollzug
§ 231	Vollzugsbehörden
§ 232	Pflichtige Personen
§ 233	Vollzug gegen Rechtsnachfolger
§ 234	Vollzug gegen Träger der öffentlichen Verwaltung
§ 235	Zwangsmittel
§ 236	Androhung von Zwangsmitteln
§ 237	Zwangsgeld
§ 238	Ersatzvornahme
§ 239	Unmittelbarer Zwang
§ 240	Ersatzzwangshaft
§ 241	Einstellung des Vollzugs

Unterabschnitt 2
Vollzug von Verwaltungsakten mit besonderem Inhalt

§ 242	Abgabe einer Erklärung

Unterabschnitt 3
Erweiterte Anwendung der Vollzugsvorschriften

§ 243	Anwendung der Vollzugsvorschriften aufgrund bundesrechtlicher Ermächtigungen
§ 244	Entsprechende Anwendung der Vollzugsvorschriften auf öffentlich-rechtliche Verträge
§ 245	Sonstige entsprechende Anwendung der Vollzugsvorschriften
§ 246	Maßnahmen gegen Tiere

Unterabschnitt 4
Einschränkung von Grundrechten, Rechtsbehelfe und Kosten

§ 247	Einschränkung von Grundrechten
§ 248	Rechtsbehelfe
§ 249	Kosten

Unterabschnitt 5
Ausübung unmittelbaren Zwangs

I. Allgemeine Vorschriften über den unmittelbaren Zwang

§ 250	Rechtliche Grundlagen
§ 251	Begriffsbestimmung
§ 252	Vollzugsbeamtinnen und Vollzugsbeamte
§ 253	Handeln auf Anordnung
§ 254	Hilfeleistung für Verletzte

II. Besondere Vorschriften für den unmittelbaren Zwang

§ 255	Fesselung von Personen
§ 256	Zum Gebrauch besonderer Zwangsmittel Berechtigte
§ 256 a	Vorschriften für den Sprengmittelgebrauch
§ 257	Allgemeine Vorschriften für den Schußwaffengebrauch
§ 258	Schußwaffengebrauch gegen Personen
§ 258 a	Gebrauch von Distanz-Elektroimpulsgeräten
§ 259	Warnung
§ 260	Verwaltungsvorschriften

III. Einschränkung von Grundrechten

§ 261	Einschränkung von Grundrechten

Abschnitt V
Vollstreckung öffentlich-rechtlicher Geldforderungen

Unterabschnitt 1
Allgemeine Vorschriften

§ 262	Grundsatz
§ 263	Vollstreckungsbehörden
§ 264	Vollstreckungsschuldnerin oder Vollstreckungsschuldner
§ 265	– gestrichen –
§ 266	Vollstreckung gegen Vereinigungen
§ 267	Vollstreckung gegen Dritte
§ 268	Fortsetzung der Vollstreckung nach dem Tod der Vollstreckungsschuldnerin oder des Vollstreckungsschuldners
§ 269	Beginn der Vollstreckung
§ 270	Mahnung
§ 271	Vollstreckung gegen juristische Personen des öffentlichen Rechts
§ 272	Vollstreckungsbeamtinnen und Vollstreckungsbeamte
§ 273	Legitimation der Vollstreckungsbeamtinnen und Vollstreckungsbeamten
§ 274	Leistungen an die Vollstreckungsbeamtin oder den Vollstreckungsbeamten
§ 275	Befugnisse der Vollstreckungsbeamtin oder des Vollstreckungsbeamten
§ 276	Hinzuziehung von Zeugen
§ 277	Befugnisse von Hilfspersonen

§ 278	Vollstreckung zur Nachtzeit und an Sonn- und Feiertagen
§ 279	Niederschrift
§ 280	Drittwiderspruch
§ 280 a	Gütliche Erledigung, Vollstreckungsaufschub bei Zahlungsvereinbarung
§ 281	Vermögensermittlung
§ 281 a	Vermögensauskunft
§ 282	Einstellung der Vollstreckung und Aufhebung von Vollstreckungsmaßnahmen
§ 283	Erteilung von Urkunden
§ 284	Verweisungen

Unterabschnitt 2
Vollstreckung in das bewegliche Vermögen
I. Allgemeine Vorschriften

§ 285	Pfändung
§ 286	Pfändungspfandrecht
§ 287	Vorzugsweise Befriedigung
§ 288	Ausschluß der Gewährleistung
§ 288 a	Abnahme der Vermögensauskunft nach Pfändungsversuch

II. Vollstreckung in bewegliche Sachen

§ 289	Verfahren bei der Pfändung
§ 290	Pfändung ungetrennter Früchte
§ 291	Anschlußpfändung
§ 292	Öffentliche Versteigerung, gepfändetes Geld
§ 293	Versteigerungstermin
§ 294	Versteigerungsverfahren
§ 295	Wertpapiere
§ 296	Namenspapiere
§ 297	Früchte auf dem Halm
§ 298	Andere Verwertung
§ 299	Verwertung bei mehrfacher Pfändung

III. Vollstreckung in Forderungen und andere Vermögensrechte

§ 300	Pfändung einer Geldforderung
§ 301	Pfändung einer durch Hypothek gesicherten Forderung
§ 302	Pfändung einer durch Schiffshypothek gesicherten Forderung
§ 303	Pfändung einer durch Registerpfandrecht an einem Luftfahrzeug gesicherten Forderung
§ 304	Pfändung einer Forderung aus indossablen Papieren
§ 305	Pfändung fortlaufender Bezüge
§ 306	Einziehung der Forderung, Herausgabe von Urkunden
§ 307	Erklärungspflicht der Drittschuldnerin oder des Drittschuldners
§ 308	Andere Art der Verwertung
§ 309	Ansprüche auf Herausgabe oder Leistung von Sachen
§ 310	Pfändungsbeschränkungen und -verbote
§ 311	Mehrfache Pfändung
§ 312	Vollstreckung in andere Vermögensrechte

Unterabschnitt 3
Vollstreckung in das unbewegliche Vermögen

§ 313	Verfahren
§ 314	Vollstreckung gegen Rechtsnachfolger

Unterabschnitt 4
Sicherungsverfahren

§ 315	Arrest
§ 316	Befriedigung durch Verwertung von Sicherheiten

Unterabschnitt 5
Erweiterte Anwendung der Vollstreckungsvorschriften

§ 317	Anwendung der Vollstreckungsvorschriften aufgrund bundesrechtlicher Ermächtigungen
§ 318	Entsprechende Anwendung der Vollstreckungsvorschriften auf öffentlich-rechtliche Verträge
§ 319	Entsprechende Anwendung der Vollstreckungsvorschriften auf privatrechtliche Geldforderungen
§ 320	Sonstige entsprechende Anwendung der Vollstreckungsvorschriften

Unterabschnitt 6
Einschränkung von Grundrechten, Rechtsbehelfe und Kosten

§ 321	Einschränkung von Grundrechten
§ 322	Rechtsbehelfe, Kosten

Dritter Teil
Schlußvorschriften

§ 323	Einwohnerzahl
§ 324	Nachtzeit
§ 325	Bestimmung der zuständigen Aufsichtsbehörden
§ 326	Verweisungen, Ermächtigung zur Bekanntmachung
§ 327	Nachprüfbarkeit im Revisionsverfahren
§ 328	Erklärung zu unteren Landesbehörden
§ 329	Örtliche Bekanntmachung und Verkündung
§ 329 a	Amtliche Mitteilungs- und Verkündungsblätter
§ 330	Bestehende Körperschaften ohne Gebietshoheit und Anstalten und Stiftungen des öffentlichen Rechts
§ 331	Aufhebung von Verwaltungsvorschriften
§ 332	Sonderregelung für Verteidigungsangelegenheiten
§ 333	Widerspruch statt sonstiger förmlicher Rechtsbehelfe
§ 334	Überleitung von Zuständigkeiten im Recht über die öffentliche Sicherheit
§ 335	Verordnungen über die öffentliche Sicherheit aufgrund besonderer Rechtsvorschriften
§ 336	Ausnahmen vom Anwendungsbereich des Gesetzes
§ 337	Außerkrafttreten landesrechtlicher Bestimmungen

Einleitende Vorschrift

§ 1
Geltungsbereich des Gesetzes

(1) Dieses Gesetz gilt für die öffentlich-rechtliche Verwaltungstätigkeit der Träger der öffentlichen Verwaltung im Lande Schleswig-Holstein. Das Gesetz gilt auch für die Organisation der Träger der öffentlichen Verwaltung, soweit sie nicht durch besondere Gesetze geregelt ist.

(2) Dieses Gesetz gilt nicht für die Organisation und die Tätigkeit des Bundes sowie der Kirchen, Religionsgesellschaften und Weltanschauungsgemeinschaften des öffentlichen Rechts und deren Verbände und Einrichtungen im Lande Schleswig-Holstein.

Erster Teil
Verwaltungsorganisation

Abschnitt I
Die Träger der Verwaltung und ihre Behörden

Unterabschnitt 1
Allgemeine Bestimmungen

§ 2
Träger der öffentlichen Verwaltung

(1) Träger der öffentlichen Verwaltung sind
  das Land,
  die Gemeinden,
  die Kreise und
  die Ämter.

(2) Träger einzelner Aufgaben der öffentlichen Verwaltung sind ferner die der Aufsicht des Landes unterstehenden Körperschaften des öffentlichen Rechts ohne Gebietshoheit und rechtsfähige Anstalten und Stiftungen des öffentlichen Rechts.

(3) Natürliche und juristische Personen des Privatrechts sowie nichtrechtsfähige Vereinigungen sind Träger der öffentlichen Verwaltung für die ihnen übertragenen Aufgaben.

§ 3
Behörden

(1) Die öffentlich-rechtliche Verwaltungstätigkeit wird für die Träger der öffentlichen Verwaltung durch Behörden wahrgenommen.

(2) Behörde im Sinne dieses Gesetzes ist jede organisatorisch selbständige Stelle, die öffentlich-rechtliche Verwaltungstätigkeit ausübt.

Unterabschnitt 2
Behörden des Landes, der Gemeinden, Kreise und Ämter

§ 4
Landesbehörden

Landesbehörden sind
- oberste Landesbehörden,
- Landesoberbehörden und
- untere Landesbehörden.

§ 5
Oberste Landesbehörden

(1) Oberste Landesbehörden sind
- die Landesregierung,
- die Ministerpräsidentin oder der Ministerpräsident,
- die Ministerien sowie
- der Landesrechnungshof.

Soweit die Landtagspräsidentin oder der Landtagspräsident und die Präsidentin oder der Präsident des Landesverfassungsgerichtes öffentlich-rechtliche Verwaltungstätigkeit ausüben, sind auch sie oberste Landesbehörden.

(2) Zur Entlastung der obersten Landesbehörden von Verwaltungsarbeit können Ämter gebildet werden, die mit einer gewissen Selbständigkeit ausgestattet sind, aber Bestandteile der obersten Landesbehörde bleiben. Diese Ämter müssen aus ihrer Behördenbezeichnung die oberste Landesbehörde erkennen lassen, der sie zugeordnet sind.

§ 6
Landesoberbehörden

(1) Landesoberbehörden sind Landesbehörden, die einer obersten Landesbehörde unterstehen und deren Zuständigkeit sich auf das ganze Land erstreckt, soweit sie nicht nach einer Rechtsvorschrift untere Landesbehörden sind.

(2) Landesoberbehörden sollen als Landesamt bezeichnet werden.

§ 7
Untere Landesbehörden

Untere Landesbehörden sind Landesbehörden, die
1. einer Landesoberbehörde unterstehen,
2. unmittelbar einer obersten Landesbehörde unterstehen und deren Zuständigkeit sich auf einen Teil des Landes beschränkt oder
3. nach einer Rechtsvorschrift ausdrücklich untere Landesbehörden sind.

§ 8
Errichtung und Auflösung von Landesbehörden

(1) Die Errichtung von Landesbehörden und die Auflösung nicht durch Gesetz errichteter Landesbehörden regelt die Landesregierung durch Verordnung. Sie kann diese Befugnis hinsichtlich der Errichtung und Auflösung unterer Landesbehörden auf andere oberste Landesbehörden übertragen.

(2) Die Verordnung muß die Art der Behörde (§ 4), ihre Bezeichnung und ihren Bezirk (§ 29) bestimmen; sie soll ferner die sachliche Zuständigkeit regeln.

§ 9
Errichtung gemeinsamer Behörden mit anderen Bundesländern oder dem Bund

Verträge mit anderen Ländern oder mit dem Bund über die Durchführung von Aufgaben der öffentlichen Verwaltung des Landes durch gemeinsame Behörden oder Behörden der anderen Vertragspartner bedürfen der Zustimmung in der Form eines Landesgesetzes.

§ 10
Amtliches Verzeichnis der Landesbehörden[1]

(1) Die Landesregierung veröffentlicht im Amtsblatt für Schleswig-Holstein oder in elektronischen Medien ein Verzeichnis der Behörden des Landes (Amtliches Verzeichnis). In dieses Verzeichnis sind auch die mit anderen Bundesländern oder dem Bund errichteten gemeinsamen Behörden sowie die Behörden der anderen Vertragspartner, die Aufgaben der öffentlichen Verwaltung des Landes durchführen (§ 9), aufzunehmen.

(2) Das Verzeichnis enthält Angaben über die Bezeichnung der Behörde, ihren Sitz, ihren sachlichen Zuständigkeitsbereich und ihren Bezirk.

(3) Das zuständige Ministerium macht Veränderungen im Verzeichnis in geeigneter Form bekannt.

§ 11
Behörden der Gemeinden, Kreise und Ämter

Behörden der Gemeinden, Kreise und Ämter sind ihre durch Gesetz oder aufgrund eines Gesetzes gebildeten Organe, die öffentlich-rechtliche Verwaltungstätigkeit ausüben.

Unterabschnitt 3
Sonstige Behörden

§ 12
Behörden der sonstigen Körperschaften und der Anstalten und Stiftungen des öffentlichen Rechts

Behörden der der Aufsicht des Landes unterstehenden Körperschaften des öffentlichen Rechts ohne Gebietshoheit und der rechtsfähigen Anstalten und Stiftungen des öffentlichen Rechts sind ihre Organe, soweit sie öffentlich-rechtliche Verwaltungstätigkeit ausüben.

§ 13
Natürliche und juristische Personen des Privatrechts

Für die Organe der juristischen Personen des Privatrechts, der nichtrechtsfähigen Vereinigungen sowie die natürlichen Personen gelten, soweit sie öffentlich-rechtliche Verwaltungstätigkeit ausüben, die Vorschriften dieses Gesetzes über die Behörden entsprechend.

Abschnitt II
Aufsicht

Unterabschnitt 1
Dienst- und Fachaufsicht über Behörden des Landes

§ 14
Dienstaufsicht und Fachaufsicht

(1) Die Landesoberbehörden und die unteren Landesbehörden unterstehen der Dienstaufsicht und der Fachaufsicht.

(2) Die Dienstaufsicht und die Fachaufsicht werden durch die fachlich zuständige übergeordnete Landesbehörde ausgeübt, soweit durch Rechtsvorschrift nichts anderes bestimmt ist.

(3) Übt eine Landesoberbehörde die Dienstaufsicht und die Fachaufsicht aus, so ist die fachlich zuständige oberste Landesbehörde zugleich oberste Aufsichtsbehörde, soweit durch Rechtsvorschrift nichts anderes bestimmt ist.

§ 15
Umfang der Dienstaufsicht und der Fachaufsicht

(1) Die Dienstaufsicht erstreckt sich auf die innere Ordnung, die allgemeine Geschäftsführung und die Personalangelegenheiten der Behörde.

(2) Die Fachaufsicht erstreckt sich auf die rechtmäßige und zweckmäßige Wahrnehmung der Verwaltungsangelegenheiten der Behörde.

---

1 *Amtliches Verzeichnis vom 24.4.2003 (Amtsblatt Schl.-H. 2003 S. 305).*

§ 16
Mittel der Dienstaufsicht und der Fachaufsicht

(1) Die Fachaufsichtsbehörde ist berechtigt, von der ihrer Aufsicht unterstehenden Behörde Berichterstattung und Vorlage der Akten zu verlangen, Prüfungen vorzunehmen und Weisungen zu erteilen.

(2) Die Dienstaufsichtsbehörde hat im Rahmen der Dienstaufsicht die Befugnisse nach Absatz 1. Maßnahmen gegen einzelne Bedienstete werden dadurch nicht ausgeschlossen.

(3) Wird eine Weisung der Fachaufsichtsbehörde nicht befolgt, kann bei Gefahr im Verzug die Fachaufsichtsbehörde an Stelle der angewiesenen Behörde tätig werden (Selbsteintrittsrecht).

(4) Andere Rechtsvorschriften, durch die die Rechte der Dienstaufsichts- und Fachaufsichtsbehörden erweitert oder beschränkt sind, bleiben unberührt.

Unterabschnitt 2
Fachaufsicht über sonstige Behörden

§ 17
Fachaufsicht über Behörden der Gemeinden, Kreise und Ämter

(1) Soweit die Gemeinden, Kreise und Ämter Aufgaben zur Erfüllung nach Weisung wahrnehmen, unterstehen ihre Behörden der Fachaufsicht.

(2) Oberste Fachaufsichtsbehörde und Fachaufsichtsbehörde über die Behörden der Kreise und kreisfreien Städte ist, soweit durch Rechtsvorschrift nichts anderes bestimmt ist, die fachlich zuständige oberste Landesbehörde.

(3) Untere Fachaufsichtsbehörde über die Behörden der kreisangehörigen Gemeinden und der Ämter ist, soweit durch Rechtsvorschrift nichts anderes bestimmt ist, die Landrätin oder der Landrat.

§ 18
Umfang und Mittel der Fachaufsicht

(1) Für den Umfang und die Mittel der Fachaufsicht nach § 17 Abs.1 gelten § 15 Abs. 2 und § 16 entsprechend.

(2) Das Ministerium für Inneres, ländliche Räume und Integration kann im Einvernehmen mit dem fachlich zuständigen Ministerium Grundsätze über die Gliederung der Verwaltung für die Aufgaben aufstellen, die den Gemeinden, Kreisen und Ämtern zur Erfüllung nach Weisung übertragen worden sind.

(3) Die Weisungen der Fachaufsichtsbehörden können nicht im Verwaltungsstreitverfahren angefochten werden.

(4) Zwangsmaßnahmen nach den §§ 125 bis 127 der Gemeindeordnung, den §§ 64 bis 66 der Kreisordnung und § 19 Abs. 3 der Amtsordnung können nur von den Kommunalaufsichtsbehörden getroffen werden. Das Selbsteintrittsrecht der Fachaufsichtsbehörde bleibt unberührt.

§ 19
Fachaufsicht über Behörden der öffentlich-rechtlichen Körperschaften ohne Gebietshoheit und Anstalten und Stiftungen

(1) Soweit die Körperschaften des öffentlichen Rechts ohne Gebietshoheit und die rechtsfähigen Anstalten und Stiftungen des öffentlichen Rechts Aufgaben zur Erfüllung nach Weisung wahrnehmen, unterstehen ihre Behörden der Fachaufsicht durch die zuständigen Behörden des Landes.

(2) Fachaufsichtsbehörde ist, soweit durch Rechtsvorschrift nichts anderes bestimmt ist, die fachlich zuständige oberste Landesbehörde.

(3) § 18 gilt entsprechend; dabei tritt an die Stelle der Kommunalaufsichtsbehörde die Behörde, die die Aufsicht nach § 50 ausübt.

§ 20
Aufsicht über natürliche und juristische Personen des Privatrechts

Werden natürlichen oder juristischen Personen des Privatrechts sowie nichtrechtsfähigen Vereinigungen Aufgaben der öffentlichen Verwaltung übertragen, so ist bei der Übertragung eine Aufsicht sicherzustellen. Hierbei sind die Aufsichtsbehörde, der Umfang und die Mittel der Aufsicht festzulegen.

§ 21
Aufsicht bei der Ausführung von Bundesrecht

Die Gemeinden, Kreise und Ämter sowie die Körperschaften des öffentlichen Rechts ohne Gebietshoheit und die rechtsfähigen Anstalten und Stiftungen des öffentlichen Rechts unterstehen der Aufsicht nach den §§ 17 bis 19 dieses Gesetzes, soweit ihnen die Durchführung von Bundesgesetzen übertragen ist,

1. die das Land im Auftrage des Bundes ausführt (Artikel 85 des Grundgesetzes),
2. zu deren Ausführung die Bundesregierung nach Artikel 84 Abs. 5 des Grundgesetzes Einzelweisungen erteilen kann oder
3. die Aufgaben der Verteidigung einschließlich des Wehrersatzwesens, der zivilen Verteidigung (Artikel 87 b Abs. 2 Satz 1 des Grundgesetzes) und des Staatsschutzes betreffen.

Abschnitt III
Aufgabenübertragung und Zuständigkeit

Unterabschnitt 1
Aufgabenübertragung

§ 22
Bestimmung des Verwaltungsträgers

(1) Bei der Übertragung von Aufgaben der öffentlichen Verwaltung soll der Träger nach dem Grundsatz einer zweckmäßigen, wirtschaftlichen und ortsnahen Verwaltung bestimmt werden.

(2) Soweit eine Aufgabe auf die Kreise und kreisfreien Städte zu übertragen ist, soll diese Übertragung gleichzeitig auf die Städte mit mehr als 20 000 Einwohnerinnen und Einwohnern erfolgen, es sei denn, der Grundsatz des Absatzes 1 steht dem entgegen.

§ 23
Übertragung von Aufgaben auf Körperschaften, Anstalten und Stiftungen des öffentlichen Rechts

Den Körperschaften des öffentlichen Rechts ohne Gebietshoheit und den rechtsfähigen Anstalten und Stiftungen des öffentlichen Rechts dürfen Aufgaben der öffentlichen Verwaltung nur durch Gesetz oder aufgrund eines Gesetzes übertragen werden. Dies gilt für Aufgaben, die in den Handlungsformen des privaten Rechts durchgeführt werden.

§ 24
Übertragung von Aufgaben auf natürliche und juristische Personen des Privatrechts

(1) Natürlichen und juristischen Personen des Privatrechts sowie nichtrechtsfähigen Vereinigungen können Aufgaben der öffentlichen Verwaltung zur Erledigung in den Handlungsformen des öffentlichen Rechts nur durch Gesetz oder aufgrund eines Gesetzes übertragen werden.

(2) Eine Übertragung von Aufgaben der öffentlichen Verwaltung zur Erledigung in Handlungsformen des privaten Rechts ist zulässig, sofern

1. die Aufgabe von dem übertragenden Träger der öffentlichen Verwaltung auch in den Handlungsformen des privaten Rechts erfüllt werden darf,
2. die Zuständigkeit einer Behörde nicht ausdrücklich vorgeschrieben ist und
3. die Eigenart der Aufgabe oder ein überwiegendes öffentliches Interesse der Übertragung nicht entgegensteht.

(3) Die rechtmäßige Erfüllung der Aufgaben muß sichergestellt sein.

Unterabschnitt 2
Sachliche Zuständigkeit

§ 25
Bestimmung der sachlichen Zuständigkeit

(1) Die sachliche Zuständigkeit der Behörden wird durch die hierzu ergangenen Rechts- und Verwaltungsvorschriften bestimmt.

(2) Die Zuständigkeit einer Behörde zur Ausführung von Rechtsvorschriften, die in die Rechte der einzelnen Person eingreifen oder dazu ermächtigen, kann nur durch Rechtsvorschrift bestimmt werden.

§ 25 a
Experimentierklausel

(1) Zur Erprobung einer ortsnahen Aufgabenerfüllung können

1. die Kreise auf die Gemeinden oder Ämter Aufgaben übertragen,
2. die Landrätinnen oder die Landräte auf die Bürgermeisterinnen oder Bürgermeister oder die Amtsdirektorinnen oder Amtsdirektoren, in ehrenamtlich verwalteten Ämtern die Amtsvorsteherinnen oder Amtsvorsteher, Zuständigkeiten übertragen,

die ihnen durch Rechtsvorschrift des Landes zugewiesen sind. Eine solche Aufgaben- oder Zuständigkeitsübertragung ist durch öffentlich-rechtlichen Vertrag zwischen den Beteiligten zu vereinbaren.

(2) Der öffentlich-rechtliche Vertrag bezeichnet die Aufgabe oder Zuständigkeit, die übertragen wird. Er ist auf höchstens zehn Jahre zu befristen. Er soll einen Kostenausgleich regeln. Er ist vom Kreis im Amtsblatt für Schleswig-Holstein bekanntzumachen.

(3) Der öffentlich-rechtliche Vertrag bedarf der Zustimmung des Ministeriums für Inneres, ländliche Räume und Integration. Soweit er Aufgaben zur Erfüllung nach Weisung zum Gegenstand hat, erfolgt die Zustimmung im Einvernehmen mit der obersten Fachaufsichtsbehörde.

§ 26
Grundsätze für die Bestimmung
der sachlichen Zuständigkeit von Landesbehörden

(1) Die sachlich zuständige Landesbehörde ist nach den Grundsätzen einer zweckmäßigen und wirtschaftlichen Verwaltung zu bestimmen.

(2) Untere Landesbehörden sollen nur für sachlich zuständig erklärt werden, wenn einer Übertragung der Aufgaben auf Gemeinden, Kreise oder Ämter wichtige Gründe entgegenstehen.

(3) Wird eine oberste Landesbehörde ermächtigt, ihre Befugnisse zu übertragen, so soll sie von dieser Ermächtigung Gebrauch machen, es sei denn, die Grundsätze des Absatzes 1 stehen dem entgegen.

§ 27
Änderung der sachlichen Zuständigkeit
von Landesbehörden

(1) Werden Geschäftsbereiche von Ministerien neu abgegrenzt, so gehen die in Rechtsvorschriften einem Ministerium zugewiesenen Zuständigkeiten auf das nach der Abgrenzung zuständige Ministerium über. Die Ministerpräsidentin oder der Ministerpräsident weist hierauf und auf den Zeitpunkt des Überganges im Gesetz- und Verordnungsblatt für Schleswig-Holstein hin[2].

(2) Die einem Ministerium in Rechtsvorschriften zugewiesenen Zuständigkeiten werden durch eine Änderung der Ressortbezeichnung des Ministeriums nicht berührt.

(3) Das Ministerium für Inneres, ländliche Räume und Integration wird ermächtigt, bei Änderungen der Zuständigkeit oder der Ressortbezeichnung von Ministerien im Einvernehmen mit den beteiligten Ministerien durch Verordnung in Gesetzen und Verordnungen die Ressortbezeichnung des bisher zuständigen Ministeriums durch die Ressortbezeichnung des neu zuständigen Ministeriums oder die bisherige Ressortbezeichnung durch die neue Ressortbezeichnung zu ersetzen.

(4) Wird eine Landesoberbehörde oder eine untere Landesbehörde aufgelöst, so kann die Landesregierung durch Verordnung diejenigen Zuständigkeiten, die der Behörde durch Rechtsvorschrift zugewiesen waren, auf eine andere Behörde übertragen.

Unterabschnitt 3
Sachliche Zuständigkeit nach Bundesrecht

§ 28
Bestimmung der Zuständigkeit

(1) Soweit zur Ausführung von Bundesrecht eine Behörde nicht bestimmt ist, kann die Landesregierung durch Verordnung die zuständige Behörde bestimmen. Sie kann diese Befugnis durch Verordnung auf die fachlich zuständige oberste Landesbehörde übertragen.

(2) Wenn nach Bundesrecht die höhere Verwaltungsbehörde oder die staatliche Mittelbehörde zuständig ist, so wird diese Zuständigkeit von der fachlich zuständigen obersten Landesbehörde wahrgenommen, soweit nicht die Landesregierung durch Verordnung eine andere Behörde bestimmt. Sie kann diese Befugnis durch Verordnung auf die fachlich zuständige oberste Landesbehörde übertragen.

(3) Wenn nach Bundesrecht die untere Verwaltungsbehörde zuständig ist, so bestimmt die Landesregierung durch Verordnung die zuständige Behörde. Sie kann diese Befugnis durch Verordnung auf die fachlich zuständige oberste Landesbehörde übertragen.

(4) Soweit zur Ausführung von Rechtsakten der Europäischen Gemeinschaften nach Bundesrecht eine Behörde nicht bestimmt ist, kann die Landesregierung durch Verordnung die zuständige Behörde bestimmen. Sie kann diese Befugnis durch Verordnung auf die fachlich zuständige oberste Landesbehörde übertragen.

Unterabschnitt 4
Örtliche Zuständigkeit

§ 29
Grundsatz

Die Zuständigkeit der Behörden beschränkt sich auf den räumlichen Wirkungsbereich oder auf die ihnen zugewiesenen Teile des räumlichen Wirkungsbereichs ihrer Träger (Bezirk). Abweichende Rechtsvorschriften bleiben unberührt.

§ 30
Bestimmung der Bezirke,
Feste Fehmarnbeltquerung

(1) Bei der Errichtung oder Veränderung von Behörden und bei der Errichtung oder Umwandlung von Körperschaften des öffentlichen Rechts ohne Gebietshoheit und von rechtsfähigen Anstalten und Stiftungen des öffentlichen Rechts sind ihre Bezirke zu bestimmen.

(2) Für die Bestimmung der Bezirke gilt § 26 Abs. 1 entsprechend.

(3) Die Bezirke sollen mit denen der Gemeinden, Kreise und Ämter abgestimmt werden.

(4) Die Bezirke der Behörden des Landes, des Kreises Ostholstein und der Stadt Fehmarn sowie sonstiger Träger der öffentlichen Verwaltung, deren Bezirke das Gebiet des Landes, des Kreises Ostholstein oder der Stadt Fehmarn umschließen, erstrecken sich auch auf den Bereich der Festen Fehmarnbeltquerung, soweit er im deutschen Küstenmeer und in der deutschen Ausschließlichen Wirtschaftszone befindet. Satz 1 gilt ab der öffentlichen Bekanntmachung des Planfeststellungsbeschlusses zur Festen Fehmarnbeltquerung. Bereits spezialgesetzlich bestehende Zuständigkeitszuweisungen für den in Satz 1 bezeichneten Bereich bleiben von dieser Regelung unberührt.

§ 31
Örtliche Zuständigkeit

(1) Örtlich zuständig ist

1. in Angelegenheiten, die sich auf unbewegliches Vermögen oder ein ortsgebundenes Recht oder Rechtsverhältnis beziehen, die Behörde, in deren Bezirk das Vermögen oder der Ort liegt,

---

2 Geschäftsverteilung der Landesregierung, zuletzt geändert am 7.1.2021 (GVOBl. Schl.-H. S. 19).

2. in Angelegenheiten, die sich auf den Betrieb eines Unternehmens oder einer seiner Betriebsstätten, auf die Ausübung eines Berufes oder auf eine andere dauernde Tätigkeit beziehen, die Behörde, in deren Bezirk das Unternehmen oder die Betriebsstätte betrieben oder der Beruf oder die Tätigkeit ausgeübt wird oder werden soll,
3. in anderen Angelegenheiten, die
    a) eine natürliche Person betreffen, die Behörde, in deren Bezirk die natürliche Person ihren gewöhnlichen Aufenthalt hat oder zuletzt hatte,
    b) eine juristische Person oder eine Vereinigung betreffen, die Behörde, in deren Bezirk die juristische Person oder die Vereinigung ihren Sitz hat oder zuletzt hatte,
4. in Angelegenheiten, bei denen sich die Zuständigkeit nicht aus den Nummern 1 bis 3 ergibt, die Behörde, in deren Bezirk der Anlaß für die Amtshandlung hervortritt.

(2) Sind nach Absatz 1 mehrere Behörden zuständig, so entscheidet die Behörde, die zuerst mit der Sache befaßt worden ist, es sei denn, die gemeinsame zuständige Aufsichtsbehörde bestimmt, dass eine andere örtlich zuständige Behörde zu entscheiden hat. Sie kann in den Fällen, in denen eine gleiche Angelegenheit sich auf mehrere Betriebsstätten eines Betriebes oder Unternehmens bezieht, eine der nach Absatz 1 Nr. 2 zuständigen Behörden als gemeinsame zuständige Behörde bestimmen, wenn dies unter Wahrung der Interessen der Beteiligten zur einheitlichen Entscheidung geboten ist. Diese Aufsichtsbehörde entscheidet ferner über die örtliche Zuständigkeit, wenn sich mehrere Behörden für zuständig oder unzuständig halten oder wenn die Zuständigkeit aus anderen Gründen zweifelhaft ist. Fehlt eine gemeinsame Aufsichtsbehörde, so treffen die zuständigen Fachaufsichtsbehörden die Entscheidung gemeinsam. Bei Selbstverwaltungsaufgaben der kommunalen Körperschaften ist zuständige Fachaufsichtsbehörde die Kommunalaufsichtsbehörde:

(3) Ändern sich im Lauf des Verwaltungsverfahrens die die Zuständigkeit begründenden Umstände, so kann die bisher zuständige Behörde das Verwaltungsverfahren fortführen, wenn dies unter Wahrung der Interessen der Beteiligten der einfachen und zweckmäßigen Durchführung des Verfahrens dient und die nunmehr zuständige Behörde zustimmt.

(4) Bei Gefahr im Verzug ist für unaufschiebbare Maßnahmen jede Behörde örtlich zuständig, in deren Bezirk der Anlaß für die Amtshandlung hervortritt. Die nach Absatz 1 Nr. 1 bis 3 örtlich zuständige Behörde ist unverzüglich zu unterrichten.

(5) Abweichende Rechtsvorschriften über die örtliche Zuständigkeit bleiben unberührt, bestehende Verwaltungsvorschriften bleiben in Kraft. Sind danach mehrere Behörden zuständig, so gilt Absatz 2 entsprechend, soweit die in Satz 1 vorbehaltenen Vorschriften nichts anderes bestimmen.

Abschnitt IV
Amtshilfe und europäische Verwaltungszusammenarbeit

Unterabschnitt 1
Amtshilfe

§ 32
Amtshilfepflicht

(1) Jede Behörde leistet anderen Behörden auf Ersuchen ergänzende Hilfe (Amtshilfe).

(2) Amtshilfe liegt nicht vor, wenn
1. Behörden einander innerhalb eines bestehenden Weisungsverhältnisses Hilfe leisten oder
2. die Hilfeleistung in Handlungen besteht, die der ersuchten Behörde als eigene Aufgabe obliegen.

§ 33
Voraussetzungen und Grenzen der Amtshilfe

(1) Eine Behörde kann um Amtshilfe insbesondere dann ersuchen, wenn sie

1. aus rechtlichen Gründen die Amtshandlung nicht selbst vornehmen kann,
2. aus tatsächlichen Gründen, besonders weil die zur Vornahme der Amtshandlung erforderlichen Dienstkräfte oder Einrichtungen fehlen, die Amtshandlung nicht selbst vornehmen kann,
3. zur Durchführung ihrer Aufgaben auf die Kenntnis von Tatsachen angewiesen ist, die ihr unbekannt sind und die sie selbst nicht ermitteln kann,
4. zur Durchführung ihrer Aufgaben Urkunden oder sonstige Beweismittel benötigt, die sich im Besitz der ersuchten Behörde befinden, oder
5. die Amtshandlung nur mit wesentlich größerem Aufwand vornehmen könnte als die ersuchte Behörde.

(2) Die ersuchte Behörde darf Hilfe nicht leisten, wenn
1. sie hierzu aus rechtlichen Gründen nicht in der Lage ist oder
2. durch die Hilfeleistung dem Wohl des Bundes oder eines Landes erhebliche Nachteile bereitet würden.

Die ersuchte Behörde ist insbesondere zur Vorlage von Urkunden oder Akten sowie zur Erteilung von Auskünften nicht verpflichtet, wenn die Vorgänge nach einem Gesetz oder ihrem Wesen nach geheimgehalten werden müssen.

(3) Die ersuchte Behörde braucht Hilfe nicht zu leisten, wenn
1. eine andere Behörde die Hilfe wesentlich einfacher oder mit wesentlich geringerem Aufwand leisten kann,
2. sie die Hilfe nur mit unverhältnismäßig großem Aufwand leisten könnte oder
3. sie unter Berücksichtigung der Aufgaben der ersuchenden Behörde durch die Hilfeleistung die Erfüllung ihrer eigenen Aufgaben ernstlich gefährden würde.

(4) Die ersuchte Behörde darf die Hilfe nicht deshalb verweigern, weil sie das Ersuchen aus anderen als den in Absatz 3 genannten Gründen oder weil sie die mit der Amtshilfe zu verwirklichende Maßnahme für unzweckmäßig hält.

(5) Hält die ersuchte Behörde sich zur Hilfe nicht für verpflichtet, so teilt sie der ersuchenden Behörde ihre Auffassung mit. Besteht diese auf der Amtshilfe, so entscheidet über die Verpflichtung zur Amtshilfe die gemeinsame zuständige Fachaufsichtsbehörde oder, sofern eine solche nicht besteht, die für die ersuchte Behörde zuständige Fachaufsichtsbehörde. Bei Selbstverwaltungsaufgaben der kommunalen Körperschaften ist zuständige Fachaufsichtsbehörde nach Satz 2 die Kommunalaufsichtsbehörde.

§ 33 a
Auswahl der Behörde

Kommen für die Amtshilfe mehrere Behörden in Betracht, so soll nach Möglichkeit eine Behörde der untersten Verwaltungsstufe des Verwaltungszweiges ersucht werden, dem die ersuchende Behörde angehört.

§ 34
Durchführung der Amtshilfe

(1) Die Zulässigkeit der Maßnahme, die durch die Amtshilfe verwirklicht werden soll, richtet sich nach dem für die ersuchende Behörde, die Durchführung der Amtshilfe nach dem für die ersuchte Behörde geltenden Recht.

(2) Die ersuchende Behörde trägt gegenüber der ersuchten Behörde die Verantwortung für die Rechtmäßigkeit der zu treffenden Maßnahme. Die ersuchte Behörde ist für die Durchführung der Amtshilfe verantwortlich.

§ 35
Kosten der Amtshilfe

(1) Die ersuchende Behörde hat der ersuchten Behörde für die Amtshilfe keine Verwaltungsgebühr zu entrichten. Auslagen hat sie der ersuchten Behörde auf Anforderung zu erstatten, wenn sie im Einzelfall 35 Euro übersteigen. Leisten Behörden desselben Trägers der öffentlichen Verwaltung einander Amtshilfe, so werden Auslagen nicht erstattet.

(2) Nimmt die ersuchte Behörde zur Durchführung der Amtshilfe eine kostenpflichtige Amtshandlung vor, so ste-

hen ihr die von einer dritten Person hierfür geschuldeten Kosten (Verwaltungsgebühren, Benutzungsgebühren und Auslagen) zu.

§ 36
Amtshilfe zwischen Behörden
des Bundes und der Länder

Amtshilfe ist auch gegenüber den Behörden des Bundes und der anderen Länder zu leisten. Im Falle des § 33 Abs. 5 entscheidet die für die ersuchte Behörde zuständige Aufsichtsbehörde. Verwaltungsabkommen, nach denen Auslagen nicht oder nur dann zu erstatten sind, wenn sie einen höheren Betrag als 35 Euro übersteigen, bleiben unberührt.

Unterabschnitt 2
Europäische Verwaltungszusammenarbeit

§ 36 a
Grundsätze der Hilfeleistung

(1) Jede Behörde leistet Behörden anderer Mitgliedstaaten der Europäischen Union auf Ersuchen Hilfe, soweit dies nach Maßgabe von Rechtsakten der Europäischen Gemeinschaft geboten ist.

(2) Behörden anderer Mitgliedstaaten der Europäischen Union können um Hilfe ersucht werden, soweit dies nach Maßgabe von Rechtsakten der Europäischen Gemeinschaft zugelassen ist. Um Hilfe ist zu ersuchen, soweit dies nach Maßgabe von Rechtsakten der Europäischen Gemeinschaft geboten ist.

(3) Die §§ 33, 34 und 35 Abs. 2 sind entsprechend anzuwenden, soweit Rechtsakte der Europäischen Gemeinschaft nicht entgegenstehen.

§ 36 b
Form und Behandlung der Ersuchen

(1) Ersuchen sind in deutscher Sprache an Behörden anderer Mitgliedstaaten der Europäischen Union zu richten; soweit erforderlich, ist eine Übersetzung beizufügen. Die Ersuchen sind gemäß den gemeinschaftsrechtlichen Vorgaben und unter Angabe des maßgeblichen Rechtsaktes zu begründen.

(2) Ersuchen von Behörden anderer Mitgliedstaaten der Europäischen Union dürfen nur erledigt werden, wenn sich ihr Inhalt in deutscher Sprache aus den Akten ergibt. Soweit erforderlich, soll bei Ersuchen in einer anderen Sprache von der ersuchenden Behörde eine Übersetzung verlangt werden.

(3) Ersuchen von Behörden anderer Mitgliedstaaten der Europäischen Union können abgelehnt werden, wenn sie nicht ordnungsgemäß und unter Angabe des maßgeblichen Rechtsaktes begründet sind und die erforderliche Begründung nach Aufforderung nicht nachgereicht wird.

(4) Einrichtungen und Hilfsmittel der Kommission zur Behandlung von Ersuchen sollen genutzt werden. Informationen sollen elektronisch übermittelt werden.

§ 36 c
Kosten der Hilfeleistung

Ersuchende Behörden anderer Mitgliedstaaten der Europäischen Union haben Verwaltungsgebühren oder Auslagen nur zu erstatten, soweit dies nach Maßgabe von Rechtsakten der Europäischen Gemeinschaft verlangt werden kann.

§ 36 d
Mitteilungen von Amts wegen

(1) Die zuständige Behörde teilt den Behörden anderer Mitgliedstaaten der Europäischen Union und der Kommission Angaben über Sachverhalte und Personen mit, soweit dies nach Maßgabe von Rechtsakten der Europäischen Gemeinschaft geboten ist. Dabei sollen die hierzu eingerichteten Informationsnetze genutzt werden.

(2) Übermittelt eine Behörde Angaben nach Absatz 1 an die Behörde eines anderen Mitgliedstaats der Europäischen Union, unterrichtet sie die Betroffenen über die Tatsache der Übermittlung, soweit Rechtsakte der Europäischen Gemeinschaft dies vorsehen; dabei ist auf die Art der Angaben sowie auf die Zweckbestimmung und die Rechtsgrundlage der Übermittlung hinzuweisen.

§ 36 e
Anwendbarkeit

Die Regelungen dieses Abschnitts sind mit Inkrafttreten des jeweiligen Rechtsaktes der Europäischen Gemeinschaft, wenn dieser unmittelbare Wirkung entfaltet, im Übrigen mit Ablauf der jeweiligen Umsetzungsfrist anzuwenden. Sie gelten auch im Verhältnis zu den anderen Vertragsstaaten des Abkommens über den Europäischen Wirtschaftsraum, soweit Rechtsakte der Europäischen Gemeinschaft auch auf diese Staaten anzuwenden sind.

Abschnitt V
Körperschaften ohne Gebietshoheit und Anstalten und Stiftungen des öffentlichen Rechts

Unterabschnitt 1
Körperschaften des öffentlichen Rechts ohne Gebietshoheit

§ 37
Begriff

(1) Körperschaften des öffentlichen Rechts ohne Gebietshoheit sind rechtsfähige, mitgliedschaftlich organisierte Verwaltungseinheiten, die Aufgaben der öffentlichen Verwaltung erfüllen.

(2) Für die Körperschaft handeln die nach Gesetz oder Satzung dazu berufenen Organe.

§ 38
Errichtung

(1) Körperschaften des öffentlichen Rechts ohne Gebietshoheit können nur errichtet werden
1. durch Gesetz oder
2. aufgrund eines Gesetzes entweder durch Verwaltungsakt oder durch öffentlich-rechtlichen Vertrag.

(2) Das Gesetz soll die für den Verwaltungsakt und die Aufsicht zuständige Behörde bestimmen.

(3) Eine Körperschaft des öffentlichen Rechts ohne Gebietshoheit ist in dem Gesetz, dem Verwaltungsakt oder dem öffentlich-rechtlichen Vertrag ausdrücklich als Körperschaft des öffentlichen Rechts zu bezeichnen.

(4) Entsteht eine Körperschaft des öffentlichen Rechts ohne Gebietshoheit nicht durch Gesetz, so ist ihre Errichtung im Amtsblatt für Schleswig-Holstein bekanntzumachen, sofern sich der Bezirk der Körperschaft auf das ganze Land erstreckt. Beschränkt sich der Bezirk der Körperschaft auf einen Teil des Landes, so genügt eine örtliche Bekanntmachung.

§ 39
Aufhebung

(1) Eine Körperschaft des öffentlichen Rechts ohne Gebietshoheit kann nur aufgehoben werden
1. durch Gesetz oder
2. aufgrund eines Gesetzes entweder durch Verwaltungsakt (Entziehung der Rechtsfähigkeit) oder durch öffentlich-rechtlichen Vertrag.

(2) Soweit ein Gesetz nichts anderes bestimmt, erfolgt die Entziehung der Rechtsfähigkeit durch die für den Verwaltungsakt nach § 38 zuständige Behörde. Für die Bekanntmachung der Aufhebung gilt § 38 Abs. 4 entsprechend.

(3) Mit der Aufhebung der Körperschaft fällt deren Vermögen, soweit nichts anderes durch Rechtsvorschrift oder den öffentlich-rechtlichen Vertrag über die Aufhebung bestimmt ist, an das Land.

§ 40
Satzung

(1) Körperschaften des öffentlichen Rechts ohne Gebietshoheit müssen ihre innere Organisation durch Satzung regeln. Diese Satzung bedarf der Genehmigung der Aufsichtsbe-

hörde. Sie muß Bestimmungen über Namen, Sitz, Aufgaben, Mitgliedschaft und Organe der Körperschaft und deren Befugnisse enthalten.

(2) Durch Rechtsvorschrift kann auch die Aufsichtsbehörde zum Erlaß und zur Änderung der Satzung ermächtigt werden.

Unterabschnitt 2
Rechtsfähige Anstalten des öffentlichen Rechts

§ 41
Begriff

(1) Rechtsfähige Anstalten des öffentlichen Rechts sind von einem oder mehreren Trägern der öffentlichen Verwaltung errichtete Verwaltungseinheiten mit eigener Rechtspersönlichkeit, die mit einem Bestand an sachlichen Mitteln und Dienstkräften Aufgaben der öffentlichen Verwaltung erfüllen.

(2) Für die rechtsfähige Anstalt handeln die aufgrund einer Rechtsvorschrift dazu berufenen Organe.

§ 42
Errichtung

(1) Rechtsfähige Anstalten des öffentlichen Rechts können nur errichtet werden
1. durch Gesetz oder
2. aufgrund eines Gesetzes entweder durch Satzung, Verwaltungsakt oder durch öffentlich-rechtlichen Vertrag.

(2) Das Gesetz soll die für den Verwaltungsakt und die Aufsicht zuständige Behörde bestimmen.

(3) Eine rechtsfähige Anstalt des öffentlichen Rechts ist in dem Gesetz der Satzung, dem Verwaltungsakt oder dem öffentlich-rechtlichen Vertrag ausdrücklich als rechtsfähige Anstalt des öffentlichen Rechts zu bezeichnen.

(4) Entsteht eine rechtsfähige Anstalt des öffentlichen Rechts nicht durch Gesetz, so ist ihre Errichtung im Amtsblatt für Schleswig-Holstein bekanntzumachen, sofern sich der Bezirk der Anstalt auf das ganze Land erstreckt. Beschränkt sich der Bezirk der Anstalt auf einen Teil des Landes, so genügt eine örtliche Bekanntmachung.

§ 43
Aufhebung

(1) Eine rechtsfähige Anstalt des öffentlichen Rechts kann nur aufgehoben werden
1. durch Gesetz oder
2. aufgrund eines Gesetzes entweder durch Satzung, durch Verwaltungsakt (Entziehung der Rechtsfähigkeit) oder durch öffentlich-rechtlichen Vertrag.

(2) Soweit ein Gesetz nichts anderes bestimmt, erfolgt die Entziehung der Rechtsfähigkeit durch die für den Verwaltungsakt nach § 42 zuständige Behörde. Für die Bekanntmachung der Aufhebung gilt § 42 Abs. 4 entsprechend.

(3) Soweit durch Rechtsvorschrift oder den öffentlich-rechtlichen Vertrag über die Aufhebung nichts anderes bestimmt ist, fällt das Vermögen der Anstalt mit deren Aufhebung an den Träger der öffentlichen Verwaltung, der die Anstalt errichtet hat; ist die Anstalt von mehreren Trägern errichtet worden, so fällt das Vermögen zu gleichen Teilen an die beteiligten Träger.

§ 44
Satzungen

(1) Die innere Organisation der rechtsfähigen Anstalten des öffentlichen Rechts muß durch Satzung geregelt werden. Sie muß Bestimmungen über Namen, Sitz, Aufgaben und Organe der Anstalt und deren Befugnisse enthalten.

(2) Das Gesetz, das der Errichtung der Anstalt zugrunde liegt, soll bestimmen, wer zum Erlaß und zur Änderung der Satzung befugt ist. Fehlt eine solche Bestimmung, so ist die Aufsichtsbehörde zum Erlaß und zur Änderung der Satzung befugt.

(3) Die Satzung bedarf der Genehmigung der Aufsichtsbehörde, sofern sie nicht von ihr selbst erlassen worden oder durch Gesetz nichts anderes bestimmt ist.

(4) Die Organe der Anstalt sind, soweit durch Rechtsvorschrift nichts anderes bestimmt ist, berechtigt, den Gegenstand und Umfang der von der Anstalt zu erbringenden Leistung sowie bei nutzbaren Anstalten die Voraussetzungen der Benutzung und die Pflichten und Rechte der Benutzerinnen und Benutzer gegenüber der Anstalt durch Satzung zu regeln (Benutzungsordnung). Für die Genehmigung der Benutzungsordnung gilt Absatz 3 entsprechend.

§ 45
Benutzungsordnungen für nichtrechtsfähige Anstalten

Die Träger der öffentlichen Verwaltung, die eine nichtrechtsfähige Anstalt des öffentlichen Rechts verwalten, sind, soweit durch Rechtsvorschrift nichts anderes bestimmt ist, berechtigt, Gegenstand und Umfang der von der Anstalt zu erbringenden Leistung sowie bei nutzbaren Anstalten die Voraussetzungen der Benutzung und die Pflichten und Rechte der Benutzerinnen und Benutzer gegenüber der Anstalt durch Satzung zu regeln (Benutzungsordnung).

Unterabschnitt 3
Rechtsfähige Stiftungen des öffentlichen Rechts

§ 46
Begriff

(1) Rechtsfähige Stiftungen des öffentlichen Rechts sind auf einen Stiftungsakt gegründete, aufgrund öffentlichen Rechts errichtete oder anerkannte Verwaltungseinheiten mit eigener Rechtspersönlichkeit, die mit einem Kapital- oder Sachbestand Aufgaben der öffentlichen Verwaltung erfüllen.

(2) Für die rechtsfähige Stiftung handeln die nach Gesetz oder Satzung dazu berufenen Organe.

§ 47
Errichtung

(1) Rechtsfähige Stiftungen des öffentlichen Rechts können nur durch Gesetz oder aufgrund eines Gesetzes errichtet werden. Entsteht eine Stiftung nicht durch Gesetz, so ist außer dem Stiftungsakt ein Verwaltungsakt erforderlich, es sei denn, daß die Stiftung unter Mitwirkung der für den Verwaltungsakt zuständigen Behörde errichtet wird.

(2) Das Gesetz soll die für den Verwaltungsakt und die Aufsicht zuständige Behörde bestimmen.

(3) Eine rechtsfähige Stiftung des öffentlichen Rechts ist in dem Gesetz oder in dem Verwaltungsakt ausdrücklich als rechtsfähige Stiftung des öffentlichen Rechts zu bezeichnen.

(4) Entsteht eine rechtsfähige Stiftung des öffentlichen Rechts nicht durch Gesetz, so ist ihre Errichtung im Amtsblatt für Schleswig-Holstein bekanntzumachen, sofern sich der Bezirk der Stiftung auf das ganze Land erstreckt. Beschränkt sich der Bezirk der Stiftung auf einen Teil des Landes, so genügt eine örtliche Bekanntmachung.

§ 48
Aufhebung

(1) Eine rechtsfähige Stiftung des öffentlichen Rechts kann nur aufgehoben werden
1. durch Gesetz oder
2. aufgrund eines Gesetzes entweder durch Selbstauflösung oder durch Verwaltungsakt (Entziehung der Rechtsfähigkeit).

Die Selbstauflösung der Stiftung bedarf der Genehmigung durch die für den Verwaltungsakt nach § 47 zuständige Behörde.

(2) Soweit ein Gesetz nichts anderes bestimmt, erfolgt die Entziehung der Rechtsfähigkeit durch die für den Verwaltungsakt nach § 47 zuständige Behörde. Für die Bekanntmachung der Aufhebung gilt § 47 Abs. 4.

(3) Soweit durch Rechtsvorschrift nichts anderes bestimmt ist, fällt das Vermögen der Stiftung mit der Aufhebung an das Land.

(4) Für die Umwandlung einer rechtsfähigen Stiftung des öffentlichen Rechts, für die Änderung des Stiftungszweckes und für die Zusammenlegung einer Stiftung mit einer ande-

ren rechtsfähigen Stiftung des öffentlichen Rechts gilt § 47 entsprechend.

§ 49
Satzungen

(1) Die innere Organisation der rechtsfähigen Stiftungen des öffentlichen Rechts muß durch Satzung geregelt werden. Sie muß Bestimmungen über Namen, Sitz, Aufgaben, Vermögen und Organe der Stiftung und deren Befugnisse enthalten.

(2) Das Gesetz, das der Errichtung der Stiftung zugrunde liegt, soll bestimmen, wer zum Erlaß und zur Änderung der Satzung befugt ist. Fehlt eine solche Bestimmung, so ist die Aufsichtsbehörde zum Erlaß und zur Änderung der Satzung befugt. Ist die Satzung durch die Stifterin oder den Stifter oder durch Organe der Stiftung erlassen oder geändert worden, so bedarf sie der Genehmigung der Aufsichtsbehörde.

(3) Die Organe der Stiftung sind, soweit durch Rechtsvorschrift nichts anderes bestimmt ist, berechtigt, den Gegenstand und Umfang der von der Stiftung zu erbringenden Leistung sowie bei nutzbaren Stiftungen die Voraussetzungen der Nutzung und die Pflichten und Rechte der Nutzungsberechtigten gegenüber der Stiftung durch Satzung zu regeln (Nutzungsordnung). Für die Genehmigung der Nutzungsordnung gilt Absatz 2 Satz 3 entsprechend.

Unterabschnitt 4
Aufsicht über Körperschaften des öffentlichen Rechts ohne Gebietshoheit und über rechtsfähige Anstalten und Stiftungen des öffentlichen Rechts

§ 50
Aufsicht

Körperschaften des öffentlichen Rechts ohne Gebietshoheit und rechtsfähige Anstalten und Stiftungen des öffentlichen Rechts unterstehen der Aufsicht des Landes nach Maßgabe der §§ 51 und 52.

§ 51
Zuständigkeit

(1) Die Aufsicht wird durch die fachlich zuständige oberste Landesbehörde ausgeübt, soweit durch Rechtsvorschrift nichts anderes bestimmt ist.

(2) Die nach Absatz 1 zuständige Behörde kann durch Verordnung bestimmen, dass Aufgaben der Aufsicht von anderen Landesbehörden oder von einem anderen Träger der öffentlichen Verwaltung als Landesaufgabe zur Erfüllung nach Weisung wahrgenommen werden.

§ 52
Umfang der Aufsicht

Die Aufsicht erstreckt sich darauf, daß Gesetz und Satzung beachtet und die den Körperschaften, Anstalten und Stiftungen übertragenen Aufgaben erfüllt werden. Die §§ 122 bis 131 der Gemeindeordnung finden entsprechende Anwendung, soweit durch Gesetz nichts anderes bestimmt ist. § 131 der Gemeindeordnung ist auf Kreditinstitute und Versicherungsunternehmen des öffentlichen Rechts nicht anzuwenden. Satz 3 gilt nicht für die Investitionsbank Schleswig-Holstein.

Zweiter Teil
Verwaltungshandeln

Abschnitt I
Allgemeine Vorschriften

Unterabschnitt 1
Elektronische Kommunikation

§ 52 a
Elektronische Kommunikation

(1) Die Übermittlung elektronischer Dokumente ist zulässig, soweit die Empfängerin oder der Empfänger hierfür einen Zugang eröffnet.

(2) Eine durch Rechtsvorschrift angeordnete Schriftform kann, soweit nicht durch Rechtsvorschrift etwas anderes bestimmt ist, durch die elektronische Form ersetzt werden. Der elektronischen Form genügt ein elektronisches Dokument, das mit einer qualifizierten elektronischen Signatur versehen ist. Die Signierung mit einem Pseudonym, das die Identifizierung der Person des Signaturschlüsselinhabers nicht unmittelbar durch die Behörde ermöglicht, ist nicht zulässig. Die Schriftform kann auch ersetzt werden

1. durch unmittelbare Abgabe der Erklärung in einem elektronischen Formular, das von der Behörde in einem Eingabegerät oder über öffentlich zugängliche Netze zur Verfügung gestellt wird;

2. bei Anträgen und Anzeigen durch Versendung eines elektronischen Dokuments an die Behörde mit der Versandart nach § 5 Absatz 5 des De-Mail-Gesetzes vom 28. April 2011 (BGBl. I S. 666), geändert durch Gesetz vom 7. August 2013 (BGBl. I S. 3154);

3. bei elektronischen Verwaltungsakten oder sonstigen elektronischen Dokumenten der Behörden durch Versendung einer De-Mail-Nachricht nach § 5 Absatz 5 des De-Mail-Gesetzes, bei der die Bestätigung des akkreditierten Dienstanbieters die erlassende Behörde als Nutzer des De-Mail-Kontos erkennen lässt;

3a. durch eine Übersendung an die Behörde oder von der Behörde über einen sicheren Übermittlungsweg im Sinne des § 55 a Absatz 4 Nummer 2 und Nummer 3 VwGO;

4. durch sonstige sichere Verfahren, die durch Rechtsverordnung der Landesregierung festgelegt werden, welche den Datenübermittler (Absender der Daten) authentifizieren und die Integrität des elektronisch übermittelten Datensatzes sowie die Barrierefreiheit gewährleisten; der IT-Planungsrat gibt Empfehlungen zu geeigneten Verfahren ab.

In den Fällen des Satzes 4 Nummer 1 muss bei einer Eingabe über öffentlich zugängliche Netze ein sicherer Identitätsnachweis nach § 18 des Personalausweisgesetzes vom 18. Juni 2009 (BGBl. I S. 1346), geändert durch Gesetz vom 7. August 2013 (BGBl. I S. 3154), oder nach § 78 Absatz 5 des Aufenthaltsgesetzes in der Fassung der Bekanntmachung vom 25. Februar 2008 (BGBl. I S. 162), geändert durch Gesetz vom 6. September 2013 (BGBl. I S. 3556), erfolgen.

(3) Ist ein der Behörde übermitteltes elektronisches Dokument für sie zur Bearbeitung nicht geeignet, teilt sie dies der Absenderin oder dem Absender unter Angabe der für sie geltenden technischen Rahmenbedingungen unverzüglich mit. Macht die Empfängerin oder ein Empfänger geltend, sie oder er könne das von der Behörde übermittelte elektronische Dokument nicht bearbeiten, hat sie es ihr oder ihm erneut in einem geeigneten elektronischen Format oder als Schriftstück zu übermitteln.

(4) Soweit der zuständigen Behörde ein Antrag in elektronischer Form übermittelt wurde, kann sie erforderliche Mehrfertigungen sowie die Übermittlung der dem Antrag beizufügenden Unterlagen in Papierform verlangen.

(5) Wird ein Verwaltungsverfahren elektronisch durchgeführt, können die vorzulegenden Nachweise elektronisch eingereicht werden, es sei denn, dass durch Rechtsvorschrift etwas anderes bestimmt ist oder die Behörde für bestimmte Verfahren oder im Einzelfall die Vorlage eines papierbasierten Originals verlangt. Die Behörde entscheidet nach pflichtgemäßem Ermessen, welche Art der elektronischen Einreichung zur Ermittlung des Sachverhaltes zulässig ist.

(6) Die zuständige Behörde kann erforderliche Nachweise, die von einer deutschen öffentlichen Stelle stammen, mit der Einwilligung des Verfahrensbeteiligten direkt bei der ausstellenden öffentlichen Stelle elektronisch einholen. Zu diesem Zweck dürfen die anfordernde Behörde und die abgebende öffentliche Stelle die erforderlichen personenbezogenen Daten verarbeiten.

(7) Die Anforderungen an die Einwilligung nach Absatz 6 richten sich nach Artikel 7 der Verordnung (EU) 2016/679.

(8) Die elektronische Kommunikation erfolgt unter Verwendung eines dem Stand der Technik entsprechenden und der Schutzbedürftigkeit der Kommunikation angemessenen Verschlüsselungsverfahrens.

§ 52 b
Elektronischer Zugang zur Verwaltung

(1) Jede Behörde eröffnet einen Zugang für die Übermittlung elektronischer Dokumente, auch soweit sie mit einer qualifizierten elektronischen Signatur versehen sind oder über einen sicheren Übermittlungsweg im Sinne des § 55 a Absatz 4 Nummer 2 und Nummer 3 VwGO übermittelt werden.

(2) Zusätzlich eröffnet jede Behörde den elektronischen Zugang durch eine De-Mail-Adresse im Sinne des De-Mail-Gesetzes, es sei denn die Behörde stellt den Empfang und den Versand von De-Mail-Nachrichten auf andere Weise sicher oder die Behörde hat keinen Zugang zu dem zentral für die öffentlichen Verwaltungen des Landes angebotenen Basisdienst, über den De-Mail-Dienste angeboten werden.

(3) Alle Behörden bieten in Verwaltungsverfahren, in denen sie die Identität einer Person auf Grund einer Rechtsvorschrift festzustellen haben oder aus anderen Gründen eine Identifizierung für notwendig erachten, die Nutzung eines elektronischen Identitätsnachweises nach § 18 des Personalausweisgesetzes oder nach § 78 Absatz 5 des Aufenthaltsgesetzes an.

§ 52 c
Informationen zu Behörden und über ihre Verfahren in öffentlich zugänglichen Netzen

(1) Jede Behörde stellt über öffentlich zugängliche Netze in allgemein verständlicher Sprache Informationen über ihre Aufgaben, ihre Anschrift, ihre Geschäftszeiten sowie postalische, telefonische oder elektronische Erreichbarkeiten zur Verfügung.

(2) Jede Behörde soll über öffentlich zugängliche Netze in allgemein verständlicher Sprache über ihre nach außen wirkende öffentlich-rechtliche Tätigkeit, zugehörige Normen, damit verbundene Gebühren, beizubringende Unterlagen und die zuständige Ansprechstelle und ihre Erreichbarkeit informieren sowie erforderliche Formulare elektronisch bereitstellen.

§ 52 d
Elektronische Aktenführung und Vorgangsbearbeitung

(1) Akten können ausschließlich elektronisch geführt werden. Die Vorgangsbearbeitung kann ausschließlich elektronisch erfolgen.

(2) Die Landesbehörden sollen ihre ab den in den Sätzen 2 und 3 benannten Zeitpunkten angelegten Akten elektronisch führen und elektronisch bearbeiten. Zu diesem Zweck sollen die obersten Landesbehörden bis spätestens 31. Dezember 2016 die elektronische Akte einführen. Die Landesbehörden im nachgeordneten Bereich sollen bis zum 1. Januar 2018 mit der Einführung und Umsetzung der elektronischen Verwaltungsarbeit und der Vorgangsbearbeitung begonnen haben. Dies gilt nicht für Landrätinnen und Landräte, sofern sie als allgemeine untere Landesbehörde tätig werden, und soweit wichtige Gründe einer elektronischen Aktenführung entgegenstehen.

(3) Wird eine Akte elektronisch geführt, ist durch geeignete technisch-organisatorische Maßnahmen nach dem Stand der Technik sicherzustellen, dass die Grundsätze ordnungsgemäßer Aktenführung sowie die Vorgaben der Verordnung (EU) 2016/679 sowie die ergänzenden Regelungen des Landesdatenschutzgesetzes eingehalten werden.

§ 52 e
Ersetzendes Scannen

(1) Soweit Behörden Akten elektronisch führen, sollen in Papierform eingereichte Unterlagen in elektronische Dokumente übertragen werden und in der elektronischen Akte gespeichert werden. Dabei ist entsprechend dem Stand der Technik sicherzustellen, dass die elektronischen Dokumente mit den Papierdokumenten bildlich und inhaltlich übereinstimmen, wenn sie lesbar gemacht werden. Ist die Übertragung der Papierdokumente in elektronische Dokumente mit einem technisch unverhältnismäßigen Aufwand verbunden, kann von der Übertragung abgesehen werden.

(2) Nach der Übertragung in elektronische Dokumente sollen die in Papierform eingereichten Unterlagen zurückgegeben oder vernichtet werden, sobald ihre weitere Aufbewahrung nicht mehr aus rechtlichen Gründen oder zur Qualitätssicherung des Übertragungsvorgangs erforderlich ist.

§ 52 f
Akteneinsicht in elektronische Akten

Soweit Akteneinsicht gewährt wird, können die Behörden, die Akten elektronisch führen, Akteneinsicht dadurch gewähren, dass sie einen Aktenausdruck zur Verfügung stellen, die elektronischen Dokumente auf einem Bildschirm wiedergeben, elektronische Dokumente übermitteln oder den elektronischen Zugriff auf den Inhalt der Akten gestatten.

§ 52 g
Elektronische Zahlungsverfahren und Rechnungen

(1) Fallen im Rahmen eines elektronisch durchgeführten Verwaltungsverfahrens Gebühren oder sonstige Forderungen an, muss die Behörde die Einzahlung dieser Gebühren oder die Begleichung dieser sonstigen Forderungen durch Teilnahme an mindestens einem im elektronischen Geschäftsverkehr üblichen Zahlungsverfahren ermöglichen, das die Anforderungen des Datenschutzes und der Datensicherheit nachweislich erfüllt.

(2)[3] Auftraggeber im Sinne des Teiles 4 des Gesetzes gegen Wettbewerbsbeschränkungen stellen den Empfang und die Verarbeitung elektronischer Rechnungen sicher, soweit für sie gemäß § 159 des Gesetzes gegen Wettbewerbsbeschränkungen eine Vergabekammer des Landes Schleswig-Holstein zuständig ist. Diese Verpflichtung gilt unabhängig davon, ob der Wert des vergebenen öffentlichen Auftrags, des vergebenen Auftrags oder der Vertragswert der vergebenen Konzession den gemäß § 106 des Gesetzes gegen Wettbewerbsbeschränkungen jeweils maßgeblichen Schwellenwert erreicht oder überschreitet. Eine Rechnung ist elektronisch, wenn sie in einem strukturierten elektronischen Format ausgestellt, übermittelt und empfangen wird und das Format die automatische und elektronische Verarbeitung der Rechnung ermöglicht. Das Nähere sowie Ausnahmen kann die Landesregierung durch Rechtsverordnung festlegen.

§ 52 h
Barrierefreiheit

Die Behörden sollen die elektronische Kommunikation und elektronische Dokumente durch angemessene Vorkehrungen nach dem Stand der Technik so ausgestalten, dass sie auch von Menschen mit Behinderung uneingeschränkt und barrierefrei genutzt werden können.

§ 52 i
Zentrale E-Governmentstelle

Zentrale E-Governmentstelle ist die für die Angelegenheiten der ressortübergreifenden IT zuständige oberste Landesbehörde. Die Zentrale E-Governmentstelle wirkt auf eine einheitliche Anwendung der Vorschriften über die elektronische Verwaltung hin. Dabei berücksichtigt sie die Anforderungen des Datenschutzes, insbesondere des Prinzips „Datenschutz durch Technikgestaltung und durch datenschutzfreundliche Voreinstellungen". Sie berät Behörden im Anwendungsbereich dieses Gesetzes bei der Durchführung von elektronischen Verfahren.

§ 52 j
Umsetzung von Standardisierungsbeschlüssen des IT-Planungsrats

Fasst der Planungsrat für die IT-Zusammenarbeit der öffentlichen Verwaltung zwischen Bund und Ländern (IT-Planungsrat) einen Beschluss über fachunabhängige und fachübergreifende IT-Interoperabilitäts- oder IT-Sicherheitsstandards gemäß § 1 Absatz 1 Satz 1 Nummer 2 und § 3 des Vertrages über die Errichtung des IT-Planungsrats

---

3 E-Rechnungsverordnung vom 15.11.2018 (GVOBl. Schl.-H. S. 749), geändert durch LVO vom 7.7.2020 (GVOBl. Schl.-H. S 144.

und über die Grundlagen der Zusammenarbeit beim Einsatz der Informationstechnologie in den Verwaltungen von Bund und Ländern – Vertrag zur Ausführung von Artikel 91 c GG vom 20. November 2009 (BGBl. 2010 I S. 662, 663), beschließt das landesinterne Abstimmungs- und Beratungsgremium für die Koordination landeseinheitlicher Fragen im Bereich IT die Umsetzung dieses Beschlusses innerhalb der Landesverwaltung.

Unterabschnitt 1 a
Verwaltungshandeln durch Verordnung

§ 53
Begriff der Verordnung

Verordnung ist eine Anordnung an eine unbestimmte Anzahl von Personen zur Regelung einer unbestimmten Anzahl von Fällen, die aufgrund einer gesetzlichen Ermächtigung von Landesbehörden oder Behörden der Gemeinden, Kreise und Ämter in den ihnen zur Erfüllung nach Weisung übertragenen Angelegenheiten getroffen wird.

§ 54
Landesverordnungen

(1) Landesbehörden erlassen Verordnungen für das Landesgebiet oder für Teile des Landesgebietes (Landesverordnungen).

(2) Landesverordnungen über die öffentliche Sicherheit erlassen die Landesbehörden im Benehmen mit dem fachlich zuständigen Ministerium und dem Ministerium für Inneres, ländliche Räume und Integration, soweit durch Rechtsvorschrift nichts anderes bestimmt ist. Dies gilt nicht für die Verordnungen der Bergbehörden.

(3) Landesverordnungen über die öffentliche Sicherheit mit Ausnahme der Verordnungen der Bergbehörden sind auf Verlangen des Landtages aufzuheben.

§ 55
Kreis-, Stadt-, Gemeinde- und Amtsverordnungen

(1) Verordnungen der Kreise werden von der Landrätin oder dem Landrat für das Kreisgebiet oder für Teile des Kreisgebietes erlassen (Kreisverordnungen).

(2) Verordnungen der Städte, der übrigen Gemeinden und der Ämter (Stadt-, Gemeinde- und Amtsverordnungen) werden von der Bürgermeisterin oder dem Bürgermeister oder der Amtsvorsteherin oder dem Amtsvorsteher für das Gemeinde- oder Amtsgebiet oder für Teile hiervon erlassen.

(3) Verordnungen sind in den Kreisen dem Kreistag, in den Ämtern dem Amtsausschuss, in den Städten der Stadtvertretung und in den übrigen Gemeinden der Gemeindevertretung vorzulegen.

§ 27 Abs. 1 Satz 3 der Gemeindeordnung, § 22 Abs. 1 Satz 3 der Kreisordnung und § 10 Abs. 1 der Amtsordnung gelten entsprechend. Ist Gefahr im Verzug, so kann von dieser Vorlage abgesehen werden (dringliche Verordnung). Die Vorlage ist jedoch unverzüglich nachzuholen.

(4) Verordnungen über die öffentliche Sicherheit der Kreise und der Städte mit mehr als 20 000 Einwohnerinnen und Einwohnern bedürfen der Genehmigung der zuständigen obersten Landesbehörde, die der Ämter und der übrigen amtsfreien Gemeinden der Genehmigung der Landrätin oder des Landrats. Bei dringlichen Verordnungen (Absatz 3 Satz 4) kann die Genehmigung nachträglich eingeholt werden. Wird sie nicht erteilt, ist die Verordnung aufzuheben.

§ 56
Form der Verordnungen

(1) Verordnungen müssen
1. als Landes-, Stadt-, Gemeinde-, Kreis- oder Amtsverordnung in der Überschrift gekennzeichnet sein,
2. die Gesetzesbestimmungen angeben, welche die Ermächtigung zum Erlaß der Verordnung enthalten,
3. auf die erteilte Genehmigung, Zustimmung oder das Einvernehmen mit anderen Stellen hinweisen, soweit dies gesetzlich vorgeschrieben ist; im Falle des § 55 Abs. 4 Satz 2 ist darauf hinzuweisen, dass es sich um eine dringliche Verordnung handelt,
4. das Datum angeben, unter dem sie ausgefertigt sind, und
5. die Behörde bezeichnen, die die Verordnung erlassen hat.

(2) Verordnungen sollen
1. in der Überschrift ihren wesentlichen Inhalt kennzeichnen und
2. den örtlichen Geltungsbereich angeben; ist der Geltungsbereich nicht angegeben, so gelten die Verordnungen für den gesamten Bezirk der erlassenden Behörde.

§ 57
Verbot des Widerspruchs mit anderen Rechtsvorschriften

(1) Verordnungen dürfen keine Bestimmungen enthalten, die mit Gesetzen im Widerspruch stehen. Stadt-, Gemeinde-, Kreis- und Amtsverordnungen dürfen keine Bestimmungen enthalten, die mit Landesverordnungen im Widerspruch stehen. Dies gilt entsprechend für Stadt-, Gemeinde- und Amtsverordnungen im Verhältnis zu Kreisverordnungen.

(2) Eine Landesverordnung darf durch Stadt-, Gemeinde-, Kreis- oder Amtsverordnungen nur ergänzt werden, soweit die Landesverordnung dies ausdrücklich zuläßt. Dies gilt entsprechend für die Ergänzung einer Kreisverordnung durch Stadt-, Gemeinde- oder Amtsverordnungen.

§ 58
Inhalt der Verordnungen

(1) Verordnungen müssen in ihrem Inhalt bestimmt sein.

(2) Verweisungen auf Bekanntmachungen, Festsetzungen oder sonstige Anordnungen außerhalb von Gesetzen und Verordnungen sind unzulässig, soweit diese Anordnungen Gebote oder Verbote von unbeschränkter Dauer enthalten.

(3) Soweit Verordnungen der obersten Landesbehörden oder der Landesoberbehörden bauliche sowie sonstige technische Anlagen oder Geräte betreffen, kann in ihnen hinsichtlich der technischen Vorschriften und Bekanntmachungen besonderer sachverständiger Stellen hingewiesen werden. Solche Bekanntmachungen werden mit ihrer Veröffentlichung im Amtsblatt für Schleswig-Holstein rechtsverbindlich. Auf die Veröffentlichung ist im Gesetz- und Verordnungsblatt für Schleswig-Holstein hinzuweisen.

(4) Verordnungen über die öffentliche Sicherheit dürfen nicht lediglich zu dem Zweck erlassen werden, den Behörden die ihnen obliegende Aufsicht zu erleichtern.

§ 59
– gestrichen –

§ 60
Amtliche Bekanntmachung

(1) Landesverordnungen sind im Gesetz- und Verordnungsblatt für Schleswig-Holstein zu verkünden.

(2) Stadt-, Gemeinde-, Kreis- und Amtsverordnungen sind örtlich zu verkünden.

(3) Bei Gefahr im Verzug kann die Verkündung durch Bekanntmachung in Tageszeitungen, im Hörfunk, im Fernsehen, durch Lautsprecher oder in anderer, ortsüblicher Art ersetzt werden (Ersatzverkündung). Die Verordnung ist sodann unverzüglich nach Absatz 1 oder 2 bekanntzumachen. Hierbei sind der Zeitpunkt und die Art der Ersatzverkündung anzugeben.

§ 61
Inkrafttreten

Verordnungen treten, soweit in ihnen nichts anderes bestimmt ist, mit dem vierzehnten Tag nach Ablauf des Tages in Kraft, an dem das Verkündungsblatt ausgegeben worden ist. Verordnungen, in denen eine Verordnung nach § 55 Abs. 4 Satz 3 aufgehoben wird, treten, falls in ihnen nichts anderes bestimmt ist, mit ihrer amtlichen Bekanntmachung in Kraft. Verordnungen, die nach § 60 Abs. 3 verkündet worden sind, treten, soweit in ihnen nichts anderes bestimmt ist, mit der Ersatzverkündung in Kraft.

§ 62
Geltungsdauer, Aufhebung

(1) Verordnungen können befristet werden, soweit der Gegenstand der Regelung es zulässt.
(2) Einer Befristung stehen Verordnungen entgegen, die
1. aufgrund oder zur Umsetzung von Rechtsvorschriften der Europäischen Union,
2. aufgrund oder zur Umsetzung von Rechtsvorschriften des Bundes,
3. zur Bestimmung von Behördenzuständigkeiten oder
4. zur Errichtung von Behörden
erlassen werden.
(3) Das für Inneres zuständige Ministerium wird ermächtigt, im Einvernehmen mit der fachlich zuständigen obersten Landesbehörde durch Verordnung Verordnungen der Landesregierung aufzuheben, soweit diese entbehrlich geworden sind und eine sonstige Ermächtigung für die Aufhebung nicht vorhanden ist. Die fachlich zuständigen obersten Landesbehörden werden ermächtigt, durch Verordnung die Verordnungen oberster Landesbehörden sowie nachgeordneter Stellen unter den Voraussetzungen des Satzes 1 aufzuheben.

§ 63
Wirkung bei Gebietsänderungen
(1) Wird das Gebiet einer Gemeinde, eines Kreises oder eines Amtes durch Grenzänderung erweitert, so gelten die für das bisherige Gebiet erlassenen Verordnungen auch in den eingegliederten Gebietsteilen. Die in den eingegliederten Gebietsteilen bisher geltenden Verordnungen treten außer Kraft.
(2) Werden Gemeinden, Kreise oder Ämter aufgelöst und aus ihnen mehrere neue Körperschaften gebildet, so bleiben die vor der Auflösung geltenden Verordnungen in den neuen Körperschaften in Kraft.
(3) Wird aus mehreren Gemeinden, Kreisen oder Ämtern oder aus Teilen mehrerer Gemeinden, Kreise oder Ämter eine neue Körperschaft gebildet, so gelten die in den einzelnen Teilen in Kraft befindlichen Verordnungen mit Ablauf von einem Jahr nach der Zusammenlegung als aufgehoben.
(4) Abweichende Regelungen durch Gesetz bleiben unberührt.

§ 64
Sonstige allgemeinverbindliche Anordnungen
Soweit aufgrund von Rechtsvorschriften Behörden allgemeinverbindliche rechtswirksame Festsetzungen, Bekanntmachungen oder sonstige Anordnungen erlassen dürfen, gelten § 56 Abs. 1 Nr. 3, 4 und 5 und Abs. 2 sowie § 58 Abs. 1 und 2 entsprechend. Sie müssen auf die Rechtsvorschriften Bezug nehmen, die die Ermächtigung enthalten. Für die Bekanntmachung gilt § 60 Abs. 2 und 3.

Unterabschnitt 2
Verwaltungshandeln durch Satzung

§ 65
Begriff der Satzung
(1) Satzung ist eine Anordnung, Festsetzung oder andere Maßnahme zur Regelung einer unbestimmten Anzahl von Fällen, die aufgrund eines Gesetzes im Bereich der eigenen Angelegenheiten der Gemeinden, Kreise, Ämter sowie der Körperschaften des öffentlichen Rechts ohne Gebietshoheit und der rechtsfähigen Anstalten und Stiftungen des öffentlichen Rechts getroffen wird.
(2) Andere Angelegenheiten dürfen durch Satzung nur geregelt werden, soweit dies gesetzlich ausdrücklich zugelassen ist.

§ 66
Form der Satzungen
(1) Satzungen müssen
1. in der Überschrift als Satzung gekennzeichnet sein,
2. die Rechtsvorschriften angeben, welche zum Erlaß der Satzung berechtigen,
3. auf die erfolgte Beschlußfassung, Genehmigung, Zustimmung oder das Einvernehmen mit anderen Stellen hinweisen, soweit diese durch Rechtsvorschrift vorgeschrieben sind,
4. das Datum angeben, unter dem sie ausgefertigt sind, und
5. den Träger der öffentlichen Verwaltung bezeichnen, der die Satzung erlassen hat.
(2) Satzungen sollen
1. in der Überschrift ihren wesentlichen Inhalt kennzeichnen und
2. bei Gemeinden, Kreisen und Ämtern den örtlichen Geltungsbereich angeben; ist der Geltungsbereich nicht angegeben, so gelten die Satzungen für deren gesamten Bezirk.

§ 67
Inhalt der Satzungen
(1) Satzungen dürfen keine Bestimmungen enthalten, die mit Gesetzen oder Verordnungen im Widerspruch stehen.
(2) Satzungen müssen in ihrem Inhalt bestimmt sein.
(3) Geldbußen oder Zwangsgeld dürfen in Satzungen nur angedroht werden, soweit dies durch Gesetz zugelassen ist.
(4) Satzungen der Anstalten und Stiftungen des öffentlichen Rechts, soweit gesetzlich nichts anderes bestimmt ist, nur innere Organisationsregeln sowie Benutzungs- und Abgaberegelungen enthalten.

§ 68
Amtliche Bekanntmachung
Satzungen sind bekannt zu machen. Sofern sich ihr Geltungsbereich auf das ganze Land erstreckt, sind sie im Amtsblatt für Schleswig-Holstein oder im Internet mit einem hierauf verweisenden Hinweis im Amtsblatt für Schleswig-Holstein bekannt zu machen. Beschränkt sich der Geltungsbereich auf einen Teil des Landes, genügt eine örtliche Bekanntmachung; abweichende Rechtsvorschriften bleiben unberührt. Im Falle einer Internetbekanntmachung muss die hierfür genutzte Internetseite in ausschließlicher Verantwortung des Satzungsgebers betrieben werden und dessen sämtliche Bekanntmachungen an zentraler Stelle beinhalten. Die Satzungen müssen dort auf Dauer vorgehalten werden; dies gilt nicht für jährlich neu zu erlassene Satzungen. § 60 Abs. 3 gilt entsprechend.

§ 69
Inkrafttreten
Satzungen treten, soweit in ihnen nichts anderes bestimmt ist, mit dem Tag nach der Bekanntmachung in Kraft.

§ 70
Wirkung bei Gebietsänderungen
Soweit durch Gesetz oder Gebietsänderungsvertrag nichts Abweichendes bestimmt ist, gilt bei Gebietsänderungen für die Satzungen der Gemeinden, Kreise und Ämter § 63 entsprechend.

Unterabschnitt 3
Bewilligungsrichtlinien

§ 71
Bewilligungsrichtlinien
Für Anordnungen einer Behörde, die für eine unbestimmte Anzahl von Fällen Voraussetzungen und Umfang der Leistungen eines Trägers der öffentlichen Verwaltung an die einzelne Person festlegen (Bewilligungsrichtlinien), gilt § 68 entsprechend.

Unterabschnitt 4
Verwaltungshandeln durch Verwaltungsakt und öffentlich-rechtlichen Vertrag
I. Allgemeine Grundsätze

§ 72
Grundsatz der Gesetzmäßigkeit
Die Behörde ist bei der Erfüllung ihrer Aufgaben an Gesetz und Recht gebunden. Sie darf in die Rechte der einzelnen Person nur eingreifen und ihr Pflichten nur auferlegen, soweit es gesetzlich zulässig ist.

§ 73
Ermessen

(1) Die Behörde entscheidet, soweit Rechtsvorschriften nicht bestimmen, daß oder in welcher Weise sie tätig zu werden hat, im Rahmen der ihr erteilten Ermächtigung nach sachlichen Gesichtspunkten unter Abwägung der öffentlichen Belange und der Interessen der einzelnen Person über die von der Behörde zu treffenden Maßnahmen (pflichtgemäßes Ermessen).

(2) Die Maßnahme darf nicht zu einer Beeinträchtigung der einzelnen Person oder der Allgemeinheit führen, die zu dem beabsichtigten Erfolg in einem offenbaren Mißverhältnis steht.

(3) Die Behörde hat unter mehreren zulässigen und geeigneten Maßnahmen tunlichst diejenigen anzuwenden, die die Allgemeinheit und die einzelne Person am wenigsten beeinträchtigen.

II. Das Verwaltungsverfahren
1. Verfahrensgrundsätze
§ 74
Begriff des Verwaltungsverfahrens

Das Verwaltungsverfahren ist die nach außen wirkende Tätigkeit der Behörden, die auf die Prüfung der Voraussetzungen, die Vorbereitung und den Erlaß eines Verwaltungsaktes oder auf den Abschluß eines öffentlich-rechtlichen Vertrages im Sinne des § 121 Satz 2 gerichtet ist; es schließt den Erlaß des Verwaltungsaktes oder den Abschluß des öffentlich-rechtlichen Vertrages ein.

§ 75
Nichtförmlichkeit des Verwaltungsverfahrens

Das Verwaltungsverfahren ist an bestimmte Formen nicht gebunden, soweit keine besonderen Rechtsvorschriften für die Form des Verfahrens bestehen. Es ist einfach, zweckmäßig und zügig durchzuführen.

§ 76
Beteiligungsfähigkeit

Fähig, am Verfahren beteiligt zu sein, sind
1. natürliche und juristische Personen,
2. Vereinigungen, soweit ihnen ein Recht zustehen kann,
3. Behörden.

§ 77
Handlungsfähigkeit

(1) Fähig zur Vornahme von Verfahrenshandlungen sind
1. natürliche Personen, die nach bürgerlichem Recht geschäftsfähig sind,
2. natürliche Personen, die nach bürgerlichem Recht in der Geschäftsfähigkeit beschränkt sind, soweit sie für den Gegenstand des Verfahrens durch Vorschriften des bürgerlichen Rechts als geschäftsfähig oder durch Vorschriften des öffentlichen Rechts als handlungsfähig anerkannt sind,
3. juristische Personen und Vereinigungen (§ 76 Nr. 2) durch ihre gesetzlichen Vertreterinnen oder Vertreter oder durch besonders Beauftragte,
4. Behörden durch ihre Leiterinnen oder Leiter, deren Vertreterinnen oder Vertreter oder Beauftragte.

(2) Betrifft ein Einwilligungsvorbehalt nach § 1903 des Bürgerlichen Gesetzbuches den Gegenstand des Verfahrens, so ist eine geschäftsfähige betreute Person nur insoweit zur Vornahme von Verfahrenshandlungen fähig, als sie nach den Vorschriften des bürgerlichen Rechts ohne Einwilligung der Betreuerin oder des Betreuers handeln kann oder durch die Vorschriften des öffentlichen Rechts als handlungsfähig anerkannt ist.

(3) Die §§ 53 und 55 der Zivilprozeßordnung gelten entsprechend.

§ 78
Beteiligte

(1) Beteiligte sind
1. Antragstellerinnen oder Antragsteller und Antragsgegnerinnen oder Antragsgegner,
2. diejenigen, an die die Behörde den Verwaltungsakt richten will oder gerichtet hat,
3. diejenigen, mit denen die Behörde einen öffentlich-rechtlichen Vertrag schließen will oder geschlossen hat,
4. diejenigen, die nach Absatz 2 von der Behörde zu dem Verfahren hinzugezogen worden sind.

(2) Die Behörde kann von Amts wegen oder auf Antrag diejenigen, deren rechtliche Interessen durch den Ausgang des Verfahrens berührt werden können, als Beteiligte hinzuziehen. Hat der Ausgang des Verfahrens rechtsgestaltende Wirkung für eine dritte Person, so ist diese auf Antrag als Beteiligte oder Beteiligter zu dem Verfahren hinzuzuziehen; soweit diese Person der Behörde bekannt ist, hat diese sie von der Einleitung des Verfahrens zu benachrichtigen.

(3) Wer anzuhören ist, ohne daß die Voraussetzungen des Absatzes 1 vorliegen, wird dadurch nicht Beteiligte oder Beteiligter.

§ 79
Bevollmächtigte und Beistände

(1) Beteiligte können sich, soweit es sich nicht um unvertretbare Handlungen handelt, durch eine Bevollmächtigte oder einen Bevollmächtigten vertreten lassen. Die Vollmacht ermächtigt zu allen das Verwaltungsverfahren betreffenden Verfahrenshandlungen, sofern sich aus ihrem Inhalt nicht etwas anderes ergibt. Die oder der Bevollmächtigte hat auf Verlangen die Vollmacht schriftlich nachzuweisen. Ein Widerruf der Vollmacht wird der Behörde gegenüber erst wirksam, wenn er ihr zugeht.

(2) Die Vollmacht wird weder durch den Tod der Vollmachtgeberin oder des Vollmachtgebers noch durch eine Veränderung in ihrer oder seiner Handlungsfähigkeit oder gesetzlichen Vertretung aufgehoben; die oder der Bevollmächtigte hat jedoch, wenn sie oder er für die Rechtsnachfolgerin oder den Rechtsnachfolger im Verwaltungsverfahren auftritt, die Vollmacht auf Verlangen schriftlich beizubringen.

(3) Ist für das Verfahren eine Bevollmächtigte oder ein Bevollmächtigter bestellt, so soll sich die Behörde an sie oder ihn wenden. Sie kann sich an die Beteiligte oder den Beteiligten selbst wenden, soweit sie oder er zur Mitwirkung verpflichtet ist. Wendet sich die Behörde an die Beteiligte oder den Beteiligten, so soll die Bevollmächtigte oder der Bevollmächtigte verständigt werden. Vorschriften über die Zustellung an Bevollmächtigte bleiben unberührt.

(4) Eine Beteiligte oder ein Beteiligter kann, soweit es sich nicht um unvertretbare Handlungen handelt, zu Verhandlungen und Besprechungen mit einem Beistand erscheinen. Das von dem Beistand Vorgetragene gilt als von der Beteiligten oder dem Beteiligten vorgebracht, soweit diese oder dieser nicht unverzüglich widerspricht.

(5) Bevollmächtigte und Beistände sind zurückzuweisen, wenn sie entgegen § 3 des Rechtsdienstleistungsgesetzes vom 12. Dezember 2007 (BGBl. I S. 2840), geändert durch Artikel 6 Nr. 1 des Gesetzes vom 12. Juni 2008 (BGBl. I S. 1000), Rechtsdienstleistungen erbringen.

(6) Bevollmächtigte und Beistände können vom Vortrag zurückgewiesen werden, wenn sie hierzu ungeeignet sind; vom mündlichen Vortrag können sie nur zurückgewiesen werden, wenn sie zum sachgemäßen Vortrag nicht fähig sind. Nicht zurückgewiesen werden können Personen, die nach § 67 Abs. 2 Satz 1 und 2 Nr. 3 bis 7 der Verwaltungsgerichtsordnung zur Vertretung im verwaltungsgerichtlichen Verfahren befugt sind.

(7) Die Zurückweisung nach den Absätzen 5 und 6 ist auch der oder dem Beteiligten, deren oder dessen Bevollmächtigte oder deren oder dessen Bevollmächtigter oder Beistand zurückgewiesen wird, mitzuteilen. Verfahrenshandlungen der zurückgewiesenen Bevollmächtigten oder des zurückgewiesenen Bevollmächtigten oder Beistandes, die diese oder dieser nach der Zurückweisung vornimmt, sind unwirksam.

(8) Rechtsvorschriften, nach denen die Vertretung durch Bevollmächtigte oder Beistände unzulässig oder eingeschränkt ist oder nach denen nur bestimmte Personen zu Bevollmächtigten oder Beiständen bestellt werden können, bleiben unberührt.

§ 79 a
Bestellung von Empfangsbevollmächtigten

Eine Beteiligte oder ein Beteiligter ohne Wohnsitz oder gewöhnlichen Aufenthalt, Sitz oder Geschäftsleitung im Inland hat der Behörde auf Verlangen innerhalb einer angemessenen Frist eine Empfangsbevollmächtigte oder einen Empfangsbevollmächtigten im Inland zu benennen. Unterlässt sie oder er dies, gilt ein an sie oder ihn gerichtetes Schriftstück am siebenten Tage nach der Aufgabe zur Post und ein elektronisch übermitteltes Dokument am dritten Tage nach der Absendung als zugegangen. Dies gilt nicht, wenn feststeht, dass das Dokument die Empfängerin oder den Empfänger nicht oder zu einem späteren Zeitpunkt erreicht hat. Auf die Rechtsfolgen der Unterlassung ist die oder der Beteiligte hinzuweisen.

§ 80
Bestellung von Vertreterinnen oder Vertretern von Amts wegen

(1) Ist eine Vertreterin oder ein Vertreter nicht vorhanden, so hat das Betreuungsgericht, für minderjährige Beteiligten das Familiengericht, auf Antrag der Behörde eine geeignete Vertreterin oder einen geeigneten Vertreter zu bestellen

1. für eine Beteiligte oder einen Beteiligten, deren oder dessen Person unbekannt ist,
2. für eine abwesende Beteiligte oder einen abwesenden Beteiligten, deren oder dessen Aufenthalt unbekannt ist oder deren oder dessen Aufenthalt zwar bekannt, die oder der aber an der Besorgung ihrer oder seiner Angelegenheiten verhindert ist,
3. für eine Beteiligte oder einen Beteiligten ohne Aufenthalt im Geltungsbereich des Grundgesetzes, wenn sie oder er der Aufforderung der Behörde, eine Vertreterin oder einen Vertreter zu bestellen, innerhalb der ihr oder ihm gesetzten Frist nicht nachgekommen ist,
4. für eine Beteiligte oder einen Beteiligten, die oder der infolge einer psychischen Krankheit oder einer körperlichen, geistigen oder seelischen Behinderung nicht in der Lage ist, in dem Verwaltungsverfahren selbst tätig zu werden oder
5. bei herrenlosen Sachen, auf die sich das Verfahren bezieht, zur Wahrung der sich in Bezug auf die Sache ergebenden Rechte und Pflichten.

(2) Für die Bestellung der Vertreterin oder des Vertreters ist in den Fällen des Absatzes 1 Nr. 4 das Gericht zuständig, in dessen Bezirk die oder der Beteiligte ihren oder seinen Wohnsitz oder ihren oder seinen gewöhnlichen Aufenthalt hat; im übrigen ist das Gericht zuständig, in dessen Bezirk die antragstellende Behörde ihren Sitz hat.

(3) Die Vertreterin oder der Vertreter hat gegen den Träger der öffentlichen Verwaltung, dessen Behörde ihre oder seine Bestellung beantragt hat, Anspruch auf eine angemessene Vergütung und auf Erstattung ihrer oder seiner baren Auslagen. Die Behörde kann von der oder dem Vertretenen Ersatz ihrer Aufwendungen verlangen. Die Vergütung und der Ersatz der Aufwendungen werden durch die Behörde festgesetzt. Im übrigen gelten für die Bestellung und für das Amt der Vertreterin oder des Vertreters in den Fällen des Absatzes 1 Nr. 4 die Vorschriften über die Betreuung, in den übrigen Fällen die Vorschriften über die Pflegschaft entsprechend.

§ 80 a
Vertreterinnen oder Vertreter bei gleichförmigen Eingaben

(1) Bei Anträgen und Eingaben, die in einem Verwaltungsverfahren von mehr als 50 Personen auf Unterschriftslisten unterzeichnet oder in Form vervielfältigter gleichlautender Texte eingereicht worden sind (gleichförmige Eingaben), gilt für das Verfahren diejenige Unterzeichnerin oder derjenige Unterzeichner als Vertreterin oder Vertreter der übrigen Unterzeichnerinnen und Unterzeichner, die oder der darin mit Namen, Beruf und Anschrift als Vertreterin oder Vertreter bezeichnet ist, soweit sie oder er nicht von ihnen als Bevollmächtigte oder Bevollmächtigter bestellt worden ist.

Vertreterin oder Vertreter kann nur eine natürliche Person sein.

(2) Die Behörde kann gleichförmige Eingaben, die die Angaben nach Absatz 1 Satz 1 nicht deutlich sichtbar auf jeder mit einer Unterschrift versehenen Seite enthalten oder dem Erfordernis des Absatzes 1 Satz 2 nicht entsprechen, unberücksichtigt lassen. Will die Behörde so verfahren, so hat sie dies durch örtliche Bekanntmachung mitzuteilen. Die Behörde kann ferner gleichförmige Eingaben insoweit unberücksichtigt lassen, als Unterzeichnerinnen oder Unterzeichner ihren Namen oder ihre Anschrift nicht oder unleserlich angegeben haben.

(3) Die Vertretungsmacht erlischt, sobald die Vertreterin oder der Vertreter oder die oder der Vertretene dies der Behörde schriftlich erklärt; die Vertreterin oder der Vertreter kann eine solche Erklärung nur hinsichtlich aller Vertretenen abgeben. Gibt die oder der Vertretene eine solche Erklärung ab, so soll sie oder er der Behörde zugleich mitteilen, ob sie oder er die Eingabe aufrechterhält und ob sie oder er eine Bevollmächtigte oder einen Bevollmächtigten bestellt hat.

(4) Endet die Vertretungsmacht der Vertreterin oder des Vertreters, so kann die Behörde die nicht mehr Vertretenen auffordern, innerhalb einer angemessenen Frist eine gemeinsame Vertreterin oder einen gemeinsamen Vertreter zu bestellen. Sind mehr als 300 Personen aufzufordern, so kann die Behörde die Aufforderung örtlich bekanntmachen. Wird der Aufforderung nicht fristgemäß entsprochen, so kann die Behörde von Amts wegen eine gemeinsame Vertreterin oder einen gemeinsamen Vertreter bestellen.

§ 80 b
Vertreterinnen oder Vertreter für Beteiligte bei gleichem Interesse

(1) Sind an einem Verwaltungsverfahren mehr als 50 Personen im gleichen Interesse beteiligt, ohne vertreten zu sein, so kann die Behörde sie auffordern, innerhalb einer angemessenen Frist eine gemeinsame Vertreterin oder einen gemeinsamen Vertreter zu bestellen, wenn sonst die ordnungsgemäße Durchführung des Verwaltungsverfahrens beeinträchtigt wäre. Kommen sie der Aufforderung nicht fristgemäß nach, so kann die Behörde von Amts wegen eine gemeinsame Vertreterin oder einen gemeinsamen Vertreter bestellen. Vertreterin oder Vertreter kann nur eine natürliche Person sein.

(2) Die Vertretungsmacht erlischt, sobald die Vertreterin oder der Vertreter oder die oder der Vertretene dies der Behörde schriftlich erklärt; die Vertreterin oder der Vertreter kann eine solche Erklärung nur hinsichtlich aller Vertretenen abgeben. Gibt die oder der Vertretene eine solche Erklärung ab, so soll sie oder er der Behörde zugleich mitteilen, ob sie oder er die Eingabe aufrechterhält und ob sie oder er eine Bevollmächtigte oder einen Bevollmächtigten bestellt hat.

§ 80 c
Gemeinsame Vorschriften für Vertreterinnen und Vertreter bei gleichförmigen Eingaben und bei gleichem Interesse

(1) Die Vertreterin oder der Vertreter hat die Interessen der Vertretenen sorgfältig wahrzunehmen. Sie oder er kann alle das Verwaltungsverfahren betreffenden Verfahrenshandlungen vornehmen. An Weisungen ist sie oder er nicht gebunden.

(2) § 79 Abs. 5 bis 7 gilt entsprechend.

(3) Die von der Behörde bestellte Vertreterin oder der von der Behörde bestellte Vertreter hat gegen deren Träger der öffentlichen Verwaltung Anspruch auf angemessene Vergütung und auf Erstattung der baren Auslagen. Die Behörde kann von den Vertretenen zu gleichen Anteilen Ersatz ihrer Aufwendungen verlangen. Sie bestimmt die Vergütung und stellt die Auslagen und Aufwendungen fest.

§ 81
Ausgeschlossene Personen

(1) In einem Verwaltungsverfahren darf für eine Behörde nicht tätig werden,

1. wer selbst Beteiligte oder Beteiligter ist,
2. wer Angehörige oder Angehöriger einer oder eines Beteiligten ist,
3. wer eine Beteiligte oder einen Beteiligten kraft Gesetzes oder Vollmacht allgemein oder in diesem Verwaltungsverfahren vertritt,
4. wer Angehörige oder Angehöriger einer Person ist, die eine Beteiligte oder einen Beteiligten in diesem Verfahren vertritt,
5. wer bei einer oder einem Beteiligten gegen Entgelt beschäftigt ist oder bei ihr oder ihm als Mitglied des Vorstandes, des Aufsichtsrats oder eines gleichartigen Organs tätig ist; dies gilt nicht für die Person, die diesem Organ in amtlicher Eigenschaft angehört oder deren Anstellungskörperschaft Beteiligte ist, oder
6. wer außerhalb ihrer oder seiner amtlichen Eigenschaft in der Angelegenheit ein Gutachten abgegeben hat oder sonst tätig geworden ist.

Der oder den Beteiligten steht gleich, wer durch die Tätigkeit oder die Entscheidung einen unmittelbaren Vorteil oder Nachteil erlangen kann. Dies gilt nicht, wenn der Vor- oder Nachteil nur darauf beruht, dass jemand einer Berufs- oder Bevölkerungsgruppe angehört, deren gemeinsame Interessen durch die Angelegenheit berührt werden.

(2) Absatz 1 gilt nicht für
1. Wahlen,
2. andere Beschlüsse, mit denen ein Kollegialorgan eine Person aus seiner Mitte auswählt und entsendet, und
3. Abberufungen.

(3) Wer nach Absatz 1 ausgeschlossen ist, darf bei Gefahr im Verzug unaufschiebbare Maßnahmen treffen.

(4) Hält sich ein Mitglied eines Ausschusses (§ 100 Abs. 1) für ausgeschlossen oder bestehen Zweifel, ob die Voraussetzungen des Absatzes 1 gegeben sind, ist dies der oder dem Vorsitzenden des Ausschusses mitzuteilen. Der Ausschuß entscheidet über den Ausschluß. Die oder der Betroffene darf bei der Beratung und Entscheidung über die Befangenheit nicht anwesend sein. Wer die Voraussetzungen des Absatzes 1 erfüllt, darf bei der Beratung und Entscheidung der Angelegenheit nicht anwesend sein.

(5) Angehörige nach Absatz 1 Satz 1 Nr. 2 und 4 sind
1. die oder der Verlobte,
2. die Ehegattin oder der Ehegatte,
3. die eingetragene Lebenspartnerin oder der eingetragene Lebenspartner,
4. Verwandte und Verschwägerte gerader Linie,
5. Geschwister,
6. Kinder der Geschwister,
7. Ehegattinnen und Ehegatten oder eingetragene Lebenspartnerinnen und Lebenspartner der Geschwister und Geschwister der Ehegattinnen und Ehegatten oder der eingetragenen Lebenspartnerinnen und Lebenspartner,
8. Geschwister der Eltern und
9. Personen, die durch ein auf längere Dauer angelegtes Pflegeverhältnis mit häuslicher Gemeinschaft wie Eltern und Kind miteinander verbunden sind (Pflegeeltern und Pflegekinder).

Angehörige sind die in Satz 1 aufgeführten Personen auch dann, wenn
1. in den Fällen der Nummern 2, 3, 4 und 7 die die Beziehung begründende Ehe oder eingetragene Lebenspartnerschaft nicht mehr besteht,
2. in den Fällen der Nummern 4 bis 8 die Verwandtschaft oder Schwägerschaft durch Annahme als Kind erloschen ist und
3. im Fall der Nummer 9 die häusliche Gemeinschaft nicht mehr besteht, sofern die Personen weiterhin wie Eltern und Kind miteinander verbunden sind.

§ 81 a
Besorgnis der Befangenheit

(1) Liegt ein Grund vor, der geeignet ist, Mißtrauen gegen eine unparteiische Amtsausübung zu rechtfertigen, oder wird von einer oder einem Beteiligten das Vorliegen eines solchen Grundes behauptet, so hat, wer in einem Verwaltungsverfahren für eine Behörde tätig werden soll, die Leiterin oder den Leiter der Behörde oder die oder den von dieser oder diesem Beauftragten zu unterrichten und sich auf deren oder dessen Anordnung der Mitwirkung zu enthalten. Betrifft die Besorgnis der Befangenheit die Leiterin oder den Leiter der Behörde, so trifft diese Anordnung die fachlich zuständige Aufsichtsbehörde, sofern sich die Behördenleiterin oder der Behördenleiter nicht selbst einer Mitwirkung enthält. Bei Selbstverwaltungsaufgaben der kommunalen Körperschaften ist die fachlich zuständige Aufsichtsbehörde nach Satz 2 die Kommunalaufsichtsbehörde.

(2) Für Mitglieder eines Ausschusses (§ 100 Abs. 1) gilt § 81 Abs. 4 entsprechend.

(3) Die Absätze 1 und 2 gelten nicht für ein Verwaltungsverfahren der kommunalen Körperschaften, soweit daran Kollegialorgane beteiligt sind.

§ 82
Beginn des Verfahrens

Die Behörde entscheidet nach pflichtgemäßem Ermessen, ob und wann sie ein Verwaltungsverfahren durchführt. Dies gilt nicht, wenn die Behörde aufgrund von Rechtsvorschriften
1. von Amts wegen oder auf Antrag tätig werden muß oder
2. nur auf Antrag tätig werden darf und ein Antrag nicht vorliegt.

§ 82 a
Amtssprache

(1) Die Amtssprache ist Deutsch[4].

(2) Werden bei einer Behörde in einer fremden Sprache Anträge gestellt oder Eingaben, Belege, Urkunden oder sonstige Dokumente vorgelegt, kann die Behörde die Vorlage einer Übersetzung verlangen. In begründeten Fällen kann die Vorlage einer beglaubigten oder von einer öffentlich bestellten oder beeidigten Dolmetscherin oder Übersetzerin oder einem öffentlich bestellten oder beeidigten Dolmetscher oder Übersetzer angefertigten Übersetzung verlangt werden. Wird die verlangte Übersetzung nicht unverzüglich vorgelegt, so kann die Behörde auf Kosten der oder des Beteiligten selbst eine Übersetzung beschaffen. Hat die Behörde Dolmetscherinnen oder Dolmetscher oder Übersetzerinnen oder Übersetzer herangezogen, werden diese in entsprechender Anwendung des Justizvergütungs- und -entschädigungsgesetzes vom 5. Mai 2004 (BGBl. I S. 718), zuletzt geändert durch Artikel 9 Abs. 2 des Gesetzes vom 16. August 2005 (BGBl. I S. 2437), vergütet.

(3) Soll durch eine Anzeige, einen Antrag oder die Abgabe einer Willenserklärung eine Frist in Lauf gesetzt werden, innerhalb derer die Behörde in einer bestimmten Weise tätig werden muß, und gehen diese in einer fremden Sprache ein, so beginnt der Lauf der Frist erst mit dem Zeitpunkt, in dem der Behörde eine Übersetzung vorliegt.

(4) Soll durch eine Anzeige, einen Antrag oder eine Willenserklärung, die in fremder Sprache eingehen, zugunsten einer oder eines Beteiligten eine Frist gegenüber der Behörde gewahrt, ein öffentlich-rechtlicher Anspruch geltend gemacht oder eine Leistung begehrt werden, so gelten die Anzeige, der Antrag oder die Willenserklärung als zum Zeitpunkt des Eingangs bei der Behörde abgegeben, wenn auf Verlangen der Behörde innerhalb einer von dieser zu setzenden angemessenen Frist eine Übersetzung vorgelegt wird. Andernfalls ist der Zeitpunkt des Eingangs der Übersetzung maßgebend, soweit sich nicht aus zwischenstaatlichen Vereinbarungen etwas anderes ergibt. Auf diese Rechtsfolge ist bei der Fristsetzung hinzuweisen.

---

4 Beachte für Behörden im Kreis Nordfriesland und auf der Insel Helgoland § 1 FriesischG, Nr. 31, sowie § 82b.

§ 82 b
Regional- und Minderheitensprachen vor Behörden

(1) Abweichend von § 82 a Absatz 2 können bei Behörden in niederdeutscher Sprache Anträge gestellt oder Eingaben, Belege, Urkunden oder sonstige Dokumente vorgelegt werden. Im Kreis Nordfriesland und auf der Insel Helgoland gilt dies für den Gebrauch der friesischen Sprache, in den Kreisen Nordfriesland, Schleswig-Flensburg und in den kreisfreien Städten Flensburg und Kiel sowie im Kreis Rendsburg-Eckernförde für den Gebrauch der dänischen Sprache entsprechend. Verwendet eine Bürgerin oder ein Bürger im Verkehr mit den Behörden eine der Sprachen gemäß Satz 1 oder Satz 2, können diese Behörden gegenüber dieser Bürgerin oder diesem Bürger ebenfalls die gleiche Sprache verwenden, sofern durch das Verwaltungshandeln nicht die Rechte Dritter oder die Handlungsfähigkeit von anderen Trägern der öffentlichen Verwaltung beeinträchtigt wird.

(2) Verfügt die Behörde nicht über eigene Sprachkenntnisse nach Absatz 1, veranlasst sie eine Übersetzung. Für einen dadurch entstehenden Mehraufwand werden keine Kosten erhoben.

(3) In den Fällen des § 82 a Absatz 3 beginnt der Lauf der Frist mit Eingang der Anzeige oder des Antrages oder mit Abgabe der Willenserklärung in einer der Sprachen nach Absatz 1. Durch die Veranlassung einer Übersetzung wird die Frist gehemmt. Die Hemmung endet mit Eingang der Übersetzung. Beginn und Ende der Hemmung sind mitzuteilen.

(4) In den Fällen des § 82 a Absatz 4 wird die Frist durch eine Anzeige, einen Antrag oder die Abgabe einer Willenserklärung in einer der Sprachen nach Absatz 1 gewahrt.

§ 83
Untersuchungsgrundsatz

(1) Die Behörde ermittelt den Sachverhalt von Amts wegen. Sie bestimmt Art und Umfang der Ermittlungen; an das Vorbringen und die Beweisanträge der Beteiligten ist sie nicht gebunden. Setzt die Behörde automatische Einrichtungen zum Erlass von Verwaltungsakten ein, muss sie für den Einzelfall bedeutsame tatsächliche Angaben des Beteiligten berücksichtigen, die im automatischen Verfahren nicht ermittelt würden.

(2) Die Behörde hat alle für den Einzelfall bedeutsamen, auch die für die Beteiligten günstigen Umstände zu berücksichtigen.

(3) Die Behörde darf die Entgegennahme von Erklärungen oder Anträgen, die in ihren Zuständigkeitsbereich fallen, nicht deshalb verweigern, weil sie die Erklärung oder den Antrag in der Sache für unzulässig oder unbegründet hält.

§ 83 a
Beratung, Auskunft, frühe Öffentlichkeitsbeteiligung

(1) Die Behörde soll die Abgabe von Erklärungen, die Stellung von Anträgen oder die Berichtigung von Erklärungen oder Anträgen anregen, wenn diese offensichtlich nur versehentlich oder aus Unkenntnis unterblieben oder unrichtig abgegeben oder gestellt worden sind. Sie erteilt, soweit erforderlich, Auskunft über die den Beteiligten im Verwaltungsverfahren zustehenden Rechte und die ihnen obliegenden Pflichten.

(2) Die Behörde erörtert, soweit erforderlich, bereits vor Stellung eines Antrags mit der zukünftig antragstellenden Person, welche Nachweise und Unterlagen von ihr zu erbringen sind und in welcher Weise das Verfahren beschleunigt werden kann. Soweit es der Verfahrensbeschleunigung dient, soll der antragstellenden Person nach Eingang des Antrags unverzüglich Auskunft über die voraussichtliche Verfahrensdauer und die Vollständigkeit der Antragsunterlagen geben.

(3) Die Behörde wirkt darauf hin, dass der Träger bei der Planung von Vorhaben, die nicht nur unwesentliche Auswirkungen auf die Belange einer größeren Zahl von Dritten haben können, die betroffene Öffentlichkeit frühzeitig über die Ziele des Vorhabens, die Mittel, es zu verwirklichen, und die voraussichtlichen Auswirkungen des Vorhabens unterrichtet (frühe Öffentlichkeitsbeteiligung). Die frühe Öffentlichkeitsbeteiligung soll möglichst bereits vor Stellung eines Antrags stattfinden. Der betroffenen Öffentlichkeit soll Gelegenheit zur Äußerung und zur Erörterung gegeben werden. Das Ergebnis der vor Antragstellung durchgeführten frühen Öffentlichkeitsbeteiligung soll der betroffenen Öffentlichkeit und der Behörde spätestens mit der Antragstellung, im Übrigen unverzüglich mitgeteilt werden. Satz 1 gilt nicht, soweit die betroffene Öffentlichkeit bereits nach anderen Rechtsvorschriften vor der Antragstellung zu beteiligen ist. Beteiligungsrechte nach anderen Rechtsvorschriften bleiben unberührt.

§ 84
Beweismittel

(1) Die Behörde bedient sich der Beweismittel, die sie nach pflichtgemäßem Ermessen zur Ermittlung des Sachverhalts für erforderlich hält. Sie kann insbesondere

1. Auskünfte jeder Art einholen,
2. Beteiligte anhören, Zeugen und Sachverständige vernehmen oder die schriftliche oder elektronische Äußerung von Beteiligten, Sachverständigen und Zeugen einholen,
3. Urkunden und Akten beiziehen,
4. den Augenschein einnehmen.

(2) Die Beteiligten sollen bei der Ermittlung des Sachverhalts mitwirken. Sie sollen insbesondere ihnen bekannte Tatsachen und Beweismittel angeben. Eine weitergehende Pflicht, bei der Ermittlung des Sachverhalts mitzuwirken, insbesondere eine Pflicht zum persönlichen Erscheinen oder zur Aussage, besteht nur, wenn sie durch Rechtsvorschrift besonders vorgesehen ist.

(3) Für Zeugen und Sachverständige besteht eine Pflicht zur Aussage oder zur Erstattung von Gutachten, wenn sie durch Rechtsvorschrift vorgesehen ist. Falls die Behörde Zeugen und Sachverständige herangezogen hat, werden sie auf Antrag in entsprechender Anwendung des Justizvergütungs- und -entschädigungsgesetzes vom 5. Mai 2004 (BGBl. I S. 718), zuletzt geändert durch Artikel 9 Abs. 2 des Gesetzes vom 16. August 2005 (BGBl. I S. 2437), vergütet.

§ 85
– gestrichen –

§ 86
Versicherung an Eides Statt

(1) Die Behörde darf bei der Ermittlung des Sachverhalts eine Versicherung an Eides Statt nur verlangen und abnehmen, wenn die Abnahme der Versicherung über den betreffenden Gegenstand und in dem betreffenden Verfahren durch Gesetz oder Verordnung vorgesehen und die Behörde durch Rechtsvorschrift für zuständig erklärt worden ist. Eine Versicherung an Eides Statt soll nur gefordert werden, wenn andere Mittel zur Erforschung der Wahrheit nicht vorhanden sind, zu keinem Ergebnis geführt haben oder einen unverhältnismäßigem Aufwand erfordern. Von eidesunfähigen Personen im Sinne des § 393 der Zivilprozeßordnung darf eine eidesstattliche Versicherung nicht verlangt werden.

(2) Wird die Versicherung an Eides Statt von einer Behörde zur Niederschrift aufgenommen, so sind zur Aufnahme nur die Behördenleiterin oder der Behördenleiter, die allgemeine Vertreterin oder der allgemeine Vertreter oder eine Angehörige oder ein Angehöriger des öffentlichen Dienstes befugt, die oder der die Befähigung zum Richteramt hat oder die Voraussetzungen des § 110 Satz 1 des Deutschen Richtergesetzes erfüllt. Andere Angehörige des öffentlichen Dienstes kann die Behördenleiterin oder der Behördenleiter oder die allgemeine Vertreterin oder der allgemeine Vertreter hierzu allgemein oder im Einzelfall schriftlich ermächtigen.

(3) Die Versicherung besteht darin, dass die oder der Versichernde die Richtigkeit der Erklärung über den betreffenden Gegenstand bestätigt und erklärt: „Ich versichere an Eides Statt, daß ich nach bestem Wissen die reine Wahrheit gesagt und nichts verschwiegen habe." Bevollmächtigte und Bei-

stände sind berechtigt, an der Aufnahme der Versicherung an Eides Statt teilzunehmen.

(4) Vor der Aufnahme der Versicherung an Eides Statt ist die oder der Versichernde über die Bedeutung der eidesstattlichen Versicherung und die strafrechtlichen Folgen einer unrichtigen oder unvollständigen eidesstattlichen Versicherung zu belehren. Die Belehrung ist in der Niederschrift zu vermerken.

(5) Die Niederschrift hat ferner die Namen der anwesenden Personen sowie den Ort und den Tag der Niederschrift zu enthalten. Die Niederschrift ist derjenigen oder demjenigen, die oder der die eidesstattliche Versicherung abgibt, zur Genehmigung vorzulesen oder auf Verlangen zur Durchsicht vorzulegen. Die erteilte Genehmigung ist zu vermerken und von der oder dem Versichernden zu unterschreiben. Die Niederschrift ist sodann von derjenigen oder demjenigen, die oder der die Versicherung an Eides Statt aufgenommen hat, sowie von der Schriftführerin oder dem Schriftführer zu unterschreiben.

§ 86 a
Öffentliche Bekanntmachung im Internet

(1) Ist durch Rechtsvorschrift eine öffentliche oder örtliche Bekanntmachung angeordnet, soll die Behörde deren Inhalt zusätzlich im Internet veröffentlichen. Dies wird dadurch bewirkt, dass der Inhalt der Bekanntmachung auf einer Internetseite der Behörde oder ihres Verwaltungsträgers zugänglich gemacht wird. Bezieht sich die Bekanntmachung auf zur Einsicht auszulegende Unterlagen, sollen auch diese über das Internet zugänglich gemacht werden. Soweit durch Rechtsvorschrift nichts anderes geregelt ist, ist der Inhalt der zur Einsicht ausgelegten Unterlagen maßgeblich.

(2) In der öffentlichen oder örtlichen Bekanntmachung ist die Internetseite anzugeben.

(3) Rechtsverordnungen nach § 329 bleiben hiervon unberührt.

§ 87
Anhörung Beteiligter

(1) Bevor ein Verwaltungsakt erlassen wird, der in Rechte einer oder eines Beteiligten eingreift, ist dieser oder diesem Gelegenheit zu geben, sich zu den für die Entscheidung erheblichen Tatsachen zu äußern.

(2) Von der Anhörung kann abgesehen werden, wenn sie nach den Umständen des Einzelfalles nicht geboten, insbesondere wenn
1. eine sofortige Entscheidung wegen Gefahr im Verzug oder im öffentlichen Interesse notwendig erscheint,
2. durch die Anhörung die Einhaltung einer für die Entscheidung maßgeblichen Frist in Frage gestellt würde,
3. von den tatsächlichen Angaben einer oder eines Beteiligten, die diese oder dieser in einem Antrag oder einer Erklärung gemacht hat, nicht zu ihren oder seinen Ungunsten abgewichen werden soll,
4. die Behörde eine Allgemeinverfügung oder gleichartige Verwaltungsakte in größerer Zahl oder Verwaltungsakte mit Hilfe automatischer Einrichtungen erlassen will,
5. Maßnahmen im Vollzug oder in der Vollstreckung getroffen werden sollen.

(3) Rechtsvorschriften, die eine Anhörung im weiteren Umfang vorsehen, bleiben unberührt.

(4) Eine Anhörung unterbleibt, wenn ihr ein zwingendes öffentliches Interesse entgegensteht.

§ 88
Akteneinsicht durch Beteiligte

(1) Die Beteiligten haben einen Anspruch auf Akteneinsicht, soweit Rechtsvorschriften ihn zuerkennen. Im übrigen sollen nach pflichtgemäßem Ermessen der Behörde den Beteiligten auf Antrag Einsicht in ihre Akten des Verwaltungsverfahrens gewähren, soweit Belange der Beteiligten, einer oder eines Dritten oder der Allgemeinheit nicht entgegenstehen. Soweit nach den §§ 80 und 80 b eine Vertretung stattfindet, steht die Akteneinsicht nach den Sätzen 1 und 2 nur der Vertreterin oder dem Vertreter zu.

(2) Die Akteneinsicht darf insbesondere nicht gewährt werden, soweit
1. das Bekanntwerden des Inhalts der Akten und Urkunden dem Wohl des Bundes oder eines deutschen Landes Nachteile bereiten würde,
2. die Vorgänge nach einem Gesetz oder ihrem Wesen nach geheimzuhalten sind,
3. das Bekanntwerden des Inhalts die berechtigten Interessen einer oder eines Beteiligten oder einer dritten Person beeinträchtigen könnte.

(3) Die Akteneinsicht braucht insbesondere nicht gewährt zu werden,
1. soweit es sich um Entwürfe zu Beschlüssen und Verfügungen und die zu ihrer Vorbereitung angefertigten Arbeiten handelt,
2. soweit der ergangene Verwaltungsakt nicht in die Rechte der oder des Beteiligten eingreift oder dem Antrage der oder des Beteiligten in vollem Umfange stattgegeben worden ist,
3. wenn die Fristen für einen Widerspruch, für eine Anfechtungs- oder eine Verpflichtungsklage abgelaufen sind.

(4) Die Akteneinsicht erfolgt bei der Behörde, die die Akten führt. Im Einzelfall kann die Einsicht auch bei einer anderen Behörde oder bei einer diplomatischen oder berufskonsularischen Vertretung der Bundesrepublik Deutschland im Ausland erfolgen; weitere Ausnahmen kann die Behörde, die die Akten führt, gestatten.

(5) Soweit Akteneinsicht gewährt wird, können sich die Beteiligten auf ihre Kosten durch die Behörde Auszüge und Abschriften erteilen lassen.

§ 88 a
Geheimhaltung

Die Beteiligten haben Anspruch darauf, daß ihre Geheimnisse, insbesondere die zum persönlichen Lebensbereich gehörenden Geheimnisse sowie die Betriebs- und Geschäftsgeheimnisse, von der Behörde nicht unbefugt offenbart werden.

2. Fristen, Termine, Wiedereinsetzung

§ 89
Fristen, Termine

(1) Für die Berechnung von Fristen und für Termine gelten die §§ 187 bis 193 des Bürgerlichen Gesetzbuches entsprechend, soweit nicht durch die Absätze 2 bis 5 etwas anderes bestimmt ist.

(2) Der Lauf einer Frist, die von einer Behörde gesetzt wird, beginnt mit dem Tag, der auf die Bekanntgabe der Frist folgt, außer wenn der oder dem Betroffenen etwas anderes mitgeteilt wird.

(3) Fällt das Ende einer Frist auf einen Sonntag, einen gesetzlichen Feiertag oder einen Sonnabend, so endet die Frist mit dem Ablauf des nächstfolgenden Werktages. Dies gilt nicht, wenn dem Betroffenen unter Hinweis auf diese Vorschrift ein bestimmter Tag als Ende der Frist mitgeteilt worden ist oder die öffentliche Auslegung von Unterlagen zum Termine bekannt zu machen sind.

(4) Hat eine Behörde Leistungen nur für einen bestimmten Zeitraum zu erbringen, so endet dieser Zeitraum auch dann mit dem Ablauf seines letzten Tages, wenn dieser auf einen Sonntag, einen gesetzlichen Feiertag oder einen Sonnabend fällt.

(5) Der von einer Behörde gesetzte Termin ist auch dann einzuhalten, wenn er auf einen Sonntag, gesetzlichen Feiertag oder Sonnabend fällt.

(6) Ist eine Frist nach Stunden bestimmt, so werden Sonntage, gesetzliche Feiertage oder Sonnabende mitgerechnet.

(7) Fristen, die von einer Behörde gesetzt sind, können verlängert werden. Sind solche Fristen bereits abgelaufen, so können sie rückwirkend verlängert werden, insbesondere wenn es unbillig wäre, die durch den Fristablauf eingetretenen Rechtsfolgen bestehen zu lassen. Die Behörde kann die Verlängerung der Frist nach § 107 mit einer Nebenbestimmung verbinden.

§ 90
Wiedereinsetzung in den vorigen Stand

(1) Wenn eine Person ohne Verschulden verhindert war, eine gesetzliche Frist einzuhalten, so ist ihr auf Antrag Wiedereinsetzung in den vorigen Stand zu gewähren. Das Verschulden einer Vertreterin oder eines Vertreters ist der oder dem Vertretenen zuzurechnen.

(2) Der Antrag ist innerhalb von zwei Wochen nach Wegfall des Hindernisses zu stellen. Die Tatsachen zur Begründung des Antrags sind bei der Antragstellung oder im Verfahren über den Antrag glaubhaft zu machen. Innerhalb der Antragsfrist ist die versäumte Handlung nachzuholen. Ist dies geschehen, so kann Wiedereinsetzung auch ohne Antrag gewährt werden.

(3) Nach einem Jahr seit dem Ende der versäumten Frist kann die Wiedereinsetzung nicht mehr beantragt oder die versäumte Handlung nicht mehr nachgeholt werden, außer wenn dies vor Ablauf der Jahresfrist infolge höherer Gewalt unmöglich war.

(4) Über den Antrag auf Wiedereinsetzung entscheidet die Behörde, die über die versäumte Handlung zu befinden hat.

(5) Die Wiedereinsetzung ist unzulässig, wenn sich aus einer Rechtsvorschrift ergibt, dass sie ausgeschlossen ist.

3. Amtliche Beglaubigung
§ 91
Beglaubigung von Dokumenten

(1) Jede Behörde ist befugt, Abschriften von Urkunden, die sie selbst ausgestellt hat, zu beglaubigen. Darüber hinaus sind die von der Landesregierung bestimmten Behörden[5] befugt, Abschriften zu beglaubigen, wenn die Urschrift von einer Behörde ausgestellt ist oder die Abschrift zur Vorlage bei einer Behörde benötigt wird, sofern nicht durch Rechtsvorschrift die Erteilung beglaubigter Abschriften aus amtlichen Registern und Archiven anderen Behörden ausschließlich vorbehalten ist.

(2) Abschriften dürfen nicht beglaubigt werden, wenn Umstände zu der Annahme berechtigen, dass der ursprüngliche Inhalt des Schriftstücks, dessen Abschrift beglaubigt werden soll, geändert worden ist, insbesondere wenn dieses Schriftstück Lücken, Durchstreichungen, Einschaltungen, Änderungen, unleserliche Worte, Zahlen und Zeichen, Spuren der Beseitigung von Worten, Zahlen und Zeichen enthält oder wenn der Zusammenhang eines aus mehreren Blättern bestehenden Schriftstücks aufgehoben ist.

(3) Eine Abschrift wird beglaubigt durch einen Beglaubigungsvermerk, der unter die Abschrift zu setzen ist. Der Vermerk muß enthalten

1. die genaue Bezeichnung des Schriftstücks, dessen Abschrift beglaubigt wird,
2. die Feststellung, dass die beglaubigte Abschrift mit dem vorgelegten Schriftstück übereinstimmt,
3. den Hinweis, daß die beglaubigte Abschrift nur zur Vorlage bei der angegebenen Behörde erteilt wird, wenn die Urschrift nicht von einer Behörde ausgestellt worden ist,
4. den Ort und den Tag der Beglaubigung, die Unterschrift der oder des für die Beglaubigung zuständigen Bediensteten und das Dienstsiegel.

(4) Die Absätze 1 bis 3 gelten entsprechend für die Beglaubigung von

1. Ablichtungen, Lichtdrucken und ähnlichen in technischen Verfahren hergestellten Vervielfältigungen,
2. auf fototechnischem Wege von Schriftstücken hergestellten Negativen, die bei einer Behörde aufbewahrt werden,
3. Ausdrucken elektronischer Dokumente,
4. elektronischen Dokumenten,
    a) die zur Abbildung eines Schriftstücks hergestellt wurden,
    b) die ein anderes technisches Format als das mit einer qualifizierten elektronischen Signatur verbundene Ausgangsdokument erhalten haben.

(5) Der Beglaubigungsvermerk muss zusätzlich zu den Angaben nach Absatz 3 Satz 2 bei der Beglaubigung

1. des Ausdrucks eines elektronischen Dokuments, das mit einer qualifizierten elektronischen Signatur verbunden ist, die Feststellungen enthalten,
    a) wen die Signaturprüfung als Inhaberin oder Inhaber der Signatur ausweist,
    b) welchen Zeitpunkt die Signaturprüfung für die Anbringung der Signatur ausweist und
    c) welche Zertifikate mit welchen Daten dieser Signatur zugrunde lagen;
2. eines elektronischen Dokuments den Namen der oder des für die Beglaubigung zuständigen Bediensteten und die Bezeichnung der Behörde, die die Beglaubigung vornimmt, enthalten; die Unterschrift der oder des für die Beglaubigung zuständigen Bediensteten und das Dienstsiegel nach Absatz 3 Satz 2 Nr. 4 werden durch eine dauerhaft überprüfbare qualifizierte elektronische Signatur ersetzt.

Wird ein elektronisches Dokument, das ein anderes technisches Format als das mit einer qualifizierten elektronischen Signatur verbundene Ausgangsdokument erhalten hat, nach Satz 1 Nr. 2 beglaubigt, muss der Beglaubigungsvermerk zusätzlich die Feststellungen nach Satz 1 Nr. 1 für das Ausgangsdokument enthalten.

(6) Bei auf fototechnischem Weg von Schriftstücken hergestellten Aufnahmen (Mikrofilm, Mikrofiche) ist in einem Verfilmungsprotokoll zu bestätigen, dass der Mikrofilm oder das Mikrofiche mit dem Original übereinstimmt. Die Rückvergrößerung von mikroverfilmten Schriftstücken ist, soweit vorgeschrieben, mit dem Beglaubigungsvermerk nach Absatz 3 zu versehen.

(7) Die nach Absatz 4 hergestellten Dokumente sowie Rückvergrößerungen nach Absatz 6 stehen, sofern sie beglaubigt sind, beglaubigten Abschriften gleich.

(8) Jede Behörde soll von Urkunden, die sie selbst ausgestellt hat, auf Verlangen ein elektronisches Dokument nach Absatz 4 Nummer 4 Buchstabe a oder eine elektronische Abschrift fertigen und beglaubigen.

§ 92
Beglaubigung von Unterschriften

(1) Die von der Landesregierung durch Verordnung bestimmten Behörden sind befugt, Unterschriften zu beglaubigen, wenn das unterzeichnete Schriftstück zur Vorlage bei einer Behörde oder einer sonstigen Stelle, der aufgrund einer Rechtsvorschrift das unterzeichnete Schriftstück vorzulegen ist, benötigt wird. Dies gilt nicht für

1. Unterschriften ohne zugehörigen Text,
2. Unterschriften, die der öffentlichen Beglaubigung (§ 129 des Bürgerlichen Gesetzbuches) bedürfen.

(2) Eine Unterschrift soll nur beglaubigt werden, wenn sie in Gegenwart der oder des beglaubigenden Bediensteten vollzogen oder anerkannt wird.

(3) Der Beglaubigungsvermerk ist unmittelbar bei der Unterschrift, die beglaubigt werden soll, anzubringen. Er muß enthalten

1. die Bestätigung, daß die Unterschrift echt ist,
2. die genaue Bezeichnung derjenigen oder desjenigen, deren oder dessen Unterschrift beglaubigt wird, sowie die Angabe, ob sich die oder der für die Beglaubigung zuständige Bedienstete Gewißheit über diese Person verschafft hat und ob die Unterschrift in seiner Gegenwart vollzogen oder anerkannt worden ist,
3. den Hinweis, daß die Beglaubigung nur zur Vorlage bei der angegebenen Behörde oder Stelle bestimmt ist,
4. den Ort und den Tag der Beglaubigung, die Unterschrift der oder des für die Beglaubigung zuständigen Bediensteten und das Dienstsiegel.

---

5 Beglaubigungsverordnung vom 12.2.2003 (GVOBl. Schl.-H. S. 45).

(4) Die Absätze 1 bis 3 gelten für die Beglaubigung von Handzeichen entsprechend.

4. Ehrenamtliche Tätigkeit

§ 93
Anwendbarkeit der Vorschriften über die ehrenamtliche Tätigkeit

Für die ehrenamtliche Tätigkeit im Verwaltungsverfahren gelten die §§ 94 bis 99. Diese Vorschriften finden keine Anwendung auf Ehrenbeamtinnen und Ehrenbeamte und auf andere Personen, die nach den Vorschriften des kommunalen Verfassungsrechts für eine Gemeinde, einen Kreis, ein Amt oder eine andere kommunale Körperschaft ehrenamtlich tätig sind.

§ 94
Pflicht zu ehrenamtlicher Tätigkeit

Eine Pflicht zur Übernahme ehrenamtlicher Tätigkeit besteht nur, wenn sie durch Rechtsvorschrift vorgesehen ist.

§ 95
Ausübung ehrenamtlicher Tätigkeit

(1) Ehrenamtlich Tätige haben ihre Tätigkeit gewissenhaft und unparteiisch auszuüben.

(2) Bei Übernahme der Aufgaben ist sie oder er zur gewissenhaften und unparteiischen Tätigkeit und zur Verschwiegenheit zu verpflichten. Die Verpflichtung ist aktenkundig zu machen.

§ 96
Verschwiegenheitspflicht

(1) Die oder der ehrenamtlich Tätige hat, auch nach Beendigung der ehrenamtlichen Tätigkeit, über die ihr oder ihm bei dieser Tätigkeit bekanntgewordenen Angelegenheiten Verschwiegenheit zu bewahren. Dies gilt nicht für Mitteilungen im dienstlichen Verkehr oder über Tatsachen, die offenkundig sind oder ihrer Bedeutung nach keiner Geheimhaltung bedürfen.

(2) Die oder der ehrenamtlich Tätige darf ohne Genehmigung der zuständigen Behörde über Angelegenheiten, über die sie oder er Verschwiegenheit zu bewahren hat, weder vor Gericht noch außergerichtlich aussagen oder Erklärungen abgeben.

(3) Die Genehmigung, als Zeuge auszusagen, darf nur versagt werden, wenn die Aussage dem Wohl des Bundes oder eines deutschen Landes Nachteile bereiten oder die Erfüllung öffentlicher Aufgaben ernstlich gefährden oder erheblich erschweren würde.

(4) Ist die oder der ehrenamtlich Tätige Beteiligte oder Beteiligter in einem gerichtlichen Verfahren oder soll ihr oder sein Vorbringen der Wahrnehmung berechtigter Interessen dienen, so darf die Genehmigung auch dann, wenn die Voraussetzungen des Absatzes 3 erfüllt sind, nur versagt werden, wenn öffentliche Interessen dies unabweisbar erfordern. Wird sie versagt, so ist der oder dem ehrenamtlich Tätigen der Schutz zu gewähren, den die öffentlichen Interessen zulassen.

(5) Die Genehmigung nach den Absätzen 2 bis 4 erteilt die fachlich zuständige Aufsichtsbehörde der Stelle, die die ehrenamtlich Tätige oder den ehrenamtlich Tätigen berufen hat.

§ 97
Entschädigung

Soweit Rechtsvorschriften nichts Abweichendes bestimmen, haben die ehrenamtlich Tätigen Anspruch auf Ersatz ihrer notwendigen Auslagen und des entgangenen Arbeitsverdienstes.

§ 98
Abberufung

Personen, die zu ehrenamtlicher Tätigkeit herangezogen worden sind, können, sofern nicht durch Rechtsvorschrift etwas anderes bestimmt ist, von der Stelle, die sie berufen hat, abberufen werden, wenn ein wichtiger Grund vorliegt. Ein wichtiger Grund liegt insbesondere vor, wenn die oder der ehrenamtlich Tätige

1. eine Pflicht gröblich verletzt oder sich als unwürdig erwiesen hat oder
2. die Tätigkeit nicht mehr ordnungsgemäß ausüben kann.

§ 99
Ordnungswidrigkeiten

(1) Ordnungswidrig handelt eine Person, die

1. eine ehrenamtliche Tätigkeit nicht übernimmt, obwohl sie zur Übernahme verpflichtet ist, oder
2. eine ehrenamtliche Tätigkeit, zu deren Übernahme sie verpflichtet war, ohne wichtigen Grund niederlegt.

(2) Die Ordnungswidrigkeit kann mit einer Geldbuße geahndet werden. Das Gesetz über Ordnungswidrigkeiten findet Anwendung.

5. Ausschüsse

§ 100
Anwendbarkeit der Vorschriften über Ausschüsse

(1) Für Ausschüsse, Beiräte und andere kollegiale Einrichtungen (Ausschüsse) gelten die §§ 101 bis 105, wenn die Ausschüsse in einem Verwaltungsverfahren tätig werden.

(2) Die §§ 101 bis 105 finden keine Anwendung auf Ausschüsse, die nach den Vorschriften des kommunalen Verfassungsrechts für eine Gemeinde, einen Kreis, ein Amt oder eine andere kommunale Körperschaft tätig sind.

(3) Abweichende Rechtsvorschriften bleiben unberührt.

§ 101
Ordnung in den Sitzungen

Die oder der Vorsitzende eröffnet, leitet und schließt die Sitzungen; sie oder er ist für die Ordnung verantwortlich.

§ 102
Beschlußfähigkeit

(1) Ausschüsse sind beschlußfähig, wenn alle Mitglieder geladen und mehr als die Hälfte, mindestens aber drei der stimmberechtigten Mitglieder anwesend sind. Beschlüsse können auch schriftlich im Umlaufverfahren gefaßt werden, wenn kein Mitglied widerspricht.

(2) Ist eine Angelegenheit wegen Beschlußunfähigkeit zurückgestellt worden und wird der Ausschuß zur Behandlung desselben Gegenstandes erneut geladen, so ist er ohne Rücksicht auf die Anzahl der Erschienenen beschlußfähig, wenn darauf in dieser Ladung hingewiesen worden ist. Zwischen der Zurückstellung und der erneuten Beratung müssen mindestens drei Tage liegen; diese Bestimmung findet keine Anwendung, wenn Gefahr im Verzug ist.

§ 103
Beschlußfassung

Beschlüsse werden mit Stimmenmehrheit gefaßt. Bei Stimmengleichheit entscheidet die Stimme der oder des Vorsitzenden, wenn sie oder er stimmberechtigt ist; sonst gilt Stimmengleichheit als Ablehnung.

§ 104
Wahlen durch Ausschüsse

(1) Gewählt wird, wenn kein Mitglied des Ausschusses widerspricht, durch Zuruf oder Zeichen, sonst durch Stimmzettel. Auf Verlangen eines Mitgliedes ist geheim zu wählen.

(2) Gewählt ist, wer von den abgegebenen Stimmen die meisten erhalten hat. Bei Stimmengleichheit entscheidet das von der Leiterin oder dem Leiter der Wahl zu ziehende Los.

(3) Sind mehrere gleichartige Wahlstellen zu besetzen, so ist nach dem Höchstzahlverfahren d'Hondt zu wählen, außer wenn einstimmig etwas anderes beschlossen worden ist. Über die Zuteilung der letzten Wahlstelle entscheidet bei gleicher Höchstzahl das von der Leiterin oder dem Leiter der Wahl zu ziehende Los.

§ 105
Niederschrift

Über die Sitzung ist eine Niederschrift zu fertigen. Die Niederschrift muß Angaben enthalten über

1. den Ort und den Tag der Sitzung,

2. die Namen der oder des Vorsitzenden und der anwesenden Ausschußmitglieder,
3. den behandelten Gegenstand und die gestellten Anträge,
4. die gefaßten Beschlüsse,
5. das Ergebnis von Wahlen.

Die Niederschrift ist von der oder dem Vorsitzenden und, soweit eine Schriftführerin oder ein Schriftführer hinzugezogen worden ist, auch von dieser oder diesem zu unterzeichnen.

III. Der Verwaltungsakt
1. Zustandekommen des Verwaltungsaktes
§ 106
Begriff des Verwaltungsaktes

(1) Verwaltungsakt ist jede Verfügung, Entscheidung oder andere öffentlich-rechtliche Maßnahme, die eine Behörde zur Regelung eines Einzelfalles auf dem Gebiet des öffentlichen Rechts trifft und die auf unmittelbare Rechtswirkung nach außen gerichtet ist.

(2) Allgemeinverfügung ist ein Verwaltungsakt, der sich an einen nach allgemeinen Merkmalen bestimmten oder bestimmbaren Personenkreis richtet oder die öffentlich-rechtliche Eigenschaft einer Sache oder ihre Benutzung durch die Allgemeinheit betrifft.

§ 106a
Vollständig automatisierter Erlass eines Verwaltungsaktes

Ein Verwaltungsakt kann vollständig durch automatische Einrichtungen erlassen werden, sofern dies durch Rechtsvorschrift zugelassen ist und weder ein Ermessen noch ein Beurteilungsspielraum besteht.

§ 107
Nebenbestimmungen zum Verwaltungsakt

(1) Ein Verwaltungsakt, auf den ein Anspruch besteht, darf mit einer Nebenbestimmung nur versehen werden, wenn sie durch Rechtsvorschrift zugelassen ist oder wenn sie sicherstellen soll, daß die gesetzlichen Voraussetzungen des Verwaltungsaktes erfüllt werden.

(2) Unbeschadet des Absatzes 1 darf ein Verwaltungsakt nach pflichtgemäßem Ermessen erlassen werden mit
1. einer Bestimmung, nach der eine Vergünstigung oder Belastung zu einem bestimmten Zeitpunkt beginnt, endet oder für einen bestimmten Zeitraum gilt (Befristung),
2. einer Bestimmung, nach der der Eintritt oder der Wegfall einer Vergünstigung oder einer Belastung von dem ungewissen Eintritt eines zukünftigen Ereignisses abhängt (Bedingung),
3. einem Vorbehalt des Widerrufs

oder verbunden werden mit

4. einer Bestimmung, durch die der oder dem Begünstigten ein Tun, Dulden oder Unterlassen vorgeschrieben wird (Auflage),
5. einem Vorbehalt der nachträglichen Aufnahme, Änderung oder Ergänzung einer Auflage.

(3) Eine Nebenbestimmung darf dem Zweck des Verwaltungsaktes nicht zuwiderlaufen.

§ 108
Bestimmtheit und Form des Verwaltungsaktes

(1) Ein Verwaltungsakt muß inhaltlich hinreichend bestimmt sein.

(2) Ein Verwaltungsakt kann schriftlich, elektronisch, mündlich oder in anderer Weise erlassen werden, soweit durch Rechtsvorschrift nicht eine bestimmte Form vorgeschrieben ist. Ein mündlicher Verwaltungsakt ist schriftlich oder elektronisch zu bestätigen, wenn hieran ein berechtigtes Interesse besteht und die oder der Betroffene dies unverzüglich verlangt. Ein elektronischer Verwaltungsakt ist unter denselben Voraussetzungen schriftlich zu bestätigen; § 52 a Abs. 2 findet insoweit keine Anwendung.

(3) Ein schriftlicher oder elektronischer Verwaltungsakt muss die erlassende Behörde erkennen lassen und die Unterschrift oder die Namenswiedergabe der Behördenleiterin oder des Behördenleiters, ihrer oder seiner Vertretung oder einer oder eines von ihr oder ihm Beauftragten enthalten. Wird für einen Verwaltungsakt, für den durch Rechtsvorschrift die Schriftform angeordnet ist, die elektronische Form verwendet, muss auch das der Signatur zugrunde liegende qualifizierte Zertifikat oder ein zugehöriges qualifiziertes Attributzertifikat die erlassende Behörde erkennen lassen. Im Fall des § 52 a Absatz 2 Satz 4 Nummer 3 muss die Bestätigung nach § 5 Absatz 5 des De-Mail-Gesetzes die erlassende Behörde als Nutzer des De-Mail-Kontos erkennen lassen.

(4) Für einen Verwaltungsakt kann für die nach § 52 a Abs. 2 erforderliche Signatur durch Rechtsvorschrift die dauerhafte Überprüfbarkeit vorgeschrieben werden.

(5) Einem schriftlich oder elektronisch erlassenen sowie einem schriftlich oder elektronisch bestätigten Verwaltungsakt, der der Anfechtung unterliegt, soll eine Belehrung beigefügt werden, aus der die Bezeichnung des Rechtsbehelfs, die Behörde oder das Gericht, bei der der Rechtsbehelf einzulegen ist, einschließlich der Anschrift, und die Rechtsbehelfsfrist ersichtlich sind.

(6) Bei Verwaltungsakten, die mit Hilfe automatischer Vorrichtungen erlassen werden, können Unterschrift und Namenswiedergabe entfallen. Zur Inhaltsangabe können Schlüsselzeichen verwendet werden, wenn diejenige oder derjenige, für die oder den der Verwaltungsakt bestimmt ist oder die oder der von ihm betroffen wird, aufgrund der dazu gegebenen Erläuterungen den Inhalt des Verwaltungsaktes eindeutig erkennen kann.

§ 108 a
Zusicherung

(1) Eine von der zuständigen Behörde erteilte Zusage, einen bestimmten Verwaltungsakt später zu erlassen oder zu unterlassen (Zusicherung), bedarf zu ihrer Wirksamkeit der schriftlichen Form. Ist vor dem Erlaß des zugesicherten Verwaltungsaktes die Anhörung Beteiligter oder die Mitwirkung einer anderen Behörde oder eines Ausschusses aufgrund einer Rechtsvorschrift erforderlich, so darf die Zusicherung erst nach Anhörung der Beteiligten oder nach Mitwirkung dieser Behörde oder des Ausschusses gegeben werden.

(2) Auf die Unwirksamkeit der Zusicherung sind, unbeschadet des Absatzes 1 Satz 1, § 113, auf die Heilung von Mängeln bei der Anhörung Beteiligter und der Mitwirkung anderer Behörden oder Ausschüsse § 114 Abs. 1 Nr. 3 bis 5 sowie Abs. 2, auf die Rücknahme § 116, auf den Widerruf, unbeschadet des Absatzes 3, § 117 entsprechend anzuwenden.

(3) Ändert sich nach Abgabe der Zusicherung die Sach- oder Rechtslage derart, daß die Behörde bei Kenntnis der nachträglich eingetretenen Änderung die Zusicherung nicht gegeben hätte oder aus rechtlichen Gründen nicht hätte geben dürfen, ist die Behörde an die Zusicherung nicht mehr gebunden.

§ 109
Begründung des Verwaltungsaktes

(1) Ein schriftlich oder elektronisch erlassener sowie ein schriftlich oder elektronisch bestätigter Verwaltungsakt ist mit einer Begründung zu versehen. In der Begründung sind die wesentlichen tatsächlichen und rechtlichen Gründe mitzuteilen, die die Behörde zu ihrer Entscheidung bewogen haben. Die Begründung von Ermessensentscheidungen soll auch die Gesichtspunkte erkennen lassen, von denen die Behörde bei der Ausübung ihres Ermessens ausgegangen ist.

(2) Bei Leistungs-, Eignungs- und ähnlichen Prüfungen von Personen genügt die mündliche Begründung. Auf Antrag ist eine schriftliche oder elektronische Begründung zu erteilen. Dieser Antrag kann nur innerhalb einer Frist von zwei Wochen nach Bekanntgabe des Verwaltungsaktes gestellt werden.

(3) Einer Begründung bedarf es nicht,
1. soweit die Behörde einem Antrag entspricht oder einer Erklärung folgt und der Verwaltungsakt nicht in Rechte einer anderen Person eingreift,

2. soweit derjenigen Person, für die der Verwaltungsakt bestimmt ist oder die von ihm betroffen wird, die Auffassung der Behörde über die Sach- und Rechtslage bereits bekannt oder auch ohne Begründung für sie ohne weiteres erkennbar ist,
3. wenn die Behörde gleichartige Verwaltungsakte in größerer Anzahl oder Verwaltungsakte mit Hilfe automatischer Einrichtungen erläßt und die Begründung nach den Umständen des Einzelfalles nicht geboten ist,
4. wenn sich dies aus einer Rechtsvorschrift ergibt oder
5. wenn eine Allgemeinverfügung öffentlich bekanntgegeben wird.

§ 110
Bekanntgabe des Verwaltungsaktes

(1) Ein Verwaltungsakt ist derjenigen oder demjenigen Beteiligten bekanntzugeben, für die oder den er seinem Inhalt nach bestimmt ist oder die oder der von ihm betroffen ist. Ist eine Bevollmächtigte oder ein Bevollmächtigter bestellt, so kann die Bekanntgabe ihr oder ihm gegenüber vorgenommen werden.

(2) Ein schriftlicher Verwaltungsakt, der im Inland durch die Post übermittelt wird, gilt am dritten Tage nach der Aufgabe zur Post als bekannt gegeben. Ein Verwaltungsakt, der im Inland oder in das Ausland elektronisch übermittelt wird, gilt am dritten Tage nach der Absendung als bekannt gegeben. Dies gilt nicht, wenn der Verwaltungsakt nicht oder zu einem späteren Zeitpunkt zugegangen ist; im Zweifel hat die Behörde den Zugang des Verwaltungsaktes und den Zeitpunkt des Zugangs nachzuweisen.

(3) Ein Verwaltungsakt kann öffentlich bekanntgegeben werden, wenn dies durch Rechtsvorschrift zugelassen ist. Eine Allgemeinverfügung darf dann öffentlich bekanntgegeben werden, wenn eine Bekanntgabe an die Beteiligten untunlich ist.

(4) Die öffentliche Bekanntgabe eines schriftlichen oder elektronischen Verwaltungsaktes wird dadurch bewirkt, daß sein verfügender Teil örtlich bekanntgemacht wird. In der Bekanntmachung ist anzugeben, wo der Verwaltungsakt und seine Begründung eingesehen werden können. Der Verwaltungsakt gilt zwei Wochen nach der örtlichen Bekanntmachung als bekanntgegeben. In einer Allgemeinverfügung kann ein hiervon abweichender Tag, jedoch frühestens der auf die Bekanntmachung folgende Tag, bestimmt werden.

(5) Vorschriften über die Bekanntgabe eines Verwaltungsaktes durch Zustellung bleiben unberührt.

§ 111
Offenbare Unrichtigkeiten im Verwaltungsakt

Die Behörde kann Schreibfehler, Rechenfehler und ähnliche offenbare Unrichtigkeiten in einem Verwaltungsakt jederzeit berichtigen. Bei berechtigtem Interesse der oder des Beteiligten ist zu berichtigen. Die Behörde ist berechtigt, die Vorlage des Dokumentes zu verlangen, das berichtigt werden soll.

§ 111 a
Genehmigungsfiktion

(1) Eine beantragte Genehmigung gilt nach Ablauf einer für die Entscheidung festgelegten Frist als erteilt (Genehmigungsfiktion), wenn dies durch Rechtsvorschrift angeordnet und der Antrag hinreichend bestimmt ist. Die Vorschriften über die Bestandskraft von Verwaltungsakten und über das Rechtsbehelfsverfahren gelten entsprechend.

(2) Die Frist nach Absatz 1 Satz 1 beträgt drei Monate, soweit durch Rechtsvorschrift nichts Abweichendes bestimmt ist. Die Frist beginnt mit Eingang der vollständigen Unterlagen. Sie kann einmal angemessen verlängert werden, wenn dies wegen der Schwierigkeit der Angelegenheit gerechtfertigt ist. Die Fristverlängerung ist zu begründen und rechtzeitig mitzuteilen.

(3) Auf Verlangen ist derjenigen Person, der der Verwaltungsakt nach § 110 Abs. 1 hätte bekannt gegeben werden müssen, der Eintritt der Genehmigungsfiktion schriftlich zu bescheinigen.

2. Bestandskraft des Verwaltungsaktes

§ 112
Wirksamkeit des Verwaltungsaktes

(1) Ein Verwaltungsakt wird gegenüber derjenigen Person, für die er bestimmt ist oder die von ihm betroffen wird, in dem Zeitpunkt wirksam, in dem er ihr bekanntgegeben wird. Der Verwaltungsakt wird mit dem Inhalt wirksam, mit dem er bekanntgegeben wird.

(2) Ein Verwaltungsakt bleibt wirksam, solange und soweit er nicht zurückgenommen, widerrufen, anderweitig aufgehoben oder durch Zeitablauf oder auf andere Weise erledigt ist.

(3) Ein nichtiger Verwaltungsakt ist unwirksam.

§ 113
Nichtigkeit des Verwaltungsaktes

(1) Ein Verwaltungsakt ist nichtig, soweit er an einem besonders schwerwiegenden Fehler leidet und dies bei verständiger Würdigung aller in Betracht kommenden Umstände offensichtlich ist.

(2) Ohne Rücksicht auf das Vorliegen der Voraussetzungen des Absatzes 1 ist ein Verwaltungsakt nichtig,
1. der schriftlich oder elektronisch erlassen worden ist, die erlassende Behörde aber nicht erkennen lässt,
2. der nach einer Rechtsvorschrift nur durch die Aushändigung einer Urkunde erlassen werden kann, aber dieser Form nicht genügt,
3. den eine Behörde außerhalb ihrer durch § 31 Abs. 1 Nr. 1 begründeten Zuständigkeit erlassen hat, ohne dazu ermächtigt zu sein,
4. den aus tatsächlichen Gründen niemand ausführen kann,
5. der die Begehung einer rechtswidrigen Tat verlangt, die einen Straf- oder Bußgeldtatbestand verwirklicht, oder
6. der gegen die guten Sitten verstößt.

(3) Ein Verwaltungsakt ist nicht schon deshalb nichtig, weil
1. Vorschriften über die örtliche Zuständigkeit nicht eingehalten worden sind, außer wenn ein Fall des Absatzes 2 Nr. 3 vorliegt,
2. eine nach § 81 Abs. 1 Satz 1 Nr. 2 bis 6 ausgeschlossene Person mitgewirkt hat,
3. ein durch Rechtsvorschrift zur Mitwirkung berufener Ausschuss den für den Erlaß des Verwaltungsaktes vorgeschriebenen Beschluß nicht gefaßt hat oder nicht beschlußfähig war,
4. die nach einer Rechtsvorschrift erforderliche Mitwirkung einer anderen Behörde unterblieben ist oder
5. im Falle des § 165 Abs. 3 die Voraussetzungen für die sachliche Zuständigkeit der Ordnungsbehörde nicht vorliegen.

(4) Betrifft die Nichtigkeit nur einen Teil des Verwaltungsaktes, so ist er im ganzen nichtig, wenn der nichtige Teil so wesentlich ist, daß die Behörde den Verwaltungsakt ohne den nichtigen Teil nicht erlassen hätte.

(5) Die Behörde kann die Nichtigkeit jederzeit von Amts wegen feststellen; auf Antrag ist sie festzustellen, wenn die Antragstellerin oder der Antragsteller hieran ein berechtigtes Interesse hat.

§ 114
Heilung von Verfahrens- und Formfehlern

(1) Eine Verletzung von Verfahrens- oder Formvorschriften, die nicht den Verwaltungsakt nach § 113 nichtig macht, ist unbeachtlich, wenn
1. der für den Erlaß des Verwaltungsaktes erforderliche Antrag nachträglich gestellt wird,
2. die erforderliche Begründung nachträglich gegeben wird,
3. die erforderliche Anhörung einer oder eines Beteiligten nachgeholt wird,

4. der Beschluß eines Ausschusses, dessen Mitwirkung für den Erlaß des Verwaltungsaktes erforderlich ist, nachträglich gefaßt wird oder
5. die erforderliche Mitwirkung einer anderen Behörde nachgeholt wird.

(2) Handlungen nach Absatz 1 können bis zum Abschluss der letzten Tatsacheninstanz eines verwaltungsgerichtlichen Verfahrens nachgeholt werden. Handlungen, deren Nichtvornahme bis zum Abschluss des Widerspruchsverfahrens von einer oder einem Beteiligten geltend gemacht wurden, können im verwaltungsgerichtlichen Verfahren nicht nachgeholt werden.

§ 115
Folgen von Verfahrens- und Formfehlern

Die Aufhebung eines Verwaltungsaktes, der nicht nach § 113 nichtig ist, kann nicht allein deshalb beansprucht werden, weil er unter Verletzung von Vorschriften über das Verfahren, die Form oder die örtliche Zuständigkeit zustande gekommen ist, wenn offensichtlich ist, dass die Verletzung die Entscheidung in der Sache nicht beeinflusst hat.

§ 115 a
Umdeutung eines fehlerhaften Verwaltungsaktes

(1) Ein fehlerhafter Verwaltungsakt kann in einen anderen Verwaltungsakt umgedeutet werden, wenn er auf das gleiche Ziel gerichtet ist, von der erlassenden Behörde in der geschehen Verfahrensweise und Form rechtmäßig hätte erlassen werden können und wenn die Voraussetzungen für dessen Erlaß erfüllt sind.

(2) Absatz 1 gilt nicht, wenn der Verwaltungsakt, in den der fehlerhafte Verwaltungsakt umzudeuten wäre, der erkennbaren Absicht der erlassenden Behörde widerspräche oder seine Rechtsfolgen für die Betroffene oder den Betroffenen ungünstiger wären als die des fehlerhaften Verwaltungsaktes. Eine Umdeutung ist ferner unzulässig, wenn der fehlerhafte Verwaltungsakt nicht zurückgenommen werden dürfte.

(3) Eine Entscheidung, die nur als gesetzlich gebundene Entscheidung ergehen kann, kann nicht in eine Ermessensentscheidung umgedeutet werden.

(4) § 87 ist entsprechend anzuwenden.

§ 116
Rücknahme eines rechtswidrigen Verwaltungsaktes

(1) Ein rechtswidriger Verwaltungsakt kann, auch nachdem er unanfechtbar geworden ist, ganz oder teilweise mit Wirkung für die Zukunft oder für die Vergangenheit zurückgenommen werden. Ein Verwaltungsakt, der ein Recht oder einen rechtlich erheblichen Vorteil begründet oder bestätigt hat (begünstigender Verwaltungsakt), darf nur unter den Einschränkungen der Absätze 2 bis 4 zurückgenommen werden.

(2) Ein rechtswidriger Verwaltungsakt, der eine einmalige oder laufende Geldleistung oder teilbare Sachleistung gewährt oder hierfür Voraussetzung ist, darf nicht zurückgenommen werden, soweit die oder der Begünstigte auf den Bestand des Verwaltungsaktes vertraut hat und ihr oder sein Vertrauen unter Abwägung mit dem öffentlichen Interesse an einer Rücknahme schutzwürdig ist. Das Vertrauen ist in der Regel schutzwürdig, wenn die oder der Begünstigte gewährte Leistungen verbraucht oder eine Vermögensdisposition getroffen hat, die sie oder er nicht mehr oder nur unter unzumutbaren Nachteilen rückgängig machen kann. Auf Vertrauen kann sich die oder der Begünstigte nicht berufen, wenn sie oder er

1. den Verwaltungsakt durch arglistige Täuschung, Drohung oder Bestechung erwirkt hat,
2. den Verwaltungsakt durch Angaben erwirkt hat, die in wesentlicher Beziehung unrichtig oder unvollständig waren, oder
3. die Rechtswidrigkeit des Verwaltungsaktes kannte oder infolge grober Fahrlässigkeit nicht kannte.

In den Fällen des Satzes 3 wird der Verwaltungsakt in der Regel mit Wirkung für die Vergangenheit zurückgenommen.

(3) Wird ein rechtswidriger Verwaltungsakt, der nicht unter Absatz 2 fällt, zurückgenommen, so hat die Behörde der oder dem Betroffenen auf Antrag den Vermögensnachteil auszugleichen, den diese oder dieser dadurch erleidet, daß sie oder er auf den Bestand des Verwaltungsaktes vertraut hat, soweit ihr oder sein Vertrauen unter Abwägung mit dem öffentlichen Interesse schutzwürdig ist. Absatz 2 Satz 3 ist anzuwenden. Der Vermögensnachteil ist jedoch nicht über den Betrag des Interesses hinaus zu ersetzen, das die oder der Betroffene an dem Bestand des Verwaltungsaktes hat. Der auszugleichende Vermögensnachteil wird durch die Behörde festgesetzt. Der Anspruch kann nur innerhalb eines Jahres geltend gemacht werden; die Frist beginnt, sobald die Behörde die Betroffene oder den Betroffenen auf sie hingewiesen hat.

(4) Erhält die Behörde von Tatsachen Kenntnis, welche die Rücknahme eines rechtswidrigen Verwaltungsaktes rechtfertigen, so ist die Rücknahme nur innerhalb eines Jahres seit dem Zeitpunkt der Kenntnisnahme zulässig. Dies gilt nicht im Falle des Absatzes 2 Satz 3 Nr. 1.

(5) Über die Rücknahme entscheidet nach Unanfechtbarkeit des Verwaltungsaktes die nach § 31 zuständige Behörde; dies gilt auch dann, wenn der zurückzunehmende Verwaltungsakt von einer anderen Behörde erlassen worden ist.

§ 117
Widerruf eines rechtmäßigen Verwaltungsaktes

(1) Ein rechtmäßiger nicht begünstigender Verwaltungsakt kann, auch nachdem er unanfechtbar geworden ist, ganz oder teilweise mit Wirkung für die Zukunft widerrufen werden, außer wenn ein Verwaltungsakt gleichen Inhalts erneut erlassen werden müßte oder aus anderen Gründen ein Widerruf unzulässig ist.

(2) Ein rechtmäßiger begünstigender Verwaltungsakt darf, auch nachdem er unanfechtbar geworden ist, ganz oder teilweise mit Wirkung für die Zukunft nur widerrufen werden,

1. wenn der Widerruf durch Rechtsvorschrift zugelassen ist oder im Verwaltungsakt vorbehalten ist,
2. wenn mit dem Verwaltungsakt eine Auflage verbunden ist und die oder der Begünstigte diese nicht oder nicht innerhalb einer ihr oder ihm gesetzten Frist erfüllt hat,
3. wenn die Behörde aufgrund nachträglich eingetretener Tatsachen berechtigt wäre, den Verwaltungsakt nicht zu erlassen, und wenn ohne den Widerruf das öffentliche Interesse gefährdet würde,
4. wenn die Behörde aufgrund einer geänderten Rechtsvorschrift berechtigt wäre, den Verwaltungsakt nicht zu erlassen, soweit die oder der Begünstigte von der Vergünstigung noch keinen Gebrauch gemacht oder aufgrund des Verwaltungsaktes noch keine Leistungen empfangen hat, und wenn ohne den Widerruf das öffentliche Interesse gefährdet würde oder
5. um schwere Nachteile für das Gemeinwohl zu verhüten oder zu beseitigen.

§ 116 Abs. 4 gilt entsprechend.

(3) Ein rechtmäßiger Verwaltungsakt, der eine einmalige oder laufende Geldleistung oder teilbare Sachleistung zur Erfüllung eines bestimmten Zweckes gewährt oder hierfür Voraussetzung ist, kann, auch nachdem er unanfechtbar geworden ist, ganz oder teilweise auch mit Wirkung für die Vergangenheit widerrufen werden,

1. wenn die Leistung nicht, nicht alsbald nach der Erbringung oder nicht mehr für den in dem Verwaltungsakt bestimmten Zweck verwendet wird,
2. wenn mit dem Verwaltungsakt eine Auflage verbunden ist und die oder der Begünstigte diese nicht oder nicht innerhalb der ihr oder ihm gesetzten Frist erfüllt hat.

§ 116 Abs. 4 gilt entsprechend.

(4) Der widerrufene Verwaltungsakt wird mit dem Wirksamwerden des Widerrufs unwirksam, wenn die Behörde keinen anderen Zeitpunkt bestimmt.

(5) Über den Widerruf entscheidet nach Unanfechtbarkeit des Verwaltungsaktes die nach § 31 zuständige Behörde; dies gilt auch dann, wenn der zu widerrufende Verwaltungsakt von einer anderen Behörde erlassen worden ist.

(6) Wird ein begünstigender Verwaltungsakt in den Fällen des Absatzes 2 Satz 1 Nr. 3 bis 5 widerrufen, so hat die Behörde die oder den Betroffenen auf Antrag für den Vermögensnachteil zu entschädigen, den diese oder dieser dadurch erleidet, daß sie oder er auf den Bestand des Verwaltungsaktes vertraut hat, soweit ihr oder sein Vertrauen schutzwürdig ist. § 116 Abs. 3 Satz 3 bis 5 gilt entsprechend. Für Streitigkeiten über die Entschädigung ist der ordentliche Rechtsweg gegeben.

§ 117 a
Erstattung, Verzinsung

(1) Soweit ein Verwaltungsakt mit Wirkung für die Vergangenheit zurückgenommen oder widerrufen worden oder infolge Eintritts einer auflösenden Bedingung unwirksam geworden ist, sind bereits erbrachte Leistungen zu erstatten. Die zu erstattende Leistung ist durch schriftlichen Verwaltungsakt festzusetzen.

(2) Für den Umfang der Erstattung mit Ausnahme der Verzinsung gelten die Vorschriften des Bürgerlichen Gesetzbuches über die Herausgabe einer ungerechtfertigten Bereicherung entsprechend. Auf den Wegfall der Bereicherung kann sich die oder der Begünstigte nicht berufen, soweit sie oder er die Umstände kannte oder infolge grober Fahrlässigkeit nicht kannte, die zur Rücknahme, zum Widerruf oder zur Unwirksamkeit des Verwaltungsaktes geführt haben.

(3) Der zu erstattende Betrag ist vom Eintritt der Unwirksamkeit des Verwaltungsaktes an mit fünf Prozentpunkten über dem Basiszinssatz nach § 247 des Bürgerlichen Gesetzbuches jährlich zu verzinsen. Von der Geltendmachung des Zinsanspruches kann insbesondere dann abgesehen werden, wenn die oder der Begünstigte die Umstände, die zur Rücknahme, zum Widerruf oder sonst zur Unwirksamkeit des Verwaltungsaktes geführt haben, nicht zu vertreten hat und den zu erstattenden Betrag innerhalb der von der Behörde festgesetzten Frist leistet.

(4) Wird die Leistung nicht alsbald nach der Auszahlung für den bestimmten Zweck verwendet, können für die Zeit bis zur zweckentsprechenden Verwendung Zinsen nach Absatz 3 Satz 1 verlangt werden. Entsprechendes gilt, soweit eine Leistung in Anspruch genommen wird, obwohl andere Mittel anteilig oder vorrangig einzusetzen sind. § 117 Abs. 3 Satz 1 Nr. 1 bleibt unberührt.

§ 118
Rücknahme und Widerruf im Rechtsbehelfsverfahren

§ 116 Abs. 1 Satz 2, Abs. 2 bis 4 und § 117 Abs. 2 bis 4 und 6 gelten nicht, wenn ein begünstigender Verwaltungsakt, der von einer oder einem Dritten angefochten worden ist, während des Widerspruchsverfahrens oder während des verwaltungsgerichtlichen Verfahrens aufgehoben wird, soweit dadurch dem Widerspruch oder der Klage abgeholfen wird.

§ 118 a
Wiederaufgreifen des Verfahrens

(1) Die Behörde hat auf Antrag der oder des Betroffenen über die Aufhebung oder Änderung eines unanfechtbaren Verwaltungsaktes zu entscheiden, wenn
1. sich die dem Verwaltungsakt zugrundeliegende Sach- oder Rechtslage nachträglich zugunsten der oder des Betroffenen geändert hat,
2. neue Beweismittel vorliegen, die eine der oder dem Betroffenen günstigere Entscheidung herbeigeführt hätten, oder
3. Wiederaufnahmegründe entsprechend § 580 der Zivilprozeßordnung gegeben sind.

(2) Der Antrag ist nur zulässig, wenn die oder der Betroffene ohne grobes Verschulden außerstande war, den Grund für das Wiederaufgreifen in dem früheren Verfahren, insbesondere durch Rechtsbehelf, geltend zu machen.

(3) Der Antrag muß binnen drei Monaten gestellt werden. Die Frist beginnt mit dem Tag, an dem die oder der Betroffene von dem Grund für das Wiederaufgreifen Kenntnis erhalten hat.

(4) Über den Antrag entscheidet die nach § 31 zuständige Behörde; dies gilt auch dann, wenn der Verwaltungsakt, dessen Aufhebung oder Änderung begehrt wird, von einer anderen Behörde erlassen worden ist.

(5) § 116 Abs. 1 Satz 1 und § 117 Abs. 1 bleiben unberührt.

§ 118 b
Rückgabe von Urkunden und Sachen

Ist ein Verwaltungsakt unanfechtbar widerrufen oder zurückgenommen oder ist seine Wirksamkeit aus einem anderen Grund nicht oder nicht mehr gegeben, so kann die Behörde die aufgrund dieses Verwaltungsaktes erteilten Urkunden oder Sachen, die zum Nachweis der Rechte aus dem Verwaltungsakt oder zu deren Ausübung bestimmt sind, zurückfordern. Die Inhaberin oder der Inhaber, sofern sie oder er nicht die Besitzerin oder der Besitzer ist, auch die Besitzerin oder der Besitzer dieser Urkunden oder Sachen sind zu ihrer Herausgabe verpflichtet. Wenn die bisherige Inhaberin oder der bisherige Inhaber oder Besitzer erklärt, nicht mehr im Besitz der Urkunde oder der Sache zu sein, kann zur Glaubhaftmachung dieser Erklärung eine eidesstattliche Versicherung entgegengenommen werden. Die Inhaberin oder der Besitzerin oder der Inhaber oder der Besitzer kann verlangen, daß ihr oder ihm die Urkunden oder Sachen wieder ausgehändigt werden, nachdem sie von der Behörde als ungültig gekennzeichnet sind; dies gilt nicht bei Sachen, bei denen eine solche Kennzeichnung nicht oder nicht mit der erforderlichen Offensichtlichkeit oder Dauerhaftigkeit möglich ist.

3. Rechtsbehelfsverfahren

§ 119
Rechtsbehelfe gegen Verwaltungsakte

(1) Für förmliche Rechtsbehelfe gegen Verwaltungsakte gelten die Verwaltungsgerichtsordnung und die zu ihrer Ausführung ergangenen Rechtsvorschriften, soweit nicht durch Gesetz etwas anderes bestimmt ist; im übrigen gelten die Vorschriften dieses Gesetzes.

(2) Die Landesregierung wird ermächtigt, durch Verordnung zu bestimmen, in welchen Fällen abweichend von § 73 Abs. 1 Satz 2 Nr. 2 der Verwaltungsgerichtsordnung die fachlich zuständige oberste Landesbehörde über den Widerspruch entscheidet[6].

(3) Abweichend von § 73 Abs. 1 Satz 2 Nr. 1 der Verwaltungsgerichtsordnung entscheidet die Behörde, die den Verwaltungsakt erlassen hat, auch über den Widerspruch, wenn die nächsthöhere Behörde eine Landesoberbehörde ist.

§ 120
Erstattung von Kosten im Widerspruchsverfahren

(1) Soweit der Widerspruch erfolgreich ist, hat der Träger der öffentlichen Verwaltung, dessen Behörde den angefochtenen Verwaltungsakt erlassen hat, derjenigen Person, die Widerspruch erhoben hat, die zur zweckentsprechenden Rechtsverfolgung oder Rechtsverteidigung notwendigen Aufwendungen zu erstatten. Dies gilt auch, wenn der Widerspruch nur deshalb keinen Erfolg hat, weil die Verletzung einer Verfahrens- oder Formvorschrift nach § 114 unbeachtlich ist.

(2) Die Gebühren und Auslagen einer Rechtsanwältin oder eines Rechtsanwalts oder einer oder eines sonstigen Bevollmächtigten im Widerspruchsverfahren sind nur erstattungsfähig, wenn die Hinzuziehung einer oder eines Bevollmächtigten notwendig war.

---

6 *Landesverordnung über die Zuständigkeit für Widerspruchsbescheide, Nr. 52.*

(3) Die Behörde, die die Kostenentscheidung getroffen hat, setzt auf Antrag den Betrag der zu erstattenden Aufwendungen fest; hat ein Ausschuß oder Beirat (§ 73 Abs. 2 der Verwaltungsgerichtsordnung) die Kostenentscheidung getroffen, so obliegt die Kostenfestsetzung der Behörde, bei der der Ausschuß oder Beirat gebildet ist. Die Kostenentscheidung bestimmt auch, ob die Hinzuziehung einer Rechtsanwältin oder eines Rechtsanwalts oder einer oder eines sonstigen Bevollmächtigten notwendig war.

4. Verjährungsrechtliche Wirkungen des Verwaltungsaktes

§ 120 a
Hemmung der Verjährung durch Verwaltungsakt

(1) Ein Verwaltungsakt, der zur Feststellung oder Durchsetzung des Anspruchs eines öffentlich-rechtlichen Rechtsträgers erlassen wird, hemmt die Verjährung dieses Anspruchs. Die Hemmung endet mit Eintritt der Unanfechtbarkeit des Verwaltungsakts oder sechs Monate nach seiner anderweitigen Erledigung.

(2) Ist ein Verwaltungsakt im Sinne des Absatzes 1 unanfechtbar geworden, beträgt die Verjährungsfrist 30 Jahre. Soweit der Verwaltungsakt einen Anspruch auf künftig fällig werdende regelmäßig wiederkehrende Leistungen zum Inhalt hat, bleibt es bei der für diesen Anspruch geltenden Verjährungsfrist.

IV. Der öffentlich-rechtliche Vertrag

§ 121
Zulässigkeit des öffentlich-rechtlichen Vertrages

Ein Rechtsverhältnis auf dem Gebiet des öffentlichen Rechts kann durch Vertrag begründet, geändert oder aufgehoben werden (öffentlich-rechtlicher Vertrag), soweit Rechtsvorschriften dieser Handlungsform nicht entgegenstehen. Insbesondere kann die Behörde, anstatt einen Verwaltungsakt zu erlassen, einen öffentlich-rechtlichen Vertrag mit derjenigen oder demjenigen schließen, an die oder den sie sonst den Verwaltungsakt richten würde.

§ 122
Vergleichsvertrag

Ein öffentlich-rechtlicher Vertrag im Sinne des § 121 Satz 2, durch den eine bei verständiger Würdigung des Sachverhalts oder der Rechtslage bestehende Ungewißheit durch gegenseitiges Nachgeben beseitigt wird (Vergleich), kann geschlossen werden, wenn die Behörde den Abschluß des Vergleichs zur Beseitigung der Ungewißheit nach pflichtgemäßem Ermessen für zweckmäßig hält.

§ 123
Austauschvertrag

(1) Ein öffentlich-rechtlicher Vertrag im Sinne des § 121 Satz 2, in dem sich die Vertragspartnerin oder der Vertragspartner der Behörde zu einer Gegenleistung verpflichtet, kann geschlossen werden, wenn die Gegenleistung für einen bestimmten Zweck im Vertrag vereinbart wird und der Behörde zur Erfüllung ihrer öffentlichen Aufgaben dient. Die Gegenleistung muß den gesamten Umständen nach angemessen sein und im sachlichen Zusammenhang mit der vertraglichen Leistung der Behörde stehen.

(2) Besteht auf die Leistung der Behörde ein Anspruch, so kann nur eine solche Gegenleistung vereinbart werden, die bei Erlaß eines Verwaltungsaktes Inhalt einer Nebenbestimmung nach § 107 sein könnte.

§ 124
Schriftform

Ein öffentlich-rechtlicher Vertrag ist schriftlich zu schließen, soweit durch Rechtsvorschrift nicht eine andere Form vorgeschrieben ist.

§ 125
Zustimmung von Dritten und Behörden

(1) Ein öffentlich-rechtlicher Vertrag, der in Rechte einer dritten Person eingreift, wird erst wirksam, wenn diese schriftlich zustimmt.

(2) Wird anstatt eines Verwaltungsaktes, bei dessen Erlaß nach einer Rechtsvorschrift die Genehmigung, die Zustimmung oder das Einvernehmen einer anderen Behörde erforderlich ist, ein Vertrag geschlossen, so wird dieser erst wirksam, nachdem die andere Behörde in der vorgeschriebenen Form mitgewirkt hat.

§ 126
Nichtigkeit des öffentlich-rechtlichen Vertrages

(1) Ein öffentlich-rechtlicher Vertrag ist nichtig, wenn sich die Nichtigkeit aus der entsprechenden Anwendung von Vorschriften des Bürgerlichen Gesetzbuches ergibt.

(2) Ein Vertrag im Sinne des § 121 Satz 2 ist ferner nichtig, wenn

1. ein Verwaltungsakt mit entsprechendem Inhalt nichtig wäre,
2. ein Verwaltungsakt mit entsprechendem Inhalt nicht nur wegen eines Verfahrens- oder Formfehlers im Sinne des § 115 rechtswidrig wäre und dies den Vertragschließenden bekannt war,
3. die Voraussetzungen zum Abschluß eines Vergleichsvertrages nicht vorlagen und ein Verwaltungsakt mit entsprechendem Inhalt nicht nur wegen eines Verfahrens- oder Formfehlers im Sinne des § 115 rechtswidrig wäre oder
4. sich die Behörde eine nach § 123 unzulässige Gegenleistung versprechen läßt.

(3) Im übrigen ist ein Vertrag im Sinne des § 121 Satz 2 unwirksam, wenn

1. die Voraussetzungen des § 122 oder des § 123 nicht vorliegen und ein Verwaltungsakt, der die im Vertrag übernommene Verpflichtung zum Inhalt hätte, nicht nur wegen eines Verfahrens- oder Formfehlers im Sinne des § 115 rechtswidrig wäre, oder
2. die Handlungsform des Vertrages nach § 121 nicht zulässig ist.

Die Unwirksamkeit kann nur von der Vertragspartnerin oder dem Vertragspartner und nur binnen eines Monats nach Vertragsschluß geltend gemacht werden. Die Geltendmachung der Unwirksamkeit ist schriftlich zu erklären und soll begründet werden.

(4) Betrifft die Nichtigkeit nach den Absätzen 1 und 2 oder die Unwirksamkeit nach Absatz 3 nur einen Teil des Vertrages, so ist er im ganzen nichtig oder unwirksam, wenn anzunehmen ist, daß er ohne den nichtigen oder unwirksamen Teil nicht abgeschlossen worden wäre.

§ 127
Anpassung und Kündigung in besonderen Fällen

(1) Haben die Verhältnisse, die für die Festsetzung des Vertragsinhalts maßgebend gewesen sind, sich seit Abschluß des Vertrages so wesentlich geändert, daß einer Vertragspartei das Festhalten an der ursprünglichen vertraglichen Regelung nicht zuzumuten ist, so kann diese Vertragspartei eine Anpassung des Vertragsinhalts an die geänderten Verhältnisse verlangen oder, sofern eine Anpassung nicht möglich oder einer Vertragspartei nicht zuzumuten ist, den Vertrag kündigen. Die Behörde kann den Vertrag auch kündigen, um schwere Nachteile für das Gemeinwohl zu verhüten oder zu beseitigen.

(2) Die Kündigung bedarf der Schriftform, soweit nicht durch Rechtsvorschrift eine andere Form vorgeschrieben ist. Sie soll begründet werden.

§ 128
Unterwerfung unter die sofortige Vollstreckung

Jede oder jeder Vertragschließende kann sich der sofortigen Vollstreckung aus einem öffentlich-rechtlichen Vertrag im Sinne des § 121 Satz 2 unterwerfen. Die Behörde muss hierbei von der Behördenleiterin oder dem Behördenleiter, der allgemeinen Vertreterin oder dem allgemeinen Vertreter oder einer oder einem Angehörigen des öffentlichen Dienstes, der oder die die Befähigung zum Richteramt hat oder die Voraussetzungen des § 110 Satz 1 des Deutschen Richtergesetzes erfüllt, vertreten werden.

§ 129
Ergänzende Anwendung von Vorschriften

Soweit sich aus den §§ 121 bis 128 nichts Abweichendes ergibt, gelten die übrigen Vorschriften dieses Gesetzes. Ergänzend gelten die Vorschriften des Bürgerlichen Gesetzbuches entsprechend.

Abschnitt II
Besondere Verfahrensarten

Unterabschnitt 1
Förmliches Verwaltungsverfahren

§ 130
Anwendung der Vorschriften über das förmliche Verwaltungsverfahren

(1) Das förmliche Verwaltungsverfahren nach diesem Gesetz findet statt, wenn es durch Rechtsvorschrift angeordnet ist.

(2) Für das förmliche Verwaltungsverfahren gelten die §§ 131 bis 138 und, soweit sich aus ihnen nichts Abweichendes ergibt, die übrigen Vorschriften dieses Gesetzes.

(3) Die Mitteilung nach § 80 a Abs. 2 Satz 2 und die Aufforderung nach § 80 a Abs. 4 Satz 2 sind im förmlichen Verwaltungsverfahren amtlich bekanntzumachen. Die amtliche Bekanntmachung wird dadurch bewirkt, daß die Behörde die Mitteilung oder die Aufforderung in ihrem amtlichen Bekanntmachungsblatt und außerdem in örtlichen Tageszeitungen, die in dem Bereich verbreitet sind, in dem sich die Entscheidung voraussichtlich auswirken wird, bekanntmacht.

§ 131
Form des Antrags

Setzt das förmliche Verwaltungsverfahren einen Antrag voraus, so ist er schriftlich oder zur Niederschrift bei der Behörde zu stellen.

§ 132
Mitwirkung von Zeugen und Sachverständigen

(1) Im förmlichen Verwaltungsverfahren sind Zeugen zur Aussage und Sachverständige zur Erstattung von Gutachten verpflichtet. Die Vorschriften der Zivilprozeßordnung über die Pflicht, sich als Zeuge oder Sachverständiger vernehmen zu lassen, über die Ablehnung von Sachverständigen sowie über die Vernehmung von Angehörigen des öffentlichen Dienstes als Zeugen oder Sachverständige gelten entsprechend.

(2) Verweigern Zeugen oder Sachverständige ohne Vorliegen eines der in den §§ 376, 383 bis 385 und 408 der Zivilprozeßordnung bezeichneten Gründe die Aussage oder die Erstattung des Gutachtens, so kann die Behörde das für den Wohnsitz oder den Aufenthaltsort des Zeugen oder des Sachverständigen zuständige Verwaltungsgericht um die Vernehmung ersuchen. Befindet sich der Wohnsitz oder der Aufenthaltsort des Zeugen oder des Sachverständigen nicht am Sitz eines Verwaltungsgerichts, so kann auch das zuständige Amtsgericht um die Vernehmung ersucht werden. In dem Ersuchen hat die Behörde den Gegenstand der Vernehmung darzulegen sowie die Namen und Anschriften der Beteiligten anzugeben. Das Gericht hat die Beteiligten von den Beweisterminen zu benachrichtigen.

(3) Hält die Behörde mit Rücksicht auf die Bedeutung der Aussage eines Zeugen oder des Gutachtens eines Sachverständigen oder zur Herbeiführung einer wahrheitsgemäßen Aussage die Beeidigung für geboten, so kann sie das nach Absatz 2 zuständige Gericht um die eidliche Vernehmung ersuchen.

(4) Das Gericht entscheidet über die Rechtmäßigkeit einer Verweigerung des Zeugnisses, des Gutachtens oder der Eidesleistung.

(5) Ein Ersuchen nach Absatz 2 oder 3 an das Gericht darf nur von der Behördenleiterin oder dem Behördenleiter, der allgemeinen Vertreterin oder dem allgemeinen Vertreter oder einer oder einem Angehörigen des öffentlichen Dienstes gestellt werden, die oder der die Befähigung zum Richteramt hat oder die Voraussetzungen des § 110 Satz 1 des Deutschen Richtergesetzes erfüllt.

§ 133
Verpflichtung zur Anhörung von Beteiligten

(1) Im förmlichen Verwaltungsverfahren ist den Beteiligten Gelegenheit zu geben, sich vor der Entscheidung zu äußern.

(2) Den Beteiligten ist Gelegenheit zu geben, der Vernehmung von Zeugen und Sachverständigen und der Einnahme des Augenscheins beizuwohnen und hierbei sachdienliche Fragen zu stellen. Ein schriftlich oder elektronisch vorliegendes Gutachten soll ihnen zugänglich gemacht werden.

§ 134
Erfordernis der mündlichen Verhandlung

(1) Die Behörde entscheidet nach mündlicher Verhandlung. Hierzu sind die Beteiligten mit angemessener Frist schriftlich zu laden. Bei der Ladung ist darauf hinzuweisen, daß bei Ausbleiben einer oder eines Beteiligten auch ohne sie oder ihn verhandelt und entschieden werden kann. Sind mehr als 300 Ladungen vorzunehmen, so können sie durch amtliche Bekanntmachung ersetzt werden. Die amtliche Bekanntmachung wird dadurch bewirkt, daß der Verhandlungstermin mindestens zwei Wochen vorher im amtlichen Bekanntmachungsblatt der Behörde und außerdem in örtlichen Tageszeitungen, die in dem Bereich verbreitet sind, in dem sich die Entscheidung voraussichtlich auswirken wird, mit dem Hinweis nach Satz 3 bekanntgemacht wird. Maßgebend für die Frist nach Satz 5 ist die Bekanntgabe im amtlichen Bekanntmachungsblatt.

(2) Die Behörde kann ohne mündliche Verhandlung entscheiden, wenn

1. dem Antrag im Einvernehmen mit allen Beteiligten in vollem Umfange stattgegeben wird,
2. keine Beteiligte oder kein Beteiligter innerhalb einer hierfür gesetzten Frist Einwendungen gegen die vorgesehene Maßnahme erhoben hat,
3. die Behörde den Beteiligten mitgeteilt hat, daß sie beabsichtige, ohne mündliche Verhandlung zu entscheiden, und keine Beteiligte oder kein Beteiligter innerhalb einer hierfür gesetzten Frist Einwendungen dagegen erhoben hat,
4. alle Beteiligten auf sie verzichtet haben oder
5. wegen Gefahr im Verzug eine sofortige Entscheidung notwendig ist.

(3) Die Behörde soll das Verfahren so fördern, daß es möglichst in einem Verhandlungstermin erledigt werden kann.

§ 135
Verlauf der mündlichen Verhandlung

(1) Die mündliche Verhandlung ist nicht öffentlich. An ihr können Vertreterinnen und Vertreter der Aufsichtsbehörden und solche Personen, die bei der Behörde zu ihrer Ausbildung beschäftigt sind, teilnehmen. Anderen Personen kann die Verhandlungsleiterin oder der Verhandlungsleiter die Anwesenheit gestatten, wenn keine Beteiligte oder kein Beteiligter widerspricht.

(2) Die Verhandlungsleiterin oder der Verhandlungsleiter hat die Sache mit den Beteiligten zu erörtern. Sie oder er hat darauf hinzuwirken, dass unklare Anträge erläutert, sachdienliche Anträge gestellt, ungenügende Angaben ergänzt sowie alle für die Feststellung des Sachverhalts wesentlichen Erklärungen abgegeben werden.

(3) Die Verhandlungsleiterin oder der Verhandlungsleiter ist für die Ordnung verantwortlich. Sie oder er kann Personen, die ihre oder seine Anordnungen nicht befolgen, entfernen lassen. Die Verhandlung kann ohne diese Personen fortgesetzt werden.

(4) Über die mündliche Verhandlung ist eine Niederschrift zu fertigen. Die Niederschrift muß Angaben enthalten über

1. den Ort und den Tag der Verhandlung,

2. die Namen der Verhandlungsleiterin oder des Verhandlungsleiters, der erschienenen Beteiligten, Zeugen und Sachverständigen,
3. den behandelten Verfahrensgegenstand und die gestellten Anträge,
4. den wesentlichen Inhalt der Aussagen der Zeugen und Sachverständigen und
5. das Ergebnis eines Augenscheines.

Die Niederschrift ist von der Verhandlungsleiterin oder dem Verhandlungsleiter und, soweit eine Schriftführerin oder ein Schriftführer hinzugezogen worden ist, auch von dieser oder diesem zu unterzeichnen. Der Aufnahme in die Niederschrift steht die Aufnahme in eine Schrift gleich, die ihr als Anlage beigefügt und als solche bezeichnet ist; auf die Anlage ist in der Niederschrift hinzuweisen.

§ 136
Entscheidung

(1) Die Behörde entscheidet unter Würdigung des Gesamtergebnisses des Verfahrens.

(2) Verwaltungsakte, die das förmliche Verfahren abschließen, sind schriftlich zu erlassen, schriftlich zu begründen und den Beteiligten zuzustellen; in den Fällen des § 109 Abs. 3 Nr. 1 und 3 bedarf es einer Begründung nicht. Ein elektronischer Verwaltungsakt nach Satz 1 ist mit einer dauerhaft überprüfbaren qualifizierten elektronischen Signatur zu versehen. Sofern Verwaltungsakte der Anfechtung unterliegen, sind sie mit einer Rechtsbehelfsbelehrung zu versehen. Sind mehr als 300 Zustellungen vorzunehmen, so können sie durch amtliche Bekanntmachung ersetzt werden. Die amtliche Bekanntmachung wird dadurch bewirkt, dass der verfügende Teil des Verwaltungsaktes und die Rechtsbehelfsbelehrung im amtlichen Bekanntmachungsblatt der Behörde und außerdem in örtlichen Tageszeitungen bekanntgemacht werden, die in dem Bereich verbreitet sind, in dem sich die Entscheidung voraussichtlich auswirken wird. Der Verwaltungsakt gilt mit dem Tag als zugestellt, an dem seit dem Tag der Bekanntmachung in dem amtlichen Bekanntmachungsblatt zwei Wochen verstrichen sind; hierauf ist in der Bekanntmachung hinzuweisen. Nach der amtlichen Bekanntmachung kann der Verwaltungsakt bis zum Ablauf der Rechtsbehelfsfrist von den Beteiligten schriftlich oder elektronisch angefordert werden; hierauf ist in der Bekanntmachung gleichfalls hinzuweisen.

(3) Ist das förmliche Verwaltungsverfahren auf andere Weise abgeschlossen, so sind die Beteiligten hiervon zu benachrichtigen. Sind mehr als 300 Benachrichtigungen vorzunehmen, so können sie durch amtliche Bekanntmachung ersetzt werden. Absatz 2 Satz 5 gilt entsprechend.

§ 137
Anfechtung der Entscheidung

Vor Erhebung einer verwaltungsgerichtlichen Klage, die einen im förmlichen Verwaltungsverfahren erlassenen Verwaltungsakt zum Gegenstand hat, bedarf es keiner Nachprüfung in einem Vorverfahren.

§ 138
Besondere Vorschriften
für das förmliche Verfahren vor Ausschüssen

(1) Findet das förmliche Verwaltungsverfahren vor einem Ausschuß (§ 100 Abs. 1) statt, so hat jedes Mitglied das Recht, sachdienliche Fragen zu stellen. Wird eine Frage von einer oder einem Beteiligten beanstandet, so entscheidet der Ausschuß über ihre Zulässigkeit.

(2) Bei der Beratung und Abstimmung dürfen nur solche Ausschußmitglieder zugegen sein, die an der mündlichen Verhandlung teilgenommen haben. Ferner dürfen Personen zugegen sein, die bei der Behörde, bei der Ausschuß gebildet ist, in der Ausbildung beschäftigt sind, soweit die oder der Vorsitzende deren Anwesenheit gestattet. In der Niederschrift sind auch die Abstimmungsergebnisse festzuhalten.

(3) Jede oder jeder Beteiligte kann ein Mitglied des Ausschusses ablehnen, das in diesem Verwaltungsverfahren nicht tätig werden darf (§ 81) oder bei dem die Besorgnis der Befangenheit besteht (§ 81 a). Eine Ablehnung vor der mündlichen Verhandlung ist schriftlich oder zur Niederschrift zu erklären. Die Erklärung ist unzulässig, wenn sich die oder der Beteiligte, ohne den ihr oder ihm bekannten Ablehnungsgrund geltend zu machen, in die mündliche Verhandlung eingelassen hat. Für die Entscheidung über die Ablehnung gilt § 81 Abs. 4 Satz 2 bis 4 entsprechend.

Unterabschnitt 1 a
Verfahren über eine einheitliche Stelle

§ 138 a
Anwendbarkeit

(1) Ist durch Rechtsvorschrift angeordnet, dass ein Verwaltungsverfahren über eine einheitliche Stelle[7] abgewickelt werden kann, gelten die Vorschriften dieses Abschnitts und, soweit sich aus ihnen nichts Abweichendes ergibt, die übrigen Vorschriften dieses Gesetzes.

(2) Der zuständigen Behörde obliegen die Pflichten aus § 138 b Abs. 3, 4 und 6, § 138 c Abs. 2 und § 138 e auch dann, wenn sich die antragstellende oder anzeigepflichtige Person unmittelbar an die zuständige Behörde wendet.

§ 138 b
Verfahren

(1) Die einheitliche Stelle nimmt Anzeigen, Anträge, Willenserklärungen und Unterlagen entgegen und leitet sie unverzüglich an die zuständigen Behörden weiter.

(2) Anzeigen, Anträge, Willenserklärungen und Unterlagen gelten am dritten Tag nach Eingang bei der einheitlichen Stelle als bei der zuständigen Behörde eingegangen. Fristen werden mit Eingang bei der einheitlichen Stelle gewahrt.

(3) Soll durch die Anzeige, den Antrag oder die Abgabe einer Willenserklärung eine Frist in Lauf gesetzt werden, innerhalb derer die zuständige Behörde tätig werden muss, stellt die zuständige Behörde eine Empfangsbestätigung aus. In der Empfangsbestätigung ist das Datum des Eingangs bei der einheitlichen Stelle mitzuteilen und auf die Frist, die Voraussetzungen für den Beginn des Fristlaufs und auf eine an den Fristablauf geknüpfte Rechtsfolge sowie auf die verfügbaren Rechtsbehelfe hinzuweisen.

(4) Ist die Anzeige oder der Antrag unvollständig, teilt die zuständige Behörde unverzüglich mit, welche Unterlagen nachzureichen sind. Die Mitteilung enthält den Hinweis, dass der Lauf der Frist nach Absatz 3 erst mit Eingang der vollständigen Unterlagen beginnt. Das Datum des Eingangs der nachgereichten Unterlagen bei der einheitlichen Stelle ist mitzuteilen.

(5) Soweit die einheitliche Stelle zur Verfahrensabwicklung in Anspruch genommen wird, sollen Mitteilungen der zuständigen Behörde an die antragstellende oder anzeigepflichtige Person über sie weitergegeben werden. Verwaltungsakte werden auf Verlangen derjenigen Person, an die sich der Verwaltungsakt richtet, von der zuständigen Behörde unmittelbar bekannt gegeben.

(6) Ein schriftlicher Verwaltungsakt, der durch die Post in das Ausland übermittelt wird, gilt einen Monat nach Aufgabe zur Post als bekannt gegeben. § 110 Abs. 2 Satz 3 gilt entsprechend. Von der antragstellenden oder anzeigepflichtigen Person kann nicht nach § 79 a verlangt werden, eine Empfangsbevollmächtigte oder einen Empfangsbevollmächtigten zu bestellen.

§ 138 c
Informationspflichten

(1) Die einheitliche Stelle erteilt auf Anfrage unverzüglich Auskunft über die maßgeblichen Vorschriften, die zuständigen Behörden, den Zugang zu den öffentlichen Registern und Datenbanken, die zustehenden Verfahrensrechte und die Einrichtungen, die die antragstellende oder anzeigepflichtige Person bei der Aufnahme oder Ausübung ihrer

---

[7] Einheitliche Stelle ist insbesondere der IT-Verbund Schleswig-Holstein (§ 19 Absatz 2 des Gesetzes zur Errichtung einer Anstalt öffentlichen Rechts „IT-Verbund Schleswig-Holstein" vom 14.12.2018 (GVOBl. Schl.-H. S. 902, berich-tigt GVOBl. Schl.-H. 2019 S. 22), geändert durch Gesetz vom 12.11.2020 (GVOBl. Schl.-H. S. 808, berichtigt S. 996).

Tätigkeit unterstützen. Sie teilt unverzüglich mit, wenn eine Anfrage zu unbestimmt ist.

(2) Die zuständigen Behörden erteilen auf Anfrage unverzüglich Auskunft über die maßgeblichen Vorschriften und deren gewöhnliche Auslegung. Nach § 83 a erforderliche Anregungen und Auskünfte werden unverzüglich gegeben.

§ 138 d
Gegenseitige Unterstützung

Die einheitliche Stelle und die zuständigen Behörden wirken gemeinsam auf eine ordnungsgemäße und zügige Verfahrensabwicklung hin; die Pflicht zur Unterstützung besteht auch gegenüber einheitlichen Stellen oder sonstigen Behörden des Bundes oder anderer Länder. Die zuständigen Behörden stellen der einheitlichen Stelle insbesondere die erforderlichen Informationen zum Verfahrensstand zur Verfügung.

§ 138 e
Elektronisches Verfahren

Das Verfahren nach diesem Abschnitt wird auf Verlangen in elektronischer Form abgewickelt. § 52 a Abs. 2 Satz 2 und 3 und Abs. 3 bleibt unberührt.

Unterabschnitt 2
Planfeststellungsverfahren

§ 139
Anwendung der Vorschriften über das Planfeststellungsverfahren

(1) Ist ein Planfeststellungsverfahren durch Rechtsvorschrift angeordnet, so gelten hierfür die §§ 140 bis 145 und, soweit sich aus ihnen nichts Abweichendes ergibt, die übrigen Vorschriften dieses Gesetzes; die §§ 118 a und 138 a bis 138 e sind nicht anzuwenden.

(2) Die Mitteilung nach § 80 a Abs. 2 Satz 2 und die Aufforderung nach § 80 a Abs. 4 Satz 2 sind im Planfeststellungsverfahren amtlich bekanntzumachen. Die amtliche Bekanntmachung wird dadurch bewirkt, daß die Behörde die Mitteilung oder die Aufforderung in ihrem amtlichen Bekanntmachungsblatt und in örtlichen Tageszeitungen, die in dem Bereich verbreitet sind, in dem sich das Vorhaben voraussichtlich auswirken wird, bekanntmacht.

§ 140
Anhörungsverfahren

(1) Der Träger des Vorhabens hat den Plan der Anhörungsbehörde zur Durchführung des Anhörungsverfahrens einzureichen. Der Plan besteht aus den Zeichnungen und Erläuterungen, die das Vorhaben, seinen Anlaß und die von dem Vorhaben betroffenen Grundstücke und Anlagen erkennen lassen.

(2) Innerhalb eines Monats nach Zugang des vollständigen Plans fordert die Anhörungsbehörde die Behörden, deren Aufgabenbereich durch das Vorhaben berührt wird, zur Stellungnahme auf und veranlasst, dass der Plan in den amtsfreien Gemeinden und Ämtern, in denen sich das Vorhaben voraussichtlich auswirken wird, ausgelegt wird.

(3) Die amtsfreien Gemeinden und Ämter nach Absatz 2 haben den Plan innerhalb von drei Wochen nach Zugang für die Dauer eines Monats zur Einsicht auszulegen. Auf eine Auslegung kann verzichtet werden, wenn der Kreis der Betroffenen und der Vereinigungen nach Absatz 4 Satz 6 bekannt sind und ihnen innerhalb angemessener Frist Gelegenheit gegeben wird, den Plan einzusehen.

(3 a) Die Behörden nach Absatz 2 haben ihre Stellungnahme innerhalb einer von der Anhörungsbehörde zu setzenden Frist abzugeben, die drei Monate nicht überschreiten darf. Stellungnahmen, die nach Ablauf der Frist nach Satz 1 eingehen, sind zu berücksichtigen, wenn der Planfeststellungsbehörde die vorgebrachten Belange bekannt sind oder hätten bekannt sein müssen oder für die Rechtmäßigkeit der Entscheidung von Bedeutung sind; im Übrigen können sie berücksichtigt werden.

(4) Jede Person, deren Belange durch das Vorhaben berührt werden, kann bis vier Wochen nach Ablauf der Auslegungsfrist schriftlich oder zur Niederschrift bei der Anhörungsbehörde, der amtsfreien Gemeinde oder dem Amt Einwendungen gegen den Plan erheben. Im Falle des Absatzes 3 Satz 2 bestimmt die Anhörungsbehörde die Einwendungsfrist. Mit Ablauf der Einwendungsfrist sind alle Einwendungen ausgeschlossen, die nicht auf besonderen privatrechtlichen Titeln beruhen. Hierauf ist in der Bekanntmachung der Auslegung oder bei der Bekanntgabe der Einwendungsfrist hinzuweisen. § 83 bleibt unberührt. Vereinigungen, die auf Grund einer Anerkennung nach anderen Rechtsvorschriften befugt sind, Rechtsbehelfe nach der Verwaltungsgerichtsordnung gegen die Entscheidung nach § 141 einzulegen, können innerhalb der Frist nach Satz 1 Stellungnahmen zu dem Plan abgeben. Die Sätze 2 bis 5 gelten entsprechend.

(5) Die amtsfreien Gemeinden und Ämter, in denen der Plan auszulegen ist, haben die Auslegung auf Kosten des Trägers des Vorhabens mindestens eine Woche vorher örtlich bekanntzumachen. In der Bekanntmachung ist darauf hinzuweisen,

1. wo und in welchem Zeitraum der Plan zur Einsicht ausgelegt ist,

2. daß etwaige Einwendungen oder Stellungnahmen von Vereinigungen nach Absatz 4 Satz 6 bei den in der Bekanntmachung zu bezeichnenden Stellen innerhalb der Einwendungsfrist vorzubringen sind,

3. daß bei Ausbleiben einer oder eines Beteiligten in dem Erörterungstermin auch ohne sie oder ihn verhandelt werden kann und

4. daß

    a) die Personen, die Einwendungen erhoben haben oder die Vereinigungen, die Stellungnahmen abgegeben haben, von dem Erörterungstermin durch amtliche Bekanntmachung benachrichtigt werden können oder

    b) die Zustellung der Entscheidung über die Einwendungen durch amtliche Bekanntmachung ersetzt werden kann,

wenn mehr als 300 Benachrichtigungen oder Zustellungen vorzunehmen sind.

Nicht ortsansässige Betroffene, deren Person und Aufenthalt bekannt sind oder sich innerhalb angemessener Frist ermitteln lassen, sollen auf Veranlassung der Anhörungsbehörde von der Auslegung mit dem Hinweis nach Satz 2 benachrichtigt werden.

(5 a) Wirkt sich ein Plan auch in gemeindefreien Gebieten im Küstenmeer aus, so sind § 140 Absätze 2, 3 Satz 1, 4 Satz 1, 5 Satz 1 dieses Gesetzes mit der Maßgabe anzuwenden, dass insoweit, als das gemeindefreie Gebiet im Küstenmeer betroffen ist, an die Stelle der amtsfreien Gemeinden und Ämter die Anhörungsbehörde tritt. Auf die Auslegung der Unterlagen ist in dem amtlichen Bekanntmachungsblatt der Anhörungsbehörde durch Veröffentlichung der Bekanntmachung hinzuweisen. Ist durch das Vorhaben ausschließlich gemeindefreies Gebiet im Küstenmeer betroffen, ist der Bekanntmachungstext zusätzlich in zwei überregionalen Tageszeitungen zu veröffentlichen.

(6) Nach Ablauf der Einwendungsfrist hat die Anhörungsbehörde die rechtzeitig gegen den Plan erhobenen Einwendungen, die rechtzeitig abgegebenen Stellungnahmen von Vereinigungen nach Absatz 4 Satz 6 sowie die Stellungnahmen der Behörden zu dem Plan mit dem Träger des Vorhabens, den Behörden, den Betroffenen sowie denjenigen, die Einwendungen erhoben oder Stellungnahmen abgegeben haben, zu erörtern. Der Erörterungstermin ist mindestens eine Woche vorher auf Kosten des Trägers des Vorhabens örtlich bekanntzumachen. Die Behörden, der Träger des Vorhabens und diejenigen, die Einwendungen erhoben oder Stellungnahmen abgegeben haben, sind von dem Erörterungstermin zu benachrichtigen. Sind außer der Benachrichtigung der Behörden und des Trägers des Vorhabens mehr als 300 Benachrichtigungen vorzunehmen, so können diese Benachrichtigungen durch amtliche Bekanntmachung ersetzt werden. Die amtliche Bekanntmachung wird dadurch bewirkt, dass abweichend von Satz 2 der Erörterungstermin im amtlichen Bekanntmachungsblatt der Anhörungsbehörde und außerdem in örtlichen Tageszeitungen bekanntgemacht

wird, die in dem Bereich verbreitet sind, in dem sich das Vorhaben voraussichtlich auswirken wird; maßgebend für die Frist nach Satz 2 ist die Bekanntgabe im amtlichen Bekanntmachungsblatt. Im übrigen gelten für die Erörterung die Vorschriften über die mündliche Verhandlung im förmlichen Verwaltungsverfahren (§ 134 Abs. 1 Satz 1, Abs. 2 Nr. 1 und 4 und Abs. 3, § 135) entsprechend. Die Anhörungsbehörde schließt die Erörterung innerhalb von drei Monaten nach Ablauf der Einwendungsfrist ab.

(7) Abweichend von den Vorschriften des Absatzes 6 Satz 2 bis 5 kann der Erörterungstermin bereits in der Bekanntmachung nach Absatz 5 Satz 2 bestimmt werden.

(8) Soll ein ausgelegter Plan geändert werden und werden dadurch der Aufgabenbereich einer Behörde oder einer Vereinigung nach Absatz 4 Satz 6 oder Belange Dritter erstmals oder stärker als bisher berührt, ist diesen die Änderung mitzuteilen und ihnen Gelegenheit zu Stellungnahmen und Einwendungen innerhalb von vier Wochen zu geben; Absatz 4 Satz 3 bis 7 gilt entsprechend. Wird sich die Änderung voraussichtlich auf das Gebiet einer anderen amtsfreien Gemeinde oder eines Amtes auswirken, ist vor der geänderte Plan dort auszulegen; die Absätze 2 bis 6 gelten entsprechend.

(9) Die Anhörungsbehörde gibt zum Ergebnis des Anhörungsverfahrens eine Stellungnahme ab und leitet diese der Planfeststellungsbehörde innerhalb eines Monats nach Abschluß der Erörterung mit dem Plan, den Stellungnahmen der Behörden und der Vereinigungen nach Absatz 4 Satz 6 sowie den nicht erledigten Einwendungen zu.

§ 141
Planfeststellungsbeschluss, Plangenehmigung

(1) Die Planfeststellungsbehörde stellt den Plan fest (Planfeststellungsbeschluß). Die Vorschriften über die Entscheidung und die Anfechtung der Entscheidung im förmlichen Verwaltungsverfahren (§§ 136 und 137) sind anzuwenden.

(2) Im Planfeststellungsbeschluß entscheidet die Planfeststellungsbehörde über die Einwendungen, über die bei der Erörterung vor der Anhörungsbehörde keine Einigung erzielt worden ist. Sie hat dem Träger des Vorhabens Vorkehrungen oder die Errichtung und Unterhaltung von Anlagen aufzuerlegen, die zum Wohl der Allgemeinheit oder zur Vermeidung nachteiliger Wirkungen auf Rechte anderer erforderlich sind. Sind solche Vorkehrungen oder Anlagen untunlich oder mit dem Vorhaben unvereinbar, hat die oder der Betroffene Anspruch auf angemessene Entschädigung in Geld.

(3) Soweit eine abschließende Entscheidung noch nicht möglich ist, ist diese im Planfeststellungsbeschluß vorzubehalten; dem Träger des Vorhabens ist dabei aufzugeben, noch fehlende oder von der Planfeststellungsbehörde bestimmte Unterlagen rechtzeitig vorzulegen.

(4) Der Planfeststellungsbeschluss ist dem Träger des Vorhabens, denjenigen, über deren Einwendungen entschieden worden ist, und den Vereinigungen, über deren Stellungnahmen entschieden worden ist, zuzustellen. Eine Ausfertigung des Beschlusses ist mit einer Rechtsbehelfsbelehrung und einer Ausfertigung des festgestellten Planes in den amtsfreien Gemeinden und Ämtern zwei Wochen zur Einsicht auszulegen; der Ort und die Zeit der Auslegung sind örtlich bekanntzumachen. Bei Vorhaben in gemeindefreien Bereichen im Küstenmeer gilt für die Bekanntmachung nach Satz 2 der § 140 Absatz 5 entsprechend; an die Stelle der Anhörungsbehörde tritt in diesem Fall die Planfeststellungsbehörde. Mit dem Ende der Auslegungsfrist gilt der Beschluß gegenüber den übrigen Betroffenen als zugestellt; darauf ist in der Bekanntmachung hinzuweisen.

(5) Sind außer an den Träger des Vorhabens mehr als 300 Zustellungen nach Absatz 4 vorzunehmen, so können diese Zustellungen durch amtliche Bekanntmachung ersetzt werden. Die amtliche Bekanntmachung wird dadurch bewirkt, dass der verfügende Teil des Planfeststellungsbeschlusses, die Rechtsbehelfsbelehrung und ein Hinweis auf die Auslegung nach Absatz 4 Satz 2 im amtlichen Bekanntmachungsblatt der zuständigen Behörde und außerdem in örtlichen Tageszeitungen bekanntgemacht werden, die in dem Bereich verbreitet sind, in dem sich das Vorhaben voraussicht-

lich auswirken wird; auf Auflagen ist hinzuweisen. Mit dem Ende der Auslegungsfrist gilt der Beschluß den Betroffenen und denjenigen gegenüber, die Einwendungen erhoben haben, als zugestellt; hierauf ist in der Bekanntmachung hinzuweisen. Nach der amtlichen Bekanntmachung kann der Planfeststellungsbeschluß bis zum Ablauf der Rechtsbehelfsfrist von den Betroffenen und von denjenigen, die Einwendungen erhoben haben, schriftlich angefordert werden; hierauf ist in der Bekanntmachung gleichfalls hinzuweisen.

(6) An Stelle eines Planfeststellungsbeschlusses kann eine Plangenehmigung erteilt werden, wenn

1. Rechte anderer nicht oder nur unwesentlich beeinträchtigt werden oder die Betroffenen sich mit der Inanspruchnahme ihres Eigentums oder eines anderen Rechts schriftlich einverstanden erklärt haben,
2. das Benehmen hergestellt worden ist
   a) mit den Trägern öffentlicher Belange, deren Aufgabenbereich berührt wird,
   b) mit Vereinigungen, die auf Grund einer Anerkennung nach anderen Rechtsvorschriften befugt sind, Rechtsbehelfe nach der Verwaltungsgerichtsordnung gegen die Entscheidung der Planfeststellungsbehörde einzulegen,
3. erhebliche Auswirkungen auf die Umwelt nicht zu besorgen sind und
4. nicht andere Rechtsvorschriften eine Öffentlichkeitsbeteiligung vorschreiben, die den Anforderungen des § 140 Absatz 3 Satz 1 und Absatz 4 bis 7 entsprechen muss.

Die Plangenehmigung hat die Rechtswirkungen der Planfeststellung; auf ihre Erteilung sind die Vorschriften über das Planfeststellungsverfahren nicht anzuwenden; davon ausgenommen sind Absatz 4 Satz 1 und Absatz 5, die entsprechend anzuwenden sind. Vor Erhebung einer verwaltungsgerichtlichen Klage bedarf es keiner Nachprüfung in einem Vorverfahren. § 142 Abs. 4 gilt entsprechend.

(7) Planfeststellung und Plangenehmigung entfallen in Fällen von unwesentlicher Bedeutung. Diese liegen vor, wenn

1. andere öffentliche Belange nicht berührt sind oder die erforderlichen behördlichen Entscheidungen vorliegen und sie dem Plan nicht entgegenstehen,
2. Rechte anderer nicht beeinflusst werden oder mit den vom Plan Betroffenen entsprechende Vereinbarungen getroffen worden sind und
3. nicht andere Rechtsvorschriften eine Öffentlichkeitsbeteiligung vorschreiben, die den Anforderungen des § 140 Absatz 3 Satz 1 und Absatz 4 bis 7 entsprechen muss.

§ 142
Rechtswirkungen der Planfeststellung

(1) Durch die Planfeststellung wird die Zulässigkeit des Vorhabens einschließlich der notwendigen Folgemaßnahmen an anderen Anlagen im Hinblick auf alle von ihm berührten öffentlichen Belange festgestellt; neben der Planfeststellung sind andere behördliche Entscheidungen nach Landes- oder Bundesrecht, insbesondere öffentlich-rechtliche Genehmigungen, Verleihungen, Erlaubnisse, Bewilligungen, Zustimmungen und Planfeststellungen nicht erforderlich. Durch die Planfeststellung werden alle öffentlich-rechtlichen Beziehungen zwischen dem Träger des Vorhabens und den durch den Plan Betroffenen rechtsgestaltend geregelt.

(1 a) Mängel bei der Abwägung der von dem Vorhaben berührten öffentlichen und privaten Belange sind unerheblich, wenn offensichtlich ist, dass sie die Entscheidung in der Sache nicht beeinflusst haben. Erhebliche Mängel bei der Abwägung oder eine Verletzung von Verfahrens- oder Formvorschriften führen nur dann zur Aufhebung des Planfeststellungsbeschlusses oder der Plangenehmigung, wenn sie nicht durch Planergänzung behoben werden können; die §§ 114 und 115 bleiben unberührt.

(2) Ist der Planfeststellungsbeschluß unanfechtbar geworden, so sind Ansprüche auf Unterlassung des Vorhabens, auf Beseitigung oder Änderung der Anlagen oder auf Unterlassung ihrer Benutzung ausgeschlossen. Treten nicht voraussehbare Wirkungen des Vorhabens oder der dem festgestell-

ten Plan entsprechenden Anlagen auf das Recht einer oder eines anderen erst nach Unanfechtbarkeit des Planes auf, so kann die oder der Betroffene Vorkehrungen oder die Errichtung und Unterhaltung von Anlagen verlangen, welche die nachteiligen Wirkungen ausschließen. Sie sind dem Träger des Vorhabens durch Beschluß der Planfeststellungsbehörde aufzuerlegen. Sind solche Vorkehrungen oder Anlagen untunlich oder mit dem Vorhaben unvereinbar, so richtet sich der Anspruch auf angemessene Entschädigung in Geld. Werden Vorkehrungen oder Anlagen im Sinne des Satzes 2 notwendig, weil nach Abschluß des Planfeststellungsverfahrens auf einem benachbarten Grundstück Veränderungen eingetreten sind, so hat die hierdurch entstehenden Kosten die Eigentümerin oder der Eigentümer des benachbarten Grundstücks zu tragen, es sei denn, daß die Veränderungen durch natürliche Ereignisse oder höhere Gewalt verursacht worden sind; Satz 4 ist nicht anzuwenden.

(3) Anträge, mit denen Ansprüche auf Herstellung von Einrichtungen oder auf angemessene Entschädigung nach Absatz 2 Satz 2 und 4 geltend gemacht werden, sind schriftlich an die Planfeststellungsbehörde zu richten. Sie sind nur innerhalb von drei Jahren nach dem Zeitpunkt zulässig, zu dem die oder der Betroffene von den nachteiligen Wirkungen des dem unanfechtbar festgestellten Plan entsprechenden Vorhabens oder der Anlage Kenntnis erhalten hat; sie sind ausgeschlossen, wenn nach Herstellung des dem Plan entsprechenden Zustandes 30 Jahre verstrichen sind.

(4) Wird mit der Durchführung des Plans nicht innerhalb von fünf Jahren nach Eintritt der Unanfechtbarkeit begonnen, so tritt er außer Kraft. Als Beginn der Durchführung des Plans gilt jede erstmals nach außen erkennbare Tätigkeit von mehr als nur geringfügiger Bedeutung zur plangemäßen Verwirklichung des Vorhabens; eine spätere Unterbrechung der Verwirklichung des Vorhabens berührt den Beginn der Durchführung nicht.

§ 143
Planänderungen
vor Fertigstellung des Vorhabens

(1) Soll vor Fertigstellung des Vorhabens der festgestellte Plan geändert werden, bedarf es eines neuen Planfeststellungsverfahrens.

(2) Bei Planänderungen von unwesentlicher Bedeutung kann die Planfeststellungsbehörde von einem neuen Planfeststellungsverfahren absehen, wenn die Belange anderer nicht berührt werden oder wenn die Betroffenen der Änderung zugestimmt haben.

(3) Führt die Planfeststellungsbehörde in den Fällen des Absatzes 2 oder in anderen Fällen einer Planänderung von unwesentlicher Bedeutung ein Planfeststellungsverfahren durch, so bedarf es keines Anhörungsverfahrens und keiner öffentlichen Bekanntgabe des Planfeststellungsbeschlusses.

§ 144
Aufhebung des Planfeststellungsbeschlusses

Wird ein Vorhaben, mit dessen Durchführung begonnen worden ist, endgültig aufgegeben, so hat die Planfeststellungsbehörde den Planfeststellungsbeschluß aufzuheben. In dem Aufhebungsbeschluß sind dem Träger des Vorhabens die Wiederherstellung des früheren Zustandes oder geeignete andere Maßnahmen aufzuerlegen, soweit dies zum Wohl der Allgemeinheit oder zur Vermeidung nachteiliger Wirkungen auf Rechte anderer erforderlich ist. Werden solche Maßnahmen notwendig, weil nach Abschluß des Planfeststellungsverfahrens auf einem benachbarten Grundstück Veränderungen eingetreten sind, so kann der Träger des Vorhabens durch Beschluß der Planfeststellungsbehörde zu geeigneten Vorkehrungen verpflichtet werden; die hierdurch entstehenden Kosten hat jedoch die Eigentümerin oder der Eigentümer des benachbarten Grundstücks zu tragen, es sei denn, daß die Veränderungen durch natürliche Ereignisse oder höhere Gewalt verursacht worden sind.

§ 145
Zusammentreffen mehrerer Vorhaben

(1) Treffen mehrere selbständige Vorhaben, für deren Durchführung Planfeststellungsverfahren vorgeschrieben sind, derart zusammen, daß für diese Vorhaben oder für Teile von ihnen nur eine einheitliche Entscheidung möglich ist, so findet für diese Vorhaben oder für deren Teile nur ein Planfeststellungsverfahren statt.

(2) Zuständigkeiten und Verfahren richten sich nach den Rechtsvorschriften über das Planfeststellungsverfahren, das für diejenige Anlage vorgeschrieben ist, die einen größeren Kreis öffentlich-rechtlicher Beziehungen berührt. Bestehen Zweifel, welche Rechtsvorschrift anzuwenden ist, so entscheidet, falls nach den in Betracht kommenden Rechtsvorschriften mehrere Behörden in den Geschäftsbereichen mehrerer oberster Landesbehörden zuständig sind, die Landesregierung, sonst die zuständige oberste Landesbehörde. Bestehen Zweifel, welche Rechtsvorschrift anzuwenden ist, und ist nach den in Betracht kommenden Rechtsvorschriften eine Bundesbehörde und eine Landesbehörde zuständig, so führen, falls sich die obersten Bundes- und Landesbehörden nicht einigen, die Bundesregierung und die Landesregierung das Einvernehmen darüber herbei, welche Rechtsvorschrift anzuwenden ist.

Unterabschnitt 3
Zustellungsverfahren

I. Erfordernis und Arten der Zustellung

§ 146
Ausdrückliche Anordnung der Zustellung

(1) Zuzustellen ist nach diesem Gesetz, wenn die Zustellung durch Rechtsvorschrift oder behördliche Anordnung bestimmt ist.

(2) Für die Zustellung gelten die §§ 147 bis 155 und, soweit sich aus ihnen nichts Abweichendes ergibt, die übrigen Vorschriften dieses Gesetzes.

§ 147
Allgemeines

(1) Zustellung ist die Bekanntgabe eines schriftlichen oder elektronischen Dokuments in der in diesem Gesetz bestimmten Form.

(2) Die Zustellung wird durch einen Erbringer von Postdienstleistungen (Post), einen nach § 17 des De-Mail-Gesetzes akkreditierten Diensteanbieter oder durch die Behörde ausgeführt. Daneben gelten die in den §§ 154 und 155 geregelten Sonderarten der Zustellung.

(3) Die Behörde hat die Wahl zwischen den einzelnen Zustellungsarten. § 150 Abs. 5 Satz 1 Halbsatz 2 bleibt unberührt.

(4) Der Bekanntgabe eines schriftlichen Dokumentes im Sinne des Absatzes 1 steht die Bekanntgabe eines Schriftstückes gleich, das inhaltlich durch die zugrunde liegende Verfügung gedeckt ist und den Namen derjenigen Person, die die Verfügung unterzeichnet hat, wiedergibt.

§ 148
Zustellung durch die Post
mit Zustellungsurkunde

(1) Soll durch die Post mit Zustellungsurkunde zugestellt werden, übergibt die Behörde der Post den Zustellungsauftrag, das zuzustellende Dokument in einem verschlossenen Umschlag und einen vorbereiteten Vordruck einer Zustellungsurkunde.

(2) Für die Ausführung der Zustellung gelten die §§ 177 bis 182 der Zivilprozessordnung entsprechend. Im Falle des § 181 Abs. 1 der Zivilprozessordnung kann das zuzustellende Dokument bei einer von der Post dafür bestimmten Stelle am Ort der Zustellung oder am Ort des Amtsgerichts, in dessen Bezirk der Ort der Zustellung liegt, niedergelegt werden oder bei der Behörde, die den Zustellungsauftrag erteilt hat, wenn sie ihren Sitz an einem der vorbezeichneten Orte hat. Für die Zustellungsurkunde, den Zustellungsauftrag, den verschlossenen Umschlag nach Absatz 1 und die schriftliche Mitteilung nach § 181 Abs. 1 Satz 3 der Zivilprozessordnung sind die Vordrucke nach der Zustellungsvordruckverordnung vom 12. Februar 2002 (BGBl. I S. 671), geändert durch Verordnung vom 23. April 2004 (BGBl. I S. 619), zu verwenden.

§ 149
Zustellung durch die Post mittels Einschreiben

(1) Ein Dokument kann durch die Post mittels Einschreiben durch Übergabe oder durch Einschreiben mit Rückschein zugestellt werden.

(2) Zum Nachweis der Zustellung genügt der Rückschein. Im Übrigen gilt das Dokument am dritten Tag nach der Aufgabe zur Post als zugestellt, es sei denn, dass es nicht oder zu einem späteren Zeitpunkt zugegangen ist. Im Zweifel hat die Behörde den Zugang und dessen Zeitpunkt nachzuweisen. Der Tag der Aufgabe zur Post ist in den Akten zu vermerken.

§ 150
Zustellung durch die Behörde gegen Empfangsbekenntnis

(1) Bei der Zustellung durch die Behörde händigt die oder der zustellende Bedienstete das Dokument der Empfängerin oder dem Empfänger in einem verschlossenen Umschlag aus. Das Dokument kann auch offen ausgehändigt werden, wenn keine schutzwürdigen Interessen der Empfängerin oder des Empfängers entgegenstehen. Die Empfängerin oder der Empfänger hat ein mit dem Datum der Aushändigung versehenes Empfangsbekenntnis zu unterschreiben. Die Bedienstete oder der Bedienstete vermerkt das Datum der Zustellung auf dem Umschlag des auszuhändigenden Dokumentes oder bei offener Aushändigung auf dem Dokument selbst.

(2) Die §§ 177 bis 181 der Zivilprozessordnung sind anzuwenden. Zum Nachweis der Zustellung ist in den Akten zu vermerken:

1. im Fall der Ersatzzustellung in der Wohnung, in Geschäftsräumen und Einrichtungen nach § 178 der Zivilprozessordnung der Grund, der diese Art der Zustellung rechtfertigt,
2. im Fall der Zustellung bei verweigerter Annahme nach § 179 der Zivilprozessordnung, wer die Annahme verweigert hat und dass das Dokument am Ort der Zustellung zurückgelassen oder an die Absenderin oder den Absender zurückgesandt wurde sowie der Zeitpunkt und der Ort der verweigerten Annahme,
3. in den Fällen der Ersatzzustellung nach den §§ 180 und 181 der Zivilprozessordnung der Grund der Ersatzzustellung sowie, wann und wo das Dokument in einen Briefkasten eingelegt wurde oder sonst niedergelegt oder in welcher Weise die Niederlegung schriftlich mitgeteilt wurde.

Im Falle des § 181 Abs. 1 der Zivilprozessordnung kann das zuzustellende Dokument bei der Behörde, die den Zustellungsauftrag erteilt hat, niedergelegt werden, wenn diese Behörde ihren Sitz am Ort der Zustellung oder am Ort des Amtsgerichtes hat, in dessen Bezirk der Ort der Zustellung liegt.

(3) Zur Nachtzeit, an Sonntagen und allgemeinen Feiertagen darf nach den Absätzen 1 und 2 im Inland nur mit schriftlicher oder elektronischer Erlaubnis der Behördenleiterin oder des Behördenleiters zugestellt werden. Die Erlaubnis ist bei der Zustellung abschriftlich mitzuteilen. Eine Zustellung, bei der diese Vorschriften nicht beachtet sind, ist wirksam, wenn die Annahme nicht verweigert wird.

(4) Das Dokument kann an Behörden, Körperschaften, Anstalten und Stiftungen des öffentlichen Rechts, an Rechtsanwältinnen oder Rechtsanwälte, Patentanwältinnen oder Patentanwälte, Notarinnen oder Notare, Steuerberaterinnen oder Steuerberater, Steuerbevollmächtigte, Wirtschaftsprüferinnen oder Wirtschaftsprüfer, vereidigte Buchprüferinnen oder Buchprüfer, Steuerberatungsgesellschaften, Wirtschaftsprüfungsgesellschaften und Buchprüfungsgesellschaften auch auf andere Weise, auch elektronisch, gegen Empfangsbekenntnis zugestellt werden.

(5) Ein elektronisches Dokument kann im Übrigen unbeschadet des Absatzes 4 elektronisch zugestellt werden, soweit die Empfängerin oder der Empfänger hierfür einen Zugang eröffnet; es ist elektronisch zuzustellen, wenn auf Grund einer Rechtsvorschrift ein Verfahren auf Verlangen der Empfängerin oder des Empfängers in elektronischer Form abgewickelt wird. Für die Übermittlung ist das Dokument mit einer qualifizierten elektronischen Signatur nach dem Signaturgesetz zu versehen und gegen unbefugte Kenntnisnahme Dritter zu schützen.

(6) Bei der elektronischen Zustellung ist die Übermittlung mit dem Hinweis „Zustellung gegen Empfangsbekenntnis" einzuleiten. Die Übermittlung muss die absendende Behörde, den Namen und die Anschrift der Zustellungsadressatin oder des Zustellungsadressaten sowie den Namen der oder des Bediensteten erkennen lassen, die oder der das Dokument zur Übermittlung aufgegeben hat.

(7) Zum Nachweis der Zustellung nach Absatz 4 und 5 genügt das mit Datum und Unterschrift versehene Empfangsbekenntnis, das an die Behörde durch die Post oder elektronisch zurückzusenden ist. Ein elektronisches Dokument gilt in den Fällen des Absatzes 5 Satz 1 Halbsatz 2 am dritten Tag nach der Absendung an den von der Empfängerin oder dem Empfänger hierfür eröffneten Zugang als zugestellt, wenn der Behörde nicht spätestens an diesem Tag ein Empfangsbekenntnis nach Satz 1 zugeht. Satz 2 gilt nicht, wenn die Empfängerin oder der Empfänger nachweist, dass das Dokument nicht oder zu einem späteren Zeitpunkt zugegangen ist. Die Empfängerin oder der Empfänger ist in den Fällen des Absatzes 5 Satz 2 vor der Übermittlung über die Rechtsfolgen nach den Sätzen 2 und 3 zu belehren. Zum Nachweis der Zustellung ist von der absendenden Behörde in den Akten zu vermerken, zu welchem Zeitpunkt und an welchen Zugang das Dokument gesendet wurde. Die Empfängerin oder der Empfänger ist über den Eintritt der Zustellungsfiktion nach Satz 2 zu benachrichtigen.

§ 150 a
Elektronische Zustellung gegen Abholbestätigung über De-Mail-Dienste

(1) Die elektronische Zustellung kann unbeschadet des § 150 Absatz 4 und 5 durch Übermittlung der nach § 17 des De-Mail-Gesetzes akkreditierten Diensteanbieter gegen Abholbestätigung nach § 5 Absatz 9 des De-Mail-Gesetzes an das De-Mail-Postfach der Empfängerin oder des Empfängers erfolgen. Für die Zustellung nach Satz 1 ist § 150 Absatz 4 und 6 mit der Maßgabe anzuwenden, dass an die Stelle des Empfangsbekenntnisses die Abholbestätigung tritt.

(2) Der nach § 17 des De-Mail-Gesetzes akkreditierte Diensteanbieter hat eine Versandbestätigung nach § 5 Absatz 7 des De-Mail-Gesetzes und eine Abholbestätigung nach § 5 Absatz 9 des De-Mail-Gesetzes zu erzeugen. Er hat diese Bestätigungen unverzüglich der absendenden Behörde zu übermitteln.

(3) Zum Nachweis der elektronischen Zustellung genügt die Abholbestätigung nach § 5 Absatz 9 des De-Mail-Gesetzes. Für diese gelten § 371 Absatz 1 Satz 2 und § 371a Absatz 3 der Zivilprozessordnung.

(4) Ein elektronisches Dokument gilt in den Fällen des § 150 Absatz 5 Satz 1 am dritten Tag nach der Absendung an das De-Mail-Postfach der Empfängerin oder des Empfängers als zugestellt, wenn sie oder er dieses Postfach als Zugang eröffnet hat und der Behörde nicht spätestens an diesem Tag eine elektronische Abholbestätigung nach § 5 Absatz 9 des De-Mail-Gesetzes zugeht. Satz 1 gilt nicht, wenn die Empfängerin oder der Empfänger nachweist, dass das Dokument nicht oder zu einem späteren Zeitpunkt zugegangen ist. Die Empfängerin oder der Empfänger ist in den Fällen des § 150 Absatz 5 Satz 1 vor der Übermittlung über die Rechtsfolgen nach den Sätzen 1 und 2 zu belehren. Als Nachweis der Zustellung nach Satz 1 dient die Versandbestätigung nach § 5 Absatz 7 des De-Mail-Gesetzes oder ein Vermerk der absendenden Behörde in den Akten, zu welchem Zeitpunkt und an welches De-Mail-Postfach das Dokument gesendet wurde. Die Empfängerin oder der Empfänger ist über den Eintritt der Zustellungsfiktion nach Satz 1 elektronisch zu benachrichtigen.

§ 151
Zustellung an gesetzliche Vertreterinnen oder Vertreter

(1) Bei Geschäftsunfähigen oder beschränkt Geschäftsfähigen ist an ihre gesetzlichen Vertreterinnen oder Vertreter zuzustellen. Gleiches gilt bei Personen, für die eine Betreuerin oder ein Betreuer bestellt ist, soweit der Aufgabenkreis der Betreuerin oder des Betreuers reicht.

(2) Bei Behörden wird an die Behördenleiterin oder den Behördenleiter, bei juristischen Personen, nicht rechtsfähigen Personenvereinigungen und Zweckvermögen an ihre gesetzlichen Vertreterinnen oder Vertreter zugestellt.

(3) Bei mehreren gesetzlichen Vertreterinnen oder Vertreter oder Behördenleiterinnen oder Behördenleiter genügt die Zustellung an einen von ihnen.

(4) Die oder der zustellende Bedienstete braucht nicht zu prüfen, ob die Anschrift den Vorschriften der Absätze 1 bis 3 entspricht.

§ 152
Zustellung an Bevollmächtigte

(1) Zustellungen können an die oder den allgemeinen oder für bestimmte Angelegenheiten bestellte Bevollmächtigte oder bestellten Bevollmächtigten gerichtet werden. Sie sind an sie oder ihn zu richten, wenn sie oder er schriftliche Vollmacht vorgelegt hat. Ist eine Bevollmächtigte oder ein Bevollmächtigter für mehrere Beteiligte bestellt, genügt die Zustellung eines Dokumentes an sie oder ihn für alle Beteiligten.

(2) Einer oder einem Zustellungsbevollmächtigten mehrerer Beteiligter sind so viele Ausfertigungen oder Abschriften zuzustellen, als Beteiligte vorhanden sind.

§ 153
Heilung von Zustellungsmängeln

Lässt sich die formgerechte Zustellung eines Dokumentes nicht nachweisen oder ist es unter Verletzung zwingender Zustellungsvorschriften zugegangen, gilt es als in dem Zeitpunkt zugestellt, in dem es der oder dem Empfangsberechtigten tatsächlich zugegangen ist, im Fall des § 150 Abs. 5 in dem Zeitpunkt, in dem die Empfängerin oder der Empfänger das Empfangsbekenntnis zurückgesandt hat.

§ 154
Zustellung im Ausland

(1) Eine Zustellung im Ausland erfolgt
1. durch Einschreiben mit Rückschein, soweit die Zustellung von Dokumenten unmittelbar durch die Post völkerrechtlich zulässig ist,
2. auf Ersuchen der Behörde durch die Behörden des fremden Staates oder durch die zuständige diplomatische oder konsularische Vertretung der Bundesrepublik Deutschland,
3. auf Ersuchen der Behörde durch das Auswärtige Amt an eine Person, die das Recht der Immunität genießt und zu einer Vertretung der Bundesrepublik Deutschland im Ausland gehört, sowie an Familienangehörige einer solchen Person, wenn diese das Recht der Immunität genießen, oder
4. durch Übermittlung elektronischer Dokumente, soweit dies völkerrechtlich zulässig ist.

(2) Zum Nachweis der Zustellung nach Absatz 1 Nr. 1 genügt der Rückschein. Die Zustellung nach Absatz 1 Nr. 2 und 3 wird durch das Zeugnis der ersuchten Behörde nachgewiesen. Der Nachweis der Zustellung nach Absatz 1 Nr. 4 richtet sich nach § 150 Abs. 7 Satz 1 bis 3 und 5 sowie nach § 150 a Absatz 3 und 4 Satz 1, 2 und 4.

(3) Die Behörde kann bei der Zustellung nach Absatz 1 Nr. 2 und 3 anordnen, dass die Person, an die zugestellt werden soll, innerhalb einer angemessenen Frist eine Zustellungsbevollmächtigte oder einen Zustellungsbevollmächtigten benennt, die oder der im Inland wohnt oder dort einen Geschäftsraum hat. Wird keine Zustellungsbevollmächtigte oder kein Zustellungsbevollmächtigter benannt, können spätere Zustellungen bis zur nachträglichen Benennung dadurch bewirkt werden, dass das Dokument unter der Anschrift der Person, an die zugestellt werden soll, zur Post gegeben wird. Das Dokument gilt am siebenten Tag nach Aufgabe zur Post als zugestellt, es sei denn, dass es die Empfängerin oder den Empfänger nicht oder zu einem späteren Zeitpunkt erreicht hat. Die Behörde kann eine längere Frist bestimmen. In der Anordnung nach Satz 1 ist auf diese Rechtsfolgen hinzuweisen. Zum Nachweis der Zustellung ist in den Akten zu vermerken, zu welcher Zeit und unter welcher Anschrift das Dokument zur Post gegeben wurde. Wird das Verwaltungsverfahren über eine einheitliche Stelle nach den Vorschriften dieses Gesetzes abgewickelt, finden die Sätze 1 bis 6 keine Anwendung.

§ 155
Öffentliche Zustellung

(1) Die Zustellung kann durch öffentliche Bekanntmachung erfolgen, wenn
1. der Aufenthaltsort der Empfängerin oder des Empfängers unbekannt ist und eine Zustellung an eine Vertreterin oder einen Vertreter oder an eine Zustellungsbevollmächtigte oder einen Zustellungsbevollmächtigten nicht möglich ist oder
2. sie im Fall des § 154 nicht möglich ist oder keinen Erfolg verspricht.

Die Anordnung über die öffentliche Zustellung trifft eine zeichnungsbefugte Bedienstete oder ein zeichnungsbefugter Bediensteter.

(2) Die öffentliche Zustellung erfolgt durch Bekanntmachung einer Benachrichtigung an der Stelle, die von der Behörde hierfür allgemein bestimmt ist, oder durch Veröffentlichung einer Benachrichtigung im Amtsblatt für Schleswig-Holstein. Die Benachrichtigung muss
1. die Behörde, für die zugestellt wird,
2. den Namen und die letzte bekannte Anschrift der Zustellungsadressatin oder des Zustellungsadressaten,
3. das Datum und das Aktenzeichen des Dokumentes sowie
4. die Stelle, wo das Dokument eingesehen werden kann,

erkennen lassen. Die Benachrichtigung muss den Hinweis enthalten, dass das Dokument öffentlich zugestellt wird und Fristen in Gang gesetzt werden können, nach deren Ablauf Rechtsverluste drohen können. Bei der Zustellung einer Ladung muss die Benachrichtigung den Hinweis enthalten, dass das Dokument eine Ladung zu einem Termin enthält, dessen Versäumung Rechtsnachteile zur Folge haben kann. In den Akten ist zu vermerken, wann und wie die Benachrichtigung bekannt gemacht wurde. Das Dokument gilt als zugestellt, wenn seit dem Tag der Bekanntmachung der Benachrichtigung zwei Wochen vergangen sind.

§§ 156 bis 161
(gestrichen)

Abschnitt III
Öffentliche Sicherheit

Unterabschnitt 1
Aufgaben und Zuständigkeit

§ 162
Aufgaben

(1) Das Land, die Gemeinden, die Kreise und die Ämter haben die Aufgabe, von der Allgemeinheit oder der einzelnen Person Gefahren abzuwehren, durch die die öffentliche Sicherheit bedroht wird (Gefahrenabwehr).

(2) Der Schutz privater Rechte gehört zur Gefahrenabwehr, wenn gerichtlicher Schutz nicht rechtzeitig zu erlangen ist und ohne die Hilfe die Gefahr besteht, dass die Verwirklichung des Rechts vereitelt oder wesentlich erschwert wird.

(3) Die Gefahrenabwehr wird als Landesaufgabe von den Gemeinden, Kreisen und Ämtern zur Erfüllung nach Weisung wahrgenommen.

(4) Für die Gefahrenabwehr gelten die §§ 163 bis 227a und, soweit sich aus ihnen nichts Abweichendes ergibt, die übrigen Vorschriften dieses Gesetzes.

§ 163
Ordnungsbehörden und Polizei

(1) Die Gefahrenabwehr obliegt den Ordnungsbehörden und der Polizei.

(2) Die Ordnungsbehörden und die Polizei haben ferner diejenigen Aufgaben zu erfüllen, die ihnen durch besondere Rechtsvorschriften übertragen sind. Soweit für die Durchführung dieser Aufgaben die besonderen Rechtsvorschriften nichts Abweichendes bestimmen, gelten die §§ 163 bis 227a nach Maßgabe der §§ 165 und 168.

§ 164
Begriff der Ordnungsbehörden und der Polizei

(1) Ordnungsbehörden sind
1. die Ministerien im Rahmen ihres Geschäftsbereichs (Landesordnungsbehörden),
2. die Landrätin oder der Landrat für die Kreise, die Bürgermeisterin oder der Bürgermeister für die kreisfreien Städte (Kreisordnungsbehörden),
3. die Bürgermeisterin oder der Bürgermeister für die amtsfreien Gemeinden, die Amtsdirektorin oder der Amtsdirektor, in ehrenamtlich verwalteten Ämtern die Amtsvorsteherin oder der Amtsvorsteher, für die Ämter (örtliche Ordnungsbehörden),
4. die Landesbehörden, denen Aufgaben der Gefahrenabwehr durch besondere Rechtsvorschriften übertragen sind (Sonderordnungsbehörden).

(2) Polizei im Sinne dieses Gesetzes sind die nach Landesrecht errichteten Behörden der Polizei[8].

§ 165
Sachliche Zuständigkeit der Ordnungsbehörden

(1) Für die Gefahrenabwehr sind die Ordnungsbehörden zuständig, soweit durch Rechtsvorschrift nichts anderes bestimmt ist.

(2) Sachlich zuständig ist die örtliche Ordnungsbehörde, soweit durch Rechtsvorschrift nichts anderes bestimmt ist. Das fachlich zuständige Ministerium kann im Einvernehmen mit dem Ministerium für Inneres, ländliche Räume und Integration durch Verordnung die Zuständigkeit auf die Landes-, Kreis- oder Sonderordnungsbehörden übertragen.

(3) Bei Gefahr im Verzug ist für unaufschiebbare Maßnahmen jedoch jede örtlich zuständige Ordnungsbehörde auch sachlich zuständig. Dies gilt nicht für Sonderordnungsbehörden. Die nach Absatz 2 zuständige Behörde ist unverzüglich zu unterrichten.

(4) Die für die Verfolgung und Ahndung von Ordnungswidrigkeiten im Straßenverkehr zuständigen Ordnungsbehörden sind unbeschadet der Zuständigkeit der Polizei befugt, die hierfür erforderliche Überwachung des Verkehrs vorzunehmen.

(5) Neben den örtlichen Ordnungsbehörden sind auch die Landes- und Kreisordnungsbehörden, neben den Kreisordnungsbehörden auch die Landesordnungsbehörden für den Erlaß von Verordnungen über die öffentliche Sicherheit (§ 175) zuständig, wenn sie eine einheitliche Regelung für ihren Bezirk oder für Teile ihres Bezirks für erforderlich halten. Sie können insoweit ihrer Verordnung entgegenstehende oder inhaltsgleiche Vorschriften der nachgeordneten Ordnungsbehörde aufheben.

§ 166
Örtliche Zuständigkeit der Ordnungsbehörden

(1) Örtlich zuständig ist im Bereich ihrer sachlichen Zuständigkeit die Ordnungsbehörde, in deren Bezirk die zu schützenden Interessen verletzt oder gefährdet werden.

(2) Ist es zweckmäßig, eine Angelegenheit in benachbarten Bezirken einheitlich zu regeln, so kann die gemeinsame Fachaufsichtsbehörde eine der beteiligten Ordnungsbehörden für allein zuständig erklären.

(3) Ist die nach Absatz 1 zuständige Ordnungsbehörde nicht ohne eine Verzögerung, durch die der Erfolg des Eingreifens beeinträchtigt würde, zu erreichen, so ist für unaufschiebbare Maßnahmen eine örtlich zuständige Ordnungsbehörde der angrenzenden Bezirke zuständig. Die nach Absatz 1 zuständige Behörde ist unverzüglich zu unterrichten.

(4) Das fachlich zuständige Ministerium kann im Einvernehmen mit dem Ministerium für Inneres, ländliche Räume und Integration durch Verordnung die örtliche Zuständigkeit der Ordnungsbehörden abweichend von den Absätzen 1 und 3 regeln.

§ 167
Selbsteintrittsrecht der unteren Fachaufsichtsbehörden

Die unteren Fachaufsichtsbehörden können, wenn es den Umständen nach erforderlich ist, anstelle der örtlichen Ordnungsbehörden tätig werden. Sie haben die zuständige örtliche Ordnungsbehörde unverzüglich zu unterrichten.

§ 168
Sachliche Zuständigkeit der Polizei

(1) Die Polizei hat
1. Gefahren für die öffentliche Sicherheit festzustellen und aus gegebenem Anlaß zu ermitteln;
2. die zuständige Ordnungsbehörde über alle Vorgänge unverzüglich zu unterrichten, die deren Eingreifen erfordern oder für deren Entschließung von Bedeutung sein können;
3. im Einzelfall zur Abwehr von Gefahren für die öffentliche Sicherheit selbständig diejenigen Maßnahmen zu treffen, die sie nach pflichtgemäßem Ermessen für unaufschiebbar hält.

(2) Ferner hat die Polizei im Einzelfall
1. Vollzugsmaßnahmen auf Ersuchen der Ordnungsbehörden durchzuführen, soweit der Vollzug durch die Ordnungsbehörde erfolglos geblieben oder unangebracht ist (Vollzugshilfe);
2. Ermittlungsmaßnahmen auf Ersuchen der Ordnungsbehörden durchzuführen (Ermittlungshilfe).

Auf die Vollzugs- und Ermittlungshilfe finden § 33 Abs. 2 und 5, § 34 Abs. 2 und § 35 Abs. 2 entsprechende Anwendung.

(3) Abweichende Rechtsvorschriften bleiben unberührt.

§ 169
Örtliche Zuständigkeit der Polizeivollzugsbeamtinnen und Polizeivollzugsbeamten

Polizeivollzugsbeamtinnen und Polizeivollzugsbeamte sind befugt, Amtshandlungen im gesamten Landesgebiet und in den Hoheitsgewässern vorzunehmen. Sie leisten jedoch ihren Dienst in der Regel nur innerhalb des Dienstbezirks, dem sie zugeteilt sind. Soweit sie im Bezirk einer Behörde der Polizei tätig werden, der sie nicht zugeteilt sind, gelten ihre dienstlichen Handlungen als Maßnahmen dieser Behörde.

§ 170
Amtshandlungen von Polizeivollzugsbeamtinnen und Polizeivollzugsbeamten, die nicht in einem Dienstverhältnis zum Land Schleswig-Holstein stehen

(1) Polizeivollzugsbeamtinnen und Polizeivollzugsbeamte, die nicht in einem Dienstverhältnis zum Land Schleswig-Holstein stehen, können in Schleswig-Holstein Amtshandlungen vornehmen
1. auf Anforderung oder mit Zustimmung der zuständigen schleswig-holsteinischen Behörde;
2. in den Fällen des Artikels 35 Abs. 2 und 3 und des Artikels 91 Abs. 1 des Grundgesetzes;
3. zur Abwehr einer gegenwärtigen erheblichen Gefahr, zur Verfolgung von Straftaten auf frischer Tat sowie zur Verfolgung und Wiederergreifung Entwichener, wenn

---
8 Polizeiorganisationsgesetz, Nr. 80.

die zuständige schleswig-holsteinische Behörde die erforderlichen Maßnahmen nicht rechtzeitig treffen kann;
4. zur Erfüllung polizeilicher Aufgaben im Zusammenhang mit Transporten von Personen oder Sachen;
5. zur Verfolgung von Straftaten und Ordnungswidrigkeiten und zur Gefahrenabwehr in den durch Verwaltungsabkommen, Staatsvertrag oder Gesetz geregelten Fällen.

In den Fällen des Satzes 1 Nr. 3 bis 5 ist die zuständige Polizeidienststelle unverzüglich zu unterrichten. In den Fällen des Satzes 1 Nr. 3 sind die Straftäterinnen und Straftäter oder die Entwichenen der zuständigen schleswig-holsteinischen Polizeidienststelle unverzüglich zu übergeben; dies gilt nicht, wenn die Ergreifung durch eine Polizeivollzugsbeamtin oder einen Polizeivollzugsbeamten eines anderen Landes oder des Bundes erfolgt.

(2) Werden Polizeivollzugsbeamtinnen und Polizeivollzugsbeamte nach Absatz 1 tätig, haben sie die gleichen Befugnisse wie Polizeivollzugsbeamtinnen und Polizeivollzugsbeamte des Landes Schleswig-Holstein. Ihre Maßnahmen gelten als Maßnahmen derjenigen Polizeibehörde, in deren örtlichem und sachlichem Zuständigkeitsbereich sie tätig geworden sind. Sie unterliegen insoweit deren Weisungen.

(3) Besondere Rechtsvorschriften über die Zuständigkeit von Polizeivollzugsbeamtinnen und Polizeivollzugsbeamten des Bundes bleiben unberührt.

(4) Die Absätze 1 und 2 gelten für Polizeibeamtinnen und Polizeibeamte des Bundes und für Vollzugsbeamtinnen und Vollzugsbeamte der Zollverwaltung, denen der Gebrauch von Schusswaffen bei Anwendung des unmittelbaren Zwangs nach dem Gesetz über den unmittelbaren Zwang bei Ausübung öffentlicher Gewalt durch Vollzugsbeamte des Bundes vom 10. März 1961 (BGBl. I S. 165), zuletzt geändert durch Artikel 43 der Verordnung vom 19. Juni 2020 (BGBl. I S. 1328), gestattet ist, entsprechend. Das Gleiche gilt für ausländische Bedienstete von Polizeibehörden und Polizeidienststellen, soweit völkerrechtliche Vereinbarungen oder der Beschluss des Rates 2008/615/JI dies vorsehen oder das für Inneres zuständige Ministerium Amtshandlungen dieser Polizeibehörden oder Polizeidienststellen allgemein oder im Einzelfall zustimmt.

§ 171
Amtshandlungen von Polizeivollzugsbeamtinnen und Polizeivollzugsbeamten außerhalb Schleswig-Holsteins

(1) Die Polizeivollzugsbeamtinnen und Polizeivollzugsbeamten des Landes Schleswig-Holstein dürfen außerhalb des Landes nur unter den Voraussetzungen des § 170 Abs. 1 entsprechen, und im Falle des Artikels 91 Abs. 2 des Grundgesetzes sowie nur dann tätig werden, wenn das dort geltende Recht es vorsieht. Außerhalb der Bundesrepublik Deutschland dürfen Polizeivollzugsbeamtinnen und Polizeivollzugsbeamte des Landes Schleswig-Holstein tätig werden, soweit völkerrechtliche Vereinbarungen oder der Beschluss des Rates 2008/615/JI dies vorsehen oder das für Inneres zuständige Ministerium allgemein oder im Einzelfall zustimmt; sie haben die danach vorgesehenen Rechte und Pflichten.

(2) Einer Anforderung von Polizeivollzugsbeamtinnen und Polizeivollzugsbeamten des Landes Schleswig-Holstein durch ein anderes Land oder durch den Bund ist zu entsprechen, wenn die Anforderung alle für die Entscheidung wesentlichen Merkmale des Einsatzauftrages enthält und soweit nicht die Verwendung der Polizei im eigenen Lande dringlicher ist als die Unterstützung der Polizei des anderen Landes oder des Bundes. Satz 1 gilt für die Anforderung durch eine ausländische Polizeibehörde oder Polizeidienststelle entsprechend, soweit völkerrechtliche Vereinbarungen oder der Beschluss des Rates 2008/615/JI dies vorsehen.

§ 172
Zusammenarbeit von Ordnungsbehörden und Polizei

Die Ordnungsbehörden und die Polizei arbeiten im Rahmen ihrer sachlichen Zuständigkeit zusammen und unterrichten sich gegenseitig über Vorkommnisse und Maßnahmen von Bedeutung. Näheres, insbesondere über die Zusammenarbeit im Rahmen der Vollzugs- und Ermittlungshilfe, regelt das Ministerium für Inneres, ländliche Räume und Integration durch Verwaltungsvorschrift.

Unterabschnitt 2
Maßnahmen zur Aufrechterhaltung der öffentlichen Sicherheit

I. Allgemeine Vorschriften

§ 173
Rechtsgrundlage

(1) Die Ordnungsbehörden und die Polizei führen die Aufgabe der Gefahrenabwehr nach den hierfür erlassenen besonderen Gesetzen und Verordnungen durch.

(2) Nur soweit solche besonderen Gesetze und Verordnungen fehlen oder eine abschließende Regelung nicht enthalten, gelten für die Durchführung der Gefahrenabwehr die §§ 174 bis 227.

§ 174
Allgemeiner Grundsatz

Die Ordnungsbehörden und die Polizei haben im Rahmen der geltenden Gesetze die nach pflichtgemäßem Ermessen notwendigen Maßnahmen zu treffen, um von der Allgemeinheit oder der einzelnen Person Gefahren abzuwehren, durch die die öffentliche Sicherheit bedroht wird.

§ 175
Verordnungen über die öffentliche Sicherheit

(1) Die Landes-, Kreis- und örtlichen Ordnungsbehörden können als Maßnahmen zur Abwehr von Gefahren für die öffentliche Sicherheit Verordnungen erlassen (Verordnungen über die öffentliche Sicherheit).

(2) Für den Erlaß von Verordnungen über die öffentliche Sicherheit gilt § 73 entsprechend.

(3) Ordnungswidrig handelt, wer vorsätzlich oder fahrlässig einer Verordnung nach Absatz 1 zuwiderhandelt, soweit sie für einen bestimmten Tatbestand auf diese Bußgeldvorschrift verweist. Die Verweisung ist nicht erforderlich, soweit die Vorschrift der Verordnung vor dem 1. Januar 1975 erlassen worden ist.

(4) Die Ordnungswidrigkeit kann mit einer Geldbuße geahndet werden.

(5) Gegenstände, auf die sich die Ordnungswidrigkeit bezieht oder die zu ihrer Vorbereitung oder Begehung verwendet worden sind, können eingezogen werden, soweit die Verordnung nach Absatz 1 für einen bestimmten Tatbestand auf diese Vorschrift verweist.

§ 176
Verwaltungsakte (Verfügungen)

(1) Verwaltungsakte als Maßnahmen zur Gefahrenabwehr, die in die Rechte der einzelnen Person eingreifen, sind, sofern nicht die nachfolgenden Vorschriften, ein besonderes Gesetz oder eine Verordnung über die öffentliche Sicherheit die Befugnisse der Polizei und der Ordnungsbehörden besonders regeln, nur zulässig, soweit sie

1. zur Beseitigung einer Störung der öffentlichen Sicherheit oder

2. zur Abwehr einer im einzelnen Falle bevorstehenden Gefahr für die öffentliche Sicherheit

erforderlich sind.

(2) § 58 Abs. 4 gilt entsprechend.

II. Personenbezogene Daten

1. Allgemeiner Grundsatz

§ 177
Zulässigkeit der Verarbeitung personenbezogener Daten

(1) Personenbezogene Daten dürfen zum Zwecke der Gefahrenabwehr nur verarbeitet werden, soweit dies durch Gesetz ausdrücklich zugelassen ist oder die betroffene Person eingewilligt hat oder offensichtlich ist, dass die Verarbeitung im Interesse der betroffenen Person liegt und sie einwilligen würde. Die Erhebung personenbezogener Daten

mit Einwilligung der betroffenen Person ist unter Beachtung des § 27 Landesdatenschutzgesetz (LDSG) unbeschadet spezieller Rechtsvorschriften nur dann zulässig, wenn die betroffene Person eine echte Wahlfreiheit hat und nicht aufgefordert oder angewiesen wird, einer rechtlichen Verpflichtung nachzukommen; die betroffene Person ist auf die Freiwilligkeit hinzuweisen.

(2) Soweit nach diesem Gesetz personenbezogene Daten verarbeitet werden, dürfen besondere Kategorien personenbezogener Daten nur unter Beachtung von § 12 Absatz 2 und 3 Landesdatenschutzgesetz (LDSG) und § 24 Absatz 2 LDSG verarbeitet werden. §§ 13 und 26 LDSG bleiben unberührt.

(3) Werden personenbezogene Daten mit Einwilligung der betroffenen Person verarbeitet, so ist dies nur zu dem Zweck zulässig, für den die Einwilligung erteilt worden ist.

(4) Das LDSG findet ergänzende Anwendung, soweit in diesem Gesetz nichts Besonderes geregelt ist. Im Übrigen gilt die Verordnung (EU) 2016/679.

2. Datenerhebung

§ 178
Grundsätze der Datenerhebung

(1) Personenbezogene Daten sind bei der betroffenen Person zu erheben. Sie können bei Behörden, öffentlichen Stellen oder bei Dritten erhoben werden, wenn die Erhebung bei der betroffenen Person nicht oder nicht rechtzeitig möglich ist oder durch sie die Erfüllung der jeweiligen polizeilichen oder ordnungsbehördlichen Aufgabe erheblich erschwert oder gefährdet werden würde.

(2) Personenbezogene Daten sind offen zu erheben. Eine Erhebung, die nicht als polizeiliche oder ordnungsbehördliche Maßnahme erkennbar sein soll, ist nur zulässig, wenn ohne sie die Erfüllung polizeilicher oder ordnungsbehördlicher Aufgaben erheblich gefährdet werden würde oder wenn anzunehmen ist, daß dies den überwiegenden Interessen der betroffenen Person entspricht. In diesem Falle ist die betroffene Person zu benachrichtigen, wenn die Daten in einer Datei gespeichert oder an Dritte übermittelt werden. Die Benachrichtigung kann zurückgestellt werden, solange das Ziel oder der Zweck der Maßnahme gefährdet wäre. Sie unterbleibt, wenn sich an dem auslösenden Sachverhalt ein strafrechtliches Ermittlungsverfahren gegen die betroffene Person anschließt.

(3) Werden personenbezogene Daten bei der betroffenen Person oder bei Dritten erhoben, sind diese auf die Freiwilligkeit ihrer Auskunft, auf bestehende Auskunftsverweigerungsrechte und auf Verlangen auf die Rechtsgrundlage für die Erhebung hinzuweisen.

§ 179
Voraussetzungen der Datenerhebung

(1) Personenbezogene Daten über

1. die in den §§ 218 und 219 genannten Personen und unter den Voraussetzungen des § 220 die dort genannten Personen,
2. geschädigte, hilflose oder vermißte Personen sowie deren Angehörige, gesetzliche Vertreterinnen oder Vertreter oder Vertrauenspersonen,
3. gefährdete Personen und
4. Zeugen, Hinweisgeber oder sonstige Auskunftspersonen

können erhoben werden, soweit dies zur Abwehr einer im einzelnen Falle bevorstehenden Gefahr erforderlich ist.

(2) Wenn Tatsachen dafür sprechen, dass ein Verbrechen begangen werden soll oder ein Vergehen gewerbsmäßig, gewohnheitsmäßig, serienmäßig, bandenmäßig oder mittels Täterschaft und Teilnahme organisiert begangen werden soll, können personenbezogene Daten erhoben werden über

1. Personen, bei denen Tatsachen dafür sprechen, dass sie solche Straftaten begehen oder sich hieran beteiligt werden,
2. Personen, bei denen Tatsachen dafür sprechen, dass sie Opfer solcher Straftaten werden, oder

3. Zeugen, Hinweisgeber oder sonstige Auskunftspersonen, die dazu beitragen können, den Sachverhalt solcher Straftaten aufzuklären.

(3) Allgemeine Erfahrungssätze ohne Bezug zum jeweiligen Geschehen sind keine Tatsachen im Sinne der Vorschriften über die Datenerhebung.

(4) Zur Vorbereitung für die Hilfeleistung und das Handeln in Gefahrfällen können von

1. Personen, deren besondere Kenntnisse oder Fähigkeiten zur Gefahrenabwehr benötigt werden,
2. Verantwortlichen für Anlagen oder Einrichtungen, von denen eine erhebliche Gefahr ausgehen kann,
3. Verantwortlichen für gefährdete Anläßen oder Einrichtungen und
4. Verantwortlichen für Veranstaltungen in der Öffentlichkeit, die nicht dem Versammlungsgesetz unterliegen,

Namen, Vornamen, akademische Grade, Anschriften, Telefonnummern und andere personenbezogene Daten über die Erreichbarkeit sowie nähere Angaben über die Zugehörigkeit zu einer der genannten Personengruppen aus allgemein zugänglichen Quellen, bei Behörden oder aufgrund freiwilliger Angaben erhoben werden. Eine verdeckte Datenerhebung ist nicht zulässig. Kommt es im Zusammenhang mit einem Gefahrenfall zur Begehung einer Straftat oder Ordnungswidrigkeit, so dürfen die nach Satz 1 Nr. 2 bis 4 erhobenen personenbezogenen Daten zur Verfolgung einer solchen Straftat oder Ordnungswidrigkeit verarbeitet werden. Werden die nach Satz 1 Nr. 4 erhobenen personenbezogenen Daten nicht nach Satz 3 verarbeitet, sind sie spätestens einen Monat nach Beendigung des Anlasses zu löschen.

(5) Die Polizei kann Anrufe über Notrufeinrichtungen aufzeichnen. Im Übrigen ist eine Aufzeichnung von Anrufen zulässig, soweit sie zur polizeilichen Aufgabenerfüllung erforderlich ist. Die Aufzeichnungen sind spätestens zwei Monate nach ihrer Erhebung zu löschen, es sei denn, die Daten werden zur Verfolgung von Straftaten oder Ordnungswidrigkeiten oder zur Abwehr von Gefahren benötigt.

§ 180
Befragung und Auskunftspflicht, polizeiliche Anhalte- und Sichtkontrollen

(1) Personen dürfen befragt werden, wenn aufgrund tatsächlicher Anhaltspunkte anzunehmen ist, daß sie Angaben machen können, die für die Aufgabenerfüllung nach § 162 erforderlich sind. Die Ordnungsbehörden und die Polizei dürfen Personen zum Zwecke der Befragung kurzfristig anhalten.

(2) Eine Person, die nach Absatz 1 befragt wird, hat die erforderlichen Angaben zu leisten und, falls dies zur Abwehr einer im einzelnen Falle bevorstehenden Gefahr notwendig ist, auf Frage auch Namen, Vornamen, Tag und Ort der Geburt, Wohnanschrift und Staatsangehörigkeit anzugeben. § 136 a Abs. 1 Satz 1 und 3 sowie Abs. 2 und 3 der Strafprozeßordnung gilt entsprechend. Unter den in den §§ 52 bis 55 der Strafprozeßordnung genannten Voraussetzungen ist die betroffene Person zur Verweigerung der Auskunft zur Sache berechtigt. Dies gilt nicht, wenn die Auskunft für die Abwehr einer Gefahr für Leib, Leben oder Freiheit einer Person erforderlich ist. Auskünfte, die nach Satz 4 erlangt werden, dürfen nur zu Zwecken der Gefahrenabwehr verwendet werden.

(3) Die Polizei darf im öffentlichen Verkehrsraum zur vorbeugenden Bekämpfung von Straftaten von erheblicher Bedeutung, bei denen Schaden für Leib, Leben oder Freiheit oder gleichwichtiger Schaden für Sach- oder Vermögenswerte oder die Umwelt zu erwarten ist, Personen kurzzeitig anhalten und mitgeführte Fahrzeuge einschließlich deren Kofferräume oder Ladeflächen in Augenschein nehmen. Inaugenscheinnahme bedeutet die optische Wahrnehmung ohne Durchsuchung; § 206 bleibt unberührt. Maßnahmen nach Satz 1 werden durch die Leiterin oder den Leiter des Landespolizeiamtes, des Landeskriminalamtes oder einer Polizeidirektion angeordnet, soweit Tatsachen, insbesondere dokumentierte polizeiliche Lageerkenntnisse, dies erfordern, weil sie auf einen Kriminalitätsschwerpunkt hin-

deuten und anzunehmen ist, dass eine Gefahr für die öffentliche Sicherheit vorliegt. In der schriftlich zu begründenden Anordnung ist die Maßnahme in örtlicher, sachlicher und zeitlicher Hinsicht auf den für die vorbeugende Bekämpfung der in Satz 1 aufgeführten Kriminalität erforderlichen Umfang zu beschränken. Die Anordnung soll vorab in geeigneter Weise bekannt gemacht werden, es sei denn, ihr Zweck wird dadurch gefährdet. Die Anordnung ist zunächst auf maximal 28 Tage zu befristen. Für jede Verlängerung bedarf es einer richterlichen Entscheidung. Eine Verlängerung um jeweils maximal weitere 28 Tage ist zulässig, soweit die Voraussetzungen weiterhin vorliegen. Zuständig ist das Amtsgericht, in dessen Bezirk das Landespolizeiamt, das Landeskriminalamt seinen oder die Polizeidirektion ihren Sitz hat.

§ 180 a[9]
Bestandsdatenauskunft

(1) Die Polizei darf von demjenigen, der geschäftsmäßig Telekommunikationsdienste erbringt oder daran mitwirkt (Diensteanbieter), Auskunft über die nach §§ 95 und 111 des Telekommunikationsgesetzes erhobenen Daten verlangen (§ 113 Abs. 1 Satz 1 des Telekommunikationsgesetzes), soweit dies zur Abwehr einer im einzelnen Falle bevorstehenden Gefahr für die öffentliche Sicherheit erforderlich ist. Das vom Telekommunikationsgesetz zum Inhalt und zur Übermittlung des Auskunftsverlangens an die Diensteanbieter vorgegebene Verfahren findet Anwendung (§ 113 Abs. 2 des Telekommunikationsgesetzes).

(2) Bezieht sich das Auskunftsverlangen nach Absatz 1 auf Daten, mittels derer der Zugriff auf Endgeräte oder auf Speichereinrichtungen, die in diesen Endgeräten oder hiervon räumlich getrennt eingesetzt werden, geschützt wird (§ 113 Abs. 1 Satz 2 des Telekommunikationsgesetzes), darf die Auskunft nur verlangt werden, wenn die gesetzlichen Voraussetzungen für die Verarbeitung der Daten vorliegen

1. zur Überwachung der Telekommunikation nach § 185 a oder
2. zur Sicherstellung von nicht mehr dem Schutz des Artikel 10 des Grundgesetzes unterliegenden in Endeinrichtungen oder auf Speichereinrichtungen abgelegten Daten nach § 210.

Die Auskunft über die nach §§ 95 und 111 des Telekommunikationsgesetzes erhobenen Daten nach Satz 1 und Absatz 1 darf auch anhand einer zu einem bestimmten Zeitpunkt zugewiesenen Internetprotokoll-Adresse verlangt werden (§ 113 Abs. 1 Satz 3 des Telekommunikationsgesetzes), soweit dies zur Abwehr einer im einzelnen Falle bevorstehenden Gefahr für Leib, Leben oder Freiheit einer Person sowie zur Abwehr einer gegenwärtigen Gefahr eines gleichgewichtigen Schadens für Sach- oder Vermögenswerte oder für die Umwelt erforderlich ist. Satz 2 gilt bei fest zugewiesenen Internetprotokoll-Adressen entsprechend.

(3) Aufgrund eines Auskunftsverlangens nach Absatz 1 bis 2 hat der Diensteanbieter die zur Auskunftserteilung erforderlichen Daten unverzüglich und vollständig zu übermitteln. Für seine Entschädigung ist § 23 des Justizvergütungs- und -entschädigungsgesetzes entsprechend anzuwenden.

(4) Absatz 1 bis 3 gilt bei an die Telemedien-Diensteanbieter gerichteten Auskunftsverlangen auf Bestandsdaten nach § 14 des Telemediengesetzes sowie auf die Identifikation der Nutzer und auf das Datum und die Uhrzeit des Beginns und des Endes der Verarbeitung beschränkte Daten im Sinne des § 15 des Telemediengesetzes entsprechend, soweit dies zur Abwehr einer im einzelnen Falle bevorstehenden Gefahr für Leib, Leben oder Freiheit einer Person sowie zur Abwehr einer gegenwärtigen Gefahr eines gleichgewichtigen Schadens für Sach- oder Vermögenswerte oder für die Umwelt erforderlich ist.

---
9 Durch die §§ 180 a und 180 b wird das Fernmeldegeheimnis (Artikel 10 des Grundgesetzes) beschränkt (Artikel 3 des Gesetzes vom 21.6.2013, GVOBl. Schl.-H. S. 254).

§ 180 b
Verfahren zur Bestandsdatenauskunft

(1) Auskunftsverlangen nach § 180 a Abs. 2 dürfen nur auf Antrag der Polizei durch das nach § 186 Absatz 6 zuständige Gericht angeordnet werden. Für das Verfahren findet das Gesetz über das Verfahren in Familiensachen und in den Angelegenheiten der freiwilligen Gerichtsbarkeit entsprechende Anwendung. Der Anhörung der betroffenen Person durch das Gericht bedarf es nicht. Bei Gefahr im Verzug kann die Polizei die Anordnung treffen. In diesem Fall gilt § 186 Absatz 1 Satz 3 bis 5 entsprechend. Satz 1 bis 4 findet keine Anwendung, wenn die Verarbeitung der Daten bereits durch eine gerichtliche Entscheidung gestattet wird. Das Vorliegen der Voraussetzungen nach Satz 6 ist aktenkundig zu machen. Nach Abschluss der Maßnahmen nach § 180 a Abs. 2 ist die betroffene Person von der Polizei zu benachrichtigen und auf die Möglichkeit nachträglichen Rechtsschutzes hinzuweisen. Die Benachrichtigung erfolgt, soweit und sobald der Zweck der Auskunft nicht vereitelt wird. Die Benachrichtigung nach Satz 8 unterbleibt, wenn ihr überwiegende schutzwürdige Belange Dritter oder der betroffenen Person selbst entgegenstehen. Wird die Benachrichtigung nach Satz 9 zurückgestellt oder nach Satz 10 von ihr abgesehen, gilt § 186 Absatz 7 Satz 5 bis 9 entsprechend.

(2) Absatz 1 gilt bei Auskunftsverlangen nach § 180 a Abs. 4 entsprechend.

§ 181
Identitätsfeststellung

(1) Die Identität einer Person darf zur Abwehr einer im einzelnen Falle bevorstehenden Gefahr festgestellt werden. Darüber hinaus dürfen Polizeivollzugsbeamtinnen und Polizeivollzugsbeamte die Identität einer Person feststellen,

1. wenn sie sich an einem Ort aufhält, für den zu diesem Zeitpunkt Tatsachen dafür sprechen, daß
   a) dort Personen Straftaten verabreden, vorbereiten oder verüben,
   b) sich dort gesuchte Straftäterinnen oder Straftäter verbergen,
2. wenn sie sich in einer Verkehrs- oder Versorgungsanlage oder -einrichtung, einem öffentlichen Verkehrsmittel, Amtsgebäude oder in deren unmittelbarer Nähe aufhält und Tatsachen dafür sprechen, daß in oder an diesem Objekt Straftaten begangen werden sollen, durch die Personen oder diese Objekte gefährdet sind,
3. wenn sie sich in einem gefährdeten Objekt oder in dessen unmittelbarer Nähe aufhält und die zuständige Polizeibehörde für dieses Objekt besondere Schutzmaßnahmen angeordnet hat,
4. an einer Kontrollstelle, die von der Polizei eingerichtet worden ist, um folgende Straftaten zu verhüten, für deren Begehung Tatsachen sprechen:
   a) die in § 129 a des Strafgesetzbuches (StGB) genannten Straftaten,
   b) eine Straftat nach § 250 Abs. 1 Nr. 1 StGB,
   c) eine Straftat nach § 255 StGB in der Begehungsform nach § 250 Abs. 1 Nr. 1 oder 2 StGB.
5. die in öffentlichen Bereichen des internationalen Verkehrs sowie auf Durchgangsstraßen (Bundesautobahnen, Europastraßen und andere Straßen von erheblicher Bedeutung für die grenzüberschreitende Kriminalität) angetroffen wird und die Identitätsfeststellung zum Zwecke der Bekämpfung der grenzüberschreitenden Kriminalität oder von Straftaten von erheblicher Bedeutung, bei denen Schaden für Leib, Leben oder Freiheit oder gleichgewichtiger Schaden für Sach- oder Vermögenswerte oder die Umwelt zu erwarten ist, erforderlich erscheint.

(2) Die Auswahl der von der Identitätsfeststellung betroffenen Person anhand gruppenbezogener Merkmale im Sinne des Artikels 3 Absatz 3 des Grundgesetzes ohne sachlichen, durch den Zweck der Identitätsfeststellung gerechtfertigten Grund ist unzulässig.

(3) Es dürfen die zur Feststellung der Identität erforderlichen Maßnahmen getroffen werden. Insbesondere kann verlangt werden, daß die betroffene Person Angaben zur Feststellung ihrer Identität macht sowie mitgeführte Ausweispapiere zur Prüfung aushändigt.

(4) Die Ordnungsbehörden und die Polizei dürfen die betroffene Person zum Zwecke der Identitätsfeststellung anhalten. Wenn die Identität auf andere Weise nicht oder nur unter erheblichen Schwierigkeiten festgestellt werden kann, dürfen sie die betroffene Person festhalten, und die Polizei darf darüber hinaus die Person zur Dienststelle verbringen. Unter den Voraussetzungen des Satzes 2 können die betroffene Person sowie die von ihr mitgeführten Sachen zum Zwecke der Identitätsfeststellung durchsucht werden. Durchsuchungen nach Satz 3 darf nur die Polizei vornehmen. Die betroffene Person darf nicht länger festgehalten werden, als es zur Feststellung ihrer Identität erforderlich ist. Spätestens zwölf Stunden nach dem Verbringen zur Dienststelle muss die Entlassung erfolgen.

(5) Wird eine Person aufgrund des Absatzes 3 Satz 2 festgehalten, ist unverzüglich eine richterliche Entscheidung über Zulässigkeit und Fortdauer der Freiheitsentziehung herbeizuführen. Dies ist nicht erforderlich, wenn anzunehmen ist, daß die richterliche Entscheidung erst nach Wegfall des Grundes der Freiheitsentziehung ergehen würde. Für die Entscheidung ist das Amtsgericht zuständig, in dessen Bezirk die Person festgehalten wird. Das Verfahren richtet sich nach Buch 7 des Gesetzes über das Verfahren in Familiensachen und in den Angelegenheiten der freiwilligen Gerichtsbarkeit vom 17. Dezember 2008 (BGBl. I S. 2586, 2587), zuletzt geändert durch Artikel 2 des Gesetzes vom 3. April 2009 (BGBl. I S. 700).

(6) Maßnahmen dürfen nicht getroffen werden, wenn sie zur Bedeutung der Sache außer Verhältnis stehen.

§ 181a
Zuverlässigkeitsüberprüfungen zum Schutz von Veranstaltungen und staatlichen Einrichtungen

(1) Zur Abwehr einer Gefahr für eine Veranstaltung kann eine Zuverlässigkeitsüberprüfung einer Person mit deren Einwilligung durchgeführt werden, wenn sie privilegierten Zutritt zu einer aufgrund aktueller polizeilicher Lageerkenntnisse im Einzelfall besonders geschützten Veranstaltung erhalten soll und nicht dem in § 34a GewO genannten Personenkreis unterfällt. Die Gefährdung der Veranstaltung ergibt sich nicht allein dadurch, dass es sich um eine Großveranstaltung handelt.

(2) Soweit das Landessicherheitsüberprüfungsgesetz oder ein anderes Gesetz keine Sicherheitsüberprüfung vorsieht, kann zur Abwehr einer Gefahr für den Staat und seiner Einrichtungen eine Zuverlässigkeitsüberprüfung einer Person mit deren Einwilligung auch durchgeführt werden, wenn sie
1. eine Tätigkeit anstrebt
   a) als Bedienstete oder Bediensteter in der Landespolizei oder der Justiz oder
   b) in einer anderen Behörde, bei der sie regelmäßig Zugriff auf Personalaktendaten von Bediensteten der Landespolizei hat;
   c) als Bedienstete der Landesregierung und des Landtages, soweit dies aufgrund ihrer Tätigkeit erforderlich ist;
2. Dolmetschertätigkeiten für die Landespolizei übernehmen soll oder
3. unbegleiteten Zutritt zu einer Liegenschaft
   a) der Landespolizei oder der Staatsanwaltschaften oder
   b) der Gerichte außerhalb ihrer regulären Öffnungszeiten erhalten soll, ohne jeweils dort bedienstet zu sein.
4. Zugang zu Vergabe- und Vertragsunterlagen einer Behörde erhalten soll, aus denen sich sicherheitsrelevante Funktionszusammenhänge ergeben, ohne Bedienstete oder Bediensteter dieser Behörde zu sein.

Im Übrigen kann im besonderen Einzelfall eine Zuverlässigkeitsüberprüfung einer Person mit deren Einwilligung durchgeführt werden, die selbstständige Dienstleistungen zur Unterstützung von sensiblen polizeilichen Aufgaben erbringen soll.

(3) Die Durchführung der Zuverlässigkeitsüberprüfung erfolgt durch die Polizei auf Ersuchen der Polizei oder einer anderen Behörde. Dazu kann die Polizei die Identität der betroffenen Person feststellen und von ihr vorgelegte Ausweisdokumente kopieren oder Kopien von Ausweisdokumenten anfordern. Im Übrigen nimmt die Polizei die Überprüfung anhand von Dateisystemen der Polizeien des Bundes und der Länder vor. Im Fall von Erkenntnissen über Strafverfahren holt sie, soweit im Einzelfall erforderlich, nach Maßgabe des § 481 der Strafprozessordnung eine Auskunft der Strafverfolgungsbehörden und der Gerichte ein oder nimmt Einsicht in die bei den Strafverfolgungsbehörden und Gerichten geführten Akten. Darüber hinaus holt sie Auskünfte des Verfassungsschutzes ein, wenn bei der auf ihre Zuverlässigkeit zu überprüfenden Person tatsächliche Anhaltspunkte für den Verdacht im Zusammenhang mit Bestrebungen oder Tätigkeiten nach § 5 Absatz 1 Landesverfassungsschutzgesetz vom 23. März 1991 (GVOBl. Schl.-H. S. 203), zuletzt geändert durch Gesetz vom 1. Dezember 2020 (GVOBl. Schl.-H. S. 874), vorliegen und Zuverlässigkeitsbedenken nicht bereits aufgrund anderer Erkenntnisse bestehen. Aufgrund der vorgenommenen Überprüfung erstellt die Polizei eine Bewertung zum Vorliegen von Zuverlässigkeitsbedenken. Zuverlässigkeitsbedenken bestehen, wenn aufgrund der erteilten Auskünfte zu befürchten steht, dass von der Person eine Gefahr für die Veranstaltung im Sinne des Absatzes 1 oder für den Staat und seine Einrichtungen im Sinne des Absatzes 2 ausgeht.

(4) Vor der Übermittlung der Bewertung und der sie tragenden Gründe an die ersuchende Behörde gibt die Polizei der überprüften Person Gelegenheit, sich zu den eingeholten Auskünften zu äußern, soweit diese Zweifel an ihrer Zuverlässigkeit begründen und Geheimhaltungspflichten nicht entgegenstehen oder bei Auskünften durch die Strafverfolgungsbehörden eine Gefährdung des Strafverfahrens nicht zu besorgen ist. Stammen die Erkenntnisse von einer Stelle außerhalb der Landespolizei, ist das Einvernehmen dieser Stelle erforderlich.

(5) Die Übermittlung an die ersuchende Behörde beschränkt sich auf die Übermittlung der Bewertung und der sie tragenden Gründe zum Vorliegen von Zuverlässigkeitsbedenken. Die Polizei löscht die nach Absatz 2 erhobenen Daten und die auf dieser Grundlage erstellte Bewertung spätestens binnen sechs Monaten nach der Übermittlung.

(6) Die empfangende Behörde darf die übermittelten Daten nur für den Zweck der Zuverlässigkeitsüberprüfung verarbeiten und hat diese spätestens nach sechs Monaten nach Wegfall des Überprüfungsanlasses zu löschen.

§ 182
Prüfung von Berechtigungsscheinen

Es kann verlangt werden, daß ein Berechtigungsschein zur Prüfung ausgehändigt wird, wenn die betroffene Person aufgrund einer Rechtsvorschrift oder einer vollziehbaren Auflage in einem Erlaubnisbescheid verpflichtet ist, diesen Berechtigungsschein mitzuführen.

§ 183
Erkennungsdienstliche Maßnahmen

(1) Erkennungsdienstliche Maßnahmen dürfen angeordnet werden, wenn eine nach § 181 zulässige Identitätsfeststellung auf andere Weise nicht oder nur unter erheblichen Schwierigkeiten möglich ist. Gegen eine Person, die nicht nach den §§ 218 oder 219 verantwortlich ist, dürfen erkennungsdienstliche Maßnahmen gegen ihren Willen nicht durchgeführt werden, es sei denn, daß die Person Angaben über die Identität verweigert oder bestimmte Tatsachen den Verdacht einer Täuschung über die Identität begründen. Darüber hinaus dürfen Polizeivollzugsbeamtinnen und Polizeivollzugsbeamte die zur Verhütung oder Aufklärung einer künftigen Straftat erforderlich erscheinenden erkennungsdienstlichen Maßnahmen anordnen, wenn die betroffene Person dringend verdächtig ist, eine mit Strafe bedrohte Handlung im Sinne des § 179 Abs. 2 begangen zu haben, und wenn wegen der Art oder Ausführung der Handlung

sowie der Persönlichkeit der betroffenen Person die Gefahr der Begehung weiterer Straftaten besteht. Die angeordneten Maßnahmen dürfen nur von Polizeivollzugsbeamtinnen und Polizeivollzugsbeamten vorgenommen werden.

(2) Erkennungsdienstliche Maßnahmen sind
1. die Abnahme von Finger- und Handflächenabdrücken,
2. die Aufnahme von Lichtbildern,
3. die Feststellung äußerer körperlicher Merkmale,
4. Messungen und
5. Tonaufzeichnungen.

(3) Ist die Identität festgestellt, sind in den Fällen des Absatzes 1 Satz 1 die im Zusammenhang mit der Feststellung angefallenen erkennungsdienstlichen Unterlagen zu vernichten, es sei denn, ihre weitere Aufbewahrung und sonstige Verarbeitung sind für Zwecke nach Absatz 1 Satz 3 oder nach anderen Rechtsvorschriften erforderlich.

§ 183a
Identitätsfeststellung mit medizinischen und molekulargenetischen Mitteln

(1) Die Polizei kann zur Identitätsfeststellung medizinische Untersuchungen anordnen, wenn eine nach § 181 zulässige Identitätsfeststellung einer Person, die
1. verstorben ist oder
2. sich erkennbar in einem die freie Willensbestimmung ausschließenden Zustand oder sonst in hilfloser Lage befindet,

auf andere Weise nicht oder nur unter erheblichen Schwierigkeiten möglich ist. § 81 a Abs. 1 Satz 2 der Strafprozessordnung gilt entsprechend.

(2) An dem durch Maßnahmen nach Absatz 1 erlangten Material sowie am aufgefundenen Spurenmaterial von Vermissten dürfen ausschließlich zum Zwecke der gefahrenabwehrrechtlichen Identitätsfeststellung nach Absatz 1 molekulargenetische Untersuchungen durchgeführt sowie die gewonnenen DNA-Identifizierungsmuster in einer Datei gespeichert werden. Die in der Datei gespeicherten DNA-Identifizierungsmuster dürfen ausschließlich zu gefahrenabwehrrechtlichen Zwecken verwendet werden. Die DNA-Identifizierungsmuster nicht verstorbener Personen sind unverzüglich zu löschen, wenn der Zweck der Maßnahme nach Absatz 1 erreicht ist. § 81 g Abs. 2 der Strafprozessordnung gilt entsprechend.

(3) Molekulargenetische Untersuchungen dürfen nur richterlich angeordnet werden. Zuständig ist das Amtsgericht, in dessen Bezirk die Polizeidienststelle ihren Sitz hat. § 186 Abs. 2 Satz 2 bis 5, 7 und 8 sowie § 81 f Abs. 2 der Strafprozessordnung gelten entsprechend.

§ 183b
Untersuchung von Personen

(1) Zur Abwehr einer Gefahr für Leib oder Leben kann eine Person körperlich untersucht werden. Zu diesem Zweck sind Entnahmen von Blutproben und andere körperliche Eingriffe, die von einer Ärztin oder einem Arzt nach den Regeln der ärztlichen Kunst zu Untersuchungszwecken vorgenommen werden, ohne Einwilligung der betroffenen Person zulässig, wenn kein Nachteil für die Gesundheit der betroffenen Person zu befürchten ist.

(2) Der körperliche Eingriff bedarf, außer bei Gefahr im Verzug, der richterlichen Anordnung. Zuständig ist das Amtsgericht, in dessen Bezirk das Landespolizeiamt oder Landeskriminalamt seinen oder die Polizeidirektion ihren Sitz hat. Für das Verfahren findet das Gesetz über das Verfahren in Familiensachen und in den Angelegenheiten der freiwilligen Gerichtsbarkeit vom 17. Dezember 2008 (BGBl. I S. 2586), zuletzt geändert durch Artikel 4 des Gesetzes vom 19. März 2020 (BGBl. I S. 541), entsprechende Anwendung.

(3) Auf Verlangen der betroffenen Person sind ihr die bei der Untersuchung erhobenen personenbezogenen Daten zur Verfügung zu stellen. Die personenbezogenen Daten dürfen über den in Absatz 1 genannten Zweck hinaus nur zum Schutz vor oder zur Abwehr von schwerwiegenden Gesundheitsgefährdungen genutzt werden.

§ 184
Datenerhebung bei öffentlichen Veranstaltungen und Ansammlungen sowie auf öffentlichen Flächen

(1) Bei oder im Zusammenhang mit öffentlichen Veranstaltungen oder Ansammlungen, die nicht dem Versammlungsgesetz unterliegen, können personenbezogene Daten erhoben werden, wenn Tatsachen dafür sprechen, daß von den Betroffenen Straftaten oder Ordnungswidrigkeiten von erheblicher Bedeutung begangen werden. Der offene Einsatz technischer Mittel zur Anfertigung von Bildaufnahmen, Bild- oder Tonaufzeichnungen ist nur gegen die in den §§ 218 und 219 genannten Personen zulässig.

(2) Allgemein zugängliche Flächen und Räume dürfen mittels Bildübertragung beobachtet werden, soweit dies zur Aufgabenerfüllung nach § 162 erforderlich ist. Der offene Einsatz technischer Mittel zur Anfertigung von Bildaufnahmen oder Bildaufzeichnungen in und an allgemein zugänglichen Flächen und Räumen, die Kriminalitäts- oder Gefahrenschwerpunkte sind, ist zulässig, soweit Tatsachen die Annahme rechtfertigen, dass Schäden für Leib, Leben oder Freiheit oder gleichgewichtige Schäden für andere Rechtsgüter zu erwarten sind. Die Maßnahme nach Satz 2 ist örtlich auf den erforderlichen Bereich zu beschränken und auf sechs Monate zu befristen. Eine Verlängerung ist nur zulässig, sofern die Voraussetzungen nach Satz 2 weiterhin vorliegen.

(3) Zum Schutz einer Polizeivollzugsbeamtin oder eines Polizeivollzugsbeamten oder eines Dritten kann die Polizei bei polizeilichen Maßnahmen nach diesem Gesetz oder anderen Rechtsvorschriften erforderlichenfalls personenbezogene Daten offen durch Bildaufnahmen und Bild- oder Tonaufzeichnungen anfertigen. Die Aufnahmen und Aufzeichnungen sind spätestens drei Tage nach dem Anfertigen zu löschen. Dies gilt nicht, wenn diese zur Verfolgung von Straftaten oder Ordnungswidrigkeiten von erheblicher Bedeutung benötigt werden.

(4) Die Datenerhebung nach den Absätzen 1 bis 3 darf auch durchgeführt werden, wenn Dritte unvermeidbar betroffen sind. Die angefertigten Bildaufnahmen, Bild- und Tonaufzeichnungen sowie sonstige dabei gewonnenen personenbezogenen Daten sind außer bei Maßnahmen nach Absatz 3 spätestens einen Monat nach ihrer Erhebung zu löschen oder zu vernichten. Dies gilt nicht, wenn sie zur Verfolgung von Straftaten oder Ordnungswidrigkeiten von erheblicher Bedeutung benötigt werden oder Tatsachen dafür sprechen, dass die Person künftig vergleichbare Straftaten oder Straftaten im Sinne des § 179 Abs. 2 begehen wird. Die Zweckänderung der Daten muss im Einzelfall festgestellt und dokumentiert werden. Eine Unterrichtung der unvermeidbar betroffenen Dritten im Sinne von Satz 1 und der von Maßnahmen nach Absatz 1 bis 3 Betroffenen unterbleibt, wenn sie innerhalb der in Satz 2 genannten Fristen nur mit unverhältnismäßigen Ermittlungen möglich wäre, insbesondere wenn dadurch eine Grundrechtseingriffsvertiefung zu befürchten ist oder wenn überwiegend schutzwürdige Belange anderer Betroffener entgegenstehen.

(5) Auf den Umstand einer Datenerhebung bei Maßnahmen nach den Absätzen 1 bis 3 ist in geeigneter Weise hinzuweisen, soweit nicht die Maßnahme im Einzelfall offensichtlich ist.

§ 184a
Einsatz körpernah getragener Aufnahmegeräte

(1) Die Polizei kann an öffentlich zugänglichen Orten personenbezogene Daten durch den offenen Einsatz körpernah getragener Bild- und Tonaufzeichnungsgeräte im Wege der Aufnahme erheben, wenn Tatsachen dafür sprechen, dass dies zum Schutz von Polizeibeamtinnen oder -beamten oder Dritten vor einer Gefahr für die körperliche Unversehrtheit erforderlich ist. Die offene Datenerhebung bei befriedeten Besitztum und in Geschäftsräumen ist mit Ausnahme von denjenigen Bereichen, innerhalb derer Berufsgeheimnisträgerinnen oder -träger ihre Tätigkeit ausüben, nur zur

Abwehr einer gegenwärtigen erheblichen Gefahr erlaubt. Die Maßnahme nach Satz 2 darf nur einsatzleitende Polizeivollzugsbeamte vor Ort angeordnet werden. Auf eine Aufnahme ist in geeigneter Form hinzuweisen. Die im Wege des Satz 2 erhobenen Daten können nur nach vorheriger richterlicher Feststellung der Rechtmäßigkeit der Datenerhebung weiterverarbeitet werden.

(2) Die Datenerhebung darf auch durchgeführt werden, wenn Dritte unvermeidbar betroffen sind.

(3) Die Bild- und Tonaufzeichnungsgeräte erheben im Bereitschaftsbetrieb automatisiert Daten, die im Zwischenspeicher kurzzeitig erfasst werden, soweit und solange im Rahmen der Gefahrenabwehr und bei der Verfolgung von Straftaten und Ordnungswidrigkeiten mit hinreichender Wahrscheinlichkeit zu erwarten ist, dass dies zum Schutz der Polizeivollzugsbeamtinnen oder Polizeivollzugsbeamten oder Dritter gegen eine Gefahr für die körperliche Unversehrtheit erforderlich ist. Diese Daten werden automatisiert nach längstens einer Minute gelöscht, es sei denn, es erfolgt eine Datenerhebung nach Absatz 1. In diesem Fall dürfen die nach Satz 1 automatisiert erfassten Daten bis zu einer Dauer von einer Minute vor dem Beginn der Aufnahme nach Absatz 1 gespeichert werden.

(4) Die Bild- und Tonaufzeichnungen sind für einen Monat zu speichern und nach Ablauf dieser Frist zu löschen, soweit sie nicht benötigt werden

1. zur Verfolgung von Straftaten oder Ordnungswidrigkeiten von erheblicher Bedeutung,
2. im Einzelfall zur Gefahrenabwehr oder
3. im Einzelfall für die Überprüfung der Rechtmäßigkeit von aufgezeichneten polizeilichen Maßnahmen. Auf Verlangen sind die Aufnahmen länger als in Satz 1 zu speichern.

Es ist technisch und organisatorisch sicherzustellen, dass die Bild- und Tonaufnahmen nicht vor Ablauf der in Absatz 4 genannten Frist gelöscht werden können.

(5) Die Maßnahmen nach Absatz 1 bis 3 sowie die Löschung und weitere Verarbeitung der Daten nach Absatz 4 sind zu dokumentieren.

§ 185
Besondere Mittel der Datenerhebung

(1) Besondere Mittel der Datenerhebung sind

1. die planmäßig angelegte Beobachtung einer Person, die
   a) innerhalb einer Woche länger als 24 Stunden oder
   b) über den Zeitraum einer Woche hinaus vorgesehen ist oder tatsächlich durchgeführt wird (Observation),
2. der verdeckte Einsatz technischer Mittel
   a) zur Anfertigung von Bildaufnahmen oder -aufzeichnungen,
   b) zur Feststellung des Standortes oder der Bewegungen einer Person oder einer beweglichen Sache oder
   c) zum Abhören oder Aufzeichnen des nichtöffentlich gesprochenen Wortes,
3. der Einsatz einer Polizeivollzugsbeamtin oder eines Polizeivollzugsbeamten unter einer ihr oder ihm verliehenen, auf Dauer angelegten Legende (Verdeckte Ermittlerin, Verdeckter Ermittler).

(2) Mit den in Absatz 1 genannten Mitteln darf die Polizei personenbezogene Daten erheben, wenn Tatsachen dafür sprechen, dass ein Schaden für den Bestand oder die Sicherheit des Bundes oder eines Landes oder für Leib, Leben oder Freiheit oder ein gleich gewichtiger Schaden für Sach- oder Vermögenswerte oder für die Umwelt zu erwarten ist und die Maßnahme zur Aufklärung des Sachverhalts unerlässlich ist.

(3) In oder aus Wohnungen darf die Polizei personenbezogene Daten mit den in Absatz 1 genannten Mitteln nur erheben zur Abwehr einer dringenden Gefahr für den Bestand oder die Sicherheit des Bundes oder eines Landes oder für Leib, Leben oder Freiheit einer Person, wenn dieses zur Aufklärung des Sachverhalts unerlässlich ist. Eine dringende Gefahr im Sinne des Satzes 1 kann auch darin bestehen, dass aufgrund konkreter Vorbereitungshandlungen für sich oder zusammen mit weiteren konkreten Tatsachen die begründete Annahme gerechtfertigt ist, dass eine Person eine Straftat gemäß §§ 89a, 89b, 129a oder 129b des Strafgesetzbuchs begehen wird.

(4) Soweit dies für den Aufbau und zur Aufrechterhaltung der Legende einer Verdeckten Ermittlerin oder eines Verdeckten Ermittlers unerlässlich ist, dürfen entsprechende Urkunden hergestellt, verändert und gebraucht werden. Eine verdeckte Ermittlerin oder ein verdeckter Ermittler dürfen unter der Legende am Rechtsverkehr teilnehmen. Sie dürfen unter der ihr oder ihm verliehenen Legende mit Einverständnis der oder des Berechtigten deren oder dessen Wohnung betreten. Das Einverständnis darf nicht durch ein über die Nutzung der Legende hinausgehendes Vortäuschen eines Zutrittsrechts herbeigeführt werden.

(5) Die Datenerhebung nach den Absätzen 1 bis 4 darf sich nur gegen Personen richten, bei denen Tatsachen dafür sprechen, dass sie als Verantwortliche in Anspruch genommen werden können. Dabei darf die Datenerhebung auch dann durchgeführt werden, wenn Dritte unvermeidbar betroffen werden. Brief-, Post- und Fernmeldegeheimnis bleiben unberührt.

§ 185a
Überwachung der Telekommunikation

(1) Die Polizei darf ohne Wissen der betroffenen Person personenbezogene Daten durch Überwachung und Aufzeichnung der Telekommunikation nur erheben zur Abwehr einer dringenden Gefahr für den Bestand oder die Sicherheit des Bundes oder eines Landes oder für Leib, Leben oder Freiheit einer Person, wenn dieses zur Aufklärung des Sachverhalts unerlässlich ist. Eine dringende Gefahr im Sinne des Satzes 1 kann auch darin bestehen, dass

1. bestimmte Tatsachen die Annahme rechtfertigen, dass die betroffene Person innerhalb eines übersehbaren Zeitraums auf eine zumindest ihrer Art nach konkretisierte Weise eine Straftat gemäß §§ 89a, 89b, 129a oder 129b des Strafgesetzbuchs begehen wird, oder
2. deren individuelles Verhalten eine konkrete Wahrscheinlichkeit dafür begründet, dass sie innerhalb eines übersehbaren Zeitraums eine Straftat gemäß §§ 89a, 89b, 129a oder 129b des Strafgesetzbuchs begehen wird.

(2) Eine Datenerhebung nach Absatz 1 kann sich beziehen auf

1. die Inhalte der Telekommunikation einschließlich der innerhalb des Telekommunikationsnetzes in Datenspeichern abgelegten Inhalte,
2. der Standort einer aktiv geschalteten Mobilfunkendeinrichtung oder
3. die Feststellung der Polizei nicht bekannter Telekommunikationsanschlüsse.

(3) Die Datenerhebung nach den Absätzen 1 und 2 darf sich nur gegen Personen richten, bei denen Tatsachen dafür sprechen, dass sie als Verantwortliche in Anspruch genommen werden können. Sie ist nur hinsichtlich der Telekommunikationsanschlüsse zulässig, die von diesen Personen, mit hoher Wahrscheinlichkeit genutzt werden oder von denen mit hoher Wahrscheinlichkeit mit ihnen Verbindung aufgenommen wird. Die Datenerhebung darf auch dann durchgeführt werden, wenn Dritte unvermeidbar betroffen werden. Der Einsatz technischer Mittel zur Feststellung der Telekommunikationsanschlüsse, die der Polizei nicht bekannt sind, ist zulässig, soweit die Aufgabenerfüllung nach Absatz 1 sonst nicht möglich erscheint oder wesentlich erschwert wäre.

(4) Bei Maßnahmen nach Absatz 2 Nummer 2 bis 4 darf sich die Datenerhebung auch auf zurückliegende Zeiträume erstrecken.

(5) Jeder Dienstanbieter hat der Polizei die Überwachung und Aufzeichnung der Telekommunikation zu ermöglichen und die erforderlichen Auskünfte unverzüglich zu erteilen. Für die Entschädigung der Dienstanbieter ist § 23 des Justizvergütungs- und -entschädigungsgesetzes entsprechend anzuwenden, soweit nicht eine Entschädigung nach dem Telekommunikationsgesetz zu gewähren ist.

§ 185b
Unterbrechung der Telekommunikation

(1) Die Polizei kann von jedem Diensteanbieter verlangen, Kommunikationsverbindungen zu unterbrechen, zu verhindern oder die Verfügungsgewalt darüber in anderer geeigneter Weise zu entziehen, wenn dies zur Abwehr einer dringenden Gefahr für den Bestand oder die Sicherheit des Bundes oder eines Landes oder für Leib, Leben oder Freiheit einer Person unerlässlich ist. Eine dringende Gefahr im Sinne des Satzes 1 kann auch darin bestehen, dass

1. bestimmte Tatsachen die Annahme rechtfertigen, dass die betroffene Person innerhalb eines übersehbaren Zeitraums auf eine bestimmte, ihrer Art nach konkretisierte Weise eine Straftat gemäß §§ 89a, 89b, 129a oder 129b des Strafgesetzbuchs begehen wird, oder
2. deren individuelles Verhalten eine konkrete Wahrscheinlichkeit dafür begründet, dass sie innerhalb eines übersehbaren Zeitraums eine Straftat gemäß §§ 89a, 89b, 129a oder 129b des Strafgesetzbuchs begehen wird.

Für eine Entschädigung der Diensteanbieter ist § 23 des Justizvergütungs- und -entschädigungsgesetzes entsprechend anzuwenden, soweit nicht eine Entschädigung nach dem Telekommunikationsgesetz zu gewähren ist.

(2) Unter den Voraussetzungen des Absatzes 1 darf die Polizei auch technische Mittel einsetzen, um Kommunikationsverbindungen zu unterbrechen, zu verhindern oder die Verfügungsgewalt darüber in anderer geeigneter Weise zu entziehen.

(3) Die Maßnahmen nach Absatz 1 und 2 dürfen sich nur gegen Personen richten, bei denen Tatsachen dafür sprechen, dass sie als Verantwortliche in Anspruch genommen werden können. Kommunikationsverbindungen Dritter dürfen nur unterbrochen oder verhindert werden, wenn dies zur Abwehr einer gegenwärtigen Gefahr für den Bestand oder die Sicherheit des Bundes oder eines Landes oder für Leib, Leben oder Freiheit einer Person unerlässlich ist.

§ 185c
Datenerhebung durch die Verwendung von Vertrauenspersonen

(1) Vertrauensperson ist eine Person, die, ohne einer Polizeibehörde anzugehören, bereit ist, die Polizei bei der Verhinderung von Straftaten, in der Regel auf längere Zeit, vertraulich zu unterstützen und deren Identität grundsätzlich geheim gehalten wird. Die Polizei darf durch die Verwendung von Vertrauenspersonen personenbezogene Daten erheben, wenn Tatsachen dafür sprechen, dass ein Schaden für den Bestand oder die Sicherheit des Bundes oder eines Landes oder für Leib, Leben oder Freiheit oder ein gleich gewichtiger Schaden für Sach- oder Vermögenswerte oder für die Umwelt zu erwarten ist und die Maßnahme zur Aufklärung des Sachverhalts unerlässlich ist. Die Vorschriften des § 185 Absatz 3 und 5 finden entsprechende Anwendung.

(2) Die Bestimmungen zur Zusammenarbeit mit Vertrauenspersonen gelten bereits ab dem Zeitpunkt, in dem die Polizei der Vertrauensperson ein konkretes Angebot zur Zusammenarbeit unterbreitet. Das konkrete Angebot zur Zusammenarbeit soll spätestens sechs Monate nach dem ersten Kontakt vorgelegt werden oder der weitere Kontakt ist abzubrechen.

(3) Als Vertrauensperson darf nicht eingesetzt werden, wer

1. nicht voll geschäftsfähig, insbesondere minderjährig ist,
2. an einem Aussteigerprogramm teilnimmt oder bereit ist an einem Aussteigerprogramm teilzunehmen und die Teilnahme gefährdet wäre,
3. Mitglied des Europäischen Parlaments, des Deutschen Bundestages, eines Landesparlaments oder diesbezüglicher Mitarbeiter oder Mitarbeiter eines solchen Mitglieds ist,
4. im Bundeszentralregister mit einer Verurteilung als Täterin oder Täter einer allein mit lebenslanger Haft bedrohten Straftat oder einer Straftat aus dem neunten Abschnitt des Strafgesetzbuches eingetragen ist, oder
5. Mitglied der Führungsebene einer Partei ist, gegen die die Bundesregierung, der Bundestag, der Bundesrat oder die Regierung des Landes Schleswig-Holstein ein Verbotsverfahren betreibt.

(4) Vertrauenspersonen dürfen nicht verwendet werden, um

1. in einer Person, die nicht zur Begehung von Straftaten bereit ist, den Entschluss zu wecken, Straftaten zu begehen,
2. eine zur Begehung von Straftaten bereite Person zur Begehung einer Straftat zu bestimmen, die mit einem erheblich höheren Strafmaß bedroht ist, als ihre Bereitschaft erkennen lässt, oder
3. Daten mit Mitteln oder Methoden zu erheben, die die Polizei nicht einsetzen dürfte,
4. als Mitglied der Führungsebene einer Partei auf die Aktivitäten dieser Partei Einfluss zu nehmen.

(5) Eine Vertrauensperson ist fortlaufend auf ihre Zuverlässigkeit zu überprüfen. Die von der Vertrauensperson bei ihrem Einsatz gewonnenen Informationen sind unverzüglich auf ihren Wahrheitsgehalt zu prüfen. Ergeben sich begründete Zweifel an der Zuverlässigkeit, ist der Einsatz nicht durchzuführen oder zu beenden. Bei der Prüfung der Zuverlässigkeit ist insbesondere zu berücksichtigen, ob die einzusetzende Vertrauensperson

1. von den Geld- und Sachzuwendungen für die Tätigkeit auf Dauer als überwiegende Lebensgrundlage abhängen würde, oder
2. im Bundeszentralregister mit einer Verurteilung wegen eines Verbrechens oder zu einer Freiheitsstrafe, deren Vollstreckung nicht zur Bewährung ausgesetzt wurde, eingetragen ist.

Das Landeskriminalamt hat die Zuverlässigkeit einer Vertrauensperson in Schriftform unter Wahrung des Quellen- und Geheimschutzes zu dokumentieren und dem Amtsgericht für seine Entscheidungen nach § 186 Absatz 1 und Absatz 4 vorzulegen.

§ 186
Anordnung und Benachrichtigung bei Maßnahmen nach §§ 185 bis 185c

(1) Die folgenden Maßnahmen dürfen nur richterlich angeordnet werden:

1. die Observation (§ 185 Absatz 1 Nummer 1),
2. der verdeckte Einsatz technischer Mittel zum Abhören oder Aufzeichnen des nichtöffentlich gesprochenen Wortes (§ 185 Absatz 1 Nummer 2 Buchstabe c),
3. der Einsatz einer Vertrauensperson (§ 185c Absatz 1),
4. der Einsatz einer Verdeckten Ermittlerin oder eines Verdeckten Ermittlers (§ 185 Absatz 1 Nummer 3),
5. die Erhebung personenbezogener Daten in oder aus Wohnungen (§ 185 Absatz 3),
6. die Überwachung der Telekommunikation (§ 185a),
7. die Unterbrechung der Telekommunikation (§ 185b).

Bei Gefahr im Verzug kann die Polizei die Anordnung treffen. Die Anordnung erfolgt durch die Leiterin oder den Leiter des Landespolizeiamtes, des Landeskriminalamtes, einer Polizeidirektion oder durch von ihr oder ihm besonders beauftragte Personen des Polizeivollzugsdienstes. Die richterliche Bestätigung der polizeilichen Anordnung ist unverzüglich nachzuholen. Erfolgt die Bestätigung durch das Gericht nicht binnen drei Tagen, tritt die polizeiliche Anordnung außer Kraft.

(2) Die folgenden Maßnahmen werden polizeilich angeordnet:

1. die Erhebung personenbezogener Daten mit technischen Mitteln in oder aus Wohnungen (§ 185 Absatz 3) ausschließlich zum Schutz der bei einem polizeilichen Einsatz in Wohnungen tätigen Personen,
2. der verdeckte Einsatz technischer Mittel
   a) zur Anfertigung von Bildaufnahmen oder -aufzeichnungen (§ 185 Absatz 1 Nummer 2 Buchstabe a),

b) zur Feststellung des Standortes oder der Bewegungen einer Person oder einer beweglichen Sache (§ 185 Absatz 1 Nummer 2 Buchstabe b),

c) zum Abhören oder Aufzeichnen des nichtöffentlich gesprochenen Wortes (§ 185 Absatz 1 Nummer 2 Buchstabe c), außerhalb von Wohnungen ausschließlich zum Schutz der bei einem polizeilichen Einsatz tätigen Personen.

Die Anordnung erfolgt durch die Leiterin oder den Leiter des Landespolizeiamtes, des Landeskriminalamtes, einer Polizeidirektion oder durch von ihr oder ihm besonders beauftragte Personen des Polizeivollzugsdienstes, bei Gefahr im Verzug durch jede Polizeivollzugsbeamtin oder jeden Polizeivollzugsbeamten.

(3) Die Anordnung ergeht schriftlich. In ihr sind anzugeben:
1. Voraussetzungen und wesentliche Abwägungsgesichtspunkte,
2. die Person, gegen die sich die Maßnahme richtet, soweit möglich, mit Namen und Anschrift,
3. Art, Umfang, Dauer und Ziel der Maßnahme.

Weiterhin sind, soweit und so genau wie möglich, anzugeben:
1. bei Maßnahmen nach § 185 Absatz 3 die betroffenen Räumlichkeiten,
2. bei Maßnahmen nach §§ 185a und 185b die betroffenen Telekommunikationsanschlüsse.

Bei Gefahr im Verzug kann die Anordnung auch mündlich erfolgen. Eine schriftliche Dokumentation der Anordnung nach Maßgabe von Satz 2 ist unverzüglich nachzuholen. Soweit dies zur Durchführung einer Maßnahme nach § 185 Absatz 1 Nummer 2 oder §185b erforderlich ist, darf die Anordnung auch zur nicht offenen Durchsuchung von Sachen sowie zum verdeckten Betreten und Durchsuchen der Wohnung der betroffenen Person ermächtigen. Die Anordnung ist auf höchstens zwei Monate, bei Maßnahmen nach § 185 Absatz 1 Nummer 3 und § 185c auf höchstens sechs Monate zu befristen. Eine Verlängerung um jeweils nicht mehr als denselben Zeitraum ist zulässig, soweit die Voraussetzungen für die Anordnung der Maßnahme weiterhin vorliegen. Liegen die Voraussetzungen der Anordnung nicht mehr vor, sind die aufgrund der Anordnung ergriffenen Maßnahmen unverzüglich zu beenden.

(4) Bei Maßnahmen nach Absatz 1 ist das die Maßnahme anordnende oder bestätigende Gericht fortlaufend über den Verlauf, die Ergebnisse und die darauf beruhenden Maßnahmen zu unterrichten. Sofern die Voraussetzungen der Anordnung nicht mehr vorliegen, ordnet es die Aufhebung der Datenerhebung an. Soweit ein Verwertungsverbot nach § 186a Absatz 4 Satz 1 in Betracht kommt, hat die Polizei unverzüglich eine Entscheidung des Gerichts über die Verwertbarkeit der erlangten Erkenntnisse herbeizuführen.

(5) Bei Maßnahmen nach Absatz 2 Satz 1 Nummer 1 und Nummer 2 Buchstabe c ist eine anderweitige Verwendung der erlangten Erkenntnisse nach Maßgabe des § 188a nur dann zulässig, wenn zuvor die Rechtmäßigkeit der Maßnahme richterlich bestätigt ist. Bei Gefahr im Verzug trifft die Polizei die Entscheidung; die richterliche Entscheidung ist unverzüglich nachzuholen.

(6) Im Falle der richterlichen Anordnung oder Bestätigung nach Absatz 1 oder Absatz 5 ist das Amtsgericht zuständig, in dessen Bezirk das Landespolizeiamt oder Landeskriminalamt oder die Polizeidirektion ihren Sitz hat. Für das Verfahren findet das Gesetz über das Verfahren in Familiensachen und in den Angelegenheiten der freiwilligen Gerichtsbarkeit entsprechende Anwendung. Von einer Anhörung der betroffenen Person durch das Gericht ist abzusehen, wenn die vorherige Anhörung den Zweck der Maßnahme gefährden würde. Die richterliche Anordnung oder Bestätigung nach Absatz 1 ergeht auf Antrag. Sie wird mit ihrer Bekanntgabe an das Landespolizeiamt, Landeskriminalamt oder die Polizeidirektion wirksam. Für die Bekanntgabe der Entscheidung an die betroffene Person gilt Absatz 7. Die Beschwerde steht dem Antrag stellenden Landespolizeiamt, Landeskriminalamt oder Antrag stellenden Polizeidirektion sowie der betroffenen Person zu.

§ 59 des Gesetzes über das Verfahren in Familiensachen und in den Angelegenheiten der freiwilligen Gerichtsbarkeit bleibt unberührt.

(7) Nach Abschluss der Maßnahmen nach § 185, § 185a, § 185b und § 185c ist die betroffene Person zu benachrichtigen. Bei einem durch die Maßnahme betroffenen Dritten im Sinne von § 185 Absatz 5 Satz 2, oder § 185a Absatz 3 Satz 3 oder § 185b Absatz 3 Satz 2 unterbleibt die Benachrichtigung, wenn sie nur mit unverhältnismäßigen Ermittlungen möglich wäre oder überwiegende schutzwürdige Belange anderer Betroffener entgegenstehen. Auf die Möglichkeit nachträglichen Rechtsschutzes ist hinzuweisen. Im Übrigen erfolgt die Benachrichtigung, sobald dies ohne Gefährdung des Maßnahmenzwecks oder von Leib, Leben oder Freiheit einer Person oder von bedeutenden Vermögenswerten geschehen kann. Erfolgt die Benachrichtigung nicht binnen sechs Monaten nach Beendigung der Maßnahme, bedarf jede weitere Zurückstellung der richterlichen Zustimmung. Über die Zustimmung einschließlich der Dauer weiterer Zurückstellung entscheidet das Amtsgericht, das die Anordnung der Maßnahme zuständig war. Bedurfte die Maßnahme nicht der richterlichen Anordnung, ist für die Zustimmung das Amtsgericht, in dessen Bezirk das anordnende Landespolizeiamt, Landeskriminalamt oder die anordnende Polizeidirektion ihren Sitz hat, zuständig. Ist die Benachrichtigung um insgesamt 18 Monate zurückgestellt worden, entscheidet über jede weitere Zurückstellung und deren Dauer das Landgericht, in dessen Bezirk das Amtsgericht nach Satz 6 oder 7 seinen Sitz hat. Ist die Benachrichtigung für insgesamt fünf Jahre zurückgestellt worden und ergibt sich, dass die Voraussetzungen für eine Benachrichtigung mit an Sicherheit grenzender Wahrscheinlichkeit auch in Zukunft nicht eintreten werden, kann mit Zustimmung des mit der Sache bereits befassten Landgerichts von einer Benachrichtigung endgültig abgesehen werden.

(8) Ist wegen desselben Sachverhalts ein strafrechtliches Ermittlungsverfahren gegen die betroffene Person eingeleitet worden, ist deren Benachrichtigung in Abstimmung mit der Staatsanwaltschaft nachzuholen, sobald dies der Stand des Ermittlungsverfahrens zulässt. Erfolgt die Benachrichtigung nicht binnen sechs Monaten nach Abschluss der Maßnahme gilt Absatz 7 Satz 6 bis 9 entsprechend.

§ 186a
Grundsätze der Datenverarbeitung bei Maßnahmen nach §§ 185, 185a und 185c

(1) Maßnahmen nach § 185, § 185a und § 185c dürfen nur angeordnet und durchgeführt werden, soweit nicht aufgrund tatsächlicher Anhaltspunkte anzunehmen ist, dass durch die Überwachung Daten erfasst werden, die dem Kernbereich privater Lebensgestaltung zuzurechnen sind. Soweit möglich, ist dies auch durch technische Vorkehrungen sicherzustellen. Liegen tatsächliche Anhaltspunkte für die Annahme vor, dass durch die Maßnahme allein Daten aus dem Kernbereich privater Lebensgestaltung erlangt würden, ist die Maßnahme unzulässig.

(2) Maßnahmen nach § 185, § 185a und § 185c sind unverzüglich zu unterbrechen, soweit sich während ihrer Durchführung tatsächliche Anhaltspunkte dafür ergeben, dass Daten, die dem Kernbereich privater Lebensgestaltung zuzurechnen sind, erhoben werden. Bei Maßnahmen nach § 185 Absatz 1 Nummer 3, 185c Absatz 1 und den in § 186 Absatz 2 Satz 1 Nummer 1 und 2 Buchstabe c genannten Maßnahmen gilt dies nur dann, wenn und sobald die Unterbrechung ohne Gefährdung der eingesetzten Person oder der bei einem polizeilichen Einsatz tätigen Person möglich ist. Bestehen bei Maßnahmen nach § 185 Absatz 1 Nummer 2 Buchstabe a, Buchstabe c oder nach § 185a während der Durchführung der Maßnahme hinsichtlich der Betroffenheit des Kernbereichs Zweifel, darf die Maßnahme im Wege der automatischen Aufzeichnung fortgesetzt werden. Ist die Maßnahme unterbrochen worden, darf sie nur fortgesetzt werden, soweit aufgrund tatsächlicher Anhaltspunkte anzunehmen ist, dass durch die Maßnahme Erkenntnisse, die dem Kernbereich privater Lebensgestaltung zuzurechnen sind, nicht erfasst werden.

(3) Daten, die durch Maßnahmen nach § 185 Absatz 3 erhoben wurden, sind dem anordnenden Gericht unverzüglich vorzulegen. Das gleiche gilt für Daten, die im Wege der automatischen Aufzeichnung nach Absatz 2 Satz 3 erhoben wurden. Das Gericht entscheidet unverzüglich über die Verwertbarkeit oder Löschung der Daten.

(4) Bei Gefahr im Verzug kann die Leiterin oder der Leiter des Landespolizeiamtes, des Landeskriminalamtes, einer Polizeidirektion oder eine durch von ihr oder ihm besonders beauftragte Person des Polizeivollzugsdienstes über die Verwertung der Erkenntnisse im Sinne des Absatzes 3 entscheiden. Die gerichtliche Entscheidung nach Absatz 3 ist unverzüglich nachzuholen.

(5) Daten, die durch Maßnahmen nach § 185, § 185a oder § 185c erhoben wurden und den Kernbereich privater Lebensgestaltung betreffen, dürfen nicht verwertet werden und sind unverzüglich zu löschen. Die Tatsachen der Erfassung der Daten und der Löschung sind zu dokumentieren. Die Dokumentation darf ausschließlich für Zwecke der Datenschutzkontrolle verwendet werden. Sie ist sechs Monate nach der Benachrichtigung oder der Erteilung der gerichtlichen Zustimmung über das endgültige Absehen von der Benachrichtigung nach § 186 Absatz 7 und 8 zu löschen. Ist die Datenschutzkontrolle nach § 186b Absatz 1 noch nicht beendet, ist die Dokumentation bis zu ihrem Abschluss aufzubewahren.

(6) Die Datenerhebung nach § 185, § 185a und § 185c darf sich nicht gegen Personen richten, die aus beruflichen Gründen zur Verweigerung des Zeugnisses berechtigt sind, soweit Sachverhalte betroffen sind, auf die sich ihr Zeugnisverweigerungsrecht beziehen könnte. Dennoch erlangte Erkenntnisse dürfen nicht verwertet werden. Aufzeichnungen hierüber sind unverzüglich zu löschen. Die Tatsache ihrer Erlangung und Löschung ist zu dokumentieren. Die in der Dokumentation enthaltenen Daten dürfen ausschließlich für Zwecke der Datenschutzkontrolle verwendet werden. Satz 1 gilt nicht, sofern Tatsachen die Annahme rechtfertigen, dass die zeugnisverweigerungsberechtigte Person für die Gefahr verantwortlich ist oder als es zur Abwehr einer gegenwärtigen schwerwiegenden Gefahr für Leib oder einer gegenwärtigen Gefahr für das Leben einer Person unerlässlich ist.

(7) Personenbezogene Daten, die durch Maßnahmen nach § 185, § 185a oder § 185c erhoben wurden, sind entsprechend dem Stand der Technik gegen unbefugte Kenntnisnahme, Veränderung und Löschung besonders zu sichern.

(8) Mehrere besondere Mittel und Methoden der Datenerhebung gemäß Absatz 1 dürfen nebeneinander angeordnet werden, sofern sie auch in der Gesamtwirkung nicht zu einem Nachteil führen, der zu dem erstrebten Erfolg erkennbar außer Verhältnis steht, und es hierdurch insbesondere nicht zu einer lückenlosen Registrierung der Bewegungen und Lebensäußerungen der betroffenen Person kommt. Der Polizeivollzugsdienst hat dabei auch Maßnahmen zu berücksichtigen, die von anderen Stellen durchgeführt werden, soweit er hiervon Kenntnis erlangt. Die Datenerhebung darf auch durchgeführt werden, wenn andere Personen unvermeidbar betroffen werden.

§ 186b
Aufsichtliche Kontrolle durch die Landesbeauftragte oder den Landesbeauftragten für Datenschutz und den Landtag

(1) Die oder der Landesbeauftragte für Datenschutz führt unbeschadet ihrer oder seiner sonstigen Aufgaben und Kontrollen mindestens alle zwei Jahre zumindest stichprobenartige Überprüfungen bezüglich der Datenverarbeitung von nach § 186c zu protokollierenden Maßnahmen und von Übermittlungen an Drittstaaten gemäß § 193 Absatz 2 durch.

(2) Die Landesregierung unterrichtet den Landtag jährlich über Anlass, Umfang, Dauer und Ergebnis der nach § 186c zu protokollierenden Maßnahmen. Ein vom Landtag gewähltes Gremium übt auf der Grundlage dieses Berichtes die parlamentarische Kontrolle aus. Der Landtag macht die Unterrichtung öffentlich zugänglich.

§ 186c
Protokollierung bei verdeckten oder eingriffsintensiven Maßnahmen

(1) Bei Durchführung einer Maßnahme nach § 180a Absatz 2 und 4, §§ 185, 185a, 185b, 185c und 195a sind zu protokollieren:

1. das zur Datenerhebung eingesetzte Mittel,
2. der Zeitraum des Einsatzes,
3. die Angaben, die die Feststellung der erhobenen Daten ermöglichen, und
4. die Organisationseinheit, die die Maßnahme durchführt.

(2) Zudem sind je nach Durchführung der konkreten Maßnahme die betroffenen Personen im Sinne des § 186 Absatz 7 Satz 1 und 2 zu dokumentieren.

(3) Nachforschungen zur Feststellung der Identität einer in § 186 Absatz 7 Satz 2 bezeichneten Person sind nur vorzunehmen, wenn dies unter Berücksichtigung der Eingriffsintensität der Maßnahme gegenüber dieser Person, des Aufwands für die Feststellung ihrer Identität sowie der daraus für diese oder andere Personen folgenden Beeinträchtigungen geboten ist. Soweit möglich, ist die Zahl der Personen, deren Protokollierung unterblieben ist, im Protokoll anzugeben.

(4) Die Protokolldaten dürfen nur verwendet werden für Zwecke der Benachrichtigung nach § 186 Absatz 7 und 8 und um der betroffenen Person oder der oder dem Landesbeauftragten für Datenschutz die Prüfung zu ermöglichen, ob die Maßnahmen rechtmäßig durchgeführt worden sind. Sie sind bis zum Abschluss der Kontrolle nach § 186b Absatz 1 aufzubewahren und sodann automatisiert zu löschen, es sei denn, dass sie für den in Satz 1 genannten Zweck noch erforderlich sind.

§ 187
Kontrollmeldungen (Verdeckte Registrierungen zur polizeilichen Beobachtung, Gezielte Kontrollen)

(1) Sprechen Tatsachen dafür, dass ein Schaden für Leib, Leben oder Freiheit oder ein gleichgewichtiger Schaden für Sach- oder Vermögenswerte oder für die Umwelt zu erwarten ist, kann die Polizei, um den Sachverhalt zum Zwecke der Verhütung dieses Schadens aufzuklären,

1. die Personalien der vermutlich verantwortlichen Person und
2. die amtlichen Kennzeichen des von dieser benutzten oder eingesetzten Kraftfahrzeuges

abrufbar speichern, damit andere Polizeibehörden Erkenntnisse über das Antreffen sowie über Begleitpersonen bei Gelegenheit einer Überprüfung aus anderem Anlass melden (Ausschreibung zur polizeilichen Beobachtung). Maßnahmen nach Satz 1 sind ferner zulässig, wenn Tatsachen dafür sprechen, dass die oder der Betroffene in erheblichem Umfang außergewöhnlich schwere Straftaten plant oder bereit, bei denen Schaden für Leib, Leben oder Freiheit zu erwarten ist. Unter den Voraussetzungen von Satz 2 ist auch die Ausschreibung zur gezielten Kontrolle zulässig. Die gezielte Kontrolle erfolgt nach Maßgabe des § 202 Abs. 1 Nr. 4, auch in Verbindung mit § 206 a.

(2) Die Maßnahme darf nur richterlich angeordnet werden. Sie ist auf sechs Monate zu befristen. Die ausschreibende Polizeibehörde kann die Verlängerung der Ausschreibung beantragen, wenn die Voraussetzungen hierfür fortbestehen. Für das Verfahren gilt § 186 Absatz 6 Satz 1 bis 5, 7 und 8 entsprechend. Für die Bekanntgabe der Entscheidung an die betroffene Person gilt Absatz 3.

(3) Liegen die Voraussetzungen für die Anordnung einer Maßnahme nicht mehr vor oder ist der Zweck der Maßnahme erreicht oder zeigt sich, dass er nicht erreicht werden kann, ist die Ausschreibung unverzüglich zu löschen. Nach Abschluss der Maßnahme nach Absatz 1 Satz 1, 2 und 3 ist die betroffene Person durch die Polizei zu benachrichtigen, sobald dies ohne Gefährdung des Zwecks der Maßnahme erfolgen kann. § 186 Absatz 7 Satz 5 bis 7 und 9 gilt entsprechend.

3. Speicherung, Veränderung und Nutzung

§ 188
Grundsätze der Verarbeitung personenbezogener Daten und sonstige Verarbeitungszwecke

(1) Personenbezogene Daten dürfen verarbeitet werden, soweit dies zur Erfüllung der jeweiligen ordnungsbehördlichen oder polizeilichen Aufgabe oder hiermit im Zusammenhang stehender Aufgaben erforderlich ist. Die Verarbeitung darf nur zu dem Zweck erfolgen, zu dem die personenbezogenen Daten erlangt worden sind. Eine Verarbeitung zu einem anderen Zweck ist zulässig, soweit dies nach diesem Gesetz oder anderen Rechtsvorschriften vorgesehen ist.

(2) Werden Bewertungen in Dateien gespeichert, muss feststellbar sein, bei welcher Stelle die Unterlagen geführt werden, die der Bewertung zugrunde liegen.

(3) Werden personenbezogene Daten von Kindern, die ohne Kenntnis der Sorgeberechtigten erhoben worden sind, gespeichert, sind die Sorgeberechtigten zu benachrichtigen, sobald die Erfüllung der jeweiligen Aufgabe dadurch nicht mehr gefährdet wird. Von der Benachrichtigung kann abgesehen werden, solange zu besorgen ist, dass die Benachrichtigung zu erheblichen Nachteilen für das Kind führt.

(4) Eine Nutzung zu statistischen Zwecken darf nur in anonymisierter Form erfolgen.

(5) Vorhandene personenbezogene Daten können zur Ausbildung und Fortbildung verarbeitet werden, wenn auf andere Weise das Ziel der Aus- oder Fortbildung nicht erreichbar ist. Diese personenbezogenen Daten sind nach Möglichkeit zu anonymisieren. Eine Verarbeitung vorhandener personenbezogener Daten ist unter den Voraussetzungen der Sätze 1 und 2 auch zur Wirksamkeitskontrolle zulässig.

(6) Vorhandene personenbezogene Daten dürfen für die Zwecke der Kriminalitätsbekämpfung und zur Erstellung eines Kriminalitätslagebildes weiterverarbeitet werden. Ein Kriminalitätslagebild darf personenbezogene nur enthalten, soweit dies zur Zweckerreichung erforderlich ist. Die so verarbeiteten personenbezogenen Daten sind spätestens am Ende des auf die Speicherung folgenden Jahres zu löschen.

(7) Verarbeitungsvorgänge in automatisierten Verarbeitungssystemen sind im Anwendungsbereich des § 20 LDSG nach Maßgabe des § 52 LDSG zu protokollieren. Die Protokolle dürfen über § 52 Absatz 3 Satz 1 LDSG hinaus auch zur Verhinderung oder Verfolgung von Straftaten sowie Ordnungswidrigkeiten von erheblicher Bedeutung verwendet werden. Die Protokolldaten sind nach zwei Jahren zu löschen.

§ 188a
Datenweiterverarbeitung, Grundsatz der hypothetischen Datenneuerhebung

(1) Die Polizei- und Ordnungsbehörden dürfen personenbezogene Daten, die sie selbst erhoben haben, unter Berücksichtigung der jeweiligen Datenerhebungsvorschrift weiterverarbeiten, sofern dies

1. zur Erfüllung derselben Aufgabe und
2. zum Schutz derselben Rechtsgüter oder sonstiger Rechte oder zur Verhütung derselben Straftaten oder Ordnungswidrigkeiten

erforderlich ist.

Satz 1 gilt entsprechend für personenbezogene Daten, denen keine Erhebung vorausgegangen ist, mit der Maßgabe, dass für die Weiterverarbeitung der Zweck der Speicherung zu berücksichtigen ist. Für die Weiterverarbeitung von personenbezogenen Daten, die aus Maßnahmen nach § 185 Absatz 3 erlangt wurden, muss eine dringende Gefahr im Sinne des § 185 Absatz 3 vorliegen.

(2) Die Polizei- und Ordnungsbehörden dürfen personenbezogene Daten zu anderen Zwecken als denjenigen, zu denen sie erhoben worden sind, weiterverarbeiten, wenn unter Berücksichtigung der jeweiligen Datenerhebungsvorschrift

1. mindestens
   a) vergleichbar schwerwiegende Straftaten oder Ordnungswidrigkeiten verhütet oder
   b) vergleichbar bedeutsame Rechtsgüter oder sonstige Rechte geschützt werden sollen und
2. sich im Einzelfall konkrete Ermittlungsansätze
   a) zur Verhütung solcher Straftaten oder Ordnungswidrigkeiten ergeben oder
   b) zur Abwehr von Gefahren für mindestens vergleichbar bedeutsame Rechtsgüter oder sonstige Rechte erkennen lassen.

Abweichend von Satz 1 können die vorhandenen zur Identifizierung dienenden Daten einer Person, wie insbesondere Namen, Geschlecht, Geburtsdatum, Geburtsort, Staatsangehörigkeit, Anschrift (Grunddaten), auch weiterverarbeitet werden, um diese Person zu identifizieren. Im Übrigen bleiben besondere Vorschriften zur Weiterverarbeitung nach diesem Gesetz oder anderen Rechtsvorschriften sowie die §§ 13 und 26 LDSG unberührt. Die Sätze 1 bis 3 gelten entsprechend für personenbezogene Daten, denen keine Erhebung vorausgegangen ist, mit der Maßgabe, dass für die Weiterverarbeitung der Zweck der Speicherung zu berücksichtigen ist.

(3) Für die Weiterverarbeitung von personenbezogenen Daten, die aus Maßnahmen nach § 185 Absatz 3 erlangt wurden, gilt Absatz 2 Satz 1 Nummer 2 Buchstabe b mit der Maßgabe entsprechend, dass eine dringende Gefahr im Sinne des § 185 Absatz 3 vorliegen muss. Personenbezogene Daten, die durch Herstellung von Lichtbildern oder Bildaufzeichnungen über eine Person im Wege eines verdeckten Einsatzes technischer Mittel in oder aus Wohnungen erlangt wurden, dürfen nicht zu Strafverfolgungszwecken weiterverarbeitet werden.

(4) Bei der Weiterverarbeitung von personenbezogenen Daten ist durch organisatorische und technische Vorkehrungen sicherzustellen, dass die Absätze 1 bis 3 beachtet werden.

§ 188b
Kennzeichnung

(1) Bei der Speicherung in polizeilichen Informationssystemen sind personenbezogene Daten wie folgt zu kennzeichnen:

1. Angabe des Mittels der Erhebung der Daten einschließlich der Angabe, ob die Daten offen oder verdeckt erhoben wurden,
2. Angabe der Kategorie der von der Datenverarbeitung betroffenen Person, soweit bei dieser Person zur Identifizierung dienende Daten, wie insbesondere Name, Geschlecht, Geburtsdatum, Geburtsort, Staatsangehörigkeit, Anschrift, angelegt wurden (Grunddaten),
3. Angabe der Rechtsgüter oder sonstiger Rechte, deren Schutz die Erhebung dient, oder der Straftaten oder Ordnungswidrigkeiten, deren Verfolgung oder Verhütung die Erhebung dient,
4. Angabe der Stelle, die die Daten erhoben hat.

Die Kennzeichnung nach Satz 1 Nummer 1 soll durch die Angabe der Rechtsgrundlage der jeweiligen Mittel der Datenerhebung ergänzt werden. Personenbezogene Daten, denen keine Erhebung vorausgegangen ist, sind, soweit möglich, nach Satz 1 zu kennzeichnen; darüber hinaus sind die erste Daten verarbeitende Stelle sowie, soweit möglich, diejenige Person, von der die Daten erlangt wurden, anzugeben.

(2) Personenbezogene Daten, die nicht entsprechend den Anforderungen des Absatzes 1 gekennzeichnet sind, dürfen in polizeilichen Informationssystemen so lange nicht verarbeitet werden, bis eine Kennzeichnung entsprechend den Anforderungen des Absatzes 1 erfolgt ist.

(3) Nach einer Übermittlung personenbezogener Daten aus polizeilichen Informationssystemen ist die Kennzeichnung nach Absatz 1 durch den Übermittlungsempfänger aufrechtzuerhalten.

(4) Die Absätze 1 bis 3 gelten nicht, soweit eine Kennzeichnung tatsächlich nicht möglich ist.

(5)[10] Die Absätze 1 bis 3 gelten ebenfalls nicht, solange eine Kennzeichnung technisch nicht möglich ist oder einen unverhältnismäßigen Aufwand erfordern würde.

§ 189
Besondere Voraussetzungen der Verarbeitung personenbezogener Daten

(1) Die Polizei kann in den vom für Inneres zuständigen Ministerium eingeführten automatisierten Vorgangsbearbeitungssystemen personenbezogene Daten, die im Rahmen jeweils zugewiesener Aufgaben erhoben wurden, jeweils im Rahmen ihrer Aufgaben verarbeiten. Zusätzliche Aufgaben und Eingriffsbefugnisse werden dadurch nicht zugewiesen. Die Daten nach Abgabe des Vorganges an die zuständige Stelle, insbesondere an die zuständige Staatsanwaltschaft oder an die zuständige Verwaltungsbehörde im Sinne des § 36 Absatz 1 des Gesetzes über Ordnungswidrigkeiten bei Ordnungswidrigkeitenverfahren, in die Vorgangsverwaltung nach § 190 zu überführen. Die Polizei kann darüber hinaus bei personenbezogenen Daten, die sie im Rahmen von Strafermittlungsverfahren über Personen gewonnen hat, die einer Straftat verdächtig sind, weiterhin in abrufbarer Weise verarbeiten, wenn wegen der Art oder Ausführung oder Schwere der Tat, der Persönlichkeit der oder des Verdächtigen die Gefahr der Wiederholung besteht und wenn dies zur Aufklärung oder Verhütung einer künftigen Straftat erforderlich ist.

(2) Ist der Ausgang des Strafermittlungsverfahrens zum Zeitpunkt der Entscheidung über eine Speicherung nicht bekannt, darf die Dauer der Speicherung zunächst zwei Jahre nicht überschreiten. Eine weitere Speicherung darf nur nach erneuter Prüfung des Sachverhalts und nur unter der Voraussetzung erfolgen, daß die Polizei Erkundigungen hinsichtlich des Ausgangs des Verfahrens einholt. Entfällt der dem Ermittlungsverfahren zugrundeliegende Verdacht, sind die Daten zu löschen.

(3) Die nach § 179 Abs. 2 erhobenen Daten dürfen verarbeitet werden; jedoch dürfen in abrufbarer Weise nur die Daten der in § 179 Absatz 2 Nummer 1 und 2 genannten Personen gespeichert werden. Die Speicherungsdauer darf drei Jahre nicht überschreiten. Nach jeweils einem Jahr, gerechnet vom Zeitpunkt der letzten Speicherung, ist zu prüfen, ob die Voraussetzungen für die Speicherung noch vorliegen; die Entscheidung trifft die Behördenleiterin oder der Behördenleiter oder eine von ihr oder ihm beauftragte Person. Die in § 179 Abs. 2 genannten Personen sind zu unterrichten.

(4) Die nach § 187 Abs. 1 über Begleitpersonen erhobenen personenbezogenen Daten dürfen gespeichert werden, um ihre Bedeutung für die die Ausschreibung begründenden Sachverhalt zu überprüfen. Sie sind zu löschen, sobald feststeht, daß diese Personen für die Verhütung des Schadens nicht in Anspruch genommen werden können und die Daten für ein mit dem Sachverhalt zusammenhängendes Strafverfahren nicht erforderlich sind. Eine Speicherung über die Dauer von zwei Jahren hinaus ist nur zulässig, wenn die Voraussetzungen für eine erneute Erhebung nach einer anderen Rechtsvorschrift vorliegen.

(5) In den Fällen, in denen bereits Daten zu einer Person vorhanden sind, können zu dieser Person auch personengebundene Hinweise, die zum Schutz dieser Person oder zum Schutz der Bediensteten der Polizei- und Ordnungsbehörden erforderlich sind, und weitere Hinweise, die geeignet sind, dem Schutz Dritter oder der Gewinnung von Ermittlungsansätzen zu dienen, weiterverarbeitet werden.

§ 190
Vorgangsverwaltung und Dokumentation

Zur Vorgangsverwaltung oder zur befristeten Dokumentation behördlichen Handelns können personenbezogene Daten gespeichert und nur zu diesem Zweck verarbeitet werden. Die §§ 188, 188a, 188b und 189 sind nicht anzuwenden. Mittel und Umfang der Vorgangsverwaltung werden vom für Inneres zuständigen Ministerium im Benehmen mit der oder dem Landesbeauftragten für den Datenschutz durch Verwaltungsvorschrift bestimmt.

4. Datenübermittlung und Datenabgleich

§ 191
Grundsätze der Datenübermittlung

(1) Personenbezogene Daten dürfen nur zu dem Zweck übermittelt werden, zu dem sie erlangt oder gespeichert worden sind, soweit in § 188a oder durch andere Rechtsvorschrift nichts anderes bestimmt ist. Bewertungen dürfen nur an Ordnungsbehörden oder die Polizei übermittelt werden, soweit durch besondere Vorschriften zur Datenverarbeitung nach diesem Gesetz oder anderen Rechtsvorschriften nichts anderes bestimmt ist.

(2) Unterliegen die personenbezogenen Daten einem Berufs- oder besonderen Amtsgeheimnis, ist ihre Übermittlung nur zulässig, wenn der Empfänger die personenbezogenen Daten zur Erfüllung des gleichen Zwecks benötigt, zu dem sie von den Ordnungsbehörden oder der Polizei erlangt worden sind.

(3) Die übermittelnde Stelle prüft die Zulässigkeit der Übermittlung. Erfolgt die Übermittlung aufgrund eines Ersuchens des Empfängers, hat dieser der übermittelnden Stelle die zur Prüfung erforderlichen Angaben zu machen. Bei Ersuchen der Polizei, von Ordnungsbehörden sowie anderen Behörden und öffentlichen Stellen prüft die übermittelnde Stelle nur, ob das Ersuchen im Rahmen der Aufgaben des Empfängers liegt, es sei denn, im Einzelfall besteht Anlaß zur Überprüfung der Rechtmäßigkeit des Ersuchens.

(4) Die Übermittlung personenbezogener Daten ist aktenkundig zu machen. Bei mündlichen Auskünften gilt dies nur, soweit zur Person bereits schriftliche Unterlagen geführt werden.

(5) Der Empfänger darf die übermittelten personenbezogenen Daten nur zu dem Zweck verarbeiten, zu dem sie ihm übermittelt worden sind, soweit gesetzlich nichts anderes bestimmt ist.

§ 192
Datenübermittlung zwischen Polizei- und Ordnungsbehörden, Datenübermittlung an ausländische Polizeidienststellen in Mitgliedstaaten der Europäischen Union sowie über- und zwischenstaatlichen Stellen der Europäischen Union und in Staaten des Schengen-Verbundes

(1) Zwischen Polizeidienststellen des Landes, zwischen Ordnungsbehörden sowie zwischen Ordnungsbehörden und der Polizei können unter Beachtung des § 188a Absatz 2 bis 4 und § 188b personenbezogene Daten übermittelt werden, soweit dies zur Erfüllung polizeilicher oder ordnungsbehördlicher Aufgaben erforderlich ist. § 188 Abs. 1 Satz 3 gilt entsprechend. Die über Personen nach § 179 Abs. 2 gespeicherten personenbezogenen Daten dürfen nur an andere Polizeidienststellen übermittelt werden.

(2) Für die Übermittlung personenbezogener Daten an Polizeidienststellen anderer Länder, des Bundes und der Mitgliedstaaten der Europäischen Union sowie über- und zwischenstaatlichen Stellen der Europäischen Union gilt Absatz 1 entsprechend.

(3) Für die Übermittlung personenbezogener Daten an Polizeidienststellen und mit polizeilichen Aufgaben betraute andere Dienststellen in den am Schengen-Besitzstand teilhabenden assoziierten Staaten gelten Absatz 1 und § 193 Abs. 3 Satz 2 entsprechend.

(4) Das für Inneres zuständige Ministerium darf zur Erfüllung polizeilicher Aufgaben, die überörtliche Bedeutung haben, einen Datenverbund vereinbaren, der eine automatisierte Datenübermittlung zwischen Polizeidienststellen des Landes und Polizeidienststellen des Bundes und der Länder ermöglicht. In der Vereinbarung ist auch festzulegen, welche Behörde die nach diesem Gesetz bestehenden Pflichten einer datenverarbeitenden Stelle obliegen. § 194 gilt entsprechend.

---

10 § 188 b Absatz 5 tritt mit Ablauf des 31.12.2029 außer Kraft (Artikel 4 Absatz 2 des Gesetzes vom 25.2.2021, GVOBl. Schl.-H. S. 222).

§ 193
Datenübermittlung an Behörden, öffentliche Stellen oder sonstige Stellen

(1) Sind andere Behörden oder öffentliche Stellen an der Abwehr von Gefahren beteiligt, können ihnen personenbezogene Daten übermittelt werden, soweit die Kenntnis dieser personenbezogenen Daten zur Gefahrenabwehr erforderlich erscheint. Im Übrigen können personenbezogene Daten an Behörden und öffentliche Stellen sowie an Personen oder Stellen außerhalb des öffentlichen Bereichs übermittelt werden, soweit dies zur Abwehr einer im einzelnen Falle bevorstehenden Gefahr erforderlich ist. Bei der Übermittlung personenbezogener Daten sind jeweils die Vorgaben des § 188a Absatz 2 bis 4 und § 188b zu beachten.

(2) Personenbezogene Daten können zu den in § 20 Satz 1 und 2 LDSG genannten Zwecken unter Beachtung der §§ 54 bis 57 LDSG an ausländische öffentliche Stellen sowie an über- oder zwischenstaatliche Stellen nach Maßgabe der §§ 188a, 188b übermittelt werden, soweit dies erforderlich ist
1. zur Abwehr einer im einzelnen Falle bevorstehenden Gefahr durch die übermittelnde Stelle,
2. zur Abwehr einer im einzelnen Falle bevorstehenden erheblichen Gefahr durch den Empfänger.

Für die Übermittlung personenbezogener Daten zu Zwecken außerhalb des § 20 LDSG gilt Satz 1 unter Beachtung der Artikel 44 bis 49 der Verordnung (EU) 2016/679.

(3) Die Übermittlung nach Absatz 2 unterbleibt, soweit Grund zu der Annahme besteht, daß dadurch gegen den Zweck eines deutschen Gesetzes verstoßen würde oder schutzwürdige Belange der betroffenen Person beeinträchtigt würden. Der Empfänger ist darauf hinzuweisen, daß die personenbezogenen Daten nur zu dem Zweck verarbeitet werden dürfen, zu dessen Erfüllung sie ihm übermittelt wurden.

(4) Für die Übermittlung personenbezogener Daten zwischen der Verfassungsschutzbehörde und den Ordnungsbehörden oder der Polizei gelten allein die Vorschriften des Gesetzes über den Verfassungsschutz im Lande Schleswig-Holstein[11].

§ 194
Automatisiertes Abrufverfahren

Die Einrichtung eines automatisierten Verfahrens, das die Übermittlung personenbezogener Daten zwischen Polizeidienststellen, zwischen Ordnungsbehörden sowie zwischen Ordnungsbehörden und der Polizei durch Abruf aus einer Datei ermöglicht, ist zulässig, soweit diese Form der Übermittlung unter Berücksichtigung der schutzwürdigen Belange der betroffenen Person und der Erfüllung der Aufgaben angemessen ist. Abrufe sind in überprüfbarer Form automatisiert zu protokollieren. Für die Protokollierung gilt § 188 Absatz 7 entsprechend.

§ 195
Datenabgleich

(1) Die Polizei kann personenbezogene Daten der in den §§ 218, 219 sowie § 179 Abs. 2 Nr. 2 Buchst. a genannten Personen mit dem Inhalt polizeilicher Dateien im Rahmen der Zweckbindung dieser Dateien abgleichen. Personenbezogene Daten anderer Personen kann die Polizei abgleichen, wenn Tatsachen dafür sprechen, daß dies zur Erfüllung polizeilicher Aufgaben erforderlich erscheint. Die Polizei kann ferner im Rahmen ihrer Aufgabenerfüllung erlangte personenbezogene Daten mit dem Fahndungsbestand abgleichen. Ein Abgleich der nach § 179 Abs. 4 erlangten personenbezogenen Daten ist nur mit Zustimmung der betroffenen Person zulässig.

(2) Rechtsvorschriften über den Datenabgleich in anderen Fällen bleiben unberührt.

§ 195 a
Datenabgleich mit anderen Dateien

(1) Die Polizei kann von öffentlichen und nichtöffentlichen Stellen die Übermittlung von personenbezogenen Daten bestimmter Personengruppen aus Dateien zum Zwecke des automatisierten Abgleichs nach fahndungsspezifischen Suchkriterien mit anderen Datenbeständen verlangen, soweit dies zur Abwehr einer erheblichen Gefahr für den Bestand oder die Sicherheit des Bundes oder eines Landes oder für Leib, Leben oder Freiheit einer Person oder gleichwertige Schäden für die Umwelt erforderlich ist.

(2) Die Maßnahme nach Absatz 1 darf nur auf Antrag der Leiterin oder des Leiters des Landeskriminalamtes oder durch von ihr oder ihm besonders beauftragte Personen des Polizeivollzugsdienstes richterlich angeordnet werden. Zuständig ist das Amtsgericht, in dessen Bezirk das für Inneres zuständige Ministerium – Landeskriminalamt – seinen Sitz hat. Für das Verfahren findet das Gesetz über das Verfahren in Familiensachen und in den Angelegenheiten der freiwilligen Gerichtsbarkeit entsprechende Anwendung.

(3) Das Übermittlungsersuchen ist auf Name, Anschrift, Tag und Ort der Geburt sowie andere für den Einzelfall benötigte Daten zu beschränken. Ist ein Aussondern der zu übermittelnden Daten mit nur unverhältnismäßigem Aufwand möglich, dürfen weitere, nicht vom Ermittlungsersuchen erfasste Daten ebenfalls übermittelt werden. Diese Daten dürfen von der Polizei nicht verarbeitet werden. Rechtsvorschriften über ein Berufs- oder besonderes Amtsgeheimnis bleiben unberührt.

(4) Ist der Zweck der Maßnahme erreicht oder zeigt sich, dass er nicht erreicht werden kann, sind die übermittelten und im Zusammenhang mit der Maßnahme zusätzlich angefallenen Daten auf den Datenträgern zu löschen und Akten, soweit sie nicht für ein mit dem Sachverhalt zusammenhängendes Verfahren erforderlich sind, zu vernichten. Die Vernichtung ist zu dokumentieren. Soweit die Vernichtung lediglich für eine etwaige nachträgliche gerichtliche Überprüfung seitens der Betroffenen im Sinne von Absatz 5 Satz 1 zurückgestellt ist, sind deren Daten zu sperren. Die gesperrten Daten dürfen nur für den Zweck der nachträglichen gerichtlichen Überprüfung verwendet werden.

(5) Personen, gegen die nach Abschluss einer Maßnahme nach Absatz 1 weitere Maßnahmen durchgeführt werden, sind hierüber durch die Polizei zu unterrichten, sobald dies ohne Gefährdung des Zweckes der weiteren Datenverarbeitung erfolgen kann. § 186 Absatz 7 und 8 gelten entsprechend.

(6) Die oder der Landesbeauftragte für Datenschutz ist über den Beginn und den Abschluss einer Maßnahme nach Absatz 1 zu unterrichten.

(7) Das für Inneres zuständige Ministerium berichtet dem Landtag jährlich über laufende und abgeschlossene Maßnahmen.

5. Weitere Verfahrensvorschriften

§ 196
Berichtigung und Löschung personenbezogener Daten

(1) Soweit eine Berichtigung personenbezogener Daten erfolgt, ist in geeigneter Weise zu dokumentieren, in welchem Zeitraum und aus welchem Grund die Daten unrichtig waren.

(2) In Dateien gespeicherte personenbezogene Daten sind zu löschen, und die dazugehörigen Unterlagen sind zu vernichten, wenn bei der nach bestimmten Fristen vorzunehmenden Überprüfung oder aus Anlaß einer Einzelfallbearbeitung festgestellt wird, daß ihre Kenntnis für die speichernde Stelle zur Erfüllung der in ihrer Zuständigkeit liegenden Aufgaben nicht mehr erforderlich ist. Anderenfalls ist eine neue Prüffrist festzulegen. Die Gründe hierfür müssen sich aus den Unterlagen ergeben.

(3) Die Prüffristen nach Absatz 2 dürfen
1. bei Erwachsenen fünf Jahre, in besonderen Fällen zehn Jahre,
2. bei Erwachsenen nach Vollendung des 70. Lebensjahres und bei Jugendlichen fünf Jahre und

---

[11] Landesverfassungsschutzgesetz vom 23.3.1991 (GVOBl. Schl.-H. S. 203), zuletzt geändert durch Gesetz vom 1.12.2020 (GVOBl. Schl.-H. S. 874).

3. bei Kindern zwei Jahre

nicht überschreiten, wobei nach Zweck der Speicherung sowie Art und Bedeutung des Sachverhalts zu unterscheiden ist. Die Frist beginnt regelmäßig mit dem letzten Anlaß, der zur Speicherung der personenbezogenen Daten geführt hat, jedoch nicht vor Entlassung der betroffenen Person aus einer Justizvollzugsanstalt oder Beendigung einer mit Freiheitsentziehung verbundenen Maßregel der Besserung und Sicherung.

(4) Für die Abgabe der Datenträger an ein Archiv anstelle der Löschung und Vernichtung gelten die Bestimmungen des Landesarchivgesetzes vom 11. August 1992 (GVOBl Schl.-H. S. 444, ber. S. 498), zuletzt geändert durch Gesetz vom 2. Mai 2018 (GVOBl. Schl.-H. S. 162). Im Übrigen gelten für die Datenverarbeitung für wissenschaftliche Zwecke die §§ 13 und 26 LDSG. Die Weiterverarbeitung von personenbezogenen Daten, die aus in § 188a Absatz 3 genannten Maßnahmen erlangt wurden, ist ausgeschlossen.

§ 197
(aufgehoben)[12]

§ 198
(aufgehoben)

III. Besondere Maßnahmen
§ 199
Vorladung

(1) Eine Person kann schriftlich oder mündlich vorgeladen werden, wenn

1. Tatsachen dafür sprechen, daß die Person sachdienliche Angaben machen kann, die für die Erfüllung einer bestimmten Aufgabe der Ordnungsbehörden oder der Polizei erforderlich sind oder

2. dies zur Durchführung einer gesetzlich zugelassenen erkennungsdienstlichen Maßnahme erforderlich ist.

(2) Der Grund für die Vorladung soll angegeben werden. Bei der Festsetzung des Zeitpunkts soll auf den Beruf und die sonstigen Lebensverhältnisse der oder des Vorgeladenen Rücksicht genommen werden.

(3) Wird der Vorladung ohne hinreichenden Grund keine Folge geleistet, so kann sie zwangsweise durchgesetzt werden,

1. wenn die Angaben zur Abwehr einer im einzelnen Falle bevorstehenden Gefahr für Leib, Leben oder Freiheit einer Person erforderlich sind oder

2. wenn erkennungsdienstliche Maßnahmen durchgeführt werden sollen.

(4) § 136 a Abs. 1 Satz 1 und 3 sowie Abs. 2 und 3 der Strafprozeßordnung gilt entsprechend.

(5) Maßnahmen nach Absatz 3 im Wege des unmittelbaren Zwanges dürfen nur Polizeivollzugsbeamtinnen und Polizeivollzugsbeamte vornehmen.

(6) Für die Entschädigung von Personen, die auf Vorladung als Zeugen erscheinen oder die als Sachverständige herangezogen werden, gilt das Justizvergütungs- und -entschädigungsgesetz entsprechend.

§ 200
Verfahren bei der Vorführung

(1) Kommt eine Person der gesetzlichen Verpflichtung, vor einer Behörde zu erscheinen, auf Vorladung nicht nach, so kann sie vorgeführt werden, wenn hierauf in der Vorladung hingewiesen worden ist. Unter der gleichen Voraussetzung kann eine Person vorgeführt werden, wenn sie aufgrund gesetzlicher Vorschrift einer Behörde vorzustellen ist, die Vorstellung aber unterblieben ist.

(2) Einer festgehaltenen Person ist unverzüglich Gelegenheit zu geben, eine Angehörige oder einen Angehörigen oder eine Person ihres Vertrauens zu benachrichtigen. Ist die festgehaltene Person nicht in der Lage, von diesem Recht Gebrauch zu machen, so soll die Behörde selbst die Benachrichtigung einer oder eines Angehörigen übernehmen. Ist die festgehaltene Person minderjährig, so ist in jedem Falle diejenige Person unverzüglich zu benachrichtigen, der die Sorge für die festgehaltene Person obliegt; ist für die festgehaltene Person eine Betreuerin oder ein Betreuer bestellt, so ist diese oder dieser zu benachrichtigen. Satz 1 und 2 gelten nicht, soweit der Zweck der Vorführung dadurch gefährdet wird.

(3) Die vorgeführte Person darf nicht länger als bis zum Ende der Amtshandlung, zu der sie vorgeladen war, festgehalten werden. Spätestens am Ende des Tages nach der Vorführung ist sie zu entlassen.

(4) § 181 Abs. 4 gilt entsprechend.

§ 201
Platzverweis, Aufenthaltsverbot,
Aufenthaltsgebot und Meldeauflage

(1) Zur Abwehr einer im einzelnen Falle bevorstehenden Gefahr ist es zulässig, eine Person vorübergehend von einem Ort zu verweisen oder ihr vorübergehend das Betreten eines Ortes zu verbieten (Platzverweis). Der Platzverweis kann auch gegen Personen angeordnet werden, die den Einsatz der Feuerwehr oder von Hilfs- oder Rettungsdiensten behindern.

(2) Die Polizei kann einer Person untersagen, bestimmte Orte oder Gebiete zu betreten oder sich dort aufzuhalten, wenn Tatsachen die Annahme rechtfertigen, dass die Person dort in naher Zukunft Straftaten, die Schaden für Leib, Leben oder Freiheit oder gleichgewichtigen Schaden für sonstige Sach- oder Vermögenswerte oder für die Umwelt erwarten lassen, begehen wird, und die Schadensverhütung auf andere Weise nicht möglich erscheint (Aufenthaltsverbot). Ort oder Gebiet im Sinne des Satzes 1 kann auch ein gesamtes Gemeindegebiet umfassen.

(3) Unter den Voraussetzungen des Absatzes 2 kann die Polizei gegenüber einer Person auch anordnen, sich an ihrem Wohn- oder Aufenthaltsort oder in einem bestimmten Gebiet aufzuhalten (Aufenthaltsgebot).

(4) Die Polizei kann gegenüber einer Person ein Aufenthaltsverbot oder Aufenthaltsgebot auch anordnen, wenn

1. bestimmte Tatsachen die Annahme rechtfertigen, dass diese Person innerhalb eines übersehbaren Zeitraums auf eine zumindest ihrer Art nach konkretisierte Weise eine Straftat nach §§ 89a, 89b, 129a oder 129b des Strafgesetzbuchs begehen wird, oder

2. deren individuelles Verhalten eine konkrete Wahrscheinlichkeit dafür begründet, dass sie innerhalb eines übersehbaren Zeitraums eine Straftat nach §§ 89a, 89b, 129a oder 129b des Strafgesetzbuchs begehen wird.

(5) Das Aufenthaltsverbot und das Aufenthaltsgebot sind zeitlich und örtlich auf den zur Verhütung der Straftat erforderlichen Umfang zu beschränken. Die Anordnung darf räumlich nicht den Zugang zur Wohnung der pflichtigen Person beschränken. Die Anordnung eines Hausarrests ist unzulässig. Die Anordnung der Maßnahme bedarf der Schriftform. Die Maßnahme ist auf höchstens drei Monate zu befristen. Eine Verlängerung der Maßnahme um jeweils nicht mehr als denselben Zeitraum ist zulässig, soweit die Voraussetzungen für die Anordnung der Maßnahme weiterhin vorliegen. Die Vorschriften des Versammlungsrechts bleiben unberührt.

(6) Die Polizei kann gegenüber einer Person anordnen, an bestimmten Tagen zu bestimmten Zeiten bei einer von der Polizei bestimmten Stelle persönlich zu erscheinen (Meldeauflage), wenn Tatsachen die Annahme rechtfertigen, dass diese Person eine Straftat begehen oder zu ihrer Begehung beitragen wird und die Meldeauflage zur Verhütung der Straftat erforderlich ist. Die Anordnung der Maßnahme bedarf der Schriftform. Die Meldeauflage ist auf den zur Verhütung der Straftat erforderlichen Umfang, höchstens einen Monat, zu befristen. Eine Verlängerung der Maßnahme um jeweils nicht mehr als denselben Zeitraum ist zulässig,

---

12 § 197 gilt in der bis zum 18.3.2021 geltenden Fassung fort für Dateisysteme, deren Einrichtungen bis zum 25.5.2018 über eine sogenannte Errichtungsanordnung angeordnet wurden (Artikel 3 Absatz 1 des Gesetzes vom 25.2.2021, GVOBl. Schl.-H. S. 222).

soweit die Voraussetzungen für die Anordnung der Maßnahme weiterhin vorliegen.

(7) Eine Meldeauflage im Sinne des Absatzes 6 kann auch durch die Pass- und Personalausweisbehörde angeordnet werden, wenn Tatsachen die Annahme rechtfertigen, dass diese Person

1. eine Handlung nach § 7 Absatz 1 des Passgesetzes vom 19. April 1986 (BGBl. I S. 537), zuletzt geändert durch Artikel 12 des Gesetzes vom 3. Dezember 2020 (BGBl. I S. 2744), begehen oder zu ihrer Begehung beitragen wird und die Meldeauflage das mildere Mittel gegenüber der Passversagung ist oder
2. einen Verstoß gegen die räumliche Beschränkung nach § 6 Absatz 7 des Personalausweisgesetzes vom 18. Juni 2009 (BGBl. I S. 1346), zuletzt geändert durch Artikel 13 des Gesetzes vom 3. Dezember 2020 (BGBl. I S. 2744), beabsichtigt.

Im Übrigen gilt Absatz 6 entsprechend.

(8) Eine Maßnahme nach Absatz 2 bis Absatz 7, deren Dauer insgesamt 14 Tage überschreitet, bedarf der richterlichen Bestätigung. Erfolgt die Bestätigung durch das Gericht nicht binnen dieser Zeit, tritt die Anordnung außer Kraft. Jede Verlängerung der Maßnahme bedarf der richterlichen Entscheidung. Für das Verfahren gilt § 186 Absatz 6 entsprechend.

§ 201a
Wohnungsverweisung sowie Rückkehr- und Betretungsverbot zum Schutz vor häuslicher Gewalt, Kontakt- und Näherungsverbot

(1) Die Polizei kann bis zu maximal vier Wochen eine Person aus ihrer Wohnung und dem unmittelbar angrenzenden Bereich verweisen und ihr die Rückkehr dorthin untersagen, wenn Tatsachen, insbesondere ein von ihr begangener tätlicher Angriff, die Annahme rechtfertigen, dass diese Maßnahme zur Abwehr einer von ihr ausgehenden gegenwärtigen Gefahr für Leib, Leben oder Freiheit einer Bewohnerin oder eines Bewohners derselben Wohnung (gefährdete Person) erforderlich ist. Unter den gleichen Voraussetzungen kann die Polizei für die Dauer der nach Satz 1 verfügten Maßnahme ein Betretungsverbot für Orte, an denen sich die gefährdete Person regelmäßig aufhalten wird, anordnen. Der räumliche Bereich einer Maßnahme nach Satz 1 und 2 ist nach dem Erfordernis eines wirkungsvollen Schutzes der gefährdeten Person zu bestimmen und zu bezeichnen.

(2) Der Lauf der Frist einer Maßnahme nach Absatz 1 beginnt mit der Bekanntgabe und endet mit Ablauf des bezeichneten Tages, § 89 findet keine Anwendung. Stellt die gefährdete Person während der Dauer der nach Absatz 1 verfügten Maßnahme einen Antrag auf zivilrechtlichen Schutz beim zuständigen Amtsgericht mit dem Ziel des Erlasses einer einstweiligen Anordnung, endet die von der Polizei verfügte Maßnahme mit dem Zeitpunkt des Erlasses der gerichtlichen Entscheidung, spätestens eine Woche danach.

(3) Unter den Voraussetzungen des Absatzes 1 sind die für eine Kontaktaufnahme erforderlichen personenbezogenen Daten der gefährdeten Person an eine geeignete Beratungsstelle zu übermitteln. Diese darf die Daten ausschließlich und einmalig dazu nutzen, der gefährdeten Person unverzüglich Beratung zum Schutz vor häuslicher Gewalt anzubieten. Lehnt die gefährdete Person die Beratung ab, hat die Beratungsstelle die übermittelten Daten zu löschen.

(4) Einer Person kann untersagt werden

1. Verbindung zu einer anderen Person, auch unter Verwendung von Fernkommunikationsmitteln aufzunehmen,
2. Zusammentreffen mit einer anderen Person herbeizuführen,

wenn dies zur Abwehr einer Gefahr für Leib, Leben oder Freiheit dieser Person insbesondere in engen sozialen Beziehungen erforderlich ist und der Wahrnehmung berechtigter Interessen nicht entgegensteht (Kontakt- und Näherungsverbot). Die Anordnung ist in Fällen enger sozialer Beziehungen auf maximal vier Wochen zu befristen. Stellt die gefährdete Person während der Dauer der Maßnahme einen Antrag auf zivilrechtlichen Schutz beim zuständigen Amtsgericht mit dem Ziel des Erlasses einer einstweiligen Anordnung, endet die von der Polizei verfügte Maßnahme mit dem Zeitpunkt des Erlasses der gerichtlichen Entscheidung, spätestens eine Woche danach.

§ 201b
Elektronische Aufenthaltsüberwachung

(1) Gegenüber einer Person kann angeordnet werden, ein technisches Mittel, mit dem der Aufenthaltsort dieser Person elektronisch überwacht werden kann, ständig in betriebsbereitem Zustand am Körper bei sich zu führen und dessen Funktionsfähigkeit nicht zu beeinträchtigen, wenn

1. bestimmte Tatsachen die Annahme rechtfertigen, dass diese Person innerhalb eines übersehbaren Zeitraums auf eine zumindest ihrer Art nach konkretisierte Weise eine Straftat nach §§ 89a, 89b, 129a oder 129b des Strafgesetzbuchs begehen wird, oder
2. deren individuelles Verhalten eine konkrete Wahrscheinlichkeit dafür begründet, dass sie innerhalb eines übersehbaren Zeitraums eine Straftat nach §§ 89a, 89b, 129a oder 129b des Strafgesetzbuchs begehen wird.

(2) Die Polizei darf mit Hilfe der von der verantwortlichen Person mitgeführten technischen Mittel automatisiert Daten über deren Aufenthaltsort sowie über etwaige Beeinträchtigungen der Datenerhebung verarbeiten. Darüber hinaus kann angeordnet werden, dass die erhobenen Daten zu einem Bewegungsbild verarbeitet werden dürfen, soweit dies zur Erfüllung des Überwachungszwecks erforderlich ist.

(3) Nach dem Stand der Technik ist sicherzustellen, dass innerhalb der Wohnung der betroffenen Person keine über den Umstand ihrer Anwesenheit hinausgehende Aufenthaltsdaten erhoben werden. Werden innerhalb der Wohnung der betroffenen Person über den Umstand ihrer Anwesenheit hinausgehende Aufenthaltsdaten erhoben, dürfen diese nicht weiterverarbeitet werden und sind unverzüglich nach Kenntnisnahme zu löschen. Die Tatsache ihrer Kenntnisnahme und die Löschung sind zu dokumentieren.

(4) § 186a Absatz 7 gilt entsprechend. Die Maßnahmen nach Absatz 1 und Absatz 2 sind zu dokumentieren.

(5) Die Daten dürfen ohne Einwilligung der betroffenen Person nur verarbeitet werden, soweit dies erforderlich ist für die folgenden Zwecke:

1. zur Verhütung oder zur Verfolgung von Straftaten gemäß §§ 89a, 89b, 129a oder 129b des Strafgesetzbuchs,
2. zur Feststellung von Verstößen gegen Aufenthaltsverbote oder Aufenthaltsgebote gemäß § 201,
3. zur Verfolgung einer Straftat nach Absatz 9,
4. zur Abwehr einer dringenden Gefahr für Leib, Leben oder Freiheit einer Person oder für den Bestand oder die Sicherheit des Staates,
5. zur Aufrechterhaltung der Funktionsfähigkeit des technischen Mittels.

(6) Die nach Absatz 1 und Absatz 2 erhobenen Daten sind spätestens zwei Monate nach Beendigung der Maßnahme zu löschen, soweit sie nicht für die Absatz 5 genannten Zwecke weiterverarbeitet werden. Bei jedem Abruf sind der Zeitpunkt, die abgerufenen Daten, die abrufende Person und der Grund des Abrufs zu protokollieren. Diese Protokolldaten sind nach dem Ablauf von sechs Monaten zu löschen. Die Löschung von Daten nach diesem Absatz ist zu dokumentieren.

(7) Die Maßnahmen nach Absatz 1 und Absatz 2 dürfen nur richterlich angeordnet werden. Für das Verfahren gilt § 186 Absatz 6 entsprechend.

(8) Die Anordnung ergeht schriftlich. Für ihren Inhalt gilt § 186 Absatz 3 Satz 2 entsprechend. Weiterhin ist anzugeben, ob gegenüber der Person, gegen die sich die Maßnahme richtet, eine Maßnahme nach § 201 erlassen wurde. Die Anordnung ist sofort vollziehbar und auf höchstens drei Monate zu befristen. Eine Verlängerung um jeweils nicht mehr als denselben Zeitraum ist zulässig, soweit die Anordnungsvoraussetzungen weiterhin vorliegen. Liegen die Voraussetzungen der Anordnung nicht mehr vor, sind die aufgrund der Anordnung ergriffenen Maßnahmen unverzüglich zu beenden.

(9) Mit einer Freiheitstrafe bis zu zwei Jahren oder mit einer Geldstrafe wird bestraft, wer einer Anordnung nach Absatz 1 zuwiderhandelt und dadurch die ununterbrochene Feststellung seines Aufenthaltsortes verhindert. Die Tat wird nur auf Antrag der die Maßnahme beantragenden Behörde verfolgt.

§ 202
Durchsuchung von Personen

(1) Vollzugsbeamtinnen und Vollzugsbeamte dürfen eine Person durchsuchen, wenn sie die Person nach diesem Gesetz oder anderen Rechtsvorschriften anhalten oder festhalten dürfen und die Durchsuchung insbesondere nach Waffen, anderen gefährlichen Werkzeugen oder Explosivmitteln nach den Umständen zum Schutz dieser Person, eines Dritten oder zur Eigensicherung des Amtsträgers erforderlich erscheint.

(2) Polizeivollzugsbeamtinnen und Polizeivollzugsbeamte dürfen eine Person darüber hinaus durchsuchen,
1. wenn Tatsachen dafür sprechen, dass die Person Sachen bei sich führt, die sichergestellt werden können,
2. wenn eine Identitätsfeststellung aufgrund des § 181 Absatz 1 Satz 2 Nummer 1 bis 4 zulässig ist oder
3. wenn die Person nach § 187 oder nach Artikel 99 des Schengener Durchführungsübereinkommens vom 19. Juni 1990 zur gezielten Kontrolle ausgeschrieben ist.

(3) Polizeivollzugsbeamtinnen und Polizeivollzugsbeamte dürfen die Person zum Zweck der Durchsuchung zur Dienststelle verbringen, wenn diese Maßnahme anders nicht durchgeführt werden kann.

§ 203
Verfahren bei der Durchsuchung von Personen

(1) Bei der Durchsuchung einer Person können der Körper, die Kleidung, der Inhalt der Kleidung und die sonstigen am Körper getragenen Sachen durchsucht werden.

(2) Personen dürfen nur von Personen gleichen Geschlechts oder von Ärztinnen oder Ärzten durchsucht werden. Bei berechtigtem Interesse soll dem Wunsch der zu durchsuchenden Person, die Durchsuchung einer Person oder einer Ärztin oder einem Arzt bestimmten Geschlechts zu übertragen, entsprochen werden. Die betroffene Person ist auf die Regelung des Satzes 2 hinzuweisen. Die Sätze 1 bis 3 gelten nicht, wenn die sofortige Durchsuchung zum Schutz gegen eine Gefahr für Leib oder Leben erforderlich ist.

(3) Soweit durch Rechtsvorschrift körperliche Eingriffe zugelassen werden, dürfen diese nur von einer Ärztin oder einem Arzt vorgenommen werden. Eingriffe in die körperliche Unversehrtheit sind im Rahmen der Durchsuchung einer Person unzulässig.

§ 204
Gewahrsam von Personen

(1) Eine Person kann nur in Gewahrsam genommen werden, wenn dies
1. zu ihrem Schutz gegen eine Gefahr für Leib oder Leben erforderlich ist, insbesondere, weil sie sich erkennbar in einem die freie Willensbestimmung ausschließenden Zustand oder sonst in hilfloser Lage befindet,
2. unerlässlich ist, um die unmittelbar bevorstehende Begehung oder Fortsetzung einer Straftat oder einer Ordnungswidrigkeit von erheblicher Bedeutung für die Allgemeinheit zu verhindern,
3. unerlässlich ist, um private Rechte zu schützen, und eine Festnahme und Vorführung der Person nach den §§ 229 und 230 Abs. 3 des Bürgerlichen Gesetzbuches zulässig ist,
4. unerlässlich ist, um eine Maßnahme nach § 201 durchzusetzen,
5. unerlässlich ist, um eine Maßnahme nach § 201 a durchzusetzen oder
6. unerlässlich für die Abwehr einer Gefahr im Sinne des § 201b ist, aufgrund der Weigerung einer Person, einer gerichtlichen Anordnung zur elektronischen Aufenthaltsüberwachung nach § 201b Folge zu leisten.

(2) Minderjährige, die sich der Obhut der Sorgeberechtigten entzogen haben, können in Gewahrsam genommen werden, um sie den Sorgeberechtigten oder dem Jugendamt zuzuführen.

(3) Eine Person, die aus dem Vollzug von Untersuchungshaft, Freiheitstrafe, freiheitsentziehenden Maßregeln der Besserung und Sicherung oder aus dem Vollzug der Unterbringung nach dem Gesetz zur Therapierung und Unterbringung psychisch gestörter Gewalttäter entwichen ist oder sich sonst ohne Erlaubnis der Justizvollzugsanstalt, einer Anstalt nach den §§ 129 bis 138 des Strafvollzugsgesetzes oder einer Einrichtung nach § 2 des Gesetzes zur Therapierung und Unterbringung psychisch gestörter Gewalttäter aufhält, kann in Gewahrsam genommen werden und in die Anstalt oder Einrichtung zurückgebracht werden, aus der sie sich unerlaubt entfernt hat.

(4) Maßnahmen nach den Absätzen 1 bis 3 dürfen nur Polizeivollzugsbeamtinnen und Polizeivollzugsbeamte vornehmen. Die festgehaltene Person kann mittels Bildübertragung offen beobachtet werden, wenn und solange tatsächliche Anhaltspunkte die Annahme rechtfertigen, dass diese Maßnahme zum Schutz der Person unerlässlich ist.

(5) Der Gewahrsam ist unverzüglich aufzuheben, sobald der Grund hierfür weggefallen oder der Zweck erreicht ist. Der Gewahrsam ist spätestens am Ende des Tages nach der Übernahme in den Gewahrsam aufzuheben, sofern nicht vorher die Fortdauer der Freiheitsentziehung gerichtlich angeordnet worden ist.

(6) § 181 Abs. 4 gilt entsprechend.

§ 205
Verfahren bei amtlichem Gewahrsam

(1) Wird eine Person in Gewahrsam, Verwahrung oder Haft genommen oder untergebracht (amtlicher Gewahrsam), so sind ihr unverzüglich der Grund der Maßnahme und die zulässigen Rechtsbehelfe bekanntzugeben, es sei denn, die Bekanntgabe wirkt sich für die Person nachteilig aus.

(2) § 200 Abs. 2 gilt entsprechend.

(3) Die Person soll nicht in einem Raum mit Strafgefangenen, Untersuchungsgefangenen oder Suchtkranken verwahrt werden. Frauen und Männer sind getrennt unterzubringen.

(4) Der Person dürfen nur solche Beschränkungen auferlegt werden, die zur Sicherung des Zwecks oder zur Aufrechterhaltung der Ordnung des amtlichen Gewahrsams notwendig sind.

§ 206
Durchsuchung von Sachen

Sachen können außer in den Fällen des § 181 Abs. 3 Satz 3 nur durchsucht werden, wenn
1. eine Person sie mitführt, die nach § 202 durchsucht werden darf,
2. Tatsachen dafür sprechen, daß sich darin eine andere Sache befindet, die sichergestellt werden kann,
3. Tatsachen dafür sprechen, daß sich darin eine Person befindet,
   a) in Gewahrsam genommen werden darf,
   b) widerrechtlich festgehalten wird oder
   c) hilflos ist,
4. sie sich an einem der in § 181 Abs. 1 Satz 2 Nr. 1 genannten Orte befinden,
5. sie sich in einem Objekt im Sinne des § 181 Abs. 1 Satz 2 Nr. 2 oder 3 oder in dessen unmittelbarer Nähe befinden und Tatsachen dafür sprechen, daß Straftaten in oder an diesem Objekt begangen werden sollen,
6. es sich um ein Land-, Wasser- oder Luftfahrzeug handelt, in dem sich eine Person befindet, deren Identität nach § 181 Abs. 1 Satz 2 Nr. 4 festgestellt werden darf; die Durchsuchung kann sich auch auf die in dem Fahrzeug enthaltenen Sachen erstrecken.

§ 206 a
Durchsuchung bei Gezielten Kontrollen

Die Polizei kann beim Antreffen einer Person, die nach § 187 Abs. 1 Satz 3 oder nach Artikel 99 Schengener Durchführungsübereinkommen vom 19. Juni 1990 zur gezielten Kontrolle ausgeschrieben ist, das von dieser benutzte Land-, Wasser- oder Luftfahrzeug und die darin enthaltenen Sachen durchsuchen.

§ 207
Verfahren bei der Durchsuchung von Sachen

Bei der Durchsuchung von Sachen hat die Gewahrsamsinhaberin oder der Gewahrsamsinhaber das Recht, anwesend zu sein. Ist sie oder er abwesend und kann eine Vertreterin oder ein Vertreter oder ein Zeuge anwesend sein, so soll diese oder dieser hinzugezogen werden. Der Gewahrsamsinhaberin oder dem Gewahrsamsinhaber ist auf Verlangen eine Bescheinigung über die Durchsuchung und ihren Grund zu erteilen.

§ 208
Betreten und Durchsuchung von Räumen

(1) Das Betreten von Wohn- und Geschäftsräumen oder eines befriedeten Besitztums ist gegen den Willen der Inhaberin oder des Inhabers nur zulässig, wenn dies zur Verhütung einer erheblichen Gefahr für die öffentliche Sicherheit erforderlich ist. Während der Arbeits-, Geschäfts- und Aufenthaltszeit dürfen Arbeits-, Betriebs- und Geschäftsräume sowie andere Räume und Grundstücke, die der Öffentlichkeit zugänglich sind, zum Zwecke der Gefahrenabwehr betreten werden.

(2) Die Durchsuchung von Wohn- und Geschäftsräumen oder eines befriedeten Besitztums ist nur zulässig, wenn

1. Tatsachen dafür sprechen, dass sich darin oder darauf eine Person befindet, die nach § 200 vorgeführt oder nach einer Rechtsvorschrift in Gewahrsam genommen werden darf,
2. Tatsachen dafür sprechen, dass sich darin oder darauf Sachen befinden, die nach § 210 Absatz 1 Nummer 1 sichergestellt werden dürfen oder
3. dies zur Abwehr einer gegenwärtigen erheblichen Gefahr erforderlich ist.

(3) Während der Nachtzeit (§ 324) ist ein Betreten von Wohn- und Geschäftsräumen oder eines befriedeten Besitztums einschließlich Arbeits-, Betriebs- und Geschäftsräumen sowie anderen Räumen und Grundstücken, die der Öffentlichkeit zugänglich sind, unter den in Absatz 1 genannten Voraussetzungen zulässig, wenn

1. diese zur Nachtzeit jedermann zugänglich sind,
2. diese der Prostitution oder dem unerlaubten Glücksspiel dienen,
3. Tatsachen dafür sprechen, dass sich dort eine oder mehrere Personen aufhalten, die
   a) dort Straftaten verabreden, vorbereiten oder verüben,
   b) gegen aufenthaltsrechtliche Vorschriften verstoßen,
   c) wegen einer Straftat gesucht werden.

Im Übrigen dürfen Wohn- und Geschäftsräume oder ein befriedetes Besitztum während der Nachtzeit (§ 324) nur zur Verhütung einer dringenden Gefahr für die öffentliche Sicherheit betreten oder durchsucht werden.

(4) Durchsuchungen von Wohn- und Geschäftsräumen dürfen, außer bei Gefahr im Verzug, nur aufgrund richterlicher Anordnung erfolgen. Das gleiche gilt für ein Betreten zur Nachtzeit in den Fällen des Absatzes 3 Satz 1 Nummer 3. Zuständig ist das Amtsgericht, in dessen Bezirk die zu durchsuchenden Räume liegen. Für das Verfahren gelten die Vorschriften des Gesetzes über das Verfahren in Familiensachen und in den Angelegenheiten der freiwilligen Gerichtsbarkeit entsprechend. Von einer Anhörung der betroffenen Person durch das Gericht ist abzusehen, wenn die vorherige Anhörung den Zweck der Durchsuchung gefährden würde. Die Entscheidung ergeht auf Antrag. Sie wird mit ihrer Bekanntgabe an die antragstellende Behörde wirksam. Die Beschwerde steht der antragstellenden Behörde sowie der betroffenen Person zu. § 59 des Gesetzes über das Verfahren in Familiensachen und in den Angelegenheiten der freiwilligen Gerichtsbarkeit bleibt unberührt.

(5) Maßnahmen nach Absatz 2 und Absatz 3 Satz 2 dürfen nur Polizeivollzugsbeamtinnen und Polizeivollzugsbeamte vornehmen.

§ 209
Verfahren bei der Durchsuchung von Räumen

(1) Bei der Durchsuchung der Wohnung, der Geschäftsräume oder des befriedeten Besitztums hat die Inhaberin oder der Inhaber das Recht, anwesend zu sein. Ist sie oder er nicht anwesend, so soll eine Vertreterin oder ein Vertreter oder ein Zeuge hinzugezogen werden.

(2) Der Inhaberin oder dem Inhaber oder ihrer Vertreterin oder ihrem Vertreter oder seiner Vertreterin oder seinem Vertreter ist vor Beginn der Durchsuchung der Grund der Maßnahme bekanntzugeben. Auf die zulässigen Rechtsbehelfe ist hinzuweisen.

(3) Über die Durchsuchung ist eine Niederschrift zu fertigen, in der die für die Durchführung verantwortliche Behörde Anlaß, Zeit und Ort der Durchsuchung und die anwesenden Personen namentlich aufzuführen sind. Die Niederschrift ist von der durchsuchenden Vollzugsbeamtin oder dem durchsuchenden Vollzugsbeamten und der Inhaberin oder dem Inhaber des durchsuchten Raumes, ihrer Vertreterin oder ihrem Vertreter oder seiner Vertreterin oder seinem Vertreter oder dem hinzugezogenen Zeugen zu unterschreiben. Wird die Unterschrift verweigert, so ist hierüber ein Vermerk aufzunehmen. Die Inhaberin oder der Inhaber oder ihre Vertreterin oder ihr Vertreter oder seine Vertreterin oder sein Vertreter ist darauf hinzuweisen, daß auf Verlangen eine Abschrift der Niederschrift ausgehändigt wird.

(4) Ist die Anfertigung der Niederschrift oder die Aushändigung ihrer Abschrift unter den vorherrschenden Umständen nicht möglich oder würde sie den Zweck der Durchsuchung gefährden, so sind der Inhaberin oder dem Inhaber oder ihrer Vertreterin oder ihrem Vertreter oder seiner Vertreterin oder seinem Vertreter lediglich die Vornahme der Durchsuchung unter Angabe der für die Durchsuchung verantwortlichen Behörde sowie Zeit und Ort der Durchsuchung schriftlich zu bestätigen.

(5) Die nach § 279 für die Vornahme einer Vollstreckungshandlung zur Beitreibung einer Geldforderung erforderliche Niederschrift ersetzt die Niederschrift nach dieser Bestimmung.

§ 210
Sicherstellung von Sachen

(1) Sachen können nur sichergestellt werden, wenn dies erforderlich ist,

1. zur Abwehr einer gegenwärtigen Gefahr für die öffentliche Sicherheit,
2. zur Verhinderung einer missbräuchlichen Verwendung durch eine Person, die nach diesem Gesetz oder anderen Rechtsvorschriften angehalten, in Gewahrsam genommen oder sonst festgehalten wird, oder
3. um die Eigentümerin oder den Eigentümer oder die rechtmäßige Inhaberin oder den rechtmäßigen Inhaber der tatsächlichen Gewalt vor Verlust oder Beschädigung einer Sache zu schützen.

(2) Die Sicherstellung von Sachen ist aufzuheben, sobald die Voraussetzungen hierfür weggefallen sind oder der Zweck erreicht ist.

(3) Hat die Polizei eine Sache sichergestellt, so ist die Sicherstellung spätestens nach drei Tagen aufzuheben. Dies gilt nicht, wenn die Ordnungsbehörde die Sicherstellung oder deren Fortdauer angeordnet hat.

§ 211
Verfahren bei der Sicherstellung von Sachen

(1) Hat eine Person eine bewegliche Sache herauszugeben oder vorzulegen, so kann die Vollzugsbeamtin oder der Vollzugsbeamte (§ 252) sie ihr wegnehmen.

(2) Der herausgabepflichtigen Person ist eine Bescheinigung zu erteilen, die die weggenommene Sache bezeichnet, den Grund der Maßnahme erkennen läßt und eine Belehrung über die zulässigen Rechtsbehelfe enthalten soll.

(3) Wird die Sache nicht vorgefunden, so hat die herausgabepflichtige Person auf Verlangen der Vollzugsbehörde vor dem Amtsgericht an Eides Statt zu versichern, daß sie nicht wisse, wo die Sache sich befinde.

(4)[13] Dem Antrag an das Amtsgericht, der herausgabepflichtigen Person die eidesstattliche Versicherung abzunehmen, sind beglaubigte Abschriften des Verwaltungsaktes sowie eine etwaige Niederschrift über den erfolglosen Wegnahmeversuch beizufügen. Für das Verfahren vor dem Amtsgericht gelten § 802 c Abs. 3, § 802 e, § 802 f Abs. 1, 3 und 6, § 802 g Abs. 2, § 802 h Abs. 2, § 802 i, § 802 j Abs. 1 und § 883 Abs. 3 der Zivilprozessordnung entsprechend.

(5) Sichergestellte Sachen sind amtlich zu verwahren. Falls die Beschaffenheit der Sache dies nicht zuläßt oder die amtliche Verwahrung unzweckmäßig ist, kann der Zweck der Sicherstellung auf andere Weise gewährleistet werden.

§ 212
Amtliche Verwahrung

(1) Wird eine Sache amtlich oder durch eine Dritte oder einen Dritten in amtlichem Auftrag verwahrt, so ist das Erforderliche zu veranlassen, um einem Verderb oder einer wesentlichen Minderung ihres Wertes vorzubeugen. Dies gilt nicht, wenn die oder der Dritte auf Verlangen der früheren Gewahrsamsinhaberin oder des früheren Gewahrsamsinhabers mit der Verwahrung beauftragt worden ist. Abweichende Rechtsvorschriften bleiben unberührt.

(2) Die verwahrten Sachen sind zu verzeichnen und so zu kennzeichnen, dass Verwechselungen vermieden werden.

§ 213
Verwertung, Vernichtung

(1) Die Verwertung verwahrter Sachen ist zulässig, wenn
1. ihr Verderb oder eine wesentliche Minderung ihres Wertes droht oder die Aufbewahrung oder Unterhaltung mit unverhältnismäßig hohen Kosten, erheblichen Schwierigkeiten oder Gefahren für die öffentliche Sicherheit verbunden ist oder bei Herausgabe der Sache die Voraussetzungen der Sicherstellung erneut eintreten würden oder
2. die empfangsberechtigte Person die Sache trotz Aufforderung nicht in Empfang nimmt.

(2) Die Verwertung soll nach den §§ 292 bis 299 durchgeführt werden. Die Eigentümerin oder der Eigentümer und andere Personen, denen Rechte an der Sache zustehen, sollen vor der Androhung der Verwertung gehört werden. Ihnen sollen der Ort und der Zeitpunkt der Verwertung mitgeteilt werden.

(3) Der Erlös tritt an die Stelle der Sache.

(4) Verwahrte Sachen können unbrauchbar gemacht, vernichtet oder eingezogen werden, wenn
1. die Voraussetzungen einer Verwertung vorliegen und
2. eine Verwertung nicht möglich ist oder der zu erwartende Erlös aus einer Verwertung die entstehenden Kosten nicht deckt.

§ 214
Verfahren bei der Wegnahme einer Person

(1) Hat jemand eine Person herauszugeben, so kann die Vollzugsbeamtin oder der Vollzugsbeamte (§ 252) sie jeder Person wegnehmen, bei der sie angetroffen wird.

(2) Der herausgabepflichtigen Person ist eine Bescheinigung zu erteilen, die die weggenommene Person bezeichnet, den Grund der Maßnahme erkennen läßt und eine Belehrung über die zulässigen Rechtsbehelfe enthalten soll.

(3) Wird die Person nicht vorgefunden, so hat die herausgabepflichtige Person auf Verlangen der Vollzugsbehörde vor dem Amtsgericht an Eides Statt zu versichern, daß sie nicht wisse, wo die Person sich befinde.

(4) § 211 Abs. 4 gilt entsprechend.

§ 215
Verfahren bei der Zwangsräumung

(1) Hat eine Person eine unbewegliche Sache, einen Raum oder ein Schiff zu räumen oder herauszugeben, so können sie und die ihrem Haushalt oder Geschäftsbetrieb angehörenden Personen aus dem Besitz gesetzt werden. Der Zeitpunkt der Zwangsräumung soll der betroffenen Person in angemessener Zeit vorher angekündigt werden.

(2) Werden bei einer Zwangsräumung bewegliche Sachen vorgefunden, die nicht herauszugeben oder vorzulegen sind, so werden sie der betroffenen Person oder, wenn diese abwesend ist, der Vertreterin oder dem Vertreter oder einer dem Haushalt oder Geschäftsbetrieb der betroffenen Person angehörenden erwachsenen Person übergeben.

(3) Ist keine empfangsberechtigte Person nach Absatz 2 anwesend, so sind die beweglichen Sachen in amtliche Verwahrung zu nehmen. Dies gilt auch, wenn sich die empfangsberechtigte Person weigert, die Sachen anzunehmen.

§ 216
Übertragung des Eigentums

(1) Ist eine Person zur Übertragung des Eigentums an einer Sache verpflichtet, so ist für die nach bürgerlichem Recht erforderlichen Willenserklärungen und für die Eintragung in öffentliche Bücher und Register § 242 anzuwenden.

(2) Die Übergabe der Sache wird dadurch bewirkt, dass die Vollzugsbeamtin oder der Vollzugsbeamte die Sache in Besitz nimmt. § 211 Abs. 3 und 4 gilt entsprechend. Befindet sich die Sache im Gewahrsam einer oder eines Dritten, so ist der Behörde, die den Verwaltungsakt erlassen hat, der Anspruch der betroffenen Person auf Herausgabe der Sache zu überweisen. Die §§ 300 bis 308 sind entsprechend anzuwenden.

Unterabschnitt 3
In Anspruch zu nehmende Personen

§ 217
Grundsatz

Maßnahmen zur Gefahrenabwehr dürfen nur gegen die nach den §§ 218 oder 219 verantwortlichen Personen gerichtet werden, es sei denn, daß gesetzlich etwas anderes bestimmt ist.

§ 218
Verantwortlichkeit für das Verhalten von Personen

(1) Wird die öffentliche Sicherheit durch das Verhalten von Personen gestört oder im einzelnen Fall gefährdet, so ist die Person verantwortlich, die die Störung oder Gefahr verursacht hat.

(2) Verursachen Personen, die das 14. Lebensjahr noch nicht vollendet haben, die Störung oder Gefahr, so ist auch diejenige Person verantwortlich, der die Sorge für die minderjährige Person obliegt. Ist für die Person eine Betreuerin oder ein Betreuer bestellt, so ist auch die betreuende Person im Rahmen ihrer Betreuungsaufgabe verantwortlich.

(3) Verursacht eine Person, die zu einer Verrichtung bestellt ist, die Störung oder Gefahr, so ist auch die Person verantwortlich, die die andere Person zu der Verrichtung bestellt hat.

§ 219
Verantwortlichkeit für Sachen

(1) Wird die öffentliche Sicherheit durch den Zustand einer Sache gestört oder im einzelnen Fall gefährdet, so ist deren Eigentümerin oder Eigentümer verantwortlich.

(2) Eine Person, die die tatsächliche Gewalt über eine Sache ausübt, ist neben der Eigentümerin oder dem Eigentümer verantwortlich. Sie ist an Stelle der Eigentümerin oder des Eigentümers verantwortlich, wenn sie
1. die tatsächliche Gewalt gegen den Willen der Eigentümerin oder des Eigentümers ausübt oder

---

[13] § 211 Abs. 4 sowie die darin genannten Vorschriften der Zivilprozessordnung sind in der bis zum 31.12.2012 geltenden Fassung weiter anzuwenden, wenn das Verfahren vor dem 1.1.2013 eingeleitet worden ist (Art. 2 Abs. 1 des Gesetzes vom 17.12.2012, GVOBl. Schl.-H. S. 749).

2. auf einen im Einverständnis mit der Eigentümerin oder dem Eigentümer schriftlich oder zur Niederschrift gestellten Antrag von der zuständigen Behörde als allein verantwortlich anerkannt worden ist.

(3) Geht die Störung oder Gefahr von einer herrenlosen Sache aus, so können die Maßnahmen gegen die Person gerichtet werden, die das Eigentum an der Sache aufgegeben hat.

(4) Gesetze, die eine andere Regelung enthalten, bleiben unberührt.

§ 220
Inanspruchnahme anderer Personen

(1) Zur Beseitigung einer Störung oder zur Abwehr einer gegenwärtigen Gefahr können Maßnahmen auch gegen andere Personen als die Verantwortlichen (§§ 218 bis 219) getroffen werden, soweit und solange

1. die Verantwortlichen nicht oder nicht rechtzeitig in Anspruch genommen werden können oder Maßnahmen gegen sie keinen Erfolg versprechen,
2. die Störung oder Gefahr nicht durch die Behörde selbst oder durch eine Beauftragte oder einen Beauftragten beseitigt werden kann und
3. die andere Person ohne erhebliche eigene Gefährdung oder Verletzung anderer überwiegender Pflichten in Anspruch genommen werden kann.

(2) Wird eine andere Person in Anspruch genommen, so hat die Behörde die verantwortliche Person unverzüglich zu benachrichtigen.

Unterabschnitt 4
Entschädigungsansprüche

§ 221
Entschädigungsanspruch des Nichtstörers

(1) Wird eine Person nach § 220 in Anspruch genommen, kann sie Entschädigung für den ihr hierdurch entstandenen Schaden verlangen.

(2) Ein Entschädigungsanspruch besteht jedoch nicht, soweit

1. die oder der Geschädigte auf andere Weise Ersatz erlangt hat oder
2. die oder der Geschädigte oder ihr oder sein Vermögen durch die Maßnahme geschützt worden ist.

(3) Die Absätze 1 und 2 finden keine Anwendung, soweit die Entschädigungspflicht wegen rechtmäßiger Maßnahmen in anderen gesetzlichen Vorschriften geregelt oder ausgeschlossen ist.

§ 222
Entschädigungsanspruch unbeteiligter Dritter

§ 221 findet entsprechende Anwendung, wenn eine dritte Person, die weder nach den §§ 217 bis 219 verantwortlich noch nach § 220 in Anspruch genommen worden ist, durch Maßnahmen zur Gefahrenabwehr getötet oder verletzt wird oder einen billigerweise nicht zumutbaren Schaden erleidet.

§ 223
Art, Inhalt und Umfang der Entschädigungsleistung

(1) Die Entschädigung wird nur für Vermögensschäden gewährt. Für entgangenen Gewinn, der über den Ausfall des gewöhnlichen Verdienstes oder Nutzungsentgelts hinausgeht, und für Vermögensnachteile, die nicht in unmittelbarem Zusammenhang mit der zu entschädigenden Maßnahme stehen, ist jedoch eine Entschädigung nur zu leisten, wenn und soweit diese zur Abwendung unbilliger Härten geboten erscheint.

(2) Die Entschädigung ist in Geld zu gewähren. Besteht der Schaden in der Aufhebung oder Verminderung der Erwerbsfähigkeit oder in einer Vermehrung der Bedürfnisse oder in dem Verlust oder der Minderung eines Rechts auf Unterhalt, so ist die Entschädigung durch Entrichtung einer Geldrente zu gewähren. Statt der Rente kann eine Abfindung in Kapital verlangt werden, wenn ein wichtiger Grund vorliegt.

(3) Die Entschädigung ist nur gegen Abtretung der Ansprüche zu gewähren, die der oder dem Entschädigungsberechtigten aufgrund der Maßnahme, auf der die Entschädigung beruht, gegen Dritte zustehen.

(4) Hat bei der Entstehung des Schadens ein Verschulden der oder des Betroffenen mitgewirkt, so ist das Mitverschulden zu berücksichtigen.

(5) Der Entschädigungsanspruch kann nur innerhalb eines Jahres geltend gemacht werden; die Frist beginnt, sobald die oder der Geschädigte von dem Schaden und dem entschädigungspflichtigen Träger der öffentlichen Verwaltung Kenntnis erlangt. Ohne Rücksicht auf diese Kenntnis kann der Anspruch nur innerhalb von 30 Jahren seit der Entstehung des Anspruchs geltend gemacht werden.

(6) Gesetze, die weitergehende Ersatzansprüche gewähren, bleiben unberührt.

§ 224
Entschädigungspflichtiger, Rückgriff

(1) Entschädigungspflichtig ist der Träger der öffentlichen Verwaltung, in dessen Dienst diejenige oder derjenige steht, die oder der die Maßnahme getroffen hat.

(2) In den Fällen des § 221 kann der Entschädigungspflichtige in entsprechender Anwendung der Vorschriften des Bürgerlichen Gesetzbuches über die Geschäftsführung ohne Auftrag von den nach den §§ 217 bis 219 Verantwortlichen durch Verwaltungsakt Ersatz seiner Aufwendungen verlangen.

§ 225
Schadensersatzansprüche aus der Verarbeitung von Daten

Die Geltendmachung von Schadensersatzansprüchen wegen der Verletzung datenschutzrechtlicher Bestimmungen aufgrund anderer Vorschriften bleibt unberührt.

§ 226
Rechtsweg

Für Streitigkeiten über die in §§ 221 bis 223 und 225 bezeichneten Ansprüche ist der ordentliche Rechtsweg gegeben.

Unterabschnitt 5
Einschränkung von Grundrechten, Kosten

§ 227
Einschränkung von Grundrechten

Für Maßnahmen, die nach den Bestimmungen dieses Abschnitts getroffen werden können, werden das Recht auf körperliche Unversehrtheit (Artikel 2 Abs. 2 Satz 1 des Grundgesetzes), das Recht der Freiheit der Person (Artikel 2 Abs. 2 Satz 2 des Grundgesetzes), das Fernmeldegeheimnis (Artikel 10 des Grundgesetzes), das Recht der Freizügigkeit (Artikel 11 des Grundgesetzes), das Recht der Unverletzlichkeit der Wohnung (Artikel 13 des Grundgesetzes) und das Eigentum (Artikel 14 des Grundgesetzes) eingeschränkt.

§ 227 a
Kosten

Für die Kosten der Amtshandlungen nach den §§ 200 bis 215 gilt § 249 entsprechend. Die Ermächtigung des § 249 Abs. 3 bis 5 zum Erlaß einer Kostenordnung gilt auch für die Kosten der in Satz 1 genannten Amtshandlungen.

Abschnitt IV
Erzwingung von Handlungen, Duldungen oder Unterlassungen

Unterabschnitt 1
Allgemeines Vollzugsverfahren

§ 228
Grundsatz

(1) Verwaltungsakte, die auf Herausgabe einer Sache oder auf Vornahme einer Handlung oder Duldung oder Unterlassung gerichtet sind, werden im Wege des Verwaltungszwangs durchgesetzt (Vollzug).

(2) Für den Vollzug gelten die §§ 229 bis 249 und, soweit sich aus ihnen nichts Abweichendes ergibt, die übrigen Vorschriften dieses Gesetzes.

§ 229
Zulässigkeit des Vollzugs von Verwaltungsakten

(1) Der Vollzug von Verwaltungsakten ist zulässig, wenn
1. der Verwaltungsakt unanfechtbar ist oder
2. ein Rechtsbehelf keine aufschiebende Wirkung hat.

(2) Beim Vollzug eines Verwaltungsaktes im Wege der Ersatzvornahme oder der Anwendung unmittelbaren Zwangs kann von den Bestimmungen des Absatzes 1 abgewichen werden, wenn
1. auf andere Weise eine gegenwärtige Gefahr für die öffentliche Sicherheit nicht abgewehrt werden kann oder
2. eine rechtswidrige Tat oder mit Geldbuße bedrohte Handlung anders nicht verhindert werden kann.

§ 230
Sofortiger Vollzug

(1) Der Verwaltungszwang ohne vorausgegangenen Verwaltungsakt (sofortiger Vollzug) ist im Wege der Ersatzvornahme oder des unmittelbaren Zwangs zulässig, wenn eine gegenwärtige Gefahr auf andere Weise nicht abgewehrt werden kann und die Behörde hierbei innerhalb ihrer gesetzlichen Befugnisse handelt. Dies gilt insbesondere, wenn Maßnahmen gegen Pflichtige nicht oder nicht rechtzeitig möglich sind. Rechtsvorschriften, die die Voraussetzungen des sofortigen Vollzugs abweichend regeln, bleiben unberührt.

(2) Bei einer Ersatzvornahme ist die oder der Verantwortliche unverzüglich zu benachrichtigen.

(3) Für den sofortigen Vollzug gelten die nachfolgenden Bestimmungen über den Vollzug von Verwaltungsakten entsprechend, soweit in ihnen nichts anderes bestimmt ist.

§ 231
Vollzugsbehörden

Der Verwaltungsakt wird von der Behörde vollzogen, die ihn erlassen hat; sie vollzieht auch die Widerspruchsentscheidungen.

§ 232
Pflichtige Personen

(1) Als Pflichtige oder Pflichtiger kann in Anspruch genommen werden
1. diejenige oder derjenige, gegen die oder den sich der Verwaltungsakt richtet,
2. ihre Rechtsnachfolgerin oder ihr Rechtsnachfolger oder seine Rechtsnachfolgerin oder sein Rechtsnachfolger, soweit der Verwaltungsakt auch gegen sie oder ihn wirkt.

(2) Ist jemand nach diesem Gesetz oder nach anderen Rechtsvorschriften verpflichtet, den Vollzug zu dulden, so ist sie Pflichtige oder er Pflichtiger, soweit ihre oder seine Duldungspflicht reicht.

§ 233
Vollzug gegen Rechtsnachfolger

(1) Der Vollzug gegen die Rechtsnachfolgerin oder den Rechtsnachfolger darf erst beginnen, nachdem sie oder er von dem Verwaltungsakt Kenntnis erhalten und darauf hingewiesen worden ist, daß der Vollzug gegen sie oder ihn durchgeführt werden kann. Von diesen Voraussetzungen kann in den Fällen des § 229 Abs. 2 abgesehen werden.

(2) Der Vollzug, der im Zeitpunkt des Eintritts des Rechtsnachfolge bereits begonnen hat, darf gegen die Rechtsnachfolgerin oder den Rechtsnachfolger fortgesetzt werden, auch wenn die Voraussetzungen des Absatzes 1 nicht vorliegen.

§ 234
Vollzug gegen Träger der öffentlichen Verwaltung

Gegen Träger der öffentlichen Verwaltung ist der Vollzug nur zulässig, soweit er durch Rechtsvorschrift ausdrücklich zugelassen ist.

§ 235
Zwangsmittel

(1) Zwangsmittel sind
1. das Zwangsgeld (§ 237),
2. die Ersatzvornahme (§ 238),
3. der unmittelbare Zwang (§ 239).

(2) Die Zwangsmittel können auch neben einer Strafe oder Geldbuße angewandt und solange wiederholt und gewechselt werden, bis der Verwaltungsakt befolgt worden oder auf andere Weise erledigt ist.

§ 236
Androhung von Zwangsmitteln

(1) Die Zwangsmittel müssen schriftlich angedroht werden. Beim Vorliegen der Voraussetzungen des § 229 Abs. 1 Nr. 2 und Abs. 2 sowie des § 230 kann das Zwangsmittel mündlich angedroht werden oder die Androhung unterbleiben.

(2) In der Androhung ist eine Frist zu bestimmen, innerhalb der die Erfüllung der Verpflichtung der oder dem Pflichtigen billigerweise zugemutet werden kann. Eine Frist braucht nicht bestimmt zu werden, wenn eine Duldung oder Unterlassung erzwungen werden soll.

(3) Die Androhung kann mit dem Verwaltungsakt, der vollzogen werden soll, verbunden werden. Sie soll mit ihm verbunden werden, wenn die sofortige Vollziehung angeordnet oder dem Rechtsbehelf keine aufschiebende Wirkung beigelegt ist (§ 229 Abs. 1).

(4) Die Androhung muß sich auf bestimmte Zwangsmittel beziehen. Werden mehrere Zwangsmittel angedroht, ist anzugeben, in welcher Reihenfolge sie angewandt werden sollen. Unzulässig ist eine Androhung, mit der sich die Vollzugsbehörde die Wahl zwischen den Zwangsmitteln vorbehält.

(5) Das Zwangsgeld ist in bestimmter Höhe anzudrohen.

(6) Im Falle der Ersatzvornahme (§ 238) ist in der Androhung der Kostenbetrag vorläufig zu veranschlagen. Das Recht auf Nachforderung bleibt unberührt.

§ 237
Zwangsgeld

(1) Das Zwangsgeld ist zulässig, wenn
1. die oder der Pflichtige angehalten werden soll, eine Handlung vorzunehmen oder
2. die oder der Pflichtige ihrer oder seiner Verpflichtung zuwiderhandelt, eine Handlung zu dulden oder zu unterlassen.

(2) Das Zwangsgeld ist schriftlich festzusetzen.

(3) Das Zwangsgeld beträgt mindestens 15, höchstens 50.000 Euro.

§ 238
Ersatzvornahme

(1) Wird eine Verpflichtung, eine Handlung vorzunehmen, deren Vornahme durch eine andere Person möglich ist, nicht erfüllt, so kann die Vollzugsbehörde die Handlung auf Kosten der oder des Pflichtigen ausführen oder durch eine oder einen Beauftragten ausführen lassen (Ersatzvornahme).

(2) Die Vollzugsbehörde kann der oder dem Pflichtigen auferlegen, die Kosten in der vorläufig veranschlagten Höhe vorauszuzahlen.

§ 239
Unmittelbarer Zwang

Führen die Ersatzvornahme oder das Zwangsgeld nicht zum Erfolg oder sind sie untunlich, so kann die Vollzugsbehörde mit unmittelbarem Zwang die Handlung selbst vornehmen oder die oder den Pflichtigen zur Handlung, Duldung oder Unterlassung zwingen.

§ 240
Ersatzzwangshaft

(1) Ist das Zwangsgeld uneinbringlich, so kann das Verwaltungsgericht auf Antrag der Vollzugsbehörde die Ersatzzwangshaft anordnen, wenn bei Androhung des Zwangsgel-

des hierauf hingewiesen worden ist. Die Ersatzzwangshaft beträgt mindestens einen Tag, höchstens zwei Wochen.

(2) Die Ersatzzwangshaft ist auf Antrag der Vollzugsbehörde von der Justizverwaltung nach den Bestimmungen der § 802 g Abs. 2 und § 802 h Abs. 2 der Zivilprozeßordnung zu vollstrecken.

§ 241
Einstellung des Vollzugs

(1) Der Vollzug ist einzustellen, wenn
1. der Verwaltungsakt aufgehoben worden ist,
2. die Vollziehung des Verwaltungsaktes ausgesetzt worden ist,
3. die aufschiebende Wirkung eines Rechtsbehelfs angeordnet oder wiederhergestellt worden ist,
4. der Zweck des Vollzugs erreicht ist oder
5. weitere Verstöße gegen eine Duldungs- oder Unterlassungspflicht nicht zu erwarten sind.

(2) Die Vollzugsbeamtin oder der Vollzugsbeamte (§ 252) ist nur dann verpflichtet, von weiteren Vollzugsmaßnahmen abzusehen, wenn ihr oder ihm Tatsachen nachgewiesen werden, aus denen sich die Pflicht zur Einstellung eindeutig ergibt.

Unterabschnitt 2
Vollzug von Verwaltungsakten mit besonderem Inhalt

§ 242
Abgabe einer Erklärung

(1) Ist jemand verpflichtet, eine bestimmte Erklärung abzugeben, so gilt diese Erklärung als abgegeben, sobald der Verwaltungsakt, der die Verpflichtung begründet hat, unanfechtbar geworden ist. Voraussetzung ist, daß
1. der Inhalt der Erklärung in dem Verwaltungsakt festgelegt worden ist,
2. die oder der Pflichtige auf diese Rechtsfolge hingewiesen worden ist und
3. die oder er in dem Zeitpunkt des Eintritts der Unanfechtbarkeit des Verwaltungsaktes diese Erklärung rechtswirksam abgeben kann.

(2) Die Behörde, die den Verwaltungsakt erlassen hat, teilt den Beteiligten mit, in welchem Zeitpunkt der Verwaltungsakt unanfechtbar geworden ist. Sie ist berechtigt, die zur Wirksamkeit der Erklärung erforderlichen Genehmigungen und Zustimmungen einzuholen und Anträge auf Eintragungen in öffentliche Bücher und Register zu stellen. § 283 ist anzuwenden.

Unterabschnitt 3
Erweiterte Anwendung der Vollzugsvorschriften

§ 243
Anwendung der Vollzugsvorschriften aufgrund bundesrechtlicher Ermächtigungen

Die Bestimmungen über die Erzwingung von Handlungen, Duldungen oder Unterlassungen gelten auch, soweit in Bundesgesetzen die Länder ermächtigt worden sind zu bestimmen, daß die landesrechtlichen Vorschriften über das Verwaltungszwangsverfahren anzuwenden sind oder an die Stelle von bundesrechtlichen Vorschriften treten können.

§ 244
Entsprechende Anwendung der Vollzugsvorschriften auf öffentlich-rechtliche Verträge

Auf öffentlich-rechtliche Verträge im Sinne des § 128 Satz 1 sind die Bestimmungen über die Erzwingung von Handlungen, Duldungen oder Unterlassungen entsprechend anzuwenden. Richtet sich die Vollstreckung wegen der Erzwingung einer Handlung, Duldung oder Unterlassung gegen einen Träger der öffentlichen Verwaltung, so ist § 172 der Verwaltungsgerichtsordnung entsprechend anzuwenden.

§ 245
Sonstige entsprechende Anwendung der Vollzugsvorschriften

(1) Die Bestimmungen über die Erzwingung von Handlungen, Duldungen oder Unterlassungen gelten entsprechend
1. für die Vollstreckung aus gerichtlichen Entscheidungen, die nach gesetzlicher Vorschrift von einer Verwaltungsbehörde zu vollziehen sind, und,
2. wenn ein Gericht eine Vollstreckungsbehörde zur Ausführung einer Vollstreckung in Anspruch nimmt und die Vollstreckung nach landesrechtlichen Bestimmungen durchzuführen ist.

(2) In den Fällen des Absatzes 1 bedarf es einer Androhung der Zwangsmittel (§ 236) nicht.

§ 246
Maßnahmen gegen Tiere

Bei Maßnahmen gegen Tiere aufgrund der Vorschriften dieses Abschnitts sind die für Sachen geltenden Vorschriften entsprechend anzuwenden. Hierbei haben die Behörden die Verantwortung des Menschen für das Tier zu berücksichtigen.

Unterabschnitt 4
Einschränkung von Grundrechten Rechtsbehelfe und Kosten

§ 247
Einschränkung von Grundrechten

Für Maßnahmen, die nach den Bestimmungen dieses Abschnitts, Unterabschnitt 1 bis 3 getroffen werden können, werden das Recht auf körperliche Unversehrtheit (Artikel 2 Abs. 2 Satz 1 des Grundgesetzes), das Recht der Freiheit der Person (Artikel 2 Abs. 2 Satz 2 des Grundgesetzes), das Recht der Unverletzlichkeit der Wohnung (Artikel 13 des Grundgesetzes) und das Eigentum (Artikel 14 des Grundgesetzes) eingeschränkt.

§ 248
Rechtsbehelfe

(1) Die Rechtsmittel und sonstigen Rechtsbehelfe gegen Vollzugsmaßnahmen richten sich, soweit durch Gesetz nicht ausdrücklich etwas anderes bestimmt ist, nach den Vorschriften über die allgemeine Verwaltungsgerichtsbarkeit. Sie haben keine aufschiebende Wirkung. § 80 Abs. 4 bis 8 der Verwaltungsgerichtsordnung ist entsprechend anzuwenden.

(2) Einwendungen gegen den dem Vollzug zugrundeliegenden Verwaltungsakt sind außerhalb des Vollzugsverfahrens mit den dafür zugelassenen Rechtsbehelfen zu verfolgen.

§ 249
Kosten

(1) Für Amtshandlungen nach diesem Abschnitt werden Kosten erhoben. Kosten sind Gebühren und Auslagen.

(2) Die Kosten trägt die oder der Pflichtige.

(3) Das Ministerium für Inneres, ländliche Räume und Integration wird ermächtigt, im Einvernehmen mit dem Finanzministerium durch Verordnung eine Kostenordnung zu erlassen[14]. Die Kostenordnung hat zu regeln, wann die Kostenpflicht entsteht und welche Kosten erhoben werden.

(4) Für die Gebühren muss die Kostenordnung feste oder nach dem Wert des Gegenstandes der Amtshandlung zu berechnende Beträge vorschreiben. Die Höhe der Gebühren ist so zu bestimmen, dass ihr Gesamtaufkommen die Kosten der Vollzugstätigkeit der Verwaltung nicht übersteigt. Dabei ist der Aufwand der Amtshandlung zu berücksichtigen. Ist es nicht möglich, feste oder nach dem Wert des Gegenstandes zu berechnende Beträge vorzuschreiben, so ist der Spielraum für die Festsetzung der Gebühr durch einen Rahmen zu begrenzen und zu bestimmen, nach welchen Maßstäben die Gebühr im Einzelfall festzusetzen ist.

(5) Die Kostenordnung bestimmt ferner, welche Auslagen zu erstatten sind. Sie kann für die Erstattung bestimmter Auslagen Pauschbeträge festsetzen.

---

14 *Vollzugs- und Vollstreckungskostenverordnung, Nr. 65.*

Unterabschnitt 5
Ausübung unmittelbaren Zwangs

I. Allgemeine Vorschriften über den unmittelbaren Zwang

§ 250
Rechtliche Grundlagen

(1) Lassen Rechtsvorschriften die Anwendung unmittelbaren Zwangs zu, so gelten für die Art und Weise der Ausübung des unmittelbaren Zwangs die §§ 251 bis 261 und, soweit sich aus ihnen nichts Abweichendes ergibt, die übrigen Vorschriften dieses Gesetzes.

(2) Das Recht der Polizeivollzugsbeamtinnen und Polizeivollzugsbeamten zur Verteidigung in den Fällen der Notwehr und des Notstandes bleibt unberührt.

§ 251
Begriffsbestimmung

(1) Unmittelbarer Zwang ist die Einwirkung auf Personen oder Sachen durch
1. Körperliche Gewalt,
2. Hilfsmittel der körperlichen Gewalt,
3. Waffen.

(2) Körperliche Gewalt ist jede unmittelbare körperliche Einwirkung auf Personen oder Sachen.

(3) Hilfsmittel der körperlichen Gewalt sind insbesondere Fesseln, Wasserwerfer, technische Sperren, Diensthunde, Dienstpferde, Dienstfahrzeuge, Reizstoffe und Sprengmittel.

(4) Als Waffen sind Schlagstöcke, Distanz-Elektroimpulsgeräte[15] und als Schusswaffen Pistole, Revolver, Gewehr und Maschinenpistole zugelassen.

§ 252
Vollzugsbeamtinnen und Vollzugsbeamte

(1) Unmittelbarer Zwang darf nur durch Vollzugsbeamtinnen und Vollzugsbeamte ausgeübt werden.

(2) Vollzugsbeamtinnen und Vollzugsbeamte sind
1. Polizeivollzugsbeamtinnen und Polizeivollzugsbeamte und
2. andere Personen, die vom Träger der Aufgabe oder durch Verordnung nach Absatz 3 ermächtigt sind, unmittelbaren Zwang auszuüben.

(3) Das für Inneres zuständige Ministerium kann durch Verordnung[16] Personen ermächtigen, unmittelbaren Zwang auszuüben.

§ 253
Handeln auf Anordnung

(1) Vollzugsbeamtinnen und Vollzugsbeamte sind verpflichtet, unmittelbaren Zwang anzuwenden, der im Vollzugsdienst von ihrer auf ihnen oder seinem Vorgesetzten oder einer sonst dazu befugten Person angeordnet wird. Dies gilt nicht, wenn die Anordnung die Menschenwürde verletzt oder nicht zu dienstlichen Zwecken erteilt worden ist.

(2) Eine Anordnung darf nicht befolgt werden, wenn dadurch eine Straftat begangen würde. Befolgt die Vollzugsbeamtin oder der Vollzugsbeamte die Anordnung trotzdem, so trifft sie oder ihn eine Schuld nur, wenn sie oder er erkennt oder wenn es nach den ihr oder ihm bekannten Umständen offensichtlich ist, daß dadurch eine Straftat begangen wird.

(3) Bedenken gegen die Rechtmäßigkeit der Anordnung hat die Vollzugsbeamtin oder der Vollzugsbeamte der oder dem Anordnenden gegenüber vorzubringen, soweit das nach den Umständen möglich ist.

(4) § 36 Abs. 2 und 3 des Beamtenstatusgesetzes ist nicht anzuwenden.

§ 254
Hilfeleistung für Verletzte

Wird unmittelbarer Zwang angewendet, ist Verletzten, soweit es nötig ist und die Lage es zuläßt, Beistand zu leisten und ärztliche Hilfe zu verschaffen.

II. Besondere Vorschriften für den unmittelbaren Zwang

§ 255
Fesselung von Personen

Eine Person, die nach diesem Gesetz oder anderen Rechtsvorschriften festgehalten, vorgeführt oder sonst zur Durchführung einer Maßnahme an einen anderen Ort gebracht wird, darf gefesselt werden, wenn Tatsachen dafür sprechen, dass sie

1. Polizeivollzugsbeamtinnen oder -beamte oder Dritte angreifen, Widerstand leisten oder achen von nicht geringem Wert beschädigen wird,
2. fliehen wird oder befreit werden soll oder
3. sich töten oder verletzen wird.

Eine Fixierung ist nach dieser Vorschrift nicht zulässig.

§ 256
Zum Gebrauch besonderer Zwangsmittel Berechtigte

(1) Die Befugnis zum Gebrauch von Schusswaffen steht ausschließlich zu
1. den Polizeivollzugsbeamtinnen und Polizeivollzugsbeamten,
2. den Beamtinnen und Beamten und anderen Bediensteten der Gerichte und Behörden der Justizverwaltung, die mit Sicherungs- und Vollzugsaufgaben betraut sind, jedoch nicht den Gerichtsvollzieherinnen und Gerichtsvollziehern,
3. den im Forst- und Jagdschutz verwendeten Bediensteten, die entweder einen Diensteid geleistet haben oder aufgrund der gesetzlichen Vorschriften als Forst- und Jagdschutzberechtigte eidlich verpflichtet oder amtlich bestätigt worden sind.

(2) Die Befugnis zum Gebrauch von Distanz-Elektroimpulsgeräten[17] oder Sprengmitteln steht ausschließlich den Polizeivollzugsbeamtinnen und Polizeivollzugsbeamten zu.

§ 256a
Vorschriften für den Sprengmittelgebrauch

(1) Sprengmittel dürfen nur gegen Sachen gebraucht werden. Sprechen Tatsachen dafür, dass bei dem Gebrauch von Sprengmitteln Personen geschädigt werden können, dürfen Sprengmittel nur gebraucht werden
1. um eine gegenwärtige Gefahr für Leib oder Leben abzuwehren oder
2. um die unmittelbar bevorstehende Begehung oder Fortsetzung eines Verbrechens oder eines Vergehens unter Anwendung oder Mitführung von Schusswaffen oder Explosivmitteln zu verhindern,

wenn andere Maßnahmen des unmittelbaren Zwangs erfolglos angewendet worden sind oder offensichtlich keinen Erfolg versprechen.

(2) Vor dem Sprengmittelgebrauch nach Absatz 1 ist zu warnen. § 259 Absatz 3 Satz 2 gilt entsprechend.

§ 257
Allgemeine Vorschriften für den Schußwaffengebrauch

(1) Schußwaffen dürfen nur gebraucht werden, wenn andere Maßnahmen des unmittelbaren Zwangs erfolglos angewendet worden sind oder offensichtlich keinen Erfolg versprechen.

(2) Der Schußwaffengebrauch ist unzulässig, wenn Unbeteiligte gefährdet werden. Dies gilt nicht, wenn der Schuß-

---

15 Die Regelung über Distanz-Impulsgeräte tritt am 19.3.2024 außer Kraft (Artikel 3 Absatz 2 des Gesetzes vom 25.2.2021, GVOBl. Schl.-H. S. 222).

16 Landesverordnung über die Bestimmung von Vollzugsbeamtengruppen nach § 252 Absatz 3 des Landesverwaltungsgesetzes vom 2.11.2018 (GVOBl. Schl.-H. S. 701).

17 Die Regelung über Distanz-Impulsgeräte tritt am 19.3.2024 außer Kraft (Artikel 3 Absatz 2 des Gesetzes vom 25.2.2021, GVOBl. Schl.-H. S. 222).

waffengebrauch das einzige Mittel zur Abwehr einer gegenwärtigen Lebensgefahr ist.

(3) Gegen Personen, die dem äußeren Eindruck nach noch nicht 14 Jahre alt sind, dürfen Schußwaffen nicht gebraucht werden. Dies gilt nicht, wenn der Schußwaffengebrauch das einzige Mittel zur Abwehr einer gegenwärtigen Lebensgefahr ist.

§ 258
Schußwaffengebrauch gegen Personen

(1) Gegen Personen ist der Gebrauch von Schußwaffen nur zulässig, um diese angriffs- oder fluchtunfähig zu machen und soweit der Zweck nicht durch Schußwaffengebrauch gegen Sachen erreicht werden kann. Ein Schuß, der mit an Sicherheit grenzender Wahrscheinlichkeit tödlich wirken wird, ist nur zulässig, wenn er das einzige Mittel zur Abwehr einer gegenwärtigen Gefahr für Leib oder Leben ist. Die Befugnis nach Satz 2 geht nicht über die strafrechtlichen Rechtfertigungsgründe des Strafgesetzbuchs hinaus. § 253 Absatz 1 Satz 1 findet im Falle des Satzes 2 keine Anwendung.

(2) Schußwaffen dürfen gegen Personen nur gebraucht werden,
1. um eine gegenwärtige Gefahr für Leib oder Leben abzuwehren,
2. um die unmittelbar bevorstehende Begehung oder Fortsetzung eines Verbrechens oder eines Vergehens unter Anwendung oder Mitführung von Schußwaffen oder Explosivmitteln zu verhindern,
3. um eine Person anzuhalten, die sich der Festnahme oder Identitätsfeststellung durch Flucht zu entziehen versucht, wenn sie
   a) eines Verbrechens dringend verdächtig ist,
   b) eines Vergehens dringend verdächtig ist und Tatsachen dafür sprechen, daß sie von einer Schußwaffe oder einem Explosivmittel Gebrauch machen werde,
4. zur Vereitelung der Flucht oder zur Ergreifung einer Person, die in amtlichem Gewahrsam zu halten oder diesem zuzuführen ist
   a) aufgrund richterlicher Entscheidung wegen eines Verbrechens oder aufgrund des dringenden Verdachts eines Verbrechens,
   b) aufgrund richterlicher Entscheidung wegen eines Vergehens oder aufgrund des dringenden Verdachts eines Vergehens, sofern tatsächliche Anhaltspunkte dafür bestehen, daß sie von einer Schußwaffe oder einem Explosivmittel Gebrauch machen wird,
5. um die gewaltsame Befreiung einer Person aus amtlichem Gewahrsam zu verhindern.

(3) Schußwaffen dürfen nach Absatz 2 Nr. 4 nicht gebraucht werden, wenn es sich um den Vollzug eines Jugendarrestes oder eines Strafarrestes handelt oder wenn die Flucht aus einer offenen Anstalt verhindert werden soll.

258a
Gebrauch von Distanz-Elektroimpulsgeräten[18]

(1) Der Gebrauch von Distanz-Elektroimpulsgeräten ist nur zulässig, soweit der Zweck nicht durch mildere Maßnahmen erreicht werden kann.

(2) Der Gebrauch von Distanz-Elektroimpulsgeräten zur Abwehr von Rechtsgutverletzungen geringfügiger Schwere oder Bedeutung ist nicht zulässig.

(3) Distanz-Elektroimpulsgeräte dürfen außerdem nicht gegen Personen, die dem äußeren Eindruck nach noch nicht 14 Jahre alt sind, erkennbar Schwangere oder gegen Personen mit bekannten Vorerkrankungen des Herzkreislaufsystems verwendet werden.

(4) Absatz 3 gilt nicht, wenn der Einsatz des Distanz-Elektroimpulsgerätes das relativ mildeste geeignete Mittel zur Abwehr einer gegenwärtigen Lebensgefahr ist.

§ 259
Warnung

(1) Bevor unmittelbarer Zwang gegen Personen angewendet wird, ist zu warnen. Als Warnung vor dem Schusswaffengebrauch gilt auch die Abgabe eines Warnschusses.

(2) Bevor unmittelbarer Zwang gegenüber einer Menschenmenge oder Personen in einer Menschenmenge angewendet wird, ist möglichst so rechtzeitig zu warnen, dass sich Unbeteiligte noch entfernen können. Soll von der Schusswaffe gegen Personen in einer Menschenmenge Gebrauch gemacht werden, ist die Warnung vor dem Gebrauch zu wiederholen.

(3) Von der Warnung kann abgesehen werden, wenn die Umstände eine solche nicht zulassen, insbesondere wenn die sofortige Anwendung des Zwangsmittels zur Abwehr einer im einzelnen Falle bevorstehenden Gefahr erforderlich ist. Schusswaffen gegen Personen dürfen nur dann ohne Warnung gebraucht werden, wenn dies zur Abwehr einer gegenwärtigen Gefahr für Leib oder Leben erforderlich ist. Bei Gebrauch von technischen Sperren und Einsatz von Dienstpferden kann von der Warnung abgesehen werden.

§ 260
Verwaltungsvorschriften

Die allgemeinen Verwaltungsvorschriften über die Anwendung unmittelbaren Zwanges erlässt das Ministerium für Inneres, ländliche Räume und Integration für seinen Zuständigkeitsbereich; die anderen Ministerien erlassen sie für ihren Zuständigkeitsbereich im Einvernehmen mit dem Ministerium für Inneres, ländliche Räume und Integration.

III. Einschränkung von Grundrechten

§ 261
Einschränkung von Grundrechten

Für Maßnahmen, die nach den Bestimmungen dieses Unterabschnitts getroffen werden können, werden das Recht auf Leben und körperliche Unversehrtheit (Artikel 2 Abs. 2 Satz 1 des Grundgesetzes), das Recht der Freiheit der Person (Artikel 2 Abs. 2 Satz 2 des Grundgesetzes), das Recht der Unverletzlichkeit der Wohnung (Artikel 13 des Grundgesetzes) und das Eigentum (Artikel 14 des Grundgesetzes) eingeschränkt.

Abschnitt V
Vollstreckung öffentlich-rechtlicher Geldforderungen

Unterabschnitt 1
I. Allgemeine Vorschriften

§ 262
Grundsatz

(1) Öffentlich-rechtliche Geldforderungen der Träger der öffentlichen Verwaltung werden im Verwaltungswege beigetrieben (Vollstreckung).

(2) Für die Vollstreckung gelten die §§ 263 bis 322 und, soweit sich aus ihnen nichts Abweichendes ergibt, die übrigen Vorschriften dieses Gesetzes.

§ 263
Vollstreckungsbehörden

(1) Vollstreckungsbehörden sind
1. für Forderungen des Landes und der der Aufsicht des Landes unterstehenden Körperschaften des öffentlichen Rechts ohne Gebietshoheit und rechtsfähigen Anstalten und Stiftungen des öffentlichen Rechts die durch Gesetz oder durch Verordnung der Landesregierung[19] bestimmte Behörde,
2. für Forderungen des Kreises die Landrätin oder der Landrat,
3. für Forderungen der amtsfreien Gemeinde die Bürgermeisterin oder der Bürgermeister,

---

[18] § 258 a tritt am 19.3.2024 außer Kraft (Artikel 3 Absatz 2 des Gesetzes vom 25.2.2021, GVOBl. Schl.-H. S. 222).

[19] Landesverordnung über die zuständigen Vollstreckungsbehörden vom 23.10.2003 (GVOBl. Schl.-H. S. 534).

4. für Forderungen der amtsangehörigen Gemeinde oder des Amtes die Amtsdirektorin oder der Amtsdirektor, in ehrenamtlich verwalteten Ämtern die Amtsvorsteherin oder der Amtsvorsteher.

Die Landesregierung kann mit öffentlichen Aufgaben beliehenen Privaten durch Verordnung die Aufgaben der Vollstreckungsbehörde für ihre eigenen Forderungen übertragen, sofern diese die notwendige Gewähr für die ordnungsgemäße Erfüllung der Aufgabe, insbesondere durch fachlich geeignetes und zuverlässiges Personal, bieten. Die Landesregierung kann auch den Behörden nach Satz 1 mit deren Zustimmung die Aufgaben der Vollstreckungsbehörde für Forderungen Beliehener übertragen.

(2) Die Vollstreckungsbehörden können, wenn der Vollstreckungsgläubiger nichts anderes bestimmt, auch die Befugnisse wahrnehmen, die nach § 306 Abs. 3 und 4 und § 315 dem Vollstreckungsgläubiger zustehen.

§ 264
Vollstreckungsschuldnerin oder Vollstreckungsschuldner

(1) Als Vollstreckungsschuldnerin oder Vollstreckungsschuldner kann in Anspruch genommen werden, wer
1. eine Geldleistung schuldet oder
2. für eine Geldleistung, die ein anderer schuldet, kraft Gesetzes nach öffentlichem oder bürgerlichem Recht haftet.

(2) Wer eine Geldleistung aus einem Vermögen, das ihrer oder seiner Verwaltung unterliegt, zu erbringen hat, ist verpflichtet, die Vollstreckung in dieses Vermögen zu dulden; sie oder er hat insoweit die Pflichten einer Vollstreckungsschuldnerin oder eines Vollstreckungsschuldners.

(3) Wegen der dinglichen Haftung für eine öffentlich-rechtliche Abgabe, die als öffentliche Last auf einem Grundstück oder einem grundstücksgleichen Recht ruht, hat die Eigentümerin oder der Eigentümer des Grundstücks oder die Inhaberin oder der Inhaber des Rechts die Vollstreckung in das Grundstück oder in das grundstücksgleiche Recht zu dulden. Sie oder er hat insoweit die Pflichten einer Vollstreckungsschuldnerin oder eines Vollstreckungsschuldners. Zugunsten des Vollstreckungsgläubigers gilt als Eigentümerin oder Eigentümer des Grundstücks oder als Berechtigte oder Berechtigter, wer im Grundbuch als Eigentümerin oder Eigentümer oder als Inhaberin oder Inhaber des Rechts eingetragen ist.

(4) Wird jemand nach Absatz 1 Nr. 2 oder nach Absatz 2 aufgrund von Vorschriften des bürgerlichen Rechts als Vollstreckungsschuldnerin oder Vollstreckungsschuldner in Anspruch genommen und bestreitet sie oder er, zur Leistung oder zur Duldung der Vollstreckung verpflichtet zu sein, so ist zunächst die gerichtliche Entscheidung des Vollstreckungsgläubigers herbeizuführen. Das gleiche gilt, wenn Einwendungen nach den §§ 781 bis 784 oder 786 der Zivilprozeßordnung erhoben werden. Für Streitigkeiten über diese Einwendungen ist der ordentliche Rechtsweg gegeben. Die Klage ist innerhalb einer Ausschlußfrist von einem Monat nach Bekanntgabe der Entscheidung des Vollstreckungsgläubigers zu erheben und gegen den Vollstreckungsgläubiger zu richten. Wegen der Einstellung der Vollstreckung und der Aufhebung von Vollstreckungsmaßnahmen gelten die §§ 769 und 770 der Zivilprozeßordnung.

§ 265
– gestrichen –

§ 266
Vollstreckung gegen Vereinigungen

Sind Vereinigungen, Zweckvermögen oder andere einer juristischen Person ähnliche Gebilde leistungspflichtig, so kann auch in das Vermögen vollstreckt werden, das ihnen wirtschaftlich zuzurechnen ist.

§ 267
Vollstreckung gegen Dritte

Soweit nach den Vorschriften des bürgerlichen Rechts Dritte, insbesondere Erben, Ehegattinnen oder Ehegatten, eingetragene Lebenspartnerinnen und Lebenspartner oder Nießbraucherinnen oder Nießbraucher, kraft Gesetzes zu der Leistung oder zur Duldung der Vollstreckung verpflichtet sind, kann die Vollstreckung auch gegen diese Personen angeordnet werden. Die §§ 737, 739 bis 741, 743, 745, 747, 748, 778, 779 und 781 bis 784 der Zivilprozessordnung sind anzuwenden, jedoch tritt an die Stelle eines nach der Zivilprozessordnung erforderlichen oder genügenden vollstreckbaren Titels die Anordnung nach Satz 1.

§ 268
Fortsetzung der Vollstreckung nach dem Tod der Vollstreckungsschuldnerin oder des Vollstreckungsschuldners

(1) Eine Vollstreckung, die vor dem Tod der Vollstreckungsschuldnerin oder des Vollstreckungsschuldners bereits begonnen hatte, wird in den Nachlaß fortgesetzt.

(2) Ist bei einer Vollstreckungshandlung die Hinzuziehung der Vollstreckungsschuldnerin oder des Vollstreckungsschuldners erforderlich, so hat, wenn die Erbschaft noch nicht angenommen oder wenn die Erbin oder der Erbe unbekannt ist oder wenn es ungewiß ist, ob sie oder er die Erbschaft angenommen hat, die Vollstreckungsbehörde der Erbin oder dem Erben eine geeignete Vertreterin oder einen geeigneten Vertreter zu bestellen. Dies gilt nicht, wenn eine Nachlaßpflegerin oder ein Nachlaßpfleger bestellt worden ist oder die Verwaltung des Nachlasses einer Testamentsvollstreckerin oder einem Testamentsvollstrecker zusteht.

§ 269
Beginn der Vollstreckung

(1) Die Vollstreckung darf erst beginnen, nachdem
1. ein Verwaltungsakt vorliegt, durch den die Schuldnerin oder der Schuldner zur Leistung aufgefordert worden ist (Leistungsbescheid),
2. die Leistung fällig ist und
3. die Schuldnerin oder der Schuldner mit einer Zahlungsfrist von einer Woche gemahnt worden ist. Die Mahnung ist erst zulässig nach Ablauf einer Woche seit Bekanntgabe des Leistungsbescheides oder nach Fälligkeit der Leistung, sofern die Leistung erst nach Bekanntgabe des Leistungsbescheides fällig wird.

(2) Dem Leistungsbescheid stehen gleich
1. die von der Schuldnerin oder von dem Schuldner schriftlich abgegebene Selbstberechnungserklärung, wenn die Schuldnerin oder der Schuldner die Höhe einer Abgabe aufgrund einer Rechtsvorschrift einzuschätzen hat,
2. die schriftliche Beitragsnachweisung, wenn die von dem Träger einer gesetzlichen Krankenversicherung einzuziehenden Beiträge zur Sozialversicherung oder zur Arbeitslosenversicherung nach dem wirklichen Arbeitsverdienst errechnet werden und die Satzung des Krankenversicherungsträgers die Abgabe einer Beitragsnachweisung durch die Arbeitgeberin oder den Arbeitgeber vorsieht.

(3) Absatz 1 Nummer 3 gilt nicht für die Beitreibung von Zwangsgeldern und Kosten einer Ersatzvornahme. Absatz 1 Nummer 1 und Nummer 3 gilt nicht für die Beitreibung von Säumniszuschlägen, Zinsen, Kosten und anderen Nebenforderungen, wenn im Leistungsbescheid über die Hauptforderung oder bei deren Anmahnung auf sie dem Grunde nach hingewiesen worden ist. In diesem Fall können die Nebenforderungen, ohne dass es eines eigenständigen Leistungsbescheides bedarf, zusammen mit der Hauptforderung vollstreckt werden.

(4) Ohne vorhergehende Mahnung kann auch vollstreckt werden, wenn Tatsachen darauf schließen lassen, daß eine Mahnung den Vollstreckungserfolg gefährden würde.

(5) Der Vollstreckungsgläubiger trägt die Verantwortung dafür, daß die Voraussetzungen der Absätze 1 bis 4 vorliegen.

§ 270
Mahnung

(1) Die Mahnung muß die Vollstreckungsbehörde bezeichnen. Schriftliche Mahnungen sind verschlossen zu übergeben oder zu übersenden.

(2) Die oberste Aufsichtsbehörde kann zulassen, daß die Mahnung durch allgemeine öffentliche Erinnerung vorgenommen wird.

§ 271
Vollstreckung gegen juristische Personen des öffentlichen Rechts

(1) Gegen Gemeinden, Kreise und Ämter sowie gegen Körperschaften des öffentlichen Rechts ohne Gebietshoheit und rechtsfähige Anstalten und Stiftungen des öffentlichen Rechts darf erst vollstreckt werden, nachdem die für die Vollstreckungsschuldnerin oder den Vollstreckungsschuldner zuständige Aufsichtsbehörde die Vollstreckung zugelassen hat. Dies gilt nicht, soweit dingliche Rechte verfolgt werden.
(2) Auf Antrag der Vollstreckungsbehörde hat die Aufsichtsbehörde die Vermögensgegenstände zu bestimmen, in die eine Vollstreckung zugelassen wird. Sie hat auch über den Zeitpunkt zu befinden, zu dem die Vollstreckung stattfinden soll. Sie darf die Vollstreckung in Vermögensgegenstände der Vollstreckungsschuldnerin oder des Vollstreckungsschuldners nicht zulassen, wenn dadurch die Erfüllung der öffentlichen Aufgaben der Vollstreckungsschuldnerin oder des Vollstreckungsschuldners, der geordnete Gang der Verwaltung oder die Versorgung der Bevölkerung gefährdet würde.
(3) Die Absätze 1 und 2 gelten nicht für das Vollstreckungsverfahren gegen Kreditinstitute und Versicherungsunternehmen des öffentlichen Rechts.
(4) Soll gegen das Land vollstreckt werden, so trifft die Entscheidung nach Absatz 2 das fachlich zuständige Ministerium im Einvernehmen mit dem Finanzministerium.

§ 272
Vollstreckungsbeamtinnen und Vollstreckungsbeamte

Die den Vollstreckungsbeamtinnen und Vollstreckungsbeamten obliegenden Aufgaben sind besonders bestellten Bediensteten (Vollstreckungsbeamtinnen und Vollstreckungsbeamten) vorbehalten.

§ 273
Legitimation der Vollstreckungsbeamtinnen und Vollstreckungsbeamten

(1) Die Vollstreckungsbeamtin oder der Vollstreckungsbeamte hat auf Verlangen ihren oder seinen Dienstausweis vorzuzeigen.
(2) Der Vollstreckungsschuldnerin oder dem Vollstreckungsschuldner und Dritten gegenüber wird die Vollstreckungsbeamtin oder der Vollstreckungsbeamte zur Vollstreckung durch den schriftlichen Auftrag der Vollstreckungsbehörde ermächtigt. Der Auftrag ist vorzuzeigen.

§ 274
Leistungen an die Vollstreckungsbeamtin oder den Vollstreckungsbeamten

Die Vollstreckungsbeamtin oder der Vollstreckungsbeamte gilt als bevollmächtigt, Zahlungen für den Vollstreckungsgläubiger in Empfang zu nehmen und mit Wirkung für den Vollstreckungsgläubiger Zahlungsvereinbarungen nach § 280 a zu treffen.

§ 275
Befugnisse der Vollstreckungsbeamtin oder des Vollstreckungsbeamten

(1) Die Vollstreckungsbeamtin oder der Vollstreckungsbeamte ist befugt, Wohn- und Geschäftsräume sowie sonstigen Besitz der Vollstreckungsschuldnerin oder des Vollstreckungsschuldners zu betreten und zu durchsuchen, soweit es der Zweck der Vollstreckung erfordert. Sie oder er kann verschlossene Türen und Behältnisse öffnen oder öffnen lassen.
(2) Widerstand gegen die Vollstreckung darf durch Anwendung unmittelbaren Zwangs gebrochen werden.
(3) Wird Widerstand geleistet oder liegen Tatsachen vor, die Widerstand erwarten lassen, so haben die Polizeivollzugsbeamtinnen oder Polizeivollzugsbeamten auf Anforderung der Vollstreckungsbehörde oder der Vollstreckungsbeamtin oder des Vollstreckungsbeamten die Vollstreckung zu unterstützen.
(4) Durchsuchungen von Wohn- und Geschäftsräumen dürfen, außer bei Gefahr im Verzuge, nur aufgrund richterlicher Anordnung erfolgen. Zuständig ist das Amtsgericht, in dessen Bezirk die zu durchsuchenden Räume liegen. Für das Verfahren gelten die Vorschriften des Gesetzes über das Verfahren in Familiensachen und in den Angelegenheiten der freiwilligen Gerichtsbarkeit entsprechend.

§ 276
Hinzuziehung von Zeugen

Wird bei einer Vollstreckungshandlung Widerstand geleistet oder ist bei einer Vollstreckungshandlung in den Wohn- und Geschäftsräumen oder dem befriedeten Besitztum der Vollstreckungsschuldnerin oder des Vollstreckungsschuldners weder die Vollstreckungsschuldnerin oder der Vollstreckungsschuldner noch eine ihrem oder seinem Haushalt oder Geschäftsbetrieb angehörende erwachsene Person anwesend, so hat die Vollstreckungsbeamtin oder der Vollstreckungsbeamte einen Zeugen hinzuzuziehen.

§ 277
Befugnisse von Hilfspersonen

Im Beisein der Vollstreckungsbeamtin oder des Vollstreckungsbeamten dürfen hinzugezogene Zeugen, Hilfspersonen und Polizeivollzugsbeamtinnen oder Polizeivollzugsbeamte die Wohn- und Geschäftsräume sowie das befriedete Besitztum der Vollstreckungsschuldnerin oder des Vollstreckungsschuldners betreten.

§ 278
Vollstreckung zur Nachtzeit und an Sonn- und Feiertagen

Zur Nachtzeit, an Sonntagen und gesetzlichen Feiertagen darf die Vollstreckungsbeamtin oder der Vollstreckungsbeamte nur mit schriftlicher Erlaubnis der Leiterin oder des Leiters der Vollstreckungsbehörde vollstrecken. Die Erlaubnis ist bei der Vollstreckung vorzuzeigen.

§ 279
Niederschrift

(1) Die Vollstreckungsbeamtin oder der Vollstreckungsbeamte hat über jede Vollstreckungshandlung eine Niederschrift aufzunehmen.
(2) Die Niederschrift soll enthalten
1. den Ort und die Zeit der Aufnahme,
2. den Gegenstand der Vollstreckungshandlung unter kurzer Erwähnung der Vorgänge,
3. die Namen der Personen, mit denen verhandelt worden ist,
4. die Namen hinzugezogener Zeugen,
5. die Unterschrift der Personen zu Nummer 3 und die Bemerkung, daß nach Vorlesung oder Vorlegung zur Durchsicht und nach Genehmigung unterzeichnet worden sei, und
6. die Unterschrift der Vollstreckungsbeamtin oder des Vollstreckungsbeamten.

(3) Konnte einem der Erfordernisse nach Absatz 2 Nr. 5 nicht genügt werden, so ist der Grund hierfür anzugeben.

§ 280
Drittwiderspruch

(1) Behauptet eine dritte Person, daß ihr am Gegenstand der Vollstreckung ein die Veräußerung hinderndes Recht zustehe, oder werden Einwendungen nach den §§ 772 bis 774 der Zivilprozeßordnung erhoben, so ist der Widerspruch gegen die Pfändung erforderlichenfalls durch Klage geltend zu machen. Als dritte Person gilt auch, wer zur Duldung der Vollstreckung in ein Vermögen, das von ihr verwaltet wird, verpflichtet ist, wenn sie geltend macht, daß ihr gehörende Gegenstände von der Vollstreckung betroffen seien. Welche Rechte die Veräußerung hindern, bestimmt sich nach bürgerlichem Recht.

(2) Wegen der Einstellung der Vollstreckung und der Aufhebung von Vollstreckungsmaßnahmen gelten die §§ 769 und 770 der Zivilprozeßordnung.

(3) Die Klage ist bei dem Landgericht oder bei dem Amtsgericht zu erheben, in dessen Bezirk gepfändet worden ist. Wird sie gegen den Vollstreckungsgläubiger und die Vollstreckungsschuldnerin oder den Vollstreckungsschuldner gerichtet, so sind diese Streitgenossinnen und Streitgenossen.

§ 280 a
Gütliche Erledigung, Vollstreckungsaufschub bei Zahlungsvereinbarung

(1) Die Vollstreckungsbehörde soll auf eine gütliche Erledigung hinwirken.

(2) Hat der Vollstreckungsgläubiger eine Zahlungsvereinbarung nicht ausgeschlossen, kann die Vollstreckungsbehörde der Vollstreckungsschuldnerin oder dem Vollstreckungsschuldner eine Zahlungsfrist einräumen oder eine Tilgung durch Teilleistungen (Ratenzahlungen) gestatten, sofern die Vollstreckungsschuldnerin oder der Vollstreckungsschuldner glaubhaft darlegt, die nach Höhe und Zeitpunkt festzusetzenden Zahlungen erbringen zu können. Soweit ein Zahlungsplan nach Satz 1 festgesetzt wird, ist die Vollstreckung aufgeschoben. Die Tilgung soll innerhalb von zwölf Monaten abgeschlossen sein.

(3) Die Vollstreckungsbehörde unterrichtet den Vollstreckungsgläubiger unverzüglich über den nach Absatz 2 festgesetzten Zahlungsplan und den Vollstreckungsaufschub. Widerspricht der Vollstreckungsgläubiger unverzüglich, wird der Zahlungsplan mit der Unterrichtung der Vollstreckungsschuldnerin oder des Vollstreckungsschuldners hinfällig; zugleich endet der Vollstreckungsaufschub. Dieselben Wirkungen treten ein, wenn die Vollstreckungsschuldnerin oder der Vollstreckungsschuldner mit einer festgesetzten Zahlung ganz oder teilweise länger als zwei Wochen in Rückstand gerät.

§ 281
Vermögensermittlung

(1) Zur Vorbereitung der Vollstreckung kann die Vollstreckungsbehörde die Vermögens- und Einkommensverhältnisse ermitteln. Die Vollstreckungsbehörde darf ihr bekannte Daten, soweit sie

1. keinem besonderen Berufs- oder Amtsgeheimnis unterliegen oder
2. nach § 30 der Abgabenordnung geschützt sind und bei der Vollstreckung wegen Steuern und steuerlichen Nebenleistungen verwendet werden dürfen,

auch bei der Vollstreckung anderer öffentlich-rechtlicher Geldleistungen verwenden. Eine Weiterverarbeitung dieser Daten ist nur zu Vollstreckungszwecken zulässig.

(2) Die Vollstreckungsschuldnerin oder der Vollstreckungsschuldner und andere Personen haben der Vollstreckungsbehörde die zur Feststellung eines für die Vollstreckung erheblichen Sachverhaltes erforderlichen Auskünfte zu erteilen. Dies gilt auch für nicht rechtsfähige Vereinigungen, Vermögensmassen, Behörden und Betriebe gewerblicher Art der Körperschaften des öffentlichen Rechts. Andere als die Vollstreckungsschuldnerin oder der Vollstreckungsschuldner dürfen erst dann zur Auskunft angehalten werden, wenn die Sachverhaltsaufklärung durch diese nicht zum Ziel führt oder keinen Erfolg verspricht. In dem Auskunftsersuchen ist anzugeben, worüber die Auskunft erteilt werden soll. Auskunftsersuchen haben auf Verlangen der oder des Auskunftspflichtigen schriftlich zu ergehen. § 84 Abs. 3 Satz 2 gilt entsprechend.

§ 281 a
Vermögensauskunft[20]

(1) Die Vollstreckungsschuldnerin oder der Vollstreckungsschuldner hat auf Verlangen der Vollstreckungsbehörde der Gerichtsvollzieherin oder dem Gerichtsvollzieher oder im Falle des Absatzes 4 der Vollstreckungsbehörde nach Maßgabe der folgenden Bestimmungen ein Verzeichnis ihres oder seines Vermögens vorzulegen und für ihre oder seine Forderungen den Grund und die Beweismittel zu bezeichnen. Zusätzlich sind Geburtsnamen, Geburtsdatum und Geburtsort anzugeben. Handelt es sich bei der Vollstreckungsschuldnerin oder dem Vollstreckungsschuldner um eine juristische Person oder eine Personenvereinigung, hat sie die Firma, die Nummer des Registerblatts im Handelsregister und den Sitz anzugeben. Aus dem Vermögensverzeichnis müssen auch ersichtlich sein

1. die entgeltlichen Veräußerungen der Vollstreckungsschuldnerin oder des Vollstreckungsschuldners an eine nahestehende Person nach § 138 der Insolvenzordnung vom 5. Oktober 1994 (BGBl. I S. 2866), zuletzt geändert durch Artikel 19 des Gesetzes vom 20. Dezember 2011 (BGBl. I S. 2854), die diese oder dieser in den letzten zwei Jahren vor der Festsetzung des Termins zur Abgabe der Vermögensauskunft und bis zur Abgabe der Vermögensauskunft vorgenommen hat,
2. die unentgeltlichen Leistungen der Vollstreckungsschuldnerin oder des Vollstreckungsschuldners, die diese oder dieser in den letzten vier Jahren vor der Festsetzung des Termins zur Abgabe der Vermögensauskunft und bis zur Abgabe der Vermögensauskunft vorgenommen hat, sofern sie sich nicht auf gebräuchliche Gelegenheitsgeschenke geringen Wertes richteten.

Sachen, die nach § 811 Abs. 1 Nr. 1 und 2 der Zivilprozessordnung der Pfändung offensichtlich nicht unterworfen sind, brauchen nicht angegeben zu werden, es sei denn, dass eine Austauschpfändung in Betracht kommt.

(2) Die Vollstreckungsschuldnerin oder der Vollstreckungsschuldner hat zu Protokoll an Eides Statt zu versichern, dass sie oder er die von ihr oder ihm verlangten Angaben nach bestem Wissen und Gewissen richtig und vollständig gemacht habe.

(3) Für die Abnahme der Vermögensauskunft ist die Gerichtsvollzieherin oder der Gerichtsvollzieher beim Amtsgericht zuständig, in dessen Bezirk die Vollstreckungsschuldnerin oder der Vollstreckungsschuldner ihren oder seinen Wohnsitz oder Aufenthalt hat. Für das Verfahren gelten die §§ 802 d, 802 f bis 802 j der Zivilprozessordnung sowie die aufgrund des § 802 k der Zivilprozessordnung erlassenen Rechtsverordnungen entsprechend. Dabei gilt die Sperrfrist für die Abgabe einer erneuten Vermögensauskunft nach § 802 d Abs. 1 Satz 1 der Zivilprozessordnung auch für Vermögensauskünfte nach diesem Gesetz.

(4) Die Vollstreckungsbehörde darf die Vermögensauskunft auch selbst abnehmen. Für das Verfahren der Abnahme der Vermögensauskunft gilt Absatz 3 Satz 2; dabei tritt in § 802 f der Zivilprozessordnung an die Stelle der Gerichtsvollzieherin oder des Gerichtsvollziehers die Vollstreckungsbehörde. Der Termin zur Abgabe der Vermögensauskunft soll nicht vor Ablauf eines Monats nach Zustellung der Ladung bestimmt werden. Ein Rechtsbehelf gegen die Anordnung der Abgabe der Vermögensauskunft hat keine aufschiebende Wirkung. Die Vollstreckungsbehörde übermittelt das Vermögensverzeichnis unverzüglich dem zentralen Vollstreckungsgericht nach § 802 k Abs. 1 der Zivilprozessordnung. Der Vollstreckungsgläubiger erhält auf Verlangen eine Abschrift. Im Falle der Beantragung einer Erzwingungshaft nach § 802 g der Zivilprozessordnung unterliegt ein Beschluss des Amtsgerichtes, mit dem der Antrag der Vollstreckungsbehörde abgelehnt wird, der Beschwerde nach den §§ 567 bis 577 der Zivilprozessordnung. Zuständig ist das Amtsgericht nach Absatz 3 Satz 1.

---

[20] § 281 a sowie die darin genannten Vorschriften der Zivilprozessordnung sind in der bis zum 31.12.2012 geltenden Fassung weiter anzuwenden, wenn das Verfahren vor dem 1.1.2013 eingeleitet worden ist (Art. 2 Abs. 1 des Gesetzes vom 17.12.2012, GVOBl. Schl.-H. S. 749). Die Abgabe einer eidesstattlichen Versicherung nach § 281 a, nach § 284 der Abgabenordnung oder nach § 807 der Zivilprozessordnung in der jeweils bis zum 31.12.2012 geltenden Fassung steht der Abgabe einer Vermögensauskunft gleich (Art. 2 Abs. 2 des Gesetzes vom 17.12.2012, GVOBl. Schl.-H. S. 749).

(5) Die Vollstreckungsbehörde kann die Eintragung der Vollstreckungsschuldnerin oder des Vollstreckungsschuldners in das Schuldnerverzeichnis nach § 882 h Abs. 1 der Zivilprozessordnung anordnen, wenn

1. die Vollstreckungsschuldnerin oder der Vollstreckungsschuldner der Pflicht zur Abgabe der Vermögensauskunft nicht nachgekommen ist,
2. eine Vollstreckung nach dem Inhalt des Vermögensverzeichnisses offensichtlich nicht geeignet wäre, zu einer vollständigen Befriedigung der Forderung zu führen, wegen der die Vermögensauskunft verlangt wurde oder wegen der die Vollstreckungsbehörde vorbehaltlich der Fristsetzung nach § 802 f Abs. 1 der Zivilprozessordnung und der Sperrwirkung nach § 802 d Abs. 1 der Zivilprozesswirkung eine Vermögensauskunft verlangen könnte, oder
3. die Vollstreckungsschuldnerin oder der Vollstreckungsschuldner nicht innerhalb eines Monats nach Abgabe der Vermögensauskunft die Forderung, wegen der die Vermögensauskunft verlangt wurde, vollständig befriedigt; Gleiches gilt, wenn die Vollstreckungsbehörde vorbehaltlich der Fristsetzung nach § 802 f Abs. 1 der Zivilprozessordnung und der Sperrwirkung nach § 802 d Abs. 1 der Zivilprozessordnung eine Vermögensauskunft verlangen kann, sofern die Forderung nicht innerhalb eines Monats befriedigt worden ist, nachdem auf die Möglichkeit der Eintragung in das Schuldnerverzeichnis hingewiesen worden ist.

§ 882 b Abs. 2 und 3 sowie die §§ 882 c und 882 d der Zivilprozessordnung gelten entsprechend. § 882 d Abs. 1 Satz 1 der Zivilprozessordnung gilt mit der Maßgabe, dass der Widerspruch binnen eines Monats bei der Vollstreckungsbehörde einzulegen ist. Die Übermittlung der Daten an das zentrale Vollstreckungsgericht entfällt, wenn die Vollziehung der Eintragungsanordnung ausgesetzt oder die aufschiebende Wirkung des Rechtsbehelfs angeordnet ist. Ist die Eintragung in das Schuldnerverzeichnis erfolgt, sind Entscheidungen über Rechtsbehelfe gegen die Eintragungsanordnung durch die Vollstreckungsbehörde oder das Gericht dem zentralen Vollstreckungsgericht mitzuteilen.

§ 282
Einstellung der Vollstreckung und Aufhebung von Vollstreckungsmaßnahmen

(1) Die Vollstreckung ist einzustellen oder zu beschränken, wenn und soweit

1. der Leistungsbescheid, aus dem vollstreckt wird, aufgehoben ist,
2. die Vollstreckung oder eine Vollstreckungsmaßnahme gerichtlich für unzulässig erklärt worden ist,
3. die Einstellung gerichtlich angeordnet worden ist,
4. ein Rechtsbehelf gegen den Bescheid, aus dem vollstreckt wird, eingelegt worden ist und dieser aufschiebende Wirkung hat,
5. der Anspruch auf die Leistung erloschen ist oder
6. die Leistung gestundet ist.

(2) In den Fällen des Absatzes 1 Nr. 1, 2 und 5 sind bereits getroffene Vollstreckungsmaßnahmen aufzuheben, sobald die Entscheidung unanfechtbar geworden oder die Leistungspflicht in voller Höhe erloschen ist. Im Übrigen bleiben die Vollstreckungsmaßnahmen bestehen, wenn und soweit nicht ihre Aufhebung ausdrücklich schriftlich angeordnet worden ist.

(3) Die Vollstreckungsbehörde ist in den Fällen der Amtshilfe zur Einstellung, Beschränkung und Aufhebung nur verpflichtet, wenn und soweit ihr Tatsachen nachgewiesen worden sind, aus denen sich die Pflicht zur Einstellung oder Beschränkung nach Absatz 1 oder zur Aufhebung nach Absatz 2 ergibt.

§ 283
Erteilung von Urkunden

Bedarf der Vollstreckungsgläubiger zum Zweck der Vollstreckung eines Erbscheins oder einer anderen Urkunde, die der Vollstreckungsschuldnerin oder dem Vollstreckungsschuldner auf Antrag von einer Behörde, einer Beamtin oder einem Beamten oder einer Notarin oder einem Notar zu erteilen ist, so kann er die Erteilung an Stelle der Vollstreckungsschuldnerin oder des Vollstreckungsschuldners verlangen.

§ 284
Verweisungen

Soweit unmittelbar oder mittelbar auf Bestimmungen des Bürgerlichen Gesetzbuches oder der Zivilprozeßordnung verwiesen wird, tritt an die Stelle des Vollstreckungsgerichts die Vollstreckungsbehörde, soweit nicht ausdrücklich etwas anderes bestimmt ist.

Unterabschnitt 2
Vollstreckung in das bewegliche Vermögen

I. Allgemeine Vorschriften

§ 285
Pfändung

Die Vollstreckung in das bewegliche Vermögen erfolgt durch Pfändung. Sie darf nicht weiter ausgedehnt werden, als sie zur Deckung der beizutreibenden Geldbeträge und der Kosten der Vollstreckung erforderlich ist. Die Pfändung hat zu unterbleiben, wenn die Verwertung der zu pfändenden Gegenstände einen Überschuß über die Kosten der Vollstreckung nicht erwarten läßt.

§ 286
Pfändungspfandrecht

(1) Durch die Pfändung erwirbt der Vollstreckungsgläubiger ein Pfandrecht am gepfändeten Gegenstand.

(2) Das Pfandrecht gewährt ihm im Verhältnis zu anderen Gläubigerinnen oder Gläubigern dieselben Rechte wie ein Pfandrecht im Sinne des Bürgerlichen Gesetzbuches; es geht Pfand- und Vorzugsrechten vor, die im Insolvenzverfahren diesem Pfandrecht nicht gleichgestellt sind.

(3) Das durch eine frühere Pfändung begründete Pfandrecht geht demjenigen vor, das durch eine spätere Pfändung begründet wird. Bei gleichzeitiger Pfändung stehen die Pfandrechte einander gleich.

§ 287
Vorzugsweise Befriedigung

(1) Der Pfändung einer beweglichen Sache kann eine dritte Person, die sich nicht im Besitz der Sache befindet, aufgrund eines Pfand- oder Vorzugsrechts nicht widersprechen. Sie kann jedoch im Wege der Klage bevorzugte Befriedigung aus dem Erlös verlangen ohne Rücksicht darauf, ob ihre Forderung fällig ist oder nicht.

(2) Die Klage ist ausschließlich bei dem Amts- oder Landgericht zu erheben, in dessen Bezirk gepfändet ist. Wird die Klage gegen den Vollstreckungsgläubiger und die Vollstreckungsschuldnerin oder den Vollstreckungsschuldner gerichtet, so sind diese Streitgenossinnen oder Streitgenossen.

§ 288
Ausschluß der Gewährleistung

Wird ein Gegenstand aufgrund der Pfändung veräußert, so steht der Erwerberin oder dem Erwerber wegen eines Mangels im Recht oder der veräußerten beweglichen Sache ein Anspruch auf Gewährleistung nicht zu.

§ 288 a
Abnahme der Vermögensauskunft nach Pfändungsversuch

(1) Hat die Vollstreckungsschuldnerin oder der Vollstreckungsschuldner die Durchsuchung (§ 275) verweigert oder ergibt der Pfändungsversuch, dass eine Pfändung voraussichtlich nicht zu einer vollständigen Befriedigung des Vollstreckungsgläubigers führen wird, kann die Vollstreckungsbehörde der Vollstreckungsschuldnerin oder dem Vollstreckungsschuldner die Vermögensauskunft abweichend von § 281 a sofort abnehmen. § 802 f Abs. 5 und 6 der Zivilprozessordnung findet entsprechend Anwendung.

(2) Widerspricht die Vollstreckungsschuldnerin oder der Vollstreckungsschuldner einer sofortigen Abnahme, verfährt die Vollstreckungsbehörde nach § 281 a; der Setzung

einer Zahlungsfrist (§ 802 f Abs. 1 Satz 1 Zivilprozessordnung) bedarf es nicht.

II. Vollstreckung in bewegliche Sachen

§ 289
Verfahren bei der Pfändung

(1) Bewegliche Sachen, die im Gewahrsam der Vollstreckungsschuldnerin oder des Vollstreckungsschuldners sind, pfändet die Vollstreckungsbeamtin oder der Vollstreckungsbeamte dadurch, daß sie oder er sie in Besitz nimmt.

(2) Andere Sachen als Geld, Kostbarkeiten und Wertpapiere sind im Gewahrsam der Vollstreckungsschuldnerin oder des Vollstreckungsschuldners zu lassen, wenn die Befriedigung des Vollstreckungsgläubigers hierdurch nicht gefährdet wird. Bleiben die Sachen im Gewahrsam der Vollstreckungsschuldnerin oder des Vollstreckungsschuldners, so ist die Pfändung nur wirksam, wenn sie durch Anlegung von Siegeln oder in sonstiger Weise ersichtlich gemacht ist.

(3) Die Vollstreckungsbeamtin oder der Vollstreckungsbeamte hat der Vollstreckungsschuldnerin oder dem Vollstreckungsschuldner die Pfändung mitzuteilen.

(4) Die Absätze 1 bis 3 gelten auch für die Pfändung von Sachen im Gewahrsam einer oder eines Dritten, die oder der zu ihrer Herausgabe bereit ist.

(5)[21] Die §§ 739, 811 bis 813 Abs. 1 bis 3 der Zivilprozeßordnung sind entsprechend anzuwenden.

§ 290
Pfändung ungetrennter Früchte

(1) Früchte, die vom Boden noch nicht getrennt sind, können gepfändet werden, solange sie nicht durch Vollstreckung in das unbewegliche Vermögen beschlagnahmt worden sind. Sie dürfen nicht früher als einen Monat vor der gewöhnlichen Zeit der Reife gepfändet werden.

(2) Ein Gläubiger oder ein Gläubiger, die oder der ein Recht auf Befriedigung aus dem Grundstück hat, kann der Pfändung nach § 280 widersprechen, wenn nicht wegen eines Anspruchs gepfändet ist, der bei der Vollstreckung in das Grundstück vorgeht.

§ 291
Anschlußpfändung

(1) Zur Pfändung bereits gepfändeter Sachen genügt die Erklärung der Vollstreckungsbeamtin oder des Vollstreckungsbeamten, daß sie oder er die Sache zur Deckung der ihrer Art und Höhe nach zu bezeichnenden Beträge pfände. Die Erklärung ist in die Niederschrift aufzunehmen. Der Vollstreckungsschuldnerin oder dem Vollstreckungsschuldner ist die weitere Pfändung mitzuteilen.

(2) Ist die erste Pfändung im Auftrage einer anderen Vollstreckungsbehörde, durch eine Gerichtsvollzieherin oder einen Gerichtsvollzieher oder eine andere zur Vollstreckung berechtigte Stelle erfolgt, so ist diesen eine Abschrift der Niederschrift zu übersenden. Eine Gerichtsvollzieherin oder ein Gerichtsvollzieher oder eine sonstige zur Vollstreckung berechtigte Stelle hat die gleiche Pflicht, wenn sie oder er eine Sache pfändet oder pfänden läßt, die bereits im Auftrage einer Vollstreckungsbehörde gepfändet ist.

§ 292
Öffentliche Versteigerung, gepfändetes Geld

(1) Die gepfändeten Sachen sind auf schriftliche Anordnung der Vollstreckungsbehörde durch die Vollstreckungsbeamtin oder den Vollstreckungsbeamten öffentlich zu versteigern. Kostbarkeiten sind vor der Versteigerung durch eine Sachverständige oder einen Sachverständigen abzuschätzen.

(2) Gepfändetes Geld hat die Vollstreckungsbeamtin oder der Vollstreckungsbeamte an die Vollstreckungsbehörde abzuliefern. Die Wegnahme des Geldes durch sie oder ihn gilt als Zahlung der Vollstreckungsschuldnerin oder des Vollstreckungsschuldners.

---

[21] § 289 Abs. 5 sowie die darin genannten Vorschriften der Zivilprozessordnung sind in der bis zum 31.12.2012 geltenden Fassung weiter anzuwenden, wenn das Verfahren vor dem 1.1.2013 eingeleitet worden ist (Art. 2 Abs. 1 des Gesetzes vom 17.12.2012, GVOBl. Schl.-H. S. 749).

§ 293
Versteigerungstermin

(1) Die gepfändeten Sachen dürfen nicht vor Ablauf einer Woche seit dem Tag der Pfändung versteigert werden. Die Versteigerung zu einem früheren Zeitpunkt ist jedoch zulässig, wenn sich die Vollstreckungsschuldnerin oder der Vollstreckungsschuldner damit einverstanden erklärt hat oder wenn es erforderlich ist, um die Gefahr einer wesentlichen Wertminderung abzuwenden oder unverhältnismäßig hohe Kosten längerer Aufbewahrung oder Unterhaltung zu vermeiden.

(2) Zeit und Ort der Versteigerung sind öffentlich bekanntzumachen; dabei sind die Sachen, die versteigert werden sollen, im allgemeinen zu bezeichnen. Auf Ersuchen der Vollstreckungsbehörde hat eine Bedienstete oder ein Bediensteter der Gemeinde – in amtsangehörigen Gemeinden des Amtes – der Versteigerung beizuwohnen.

§ 294
Versteigerungsverfahren

(1) Bei der Versteigerung ist nach § 1239 Abs. 1 Satz 1 und Abs. 2 des Bürgerlichen Gesetzbuches und nach § 817 Abs. 1 bis 3 und den §§ 817 a und 818 der Zivilprozeßordnung zu verfahren. Soweit § 817 a Abs. 2 auf § 825 verweist, tritt an die Stelle von § 825 der Zivilprozeßordnung § 298 dieses Gesetzes. Nimmt die Vollstreckungsbeamtin oder der Vollstreckungsbeamte den Erlös in Empfang, so gilt dies als Zahlung der Vollstreckungsschuldnerin oder des Vollstreckungsschuldners, es sei denn, daß der Erlös nach § 299 Abs. 4 hinterlegt wird.

(2) Die Versteigerung kann auch über eine Internetseite eines Trägers der öffentlichen Verwaltung erfolgen. Der Zuschlag gilt in diesem Fall gegenüber der Person als erteilt, die am Ende des Versteigerungszeitraumes das höchste Gebot abgegeben hat. Als Zahlung nach Absatz 1 Satz 3 gilt auch der Eingang des Erlöses auf dem Konto der Vollstreckungsbehörde. Die §§ 272 und 293 Abs. 2 sind nicht anzuwenden.

§ 295
Wertpapiere

Gepfändete Wertpapiere, die einen Börsen- oder Marktpreis haben, sind aus freier Hand zum Tageskurs zu verkaufen; andere Wertpapiere sind nach den allgemeinen Vorschriften zu versteigern.

§ 296
Namenspapiere

Lautet ein gepfändetes Wertpapier auf einen Namen, so ist die Vollstreckungsbehörde berechtigt, die Umschreibung auf den Namen der Käuferin oder des Käufers oder, wenn es sich um ein auf einen Namen umgeschriebenes Inhaberpapier handelt, die Rückverwandlung in ein Inhaberpapier zu erwirken und die hierzu erforderlichen Erklärungen an Stelle der Vollstreckungsschuldnerin oder des Vollstreckungsschuldners schriftlich abzugeben.

§ 297
Früchte auf dem Halm

Gepfändete Früchte, die vom Boden noch nicht getrennt sind, dürfen erst nach der Reife versteigert werden. Sie können getrennt oder ungetrennt versteigert werden. Die Vollstreckungsbeamtin oder der Vollstreckungsbeamte hat sie ernten zu lassen, wenn sie oder er sie getrennt versteigert will.

§ 298
Andere Verwertung

Auf Antrag der Vollstreckungsschuldnerin oder des Vollstreckungsschuldners oder wenn es aus besonderen Gründen zweckmäßiger ist, kann die Vollstreckungsbehörde schriftlich anordnen, dass eine gepfändete Sache in anderer Weise, als vorstehend bestimmt, zu verwerten ist.

§ 299
Verwertung bei mehrfacher Pfändung

(1) Wird dieselbe Sache mehrfach durch Vollstreckungsbeamtinnen oder Vollstreckungsbeamte und Gerichtsvollzieherinnen oder Gerichtsvollzieher oder sonstige zur

Vollstreckung berechtigte Stellen gepfändet, so begründet ausschließlich die erste Pfändung die Zuständigkeit zur Versteigerung.

(2) Betreibt ein Vollstreckungsgläubiger die Versteigerung, so wird für alle beteiligten Vollstreckungsgläubiger versteigert.

(3) Der Erlös wird nach der Reihenfolge der Pfändungen oder bei abweichender Vereinbarung der beteiligten Vollstreckungsgläubiger nach ihrer Vereinbarung verteilt.

(4) Reicht der Erlös zur Deckung der Forderungen nicht aus und verlangt der Vollstreckungsgläubiger, für den die zweite oder eine spätere Pfändung erfolgt ist, ohne Zustimmung der übrigen beteiligten Vollstreckungsgläubiger eine andere Verteilung als nach der Reihenfolge der Pfändungen, so ist die Sachlage unter Hinterlegung des Erlöses dem Amtsgericht, in dessen Bezirk gepfändet ist, anzuzeigen. Der Anzeige sind die Schriftstücke, die sich auf das Verfahren beziehen, beizufügen. Verteilt wird nach den §§ 873 bis 882 der Zivilprozeßordnung.

(5) Die Absätze 2 bis 4 sind auch anzuwenden, wenn für verschiedene Vollstreckungsgläubiger gleichzeitig gepfändet wird.

III. Vollstreckung in Forderungen und andere Vermögensrechte

§ 300
Pfändung einer Geldforderung

(1) Soll eine Geldforderung gepfändet werden, hat die Vollstreckungsbehörde der Drittschuldnerin oder dem Drittschuldner schriftlich zu verbieten, an die Vollstreckungsschuldnerin oder den Vollstreckungsschuldner zu zahlen, und der Vollstreckungsschuldnerin oder dem Vollstreckungsschuldner schriftlich zu gebieten, sich jeder Verfügung über die Forderung, insbesondere ihrer Einziehung, zu enthalten. Die Pfändung ist bewirkt, wenn die Pfändungsverfügung der Drittschuldnerin oder dem Drittschuldner zugestellt ist. Die an die Drittschuldnerin oder den Drittschuldner zuzustellende Pfändungsverfügung bezeichnet den zu vollstreckenden Geldbetrag ohne Angabe des Schuldgrundes. Die Zustellung ist der Vollstreckungsschuldnerin oder dem Vollstreckungsschuldner mitzuteilen.

(2) Bei der Pfändung des Guthabens eines Kontos der Vollstreckungsschuldnerin oder des Vollstreckungsschuldners bei einem Kreditinstitut gelten die §§ 833 a und § 850 l der Zivilprozessordnung entsprechend. Anträge nach § 850 l der Zivilprozessordnung sind abweichend von § 284 bei nach § 828 der Zivilprozessordnung zuständigen Vollstreckungsgericht zu stellen.

(3) Die Vollstreckungsbehörde kann die Pfändungsverfügung wegen Geldforderungen auch dann selbst erlassen und ihre Zustellung im Wege der Postzustellung selbst bewirken, wenn die Vollstreckungsschuldnerin oder der Vollstreckungsschuldner oder die Drittschuldnerin oder der Drittschuldner außerhalb des Landes, jedoch im Inland ihren oder seinen Wohnsitz, Sitz oder gewöhnlichen Aufenthaltsort hat, sofern das dort geltende Landesrecht dies zulässt. Die Vollstreckungsbehörde kann auch eine Vollstreckungsbehörde des Bezirks, in dem die Maßnahme durchgeführt werden soll, um die Zustellung der Pfändungsverfügung ersuchen.

(4) Inländische Vollstreckungsbehörden, die diesem Gesetz nicht unterliegen, können gegen Vollstreckungsschuldnerinnen oder Vollstreckungsschuldner oder Drittschuldnerinnen oder Drittschuldner, die ihren Wohnsitz, Sitz oder gewöhnlichen Aufenthaltsort im Geltungsbereich dieses Gesetzes haben, selbst Pfändungsverfügungen wegen Geldforderungen erlassen und ihre Zustellung im Wege der Postzustellung selbst bewirken.

§ 301
Pfändung einer durch Hypothek gesicherten Forderung

(1) Zur Pfändung einer Forderung, für die eine Hypothek besteht, ist außer der Pfändungsverfügung die Übergabe des Hypothekenbriefes an die Vollstreckungsbehörde erforderlich. Wird die Übergabe durch Vollstreckung erwirkt, so gilt sie als erfolgt, wenn die Vollstreckungsbeamtin oder der Vollstreckungsbeamte den Brief zur Ablieferung an die Vollstreckungsbehörde weggenommen hat. Ist die Erteilung des Hypothekenbriefes ausgeschlossen, so muss die Pfändung in das Grundbuch eingetragen werden; die Eintragung erfolgt aufgrund der Pfändungsverfügung auf schriftliches Ersuchen der Vollstreckungsbehörde.

(2) Wird die Pfändungsverfügung vor der Übergabe des Hypothekenbriefes oder vor der Eintragung der Pfändung der Drittschuldnerin oder dem Drittschuldner zugestellt, so gilt die Pfändung dieser oder diesem gegenüber mit der Zustellung als bewirkt.

(3) Diese Vorschriften gelten nicht, soweit Ansprüche auf die in § 1159 des Bürgerlichen Gesetzbuches bezeichneten Leistungen gepfändet werden. Das gleiche gilt bei einer Sicherungshypothek im Falle des § 1187 des Bürgerlichen Gesetzbuches von der Pfändung der Hauptforderung.

§ 302
Pfändung einer durch Schiffshypothek gesicherten Forderung

(1) Die Pfändung einer Forderung, für die eine Schiffshypothek besteht, bedarf der Eintragung in das Schiffsregister oder in das Schiffsbauregister; sie wird aufgrund der Pfändungsverfügung auf schriftliches Ersuchen der Vollstreckungsbehörde eingetragen.

(2) Wird die Pfändungsverfügung vor der Eintragung der Pfändung der Drittschuldnerin oder dem Drittschuldner zugestellt, so gilt die Pfändung dieser oder diesem gegenüber mit der Zustellung als bewirkt.

(3) Die Absätze 1 und 2 sind nicht anzuwenden, soweit es sich um die Pfändung der Ansprüche auf die in § 53 des Gesetzes über Rechte an eingetragenen Schiffen und Schiffsbauwerken vom 15. November 1940 (RGBl. I S. 1499), zuletzt geändert durch Gesetz vom 8. Dezember 2010 (BGBl. I S. 1864), bezeichneten Leistungen handelt. Das gilt auch, wenn bei einer Schiffshypothek für eine Forderung aus einer Schuldverschreibung auf den Inhaber, aus einem Wechsel oder aus einem anderen durch Indossament übertragbaren Papier die Hauptforderung gepfändet wird.

§ 303
Pfändung einer durch Registerpfandrecht an einem Luftfahrzeug gesicherten Forderung

(1) Die Pfändung einer Forderung, für die ein Registerpfandrecht an einem Luftfahrzeug besteht, bedarf der Eintragung in das Register für Pfandrechte an Luftfahrzeugen; sie wird aufgrund der Pfändungsverfügung auf schriftliches Ersuchen der Vollstreckungsbehörde eingetragen.

(2) Im übrigen gilt § 302 Abs. 2 und 3; an die Stelle des § 53 des Gesetzes über Rechte an eingetragenen Schiffen und Schiffsbauwerken tritt § 53 des Gesetzes über Rechte an Luftfahrzeugen vom 26. Februar 1959 (BGBl. I S. 57), zuletzt geändert durch Gesetz vom 8. Dezember 2010 (BGBl. I S. 1864).

§ 304
Pfändung einer Forderung aus indossablen Papieren

Forderungen aus Wechseln und anderen Papieren, die durch Indossament übertragen werden können, werden dadurch gepfändet, daß die Vollstreckungsbeamtin oder der Vollstreckungsbeamte die Papiere in Besitz nimmt.

§ 305
Pfändung fortlaufender Bezüge

(1) Das Pfandrecht, das durch die Pfändung einer Gehaltsforderung oder einer ähnlichen, in fortlaufenden Bezügen bestehenden Forderung erworben wird, erstreckt sich auch auf die nach der Pfändung fällig werdenden Beträge.

(2) Die Pfändung eines Diensteinkommens trifft auch das Einkommen, das die Schuldnerin oder der Schuldner bei Versetzung in ein anderes Amt, Übertragung eines neuen

Amtes oder einer Gehaltserhöhung zu beziehen hat. Dies gilt nicht bei Wechsel des Dienstherrn.

(3) Sind nach dem Leistungsbescheid wiederkehrende Leistungen zu erbringen, kann eine Forderung im Sinne des Absatzes 1 zugleich mit der Pfändung wegen einer fälligen Leistung auch wegen künftig fällig werdender Leistungen gepfändet werden. Insoweit wird die Pfändung jeweils am Tag nach der Fälligkeit der Leistung wirksam und bedarf keiner vorausgehenden Mahnung.

§ 306
Einziehung der Forderung, Herausgabe von Urkunden

(1) Die Vollstreckungsbehörde hat dem Vollstreckungsgläubiger die gepfändete Forderung zur Einziehung zu überweisen. Die Überweisungsverfügung kann mit der Pfändungsverfügung verbunden werden. Sie ist der Drittschuldnerin oder dem Drittschuldner abschriftlich zuzustellen und der Vollstreckungsschuldnerin oder dem Vollstreckungsschuldner abschriftlich mitzuteilen. § 300 Absatz 1 Satz 3 gilt entsprechend. Mit der Zustellung an die Drittschuldnerin oder den Drittschuldner ist die Überweisung bewirkt. Wird die Einziehung eines bei einem Geldinstitut gepfändeten Guthabens einer Vollstreckungsschuldnerin oder eines Vollstreckungsschuldners, die oder der eine natürliche Person ist, angeordnet, gilt § 835 Abs. 3 Satz 2 und Abs. 4 der Zivilprozessordnung entsprechend. Wenn nicht wiederkehrend zahlbare Vergütungen einer Vollstreckungsschuldnerin oder eines Vollstreckungsschuldners, die oder der eine natürliche Person ist, für persönlich geleistete Arbeiten oder Dienste oder sonstige Einkünfte, die bei Arbeitseinkommen sind, dem Vollstreckungsgläubiger überwiesen werden, darf die Drittschuldnerin oder der Drittschuldner erst vier Wochen nach der Zustellung der Überweisungsverfügung an den Vollstreckungsschuldner leisten oder den Betrag hinterlegen. § 300 Abs. 3 und 4 gilt entsprechend.

(2) Die Überweisung ersetzt die förmlichen Erklärungen der Vollstreckungsschuldnerin oder des Vollstreckungsschuldners, von denen nach dem bürgerlichen Recht die Berechtigung zur Einziehung abhängt. Sie genügt auch bei einer Forderung, für die eine Hypothek, eine Schiffshypothek oder ein Registerpfandrecht an einem Luftfahrzeug besteht. Die Überweisungsverfügung gilt, auch wenn sie zu Unrecht erfolgt ist, zugunsten der Drittschuldnerin oder des Drittschuldners der Vollstreckungsschuldnerin oder dem Vollstreckungsschuldner gegenüber solange als wirksam bis sie aufgehoben ist und die Drittschuldnerin oder der Drittschuldner von der Aufhebung erfährt.

(3) Die Vollstreckungsschuldnerin oder der Vollstreckungsschuldner hat die zur Geltendmachung der Forderung nötige Auskunft zu erteilen und die über die Forderung vorhandenen Urkunden herauszugeben. Die Vollstreckungsbehörde kann die Auskunft nach den §§ 228 bis 249 erzwingen. Sie kann der Vollstreckungsschuldnerin oder dem Vollstreckungsschuldner die Urkunden durch eine Vollstreckungsbeamtin oder einen Vollstreckungsbeamten wegnehmen lassen.

(4) Hat eine Dritte oder ein Dritter Urkunden, so kann der Vollstreckungsgläubiger den Anspruch der Vollstreckungsschuldnerin oder des Vollstreckungsschuldners auf Herausgabe geltend machen.

§ 307
Erklärungspflicht der Drittschuldnerin oder des Drittschuldners

(1) Auf schriftliches Verlangen der Vollstreckungsbehörde hat ihr die Drittschuldnerin oder der Drittschuldner innerhalb von zwei Wochen nach Zustellung der Pfändungsverfügung zu erklären,

1. ob und inwieweit sie oder er die Forderung als begründet anerkenne und bereit sei, zu zahlen,
2. ob und welche Ansprüche andere Personen auf die Forderung erheben und
3. ob und wegen welcher Ansprüche die Forderung bereits für andere Gläubigerinnen oder Gläubiger gepfändet sei,
4. ob innerhalb der letzten zwölf Monate im Hinblick auf das Konto, dessen Guthaben gepfändet worden ist, nach § 850 l der Zivilprozessordnung oder anderen gesetzlichen Bestimmungen die Unpfändbarkeit des Guthabens angeordnet worden ist,
5. ob es sich bei dem Konto, dessen Guthaben gepfändet worden ist, um ein Pfändungsschutzkonto im Sinne des § 850 k Abs. 7 der Zivilprozessordnung handelt.

(2) Die Aufforderung zur Abgabe dieser Erklärung kann in die Pfändungsverfügung aufgenommen werden.

(3) Die Drittschuldnerin oder der Drittschuldner haftet dem Vollstreckungsgläubiger für den Schaden, der aus der Nichterfüllung ihrer oder seiner Verpflichtung entsteht.

(4) Die §§ 841 bis 843 der Zivilprozeßordnung sind entsprechend anzuwenden.

§ 308
Andere Art der Verwertung

Ist die gepfändete Forderung bedingt oder betagt oder ist ihre Einziehung schwierig, so kann die Vollstreckungsbehörde schriftlich anordnen, dass sie in anderer Weise als durch Überweisung zu verwerten ist. § 306 Abs. 1 gilt entsprechend.

§ 309
Ansprüche auf Herausgabe oder Leistung von Sachen

(1) Für die Vollstreckung in Ansprüche auf Herausgabe oder Leistung von Sachen gelten die §§ 300 bis 308 unter Berücksichtigung der nachstehenden Bestimmungen.

(2) Bei der Pfändung eines Anspruchs, der eine bewegliche Sache betrifft, ordnet die Vollstreckungsbehörde schriftlich an, dass die Sache an die Vollstreckungsbeamtin oder den Vollstreckungsbeamten herauszugeben ist. Sie wird wie eine gepfändete Sache verwertet.

(3) Bei der Pfändung eines Anspruchs, der eine unbewegliche Sache betrifft, ordnet die Vollstreckungsbehörde schriftlich an, dass die Sache an eine Treuhänderin oder einen Treuhänder herauszugeben ist, die oder den das Amtsgericht der belegenen Sache auf Antrag der Vollstreckungsbehörde bestellt. Ist der Anspruch auf Übertragung des Eigentums gerichtet, so ist der Treuhänderin oder dem Treuhänder als Vertreterin oder Vertreter der Vollstreckungsschuldnerin oder des Vollstreckungsschuldners aufzulassen. Mit dem Übergang des Eigentums auf die Vollstreckungsschuldnerin oder den Vollstreckungsschuldner verlangt der Vollstreckungsgläubiger eine Sicherungshypothek für seine Forderung. Die Treuhänderin oder der Treuhänder hat die Eintragung der Sicherungshypothek zu bewilligen. Die Vollstreckung in die herausgegebene Sache wird nach den für die Vollstreckung in unbewegliche Sachen geltenden Vorschriften bewirkt.

(4) Bei der Pfändung eines Anspruchs, der ein eingetragenes Schiff, ein Schiffsbauwerk, das im Schiffsbauregister eingetragen werden kann, oder ein eingetragenes Luftfahrzeug betrifft, gilt Absatz 3 entsprechend.

§ 310
Pfändungsbeschränkungen und -verbote

Beschränkungen und Verbote, die nach den §§ 850 bis 852 der Zivilprozeßordnung und anderen gesetzlichen Bestimmungen für die Pfändung von Forderungen und Ansprüchen bestehen, gelten auch für die Vollstreckung nach diesem Gesetz. Erfolgt die Vollstreckung wegen eines Zwangsgeldes, Bußgeldes, Ordnungsgeldes oder einer Nutzungsentschädigung zur Vermeidung von Obdachlosigkeit, kann die Vollstreckungsbehörde den pfändbaren Teil des Arbeitseinkommens ohne Rücksicht auf die in § 850 c der Zivilprozessordnung vorgesehenen Beschränkungen bestimmen; der Vollstreckungsschuldnerin oder dem Vollstreckungsschuldner ist so viel zu belassen, wie sie oder er für ihren oder seinen notwendigen Unterhalt und zur Erfüllung laufender gesetzlicher Unterhaltspflichten bedarf.

§ 311
Mehrfache Pfändung

(1) Ist eine Forderung durch mehrere Vollstreckungsbehörden oder durch eine Vollstreckungsbehörde und ein Gericht

gepfändet, so sind die §§ 853 bis 856 der Zivilprozeßordnung und § 99 Abs. 1 Satz 1 des Gesetzes über Rechte an Luftfahrzeugen entsprechend anzuwenden.

(2) Fehlt es an einem Amtsgericht, das nach den §§ 853 und 854 der Zivilprozeßordnung zuständig wäre, so ist bei der Hinterlegungsstelle des Amtsgerichts zu hinterlegen, in dessen Bezirk die Vollstreckungsbehörde ihren Sitz hat, deren Pfändungsverfügung der Drittschuldnerin oder dem Drittschuldner zuerst zugestellt worden ist.

§ 312
Vollstreckung in andere Vermögensrechte

(1) Für die Vollstreckung in andere Vermögensrechte, die nicht Gegenstand der Vollstreckung in das unbewegliche Vermögen sind, gelten die vorstehenden Bestimmungen entsprechend.

(2) Ist keine Drittschuldnerin oder kein Drittschuldner vorhanden, so ist die Pfändung bewirkt, wenn der Vollstreckungsschuldnerin oder dem Vollstreckungsschuldner das Gebot, sich jeder Verfügung über das Recht zu enthalten, zugestellt ist.

(3) Ein unveräußerliches Recht ist, wenn nichts anderes bestimmt ist, insoweit pfändbar, als die Ausübung einer oder einem anderen überlassen werden kann.

(4) Die Vollstreckungsbehörde kann bei der Vollstreckung in unveräußerliche Rechte, deren Ausübung einer oder einem anderen überlassen werden kann, besondere Anordnungen schriftlich erlassen, insbesondere bei der Vollstreckung in Nutzungsrechte eine Verwaltung anordnen; in diesem Falle wird die Pfändung durch Übergabe der zu benutzenden Sache an die Verwalterin oder den Verwalter bewirkt, sofern sie nicht durch Zustellung der Pfändungsverfügung schon vorher bewirkt ist.

(5) Ist eine Veräußerung des Rechts zulässig, so kann die Vollstreckungsbehörde die Veräußerung schriftlich anordnen.

(6) Für die Vollstreckung in eine Reallast, eine Grundschuld oder eine Rentenschuld gelten die Bestimmungen über die Vollstreckung in eine Forderung, für die eine Hypothek besteht.

(7) Die §§ 858 bis 860 und 863 der Zivilprozeßordnung sind entsprechend anzuwenden.

Unterabschnitt 3
Vollstreckung in das unbewegliche Vermögen

§ 313
Verfahren

(1) Die Vollstreckung in das unbewegliche Vermögen, ein eingetragenes Schiff, ein Schiffsbauwerk, das im Schiffsbauregister eingetragen ist oder in dies Register eingetragen werden kann, oder ein eingetragenes Luftfahrzeug erfolgt nach den Vorschriften für gerichtliche Zwangsvollstreckungen durch die Gerichte.

(2) Die Anträge des Vollstreckungsgläubigers stellt die Vollstreckungsbehörde. Soweit der zu vollstreckende Anspruch nach § 10 Abs. 1 Nr. 3 des Gesetzes über die Zwangsversteigerung und Zwangsverwaltung in der Fassung der Bekanntmachung vom 20. Mai 1898 (RGBl. S. 369), zuletzt geändert durch Gesetz vom 7. Dezember 2011 (BGBl. I S. 2582), den Rechten am Grundstück im Range vorgeht, kann eine Sicherungshypothek unter der aufschiebenden Bedingung in das Grundbuch eingetragen werden, daß das Vorrecht vor Erlöschen des Anspruchs wegfällt.

(3) Anträge auf Zwangsversteigerung oder Zwangsverwaltung sind nur zulässig, wenn feststeht, daß der Geldbetrag durch Pfändung nicht beigetrieben werden kann.

(4) Die Vollstreckbarkeit der Forderung, die Voraussetzungen der Vollstreckung nach § 269 und die Zulässigkeit der Vollstreckung nach Absatz 3 unterliegen nicht der Beurteilung des Gerichts.

§ 314
Vollstreckung gegen Rechtsnachfolger

Ist eine Sicherungshypothek im Vollstreckungswege eingetragen, so ist bei Veräußerung des belasteten Grundstücks die Vollstreckung in das Grundstück gegen die Rechtsnachfolgerin oder den Rechtsnachfolger zulässig. § 264 Abs. 4 ist entsprechend anzuwenden.

Unterabschnitt 4
Sicherungsverfahren

§ 315
Arrest

(1) Zur Sicherung der Beitreibung von Forderungen nach diesem Gesetz kann das Amtsgericht, in dessen Bezirk sich der mit Arrest zu belegende Gegenstand befindet, auf Antrag des Vollstreckungsgläubigers den Arrest in das bewegliche oder unbewegliche Vermögen der Vollstreckungsschuldnerin oder des Vollstreckungsschuldners anordnen, wenn zu besorgen ist, daß sonst die Erzwingung der Leistung vereitelt oder wesentlich erschwert wird. Es kann den Arrest auch dann anordnen, wenn die Forderung noch nicht zahlenmäßig feststeht oder wenn sie bedingt oder betagt ist. Bei der Anordnung hat es einen Geldbetrag zu bestimmen, durch dessen Hinterlegung die Vollstreckungsschuldnerin oder der Vollstreckungsschuldner die Beseitigung des Arrestes und die Aufhebung des vollzogenen Arrestes erreichen kann. § 128 Abs. 4 und die §§ 922 und 929 Abs. 2 und 3 der Zivilprozeßordnung sind entsprechend anzuwenden. Die Entscheidung des Amtsgerichts ist nach den Vorschriften der Zivilprozeßordnung anfechtbar.

(2) Die Vollstreckungsbehörde kann den Arrest anstelle des Amtsgerichts anordnen; Absatz 1 Satz 1 bis 3 gilt entsprechend. Die Arrestanordnung ist zuzustellen. Ihre Vollziehung ist unzulässig, wenn seit dem Tag der Zustellung ein Monat verstrichen ist.

(3) Die Vollstreckungsbehörde vollzieht den Arrest nach den §§ 930 bis 932 der Zivilprozeßordnung unter entsprechender Anwendung der §§ 285 bis 314 und bei eingetragenen Luftfahrzeugen außerdem unter entsprechender Anwendung des § 99 Abs. 2 des Gesetzes über Rechte an Luftfahrzeugen.

§ 316
Befriedigung durch Verwertung von Sicherheiten

(1) Zur Befriedigung von Ansprüchen, die nach diesem Gesetz beitreibbar und bei Fälligkeit nicht erfüllt sind, kann der Vollstreckungsgläubiger Sicherheiten, die ihm gestellt sind oder die er sonst verlangt hat, durch die Vollstreckungsbehörde verwerten. Soweit zur Verwertung Erklärungen der Vollstreckungsschuldnerin oder des Vollstreckungsschuldners erforderlich sind, werden sie durch Verfügungen der Vollstreckungsbehörde ersetzt.

(2) Die Sicherheiten dürfen erst verwertet werden, wenn der Vollstreckungsschuldnerin oder dem Vollstreckungsschuldner die Verwertungsabsicht schriftlich bekanntgegeben worden ist und seit der Bekanntgabe mindestens eine Woche verstrichen ist.

Unterabschnitt 5
Erweiterte Anwendung der Vollstreckungsvorschriften

§ 317
Anwendung der Vollstreckungsvorschriften aufgrund bundesrechtlicher Ermächtigungen

Die Bestimmungen über die Vollstreckung öffentlich-rechtlicher Geldforderungen gelten auch, soweit in Bundesgesetzen die Länder ermächtigt worden sind zu bestimmen, daß die landesrechtlichen Vorschriften über die Verwaltungszwangsverfahren anzuwenden sind oder an die Stelle von bundesrechtlichen Vorschriften treten können.

§ 318
Entsprechende Anwendung der Vollstreckungsvorschriften auf öffentlich-rechtliche Verträge

Auf öffentlich-rechtliche Verträge im Sinne des § 128 Satz 1 sind die Bestimmungen über die Vollstreckung öffentlich-rechtlicher Geldforderungen entsprechend anzuwenden, wenn Vertragschließende eine Behörde ist. Will eine natürliche oder juristische Person des Privatrechts oder eine nichtrechtsfähige Vereinigung die Vollstreckung wegen einer Geldforderung betreiben, so ist § 170 Abs. 1 bis 3 der Verwaltungsgerichtsordnung entsprechend anzuwenden.

§ 319
Entsprechende Anwendung der Vollstreckungsvorschriften auf privatrechtliche Geldforderungen

(1) Die Bestimmungen über die Vollstreckung öffentlich-rechtlicher Geldforderungen gelten für die Beitreibung privatrechtlicher Geldforderungen eines Trägers der öffentlichen Verwaltung vorbehaltlich der Bestimmungen der Absätze 2 bis 4 entsprechend, soweit durch Gesetz ihre Beitreibung im Verwaltungswege zugelassen ist.

(2) Die Vollstreckung privatrechtlicher Geldforderungen ist einzustellen, wenn die Vollstreckungsschuldnerin oder der Vollstreckungsschuldner Einwendungen gegen diese Forderung bei der Vollstreckungsbehörde schriftlich, elektronisch oder zu Protokoll erhebt. Die Vollstreckungsschuldnerin oder der Vollstreckungsschuldner ist über dieses Recht zu belehren. Der Vollstreckungsgläubiger ist von den Einwendungen unverzüglich zu benachrichtigen.

(3) Weist der Vollstreckungsgläubiger nicht binnen eines Monats nach, dass er wegen dieser Forderung Zivilklage erhoben oder einen Mahnbescheid beantragt hat, so sind die bereits getroffenen Vollstreckungsmaßnahmen aufzuheben. Die Frist beginnt, sobald der Vollstreckungsgläubiger von den Einwendungen der Vollstreckungsschuldnerin oder des Vollstreckungsschuldners Kenntnis erlangt.

(4) Ist die Vollstreckung nach Absatz 2 eingestellt worden, so kann sie nach diesem Gesetz nicht fortgesetzt werden.

§ 320
Sonstige entsprechende Anwendung der Vollstreckungsvorschriften

Die Bestimmungen über die Vollstreckung öffentlich-rechtlicher Geldforderungen gelten entsprechend
1. für die Vollstreckung aus gerichtlichen Entscheidungen, die nach gesetzlicher Vorschrift von einer Verwaltungsbehörde zu vollziehen sind,
2. wenn ein Gericht eine Vollstreckungsbehörde zur Ausführung einer Vollstreckung in Anspruch nimmt und die Vollstreckung nach landesrechtlichen Bestimmungen durchzuführen ist.

Unterabschnitt 6
Einschränkung von Grundrechten, Rechtsbehelfe und Kosten

§ 321
Einschränkung von Grundrechten

Für Maßnahmen, die nach den Bestimmungen dieses Abschnitts getroffen werden können, werden das Recht auf körperliche Unversehrtheit (Artikel 2 Abs. 2 Satz 1 des Grundgesetzes), das Recht der Freiheit der Person (Artikel 2 Abs. 2 Satz 2 des Grundgesetzes), das Recht der Unverletzlichkeit der Wohnung (Artikel 13 des Grundgesetzes) und das Eigentum (Artikel 14 des Grundgesetzes) eingeschränkt.

§ 322
Rechtsbehelfe, Kosten

(1) Für die Rechtsmittel und sonstigen Rechtsbehelfe gegen Vollstreckungsmaßnahmen sowie für die Einwendungen gegen den der Vollstreckung zugrundeliegenden Verwaltungsakt oder gegen die ihr zugrundeliegende Forderung gilt § 248 entsprechend.

(2) Für die Kosten der Vollstreckungshandlungen gilt § 249 mit der Maßgabe entsprechend, dass die Kostenschuld ohne besonderen Leistungsbescheid mit der Hauptleistung beigetrieben werden kann. Die Ermächtigung des § 249 Abs. 3 bis 5 zum Erlaß einer Kostenordnung gilt auch für die Kosten von Vollstreckungshandlungen. Dabei kann bestimmt werden, dass die der Aufsicht des Landes unterstehenden Körperschaften des öffentlichen Rechts ohne Gebietshoheit sowie die rechtsfähigen Anstalten und Stiftungen des öffentlichen Rechts dem Träger der Vollstreckungsbehörde den durch Verwaltungsgebühren nicht gedeckten Verwaltungsaufwand erstatten. Der Erstattungsbetrag kann pauschal festgesetzt werden.

(3) Im Falle der Vollstreckungshilfe für eine Behörde mit Sitz außerhalb des Landes hat die ersuchende Behörde die nicht beigetriebenen Vollstreckungskosten zu ersetzen, sofern in ihrem Sitzland eine von § 35 abweichende und für die schleswig-holsteinischen Behörden nachteilige Kostenregelung gilt.

Dritter Teil
Schlußvorschriften

§ 323
Einwohnerzahl

(1) Soweit nach diesem Gesetz das Überschreiten einer Einwohnerzahl maßgebend ist, gilt die vom Statistischen Landesamt nach dem Stand vom 31. März fortgeschriebene Einwohnerzahl vom 1. Januar des folgenden Jahres an.

(2) Ein Rückgang unter die bestimmte Einwohnerzahl ist solange unbeachtlich, als die Landesregierung durch Verordnung nichts anderes bestimmt.

§ 324
Nachtzeit

Die Nachtzeit umfasst die Stunden von einundzwanzig Uhr bis sechs Uhr.

§ 325
Bestimmung der zuständigen Aufsichtsbehörden

Ist nach diesem Gesetz eine Aufsichtsbehörde für zuständig erklärt, so kann die Landesregierung durch Verordnung diese Behörde bestimmen.

§ 326
Verweisungen, Ermächtigung zur Bekanntmachung

(1) Soweit in diesem Gesetz oder in anderen Rechtsvorschriften unmittelbar oder mittelbar auf Bestimmungen in anderen Rechtsvorschriften verwiesen wird, gelten diese in ihrer jeweiligen Fassung.

(2) Das fachlich zuständige Ministerium wird ermächtigt, geänderte Gesetze in ihrer geltenden Fassung bekanntzumachen und dabei Unstimmigkeiten des Wortlauts zu beseitigen.

§ 327
Nachprüfbarkeit im Revisionsverfahren

In einem gerichtlichen Verfahren kann die Revision auch darauf gestützt werden, daß das angefochtene Urteil auf der Verletzung der §§ 31 bis 36, 72 bis 118 b, 119 Abs. 1 und der §§ 120 bis 145 beruhe.

§ 328
Erklärung zu unteren Landesbehörden

Die Landesregierung ist ermächtigt, bei Inkrafttreten dieses Gesetzes bestehende Landesbehörden, deren Zuständigkeit sich auf das ganze Land erstreckt, durch Verordnung zu unteren Landesbehörden zu erklären.

§ 329
Örtliche Bekanntmachung und Verkündung

Das Ministerium für Inneres, ländliche Räume und Integration wird ermächtigt, durch Verordnung Form und Verfahren der örtlichen Bekanntmachung und Verkündung, und den Zeitpunkt, an dem sie bewirkt wird, zu bestimmen[22]. Es kann für einzelne Verwaltungsbereiche unterschiedliche Regelungen zulassen.

§ 329 a
Amtliche Mitteilungs- und Verkündungsblätter

(1) Eine durch Rechtsvorschrift bestimmte Pflicht zur Bekanntmachung oder Veröffentlichung (Publikation) in einem amtlichen Mitteilungs- oder Verkündungsblatt des Landes, einer Gemeinde oder eines Gemeindeverbandes kann zusätzlich oder ausschließlich durch eine elektroni-

---

[22] *Bekanntmachungsverordnung Nr. 55.*

sche Ausgabe erfüllt werden, wenn die Publikation über öffentlich zugängliche Netze angeboten wird.

(2) Artikel 46 Absatz 1 und 2 der Verfassung des Landes Schleswig-Holstein bleibt unberührt.

(3) Jede Person muss einen angemessenen Zugang zu der Publikation haben. Es ist sicherzustellen, dass die publizierten Inhalte allgemein und dauerhaft zugänglich sind und eine Veränderung der Inhalts ausgeschlossen ist. Gibt es ausschließlich eine elektronische Ausgabe, ist dies in öffentlich zugänglichen Netzen auf geeignete Weise bekannt zu machen. Bei gleichzeitiger Publikation in elektronischer und papierbasierter Form hat die herausgebende Stelle eine Regelung zu treffen, welche Form als die authentische anzusehen ist.

§ 330
Bestehende Körperschaften ohne Gebietshoheit und Anstalten und Stiftungen des öffentlichen Rechts

(1) Auf Verwaltungseinheiten, die als Körperschaften des öffentlichen Rechts ohne Gebietshoheit oder als rechtsfähige Anstalten oder Stiftungen des öffentlichen Rechts vor Inkrafttreten dieses Gesetzes errichtet worden sind, finden die §§ 37 bis 44 und 46 bis 49, ausgenommen Abs. 2 Satz 3, unbeschadet der nachstehenden Regelungen der Absätze 2 und 3 keine Anwendung.

(2) Nach Absatz 1 errichtete Körperschaften, Anstalten und Stiftungen, die keine Satzung haben oder deren Satzung nicht den Erfordernissen nach § 40 Abs. 1, § 44 Abs. 1 und § 49 Abs. 1 genügt, müssen nach Ablauf einer Frist von drei Jahren nach Inkrafttreten dieses Gesetzes eine den Erfordernissen dieses Gesetzes entsprechende Satzung haben. Die Satzung bedarf der Genehmigung der Aufsichtsbehörde.

(3) Für die Aufhebung der nach Absatz 1 errichteten Körperschaften, Anstalten und Stiftungen gelten die §§ 39, 43 und 48. Soweit sie vor Inkrafttreten dieses Gesetzes berechtigt waren, ihre Selbstauflösung herbeizuführen, bleibt dieses Recht unberührt. Die Selbstauflösung bedarf der Genehmigung der Aufsichtsbehörde.

§ 331
Aufhebung von Verwaltungsvorschriften

Verwaltungsvorschriften, die vor Inkrafttreten dieses Gesetzes als Verordnungen erlassen worden sind, können von der jetzt zuständigen Behörde durch Verordnung aufgehoben werden.

§ 332
Sonderregelung für Verteidigungsangelegenheiten

Nach Feststellung des Verteidigungsfalles oder des Spannungsfalles kann in Verteidigungsangelegenheiten von der Anhörung Beteiligter (§ 87 Abs. 1), von der schriftlichen Bestätigung (§ 108 Abs. 2 Satz 2) und von der schriftlichen Begründung eines Verwaltungsaktes (§ 109 Abs. 1) abgesehen werden; in diesen Fällen gilt ein Verwaltungsakt abweichend von § 110 Abs. 4 Satz 3 mit dem auf die Bekanntmachung folgenden Tag als bekanntgegeben. Dasselbe gilt für die sonstigen nach Artikel 80 a des Grundgesetzes anzuwendenden Rechtsvorschriften.

§ 333
Widerspruch statt sonstiger förmlicher Rechtsbehelfe

Alle landesrechtlichen Bestimmungen über förmliche Rechtsbehelfe gegen Verwaltungsakte, die nicht Voraussetzung der verwaltungsgerichtlichen Klage sind, werden aufgehoben; dies gilt nicht für das Wahlrecht.

§ 334
Überleitung von Zuständigkeiten im Recht über die öffentliche Sicherheit

Soweit in Vorschriften des Landes- oder Bundesrechts Polizeibehörden oder die Polizei als zuständig bezeichnet werden oder auf ihre Zuständigkeit verwiesen wird, nehmen die in diesem Gesetz bezeichneten Ordnungsbehörden oder der Polizei nach Maßgabe der §§ 164 und 168 diese Zuständigkeit wahr.

§ 335
Verordnungen über die öffentliche Sicherheit aufgrund besonderer Rechtsvorschriften

Verordnungen, die aufgrund einer Ermächtigung in anderen Rechtsvorschriften als Polizeiverordnungen erlassen werden können, sind als Verordnungen über die öffentliche Sicherheit im Sinne dieses Gesetzes zu erlassen. Die in diesen Rechtsvorschriften enthaltenen weiteren Bestimmungen für Polizeiverordnungen finden auf die Verordnungen über die öffentliche Sicherheit nach Satz 1 Anwendung.

§ 336
Ausnahmen vom Anwendungsbereich des Gesetzes

(1) Die Bestimmungen dieses Gesetzes über die Verwaltungsorganisation (§§ 2 bis 52) finden auf

1. die staatlichen Hochschulen und deren Einrichtungen,
2. die Schulen sowie
3. andere Behörden und Einrichtungen, soweit ihnen die Prüfung von Personen obliegt, insbesondere die Prüfungsämter und Prüfungsausschüsse,

nur insoweit entsprechende Anwendung, als sich aus Rechtsvorschriften nichts anderes ergibt.

(2) Die Bestimmungen dieses Gesetzes über die Verwaltungsorganisation (§§ 2 bis 52) gelten für die Justizbehörden einschließlich ihrer Vollzugsbehörden und für die Gerichtsverwaltungen nur, soweit gesetzlich nichts anderes bestimmt ist.

(3) Durch die Bestimmungen dieses Gesetzes über das Verwaltungshandeln durch Verwaltungsakt und öffentlich-rechtlichen Vertrag (§§ 72 bis 129) werden Rechtsvorschriften und Verwaltungsvorschriften nicht berührt, soweit es sich handelt um

1. das Landtagswahlrecht,
2. § 8 Abs. 4, §§ 11 und 12 des Beamtenstatusgesetzes und die §§ 9, 11 und 12 des Landesbeamtengesetzes,
3. das Disziplinarrecht,
4. die Gesetze über die Wiedergutmachung,
5. die Rechtsvorschriften, die die Abgabenordnung für anwendbar erklären,
6. die Rechtsvorschriften, die das Gesetz über Ordnungswidrigkeiten für anwendbar erklären,
7. a) die Vorschriften zur Ausführung des Bundestagswahlrechts, der Abgabenordnung, des Gesetzes über Ordnungswidrigkeiten, des Rechts des Lastenausgleichs und des Rechts der Wiedergutmachung und

   b) Verfahren nach dem Sozialgesetzbuch.

(4) Die Bestimmungen dieses Gesetzes über das Verwaltungshandeln durch Verwaltungsakt und öffentlich-rechtlichen Vertrag (§§ 72 bis 129) gelten für das Verwaltungshandeln der Justizbehörden einschließlich ihrer Vollzugsbehörden und Gerichtsverwaltungen nur, soweit das Verwaltungshandeln der Nachprüfung im verwaltungsgerichtlichen Verfahren unterliegt.

(5) Für das Verwaltungshandeln durch Verwaltungsakt und öffentlich-rechtlichen Vertrag (§§ 72 bis 129) gelten

1. bei Leistungs-, Eignungs- und ähnlichen Prüfungen von Personen nur die §§ 72 bis 78, 80 a bis 86, 88 bis 99, 106, 107, 108 Abs. 1 bis 3, § 109 Abs. 1 Satz 1 und Abs. 2 und 3 und die §§ 110 bis 120,
2. im Berufungsverfahren zur Besetzung von Stellen für wissenschaftliches und künstlerisches Personal nur die §§ 72 bis 78, 80 a bis 86, 88 a bis 99, 106, 107, 108 Abs. 1 bis 3 und die §§ 110 bis 120,
3. im Hochschulzulassungsverfahren nur die §§ 72 bis 78, 79 a bis 83, 84 bis 104 Abs. 1 und 2 und die §§ 105 bis 120,
4. im Bereich der Schulen bei der Anwendung des schleswig-holsteinischen Schulgesetzes und der aufgrund dieses Gesetzes erlassenen Verordnungen nur die §§ 72 bis 79, 80 a bis 81, 82 bis 99, 106, 107, 108 Abs. 1 bis 3 und die §§ 109 bis 120. Das fachlich zuständige Ministerium kann Ausnahmen von § 81 Abs. 1 Nr. 2 bis 4 zulassen,

wenn dies für die Aufrechterhaltung eines geordneten Schulbetriebs geboten ist. Die §§ 87 und 109 gelten, soweit die Entscheidung nicht auf der Beurteilung von Leistungen beruht.

(6) Durch die Bestimmungen dieses Gesetzes über das Zustellungsverfahren (§§ 146 bis 155) werden nicht berührt die Zustellungsbestimmungen

1. des Hinterlegungsgesetzes vom 3. November 2010 (GVOBl. Schl.-H. S. 685), geändert durch Gesetz vom 22. September 2017 (GVOBl. Schl.-H. S. 432), und

2. des Teils 11 des Landesjustizgesetzes vom 17. April 2018 (GVOBl. Schl.-H. S. 231)

(7) Durch die Bestimmungen dieses Gesetzes über die Erzwingung von Handlungen, Duldungen und Unterlassungen (§§ 228 bis 249) und über die Vollstreckung öffentlich-rechtlicher Geldforderungen (§§ 262 bis 322) werden die Abgabenordnung und das Abgabenordnungsanpassungsgesetz vom 20. Dezember 1977 (GVOBl. Schl.-H. S. 502) nicht berührt.

§ 337
Außerkrafttreten landesrechtlicher Bestimmungen

(1) Aufhebungsvorschrift

(2) Alle übrigen Rechtsvorschriften, die im Zeitpunkt der Verkündung dieses Gesetzes ihm inhaltsgleich sind oder entgegenstehen, treten spätestens mit Ablauf des 31. Dezember 1971 außer Kraft, soweit sie nicht durch § 336 unberührt gelassen sind. Bis zu ihrem Außerkrafttreten gehen sie den Bestimmungen dieses Gesetzes vor.

Gesetz
über die Errichtung allgemeiner unterer Landesbehörden in Schleswig-Holstein
in der Fassung der Bekanntmachung vom 3. April 1996
– GVOBl. Schl.-H. S. 406 –

Zuletzt geändert durch Gesetz vom 12. November 2020 (GVOBl. Schl.-H. S. 808, berichtigt S. 996)

§ 1
Allgemeine untere Landesbehörden

(1) In den Kreisen werden allgemeine untere Landesbehörden errichtet.

(2) Die Aufgaben der allgemeinen unteren Landesbehörden nimmt die Landrätin oder der Landrat wahr.

(3) Die Landesregierung kann durch Verordnung Aufgaben der allgemeinen unteren Landesbehörde den Bürgermeisterinnen oder Bürgermeistern kreisangehöriger Gemeinden sowie den Amtsdirektorinnen oder Amtsdirektoren, in ehrenamtlich verwalteten Ämtern den Amtsvorsteherinnen oder Amtsvorstehern zur Erfüllung nach Weisung übertragen.

§ 2
Verantwortlichkeit, Aufsicht

(1) In Angelegenheiten der allgemeinen unteren Landesbehörde ist die Landrätin oder der Landrat ausschließlich dem Land verantwortlich.

(2) Die Landrätin oder der Landrat untersteht in Angelegenheiten der allgemeinen unteren Landesbehörde der Dienstaufsicht des Ministeriums für Inneres, ländliche Räume und Integration und der Fachaufsicht der fachlich zuständigen übergeordneten Landesbehörde.

(3) Die Landrätin oder der Landrat soll den Hauptausschuß unterrichten. Die Landrätin oder der Landrat kann sich in wichtigen Angelegenheiten vom Hauptausschuß beraten lassen.

§ 3
Zuständigkeit

(1) Soweit die Landrätin oder der Landrat zuständig ist für Aufgaben

1. der Kommunalaufsicht über die kreisangehörigen Gemeinden und Ämter,
2. der Fachaufsicht über die Behörden der kreisangehörigen Gemeinden und Ämter,
3. der Aufsicht über die Körperschaften des öffentlichen Rechts ohne Gebietshoheit sowie über die Anstalten und Stiftungen des öffentlichen Rechts,
4. der Schulaufsicht,
5. der Aufsicht über Kindertageseinrichtungen,
6. der überörtlichen Prüfung,

nimmt sie oder er sie als allgemeine untere Landesbehörde wahr.

(2) Die Landrätin oder der Landrat als allgemeine untere Landesbehörde nimmt außerdem diejenigen Aufgaben wahr, die ihr oder ihm durch Gesetz oder aufgrund eines Gesetzes zugewiesen werden.

§ 4
Zusammenarbeit

(1) Die im Kreisgebiet tätigen Behörden haben im Interesse des öffentlichen Wohles zusammenzuarbeiten. Sie haben sich, soweit nicht Rechtsvorschriften entgegenstehen, gegenseitig Auskunft zu erteilen und über Vorgänge und beabsichtigte Maßnahmen, die für den Kreis von allgemeiner Bedeutung sind, rechtzeitig zu unterrichten. Die Landrätin oder der Landrat als allgemeine untere Landesbehörde hat darauf hinzuwirken, daß diese Behörden zusammenarbeiten.

(2) Die Landrätin oder der Landrat kann mit anderen Kreisen, mit Gemeinden oder mit Ämtern durch öffentlich-rechtlichen Vertrag vereinbaren, dass sie oder er zur Durchführung der Aufgaben der allgemeinen unteren Landesbehörde die Verwaltung der oder des anderen Beteiligten in Anspruch nimmt. Die Rechte und Pflichten als zuständige Behörde bleiben davon unberührt. Der öffentlich-rechtliche Vertrag bedarf der Zustimmung des Kreistages.

§ 5
Personelle und sachliche Ausstattung, Kosten

(1) Die für die Durchführung der Aufgaben der allgemeinen unteren Landesbehörde erforderlichen Dienstkräfte und Einrichtungen stellt der Kreis.

(2) Das Ministerium für Inneres, ländliche Räume und Integration kann mit Zustimmung der Landrätin oder des Landrats der allgemeinen unteren Landesbehörde Landesbeamtinnen oder Landesbeamte zuweisen. Bedienstete des Kreises können mit Aufgaben der allgemeinen unteren Landesbehörde, Landesbeamtinnen oder Landesbeamte mit Aufgaben des Kreises beschäftigt werden.

(3) Für die dem Kreis durch die allgemeine untere Landesbehörde entstehenden Kosten gilt § 1 Absatz 5 des Finanzausgleichsgesetzes vom 12. November 2020 (GVOBl. Schl.-H. S. 808).

§ 6
Haftung

Verletzt die Landrätin oder der Landrat oder eine andere Bedienstete oder ein anderer Bediensteter des Kreises in Angelegenheiten der allgemeinen unteren Landesbehörde die ihr oder ihm einem Dritten gegenüber obliegende Amtspflicht, so haftet das Land. § 48 des Beamtenstatusgesetzes und § 51 des Landesbeamtengesetzes gelten entsprechend.

§ 7
(Änderungsvorschriften)

§ 8
(Inkrafttreten)

Landesverordnung
über die Zuständigkeit für Widerspruchsbescheide
(WiBeZustVO)
vom 23. Mai 2001
– GVOBl. Schl.-H. S. 76 –

Aufgrund des § 119 Abs. 2 des Landesverwaltungsgesetzes verordnet die Landesregierung:

§ 1

Das Ministerium für Justiz, Europa, Verbraucherschutz und Gleichstellung entscheidet abweichend von § 73 Abs. 1 Satz 2 Nr. 2 der Verwaltungsgerichtsordnung über Widersprüche gegen Verwaltungsakte der Justizvollzugsbehörden, die der Nachprüfung im verwaltungsgerichtlichen Verfahren unterliegen. Es entscheidet in diesen Fällen auch über Widersprüche gegen Kostenentscheidungen und Maßnahmen des Vollzugs und der Vollstreckung.

§ 2

Über die bis zum Inkrafttreten dieser Verordnung eingegangenen Widersprüche gegen Verwaltungsakte aufgrund

1. a) des § 9 Abs. 3 und des § 10 der Verordnung über brennbare Flüssigkeiten in der Fassung der Bekanntmachung vom 13. Dezember 1996 (BGBl. I S. 1937, ber. 1997 I S. 447),

   b) des § 12 Abs. 2 des Gerätesicherheitsgesetzes in der Fassung der Bekanntmachung vom 23. Oktober 1992 (BGBl. I S. 1793), geändert durch Artikel 3 Nr. 1 des Gesetzes vom 24. April 1998 (BGBl. I S. 730, 734),

   c) des § 13 a des Wehrpflichtgesetzes in der Fassung der Bekanntmachung vom 15. Dezember 1995 (BGBl. I S. 1756), geändert durch Artikel 6 des Gesetzes vom 25. März 1997 (BGBl. I S. 726, 732) und des § 14 des Zivildienstgesetzes in der Fassung der Bekanntmachung vom 28. September 1994 (BGBl. I S. 2811), geändert durch Artikel 12 des Gesetzes vom 19. Dezember 2000 (BGBl. I S. 1815, 1825), jeweils soweit der Verwaltungsakt von einer der Aufsicht des Ministeriums für Inneres, ländliche Räume und Integration unterstehenden Behörde erlassen worden ist,

   entscheidet das Ministerium für Inneres, ländliche Räume und Integration;

2. der §§ 6, 8, 49 und 50 des Straßen- und Wegegesetzes des Landes Schleswig-Holstein in der Fassung der Bekanntmachung vom 2. April 1996 (GVOBl. Schl.-H. S. 413), geändert durch Artikel 2 des Gesetzes vom 23. Januar 1998 (GVOBl. Schl.-H. S. 37) entscheidet das Ministerium für Wirtschaft, Verkehr, Arbeit, Technologie und Tourismus;

3. a) des Landesblindengeldgesetzes in der Fassung der Bekanntmachung vom 12. Mai 1997 (GVOBl. Schl.-H. S. 313),

   b) des Heimgesetzes in der Fassung der Bekanntmachung vom 23. April 1990 (BGBl. I S. 763, 1069), zuletzt geändert durch Verordnung vom 21. September 1997 (BGBl. I S. 2390, 2391) und der aufgrund dieses Gesetzes erlassenen Verordnungen in den Fällen, in denen sich der Widerspruch auf ein Heim bezieht, dessen Träger gleichzeitig Träger der Behörde ist, die über den Widerspruch zu entscheiden hätte,

   entscheidet das Ministerium für Soziales, Gesundheit, Jugend, Familie und Senioren.

§ 3

Diese Verordnung tritt am Tage nach ihrer Verkündung in Kraft. Gleichzeitig tritt die Verordnung über die Zuständigkeit für Widerspruchsbescheide vom 19. Dezember 1995 (GVOBl. Schl.-H. 1996 S. 75), zuletzt geändert durch Verordnung vom 21. August 1998 (GVOBl. Schl.-H. S. 251), außer Kraft.

Landesverordnung
über die örtliche Bekanntmachung und Verkündung
(Bekanntmachungsverordnung – BekanntVO)
vom 14. September 2015
– GVOBl. Schl.-H. S. 338 –

Geändert durch LVO vom 1. September 2020 (GVOBl. Schl.-H. S. 573)

Aufgrund des § 329 des Landesverwaltungsgesetzes verordnet das Ministerium für Inneres und Bundesangelegenheiten:

§ 1
Formen der örtlichen Bekanntmachung und Verkündung

(1) Örtliche Bekanntmachungen und Verkündungen der Gemeinden, Kreise und Ämter erfolgen durch
1. Abdruck in der Zeitung,
2. Abdruck im amtlichen Bekanntmachungsblatt des Trägers der öffentlichen Verwaltung,
3. Bereitstellung im Internet oder
4. Aushang.

(2) Die örtliche Bekanntmachung der Errichtung von Körperschaften des öffentlichen Rechts ohne Gebietshoheit und rechtsfähigen Anstalten und Stiftungen des öffentlichen Rechts sowie deren sonstige örtliche Bekanntmachungen erfolgen durch
1. Abdruck in der Zeitung,
2. Abdruck in amtlichen Bekanntmachungsblättern der Kreise, Gemeinden oder Ämter, deren Gebiet von dem Gebiet der Zuständigkeit des Trägers der öffentlichen Verwaltung berührt wird, oder
3. Bereitstellung im Internet.

§ 5 gilt entsprechend. Zweckverbände können bestimmen, dass Bekanntmachungen in der Form erfolgen, in der dies in den entsprechenden Satzungen ihrer Mitglieder festgelegt ist.

(3) Zuständig für die Durchführung der örtlichen Bekanntmachung und die Verkündung sind die Behörden der Träger der öffentlichen Verwaltung.

§ 2
Zeitung

Die örtliche Bekanntmachung und Verkündung durch Abdruck in der Zeitung erfolgt durch einmaliges Einrücken in eine oder mehrere im Gebiet der Zuständigkeit des Trägers der öffentlichen Verwaltung verbreitete Tageszeitungen oder in anderen regelmäßig erscheinenden Zeitungen; dazu zählen auch Anzeigenblätter mit einem redaktionellen Teil.

§ 3
Amtliches Bekanntmachungsblatt

(1) Das amtliche Bekanntmachungsblatt muss
1. durch seine Bezeichnung auf seinen amtlichen Charakter und den Träger der öffentlichen Verwaltung hinweisen, der es herausgibt,
2. jahrgangsweise fortlaufend nummeriert sein und den Ausgabetag angeben,
3. die Erscheinungsweise angeben,
4. die Bezugsmöglichkeiten und -bedingungen angeben.

Dient das amtliche Bekanntmachungsblatt auch nichtamtlichen Veröffentlichungen, ist der amtliche Teil voranzustellen.

(2) Wird ein Bekanntmachungsblatt drucktechnisch mit anderen Druckwerken verbunden, muss
1. in dem Titel oder Untertitel die Bezeichnung des amtlichen Bekanntmachungsblattes deutlich genannt,
2. das Bekanntmachungsblatt mit seinem Titel vom übrigen Text deutlich abgegrenzt,

3. die Verantwortlichkeit für den Inhalt des Bekanntmachungsblattes genannt und
4. ein regelmäßiges Erscheinen, bei Bedarf die Herausgabe von Sonderausgaben, sowie der Vertrieb und die Zugänglichkeit für die Bürgerinnen und Bürger sichergestellt werden.

(3) Kreise, Gemeinden und Ämter können gemeinsame amtliche Bekanntmachungsblätter herausgeben; die Textbeiträge müssen den beteiligten Trägern der öffentlichen Verwaltung eindeutig zugeordnet werden können.

§ 4
Internet

(1) Die örtlichen Bekanntmachungen und Verkündungen des Trägers der öffentlichen Verwaltung in der Bekanntmachungsform Internet erfolgen dadurch, dass sie im Internet unter Angabe des Bereitstellungstages (§ 7 Absatz 1 Nummer 3) bereitgestellt werden.

(2) Über die Internetseite des Trägers der öffentlichen Verwaltung müssen sämtliche örtliche Bekanntmachungen und Verkündungen, die nach dem Inkrafttreten der Bestimmung der Bekanntmachungsform Internet (§ 6 Absatz 1 Satz 2 Nummer 1) veröffentlicht werden, zentral erreichbar sein. Rechtsvorschriften müssen auf Dauer vorgehalten werden; dies gilt nicht für jährlich neu zu erlassende Satzungen. Die Sätze 1 und 2 gelten auch für Flächennutzungs- und Bebauungspläne. Sonstige örtlich bekannt zu machende Pläne, Karten oder Zeichnungen einschließlich der dazu gehörigen Ergänzungen, wie Begründungen, Erklärungen, können im Internet bekannt gemacht werden.

(3) Die Bereitstellung im Internet darf nur im Rahmen einer ausschließlich in Verantwortung des Trägers der öffentlichen Verwaltung betriebenen Internetseite erfolgen; die Bereitstellung kann auch durch einen anderen Träger der öffentlichen Verwaltung erfolgen. Er darf sich zur Einrichtung und Pflege der Internetseite eines Dritten bedienen. Amtsangehörige Gemeinden und Ämter können vereinbaren, dass die Bereitstellung nach Satz 1 über die Internetseite des Amtes erfolgt. Die Auffindbarkeit der Bekanntmachungen unter dem Gemeindenamen ist sicherzustellen. Satz 3 und 4 gelten entsprechend für Zweckverbände, die sich ausschließlich aus amtsangehörigen Gemeinden eines Amtes zusammensetzen sowie in den Fällen des § 1 Absatz 3 Satz 2 Nummer 1 und 2 der Amtsordnung.

(4) Anders lautende Rechtsvorschriften über örtliche Bekanntmachungen und Verkündungen bleiben unberührt.

§ 5
Aushang

(1) Gemeinden mit bis zu 20.000 Einwohnerinnen und Einwohnern können durch Aushang örtlich bekannt machen oder verkünden. Der Aushang erfolgt durch Anschlag an den Bekanntmachungstafeln. Für je angefangene 3.000 Einwohnerinnen und Einwohner muss eine Tafel aufgestellt sein.

(2) Ämter können in ihren Angelegenheiten durch Aushang örtlich bekannt machen oder verkünden, sofern alle amtsangehörigen Gemeinden diese Bekanntmachungs- und Verkündungsform auch vorsehen. Der Aushang erfolgt durch Anschlag an den Bekanntmachungstafeln der amtsangehörigen Gemeinden und an der Bekanntmachungstafel des Amtes.

(3) Die Bekanntmachungstafeln müssen jederzeit allgemein zugänglich sein. Die Dauer des Aushangs beträgt eine Wo-

che (Aushangfrist). Hierbei werden der Tag des Anschlags und der Tag der Abnahme nicht mitgerechnet. Für jede Bekanntmachungstafel sind der Tag des Anschlags und der Tag der Abnahme in den Akten zu vermerken.

§ 6
Satzungsvorschriften

(1) Die Träger der öffentlichen Verwaltung nach § 1 regeln das Nähere der örtlichen Bekanntmachung und Verkündung durch Satzung. Die Satzung muss enthalten
1. die Bestimmung der nach § 1 zulässigen Bekanntmachungs- und Verkündungsform,
2. im Falle des Abdruckes in der Zeitung deren namentliche Bezeichnung,
3. im Falle des Abdruckes im amtlichen Bekanntmachungsblatt
   a) seine Bezeichnung,
   b) die Angabe der Erscheinungsweise sowie der Bezugsmöglichkeiten und -bedingungen,
4. im Falle der Bereitstellung im Internet die Internetadresse,
5. im Falle des Aushanges nach § 5 die Festlegung der Aufstellungsorte der Bekanntmachungstafeln.

Darüber hinaus soll die Satzung die Internetadresse enthalten, unter der der Inhalt der ortsüblichen Bekanntmachung und die auszulegenden Unterlagen im Sinne des § 4a Absatz 4 Satz 1 Baugesetzbuch zusätzlich eingestellt werden.

(2) Werden örtliche Bekanntmachungen und Verkündungen im Internet bereitgestellt (Absatz 1 Satz 2 Nummer 4), ist in der Hauptsatzung der Gemeinden, Kreise und Ämter unter Angabe der Bezugsadresse darauf hinzuweisen, dass sich jede Person Satzungen und Verordnungen kostenpflichtig zusenden lassen kann und Textfassungen am Sitz der Behörde zur Mitnahme ausliegen oder bereitgehalten werden. Satz 1 gilt entsprechend für Satzungen der Körperschaften, Anstalten und Stiftungen des öffentlichen Rechts.

(3) Für die örtliche Bekanntmachung der Errichtung von Körperschaften des öffentlichen Rechts ohne Gebietshoheit und rechtsfähigen Anstalten und Stiftungen des öffentlichen Rechts wird die Bekanntmachungsform jeweils von der für die Aufsicht zuständigen Behörde bestimmt.

§ 6a
Übergangsregelung bei Bereitstellung im Internet

Ist die örtliche Bekanntmachung und Verkündung der Gemeinden, Kreise und Ämter am 29. Oktober 2020 durch Bereitstellung im Internet geregelt (§ 1 Absatz 1 Nummer 3 in Verbindung mit § 4), haben die Gemeinden, Kreise und Ämter bis zum Ablauf des 31. März 2021 die durch § 6 Absatz 2 Satz 1 vorgeschriebenen Hinweise in ihre jeweiligen Hauptsatzungen aufzunehmen. Im Zeitraum bis zum Ablauf des 31. März 2021 gelten für die Gemeinden, Kreise und Ämter nach Satz 1 die Vorschriften des § 1 Absatz 1 Nummer 3 in Verbindung mit § 4 in Verbindung mit § 6 Absatz 1 Satz 2 Nummer 4 in Verbindung mit § 7 Absatz 1 Nummer 3 und Absatz 2 der Bekanntmachungsverordnung vom 14. September 2015 (GVOBl. Schl.-H. S. 338) in der bis zum Ablauf des 28. Oktober 2020 geltenden Fassung fort bis zur Aufnahme der durch § 6 Absatz 2 Satz 1 vorgeschriebenen Hinweise. Satz 1 und 2 gelten entsprechend für die Körperschaften, Anstalten und Stiftungen des öffentlichen Rechts und deren Satzungen.

§ 7
Bewirkung der öffentlichen Bekanntmachung und Verkündung

(1) Die örtliche Bekanntmachung und Verkündung ist bewirkt
1. im Falle des Abdrucks in der Zeitung mit Ablauf des Erscheinungstages; erfolgt der Abdruck in mehreren Zeitungen, ist der Erscheinungstag der zuletzt erschienenen Zeitung maßgebend,
2. im Falle des Abdrucks im amtlichen Bekanntmachungsblatt mit Ablauf des Erscheinungstages,
3. im Falle der Bereitstellung im Internet mit Ablauf des Tages, an dem sie im Internet verfügbar ist (Bereitstellungstag),
4. im Falle des Aushangs nach § 5 mit Ablauf der Aushangfrist,
5. im Falle des § 1 Absatz 2 Satz 3 mit Ablauf des Tages, an dem die letzte Bekanntmachung erfolgt ist; in vorhergehenden Bekanntmachungen muss auf den Zeitpunkt der Bewirkung hingewiesen werden.

(2) Örtliche Bekanntmachungen über Zeit, Ort und Tagesordnung der Sitzung von Gemeindevertretungen gelten im Falle der Bereitstellung im Internet mit Ablauf des Tages der Bereitstellung und im Falle des Aushanges nach § 5 mit Ablauf des Tages, an dem sie an den Bekanntmachungstafeln angeschlagen worden sind, als bewirkt. Der Aushang und die Bekanntmachung im Internet müssen bis zum Ablauf des Tages nach der Sitzung verfügbar sein.

§ 8
Inkrafttreten, Außerkrafttreten

Diese Verordnung tritt am 30. Oktober 2015 in Kraft. Sie tritt mit Ablauf des 28. Oktober 2025 außer Kraft.

Gesetz zur elektronischen Verwaltung für Schleswig-Holstein (E-Government-Gesetz – EGovG) vom 8. Juli 2009
– GVOBl. Schl.-H. S. 398 –

Zuletzt geändert durch Gesetz vom 2. Mai 2018 (GVOBl. Schl.-H. S. 162)

Der Landtag hat das folgende Gesetz beschlossen:

Inhaltsübersicht
Abschnitt I
Grundlagen

- § 1 Gesetzeszweck, Anwendungsbereich
- § 2 Begriffsbestimmungen
- § 3 Grundsatz der kooperativen Kommunikation
- § 4 Datenschutz

Abschnitt II
Maßnahmen des E-Government

- § 5 Verwaltungsträgerübergreifende Prozessgestaltung
- § 6 Verwaltungsträgerübergreifende Zusammenarbeit bei elektronischer Aufgabenerledigung
- § 7 Verwaltungsträgerübergreifende elektronische Kommunikation
- § 8 Zentrale Dienste des Landes

Abschnitt III
Übergangs- und Schlussbestimmungen

- § 9 Fortentwicklung des E-Government (Experimentierklausel)
- § 10 Ordnungswidrigkeiten
- § 11 Inkrafttreten

Abschnitt I
Grundlagen

§ 1
Gesetzeszweck, Anwendungsbereich

Dieses Gesetz dient der Förderung der elektronischen Abwicklung von Verwaltungsabläufen, um mit Unterstützung der Informations- und Kommunikationstechnik die Geschäftsprozesse der Träger der öffentlichen Verwaltung zu optimieren und damit zur Modernisierung der öffentlichen Verwaltung des Landes beizutragen. Es ergänzt die bestehenden Regelungen zur elektronischen Kommunikation im Landesverwaltungsgesetz. Internationale und nationale Standards sowie andere untergesetzliche Vereinbarungen im Bereich der Informations- und Kommunikationstechnik sollen bei der Umsetzung dieses Gesetzes beachtet werden, sofern dem nicht übergeordnete Interessen des Landes entgegenstehen. Das Gesetz findet im Bereich der Justiz keine Anwendung, soweit rechtsprechende Gewalt oder Rechtspflege ausgeübt wird.

§ 2
Begriffsbestimmungen

Im Sinne dieses Gesetzes

1. ist E-Government der Einsatz moderner Informations- und Kommunikationstechnik (IT) in öffentlichen Verwaltungen in Verbindung mit organisatorischen Veränderungen in den Geschäftsprozessen der öffentlichen Verwaltung zur Durchführung von Informations-, Kommunikations- und Transaktionsprozessen innerhalb und zwischen staatlichen Institutionen sowie zwischen diesen Institutionen und Bürgerinnen und Bürgern oder Unternehmen;
2. sind Standards technische und prozessuale Standards.
   a) Ein technischer Standard ist die Festlegung einer technischen Vorgehensweise auf einem bestimmten Gebiet. Hierzu zählen insbesondere die Definition von Schnittstellen, die Festlegung von Datenschemata und von Daten- und Dateiformaten für die Speicherung, den Austausch sowie für die Be- und Verarbeitung von Daten;
   b) ein prozessualer Standard ist die Festlegung von organisatorischen Bedingungen oder der Vorgehensweise hinsichtlich des Verfahrens auf einem bestimmten Gebiet. Hierzu zählt insbesondere die Festlegung von zeitlichen und fachlichen Prozessschnittstellen;
3. sind Daten Zeichen oder Zeichenketten, die aufgrund von bekannten oder unterstellten Vereinbarungen Informationen darstellen und zum Zwecke der Verarbeitung im Computer gespeichert werden;
4. ist ein Fachverfahren die thematisch als zusammengehörig empfundene Verarbeitung von Informationen zu einem dienstlichen Zweck;
5. ist eine Fachanwendung das durch elektronische Datenverarbeitung unterstützte Teilsystem eines Fachverfahrens;
6. ist ein Prozess die Summe aller zusammenhängenden Tätigkeiten und Bearbeitungsschritte im Rahmen der Erstellung einer definierten Leistung;
7. bedeutet medienbruchfrei das Fehlen von Stellen in einem Prozess, an denen Daten von einem Medium auf ein anderes übertragen werden müssen;
8. ist Interoperabilität die Fähigkeit von IT-Systemen sowie der von ihnen unterstützten (Fach-)Anwendungen, Daten auszutauschen und die gemeinsame Nutzung von Informationen und Kenntnissen zu ermöglichen.

§ 3
Grundsatz der kooperativen Kommunikation

(1) Die Träger der öffentlichen Verwaltung arbeiten bei der elektronischen Abwicklung von Verwaltungsabläufen eng und vertrauensvoll zusammen. Sie gewährleisten den erforderlichen und sicheren Datenaustausch auch über unterschiedliche Verwaltungsebenen hinweg.

(2) Findet zwischen Trägern der öffentlichen Verwaltung elektronische Austausch von Daten statt oder ist dieser zu erwarten, so sollen die betroffenen Träger den Einsatz der Fachverfahren und der IT so aufeinander abstimmen, dass der medienbruchfreie Austausch sowie die weitere Verarbeitung oder anderweitige Nutzung der Daten in elektronischer Form für alle betroffenen Behörden gewährleistet ist.

(3) Eine Verordnung nach §§ 5, 6, 7 oder 8 darf erst erlassen werden, wenn ein Abstimmungsverfahren zwischen den betroffenen Trägern der öffentlichen Verwaltung durchgeführt worden ist. Soweit das Abstimmungsverfahren mit einem einvernehmlichen Beschluss endet, sind dessen Ergebnisse in die Verordnung zu übernehmen. Wird ein einvernehmlicher Beschluss nicht erreicht, so ist das Abstimmungsverfahren gescheitert. Wurde für einzelne Teile des Verfahrensgegenstandes ein einvernehmlicher Beschluss erreicht, so ist dieser in die Verordnung aufzunehmen, hinsichtlich der anderen Teile des Verfahrensgegenstandes der am weitesten gehende Konsens.

(4) Im Abstimmungsverfahren nehmen die kommunalen Landesverbände die Interessen der kommunalen Körperschaften wahr. Für das Land nehmen die obersten Landesbehörden für ihren Geschäftsbereich die Abstimmung vor. Für die anderen Träger der öffentlichen Verwaltung nehmen die vertretungsberechtigten Organe die Interessen wahr, soweit es sich bei den Trägern nicht um natürliche Personen handelt.

(5) Die Einzelheiten zum Abstimmungsverfahren regelt die für die Angelegenheiten der ressortübergreifenden Informations- und Kommunikationstechnologie zuständige oberste

Landesbehörde durch Verordnung. Der Verlauf des Abstimmungsverfahrens ist schriftlich zu protokollieren.

§ 4
Datenschutz

Die Regelungen der Verordnung (EU) 2016/6791 und die ergänzenden Regelungen des Landesdatenschutzgesetzes sowie spezialgesetzlich bestehende Bestimmungen zum Datenschutz bleiben durch dieses Gesetz unberührt.

Abschnitt II
Maßnahmen des E-Government

§ 5
Verwaltungsträgerübergreifende Prozessgestaltung

(1) Nehmen Träger der öffentlichen Verwaltung Aufgaben des Landes wahr und soll die Aufgabenerledigung zukünftig elektronisch erfolgen, so hat die fachlich zuständige oberste Landesbehörde zunächst eine Analyse der betroffenen landesspezifischen Prozesse durchzuführen und diese zu dokumentieren. Sie hat auf der Grundlage der Prozessanalyse eine Lösungsstrategie zu entwickeln. Die Lösungsstrategie hat in besonderem Maße die Wirtschaftlichkeit der Aufgabenerledigung, den Grundsatz der kooperativen Kommunikation, die verwaltungsträgerübergreifende Funktionsfähigkeit sowie die Möglichkeiten und Erfordernisse der elektronischen Prozessgestaltung zu berücksichtigen. Die fachlich zuständige oberste Landesbehörde kann in entsprechender Anwendung der Sätze 1 bis 3 darüber hinaus diejenigen Prozesse analysieren und dokumentieren, die die Kommunikation mit anderen Trägern der öffentlichen Verwaltung betreffen.

(2) Sollen Landesaufgaben auf andere Träger der öffentlichen Verwaltung übertragen werden und soll die Aufgabenerledigung zukünftig elektronisch erfolgen, so hat die fachlich zuständige oberste Landesbehörde hinsichtlich aller betroffenen Prozesse im Sinne des Absatzes 1 zu verfahren.

(3) Die fachlich zuständige oberste Landesbehörde wird ermächtigt, im Benehmen mit der für die Angelegenheiten der ressortübergreifenden Informations- und Kommunikationstechnologie zuständigen obersten Landesbehörde Standards für die betroffenen Fachverfahren und Fachanwendungen der beteiligten Träger durch Verordnung festzulegen, um die Medienbruchfreiheit und Interoperabilität zu gewährleisten.

(4) Die Verordnung muss Regelungen über die Kostentragung enthalten.

§ 6
Verwaltungsträgerübergreifende Zusammenarbeit bei elektronischer Aufgabenerledigung

(1) Sofern die elektronische Abwicklung von Verwaltungsverfahren trägerübergreifend erfolgt, haben die Träger der öffentlichen Verwaltung die notwendige Interoperabilität der eingesetzten Fachanwendungen sicherzustellen. Zu diesem Zweck wird die fachlich zuständige oberste Landesbehörde ermächtigt, im Benehmen mit der für die Angelegenheiten der ressortübergreifenden Informations- und Kommunikationstechnik zuständigen obersten Landesbehörde Standards für die Interoperabilität der Fachanwendungen durch Verordnung festzulegen.

(2) Die Verordnung kann insbesondere Regelungen über

1. den Umfang und die Gestaltung der zu nutzenden gedruckten und elektronischen Formulare sowie
2. den behördenübergreifenden elektronischen Datenzugriff und Datenaustausch enthalten.

(3) Soweit die Interoperabilität der betroffenen Fachanwendungen nicht auf andere Weise sichergestellt werden kann, kann die Verordnung auch vorsehen, dass bestimmte Fachanwendungen einzusetzen sind. Sind kommunale Körperschaften betroffen, ist dies nur im Bereich der ihnen übertragenen Aufgaben zur Erfüllung nach Weisung möglich.

(4) Die Verordnung muss Regelungen über die Kostentragung enthalten.

§ 7
Verwaltungsträgerübergreifende elektronische Kommunikation

(1) Die fachlich zuständige oberste Landesbehörde wird ermächtigt, im Benehmen mit der für die Angelegenheiten der ressortübergreifenden Informations- und Kommunikationstechnik zuständigen obersten Landesbehörde Standards für die elektronische Kommunikation zwischen den betroffenen Trägern der öffentlichen Verwaltung durch Verordnung festzulegen, sofern die Funktionsfähigkeit der elektronischen Kommunikation zwischen den Verwaltungsträgern nicht durch Maßnahmen im Sinne der §§ 5 oder 6 gewährleistet ist. Die Funktionsfähigkeit ist gewährleistet, wenn die elektronische Kommunikation zwischen den Verwaltungsträgern die Anforderungen im Sinne von § 2 Nr. 7 und 8 erfüllt.

(2) Soweit die Funktionsfähigkeit der elektronischen Kommunikation zwischen den Verwaltungsträgern nicht auf andere Weise sichergestellt werden kann, kann die Verordnung auch vorsehen, dass bestimmte Fachanwendungen einzusetzen sind. Sind kommunale Körperschaften betroffen, ist dies nur im Bereich der ihnen übertragenen Aufgaben zur Erfüllung nach Weisung möglich.

(3) Die Verordnung muss Regelungen über die Kostentragung enthalten.

§ 8
Zentrale Dienste des Landes

(1) Das Land kann für die elektronische Abwicklung von Verwaltungsabläufen zentrale Dienste einrichten (Basisdienste). Alle Träger der öffentlichen Verwaltung sind verpflichtet, die für die Basisdienste des Landes notwendigen Daten elektronisch zur Verfügung zu stellen.

(2) Die Basisdienste des Landes können verschiedene Funktionen umfassen. Insbesondere können sie enthalten:

1. Ein landesweites Verwaltungsportal,
2. ein landesweites Verzeichnis der in Schleswig-Holstein angebotenen Verwaltungsleistungen, Informationen und Ressourcen (Verwaltungsleistungsverzeichnis),
3. bestimmte von den Verfahrensbeteiligten sowie anderen Nutzerinnen und Nutzern von Verwaltungsleistungen zu verwendende Formulare (Formulardienst),
4. eine virtuelle Poststelle zur Gewährleistung der sicheren Kommunikation zwischen den Verfahrensbeteiligten sowie anderen Nutzerinnen und Nutzern von Verwaltungsleistungen und der Verwaltung,
5. eine Bezahlplattform zur Abwicklung des Zahlungsverkehrs zwischen den Verfahrensbeteiligten sowie anderen Nutzerinnen und Nutzern von Verwaltungsleistungen und der Verwaltung,
6. eine Clearingstelle als zentrale Vermittlungsstelle, um die Kommunikationsvorgänge einschließlich des Datenaustausches zwischen den Anwendern von DV-Verfahren technisch und organisatorisch zu unterstützen und zu optimieren,
7. einen zentralen, nicht für die Öffentlichkeit zugänglichen Verzeichnisdienst, der alle Mitarbeiterinnen und Mitarbeiter bei allen Trägern der öffentlichen Verwaltung in Schleswig-Holstein einschließlich ihrer behördeninternen Kommunikationsmöglichkeiten umfasst,
8. ein Callcenter, z. B. im Sinne einer Ansprechstelle für die Bürgerinnen und Bürger im Land mit landesweit einheitlichen Zugangsmöglichkeiten,
9. ein Prozessregister für die Erhebung und Modellierung der Prozesse in der Verwaltung.

(3) Die für die Angelegenheiten der ressortübergreifenden Informations- und Kommunikationstechnik zuständige oberste Landesbehörde wird ermächtigt, durch Verordnung nach Anhörung des Unabhängigen Landeszentrums für Datenschutz die nähere Ausgestaltung der Basisdienste zu regeln. Die Verordnung kann insbesondere Regelungen darüber enthalten,

1. welche Daten die jeweiligen Träger der öffentlichen Verwaltung an wen zu übermitteln haben,
2. welche Standards einzuhalten sind und
3. welche weiteren Anforderungen an die Verbindungen zwischen den Informationsangeboten der Basisdienste und den elektronischen Angeboten der einzelnen Verwaltungsträger zu stellen sind.

(4) Sofern die inhaltliche oder technische Funktionsfähigkeit der Basisdienste und der mit ihnen verfolgten Zwecke in Schleswig-Holstein durch Regelungen im Sinne des Absatz 3 nicht gewährleistet werden kann oder höherrangiges Recht dies erfordert, kann die Verordnung auch vorsehen, dass bestimmte Fachanwendungen zu verwenden sind. Sofern notwendig kann die Verordnung gegenüber den jeweiligen Trägern der öffentlichen Verwaltung auch eine Teilnahme- oder Nutzungsverpflichtung für die Basisdienste des Landes vorsehen. Sind kommunale Körperschaften betroffen, ist dies nur im Bereich der Aufgaben zur Erfüllung nach Weisung möglich.

(5) Die Verordnung im Sinne dieser Vorschrift muss Regelungen über die Kostentragung enthalten.

(6) Daten nach § 1 des Informationsweiterverwendungsgesetzes vom 13. Dezember 2006 (BGBl. I S. 2913), die Bestandteil der Basisdienste sind, dürfen nicht weiterverwendet werden, soweit nicht nach anderen Rechtsvorschriften oder nach den den Basisdiensten zugrunde liegenden Nutzungsbedingungen die Weiterverwendung zulässig ist.

Abschnitt III
Übergangs- und Schlussbestimmungen

§ 9
Fortentwicklung des E-Government (Experimentierklausel)

Das Ministerium für Inneres, ländliche Räume und Integration wird ermächtigt, zur Einführung und Fortentwicklung des E-Government im Einvernehmen mit der für Angelegenheiten der ressortübergreifenden Informations- und Kommunikationstechnik zuständigen obersten Landesbehörde sowie der fachlich zuständigen obersten Landesbehörde, durch Verordnung Ausnahmen von der Anwendung folgender Bestimmungen des Landesverwaltungsgesetzes für einen Zeitraum von höchstens drei Jahren zuzulassen:

1. § 31   Örtliche Zuständigkeit;
2. § 52a   Elektronische Kommunikation;
3. § 89   Fristen, Termine;
4. § 91   Beglaubigung von Dokumenten;
5. § 92   Beglaubigung von Unterschriften;
6. § 150 Abs. 4 und 5 Elektronische Zustellung;
7. § 329   örtliche Bekanntmachung und Verkündung.

Eine Abweichung von sonstigen Rechtsvorschriften kann zugelassen werden, soweit sie Zuständigkeiten regeln; Satz 1 gilt entsprechend.

§ 10
Ordnungswidrigkeiten

(1) Ordnungswidrig handelt, wer entgegen § 8 Abs. 6 Daten, die Bestandteile der Basisdienste des Landes Schleswig-Holstein sind, vorsätzlich oder fahrlässig weiterverwendet.

(2) Die Ordnungswidrigkeit kann mit einer Geldbuße bis zu 100.000 Euro geahndet werden.

§ 11
Inkrafttreten

Dieses Gesetz tritt am Tage nach seiner Verkündung in Kraft.

Informationszugangsgesetz für das Land Schleswig-Holstein (IZG-SH)
vom 19. Januar 2012
– GVOBl. Schl.-H. S. 89, berichtigt S. 279 –

Zuletzt geändert durch Gesetz vom 19. Juli 2019 (GVOBl. Schl.-H. S. 310)

Inhaltsübersicht:

§ 1 Zweck des Gesetzes, Anwendungsbereich
§ 2 Begriffsbestimmungen
§ 3 Anspruch auf Zugang zu Informationen
§ 4 Antragstellung
§ 5 Verfahren, Frist
§ 6 Ablehnung des Antrags
§ 7 Rechtsschutz
§ 8 Unterstützung des Zugangs zu Umweltinformationen
§ 9 Schutz entgegenstehender öffentlicher Interessen
§ 10 Schutz entgegenstehender privater Interessen
§ 11 Veröffentlichung von Informationen
§ 12 Unterrichtung der Öffentlichkeit
§ 13 Kosten
§ 14 Anrufung der oder des Landesbeauftragten für Datenschutz
§ 15 Übergangsvorschrift

§ 1
Zweck des Gesetzes, Anwendungsbereich

(1) Zweck dieses Gesetzes ist es, den rechtlichen Rahmen für den freien Zugang zu Informationen bei informationspflichtigen Stellen sowie für die Veröffentlichung und Verbreitung dieser Informationen zu schaffen.

(2) Dieses Gesetz gilt für den Zugang zu Informationen, über die die in § 2 Abs. 3 bestimmten informationspflichtigen Stellen verfügen.

§ 2
Begriffsbestimmungen

(1) Im Sinne dieses Gesetzes sind

1. Informationen alle in Schrift-, Bild-, Ton- oder Datenverarbeitungsform oder auf sonstigen Informationsträgern bei informationspflichtigen Stellen vorhandene Zahlen, Daten, Fakten, Erkenntnisse oder sonstige Auskünfte;
2. Informationsträger alle Medien, die Informationen in Schrift-, Bild-, Ton- oder Datenverarbeitungsform oder in sonstiger Form speichern können.

(2) Umweltinformationen sind alle Daten über

1. den Zustand von Umweltbestandteilen wie Luft und Atmosphäre, Wasser, Boden, Land, Landschaft und natürliche Lebensräume einschließlich Feuchtgebiete, Küsten- und Meeresgebiete, die Artenvielfalt und ihre Bestandteile, einschließlich gentechnisch veränderter Organismen, sowie die Wechselwirkungen zwischen diesen Bestandteilen,
2. Faktoren, die sich auf die Umweltbestandteile im Sinne der Nummer 1 auswirken oder wahrscheinlich auswirken; hierzu gehören insbesondere Stoffe, Energie, Lärm und Strahlung, Abfälle aller Art sowie Emissionen, Ableitungen und sonstige Freisetzungen von Stoffen in die Umwelt,
3. Maßnahmen oder Tätigkeiten, die
   a) sich auf die Umweltbestandteile im Sinne der Nummer 1 oder auf Faktoren im Sinne der Nummer 2 auswirken oder wahrscheinlich auswirken oder
   b) den Schutz von Umweltbestandteilen im Sinne der Nummer 1 bezwecken;
   dazu gehören auch politische Konzepte, Rechts- und Verwaltungsvorschriften, Abkommen, Vereinbarungen, Pläne und Programme,
4. Berichte über die Umsetzung des Umweltrechts,
5. Kosten-Nutzen-Analysen oder sonstige wirtschaftliche Analysen und Annahmen, die zur Vorbereitung oder Durchführung von Maßnahmen oder Tätigkeiten im Sinne der Nummer 3 verwendet werden, und
6. den Zustand der menschlichen Gesundheit und Sicherheit, die Lebensbedingungen des Menschen sowie Kulturstätten und Bauwerke, soweit sie jeweils vom Zustand der Umweltbestandteile im Sinne der Nummer 1, von Faktoren im Sinne der Nummer 2 oder Maßnahmen oder Tätigkeiten im Sinne der Nummer 3 betroffen sind oder sein können; hierzu gehört auch die Kontamination der Lebensmittelkette.

(3) Informationspflichtige Stellen sind

1. Behörden des Landes, der Gemeinden, Kreise und Ämter sowie die sonstigen juristischen Personen des öffentlichen Rechts, einschließlich der sie beratenden satzungsmäßigen Gremien,
2. natürliche und juristische Personen des Privatrechts sowie nichtrechtsfähige Vereinigungen, soweit ihnen Aufgaben der öffentlichen Verwaltung zur Erledigung in den Handlungsformen des öffentlichen Rechts, insbesondere Aufgaben in den Bereichen Wasserversorgung und Abwasserentsorgung, Abfallentsorgung, öffentlicher Nahverkehr, Energieerzeugung und -versorgung oder Krankenhauswesen, übertragen wurden,
3. bei Umweltinformationen darüber hinaus natürliche oder juristische Personen des Privatrechts, soweit sie im Zusammenhang mit der Umwelt öffentliche Aufgaben wahrnehmen und dabei der Kontrolle des Landes oder einer unter Aufsicht des Landes stehenden juristischen Person des öffentlichen Rechts unterliegen.

(4) Zu den informationspflichtigen Stellen gehören nicht:

1. Der Landtag, soweit er parlamentarische Aufgaben wahrnimmt; zur parlamentarischen Aufgabenwahrnehmung zählt auch die gutachterliche oder rechtsberatende Tätigkeit im Auftrag einer oder mehrerer Fraktionen,
2. die obersten Landesbehörden, soweit sie im Rahmen der Gesetzgebungsverfahren oder beim Erlass von Rechtsverordnungen tätig werden und es sich nicht um Umweltinformationen handelt,
2a. die obersten Landesbehörden, soweit und solange sie im Rahmen der Gesetzgebungsverfahren tätig werden und es sich dabei um Umweltinformationen handelt,
3. die Gerichte, Strafverfolgungs- und Strafvollstreckungsbehörden, soweit sie als Organe der Rechtspflege tätig sind oder waren,
4. der Landesrechnungshof, soweit er in richterlicher Unabhängigkeit tätig wird und es sich nicht um Umweltinformationen handelt,
5. die Finanzbehörden im Sinne des § 2 des Finanzverwaltungsgesetzes, sofern Vorgänge der Steuerfestsetzung, Steuererhebung und Steuervollstreckung betroffen sind.

(5) Eine informationspflichtige Stelle verfügt über Informationen, wenn diese bei ihr vorhanden sind oder an anderer Stelle für sie bereitgehalten werden. Ein Bereithalten liegt vor, wenn eine natürliche oder juristische Person, die selbst nicht informationspflichtige Stelle ist, Informationen für eine informationspflichtige Stelle aufbewahrt, auf die diese Stelle einen Übermittlungsanspruch hat.

(6) Kontrolle im Sinne des Absatzes 3 Nr. 3 liegt vor, wenn

1. die Person des Privatrechts bei der Wahrnehmung der öffentlichen Aufgabe gegenüber Dritten besonderen Pflichten unterliegt oder über besondere Rechte verfügt, insbesondere ein Kontrahierungszwang oder ein Anschluss- und Benutzungszwang besteht, oder
2. eine oder mehrere Träger der öffentlichen Verwaltung alleine oder zusammen, unmittelbar oder mittelbar
   a) die Mehrheit des gezeichneten Kapitals des Unternehmens besitzen,

b) über die Mehrheit der mit den Anteilen des Unternehmens verbundenen Stimmrechte verfügen oder

c) mehr als die Hälfte der Mitglieder des Verwaltungs-, Leitungs- oder Aufsichtsorgans des Unternehmens bestellen können und

3. mehrere juristische Personen des öffentlichen Rechts zusammen unmittelbar oder mittelbar über eine Mehrheit im Sinne der Nummer 2 verfügen und zumindest der hälftige Anteil an dieser Mehrheit den in Absatz 3 Nummer 3 genannten juristischen Personen des öffentlichen Rechts zuzuordnen ist.

§ 3
Anspruch auf Zugang zu Informationen

Jede natürliche oder juristische Person hat ein Recht auf freien Zugang zu den Informationen, über die eine informationspflichtige Stelle verfügt. Rechte auf Zugang zu Informationen, die andere Gesetze einräumen, bleiben unberührt.

§ 4
Antragsstellung

(1) Informationen werden von der informationspflichtigen Stelle auf Antrag zugänglich gemacht.

(2) Der Antrag muss erkennen lassen, zu welchen Informationen der Zugang begehrt wird. Ist der Antrag zu unbestimmt, ist die antragstellende Person so bald wie möglich, spätestens innerhalb eines Monats aufzufordern, den Antrag zu präzisieren. Nach Eingang des präzisierten Antrags bei der informationspflichtigen Stelle beginnt die Frist zur Beantwortung des Antrags erneut. Die informationspflichtigen Stellen haben die antragstellende Person bei der Stellung und Präzisierung von Anträgen zu unterstützen.

(3) Wird der Antrag bei einer informationspflichtigen Stelle gestellt, die nicht über die begehrten Informationen verfügt, leitet sie den Antrag so bald wie möglich an die über die Informationen verfügende Stelle weiter, wenn ihr diese bekannt ist, und unterrichtet die antragstellende Person hierüber. Anstelle der Weiterleitung des Antrags kann sie die antragstellende Person auch auf andere ihr bekannte informationspflichtige Stellen hinweisen, die über die Informationen verfügen.

§ 5
Verfahren, Frist

(1) Die in Anspruch genommene Stelle hat der antragstellenden Person Auskunft zu erteilen, Akteneinsicht zu gewähren, Kopien, auch durch Versendung, zur Verfügung zu stellen oder die Informationsträger zugänglich zu machen, die die begehrten Informationen enthalten. Wird eine bestimmte Art des Informationszugangs beantragt, so entspricht die in Anspruch genommene Stelle diesem Antrag, es sei denn, die in Anspruch genommene Stelle hat wichtige Gründe, die Informationen auf andere Art zugänglich zu machen. Soweit Informationen der antragstellenden Person bereits auf andere, leicht zugängliche Art, insbesondere durch Veröffentlichung nach § 11 oder durch Verbreitung nach § 12, zur Verfügung stehen, kann die in Anspruch genommene Stelle die Person auf diese Art des Informationszugangs verweisen.

(2) Soweit ein Anspruch nach § 3 besteht, sind die Informationen der antragstellenden Person unter Berücksichtigung etwaiger von ihr angegebener Zeitpunkte sobald wie möglich, spätestens jedoch mit Ablauf eines Monats nach Eingang des Antrags bei der informationspflichtigen Stelle zugänglich zu machen. Sind die Informationen derart umfangreich und komplex, dass die Frist nicht eingehalten werden kann, so kann die informationspflichtige Stelle die Frist auf höchstens zwei Monate verlängern. Wird von der Fristverlängerung nach Satz 2 Gebrauch gemacht, ist dies der antragstellenden Person so bald wie möglich, spätestens innerhalb eines Monats nach Antragseingang unter Angabe der Gründe mitzuteilen.

§ 6
Ablehnung des Antrags

(1) Wird der Antrag ganz oder teilweise abgelehnt, ist dies der antragstellenden Person innerhalb der Fristen nach § 5 Abs. 2 mitzuteilen. Eine Ablehnung liegt auch dann vor, wenn nach § 5 Absatz 1 Satz 1 und 2 der Informationszugang auf andere Art gewährt wird. Der antragstellenden Person sind die Gründe für die Ablehnung mitzuteilen; in den Fällen des § 9 Abs. 2 Nr. 3 ist darüber hinaus die Stelle, die das Material aufbereitet sowie der voraussichtliche Zeitpunkt der Fertigstellung mitzuteilen. § 109 Abs. 3 des Landesverwaltungsgesetzes findet keine Anwendung.

(2) Wenn der Antrag schriftlich gestellt worden ist oder die antragstellende Person dies wünscht, hat die Ablehnung schriftlich zu erfolgen. Sie ist auf Verlangen der antragstellenden Person in elektronischer Form mitzuteilen, wenn der Zugang hierfür eröffnet ist.

(3) Liegt ein Ablehnungsgrund nach den §§ 9 oder 10 vor, sind die hiervon nicht betroffenen Informationen zugänglich zu machen, soweit sie ausgesondert werden können.

(4) Die antragstellende Person ist im Falle der vollständigen oder teilweisen Ablehnung eines Antrags auch über die Rechtsschutzmöglichkeiten gegen die Entscheidung sowie darüber zu belehren, bei welcher Stelle und innerhalb welcher Frist um Rechtsschutz nachgesucht werden kann.

§ 7
Rechtsschutz

(1) Für Streitigkeiten nach diesem Gesetz ist der Verwaltungsrechtsweg gegeben.

(2) Gegen die Entscheidung durch eine informationspflichtige Stelle im Sinne des § 2 Nr. 1 ist ein Widerspruchsverfahren nach den §§ 68 bis 73 der Verwaltungsgerichtsordnung auch dann durchzuführen, wenn die Entscheidung von einer obersten Landesbehörde getroffen worden ist.

(3) Ist die antragstellende Person der Auffassung, dass eine informationspflichtige Stelle im Sinne des § 2 Absatz 2 Nummer 2 und 3 den Antrag nicht vollständig erfüllt hat, kann sie diese Entscheidung nach Absatz 4 überprüfen lassen. Die Überprüfung ist nicht Voraussetzung für die Erhebung der Klage nach Absatz 1.

(4) Der Anspruch auf nochmalige Prüfung ist gegenüber der informationspflichtigen Stelle im Sinne des § 2 Absatz 3 Nummer 2 und 3 innerhalb eines Monats, nachdem diese Stelle mitgeteilt hat, dass der Anspruch nicht oder nicht vollständig erfüllt werden kann, schriftlich geltend zu machen. Die informationspflichtige Stelle hat der antragstellenden Person das Ergebnis ihrer nochmaligen Prüfung innerhalb eines Monats zu übermitteln.

§ 8
Unterstützung des Zugangs zu Umweltinformationen

(1) Die informationspflichtigen Stellen erleichtern den Zugang zu den bei ihnen verfügbaren Umweltinformationen insbesondere durch Benennung von Auskunftspersonen oder Informationsstellen, Veröffentlichung von Verzeichnissen über verfügbare Umweltinformationen, Einrichtung öffentlich zugänglicher Informationsnetze und Datenbanken sowie Veröffentlichung von Informationen über behördliche Zuständigkeiten. Sie wirken darauf hin, dass die bei ihnen verfügbaren Umweltinformationen zunehmend in elektronischen Datenbanken oder sonstigen Formaten gespeichert werden, die über Mittel der elektronischen Kommunikation abrufbar sind.

(2) Soweit möglich, gewährleisten die informationspflichtigen Stellen, dass die Umweltinformationen, die von ihnen oder für sie zusammengestellt werden, auf dem gegenwärtigen Stand, exakt und vergleichbar sind.

§ 9
Schutz entgegenstehender öffentlicher Interessen

(1) Soweit die Bekanntgabe der Informationen nachteilige Auswirkungen hätte auf

1. die internationalen Beziehungen, die Verteidigung oder bedeutsame Schutzgüter der öffentlichen Sicherheit,
2. die Beziehungen zum Bund oder einem anderen Land,
3. die Vertraulichkeit der Beratungen von informationspflichtigen Stellen,
4. die Durchführung eines laufenden Gerichtsverfahrens, den Anspruch einer Person auf ein faires Verfahren oder die Durchführung strafrechtlicher, ordnungswidrigkeitenrechtlicher oder disziplinarrechtlicher Ermittlungen oder
5. den Zustand der Umwelt und ihrer Bestandteile im Sinne des § 2 Abs. 2 Nr. 1 oder Schutzgüter im Sinne des § 2 Abs. 2 Nr. 6,

ist der Antrag abzulehnen, wenn das sich aus den Nummern 1 bis 5 jeweils ergebende öffentliche Interesse an der Geheimhaltung gegenüber dem öffentlichen Bekanntgabeinteresse überwiegt. Der Zugang zu Umweltinformationen kann nicht unter Berufung auf die in der Nummer 2, der Zugang zu Informationen über Emissionen nicht unter Berufung auf die in den Nummern 3 und 5 genannten Gründe abgelehnt werden.

(2) Soweit ein Antrag
1. offensichtlich missbräuchlich gestellt wurde,
2. sich auf interne Mitteilungen der informationspflichtigen Stelle, die zum Schutz des behördlichen Entscheidungsprozesses erforderlich sind, bezieht,
3. bei einer Stelle, die nicht über die gewünschten Informationen verfügt, gestellt wird, sofern er nicht nach § 4 Abs. 3 weitergeleitet werden kann,
4. sich auf die Zugänglichmachung noch nicht abgeschlossener Schriftstücke oder noch nicht aufbereiteter Daten bezieht oder
5. zu unbestimmt ist und auf Aufforderung der informationspflichtigen Stelle nach § 4 Abs. 2 nicht innerhalb einer angemessenen Frist präzisiert wird,

ist er abzulehnen, wenn das sich aus den Nummern 1 bis 5 jeweils ergebende öffentliche Interesse am Funktionieren von Verwaltungsabläufen gegenüber dem öffentlichen Bekanntgabeinteresse überwiegt.

§ 10
Schutz entgegenstehender privater Interessen

Soweit durch die Bekanntgabe der Informationen
1. personenbezogene Daten offenbart würden, deren Vertraulichkeit durch Rechtsvorschrift vorgesehen ist,
2. Rechte am geistigen Eigentum, insbesondere Urheberrechte, verletzt würden,
3. Betriebs- oder Geschäftsgeheimnisse zugänglich gemacht würden oder die Informationen dem Steuer- oder Statistikgeheimnis unterliegen oder
4. die Interessen einer Person beeinträchtigt würden, die die beantragte Information, ohne rechtlich dazu verpflichtet zu sein oder rechtlich verpflichtet werden zu können, der informationspflichtigen Stelle freiwillig zur Verfügung gestellt hat,

und das aus den Nummern 1 bis 4 jeweils folgende schutzwürdige private Interesse an der Geheimhaltung gegenüber dem öffentlichen Bekanntgabeinteresse überwiegt, ist der Antrag abzulehnen, es sei denn, die jeweils Betroffenen haben zugestimmt. Der Zugang zu Informationen über Emissionen kann nicht unter Berufung auf die in Satz 1 Nr. 1, 3 und 4 genannten Gründe abgelehnt werden. Vor der Entscheidung über die Offenbarung der durch Satz 1 Nr. 1 bis 4 geschützten Informationen sind die Betroffenen anzuhören. Die informationspflichtige Stelle hat in der Regel von einer Betroffenheit im Sinne des Satzes 1 Nr. 3 auszugehen, soweit übermittelte Informationen als Betriebs- und Geschäftsgeheimnisse gekennzeichnet sind. Soweit die informationspflichtige Stelle dies verlangt, haben mögliche Betroffene im Einzelnen darzulegen, dass ein Betriebs- oder Geschäftsgeheimnis vorliegt.

§ 11
Veröffentlichung von Informationen
Fassung gültig ab 1.1.2020[1]

(1) Landesbehörden sollen Verwaltungsvorschriften, Organisations-, Geschäftsverteilungs- und Aktenpläne und weitere Informationen, die ab dem 25. Mai 2017 bei ihnen entstanden, erlassen, bestellt oder beschafft worden sind, ohne Angaben von personenbezogenen Daten und Geschäfts- und Betriebsgeheimnissen allgemein zugänglich machen und an das elektronische Informationsregister nach Absatz 3 melden. Dies gilt nicht für Landrätinnen und Landräte, Schulämter und Schulen, soweit diese Aufgaben der Landesbehörden wahrnehmen sowie die Staatliche Arbeitsschutzbehörde bei der Unfallkasse Nord. Die Veröffentlichung unterbleibt, soweit ein Antrag auf Informationszugang nach diesem Gesetz oder anderen Rechtsvorschriften abzulehnen wäre. Weitere Informationen sind

1. Richtlinien und Runderlasse an andere Behörden,
2. amtliche Statistiken, öffentliche Tätigkeitsberichte und Broschüren,
3. *tritt erst am 1.1.2022 in Kraft*
4. Haushaltspläne, Stellenpläne und Wirtschaftspläne,
5. *tritt erst am 1.1.2022 in Kraft*
6. elektronisch erteilte Auskünfte aufgrund von Anträgen nach § 4,
7. elektronisch erteilte Auskünfte aufgrund von Anträgen nach § 4 des Gesetzes zur Verbesserung der gesundheitsbezogenen Verbraucherinformation,
8. *tritt erst am 1.1.2022 in Kraft*
9. Vorlagen der Landesregierung nach Beschlussfassung und Mitteilungen an den Landtag,
10. *tritt erst am 1.1.2022 in Kraft*
11. *tritt erst am 1.1.2022 in Kraft*
12. *tritt erst am 1.1.2022 in Kraft*

Auf die Veröffentlichungspflicht nach Satz 3 Nummer 3, 11 und 12 sollen Landesbehörden vor Abschluss eines Vertrages hinweisen. Landesbehörden können darüber hinaus Informationen allgemein zugänglich machen und an das elektronische Informationsregister nach Absatz 3 melden, deren Veröffentlichung sie für geeignet halten.

(2) Über die veröffentlichten Informationen sollen die Landesbehörden Verzeichnisse führen, diese allgemein zugänglich machen und an das elektronische Informationsregister nach Absatz 3 melden.

(3) Das Land richtet ein zentrales elektronisches Informationsregister und Informationsregisterstellen ein, um das Auffinden von Informationen zu erleichtern und interessierte Personen zu beraten. Landesbehörden sind verpflichtet, die in Absatz 1 genannten Informationen dort mit einheitlichen Metadaten zu registrieren und dafür die organisatorischen Voraussetzungen zu schaffen.

(4) Dem zentralen Informationsregister gemeldete Informationen werden unverzüglich in diesem veröffentlicht.

(5) Einzelheiten, insbesondere die organisatorischen Zuständigkeiten und Pflichten der einzelnen Behörden zur Erfüllung der Pflichten nach Absatz 1, regelt die Landesregierung durch Rechtsverordnung.

(6) Den Behörden der Gemeinden, Kreise und Ämter steht die Benutzung des zentralen elektronischen Informationsregisters frei, um dort Informationen zu veröffentlichen, auf die nach diesem Gesetz ein Informationszugangsrecht besteht.

(7) Die Absätze 1 und 2 gelten nicht für Vorgänge oder Dokumente, die Informationen über den Schutz kerntechnischer Anlagen gegen Störmaßnahmen oder sonstige Einwirkungen Dritter enthalten.

---

1 *Artikel 3 Satz 2 des Gesetzes vom 5.5.2017 (GVOBl. Schl.-H. S. 279)*

§ 11
Veröffentlichung von Informationen
Fassung gültig ab 1.1.2022²

(1) Landesbehörden machen Verwaltungsvorschriften, Organisations-, Geschäftsverteilungs- und Aktenpläne und weitere Informationen, die ab dem 25. Mai 2017 bei ihnen entstanden, erlassen, bestellt oder beschafft worden sind, ohne Angaben zu personenbezogenen Daten und Geschäfts- und Betriebsgeheimnissen allgemein zugänglich und melden sie an das elektronische Informationsregister nach Absatz 3. Dies gilt nicht für Landrätinnen und Landräte, Schulämter und Schulen, soweit diese Aufgaben der Landesbehörden wahrnehmen sowie die Staatliche Arbeitsschutzbehörde bei der Unfallkasse Nord. Die Veröffentlichung unterbleibt, soweit ein Antrag auf Informationszugang nach diesem Gesetz oder anderen Rechtsvorschriften abzulehnen wäre. Weitere Informationen sind

1. Richtlinien und Runderlasse an andere Behörden,
2. amtliche Statistiken, öffentliche Tätigkeitsberichte und Broschüren,
3. Gutachten und Studien, soweit sie von den Landesbehörden bei einer natürlichen oder juristischen Person des Privatrechts in Auftrag gegeben wurden und die in auf Außenwirkung gerichtete Entscheidungen der Landesbehörden eingeflossen sind. Gutachten und Studien, die im Rahmen der Atomaufsicht in Auftrag gegeben wurden, betrifft dies nur, soweit sie von allgemeinem Interesse sind. Ausgenommen sind Gutachten und Studien aufgrund von Verträgen mit einem Auftragswert von weniger als 10.000 Euro,
4. Haushaltspläne, Stellenpläne und Wirtschaftspläne,
5. Übersichten über Zuwendungen an juristische Personen des Privatrechts oder an das Land Schleswig-Holstein, soweit sie den Betrag von 100 Euro übersteigen,
6. elektronisch erteilte Auskünfte aufgrund von Anträgen nach § 4,
7. elektronisch erteilte Auskünfte aufgrund von Anträgen nach § 4 des Gesetzes zur Verbesserung der gesundheitsbezogenen Verbraucherinformation,
8. die bei den Gerichten des Landes vorhandenen eigenen veröffentlichungswürdigen Entscheidungen,
9. Vorlagen der Landesregierung nach Beschlussfassung und Mitteilungen an den Landtag,
10. wesentliche Unternehmensdaten von Beteiligungen des Landes einschließlich einer Darstellung der jährlichen Vergütungen und Nebenleistungen nach dem Gesetz zur Veröffentlichung der Bezüge der Mitglieder von Geschäftsführungsorganen und Aufsichtsgremien öffentlicher Unternehmen im Land Schleswig-Holstein,
11. Verträge, soweit es sich nicht um öffentliche Aufträge oder um Kredit- oder Finanztermingeschäfte handelt; ausgenommen sind Verträge mit einem Auftragswert von weniger als 50.000 Euro, sowie
12. Verträge für die Erstellung von Gutachten; ausgenommen sind Verträge mit einem Auftragswert von weniger als 10.000 Euro.

Auf die Veröffentlichungspflicht nach Satz 3 Nummer 3, 11 und 12 sollen Landesbehörden vor Abschluss eines Vertrages hinweisen. Landesbehörden können darüber hinaus Informationen allgemein zugänglich machen und an das elektronische Informationsregister nach Absatz 3 melden, deren Veröffentlichung sie für geeignet halten.

(2) Über die veröffentlichten Informationen sollen die Landesbehörden Verzeichnisse führen, diese allgemein zugänglich machen und an das elektronische Informationsregister nach Absatz 3 melden.

(3) Das Land richtet ein zentrales elektronisches Informationsregister und Informationsregisterstellen ein, um das Auffinden der Informationen zu erleichtern und interessierte Personen zu beraten. Landesbehörden sind verpflichtet, die in Absatz 1 genannten Informationen dort mit einheitlichen Metadaten zu registrieren und dafür die organisatorischen Voraussetzungen zu schaffen.

(4) Dem zentralen Informationsregister gemeldete Informationen werden unverzüglich in diesem veröffentlicht.

(5) Einzelheiten, insbesondere die organisatorischen Zuständigkeiten und Pflichten der einzelnen Behörden zur Erfüllung der Pflichten nach Absatz 1, regelt die Landesregierung durch Rechtsverordnung.

(6) Den Behörden der Gemeinden, Kreise und Ämter steht die Benutzung des zentralen elektronischen Informationsregisters frei, um dort Informationen zu veröffentlichen, auf die nach diesem Gesetz ein Informationszugangsrecht besteht.

(7) Die Absätze 1 und 2 gelten nicht für Vorgänge oder Dokumente, die Informationen über den Schutz kerntechnischer Anlagen gegen Störmaßnahmen oder sonstige Einwirkungen Dritter enthalten.

§ 12
Unterrichtung der Öffentlichkeit

(1) Die informationspflichtigen Stellen unterrichten die Öffentlichkeit in angemessenem Umfang aktiv und systematisch über den Zustand der Umwelt. Zu diesem Zweck verbreiten sie Umweltinformationen, die für ihre Aufgaben von Bedeutung sind und über die sie verfügen, oder richten Verknüpfungen zu Internet-Seiten ein, auf denen die Informationen zu finden sind.

(2) Zu den zu verbreitenden Umweltinformationen gehören:

1. Der Wortlaut von völkerrechtlichen Verträgen, Übereinkünften und Vereinbarungen, Rechtsvorschriften der Europäischen Gemeinschaften, des Bundes, der Länder, der Gemeinden, Kreise und Ämter über die Umwelt oder mit Bezug zur Umwelt,
2. politische Konzepte sowie Pläne und Programme mit Bezug zur Umwelt,
3. Berichte über den Stand der Umsetzung von Rechtsvorschriften sowie von Konzepten, Plänen und Programmen nach den Nummern 1 und 2, sofern solche Berichte von den informationspflichtigen Stellen in elektronischer Form ausgearbeitet worden sind oder bereitgehalten werden,
4. Daten oder Zusammenfassungen von Daten aus der Überwachung von Tätigkeiten, die sich auf die Umwelt auswirken oder wahrscheinlich auswirken,
5. Entscheidungen über die Zulässigkeit von Vorhaben, die erhebliche Auswirkungen auf die Umwelt haben,
6. Umweltvereinbarungen sowie
7. zusammenfassende Darstellungen und Bewertungen der Umweltauswirkungen nach §§ 24 und 25 des Gesetzes über die Umweltverträglichkeitsprüfung und Risikobewertungen im Hinblick auf Umweltbestandteile nach § 2 Abs. 2 Nr. 1.

In den Fällen der Nummern 5 bis 7 genügt zur Verbreitung die Angabe, wo solche Informationen zugänglich sind oder gefunden werden können. Die veröffentlichten Umweltinformationen sind in angemessenen Abständen zu aktualisieren.

(3) Die Verbreitung von Umweltinformationen soll in für die Öffentlichkeit verständlicher Darstellung und leicht zugänglichen Formaten erfolgen. Hierzu sollen, soweit vorhanden, elektronische Kommunikationsmittel verwendet werden. Satz 2 gilt nicht für Umweltinformationen, die vor Inkrafttreten dieses Gesetzes angefallen sind, es sei denn, sie liegen bereits in elektronischer Form vor.

(4) Im Fall einer unmittelbaren Bedrohung der menschlichen Gesundheit oder der Umwelt haben die informationspflichtigen Stellen sämtliche Informationen, über die sie verfügen und die es der eventuell betroffenen Öffentlichkeit ermöglichen könnten, Maßnahmen zur Abwendung oder Begrenzung von Schäden infolge dieser Bedrohung zu ergreifen, unmittelbar und unverzüglich zu verbreiten. Dies gilt unabhängig davon, ob die Bedrohung Folge menschli-

---

2 Artikel 3 Satz 3 des Gesetzes vom 5.5.2017 (GVOBl. Schl.-H. S. 279)

cher Tätigkeit ist oder eine natürliche Ursache hat. Verfügen mehrere informationspflichtige Stellen über solche Informationen, stimmen sie sich bei deren Verbreitung ab.

(5) Bei der Verbreitung von Umweltinformationen nach Absatz 1 und 4 können unbeschadet anderer Vorschriften informationspflichtige Stellen nach § 2 Absatz 3 Nummer 1 Geheimnisse Verfahrensbeteiligter (§ 88a Landesverwaltungsgesetz) offenbaren, soweit dies nach den Umständen zur Wahrung überwiegender öffentlicher Interessen oder zum Schutz höher zu bewertender Rechtsgüter der Allgemeinheit erforderlich ist. Vor einer Offenbarung ist § 87 Landesverwaltungsgesetz entsprechend anzuwenden.

(6) Die §§ 9 bis 10 sowie § 8 Abs. 2 sind entsprechend anzuwenden.

§ 13
Kosten

(1) Für die Bereitstellung von Informationen aufgrund dieses Gesetzes werden Kosten (Gebühren und Auslagen) erhoben. Gebühren werden nicht erhoben für

1. die Erteilung mündlicher, einfacher schriftlicher und einfacher elektronischer Auskünfte,
2. die Einsichtnahme vor Ort,
3. Maßnahmen und Vorkehrungen nach § 8,
4. die Unterrichtung der Öffentlichkeit nach § 11.

(2) Die Gebühren sind auch unter Berücksichtigung des Verwaltungsaufwandes so zu bemessen, dass das Recht auf Zugang zu Informationen nach § 3 wirksam in Anspruch genommen werden kann.

(3) Das Ministerium für Inneres, ländliche Räume und Integration wird ermächtigt, im Einvernehmen mit dem für Umwelt zuständigen Ministerium für die Bereitstellung von Informationen durch informationspflichtige Stellen nach § 2 Abs. 3 Nr. 1 die Höhe der Kosten durch Verordnung[3] zu bestimmen. Die §§ 9, 10 und 15 Abs. 2 des Verwaltungskostengesetzes des Lande Schleswig-Holstein vom 17. Januar 1974 (GVOBl. Schl.-H. S. 37), zuletzt geändert durch Artikel 7 des Gesetzes vom 19. Januar 2012 (GVOBl. Schl.-H. S. 89), Zuständigkeiten und Ressortbezeichnungen zuletzt ersetzt durch Verordnung vom 16. März 2015 (GVOBl. Schl.-H. S. 96), finden keine Anwendung.

(4) Informationspflichtige Stellen nach § 2 Abs. 3 Nr. 2 oder 3 können für die Bereitstellung von Informationen von der antragstellenden Person Kostenerstattung entsprechend den Grundsätzen nach den Absätzen 1 und 2 verlangen. Die Höhe der erstattungsfähigen Kosten bemisst sich nach den in der Rechtsverordnung nach Abs. 3 festgelegten Kostensätzen für Amtshandlungen von informationspflichtigen Stellen nach § 2 Absatz 3 Nr. 1.

§ 14
Anrufung der oder des Landesbeauftragten für Datenschutz

Eine Person, die der Ansicht ist, dass ihr Informationsersuchen zu Unrecht abgelehnt oder nicht beachtet worden ist oder dass sie von einer informationspflichtigen Stelle eine unzulängliche Antwort erhalten hat, kann die oder den Landesbeauftragten für Datenschutz anrufen. Die Regelungen des Landesdatenschutzgesetzes über die Aufgaben und die Befugnisse der oder des Landesbeauftragten für Datenschutz finden entsprechend Anwendung. Die Vorschriften über den gerichtlichen Rechtsschutz bleiben unberührt.

§ 15
Übergangsvorschrift

Anträge auf Zugang zu Informationen, die vor dem Inkrafttreten dieses Gesetzes gestellt worden sind, sind nach den Vorschriften dieses Gesetzes zu Ende zu führen.

§ 16
Überprüfung und Bericht

Die Landesregierung überprüft die Auswirkungen dieses Gesetzes mit wissenschaftlicher Unterstützung. Sie legt dem Landtag dazu in den Jahren 2020 und 2025 einen Bericht vor. Die oder der Landesbeauftragte für Datenschutz ist vor der Zuleitung der Berichte an den Landtag zu unterrichten; sie oder er gibt dazu eine Stellungnahme ab.

---

[3] IZG-SH-KostenVO vom 21.3.2007 (GVOBl. Schl.-H. S. 225), geändert durch Gesetz vom 19.1.2012 (GVOBl. Schl.-H. S. 89)

Verwaltungskostengesetz des Landes Schleswig-Holstein vom 17. Januar 1974
– GVOBl. Schl.-H. S. 37 –

Zuletzt geändert durch Gesetz vom 1. September 2020 (GVOBl. Schl.-H. S. 508)

Der Landtag hat das folgende Gesetz beschlossen:

Abschnitt I
Anwendungsbereich

§ 1

(1) Kosten nach diesem Gesetz sind Verwaltungsgebühren, Benutzungsgebühren und Auslagen. Verwaltungsgebühren sind die Gegenleistung für eine besondere Inanspruchnahme oder Leistung (Amtshandlung) der Behörden des Landes, der Gemeinden, Kreise, Ämter und der der Aufsicht des Landes unterstehenden Körperschaften des öffentlichen Rechts ohne Gebietshoheit und rechtsfähigen Anstalten und Stiftungen des öffentlichen Rechts sowie der sonstigen Träger von Aufgaben der öffentlichen Verwaltung. Benutzungsgebühren sind die Gegenleistung für eine Inanspruchnahme öffentlicher Einrichtungen des Landes.

(2) Dieses Gesetz gilt nicht für die Kosten
1. in Selbstverwaltungsangelegenheiten der Gemeinden, Kreise, Ämter und der der Aufsicht des Landes unterstehenden Körperschaften des öffentlichen Rechts ohne Gebietshoheit und rechtsfähigen Anstalten und Stiftungen des öffentlichen Rechts,
2. der Gerichte,
3. der Behörden der Justiz- und der Gerichtsverwaltung, es sei denn, sie gewähren Zugang zu Informationen nach dem Informationszugangsgesetz für das Land Schleswig-Holstein vom vom 19. Januar 2012 (GVOBl. Schl.-H. S. 89), und
4. der Industrie- und Handelskammern, der Handwerkskammern, Handwerksinnungen und Kreishandwerkerschaften.

Abschnitt II
Ermächtigung zum Erlaß von Verordnungen über Verwaltungsgebühren

§ 2
Grundsatz

(1) Die einzelnen Amtshandlungen, für die Verwaltungsgebühren erhoben werden, und die Gebührensätze sind durch Verordnung zu bestimmen. Dabei sind die §§ 3 bis 6 zu beachten.

(2) Zum Erlaß der Verordnung wird die Landesregierung ermächtigt.[1] Sie kann diese Befugnis für bestimmte Bereiche der Verwaltung auf die fachlich zuständigen obersten Landesbehörden übertragen. Die Landesregierung kann die fachlich zuständigen obersten Landesbehörden zur Änderung der nach Satz 1 erlassenen Verordnung ermächtigen.

§ 3
Bemessung der Gebührensätze

(1) Die Gebührensätze sind so zu bemessen, dass zwischen der den Verwaltungsaufwand berücksichtigenden Höhe der Verwaltungsgebühr einerseits und der Bedeutung, dem wirtschaftlichen Wert oder dem sonstigen Nutzen der Amtshandlung für den Kostenschuldner andererseits ein angemessenes Verhältnis besteht.

(2) Enthält ein Rechtsakt der Europäischen Gemeinschaft Vorgaben für die Bemessung von Gebühren, sind die Gebühren nach Maßgabe dieses Rechtsaktes festzusetzen.

(3) Unterliegt die Amtshandlung der Umsatzsteuer, ist diese der Kostenschuldnerin oder dem Kostenschuldner aufzuerlegen.

§ 4
Arten der Gebührenbestimmung

Die Verwaltungsgebühren sind durch feste Sätze, nach dem Wert des Gegenstandes, nach der Dauer der Amtshandlung oder durch Rahmensätze zu bestimmen.

§ 5
Pauschgebühren

Zur Abgeltung mehrfacher gleichartiger Amtshandlungen für denselben Kostenschuldner können für einen im voraus bestimmten Zeitraum, der ein Jahr nicht überschreiten darf, Pauschgebühren zugelassen werden. Ist zu erwarten, daß die Pauschgebühr den Verwaltungsaufwand verringert, ist dies bei der Bemessung des Gebührensatzes zu berücksichtigen.

§ 6
Ermäßigung und Befreiung

Für bestimmte Arten von Amtshandlungen können aus Gründen der Billigkeit oder des öffentlichen Interesses Gebührenermäßigung und Auslagenermäßigung sowie Gebührenbefreiung und Auslagenbefreiung vorgesehen oder zugelassen werden.

Abschnitt III
Allgemeine Vorschriften

§ 7
Sachliche Gebührenfreiheit

Verwaltungsgebühren werden nicht erhoben für
1. mündliche Auskünfte,
2. schriftliche Auskünfte, die nach Art und Umfang und unter Berücksichtigung ihres wirtschaftlichen Werts oder ihres sonstigen Nutzens für den Anfragenden eine Gegenleistung nicht erfordern,
3. Amtshandlungen in Gnadensachen und bei Dienstaufsichtsbeschwerden,
4. Amtshandlungen, die sich aus einem bestehenden oder früheren Dienst- oder Arbeitsverhältnis von Bediensteten im öffentlichen Dienst oder aus einem bestehenden oder früheren öffentlich-rechtlichen Amtsverhältnis ergeben,
5. Amtshandlungen, die sich aus einer bestehenden oder früheren gesetzlichen Dienstpflicht oder einer Tätigkeit ergeben, die anstelle der gesetzlichen Dienstpflicht geleistet werden kann, und
6. Kostenentscheidungen.

§ 8
Persönliche Gebührenfreiheit

(1) Von Verwaltungsgebühren sind befreit:
1. die Bundesrepublik Deutschland und die bundesunmittelbaren juristischen Personen des öffentlichen Rechts, deren Ausgaben ganz oder teilweise aufgrund gesetzlicher Verpflichtungen aus dem Haushalt des Bundes getragen werden,
2. das Land und die anderen Bundesländer, soweit Gegenseitigkeit gewährleistet ist,

---

[1] *Verwaltungsgebührenverordnung vom 26.9.2018 (GVOBl. Schl.-H. S. 476); allgemeiner Gebührentarif zuletzt geändert durch LVO vom 18.6.2021 (GVOBl. Schl.-H. S. 844)*

3. die Gemeinden, Kreise und Ämter, sofern die Amtshandlung nicht ihre wirtschaftlichen Unternehmen betrifft,
4. Sozialversicherungsträger, die der Aufsicht des Landes unterstehen,
5. Landesrundfunkanstalten, soweit sie öffentlich-rechtliche Verwaltungstätigkeit ausüben,
6. Körperschaften, Vereinigungen und Stiftungen, die gemeinnützigen oder mildtätigen Zwecken im Sinne des Steuerrechts dienen, soweit die Angelegenheit nicht einen steuerpflichtigen wirtschaftlichen Geschäftsbetrieb betrifft; die steuerrechtliche Behandlung als gemeinnützig oder mildtätig ist durch einen Beleg des Finanzamts (Freistellungsbescheid, Körperschaftssteuerbescheid mit Anlagen oder vorläufige Bescheinigung) nachzuweisen und
7. Kirchen, sonstige Religionsgesellschaften und Weltanschauungsvereinigungen, die die Rechtsstellung einer Körperschaft des öffentlichen Rechts haben.

(2) Die Gebührenfreiheit besteht nicht, soweit die in Absatz 1 Genannten berechtigt sind, die Verwaltungsgebühren Dritten aufzuerlegen oder in sonstiger Weise auf Dritte umzulegen.

(3) Die Gebührenfreiheit nach Absatz 1 Nr. 1 bis 3 besteht nicht für Sondervermögen und Bundesbetriebe nach Artikel 110 Abs. 1 des Grundgesetzes, für gleichartige Einrichtungen eines Landes und für öffentlich-rechtliche Unternehmen, an denen der Bund oder ein Land beteiligt ist.

(4) Zur Zahlung von Verwaltungsgebühren bleiben die in Absatz 1 Genannten für Amtshandlungen folgender Behörden verpflichtet:
1. Landesamt für Landwirtschaft, Umwelt und ländliche Räume,
2. Kataster- und Vermessungsbehörden,
3. Landeslabor Schleswig-Holstein (Lebensmittel-, Veterinär- und Umweltuntersuchungsamt),
4. Medizinaluntersuchungsämter beim Universitätsklinikum Schleswig-Holstein,
5. Prüfämter für Baustatik,
6. Ministerium für Inneres, ländliche Räume und Integration für Angelegenheiten der Kampfmittelräumung,
7. die nach § 30 Abs. 1 des Selbstbestimmungsstärkungsgesetzes vom 17. Juli 2009 (GVOBl. Schl.-H. S. 402) zuständigen Behörden,
8. das für Reaktorsicherheit und Strahlenschutz zuständige Ministerium für Aufgaben nach dem Atomgesetz und dem Strahlenschutzgesetz,
9. Ärztliche Stellen nach der Röntgenverordnung und der Strahlenschutzverordnung und
10. Schiedsstelle für Pflegesatzangelegenheiten nach dem Zwölften Buch Sozialgesetzbuch und Schiedsstelle für Angelegenheiten des Pflege-Versicherungsgesetzes.

Durch Verordnung kann die Gebührenpflicht auf bestimmte Amtshandlungen der Behörden nach Satz 1 beschränkt werden. § 2 Abs. 2 gilt entsprechend.

§ 9
Gebührenbemessung

(1) Sind Rahmensätze für Verwaltungsgebühren vorgesehen, sind bei der Festsetzung der Gebühr im Einzelfall zu berücksichtigen
1. der mit der Amtshandlung verbundene Verwaltungsaufwand, soweit Aufwendungen nicht als Auslagen gesondert berechnet werden, und
2. die Bedeutung, der wirtschaftliche Wert oder der sonstige Nutzen der Amtshandlung für den Gebührenschuldner.

Sofern ein Rechtsakt der Europäischen Gemeinschaft vorschreibt, dass eine Gebühr nicht den Verwaltungsaufwand übersteigen darf, findet in seinem Anwendungsbereich Satz 1 Nr. 2 keine Anwendung. Inländische Kostenschuldner dürfen hierdurch nicht benachteiligt werden.

(2) Ist eine Verwaltungsgebühr nach dem Wert des Gegenstandes zu bemessen, ist der Wert zum Zeitpunkt der Beendigung der Amtshandlung maßgebend.

(3) Pauschgebühren werden nur auf Antrag festgesetzt; sie sind im voraus festzusetzen.

§ 10
Auslagen

(1) Werden im Zusammenhang mit der Amtshandlung Auslagen notwendig, die nicht in die Verwaltungsgebühr einbezogen sind, hat der Kostenschuldner sie zu erstatten. Nicht in die Verwaltungsgebühr einbezogen sind
1. Postgebühren für Zustellungen und Nachnahmen,
2. Aufwendungen für weitere Ausfertigungen, Abschriften und Auszüge, die auf besonderen Antrag erteilt werden; für die Berechnung der als Auslage zu erhebenden Dokumentenpauschale gilt § 136 Abs. 2 der Kostenordnung in der Fassung vom 26. Juli 1957 (BGBl. I S. 861, 960), zuletzt geändert durch Gesetz vom 23. Juli 2002 (BGBl. I S. 2850, 2860),
3. Aufwendungen für Übersetzungen, die auf besonderen Antrag gefertigt werden,
4. Kosten, die durch öffentliche Bekanntmachung entstehen, mit Ausnahme der hierbei erwachsenden Postgebühren,
5. die nach § 84 Abs. 3 des Landesverwaltungsgesetzes an Zeugen und Sachverständige zu zahlenden Beträge; erhält ein Sachverständiger aufgrund des § 1 Abs. 2 Satz 2 des Justizvergütungs- und -entschädigungsgesetzes vom 5. Mai 2004 (BGBl. I S. 718, 776) keine Entschädigung, ist der Betrag zu erheben, der ohne diese Vorschrift nach dem Gesetz zu zahlen wäre,
6. die bei Geschäften außerhalb der Dienststellen den Verwaltungsangehörigen aufgrund gesetzlicher oder vertraglicher Bestimmungen gewährten Vergütungen (Reisekostenvergütung, Auslagenersatz) und die Kosten für die Bereitstellung von Räumen,
7. die Beträge, die anderen Behörden, Einrichtungen, natürlichen oder juristischen Personen zustehen, und zwar auch dann, wenn aus Gründen der Gegenseitigkeit, der Verwaltungsvereinfachung und dergleichen an diese keine Zahlungen zu leisten sind,
8. die Kosten für die Beförderung von Sachen, mit Ausnahme der hierbei erwachsenden Postgebühren, und die Verwahrung von Sachen.

Durch Verordnung kann bestimmt werden, daß mit der Verwaltungsgebühr für bestimmte Amtshandlungen Auslagen nach Satz 2 abgegolten sind. § 2 Abs. 2 gilt entsprechend.

(2) Soweit durch Rechtsvorschrift nichts anderes bestimmt ist, kann die Erstattung der in Absatz 1 aufgeführten Auslagen auch verlangt werden, wenn für eine Amtshandlung Gebührenfreiheit besteht oder von der Gebührenerhebung abgesehen wird.

§ 11
Entstehung der Kostenschuld

(1) Die Gebührenschuld entsteht, soweit ein Antrag notwendig ist, mit dessen Eingang bei der zuständigen Behörde, im übrigen mit der Beendigung der gebührenpflichtigen Amtshandlung.

(2) Die Verpflichtung zur Erstattung von Auslagen entsteht mit der Aufwendung des zu erstattenden Betrages, in den Fällen des § 10 Abs. 1 Nr. 5 Halbsatz 2 und Nr. 7 Halbsatz 2 mit der Beendigung der kostenpflichtigen Amtshandlung.

§ 12
Kostengläubiger

Kostengläubiger ist der Träger der öffentlichen Verwaltung, dessen Behörde eine kostenpflichtige Amtshandlung vornimmt.

§ 13
Kostenschuldner

(1) Zur Zahlung der Kosten ist verpflichtet,
1. wer die Amtshandlung veranlaßt, zu wessen Gunsten sie vorgenommen wird oder wer einer besonderen Überwachung oder Beaufsichtigung unterliegt,
2. wer die Kosten durch eine vor der zuständigen Behörde abgegebene oder ihr mitgeteilte Erklärung übernommen hat,
3. wer für die Kostenschuld eines anderen kraft Gesetzes haftet.

(2) Mehrere Kostenschuldner haften als Gesamtschuldner.

§ 14
Kostenentscheidung

(1) Die Kosten werden von Amts wegen festgesetzt. Die Entscheidung über die Kosten soll zusammen mit der Sachentscheidung getroffen werden. In der Kostenentscheidung müssen mindestens angegeben werden
1. die kostenerhebende Behörde,
2. der Kostenschuldner,
3. die kostenpflichtige Amtshandlung,
4. die als Verwaltungsgebühren und Auslagen zu zahlenden Beträge und
5. wo, wann und wie die Verwaltungsgebühren und Auslagen zu zahlen sind.

Die Kostenentscheidung kann mündlich getroffen werden; sie ist auf Antrag schriftlich zu bestätigen. In einer schriftlichen oder schriftlich bestätigten Kostenentscheidung sind außerdem die Rechtsgrundlage für die Erhebung der Kosten und ihre Berechnung anzugeben.

(2) Kosten, die bei richtiger Behandlung der Sache durch die Behörde nicht entstanden wären, werden nicht erhoben. Das gleiche gilt für Auslagen, die durch eine von Amts wegen veranlaßte Verlegung eines Termins oder Vertagung einer Verhandlung entstanden sind.

(3) Ist ein anderer Träger der öffentlichen Verwaltung als das Land Kostengläubiger, ist auch die Kostenentscheidung seiner Behörde eine Aufgabe zur Erfüllung nach Weisung.

§ 15
Verwaltungsgebühren in besonderen Fällen

(1) Wird ein Antrag ausschließlich wegen Unzuständigkeit der Behörde abgelehnt, wird keine Verwaltungsgebühr erhoben. Dasselbe gilt bei Rücknahme eines Antrages, wenn mit der sachlichen Bearbeitung noch nicht begonnen ist.

(2) Die vorgesehene Verwaltungsgebühr ermäßigt sich um ein Viertel, wenn
1. ein Antrag zurückgenommen wird, nachdem mit der sachlichen Bearbeitung begonnen, die Amtshandlung aber noch nicht beendet ist,
2. ein Antrag aus anderen Gründen als wegen Unzuständigkeit abgelehnt wird oder
3. eine Amtshandlung zurückgenommen oder widerrufen wird.

Aus Gründen der Billigkeit kann die Verwaltungsgebühr bis zu einem Viertel der vorgesehenen Verwaltungsgebühr ermäßigt oder von ihrer Erhebung abgesehen werden.

(3) Wird gegen eine kostenpflichtige Amtshandlung Widerspruch erhoben, sind für den Erlass des Widerspruchsbescheides Verwaltungsgebühren und Auslagen zu erheben, soweit der Widerspruch zurückgewiesen wird. In diesem Fall ist eine Verwaltungsgebühr von mindestens fünf Euro bis zur Höhe der Verwaltungsgebühr für die Amtshandlung zu zahlen ist, zu erheben; § 9 Abs. 1 ist anzuwenden. Wird ein Widerspruch zurückgenommen, nachdem mit der sachlichen Bearbeitung begonnen, der Widerspruchsbescheid aber noch nicht erlassen ist, oder erledigt sich der Widerspruch auf andere Weise, so sind 25 v.H. der nach Satz 2 festzusetzenden Verwaltungsgebühren zu erheben. Wird der Widerspruchsbescheid von der nächstfolgenden Behörde von einem Verwaltungsgericht ganz oder teilweise aufgehoben, sind die für den Widerspruchsbescheid bereits gezahlten Verwaltungsgebühren und Auslagen dem Träger der öffentlichen Verwaltung, der die Kosten des Verfahrens einschließlich des Vorverfahrens zu tragen hat, auf Antrag zu erstatten.

(4) Richtet sich in einer kostpflichtigen Angelegenheit der Widerspruch ausschließlich gegen die Kostenentscheidung, gilt Absatz 3 Satz 1 entsprechend. Die Verwaltungsgebühr für den Widerspruchsbescheid bei Kostenentscheidungen beträgt 10 v.H. des angefochtenen Betrages, mindestens fünf Euro.

§ 16
Vorschußzahlung und Sicherheitsleistung

Eine Amtshandlung, die auf Antrag vorzunehmen ist, kann von der Zahlung eines angemessenen Vorschusses oder von einer angemessenen Sicherheitsleistung bis zur Höhe der voraussichtlich entstehenden Kosten abhängig gemacht werden.

§ 17
Fälligkeit

Kosten werden mit der Bekanntgabe der Kostenentscheidung an den Kostenschuldner fällig, wenn nicht die Behörde einen späteren Zeitpunkt bestimmt.

§ 18
Säumniszuschlag

(1) Werden bis zum Ablauf eines Monats nach dem Fälligkeitstag Verwaltungsgebühren oder Auslagen nicht entrichtet, kann für jeden angefangenen Monat der Säumnis ein Säumniszuschlag von 1 v.H. des rückständigen Betrages erhoben werden, wenn dieser 50 Euro übersteigt.

(2) Absatz 1 gilt nicht, wenn Säumniszuschläge nicht rechtzeitig entrichtet werden.

(3) Für die Berechnung des Säumniszuschlages wird der rückständige Betrag auf volle 50 Euro nach unten abgerundet.

(4) Als Tag, an dem eine Zahlung entrichtet worden ist, gilt
1. bei Übergabe oder Übersendung von Zahlungsmitteln an die für den Kostengläubiger zuständige Kasse der Tag des Eingangs,
2. bei Überweisung oder Einzahlung auf ein Konto der für den Kostengläubiger zuständigen Kasse und bei Einzahlung mit Zahlkarte oder Postanweisung der Tag, an dem der Betrag der Kasse gutgeschrieben wird.

§ 19
Stundung, Niederschlagung und Erlass

Für die Stundung, die Niederschlagung und den Erlass von Forderungen auf Zahlung von Verwaltungsgebühren, Auslagen und sonstigen Nebenleistungen gilt § 59 der Landeshaushaltsordnung Schleswig-Holstein in der Fassung der Bekanntmachung vom 29. Juni 1992 (GVOBl. Schl.-H. S. 381), zuletzt geändert durch Gesetz vom 11. Dezember 2003 (GVOBl. Schl.-H. S. 697). In Fällen, in denen ein anderer Träger der öffentlichen Verwaltung als das Land Kostengläubiger ist, gelten die für ihn verbindlichen entsprechenden Vorschriften.

§ 20
Verjährung

(1) Der Anspruch auf Zahlung von Kosten verjährt nach drei Jahren, spätestens mit Ablauf des vierten Jahres nach der Entstehung. Die Verjährungsfrist beginnt mit dem Ablauf des Kalenderjahres, in dem der Anspruch fällig geworden ist. Mit dem Ablauf der Verjährungsfrist erlischt der Anspruch.

(2) Die Verjährung ist gehemmt, solange der Anspruch innerhalb der letzten sechs Monate der Verjährungsfrist wegen höherer Gewalt nicht verfolgt werden kann.

(3) Die Verjährung wird unterbrochen durch schriftliche Zahlungsaufforderung, durch Zahlungsaufschub, durch Stundung, durch Aussetzen der Vollziehung, durch Sicherheitsleistungen, durch eine Vollstreckungsmaßnahme, durch Vollstreckungsaufschub, durch Anmeldung im Insolven-

zverfahren und durch Ermittlungen des Kostengläubigers über Wohnsitz oder Aufenthalt des Zahlungspflichtigen.
(4) Mit Ablauf des Kalenderjahres, in dem die Unterbrechung endet, beginnt eine neue Verjährungsfrist.
(5) Die Verjährung wird nur in Höhe des Betrages unterbrochen, auf den sich die Unterbrechungshandlung bezieht.
(6) Wird eine Kostenentscheidung angefochten, verjähren Ansprüche aus ihr nicht vor Ablauf von sechs Monaten, nachdem die Kostenentscheidung unanfechtbar geworden ist oder das Verfahren sich auf andere Weise erledigt hat.

§ 21
Erstattung

(1) Überzahlte oder zu Unrecht erhobene Kosten sind unverzüglich zu erstatten, zu Unrecht erhobene Kosten jedoch nur, soweit eine Kostenentscheidung noch nicht unanfechtbar geworden ist; nach diesem Zeitpunkt können zu Unrecht erhobene Kosten nur aus Gründen der Billigkeit erstattet werden.
(2) Der Erstattungsanspruch verjährt nach drei Jahren. Die Verjährungsfrist beginnt mit dem Ablauf des Kalenderjahres, in dem der Anspruch entstanden ist, jedoch nicht vor Unanfechtbarkeit der Kostenentscheidung. Mit dem Ablauf der Verjährungsfrist erlischt der Anspruch.
(3) § 20 Abs. 2 bis 5 gilt entsprechend.

§ 22
Rechtsbehelf

(1) Die Kostenentscheidung kann zusammen mit der Amtshandlung oder selbständig angefochten werden; der Rechtsbehelf gegen eine Amtshandlung erstreckt sich auch auf die Kostenentscheidung.
(2) Wird eine Kostenentscheidung selbständig angefochten, ist das Rechtsbehelfsverfahren kostenrechtlich als selbständiges Verfahren zu behandeln.

Abschnitt IV
Allgemeine Vorschriften über Benutzungsgebühren

§ 23
Grundsatz

(1) Die öffentlichen Einrichtungen des Landes, für die Benutzungsgebühren erhoben werden, die gebührenpflichtigen Benutzungsarten und die Gebührensätze sind durch Verordnung zu bestimmen. Dabei ist § 24 zu beachten.
(2) § 2 Abs. 2 und §§ 5 und 6 gelten entsprechend.

§ 24
Bemessung der Gebührensätze

(1) Die Gebührensätze sind so zu bemessen, daß die Kosten der laufenden Verwaltung und Unterhaltung der öffentlichen Einrichtung gedeckt werden. Die Gebührensätze sind nach dem Umfang und der Art der Inanspruchnahme der öffentlichen Einrichtung zu bemessen.
(2) Kosten nach Absatz 1 sind die nach betriebswirtschaftlichen Grundsätzen ansatzfähigen Kosten. Dazu gehören auch Entgelte für in Anspruch genommene Fremdleistungen, Abschreibungen, die nach der mutmaßlichen Nutzungsdauer oder der Leistungsmenge gleichmäßig zu bemessen sind, und eine angemessene Verzinsung des aufgewendeten Kapitals; bei der Verzinsung bleibt der aus Beiträgen und Zuschüssen Dritter aufgebrachte Eigenkapitalanteil unberücksichtigt. Soweit die Umsätze der öffentlichen Einrichtung der Umsatzsteuer unterliegen, kann die Umsatzsteuer den Gebührenpflichtigen auferlegt werden.

§ 25
Entstehung und Fälligkeit der Gebühr

(1) Die Gebührenschuld entsteht mit der Erteilung der Benutzungserlaubnis, im übrigen mit Beginn der Benutzung. Sie ist mit Beginn der Benutzung zu entrichten, soweit durch Verordnung aufgrund des § 23 Abs. 1 nichts anderes bestimmt ist.
(2) § 7 Nr. 6 und §§ 10, 14, 18, 19, 20 und 21 gelten entsprechend.

§ 26
Kostengläubiger

Kostengläubiger ist das Land.

§ 27
Kostenschuldner

(1) Zur Zahlung der Kosten ist der Benutzer oder derjenige verpflichtet, der
1. die Kosten durch eine vor der zuständigen Behörde abgegebene oder ihr mitgeteilte Erklärung übernommen hat,
2. für die Kostenschuld des Benutzers kraft Gesetzes haftet.
(2) Mehrere Kostenschuldner haften als Gesamtschuldner.

Abschnitt V
Schlußvorschriften

§ 28
Änderung von Rechtsvorschriften

§ 29
Aufhebung von Vorschriften

§ 30
(außer Kraft)

§ 31
Inkrafttreten

Landesverordnung über die Kosten im Vollzugs- und Vollstreckungsverfahren
(Vollzugs- und Vollstreckungskostenverordnung – VVKVO)[1]
vom 18. September 2017
– GVOBl. Schl.-H. S. 462 –

Zuletzt geändert durch Gesetz vom 1. Oktober 2020 (GVOBl. Schl.-H. S. 720)

Aufgrund der §§ 249, 227 a und 322 Absatz 2 des Landesverwaltungsgesetzes (LVwG) verordnet das Ministerium für Inneres, ländliche Räume und Integration im Einvernehmen mit dem Finanzministerium:

Abschnitt 1
Gebühren im Vollzugsverfahren

§ 1
Gebührenpflichtige Amtshandlungen

Im Vollzugsverfahren nach den §§ 200 bis 249 LVwG sind gebührenpflichtig

1. die Festsetzung von Zwangsgeld nach § 237 LVwG (§ 2),
2. die Ersatzvornahme nach § 238 LVwG (§ 3),
3. die Wegnahme einer Person nach § 214 und die Vorführung nach § 200 LVwG (§ 4),
4. die Sicherstellung einer Sache nach den §§ 210 und 211 LVwG und die Zwangsräumung nach § 215 LVwG (§ 5),
5. der unmittelbare Zwang gegen Sachen nach § 239 LVwG und gegen Tiere nach § 246 LVwG (§ 6),
6. der amtliche Gewahrsam nach § 204 LVwG (§ 7),
7. die amtliche Verwahrung nach § 212 LVwG (§ 8),
8. der Antrag auf Vollstreckung der Ersatzzwangshaft nach § 240 LVwG (§ 9).

Amtshandlungen nach Satz 1 sind nicht gebührenpflichtig, wenn

1. sie zur Abwendung einer gegenwärtigen erheblichen Gefahr dienen,
2. die Gefahr von Pflichtigen nicht vorsätzlich oder grob fahrlässig herbeigeführt worden ist und
3. die Erhebung einer Gebühr unter Berücksichtigung des öffentlichen Interesses an der Beseitigung der Gefahr unbillig wäre.

§ 2
Zwangsgeld

Die Gebühr für die Festsetzung eines Zwangsgeldes beträgt 14,50 Euro.

§ 3
Ersatzvornahme

(1) Die Gebühr für die Ersatzvornahme durch die Vollzugsbehörde oder die von ihr ersuchte Behörde beträgt 63,00 Euro für den Einsatz jeder eingesetzten Mitarbeiterin oder jedes eingesetzten Mitarbeiters je angefangene Stunde.

(2) Die Gebühr beträgt für den Einsatz von

1. Lastkraftwagen, Zugmaschinen und anderen handelsüblichen Fahrzeugen bei einem zulässigen Gesamtgewicht
   a) bis 5 t .... 19,00 Euro,
   b) bis 10 t .... 26,00 Euro,
   c) über 10 t .... 33,00 Euro.
2. Wasserwerfern, Kehrmaschinen und anderen Spezialfahrzeugen bei einem zulässigen Gesamtgewicht
   a) bis 6 t .... 97,50 Euro,
   b) bis 9,5 t .... 129,50 Euro,
   c) über 9,5 t .... 194,50 Euro,
3. Schiffen bei einer Motorleistung
   a) bis 118 kW (rund 160 PS) .... 23,50 Euro,
   b) bis 295 kW (rund 400 PS) .... 45,50 Euro,
   c) bis 736 kW (rund 1.000 PS) ...... 98,00 Euro,
   d) bis 1.472 kW (rund 2.000 PS) ... 181,50 Euro,
   e) über 1.472 kW .... 268,00 Euro,

je angefangene Stunde.

(3) Wird die Handlung durch eine beauftragte Person ausgeführt, erhebt die Vollzugsbehörde zur Abgeltung ihrer eigenen Aufwendungen eine Gebühr nach Zeitaufwand. Sie beträgt 63,00 Euro je angefangene Stunde, höchstens jedoch 237,00 Euro.

§ 4
Wegnahme einer Person und Vorführung

Die Gebühr für die Wegnahme oder die Vorführung einer Person beträgt 63,00 Euro für den Einsatz jeder Mitarbeiterin oder jedes Mitarbeiters je angefangene Stunde. Für den Einsatz eines Kraftfahrzeuges wird eine Gebühr von 0,80 Euro für jeden angefangenen Kilometer des Hin- und Rückweges erhoben.

§ 5
Sicherstellung einer Sache und Zwangsräumung

Die Gebühr für die Sicherstellung einer beweglichen Sache oder für die Zwangsräumung einer unbeweglichen Sache, eines Raumes oder eines Schiffes beträgt 63,00 Euro für den Einsatz jeder Mitarbeiterin oder jedes Mitarbeiters je angefangene Stunde. § 3 Absatz 2 gilt entsprechend.

§ 6
Unmittelbarer Zwang gegen Sachen und Tiere

Die Gebühr für sonstige Fälle der Anwendung unmittelbaren Zwanges gegen Sachen oder für Maßnahmen gegen Tiere beträgt 63,00 Euro für den Einsatz jeder Mitarbeiterin oder jedes Mitarbeiters je angefangene Stunde. § 3 Absatz 2 gilt entsprechend.

§ 7
Amtlicher Gewahrsam

(1) Die Gebühr für den Gewahrsam von Personen beträgt 63,00 Euro für den Einsatz jeder Mitarbeiterin oder jedes Mitarbeiters je angefangene Stunde. Ist der Gewahrsam mit der Unterbringung in einem Gewahrsamsraum verbunden, wird für je angefangene 12 Stunden Dauer des Aufenthaltes im Gewahrsamsraum zusätzlich eine Gebühr von 6,00 Euro erhoben.

(2) Die Gebühr für den Einsatz eines Kraftfahrzeuges beträgt 0,80 Euro für jeden angefangenen Kilometer des Hin- und Rückweges. Werden Wasserfahrzeuge eingesetzt, gilt § 3 Absatz 2 Nummer 3 entsprechend.

(3) Soweit die Voraussetzungen des § 1 Satz 2 nicht vorliegen, sind Gebühren nicht zu erheben, soweit sie in keinem angemessenen Verhältnis zu dem besonderen behördlichen Aufwand stehen oder ein besonderer Aufwand nicht entstanden ist.

§ 8
Amtliche Verwahrung

Die Gebühr für die im Zusammenhang mit Vollzugsmaßnahmen durchgeführte amtliche Verwahrung beträgt

1. bei Fahrzeugen
   a) für ein Fahrrad .... 0,65 Euro,
   b) für ein Motorrad .... 1,20 Euro,

---

[1] Die VVKVO wurde als Artikel 1 der Landesverordnung über die Kosten im Vollzugs- und Vollstreckungsverfahren vom 18.9.2017 (GVOBl. Schl.-H. S. 462) verkündet, die nach ihrem Artikel 3 am 27.10.2017 in Kraft trat.

c) für einen Personenkraftwagen 2,35 Euro,
d) für einen Lastkraftwagen oder einen Omnibus 5,30 Euro,
je angefangenen Tag, höchstens jedoch 50 Prozent des Veräußerungswertes;

2. bei Tieren
   a) für ein Kleintier 1,20 Euro,
   b) für ein Großtier 2,35 Euro,
   je angefangenen Tag, höchstens jedoch 50 Prozent des Veräußerungswertes;

3. bei sonstigen beweglichen Sachen, insbesondere Hausrat, 0,35 Euro je angefangenen Tag und Quadratmeter benötigter Lagerfläche, höchstens jedoch 30 Prozent des Veräußerungswertes.

Der Veräußerungswert ist von der Vollzugsbehörde nach billigem Ermessen zu schätzen. Angefallene Standgelder, die auf ein Versäumnis der oder des Pflichtigen beruhen, sind in voller Höhe zu erstatten.

§ 9
Antrag auf Vollstreckung der Ersatzzwangshaft

Die Gebühr für den Antrag auf Vollstreckung der Ersatzzwangshaft beträgt 13,00 Euro.

§ 10
Maßnahmen zum Zweck der Kampfmittelräumung

Abweichend von den §§ 3 und 5 gelten für Amtshandlungen nach § 1 Satz 1 Nummer 2 und 4, die zum Zwecke der Räumung von Kampfmitteln vorgenommen werden, die Gebühren nach der Tarifstelle 18.11 des allgemeinen Gebührentarifs der Verwaltungsgebührenverordnung vom 26. September 2018 (GVOBl. Schl.-H. S. 476), zuletzt geändert durch Verordnung vom 15. September 2020 (GVOBl. Schl.-H. S. 697).

§ 11
Entstehung der Gebührenschuld

Die Gebührenschuld entsteht

1. im Fall des § 2 mit der Festsetzung des Zwangsgeldes,
2. in den Fällen des § 3 Absatz 1 und 2 sowie der §§ 4 bis 6, sobald die Vollzugsbehörde Schritte zur Durchführung der Vollzugshandlung unternommen hat,
3. im Fall des § 3 Absatz 3 mit der Erteilung des Auftrages an die beauftragte Person,
4. im Fall des § 7 Absatz 1 Satz 1 mit dem Beginn des Gewahrsams,
5. im Fall des § 7 Absatz 1 Satz 2 mit der Einlieferung in den Gewahrsamsraum,
6. im Fall des § 8 mit dem Beginn der Verwahrung,
7. im Fall des § 9, sobald der Antrag zur Post gegeben oder in anderer Weise mit der Übermittlung begonnen worden ist,
8. im Fall des § 10, sobald die Vollzugsbehörde Schritte zur Durchführung der Vollzugshandlung unternommen hat.

Abschnitt 2
Gebühren im Vollstreckungsverfahren

§ 12
Gebührenpflichtige Amtshandlungen

Im Vollstreckungsverfahren nach den §§ 262 bis 322 LVwG sind gebührenpflichtig

1. die schriftliche Mahnung (§ 13),
2. die Pfändung (§ 14),
3. die Vermögensauskunft (§ 15),
4. die Verwertung (§ 16),
5. die Zwangsvollstreckung in unbewegliches Vermögen (§ 17).

§ 13
Schriftliche Mahnung

Die Gebühr für die schriftliche Mahnung wird nach der als Anlage 1 beigefügten Tabelle erhoben. Die Gebühr bemisst sich nach der Höhe des Mahnbetrages.

§ 14
Pfändung

(1) Die Pfändungsgebühr wird erhoben

1. für die Pfändung von beweglichen Sachen, von Tieren, von Früchten, die noch nicht vom Boden getrennt sind, von Forderungen aus Wechseln oder anderen Papieren, die durch Indossament übertragen werden können, und von Postspareinlagen sowie für die Wegnahme der von der Schuldnerin oder dem Schuldner bei der Beitreibung von Forderungen herauszugebenden Urkunden nach der als Anlage 2 beigefügten Tabelle,
2. für die Pfändung von Forderungen, die nicht unter Nummer 1 fallen, sowie von Ansprüchen auf Herausgabe oder Leistung von Sachen und von anderen Vermögensrechten nach der als Anlage 3 beigefügten Tabelle.

(2) Die Gebühr bemisst sich nach der Summe der Hauptforderungen (Vollstreckungssumme). Die bisher entstandenen Kosten und die durch die durch die Pfändung selbst entstehenden Kosten sind nicht in die Summe nach Satz 1 einzubeziehen. Bei der Vollziehung eines Arrestes bemisst sich die Pfändungsgebühr nach der Hinterlegungssumme.

(3) Wird die Pfändung abgewendet, wird erhoben,

1. die volle Gebühr, wenn sie an die Vollstreckungsbeamtin oder den Vollstreckungsbeamten gezahlt wird; die Bewirkung einer elektronischen Überweisung an die Vollstreckungsbehörde in Gegenwart der Vollstreckungsbeamtin oder des Vollstreckungsbeamten steht der Zahlung an sie oder ihn gleich;
2. die halbe Gebühr, jedoch mindestens 14,50 Euro und höchstens 224,00 Euro, wenn die Schuldnerin oder der Schuldner nachweist, dass die Pfändung in anderer Weise abgewendet oder die Vollstreckung durch eine mit der Vollstreckungsbeamtin oder dem Vollstreckungsbeamten getroffene Zahlungsvereinbarung aufgeschoben worden ist, sofern die Vollstreckungsbeamtin oder der Vollstreckungsbeamte an Ort und Stelle erschienen ist,
3. keine Gebühr, wenn die Pfändung in anderer Weise abgewendet worden ist, sofern die Vollstreckungsbeamtin oder der Vollstreckungsbeamte noch nicht an Ort und Stelle erschienen ist.

(4) Die Gebühr wird nicht erhoben, wenn die Vollstreckungsbehörde den Vollstreckungsauftrag zurücknimmt.

(5) Wird die Pfändung als Anschlusspfändung ausgeführt, wird dadurch die Gebührenschuld nicht berührt. Das gleiche gilt, wenn ein Pfändungs- oder Wegnahmeversuch erfolglos bleibt oder die Pfändung nicht durchgeführt wird, weil die Verwertung der zu pfändenden Gegenstände einen Überschuss über die Kosten der Vollstreckung nicht erwarten lässt.

(6) Werden wegen desselben Anspruches mehrere Forderungen, die nicht unter Absatz 1 Nummer 1 fallen, oder andere Vermögensrechte gepfändet, wird die Gebühr nur einmal erhoben.

§ 15
Vermögensauskunft

Die Gebühr für die Abnahme der Vermögensauskunft nach § 281 a Absatz 4 LVwG beträgt 33,00 Euro.

§ 16
Verwertung

(1) Die Verwertungsgebühr wird für die Versteigerung und die andere Verwertung von Gegenständen oder Tieren nach der als Anlage 4 beigefügten Tabelle erhoben. Für die Verwertung von Forderungen sowie von Ansprüchen auf Herausgabe oder Leistung von Sachen, Tieren und von anderen Vermögensrechten durch Überweisung zur Einziehung wird keine Gebühr erhoben.

(2) Die Gebühr bemisst sich nach der Höhe des Erlöses. Übersteigt der Erlös die Vollstreckungssumme, ist diese maßgebend.
(3) Wird die Verwertung abgewendet, gilt § 14 Absatz 3 entsprechend nach dem Schätzwert der Gegenstände oder der Tiere. Übersteigt der Schätzwert die Summe der beizutreibenden Beiträge, ist diese maßgebend.
(4) Die Gebühr wird nicht erhoben, wenn die Vollstreckungsbehörde den Verwertungsauftrag zurücknimmt, bevor die Vollstreckungsbeamtin oder der Vollstreckungsbeamte die Verwertung vorgenommen hat.

§ 17
Zwangsvollstreckung in unbewegliches Vermögen

Für das Betreiben der Zwangsvollstreckung in unbewegliches Vermögen durch die Vollstreckungsbehörde wird eine Gebühr nach der als Anlage 2 beigefügten Tabelle erhoben. § 14 Absatz 2 gilt entsprechend.

§ 18
Entstehung der Gebührenschuld

Die Gebührenschuld entsteht
1. im Fall des § 13, sobald das Mahnschreiben zur Post gegeben oder in anderer Weise mit der Übermittlung begonnen worden ist,
2. im Fall des § 14 Absatz 1 Nummer 1 mit der Erteilung des Vollstreckungsauftrages an die Vollstreckungsbeamtin oder den Vollstreckungsbeamten, im Fall des § 14 Absatz 1 Nummer 2 mit der Zustellung der Pfändungsverfügung,
3. im Fall des § 15 mit der Abnahme der Vermögensauskunft,
4. im Fall des § 16 mit der Erteilung des Verwertungsauftrages an die Vollstreckungsbeamtin oder den Vollstreckungsbeamten,
5. im Fall des § 17 mit dem Eingang des ersten Antrages der Vollstreckungsbehörde bei dem zuständigen Amtsgericht.

§ 19
Erstattung des Vollzugsaufwandes durch Dritte

(1) Die der Aufsicht des Landes unterstehenden Körperschaften des öffentlichen Rechts ohne Gebietshoheit sowie die rechtsfähigen Anstalten und Stiftungen des öffentlichen Rechts erstatten dem Träger der Vollstreckungsbehörde den Verwaltungsaufwand für die Inanspruchnahme in einem Vollstreckungsverfahren. Der mit der Übersendung des Vollstreckungsersuchens fällig werdende Erstattungsbetrag wird für jeden Einzelfall auf 26,00 Euro festgesetzt.
(2) Absatz 1 Satz 1 gilt für die Vollstreckung rückständiger Rundfunkbeiträge nach § 10 Absatz 6 des Rundfunkbeitragsstaatsvertrages (Artikel 1 des Fünfzehnten Rundfunkänderungsstaatsvertrages in Verbindung mit dem Zustimmungsgesetz vom 16. Dezember 2011 (GVOBl. Schl.-H. S. 345), geändert durch Artikel 4 des Neunzehnten Rundfunkänderungsstaatsvertrages in Verbindung mit dem Zustimmungsgesetz vom 21. September 2016 (GVOBl. Schl.-H. S. 798)) entsprechend. Der Erstattungsbetrag beträgt je Einzelfall 26,00 Euro.

Abschnitt 3
Auslagen im Vollzugs- und Vollstreckungsverfahren

§ 20
Auslagen

(1) Für gebührenpflichtige Amtshandlungen nach den §§ 1 und 12 werden als Auslagen erhoben
1. Gebühren für Post- und Telekommunikationsleistungen,
2. Kosten, die durch öffentliche Bekanntmachung entstehen, mit Ausnahme der hierfür erwachsenden Postgebühren,
3. Beträge, die als Entschädigung an Auskunftspersonen, Zeugen, Sachverständige, Treuhänderinnen oder Treuhänder, Verwalterinnen oder Verwalter, Hilfspersonen oder zur Durchsuchung von Sachen hinzugezogener Personen zu zahlen sind,
4. an Behörden, Gerichte, Gerichtsvollzieherinnen oder Gerichtsvollzieher oder Notarinnen oder Notare zu zahlende Kosten,
5. aus Anlass der Verwertung zu entrichtende Steuern,
6. Ausgaben für
a) die Beförderung und Verpflegung in amtlichen Gewahrsam genommener, vorzuführender oder weggenommener Personen einschließlich der Reisekosten der sie begleitenden Mitarbeiterinnen und Mitarbeiter,
b) die Reinigung von Bettwäsche oder die Anschaffung von Einmaldecken in den Fällen des amtlichen Gewahrsams,
c) die Reinigung von Diensträumen und Sachen bei über das gewöhnliche Maß hinausgehender Verschmutzung durch die Pflichtige oder den Pflichtigen in den Fällen des amtlichen Gewahrsams,
d) die Reinigung und den Ersatz von Einmalbekleidung in den Fällen des amtlichen Gewahrsams nach § 7,
7. Ausgaben
a) für die Beförderung, Verwahrung und Beaufsichtigung von Sachen oder von Tieren einschließlich der Fütterung und Pflege sowie für die Ernte gepfändeter Früchte,
b) bei der im Zusammenhang mit Vollzugsmaßnahmen durchgeführten amtlichen Verwahrung, jedoch nur bis zu den in § 8 bestimmten Wertgrenzen,
8. Beträge, die bei der Ersatzvornahme oder bei der Anwendung unmittelbaren Zwanges als Entgelt an Beauftragte, als Kostenerstattung an ersuchte Behörden oder als Entschädigung an Dritte zu zahlen sind,
9. Ausgaben für verbrauchbare Stoffe, die unmittelbar zur Gefahrenabwehr verwendet worden sind.

(2) Die Erstattung der Auslagen nach Absatz 1 kann auch verlangt werden, wenn für eine Amtshandlung Gebührenfreiheit besteht oder von der Gebührenerhebung abgesehen wird.
(3) In den Fällen des § 3 Absatz 3 und im Mahnverfahren werden Auslagen nicht erhoben.
(4) Werden Sachen oder Tiere, die bei mehreren Vollstreckungsschuldnerinnen und Vollstreckungsschuldnern gepfändet worden sind, in einem gemeinsamen Verfahren verwertet, sind die Auslagen dieses Verfahrens auf die beteiligten Schuldnerinnen und Schuldner angemessen zu verteilen. Dabei sind die besonderen Umstände des einzelnen Falles, insbesondere Wert, Umfang und Gewicht der Gegenstände oder der Tiere, zu berücksichtigen.
(5) Die Verpflichtung zur Erstattung von Auslagen entsteht mit der Aufwendung des zu erstattenden Betrages.

Abschnitt 4
Gemeinsame Vorschriften

§ 21
Unrichtige Sachbehandlung, Härteklausel

(1) Kosten, die bei richtiger Behandlung der Sache durch die Behörde nicht entstanden wären, werden nicht erhoben.
(2) Die Vollzugs- oder Vollstreckungsbehörde kann von einer Berechnung und Beitreibung der Gebühren und Auslagen teilweise oder ganz absehen, wenn die Beitreibung der Kosten für die Schuldnerin oder den Schuldner eine unbillige Härte bedeuten würde.

§ 22
Mehrheit von Pflichtigen und Vollstreckungsschuldnerinnen und Vollstreckungsschuldnern

(1) Werden Amtshandlungen im Vollzugsverfahren gegenüber mehreren Pflichtigen bei derselben Gelegenheit vorgenommen, haften sie gesamtschuldnerisch.

(2) Wird gegen mehrere Vollstreckungsschuldnerinnen und Vollstreckungsschuldner wegen verschiedener Forderungen bei derselben Gelegenheit vollstreckt, werden die Vollstreckungsgebühren von jeder Vollstreckungsschuldnerin oder jedem Vollstreckungsschuldner erhoben.

(3) Absatz 2 gilt auch, wenn gegen mehrere Vollstreckungsschuldnerinnen und Vollstreckungsschuldner aus einer Forderung vollstreckt wird, für die sie als Gesamtschuldnerinnen und Gesamtschuldner haften.

§ 23
Mehrheit von Forderungen

(1) Wird gegen eine Vollstreckungsschuldnerin oder einen Vollstreckungsschuldner wegen verschiedener Hauptforderungen durch dieselbe Amtshandlung vollstreckt, werden die Kosten nur einmal erhoben. Die Vollstreckungsgebühr bemisst sich nach der Summe der Hauptforderungen.

(2) Wird im Fall des Absatzes 1 zugleich nach bundes- und landesrechtlichen Vollstreckungsvorschriften vollstreckt, bemisst sich die Vollstreckungsgebühr nach dem Gerichtsvollzieherkostengesetz vom 19. April 2001 (BGBl. I S. 623), zuletzt geändert durch Artikel 12 des Gesetzes vom 21. November 2016 (BGBl. S. 2591).

§ 24
Fälligkeit

(1) Kosten für Amtshandlungen im Vollzugsverfahren werden mit der Bekanntgabe der Kostenentscheidung an die Kostenschuldnerin oder den Kostenschuldner fällig.

(2) Kosten für Amtshandlungen im Vollstreckungsverfahren sind fällig
1. nach deren Festsetzung; können sie nicht zusammen mit der Vornahme der Amtshandlung festgesetzt werden, werden sie mit der Bekanntgabe der Kostenentscheidung an die Kostenschuldnerin oder den Kostenschuldner fällig;
2. mit der Amtshandlung, soweit ein Fall gemäß § 269 Absatz 3 Satz 2 in Verbindung mit Satz 3 LVwG vorliegt.

§ 25
Kostenentscheidung

(1) Die Kosten für Amtshandlungen im Vollzugsverfahren werden von der Vollzugsbehörde schriftlich festgesetzt. In der Kostenentscheidung müssen mindestens angegeben werden
1. die Kosten erhebende Behörde,
2. die Kostenschuldnerin oder der Kostenschuldner,
3. die kostenpflichtige Amtshandlung,
4. die als Verwaltungsgebühren und Auslagen zu zahlenden Beträge und
5. wo, wann und wie die Verwaltungsgebühren und Auslagen zu zahlen sind.

Die Kosten für die Festsetzung eines Zwangsgeldes können zusammen mit diesem festgesetzt und beigetrieben werden.

(2) Die Kosten für Amtshandlungen im Vollstreckungsverfahren werden,
1. soweit eine Festsetzung erfolgt (§ 24 Absatz 2 Nummer 1), zusammen mit der Vornahme der Amtshandlung festgesetzt; Kosten, die nicht zusammen mit der Vornahme der Amtshandlung festgesetzt werden können, sind unverzüglich nach ihrem Entstehen festzusetzen; nur in diesem Fall ist die Mahngebühr ist im Mahnschreiben festzusetzen;
2. soweit keine Festsetzung erfolgt (§ 24 Absatz 2 Nummer 2), zusammen mit der Entscheidung über die konkrete Amtshandlung bestimmt; Kosten, die in diesen Fällen nicht zusammen mit der Entscheidung über die konkrete Amtshandlung bestimmt werden können, werden unverzüglich nach ihrem Entstehen bestimmt;

Für die festgesetzten Kosten gilt Absatz 1 Satz 2 entsprechend. Die festgesetzten und die nicht festgesetzten Kosten sind zusammen mit der Hauptforderung beizutreiben.

§ 26
Berichtigung von Kostenansätzen

Kostenansätze können bis zum Ablauf der Verjährungsfrist, spätestens jedoch bis zur Zahlung oder Beitreibung berichtigt werden.

§ 27
Kostenhaftung

(1) Die Vollstreckungsbehörde entnimmt die Kosten der Vollstreckung den beigetriebenen und den eingezahlten Geldern. Fließen diese dem Vollstreckungsgläubiger unmittelbar zu, erstattet dieser der Vollstreckungsbehörde die Kosten.

(2) Reichen die beigetriebenen oder eingezahlten Gelder zur Deckung der Forderung und der Kosten nicht aus, sind, soweit andere Rechtsvorschriften für die Reihenfolge der Anrechnung nichts anderes bestimmen, zunächst die Auslagen, sodann die Gebühren zu decken.

§ 28
Rangfolge bei der Amtshilfe

Im Fall der Amtshilfe gehen die Kostenansprüche der ersuchten Behörde den Kostenansprüchen der ersuchenden Behörde vor.

§ 29
Verjährung

Hinsichtlich der Verjährung sind die §§ 228 bis 232 der Abgabenordnung entsprechend anzuwenden.

§ 30
Anlagen

Die Anlagen 1 bis 4 sind Bestandteil dieser Verordnung.

Anlage 1
(zu § 13)
Die Gebühr beträgt bei einem Mahnbetrag

bis zu 100 Euro einschließlich	5,00 Euro
bis zu 200 Euro einschließlich	6,00 Euro
bis zu 300 Euro einschließlich	7,00 Euro
bis zu 400 Euro einschließlich	8,00 Euro
bis zu 500 Euro einschließlich	11,00 Euro
bis zu 600 Euro einschließlich	12,50 Euro
bis zu 750 Euro einschließlich	14,50 Euro
bis zu 1.000 Euro einschließlich	17,00 Euro
bis zu 1.250 Euro einschließlich	19,00 Euro
bis zu 1.500 Euro einschließlich	23,00 Euro
bis zu 1.750 Euro einschließlich	25,50 Euro
bis zu 2.000 Euro einschließlich	28,50 Euro
bis zu 2.250 Euro einschließlich	32,00 Euro
bis zu 2.500 Euro einschließlich	35,00 Euro
von dem Mehrbetrag bis zu 5.000 Euro einschließlich für je 500 Euro	6,00 Euro
10.000 Euro einschließlich für je 500 Euro	4,50 Euro
von dem Mehrbetrag über 10.000 Euro für je 500 Euro	4,00 Euro.

Beträge über 2.500 Euro sind auf volle 500 Euro aufzurunden.

Anlage 2
(zu § 14 Absatz 1 Nummer 1 und § 17)
Die Gebühr beträgt bei einer Vollstreckungssumme

bis zu 100 Euro einschließlich	21,50 Euro
bis zu 200 Euro einschließlich	24,50 Euro
bis zu 300 Euro einschließlich	27,00 Euro
bis zu 400 Euro einschließlich	30,00 Euro
bis zu 500 Euro einschließlich	32,00 Euro
bis zu 600 Euro einschließlich	33,50 Euro
bis zu 750 Euro einschließlich	37,00 Euro
bis zu 1.000 Euro einschließlich	39,00 Euro
bis zu 1.250 Euro einschließlich	42,50 Euro
bis zu 1.500 Euro einschließlich	48,00 Euro
bis zu 1.750 Euro einschließlich	53,50 Euro
bis zu 2.000 Euro einschließlich	58,50 Euro
bis zu 2.250 Euro einschließlich	64,50 Euro
bis zu 2.500 Euro einschließlich	70,50 Euro
von dem Mehrbetrag für je 500 Euro	12,50 Euro.

Beträge über 2.500 Euro sind auf volle 500 Euro aufzurunden.

Anlage 3
(zu § 14 Absatz 1 Nummer 2)
Die Gebühr beträgt bei einer Vollstreckungssumme

bis zu 100 Euro einschließlich	21,50 Euro
bis zu 200 Euro einschließlich	23,00 Euro
bis zu 300 Euro einschließlich	24,00 Euro
bis zu 400 Euro einschließlich	25,00 Euro
bis zu 500 Euro einschließlich	27,00 Euro
bis zu 600 Euro einschließlich	28,50 Euro
bis zu 750 Euro einschließlich	30,50 Euro
bis zu 1.000 Euro einschließlich	33,00 Euro
bis zu 1.250 Euro einschließlich	35,00 Euro
bis zu 1.500 Euro einschließlich	39,50 Euro
bis zu 1.750 Euro einschließlich	43,50 Euro
bis zu 2.000 Euro einschließlich	49,00 Euro
bis zu 2.250 Euro einschließlich	52,00 Euro
bis zu 2.500 Euro einschließlich	57,50 Euro
von dem Mehrbetrag bis zu 5.000 Euro einschließlich für je 500 Euro	9,50 Euro
10.000 Euro einschließlich für je 500 Euro	7,00 Euro
15.000 Euro einschließlich für je 500 Euro	6,00 Euro
20.000 Euro einschließlich für je 500 Euro	5,00 Euro
von dem Mehrbetrag über 20.000 Euro für je 500 Euro	4,50 Euro.

Beträge über 2.500 Euro sind auf volle 500 Euro aufzurunden.

Anlage 4
(zu § 16 Absatz 1)
Die Gebühr beträgt bei einem Erlös oder einer Vollstreckungssumme

bis zu 100 Euro einschließlich	21,50 Euro
bis zu 200 Euro einschließlich	24,50 Euro
bis zu 300 Euro einschließlich	30,50 Euro
bis zu 400 Euro einschließlich	35,00 Euro
bis zu 500 Euro einschließlich	41,50 Euro
bis zu 600 Euro einschließlich	46,50 Euro
bis zu 750 Euro einschließlich	52,00 Euro
bis zu 1.000 Euro einschließlich	63,50 Euro
bis zu 1.250 Euro einschließlich	73,50 Euro
bis zu 1.500 Euro einschließlich	87,00 Euro
bis zu 1.750 Euro einschließlich	95,00 Euro
bis zu 2.000 Euro einschließlich	107,00 Euro
bis zu 2.250 Euro einschließlich	117,50 Euro
bis zu 2.500 Euro einschließlich	128,50 Euro
von dem Mehrbetrag für je 500 Euro	18,50 Euro.

Beträge über 2.500 Euro sind auf volle 500 Euro aufzurunden.

Gesetz
über die Enteignung von Grundeigentum
vom 11. Juni 1874
– GS. S. 221 –

Zuletzt geändert durch Gesetz vom 15. Juni 2004 (GVOBl. Schl.-H. S. 153)

Titel I
Zulässigkeit der Enteignung

§ 1

Das Grundeigentum kann nur aus Gründen des öffentlichen Wohles für ein Unternehmen, dessen Ausführung die Ausübung des Enteignungsrechtes erfordert, gegen vollständige Entschädigung entzogen oder beschränkt werden.

§ 2[1]

(1) Die Entziehung und dauernde Beschränkung des Grundeigentums erfolgt auf Grund eines Beschlusses der Landesregierung, welche den Unternehmer und das Unternehmen, zu dem das Grundeigentum in Anspruch genommen wird, bezeichnet.

(2) Der Beschluß der Landesregierung wird durch das Amtsblatt für Schleswig-Holstein bekanntgemacht, in deren Bezirk das Unternehmen ausgeführt werden soll.

§ 3

Ausnahmsweise bedarf es zu Enteignungen der in § 2 gedachten Art eines Beschlusses der Landesregierung nicht für Geradelegung oder Erweiterung öffentlicher Wege, sowie zur Umwandlung von Privatwegen in öffentliche Wege, vorausgesetzt, daß das dafür in Anspruch genommene Grundeigentum außerhalb der Städte und Dörfer belegen und nicht mit Gebäuden besetzt ist. In diesem Falle wird die Zulässigkeit der Enteignung von dem Ministerium für Inneres, ländliche Räume und Integration ausgesprochen.

§ 4

(1) Vorübergehende Beschränkungen werden von dem Ministerium für Inneres, ländliche Räume und Integration angeordnet.

(2) Dieselben dürfen wider den Willen des Grundeigentümers die Dauer von drei Jahren nicht überschreiten. Auch darf dadurch die Beschaffenheit des Grundstücks nicht wesentlich oder dauernd verändert werden. Zur Überschreitung dieser Grenzen bedarf es eines nach § 2 eingeleiteten und durchgeführten Enteignungsverfahrens.

§ 5

(1) Handlungen, welche zur Vorbereitung eines die Enteignung rechtfertigenden Unternehmens erforderlich sind, muß auf Anordnung des Ministeriums für Inneres, ländliche Räume und Integration der Besitzer auf seinem Grund und Boden geschehen lassen. Es ist ihm jedoch der hierdurch etwa erwachsende, nötigenfalls im Rechtswege festzustellende Schaden zu vergüten. Zur Sicherstellung der Entschädigung darf das Ministerium für Inneres, ländliche Räume und Integration vor Beginn der Handlungen vom Unternehmer eine Kaution bestellen lassen, und deren Höhe bestimmen. Es ist hierzu verpflichtet, wenn ein Beteiligter die Kautionsstellung verlangt.

(2) Die Gestattung der Vorarbeiten wird von dem Ministerium für Inneres, ländliche Räume und Integration im Amtsblatt für Schleswig-Holstein generell bekanntgemacht. Von jeder Vorarbeit hat der Unternehmer unter Angabe der Zeit und der Stelle, wo sie stattfinden soll, mindestens zwei Tage zuvor den Bürgermeister oder in Gutsbezirken den Gutsvorsteher, in Kenntnis zu setzen, welcher davon die beteiligten Grundbesitzer speziell oder in ortsüblicher Weise generell benachrichtigt. Der Bürgermeister oder in Gutsbezirken der Gutsvorsteher ist ermächtigt, dem Unternehmer auf dessen Kosten einen beeidigten Taxator zu dem Zwecke zur Seite zu stellen, um vorkommende Beschädigungen sogleich festzustellen und abzuschätzen. Der abgeschätzte Schaden ist, vorbehaltlich dessen anderweiter Feststellung im Rechtswege, den Beteiligten (Eigentümer, Nutznießer, Pächter, Verwalter) sofort auszuzahlen, widrigenfalls der Bürgermeister, oder in Gutsbezirken der Gutsvorsteher, auf den Antrag des Beteiligten die Fortsetzung der Vorarbeiten zu hindern verpflichtet ist.

(3) Zum Betreten von Gebäuden und eingefriedigten Hof- oder Gartenräumen bedarf der Unternehmer, insoweit dazu der Grundbesitzer seine Einwilligung nicht ausdrücklich erteilt, in jedem einzelnen Falle einer besonderen Erlaubnis der örtlichen Ordnungsbehörde, welche die Besitzer zu benachrichtigen und zur Offenstellung der Räume zu veranlassen hat.

(4) Eine Zerstörung von Baulichkeiten jeder Art, sowie ein Fällen von Bäumen ist nur mit besonderer Gestattung des Ministeriums für Inneres, ländliche Räume und Integration zulässig.

§ 6

Dasjenige, was dieses Gesetz über die Entziehung und Beschränkung des Grundeigentums bestimmt, gilt auch von der Entziehung und Beschränkung der Rechte am Grundeigentum.

Titel II
Von der Entschädigung

§ 7

Die Pflicht der Entschädigung liegt dem Unternehmer ob. Die Entschädigung wird in Geld gewährt. Ist in Spezialgesetzen eine Entschädigung in Grund und Boden vorgeschrieben, so behält es dabei sein Bewenden.

§ 8

(1) Die Entschädigung für die Abtretung des Grundeigentums besteht in dem vollen Werte des abzutretenden Grundstücks, einschließlich der enteigneten Zubehörungen und Früchte.

(2) Wird nur ein Teil des Grundbesitzes desselben Eigentümers in Anspruch genommen, so umfaßt die Entschädigung zugleich den Mehrwert, welchen der abzutretende Teil durch seinen örtlichen oder wirtschaftlichen Zusammenhang mit dem Ganzen hat, sowie den Minderwert, welcher für den übrigen Grundbesitz durch die Abtretung entsteht.

§ 9

(1) Wird nur ein Teil von einem Grundstück in Anspruch genommen, so kann der Eigentümer verlangen, daß der Unternehmer das Ganze gegen Entschädigung übernimmt, wenn das Grundstück durch die Abtretung so zerstückelt werden würde, daß das Restgrundstück nach seiner bisherigen Bestimmung nicht mehr zweckmäßig benutzt werden kann.

(2) Trifft die geminderte Benutzbarkeit nur bestimmte Teile des Restgrundstücks, so beschränkt sich die Pflicht zur Mitübernahme auf diese Teile.

(3) Bei Gebäuden, welche teilweise in Anspruch genommen werden, umfaßt diese Pflicht jedenfalls das gesamte Gebäude.

(4) Bei den Vorschriften dieses Paragraphen ist unter der Bezeichnung Grundstück jeder in Zusammenhang stehende Grundbesitz des nämlichen Eigentümers begriffen.

§ 10

(1) Die bisherige Benutzungsart kann bei der Abschätzung nur bis zu demjenigen Geldbetrage Berücksichtigung fin-

---

[1] *„Beschluss der Landesregierung" statt „Königliche Verordnung"; auch im weiteren Verlauf sind die Behördenbezeichnungen entsprechend aktualisiert.*

den, welcher erforderlich ist, damit der Eigentümer ein anderes Grundstück in derselben Weise und mit gleichem Ertrage benutzen kann.

(2) Eine Werterhöhung, welche das abzutretende Grundstück erst infolge der neuen Anlage erhält, kommt bei der Bemessung der Entschädigung nicht in Anschlag.

§ 11

Der Betrag des Schadens, welchen Nutzungs-, Gebrauchs- und Servitutberechtigte, Pächter und Mieter durch die Enteignung erleiden, ist, soweit derselbe nicht in der nach § 8 für das enteignete Grundeigentum bestimmten Entschädigung oder in der an derselben zu gewährenden Nutzung begriffen ist, besonders zu ersetzen.

§ 12

(1) Für Beschränkungen (§§ 2, 4) ist die Entschädigung nach denselben Grundsätzen zu bestimmen, wie für die Entziehung des Grundeigentums.

(2) Tritt durch eine Beschränkung eine Benachteiligung des Eigentümers ein, welche bei Anordnung der Beschränkung sich nicht im voraus abschätzen läßt, so kann der Eigentümer die Bestellung einer angemessenen Kaution, sowie die Festsetzung der Entschädigung nach Ablauf jeden halben Jahres der Beschränkung verlangen.

§ 13

Für Neubauten, Anpflanzungen, sonstige neue Anlagen und Verbesserungen wird beim Widerspruch des Unternehmers eine Vergütung nicht gewährt, vielmehr nur dem Eigentümer die Wiederwegnahme auf seine Kosten bis zur Enteignung des Grundstückes vorbehalten, wenn aus der Art der Anlage, dem Zeitpunkte ihrer Errichtung oder den sonst obwaltenden Umständen erhellt, daß dieselben nur in der Absicht vorgenommen sind, eine höhere Entschädigung zu erzielen.

§ 14

(1) Der Unternehmer ist zugleich zur Einrichtung derjenigen Anlagen an Wegen, Überfahrten, Triften, Einfriedigungen, Bewässerungs- und Vorflutsanstalten usw. verpflichtet, welche für die benachbarten Grundstücke oder im öffentlichen Interesse zur Sicherung gegen Gefahren und Nachteile notwendig werden. Auch die Unterhaltung dieser Anlagen liegt ihm ob, insoweit dieselbe über den Umfang der bestehenden Verpflichtungen zur Unterhaltung vorhandener, demselben Zwecke dienender Anlagen hinausgeht.

(2) Über diese Obliegenheiten des Unternehmers entscheidet das Ministerium für Inneres, ländliche Räume und Integration (§ 21).

Titel III
Enteignungsverfahren
1. Feststellung des Planes

§ 15

(1) Vor Ausführung des Unternehmens ist für dasselbe, unter Berücksichtigung der nach § 14 den Unternehmer treffenden Obliegenheiten, ein Plan, welchem geeignetenfalls die erforderlichen Querprofile beizufügen sind, in einem zweckentsprechenden Maßstabe aufzustellen, und von derjenigen Behörde zu prüfen und vorläufig festzustellen, welche dazu nach den für die verschiedenen Arten der Unternehmungen bestehenden Gesetzen berufen ist.

(2) Ist eine besondere Behörde durch das Gesetz nicht berufen, so liegt diese Prüfung und Feststellung dem Ministerium für Inneres, ländliche Räume und Integration ob.

§ 16

Eine Einigung zwischen den Beteiligten über den Gegenstand der Abtretung, soweit er nach dem Befinden der zuständigen Behörde zu dem Unternehmen erforderlich ist, kann zum Zwecke sowohl der Überlassung des Besitzes, als der sofortigen Abtretung des Eigentums stattfinden. Es kann dabei die Entschädigung nachträglicher Feststellung vorbehalten werden, welche alsdann nach den Vorschriften dieses Gesetzes oder auch, je nach Verabredung der Beteiligten, sofort im Rechtswege erfolgt. Es kann ferner dabei behufs Regelung der Rechte Dritter die Durchführung des förmlichen Enteignungsverfahrens, nach Befinden ohne Berührung der Entschädigungsfrage, vorbehalten werden.

§ 17

(1) Für die freiwillige Abtretung in Gemäßheit des § 16 sind die nach den bestehenden Gesetzen für die Veräußerung von Grundeigentum vorgeschriebenen Formen zu wahren.

(2) Handelt es sich um Grundstücke oder Gerechtigkeiten bevormundeter, in Konkurs geratener, unter Kuratel stehender oder anderer handlungsunfähiger Personen, so genügt der Abschluß des Vertrages durch deren Vertreter unter Genehmigung des vormundschaftlichen Gerichts oder desjenigen Gerichts, welches die Veräußerung der Grundstücke und Gerechtigkeiten solcher Personen aus freier Hand zu genehmigen befugt ist.

(3) Fideikommißbesitzer sind befugt, solche Verträge unter Zustimmung der beiden nächsten Agnaten abzuschließen, sofern die Stiftungsurkunden oder besondere gesetzliche Bestimmungen jene Veräußerungen nicht unter erleichterter Form gestatten.

(4) (gegenstandslos)

(5) Veräußerungsbeschränkungen, welche zur Verhütung der Trennung von Gutsverbänden oder der Zerstückelung von Ländereien bestehen, finden keine Anwendung.

§ 18

(1) Auf Antrag des Unternehmers erfolgt das Verfahren behufs Feststellung des Planes. Auf Verfahren nach diesem Gesetz findet § 52 a des Landesverwaltungsgesetzes keine Anwendung.

(2) Zu diesem Behufe hat derselbe dem Ministerium für Inneres, ländliche Räume und Integration für jeden Gemeinde- oder Gutsbezirk einen Auszug aus dem vorläufig festgestellten Plane nebst Beilagen vorzulegen, welche die zu enteignenden Grundstücke nach ihrer grundbuchmäßigen, katastermäßigen oder sonst üblichen Bezeichnung und Größe, deren Eigentümer nach Namen und Wohnort, ferner die nach § 14 herzustellenden Anlagen, sowie, wo nur eine Belastung von Grundeigentum in Frage steht, die Art und den Umfang dieser Belastung enthalten müssen.

§ 19

(1) Plan nebst Beilagen sind in dem betreffenden Gemeinde- oder Gutsbezirke während vierzehn Tagen zu jedermanns Einsicht offenzulegen.

(2) Die Zeit der Offenlegung ist ortsüblich bekanntzumachen.

(3) Während dieser Zeit kann jeder Beteiligte im Umfange seines Interesses Einwendungen gegen den Plan erheben. Auch der Bürgermeister, oder in Gutsbezirken der Gutsvorsteher, hat das Recht, Einwendungen zu erheben, welche sich auf die Richtung des Unternehmens oder auf Anlagen der in § 14 gedachten Art beziehen.

(4) Das Ministerium für Inneres, ländliche Räume und Integration hat diejenige Stelle zu bezeichnen, bei welcher solche Einwendungen schriftlich einzureichen oder mündlich zu Protokoll zu geben sind.

§ 20

(1) Nach Ablauf der Frist (§ 19) werden die Einwendungen gegen den Plan in einem nötigenfalls an Ort und Stelle abzuhaltenden Termin vor einem von dem Ministerium für Inneres, ländliche Räume und Integration zu ernennenden Kommissar erörtert.

(2) Zu dem Termine werden die Unternehmer, die Reklamanten und die durch die Reklamationen betroffenen Grundbesitzer, sowie der Bürgermeister, oder in Gutsbezirken der Gutsvorsteher, vorgeladen und mit ihrer Erklärung gehört. Dem Kommissar bleibt es überlassen, Sachverständige, deren Gutachten erforderlich ist, zuzuziehen.

(3) Die Verhandlungen haben sich nicht auf die Entschädigungsfrage zu erstrecken.

§ 21

(1) Der Kommissar hat nach Beendigung der Verhandlungen letztere dem Ministerium für Inneres, ländliche Räume und Integration vorzulegen, welches prüft, ob die vorgeschriebenen Förmlichkeiten beobachtet sind, mittels motivierten Beschlusses über die erhobenen Einwendungen entscheidet und danach

1. den Gegenstand der Enteignung, die Größe und die Grenzen des abzutretenden Grundbesitzes, die Art und den Umfang der aufzulegenden Beschränkungen, sowie auch die Zeit, innerhalb deren längstens vom Enteignungsrechte Gebrauch zu machen ist – soweit der Beschluß der Landesregierung (§ 2) über diese Punkte keine Bestimmungen enthält –,
2. die Anlagen, zu deren Errichtung wie Unterhaltung der Unternehmer verpflichtet ist (§ 14),

feststellt.

(2) Die Entscheidung wird dem Unternehmer, den Reklamanten und sonstigen Personen welche an der Streiterörterung teilgenommen, sowie dem Bürgermeister, oder in Gutsbezirken dem Gutsvorsteher, zugestellt.

§ 22

(gegenstandslos)

§ 23

(1) Das Enteignungsrecht bei der Anlage von Eisenbahnen erstreckt sich unter Berücksichtigung der Vorschriften dieses Gesetzes insbesondere:

1. auf den Grund und Boden, welcher zur Bahn, zu den Bahnhöfen und zu den an der Bahn und an den Bahnhöfen behufs des Eisenbahnbetriebes zu errichtenden Gebäuden erforderlich ist;
2. auf den zur Unterbringung der Erde und des Schuttes usw. bei Abtragungen, Einschnitten und Tunnels erforderlichen Grund und Boden;
3. überhaupt auf den Grund und Boden für alle sonstigen Anlagen, welche zu dem Behufe, damit die Bahn als eine öffentliche Straße zur allgemeinen Benutzung dienen könne, nötig oder infolge der Bahnanlage im öffentlichen Interesse erforderlich sind;
4. auf das für die Herstellung von Aufträgen erforderliche Schüttungsmaterial.

(2) Dagegen ist das Enteignungsrecht auf den Grund und Boden für solche Anlagen nicht auszudehnen, welche, wie Warenmagazine und dergleichen, nicht den unter Nr. 3 gedachten allgemeinen Zweck, sondern nur das Privatinteresse des Eisenbahnunternehmers angehen.

(3) Die vorübergehende Benutzung fremder Grundstücke soll bei der Anlage von Eisenbahnen insbesondere zur Einrichtung von Interimswegen, Werkplätzen und Arbeiterhütten zulässig sein.

2. Feststellung der Entschädigung

§ 24

(1) Der Antrag auf Feststellung der Entschädigung ist von dem Unternehmer schriftlich bei dem Ministerium für Inneres, ländliche Räume und Integration einzubringen.

(2) Der Antrag muß das zu enteignende Grundstück, dessen Eigentümer, sowie, wo nur eine Belastung in Frage steht, die Art und den Umfang derselben genau bezeichnen (§ 18).

(3) Dem Antrage ist zum Nachweis der Rechte am Grundstück ein beglaubigter Auszug aus dem Grundbuch, wo ein solches nicht vorhanden ist oder nicht ausreicht, eine Bescheinigung des Bürgermeisters oder in Gutsbezirken des Gutsvorstehers, oder der sonst zur Ausstellung solcher Bescheinigungen berufenen Behörde über den Eigentumsbesitz und die bekannten Realrechte beizufügen. Diese Urkunden haben die betreffenden Behörden dem Unternehmer auf Grund der Feststellung (§ 21) oder einer sonstigen Bescheinigung des Ministeriums für Inneres, ländliche Räume und Integration gegen Erstattung der Kopialien zu erteilen, auch demselben Einsicht des Grundbuches usw. zu gestatten.

(4) Gleichzeitig mit Erteilung des Auszugs hat die Grundbuchbehörde, soweit die betreffenden Grundbücher dazu geeignet sind, und zwar ohne weiteren Antrag, eine Vormerkung über das eingeleitete Enteignungsverfahren im Grundbuche einzutragen, deren Löschung mit vollzogener Enteignung (§ 33) oder auf besonderes Ersuchen des Ministeriums für Inneres, ländliche Räume und Integration erfolgt. Auch hat dieselbe während der Dauer des Enteignungsverfahrens von jeder an dem Grundstücke eintretenden Rechtsveränderung, welche für die Vertretung des Grundstücks oder die Auszahlung der Entschädigung von Bedeutung ist, von Amts wegen der Enteignungsbehörde Nachricht zu geben.

§ 25

(1) Der Entscheidung des Ministeriums für Inneres, ländliche Räume und Integration muß eine kommissarische Verhandlung mit den Beteiligten unter Vorlegung des definitiv festgestellten Planes vorangehen.

(2) Der Kommissar hat auf Grund der nach § 24 beizubringenden Urkunden darauf zu achten, daß das Verfahren gegen den wirklichen Eigentümer gerichtet wird.

(3) Er hat den Unternehmer, den Eigentümer, sowie auch Nebenberechtigte, welche sich zur Teilnahme an dem Verfahren gemeldet haben, zu einem nötigenfalls an Ort und Stelle abzuhaltenden Termine vorzuladen.

(4) Alle übrigen Beteiligten werden durch eine in dem Amtsblatt für Schleswig-Holstein und in dem betreffenden Kreisblatt, sowie geeignetenfalls in sonstigen Blättern bekanntzumachende Vorladung aufgefordert, ihre Rechte im Termin wahrzunehmen.

(5) Die Ladungen erfolgen unter der Verwarnung, daß beim Ausbleiben der Geladenen ohne deren Zutun die Entschädigung festgestellt und wegen Auszahlung oder Hinterlegung der letzteren werde verfügt werden.

(6) In dem Termine ist jeder an dem zu enteignenden Grundstücke Berechtigte befugt, zu erscheinen und sein Interesse an der Feststellung der Entschädigung, sowie bezüglich der Auszahlung und Hinterlegung derselben wahrzunehmen.

(7) In dem Termine hat der Grundeigentümer seine Anträge auf vollständige Übernahme eines teilweise in Anspruch genommenen Grundstücks (§ 9) anzubringen. Spätere Anträge dieser Art sind unzulässig.

§ 26

(1) Der Kommissar hat eine Vereinbarung der Beteiligten zu Protokoll zu nehmen und ihnen eine Ausfertigung auf Verlangen zu erteilen.

(2) Das Protokoll hat die Kraft einer gerichtlichen oder notariellen Urkunde. In bezug auf die Rechtsverbindlichkeit der vor dem Kommissar abgeschlossenen Verträge kommen die Bestimmungen des § 17 Absatz 2 und 5 zur Anwendung.

§ 27

(1) Zu der kommissarischen Verhandlung sind ein bis drei Sachverständige zuzuziehen, welche von dem Ministerium für Inneres, ländliche Räume und Integration entweder für das ganze Unternehmen oder einzelne Teile desselben zu ernennen sind. Doch steht auch den Beteiligten zu, sich vor dem Abschätzungstermine über Sachverständige zu einigen, und dieselben dem Kommissar zu bezeichnen.

(2) Die ernannten Sachverständigen müssen die in den betreffenden Prozeßgesetzen vorgeschriebenen Eigenschaften eines völlig glaubwürdigen Zeugen besitzen; dieselben dürfen insbesondere nicht zu denjenigen Personen gehören, die selbst als Entschädigungsberechtigte von der Enteignung betroffen sind.

§ 28

(1) Das Gutachten wird von den Sachverständigen entweder mündlich zu Protokoll erklärt oder schriftlich eingereicht. Dasselbe muß mit Gründen unterstützt werden. Auf Verlangen des Ministeriums für Inneres, ländliche Räume und Integration hat der Sachverständige diesem gegenüber an Eides Statt zu versichern, daß er das von ihm geforderte Gutachten unparteiisch und nach bestem Wissen und Gewissen erstatten werde oder erstattet habe. Sind die Sachverständigen ein- für allemal als solche vereidet, so genügt die Versicherung der

Richtigkeit des Gutachtens auf den geleisteten Eid im Protokoll oder unter dem schriftlich eingereichten Gutachten.

(2) Den Beteiligten ist vor der Entscheidung des Ministeriums für Inneres, ländliche Räume und Integration (§ 29) Gelegenheit zu geben, über das Gutachten sich auszusprechen.

§ 29

(1) Die Entscheidung des Ministeriums für Inneres, ländliche Räume und Integration über die Entschädigung, die zu bestellende Kaution und die sonstigen aus §§ 7-13 sich ergebenden Verpflichtungen erfolgt mittels motivierten Beschlusses.

(2) Die Entschädigungssumme ist für jeden Eigentümer, sowie für jeden der im § 11 bezeichneten Nebenberechtigten, soweit ihm eine nicht schon im Werte des enteigneten Grundeigentums begriffene Entschädigung zuzusprechen ist, besonders festzustellen. Auch ist da, wo die den Nebenberechtigten gebührende Entschädigung in dem Werte des enteigneten Grundeigentums begriffen ist, auf Antrag des Eigentümers oder des betreffenden Nebenberechtigten das Anteilsverhältnis festzustellen, nach welchem dem letzteren innerhalb seiner vom Eigentümer anerkannten Berechtigung aus der für das Eigentum festgestellten Entschädigungssumme oder deren Nutzungen Entschädigung gebührt.

(3) In dem Beschlusse ist zugleich zu bestimmen, daß die Enteignung des Grundstücks nur nach erfolgter Zahlung oder Hinterlegung der Entschädigungs- oder Kautionssumme auszusprechen sei.

§ 30

(1) Gegen die Entscheidung des Ministeriums für Inneres, ländliche Räume und Integration steht sowohl dem Unternehmer als den übrigen Beteiligten innerhalb sechs Monaten nach Zustellung des Beschlusses die Beschreitung des Rechtsweges zu. Ein Streit über das Anteilsverhältnis eines Nebenberechtigten an der für das Eigentum festgestellten Entschädigung ist lediglich zwischen dem Nebenberechtigten und dem Eigentümer auszutragen.

(2) Eines vorgängigen Sühneversuchs bedarf es nicht.

(3) Zuständig ist das Gericht, in dessen Bezirk das betreffende Grundstück belegen ist.

(4) Sind die Parteien über die Sachverständigen nicht einig, so ernennt das Gericht dieselben.

(5) Wird von dem Unternehmer auf richterliche Entscheidung angetragen, so fallen ihm jedenfalls die Kosten der ersten Instanz zur Last.

§ 31

Wegen solcher nachteiligen Folgen der Enteignung, welche erst nach dem im § 25 gedachten Termine erkennbar werden, bleibt dem Entschädigungsberechtigten bis zum Ablauf von drei Jahren nach der Ausführung des Teiles der Anlage, durch welche er benachteiligt wird, ein im Rechtswege verfolgbarer persönlicher Anspruch gegen den Unternehmer.

3. Vollziehung der Enteignung

§ 32

(1) Die Enteignung des Grundstücks wird auf Antrag des Unternehmers von dem Ministerium für Inneres, ländliche Räume und Integration ausgesprochen, wenn der nach § 30 vorbehaltene Rechtsweg vom Unternehmer gegenüber durch Ablauf der sechsmonatlichen Frist, Verzicht oder rechtskräftiges Urteil erledigt, und wenn nachgewiesen ist, daß die vereinbarte (§§ 16, 26) oder endgültig festgestellte Entschädigungs- oder Kautionssumme rechtsgültig gezahlt oder hinterlegt ist.

(2) Die Enteignungserklärung schließt, insofern nicht ein anderes dabei vorbehalten wird, die Einweisung in den Besitz in sich.

§ 33

Gleichzeitig mit der Enteignungserklärung hat das Ministerium für Inneres, ländliche Räume und Integration da, wo nach den bestehenden Gesetzen von dem Eigentumsübergange Nachricht zu den Gerichtsakten zu nehmen ist, oder wo zur Eintragung des Eigentumsüberganges bestimmte öffentliche Bücher bestehen, der zuständigen Gerichts- oder sonstigen Behörde von der Enteignung Nachricht zu geben, beziehungsweise dieselbe um Bewirkung der Eintragung zu ersuchen. Der Enteignungsbeschluß des Ministeriums für Inneres, ländliche Räume und Integration steht hierbei dem Erkenntnisse eines Gerichts gleich.

§ 34

(1) In dringlichen Fällen kann das Ministerium für Inneres, ländliche Räume und Integration auf Antrag des Unternehmers anordnen, daß noch vor Erledigung des Rechtsweges die Enteignung erfolgen solle, sobald die durch Beschluß (§ 29) festgestellte Entschädigungs- oder Kautionssumme gezahlt oder hinterlegt worden ist.

(2) Diese Anordnung kann unter Umständen auch von vorgängiger Leistung einer besonderen Kaution abhängig gemacht werden.

§ 35

(1) Jeder Beteiligte kann binnen sieben Tagen nach dem ihm bekannt gemachten, die Dringlichkeit aussprechenden Beschlusse verlangen, daß der Enteignung eine Feststellung des Zustandes von Gebäuden oder künstlichen Anlagen vorausgehe.

(2) Dieselbe ist bei dem Gerichte der belegenen Sache (Amtsgerichte), mündlich zu Protokoll oder schriftlich zu beantragen.

(3) Das Gericht hat den Termin schleunigst und nicht über sieben Tage hinaus anzuberaumen und hiervon die Beteiligten und das Ministerium für Inneres, ländliche Räume und Integration zeitig zu benachrichtigen.

(4) Die Zuziehung eines oder mehrerer Sachverständigen kann auch von Amts wegen angeordnet werden. Sind die Parteien über die Sachverständigen nicht einig, so ernennt das Gericht dieselben.

(5) Die Enteignung kann nicht vor Beendigung dieses Verfahrens erfolgen, von welcher das Gericht das Ministerium für Inneres, ländliche Räume und Integration zu benachrichtigen hat.

§ 36

(1) Die Entschädigungssumme wird an denjenigen bezahlt, für welchen die Feststellung stattgefunden hat.

(2) Dieselbe wird in Ermangelung abweichender Vertragsbestimmungen von dem Unternehmer mit fünf Prozent vom Tage der Enteignung verzinst, soweit sie zu dieser Zeit nicht bezahlt oder in Gemäßheit des § 37 hinterlegt ist.

(3) Wird die durch Beschluß des Ministeriums für Inneres, ländliche Räume und Integration festgesetzte Entschädigungssumme durch die gerichtliche Entscheidung herabgesetzt, so erhält der Unternehmer den gezahlten Mehrbetrag ohne Zinsen, den hinterlegten Mehrbetrag aber mit den davon in der Zwischenzeit etwa aufgesammelten Zinsen zurück.

§ 37

(1) Der Unternehmer ist verpflichtet, die Entschädigungssumme zu hinterlegen:

1. wenn neben dem Eigentümer Entschädigungsberechtigte vorhanden sind, deren Ansprüche an die Entschädigungssumme zur Zeit nicht feststehen;
2. wenn das betreffende Grundstück Fideikommiß ist;
3. wenn Reallasten, Hypotheken oder Grundschulden auf dem betreffenden Grundstück haften.

(2) Die Hinterlegung erfolgt bei derjenigen Stelle, welche für den Bezirk der belegenen Sache zur Annahme von Hinterlegungen der betreffenden Art, beziehungsweise von gerichtlichen Hinterlegungen bestimmt ist.

(3) Über die Rechtmäßigkeit der Hinterlegung findet ein gerichtliches Verfahren nicht statt. Jeder Beteiligte kann sein Recht an der hinterlegten Summe gegen den dasselbe bestreitenden Mitbeteiligten im Rechtswege geltend machen.

§ 38

(1) Ist nur ein Teil eines Grundbesitzes enteignet, so stehen der Auszahlung der für den enteigneten Teil bestimmten Entschädigungssumme die auf dem gesamten Grundbesitz haftenden Hypotheken und Grundschulden nicht entgegen, wenn dieselben den fünfzehnfachen Betrag des Grundsteuer-Reinertrages des Restgrundbesitzes nicht übersteigen. Reallasten, welche der Eintragung in das Grundbuch bedürfen, werden hierbei den Hypotheken gleich geachtet und in entsprechender Anwendung der bei notwendigen Subhastationen geltenden Grundsätze zu Kapital veranschlagt.

(2) Auch wird bei einer solchen teilweisen Enteignung die Auszahlung der für den enteigneten Teil bestimmten Entschädigungssumme durch nicht eingetragene Reallasten, Fideikommiß des gesamten Grundbesitzes nicht gehindert, wenn die gedachte Entschädigungssumme den fünffachen Betrag des Grundsteuer-Reinertrages des gesamten Grundbesitzes und auch die Summe von dreihundert Deutscher Mark nicht übersteigt.

(3) Die Auszahlung laufender Nutzungen der Entschädigungssumme kann ohne Rücksicht auf die vorgedachten Realverhältnisse erfolgen.

4. Allgemeine Bestimmungen

§ 39

Alle Vorladungen und Zustellungen im Enteignungsverfahren sind gültig, wenn sie nach den für gerichtliche Behändigungen bestehenden Vorschriften erfolgt sind.

§ 40

Verwaltungsbehörden und Gerichte haben die Beweisfrage unter Berücksichtigung aller Umstände nach freier Überzeugung zu beurteilen.

§ 41

Wo dieses Gesetz die Anordnung einer Kaution vorschreibt oder zuläßt, ist gleichwohl der Fiskus von der Kautionsleistung frei.

§ 42

(1) Wenn der Unternehmer von dem ihm verliehenen Enteignungsrechte nicht binnen der in § 21 gedachten Zeit Gebrauch macht, oder von dem Unternehmen zurücktritt, bevor die Festsetzung der Entschädigung durch Beschluß des Ministeriums für Inneres, ländliche Räume und Integration erfolgt ist, so erlischt jenes Recht. Der Unternehmer haftet in diesem Falle den Entschädigungsberechtigten im Rechtswege für die Nachteile, welche denselben durch das Enteignungsverfahren erwachsen sind.

(2) Tritt der Unternehmer zurück, nachdem bereits die Feststellung der Entschädigung durch Beschluß des Ministeriums für Inneres, ländliche Räume und Integration erfolgt ist, so hat der Eigentümer die Wahl, ob er lediglich Ersatz für die Nachteile, welche ihm durch das Enteignungsverfahren erwachsen sind, oder Zahlung der festgestellten Entschädigung gegen Abtretung des Grundstücks geeignetenfalls nach vorgängiger Durchführung des in § 30 gedachten Prozeßverfahrens im Rechtswege beanspruchen will.

§ 43

(1) Die Kosten des administrativen Verfahrens trägt der Unternehmer. Bei demselben können die Entschädigungsberechtigten Ersatz für Wege und Versäumnisse nicht fordern.

(2) (gegenstandslos)

(3) Die Kosten des in § 35 erwähnten Verfahrens sind vom Antragsteller vorzuschießen. Über die Verbindlichkeit zur endlichen Übernahme dieser Kosten ist im nachfolgenden Rechtsstreit zu entscheiden.

Titel IV
Wirkungen der Enteignung

§ 44

(1) Mit Zustellung des Enteignungsbeschlusses (§ 32) an Eigentümer und Unternehmer geht das Eigentum des enteigneten Grundstücks auf den Unternehmer über.

(2) Erfolgt die Zustellung an den Eigentümer und Unternehmer nicht an demselben Tag, so bestimmt die zuletzt erfolgte Zustellung den Zeitpunkt des Überganges des Eigentums.

(3) Diese Vorschrift gilt auch in den Landesteilen, in denen nach den allgemeinen Gesetzen der Übergang des Eigentums von der Einschreibung in die Grundbücher oder von der Einreichung des Vertrages bei dem Realrichter abhängig gemacht ist.

§ 45

(1) Das enteignete Grundstück wird mit dem in § 44 bestimmten Zeitpunkt von allen darauf haftenden privatrechtlichen Verpflichtungen frei, soweit der Unternehmer dieselben nicht vertragsmäßig übernommen hat.

(2) Die Entschädigung tritt rücksichtlich aller Eigentums-, Nutzungs- und sonstigen Realansprüche, insbesondere der Reallasten, Hypotheken und Grundschulden an die Stelle des enteigneten Gegenstandes.

§ 46

Ist die Abtretung des Grundstücks durch Vereinbarung zwischen Unternehmer und Eigentümer erfolgt, und zwar in Gemäßheit des § 16 unter Durchführung des Enteignungsverfahrens oder in Gemäßheit des § 26, so treten die rechtlichen Wirkungen des § 45 auch in diesem Falle ein. Hypotheken- und Grundschuldgläubiger, sowie Realberechtigte können sich, soweit ihre Forderungen durch die zwischen Unternehmer und Eigentümer vereinbarte Entschädigungssumme nicht gedeckt werden, deren Festsetzung im Rechtswege gegen den Unternehmer fordern, wobei die Beweisvorschriften der §§ 30 und 40 zur Anwendung kommen.

§ 47

War das enteignete Grundstück Fideikommißgut, so ist – mit Ausnahme des § 38 vorgesehenen Falles – der Besitzer über die Entschädigungssumme nur nach den Vorschriften zu verfügen berechtigt, welche in den verschiedenen Landesteilen für die Verfügungen über derartige Güter und die an deren Stelle tretenden Kapitalien maßgebend sind.

§ 48

War das enteignete Grundstück mit Reallasten, Hypotheken oder Grundschulden behaftet, so kann – mit Ausnahme des § 38 vorgesehenen Falles – der Eigentümer über die Entschädigungssumme nur verfügen, wenn die Realberechtigten einwilligen.

§ 49

(1) Der Eigentümer des Grundstücks ist jedoch in den Fällen der §§ 47 und 48 befugt, wegen Auszahlung oder Verwendung der hinterlegten Entschädigungssumme die Vermittlung der Landeskulturbehörden für Regulierung gutsherrlicher und bäuerlicher Verhältnisse, Ablösungen und Gemeinheitsteilungen in Anspruch zu nehmen.

(2) Die Landeskulturbehörde hat die bei ihr eingehenden Anträge nach den Bestimmungen zu beurteilen und zu erledigen, welche wegen Wahrnehmung der Rechte dritter Personen bei Verwendung der Ablösungskapitalien in den §§ 110 bis 112 des Gesetzes vom 2. März 1850, betreffend die Ablösung der Reallasten und Regulierung der gutsherrlichen und bäuerlichen Verhältnisse, erteilt worden sind.

Titel V

§ 50 bis 53

aufgehoben

Titel VI
Schluß- und Übergangsbestimmungen
§ 54
Dieses Gesetz findet keine Anwendung:
1. auf die in besonderen Gesetzen oder im Gewohnheitsrechte begründete Entziehung oder Beschränkung des Grundeigentums im Interesse der Landeskultur, als bei Regulierung gutsherrlicher und bäuerlicher Verhältnisse, bei Ablösung von Reallasten, Gemeinheitsteilungen, Vorflutsangelegenheiten, Entwässerungs- und Bewässerungsangelegenheiten, Benutzung von Privatflüssen, Deichangelegenheiten, Wiesen- und Waldgenossenschafts-Angelegenheiten;
2. auf die Entziehung und Beschränkung des Grundeigentums im Interesse des Bergbaues und der Landestriangulation.

§ 55
Übergangsvorschrift

§ 56
aufgehoben

§ 57
(1) Der enteignete frühere Eigentümer kann verlangen, daß ein nach diesem Gesetz enteignetes Grundstück zu seinen Gunsten wieder enteignet wird (Rückenteignung), wenn mit der Ausführung des Vorhabens, dessentwegen das Grundstück enteignet wurde, nicht innerhalb von zwei Jahren, nachdem der Enteignungsbeschluß unanfechtbar geworden ist, begonnen wurde. Dies gilt sinngemäß bei der Beschränkung des Eigentums und der freiwilligen Abtretung nach § 16.

(2) Der Antrag auf Rückenteignung ist binnen eines Jahres seit Entstehen des Anspruchs bei der Enteignungsbehörde einzureichen. § 203 Abs. 2 des Bürgerlichen Gesetzbuches ist entsprechend anzuwenden.

(3) Die Enteignungsbehörde kann die Rückenteignung ablehnen, wenn das Grundstück erheblich verändert oder ganz oder überwiegend Entschädigung in Land gewährt worden ist.

(4) Für das Verfahren der Rückenteignung gilt dieses Gesetz entsprechend.

(5) Der frühere Inhaber eines Rechts, das durch Enteignung nach den Vorschriften dieses Gesetzes erloschen oder entzogen worden ist, kann unter den in Abs. 1 bezeichneten Voraussetzungen verlangen, daß ein gleiches Recht an dem früher belasteten Grundstück zu seinen Gunsten durch Enteignung wieder begründet wird. Für Rechte, die durch Enteignung des früher belasteten Grundstückes erloschen sind, gilt dies nur, wenn der frühere Eigentümer oder sein Rechtsnachfolger das Grundstück zurückerhält. Die Vorschriften über die Rückenteignung gelten sinngemäß.

§ 58
Änderungsvorschrift

Gesetz
über die Organisation der Polizei in Schleswig-Holstein
(Polizeiorganisationsgesetz – POG)
vom 12. November 2004
– GVOBl. Schl.-H. S. 408 –

Zuletzt geändert durch Gesetz vom 22. Oktober 2013 (GVOBl. Schl.-H. S. 404)

Abschnitt I
Aufbau der Polizei

§ 1
Behörden der Polizei

(1) Die Polizei ist eine Einrichtung des Landes.

(2) Behörden der Polizei sind

1. das Ministerium für Inneres, ländliche Räume und Integration einschließlich der zugeordneten Ämter Landespolizeiamt (§ 2) und Landeskriminalamt (§ 3),
2. die Polizeidirektionen (§ 4) und
3. die Polizeidirektion für Aus- und Fortbildung und für die Bereitschaftspolizei Schleswig-Holstein (§ 5).

§ 2
Landespolizeiamt

(1) Beim Ministerium für Inneres, ländliche Räume und Integration wird das Landespolizeiamt durch Verwaltungsvorschrift des Ministeriums für Inneres, ländliche Räume und Integration als zugeordnetes Amt gebildet.

(2) Das Ministerium für Inneres, ländliche Räume und Integration – Landespolizeiamt – übt die Dienst- und Fachaufsicht über die Behörden der Polizei nach § 1 Abs. 2 Nr. 2 und 3 aus. Es versorgt die Landespolizei mit Sach- und Dienstleistungen und gewährleistet die Wirtschaftlichkeit der Aufgabenerfüllung.

(3) Die polizeilichen Aufgaben in den Küstengewässern, Häfen und auf den Wasserstraßen werden durch Wasserschutzpolizeireviere und deren nachgeordnete Dienststellen wahrgenommen. Das Ministerium für Inneres, ländliche Räume und Integration wird ermächtigt, durch Verordnung[1] zu bestimmen, dass Binnengewässer in den Bezirken der Polizeidirektionen jeweils den Zuständigkeitsbereichen der gebietsbetroffenen Wasserschutzpolizeidienststellen zugeordnet werden. Das Ministerium für Inneres, ländliche Räume und Integration wird darüber hinaus ermächtigt, einzelne Bezirke aus Kreisen oder kreisfreien Städten ganz oder teilweise den Zuständigkeitsbereichen der gebietsbetroffenen Wasserschutzpolizeidienststellen zur Wahrnehmung der polizeilichen Aufgaben zuzuweisen. § 4 Abs. 5 bleibt unberührt. Die Wasserschutzpolizeireviere werden unmittelbar dem Landespolizeiamt nachgeordnet.

(4) Bei besonderen Lagen führt grundsätzlich das Landespolizeiamt. Das Nähere regelt das Ministerium für Inneres, ländliche Räume und Integration.

(5) Die Zusammenarbeit zwischen Landespolizeiamt und Landeskriminalamt regelt das Ministerium für Inneres, ländliche Räume und Integration im Einzelnen.

§ 3
Landeskriminalamt

(1) Beim Ministerium für Inneres, ländliche Räume und Integration besteht das Landeskriminalamt als zugeordnetes Amt fort.

(2) Das Landeskriminalamt führt Ermittlungen in schwierigen und besonders gelagerten Fällen durch. Das Landeskriminalamt kann im Einzelfall den Polizeidirektionen Weisungen für die Erforschung von Straftaten und Ordnungswidrigkeiten erteilen, deren Bearbeitung an sich ziehen oder eine Polizeidirektion auch für Ermittlungen im Bezirk anderer Polizeidirektionen für zuständig erklären.

(3) Das Landeskriminalamt ist zentrale Dienststelle im Sinne des § 1 Abs. 2 des Bundeskriminalamtgesetzes vom 7. Juli 1997 (BGBl. I S. 1650), zuletzt geändert durch Artikel 5 Abs. 3 des Gesetzes vom 22. August 2002 (BGBl. I S. 3390); die Behörden der Polizei haben dem Landeskriminalamt die zur Erfüllung seiner Aufgaben erforderlichen Informationen zu übermitteln.

§ 4
Polizeidirektionen

(1) Es werden sieben Polizeidirektionen als untere Landesbehörden mit folgender Bezeichnung und für folgende Bezirke vom Ministerium für Inneres, ländliche Räume und Integration errichtet:

1. Polizeidirektion Kiel mit Sitz in Kiel für die Bezirke der Landeshauptstadt Kiel und des Kreises Plön,
2. Polizeidirektion Neumünster mit Sitz in Neumünster für die Bezirke der kreisfreien Stadt Neumünster und des Kreises Rendsburg-Eckernförde,
3. Polizeidirektion Flensburg mit Sitz in Flensburg für die Bezirke der kreisfreien Stadt Flensburg, des Kreises Schleswig-Flensburg und des Kreises Nordfriesland,
4. Polizeidirektion Itzehoe mit Sitz in Itzehoe für die Bezirke der Kreise Steinburg und Dithmarschen,
5. Polizeidirektion Bad Segeberg mit Sitz in Bad Segeberg für die Bezirke der Kreise Segeberg und Pinneberg,
6. Polizeidirektion Lübeck mit Sitz in Lübeck für die Bezirke der Hansestadt Lübeck und des Kreises Ostholstein,
7. Polizeidirektion Ratzeburg mit Sitz in Ratzeburg für die Bezirke der Kreise Herzogtum Lauenburg und Stormarn.

(2) Die Polizeidirektionen nehmen grundsätzlich alle polizeilichen Aufgaben wahr. Absatz 6 sowie § 2 Abs. 3 und 4 und § 3 Abs. 2 und 3 bleiben unberührt.

(3) Das Ministerium für Inneres, ländliche Räume und Integration bestimmt durch Verordnung[2] die für die spezialisierte Verkehrsüberwachung zuständige Behörde sowie die Zuständigkeitsbereiche der den Behörden als Dienststellen nachgeordneten Polizei-Autobahnreviere.

(4) Die Bezirke der

1. Bezirkskriminalinspektion Flensburg als Dienststelle der Polizeidirektion Flensburg mit Sitz in Flensburg,
2. Bezirkskriminalinspektion Lübeck als Dienststelle der Polizeidirektion Lübeck mit Sitz in Lübeck,
3. Bezirkskriminalinspektion Kiel als Dienststelle der Polizeidirektion Kiel mit Sitz in Kiel und der
4. Bezirkskriminalinspektion Itzehoe als Dienststellen der Polizeidirektion Itzehoe mit Sitz in Itzehoe

---

[1] Landesverordnung über die örtliche Zuständigkeit der Wasserschutzpolizeidienststellen vom 7.1.2016 (GVOBl. Schl.-H. S. 26).

[2] Landesverordnung über über den Zeitpunkt der Errichtung der Polizeidirektionen Kiel und Neumünster sowie über die Auflösung nachgeordneter Dienststellen der Polizeidirektion Schleswig-Holstein Mitte und über die Auflösung der Verkehrspolizeidirektion Schleswig-Holstein vom 17.8.2005 (GVOBl. Schl.-H. S. 349); Landesverordnung über den Zeitpunkt der Errichtung der Polizeidirektionen Itzehoe, Bad Segeberg, Flensburg, Husum, Lübeck und Ratzeburg sowie über die Auflösung der Polizeidirektionen Schleswig-Holstein Mitte, West, Nord und Süd vom 25.10.2005 (GVOBl. Schl.-H. S. 522), zuletzt geändert durch LVO vom 19.5.2011 (GVOBl. Schl.-H. S. 148).

werden von der Landesregierung durch Verordnung³ bestimmt.

(5) Das Ministerium für Inneres, ländliche Räume und Integration wird ermächtigt, durch Verordnung⁴ zu bestimmen, dass eine Polizeidirektion ganz oder teilweise auch für einzelne Bezirke aus Kreisen oder kreisfreien Städten benachbarter Polizeidirektionen zuständig ist. § 2 Abs. 3 Satz 2 und 3 bleibt unberührt.

(6) Wirken sich Einsätze auf den örtlichen und sachlichen Zuständigkeitsbereich mehrerer Behörden der Polizei aus, ist die Behörde der Polizei zuständig, in deren Bereich das Schwergewicht der zu ergreifenden Maßnahmen liegt, sofern das Landespolizeiamt keine andere Zuständigkeit bestimmt. § 3 Abs. 2 bleibt unberührt.

§ 5
Polizeidirektion für Aus- und Fortbildung und für die Bereitschaftspolizei Schleswig-Holstein

(1) Die Polizeidirektion für Aus- und Fortbildung und für die Bereitschaftspolizei Schleswig-Holstein mit Sitz in Eutin besteht als untere Landesbehörde fort. Aufgabe dieser Polizeidirektion ist die Aus- und Fortbildung der Beschäftigten der Landespolizei, soweit diese nicht bei rechtlich selbständigen Bildungseinrichtungen ausgebildet werden.

(2) Die Bereitschaftspolizei unterstützt die Behörden und Dienststellen der Polizei, wenn die Erfüllung der diesen obliegenden Aufgaben es erforderlich macht.

§ 6
Zusammenwirken der Behörden der Polizei

(1) Alle Behörden der Polizei arbeiten bei der Durchführung der polizeilichen Aufgaben eng zusammen. Sie haben sich gegenseitig zu unterstützen. Sie haben bei Gefahr im Verzug auch in dem örtlichen und sachlichen Zuständigkeitsbereich einer anderen Behörde der Polizei diejenigen Maßnahmen zu treffen, die sie nach pflichtgemäßem Ermessen für unaufschiebbar halten.

(2) Die Beschäftigten einer Behörde der Polizei können einer anderen Behörde der Polizei unterstellt werden.

§ 7
Personalvertretungen

(1) Dienststellen im Sinne des § 8 Abs. 1 des Mitbestimmungsgesetzes Schleswig-Holstein (MBG Schl.-H.) sind
1. das Landespolizeiamt,
2. das Landeskriminalamt,
3. die Polizeidirektionen,
4. die Polizeidirektion für Aus- und Fortbildung und für die Bereitschaftspolizei Schleswig-Holstein.

(2) § 8 Abs. 2 bis 4 MBG Schl.-H. ist nicht anzuwenden.

Abschnitt II
Mitwirkung der kommunalen Selbstverwaltung

§ 8
Polizeibeiräte der Kreise und Städte

(1) Die Kreistage und die Gemeindevertretungen in den Gemeinden mit mehr als 20 000 Einwohnerinnen und Einwohnern bestellen einen Ausschuss als Polizeibeirat. In den kreisangehörigen Gemeinden von 10 000 bis zu 20 000 Einwohnerinnen und Einwohnern kann das Ministerium für Inneres, ländliche Räume und Integration durch besondere Ermächtigung auf Antrag der Gemeindevertretung die Bildung eines Polizeibeirats zulassen, wenn die örtlichen Verhältnisse und die ständige Polizeistärke dies geboten erscheinen lassen. Die Tätigkeit der Polizeibeiräte der Kreise erstreckt sich auf das Kreisgebiet, mit Ausnahme der durch eigene Polizeibeiräte vertretenen kreisangehörigen Gemeinden.

(2) Das Ministerium für Inneres, ländliche Räume und Integration und die von ihm Beauftragten sind berechtigt, an den Sitzungen der Polizeibeiräte teilzunehmen. Die Leiterinnen und Leiter der in § 4 Abs. 1 genannten Polizeibehörden oder deren Beauftragte können vorbehaltlich eines im Einzelfall entgegenstehenden Beschlusses des Polizeibeirats an den Sitzungen teilnehmen; sie sind auf besonderes Verlangen des Polizeibeirats zur Teilnahme verpflichtet.

§ 9
Aufgaben der Polizeibeiräte

(1) Die Polizeibeiräte haben für eine enge Verbindung und ein vertrauensvolles Verhältnis zwischen der kommunalen Selbstverwaltung und der Polizei Sorge zu tragen und die Polizei bei der Durchführung ihrer Aufgaben zu unterstützen. Sie sollen insbesondere Anregungen und Wünsche der Bevölkerung an die Polizeibehörden herantragen und mit diesen beraten.

(2) Die Polizeibeiräte der Kreise und kreisfreien Städte sind vor der Besetzung der Stellen der Leiterinnen und Leiter der Polizeidirektionen zu hören. Bei der Beschlussfassung der Polizeibeiräte der Kreise sind die Vorsitzenden der Polizeibeiräte der kreisangehörigen Gemeinden (§ 8 Abs. 1) zu beteiligen.

Abschnitt III
Hilfsbeamtinnen und Hilfsbeamte der Polizei

§ 10
Hilfsbeamtinnen und Hilfsbeamte der Polizei

(1) Das Ministerium für Inneres, ländliche Räume und Integration kann, wenn ein Bedürfnis hierfür besteht, Personen mit deren Einwilligung
1. zur Überwachung und Regelung des Straßenverkehrs,
2. zur Unterstützung der Polizei bei Notfällen, die durch Naturereignisse verursacht worden sind, Seuchen, Bränden, Explosionen oder schweren Unfällen

zu Hilfsbeamtinnen oder Hilfsbeamten der Polizei bestellen. Die Bestellung ist jederzeit widerruflich.

(2) Die Hilfsbeamtinnen und Hilfsbeamten der Polizei haben im Rahmen ihres Auftrages die den Polizeivollzugsbeamtinnen und Polizeivollzugsbeamten zustehenden Befugnisse. Dies gilt nicht für die Befugnis zum Waffengebrauch.

(3) Das Ministerium für Inneres, ländliche Räume und Integration kann auf Antrag im Einzelfall bestimmen, dass Beamtinnen und Beamte sowie sonstige Bedienstete, die, ohne Polizeivollzugsbeamtin oder Polizeivollzugsbeamter zu sein, mit der Wahrnehmung bestimmter polizeilicher Aufgaben betraut sind, für ihren Aufgabenkreis die Befugnisse von Polizeivollzugsbeamtinnen und Polizeivollzugsbeamten mit Ausnahme der Befugnis zum Waffengebrauch haben.

Abschnitt IV
Kosten der Polizei

§ 11

(1) Das Land trägt folgende Kosten der Polizei, soweit nicht durch besondere Gesetze oder Vereinbarungen etwas anderes bestimmt wird:
1. die persönlichen und sächlichen Kosten der Polizei,
2. die Kosten der Verpflegung und sonstige Auslagen für die von der Polizei in Gewahrsam gehaltenen Personen sowie die Kosten der Sicherstellung von Sachen,

---

3 Landesverordnung über die Bezirke der Bezirkskriminalinspektionen vom 6.11.2005 (GVOBl. Schl.-H. S. 526), zuletzt geändert durch LVO vom 1.11.2007 (GVOBl. Schl.-H. S. 464).

4 Landesverordnung über die örtliche Zuständigkeit der Polizeidirektionen vom 25.10.2005 (GVOBl. Schl.-H. S. 523); geändert durch LVO vom 19.5.2011 (GVOBl. Schl.-H. S. 148); Landesverordnung über die kriminalpolizeiliche Zuständigkeit der Polizeidirektion Kiel für die Gemeinde Kronshagen und die Bezirke der Polizeistationen Molfsee, Flintbek, Altenholz und Strande sowie über die kriminalpolizeiliche Zuständigkeit der Polizeidirektion Neumünster für den Bezirk der Polizeistation Bönebüttel vom 17.8.2005 (GVOBl. Schl.-H. S. 350).

3. die Kosten, die der Polizei durch Maßnahmen entstehen, die sie zur Durchführung ihrer Aufgaben nach der Strafprozessordnung trifft, auch soweit sie nicht unter Nummern 1 und 2 fallen,
4. Leistungen aus Entschädigungspflichten der Polizei wegen rechtswidriger Amtshandlungen, soweit nicht nach § 34 Abs. 2 und § 168 Abs. 2 Satz 2 des Landesverwaltungsgesetzes die ersuchende Verwaltungsbehörde haftet, und wegen rechtmäßiger Amtshandlungen in den Fällen nach Nummer 3.

(2) Es ist sicherzustellen, dass die in Absatz 1 Nr. 2 und 3 erwähnten Kosten von der oder dem Verurteilten mit den Gerichtskosten wieder eingezogen werden, soweit dies nach den hierfür geltenden Bestimmungen zulässig ist. Das Nähere regeln das Ministerium für Inneres, ländliche Räume und Integration und das für Justiz zuständige Ministerium im gegenseitigen Einvernehmen.

(3) Die Kosten, die der Polizei durch Maßnahmen nach § 168 des Landesverwaltungsgesetzes einschließlich der erforderlichen Ermittlungs- und Vollzugsmaßnahmen entstehen und die nicht zu den in Absatz 1 genannten Kosten gehören, werden von den Kostenträgern derjenigen Verwaltungsbehörden getragen, die nach den Gesetzen für die betreffenden Maßnahmen neben der Polizei sachlich und örtlich zuständig sind.

(4) Durch die Absätze 1 und 3 wird ein gesetzlich zulässiger Rückgriff gegen Dritte nicht berührt.

(5) Das Ministerium für Inneres, ländliche Räume und Integration entscheidet bei Streitigkeiten aus den Absätzen 1 und 3.

Abschnitt V
Schlussvorschriften

§ 12
Durchführung des Gesetzes

Die zur Durchführung dieses Gesetzes erforderlichen Verwaltungsvorschriften erlässt das Ministerium für Inneres, ländliche Räume und Integration.

§ 13
Übergangsbestimmungen

Für den Personalrat gilt § 94 a Mitbestimmungsgesetz Schleswig-Holstein entsprechend.

§ 14
Inkrafttreten

Dieses Gesetz tritt am Tage nach der Verkündung in Kraft. Gleichzeitig tritt das Polizeiorganisationsgesetz in der Fassung der Bekanntmachung vom 3. März 1994 (GVOBl. Schl.-H. S. 158), Zuständigkeiten und Ressortbezeichnungen ersetzt durch Verordnung vom 13. Februar 2001 (GVOBl. Schl.-H. S. 34), außer Kraft.

Versammlungsfreiheitsgesetz für das Land Schleswig-Holstein (VersFG SH)*
vom 18. Juni 2015
– GVOBl. Schl.-H. S. 135 –

Übersicht

Abschnitt 1
Allgemeine Regelungen

§ 1 Versammlungsfreiheit
§ 2 Begriff der öffentlichen Versammlung
§ 3 Schutzaufgabe und Kooperation
§ 4 Veranstaltung einer Versammlung
§ 5 Versammlungsleitung
§ 6 Befugnisse der Versammlungsleitung
§ 7 Störungsverbot
§ 8 Waffen- und Uniformverbot
§ 9 Anwendbarkeit des Landesverwaltungsgesetzes (LVwG)
§ 10 Anwesenheit der Polizei

Abschnitt 2
Versammlungen unter freiem Himmel

§ 11 Anzeige
§ 12 Erlaubnisfreiheit
§ 13 Beschränkungen, Verbot, Auflösung
§ 14 Untersagung der Teilnahme oder Anwesenheit und Ausschluss von Personen
§ 15 Durchsuchungen und Identitätsfeststellungen
§ 16 Bild- und Tonübertragungen und -aufzeichnungen
§ 17 Vermummungs- und Schutzausrüstungsverbot
§ 18 Öffentliche Verkehrsflächen im Privateigentum

Abschnitt 3
Versammlungen in geschlossenen Räumen

§ 19 Einladung
§ 20 Beschränkungen, Verbot, Auflösung
§ 21 Ausschluss von Störern, Hausrecht
§ 22 Aufnahmen und Aufzeichnungen von Bild und Ton

Abschnitt 4
Straftaten, Ordnungswidrigkeiten, Einziehung, Kosten

§ 23 Straftaten
§ 24 Ordnungswidrigkeiten
§ 25 Einziehung
§ 26 Kosten

Abschnitt 5
Schlussbestimmungen

§ 27 Zuständigkeitsregelungen
§ 28 Einschränkung von Grundrechten

Abschnitt 1
Allgemeine Regelungen

§ 1
Versammlungsfreiheit

(1) Jede Person hat das Recht, sich ohne Anmeldung oder Erlaubnis friedlich und ohne Waffen mit anderen zu versammeln und Versammlungen zu veranstalten.

(2) Dieses Recht hat nicht, wer das Grundrecht der Versammlungsfreiheit gemäß Artikel 18 des Grundgesetzes verwirkt hat.

§ 2
Begriff der öffentlichen Versammlung

(1) Versammlung im Sinne dieses Gesetzes ist eine örtliche Zusammenkunft von mindestens drei Personen zur gemeinschaftlichen, überwiegend auf die Teilhabe an der öffentlichen Meinungsbildung gerichteten Erörterung oder Kundgebung. Aufzug ist eine sich fortbewegende Versammlung.

(2) Eine Versammlung ist öffentlich, wenn die Teilnahme nicht auf einen individuell bestimmten Personenkreis beschränkt ist oder die Versammlung auf eine Kundgebung an die Öffentlichkeit in ihrem räumlichen Umfeld gerichtet ist.

(3) Soweit nichts anderes bestimmt ist, gilt dieses Gesetz sowohl für öffentliche als auch für nichtöffentliche Versammlungen.

§ 3
Schutzaufgabe und Kooperation

(1) Die Träger der öffentlichen Verwaltung wirken im Rahmen der ihnen übertragenen Aufgaben darauf hin, friedliche Versammlungen zu schützen und die Versammlungsfreiheit zu wahren.

(2) Aufgabe der zuständigen Behörde ist es,
1. die Durchführung einer nach Maßgabe dieses Gesetzes zulässigen Versammlung zu unterstützen,
2. ihre Durchführung vor Störungen zu schützen,
3. von der Versammlung oder im Zusammenhang mit dem Versammlungsgeschehen von Dritten ausgehende Gefahren für die öffentliche Sicherheit abzuwehren.

(3) Soweit es nach Art und Umfang der Versammlung erforderlich ist, bietet die zuständige Behörde der Person, die eine öffentliche Versammlung veranstaltet oder der die Leitung übertragen worden ist, rechtzeitig ein Kooperationsgespräch an, um die Gefahrenlage und sonstige Umstände zu erörtern, die für die ordnungsgemäße Durchführung der Versammlung wesentlich sind. Bestehen Anhaltspunkte für Gefährdungen, die gemäß § 13 Absatz 1, § 20 Absatz 1 zu einem Verbot oder Beschränkungen führen können, ist Gelegenheit zu geben, durch ergänzende Angaben oder Veränderungen der beabsichtigten Versammlung ein Verbot oder Beschränkungen entbehrlich zu machen.

(4) Im Rahmen der Kooperation informiert die zuständige Behörde die Person, die eine öffentliche Versammlung veranstaltet oder der die Leitung übertragen worden ist, vor und während der Versammlung über erhebliche Änderungen der Gefahrenlage, soweit dieses nach Art und Umfang der Versammlung erforderlich ist. Konfliktmanagement ist Bestandteil der Kooperation.

§ 4
Veranstaltung einer Versammlung

Wer zu einer Versammlung einlädt oder die Versammlung nach § 11 anzeigt, veranstaltet eine Versammlung.

§ 5
Versammlungsleitung

(1) Die Veranstalterin oder der Veranstalter leitet die Versammlung. Wird die Versammlung von einer Vereinigung veranstaltet, wird sie von der Person geleitet, die deren Vorsitz führt. Die Veranstalterin oder der Veranstalter kann die Leitung einer anderen Person übertragen.

(2) Die Vorschriften dieses Gesetzes über die Versammlungsleitung gelten für nichtöffentliche Versammlungen nur, wenn eine Versammlungsleitung bestimmt ist.

§ 6
Befugnisse der Versammlungsleitung

(1) Die Versammlungsleitung sorgt für den ordnungsgemäßen Ablauf der Versammlung und wirkt auf deren Friedlichkeit hin. Sie darf die Versammlung jederzeit unterbrechen oder schließen.

(2) Die Versammlungsleitung kann sich der Hilfe von Ordnerinnen und Ordnern bedienen. Diese müssen bei Versammlungen unter freiem Himmel durch weiße Armbinden,

---

* Das Versammlungsfreiheitsgesetz wurde als Artikel 1 des Gesetzes zum Versammlungsrecht in Schleswig-Holstein vom 18.6.2015 (GVOBl. Schl.-H. S. 135) verkündet, das nach seinem Artikel 5 am 1.7.2015 in Kraft trat.

die nur die Bezeichnung „Ordnerin" oder „Ordner" tragen dürfen, kenntlich sein. Die Vorschriften dieses Gesetzes für Teilnehmerinnen und Teilnehmer der Versammlung gelten auch für Ordnerinnen und Ordner.

(3) Die zur Aufrechterhaltung der Ordnung in der Versammlung getroffenen Anweisungen der Versammlungsleitung und der Ordnerinnen und Ordner sind zu befolgen.

(4) Die Versammlungsleitung darf Personen, welche die Ordnung der Versammlung erheblich stören, aus der Versammlung ausschließen. Wer aus der Versammlung ausgeschlossen wird, hat sich unverzüglich zu entfernen.

§ 7
Störungsverbot

Es ist verboten, eine Versammlung mit dem Ziel zu stören, deren Durchführung erheblich zu behindern oder zu vereiteln.

§ 8
Waffen- und Uniformverbot

(1) Es ist verboten,
1. Waffen oder
2. sonstige Gegenstände, die ihrer Art nach zur Verletzung von Personen oder zur Herbeiführung erheblicher Schäden an Sachen geeignet und den Umständen nach dazu bestimmt sind, bei Versammlungen oder auf dem Weg zu oder von Versammlungen mit sich zu führen, zu Versammlungen hinzuschaffen oder sie zur Verwendung bei Versammlungen bereitzuhalten oder zu verteilen.[1]

(2) Es ist verboten, in einer Versammlung durch das Tragen von Uniformen oder Uniformteilen oder sonst ein einheitliches Erscheinungsbild vermittelnden Kleidungsstücken in einer Art und Weise aufzutreten, die dazu geeignet und bestimmt ist, im Zusammenwirken mit anderen teilnehmenden Personen den Eindruck von Gewaltbereitschaft zu vermitteln und dadurch einschüchternd zu wirken.

(3) Die zuständige Behörde trifft zur Durchsetzung des Verbots Anordnungen, in denen die vom Verbot erfassten Gegenstände oder Verhaltensweisen bezeichnet sind.

§ 9
Anwendbarkeit des Landesverwaltungsgesetzes (LVwG)

(1) Soweit dieses Gesetz die Abwehr von Gefahren gegenüber einzelnen Teilnehmerinnen und Teilnehmern nicht regelt, sind Maßnahmen gegen sie nach dem Landesverwaltungsgesetz zulässig, wenn von ihnen nach den zum Zeitpunkt der Maßnahme erkennbaren Umständen vor oder bei der Durchführung der Versammlung oder im Anschluss an sie eine unmittelbare Gefahr für die öffentliche Sicherheit ausgeht.

(2) Für Versammlungen in geschlossenen Räumen gilt Absatz 1 für den Fall, dass von den Teilnehmerinnen oder Teilnehmern eine Gefahr im Sinne von § 20 Absatz 1 ausgeht.

(3) Maßnahmen vor Beginn der Versammlung, welche die Teilnahme an der Versammlung unterbinden sollen, setzen eine Teilnahmeuntersagung nach § 14 voraus.

§ 10
Anwesenheit der Polizei

Die Polizei kann anwesend sein
1. bei Versammlungen unter freiem Himmel, wenn dies zur polizeilichen Aufgabenerfüllung nach diesem Gesetz erforderlich ist,
2. bei Versammlungen in geschlossenen Räumen, wenn dies zur Abwehr einer unmittelbaren Gefahr für die Friedlichkeit der Versammlung erforderlich ist.

Nach Satz 1 anwesende Polizeikräfte haben sich der Versammlungsleitung zu erkennen zu geben; bei Versammlungen unter freiem Himmel genügt es, wenn dies durch die polizeiliche Einsatzleitung erfolgt.

Abschnitt 2
Versammlungen unter freiem Himmel

[1] *Der Text ab „bei Versammlungen oder auf dem Weg" ist als Teil der Nummer 2 beschlossen worden, gehört grammatikalisch aber sowohl zu Nummer 2 als auch zu Nummer 1.*

§ 11
Anzeige

(1) Wer eine öffentliche Versammlung unter freiem Himmel veranstalten will, hat dies der zuständigen Behörde spätestens 48 Stunden vor der Einladung zu der Versammlung anzuzeigen. Veranstalten mehrere Personen eine Versammlung, ist nur eine Anzeige abzugeben.

(2) Die Anzeige muss den geplanten Ablauf der Versammlung nach Ort, Zeit und Thema bezeichnen, bei Aufzügen auch den beabsichtigten Streckenverlauf. Sie muss Name und Anschrift der anzeigenden Person und der Person, die sie leiten soll, sofern eine solche bestimmt ist, enthalten.

(3) Wird die Versammlungsleitung erst später bestimmt, sind Name und Anschrift der vorgesehenen Person der zuständigen Behörde unverzüglich mitzuteilen. Wenn die Versammlungsleitung sich der Hilfe von Ordnerinnen und Ordnern bedient, ist ihr Einsatz unter Angabe der Zahl der dafür voraussichtlich eingesetzten Personen der zuständigen Behörde mitzuteilen.

(4) Wesentliche Änderungen der Angaben nach Absatz 1 bis 3 sind der zuständigen Behörde unverzüglich mitzuteilen.

(5) Wenn der Zweck der Versammlung durch eine Einhaltung der Frist nach Absatz 1 Satz 1 gefährdet würde (Eilversammlung), ist die Versammlung spätestens mit der Einladung bei der zuständigen Behörde oder bei der Polizei anzuzeigen.

(6) Die Anzeigepflicht entfällt, wenn sich die Versammlung aufgrund eines spontanen Entschlusses augenblicklich bildet (Spontanversammlung).

§ 12
Erlaubnisfreiheit

Für eine öffentliche Versammlung unter freiem Himmel sind keine behördlichen Erlaubnisse erforderlich, die sich auf die Benutzung der öffentlichen Verkehrsflächen beziehen.

§ 13
Beschränkungen, Verbot, Auflösung

(1) Die zuständige Behörde kann die Durchführung einer Versammlung unter freiem Himmel beschränken oder verbieten, die Versammlung nach deren Beginn auch auflösen. wenn nach den zur Zeit des Erlasses der Maßnahmen erkennbaren Umständen die öffentliche Sicherheit bei Durchführung der Versammlung unmittelbar gefährdet ist.

(2) Verbot oder Auflösung setzen voraus, dass Beschränkungen nicht ausreichen.

(3) Geht eine unmittelbare Gefahr für die öffentliche Sicherheit von Dritten aus, sind Maßnahmen der Gefahrenabwehr gegen diese zu richten. Kann dadurch die Gefahr auch unter Heranziehung von landes- oder bundesweit verfügbaren Polizeikräften nicht abgewehrt werden, dürfen Maßnahmen nach den Absätzen 1 oder 2 auch zulasten der Versammlung ergriffen werden, von der die Gefahr nicht ausgeht. Ein Verbot oder die Auflösung dieser Versammlung setzt Gefahren für Leben oder Gesundheit von Personen oder für Sachgüter von erheblichem Wert voraus.

(4) Die zuständige Behörde kann die Durchführung einer Versammlung unter freiem Himmel beschränken oder verbieten, die Versammlung nach deren Beginn auflösen, wenn

1. die Versammlung an einem Tag stattfindet, der zum Gedenken an die Opfer der menschenunwürdigen Behandlung unter der nationalsozialistischen Gewalt- und Willkürherrschaft bestimmt ist, und
2. nach den zur Zeit des Erlasses der Verfügung erkennbaren Umständen die unmittelbare Gefahr besteht, dass durch die Versammlung die nationalsozialistische Gewalt- und Willkürherrschaft gebilligt, verherrlicht oder gerechtfertigt und dadurch der öffentliche Friede gestört wird.

Tage nach Satz 1 Nummer 1 sind der 27. Januar und der 9. November.

(5) Sollen eine beschränkende Verfügung oder ein Verbot ausgesprochen werden, so sind diese nach Feststellung der Voraussetzungen, die diese Verfügung rechtfertigen, unver-

züglich der Versammlungsleiterin oder dem Versammlungsleiter und den Teilnehmerinnen und Teilnehmern bekannt zu geben.

(6) Die Bekanntgabe einer nach Versammlungsbeginn erfolgenden beschränkenden Verfügung oder einer Auflösung muss unter Angabe des Grundes der Maßnahme erfolgen. Widerspruch und Anfechtungsklage gegen Verfügungen nach Satz 1 haben keine aufschiebende Wirkung.

(7) Sobald die Versammlung für aufgelöst erklärt ist, haben alle anwesenden Personen sich unverzüglich zu entfernen.

(8) Es ist verboten, anstelle der aufgelösten Versammlung eine Ersatzversammlung am gleichen Ort durchzuführen.

(9) Es ist verboten, öffentlich, im Internet oder durch Verbreiten von Schriften, Ton- oder Bildträgern, Datenspeichern, Abbildungen oder anderen Darstellungen zur Teilnahme an einer Versammlung unter freiem Himmel aufzufordern, deren Durchführung durch ein vollziehbares Verbot untersagt oder deren vollziehbare Auflösung angeordnet worden ist.

§ 14
Untersagung der Teilnahme oder Anwesenheit und Ausschluss von Personen

(1) Die zuständige Behörde kann einer Person die Teilnahme an oder Anwesenheit in einer Versammlung unter freiem Himmel unmittelbar vor deren Beginn untersagen, wenn von ihr nach den zur Zeit des Erlasses der Verfügung erkennbaren Umständen bei Durchführung der Versammlung eine unmittelbare Gefahr für die öffentliche Sicherheit ausgeht.

(2) Wer durch sein Verhalten in der Versammlung die öffentliche Sicherheit unmittelbar gefährdet, ohne dass die Versammlungsleitung dies unterbindet, oder wer einer Anordnung nach § 6 Absatz 3 zuwiderhandelt, kann von der zuständigen Behörde ausgeschlossen werden. Wer aus der Versammlung ausgeschlossen wird, hat sich unverzüglich zu entfernen.

§ 15
Durchsuchung und Identitätsfeststellung

(1) Bestehen tatsächliche Anhaltspunkte dafür, dass Waffen mitgeführt werden oder der Einsatz von Gegenständen im Sinne von § 8 Absatz 1 Nummer 2, § 8 Absatz 2 oder § 17 die öffentliche Sicherheit bei Durchführung der öffentlichen Versammlung unter freiem Himmel unmittelbar gefährden wird, können Personen und Sachen durchsucht werden. Aufgefundene Gegenstände im Sinne des Satz 1 können sichergestellt werden. Die Durchführung der Durchsuchungen richtet sich nach dem Landesverwaltungsgesetz des Landes Schleswig-Holstein.

(2) Identitätsfeststellungen sowie weitere polizei- und ordnungsrechtliche oder strafprozessuale Maßnahmen sind nur zulässig, soweit sich an am Ort der Versammlung, im Bereich des Aufzuges oder auf unmittelbaren Wege dorthin tatsächliche Anhaltspunkte für einen bevorstehenden Verstoß gegen § 8 oder § 17 oder für die Begehung strafbarer Handlungen ergeben.

§ 16
Bild- und Tonübertragungen und –aufzeichnungen

(1) Die Polizei darf Bild- und Tonaufnahmen sowie entsprechende Aufzeichnungen von einer Person bei oder im Zusammenhang mit einer öffentlichen Versammlung unter freiem Himmel nur dann anfertigen, wenn Tatsachen die Annahme rechtfertigen, dass von der Person eine erhebliche Gefahr für die öffentliche Sicherheit ausgeht. Die Aufzeichnungen dürfen auch angefertigt werden, wenn andere Personen unvermeidbar betroffen werden.

(2) Die Polizei darf Bild- und Tonübertragungen in Echtzeit (Übersichtsaufnahmen) von öffentlichen Versammlungen unter freiem Himmel und ihrem Umfeld zur Lenkung und Leitung des Polizeieinsatzes nur dann anfertigen, wenn dies wegen der Größe oder Unübersichtlichkeit der Versammlung erforderlich ist und wenn tatsächliche Anhaltspunkte die Annahme rechtfertigen, dass von Versammlungsteilnehmerinnen oder Versammlungsteilnehmern erhebliche Gefahren für die öffentliche Sicherheit ausgehen.

(3) Der Einsatz von Technik für Aufnahmen und Aufzeichnungen ist unverzüglich vorzunehmen. Die Versammlungsleitung ist unverzüglich über die Anfertigung von Aufzeichnungen nach Absatz 1 und Übersichtsaufnahmen nach Absatz 2 in Kenntnis zu setzen. Die von einer Aufzeichnung nach Absatz 1 betroffene Person ist über die Maßnahme zu unterrichten, sobald ihre Identität bekannt ist und zulässige Verwendungszwecke der Aufzeichnung nicht gefährdet werden. Bei einem durch die Maßnahme unvermeidbar betroffenen Dritten im Sinne des Absatzes 1 Satz 2 unterbleibt die Unterrichtung, wenn die Identifikation nur mit unverhältnismäßigen Ermittlungen möglich wäre oder überwiegend schutzwürdige Interessen anderer Betroffener entgegenstehen.

(4) Die Aufzeichnungen nach Absatz 1 sind nach Beendigung der Versammlung oder zeitlich und sachlich damit unmittelbar im Zusammenhang stehender Ereignisse unverzüglich zu löschen. Dies gilt nicht, soweit sie erforderlich sind

1. zur Verfolgung von Straftaten in oder im Zusammenhang mit der Versammlung oder von Ordnungswidrigkeiten nach § 24 Absatz 1 Nummer 7,
2. zur Gefahrenabwehr, wenn von der betroffenen Person in oder im Zusammenhang mit der Versammlung die konkrete Gefahr einer Verletzung von Strafgesetzen ausging und zu besorgen ist, dass bei einer künftigen Versammlung von dieser Person erneut die Gefahr der Verletzung von Strafgesetzen ausgehen wird,
3. zur befristeten Dokumentation polizeilichen Handelns, sofern eine Störung der öffentlichen Sicherheit eingetreten ist, oder
4. zum Zwecke der polizeilichen Aus- und Fortbildung; hierzu ist eine eigene Fassung herzustellen, die eine Identifizierung der darauf abgebildeten Personen unumkehrbar ausschließt.

Die Aufzeichnungen, die aus den in Satz 2 genannten Gründen nicht gelöscht wurden, sind spätestens nach Ablauf von sechs Monaten nach ihrer Anfertigung zu löschen, sofern sie nicht inzwischen zur Verfolgung von Straftaten nach Satz 2 Nummer 1, zur Gefahrenabwehr nach Satz 2 Nummer 2 oder zur Dokumentation nach Nummer 3 erforderlich sind. Die Löschung der Aufzeichnungen ist zu dokumentieren. Außer zu den in Nummern 1 bis 4 genannten Zwecken dürfen Aufzeichnungen nicht genutzt werden.

(5) Die Gründe für die Anfertigung von Bild- und Tonaufzeichnungen nach Absatz 1 und für ihre Verwendung nach Absatz 4 sind zu dokumentieren. Satz 1 gilt für die Dokumentation von Aufnahmen nach Absatz 1 und Übersichtsaufnahmen nach Absatz 2 entsprechend. Werden von Aufzeichnungen eigene Fassungen für die Verwendung zur polizeilichen Aus- und Fortbildung erstellt, sind die Anzahl der hergestellten Fassungen sowie der Ort der Aufbewahrung zu dokumentieren.

(6) Die behördlichen Datenschutzbeauftragten der Polizei können die Einhaltung der Dokumentationspflichten nach Absatz 4 Satz 4 und Absatz 5 regelmäßig überprüfen.

§ 17
Vermummungs- und Schutzausrüstungsverbot

(1) Es ist verboten, bei oder im Zusammenhang mit einer Versammlung unter freiem Himmel Gegenstände mit sich zu führen,

1. die zur Identitätsverschleierung geeignet und den Umständen nach darauf gerichtet sind, eine zu Zwecken der Verfolgung einer Straftat oder Ordnungswidrigkeit durchgeführte Feststellung der Identität zu verhindern, oder
2. die als Schutzausrüstung geeignet und den Umständen nach darauf gerichtet sind, Vollstreckungsmaßnahmen eines Trägers von Hoheitsgewalt abzuwehren.

(2) Die zuständige Behörde trifft zur Durchsetzung des Verbots Anordnungen, in denen die vom Verbot erfassten Gegenstände bezeichnet sind.

§ 18
Öffentliche Verkehrsflächen im Privateigentum

Auf Verkehrsflächen von Grundstücken in Privateigentum, die dem allgemeinen Publikum geöffnet sind, können öffentliche Versammlungen auch ohne die Zustimmung der Eigentümerin oder des Eigentümers durchgeführt werden, wenn sich die Grundstücke im Eigentum von Unternehmen befinden, die ausschließlich im Eigentum der öffentlichen Hand stehen oder von ihr beherrscht werden.

Abschnitt 3
Versammlungen in geschlossenen Räumen

§ 19
Einladung

(1) Wer eine öffentliche Versammlung in geschlossenen Räumen veranstaltet, darf in der Einladung bestimmte Personen oder Personenkreise von der Teilnahme ausschließen.

(2) Die Leitung einer öffentlichen Versammlung in geschlossenen Räumen darf die Anwesenheit von Vertretern der Medien, die sich als solche durch anerkannten Presseausweis ausgewiesen haben, nicht unterbinden.

§ 20
Beschränkung, Verbot, Auflösung

(1) Die zuständige Behörde kann die Durchführung einer Versammlung in geschlossenen Räumen beschränken oder verbieten, die Versammlung nach deren Beginn auch auflösen, wenn nach den zur Zeit des Erlasses der Maßnahmen erkennbaren Umständen eine unmittelbare Gefahr

1. eines unfriedlichen Verlaufs der Versammlung,
2. für Leben oder Gesundheit von Personen oder
3. dafür besteht, dass in der Versammlung Äußerungen erfolgen, die ein Verbrechen oder ein von Amts wegen zu verfolgendes Vergehen darstellen.

(2) Verbot oder Auflösung setzen voraus, dass Beschränkungen nicht ausreichen.

(3) Geht eine unmittelbare Gefahr für die in Absatz 1 genannten Rechtsgüter von Dritten aus, sind Maßnahmen der Gefahrenabwehr gegen Dritte zu richten. Kann dadurch die Gefahr auch mit durch Amts- oder Vollzugshilfe ergänzten Mitteln und Kräften nicht abgewehrt werden, dürfen Maßnahmen nach Absatz 1 auch zulasten der Versammlung ergriffen werden, von der die Gefahr nicht ausgeht.

(4) Sollen eine beschränkende Verfügung oder ein Verbot ausgesprochen werden, so sind diese nach Feststellung der Voraussetzungen, die diese Verfügung rechtfertigen, unverzüglich bekannt zu geben. Die Bekanntgabe einer nach Versammlungsbeginn erfolgenden beschränkenden Verfügung oder einer Auflösung muss unter Angabe des Grundes der Maßnahme erfolgen und ist an die Versammlungsleitung zu richten. Widerspruch und Anfechtungsklage gegen Verfügungen nach Satz 2 haben keine aufschiebende Wirkung.

(5) Sobald die Versammlung für aufgelöst erklärt ist, haben sich alle anwesenden Personen unverzüglich zu entfernen.

(6) Es ist verboten, anstelle der aufgelösten Versammlung eine Ersatzversammlung am gleichen Ort durchzuführen.

(7) Es ist verboten, öffentlich, im Internet oder durch Verbreiten von Schriften, Ton- oder Bildträgern, Datenspeichern, Abbildungen oder anderen Darstellungen zur Teilnahme an einer Versammlung in geschlossenen Räumen aufzufordern, deren Durchführung durch ein vollziehbares Verbot untersagt oder deren vollziehbare Auflösung angeordnet worden ist.

§ 21
Ausschluss von Störern; Hausrecht

(1) Wer die Versammlung leitet, kann teilnehmende Personen, welche die Ordnung erheblich stören, von der Versammlung ausschließen.

(2) Die eine Versammlung leitende Person übt gegenüber anderen Personen als Teilnehmern das Hausrecht aus.

§ 22
Aufnahmen und Aufzeichnungen von Bild und Ton

(1) Unter den Voraussetzungen des § 20 Absatz 1 darf die Polizei Bild- und Tonaufnahmen sowie entsprechende Aufzeichnungen von einer Person bei oder im Zusammenhang mit einer öffentlichen Versammlung in geschlossenen Räumen anfertigen. Die Aufzeichnungen dürfen auch angefertigt werden, wenn andere Personen unvermeidbar betroffen werden. Die Aufnahmen und Aufzeichnungen sind offen vorzunehmen.

(2) Die von einer Aufzeichnung nach Absatz 1 betroffene Person ist über die Maßnahme zu unterrichten, sobald ihre Identität bekannt ist und zulässige Verwendungszwecke nicht gefährdet werden. Bei einem durch die Maßnahme unvermeidbar betroffenen Dritten im Sinne des Absatzes 1 Satz 2 unterbleibt die Unterrichtung, wenn die Identifikation nur mit unverhältnismäßigen Ermittlungen möglich wäre oder überwiegend schutzwürdige Interessen anderer Betroffener entgegenstehen.

(3) Die Aufzeichnungen nach Absatz 1 sind nach Beendigung der Versammlung oder zeitlich und sachlich damit unmittelbar im Zusammenhang stehender Ereignisse unverzüglich zu löschen. Dies gilt nicht, soweit sie erforderlich sind

1. zur Verfolgung von Straftaten oder Ordnungswidrigkeiten nach § 24 Absatz 1 Nummer 7 in oder im Zusammenhang mit der Versammlung, von denen eine Gefahr im Sinne von § 20 Absatz 1 ausging oder
2. zur Gefahrenabwehr, wenn von der betroffenen Person in oder im Zusammenhang mit der Versammlung eine Gefahr im Sinne von § 20 Absatz 1 ausging und zu besorgen ist, dass bei einer künftigen Versammlung von dieser Person erneut Gefahren im Sinne von § 17 Absatz 1 ausgehen werden.

Die Aufzeichnungen, die aus den in Satz 2 genannten Gründen nicht gelöscht wurden, sind spätestens nach Ablauf von sechs Monaten nach ihrer Anfertigung zu löschen, sofern sie nicht inzwischen zur Verfolgung von Straftaten nach Satz 2 Nummer 1 oder zur Gefahrenabwehr nach Nummer 2 erforderlich sind oder Gegenstand oder Beweismittel eines Rechtsbehelfs oder gerichtlichen Verfahrens sind. Die Löschung der Aufzeichnungen ist zu dokumentieren. Außer zu den in § 16 Nummern 1 bis 4 genannten Zwecken dürfen Aufzeichnungen nicht genutzt werden.

(4) Die Gründe für die Anfertigung von Bild- und Tonaufzeichnungen nach Absatz 1 und für ihre Verwendung nach Absatz 3 sind zu dokumentieren.

(5) Die behördlichen Datenschutzbeauftragten der Polizei können die Einhaltung der Dokumentationspflichten nach Absatz 3 Satz 4 und Absatz 4 regelmäßig überprüfen.

Abschnitt 4
Straftaten, Ordnungswidrigkeiten, Einziehung, Kosten

§ 23
Straftaten

(1) Wer in der Absicht, nicht verbotene Versammlungen zu verhindern oder sonst ihre Durchführung zu vereiteln, Gewalttätigkeiten vornimmt oder androht, wird mit Freiheitsstrafe bis zu zwei Jahren oder mit Geldstrafe bestraft.

(2) Mit Freiheitsstrafe bis zu einem Jahr oder mit Geldstrafe wird bestraft, wer Waffen oder Gegenstände entgegen § 8 Absatz 1 Nummer 2 bei einer Versammlung, auf dem Weg zu einer Versammlung oder im Anschluss an eine Versammlung mit sich führt, zu der Versammlung hinschafft oder sie zur Verwendung bei ihr bereithält oder verteilt, wenn die Tat nicht nach § 52 Absatz 3 Nummer 9 des Waffengesetzes mit Strafe bedroht ist. Ebenso wird bestraft, wer bewaffnete Ordnerinnen oder Ordner in öffentlichen Versammlungen einsetzt.

(3) Wer gegen die Leitung oder die Ordnerinnen oder Ordner einer Versammlung während der Ausübung von Ordnungsaufgaben Gewalt anwendet oder damit droht oder diese Personen während der rechtmäßigen Ausübung von

Ordnungsaufgaben tätlich angreift, wird mit Freiheitsstrafe bis zu einem Jahr oder mit Geldstrafe bestraft.

§ 24
Ordnungswidrigkeiten

(1) Ordnungswidrig handelt, wer
1. eine öffentliche Versammlung unter freiem Himmel ohne eine gemäß § 11 erforderliche Anzeige oder nach einer Anzeige durchführt, in der die Angaben gemäß § 11 Absatz 2 nicht oder in wesentlicher Hinsicht unrichtig enthalten sind,
2. zur Teilnahme an einer Versammlung aufruft, deren Durchführung vollziehbar verboten oder deren Auflösung vollziehbar angeordnet ist,
3. wer trotz einer Anordnung, dies zu unterlassen, in der Absicht, nicht verbotene Versammlungen oder Aufzüge zu verhindern oder sonst ihre Durchführung zu vereiteln, grobe Störungen verursacht,
4. als veranstaltende oder leitende Person die öffentliche Versammlung unter freiem Himmel wesentlich anders durchführt als in der Anzeige (§ 11) angegeben,
5. unter den Voraussetzungen der § 13 Absätze 1, 2 und 4, § 20 Absätze 1 und 2 von der zuständigen Behörde oder im Verfahren des gerichtlichen Eilrechtsschutzes erlassenen, vollziehbaren beschränkenden Verfügungen, Verboten oder Auflösungen als Leiterin oder Leiter oder Veranstalterin oder Veranstalter zuwiderhandelt,
6. unter den Voraussetzungen der § 13 Absätze 1, 2 und 4, § 20 Absätze 1 und 2 von der zuständigen Behörde oder im Verfahren des gerichtlichen Eilrechtsschutzes erlassenen, vollziehbaren beschränkenden Verfügungen, Verboten oder Auflösungen als Teilnehmerin oder Teilnehmer zuwiderhandelt,
7. gegen Anordnungen zur Durchsetzung des Uniformverbots (§ 8 Absatz 2) oder des Vermummungs- und Schutzausrüstungsverbots (§ 17) verstößt,
8. ungeachtet einer gemäß § 14 Absatz 1 ausgesprochenen Untersagung der Teilnahme an oder Anwesenheit in der Versammlung anwesend ist oder sich nach einem gemäß § 14 Absatz 2, § 21 Absatz 1 angeordneten Ausschluss aus der Versammlung nicht unverzüglich entfernt,
9. sich trotz einer unter den Voraussetzungen der §§ 13, 20 erfolgten Auflösung einer Versammlung nicht unverzüglich entfernt.

(2) Die Ordnungswidrigkeit kann in den Fällen des Absatz 1 Nummern 1, 6, 8, 9 mit einer Geldbuße bis zu fünfhundert Euro und in den Fällen des Absatz 1 Nummer 3, 4 und 7 bis zu eintausendfünfhundert Euro und in den Fällen des Absatzes 1 Nummern 2 und 5 bis zweitausendfünfhundert Euro geahndet werden.

§ 25
Einziehung

Gegenstände, auf die sich eine Straftat nach § 23 oder eine Ordnungswidrigkeit nach § 24 bezieht, können eingezogen werden. § 74 a des Strafgesetzbuches und § 23 des Gesetzes über Ordnungswidrigkeiten sind anzuwenden

§ 26
Kosten

Amtshandlungen nach diesem Gesetz sind kostenfrei.

Abschnitt 5
Schlussbestimmungen

§ 27
Zuständigkeitsregelungen

(1) Die Landrätinnen und Landräte und die Bürgermeisterinnen und Bürgermeister der kreisfreien Städte als Kreisordnungsbehörden sind sachlich zuständig für Versammlungen unter freiem Himmel (§ 3 Absatz 3, § 11 Absatz 1, § 13 Absätze 1, 4, § 14 Absätze 1, 2).

(2) Die Bürgermeisterinnen und Bürgermeister der amtsfreien Gemeinden, die Amtsdirektorin oder der Amtsdirektor, in ehrenamtlich verwalteten Ämtern die Amtsvorsteherin oder der Amtsvorsteher sind sachlich zuständig für Versammlungen in geschlossenen Räumen (§ 3 Absatz 3, § 20).

(3) Örtlich zuständig ist die Behörde, in deren Bezirk die Versammlung stattfindet. Berührt eine Versammlung unter freiem Himmel den Zuständigkeitsbereich mehrerer Kreisordnungsbehörden, kann die gemeinsame Fachaufsichtsbehörde eine zuständige Behörde bestimmen.

(4) Das Ministerium für Inneres, ländliche Räume und Integration ist sachlich zuständig für die Entgegennahme der Anzeigen von öffentlichen Versammlungen unter freiem Himmel und von Aufzügen in nicht inkommunalisierten Küstengewässern Schleswig-Holsteins sowie auf Brücken und in Tunneln in diesen Bereichen. Das Ministerium für Inneres, ländliche Räume und Integration bestimmt in diesen Fällen die örtlich zuständige Behörde für Maßnahmen nach § 3 Absatz 3, § 11 Absätze 1, 3, 4, 5, § 13 Absätze 1, 4, § 14 Absätze 1, 2, § 17 Absatz 2.

(5) In unaufschiebbaren Fällen kann die Polizei auch an Stelle der zuständigen Behörde Maßnahmen treffen.

§ 28
Einschränkung von Grundrechten

Die Grundrechte der Versammlungsfreiheit (Artikel 8 Absatz 1 des Grundgesetzes), der Meinungsfreiheit (Artikel 5 Absatz 1 Satz 1 des Grundgesetzes), das Recht auf informationelle Selbstbestimmung (Artikel 2 Absatz 1 in Verbindung mit Artikel 1 Absatz 1 des Grundgesetzes) sowie das Recht auf Eigentum (Artikel 14 Absatz 1 Satz 1 des Grundgesetzes) werden nach Maßgabe dieses Gesetzes eingeschränkt.

Schleswig-Holsteinisches Gesetz zum Schutz personenbezogener Daten (Landesdatenschutzgesetz – LDSG)[1]
vom 2. Mai 2018
– GVOBl. Schl.-H. S. 162 –

Inhaltsübersicht:

Abschnitt 1
Allgemeine Bestimmungen

- § 1 Gesetzeszweck
- § 2 Anwendungsbereich

Abschnitt 2
Durchführungsbestimmungen für Verarbeitungen zu Zwecken gemäß Artikel 2 der Verordnung (EU) 2016/679

Unterabschnitt 1
Grundsätze der Verarbeitung personenbezogener Daten

- § 3 Zulässigkeit der Verarbeitung personenbezogener Daten
- § 4 Zulässigkeit der Verarbeitung personenbezogener Daten zu anderen Zwecken
- § 5 Übermittlung personenbezogener Daten
- § 6 Verfahren bei der Löschung personenbezogener Daten
- § 7 Automatisierte Verfahren

Unterabschnitt 2
Rechte der betroffenen Person

- § 8 Beschränkung der Informationspflicht
- § 9 Beschränkung der Auskunftspflicht
- § 10 Benachrichtigung der von einer Verletzung des Schutzes personenbezogener Daten betroffenen Person
- § 11 Widerspruchsrecht

Unterabschnitt 3
Besondere Verarbeitungssituationen

- § 12 Verarbeitung besonderer Kategorien personenbezogener Daten
- § 13 Datenverarbeitung zu wissenschaftlichen oder historischen Forschungszwecken und zu statistischen Zwecken
- § 14 Videoüberwachung öffentlich zugänglicher Räume
- § 15 Datenverarbeitung im Beschäftigungszusammenhang
- § 16 Öffentliche Auszeichnungen

Unterabschnitt 4
Die oder der Landesbeauftragte für Datenschutz

- § 17 Aufgaben und Befugnisse
- § 18 Durchführung von Kontrollen

Unterabschnitt 5
Geldbußen, Strafvorschrift

- § 19 Geldbußen, Strafvorschrift

Abschnitt 3
Bestimmungen für Verarbeitungen zu Zwecken gemäß Artikel 1 Absatz 1 der Richtlinie (EU) 2016/680

Unterabschnitt 1
Anwendungsbereich, Begriffsbestimmungen und allgemeine Grundsätze für die Verarbeitung personenbezogener Daten

- § 20 Anwendungsbereich
- § 21 Begriffsbestimmungen
- § 22 Allgemeine Grundsätze für die Verarbeitung personenbezogener Daten

Unterabschnitt 2
Rechtsgrundlagen der Verarbeitung personenbezogener Daten

- § 23 Zulässigkeit der Verarbeitung personenbezogener Daten
- § 24 Verarbeitung besonderer Kategorien personenbezogener Daten
- § 25 Verarbeitung zu anderen Zwecken
- § 26 Verarbeitung zu archivarischen, wissenschaftlichen und statistischen Zwecken
- § 27 Einwilligung
- § 28 Verarbeitung auf Weisung des Verantwortlichen
- § 29 Datengeheimnis
- § 30 Automatisierte Einzelentscheidung

Unterabschnitt 3
Rechte der betroffenen Person

- § 31 Allgemeine Informationen zu Datenverarbeitungen
- § 32 Benachrichtigung betroffener Personen
- § 33 Auskunftsrecht
- § 34 Rechte auf Berichtigung und Löschung sowie Einschränkung der Verarbeitung
- § 35 Verfahren für die Ausübung der Rechte der betroffenen Person
- § 36 Anrufung der oder des Landesbeauftragten
- § 37 Rechtsschutz gegen Entscheidungen der oder des Landesbeauftragten oder bei deren oder dessen Untätigkeit

Unterabschnitt 4
Pflichten der Verantwortlichen und Auftragsverarbeiter

- § 38 Auftragsverarbeitung
- § 39 Gemeinsam Verantwortliche
- § 40 Anforderungen an die Sicherheit der Datenverarbeitung
- § 41 Meldung von Verletzungen des Schutzes personenbezogener Daten an die oder den Landesbeauftragten
- § 42 Benachrichtigung betroffener Personen bei Verletzungen des Schutzes personenbezogener Daten
- § 43 Durchführung einer Datenschutz-Folgenabschätzung
- § 44 Zusammenarbeit mit der oder dem Landesbeauftragten
- § 45 Anhörung der oder des Landesbeauftragten
- § 46 Verzeichnis von Verarbeitungstätigkeiten
- § 47 Datenschutz durch Technikgestaltung und datenschutzfreundliche Voreinstellungen
- § 48 Unterscheidung zwischen verschiedenen Kategorien betroffener Personen
- § 49 Unterscheidung zwischen Tatsachen und persönlichen Einschätzungen
- § 50 Verfahren bei Übermittlungen
- § 51 Berichtigung und Löschung personenbezogener Daten sowie Einschränkung der Verarbeitung
- § 52 Protokollierung
- § 53 Vertrauliche Meldung von Verstößen

---

[1] Das Landesdatenschutzgesetz wurde als Artikel 1 des Gesetzes zur Anpassung des Datenschutzrechts an die Verordnung (EU) 2016/679 und an die Richtlinie (EU) 2016/680 vom 2.5.2018 (GVOBl. Schl.-H. S. 162) verkündet, das nach seinem Artikel 41 am 25.5.2018 in Kraft trat.

**Unterabschnitt 5
Datenübermittlungen an Drittstaaten und an internationale Organisationen**

§ 54 Allgemeine Voraussetzungen
§ 55 Datenübermittlung bei geeigneten Garantien
§ 56 Datenübermittlung ohne geeignete Garantien
§ 57 Sonstige Datenübermittlung an Empfänger in Drittstaaten

**Unterabschnitt 6
Datenschutzbeauftragte**

§ 58 Benennung
§ 59 Stellung
§ 60 Aufgaben

**Unterabschnitt 7
Datenschutz-Aufsichtsbehörden**

§ 61 Zuständigkeit
§ 62 Aufgaben
§ 63 Tätigkeitsbericht
§ 64 Befugnisse
§ 65 Gegenseitige Amtshilfe

**Unterabschnitt 8
Haftung und Sanktionen**

§ 66 Schadensersatz und Entschädigung
§ 67 Strafvorschriften
§ 68 Ordnungswidrigkeiten

**Abschnitt 1
Allgemeine Bestimmungen**

**§ 1
Gesetzeszweck**

Zweck dieses Gesetzes ist es, bei der Verarbeitung personenbezogener Daten durch öffentliche Stellen das Recht auf informationelle Selbstbestimmung zu wahren. Dieses Gesetz trifft ergänzende Regelungen zur Durchführung der Verordnung (EU) 2016/679 und zur Umsetzung der Richtlinie (EU) 2016/680.

**§ 2
Anwendungsbereich**

(1) Dieses Gesetz gilt für die Verarbeitung personenbezogener Daten bei öffentlichen Stellen des Landes Schleswig-Holstein. Öffentliche Stellen im Sinne dieses Gesetzes sind Behörden und sonstige öffentliche Stellen der im Landesverwaltungsgesetz genannten Träger der öffentlichen Verwaltung.

(2) Für die Behörden der Staatsanwaltschaft und für den Landesrechnungshof gelten die Abschnitte 1 und 2 dieses Gesetzes nur, soweit sie Verwaltungsaufgaben wahrnehmen. Für die Gerichte gilt Abschnitt 2 Unterabschnitt 4 nicht hinsichtlich ihrer justiziellen Tätigkeit. Der Landesrechnungshof erlässt im Übrigen unter Berücksichtigung seiner verfassungsrechtlichen Stellung sowie der Grundsätze der Verordnung (EU) 2016/679 und dieses Gesetzes eine Datenschutzordnung.

(3) Der Landtag, seine Gremien, seine Mitglieder, die Fraktionen und deren Beschäftigte sowie die Landtagsverwaltung unterliegen nicht den Bestimmungen dieses Gesetzes, soweit sie in Wahrnehmung parlamentarischer Aufgaben personenbezogene Daten verarbeiten. Der Landtag beschließt insoweit unter Berücksichtigung seiner verfassungsrechtlichen Stellung sowie der Grundsätze der Verordnung (EU) 2016/679 und dieses Gesetzes eine Datenschutzordnung.

(4) Dieses Gesetz findet keine Anwendung, soweit öffentliche Stellen nach Absatz 1 am Wettbewerb teilnehmen und personenbezogene Daten zu wirtschaftlichen Zwecken oder Zielen verarbeiten. Insoweit finden die für nicht-öffentliche Stellen geltenden Vorschriften des Bundesdatenschutzgesetzes Anwendung.

(5) Öffentliche Stellen des Landes, die als öffentlich-rechtliche Unternehmen am Wettbewerb teilnehmen, gelten als nicht-öffentliche Stellen.

(6) Fällt die Verarbeitung personenbezogener Daten nicht in den Anwendungsbereich der Verordnung (EU) 2016/679 oder der Richtlinie (EU) 2016/680, sind die Vorschriften der Verordnung (EU) 2016/679 entsprechend anzuwenden, es sei denn, dieses Gesetz oder andere spezielle Rechtsvorschriften enthalten abweichende Regelungen.

(7) Bei der Erfüllung der Aufgaben nach § 1 des Landesverfassungsschutzgesetzes vom 23. März 1991 (GVOBl. Schl.-H. S. 203), zuletzt geändert durch Gesetz vom 21. Juni 2013 (GVOBl. Schl.-H. S. 254), gilt vorbehaltlich des Landesverfassungsschutzgesetzes:

1. Die Vorschriften der Verordnung (EU) 2016/679 und § 4 Absatz 2 bis 4, §§ 8 bis 11, § 14, und Abschnitt 3 dieses Gesetzes finden keine Anwendung,
2. die §§ 5 bis 7, 16 Absatz 2, §§ 42, 46, 51 Absatz 1 bis 4 und die §§ 52 bis 54, 62, 64 und 83 des Bundesdatenschutzgesetzes sind entsprechend anzuwenden.

**Abschnitt 2
Durchführungsbestimmungen für Verarbeitungen zu Zwecken gemäß Artikel 2 der Verordnung (EU) 2016/679**

**Unterabschnitt 1
Grundsätze der Verarbeitung personenbezogener Daten**

**§ 3
Zulässigkeit der Verarbeitung personenbezogener Daten**

(1) Die Verarbeitung personenbezogener Daten durch öffentliche Stellen ist zulässig, wenn sie zur Erfüllung der in der Zuständigkeit des Verantwortlichen liegenden Aufgabe oder in Ausübung öffentlicher Gewalt, die dem Verantwortlichen übertragen wurde, erforderlich ist.

(2) Zu dem Zweck der Verarbeitung personenbezogener Daten gehört auch die Verarbeitung zur Wahrnehmung von Aufsichts- und Kontrollbefugnissen, zur Rechnungsprüfung, zur Durchführung von Organisationsuntersuchungen und zur Prüfung und Wartung von automatisierten Verfahren. Dies gilt auch für die Verarbeitung personenbezogener Daten zu Aus- und Fortbildungszwecken, soweit nicht schutzwürdige Interessen der betroffenen Person entgegenstehen.

**§ 4
Zulässigkeit der Verarbeitung personenbezogener Daten zu anderen Zwecken**

(1) Eine Verarbeitung personenbezogener Daten zu einem anderen Zweck als zu demjenigen, zu dem die Daten erhoben wurden, ist im Rahmen der Aufgabenerfüllung des Verantwortlichen zulässig, wenn

1. es zur Abwehr erheblicher Nachteile für das Gemeinwohl oder einer Gefahr für die öffentliche Sicherheit, die Verteidigung oder die nationale Sicherheit erforderlich ist,
2. es zur Verfolgung von Straftaten oder Ordnungswidrigkeiten, zur Vollstreckung oder zum Vollzug von Strafen oder Maßnahmen im Sinne des § 11 Absatz 1 Nummer 8 des Strafgesetzbuches oder Erziehungsmaßregeln oder Zuchtmitteln im Sinne des Jugendgerichtsgesetzes oder zur Vollstreckung von Bußgeldentscheidungen erforderlich ist,
3. es zur Abwehr einer schwerwiegenden Beeinträchtigung der Rechte einer anderen Person erforderlich ist,
4. die Einholung der Einwilligung der betroffenen Person nicht möglich ist oder mit unverhältnismäßig hohem Aufwand verbunden wäre und offensichtlich ist, dass die Datenverarbeitung in ihrem Interesse liegt und kein Grund zu der Annahme besteht, dass sie in Kenntnis des anderen Zwecks ihre Einwilligung verweigern würde,
5. es erforderlich ist, Angaben der betroffenen Person zu überprüfen, weil tatsächliche Anhaltspunkte für deren Unrichtigkeit bestehen, oder
6. die Daten allgemein zugänglich sind oder die verantwortliche Stelle sie veröffentlichen dürfte, soweit nicht

überwiegende schutzwürdige Interessen der betroffenen Person entgegenstehen.

(2) Die Verarbeitung besonderer Kategorien personenbezogener Daten im Sinne des Artikels 9 Absatz 1 der Verordnung (EU) 2016/679 zu einem anderen Zweck als zu demjenigen, zu dem die Daten erhoben wurden, ist zulässig, wenn die Voraussetzungen nach Absatz 1 und ein Ausnahmetatbestand nach Artikel 9 Absatz 2 der Verordnung (EU) 2016/679 oder nach Abschnitt 2 Unterabschnitt 3 dieses Gesetzes oder nach einer anderen Rechtsvorschrift, die die Verarbeitung besonderer Kategorien von Daten im Sinne des Artikels 9 Absatz 1 der Verordnung (EU) 2016/679 gestattet, vorliegen.

(3) Die Verarbeitung personenbezogener Daten, die einem Berufsgeheimnis unterliegen, zu einem anderen Zweck, als zu demjenigen, zu dem die Daten erhoben wurden, ist zulässig, wenn die Voraussetzungen nach Absatz 1 oder 2 vorliegen und die zur Verschwiegenheit verpflichtete Person oder Stelle zuvor zugestimmt hat.

(4) Sind mit personenbezogenen Daten weitere personenbezogene Daten der betroffenen Person oder Dritter so verbunden, dass eine Trennung nicht oder nur mit unverhältnismäßigem Aufwand möglich ist, ist die Übermittlung auch dieser Daten zulässig, soweit nicht schutzwürdige Belange der betroffenen Person oder anderer Personen überwiegen; eine weitere Verarbeitung dieser Daten ist unzulässig.

(5) Personenbezogene Daten, die ausschließlich zu Zwecken der Datenschutzkontrolle, der Datensicherheit oder zur Sicherstellung des ordnungsgemäßen Betriebs einer Datenverarbeitungsanlage gespeichert werden, dürfen nicht für andere Zwecke verarbeitet werden.

§ 5
Übermittlung personenbezogener Daten

(1) Für die Zulässigkeit der Übermittlung personenbezogener Daten ist die übermittelnde Stelle verantwortlich. Die ersuchende Stelle hat die für diese Prüfung erforderlichen Angaben zu machen.

(2) Erfolgt die Übermittlung personenbezogener Daten auf Ersuchen einer öffentlichen Stelle, trägt diese die Verantwortung für die Zulässigkeit der Übermittlung. Die übermittelnde Stelle hat dann lediglich zu prüfen, ob das Übermittlungsersuchen im Rahmen der Aufgaben der ersuchenden Stelle liegt. Die Rechtmäßigkeit des Ersuchens prüft sie nur, wenn im Einzelfall hierzu ein konkreter Anlass besteht.

(3) Bei einer Übermittlung personenbezogener Daten an eine nicht-öffentliche Stelle ist diese durch die übermittelnde Stelle zu verpflichten, die Daten nur zu dem Zweck zu verarbeiten, zu dem sie ihr übermittelt werden.

(4) Auch wenn die Voraussetzungen des § 4 dieses Gesetzes nicht erfüllt sind, ist die Übermittlung personenbezogener Daten an nicht-öffentliche Stellen zulässig, wenn von diesen ein rechtliches Interesse an der Kenntnis der zu übermittelnden Daten glaubhaft gemacht wird und schutzwürdige Belange der betroffenen Person nicht beeinträchtigt sind.

(5) Erfolgt die Übermittlung durch automatisierten Abruf, trägt die Verantwortung für die Rechtmäßigkeit des Abrufs die abrufende Stelle.

§ 6
Verfahren bei der Löschung
personenbezogener Daten

Soweit öffentliche Stellen nach einer Rechtsvorschrift verpflichtet sind, Unterlagen einem öffentlichen Archiv zur Übernahme anzubieten, ist eine Löschung oder Vernichtung personenbezogener Daten erst zulässig, nachdem die Unterlagen dem öffentlichen Archiv angeboten worden sind und dieses die Übernahme der Unterlagen als nicht archivwürdig abgelehnt oder die Unterlagen nicht innerhalb einer durch Rechtsvorschrift bestimmten Frist übernommen hat.

§ 7
Automatisierte Verfahren

(1) Automatisierte Verfahren sind vor ihrem erstmaligen Einsatz und nach wesentlichen Änderungen hinsichtlich einer wirksamen Umsetzung von technischen und organisatorischen Maßnahmen zur Gewährleistung der Sicherheit der Datenverarbeitung von dem Verantwortlichen oder einer von ihm beauftragten Person freizugeben. Das Testverfahren ist zu dokumentieren.

(2) Die Landesregierung regelt durch Verordnung die Anforderungen an das Sicherheitskonzept sowie die Freigabe automatisierter Verfahren und weitere Einzelheiten einer ordnungsgemäßen Datenverarbeitung durch die öffentlichen Stellen. Die oder der Landesbeauftragte für Datenschutz ist anzuhören.

(3) Ein automatisiertes Verfahren, das mehreren Verantwortlichen gemeinsam die Verarbeitung personenbezogener Daten (gemeinsames Verfahren) oder die Übermittlung personenbezogener Daten durch Abruf (Abrufverfahren) ermöglicht, darf eingerichtet werden, wenn dies unter Berücksichtigung der schutzwürdigen Interessen der betroffenen Personen und der Aufgaben der beteiligten Stellen angemessen ist.

(4) Für Verfahren nach Absatz 3 kann die zuständige oberste Landesbehörde durch Verordnung Regelungen im Sinne von Artikel 26 Absatz 1 der Verordnung (EU) 2016/679 festlegen und eine zentrale Stelle bestimmen, der die Verantwortung für die Gewährleistung der Ordnungsmäßigkeit des automatisierten Verfahrens übertragen wird.

(5) Absatz 3 gilt nicht für den Abruf aus Datenbeständen, die jedermann ohne oder nach besonderer Zulassung zur Benutzung offen stehen oder deren Veröffentlichung zulässig wäre.

Unterabschnitt 2
Rechte der betroffenen Person

§ 8
Beschränkung der Informationspflicht

(1) Die Pflicht zur Information der betroffenen Person gemäß Artikel 13 Absatz 3 oder Artikel 14 Absatz 1, 2 und 4 der Verordnung (EU) 2016/679 besteht ergänzend zu den in Artikel 13 Absatz 4 oder Artikel 14 Absatz 5 der Verordnung (EU) 2016/679 genannten Ausnahmen nicht, wenn

1. die Erteilung der Information die ordnungsgemäße Erfüllung der in der Zuständigkeit des Verantwortlichen liegenden Aufgaben im Sinne des Artikel 23 Absatz 1 Buchstabe a bis f der Verordnung (EU) 2016/679 gefährden würde und die Interessen des Verantwortlichen an der Nichterteilung der Information die Interessen der betroffenen Person überwiegen,

2. die Erteilung der Information die öffentliche Sicherheit oder Ordnung gefährden oder sonst dem Wohl des Bundes oder eines Landes schwere Nachteile bereiten würde und die Interessen des Verantwortlichen an der Nichterteilung der Information die Interessen der betroffenen Person überwiegen oder

3. die personenbezogenen Daten oder die Tatsache ihrer Verarbeitung nach einer Rechtsvorschrift oder wegen der Rechte und Freiheiten anderer Personen geheim zu halten sind.

(2) Bezieht sich die Informationserteilung auf die Übermittlung personenbezogener Daten an und von Staatsanwaltschaften, Polizeidienststellen und andere für die Verfolgung von Straftaten zuständige Stellen, Verfassungsschutzbehörden, den Bundesnachrichtendienst, den Militärischen Abschirmdienst und, soweit die Sicherheit des Bundes berührt wird, andere Behörden im Geschäftsbereich des Bundesministeriums der Verteidigung, ist sie nur mit Zustimmung dieser Stellen zulässig.

(3) Der Verantwortliche dokumentiert, aus welchen Gründen er von einer Information abgesehen hat. Entfällt die Pflicht zur Information nach Absatz 1, setzt der Verantwortliche eine angemessene Frist zur Überprüfung, ob die Voraussetzungen des Absatzes 1 nicht vorliegen, es sei denn, der Hinderungsgrund ist dauerhaft. Liegen die Voraussetzung des Absatz 1 im Zeitpunkt der Überprüfung noch vor, ist eine neue Prüffrist festzusetzen. Besteht kein Hinderungsgrund mehr, holt der Verantwortliche die Information der betroffenen Person nach.

(4) Die Gerichte erfüllen im Rahmen ihrer justiziellen Tätigkeit die ihnen obliegende Informationspflicht im Sinne des Absatzes 1 gegenüber am Verfahren nicht beteiligten Dritten durch ein Verfahren gemäß § 31.

§ 9
Beschränkung der Auskunftspflicht

(1) Das Recht der betroffenen Person auf Auskunft gemäß Artikel 15 der Verordnung (EU) 2016/679 besteht nicht, wenn die betroffene Person nach § 8 Absatz 1 und 2 nicht zu informieren ist.

(2) Die betroffene Person kann keine Auskunft über personenbezogene Daten verlangen, die ausschließlich zu Zwecken der Datensicherung oder der Datenschutzkontrolle verarbeitet werden und bei denen die Auskunftserteilung einen unverhältnismäßigen Aufwand erfordern würde sowie deren Verarbeitung zu anderen Zwecken durch geeignete technische und organisatorische Maßnahmen ausgeschlossen ist.

(3) Die Ablehnung der Auskunft bedarf keiner Begründung, soweit durch die Begründung der Zweck der Ablehnung gefährdet würde. Wird der betroffenen Person keine Auskunft erteilt, ist sie auf ihr Verlangen der oder dem Landesbeauftragten zu erteilen. Stellt die jeweils zuständige oberste Landesbehörde im Einzelfall fest, dass durch die hiermit verbundene Offenlegung der Sicherheit des Bundes oder eines Landes gefährdet wird, dürfen die Rechte nach Absatz 1 nur von der oder dem Landesbeauftragten persönlich oder den von ihr oder ihm schriftlich besonders damit betrauten Beauftragten ausgeübt werden. Die wesentlichen Gründe der Ablehnung nach Satz 1 sind aktenkundig zu machen. Die Mitteilung der oder des Landesbeauftragten an die betroffene Person darf keine Rückschlüsse auf den Erkenntnisstand der Daten verarbeitenden Stelle zulassen, sofern diese nicht einer weitergehenden Auskunft zustimmt.

(4) Sind die Daten in Akten enthalten, kann der betroffenen Person anstelle einer Auskunft auch Akteneinsicht gewährt werden.

§ 10
Benachrichtigung der von einer Verletzung des Schutzes personenbezogener Daten betroffenen Person

(1) Die Pflicht zur Benachrichtigung gemäß Artikel 34 der Verordnung (EU) 2016/679 der von einer Verletzung des Schutzes personenbezogener Daten betroffenen Person besteht ergänzend zu den in Artikel 34 Absatz 3 der Verordnung (EU) 2016/679 genannten Ausnahmen nicht, soweit und solange

1. die Information die öffentliche Sicherheit gefährden oder sonst dem Wohle des Bundes oder eines Landes schwere Nachteile bereiten würde,
2. die Information die Verfolgung von Straftaten oder Ordnungswidrigkeiten gefährden würde,
3. die personenbezogenen Daten oder die Tatsache ihrer Verarbeitung nach einer Rechtsvorschrift oder wegen der Rechte und Freiheiten anderer Personen geheim zu halten sind oder
4. die Information die Sicherheit von Datenverarbeitungssystemen gefährden würde.

(2) § 8 Absatz 2 und Absatz 3 Satz 1 gilt entsprechend.

§ 11
Widerspruchsrecht

Das Widerspruchsrecht gemäß Artikel 21 Absatz 1 der Verordnung (EU) 2016/679 besteht nicht, soweit an der Verarbeitung ein zwingendes öffentliches Interesse besteht, das die Interessen der betroffenen Person überwiegt, oder eine Rechtsvorschrift zur Verarbeitung verpflichtet.

Unterabschnitt 3
Besondere Verarbeitungssituationen

§ 12
Verarbeitung besonderer Kategorien personenbezogener Daten

(1) Abweichend von Artikel 9 Absatz 1 der Verordnung (EU) 2016/679 ist die Verarbeitung besonderer Kategorien personenbezogener Daten im Sinne des Artikel 9 Absatz 1 der Verordnung (EU) 2016/679 durch öffentliche Stellen zulässig, wenn sie

1. aus Gründen eines erheblichen öffentlichen Interesses zwingend erforderlich ist,
2. zur Abwehr einer erheblichen Gefahr für die öffentliche Sicherheit erforderlich ist,
3. zur Abwehr erheblicher Nachteile für das Gemeinwohl oder zur Wahrung erheblicher Belange des Gemeinwohls zwingend erforderlich ist oder
4. aus zwingenden Gründen der Verteidigung oder der Erfüllung über- oder zwischenstaatlicher Verpflichtungen einer öffentlichen Stelle des Landes auf dem Gebiet der Krisenbewältigung oder Konfliktverhinderung oder für humanitäre Maßnahmen erforderlich ist

und soweit die Interessen des Verantwortlichen an der Datenverarbeitung die Interessen der betroffenen Person überwiegen.

(2) Werden auf der Grundlage dieses Unterabschnitts oder einer sonstigen gesetzlichen Regelung im Landesrecht besondere Kategorien personenbezogener Daten im Sinne von Artikel 9 Absatz 1 der Verordnung (EU) 2016/679 verarbeitet, hat der Verantwortliche durch geeignete technische wie organisatorische Maßnahmen sicherzustellen, dass hierbei die Vorgaben der Verordnung (EU) 2016/679 eingehalten werden und Grundrechte sowie Interessen der betroffenen Person gewahrt werden.

(3) Unter Berücksichtigung des Stands der Technik, der Implementierungskosten und der Art, des Umfangs, der Umstände und des Zwecks der Verarbeitung sowie der unterschiedlichen Eintrittswahrscheinlichkeit und der Schwere der mit der Verarbeitung verbundenen Risiken für die Rechte und Freiheiten natürlicher Personen können zu den zu ergreifenden Maßnahmen insbesondere gehören:

1. die Sensibilisierung und Schulung der an Verarbeitungsvorgängen Beteiligten,
2. die Beschränkung des Zugangs zu den personenbezogenen Daten innerhalb der verantwortlichen Stelle und von Auftragsverarbeitern,
3. Maßnahmen, die gewährleisten, dass nachträglich festgestellt werden kann, ob und von wem personenbezogene Daten eingegeben, verändert oder entfernt worden sind,
4. die Pseudonymisierung sowie die Verschlüsselung personenbezogener Daten,
5. die Festlegung von besonderen Aussonderungsprüffristen,
6. die Sicherstellung der Fähigkeit, Vertraulichkeit, Integrität, Verfügbarkeit und Belastbarkeit der Systeme und Dienste im Zusammenhang mit der Verarbeitung personenbezogener Daten einschließlich der Fähigkeit, die Verfügbarkeit und den Zugang bei einem physischen oder technischen Zwischenfall unverzüglich wiederherzustellen,
7. zur Gewährleistung der Sicherheit der Verarbeitung die Einrichtung eines Verfahrens zur regelmäßigen Überprüfung, Bewertung und Evaluierung der Wirksamkeit der technischen und organisatorischen Maßnahmen,
8. spezifische Verfahrensregelungen, die im Fall einer Übermittlung oder Verarbeitung für andere Zwecke die Einhaltung der Vorgaben dieses Gesetzes sowie der Verordnung (EU) 2016/679 sicherstellen.

§ 13
Datenverarbeitung zu wissenschaftlichen oder historischen Forschungszwecken und zu statistischen Zwecken

(1) Öffentliche Stellen dürfen personenbezogene Daten einschließlich Daten im Sinne von Artikel 9 Absatz 1 der Verordnung (EU) 2016/679 ohne Einwilligung für wissenschaftliche oder historische Forschungszwecke oder für statistische Zwecke verarbeiten, wenn

1. schutzwürdige Belange der betroffenen Person wegen der Offenkundigkeit der Daten oder wegen der Art ihrer Verwendung schon nicht beeinträchtigt werden oder
2. das öffentliche Interesse an der Verarbeitung die schutzwürdigen Belange der betroffenen Person überwiegt und der Forschungs- oder Statistikzweck nicht oder nur mit unverhältnismäßigem Aufwand auf andere Weise erreicht werden kann.

Die übermittelten Daten dürfen nicht für andere Zwecke als für Forschungs- oder Statistikzwecke verarbeitet werden.

(2) Ergänzend zu den in § 12 genannten Maßnahmen sind zu wissenschaftlichen oder historischen Forschungszwecken oder zu statistischen Zwecken verarbeitete personenbezogene Daten so zu verändern, dass die Einzelangaben über persönliche oder sachliche Verhältnisse nicht mehr oder nur mit einem unverhältnismäßig großen Aufwand einer bestimmten oder bestimmbaren natürlichen Person zugeordnet werden können (Anonymisierung), sobald dies nach dem Forschungs- oder Statistikzweck möglich ist, es sei denn, berechtigte Interessen der betroffenen Person stehen dem entgegen. Bis dahin sind die Merkmale zu pseudonymisieren. Sie dürfen mit den Einzelangaben nur zusammengeführt werden, soweit der Forschungs- oder Statistikzweck dies erfordert.

(3) Auch Empfängern, die den Vorschriften dieses Gesetzes nicht unterliegen, können personenbezogene Daten im Sinne von Absatz 1 Satz 1 übermittelt werden, wenn diese sich verpflichten, die Daten nur für das von ihnen zu bezeichnende Forschungs- oder Statistikvorhaben und nach Maßgabe der Absätze 1, 2 und 4 zu verarbeiten.

(4) Die verantwortliche öffentliche Stelle darf personenbezogene Daten nur veröffentlichen, wenn die betroffene Person eingewilligt hat oder dies für die Darstellung von Forschungsergebnissen über Personen oder Ereignisse der Zeitgeschichte unerlässlich ist.

(5) Die in den Artikeln 15, 16, 18 und 21 der Verordnung (EU) 2016/679 vorgesehenen Rechte der betroffenen Person sind insoweit beschränkt, als ihre Wahrnehmung die spezifischen Forschungs- oder Statistikzwecke voraussichtlich unmöglich machen oder ernsthaft beeinträchtigen würde.

§ 14
Videoüberwachung öffentlich zugänglicher Räume

(1) Die Beobachtung öffentlich zugänglicher Räume mit optisch-elektronischen Einrichtungen (Videoüberwachung) ist nur zulässig, soweit dies

1. zur Aufgabenerfüllung öffentlicher Stellen oder
2. zur Wahrnehmung des Hausrechts

erforderlich ist und keine Anhaltspunkte bestehen, dass schutzwürdige Interessen der betroffenen Personen überwiegen. Hierbei dürfen Daten einschließlich Daten im Sinne von Artikel 9 Absatz 1 der Verordnung (EU) 2016/679 verarbeitet werden. Die automatisierte Verarbeitung biometrischer Daten zur Identifizierung natürlicher Personen ist nicht zulässig.

(2) Der Umstand der Beobachtung, die Angaben nach Artikel 13 Absatz 1 Buchstabe a bis c der Verordnung (EU) 2016/679 sowie die Möglichkeit, bei der oder dem Verantwortlichen die weiteren Informationen nach Artikel 13 der Verordnung (EU) 2016/679 zu erhalten, sind durch geeignete, zum frühestmöglichen Zeitpunkt wahrnehmbare Maßnahmen erkennbar zu machen.

(3) Die weitere Verarbeitung von nach Absatz 1 erhobenen Daten ist zulässig, wenn sie zum Erreichen des verfolgten Zwecks erforderlich ist und keine Anhaltspunkte bestehen, dass schutzwürdige Interessen der betroffenen Person überwiegen. Eine Verarbeitung zu anderen Zwecken ist nur zulässig, soweit dies zur Abwehr von Gefahren für die nationale und öffentliche Sicherheit, zur Verfolgung von Straftaten oder zur Vollstreckung von Strafen erforderlich ist. Absatz 1 Satz 3 bleibt unberührt.

(4) Werden durch Videoüberwachung erhobene Daten einer bestimmten Person zugeordnet oder zu anderen als den in Absatz 1 genannten Zwecken verarbeitet, besteht die Pflicht zur Information der betroffenen Person über die Verarbeitung entsprechend Artikel 13 und 14 der Verordnung (EU) 2016/679, soweit und solange der Zweck der Verarbeitung hierdurch nicht gefährdet wird.

(5) Wenn und soweit die Daten nicht mehr zur Erreichung der Zwecke nach den Absätzen 1 und 3 erforderlich sind oder schutzwürdige Interessen des Betroffenen einer weiteren Speicherung entgegenstehen, sind die Daten zu löschen. Die Löschung erfolgt unverzüglich.

§ 15
Datenverarbeitung
im Beschäftigungszusammenhang

(1) Öffentliche Stellen dürfen Daten einschließlich Daten im Sinne von Artikel 9 Absatz 1 der Verordnung (EU) 2016/679 von Bewerberinnen und Bewerbern sowie von Beschäftigten vorbehaltlich besonderer gesetzlicher oder tarifvertraglicher Regelungen nur nach Maßgabe des Landesbeamtengesetzes verarbeiten.

(2) Daten von Beschäftigten, die im Rahmen der Durchführung technischer und organisatorischer Maßnahmen zur Datensicherheit verarbeitet werden, dürfen nicht zu Zwecken der Verhaltens- oder Leistungskontrolle ausgewertet werden.

§ 16
Öffentliche Auszeichnungen

(1) Zur Vorbereitung und Durchführung öffentlicher Auszeichnungen und Ehrungen dürfen die zuständigen Stellen die dazu erforderlichen Daten einschließlich Daten im Sinne von Artikel 9 Absatz 1 der Verordnung (EU) 2016/679 auch ohne Kenntnis der betroffenen Person verarbeiten. Eine Verarbeitung dieser Daten für andere Zwecke ist nur mit Einwilligung der oder des Betroffenen zulässig.

(2) Auf Anforderung der in Absatz 1 Satz 1 genannten Stellen dürfen andere öffentliche Stellen die zur Vorbereitung der Auszeichnung oder Ehrung erforderlichen Daten übermitteln.

(3) Die Absätze 1 und 2 finden keine Anwendung, wenn der verantwortlichen Stelle bekannt ist, dass die betroffene Person keine öffentlichen Auszeichnungen oder Ehrungen wünscht oder der dazu notwendigen Datenverarbeitung widersprochen hat.

(4) Die Vorschriften der Verordnung (EU) 2016/679 über die Informationspflicht (Artikel 13 und 14), das Auskunftsrecht (Artikel 15) und die Mitteilungspflicht (Artikel 19) sind nicht entsprechend anzuwenden.

Unterabschnitt 4
Die oder der Landesbeauftragte für Datenschutz[2]

§ 17
Aufgaben und Befugnisse

(1) Die oder der Landesbeauftragte ist Aufsichtsbehörde im Sinne des Artikels 51 Absatz 1 der Verordnung (EU) 2016/679. Sie oder er überwacht die Einhaltung der Vorschriften der Verordnung (EU) 2016/679, dieses Gesetzes und sonstiger Vorschriften über den Datenschutz bei den öffentlichen Stellen. Sie oder er ist auch Aufsichtsbehörde nach § 40 des Bundesdatenschutzgesetzes für die Datenverarbeitung nicht-öffentlicher Stellen.

(2) Vor der Ausübung der Befugnisse des Artikel 58 Absatz 2 Buchstabe c bis g, und j der Verordnung (EU) 2016/679 gibt die oder der Landesbeauftragte für Datenschutz der öffentlichen Stelle die Gelegenheit zur Stellungnahme zu den für die Entscheidung erheblichen Tatsachen innerhalb einer angemessenen Frist. Gleichzeitig ist auch der zuständigen Rechts- oder Fachaufsichtsbehörde Gelegenheit zur Stellungnahme zu geben. Hiervon kann abgesehen werden, wenn eine sofortige Entscheidung wegen Gefahr im Verzug oder im öffentlichen Interesse notwendig erscheint oder ihr ein zwingendes öffentliches Interesse entgegensteht. In diesen Fällen ist die Aufsichtsbehörde nach dem Tätigwer-

---

[2] Zur Rechtsstellung der oder des Landesbeauftragten für Datenschutz als Vorstand des Unabhängigen Landeszentrums für Datenschutz siehe § 3 Errichtungsgesetz ULD vom 2.5.2018 (GVOBl. Schl.-H. S. 162).

den zu unterrichten. § 87 Landesverwaltungsgesetz bleibt unberührt.

(3) Die oder der Landesbeauftragte legt verbindliche Kriterien für die Zertifizierung fest und veröffentlicht diese.

(4) Die oder der Landesbeauftragte ist über Planungen des Landes zum Aufbau oder zur wesentlichen Änderung von Systemen zur automatisierten Verarbeitung personenbezogener Daten rechtzeitig zu unterrichten.

§ 18
Durchführung von Kontrollen

(1) Die öffentlichen Stellen sowie ihre Auftragsverarbeiter im Anwendungsbereich dieses Gesetzes sind verpflichtet, die oder den Landesbeauftragten und ihre oder seine Beschäftigten bei der Erfüllung ihrer oder seiner Aufgaben zu unterstützen. Ihr oder ihm ist dabei insbesondere

1. Auskunft zu erteilen sowie Einsicht in Unterlagen und Dateien zu gewähren, die im Zusammenhang mit der Verarbeitung personenbezogener Daten stehen; besondere Amts- und Berufsgeheimnisse stehen dem nicht entgegen,
2. Zutritt zu den Dienst- und Geschäftsräumen zu gewähren; das Grundrecht der Unverletzlichkeit der Wohnung nach Artikel 13 Absatz 1 des Grundgesetzes wird insoweit eingeschränkt.

(2) Stellt die jeweils zuständige oberste Landesbehörde im Einzelfall fest, dass durch eine mit der Einsicht verbundene Offenlegung personenbezogener Daten die Sicherheit des Bundes oder eines Landes gefährdet wird, dürfen die Rechte nach Absatz 1 nur von der oder dem Landesbeauftragten persönlich oder den von ihr oder ihm schriftlich besonders damit betrauten Beauftragten ausgeübt werden.

Unterabschnitt 5
Geldbußen, Strafvorschrift

§ 19
Geldbußen, Strafvorschrift

(1) Gegen Behörden oder sonstige öffentliche Stellen im Sinne von § 2 Absatz 1 und 2 werden keine Geldbußen verhängt.

(2) Mit Freiheitsstrafe bis zu zwei Jahren oder mit Geldstrafe wird bestraft, wer entgegen den Vorschriften dieses Gesetzes oder einer anderen Rechtsvorschrift über den Schutz personenbezogener Daten personenbezogene Daten, die nicht offenkundig sind,

1. ohne hierzu berechtigt zu sein, verarbeitet oder
2. durch unrichtige Angaben erschleicht

und hierbei gegen Entgelt oder in der Absicht handelt, sich oder einen anderen zu bereichern oder einen anderen zu schädigen.

(3) Die Tat wird nur auf Antrag verfolgt. Antragsberechtigt sind die betroffene Person, der Verantwortliche, der Auftragsverarbeiter und die oder der Landesbeauftragte.

(4) Der Versuch ist strafbar.

Abschnitt 3
Bestimmungen für Verarbeitungen zu Zwecken gemäß Artikel 1 Absatz 1 der Richtlinie (EU) 2016/680

Unterabschnitt 1
Anwendungsbereich, Begriffsbestimmungen und allgemeine Grundsätze für die Verarbeitung personenbezogener Daten

§ 20
Anwendungsbereich

Die Vorschriften dieses Abschnitts gelten für die Verarbeitung personenbezogener Daten durch die für die Verhütung, Ermittlung, Aufdeckung, Verfolgung oder Ahndung von Straftaten oder Ordnungswidrigkeiten zuständigen öffentlichen Stellen, soweit sie Daten zum Zweck der Erfüllung dieser Aufgaben verarbeiten. Dies schließt den Schutz vor und die Abwehr von Gefahren für die öffentliche Sicherheit durch die für die Verhütung, Ermittlung, Aufdeckung, Verfolgung oder Ahndung von Straftaten zuständigen öffentlichen Stellen mit ein. Die öffentlichen Stellen gelten dabei als Verantwortliche. Die Sätze 1 bis 3 finden zudem Anwendung auf diejenigen öffentlichen Stellen, die für die Vollstreckung von Strafen, von Maßnahmen im Sinne des § 11 Absatz 1 Nummer 8 des Strafgesetzbuchs, von Erziehungsmaßregeln oder Zuchtmitteln im Sinne des Jugendgerichtsgesetzes und von Geldbußen zuständig sind. Soweit dieser Teil Vorschriften für Auftragsverarbeiter enthält, gilt er auch für diese.

§ 21
Begriffsbestimmungen

Es bezeichnen die Begriffe:

1. „personenbezogene Daten" alle Informationen, die sich auf eine identifizierte oder identifizierbare natürliche Person (betroffene Person) beziehen; als identifizierbar wird eine natürliche Person angesehen, die direkt oder indirekt, insbesondere mittels Zuordnung zu einer Kennung wie einem Namen, zu einer Kennnummer, zu Standortdaten, zu einer Online-Kennung oder zu einem oder mehreren besonderen Merkmalen, die Ausdruck der physischen, physiologischen, genetischen, psychischen, wirtschaftlichen, kulturellen oder sozialen Identität dieser Person sind, identifiziert werden kann;
2. „Verarbeitung" jeden mit oder ohne Hilfe automatisierter Verfahren ausgeführten Vorgang oder jede solche Vorgangsreihe im Zusammenhang mit personenbezogenen Daten wie das Erheben, das Erfassen, die Organisation, das Ordnen, die Speicherung, die Anpassung, die Veränderung, das Auslesen, das Abfragen, die Verwendung, die Offenlegung durch Übermittlung, Verbreitung oder eine andere Form der Bereitstellung, den Abgleich, die Verknüpfung, die Einschränkung, das Löschen oder die Vernichtung;
3. „Einschränkung der Verarbeitung" die Markierung gespeicherter personenbezogener Daten mit dem Ziel, ihre künftige Verarbeitung einzuschränken;
4. „Profiling" jede Art der automatisierten Verarbeitung personenbezogener Daten, bei der diese Daten verwendet werden, um bestimmte persönliche Aspekte, die sich auf eine natürliche Person beziehen, zu bewerten, insbesondere um Aspekte der Arbeitsleistung, der wirtschaftlichen Lage, der Gesundheit, der persönlichen Vorlieben, der Interessen, der Zuverlässigkeit, des Verhaltens, des Aufenthaltsorts oder des Ortswechsels dieser natürlichen Person zu analysieren oder vorherzusagen;
5. „Pseudonymisierung" die Verarbeitung personenbezogener Daten in einer Weise, in der die Daten ohne Hinzuziehung zusätzlicher Informationen nicht mehr einer spezifischen betroffenen Person zugeordnet werden können, sofern diese zusätzlichen Informationen gesondert aufbewahrt werden und technischen und organisatorischen Maßnahmen unterliegen, die gewährleisten, dass die Daten keiner betroffenen Person zugewiesen werden können;
6. „Dateisystem" jede strukturierte Sammlung personenbezogener Daten, die nach bestimmten Kriterien zugänglich sind, unabhängig davon, ob diese Sammlung zentral, dezentral oder nach funktionalen oder geografischen Gesichtspunkten geordnet geführt wird;
7. „Verantwortlicher" die natürliche oder juristische Person, Behörde, Einrichtung oder andere Stelle, die allein oder gemeinsam mit anderen über die Zwecke und Mittel der Verarbeitung von personenbezogenen Daten entscheidet;
8. „Auftragsverarbeiter" eine natürliche oder juristische Person, Behörde, Einrichtung oder andere Stelle, die personenbezogene Daten im Auftrag des Verantwortlichen verarbeitet;
9. „Empfänger" eine natürliche oder juristische Person, Behörde, Einrichtung oder andere Stelle, der personenbezogene Daten offengelegt werden, unabhängig davon, ob es sich bei ihr um einen Dritten handelt oder nicht; Behörden, die im Rahmen eines bestimmten Untersuchungsauftrags nach dem Unionsrecht oder

anderen Rechtsvorschriften personenbezogene Daten erhalten, gelten jedoch nicht als Empfänger; die Verarbeitung dieser Daten durch die genannten Behörden erfolgt im Einklang mit den geltenden Datenschutzvorschriften gemäß den Zwecken der Verarbeitung;

10. „Verletzung des Schutzes personenbezogener Daten" eine Verletzung der Sicherheit, die zur unbeabsichtigten oder unrechtmäßigen Vernichtung, zum Verlust, zur Veränderung oder zur unbefugten Offenlegung von oder zum unbefugten Zugang zu personenbezogenen Daten geführt hat, die verarbeitet wurden;

11. „genetische Daten" personenbezogene Daten zu den ererbten oder erworbenen genetischen Eigenschaften einer natürlichen Person, die eindeutige Informationen über die Physiologie oder die Gesundheit dieser Person liefern, insbesondere solche, die aus der Analyse einer biologischen Probe der Person gewonnen wurden;

12. „biometrische Daten" mit speziellen technischen Verfahren gewonnene personenbezogene Daten zu den physischen, physiologischen oder verhaltenstypischen Merkmalen einer natürlichen Person, die die eindeutige Identifizierung dieser natürlichen Person ermöglichen oder bestätigen, insbesondere Gesichtsbilder oder daktyloskopische Daten;

13. „Gesundheitsdaten" personenbezogene Daten, die sich auf die körperliche oder geistige Gesundheit einer natürlichen Person, einschließlich der Erbringung von Gesundheitsdienstleistungen, beziehen und aus denen Informationen über deren Gesundheitszustand hervorgehen;

14. „besondere Kategorien personenbezogener Daten"
    a) Daten, aus denen die rassische oder ethnische Herkunft, politische Meinungen, religiöse oder weltanschauliche Überzeugungen oder die Gewerkschaftszugehörigkeit hervorgehen,
    b) genetische Daten,
    c) biometrische Daten zur eindeutigen Identifizierung einer natürlichen Person,
    d) Gesundheitsdaten und
    e) Daten zum Sexualleben oder zur sexuellen Orientierung;

15. „Aufsichtsbehörde" eine von einem Mitgliedstaat gemäß Artikel 41 der Richtlinie (EU) 2016/680 eingerichtete unabhängige staatliche Stelle;

16. „internationale Organisation" eine völkerrechtliche Organisation und ihre nachgeordneten Stellen sowie jede sonstige Einrichtung, die durch eine von zwei oder mehr Staaten geschlossene Übereinkunft oder auf der Grundlage einer solchen Übereinkunft geschaffen wurde;

17. „Einwilligung" jede freiwillig für den bestimmten Fall, in informierter Weise und unmissverständlich abgegebene Willensbekundung in Form einer Erklärung oder einer sonstigen eindeutigen bestätigenden Handlung, mit der die betroffene Person zu verstehen gibt, dass sie mit der Verarbeitung der sie betreffenden personenbezogenen Daten einverstanden ist.

§ 22
Allgemeine Grundsätze für die Verarbeitung personenbezogener Daten

Personenbezogene Daten müssen
1. auf rechtmäßige Weise und nach Treu und Glauben verarbeitet werden,
2. für festgelegte, eindeutige und rechtmäßige Zwecke erhoben und nicht in einer mit diesen Zwecken nicht zu vereinbarenden Weise verarbeitet werden,
3. dem Verarbeitungszweck entsprechen, für das Erreichen des Verarbeitungszwecks erforderlich sein und ihre Verarbeitung nicht außer Verhältnis zu diesem Zweck stehen,
4. sachlich richtig und erforderlichenfalls auf dem neuesten Stand sein; dabei sind alle angemessenen Maßnahmen zu treffen, damit personenbezogene Daten, die im Hinblick auf die Zwecke ihrer Verarbeitung unrichtig sind, unverzüglich gelöscht oder berichtigt werden,
5. nicht länger als es für die Zwecke, für die sie verarbeitet werden, erforderlich ist, in einer Form gespeichert werden, die die Identifizierung der betroffenen Personen ermöglicht, und
6. in einer Weise verarbeitet werden, die eine angemessene Sicherheit der personenbezogenen Daten gewährleistet; hierzu gehört auch ein durch geeignete technische und organisatorische Maßnahmen zu gewährleistender Schutz vor unbefugter oder unrechtmäßiger Verarbeitung, unbeabsichtigtem Verlust, unbeabsichtigter Zerstörung oder unbeabsichtigter Schädigung.

Unterabschnitt 2
Rechtsgrundlagen der Verarbeitung personenbezogener Daten

§ 23
Zulässigkeit der Verarbeitung personenbezogener Daten

(1) Die Verarbeitung personenbezogener Daten ist zulässig, wenn sie zur Erfüllung der in der Zuständigkeit des Verantwortlichen liegenden Aufgabe oder in Ausübung öffentlicher Gewalt, die dem Verantwortlichen übertragen wurde, erforderlich ist.

(2) Zu dem Zweck der Verarbeitung personenbezogener Daten gehört auch die Verarbeitung zur Wahrnehmung von Aufsichts- und Kontrollbefugnissen, zur Rechnungsprüfung, zur Durchführung von Organisationsuntersuchungen und zur Prüfung und Wartung von automatisierten Verfahren. Dies gilt auch für die Verarbeitung personenbezogener Daten zu Aus- und Fortbildungszwecken, soweit nicht schutzwürdige Interessen der betroffenen Person entgegenstehen. Die Verarbeitung der Daten zu Test- und Prüfungszwecken ist davon nicht erfasst.

§ 24
Verarbeitung besonderer Kategorien personenbezogener Daten

(1) Die Verarbeitung besonderer Kategorien personenbezogener Daten ist nur zulässig, wenn sie
1. zur Aufgabenerfüllung zwingend erforderlich ist,
2. der Wahrung lebenswichtiger Interessen der betroffenen oder einer anderen natürlichen Person dient oder
3. wenn sie sich auf Daten bezieht, die die betroffene Person offensichtlich öffentlich gemacht hat.

(2) Werden besondere Kategorien personenbezogener Daten verarbeitet, sind geeignete Garantien für die Rechtsgüter der betroffenen Personen vorzusehen. Geeignete Garantien können insbesondere sein
1. spezifische Anforderungen an die Datensicherheit oder die Datenschutzkontrolle,
2. die Festlegung von besonderen Aussonderungsprüffristen,
3. die Sensibilisierung der an Verarbeitungsvorgängen Beteiligten,
4. die Beschränkung des Zugangs zu den personenbezogenen Daten innerhalb der verantwortlichen Stelle,
5. die von anderen Daten getrennte Verarbeitung,
6. die Pseudonymisierung personenbezogener Daten,
7. die Verschlüsselung personenbezogener Daten oder
8. spezifische Verfahrensregelungen, die im Fall einer Übermittlung oder Verarbeitung für andere Zwecke die Rechtmäßigkeit der Verarbeitung sicherstellen.

(3) Eine Verarbeitung genetischer und biometrischer Daten ist nur zulässig, wenn sie in einer Rechtsvorschrift vorgesehen ist.

§ 25
Verarbeitung zu anderen Zwecken

Eine Verarbeitung personenbezogener Daten zu einem anderen Zweck als zu demjenigen, zu dem sie erhoben wurden, ist zulässig, wenn sie in einer Rechtsvorschrift vorgesehen ist.

§ 26
Verarbeitung zu archivarischen, wissenschaftlichen und statistischen Zwecken

Personenbezogene Daten dürfen im Rahmen der in § 20 genannten Zwecke zu archivarischen, wissenschaftlichen oder statistischen Zwecken verarbeitet werden, wenn hieran ein öffentliches Interesse besteht und geeignete Garantien für die Rechtsgüter der betroffenen Personen vorgesehen werden. Solche Garantien können in einer so zeitnah wie möglich erfolgenden Anonymisierung der personenbezogenen Daten, in Vorkehrungen gegen ihre unbefugte Kenntnisnahme durch Dritte oder in ihrer räumlich und organisatorisch von den sonstigen Fachaufgaben getrennten Verarbeitung bestehen.

§ 27
Einwilligung

(1) Soweit die Verarbeitung personenbezogener Daten auf Grundlage einer Rechtsvorschrift, welche die Einwilligung der betroffenen Person vorsieht, erfolgt, muss der Verantwortliche die Einwilligung der betroffenen Person nachweisen können.

(2) Erfolgt die Einwilligung der betroffenen Person durch eine schriftliche Erklärung, die weitere Sachverhalte betrifft, muss das Ersuchen um Einwilligung in verständlicher und leicht zugänglicher Form in einer klaren und einfachen Sprache so erfolgen, dass es von den anderen Sachverhalten klar zu unterscheiden ist.

(3) Die betroffene Person hat das Recht, ihre Einwilligung jederzeit zu widerrufen. Durch den Widerruf der Einwilligung wird die Rechtmäßigkeit der aufgrund der Einwilligung bis zum Widerruf erfolgten Verarbeitung nicht berührt. Die betroffene Person ist vor Abgabe der Einwilligung hiervon in Kenntnis zu setzen.

(4) Die Einwilligung ist nur wirksam, wenn sie auf der freien Entscheidung der betroffenen Person beruht. Bei der Beurteilung, ob die Einwilligung freiwillig erteilt wurde, müssen die Umstände der Erteilung berücksichtigt werden. Die betroffene Person ist auf den vorgesehenen Zweck der Verarbeitung hinzuweisen. Ist dies nach den Umständen des Einzelfalles erforderlich oder verlangt die betroffene Person dies, ist sie auch über die Folgen der Verweigerung der Einwilligung zu belehren.

(5) Soweit besondere Kategorien personenbezogener Daten verarbeitet werden, muss sich die Einwilligung ausdrücklich auf diese Daten beziehen.

§ 28
Verarbeitung auf Weisung des Verantwortlichen

Jede einem Verantwortlichen oder einem Auftragsverarbeiter unterstellte Person, die Zugang zu personenbezogenen Daten hat, darf diese Daten ausschließlich auf Weisung des Verantwortlichen verarbeiten, es sei denn, dass sie nach einer Rechtsvorschrift zur Verarbeitung verpflichtet ist.

§ 29
Datengeheimnis

Mit Datenverarbeitung befasste Personen dürfen personenbezogene Daten nicht unbefugt verarbeiten (Datengeheimnis). Sie sind bei der Aufnahme ihrer Tätigkeit auf das Datengeheimnis zu verpflichten. Das Datengeheimnis besteht auch nach der Beendigung ihrer Tätigkeit fort.

§ 30
Automatisierte Einzelentscheidung

(1) Eine ausschließlich auf einer automatischen Verarbeitung beruhende Entscheidung, die mit einer nachteiligen Rechtsfolge für die betroffene Person verbunden ist oder sie erheblich beeinträchtigt, ist nur zulässig, wenn sie in einer Rechtsvorschrift vorgesehen ist.

(2) Entscheidungen nach Absatz 1 dürfen nicht auf besonderen Kategorien personenbezogener Daten beruhen, sofern nicht geeignete Maßnahmen zum Schutz der Rechtsgüter sowie der berechtigten Interessen der betroffenen Personen getroffen wurden.

(3) Profiling, das zur Folge hat, dass betroffene Personen auf der Grundlage von besonderen Kategorien personenbezogener Daten diskriminiert werden, ist verboten.

Unterabschnitt 3
Rechte der betroffenen Person

§ 31
Allgemeine Informationen zu Datenverarbeitungen

Der Verantwortliche hat in allgemeiner Form und für jedermann zugänglich Informationen zur Verfügung zu stellen über

1. die Zwecke der von ihm vorgenommenen Verarbeitungen,
2. die im Hinblick auf die Verarbeitung ihrer personenbezogenen Daten bestehenden Rechte der betroffenen Personen auf Auskunft, Berichtigung, Löschung und Einschränkung der Verarbeitung,
3. den Namen und die Kontaktdaten des Verantwortlichen und der oder des Datenschutzbeauftragten,
4. das Recht, die Landesbeauftragte oder den Landesbeauftragten anzurufen, und
5. die Erreichbarkeit der oder des Landesbeauftragten.

§ 32
Benachrichtigung betroffener Personen

(1) Ist die Benachrichtigung betroffener Personen über die Verarbeitung sie betreffender personenbezogener Daten in speziellen Rechtsvorschriften, insbesondere bei verdeckten Maßnahmen, vorgesehen oder angeordnet, hat diese Benachrichtigung zumindest die folgenden Angaben zu enthalten:

1. die in § 31 genannten Angaben,
2. die Rechtsgrundlage der Verarbeitung,
3. die für die Daten geltende Speicherdauer oder, falls dies nicht möglich ist, die Kriterien für die Festlegung dieser Dauer,
4. gegebenenfalls die Kategorien von Empfängern der personenbezogenen Daten sowie
5. erforderlichenfalls weitere Informationen, insbesondere, wenn die personenbezogenen Daten ohne Wissen der betroffenen Person erhoben wurden.

(2) In den Fällen des Absatzes 1 kann der Verantwortliche die Benachrichtigung insoweit und solange aufschieben, einschränken oder unterlassen, wie andernfalls

1. die Erfüllung der in § 20 genannten Aufgaben,
2. die öffentliche Sicherheit oder
3. Rechtsgüter Dritter

gefährdet würden, wenn das Interesse an der Vermeidung dieser Gefahren das Informationsinteresse der betroffenen Person überwiegt.

(3) Im Fall der Einschränkung nach Absatz 2 gilt § 33 Absatz 6 entsprechend.

§ 33
Auskunftsrecht

(1) Der Verantwortliche hat betroffenen Personen auf Antrag Auskunft darüber zu erteilen, ob er sie betreffende Daten verarbeitet. Betroffene Personen haben darüber hinaus das Recht, Informationen zu erhalten über

1. die personenbezogenen Daten, die Gegenstand der Verarbeitung sind, und die Kategorie, zu der sie gehören,
2. die verfügbaren Informationen über die Herkunft der Daten,
3. die Zwecke der Verarbeitung und deren Rechtsgrundlage,
4. die Empfänger oder die Kategorien von Empfängern, gegenüber denen die Daten offengelegt worden sind, insbesondere bei Empfängern in Drittstaaten oder bei internationalen Organisationen,
5. die für die Daten geltende Speicherdauer oder, falls dies nicht möglich ist, die Kriterien für die Festlegung dieser Dauer,

6. das Bestehen eines Rechts auf Berichtigung, Löschung oder Einschränkung der Verarbeitung der Daten durch den Verantwortlichen,
7. das Recht nach § 36, die Landesbeauftragte oder den Landesbeauftragten anzurufen, sowie
8. Angaben zur Erreichbarkeit der oder des Landesbeauftragten.

(2) Absatz 1 gilt nicht für personenbezogene Daten, die nur deshalb verarbeitet werden, weil sie aufgrund gesetzlicher Aufbewahrungsvorschriften nicht gelöscht werden dürfen oder die ausschließlich Zwecken der Datensicherung oder der Datenschutzkontrolle dienen, wenn die Auskunftserteilung einen unverhältnismäßigen Aufwand erfordern würde und eine Verarbeitung zu anderen Zwecken durch geeignete technische und organisatorische Maßnahmen ausgeschlossen ist.

(3) Die betroffene Person soll die Art der personenbezogenen Daten, über die Auskunft verlangt wird, näher bezeichnen. Von der Auskunftserteilung kann abgesehen werden, wenn die betroffene Person keine Angaben macht, die das Auffinden der Daten ermöglichen, und deshalb der für die Erteilung der Auskunft erforderliche Aufwand außer Verhältnis zu dem von der betroffenen Person geltend gemachten Informationsinteresse steht.

(4) Der Verantwortliche kann unter den Voraussetzungen des § 32 Absatz 2 von der Auskunft nach Absatz 1 Satz 1 absehen oder die Auskunftserteilung nach Absatz 1 Satz 2 teilweise oder vollständig einschränken.

(5) Der Verantwortliche hat die betroffene Person über das Absehen von oder die Einschränkung einer Auskunft unverzüglich schriftlich zu unterrichten. Dies gilt nicht, wenn bereits die Erteilung dieser Informationen eine Gefährdung im Sinne des § 32 Absatz 2 mit sich bringen würde. Die Unterrichtung nach Satz 1 ist zu begründen, es sei denn, dass die Mitteilung der Gründe den mit dem Absehen von oder der Einschränkung der Auskunft verfolgten Zweck gefährden würde.

(6) Wird die betroffene Person nach Absatz 5 über das Absehen von oder die Einschränkung der Auskunft unterrichtet, kann sie ihr Auskunftsrecht auch über die Landesbeauftragte oder den Landesbeauftragten ausüben. Der Verantwortliche hat die betroffene Person über diese Möglichkeit sowie darüber zu unterrichten, dass sie gemäß § 36 die Landesbeauftragte oder den Landesbeauftragten anrufen oder gerichtlichen Rechtsschutz suchen kann. Macht die betroffene Person von ihrem Recht nach Satz 1 Gebrauch, ist die Auskunft auf ihr Verlangen der oder dem Landesbeauftragten zu erteilen. Stellt die oberste Landesbehörde im Einzelfall fest, dass dadurch die Sicherheit des Bundes oder eines Landes gefährdet würde, dürfen die Rechte nach Absatz 5 nur von der oder dem Landesbeauftragten für Datenschutz persönlich oder den von ihr oder ihm schriftlich besonders damit Beauftragten ausgeübt werden. Die oder der Landesbeauftragte hat die betroffene Person zumindest darüber zu unterrichten, dass alle erforderlichen Prüfungen erfolgt sind oder eine Überprüfung durch sie stattgefunden hat. Diese Mitteilung kann die Information enthalten, ob datenschutzrechtliche Verstöße festgestellt wurden. Die Mitteilung der oder des Landesbeauftragten an die betroffene Person darf keine Rückschlüsse auf den Erkenntnisstand des Verantwortlichen zulassen, sofern dieser keiner weitergehenden Auskunft zustimmt. Der Verantwortliche darf die Zustimmung nur insoweit und solange verweigern, wie er nach Absatz 4 von einer Auskunft absehen oder sie einschränken könnte. Die oder der Landesbeauftragte hat zudem die betroffene Person über ihr Recht auf gerichtlichen Rechtsschutz zu unterrichten.

(7) Der Verantwortliche hat die sachlichen oder rechtlichen Gründe für die Entscheidung zu dokumentieren.

§ 34
Rechte auf Berichtigung und Löschung sowie Einschränkung der Verarbeitung

(1) Die betroffene Person hat das Recht, von dem Verantwortlichen unverzüglich die Berichtigung sie betreffender unrichtiger Daten zu verlangen. Insbesondere im Fall von Aussagen oder Beurteilungen betrifft die Frage der Richtigkeit nicht den Inhalt der Aussage oder Beurteilung. Wenn die Richtigkeit oder Unrichtigkeit der Daten nicht festgestellt werden kann, tritt an die Stelle der Berichtigung eine Einschränkung der Verarbeitung. In diesem Fall hat der Verantwortliche die betroffene Person zu unterrichten, bevor er die Einschränkung wieder aufhebt. Die betroffene Person kann zudem die Vervollständigung unvollständiger personenbezogener Daten verlangen, wenn dies unter Berücksichtigung der Verarbeitungszwecke angemessen ist.

(2) Die betroffene Person hat das Recht, von dem Verantwortlichen unverzüglich die Löschung sie betreffender Daten zu verlangen, wenn deren Verarbeitung unzulässig ist, deren Kenntnis für die Aufgabenerfüllung nicht mehr erforderlich ist oder diese zur Erfüllung einer rechtlichen Verpflichtung gelöscht werden müssen.

(3) Anstatt die personenbezogenen Daten zu löschen, kann der Verantwortliche deren Verarbeitung einschränken, wenn

1. Grund zur Annahme besteht, dass eine Löschung schutzwürdige Interessen einer betroffenen Person beeinträchtigen würde,
2. die Daten zu Beweiszwecken in Verfahren, die Zwecken des § 20 dienen, weiter aufbewahrt werden müssen oder
3. eine Löschung wegen der besonderen Art der Speicherung nicht oder nur mit unverhältnismäßigem Aufwand möglich ist.

In ihrer Verarbeitung nach Satz 1 eingeschränkte Daten dürfen nur zu dem Zweck verarbeitet werden, der ihrer Löschung entgegenstand.

(4) Bei automatisierten Dateisystemen ist technisch sicherzustellen, dass eine Einschränkung der Verarbeitung eindeutig erkennbar ist und eine Verarbeitung für andere Zwecke nur ohne weitere Prüfung möglich ist.

(5) Hat der Verantwortliche eine Berichtigung vorgenommen, hat er der Stelle, die ihm die personenbezogenen Daten zuvor übermittelt hat, die Berichtigung mitzuteilen. In Fällen der Berichtigung, Löschung oder Einschränkung der Verarbeitung nach den Absätzen 1 bis 3 hat der Verantwortliche Empfängern, denen die Daten übermittelt wurden, diese Maßnahmen mitzuteilen. Der Empfänger hat die Daten zu berichtigen, zu löschen oder ihre Verarbeitung einzuschränken.

(6) Der Verantwortliche hat die betroffene Person über ein Absehen von der Berichtigung oder Löschung personenbezogener Daten oder über die an deren Stelle tretende Einschränkung der Verarbeitung schriftlich zu unterrichten. Dies gilt nicht, wenn bereits die Erteilung dieser Informationen eine Gefährdung im Sinne des § 32 Absatz 2 mit sich bringen würde. Die Unterrichtung nach Satz 1 ist zu begründen, es sei denn, dass die Mitteilung der Gründe den mit dem Absehen von der Unterrichtung verfolgten Zweck gefährden würde.

(7) § 33 Absatz 6 und 7 findet entsprechende Anwendung.

§ 35
Verfahren für die Ausübung der Rechte der betroffenen Person

(1) Der Verantwortliche hat mit betroffenen Personen unter Verwendung einer klaren und einfachen Sprache in präziser, verständlicher und leicht zugänglicher Form zu kommunizieren. Unbeschadet besonderer Formvorschriften soll er bei der Beantwortung von Anträgen die für den Antrag gewählte Form verwenden.

(2) Bei Anträgen hat der Verantwortliche die betroffene Person unbeschadet des § 33 Absatz 5 und des § 34 Absatz 6 unverzüglich schriftlich darüber in Kenntnis zu setzen, wie verfahren wurde.

(3) Die Erteilung von Informationen nach § 31, die Benachrichtigungen nach den §§ 32 und 42 und die Bearbeitung von Anträgen nach den §§ 33 und 34 erfolgen unentgeltlich. Bei offenkundig unbegründeten oder exzessiven Anträgen nach den §§ 33 und 34 kann der Verantwortliche entweder eine angemessene Gebühr auf der Grundlage der Verwal-

tungskosten verlangen oder sich weigern, aufgrund des Antrags tätig zu werden. In diesem Fall muss der Verantwortliche den offenkundig unbegründeten oder exzessiven Charakter des Antrags belegen können.

(4) Hat der Verantwortliche begründete Zweifel an der Identität einer betroffenen Person, die einen Antrag nach den §§ 33 oder 34 gestellt hat, kann er von ihr zusätzliche Informationen anfordern, die zur Bestätigung ihrer Identität erforderlich sind.

§ 36
Anrufung der oder des Landesbeauftragten

(1) Jede betroffene Person kann sich unbeschadet anderweitiger Rechtsbehelfe mit einer Beschwerde an die Landesbeauftragte oder den Landesbeauftragten wenden, wenn sie der Auffassung ist, bei der Verarbeitung ihrer personenbezogenen Daten durch öffentliche Stellen zu den in § 20 genannten Zwecken in ihren Rechten verletzt worden zu sein. Dies gilt nicht für die Verarbeitung von personenbezogenen Daten durch Gerichte, soweit diese die Daten im Rahmen ihrer justiziellen Tätigkeit verarbeitet haben. Die oder der Landesbeauftragte hat die betroffene Person über den Stand und das Ergebnis der Beschwerde zu unterrichten und sie hierbei auf die Möglichkeit gerichtlichen Rechtsschutzes nach § 37 hinzuweisen.

(2) Die oder der Landesbeauftragte hat eine bei ihr oder ihm eingelegte Beschwerde über eine Verarbeitung, die in die Zuständigkeit einer Aufsichtsbehörde in einem anderen Mitgliedstaat der Europäischen Union fällt, unverzüglich an die zuständige Aufsichtsbehörde des anderen Staates weiterzuleiten. Sie oder er hat in diesem Fall die betroffene Person über die Weiterleitung zu unterrichten und ihr auf deren Ersuchen weitere Unterstützung zu leisten.

§ 37
Rechtsschutz gegen Entscheidungen der oder des Landesbeauftragten oder bei deren oder dessen Untätigkeit

(1) Jede natürliche oder juristische Person kann unbeschadet anderer Rechtsbehelfe gerichtlich gegen eine verbindliche Entscheidung der oder des Landesbeauftragten vorgehen.

(2) Absatz 1 gilt entsprechend zugunsten betroffener Personen, wenn sie die oder der Landesbeauftragte mit einer Beschwerde nach § 36 nicht befasst oder die betroffene Person nicht innerhalb von drei Monaten nach Einlegung der Beschwerde über den Stand oder das Ergebnis der Beschwerde in Kenntnis gesetzt hat.

Unterabschnitt 4
Pflichten der Verantwortlichen und Auftragsverarbeiter

§ 38
Auftragsverarbeitung

(1) Werden personenbezogene Daten im Auftrag eines Verantwortlichen durch andere Personen oder Stellen verarbeitet, hat der Verantwortliche für die Einhaltung der Vorschriften dieses Gesetzes und anderer Vorschriften über den Datenschutz zu sorgen. Die Rechte der betroffenen Personen auf Auskunft, Berichtigung, Löschung, Einschränkung der Verarbeitung und Schadensersatz sind in diesem Fall gegenüber dem Verantwortlichen geltend zu machen.

(2) Ein Verantwortlicher darf nur solche Auftragsverarbeiter mit der Verarbeitung personenbezogener Daten beauftragen, die mit geeigneten technischen und organisatorischen Maßnahmen sicherstellen, dass die Verarbeitung im Einklang mit den gesetzlichen Anforderungen erfolgt und der Schutz der Rechte der betroffenen Personen gewährleistet wird.

(3) Auftragsverarbeiter dürfen ohne vorherige schriftliche Genehmigung des Verantwortlichen keine weiteren Auftragsverarbeiter hinzuziehen. Hat der Verantwortliche dem Auftragsverarbeiter eine allgemeine Genehmigung zur Hinzuziehung weiterer Auftragsverarbeiter erteilt, hat der Auftragsverarbeiter den Verantwortlichen über jede beabsichtigte Hinzuziehung oder Ersetzung zu informieren. Der Verantwortliche kann in diesem Fall die Hinzuziehung oder Ersetzung untersagen.

(4) Zieht ein Auftragsverarbeiter einen weiteren Auftragsverarbeiter hinzu, hat er diesem dieselben Verpflichtungen aus seinem Vertrag mit dem Verantwortlichen nach Absatz 5 aufzuerlegen, die auch für ihn gelten, soweit diese Pflichten für den weiteren Auftragsverarbeiter nicht schon aufgrund anderer Vorschriften verbindlich sind. Erfüllt ein weiterer Auftragsverarbeiter diese Verpflichtungen nicht, haftet der ihn beauftragende Auftragsverarbeiter gegenüber dem Verantwortlichen für die Einhaltung der Pflichten des weiteren Auftragsverarbeiters.

(5) Die Verarbeitung durch einen Auftragsverarbeiter hat auf der Grundlage eines Vertrags oder eines anderen Rechtsinstruments zu erfolgen, der oder das den Auftragsverarbeiter an den Verantwortlichen bindet und der oder das den Gegenstand, die Dauer, die Art und den Zweck der Verarbeitung, die Art der personenbezogenen Daten, die Kategorien betroffener Personen und die Rechte und Pflichten des Verantwortlichen festlegt. Der Vertrag oder das andere Rechtsinstrument haben insbesondere vorzusehen, dass der Auftragsverarbeiter

1. nur auf dokumentierte Weisung des Verantwortlichen handelt; ist der Auftragsverarbeiter der Auffassung, dass eine Weisung rechtswidrig ist, hat er den Verantwortlichen unverzüglich zu informieren;
2. gewährleistet, dass die zur Verarbeitung der personenbezogenen Daten befugten Personen zur Vertraulichkeit verpflichtet werden, soweit sie keiner angemessenen gesetzlichen Verschwiegenheitspflicht unterliegen;
3. den Verantwortlichen mit geeigneten Mitteln dabei unterstützt, die Einhaltung der Bestimmungen über die Rechte der betroffenen Person zu gewährleisten;
4. alle personenbezogenen Daten nach Abschluss der Erbringung der Verarbeitungsleistungen nach Wahl des Verantwortlichen zurückgibt oder löscht und bestehende Kopien vernichtet, wenn nicht nach einer Rechtsvorschrift eine Verpflichtung zur Speicherung der Daten besteht;
5. dem Verantwortlichen alle erforderlichen Informationen, insbesondere die gemäß § 52 erstellten Protokolle, zum Nachweis der Einhaltung seiner Pflichten zur Verfügung stellt;
6. Überprüfungen, die von dem Verantwortlichen oder einem von diesem beauftragten Prüfer durchgeführt werden, ermöglicht und dazu beiträgt;
7. die in den Absätzen 3 und 4 aufgeführten Bedingungen für die Inanspruchnahme der Dienste eines weiteren Auftragsverarbeiters einhält;
8. alle gemäß § 40 erforderlichen Maßnahmen ergreift und
9. unter Berücksichtigung der Art der Verarbeitung und der ihm zur Verfügung stehenden Informationen den Verantwortlichen bei der Einhaltung der in den §§ 40 bis 43 und § 45 genannten Pflichten unterstützt.

(6) Der Vertrag im Sinne des Absatzes 5 ist schriftlich oder elektronisch abzufassen.

(7) Ein Auftragsverarbeiter, der die Zwecke und Mittel der Verarbeitung unter Verstoß gegen diese Vorschrift bestimmt, gilt in Bezug auf diese Verarbeitung als Verantwortlicher.

§ 39
Gemeinsam Verantwortliche

Legen zwei oder mehr Verantwortliche gemeinsam die Zwecke und die Mittel der Verarbeitung fest, gelten sie als gemeinsam Verantwortliche. Gemeinsam Verantwortliche haben ihre jeweiligen Aufgaben und datenschutzrechtlichen Verantwortlichkeiten in transparenter Form in einer Vereinbarung festzulegen, soweit diese nicht bereits in Rechtsvorschriften festgelegt sind. Aus der Vereinbarung muss insbesondere hervorgehen, wer welchen Informationspflichten nachzukommen hat und wie und gegenüber wem betroffene Personen ihre Rechte wahrnehmen können. Eine entsprechende Vereinbarung hindert die betroffene Person nicht, ihre Rechte gegenüber jedem der gemeinsam Verantwortlichen geltend zu machen.

§ 40
Anforderungen an die Sicherheit der Datenverarbeitung

(1) Der Verantwortliche und der Auftragsverarbeiter haben unter Berücksichtigung des Stands der Technik, der Implementierungskosten, der Art, des Umfangs, der Umstände und der Zwecke der Verarbeitung sowie der Eintrittswahrscheinlichkeit und der Schwere der mit der Verarbeitung verbundenen Gefahren für die Rechtsgüter der betroffenen Personen die erforderlichen technischen und organisatorischen Maßnahmen zu treffen, um bei der Verarbeitung personenbezogener Daten ein dem Risiko angemessenes Schutzniveau zu gewährleisten, insbesondere im Hinblick auf die Verarbeitung besonderer Kategorien personenbezogener Daten. Der Verantwortliche hat hierbei die einschlägigen Technischen Richtlinien und Empfehlungen des Bundesamtes für Sicherheit in der Informationstechnik zu berücksichtigen.

(2) Die in Absatz 1 genannten Maßnahmen können unter anderem die Pseudonymisierung und Verschlüsselung personenbezogener Daten umfassen, soweit solche Mittel in Anbetracht der Verarbeitungszwecke möglich sind. Die Maßnahmen nach Absatz 1 sollen dazu führen, dass

1. die Vertraulichkeit, Integrität, Verfügbarkeit und Belastbarkeit der Systeme und Dienste im Zusammenhang mit der Verarbeitung auf Dauer sichergestellt werden und
2. die Verfügbarkeit der personenbezogenen Daten und der Zugang zu ihnen bei einem physischen oder technischen Zwischenfall rasch wiederhergestellt werden können.

(3) Im Fall einer automatisierten Verarbeitung haben der Verantwortliche und der Auftragsverarbeiter nach einer Risikobewertung Maßnahmen zu ergreifen, die Folgendes bezwecken:

1. Verwehrung des Zugangs zu Verarbeitungsanlagen, mit denen die Verarbeitung durchgeführt wird, für Unbefugte (Zugangskontrolle),
2. Verhinderung des unbefugten Lesens, Kopierens, Veränderns oder Löschens von Datenträgern (Datenträgerkontrolle),
3. Verhinderung der unbefugten Eingabe von personenbezogenen Daten sowie der unbefugten Kenntnisnahme, Veränderung und Löschung von gespeicherten personenbezogenen Daten (Speicherkontrolle),
4. Verhinderung der Nutzung automatisierter Verarbeitungssysteme mit Hilfe von Einrichtungen zur Datenübertragung durch Unbefugte (Benutzerkontrolle),
5. Gewährleistung, dass die zur Benutzung eines automatisierten Verarbeitungssystems Berechtigten ausschließlich zu den von ihrer Zugangsberechtigung umfassten personenbezogenen Daten Zugang haben (Zugriffskontrolle),
6. Gewährleistung, dass überprüft und festgestellt werden kann, an welche Stellen personenbezogene Daten mit Hilfe von Einrichtungen zur Datenübertragung übermittelt oder zur Verfügung gestellt wurden oder werden können (Übertragungskontrolle),
7. Gewährleistung, dass nachträglich überprüft und festgestellt werden kann, welche personenbezogenen Daten zu welcher Zeit und von wem in automatisierte Verarbeitungssysteme eingegeben oder verändert worden sind (Eingabekontrolle),
8. Gewährleistung, dass bei der Übermittlung personenbezogener Daten sowie beim Transport von Datenträgern die Vertraulichkeit und Integrität der Daten geschützt werden (Transportkontrolle),
9. Gewährleistung, dass eingesetzte Systeme im Störungsfall wiederhergestellt werden können (Wiederherstellbarkeit),
10. Gewährleistung, dass alle Funktionen des Systems zur Verfügung stehen und auftretende Fehlfunktionen gemeldet werden (Zuverlässigkeit),
11. Gewährleistung, dass gespeicherte personenbezogene Daten nicht durch Fehlfunktionen des Systems beschädigt werden können (Datenintegrität),
12. Gewährleistung, dass personenbezogene Daten, die im Auftrag verarbeitet werden, nur entsprechend den Weisungen des Auftraggebers verarbeitet werden können (Auftragskontrolle),
13. Gewährleistung, dass personenbezogene Daten gegen Zerstörung oder Verlust geschützt sind (Verfügbarkeitskontrolle),
14. Gewährleistung, dass zu unterschiedlichen Zwecken erhobene personenbezogene Daten getrennt verarbeitet werden können (Trennbarkeit).

Ein Zweck nach Satz 1 Nummer 2 bis 5 kann insbesondere durch die Verwendung von dem Stand der Technik entsprechenden Verschlüsselungsverfahren erreicht werden.

(4) Automatisierte Verfahren sind vor ihrem erstmaligen Einsatz und nach wesentlichen Änderungen hinsichtlich einer wirksamen Umsetzung von technischen und organisatorischen Maßnahmen zur Gewährleistung der Sicherheit der Datenverarbeitung vom Verantwortlichen oder einer von ihm beauftragten Person freizugeben. Das Testverfahren ist zu dokumentieren.

(5) Die Landesregierung regelt durch Verordnung die Anforderungen an das Sicherheitskonzept sowie die Freigabe automatisierter Verfahren und weitere Einzelheiten einer ordnungsgemäßen Datenverarbeitung durch die öffentlichen Stellen. Die oder der Landesbeauftragte für Datenschutz ist anzuhören.

(6) Ein automatisiertes Verfahren, bei dem mehrere Verantwortliche gemeinsam die Zwecke und Mittel zur Verarbeitung festlegen (gemeinsames Verfahren) oder die Übermittlung personenbezogener Daten durch Abruf (Abrufverfahren) ermöglicht, darf eingerichtet werden, soweit dies unter Berücksichtigung der schutzwürdigen Interessen der betroffenen Personen und der Aufgaben der beteiligten Stellen angemessen ist.

(7) Für Verfahren nach Absatz 6 kann die zuständige oberste Landesbehörde Regelungen nach dieser Vorschrift auch durch Verordnung festlegen und eine zentrale Stelle bestimmen, der die Verantwortung für die Gewährleistung der Ordnungsmäßigkeit des automatisierten Verfahrens übertragen wird.

(8) Absatz 6 gilt nicht für den Abruf aus Datenbeständen, die jedermann ohne oder nach besonderer Zulassung zur Benutzung offen stehen oder deren Veröffentlichung zulässig ist.

§ 41
Meldung von Verletzungen des Schutzes personenbezogener Daten an die oder den Landesbeauftragten

(1) Der Verantwortliche hat eine Verletzung des Schutzes personenbezogener Daten unverzüglich und möglichst innerhalb von 72 Stunden, nachdem sie ihm bekannt geworden ist, der oder dem Landesbeauftragten zu melden, es sei denn, dass die Verletzung voraussichtlich keine Gefahr für die Rechtsgüter natürlicher Personen mit sich gebracht hat. Erfolgt die Meldung an die Landesbeauftragte oder den Landesbeauftragten nicht innerhalb von 72 Stunden, ist die Verzögerung zu begründen.

(2) Ein Auftragsverarbeiter hat eine Verletzung des Schutzes personenbezogener Daten unverzüglich dem Verantwortlichen zu melden.

(3) Die Meldung nach Absatz 1 hat zumindest folgende Informationen zu enthalten:

1. eine Beschreibung der Art der Verletzung des Schutzes personenbezogener Daten, die, soweit möglich, Angaben zu den Kategorien und der ungefähren Anzahl der betroffenen Personen, zu den betroffenen Kategorien personenbezogener Daten und zu der ungefähren Anzahl der betroffenen personenbezogenen Datensätze zu enthalten hat,
2. den Namen und die Kontaktdaten der oder des Datenschutzbeauftragten oder einer sonstigen Person oder Stelle, die weitere Informationen erteilen kann,

3. eine Beschreibung der wahrscheinlichen Folgen der Verletzung und
4. eine Beschreibung der von dem Verantwortlichen ergriffenen oder vorgeschlagenen Maßnahmen zur Behandlung der Verletzung und der getroffenen Maßnahmen zur Abmilderung ihrer möglichen nachteiligen Auswirkungen.

(4) Wenn die Informationen nach Absatz 3 nicht zusammen mit der Meldung übermittelt werden können, hat der Verantwortliche sie unverzüglich nachzureichen, sobald sie ihm vorliegen.

(5) Der Verantwortliche hat Verletzungen des Schutzes personenbezogener Daten zu dokumentieren. Die Dokumentation hat alle mit den Vorfällen zusammenhängenden Tatsachen, deren Auswirkungen und die ergriffenen Abhilfemaßnahmen zu umfassen.

(6) Soweit von einer Verletzung des Schutzes personenbezogener Daten personenbezogene Daten betroffen sind, die von einem oder an einen Verantwortlichen in einem anderen Mitgliedstaat der Europäischen Union übermittelt wurden, sind die in Absatz 3 genannten Informationen dem dortigen Verantwortlichen unverzüglich zu übermitteln.

(7) Eine Meldung nach Absatz 1 darf in einem Strafverfahren gegen den Meldepflichtigen oder Benachrichtigenden oder seine in § 52 Absatz 1 der Strafprozessordnung bezeichneten Angehörigen nur mit Zustimmung des Meldepflichtigen oder Benachrichtigenden verwendet werden.

(8) Weitere Pflichten des Verantwortlichen zu Benachrichtigungen über Verletzungen des Schutzes personenbezogener Daten bleiben unberührt.

§ 42
Benachrichtigung betroffener Personen bei Verletzungen des Schutzes personenbezogener Daten

(1) Hat eine Verletzung des Schutzes personenbezogener Daten voraussichtlich eine erhebliche Gefahr für Rechtsgüter betroffener Personen zur Folge, hat der Verantwortliche die betroffenen Personen unverzüglich über den Vorfall zu benachrichtigen.

(2) Die Benachrichtigung nach Absatz 1 hat in klarer und einfacher Sprache die Art der Verletzung des Schutzes personenbezogener Daten zu beschreiben und zumindest die in § 41 Absatz 3 Nummer 2 bis 4 genannten Informationen und Maßnahmen zu enthalten.

(3) Von der Benachrichtigung nach Absatz 1 kann abgesehen werden, wenn
1. der Verantwortliche geeignete technische und organisatorische Sicherheitsvorkehrungen getroffen hat und diese Vorkehrungen auf die von der Verletzung des Schutzes personenbezogener Daten betroffenen Daten angewandt wurden; dies gilt insbesondere für Vorkehrungen wie Verschlüsselungen, durch die die Daten für unbefugte Personen unzugänglich gemacht wurden;
2. der Verantwortliche durch im Anschluss an die Verletzung getroffene Maßnahmen sichergestellt hat, dass aller Wahrscheinlichkeit nach keine erhebliche Gefahr im Sinne des Absatzes 1 mehr besteht, oder
3. dies mit einem unverhältnismäßigen Aufwand verbunden wäre; in diesem Fall hat stattdessen eine öffentliche Bekanntmachung oder eine ähnliche Maßnahme zu erfolgen, durch die die betroffenen Personen vergleichbar wirksam informiert werden.

(4) Wenn der Verantwortliche die betroffenen Personen über eine Verletzung des Schutzes personenbezogener Daten nicht benachrichtigt hat, kann die oder der Landesbeauftragte förmlich feststellen, dass ihrer oder seiner Auffassung nach die in Absatz 3 genannten Voraussetzungen nicht erfüllt sind. Hierbei hat sie oder er die Wahrscheinlichkeit zu berücksichtigen, dass die Verletzung eine erhebliche Gefahr im Sinne des Absatzes 1 zur Folge hat.

(5) Die Benachrichtigung der betroffenen Personen nach Absatz 1 kann unter den in § 32 Absatz 2 genannten Voraussetzungen aufgeschoben, eingeschränkt oder unterlassen werden, soweit nicht die Interessen der betroffenen Person aufgrund der von der Verletzung ausgehenden erheblichen Gefahr im Sinne des Absatzes 1 überwiegen.

(6) Eine Benachrichtigung nach Absatz 1 darf in einem Strafverfahren gegen den Meldepflichtigen oder Benachrichtigenden oder seine in § 52 Absatz 1 der Strafprozessordnung bezeichneten Angehörigen nur mit Zustimmung des Meldepflichtigen oder Benachrichtigenden verwendet werden.

§ 43
Durchführung einer Datenschutz-Folgenabschätzung

(1) Hat eine Form der Verarbeitung, insbesondere bei Verwendung neuer Technologien, aufgrund der Art, des Umfangs, der Umstände und der Zwecke der Verarbeitung voraussichtlich eine erhebliche Gefahr für die Rechtsgüter betroffener Personen zur Folge, hat der Verantwortliche vorab eine Abschätzung der Folgen der vorgesehenen Verarbeitungsvorgänge für die betroffenen Personen durchzuführen.

(2) Für die Untersuchung mehrerer ähnlicher Verarbeitungsvorgänge mit ähnlich hohem Gefahrenpotential kann eine gemeinsame Datenschutz-Folgenabschätzung vorgenommen werden.

(3) Der Verantwortliche hat die Datenschutzbeauftragte oder den Datenschutzbeauftragten an der Durchführung der Folgenabschätzung zu beteiligen.

(4) Die Folgenabschätzung hat den Rechten der von der Verarbeitung betroffenen Personen Rechnung zu tragen und zumindest Folgendes zu enthalten:
1. eine systematische Beschreibung der geplanten Verarbeitungsvorgänge und der Zwecke der Verarbeitung,
2. eine Bewertung der Notwendigkeit und Verhältnismäßigkeit der Verarbeitungsvorgänge in Bezug auf deren Zweck,
3. eine Bewertung der Gefahren für die Rechtsgüter der betroffenen Personen und
4. die Maßnahmen, mit denen bestehenden Gefahren abgeholfen werden soll, einschließlich der Garantien, der Sicherheitsvorkehrungen und der Verfahren, durch die der Schutz personenbezogener Daten sichergestellt und die Einhaltung der gesetzlichen Vorgaben nachgewiesen werden sollen.

(5) Soweit erforderlich, hat der Verantwortliche eine Überprüfung durchzuführen, ob die Verarbeitung den Maßgaben folgt, die sich aus der Folgenabschätzung ergeben haben.

§ 44
Zusammenarbeit mit der oder dem Landesbeauftragten

Der Verantwortliche hat mit der oder dem Landesbeauftragten bei der Erfüllung ihrer oder seiner Aufgaben zusammenzuarbeiten.

§ 45
Anhörung der oder des Landesbeauftragten

(1) Der Verantwortliche hat vor der Inbetriebnahme von neu anzulegenden Dateisystemen die Landesbeauftragte oder den Landesbeauftragten anzuhören, wenn
1. aus einer Datenschutz-Folgenabschätzung nach § 43 hervorgeht, dass die Verarbeitung eine erhebliche Gefahr für die Rechtsgüter der betroffenen Personen zur Folge hätte, wenn der Verantwortliche keine Abhilfemaßnahmen treffen würde, oder
2. die Form der Verarbeitung, insbesondere bei der Verwendung neuer Technologien, Mechanismen oder Verfahren, eine erhebliche Gefahr für die Rechtsgüter der betroffenen Personen zur Folge hat.

Die oder der Landesbeauftragte kann eine Liste der Verarbeitungsvorgänge erstellen, die der Pflicht zur Anhörung nach Satz 1 unterliegen.

(2) Der oder dem Landesbeauftragten sind im Fall des Absatzes 1 vorzulegen:
1. die nach § 43 durchgeführte Datenschutz-Folgenabschätzung,

2. gegebenenfalls Angaben zu den jeweiligen Zuständigkeiten des Verantwortlichen, der gemeinsam Verantwortlichen und der an der Verarbeitung beteiligten Auftragsverarbeiter,
3. Angaben zu den Zwecken und Mitteln der beabsichtigten Verarbeitung,
4. Angaben zu den zum Schutz der Rechtsgüter der betroffenen Personen vorgesehenen Maßnahmen und Garantien und
5. Name und Kontaktdaten der oder des Datenschutzbeauftragten.

Auf Anforderung sind ihr oder ihm zudem alle sonstigen Informationen zu übermitteln, die sie oder er benötigt, um die Rechtmäßigkeit der Verarbeitung sowie insbesondere die in Bezug auf den Schutz der personenbezogenen Daten der betroffenen Personen bestehenden Gefahren und die diesbezüglichen Garantien bewerten zu können.

(3) Falls die oder der Landesbeauftragte der Auffassung ist, dass die geplante Verarbeitung gegen gesetzliche Vorgaben verstoßen würde, insbesondere weil der Verantwortliche das Risiko nicht ausreichend ermittelt oder keine ausreichenden Abhilfemaßnahmen getroffen hat, kann sie oder er dem Verantwortlichen und gegebenenfalls dem Auftragsverarbeiter innerhalb eines Zeitraums von sechs Wochen nach Einleitung der Anhörung schriftliche Empfehlungen unterbreiten, welche Maßnahmen noch ergriffen werden sollten. Die oder der Landesbeauftragte kann diese Frist um einen Monat verlängern, wenn die geplante Verarbeitung besonders komplex ist. Sie oder er hat in diesem Fall innerhalb eines Monats nach Einleitung der Anhörung den Verantwortlichen und gegebenenfalls den Auftragsverarbeiter über die Fristverlängerung zu informieren.

(4) Hat die beabsichtigte Verarbeitung erhebliche Bedeutung für die Aufgabenerfüllung des Verantwortlichen und ist sie daher besonders dringlich, kann er mit der Verarbeitung nach Beginn der Anhörung, aber vor Ablauf der in Absatz 3 Satz 1 genannten Frist beginnen. In diesem Fall sind die Empfehlungen der oder des Landesbeauftragten im Nachhinein zu berücksichtigen und sind die Art und Weise der Verarbeitung daraufhin gegebenenfalls anzupassen.

§ 46
Verzeichnis von Verarbeitungstätigkeiten

(1) Der Verantwortliche hat ein Verzeichnis aller Kategorien von Verarbeitungstätigkeiten zu führen, die in seine Zuständigkeit fallen. Dieses Verzeichnis hat die folgenden Angaben zu enthalten:
1. den Namen und die Kontaktdaten des Verantwortlichen und gegebenenfalls des gemeinsam mit ihm Verantwortlichen sowie den Namen und die Kontaktdaten der oder des Datenschutzbeauftragten,
2. die Zwecke der Verarbeitung,
3. die Kategorien von Empfängern, gegenüber denen die personenbezogenen Daten offengelegt worden sind oder noch offengelegt werden sollen,
4. eine Beschreibung der Kategorien betroffener Personen und der Kategorien personenbezogener Daten,
5. gegebenenfalls die Verwendung von Profiling,
6. gegebenenfalls die Kategorien von Übermittlungen personenbezogener Daten an Stellen in einem Drittstaat oder an eine internationale Organisation,
7. Angaben über die Rechtsgrundlage der Verarbeitung,
8. die vorgesehenen Fristen für die Löschung oder die Überprüfung der Erforderlichkeit der Speicherung der verschiedenen Kategorien personenbezogener Daten und
9. eine allgemeine Beschreibung der technischen und organisatorischen Maßnahmen gemäß § 40.

(2) Der Auftragsverarbeiter hat ein Verzeichnis aller Kategorien von Verarbeitungen zu führen, die er im Auftrag eines Verantwortlichen durchführt, das Folgendes zu enthalten hat:
1. den Namen und die Kontaktdaten des Auftragsverarbeiters, jedes Verantwortlichen, in dessen Auftrag der Auftragsverarbeiter tätig ist, sowie gegebenenfalls der oder des Datenschutzbeauftragten,
2. gegebenenfalls Übermittlungen von personenbezogenen Daten an Stellen in einem Drittstaat oder an eine internationale Organisation unter Angabe des Staates oder der Organisation und
3. eine allgemeine Beschreibung der technischen und organisatorischen Maßnahmen gemäß § 40.

(3) Die in den Absätzen 1 und 2 genannten Verzeichnisse sind schriftlich oder elektronisch zu führen.

(4) Verantwortliche und Auftragsverarbeiter haben auf Anforderung ihre Verzeichnisse der oder dem Landesbeauftragten zur Verfügung zu stellen.

§ 47
Datenschutz durch Technikgestaltung und datenschutzfreundliche Voreinstellungen

(1) Der Verantwortliche hat sowohl zum Zeitpunkt der Festlegung der Mittel für die Verarbeitung als auch zum Zeitpunkt der Verarbeitung selbst angemessene Vorkehrungen zu treffen, die geeignet sind, die Datenschutzgrundsätze wie etwa die Datensparsamkeit wirksam umzusetzen, und die sicherstellen, dass die gesetzlichen Anforderungen eingehalten und die Rechte der betroffenen Personen geschützt werden. Er hat hierbei den Stand der Technik, die Implementierungskosten und die Art, den Umfang, die Umstände und die Zwecke der Verarbeitung sowie die unterschiedliche Eintrittswahrscheinlichkeit und Schwere der mit der Verarbeitung verbundenen Gefahren für die Rechtsgüter der betroffenen Personen zu berücksichtigen. Insbesondere sind die Verarbeitung personenbezogener Daten und die Auswahl und Gestaltung von Datenverarbeitungssystemen an dem Ziel auszurichten, so wenig personenbezogene Daten wie möglich zu verarbeiten. Personenbezogene Daten sind zum frühestmöglichen Zeitpunkt zu anonymisieren oder zu pseudonymisieren, soweit dies nach dem Verarbeitungszweck möglich ist.

(2) Der Verantwortliche hat geeignete technische und organisatorische Maßnahmen zu treffen, die sicherstellen, dass durch Voreinstellungen grundsätzlich nur solche personenbezogenen Daten verarbeitet werden können, deren Verarbeitung für den jeweiligen bestimmten Verarbeitungszweck erforderlich ist. Dies betrifft die Menge der erhobenen Daten, den Umfang ihrer Verarbeitung, ihre Speicherfrist und ihre Zugänglichkeit. Die Maßnahmen müssen insbesondere gewährleisten, dass die Daten durch Voreinstellungen nicht automatisiert einer unbestimmten Anzahl von Personen zugänglich gemacht werden können.

§ 48
Unterscheidung zwischen verschiedenen Kategorien betroffener Personen

Der Verantwortliche hat bei der Verarbeitung personenbezogener Daten so weit wie möglich zwischen den verschiedenen Kategorien betroffener Personen zu unterscheiden. Dies betrifft insbesondere folgende Kategorien:
1. Personen, gegen die ein begründeter Verdacht besteht, dass sie eine Straftat begangen haben,
2. Personen, gegen die ein begründeter Verdacht besteht, dass sie in naher Zukunft eine Straftat begehen werden,
3. verurteilte Straftäter,
4. Opfer einer Straftat oder Personen, bei denen bestimmte Tatsachen darauf hindeuten, dass sie Opfer einer Straftat sein könnten, und
5. andere Personen wie insbesondere Zeugen, Hinweisgeber oder Personen, die mit den in den Nummern 1 bis 4 genannten Personen in Kontakt oder Verbindung stehen.

§ 49
Unterscheidung zwischen Tatsachen und persönlichen Einschätzungen

Der Verantwortliche hat bei der Verarbeitung so weit wie möglich danach zu unterscheiden, ob personenbezogene Daten auf Tatsachen oder auf persönlichen Einschätzungen beruhen. Zu diesem Zweck soll er, soweit dies im Rahmen der jeweiligen Verarbeitung möglich und angemessen ist, Beurteilungen, die auf persönlichen Einschätzungen beruhen, als solche kenntlich machen. Es muss außerdem feststellbar sein, welche Stelle die Unterlagen führt, die der auf einer persönlichen Einschätzung beruhenden Beurteilung zugrunde liegen.

§ 50
Verfahren bei Übermittlungen

(1) Der Verantwortliche hat angemessene Maßnahmen zu ergreifen, um zu gewährleisten, dass personenbezogene Daten, die unrichtig oder nicht mehr aktuell sind, nicht übermittelt oder sonst zur Verfügung gestellt werden. Zu diesem Zweck hat er, soweit dies mit angemessenem Aufwand möglich ist, die Qualität der Daten vor ihrer Übermittlung oder Bereitstellung zu überprüfen. Bei jeder Übermittlung personenbezogener Daten hat er zudem, soweit dies möglich und angemessen ist, Informationen beizufügen, die es dem Empfänger gestatten, die Richtigkeit, die Vollständigkeit und die Zuverlässigkeit der Daten sowie deren Aktualität zu beurteilen.

(2) Gelten für die Verarbeitung von personenbezogenen Daten besondere Bedingungen, hat bei Datenübermittlungen die übermittelnde Stelle den Empfänger auf diese Bedingungen und die Pflicht zu ihrer Beachtung hinzuweisen. Die Hinweispflicht kann dadurch erfüllt werden, dass die Daten entsprechend markiert werden.

(3) Die übermittelnde Stelle darf auf Empfänger in anderen Mitgliedstaaten der Europäischen Union und auf Einrichtungen und sonstige Stellen, die nach den Kapiteln 4 und 5 des Titels V des Dritten Teils des Vertrags über die Arbeitsweise der Europäischen Union errichtet wurden, keine Bedingungen anwenden, die nicht auch für entsprechende innerstaatliche Datenübermittlungen gelten.

§ 51
Berichtigung und Löschung personenbezogener Daten sowie Einschränkung der Verarbeitung

(1) Der Verantwortliche hat personenbezogene Daten zu berichtigen, wenn sie unrichtig sind.

(2) Der Verantwortliche hat personenbezogene Daten unverzüglich zu löschen, wenn ihre Verarbeitung unzulässig ist, sie zur Erfüllung einer rechtlichen Verpflichtung gelöscht werden müssen oder ihre Kenntnis für seine Aufgabenerfüllung nicht mehr erforderlich ist.

(3) § 34 Absatz 3 bis 5 ist entsprechend anzuwenden. Sind unrichtige personenbezogene Daten oder personenbezogene Daten unrechtmäßig übermittelt worden, ist auch dies dem Empfänger mitzuteilen.

(4) Unbeschadet in Rechtsvorschriften festgesetzter Höchstspeicher- oder Löschfristen hat der Verantwortliche für die Löschung von personenbezogenen Daten oder eine regelmäßige Überprüfung der Notwendigkeit ihrer Speicherung angemessene Fristen vorzusehen und durch verfahrensrechtliche Vorkehrungen sicherzustellen, dass diese Fristen eingehalten werden.

§ 52
Protokollierung

(1) In automatisierten Verarbeitungssystemen haben Verantwortliche und Auftragsverarbeiter mindestens die folgenden Verarbeitungsvorgänge zu protokollieren:

1. Erhebung,
2. Veränderung,
3. Abfrage,
4. Offenlegung einschließlich Übermittlung,
5. Kombination und
6. Löschung.

(2) Die Protokolle über Abfragen und Offenlegungen müssen es ermöglichen, die Begründung, das Datum und die Uhrzeit dieser Vorgänge und so weit wie möglich die Identität der Person, die die personenbezogenen Daten abgefragt oder offengelegt hat, und die Identität des Empfängers der Daten festzustellen.

(3) Die Protokolle dürfen ausschließlich für die Überprüfung der Rechtmäßigkeit der Datenverarbeitung durch die Datenschutzbeauftragte oder den Datenschutzbeauftragten und die betroffene Person sowie für die Eigenüberwachung und für die Gewährleistung der Integrität und Sicherheit der personenbezogenen Daten verwendet werden. Die Protokolle dürfen für Straf- und Ordnungswidrigkeitenverfahren verwendet werden, wenn dies durch Rechtsvorschrift geregelt ist.

(4) Soweit durch Gesetz nichts anderes geregelt ist, sind die Protokolldaten am Ende des auf deren Generierung folgenden Jahres zu löschen.

(5) Der Verantwortliche und der Auftragsverarbeiter haben die Protokolle der oder dem Landesbeauftragten auf Anforderung zur Verfügung zu stellen.

(6) Für vor dem 6. Mai 2016 eingerichtete automatisierte Verarbeitungssysteme kann bis zum 6. Mai 2023 von Absatz 1 und 2 abgewichen werden, soweit die Umsetzung mit einem unverhältnismäßigen Aufwand verbunden wäre.

§ 53
Vertrauliche Meldung von Verstößen

Der Verantwortliche hat zu ermöglichen, dass ihm vertrauliche Meldungen über in seinem Verantwortungsbereich erfolgende Verstöße gegen Datenschutzvorschriften zugeleitet werden können.

Unterabschnitt 5
Datenübermittlungen an Drittstaaten und an internationale Organisationen

§ 54
Allgemeine Voraussetzungen

(1) Die Übermittlung personenbezogener Daten an Stellen in Drittstaaten oder an internationale Organisationen ist bei Vorliegen der übrigen für Datenübermittlungen geltenden Voraussetzungen zulässig, wenn

1. die Stelle oder internationale Organisation für die in § 20 genannten Zwecke zuständig ist und
2. die Europäische Kommission gemäß Artikel 36 Absatz 3 der Richtlinie (EU) 2016/680 einen Angemessenheitsbeschluss gefasst hat.

(2) Die Übermittlung personenbezogener Daten hat trotz des Vorliegens eines Angemessenheitsbeschlusses im Sinne des Absatzes 1 Nummer 2 und des zu berücksichtigenden öffentlichen Interesses an der Datenübermittlung zu unterbleiben, wenn im Einzelfall ein datenschutzrechtlich angemessener und die elementaren Menschenrechte wahrender Umgang mit den Daten beim Empfänger nicht hinreichend gesichert ist oder sonst überwiegende schutzwürdige Interessen einer betroffenen Person entgegenstehen. Bei seiner Beurteilung hat der Verantwortliche maßgeblich zu berücksichtigen, ob der Empfänger im Einzelfall einen angemessenen Schutz der übermittelten Daten garantiert.

(3) Wenn personenbezogene Daten, die aus einem anderen Mitgliedstaat der Europäischen Union übermittelt oder zur Verfügung gestellt wurden, nach Absatz 1 übermittelt werden sollen, muss diese Übermittlung zuvor von der zuständigen Stelle des anderen Mitgliedstaates genehmigt werden. Übermittlungen ohne vorherige Genehmigung sind nur dann zulässig, wenn die Übermittlung erforderlich ist, um eine unmittelbare und ernsthafte Gefahr für die öffentliche Sicherheit eines Staates oder für die wesentlichen Interessen eines Mitgliedstaats abzuwehren, und die vorherige Genehmigung nicht rechtzeitig eingeholt werden kann. Im Fall des Satzes 2 ist die Stelle des anderen Mitgliedstaates, die für die Erteilung der Genehmigung zuständig gewesen wäre, unverzüglich über die Übermittlung zu unterrichten.

(4) Der Verantwortliche, der Daten nach Absatz 1 übermittelt, hat durch geeignete Maßnahmen sicherzustellen, dass der Empfänger die übermittelten Daten nur dann an andere Drittstaaten oder andere internationale Organisationen weiterübermittelt, wenn der Verantwortliche diese Übermittlung zuvor genehmigt hat. Bei der Entscheidung über die Erteilung der Genehmigung hat der Verantwortliche alle maßgeblichen Faktoren zu berücksichtigen, insbesondere die Schwere der Straftat, den Zweck der ursprünglichen Übermittlung und das in dem Drittstaat oder der internationalen Organisation, an das oder an die die Daten wei-

terübermittelt werden sollen, bestehende Schutzniveau für personenbezogene Daten. Eine Genehmigung darf nur dann erfolgen, wenn auch eine direkte Übermittlung an den anderen Drittstaat oder die andere internationale Organisation zulässig wäre. Die Zuständigkeit für die Erteilung der Genehmigung kann auch abweichend geregelt werden.

§ 55
Datenübermittlung bei geeigneten Garantien

(1) Liegt entgegen § 54 Absatz 1 Nummer 2 kein Beschluss nach Artikel 36 Absatz 3 der Richtlinie (EU) 2016/680 vor, ist eine Übermittlung bei Vorliegen der übrigen Voraussetzungen des § 54 auch dann zulässig, wenn

1. in einem rechtsverbindlichen Instrument geeignete Garantien für den Schutz personenbezogener Daten vorgesehen sind oder
2. der Verantwortliche nach Beurteilung aller Umstände, die bei der Übermittlung eine Rolle spielen, zu der Auffassung gelangt ist, dass geeignete Garantien für den Schutz personenbezogener Daten bestehen.

(2) Der Verantwortliche hat Übermittlungen nach Absatz 1 Nummer 2 zu dokumentieren. Die Dokumentation hat den Zeitpunkt der Übermittlung, die Identität des Empfängers, den Grund der Übermittlung und die übermittelten personenbezogenen Daten zu enthalten. Sie ist der oder dem Landesbeauftragten auf Anforderung zur Verfügung zu stellen.

(3) Der Verantwortliche hat die Landesbeauftragte oder den Landesbeauftragten zumindest jährlich über Übermittlungen zu unterrichten, die aufgrund einer Beurteilung nach Absatz 1 Nummer 2 erfolgt sind. In der Unterrichtung kann er die Empfänger und die Übermittlungszwecke angemessen kategorisieren.

§ 56
Datenübermittlung ohne geeignete Garantien

(1) Liegt entgegen § 54 Absatz 1 Nummer 2 kein Beschluss nach Artikel 36 Absatz 3 der Richtlinie (EU) 2016/680 vor und liegen auch keine geeigneten Garantien im Sinne des § 55 Absatz 1 vor, ist eine Übermittlung bei Vorliegen der übrigen Voraussetzungen des § 54 auch dann zulässig, wenn die Übermittlung erforderlich ist

1. zum Schutz lebenswichtiger Interessen einer natürlichen Person,
2. zur Wahrung berechtigter Interessen der betroffenen Person,
3. zur Abwehr einer gegenwärtigen und erheblichen Gefahr für die öffentliche Sicherheit eines Staates,
4. im Einzelfall für die in § 20 genannten Zwecke oder
5. im Einzelfall zur Geltendmachung, Ausübung oder Verteidigung von Rechtsansprüchen im Zusammenhang mit den in § 20 genannten Zwecken.

(2) Der Verantwortliche hat von einer Übermittlung nach Absatz 1 abzusehen, wenn die Grundrechte der betroffenen Person das öffentliche Interesse an der Übermittlung überwiegen.

(3) Für Übermittlungen nach Absatz 1 gilt § 55 Absatz 2 und 3 entsprechend.

§ 57
Sonstige Datenübermittlung an Empfänger in Drittstaaten

(1) Verantwortliche können bei Vorliegen der übrigen für die Datenübermittlung in Drittstaaten geltenden Voraussetzungen im besonderen Einzelfall personenbezogene Daten unmittelbar an nicht in § 54 Absatz 1 Nummer 1 genannte Stellen in Drittstaaten übermitteln, wenn die Übermittlung für die Erfüllung ihrer Aufgaben unbedingt erforderlich ist und

1. im konkreten Fall keine Grundrechte der betroffenen Person das öffentliche Interesse an einer Übermittlung überwiegen,
2. die Übermittlung an die in § 54 Absatz 1 Nummer 1 genannten Stellen wirkungslos oder ungeeignet wäre, insbesondere weil sie nicht rechtzeitig durchgeführt werden kann, und
3. der Verantwortliche dem Empfänger die Zwecke der Verarbeitung mitteilt und ihn darauf hinweist, dass die übermittelten Daten nur in dem Umfang verarbeitet werden dürfen, in dem ihre Verarbeitung für diese Zwecke erforderlich ist.

(2) Im Fall des Absatzes 1 hat der Verantwortliche die in § 54 Absatz 1 Nummer 1 genannten Stellen unverzüglich über die Übermittlung zu unterrichten, sofern dies nicht wirkungslos oder ungeeignet ist.

(3) Für Übermittlungen nach Absatz 1 gilt § 55 Absatz 2 und 3 entsprechend.

(4) Bei Übermittlungen nach Absatz 1 hat der Verantwortliche den Empfänger zu verpflichten, die übermittelten personenbezogenen Daten ohne seine Zustimmung nur für den Zweck zu verarbeiten, für den sie übermittelt worden sind.

(5) Abkommen im Bereich der justiziellen Zusammenarbeit in Strafsachen und der polizeilichen Zusammenarbeit bleiben unberührt.

Unterabschnitt 6
Datenschutzbeauftragte

§ 58
Benennung

(1) Öffentliche Stellen benennen eine Datenschutzbeauftragte oder einen Datenschutzbeauftragten.

(2) Für mehrere öffentliche Stellen kann unter Berücksichtigung ihrer Organisationsstruktur und ihrer Größe eine gemeinsame Datenschutzbeauftragte oder ein gemeinsamer Datenschutzbeauftragter benannt werden.

(3) Die oder der Datenschutzbeauftragte wird auf der Grundlage ihrer oder seiner beruflichen Qualifikation und insbesondere ihres oder seines Fachwissens benannt, das sie oder er auf dem Gebiet des Datenschutzrechts und der Datenschutzpraxis besitzt, sowie auf der Grundlage ihrer oder seiner Fähigkeit zur Erfüllung der in § 60 genannten Aufgaben.

(4) Die oder der Datenschutzbeauftragte kann Beschäftigte oder Beschäftigter der öffentlichen Stelle sein oder ihre oder seine Aufgaben auf der Grundlage eines Dienstleistungsvertrags erfüllen.

(5) Die öffentliche Stelle veröffentlicht die Kontaktdaten der oder des Datenschutzbeauftragten und teilt diese Daten der oder dem Landesbeauftragten mit.

§ 59
Stellung

(1) Die öffentliche Stelle stellt sicher, dass die oder der Datenschutzbeauftragte ordnungsgemäß und frühzeitig in alle mit dem Schutz personenbezogener Daten zusammenhängenden Fragen eingebunden wird.

(2) Die öffentliche Stelle unterstützt die Datenschutzbeauftragte oder den Datenschutzbeauftragten bei der Erfüllung ihrer oder seiner Aufgaben gemäß § 60, indem sie die für die Erfüllung dieser Aufgaben erforderlichen Ressourcen und den Zugang zu personenbezogenen Daten und Verarbeitungsvorgängen sowie die zur Erhaltung ihres oder seines Fachwissens erforderlichen Ressourcen zur Verfügung stellt.

(3) Die öffentliche Stelle stellt sicher, dass die oder der Datenschutzbeauftragte bei der Erfüllung ihrer oder seiner Aufgaben keine Anweisungen bezüglich der Ausübung dieser Aufgaben erhält. Die oder der Datenschutzbeauftragte berichtet unmittelbar der höchsten Leitungsebene der öffentlichen Stelle. Die oder der Datenschutzbeauftragte darf von der öffentlichen Stelle wegen der Erfüllung ihrer oder seiner Aufgaben nicht abberufen oder benachteiligt werden.

(4) Betroffene Personen können die Datenschutzbeauftragte oder den Datenschutzbeauftragten zu allen mit der Verarbeitung ihrer personenbezogenen Daten und mit der Wahrnehmung ihrer Rechte gemäß diesem Gesetz sowie anderen Rechtsvorschriften über den Datenschutz im Zusammenhang stehenden Fragen zu Rate ziehen. Die oder der Datenschutzbeauftragte ist zur Verschwiegenheit über die Identität der betroffenen Person sowie über Umstände, die Rückschlüsse auf die betroffene Person zulassen, verpflichtet, soweit sie oder er nicht davon durch die betroffene Person befreit wird.

(5) Wenn die oder der Datenschutzbeauftragte bei ihrer oder seiner Tätigkeit Kenntnis von Daten erhält, für die der Leitung oder einer bei der öffentlichen Stelle beschäftigten Per-

son aus beruflichen Gründen ein Zeugnisverweigerungsrecht zusteht, steht dieses Recht auch der oder dem Datenschutzbeauftragten und der ihr oder ihm unterstellten Beschäftigten zu. Über die Ausübung dieses Rechts entscheidet die Person, der das Zeugnisverweigerungsrecht aus beruflichen Gründen zusteht, es sei denn, dass diese Entscheidung in absehbarer Zeit nicht herbeigeführt werden kann. Soweit das Zeugnisverweigerungsrecht der oder des Datenschutzbeauftragten reicht, unterliegen ihre oder seine Akten und andere Dokumente einem Beschlagnahmeverbot.

§ 60
Aufgaben

(1) Der oder dem Datenschutzbeauftragten obliegen zumindest folgende Aufgaben:

1. Unterrichtung und Beratung der öffentlichen Stelle und der Beschäftigten, die Verarbeitungen durchführen, hinsichtlich ihrer Pflichten nach diesem Gesetz und sonstigen Vorschriften über den Datenschutz, einschließlich der zur Umsetzung der Richtlinie (EU) 2016/680 erlassenen Rechtsvorschriften;
2. Überwachung der Einhaltung dieses Gesetzes und sonstiger Vorschriften über den Datenschutz, einschließlich der zur Umsetzung der Richtlinie (EU) 2016/680 erlassenen Rechtsvorschriften, sowie die Strategien der öffentlichen Stelle für den Schutz personenbezogener Daten, einschließlich der Zuweisung von Zuständigkeiten, der Sensibilisierung und der Schulung der an den Verarbeitungsvorgängen beteiligten Beschäftigten und der diesbezüglichen Überprüfungen;
3. Beratung im Zusammenhang mit der Datenschutz-Folgenabschätzung und Überwachung ihrer Durchführung gemäß § 43 dieses Gesetzes;
4. Zusammenarbeit mit der Aufsichtsbehörde;
5. Tätigkeit als Anlaufstelle für die Aufsichtsbehörde in mit der Verarbeitung zusammenhängenden Fragen, einschließlich der vorherigen Konsultation gemäß § 45 dieses Gesetzes, und gegebenenfalls Beratung zu allen sonstigen Fragen.

Im Fall einer oder eines bei einem Gericht bestellten Datenschutzbeauftragten beziehen sich diese Aufgaben nicht auf das Handeln des Gerichts im Rahmen seiner justiziellen Tätigkeit.

(2) Die oder der Datenschutzbeauftragte kann andere Aufgaben und Pflichten wahrnehmen. Die öffentliche Stelle stellt sicher, dass derartige Aufgaben und Pflichten nicht zu einem Interessenkonflikt führen.

(3) Die oder der Datenschutzbeauftragte trägt bei der Erfüllung ihrer oder seiner Aufgaben dem mit den Verarbeitungsvorgängen verbundenen Risiko gebührend Rechnung, wobei sie oder er die Art, den Umfang, die Umstände und die Zwecke der Verarbeitung berücksichtigt.

Unterabschnitt 7
Datenschutz-Aufsichtsbehörden

§ 61
Zuständigkeit

(1) Die oder der Landesbeauftragte ist zuständig für die Aufsicht über die in § 20 Absatz 1 genannten Stellen.

(2) Die oder der Landesbeauftragte ist nicht zuständig für die Aufsicht über die von den Gerichten im Rahmen ihrer justiziellen Tätigkeit vorgenommenen Verarbeitungen.

§ 62
Aufgaben

(1) Die oder der Landesbeauftragte hat neben den in der Verordnung (EU) 2016/679 genannten Aufgaben die Aufgaben,

1. die Anwendung dieses Gesetzes und sonstiger zur Umsetzung der Richtlinie (EU) 2016/680 erlassenen Rechtsvorschriften zu überwachen und durchzusetzen;
2. die Öffentlichkeit für die Risiken, Vorschriften, Garantien und Rechte im Zusammenhang mit der Verarbeitung personenbezogener Daten zu sensibilisieren und sie darüber aufzuklären, wobei spezifische Maßnahmen für Kinder besondere Beachtung finden;
3. den Landtag, die Landesregierung und andere Einrichtungen und Gremien über legislative und administrative Maßnahmen zum Schutz der Rechte und Freiheiten natürlicher Personen in Bezug auf die Verarbeitung personenbezogener Daten zu beraten;
4. die Verantwortlichen und die Auftragsverarbeiter für die ihnen aus diesem Gesetz und sonstigen zur Umsetzung der Richtlinie (EU) 2016/680 erlassenen Rechtsvorschriften entstehenden Pflichten zu sensibilisieren;
5. auf Anfrage jeder betroffenen Person Informationen über die Ausübung ihrer Rechte aufgrund dieses Gesetzes und sonstiger zur Umsetzung der Richtlinie (EU) 2016/680 erlassenen Rechtsvorschriften zur Verfügung zu stellen und gegebenenfalls zu diesem Zweck mit den Aufsichtsbehörden in anderen Mitgliedstaaten zusammenzuarbeiten;
6. sich mit Beschwerden einer betroffenen Person oder Beschwerden einer Stelle, einer Organisation oder eines Verbandes gemäß Artikel 55 der Richtlinie (EU) 2016/680 zu befassen, den Gegenstand der Beschwerde in angemessenem Umfang zu untersuchen und den Beschwerdeführer innerhalb einer angemessenen Frist über den Fortgang und das Ergebnis der Untersuchung zu unterrichten, insbesondere, wenn eine weitere Untersuchung oder Koordinierung mit einer anderen Aufsichtsbehörde notwendig ist;
7. mit anderen Aufsichtsbehörden zusammenzuarbeiten, auch durch Informationsaustausch, und ihnen Amtshilfe zu leisten, um die einheitliche Anwendung und Durchsetzung dieses Gesetzes und sonstiger zur Umsetzung der Richtlinie (EU) 2016/680 erlassenen Rechtsvorschriften, zu gewährleisten;
8. Untersuchungen über die Anwendung dieses Gesetzes und sonstiger zur Umsetzung der Richtlinie (EU) 2016/680 erlassenen Rechtsvorschriften durchzuführen, auch auf der Grundlage von Informationen einer anderen Aufsichtsbehörde oder einer anderen Behörde;
9. maßgebliche Entwicklungen zu verfolgen, soweit sie sich auf den Schutz personenbezogener Daten auswirken, insbesondere die Entwicklung der Informations- und Kommunikationstechnologie und der Geschäftspraktiken;
10. Beratung in Bezug auf die in § 45 genannten Verarbeitungsvorgänge zu leisten und
11. Beiträge zur Tätigkeit des Europäischen Datenschutzausschusses zu leisten.

Die oder der Landesbeauftragte nimmt zudem die Aufgabe nach § 36 wahr.

(2) Zur Erfüllung der in Absatz 1 Satz 1 Nummer 3 genannten Aufgabe kann die oder der Landesbeauftragte zu allen Fragen, die im Zusammenhang mit dem Schutz personenbezogener Daten stehen, von sich aus oder auf Anfrage Stellungnahmen an den Landtag oder einen seiner Ausschüsse, die Landesregierung, sonstige Einrichtungen und Stellen sowie an die Öffentlichkeit richten. Auf Ersuchen des Landtages, eines seiner Ausschüsse oder der Landesregierung geht die oder der Landesbeauftragte ferner Hinweisen auf Angelegenheiten und Vorgänge des Datenschutzes bei den in § 20 Absatz 1 genannten Stellen nach.

(3) Die oder der Landesbeauftragte erleichtert das Einreichen der in Absatz 1 Satz 1 Nummer 6 genannten Beschwerden durch Maßnahmen wie etwa die Bereitstellung eines Beschwerdeformulars, das auch elektronisch ausgefüllt werden kann, ohne dass andere Kommunikationsmittel ausgeschlossen werden.

(4) Die Erfüllung der Aufgaben der oder des Landesbeauftragten ist für die betroffene Person unentgeltlich. Bei offenkundig unbegründeten oder, insbesondere im Fall von häufiger Wiederholung, exzessiven Anfragen kann die oder der Landesbeauftragte eine angemessene Gebühr auf der Grundlage der Verwaltungskosten verlangen oder sich weigern, aufgrund der Anfrage tätig zu werden. In diesem Fall trägt die

oder der Landesbeauftragte die Beweislast für den offenkundig unbegründeten oder exzessiven Charakter der Anfrage.

§ 63
Tätigkeitsbericht

Die oder der Landesbeauftragte erstellt einen Jahresbericht über ihre oder seine Tätigkeit, der eine Liste der Arten der gemeldeten Verstöße und der Arten der getroffenen Maßnahmen enthalten kann. Die oder der Landesbeauftragte übermittelt den Bericht dem Landtag und der Landesregierung und macht ihn der Öffentlichkeit, der Europäischen Kommission und dem Europäischen Datenschutzausschuss zugänglich.

§ 64
Befugnisse

(1) Stellt die oder der Landesbeauftragte bei der Datenverarbeitung durch die in § 20 genannten Stellen Verstöße gegen die Vorschriften dieses Gesetzes oder gegen andere Vorschriften über den Datenschutz oder sonstige Mängel bei der Verarbeitung oder Nutzung personenbezogener Daten fest, beanstandet sie oder er dies gegenüber der zuständigen Stelle und fordert diese zur Stellungnahme innerhalb einer von ihr oder ihm zu bestimmenden Frist auf. Die oder der Landesbeauftragte kann von einer Beanstandung absehen oder auf eine Stellungnahme verzichten, insbesondere wenn es sich um unerhebliche oder inzwischen beseitigte Mängel handelt. Die Stellungnahme soll auch eine Darstellung der Maßnahmen enthalten, die aufgrund der Beanstandung der oder des Landesbeauftragten getroffen worden sind. Die oder der Landesbeauftragte kann den Verantwortlichen auch davor warnen, dass beabsichtigte Verarbeitungsvorgänge voraussichtlich gegen in diesem Gesetz enthaltene und andere auf die jeweilige Datenverarbeitung anzuwendende Vorschriften über den Datenschutz verstoßen.

(2) Die Befugnisse der oder des Landesbeauftragten erstrecken sich auch auf

1. in § 20 Absatz 1 genannten Stellen erlangte personenbezogene Daten über den Inhalt und die näheren Umstände des Brief-, Post- und Fernmeldeverkehrs und

2. personenbezogene Daten, die einem besonderen Amtsgeheimnis, insbesondere dem Steuergeheimnis nach § 30 der Abgabenordnung, unterliegen.

Das Grundrecht des Brief-, Post- und Fernmeldegeheimnisses des Artikels 10 des Grundgesetzes wird insoweit eingeschränkt.

(3) Die in § 20 Absatz 1 genannten Stellen sind verpflichtet, der oder dem Landesbeauftragten und ihren oder seinen Beauftragten

1. jederzeit Zugang zu den Grundstücken und Diensträumen, einschließlich aller Datenverarbeitungsanlagen und -geräte, sowie zu allen personenbezogenen Daten und Informationen, die zur Erfüllung ihrer oder seiner Aufgaben notwendig sind, zu gewähren und

2. alle Informationen, die für die Erfüllung ihrer oder seiner Aufgaben erforderlich sind, bereitzustellen.

(4) Artikel 58 Absatz 2 Buchstabe a bis e der Verordnung (EU) 2016/679 gilt entsprechend.

§ 65
Gegenseitige Amtshilfe

(1) Die oder der Landesbeauftragte hat den Datenschutzaufsichtsbehörden in anderen Mitgliedstaaten der Europäischen Union Informationen zu übermitteln und Amtshilfe zu leisten, soweit dies für eine einheitliche Umsetzung und Anwendung der Richtlinie (EU) 2016/680 erforderlich ist. Die Amtshilfe betrifft insbesondere Auskunftsersuchen und aufsichtsbezogene Maßnahmen, beispielsweise Ersuchen um Konsultation oder um Vornahme von Nachprüfungen und Untersuchungen.

(2) Die oder der Landesbeauftragte hat alle geeigneten Maßnahmen zu ergreifen, um Amtshilfeersuchen unverzüglich und spätestens innerhalb eines Monats nach deren Eingang nachzukommen.

(3) Die oder der Landesbeauftragte darf Amtshilfeersuchen nur ablehnen, wenn

1. sie oder er für den Gegenstand des Ersuchens oder für die Maßnahmen, die sie oder er durchführen soll, nicht zuständig ist oder

2. ein Eingehen auf das Ersuchen gegen Rechtsvorschriften verstoßen würde.

(4) Die oder der Landesbeauftragte hat die ersuchende Aufsichtsbehörde des anderen Staates über die Ergebnisse oder gegebenenfalls über den Fortgang der Maßnahmen zu informieren, die getroffen wurden, um dem Amtshilfeersuchen nachzukommen. Sie oder er hat im Fall des Absatzes 3 die Gründe für die Ablehnung des Ersuchens zu erläutern.

(5) Die oder der Landesbeauftragte soll die Informationen, um die sie oder er von der Aufsichtsbehörde des anderen Staates ersucht wurde, elektronisch und in einem standardisierten Format übermitteln.

(6) Die oder der Landesbeauftragte hat Amtshilfeersuchen kostenfrei zu erledigen, soweit sie oder er nicht im Einzelfall mit der Aufsichtsbehörde des anderen Staates die Erstattung entstandener Ausgaben vereinbart hat.

(7) Ein Amtshilfeersuchen der oder des Landesbeauftragten hat alle erforderlichen Informationen zu enthalten; hierzu gehören insbesondere der Zweck und die Begründung des Ersuchens. Die auf das Ersuchen übermittelten Informationen dürfen ausschließlich zu dem Zweck verwendet werden, zu dem sie angefordert wurden.

Unterabschnitt 8
Haftung und Sanktionen

§ 66
Schadensersatz und Entschädigung

(1) Hat ein Verantwortlicher einer betroffenen Person durch eine Verarbeitung personenbezogener Daten, die nach diesem Gesetz oder nach anderen auf ihre Verarbeitung anwendbaren Vorschriften rechtswidrig war, einen Schaden zugefügt, ist er oder sein Rechtsträger der betroffenen Person zum Schadensersatz verpflichtet.

Die Ersatzpflicht entfällt, soweit bei einer nicht automatisierten Verarbeitung der Schaden nicht auf ein Verschulden des Verantwortlichen zurückzuführen ist.

(2) Wegen eines Schadens, der nicht Vermögensschaden ist, kann die betroffene Person eine angemessene Entschädigung in Geld verlangen.

(3) Lässt sich bei einer automatisierten Verarbeitung personenbezogener Daten nicht ermitteln, welche von mehreren beteiligten Verantwortlichen den Schaden verursacht hat, haftet jeder Verantwortliche beziehungsweise sein Rechtsträger.

(4) Hat bei der Entstehung des Schadens ein Verschulden der betroffenen Person mitgewirkt, ist § 254 des Bürgerlichen Gesetzbuchs entsprechend anzuwenden.

(5) Auf die Verjährung finden die für unerlaubte Handlungen geltenden Verjährungsvorschriften des Bürgerlichen Gesetzbuchs entsprechende Anwendung.

§ 67
Strafvorschriften

Für Verarbeitungen personenbezogener Daten durch öffentliche Stellen im Rahmen von Tätigkeiten nach § 20 Satz 1, 3 oder 4 findet § 19 entsprechende Anwendung.

§ 68
Ordnungswidrigkeiten

(1) Ordnungswidrig handelt, wer entgegen den Vorschriften dieses Gesetzes personenbezogene Daten, die nicht offenkundig sind, verarbeitet.

(2) Die Ordnungswidrigkeit kann mit einer Geldbuße bis zu 50.000 Euro geahndet werden.

Gemeindeordnung für Schleswig-Holstein
(Gemeindeordnung – GO)
in der Fassung der Bekanntmachung vom 28. Februar 2003
– GVOBl. Schl.-H. S. 57 –

Zuletzt geändert durch Gesetz vom 25. Mai 2021 (GVOBl. Schl.-H. S. 566)

Inhaltsverzeichnis

	§§
Erster Teil	
Grundlagen der Gemeindeverfassung	1 – 10
Zweiter Teil	
Name, Wappen, Flagge und Siegel der Gemeinde	11 – 12
Dritter Teil	
Gemeindegebiet	13 – 16
Vierter Teil	
Einwohnerinnen und Einwohner, Bürgerinnen und Bürger	16 a – 26
Fünfter Teil	
Verwaltung der Gemeinde	27 – 67
1. Abschnitt: Gemeindevertretung	27 – 47
2. Abschnitt: Ortsteile, Beiräte, Beteiligung von Kindern und Jugendlichen	47 a – 47 f
3. Abschnitt: Leitung der Gemeindeverwaltung	48 – 67
Unterabschnitt 1: Bürgermeisterverfassung	48 – 58
A. Ehrenamtliche Bürgermeisterin, ehrenamtlicher Bürgermeister	50 – 54
B. Hauptamtliche Bürgermeisterin, hauptamtlicher Bürgermeister	55 – 58
Unterabschnitt 2: Städte	59 – 67
Sechster Teil	
Gemeindewirtschaft	75 – 119
1. Abschnitt: Haushaltswirtschaft	75 – 95
2. Abschnitt: Sondervermögen, Treuhandvermögen	96 – 100
3. Abschnitt: Wirtschaftliche Betätigung und privatrechtliche Beteiligung der Gemeinde	101 – 109 a
4. Abschnitt: Örtliche Prüfung	110 – 117
5. Abschnitt: Wirksamkeit von Rechtsgeschäften	118 – 119
Siebenter Teil	
Aufsicht	120 – 131
Achter Teil	
Schlussvorschriften	132 – 135 a

Erster Teil
Grundlagen der Gemeindeverfassung

§ 1
Selbstverwaltung

(1) Den Gemeinden wird das Recht der freien Selbstverwaltung in den eigenen Angelegenheiten als eines der Grundrechte demokratischer Staatsgestaltung gewährleistet. Sie haben das Wohl ihrer Einwohnerinnen und Einwohner zu fördern. Sie handeln zugleich in Verantwortung für die zukünftigen Generationen. Sie schützen und fördern die nationale dänische Minderheit, die Minderheit der deutschen Sinti und Roma und die friesische Volksgruppe.

(1 a) Gehören einer Gemeinde Anteile an einer Gesellschaft (§ 102), soll sie darauf hinwirken, dass die Gesellschaft Maßnahmen ergreift, die der Verwirklichung des Grundrechtes der Gleichberechtigung von Frauen und Männern dienen. Die Maßnahmen sollen darauf ausgerichtet sein, Arbeitsbedingungen zu schaffen, die für beide Geschlechter die Vereinbarkeit von Familie und Beruf ermöglichen, Nachteile zu kompensieren, die vor allem Frauen als Folge der geschlechtsspezifischen Arbeitsteilung erfahren, Entgeltgleichheit zwischen beiden Geschlechtern zu erreichen und eine paritätische Gremienbesetzung zu erzielen; über diese Maßnahmen und deren Wirksamkeit ist der zuständigen Kommunalaufsichtsbehörde alle vier Jahre unter Einbindung der zuständigen Gleichstellungsbeauftragten zu berichten.

(2) Die Gemeinden sind Gebietskörperschaften.

(3) Eingriffe in die Rechte der Gemeinden sind nur durch Gesetz oder aufgrund eines Gesetzes zulässig.

§ 2
Selbstverwaltungsaufgaben

(1) Die Gemeinden sind berechtigt und im Rahmen ihrer Leistungsfähigkeit verpflichtet, in ihrem Gebiet alle öffentlichen Aufgaben in eigener Verantwortung zu erfüllen, soweit die Gesetze nicht ausdrücklich etwas anderes bestimmen. Die Gemeinden sind nicht verpflichtet, öffentliche Aufgaben selbst zu erfüllen, wenn diese ebenso gut auf andere Weise, insbesondere durch Private, erfüllt werden; Absatz 2 bleibt unberührt. Bevor die Gemeinde eine öffentliche Aufgabe übernimmt, die zu erfüllen sie nicht gesetzlich verpflichtet ist, hat sie zu prüfen, ob die Aufgabe nicht ebenso gut auf andere Weise, insbesondere durch Private, erfüllt werden kann; § 102 Abs. 1 und 5 sowie § 105 bleiben unberührt.

(2) Die Gemeinden können durch Gesetz oder aufgrund eines Gesetzes durch Verordnung zur Erfüllung einzelner Aufgaben verpflichtet werden.

(3) Zur Verwirklichung des Grundrechts der Gleichberechtigung von Mann und Frau haben die Gemeinden mit eigener Verwaltung Gleichstellungsbeauftragte zu bestellen. Die Gleichstellungsbeauftragte ist in Gemeinden mit mehr als 15.000 Einwohnerinnen und Einwohnern grundsätzlich vollzeitig und nur ausnahmsweise teilzeitig tätig, wenn und soweit die ordnungsgemäße Erledigung der anfallenden Gleichstellungsaufgaben eine Teilzeittätigkeit zulässt. Eine teilzeitige Tätigkeit mit einem Arbeitszeitvolumen von weniger als der Hälfte der regelmäßigen Arbeitszeit einer Vollzeitbeschäftigten ist ausgeschlossen; das Nähere regelt die Hauptsatzung. Die Hauptsatzung soll im Übrigen bestimmen, dass die Gleichstellungsbeauftragte in Ausübung ihrer Tätigkeit unabhängig ist und an den Sitzungen der Gemeindevertretung und der Ausschüsse teilnehmen kann. Ihr ist in Angelegenheiten ihres Aufgabenbereichs auf Wunsch das Wort zu erteilen. Die Gleichstellungsbeauftragte wird von der Gemeindevertretung bestellt. Die Bestellung zur Gleichstellungsbeauftragten kann aus Gründen, die in der Person oder in dem Verhalten der Gleichstellungsbeauftragten liegen, oder wegen dringender dienstlicher Erfordernisse mit der Zustimmung der Mehrheit der gesetzlichen Zahl der Gemeindevertreterinnen und -vertreter oder in entsprechender Anwendung des § 626 BGB widerrufen werden.

(4) Führt eine amtsfreie Gemeinde die Geschäfte einer anderen Gemeinde oder eines Amtes, werden die Einwohnerzahlen der an der Verwaltungsgemeinschaft Beteiligten zusammengezählt und die Verpflichtung zur Bestellung einer Gleichstellungsbeauftragten gemäß Absatz 3 ist von der die Geschäfte der anderen Gemeinde oder des Amtes führenden Gemeinde zu erfüllen. Die Hauptsatzung der anderen Gemeinde oder des Amtes soll bestimmen, dass die Gleichstellungsbeauftragte an den Sitzungen der Gemeindevertretung und des Amtsausschusses und an den Sitzungen der Ausschüsse der anderen Gemeinde und den Sitzungen

der Ausschüsse des Amtes teilnehmen kann. Ihr ist dort in Angelegenheiten ihres Aufgabenbereiches auf Wunsch das Wort zu erteilen.

(5) Verstößt eine Maßnahme, die der Entscheidung der Bürgermeisterin oder des Bürgermeisters obliegt, nach Auffassung der Gleichstellungsbeauftragten gegen §§ 3 bis 8, 12, 13, 15 Absatz 1 oder 16 des Gleichstellungsgesetzes vom 13. Dezember 1994 (GVOBl. Schl.-H. S. 562), zuletzt geändert durch Artikel 5 des Gesetzes vom 11. Dezember 2014 (GVOBl. Schl.-H. S. 464), Zuständigkeiten und Ressortbezeichnungen ersetzt durch Verordnung vom 16. März 2015 (GVOBl. Schl.-H. S. 96), kann sie schriftlich unter der Darlegung der Gründe binnen zehn Arbeitstagen Widerspruch erheben; in dringenden Fällen kann die Bürgermeisterin oder der Bürgermeister diese Frist auf fünf Arbeitstage abkürzen. Hält die Bürgermeisterin oder der Bürgermeister den Widerspruch für begründet, hilft sie oder er ihm ab. Anderenfalls hat sie oder er die Gemeindevertretung, in hauptamtlich verwalteten Gemeinden den Hauptausschuss, zu unterrichten. Die Unterrichtung erfolgt unter Beifügung des Widerspruchs der Gleichstellungsbeauftragten und der Nichtabhilfeentscheidung. Die Bürgermeisterin oder der Bürgermeister kann die Maßnahme frühestens zehn Arbeitstage nach erfolgter Unterrichtung ausführen. Dringende Maßnahmen kann die Bürgermeisterin oder der Bürgermeister sofort ausführen. Die Gründe dafür sind der Gemeindevertretung, in hauptamtlich verwalteten Gemeinden dem Hauptausschuss, mitzuteilen.

(6) Die Kreise können Aufgaben der kreisangehörigen Gemeinden nur nach Maßgabe der Kreisordnung in ihre ausschließliche Zuständigkeit übernehmen.

§ 3
Aufgaben zur Erfüllung nach Weisung

(1) Den Gemeinden können durch Gesetz oder aufgrund eines Gesetzes durch Verordnung Aufgaben zur Erfüllung nach Weisung übertragen werden.

(2) Soweit Gemeinden Träger von Aufgaben der Verteidigung sind, haben ihre Behörden die für die Behörden des Landes geltenden Vorschriften über die Geheimhaltung zu befolgen.

§ 4
Satzungen

(1) Die Gemeinden können ihre Angelegenheiten durch Satzungen regeln, soweit die Gesetze nichts anderes bestimmen. Sie haben eine Hauptsatzung zu erlassen. Diese bedarf der Genehmigung der Kommunalaufsichtsbehörde. Die Kommunalaufsichtsbehörde kann die Genehmigung auf Teile der Hauptsatzung beschränken.

(2) Satzungen werden von der Bürgermeisterin oder dem Bürgermeister ausgefertigt.

(3) Ist eine Bebauungsplansatzung oder eine sonstige städtebauliche Satzung nach dem Baugesetzbuch oder nach dem Maßnahmengesetz zum Baugesetzbuch unter Verletzung von Verfahrens- oder Formvorschriften über die Ausfertigung und Bekanntmachung oder von Verfahrens- und Formvorschriften dieses Gesetzes zustande gekommen, so ist die Verletzung unbeachtlich, wenn sie nicht schriftlich innerhalb eines Jahres seit Bekanntmachung der Satzung gegenüber der Gemeinde unter Bezeichnung der verletzten Vorschrift und der Tatsache, die die Verletzung ergibt, geltend gemacht worden ist. Diese Rechtswirkungen treten nur ein, wenn auf sie bei der Bekanntmachung hingewiesen worden ist. Satz 1 gilt nicht, wenn die Vorschriften über die Öffentlichkeit der Sitzung verletzt worden sind.

(4) Absatz 3 gilt entsprechend für Bebauungsplansatzungen und sonstige städtebauliche Satzungen nach dem Baugesetzbuch oder nach dem Maßnahmengesetz zum Baugesetzbuch, die vor dem 1. April 1996 erlassen worden sind. An die Stelle der Jahresfrist nach Absatz 3 Satz 1 tritt eine Frist, die am 30. September 1997 endet. Eines Hinweises nach Absatz 3 Satz 2 bedarf es nicht.

§ 5
Gebiet

Das Gebiet der Gemeinde soll so bemessen sein, dass die örtliche Verbundenheit der Einwohnerinnen und Einwohner gewahrt wird und die Leistungsfähigkeit der Gemeinde gesichert ist.

§ 6
Einwohnerinnen und Einwohner, Bürgerinnen und Bürger

(1) Einwohnerin oder Einwohner ist, wer in der Gemeinde wohnt.

(2) Bürgerinnen und Bürger der Gemeinde sind die zur Gemeindevertretung wahlberechtigten Einwohnerinnen und Einwohner. Die Bürgerrechte ruhen, solange die Bürgerin oder der Bürger in der Ausübung des Wahlrechts behindert ist.

§ 7
Organe der Gemeinde

Organe der Gemeinde sind die Gemeindevertretung und die Bürgermeisterin oder der Bürgermeister, in Städten die Stadtvertretung und die Bürgermeisterin oder der Bürgermeister.

§ 8
Wirtschaftliche Aufgabenerfüllung

Die Gemeinden haben ihr Vermögen und ihre Einkünfte nach den Grundsätzen der Wirtschaftlichkeit und Sparsamkeit zu verwalten und eine wirksame und kostengünstige Aufgabenerfüllung sicherzustellen.

§ 9
Pflichten und Obliegenheiten des Landes

Das Land schützt die Gemeinden in ihren Rechten und sichert die Erfüllung ihrer Pflichten.

§ 10
Vertretung der Gemeinde bei öffentlichen Anlässen (Repräsentation)

Bei öffentlichen Anlässen wird die Gemeinde durch die Vorsitzenden oder den Vorsitzenden der Gemeindevertretung und durch die Bürgermeisterin oder der Bürgermeister vertreten, die ihr Auftreten für die Gemeinde im Einzelfall miteinander abstimmen. Das Nähere kann die Hauptsatzung regeln.

Zweiter Teil
Name, Wappen, Flagge und Siegel der Gemeinde

§ 11
Name

(1) Die Gemeinden führen ihre bisherigen Namen. Eine Gemeinde kann ihren Namen ändern; der Beschluss bedarf der Mehrheit von zwei Dritteln der gesetzlichen Zahl der Gemeindevertreterinnen und -vertreter. Eine neu gebildete Gemeinde bestimmt ihren Namen.

(2) Die Gemeinden können überkommene Bezeichnungen weiterführen. Ist eine Gemeinde oder einer ihrer Ortsteile als Heilbad, Seeheilbad oder Kneipp-Heilbad anerkannt, so kann sie ihrem Namen oder dem des anerkannten Ortsteils die Bezeichnung Bad beifügen; sie oder der Ortsteil verliert die Bezeichnung mit dem Widerruf der Anerkennung.

(3) Die Stadt Kiel führt die Bezeichnung Landeshauptstadt.

§ 12
Wappen, Flagge und Siegel

(1) Die Gemeinden führen Dienstsiegel.

(2) Die Gemeinden führen ihre bisherigen Wappen und Flaggen. Vor der Entscheidung nach § 28 Satz 1 Nr. 7 über die Annahme neuer und die Änderung von Wappen und Flaggen hat die Gemeinde hinsichtlich der Gestaltung das Benehmen mit dem Landesarchiv Schleswig-Holstein herzustellen.

(3) Gemeinden, die zur Führung eines Wappens berechtigt sind, führen dieses in ihrem Dienstsiegel.

Dritter Teil
Gemeindegebiet

§ 13
Gebietsbestand

(1) Die Gemeinden bleiben in ihrem bisherigen Gebietsbestand bestehen. Grenzstreitigkeiten entscheidet die Kommunalaufsichtsbehörde.

(2) Jedes Grundstück soll zu einer Gemeinde gehören.

§ 14
Gebietsänderung

(1) Aus Gründen des öffentlichen Wohls können Gemeindegrenzen geändert und Gemeinden aufgelöst oder neu gebildet werden.

(2) Wird ein Gemeindegebiet unter Fortbestand der Gemeinde erweitert, bewirkt dies unmittelbar die Änderung von Kreis- und Amtsgrenzen.

§ 15
Verfahren

(1) Gebietsänderungen können nach Anhörung der betroffenen Gemeinden sowie des Kreises und des Amtes, dem die Gemeinden angehören, durch Gesetz oder Entscheidung der Kommunalaufsichtsbehörde ausgesprochen werden. Abweichend von Satz 1 können Gebietsteile auch durch Gebietsänderungsvertrag der beteiligten Gemeinden umgemeindet werden; der Vertrag bedarf der Genehmigung der Kommunalaufsichtsbehörde. Sind Gemeinden verschiedener Kreise betroffen, entscheidet als Kommunalaufsichtsbehörde das Ministerium für Inneres, ländliche Räume und Integration.

(2) Eine Gebietsänderung durch Entscheidung der Kommunalaufsichtsbehörde sind nur zulässig, wenn die betroffenen Gemeinden einverstanden sind. Bewirkt die Entscheidung die Änderung von Kreisgrenzen, müssen auch die betroffenen Kreise einverstanden sein.

(3) Will eine Gemeinde Verhandlungen über eine Gebietsänderung aufnehmen, so hat sie die Kommunalaufsichtsbehörde unverzüglich zu unterrichten.

(4) Die Kommunalaufsichtsbehörde gibt die Gebietsänderung nach Absatz 2 im Amtsblatt für SchleswigHolstein öffentlich bekannt.

§ 16
Durchführung

(1) Die Gemeinden regeln die näheren Bedingungen der Gebietsänderung durch Gebietsänderungsvertrag. Dieser muss insbesondere die Geltung von Gemeindesatzungen nach § 70 des Landesverwaltungsgesetzes und die Auseinandersetzung festlegen.

(2) Der Gebietsänderungsvertrag nach Absatz 1 begründet unmittelbar Rechte und Pflichten der Gemeinden und bewirkt den Übergang, die Beschränkung oder die Aufhebung von dinglichen Rechten. Die zuständigen Behörden sind verpflichtet, das Grundbuch, das Wasserbuch und andere öffentliche Bücher zu berichtigen.

(3) Die durch die Gebietsänderung erforderlichen Rechtshandlungen sind frei von öffentlichen Abgaben und Verwaltungskosten.

Vierter Teil
Einwohnerinnen und Einwohner, Bürgerinnen und Bürger

§ 16 a
Unterrichtung der Einwohnerinnen und Einwohner

(1) Die Gemeinde muss die Einwohnerinnen und Einwohner über allgemein bedeutsame Angelegenheiten der örtlichen Gemeinschaft unterrichten und fördert das Interesse an der Selbstverwaltung.

(2) Bei wichtigen Planungen und Vorhaben, die von der Gemeinde durchgeführt werden, sollen die Einwohnerinnen und Einwohner möglichst frühzeitig über die Grundlagen, Ziele und Auswirkungen unterrichtet werden. Sofern dafür ein besonderes Bedürfnis besteht, soll den Einwohnerinnen und Einwohnern allgemein Gelegenheit zur Äußerung gegeben werden. Vorschriften über eine förmliche Beteiligung oder Anhörung bleiben unberührt.

(3) Die Unterrichtung kann in den Fällen, in denen die Gemeindevertretung oder ein Ausschuss entschieden hat, durch die Person erfolgen, die jeweils den Vorsitz hat. In allen anderen Fällen unterrichtet die Bürgermeisterin oder der Bürgermeister.

(4) Die Rechte der Einwohnerinnen und Einwohner nach dem Gesetz über den Zugang zu Informationen der öffentlichen Verwaltung für das Land Schleswig-Holstein (Informationszugangsgesetz – IZG-SH) bleiben unberührt.

§ 16 b
Einwohnerversammlung

(1) Zur Erörterung wichtiger Angelegenheiten der Gemeinde kann eine Versammlung von Einwohnerinnen und Einwohnern einberufen werden. Sie muss einberufen werden, wenn die Gemeindevertretung dies beschließt. Die Einberufung und Leitung der Einwohnerversammlung obliegt der oder dem Vorsitzenden der Gemeindevertretung. Die Bürgermeisterin oder der Bürgermeister nimmt an der Versammlung teil; ihr oder ihm ist auf Wunsch das Wort zu erteilen. Versammlungen von Einwohnerinnen und Einwohnern können auf Teile des Gemeindegebiets beschränkt werden.

(2) Vorschläge und Anregungen der Versammlung von Einwohnerinnen und Einwohnern müssen in einer angemessenen Frist von den zuständigen Organen der Gemeinde behandelt werden.

(3) Das Nähere regelt die Hauptsatzung.

§ 16 c
Einwohnerfragestunde, Anhörung und Einwohnerbefragung

(1) Die Gemeindevertretung muss bei öffentlichen Sitzungen Einwohnerinnen und Einwohnern die Möglichkeit einräumen, Fragen zu Beratungsgegenständen oder anderen Angelegenheiten der örtlichen Gemeinschaft zu stellen und Vorschläge oder Anregungen zu unterbreiten. Die Gemeindevertretung kann Betroffenen die Rechte nach Satz 1 einräumen. Die Einwohnerfragestunde ist Bestandteil der öffentlichen Sitzung der Gemeindevertretung. Die Ausschüsse können in ihren Sitzungen ebenfalls eine Einwohnerfragestunde durchführen.

(2) Die Gemeindevertretung kann beschließen, Sachkundige sowie Einwohnerinnen und Einwohner, die von dem Gegenstand der Beratung betroffen sind, anzuhören. An der Beratung und Beschlussfassung in nichtöffentlicher Sitzung dürfen sie nicht teilnehmen.

(3) In Angelegenheiten der örtlichen Gemeinschaft kann eine konsultative Befragung der Einwohnerinnen und Einwohner durchgeführt werden. In Angelegenheiten eines Ortsteiles nach § 47 a, für welche der Ortsbeirat zuständig ist, kann eine auf das Gebiet des Ortsteils beschränkte konsultative Befragung der Einwohnerinnen und Einwohner durchgeführt werden. Soweit anwendbar, gilt für die Durchführung § 16 g Abs. 1 bis 7 entsprechend mit der Maßgabe, dass an der Einwohnerbefragung in Ortsteilen nur die im Ortsteil wohnenden Einwohnerinnen und Einwohner teilnahmeberechtigt sind und der Ortsbeirat an die Stelle der Gemeindevertretung tritt. Ortsbeirat und Gemeindevertretung sind bei ihren Entscheidungen über den Gegenstand der Befragung an deren Ergebnis nicht gebunden, haben dieses jedoch angemessen zu berücksichtigen.

(4) Das Nähere regelt die Geschäftsordnung.

§ 16 d
Hilfe bei Verwaltungsangelegenheiten

Die Gemeinden beraten im Rahmen ihrer rechtlichen und tatsächlichen Möglichkeiten die Einwohnerinnen und Einwohner und sind bei der Antragstellung für Verwaltungsverfahren behilflich, auch wenn für deren Durchführung eine andere Behörde zuständig ist. Zur Rechtsberatung in fremden Angelegenheiten sind die Gemeinden nicht berechtigt.

§ 16 e
Anregungen und Beschwerden

Die Einwohnerinnen und Einwohner haben das Recht, sich schriftlich oder zur Niederschrift mit Anregungen und Beschwerden an die Gemeindevertretung zu wenden. Die Zuständigkeiten der Bürgermeisterin oder des Bürgermeisters werden hierdurch nicht berührt. Antragstellerinnen und Antragsteller sind über die Stellungnahme der Gemeindevertretung zu unterrichten.

§ 16 f
Einwohnerantrag

(1) Einwohnerinnen und Einwohner, die das 14. Lebensjahr vollendet haben, können beantragen, dass die Gemeindevertretung oder im Fall der Übertragung nach § 27 Abs. 1 Satz 3 der zuständige Ausschuss bestimmte ihr oder ihm obliegende Selbstverwaltungsaufgaben berät und entscheidet.

(2) Der Antrag von Einwohnerinnen und Einwohnern muss schriftlich eingereicht werden. Er muss ein bestimmtes Begehren sowie eine Begründung enthalten. Jeder Antrag muss bis zu drei Personen benennen, die berechtigt sind, die Unterzeichnenden zu vertreten; diese sind von der Gemeindevertretung oder von dem zuständigen Ausschuss zu hören.

(3) Der Antrag muss in Gemeinden

bis zu 10 000 Einwohnerinnen und Einwohnern von mindestens 5 %,

bis zu 20 000 Einwohnerinnen und Einwohnern von mindestens 4,5 %,

bis zu 30 000 Einwohnerinnen und Einwohnern von mindestens 4 %,

bis zu 50 000 Einwohnerinnen und Einwohnern von mindestens 3,5 %,

bis zu 100 000 Einwohnerinnen und Einwohnern von mindestens 3 %,

bis zu 150 000 Einwohnerinnen und Einwohnern von mindestens 2,5 %,

mit mehr als 150 000 Einwohnerinnen und Einwohnern von mindestens 2 %

der Einwohnerinnen und Einwohner, die das 14. Lebensjahr vollendet haben, unterzeichnet sein.

(4) Der Antrag braucht nicht beraten und entschieden zu werden, wenn in derselben Angelegenheit innerhalb der letzten zwölf Monate bereits ein zulässiger Antrag gestellt worden ist.

(5) Über die Zulässigkeit des Antrags von Einwohnerinnen und Einwohnern entscheidet die Gemeindevertretung. Zulässige Anträge hat die Gemeindevertretung oder der zuständige Ausschuss unverzüglich zu beraten und zu entscheiden.

§ 16 g
Bürgerentscheid, Bürgerbegehren

(1) Die Gemeindevertretung kann mit einer Mehrheit der gesetzlichen Zahl der Gemeindevertreterinnen und -vertreter beschließen, dass Bürgerinnen und Bürger über Selbstverwaltungsaufgaben selbst entscheiden (Bürgerentscheid).

(2) Ein Bürgerentscheid findet nicht statt über

1. Selbstverwaltungsaufgaben, die zu erfüllen die Gemeinde nach § 2 Abs. 2 verpflichtet ist, soweit ihr nicht ein Entscheidungsspielraum zusteht,
2. Angelegenheiten, über die kraft Gesetzes die Gemeindevertretung entscheidet (§ 28 Satz 1 Nr. 1),
3. die Haushaltssatzung einschließlich der Wirtschaftspläne der Eigenbetriebe sowie die kommunalen Abgaben und die privatrechtlichen Entgelte,
4. den Jahresabschluss der Gemeinde und den Jahresabschluss der Eigenbetriebe,
5. die Hauptsatzung,
6. Entscheidungen im Rahmen der Bauleitplanung mit Ausnahme des Aufstellungsbeschlusses sowie dessen Änderung, Ergänzung oder Aufhebung,
7. die Rechtsverhältnisse der Gemeindevertreterinnen und -vertreter, der kommunalen Wahlbeamtinnen und -beamten und der Beschäftigten der Gemeinde,
8. die innere Organisation der Gemeindeverwaltung,
9. Entscheidungen in Rechtsmittelverfahren.

(3) Über Selbstverwaltungsaufgaben können die Bürgerinnen und Bürger einen Bürgerentscheid beantragen (Bürgerbegehren). Das Bürgerbegehren muss schriftlich eingereicht werden und die zur Entscheidung zu bringende Frage, eine Begründung sowie eine von der zuständigen Verwaltung zu erarbeitende Übersicht über die zu erwartenden Kosten der verlangten Maßnahme enthalten. Das Bürgerbegehren muss bis zu drei Personen benennen, die berechtigt sind, die Unterzeichnenden zu vertreten. Bürgerinnen und Bürger können sich durch die Kommunalaufsichtsbehörde hinsichtlich der Zulässigkeitsvoraussetzungen eines Bürgerbegehrens beraten lassen; Gebühren und Auslagen werden nicht erhoben.

(4) Ein Bürgerbegehren muss in Gemeinden

bis zu 10 000 Einwohnerinnen und Einwohnern von mindestens 10 %,

bis zu 20 000 Einwohnerinnen und Einwohnern von mindestens 9 %,

bis zu 30 000 Einwohnerinnen und Einwohnern von mindestens 8 %,

bis zu 50 000 Einwohnerinnen und Einwohnern von mindestens 7 %,

bis zu 100 000 Einwohnerinnen und Einwohnern von mindestens 6 %,

bis zu 150 000 Einwohnerinnen und Einwohnern von mindestens 5 %,

mit mehr als 150 000 Einwohnerinnen und Einwohnern von mindestens 4 %

der Stimmberechtigten innerhalb von sechs Monaten unterschrieben sein. Die Angaben werden von der Gemeinde geprüft.

(5) Über die Zulässigkeit eines Bürgerbegehrens entscheidet die Kommunalaufsichtsbehörde unverzüglich, spätestens jedoch innerhalb von sechs Wochen nach Eingang. Ist die Zulässigkeit des Bürgerbegehrens festgestellt, darf bis zur Durchführung des Bürgerentscheids dem Begehren entgegenstehende Entscheidung der Gemeindeorgane nicht getroffen oder mit dem Vollzug einer derartigen Entscheidung nicht mehr begonnen werden, es sei denn, zu diesem Zeitpunkt bestehen rechtliche Verpflichtungen der Gemeinde hierzu. Der Bürgerentscheid entfällt, wenn die Gemeindevertretung oder der zuständige Ausschuss die Durchführung der mit dem Bürgerbegehren verlangten Maßnahmen in unveränderter Form oder in einer Form beschließt, die von den benannten Vertretungsberechtigten gebilligt wird. Dieser Beschluss kann innerhalb von zwei Jahren nur durch einen Bürgerentscheid abgeändert werden. Den Vertretungsberechtigten des Bürgerbegehrens ist Gelegenheit zu geben, den Antrag in der Gemeindevertretung zu erläutern. Die Gemeindevertretung kann im Rahmen des Bürgerentscheids eine konkurrierende Vorlage zur Abstimmung einbringen.

(6) Wird ein Bürgerentscheid durchgeführt, muss die Gemeinde den Bürgerinnen und Bürgern die Standpunkte und Begründungen der Gemeindevertretung oder des zuständigen Ausschusses und der Vertretungsberechtigten des Bürgerbegehrens in gleichem Umfange schriftlich darlegen. Mit der Abstimmungsbenachrichtigung wird den Stimmberechtigten eine Information zugestellt, in der der

Abstimmungsgegenstand sowie die Standpunkte und Begründungen der Gemeindevertretung und der Vertretungsberechtigten des Bürgerbegehrens in gleichem Umfang dargelegt sind. Der Bürgerentscheid findet innerhalb von drei Monaten nach der Entscheidung über die Zulässigkeit des Bürgerbegehrens statt; bei der Terminfestsetzung sind die Vertretungsberechtigten des Bürgerbegehrens zu hören. Eine Verlängerung der Frist auf sechs Monate kann im Einvernehmen mit den Vertretungsberechtigten des Bürgerbegehrens beschlossen werden.

(7) Bei einem Bürgerentscheid ist die gestellte Frage in dem Sinne entschieden, wenn sie von der Mehrheit der abgegebenen gültigen Stimmen beantwortet wurde, sofern diese Mehrheit in Gemeinden

bis zu 10 000 Einwohnerinnen und Einwohnern mindestens 20 %,

bis zu 20 000 Einwohnerinnen und Einwohnern mindestens 18 %,

bis zu 30 000 Einwohnerinnen und Einwohnern mindestens 16 %,

bis zu 50 000 Einwohnerinnen und Einwohnern mindestens 14 %,

bis zu 100 000 Einwohnerinnen und Einwohnern mindestens 12 %,

bis zu 150 000 Einwohnerinnen und Einwohnern mindestens 10 %,

mit mehr als 150 000 Einwohnerinnen und Einwohnern mindestens 8 %

der Stimmberechtigten beträgt. Bei Stimmengleichheit gilt die Frage als mit Nein beantwortet. Ist die nach Satz 1 erforderliche Mehrheit nicht erreicht worden, hat die Gemeindevertretung oder der zuständige Ausschuss über die Angelegenheit zu entscheiden. Sollen an einem Tag mehrere Bürgerentscheide stattfinden, hat die Gemeindevertretung eine zusätzliche Stichfrage für den Fall zu beschließen, dass die gleichzeitig zur Abstimmung gestellten Fragen in einer miteinander nicht zu vereinbarenden Art und Weise beantwortet werden (Stichentscheid). Es gilt dann die Entscheidung, für die sich im Stichentscheid die Mehrheit der abgegebenen gültigen Stimmen ausgesprochen hat. Bei Stimmengleichheit im Stichentscheid gilt der Bürgerentscheid, dessen Frage mit der höchsten Stimmenzahl mehrheitlich beantwortet worden ist.

(8) Der Bürgerentscheid hat die Wirkung eines Beschlusses der Gemeindevertretung oder des zuständigen Ausschusses. Er kann innerhalb von zwei Jahren nur durch einen Bürgerentscheid abgeändert werden.

§ 17
Anschluss- und Benutzungszwang

(1) Die Gemeinde schafft in den Grenzen ihrer Leistungsfähigkeit die öffentlichen Einrichtungen, die für die wirtschaftliche, soziale und kulturelle Betreuung ihrer Einwohnerinnen und Einwohner erforderlich sind.

(2) Sie kann bei dringendem öffentlichen Bedürfnis durch Satzung für die Grundstücke ihres Gebiets den Anschluss an die Wasserversorgung, die Abwasserbeseitigung, die Abfallentsorgung, die Versorgung mit Fernwärme, die Straßenreinigung und ähnliche der Gesundheit und dem Schutz der natürlichen Grundlagen des Lebens dienende öffentliche Einrichtungen (Anschlusszwang) und die Benutzung dieser Einrichtungen und der Schlachthöfe (Benutzungszwang) vorschreiben. Die Satzung kann Ausnahmen vom Anschluss- und Benutzungszwang zulassen. Sie kann den Zwang auch auf bestimmte Teile des Gemeindegebiets und auf bestimmte Gruppen von Grundstücken oder Personen beschränken. Die Satzung kann bestimmen, dass der Gemeinde und ihren Beauftragten zur Verhütung dringender Gefahren für die öffentliche Sicherheit Zutritt zu den Schlachthöfen, den öffentlichen Einrichtungen und dem Anschluss dienenden Anlagen zu gewähren ist. Für diese Maßnahmen wird das Recht der Unverletzlichkeit der Wohnung (Artikel 13 des Grundgesetzes) eingeschränkt.

(3) Die Satzung über den Anschluss- und Benutzungszwang für Grundstücke zur Versorgung mit Fernwärme kann Ausnahmen vorsehen für Grundstücke mit Heizungsanlagen, die einen immissionsfreien Betrieb gewährleisten. Die Satzung soll zum Ausgleich sozialer oder wirtschaftlicher Härten angemessene Übergangsfristen enthalten.

§ 18
Öffentliche Einrichtungen

(1) Alle Einwohnerinnen und Einwohner der Gemeinde sind im Rahmen der bestehenden Vorschriften berechtigt, die öffentlichen Einrichtungen der Gemeinde zu benutzen. Sie sind verpflichtet, die Lasten zu tragen, die sich aus ihrer Zugehörigkeit zu der Gemeinde ergeben.

(2) Grundbesitzerinnen und -besitzer und Gewerbetreibende, die nicht in der Gemeinde wohnen, sind in gleicher Weise berechtigt, die öffentlichen Einrichtungen zu benutzen, die in der Gemeinde für Grundbesitzerinnen und -besitzer und Gewerbetreibende bestehen. Sie sind verpflichtet, für ihren Grundbesitz oder Gewerbebetrieb im Gemeindegebiet zu den Gemeindelasten beizutragen.

(3) Diese Vorschriften gelten entsprechend für juristische Personen und für Personenvereinigungen.

§ 19
Ehrenamt, ehrenamtliche Tätigkeit

Bürgerinnen und Bürger sind verpflichtet, Ehrenämter und ehrenamtliche Tätigkeit für die Gemeinde zu übernehmen und auszuüben. Einwohnerinnen und Einwohnern soll dies ermöglicht werden; in einem solchen Fall sind für sie die für das Ehrenamt und die ehrenamtliche Tätigkeit von Bürgerinnen und Bürgern geltenden Vorschriften entsprechend anzuwenden.

§ 20
Ablehnungsgründe, Abberufung

(1) Bürgerinnen und Bürger können die Übernahme eines Ehrenamts oder einer ehrenamtlichen Tätigkeit ablehnen oder ihre Abberufung verlangen, wenn ein wichtiger Grund vorliegt. Ob ein wichtiger Grund vorliegt, entscheidet die Gemeindevertretung; sie kann die Entscheidung übertragen.

(2) Als wichtiger Grund im Sinne des Absatzes 1 gilt besonders, wenn die Bürgerin oder der Bürger

1. bereits mehrere öffentliche Ehrenämter innehat,

2. ein geistliches Amt verwaltet,

3. ein öffentliches Amt verwaltet, soweit die Anstellungsbehörde feststellt, dass das Ehrenamt oder die ehrenamtliche Tätigkeit mit ihren oder seinen Dienstpflichten nicht vereinbar ist,

4. schon sechs Jahre als Mitglied der Gemeindevertretung tätig war oder ein öffentliches Ehrenamt ausgeübt hat,

5. bereits mehrere Vormundschaften, Pflegschaften oder Betreuungen führt,

6. häufig oder langdauernd von der Gemeinde geschäftlich abwesend ist,

7. anhaltend krank ist,

8. mindestens 60 Jahre alt ist,

9. durch die Ausübung des Ehrenamts oder der ehrenamtlichen Tätigkeit in der Fürsorge für den Haushalt der Familie besonders belastet wird.

(3) Ehrenbeamtinnen und -beamte und ehrenamtlich tätige Bürgerinnen und Bürger können abberufen werden, wenn ein wichtiger Grund vorliegt. Ein wichtiger Grund liegt insbesondere vor, wenn die betreffende Person

1. ihre Pflicht gröblich verletzt oder sich als unwürdig erwiesen hat oder

2. ihre Tätigkeit nicht mehr ordnungsgemäß ausüben kann.

Wer abberufen wird, scheidet aus dem Ehrenamt oder der ehrenamtlichen Tätigkeit aus. Die §§ 25 und 40 a bleiben unberührt.

§ 21
Pflichten

(1) Ehrenamtlich tätige Bürgerinnen und Bürger haben ihre Tätigkeit gewissenhaft und unparteiisch auszuüben. Bei Übernahme ihrer Aufgaben sind sie zur gewissenhaften und unparteiischen Tätigkeit und zur Verschwiegenheit zu verpflichten. Die Verpflichtung ist aktenkundig zu machen.

(2) Ehrenamtlich tätige Bürgerinnen und Bürger haben, auch nach Beendigung ihrer ehrenamtlichen Tätigkeit, über die ihnen bei dieser Tätigkeit bekannt gewordenen Angelegenheiten Verschwiegenheit zu bewahren. Dies gilt nicht für Mitteilungen im dienstlichen Verkehr oder über Tatsachen, die offenkundig sind oder ihrer Bedeutung nach keiner Geheimhaltung bedürfen.

(3) Ehrenamtlich tätige Bürgerinnen und Bürger dürfen ohne Genehmigung der Bürgermeisterin oder des Bürgermeisters über Angelegenheiten; über die sie Verschwiegenheit zu bewahren haben, weder vor Gericht noch außergerichtlich aussagen oder Erklärungen abgeben.

(4) Die Genehmigung, als Zeugin oder Zeuge auszusagen, darf nur versagt werden, wenn die Aussage dem Wohl des Bundes, eines Landes oder eines anderen Trägers der öffentlichen Verwaltung Nachteile bereiten oder die Erfüllung öffentlicher Aufgaben ernstlich gefährden oder erheblich erschweren würde.

(5) Sind ehrenamtlich tätige Bürgerinnen und Bürger Beteiligte in einem gerichtlichen Verfahren oder soll ihr Vorbringen der Wahrnehmung ihrer berechtigten Interessen dienen, so darf die Genehmigung auch dann, wenn die Voraussetzungen des Absatzes 4 erfüllt sind, nur versagt werden, wenn ein zwingendes öffentliches Interesse dies erfordert. Wird sie versagt, so ist ehrenamtlich tätigen Bürgerinnen und Bürgern der Schutz zu gewähren, den die öffentlichen Interessen zulassen.

§ 22
Ausschließungsgründe

(1) Ehrenbeamtinnen und -beamte oder ehrenamtlich tätige Bürgerinnen und Bürger dürfen in einer Angelegenheit nicht ehrenamtlich tätig werden, wenn die Tätigkeit oder die Entscheidung in der Angelegenheit

1. ihnen selbst,
2. ihren Ehegattinnen oder Ehegatten,
3. ihren Lebenspartnerinnen oder Lebenspartnern im Sinne des Lebenspartnerschaftsgesetzes vom 16. Februar 2001 (BGBl. I S. 266),
4. ihren Verwandten bis zum dritten Grade,
5. ihren Verschwägerten bis zum zweiten Grade, so lange wie die die Schwägerschaft begründende Ehe besteht, oder
6. einer von ihnen kraft Gesetzes oder Vollmacht vertretenen Person

einen unmittelbaren Vorteil oder Nachteil bringen kann.

(2) Das Verbot ehrenamtlicher Tätigkeit nach Absatz 1 gilt auch für Personen, die

1. in anderer als amtlicher Eigenschaft sowie außerhalb ihrer Tätigkeit als Ehrenbeamtin oder -beamter oder ehrenamtlich Tätige in der Angelegenheit ein Gutachten abgegeben haben,
2. bei einer natürlichen oder juristischen Person des öffentlichen oder privaten Rechts oder einer Vereinigung, die ein besonderes persönliches oder wirtschaftliches Interesse an der Erledigung der Angelegenheit hat, gegen Entgelt beschäftigt sind,
3. als Mitglied des Vorstands, des Aufsichtsrats oder eines vergleichbaren Organs einer juristischen Person oder eines nicht rechtsfähigen Vereins tätig sind, die oder der ein besonderes persönliches oder wirtschaftliches Interesse an der Erledigung der Angelegenheit hat, es sei denn, die Personen gehören diesem Organ als Vertreterinnen oder Vertreter oder auf Vorschlag der Gemeinde an, oder
4. Gesellschafterinnen oder Gesellschafter einer Kapital- oder Personengesellschaft sind, die ein besonderes persönliches oder wirtschaftliches Interesse an der Erledigung der Angelegenheit hat.

(3) Absätze 1 und 2 gelten nicht

1. wenn der Vorteil oder Nachteil nur darauf beruht, dass eine Person einer Berufs- oder Bevölkerungsgruppe angehört, deren gemeinsame Interessen durch die Angelegenheit berührt werden,
2. für Wahlen und Abberufungen und
3. für andere Beschlüsse, mit denen ein Kollegialorgan eine Person aus seiner Mitte auswählt und entsendet.

(4) Personen, die nach den Absätzen 1 und 2 ausgeschlossen sein können, sind verpflichtet, dies mitzuteilen. Ob die Voraussetzungen der Absätze 1 und 2 vorliegen, entscheidet im Streitfall die Gemeindevertretung; sie kann die Entscheidung übertragen. Die Betroffenen müssen bei der Beratung und Entscheidung über die Befangenheit sowie bei der Beratung und Entscheidung der Angelegenheit den Sitzungsraum verlassen.

(5) Ein Verstoß gegen die Absätze 1, 2 und 4 kann nicht geltend gemacht werden

1. wenn im Falle einer Abstimmung die Mitwirkung der unter die Ausschließungsgründe fallenden Person für das Abstimmungsergebnis nicht entscheidend war oder
2. nach Ablauf eines Jahres, es sei denn, dass vorher aus diesem Grund die Bürgermeisterin oder der Bürgermeister widersprochen oder die Kommunalaufsichtsbehörde beanstandet oder jemand einen förmlichen Rechtsbehelf eingelegt hat. Die Jahresfrist beginnt am Tag nach der Beschlussfassung oder, wenn eine örtliche Bekanntmachung vorgeschrieben ist; am Tag nach der Bekanntmachung.

(6) § 81 des Landesverwaltungsgesetzes bleibt unberührt.

§ 23
Treuepflicht

Ehrenbeamtinnen und -beamte haben eine besondere Treuepflicht gegenüber der Gemeinde. Sie dürfen Ansprüche Dritter gegen die Gemeinde nicht geltend machen, es sei denn, dass sie als gesetzliche Vertreterinnen oder Vertreter handeln. Das gilt auch für andere ehrenamtlich tätige Bürgerinnen und Bürger, wenn der Auftrag mit den Aufgaben ihrer ehrenamtlichen Tätigkeit zusammenhängt. Ob diese Voraussetzungen vorliegen, stellt die Gemeindevertretung fest; sie kann diese Befugnis übertragen.

§ 24
Entschädigungen, Ersatz für Sachschäden, Zuwendungen

(1) Ehrenbeamtinnen und -Beamte, Gemeindevertreterinnen und -vertreten sowie ehrenamtlich tätige Bürgerinnen und Bürger haben Anspruch auf

1. Ersatz ihrer Auslagen,
2. Ersatz des entgangenen Arbeitsverdienstes oder als Selbständige auf eine Verdienstausfallentschädigung,
3. Erstattung des auf den entgangenen Arbeitsverdienst entfallenden Arbeitgeberanteils zur Sozialversicherung, soweit dieser zu ihren Lasten an den Sozialversicherungsträger abgeführt wird,
4. eine Entschädigung für die durch das Ehrenamt oder die ehrenamtliche Tätigkeit bedingte Abwesenheit vom Haushalt, wenn die Anspruchstellerin oder der Anspruchsteller einen Haushalt mit mindestens zwei Personen führt und nicht oder weniger als 20 Stunden je Woche erwerbstätig ist,
5. die nachgewiesenen Kosten einer entgeltlichen Betreuung von Kindern oder pflegebedürftigen Angehörigen und
6. Reisekostenvergütung.

Die Entschädigungen nach Satz 1 Nr. 1, 2, 4 und 6 können pauschaliert gewährt werden.

(2) Anstelle der Entschädigung nach Absatz 1 Satz 1 Nr. 1 kann eine angemessene Aufwandsentschädigung gewährt werden, mit der auch der Aufwand an Zeit und Arbeitsleis-

tung und das mit dem Ehrenamt oder der ehrenamtlichen Tätigkeit verbundene Haftungsrisiko abgegolten wird.

(3) Die Entschädigungen sind in einer Satzung zu regeln. Die Ansprüche auf Entschädigungen sind nicht übertragbar:

(4) Gemeindevertreterinnen und Gemeindevertreter sowie ehrenamtlich tätige Bürgerinnen und Bürger können für private IT-Ausstattung, die für den Sitzungsdienst oder für die Vorbereitung der Sitzungen der Gemeindevertretung, der Ausschüsse, der Ortsbeiräte oder sonstiger Beiräte genutzt wird, einen Zuschuss erhalten. Das Nähere ist in einer Satzung zu regeln.

(5) Ehrenamtlich tätigen Bürgerinnen und Bürgern sowie Gemeindevertreterinnen und -vertretern kann Ersatz für Sachschäden nach den für Berufsbeamtinnen und -beamte geltenden Bestimmungen geleistet werden.

(6) Auf die Entschädigungen nach den Absätzen 1 und 2 darf nicht verzichtet werden.

(7) Ehrenbeamtinnen und Ehrenbeamte können bei Vollendung einer Jubiläumsdienstzeit von 25, 40 und 50 Jahren eine Dankurkunde und eine Jubiläumszuwendung in Höhe der für die Berufsbeamtinnen und Berufsbeamten jeweils zu zahlenden Beträge erhalten. Die Vorschriften der Jubiläumsverordnung vom 9. Dezember 2008 (GVOBl. Schl.-H. S. 767) gelten entsprechend mit der Maßgabe, dass abweichend von § 2 Abs. 1 Satz 1 zur Jubiläumsdienstzeit nur Zeiten im jeweiligen Ehrenbeamtenverhältnis sowie Vordienstzeiten in anderen Ehrenbeamtenverhältnissen zählen.

§ 24 a
Kündigungsschutz, Freizeitgewährung

Niemand darf gehindert werden, sich um eine Tätigkeit als Ehrenbeamtin oder -beamter sowie als ehrenamtlich tätige Bürgerin oder ehrenamtlich tätiger Bürger zu bewerben und die Tätigkeit auszuüben. Damit zusammenhängende Benachteiligungen am Arbeitsplatz sind unzulässig. Entgegenstehende Vereinbarungen sind nichtig. Wer als Ehrenbeamtin oder -beamter oder ehrenamtlich als Bürgerin oder Bürger tätig ist, darf aus einem Dienst- oder Arbeitsverhältnis nicht aus diesem Grund entlassen, gekündigt oder in eine andere Gemeinde versetzt werden. Ihr oder ihm ist die für die Tätigkeit notwendige freie Zeit zu gewähren.

§ 25
Vertretung der Gemeinde in Vereinigungen

(1) Ehrenbeamtinnen und -beamte und ehrenamtlich tätige Bürgerinnen und Bürger, die mit der Vertretung der Gemeinde in juristischen Personen oder in sonstigen Vereinigungen beauftragt sind, haben die Weisungen der Gemeinde zu befolgen.

(2) Die Vertretung endet,
1. wenn die Gemeinde die Ehrenbeamtin oder den Ehrenbeamten oder die ehrenamtlich tätige Bürgerin oder den ehrenamtlich tätigen Bürger abberuft oder
2. wenn das Ehrenamt oder die ehrenamtliche Tätigkeit endet, es sei denn, dass die Gemeinde etwas anderes bestimmt.

(3) Werden Vertreterinnen oder Vertreter der Gemeinde aus dieser Tätigkeit haftbar gemacht, so hat ihnen die Gemeinde den Schaden zu ersetzen, es sei denn, dass sie ihn vorsätzlich oder grob fahrlässig herbeigeführt haben. Auch in diesem Fall ist die Gemeinde schadensersatzpflichtig, wenn die Vertreterinnen oder Vertreter der Gemeinde nach Weisung gehandelt haben.

§ 26
– gestrichen –

Fünfter Teil
Verwaltung der Gemeinde

1. Abschnitt
Gemeindevertretung

§ 27
Aufgaben der Gemeindevertretung

(1) Die Gemeindevertretung legt die Ziele und Grundsätze für die Verwaltung der Gemeinde fest. Sie trifft alle für die Gemeinde wichtigen Entscheidungen in Selbstverwaltungsangelegenheiten und überwacht ihre Durchführung, soweit dieses Gesetz keine anderen Zuständigkeiten vorsieht. Sie kann Entscheidungen, auch für bestimmte Aufgabenbereiche, allgemein durch die Hauptsatzung oder im Einzelfall durch Beschluss auf den Hauptausschuss, einen anderen Ausschuss oder die Bürgermeisterin oder den Bürgermeister übertragen, soweit nicht § 28 entgegensteht. Die allgemein übertragenen Entscheidungen können in einer Anlage zur Hauptsatzung (Zuständigkeitsordnung) geregelt werden. In diese kann jeder Einsicht nehmen. Darauf ist in der Bekanntmachung der Hauptsatzung hinzuweisen. Die Zuständigkeitsordnung bedarf abweichend von § 4 Abs. 1 Satz 3 nicht der Genehmigung der Kommunalaufsichtsbehörde. Hat die Gemeindevertretung die Entscheidung im Einzelfall übertragen, so kann sie selbst entscheiden, wenn der Hauptausschuss, der andere Ausschuss oder die Bürgermeisterin oder der Bürgermeister noch nicht entschieden hat. Als wichtige Entscheidung im Sinne des Satzes 2 gilt auch die Entscheidung über die Erteilung des gemeindlichen Einvernehmens nach dem Baugesetzbuch.

(2) Die Gemeindevertretung ist über die Arbeiten der Ausschüsse und über wichtige Verwaltungsangelegenheiten zu unterrichten; die Geschäftsordnung bestimmt die Art der Unterrichtung. Wichtige Anordnungen der Aufsichtsbehörden sowie alle Anordnungen, bei denen eine Aufsichtsbehörde dies ausdrücklich bestimmt, sind der Gemeindevertretung mitzuteilen.

(3) Macht ein Drittel der gesetzlichen Zahl der Gemeindevertreterinnen und -vertreter von ihren oder seinen Rechten nach § 34 Abs. 1 Satz 4 oder § 34 Abs. 4 Satz 3 Gebrauch oder erklärt die oder der Vorsitzende der Gemeindevertretung, die Angelegenheit sei oder werde auf die Tagesordnung der nächsten Sitzung der Gemeindevertretung gesetzt, darf eine Entscheidung nach Absatz 1 Satz 3 bis zur Beschlussfassung der Gemeindevertretung nicht getroffen werden. § 50 Abs. 3, § 55 Abs. 4 und § 65 Abs. 4 bleiben unberührt.

(4) Die Gemeindevertretung ist, soweit nichts anderes bestimmt ist, oberste Dienstbehörde. Sie ist, soweit nichts anderes bestimmt ist, Dienstvorgesetzte der Bürgermeisterin oder des Bürgermeisters und deren oder dessen Stellvertretenden; sie hat keine Disziplinarbefugnis. Die Gemeindevertretung kann die Zuständigkeit nach Satz 1 und 2 übertragen.

(5) Die Gemeindevertretung führt in Städten die Bezeichnung Stadtvertretung; die Hauptsatzung kann eine abweichende Bezeichnung vorsehen.

§ 28
Vorbehaltene Entscheidungen

Die Gemeindevertretung kann die Entscheidung über die folgenden Angelegenheiten nicht übertragen:
1. Angelegenheiten, über die kraft Gesetzes die Gemeindevertretung entscheidet,
2. den Erlass, die Änderung und die Aufhebung von Satzungen,
3. die Übernahme neuer Aufgaben, die zu erfüllen die Gemeinde nicht gesetzlich verpflichtet ist,
4. den abschließenden Beschluss des Verfahrens zur Aufstellung, Änderung, Ergänzung und Aufhebung von Bauleitplänen und Ortsentwicklungsplänen einschließlich städtebaulicher Rahmenplanungen nach § 140 Nr. 4 des Baugesetzbuches,
5. die Beteiligung bei der Aufstellung und Fortschreibung von Raumordnungs- und Kreisentwicklungsplänen,
6. die Gebietsänderung,
7. die Einführung oder die Änderung eines Wappens oder einer Flagge,
8. die Verleihung und die Aberkennung des Ehrenbürgerrechts und einer Ehrenbezeichnung,
9. die Änderung und die Bestimmung des Gemeindenamens,

10. den Abschluss von Partnerschaften mit anderen Gemeinden,
11. den Verzicht auf Ansprüche der Gemeinde und die Niederschlagung solcher Ansprüche, die Führung von Rechtsstreiten und den Abschluss von Vergleichen, soweit sie für die Gemeinde von erheblicher wirtschaftlicher Bedeutung sind; die Gemeindevertretung kann die Entscheidung auf die Bürgermeisterin oder den Bürgermeister übertragen, wenn der Anspruch einen in der Hauptsatzung bestimmten Betrag nicht übersteigt,
12. die allgemeinen Grundsätze für die Ernennung, Einstellung und Entlassung, für die Dienstbezüge und Arbeitsentgelte sowie die Versorgung von Beschäftigten der Gemeinde, soweit nicht ihre Stellung und ihre Ansprüche durch das allgemeine Beamten- und Tarifrecht geregelt sind,
13. die Festsetzung allgemeiner privatrechtlicher Entgelte; die Gemeindevertretung kann die Entscheidung im Rahmen der Betätigung eines Eigenbetriebes durch Hauptsatzung auf den zuständigen Ausschuss übertragen,
14. die Übernahme von Bürgschaften, den Abschluss von Gewährverträgen und die Bestellung anderer Sicherheiten für Dritte sowie Rechtsgeschäfte, die dem wirtschaftlich gleichkommen; die Gemeindevertretung kann die Entscheidung auf die Bürgermeisterin oder den Bürgermeister übertragen, wenn die Verpflichtung der Gemeinde einen in der Hauptsatzung bestimmten Betrag nicht übersteigt,
15. den Erwerb von Vermögensgegenständen und den Abschluss von Leasingverträgen; die Gemeindevertretung kann die Entscheidung auf die Bürgermeisterin oder den Bürgermeister übertragen, wenn der Wert des Vermögensgegenstandes, die laufende Belastung oder die Gesamtbelastung aus dem Leasingvertrag einen in der Hauptsatzung bestimmten Betrag nicht übersteigt,
16. die Veräußerung und Belastung von Gemeindevermögen; die Gemeindevertretung kann die Entscheidung auf die Bürgermeisterin oder den Bürgermeister übertragen, wenn der Wert des Vermögensgegenstandes oder der Belastung einen in der Hauptsatzung bestimmten Betrag nicht übersteigt,
17. die Errichtung, die Übernahme, die wesentliche Erweiterung, die wesentliche Änderung der Satzung oder die Auflösung von wirtschaftlichen Unternehmen (§ 101 Absatz 1) oder Einrichtungen (§ 101 Absatz 4),
18. a) die unmittelbare oder mittelbare Gründung von Gesellschaften (§ 102), Genossenschaften oder anderen privatrechtlichen Vereinigungen (§ 105) oder die Beteiligung an diesen oder an deren Gründung,
    b) die Erhöhung solcher Beteiligungen oder ein Rechtsgeschäft nach § 103 sowie
    c) wesentliche Änderungen des Gesellschaftsvertrages oder der Satzung von Gesellschaften, Genossenschaften oder anderen privatrechtlichen Vereinigungen, insbesondere des Gesellschaftszwecks;
    die Gemeindevertretung kann die Entscheidung auf den Hauptausschuss übertragen, wenn die Beteiligung der Gemeinde einen in der Hauptsatzung bestimmten Betrag oder Vomhundertsatz der Beteiligung nicht übersteigt,
19. die Umwandlung der Rechtsform, die Verpachtung und die teilweise Verpachtung von wirtschaftlichen Unternehmen ohne eigene Rechtspersönlichkeit,
20. die Bestellung von Vertreterinnen und Vertretern der Gemeinde in Gesellschaften (§ 102), Genossenschaften oder anderen privatrechtlichen Vereinigungen (§ 105), an denen die Gemeinde beteiligt ist; die Gemeindevertretung kann die Entscheidung auf den Hauptausschuss übertragen, wenn die Beteiligung der Gemeinde einen in der Hauptsatzung bestimmten Betrag oder Vomhundertsatz der Beteiligung nicht übersteigt,
21. die Stellungnahme zum Prüfungsergebnis der überörtlichen Prüfung sowie eine Stellungnahme zum Prüfungsbericht über die Jahresabschlussprüfung der Eigenbetriebe,
22. die Errichtung, die Umwandlung des Zwecks und die Aufhebung einer Stiftung einschließlich der Entscheidung über den Verbleib des Stiftungsvermögens; die Gemeindevertretung kann die Entscheidung auf den Hauptausschuss übertragen, wenn der Anteil der Gemeinde am Stiftungsvermögen oder bei einer Entscheidung über dessen Verbleib der Wert dieses Vermögens einen in der Hauptsatzung bestimmten Betrag nicht übersteigt,
23. die Mitgliedschaft in Zweckverbänden und auf Gesetz beruhenden sonstigen Verbänden,
24. den Abschluss, die Änderung und die Kündigung öffentlich-rechtlicher Vereinbarungen, soweit sie die Übertragung oder die Übernahme wesentlicher Aufgaben oder der Satzungsbefugnis zum Gegenstand haben,
25. die Bildung, Änderung und Aufhebung von Verwaltungsgemeinschaften zur Erfüllung einer oder mehrerer wesentlicher Aufgaben der Gemeinde,
26. die Festlegung der Grundsätze des Berichtswesens nach § 45 b Abs. 1 Satz 2 Nr. 3 in Verbindung mit § 45 c,
27. die Ziele und Grundsätze der wirtschaftlichen Betätigung und privatrechtlichen Beteiligung der Gemeinde; die Gemeindevertretung kann die Entscheidung auf den Hauptausschuss übertragen und
28. die Übertragung von Selbstverwaltungsaufgaben auf das Amt und die Rückholung übertragener Aufgaben.

In den Fällen der Nummern 11, 14, 15 und 16 kann die Hauptsatzung bestimmen, dass die Entscheidung außer auf die Bürgermeisterin oder den Bürgermeister bis zu einer weiteren Wertgrenze auch auf den Hauptausschuss übertragen wird.

§ 29
Zuständigkeit bei Interessenwiderstreit

(1) Ein Beschluss der Gemeindevertretung über
1. die Geltendmachung von Ansprüchen der Gemeinde gegen die Bürgermeisterin oder den Bürgermeister,
2. die Amtsführung der Bürgermeisterin oder des Bürgermeisters bei der Durchführung von Beschlüssen der Gemeindevertretung und der Ausschüsse

ist von der oder dem Vorsitzenden der Gemeindevertretung auszuführen.

(2) Verträge der Gemeinde mit
1. Gemeindevertreterinnen oder -vertretern, Mitgliedern und stellvertretenden Mitgliedern der Ausschüsse nach § 46 Abs. 3 sowie der Bürgermeisterin oder dem Bürgermeister oder
2. juristischen Personen, an denen Gemeindevertreterinnen oder -vertreter, Mitglieder oder stellvertretende Mitglieder der Ausschüsse nach § 46 Abs. 3 oder der Bürgermeisterin oder der Bürgermeister beteiligt sind,

sind nur rechtsverbindlich, wenn die Gemeindevertretung zustimmt. Das gilt nicht für Verträge nach feststehendem Tarif und für Verträge, die sich innerhalb einer in der Hauptsatzung festgelegten Wertgrenze halten.

§ 30
Kontrollrecht

(1) Einzelnen Gemeindevertreterinnen oder -vertretern hat die Bürgermeisterin oder der Bürgermeister in allen Selbstverwaltungsangelegenheiten und zu allen Aufgaben zur Erfüllung nach Weisung auf Verlangen Auskunft zu erteilen und Akteneinsicht zu gewähren. Gleiches gilt für die nicht der Gemeindevertretung angehörenden Mitglieder von Ausschüssen für den Aufgabenbereich ihres Ausschusses, sowie Mitglieder von Ortsbeiräten und sonstigen Beiräten für die Angelegenheiten ihres Beirates.

(2) Auskunft und Akteneinsicht dürfen nicht gewährt werden, wenn die Vorgänge nach einem Gesetz geheim zu halten sind oder das Bekanntwerden des Inhalts die berech-

tigten Interessen Einzelner beeinträchtigen kann. Soweit Auskunft und Akteneinsicht zulässig sind, dürfen diese Rechte bei Personalakten nur den Mitgliedern eines Personalausschusses und den Mitgliedern des Hauptausschusses bei der Wahrnehmung personalrechtlicher Befugnisse gewährt werden. Gleiches gilt für Mitglieder anderer Ausschüsse für Akten, deren Inhalt spezialgesetzlich geschützt ist.

(3) Gemeindevertreterinnen und -vertretern, die von der Beratung und der Entscheidung in der Angelegenheit ausgeschlossen sind (§ 32 Abs. 3 i. V. m. § 22), darf Auskunft und Akteneinsicht nicht gewährt werden.

(4) Bei amtsangehörigen Gemeinden tritt an die Stelle der Bürgermeisterin oder des Bürgermeisters die Amtsdirektorin oder der Amtsdirektor, in ehrenamtlich verwalteten Ämtern die Amtsvorsteherin oder der Amtsvorsteher, beziehungsweise die Bürgermeisterin oder der Bürgermeister der Gemeinde, die die Geschäfte des Amtes führt.

(5) Akten im Sinne dieser Vorschrift sind auch Dateien, Karteien, Tonbänder und andere Informationsträger.

§ 31
Zusammensetzung und Wahl der Gemeindevertretung

(1) Die Gemeindevertretung besteht aus gewählten Vertreterinnen und Vertretern (Gemeindevertreterinnen und -vertretern). Sie heißen in Städten Stadtvertreterinnen und -vertreter; die Hauptsatzung kann eine andere Bezeichnung vorsehen.

(2) Die Zahl der Gemeindevertreterinnen und -vertreter, die Wahlzeit und das Wahlverfahren werden durch Gesetz[1] geregelt.

§ 31 a
Unvereinbarkeit

(1) Ein Mitglied einer Gemeindevertretung darf nicht tätig sein als
1. Beschäftigte oder Beschäftigter der Gemeinde, des die Gemeinde verwaltenden Amtes oder der nach § 19 a des Gesetzes über kommunale Zusammenarbeit oder nach § 1 Abs. 3 Satz 2 der Amtsordnung geschäftsführenden Körperschaft auf der Funktionsebene der Laufbahngruppe 2,
2. Beschäftigte oder Beschäftigter des Kreises, dem die Gemeinde angehört, bei der Wahrnehmung von Aufgaben der Kommunalaufsicht oder der Gemeindeprüfung,
3. Beschäftigte oder Beschäftigter des Landes bei der Wahrnehmung von Aufgaben der Kommunalaufsicht oder des Landesrechnungshofs oder
4. leitende Beschäftigte oder leitender Beschäftigter eines privatrechtlichen Unternehmens, an dem die Gemeinde oder das die Gemeinde verwaltende Amt mit mehr als 50 % beteiligt ist; leitende Beschäftigte oder leitender Beschäftigter ist, wer allein oder mit anderen ständig berechtigt ist, das Unternehmen in seiner Gesamtheit zu vertreten.

(2) Absatz 1 findet keine Anwendung für Ehrenbeamtinnen und Ehrenbeamte.

(3) Übernimmt ein Mitglied einer Gemeindevertretung ein nach Absatz 1 mit seinem Mandat unvereinbares Amt oder eine nach Absatz 1 mit seinem Mandat unvereinbare Stellung oder Funktion, so stellt die Kommunalaufsichtsbehörde die Unvereinbarkeit fest. Das Mitglied verliert seinen Sitz mit der Unanfechtbarkeit der Feststellung.

§ 32
Rechte und Pflichten

(1) Die Gemeindevertreterinnen und -vertreter handeln in ihrer Tätigkeit nach ihrer freien, durch das öffentliche Wohl bestimmten Überzeugung.

(2) Bürgerinnen und Bürger entscheiden frei, ob sie die Wahl zur Gemeindevertretung annehmen oder auf ihren Sitz in der Gemeindevertretung verzichten. Haben sie die Wahl zur Gemeindevertretung angenommen, so haben sie die ihnen aus ihrer Mitgliedschaft in der Gemeindevertretung erwachsenden Pflichten auszuüben, solange sie nicht auf ihren Sitz in der Gemeindevertretung verzichten.

(3) § 21 Abs. 2 bis 5 (Verschwiegenheitspflicht), § 22 (Ausschließungsgründe), § 23 Satz 1 und 2 (Treuepflicht), § 24 a (Kündigungsschutz, Freizeitgewährung) und § 25 (Vertretung der Gemeinde in Vereinigungen) gelten für Gemeindevertreterinnen und -vertreter entsprechend. Zuständig für die Befreiung von der Verschwiegenheitspflicht sowie für die Entscheidung nach § 22 Abs. 4 (Ausschließungsgründe) und für die Feststellung nach § 23 Satz 4 (Treuepflicht) ist die Gemeindevertretung; sie kann die Entscheidung übertragen. Die Gemeindevertreterinnen und -vertreter haben Anspruch auf Fortbildung im Rahmen der bereitgestellten Haushaltsmittel.

(4) Die Mitglieder der Gemeindevertretung, der Ortsbeiräte und der Ausschüsse haben der oder dem Vorsitzenden der Gemeindevertretung ihren Beruf sowie andere vergütete oder ehrenamtliche Tätigkeiten mitzuteilen, soweit dies für die Ausübung ihres Mandats von Bedeutung sein kann. Die Angaben sind zu veröffentlichen. Das Nähere regelt die Geschäftsordnung.

§ 32 a
Fraktionen

(1) Gemeindevertreterinnen und Gemeindevertreter können sich durch Erklärung gegenüber der oder dem Vorsitzenden der Gemeindevertretung zu einer Fraktion zusammenschließen. Die Mindestzahl der Mitglieder einer Fraktion beträgt zwei.

(2) Eine Fraktion kann beschließen, dass Bürgerinnen und Bürger, die nach § 46 Abs. 3 zu Mitgliedern von Ausschüssen gewählt worden sind, Stimmrecht in den Fraktionssitzungen erhalten. Die Geschäftsordnung der Fraktion kann bestimmen, dass das Stimmrecht auf Angelegenheiten ihres Ausschusses beschränkt wird; das Stimmrecht kann für Wahlen und Wahlvorschläge ausgeschlossen werden.

(3) Nähere Einzelheiten über die innere Ordnung, über die Aufnahme und das Ausscheiden von Mitgliedern sowie ihrer Rechte und Pflichten kann die Fraktion durch Geschäftsordnung regeln.

(4) Die Gemeinde kann Zuschüsse zur Erfüllung der Aufgaben für den notwendigen sachlichen und personellen Aufwand für die Geschäftsführung der Fraktionen gewähren. Dazu zählt auch eine angemessene Öffentlichkeitsarbeit. Über die ordnungsgemäße Verwendung ist ein Nachweis zu führen.

§ 33
Vorsitz

(1) Die Gemeindevertretung wählt aus ihrer Mitte ihre Vorsitzende oder ihren Vorsitzenden und deren oder dessen Stellvertretende. Die Wahl der oder des Vorsitzenden in der ersten Sitzung nach Beginn der Wahlzeit leitet das älteste Mitglied, die Wahl der Stellvertretenden leitet die oder der Vorsitzende. Scheidet die oder der Vorsitzende aus, leitet die Stellvertreterin oder der Stellvertreter die Wahl der oder des neuen Vorsitzenden. Die Stellvertretenden vertreten die Vorsitzende oder den Vorsitzenden im Fall der Verhinderung in der Reihenfolge ihrer Wahl. Ein Ausscheiden der oder des Vorsitzenden oder einer oder eines Stellvertretenden während der Wahlzeit gilt bis zur Wahl der Nachfolgerin oder des Nachfolgers, längstens für die Dauer von fünf Monaten, als Verhinderung.

(2) Jede Fraktion kann verlangen, dass die oder der Vorsitzende der Gemeindevertretung und deren oder dessen Stellvertretende auf Vorschlag der nach Satz 2 vorschlagsberechtigten Fraktionen gewählt werden. In diesem Fall steht den Fraktionen das Vorschlagsrecht für die Wahl der oder des Vorsitzenden, der oder des ersten, zweiten usw. Stellvertretenden in der Reihenfolge der Höchstzahlen, die sich aus der Teilung der Sitzzahlen der Fraktionen durch 0,5 – 1,5 – 2,5 usw. ergeben. Für die Wahl gilt § 39 Abs. 1 entsprechend. Werden während der Wahlzeit eine oder mehrere Wahlstellen frei, gilt für die Wahl der Nachfolgerin oder des Nachfolgers Satz 1 bis 3 entsprechend; dabei werden jeder

---

[1] Gemeinde- und Kreiswahlgesetz, Nr. 108.

Fraktion so viele Höchstzahlen gestrichen, wie am Tage des Freiwerdens Wahlstellen durch eine Fraktion besetzt sind. Steht das Vorschlagsrecht für eine Wahlstelle fest, wird die vorschlagsberechtigte Fraktion von diesem Zeitpunkt an bei der Feststellung des Vorschlagsrechts für weitere Wahlstellen so behandelt, als ob die Wahlstelle auf ihren Vorschlag besetzt worden sei.

(3) Ist die oder der Vorsitzende der Gemeindevertretung gleichzeitig Bürgermeisterin oder Bürgermeister (§ 48), gilt abweichend von Absatz 2 für die Wahl § 52. Bei der nach § 40 Abs. 2 und 3 durchzuführenden Wahl der Stellvertretenden sind das Verhältnis der Sitzzahlen der Fraktionen und die Fraktionszugehörigkeit der oder des Vorsitzenden der Gemeindevertretung zu berücksichtigen.

(4) Die oder der Vorsitzende der Gemeindevertretung führt in Gemeinden mit hauptamtlicher Bürgermeisterin oder hauptamtlichem Bürgermeister die Bezeichnung Bürgervorsteherin oder Bürgervorsteher, in kreisfreien Städten Stadtpräsidentin oder Stadtpräsident. In hauptamtlich verwalteten Städten kann die Hauptsatzung bestimmen, dass die oder der Vorsitzende der Stadtvertretung die Bezeichnung Stadtpräsidentin oder Stadtpräsident führt.

(5) Die oder der Vorsitzende werden vom ältesten Mitglied, die anderen Gemeindevertreterinnen und -vertreter werden von der oder dem Vorsitzenden durch Handschlag auf die gewissenhafte Erfüllung ihrer Obliegenheiten verpflichtet und in ihre Tätigkeit eingeführt. Scheidet die oder der Vorsitzende vor Ablauf der Wahlzeit aus, nimmt die Stellvertreterin oder der Stellvertreter die Verpflichtung und Einführung der Nachfolgerin oder des Nachfolgers vor. Ist die oder der Vorsitzende der Gemeindevertretung gleichzeitig Bürgermeisterin oder Bürgermeister, gilt § 53.

(6) Die oder der Vorsitzende der Gemeindevertretung und deren oder dessen Stellvertretende bleiben bis zum Zusammentritt der neu gewählten Gemeindevertretung tätig.

(7) Die oder der Vorsitzende der Gemeindevertretung vertritt die Gemeindevertretung in gerichtlichen Verfahren.

§ 34
Einberufung; Geschäftsordnung

(1) Die Gemeindevertretung wird spätestens zum 30. Tag nach Beginn der Wahlzeit, in den Fällen des § 1 Abs. 3 des Gemeinde- und Kreiswahlgesetzes zum 30. Tag nach der Wahl, von der oder dem bisherigen Vorsitzenden einberufen. Im Übrigen ist sie durch die Vorsitzende oder den Vorsitzenden einzuberufen, so oft es die Geschäftslage erfordert. Sie soll mindestens einmal im Vierteljahr einberufen werden; die Hauptsatzung kann eine kürzere Mindestfrist vorsehen. Die Gemeindevertretung muss unverzüglich einberufen werden, wenn es ein Drittel der gesetzlichen Zahl ihrer Mitglieder oder die Bürgermeisterin oder der Bürgermeister unter Angabe des Beratungsgegenstands verlangt.

(2) Die Gemeindevertretung regelt ihre inneren Angelegenheiten, insbesondere den Ablauf der Sitzungen, durch eine Geschäftsordnung, soweit dieses Gesetz keine Regelung enthält.

(3) Die Ladungsfrist beträgt mindestens eine Woche. Sie kann in begründeten Ausnahmefällen unterschritten werden, es sei denn, dass ein Drittel der gesetzlichen Zahl der Gemeindevertreterinnen und -vertreter widerspricht. Zu der konstituierenden Sitzung der Gemeindevertretung nach Absatz 1 Satz 1 kann bereits vor Beginn der Wahlzeit geladen werden.

(4) Die oder der Vorsitzende setzt nach Beratung mit der Bürgermeisterin oder dem Bürgermeister die Tagesordnung fest; sie ist in die Ladung aufzunehmen. Zeit, Ort und Tagesordnung der Sitzung sind unverzüglich örtlich bekannt zu machen. Die oder der Vorsitzende muss eine Angelegenheit auf die Tagesordnung setzen, wenn es die Bürgermeisterin oder der Bürgermeister, ein Drittel der gesetzlichen Zahl der Gemeindevertreterinnen und -vertreter, der Hauptausschuss, ein Ausschuss oder eine Fraktion verlangt. Die Gemeindevertretung kann die Tagesordnung um dringende Angelegenheiten erweitern; der Beschluss bedarf der Mehrheit von zwei Dritteln der gesetzlichen Zahl der Gemeindevertreterinnen und -vertreter.

§ 35
Öffentlichkeit der Sitzungen

(1) Die Sitzungen der Gemeindevertretung sind öffentlich. Die Öffentlichkeit ist auszuschließen, wenn überwiegende Belange des öffentlichen Wohls oder berechtigte Interessen Einzelner es erfordern. Die Angelegenheit kann in öffentlicher Sitzung behandelt werden, wenn die Personen, deren Interessen betroffen sind, dies schriftlich verlangen oder hierzu schriftlich ihr Einverständnis erklären.

(2) Über den Ausschluss der Öffentlichkeit beschließt die Gemeindevertretung im Einzelfall. Antragsberechtigt sind die Gemeindevertreterinnen und -vertreter und die Bürgermeisterin oder der Bürgermeister. Der Beschluss bedarf der Mehrheit von zwei Dritteln der anwesenden Gemeindevertreterinnen und -vertreter. Über den Antrag auf Ausschluss der Öffentlichkeit wird in nichtöffentlicher Sitzung beraten und entschieden; ohne Beratung über den Antrag wird in öffentlicher Sitzung entschieden.

(3) In nichtöffentlicher Sitzung gefasste Beschlüsse sind spätestens in der nächsten öffentlichen Sitzung bekannt zu geben, wenn nicht überwiegende Belange des öffentlichen Wohls oder berechtigte Interessen Einzelner entgegenstehen.

(4) Unbeschadet weiter gehender Berechtigungen aus anderen Rechtsvorschriften kann die Hauptsatzung bestimmen, dass in öffentlichen Sitzungen Film- und Tonaufnahmen durch die Medien oder die Gemeinde mit dem Ziel der Veröffentlichung zulässig sind.

§ 35a
Sitzungen in Fällen höherer Gewalt

(1) Durch Hauptsatzung kann bestimmt werden, dass bei Naturkatastrophen, aus Gründen des Infektionsschutzes oder vergleichbaren außergewöhnlichen Notsituationen, die die Teilnahme der Gemeindevertreterinnen und -vertreter an Sitzungen der Gemeindevertretung erschwert oder verhindert, die notwendigen Sitzungen der Gemeindevertretung ohne persönliche Anwesenheit der Mitglieder im Sitzungsraum als Videokonferenz durchgeführt werden können. Dabei sind geeignete technische Hilfsmittel einzusetzen, durch die die Sitzung einschließlich der Beratungen und Beschlussfassungen zeitgleich in Bild und Ton an alle Personen mit Teilnahmerechten übertragen werden.

(2) Durch Hauptsatzung kann bestimmt werden, dass Sitzungen der Ausschüsse, der Ortsbeiräte und der sonstigen Beiräte im Sinne des Absatzes 1 durchgeführt werden können.

(3) In einer Sitzung nach Absatz 1 und 2 findet eine Wahl im Falle eines Widerspruchs nach 40 Absatz 2 durch geheime briefliche Abstimmung statt Das Nähere regelt die Geschäftsordnung.

(4) § 16c Absatz 1 findet mit der Maßgabe Anwendung, dass die Gemeinde Verfahren entwickeln soll, wie Einwohnerinnen und Einwohner im Falle der Durchführungen von Sitzungen im Sinne des Absatzes 1 Fragen zu Beratungsgegenständen oder anderen Angelegenheiten der örtlichen Gemeinschaft stellen und Vorschläge und Anregungen unterbreiten können.

(5) Die Öffentlichkeit im Sinne des § 35 Absatz 1 Satz 1 ist durch zeitgleiche Übertragung von Bild und Ton in einen öffentlich zugänglichen Raum und durch eine Echtzeitübertragung oder eine vergleichbare Einbindung der Öffentlichkeit über Internet herzustellen. Im Übrigen bleibt § 35 unberührt.

(6) Die Gemeinde hat sicherzustellen, dass die technischen Anforderungen und die datenschutzrechtlichen Bestimmungen für eine ordnungsgemäße Durchführung der Sitzung einschließlich Beratung und Beschlussfassung eingehalten werden.

§ 36
Rechte und Pflichten der Bürgermeisterin oder des Bürgermeisters in den Sitzungen der Gemeindevertretung

(1) Die hauptamtliche Bürgermeisterin oder der hauptamtliche Bürgermeister nimmt an den Sitzungen der Gemeindevertretung teil.

(2) Die Bürgermeisterin oder der Bürgermeister ist verpflichtet, der Gemeindevertretung und einzelnen Gemeindevertreterinnen oder -vertretern zu allen Selbstverwaltungsaufgaben sowie zu den Aufgaben zur Erfüllung nach Weisung Auskunft zu erteilen; sie oder er kann sich hierbei vertreten lassen, wenn nicht eine Fraktion oder ein Drittel der gesetzlichen Zahl der Gemeindevertreterinnen und -vertreter widerspricht. Der Bürgermeisterin oder dem Bürgermeister ist auf Wunsch das Wort zu erteilen. Sie oder er kann zu den Tagesordnungspunkten Anträge stellen.

§ 37
Verhandlungsleitung

Die oder der Vorsitzende leitet die Verhandlungen der Gemeindevertretung. In den Sitzungen handhabt sie oder er die Ordnung und übt das Hausrecht aus.

§ 38
Beschlussfähigkeit

(1) Die Gemeindevertretung ist beschlussfähig, wenn mehr als die Hälfte der gesetzlichen Zahl der Gemeindevertreterinnen und -vertreter anwesend ist. Die oder der Vorsitzende der Gemeindevertretung stellt die Beschlussfähigkeit zu Beginn der Sitzung fest. Die Gemeindevertretung gilt danach als beschlussfähig, bis die oder der Vorsitzende der Gemeindevertretung die Beschlussunfähigkeit auf Antrag einer Gemeindevertreterin oder eines Gemeindevertreters feststellt; dieses Mitglied zählt zu den Anwesenden. Die oder der Vorsitzende der Gemeindevertretung muss die Beschlussunfähigkeit auch ohne Antrag feststellen, wenn weniger als ein Drittel der gesetzlichen Zahl der Gemeindevertreterinnen und -vertreter und weniger als drei Gemeindevertreterinnen und -vertreter anwesend sind.

(2) Zur Feststellung der Beschlussfähigkeit vermindert sich die gesetzliche Zahl der Gemeindevertreterinnen und -vertreter

1. um die Zahl der nach § 44 Abs. 2 des Gemeinde- und Kreiswahlgesetzes leer bleibenden Sitze sowie
2. im Einzelfall um die Zahl der nach § 32 Abs. 3 in Verbindung mit § 22 ausgeschlossenen Gemeindevertreterinnen und -vertreter.

Vermindert sich die gesetzliche Zahl der Gemeindevertreterinnen und -vertreter um mehr als die Hälfte, ist die Gemeindevertretung im Fall der Nummer 1 beschlussfähig, wenn mindestens ein Drittel der gesetzlichen Zahl der Gemeindevertreterinnen und -vertreter anwesend ist, im Fall der Nummer 2, wenn mindestens drei stimmberechtigte Gemeindevertreterinnen und -vertreter anwesend sind.

(3) Ist eine Angelegenheit wegen Beschlussunfähigkeit der Gemeindevertretung zurückgestellt worden und wird die Gemeindevertretung zur Verhandlung über denselben Gegenstand zum zweiten Mal einberufen, so ist die Gemeindevertretung beschlussfähig, wenn mindestens drei stimmberechtigte Gemeindevertreterinnen und -vertreter anwesend sind. Bei der zweiten Ladung muss auf diese Vorschrift hingewiesen werden.

§ 39
Beschlussfassung

(1) Beschlüsse der Gemeindevertretung werden, soweit nicht das Gesetz etwas anderes vorsieht, mit Stimmenmehrheit gefasst. Bei der Berechnung der Stimmenmehrheit zählen nur die Ja- und Neinstimmen. Bei Stimmengleichheit ist ein Antrag abgelehnt.

(2) Es wird offen abgestimmt.

(3) Es kann nur über Anträge abgestimmt werden, die vorher schriftlich festgelegt worden sind.

§ 40
Wahlen durch die Gemeindevertretung

(1) Wahlen sind Beschlüsse, die durch Gesetz oder aufgrund eines Gesetzes durch Verordnung als Wahlen bezeichnet werden.

(2) Gewählt wird, wenn niemand widerspricht, durch Handzeichen, sonst durch Stimmzettel.

(3) Gewählt ist, wer die meisten Stimmen erhält. Bei Stimmengleichheit findet ein weiterer Wahlgang statt. Bei erneuter Stimmengleichheit entscheidet das Los, das die oder der Vorsitzende der Gemeindevertretung zieht.

(4) Bei Verhältniswahl (§ 46 Abs. 1) stimmt die Gemeindevertretung in einem Wahlgang über die Wahlvorschläge (Listen) der Fraktionen ab. Gemeindevertreterinnen und -vertreter und andere Bürgerinnen und Bürger (§ 46 Abs. 3) müssen in einem Wahlvorschlag aufgeführt werden. Die Zahl der Stimmen, die jeder Wahlvorschlag erhält, wird durch 0,5 – 1,5 – 2,5 usw. geteilt. Die Wahlstellen werden in der Reihenfolge der Höchstzahlen auf die Wahlvorschläge verteilt. Über die Zuteilung der letzten Wahlstelle entscheidet bei gleicher Höchstzahl das Los, das die oder der Vorsitzende der Gemeindevertretung zieht. Die Bewerberinnen und Bewerber einer Fraktion werden in der Reihenfolge berücksichtigt, die sich aus dem Wahlvorschlag ergibt.

§ 40 a
Abberufung durch die Gemeindevertretung

(1) Wer durch Wahl der Gemeindevertretung berufen wird, kann durch Beschluss der Gemeindevertretung abberufen werden. Ein Antrag auf Abberufung kann nur behandelt werden, wenn er auf der Tagesordnung gestanden hat. Der Beschluss bedarf der Mehrheit der anwesenden Mitglieder der Gemeindevertretung.

(2) Der Beschluss, mit dem

1. die oder der Vorsitzende der Gemeindevertretung oder eine Stellvertreterin oder ein Stellvertreter aus dem Vorsitz,
2. eine Stadträtin oder ein Stadtrat aus dem Amt oder
3. die Bürgermeisterin oder der Bürgermeister nach § 57 d Abs. 4 aus dem Amt

abberufen wird, bedarf der Mehrheit von zwei Dritteln der gesetzlichen Zahl der Gemeindevertreterinnen und -vertreter.

(3) Über den Antrag, die hauptamtliche Bürgermeisterin oder den hauptamtlichen Bürgermeister oder eine Stadträtin oder einen Stadtrat aus dem Amt abzuberufen, ist zweimal zu beraten und zu beschließen. Die zweite Beratung darf frühestens vier Wochen nach der ersten stattfinden.

(4) Wer abberufen wird, scheidet aus seiner Wahlstelle oder seinem Amt aus. Die hauptamtliche Bürgermeisterin oder der hauptamtliche Bürgermeister oder eine Stadträtin oder ein Stadtrat tritt mit Ablauf des Tages, an dem die Abberufung zum zweiten Mal beschlossen wird, in den einstweiligen Ruhestand.

§ 41
Niederschrift

(1) Über jede Sitzung der Gemeindevertretung ist eine Niederschrift aufzunehmen. Die Niederschrift muss mindestens

1. die Zeit und den Ort der Sitzung,
2. die Namen der Teilnehmerinnen und Teilnehmer,
3. die Tagesordnung,
4. den Wortlaut der Anträge und Beschlüsse und
5. das Ergebnis der Abstimmungen

enthalten. Die Niederschrift muss von der oder dem Vorsitzenden der Gemeindevertretung und der Protokollführerin oder dem Protokollführer unterzeichnet werden. Sie soll innerhalb von 30 Tagen, spätestens zur nächsten Sitzung, vorliegen.

(2) Über Einwendungen gegen die Niederschrift entscheidet die Gemeindevertretung.

(3) Die Einsichtnahme in die Niederschriften über die öffentlichen Sitzungen ist den Einwohnerinnen und Einwohnern zu gestatten.

§ 42
Ordnung in den Sitzungen

Die oder der Vorsitzende der Gemeindevertretung kann eine Gemeindevertreterin oder einen Gemeindevertreter, die oder der die Ordnung verletzt oder gegen das Gesetz oder die Geschäftsordnung verstößt, zur Ordnung rufen. Nach dreimaligem Ordnungsruf kann sie oder er sie oder ihn von der Sitzung ausschließen. Hat die oder der Vorsitzende der Gemeindevertretung eine Gemeindevertreterin oder einen Gemeindevertreter von der Sitzung ausgeschlossen, so kann sie oder er sie oder ihn in der jeweils folgenden Sitzung nach einmaligem Ordnungsruf ausschließen.

§ 43
Widerspruch gegen Beschlüsse der Gemeindevertretung

(1) Verletzt ein Beschluss der Gemeindevertretung das Recht, so hat ihm die Bürgermeisterin oder der Bürgermeister zu widersprechen.

(2) Der Widerspruch muss innerhalb von zwei Wochen nach Beschlussfassung schriftlich eingelegt und begründet werden. Er enthält die Aufforderung, den Beschluss aufzuheben. Die Gemeindevertretung muss über die Angelegenheit in einer neuen Sitzung nochmals beschließen; bis dahin hat der Widerspruch aufschiebende Wirkung.

(3) Verletzt auch der neue Beschluss das Recht, so hat ihn die Bürgermeisterin oder der Bürgermeister schriftlich unter Darlegung der Gründe binnen zwei Wochen zu beanstanden. Die Beanstandung hat aufschiebende Wirkung. Gegen die Beanstandung steht der Gemeindevertretung die Klage vor dem Verwaltungsgericht zu.

(4) Widerspruch und Beanstandung sind an die Vorsitzende oder den Vorsitzenden der Gemeindevertretung, in ehrenamtlich verwalteten Gemeinden (§ 48) an die erste Stellvertreterin oder den ersten Stellvertreter der Bürgermeisterin oder des Bürgermeisters, zu richten.

§ 44
Auflösung der Gemeindevertretung

(1) Das Ministerium für Inneres, ländliche Räume und Integration kann eine Gemeindevertretung auflösen,
1. wenn sie dauernd beschlussunfähig ist,
2. wenn eine ordnungsgemäße Erledigung der Gemeindeaufgaben auf andere Weise nicht gesichert werden kann oder
3. wenn durch Gebietsänderung die bisherige Einwohnerzahl einer Gemeinde um mehr als ein Zehntel zu- oder abgenommen hat.

Die Entscheidung des Ministeriums für Inneres, ländliche Räume und Integration ist zuzustellen.

(2) Bei einer Auflösung nach Absatz 1 ist die Gemeindevertretung binnen drei Monaten nach Unanfechtbarkeit der Entscheidung des Ministeriums für Inneres, ländliche Räume und Integration für den Rest der Wahlzeit neu zu wählen. Die Kommunalaufsichtsbehörde setzt einen Sonntag als Wahltag fest.

§ 45
Aufgaben und Einrichtung der Ausschüsse

(1) Die Gemeindevertretung bildet einen oder mehrere Ausschüsse zur Vorbereitung ihrer Beschlüsse und zur Kontrolle der Gemeindeverwaltung; die Gemeindeversammlung kann solche Ausschüsse wählen.

(2) Die Hauptsatzung bestimmt die ständigen Ausschüsse, ihr Aufgabengebiet und die Zahl ihrer regelmäßigen Mitglieder.

§ 45 a
Hauptausschuss

(1) In hauptamtlich verwalteten Gemeinden wählt die Gemeindevertretung aus ihrer Mitte einen Hauptausschuss. Die oder der Vorsitzende wird aus der Mitte der Gemeindevertretung gewählt.

(2) Die Bürgermeisterin oder der Bürgermeister ist Mitglied des Hauptausschusses ohne Stimmrecht.

(3) Für den Hauptausschuss gelten im Übrigen die Vorschriften über die Ausschüsse entsprechend.

§ 45 b
Aufgaben des Hauptausschusses

(1) Der Hauptausschuss koordiniert die Arbeit der Ausschüsse und kontrolliert die Umsetzung der von der Gemeindevertretung festgelegten Ziele und Grundsätze in der von der Bürgermeisterin oder dem Bürgermeister geleiteten Gemeindeverwaltung. Zu seinen Aufgaben im Rahmen dieser Zuständigkeit gehört es vor allem,
1. die Beschlüsse der Gemeindevertretung über die Festlegung von Zielen und Grundsätzen vorzubereiten,
2. die von der Gemeindevertretung nach § 28 Satz 1 Nr. 12 zu beschließenden Grundsätze für das Personalwesen vorzubereiten; die Gemeindevertretung kann auch einen anderen Ausschuss mit der Wahrnehmung dieser Aufgabe beauftragen,
3. das von der Gemeindevertretung nach § 28 Satz 1 Nr. 26 zu beschließende Berichtswesen zu entwickeln und bei der Kontrolle der Gemeindeverwaltung anzuwenden,
4. auf die Einheitlichkeit der Arbeit der Ausschüsse hinzuwirken,
5. die Entscheidungen zu treffen, die ihm die Gemeindevertretung übertragen hat.

(2) Dem Hauptausschuss können durch Hauptsatzung beschlussvorbereitende Aufgaben im Sinne des § 45 Abs. 1 übertragen werden.

(3) Der Hauptausschuss kann die vorbereitenden Beschlussvorschläge der Ausschüsse an die Gemeindevertretung durch eigene Vorschläge ergänzen. Er kann im Rahmen seiner Zuständigkeit nach Absatz 1 Nr. 4 die den Ausschüssen im Einzelfall übertragenen Entscheidungen (§ 27 Abs. 1) an sich ziehen, wenn der Ausschuss noch nicht entschieden hat.

(4) Dem Hauptausschuss obliegt die Steuerung der wirtschaftlichen Betätigung und privatrechtlichen Beteiligungen der Gemeinde im Rahmen des Berichtswesens nach Absatz 1 Nr. 3 und nach näherer Regelung durch die Hauptsatzung.

(5) Der Hauptausschuss ist Dienstvorgesetzter der Bürgermeisterin oder des Bürgermeisters; er hat keine Disziplinarbefugnis.

§ 45 c
Berichtswesen

Das Berichtswesen legt fest, zu welchen Themen und in welchen zeitlichen Abständen die Bürgermeisterin oder der Bürgermeister die Gemeindevertretung, den Hauptausschuss oder die Ausschüsse zu unterrichten hat. Das Berichtswesen soll eine wirksame Kontrolle der Verwaltung ermöglichen und die erforderlichen Informationen für politische Entscheidungen geben. Es erstreckt sich insbesondere auf
1. die Entwicklung wichtiger Strukturdaten,
2. die Ausführung der Beschlüsse der Gemeindevertretung, des Hauptausschusses und der Ausschüsse,
3. die Entwicklung der Haushalts- und Finanzdaten,
4. die Menge, die Qualität und die Kosten der erbrachten Verwaltungsleistungen, soweit die Gemeinde über ein geeignetes Rechnungswesen verfügt,
5. den Abgleich der tatsächlichen Entwicklungen mit den vorliegenden Fachplanungen,
6. den Zustand der öffentlichen Einrichtungen,
7. einen Bericht über Stand und Entwicklung sowie Maßnahmen in den Handlungsfeldern Klimaschutz, Energieeffizienz und Energieeinsparung,
8. soweit die in § 1 Absatz 1 Satz 4 genannten Minderheiten dort traditionell heimisch sind, einen Bericht über den Schutz und die Förderung dieser Minderheiten,
9. einen allgemeinen Verwaltungs- und Personalbericht und
10. die Ausführung der Aufgaben zur Erfüllung nach Weisung.

Das Berichtswesen umfasst auch Eigenbetriebe, Kommunalunternehmen, Gesellschaften (§ 102) und andere privatrechtliche Vereinigungen (§ 105) der Gemeinde sowie Beteiligungen an diesen.

§ 46
Mitglieder und Geschäftsordnung der Ausschüsse

(1) Jede Fraktion kann verlangen, dass die Mitglieder eines Ausschusses durch Verhältniswahl gewählt werden. Erhält dabei eine Fraktion abweichend von ihrer Stärke in der Gemeindevertretung mehr als die Hälfte der zu vergebenden Ausschusssitze, wird derjenigen anderen Fraktion mit der nächsten Höchstzahl ein weiterer Ausschusssitz zugeteilt; bei gleicher Höchstzahl entscheidet das Los, das die oder der Vorsitzende der Gemeindevertretung zieht.

(2) Fraktionen, auf die bei der Sitzverteilung nach Absatz 1 in einem Ausschuss kein Sitz entfallen ist, sind berechtigt, ein zusätzliches Mitglied mit beratender Stimme in den Ausschuss zu entsenden. Absatz 3 Satz 1 und 2 und Absatz 4 gilt entsprechend. Dies gilt nicht, wenn ein Mitglied dieser Fraktion stimmberechtigtes Mitglied des Ausschusses ist. Gemeindevertreterinnen und -vertreter, die keiner Fraktion angehören, können verlangen, in einem Ausschuss ihrer Wahl beratendes Mitglied zu werden, sofern sie nicht bereits stimmberechtigtes Mitglied eines Ausschusses sind. Absatz 3 Satz 1 und 2 und Absatz 4 gilt entsprechend. Die beratenden Mitglieder können Anträge stellen.

(3) Wenn die Hauptsatzung dies bestimmt, können neben Gemeindevertreterinnen und -vertretern auch andere Bürgerinnen und Bürger zu Mitgliedern von Ausschüssen gewählt werden. Sie müssen der Gemeindevertretung angehören können. Ihre Zahl darf die der Gemeindevertreterinnen und -vertreter im Ausschuss nicht erreichen; beratende Ausschussmitglieder nach Absatz 2 bleiben dabei unberücksichtigt. Sie können einem Ausschuss vorsitzen. In diesem Fall ist ihnen in der Gemeindevertretung in Angelegenheiten ihres Ausschusses auf Wunsch das Wort zu erteilen. Sie scheiden aus dem Ausschuss aus, wenn sie Mitglied der Gemeindevertretung werden.

(4) Die Gemeindevertretung kann stellvertretende Mitglieder der Ausschüsse wählen; Absatz 1, Absatz 3 Satz 1 und 2 sowie § 33 Abs. 1 Satz 4 und 5 gilt entsprechend.

(5) Die Gemeindevertretung wählt die Vorsitzenden der ständigen Ausschüsse. Das Vorschlagsrecht steht den Fraktionen zu; die Fraktionen können in der Reihenfolge ihrer Höchstzahlen entsprechend § 33 Abs. 2 Satz 2 bestimmen, für welche Vorsitzenden ihnen das Vorschlagsrecht zusteht (Zugriffsverfahren); bei gleicher Höchstzahl entscheidet über die Reihenfolge das Los, das die oder der Vorsitzende der Gemeindevertretung zieht. Zur oder zum Vorsitzenden kann nur ein Mitglied des Ausschusses vorgeschlagen werden. Für die Wahl gilt § 39 Abs. 1 entsprechend. Wird während der Wahlzeit die Wahlstelle einer oder eines Vorsitzenden frei, gilt für die Wahl der Nachfolgerin oder des Nachfolgers Satz 1 bis 4 entsprechend; dabei werden bei jeder Fraktion so viele Höchstzahlen gestrichen, wie am Tage des Ausscheidens der oder des Vorsitzenden, für deren oder dessen Wahlstelle die Vorschlagsrecht festgestellt werden soll, Vorsitzende der Ausschüsse einer Fraktion angehören. Steht das Vorschlagsrecht für eine Wahlstelle fest, wird die vorschlagsberechtigte Fraktion von diesem Zeitpunkt an bei der Feststellung des Vorschlagsrechts für weitere Wahlstellen so behandelt, als ob die Wahlstelle auf ihren Vorschlag besetzt worden sei. Für stellvertretende Vorsitzende gilt Satz 1 bis 6 entsprechend. Bei Verhinderung der oder des Vorsitzenden und aller stellvertretenden Vorsitzenden leitet das älteste Mitglied die Sitzung des Ausschusses.

(6) Die Mitglieder, die nicht der Gemeindevertretung angehören, werden von der oder dem Vorsitzenden des Ausschusses durch Handschlag auf die gewissenhafte Erfüllung ihrer Obliegenheiten verpflichtet und in ihr Amt eingeführt; sie können bereits vorher schriftlich verpflichtet werden. Die Mitglieder der Ausschüsse handeln in ihrer Tätigkeit nach ihrer freien, durch das öffentliche Wohl bestimmten Überzeugung. Im Falle der Zulassung von Stellvertretungen im Sinne von Absatz 4 sind ihren Stellvertreterinnen und Stellvertretern unabhängig vom Vertretungsfall Sitzungsvorlagen, Protokolle und sonstige Unterlagen zur Vorbereitung der Sitzungen des Ausschusses, dem sie angehören, zur Verfügung zu stellen. Ebenso haben diese auch unabhängig vom Vertretungsfall Zutritt zu den nichtöffentlichen Sitzungen des Ausschusses, dem sie angehören.

(7) Die Bürgermeisterin oder der Bürgermeister ist berechtigt, und auf Verlangen verpflichtet, an den Sitzungen der Ausschüsse teilzunehmen. Sie oder er ist verpflichtet, dem Ausschuss und einzelnen Mitgliedern zu allen Selbstverwaltungsaufgaben sowie zu den Aufgaben zur Erfüllung nach Weisung Auskunft zu erteilen. Ihr oder ihm ist auf Wunsch das Wort zu erteilen. Sie oder er kann zu den Tagesordnungspunkten Anträge stellen. Bei der Wahrnehmung der Rechte und Erfüllung der Pflichten aus Satz 1 bis 4 kann sich die Bürgermeisterin oder der Bürgermeister vertreten lassen.

(8) Die Sitzungen der Ausschüsse sind öffentlich. Die Öffentlichkeit ist auszuschließen, wenn überwiegende Belange des öffentlichen Wohls oder berechtigte Interessen Einzelner es erfordern.. Über den Antrag auf Ausschluss der Öffentlichkeit wird in nichtöffentlicher Sitzung beraten und entschieden; ohne Beratung über den Antrag wird in öffentlicher Sitzung entschieden. § 35 Absatz 4 gilt entsprechend.

(9) Gemeindevertreterinnen oder -vertreter, die nicht Mitglieder der Ausschüsse sind, können an den Sitzungen der Ausschüsse teilnehmen. Ihnen ist auf Wunsch das Wort zu erteilen. Gemeindevertreterinnen und Gemeindevertreter, die keiner Fraktion angehören, können Anträge stellen.

(10) Sofern die Zusammensetzung eines Ausschusses nicht mehr dem Verhältnis der Stärke der Fraktionen in der Gemeindevertretung entspricht, kann jede Fraktion verlangen, dass alle Wahlstellen des Ausschusses neu besetzt werden. In diesem Fall verlieren die Mitglieder des Ausschusses zu Beginn der nächsten Sitzung der Gemeindevertretung ihre Wahlstellen. Fraktionen können Ausschussmitglieder, die sie benannt haben, aus einem Ausschuss abberufen. Wird die Wahlstelle eines Mitglieds eines Ausschusses, mit Ausnahme eines gesetzlichen Mitglieds, während der Wahlzeit frei, wird die Nachfolgerin oder der Nachfolger nach § 40 Abs. 3 gewählt; Absatz 1 bleibt unberührt.

(11) Wird die Gemeindevertretung neu gewählt, bleiben die Ausschüsse bis zum Zusammentritt der neu gewählten Ausschüsse, längstens für die Dauer von drei Monaten seit dem Zusammentritt der neu gewählten Gemeindevertretung, tätig.

(12) Im Übrigen gelten für die Ausschüsse die Vorschriften über die Gemeindevertretung entsprechend. Abweichend von § 34 Abs. 4 Satz 2 brauchen Zeit, Ort und Tagesordnung der Ausschusssitzungen nicht örtlich bekannt gemacht zu werden; die Bürgermeisterin oder der Bürgermeister soll die Öffentlichkeit über öffentliche Ausschusssitzungen vorher in geeigneter Weise unterrichten. Abweichend von § 34 Abs. 4 Satz 3 muss die oder der Vorsitzende eine Angelegenheit auf die Tagesordnung setzen, wenn die Bürgermeisterin oder der Bürgermeister, der Hauptausschuss oder ein Ausschussmitglied dies verlangt. Die Gemeindevertretung regelt durch die Geschäftsordnung die inneren Angelegenheiten der Ausschüsse, insbesondere den Ablauf der Sitzungen, soweit dieses Gesetz keine Regelungen enthält.

§ 47
Widerspruch gegen Ausschussbeschlüsse

(1) Verletzt der Beschluss eines Ausschusses das Recht, so hat die Bürgermeisterin oder der Bürgermeister dem Beschluss zu widersprechen.

(2) Der Widerspruch muss innerhalb von zwei Wochen nach Beschlussfassung schriftlich eingelegt und begründet werden. Er ist an die Vorsitzende oder den Vorsitzenden des Ausschusses zu richten und enthält die Aufforderung, den Beschluss aufzuheben. Der Ausschuss muss über die Angelegenheit in einer neuen Sitzung nochmals beraten; bis dahin hat der Widerspruch aufschiebende Wirkung. Gibt der Ausschuss dem Widerspruch nicht statt, beschließt die Gemeindevertretung über den Widerspruch.

2. Abschnitt
Ortsteile, Beiräte, Beteiligung von Kindern und Jugendlichen

§ 47 a
Ortsteile

Die Gemeinde kann durch Beschluss der Gemeindevertretung Ortsteile bilden und deren Namen bestimmen. Die Gemeindevertretung kann die Bezeichnung Ortsteil durch die Bezeichnung Dorfschaft oder eine andere Bezeichnung ersetzen.

§ 47 b
Ortsteilverfassung

(1) Die Gemeinde kann durch die Hauptsatzung für einen Ortsteil einen Ortsbeirat bilden. Die Hauptsatzung kann für den Ortsbeirat eine andere Bezeichnung vorsehen.

(2) Mitglieder des Ortsbeirats können Gemeindevertreterinnen und -vertreter und andere Bürgerinnen und Bürger sein, die der Gemeindevertretung angehören können. Die Zahl der anderen Bürgerinnen und Bürger muss die der Gemeindevertreterinnen und -vertreter im Ortsbeirat übersteigen. Die Hauptsatzung bestimmt die Zahl seiner Mitglieder.

(3) Die Gemeindevertretung wählt den Ortsbeirat. Bei der Wahl der Gemeindevertreterinnen und -vertreter sowie derjenigen anderen Bürgerinnen und Bürger, die einer Partei oder Wählergruppe angehören oder von ihnen vorgeschlagen wurden, soll das Wahlergebnis berücksichtigt werden, das die Parteien und Wählergruppen bei der Wahl zur Gemeindevertretung im Ortsteil erzielt haben. § 46 Abs. 1 gilt entsprechend. § 46 Abs. 1 und 2 Satz 1, 3 und 6 gelten entsprechend.

(4) Abweichend von Absatz 3 kann die Gemeindevertretung beschließen, dass der Ortsbeirat von den Einwohnerinnen und Einwohnern gewählt wird. Das Wahlverfahren wird durch Satzung geregelt.

(5) Die Sitzungen des Ortsbeirates sind öffentlich. Die Öffentlichkeit ist auszuschließen, wenn überwiegende Belange des öffentlichen Wohls oder berechtigte Interessen Einzelner es erfordern. Über den Ausschluss der Öffentlichkeit beschließt der Ortsbeirat im Einzelfall. Antragsberechtigt sind die Mitglieder des Ortsbeirats und die Bürgermeisterin oder der Bürgermeister. § 35 Abs. 2 Satz 3 und 4 sowie Absatz 3 gilt entsprechend.

§ 47 c
Stellung des Ortsbeirats

(1) Der Ortsbeirat ist über alle wichtigen Angelegenheiten, die den Ortsteil betreffen, zu unterrichten. Die Geschäftsordnung bestimmt die Art der Unterrichtung. Der Ortsbeirat kann in Angelegenheiten, die den Ortsteil betreffen, Anträge an die Gemeindevertretung stellen. Die oder der Vorsitzende des Ortsbeirats kann an der Sitzung eines Ausschusses teilnehmen, wenn der Ausschuss einen Antrag des Ortsbeirats behandelt; der oder dem Vorsitzenden des Ortsbeirats ist auf Wunsch das Wort zu erteilen.

(2) Die Gemeindevertretung kann durch die Hauptsatzung bestimmte Entscheidungen auf den Ortsbeirat übertragen, wenn nicht § 28 entgegensteht; sie kann jedoch dann die Entscheidung auch im Einzelfall jederzeit an sich ziehen. Die Hauptsatzung kann bestimmen, dass die oder der Vorsitzende des Ortsbeirats und deren oder dessen Stellvertreterinnen und -vertreter zu Ehrenbeamtinnen und -beamten ernannt werden. § 52 Abs. 2 und § 53 gelten entsprechend.

(3) Im Übrigen gelten die Vorschriften über die Ausschüsse mit Ausnahme des § 46 Abs. 4, 5, 8 und 10.

§ 47 d
Sonstige Beiräte

(1) Die Gemeinde kann durch Satzung die Bildung von Beiräten für gesellschaftlich bedeutsame Gruppen vorsehen.

(2) Die Satzung bestimmt die Anforderungen an die Mitgliedschaft im Beirat, die Zahl der Beiratsmitglieder, das Wahlverfahren und die Grundzüge der inneren Ordnung.

(3) Die Sitzungen der Beiräte sind öffentlich, soweit durch Satzung nichts anderes geregelt ist. § 46 Abs. 8 Satz 2 gilt entsprechend.

§ 47 e
Stellung der sonstigen Beiräte

(1) Der Beirat ist über alle wichtigen Angelegenheiten, die die von ihm vertretene gesellschaftlich bedeutsame Gruppe betreffen, zu unterrichten. Die Geschäftsordnung der Gemeindevertretung bestimmt die Art der Unterrichtung.

(2) Der Beirat kann in Angelegenheiten, welche die von ihm vertretene gesellschaftlich bedeutsame Gruppe betreffen, Anträge an die Gemeindevertretung und die Ausschüsse stellen. Die oder der Vorsitzende des Beirats oder ein von ihr oder ihm beauftragtes Mitglied des Beirats kann nach dessen Beschlussfassung an den Sitzungen der Gemeindevertretung und der Ausschüsse in Angelegenheiten, die die von ihm vertretene gesellschaftlich bedeutsame Gruppe betreffen, teilnehmen, das Wort verlangen und Anträge stellen.

(3) Der Beirat regelt seine inneren Angelegenheiten, insbesondere den Ablauf der Sitzungen, durch eine Geschäftsordnung, soweit dieses Gesetz und die Satzung (§ 47 d) keine Regelung enthalten.

§ 47 f
Beteiligung von Kindern und Jugendlichen

(1) Die Gemeinde muss bei Planungen und Vorhaben, die die Interessen von Kindern und Jugendlichen berühren, diese in angemessener Weise beteiligen. Hierzu muss die Gemeinde über die Beteiligung der Einwohnerinnen und Einwohner nach den §§ 16 a bis 16 f hinaus geeignete Verfahren entwickeln.

(2) Bei der Durchführung von Planungen und Vorhaben, die die Interessen von Kindern und Jugendlichen berühren, muss die Gemeinde in geeigneter Weise darlegen, wie sie diese Interessen berücksichtigt und die Beteiligung nach Absatz 1 durchgeführt hat.

3. Abschnitt
Leitung der Gemeindeverwaltung

Unterabschnitt 1
Bürgermeisterverfassung

§ 48
Ehrenamtlich und hauptamtlich verwaltete Gemeinden[2]

(1) Amtsangehörige Gemeinden, die nicht die Geschäfte des Amtes führen, oder amtsfreie Gemeinden, deren Verwaltungsgeschäfte von einer anderen Gemeinde oder von einem Amt geführt werden, werden ehrenamtlich verwaltet; die oder der Vorsitzende der Gemeindevertretung ist für die Dauer der Wahlzeit ehrenamtliche Bürgermeisterin oder ehrenamtlicher Bürgermeister. Alle übrigen Gemeinden werden hauptamtlich verwaltet; sie sollen mindestens 8.000 Einwohnerinnen und Einwohner betreuen.

(2) Im Falle des Absatzes 1 Satz 1 kann in Gemeinden über 4 000 Einwohnerinnen und Einwohner die Gemeindevertretung beschließen, dass eine hauptamtliche Bürgermeisterin oder ein hauptamtlicher Bürgermeister gewählt wird. Für ihre oder seine Aufgaben gilt Absatz 3 Satz 2 und 3 entsprechend. Mit Amtsantritt der hauptamtlichen Bürgermeisterin oder des hauptamtlichen Bürgermeisters sind die oder der Vorsitzende der Gemeindevertretung und ihre oder seine Stellvertretenden nach § 33 Abs. 1 und 2 neu zu wählen.

(3) Wird eine hauptamtlich verwaltete Gemeinde in ein Amt eingegliedert ohne dass ihr die Geschäfte des Amtes übertragen werden, bleibt sie abweichend von Absatz 1 bis zum Ausscheiden der Bürgermeisterin oder des Bürgermeisters, längstens bis zum Ablauf ihrer oder seiner Amtszeit, hauptamtlich verwaltet. Die §§ 3 und 4 der Amtsordnung bleiben unberührt. Für die Aufgaben der Bürgermeisterin oder des

---

[2] Beachte auch Art. 6 des Zweiten Verwaltungsstrukturreformgesetzes vom 14.12.2006 (GVOBl. Schl.-H. S. 278), geändert durch Gesetz vom 12.10.2007 (GVOBl. Schl.-H. S. 452), zum möglichen Zusammenschluss von Gemeinden durch Verordnung.

Bürgermeisters gelten in diesen Fällen § 50 Abs. 1 sowie § 55 Abs. 1 Satz 3, Abs. 4 und 6. Die Bürgermeisterin oder der Bürgermeister kann mit Zustimmung der Kommunalaufsichtsbehörde in den einstweiligen Ruhestand versetzt werden. Die Sätze 1, 3 und 4 gelten entsprechend für amtsfreie Gemeinden, die ihre Verwaltungsgeschäfte auf eine andere Gemeinde oder auf ein Amt übertragen.

§ 49
– gestrichen –

A.
Ehrenamtliche Bürgermeisterin, ehrenamtlicher Bürgermeister

§ 50
Aufgaben

(1) Die Bürgermeisterin oder der Bürgermeister bereitet die Beschlüsse der Gemeindevertretung vor und ist für die sachliche Erledigung der Aufgaben verantwortlich.

(2) Die Bürgermeisterin oder der Bürgermeister führt die Aufgaben durch, die der Gemeinde zur Erfüllung nach Weisung übertragen sind und nach den Vorschriften der Amtsordnung nicht vom Amt wahrgenommen werden und ist dafür der Aufsichtsbehörde verantwortlich. Soweit die Bürgermeisterin oder der Bürgermeister bei der Durchführung dieser Aufgaben nach Ermessen handeln kann, kann sie oder er sich von den Ausschüssen der Gemeindevertretung beraten lassen.

(3) Dringende Maßnahmen, die sofort ausgeführt werden müssen, ordnet die Bürgermeisterin oder der Bürgermeister für die Gemeindevertretung und für die Ausschüsse an. Sie oder er darf diese Befugnis nicht übertragen. Die Gründe für die Eilentscheidung und die Art der Erledigung sind der Gemeindevertretung oder dem Ausschuss unverzüglich mitzuteilen. Die Gemeindevertretung oder der Ausschuss kann die Eilentscheidung aufheben, soweit nicht bereits Rechte Dritter entstanden sind.

(4) Sofern die Gemeinde Beschäftigte hat, ist die Bürgermeisterin oder der Bürgermeister deren Dienstvorgesetzte oder Dienstvorgesetzter. Die Gemeindevertretung beschließt über die Einstellung der Beschäftigten; sie kann die Entscheidung übertragen. Die Bürgermeisterin oder der Bürgermeister kann Beschäftigte mit der Wahrnehmung bestimmter Angelegenheiten beauftragen.

(5) Bei amtsfreien Gemeinden leitet die Bürgermeisterin oder der Bürgermeister außerdem die Verwaltung der Gemeinde nach den Grundsätzen und Richtlinien der Gemeindevertretung und im Rahmen der von ihr bereitgestellten Mittel. Sie oder er führt die Beschlüsse der Gemeindevertretung durch und ist für den Geschäftsgang der Verwaltung verantwortlich.

(6) Die Bürgermeisterin oder der Bürgermeister wird für die Dauer der Wahlzeit zur Ehrenbeamtin oder zum Ehrenbeamten ernannt.

§ 51
Gesetzliche Vertretung

(1) Die Bürgermeisterin oder der Bürgermeister ist gesetzliche Vertreterin oder gesetzlicher Vertreter der Gemeinde.

(2) Erklärungen, durch die die Gemeinde verpflichtet werden soll, bedürfen der Schriftform. Sie sind von der Bürgermeisterin oder vom Bürgermeister, für deren oder dessen Vertretung § 52 a Abs. 1 gilt, handschriftlich zu unterzeichnen.

(3) Wird für ein Geschäft oder für einen Kreis von Geschäften eine Bevollmächtigte oder ein Bevollmächtigter bestellt, so bedarf die Vollmacht der Form des Absatzes 2. Die im Rahmen dieser Vollmacht abgegebenen Erklärungen bedürfen der Schriftform.

(4) Die Absätze 2 und 3 gelten nicht, wenn der Wert der Leistung der Gemeinde einen in der Hauptsatzung bestimmten Betrag nicht übersteigt.

§ 52
Wahl

(1) Bei der Wahl der Bürgermeisterin oder des Bürgermeisters steht den Fraktionen ein Vorschlagsrecht nach § 33 Abs. 2 nicht zu. Die Wahl bedarf der Mehrheit von mehr als der Hälfte der gesetzlichen Zahl der Gemeindevertreterinnen und -vertreter. Wird diese Mehrheit nicht erreicht, so wird über dieselben vorgeschlagenen Personen erneut abgestimmt. Wenn sich nur eine Person bewirbt, wird über diese erneut abgestimmt. Erhält sie nicht die Stimmen von mehr als der Hälfte der gesetzlichen Zahl der Gemeindevertreterinnen und -vertreter, ist die Wahl in einer späteren Sitzung zu wiederholen. Werden mehrere Personen vorgeschlagen und erhält keine davon die erforderliche Mehrheit, so findet eine Stichwahl zwischen zweien statt, bei der die Person gewählt ist, die die meisten Stimmen erhält. Die vorgeschlagenen Personen nehmen an der Stichwahl in der Reihenfolge ihrer Stimmenzahlen teil. Bei gleicher Stimmenzahl entscheidet beim ersten Zusammentritt in einer neuen Wahlzeit das vom ältesten Mitglied der Gemeindevertretung, im Übrigen das von der Stellvertreterin oder dem Stellvertreter der Bürgermeisterin oder des Bürgermeisters zu ziehende Los über die Teilnahme an der Stichwahl. Führt auch die Stichwahl zu keinem Ergebnis, so entscheidet das Los entsprechend Satz 2.

(2) Wird die Gemeindevertretung neu gewählt, so bleibt die Bürgermeisterin oder der Bürgermeister bis zum Amtsantritt der Nachfolgerin oder des Nachfolgers im Amt.

§ 52 a
Stellvertretung

(1) Während der Dauer ihrer Wahlzeit sind die nach § 33 Abs. 3 zu wählenden Stellvertretenden der oder des Vorsitzenden der Gemeindevertretung gleichzeitig Stellvertretende der Bürgermeisterin oder des Bürgermeisters. Sie vertreten die Bürgermeisterin oder den Bürgermeister im Fall der Verhinderung in der Reihenfolge ihrer Wahl. § 33 Abs. 1 Satz 5 gilt entsprechend.

(2) Die Stellvertretenden werden für die Dauer ihrer Wahlzeit zu Ehrenbeamtinnen oder -beamten ernannt. Wird die Gemeindevertretung neu gewählt, bleiben sie bis zum Amtsantritt ihrer Nachfolgerinnen oder Nachfolger, längstens für die Dauer von drei Monaten seit dem Zusammentritt der neu gewählten Gemeindevertretung, im Amt.

(3) Die Bürgermeisterin oder der Bürgermeister darf mit den Stellvertretenden nicht in der Weise des § 22 Abs. 1 verbunden sein. Entsteht ein Behinderungsgrund während der Amtszeit, so scheidet die oder der Stellvertretende aus.

§ 53
Vereidigung

(1) Die Bürgermeisterin oder der Bürgermeister wird von dem ältesten Mitglied der Gemeindevertretung, die Stellvertretenden werden von der Bürgermeisterin oder dem Bürgermeister in öffentlicher Sitzung der Gemeindevertretung vereidigt und in ihr Amt eingeführt. Sie leisten den Beamteneid.

(2) Scheidet die Bürgermeisterin oder der Bürgermeister vor Ablauf der Wahlzeit aus, nimmt die Stellvertreterin oder der Stellvertreter die Vereidigung und Amtseinführung der Nachfolgerin oder des Nachfolgers vor.

§ 54
Gemeindeversammlung

In Gemeinden bis zu 70 Einwohnerinnen und Einwohnern tritt an die Stelle der Gemeindevertretung die aus den Bürgerinnen und Bürgern der Gemeinde bestehende Gemeindeversammlung. Den Vorsitz hat die Bürgermeisterin oder der Bürgermeister.

B.
Hauptamtliche Bürgermeisterin, hauptamtlicher Bürgermeister

§ 55
Aufgaben

(1) Die Bürgermeisterin oder der Bürgermeister leitet die Verwaltung der Gemeinde in eigener Zuständigkeit nach

den Zielen und Grundsätzen der Gemeindevertretung und im Rahmen der von ihr bereitgestellten Mittel. Sie oder er ist für die sachliche und wirtschaftliche Erledigung der Aufgaben, die Organisation und den Geschäftsgang der Verwaltung sowie für die Geschäfte der laufenden Verwaltung verantwortlich. Sie oder er ist oberste Dienstbehörde und Dienstvorgesetzte oder Dienstvorgesetzter der Beschäftigten der Gemeinde. Zu ihren oder seinen Aufgaben gehört es insbesondere,

1. die Gesetze auszuführen,
2. die Beschlüsse der Gemeindevertretung und der Ausschüsse vorzubereiten und auszuführen und über die Ausführung der Beschlüsse dem Hauptausschuss regelmäßig zu berichten,
3. die Entscheidungen zu treffen, die die Gemeindevertretung ihr oder ihm übertragen hat; die Bürgermeisterin oder der Bürgermeister kann diese Entscheidungen Beschäftigten übertragen, soweit die Gemeindevertretung die Übertragung nicht ausdrücklich ausgeschlossen hat,
4. im Rahmen des von der Gemeindevertretung beschlossenen Stellenplans und der nach § 28 Satz 1 Nr. 12 festgelegten allgemeinen Grundsätze die Beamten-, arbeits- und tarifrechtlichen Entscheidungen für alle Beschäftigten der Gemeinde zu treffen. Personalentscheidungen für Inhaberinnen oder Inhaber von Stellen, die der Bürgermeisterin oder dem Bürgermeister unmittelbar unterstellt sind und Leitungsaufgaben erfüllen, werden auf Vorschlag der Bürgermeisterin oder des Bürgermeisters von der Gemeindevertretung oder vom Hauptausschuss getroffen. Die Zuständigkeit wird durch die Hauptsatzung bestimmt.

(2) Die Bürgermeisterin oder der Bürgermeister gliedert die Verwaltung in Sachgebiete und weist diese den ihr oder ihm unterstellten Beschäftigten zu; sie oder er kann auch selbst ein Sachgebiet übernehmen.

(3) Die Bürgermeisterin oder der Bürgermeister legt ihren oder seinen Vorschlag zur Verwaltungsgliederung und Vorschläge zur Änderung der Verwaltungsgliederung der Gemeindevertretung vor. Diese kann dem Vorschlag widersprechen. Der Beschluss bedarf der Mehrheit von zwei Dritteln der gesetzlichen Zahl der Gemeindevertreterinnen und -vertreter. Widerspricht die Gemeindevertretung dem Vorschlag der Bürgermeisterin oder des Bürgermeisters, so hat diese oder dieser der Gemeindevertretung einen neuen Vorschlag vorzulegen.

(4) Dringende Maßnahmen, die sofort ausgeführt werden müssen, ordnet die Bürgermeisterin oder der Bürgermeister für die Gemeindevertretung und für die Ausschüsse an. Sie oder er darf diese Befugnis nicht übertragen. Die Gründe für die Eilentscheidung und die Art der Erledigung sind der Gemeindevertretung oder dem Ausschuss unverzüglich mitzuteilen. Die Gemeindevertretung oder der Ausschuss kann die Eilentscheidung aufheben, soweit nicht bereits Rechte Dritter entstanden sind.

(5) Die Bürgermeisterin oder der Bürgermeister führt die Aufgaben durch, die der Gemeinde zur Erfüllung nach Weisung übertragen sind und ist dafür der Aufsichtsbehörde verantwortlich. Soweit die Bürgermeisterin oder der Bürgermeister bei der Durchführung dieser Aufgaben nach Ermessen handeln kann, kann sie oder er sich von den Ausschüssen der Gemeindevertretung beraten lassen.

(6) Für die Bürgermeisterin oder den Bürgermeister gilt § 25 entsprechend.

§ 56
Gesetzliche Vertretung

(1) Die Bürgermeisterin oder der Bürgermeister ist gesetzliche Vertreterin oder gesetzlicher Vertreter der Gemeinde.

(2) Erklärungen, durch die die Gemeinde verpflichtet werden soll, bedürfen der Schriftform. Sie sind von der Bürgermeisterin oder vom Bürgermeister, für deren oder dessen Vertretung § 57 e Abs. 1 und 2 gilt, handschriftlich zu unterzeichnen.

(3) Wird für ein Geschäft oder für einen Kreis von Geschäften eine Bevollmächtigte oder ein Bevollmächtigter bestellt, so bedarf die Vollmacht der Form des Absatzes 2. Die im Rahmen dieser Vollmacht abgegebenen Erklärungen bedürfen der Schriftform.

(4) Die Absätze 2 und 3 gelten nicht, wenn der Wert der Leistung der Gemeinde einen in der Hauptsatzung bestimmten Betrag nicht übersteigt.

§ 57
Wahlgrundsätze, Amtszeit

(1) Die Bürgermeisterin oder der Bürgermeister wird von den Bürgerinnen und Bürgern in allgemeiner, unmittelbarer, freier, gleicher und geheimer Wahl und nach den Grundsätzen der Mehrheitswahl gewählt.

(2) Die Wahl erfolgt durch die Gemeindevertretung, wenn

1. zur Wahl keine Bewerberin oder kein Bewerber zugelassen wird oder
2. die einzige zugelassene Bewerberin oder der einzige zugelassene Bewerber bei der Wahl nicht die erforderliche Mehrheit erhält.

(3) Wählbar zur Bürgermeisterin oder zum Bürgermeister ist, wer

1. die Wählbarkeit zum Deutschen Bundestag besitzt; wählbar ist auch, wer die Staatsangehörigkeit eines übrigen Mitgliedstaates der Europäischen Union besitzt,
2. am Wahltag das 18. Lebensjahr vollendet hat.

(4) Die Amtszeit der Bürgermeisterin oder des Bürgermeisters beträgt nach näherer Regelung in der Hauptsatzung mindestens sechs und höchstens acht Jahre. Sie beginnt mit dem Amtsantritt.

§ 57 a
Zeitpunkt der Wahl, Stellenausschreibung

(1) Wird die Wahl der Bürgermeisterin oder des Bürgermeisters wegen Ablaufs der Amtszeit oder wegen Eintritts in den Ruhestand notwendig, ist sie frühestens acht Monate und spätestens ein Monat vor Freiwerden der Stelle durchzuführen. Dies gilt auch, wenn das Freiwerden der Stelle aus anderen Gründen so rechtzeitig feststeht, dass die Wahl innerhalb der Frist nach Satz 1 durchgeführt werden kann. In allen anderen Fällen erfolgt die Wahl spätestens sechs Monate nach Freiwerden der Stelle.

(2) Das Ministerium für Inneres, ländliche Räume und Integration kann eine Gemeinde auf Antrag von der Verpflichtung zur Durchführung der Wahl frei stellen, wenn die Funktion der hauptamtlichen Bürgermeisterin oder des hauptamtlichen Bürgermeisters voraussichtlich entfallen wird.

§ 57 b
Wahlverfahren

Die Einzelheiten des Wahlverfahrens regelt das Gemeinde- und Kreiswahlgesetz.

§ 57 c
Ernennung, Weiterführung des Amtes

(1) Die gewählte Bürgermeisterin oder der gewählte Bürgermeister wird zur Beamtin oder zum Beamten auf Zeit ernannt.

(2) Die Bürgermeisterin oder der Bürgermeister ist bei Ablauf der ersten Amtszeit verpflichtet,

1. ihre oder seine schriftliche Zustimmung nach § 51 Abs. 2 Satz 6 des Gemeinde- und Kreiswahlgesetzes zur Aufnahme in einen zum Zwecke der Wiederwahl einzureichenden Wahlvorschlag nach § 51 Abs. 1 Nr. 1 des Gemeinde- und Kreiswahlgesetzes zu erteilen, wenn der oder die Träger des Wahlvorschlags in der Gemeindevertretung mit mindestens einem Drittel der gesetzlichen Zahl der Gemeindevertreterinnen und Gemeindevertreter repräsentiert sind, und
2. im Fall der Wiederwahl ihr oder sein Amt weiterzuführen, wenn sie oder er unter mindestens gleich günstigen Bedingungen für wenigstens die gleiche Zeit wiederernannt werden soll.

Bei Verweigerung der Zustimmung nach Nummer 1 oder einer Weigerung, das Amt weiterzuführen, ist die Bürgermeisterin oder der Bürgermeister nach § 7 Abs. 2 Satz 2 des Landesbeamtengesetzes mit Ablauf der Amtszeit zu entlassen. Die Sätze 1 und 2 gelten nicht, wenn die Bürgermeisterin oder der Bürgermeister bei Ablauf der ersten Amtszeit das 68. Lebensjahr vollendet hat.[3]

(3) Bei einer Wiederwahl ist eine neue Ernennungsurkunde auszuhändigen; danach ist der Diensteid zu leisten.

§ 57 d
Abwahl

(1) Die Bürgermeisterin oder der Bürgermeister kann vor Ablauf der Amtszeit von den Bürgerinnen und Bürgern abgewählt werden. Zur Einleitung des Abwahlverfahrens bedarf es
1. eines Beschlusses der Gemeindevertretung mit einer Mehrheit von mindestens zwei Dritteln der gesetzlichen Zahl der Mitglieder oder
2. eines Antrags der Wahlberechtigten, der von mindestens 20 % der Wahlberechtigten unterzeichnet sein muss.

(2) Die Abwahl bedarf einer Mehrheit der gültigen Stimmen, die mindestens 20 % der Zahl der Wahlberechtigten betragen muss. Für die Durchführung des Abwahlverfahrens sind die Vorschriften über den Bürgerentscheid sinngemäß anzuwenden. Nach Einleitung eines Abwahlverfahrens kann die Gemeindevertretung beschließen, dass die Bürgermeisterin oder der Bürgermeister ihre oder seine Dienstgeschäfte bis zur Veröffentlichung des Abstimmungsergebnisses durch die Abstimmungsleiterin oder den Abstimmungsleiter nicht führen darf. Der Beschluss bedarf der Mehrheit von zwei Dritteln der gesetzlichen Zahl der Gemeindevertreterinnen und -vertreter.

(3) Die Bürgermeisterin oder der Bürgermeister scheidet mit Ablauf des Tages, an dem der Abstimmungsausschuss die Abwahl feststellt, aus dem Amt und tritt in den einstweiligen Ruhestand.

(4) Wurde die Bürgermeisterin oder der Bürgermeister nach § 57 Abs. 2 durch die Gemeindevertretung gewählt, kann eine Abwahl auch durch die Gemeindevertretung erfolgen.

§ 57 e
Stellvertretung

(1) Die Gemeindevertretung wählt aus ihrer Mitte für die Dauer der Wahlzeit bis zu drei Stellvertretende der Bürgermeisterin oder des Bürgermeisters; für die Wahl gilt § 33 Abs. 2 entsprechend. Die Stellvertretenden vertreten die Bürgermeisterin oder den Bürgermeister im Fall der Verhinderung in der Reihenfolge ihrer Wahl. Ein Ausscheiden der Bürgermeisterin oder des Bürgermeisters oder einer oder eines Stellvertretenden gilt bis zum Beginn der Amtszeit der Nachfolgerin oder des Nachfolgers als Verhinderung.

(2) Die oder der Vorsitzende der Gemeindevertretung und deren oder dessen Stellvertretende verlieren ihr Amt, wenn sie die Wahl zu Stellvertretenden der Bürgermeisterin oder des Bürgermeisters annehmen. Das gleiche gilt für die Stellvertretenden der Bürgermeisterin oder des Bürgermeisters, wenn sie die Wahl zur oder zum Vorsitzenden der Gemeindevertretung oder zu deren oder dessen Stellvertretenden annehmen.

(3) Die Stellvertretenden werden für die Dauer ihrer Wahlzeit zu Ehrenbeamtinnen oder -beamten ernannt. Wird die Gemeindevertretung neu gewählt, bleiben sie bis zum Amtsantritt ihrer Nachfolgerinnen oder Nachfolger, längstens für die Dauer von drei Monaten seit dem Zusammentritt der neu gewählten Gemeindevertretung, im Amt.

(4) Die Bürgermeisterin oder der Bürgermeister darf mit den Stellvertretenden nicht in der Weise des § 22 Abs. 1 verbunden sein. Entsteht ein Behinderungsgrund während der Amtszeit, so scheidet die oder der Stellvertretende aus.

§ 58
Vereidigung

Die Bürgermeisterin oder der Bürgermeister und die stellvertretenden werden vor ihrem Amtsantritt von der oder dem Vorsitzenden der Gemeindevertretung in öffentlicher Sitzung vereidigt. Sie leisten den Beamteneid.

Unterabschnitt 2
Städte

§ 59
Stadtrecht

(1) Städte sind Gemeinden mit Stadtrecht, denen nach bisherigem Recht die Bezeichnung Stadt zustand oder denen die Landesregierung das Stadtrecht verleiht.

(2) Die Landesregierung kann einer Gemeinde auf Antrag das Stadtrecht verleihen, wenn die Gemeinde
1. mindestens 10 000 Einwohnerinnen und Einwohner hat,
2. mindestens Unterzentrum oder Stadtrandkern ist und
3. nach Struktur, Siedlungsform und anderen, die soziale und kulturelle Eigenart der örtlichen Gemeinschaft bestimmenden Merkmalen städtisches Gepräge aufweist.

(3) Die Landesregierung kann einer Gemeinde mit ihrem Einverständnis das Stadtrecht entziehen, wenn die Voraussetzungen nach Absatz 2 nicht oder nicht mehr vorliegen.

(4) Die Hauptsatzung kann in Städten für den Hauptausschuss und für dessen Mitglieder besondere Bezeichnungen vorsehen.

§ 60
Ehrenamtlich und hauptamtlich verwaltete Städte

Für die Verwaltung von Städten gilt § 48 entsprechend. Für ehrenamtlich verwaltete Städte gelten § 33 Abs. 3 Satz 2 und die §§ 50 bis 53 entsprechend.

§ 60 a
Große kreisangehörige Städte

(1) Kreisangehörige Städte über 50 000 Einwohnerinnen und Einwohner sind Große kreisangehörige Städte.

(2) Die Große kreisangehörige Stadt hat gegenüber dem Kreis einen Anspruch auf Übertragung folgender Aufgaben der unteren Naturschutzbehörde:
1. Mitwirkung als Träger öffentlicher Belange bei der Aufstellung von Landschaftsprogrammen,
2. im baurechtlichen Innenbereich die Ausweisung von Landschaftsschutzgebieten, Naturdenkmalen und geschützten Landschaftsbestandteilen und deren einstweilige Sicherstellung,
3. im baurechtlichen Innenbereich die Genehmigung von nicht unter den Vorhabenbegriff des § 29 BauGB fallenden Eingriffen in Natur und Landschaft einschließlich entsprechender Aufschüttungen und Abgrabungen sowie die Festlegung der jeweiligen Kompensation nach Maßgabe des § 15 des Bundesnaturschutzgesetzes (BNatSchG) vom 29. Juli 2009 (BGBl. I S. 2542), zuletzt geändert durch Artikel 5 des Gesetzes vom 6. Februar 2012 (BGBl. I S. 148), in Verbindung mit § 9 des Landesnaturschutzgesetzes (LNatSchG) vom 24. Februar 2010 (GVOBl. Schl.-H. S. 301, ber. S. 486), zuletzt geändert durch Artikel 2 des Gesetzes vom 13. Juli 2011 (GVOBl. Schl.-H. S. 225),
4. Einzelanordnungen zum Schutz bestimmter Landschaftsbestandteile,
5. Anerkennung von Naturerlebnisräumen, soweit die Zustimmung der obersten Naturschutzbehörde vorliegt.

Die Große kreisangehörige Stadt hat die professionelle Aufgabenerledigung durch spezialisiertes und geschultes Fachpersonal sicherzustellen. Die Übertragung der Aufgaben erfolgt durch öffentlich-rechtlichen Vertrag in entsprechender Anwendung des § 18 des Gesetzes über kommunale Zusammenarbeit; der Vertrag hat eine Kostenregelung vorzusehen und hat darzulegen, dass die wirtschaftliche und professionelle Erledigung der Aufgaben durch die Große kreisangehörige Stadt sichergestellt ist. Die Beteiligten können die Übertragung weiterer Aufgaben vereinbaren.

---

[3] Übergangsregelung gemäß Art. 5 Abs. 2 Satz 2 des Gesetzes vom 5.5.2015 (GVOBl. Schl.-H. S. 105): Für hauptamtliche Wahlbeamtinnen und Wahlbeamte der kommunalen Körperschaften, die in der Amtszeit, die an die am 29.5.2015 laufende Amtszeit anschließt, das 68. Lebensjahr vollenden, entfällt die Verpflichtung, im Fall der Wiederwahl das Amt weiterzuführen.

(3) § 47 Abs. 1 Satz 2 bis 4 des Jugendförderungsgesetzes vom 5. Februar 1992 (GVOBl. Schl.-H. S. 158, ber. S. 226), zuletzt geändert durch Artikel 5 des Gesetzes vom 24. September 2009 (GVOBl. Schl.-H. S. 633), Ressortbezeichnungen zuletzt ersetzt durch Artikel 62 und 63 Verordnung vom 8. September 2010 (GVOBl. Schl.-H. S. 575), bleibt unberührt.

(4) Kommt eine einvernehmliche Kostenregelung nicht zustande, entscheidet eine von den Beteiligten gemeinsam beauftragte Gutachterin oder ein von den Beteiligten gemeinsam beauftragter Gutachter über diese Frage. Die Entscheidung der Gutachterin oder des Gutachters ist für die Beteiligten bindend. Die Kosten für die Gutachterin oder den Gutachter sind von den Beteiligten zu gleichen Teilen zu tragen. Können sich die Beteiligten nicht auf eine Gutachterin oder einen Gutachter verständigen, benennt das Ministerium für Inneres, ländliche Räume und Integration eine Gutachterin oder einen Gutachter, die oder der von den Beteiligten gemeinsam zu beauftragen ist.

(5) Erweist sich, dass die Erledigung der in Absatz 2 genannten Aufgaben durch die Große kreisangehörige Stadt nicht mindestens ebenso wirtschaftlich ist wie die Erledigung durch den Kreis, kann der Kreis die Aufhebung der Übertragungsvereinbarung verlangen.

§ 61
Wahl, Rechtsstellung und Abwahl
der Bürgermeisterin oder des Bürgermeisters

(1) Für die hauptamtliche Bürgermeisterin oder den hauptamtlichen Bürgermeister gelten die §§ 25 und 57 bis 57 d entsprechend.

(2) In kreisfreien und in Großen kreisangehörigen Städten kann die Hauptsatzung die Amtsbezeichnung „Oberbürgermeisterin" für die Bürgermeisterin oder „Oberbürgermeister" für den Bürgermeister vorsehen.

§ 62
Stellvertretung der Bürgermeisterin
oder des Bürgermeisters

(1) In Städten, deren Verwaltung von einer hauptamtlichen Bürgermeisterin oder einem hauptamtlichen Bürgermeister geleitet wird, wählt die Stadtvertretung bis zu drei Stellvertretende der Bürgermeisterin oder des Bürgermeisters. Die Stellvertretenden vertreten die Bürgermeisterin oder den Bürgermeister im Fall der Verhinderung in der Reihenfolge ihrer Wahl. Ein Ausscheiden der Bürgermeisterin oder des Bürgermeisters oder einer oder eines Stellvertretenden gilt bis zum Beginn der Amtszeit der Nachfolgerin oder des Nachfolgers als Verhinderung.

(2) Die erste Stellvertreterin oder der erste Stellvertreter der Bürgermeisterin oder des Bürgermeisters führt die Amtsbezeichnung Erste Stadträtin oder Erster Stadtrat. Die Hauptsatzung kann eine andere Amtsbezeichnung vorsehen. Die Amtsbezeichnung „Bürgermeisterin" oder „Bürgermeister" ist nur in kreisfreien und in Großen kreisangehörigen Städten zulässig.

(3) Zu Stellvertretenden der Bürgermeisterin oder des Bürgermeisters sind Stadträtinnen oder Stadträte für die Dauer ihrer Amtszeit zu wählen. Für die Wahl gilt § 39 Abs. 1 entsprechend. Sind Stadträtinnen oder Stadträte nicht vorhanden oder übersteigt die Zahl der Stellvertretenden die der Stadträtinnen und Stadträte, wählt die Stadtvertretung die Stellvertretenden oder die weiteren Stellvertretenden aus ihrer Mitte für die Dauer der Wahlzeit nach § 33 Abs. 2; § 57 Abs. 2 bis 4 gilt entsprechend.

§ 63
Vereidigung

Die hauptamtliche Bürgermeisterin oder der hauptamtliche Bürgermeister und ihre oder seine Stellvertretenden werden vor ihrem Amtsantritt von der oder dem Vorsitzenden der Stadtvertretung in öffentlicher Sitzung vereidigt. Sie leisten den Beamteneid.

§ 64
Gesetzliche Vertretung

(1) Die hauptamtliche Bürgermeisterin oder der hauptamtliche Bürgermeister ist gesetzliche Vertreterin oder gesetzlicher Vertreter der Stadt.

(2) Erklärungen, durch die die Stadt verpflichtet werden soll, bedürfen der Schriftform. Sie sind von der Bürgermeisterin oder dem Bürgermeister, für deren oder dessen Vertretung § 62 gilt, handschriftlich zu unterzeichnen.

(3) § 56 Abs. 3 und 4 gilt entsprechend.

§ 65
Aufgaben der Bürgermeisterin
oder des Bürgermeisters

(1) Die Bürgermeisterin oder der Bürgermeister leitet die Verwaltung der Stadt in eigener Zuständigkeit nach den Zielen und Grundsätzen der Stadtvertretung und im Rahmen der von ihr bereitgestellten Mittel. Sie oder er ist für die sachliche und wirtschaftliche Erledigung der Aufgaben, die Organisation und den Geschäftsgang der Verwaltung sowie für die Geschäfte der laufenden Verwaltung verantwortlich. Sie oder er ist oberste Dienstbehörde und Dienstvorgesetzte oder Dienstvorgesetzter der Beschäftigten der Stadt. Zu ihren oder seinen Aufgaben gehört es insbesondere,

1. die Gesetze auszuführen,
2. die Beschlüsse der Stadtvertretung und der Ausschüsse vorzubereiten und auszuführen und über die Ausführung der Beschlüsse dem Hauptausschuss regelmäßig zu berichten,
3. die Entscheidungen zu treffen, die die Stadtvertretung ihr oder ihm übertragen hat; die Bürgermeisterin oder der Bürgermeister kann diese Entscheidungen Beschäftigten übertragen, soweit die Stadtvertretung die Übertragung nicht ausdrücklich ausgeschlossen hat,
4. im Rahmen des von der Stadtvertretung beschlossenen Stellenplans und der nach § 28 Satz 1 Nr. 12 festgelegten allgemeinen Grundsätze die beamten-, arbeits- und tarifrechtlichen Entscheidungen für alle Beschäftigten der Gemeinde zu treffen. Personalentscheidungen für Inhaberinnen oder Inhaber von Stellen, die der Bürgermeisterin oder dem Bürgermeister oder einer Stadträtin oder einem Stadtrat unmittelbar unterstellt sind und Leitungsaufgaben erfüllen, werden auf Vorschlag der Bürgermeisterin oder des Bürgermeisters von der Stadtvertretung oder vom Hauptausschuss getroffen. Die Zuständigkeit wird durch die Hauptsatzung bestimmt.

(2) Die Bürgermeisterin oder der Bürgermeister gliedert die Verwaltung in Sachgebiete und weist den Stadträtinnen und Stadträten Sachgebiete zu. Diese sollen so bemessen sein, dass sie untereinander ausgewogen sind. Die Bürgermeisterin oder der Bürgermeister kann daneben auch andere Beschäftigte mit der Wahrnehmung bestimmter Sachgebiete beauftragen oder selbst ein Sachgebiet übernehmen. Die anderen Beschäftigten übertragenen Sachgebiete dürfen hinsichtlich ihrer Gewichtung die Sachgebiete der Stadträtinnen und Stadträte nicht überschreiten.

(3) Die Bürgermeisterin oder der Bürgermeister legt ihren oder seinen Vorschlag zur Verwaltungsgliederung und Sachgebietszuweisung an die Stadträtinnen und Stadträte sowie Vorschläge zur Änderung der Verwaltungsgliederung und/oder der Sachgebietszuweisung an die Stadträtinnen und Stadträte der Stadtvertretung vor. Diese kann dem Vorschlag widersprechen. Der Beschluss bedarf der Mehrheit von zwei Dritteln der gesetzlichen Zahl der Stadtvertreterinnen und -vertreter. Widerspricht die Stadtvertretung dem Vorschlag der Bürgermeisterin oder des Bürgermeisters, so hat diese oder dieser der Stadtvertretung einen neuen Vorschlag vorzulegen. Soweit Stadträtinnen oder Stadträte nicht vorhanden sind, gilt § 55 Abs. 2 und 3 entsprechend.

(4) Dringende Maßnahmen, die sofort ausgeführt werden müssen, ordnet die Bürgermeisterin oder der Bürgermeister für die Stadtvertretung und für die Ausschüsse an. Sie oder er darf diese Befugnis nicht übertragen. Die Gründe für die Eilentscheidung und die Art der Erledigung sind der Stadtvertretung oder dem Ausschuss unverzüglich mitzuteilen. Die Stadtvertretung oder der Ausschuss kann die Eilentscheidung aufheben, soweit nicht bereits Rechte Dritter entstanden sind.

(5) Die Bürgermeisterin oder der Bürgermeister führt die Aufgaben durch, die der Stadt zur Erfüllung nach Weisung übertragen sind. Sie oder er ist dafür der Aufsichtsbehörde verantwortlich. Soweit die Bürgermeisterin oder der Bürgermeister bei der Durchführung dieser Aufgaben nach Ermessen handeln kann, kann sie oder er sich von den Ausschüssen der Stadtvertretung beraten lassen.

(6) Für die Bürgermeisterin oder den Bürgermeister gilt § 25 entsprechend.

§ 66
Stadträtinnen und Stadträte

(1) Die Einstellung von Stadträtinnen und Stadträten ist nur in Städten über 20 000 Einwohnerinnen und Einwohner zulässig. Ihre Zahl beträgt nach näherer Regelung in der Hauptsatzung

in kreisangehörigen Städten
bis 40 000 Einwohnerinnen und Einwohner
höchstens 1,

in kreisangehörigen Städten
bis 60 000 Einwohnerinnen und Einwohner
höchstens 2,

in kreisangehörigen Städten
über 60 000 Einwohnerinnen und Einwohner
höchstens 3,

in kreisfreien Städten
höchstens 5.

(2) Die Hauptsatzung kann für die Stadträtinnen und Stadträte andere Amtsbezeichnungen vorsehen.

§ 67
Wahl, Rechtsstellung
der Stadträtinnen und Stadträte

(1) Die Stadtvertretung wählt die Stadträtinnen und Stadträte. Das Vorschlagsrecht steht der Bürgermeisterin oder dem Bürgermeister, den Fraktionen und den einzelnen Mitgliedern der Stadtvertretung zu. Die Amtszeit beträgt nach näherer Regelung in der Hauptsatzung mindestens sechs und höchstens acht Jahre.

(2) Zur Stadträtin oder zum Stadtrat kann nur gewählt werden, wer die für dieses Amt erforderliche Eignung, Befähigung und Sachkunde besitzt.

(3) Vor der Wahl ist die Stelle öffentlich auszuschreiben; davon kann bei einer Wiederwahl durch Beschluss mit der Mehrheit von mehr als der Hälfte der gesetzlichen Zahl der Stadtvertreterinnen und -vertreter, im Übrigen nur mit Genehmigung der Kommunalaufsichtsbehörde abgesehen werden. Die Wahl oder Wiederwahl ist frühestens sechs Monate vor Ablauf der Amtszeit der Amtsinhaberin oder des Amtsinhabers zulässig.

(4) Stadträtinnen und Stadträte sind zu Beamtinnen oder Beamten auf Zeit zu ernennen. Sie sind im Fall der Wiederwahl verpflichtet, das Amt weiterzuführen, wenn sie unter mindestens gleich günstigen Bedingungen für wenigstens die gleiche Zeit wiederernannt werden sollen. Bei einer Weigerung, das Amt weiterzuführen, ist die Stadträtin oder der Stadtrat nach § 7 Abs. 2 Satz 2 des Landesbeamtengesetzes zu entlassen. Die Sätze 2 und 3 gelten nicht, wenn die Stadträtin oder der Stadtrat bei Ablauf der Amtszeit das 68. Lebensjahr vollendet hat.[4] Bei einer Wiederwahl ist eine neue Ernennungsurkunde auszuhändigen; danach ist der Diensteid zu leisten.

(5) Die Stadträtinnen und Stadträte leiten das ihnen zugewiesene Sachgebiet nach den Weisungen der Bürgermeisterin oder des Bürgermeisters.

(6) Für die Stadträtinnen und Stadträte gilt § 25 entsprechend.

---

[4] *Übergangsregelung gemäß Art. 5 Abs. 2 Satz 2 des Gesetzes vom 5.5.2015 (GVOBl. Schl.-H. S. 105): Für hauptamtliche Wahlbeamtinnen und Wahlbeamte der kommunalen Körperschaften, die in der Amtszeit, die an die am 29.5.2015 laufende Amtszeit anschließt, das 68. Lebensjahr vollenden, entfällt die Verpflichtung, im Fall der Wiederwahl das Amt weiterzuführen.*

§§ 68 bis 74
– entfallen –

Sechster Teil
Gemeindewirtschaft

1. Abschnitt
Haushaltswirtschaft

§ 75
Allgemeine Haushaltsgrundsätze

(1) Die Gemeinde hat ihre Haushaltswirtschaft so zu planen und zu führen, dass die stetige Erfüllung ihrer Aufgaben gesichert ist. Dabei ist den Erfordernissen des gesamtwirtschaftlichen Gleichgewichts sowie Empfehlungen des Stabilitätsrates gemäß § 51 Absatz 1 des Haushaltsgrundsätzegesetzes vom 19. August 1969 (BGBl. I S. 1273), zuletzt geändert durch Gesetz vom 14. August 2017 (BGBl. I S. 3122), Rechnung zu tragen.

(2) Die Haushaltswirtschaft ist nach den Grundsätzen der Wirtschaftlichkeit und Sparsamkeit zu führen. Dabei hat die Gemeinde finanzielle Risiken zu minimieren. Spekulative Finanzgeschäfte sind verboten.

(3) Der Haushalt soll in jedem Haushaltsjahr ausgeglichen sein.

(4) Die Haushaltswirtschaft ist nach den Grundsätzen der doppelten Buchführung zu führen.[5]

§ 76
Grundsätze der Finanzmittelbeschaffung

(1) Die Gemeinde erhebt Abgaben nach den gesetzlichen Vorschriften.

(2) Sie hat die zur Erfüllung ihrer Aufgaben erforderlichen Finanzmittel

1. aus Entgelten für ihre Leistungen,
2. im Übrigen aus Steuern

zu beschaffen, soweit die sonstigen Finanzmittel nicht ausreichen. Eine Rechtspflicht zur Erhebung von Straßenausbaubeiträgen im Sinne der §§ 8 und 8 a des Kommunalabgabengesetzes besteht nicht.

(3) Die Gemeinde darf Kredite nur aufnehmen, wenn eine andere Finanzierung nicht möglich ist oder wirtschaftlich unzweckmäßig wäre.

(4) Die Gemeinde darf zur Erfüllung ihrer Aufgaben Spenden, Schenkungen und ähnliche Zuwendungen einwerben und annehmen oder an Dritte vermitteln. Die Einwerbung und die Entgegennahme des Angebots einer Zuwendung obliegen ausschließlich der Bürgermeisterin oder dem Bürgermeister. Über die Annahme oder Vermittlung entscheidet die Gemeindevertretung. Abweichend von Satz 3 kann die Gemeindevertretung die Entscheidung über die Annahme

---

[5] *Übergangsregelung gemäß Artikel 9 Absatz 1 des Gesetzes vom 23.6.2020 (GVOBl. Schl.-H. S. 364): Die Gemeinde kann die Haushaltswirtschaft in den Haushaltsjahren bis 2023 nach den Grundsätzen der kameralen Buchführung führen. In den betroffenen Haushaltsjahren sind die §§ 75 und die Gemeindeordnung in der bis zum 31.12.2020 geltenden Fassung sowie die untergesetzlichen kameralen Regelungen (insbesondere die Gemeindehaushaltsverordnung-Kameral, Nr. 120) anzuwenden. § 75 Absatz 2 Satz 2 und 3 sowie § 88 Absatz 5 der jetzigen Gemeindeordnung gelten entsprechend.*
Übergangsregelung gemäß Artikel 9 Absatz 3 des Gesetzes vom 23.6.2020 (GVOBl. Schl.-H. S. 364): In dem Jahr, in dem erstmals die Haushaltswirtschaft nach den Grundsätzen der doppelten Buchführung geführt wird, finden § 84 Absatz 5, § 85 Absatz 6, § 86 Absatz 4 und § 88 Absatz 3 Nummer 3 mit der Maßgabe Anwendung, dass die entsprechenden Rechtsgeschäfte der Gemeinde keiner Genehmigung bedürfen, wenn der Ergebnisplan des Haushaltsjahres und der drei nachfolgenden Jahre nach dem mittelfristigen Ergebnisplan ausgeglichen ist. Im folgenden Jahr bedarf die Gemeinde in den in Satz 1 genannten Fällen keiner Genehmigung, wenn der Ergebnisplan des Haushaltsjahres und der drei nachfolgenden Jahre nach dem mittelfristigen Ergebnisplan ausgeglichen ist sowie der Ergebnisplan oder die Ergebnisrechnung beziehungsweise Gesamtergebnisrechnung in dem vorangegangenen Haushaltsjahr ausgeglichen war.

oder Vermittlung bis zu von ihr jeweils zu bestimmenden Wertgrenzen auf die Bürgermeisterin oder den Bürgermeister und den Hauptausschuss übertragen. Über die Annahme oder Vermittlung von Spenden, Schenkungen oder ähnlichen Zuwendungen, die über 50 Euro hinausgehen, erstellt die Bürgermeisterin oder der Bürgermeister jährlich einen Bericht, in welchem die Geber, die Zuwendungen und die Zuwendungszwecke anzugeben sind, und leitet diesen der Gemeindevertretung zu.

§ 77
Haushaltssatzung

(1) Die Gemeinde hat für jedes Haushaltsjahr eine Haushaltssatzung zu erlassen.

(2) Die Haushaltssatzung enthält die Festsetzung

1. des Haushaltsplans unter Angabe des Gesamtbetrags
   a) der Erträge und der Aufwendungen im Ergebnisplan des Haushaltsjahres,
   b) der Einzahlungen und Auszahlungen aus laufender Verwaltungstätigkeit, aus der Investitionstätigkeit und aus der Finanzierungstätigkeit im Finanzplan des Haushaltsjahres,
   c) der vorgesehenen Kreditaufnahmen für Investitionen und Investitionsförderungsmaßnahmen (Kreditermächtigung),
   d) der Ermächtigungen zum Eingehen von Verpflichtungen (Verpflichtungsermächtigungen), die künftige Haushaltsjahre mit Auszahlungen für Investitionen und Investitionsförderungsmaßnahmen belasten,
2. des Höchstbetrags der Kassenkredite,
3. der Steuersätze (Hebesätze), soweit diese nicht in einer anderen Satzung festgesetzt worden sind,
4. der Gesamtzahl der im Stellenplan ausgewiesenen Stellen.

Die Haushaltssatzung kann weitere Vorschriften enthalten, die sich auf die Erträge und die Aufwendungen, die Einzahlungen und Auszahlungen und den Stellenplan des Haushaltsjahres beziehen.

(3) Die Haushaltssatzung tritt mit Beginn des Haushaltsjahres in Kraft und gilt für das Haushaltsjahr. Sie kann Festsetzungen für zwei Haushaltsjahre, nach Jahren getrennt, enthalten.

(4) Haushaltsjahr ist das Kalenderjahr, soweit für einzelne Bereiche durch Rechtsvorschrift nichts anderes bestimmt ist.

§ 78
Haushaltsplan

(1) Der Haushaltsplan enthält alle im Haushaltsjahr für die Erfüllung der Aufgaben der Gemeinde voraussichtlich

1. anfallenden Erträge und eingehenden Einzahlungen,
2. entstehenden Aufwendungen und zu leistenden Auszahlungen,
3. notwendigen Verpflichtungsermächtigungen.

Die Vorschriften über die Sondervermögen der Gemeinde bleiben unberührt.

(2) Der Haushaltsplan ist in einen Ergebnisplan und einen Finanzplan sowie in Teilpläne zu gliedern. Der Stellenplan für die Beamtinnen und Beamten sowie die Arbeitnehmerinnen und Arbeitnehmer ist Teil des Haushaltsplans.

(3) Der Haushaltsplan ist Grundlage für die Haushaltswirtschaft der Gemeinde. Er ist nach Maßgabe dieses Gesetzes und der aufgrund dieses Gesetzes erlassenen Vorschriften für die Haushaltsführung verbindlich. Ansprüche und Verbindlichkeiten Dritter werden durch ihn weder begründet noch aufgehoben.

§ 79
Erlass der Haushaltssatzung

(1) Die Haushaltssatzung und der Haushaltsplan mit den vorgeschriebenen Anlagen werden von der Gemeindevertretung in öffentlicher Sitzung beraten.

(2) Die von der Gemeindevertretung in öffentlicher Sitzung beschlossene Haushaltssatzung und der Haushaltsplan mit den Anlagen sind der Kommunalaufsichtsbehörde vorzulegen.

(3) Jeder kann Einsicht in die Haushaltssatzung und den Haushaltsplan mit den Anlagen nehmen. In der Bekanntmachung der Haushaltssatzung ist darauf hinzuweisen.

§ 80
Nachtragshaushaltssatzung

(1) Die Haushaltssatzung kann nur bis zum Ablauf des Haushaltsjahres durch Nachtragshaushaltssatzung geändert werden. Für die Nachtragshaushaltssatzung gelten die Vorschriften für die Haushaltssatzung entsprechend.

(2) Die Gemeinde hat unverzüglich eine Nachtragshaushaltssatzung zu erlassen, wenn

1. sich zeigt, dass trotz Ausnutzung jeder Sparmöglichkeit ein erheblicher Jahresfehlbetrag entstehen wird oder ein veranschlagter Jahresfehlbetrag sich erheblich vergrößert und dies sich nicht durch andere Maßnahmen vermeiden lässt,
2. bisher nicht veranschlagte oder zusätzliche Aufwendungen oder Auszahlungen in einem im Verhältnis zu den gesamten Aufwendungen oder gesamten Auszahlungen erheblichen Umfang geleistet werden müssen; dies gilt nicht für Umschuldungen,
3. Auszahlungen für bisher nicht veranschlagte Investitionen oder Investitionsförderungsmaßnahmen geleistet werden sollen oder
4. Beamtinnen und Beamte oder Arbeitnehmerinnen und Arbeitnehmer eingestellt, befördert oder in eine höhere Entgeltgruppe eingestuft werden sollen und der Stellenplan die entsprechenden Stellen nicht enthält.

(3) Absatz 2 Nummer 2 bis 4 gilt nicht für

1. unerhebliche Investitionen und Investitionsförderungsmaßnahmen, soweit deren Deckung gewährleistet ist und
2. Abweichungen vom Stellenplan und die Leistung höherer Personalaufwendungen oder -auszahlungen, die aufgrund von Besoldungsgesetzen oder Tarifverträgen notwendig sind.

§ 81
Vorläufige Haushaltsführung

(1) Ist die Haushaltssatzung bei Beginn des Haushaltsjahres noch nicht bekannt gemacht, darf die Gemeinde

1. Aufwendungen entstehen lassen und Auszahlungen leisten, zu deren Leistung sie rechtlich verpflichtet ist oder die für die Fortsetzung notwendiger Aufgaben unaufschiebbar sind; sie darf insbesondere Bauten, Beschaffungen und sonstige Investitionsleistungen, für die im Haushaltsplan eines Vorjahres Beträge vorgesehen waren, fortsetzen,
2. Abgaben nach den Sätzen des Vorjahres erheben,
3. Kredite umschulden.

(2) Reichen die Finanzmittel für die Fortsetzung der Bauten, der Beschaffungen und der sonstigen Leistungen des Finanzplans nach Absatz 1 Nummer 1 nicht aus, darf die Gemeinde Kredite für Investitionen und Investitionsförderungsmaßnahmen bis zur Höhe von einem Viertel der Kreditermächtigung des Vorjahres aufnehmen.

§ 82
Überplanmäßige und außerplanmäßige Aufwendungen und Auszahlungen

(1) Überplanmäßige und außerplanmäßige Aufwendungen und Auszahlungen sind nur zulässig, wenn sie unabweisbar sind und die Deckung gewährleistet ist. Unabweisbar sind Aufwendungen und Auszahlungen auch dann, wenn ein Aufschub der Aufwendungen und Auszahlungen besonders unwirtschaftlich wäre. Sie dürfen nur geleistet werden, wenn die Gemeindevertretung zugestimmt hat. Bei unerheblichen über- und außerplanmäßigen Aufwendungen und Auszahlungen kann die Bürgermeisterin oder der Bürgermeister die Zustimmung zur Leistung dieser Aufwendungen und Auszahlungen erteilen; sie oder er kann die Befugnis zur Erteilung der Zustimmung übertragen. Die Bürgermeis-

terin oder der Bürgermeister hat der Gemeindevertretung über die geleisteten unerheblichen über- und außerplanmäßigen Aufwendungen und Auszahlungen mindestens halbjährlich zu berichten.

(2) Für Investitionen, die im folgenden Jahr fortgesetzt werden, sind überplanmäßige Auszahlungen auch dann zulässig, wenn ihre Deckung im laufenden Jahr nur durch Erlass einer Nachtragshaushaltssatzung möglich wäre, die Deckung aber im folgenden Jahr gewährleistet ist. Absatz 1 Satz 3 bis 5 gilt entsprechend.

(3) Die Absätze 1 und 2 gelten entsprechend für Maßnahmen, durch die später über- oder außerplanmäßige Aufwendungen und Auszahlungen entstehen können.

(4) § 80 Absatz 2 bleibt unberührt.

(5) Bei über- und außerplanmäßigen Aufwendungen, die erst bei der Aufstellung des Jahresabschlusses festgestellt werden können und nicht zu Auszahlungen führen, ist die Zustimmung der Gemeindevertretung entbehrlich. Aufwendungen nach Satz 1 sind gesondert im Anhang nach § 91 Absatz 1 Satz 3 anzugeben und zu erläutern.

§ 83
Mittelfristige Ergebnis- und Finanzplanung

Die Gemeinde hat ihrer Haushaltswirtschaft eine fünfjährige Ergebnis- und Finanzplanung zugrunde zu legen und in den Haushaltsplan einzubeziehen. Das erste Planungsjahr ist das laufende Haushaltsjahr. Der mittelfristige Ergebnisplan soll für die einzelnen Jahre in Erträgen und Aufwendungen ausgeglichen sein. Der mittelfristige Finanzplan soll für die einzelnen Jahre in Einzahlungen und Auszahlungen die Liquidität der Gemeinde einschließlich der Finanzierung der Investitionen und Investitionsförderungsmaßnahmen sicherstellen.

§ 84
Verpflichtungsermächtigungen

(1) Verpflichtungen zur Leistung von Auszahlungen für Investitionen und Investitionsförderungsmaßnahmen in künftigen Jahren dürfen nur eingegangen werden, wenn der Haushaltsplan hierzu ermächtigt. Sie dürfen auch überplanmäßig oder außerplanmäßig eingegangen werden, wenn sie unabweisbar sind und der in der Haushaltssatzung festgesetzte Gesamtbetrag der Verpflichtungsermächtigungen nicht überschritten wird. Für über- und außerplanmäßige Verpflichtungsermächtigungen gilt § 82 Absatz 1 Satz 2 bis 5 entsprechend.

(2) Verpflichtungsermächtigungen dürfen in der Regel zu Lasten der dem Haushaltsjahr folgenden drei Jahre veranschlagt werden, in Ausnahmefällen bis zum Abschluss einer Maßnahme. Sie sind in der Regel zulässig, wenn sie im Einklang mit der dauernden Leistungsfähigkeit der Gemeinde stehen.

(3) Verpflichtungsermächtigungen gelten bis zum Ende des Haushaltsjahres und, wenn die Haushaltssatzung für das folgende Haushaltsjahr nicht rechtzeitig öffentlich bekannt gemacht wird, bis zur Bekanntmachung dieser Haushaltssatzung.

(4) Der Gesamtbetrag der Verpflichtungsermächtigungen bedarf im Rahmen der Haushaltssatzung der Genehmigung der Kommunalaufsichtsbehörde, soweit in den Jahren, zu deren Lasten sie veranschlagt sind, insgesamt Kreditaufnahmen für Investitionen und Investitionsförderungsmaßnahmen vorgesehen sind.

(5) Abweichend von Absatz 4 bedarf die Gemeinde für den Gesamtbetrag der Verpflichtungsermächtigungen keiner Genehmigung, wenn

1. die Ergebnisrechnung oder die Gesamtergebnisrechnung des Vorvorjahres mindestens ausgeglichen war,
2. die Ergebnisplanung, die Ergebnisrechnung oder die Gesamtergebnisrechnung des Vorjahres mindestens ausgeglichen war und
3. der Ergebnisplan im Haushaltsjahr und den drei nachfolgenden Jahren nach der mittelfristigen Ergebnisplanung mindestens ausgeglichen ist.

§ 85
Kredite

(1) Kredite dürfen unter der Voraussetzung des § 76 Absatz 3 nur für Investitionen, Investitionsförderungsmaßnahmen und zur Umschuldung aufgenommen werden. Investitionen der Gemeinde im Sinne von Satz 1 sind auch die anteilige Gewährung von Krediten an Unternehmen und Einrichtungen nach § 101 für deren Investitionen in Höhe der auch mittelbaren Beteiligung, soweit die Gemeinde einen Gesamtabschluss nach § 93 erstellt hat.

(2) Der Gesamtbetrag der vorgesehenen Kreditaufnahmen für Investitionen und Investitionsförderungsmaßnahmen bedarf im Rahmen der Haushaltssatzung der Genehmigung der Kommunalaufsichtsbehörde (Gesamtgenehmigung). Die Gesamtgenehmigung soll nach den Grundsätzen einer geordneten Haushaltswirtschaft erteilt oder versagt werden; sie kann unter Bedingungen und Auflagen erteilt werden. Sie ist in der Regel zu versagen, wenn die Kreditverpflichtungen mit der dauernden Leistungsfähigkeit der Gemeinde nicht im Einklang stehen.

(3) Die Kreditermächtigung gilt bis zum Ende des auf das Haushaltsjahr folgenden Jahres und, wenn die Haushaltssatzung für das übernächste Jahr nicht rechtzeitig öffentlich bekannt gemacht wird, bis zur Bekanntmachung dieser Haushaltssatzung.

(4) Die Aufnahme der einzelnen Kredite für Investitionen und Investitionsförderungsmaßnahmen bedarf der Genehmigung der Kommunalaufsichtsbehörde (Einzelgenehmigung), wenn

1. die Kreditaufnahmen nach Maßgaben der aufgrund § 19 des Gesetzes zur Förderung der Stabilität und des Wachstums der Wirtschaft vom 8. Juni 1967 (BGBl. I S. 582), zuletzt geändert durch Artikel 267 der Verordnung vom 31. August 2015 (BGBl. I S. 1474), erlassenen Verordnungen beschränkt worden sind; die Einzelgenehmigung kann nach Maßgabe der Kreditbeschränkungen versagt werden oder
2. sich die Kommunalaufsichtsbehörde dies aufgrund einer möglichen Gefährdung der dauernden Leistungsfähigkeit der Gemeinde in der Gesamtgenehmigung vorbehalten hat.

(5) Die Begründung einer Zahlungsverpflichtung, die wirtschaftlich einer Kreditverpflichtung gleichkommt, bedarf der Genehmigung der Kommunalaufsichtsbehörde. Absatz 2 Satz 2 und 3 gilt entsprechend.

(6) Abweichend von den Absätzen 2 und 5 bedarf die Gemeinde für den Gesamtbetrag der Kredite und die Begründung von Zahlungsverpflichtungen keiner Genehmigung, wenn

1. die Ergebnisrechnung oder die Gesamtergebnisrechnung des Vorvorjahres mindestens ausgeglichen war,
2. die Ergebnisplanung, die Ergebnisrechnung oder die Gesamtergebnisrechnung des Vorjahres mindestens ausgeglichen war und
3. der Ergebnisplan im Haushaltsjahr und den drei nachfolgenden Jahren nach der mittelfristigen Ergebnisplanung mindestens ausgeglichen ist.

(7) Das für das zuständige Ministerium wird ermächtigt, durch Verordnung[6] die Begründung von Zahlungsverpflichtungen (Absatz 5) von der Genehmigungspflicht freizustellen, wenn sie zur Erfüllung bestimmter Aufgaben entstehen oder ihrer Natur nach regelmäßig wiederkehren oder wenn bestimmte Beträge nicht überschritten werden.

(8) Die Gemeinde darf zur Sicherung des Kredits keine Sicherheiten bestellen. Die Kommunalaufsichtsbehörde kann Ausnahmen zulassen, wenn die Bestellung von Sicherheiten der Verkehrsübung entspricht.

(9) Die Laufzeit sowie die Höhe der Tilgungsleistungen sollen sich an der durchschnittlichen Nutzungsdauer der zu finanzierenden Investitionen orientieren. Kreditaufnahmen mit einem variablen oder von externen Parametern abhängigen Zinssatz sind grundsätzlich unzulässig. Kredite und derivative Finanzgeschäfte sind in inländischer Währung

---

[6] Landesverordnung über die Genehmigungsfreiheit von Rechtsgeschäften kommunaler Körperschaften vom 14.9.2016 (GVOBl. Schl.-H. S. 832).

abzuschließen. Eine Aufnahme von Fremdwährungskrediten ist zulässig, wenn das damit verbundene Wechselkursrisiko bezüglich Kapital und Zinsen in voller Höhe durch Wechselkurssicherungsgeschäfte ausgeschlossen wird.

§ 86
Sicherheiten und Gewährleistung für Dritte

(1) Die Gemeinde darf keine Sicherheiten zugunsten Dritter bestellen. Ausnahmen bedürfen der Genehmigung der Kommunalaufsichtsbehörde.

(2) Die Gemeinde darf Bürgschaften und Verpflichtungen aus Gewährverträgen nur zur Erfüllung ihrer Aufgaben übernehmen. Die Rechtsgeschäfte bedürfen der Genehmigung der Kommunalaufsichtsbehörde.

(3) Absatz 2 gilt entsprechend für Rechtsgeschäfte, die den dort genannten Rechtsgeschäften wirtschaftlich gleichkommen, insbesondere für die Zustimmung zu Rechtsgeschäften Dritter, aus denen der Gemeinde in künftigen Haushaltsjahren Verpflichtungen zu Leistungen erwachsen können.

(4) Abweichend von den Absätzen 2 und 3 bedarf die Gemeinde für die dort genannten Rechtsgeschäfte keiner Genehmigung, wenn
1. die Ergebnisrechnung oder die Gesamtergebnisrechnung des Vorvorjahres mindestens ausgeglichen war,
2. die Ergebnisplanung, die Ergebnisrechnung oder die Gesamtergebnisrechnung des Vorjahres mindestens ausgeglichen war und
3. der Ergebnisplan im Haushaltsjahr und den drei nachfolgenden Jahren nach der mittelfristigen Ergebnisplanung mindestens ausgeglichen ist.

(5) Das für Inneres zuständige Ministerium wird ermächtigt, durch Verordnung Rechtsgeschäfte von der Genehmigungspflicht freizustellen, die die Gemeinden zur Erfüllung bestimmter Aufgaben eingehen, die ihrer Natur nach regelmäßig wiederkehren oder die bestimmte Wertgrenzen nicht überschreiten.

(6) Bei Rechtsgeschäften nach den Absätzen 2 und 3 hat die Gemeinde sich vorzubehalten, dass sie oder ihre Beauftragten jederzeit prüfen können, ob im Fall der Übernahme einer Gewährleistung eine Inanspruchnahme der Gemeinde in Betracht kommen kann oder die Voraussetzungen für eine solche vorliegen oder vorgelegen haben. Die Gemeinde kann mit Genehmigung der Kommunalaufsichtsbehörde davon absehen, sich das Prüfungsrecht vorzubehalten.

§ 87
Kassenkredite

(1) Zur rechtzeitigen Leistung ihrer Auszahlungen kann die Gemeinde Kassenkredite bis zu dem in der Haushaltssatzung festgesetzten Höchstbetrag aufnehmen, soweit dafür keine anderen Mittel zur Verfügung stehen. Diese Ermächtigung gilt über das Haushaltsjahr hinaus bis zur Bekanntmachung der neuen Haushaltssatzung.

(2) Ergibt sich bei einer Gemeinde ein Bedarf an Kassenkrediten, der voraussichtlich zu keinem Zeitpunkt in einem bestimmten Zeitraum unterschritten wird (Bodensatz), ist die Aufnahme eines Kassenkredits in entsprechender Höhe mit einer Laufzeit bis höchstens zum Ende des Ergebnis- und Finanzplanungszeitraums zulässig.

§ 88
Erwerb und Verwaltung von Vermögen

(1) Die Gemeinde soll Vermögensgegenstände nur erwerben, soweit dies in absehbarer Zeit zur Erfüllung ihrer Aufgaben oder zum Schutz der natürlichen Grundlagen des Lebens erforderlich ist.

(2) Die Vermögensgegenstände sind pfleglich und wirtschaftlich zu verwalten. Bei Geldanlagen ist auf eine ausreichende Sicherheit zu achten; sie sollen einen angemessenen Ertrag bringen.

(3) Die Gemeinde darf mit Genehmigung der Kommunalaufsichtsbehörde Gemeindevermögen in Stiftungsvermögen einbringen, wenn
1. ein wichtiges Interesse der Gemeinde daran vorliegt,
2. der von der Gemeinde damit angestrebte Zweck nicht ebenso gut auf andere Weise erfüllt wird oder erfüllt werden kann,
3. die Ergebnisrechnung oder die Gesamtergebnisrechnung des Vorvorjahres mindestens ausgeglichen war,
4. die Ergebnisplanung, die Ergebnisrechnung oder die Gesamtergebnisrechnung des Vorjahres mindestens ausgeglichen war und
5. der Ergebnisplan im Haushaltsjahr und den drei nachfolgenden Jahren nach der mittelfristigen Ergebnisplanung mindestens ausgeglichen ist.

Die Bürgermeisterin oder der Bürgermeister ist verpflichtet, bei einer Vertretung der Gemeinde in einem Bericht darzulegen und dabei insbesondere auch auf die Vor- und Nachteile der Erfüllung des angestrebten Zwecks auf andere Weise sowie die Auswirkungen auf die Eigenkapitalausstattung und den Ergebnisplan darzustellen.

(4) Abweichend von Absatz 3 kann die Gemeinde Vermögen, das ihr von Dritten mit einer entsprechenden Maßgabe zur Verfügung gestellt worden ist, in Stiftungen einbringen. Satz 1 gilt für von Dritten, an denen auch mittelbar nicht beteiligt ist, die von ihr nicht getragen oder mitgetragen werden oder in denen sie nicht Mitglied ist, zur Verfügung gestelltem Vermögen.

(5) Die Gemeinde darf liquide Mittel an Unternehmen und Einrichtungen nach § 101 weiterleiten. Eine Weiterleitung in Form einer Gewährung von Krediten ist in Höhe der auch mittelbaren Beteiligung zulässig.

§ 89
Veräußerung von Vermögen

(1) Die Gemeinde darf Vermögensgegenstände, die sie zur Erfüllung ihrer Aufgaben in absehbarer Zeit nicht braucht, veräußern. Werden sie zur Erfüllung der Aufgaben der Gemeinde weiterhin benötigt, dürfen sie zur langfristigen Eigennutzung veräußert werden, wenn auf diese Weise die Aufgaben der Gemeinde mindestens ebenso wirtschaftlich erfüllt werden können. Vermögensgegenstände dürfen in der Regel nur zu ihrem vollen Wert veräußert werden.

(2) Für die Überlassung der Nutzung eines Vermögensgegenstands gilt Absatz 1 entsprechend.

(3) Die Gemeinde bedarf der Genehmigung der Kommunalaufsichtsbehörde, wenn sie über bewegliche Sachen, die einen besonderen wissenschaftlichen, geschichtlichen oder künstlerischen Wert haben, verfügen oder solche Sachen wesentlich verändern will. Die Gemeinde bedarf abweichend von Satz 1 keiner Genehmigung, wenn diese Sachen an andere schleswig-holsteinische kommunale Körperschaften oder das Land Schleswig-Holstein veräußert werden.

§ 90
Finanzbuchhaltung

(1) Die Finanzbuchhaltung hat die Buchführung, den Zahlungsverkehr und die weiteren Kassengeschäfte der Gemeinde zu erledigen. § 99 bleibt unberührt. Die Buchführung muss unter Beachtung der Grundsätze ordnungsmäßiger Buchführung so beschaffen sein, dass sie einem sachverständigen Dritten innerhalb einer angemessenen Zeit ein Überblick über die wirtschaftliche Lage der Gemeinde vermittelt werden kann. Der Zahlungsverkehr und die weiteren Kassengeschäfte sind ordnungsgemäß und sicher zu erledigen. Die Buchführung kann vom Zahlungsverkehr und den weiteren Kassengeschäften abgetrennt werden.

(2) Die Gemeinde hat, wenn sie die Aufgaben der Finanzbuchhaltung selbst besorgt, eine Verantwortliche oder einen Verantwortlichen für die Finanzbuchhaltung und eine Stellvertreterin oder einen Stellvertreter zu bestellen. Die Leiterin oder der Leiter und die Prüferinnen und Prüfer des Rechnungsprüfungsamtes dürfen nicht gleichzeitig Aufgaben der Verantwortlichen oder des Verantwortlichen der Fi-

nanzbuchhaltung oder ihrer oder seiner Stellvertreterin oder ihres oder seines Stellvertreters wahrnehmen.

(3) Soweit die ordnungsgemäße Erledigung und die Prüfung gewährleistet sind, können die Buchführung und der Zahlungsverkehr für funktional begrenzte Aufgabenbereiche auch durch mehrere Stellen der Verwaltung erfolgen. Absatz 2 bleibt unberührt.

(4) Die oder der Verantwortliche für die Finanzbuchhaltung und deren oder dessen Stellvertreterin oder Stellvertreter dürfen mit der Bürgermeisterin oder dem Bürgermeister, in Städten mit der Bürgermeisterin oder dem Bürgermeister oder einer Stadträtin oder einem Stadtrat sowie der Leiterin oder dem Leiter und Prüferinnen und Prüfern des Rechnungsprüfungsamtes nicht in der Weise des § 22 Absatz 1 verbunden sein. Die Bürgermeisterin oder der Bürgermeister kann weitere Ausschließungsgründe regeln. Entsteht der Behinderungsgrund im Laufe der Amtszeit, hat eine der beteiligten Personen aus ihrer Funktion auszuscheiden. Ist eine der beteiligten Personen Bürgermeisterin oder Bürgermeister, in Städten Bürgermeisterin oder Bürgermeister oder Stadträtin oder Stadtrat, hat die andere Person aus ihrer Funktion auszuscheiden.

(5) Die mit der Prüfung und Feststellung des Zahlungsanspruches und der Zahlungsverpflichtung beauftragten Beschäftigten dürfen nicht die Zahlungen der Gemeinde ausführen.

(6) Die Bürgermeisterin oder der Bürgermeister überwacht die Finanzbuchhaltung. Sie oder er kann die Aufsicht einer oder einem Beschäftigten der Gemeinde übertragen, jedoch nicht Beschäftigten der Finanzbuchhaltung.

§ 91
Jahresabschluss

(1) Die Gemeinde hat zum Schluss eines jeden Haushaltsjahres einen Jahresabschluss aufzustellen, in dem das Ergebnis der Haushaltswirtschaft des Haushaltsjahres nachzuweisen ist. Der Jahresabschluss muss unter Beachtung der Grundsätze ordnungsmäßiger Buchführung ein den tatsächlichen Verhältnissen entsprechendes Bild der Vermögens-, Finanz- und Ertragslage der Gemeinde vermitteln und ist zu erläutern. Der Jahresabschluss besteht aus der Ergebnisrechnung, der Finanzrechnung, den Teilrechnungen, der Bilanz und dem Anhang. Ihm ist ein Lagebericht beizufügen.

(2) Der Jahresabschluss ist innerhalb von drei Monaten nach Abschluss des Haushaltsjahres aufzustellen.

§ 92
Prüfung des Jahresabschlusses

(1) In Gemeinden, in denen ein Rechnungsprüfungsamt besteht, prüft dieses den Jahresabschluss und den Lagebericht mit allen Unterlagen dahin, ob
1. der Haushaltsplan eingehalten ist,
2. die einzelnen Rechnungsbeträge sachlich und rechnerisch vorschriftsmäßig begründet und belegt worden sind,
3. bei den Erträgen, Aufwendungen, Einzahlungen und Auszahlungen sowie bei der Vermögens- und Schuldenverwaltung nach den geltenden Vorschriften verfahren worden ist,
4. das Vermögen und die Schulden richtig nachgewiesen worden sind,
5. der Anhang zum Jahresabschluss vollständig und richtig ist,
6. der Lagebericht zum Jahresabschluss vollständig und richtig ist.

Das Rechnungsprüfungsamt kann die Prüfung nach seinem pflichtgemäßen Ermessen beschränken und auf die Vorlage einzelner Prüfungsunterlagen verzichten.

(2) Das Rechnungsprüfungsamt hat seine Bemerkungen in einem Schlussbericht zusammenzufassen.

(3) Nach Abschluss der Prüfung durch das Rechnungsprüfungsamt legt die Bürgermeisterin oder der Bürgermeister den Jahresabschluss und den Lagebericht mit dem Schlussbericht des Rechnungsprüfungsamtes der Gemeindevertretung zur Beratung und Beschlussfassung vor. Die Gemeindevertretung beschließt über den Jahresabschluss und über die Verwendung des Jahresüberschusses oder die Behandlung des Jahresfehlbetrages bis spätestens 31. Dezember des auf das Haushaltsjahr folgenden Jahres.

(4) Die Gemeinde hat innerhalb von sechs Monaten nach Vorlage des Schlussberichts des Rechnungsprüfungsamtes nach Absatz 3 Satz 1 das Vorliegen des Schlussberichts, des Jahresabschlusses und des Lageberichts sowie des Beschlusses der Gemeindevertretung nach Absatz 3 Satz 2 örtlich bekannt zu machen und sie danach öffentlich auszulegen, soweit nicht schutzwürdige Interessen Einzelner entgegenstehen. In der Bekanntmachung ist auf die öffentliche Auslegung des Schlussberichts und des Jahresabschlusses und Lageberichts hinzuweisen.

(5) In Gemeinden, in denen kein Rechnungsprüfungsamt besteht, tritt an dessen Stelle ein Ausschuss der Gemeindevertretung; Absatz 4 findet keine Anwendung.

(6) Für die Prüfung der Eröffnungsbilanz gelten die Absätze 1 bis 5 entsprechend.

§ 93
Gesamtabschluss

(1) Eine Gemeinde mit mehr als 4.000 Einwohnerinnen und Einwohnern hat unter Beachtung der Grundsätze ordnungsmäßiger Buchführung zum Schluss eines jeden Haushaltsjahres ihren Jahresabschluss nach § 91 und die Jahresabschlüsse des gleichen Geschäftsjahres der
1. Eigenbetriebe nach § 106 und andere Sondervermögen nach § 97, mit Ausnahme der Sondervermögen nach § 97 Absatz 1 Satz 5,
2. Einrichtungen, die nach § 101 Absatz 4 ganz oder teilweise nach den Vorschriften der Eigenbetriebsverordnung vom 5. Dezember 2017 (GVOBl. Schl.-H. S. 558) geführt werden,
3. Kommunalunternehmen nach § 106a, die von der Gemeinde getragen werden,
4. gemeinsamen Kommunalunternehmen nach § 19b des Gesetzes über kommunale Zusammenarbeit (GkZ) in der Fassung der Bekanntmachung vom 28. Februar 2003 (GVOBl. Schl.-H. S. 122), zuletzt geändert durch Gesetz vom 23. Juni (GVOBl. Schl.-H. S. 364), zu deren Stammkapital die Gemeinde mehr als 50 % beigetragen hat,
5. anderen Anstalten, die von der Gemeinde getragen werden, mit Ausnahme der öffentlich-rechtlichen Sparkassen,
6. Zweckverbänden nach § 15 Absatz 3 GkZ und der Zweckverbände, die die Regelung nach § 15 Absatz 3 GkZ aufgrund § 15 Absatz 4 GkZ entsprechend anwenden, zu deren Stammkapital die Gemeinde mehr als 50 % beigetragen hat,
7. Gesellschaften, die der Gemeinde gehören,
8. Gesellschaften, an denen die Gemeinde, auch mittelbar, mit mehr als 50 % beteiligt ist,

(Aufgabenträger) zu einem Gesamtabschluss zu konsolidieren. Der Gesamtabschluss besteht aus der Gesamtergebnisrechnung, der Gesamtbilanz und dem Gesamtanhang. Ihm ist ein Gesamtlagebericht beizufügen.

(2) In den Gesamtabschluss müssen die Jahresabschlüsse der Aufgabenträger nach Absatz 1 Satz 1 nicht einbezogen werden, wenn sie für die Verpflichtung, ein den tatsächlichen Verhältnissen entsprechendes Bild der Vermögens-, Finanz-, und Ertragsgesamtlage der Gemeinde zu vermitteln, von untergeordneter Bedeutung sind. Sind alle Aufgabenträger nach Absatz 1 Satz 1 sowie gemeinsamen Kommunalunternehmen, Zweckverbände und Gesellschaften nach Absatz 3 Satz 1 von untergeordneter Bedeutung, kann die Gemeinde auf die Erstellung eines Gesamtabschlusses verzichten.

(3) Hat die Gemeinde nach den Absätzen 1 und 2 einen Gesamtabschluss zu erstellen, sind in den Gesamtabschluss auch die Jahresabschlüsse von
1. gemeinsamen Kommunalunternehmen nach § 19 b GkZ, zu deren Stammkapital die Gemeinde mindestens 20 % beigetragen hat,

2. Zweckverbände nach § 15 Absatz 3 GkZ und Zweckverbände, die die Regelung nach § 15 Absatz 3 GkZ aufgrund § 15 Absatz 4 GkZ entsprechend anwenden, zu deren Stammkapital die Gemeinde mindestens 20 % beigetragen hat, und
3. Gesellschaften, an denen die Gemeinde oder ein Aufgabenträger nach Absatz 1 mit mindestens 20 % beteiligt ist,

einzubeziehen, soweit sie nicht schon nach Absatz 1 einbezogen wurden. Absatz 2 gilt entsprechend.

(4) Dem Gesamtanhang sind Angaben zu den Jahresabschlüssen der Aufgabenträger, die nach Absatz 2 nicht in den Gesamtabschluss einbezogen worden sind, anzufügen. Es sind im Gesamtanhang die
1. anderen gemeinsamen Kommunalunternehmen nach § 19 b GkZ, die von der Gemeinde mitgetragen werden,
2. anderen Zweckverbände, in denen die Gemeinde Mitglied ist,
3. anderen Gesellschaften, an denen die Gemeinde beteiligt ist, und
4. rechtsfähigen kommunalen Stiftungen, die von der Gemeinde verwaltet werden,

anzugeben.

(5) Die Gemeinde hat bei den Aufgabenträgern nach Absatz 1 und bei den gemeinsamen Kommunalunternehmen, Zweckverbänden und Gesellschaften nach Absatz 3 darauf hinzuwirken, dass ihr das Recht eingeräumt wird, von diesen alle erforderlichen Informationen und Unterlagen für die Zusammenfassung der Jahresabschlüsse zu verlangen.

(6) Der Gesamtabschluss ist innerhalb von neun Monaten nach Abschluss des Haushaltsjahres aufzustellen.

(7) Für die Prüfung und weitere Behandlung des Gesamtabschlusses und des Gesamtlageberichts gilt § 92 entsprechend mit der Maßgabe, dass eine Beschlussfassung nach § 92 Absatz 3 Satz 2 über die Verwendung eines Jahresüberschusses oder die Behandlung eines Jahresfehlbetrages nicht erfolgt.

(8) Die Gemeinde kann auf die Aufstellung eines Gesamtabschlusses für die ersten fünf Jahresabschlüsse nach § 91 verzichten.

§§ 94 bis 95
– gestrichen –

2. Abschnitt
Sondervermögen, Treuhandvermögen

§ 96
Nichtrechtsfähige örtliche Stiftungen

(1) Für das Vermögen der nichtrechtsfähigen örtlichen Stiftungen gelten die Vorschriften des 1. Abschnitts. Es ist im Haushalt der Gemeinde gesondert nachzuweisen.

(2) Die Gemeinde kann den Stiftungszweck umwandeln, die Stiftung mit einer anderen zusammenlegen oder aufheben.

§ 97
Sonstiges Sondervermögen

(1) Für die wirtschaftlichen Unternehmen ohne eigene Rechtspersönlichkeit und öffentliche Einrichtungen, für die aufgrund gesetzlicher Vorschriften Sonderrechnungen geführt werden, gelten die §§ 75 und 76 sowie 83 bis 89 entsprechend. § 84 Absatz 5, § 85 Absatz 6 und § 86 Absatz 4 gelten entsprechend mit der Maßgabe, dass es keiner Genehmigung bedarf, wenn der Erfolgsplan, der Ergebnisplan, die Gewinn- und Verlustrechnung oder die Ergebnisrechnung des Wirtschaftsjahres und der beiden vorangegangenen Jahre keinen Verlust oder Fehlbetrag ausweisen. Des Weiteren ist § 285 Nummer 9 des Handelsgesetzbuches mit der Maßgabe anzuwenden, dass die für die Tätigkeit im Geschäftsjahr gewährten Gesamtbezüge der Mitglieder der Geschäftsführungsorgane sowie die für die Tätigkeit im Geschäftsjahr gewährten Leistungen für die Mitglieder der Aufsichtsorgane auf der Internetseite des Finanzministeriums sowie im Anhang des Jahresabschlusses für jede Personengruppe sowie zusätzlich unter Namensnennung die Bezüge und Leistungen für jedes einzelne Mitglied dieser Personengruppen unter Aufgliederung nach Komponenten im Sinne des § 285 Nummer 9 Buchstabe a des Handelsgesetzbuches veröffentlicht werden, soweit es sich um Leistungen des jeweiligen Unternehmens, Eigenbetriebes oder der Einrichtung handelt. Die individualisierte Ausweisungspflicht gilt auch für Leistungen entsprechend § 102 Absatz 2 Satz 1 Nummer 8 Halbsatz 2. Im Bereich der freiwilligen Feuerwehren sind für Sondervermögen für die Kameradschaftspflege (Kameradschaftskasse) geltenden Vorschriften des Brandschutzgesetzes anzuwenden.

(2) Öffentliche Einrichtungen nach § 101 Abs. 4 Satz 1 Nr. 2 können mit öffentlichen Einrichtungen, für die aufgrund gesetzlicher Vorschriften Sonderrechnungen geführt werden, zusammengefasst werden und sind dann nach den Vorschriften für diese Sondervermögen zu führen; Absatz 1 ist anzuwenden.

§ 98
Treuhandvermögen

(1) Für Vermögen, die die Gemeinde treuhänderisch zu verwalten hat, sind besondere Haushaltspläne aufzustellen und Sonderrechnungen zu führen.

(2) Der 1. Abschnitt gilt mit der Maßgabe, dass an die Stelle der Haushaltssatzung der Beschluss über den Haushaltsplan tritt und von der Bekanntmachung abgesehen werden kann. Anstelle eines Haushaltsplans kann ein Wirtschaftsplan aufgestellt werden. In diesem Fall sind § 97 sowie die Vorschriften über die Wirtschaftsführung und das Rechnungswesen der Eigenbetriebe entsprechend anzuwenden.

(3) Unbedeutendes Treuhandvermögen kann im Haushalt der Gemeinde gesondert nachgewiesen werden.

(4) Abweichende gesetzliche Vorschriften bleiben unberührt.

§ 99
Sonderfinanzbuchhaltungen

Für Sondervermögen und Treuhandvermögen, für die Sonderrechnungen geführt werden, sind Sonderfinanzbuchhaltungen zu erledigen. Sie sollen mit der Finanzbuchhaltung der Gemeinde verbunden werden. Für Sonderfinanzbuchhaltungen gilt § 90 entsprechend.

§ 100
– gestrichen –

3. Abschnitt
Wirtschaftliche Betätigung
und privatrechtliche Beteiligung der Gemeinde

§ 101
Wirtschaftliche Unternehmen

(1) Die Gemeinde darf wirtschaftliche Unternehmen errichten, übernehmen oder wesentlich erweitern, wenn
1. ein öffentlicher Zweck, dessen Erfüllung im Vordergrund der Unternehmung stehen muss, das Unternehmen rechtfertigt,
2. die wirtschaftliche Betätigung nach Art und Umfang in einem angemessenen Verhältnis zu der Leistungsfähigkeit der Gemeinde und des Unternehmens steht und
3. der Zweck nicht besser und wirtschaftlicher auf andere Weise erfüllt werden kann.

(2) Die wirtschaftliche Betätigung außerhalb des Gemeindegebietes ist zulässig, wenn die Voraussetzungen des Absatzes 1 vorliegen und die berechtigten Interessen der betroffenen Gebietskörperschaften gewahrt sind. Bei im Wettbewerb wahrgenommenen Aufgaben gelten nur die Interessen als berechtigt, die nach bundesgesetzlichen Vorgaben eine Einschränkung des Wettbewerbs zulassen. Die betroffene Gemeinde ist so rechtzeitig vor der Aufnahme der wirtschaftlichen Tätigkeit in ihrem Gemeindegebiet zu informieren, dass sie die berechtigten Interessen geltend machen kann. Haben die beteiligten Gemeinden kein Einvernehmen über die Wahrung der berechtigten Interessen erzielt, ist die Kommunalaufsichtsbehörde über den Be-

schluss, außerhalb des Gemeindegebiets tätig zu werden, zu unterrichten.

(3) Die wirtschaftliche Betätigung im Ausland ist unter den Voraussetzungen des Absatzes 1 zulässig, wenn berechtigte Interessen des Bundes oder des Landes Schleswig-Holstein nicht entgegenstehen. Ihre Aufnahme bedarf der vorherigen Genehmigung durch die Kommunalaufsichtsbehörde.

(4) Als wirtschaftliche Unternehmen im Sinne dieses Abschnitts gelten nicht

1. Einrichtungen, zu denen die Gemeinde gesetzlich verpflichtet ist,
2. Einrichtungen des Bildungs-, Gesundheits- und Sozialwesens, der Kultur, des Sports, der Erholung, der Abfallentsorgung und Abwasserbeseitigung sowie Einrichtungen ähnlicher Art und
3. Einrichtungen, die als Hilfsbetriebe ausschließlich der Deckung des Eigenbedarfs der Gemeinde dienen.

Auch diese Einrichtungen sind nach den Grundsätzen der Wirtschaftlichkeit und Sparsamkeit zu verwalten. Die Gemeinden können diese Einrichtungen ganz oder teilweise nach den Vorschriften der Eigenbetriebsverordnung vom 15. August 2007 (GVOBl. Schl.-H. S. 404) führen. In diesem Fall ist § 97 Abs. 1 entsprechend anzuwenden.

(5) Die Gemeinde hat das Recht, sich zur Erfüllung ihrer Aufgaben Dritter zu bedienen.

(6) Bankunternehmen darf die Gemeinde nicht errichten. Für das öffentliche Sparkassenwesen verbleibt es bei den besonderen Vorschriften[7].

§ 101 a
Energiewirtschaftliche Betätigung

(1) Die wirtschaftliche Betätigung zur Erzeugung oder zur Gewinnung, zum Vertrieb oder zur Verteilung von Energie zur Strom-, Gas-, Wärme- oder Kälteversorgung (energiewirtschaftliche Betätigung) dient grundsätzlich einem öffentlichen Zweck und ist zulässig, soweit die Voraussetzungen des § 101 Absatz 1 Nummer 2 erfüllt sind. § 101 Absatz 2 und 3 gelten entsprechend; zuständig für die Genehmigung nach § 101 Absatz 3 Satz 2 ist die oberste Kommunalaufsichtsbehörde.

(2) Eine Betätigung ausschließlich zur Erzeugung oder Gewinnung von Energie im Bereich erneuerbarer Energien (§ 5 Nummer 14 des Erneuerbare-Energien-Gesetzes) ist unabhängig von einer Versorgung nach Absatz 1 zulässig, wenn dessen Voraussetzungen erfüllt sind. Betätigungen nach Satz 1 sollen außerhalb des Gemeindegebietes auf angrenzende Gemeinden beschränkt sein und sind nur im Einvernehmen mit der betroffenen Gemeinde zulässig.

§ 102
Gründung von und Beteiligung an Gesellschaften

(1) Die Gemeinde darf unmittelbar oder mittelbar Gesellschaften gründen, sich an der Gründung von Gesellschaften beteiligen oder sich an bestehenden Gesellschaften beteiligen, wenn ein wichtiges Interesse der Gemeinde an der Gründung oder der Beteiligung vorliegt und die kommunale Aufgabe dauerhaft mindestens ebenso gut und wirtschaftlich wie in Organisationsformen des öffentlichen Rechts erfüllt wird. Vor der Gründung oder der Beteiligung hat die Bürgermeisterin oder der Bürgermeister die Vor- und Nachteile im Verhältnis zu den Organisationsformen des öffentlichen Rechts sowie im Hinblick auf die Voraussetzungen des Absatzes 2 umfassend abzuwägen, dies der Gemeindevertretung oder bei einer Übertragung der Entscheidung auf den Hauptausschuss nach § 28 Satz 1 Nummer 18 dem Hauptausschuss in einem Bericht darzulegen und dabei insbesondere die Angemessenheit und die soziale Ausgewogenheit von Gebühren- und Beitragsgestaltungen sowie die personalwirtschaftlichen, mitbestimmungsrechtlichen und gleichstellungsrechtlichen Änderungen darzustellen. Ferner müssen die Voraussetzungen des § 101 oder des § 101 a erfüllt sein.

(2) Durch den Gesellschaftsvertrag oder durch die Satzung ist, soweit andere gesetzliche Vorschriften nicht entgegenstehen, sicherzustellen,

1. dass die Gesellschaft den öffentlichen Zweck erfüllt,
2. dass die Haftung und die Einzahlungsverpflichtung der Gemeinde auf einen ihrer Leistungsfähigkeit angemessenen Betrag begrenzt wird,
3. dass die Gemeinde einen angemessenen Einfluss, insbesondere im Aufsichtsrat oder in einem entsprechenden Überwachungsorgan, erhält; ihr ist insbesondere das Recht einzuräumen, Mitglieder in das Überwachungsorgan zu entsenden, und den entsandten sowie den auf ihre Veranlassung hin gewählten Mitgliedern Weisungen (§ 25 Absatz 1) zu erteilen, zumindest bezüglich der Steuerung der Unternehmen zur Erreichung strategischer Ziele.
4. dass der gesetzlichen Vertreterin oder dem gesetzlichen Vertreter der Gemeinde zumindest das Recht eingeräumt wird, an der Gesellschafterversammlung teilzunehmen,
5. dass Entscheidungen über Angelegenheiten nach § 28 Satz 1 Nummer 18 der Beschlussfassung durch die Gesellschafterversammlung oder der Zustimmung des Aufsichtsrats vorbehalten sind,
6. dass der Jahresabschluss und der Lagebericht, soweit nicht weitergehende gesetzliche Vorschriften gelten, in entsprechender Anwendung der Vorschriften des Dritten Buchs des Handelsgesetzbuchs für große Kapitalgesellschaften aufgestellt und geprüft werden; § 11 des Kommunalprüfungsgesetzes ist zu beachten,
7. dass für jedes Wirtschaftsjahr ein Wirtschaftsplan in sinngemäßer Anwendung der Vorschriften der Eigenbetriebsverordnung aufgestellt, der Wirtschaftsführung eine fünfjährige Finanzplanung zugrunde gelegt und die Pläne der Gemeinde vorab zur Kenntnis gegeben werden,
8. dass, soweit nicht weitergehende gesetzliche Vorschriften gelten, die für die Tätigkeit im Geschäftsjahr gewährten Gesamtbezüge im Sinne des § 285 Nummer 9 des Handelsgesetzbuches der Mitglieder der Geschäftsführung, des Aufsichtsrates, des Beirates oder einer ähnlichen Einrichtung auf der Internetseite des Finanzministeriums sowie im Anhang zum Jahresabschluss jeweils für jede Personengruppe sowie zusätzlich unter Namensnennung die Bezüge jedes einzelnen Mitglieds dieser Personengruppen unter Aufgliederung nach Komponenten im Sinne des § 285 Nummer 9 Buchstabe a des Handelsgesetzbuches veröffentlicht werden; die individualisierte Ausweisungspflicht gilt auch für:

a) Leistungen, die den genannten Mitgliedern für den Fall einer vorzeitigen Beendigung ihrer Tätigkeit zugesagt worden sind und deren Voraussetzungen,
b) Leistungen, die den genannten Mitgliedern für den Fall der regulären Beendigung ihrer Tätigkeit zugesagt worden sind, mit ihrem Barwert sowie den von der Gesellschaft während des Geschäftsjahres hierfür aufgewandten oder zurückgestellten Betrag unter Angabe der vertraglich festgelegten Altersgrenze,
c) während des Geschäftsjahres vereinbarte Änderungen dieser Zusagen und
d) Leistungen, die einem früheren Mitglied, das seine Tätigkeit im Laufe des Geschäftsjahres beendet hat, in diesem Zusammenhang zugesagt und im Laufe des Geschäftsjahres gewährt worden sind;

eine Sicherstellung für die individualisierte Ausweisung von Bezügen und Leistungszusagen ist im Falle der Beteiligung an einer bestehenden Gesellschaft auch dann gegeben, wenn im Gesellschaftsvertrag oder Satzung der erstmalige individualisierte Ausweisung spätestens für das zweite Geschäftsjahr nach Erwerb der Beteiligung festgelegt ist.

---

[7] *Sparkassengesetz in der Fassung vom 11.9.2008 (GVOBl. Schl.-H. S. 372), zuletzt geändert durch Gesetz vom 7.7.2015 (GVOBl. Schl.-H. S. 200).*

Die Kommunalaufsichtsbehörde kann Ausnahmen von Satz 1 zulassen, insbesondere in den Fällen, in denen trotz Hinwirkens der gemeindlichen Vertreter eine Änderung des Gesellschaftsvertrages oder der Satzung nicht zustande kommt. Eine Ausnahme von Satz 1 Nummer 8 kann nur zugelassen werden, wenn eine Ausnahme von Satz 1 Nummer 6 zugelassen wird.

(3) Absatz 2 Satz 1 Nummer 8 gilt für die erstmalige unmittelbare oder mittelbare Beteiligung an einer Gesellschaft einschließlich der Gründung einer Gesellschaft, wenn der Gemeinde alleine oder zusammen mit anderen Gemeinden, Kreisen, Ämtern oder Zweckverbänden oder zusammen mit einer Beteiligung des Landes mehr als 50 % der Anteile gehören. Bei am 31. Juli 2015 bestehenden Gesellschaften, an denen die Gemeinde alleine oder zusammen mit anderen Gemeinden, Kreisen, Ämtern oder Zweckverbänden unmittelbar oder mittelbar oder zusammen mit dem Land mit mehr als 50 % beteiligt ist, trifft die Gemeinde eine Hinwirkungspflicht zur Anpassung an die Vorgaben des Absatzes 2 Satz 1 Nummer 8. Die Hinwirkungspflicht nach Satz 2 bezieht sich sowohl auf die Anpassung von Gesellschaftsvertrag und Satzung als auch auf die mit Absatz 2 Satz 1 Nummer 8 verfolgte Zielsetzung der individualisierten Ausweisung der dort genannten Bezüge und Leistungszusagen.

(4) Die Gemeinde darf unbeschadet des Absatzes 1 Unternehmen und Einrichtungen in der Rechtsform einer Aktiengesellschaft nur gründen, übernehmen, wesentlich erweitern oder sich daran beteiligen, wenn der öffentliche Zweck nicht ebenso gut in einer anderen Rechtsform erfüllt wird oder erfüllt werden kann.

(5) Im Übrigen sind im Falle der Gründung von oder der Beteiligung an einer Gesellschaft, die vor dem 29. Juli 2016 erfolgte, der Gesellschaftsvertrag oder die Satzung bis spätestens zum 31. Dezember 2020 nach Maßgabe des Absatzes 2 Satz 1 anzupassen. Absatz 2 Satz 2 gilt entsprechend.

§ 103
Veräußerung von wirtschaftlichen Unternehmen, Einrichtungen und Beteiligungen

Die teilweise oder vollständige Veräußerung eines wirtschaftlichen Unternehmens oder einer Beteiligung an einer Gesellschaft sowie andere Rechtsgeschäfte, durch die die Gemeinde ihren Einfluss verliert oder vermindert, sind nur zulässig, wenn dadurch die Erfüllung des öffentlichen Zwecks nicht beeinträchtigt wird. Das gleiche gilt für Einrichtungen nach § 101 Abs. 4.

§ 104
Vertretung der Gemeinde in Gesellschaften

(1) Die Vertreterinnen und Vertreter der Gemeinde in Gesellschaften, an denen die Gemeinde unmittelbar oder mittelbar beteiligt ist, werden von der Gemeinde bestellt. Soweit gesetzliche Vorschriften nicht entgegenstehen, gelten im Falle einer mittelbaren Beteiligung hinsichtlich der zur Zustimmung vorbehaltenen Angelegenheiten (§ 102 Absatz 2 Satz 1 Nummer 5) als Vertreterinnen und Vertreter der Gemeinde im Sinne des § 25 auch Geschäftsführerinnen und Geschäftsführer sowie Mitglieder von sonstigen Organen und ähnlichen Gremien der Gesellschaft, die von der Gemeinde entsandt oder auf ihre Veranlassung hin in das Organ oder Gremium bestellt oder gewählt worden sind. Die Vertreterinnen und Vertreter haben der Gemeinde auf Verlangen Auskunft zu erteilen und sie über Entscheidungen zur Steuerung des Unternehmens zur Erreichung strategischer Ziele möglichst frühzeitig zu unterrichten, insbesondere über Kreditaufnahmen, die nicht im Wirtschaftsplan der Gesellschaft enthalten sind.

(2) Die Gemeinde kann das Weisungsrecht (§ 25 Absatz 1) gegenüber Mitgliedern des Aufsichtsrats allgemein durch die Hauptsatzung oder im Einzelfall durch Beschluss auf Entscheidungen im Sinne des Absatzes 1 Satz 3 beschränken.

§ 105
Beteiligungen an Genossenschaften und an anderen privatrechtlichen Vereinigungen

§ 102 mit Ausnahme des Absatzes 2 Satz 1 Nummer 3 zweiter Halbsatz, Nummer 6 und 7 sowie die §§ 103 und 104 gelten für Beteiligungen an Genossenschaften und an anderen Vereinigungen in einer Rechtsform des privaten Rechts entsprechend. Für deren wirtschaftliche Betätigung gelten ferner § 102 Absatz 2 Satz 1 Nummer 3 zweiter Halbsatz, Nummer 6 und 7 sowie die §§ 107 bis 109 entsprechend.

§ 106
Eigenbetriebe

Wirtschaftliche Unternehmen der Gemeinde ohne eigene Rechtspersönlichkeit sollen als Eigenbetrieb geführt werden, wenn deren Art und Umfang einer selbständigen Wirtschaftsführung bedürfen. Die Organisation und die Wirtschaftsführung der Eigenbetriebe werden durch die Eigenbetriebsverordnung[8] und durch die Betriebssatzung geregelt.

§ 106 a
Kommunalunternehmen[9]

(1) Die Gemeinde kann durch Satzung Kommunalunternehmen in der Rechtsform einer rechtsfähigen Anstalt des öffentlichen Rechts errichten oder bestehende Regie- und Eigenbetriebe sowie eigenbetriebsähnliche Einrichtungen im Wege der Gesamtrechtsnachfolge in rechtsfähige Anstalten des öffentlichen Rechts umwandeln. Das Kommunalunternehmen kann sich nach Maßgabe der Satzung an anderen Unternehmen beteiligen, wenn es dem Anstaltszweck dient. Es besitzt Dienstherrenfähigkeit; der Vorstand des Kommunalunternehmens kann in ein Beamtenverhältnis auf Zeit für die Dauer von fünf Jahren berufen werden. Die Voraussetzungen des § 101 oder des § 101 a gelten entsprechend. Für die Aufhebung der Anstalt gilt Satz 1 entsprechend.

(1 a) Ein Unternehmen in der Rechtsform einer Kapitalgesellschaft, an dem ausschließlich die Gemeinde beteiligt ist, kann durch Formwechsel in ein Kommunalunternehmen umgewandelt werden. Die Umwandlung ist nur zulässig, wenn keine Sonderrechte im Sinne des § 23 des Umwandlungsgesetzes (UmwG) und keine Rechte Dritter an den Anteilen der Gemeinde bestehen. Der Formwechsel setzt den Erlass der Unternehmenssatzung durch die Gemeinde und einen sich darauf beziehenden Umwandlungsbeschluss der formwechselnden Gesellschaft voraus. Die §§ 193 bis 195, 197 bis 199, 200 Absatz 1 und § 201 UmwG sind entsprechend anzuwenden. Die Anmeldung zum Handelsregister entsprechend § 198 UmwG erfolgt durch das vertretungsberechtigte Organ der Kapitalgesellschaft. Die Umwandlung einer Kapitalgesellschaft in ein Kommunalunternehmen wird mit dessen Eintragung oder, wenn es nicht eingetragen wird, mit der Eintragung der Umwandlung in das Handelsregister wirksam; § 202 Absatz 1 und 3 UmwG ist entsprechend anzuwenden. Ist bei der Kapitalgesellschaft ein Betriebsrat eingerichtet, bleibt dieser nach dem Wirksamwerden der Umwandlung als Personalrat des Kommunalunternehmens bis zu den nächsten regelmäßigen Personalratswahlen bestehen.

(2) Die Gemeinde regelt die innere Organisation der Anstalt durch eine Satzung. Die Satzung muss Bestimmungen über den Namen, den Sitz, die Aufgaben der Anstalt, die Organe der Anstalt und deren Befugnisse, die Höhe des Stammkapitals, die Wirtschaftsführung, die Vermögensverwaltung und die Rechnungslegung enthalten. Dabei ist sicherzustellen, dass die für die Tätigkeit im Geschäftsjahr gewährten Gesamtbezüge im Sinne des § 285 Nummer 9 des Handelsgesetzbuches der Mitglieder des Vorstandes sowie die für die Tätigkeit im Geschäftsjahr gewährten Leistungen für die Mitglieder des Verwaltungsrates auf der Internetseite des Finanzministeriums sowie im Anhang zum Jahresabschluss jeweils für jede Personengruppe sowie zusätzlich unter Namensnennung die Bezüge jedes einzelnen Mitglieds dieser Personengruppen unter Aufgliederung nach Komponenten im Sinne des § 285 Nummer 9 Buchstabe a des Handelsgesetzbuches veröffentlicht werden, soweit es sich um Leistungen des Kommunalunternehmens handelt; die individualisierte Ausweisungspflicht gilt auch für Leistungen entsprechend § 102 Absatz 2 Satz 1 Nummer 8 Halbsatz 2. In der Satzung kann vorgesehen werden, dass bei

---

8 *Eigenbetriebsverordnung, Nr. **130**.*
9 *Landesverordnung über Kommunalunternehmen, Nr. **131**.*

Entscheidungen der Anstalt von grundsätzlicher Bedeutung die Zustimmung der Gemeinde erforderlich ist.

(3) Die Gemeinde kann der Anstalt einzelne oder alle mit einem bestimmten Zweck zusammenhängende Aufgaben ganz oder teilweise übertragen. Sie kann zugunsten der Anstalt unter der Voraussetzung des § 17 durch Satzung einen Anschluss- und Benutzungszwang vorschreiben und der Anstalt das Recht einräumen, an ihrer Stelle Satzungen für das übertragene Aufgabengebiet zu erlassen; § 4 gilt entsprechend.

(4) Die Gemeinde unterstützt die Anstalt bei der Erfüllung ihrer Aufgaben. Sie stellt der Anstalt die notwendigen Mittel nach kaufmännischen Grundsätzen zur Verfügung. Das Rechnungsprüfungsamt der Gemeinde hat das Recht, sich zur Klärung von Fragen im Zusammenhang mit der Prüfung nach § 116 Absatz 2 Nummer 3 unmittelbar zu unterrichten und zu diesem Zweck den Betrieb, die Bücher und die Schriften der Anstalt einzusehen.

(5) § 12 Abs. 1, §§ 22, 31 a, 75 Abs. 1, §§ 76 und 83 sowie für die Aufsicht §§ 120 bis 131 gelten entsprechend.

(6) Bei bestehenden Verträgen, die vor dem 31. Juli 2015 mit den in Absatz 2 Satz 3 genannten Mitgliedern abgeschlossen wurden, hat die Gemeinde auf eine Anpassung der Verträge an die Vorgaben des § 102 Absatz 2 Satz 1 Nummer 8 hinzuwirken.

§ 107
Wirtschaftsgrundsätze

Wirtschaftliche Unternehmen und Gesellschaften sind so zu führen, dass der öffentliche Zweck erfüllt wird. Sie sollen für die technische und wirtschaftliche Entwicklung notwendige Rücklagen aus dem Jahresgewinn bilden und mindestens eine marktübliche Verzinsung des Eigenkapitals erwirtschaften.

§ 108
Anzeige

(1) Will die Gemeinde unmittelbar oder mittelbar
1. unternehmerisch einer Einrichtung im Sinne des § 101 Absatz 1 oder 4 mit Ausnahme eines Regiebetriebs errichten, übernehmen oder wesentlich erweitern oder über eine wesentliche Änderung der Satzung entscheiden,
2. eine Gesellschaft (§ 102) gründen, sich an der Gründung einer Gesellschaft oder an einer bestehenden Gesellschaft beteiligen, die Gesellschaft wesentlich erweitern oder über eine wesentliche Änderung des Gesellschaftsvertrages oder der Satzung entscheiden

hat sie dies der Kommunalaufsichtsbehörde spätestens sechs Wochen vor der Beschlussfassung der Gemeindevertretung oder des Hauptausschusses bei einer Übertragung der Entscheidung auf den Hauptausschuss nach § 28 Satz 1 Nummer 18 anzuzeigen. Aus der Anzeige muss zu ersehen sein, ob die gesetzlichen Voraussetzungen, vorbehaltlich der Beschlussfassung der Gemeindevertretung oder des Hauptausschusses bei einer Übertragung der Entscheidung auf den Hauptausschuss nach § 28 Satz 1 Nr. 18, erfüllt sind. Die Entscheidung der Gemeinde ist der Kommunalaufsichtsbehörde unverzüglich schriftlich anzuzeigen; Satz 2 gilt entsprechend. Die Entscheidung der Gemeinde wird wirksam, wenn die Kommunalaufsichtsbehörde nicht innerhalb von sechs Wochen nach Eingang der Beschlussfassung wegen Verletzung von Rechtsvorschriften widerspricht oder vor Ablauf der Frist erklärt, dass sie nicht widersprechen wird. Die Kommunalaufsichtsbehörde kann die Frist im Einzelfall verlängern.

(2) Im Falle einer mittelbaren Beteiligung bedarf es eines Anzeigeverfahrens nach Absatz 1 nur dann, wenn die Gemeinde an dem sich beteiligenden Unternehmen unmittelbar oder mittelbar mit mehr als 25 % beteiligt ist.

§ 109
Verbot des Monopolmissbrauchs

Bei Unternehmen, die nicht im Wettbewerb mit gleichartigen Unternehmen stehen, dürfen der Anschluss und die Belieferung nicht davon abhängig gemacht werden, dass auch andere Leistungen oder Lieferungen abgenommen werden.

§ 109 a
Beteiligungsmanagement

(1) Die Gemeinde hat ihre wirtschaftlichen Unternehmen, Einrichtungen und Beteiligungen wirksam zu steuern und zu kontrollieren, um sicherzustellen, dass der öffentliche Zweck erfüllt und die strategischen Ziele erreicht werden. Sie wird dabei durch die für die Beteiligungsverwaltung zuständige Beschäftigte oder durch den für die Beteiligungsverwaltung zuständigen Beschäftigten (Beteiligungsverwaltung) unterstützt.

(2) Die Beteiligungsverwaltung darf sich, soweit andere Rechtsvorschriften nicht entgegenstehen, jederzeit über Angelegenheiten der wirtschaftlichen Unternehmen, Einrichtungen und Beteiligungen informieren, an deren Sitzungen teilnehmen und Unterlagen einsehen.

(3) Die Beteiligungsverwaltung soll insbesondere
1. den Bericht nach § 45 c Satz 4 vorbereiten,
2. die Gemeindevertretung und ihre Ausschüsse informieren, beraten und deren Sitzungen fachlich vorbereiten,
3. Vertreterinnen und Vertreter der Gemeinde in den Organen der wirtschaftlichen Unternehmen, Einrichtungen und Beteiligungen informieren, beraten und Angebote für deren Qualifizierung und Weiterbildung im Rahmen des aus dieser Tätigkeit resultierenden Bedarfs in betriebswirtschaftlichen und rechtlichen Fragen vorhalten und
4. ein strategisches Beteiligungscontrolling und Risikomanagement einrichten.

4. Abschnitt
Örtliche Prüfung

§ 110 bis 113
– entfallen –

§ 114
Einrichtung eines Rechnungsprüfungsamtes

Städte über 20 000 Einwohnerinnen und Einwohner müssen ein Rechnungsprüfungsamt einrichten; andere Gemeinden können es einrichten, wenn ein Bedürfnis hierfür besteht und die Kosten in angemessenem Verhältnis zum Umfang der Verwaltung stehen.

§ 115
Stellung des Rechnungsprüfungsamtes

(1) Das Rechnungsprüfungsamt ist der Gemeindevertretung unmittelbar verantwortlich. Es kann sich in bedeutsamen Angelegenheiten über die Bürgermeisterin oder den Bürgermeister an die Gemeindevertretung wenden. Die Bürgermeisterin oder der Bürgermeister sowie der Hauptausschuss in der Wahrnehmung seiner Aufgaben nach § 45 b haben das Recht, dem Rechnungsprüfungsamt Aufträge zur Prüfung der Verwaltung zu erteilen.

(2) Die Gemeindevertretung bestellt die Leiterin oder den Leiter sowie die Prüferinnen und Prüfer des Rechnungsprüfungsamtes und hebt die Bestellung auf. Die Aufhebung der Bestellung ohne Einverständnis der Betroffenen bedarf der Zustimmung der Kommunalaufsichtsbehörde.

(3) Die Leiterin oder der Leiter des Rechnungsprüfungsamtes ist bei der Wahrnehmung der ihr oder ihm zugewiesenen Prüfungsaufgaben unabhängig und an Weisungen nicht gebunden. Die Leiterin oder der Leiter sowie die Prüferinnen und Prüfer des Rechnungsprüfungsamtes dürfen nicht mit oder dem Vorsitzenden der Gemeindevertretung, der Bürgermeisterin oder dem Bürgermeister, den Stadträtinnen und Stadträten, den Mitgliedern des Hauptausschusses sowie der oder dem Verantwortlichen der Finanzbuchhaltung oder ihrer oder seiner Stellvertreterin oder ihres oder seines Stellvertreters nicht in der Weise des § 22 Absatz 1 verbunden sein. Die Bürgermeisterin oder der Bürgermeister kann weitere Ausschließungsgründe regeln. Entsteht der Behinderungsgrund im Lauf der Amtszeit, so hat eine der beteiligten Personen aus ihrer Funktion auszuscheiden. Ist eine der beteiligten Personen Bürgermeisterin oder Bürgermeister oder Stadträtin oder Stadtrat, so hat die andere Person aus ihrer Funktion auszuscheiden. Ist eine der beteiligten Perso-

nen hauptamtlich, die andere ehrenamtlich tätig, so scheidet die andere Person aus.

(4) Die Leiterin oder der Leiter und die Prüferinnen und Prüfer des Rechnungsprüfungsamtes können nicht zu gleicher Zeit eine andere Stellung in der Gemeindeverwaltung innehaben; dies gilt nicht für die Stellung einer oder eines Beauftragten für den Datenschutz.

(5) Die Leiterin oder der Leiter und die Prüferinnen und Prüfer des Rechnungsprüfungsamtes dürfen Zahlungen durch die Gemeinde weder anordnen noch ausführen.

§ 116
Aufgaben des Rechnungsprüfungsamtes

(1) Das Rechnungsprüfungsamt hat
1. den Jahresabschluss und den Lagebericht (§ 92) sowie den Gesamtabschluss und den Gesamtlagebericht (§ 93) zu prüfen,
2. die Vorgänge der Finanzbuchhaltung und Belege zur Vorbereitung der Prüfung des Jahresabschlusses laufend zu prüfen,
3. die Finanzbuchhaltungen der Gemeinde, ihrer Eigenbetriebe und anderer Sondervermögen dauernd zu überwachen sowie die regelmäßigen und unvermuteten Prüfungen der Finanzbuchhaltungen vorzunehmen und
4. die Rechtmäßigkeit, Zweckmäßigkeit und Wirtschaftlichkeit der Verwaltung, der Eigenbetriebe und der anderen Sondervermögen zu prüfen.

(2) Die Gemeindevertretung kann dem Rechnungsprüfungsamt weitere Aufgaben übertragen, insbesondere
1. die Vorräte und Vermögensbestände zu prüfen,
2. die Vergaben zu prüfen,
3. die Wirtschaftsführung der Kommunalunternehmen, der Eigenbetriebe und anderer Sondervermögen laufend zu prüfen,
4. die Betätigung der Gemeinde als Gesellschafterin oder Aktionärin zu prüfen und
5. die Kassen-, Buch- und Betriebsprüfung, die sich die Gemeinde bei einer Beteiligung, bei der Hingabe eines Darlehens oder sonst vorbehalten hat.

(3) Das Rechnungsprüfungsamt hat sich gutachtlich zu einer Planung oder Maßnahme zu äußern, wenn die Gemeindevertretung oder die Bürgermeisterin oder der Bürgermeister oder der Hauptausschuss in der Wahrnehmung seiner Aufgaben nach § 45 b es verlangt.

§ 117
– entfällt –

5. Abschnitt
Wirksamkeit von Rechtsgeschäften

§ 118

(1) Geschäfte des bürgerlichen Rechtsverkehrs, die ohne die nach den Vorschriften der Abschnitte 1 bis 4 erforderliche Genehmigung der Kommunalaufsichtsbehörde abgeschlossen werden, sind unwirksam.

(2) Rechtsgeschäfte, die gegen das Verbot des § 75 Absatz 2 Satz 3, des § 85 Absatz 8 Satz 1 und des § 109 verstoßen, sind nichtig.

§ 119
– entfällt –

Siebenter Teil
Aufsicht

§ 120
Kommunalaufsicht

Das Land übt die Aufsicht darüber aus, dass die Gemeinden die Selbstverwaltungsaufgaben rechtmäßig erfüllen. Die Kommunalaufsichtsbehörden sollen die Gemeinden vor allem beraten und unterstützen.

§ 121
Kommunalaufsichtsbehörden

(1) Kommunalaufsichtsbehörde für die Gemeinden und für die kreisangehörigen Städte bis 20 000 Einwohnerinnen und Einwohner ist die Landrätin oder der Landrat.

(2) Kommunalaufsichtsbehörde für die Städte über 20 000 Einwohnerinnen und Einwohner sowie oberste Kommunalaufsichtsbehörde ist das Ministerium für Inneres, ländliche Räume und Integration.

(3) Das Ministerium für Inneres, ländliche Räume und Integration kann in Angelegenheiten der Kommunalaufsicht der Landrätin oder dem Landrat Weisungen erteilen; es kann zur Kommunalaufsicht über die kreisangehörigen Städte über 20 000 Einwohnerinnen und Einwohner die Landrätin oder den Landrat heranziehen.

(4) Ist in einer von der Landrätin oder dem Landrat als Kommunalaufsichtsbehörde zu entscheidenden Angelegenheit der Kreis zugleich als Gemeindeverband unmittelbar beteiligt, so entscheidet anstelle der Landrätin oder des Landrats das Ministerium für Inneres, ländliche Räume und Integration.

§ 122
Auskunftsrecht

Die Kommunalaufsichtsbehörde kann sich jederzeit – auch durch Beauftragte – über die Angelegenheiten der Gemeinde unterrichten, sie kann an Ort und Stelle prüfen und besichtigen, an Sitzungen teilnehmen, mündliche und schriftliche Berichte, Beschlüsse und Sitzungsniederschriften der Gemeindevertretung und ihrer Ausschüsse sowie Akten und sonstige Unterlagen anfordern oder einsehen. Die Bürgermeisterin oder der Bürgermeister ist verpflichtet, auf Verlangen am Sitz der Kommunalaufsichtsbehörde Auskunft zu erteilen.

§ 123
Beanstandungsrecht, einstweilige Anordnung

(1) Die Kommunalaufsichtsbehörde kann Beschlüsse und Anordnungen der Gemeinde, die das Recht verletzen, beanstanden und verlangen, dass die Gemeinde den Beschluss oder die Anordnung binnen einer angemessenen Frist aufhebt. Die Kommunalaufsichtsbehörde kann ferner verlangen, dass die Gemeinde Maßnahmen, die aufgrund derartiger Beschlüsse und Anordnungen getroffen wurden, rückgängig macht. Die Beanstandung hat aufschiebende Wirkung.

(2) Die Kommunalaufsichtsbehörde kann vor einer Beanstandung der Gemeinde bis zur Ermittlung des Sachverhalts, höchstens jedoch einen Monat, ausgesetzt wird (einstweilige Anordnung).

§ 124
Anordnungsrecht

(1) Erfüllt die Gemeinde die ihr nach dem Gesetz obliegenden Pflichten oder Aufgaben nicht, so kann die Kommunalaufsichtsbehörde anordnen, dass die Gemeinde innerhalb einer bestimmten Frist das Erforderliche veranlasst.

(2) Setzt die Bürgermeisterin oder der Bürgermeister die Beschlüsse der Gemeindevertretung, des Hauptausschusses oder der Ausschüsse nicht oder nicht vollständig um oder kommt sie oder er seinen Berichtspflichten nicht nach, so prüft die Kommunalaufsicht auf Antrag der Gemeindevertretung innerhalb von zwei Monaten den Sachverhalt. Sie kann die Bürgermeisterin oder den Bürgermeister anweisen, innerhalb einer bestimmten Frist das Erforderliche zur Umsetzung zu veranlassen. Hat die Bürgermeisterin oder der Bürgermeister bis zu dem in Satz 2 bestimmten Zeitpunkt das Erforderliche nicht veranlasst, kann die Kommunalaufsichtsbehörde von Amts wegen oder auf Antrag der Gemeindevertretung ein Disziplinarverfahren einleiten. Der Beschluss der Gemeindevertretung über den Antrag auf Einleitung eines Disziplinarverfahrens bedarf der Mehrheit der gesetzlichen Zahl der Gemeindevertreterinnen und Gemeindevertreter.

§ 125
Ersatzvornahme

Kommt die Gemeinde einer Anordnung der Kommunalaufsichtsbehörde nicht innerhalb der bestimmten Zeit nach, so kann die Kommunalaufsichtsbehörde die Anordnung anstelle und auf Kosten der Gemeinde selbst durchführen oder die Durchführung einem anderen übertragen.

§ 126
– entfällt –

§ 127
Bestellung von Beauftragten
Wenn und solange der ordnungsgemäße Gang der Verwaltung der Gemeinde es erfordert und die Befugnisse der Kommunalaufsichtsbehörde nach den §§ 122 bis 125 nicht ausreichen, kann die oder der Beauftragte bestellen, die oder der alle oder einzelne Aufgaben der Gemeinde auf Kosten der Gemeinde wahrnimmt. Die oder der Beauftragte hat die Stellung eines Organs der Gemeinde.

§ 128
– entfällt –

§ 129
Schutzvorschrift
Andere Behörden und Stellen als die Kommunalaufsichtsbehörden nach § 121 sind zu Eingriffen in die Gemeindeverwaltung nach den §§ 123 bis 127 nicht befugt. Die §§ 17 und 18 des Landesverwaltungsgesetzes bleiben unberührt.

§ 130
– entfällt –

§ 131
Zwangsvollstreckung und Insolvenz
(1) Zur Einleitung der Zwangsvollstreckung gegen die Gemeinden wegen einer Geldforderung bedarf die Gläubigerin oder der Gläubiger einer Zulassungsverfügung der Kommunalaufsichtsbehörde, es sei denn, dass es sich um die Verfolgung dinglicher Rechte handelt. In der Verfügung hat die Kommunalaufsichtsbehörde die Vermögensgegenstände zu bezeichnen, in welche die Zwangsvollstreckung zugelassen wird, und über den Zeitpunkt zu befinden, in dem sie stattfinden soll. Die Zwangsvollstreckung wird nach den Vorschriften der Zivilprozessordnung durchgeführt.

(2) Ein Insolvenzverfahren über das Vermögen der Gemeinde findet nicht statt.

Achter Teil
Schlussvorschriften

§ 132
Beteiligungsrechte
Die obersten Landesbehörden haben zu Entwürfen von Rechtsvorschriften und allgemeinen Verwaltungsvorschriften, die die Selbstverwaltung der Gemeinden berühren, die Landesverbände der Gemeinden zu hören.

§ 133
Einwohnerzahl
(1) Soweit für die Anwendung dieses Gesetzes oder einer aufgrund dieses Gesetzes erlassenen Verordnung das Überschreiten einer Einwohnerzahl maßgebend ist, gilt die vom Statistischen Amt für Hamburg und Schleswig-Holstein nach dem Stand vom 31. März fortgeschriebene Einwohnerzahl vom 1. Januar des folgenden Jahres an.

(2) Soweit für die Anwendung dieses Gesetzes oder untergesetzlicher kommunalhaushaltsrechtlicher Vorschriften die Einwohnerzahl maßgebend oder anzugeben ist, gilt die vom Statistischen Amt für Hamburg und Schleswig-Holstein nach dem Stand vom 31. März fortgeschriebene Einwohnerzahl vom 1. Januar des folgenden Jahres an. Für die Anwendung zukünftiger Haushaltsjahre gilt der zuletzt vorliegende Stand.

(3) Bei einer Gebietsänderung stellt das Statistische Amt für Hamburg und Schleswig-Holstein die neuen Einwohnerzahlen der Gemeinden fest und gibt sie ihnen bekannt. Stichtag und Tag des Wirksamwerdens ist der Tag der Gebietsänderung, soweit das Statistische Amt für Hamburg und Schleswig-Holstein nichts anderes bestimmt.

(4) Ein Rückgang unter die Einwohnerzahl ist so lange unbeachtlich, als das Ministerium für Inneres, ländliche Räume und Integration nichts anderes bestimmt. Die Entscheidung ist im Amtsblatt für Schleswig-Holstein zu veröffentlichen.

§ 134
Ordnungswidrigkeiten
(1) Ordnungswidrig handelt, wer als Gemeindevertreterin oder -vertreter, als weiteres Mitglied eines Ortsbeirats oder als Ausschussmitglied, das nicht der Gemeindevertretung angehört, vorsätzlich oder fahrlässig
1. entgegen der Entscheidung nach § 32 Abs. 3, § 46 Abs. 12, § 47 c Abs. 3 in Verbindung mit § 23 Ansprüche Dritter gegen die Gemeinde geltend macht,
2. eine Weisung der Gemeinde nach § 32 Abs. 3, § 46 Abs. 12, § 47 c Abs. 3 in Verbindung mit § 25 nicht befolgt oder
3. ohne triftigen Grund einer Sitzung der Gemeindevertretung, eines Ausschusses oder eines Ortsbeirats fernbleibt.

(2) Ordnungswidrig handelt, wer als ehrenamtlich tätige Bürgerin oder ehrenamtlich tätiger Bürger vorsätzlich oder fahrlässig
1. entgegen der Entscheidung nach § 23 Ansprüche Dritter gegen die Gemeinde geltend macht oder
2. eine Weisung der Gemeinde nach § 25 nicht befolgt.

(3) Ordnungswidrig handelt, wer als Gemeindevertreterin oder -vertreter, als weiteres Mitglied eines Ortsbeirats, als Ausschussmitglied, das nicht der Gemeindevertretung angehört, oder als ehrenamtlich tätige Bürgerin oder ehrenamtlich tätiger Bürger
1. es vorsätzlich unterlässt, einen Ausschließungsgrund mitzuteilen (§ 22 Abs. 4 Satz 1) oder
2. vorsätzlich gegen die Verschwiegenheitspflicht (§ 21 Abs. 2, § 32 Abs. 3 Satz 1 in Verbindung mit § 21 Abs. 2) verstößt, soweit die Tat nicht nach § 203 Abs. 2 oder § 353 b des Strafgesetzbuchs bestraft werden kann.

(4) Ordnungswidrig handelt, wer als Bürgerin oder Bürger vorsätzlich oder fahrlässig ohne wichtigen Grund die Übernahme eines Ehrenamts oder einer ehrenamtlichen Tätigkeit ablehnt oder die Ausübung verweigert.

(5) Ordnungswidrig handelt, wer vorsätzlich oder fahrlässig einer Satzung über die Benutzung einer öffentlichen Einrichtung zuwiderhandelt, soweit die Satzung für einen bestimmten Tatbestand auf diese Bußgeldvorschrift verweist.

(6) Die Ordnungswidrigkeit kann mit einer Geldbuße geahndet werden.

(7) Verwaltungsbehörden nach § 36 Abs. 1 Nr. 1 des Gesetzes über Ordnungswidrigkeiten sind die Bürgermeisterinnen und Bürgermeister der amtsfreien Gemeinden und die Amtsdirektorinnen und Amtsdirektoren, in ehrenamtlich verwalteten Ämtern die Amtsvorsteherinnen und Amtsvorsteher. Die Ordnungswidrigkeiten der Gemeindevertreterinnen und -vertreter nach den Absätzen 1 und 3, der Ausschussmitglieder nach § 46 Abs. 3 und der weiteren Mitglieder eines Ortsbeirats werden nur auf Antrag der Gemeindevertretung verfolgt. Für die Antragsfrist und die Zurücknahme des Antrags gelten die §§ 77 b und 77 d des Strafgesetzbuchs entsprechend.

§ 135
Durchführungsbestimmungen
(1) Das Ministerium für Inneres, ländliche Räume und Integration wird ermächtigt, durch Verordnung[10] nähere Bestimmungen zu treffen über
1. den Schriftkopf im Schriftverkehr bei Selbstverwaltungsaufgaben und Aufgaben zur Erfüllung nach Weisung und über den Zusatz, mit dem die Stadträtinnen und Stadträte im Schriftverkehr zeichnen,
2. die Änderung von Gemeindenamen,
3. das Verfahren und die Durchführung von Gebietsänderungen und über die Auseinandersetzung,

---

10 zu Nr. 1 bis 4 GKAVO, Nr. 101; zu Nr. 5 Entschädigungsverordnung vom 3.5.2018 (GVOBl. Schl.-H. S. 220), geändert durch LVO vom 1.10.2020 (GVOBl. Schl.-H. S. 738).

4. die Durchführung des Einwohnerantrags nach § 16 f und des Bürgerentscheids und Bürgerbegehrens nach § 16 g,
5. die Gewährung von Entschädigungen an Ehrenbeamtinnen und -Beamte, ehrenamtlich tätige Bürgerinnen und Bürger sowie Gemeindevertreterinnen und -vertreter, insbesondere über
   a) die Höchstbeträge für Entschädigungen, insbesondere Aufwandsentschädigungen,
   b) die Funktionen, für die eine Aufwandsentschädigung nach § 24 Abs. 2 gewährt werden kann, und .
   c) die Wirkung der Änderung der Einwohnerzahl auf die Höhe der Entschädigung;
   dabei sind die Einwohnerzahlen der Gemeinden zu berücksichtigen. Die Höhe der Entschädigungen nach Satz 1 Buchst. a ist nach Ablauf der ersten Hälfte der Wahlzeit anzupassen. Grundlage dafür ist die Preisentwicklung ausgewählter Waren und Leistungen im Preisindex für die Lebenshaltung aller privaten Haushalte im vorausgegangenen Jahr.

(2)[11] Das Ministerium für Inneres, ländliche Räume und Integration wird ermächtigt, durch Verordnung[12] nähere Bestimmungen für eine Haushaltswirtschaft nach den Grundsätzen der doppelten Buchführung zu treffen über
1. Inhalt und Gestaltung des Haushaltsplans, der mittelfristigen Ergebnis- und Finanzplanung sowie die Haushaltsführung und die Haushaltsüberwachung,
2. die Veranschlagung von Erträgen, Aufwendungen sowie Einzahlungen und Auszahlungen und Verpflichtungsermächtigungen, die Bildung von Budgets sowie den Ausweis von Zielen und Kennzahlen,
3. die Bildung und Verwendung von Rückstellungen, Rücklagen und Sonderposten sowie deren Höhe,
4. die Erfassung, den Nachweis, die Bewertung und die Abschreibung der Vermögensgegenstände und der Schulden,
5. die Geldanlagen und ihre Sicherung,
6. die Stundung, die Niederschlagung und den Erlass von Ansprüchen sowie die Behandlung von Kleinbeträgen,
7. Inhalt, Gestaltung, Prüfung und Aufbewahrung des Jahresabschlusses und des Lageberichtes sowie des Gesamtabschlusses und des Gesamtlageberichtes,
8. die Behandlung von Jahresüberschüssen und Jahresfehlbeträgen,
9. die Aufgaben und die Organisation der Finanzbuchhaltung und der Sonderfinanzbuchhaltungen, deren Beaufsichtigung und Prüfung sowie die Abwicklung des Zahlungsverkehrs und die Buchführung,
10. die erstmalige Bewertung von Vermögen und Schulden und die Aufstellung, Prüfung und Aufbewahrung der Eröffnungsbilanz sowie die Vereinfachungsverfahren und Wertberichtigungen,
11. die zeitliche Aufbewahrung von Büchern, Belegen und sonstigen Unterlagen,
12. die Besetzung von Stellen mit Beamtinnen und Beamten sowie Arbeitnehmerinnen und Arbeitnehmer.

(3) Das Ministerium für Inneres, ländliche Räume und Integration wird ermächtigt, für Eigenbetriebe durch Verordnung[13] nähere Bestimmungen zu treffen über
1. die Leitung und Vertretung,
2. Zuständigkeiten der gemeindlichen Organe und Abgrenzung der Befugnisse der Leitung von denen der gemeindlichen Organe,
3. Inhalt und Erlass der Betriebssatzungen,
4. Inhalt und Gestaltung des Wirtschaftsplans sowie die Wirtschaftsführung und ihre Überwachung,
5. die Erhaltung des Vermögens, insbesondere die Erfassung, den Nachweis, die Bewertung und Abschreibung der Vermögensgegenstände,
6. das Rechnungswesen und die Buchführung,
7. die Berichterstattung und die Rechenschaftspflicht der Leitung,
8. Inhalt und Gestaltung des Jahresabschlusses.

(4) Die Ermächtigungen nach den Absätzen 2 und 3 schließen die Befugnis ein, zur Vergleichbarkeit der Haushalte und Wirtschaftspläne Muster für verbindlich zu erklären, insbesondere für
1. die Haushaltssatzung,
2. die Form des Haushaltsplans und seiner Anlagen,
3. die produktorientierte Gliederung des Haushaltsplans (Produktrahmen) und die Gliederung des Ergebnisplans nach Ertrags- und Aufwandsarten sowie des Finanzplans nach Ein- und Auszahlungsarten (Kontenrahmen),
4. die Gliederung und die Form der Bestandteile des Jahresabschlusses, sowie des Gesamtabschlusses und ihrer Anlagen,
5. die Aufstellung der Jahresbilanz,
6. die Gliederung und Form der Anlagennachweise und
7. die Gliederung und Form der Erfolgsrechnung und der Erfolgsübersicht.

(5) Das Ministerium für Inneres, ländliche Räume und Integration wird ermächtigt, durch Rechtsverordnung[14] nähere Bestimmungen zu treffen über den Aufbau, die Zusammensetzung und Befugnisse der Organe und die Wirtschaftsführung der Kommunalunternehmen.

(6) Das für Inneres zuständige Ministerium wird ermächtigt, durch Verordnung inhaltliche Anforderungen an das Berichtswesen nach § 45 c Satz 4 zu stellen, insbesondere zu den Zulässigkeitsvoraussetzungen der §§ 101 und 101 a.

§ 135 a
Weiterentwicklung der kommunalen Selbstverwaltung (Experimentierklausel)

Zur Erprobung neuer Steuerungsmodelle, zur Weiterentwicklung der kommunalen Selbstverwaltung auch in der grenzüberschreitenden kommunalen Zusammenarbeit sowie zur Weiterentwicklung der wirtschaftlichen Betätigung und der privatrechtlichen Beteiligung der Gemeinden kann das Ministerium für Inneres, ländliche Räume und Integration im Einzelfall zeitlich begrenzte Ausnahmen von organisations- und gemeindewirtschaftsrechtlichen Vorschriften des Gesetzes oder der zur Durchführung ergangenen Verordnungen sowie von den ausschließlich für die Mitarbeiterinnen und Mitarbeiter der kommunalen Körperschaften geltenden dienstrechtlichen Vorschriften des Landes zulassen.

---

11 Gemäß Artikel 9 Absatz 2 des Gesetzes vom 23.6.2020 (GVOBl. Schl.-H. S. 364) bleiben die Ermächtigungen aus § 135 Absatz 2 alter Fassung zum Erlass von Verordnungen für eine Haushaltswirtschaft nach den Grundsätzen der kameralen Buchführung bestehen. Siehe dazu Gemeindehaushaltsverordnung-Kameral, Nr. *120*; Gemeindekassenverordnung-Kameral vom 13.12.2017 (GVOBl. Schl.-H. S. 576), geändert durch LVO vom 2.12.2019 (GVOBl. Schl.-H. S. 623).
12 Gemeindehaushaltsverordnung-Doppik, Nr. *121*.
13 Eigenbetriebsverordnung, Nr. *130*.
14 Landesverordnung über Kommunalunternehmen, Nr. *131*.

Landesverordnung
zur Durchführung der Gemeinde-, der Kreis- und der Amtsordnung (GKAVO)
vom 22. Oktober 2018
– GVOBl. Schl.-H. S. 695 –

Aufgrund des § 135 Absatz 1 Satz 1 Nummer 1 bis 4 der Gemeindeordnung, des § 73 Satz 1 Nummer 1 bis 3 der Kreisordnung und des § 26 Satz 1 Nummer 1 und 2 der Amtsordnung verordnet das Ministerium für Inneres, ländliche Räume und Integration:

Abschnitt 1
Schriftverkehr, Gemeindename

§ 1
Schriftverkehr

Im Schriftverkehr geht aus den Schreiben der Behörden eindeutig die zustellungs- und ladungsfähige Anschrift hervor. Als Schriftkopf verwenden

- Gemeinden: „Gemeinde X
Die Bürgermeisterin"
oder
„Gemeinde X
Der Bürgermeister",

- Städte: „Stadt X
Die Bürgermeisterin"
oder
„Stadt X
Der Bürgermeister",

- ehrenamtlich verwaltete Ämter: „Amt X
Die Amtsvorsteherin"
oder
„Amt X
Der Amtsvorsteher",

- hauptamtlich verwaltete Ämter: „Amt X
Die Amtsdirektorin"
oder
„Amt X
Der Amtsdirektor",

- kreisfreie und Große kreisangehörige Städte im Fall des § 61 Absatz 2 der Gemeindeordnung: „Stadt X
Die Oberbürgermeisterin"
oder
„Stadt X
Der Oberbürgermeister" und

- Kreise: „Kreis X
Die Landrätin"
oder
„Kreis X
Der Landrat".

§ 2
Gemeindename

(1) Eine Gemeinde ändert ihren Namen nach § 11 Absatz 1 Satz 2 der Gemeindeordnung, wenn sie
1. ihren Eigennamen ändert,
2. die Schreibweise ihres Eigennamens ändert oder
3. eine zweifelhaft gewordene Schreibweise ihres Eigennamens feststellt.

(2) Bei der Änderung und bei der Bestimmung von Namen für neu gebildete Gemeinden sollen Doppelnamen vermieden werden. Zusätze, die die geographische Lage einer Gemeinde erläutern, sollen in Klammern gesetzt werden.

(3) Die Gemeinde gibt die Änderung ihres Namens, eine neu gebildete Gemeinde den von ihr bestimmten Namen im Amtsblatt für Schleswig-Holstein öffentlich bekannt.

Abschnitt 2
Gebietsänderung, Auflösung

§ 3
Verfahren und Durchführung
von Gebietsänderungen bei Gemeinden

(1) Eine Gebietsänderung nach § 14 der Gemeindeordnung liegt vor, wenn

1. die Gemeindegrenzen unter Fortbestand der Gemeinden geändert werden, indem Teile einer Gemeinde in eine andere Gemeinde eingegliedert werden (Umgemeindung),
2. eine Gemeinde in eine andere Gemeinde oder ein gemeindefreies Grundstück in eine Gemeinde eingegliedert wird (Eingemeindung),
3. mehrere Gemeinden zu einer neuen Gemeinde zusammengeschlossen werden (Neubildung durch Vereinigung),
4. aus Teilen einer oder mehrerer Gemeinden unter Ausgliederung aus diesen oder aus gemeindefreien Grundstücken eine neue Gemeinde gebildet wird (Neubildung) oder
5. das Gebiet einer Gemeinde auf mehrere Gemeinden aufgeteilt wird (Auflösung).

(2) Haben sich Gemeinden über eine Gebietsänderung geeinigt, haben sie dies der zuständigen Kommunalaufsichtsbehörde für ihre Entscheidung nach § 15 Absatz 1 Satz 1 der Gemeindeordnung mit einer eingehenden Darstellung der tatsächlichen Verhältnisse, insbesondere der finanziellen Auswirkungen, zu berichten. Dem Bericht sind beizufügen

1. die Beschlüsse der Gemeindevertretungen,
2. Auszüge aus den Sitzungsniederschriften,
3. die Stellungnahmen der angehörten Stellen,
4. ein Auszug aus der Flurkarte oder einer topographischen Karte in einem die Gebietsänderung mit hinreichender Deutlichkeit darstellenden Maßstab und mit farbiger Kennzeichnung der Gebietsänderung,
5. mit Ausnahme bei Gebietsänderungen nach Absatz 1 Nummer 2 erste Alternative und Nummer 3 eine von der für die Führung des Liegenschaftskatasters zuständigen Behörde bestätigte Aufstellung der von der Gebietsänderung betroffenen Flurstücke, die auch Angaben über die Größe (Fläche) der Flurstücke enthalten soll.

In den Fällen des § 15 Absatz 1 Satz 2 der Gemeindeordnung legen die beteiligten Gemeinden der zuständigen Kommunalaufsichtsbehörde den unterzeichneten Gebietsänderungsvertrag über die Umgemeindung von Gebietsteilen zur Genehmigung vor. Werden durch die Umgemeindung die Grenzen eines Amtes verändert, ist der Amtsausschuss des betroffenen Amtes anzuhören und dessen Stellungnahme der zuständigen Kommunalaufsichtsbehörde vorzulegen. Weitere Unterlagen fordert die Kommunalaufsichtsbehörde im Einzelfall nach Bedarf nach. Die Unterlagen sollen der Kommunalaufsichtsbehörde spätestens am 30. September vorliegen.

(3) Die betroffenen Gemeinden sollen für das Wirksamwerden der Gebietsänderung einen in der Zukunft liegenden

LVO zur Durchführung der Gemeinde-, Kreis- und Amtsordnung

Zeitpunkt, und zwar den 1. Januar des auf die Einigung folgenden Jahres, vorschlagen.

(4) Gebietsänderungsverträge dürfen keinen der Beteiligten unwirtschaftlich belasten oder unverhältnismäßig begünstigen; laufende Ausgleichszahlungen sollen einen Zeitraum von zehn Jahren nicht überschreiten.

(5) Soweit der Wohnsitz oder der dauernde Aufenthalt in der Gemeinde für Rechte und Pflichten maßgebend ist, wird bei einer Umgemeindung oder Eingemeindung die Dauer des Wohnens oder des dauernden Aufenthalts in den eingegliederten Gebietsteilen auf die Dauer des Wohnens oder des dauernden Aufenthalts in der erweiterten Gemeinde angerechnet; bei einer Vereinigung oder Neubildung gilt das Wohnen oder der dauernde Aufenthalt in den einzelnen Gebietsteilen als Wohnen oder dauernder Aufenthalt in der neuen Gemeinde.

(6) Unterschiedliches Ortsrecht innerhalb einer Gemeinde soll spätestens drei Jahre nach Wirksamwerden der Gebietsänderung durch einheitliches Ortsrecht ersetzt werden.

§ 4
Auseinandersetzung von Gebietsänderungen bei Gemeinden

(1) Die Auseinandersetzung nach § 16 der Gemeindeordnung findet nur zwischen den betroffenen Gemeinden statt.

(2) Die Auseinandersetzung soll
1. die durch die Gebietsänderung entstandene Gemeinsamkeit von Rechten und Pflichten der Gemeinden beseitigen und auf die einzelnen Rechtsnachfolgerinnen verteilen (Auseinandersetzung im engeren Sinne),
2. erforderlichenfalls die Interessen der betroffenen Gemeinden in billiger Weise ausgleichen (Ausgleich).

(3) Die Auseinandersetzung im engeren Sinne verteilt insbesondere die Anteile aus dem Finanzausgleich bis zur Feststellung neuer Verteilungsschlüssel, die für das laufende Haushaltsjahr veranlagten Kreis- und Amtsumlagen, das Vermögen und den Kassenbestand. Als Maßstab für die Verteilung kommen insbesondere die Fläche, die Einwohnerzahl oder das Gesamtverhältnis der zu übernehmenden Vorteile und Lasten in Betracht.

(4) Ein Ausgleich kommt in Betracht, wenn
1. eine betroffene Gemeinde durch die Gebietsänderung wesentlich entlastet wird und diese Gemeinde leistungsfähig ist,
2. eine andere betroffene Gemeinde durch die Gebietsänderung wesentlich belastet und dadurch in ihrer Leistungsfähigkeit beeinträchtigt wird oder
3. besondere Billigkeitsgründe einen Ausgleich erfordern.

Bei einem Vergleich der Entlastung oder Belastung können nur die Aufwendungen und Auszahlungen oder Ausgaben der Aufgaben herangezogen werden, die zur Zeit der Gebietsänderung bestanden. Der Ausgleich kann durch Kapitalzahlungen, befristete Renten und Überführung von Vermögensgegenständen geleistet werden.

§ 5
Verfahren, Durchführung und Auseinandersetzung von Gebietsänderungen bei Kreisen

(1) Eine Gebietsänderung nach § 14 der Kreisordnung liegt vor, wenn
1. die Kreisgrenzen unter Fortbestand der Kreise geändert werden, indem Teile eines Kreises in einen anderen Kreis eingegliedert werden,
2. ein Kreis oder eine kreisfreie Stadt in einen anderen Kreis eingegliedert wird,
3. ein Kreis oder eine kreisfreie Stadt mit einem Kreis oder mit mehreren Kreisen zu einem neuen Kreis zusammengeschlossen wird (Neubildung durch Vereinigung),
4. aus Teilen eines oder mehrerer Kreise unter Ausgliederung aus diesen ein neuer Kreis gebildet wird (Neubildung) oder
5. das Gebiet eines Kreises auf mehrere Kreise aufgeteilt wird (Auflösung).

(2) Haben sich Kreise oder Kreise und kreisfreie Städte über eine Gebietsänderung geeinigt, haben sie dies dem für Inneres zuständigen Ministerium mit einer eingehenden Darstellung der tatsächlichen Verhältnisse, insbesondere der finanziellen Auswirkungen, zu berichten. Dem Bericht sind beizufügen
1. die Beschlüsse der Kreistage sowie bei Beteiligung einer kreisfreien Stadt der Beschluss der Stadtvertretung,
2. Auszüge aus den Sitzungsniederschriften,
3. die Stellungnahmen der angehörten Stellen,
4. ein Auszug aus der Flurkarte oder einer topographischen Karte in einem die Gebietsänderung mit hinreichender Deutlichkeit darstellenden Maßstab und mit farbiger Kennzeichnung der Gebietsänderung,
5. mit Ausnahme bei Gebietsänderungen nach Absatz 1 Nummer 2 und 3 eine von der für die Führung des Liegenschaftskatasters zuständigen Behörde bestätigte Aufstellung der von der Gebietsänderung betroffenen Flurstücke, die auch Angaben über die Größe (Fläche) der Flurstücke enthalten soll.

Die Unterlagen sollen dem für Inneres zuständigen Ministerium spätestens am 30. September vorliegen.

(3) Für das weitere Verfahren gilt § 3 Absatz 3 bis 5 entsprechend.

(4) Unterschiedliches Kreisrecht innerhalb eines Kreises soll spätestens drei Jahre nach Wirksamwerden der Gebietsänderung durch einheitliches Kreisrecht ersetzt werden.

(5) Für die Auseinandersetzung gilt § 4 Absatz 1, 2 und 4 entsprechend.

(6) Die Auseinandersetzung im engeren Sinne verteilt insbesondere die Anteile aus dem Finanzausgleich bis zur Feststellung neuer Verteilungsschlüssel, für die das laufende Haushaltsjahr veranlagten Umlagen, das Vermögen und den Kassenbestand. Als Maßstab für die Verteilung kommen insbesondere die Fläche, die Einwohnerzahl oder das Gesamtverhältnis der zu übernehmenden Vorteile und Lasten in Betracht.

§ 6
Verfahren bei der Änderung und Auflösung von Ämtern

(1) Zur Vorbereitung der Entscheidung des für Inneres zuständigen Ministeriums über den Zusammenschluss von Gemeinden zu Ämtern, über die Änderung und Auflösung sowie über den Namen und den Sitz des Amtes legt die Landrätin oder der Landrat folgende Unterlagen vor:
1. die Beschlüsse der Gemeindevertretungen und Amtsausschüsse der betroffenen Gemeinden und Ämter sowie Auszüge aus den Sitzungsniederschriften,
2. den Beschluss des Kreistages sowie einen Auszug aus der Sitzungsniederschrift,
3. einen Bericht zu den örtlichen Verhältnissen, im Besonderen der Wege-, Verkehrs-, Schul- und Wirtschaftsverhältnissen, den kirchlichen, kulturellen und geschichtlichen Beziehungen sowie zu den finanziellen Auswirkungen und
4. bei der Änderung von Ämtern eine topographische Karte mit einem die Grenzen des Amtes mit hinreichender Deutlichkeit darstellenden Maßstab und mit farbiger Kennzeichnung sowie einer Darstellung der Folgen für die Verwaltungsstruktur und die betroffenen Körperschaften.

(2) Zur Vorbereitung der Anordnung, dass ein Amt auf eigene Beschäftigte und Verwaltungseinrichtungen verzichtet und die Verwaltung einer größeren amtsangehörigen Gemeinde in Anspruch nimmt oder mit einer amtsangehörigen Gemeinde eine Verwaltungsgemeinschaft nach § 19a des Gesetzes über kommunale Zusammenarbeit bildet, gilt Absatz 1 Nummer 1 und 3 entsprechend.

(3) Für die Auseinandersetzung gilt § 4 entsprechend.

Abschnitt 3
Einwohnerantrag, Bürgerbegehren, Bürgerentscheid

§ 7
Durchführung des Einwohnerantrags nach § 16f der Gemeindeordnung

(1) Das mit dem Einwohnerantrag nach § 16f der Gemeindeordnung verfolgte Begehren darf sich nur auf Aufgaben beziehen, für deren Entscheidung die Gemeindevertretung oder ein Ausschuss zuständig ist.

(2) Für die erforderlichen Unterschriften sind Antragslisten oder Einzelanträge zu verwenden, die von jeder Antragstellerin und jedem Antragsteller persönlich und handschriftlich zu unterzeichnen sind; neben der Unterschrift sind Familienname, Vorname, Tag der Geburt, Wohnort mit Postleitzahl, Straße und Hausnummer sowie Datum der Unterzeichnung lesbar einzutragen. Jeder neuen Antragsseite oder jedem neuen Einzelantrag ist der Wortlaut des Antrags voranzustellen; darüber hinaus sind die Vertretungsberechtigten nach § 16f Absatz 2 Satz 3 der Gemeindeordnung anzugeben. Außerdem ist den Antragstellerinnen und Antragstellern vor der Eintragung die Begründung in geeigneter Weise zur Kenntnis zu geben.

(3) Der Einwohnerantrag ist bei der Gemeinde einzureichen. Entspricht der Inhalt des Einwohnerantrags den gesetzlichen Vorschriften, veranlasst die Bürgermeisterin oder der Bürgermeister die Prüfung der Antragslisten und Einzelanträge durch die zuständige Meldebehörde. Die Meldebehörde bescheinigt die Richtigkeit der Eintragungen nach dem Melderegister und teilt das Ergebnis ihrer Prüfung unverzüglich der Bürgermeisterin oder dem Bürgermeister mit. Bei ehrenamtlich verwalteten Gemeinden tritt an die Stelle der Gemeinde das Amt und an die Stelle der Bürgermeisterin oder des Bürgermeisters die Amtsvorsteherin oder der Amtsvorsteher oder die Amtsdirektorin oder der Amtsdirektor.

(4) Liegt das Ergebnis der Eintragungsprüfung vor, entscheidet die Gemeindevertretung über die Zulässigkeit des Einwohnerantrags. Für die Feststellung des Quorums nach § 16f Absatz 3 der Gemeindeordnung gilt die vom Statistischen Amt für Hamburg und Schleswig-Holstein zum 31. Dezember des vorvergangenen Jahres ermittelte Zahl der Einwohnerinnen und Einwohner der Gemeinde, die das 14. Lebensjahr vollendet haben. Wird das Quorum nicht erreicht, kann die Gemeindevertretung bis zur Feststellung des Quorums eine Nachfrist gewähren. Die Entscheidung der Gemeindevertretung über die Zulässigkeit des Einwohnerantrags ist den im Einwohnerantrag benannten Vertretungsberechtigten bekannt zu geben.

(5) Vor der Beratung und Entscheidung über einen zulässigen Einwohnerantrag sind die im Einwohnerantrag benannten Vertretungsberechtigten in der Sitzung der Gemeindevertretung oder des zuständigen Ausschusses zu hören. Sie sind über das Beratungsergebnis der Gemeindevertretung oder des zuständigen Ausschusses zu unterrichten.

(6) Die Antragslisten und Einzelanträge nach Absatz 2 sind bei einem zulässigen Einwohnerantrag nach der Beratung und Entscheidung der Gemeindevertretung oder des zuständigen Ausschusses unverzüglich zu vernichten, ansonsten nach Unanfechtbarkeit der Entscheidung über die Zulässigkeit des Einwohnerantrags.

(7) Die Frist von zwölf Monaten nach § 16f Absatz 4 der Gemeindeordnung in einer weiteren Einwohnerantrag in derselben Angelegenheit beginnt mit dem Tag der Bekanntgabe der Entscheidung über die Zulässigkeit des Einwohnerantrags.

§ 8
Durchführung des Einwohnerantrags nach § 16e der Kreisordnung

Für die Durchführung des Einwohnerantrags nach § 16e der Kreisordnung gilt § 7 entsprechend.

§ 9
Durchführung des Bürgerbegehrens nach § 16g der Gemeindeordnung

(1) Die mit dem Bürgerbegehren nach § 16g Absatz 3 der Gemeindeordnung einzubringende Frage ist so zu formulieren, dass sie das Begehren hinreichend klar und eindeutig zum Ausdruck bringt. Sie darf die freie und sachliche Willensbildung der Bürgerinnen und Bürger, insbesondere durch beleidigende, polemische oder suggestive Formulierungen, nicht gefährden. Für inhaltlich zusammengehörende Teilbereiche ist eine zusammenfassende Abstimmungsfrage zu formulieren. Die Koppelung unterschiedlicher Bürgerbegehren in einem Verfahren ist nicht zulässig.

(2) Die Vertretungsberechtigten eines beabsichtigten Bürgerbegehrens informieren die Gemeinde schriftlich über ihr Vorhaben. Die zuständige Verwaltung erstellt unverzüglich eine Übersicht über die zu erwartenden Kosten der verlangten Maßnahme und leitet sie den Vertretungsberechtigten zu. Die Kostenschätzung muss auch die eventuellen Folgekosten der verlangten Maßnahme enthalten. Bestehen abweichende Auffassungen über die ermittelte Kostenhöhe oder die Folgekosten, können die Vertretungsberechtigten in den Antragslisten und Einzelanträgen darauf hinweisen.

(3) Das Bürgerbegehren darf nur von Bürgerinnen und Bürgern unterzeichnet werden, die am Tag des Eingangs des Antrags nach § 3 des Gemeinde- und Kreiswahlgesetzes in der Gemeinde wahlberechtigt sind. Die Unterschriften dürfen bei Eingang des Antrags nicht älter als sechs Monate sein.

(4) Für die erforderlichen Eintragungen sind Antragslisten oder Einzelanträge zu verwenden, die von jeder Antragstellerin und jedem Antragsteller persönlich und handschriftlich zu unterzeichnen sind; neben der Unterschrift sind Familienname, Vorname, Tag der Geburt, Wohnort mit Postleitzahl, Straße und Hausnummer sowie Datum der Unterzeichnung lesbar einzutragen. Jeder neuen Antragsseite oder jedem neuen Einzelantrag ist die einzubringende Frage voranzustellen; darüber hinaus sind die Vertretungsberechtigten nach § 16g Absatz 3 Satz 3 der Gemeindeordnung anzugeben. Außerdem sind den Antragstellerinnen und Antragstellern vor der Eintragung die Begründung sowie die Übersicht über die zu erwartenden Kosten der verlangten Maßnahme in geeigneter Weise zur Kenntnis zu geben.

(5) Das Bürgerbegehren ist bei der Gemeinde einzureichen; bei ehrenamtlich verwalteten Gemeinden tritt an die Stelle der Gemeinde das Amt. Der zuständigen Kommunalaufsichtsbehörde ist unverzüglich eine Kopie einer Antragsliste und eines Einzelantrags zur Prüfung der Zulässigkeit zuzuleiten. Entspricht der Inhalt des Bürgerbegehrens den gesetzlichen Vorschriften, veranlasst die Kommunalaufsichtsbehörde die Prüfung der Antragslisten und Einzelanträge durch die zuständige Meldebehörde und weist dabei auf den Ablauf der Frist nach § 16g Absatz 5 Satz 1 der Gemeindeordnung hin. Die Meldebehörde bescheinigt die Richtigkeit der Eintragungen und der Wahlberechtigung und teilt das Ergebnis ihrer Prüfung unverzüglich der Kommunalaufsichtsbehörde mit.

(6) Die Kommunalaufsichtsbehörde stellt das Quorum nach § 16g Absatz 4 der Gemeindeordnung fest; dabei ist die Zahl der Wahlberechtigten der letzten Gemeindewahl maßgebend. Wird das Quorum nicht erreicht, kann die Kommunalaufsichtsbehörde bis zum Ablauf der Frist von sechs Monaten nach § 16g Absatz 4 Satz 1 der Gemeindeordnung von den Vertretungsberechtigten nachgereichte Unterschriften für die Feststellung des Quorums berücksichtigen, auch wenn dadurch die Frist für die Entscheidung über die Zulässigkeit nach § 16g Absatz 5 Satz 1 der Gemeindeordnung überschritten wird.

(7) Die Kommunalaufsichtsbehörde stellt den im Bürgerbegehren benannten Vertretungsberechtigten sowie der Gemeinde unverzüglich ihre abschließende Entscheidung über die Zulässigkeit zu.

(8) Ist das Bürgerbegehren zulässig, ist den Vertretungsberechtigten Gelegenheit zu geben, den Antrag in der Gemeindevertretung zu erläutern.

(9) Die Antragslisten und Einzelanträge nach Absatz 4 sind nach Unanfechtbarkeit der Entscheidung über die Zulässigkeit der zuständigen Kommunalaufsichtsbehörde unverzüglich zu vernichten.

§ 10
Durchführung des Bürgerentscheids
nach § 16g der Gemeindeordnung

(1) Die Gemeindevertretung legt für die Durchführung des Bürgerentscheids einen Sonntag fest; der Termin und die dabei zur Entscheidung zu bringende Frage sind örtlich bekannt zu machen. Bürgerentscheide zu unterschiedlichen Fragen können an demselben Sonntag durchgeführt werden. Eine Zusammenlegung mit allgemeinen Wahlen ist zulässig.

(2) Die Standpunkte und Begründungen der Gemeindevertretung oder des zuständigen Ausschusses und der Vertretungsberechtigten des Bürgerbegehrens sind den Bürgerinnen und Bürgern so darzulegen, dass sie die maßgeblichen Argumente in ihre Entscheidung einbeziehen können; § 9 Absatz 1 Satz 2 gilt sinngemäß. Die Darlegung der Standpunkte und Begründungen in der Information nach § 16g Absatz 6 Satz 2 der Gemeindeordnung kann zusammengefasst dargestellt werden; dabei ist darauf hinzuweisen, dass die vollständige Darlegung bei der Gemeinde zur Einsichtnahme ausliegt.

(3) Für die Durchführung des Bürgerentscheids gelten die Bestimmungen des Gemeinde- und Kreiswahlgesetzes und der Gemeinde- und Kreiswahlordnung über die Gemeindewahl entsprechend.

(4) Die auf den Abstimmungszetteln zur Entscheidung zu bringende Frage muss so gestellt sein, dass sie mit Ja oder Nein beantwortet werden kann. Personen, die mit dem Bürgerentscheid verfolgte Initiative befürworten, müssen die zur Abstimmung gestellte Frage mit Ja beantworten können. Kommt der Bürgerentscheid durch Beschluss der Gemeindevertretung zustande, wird die Formulierung der Frage von der Gemeindevertretung entschieden. Die Abstimmungsfrage für einen Bürgerentscheid aufgrund eines Bürgerbegehrens wird von der Kommunalaufsichtsbehörde festgelegt; dabei soll die von den Vertretungsberechtigten des Bürgerbegehrens gewählte Formulierung übernommen werden.

(5) Finden an einem Tag mehrere Bürgerentscheide statt, deren Fragestellungen in einer miteinander nicht zu vereinbarenden Art und Weise beantwortet werden (Stichentscheid), hat die Gemeindevertretung eine Stichfrage zu beschließen. Die Abstimmungsfragen für jeden dieser Bürgerentscheide und die Stichfrage sind auf einem Abstimmungszettel zur Abstimmung zu stellen. Für jeden Bürgerentscheid kann eine Ja-Stimme oder eine Nein-Stimme vergeben werden; eine weitere Stimme kann bei der Stichfrage vergeben werden. Der Stichfrage ist ein Hinweis voranzustellen, aus dem sich ergibt, dass mit der Stichfrage entschieden wird, welcher Bürgerentscheid umgesetzt werden soll, wenn die zur Abstimmung gestellten Abstimmungsfragen jeweils das Quorum nach § 16g Absatz 7 Satz 1 der Gemeindeordnung erreicht haben.

§ 11
Durchführung des Bürgerbegehrens und
Bürgerentscheids nach § 16f der Kreisordnung

(1) Für die Durchführung des Bürgerbegehrens nach § 16f Absatz 3 bis 5 der Kreisordnung gelten die Bestimmungen des § 9 Absatz 1 bis 4 und 6 bis 9 entsprechend.

(2) Das Bürgerbegehren ist bei dem Kreis einzureichen. Dieser leitet eine Kopie einer Antragsliste und eines Einzelantrags unverzüglich dem für Inneres zuständigen Ministerium zur Prüfung der Zulässigkeit zu. Entspricht der Inhalt des Bürgerbegehrens den gesetzlichen Vorschriften, benachrichtigt das für Inneres zuständige Ministerium den Kreis. Dieser veranlasst die Prüfung der Antragslisten und Einzelanträge durch die örtlich jeweils zuständigen Meldebehörden. Die Meldebehörden bescheinigen die Richtigkeit der Eintragungen und der Wahlberechtigung und teilen das Ergebnis ihrer Prüfung unverzüglich dem Kreis mit. Der Kreis unterrichtet das für Inneres zuständige Ministerium über das Gesamtergebnis.

(3) Für die Durchführung des Bürgerentscheids nach § 16f Absatz 6 bis 8 der Kreisordnung gelten die Bestimmungen des § 10 Absatz 1, 2, 4 und 5 sowie die Bestimmungen des Gemeinde- und Kreiswahlgesetzes und der Gemeinde- und Kreiswahlordnung über die Kreiswahl entsprechend.

Abschnitt 4
Schlussvorschrift

§ 12
Inkrafttreten, Außerkrafttreten

(1) Diese Verordnung tritt am 1. Dezember 2018 in Kraft. Sie tritt mit Ablauf des 30. November 2023 außer Kraft.

(2) Gleichzeitig mit Inkrafttreten dieser Verordnung tritt die Landesverordnung zur Durchführung der Gemeinde-, der Kreis- und der Amtsordnung vom 5. November 2008 (GVOBl. Schl.-H. S. 588), zuletzt geändert durch Verordnung vom 15. Mai 2013 (GVOBl. Schl.-H. S. 223), Ressortbezeichnungen ersetzt durch Verordnung vom 16. März 2015 (GVOBl. Schl.-H. S. 96), außer Kraft.

Kreisordnung für Schleswig-Holstein
(Kreisordnung – KrO)
in der Fassung der Bekanntmachung vom 28. Februar 2003
– GVOBl. Schl.-H. S. 94 –

Zuletzt geändert durch Gesetz vom 25. Mai 2021 (GVOBl. Schl.-H. S. 566)

Inhaltsverzeichnis

	§§
Erster Teil	
Grundlagen der Kreisverfassung	1 – 10
Zweiter Teil	
Name, Wappen, Flagge und Siegel des Kreises	11 – 12
Dritter Teil	
Kreisgebiet	13 – 16
Vierter Teil	
Einwohnerinnen und Einwohner, Bürgerinnen und Bürger des Kreises	16 a – 19
Fünfter Teil	
Kreis und Gemeinden	20 – 21
Sechster Teil	
Verwaltung des Kreises	22 – 56
1. Abschnitt: Kreistag	22 – 42
2. Abschnitt: Beiräte	42a – 42b
3. Abschnitt: Landrätin oder Landrat	43 – 51
Siebenter Teil	
Haushalts- und Wirtschaftsführung	57 – 58
Achter Teil	
Aufsicht	59 – 70
Neunter Teil	
Schlussvorschriften	71 – 73a

Erster Teil
Grundlagen der Kreisverfassung

§ 1
Selbstverwaltung

(1) Die Kreise sind Gemeindeverbände und dem Land eingegliederte Gebietskörperschaften.

(1 a) Gehören einem Kreis Anteile an einer Gesellschaft (§ 102 der Gemeindeordnung), soll er darauf hinwirken, dass die Gesellschaft Maßnahmen ergreift, die der Verwirklichung des Grundrechtes der Gleichberechtigung von Frauen und Männern dienen. Die Maßnahmen sollen darauf ausgerichtet sein, Arbeitsbedingungen zu schaffen, die für beide Geschlechter die Vereinbarkeit von Familie und Beruf ermöglichen, Nachteile zu kompensieren, die vor allem Frauen als Folge der geschlechtsspezifischen Arbeitsteilung erfahren, Entgeltgleichheit zwischen beiden Geschlechtern zu erreichen und eine paritätische Gremienbesetzung zu erzielen; über diese Maßnahmen und deren Wirksamkeit ist der nationale dänische Minderheit, die Minderheit der deutschen Sinti und Roma und die friesische Volksgruppe.

(2) Die Kreise verwalten ihr Gebiet nach den Grundsätzen der gemeindlichen Selbstverwaltung. Sie schützen und fördern die nationale dänische Minderheit, die Minderheit der deutschen Sinti und Roma und die friesische Volksgruppe.

(3) Eingriffe in die Rechte der Kreise sind nur durch Gesetz oder aufgrund eines Gesetzes zulässig.

§ 2
Selbstverwaltungsaufgaben

(1) Soweit die öffentlichen Aufgaben von den kreisangehörigen Gemeinden und Ämtern wegen geringer Leistungsfähigkeit und Größe nicht erfüllt werden können und soweit die Gesetze nicht ausdrücklich etwas anderes bestimmen, sind die Kreise berechtigt und im Rahmen ihrer Leistungsfähigkeit verpflichtet, in ihrem Gebiet alle öffentlichen Aufgaben in eigener Verantwortung zu erfüllen. Die Kreise sind nicht verpflichtet, diese öffentlichen Aufgaben selbst zu erfüllen, wenn sie ebenso gut auf andere Weise, insbesondere durch Private, erfüllt werden; Absatz 2 bleibt unberührt. Bevor der Kreis eine öffentliche Aufgabe übernimmt, die zu erfüllen er nicht gesetzlich verpflichtet ist, hat er zu prüfen, ob die Aufgabe nicht ebenso gut auf andere Weise, insbesondere durch Private, erfüllt werden kann; § 57 dieses Gesetzes in Verbindung mit § 102 sowie mit § 105 der Gemeindeordnung bleibt unberührt.

(2) Die Kreise können durch Gesetz oder aufgrund eines Gesetzes durch Verordnung zur Erfüllung einzelner Aufgaben verpflichtet werden.

(3) Zur Verwirklichung des Grundrechts der Gleichberechtigung von Mann und Frau haben die Kreise Gleichstellungsbeauftragte zu bestellen. Die Gleichstellungsbeauftragte ist vollzeitig und nur ausnahmsweise teilzeitig tätig, wenn und soweit die ordnungsgemäße Erledigung der anfallenden Gleichstellungsaufgaben eine Teilzeittätigkeit zulässt. Eine teilzeitige Tätigkeit mit einem Arbeitszeitvolumen von weniger als der Hälfte der regelmäßigen Arbeitszeit einer Vollzeitbeschäftigten ist ausgeschlossen; das Nähere regelt die Hauptsatzung. Die Hauptsatzung soll im Übrigen bestimmen, dass die Gleichstellungsbeauftragte in Ausübung ihrer Tätigkeit unabhängig ist und an den Sitzungen des Kreistags und der Ausschüsse teilnehmen kann. Ihr ist in Angelegenheiten ihres Aufgabenbereichs auf Wunsch das Wort zu erteilen. Die Gleichstellungsbeauftragte wird vom Kreistag bestellt. Die Bestellung zur Gleichstellungsbeauftragten kann aus Gründen, die in der Person oder in dem Verhalten der Gleichstellungsbeauftragten liegen, oder wegen dringender dienstlicher Erfordernisse mit der Zustimmung der Mehrheit der gesetzlichen Zahl der Kreistagsabgeordneten oder in entsprechender Anwendung des § 626 BGB widerrufen werden.

(4) Verstößt eine Maßnahme, die der Entscheidung der Landrätin oder des Landrats obliegt, nach Auffassung der Gleichstellungsbeauftragten gegen §§ 3 bis 8, 12, 13, 15 Absatz 1 oder 16 des Gleichstellungsgesetzes vom 13. Dezember 1994 (GVOBl. Schl.-H. S. 562), zuletzt geändert durch Gesetz vom 11. Dezember 2014 (GVOBl. Schl.-H. S. 464), Zuständigkeiten und Ressortbezeichnungen ersetzt durch Verordnung vom 16. März 2015 (GVOBl. Schl.-H. S. 96), kann sie schriftlich unter der Darlegung der Gründe binnen zehn Arbeitstagen Widerspruch erheben; in dringenden Fällen kann die Landrätin oder der Landrat diese Frist auf fünf Arbeitstage abkürzen. Hält die Landrätin oder der Landrat den Widerspruch für begründet, hilft sie oder er ihm ab. Anderenfalls hat sie oder er den Hauptausschuss zu unterrichten. Die Unterrichtung erfolgt unter Beifügung des Widerspruchs der Gleichstellungsbeauftragten und der Nichtabhilfeentscheidung. Die Landrätin oder der Landrat kann die Maßnahme frühestens zehn Arbeitstage nach erfolgter Unterrichtung ausführen. Dringende Maßnahmen kann die Landrätin oder der Landrat sofort ausführen. Die Gründe dafür sind dem Hauptausschuss mitzuteilen.

286

§ 3
Aufgaben zur Erfüllung nach Weisung

(1) Den Kreisen können durch Gesetz oder aufgrund eines Gesetzes durch Verordnung Aufgaben zur Erfüllung nach Weisung übertragen werden.

(2) Soweit Kreise Träger von Aufgaben der Verteidigung sind, haben ihre Behörden die für die Behörden des Landes geltenden Vorschriften über die Geheimhaltung zu befolgen.

§ 4
Satzungen

(1) Die Kreise können ihre Angelegenheiten durch Satzungen regeln, soweit die Gesetze nichts anderes bestimmen. Sie haben eine Hauptsatzung zu erlassen. Diese bedarf der Genehmigung des Ministeriums für Inneres, ländliche Räume und Integration. Das Ministerium für Inneres, ländliche Räume und Integration kann die Genehmigung auf Teile der Hauptsatzung beschränken.

(2) Satzungen werden von der Landrätin oder dem Landrat ausgefertigt.

§ 5
Gebiet

Das Gebiet des Kreises soll so bemessen sein, dass er imstande ist, die gesunde soziale und wirtschaftliche Entwicklung seiner Bevölkerung und seiner Gemeinden zu fördern und im Zusammenwirken mit seinen Gemeinden und Ämtern die Aufgaben der Selbstverwaltung zu erfüllen.

§ 6
Einwohnerinnen und Einwohner, Bürgerinnen und Bürger

(1) Einwohnerinnen und Einwohner des Kreises sind die Einwohnerinnen und Einwohner der kreisangehörigen Gemeinden.

(2) Bürgerinnen und Bürger des Kreises sind die zum Kreistag wahlberechtigten Einwohnerinnen und Einwohner. Die Bürgerrechte ruhen, solange die Bürgerin oder der Bürger in der Ausübung des Wahlrechts behindert ist.

§ 7
Organe des Kreises

Organe des Kreises sind der Kreistag und die Landrätin oder der Landrat.

§ 8
Wirtschaftliche Aufgabenerfüllung

Der Kreis hat sein Vermögen und seine Einkünfte nach den Grundsätzen der Wirtschaftlichkeit und Sparsamkeit zu verwalten und eine wirksame und kostengünstige Aufgabenerfüllung sicherzustellen. Bei der Erhebung von Abgaben ist auf die wirtschaftlichen Kräfte der kreisangehörigen Gemeinden und anderer Abgabenpflichtiger Rücksicht zu nehmen.

§ 9
Pflichten und Obliegenheiten des Landes

Das Land schützt die Kreise in ihren Rechten und sichert die Erfüllung ihrer Pflichten.

§ 10
Vertretung des Kreises bei öffentlichen Anlässen (Repräsentation)

Bei öffentlichen Anlässen wird der Kreis durch die Kreispräsidentin oder den Kreispräsidenten oder die Landrätin oder den Landrat vertreten, die ihr Auftreten für den Kreis im Einzelfall miteinander abstimmen. Das Nähere kann die Hauptsatzung regeln.

Zweiter Teil
Name, Wappen, Flagge und Siegel des Kreises

§ 11
Name

Die Kreise führen ihre bisherigen Namen. Ein Kreis kann seinen Namen ändern; der Beschluss bedarf der Mehrheit von zwei Dritteln der gesetzlichen Zahl der Kreistagsabgeordneten.

§ 12
Wappen, Flagge und Siegel

(1) Die Kreise führen Dienstsiegel.

(2) Die Kreise führen ihre bisherigen Wappen und Flaggen. Vor der Entscheidung nach § 23 Satz 1 Nr. 6 über die Annahme neuer und die Änderung von Wappen und Flaggen hat der Kreis hinsichtlich der Gestaltung das Benehmen mit dem Landesarchiv Schleswig-Holstein herzustellen.

(3) Kreise, die zur Führung eines Wappens berechtigt sind, führen dieses in ihrem Dienstsiegel.

Dritter Teil
Kreisgebiet

§ 13
Gebietsbestand

Das Kreisgebiet besteht aus der Gesamtheit der nach geltendem Recht zum Kreis gehörenden Gemeinden. Grenzstreitigkeiten entscheidet das Ministerium für Inneres, ländliche Räume und Integration.

§ 14
Gebietsänderung

Aus Gründen des öffentlichen Wohls können Kreisgrenzen geändert und Kreise aufgelöst oder neu gebildet werden.

§ 15
Verfahren

(1) Gebietsänderungen können nach Anhörung der betroffenen Kreise durch Gesetz oder Entscheidung des Ministeriums für Inneres, ländliche Räume und Integration ausgesprochen werden. Gebietsänderungen durch Entscheidung des Ministeriums für Inneres, ländliche Räume und Integration sind nur zulässig, wenn die betroffenen Kreise einverstanden sind.

(2) Will ein Kreis Verhandlungen über eine Änderung von Kreisgrenzen aufnehmen, so hat er das Ministerium für Inneres, ländliche Räume und Integration unverzüglich zu unterrichten.

(3) Das Ministerium für Inneres, ländliche Räume und Integration gibt die Änderung von Kreisgrenzen im Amtsblatt für Schleswig-Holstein öffentlich bekannt.

§ 16
Durchführung

(1) Die Kreise regeln die näheren Bedingungen der Gebietsänderung durch Gebietsänderungsvertrag. Dieser muss insbesondere die Geltung von Kreissatzungen nach § 70 des Landesverwaltungsgesetzes und die Auseinandersetzung festlegen.

(2) Der Gebietsänderungsvertrag nach Absatz 1 begründet unmittelbar Rechte und Pflichten der Kreise und bewirkt den Übergang, die Beschränkung oder die Aufhebung von dinglichen Rechten. Die zuständigen Behörden sind verpflichtet, das Grundbuch, das Wasserbuch und andere öffentliche Bücher zu berichtigen.

(3) Die durch die Gebietsänderung erforderlichen Rechtshandlungen sind frei von öffentlichen Abgaben und Verwaltungskosten.

Vierter Teil
Einwohnerinnen und Einwohner, Bürgerinnen und Bürger des Kreises

§ 16 a
Unterrichtung der Einwohnerinnen und Einwohner

(1) Der Kreis muss die Einwohnerinnen und Einwohner über allgemein bedeutsame Angelegenheiten des Kreises unterrichten und fördert das Interesse an der Selbstverwaltung.

(2) Bei wichtigen Planungen und Vorhaben, die von dem Kreis durchgeführt werden, sollen die Einwohnerinnen und Einwohner möglichst frühzeitig über die Grundlagen, Ziele und Auswirkungen unterrichtet werden. Sofern dafür ein

besonderes Bedürfnis besteht, soll den Einwohnerinnen und Einwohnern allgemein Gelegenheit zur Äußerung gegeben werden. Vorschriften über eine förmliche Beteiligung oder Anhörung bleiben unberührt.

(3) Die Unterrichtung kann in den Fällen, in denen der Kreistag oder ein Ausschuss entschieden hat, durch die Person erfolgen, die jeweils den Vorsitz hat. In allen anderen Fällen unterrichtet die Landrätin oder der Landrat.

(4) Die Rechte der Einwohnerinnen und Einwohner nach dem Gesetz über den Zugang zu Informationen der öffentlichen Verwaltung für das Land Schleswig-Holstein (Informationszugangsgesetz - IZG-SH) bleiben unberührt.

§ 16 b
Einwohnerfragestunde, Anhörung

(1) Der Kreistag muss bei öffentlichen Sitzungen Einwohnerinnen und Einwohnern die Möglichkeit einräumen, Fragen zu Beratungsgegenständen oder anderen Kreisangelegenheiten zu stellen und Vorschläge oder Anregungen zu unterbreiten. Der Kreistag kann Betroffenen die Rechte nach Satz 1 einräumen. Die Einwohnerfragestunde ist Bestandteil der öffentlichen Sitzung des Kreistages. Die Ausschüsse können in ihren Sitzungen ebenfalls eine Einwohnerfragestunde durchführen.

(2) Der Kreistag kann beschließen, Sachkundige sowie Einwohnerinnen und Einwohner, die von dem Gegenstand der Beratung betroffen sind, anzuhören. An der Beratung und Beschlussfassung in nichtöffentlicher Sitzung dürfen sie nicht teilnehmen.

(3) Das Nähere regelt die Geschäftsordnung.

§ 16 c
Hilfe bei Verwaltungsangelegenheiten

Die Kreise beraten im Rahmen ihrer rechtlichen und tatsächlichen Möglichkeiten die Einwohnerinnen und Einwohner und sind bei der Antragstellung für Verwaltungsverfahren behilflich, auch wenn für deren Durchführung eine andere Behörde zuständig ist. Zur Rechtsberatung in fremden Angelegenheiten sind die Kreise nicht berechtigt.

§ 16 d
Anregungen und Beschwerden

Die Einwohnerinnen und Einwohner haben das Recht, sich schriftlich oder zur Niederschrift mit Anregungen und Beschwerden an den Kreistag zu wenden. Die Zuständigkeiten der Landrätin oder des Landrates werden hierdurch nicht berührt. Antragstellerinnen und Antragsteller sind über die Stellungnahme des Kreistages zu unterrichten.

§ 16 e
Einwohnerantrag

(1) Einwohnerinnen und Einwohner, die das 14. Lebensjahr vollendet haben, können beantragen, dass der Kreistag oder im Fall der Übertragung nach § 22 Abs. 1 Satz 3 der zuständige Ausschuss bestimmte ihm obliegende Selbstverwaltungsaufgaben berät und entscheidet.

(2) Der Antrag von Einwohnerinnen und Einwohnern muss schriftlich eingereicht werden. Er muss ein bestimmtes Begehren sowie eine Begründung enthalten. Jeder Antrag muss bis zu drei Personen benennen, die berechtigt sind, die Unterzeichnenden zu vertreten; diese sind vom Kreistag oder von dem zuständigen Ausschuss zu hören.

(3) Der Antrag muss in Kreisen

bis zu 150 000 Einwohnerinnen und Einwohnern von mindestens 2,5 %,

mit mehr als 150 000 Einwohnerinnen und Einwohnern von mindestens 2 %

der Einwohnerinnen und Einwohner, die das 14. Lebensjahr vollendet haben, unterzeichnet sein.

(4) Der Antrag braucht nicht beraten und entschieden zu werden, wenn in demselben Kreisgebiet innerhalb der letzten zwölf Monate bereits ein zulässiger Antrag gestellt worden ist.

(5) Über die Zulässigkeit des Antrags von Einwohnerinnen und Einwohnern entscheidet der Kreistag. Zulässige Anträge hat der Kreistag oder der zuständige Ausschuss unverzüglich zu beraten und zu entscheiden.

§ 16 f[1]
Bürgerentscheid, Bürgerbegehren

(1) Der Kreistag kann mit einer Mehrheit der gesetzlichen Zahl der Kreistagsabgeordneten beschließen, dass Bürgerinnen und Bürger über Selbstverwaltungsaufgaben selbst entscheiden (Bürgerentscheid).

(2) Ein Bürgerentscheid findet nicht statt über

1. Selbstverwaltungsaufgaben, die zu erfüllen der Kreis nach § 2 Abs. 2 verpflichtet ist, soweit ihm nicht ein Entscheidungsspielraum zusteht,
2. Angelegenheiten, über die kraft Gesetzes der Kreistag entscheidet (§ 23 Satz 1 Nr. 1),
3. die Haushaltssatzung einschließlich der Wirtschaftspläne der Eigenbetriebe sowie die kommunalen Abgaben und die privatrechtlichen Entgelte,
4. den Jahresabschluss des Kreises und den Jahresabschluss der Eigenbetriebe,
5. die Hauptsatzung,
6. die Rechtsverhältnisse der Kreistagsabgeordneten, der kommunalen Wahlbeamtinnen und -beamten und der Beschäftigten des Kreises,
7. die innere Organisation der Kreisverwaltung,
8. Entscheidungen in Rechtsmittelverfahren.

(3) Über Selbstverwaltungsaufgaben können die Bürgerinnen und Bürger einen Bürgerentscheid beantragen (Bürgerbegehren). Das Bürgerbegehren muss schriftlich eingereicht werden und die zur Entscheidung zu bringende Frage, eine Begründung sowie eine von der zuständigen Verwaltung zu erarbeitende Übersicht über die zu erwartenden Kosten der verlangten Maßnahme enthalten. Das Bürgerbegehren muss bis zu drei Personen benennen, die berechtigt sind, die Unterzeichnenden zu vertreten. Bürgerinnen und Bürger können sich durch das Ministerium für Inneres, ländliche Räume und Integration hinsichtlich der Zulässigkeitsvoraussetzungen eines Bürgerbegehrens beraten lassen; Gebühren und Auslagen werden nicht erhoben.

(4) Das Bürgerbegehren muss in Kreisen

bis zu 150 000 Einwohnerinnen und Einwohnern von mindestens 5 %,

mit mehr als 150 000 Einwohnerinnen und Einwohnern von mindestens 4 %

der Stimmberechtigten unterzeichnet sein. Die Angaben werden vom Kreis geprüft.

(5) Über die Zulässigkeit eines Bürgerbegehrens entscheidet das Ministerium für Inneres, ländliche Räume und Integration unverzüglich, spätestens aber innerhalb von sechs Wochen nach Eingang. Ist die Zulässigkeit des Bürgerbegehrens festgestellt, darf bis zur Durchführung des Bürgerentscheids eine dem Begehren entgegen stehende Entscheidung der Kreisorgane nicht getroffen oder mit dem Vollzug einer derartigen Entscheidung nicht mehr begonnen werden, es sei denn, zu diesem Zeitpunkt bestehen rechtliche Verpflichtungen des Kreises hierzu. Der Bürgerentscheid entfällt, wenn der Kreistag oder der zuständige Ausschuss die Durchführung der mit dem Bürgerbegehren verlangten Maßnahmen in unveränderter Form oder in einer Form beschließt, die von den benannten Vertretungsberechtigten gebilligt wird. Dieser Beschluss kann innerhalb von zwei Jahren nur durch einen Bürgerentscheid abgeändert werden. Den Vertretungsberechtigten des Bürgerbegehrens ist Gelegenheit zu geben, den Antrag im Kreistag zu erläutern. Der Kreistag kann im Rahmen des Bürgerentscheids eine konkurrierende Vorlage zur Abstimmung unterbreiten.

(6) Wird ein Bürgerentscheid durchgeführt, muss der Kreis den Bürgerinnen und Bürgern die Standpunkte und Begründungen des Kreistages oder des zuständigen Ausschusses

---

1 Für Bürgerbegehren, die sich gegen bis zum 28.2.2013 gefasste Beschlüsse des Kreistages oder eines Ausschusses richten, siehe die Übergangsregelung nach Artikel 6 des Gesetzes zur Stärkung der kommunalen Bürgerbeteiligung vom 22.2.2013 (GVOBl. Schl.-H. S. 72).

und der Vertretungsberechtigten des Bürgerbegehrens in gleichem Umfange schriftlich darlegen. Mit der Abstimmungsbenachrichtigung wird den Stimmberechtigten eine Information zugestellt, in der der Abstimmungsgegenstand sowie die Standpunkte und Begründungen des Kreistages und der Vertretungsberechtigten des Bürgerbegehrens in gleichem Umfang dargelegt sind. Der Bürgerscheid findet innerhalb von drei Monaten nach der Entscheidung über die Zulässigkeit des Bürgerbegehrens statt; bei der Terminfestsetzung sind die Vertretungsberechtigten des Bürgerbegehrens zu hören. Eine Verlängerung der Frist auf sechs Monate kann im Einvernehmen mit den Vertretungsberechtigten des Bürgerbegehrens beschlossen werden.

(7) Bei einem Bürgerentscheid ist die gestellte Frage in dem Sinne entschieden, wenn sie von der Mehrheit der abgegebenen gültigen Stimmen beantwortet wurde, sofern diese Mehrheit in Kreisen

bis zu 150 000 Einwohnerinnen und Einwohnern mindestens 10 %,

mit mehr als 150 000 Einwohnerinnen und Einwohnern mindestens 8 %

der Stimmberechtigten beträgt. Bei Stimmengleichheit gilt die Frage als mit Nein beantwortet. Ist die nach Satz 1 erforderliche Mehrheit nicht erreicht worden, hat der Kreistag oder der zuständige Ausschuss die Angelegenheit zu entscheiden. Sollen an einem Tag mehrere Bürgerentscheide stattfinden, hat der Kreistag eine zusätzliche Stichfrage für den Fall zu beschließen, dass die gleichzeitig zur Abstimmung gestellten Fragen in einer miteinander nicht zu vereinbarenden Art und Weise beantwortet werden (Stichentscheid). Es gilt dann die Entscheidung, für die sich im Stichentscheid die Mehrheit der abgegebenen gültigen Stimmen ausgesprochen hat. Bei Stimmengleichheit im Stichentscheid gilt der Bürgerentscheid, dessen Frage mit der höchsten Stimmenzahl mehrheitlich beantwortet worden ist.

(8) Der Bürgerentscheid hat die Wirkung eines Beschlusses des Kreistages oder des zuständigen Ausschusses. Er kann innerhalb von zwei Jahren nur durch einen Bürgerentscheid abgeändert werden.

§ 16 g
Verwaltungshilfe

Die Gemeinden sind verpflichtet, den Kreis bei der Durchführung eines Einwohnerantrags (§ 16 e) und eines Bürgerentscheids und Bürgerbegehrens (§ 16 f) im erforderlichen Umfang zu unterstützen. Der Kreis erstattet den Gemeinden die dadurch entstehenden sächlichen und personellen Kosten.

§ 17
Anschluss- und Benutzungszwang

(1) Der Kreis schafft im Rahmen seiner Aufgaben (§ 2 Abs. 1) und in den Grenzen seiner Leistungsfähigkeit die öffentlichen Einrichtungen, die für die wirtschaftliche, soziale und kulturelle Betreuung seiner Einwohnerinnen und Einwohner erforderlich sind.

(2) Er kann bei dringendem öffentlichen Bedürfnis durch Satzung für die Grundstücke seines Gebiets den Anschluss an die Wasserversorgung, die Abwasserbeseitigung, die Abfallentsorgung und ähnliche der Gesundheit und dem Schutz der natürlichen Grundlagen des Lebens dienende Einrichtungen (Anschlusszwang) und die Benutzung dieser Einrichtungen und der Schlachthöfe (Benutzungszwang) vorschreiben. Die Satzung kann Ausnahmen vom Anschluss- und Benutzungszwang zulassen. Sie kann den Zwang auch auf bestimmte Teile des Kreisgebiets und auf bestimmte Gruppen von Grundstücken oder Personen beschränken. Die Satzung kann bestimmen, dass dem Kreis und seinen Beauftragten zur Verhütung dringender Gefahren für die öffentliche Sicherheit Zutritt zu den Schlachthöfen, den öffentlichen Einrichtungen und den dem Anschluss dienenden Anlagen zu gewähren ist. Für diese Maßnahmen wird das Recht der Unverletzlichkeit der Wohnung (Artikel 13 des Grundgesetzes) eingeschränkt.

§ 18
Öffentliche Einrichtungen

(1) Alle Einwohnerinnen und Einwohner des Kreises sind im Rahmen der bestehenden Vorschriften berechtigt, die öffentlichen Einrichtungen des Kreises zu benutzen. Sie sind verpflichtet, die Lasten zu tragen, die sich aus ihrer Zugehörigkeit zu dem Kreis ergeben.

(2) Personen, die nicht im Kreis wohnen, aber dort Grundbesitz haben oder ein Gewerbe betreiben, sind in gleicher Weise berechtigt, die öffentlichen Einrichtungen zu benutzen, die im Kreis für Grundbesitzerinnen und -besitzer und Gewerbetreibende bestehen. Sie sind verpflichtet, für ihren Grundbesitz oder Gewerbebetrieb im Kreisgebiet zu den Kreislasten beizutragen.

(3) Diese Vorschriften gelten entsprechend für juristische Personen und für Personenvereinigungen.

§ 19
Entsprechende Anwendung der Gemeindeordnung

(1) Die Vorschriften des Vierten Teils der Gemeindeordnung über Ehrenämter und ehrenamtliche Tätigkeiten und über die Rechte und Pflichten, die sich daraus ergeben, gelten für die Bürgerinnen und Bürger sowie für die Einwohnerinnen und Einwohner des Kreises entsprechend.

(2) Ehrenbeamtinnen und -beamte dürfen Ansprüche Dritter gegen die Landrätin oder den Landrat als untere Landesbehörde nicht geltend machen, es sei denn, dass sie als gesetzliche Vertreterinnen und Vertreter handeln. Das gilt auch für ehrenamtlich tätige Bürgerinnen und Bürger, wenn der Auftrag mit den Aufgaben ihrer ehrenamtlichen Tätigkeit zusammenhängt. Ob diese Voraussetzungen vorliegen, stellt der Kreistag fest; er kann diese Befugnis übertragen.

Fünfter Teil
Kreis und Gemeinden

§ 20
Zusammenwirken von Kreis und Gemeinden

(1) Die Selbstverwaltung des Kreises soll die Selbstverwaltung der kreisangehörigen Gemeinden ergänzen und fördern.

(2) Kreis und Gemeinden sollen im Zusammenwirken alle Aufgaben der örtlichen Selbstverwaltung erfüllen.

(3) Der Kreis soll sich gegenüber den Ämtern und Gemeinden auf diejenigen Aufgaben beschränken, deren Durchführung durch den Kreis erforderlich ist, um seine Einwohnerinnen und Einwohner gleichmäßig zu versorgen und zu betreuen.

§ 21
Übernahme von Aufgaben durch den Kreis durch Verwaltungsakt

(1) Der Kreis kann Aufgaben der Gemeinden, Ämter und Zweckverbände nach Verhandlung mit den Beteiligten ohne deren Zustimmung nur nach Maßgabe der Absätze 2 und 3 für den ganzen Kreis oder einen Kreisteil durch Beschluss des Kreistags in seine ausschließliche Zuständigkeit übernehmen.

(2) Voraussetzung hierfür ist, dass

1. die Übernahme auf den Kreis für eine einheitliche Versorgung des Gebiets erforderlich ist und damit einem Bedürfnis der Einwohnerinnen und Einwohner in einer dem öffentlichen Wohl entsprechenden Weise genügt wird sowie

2. die ausschließliche Zuständigkeit des Kreises erforderlich ist, um die Aufgaben wirtschaftlich zweckmäßig durchzuführen.

(3) Der Beschluss nach Absatz 1 bedarf der Mehrheit von zwei Dritteln der gesetzlichen Zahl der Kreistagsabgeordneten und der Genehmigung des Ministeriums für Inneres, ländliche Räume und Integration.

(4) Der Kreis und die Beteiligten regeln durch öffentlich-rechtlichen Vertrag die Auseinandersetzung, insbesondere die Übernahme von Einrichtungen. Kommt ein öffentlich-rechtlicher Vertrag nicht zustande, entscheidet das Ministerium für Inneres, ländliche Räume und Integration. § 16 Abs. 2 und 3 gilt entsprechend.

(5) Die Übernahme von Aufgaben der Gemeinden, Ämter und Zweckverbände durch öffentlich-rechtlichen Vertrag bleibt unberührt.

Sechster Teil
Verwaltung des Kreises

1. Abschnitt
Kreistag

§ 22
Aufgaben des Kreistags

(1) Der Kreistag legt die Ziele und Grundsätze für die Verwaltung des Kreises fest. Er trifft alle für den Kreis wichtigen Entscheidungen in Selbstverwaltungsangelegenheiten und überwacht ihre Durchführung, soweit dieses Gesetz keine anderen Zuständigkeiten vorsieht. Er kann Entscheidungen, auch für bestimmte Aufgabenbereiche, allgemein durch die Hauptsatzung oder im Einzelfall durch Beschluss auf den Hauptausschuss, einen anderen Ausschuss oder auf die Landrätin oder den Landrat übertragen, soweit nicht § 23 entgegensteht. Die allgemein übertragenen Entscheidungen können in einer Anlage zur Hauptsatzung (Zuständigkeitsordnung) geregelt werden. In diese kann jeder Einsicht nehmen. Darauf ist in der Bekanntmachung der Hauptsatzung hinzuweisen. Die Zuständigkeitsordnung bedarf abweichend von § 4 Abs. 1 Satz 3 nicht der Genehmigung des Ministeriums für Inneres, ländliche Räume und Integration. Hat der Kreistag die Entscheidung im Einzelfall übertragen, so kann er selbst entscheiden, wenn der Hauptausschuss, der andere Ausschuss oder die Landrätin oder der Landrat noch nicht entschieden hat.

(2) Der Kreistag ist über die Arbeiten der Ausschüsse und über wichtige Verwaltungsangelegenheiten zu unterrichten; die Geschäftsordnung bestimmt die Art der Unterrichtung. Wichtige Anordnungen der Aufsichtsbehörde sowie alle Anordnungen, bei denen die Aufsichtsbehörde dies ausdrücklich bestimmt, sind dem Kreistag mitzuteilen.

(3) Macht ein Drittel der gesetzlichen Zahl der Kreistagsabgeordneten von seinen Rechten nach § 29 Abs. 1 Satz 3 oder § 29 Abs. 4 Satz 3 Gebrauch und erklärt die Kreispräsidentin oder der Kreispräsident, die Angelegenheit sei oder werde auf die Tagesordnung der nächsten Sitzung des Kreistags gesetzt, darf eine Entscheidung nach Absatz 1 Satz 3 bis zur Beschlussfassung des Kreistags nicht getroffen werden. § 51 Abs. 4 bleibt unberührt.

(4) Der Kreistag ist oberste Dienstbehörde der Landrätin oder des Landrats. Er kann die Zuständigkeit auf den Hauptausschuss übertragen.

§ 23
Vorbehaltene Entscheidungen

Der Kreistag kann die Entscheidung über die folgenden Angelegenheiten nicht übertragen:

1. Angelegenheiten, über die kraft Gesetzes der Kreistag entscheidet,
2. den Erlass, die Änderung und die Aufhebung von Satzungen,
3. die Übernahme neuer Aufgaben, die zu erfüllen der Kreis nicht gesetzlich verpflichtet ist,
4. die Beteiligung bei der Aufstellung und Fortschreibung von Raumordnungsplänen,
5. die Gebietsänderung,
6. die Einführung oder die Änderung eines Wappens oder einer Flagge,
7. die Verleihung und die Aberkennung des Ehrenbürgerrechts und einer Ehrenbezeichnung,
8. die Änderung und die Bestimmung des Kreisnamens,
9. den Abschluss von Partnerschaften mit anderen Kreisen,
10. den Verzicht auf Ansprüche des Kreises und die Niederschlagung solcher Ansprüche, die Führung von Rechtsstreiten und den Abschluss von Vergleichen, soweit sie für den Kreis von erheblicher wirtschaftlicher Bedeutung sind; der Kreistag kann die Entscheidung auf die Landrätin oder den Landrat übertragen, wenn der Anspruch einen in der Hauptsatzung bestimmten Betrag nicht übersteigt,
11. die allgemeinen Grundsätze für die Ernennung, Einstellung und Entlassung, für die Dienstbezüge und Arbeitsentgelte sowie die Versorgung von Beschäftigten des Kreises, soweit nicht ihre Stellung und ihre Ansprüche durch das allgemeine Beamten- und Tarifrecht geregelt sind,
12. die Festsetzung allgemeiner privatrechtlicher Entgelte; der Kreistag kann die Entscheidung im Rahmen der Betätigung eines Eigenbetriebes durch Hauptsatzung auf den zuständigen Ausschuss übertragen,
13. die Übernahme von Bürgschaften, den Abschluss von Gewährverträgen und die Bestellung anderer Sicherheiten für Dritte sowie Rechtsgeschäfte, die dem wirtschaftlich gleichkommen; der Kreistag kann die Entscheidung auf die Landrätin oder den Landrat übertragen, wenn die Verpflichtung des Kreises einen in der Hauptsatzung bestimmten Betrag nicht übersteigt,
14. den Erwerb von Vermögensgegenständen und den Abschluss von Leasingverträgen; der Kreistag kann die Entscheidung auf die Landrätin oder den Landrat übertragen, wenn der Wert des Vermögensgegenstandes, die laufende Belastung oder die Gesamtbelastung aus dem Leasingvertrag einen in der Hauptsatzung bestimmten Betrag nicht übersteigt,
15. die Veräußerung und Belastung von Kreisvermögen; der Kreistag kann die Entscheidung auf die Landrätin oder den Landrat übertragen, wenn der Wert des Vermögensgegenstandes oder der Belastung einen in der Hauptsatzung bestimmten Betrag nicht übersteigt,
16. die Errichtung, die Übernahme, die wesentliche Erweiterung, die wesentliche Änderung der Satzung oder die Auflösung von wirtschaftlichen Unternehmen oder Einrichtungen (§ 57 dieses Gesetzes in Verbindung mit § 101 Absatz 1 und 4 der Gemeindeordnung),
17. a) die unmittelbare oder mittelbare Gründung von Gesellschaften, Genossenschaften oder anderen privatrechtlichen Vereinigungen (§ 57 dieses Gesetzes in Verbindung mit den §§ 102 und 105 der Gemeindeordnung) oder die Beteiligung an diesen oder an deren Gründung,

    b) die Erhöhung solcher Beteiligungen oder ein Rechtsgeschäft nach § 57 dieses Gesetzes in Verbindung mit § 103 der Gemeindeordnung sowie

    c) wesentliche Änderungen des Gesellschaftsvertrages oder der Satzung von Gesellschaften, Genossenschaften oder anderen privatrechtlichen Vereinigungen, insbesondere des Gesellschaftszwecks;

    der Kreistag kann die Entscheidung auf den Hauptausschuss übertragen, wenn die Beteiligung des Kreises einen in der Hauptsatzung bestimmten Betrag oder Vomhundertsatz der Beteiligung nicht übersteigt,
18. die Umwandlung der Rechtsform, die Verpachtung und die teilweise Verpachtung von wirtschaftlichen Unternehmen ohne eigene Rechtspersönlichkeit,
19. die Bestellung von Vertreterinnen und Vertretern des Kreises in Gesellschaften, Genossenschaften oder anderen privatrechtlichen Vereinigungen (§ 57 dieses Gesetzes in Verbindung mit den §§ 102 und 105 der Gemeindeordnung), an denen der Kreis beteiligt ist; der Kreistag kann die Entscheidung auf den Hauptausschuss übertragen, wenn die Beteiligung des Kreises einen in der Hauptsatzung bestimmten Betrag oder Vomhundertsatz der Beteiligung nicht übersteigt,
20. die Stellungnahme zum Prüfungsergebnis der überörtlichen Prüfung sowie eine Stellungnahme zum Prüfungsbericht über die Jahresabschlussprüfung der Eigenbetriebe,
21. die Errichtung, die Umwandlung des Zwecks und die Aufhebung einer Stiftung einschließlich der Entscheidung über den Verbleib des Stiftungsvermögens; der Kreistag kann die Entscheidung auf den Hauptaus-

schuss übertragen, wenn der Anteil des Kreises am Stiftungsvermögen oder bei einer Entscheidung über dessen Verbleib der Wert dieses Vermögens einen in der Hauptsatzung bestimmten Betrag nicht übersteigt,

22. die Mitgliedschaft in Zweckverbänden und auf Gesetz beruhenden sonstigen Verbänden,
23. den Abschluss, die Änderung und die Kündigung öffentlich-rechtlicher Vereinbarungen, soweit sie die Übertragung oder die Übernahme wesentlicher Aufgaben oder der Satzungsbefugnis zum Gegenstand haben,
24. die Bildung, Änderung und Aufhebung von Verwaltungsgemeinschaften zur Erfüllung einer oder mehrerer wesentlicher Aufgaben des Kreises,
25. die Festlegung der Grundsätze des Berichtswesens nach § 40 b Abs. 1 Satz 2 Nr. 3 in Verbindung mit § 40 c und
26. die Ziele und Grundsätze der wirtschaftlichen Betätigung und Grundsätze der privatrechtlichen Beteiligung des Kreises; der Kreistag kann die Entscheidung auf den Hauptausschuss übertragen.

In den Fällen der Nummern 10, 13, 14 und 15 kann die Hauptsatzung bestimmen, dass die Entscheidung außer auf die Landrätin oder den Landrat bis zu einer weiteren Wertgrenze auch auf den Hauptausschuss übertragen wird.

§ 24
Zuständigkeit bei Interessenwiderstreit

(1) Ein Beschluss des Kreistags über
1. die Geltendmachung von Ansprüchen des Kreises gegen die Landrätin oder den Landrat,
2. die Amtsführung der Landrätin oder des Landrats bei der Durchführung von Beschlüssen des Kreistags und der Ausschüsse

ist von der Kreispräsidentin oder dem Kreispräsidenten auszuführen.

(2) Verträge des Kreises mit
1. Kreistagsabgeordneten, Mitgliedern und stellvertretenden Mitgliedern der Ausschüsse nach § 41 Abs. 3 sowie der Landrätin oder dem Landrat oder
2. juristischen Personen, an denen Kreistagsabgeordnete, Mitglieder oder stellvertretende Mitglieder der Ausschüsse nach § 41 Abs. 3 oder die Landrätin oder der Landrat beteiligt sind,

sind nur rechtsverbindlich, wenn der Kreistag zustimmt. Das gilt nicht für Verträge nach feststehendem Tarif und für Verträge, die sich innerhalb einer in der Hauptsatzung festgelegten Wertgrenze halten.

§ 25
Kontrollrecht

(1) Einzelnen Kreistagsabgeordneten hat die Landrätin oder der Landrat in allen Selbstverwaltungsangelegenheiten und zu allen Aufgaben zur Erfüllung nach Weisung auf Verlangen Auskunft zu erteilen und Akteneinsicht zu gewähren. Gleiches gilt für die nicht dem Kreistag angehörenden Mitglieder von Ausschüssen für den Aufgabenbereich ihres Ausschusses sowie Mitglieder von Beiräten für die Angelegenheiten ihres Beirates.

(2) Auskunft und Akteneinsicht dürfen nicht gewährt werden, wenn die Vorgänge nach einem Gesetz geheim zu halten sind oder das Bekanntwerden des Inhalts die berechtigten Interessen Einzelner beeinträchtigen kann. Soweit Auskunft und Akteneinsicht zulässig sind, dürfen diese Rechte bei Personalakten nur den Mitgliedern eines Personalausschusses und den Mitgliedern des Hauptausschusses bei der Wahrnehmung personalrechtlicher Befugnisse gewährt werden. Gleiches gilt für Mitglieder anderer Ausschüsse für Akten, deren Inhalt spezialgesetzlich geschützt ist.

(3) Kreistagsabgeordneten, die von der Beratung und der Entscheidung in der Angelegenheit ausgeschlossen sind (§ 27 Abs. 3 dieses Gesetzes in Verbindung mit § 22 der Gemeindeordnung), darf Auskunft und Akteneinsicht nicht gewährt werden.

(4) Akten im Sinne dieser Vorschrift sind auch Dateien, Karteien, Tonbänder und andere Informationsträger.

§ 26
Zusammensetzung und Wahl des Kreistags

(1) Der Kreistag besteht aus gewählten Vertreterinnen und Vertretern (Kreistagsabgeordnete).

(2) Die Zahl der Kreistagsabgeordneten, die Wahlzeit und das Wahlverfahren werden durch Gesetz[2] geregelt.

§ 26 a
Unvereinbarkeit

(1) Ein Mitglied des Kreistages darf nicht tätig sein als
1. Beschäftigte oder Beschäftigter des Kreises auf der Funktionsebene der Laufbahngruppe 2,
2. Beschäftigte oder Beschäftigter des Landes bei der Wahrnehmung von Aufgaben der Kommunalaufsicht oder des Landesrechnungshofs,
3. leitende Beschäftigte oder leitender Beschäftigter eines privatrechtlichen Unternehmens, an dem der Kreis mit mehr als 50 % beteiligt ist; leitende Beschäftigte oder leitender Beschäftigter ist, wer allein oder mit anderen ständig berechtigt ist, das Unternehmen in seiner Gesamtheit zu vertreten,
4. hauptamtliche Bürgermeisterin oder hauptamtlicher Bürgermeister einer kreisangehörigen Gemeinde oder
5. Amtsdirektorin oder Amtsdirektor eines kreisangehörigen Amtes.

(2) Absatz 1 findet keine Anwendung für Ehrenbeamtinnen und Ehrenbeamte.

(3) Übernimmt ein Mitglied eines Kreistags ein nach Absatz 1 mit seinem Mandat unvereinbares Amt oder eine nach Absatz 1 mit seinem Mandat unvereinbare Stellung oder Funktion, so stellt das Ministerium für Inneres, ländliche Räume und Integration die Unvereinbarkeit fest. Das Mitglied verliert seinen Sitz mit der Unanfechtbarkeit der Feststellung.

§ 27
Rechte und Pflichten

(1) Die Kreistagsabgeordneten handeln in ihrer Tätigkeit nach ihrer freien, durch das öffentliche Wohl bestimmten Überzeugung.

(2) Die Bürgerinnen und Bürger entscheiden frei, ob sie die Wahl zum Kreistag annehmen oder auf ihren Sitz im Kreistag verzichten. Haben sie die Wahl zum Kreistag angenommen, so haben sie die ihnen aus ihrer Mitgliedschaft im Kreistag erwachsenden Pflichten auszuüben, solange sie nicht auf ihren Sitz im Kreistag verzichten.

(3) § 21 Abs. 2 bis 5 (Verschwiegenheitspflicht), § 22 (Ausschließungsgründe), § 23 Satz 1 und 2 (Treuepflicht), § 24 (Entschädigungen, Ersatz für Sachschäden, Zuwendungen), § 24 a (Kündigungsschutz, Freizeitgewährung) und § 25 (Vertretung der Gemeinde in Vereinigungen) der Gemeindeordnung gelten für Kreistagsabgeordnete entsprechend. Zuständig für die Befreiung von der Verschwiegenheitspflicht über die Entscheidung nach § 22 Abs. 4 (Ausschließungsgründe) und für die Feststellung nach § 23 Satz 4 (Treuepflicht) der Gemeindeordnung ist der Kreistag; er kann die Entscheidung übertragen. Die Kreistagsabgeordneten haben Anspruch auf Fortbildung im Rahmen der bereitgestellten Haushaltsmittel.

(4) Die Mitglieder des Kreistags und der Ausschüsse haben der Kreispräsidentin oder dem Kreispräsidenten ihren Beruf sowie andere vergütete oder ehrenamtliche Tätigkeiten mitzuteilen, soweit dies für die Ausübung ihres Mandats von Bedeutung sein kann. Die Angaben sind zu veröffentlichen. Das Nähere regelt die Geschäftsordnung.

(5) Kreistagsabgeordnete dürfen Ansprüche Dritter gegen die Landrätin oder den Landrat als untere Landesbehörde nicht geltend machen, es sei denn, dass sie als gesetzliche Vertreterinnen oder Vertreter handeln. Ob diese Voraussetzungen vorliegen, entscheidet der Kreistag.

---

2 *Gemeinde- und Kreiswahlgesetz, Nr.* **108**.

§ 27 a
Fraktionen

(1) Kreistagsabgeordnete können sich durch Erklärung gegenüber der oder dem Vorsitzenden des Kreistages zu einer Fraktion zusammenschließen. Die Mindestzahl der Mitglieder einer Fraktion beträgt zwei.

(2) Eine Fraktion kann beschließen, dass Bürgerinnen und Bürger, die nach § 41 Abs. 3 zu Mitgliedern von Ausschüssen gewählt worden sind, Stimmrecht in den Fraktionssitzungen erhalten. Die Geschäftsordnung der Fraktion kann bestimmen, dass das Stimmrecht auf Angelegenheiten ihres Ausschusses beschränkt wird; das Stimmrecht kann für Wahlen und Wahlvorschläge ausgeschlossen werden.

(3) Nähere Einzelheiten über die innere Ordnung, über die Aufnahme und das Ausscheiden von Mitgliedern sowie ihrer Rechte und Pflichten kann die Fraktion durch Geschäftsordnung regeln.

(4) Der Kreis kann Zuschüsse zur Erfüllung der Aufgaben für den notwendigen sachlichen und personellen Aufwand für die Geschäftsführung der Fraktionen gewähren. Dazu zählt auch eine angemessene Öffentlichkeitsarbeit. Über die ordnungsgemäße Verwendung ist ein Nachweis zu führen.

§ 28
Kreispräsidentin oder Kreispräsident

(1) Der Kreistag wählt aus seiner Mitte seine Vorsitzende oder seinen Vorsitzenden und deren oder dessen Stellvertretende. Die Wahl der oder des Vorsitzenden in der ersten Sitzung nach Beginn der Wahlzeit leitet das älteste Mitglied, die Wahl der Stellvertretenden leitet die oder der Vorsitzende. Scheidet die oder der Vorsitzende aus, leitet die oder der Stellvertretende die Wahl der oder des neuen Vorsitzenden. Die Stellvertretenden vertreten die Vorsitzende oder den Vorsitzenden im Fall der Verhinderung in der Reihenfolge ihrer Wahl. Ein Ausscheiden der oder des Vorsitzenden oder einer oder eines Stellvertretenden während der Wahlzeit gilt bis zur Wahl der Nachfolgerin oder des Nachfolgers, längstens für die Dauer von fünf Monaten, als Verhinderung.

(2) Jede Fraktion kann verlangen, dass die oder der Vorsitzende des Kreistags und deren oder dessen Stellvertretende auf Vorschlag der nach Satz 2 vorschlagsberechtigten Fraktionen gewählt werden. In diesem Fall steht den Fraktionen das Vorschlagsrecht für die Wahl der oder des Vorsitzenden, der oder des ersten, zweiten usw. Stellvertretenden in der Reihenfolge der Höchstzahlen zu, die sich aus der Teilung der Sitzzahlen der Fraktionen durch 0,5 – 1,5 – 2,5 usw. ergeben. Für die Wahl gilt § 34 Abs. 1 entsprechend. Werden während der Wahlzeit eine oder mehrere Wahlstellen frei, gelten für die Wahl der Nachfolgerin oder des Nachfolgers die Sätze 1 bis 3 entsprechend; dabei werden jeder Fraktion so viele Höchstzahlen gestrichen, wie am Tage des Freiwerdens Wahlstellen durch eine Fraktion besetzt sind. Steht das Vorschlagsrecht für eine Wahlstelle fest, wird die vorschlagsberechtigte Fraktion von diesem Zeitpunkt an bei der Feststellung des Vorschlagsrechts für weitere Wahlstellen so behandelt, als ob die Wahlstelle auf ihren Vorschlag besetzt worden sei.

(3) Die oder der Vorsitzende des Kreistags führt die Bezeichnung Kreispräsidentin oder Kreispräsident.

(4) Die Kreispräsidentin oder der Kreispräsident wird von dem ältesten Mitglied, die anderen Kreistagsabgeordneten werden von der Kreispräsidentin oder dem Kreispräsidenten durch Handschlag auf die gewissenhafte Erfüllung ihrer Obliegenheiten verpflichtet und in ihre Tätigkeit eingeführt. Scheidet die Kreispräsidentin oder der Kreispräsident vor Ablauf der Wahlzeit aus, nimmt die Stellvertreterin oder der Stellvertreter die Verpflichtung und Einführung der Nachfolgerin oder des Nachfolgers vor.

(5) Die Kreispräsidentin oder der Kreispräsident und deren oder dessen Stellvertretende bleiben bis zum Zusammentritt des neu gewählten Kreistags tätig.

(6) Die Kreispräsidentin oder der Kreispräsident vertritt den Kreistag in gerichtlichen Verfahren.

§ 29
Einberufung, Geschäftsordnung

(1) Der Kreistag wird spätestens zum 30. Tag nach Beginn der Wahlzeit, in den Fällen des § 1 Abs. 3 des Gemeinde- und Kreiswahlgesetzes zum 30. Tag nach der Wahl von der oder dem bisherigen Vorsitzenden einberufen. Im Übrigen ist er durch die Kreispräsidentin oder den Kreispräsidenten einzuberufen, so oft es die Geschäftslage erfordert, mindestens jedoch einmal im Vierteljahr. Der Kreistag muss unverzüglich einberufen werden, wenn es ein Drittel der gesetzlichen Zahl der Kreistagsabgeordneten oder die Landrätin oder der Landrat unter Angabe des Beratungsgegenstands verlangt.

(2) Der Kreistag regelt seine inneren Angelegenheiten, insbesondere den Ablauf der Sitzungen, durch eine Geschäftsordnung, soweit dieses Gesetz keine Regelung enthält.

(3) Die Ladungsfrist beträgt mindestens eine Woche. Sie kann in begründeten Ausnahmefällen unterschritten werden, es sei denn, dass ein Drittel der gesetzlichen Zahl der Kreistagsabgeordneten widerspricht. Zu der konstituierenden Sitzung des Kreistages nach Absatz 1 Satz 1 kann bereits vor Beginn der Wahlzeit geladen werden.

(4) Die Kreispräsidentin oder der Kreispräsident setzt nach Beratung mit der Landrätin oder dem Landrat die Tagesordnung fest; sie ist in die Ladung aufzunehmen. Zeit, Ort und Tagesordnung der Sitzung sind unverzüglich örtlich bekannt zu machen. Die Kreispräsidentin oder der Kreispräsident muss einen Angelegenheit auf die Tagesordnung setzen, wenn es die Landrätin oder der Landrat, ein Drittel der gesetzlichen Zahl der Kreistagsabgeordneten, der Hauptausschuss, ein Ausschuss oder eine Fraktion verlangt. Der Kreistag kann die Tagesordnung um eine dringende Angelegenheiten erweitern; der Beschluss bedarf der Mehrheit von zwei Dritteln der gesetzlichen Zahl der Kreistagsabgeordneten.

§ 30
Öffentlichkeit der Sitzungen

(1) Die Sitzungen des Kreistags sind öffentlich. Die Öffentlichkeit ist auszuschließen, wenn überwiegende Belange des öffentlichen Wohls oder berechtigte Interessen Einzelner es erfordern. Die Angelegenheit kann in öffentlicher Sitzung behandelt werden, wenn die Personen, deren Interessen betroffen sind, dies schriftlich verlangen oder hierzu schriftlich ihr Einverständnis erklären.

(2) Über den Ausschluss der Öffentlichkeit beschließt der Kreistag im Einzelfall. Antragsberechtigt sind die Kreistagsabgeordneten und die Landrätin oder der Landrat. Der Beschluss bedarf der Mehrheit von zwei Dritteln der anwesenden Kreistagsabgeordneten. Über den Antrag auf Ausschluss der Öffentlichkeit wird in nichtöffentlicher Sitzung beraten und entschieden; ohne Beratung über den Antrag wird in öffentlicher Sitzung entschieden.

(3) In nichtöffentlicher Sitzung gefasste Beschlüsse sind spätestens in der nächsten öffentlichen Sitzung bekannt zu geben, wenn nicht überwiegende Belange des öffentlichen Wohls oder berechtigte Interessen Einzelner entgegenstehen.

(4) Unbeschadet weiter gehender Berechtigungen aus anderen Rechtsvorschriften kann die Hauptsatzung bestimmen, dass in öffentlichen Sitzungen Film- und Tonaufnahmen durch die Medien oder den Kreis mit dem Ziel der Veröffentlichung zulässig sind.

§ 30a
Sitzungen in Fällen höherer Gewalt

(1) Durch Hauptsatzung kann bestimmt werden, dass bei Naturkatastrophen, aus Gründen des Infektionsschutzes oder vergleichbaren außergewöhnlichen Notsituationen, die eine Teilnahme der Kreistagsabgeordneten an Sitzungen des Kreistages erschwert oder verhindert, die notwendigen Sitzungen des Kreistages ohne persönliche Anwesenheit der Mitglieder im Sitzungsraum als Videokonferenz durchgeführt werden können. Dabei sind geeignete technische Hilfsmittel einzusetzen, durch die die Sitzung einschließlich der Beratungen und Beschlussfassungen zeitgleich in Bild

und Ton an alle Personen mit Teilnahmerechten übertragen werden.

(2) Durch Hauptsatzung kann bestimmt werden, dass Sitzungen der Ausschüsse und der Beiräte im Sinne des Absatzes 1 durchgeführt werden können.

(3) In einer Sitzung nach Absatz 1 und 2 findet eine Wahl im Fall eines Widerspruchs nach § 35 Absatz 2 durch geheime briefliche Abstimmung statt. Das Nähere regelt die Geschäftsordnung.

(4) § 16b Absatz 1 findet mit der Maßgabe Anwendung, dass der Kreis Verfahren entwickeln soll, wie Einwohnerinnen und Einwohner im Falle der Durchführungen von Sitzungen im Sinne des Absatzes 1 Fragen zu Beratungsgegenständen oder anderen Kreisangelegenheiten stellen und Vorschläge und Anregungen unterbreiten können.

(5) Die Öffentlichkeit im Sinne des § 30 Absatz 1 Satz 1 ist durch zeitgleiche Übertragung von Bild und Ton in einen öffentlich zugänglichen Raum und durch eine Echtzeitübertragung oder eine vergleichbare Einbindung der Öffentlichkeit über Internet herzustellen. Im Übrigen bleibt § 30 unberührt.

(6) Der Kreis hat sicherzustellen, dass die technischen Anforderungen und die datenschutzrechtlichen Bestimmungen für eine ordnungsgemäße Durchführung der Sitzung einschließlich Beratung und Beschlussfassung eingehalten werden.

§ 31
Rechte und Pflichten der Landrätin oder des Landrats in den Sitzungen des Kreistags

(1) Die Landrätin oder der Landrat nimmt an den Sitzungen des Kreistags teil.

(2) Die Landrätin oder der Landrat ist verpflichtet, dem Kreistag und einzelnen Kreistagsabgeordneten zu allen Selbstverwaltungsaufgaben sowie zu den Aufgaben zur Erfüllung nach Weisung Auskunft zu erteilen; sie oder er kann sich hierbei vertreten lassen, wenn nicht eine Fraktion oder ein Drittel der gesetzlichen Zahl der Kreistagsabgeordneten widerspricht. Der Landrätin oder dem Landrat ist auf Wunsch das Wort zu erteilen. Sie oder er kann zu den Tagesordnungspunkten Anträge stellen.

§ 32
Verhandlungsleitung

Die Kreispräsidentin oder der Kreispräsident leitet die Verhandlungen des Kreistags. In den Sitzungen handhabt sie oder er die Ordnung und übt das Hausrecht aus.

§ 33
Beschlussfähigkeit

(1) Der Kreistag ist beschlussfähig, wenn mehr als die Hälfte der gesetzlichen Zahl der Kreistagsabgeordneten anwesend ist. Die Kreispräsidentin oder der Kreispräsident stellt die Beschlussfähigkeit zu Beginn der Sitzung fest. Der Kreistag gilt danach als beschlussfähig, bis die Kreispräsidentin oder der Kreispräsident die Beschlussunfähigkeit auf Antrag eines Mitglieds des Kreistags feststellt; dieses Mitglied zählt zu den Anwesenden. Die Kreispräsidentin oder der Kreispräsident muss die Beschlussunfähigkeit auch ohne Antrag feststellen, wenn weniger als ein Drittel der gesetzlichen Zahl der Kreistagsabgeordneten anwesend ist.

(2) Zur Feststellung der Beschlussfähigkeit vermindert sich die gesetzliche Zahl der Kreistagsabgeordneten

1. um die Zahl der nach § 44 Abs. 2 des Gemeinde- und Kreiswahlgesetzes leer bleibenden Sitze sowie
2. im Einzelfall um die Zahl der nach § 27 Abs. 3 dieses Gesetzes in Verbindung mit § 22 der Gemeindeordnung ausgeschlossenen Kreistagsabgeordneten.

Vermindert sich die gesetzliche Zahl der Kreistagsabgeordneten nach Satz 1 um mehr als die Hälfte, ist der Kreistag beschlussfähig, wenn mindestens ein Drittel der gesetzlichen Zahl der Kreistagsabgeordneten anwesend ist.

(3) Ist eine Angelegenheit wegen Beschlussunfähigkeit des Kreistags zurückgestellt worden und wird der Kreistag zur Verhandlung über denselben Gegenstand zum zweiten Mal einberufen, so ist der Kreistag beschlussfähig, wenn mindestens drei stimmberechtigte Kreistagsabgeordnete anwesend sind. Bei der zweiten Ladung muss auf diese Vorschrift hingewiesen werden.

§ 34
Beschlussfassung

(1) Beschlüsse des Kreistags werden, soweit nicht das Gesetz etwas anderes vorsieht, mit Stimmenmehrheit gefasst. Bei der Berechnung der Stimmenmehrheit zählen nur die Ja- und Neinstimmen. Bei Stimmengleichheit ist ein Antrag abgelehnt.

(2) Es wird offen abgestimmt.

(3) Es kann nur über Anträge abgestimmt werden, die vorher schriftlich festgelegt worden sind.

§ 35
Wahlen durch den Kreistag

(1) Wahlen sind Beschlüsse, die durch Gesetz oder aufgrund eines Gesetzes durch Verordnung als Wahlen bezeichnet werden.

(2) Gewählt wird, wenn niemand widerspricht, durch Handzeichen, sonst durch Stimmzettel.

(3) Gewählt ist, wer die meisten Stimmen erhält. Bei Stimmengleichheit findet ein weiterer Wahlgang statt. Bei erneuter Stimmengleichheit entscheidet das Los, das die Kreispräsidentin oder der Kreispräsident zieht.

(4) Bei Verhältniswahl (§ 41 Abs. 1) stimmt der Kreistag in einem Wahlgang über die Wahlvorschläge (Listen) der Fraktionen ab. Kreistagsabgeordnete und andere Bürgerinnen und Bürger (§ 41 Abs. 3) müssen in einem Wahlvorschlag aufgeführt werden. Die Zahl der Stimmen, die jeder Wahlvorschlag erhält, wird durch 0,5 – 1,5 – 2,5 usw. geteilt. Die Wahlstellen werden in der Reihenfolge der Höchstzahlen auf die Wahlvorschläge verteilt. Über die Zuteilung der letzten Wahlstelle entscheidet bei gleicher Höchstzahl das Los, das die Kreispräsidentin oder der Kreispräsident zieht. Die Bewerberinnen und Bewerber einer Fraktion werden in der Reihenfolge berücksichtigt, die sich aus dem Wahlvorschlag ergibt.

§ 35 a
Abberufung durch den Kreistag

(1) Wer durch Wahl des Kreistags berufen wird, kann durch Beschluss des Kreistags abberufen werden. Ein Antrag auf Abberufung kann nur behandelt werden, wenn er auf der Tagesordnung gestanden hat. Der Beschluss bedarf der Mehrheit der anwesenden Kreistagsabgeordneten.

(2) Der Beschluss, mit dem

1. die Kreispräsidentin oder der Kreispräsident oder eine oder einer ihrer oder seiner Stellvertretenden aus dem Vorsitz oder
2. die Landrätin oder der Landrat aus ihrem oder seinem Amt

abberufen werden soll, bedarf der Mehrheit von zwei Dritteln der gesetzlichen Zahl der Kreistagsabgeordneten.

(3) Über den Antrag, die Landrätin oder den Landrat aus ihrem oder seinem Amt abzuberufen, ist zweimal zu beraten und zu beschließen. Die zweite Beratung darf frühestens vier Wochen nach der ersten stattfinden.

(4) Wer abberufen wird, scheidet aus seiner Wahlstelle oder aus seinem Amt aus. Die Landrätin oder der Landrat tritt an dem Tag, an dem die Abberufung zum zweiten Mal beschlossen wird, in den einstweiligen Ruhestand.

§ 36
Niederschrift

(1) Über jede Sitzung des Kreistags ist eine Niederschrift aufzunehmen. Die Niederschrift muss mindestens

1. die Zeit und den Ort der Sitzung,
2. die Namen der Teilnehmerinnen und Teilnehmer,
3. die Tagesordnung,
4. den Wortlaut der Anträge und Beschlüsse und
5. das Ergebnis der Abstimmungen

enthalten. Die Niederschrift muss von der Kreispräsidentin oder dem Kreispräsidenten und der Protokollführerin oder dem Protokollführer unterzeichnet werden. Sie soll innerhalb von 30 Tagen, spätestens zur nächsten Sitzung, vorliegen.

(2) Über Einwendungen gegen die Niederschrift entscheidet der Kreistag.

(3) Die Einsichtnahme in die Niederschriften über die öffentlichen Sitzungen ist den Einwohnerinnen und Einwohnern zu gestatten.

§ 37
Ordnung in den Sitzungen

Die Kreispräsidentin oder der Kreispräsident kann eine Kreistagsabgeordnete oder einen Kreistagsabgeordneten, die oder der die Ordnung verletzt oder gegen das Gesetz oder die Geschäftsordnung verstößt, zur Ordnung rufen. Nach dreimaligem Ordnungsruf kann sie oder er sie oder ihn von der Sitzung ausschließen. Hat die Kreispräsidentin oder der Kreispräsident eine Kreistagsabgeordnete oder einen Kreistagsabgeordneten von der Sitzung ausgeschlossen, so kann sie oder er sie oder ihn in der jeweils folgenden Sitzung nach einmaligem Ordnungsruf ausschließen.

§ 38
Widerspruch gegen Beschlüsse des Kreistags

(1) Verletzt ein Beschluss des Kreistags das Recht, so hat ihm die Landrätin oder der Landrat zu widersprechen.

(2) Der Widerspruch muss innerhalb von zwei Wochen nach Beschlussfassung schriftlich eingelegt und begründet werden. Er enthält die Aufforderung, den Beschluss aufzuheben. Der Kreistag muss über die Angelegenheit in einer neuen Sitzung nochmals beschließen; bis dahin hat der Widerspruch aufschiebende Wirkung.

(3) Verletzt auch der neue Beschluss das Recht, so hat ihn die Landrätin oder der Landrat schriftlich unter Darlegung der Gründe binnen zwei Wochen zu beanstanden. Die Beanstandung hat aufschiebende Wirkung. Gegen die Beanstandung steht dem Kreistag die Klage vor dem Verwaltungsgericht zu.

(4) Widerspruch und Beanstandung sind an die Kreispräsidentin oder den Kreispräsidenten zu richten.

§ 39
Auflösung des Kreistags

(1) Das Ministerium für Inneres, ländliche Räume und Integration kann einen Kreistag auflösen, wenn

1. dieser dauernd beschlussunfähig ist,
2. eine ordnungsgemäße Erledigung der Kreisaufgaben auf andere Weise nicht gesichert werden kann oder
3. durch Änderung der Kreisgrenze die bisherige Einwohnerzahl eines Kreises um mehr als ein Zehntel zu- oder abgenommen hat.

Die Entscheidung des Ministeriums für Inneres, ländliche Räume und Integration ist zuzustellen.

(2) Bei einer Auflösung nach Absatz 1 ist der Kreistag binnen drei Monaten nach Unanfechtbarkeit der Entscheidung des Ministeriums für Inneres, ländliche Räume und Integration für den Rest der Wahlzeit neu zu wählen. Das Ministerium für Inneres, ländliche Räume und Integration setzt einen Sonntag als Wahltag fest.

§ 40
Aufgaben und Einrichtung der Ausschüsse

(1) Der Kreistag bildet einen oder mehrere Ausschüsse zur Vorbereitung seiner Beschlüsse und zur Kontrolle der Kreisverwaltung.

(2) Die Hauptsatzung bestimmt die ständigen Ausschüsse, ihr Aufgabengebiet und die Zahl ihrer regelmäßigen Mitglieder.

§ 40 a
Hauptausschuss

(1) Der Kreistag wählt aus seiner Mitte einen Hauptausschuss. Die oder der Vorsitzende wird aus der Mitte des Kreistags gewählt.

(2) Die Landrätin oder der Landrat ist Mitglied im Hauptausschuss ohne Stimmrecht.

(3) Für den Hauptausschuss gelten im Übrigen die Vorschriften über die Ausschüsse entsprechend.

§ 40 b
Aufgaben des Hauptausschusses

(1) Der Hauptausschuss koordiniert die Arbeit der Ausschüsse und kontrolliert die Umsetzung der vom Kreistag festgelegten Ziele und Grundsätze in der von der Landrätin oder dem Landrat geleiteten Kreisverwaltung. Zu seinen Aufgaben im Rahmen dieser Zuständigkeit gehört es vor allem,

1. die Beschlüsse des Kreistags über die Festlegung von Zielen und Grundsätzen vorzubereiten,
2. die vom Kreistag nach § 23 Satz 1 Nr. 11 zu beschließenden Grundsätze für das Personalwesen vorzubereiten; der Kreistag kann auch einen anderen Ausschuss mit der Wahrnehmung dieser Aufgabe beauftragen,
3. das vom Kreistag nach § 23 Satz 1 Nr. 25 zu beschließende Berichtswesen zu entwickeln und bei der Kontrolle der Kreisverwaltung anzuwenden,
4. auf die Einheitlichkeit der Arbeit der Ausschüsse hinzuwirken,
5. die Entscheidungen zu treffen, die ihm der Kreistag übertragen hat.

(2) Dem Hauptausschuss können durch Hauptsatzung beschlussvorbereitende Aufgaben im Sinne des § 40 Abs. 1 übertragen werden.

(3) Der Hauptausschuss kann die vorbereitenden Beschlussvorschläge der Ausschüsse an den Kreistag durch eigene Vorschläge ergänzen. Er kann im Rahmen seiner Zuständigkeit nach Absatz 1 Nr. 4 die den Ausschüssen im Einzelfall übertragenen Entscheidungen (§ 22 Abs. 1) an sich ziehen, wenn der Ausschuss noch nicht entschieden hat.

(4) Dem Hauptausschuss obliegt die Steuerung der wirtschaftlichen Betätigung und privatrechtlichen Beteiligungen des Kreises im Rahmen des Berichtswesens nach Absatz 1 Nr. 3 und nach näherer Regelung durch die Hauptsatzung.

(5) Der Hauptausschuss ist Dienstvorgesetzter der Landrätin oder des Landrats; er hat keine Disziplinarbefugnis.

§ 40 c
Berichtswesen

Das Berichtswesen legt fest, zu welchen Themen und in welchen zeitlichen Abständen die Landrätin oder der Landrat den Kreistag, den Hauptausschuss oder die Ausschüsse zu unterrichten hat. Das Berichtswesen soll eine wirksame Kontrolle der Verwaltung ermöglichen und die erforderlichen Informationen für politische Entscheidungen geben. Es erstreckt sich insbesondere auf

1. die Entwicklung wichtiger Strukturdaten,
2. die Ausführung der Beschlüsse des Kreistags, des Hauptausschusses und der Ausschüsse,
3. die Entwicklung der Haushalts- und Finanzdaten,
4. die Menge, die Qualität und die Kosten der erbrachten Verwaltungsleistungen, soweit der Kreis über ein geeignetes Rechnungswesen verfügt,
5. den Abgleich der tatsächlichen Entwicklungen mit den vorliegenden Fachplanungen,
6. den Zustand der öffentlichen Einrichtungen,
7. einen Bericht über Stand und Entwicklung sowie Maßnahmen in den Handlungsfeldern Klimaschutz, Energieeffizienz und Energieeinsparung,
8. soweit die in § 1 Absatz 1 Satz 4 genannten Minderheiten dort traditionell heimisch sind, einen Bericht über den Schutz und die Förderung dieser Minderheiten,
9. einen allgemeinen Verwaltungs- und Personalbericht und
10. die Ausführung der Aufgaben zur Erfüllung nach Weisung.

Das Berichtswesen umfasst auch Eigenbetriebe, Kommunalunternehmen, Gesellschaften und andere privatrechtliche Vereinigungen (§ 57 in Verbindung mit §§ 102 und 105 der Gemeindeordnung) des Kreises sowie Beteiligungen an diesen.

§ 41
Mitglieder und Geschäftsordnung der Ausschüsse

(1) Jede Fraktion kann verlangen, dass die Mitglieder eines Ausschusses durch Verhältniswahl gewählt werden. Erhält dabei eine Fraktion abweichend von ihrer Stärke im Kreistag mehr als die Hälfte der zu vergebenden Ausschusssitze, wird derjenigen anderen Fraktion mit der nächsten Höchstzahl ein weiterer Ausschusssitz zugeteilt; bei gleicher Höchstzahl entscheidet das Los, das die oder der Vorsitzende des Kreistags zieht.

(2) Fraktionen, auf die bei der Sitzverteilung nach Absatz 1 in einem Ausschuss kein Sitz entfallen ist, sind berechtigt, ein zusätzliches Mitglied mit beratender Stimme in den Ausschuss zu entsenden. Dies gilt nicht, wenn ein Mitglied dieser Fraktion stimmberechtigtes Mitglied des Ausschusses ist. Absatz 3 Satz 1 und 2 und Absatz 4 gilt entsprechend. Kreistagsabgeordnete, die keiner Fraktion angehören, können verlangen, in einem Ausschuss ihrer Wahl beratendes Mitglied zu werden, sofern sie nicht bereits stimmberechtigtes Mitglied eines Ausschusses sind. Absatz 3 Satz 1 und 2 und Absatz 4 gilt entsprechend. Die beratenden Mitglieder können Anträge stellen.

(3) Wenn die Hauptsatzung dies bestimmt, können neben Kreistagsabgeordneten auch andere Bürgerinnen und Bürger zu Mitgliedern der Ausschüsse gewählt werden. Sie müssen dem Kreistag angehören können. Ihre Zahl darf die der Kreistagsabgeordneten im Ausschuss nicht erreichen; beratende Ausschussmitglieder nach Absatz 2 bleiben dabei unberücksichtigt. Sie können einem Ausschuss vorsitzen. In diesem Fall ist ihnen im Kreistag in Angelegenheiten ihres Ausschusses auf Wunsch das Wort zu erteilen. Sie scheiden aus dem Ausschuss aus, wenn sie Mitglieder des Kreistags werden.

(4) Der Kreistag kann stellvertretende Mitglieder der Ausschüsse wählen; Absatz 1, Absatz 3 Satz 1 und 2 sowie § 28 Abs. 1 Satz 4 und 5 gilt entsprechend.

(5) Der Kreistag wählt die Vorsitzenden der ständigen Ausschüsse. Das Vorschlagsrecht steht den Fraktionen zu; die Fraktionen können in der Reihenfolge ihrer Höchstzahlen entsprechend § 28 Abs. 2 Satz 2 bestimmen, für welche Vorsitzendenihnen das Vorschlagsrecht zusteht (Zugriffsverfahren); bei gleicher Höchstzahl entscheidet über die Reihenfolge das Los, das die oder der Vorsitzende des Kreistags zieht. Zur oder zum Vorsitzenden kann nur ein Mitglied des Ausschusses vorgeschlagen werden. Für die Wahl gilt § 34 Abs. 1 entsprechend. Wird während der Wahlzeit die Wahlstelle einer oder eines Vorsitzenden frei, gelten für die Wahl der Nachfolgerin oder des Nachfolgers die Sätze 1 bis 4 entsprechend; dabei wird jeder Fraktion so viele Höchstzahlen gestrichen, wie am Tage des Ausscheidens der oder des Vorsitzenden, für deren oder dessen Wahlstelle das Vorschlagsrecht festgestellt werden soll, Vorsitzende der Ausschüsse einer Fraktion angehören. Steht das Vorschlagsrecht für eine Wahlstelle fest, wird die vorschlagsberechtigte Fraktion von diesem Zeitpunkt an bei der Feststellung des Vorschlagsrechts für weitere Wahlstellen so behandelt, als ob die Wahlstelle mit ihrem Vorschlag besetzt worden sei. Für stellvertretende Vorsitzende gelten die Sätze 1 bis 6 entsprechend. Bei Verhinderung der oder des Vorsitzenden und aller stellvertretenden Vorsitzenden leitet das älteste Mitglied die Sitzung des Ausschusses.

(6) Die Mitglieder, die nicht dem Kreistag angehören, werden von der oder dem Vorsitzenden des Ausschusses durch Handschlag auf die gewissenhafte Erfüllung ihrer Obliegenheiten verpflichtet und im Amt eingeführt; sie können bereits vorher schriftlich verpflichtet werden. Die Mitglieder der Ausschüsse handeln in ihrer Tätigkeit nach ihrer freien, durch das öffentliche Wohl bestimmten Überzeugung. Im Falle der Zulassung von Stellvertretungen im Sinne von Absatz 4 sind ihren Stellvertreterinnen und Stellvertretern unabhängig vom Vertretungsfall Sitzungsvorlagen, Protokolle und sonstige Unterlagen zur Vorbereitung der Sitzungen des Ausschusses, dem sie angehören, zur Verfügung zu stellen. Ebenso haben diese auch unabhängig vom Vertretungsfall Zutritt zu den nichtöffentlichen Sitzungen des Ausschusses, dem sie angehören.

(7) Die Landrätin oder der Landrat ist berechtigt und auf Verlangen verpflichtet, an den Sitzungen der Ausschüsse teilzunehmen. Sie oder er ist verpflichtet, dem Ausschuss und einzelnen Mitgliedern zu allen Selbstverwaltungsaufgaben sowie zu den Aufgaben zur Erfüllung nach Weisung Auskunft zu erteilen. Ihr oder ihm ist auf Wunsch das Wort zu erteilen. Sie oder er kann zu den Tagesordnungspunkten Anträge stellen. Bei der Wahrnehmung der Rechte und der Erfüllung der Pflichten nach Satz 1 bis 4 kann sich die Landrätin oder der Landrat vertreten lassen.

(8) Die Sitzungen der Ausschüsse sind öffentlich. Die Öffentlichkeit ist auszuschließen, wenn überwiegende Belange des öffentlichen Wohls oder berechtigte Interessen einzelner es erfordern. Über den Antrag auf Ausschluss der Öffentlichkeit wird in nichtöffentlicher Sitzung beraten und entschieden; ohne Beratung über den Antrag wird in öffentlicher Sitzung entschieden. § 30 Absatz 4 gilt entsprechend.

(9) Kreistagsabgeordnete, die nicht Mitglieder der Ausschüsse sind, können an den Sitzungen der Ausschüsse teilnehmen. Ihnen ist auf Wunsch das Wort zu erteilen. Kreistagsabgeordnete, die keiner Fraktion angehören, können Anträge stellen.

(10) Sofern die Zusammensetzung eines Ausschusses nicht mehr dem Verhältnis der Stärke der Fraktionen im Kreistag entspricht, kann jede Fraktion verlangen, dass alle Wahlstellen des Ausschusses neu besetzt werden. In diesem Fall verlieren die Mitglieder des Ausschusses zu Beginn der nächsten Sitzung des Kreistags ihre Wahlstellen. Fraktionen können Ausschussmitglieder, die sie benannt haben, aus einem Ausschuss abberufen. Wird die Wahlstelle eines Mitglieds eines Ausschusses, mit Annahme eines gesetzlichen Mitglieds, während der Wahlzeit frei, wird die Nachfolgerin oder der Nachfolger nach § 35 Abs. 3 gewählt; Absatz 1 bleibt unberührt.

(11) Wird der Kreistag neu gewählt, bleiben die Ausschüsse bis zum Zusammentritt der neu gewählten Ausschüsse, längstens für die Dauer von drei Monaten seit dem Zusammentritt des neu gewählten Kreistags, tätig.

(12) Im Übrigen gelten für die Ausschüsse die Vorschriften über den Kreistag entsprechend. Abweichend von § 29 Abs. 4 Satz 2 brauchen Zeit, Ort und Tagesordnung der Ausschusssitzungen nicht örtlich bekannt gemacht zu werden; die Landrätin oder der Landrat soll die Öffentlichkeit über öffentliche Ausschusssitzungen in geeigneter Weise unterrichten. Abweichend von § 29 Abs. 4 Satz 3 muss die oder der Vorsitzende eine Angelegenheit auf die Tagesordnung setzen, wenn die Landrätin oder der Landrat, der Hauptausschuss oder ein Ausschussmitglied dies verlangt. Der Kreistag regelt durch die Geschäftsordnung die inneren Angelegenheiten der Ausschüsse, insbesondere den Ablauf der Sitzungen, soweit dieses Gesetz keine Regelung enthält.

§ 42
Widerspruch gegen Ausschussbeschlüsse

(1) Verletzt der Beschluss eines Ausschusses das Recht, so hat die Landrätin oder der Landrat dem Beschluss zu widersprechen.

(2) Der Widerspruch muss innerhalb von zwei Wochen nach Beschlussfassung schriftlich eingelegt und begründet werden. Er ist an die Vorsitzende oder den Vorsitzenden des Ausschusses zu richten und enthält die Aufforderung, den Beschluss aufzuheben. Der Ausschuss muss über die Angelegenheit in einer neuen Sitzung nochmals beraten; bis dahin hat der Widerspruch aufschiebende Wirkung. Gibt der Ausschuss dem Widerspruch nicht statt, beschließt der Kreistag über den Widerspruch.

2. Abschnitt
Beiräte

§ 42 a
Beiräte

(1) Der Kreis kann durch Satzung die Bildung von Beiräten für gesellschaftlich bedeutsame Gruppen vorsehen.

(2) Die Satzung bestimmt die Anforderungen an die Mitgliedschaft im Beirat, die Zahl der Beiratsmitglieder, das Wahlverfahren und die Grundzüge der inneren Ordnung.

(3) Die Sitzungen der Beiräte sind öffentlich, soweit durch Satzung nichts anderes geregelt ist. § 41 Abs. 8 Satz 2 gilt entsprechend.

§ 42 b
Stellung der Beiräte

(1) Der Beirat ist über alle wichtigen Angelegenheiten, die die von ihm vertretene gesellschaftlich bedeutsame Gruppe betreffen, zu unterrichten. Die Geschäftsordnung des Kreistags bestimmt die Art der Unterrichtung.

(2) Der Beirat kann in Angelegenheiten, welche die von ihm vertretene gesellschaftlich bedeutsame Gruppe betreffen, Anträge an den Kreistag und die Ausschüsse stellen. Die oder der Vorsitzende des Beirats oder ein von ihr oder ihm beauftragtes Mitglied des Beirats kann nach dessen Beschlussfassung an den Sitzungen des Kreistags und der Ausschüsse in Angelegenheiten, welche die von ihm vertretene gesellschaftlich bedeutsame Gruppe betreffen, teilnehmen, das Wort verlangen und Anträge stellen.

(3) Der Beirat regelt seine inneren Angelegenheiten, insbesondere den Ablauf der Sitzungen, durch eine Geschäftsordnung, soweit dieses Gesetz und die Satzung (§ 42 a) keine Regelung enthalten.

3. Abschnitt
Landrätin oder Landrat

§ 43
Wahlgrundsätze, Amtszeit

(1) Die Landrätin oder der Landrat wird vom Kreistag gewählt.

(2) Wählbar zur Landrätin oder zum Landrat ist, wer
1. die Wählbarkeit zum Deutschen Bundestag besitzt; wählbar ist auch, wer die Staatsangehörigkeit eines übrigen Mitgliedstaates der Europäischen Union besitzt und
2. die für dieses Amt erforderliche Eignung, Befähigung und Sachkunde besitzt.

(3) Die Amtszeit der Landrätin oder des Landrats beträgt nach näherer Regelung in der Hauptsatzung mindestens sechs und höchstens acht Jahre. Sie beginnt mit dem Amtsantritt.

§ 44
Stellenausschreibung, Zeitpunkt der Wahl

(1) Die Stelle der Landrätin oder des Landrats ist öffentlich auszuschreiben; davon kann bei einer Wiederwahl durch Beschluss mit der Mehrheit von mehr als der Hälfte der gesetzlichen Zahl der Mitglieder des Kreistages, im Übrigen nur mit Genehmigung der Kommunalaufsichtsbehörde abgesehen werden.

(2) Die Wahl oder Wiederwahl ist frühestens sechs Monate vor Ablauf der Amtszeit der Amtsinhaberin oder des Amtsinhabers zulässig.

§ 45
Wahlverfahren

(1) Die Wahl bedarf der Mehrheit von mehr als der Hälfte der gesetzlichen Zahl der Kreistagsabgeordneten. Wird diese Mehrheit nicht erreicht, wird über dieselben Bewerberinnen und Bewerber erneut abgestimmt. Bewirbt sich nur eine Person, wird über diese erneut abgestimmt. Erhält sie nicht die Stimmen von mehr als der Hälfte der gesetzlichen Zahl der Kreistagsabgeordneten, ist die Wahl in einer späteren Sitzung zu wiederholen. Bewerben sich mehrere Personen und erhält keine davon die erforderliche Mehrheit, findet eine Stichwahl zwischen Zweien statt, bei der die Person gewählt ist, die die meisten Stimmen erhält. Die Bewerberinnen und Bewerber nehmen an der Stichwahl in der Reihenfolge der auf sie entfallenen Stimmenzahlen teil. Bei gleicher Stimmenzahl entscheidet das von der Kreispräsidentin oder dem Kreispräsidenten zu ziehende Los über die Teilnahme an der Stichwahl. Führt die Stichwahl zu keinem Ergebnis, entscheidet das Los, das die Kreispräsidentin oder der Kreispräsident zieht.

(2) Die Wahl oder Wiederwahl ist der Kommunalaufsichtsbehörde binnen einer Woche anzuzeigen; dabei sind die Wahlunterlagen vorzulegen.

(3) Die erstmalige Wahl bedarf der Bestätigung durch die Kommunalaufsichtsbehörde. Erfüllt die oder der Gewählte die Voraussetzungen des § 43 Abs. 2 nicht, kann die Bestätigung binnen vier Wochen nach Eingang der Anzeige und Wahlunterlagen versagt werden. Vor der Versagung ist der Kreistag zu hören. Die Versagung ist zu begründen. Nach der Bestätigung ist die Landrätin oder der Landrat zur Beamtin oder zum Beamten zu ernennen.

§ 46
Ernennung, Weiterführung des Amtes

(1) Die gewählte Landrätin oder der gewählte Landrat wird, im Falle des § 45 Abs. 3 Satz 1 nach Bestätigung, zur Beamtin oder zum Beamten auf Zeit ernannt.

(2) Die Landrätin oder der Landrat ist im Falle der Wiederwahl nach Ablauf der ersten Amtszeit verpflichtet, das Amt weiter zu führen, wenn sie oder er unter mindestens gleich günstigen Bedingungen für wenigstens die gleiche Zeit wieder ernannt werden soll. Bei einer Weigerung, das Amt weiter zu führen, ist die Landrätin oder der Landrat nach § 7 Abs. 2 Satz 2 des Landesbeamtengesetzes mit Ablauf der Amtszeit zu entlassen. Die Sätze 1 und 2 gelten nicht, wenn die Landrätin oder der Landrat bei Ablauf der ersten Amtszeit das 68. Lebensjahr vollendet hat.[3]

(3) Bei einer Wiederwahl ist eine neue Ernennungsurkunde auszuhändigen; danach ist der Diensteid zu leisten.

§ 47
– gestrichen –

§ 48
Stellvertretende der Landrätin oder des Landrats

(1) Der Kreistag wählt aus seiner Mitte für die Dauer der Wahlzeit bis zu drei Stellvertretende der Landrätin oder des Landrats; für die Wahl gilt § 28 Abs. 2 entsprechend. Die Stellvertretenden vertreten die Landrätin oder den Landrat im Fall der Verhinderung in der Reihenfolge ihrer Wahl; Absatz 3 bleibt unberührt. Ein Ausscheiden der Landrätin oder des Landrats oder einer oder eines Stellvertretenden gilt bis zum Beginn der Amtszeit der Nachfolgerin oder des Nachfolgers als Verhinderung. Die Hauptsatzung kann für die erste Stellvertreterin oder den ersten Stellvertreter der Landrätin oder des Landrats die Amtsbezeichnung Erste Kreisrätin oder Erster Kreisrat vorsehen.

(2) Die Stellvertretenden werden für die Dauer ihrer Wahlzeit zu Ehrenbeamtinnen oder -beamten ernannt. Wird der Kreistag neu gewählt, bleiben die Stellvertretenden bis zum Amtsantritt ihrer Nachfolgerinnen oder Nachfolger, längstens für die Dauer von drei Monaten seit dem Zusammentritt des neu gewählten Kreistags, im Amt.

(3) Für die Vertretung bei der Wahrnehmung von Aufgaben als untere Landesbehörde bestellt die Landrätin oder der Landrat eine Beamtin oder einen Beamten, die oder der die Befähigung zum Richteramt oder für das zweite Einstiegsamt der Laufbahngruppe 2 besitzen muss.

(4) Die Landrätin oder der Landrat darf mit ihren oder seinen Stellvertretenden nicht in der Weise des § 22 Abs. 1 der Gemeindeordnung verbunden sein. Entsteht der Behinderungsgrund während der Amtszeit, so scheidet die Stellvertreterin oder der Stellvertreter aus ihrer oder seiner Funktion aus.

§ 49
Vereidigung

Die Landrätin oder der Landrat und ihre oder seine Stellvertretenden werden vor ihrem Amtsantritt von der Kreisprä-

---

3 Übergangsregelung gemäß Art. 5 Abs. 2 Satz 2 des Gesetzes vom 5.5.2015 (GVOBl. Schl.-H. S. 105): Für hauptamtliche Wahlbeamtinnen und Wahlbeamte der kommunalen Körperschaften, die in der Amtszeit, die sich an die am 29.5.2015 laufende Amtszeit anschließt, das 68. Lebensjahr vollenden, entfällt die Verpflichtung, im Fall der Wiederwahl das Amt weiterzuführen.

sidentin oder dem Kreispräsidenten in öffentlicher Sitzung vereidigt. Sie leisten den Beamteneid.

§ 50
Gesetzliche Vertretung

(1) Die Landrätin oder der Landrat ist die gesetzliche Vertreterin oder der gesetzliche Vertreter des Kreises.

(2) Erklärungen, durch die der Kreis verpflichtet werden soll, bedürfen der Schriftform. Sie sind von der Landrätin oder dem Landrat, für deren oder dessen Vertretung § 48 Abs. 1 gilt, handschriftlich zu unterzeichnen.

(3) Wird für ein Geschäft oder für einen Kreis von Geschäften eine Bevollmächtigte oder ein Bevollmächtigter bestellt, so bedarf die Vollmacht der Form nach Absatz 2. Die im Rahmen dieser Vollmacht abgegebenen Erklärungen bedürfen der Schriftform.

(4) Die Absätze 2 und 3 gelten nicht, wenn der Wert der Leistung des Kreises einen in der Hauptsatzung bestimmten Betrag nicht übersteigt.

§ 51
Aufgaben der Landrätin oder des Landrats

(1) Die Landrätin oder der Landrat leitet die Verwaltung des Kreises in eigener Zuständigkeit nach den Zielen und Grundsätzen des Kreistags und im Rahmen der von ihm bereitgestellten Mittel. Sie oder er ist für die sachliche und wirtschaftliche Erledigung der Aufgaben, die Organisation und den Geschäftsgang der Verwaltung sowie für die Geschäfte der laufenden Verwaltung verantwortlich. Sie oder er ist oberste Dienstbehörde und Dienstvorgesetzte oder Dienstvorgesetzter der Beschäftigten des Kreises. Zu ihren oder seinen Aufgaben gehört es insbesondere,

1. die Gesetze auszuführen,
2. die Beschlüsse des Kreistags und der Ausschüsse vorzubereiten und auszuführen und über die Ausführung der Beschlüsse dem Hauptausschuss regelmäßig zu berichten,
3. die Entscheidungen zu treffen, die der Kreistag ihr oder ihm übertragen hat; die Landrätin oder der Landrat kann diese Entscheidungen Beschäftigten übertragen, soweit der Kreistag die Übertragung nicht ausdrücklich ausgeschlossen hat.
4. im Rahmen des vom Kreistag beschlossenen Stellenplans und der nach § 23 Satz 1 Nr. 11 festgelegten allgemeinen Grundsätze die beamten-, arbeits- und tarifrechtlichen Entscheidungen für alle Beschäftigten des Kreises zu treffen. Personalentscheidungen für Inhaberinnen oder Inhaber von Stellen, die der Landrätin oder dem Landrat unmittelbar unterstellt sind und Leitungsaufgaben erfüllen, werden auf Vorschlag der Landrätin oder des Landrats vom Kreistag oder vom Hauptausschuss getroffen. Die Zuständigkeit wird durch die Hauptsatzung bestimmt.

(2) Die Landrätin oder der Landrat gliedert die Verwaltung in Sachgebiete und weist diese den ihr oder ihm unterstellten Beamtinnen oder Beamten oder Angestellten zu; sie oder er kann auch selbst ein Sachgebiet übernehmen.

(3) Die Landrätin oder der Landrat legt ihren oder seinen Vorschlag zur Verwaltungsgliederung und Vorschläge zur Änderung der Verwaltungsgliederung dem Kreistag vor. Dieser kann dem Vorschlag widersprechen. Der Beschluss bedarf der Mehrheit von zwei Dritteln der gesetzlichen Zahl der Mitglieder des Kreistags. Widerspricht der Kreistag dem Vorschlag der Landrätin oder des Landrats, so hat diese oder dieser dem Kreistag einen neuen Vorschlag vorzulegen.

(4) Dringende Maßnahmen, die sofort ausgeführt werden müssen, ordnet die Landrätin oder der Landrat für den Kreistag oder für die Ausschüsse an. Sie oder er darf diese Befugnis nicht übertragen. Die Gründe für die Eilentscheidung und die Art der Erledigung sind dem Kreistag oder dem Ausschuss unverzüglich mitzuteilen. Der Kreistag oder der Ausschuss kann die Eilentscheidung aufheben, soweit nicht bereits Rechte Dritter entstanden sind.

(5) Die Landrätin oder der Landrat führt die Aufgaben durch, die dem Kreis zur Erfüllung nach Weisung übertragen sind. Sie oder er ist dafür der Aufsichtsbehörde verantwortlich. Soweit die Landrätin oder der Landrat bei der Durchführung dieser Aufgaben nach Ermessen handeln kann, kann sie oder er sich von den Ausschüssen des Kreistags beraten lassen.

(6) Für die Landrätin oder den Landrat gilt § 25 der Gemeindeordnung entsprechend.

§§ 52 bis 56
– entfallen –

Siebenter Teil
Haushalts- und Wirtschaftsführung

§ 57
Anwendung des Gemeinderechts

Für die Haushalts- und Wirtschaftsführung des Kreises gelten die Vorschriften des Gemeinderechts entsprechend.

§ 58
– entfällt –

Achter Teil
Aufsicht

§ 59
Kommunalaufsicht

Das Land übt die Aufsicht darüber aus, dass die Kreise die Selbstverwaltungsaufgaben rechtmäßig erfüllen. Die Kommunalaufsichtsbehörde soll die Kreise vor allem beraten und unterstützen.

§ 60
Kommunalaufsichtsbehörde

Kommunalaufsichtsbehörde für die Kreise ist das Ministerium für Inneres, ländliche Räume und Integration.

§ 61
Auskunftsrecht

Die Kommunalaufsichtsbehörde kann sich jederzeit - auch durch Beauftragte - über die Angelegenheiten des Kreises unterrichten, sie kann an Ort und Stelle prüfen und besichtigen, an Sitzungen teilnehmen, mündliche und schriftliche Berichte, Beschlüsse und Sitzungsniederschriften des Kreistags und seiner Ausschüsse sowie Akten und sonstige Unterlagen anfordern oder einsehen. Die Landrätin oder der Landrat ist verpflichtet, auf Verlangen am Sitz der Kommunalaufsichtsbehörde Auskunft zu erteilen.

§ 62
Beanstandungsrecht, einstweilige Anordnung

(1) Die Kommunalaufsichtsbehörde kann Beschlüsse und Anordnungen des Kreises, die das Recht verletzen, beanstanden und verlangen, dass der Kreis den Beschluss oder die Anordnung binnen einer angemessenen Frist aufhebt. Die Kommunalaufsichtsbehörde kann ferner verlangen, dass der Kreis Maßnahmen, die aufgrund derartiger Beschlüsse und Anordnungen getroffen wurden, rückgängig macht. Die Beanstandung hat aufschiebende Wirkung.

(2) Die Kommunalaufsichtsbehörde kann vor einer Beanstandung anordnen, dass ein Beschluss oder eine Anordnung des Kreises bis zur Ermittlung des Sachverhalts, höchstens jedoch einen Monat, ausgesetzt wird (einstweilige Anordnung).

§ 63
Anordnungsrecht

(1) Erfüllt der Kreis die ihm nach dem Gesetz obliegenden Pflichten oder Aufgaben nicht, so kann die Kommunalaufsichtsbehörde anordnen, dass er innerhalb einer bestimmten Frist das Erforderliche veranlasst.

(2) Setzt die Landrätin oder der Landrat die Beschlüsse des Kreistags, des Hauptausschusses oder der Ausschüsse nicht oder nicht vollständig um oder kommt sie oder er den Berichtspflichten nicht nach, so prüft die Kommunalaufsicht auf Antrag des Kreistags innerhalb von zwei Monaten den Sach-

verhalt. Sie kann die Landrätin oder den Landrat anweisen, innerhalb einer bestimmten Frist das Erforderliche zur Umsetzung zu veranlassen. Hat die Landrätin oder der Landrat bis zu dem in Satz 2 bestimmten Zeitpunkt das Erforderliche nicht veranlasst, kann die Kommunalaufsichtsbehörde von Amts wegen oder auf Antrag des Kreistags ein Disziplinarverfahren einleiten. Der Beschluss des Kreistags über den Antrag auf Einleitung eines Disziplinarverfahrens bedarf der Mehrheit der gesetzlichen Zahl der Kreistagsabgeordneten.

§ 64
Ersatzvornahme

Kommt der Kreis einer Anordnung der Kommunalaufsichtsbehörde nicht innerhalb der bestimmten Zeit nach, so kann die Kommunalaufsichtsbehörde die Anordnung anstelle und auf Kosten des Kreises selbst durchführen oder die Durchführung einem anderen übertragen.

§ 65
– entfällt –

§ 66
Bestellung einer oder eines Beauftragten

Wenn und solange der ordnungsgemäße Gang der Verwaltung des Kreises es erfordert und die Befugnisse der Kommunalaufsichtsbehörde nach den §§ 61 bis 64 nicht ausreichen, kann diese eine Beauftragte oder einen Beauftragten bestellen, die oder der alle oder einzelne Aufgaben des Kreises auf dessen Kosten wahrnimmt. Die oder der Beauftragte hat die Stellung eines Organs des Kreises.

§ 67
– entfällt –

§ 68
Schutzvorschrift

Andere Behörden und Stellen als die Kommunalaufsichtsbehörde (§ 60) sind zu Eingriffen in die Kreisverwaltung nach den §§ 62 bis 66 nicht befugt. Die §§ 17 und 18 des Landesverwaltungsgesetzes bleiben unberührt.

§ 69
– entfällt –

§ 70
Zwangsvollstreckung und Insolvenz

(1) Zur Einleitung der Zwangsvollstreckung gegen den Kreis wegen einer Geldforderung bedarf die Gläubigerin oder der Gläubiger einer Zulassungsverfügung der Kommunalaufsichtsbehörde, es sei denn, dass es sich um die Verfolgung dinglicher Rechte handelt. In der Zulassungsverfügung hat die Kommunalaufsichtsbehörde die Vermögensgegenstände zu bezeichnen, in welche die Zwangsvollstreckung zugelassen wird, und über den Zeitpunkt zu befinden, in dem sie stattfinden soll. Die Zwangsvollstreckung wird nach den Vorschriften der Zivilprozessordnung durchgeführt.

(2) Ein Insolvenzverfahren über das Vermögen des Kreises findet nicht statt.

Neunter Teil
Schlussvorschriften

§ 71
Beteiligungsrechte

Die obersten Landesbehörden haben zu Entwürfen von Rechtsvorschriften und allgemeinen Verwaltungsvorschriften, die die Selbstverwaltung der Kreise berühren, den Landesverband der Kreise zu hören.

§ 72
Ordnungswidrigkeiten

(1) Ordnungswidrig handelt, wer als Kreistagsabgeordnete oder Kreistagsabgeordneter oder als Ausschussmitglied, das nicht dem Kreistag angehört, vorsätzlich oder fahrlässig

1. entgegen der Entscheidung nach § 27 Abs. 3 und 5, § 41 Abs. 12 dieses Gesetzes in Verbindung mit § 23 der Gemeindeordnung Ansprüche Dritter gegen den Kreis oder gegen die Landrätin oder den Landrat als untere Landesbehörde geltend macht,
2. eine Weisung des Kreises nach § 27 Abs. 3, § 41 Abs. 12 dieses Gesetzes in Verbindung mit § 25 der Gemeindeordnung nicht befolgt oder
3. ohne triftigen Grund einer Sitzung des Kreistags oder eines Ausschusses fernbleibt.

(2) Ordnungswidrig handelt, wer als ehrenamtlich tätige Bürgerin oder ehrenamtlich tätiger Bürger vorsätzlich oder fahrlässig

1. entgegen der Entscheidung nach § 19 dieses Gesetzes in Verbindung mit § 23 der Gemeindeordnung Ansprüche Dritter gegen den Kreis oder gegen die Landrätin oder den Landrat als untere Landesbehörde geltend macht oder
2. eine Weisung des Kreises nach § 19 dieses Gesetzes in Verbindung mit § 25 der Gemeindeordnung nicht befolgt.

(3) Ordnungswidrig handelt, wer als Kreistagsabgeordnete oder Kreistagsabgeordneter, als Ausschussmitglied, das nicht dem Kreistag angehört, oder als ehrenamtlich tätige oder ehrenamtlich tätiger Bürger

1. es vorsätzlich unterlässt, einen Ausschließungsgrund mitzuteilen (§ 22 Abs. 4 Satz 1 der Gemeindeordnung) oder
2. vorsätzlich gegen die Verschwiegenheitspflicht (§ 19 Abs. 1, § 27 Abs. 3 Satz 1 dieses Gesetzes in Verbindung mit § 21 Abs. 2 der Gemeindeordnung) verstößt, soweit die Tat nicht nach § 203 Abs. 2 oder § 353 b des Strafgesetzbuchs bestraft werden kann.

(4) Ordnungswidrig handelt, wer als Bürgerin oder Bürger vorsätzlich oder fahrlässig ohne wichtigen Grund die Übernahme eines Ehrenamts oder einer ehrenamtlichen Tätigkeit ablehnt oder die Ausübung verweigert.

(5) Ordnungswidrig handelt, wer vorsätzlich oder fahrlässig einer Satzung über die Benutzung einer öffentlichen Einrichtung zuwiderhandelt, soweit die Satzung für einen bestimmten Tatbestand auf diese Bußgeldvorschrift verweist.

(6) Die Ordnungswidrigkeit kann mit einer Geldbuße geahndet werden.

(7) Verwaltungsbehörde nach § 36 Abs. 1 Nr. 1 des Gesetzes über Ordnungswidrigkeiten ist die Landrätin oder der Landrat. Die Ordnungswidrigkeiten nach den Absätzen 1 und 3 der Kreistagsabgeordneten und der Ausschussmitglieder, die nicht dem Kreistag angehören, werden nur auf Antrag des Kreistags verfolgt. Für die Antragsfrist und die Zurücknahme des Antrags gelten die §§ 77 b und 77 d des Strafgesetzbuchs entsprechend.

§ 73
Durchführungsbestimmungen

Das Ministerium für Inneres, ländliche Räume und Integration wird ermächtigt, durch Verordnung[4] nähere Bestimmungen zu treffen über

1. den Schriftkopf im Schriftverkehr bei Selbstverwaltungsaufgaben und Aufgaben zur Erfüllung nach Weisung,
2. das Verfahren und die Durchführung von Gebietsänderungen und die Auseinandersetzung,
3. die Durchführung des Einwohnerantrags nach § 16 e und des Bürgerentscheids und Bürgerbegehrens nach § 16 f,
4. die Gewährung von Entschädigungen an Ehrenbeamtinnen und -beamte, ehrenamtlich tätige Bürgerinnen und Bürger sowie Kreistagsabgeordnete, insbesondere über
   a) Höchstbeträge für Entschädigungen, insbesondere Aufwandsentschädigungen,
   b) die Funktionen, für die eine Aufwandsentschädigung nach § 24 Abs. 2 Gemeindeordnung gewährt werden kann;

---

[4] zu Nr. 1 bis 4 GKAVO, Nr. **101**; zu Nr. 5 Entschädigungsverordnung vom 3.5.2018 (GVOBl. Schl.-H. S. 220), geändert durch LVO vom 1.10.2020 (GVOBl. Schl.-H. S. 738).

dabei sind die Einwohnerzahlen der Kreise zu berücksichtigen. Die Höhe der Entschädigungen nach Satz 1 Buchst. a ist nach Ablauf der ersten Hälfte der Wahlzeit anzupassen. Grundlage dafür ist die Preisentwicklung ausgewählter Waren und Leistungen im Preisindex für die Lebenshaltung aller privaten Haushalte im vorausgegangenen Jahr.

Das für Inneres zuständige Ministerium wird ermächtigt, durch Verordnung inhaltliche Anforderungen an das Berichtswesen nach § 40 c Satz 4 zu stellen, insbesondere zu den Zulässigkeitsvoraussetzungen der §§ 101 und 101 a der Gemeindeordnung (§ 57).

§ 73 a
Weiterentwicklung der kommunalen Selbstverwaltung (Experimentierklausel)

Zur Erprobung neuer Steuerungsmodelle, zur Weiterentwicklung der kommunalen Selbstverwaltung auch in der grenzüberschreitenden kommunalen Zusammenarbeit sowie zur Weiterentwicklung der wirtschaftlichen Betätigung und der privatrechtlichen Beteiligung der Kreise kann das Ministerium für Inneres, ländliche Räume und Integration im Einzelfall zeitlich begrenzte Ausnahmen von organisations- und gemeindewirtschaftsrechtlichen Vorschriften des Gesetzes oder der zur Durchführung ergangenen Verordnungen sowie von den ausschließlich für die Mitarbeiterinnen und Mitarbeiter der kommunalen Körperschaften geltenden dienstrechtlichen Vorschriften des Landes zulassen. Das für Inneres zuständige Ministerium wird ermächtigt, durch Verordnung inhaltliche Anforderungen an das Berichtswesen nach § 40 c Satz 4 zu stellen, insbesondere zu den Zulässigkeitsvoraussetzungen der §§ 101 und 101 a der Gemeindeordnung (§ 57).

Amtsordnung für Schleswig-Holstein
(Amtsordnung – AO)
in der Fassung der Bekanntmachung vom 28. Februar 2003
– GVOBl. Schl.-H. S. 112 –

Zuletzt geändert durch Gesetz vom 7. September 2020 (GVOBl. Schl.-H. S. 514)

Inhaltsübersicht

§§

Erster Teil
Allgemeines — 1 – 2

Zweiter Teil
Aufgaben der Ämter — 3 – 8

Dritter Teil
Organisation der Ämter — 9 – 15 d
Abschnitt I: Amtsausschuss — 9 – 12
Abschnitt II: Ehrenamtlich verwaltete Ämter — 13 – 15
Abschnitt III: Hauptamtlich verwaltete Ämter — 15 a – 15 d

Vierter Teil
Weitere Grundsätze für die Verwaltung der Ämter — 16 – 19

Fünfter Teil
Finanzierung der Ämter — 20 – 22

Sechster Teil
Besondere Bestimmungen — 22 a – 24

Siebenter Teil
Schlussbestimmungen — 24 a – 26 a

Erster Teil
Allgemeines

§ 1
Allgemeine Stellung der Ämter

(1) Die Ämter sind Körperschaften des öffentlichen Rechts. Sie dienen der Stärkung der Selbstverwaltung der amtsangehörigen Gemeinden. Die Ämter treten als Träger von Aufgaben der öffentlichen Verwaltung an die Stelle der amtsangehörigen Gemeinden, soweit dieses Gesetz es bestimmt oder zulässt. In diesem Rahmen schützen und fördern sie die nationale dänische Minderheit, die Minderheit der deutschen Sinti und Roma und die friesische Volksgruppe.

(2) Ehrenamtlich verwaltete Gemeinden sollen zu Ämtern zusammengeschlossen werden. Über den Zusammenschluss von Gemeinden zu Ämtern, über die Änderung und Auflösung sowie über den Namen und den Sitz des Amtes entscheidet das Ministerium für Inneres, ländliche Räume und Integration nach Anhörung der Gemeindevertretungen der beteiligten Gemeinden und der Kreistage der beteiligten Kreise. Die Richtlinien des § 2 sind zu beachten; bei Entscheidungen über die Änderung von Ämtern sind die Folgen für die Verwaltungsstruktur und die betroffenen Körperschaften besonders zu gewichten. Die Kommunalaufsichtsbehörde regelt die Geltung von Satzungen des Amtes nach § 70 des Landesverwaltungsgesetzes und die Auseinandersetzung. Für die Auseinandersetzung gilt § 16 Abs. 2 und 3 der Gemeindeordnung entsprechend.

(3) Das Amt soll zur Durchführung seiner Aufgaben eine eigene Verwaltung einrichten (§ 7). Wenn das Amt auf eigene Beschäftigte und Verwaltungseinrichtungen verzichtet, muss es entweder

1. die Verwaltung einer größeren amtsangehörigen Gemeinde mit deren Zustimmung in Anspruch nehmen (§ 23) oder

2. eine Verwaltungsgemeinschaft nach § 19 a des Gesetzes über kommunale Zusammenarbeit vereinbaren; eine Verwaltungsgemeinschaft ist nicht zulässig mit einem Amt, wenn eines der Ämter weniger als 8000 Einwohnerinnen und Einwohner umfasst.

Das für Inneres zuständige Ministerium kann anordnen, dass ein Amt auf eigene Beschäftigte und Verwaltungseinrichtungen verzichtet und

1. die Verwaltung einer größeren amtsangehörigen Gemeinde in Anspruch nimmt oder

2. mit einer nicht amtsangehörigen Gemeinde eine Verwaltungsgemeinschaft nach § 19 a des Gesetzes über kommunale Zusammenarbeit bildet,

wenn dies einer leistungsfähigen, sparsamen und wirtschaftlichen Verwaltung dient; das Amt, die amtsangehörigen Gemeinden und die im Falle der Nummer 2 für die Verwaltungsgemeinschaft vorgesehene nicht amtsangehörige kommunale Körperschaft sind zu hören. Die betroffenen kommunalen Körperschaften regeln die näheren Bedingungen der angeordneten Verwaltungsgemeinschaft (Satz 3 Nummer 2) durch öffentlich-rechtlichen Vertrag; § 23 Absätze 3 und 4 bleiben unberührt. Kommt der Vertrag für eine angeordnete Verwaltungsgemeinschaft bis zum Wirksamwerden der Anordnung nicht zustande, entscheidet die Kommunalaufsichtsbehörde. § 16 Absätze 2 und 3 der Gemeindeordnung gelten entsprechend.

(4) Die Ämter führen Dienstsiegel. Sie können Wappen und Flaggen führen. Vor der Entscheidung über die Annahme neuer und die Änderung von Wappen und Flaggen hat das Amt hinsichtlich der Gestaltung das Benehmen mit dem Landesarchiv Schleswig-Holstein herzustellen.

§ 2
Abgrenzung der Ämter

(1) Jedes Amt soll ein abgerundetes Gebiet umfassen. Die Größe und Einwohnerzahl ist so zu bemessen, dass eine leistungsfähige, sparsame und wirtschaftlich arbeitende Verwaltung erreicht wird. Hierbei sind die örtlichen Verhältnisse, im Besonderen die Wege-, Verkehrs-, Schul- und Wirtschaftsverhältnisse sowie die kirchlichen, kulturellen und geschichtlichen Beziehungen nach Möglichkeit zu berücksichtigen.

(2) Die Ämter sollen in der Regel nicht weniger als 8 000 Einwohnerinnen und Einwohner umfassen.

Zweiter Teil
Aufgaben der Ämter

§ 3
Erledigung gemeindlicher Selbstverwaltungsaufgaben

(1) Das Amt bereitet im Einvernehmen mit der Bürgermeisterin oder dem Bürgermeister die Beschlüsse der Gemeinde vor und führt nach diesen Beschlüssen die Selbstverwaltungsaufgaben der amtsangehörigen Gemeinden durch. Ein Beschluss ist nicht auszuführen, soweit er das Recht verletzt. Beabsichtigt das Amt, einen Beschluss wegen Rechtsverletzung nicht auszuführen, hat es die Gemeinde unverzüglich zu unterrichten. Die Gemeinde kann nach Anhörung des Amtes mit Zustimmung der Kommunalaufsichtsbehörde beschließen, einzelne Selbstverwaltungsaufgaben selbst durchzuführen. Ist die Gemeinde in einem gerichtlichen Verfahren beteiligt, so wird sie durch das Amt vertreten; dies gilt nicht in den Fällen, in denen das Amt Verfahrensbeteiligter ist oder zwei amtsangehörige Gemeinden Verfahrensbeteiligte sind.

(2) Das Amt besorgt die Aufgaben der Finanzbuchhaltung, die Rücklagenverwaltung und die Vorbereitung der Aufstellung der Haushaltspläne für die amtsangehörigen Gemeinden.

(3) Das Amt hat über die öffentlichen Aufgaben, die mehrere amtsangehörige Gemeinden betreffen und eine gemeinsame Abstimmung erfordern, zu beraten und auf ihre abgestimmte Erfüllung hinzuwirken. Das Amt kann hierzu den amtsangehörigen Gemeinden nach Beschlussfassung durch den Amtsausschuss Beschlussempfehlungen unterbreiten; des Einvernehmens mit den Bürgermeisterinnen oder Bürgermeister der amtsangehörigen Gemeinden bedarf es insoweit nicht.

(4) Das Amt kann auf Wunsch der amtsangehörigen Gemeinden diese bei der Erfüllung gemeindlicher Aufgaben unterstützen. § 21 Abs. 1 gilt entsprechend.

(5) Die Gemeindevertretung einer amtsangehörigen Gemeinde kann einem Beschluss des Amtsausschusses widersprechen, wenn der Beschluss das Wohl der Gemeinde gefährdet. Der Widerspruch muss innerhalb von vier Wochen nach Beschlussfassung schriftlich eingelegt und begründet werden. Er ist an die Amtsvorsteherin oder den Amtsvorsteher zu richten und hat aufschiebende Wirkung. Der Beschluss ist aufgehoben, wenn der Amtsausschuss den Widerspruch nicht binnen eines Monats, frühestens jedoch nach drei Tagen, zurückweist; der Beschluss bedarf der Mehrheit von mehr als der Hälfte der gesetzlichen Stimmenzahl des Amtsausschusses.

§ 4
Aufgaben zur Erfüllung nach Weisung

(1) Das Amt ist Träger der ihm und den amtsangehörigen Gemeinden übertragenen Aufgaben zur Erfüllung nach Weisung. § 3 Abs. 2 der Gemeindeordnung gilt entsprechend.

(2) Den Ämtern können durch Gesetz oder aufgrund eines Gesetzes durch Verordnung neue Aufgaben zur Erfüllung nach Weisung übertragen werden.

§ 5
Übertragene Aufgaben

(1) Über die Regelung des § 3 Abs. 1 Satz 1 hinaus können mehrere amtsangehörige Gemeinden gemeinsam dem Amt die Trägerschaft von Selbstverwaltungsaufgaben ganz oder teilweise aus dem folgenden Katalog übertragen[1]:

1. Abwasserbeseitigung (§ 44 des Landeswassergesetzes (LWG) vom 13. November 2019 (GVOBl. Schl.-H. S. 425) in Verbindung mit § 54 des Wasserhaushaltsgesetzes vom 31. Juli 2009 (BGBl. I S. 2585), zuletzt geändert durch Gesetz vom 18. Juli 2017 (BGBl. I S. 2771))
2. Wasserversorgung (§ 41 LWG)
3. Bau, Unterhaltung und Reinigung von Straßen einschließlich Winterdienst (§§ 10, 11 des Straßen- und Wegegesetzes des Landes Schleswig-Holstein (StrWG) in der Fassung der Bekanntmachung vom 25. November 2003 (GVOBl. Schl.-H. S. 631, ber. 2004 S. 140), Zuständigkeiten und Ressortbezeichnungen ersetzt durch Verordnung vom 12. Oktober 2005 (GVOBl. Schl.-H. S. 631), geändert durch § 2 Nr. 2 der Verordnung vom 15. Dezember 2010 (GVOBl. Schl.-H. S. 850)), sowie Pflege von Grünflächen
4. Schulträgerschaft (§ 53 des Schulgesetzes (SchulG) in der Fassung vom 24. Januar 2007 (GVOBl. Schl.-H. S. 39, ber. S. 276), zuletzt geändert durch Artikel 8 des Gesetzes vom 22. März 2012 (GVOBl. Schl.-H. S. 371))
5. Sonstige Bildungs- und Kultureinrichtungen (Artikel 13 Absatz 3 der Verfassung des Landes Schleswig-Holstein, § 17 der Gemeindeordnung)
6. Trägerschaft von Kindertageseinrichtungen (§ 9 des Kindertagesstättengesetzes (KitaG) vom 12. Dezember 1991 (GVOBl. Schl.-H. S. 651), zuletzt geändert durch Artikel 18 des Gesetzes vom 17. Dezember 2010 (GVOBl. Schl.-H. S. 789)) sowie Durchführung der Förderung von Kindertageseinrichtungen und Kindertagespflege (§§ 25, 30 KitaG)
7. Förderung des Sports (Artikel 13 Absatz 3 der Verfassung des Landes Schleswig-Holstein)
8. Freizeitgestaltung für Kinder und Jugendliche
9. Soziale Betreuung der Einwohnerinnen und Einwohner (§ 17 der Gemeindeordnung)
10. Brandschutz und Hilfeleistung (§ 2 des Brandschutzgesetzes vom 10. Februar 1996 (GVOBl. Schl.-H. S. 200), zuletzt geändert durch Artikel 9 des Gesetzes vom 17. Dezember 2010 (GVOBl. Schl.-H. S. 789))
11. Förderung des Tourismus
12. Wirtschaftsförderung
13. Gesundheitspflege und medizinische Versorgung
14. Integrierte Ländliche Entwicklung
15. Ausbau schneller Internetzugangsmöglichkeiten (Breitband)
16. Energie- und Wärmeversorgung sowie lokale Maßnahmen des Klimaschutzes.

Der Übertragungsbeschluss muss unter Bezugnahme auf den Katalog nach Satz 1 die betroffene Aufgabe sowie den Umfang der Übertragung genau bezeichnen. Durch Übertragungsbeschlüsse darf das Amt Träger von höchstens fünf der in Satz 1 enumerativ aufgeführten Selbstverwaltungsaufgaben werden; auf die nach Satz 1 übertragbare Zahl von Aufgaben wird die Übertragung von Teilen einer Aufgabe voll angerechnet.

(2) Überschreitet ein Übertragungsbeschluss den in Absatz 1 festgelegten Rahmen, sind auf der Grundlage dieses Übertragungsbeschlusses ergangene Maßnahmen rechtswidrig; die Aufgabenerledigung nach § 3 bleibt unberührt.

(3) Bei der Beschlussfassung des Amtsausschusses in Angelegenheiten der nach Absatz 1 übertragenen Aufgaben sind nur die Mitglieder derjenigen Gemeinden stimmberechtigt, die die betreffende Aufgabe übertragen haben.

(4) Jede Gemeinde kann die Rückübertragung nach Absatz 1 übertragener Selbstverwaltungsaufgaben binnen einer angemessenen Frist verlangen. Das Amt kann dem Rückübertragungsbeschluss nur widersprechen, wenn überwiegende Interessen des Gemeinwohls entgegenstehen. Ob diese Voraussetzungen vorliegen, entscheidet im Zweifel die Kommunalaufsichtsbehörde. Soweit erforderlich, erfolgt in Fällen der Rückübertragung eine Auseinandersetzung in entsprechender Anwendung der für Gebietsänderungen der Gemeinden geltenden Vorschriften. Die Rückübertragung wird erst bei Vorliegen einer rechtskräftigen Regelung zur Auseinandersetzung wirksam.

(5) Wird aufgrund einer Übertragung oder einer Rückübertragung eine Berichtigung des Grundbuchs oder anderer öffentlicher Bücher erforderlich, genügt zum Nachweis des Eigentumsübergangs die Bestätigung der Kommunalaufsichtsbehörde. Die zuständigen Behörden sind verpflichtet, die öffentlichen Bücher zu berichtigen. Die durch die Übertragung oder die Rückübertragung erforderlichen Rechtshandlungen sind frei von öffentlichen Abgaben und Verwaltungskosten.

(6) Das Amt hat Aufgabenübertragungen nach Absatz 1, Rückübertragungen nach Absatz 4 sowie den Wegfall oder

---

[1] *Auszug aus der Übergangsvorschrift gemäß Artikel 12 des Gesetzes vom 22.3.2012 (GVOBl. Schl.-H. S. 371): Die amtsangehörigen Gemeinden derjenigen Ämter, die durch die Übertragung von Selbstverwaltungsaufgaben oder durch Übertragung nach dem bisherigen § 23 GkZ Aufgaben unter Überschreitung des Rahmens des § 5 Abs. 1 AO übernommen haben, entscheiden darüber, welche der von ihnen übertragenen Aufgaben in der Trägerschaft des Amtes verbleiben, in die eigene Trägerschaft übernommen werden (Rückübertragung) oder auf einen anderen Träger übertragen werden. Sofern durch Beschlüsse der Gemeindevertretungen bis 31.12.2014 nicht der Zustand erreicht ist, dass das betreffende Amt Aufgabenträger in dem gemäß § 5 Abs. 1 AO zuständigen Rahmen ist, fallen alle vom Amt übernommenen Selbstverwaltungsaufgaben mit Ablauf dieses Tages an die jeweiligen amtsangehörigen Gemeinden zurück; eine nach § 56 Abs. 4 des Schulgesetzes auf ein Amt übertragene Schulträgerschaft bleibt unberührt.*

die Erledigung von übertragenen Aufgaben unverzüglich der zuständigen Kommunalaufsichtsbehörde anzuzeigen. Die Übertragungsbeschlüsse der amtsangehörigen Gemeinden sind der Anzeige beizufügen.

§ 5 a
– entfällt –

§ 6
Datenübermittlungen an amtsangehörige Gemeinden

Die Meldebehörden der Ämter dürfen den Bürgermeisterinnen oder Bürgermeistern der amtsangehörigen Gemeinden zur Erfüllung ihrer Repräsentationspflicht bei der Anmeldung, der Abmeldung, bei einem Alters- oder Ehe- oder Lebenspartnerschaftsjubiläum, bei der Geburt eines Kindes und bei einem Sterbefall folgende Daten der Einwohnerinnen und Einwohner ihrer Gemeinde übermitteln:

1. Vor- und Familiennamen,
2. Doktorgrad,
3. Ordens- oder Künstlernamen,
4. Tag der Geburt,
5. Geschlecht,
6. gesetzliche Vertreterin oder gesetzlicher Vertreter,
7. Staatsangehörigkeiten,
8. Anschrift, Haupt- oder Nebenwohnung,
9. Tag des Ein- oder Auszugs,
10. Familienstand und
11. Sterbetag.

Bei Ehejubiläen oder Lebenspartnerschaftsjubiläen darf zusätzlich der Tag der Eheschließung oder der Begründung der Lebenspartnerschaft übermittelt werden. Altersjubiläen im Sinne des Satzes 1 sind der 70. Geburtstag und spätere Geburtstage; Ehejubiläen oder Lebenspartnerschaftsjubiläen sind das 50. und jedes spätere Ehejubiläum oder Lebenspartnerschaftsjubiläum. Die Daten Betroffener, für die eine Auskunftssperre nach § 51 Absatz 1 und 5 und § 52 Absatz 1 des Bundesmeldegesetzes vom 3. Mai 2013 (BGBl I S.1084), zuletzt geändert durch Artikel 2 a des Gesetzes vom 20. Juni 2015 (BGBl. I S. 970), im Melderegister gespeichert ist, dürfen nicht übermittelt werden; bei Ehejubiläen oder Lebenspartnerschaftsjubiläen gilt das auch für die Daten der Ehegattin oder des Ehegatten, der Lebenspartnerin oder des Lebenspartners, für die eine solche Auskunftssperre nicht gespeichert ist. Die Datenempfängerinnen oder Datenempfänger haben die Daten spätestens nach sechs Monaten zu löschen oder der Meldebehörde zurückzugeben.

§ 7
Ausstattung der Ämter

Das Amt stellt für die Durchführung seiner Aufgaben die erforderlichen Beschäftigten und Verwaltungseinrichtungen zur Verfügung; § 1 Abs. 3 bleibt unberührt.

§ 8
– entfällt –

Dritter Teil
Organisation der Ämter

Abschnitt I
Amtsausschuss

§ 9
Zusammensetzung des Amtsausschusses

(1) Der Amtsausschuss besteht aus den Bürgermeisterinnen und Bürgermeistern der amtsangehörigen Gemeinden. Gemeinden über 1.000 Einwohnerinnen und Einwohner entsenden weitere Mitglieder in den Amtsausschuss. Ihre Zahl beträgt

in Gemeinden über 1.000 bis 2.000 Einwohnerinnen und Einwohner 1,

in Gemeinden über 2.000 bis 3.000 Einwohnerinnen und Einwohner 2,

in Gemeinden über 3.000 bis 4.000 Einwohnerinnen und Einwohner 3,

in Gemeinden über 4.000 bis 5.000 Einwohnerinnen und Einwohner 4,

in Gemeinden über 5.000 bis 6.000 Einwohnerinnen und Einwohner 5,

in Gemeinden über 6.000 bis 7.000 Einwohnerinnen und Einwohner 6,

in Gemeinden über 7.000 bis 8.000 Einwohnerinnen und Einwohner 7.

Gemeinden über 8.000 Einwohnerinnen und Einwohner bis 10.000, 12.000, 14.000 usw. Einwohnerinnen und Einwohner entsenden zusätzlich 1, 2, 3 usw. weitere Mitglieder. Für die Anzahl der weiteren Mitglieder ist die Einwohnerzahl maßgebend, die der letzten allgemeinen Wahl zu den Gemeindevertretungen zugrunde gelegen hat. Bei Gebietsänderungen gilt § 133 Abs. 2 der Gemeindeordnung entsprechend. Die Gutsvorsteherin oder der Gutsvorsteher von gemeindefreien Gutsbezirken ist Mitglied des Amtsausschusses ohne Stimmrecht.

(2) Die Gemeinden haben je angefangene 250 Einwohnerinnen und Einwohner eine Stimme im Amtsausschuss. Die Stimmen einer Gemeinde werden zu gleichen Teilen auf deren Mitglieder im Amtsausschuss aufgeteilt; rechnerisch verbleibende Stimmrechte werden von der Bürgermeisterin oder dem Bürgermeister wahrgenommen.

(3) Die Gemeindevertretungen wählen die weiteren Mitglieder des Amtsausschusses aus ihrer Mitte. Jede Fraktion kann verlangen, dass das von der Gemeinde zu entsendende weitere Mitglied oder die zu entsendenden weiteren Mitglieder auf Vorschlag der nach Satz 3 vorschlagsberechtigten Fraktion oder Fraktionen gewählt wird oder werden. In diesem Fall steht der Fraktion oder den Fraktionen das Vorschlagsrecht in der Reihenfolge der Höchstzahlen zu, die sich aus der Teilung der Sitzzahlen der Fraktionen durch 0,5 – 1,5 – 2,5 usw. ergeben. Für die Wahl gilt § 39 Abs. 1 der Gemeindeordnung entsprechend. Die ehrenamtliche Bürgermeisterin oder der ehrenamtliche Bürgermeister wird auf den Wahlvorschlag der Fraktion angerechnet, der sie oder er im Zeitpunkt dieser Wahl angehört.

(4) Die Gemeindevertretungen wählen aus ihrer Mitte Stellvertretende für die ehrenamtlichen und hauptamtlichen Mitglieder des Amtsausschusses; den Stellvertretenden sind unabhängig vom Vertretungsfall Sitzungsvorlagen, Protokolle und sonstige Unterlagen zur Vorbereitung der Sitzungen des Amtsausschusses zur Verfügung zu stellen; sie haben auch unabhängig vom Vertretungsfall Zutritt zu den nichtöffentlichen Sitzungen des Amtsausschusses. Die Hauptsatzung des Amtes bestimmt die Anzahl der Stellvertretenden je Mitglied des Amtsausschusses. Hat eine Fraktion das Verlangen nach Absatz 3 Satz 2 gestellt, erfolgt die Wahl der Stellvertretenden eines weiteren Mitglieds auf Vorschlag der Fraktion, die das weitere Mitglied vorgeschlagen hat; die Wahl der Stellvertretenden der ehrenamtlichen Bürgermeisterin oder des ehrenamtlichen Bürgermeisters erfolgt auf Vorschlag der Fraktion, der sie oder er im Zeitpunkt der Wahl der Stellvertretenden angehört. Für die Wahl gilt § 39 Abs. 1 der Gemeindeordnung entsprechend. Die Stellvertretenden vertreten das Mitglied im Fall der Verhinderung in der Reihenfolge, in der sie vorgeschlagen sind. § 33 Abs. 1 Satz 5 der Gemeindeordnung gilt entsprechend.

(5) Die von den Gemeinden zu entsendenden weiteren Mitglieder müssen binnen 60 Tagen nach dem Tag der Gemeindewahl gewählt werden. Der Amtsausschuss muss binnen weiterer 14 Tage zusammentreten; bis zum Zusammentritt des neuen Amtsausschusses bleibt der alte Amtsausschuss tätig.

(6) Die Bürgermeisterin, die ihr Amt oder der Bürgermeister, der sein Amt oder das weitere Mitglied, das seinen Sitz in der Gemeindevertretung verliert, scheidet aus dem Amtsausschuss aus.

(7) Scheidet ein weiteres Mitglied aus dem Amtsausschuss aus, wird die Nachfolgerin oder der Nachfolger nach Absatz 3 gewählt; jede Fraktion kann verlangen, dass alle Wahlstellen von weiteren Mitgliedern der Gemeinde neu

besetzt werden. In diesem Fall verlieren die weiteren Mitglieder der Gemeinde zu Beginn der nächsten Sitzung der Gemeindevertretung ihre Wahlstellen. Satz 1 Halbsatz 2 gilt nicht, wenn die Wahlstelle eines stellvertretenden Mitglieds des Amtsausschusses frei wird. Wer freiwillig ausscheidet, kann in den Amtsausschuss nicht wieder gewählt werden.

(8) Für die Zahl der einer Gemeinde nach Absatz 2 zustehenden Stimmen ist die Einwohnerzahl maßgebend, die der letzten allgemeinen Wahl zu den Gemeindevertretungen zugrunde gelegen hat. Bei Gebietsänderungen gilt § 133 Absatz 2 der Gemeindeordnung entsprechend.

§ 10
Aufgaben und Arbeitsweise des Amtsausschusses

(1) Der Amtsausschuss trifft alle für das Amt wichtigen Entscheidungen und überwacht ihre Durchführung. Er kann Entscheidungen, auch für bestimmte Aufgabenbereiche, allgemein durch die Hauptsatzung oder im Einzelfall durch Beschluss auf den Hauptausschuss, die Ausschüsse oder die Amtsdirektorin oder den Amtsdirektor, in ehrenamtlich verwalteten Ämtern die Amtsvorsteherin oder den Amtsvorsteher, übertragen; die Übertragungsbefugnis ist in entsprechender Anwendung des § 28 der Gemeindeordnung beschränkt. Die allgemein übertragenen Entscheidungen können in einer Anlage zur Hauptsatzung (Zuständigkeitsordnung) geregelt werden. In diese kann jeder Einsicht nehmen. Darauf ist in der Bekanntmachung der Hauptsatzung hinzuweisen. Die Zuständigkeitsordnung bedarf abweichend von § 24 a in Verbindung mit § 4 Abs. 1 Satz 3 der Gemeindeordnung nicht der Genehmigung der Kommunalaufsichtsbehörde. Hat der Amtsausschuss die Entscheidung im Einzelfall übertragen, so kann er selbst entscheiden, wenn der Hauptausschuss, der andere Ausschuss oder die Amtsdirektorin oder der Amtsdirektor, in ehrenamtlich verwalteten Ämtern die Amtsvorsteherin oder der Amtsvorsteher, noch nicht entschieden hat.

(2) Der Amtsausschuss ist, soweit nichts anderes bestimmt ist, oberste Dienstbehörde; er ist Dienstvorgesetzter der Amtsvorsteherin oder des Amtsvorstehers und ihrer oder seiner Stellvertretenden in ehrenamtlich verwalteten Ämtern sowie der Stellvertretenden der Amtsdirektorin oder des Amtsdirektors; er hat keine Disziplinarbefugnis. Der Amtsausschuss kann Zuständigkeiten nach Satz 1 Halbsatz 1 mit Ausnahme der Zuständigkeit der obersten Dienstbehörde der Amtsvorsteherin oder des Amtsvorstehers in ehrenamtlich verwalteten Ämtern auf die leitende Verwaltungsbeamtin oder den leitenden Verwaltungsbeamten, in hauptamtlich verwalteten Ämtern auf den Hauptausschuss übertragen.

(3) Der Amtsausschuss beschließt in ehrenamtlich verwalteten Ämtern über die Einstellung der Beschäftigten des Amtes. Er kann die Entscheidung mit Ausnahme der Bestellung der leitenden Verwaltungsbeamtin oder des leitenden Verwaltungsbeamten durch die Hauptsatzung ganz oder teilweise auf die Amtsvorsteherin oder den Amtsvorsteher und/ oder die leitende Verwaltungsbeamtin oder den leitenden Verwaltungsbeamten übertragen. Der Amtsausschuss kann jedoch diese Entscheidung auch im Einzelfall jederzeit an sich ziehen, wenn die Hauptsatzung dies bestimmt.

(4) Die Sitzungen des Amtsausschusses sind öffentlich. Die Öffentlichkeit ist auszuschließen, wenn überwiegende Belange des öffentlichen Wohls oder berechtigte Interessen Einzelner es erfordern. Über den Ausschluss der Öffentlichkeit beschließt der Amtsausschuss im Einzelfall. Der Beschluss bedarf der Mehrheit von zwei Dritteln der Stimmenzahl der anwesenden Mitglieder des Amtsausschusses. Über den Antrag wird in nichtöffentlicher Sitzung beraten und entschieden; ohne Aussprache wird in öffentlicher Sitzung entschieden. In nichtöffentlicher Sitzung gefasste Beschlüsse sind spätestens in der nächsten öffentlichen Sitzung bekannt zu geben, wenn nicht überwiegende Belange des öffentlichen Wohls oder berechtigte Interessen Einzelner entgegenstehen. § 35 Abs. 1 Satz 3 der Gemeindeordnung gilt entsprechend.

(5) Die Gemeindevertreterinnen und -vertreter können an den Sitzungen des Amtsausschusses teilnehmen. Die leitende Verwaltungsbeamtin oder der leitende Verwaltungsbeamte ist berechtigt und auf Verlangen verpflichtet, an den Sitzungen des Amtsausschusses teilzunehmen. Ihr oder ihm ist auf Wunsch das Wort erteilen. Sie oder er ist verpflichtet, in den Sitzungen des Amtsausschusses Auskunft zu erteilen.

(6) Wer durch Wahl des Amtsausschusses berufen wird, kann durch Beschluss des Amtsausschusses abberufen werden. Ein Antrag auf Abberufung kann nur behandelt werden, wenn er auf der Tagesordnung gestanden hat. Der Beschluss bedarf der Mehrheit von mehr als der Hälfte der gesetzlichen Stimmenzahl des Amtsausschusses. Der Beschluss, mit dem die Amtsdirektorin oder der Amtsdirektor, die Amtsvorsteherin oder der Amtsvorsteher oder eine ihrer oder seiner Stellvertreterinnen oder Stellvertreter abberufen wird, bedarf der Mehrheit von zwei Dritteln der gesetzlichen Stimmenzahl des Amtsausschusses. Wer abberufen wird, scheidet aus seiner Wahlstelle oder seinem Amt aus. § 40 a Abs. 3 und 4 Satz 2 der Gemeindeordnung gilt für die Amtsdirektorin oder den Amtsdirektor entsprechend.

§ 10 a
Ausschüsse des Amtsausschusses

(1) Der Amtsausschuss kann einen oder mehrere Ausschüsse zur Vorbereitung seiner Beschlüsse bilden; § 18 dieses Gesetzes in Verbindung mit § 94 Abs. 5 und § 95 n der Gemeindeordnung bleiben unberührt. Die Hauptsatzung bestimmt die ständigen Ausschüsse, ihr Aufgabengebiet und die Zahl ihrer Mitglieder.

(2) Wenn die Hauptsatzung dies bestimmt, können neben Mitgliedern des Amtsausschusses auch andere Bürgerinnen und Bürger zu Mitgliedern von Ausschüssen gewählt werden. Sie müssen der Gemeindevertretung einer amtsangehörigen Gemeinde angehören oder angehören können. Ihre Zahl darf die der Mitglieder des Amtsausschusses im Ausschuss nicht erreichen. Im Falle der Zulassung von Stellvertretungen im Sinne von Absatz 3 sind ihren Stellvertreterinnen und Stellvertretern unabhängig vom Vertretungsfall Sitzungsvorlagen, Protokolle und sonstige Unterlagen zur Vorbereitung der Sitzungen des Ausschusses, dem sie angehören, zur Verfügung zu stellen. Ebenso haben diese auch unabhängig vom Vertretungsfall Zutritt zu den nichtöffentlichen Sitzungen des Ausschusses, dem sie angehören.

(3) Der Amtsausschuss kann stellvertretende Mitglieder der Ausschüsse wählen; für die Stellvertretenden gilt Absatz 2 Satz 1 und 2 sowie § 33 Abs. 1 Satz 4 und 5 der Gemeindeordnung entsprechend.

(4) Die leitende Verwaltungsbeamtin oder der leitende Verwaltungsbeamte ist berechtigt und auf Verlangen verpflichtet, an den Sitzungen der Ausschüsse teilzunehmen. Ihr oder ihm ist auf Wunsch das Wort zu erteilen. Sie oder er ist verpflichtet, in den Sitzungen der Ausschüsse Auskunft zu erteilen. Die Mitglieder des Amtsausschusses können an den Sitzungen der Ausschüsse teilnehmen. Ihnen ist auf Wunsch das Wort zu erteilen.

(5) Im Übrigen gilt § 46 Absatz 5 Satz 1 und 8, Absatz 6, 7, 8, 11 und 12 der Gemeindeordnung entsprechend.

§ 11
Wahl und Stellung der Amtsvorsteherin oder des Amtsvorstehers und ihrer oder seiner Stellvertretenden

(1) Der Amtsausschuss wählt in seiner ersten Sitzung aus seiner Mitte für die Dauer der allgemeinen Wahlzeit der Gemeindevertretungen die Amtsvorsteherin oder den Amtsvorsteher sowie eine erste Stellvertreterin oder einen ersten Stellvertreter und eine zweite Stellvertreterin oder einen zweiten Stellvertreter. Die Wahl der Amtsvorsteherin oder des Amtsvorstehers leitet das älteste Mitglied, die Wahl der Stellvertretenden leitet die Amtsvorsteherin oder der Amtsvorsteher. Scheidet die Amtsvorsteherin oder der Amtsvorsteher aus, leitet die Stellvertreterin oder der Stellvertreter, in den Fällen des Absatzes 3 das älteste Mitglied, die Wahl der Amtsvorsteherin oder des neuen Amtsvorstehers.

(2) Die Mitglieder, die auf Vorschlag einer politischen Partei oder einer Wählergruppe in die Gemeindevertretung gewählt sind, können verlangen, dass die Amtsvorsteherin

oder der Amtsvorsteher und die Stellvertretenden auf ihren Vorschlag gewählt werden; Mitglieder verschiedener Wählergruppen können sich zu einer Gruppierung zusammenschließen. In diesem Fall steht das Vorschlagsrecht den Mitgliedern der Partei, Wählergruppe oder Gruppierung in der Reihenfolge der Höchstzahlen zu, die sich aus der Teilung der Stimmenzahl der Partei, Wählergruppe oder Gruppierung im Amtsausschuss durch 0,5 – 1,5 – 2,5 usw. ergeben. Für die Wahl gilt § 39 Abs. 1 der Gemeindeordnung entsprechend.

(3) Werden während der Wahlzeit eine oder mehrere Wahlstellen frei, gilt für die Wahl der Nachfolgerin oder des Nachfolgers Absatz 2 entsprechend. Wird das Verlangen nach Absatz 2 Satz 1 gestellt, werden die Amtsvorsteherin oder der Amtsvorsteher und die Stellvertretenden in der nächsten Sitzung des Amtsausschusses neu gewählt; die bisherigen Amtsinhaberinnen und Amtsinhaber bleiben bis zur Neuwahl im Amt.

(4) Gruppierungen nach Absatz 2 Satz 1 Halbsatz 2 sind nur vorschlagsberechtigt, wenn ihre Bildung der amtierenden Amtsvorsteherin oder dem amtierenden Amtsvorsteher schriftlich und unter Benennung der die Gruppierung bildenden Mitglieder vor Beginn der Sitzung, in der die Amtsvorsteherin oder der Amtsvorsteher und die Stellvertretenden gewählt werden, angezeigt worden ist.

(5) Die Mitglieder, die nicht auf Vorschlag einer Partei oder Wählergruppe in die Gemeindevertretung gewählt sind, und die dem Amtsausschuss angehörenden Bürgermeisterinnen und Bürgermeister hauptamtlich verwalteter Gemeinden sowie von Gemeinden mit Gemeindeversammlung können sich zur Ausübung des Vorschlagsrechts den Mitgliedern einer Partei oder Wählergruppe oder einer Gruppierung nach Absatz 2 Satz 1 mit deren Zustimmung anschließen. Der Anschluss ist bis zu Beginn der Sitzung, in der die Amtsvorsteherin oder der Amtsvorsteher und die Stellvertretenden gewählt werden, schriftlich gegenüber der amtierenden Amtsvorsteherin oder dem amtierenden Amtsvorsteher zu erklären.

(6) In ehrenamtlich verwalteten Ämtern werden die Amtsvorsteherin oder der Amtsvorsteher und die Stellvertretenden für die Dauer ihrer Wahlzeit zu Ehrenbeamtinnen oder Ehrenbeamten ernannt. Die Amtsvorsteherin oder der Amtsvorsteher wird vom ältesten Mitglied des Amtsausschusses, die Stellvertretenden werden von der Amtsvorsteherin oder dem Amtsvorsteher in öffentlicher Sitzung des Amtsausschusses vereidigt und in ihr Amt eingeführt. Sie leisten den Amtseid. Scheidet die Amtsvorsteherin oder der Amtsvorsteher aus, erfolgt die Vereidigung und Einführung der Nachfolgerin oder des Nachfolgers durch die Stellvertreterin oder den Stellvertreter, in den Fällen des Absatzes 2 Satz 1 mit dem ältesten Mitglied. Erhält im Amt nach § 15 a Abs. 1 eine hauptamtliche Verwaltung, enden mit diesem Zeitpunkt die Ehrenbeamtenverhältnisse der Amtsvorsteherin oder des Amtsvorstehers und der Stellvertretenden.

(7) Nach Ablauf der allgemeinen Wahlzeit der Gemeindevertretungen bleiben die Amtsvorsteherin oder der Amtsvorsteher sowie die Stellvertretenden bis zum Amtsantritt ihrer Nachfolgerinnen oder Nachfolger, längstens für die Dauer von drei Monaten seit dem Zusammentritt des neu gebildeten Amtsausschusses, im Amt.

§ 12
Aufgaben der Amtsvorsteherin oder des Amtsvorstehers, Stellvertretung

(1) Die Amtsvorsteherin oder der Amtsvorsteher führt den Vorsitz im Amtsausschuss. Sie oder er vertritt den Amtsausschuss in gerichtlichen Verfahren. Sie oder er kann an den Sitzungen der Ausschüsse teilnehmen; ihr oder ihm ist auf Wunsch das Wort zu erteilen.

(2) Die Stellvertretenden vertreten die Amtsvorsteherin oder den Amtsvorsteher im Fall der Verhinderung in der Reihenfolge ihrer Wahl; § 15 Abs. 5 Satz 1 bleibt unberührt. § 33 Abs. 1 Satz 5 der Gemeindeordnung gilt entsprechend.

(3) Die Amtsvorsteherin oder der Amtsvorsteher darf in ehrenamtlich verwalteten Ämtern mit einer oder einem der Stellvertretenden nicht in der Weise des § 22 Abs. 1 der Gemeindeordnung verbunden sein. Entsteht der Hinderungsgrund während der Amtszeit, so scheidet die Stellvertreterin oder der Stellvertreter aus.

Abschnitt II
Ehrenamtlich verwaltete Ämter

§ 13
Aufgaben der Amtsvorsteherin oder des Amtsvorstehers

(1) Die Amtsvorsteherin oder der Amtsvorsteher leitet die Verwaltung des Amtes ehrenamtlich nach den Grundsätzen und Richtlinien des Amtsausschusses und im Rahmen der von ihm bereitgestellten Mittel. Sie oder er bereitet die Beschlüsse des Amtsausschusses vor und führt sie durch. Sie oder er ist für die sachliche Erledigung der Aufgaben und den Geschäftsgang der Verwaltung verantwortlich.

(2) Die Amtsvorsteherin oder der Amtsvorsteher ist Dienstvorgesetzte oder Dienstvorgesetzter der leitenden Verwaltungsbeamtin oder des leitenden Verwaltungsbeamten. Sie oder er kann Beamtinnen, Beamte und Angestellte des Amtes im Benehmen mit der leitenden Verwaltungsbeamtin oder dem leitenden Verwaltungsbeamten mit der Wahrnehmung bestimmter Angelegenheiten beauftragen; § 15 Abs. 3 Satz 1 bleibt unberührt.

(3) Dringende Maßnahmen, die sofort ausgeführt werden müssen, ordnet die Amtsvorsteherin oder der Amtsvorsteher für den Amtsausschuss und für die Ausschüsse an. Sie oder er darf diese Befugnis nicht übertragen. Die Gründe für die Eilentscheidung und die Art der Erledigung sind dem Amtsausschuss oder dem Ausschuss unverzüglich mitzuteilen. Der Amtsausschuss oder der Ausschuss kann die Eilentscheidung aufheben, soweit nicht bereits Rechte Dritter entstanden sind.

(4) Die Amtsvorsteherin oder der Amtsvorsteher führt die Aufgaben durch, die dem Amt zur Erfüllung nach Weisung übertragen sind. Sie oder er ist dafür der Aufsichtsbehörde verantwortlich. Soweit die Amtsvorsteherin oder der Amtsvorsteher bei der Durchführung dieser Aufgaben nach Ermessen handeln kann, kann sie oder er sich vom Amtsausschuss beraten lassen.

(5) Die Amtsvorsteherin oder der Amtsvorsteher, die leitende Verwaltungsbeamtin oder der leitende Verwaltungsbeamte und, soweit die Amtsvorsteherin oder der Amtsvorsteher dies bestimmt, andere Beamtinnen und Beamte und Angestellte des Amtes, sind berechtigt und auf Verlangen verpflichtet, an den Sitzungen der Gemeindevertretungen und ihrer Ausschüsse teilzunehmen. Der Amtsvorsteherin oder dem Amtsvorsteher und der leitenden Verwaltungsbeamtin oder dem leitenden Verwaltungsbeamten ist auf Wunsch das Wort zu erteilen; den beauftragten anderen Vertreterinnen und Vertretern der Amtsverwaltung kann das Wort erteilt werden. Die leitende Verwaltungsbeamtin oder der leitende Verwaltungsbeamte ist verpflichtet, in den Sitzungen Auskunft zu erteilen.

§ 14
– gestrichen –

§ 15
Leitende Verwaltungsbeamtin, leitender Verwaltungsbeamter

(1) In ehrenamtlich verwalteten Ämtern wird eine leitende Verwaltungsbeamtin oder ein leitender Verwaltungsbeamter bestellt. Erhält ein Amt nach § 15 a Abs. 1 eine hauptamtliche Verwaltung, endet mit diesem Zeitpunkt die Bestellung; die beamtenrechtliche Stellung der Beamtin oder des Beamten bleibt unberührt.

(2) Die leitende Verwaltungsbeamtin oder der leitende Verwaltungsbeamte des Amtes muss die Laufbahnbefähigung für die Laufbahngruppe 2 der Fachrichtung Allgemeine Dienste besitzen.

(3) Die leitende Verwaltungsbeamtin oder der leitende Verwaltungsbeamte ist Dienstvorgesetzte oder Dienstvorgesetzter der Beamtinnen und Beamten, Angestellten sowie

Arbeiterinnen und Arbeiter des Amtes. Sie oder er führt die Geschäfte der laufenden Verwaltung und berät die ehrenamtlichen Bürgermeisterinnen und Bürgermeister unter der Leitung der Amtsvorsteherin oder des Amtsvorstehers und nach näherer Regelung in der Hauptsatzung; § 24 a in Verbindung mit §§ 51, 56 der Gemeindeordnung bleibt unberührt.

(4) Die leitende Verwaltungsbeamtin oder der leitende Verwaltungsbeamte ist verpflichtet, die Amtsvorsteherin oder den Amtsvorsteher rechtzeitig auf rechtliche Bedenken gegen beabsichtigte oder getroffene Entscheidungen des Amtsausschusses oder seiner Ausschüsse hinzuweisen.

(5) Die leitende Verwaltungsbeamtin oder der leitende Verwaltungsbeamte vertritt die Amtsvorsteherin oder den Amtsvorsteher bei der Durchführung der Aufgaben, die dem Amt zur Erfüllung nach Weisung übertragen sind. § 13 Abs. 4 Satz 2 und 3 gilt entsprechend.

(6) Der Amtsausschuss kann die Bestellung der leitenden Verwaltungsbeamtin oder des leitenden Verwaltungsbeamten jederzeit widerrufen. Der Beschluss bedarf der Mehrheit von zwei Dritteln der gesetzlichen Stimmenzahl des Amtsausschusses. § 40 a Abs. 1 Satz 2 und Abs. 3 der Gemeindeordnung gilt entsprechend. Die beamtenrechtliche Stellung der Beamtin oder des Beamten bleibt unberührt.

Abschnitt III
Hauptamtlich verwaltete Ämter

§ 15 a
Hauptamtliche Verwaltung

In Ämtern mit eigener Verwaltung kann die Hauptsatzung bestimmen, dass die Verwaltung von einer hauptamtlichen Amtsdirektorin oder einem hauptamtlichen Amtsdirektor geleitet wird. Verzichtet ein hauptamtlich verwaltetes Amt nach § 1 Abs. 3 Satz 2 auf eigene Dienstkräfte und Verwaltungseinrichtungen oder wird ein solcher Verzicht angeordnet, tritt die Amtsdirektorin oder der Amtsdirektor mit dem Zeitpunkt des Übergangs der Verwaltung in den einstweiligen Ruhestand.

§ 15 b
Amtsdirektorin, Amtsdirektor

(1) Die Amtsdirektorin oder der Amtsdirektor wird durch den Amtsausschuss gewählt.

(2) Die Amtszeit der Amtsdirektorin oder des Amtsdirektors beträgt nach näherer Regelung in der Hauptsatzung mindestens sechs und höchstens acht Jahre. Sie beginnt mit dem Amtsantritt.

(3) Wählbar zur Amtsdirektorin oder zum Amtsdirektor ist, wer
1. die Wählbarkeit zum Deutschen Bundestag besitzt; wählbar ist auch, wer die Staatsangehörigkeit eines übrigen Mitgliedstaates der Europäischen Union besitzt und
2. die für dieses Amt erforderliche Eignung, Befähigung und Sachkunde besitzt.

(4) Vor der Wahl ist die Stelle öffentlich auszuschreiben; davon kann bei einer Wiederwahl durch Beschluss mit der Mehrheit von nicht mehr als der Hälfte der gesetzlichen Stimmenzahl des Amtsausschusses, im Übrigen nur mit Genehmigung der Kommunalaufsichtsbehörde abgesehen werden. Die Wahl oder Wiederwahl ist frühestens sechs Monate vor Ablauf der Amtszeit der Amtsinhaberin oder des Amtsinhabers zulässig. Wird ein Amt neu gebildet, hat die Kommunalaufsichtsbehörde für das neu zu errichtende Amt die Stellenausschreibung nach Satz 1 vor dem Wirksamwerden der Neubildung des Amtes auf Kosten des neu zu bildenden Amtes vorzunehmen, sofern die von der Neubildung des Amtes betroffenen Gemeinden dies bei der Kommunalaufsichtsbehörde beantragen. Dabei hat die Kommunalaufsichtsbehörde die näheren Festlegungen über den Inhalt und die Art der Stellenausschreibung in den entsprechenden Anträgen der Gemeinden zu berücksichtigen.

(5) Die gewählte Amtsdirektorin oder der gewählte Amtsdirektor wird zur Beamtin oder zum Beamten auf Zeit ernannt. Sie oder er ist im Fall der Wiederwahl verpflichtet, das Amt weiterzuführen, wenn sie oder er unter mindestens gleich günstigen Bedingungen für wenigstens die gleiche Zeit weiterzuführen, ist die Amtsdirektorin oder der Amtsdirektor nach § 7 Abs. 2 Satz 2 des Landesbeamtengesetzes zu entlassen. Die Sätze 2 und 3 gelten nicht, wenn die Amtsdirektorin oder der Amtsdirektor bei Ablauf der Amtszeit das 68. Lebensjahr vollendet hat.[2] Bei einer Wiederwahl ist eine neue Ernennungsurkunde auszuhändigen; der Diensteid ist erneut zu leisten.

(6) Die Amtsdirektorin oder der Amtsdirektor und, soweit sie oder er dies bestimmt, andere Beamtinnen und Beamte und Angestellte des Amtes, sind berechtigt und auf Verlangen verpflichtet, an den Sitzungen der Gemeindevertretungen und ihrer Ausschüsse teilzunehmen. Die Amtsdirektorin oder der Amtsdirektor ist verpflichtet, in den Sitzungen Auskunft zu erteilen; ihr oder ihm ist auf Wunsch das Wort zu erteilen. Den beauftragten anderen Vertreterinnen und Vertretern der Amtsverwaltung kann das Wort erteilt werden.

(7) Die §§ 55 und 58 der Gemeindeordnung gelten entsprechend.

§ 15 c
Stellvertretende

(1) Der Amtsausschuss wählt aus seiner Mitte für die Dauer der allgemeinen Wahlzeit der Gemeindevertretungen bis zu drei Stellvertretende der Amtsdirektorin oder des Amtsdirektors. Für die Wahl gilt § 11 Abs. 2 bis 5 entsprechend.

(2) Im Übrigen gelten die §§ 57 e und 58 der Gemeindeordnung entsprechend.

§ 15 d
Hauptausschuss

Der Amtsausschuss wählt aus seiner Mitte einen Hauptausschuss. Die §§ 45 a bis 45 c der Gemeindeordnung gelten entsprechend.

Vierter Teil
Weitere Grundsätze
für die Verwaltung der Ämter

§ 16
Beschäftigte der amtsangehörigen Gemeinden

Eine amtsangehörige Gemeinde, die die Geschäfte des Amtes führt (§ 1 Abs. 3), kann eigene Beschäftigte einstellen; § 15 Abs. 2 gilt entsprechend. Wenn eine amtsangehörige Gemeinde eigene Beschäftigte hat, ermäßigt sich die Aufwandsentschädigung der Bürgermeisterin oder des Bürgermeisters nach der Festsetzung der Kommunalaufsichtsbehörde bis auf die Hälfte.

§ 17
– gestrichen –

§ 18
Haushalts- und Wirtschaftsführung der Ämter

(1) Für die Haushalts- und Wirtschaftsführung der Ämter gelten die Vorschriften des Gemeinderechts entsprechend.

(2) Gehören einem Amt Anteile an einer Gesellschaft (§ 102 der Gemeindeordnung), soll es darauf hinwirken, dass die Gesellschaft Maßnahmen ergreift, die zur Verwirklichung des Grundrechtes der Gleichberechtigung von Frauen und Männern dienen. Die Maßnahmen sollen darauf ausgerichtet sein, Arbeitsbedingungen zu schaffen, die für beide Geschlechter die Vereinbarkeit von Familie und Beruf ermöglichen, Nachteile zu kompensieren, die vor allem Frauen als Folge der geschlechtsspezifischen Arbeitsteilung erfahren, Entgeltgleichheit zwischen beiden Geschlechtern zu erreichen und eine paritätische Gremienbesetzung zu erzielen;

---

[2] *Übergangsregelung gemäß Art. 5 Abs. 2 Satz 2 des Gesetzes vom 5.5.2015 (GVOBl. Schl.-H. S. 105): Für hauptamtliche Wahlbeamtinnen und Wahlbeamte der kommunalen Körperschaften, die in der Amtszeit, die am 29.5.2015 laufende Amtszeit anschließt, das 68. Lebensjahr vollenden, entfällt die Verpflichtung, im Fall der Wiederwahl das Amt weiterzuführen.*

über diese Maßnahmen und deren Wirksamkeit ist der zuständigen Kommunalaufsichtsbehörde alle vier Jahre unter Einbindung der zuständigen Gleichstellungsbeauftragten zu berichten.

§ 19
Kommunalaufsicht

(1) Das Land übt die Aufsicht darüber aus, dass die Ämter ihre Aufgaben rechtmäßig erfüllen; die Fachaufsicht in Aufgaben zur Erfüllung nach Weisung bleibt unberührt. Die Kommunalaufsichtsbehörden sollen die Ämter vor allem beraten und unterstützen.

(2) Kommunalaufsichtsbehörde ist die Landrätin oder der Landrat. Oberste Kommunalaufsichtsbehörde ist das Ministerium für Inneres, ländliche Räume und Integration.

(3) § 121 Abs. 3 und 4 und die §§ 122 bis 131 der Gemeindeordnung gelten entsprechend.

§ 19 a
Aufsicht bei
Kreisgrenzen überschreitenden Ämtern

Besteht das Amt aus Gemeinden mehrerer Kreise, ist die Aufsichtsbehörde zuständig, in deren Bezirk der Sitz des Amtes liegt.

Fünfter Teil
Finanzierung der Ämter

§ 20
– entfällt –

§ 21
Kosten in besonderen Fällen

(1) Soweit das Amt Träger von Selbstverwaltungsaufgaben ist, hat es die ihm entstehenden Zweckaufwendungen und Zweckauszahlungen auf die beteiligten Gemeinden umzulegen. Die Umlage soll in der Regel nach dem Verhältnis des Nutzens der beteiligten Gemeinden bemessen werden (Umlagegrundlage). Der Amtsausschuss setzt die Umlagegrundlage im Benehmen mit den beteiligten Gemeinden fest. Sind alle Gemeinden beteiligt, soll die Umlage nach den Vorschriften des Finanzausgleichsgesetzes erhoben werden (Zusatzamtsumlage).

(2) Führt das Amt nach § 3 Abs. 1 für eine Gemeinde die Verwaltungsgeschäfte einer Einrichtung, so ist für die Gebührenfestsetzung von der Gemeinde der Verwaltungsaufwand in Höhe des vom Amt festgesetzten Verwaltungskostenanteils zu berücksichtigen und dem Amt zu erstatten.

§ 22
Amtsumlage

(1) Soweit andere Finanzmittel den Finanzbedarf der Ämter nicht decken, ist eine Umlage von den amtsangehörigen Gemeinden, gemeindefreien Grundstücken und Gutsbezirken zu erheben (Amtsumlage).

(2) Die Amtsumlage wird nach den Vorschriften des Finanzausgleichsgesetzes erhoben. Die Umlageverpflichteten können durch öffentlich-rechtlichen Vertrag eine von Satz 1 abweichende Erhebung der Amtsumlage vereinbaren.

Sechster Teil
Besondere Bestimmungen

§ 22 a
Gleichstellungsbeauftragte

(1) Zur Verwirklichung des Grundrechts der Gleichberechtigung von Mann und Frau haben die Ämter Gleichstellungsbeauftragte zu bestellen. Die Gleichstellungsbeauftragte ist in Ämtern mit mehr als 15.000 Einwohnerinnen und Einwohnern grundsätzlich vollzeitig und nur ausnahmsweise teilzeitig tätig, wenn und soweit die ordnungsgemäße Erledigung der anfallenden Gleichstellungsaufgaben eine Teilzeittätigkeit zulässt. Eine teilzeitige Tätigkeit mit einem Arbeitszeitvolumen von weniger als der Hälfte der regelmäßigen Arbeitszeit einer Vollzeitbeschäftigten ist ausgeschlossen; das Nähere regelt die Hauptsatzung. Die Hauptsatzung soll im Übrigen bestimmen, dass die Gleichstellungsbeauftragte in Ausübung ihrer Tätigkeit unabhängig ist und an den Sitzungen des Amtsausschusses und der Ausschüsse teilnehmen kann. Ihr ist in Angelegenheiten ihres Aufgabenbereichs auf Wunsch das Wort zu erteilen. Die Gleichstellungsbeauftragte wird vom Amtsausschuss bestellt. Die Bestellung zur Gleichstellungsbeauftragten kann aus Gründen, die in der Person oder in dem Verhalten der Gleichstellungsbeauftragten liegen, oder wegen dringender dienstlicher Erfordernisse mit der Zustimmung der Mehrheit der gesetzlichen Stimmenzahl des Amtsausschusses oder in entsprechender Anwendung des § 626 BGB widerrufen werden.

(2) Verstößt eine Maßnahme, die der Entscheidung der Amtsdirektorin oder des Amtsdirektors, in ehrenamtlich verwalteten Ämtern der Amtsvorsteherin oder des Amtsvorstehers oder der leitenden Verwaltungsbeamtin oder des leitenden Verwaltungsbeamten obliegt, nach Auffassung der Gleichstellungsbeauftragten gegen §§ 3 bis 8, 12, 13, 15 Absatz 1 oder 16 des Gleichstellungsgesetzes vom 13. Dezember 1994 (GVOBl. Schl.-H. S. 562), zuletzt geändert durch Gesetz vom 11. Dezember 2014 (GVOBl. Schl.-H. S. 464), Zuständigkeiten und Ressortbezeichnungen ersetzt durch Verordnung vom 16. März 2015 (GVOBl. Schl.-H. S. 96), kann sie schriftlich unter der Darlegung der Gründe binnen zehn Arbeitstagen Widerspruch erheben; in dringenden Fällen kann die Amtsdirektorin oder der Amtsdirektor, in ehrenamtlich verwalteten Ämtern die Amtsvorsteherin oder der Amtsvorsteher oder die leitende Verwaltungsbeamtin oder der leitende Verwaltungsbeamte diese Frist auf fünf Arbeitstage abkürzen. Hält die Amtsdirektorin oder der Amtsdirektor oder die Amtsvorsteherin oder der Amtsvorsteher oder die leitende Verwaltungsbeamtin oder der leitende Verwaltungsbeamte den Widerspruch für begründet, hilft sie oder er ihm ab. Anderenfalls hat sie oder er den Amtsausschuss zu unterrichten. Die Unterrichtung erfolgt unter Beifügung des Widerspruchs der Gleichstellungsbeauftragten und der Nichtabhilfeentscheidung. Die Amtsdirektorin oder der Amtsdirektor oder die Amtsvorsteherin oder der Amtsvorsteher oder die leitende Verwaltungsbeamtin oder der leitende Verwaltungsbeamte kann die Maßnahme frühestens zehn Arbeitstage nach erfolgter Unterrichtung ausführen. Dringende Maßnahmen können sofort ausgeführt werden. Die Gründe dafür sind dem Amtsausschuss mitzuteilen.

(3) Die Verpflichtung des Amtes zur Bestellung einer Gleichstellungsbeauftragten nach Absatz 1 geht in den Fällen des § 1 Abs. 3 Satz 2 Nr. 1 auf die geschäftsführende Gemeinde über. Die Gleichstellungsbeauftragte der geschäftsführenden Gemeinde hat die Rechte einer Gleichstellungsbeauftragten des Amtes. § 23 Abs. 1 Satz 1 findet keine Anwendung.

(4) Absatz 3 Satz 1 und 2 gilt in den Fällen des § 1 Abs. 3 Satz 2 Nr. 2 entsprechend. Die Gleichstellungsbeauftragte ist in diesen Fällen grundsätzlich hauptamtlich tätig, wenn die Gesamtzahl der Einwohnerinnen und Einwohner der an der Verwaltungsgemeinschaft Beteiligten 15 000 übersteigt. § 19 a Abs. 1 Satz 2 Halbsatz 2 des Gesetzes über kommunale Zusammenarbeit findet keine Anwendung.

(5) Führt ein Amt die Geschäfte einer Gemeinde, werden die Einwohnerzahlen der an der Verwaltungsgemeinschaft Beteiligten zusammengezählt und die Verpflichtung zur Bestellung einer hauptamtlichen Gleichstellungsbeauftragten ist von dem die Geschäfte der Gemeinde führenden Amt zu erfüllen. Die Hauptsatzung der Gemeinde soll bestimmen, dass die Gleichstellungsbeauftragte an den Sitzungen der Gemeindevertretung und an den Sitzungen der Ausschüsse der Gemeinde teilnehmen kann. Ihr ist dort in Angelegenheiten ihres Aufgabenbereiches auf Wunsch das Wort zu erteilen.

(6) Die Hauptsatzungen der amtsangehörigen Gemeinden sollen bestimmen, dass die Gleichstellungsbeauftragte an den Sitzungen der Gemeindevertretungen und der Ausschüsse dieser Gemeinden teilnehmen kann. Ihr ist dort in Angelegenheiten ihres Aufgabenbereichs auf Wunsch das Wort zu erteilen.

(7) Wird eine Gemeinde in ein Amt eingegliedert ohne dass ihr die Geschäfte des Amtes übertragen werden, bleibt die Gleichstellungsbeauftragte der Gemeinde zur Sicherstellung einer kontinuierlichen Aufgabenwahrnehmung ein weiteres Jahr im Amt, wenn nicht ein Weiterbestehen der Funktion über diesen Zeitraum hinaus vorgesehen wird. Werden Ämter zu einem neuen Amt zusammengeschlossen, bleiben die Gleichstellungsbeauftragten dieser Ämter bis zur Bestellung der Gleichstellungsbeauftragten des neuen Amtes tätig.

§ 23
Geschäftsführung des Amtes durch eine amtsangehörige Gemeinde, Verwaltungsgemeinschaft

(1) Nimmt das Amt die Verwaltung einer größeren amtsangehörigen Gemeinde in Anspruch (§ 1 Abs. 3), kann die Amtsvorsteherin oder dem Amtsvorsteher fachliche Weisungen erteilen. § 10 Abs. 3 und § 13 Abs. 1 Satz 3 Halbsatz 2 gilt hierfür nicht. Für die geschäftsführende Gemeinde gelten § 3 Abs. 1 und 2 und § 4 nicht; im Übrigen bleiben die Rechte und Pflichten des Amtes als Träger von Aufgaben unberührt. Die Bürgermeisterin oder der Bürgermeister der geschäftsführenden Gemeinde hat die Rechte und Pflichten einer leitenden Verwaltungsbeamtin oder eines leitenden Verwaltungsbeamten des Amtes.

(2) Die geschäftsführende Gemeinde kann dem Amt durch öffentlich-rechtlichen Vertrag weitergehende Rechte, insbesondere bei der Bestellung von Beschäftigten, einräumen.

(3) Bei Bildung einer Verwaltungsgemeinschaft nach § 1 Abs. 3 Satz 2 Nr. 2 haben die Bürgermeisterin oder der Bürgermeister der geschäftsführenden Gemeinde und die Amtsdirektorin oder der Amtsdirektor oder die leitende Verwaltungsbeamtin oder der leitende Verwaltungsbeamte der geschäftsführenden Amtes abweichend von § 19 a Abs. 3 des Gesetzes über kommunale Zusammenarbeit die Rechte und Pflichten einer leitenden Verwaltungsbeamtin oder eines leitenden Verwaltungsbeamten des auf eigene Beschäftigte und Verwaltungseinrichtungen verzichtenden Amtes.

(4) In den Fällen der Absätze 1 und 3 kann die Bürgermeisterin oder der Bürgermeister mit Zustimmung des Amtsausschusses die Rechte und Pflichten einer leitenden Verwaltungsbeamtin oder eines leitenden Verwaltungsbeamten ganz oder teilweise auf eine Beschäftigte oder einen Beschäftigten der Verwaltung übertragen, die oder der über die erforderliche Eignung, Befähigung und Sachkunde verfügt.

§ 24
– gestrichen –

Siebenter Teil
Schlussbestimmungen

§ 24 a
Entsprechende Anwendung der Gemeindeordnung

Folgende Vorschriften der Gemeindeordnung gelten entsprechend, wobei an die Stelle der Gemeindevertretung der Amtsausschuss, an die Stelle der oder des Vorsitzenden der Gemeindevertretung die Amtsvorsteherin oder der Amtsvorsteher und an die Stelle der Bürgermeisterin oder des Bürgermeisters die Amtsdirektorin oder der Amtsdirektor, in ehrenamtlich verwalteten Ämtern die Amtsvorsteherin oder der Amtsvorsteher, treten:

§ 4	(Satzungen),
§ 7	(Organe),
§ 10	(Repräsentation),
§ 16 a	(Unterrichtung der Einwohnerinnen und Einwohner),
§ 16 c	(Einwohnerfragestunde, Anhörung),
§ 16 d	(Hilfe bei Verwaltungsangelegenheiten),
§ 16 e	(Anregungen und Beschwerden),
§ 16 c	(Einwohnerfragestunde, Anhörung),
§ 16 d	(Hilfe bei Verwaltungsangelegenheiten),
§ 16 e	(Anregungen und Beschwerden),
§ 17 Abs. 2 und 3	(Anschluss- und Benutzungszwang),
§ 18	(Öffentliche Einrichtungen),
§§ 19 bis 23	(Ehrenamt, ehrenamtliche Tätigkeit),
§ 24	(Entschädigungen, Ersatz für Sachschäden, Zuwendungen),
§ 24 a	(Kündigungsschutz, Freizeitgewährung),
§ 25	(Vertretung der Gemeinde in Vereinigungen),
§ 27 Abs. 2 und 3	(Unterrichtung der Gemeindevertretung, Sperrwirkung),
§ 28	(Vorbehaltene Entscheidungen),
§ 29	(Zuständigkeit bei Interessenwiderstreit),
§ 30	(Kontrollrecht),
§ 32	(Rechte und Pflichten),
§ 34	(Einberufung, Geschäftsordnung),
§ 35a	(Sitzungen in Fällen höherer Gewalt)
§ 36	(Rechte und Pflichten der Bürgermeisterin oder des Bürgermeisters in den Sitzungen der Gemeindevertretung),
§ 37	(Verhandlungsleitung),
§ 38	(Beschlussfähigkeit),
§ 39	(Beschlussfassung),
§ 40 Abs. 1 bis 3	(Wahlen durch die Gemeindevertretung),
§ 41	(Niederschrift),
§ 42	(Ordnung in den Sitzungen),
§ 43	(Widerspruch gegen Beschlüsse der Gemeindevertretung),
§ 47	(Widerspruch gegen Ausschlussbeschlüsse),
§§ 51, 56	(Gesetzliche Vertretung).

§ 25
Ordnungswidrigkeiten

(1) Ordnungswidrig handelt, wer als Mitglied des Amtsausschusses oder als Bürgerin oder Bürger, die oder der nach § 10 a Abs. 2 einem Ausschuss des Amtsausschusses angehört, vorsätzlich oder fahrlässig

1. entgegen der Entscheidung nach den §§ 24 a und 10 a Abs. 5 dieses Gesetzes in Verbindung mit § 23 der Gemeindeordnung Ansprüche Dritter gegen das Amt geltend macht,

2. eine Weisung des Amtes nach den §§ 24 a und 10 a Abs. 5 dieses Gesetzes in Verbindung mit § 25 der Gemeindeordnung nicht befolgt oder

3. ohne triftigen Grund einer Sitzung des Amtsausschusses oder eines seiner Ausschüsse fernbleibt.

(2) Ordnungswidrig handelt, wer als ehrenamtlich tätige Bürgerin oder ehrenamtlich tätiger Bürger vorsätzlich oder fahrlässig

1. entgegen der Entscheidung nach § 24 a dieses Gesetzes in Verbindung mit § 23 der Gemeindeordnung Ansprüche gegen das Amt geltend macht oder

2. eine Weisung des Amtes nach § 24 a dieses Gesetzes in Verbindung mit § 25 der Gemeindeordnung nicht befolgt.

(3) Ordnungswidrig handelt, wer als Mitglied des Amtsausschusses, als Bürgerin oder Bürger, die oder der nach § 10 a Abs. 2 einem Ausschuss des Amtsausschusses angehört, oder als ehrenamtlich tätige Bürgerin oder ehrenamtlich tätiger Bürger

1. es vorsätzlich unterlässt, einen Ausschließungsgrund mitzuteilen (§ 24 a dieses Gesetzes in Verbindung mit § 22 Abs. 4 Satz 1 der Gemeindeordnung) oder

2. vorsätzlich gegen die Verschwiegenheitspflicht (§ 24 a dieses Gesetzes in Verbindung mit § 21 Abs. 2 der Gemeindeordnung) verstößt, soweit die Tat nicht nach § 203 Abs. 2 oder § 353 b des Strafgesetzbuchs bestraft werden kann.

(4) Ordnungswidrig handelt, wer als Bürgerin oder Bürger vorsätzlich oder fahrlässig ohne wichtigen Grund die Übernahme eines Ehrenamtes oder einer ehrenamtlichen Tätigkeit ablehnt oder die Ausübung verweigert.

(5) Ordnungswidrig handelt, wer vorsätzlich oder fahrlässig einer Satzung über die Benutzung einer öffentlichen Einrichtung zuwiderhandelt, soweit die Satzung für einen bestimmten Tatbestand auf diese Bußgeldvorschrift verweist.

(6) Die Ordnungswidrigkeit kann mit einer Geldbuße geahndet werden.

(7) Verwaltungsbehörde nach § 36 Abs. 1 Nr. 1 des Gesetzes über Ordnungswidrigkeiten ist die Amtsdirektorin oder der Amtsdirektor, in ehrenamtlich verwalteten Ämtern die Amtsvorsteherin oder der Amtsvorsteher. Die Ordnungswidrigkeiten nach den Absätzen 1 und 3 der Mitglieder des Amtsausschusses und der Mitglieder eines Ausschusses nach § 10 a Abs. 2 werden nur auf Antrag des Amtsausschusses verfolgt. Für die Antragsfrist und die Zurücknahme des Antrags gelten die §§ 77 b und 77 d des Strafgesetzbuchs entsprechend.

§ 26
Durchführungsbestimmungen

Das Ministerium für Inneres, ländliche Räume und Integration wird ermächtigt, durch Verordnung[3] nähere Bestimmungen zu treffen über
1. den Schriftkopf im Schriftverkehr des Amtes,
2. das Verfahren bei der Änderung und Auflösung von Ämtern und
3. die Gewährung von Entschädigungen an Ehrenbeamtinnen und -beamte, ehrenamtlich tätige Bürgerinnen und Bürger sowie Mitglieder des Amtsausschusses, insbesondere über
   a) die Höchstbeträge für Entschädigungen, insbesondere Aufwandsentschädigungen,
   b) die Funktionen, für die eine Aufwandsentschädigung nach § 24 Abs. 2 der Gemeindeordnung gewährt werden kann, und
   c) die Wirkung des Rückgangs der Einwohnerzahl auf die Höhe der Entschädigung;

dabei sind die Einwohnerzahlen der Ämter zu berücksichtigen. Die Höhe der Entschädigungen nach Satz 1 Buchst. a ist nach Ablauf der ersten Hälfte der Wahlzeit anzupassen. Grundlage dafür ist die Preisentwicklung ausgewählter Waren und Leistungen im Preisindex für die Lebenshaltung aller privaten Haushalte im vorausgegangenen Jahr.

§ 26 a
Weiterentwicklung der kommunalen Selbstverwaltung (Experimentierklausel)

Zur Erprobung neuer Steuerungsmodelle, zur Weiterentwicklung der kommunalen Selbstverwaltung auch in der grenzüberschreitenden kommunalen Zusammenarbeit sowie zur Weiterentwicklung der wirtschaftlichen Betätigung und der privatrechtlichen Beteiligung der Ämter kann das Ministerium für Inneres, ländliche Räume und Integration im Einzelfall zeitlich begrenzte Ausnahmen von organisations- und gemeindewirtschaftsrechtlichen Vorschriften des Gesetzes oder der zur Durchführung ergangenen Verordnungen sowie von den ausschließlich für die Mitarbeiterinnen und Mitarbeiter der kommunalen Körperschaften geltenden dienstrechtlichen Vorschriften des Landes zulassen.

---

[3] zu Nr. 1 bis 4 GKAVO, Nr. *101*; zu Nr. 5 Entschädigungsverordnung vom 3.5.2018 (GVOBl. Schl.-H. S. 220), geändert durch LVO vom 1.10.2020 (GVOBl. Schl.-H. S. 738).

Gesetz
über kommunale Zusammenarbeit (GkZ)
in der Fassung der Bekanntmachung vom 28. Februar 2003
– GVOBl. Schl.-H. S. 122 –

Zuletzt geändert durch Gesetz vom 7. September 2020 (GVOBl. Schl.-H. S. 514)

Inhaltsverzeichnis

§§

Erster Teil
Grundsätze und Formen kommunaler Zusammenarbeit — 1

Zweiter Teil
Der Zweckverband — 2 – 17 b

Dritter Teil
Die öffentlich-rechtliche Vereinbarung — 18, 19

Vierter Teil
Die Verwaltungsgemeinschaft, Mitbenutzung von Einrichtungen — 19 a

Fünfter Teil
Das gemeinsame Kommunalunternehmen — 19 b – 19 d

Sechster Teil
Aufsicht — 20, 21

Siebenter Teil
Übergangs- und Schlussvorschriften — 22 – 24

Erster Teil
Grundsätze und Formen kommunaler Zusammenarbeit

§ 1

(1) Zur Erfüllung öffentlicher Aufgaben, die über die Grenzen von Gemeinden, Ämtern und Kreisen hinauswirken, haben die beteiligten Körperschaften zusammenzuarbeiten.

(2) Der gemeinsamen Erfüllung öffentlicher Aufgaben dienen neben den kommunal-verfassungsrechtlich geordneten Formen der kommunalen Zusammenarbeit Zweckverbände, gemeinsame Kommunalunternehmen, öffentlich-rechtliche Vereinbarungen und Verwaltungsgemeinschaften. Vorschriften über besondere Formen kommunaler Zusammenarbeit bleiben unberührt.

Zweiter Teil
Der Zweckverband

§ 2
Aufgaben und Verbandsmitglieder

(1) Gemeinden, Ämter und Kreise können sich zu Zweckverbänden zusammenschließen und ihnen einzelne oder mehrere zusammenhängende Aufgaben der öffentlichen Verwaltung ganz oder teilweise übertragen. Aufgaben zur Erfüllung nach Weisung können Zweckverbänden nur mit Zustimmung der Bürgermeisterinnen und Bürgermeister, Amtsdirektorinnen und Amtsdirektoren, in ehrenamtlich verwalteten Ämtern Amtsvorsteherinnen und Amtsvorsteher, oder Landrätinnen und Landräte der betroffenen Gemeinden, Ämter oder Kreise übertragen werden.

(2) Neben Gemeinden, Ämtern oder Kreisen können auch andere Körperschaften des öffentlichen Rechts sowie Anstalten und Stiftungen des öffentlichen Rechts Verbandsmitglieder sein, soweit nicht die für sie geltenden besonderen Vorschriften die Beteiligung ausschließen oder beschränken. Ebenso können natürliche Personen und juristische Personen des Privatrechts Verbandsmitglieder sein, wenn die Erfüllung der Verbandsaufgaben dadurch gefördert wird und Gründe des öffentlichen Wohls nicht entgegenstehen.

(3) Zweckverbände, die sich ausschließlich aus amtsangehörigen Gemeinden eines Amtes zusammensetzen, haben die Verwaltung des Amtes in Anspruch zu nehmen. Das Amt ist zur Übernahme der Verwaltung verpflichtet. Wenn das Amt auf eigene Beschäftigte und Verwaltungseinrichtungen verzichtet hat, geht die Verpflichtung auf die Körperschaft des öffentlichen Rechts über, die nach § 1 Abs. 3 Satz 2 der Amtsordnung die Aufgaben des Amtes durchführt. § 21 der Amtsordnung gilt entsprechend.

§ 3
Aufgabenübertragung

(1) Das Recht und die Pflicht der an einem Zweckverband beteiligten Gemeinden, Ämter und Kreise zur Erfüllung der Aufgaben der öffentlichen Verwaltung, die dem Zweckverband übertragen sind, gehen einschließlich des Satzungs- und Verordnungsrechts auf den Zweckverband über. Die Verbandssatzung kann das Recht, für alle oder bestimmte Verbandsmitglieder Satzungen und Verordnungen zu erlassen, ausschließen.

(2) Bestehende Mitgliedschaften oder Beteiligungen der Gemeinden, Ämter und Kreise in oder an Unternehmen und Verbänden, die der gleichen oder einer ähnlichen Aufgabe dienen wie der Zweckverband, bleiben unberührt. Hat nach der Verbandssatzung der Zweckverband anzustreben, solche Mitgliedschaften oder Beteiligungen anstelle seiner Verbandsmitglieder zu übernehmen, so sind die einzelnen Verbandsmitglieder zu den erforderlichen Rechtshandlungen verpflichtet.

§ 4
Rechtsnatur

Der Zweckverband ist Körperschaft des öffentlichen Rechts ohne Gebietshoheit.

§ 5
Errichtung des Zweckverbands, Verbandssatzung

(1) Der Zweckverband wird durch öffentlich-rechtlichen Vertrag der Beteiligten errichtet.

(2) Die Verfassung des Zweckverbands soll entsprechend seiner Aufgabenstellung ausgestaltet sein.

(3) Die Verbandsmitglieder vereinbaren eine Verbandssatzung, die der Zweckverband erlässt.

(4) Die Verbandssatzung muss bestimmen

1. den Namen und Sitz des Zweckverbands,
2. die Aufgaben,
3. die Verbandsmitglieder und ihr Stimmrecht,
4. die Organe des Zweckverbands,
5. die Zahl und Amtszeit der Mitglieder der Verbandsorgane,
6. das Nähere der örtlichen Bekanntmachung,
7. den Maßstab, nach dem die Verbandsmitglieder zur Deckung des Finanzbedarfs beizutragen haben,
8. das Verfahren bei Ausscheiden eines Verbandsmitglieds und die Auseinandersetzung bei Aufhebung des Verbands.

(5) Der öffentlich-rechtliche Vertrag und die Verbandssatzung bedürfen der Genehmigung der Aufsichtsbehörde.

(6) Soweit nicht das Gesetz etwas anderes bestimmt oder zulässt, gelten für den Zweckverband die Vorschriften für Gemeinden entsprechend, insbesondere folgende Vorschriften der Gemeindeordnung, wobei an die Stelle der Gemeindevertretung die Verbandsversammlung und an die Stelle der oder des Vorsitzenden der Gemeindevertretung und der Bürgermeisterin oder des Bürgermeisters die oder der

Vorsitzende der Verbandsversammlung und die Verbandsvorsteherin oder der Verbandsvorsteher tritt:

§ 4 Abs. 1 Satz 1 und Abs. 2	(Satzungen),
§ 12 Abs. 1	(Dienstsiegel),
§ 16 a	(Unterrichtung der Einwohnerinnen und Einwohner),
§ 16 c	(Einwohnerfragestunde, Anhörung),
§ 16 e	(Anregungen und Beschwerden),
§ 17 Abs. 2 und 3	(Anschluss- und Benutzungszwang),
§ 18	(Öffentliche Einrichtungen),
§§ 19 bis 23	(Ehrenamt, ehrenamtliche Tätigkeit),
§ 24	(Entschädigungen, Ersatz für Sachschäden, Zuwendungen),
§ 24 a	(Kündigungsschutz, Freizeitgewährung),
§ 25	(Vertretung der Gemeinde in Vereinigungen),
§ 27 Abs. 2 und 4	(Unterrichtung der Gemeindevertretung, oberste Dienstbehörde, Dienstvorgesetzter oder Dienstvorgesetzter der Bürgermeisterin oder des Bürgermeisters und der Stellvertretenden),
§ 29	(Zuständigkeit bei Interessenwiderstreit),
§ 30	(Kontrollrecht),
§ 32 Abs. 3 und 4	(Rechte und Pflichten der Gemeindevertreterinnen und -vertreter),
§ 33 Abs. 5 und 6	(Vorsitzende oder Vorsitzender der Gemeindevertretung),
§ 34	(Einberufung, Geschäftsordnung),
§ 35	(Öffentlichkeit von Sitzungen)
§ 35a	(Sitzungen in Fällen höherer Gewalt)
§ 36	(Rechte und Pflichten der Bürgermeisterin oder des Bürgermeisters in den Sitzungen der Gemeindevertretung),
§ 37	(Verhandlungsleitung),
§ 38	(Beschlussfähigkeit),
§ 39	(Beschlussfassung),
§ 40 Abs. 1 bis 3	(Wahlen),
§ 40 a	(Abberufung),
§ 41	(Niederschrift),
§ 42	(Ordnung in Sitzungen) und
§§ 43 und 47	(Widerspruch gegen Beschlüsse).

(7) Stehen einem Verbandsmitglied nach der Verbandssatzung mehrere Stimmen zu, tritt für die Berechnung von Mehrheiten die Zahl der Stimmen an die Stelle der Vertreterinnen und Vertreter in der Verbandsversammlung.

§ 6
Ausgleich

Neben der Verbandssatzung können die Beteiligten schriftlich vereinbaren, dass Vorteile und Nachteile, die sich für sie aus der Bildung des Zweckverbands oder späteren Veränderungen ergeben, ausgeglichen werden.

§ 7
Pflichtverband und Pflichtanschluss

Die Aufsichtsbehörde kann Gemeinden, Ämter und Kreise zur gemeinsamen Erfüllung einzelner Aufgaben, die ihnen durch Gesetz übertragen worden sind, zu einem Zweckverband zusammenschließen (Pflichtverband) oder einem bestehenden Zweckverband anschließen (Pflichtanschluss), wenn die Betroffenen allein nicht in der Lage sind, die Aufgabe wahrzunehmen. Vor der Entscheidung hat die Aufsichtsbehörde den Beteiligten Gelegenheit zu geben, sich zu äußern. § 5 Abs. 2 bis 7 und § 6 gelten entsprechend. Vereinbaren die Beteiligten nicht innerhalb einer angemessenen Frist die Verbandssatzung, so erlässt sie die Aufsichtsbehörde.

§ 8
Organe

Organe des Zweckverbands sind die Verbandsversammlung als oberstes Organ und die Verbandsvorsteherin oder der Verbandsvorsteher.

§ 9
Verbandsversammlung

(1) Die Verbandsversammlung besteht aus den Bürgermeisterinnen und Bürgermeistern, Amtsdirektorinnen und Amtsdirektoren, in ehrenamtlich verwalteten Ämtern Amtsvorsteherinnen und Amtsvorstehern, sowie Landrätinnen und Landräten der verbandsangehörigen Gemeinden, Ämter und Kreise sowie den Vertreterinnen und Vertretern anderer Verbandsmitglieder. Die Verbandssatzung kann anstelle der Bürgermeisterin oder des Bürgermeisters eine Stadträtin oder einen Stadtrat mit einem bestimmten Sachgebiet zur Vertreterin oder zum Vertreter der Stadt in der Verbandsversammlung bestimmen. Die Verbandsmitglieder können nach Maßgabe der Verbandssatzung weitere Vertreterinnen und Vertreter entsenden.

(2) Die weiteren Vertreterinnen und Vertreter werden von ihren Vertretungskörperschaften für deren Wahlzeit gewählt. Die Wahl muss binnen 80 Tagen nach dem Tag der Gemeinde- und Kreiswahl durchgeführt werden. Für die Wahl der weiteren Vertreterinnen und Vertreter der Gemeinden und Kreise gelten § 46 Abs. 1 und § 40 der Gemeindeordnung entsprechend. Wird die Wahl nach § 40 Abs. 4 der Gemeindeordnung durchgeführt, so wird die ehrenamtliche Bürgermeisterin oder der ehrenamtliche Bürgermeister auf den Wahlvorschlag der Fraktion angerechnet, der sie oder er im Zeitpunkt der Wahl angehört.

(3) Für die weiteren Vertreterinnen und Vertreter können Stellvertretende gewählt werden. Die Verbandssatzung bestimmt die Zahl der Stellvertretenden und die Art der Vertretung. Den Stellvertretenden sind unabhängig vom Vertretungsfall Sitzungsvorlagen, Protokolle und sonstige Unterlagen zur Vorbereitung der Sitzungen der Verbandsversammlung zur Verfügung zu stellen; sie haben auch unabhängig vom Vertretungsfall Zutritt zu den nichtöffentlichen Sitzungen der Verbandsversammlung.

(4) Scheidet eine oder einer von mehreren weiteren Vertreterinnen und Vertretern eines Verbandsmitglieds aus der Verbandsversammlung aus, wird die Nachfolgerin oder der Nachfolger nach § 40 Abs. 3 der Gemeindeordnung gewählt; jede Fraktion kann verlangen, dass alle Wahlstellen von weiteren Vertreterinnen und Vertretern neu besetzt werden; in diesem Fall verlieren die weiteren Vertreterinnen und Vertreter zu Beginn der nächsten Sitzung der Vertretungskörperschaft ihre Wahlstellen. Satz 1 Halbsatz 2 gilt nicht, wenn die Wahlstelle einer Stellvertreterin oder eines Stellvertreters frei wird. Wer freiwillig ausscheidet, kann in die Verbandsversammlung nicht wieder gewählt werden.

(5) Die Vertreterinnen und Vertreter anderer Verbandsmitglieder (§ 2 Abs. 2) werden für dieselbe Zeit in die Verbandsversammlung entsandt wie die weiteren Vertreterinnen und Vertreter der Gemeinden und Kreise.

(6) Die Vertreterinnen und Vertreter in der Verbandsversammlung handeln in ihrer Tätigkeit nach ihrer freien, durch das öffentliche Wohl bestimmten Überzeugung. Die Verbandsmitglieder können ihren Vertreterinnen und Vertretern in der Verbandsversammlung in folgenden Angelegenheiten Weisungen erteilen:

1. Wahlen zu den Verbandsorganen,
2. Bestellung einer hauptamtlichen Verbandsvorsteherin oder eines hauptamtlichen Verbandsvorstehers,
3. Änderung der Verbandssatzung,
4. Beratung des Jahresabschlusses und des Lageberichts,
5. Festsetzung von Umlagen und Stammkapital.

Die Vertreterinnen und Vertreter der Verbandsmitglieder üben ihr Amt nach Ablauf ihrer Amtszeit bis zum Amtsantritt ihrer Nachfolgerinnen und Nachfolger weiter aus.

(7) Die Verbandsversammlung wird spätestens zum 90. Tag nach der Gemeinde- und Kreiswahl einberufen. Im Übrigen ist sie durch die Vorsitzende oder den Vorsitzenden einzube-

rufen, so oft es die Geschäftslage erfordert. Sie soll mindestens einmal jährlich einberufen werden.

(8) Zu ihrer ersten Sitzung nach der Errichtung des Zweckverbands wird die Verbandsversammlung durch die Aufsichtsbehörde einberufen. Die Verbandsversammlung wählt in ihrer ersten Sitzung unter Leitung des ältesten Mitglieds aus ihrer Mitte ihre Vorsitzende oder ihren Vorsitzenden und unter Leitung der oder des Vorsitzenden die Stellvertretenden.

§ 10
Aufgaben der Verbandsversammlung

Die Verbandsversammlung trifft alle für den Zweckverband wichtigen Entscheidungen und überwacht ihre Durchführung. Sie kann die Entscheidung auf die Verbandsvorsteherin oder den Verbandsvorsteher, den Hauptausschuss oder Ausschüsse übertragen; die Übertragungsbefugnis ist in entsprechender Anwendung des § 28 der Gemeindeordnung beschränkt.

§ 11
Gesetzliche Vertretung

(1) Die Verbandsvorsteherin oder der Verbandsvorsteher ist die gesetzliche Vertreterin oder der gesetzliche Vertreter des Zweckverbands.

(2) Erklärungen, durch die der Zweckverband verpflichtet werden soll, bedürfen der Schriftform. Sie sind von der Verbandsvorsteherin oder dem Verbandsvorsteher, für deren oder dessen Vertretung § 12 Abs. 1 gilt, handschriftlich zu unterzeichnen.

(3) Wird für ein Geschäft oder für einen Kreis von Geschäften eine Bevollmächtigte oder ein Bevollmächtigter bestellt, so bedarf die Vollmacht der Form des Absatzes 2. Die im Rahmen dieser Vollmacht abgegebenen Erklärungen bedürfen der Schriftform.

(4) Die Absätze 2 und 3 gelten nicht, wenn der Wert der Leistung des Zweckverbands einen in der Verbandssatzung bestimmten Betrag nicht übersteigt.

§ 12
Verbandsvorsteherin oder Verbandsvorsteher, Ausschüsse

(1) Die Verbandsversammlung wählt aus ihrer Mitte für die Dauer der Wahlzeit der Gemeinde- und Kreisvertretungen die Verbandsvorsteherin oder den Verbandsvorsteher und nach näherer Regelung in der Verbandssatzung eine Stellvertreterin oder einen Stellvertreter oder mehrere Stellvertretende; § 33 Abs. 1 Satz 4 und 5, § 57 Abs. 2 und 4 sowie § 58 der Gemeindeordnung gelten entsprechend. Die Verbandsvorsteherin oder der Verbandsvorsteher und ihre oder seine Stellvertretenden dürfen nicht demselben Verbandsmitglied angehören.

(2) Die Verbandsvorsteherin oder der Verbandsvorsteher und ihre oder seine Stellvertretenden werden für die Dauer ihrer Wahlzeit zu Ehrenbeamtinnen oder -beamten ernannt. Sie bleiben bis zum Amtsantritt ihrer Nachfolgerinnen und Nachfolger im Amt.

(3) Die Verbandsvorsteherin oder der Verbandsvorsteher leitet die Verwaltung des Zweckverbands nach den Grundsätzen und Richtlinien der Verbandsversammlung und im Rahmen der von ihr bereitgestellten Mittel. Sie oder er bereitet die Beschlüsse der Verbandsversammlung und der Ausschüsse vor und führt sie durch. Sie oder er ist für die sachliche Erledigung der Aufgaben und den Geschäftsgang der Verwaltung sowie für die Geschäfte der laufenden Verwaltung verantwortlich. Soweit der Zweckverband Träger von Aufgaben zur Erfüllung nach Weisung ist, ist die Verbandsvorsteherin oder der Verbandsvorsteher der Aufsichtsbehörde für deren Durchführung verantwortlich. Für Verordnungen des Zweckverbands gelten die Vorschriften des Landesverwaltungsgesetzes über Amtsverordnungen entsprechend. § 55 Abs. 1 Satz 3, Abs. 4 und 6 der Gemeindeordnung gilt entsprechend.

(4) Die Verbandssatzung kann die Bildung von Ausschüssen vorsehen. Die Verbandssatzung kann für den Hauptausschuss eine andere Bezeichnung vorsehen.

(5) Die Verbandsversammlung wählt aus ihrer Mitte die Vorsitzende oder den Vorsitzenden sowie die weiteren Mitglieder des Hauptausschusses. Die Anzahl der Mitglieder des Hauptausschusses wird durch die Verbandssatzung geregelt. Die Verbandsvorsteherin oder der Verbandsvorsteher ist Mitglied des Hauptausschusses ohne Stimmrecht.

(6) Der Hauptausschuss hat auf die Einheitlichkeit der Arbeit der Ausschüsse hinzuwirken und die Verbandsverwaltung zu überwachen; in diesem Rahmen kann er die den Ausschüssen übertragenen Entscheidungen im Einzelfall an sich ziehen.

(7) Im Übrigen gelten für Ausschüsse die §§ 45 und 46 Abs. 3, 4, 5 Satz 1 und 8, Abs. 6 bis 9, 11 und 12 der Gemeindeordnung entsprechend.

§ 13
Ehrenamtliche und hauptamtliche Tätigkeit

(1) Die Mitglieder der Verbandsversammlung und die Verbandsvorsteherin oder der Verbandsvorsteher sind ehrenamtlich tätig. Wenn dies nach Art und Umfang der wahrzunehmenden Aufgaben zweckmäßig ist, kann die Verbandssatzung die Bestellung einer hauptamtlichen Verbandsvorsteherin oder eines hauptamtlichen Verbandsvorstehers und deren oder dessen Berufung in das Beamtenverhältnis auf Zeit vorsehen. Zur hauptamtlichen Verbandsvorsteherin oder zum hauptamtlichen Verbandsvorsteher kann nur bestellt werden, wer die für sein Amt erforderliche Eignung, Befähigung und Sachkunde besitzt. Die Amtszeit beträgt mindestens sechs und höchstens acht Jahre. Die Verbandssatzung bestimmt die Amtszeit.

(2) Vor der Bestellung einer hauptamtlichen Verbandsvorsteherin oder eines hauptamtlichen Verbandsvorstehers ist die Stelle öffentlich auszuschreiben; davon kann bei einer erneuten Bestellung durch Beschluss mit der Mehrheit der satzungsmäßigen Stimmenzahl der Verbandsversammlung, im übrigen nur mit Genehmigung der Kommunalaufsichtsbehörde, abgesehen werden.

(3) Der Zweckverband besitzt Dienstherrnfähigkeit. Er darf Beamtinnen und Beamte, sowie Arbeitnehmerinnen und Arbeitnehmer nur beschäftigen, wenn dies in der Verbandssatzung vorgesehen ist. In diesem Fall muss die Verbandssatzung auch Vorschriften über die Übernahme der Beschäftigten durch die Verbandsmitglieder oder die sonstige Abwicklung der Dienst- und Versorgungsverhältnisse bei der Aufhebung des Zweckverbands oder der Änderung seiner Aufgaben treffen.

(4) Hat der Zweckverband keine eigene Verwaltung, ist die Wahrnehmung der Verwaltungsgeschäfte und Aufgaben der Finanzbuchhaltung durch die Verbandssatzung zu regeln. § 23 der Amtsordnung gilt entsprechend. § 19 a bleibt unberührt.

(5) Das Ministerium für Inneres, ländliche Räume und Integration wird ermächtigt, durch Verordnung nähere Bestimmungen über die Entschädigungen zu treffen; § 135 Abs. 1 Nr. 5 der Gemeindeordnung gilt entsprechend. Dabei ist die Aufgabenstellung des Zweckverbands zu berücksichtigen.[1]

§ 14
Haushalts- und Wirtschaftsführung

(1) Für die Haushalts- und Wirtschaftsführung des Zweckverbands gelten die Vorschriften des Gemeinderechts entsprechend. In der Verbandssatzung von Zweckverbänden, die überwiegend wirtschaftliche Aufgaben erfüllen, ist sicherzustellen, dass die für die Tätigkeit im Geschäftsjahr gewährten Gesamtbezüge im Sinne des § 285 Nummer 9 des Handelsgesetzbuches für den Verbandsvorsteher oder die Verbandsvorsteherin sowie die für die Tätigkeit im Geschäftsjahr gewährten Leistungen für die Mitglieder der Verbandsversammlung auf der Internetseite des Finanzministeriums sowie im Anhang zum Jahresabschluss jeweils für jede Personengruppe sowie zusätzlich unter Namensnennung die Bezüge jedes einzelnen Mitglieds dieser Personengruppen unter Aufgliederung nach Komponenten im Sinne des § 285 Nummer 9 Buchstabe a des Handelsgesetzbuches veröffentlicht werden, soweit es sich um Leistungen des Zweckverbandes handelt; die individualisierte Ausweisungspflicht gilt auch für:

---

[1] *Entschädigungsverordnung vom 3.5.2018 (GVOBl. Schl.-H. S. 220), geändert durch LVO vom 1.10.2020 (GVOBl. Schl.-H. S. 738).*

a) Leistungen, die den genannten Mitgliedern für den Fall einer vorzeitigen Beendigung ihrer Tätigkeit zugesagt worden sind und deren Voraussetzungen,
b) Leistungen, die den genannten Mitgliedern für den Fall der regulären Beendigung ihrer Tätigkeit zugesagt worden sind, mit ihrem Barwert sowie den vom Zweckverband während des Geschäftsjahres hierfür aufgewandten oder zurückgestellten Betrag unter Angabe der vertraglich festgelegten Altersgrenze,
c) während des Geschäftsjahres vereinbarte Änderungen dieser Zusagen und
d) Leistungen, die einem früheren Mitglied, das seine Tätigkeit im Laufe des Geschäftsjahres beendet hat, in diesem Zusammenhang zugesagt und im Laufe des Geschäftsjahres gewährt worden sind.

Bei bestehenden Verträgen, die vor dem 31. Juli 2015 mit den in Satz 2 genannten Mitgliedern abgeschlossen wurden, haben die Verbandsmitglieder auf eine Anpassung der Verträge an die Vorgaben des Satzes 2 hinzuwirken.
(2) Gehören einem Zweckverband Anteile an einer Gesellschaft (§ 102 der Gemeindeordnung), soll er darauf hinwirken, dass die Gesellschaft Maßnahmen ergreift, die der Verwirklichung des Grundrechtes der Gleichberechtigung von Frauen und Männern dienen. Die Maßnahmen sollen darauf ausgerichtet sein, Arbeitsbedingungen zu schaffen, die für beide Geschlechter die Vereinbarkeit von Familie und Beruf ermöglichen, Nachteile zu kompensieren, die vor allem Frauen als Folge der geschlechtsspezifischen Arbeitsteilung erfahren, Entgeltgleichheit zwischen beiden Geschlechtern zu erreichen und eine paritätische Gremienbesetzung zu erzielen; über diese Maßnahmen und deren Wirksamkeit ist der zuständigen Kommunalaufsichtsbehörde alle vier Jahre unter Einbindung der zuständigen Gleichstellungsbeauftragten zu berichten.
(3) Für das Prüfungswesen sind die Vorschriften der Gemeindeordnung wie folgt anzuwenden:
1. Hat ein Verbandsmitglied ein Rechnungsprüfungsamt eingerichtet, so hat dieses die Aufgaben nach § 92 Absatz 1 und 2 der Gemeindeordnung durchzuführen. Es wird insoweit als Rechnungsprüfungsamt des Zweckverbands tätig; für das Verhältnis zwischen dem Zweckverband und dem Rechnungsprüfungsamt sind dabei § 115 Abs. 1, 3, 4 und 5 sowie § 116 Abs. 2 der Gemeindeordnung entsprechend anzuwenden.
2. Haben mehrere Verbandsmitglieder ein Rechnungsprüfungsamt eingerichtet, so haben die einzelnen Rechnungsprüfungsämter die Aufgaben nach Nummer 1 in regelmäßigem zeitlichen Wechsel nach näherer Bestimmung durch die Verbandsversammlung durchzuführen.
3. Hat der Zweckverband von der Bildung von Ausschüssen gemäß § 12 Abs. 4 Satz 1 abgesehen und hat kein Verbandsmitglied ein Rechnungsprüfungsamt eingerichtet, so werden die Aufgaben nach Nummer 1 von der Verbandsversammlung wahrgenommen.

§ 15
Deckung des Finanzbedarfs

(1) Der Zweckverband erhebt von den Verbandsmitgliedern eine Umlage, soweit seine sonstigen Finanzmittel nicht ausreichen, um seinen Finanzbedarf zu decken (Verbandsumlage). In der Verbandssatzung ist der Maßstab für die Bemessung der Verbandsumlage zu bestimmen; er soll sich nach dem Verhältnis des Nutzens der Verbandsmitglieder richten (Umlagegrundlage). Die Umlagepflicht einzelner Verbandsmitglieder kann durch die Verbandssatzung beschränkt werden.
(2) Die Höhe der Umlage ist in der Haushaltssatzung für jedes Jahr festzusetzen.
(3) Zweckverbände, die überwiegend wirtschaftliche Aufgaben erfüllen, sind mit einem angemessenen Stammkapital auszustatten. Die Höhe des Stammkapitals sowie der Maßstab, nach dem die Verbandsmitglieder an der Ausstattung mit Stammkapital beizutragen haben, ist in der Verbandssatzung festzusetzen. Im Übrigen gelten für Zweckverbände, die überwiegend wirtschaftliche Aufgaben erfüllen, die Vorschriften für Eigenbetriebe der Gemeinden entsprechend; abweichend hiervon kann in der Verbandssatzung geregelt werden, dass die Vorschriften für eine Haushaltswirtschaft nach den Grundsätzen der doppelten Buchführung entsprechend gelten.
(4) Zweckverbände, die nicht oder nicht überwiegend wirtschaftliche Aufgaben erfüllen, sich jedoch ganz oder überwiegend aus Entgelten oder Gebühren finanzieren, können die Regelung des Absatzes 3 entsprechend anwenden.

§ 16
Änderung der Verbandssatzung

Änderungen der Verbandssatzung über die Aufgaben des Zweckverbands, den Maßstab, nach dem die Verbandsmitglieder zur Deckung des Finanzbedarfs beizutragen haben, bedürfen der Genehmigung der Aufsichtsbehörde; der Beitritt und das Ausscheiden von Verbandsmitgliedern ist der Aufsichtsbehörde anzuzeigen. Sie müssen mit einer Mehrheit von zwei Dritteln der satzungsgemäßen Stimmenzahl der Verbandsversammlung beschlossen werden. Die Verbandssatzung kann bestimmen, dass diese Änderungen außerdem der Zustimmung einzelner oder aller Verbandsmitglieder bedürfen. Sonstige Änderungen der Verbandssatzung bedürfen der einfachen Mehrheit.

§ 17
Aufhebung des Zweckverbands

(1) Für die Aufhebung des Zweckverbands gelten § 5 Abs. 1 und 5 dieses Gesetzes sowie § 16 Abs. 2 der Gemeindeordnung entsprechend.
(2) Verringert sich die Mitgliederzahl auf ein Mitglied, ist der Zweckverband aufgehoben.

§ 17 a
Umwandlung

Die Umwandlung des Zweckverbandes in eine Kapitalgesellschaft ist nach den Vorschriften des Umwandlungsgesetzes zulässig. Die Verbandsversammlung beschließt die Umwandlung mit der Mehrheit von mindestens zwei Dritteln ihrer satzungsmäßigen Stimmenzahl.

§ 17 b
Ordnungswidrigkeiten

(1) Ordnungswidrig handelt, wer als Mitglied der Verbandsversammlung oder als Ausschussmitglied, das nicht der Verbandsversammlung angehört, vorsätzlich oder fahrlässig
1. entgegen der Entscheidung nach § 5 Abs. 6 dieses Gesetzes in Verbindung mit § 23 der Gemeindeordnung Ansprüche Dritter gegen den Zweckverband geltend macht,
2. eine Weisung des Zweckverbands nach § 5 Abs. 6 dieses Gesetzes in Verbindung mit § 25 der Gemeindeordnung nicht befolgt oder
3. ohne triftigen Grund einer Sitzung der Verbandsversammlung oder eines Ausschusses fernbleibt.
(2) Ordnungswidrig handelt, wer als Mitglied der Verbandsversammlung oder als Ausschussmitglied, das nicht der Verbandsversammlung angehört,
1. es vorsätzlich unterlässt, einen Ausschließungsgrund (§ 22 Abs. 4 Satz 1 der Gemeindeordnung) mitzuteilen,
2. vorsätzlich gegen die Verschwiegenheitspflicht (§ 21 Abs. 2 der Gemeindeordnung) verstößt, soweit die Tat nicht nach § 203 Abs. 2 oder § 353 b des Strafgesetzbuches bestraft werden kann.
(3) Ordnungswidrig handelt, wer vorsätzlich oder fahrlässig einer Satzung über die Benutzung einer öffentlichen Einrichtung zuwiderhandelt, soweit die Satzung für einen bestimmten Tatbestand auf diese Bußgeldvorschrift verweist.
(4) Die Ordnungswidrigkeit kann mit einer Geldbuße geahndet werden.
(5) Verwaltungsbehörde nach § 36 Abs. 1 Nr. 1 des Gesetzes über Ordnungswidrigkeiten ist die Verbandsvorsteherin oder der Verbandsvorsteher. Die Ordnungswidrigkeiten nach den Absätzen 1 und 2 der Mitglieder der Verbandsversammlung sowie der Mitglieder eines Ausschusses der Verbandsversammlung werden nur auf Antrag der Verbandsversammlung verfolgt. Für die Antragsfrist und die

Zurücknahme des Antrags gelten die §§ 77 b und 77 d des Strafgesetzbuchs entsprechend.

Dritter Teil
Die öffentlich-rechtliche Vereinbarung

§ 18
Voraussetzung und Verfahren

(1) Gemeinden, Ämter, Kreise und Zweckverbände können untereinander oder mit anderen Körperschaften des öffentlichen Rechts oder mit rechtsfähigen Anstalten oder rechtsfähigen Stiftungen des öffentlichen Rechts durch öffentlich-rechtlichen Vertrag vereinbaren, dass einer der Beteiligten einzelne oder mehrere zusammenhängende Aufgaben der übrigen Beteiligten ganz oder teilweise übernimmt. Durch die Vereinbarung, mit der eine Körperschaft des öffentlichen Rechts, eine rechtsfähige Anstalt oder eine rechtsfähige Stiftung des öffentlichen Rechts Aufgaben übernimmt, gehen das Recht und die Pflicht der übrigen Beteiligten zur Erfüllung der Aufgaben auf den übernehmenden Beteiligten über. Soweit es sich um Aufgaben zur Erfüllung nach Weisung handelt, müssen die Bürgermeisterinnen und Bürgermeister, Amtsdirektorinnen und Amtsdirektoren, in ehrenamtlich verwalteten Ämtern Amtsvorsteherinnen und Amtsvorsteher, oder Landrätinnen und Landräte der betroffenen Gemeinden, Ämter oder Kreise der Vereinbarung zustimmen.

(2) In der Vereinbarung kann den übrigen Beteiligten ein Mitwirkungsrecht bei der Erfüllung der Aufgaben eingeräumt werden.

(3) Ist die Geltungsdauer der Vereinbarung nicht befristet, so muss sie die Voraussetzungen bestimmen, unter denen sie von einzelnen Beteiligten gekündigt werden kann. § 127 des Landesverwaltungsgesetzes bleibt unberührt.

(4) Die Vereinbarung ist als Verpflichtungserklärung auszufertigen.

(5) Eine Vereinbarung, durch die eine Aufgabe übertragen werden soll, muss die Beteiligten, die Aufgabe, den neuen Träger der Aufgabe, die zuständige Behörde und den Zeitpunkt des Aufgabenübergangs bestimmen. Die Beteiligten geben die Vereinbarung örtlich bekannt. Für die Änderung und Aufhebung einer Vereinbarung nach Satz 1 gelten § 5 Abs. 1 dieses Gesetzes und § 16 Abs. 2 der Gemeindeordnung entsprechend.

(6) Sofern ein Mitglied durch Kündigung ausscheidet, ist die Vereinbarung von den Beteiligten zu ändern.

§ 19
Satzungs- und Verordnungsbefugnis

(1) In der Vereinbarung kann der Körperschaft des öffentlichen Rechts, rechtsfähigen Anstalt oder rechtsfähigen Stiftung des öffentlichen Rechts, welche die Aufgaben übernimmt, die Befugnis übertragen werden, Satzungen und Verordnungen anstelle der übrigen Beteiligten für deren Gebiet zu erlassen oder die Benutzung einer Einrichtung durch eine für das gesamte Gebiet der Beteiligten geltende Satzung zu regeln. Die Übertragung des Verordnungsrechts bedarf einer Verordnung.

(2) Für die örtliche Bekanntmachung durch den Träger der Aufgabe gelten die Vorschriften über die örtliche Bekanntmachung der Beteiligten.

(3) Der Träger der Aufgabe kann im Geltungsbereich der Satzung oder der Verordnung alle zur Durchführung erforderlichen Maßnahmen treffen.

Vierter Teil
Die Verwaltungsgemeinschaft, Mitbenutzung von Einrichtungen

§ 19 a
Voraussetzung und Verfahren

(1) Gemeinden, Ämter, Kreise, Zweckverbände und auf Gesetz beruhende sonstige Verbände können untereinander oder mit anderen Körperschaften des öffentlichen Rechts oder rechtsfähigen Anstalten oder rechtsfähigen Stiftungen des öffentlichen Rechts durch öffentlich-rechtlichen Vertrag vereinbaren, dass ein Beteiligter zur Erfüllung seiner Aufgaben die Verwaltung eines anderen Beteiligten in Anspruch nimmt (Verwaltungsgemeinschaft) oder den übrigen Beteiligten die Mitbenutzung einer von ihm betriebenen Einrichtung gestattet. Die Rechte und Pflichten als Träger der Aufgabe bleiben davon unberührt; im Fall der Verwaltungsgemeinschaft können seine Behörden fachliche Weisungen erteilen.

(2) In dem öffentlich-rechtlichen Vertrag können dem Träger der Aufgabe weitergehende Rechte, insbesondere bei der Bestellung von Dienstkräften, eingeräumt werden.

(3) Die Bürgermeisterin oder der Bürgermeister der geschäftsführenden Gemeinde und die Amtsdirektorin oder der Amtsdirektor oder die leitende Verwaltungsbeamtin oder der leitende Verwaltungsbeamte des geschäftsführenden Amtes sind berechtigt und auf Verlangen verpflichtet, an den Sitzungen der Vertretungskörperschaft oder vergleichbarer Organe sowie der durch diese gebildeten Ausschüsse des Trägers der Aufgabe teilzunehmen. Ihnen ist auf Wunsch das Wort zu erteilen. In dem öffentlich-rechtlichen Vertrag können von Satz 1 abweichende Regelungen getroffen werden, sie bedürfen der Zustimmung des dort genannten Funktionsträgerin oder des dort genannten Funktionsträgers.

(4) Der öffentlich-rechtliche Vertrag bedarf der Schriftform. Im Übrigen gilt § 18 Abs. 3 und 6 entsprechend.

Fünfter Teil
Das gemeinsame Kommunalunternehmen

§ 19 b
Rechtsnatur

Gemeinsame Kommunalunternehmen sind selbständige Unternehmen in der Rechtsform einer rechtsfähigen Anstalt des öffentlichen Rechts, die von mehreren kommunalen Körperschaften getragen werden.

§ 19 c
Errichtung

(1) Gemeinden, Kreise Ämter und Zweckverbände können durch öffentlich-rechtlichen Vertrag ein gemeinsames Kommunalunternehmen errichten. Sie können auch einem bestehenden Kommunalunternehmen oder einem bestehenden gemeinsamen Kommunalunternehmen beitreten. Die Zulässigkeit der Errichtung oder des Beitritts richtet sich nach den allgemeinen Vorschriften des kommunalen Wirtschaftsrechts. Die Beteiligten können bestehende Regie- und Eigenbetriebe auf das gemeinsame Kommunalunternehmen im Weg der Gesamtrechtsnachfolge ausgliedern.

(2) Ein Kommunalunternehmen kann mit einem anderen durch öffentlich-rechtlichen Vertrag im Weg der Gesamtrechtsnachfolge zu einem gemeinsamen Kommunalunternehmen verschmolzen werden.

(3) Das Kommunalunternehmen eines Zweckverbands, dem nur kommunale Körperschaften angehören, kann als gemeinsames Kommunalunternehmen der Verbandsmitglieder fortgeführt werden, wenn diese die Verschmelzung des Zweckverbands mit dem Kommunalunternehmen im Weg der Gesamtrechtsnachfolge zu einem gemeinsamen Kommunalunternehmen vereinbaren. Ein Zweckverband im Sinn des Satzes 1, der Träger eines Eigenbetriebs oder Regiebetriebs ist, kann im Wege der Gesamtrechtsnachfolge in ein gemeinsames Kommunalunternehmen umgewandelt werden, wenn seine Mitglieder die Umwandlung vereinbaren. Entscheidungen nach den Sätzen 1 und 2 sind der für den Zweckverband zuständigen Aufsichtsbehörde anzuzeigen; soweit sie Pflichtverbände betreffen, bedürfen sie der Genehmigung.

(4) Ein Unternehmen in der Rechtsform einer Kapitalgesellschaft, an dem nur kommunale Körperschaften beteiligt sind, kann durch Formwechsel in ein gemeinsames Kommunalunternehmen umgewandelt werden. Die Umwandlung ist nur zulässig, wenn keine Sonderrechte im Sinn des § 23 Umwandlungsgesetz (UmwG) und keine Rechte Dritter an den Anteilen der formwechselnden Rechtsträger bestehen. Der Formwechsel setzt voraus:

1. die Vereinbarung des gemeinsamen Kommunalunternehmens durch die beteiligten kommunalen Körperschaften durch öffentlich-rechtlichen Vertrag,
2. einen sich darauf beziehenden einstimmigen Umwandlungsbeschluss der Anteilsinhaber der formwechselnden Gesellschaft.

Die §§ 193 bis 195, 197 bis 199, 200 Abs. 1 und § 201 UmwG sind entsprechend anzuwenden. Die Anmeldung zum Handelsregister entsprechend § 198 UmwG erfolgt durch das vertretungsberechtigte Organ der Kapitalgesellschaft. Ist bei der Kapitalgesellschaft ein Betriebsrat eingerichtet, bleibt dieser nach dem Wirksamwerden der Umwandlung als Personalrat des gemeinsamen Kommunalunternehmens bis zu den nächsten regelmäßigen Personalratswahlen bestehen.

(5) Die Umwandlung einer Kapitalgesellschaft in ein gemeinsames Kommunalunternehmen wird mit dessen Eintragung oder, wenn es nicht eingetragen wird, mit der Eintragung der Umwandlung in das Handelsregister wirksam; § 202 Abs. 1 und Abs. 3 UmwG ist entsprechend anzuwenden.

§ 19 d
Vorschriften für gemeinsame Kommunalunternehmen

(1) Soweit nachstehend nichts Abweichendes geregelt ist, sind die für Kommunalunternehmen von Gemeinden, Kreisen und Ämtern geltenden Vorschriften nach Maßgabe des § 5 Abs. 6 entsprechend anzuwenden.

(2) Die Beteiligten vereinbaren eine Organisationssatzung, die das gemeinsame Kommunalunternehmen erlässt. Die Satzung muss auch Angaben enthalten über

1. die Träger des gemeinsamen Kommunalunternehmens (Beteiligte),
2. den Sitz des gemeinsamen Kommunalunternehmens,
3. den Betrag der von jedem Beteiligten auf das Stammkapital zu leistenden Einlage (Stammeinlage),
4. den räumlichen Wirkungsbereich, wenn dem gemeinsamen Kommunalunternehmen hoheitliche Befugnisse oder das Recht, Satzungen und Verordnungen zu erlassen, übertragen werden,
5. die Sitz- und Stimmenverteilung im Verwaltungsrat.

In der Satzung ist sicherzustellen, dass die für die Tätigkeit im Geschäftsjahr gewährten Gesamtbezüge im Sinne des § 285 Nummer 9 des Handelsgesetzbuches der Mitglieder des Vorstandes sowie die für die Tätigkeit im Geschäftsjahr gewährten Leistungen für die Mitglieder des Verwaltungsrates auf der Internetseite des Finanzministeriums sowie im Anhang zum Jahresabschluss jeweils für jede Personengruppe sowie zusätzlich unter Namensnennung die Bezüge jedes einzelnen Mitglieds dieser Personengruppen unter Aufgliederung nach Komponenten im Sinne des § 285 Nummer 9 Buchstabe a des Handelsgesetzbuches veröffentlicht werden, soweit es sich um Leistungen des gemeinsamen Kommunalunternehmens handelt; die individualisierte Ausweisungspflicht gilt auch für Leistungen entsprechend § 14 Absatz 1 Satz 2 Halbsatz 2. Bei bestehenden Verträgen, die vor dem 31. Juli 2015 mit den in Satz 2 genannten Mitgliedern abgeschlossen wurden, haben die Träger auf eine Anpassung der Verträge an die Vorgaben des § 14 Absatz 1 Satz 2 hinzuwirken. Sollen Sacheinlagen geleistet werden, müssen der Gegenstand der Sacheinlage und der Betrag der Stammeinlage, auf die sich die Sacheinlage bezieht, in der Organisationssatzung festgesetzt werden.

(3) Soweit die Träger für die Verbindlichkeiten des gemeinsamen Kommunalunternehmens einzutreten haben, haften sie als Gesamtschuldner. Der Ausgleich im Innenverhältnis richtet sich vorbehaltlich einer abweichenden Regelung in der Organisationssatzung nach dem Verhältnis der Stammeinlagen zueinander.

(4) Über Änderungen der Organisationssatzung und die Aufhebung des gemeinsamen Kommunalunternehmens beschließt der Verwaltungsrat. Die Änderung der Aufgabe des gemeinsamen Kommunalunternehmens, der Beitritt zur Trägerschaft und der Austritt, die Erhöhung des Stammkapitals, die Verschmelzung und die Aufhebung bedürfen der Zustimmung aller Träger. § 19 c Abs. 3 Satz 3 gilt entsprechend. Für die Abwicklung des gemeinsamen Kommunalunternehmens ist der Vorstand zuständig.

(5) Das Ministerium für Inneres, ländliche Räume und Integration wird ermächtigt, durch Rechtsverordnung zu regeln

1. das Verfahren bei der Errichtung eines gemeinsamen Kommunalunternehmens und in den in § 19 c Abs. 2 bis 4 genannten Fällen,
2. den Aufbau und die Verwaltung des gemeinsamen Kommunalunternehmens.

Sechster Teil
Aufsicht

§ 20
Aufsichtsbehörde

(1) Für die Aufsicht gelten die §§ 120 bis 131 der Gemeindeordnung entsprechend.

(2) Aufsichtsbehörde ist die Landrätin oder der Landrat als allgemeine untere Landesbehörde, wenn nur ihrer oder seiner Aufsicht unterstehende Gemeinden und Ämter beteiligt sind, im übrigen das Ministerium für Inneres, ländliche Räume und Integration. Das Ministerium für Inneres, ländliche Räume und Integration kann die Aufsicht auf die Landrätin oder einen Landrat als untere Landesbehörde übertragen, es sei denn, dass dem Zweckverband ein Kreis oder eine kreisfreie Stadt angehört.

§ 21
Grenzüberschreitende Zweckverbände und Verträge nach §§ 18 und 19 a

(1) Die Mitgliedschaft von juristischen Personen des öffentlichen Rechts, die der Aufsicht des Landes unterstehen, in einem Zweckverband, der seinen Sitz außerhalb des Landes Schleswig-Holstein hat, bedarf der Genehmigung des Ministeriums für Inneres, ländliche Räume und Integration im Einvernehmen mit der Fachaufsichtsbehörde. Satz 1 gilt ebenfalls für die Mitgliedschaft von juristischen Personen des öffentlichen Rechts, die nicht der Aufsicht des Landes unterstehen, und für natürliche Personen und juristische Personen des Privatrechts, die außerhalb des Landes Schleswig-Holstein ihren gewöhnlichen Aufenthalt oder ihren Sitz haben.

(2) Absatz 1 gilt für öffentlich-rechtliche Verträge nach §§ 18 und 19 a mit Gemeinden, Kreisen oder anderen Körperschaften des öffentlichen Rechts oder rechtsfähigen Anstalten oder rechtsfähigen Stiftungen des öffentlichen Rechts außerhalb des Landes Schleswig-Holstein entsprechend.

Siebenter Teil
Übergangs- und Schlussvorschriften

§ 22
Anwendung auf bestehende Verbände

Auf Planungsverbände nach § 205 Abs. 1 bis 5 des Baugesetzbuchs ist dieses Gesetz entsprechend anzuwenden, soweit im Baugesetzbuch nichts anderes bestimmt ist.

§ 23
– gestrichen –

§ 24
Weiterentwicklung der kommunalen Selbstverwaltung (Experimentierklausel)

Zur Erprobung neuer Steuerungsmodelle, zur Weiterentwicklung der kommunalen Selbstverwaltung auch in der grenzüberschreitenden kommunalen Zusammenarbeit sowie zur Weiterentwicklung der wirtschaftlichen Betätigung und der privatrechtlichen Beteiligung der Gemeinden, Kreise, Ämter und Zweckverbände kann das Ministerium für Inneres, ländliche Räume und Integration im Einzelfall zeitlich begrenzte Ausnahmen von organisations- und gemeindewirtschaftsrechtlichen Vorschriften des Gesetzes sowie von den ausschließlich für die Mitarbeiterinnen und Mitarbeiter der kommunalen Körperschaften geltenden dienstrechtlichen Vorschriften des Landes zulassen.

Gesetz
über die Wahlen in den Gemeinden und Kreisen in Schleswig-Holstein
(Gemeinde- und Kreiswahlgesetz – GKWG)
in der Fassung der Bekanntmachung vom 19. März 1997
– GVOBl. Schl.-H. S. 151 –

Zuletzt geändert durch Gesetz vom 22. April 2021 (GVOBl. Schl.-H. S. 430)

Inhaltsübersicht

Abschnitt I
Allgemeines

- § 1 Wahlzeit und Wahltag
- § 2 Wahlgebiet
- § 3 Sachliche Voraussetzungen des Wahlrechts
- § 4 Ausschluß vom Wahlrecht
- § 5 Förmliche Voraussetzungen des Wahlrechts
- § 6 Wählbarkeit

Abschnitt II
Wahlsystem

- § 7 Grundsätzliches
- § 8 Anzahl der Vertreterinnen und Vertreter
- § 9 Anzahl der Wahlkreise und Wahl der unmittelbaren Vertreterinnen und Vertreter
- § 10 Verhältnisausgleich

Abschnitt III
Wahlorgane, Wahlkreise und Wahlbezirke

- § 11 Gliederung der Wahlorgane
- § 12 Wahlleiterinnen, Wahlleiter und Wahlausschüsse
- § 13 Wahrnehmung von Aufgaben durch das Amt
- § 13 a Wahrnehmung von Aufgaben durch öffentlich-rechtlichen Vertrag
- § 14 Wahlvorstand
- § 15 Wahlkreise
- § 16 Wahlbezirke

Abschnitt IV
Vorbereitung der Wahl

- § 17 Wählerverzeichnis und Wahlschein
- § 18 Arten der Wahlvorschläge
- § 19 Einreichungsfrist
- § 20 Inhalt der Wahlvorschläge
- § 21 Form der Wahlvorschläge
- § 22 Vertrauensperson
- § 23 Änderung und Rücknahme von Wahlvorschlägen
- § 24 Beseitigung von Mängeln
- § 25 Zulassung der Wahlvorschläge
- § 26 Spätere Wahl
- § 27 Nachwahl
- § 28 Stimmzettel und Umschläge

Abschnitt V
Wahlhandlung

- § 29 Öffentlichkeit der Wahl
- § 30 Wahlwerbung, unzulässige Veröffentlichung von Befragungen
- § 31 Wahrung des Wahlgeheimnisses
- § 32 Stimmabgabe
- § 33 Briefwahl

Abschnitt VI
Feststellung des Wahlergebnisses

- § 34 Feststellung im Wahlbezirk
- § 35 Ungültige Stimmen, Zurückweisung von Wahlbriefen, Auslegungsregeln
- § 36 Feststellung im Wahlgebiet
- § 37 Erwerb der Mitgliedschaft in der Vertretung
- § 37 a Unvereinbarkeit von Amt und Mandat

Abschnitt VII
Wahlprüfung, Ausscheiden und Nachrücken

- § 38 Einsprüche gegen die Gültigkeit der Wahl
- § 39 Beschluß der Vertretung über die Gültigkeit der Wahl
- § 40 Verwaltungsgerichtliche Entscheidung
- § 41 Wiederholungswahl
- § 42 Neufeststellung des Wahlergebnisses
- § 43 Verlust des Sitzes
- § 44 Nachrücken
- § 45 Folgen des Verbots einer politischen Partei oder Wählergruppe

Abschnitt VIII
Wahl der hauptamtlichen Bürgermeisterinnen und Bürgermeister

- § 46 Anwendbarkeit von Rechtsvorschriften
- § 47 Wahlsystem
- § 48 Wahltag
- § 48 a Wahlleiterin, Wahlleiter
- § 49 Wahlbezirke
- § 50 Wählerverzeichnisse
- § 51 Wahlvorschläge
- § 52 Verschiebung der Wahl
- § 53 Stimmzettel
- § 54 Wahlprüfung

Abschnitt IX
Gemeinsame Vorschriften für die Abschnitte I bis VIII

- § 55 Ehrenamtliche Mitwirkung
- § 56 Ordnungswidrigkeiten
- § 57 Wahlstatistik
- § 58 Anfechtung
- § 58 a Sonderregelungen im Falle einer Notlage

Abschnitt X
Schlußvorschriften

- § 59 Durchführungsbestimmungen
- § 60 Fristen und Termine
- § 61 Datenschutzrechtliche Bestimmung für staatliche und kommunale Wahlen
- § 61 a Übergangsvorschrift
- § 62 Inkrafttreten

Abschnitt I
Allgemeines

§ 1
Wahlzeit und Wahltag

(1) Die Vertretungen der Gemeinden und der Kreise werden auf fünf Jahre gewählt. Die Wahlzeit beginnt jeweils am 1. Juni.

(2) Die Gemeindewahlen und die Kreiswahlen finden im letzten Maimonat einer Wahlzeit an einem von der Landesregierung zu bestimmenden Sonntag statt.

(3) Im Fall der Auflösung einer Vertretung nach § 44 der Gemeindeordnung oder nach § 39 der Kreisordnung und bei Neubildung einer Gemeinde oder eines Kreises ist binnen drei Monaten an einem von der Kommunalaufsichtsbehörde zu bestimmenden Sonntag für den Rest der Wahlzeit zu wählen.

§ 2
Wahlgebiet

Wahlgebiete sind für die Gemeindewahl das Gemeindegebiet und für die Kreiswahl das Kreisgebiet.

§ 3
Sachliche Voraussetzungen des Wahlrechts

(1) Wahlberechtigt sind alle Deutschen im Sinne des Artikels 116 Abs. 1 des Grundgesetzes und alle Staatsangehörigen der übrigen Mitgliedstaaten der Europäischen Union (Unionsbürgerinnen und Unionsbürger), die am Wahltag

1. das 16. Lebensjahr vollendet haben,
2. seit mindestens sechs Wochen im Wahlgebiet eine Wohnung haben oder sich im Wahlgebiet sonst gewöhnlich aufhalten und keine Wohnung außerhalb des Wahlgebietes haben sowie
3. nicht nach § 4 vom Wahlrecht ausgeschlossen sind.

(2) Wer in mehreren Wahlkreisen des Landes Schleswig-Holstein eine Wohnung hat, ist in dem Wahlkreis wahlberechtigt, in dem sich nach dem Melderegister seine Hauptwohnung befindet. Wer eine Wohnung an mehreren Orten inner- und außerhalb des Landes Schleswig-Holstein hat, ist nur wahlberechtigt, wenn sich die Hauptwohnung in einem Wahlkreis des Landes befindet.

(3) Bei der Berechnung der Frist nach Absatz 1 Nr. 2 ist der Tag der Wohnungs- oder Aufenthaltsnahme einzubeziehen.

§ 4
Ausschluß vom Wahlrecht

Ausgeschlossen vom Wahlrecht sind Personen, die infolge Richterspruchs das Wahlrecht nicht besitzen.

§ 5
Förmliche Voraussetzungen des Wahlrechts

(1) Wählen kann nur, wer in ein Wählerverzeichnis eingetragen ist oder einen Wahlschein hat.

(2) Eine im Wählerverzeichnis eingetragene Person kann nur in dem Wahlbezirk wählen, in dessen Wählerverzeichnis sie geführt wird.

(3) Wer einen Wahlschein hat, kann an der Wahl des Wahlkreises, für den der Wahlschein ausgestellt ist, entweder durch Stimmabgabe in einem beliebigen Wahlbezirk dieses Wahlkreises oder durch Briefwahl teilnehmen.

(4) Jede wahlberechtigte Person kann ihr Wahlrecht nur einmal und nur persönlich ausüben.

§ 6
Wählbarkeit

(1) Wählbar ist, wer am Wahltag
1. das 18. Lebensjahr vollendet hat,
2. im Wahlgebiet wahlberechtigt ist und
3. seit mindestens drei Monaten in Schleswig-Holstein eine Wohnung hat oder sich in Schleswig-Holstein sonst gewöhnlich aufhält und keine Wohnung außerhalb des Landes hat.

§ 3 Abs. 3 gilt entsprechend.

(2) Nicht wählbar ist, wer

1. nach § 4 vom Wahlrecht ausgeschlossen ist,
2. nach § 63 in Verbindung mit § 20 des Strafgesetzbuches in einem psychiatrischen Krankenhaus untergebracht ist,
3. infolge Richterspruchs aufgrund des Gesetzes für psychisch Kranke nicht nur einstweilig in einem Krankenhaus untergebracht ist,
4. infolge Richterspruchs die Wählbarkeit oder die Fähigkeit zur Bekleidung öffentlicher Ämter nicht besitzt oder
5. als Unionsbürgerin oder Unionsbürger infolge einer zivilrechtlichen Einzelfallentscheidung oder einer strafrechtlichen Entscheidung in dem Staat der Europäischen Union, dessen Staatsangehörigkeit sie oder er besitzt (Herkunftsmitgliedstaat), die Wählbarkeit nicht besitzt.

Abschnitt II
Wahlsystem

§ 7
Grundsätzliches

(1) Die Vertretungen der Gemeinden und der Kreise werden von Vertreterinnen und Vertretern gebildet, die gewählt werden
1. aus den Wahlkreisen der Gemeinden oder der Kreise durch Mehrheitswahl (§ 9 Abs. 5) – unmittelbare Vertreterinnen und Vertreter – und
2. aus der Gemeinde- oder Kreisliste des Wahlgebiets durch Verhältnisausgleich (§ 10) – Listenvertreterinnen und Listenvertreter –.

(2) In Gemeinden mit bis zu 70 Einwohnerinnen und Einwohnern wird keine Gemeindevertretung gewählt.

(3) Für die Anwendung des Absatzes 2 sowie für die Festlegung der Anzahl der zu wählenden Vertreterinnen und Vertreter (§ 8) und der zu bildenden Wahlkreise (§ 9) ist die vom Statistischen Amt für Hamburg und Schleswig-Holstein nach dem Stand vom 31. Dezember des dritten Jahres vor der Wahl fortgeschriebene Bevölkerungszahl maßgebend. In den Fällen des Absatzes 2 bleiben bei der Ermittlung der Bevölkerungszahl die Binnenschiffer und Seeleute im Sinne des § 28 des Bundesmeldegesetzes vom 3. Mai 2013 (BGBl I S.1084), zuletzt geändert durch Artikel 2 des Gesetzes vom 20. Juni 2015 (BGBl. I S. 970), unberücksichtigt.

§ 8
Anzahl der Vertreterinnen und Vertreter

Die Anzahl der Vertreterinnen und Vertreter beträgt vorbehaltlich der sich aus diesem Gesetz ergebenden Abweichungen

Einwohnerzahl		insgesamt	Zahl der Vertreterinnen und Vertreter: unmittelbare Vertreterinnen und Vertreter	Listenvertreterinnen und Listenvertreter
1. in kreisangehörigen Gemeinden				
mehr als	70 bis zu 200	7	4	3
mehr als	200 bis zu 750	9	5	4
mehr als	750 bis zu 1 250	11	6	5
mehr als	1 250 bis zu 2 500	13	7	6
mehr als	2 500 bis zu 5 000	17	9	8
mehr als	5 000 bis zu 10 000	19	10	9
mehr als	10 000 bis zu 15 000	23	12	11
mehr als	15 000 bis zu 25 000	27	14	13
mehr als	25 000 bis zu 35 000	31	16	15
mehr als	35 000 bis zu 45 000	35	18	17
mehr als	45 000	39	20	19
2. in kreisfreien Städten				
bis zu	150 000	43	22	21
mehr als	150 000	49	25	24
3. in Kreisen				
bis zu	200 000	45	23	22
mehr als	200 000	49	25	24

§ 9
Anzahl der Wahlkreise und Wahl der unmittelbaren Vertreterinnen und Vertreter

(1) Gemeinden mit mehr als 70 bis zu 2 500 Einwohnerinnen und Einwohnern bilden einen Wahlkreis.

(2) In Gemeinden mit mehr als 2 500 bis zu 10 000 Einwohnerinnen und Einwohnern sind zu wählen:

1. in Gemeinden mit mehr als 2 500 bis zu 5 000 Einwohnerinnen und Einwohnern in drei Wahlkreisen je drei unmittelbare Vertreterinnen und Vertreter,

2. in Gemeinden mit mehr als 5 000 bis zu 10 000 Einwohnerinnen und Einwohnern in fünf Wahlkreisen je zwei unmittelbare Vertreterinnen und Vertreter.

(3) In Gemeinden mit mehr als 10 000 Einwohnerinnen und Einwohnern und in den Kreisen werden so viele Wahlkreise gebildet, wie unmittelbare Vertreterinnen und Vertreter nach § 8 zu wählen sind. In jedem Wahlkreis wird eine unmittelbare Vertreterin oder ein unmittelbarer Vertreter gewählt.

(4) Jede wahlberechtigte Person hat so viele Stimmen, wie unmittelbare Vertreterinnen und Vertreter im Wahlkreis zu wählen sind. Für eine Bewerberin oder einen Bewerber kann sie nur eine Stimme abgeben.

(5) In den Wahlkreisen sind diejenigen unmittelbaren Bewerberinnen und Bewerber gewählt, die die meisten Stimmen erhalten haben. Bei gleicher Stimmenzahl entscheidet das von der Wahlleiterin oder vom Wahlleiter zu ziehende Los.

§ 10
Verhältnisausgleich

(1) An dem Verhältnisausgleich nimmt jede politische Partei oder Wählergruppe teil, für die ein Listenwahlvorschlag aufgestellt und zugelassen worden ist. Zur Berechnung der Stimmen für den Verhältnisausgleich werden für jeden Listenwahlvorschlag die Stimmen zusammengezählt, die die unmittelbaren Bewerberinnen und Bewerber der vorschlagenden politischen Partei oder Wählergruppe erhalten haben.

(2) Die restlichen Sitze werden auf die Listenwahlvorschläge verteilt in der Reihenfolge der Höchstzahlen, die sich durch Teilung der für die Listenwahlvorschläge errechneten Gesamtstimmenzahlen durch 0,5 – 1,5 – 2,5 usw. ergeben (verhältnismäßiger Sitzanteil).

(3) Aus jedem Listenwahlvorschlag werden so viele Listenvertreterinnen und Listenvertreter berücksichtigt, wie verbleiben, nachdem die für die vorschlagenden politischen Parteien und Wählergruppen unmittelbar gewählten Bewerberinnen und Bewerber auf ihren verhältnismäßigen Sitzanteil angerechnet sind.

(4) Ist die Anzahl der in den Wahlkreisen für eine politische Partei oder Wählergruppe gewählten Bewerberinnen und Bewerber größer als ihr verhältnismäßiger Sitzanteil, so verbleiben ihr die darüber hinausgehenden Sitze (Mehrsitze). In diesem Fall sind auf die nach Absatz 2 Satz 2 und 3 noch nicht berücksichtigten nächstfolgenden Höchstzahlen so lange weitere Sitze zu verteilen und nach Absatz 3 zu besetzen, bis der letzte Mehrsitz durch den verhältnismäßigen Sitzanteil gedeckt ist.

(5) Erhält bei der Verteilung der Sitze nach den Absätzen 2 bis 4 eine Partei oder eine Wählergruppe, auf die mehr als die Hälfte der Gesamtzahl der gültigen Stimmen entfallen ist, nicht mehr als die Hälfte der Sitze, werden ihr weitere Sitze zugeteilt, bis auf sie eins Sitz mehr als die Hälfte der Sitze entfällt. In einem solchen Falle erhöht sich die Gesamtzahl der Sitze um die Unterschiedszahl.

(6) Die aus den Listen zu verteilenden Sitze werden innerhalb der politischen Parteien und Wählergruppen nach der Reihenfolge verteilt, die sich aus den Listen ergibt. Entfallen auf eine politische Partei oder Wählergruppe mehr Sitze, als Bewerberinnen und Bewerber auf der Liste vorhanden sind, so bleiben diese Sitze leer.

(7) Aus der Liste scheiden aus

1. Bewerberinnen und Bewerber, die in einem Wahlkreis unmittelbar gewählt sind,

2. Bewerberinnen und Bewerber, die nach Aufstellung der Liste aus der politischen Partei oder Wählergruppe ausgeschieden oder einer anderen politischen Partei oder Wählergruppe beigetreten sind.

Abschnitt III
Wahlorgane, Wahlkreise und Wahlbezirke

§ 11
Gliederung der Wahlorgane

(1) Wahlorgane sind

1. der Kreiswahlausschuß und die Kreiswahlleiterin oder der Kreiswahlleiter für den Kreis,

2. der Gemeindewahlausschuß und die Gemeindewahlleiterin oder der Gemeindewahlleiter für die Gemeinde und

3. der Wahlvorstand oder mehrere Wahlvorstände für den Wahlbezirk.

(2) Die Aufgaben des Landeswahlausschusses werden von dem nach dem Landeswahlgesetz gebildeten Landeswahlausschuß wahrgenommen.

§ 12
Wahlleiterinnen, Wahlleiter und Wahlausschüsse

(1) Wahlleiterin oder Wahlleiter ist in der Gemeinde die Bürgermeisterin oder der Bürgermeister (Gemeindewahlleiterin oder Gemeindewahlleiter), im Kreis die Landrätin oder der Landrat (Kreiswahlleiterin oder Kreiswahlleiter), wenn sie oder er nicht

1. Wahlbewerberin oder Wahlbewerber,

2. Vertrauensperson für Wahlvorschläge oder stellvertretende Vertrauensperson oder

3. Mitglied eines anderen Wahlorgans

ist. Sie oder er kann auf das Amt der Wahlleiterin oder des Wahlleiters verzichten. Die Wahlleiterin oder der Wahlleiter beruft eine Stellvertreterin oder einen Stellvertreter.

(2) Im Verhinderungsfall nach Absatz 1 Satz 1 Nr. 1 bis 3 oder im Verzichtsfall nach Absatz 1 Satz 2 wählt in den Gemeinden die Gemeindevertretung, in den Kreisen der Kreistag eine andere Person zur Wahlleiterin oder zum Wahlleiter. Die Amtsdauer der gewählten Wahlleiterin oder des gewählten Wahlleiters und der Stellvertreterin oder des Stellvertreters endet, wenn die Wahl unanfechtbar geworden ist.

(3) Den Wahlausschuß für das Wahlgebiet bilden die Wahlleiterin als Vorsitzende oder der Wahlleiter als Vorsitzender und acht Beisitzerinnen und Beisitzer; die Vertretung wählt diese sowie deren Stellvertreterinnen und Stellvertreter vor jeder Wahl aus dem Kreis der Wahlberechtigten. Dabei sollen möglichst die im Wahlgebiet vertretenen politischen Parteien und Wählergruppen berücksichtigt werden. Die Vertretung kann ihre Befugnis auf den Hauptausschuß übertragen.

(4) Findet in einer Gemeinde lediglich eine Kreiswahl statt, wird der Gemeindewahlausschuss aus der oder dem Vorsitzenden sowie aus den zur letzten Gemeindewahl in den Gemeindewahlausschuss gewählten Beisitzerinnen und Beisitzern gebildet. Nur soweit erforderlich, sind neue Beisitzerinnen und Beisitzer zu wählen.

(5) Der Wahlausschuß ist ohne Rücksicht auf die Anzahl der erschienenen Beisitzerinnen und Beisitzer beschlußfähig; § 15 Abs. 5 bleibt unberührt. Der Wahlausschuß beschließt mit Stimmenmehrheit; bei Stimmengleichheit entscheidet die Stimme der oder des Vorsitzenden.

(6) Die Wahlleiterin oder der Wahlleiter trägt im Rahmen ihrer oder seiner Aufgaben die Verantwortung für die Vorbereitung und die Durchführung der Wahl in ihrem oder seinem Zuständigkeitsbereich. Sie oder er führt die Geschäfte des Wahlausschusses und ist berechtigt, in dringenden Fällen für ihn zu handeln; in diesem Fall muß sie oder er den Wahlausschuß nachträglich unterrichten.

§ 13
Wahrnehmung von Aufgaben durch das Amt

(1) In amtsangehörigen Gemeinden ist die Amtsdirektorin oder der Amtsdirektor, in ehrenamtlich verwalteten Ämtern die Amtsvorsteherin oder der Amtsvorsteher, für die Führung der Wählerverzeichnisse und die Erfüllung der damit verbundenen Aufgaben zuständig. Sie oder er nimmt insoweit die Aufgaben der Gemeindewahlleiterin oder des Gemeindewahlleiters wahr.

(2) Die Gemeindevertretung kann die übrigen Aufgaben der Gemeindewahlleiterin oder des Gemeindewahlleiters insgesamt auf die Amtsdirektorin oder den Amtsdirektor, in ehrenamtlich verwalteten Ämtern auf die Amtsvorsteherin oder den Amtsvorsteher, und zugleich die Aufgaben des Gemeindewahlausschusses insgesamt auf einen vom Amtsausschuß zu wählenden Wahlausschuß übertragen; er ist in diesem Fall Gemeindewahlausschuß. Der Wahlausschuß nach Satz 1 besteht aus mindestens sechs Beisitzerinnen und Beisitzern und der Amtsdirektorin oder dem Amtsdirektor, in ehrenamtlich verwalteten Ämtern der Amtsvorsteherin oder dem Amtsvorsteher, oder im Verhinderungsfall im Sinne des § 12 Abs. 1 Satz 1 Nr. 1 bis 3 der gewählten Wahlleiterin oder dem gewählten Wahlleiter (Absatz 3) als der oder dem Vorsitzenden. Zu Beisitzerinnen und Beisitzern in diesem Wahlausschuß sollen nach Möglichkeit nur Wahlberechtigte aus den Gemeinden gewählt werden, die Aufgaben nach Satz 1 auf das Amt übertragen haben. Übertragen mehrere Gemeinden die Aufgaben nach Satz 1, so ist der gewählte Wahlausschuß gemeinsamer Wahlausschuß für diese Gemeinden. Die Aufgabenübertragung kann bereits vor dem Wirksamwerden der Neubildung eines Amtes oder der Einamtung einer Gemeinde erfolgen.

(3) Die Amtsdirektorin oder der Amtsdirektor, in ehrenamtlich verwalteten Ämtern die Amtsvorsteherin oder der Amtsvorsteher, ist in den Fällen des § 12 Abs. 1 Satz 1 Nr. 1 bis 3 gehindert, die Aufgaben der Gemeindewahlleiterin oder des Gemeindewahlleiters wahrzunehmen. In diesem Fall wählt der Amtsausschuss eine andere Person zur Wahlleiterin oder zum Wahlleiter.

(4) Die Amtszeit der oder des nach Absatz 3 gewählten Wahlleiterin oder Wahlleiters sowie der Stellvertreterin oder des Stellvertreters endet, wenn die Wahl unanfechtbar geworden ist.

(5) Für die Beisitzerinnen und Beisitzer des Wahlausschusses nach Absatz 2 gilt § 12 Abs. 1 Satz 1 Nr. 1 bis 3 entsprechend.

(6) Abweichend von § 12 Abs. 4 nimmt in amtsangehörigen Gemeinden der Wahlausschuß nach Absatz 2 die Aufgaben des Gemeindewahlausschusses wahr.

(7) Nimmt das Amt die Verwaltung einer größeren amtsangehörigen Gemeinde in Anspruch (§ 1 Abs. 3 der Amtsordnung), tritt in den Fällen der Absätze 1 bis 3 jeweils die Bürgermeisterin oder der Bürgermeister der geschäftsführenden Gemeinde an die Stelle der Amtsvorsteherin oder des Amtsvorstehers.

§ 13 a
Wahrnehmung von Aufgaben durch öffentlich-rechtlichen Vertrag

(1) Nimmt eine Gemeinde oder ein Amt die Verwaltung einer anderen Gemeinde oder eines anderen Amtes aufgrund eines öffentlich-rechtlichen Vertrages nach § 19 a des Gesetzes über kommunale Zusammenarbeit in Anspruch, ist die Bürgermeisterin oder der Bürgermeister der geschäftsführenden Gemeinde oder die Amtsdirektorin oder der Amtsdirektor, in ehrenamtlich verwalteten Ämtern die Amtsvorsteherin oder der Amtsvorsteher, des geschäftsführenden Amtes für die Führung der Wählerverzeichnisse und der damit verbundenen Aufgaben zuständig. Sie oder er nimmt insoweit die Aufgaben der Gemeindewahlleiterin oder des Gemeindewahlleiters wahr.

(2) Die Gemeindevertretung kann die übrigen Aufgaben der Gemeindewahlleiterin oder des Gemeindewahlleiters insgesamt auf die Bürgermeisterin oder den Bürgermeister der geschäftsführenden Gemeinde oder auf die Amtsdirektorin oder der Amtsdirektor, in ehrenamtlich verwalteten Ämtern die Amtsvorsteherin oder der Amtsvorsteher, des geschäftsführenden Amtes übertragen.

(3) Die Gemeindevertretung kann die Aufgaben des Gemeindewahlausschusses auf den bei der geschäftsführenden Gemeinde oder bei dem geschäftsführenden Amt gebildeten Wahlausschuss übertragen; er ist in diesem Fall Gemeindewahlausschuss. Diesem Wahlausschuss können bis zu drei weitere Beisitzerinnen und Beisitzer angehören, die von der Gemeindewahlleiterin oder dem Gemeindewahlleiter nach Absatz 2 aus dem Kreis der Wahlberechtigten der Gemeinden berufen werden, die ihre Aufgaben übertragen haben. § 13 Abs. 3 Satz 2 gilt entsprechend.

(4) Die Aufgabenübertragung nach den Absätzen 2 und 3 kann bereits vor dem Inkrafttreten des Vertrages nach Absatz 1 Satz 1 erfolgen.

§ 14
Wahlvorstand

(1) Der Wahlvorstand besteht aus der Wahlvorsteherin oder dem Wahlvorsteher, einer, einem oder zwei Stellvertreterinnen und Stellvertretern und vier bis sieben Beisitzerinnen und Beisitzern. Die Mitglieder des Wahlvorstandes werden von der Gemeindewahlleiterin oder vom Gemeindewahlleiter aus dem Kreis der Wahlberechtigten berufen; dabei sollen möglichst alle politischen Parteien und Wählergruppen berücksichtigt werden.

(2) In Gemeinden, die nur einen Wahlbezirk bilden und nicht die Aufgaben nach § 13 Abs. 2 übertragen haben, nimmt der Gemeindewahlausschuß die Aufgaben des Wahlvorstandes und die Gemeindewahlleiterin oder der Gemeindewahlleiter die Aufgaben der Wahlvorsteherin oder des Wahlvorstehers wahr. Der Gemeindewahlausschuss bestimmt hierzu aus der Mitte der Beisitzerinnen und Beisitzer eine, einen oder zwei stellvertretende Wahlvorsteherinnen und Wahlvorsteher und ergänzt erforderlichenfalls die Anzahl seiner Mitglieder. § 12 Abs. 1 Satz 1 Nr. 3 und § 55 Abs. 2 Satz 2 sind auf Mitglieder des Gemeindewahlausschusses, die nach den Sätzen 1 und 2 Aufgaben des Wahlvorstandes oder der Wahlvorsteherin oder des Wahlvorstehers wahrnehmen, nicht anzuwenden.

(3) Der Wahlvorstand beschließt mit Stimmenmehrheit. Bei Stimmengleichheit entscheidet die Stimme der oder des Vorsitzenden.

§ 15
Wahlkreise

(1) Der Wahlausschuß teilt das Wahlgebiet, soweit erforderlich, in Wahlkreise ein.

(2) Die Wahlkreise sind so zu begrenzen, daß sie möglichst gleiche Bevölkerungszahlen aufweisen. Die Bevölkerungszahl eines Wahlkreises darf nicht mehr als 20 v. H. von der durchschnittlichen Bevölkerungszahl der Wahlkreise im Wahlgebiet abweichen. Grundlage ist die vom Statistischen Amt für Hamburg und Schleswig-Holstein fortgeschriebene Bevölkerungszahl nach dem Stand vom 31. Dezember des dritten Jahres vor der Wahl.

(3) Die Wahlkreise sollen ein zusammenhängendes Ganzes bilden. Will der Wahlausschuß in besonderen Ausnahmefällen hiervon abweichen, so muß in kreisangehörigen Gemeinden der Kreiswahlausschuß, in kreisfreien Städten und in Kreisen der Landeswahlausschuß mit einer Mehrheit von zwei Dritteln zustimmen.

(4) Die Wahlkreise sollen möglichst unter Wahrung der örtlichen Verhältnisse gebildet werden. Bei Einteilung eines Kreises in Wahlkreise sollen Gemeindegrenzen in der Regel nicht durchschnitten werden. Im Kreis Pinneberg bildet die Gemeinde Helgoland einen Wahlkreis. Im Kreis Nordfriesland bilden die Gemeinden der Insel Amrum, die Gemeinden der Insel Föhr und das Amt Pellworm jeweils einen Wahlkreis.

(5) Der Wahlausschuß ist abweichend von § 12 Abs. 5 nur beschlußfähig, wenn mindestens die Hälfte der Beisitzerinnen und Beisitzer oder stellvertretenden Beisitzerinnen und Beisitzer anwesend ist.

§ 16
Wahlbezirke

(1) Jeder Wahlkreis bildet zur Stimmabgabe mindestens einen Wahlbezirk. Soweit erforderlich, teilt die Gemeindewahlleiterin oder der Gemeindewahlleiter die Gemeinde in mehrere Wahlbezirke ein und bestimmt je Wahlkreis einen oder mehrere dieser Wahlbezirke für die Briefwahl (§ 33 Abs. 3).

(2) Die Kreiswahlleiterin oder der Kreiswahlleiter kann Gemeinden mit bis zu 70 Einwohnerinnen und Einwohnern (§ 7 Abs. 3) mit anderen Gemeinden oder mit Teilen von anderen Gemeinden zu einem Wahlbezirk vereinigen, sofern dies zur Wahrung des Wahlgeheimnisses erforderlich ist.

Abschnitt IV
Vorbereitung der Wahl

§ 17
Wählerverzeichnis und Wahlschein

(1) Jede wahlberechtigte Person hat das Recht, die Richtigkeit oder Vollständigkeit der zu ihrer Person im Wählerverzeichnis eingetragenen Daten zu überprüfen. Zur Überprüfung der Richtigkeit oder Vollständigkeit der Daten von anderen im Wählerverzeichnis eingetragenen Personen haben Wahlberechtigte nur dann ein Recht auf Einsicht in das Wählerverzeichnis, wenn sie Tatsachen glaubhaft machen, aus denen sich eine Unrichtigkeit oder Unvollständigkeit des Wählerverzeichnisses ergeben kann.

(2) Die Gemeindewahlleiterin oder der Gemeindewahlleiter hat Ort und Zeit der Möglichkeit zur Einsichtnahme in das Wählerverzeichnis öffentlich bekannt zu geben. In der Bekanntmachung ist darauf hinzuweisen, innerhalb welcher Frist und bei welcher Stelle Einsprüche gegen das Wählerverzeichnis erhoben werden können.

(3) Eine wahlberechtigte Person, die im Wählerverzeichnis eingetragen ist oder die aus einem für ihn nicht zu vertretenden Grund in das Wählerverzeichnis nicht aufgenommen worden ist, erhält auf Antrag einen Wahlschein.

§ 18
Arten der Wahlvorschläge

(1) Wahlvorschläge für die Wahl der unmittelbaren Vertreterinnen und Vertreter (unmittelbare Wahlvorschläge) können einreichen

1. Parteien im Sinne des Artikels 21 des Grundgesetzes (politische Parteien),
2. Wahlberechtigte, die sich zu einer Gruppe zusammenschließen (Wählergruppen),
3. Wahlberechtigte.

(2) Listenwahlvorschläge können von politischen Parteien und Wählergruppen eingereicht werden.

(3) Eine politische Partei oder Wählergruppe kann innerhalb eines Wahlgebietes nur so viele unmittelbare Wahlvorschläge, wie unmittelbare Vertreterinnen und Vertreter zu wählen sind, und nur einen Listenwahlvorschlag einreichen. Die Anzahl der Bewerberinnen und Bewerber auf dem Listenwahlvorschlag ist nicht begrenzt.

(4) Innerhalb eines Wahlgebietes kann eine Bewerberin oder ein Bewerber sowohl in einem unmittelbaren Wahlvorschlag als auch in einem Listenwahlvorschlag benannt werden.

(6) Die Verbindung von Listenwahlvorschlägen ist unzulässig. Weder politische Parteien noch Wählergruppen noch politische Parteien und Wählergruppen können gemeinsame Wahlvorschläge einreichen.

§ 19
Einreichungsfrist

Wahlvorschläge sind spätestens am 55. Tag vor der Wahl bis 18 Uhr schriftlich bei der Wahlleiterin oder beim Wahlleiter einzureichen.

§ 20
Inhalt der Wahlvorschläge

(1) Jeder Wahlvorschlag einer politischen Partei oder Wählergruppe muß deren Namen tragen. Wenn zur Unterscheidung von früher eingereichten Wahlvorschlägen nötig ist, kann die Wahlleiterin oder der Wahlleiter einen Zusatz verlangen.

(2) Als Bewerberin oder Bewerber kann nur vorgeschlagen werden, wer ihre oder seine Zustimmung hierzu schriftlich erteilt hat; die Zustimmung ist unwiderruflich.

(3) Als Bewerberin oder Bewerber einer politischen Partei oder Wählergruppe kann nur benannt werden, wer

1. in einer nach ihrer Satzung zuständigen Versammlung der im Zeitpunkt ihres Zusammentritts wahlberechtigten Mitglieder dieser Partei oder Wählergruppe (Mitgliederversammlung) oder
2. in einer nach ihrer Satzung zuständigen Versammlung der von Mitgliederversammlungen nach Nummer 1 aus deren Mitte gewählten Vertreterinnen und Vertreter (Vertreterversammlung)

hierzu gewählt worden ist. Die Bewerberinnen und Bewerber sowie die Vertreterinnen und Vertreter für die Vertreterversammlung werden von den Teilnehmerinnen und Teilnehmern der Versammlung in geheimer schriftlicher Abstimmung gewählt. Vorschlagsberechtigt ist jede Teilnehmerin und jeder Teilnehmer der Versammlung.

(4) Die Wahlen dürfen frühestens 44 Monate, für die Vertreterversammlung frühestens 38 Monate nach Beginn der Wahlperiode der Vertretungen der Gemeinden und Kreise stattfinden; dies gilt nicht, wenn die Wahlperiode vorzeitig endet.

(5) Tritt in einem Wahlvorschlag eine Unionsbürgerin oder ein Unionsbürger als Bewerberin oder Bewerber auf, ist dem Wahlvorschlag eine Versicherung an Eides Statt der Bewerberin oder des Bewerbers beizufügen, daß sie oder er im Herkunftsmitgliedstaat nicht von der Wählbarkeit ausgeschlossen ist (§ 6 Abs. 2 Nr. 5). Für die Abnahme der Versicherung an Eides Statt ist die Wahlleiterin oder der Wahlleiter zuständig; sie oder er ist Behörde im Sinne des § 156 des Strafgesetzbuches.

§ 21
Form der Wahlvorschläge

Wahlvorschläge von politischen Parteien und Wählergruppen müssen von mindestens drei Personen des für das Wahlgebiet nach ihrer Satzung zuständigen Vorstandes, darunter der oder dem Vorsitzenden oder einer Stellvertreterin oder Stellvertreter, persönlich und handschriftlich unterzeichnet sein. Sofern die politische Partei oder Wählergruppe noch nicht mit mindestens einer oder einem für sie im Land Schleswig-Holstein aufgestellten und gewählten Vertreterin oder Vertreter im Deutschen Bundestag, im Schleswig-Holsteinischen Landtag, in der Vertretung des Wahlgebiets, oder, bei Gemeindewahlen, in der Vertretung des Kreises vertreten ist, sind ihren Wahlvorschlägen die Satzung und das Programm dieser Partei oder Wählergruppe beizufügen; ferner ist nachzuweisen, dass der Vorstand nach demokratischen Grundsätzen gewählt ist. Diese Unterlagen brauchen nicht beigefügt zu werden, wenn sie dem Ministerium für Inneres, ländliche Räume und Integration bereits eingereicht sind und eine Bestätigung hierüber vorliegt.

§ 22
Vertrauensperson

In jedem Wahlvorschlag sollen eine Vertrauensperson und eine stellvertretende Vertrauensperson bezeichnet werden. Fehlt dies, so gilt die Person die als erste unterzeichnet hat, als Vertrauensperson, und diejenige die als zweite unterzeichnet hat, als stellvertretende Vertrauensperson. Die Mehrheit der Unterzeichnerinnen und Unterzeichner kann die Vertrauensperson und die stellvertretende Vertrauensperson dadurch abberufen und ersetzen, daß sie dies der Wahlleiterin oder dem Wahlleiter schriftlich erklärt.

§ 23
Änderung und Rücknahme von Wahlvorschlägen

(1) Eine Bewerberin oder ein Bewerber, die oder der nach Ablauf der in § 19 genannten Frist stirbt oder die Wählbarkeit verliert, kann durch eine andere Bewerberin oder einen anderen Bewerber ersetzt werden.

(2) Ein Wahlvorschlag kann zurückgenommen werden.

(3) Änderung und Rücknahme bedürfen einer gemeinsamen Erklärung der Vertrauensperson und der stellvertretenden Vertrauensperson.

(4) Nach der Entscheidung über die Zulassung können Wahlvorschläge nicht mehr geändert oder zurückgenommen werden.

(5) Sämtliche Erklärungen sind der Wahlleiterin oder dem Wahlleiter gegenüber schriftlich abzugeben.

§ 24
Beseitigung von Mängeln

(1) Die Wahlleiterin oder der Wahlleiter hat die Wahlvorschläge unverzüglich nach Eingang zu prüfen. Stellt sie oder er Mängel fest, so benachrichtigt sie oder er sofort die Vertrauensperson und fordert sie auf, behebbare Mängel rechtzeitig zu beseitigen.

(2) Die ordnungsmäßige Unterzeichnung eines Wahlvorschlages und die Vorlage der in § 20 Abs. 2 und § 21 genannten Unterlagen können bis zum Ablauf der Einreichungsfrist nachgeholt, sonstige Mängel bis zur Zulassung beseitigt werden.

(3) Gegen Verfügungen der Wahlleiterin oder des Wahlleiters im Mängelbeseitigungsverfahren kann die Vertrauensperson den Wahlausschuß anrufen.

§ 25
Zulassung der Wahlvorschläge

(1) Der Wahlausschuß entscheidet am 51. Tag vor der Wahl in öffentlicher Sitzung über die Zulassung der Wahlvorschläge. Er hat Wahlvorschläge zurückzuweisen, wenn sie

1. verspätet eingereicht sind oder
2. den Anforderungen nicht entsprechen, die durch dieses Gesetz und die Gemeinde- und Kreiswahlordnung aufgestellt sind, es sei denn, daß in diesen Vorschriften etwas anderes bestimmt ist. Entspricht ein Listenwahlvorschlag nur hinsichtlich einzelner Bewerberinnen und Bewerber nicht den Anforderungen, so werden ihre Namen aus der Liste gestrichen.

(2) Weist der Wahlausschuß einen Wahlvorschlag ganz oder teilweise zurück, so können die Vertrauensperson und die Wahlleiterin oder der Wahlleiter nach Bekanntgabe der Entscheidung hiergegen spätestens bis zum 48. Tag vor der Wahl, 18.00 Uhr Beschwerde erheben. Die Wahlleiterin oder der Wahlleiter kann dies auch gegen die Zulassung eines Wahlvorschlages tun.

(3) Über die Beschwerde entscheidet in öffentlicher Sitzung bei Wahlvorschlägen in kreisangehörigen Gemeinden der Kreiswahlausschuß, bei Wahlvorschlägen in kreisfreien Städten und in Kreisen der Landeswahlausschuß. In der Verhandlung über die Beschwerde sind die erschienenen Beteiligten zu hören. Über die Beschwerde ist spätestens am 45. Tag vor der Wahl zu entscheiden.

(4) Die Wahlleiterin oder der Wahlleiter gibt die zugelassenen Wahlvorschläge spätestens am 41. Tag vor der Wahl bekannt.

§ 26
Spätere Wahl

(1) Werden in einem Wahlkreis keine oder weniger unmittelbare Wahlvorschläge eingereicht und zugelassen, als unmittelbare Vertreterinnen und Vertreter zu wählen sind, so findet in diesem Wahlkreis die Wahl später statt. Die Kommunalaufsichtsbehörde setzt den Tag der späteren Wahl fest.

(2) Die Verteilung der Sitze aus den Listen ist nach den Ergebnissen der späteren Wahl zu berichtigen.

§ 27
Nachwahl

(1) Stirbt eine unmittelbare Bewerberin oder ein unmittelbarer Bewerber nach der Zulassung ihres oder seines Wahlvorschlages und vor Beginn der Wahl, so ist die Wahl in dem betroffenen Wahlkreis von der Wahlleiterin oder vom Wahlleiter abzusagen und um höchstens sechs Wochen zu verschieben (Nachwahl).

(2) Eine Nachwahl findet ferner statt, wenn in einem Wahlkreis infolge höherer Gewalt nicht gewählt werden kann. In diesem Fall setzt die Kommunalaufsichtsbehörde den Tag der Nachwahl fest.

(3) Die Verteilung der Sitze aus den Listen ist nach den Ergebnissen der Nachwahl zu berichtigen.

§ 28
Stimmzettel und Umschläge

(1) Die Stimmzettel (§ 32) und die Wahlbriefumschläge (§ 33) werden für jeden Wahlkreis unter der Verantwortung der Wahlleiterin oder des Wahlleiters hergestellt.

(2) Der Stimmzettel enthält die Namen der Bewerberinnen und Bewerber in folgender Anordnung:

1. Bewerberinnen und Bewerber, die für eine an der letzten Landtagswahl beteiligte politische Partei auftreten, in der Reihenfolge der von diesen Parteien bei dieser Wahl erreichten Stimmenzahl unter der entsprechenden, vom Ministerium für Inneres, ländliche Räume und Integration bekanntzugebenden Nummer,

2. Bewerberinnen und Bewerber, die für sonstige politische Parteien oder Wählergruppen auftreten, in alphabetischer Reihenfolge des Namens dieser Parteien und Wählergruppen,

3. parteilose Bewerberinnen und Bewerber in alphabetischer Reihenfolge des Familiennamens.

(3) Treten für eine politische Partei oder Wählergruppe mehrere Bewerberinnen und Bewerber im Wahlkreis auf, so bestimmt die Partei oder Wählergruppe die Reihenfolge und teilt sie der Wahlleiterin oder dem Wahlleiter mit. Unterbleibt diese Mitteilung bis zur Zulassung der Wahlvorschläge, so gilt die alphabetische Reihenfolge.

Abschnitt V
Wahlhandlung

§ 29
Öffentlichkeit der Wahl

Die Wahlhandlung und die Feststellung des Wahlergebnisses sind öffentlich. Der Wahlvorstand kann Personen, die die Ordnung und Ruhe stören, aus dem Wahlraum verweisen.

§ 30
Wahlwerbung, unzulässige Veröffentlichung von Befragungen

(1) Den Trägern von Wahlvorschlägen ist vor der Wahl die Wahlsichtwerbung in einem für ihre Selbstdarstellung notwendigen und angemessenen Umfang zu ermöglichen.

(2) In und an dem Gebäude, in dem sich der Wahlraum befindet, sowie unmittelbar vor dem Zugang zu dem Gebäude sind jede Beeinflussung der Wählerinnen und Wähler durch Wort, Ton, Schrift oder Bild sowie jede Unterschriftensammlung verboten.

(3) Die Veröffentlichung von Ergebnissen von Wählerbefragungen nach der Stimmabgabe über den Inhalt der Wahlentscheidung ist vor Ablauf der Wahldauer unzulässig.

§ 31
Wahrung des Wahlgeheimnisses

(1) Es ist dafür zu sorgen, daß die Wählerin oder der Wähler den Stimmzettel unbeobachtet kennzeichnen kann. Für die Aufnahme der Stimmzettel sind Wahlurnen zu verwenden, die das Wahlgeheimnis sichern. In der Wahlkabine soll ein nicht radierfähiger Schreibstift bereitliegen.

(2) Wer nicht lesen kann oder wegen einer körperlichen Beeinträchtigung gehindert ist, den Stimmzettel zu kennzeichnen und ihn in die Wahlurne zu legen, kann sich von einer Hilfsperson helfen lassen.

§ 32
Stimmabgabe

(1) Gewählt wird mit amtlichen Stimmzetteln.

(2) Das Ministerium für Inneres, ländliche Räume und Integration kann zulassen, daß an Stelle von Stimmzetteln amtlich zugelassene Stimmenzählgeräte verwendet werden.

§ 33
Briefwahl

(1) Bei der Briefwahl hat die Wählerin oder der Wähler der Gemeindewahlleiterin oder dem Gemeindewahlleiter einen von der Gemeinde oder von dem Amt freigemachten Wahlbrief so rechtzeitig zu übersenden, daß dieser spätestens am Wahltag bis 18.00 Uhr eingehen kann. Wer den Wahlbrief erst am Wahltag überreichen will, muß dafür sorgen, daß der Wahlbrief bis 18.00 Uhr dem Wahlvorstand des auf dem Wahlbriefumschlag angegebenen Wahlbezirks zugeht. Der Wahlbrief muß in einem verschlossenen Wahlbriefumschlag enthalten

1. den Wahlschein,
2. in einem besonderen verschlossenen Umschlag den Stimmzettel.

Wer nicht lesen kann oder wegen einer körperlichen Beeinträchtigung gehindert ist, die Briefwahl persönlich zu vollziehen, kann sich von einer Hilfsperson helfen lassen.

(2) Auf dem Wahlschein hat die Wählerin oder der Wähler oder die Hilfsperson gegenüber der Gemeindewahlleiterin oder dem Gemeindewahlleiter an Eides Statt zu versichern, daß der Stimmzettel persönlich oder gemäß dem erklärten Willen der Wählerin oder des Wählers gekennzeichnet worden ist. Die Gemeindewahlleiterin oder der Gemeindewahlleiter ist zur Abnahme einer solchen Versicherung an Eides Statt zuständig; sie oder er ist Behörde im Sinne des § 156 des Strafgesetzbuches.

(3) Die Wahlbriefe eines Wahlkreises werden von der Gemeindewahlleiterin oder vom Gemeindewahlleiter dem oder den für die Briefwahl bestimmten Wahlbezirken zugeleitet.

Abschnitt VI
Feststellung des Wahlergebnisses

§ 34
Feststellung im Wahlbezirk

(1) Sobald die Wahlhandlung beendet ist, stellt der Wahlvorstand das Wahlergebnis im Wahlbezirk fest.

(2) Der Wahlvorstand entscheidet über die Gültigkeit der abgegebenen Stimmen und über alle Anstände, die sich bei der Wahlhandlung und der Ermittlung des Wahlergebnisses ergeben haben. Der Wahlausschuß hat das Recht, diese Entscheidungen nachzuprüfen.

§ 35
Ungültige Stimmen, Zurückweisung von
Wahlbriefen, Auslegungsregeln

(1) Ungültig sind Stimmen, wenn der Stimmzettel
1. nicht amtlich hergestellt erkennbar oder für einen anderen Wahlkreis gültig ist,
2. keine Kennzeichnung enthält,
3. den Willen der Wählerin oder des Wählers nicht zweifelsfrei erkennen läßt,
4. mehr Kennzeichnungen enthält, als unmittelbare Vertreterinnen und Vertreter zu wählen sind, oder
5. einen Zusatz oder Vorbehalt enthält.

(2) Für die Briefwahl gelten neben den Bestimmungen des Absatzes 1 folgende Regelungen:
1. Der Wahlbrief ist zurückzuweisen, wenn
   a) der Wahlbrief nicht rechtzeitig eingegangen ist,
   b) der Wahlbriefumschlag keinen oder keinen gültigen Wahlschein enthält,
   c) der Wahlbriefumschlag keinen Stimmzettelumschlag enthält,
   d) weder der Wahlbriefumschlag noch der Stimmzettelumschlag verschlossen ist,
   e) der Wahlbriefumschlag mehrere Stimmzettelumschläge, aber nicht die gleiche Anzahl gültiger und mit der vorgeschriebenen Versicherung an Eides Statt versehener Wahlscheine enthält,
   f) die Wählerin oder der Wähler oder die Hilfsperson die vorgeschriebene Versicherung an Eides Statt zur Briefwahl auf dem Wahlschein nicht unterschrieben hat,
   g) kein amtlicher Stimmzettelumschlag benutzt worden ist,
   h) ein Stimmzettelumschlag benutzt worden ist, der offensichtlich in einer das Wahlgeheimnis gefährdenden Weise von den übrigen abweicht oder einen deutlich fühlbaren Gegenstand enthält.

Die Einsenderinnen und Einsender zurückgewiesener Wahlbriefe werden nicht als Wählerinnen und Wähler gezählt; ihre Stimmen gelten als nicht abgegeben. Ein Grund für die Zurückweisung eines Wahlbriefes liegt nicht vor, wenn eine Person, die an der Briefwahl teilgenommen hat, verstorben ist, ihre Wohnung oder ihren gewöhnlichen Aufenthalt im Wahlgebiet (§ 3 Abs. 1 Nr. 2) aufgegeben oder sonst ihr Wahlrecht verloren hat.

2. Ist der Stimmzettelumschlag leer, so gilt dies als ungültige Stimme.

3. Mehrere Stimmzettel derselben Wahl in einem Stimmzettelumschlag gelten als ein Stimmzettel, wenn alle gekennzeichneten Stimmzettel gleich lauten oder nur einer gekennzeichnet ist; sonst zählen sie als ein Stimmzettel mit einer ungültigen Stimme.

§ 36
Feststellung im Wahlgebiet

Der Wahlausschuß stellt das Wahlergebnis im Wahlgebiet fest. Die Wahlleiterin oder der Wahlleiter gibt das Wahlergebnis bekannt.

§ 37
Erwerb der Mitgliedschaft in der Vertretung

Eine gewählte Bewerberin oder ein gewählter Bewerber erwirbt die Mitgliedschaft in der Vertretung automatisch nach Ablauf der Frist von einer Woche nach Bekanntgabe des Wahlergebnisses durch die Wahlleiterin oder den Wahlleiter nach § 36 Satz 2, jedoch nicht vor Ablauf der Wahlzeit der bisherigen Vertretung, wenn sie oder er nicht innerhalb der Wochenfrist durch schriftliche Erklärung gegenüber der Wahlleiterin oder dem Wahlleiter die Wahl ablehnt. Eine Erklärung unter Vorbehalt gilt als Ablehnung. Die Ablehnungserklärung kann nicht widerrufen werden.

§ 37 a
Unvereinbarkeit von Amt und Mandat

(1) Eine Beamtin oder ein Beamter, die oder der in einen Kreistag oder eine Gemeindevertretung gewählt wurde und deren oder dessen Amt oder Funktion mit dem Mandat unvereinbar ist, erwirbt abweichend von § 37 die Mitgliedschaft in der Vertretung erst, wenn sie oder er die Beurlaubung von ihrem oder seinem Dienstverhältnis oder im Falle des Absatzes 3 die Übertragung einer anderen Funktion schriftlich nachweist. Die Zeit der Mitgliedschaft in einem Kreistag oder einer Gemeindevertretung bis höchstens zur Erreichung der gesetzlichen Altersgrenze gilt bei Wiedereintritt in das frühere Dienstverhältnis oder nach Beendigung der Wahlperiode als Dienstzeit im Sinne des Besoldungs- und Versorgungsrechts.

(2) Der Dienstherr hat dem Antrag auf Beurlaubung, die nach Absatz 1 Satz 1 für die Annahme der Wahl erforderlich ist entsprechen. Während der Zeit der Beurlaubung ruhen die Rechte und Pflichten aus dem Dienstverhältnis. Die Beurlaubung endet mit dem Erlöschen des Mandats.

(3) Beruht die Unvereinbarkeit lediglich auf der ausgeübten Funktion, so ist der Dienstherr verpflichtet, der Beamtin oder dem Beamten binnen eines Monats nach ihren oder seinen Antrag eine andere, gleichwertige Funktion zu übertragen.

(4) Die vorstehenden Absätze gelten für Arbeitnehmerinnen und Arbeitnehmer des öffentlichen Dienstes sinngemäß.

Abschnitt VII
Wahlprüfung, Ausscheiden und Nachrücken

§ 38
Einsprüche gegen die Gültigkeit der Wahl

(1) Gegen die Gültigkeit der Wahl kann jede oder jeder Wahlberechtigte des Wahlgebiets sowie die Kommunalaufsichtsbehörde binnen eines Monats nach der Bekanntmachung des Wahlergebnisses Einspruch erheben.

(2) Der Einspruch ist schriftlich bei der Wahlleiterin oder beim Wahlleiter einzureichen oder mündlich zur Niederschrift zu erklären. Der Einspruch ist innerhalb der Einspruchsfrist zu begründen.

§ 39
Beschluß der Vertretung über die Gültigkeit der Wahl

Die neue Vertretung hat nach Vorprüfung durch einen von ihr gewählten Ausschuss über die Gültigkeit der Wahl sowie über Einsprüche in folgender Weise zu beschließen:

1. War eine Vertreterin oder ein Vertreter nicht wählbar, so ist ihr oder sein Ausscheiden anzuordnen.
2. Sind bei der Vorbereitung der Wahl oder bei der Wahlhandlung Unregelmäßigkeiten vorgekommen, die das Wahlergebnis im Wahlkreis oder die Verteilung der Sitze aus den Listen im Einzelfall beeinflußt haben können, so ist die Wahl der Entscheidung entsprechend zu wiederholen (§ 41).
3. Ist die Feststellung des Wahlergebnisses fehlerhaft, so ist sie aufzuheben und eine neue Feststellung anzuordnen (§ 42).
4. Liegt keiner der unter Nummer 1 bis 3 genannten Fälle vor, so ist die Wahl für gültig zu erklären.

§ 40
Verwaltungsgerichtliche Entscheidung

(1) Gegen den Beschluß der Vertretung steht der Person, die den Einspruch erhoben hat, und der Person, deren Wahl für ungültig erklärt ist, sowie der Kommunalaufsichtsbehörde binnen zwei Wochen die Klage vor den Verwaltungsgerichten zu.

(2) Für das Wahlprüfungsverfahren vor den Verwaltungsgerichten gelten die allgemeinen Grundsätze über das verwaltungsgerichtliche Verfahren, soweit sich aus diesem Gesetz nicht etwas anderes ergibt.

§ 41
Wiederholungswahl

(1) Die Wiederholungswahl findet nach denselben Vorschriften, vorbehaltlich einer anderen Entscheidung im Wahlprüfungsverfahren nach denselben Wahlvorschlägen und, wenn seit der Hauptwahl noch nicht sechs Monate verflossen sind, aufgrund derselben Wählerverzeichnisse statt wie die Hauptwahl.

(2) Die Wiederholungswahl muß spätestens 60 Tage nach dem Zeitpunkt stattfinden, an dem die Feststellung der Ungültigkeit der Hauptwahl unanfechtbar geworden ist. Die Kommunalaufsichtsbehörde setzt den Tag der Wiederholungswahl fest.

(3) Die Verteilung der Sitze aus den Listen ist nach dem Ergebnis der Wiederholungswahl zu berichtigen.

§ 42
Neufeststellung des Wahlergebnisses

(1) Ist die Feststellung des Wahlergebnisses durch die Vertretung nach § 39 Nr. 3 aufgehoben, so hat der Wahlausschuß das Wahlergebnis neu festzustellen.

(2) Ist die Feststellung des Wahlergebnisses im verwaltungsgerichtlichen Verfahren nach § 40 rechtskräftig aufgehoben, so hat die Wahlleiterin oder der Wahlleiter das Wahlergebnis nach Maßgabe der gerichtlichen Entscheidung neu festzustellen.

(3) Für die Nachprüfung gelten die §§ 38 bis 40. Im Fall des Absatzes 2 ist die Anfechtung des festgestellten Wahlergebnisses nur insoweit zulässig, als die Feststellung von der verwaltungsgerichtlichen Entscheidung abweicht.

§ 43
Verlust des Sitzes

(1) Eine Vertreterin oder ein Vertreter verliert ihren oder seinen Sitz,
1. wenn sie oder er auf ihn verzichtet,
2. wenn sie oder er aufgrund einer unanfechtbaren Entscheidung im Wahlprüfungsverfahren ausscheiden muß (§ 39 Nr. 1),
3. wenn eine Voraussetzung ihrer oder seiner jederzeitigen Wählbarkeit nach unanfechtbarer Feststellung durch die Kommunalaufsichtsbehörde weggefallen ist.

(2) Der Verzicht ist der oder dem Vorsitzenden der Vertretung schriftlich zu erklären. Er kann nicht widerrufen werden.

(3) Ist eine Wahl ungültig oder nach § 39 Nr. 2 für ungültig erklärt oder ist die Feststellung eines Wahlergebnisses nach § 39 Nr. 3 aufgehoben oder ist eine Wahl unter Anwendung nichtiger gesetzlicher Bestimmungen durchgeführt worden, so bleiben die Vertreterinnen und Vertreter weiter tätig, bis die Wahlleiterin oder der Wahlleiter das neue Wahlergebnis bekanntgemacht hat, sofern die Wahlzeit nicht schon vorher abgelaufen ist.

(4) Ist eine Wahl ungültig oder unter Anwendung nichtiger gesetzlicher Bestimmungen durchgeführt worden, so ist in angemessener Frist neu zu wählen. Den Wahltag bestimmt die Landesregierung.

§ 44
Nachrücken

(1) Wenn eine gewählte Bewerberin oder ein gewählter Bewerber stirbt oder die Annahme der Wahl ablehnt oder wenn eine Vertreterin oder ein Vertreter stirbt oder ihren oder seinen Sitz verliert (§ 43), so rückt die nächste Bewerberin oder der nächste Bewerber auf der Liste derjenigen politischen Partei oder Wählergruppe nach, für die die oder der Ausgeschiedene bei der Wahl aufgetreten ist.

(2) Ist ein Nachrücken nicht möglich, weil eine Liste nicht vorhanden oder erschöpft ist, so bleibt der Sitz leer.

(3) Die Wahlleiterin oder der Wahlleiter stellt die neue Vertreterin oder den neuen Vertreter oder das Leerbleiben des Sitzes fest und gibt dies bekannt. In Zweifelsfällen entscheidet die Vertretung nach Vorprüfung durch den nach § 39 gewählten Ausschuss. Jede und jeder Wahlberechtigte des Wahlgebiets kann gegen die Feststellung der Wahlleiterin oder des Wahlleiters Einspruch nach § 38 einlegen und gegen die Feststellung der Vertretung Klage nach § 40 erheben. Die neuen Vertreterinnen und Vertreter bleiben im Amt, bis über den Einspruch oder die Klage unanfechtbar entschieden ist.

§ 45
Folgen des Verbots einer politischen Partei oder Wählergruppe

(1) Wird eine politische Partei oder eine ihrer Teilorganisationen durch das Bundesverfassungsgericht nach Artikel 21 des Grundgesetzes für verfassungswidrig erklärt oder wird eine Wählergruppe wegen Verfassungswidrigkeit oder aus anderen Gründen rechtskräftig verboten, so verlieren die Vertreterinnen und Vertreter ihren Sitz, die für diese Partei, Wählergruppe oder Teilorganisation nach Beginn des Verfahrens aufgetreten sind.

(2) Für unmittelbare Vertreterinnen und Vertreter, die nach Absatz 1 ausgeschieden sind, findet im Wahlkreis eine Nachwahl statt. Diese Vertreterinnen und Vertreter dürfen bei der Nachwahl nicht als Bewerberinnen und Bewerber

auftreten. Die Verteilung der Sitze aus den Listen wird durch die Nachwahl nicht berührt. Für die Nachwahl gelten im übrigen die Vorschriften über die Neuwahl.

(3) Waren Vertreterinnen und Vertreter, die nach Absatz 1 ihren Sitz verloren haben, aus der Liste gewählt, so bleibt der Sitz leer. Dies gilt nicht, wenn sie aus der Liste einer nicht für verfassungswidrig erklärten politischen Partei oder einer nicht rechtskräftig verbotenen Wählergruppe gewählt waren; in diesem Fall bestimmt sich der Ersatz nach § 44.

(4) Den Verlust der Mitgliedschaft stellt die Wahlleiterin oder der Wahlleiter fest. § 44 Abs. 3 ist anzuwenden.

Abschnitt VIII
Wahl der hauptamtlichen Bürgermeisterinnen und Bürgermeister

§ 46
Anwendbarkeit von Rechtsvorschriften

(1) Für die Wahl der hauptamtlichen Bürgermeisterinnen und Bürgermeister gelten die §§ 2 bis 5, 11 bis 14, 17, 19, 22, 24 Abs. 1 und 3, §§ 25, 28 Abs. 1, §§ 29 bis 35 und 36 entsprechend, soweit sich aus den Vorschriften dieses Abschnitts nicht etwas anderes ergibt.

(2) § 25 Abs. 1 Satz 2 Nr. 2 gilt entsprechend mit der Maßgabe, dass der Gemeindewahlausschuss Wahlvorschläge auch zurückzuweisen hat, wenn sie den Anforderungen des § 57 Abs. 3 der Gemeindeordnung für Schleswig-Holstein nicht entsprechen.

§ 47
Wahlsystem

(1) Die Wahl wird nach den Grundsätzen der Mehrheitswahl durchgeführt. Gewählt ist, wer mehr als die Hälfte der gültigen Stimmen erhalten hat. Erhält keine Bewerberin und kein Bewerber diese Mehrheit, so findet binnen 28 Tagen eine Stichwahl unter den zwei Bewerberinnen oder Bewerbern statt, welche bei der ersten Wahl die höchsten Stimmenzahlen erhalten haben. Bei Stimmengleichheit entscheidet das von der Gemeindewahlleiterin oder dem Gemeindewahlleiter zu ziehende Los darüber, wer in die Stichwahl kommt. Bei der Stichwahl ist gewählt, wer die meisten gültigen Stimmen erhalten hat; bei gleicher Stimmenzahl entscheidet das von der Gemeindewahlleiterin oder dem Gemeindewahlleiter zu ziehende Los.

(2) Jede Wählerin und jeder Wähler hat eine Stimme.

§ 48
Wahltag

(1) Der Gemeindewahlausschuss bestimmt den Wahltag und den Tag einer notwendig werdenden Stichwahl. Die Wahl und die Stichwahl finden jeweils an einem Sonntag statt.

(2) Im Falle der Neubildung einer Gemeinde kann abweichend von Absatz 1 Satz 1 die Kommunalaufsichtsbehörde im Einvernehmen mit den Vertretungen der von der Neubildung betroffenen Gemeinden den Wahltag und den Tag einer notwendig werdenden Stichwahl bereits vor dem Wirksamwerden der Neubildung einer Gemeinde bestimmen.

§ 48 a
Wahlleiterin, Wahlleiter

Im Falle des § 48 Abs. 2 bestimmen abweichend von § 46 Abs. 1 in Verbindung mit § 12 Abs. 1 Satz 1 und 2 die Vertretungen der von der Neubildung betroffenen Gemeinden, welche Person die Aufgaben der Gemeindewahlleiterin oder des Gemeindewahlleiters wahrnimmt. Erfolgt keine Einigung, bestimmt die Kommunalaufsichtsbehörde, wer die Aufgaben der Gemeindewahlleiterin oder des Gemeindewahlleiters wahrnimmt. § 12 Abs. 2 gilt entsprechend.

§ 49
Wahlbezirke

Soweit erforderlich, teilt die Gemeindewahlleiterin oder der Gemeindewahlleiter die Gemeinde in mehrere Wahlbezirke ein und bestimmt einen oder mehrere dieser Wahlbezirke für die Briefwahl (§ 33 Abs. 3). § 16 Abs. 2 ist anzuwenden.

§ 50
Wählerverzeichnisse

Die für die erste Wahl erstellten Wählerverzeichnisse sind auch für die Stichwahl maßgebend.

§ 51
Wahlvorschläge

(1) Wahlvorschläge können einreichen:

1. In der Gemeindevertretung vertretene politische Parteien und Wählergruppen; mehrere politische Parteien und Wählergruppen können gemeinsam einen Wahlvorschlag (gemeinsamer Wahlvorschlag) einreichen,

2. jede Bewerberin und jeder Bewerber für sich selbst.

Jede politische Partei oder Wählergruppe kann nur einen Wahlvorschlag einreichen oder sich nur an einem gemeinsamen Wahlvorschlag beteiligen.

(2) Als Bewerberin oder Bewerber auf einem Wahlvorschlag einer politischen Partei oder Wählergruppe oder auf einem gemeinsamen Wahlvorschlag kann nur benannt werden, wer

1. in einer nach ihrer Satzung zuständigen Versammlung der im Zeitpunkt ihres Zusammentritts wahlberechtigten Mitglieder dieser Partei oder Wählergruppe (Mitgliederversammlung) oder

2. in einer nach ihrer Satzung zuständigen Versammlung der von der Mitgliederversammlung nach Nummer 1 aus deren Mitte gewählten Vertreterinnen und Vertretern (Vertreterversammlung)

hierzu gewählt worden ist. Die Bewerberin oder der Bewerber sowie die Vertreterinnen und Vertreter für die Vertreterversammlung werden von den Teilnehmerinnen und Teilnehmern der Versammlung in geheimer schriftlicher Abstimmung gewählt. Vorschlagsberechtigt ist jede Teilnehmerin und jeder Teilnehmer der Versammlung. Der Wahlvorschlag einer politischen Partei oder Wählergruppe muss von mindestens drei Personen des für das Wahlgebiet nach ihrer Satzung zuständigen Vorstandes, darunter der oder dem Vorsitzenden oder einer Stellvertreterin oder einem Stellvertreter, persönlich und handschriftlich unterzeichnet sein. Ein gemeinsamer Wahlvorschlag muss von mindestens drei Personen des für das Wahlgebiet nach ihrer Satzung zuständigen Vorstandes jeder am Wahlvorschlag beteiligten politischen Partei oder Wählergruppe, darunter jeweils der oder dem Vorsitzenden oder einer Stellvertreterin oder einem Stellvertreter, persönlich und handschriftlich unterzeichnet sein. Als Bewerberin oder Bewerber kann nur vorgeschlagen werden, wer ihre oder seine Zustimmung hierzu schriftlich erteilt hat; die Zustimmung ist unwiderruflich.

(3) Der Wahlvorschlag einer Bewerberin oder eines Bewerbers (Absatz 1 Nr. 2) muß von einer Mindestzahl von Wahlberechtigten persönlich und handschriftlich unterzeichnet sein; die Mindestzahl entspricht dem Fünffachen der Gesamtzahl der Vertreterinnen und Vertretern, die nach § 8 für die zuletzt stattgefundene Wahl der Gemeindevertretung maßgebend war. Findet die Wahl in Verbindung mit der Gemeindewahl statt, entspricht sie dem Fünffachen der Gesamtzahl der nach § 8 neu zu wählenden Vertrerinnen und Vertreter. Die Wahlberechtigung der Unterzeichnenden ist bei Einreichung des Wahlvorschlages nachzuweisen.

(4) Die ordnungsgemäße Unterzeichnung eines Wahlvorschlags nach Absatz 2 Satz 4 und 5 und Absatz 3 Satz 1 sowie der Nachweis der Wahlberechtigung der Unterzeichnenden nach Absatz 3 Satz 2 können bis zum Ablauf der Einreichungsfrist nachgeholt werden, sonstige Mängel bis zur Zulassung beseitigt werden.

(5) Ein Wahlvorschlag kann, solange nicht über seine Zulassung entschieden ist, zurückgenommen werden

1. im Falle des Absatzes 1 Satz 1 Nr. 1 von der Vertrauensperson und der stellvertretenden Vertrauensperson gemeinsam,

2. im Falle des Absatzes 1 Satz 1 Nr. 2

a) von der Bewerberin oder dem Bewerber selbst,

b) von der Mehrheit der Unterzeichnenden.

Die Rücknahme ist der Gemeindewahlleiterin oder dem Gemeindewahlleiter gegenüber schriftlich zu erklären.

(6) Bewerberinnen und Bewerber, die innerhalb des Wahlgebiets auf mehreren Wahlvorschlägen benannt sind, können nicht zugelassen werden.

§ 52
Verschiebung der Wahl

(1) Stirbt eine Bewerberin oder ein Bewerber nach der Zulassung des Wahlvorschlags und vor Beginn der Wahl oder der Stichwahl, so ist die Wahl abzusagen und das Wahlverfahren erneut zu beginnen. Zugelassene Wahlvorschläge bleiben gültig; § 51 Abs. 5 bleibt unberührt.

(2) Kann infolge höherer Gewalt nicht gewählt werden, ist die Wahl abzusagen und zu einem späteren Zeitpunkt mit denselben Wahlvorschlägen durchzuführen.

(3) § 48 gilt entsprechend.

§ 53
Stimmzettel

(1) Auf dem Stimmzettel werden die Bewerberinnen und Bewerber in alphabetischer Reihenfolge des Familiennamens aufgeführt. Bei gleichen Familiennamen entscheidet das von der Gemeindewahlleiterin oder dem Gemeindewahlleiter zu ziehende Los. Wahlvorschläge von politischen Parteien und Wählergruppen sowie gemeinsame Wahlvorschläge von politischen Parteien und Wählergruppen sind als solche zu kennzeichnen.

(2) Ist nur ein Wahlvorschlag zugelassen worden, muß der Stimmzettel so gestaltet sein, daß die Wählerin oder der Wähler mit „Ja" oder „Nein" stimmen kann.

§ 54
Wahlprüfung

Die §§ 38 bis 42 gelten entsprechend mit folgenden Maßgaben:

1. Einspruchsberechtigt ist jede und jeder Wahlberechtigte des Wahlgebiets sowie jede Bewerberin und jeder Bewerber auf einem eingereichten Wahlvorschlag.
2. Über die Gültigkeit der Wahl sowie über Einsprüche entscheidet die Kommunalaufsichtsbehörde.
3. War die oder der Gewählte nicht wählbar, ist anzuordnen, dass die Ernennung unterbleibt; eine bereits erfolgte Ernennung ist nichtig.
4. Die Wiederholungswahl muß spätestens fünf Monate nach dem Zeitpunkt stattfinden, an dem die Feststellung der Ungültigkeit der Hauptwahl unanfechtbar geworden ist.

Abschnitt IX
Gemeinsame Vorschriften für die Abschnitte I bis VIII

§ 55
Ehrenamtliche Mitwirkung

(1) Die Beisitzerinnen und Beisitzer der Kreis- und Gemeindewahlausschüsse sowie die Mitglieder der Wahlvorstände üben ihre Tätigkeit ehrenamtlich aus. Zur Übernahme dieser ehrenamtlichen Tätigkeit ist vorbehaltlich der Absätze 2 und 3 jede und jeder Wahlberechtigte verpflichtet.

(2) Wahlbewerberinnen und Wahlbewerber, Vertrauenspersonen für Wahlvorschläge und stellvertretende Vertrauenspersonen dürfen nicht Wahlleiterinnen und Wahlleiter oder deren Stellvertreterinnen und Stellvertreter sein und keine ehrenamtliche Tätigkeit nach Absatz 1 Satz 1 ausüben. Niemand darf in mehr als einem Wahlorgan Mitglied sein.

(3) Die Übernahme einer ehrenamtlichen Tätigkeit nach Absatz 1 Satz 1 dürfen ablehnen

1. die Mitglieder des Europäischen Parlaments, des Bundestages, des Landtages, der Bundesregierung und der Landesregierung,

2. die im öffentlichen Dienst Beschäftigten, die amtlich mit dem Vollzug der Wahl oder mit der Aufrechterhaltung der öffentlichen Ruhe und Sicherheit beauftragt sind,
3. Wahlberechtigte, die wenigstens 60 Jahre alt sind,
4. Wahlberechtigte, die glaubhaft machen, daß ihnen die Fürsorge für ihre Familie die Ausübung des Amtes in besonderem Maße erschwert,
5. Wahlberechtigte, die glaubhaft machen, daß sie aus dringenden Gründen oder wegen einer körperlichen Beeinträchtigung gehindert sind, das Amt ordnungsmäßig zu führen,
6. Wahlberechtigte, die sich am Wahltag aus zwingenden Gründen außerhalb ihres Wohnortes aufhalten.

§ 56
Ordnungswidrigkeiten

(1) Ordnungswidrig handelt, wer

1. entgegen § 55 ohne gesetzlichen Grund die Übernahme einer ehrenamtlichen Tätigkeit ablehnt oder sich ohne genügende Entschuldigung diesen Pflichten entzieht oder
2. entgegen § 30 Abs. 2 Ergebnisse von Wählerbefragungen nach der Stimmabgabe über den Inhalt der Wahlentscheidung vor Ablauf der Wahldauer veröffentlicht.

(2) Die Ordnungswidrigkeit nach Absatz 1 Nr. 1 kann mit einer Geldbuße bis zu 500 Euro, die Ordnungswidrigkeit nach Absatz 1 Nr. 2 mit einer Geldbuße bis zu 5 000 Euro geahndet werden.

(3) Bei Ordnungswidrigkeiten nach Absatz 1 Nr. 1 ist die Kreiswahlleiterin oder der Kreiswahlleiter Verwaltungsbehörde im Sinne des § 36 Abs. 1 Nr. 1 des Gesetzes über Ordnungswidrigkeiten.

§ 57
Wahlstatistik

(1) Das Ergebnis der Wahlen zu den Gemeinde- und Kreisvertretungen ist vom Statistischen Amt für Hamburg und Schleswig-Holstein statistisch auszuwerten und zu veröffentlichen.

(2) Die Gemeindewahlleiterin oder der Gemeindewahlleiter kann über das Ergebnis der Gemeindewahl und der Kreiswahl statistische Erhebungen über die Wahlberechtigten und ihre Beteiligung an der Wahl nach Geburtsjahrsgruppen und Geschlecht durch Auszählung der Wählerverzeichnisse durchführen.

(3) Erhebungsmerkmale sind Wahlscheinvermerk, Beteiligung an der Wahl, Geburtsjahrsgruppen und Geschlecht.

(4) Es dürfen höchstens zehn Geburtsjahrsgruppen gebildet werden, in denen jeweils mindestens drei Geburtsjahrgänge zusammengefasst sind.

(5) Ergebnisse für einzelne Wahlbezirke dürfen nicht bekannt gegeben werden.

§ 58
Anfechtung

Entscheidungen und Maßnahmen, die sich unmittelbar auf das Wahlverfahren beziehen, können nur mit den in diesem Gesetz und den in der Gemeinde- und Kreiswahlordnung vorgesehenen Rechtsbehelfen sowie im Wahlprüfungsverfahren angefochten werden.

§ 58 a
Sonderregelungen im Falle einer Notlage

(1) Der Kreistag oder die Stadtvertretung einer kreisfreien Stadt kann im Falle einer Notlage mit der Mehrheit von zwei Dritteln seiner oder ihrer Mitglieder feststellen, dass die Durchführung von Versammlungen im Sinne von § 20 Absatz 3 und § 51 Absatz 2 wegen damit einhergehender Gefahren für Leib oder Leben ganz oder teilweise unzumutbar ist. Eine Notlage liegt vor, wenn eine außerordentlich schwere Katastrophe oder eine epidemische Lage von überregionaler Tragweite im Land besteht. Trifft der Kreistag oder die Stadtvertretung diese Feststellung, kann von den Bestimmungen des Gemeinde- und Kreiswahlgesetzes nach Maßgabe dieser Vorschrift abgewichen werden. Die

Feststellung des Kreistages oder der Stadtvertretung ist der zuständigen Kommunalaufsichtsbehörde unverzüglich anzuzeigen. Die zuständige Kommunalaufsichtsbehörde kann der Feststellung des Kreistages oder der Stadtvertretung binnen 14 Tagen nach deren Anzeige widersprechen, wenn die Voraussetzungen für eine Feststellung nach Satz 1 nicht vorliegen. Im Falle eines Widerspruchs ist die Feststellung des Kreistages oder der Stadtvertretung unwirksam.

(2) Eine Anwendung dieser Vorschrift und der nach dieser Vorschrift vorgesehenen Verfahren setzt keine entsprechende Regelung in der Satzung der Partei oder Wählergruppe voraus. Vor dem Inkrafttreten dieser Vorschrift getroffene satzungsrechtliche Bestimmungen der Partei oder Wählergruppe stehen der Anwendung dieser Vorschrift nicht entgegen.

(3) Den Beschluss über die Möglichkeit zur Abweichung von den Bestimmungen der Satzungen fasst für alle Gliederungen der Partei im Kreis der Kreisvorstand, für alle Gliederungen einer Wählergruppe deren Vorstand. Der Beschluss des Kreisvorstandes kann durch den Kreisparteitag aufgehoben werden, der Beschluss des Vorstandes einer Wählergruppe durch deren Mitglieder- oder Vertreterversammlung. Das Nähere bleibt der Regelung durch Satzung der Partei oder Wählergruppe vorbehalten.

(4) Versammlungen, die der Aufstellung von Bewerberinnen und Bewerbern einer Partei dienen, können ganz oder teilweise mit Ausnahme der Abstimmung über einen Wahlvorschlag im Wege der Bild- und Tonübertragung oder durch mehrere miteinander im Wege der Bild- und Tonübertragung verbundene gleichzeitige Teilversammlungen an verschiedenen Orten durchgeführt werden. Für in Präsenz durchgeführte Versammlungen kann von der satzungsgemäßen, für die Beschlussfähigkeit der Versammlung erforderlichen Mitglieder- oder Delegiertenzahl abgewichen werden.

(5) Bei gemäß Absatz 4 durchgeführten Versammlungen sind das Vorschlagsrecht der Vorschlagsberechtigten, ein Vorstellungsrecht der Bewerberinnen und Bewerber und der Zugang der Stimmberechtigten zu Angaben über Person und Programm der Bewerberinnen und Bewerber in schriftlicher Form zu gewährleisten. Wenn einzelne oder alle Teilnehmerinnen und Teilnehmer nur durch einseitige Bild- und Tonübertragung an der Versammlung teilnehmen, sind die Wahrnehmung des Vorschlagsrechts der Vorschlagsberechtigten, das Vorstellungsrecht der Bewerberinnen und Bewerber sowie die Befragung zumindest schriftlich im Vorwege, elektronisch oder fernmündlich zu gewährleisten.

(6) Die Wahl von Mitgliedern und Delegierten für Versammlungen, die der Aufstellung von Bewerberinnen und Bewerbern einer Partei dienen, oder die Wahl von Bewerberinnen und Bewerbern einer Partei kann auch im schriftlichen Verfahren durchgeführt werden. Vorstellung und Befragung können dabei zusätzlich unter Nutzung elektronischer Medien erfolgen. Das Vorschlagsrecht der Vorschlagsberechtigten, das Vorstellungsrecht der Bewerberinnen und Bewerber sowie der Zugang der Stimmberechtigten zu Angaben über Person und Programm der Bewerberinnen und Bewerber sind in schriftlicher Form zu gewährleisten.

(7) Die Abstimmung über einen Wahlvorschlag kann im Wege der Urnenwahl, der Briefwahl oder einer Kombination aus Urnen- und Briefwahl durchgeführt werden. Dabei ist durch geeignete Vorkehrungen zu gewährleisten, dass nur Stimmberechtigte an der Abstimmung teilnehmen, das Wahlgeheimnis gewahrt wird und die Stimmabgabe erst nach der Eröffnung des Wahlganges auf der Versammlung möglich ist. Soweit die Satzungen der Parteien keine einschlägigen Regelungen zur Abstimmung im Wege der Briefwahl enthalten, finden die Bestimmungen zur Zurückweisung von Wahlbriefen und die Auslegungsregeln nach § 40 Absatz 2 des Wahlgesetzes für den Landtag von Schleswig-Holstein in der Fassung der Bekanntmachung vom 7. Oktober 1991 (GVOBl. Schl.-H. S. 442, ber. S. 637), [zuletzt geändert durch das Gesetz zur Änderung wahlrechtlicher Vorschriften], entsprechende Anwendung.

(8) Abweichend von § 51 Absatz 3 entspricht die Mindestzahl von Wahlberechtigten, von denen der Wahlvorschlag einer Bewerberin oder eines Bewerbers persönlich und handschriftlich unterzeichnet sein muss, dem Dreifachen der Gesamtzahl von Vertreterinnen und Vertretern, die nach § 8 für die zuletzt stattgefundene Wahl der Gemeindevertretung maßgebend war. Findet die Wahl in Verbindung mit der Gemeindewahl statt, entspricht die Mindestzahl von Wahlberechtigten dem Dreifachen der Gesamtzahl der nach § 8 neu zu wählenden Vertreterinnen und Vertreter.

(9) Liegen die Voraussetzungen nach Absatz 1 Satz 1 nicht mehr vor, stellt der Kreistag oder die Stadtvertretung einer kreisfreien Stadt dies mit der Mehrheit seiner oder ihrer Mitglieder fest. Trifft der Kreistag oder die Stadtvertretung diese Feststellung, so kann bei Verfahren, die vor der Feststellung nach den Bestimmungen dieser Vorschrift begonnen oder durchgeführt wurden, von den Abweichungsmöglichkeiten dieser Vorschrift für sechs Wochen ab der Feststellung weiter Gebrauch gemacht werden.

(10) Beschlüsse, Versammlungen und Wahlen nach dieser Vorschrift sind der zuständigen Wahlleiterin oder dem zuständigen Wahlleiter anzuzeigen.

Abschnitt X
Schlußvorschriften

§ 59
Durchführungsbestimmungen

(1) Das Ministerium für Inneres, ländliche Räume und Integration wird ermächtigt, durch Rechtsverordnung (Gemeinde- und Kreiswahlordnung)[1] Vorschriften zu erlassen über

1. die Bildung der Wahlkreise und der Wahlbezirke und ihre Bekanntmachung,
2. die Bestellung der Wahlleiterinnen und Wahlleiter sowie der Wahlvorsteherinnen und Wahlvorsteher,
3. die Bildung der Wahlausschüsse und der Wahlvorstände sowie über die Tätigkeit, Beschlussfähigkeit und das Verfahren der Wahlorgane,
4. die Führung der Wählerverzeichnisse, ihre Bereithaltung zur Einsichtnahme, Berichtigung und ihren Abschluss, über den Einspruch und die Beschwerde gegen das Wählerverzeichnis sowie über die Benachrichtigung der Wahlberechtigten,
5. die einzelnen Voraussetzungen für die Erteilung von Wahlscheinen, ihre Ausstellung, über den Einspruch und über die Beschwerde gegen die Ablehnung von Wahlscheinen,
6. die Einreichung, den Inhalt und die Form der Wahlvorschläge sowie der dazugehörigen Unterlagen, über ihre Prüfung, die Beseitigung von Mängeln sowie über ihre Zulassung und Bekanntgabe,
7. die Form und den Inhalt der Stimmzettel und über die Stimmzettelumschläge,
8. die Dauer der Wahlhandlung,
9. die Bereitstellung, Einrichtung und Bekanntmachung der Wahlräume sowie über Wahlschutzvorrichtungen und Wahlkabinen, die Stimmabgabe, auch soweit besondere Verhältnisse besondere Regelungen erfordern,
10. die Briefwahl,
11. die Wahl in Krankenhäusern, Heimen, Anstalten und gesperrten Wohnstätten,
12. die Auslegungsregeln für die Gültigkeit von Stimmzetteln,
13. die Feststellung der Wahlergebnisse, ihre Weitermeldung und Bekanntgabe sowie die Benachrichtigung der Gewählten,
14. die Durchführung von späteren Wahlen, Nachwahlen und Wiederholungswahlen sowie den Ersatz ausscheidender Vertreterinnen und Vertreter,
15. die Berufung in ein Wahlorgan sowie über den Ersatz von Auslagen für Mitglieder von Wahlorganen,

---

1 Gemeinde- und Kreiswahlordnung vom 9.12.2019 (GVOBl. Schl.-H. S. 643), geändert durch LVO vom 1.10.2020 (GVOBl. Schl.-H. S. 721).

16. das Verfahren im Fall einer Verbindung von Gemeinde- und Kreiswahlen.

(2) Es stellt darüber hinaus zu den Wahlen umfassende barrierefreie Informationen, unter anderem in Leichter Sprache, und Informationen in anderen Sprachen in geeigneter Form zum Beispiel als online-Angebot zur Verfügung. Auf den Wahlbenachrichtigungen sollte ein deutlicher Hinweis in Leichter Sprache auf das barrierefreie Angebot sowie auf die Möglichkeit zur Abforderung der Informationen aus Satz 1 erfolgen.

§ 60
Fristen und Termine

Die in diesem Gesetz und in den aufgrund dieses Gesetzes erlassenen Verordnungen vorgesehenen Fristen und Termine verlängern oder ändern sich nicht dadurch, daß der letzte Tag der Frist oder ein Termin auf einen Sonnabend, einen Sonntag, einen gesetzlichen oder staatlich geschützten Feiertag fällt. Eine Wiedereinsetzung in den vorigen Stand ist ausgeschlossen.

§ 61
Datenschutzrechtliche Bestimmung für staatliche und kommunale Wahlen

Die Bürgermeisterinnen und Bürgermeister der amtsfreien Gemeinden und die Amtsdirektorinnen und Amtsdirektoren, in ehrenamtlich verwalteten Ämtern die Amtsvorsteherinnen und Amtsvorsteher, dürfen zur Berufung der Mitglieder der Wahlvorstände für Wahlen zum Schleswig-Holsteinischen Landtag, die Gemeindewahlleiterinnen und Gemeindewahlleiter für die Wahlen in den Gemeinden und Kreisen, die dazu erforderlichen personenbezogenen Daten der Wahlberechtigten ohne deren Kenntnis erheben und zu diesem Zweck weiterverarbeiten. Im einzelnen dürfen folgende Daten erhoben und weiterverarbeitet werden: Name, Vorname, Anschrift, Geburtsdatum, Zahl der Einsätze im Wahlvorstand und dort ausgeübte Funktion.

§ 62
Inkrafttreten

(1) Dieses Gesetz tritt am Tage nach seiner Verkündung in Kraft. Es gilt erstmalig für die bis zum 25. Oktober 1959 durchzuführenden Wahlen der Gemeinde- und Kreisvertretungen.[2]

(2) (Aufhebungsvorschrift)

---

2 *Die Vorschrift betrifft das Inkrafttreten des Gesetzes in der Fassung vom 25. März 1959 (GVOBl. Schl.-H. S. 13).*

Landesverordnung
über die Aufstellung und Ausführung eines kameralen Haushaltsplanes der Gemeinden
(Gemeindehaushaltsverordnung-Kameral – GemHVO-Kameral)
vom 2. Dezember 2019
– GVOBl. Schl.-H. S. 623 –

Aufgrund des § 135 Absatz 2 der Gemeindeordnung in der Fassung der Bekanntmachung vom 28. Februar 2003 (GVOBl. Schl.-H. S. 57), zuletzt geändert durch Gesetz vom 4. Januar 2018 (GVOBl. Schl.-H. S. 6), verordnet das Ministerium für Inneres, ländliche Räume und Integration:

Abschnitt 1
Haushaltsplan

§ 1
Haushaltsplan

(1) Der Vermögenshaushalt umfasst auf der Einnahmeseite
1. die Zuführung vom Verwaltungshaushalt,
2. Einnahmen aus der Veränderung des Anlagevermögens,
3. Entnahmen aus Rücklagen,
4. Zuweisungen und Zuschüsse für Investitionen und für die Förderung von Investitionen Dritter, Beiträge und ähnliche Entgelte,
5. Einnahmen aus Krediten und inneren Darlehen;

auf der Ausgabeseite

6. die Tilgung von Krediten, die Rückzahlung innerer Darlehen, die Kreditbeschaffungskosten sowie die Ablösung von Dauerlasten,
7. Ausgaben für die Veränderung des Anlagevermögens, Zuweisungen und Zuschüsse für Investitionen Dritter sowie Verpflichtungsermächtigungen,
8. Zuführungen zu Rücklagen und die Deckung von Fehlbeträgen des Vermögenshaushaltes aus Vorjahren,
9. die Zuführung zum Verwaltungshaushalt,
10. die Deckungsreserve im Vermögenshaushalt.

(2) Der Verwaltungshaushalt umfasst die nicht unter Absatz 1 fallenden Einnahmen und Ausgaben.

§ 2
Bestandteile des Haushaltsplanes, Anlagen

(1) Der Haushaltsplan besteht aus
1. dem Gesamtplan,
2. den Einzelplänen des Verwaltungshaushaltes und des Vermögenshaushaltes,
3. den Sammelnachweisen,
4. dem Stellenplan.

(2) Dem Haushaltsplan sind beizufügen
1. der Vorbericht,
2. der Finanzplan mit dem ihm zugrundeliegenden Investitionsprogramm; ergeben sich bei der Aufstellung des Haushaltsplanes wesentliche Änderungen für die folgenden Jahre, ist ein entsprechender Nachtrag beizufügen,
3. eine Übersicht über die aus Verpflichtungsermächtigungen in den einzelnen Jahren voraussichtlich fällig werdenden Ausgaben,
4. eine Übersicht über die nach § 15 Absatz 2 gebildeten Budgets unter Angabe der den einzelnen Budgets zugeordneten Einnahmen und Ausgaben nach Abschnitten und Unterabschnitten,
5. die Hebesatzsatzung, soweit die Gemeinde eine solche Satzung beschlossen hat,
6. die Wirtschaftspläne der Sondervermögen der Gemeinde, für die Sonderrechnungen geführt werden und in der Haushaltssatzung Festsetzungen erfolgen.

(3) Dem Haushaltsplan sollen beigefügt werden
1. die neuesten Jahresabschlüsse der Sondervermögen der Gemeinde, für die Sonderrechnungen geführt werden und in der Haushaltssatzung Festsetzungen erfolgen,
2. die Wirtschaftspläne und neuesten Jahresabschlüsse der anderen Sondervermögen der Gemeinde und der Treuhandvermögen nach § 98 der Gemeindeordnung, für die Sonderrechnungen geführt werden,
3. die Wirtschaftspläne und neuesten Jahresabschlüsse der Gesellschaften, an denen die Gemeinde, auch mittelbar, mit mehr als 50 Prozent beteiligt ist; die Anlage kann auf den Erfolgsplan, den Vermögensplan und den Finanzplan sowie auf die Bilanz und die Gewinn- und Verlustrechnung beschränkt werden,
4. die Wirtschaftspläne und neuesten Jahresabschlüsse der Kommunalunternehmen nach § 106a der Gemeindeordnung, die von der Gemeinde getragen werden; die Anlage kann auf den Erfolgsplan, den Vermögensplan und den Finanzplan sowie auf die Bilanz und die Gewinn- und Verlustrechnung beschränkt werden,
5. die Wirtschaftspläne und neuesten Jahresabschlüsse der gemeinsamen Kommunalunternehmen nach § 19b des Gesetzes über kommunale Zusammenarbeit in der Fassung der Bekanntmachung vom 28. Februar 2003 (GVOBl. Schl.-H. S. 122), zuletzt geändert durch Artikel 4 des Gesetzes vom 21. Juni 2016 (GVOBl. Schl.-H. S. 528), zu deren Stammkapital die Gemeinde mehr als 50 Prozent beigetragen hat; die Anlage kann auf den Erfolgsplan, den Vermögensplan und den Finanzplan sowie auf die Bilanz und die Gewinn- und Verlustrechnung beschränkt werden,
6. die Wirtschaftspläne und neuesten Jahresabschlüsse der anderen Anstalten, die von der Gemeinde getragen werden, mit Ausnahme der öffentlich-rechtlichen Sparkassen; die Anlage kann auf den Erfolgsplan, den Vermögensplan und den Finanzplan sowie auf die Bilanz und die Gewinn- und Verlustrechnung beschränkt werden.

Soweit Wirtschaftspläne und neueste Jahresabschlüsse nach Satz 1 bei Beratung über den Haushaltsplan noch nicht vorliegen, sind sie nach Vorliegen unverzüglich der Gemeindevertretung zuzuleiten und dem nächsten Nachtragshaushaltsplan oder dem Haushaltsplan des nächsten Jahres als Anlage beizufügen.

§ 3
Vorbericht

Der Vorbericht gibt einen Überblick über den Stand und die Entwicklung der Haushaltswirtschaft. Insbesondere ist darzustellen

1. in einer Übersicht die Entwicklung der Steuereinnahmen und der Finanzzuweisungen sowie der Umlagen in den letzten drei abgeschlossenen Haushaltsjahren, im Vorjahr und im Haushaltsjahr,
2. in einer Übersicht die Entwicklung der Schulden in den letzten drei abgeschlossenen Haushaltsjahren sowie deren voraussichtliche Entwicklung im Vorjahr, im Haushaltsjahr und in den drei nachfolgenden Jahren,
3. in einer Übersicht die übernommenen Bürgschaften, Verpflichtungen aus Gewährverträgen und die Rechtsgeschäfte, die diesen wirtschaftlich gleichkommen,
4. in einer Übersicht der voraussichtliche Stand der Rücklagen zu Beginn des Haushaltsjahres,

5. in einer Übersicht die Höhe des freien Finanzspielraums im Haushaltsjahr, in den beiden vorangegangenen Haushaltsjahren sowie in den drei nachfolgenden Jahren,
6. welche erheblichen Investitionen und Investitionsförderungsmaßnahmen im Haushaltsjahr geplant sind und welche finanziellen Auswirkungen hieraus sich für die folgenden Jahre ergeben,
7. in einer Übersicht die geplanten Ausgaben für Investitionen und Investitionsförderungsmaßnahme in den letzten drei abgeschlossenen Haushaltsjahren, im Vorjahr, im Haushaltsjahr sowie den drei nachfolgenden Jahren und deren Abwicklung,
8. in einer Übersicht die Entwicklung des Anstiegs der bereinigten Ausgaben im Verwaltungshaushalt im Haushaltsjahr, in den beiden vorangegangenen Haushaltsjahren sowie in den drei nachfolgenden Jahren im Vergleich mit den Empfehlungen des jährlichen Haushaltserlasses des Ministeriums für Inneres, ländliche Räume und Integration,
9. jeweils in einer Übersicht
    a) die im Haushaltsjahr umgesetzten wesentlichen Maßnahmen zur Haushaltskonsolidierung mit ihren finanziellen Auswirkungen im Haushaltsjahr und in dem dem Haushaltsjahr folgenden Jahr,
    b) noch nicht umgesetzte Maßnahmen zur Haushaltskonsolidierung mit ihren möglichen finanziellen Auswirkungen,
    c) die Zuweisungen und Zuschüsse an Vereine und Verbände unter Angabe der Ausgaben im Haushaltsjahr und in den beiden vorangegangenen Jahren, mit Ausnahme der Zuweisungen und Zuschüsse zur Förderung der Betreuung von Kindern in Einrichtungen sowie zur Förderung von Beschäftigungsverhältnissen im Rahmen der Kindertagespflege,
    d) die Mitgliedschaften in Vereinen und Verbänden unter Angabe der Mitgliedsbeiträge im Haushaltsjahr und in den beiden vorangegangenen Jahren,
    e) Angaben zur Ausschöpfung der Steuer- und sonstigen Einnahmequellen,
    wenn der Verwaltungshaushalt des Haushaltsjahres oder in einem der drei nachfolgenden Jahre nicht ausgeglichen ist,
10. in einer Übersicht die abgeschlossenen und im Haushaltsjahr geplanten kreditähnlichen Rechtsgeschäfte, die nicht nach § 1 der Landesverordnung über die Genehmigungsfreiheit von Rechtsgeschäften kommunaler Körperschaften vom 14. September 2016 (GVOBl. Schl.-H. S. 832), genehmigungsfrei gestellt sind, unter Angabe der Belastung des Haushalts im Vorjahr, im Haushaltsjahr und in den drei nachfolgenden Jahren und unter Angabe des Zeitpunktes des Auslaufens der kreditähnlichen Rechtsgeschäfte,
11. in einer Übersicht die Ergebnisse der kostenrechnenden Einrichtungen, die sich in der Regel zu mehr als zehn Prozent aus Entgelten finanzieren, im Vorjahr und im Haushaltsjahr unter Angabe der Kostendeckungsgrade,
12. in einer Übersicht die Verwendung der allgemeinen Schlüsselzuweisungen für übergemeindliche Aufgaben,
13. die Treuhandvermögen der Gemeinde, die von Dritten verwaltet werden, im Hinblick auf die Liquiditätslage, die im Haushaltsjahr geplanten Investitionen und deren Finanzierung sowie bei Vorliegen einer Verschuldung die Höhe der Verschuldung und das veräußerbare Vermögen,
14. in einer Übersicht
    a) die Sondervermögen der Gemeinde, für die Sonderrechnungen geführt werden,
    b) die Zweckverbände, in denen die Gemeinde Mitglied ist,
    c) die Gesellschaften, an denen die Gemeinde, auch mittelbar, beteiligt ist,
    d) die Kommunalunternehmen nach § 106a der Gemeindeordnung, die von der Gemeinde getragen werden,
    e) die gemeinsamen Kommunalunternehmen nach § 19b des Gesetzes über kommunale Zusammenarbeit, die von der Gemeinde mitgetragen werden,
    f) die anderen Anstalten, die von der Gemeinde getragen werden, mit Ausnahme der öffentlich-rechtlichen Sparkassen,
    unter Angabe der Höhe des Stammkapitals, des Anteils der Gemeinde am Stammkapital sowie der Höhe der Gewinnabführung, Verlustabdeckung oder Umlage, in den beiden Haushaltsjahren vorangehenden Haushaltsjahren und ihrer voraussichtlichen Höhe im Haushaltsjahr,
15. wie sich die Erfolgs- und Finanzlage einschließlich der Schulden oder die Haushaltslage und Verschuldung
    a) der Sondervermögen der Gemeinde, für die Sonderrechnungen geführt werden,
    b) der Treuhandvermögen nach § 98 der Gemeindeordnung, für die Sonderrechnungen geführt werden,
    c) der Zweckverbände, in denen die Gemeinde Mitglied ist,
    d) der Gesellschaften, an denen die Gemeinde, auch mittelbar, mit mehr als 25 Prozent beteiligt ist,
    e) der Kommunalunternehmen nach § 106a der Gemeindeordnung, die von der Gemeinde getragen werden,
    f) der Kommunalunternehmen nach § 19b des Gesetzes über kommunale Zusammenarbeit, zu deren Stammkapital die Gemeinde mindestens 25 Prozent beigetragen hat,
    g) der anderen Anstalten, die von der Gemeinde getragen werden, mit Ausnahme der öffentlich-rechtlichen Sparkassen
    entwickelt haben und sich im Haushaltsjahr voraussichtlich entwickeln werden und wie sich diese jeweils in Einnahmen und Ausgaben auf die Haushaltswirtschaft der Gemeinde in den beiden Haushaltsjahren vorangehenden Haushaltsjahren ausgewirkt haben und voraussichtlich im Haushaltsjahr auswirken werden,
16. jeweils eine Übersicht über die Entwicklung der Verbindlichkeiten aus Krediten in den letzten drei abgeschlossenen Haushaltsjahren sowie deren voraussichtliche Entwicklung im Vorjahr, im Haushaltsjahr und in den drei nachfolgenden Jahren für
    a) jedes Sondervermögen der Gemeinde, für das Sonderrechnung geführt wird,
    b) jede Gesellschaft, an denen die Gemeinde, auch mittelbar, mit mindestens 75 Prozent beteiligt ist,
    c) jedes Kommunalunternehmen nach § 106a der Gemeindeordnung, das von der Gemeinde getragen wird, und
    d) jede andere Anstalt, die von der Gemeinde getragen wird, mit Ausnahme der öffentlich-rechtlichen Sparkassen,
17. jeweils in einer Übersicht die geplanten Ausgaben für Investitionen und Investitionsförderungsmaßnahme in den letzten drei abgeschlossenen Haushaltsjahren, im Vorjahr, im Haushaltsjahr sowie den drei nachfolgenden Jahren und deren Abwicklung für
    a) jedes Sondervermögen der Gemeinde, für das Sonderrechnung geführt wird,
    b) jede Gesellschaft, an denen die Gemeinde, auch mittelbar, mit mindestens 75 Prozent beteiligt ist,
    c) jedes Kommunalunternehmen nach § 106a der Gemeindeordnung, das von der Gemeinde getragen wird, und
    d) jede andere Anstalt, die von der Gemeinde getragen wird, mit Ausnahme der öffentlich-rechtlichen Sparkassen,

18. in einer Übersicht die Gesamtverschuldung der Gemeinde in den letzten drei abgeschlossenen Haushaltsjahren sowie deren voraussichtlichen Entwicklung im Vorjahr, im Haushaltsjahr und in den drei nachfolgenden Jahren.

§ 4
Gesamtplan

Der Gesamtplan enthält

1. eine Zusammenfassung der Einnahmen, Ausgaben und Verpflichtungsermächtigungen der Einzelpläne des Verwaltungshaushaltes und des Vermögenshaushaltes,
2. eine Übersicht über die Einnahmen, Ausgaben und Verpflichtungsermächtigungen, geordnet nach Aufgabenbereichen und Arten (Haushaltsquerschnitt),
3. eine Übersicht über die Einnahmen und Ausgaben, geordnet nach Arten (Gruppierungsübersicht).

Die Angaben zu Satz 1 Nummer 2 dürfen auf die Zahlen des Haushaltsjahres beschränkt werden.

§ 5
Einzelpläne

(1) Die Einzelpläne, ihre Abschnitte und Unterabschnitte sind nach Aufgabenbereichen zu gliedern. Für jeden Einzelplan, Abschnitt und Unterabschnitt ist ein Teilabschluss zu bilden.

(2) Innerhalb der Einzelpläne, Abschnitte und Unterabschnitte sind die Einnahmen und Ausgaben nach ihren Arten in Hauptgruppen, Gruppen und Untergruppen zu ordnen.

(3) Gliederung und Gruppierung richten sich nach dem vom Ministerium für Inneres, ländliche Räume und Integration erlassenen Gliederungs- und Gruppierungsplan.

(4) Zu den Ansätzen für das Haushaltsjahr sind die Einnahme- und Ausgabeansätze für das Vorjahr und die Ergebnisse des diesem vorangehenden Jahres anzugeben, zu den einzelnen Investitionen und Investitionsförderungsmaßnahmen außerdem der gesamte Ausgabebedarf (§ 9 Absatz 1 Satz 1) und die bisher bereitgestellten Ausgabemittel.

§ 5a
Stellenplan

(1) Im Stellenplan sind die im Haushaltsjahr erforderlichen Stellen der Beamtinnen und Beamten und der nicht nur vorübergehend beschäftigten Arbeitnehmerinnen und Arbeitnehmer, gegliedert nach Besoldungs- und Entgeltgruppen, bei Beamtinnen und Beamten unter der Amtsbezeichnung, bei Arbeitnehmerinnen und Arbeitnehmer unter Angabe der Funktionen, auszuweisen. Als vorübergehend beschäftigt gelten solche Beschäftigte, deren Dienstleistung auf höchstens sechs Monate begrenzt ist. Im Stellenplan sind nachrichtlich aufzuführen

1. Stellen für Widerrufsbeamtinnen und Widerrufsbeamten und für sonstige Auszubildende,
2. Stellen für Beamtinnen und Beamte, die zu anderen Dienstherren oder Institutionen abgeordnet oder die ohne Dienstbezüge beurlaubt worden sind.

(2) Den für das Haushaltsjahr ausgewiesenen Stellen sind die im Vorjahr ausgewiesenen sowie die am 30. Juni des Vorjahres tatsächlich besetzten Stellen gegenüberzustellen.

(3) Die Bürgermeisterin oder der Bürgermeister darf eine Planstelle in einen anderen Abschnitt des Stellenplans umsetzen, wenn dort ein unvorhergesehener und unabweisbarer vordringlicher Personalbedarf entsteht. Über den weiteren Verbleib der Planstelle ist im nächsten Haushaltsplan zu bestimmen.

(4) Stellen für Arbeitnehmerinnen und Arbeitnehmer, bei denen nach tarifrechtlichen Vorschriften eine höhere Entgeltgruppe nach Zeitablauf vorgesehen ist, können mit einer zusammenfassenden Bezeichnung versehen werden. Entsprechendes gilt für Beamtenstellen der Regellaufbahnen, die dem Eingangsamt oder dem ersten Beförderungsamt angehören.

(5) Stellen, die nicht mehr benötigt werden, sind unter Angabe eines bestimmten Zeitpunktes als künftig wegfallend zu bezeichnen. Stellen, die zu einem späteren Zeitpunkt anders bewertet werden sollen, sind als künftig umzuwandeln zu bezeichnen. Dabei ist die künftige Bewertung anzugeben. Bei Stellen, die länger als ein Jahr unbesetzt waren, ist zu vermerken, seit wann die Stellen unbesetzt sind. Soweit Stellen als künftig wegfallend oder künftig umzuwandeln bezeichnet worden sind, dürfen diese nach Wirksamwerden des Vermerkes nicht mehr oder nicht mehr entsprechend ihrer früheren Ausweisung besetzt werden.

(6) Besetzbare Planstellen für Beamtinnen und Beamte können bei Bedarf vorübergehend mit Arbeitnehmerinnen und Arbeitnehmern besetzt werden, die nach ihren Tätigkeitsmerkmalen eine vergleichbare Tätigkeit ausüben.

(7) Jede Stelle darf grundsätzlich nur mit einer Stelleninhaberin oder einem Stelleninhaber besetzt werden. Die Besetzung einer Stelle mit zwei Teilzeitbeschäftigten der gleichen oder einer niedrigeren Besoldungs- oder Entgeltgruppe ist zulässig, soweit die Gesamtarbeitszeit der Teilzeitbeschäftigten auf dieser Stelle die regelmäßige Arbeitszeit einer oder eines Vollbeschäftigten nicht überschreitet. Bei Stellen für Teilzeitbeschäftigte ist im Stellenplan die jeweils festgelegte Anzahl der wöchentlichen Arbeitsstunden anzugeben. Satz 2 gilt entsprechend.

Abschnitt 2
Grundsätze für die Veranschlagung

§ 6
Allgemeine Grundsätze

(1) Die Einnahmen und Ausgaben sind nur in Höhe der im Haushaltsjahr voraussichtlich eingehenden oder zu leistenden Beträge zu veranschlagen; sie sind sorgfältig zu schätzen, soweit sie nicht errechenbar sind.

(2) Die Einnahmen und Ausgaben sind in voller Höhe und getrennt voneinander zu veranschlagen, soweit in dieser Verordnung nichts anderes bestimmt ist.

(3) Die Einnahmen sind einzeln nach ihrem Entstehungsgrund, die Ausgaben nach Einzelzwecken zu veranschlagen. Die Zwecke müssen hinreichend bestimmt sein. Im Vermögenshaushalt sind die einzelnen Vorhaben getrennt zu veranschlagen. Geringfügige Beträge für verschiedene Zwecke dürfen als vermischte Einnahmen oder vermischte Ausgaben zusammengefasst, Verfügungsmittel und Deckungsreserven ohne nähere Angabe des Verwendungszwecks veranschlagt werden.

(4) Für denselben Zweck sollen Ausgaben nicht an verschiedenen Stellen im Haushaltsplan veranschlagt werden. Wird ausnahmsweise anders verfahren, ist auf die Ansätze gegenseitig zu verweisen.

§ 7
Sammelnachweise

Im Verwaltungshaushalt können Einnahmen und Ausgaben, die zu gleichen Gruppen gehören oder die sachlich eng zusammenhängen, in Sammelnachweisen veranschlagt werden; sie sind zusammengefasst oder einzeln in die Einzelpläne, Abschnitte und Unterabschnitte zu übernehmen. Die Aufteilung auf die Einzelpläne, Abschnitte und Unterabschnitte nach wirklichkeitsnahen Maßstäben ist zulässig. § 13 Absatz 4 Satz 3 bleibt unberührt.

§ 8
Verpflichtungsermächtigungen

Die Verpflichtungsermächtigungen sind bei den einzelnen Haushaltsstellen zu veranschlagen. Dabei ist anzugeben, wie sich die Belastungen voraussichtlich auf die künftigen Jahre verteilen werden.

§ 9
Investitionen

(1) Bei Investitionen und Investitionsförderungsmaßnahmen, die sich über mehrere Jahre erstrecken, sind neben dem veranschlagten Jahresbedarf die Ausgaben für die gesamte Maßnahme anzugeben. Die in den folgenden Jahren noch erforderlichen Ausgaben sind bei der Finanzplanung zu berücksichtigen.

(2) Bevor Investitionen von erheblicher finanzieller Bedeutung beschlossen werden, soll unter mehreren in Betracht kommenden Möglichkeiten durch Vergleich der Anschaffungs- oder Herstellungskosten und der Folgekosten die für die Gemeinde wirtschaftlichste Lösung ermittelt werden.

(3) Ausgaben und Verpflichtungsermächtigungen für Bauten und Instandsetzungen an Bauten sollen erst veranschlagt werden, wenn Pläne, Kostenberechnungen und Erläuterungen vorliegen, aus denen die Art der Ausführung, die Kosten der Maßnahme, des Grunderwerbs und der Einrichtung sowie die voraussichtlichen Jahresraten unter Angabe der Kostenbeteiligung Dritter und ein Bauzeitplan im Einzelnen ersichtlich sind. Den Unterlagen ist eine Schätzung der nach Fertigstellung der Maßnahme entstehenden jährlichen Haushaltsbelastungen beizufügen. Werden Ausgaben und Verpflichtungsermächtigungen nach Satz 1 erster Halbsatz veranschlagt, obwohl die Unterlagen nach Satz 1 zweiter Halbsatz noch nicht vorliegen, sind die Ausgaben mit einem Sperrvermerk zu versehen, über dessen Aufhebung die Gemeindevertretung nach Vorliegen der Unterlagen entscheidet.

(4) Ausnahmen von Absatz 3 sind bei Vorhaben von geringer finanzieller Bedeutung und bei dringenden Instandsetzungen zulässig. Die Notwendigkeit einer Ausnahme ist in den Erläuterungen zu begründen.

§ 10
Verfügungsmittel, Deckungsreserve

(1) Im Verwaltungshaushalt können in angemessener Höhe
1. Verfügungsmittel der Bürgermeisterin oder des Bürgermeisters,
2. Mittel zur Deckung über- und außerplanmäßiger Ausgaben (Deckungsreserve)

veranschlagt werden. Die Ansätze dürfen nicht überschritten werden, die Mittel sind nicht übertragbar.

(2) Im Vermögenshaushalt kann in angemessener Höhe eine Deckungsreserve veranschlagt werden. Der Ansatz darf nicht überschritten werden, die Mittel sind übertragbar, soweit sie zur Finanzierung von Ausgaben in Anspruch genommen worden sind, die in folgenden Jahren fällig werden.

§ 11
Kostenrechnende Einrichtungen

(1) Für Einrichtungen, die in der Regel ganz oder nicht nur in geringem Umfang aus Entgelten finanziert werden (kostenrechnende Einrichtungen), sind im Verwaltungshaushalt auch
1. angemessene Abschreibungen,
2. eine angemessene Verzinsung des aufgewandten Kapitals

zu veranschlagen. Werden für später entstehende Kosten Gebührenanteile erhoben, sind hierfür Rückstellungen zu veranschlagen. Die Beträge nach Satz 1 sowie Satz 2 sind zugleich im Einzelplan für die allgemeine Finanzwirtschaft zu vereinnahmen. Ferner sind im Verwaltungshaushalt angemessene Beträge
1. für die Auflösung von Beiträgen und
2. für die Auflösung von Zuschüssen und Zuweisungen

zu veranschlagen, wenn diese bei der Gebührenbemessung angesetzt werden. Die Beträge nach Satz 4 sind zugleich im Einzelplan für die allgemeine Finanzwirtschaft zu vereinnahmen.

(2) Bei der Verzinsung des aufgewandten Kapitals bleibt der aus Beiträgen und ähnlichen Entgelten sowie aus Zuweisungen und Zuschüssen aufgebrachte Kapitalanteil außer Betracht, soweit die Zuweisungen und Zuschüsse nicht bei der Gebührenbemessung aufgelöst worden sind.

(3) Andere Abschnitte und Unterabschnitte können wie kostenrechnende Einrichtungen geführt werden. Einrichtungen, die als Hilfsbetriebe ausschließlich der Deckung des Eigenbedarfs der Gemeinde dienen, sind wie kostenrechnende Einrichtungen zu führen.

(4) Angemessen Abschreibungen sind zu veranschlagen für
1. Kinder- und Jugendeinrichtungen,
2. Schulen,
3. Wohnbauten,
4. sonstige Dienst-, Geschäfts- und Betriebsgebäude,
5. Brücken und Tunnel,
6. Gleisanlagen mit Streckenausrüstung und Sicherheitsanlagen,
7. Straßennetze mit Wegen, Plätzen und Verkehrslenkungsanlagen,
8. sonstige Bauten des Infrastrukturvermögens und
9. Bauten auf fremdem Grund und Boden,

soweit sie nicht nach den Absätzen 1 oder 3 als kostenrechnende Einrichtungen oder wie kostenrechnende Einrichtungen geführt werden. Absatz 1 Satz 3 gilt entsprechend. Für die Ermittlung der Abschreibungen gelten die §§ 41 und 43 der Gemeindehaushaltsverordnung-Doppik vom 14. August 2017 (GVOBl. Schl.-H. S. 433) entsprechend.

§ 12
Durchlaufende Gelder, fremde Mittel

Im Haushaltsplan der Gemeinde werden nicht veranschlagt
1. durchlaufende Gelder,
2. Beträge, die die Gemeinde auf Grund eines Gesetzes unmittelbar in den Haushalt eines anderen öffentlichen Aufgabenträgers zu buchen hat, einschließlich der ihr zur Selbstbewirtschaftung zugewiesenen Mittel,
3. Beträge, die die Kasse des endgültigen Kostenträgers oder eine andere Kasse, die unmittelbar mit dem endgültigen Kostenträger abrechnet, anstelle der Gemeindekasse vereinnahmt oder ausgibt.

§ 13
Weitere Vorschriften für einzelne Einnahmen und Ausgaben

(1) Einnahmen aus Krediten sind in Höhe der Rückzahlungsverpflichtung zu veranschlagen.

(2) Abgaben, abgabeähnliche Entgelte und allgemeine Zuweisungen, die die Gemeinde zurückzuzahlen hat, sind bei den Einnahmen abzusetzen, auch wenn sie sich auf Einnahmen der Vorjahre beziehen. Dies gilt bei der Rückzahlung geleisteter Ausgaben der vorgenannten Art entsprechend.

(3) Zwischen Einzelplänen, Abschnitten und Unterabschnitten können Erstattungen von Verwaltungskosten und sonstigen Gemeinkosten veranschlagt werden; soweit dies für Kostenrechnungen erforderlich ist, sind sie zu veranschlagen.

(4) Die Veranschlagung von Personalausgaben richtet sich nach den im Haushaltsjahr voraussichtlich besetzten Stellen. Die für den ersten Monat des Haushaltsjahres vor dessen Beginn zu zahlenden Beträge sind in die Veranschlagung einzubeziehen. Der Versorgungsaufwand ist auf die Einzelpläne, Abschnitte und Unterabschnitte nach der Höhe der dort veranschlagten Dienstbezüge aufzuteilen. Sozialversicherungsbeiträge auf Personalausgaben für den letzten Monat des Haushaltsjahres sind in die Veranschlagung des Haushaltsjahres einzubeziehen, auch wenn sie erst in dem nachfolgenden Jahr zu zahlen sind.

(5) Bei wirtschaftlichen Unternehmen kann statt einer getrennten Veranschlagung der Einnahmen und Ausgaben nur das voraussichtliche Endergebnis nach dem Wirtschaftsplan in den Haushaltsplan aufgenommen werden.

§ 14
Erläuterungen

(1) Es sind zu erläutern
1. die Einnahmen und Ausgaben des Verwaltungshaushaltes, die von den bisherigen Ansätzen erheblich abweichen,
2. neue Maßnahmen des Vermögenshaushaltes; erstrecken sie sich über mehrere Jahre, ist bei jedem folgenden Veranschlagung die bisherige Abwicklung darzulegen,
3. Notwendigkeit und Höhe der Verpflichtungsermächtigungen,

4. Ausgaben zur Erfüllung von Verträgen, die die Gemeinde über ein Jahr hinaus zu erheblichen Zahlungen verpflichten,
5. die von den Beschäftigten aus Nebentätigkeiten abzuführenden Beträge,
6. besondere Bestimmungen im Haushaltsplan, zum Beispiel Sperrvermerke, Zweckbindung von Einnahmen.

(2) Die übrigen veranschlagten Einnahmen und Ausgaben sind zu erläutern, soweit dies erforderlich ist.

Abschnitt 3
Deckungsgrundsätze

§ 15
Grundsatz der Gesamtdeckung, Bildung von Budgets

(1) Soweit in dieser Verordnung nichts anderes bestimmt ist, dienen
1. die Einnahmen des Verwaltungshaushaltes insgesamt zur Deckung der Ausgaben des Verwaltungshaushaltes,
2. die Einnahmen des Vermögenshaushaltes insgesamt zur Deckung der Ausgaben des Vermögenshaushaltes.

(2) Einnahmen und Ausgaben des Verwaltungshaushalts einer kostenrechnenden Einrichtung oder mehrerer zusammenhängender kostenrechnender Einrichtungen nach § 11 Absatz 1 können entsprechend der Bewirtschaftung in Organisationseinheiten zu einem Budget verbunden werden. Einnahmen und Ausgaben des Verwaltungshaushalts eines anderen Abschnittes oder mehrerer anderer Abschnitte der Einzelpläne 0 bis 8 können entsprechend der Bewirtschaftung in Organisationseinheiten zu Budgets verbunden werden. Die Sätze 1 und 2 gelten für die Einnahmen und Ausgaben des Vermögenshaushalts entsprechend. Werden alle Einnahmen und Ausgaben der Einzelpläne 0 bis 8 Budgets zugeordnet, kann für die Einzelpläne 0 bis 8 die Gliederung und der Teilabschluss im Haushaltsplan abweichend von § 2 Absatz 1 Nummer 2, § 4 Satz 1 Nummer 1 und § 5 Absatz 1 bis 3 nach Budgets dargestellt werden. Die durch den Gliederungsplan vorgeschriebenen Gliederungsnummern sind aufzuführen. Die finanzstatistischen Meldungen sind entsprechend der kommunalen Haushaltssystematik nach dem Gliederungs- und Gruppierungsplan abzugeben.

§ 16
Zweckbindung von Einnahmen

(1) Einnahmen können auf die Verwendung für bestimmte Ausgaben beschränkt werden, wenn ein sachlicher Zusammenhang dies erfordert und durch die Zweckbindung die Bewirtschaftung der Mittel erleichtert wird. Die Zweckbindung ist durch Haushaltsvermerk auszuweisen. Zweckgebundene Mehreinnahmen dürfen für entsprechende Mehrausgaben verwendet werden.

(2) In der Haushaltssatzung oder im Haushaltsplan kann bestimmt werden, dass bestimmte Mehreinnahmen des Verwaltungshaushalts für bestimmte Mehrausgaben im Verwaltungshaushalt verwendet werden. Ausgenommen von Satz 1 sind Mehreinnahmen aus Steuern und allgemeinen Zuweisungen in Höhe des nicht zur Deckung von Mehrausgaben für Umlagen im Haushaltsjahr erforderlichen Betrags sowie Mehreinnahmen aus Umlagen. § 18 Absatz 1 findet entsprechende Anwendung; dies gilt nicht für Mehreinnahmen aus Steuern und allgemeinen Zuweisungen.

(3) In der Haushaltssatzung oder im Haushaltsplan kann bestimmt werden, dass bestimmte Mindereinnahmen des Verwaltungshaushalts zu einer Sperre bestimmter Ausgaben des Verwaltungshaushalts führen. Über die Aufhebung der Sperre entscheidet die Bürgermeisterin oder der Bürgermeister. Sie oder er kann die Entscheidung übertragen. Die Bürgermeisterin oder der Bürgermeister hat der Gemeindevertretung über Aufhebungen von Sperren mindestens halbjährlich zu berichten.

(4) Mehrausgaben nach Absatz 1 Satz 3 und Absatz 2 sind keine überplanmäßigen Ausgaben.

§ 17
Deckungsfähigkeit

(1) Wenn in der Haushaltssatzung oder im Haushaltsplan nichts anderes bestimmt ist, sind die Ausgaben eines Budgets im Verwaltungshaushalt mit Ausnahme der Verfügungsmittel, der inneren Verrechnungen, der Abschreibungen, der Verzinsung des Anlagekapitals und der Rückstellungen gegenseitig deckungsfähig. Das gleiche gilt für Ausgaben in den einzelnen Sammelnachweisen entsprechend, wenn sie nicht zu einem Budget gehören.

(2) Im Verwaltungshaushalt können ferner Ausgaben für gegenseitig deckungsfähig erklärt werden, wenn sie sachlich eng zusammenhängen und soweit diese nicht nach Absatz 1 deckungsfähig sind.

(3) Absatz 1 Satz 1 und Absatz 2 gelten auch für Ausgaben im Vermögenshaushalt.

(4) Bei ausgeglichenem Verwaltungshaushalt können Ausgaben eines Budgets im Verwaltungshaushalt zugunsten von Ausgaben des entsprechenden Budgets im Vermögenshaushalt für einseitig deckungsfähig erklärt werden.

(5) Verfügungsmittel, innere Verrechnungen, Abschreibungen, Verzinsung des Anlagekapitals und Rückstellungen dürfen nicht für deckungsfähig erklärt werden.

(6) Bei Deckungsfähigkeit nach den Absätzen 1 bis 3 können die deckungsberechtigten Ausgabenansätze zu Lasten der deckungspflichtigen Ausgabeansätze sowie die deckungsberechtigten Haushaltsausgabereste zu Lasten der deckungspflichtigen Haushaltsausgabereste erhöht werden.

§ 18
Übertragbarkeit

(1) Im Verwaltungshaushalt
1. sind die Ausgaben für die Unterhaltung der Grundstücke, der baulichen Anlagen und des sonstigen unbeweglichen Vermögens übertragbar,
2. ist die Ausgabe für die Gewerbesteuerumlage übertragbar,
3. können andere Ausgaben, die zu einem Budget gehören, ganz oder teilweise für übertragbar erklärt werden,
4. können andere Ausgaben, die nicht zu einem Budget gehören, ganz oder teilweise für übertragbar erklärt werden, wenn die Übertragbarkeit eine wirtschaftliche Aufgabenerfüllung fördert.

Die Ausgaben bleiben bis zum Ende des folgenden Jahres verfügbar.

(2) Die Ausgaben im Vermögenshaushalt bleiben bis zur Fälligkeit der letzten Zahlung für ihren Zweck verfügbar, bei Baumaßnahmen und Beschaffungen längstens jedoch zwei Jahre nach Schluss des Haushaltsjahres, in dem der Gegenstand oder der Bau in seinen wesentlichen Teilen in Benutzung genommen werden kann.

Abschnitt 4
Rücklagen

§ 19
Allgemeine Rücklage und Sonderrücklagen

(1) Rücklagen der Gemeinde sind die allgemeine Rücklage und die Sonderrücklagen.

(2) Die allgemeine Rücklage soll die rechtzeitige Leistung von Ausgaben sichern (Betriebsmittel der Kasse).

(3) In der allgemeinen Rücklage sollen ferner Mittel zur Deckung des Ausgabenbedarfs im Vermögenshaushalt künftiger Jahre angesammelt werden. Der allgemeinen Rücklage sind dann rechtzeitig Mittel zuzuführen, wenn

1. die Tilgung von Krediten, die mit dem Gesamtbetrag fällig werden, die voraussichtliche Höhe der Zuführung des Verwaltungshaushaltes an den Vermögenshaushalt übersteigt und nicht anders gedeckt werden kann,
2. die Inanspruchnahme aus Bürgschaften, Gewährverträgen und ähnlichen Verträgen die laufende Aufgabenerfüllung erheblich beeinträchtigen würde,

3. sonst für die im Investitionsprogramm der künftigen Jahre vorgesehenen Investitionen und Investitionsförderungsmaßnahmen ein unvertretbar hoher Kreditbedarf entstehen würde.

Im Übrigen sollen Zuführungen und Entnahmen nach dem Finanzplan ausgerichtet werden.

(4) Sonderrücklagen dürfen nicht für die in den Absätzen 2 und 3 genannten Zwecke, zum Ausgleich von vorübergehenden Schwankungen der Einnahmen und Ausgaben sowie für die Unterhaltung und Erneuerung von Vermögensgegenständen gebildet werden. Abweichend von Satz 1

1. sind bei kostenrechnenden Einrichtungen die Rückstellungen nach § 11 Absatz 1 Satz 2 in einer Sonderrücklage anzusammeln,
2. sind bei kostenrechnenden Einrichtungen die Differenzbeträge zwischen der veranschlagten Abschreibungen und den Abschreibungen von den um Beiträge sowie Zuweisungen und Zuschüsse gekürzten Anschaffungs- oder Herstellungskosten in einer Sonderrücklage anzusammeln, soweit die veranschlagten Abschreibungen erwirtschaftet werden; im Falle der Auflösung der Beiträge oder der Zuschüsse und Zuweisungen vermindern sich die Differenzbeträge um die jeweiligen Auflösungsbeträge (Abschreibungsrücklage),
3. sind bei kostenrechnenden Einrichtungen Überschüsse im Verwaltungshaushalt, die nicht zur Abdeckung eines Zuschussbedarfs aus Vorjahren dienen, in einer Sonderrücklage anzusammeln (Gebührenausgleichsrücklage),
4. sind bei im Vergleich zu den beiden Vorjahren überdurchschnittlich hohen Gewerbesteuereinnahmen im Haushaltsjahr Mittel zum Ausgleich von dadurch zu erwartenden Mehrausgaben bei den Umlagen in Folgejahren in einer Rücklage anzusammeln, soweit in einem der beiden Folgejahre ohne diese Mittel ein Fehlbedarf erwartet wird oder ein erwarteter Fehlbedarf sich erhöht (Finanzausgleichsrücklage),
5. soll der auf das Haushaltsjahr entfallende Anteil an Pensionsverpflichtungen nach den beamtenrechtlichen Bestimmungen in einer Sonderrücklage angesammelt werden (Pensionsrücklage); erhaltene Mittel nach § 4 des Versorgungslastenteilungs-Staatsvertrags (Anlage zum Versorgungslastenteilungsgesetz vom 3. Juni 2010, GVOBl. Schl.-H. S. 493) in Verbindung mit § 2 des Versorgungslastenteilungsgesetzes sind in einer Pensionsrücklage anzusammeln,
6. sind der auf das Haushaltsjahr entfallende Anteil an zukünftigen Verpflichtungen zur Lohn- und Gehaltszahlung für Zeiten der Freistellung von der Arbeit im Rahmen von Altersteilzeitarbeit und ähnlichen Maßnahmen in einer Sonderrücklage anzusammeln (Altersteilzeitrücklage),
7. sollen Mittel für die Sanierung von Altlasten in einer Sonderrücklage angesammelt werden; für die Sanierung von Altlasten, die nach dem 1. Januar 2008 bekannt werden, sind Mittel in einer Sonderrücklage anzusammeln (Altlastenrücklage),
8. sind Mittel für ungewisse Verbindlichkeiten im Rahmen von Steuerschuldverhältnissen in einer Sonderrücklage anzusammeln (Steuerrücklage),
9. sind Mittel für drohende Verpflichtungen aus anhängigen Gerichtsverfahren in einer Sonderrücklage anzusammeln (Verfahrensrücklage),
10. sind Mittel der Sondervermögen und Treuhandvermögen, die von der Gemeinde verwaltet werden, in einer Sonderrücklage anzusammeln (Treuhandrücklage),
11. sind Mittel, die nach baurechtlichen Bestimmungen anstatt der Herstellung von Stellplätzen durch die Bauherrin oder den Bauherrn geleistet werden, in einer Sonderrücklage anzusammeln (Stellplatzrücklage),
12. sollen Mittel für weitere Zwecke, die sich aus einer rechtlichen Verpflichtung ergeben, in einer Sonderrücklage angesammelt werden (sonstige Sonderrücklage),
13. sollen Beihilfeverpflichtungen nach § 80 des Landesbeamtengesetzes sowie andere Ansprüche außerhalb des Beamtenversorgungsgesetzes in einer Sonderrücklage angesammelt werden (Beihilferücklage); der Barwert für Ansprüche auf Beihilfen nach § 80 des Landesbeamtengesetzes sowie andere Ansprüche außerhalb des Beamtenversorgungsgesetzes kann als prozentualer Anteil der Pensionsrücklagen nach Nummer 5 ermittelt werden; der Prozentsatz ist aus dem Verhältnis des Volumens der gezahlten Leistungen für Versorgungsempfängerinnen und Versorgungsempfänger zu dem Volumen der gezahlten Versorgungsbezüge zu ermitteln; er bemisst sich nach dem Durchschnitt dieser Leistungen in den drei dem Jahresabschluss vorangehenden Haushaltsjahren.

Die Mittel der Rücklagen nach Satz 2 Nummer 2, 4, 5, 8, 9, 12 und 13 sind nicht zu verzinsen.

§ 20
Anlegung von Rücklagen

(1) Die Mittel der Rücklagen sind, soweit sie nicht als Betriebsmittel der Kasse benötigt werden, sicher und ertragbringend anzulegen; sie müssen für ihren Zweck rechtzeitig verfügbar sein. Solange Sonderrücklagen für ihren Zweck nicht benötigt werden, können sie als innere Darlehen im Vermögenshaushalt in Anspruch genommen werden.

(2) Sonderrücklagen sind aufzulösen, wenn und soweit ihr Verwendungszweck entfällt.

Abschnitt 5
Ausgleich des Haushaltes

§ 21
Haushaltsausgleich

(1) Die im Verwaltungshaushalt zur Deckung der Ausgaben nicht benötigten Einnahmen sind dem Vermögenshaushalt zuzuführen. Die Zuführung zum Vermögenshaushalt muss mindestens so hoch sein, dass

1. die Kreditbeschaffungskosten und die ordentliche Tilgung von Krediten gedeckt,
2. die Rückstellungen nach § 11 Absatz 1 Satz 2 in einer Sonderrücklage nach § 19 Absatz 4 Satz 2 Nummer 1 angesammelt werden können,
3. die Differenzbeträge nach § 19 Absatz 4 Satz 2 Nummer 2 in einer entsprechenden Sonderrücklage angesammelt werden können,
4. ein Überschuss im Verwaltungshaushalt bei kostenrechnenden Einrichtungen, der nicht zur Abdeckung eines Zuschussbedarfs aus Vorjahren dient, in einer Sonderrücklage nach § 19 Absatz 4 Satz 2 Nummer 3 angesammelt werden kann,
5. die zweckgebundenen Einnahmen der Treuhandvermögen der Sonderrücklage zugeführt werden können, soweit sie nicht im Haushaltsjahr zweckentsprechend verausgabt werden,
6. die Mittel nach § 19 Absatz 4 Satz 2 Nummer 4 in einer entsprechenden Sonderrücklage angesammelt werden können,
7. die Mittel nach § 19 Absatz 4 Satz 2 Nummer 6 in einer entsprechenden Sonderrücklage angesammelt werden können,
8. die Mittel nach § 19 Absatz 4 Satz 2 Nummer 7 zweiter Halbsatz in einer entsprechenden Sonderrücklage angesammelt werden können,
9. die Mittel nach § 19 Absatz 4 Satz 2 Nummer 8 in einer entsprechenden Sonderrücklage angesammelt werden können und
10. die Mittel nach § 19 Absatz 4 Satz 2 Nummer 9 in einer entsprechenden Sonderrücklage angesammelt werden können.

Die Zuführung soll ferner die Ansammlung weiterer Rücklagen, soweit sie nach § 19 erforderlich ist, ermöglichen und insgesamt mindestens so hoch sein wie die Abschreibungen.

(2) Soweit Einnahmen des Vermögenshaushaltes im Haushaltsjahr nicht für die in § 1 Absatz 1 Nummer 6, 7, 9 und 10 genannten Ausgaben, zur Ansammlung von Sonderrücklagen oder zur Deckung von Fehlbeträgen benötigt werden, sind sie der allgemeinen Rücklage zuzuführen.

(3) Mittel der allgemeinen Rücklage dürfen zum Ausgleich des Verwaltungshaushaltes verwendet werden, wenn

1. sonst der Ausgleich trotz Ausschöpfung aller Einnahmemöglichkeiten und Ausnutzung jeder Sparmöglichkeit nicht erreicht werden kann und

2. die Mittel nicht für die unabweisbare Fortführung bereits begonnener Maßnahmen benötigt werden.

Unter den in Satz 1 genannten Voraussetzungen können auch die in § 1 Absatz 1 Nummer 2 genannten Einnahmen zum Ausgleich des Verwaltungshaushaltes verwendet werden.

§ 22
Deckung von Fehlbeträgen

Ein Fehlbetrag soll unverzüglich gedeckt werden; er ist spätestens im zweiten, im Falle einer Haushaltssatzung für zwei Jahre spätestens im dritten dem Haushaltsjahr folgenden Jahr zu veranschlagen. Ein nach § 82 Absatz 2 der Gemeindeordnung entstandener Fehlbetrag ist im folgenden Jahr zu decken.

Abschnitt 6
Finanzplanung

§ 23
Finanzplan und Investitionsprogramm

(1) Der Finanzplan besteht aus einer Übersicht über die Entwicklung der Einnahmen und Ausgaben des Verwaltungshaushaltes sowie des Vermögenshaushaltes. Er ist nach der für die Gruppierungsübersicht (§ 4 Satz 1 Nummer 3) geltenden Ordnung und nach Jahren gegliedert aufzustellen; für Investitionen und Investitionsförderungsmaßnahmen ist eine Gliederung nach bestimmten Aufgabenbereichen vorzunehmen.

(2) In das dem Finanzplan zugrunde zu legende Investitionsprogramm sind die im Planungszeitraum vorgesehenen Investitionen und Investitionsförderungsmaßnahmen nach Jahresabschnitten aufzunehmen. Jeder Jahresabschnitt soll die fortzuführenden und neuen Investitionen und Investitionsförderungsmaßnahmen mit den auf das betreffende Jahr entfallenden Teilbeträgen wiedergeben. Unbedeutende Investitionen und Investitionsförderungsmaßnahmen können nach Abschnitten zusammengefasst werden.

(3) Bei der Aufstellung und Fortschreibung des Finanzplanes sollen die vom Ministerium für Inneres, ländliche Räume und Integration auf der Grundlage der Empfehlungen des Finanzplanungsrates bekannt gegebenen Orientierungsdaten berücksichtigt werden.

(4) Der Finanzplan soll für die einzelnen Jahre in Einnahme und Ausgabe ausgeglichen sein.

Abschnitt 7
Besondere Vorschriften für die Haushaltswirtschaft

§ 24
Einziehung der Einnahmen

Die Einnahmen der Gemeinde sind rechtzeitig und vollständig einzuziehen, ihr Eingang ist zu überwachen.

§ 25
Bewirtschaftung und Überwachung der Ausgaben

(1) Die im Haushaltsplan zur Verfügung gestellten Mittel müssen so verwaltet werden, dass sie zur Deckung aller Ausgaben im Haushaltsjahr ausreichen, die unter die einzelnen Zweckbestimmungen fallen; sie dürfen erst dann in Anspruch genommen werden, wenn die Aufgabenerfüllung es erfordert.

(2) Die Inanspruchnahme von Haushaltsmitteln einschließlich der über- und außerplanmäßigen Ausgaben ist auf geeignete Weise zu überwachen. Die bei den einzelnen Haushaltsstellen noch zur Verfügung stehenden Haushaltsmittel müssen ständig zu erkennen sein.

(3) Die Absätze 1 und 2 gelten für die Inanspruchnahme von Verpflichtungsermächtigungen entsprechend.

§ 26
Ausgaben des Vermögenshaushaltes

(1) Die Ausgabeansätze des Vermögenshaushaltes dürfen nur in Anspruch genommen werden, soweit die rechtzeitige Bereitstellung der Deckungsmittel gesichert werden kann. Dabei darf die Finanzierung anderer, bereits begonnener Maßnahmen nicht beeinträchtigt werden.

(2) Vor Beginn einer Maßnahme nach § 9 Absatz 4 müssen mindestens eine Kostenberechnung und ein Bauzeitplan vorliegen.

§ 27
Haushaltswirtschaftliche Sperre

Wenn die vom Haushaltsplan abweichende Entwicklung der Einnahmen und Ausgaben es erfordert, kann die Bürgermeisterin oder der Bürgermeister die Inanspruchnahme von Ausgabeansätzen und Verpflichtungsermächtigungen von ihrer oder seiner Einwilligung abhängig machen. Beschließt die Gemeindevertretung mit Erlass einer haushaltswirtschaftlichen Sperre eine Nachtragshaushaltssatzung, mit der der Verwaltungshaushalt geändert wird, gilt die haushaltswirtschaftliche Sperre ab dem Inkrafttreten der Nachtragshaushaltssatzung als aufgehoben, soweit die Gemeindevertretung nicht beschließt, dass sie ganz oder teilweise fort gelten soll.

§ 28
Vorschüsse, Verwahrgelder

(1) Eine Ausgabe, die sich auf den Haushalt bezieht, darf als Vorschuss nur behandelt werden, wenn die Verpflichtung zur Leistung feststeht und die Deckung gewährleistet ist, die Ausgabe aber noch nicht endgültig im Haushalt gebucht werden kann.

(2) Eine Einnahme, die sich auf den Haushalt bezieht, darf als Verwahrgeld nur behandelt werden, solange ihre endgültige Verbuchung im Haushalt nicht möglich ist.

§ 29
(gestrichen)

§ 30
Veränderung von Ansprüchen

(1) Ansprüche dürfen ganz oder teilweise gestundet werden, wenn ihre Einziehung bei Fälligkeit eine erhebliche Härte für die Schuldnerin oder den Schuldner bedeuten würde und der Anspruch durch die Stundung nicht gefährdet erscheint. Gestundete Beträge sind in der Regel angemessen zu verzinsen.

(2) Ansprüche dürfen niedergeschlagen werden, wenn

1. feststeht, dass die Einziehung keinen Erfolg haben wird, oder

2. die Kosten der Einziehung außer Verhältnis zur Höhe des Anspruchs stehen.

(3) Ansprüche dürfen ganz oder zum Teil erlassen werden, wenn ihre Einziehung nach Lage des einzelnen Falles für die Schuldnerin oder den Schuldner eine besondere Härte bedeuten würde. Das gleiche gilt für die Rückzahlung oder Anrechnung von geleisteten Beträgen.

§ 31
Kleinbeträge

Die Gemeinde kann davon absehen, Ansprüche von weniger als 25 Euro geltend zu machen, es sei denn, dass die Einziehung aus grundsätzlichen Erwägungen geboten ist. Mit juristischen Personen des öffentlichen Rechts kann im Falle der Gegenseitigkeit etwas anderes vereinbart werden.

§ 32
Nachtragshaushaltsplan

(1) Der Nachtragshaushaltsplan muss alle erheblichen Änderungen der Einnahmen und Ausgaben, die im Zeitpunkt seiner Aufstellung übersehbar sind, enthalten. Bereits geleistete oder angeordnete über- und außerplanmäßige Ausgaben brauchen nicht veranschlagt zu werden.

(2) Werden im Nachtragshaushaltsplan Mehreinnahmen veranschlagt, die zur Deckung über- oder außerplanmäßiger Ausgaben dienen, sind die entsprechenden Ausgaben mit in den Nachtragshaushaltsplan aufzunehmen; sie können in einer Summe zusammengefasst werden, unerhebliche Beträge können unberücksichtigt bleiben.

(3) Dem Nachtragshaushaltsplan sind beizufügen
1. der Vorbericht zum Nachtragshaushaltsplan,
2. die Übersicht nach § 2 Absatz 2 Nummer 3, soweit sich durch den Nachtragshaushaltsplan Änderungen in der Übersicht ergeben,
3. die in § 2 Absatz 3 genannten Unterlagen, soweit sie nicht dem Haushaltsplan oder einem vorherigen Nachtragshaushaltsplan beigefügt waren,
4. Nachträge zu Wirtschaftsplänen für die in § 2 Absatz 2 Nummer 6 und Absatz 3 genannten Organisationseinheiten.

(4) Der Vorbericht zum Nachtragshaushaltsplan gibt einen Überblick über die wesentlichen Änderungen der Einnahmen und Ausgaben. Die Übersichten nach § 3 Absatz 1 Satz 2 Nummer 1, 2, 5 und 18 sind aufzunehmen, soweit sich durch den Nachtragshaushaltsplan, die Unterlagen nach Absatz 3 Nummer 3, Nachträge zu Wirtschaftsplänen nach Absatz 3 Nummer 4 oder kreditähnliche Rechtsgeschäfte Änderungen ergeben.

(5) Beim Nachtragshaushaltsplan kann auf den Haushaltsquerschnitt verzichtet werden. Das gleiche gilt für Teilabschlüsse von Abschnitten und Unterabschnitten.

§ 33
Haushaltssatzung für zwei Jahre

(1) Werden in der Haushaltssatzung Festsetzungen für zwei Haushaltsjahre getroffen, sind im Haushaltsplan die Einnahmen, Ausgaben und Verpflichtungsermächtigungen für jedes der beiden Haushaltsjahre getrennt aufzuführen. Soweit es unumgänglich ist, kann hierbei von Vorschriften über die äußere Form des Haushaltsplanes abgewichen werden.

(2) Die Fortschreibung der Finanzplanung im ersten Haushaltsjahr ist der Gemeindevertretung vor Beginn des zweiten Haushaltsjahres vorzulegen, wenn dem Haushaltsplan nach Absatz 1 nicht eine Finanzplanung mit einem um ein Jahr verlängerten Planungszeitraum beigefügt ist.

(3) Anlagen nach § 2 Absatz 2 Nummer 4 und 5, die nach der Verabschiedung eines Haushaltsplanes nach Absatz 1 erstellt worden sind, müssen dem folgenden Haushaltsplan beigefügt werden.

§ 34
Abweichendes Wirtschaftsjahr

(1) Für wirtschaftliche Unternehmen und öffentliche Einrichtungen, für die keine Sonderrechnungen geführt werden, kann die Gemeinde ein vom Haushaltsjahr abweichendes Wirtschaftsjahr bestimmen, wenn die Eigenart des Betriebes es erfordert.

(2) Im Falle des Absatzes 1 ist für die Wirtschaftsführung im Wirtschaftsjahr ein Bewirtschaftungsplan aufzustellen. Für diesen gelten die Vorschriften über den Inhalt und die Gliederung des Haushaltsplanes entsprechend; er ist von der Gemeindevertretung zu beschließen. Die Einnahmen und Ausgaben des Bewirtschaftungsplanes sind in den Haushaltsplan des Jahres zu übernehmen, in dem das Wirtschaftsjahr endet. Die bei Aufstellung des Haushaltsplanes übersehbaren Änderungen der Ansätze des Bewirtschaftungsplanes sind hierbei zu berücksichtigen. Der Bewirtschaftungsplan ist als Anlage dem Haushaltsplan anzuschließen.

(3) Vor Inkrafttreten der Haushaltssatzung können die zur Aufrechterhaltung des Betriebes erforderlichen Ausgaben geleistet werden.

Abschnitt 8
Vermögen

§ 35
Bestandsverzeichnisse

(1) Die Gemeinde hat über die Grundstücke, grundstücksgleichen Rechte und beweglichen Sachen, die ihr Eigentum sind oder ihr zustehen, Bestandsverzeichnisse zu führen. Aus den Verzeichnissen müssen Art und Menge sowie Belegenheit oder Standort der Gegenstände ersichtlich sein.

(2) Verzeichnisse brauchen nicht geführt zu werden, soweit
1. sich der Bestand der Grundstücke, grundstücksgleichen Rechte, Betriebsanlagen und sonstigen technischen Anlagen aus Anlagenachweisen ergibt,
2. es sich um bewegliche Sachen handelt, deren Anschaffungs- oder Herstellungskosten im Einzelfall oder für die Sachgesamtheit nicht mehr als 150 Euro ohne Umsatzsteuer betragen haben, oder
3. über den Bestand von Vorräten eine ausreichende Kontrolle gewährleistet ist oder die Vorräte zum alsbaldigen Verbrauch bestimmt sind.

§ 36
Nachweis von Vermögen

(1) Über Forderungen aus Geldanlagen und Darlehen sowie über Beteiligungen und Wertpapiere sind Nachweise zu führen. Forderungen aus Geldanlagen und Darlehen müssen mit ihrem jeweiligen Stand, Beteiligungen und Wertpapiere in der Regel mit dem für sie aufgewendeten Betrag nachgewiesen werden.

(2) Über Sachen und grundstücksgleiche Rechte, die kostenrechnenden Einrichtungen dienen, sind gesondert für jede Einrichtung Anlagenachweise zu führen. In die Anlagenachweise sind mindestens die Anschaffungs- oder Herstellungskosten und die Abschreibungen aufzunehmen. Gleichartige Gegenstände oder solche, die einem einheitlichen Zweck dienen, können zusammengefasst nachgewiesen werden. Wenn sich der Bestand von Gegenständen in seiner Größe und seinem Wert über längere Zeit nicht erheblich verändert, kann er mit Festwerten nachgewiesen werden; diese sind in angemessenen Zeitabständen zu überprüfen.

(3) Absatz 2 gilt entsprechend für das Vermögen nach § 11 Absatz 4.

(4) Absatz 2 gilt nicht für geringwertige Wirtschaftsgüter im Sinne des Einkommensteuergesetzes in der Fassung der Bekanntmachung vom 8. Oktober 2009 (BGBl. I S. 3366, ber. S. 3862), zuletzt geändert durch Artikel 74 des Gesetzes vom 20. November 2019 (BGBl. I S. 1626).

(5) Über Sachen und grundstücksgleiche Rechte, für die nicht nach Absatz 2 und 3 Anlagenachweise zu führen sind, sowie über sonstige vermögenswerte Rechte kann die Gemeinde Anlagenachweise führen. Die Absätze 2 und 4 gelten entsprechend.

Abschnitt 9
Jahresrechnung

§ 37
Bestandteile der Jahresrechnung

(1) Die Jahresrechnung umfasst den kassenmäßigen Abschluss und die Haushaltsrechnung.

(2) Der Jahresrechnung sind beizufügen
1. eine Vermögensübersicht,
2. eine Übersicht über die Schulden und die Rücklagen,
3. ein Rechnungsquerschnitt und eine Gruppierungsübersicht,
4. ein Nachweis über die bestehenden Haushaltsreste im Einzelnen; für Budgets können die Haushaltsreste jeweils in einer Summe angegeben werden.

(3) Die Gemeinde kann die Bestände und die Veränderungen ihres Vermögens sowie ihre Schulden und Rücklagen in der Jahresrechnung nachweisen. Absatz 2 Nummer 1 und 2 findet in diesem Fall keine Anwendung.

(4) Die Gemeinde legt bis spätestens 1. Mai eines jeden Jahres der für sie zuständigen Kommunalaufsichtsbehörde und Prüfungsbehörde folgende Unterlagen aus der Jahresrechnung des abgelaufenen Jahres vor:
1. die Feststellung des Ergebnisses der Haushaltsrechnung,
2. den Rechnungsquerschnitt mit der Ergänzung um die Personalausgaben der Verwaltung,
3. die Gruppierungsübersicht,
4. die Übersicht über die gebildeten Haushaltsreste.

§ 38
Kassenmäßiger Abschluss

Der kassenmäßige Abschluss enthält
1. die Soll-Einnahmen und die Soll-Ausgaben,
2. die Ist-Einnahmen und die Ist-Ausgaben bis zum Abschlusstag,
3. die Kasseneinnahme- und die Kassenausgabereste

insgesamt und je gesondert für den Verwaltungshaushalt und den Vermögenshaushalt sowie für die Vorschüsse und Verwahrgelder. Als buchmäßiger Kassenbestand ist der Unterschied zwischen der Summe der Ist-Einnahmen und der Summe der Ist-Ausgaben nachzuweisen.

§ 39
Haushaltsrechnung

(1) In der Haushaltsrechnung sind die in § 38 Satz 1 Nummer 1 bis 3 genannten Beträge für die einzelnen Haushaltsstellen nach der Ordnung des Haushaltsplanes nachzuweisen. Den Soll-Einnahmen und Soll-Ausgaben des Haushaltsjahres sind die entsprechenden Haushaltsansätze und die über- und außerplanmäßig bewilligten Ausgaben gegenüberzustellen.

(2) In der Haushaltsrechnung ist ferner festzustellen, welche übertragbaren Ausgabemittel noch verfügbar sind und in welcher Höhe sie als Haushaltsausgabereste in das folgende Jahr übertragen werden. Haushaltseinnahmereste dürfen im Vermögenshaushalt gebildet werden für
1. Einnahmen aus der Aufnahme von Krediten,
2. Zuweisungen, für die ein Bewilligungsbescheid vorliegt,
3. Verkaufserlöse, die aufgrund eines rechtswirksamen Vertrages im folgenden Jahr fällig sind,
4. Beiträge, die aufgrund von erlassenen Bescheiden oder rechtswirksamen Verträgen im folgenden Jahr fällig sind.

(3) Zur Feststellung des Ergebnisses der Haushaltsrechnung sind die Soll-Einnahmen des Haushaltsjahres den Soll-Ausgaben des Haushaltsjahres unter Berücksichtigung etwaiger Haushaltsreste, getrennt für den Verwaltungs- und Vermögenshaushalt sowie für den Gesamthaushalt, gegenüberzustellen. Ein Überschuss ist in der abzuschließenden Jahresrechnung der allgemeinen Rücklage zuzuführen. § 19 Absatz 4 bleibt unberührt.

§ 40
Rechnungsabgrenzung

(1) Als Soll-Einnahmen und Soll-Ausgaben des Haushaltsjahres sind alle Beträge nachzuweisen, die bis zum Abschlusstag fällig geworden oder über den Abschlusstag hinaus gestundet worden sind. Niedergeschlagene oder erlassene Beträge dürfen nicht als Soll-Einnahmen oder Soll-Ausgaben nachgewiesen werden.

(2) Beträge, die im Haushaltsjahr eingehen oder zu zahlen sind, jedoch erst im folgenden Jahr fällig werden, sowie die Personalausgaben nach § 13 Absatz 4 Satz 2 sind in der Haushaltsrechnung für das neue Haushaltsjahr nachzuweisen.

§ 41
Anlagen zur Jahresrechnung

(1) Aus der Vermögensübersicht muss der Stand des Vermögens nach § 36 Absatz 1 und 2 zum Beginn und zum Ende des Haushaltsjahres ersichtlich sein, gegliedert nach Arten, für das Vermögen nach § 36 Absatz 2 auch nach Aufgabenbereichen.

(2) Aus der Übersicht über die Schulden und Rücklagen muss der Stand zu Beginn und zum Ende des Haushaltsjahres ersichtlich sein, bei den Schulden gegliedert nach Gläubigerinnen und Gläubigern.

(3) Für den Rechnungsquerschnitt und die Gruppierungsübersicht gilt § 4 Satz 1 Nummer 2 und 3 entsprechend.

Abschnitt 10
Schlussvorschriften

§ 42
Sondervermögen, Treuhandvermögen

Soweit auf Sondervermögen und Treuhandvermögen der Gemeinde gesetzliche Vorschriften über die Haushaltswirtschaft Anwendung finden, gilt diese Verordnung entsprechend.

§ 43
Erteilung von Kassenanordnungen

Kassenanordnungen sollen rechtzeitig, spätestens bei Fälligkeit, erteilt werden. Auszahlungsanordnungen dürfen nur erteilt werden, wenn Haushaltsmittel für den Zweck, der zu der Anordnung führt, zur Verfügung stehen.

§ 44
Begriffsbestimmungen

Bei der Anwendung dieser Verordnung sind die nachfolgenden Begriffe zugrunde zu legen:
1. Anlagevermögen

    die Teile des Vermögens, die dauernd der Aufgabenerfüllung dienen, im Einzelnen:
    a) Grundstücke,
    b) bewegliche Sachen mit Ausnahme der geringwertigen Wirtschaftsgüter im Sinne des Einkommensteuergesetzes,
    c) dingliche und sonstige vermögenswerte Rechte,
    d) Beteiligungen sowie Wertpapiere, die die Gemeinde zum Zweck der Beteiligung erworben hat,
    e) Forderungen aus Darlehen, mit Ausnahme rückzahlbarer Hilfen im sozialen Bereich, die die Gemeinde aus Mitteln des Haushaltes in Erfüllung einer Aufgabe gewährt hat,
    f) Kapitaleinlagen der Gemeinde in Zweckverbänden oder anderen kommunalen Zusammenschlüssen,
    g) das von der Gemeinde in ihre Sondervermögen mit Sonderrechnung eingebrachte Eigenkapital,

2. aufgewandtes Kapital

    das für das Anlagevermögen von kostenrechnenden Einrichtungen gebundene Kapital (Wertansätze unter Berücksichtigung der Abschreibungen),

3. außerplanmäßige Ausgaben

    Ausgaben, für deren Zweck im Haushaltsplan keine Mittel veranschlagt und keine Haushaltsreste verfügbar sind,

4. Baumaßnahmen

    die Ausführung von Bauten (Neu-, Erweiterungs- und Umbauten) sowie die Instandsetzung an Bauten, soweit sie nicht der Unterhaltung baulicher Anlagen dient,

5. durchlaufende Gelder

    Beträge, die für einen Dritten lediglich vereinnahmt und verausgabt werden,

6. Erlass

    Verzicht auf einen Anspruch,

7. Fehlbetrag

    der Betrag, um den unter Berücksichtigung der Haushaltsreste die Soll-Ausgaben in der Haushaltsrechnung höher sind als die Soll-Einnahmen,

8. freier Finanzspielraum

    der Teil der Zuführung vom Verwaltungshaushalt an den Vermögenshaushalt, der für die Finanzierung von Investitionen und Investitionsförderungsmaßnahmen zur Verfügung steht,

9. fremde Mittel

    die in § 12 Nummer 2 und 3 genannten Beträge,

10. Geldanlage

    der Erwerb von Wertpapieren und Forderungen aus Mitteln des Kassenbestandes oder aus den Rücklagen zugewiesenen Mitteln,

11. Haushaltsreste

    Einnahme- und Ausgabemittel, die in das folgende Jahr übertragen werden,

12. Haushaltsvermerke

    einschränkende oder erweiternde Bestimmungen zu Ansätzen des Haushaltsplanes (zum Beispiel Vermerke über Deckungsfähigkeit, Übertragbarkeit, Zweckbindung, ku- und kw-Vermerke, Sperrvermerke),

13. innere Darlehen

    die vorübergehende Inanspruchnahme von Mitteln

    a) der Sonderrücklagen,

    b) der Sondervermögen ohne Sonderrechnung

    als Deckungsmittel im Vermögenshaushalt,

14. Investitionen

    Ausgaben für die Veränderung des Anlagevermögens,

15. Investitionsförderungsmaßnahmen

    Zuweisungen, Zuschüsse und Darlehen für Investitionen Dritter und für Investitionen der Sondervermögen mit Sonderrechnung,

16. Ist-Ausgaben

    die Ausgaben der Kasse,

17. Ist-Einnahmen

    die Einnahmen der Kasse,

18. Kassenreste

    die Beträge, um die die Soll-Einnahmen höher sind als die Ist-Einnahmen (Kasseneinnahmereste) oder die Soll-Ausgaben höher sind als die Ist-Ausgaben (Kassenausgabereste) und die in einem späteren Haushaltsjahr zu zahlen sind,

19. Kredite

    das unter der Verpflichtung zur Rückzahlung von Dritten oder Sondervermögen mit Sonderrechnung aufgenommene Kapital sowie innere Darlehen mit Ausnahme der Kassenkredite,

20. Niederschlagung

    die befristete oder unbefristete Zurückstellung der Weiterverfolgung eines fälligen Anspruchs der Gemeinde ohne Verzicht auf den Anspruch selbst,

21. Rückstellungen

    Ausgaben kostenrechnender Einrichtungen, die den Gebührenanteilen entsprechen, die für später entstehende Kosten in die Gebühren eingerechnet worden sind,

22. Schulden

    Zahlungsverpflichtungen aus Kreditaufnahmen und ihnen wirtschaftlich gleichkommenden Vorgängen sowie aus der Aufnahme von Kassenkrediten,

23. Soll-Ausgaben

    die bis zum Abschlusstag zu leistenden und aufgrund von Kassenanordnungen zum Soll des Haushaltsjahres gestellten Ausgaben,

24. Soll-Einnahmen

    die bis zum Abschlusstag fälligen oder über den Abschlusstag hinaus gestundeten, aufgrund von Kassenanordnungen zum Soll des Haushaltsjahres gestellten Einnahmen, ohne die erlassenen und niedergeschlagenen Beträge,

25. Tilgung von Krediten

    a) Ordentliche Tilgung

        die Leistung des im Haushaltsjahr zurückzuzahlenden Betrages bis zu der in den Rückzahlungsbedingungen festgelegten Mindesthöhe,

    b) Außerordentliche Tilgung

        die über die ordentliche Tilgung hinausgehende Rückzahlung einschließlich Umschuldung,

26. überplanmäßige Ausgaben

    Ausgaben, die die im Haushaltsplan veranschlagten Beträge und die aus den Vorjahren übertragenen Haushaltsausgabereste übersteigen,

27. Überschuss

    der Betrag, um den unter Berücksichtigung der Haushaltsreste die Soll-Einnahmen des Vermögenshaushaltes in der Haushaltsrechnung die Soll-Ausgaben für die in § 21 Absatz 2 genannten Zwecke, für Zuführungen zum Verwaltungshaushalt und für die veranschlagte Zuführung zur allgemeinen Rücklage übersteigen,

28. Überschuss von Teilabschlüssen

    der Betrag, um den die Einnahmen die Ausgaben eines Teilabschlusses übersteigen; in der Haushaltsrechnung unter Berücksichtigung der Haushaltsreste,

29. Umschuldung

    die Ablösung von Krediten durch andere Kredite,

30. Verfügungsmittel

    Beträge, die der Bürgermeisterin oder dem Bürgermeister für dienstliche Zwecke, für die keine Ausgaben veranschlagt sind, zur Verfügung stehen,

31. Vorjahr

    das dem Haushaltsjahr vorangehende Jahr,

32. Vorschüsse und Verwahrgelder

    die in § 28 genannten Beträge und die durchlaufenden Gelder,

33. Zuschussbedarf von Teilabschlüssen

    der Betrag, um den die Ausgaben die Einnahmen eines Teilabschlusses übersteigen; in der Haushaltsrechnung unter Berücksichtigung der Haushaltsreste.

**§ 45
Inkrafttreten, Befristung**

Diese Verordnung tritt am 1. Januar 2020 in Kraft. Diese Verordnung tritt mit Ablauf des 31. Dezember 2023 außer Kraft.

Landesverordnung
über die Aufstellung und Ausführung eines doppischen Haushaltsplanes der Gemeinden
(Gemeindehaushaltsverordnung-Doppik – GemHVO-Doppik)
vom 14. August 2017
– GVOBl. Schl.-H. S. 433 –

Aufgrund des § 135 Absatz 2 a der Gemeindeordnung (GO) in der Fassung der Bekanntmachung vom 28. Februar 2003 (GVOBl. Schl.-H. S. 57), zuletzt geändert durch Artikel 1 des Gesetzes vom 14. März 2017 (GVOBl. Schl.-H. S. 140), verordnet das Ministerium für Inneres, ländliche Räume und Integration:

Inhaltsübersicht:

Teil 1
Bestandteile des Haushaltsplanes, Anlagen

§ 1 Haushaltsplan
§ 2 Ergebnisplan
§ 3 Finanzplan
§ 4 Teilpläne
§ 5 Mittelfristige Ergebnis- und Finanzplanung
§ 6 Vorbericht
§ 7 Haushaltsplan für zwei Jahre
§ 8 Nachtragshaushaltsplan
§ 9 Stellenplan

Teil 2
Planungsgrundsätze

§ 10 Allgemeine Planungsgrundsätze
§ 11 Verpflichtungsermächtigungen
§ 12 Investitionen
§ 13 Verfügungsmittel
§ 14 Fremde Finanzmittel
§ 15 Interne Leistungsbeziehungen
§ 16 Kosten- und Leistungsrechnung
§ 17 Weitere Vorschriften für die Haushaltsplanung
§ 18 Erläuterungen zu den Teilplänen

Teil 3
Deckungsgrundsätze, Bildung von Budgets

§ 19 Grundsatz der Gesamtdeckung
§ 20 Bildung von Budgets
§ 21 Zweckbindung
§ 22 Deckungsfähigkeit
§ 23 Übertragbarkeit

Teil 4
Rückstellungen, Rücklagen

§ 24 Rückstellungen
§ 25 Rücklagen

Teil 5
Haushaltsausgleich, Behandlung von Jahresüberschüssen und Jahresfehlbeträgen

§ 26 Haushaltsausgleich, dauernde Leistungsfähigkeit

Teil 6
Besondere Vorschriften für die Haushaltswirtschaft

§ 27 Liquidität
§ 28 Bewirtschaftung und Überwachung
§ 29 Haushaltswirtschaftliche Sperre
§ 30 Vorläufige Rechnungsvorgänge
§ 31 Veränderung von Ansprüchen

Teil 7
Finanzbuchhaltung, Inventar

§ 32 Aufgaben der Finanzbuchhaltung
§ 33 Buchführung
§ 34 Zahlungsverkehr und weitere Kassengeschäfte
§ 35 Zahlungsanordnung
§ 35 a Absetzungen von Einzahlungen und Auszahlungen
§ 36 Sicherheitsstandards und Dienstanweisung
§ 37 Inventar, Inventur
§ 38 Inventurvereinfachungen

Teil 8
Vermögen und Schulden

§ 39 Allgemeine Bewertungsgrundsätze
§ 40 Vollständigkeit der Ansätze, Verrechnungs- und Bilanzierungsverbote
§ 41 Wertansätze der Vermögensgegenstände und Schulden
§ 42 Bewertungsvereinfachungsverfahren
§ 43 Abschreibungen

Teil 9
Jahresabschluss

§ 44 Jahresabschluss
§ 45 Ergebnisrechnung
§ 46 Finanzrechnung
§ 47 Teilrechnungen
§ 48 Bilanz
§ 49 Rechnungsabgrenzungsposten
§ 50 Weitere Vorschriften zu einzelnen Bilanzpositionen
§ 51 Anhang
§ 52 Lagebericht

Teil 10
Gesamtabschluss

§ 53 Gesamtabschluss

Teil 11
Eröffnungsbilanz

§ 54 Aufstellung der Eröffnungsbilanz
§ 55 Erstmalige Bewertung in der Eröffnungsbilanz
§ 56 Berichtigung der Eröffnungsbilanz

Teil 12
Schlussvorschriften

§ 57 Aufbewahrung von Unterlagen, Aufbewahrungsfristen
§ 58 Sondervermögen, Treuhandvermögen
§ 59 Begriffsbestimmungen
§ 60 Übergangsregelungen
§ 61 Inkrafttreten, Befristung

Teil 1
Bestandteile des Haushaltsplanes, Anlagen

§ 1
Haushaltsplan

(1) Der Haushaltsplan besteht aus

1. dem Ergebnisplan,
2. dem Finanzplan,
3. den Teilplänen,
4. dem Stellenplan.

(2) Dem Haushaltsplan sind beizufügen
1. der Vorbericht,
2. die Bilanz des Vorvorjahres,
3. eine Übersicht über die Entwicklung des Eigenkapitals und des Anteils des Eigenkapitals an der Bilanzsumme,
4. eine Übersicht über die aus Verpflichtungsermächtigungen in den einzelnen Jahren voraussichtlich fällig werdenden Auszahlungen,
5. eine Übersicht über die nach § 20 gebildeten Budgets unter Angabe der den einzelnen Budgets zugeordneten Erträgen und Aufwendungen sowie Einzahlungen und Auszahlungen,
6. die Hebesatzsatzung, soweit die Gemeinde eine solche Satzung beschlossen hat,
7. die Wirtschaftspläne der Sondervermögen der Gemeinde, für die Sonderrechnungen geführt werden und in der Haushaltssatzung Festsetzungen erfolgen.

(3) Dem Haushaltsplan sollen beigefügt werden
1. die neuesten Jahresabschlüsse der Sondervermögen der Gemeinde, für die Sonderrechnungen geführt werden und in der Haushaltssatzung Festsetzungen erfolgen,
2. die Wirtschaftspläne und Einnahme- und Ausgabepläne sowie neuesten Jahresabschlüsse und Einnahme- und Ausgaberechnungen der anderen Sondervermögen der Gemeinde und der Treuhandvermögen nach § 98 GO, für die Sonderrechnungen geführt werden,
3. die Wirtschaftspläne und neuesten Jahresabschlüsse der Gesellschaften an denen die Gemeinde, auch mittelbar, mit mehr als 50 Prozent beteiligt ist; die Anlage kann auf den Erfolgsplan, den Vermögensplan und den Finanzplan sowie auf die Bilanz und die Gewinn- und Verlustrechnung beschränkt werden,
4. die Wirtschaftspläne und neuesten Jahresabschlüsse der Kommunalunternehmen nach § 106 a GO, die von der Gemeinde getragen werden; die Anlage kann auf den Erfolgsplan, den Vermögensplan und den Finanzplan sowie auf die Bilanz und die Gewinn- und Verlustrechnung beschränkt werden,
5. die Wirtschaftspläne und neuesten Jahresabschlüsse der gemeinsamen Kommunalunternehmen nach § 19 b des Gesetzes über kommunale Zusammenarbeit (GKZ) in der Fassung der Bekanntmachung vom 28. Februar 2003 (GVOBl. Schl.-H. S. 122), zuletzt geändert durch Artikel 4 des Gesetzes vom 21. Juni 2016 (GVOBl. Schl.-H. S. 528), zu deren Stammkapital die Gemeinde mehr als 50 Prozent beigetragen hat; die Anlage kann auf den Erfolgsplan, den Vermögensplan und den Finanzplan sowie auf die Bilanz und die Gewinn- und Verlustrechnung beschränkt werden,
6. die Wirtschaftspläne und neuesten Jahresabschlüsse der anderen Anstalten, die von der Gemeinde getragen werden, mit Ausnahme der öffentlich-rechtlichen Sparkassen; die Anlage kann auf den Erfolgsplan, den Vermögensplan und den Finanzplan sowie auf die Bilanz und die Gewinn- und Verlustrechnung beschränkt werden.

Soweit Wirtschaftspläne und neueste Jahresabschlüsse nach Satz 1 bei Beratung über den Haushaltsplan noch nicht vorliegen, sind sie nach Vorliegen unverzüglich der Gemeindevertretung zuzuleiten und dem nächsten Nachtragshaushaltsplan oder dem Haushaltsplan des nächsten Jahres als Anlage beizufügen.

(4) Den im Haushaltsplan für das Haushaltsjahr zu veranschlagenden Erträgen und Aufwendungen sowie Einzahlungen und Auszahlungen sind die Ergebnisse des Jahresabschlusses des Vorvorjahres und die Haushaltspositionen des Vorjahres voranzustellen und die Planungspositionen der dem Haushaltsjahr folgenden drei Jahre anzufügen.

(5) Im Haushaltsplan des Jahres, in dem erstmals die Haushaltswirtschaft nach den Grundsätzen der doppelten Buchführung geführt wird, kann auf die Darstellung der Ergebnisse des Vorvorjahres und der Haushaltspositionen des Vorjahres verzichtet werden. Im Haushaltsplan des folgenden Jahres kann auf die Darstellung der Ergebnisse des Vorvorjahres verzichtet werden.

§ 2
Ergebnisplan

(1) Im Ergebnisplan sind mindestens als einzelne Positionen auszuweisen
die Erträge
1. Steuern und ähnliche Abgaben,
2. Zuwendungen und allgemeine Umlagen,
3. sonstige Transfererträge,
4. öffentlich-rechtliche Leistungsentgelte,
5. privatrechtliche Leistungsentgelte,
6. Kostenerstattungen und Kostenumlagen,
7. sonstige Erträge,
8. aktivierte Eigenleistungen,
9. Bestandsveränderungen,
die Aufwendungen
10. Personalaufwendungen,
11. Versorgungsaufwendungen,
12. Aufwendungen für Sach- und Dienstleistungen,
13. bilanzielle Abschreibungen,
14. Transferaufwendungen,
15. sonstige Aufwendungen,
außerdem
16. Finanzerträge,
17. Zinsen und sonstige Finanzaufwendungen.

(2) Im Ergebnisplan sind für jedes Haushaltsjahr
1. der Saldo aus der Summe der Erträge und der Summe der Aufwendungen als Ergebnis der laufenden Verwaltungstätigkeit,
2. der Saldo aus den Finanzerträgen und den Zinsen und sonstigen Finanzaufwendungen als Finanzergebnis,
3. die Summe aus dem Ergebnis der laufenden Verwaltungstätigkeit und dem Finanzergebnis als Jahresergebnis
auszuweisen.

(3) Die Zuordnung von Erträgen und Aufwendungen zu den Positionen des Ergebnisplans ist auf der Grundlage des für Inneres zuständigen Ministeriums im Amtsblatt für Schleswig-Holstein bekannt gemachten Kontenrahmens vorzunehmen.

§ 3
Finanzplan

(1) Im Finanzplan sind mindestens als einzelne Positionen auszuweisen
die Einzahlungen aus laufender Verwaltungstätigkeit
1. Steuern und ähnliche Abgaben,
2. Zuwendungen und allgemeine Umlagen,
3. sonstige Transfereinzahlungen,
4. öffentlich-rechtliche Leistungsentgelte,
5. privatrechtliche Leistungsentgelte,
6. Kostenerstattungen und Kostenumlagen,
7. sonstige Einzahlungen,
8. Zinsen und sonstige Finanzeinzahlungen,
die Auszahlungen aus laufender Verwaltungstätigkeit
9. Personalauszahlungen,
10. Versorgungsauszahlungen,
11. Auszahlungen für Sach- und Dienstleistungen,
12. Zinsen und sonstige Finanzauszahlungen,
13. Transferauszahlungen,
14. sonstige Auszahlungen,

aus Investitionstätigkeit die Einzahlungen
15. aus Zuweisungen und Zuschüssen für Investitionen und Investitionsförderungsmaßnahmen,
16. aus der Veräußerung von Grundstücken und Gebäuden,
17. aus der Veräußerung von beweglichem Anlagevermögen,
18. aus der Veräußerung von Finanzanlagen,
19. aus der Abwicklung von Baumaßnahmen,
20. aus Rückflüssen von Ausleihungen für Investitionen und Investitionsförderungsmaßnahmen Dritter,
21. von Beiträgen und ähnlichen Entgelten,
22. sonstige Investitionseinzahlungen,
aus Investitionstätigkeit die Auszahlungen
23. aus Zuweisungen und Zuschüssen für Investitionen und Investitionsförderungsmaßnahmen,
24. für den Erwerb von Grundstücken und Gebäuden,
25. für den Erwerb von beweglichem Anlagevermögen,
26. für den Erwerb von Finanzanlagen,
27. für Baumaßnahmen,
28. für die Gewährung von Ausleihungen für Investitionen und Investitionsförderungsmaßnahmen Dritter,
29. sonstige Investitionsauszahlungen,
aus fremden Finanzmitteln
30. Einzahlungen aus fremden Finanzmitteln beschränkt auf die Darstellung des Ist-Ergebnisses des Vorvorjahres,
31. Auszahlungen aus fremden Finanzmitteln beschränkt auf die Darstellung des Ist-Ergebnisses des Vorvorjahres,
aus Finanzierungstätigkeit
32. Einzahlungen aus der Aufnahme von Krediten für Investitionen und Investitionsförderungsmaßnahmen,
33. Rückflüsse von Darlehen aus der Anlage liquider Mittel,
34. Auszahlungen für die Tilgung von Krediten für Investitionen und Investitionsförderungsmaßnahmen,
35. Gewährung von Darlehen zur Anlage liquider Mittel.

Im Finanzplan eines Amtes sind ferner die Ein- und Auszahlungen für amtsangehörige Gemeinden auszuweisen.

(2) Im Finanzplan sind für jedes Haushaltsjahr der voraussichtliche Anfangsbestand, die geplante Änderung des Bestandes und der voraussichtliche Endbestand der Finanzmittel durch
1. den Saldo aus den Ein- und Auszahlungen aus laufender Verwaltungstätigkeit,
2. den Saldo aus den Ein- und Auszahlungen aus Investitionstätigkeit,
3. die Summe der Salden nach den Nummern 1 und 2 als Finanzmittelüberschuss oder Finanzmittelfehlbetrag,
4. den Saldo aus Ein- und Auszahlungen aus fremden Finanzmitteln,
5. den Saldo aus den Ein- und Auszahlungen aus Finanzierungstätigkeit,
6. die Summe aus Finanzmittelüberschuss oder Finanzmittelfehlbetrag und aus dem Saldo nach Nummer 4 und Nummer 5 als Veränderung des Bestandes an Finanzmitteln und
7. die Summe aus Nummer 6 und dem Bestand am Anfang des Haushaltsjahres als Bestand an Finanzmitteln am Ende des Haushaltsjahres

auszuweisen. Im Finanzplan eines Amtes muss in die Summe in Satz 1 Nummer 6 ferner der Saldo aus Ein- und Auszahlungen für amtsangehörige Gemeinden einfließen.

(3) Die Zuordnung von Einzahlungen und Auszahlungen zu den Positionen des Finanzplans ist auf der Grundlage des für Inneres zuständigen Ministeriums im Amtsblatt für Schleswig-Holstein bekannt gemachten Kontenrahmens vorzunehmen.

§ 4
Teilpläne

(1) Die Teilpläne bestehen aus einem Teilergebnisplan und einem Teilfinanzplan. Sie sind nach Produktgruppen und Unterproduktgruppen zu erstellen. Die Gliederung im Haushaltsplan hat nach den Absätzen 2 oder 3 zu erfolgen.

(2) Bei einer Gliederung nach dem vom für Inneres zuständigen Ministeriums im Amtsblatt für Schleswig-Holstein bekannt gemachten Produktrahmen sind die Teilpläne in der danach vorgegebenen Reihenfolge im Haushaltsplan abzubilden. Den Teilplänen sind jeweils in einer Übersicht die Summen der Erträge und der Aufwendungen und die Summen der Einzahlungen und der Auszahlungen für Investitionen und Investitionsförderungsmaßnahmen für den Produktbereich voranzustellen.

(3) Bei einer Gliederung nach Organisationsbereichen sind jeweils die Teilpläne, die von einer Organisationseinheit bewirtschaftet werden, nacheinander im Haushaltsplan aufzuführen. Absatz 2 Satz 2 gilt entsprechend.

(4) Die Teilergebnispläne sind entsprechend § 2 aufzustellen. Für jeden Teilergebnisplan ist ein Jahresergebnis entsprechend § 2 Absatz 2 darzustellen. Soweit Erträge und Aufwendungen aus internen Leistungsbeziehungen für die Haushaltsbewirtschaftung erfasst werden, sind diese zusätzlich abzubilden.

(5) Im Teilfinanzplan sind als einzelne Positionen die Einzahlungen und Auszahlungen für Investitionen und Investitionsförderungsmaßnahmen entsprechend § 3 Absatz 1 Satz 1 Nummer 15 bis 29 sowie die Summe der Einzahlungen, die Summe der Auszahlungen und der Saldo daraus auszuweisen. Als Einzelmaßnahmen sind jeweils die erheblichen Investitionen und Investitionsförderungsmaßnahmen auszuweisen. Dazu sind zusätzlich zu den maßnahmebezogenen Beträgen nach Satz 1 die Investitionssumme und die bisher bereitgestellten Haushaltsmittel sowie die Verpflichtungsermächtigungen für die Folgejahre anzugeben.

(6) Die zur Ausführung des Haushaltsplanes getroffenen Bewirtschaftungsregelungen sind in den Teilplänen oder in der Haushaltssatzung auszuweisen.

(7) Eine Position im Teilergebnisplan oder im Teilfinanzplan, die keinen Betrag auweist, kann entfallen, es sei denn, im Vorjahr oder im Vorvorjahr wurde unter dieser Position ein Betrag ausgewiesen oder in der mittelfristigen Ergebnis- und Finanzplanung soll unter dieser Position ein Betrag ausgewiesen werden.

(8) Die aus den Teilplänen abgeleiteten wesentlichen Ziele sollen beschrieben werden.

§ 5
Mittelfristige Ergebnis- und Finanzplanung

Bei der Aufstellung und Fortschreibung der mittelfristigen Ergebnis- und Finanzplanung sollen die vom für Inneres zuständigen Ministerium bekannt gegebenen Orientierungsdaten berücksichtigt werden.

§ 6
Vorbericht

(1) Der Vorbericht gibt einen Überblick über den Stand und die Entwicklung der Haushaltswirtschaft. Insbesondere ist darzustellen
1. in einer Übersicht die Entwicklung der Steuererträge und der Finanzzuweisungen sowie der Umlagen in den letzten drei abgeschlossenen Haushaltsjahren, im Vorjahr und im Haushaltsjahr,
2. in einer Übersicht die Entwicklung der Verbindlichkeiten aus Krediten in den letzten drei abgeschlossenen Haushaltsjahren sowie deren voraussichtliche Entwicklung im Vorjahr, im Haushaltsjahr und in den drei nachfolgenden Jahren,
3. in einer Übersicht die übernommenen Bürgschaften, Verpflichtungen aus Gewährverträgen und die Rechtsgeschäfte, die diesen wirtschaftlich gleichkommen,
4. in einer Übersicht der voraussichtliche Stand der Sonderrücklagen, der Sonderposten und der Rückstellungen zu Beginn des Haushaltsjahres,
5. welche erheblichen Investitionen und Investitionsförderungsmaßnahmen im Haushaltsjahr geplant

sind und welche finanziellen Auswirkungen hieraus sich für die folgenden Jahre ergeben,

6. in einer Übersicht die geplanten Auszahlungen für Investitionen und Investitionsförderungsmaßnahmen in den letzten drei abgeschlossenen Haushaltsjahren, im Vorjahr, im Haushaltsjahr sowie den drei nachfolgenden Jahren und deren Abwicklung,

7. in einer Übersicht die Entwicklung des Anstiegs der bereinigten Auszahlungen aus laufender Verwaltungstätigkeit im Haushaltsjahr, in den beiden vorangegangenen Haushaltsjahren sowie in den drei nachfolgenden Jahren im Vergleich mit den Empfehlungen des jährlichen Haushaltserlasses des für Inneres zuständigen Ministeriums,

8. jeweils in einer Übersicht
   a) die im Haushaltsjahr umgesetzten wesentlichen Maßnahmen zur Haushaltskonsolidierung mit ihren finanziellen Auswirkungen im Haushaltsjahr und in dem dem Haushaltsjahr folgenden Jahr,
   b) noch nicht umgesetzte Maßnahmen zur Haushaltskonsolidierung mit ihren möglichen finanziellen Auswirkungen,
   c) die zahlungswirksamen und nichtzahlungswirksamen Zuweisungen und Zuschüsse an Vereine und Verbände im Haushaltsjahr und in den beiden vorangegangenen Jahren, mit Ausnahme der Zuweisungen und Zuschüsse zur Förderung der Betreuung von Kindern in Einrichtungen sowie zur Förderung von Beschäftigungsverhältnissen im Rahmen der Kindertagespflege,
   d) die Mitgliedschaften in Vereinen und Verbänden unter Angabe der Mitgliedsbeiträge im Haushaltsjahr und in den beiden vorangegangenen Jahren,
   e) Angaben zur Ausschöpfung der Steuer- und sonstigen Ertrags- und Einzahlungsquellen,

   wenn der Ergebnisplan im Haushaltsjahr oder in einem der drei nachfolgenden Jahre nach der mittelfristigen Ergebnis- und Finanzplanung nicht ausgeglichen ist oder die Ergebnisrücklage im neuesten Jahresabschluss weniger als 10 Prozent der Allgemeinen Rücklage beträgt,

9. in einer Übersicht die abgeschlossenen und im Haushaltsjahr geplanten kreditähnlichen Rechtsgeschäfte, die nicht nach § 1 der Landesverordnung über die Genehmigungsfreiheit von Rechtsgeschäften kommunaler Körperschaften vom 14. September 2016 (GVOBl. Schl.-H. S. 832) genehmigungsfrei gestellt sind, unter Angabe der Belastung des Haushalts im Vorjahr, im Haushaltsjahr und in den drei nachfolgenden Jahren und unter Angabe des Zeitpunktes des Auslaufens der kreditähnlichen Rechtsgeschäfte,

10. in einer Übersicht die Ergebnisse der Einrichtungen (Erträge abzüglich Aufwendungen und kalkulatorische Zinsen), die sich in der Regel zu mehr als 10 Prozent aus Entgelten finanzieren (kostenrechnende Einrichtungen), im Vorjahr und im Haushaltsjahr unter Angabe der Kostendeckungsgrade,

11. in einer Übersicht die Verwendung der allgemeinen Schlüsselzuweisungen für übergemeindliche Aufgaben,

12. das Treuhandvermögen der Gemeinde, die von Dritten verwaltet werden, im Hinblick auf die Liquiditätslage, die im Haushaltsjahr geplanten Investitionen und deren Finanzierung sowie bei Vorliegen einer Verschuldung die Höhe der Verschuldung und das veräußerbare Vermögen,

13. in einer Übersicht
    a) die Sondervermögen der Gemeinde, für die Sonderrechnungen geführt werden,
    b) die Zweckverbände, in denen die Gemeinde Mitglied ist,
    c) die Gesellschaften, an denen die Gemeinde, auch mittelbar, beteiligt ist,
    d) die Kommunalunternehmen nach § 106 a GO, die von der Gemeinde getragen werden,
    e) die gemeinsamen Kommunalunternehmen nach § 19 b des Gesetzes über kommunale Zusammenarbeit, zu deren Stammkapital die Gemeinde beigetragen hat,
    f) die anderen Anstalten, die von der Gemeinde getragen werden, mit Ausnahme der öffentlich-rechtlichen Sparkassen,

    unter Angabe der Höhe des Stammkapitals, des Anteils der Gemeinde am Stammkapital sowie der Höhe der Gewinnabführung, Verlustabdeckung oder Umlage, in den beiden dem Haushaltsjahr vorausgehenden Haushaltsjahren und ihrer voraussichtlichen Höhe im Haushaltsjahr,

14. wie sich die Erfolgs- und Finanzlage einschließlich der Schulden oder die Haushaltslage und Verschuldung
    a) der Sondervermögen der Gemeinde, für die Sonderrechnungen geführt werden,
    b) der Treuhandvermögen nach § 98 GO, für die Sonderrechnungen geführt werden,
    c) der Zweckverbände, in denen die Gemeinde Mitglied ist,
    d) der Gesellschaften, an denen die Gemeinde, auch mittelbar, mit mehr als 25 Prozent beteiligt ist,
    e) der Kommunalunternehmen nach § 106 a GO, die von der Gemeinde getragen werden,
    f) der Kommunalunternehmen nach § 19 b des Gesetzes über kommunale Zusammenarbeit, zu deren Stammkapital die Gemeinde mindestens 25 Prozent beigetragen hat,
    g) der anderen Anstalten, die von der Gemeinde getragen werden, mit Ausnahme der öffentlich-rechtlichen Sparkassen,

    entwickelt haben und sich im Haushaltsjahr voraussichtlich entwickeln werden und wie sich diese jeweils in Erträgen und Aufwendungen sowie Einzahlungen und Auszahlungen auf die Haushaltswirtschaft der Gemeinde in den beiden dem Haushaltsjahr vorangehenden Haushaltsjahren ausgewirkt haben und voraussichtlich im Haushaltsjahr auswirken werden,

15. jeweils in einer Übersicht über die Entwicklung der Verbindlichkeiten aus Krediten in den letzten drei abgeschlossenen Haushaltsjahren sowie deren voraussichtliche Entwicklung im Vorjahr, im Haushaltsjahr und in den drei nachfolgenden Jahren für
    a) jedes Sondervermögen der Gemeinde, für das Sonderrechnung geführt wird,
    b) jede Gesellschaft, an denen die Gemeinde, auch mittelbar, mit mindestens 75 Prozent beteiligt ist,
    c) jedes Kommunalunternehmen nach § 106 a der Gemeindeordnung, das von der Gemeinde getragen wird, und
    d) jede andere Anstalt, die von der Gemeinde getragen wird, mit Ausnahme der öffentlich-rechtlichen Sparkassen,

16. jeweils in einer Übersicht die geplanten Auszahlungen für Investitionen und Investitionsförderungsmaßnahme in den letzten drei abgeschlossenen Haushaltsjahren, im Vorjahr, im Haushaltsjahr sowie den drei nachfolgenden Jahren und deren Abwicklung für
    a) jedes Sondervermögen der Gemeinde, für das Sonderrechnung geführt wird,
    b) jede Gesellschaft, an denen die Gemeinde, auch mittelbar, mit mindestens 75 Prozent beteiligt ist,
    c) jedes Kommunalunternehmen nach § 106 a GO, das von der Gemeinde getragen wird, und
    d) jede andere Anstalt, die von der Gemeinde getragen wird, mit Ausnahme der öffentlich-rechtlichen Sparkassen,

17. in einer Übersicht die Gesamtverschuldung der Gemeinde in den letzten drei abgeschlossenen Haushaltsjahren sowie deren voraussichtlichen Entwicklung im Vorjahr, im Haushaltsjahr und in den drei nachfolgenden Jahren.

(2) Die wesentlichen Zielsetzungen der Planung für das Haushaltsjahr und die folgenden drei Jahre sowie die Rahmenbedingungen der Planung sind zu erläutern.

§ 7
Haushaltsplan für zwei Jahre

(1) Werden in der Haushaltssatzung Festsetzungen für zwei Haushaltsjahre getroffen, sind im Ergebnisplan die Erträge und Aufwendungen und im Finanzplan die Einzahlungen, Auszahlungen und Verpflichtungsermächtigungen für jedes der beiden Haushaltsjahre getrennt aufzuführen.

(2) Die Fortschreibung der Ergebnis- und Finanzplanung im ersten Haushaltsjahr ist der Gemeindevertretung vor Beginn des zweiten Haushaltsjahres vorzulegen, wenn in dem Ergebnisplan und dem Finanzplan nach Absatz 1 der Planungszeitraum nicht um ein Jahr verlängert worden ist.

(3) Unterlagen nach § 1 Absatz 3 Satz 1, die nach der Verabschiedung eines Haushaltsplanes nach Absatz 1 erstellt worden sind, müssen dem folgenden Haushaltsplan beigefügt werden.

§ 8
Nachtragshaushaltsplan

(1) Der Nachtragshaushaltsplan muss alle erheblichen Änderungen der Erträge und Aufwendungen und der Einzahlungen und Auszahlungen, die im Zeitpunkt seiner Aufstellung übersehbar sind, enthalten. Die damit in Zusammenhang stehenden Änderungen der Ziele sollen beschrieben werden. Bereits über- oder außerplanmäßig entstandene Aufwendungen oder über- oder außerplanmäßig geleistete Auszahlungen müssen nicht veranschlagt werden. Satz 3 gilt für über- und außerplanmäßige zahlungswirksame Aufwendungen, bei denen die Zahlungen noch nicht erfolgt sind, nicht.

(2) Werden im Nachtragshaushaltsplan Mehrerträge oder Mehreinzahlungen veranschlagt oder Kürzungen von Aufwendungen oder Auszahlungen vorgenommen, die zur Deckung über- und außerplanmäßiger Aufwendungen oder Auszahlungen dienen, sind diese Aufwendungen oder Auszahlungen abweichend von Absatz 1 Satz 3 mit in den Nachtragshaushaltsplan aufzunehmen.

(3) Dem Nachtragshaushaltsplan sind beizufügen
1. der Vorbericht zum Nachtragshaushaltsplan,
2. die Übersicht nach § 1 Absatz 2 Nummer 3, soweit sich durch den Nachtragshaushaltsplan Änderungen in der Übersicht ergeben,
3. die Übersicht nach § 1 Absatz 2 Nummer 4, soweit sich durch den Nachtragshaushaltsplan Änderungen in der Übersicht ergeben,
4. eine Änderung der Hebesatzsatzung, soweit eine solche beschlossen worden ist und diese nicht einem vorherigen Nachtragshaushaltsplan beigefügt war,
5. die in § 1 Absatz 3 genannten Unterlagen, soweit sie nicht dem Haushaltsplan oder einem vorherigen Nachtragshaushaltsplan beigefügt waren,
6. Nachträge zu Wirtschaftsplänen für die in § 1 Absatz 2 Nummer 7 und Absatz 3 genannten Organisationseinheiten.

(4) Der Vorbericht zum Nachtragshaushaltsplan gibt einen Überblick über die wesentlichen Änderungen der Erträge und Aufwendungen und der Einzahlungen und Auszahlungen. Die Übersichten nach § 6 Absatz 1 Satz 2 Nummer 1, 2, 9 und 17 sind aufzunehmen, soweit sich durch den Nachtragshaushaltsplan, die Unterlagen nach Absatz 3 Nummer 5, Nachträge zu Wirtschaftsplänen nach Absatz 3 Nummer 6 oder kreditähnliche Rechtsgeschäfte Änderungen ergeben.

§ 9
Stellenplan

(1) Im Stellenplan sind die im Haushaltsjahr erforderlichen Stellen der Beamtinnen und Beamten und der nicht nur vorübergehend beschäftigten Arbeitnehmerinnen und Arbeitnehmer, gegliedert nach Teilplänen sowie nach Besoldungs- und Entgeltgruppen, bei Beamtinnen und Beamten unter Angabe der Amtsbezeichnung, bei Arbeitnehmerinnen und Arbeitnehmer unter Angabe der Funktionen, auszuweisen. Als vorübergehend beschäftigt gelten solche Beschäftigte, deren Dienstleistung auf höchstens sechs Monate begrenzt ist. Im Stellenplan sind nachrichtlich aufzuführen
1. Stellen für Widerrufsbeamtinnen und Widerrufsbeamten und für sonstige Auszubildende,
2. Stellen für Beamtinnen und Beamte, die zu anderen Dienstherren oder Institutionen abgeordnet oder die ohne Dienstbezüge beurlaubt worden sind.

(2) Den für das Haushaltsjahr ausgewiesenen Stellen sind die im Vorjahr ausgewiesenen sowie die am 30. Juni des Vorjahres tatsächlich besetzten Stellen gegenüberzustellen.

(3) Die Bürgermeisterin oder der Bürgermeister darf eine Planstelle in einen anderen Teilplan des Stellenplans umsetzen, wenn dort ein unvorhergesehener und unabweisbarer vordringlicher Personalbedarf entsteht. Über den weiteren Verbleib der Planstelle ist im nächsten Haushaltsplan zu bestimmen.

(4) Stellen für Arbeitnehmerinnen und Arbeitnehmer, bei denen nach tarifrechtlichen Vorschriften eine höhere Entgeltgruppe nach Zeitablauf vorgesehen ist, können mit einer zusammenfassenden Bezeichnung versehen werden. Entsprechendes gilt für Beamtenstellen der Regellaufbahnen, die dem Eingangsamt oder dem ersten Beförderungsamt angehören.

(5) Stellen, die nicht mehr benötigt werden, sind unter Angabe eines bestimmten Zeitpunktes als künftig wegfallend zu bezeichnen. Stellen, die zu einem späteren Zeitpunkt anders bewertet werden sollen, sind als künftig umzuwandeln zu bezeichnen. Dabei ist die künftige Bewertung anzugeben. Bei Stellen, die länger als ein Jahr unbesetzt waren, ist zu vermerken, seit wann die Stellen unbesetzt sind. Soweit Stellen als künftig wegfallend oder künftig umzuwandeln bezeichnet worden sind, dürfen diese nach Wirksamwerden des Vermerkes nicht mehr oder nicht mehr entsprechend ihrer früheren Ausweisung besetzt werden.

(6) Besetzbare Planstellen für Beamtinnen und Beamte können bei Bedarf vorübergehend mit Arbeitnehmerinnen und Arbeitnehmern besetzt werden, die nach ihren Tätigkeitsmerkmalen eine vergleichbare Tätigkeit ausüben.

(7) Jede Stelle darf grundsätzlich nur mit einer Stelleninhaberin oder einem Stelleninhaber besetzt sein. Die Besetzung einer Stelle mit zwei Teilzeitbeschäftigten der gleichen oder einer niedrigeren Besoldungs- oder Entgeltgruppe ist zulässig, soweit die Gesamtarbeitszeit der Teilzeitbeschäftigten auf dieser Stelle die regelmäßige Arbeitszeit einer oder eines Vollbeschäftigten nicht überschreitet. Bei Stellen für Teilzeitbeschäftigte ist im Stellenplan die jeweils festgelegte Anzahl der wöchentlichen Arbeitsstunden anzugeben. Satz 2 gilt entsprechend.

Teil 2
Planungsgrundsätze

§ 10
Allgemeine Planungsgrundsätze

(1) Im Haushalt sind das voraussichtliche Ressourcenaufkommen und der geplante Ressourcenverbrauch in voller Höhe und getrennt voneinander durch Erträge und Aufwendungen unter Beachtung der Grundsätze ordnungsmäßiger Buchführung und die Einzahlungen und Auszahlungen abzubilden, soweit in dieser Verordnung nichts anderes bestimmt ist.

(2) Erträge und Aufwendungen sind in ihrer voraussichtlichen Höhe in dem Haushaltsjahr zu veranschlagen, dem sie wirtschaftlich zuzurechnen sind. Soweit sie nicht errechenbar sind, sind sie sorgfältig zu schätzen.

(3) Einzahlungen und Auszahlungen sind in Höhe der voraussichtlich zu erzielenden oder zu leistenden Beträge zu veranschlagen. Absatz 2 Satz 2 findet Anwendung.

§ 11
Verpflichtungsermächtigungen

Die Verpflichtungsermächtigungen sind im Teilfinanzplan bei den einzelnen Investitionen und Investitionsförderungsmaßnahmen zu veranschlagen.

§ 12
Investitionen

(1) Bevor Investitionen von erheblicher finanzieller Bedeutung beschlossen werden, soll unter mehreren in Betracht kommenden Möglichkeiten durch Vergleich der Anschaffungs- oder Herstellungskosten nach § 41 und der Folgekosten die für die Gemeinde wirtschaftlichste Lösung ermittelt werden.

(2) Auszahlungen und Verpflichtungsermächtigungen für Bauten und Instandsetzungen an Bauten sollen erst veranschlagt werden, wenn Pläne, Kostenberechnungen und Erläuterungen vorliegen, aus denen die Art der Ausführung, die Kosten der Maßnahme, des Grunderwerbs und der Einrichtung sowie die voraussichtlichen Jahresraten unter Angabe der Kostenbeteiligung Dritter und ein Bauzeitplan im einzelnen ersichtlich sind. Den Unterlagen ist eine Schätzung der nach Fertigstellung der Maßnahme entstehenden jährlichen Haushaltsbelastungen beizufügen. Werden Auszahlungen und Verpflichtungsermächtigungen nach Satz 1 1. Halbsatz veranschlagt, obwohl die Unterlagen nach Satz 1 2. Halbsatz noch nicht vorliegen, sind die Auszahlungen mit einem Sperrvermerk zu versehen, über dessen Aufhebung die Gemeindevertretung nach Vorliegen der Unterlagen entscheidet.

(3) Ausnahmen von Absatz 2 sind bei Vorhaben von geringer finanzieller Bedeutung und bei dringenden Instandsetzungen zulässig. Die Notwendigkeit einer Ausnahme ist in den Erläuterungen zu begründen. Vor Beginn der Maßnahme müssen mindestens eine Kostenberechnung und ein Bauzeitplan vorliegen.

§ 13
Verfügungsmittel

Im Haushaltsplan können in angemessener Höhe Verfügungsmittel der Bürgermeisterin oder des Bürgermeisters veranschlagt werden. Der Ansatz darf nicht überschritten werden, die Mittel sind nicht übertragbar.

§ 14
Fremde Finanzmittel

Im Haushaltsplan der Gemeinde werden nicht veranschlagt
1. durchlaufende Gelder,
2. Beträge, die die Gemeinde auf Grund eines Gesetzes unmittelbar in den Haushalt eines anderen öffentlichen Aufgabenträgers zu buchen hat, einschließlich der ihr zur Selbstbewirtschaftung zugewiesenen Mittel,
3. Beträge, die die Kasse des endgültigen Kostenträgers oder eine andere Kasse, die unmittelbar mit dem endgültigen Kostenträger abrechnet, anstelle der Gemeindekasse vereinnahmt oder ausgibt.

§ 15
Interne Leistungsbeziehungen

(1) Zum Nachweis des vollständigen Ressourcenverbrauchs sind die Aufwendungen für erbrachte Leistungen der Hilfsbetriebe den einzelnen Teilplänen über interne Leistungsbeziehungen zu belasten. Im Übrigen können interne Leistungsbeziehungen zwischen den Teilplänen veranschlagt werden.

(2) Erträge und Aufwendungen aus interner Leistungsbeziehung sind dem Jahresergebnis des Teilergebnisplans und der Teilergebnisrechnung hinzuzufügen und müssen sich im Ergebnisplan und in der Ergebnisrechnung insgesamt ausgleichen.

§ 16
Kosten- und Leistungsrechnung

Eine Kosten- und Leistungsrechnung zur Unterstützung der Verwaltungssteuerung kann durchgeführt werden.

§ 17
Weitere Vorschriften für die Haushaltsplanung

(1) Abgaben, abgabeähnliche Erträge und allgemeine Zuweisungen, die die Gemeinde zurückzuzahlen hat, sind bei den Erträgen abzusetzen, auch wenn sie sich auf Erträge der Vorjahre beziehen. Dies gilt bei Rückerstattung geleisteter Aufwendungen der vorgenannten Art sinngemäß.

(2) Die Veranschlagung von Personalaufwendungen richtet sich nach den im Haushaltsjahr voraussichtlich besetzten Stellen. Dabei können die Personalaufwendungen für Personen, die nicht im Stellenplan geführt werden, zentral veranschlagt werden.

(3) Die Versorgungs- und die Beihilfeaufwendungen sind auf die Teilpläne nach der Höhe der dort ausgewiesenen Personalaufwendungen aufzuteilen.

(4) Zuschüsse von Bund und Land für städtebauliche Gesamtmaßnahmen werden üblicherweise unmittelbar dem städtebaulichen Sondervermögen zugeführt, so dass unabhängig von der Bilanzierung im Haushalt der Gemeinde regelmäßig nur der Eigenanteil der Gemeinde an der städtebaulichen Gesamtmaßnahme als Zuschuss (Kontenart 781) zu veranschlagen ist.

§ 18
Erläuterungen zu den Teilplänen

(1) Es sind zu erläutern
1. die größeren Ansätze von Erträgen und Aufwendungen, die von den bisherigen Ansätzen erheblich abweichen,
2. neue Investitionen und Investitionsförderungsmaßnahmen; erstrecken sie sich über mehrere Jahre, ist bei jeder folgenden Veranschlagung die bisherige Abwicklung darzulegen,
3. Notwendigkeit und Höhe der Verpflichtungsermächtigungen,
4. Aufwendungen zur Erfüllung von Verträgen, die die Gemeinde über ein Jahr hinaus zu erheblichen Zahlungen verpflichten,
5. die von Beschäftigten aus Nebentätigkeiten abzuführenden Beträge,
6. besondere Bestimmungen im Haushaltsplan, beispielsweise Sperrvermerke, Zweckbindung von Erträgen,
7. Abschreibungen, soweit von den im Vorjahr angewendeten Abschreibungsmethoden oder -sätzen abgewichen wird.

(2) Im Übrigen sind die Ansätze soweit erforderlich zu erläutern.

Teil 3
Deckungsgrundsätze, Bildung von Budgets

§ 19
Grundsatz der Gesamtdeckung

Soweit in dieser Verordnung nichts anderes bestimmt ist, dienen
1. die Erträge insgesamt zur Deckung der Aufwendungen,
2. die Einzahlungen insgesamt zur Deckung der Auszahlungen.

§ 20
Bildung von Budgets

(1) Die Erträge und Aufwendungen eines Teilplans oder mehrerer Teilpläne können zu einem Budget verbunden werden.

(2) Die Einzahlungen und Auszahlungen für Investitionen und Investitionsförderungsmaßnahmen eines Teilplans oder mehrerer Teilpläne können zu einem Budget verbunden werden.

(3) Die Bewirtschaftung der Budgets darf nicht zu einer Minderung des Saldos aus laufender Verwaltungstätigkeit nach § 3 Absatz 2 Nummer 1 führen.

§ 21
Zweckbindung

(1) Im Haushaltsplan können Erträge und die dazugehörigen Einzahlungen auf die Verwendung für bestimmte Aufwendungen und die dazugehörigen Auszahlungen beschränkt werden, wenn ein sachlicher Zusammenhang dies erfordert. Zweckgebundene Mehrerträge und die dazugehörigen Mehreinzahlungen dürfen für entsprechende Mehr-

aufwendungen und die dazugehörigen Mehrauszahlungen verwendet werden.

(2) In der Haushaltssatzung oder im Haushaltsplan kann bestimmt werden, dass Mehrerträge und die dazugehörigen Mehreinzahlungen bestimmte Ansätze für Aufwendungen und die dazugehörigen Mehrauszahlungen erhöhen und Mindererträge und die dazugehörigen Mindereinzahlungen bestimmte Ansätze für Aufwendungen und die dazugehörigen Auszahlungen vermindern. Das Gleiche gilt für Mehreinzahlungen und Mindereinzahlungen für Investitionen und Investitionsförderungsmaßnahmen.

(3) Die Mehraufwendungen oder Mehrauszahlungen nach Absatz 1 Satz 2 und Absatz 2 gelten nicht als überplanmäßige Aufwendungen oder Auszahlungen.

§ 22
Deckungsfähigkeit

(1) Wenn in der Haushaltssatzung oder im Haushaltsplan nichts anderes bestimmt ist, sind die Aufwendungen eines Budgets und die dazugehörigen Auszahlungen mit Ausnahme der Verfügungsmittel, der internen Leistungsbeziehungen, der Abschreibungen und der Zuführungen zu Rückstellungen und Rücklagen gegenseitig deckungsfähig.

(2) Abweichend von Absatz 1 können in Gemeinden mit nicht über 4.000 Einwohnerinnen und Einwohnern durch Bestimmung in der Haushaltssatzung die Personalaufwendungen und die dazugehörigen Auszahlungen aus den Aufwendungen und Auszahlungen eines Budgets herausgenommen werden und für gegenseitig deckungsfähig erklärt werden.

(3) Wenn in der Haushaltssatzung oder im Haushaltsplan nichts anderes bestimmt ist, sind die Auszahlungen für Investitionen und Investitionsförderungsmaßnahmen eines Budgets gegenseitig deckungsfähig.

(4) Ist der Finanzierungssaldo aus laufender Verwaltungstätigkeit mindestens so hoch wie die ordentliche Tilgung, können zahlungswirksame Aufwendungen eines Budgets und die dazugehörigen Auszahlungen zugunsten von Auszahlungen für Investitionen und Investitionsförderungsmaßnahmen des entsprechenden Budgets für einseitig deckungsfähig erklärt werden.

(5) Verfügungsmittel, interne Leistungsbeziehungen, Abschreibungen und Zuführungen zu Rückstellungen und Rücklagen dürfen nicht für deckungsfähig erklärt werden.

(6) Bei Deckungsfähigkeit nach den Absätzen 1 bis 3 können die deckungsberechtigten Ansätze zu Lasten der deckungspflichtigen Ansätze erhöht werden.

§ 23
Übertragbarkeit

(1) Im Ergebnisplan
1. sind die Aufwendungen und die dazugehörigen Auszahlungen für die Unterhaltung der Grundstücke, der baulichen Anlagen und des sonstigen unbeweglichen Vermögens übertragbar,
2. sind die Aufwendungen und die dazugehörigen Auszahlungen für die Gewerbesteuerumlage übertragbar,
3. können andere Aufwendungen, die zu einem Budget gehören, und die dazugehörigen Auszahlungen, ganz oder teilweise für übertragbar erklärt werden,
4. sind andere Aufwendungen, die nicht zu einem Budget gehören, und die dazugehörigen Auszahlungen, wenn sie aus zweckgebundenen Erträgen und den dazugehörigen Einzahlungen finanziert werden, übertragbar, soweit die zweckgebundenen Erträge und die dazugehörigen Einzahlungen noch nicht zweckentsprechend verwendet worden sind.

Die Aufwendungen und die dazugehörigen Auszahlungen bleiben bis zum Ende des folgenden Jahres verfügbar.

(2) Auszahlungen für Investitionen und Investitionsförderungsmaßnahmen bleiben bis zur Fälligkeit der letzten Zahlung für ihren Zweck verfügbar, bei Baumaßnahmen und Beschaffungen längstens jedoch zwei Jahre nach Schluss des Haushaltsjahres, in dem der Gegenstand oder der Bau in seinen wesentlichen Teilen in Benutzung genommen werden kann.

Teil 4
Rückstellungen, Rücklagen

§ 24
Rückstellungen

(1) Rückstellungen sind zu bilden für
1. Pensionsverpflichtungen nach den beamtenrechtlichen Vorschriften (Pensionsrückstellungen),
2. Beihilfeverpflichtungen nach § 80 des Landesbeamtengesetzes sowie andere Ansprüche außerhalb des Beamtenversorgungsgesetzes (Beihilferückstellungen),
3. zukünftige Verpflichtungen zur Lohn- und Gehaltszahlung für Zeiten der Freistellung von der Arbeit im Rahmen von Altersteilzeitarbeit und ähnlichen Maßnahmen (Altersteilzeitrückstellungen),
4. später entstehende Kosten der Abwasserbeseitigung und Abfallentsorgung (Rückstellungen für später entstehende Kosten),
5. die Sanierung von Altlasten (Altlastenrückstellungen),
6. ungewisse Verbindlichkeiten im Rahmen von Steuerschuldverhältnissen (Steuerrückstellungen),
7. drohende Verpflichtungen aus anhängigen Gerichtsverfahren (Verfahrensrückstellungen),
8. erwartete Mehraufwendungen bei den Umlagen aufgrund überdurchschnittlich hoher Gewerbesteuererträge im Vergleich zu den beiden Vorjahren, soweit in einem der beiden Folgejahre ohne diese Mittel ein Fehlbedarf im Ergebnisplan erwartet wird oder ein erwarteter Fehlbedarf sich erhöht (Finanzausgleichsrückstellung),
9. im Haushaltsjahr unterlassene Aufwendungen für Instandhaltung, die innerhalb von drei Monaten nachgeholt werden (Instandhaltungsrückstellungen),
10. Verbindlichkeiten für im Haushaltjahr empfangene Lieferungen und Leistungen, für die keine Rechnung vorliegt und der Rechnungsbetrag nicht bekannt ist.

(2) Sonstige Rückstellungen dürfen nur bei Unternehmen und Einrichtungen, die der Körperschaftsteuerpflicht unterliegen, gebildet werden, soweit diese steuerrechtlich anerkannt sind.

(3) Zu den Rückstellungen nach Absatz 1 Nummer 1 gehören bestehende Versorgungsansprüche sowie sämtliche Anwartschaften und andere fortgeltende Ansprüche nach dem Ausscheiden aus dem Dienst. Für Pensionsrückstellungen ist der Barwert der erworbenen Versorgungsansprüche zu ermitteln. Eine Rückstellungsanpassung aufgrund von Besoldungsanpassungen erfolgt erst zu dem Zeitpunkt, an dem die Besoldungsanpassung zur Gewissheit wird. Eine allgemeine hinsichtlich Zeitpunkt und Höhe noch nicht feststehende Dynamik ist unzulässig. Der Berechnung ist ein Rechnungszinsfuß von fünf Prozent zu Grunde zu legen. Für mittelbare Pensionsverpflichtungen sind keine Rückstellungen zu bilden. Die Ermittlung des Barwerts über das Teilwertverfahren als eine Barwertmethode ist zulässig. Zur Ermittlung des Barwerts können die Berechnungsgrundlagen aus § 33 der Satzung der Versorgungsausgleichskasse in der Fassung vom 12. Dezember 2011 (Amtsbl. Schl.-H. S. 935), zuletzt geändert durch 2. Nachtragssatzung vom 20. Juni 2013 (Amtsbl. Schl.-H. S. 594), zugrunde gelegt werden.

(4) Der Barwert der Rückstellungen nach Absatz 1 Nummer 2 für Ansprüche auf Beihilfen nach § 80 des Landesbeamtengesetzes sowie andere Ansprüche außerhalb des Beamtenversorgungsgesetzes sind als prozentualer Anteil der Pensionsrückstellungen nach Nummer 1 zu ermitteln. Der Prozentsatz ist aus dem Verhältnis des Volumens der gezahlten Leistungen für Versorgungsempfängerinnen und Versorgungsempfänger zu dem Volumen der gezahlten Versorgungsbezüge zu ermitteln. Er bemisst sich nach dem Durchschnitt dieser Leistungen in den drei Jahren, die dem Haushaltsjahr, für das der Jahresabschluss erstellt wird, vorangehen.

(5) Rückstellungen sind aufzulösen, soweit der Grund für ihre Bildung entfallen ist.

§ 25
Rücklagen

(1) Rücklagen der Gemeinde sind die Allgemeine Rücklage, die Sonderrücklage und die Ergebnisrücklage.

(2) Die Sonderrücklage erfasst

1. Zuweisungen zur Finanzierung von Investitionen, die nicht aufgelöst werden sollen, und
2. Mittel, die nach baurechtlichen Bestimmungen anstatt der Herstellung von Stellplätzen durch die Bauherrin oder den Bauherren geleistet worden sind.

Sind die Mittel zweckentsprechend von der Gemeinde verwendet worden, werden sie in die Allgemeine Rücklage umgebucht. Weitere Sonderrücklagen dürfen nur gebildet werden, soweit diese durch Gesetz oder Verordnung zugelassen sind.

(3) Die Ergebnisrücklage darf höchstens 33 Prozent und soll mindestens 10 Prozent der Allgemeinen Rücklage betragen. Soweit der Anteil der Allgemeinen Rücklage an der Bilanzsumme mindestens 30 Prozent beträgt, kann abweichend von Satz 1 die Ergebnisrücklage mehr als 33 Prozent der Allgemeinen Rücklage betragen.

Teil 5
Haushaltsausgleich, Behandlung von Jahresüberschüssen und Jahresfehlbeträgen

§ 26
Haushaltsausgleich, dauernde Leistungsfähigkeit

(1) Der Haushalt ist ausgeglichen, wenn der Gesamtbetrag der Erträge die Höhe des Gesamtbetrages der Aufwendungen erreicht oder übersteigt.

(2) Jahresüberschüsse, die nicht zum Ausgleich eines vorgetragenen Jahresfehlbetrages benötigt werden, sind der Ergebnisrücklage oder der Allgemeinen Rücklage zuzuführen. Auf § 25 Absatz 3 wird verwiesen.

(3) Jahresfehlbeträge sollen durch Umbuchung aus Mitteln der Ergebnisrücklage ausgeglichen werden.

(4) Soweit ein Ausgleich nach Absatz 3 nicht möglich ist, wird der Jahresfehlbetrag vorgetragen. Ein vorgetragener Jahresfehlbetrag kann nach fünf Jahren zu Lasten der Allgemeinen Rücklage ausgeglichen werden.

(5) Die dauernde Leistungsfähigkeit bei Gemeinden ergibt sich aus der mittelfristigen Ergebnis- und Finanzplanung und der Ergebnisrücklage. Die mittelfristige Ergebnisplanung soll in jedem Jahr in Erträgen und Aufwendungen ausgeglichen sein, das heißt sie soll möglichst einen Jahresüberschuss ausweisen. Dabei sind das Haushaltsjahr, die drei nachfolgenden Jahre sowie die beiden vorangegangenen Haushaltsjahre, hier die Ergebnisrechnung, soweit sie vorliegt, zu betrachten.

Teil 6
Besondere Vorschriften für die Haushaltswirtschaft

§ 27
Liquidität

Die Gemeinde hat ihre Zahlungsfähigkeit durch eine angemessene Liquiditätsplanung sicherzustellen.

§ 28
Bewirtschaftung und Überwachung

(1) Die im Haushaltsplan enthaltenen Aufwendungen und Auszahlungen dürfen erst dann in Anspruch genommen werden, wenn die Aufgabenerfüllung dies erfordert. Das Gleiche gilt für Verpflichtungsermächtigungen. Bei Ansätzen für Auszahlungen für Investitionen und Investitionsförderungsmaßnahmen muss die rechtzeitige Bereitstellung von Finanzmitteln gesichert sein. Dabei darf die Finanzierung anderer, bereits begonnener Maßnahmen nicht beeinträchtigt werden.

(2) Die Inanspruchnahme von Haushaltsmitteln einschließlich der über- und außerplanmäßigen Aufwendungen und Auszahlungen ist auf geeignete Weise zu überwachen.

(3) Durch geeignete Maßnahmen ist sicherzustellen, dass Ansprüche der Gemeinde vollständig erfasst, rechtzeitig geltend gemacht und eingezogen und Verpflichtungen der Gemeinde erst bei Fälligkeit erfüllt werden.

(4) Die Gemeinde kann davon absehen, Ansprüche von weniger als 25 Euro geltend zu machen, es sei denn, dass die Einziehung aus grundsätzlichen Erwägungen geboten ist. Mit juristischen Personen des öffentlichen Rechts kann im Falle der Gegenseitigkeit etwas anderes vereinbart werden.

§ 29
Haushaltswirtschaftliche Sperre

Wenn die vom Haushaltsplan abweichende Entwicklung der Erträge oder Aufwendungen oder die Erhaltung der Liquidität es erfordert, kann die Bürgermeisterin oder der Bürgermeister die Inanspruchnahme der im Haushaltsplan enthaltenen Festsetzungen und Verpflichtungsermächtigungen von ihrer oder seiner Einwilligung abhängig machen. Beschließt die Gemeindevertretung nach Erlass einer haushaltswirtschaftlichen Sperre eine Nachtragshaushaltssatzung, gilt die haushaltswirtschaftliche Sperre ab dem Inkrafttreten der Nachtragshaushaltssatzung als aufgehoben, soweit die Gemeindevertretung nicht beschließt, dass sie ganz oder teilweise fortgelten soll.

§ 30
Vorläufige Rechnungsvorgänge

(1) Eine Auszahlung, die sich auf den Haushalt bezieht, darf als sonstige Forderung nur behandelt werden, wenn die Verpflichtung zur Leistung feststeht, die Deckung gewährleistet ist und die Zuordnung zu anderen haushaltswirksamen Konten nicht oder noch nicht möglich ist.

(2) Eine Einzahlung, die sich auf den Haushalt bezieht, darf als sonstige Verbindlichkeit nur behandelt werden, wenn eine Zuordnung zu anderen haushaltswirksamen Konten nicht oder noch nicht möglich ist.

§ 31
Veränderung von Ansprüchen

(1) Ansprüche dürfen ganz oder teilweise gestundet werden, wenn ihre Einziehung bei Fälligkeit eine erhebliche Härte für die Schuldnerin oder den Schuldner bedeuten würde und der Anspruch durch die Stundung nicht gefährdet erscheint. Gestundete Beträge sind in der Regel angemessen zu verzinsen.

(2) Ansprüche dürfen niedergeschlagen werden, wenn zu erwarten ist, dass

1. die Erhebung keinen Erfolg haben wird oder
2. die Kosten der Erhebung außer Verhältnis zudem zu erhebenden Betrag stehen.

(3) Ansprüche dürfen ganz oder zum Teil erlassen werden, wenn ihre Einziehung nach Lage des einzelnen Falles für die Schuldnerin oder den Schuldner eine besondere Härte bedeuten würde. Das gleiche gilt für die Rückzahlung oder Anrechnung von geleisteten Beträgen.

Teil 7
Finanzbuchhaltung, Inventar

§ 32
Aufgaben der Finanzbuchhaltung

(1) Zu den Aufgaben der Finanzbuchhaltung gehören

1. die Buchführung nach § 33,
2. der Zahlungsverkehr und die weiteren Kassengeschäfte nach § 34.

(2) Die Bürgermeisterin oder der Bürgermeister kann der Finanzbuchhaltung weitere Aufgaben übertragen, soweit andere Rechtsvorschriften nicht entgegenstehen und die Erledigung der Aufgaben nach Absatz 1 nicht beeinträchtigt wird.

(3) Die Finanzbuchhaltung darf Aufgaben nach Absatz 1 für andere (fremde Finanzbuchhaltung) nur erledigen, wenn dies durch Gesetz, aufgrund eines Gesetzes oder durch öffentlich-rechtlichen Vertrag bestimmt oder durch die Bürgermeisterin oder den Bürgermeister angeordnet ist.

§ 33
Buchführung

(1) Alle Geschäftsvorfälle sowie die Vermögens- und Schuldenlage sind nach dem System der doppelten Buchführung und unter Beachtung der Grundsätze ordnungsmäßiger Buchführung in den Büchern klar ersichtlich und nachprüfbar aufzuzeichnen. Die Buchungen sind in zeitlicher Ordnung im Zeitbuch und in sachlicher Ordnung im Hauptbuch vorzunehmen. Die Bücher müssen Auswertungen nach der Ordnung des Haushaltsplanes zulassen. Zum Hauptbuch können Vorbücher geführt werden, deren Ergebnisse in das Hauptbuch zu übernehmen sind.

(2) Die Buchung im Zeitbuch umfasst mindestens
1. eine laufende Nummer,
2. den Buchungstag,
3. einen Hinweis, der die Verbindung mit der sachlichen Buchung herstellt,
4. den Betrag.

(3) Das Hauptbuch enthält die für die Aufstellung der Ergebnisrechnung, Finanzrechnung und der Bilanz erforderlichen Konten.

(4) Die Eintragungen in die Bücher müssen vollständig, richtig, zeitgerecht und geordnet vorgenommen werden, so dass die Geschäftsvorfälle in ihrer Entstehung und Abwicklung nachvollziehbar sind. Eine Eintragung oder eine Aufzeichnung in den Büchern darf nicht in einer Weise verändert werden, dass der ursprüngliche Inhalt nicht mehr feststellbar ist. Auch solche Veränderungen dürfen nicht vorgenommen werden, deren Beschaffenheit es ungewiss lässt, ob sie ursprünglich oder erst später gemacht worden sind.

(5) Buchungen müssen durch Unterlagen, aus denen sich der Zahlungsgrund ergibt (begründende Unterlagen), belegt sein. Die Buchungsbelege müssen Hinweise enthalten, die eine Verbindung zu den Eintragungen in den Büchern herstellen.

(6) Aus den Buchungen der zahlungswirksamen Geschäftsvorfälle sind die Zahlungen für den Ausweis in der Finanzrechnung durch eine von der Gemeinde bestimmte Buchungsmethode zu ermitteln. Die Ermittlung darf nicht durch eine indirekte Rückrechnung aus dem in der Ergebnisrechnung ausgewiesenen Jahresergebnis erfolgen.

(7) Bei der Buchführung mit Hilfe automatisierter Datenverarbeitung muss unter Beachtung der Grundsätze ordnungsmäßer Buchführung sichergestellt werden, dass
1. fachlich geprüfte Programme und freigegebene Verfahren eingesetzt werden,
2. die Daten vollständig und richtig erfasst, eingegeben, verarbeitet, ausgegeben und gespeichert werden,
3. nachvollziehbar dokumentiert ist, wer, wann, welche Daten eingegeben oder verändert hat,
4. in das automatisierte Verfahren nicht unbefugt eingegriffen werden kann,
5. die gespeicherten Daten nicht verloren gehen und nicht unbefugt verändert werden können,
6. die gespeicherten Daten bis zum Ablauf der Aufbewahrungsfristen jederzeit in angemessener Frist lesbar und maschinell auswertbar sind,
7. Berichtigungen der Bücher protokolliert und die Protokolle wie Belege aufbewahrt werden,
8. Signaturen mindestens während der Dauer der Aufbewahrungsfristen nachprüfbar sind,
9. die Unterlagen, die für den Nachweis der richtigen und vollständigen Ermittlung der Ansprüche und Zahlungsverpflichtungen sowie für die ordnungsgemäße Abwicklung der Buchführung und des Zahlungsverkehrs erforderlich sind, einschließlich eines Verzeichnisses über den Aufbau der Datensätze und die Dokumentation der eingesetzten Programme und Verfahren bis zum Ablauf der Aufbewahrungsfrist verfügbar bleiben; § 57 bleibt unberührt,
10. der Tätigkeitsbereich „Administration von Informationssystemen und automatisierten Verfahren" und die Erledigung von Aufgaben der Finanzbuchhaltung gegeneinander abgegrenzt werden und die dafür Verantwortlichen bestimmt werden.

(8) Für durchlaufende Finanzmittel sowie andere haushaltsfremde Vorgänge sind gesonderte Nachweise zu führen.

(9) Der Buchführung ist der vom für Inneres zuständigen Ministerium im Amtsblatt für Schleswig-Holstein bekannt gemachte Kontenrahmen zu Grunde zu legen. Der Kontenrahmen kann bei Bedarf ergänzt werden. Die eingerichteten Konten sind in einem Verzeichnis (Kontenplan) aufzuführen.

§ 34
Zahlungsverkehr und weitere Kassengeschäfte

(1) Zum Zahlungsverkehr und den weiteren Kassengeschäften gehören
1. die Annahme von Einzahlungen, die Leistung von Auszahlungen,
2. die Verwaltung der Kassenbestände (Zahlungsmittel und Bestände auf Konten),
3. das Mahnwesen,
4. die Vollstreckung öffentlich-rechtlicher Geldforderungen und
5. die Aufstellung der Finanzrechnung und der Teilfinanzrechnungen.

Jeder Zahlungsvorgang ist zu erfassen und zu dokumentieren.

(2) Der Saldo der Finanzrechnungskonten ist täglich mit dem Ist-Bestand an Finanzmitteln abzustimmen (Tagesabstimmung). Die Bürgermeisterin oder der Bürgermeister kann einen längeren Zeitraum für die Abstimmung festlegen.

(3) Für die Erledigung des Zahlungsverkehrs können Zahlstellen eingerichtet und Handvorschüsse gewährt werden.

(4) Jeder Zahlungsanspruch und jede Zahlungsverpflichtung sind auf ihren Grund und ihre Höhe zu prüfen und festzustellen (sachliche und rechnerische Richtigkeit). Die Richtigkeit ist schriftlich oder durch Signatur zu bestätigen. Die Bürgermeisterin oder der Bürgermeister regelt die Befugnis für die sachliche und rechnerische Feststellung.

(5) Der Zahlungsverkehr nach Absatz 1 Satz 1 Nummer 1 und 2 ist mindestens einmal jährlich unvermutet zu prüfen. Jede Zahlstelle und die Handvorschüsse sind mindestens in jedem zweiten Jahr unvermutet zu prüfen.

(6) Die Bürgermeisterin oder der Bürgermeister regelt, ob und gegebenenfalls welche Einzahlungen mittels Geldkarten, Debitkarten, Kreditkarten, Schecks oder anderen elektronischen Zahlungsmöglichkeiten entgegengenommen werden und ob und gegebenenfalls welche Auszahlungen bis zu welcher Höhe mittels Debit- oder Kreditkarten geleistet werden dürfen und trifft dazu gegebenenfalls nähere Regelungen.

(7) Sendungen, die an die Finanzbuchhaltung gerichtet sind, sind ihr ungeöffnet zuzuleiten. Zahlungsmittel, die bei einer anderen Dienststelle der Gemeinde eingehen, sind unverzüglich an die Finanzbuchhaltung weiterzuleiten.

(8) Zahlungsmittel und Vordrucke für Schecks und Überweisungsaufträge sind sicher aufzubewahren.

§ 35
Zahlungsanordnung

(1) Einzahlungen oder Auszahlungen dürfen, wenn in dieser Verordnung nichts anderes bestimmt ist, nur aufgrund einer schriftlichen oder bei automatisierten Verfahren auf elektronischem Wege übermittelten Zahlungsanordnung angenommen oder geleistet werden. Die Zahlungsanordnung muss mindestens enthalten
1. den anzunehmenden oder auszuzahlenden Betrag,
2. den Grund der Zahlung,

3. die Zahlungspflichtige oder den Zahlungspflichtigen oder die Empfangsberechtigte oder den Empfangsberechtigten,
4. den Fälligkeitstag,
5. die der Einzahlung oder Auszahlung zugrundeliegende Kontierung,
6. die Bestätigung, dass die Bescheinigung der sachlichen und rechnerischen Richtigkeit nach § 34 Absatz 4 vorliegt,
7. das Datum der Anordnung,
8. die Unterschrift oder die Signatur der oder des Anordnungsberechtigten.

(2) Eine allgemeine Zahlungsanordnung ist zulässig für
1. Einzahlungen, die dem Grunde nach häufig anfallen, ohne dass die oder der Zahlungspflichtige oder die Höhe vorher feststehen,
2. Einzahlungen aus Zinserträgen, die bei der Erledigung des Zahlungsverkehrs anfallen,
3. regelmäßig wiederkehrende Auszahlungen, für die der Zahlungsgrund und die Empfangsberechtigten, nicht aber die Höhe für die einzelnen Fälligkeitstermine feststehen,
4. geringfügige Auszahlungen, für die sofortige Barzahlung üblich ist,
5. Auszahlungen für Gebühren, Zinsen und ähnliche Kosten, die bei der Erledigung der Aufgaben des Zahlungsverkehrs anfallen.

Die allgemeine Zahlungsanordnung kann sich auf die Angaben nach Absatz 1 Satz 2 Nummer 2, 5, 7 und 8 beschränken.

(3) Ist für die Finanzbuchhaltung zu erkennen, dass sie empfangsberechtigt ist, hat sie Einzahlungen auch ohne Annahmeanordnung anzunehmen und zu buchen. Die Zahlungsanordnung ist unverzüglich einzuholen.

(4) Ohne Zahlungsanordnung dürfen angenommen und gebucht werden
1. Zahlungsmittel und Guthaben auf den für den Zahlungsverkehr bei Kreditinstituten errichteten Konten, die die Gemeinde für die Zahlungsabwicklung von einer anderen Stelle für Auszahlungen für Rechnung dieser Stelle erhält,
2. Einzahlungen, die irrtümlich eingezahlt und nach Absatz 5 Nummer 2 zurückgezahlt oder weitergeleitet werden, und
3. Einzahlungen, die die Gemeinde nach § 34 Absatz 1 Satz 1 Nummer 3 und 4 selbst festsetzt.

(5) Ohne Zahlungsanordnung dürfen ausgezahlt und gebucht werden
1. die an eine andere Stelle abzuführenden Mittel, die für deren Rechnung angenommen wurden,
2. irrtümlich eingezahlte Beträge, die an die Einzahlerin oder den Einzahler zurückgezahlt oder an die Empfangsberechtigte oder den Empfangsberechtigten weitergeleitet werden.

§ 35 a
Absetzungen von Einzahlungen und Auszahlungen

(1) Zu viel eingegangene Beträge stellen eine Verbindlichkeit dar. Die Rückzahlung zu viel erhaltener Beträge ist bei den Einzahlungen abzusetzen, wenn die Rückzahlung im selben Jahr vorgenommen wird, in dem der Betrag eingegangen ist; die Verbindlichkeit ist anzupassen.

(2) Zu viel ausgezahlte Beträge stellen eine Forderung dar. Die Rückzahlung zu viel ausgezahlter Beträge ist bei den Auszahlungen abzusetzen, wenn die Rückzahlung im selben Jahr vorgenommen wird, in dem der Betrag ausgezahlt worden ist; die Forderung ist anzupassen.

(3) § 17 Absatz 1 bleibt unberührt.

§ 36
Sicherheitsstandards und Dienstanweisung

(1) Zur Sicherstellung der ordnungsgemäßen Erledigung der Aufgaben der Finanzbuchhaltung unter besonderer Berücksichtigung des Umgangs mit Zahlungsmitteln, erlässt die Bürgermeisterin oder der Bürgermeister eine Dienstanweisung.

(2) Die Dienstanweisung nach Absatz 1 enthält mindestens Bestimmungen über
1. die Übertragung weiterer Aufgaben (§ 32 Absatz 2),
2. die Befugnis für die sachliche und rechnerische Richtigkeit (§ 34 Absatz 4),
3. die Aufbau- und Ablauforganisation der Finanzbuchhaltung mit Festlegungen über
   a) sachbezogene Verantwortlichkeiten,
   b) schriftliche Unterschriftsbefugnisse oder Signaturen,
   c) zentrale oder dezentrale Erledigung des Zahlungsverkehrs mit Festlegung eines Verantwortlichen für die Sicherstellung der Zahlungsfähigkeit,
   d) Befugnisse zur Erteilung von Zahlungsanordnungen,
   e) Einrichtung von Zahlstellen und Gewährung von Handvorschüssen,
   f) Buchungsverfahren mit und ohne Zahlungsverkehr sowie die Identifikation von Buchungen,
   g) die tägliche Abstimmung der Konten mit Ermittlung der Liquidität,
   h) die Jahresabstimmung der Konten für den Jahresabschluss,
   i) die Behandlung von Kleinbeträgen,
   j) Stundung, Niederschlagung und Erlass von Ansprüchen der Gemeinde,
   k) Mahn- und Vollstreckungsverfahren,
4. den Einsatz von automatisierter Datenverarbeitung in der Finanzbuchhaltung mit Festlegungen über
   a) die Freigabe von Verfahren,
   b) Berechtigungen im Verfahren,
   c) Dokumentation der eingegebenen Daten und ihrer Veränderungen,
   d) Identifikationen innerhalb der sachlichen und zeitlichen Buchung,
   e) Nachprüfbarkeit von Signaturen,
   f) Sicherung und Kontrolle der Verfahren,
   g) die Abgrenzung der Tätigkeitsbereiche „Administration von Informationssystemen und automatisierten Verfahren" und die Erledigung von Aufgaben der Finanzbuchhaltung,
5. die Verwaltung der Zahlungsmittel und Bestände auf Konten mit Festlegungen über
   a) Einrichtung und Schließung von Bankkonten,
   b) Unterschriften im Bankverkehr,
   c) Aufbewahrung, Beförderung und Entgegennahme von Zahlungsmitteln durch Beschäftigte und Automaten,
   d) Einsatz von Geldkarte, Debitkarte oder Kreditkarte sowie Schecks,
   e) Anlage nicht benötigter Zahlungsmittel,
   f) Aufnahme und Rückzahlung von Krediten zur Liquiditätssicherung,
   g) den durchlaufenden Zahlungsverkehr und fremde Finanzmittel,
6. die Sicherheit und Überwachung der Finanzbuchhaltung mit Festlegungen über
   a) ein Verbot bestimmter Tätigkeiten in Personalunion,
   b) die Sicherheitseinrichtungen,
   c) die Aufsicht und Kontrolle über Buchführung und Zahlungsverkehr,
   d) regelmäßige und unvermutete Prüfungen,
   e) die Beteiligung der örtlichen Rechnungsprüfung.

§ 37
Inventar, Inventur

(1) Die Gemeinde hat zu Beginn des ersten Haushaltsjahres mit einer Rechnungsführung nach den Grundsätzen der

doppelten Buchführung und danach für den Schluss eines jeden Haushaltsjahres ihre Grundstücke, ihre Forderungen und Schulden, den Betrag ihres baren Geldes sowie ihre sonstigen Vermögensgegenstände genau zu verzeichnen und dabei den Wert der einzelnen Vermögensgegenstände und Schulden anzugeben (Inventar). Das Inventar ist innerhalb der einem ordnungsmäßigen Geschäftsgang entsprechenden Zeit aufzustellen.

(2) Vermögensgegenstände des Sachanlagevermögens sowie Roh-, Hilfs- und Betriebsstoffe können mit einer gleich bleibenden Menge und einem gleichbleibenden Wert angesetzt werden,

1. wenn sie regelmäßig ersetzt werden und ihr Gesamtwert für die Gemeinde von nachrangiger Bedeutung ist und
2. sofern ihr Bestand in seiner Größe, seinem Wert und seiner Zusammensetzung nur geringen Veränderungen unterliegt.

Jedoch ist in der Regel alle drei Jahre eine körperliche Bestandsaufnahme durchzuführen.

(3) Gleichartige Vermögensgegenstände des Vorratsvermögens sowie andere gleichartige, annähernd gleichwertige oder regelmäßig gemeinsam genutzte bewegliche Vermögensgegenstände und Schulden können jeweils zu einer Gruppe zusammengefasst und mit dem gewogenen Durchschnittswert angesetzt werden.

§ 38
Inventurvereinfachungen

(1) Bei der Aufstellung des Inventars darf der Bestand der Vermögensgegenstände nach Art, Menge und Wert auch mit Hilfe anerkannter mathematisch-statistischer Methoden auf Grund von Stichproben ermittelt werden. Das Verfahren muss den Grundsätzen ordnungsmäßiger Buchführung entsprechen. Der Aussagewert des auf diese Weise aufgestellten Inventars muss dem Aussagewert eines auf Grund einer körperlichen Bestandsaufnahme aufgestellten Inventars gleichkommen.

(2) Bei der Aufstellung des Inventars für den Schluss eines Haushaltsjahres bedarf es einer körperlichen Bestandsaufnahme der Vermögensgegenstände für diesen Zeitpunkt nicht, soweit durch Anwendung eines den Grundsätzen ordnungsmäßiger Buchführung entsprechenden anderen Verfahrens gesichert ist, dass der Bestand der Vermögensgegenstände nach Art, Menge und Wert auch ohne die körperliche Bestandsaufnahme für diesen Zeitpunkt festgestellt werden kann.

(3) In dem Inventar für den Schluss eines Haushaltsjahres brauchen Vermögensgegenstände nicht verzeichnet zu werden, wenn

1. die Gemeinde ihren Bestand auf Grund einer körperlichen Bestandsaufnahme oder auf Grund eines nach Absatz 2 zulässigen anderen Verfahrens nach Art, Menge und Wert in einem besonderen Inventar verzeichnet hat, das für einen Tag innerhalb der letzten drei Monate vor oder der ersten beiden Monate nach dem Schluss des Haushaltsjahres aufgestellt ist, und
2. aufgrund des besonderen Inventars durch Anwendung eines den Grundsätzen ordnungsmäßiger Buchführung entsprechenden Fortschreibungs- oder Rückrechnungsverfahrens gesichert ist, dass der am Schluss des Haushaltsjahres vorhandene Bestand der Vermögensgegenstände für diesen Zeitpunkt ordnungsgemäß bewertet werden kann.

(4) Vermögensgegenstände des Anlagevermögens, die nach dem 31. Dezember 2007 angeschafft oder hergestellt werden, deren Anschaffungs- oder Herstellungskosten 150 Euro ohne Umsatzsteuer nicht überschreiten, die selbständig genutzt werden können und einer Abnutzung unterliegen, werden nicht erfasst.

Vermögensgegenstände des Anlagevermögens, die nach dem 31. Dezember 2007 angeschafft oder hergestellt werden, deren Anschaffungs- oder Herstellungskosten 150 Euro ohne Umsatzsteuer überschreiten, aber 1.000 Euro ohne Umsatzsteuer nicht übersteigen, die selbständig genutzt werden können und einer Abnutzung unterliegen, sind gesondert zu erfassen. Die Bürgermeisterin oder der Bürgermeister kann durch Dienstanweisung bestimmen, dass von einer körperlichen Bestandsaufnahme der Vermögensgegenstände nach Satz 2 abgesehen wird; dies gilt nicht für die Eröffnungsbilanz.

(5) Sofern Vorratsbestände von Roh-, Hilfs- und Betriebsstoffen, Waren sowie unfertige und fertige Erzeugnisse für den eigenen Verbrauch bereits aus Lagern abgegeben worden sind, können sie als verbraucht behandelt werden.

(6) Auf eine Erfassung der Vermögensgegenstände des Anlagevermögens, die vor dem 1. Januar 2008 angeschafft oder hergestellt worden sind, deren Anschaffungs- oder Herstellungskosten 410 Euro ohne Umsatzsteuer nicht überschreiten, die selbständig genutzt werden können und einer Abnutzung unterliegen, kann verzichtet werden.

Teil 8
Vermögen und Schulden

§ 39
Allgemeine Bewertungsgrundsätze

(1) Die Bewertung des im Jahresabschluss auszuweisenden Vermögens und der Schulden ist unter Beachtung der Grundsätze ordnungsmäßiger Buchführung vorzunehmen. Dabei gilt insbesondere

1. die Wertansätze in der Eröffnungsbilanz des Haushaltsjahres müssen mit denen in der Schlussbilanz des vorhergehenden Haushaltsjahres übereinstimmen,
2. die Vermögensgegenstände und die Schulden sind zum Abschlussstichtag einzeln zu bewerten,
3. es ist vorsichtig zu bewerten, namentlich sind alle vorhersehbaren Risiken und Verluste, die bis zum Abschlussstichtag entstanden sind, zu berücksichtigen, selbst wenn diese erst zwischen dem Abschlussstichtag und dem Tag der Aufstellung des Jahresabschlusses bekannt geworden sind; Gewinne jedoch nur, wenn sie am Abschlussstichtag realisiert sind,
4. im Haushaltsjahr entstandene Aufwendungen und erzielte Erträge sind unabhängig von den Zeitpunkten der entsprechenden Zahlungen im Jahresabschluss zu berücksichtigen,
5. die auf den vorhergehenden Jahresabschluss angewandten Bewertungsmethoden sind beizubehalten.

(2) Von den Grundsätzen des Absatzes 1 darf nur abgewichen werden, soweit dies in der Gemeindeordnung oder dieser Verordnung zugelassen ist.

§ 40
Vollständigkeit der Ansätze, Verrechnungs- und Bilanzierungsverbote

(1) In der Vermögensrechnung (Bilanz) sind das Anlage- und das Umlaufvermögen, das Eigenkapital, die Sonderposten, die Schulden sowie die Rechnungsabgrenzungsposten vollständig auszuweisen und entsprechend § 48 zu gliedern.

(2) Als Anlagevermögen sind nur die Gegenstände auszuweisen, die dazu bestimmt sind, dauernd der Aufgabenerfüllung der Gemeinde zu dienen.

(3) Posten der Aktivseite dürfen nicht mit Posten der Passivseite, Aufwendungen nicht mit Erträgen, Einzahlungen nicht mit Auszahlungen, Grundstücksrechte nicht mit Grundstückslasten verrechnet werden, soweit in Gesetz oder Verordnung nichts anderes zugelassen ist.

(4) Für immaterielle Vermögensgegenstände des Anlagevermögens, die nicht entgeltlich erworben wurden, darf ein Aktivposten nicht angesetzt werden.

(5) Erhaltene Zuschüsse und Zuweisungen für die Anschaffung oder Herstellung von Vermögensgegenständen sind als Sonderposten zu passivieren, wenn sie aufgelöst werden sollen; Zuweisungen, die nicht aufgelöst werden sollen, sind als Sonderrücklage zu passivieren. Zuweisungen nach Satz 1 für Einrichtungen, die in der Regel zu mehr als 10 Prozent aus Entgelten finanzieren, dürfen nur mit Zustimmung der Bewilligungsbehörde entsprechend der be-

triebsgewöhnlichen Nutzungsdauer oder Leistungsmenge aufgelöst werden. Zuschüsse und andere Zuweisungen für die Anschaffung von Grundstücken und grundstücksgleichen Rechten sind jährlich mit einem Satz von vier Prozent sowie Zuschüsse und andere Zuweisungen für die Anschaffung von anderen Vermögensgegenständen entsprechend der betriebsgewöhnlichen Nutzungsdauer der Vermögensgegenstande aufzulösen, soweit die Auflösung nicht durch den Zuwendungsgeber ausgeschlossen wurde. Abweichend von Satz 3 kann bei Zuschüssen und Zuweisungen, die eine Gemeinde von Dritten zur Förderung von Maßnahmen anderer Dritter erhält, die Auflösung entsprechend Absatz 7 Satz 3 erfolgen, soweit die Auflösung nicht durch den Zuwendungsgeber ausgeschlossen wurde.

(6) Erhobene Beiträge für die Anschaffung oder Herstellung von Vermögensgegenständen sind als Sonderposten zu passivieren. Beiträge, die die Gemeinde für Einrichtungen, die sich in der Regel zu mehr als 10 Prozent aus Entgelten finanzieren, erhoben hat, können entsprechend der betriebsgewöhnlichen Nutzungsdauer oder Leistungsmenge aufgelöst werden. Andere Beiträge sind entsprechend der betriebsgewöhnlichen Nutzungsdauer der Vermögensgegenstände aufzulösen.

(7) Bei geleisteten Zuschüssen und Zuweisungen für Vermögensgegenstände, an denen die Gemeinde das wirtschaftliche Eigentum hat, sind die Vermögensgegenstände zu aktivieren. Andere geleistete Zuschüsse und Zuweisungen für die Anschaffung oder Herstellung von Vermögensgegenständen sind als Rechungsabgrenzungsposten zu aktivieren. Aktivierte Zuschüsse und Zuweisungen nach Satz 2 sind jährlich entsprechend der Zweckbindungsfrist aufzulösen; ist eine Zweckbindungsfrist nicht festgelegt, sind aktivierte Zuschüsse und Zuweisungen für die Anschaffung oder Herstellung von Grundstücken und grundstücksgleichen Rechten, Infrastrukturvermögen und Bauten auf fremdem Grund und Boden jährlich mit einem Satz von vier Prozent und aktivierte Zuschüsse und Zuweisungen für die Anschaffung oder Herstellung von anderen Vermögensgegenständen mit einem Satz von 10 Prozent aufzulösen. § 43 Absatz 2 Satz 1 gilt mit der Maßgabe, dass an die Stelle des Zeitpunktes der Anschaffungs- oder Herstellungskosten der Zeitpunkt der Auszahlung des Zuschusses oder der Zuweisung tritt.

(8) Absatz 5 Satz 1 1. Halbsatz und Satz 3 sowie Absatz 7 gelten für Umlagen zur Finanzierung von Vermögensgegenständen entsprechend. Der Beitrag nach § 21 Absatz 2 des Gesetzes zur Ausführung des Krankenhausfinanzierungsgesetzes (AG-KHG) vom 12. Dezember 1986 (GVOBl. Schl.-H. S. 302), zuletzt geändert durch Artikel 6 des Gesetzes vom 16. Juli 2015 (GVOBl. Schl.-H. S. 206), ist nicht zu aktivieren, sondern als Aufwand zu erfassen. Geleistete Schulkostenbeiträge nach dem Schulgesetz sind als Aufwand, empfangene Schulkostenbeiträge nach dem Schulgesetz sind als Ertrag zu erfassen. Abweichend von den Absätzen 5 und 7 sind die vom Land nach § 21 Absatz 1 AG-KHG bereitgestellten Zuweisungen zur Krankenhausfinanzierung an die Kreise und kreisfreien Städte, die diese an die Krankenhäuser weiterleiten, nicht zu passivieren und die von den Kreisen und kreisfreien Städten aus diesen Mitteln an die Krankenhäuser gewährten Zuschüsse und Zuweisungen nicht als Rechnungsabgrenzungsposten zu aktivieren.

(9) Für die Behandlung erhaltener Zuschüsse, Zuweisungen und Beiträge für die Anschaffung oder Herstellung von Vermögensgegenständen bei Unternehmen und Einrichtungen, die der Körperschaftsteuerpflicht unterliegen, können abweichend von den Absätzen 5 und 6 die entsprechenden steuerrechtlichen Bestimmungen angewendet werden.

§ 41
Wertansätze der Vermögensgegenstände und Schulden

(1) Das Vermögen ist mit Anschaffungs- oder Herstellungskosten, vermindert um Abschreibungen nach § 43, zu bewerten.

(2) Anschaffungskosten sind die Aufwendungen, die geleistet werden, um einen Vermögensgegenstand zu erwerben und ihn in einen betriebsbereiten Zustand zu versetzen, soweit sie dem Vermögensgegenstand einzeln zugeordnet werden können. Zu den Anschaffungskosten gehören auch die Nebenkosten sowie die nachträglichen Anschaffungskosten. Minderungen des Anschaffungspreises sind abzusetzen.

(3) Herstellungskosten sind die Aufwendungen, die durch den Verbrauch von Gütern und die Inanspruchnahme von Diensten für die Herstellung eines Vermögensgegenstandes, seine Erweiterung oder für eine über seinen ursprünglichen Zustand hinausgehende wesentliche Verbesserung entstehen. Dazu gehören die Materialkosten, Fertigungskosten und die Sonderkosten der Fertigung sowie angemessene Teile der Materialgemeinkosten, der Fertigungsgemeinkosten und des Werteverzehrs des Anlagevermögens, soweit dieser durch die Fertigung veranlasst ist. Bei der Berechnung der Herstellungskosten dürfen angemessene Teile der Kosten der allgemeinen Verwaltung sowie angemessene Aufwendungen für soziale Einrichtungen des Betriebs, für freiwillige soziale Leistungen und für die betriebliche Altersversorgung einbezogen werden, soweit diese auf den Zeitraum der Herstellung entfallen. Für Aufwendungen für Maßnahmen der Sanierung, Modernisierung und Erneuerung gelten die Sätze 1 und 2 auch dann entsprechend, wenn die Gemeinde für die Maßnahme Zuschüsse, Zuweisungen oder zinsgünstige Darlehen von Körperschaften oder Förderbanken erhält oder für die Maßnahme Beiträge nach dem Kommunalabgabengesetz des Landes Schleswig-Holstein in der Fassung der Bekanntmachung vom 10. Januar 2005 (GVOBl. Schl.-H. S. 27), zuletzt geändert durch Gesetz vom 10. April 2017 (GVOBl.-H. S. 269), erhebt.

(4) Zinsen für Fremdkapital gehören nicht zu den Herstellungskosten. Zinsen für Fremdkapital, das zur Finanzierung der Herstellung eines Vermögensgegenstandes verwendet wird, dürfen als Herstellungskosten angesetzt werden, soweit sie auf den Zeitraum der Herstellung entfallen.

(5) Die Anschaffungs- oder Herstellungskosten der Vermögensgegenstände des Anlagevermögens, deren Anschaffungs- oder Herstellungskosten 150 Euro ohne Umsatzsteuer nicht überschreiten, die selbständig genutzt werden können und einer Abnutzung unterliegen, werden unmittelbar als Aufwand gebucht.

(6) Verbindlichkeiten sind zu ihrem Erfüllungsbetrag und Rückstellungen nur in Höhe des Betrags anzusetzen, der nach vernünftiger Beurteilung notwendig ist, § 24 Absatz 3 und 4 bleibt unberührt.

(7) Bei Unternehmen und Einrichtungen, die der Körperschaftsteuerpflicht unterliegen, kann davon abgesehen werden, Absatz 3 Satz 4 anzuwenden.

(8) Geleistete Einlagen zur Erhöhung der Eigenmittel einer öffentlich-rechtlichen Sparkasse sind als Finanzanlagen zu aktivieren. Stammkapital öffentlich-rechtlicher Sparkassen, das durch Umwandlung von Dotationskapital oder Sicherheitsrücklagen gebildet wurde, darf nicht bilanziert werden.

§ 42
Bewertungsvereinfachungsverfahren

Soweit es den Grundsätzen ordnungsmäßiger Buchführung entspricht, kann für den Wertansatz gleichartiger Vermögensgegenstände des Vorratsvermögens unterstellt werden, dass die zuerst oder dass die zuletzt angeschafften oder hergestellten Vermögensgegenstände zuerst oder in einer sonstigen bestimmten Folge verbraucht oder veräußert worden sind. § 37 Absatz 2 und 3 ist auch auf den Jahresabschluss anwendbar.

§ 43
Abschreibungen

(1) Bei Vermögensgegenständen des Anlagevermögens, deren Nutzung zeitlich begrenzt ist, sind die Anschaffungs- oder Herstellungskosten um planmäßige Abschreibungen zu vermindern. Die Abschreibung soll in gleichen Jahresraten über die betriebsgewöhnliche Nutzungsdauer erfolgen (lineare Abschreibung). Eine Abschreibung nach Maßgabe der Leistungsabgabe (Leistungsabschreibung) ist zulässig, wenn dies dem Nutzungsverlauf we-

sentlich besser entspricht. Abweichungen von der linearen Abschreibung sind im Anhang nach § 51 zu erläutern.

(2) Für Vermögensgegenstände nach Absatz 1 kann im Jahr der Anschaffung oder Herstellung nur der Teil der auf ein Jahr anfallenden Abschreibungen angesetzt werden, der auf die Monate im Zeitraum zwischen der Anschaffung oder Herstellung und dem Ende des Jahres entfällt. Im Jahr ihrer Veräußerung kann für diese Vermögensgegenstände nur der Teil der auf ein Jahr anfallenden Abschreibungen angesetzt werden, der auf die Monate im Zeitraum zwischen dem Anfang des Jahres und ihrer Veräußerung entfällt.

(3) Für die Abschreibung von Vermögensgegenständen des Anlagevermögens, die nach dem 31. Dezember 2007 angeschafft oder hergestellt werden, deren Anschaffungs- oder Herstellungskosten 150 Euro ohne Umsatzsteuer überschreiten, aber 1.000 Euro ohne Umsatzsteuer nicht übersteigen, die selbständig genutzt werden können und einer Abnutzung unterliegen, ist § 6 Absatz 2 a des Einkommensteuergesetzes vom 8. Oktober 2009 (BGBl. I S. 3366, ber. S. 3862), zuletzt geändert durch Artikel 9 des Gesetzes vom 23. Dezember 2016 (BGBl. I S. 3191), entsprechend anzuwenden.

(4) Für die Bestimmung der betriebsgewöhnlichen Nutzungsdauer von abnutzbaren Vermögensgegenständen ist die vom für Inneres zuständigen Ministerium im Amtsblatt für Schleswig-Holstein bekannt gegebene Abschreibungstabelle für Kommunen zu Grunde zu legen. Abweichend von Satz 1 können bei Vermögensgegenständen, für die bereits im bisherigen Rechnungswesen der Gemeinde Abschreibungen angesetzt worden sind, die Abschreibungen mit unveränderten Abschreibungssätzen fortgeführt werden.

(5) Wird durch eine Erweiterung oder eine über den ursprünglichen Zustand hinausgehende wesentliche Verbesserung eines Vermögensgegenstandes eine Verlängerung seiner betriebsgewöhnlichen Nutzungsdauer erreicht, ist die Restnutzungsdauer neu zu bestimmen. Entsprechend ist zu verfahren, wenn in Folge einer voraussichtlich dauernden Wertminderung eine Verkürzung eintritt.

(6) Außerplanmäßige Abschreibungen sind bei einer voraussichtlich dauernden Wertminderung eines Vermögensgegenstandes des Anlagevermögens vorzunehmen. Bei Finanzanlagen können außerplanmäßige Abschreibungen auch bei voraussichtlich nicht dauernder Wertminderung vorgenommen werden. Außerplanmäßige Abschreibungen sind im Anhang nach § 51 zu erläutern.

(7) Bei einer voraussichtlich dauernden Wertminderung von Grund und Boden durch die Anschaffung oder Herstellung von Infrastrukturvermögen können außerplanmäßige Abschreibungen bis zur Inbetriebnahme der Vermögensgegenstände linear auf den Zeitraum verteilt werden, in denen die Vermögensgegenstände angeschafft oder hergestellt werden.

(8) Bei Vermögensgegenständen des Umlaufvermögens sind Abschreibungen vorzunehmen, um diese mit einem niedrigeren Wert anzusetzen, der sich aus einem beizulegenden Wert am Abschlussstichtag ergibt.

(9) Stellt sich in einem späteren Haushaltsjahr heraus, dass die Gründe für eine Wertminderung eines Vermögensgegenstandes des Anlagevermögens oder des Umlaufvermögens nicht mehr bestehen, kann der Betrag der außerplanmäßigen Abschreibung im Umfang der Werterhöhung unter Berücksichtigung der Abschreibungen, die inzwischen vorzunehmen gewesen wären, zugeschrieben werden. Zuschreibungen sind im Anhang (§ 51) zu erläutern.

(10) Bei Unternehmen und Einrichtungen, die der Körperschaftsteuerpflicht unterliegen, können abweichend von den Absätzen 3 und 4 die entsprechenden steuerrechtlichen Bestimmungen angewandt werden.

Teil 9
Jahresabschluss

§ 44
Jahresabschluss

(1) Die Gemeinde hat zum Schluss eines jeden Haushaltsjahres einen Jahresabschluss unter Beachtung der Grundsätze ordnungsmäßiger Buchführung und der in dieser Verordnung enthaltenen Maßgaben aufzustellen; § 1 Absatz 5 findet entsprechend Anwendung. Der Jahresabschluss besteht aus

1. der Ergebnisrechnung,
2. der Finanzrechnung,
3. den Teilrechnungen,
4. der Bilanz und
5. dem Anhang.

(2) Dem Jahresabschluss ist ein Lagebericht nach § 52 beizufügen.

(3) Der Jahresabschluss und der Lagebericht sind von der Bürgermeisterin oder dem Bürgermeister unter Angabe des Datums zu unterzeichnen.

(4) Die Gemeinde legt bis spätestens 1. Mai eines jeden Jahres der für sie zuständigen Kommunalaufsichtsbehörde und Prüfungsbehörde den Jahresabschluss nach Absatz 1 und den Lagebericht nach Absatz 2 im Original oder als elektronisches Dokument vor.

§ 45
Ergebnisrechnung

(1) In der Ergebnisrechnung sind die Erträge und Aufwendungen getrennt voneinander nachzuweisen. Für die Aufstellung der Ergebnisrechnung gilt § 2 entsprechend.

(2) Den in der Ergebnisrechnung nachzuweisenden Ist-Ergebnissen sind die Ergebnisse der Rechnung des Vorjahres voranzustellen. Ferner sind die fortgeschriebenen Plansätze des Haushaltsjahres voranzustellen und ein Plan-/Ist-Vergleich aufzuzeigen. Die im Haushaltsjahr neu gebildeten Haushaltsermächtigungen sind in einer gesonderten Spalte zusätzlich auszuweisen.

§ 46
Finanzrechnung

In der Finanzrechnung sind die im Haushaltsjahr eingegangenen Einzahlungen und geleisteten Auszahlungen getrennt voneinander nachzuweisen. Dabei dürfen Auszahlungen nicht mit Einzahlungen verrechnet werden, soweit in Gesetz oder Verordnung nichts anderes zugelassen ist. Für die Aufstellung der Finanzrechnung finden § 3 und § 45 Absatz 2 entsprechende Anwendung. In dieser Aufstellung sind die Zahlungen aus der Aufnahme und der Tilgung von Kassenkrediten auszuweisen. Fremde Finanzmittel nach § 14 sind darin in Höhe der Änderung ihres Bestandes ergänzend nachrichtlich anzugeben.

§ 47
Teilrechnungen

Entsprechend den gemäß § 4 aufgestellten Teilplänen sind Teilrechnungen, gegliedert in Teilergebnisrechnung und Teilfinanzrechnung aufzustellen. § 45 Absatz 2 findet entsprechende Anwendung.

§ 48
Bilanz

(1) Die Aktivseite der Bilanz ist mindestens in die Posten

1 Anlagevermögen,
1.1 Immaterielle Vermögensgegenstände,
1.2 Sachanlagen,
1.2.1 Unbebaute Grundstücke und grundstücksgleiche Rechte,
1.2.1.1 Grünflächen,
1.2.1.2 Ackerland,
1.2.1.3 Wald, Forsten,
1.2.1.4 Sonstige unbebaute Grundstücke,
1.2.2 Bebaute Grundstücke und grundstücksgleiche Rechte,
1.2.2.1 Kinder- und Jugendeinrichtungen,

1.2.2.2	Schulen,	3.1	Pensionsrückstellungen,
1.2.2.3	Wohnbauten,	3.2	Beihilferückstellungen,
1.2.2.4	Sonstige Dienst-, Geschäfts- und Betriebsgebäude,	3.3	Altersteilzeitrückstellungen,
1.2.3	Infrastrukturvermögen,	3.4	Rückstellungen für später entstehende Kosten,
1.2.3.1	Grund und Boden des Infrastrukturvermögens,	3.5	Altlastenrückstellungen,
1.2.3.2	Brücken und Tunnel,	3.6	Steuerrückstellungen,
1.2.3.3	Gleisanlagen mit Streckenausrüstung und Sicherheitsanlagen,	3.7	Verfahrensrückstellungen,
		3.8	Finanzausgleichsrückstellung,
1.2.3.4	Entwässerungs- und Abwasserbeseitigungsanlagen,	3.9	Instandhaltungsrückstellungen,
1.2.3.5	Straßennetze mit Wegen, Plätzen und Verkehrslenkungsanlagen,	3.10	Rückstellungen für Verbindlichkeiten für im Haushaltsjahr empfangene Lieferungen und Leistungen, für die keine Rechnung vorliegt und der Rechnungsbetrag nicht bekannt ist,
1.2.3.6	Sonstige Bauten des Infrastrukturvermögens,		
1.2.4	Bauten auf fremdem Grund und Boden,		
1.2.5	Kunstgegenstände, Kulturdenkmäler,	3.11	Sonstige Rückstellungen,
1.2.6	Maschinen und technische Anlagen, Fahrzeuge,	4	Verbindlichkeiten,
1.2.7	Betriebs- und Geschäftsausstattung,	4.1	Anleihen,
1.2.8	Geleistete Anzahlungen, Anlagen im Bau,	4.2	Verbindlichkeiten aus Krediten für Investitionen,
1.3	Finanzanlagen,	4.2.1	von verbundenen Unternehmen, Beteiligungen, Sondervermögen,
1.3.1	Anteile an verbundenen Unternehmen,		
1.3.2	Beteiligungen,	4.2.2	vom öffentlichen Bereich,
1.3.3	Sondervermögen,	4.2.3	vom privaten Kreditmarkt,
1.3.4	Ausleihungen,	4.3	Verbindlichkeiten aus Kassenkrediten,
1.3.4.1	Ausleihungen an verbundene Unternehmen, Beteiligungen, Sondervermögen,	4.4	Verbindlichkeiten aus Vorgängen, die Kreditaufnahmen wirtschaftlich gleichkommen,
1.3.4.2	Sonstige Ausleihungen,	4.5	Verbindlichkeiten aus Lieferungen und Leistungen,
1.3.5	Wertpapiere des Anlagevermögens,	4.6	Verbindlichkeiten aus Transferleistungen,
2	Umlaufvermögen,	4.7	Sonstige Verbindlichkeiten,
2.1	Vorräte,	5	Passive Rechnungsabgrenzung
2.1.1	Roh-, Hilfs- und Betriebsstoffe,		
2.1.2	Unfertige Erzeugnisse, unfertige Leistungen,		
2.1.3	Fertige Erzeugnisse und Waren,		
2.1.4	Geleistete Anzahlungen,		
2.2	Forderungen und sonstige Vermögensgegenstände,		
2.2.1	Öffentlich-rechtliche Forderungen aus Dienstleistungen,		
2.2.2	Sonstige öffentlich-rechtliche Forderungen,		
2.2.3	Privatrechtliche Forderungen aus Dienstleistungen,		
2.2.4	Sonstige Privatrechtliche Forderungen,		
2.2.5	Sonstige Vermögensgegenstände,		
2.3	Wertpapiere des Umlaufvermögens,		
2.4	Liquide Mittel,		
3	Aktive Rechnungsabgrenzung		

zu gliedern.

(2) Die Passivseite der Bilanz ist mindestens in die Posten

1	Eigenkapital
1.1	Allgemeine Rücklage,
1.2	Sonderrücklage,
1.2	Ergebnisrücklage,
1.3	Vorgetragener Jahresfehlbetrag,
1.4	Jahresüberschuss/Jahresfehlbetrag,
2	Sonderposten,
2.1	für aufzulösende Zuschüsse,
2.2	für aufzulösende Zuweisungen,
2.3	für Beiträge,
2.3.1	aufzulösende Beiträge,
2.3.2	nicht aufzulösende Beiträge,
2.4	für Gebührenausgleich,
2.5	für Treuhandvermögen,
2.6	für Dauergrabpflege,
2.7	für sonstige Sonderposten,
3	Rückstellungen,

zu gliedern.

(3) In der Bilanz ist zu jedem Posten nach den Absätzen 1 und 2 der Betrag des Vorjahres anzugeben. Sind die Beträge nicht vergleichbar, ist dies im Anhang zu erläutern. Ein Posten der Bilanz, der keinen Betrag ausweist, kann entfallen, es sei denn, dass im vorhergehenden Haushaltsjahr unter diesem Posten ein Betrag ausgewiesen wurde.

(4) Neue Posten dürfen hinzugefügt werden, wenn ihr Inhalt nicht von einem vorgeschriebenen Posten der Absätze 1 und 2 erfasst wird. Dies gilt nicht für Wertberichtigungen zu Posten. Werden Posten hinzugefügt, ist dies im Anhang anzugeben.

(5) Die vorgeschriebenen Posten der Bilanz dürfen zusammengefasst werden, wenn sie einen Betrag enthalten, der für die Vermittlung eines den tatsächlichen Verhältnissen entsprechenden Bildes der Vermögens- und Schuldenlage der Gemeinde nicht erheblich ist oder dadurch die Klarheit der Darstellung vergrößert wird. Die Zusammenfassung von Posten der Bilanz ist im Anhang anzugeben. Dies gilt auch für die Mitzugehörigkeit zu anderen Posten, wenn Vermögensgegenstände oder Schulden unter mehrere Posten der Bilanz fallen.

(6) Die Zuordnung von Wertansätzen für Vermögensgegenstände und Schulden zu den Posten der Bilanz ist auf der Grundlage des vom für Inneres zuständigen Ministerium im Amtsblatt für Schleswig-Holstein bekannt gemachten Kontenrahmens vorzunehmen.

§ 49
Rechnungsabgrenzungsposten

(1) Als aktive Rechnungsabgrenzungsposten sind vor dem Abschlussstichtag geleistete Auszahlungen, soweit sie Aufwand für eine bestimmte Zeit nach diesem Tag darstellen, anzusetzen.

(2) Ist der Rückzahlungsbetrag einer Verbindlichkeit höher als der Auszahlungsbetrag, darf der Unterschiedsbetrag in den aktiven Rechnungsabgrenzungsposten aufgenommen werden. Der Unterschiedsbetrag ist durch planmäßige jährliche Abschreibungen aufzulösen, die auf die gesamte Laufzeit der Verbindlichkeit verteilt werden können.

(3) Als passive Rechnungsabgrenzungsposten sind vor dem Abschlussstichtag eingegangene Einzahlungen, soweit sie

einen Ertrag für eine bestimmte Zeit nach diesem Tag darstellen, anzusetzen.

§ 50
Weitere Vorschriften zu einzelnen Bilanzpositionen

(1) Kostenüberdeckungen der kostenrechnenden Einrichtungen, die nach dem Kommunalabgabengesetz ausgeglichen werden müssen, sind als Sonderposten für den Gebührenausgleich anzusetzen. Kostenunterdeckungen, die ausgeglichen werden sollen, sind im Anhang anzugeben.

(2) Für Treuhandvermögen, die von der Gemeinde verwaltet werden, und für Mittel zur Dauergrabpflege sind jeweils entsprechende Sonderposten anzusetzen.

(3) Ergibt sich in der Bilanz ein Überschuss der Passivposten über die Aktivposten, ist die Eigenkapitalposition in ihrer Struktur nach § 48 Absatz 2 Nummer 1 auf der Passivseite der Bilanz ergänzend um den entsprechenden Betrag auf der Aktivseite der Bilanz unter der Bezeichnung „Nicht durch Eigenkapital gedeckter Fehlbetrag" auszuweisen. Die allgemeine Rücklage sowie die Ergebnisrücklage sind nicht negativ darzustellen. Ein hieraus entstehender „Negativer Differenzbetrag" ist in diesen Fällen als weitere Position auszuweisen, damit das Eigenkapital auf der Passivseite insgesamt weiterhin auf 0 Euro gestellt wird.

§ 51
Anhang

(1) Im Anhang sind zu den Posten der Bilanz und den Posten der Ergebnisrechnung die verwendeten Bilanzierungs- und Bewertungsmethoden anzugeben und so zu erläutern, dass sachverständige Dritte dies beurteilen können. Die Anwendung von Vereinfachungsregelungen und Schätzungen ist zu beschreiben. Zu erläutern sind auch die im Verbindlichkeitenspiegel auszuweisenden Haftungsverhältnisse sowie alle Sachverhalte, aus denen sich künftig erhebliche finanzielle Verpflichtungen ergeben können.

(2) Gesondert anzugeben und zu erläutern sind
1. besondere Umstände, die dazu führen, dass der Jahresabschluss nicht ein den tatsächlichen Verhältnissen entsprechendes Bild der Vermögens-, Finanz- und Ertragslage der Gemeinde vermittelt,
2. jeweils der Betrag und die Art der einzelnen Erträge und Aufwendungen von außergewöhnlicher Größenordnung oder außergewöhnlicher Bedeutung, soweit die Beträge nicht von untergeordneter Bedeutung sind,
3. Abweichungen vom Grundsatz der Einzelbewertung und von bisher angewandten Bewertungs- und Bilanzierungsmethoden,
4. Angaben zu den Positionen „Sonderrücklage", „Sonderposten" und „Sonstige Rückstellungen", sofern es sich um wesentliche Beträge handelt,
5. Abweichungen von der linearen Abschreibung sowie von der Abschreibungstabelle bei der Festlegung der Nutzungsdauer von Vermögensgegenständen,
6. noch nicht erhobene Beiträge aus fertig gestellten Erschließungsmaßnahmen,
7. Art und Umfang derivativer Finanzinstrumente,
8. Umrechnung von Fremdwährungen,
9. eine bestehende Trägerschaft an einer öffentlich-rechtlichen Sparkasse oder die Mitgliedschaft in einem Sparkassenzweckverband, sofern die öffentlich-rechtliche Sparkasse über Stammkapital verfügt,
10. weitere Angaben, soweit sie nach Vorschriften der Gemeindeordnung oder dieser Verordnung für den Anhang vorgesehen sind.

(3) Dem Anhang sind
1. ein Anlagenspiegel,
2. ein Forderungsspiegel,
3. ein Verbindlichkeitenspiegel,
4. eine Aufstellung der übertragenen Haushaltsermächtigungen und

5. eine Übersicht über Sondervermögen, Zweckverbände, Gesellschaften, Kommunalunternehmen, andere Anstalten und Wasser- und Bodenverbände

beizufügen.

§ 52
Lagebericht

Der Lagebericht ist so zu fassen, dass ein den tatsächlichen Verhältnissen entsprechendes Bild der Vermögens-, Schulden-, Ertrags- und Finanzlage der Gemeinde vermittelt wird. Dazu ist ein Überblick über die wichtigen Ergebnisse des Jahresabschlusses und Rechenschaft über die Haushaltswirtschaft im abgelaufenen Jahr zu geben. Über Vorgänge von besonderer Bedeutung, auch solcher, die nach Schluss des Haushaltsjahres eingetreten sind, ist zu berichten. Außerdem hat der Lagebericht eine ausgewogene und umfassende, dem Umfang der gemeindlichen Aufgabenerfüllung entsprechende Analyse der Haushaltswirtschaft und der Vermögens-, Finanz- und Ertragslage der Gemeinde zu enthalten. Auch ist auf die Chancen und Risiken für die künftige Entwicklung der Gemeinde einzugehen; zu Grunde liegende Annahmen sind anzugeben.

Teil 10
Gesamtabschluss

§ 53
Gesamtabschluss

(1) Der Gesamtabschluss besteht aus
1. der Gesamtergebnisrechnung,
2. der Gesamtbilanz,
3. dem Gesamtanhang.

Ihm ist ein Gesamtlagebericht beizufügen. Der Gesamtabschluss hat unter Beachtung der Grundsätze ordnungsgemäßer Buchführung ein den tatsächlichen Verhältnissen entsprechendes Bild der Vermögens-, Finanz- und Ertragslage der Gemeinde einschließlich ihrer Aufgabenträger zu vermitteln.

(2) Aufgabenträger nach § 95 o Absatz 1 GO sind entsprechend der §§ 300 bis 309 des Handelsgesetzbuches, die in § 95 o Absatz 3 GO genannten gemeinsamen Kommunalunternehmen, Zweckverbände und Gesellschaften entsprechend der §§ 311 und 312 des Handelsgesetzbuches mit der Maßgabe zu konsolidieren, dass die jeweiligen Buchwerte in den Abschlüssen der Aufgabenträger, gemeinsamen Kommunalunternehmen, Zweckverbände und Gesellschaften berücksichtigt werden. Abweichend von § 308 des Handelsgesetzbuches ist für die Zusammenfassung der Jahresabschlüsse unerheblich, wenn für die in den Gesamtabschluss übernommenen Vermögensgegenstände und Schulden unterschiedliche Ansatz-, Bewertungs- und Ausweisvorschriften für die Gemeinde und der Aufgabenträger, deren Jahresabschlüsse mit dem der Gemeinde zusammenzufassen sind, bestehen. Die Sätze 1 und 2 gelten sinngemäß für den Ausweis von Aufwendungen und Erträgen in der Gesamtergebnisrechnung.

(3) Ein sich aus der Kapitalkonsolidierung ergebender Unterschiedsbetrag ist in der Gesamtbilanz, wenn er auf der Aktivseite entsteht, als Geschäfts- oder Firmenwert und, wenn er auf der Passivseite entsteht, als Unterschiedsbetrag aus der Kapitalkonsolidierung auszuweisen. Der Geschäfts- oder Firmenwert ist nicht abzuschreiben. Der passive Unterschiedsbetrag aus der Kapitalkonsolidierung ist nicht aufzulösen.

(4) Für die Schuldenkonsolidierung nach § 303 Absatz 1 des Handelsgesetzbuches kann unterstellt werden, dass Forderungen aus ertragswirksamen Lieferungen und Leistungen zwischen den den in den Gesamtabschluss einbezogenen Organisationen entsprechende Verbindlichkeiten gegenüberstehen. Aufrechnungsdifferenzen bei der Schuldenkonsolidierung dürfen in der Gesamtbilanz, wenn sie auf der Aktivseite entstehen, unter dem Posten „Sonstige Vermögensgegenstände" und, wenn sie auf der Passivseite entstehen, unter dem Posten „Sonstige Verbindlichkeiten" ausgewiesen werden.

(5) Die Anwendung von § 304 Absatz 1 des Handelsgesetzbuches (Behandlung der Zwischenergebnisse) kann auf das Sachanlagevermögen und das Finanzanlagevermögen beschränkt werden.

(6) Für Zwecke der Aufwands- und Ertragskonsolidierung nach § 305 Absatz 1 des Handelsgesetzbuches kann unterstellt werden, dass den Umsatzerlösen und anderen Erträgen aus Lieferungen und Leistungen zwischen den in den Gesamtabschluss einbezogenen Organisationseinheiten entsprechende Aufwendungen gegenüberstehen.

(7) Auf den Gesamtabschluss sind, soweit seine Eigenart keine Abweichungen bedingt oder nichts anderes bestimmt ist, die § 44 Absatz 3 und 4, § 45 Absatz 1 und Absatz 2 Satz 1, §§ 48, 50 Absatz 3, § 51 Absatz 1, Absatz 2 und Absatz 3 Nummer 1 bis 3 und 5 und § 52 entsprechend anzuwenden. Werden Jahresabschlüsse von Aufgabenträgern aufgrund des § 95 o Absatz 2 GO nicht in den Gesamtabschluss einbezogen, ist dies im Gesamtanhang anzugeben und zu erläutern.

(8) Die Gemeinde legt bis spätestens 1. Oktober eines jeden Jahres der für sie zuständigen Kommunalaufsichtsbehörde und Prüfungsbehörde den Gesamtabschluss nach Absatz 1 Satz 1 und den Gesamtlagebericht nach Absatz 1 Satz 2 vor.

Teil 11
Eröffnungsbilanz

§ 54
Aufstellung der Eröffnungsbilanz

(1) Die Gemeinde hat eine Eröffnungsbilanz unter Beachtung der Grundsätze ordnungsmäßiger Buchführung und der in der Gemeindeordnung und dieser Verordnung enthaltenen Regelungen aufzustellen.

(2) Vor der Aufstellung der Eröffnungsbilanz ist eine Inventur nach § 37 durchzuführen und ein Inventar aufzustellen. § 38 findet Anwendung.

(3) Die Eröffnungsbilanz ist entsprechend § 48 Absatz 1 und 2 zu gliedern. § 25 Absatz 3 gilt mit der Maßgabe, dass die Ergebnisrücklage in Höhe von 15 Prozent der Allgemeinen Rücklage anzusetzen ist.

(4) In der Eröffnungsbilanz sind Fehlbeträge aus Vorjahren unter der Bilanzposition Jahresüberschuss/Jahresfehlbetrag zu erfassen. Die in der letzten kameralen Jahresrechnung ausgewiesenen Beträge für Haushaltsausgabereste im Verwaltungshaushalt sind, soweit diese nicht als Verbindlichkeit in der Eröffnungsbilanz auszuweisen sind, von dem nach Satz 1 unter der Bilanzposition Jahresüberschuss/Jahresfehlbetrag auszuweisenden Betrag abzusetzen. Der unter der Bilanzposition Jahresüberschuss/Jahresfehlbetrag auszuweisende Betrag ist darüber hinaus um die aktiven Rechnungsabgrenzungsposten zu reduzieren, die für bereits geleistete Auszahlungen im kameralen Verwaltungshaushalt des Vorjahres gebildet worden sind.

(5) Der Eröffnungsbilanz ist ein Anhang in entsprechender Anwendung des § 51 beizufügen, in dem auf Angaben zur Ergebnisrechnung sowie zur Ertrags- und Finanzlage verzichtet wird. Bei Übernahme von Wiederbeschaffungszeitwerten in der Eröffnungsbilanz, ist die Höhe der Differenz zwischen den um Abschreibungen verminderten Anschaffungs- und Herstellungskosten und den Wiederbeschaffungszeitwerten anzugeben.

§ 55
Erstmalige Bewertung in der Eröffnungsbilanz

(1) In der Eröffnungsbilanz sind die zum Stichtag der Aufstellung vorhandenen Vermögensgegenstände mit den Anschaffungs- und Herstellungskosten, vermindert um Abschreibungen nach § 43, anzusetzen. Bei beweglichen Vermögensgegenständen kann eine pauschale Abschreibung von 50 Prozent vorgenommen werden; der Restwert ist in diesem Fall innerhalb von fünf Jahren abzuschreiben.

(2) Von Absatz 1 kann abgewichen werden, wenn die tatsächlichen Anschaffungs- oder Herstellungskosten nicht oder nur mit unverhältnismäßigem Aufwand ermittelt werden können. In diesem Fall können den Preisverhältnissen zum Anschaffungs- oder Herstellungszeitpunkt entsprechende Erfahrungswerte angesetzt werden, vermindert um Abschreibungen nach § 43 seit diesem Zeitpunkt. Wird gleichzeitig eine Verlängerung der betriebsgewöhnlichen Nutzungsdauer des Vermögensgegenstandes nach § 43 Absatz 5 berücksichtigt, darf die verbleibende betriebsgewöhnliche Nutzungsdauer 50 Prozent der betriebsgewöhnlichen Nutzungsdauer nicht überschreiten; an die Stelle des Anschaffungs- oder Herstellungszeitpunktes tritt ein fiktiver Anschaffungs- oder Herstellungszeitpunkt, der sich errechnet aus dem Jahr, für das die Eröffnungsbilanz erstellt wird, zuzüglich der verbleibenden betriebsgewöhnlichen Nutzungsdauer nach dem 1. Halbsatz abzüglich der betriebsgewöhnlichen Nutzungsdauer. Abweichend von Satz 2 können bei Grundstücken, die vor 1975 erworben worden sind, statt der Preisverhältnisse des Anschaffungszeitpunktes die Preisverhältnisse des Jahres 1975 zugrunde gelegt werden.

(3) Als Wert von Eigenbetrieben (§ 106 GO), Kommunalunternehmen (§ 106 a GO), anderen Sondervermögen (§ 97 GO, Unternehmen und Einrichtungen, die ganz oder teilweise nach den Vorschriften der Eigenbetriebsverordnung geführt werden (§ 101 Absatz 4 GO), Zweckverbänden nach § 15 Absatz 3 des GkZ und Zweckverbänden, die die Regelung nach § 15 Absatz 3 GkZ aufgrund § 15 Absatz 4 GkZ entsprechend anwenden, gemeinsamen Kommunalunternehmen nach § 19 b GkZ und als Wert von Beteiligungen an Gesellschaften kann das anteilige Eigenkapital angesetzt werden. Mitgliedschaften in anderen Zweckverbänden nach dem Gesetz über kommunale Zusammenarbeit und in Wasser- und Bodenverbänden nach dem Wasserverbandsgesetz vom 12. Februar 1991 (BGBl. I S. 405), geändert durch Artikel 1 des Gesetzes vom 15. Mai 2002 (BGBl. I S. 1578), sind lediglich im Anhang aufzuführen.

(4) Die in der Eröffnungsbilanz nach den Absätzen 2 und 3 angesetzten Werte für die Vermögensgegenstände gelten für die künftigen Haushaltsjahre als Anschaffungs- oder Herstellungskosten.

(5) Im bisherigen Rechnungswesen der Gemeinde ermittelte Wertansätze für Vermögensgegenstände können übernommen werden.

(6) Zusammengehörende Vermögensgegenstände der Betriebs- oder Geschäftsausstattung können mit einem Durchschnittswert angesetzt werden, wenn sie in vergleichbarer Zusammensetzung in erheblicher Anzahl vorhanden sind und ihr Gesamtwert für die Gemeinde von nachrangiger Bedeutung ist.

§ 56
Berichtigung der Eröffnungsbilanz

(1) Ergibt sich bei der Aufstellung späterer Jahresabschlüsse, dass in der Eröffnungsbilanz Vermögensgegenstände oder Sonderposten oder Schulden

1. mit einem zu niedrigen Wert,
2. mit einem zu hohen Wert,
3. zu Unrecht oder
4. zu Unrecht nicht

angesetzt worden sind, ist der unterlassene Ansatz nachzuholen oder der Wertansatz zu berichtigen. Eine Berichtigungspflicht besteht auch, wenn am späteren Abschlussstichtag die fehlerhaft angesetzten Vermögensgegenstände nicht mehr vorhanden sind oder die Schulden nicht mehr bestehen.

(2) Wertänderungen aus einer Berichtigung nach Absatz 1 sind ergebnisneutral entsprechend dem Anteil nach § 54 Absatz 3 mit der allgemeinen Rücklage und der Ergebnisrücklage zu verrechnen. Die Eröffnungsbilanz gilt dann als geändert. Wertberichtigungen oder Wertnachholungen sind im Anhang zu erläutern.

(3) Eine Berichtigung kann in den Jahresabschlüssen bis einschließlich 2020 und letztmals im fünften der Eröffnungsbilanz folgenden Jahresabschluss vorgenommen werden. Vorherige Jahresabschlüsse sind nicht zu berichtigen.

Teil 12
Schlussvorschriften

§ 57
Aufbewahrung von Unterlagen, Aufbewahrungsfristen

(1) Die Bücher, die Unterlagen über die Inventur, die Jahresabschlüsse, die dazu ergangenen Anweisungen und Organisationsregelungen, die Buchungsbelege und die Unterlagen über den Zahlungsverkehr sowie die Eröffnungsbilanz sind sicher aufzubewahren. Soweit begründende Unterlagen nicht den Anordnungen beigefügt sind, obliegt ihre Aufbewahrung den anordnenden Stellen.

(2) Die Jahresabschlüsse, die Gesamtabschlüsse und die Eröffnungsbilanz sowie der Anhang zur Eröffnungsbilanz sind in ausgedruckter Form dauernd aufzubewahren. Die Bücher, Belege und sonstigen Unterlagen sind sechs Jahre aufzubewahren. Die Fristen beginnen am 1. Januar der Beschlussfassung über die Feststellung des Jahresabschlusses oder des Gesamtabschlusses folgenden Haushaltsjahres.

(3) Bei der Sicherung der Bücher, Belege und sonstigen Unterlagen auf Datenträger oder Bildträger muss sichergestellt sein, dass der Inhalt der Daten- oder Bildträger mit den Originalen übereinstimmt, während der Dauer der Aufbewahrungsfrist verfügbar ist und jederzeit innerhalb einer angemessenen Frist lesbar gemacht werden kann.

§ 58
Sondervermögen, Treuhandvermögen

Soweit auf Sondervermögen und Treuhandvermögen der Gemeinde gesetzliche Vorschriften über die Haushaltswirtschaft Anwendung finden, gilt diese Verordnung sinngemäß.

§ 59
Begriffsbestimmungen

Bei der Anwendung dieser Verordnung sind die nachfolgenden Begriffe zugrunde zu legen:

1. Abschlussbuchungen
   die für die Erstellung des Jahresabschlusses nach dem Abschlusstag notwendigen Buchungen,
2. Abschreibungen
   Aufwand, der durch die Wertminderung bei langfristig genutzten Vermögensgegenständen verursacht wird,
3. Aktiva
   Summe der Vermögensgegenstände, die auf der linken Seite der Bilanz aufgeführt werden und die Mittelverwendung nachweisen,
4. Anlagevermögen
   Vermögensgegenstände, die dauernd dem Geschäftsbetrieb dienen und nicht Rechnungsabgrenzungsposten sind,
5. Aufwendungen
   wertmäßiger zahlungs- und nichtzahlungswirksamer Verbrauch von Gütern und Dienstleistungen (Ressourcenverbrauch) eines Haushaltsjahres,
6. Außerplanmäßige Aufwendungen oder Auszahlungen
   Aufwendungen oder Auszahlungen, für deren Zweck im Haushaltsplan keine Ermächtigungen veranschlagt und keine aus Vorjahren übertragenen Ermächtigungen verfügbar sind,
7. Auszahlungen
   Barzahlungen und bargeldlose Zahlungen, die die liquiden Mittel vermindern,
8. Zahlungsmittel sind Bargeld, Schecks, Geldkarten, Debitkarten und Kreditkarten,
9. Baumaßnahmen
   die Ausführung von Bauten (Neu-, Erweiterungs- und Umbauten) sowie die Instandsetzung an Bauten, soweit sie nicht der Unterhaltung baulicher Anlagen dient,
10. Durchlaufende Gelder
    Beträge, die für einen Dritten lediglich zahlungsmäßig vereinnahmt und verausgabt werden,
11. Einzahlungen
    Zufluss von Bar- und Buchgeld,
12. Erlass
    Verzicht auf einen Anspruch,
13. Ertrag
    Zahlungswirksamer und nicht zahlungswirksamer Wertzuwachs (Ressourcenaufkommen) eines Haushaltsjahres,
14. Fremde Finanzmittel
    die in § 14 genannten Beträge,
15. Geldanlage
    der Erwerb von Wertpapieren und Forderungen aus liquiden Mitteln,
16. Haushaltsvermerke
    einschränkende oder erweiternde Bestimmungen zu Ansätzen des Haushaltsplanes (zum Beispiel Vermerke über Deckungsfähigkeit, Übertragbarkeit, Zweckbindung, ku- und kw-Vermerke, Sperrvermerke),
17. Inventar
    Verzeichnis der Vermögensgegenstände und Schulden als Grundlage für die Erstellung der Bilanz,
18. Inventur
    Erfassen aller Vermögensgegenstände und Schulden zu einem Stichtag als Grundlage für die Erstellung des Inventars,
19. Investitionen
    Auszahlungen für die Veränderung des Anlagevermögens,
20. Investitionsförderungsmaßnahmen
    Zuweisungen, Zuschüsse und Darlehen für Investitionen Dritter und für Investitionen der Sondervermögen mit Sonderrechnung,
21. Kredite
    das unter der Verpflichtung zur Rückzahlung von Dritten oder von Sondervermögen mit Sonderrechnung aufgenommene Kapital mit Ausnahme der Kassenkredite,
22. Liquidität
    Fähigkeit der Gemeinde, ihren Zahlungsverpflichtungen termingerecht und vollständig nachzukommen,
23. Niederschlagung
    die befristete oder unbefristete Zurückstellung der Weiterverfolgung eines fälligen Anspruchs der Gemeinde ohne Verzicht auf den Anspruch selbst,
24. Passiva
    Summe der Finanzierungsmittel (Eigenkapital/Fremdkapital), die auf der rechten Seite der Bilanz aufgeführt werden und die Mittelherkunft nachweisen,
25. Signatur
    qualifizierte elektronische Signatur nach § 2 Nummer 3 des Signaturgesetzes vom 16. Mai 2001 (BGBl. I S. 876), zuletzt geändert durch Artikel 4 Absatz 106 des Gesetzes vom 18. Juli 2016 (BGBl. I S. 1666), soweit die Bürgermeisterin oder der Bürgermeister nicht abweichend in der Dienstanweisung nach § 36 Absatz 2 die Verwendung der einfachen elektronischen Signatur nach § 2 Nummer 1 des Signaturgesetzes oder der fortgeschrittenen elektronischen Signatur nach § 2 Nummer 2 des Signaturgesetzes zugelassen hat,
26. Stundung
    das befristete Hinausschieben der Fälligkeit eines Anspruchs,
27. Tilgung von Krediten
    a) Ordentliche Tilgung
       die Leistung des im Haushaltsjahr zurückzuzahlenden Betrages bis zu der in den Rückzahlungsbedingungen festgelegten Mindesthöhe,
    b) Außerordentliche Tilgung
       die über die ordentliche Tilgung hinausgehende Rückzahlung einschließlich Umschuldung,
28. Überplanmäßige Aufwendungen oder Auszahlungen

Aufwendungen oder Auszahlungen, die die Ermächtigungen im Haushaltsplan und die aus den Vorjahren übertragenen Ermächtigungen übersteigen,

29. Umlaufvermögen

Vermögensgegenstände, die nicht dazu bestimmt sind, dauernd dem Geschäftsbetrieb zu dienen und nicht Rechnungsabgrenzungsposten sind (zum Beispiel Vorräte, Bankguthaben, Kassenbestände),

30. Umschuldung

die Ablösung von Krediten durch andere Kredite,

31. Verfügungsmittel

Mittel, die der Bürgermeisterin oder dem Bürgermeister für dienstliche Zwecke, für die keine zweckbezogenen Aufwendungen veranschlagt sind, zur Verfügung stehen,

32. Vorjahr

das dem Haushaltsjahr vorangehende Jahr.

§ 60
Übergangsregelungen

(1) Abweichend von § 43 Absatz 2 Satz 1 kann für Vermögensgegenstände, die bis zum 31. Dezember 2009 angeschafft oder hergestellt worden sind, § 43 Absatz 2 Satz 1 GemHVO-Doppik in der bis zum 31. Dezember 2009 gültigen Fassung angewandt werden.

(2) Im Jahresabschluss 2014 können Gemeinden über die Regelungen des § 24 Absatz 1 hinaus eine Rückstellung in Höhe des Betrages bilden, um den die im Jahr 2015 zu zahlende Finanzausgleichsumlage die im Jahr 2014 zu zahlende Summe aus Finanzausgleichsumlage und zusätzlicher Kreisumlage übersteigt, soweit dadurch im Jahresabschluss 2014 kein Jahresfehlbetrag entsteht oder erhöht wird und wenn die Gemeinde im Jahr 2014 keinen Antrag auf Fehlbetragszuweisungen gestellt hat. Die Rückstellung ist spätestens im Jahresabschluss 2016 aufzulösen.

(3) Abweichend von § 24 Absatz 2 können von Gemeinden für Jahresabschlüsse bis einschließlich für das Jahr 2013 die Regelungen von § 24 Satz 2 in der am 1. Januar 2013 geltenden Fassung angewendet werden. Rückstellungen, deren Rechtsgrundlage zur Bildung aufgrund der Änderung des § 24 Satz 2 durch Verordnung vom 2. Dezember 2014 (GVOBl. Schl.-H. S. 495) entfallen ist, sind ergebniswirksam aufzulösen, wenn der Grund hierfür entfallen ist, spätestens jedoch im Jahresabschluss 2015. Abweichend hiervon sind bereits im Rahmen der Eröffnungsbilanz gebildete, noch bestehende Rückstellungen, deren Rechtsgrundlage zur Bildung aufgrund der Änderung des § 24 Satz 2 durch Verordnung vom 2. Dezember 2014 entfallen ist, spätestens im Jahresabschluss 2015 ergebnisneutral entsprechend dem Anteil nach § 54 Absatz 3 mit der allgemeinen Rücklage und der Ergebnisrücklage zu verrechnen.

(4) Soweit eine Gemeinde zur Ermittlung des Barwerts der Pensionsrückstellungen die Regelung in § 24 Absatz 3 Satz 8 in Anspruch genommen hat, ist einmalig ein Wechsel auf Grundlage von individuellen Daten zulässig. Die hieraus entstehenden Differenzen sind ergebnisneutral entsprechend dem Anteil nach § 54 Absatz 3 mit der allgemeinen Rücklage und der Ergebnisrücklage zu verrechnen.

§ 61
Inkrafttreten, Befristung

Diese Verordnung tritt am 1. Januar 2018 in Kraft und tritt mit Ablauf von fünf Jahren nach ihrem Inkrafttreten außer Kraft.

Kommunalabgabengesetz des Landes Schleswig-Holstein
(Kommunalabgabengesetz – KAG)
in der Fassung der Bekanntmachung vom 10. Januar 2005
– GVOBl. Schl.-H. S. 27 –

Zuletzt geändert durch Gesetz vom 25. Mai 2021 (GVOBl. Schl.-H. S. 566)

Abschnitt I
Allgemeine Vorschriften

§ 1
Kommunale Abgaben

(1) Die Gemeinden und Kreise sind berechtigt, Steuern, Gebühren, Beiträge und sonstige Abgaben (kommunale Abgaben) nach den Vorschriften dieses Gesetzes zu erheben, soweit nicht Bundes- oder Landesgesetze etwas anderes bestimmen.

(2) Ämter und Zweckverbände können in Erfüllung ihrer Selbstverwaltungsaufgaben kommunale Abgaben mit Ausnahme von Steuern erheben. Die Gemeinden und Kreise können Kommunalunternehmen durch Satzung das Recht übertragen, Abgabensatzungen für die ihnen ganz oder teilweise übertragenen Aufgabengebiete zu erlassen.

(3) Gemeinden, Ämter, Kreise und Zweckverbände können anderen Körperschaften des öffentlichen Rechts, rechtsfähigen Anstalten oder rechtsfähigen Stiftungen des öffentlichen Rechts durch Satzung das Recht übertragen, Abgabensatzungen für die ihnen ganz oder teilweise übertragenen Aufgabengebiete zu erlassen. Satz 1 gilt entsprechend für die Übertragung auf andere Körperschaften des öffentlichen Rechts, rechtsfähigen Anstalten oder rechtsfähigen Stiftungen des öffentlichen Rechts außerhalb des Landes Schleswig-Holstein; die Erhebung von Gebühren und Beiträgen sowie die Erstattung von Kosten richten sich nach diesem Gesetz.

§ 2
Rechtsgrundlagen

(1) Kommunale Abgaben dürfen nur aufgrund einer Satzung erhoben werden. Die Satzung muss den Gegenstand der Abgabe, die Abgabenschuldnerinnen und Abgabenschuldner, die Höhe und die Bemessungsgrundlage der Abgabe sowie den Zeitpunkt ihrer Entstehung und ihrer Fälligkeit angeben. Die Satzung verliert, sofern sie nicht für eine kürzere Geltungsdauer erlassen ist, zwanzig Jahre nach Inkrafttreten ihre Gültigkeit. Das gilt auch, wenn die Satzung rückwirkend in Kraft tritt. Eine Nachtragssatzung gilt nur für die Dauer der Satzung, die geändert wird.

(2) Eine Satzung kann mit rückwirkender Kraft auch dann erlassen werden, wenn sie eine frühere oder eine gleichartige Abgabe enthaltende Regelung ohne Rücksicht auf deren Rechtswirksamkeit ausdrücklich ersetzt. Die Rückwirkung kann bis zu dem Zeitpunkt ausgedehnt werden, zu dem die ersetzte Satzung in Kraft getreten war oder in Kraft treten sollte. Durch die rückwirkend erlassene Satzung dürfen Abgabenpflichtige nicht ungünstiger gestellt werden als nach der bisherigen Satzung.

Abschnitt II
Die einzelnen Abgaben

§ 3
Steuern

(1) Die Gemeinden und Kreise können vorbehaltlich der Absätze 2 bis 6 örtliche Verbrauch- und Aufwandsteuern erheben, soweit sie nicht dem Land vorbehalten sind. Die gemeinsame Erhebung von Steuern oder eine Beteiligung an ihrem Aufkommen ist ausgeschlossen. Das Aufkommen einzelner Steuern darf nicht bestimmten Zwecken vorbehalten werden.

(2) Eine Vergnügungsteuer für das Halten von Spiel- und Geschicklichkeitsgeräten können nur die Gemeinden erheben, und dies nur soweit derartige Geräte nicht in Einrichtungen gehalten werden, die der Spielbankabgabe unterliegen. Die Erhebung einer Vergnügungsteuer auf Filmvorführungen in Filmtheatern ist unzulässig.

(3) Eine Steuer auf die Ausübung des Jagdrechts (Jagdsteuer) können nur die Kreise und kreisfreien Städte erheben.

(4) Die Erhebung einer Steuer auf die Erlaubnis zum Betrieb eines Gaststättengewerbes (Gaststättenerlaubnissteuer/Schankerlaubnissteuer) sowie einer Getränkesteuer ist unzulässig.

(5) Eine Steuer auf Übernachtungsleistungen darf nicht erhoben werden, wenn eine Gemeinde eine Kurabgabe oder eine Tourismusabgabe nach § 10 erhebt.

(6) Bei der Erhebung der Hundesteuer darf die Höhe des Steuersatzes für das Halten eines Hundes nicht von der Zugehörigkeit des Hundes zu einer bestimmten Rasse abhängig gemacht werden.

(7) Eine Steuer auf das Halten oder entgeltliche Nutzen von Pferden darf nicht erhoben werden.

(8) Wird eine Steuer als Jahressteuer erhoben, kann durch Satzung festgelegt werden, dass der Steuerpflichtige Vorauszahlungen auf die Steuer zu entrichten hat, die er für den laufenden Veranlagungszeitraum voraussichtlich schuldig wird.

§ 4
Gebühren

(1) Gebühren sind Geldleistungen, die als Gegenleistung für die Inanspruchnahme einer besonderen Leistung – Amtshandlung oder sonstige Tätigkeit – der Behörden (Verwaltungsgebühren) oder für die Inanspruchnahme öffentlicher Einrichtungen (Benutzungsgebühren) erhoben werden.

(2) Die Gebührensätze sind nach festen Merkmalen zu bestimmen. Ermäßigungen aus sozialen Gründen sind zulässig.

§ 5
Verwaltungsgebühren

(1) Verwaltungsgebühren dürfen nur erhoben werden, wenn die Leistung der Behörde von der Beteiligten oder dem Beteiligten beantragt oder sonst von ihr oder ihm im eigenen Interesse veranlasst wurde. Mündliche Auskünfte sowie schriftliche Auskünfte, die nach Art und Umfang und unter Berücksichtigung ihres wirtschaftlichen Werts oder ihres sonstigen Nutzens für die Anfragende oder den Anfragenden eine Gegenleistung nicht erfordern, sind gebührenfrei.

(2) Die Satzung muss die einzelnen Leistungen der Behörde, für deren Vornahme eine Gebühr erhoben werden soll, nach Art und Inhalt der Amtshandlung oder Tätigkeit bezeichnen. Für bestimmte Leistungen kann ein Gebührenrahmen mit einem Höchst- und einem Mindestsatz festgelegt werden. Im übrigen gilt § 249 Abs. 4 Satz 2 bis 4 des Landesverwaltungsgesetzes entsprechend.

(3) Wird ein Antrag ausschließlich wegen Unzuständigkeit der Behörde abgelehnt, wird keine Verwaltungsgebühr erhoben. Dasselbe gilt bei Rücknahme eines Antrages, wenn mit der sachlichen Bearbeitung noch nicht begonnen ist. Die vorgesehene Verwaltungsgebühr ermäßigt sich um ein Viertel, wenn

1. ein Antrag zurückgenommen wird, nachdem mit der sachlichen Bearbeitung begonnen, die Amtshandlung aber noch nicht beendet ist,
2. ein Antrag aus anderen Gründen als wegen Unzuständigkeit abgelehnt wird oder
3. eine Amtshandlung zurückgenommen oder widerrufen wird.

(4) Eine Gebühr für Widerspruchsbescheide darf nur erhoben werden, wenn und soweit der Widerspruch zurückgewiesen wird. Sie darf höchstens die Hälfte der Gebühr für den angefochtenen Verwaltungsakt betragen.

(5) Werden im Zusammenhang mit der Amtshandlung Auslagen notwendig, die nicht in die Verwaltungsgebühr einbezogen sind, sind sie zu erstatten. Nicht in die Verwaltungsgebühr einbezogen sind
1. Postgebühren für Zustellungen und Nachnahmen,
2. Aufwendungen für weitere Ausfertigungen, Abschriften und Auszüge, die auf besonderen Antrag erteilt werden; für die Berechnung der als Auslage zu erhebenden Dokumentenpauschale gilt § 136 Abs. 2 der Kostenordnung in der Fassung vom 26. Juli 1957 (BGBl. I S. 861, 960), zuletzt geändert durch Gesetz vom 23. Juli 2002 (BGBl. I S. 2850, 2860),
3. Aufwendungen für Übersetzungen, die auf besonderen Antrag gefertigt werden,
4. Kosten, die durch öffentliche Bekanntmachung entstehen, mit Ausnahme der hierbei erwachsenden Postgebühren,
5. die nach § 84 Abs. 3 des Landesverwaltungsgesetzes an Zeuginnen, Zeugen und Sachverständige zu zahlenden Beträge; erhält eine Sachverständige oder ein Sachverständiger aufgrund des § 1 Abs. 2 Satz 2 des Justizvergütungs- und -entschädigungsgesetzes vom 5. Mai 2004 (BGBl. I S. 718, 776) keine Entschädigung, ist der Betrag zu erheben, der ohne diese Vorschrift nach dem Gesetz zu zahlen wäre,
6. die bei Geschäften außerhalb der Dienststellen den Verwaltungsangehörigen aufgrund gesetzlicher oder vertraglicher Bestimmungen gewährten Vergütungen (Reisekostenvergütung, Auslagenersatz) und die Kosten für die Bereitstellung von Räumen,
7. die Beträge, die anderen Behörden, Einrichtungen, natürlichen oder juristischen Personen zustehen, und zwar auch dann, wenn aus Gründen der Gegenseitigkeit, der Verwaltungsvereinfachung und dergleichen an diese keine Zahlungen zu leisten sind,
8. die Kosten für die Beförderung von Sachen, mit Ausnahme der hierbei erwachsenden Postgebühren, und die Verwahrung von Sachen.

Durch Satzung kann bestimmt werden, dass mit der Verwaltungsgebühr für bestimmte Amtshandlungen Auslagen nach Satz 2 abgegolten sind. Soweit durch Rechtsvorschriften nichts anderes bestimmt ist, kann die Erstattung der in Satz 2 aufgeführten Auslagen auch verlangt werden, wenn für eine Amtshandlung Gebührenfreiheit besteht oder von der Gebührenerhebung abgesehen wird.

(6) Von Verwaltungsgebühren sind befreit
1. die Gemeinden, Kreise und Ämter, sofern die Amtshandlung nicht ihre wirtschaftlichen Unternehmen betrifft,
2. Körperschaften, Vereinigungen und Stiftungen, die gemeinnützigen oder mildtätigen Zwecken im Sinne des Steuerrechts dienen, soweit die Angelegenheit nicht einen steuerpflichtigen wirtschaftlichen Geschäftsbetrieb betrifft; die steuerrechtliche Behandlung als gemeinnützig oder mildtätig ist durch einen Beleg des Finanzamts (Freistellungsbescheid, Körperschaftssteuerbescheid mit Anlagen oder vorläufige Bescheinigung) nachzuweisen, und
3. Kirchen, sonstige Religionsgesellschaften und Weltanschauungsvereinigungen, die die Rechtsstellung einer Körperschaft des öffentlichen Rechts haben.

Die Gebührenfreiheit besteht nicht, soweit die in den Nummern 1 und 2 Genannten berechtigt sind, die Verwaltungsgebühren Dritten aufzuerlegen oder in sonstiger Weise auf Dritte umzulegen.

§ 6
Benutzungsgebühren

(1) Benutzungsgebühren sind zu erheben, wenn die Benutzung einer öffentlichen Einrichtung dem Vorteil Einzelner oder Gruppen von Personen dient, soweit nicht ein privatrechtliches Entgelt gefordert wird. Als Benutzung einer öffentlichen Einrichtung gilt auch das Angebot einer Sonderleistung, von dem die Berechtigten nicht ständig Gebrauch machen.

(2) Benutzungsgebühren sollen so bemessen werden, dass sie die erforderlichen Kosten der laufenden Verwaltung und Unterhaltung der öffentlichen Einrichtung decken. Die Kosten sind nach betriebswirtschaftlichen Grundsätzen zu ermitteln. Zu den erforderlichen Kosten gehören auch
1. die Verzinsung des aufgewandten Kapitals und die Abschreibung, die nach der mutmaßlichen Nutzungsdauer oder Leistungsmenge gleichmäßig zu bemessen ist; der aus Beiträgen, Zuschüssen und Zuweisungen aufgebrachte Kapitalanteil bleibt bei der Verzinsung unberücksichtigt,
2. Entgelte für die zur Erfüllung der öffentlichen Aufgabe in Anspruch genommenen Leistungen Dritter, soweit die Beauftragung Dritter unter Beachtung der Vorschriften des Vergaberechts erfolgt ist,[1]
3. die dem Träger der Einrichtung in Wahrnehmung der ihm durch Gesetz oder aufgrund eines Gesetzes oder vertraglicher Vereinbarung obliegenden Aufgaben entstandenen und noch entstehenden notwendigen Aufwendungen für Planung, Untersuchung, Entwicklung, Errichtung und gegebenenfalls Beseitigung nicht oder nur teilweise verwirklichter Anlagen, Verfahren oder sonstiger Vorhaben, soweit der Verzicht auf die vollständige oder teilweise Verwirklichung der Planung auf sachlich gerechtfertigten planerischen oder wirtschaftlichen Erwägungen beruht (z. B. Änderung der Rechtslage oder des Bedarfs); diese Kosten sind über einen angemessenen Zeitraum zu verteilen.

Die Abschreibung kann vom Anschaffungs-/Herstellungswert oder vom Wiederbeschaffungszeitwert vorgenommen werden. Zur Minderung der Benutzungsgebühren können Beiträge jährlich mit einem nach der mutmaßlichen Nutzungsdauer oder Leistungsmenge gleichmäßig zu bemessenden Abschreibungssatz aufgelöst werden. Die Auflösung von Zuschüssen und Zuweisungen ist in gleicher Weise mit Zustimmung der Bewilligungsbehörde zulässig, soweit diese zur Entlastung einzelner oder bestimmter Gebührenschuldnerinnen und Gebührenschuldner gewährt wurden. Sofern Beiträge vor dem 1. Januar 2004 aufgelöst worden sind, ist bei der Anwendung des Satzes 5 von dem Buchrestwert der Beiträge auszugehen. Der Gebührenbemessung kann ein Kalkulationszeitraum von bis zu drei Jahren zugrunde gelegt werden. Eine sich am Ende des Kalkulationszeitraums aus einer Abweichung der tatsächlichen von den kalkulierten Kosten ergebende Kostenüber- oder -unterdeckung ist innerhalb der auf die Feststellung der Über- oder Unterdeckung folgenden drei Jahre auszugleichen. Der Zeitraum für den Ausgleich kann unabhängig davon gewählt werden, welcher Zeitraum der Kalkulationsperiode zugrunde gelegt wurde, in der die Abweichung auftritt.

(3) Sind die Benutzerinnen und Benutzer einer öffentlichen Einrichtung zu ihrer Benutzung verpflichtet oder darauf angewiesen, so können die Gebührensätze unter Berücksichtigung des öffentlichen Interesses, das die öffentliche Einrichtung dient, und der dem oder der einzelnen gewährten Vorteile ermäßigt werden; die Gebührenerhebung kann auch unterbleiben.

(4) Benutzungsgebühren können als Grundgebühren und Zusatzgebühren erhoben werden. Die Gebühren sind grundsätzlich nach dem Umfang und der Art der Inanspruchnahme der öffentlichen Einrichtung zu bemessen. Es ist jedoch

---
[1] Übergangsregelung gem. Art. II des Gesetzes vom 24.11.1998 (GVOBl. Schl.-H. S. 345):
Haben Gemeinden, Kreise, Ämter oder Zweckverbände vor Inkrafttreten dieses Gesetzes Dritten die Erfüllung öffentlicher Aufgaben ohne Einhaltung vergaberechtlicher Vorschriften übertragen, gelten die Entgelte für die Inanspruchnahme dieser Dritten als erforderliche Kosten im Sinne des § 6 Abs. 2 des Kommunalabgabengesetzes des Landes Schleswig-Holstein, soweit bei der Bemessung der Entgelte die Bestimmungen des Preisrechts beachtet werden.

zulässig, eine für alle Benutzerinnen und Benutzer gleiche Grundgebühr zu erheben und die Gebührensätze zu staffeln. Auf Benutzungsgebühren können vom Beginn des Erhebungszeitraumes an Vorauszahlungen bis zur Höhe der voraussichtlich entstehenden Gebühr gefordert werden.

(5) Bei der Wasserversorgung, der Abwasserbeseitigung, der Abfallentsorgung und der Straßenreinigung ist Gebührenschuldnerin oder Gebührenschuldner, wer Eigentümerin oder Eigentümer des Grundstücks oder Wohnungs- oder Teileigentümerin oder Wohnungs- oder Teileigentümer ist. Ist das Grundstück mit einem Erbbaurecht belastet, ist die oder der Erbbauberechtigte anstelle der Eigentümerin oder des Eigentümers Gebührenschuldnerin oder Gebührenschuldner. Die Wohnungs- und Teileigentümerinnen und Wohnungs- und Teileigentümer einer Eigentümergemeinschaft sind Gesamtschuldnerinnen und/oder Gesamtschuldner der auf ihr gemeinschaftliches Grundstück entfallenden Benutzungsgebühren. Miteigentümerinnen und Miteigentümer oder mehrere aus dem gleichen Grund dinglich Berechtigte sind Gesamtschuldnerinnen und/oder Gesamtschuldner. Bei der Entsorgung von Abfällen kann die Besitzerin oder der Besitzer der Abfälle, bei der Entsorgung verbotswidrig abgelegter Abfälle die letzte Besitzerin oder der letzte Besitzer der Abfälle zur Gebührenschuldnerin oder zum Gebührenschuldner bestimmt werden.

(6) Abweichend von Absatz 5 kann bei der Wasserversorgung und der Abwasserbeseitigung zur Gebührenschuldnerin oder zum Gebührenschuldner bestimmt werden, wer aufgrund eines Schuldverhältnisses oder dinglichen Rechts zur Nutzung von Wohnungen, Räumen oder sonstigen Teilen von Grundstücken oder Erbbaurechten, für die eine geeichte Wasserzähler vorhanden sind, berechtigt ist. Mehrere Berechtigte sind Gesamtschuldnerinnen bzw. Gesamtschuldner.

(7) Grundstücksbezogene Benutzungsgebühren ruhen als öffentliche Last auf dem Grundstück.

(8) Für die Benutzung öffentlicher Straßen und Plätze für Messen und Märkte darf eine besondere Gebühr (Marktstandsgeld) erhoben werden.

§ 7
Kosten der Unterhaltung von Gewässern

(1) Die abgabenberechtigten Körperschaften können die Kosten, die durch die Unterhaltung von fließenden Gewässern zweiter Ordnung nach dem Landeswassergesetz entstehen, durch Erhebung von Benutzungsgebühren decken. § 30 Absatz 2 des Landeswassergesetzes gilt entsprechend.

(2) Für die Deckung der Kosten der Mitgliedschaft in Wasser- und Bodenverbänden nach § 31 Absatz 1 Satz 1 des Landeswassergesetzes gelten die Unterhaltungsverpflichteten im Sinne des § 28 Absatz 1 und 2 des Landeswassergesetzes als Benutzerinnen und/oder Benutzer. Für die Benutzung von Anlagen eines Wasser- und Bodenverbandes von den kommunalen Anlagen, die im Zusammenhang mit Anlagen des Verbandes stehen, dürfen jedoch Benutzungsgebühren von den Verbandsmitgliedern insoweit nicht erhoben werden, als diese selbst hierfür an den Verband Beiträge zu leisten haben.

(3) Soweit nach § 30 Absatz 2 des Landeswassergesetzes abgabenberechtigte Körperschaften die Unterhaltungspflicht erfüllen, können Benutzungsgebühren nur von den Unterhaltungspflichtigen nach § 28 Absatz 1 des Landeswassergesetzes erhoben werden.

§ 8
Beiträge

(1) Beiträge zur Deckung des Aufwandes für die Herstellung, den Ausbau und Umbau sowie die Erneuerung der notwendigen öffentlichen Einrichtungen sind nach festen Verteilungsmaßstäben von denjenigen Grundeigentümerinnen und Grundeigentümern, zur Nutzung von Grundstücken dinglich Berechtigten und Gewerbetreibenden zu erheben, denen hierdurch Vorteile erwachsen. Die Beiträge sind nach den Vorteilen zu bemessen. Bei Straßenbaumaßnahmen tragen die Beitragsberechtigten mindestens fünfzehn vom Hundert des Aufwandes. Tiefenmäßige Begrenzungen sind zulässig.

(2) Der Aufwand, der erforderlich ist, um ein Grundstück an Versorgungs- oder Entwässerungsleitungen anzuschließen, kann in die Kosten der Maßnahme einbezogen werden. Es ist aber auch zulässig, einen besonderen Beitrag zu erheben.

(3) Der Aufwand ist nach den tatsächlich entstandenen Kosten oder nach Einheitssätzen unter Berücksichtigung der Leistungen und Zuschüsse Dritter zu ermitteln. Wird der Aufwand bei leitungsgebundenen Einrichtungen nach Einheitssätzen erhoben, wird für bestehende Anlagen die Berücksichtigung des Wiederbeschaffungszeitwertes zugelassen. Zum Aufwand gehören auch der Wert des Grundstücks, das der Träger der Maßnahme einbringt, sowie die Kosten, die der abgabengerechtigten Körperschaft dadurch entstehen, dass sie sich eines Dritten bedient. Die Einheitssätze sind nach den durchschnittlichen Kosten festzusetzen, die im Gebiet der Beitragsberechtigten oder des Beitragsberechtigten üblicherweise für vergleichbare öffentliche Einrichtungen aufzuwenden sind. Bei leitungsgebundenen Einrichtungen oder Anlagen, die der Versorgung oder Abwasserbeseitigung dienen, kann der durchschnittliche Aufwand für die gesamte Einrichtung oder Anlage veranschlagt und zugrunde gelegt werden.

(4) Der Aufwand kann für bestimmte Abschnitte einer öffentlichen Einrichtung ermittelt und abgerechnet werden; dies gilt für den Ausbau, Umbau und die Erneuerung von Teilstrecken von öffentlichen Straßen, Wegen und Plätzen entsprechend. Beiträge können für Teile der öffentlichen Einrichtungen selbständig erhoben werden (Kostenspaltung). Die Beitragspflicht entsteht mit dem Abschluss der Maßnahme, die für die Herstellung, den Ausbau oder Umbau der öffentlichen Einrichtung oder von selbständig nutzbaren Teilen erforderlich sind. Auf Beiträge können angemessene Vorauszahlungen gefordert werden, sobald mit der Ausführung der Maßnahme begonnen wird.

(5) Beitragspflichtig ist, wer im Zeitpunkt der Bekanntgabe des Beitragsbescheids Eigentümerin oder Eigentümer des Grundstücks, zur Nutzung des Grundstücks dinglich Berechtigte oder Berechtigter oder Inhaberin oder Inhaber des Gewerbebetriebes ist. Bei Wohnungs- und Teileigentum sind die Wohnungs- und Teileigentümerinnen und Wohnungs- und Teileigentümer entsprechend ihrem Miteigentumsanteil beitragspflichtig. Miteigentümerinnen und Miteigentümer, mehrere aus dem gleichen Grund dinglich Berechtigte oder mehrere Betriebsinhaberinnen und Betriebsinhaber sind Gesamtschuldnerinnen und/oder Gesamtschuldner. Die Sätze 1 bis 3 gelten für Vorauszahlungen entsprechend. Eine geleistete Vorauszahlung ist bei Erhebung des endgültigen Beitrags gegenüber der Schuldnerin oder dem Schuldner des endgültigen Beitrags zu verrechnen.

(6) Die oder der Beitragsberechtigte kann die Ablösung des Beitrages vor Entstehung der Beitragsschuld zulassen. Das Nähere ist in der Satzung zu bestimmen.

(7) Der Beitrag ruht als öffentliche Last auf dem Grundstück, bei Bestehen eines Erbbaurechtes oder von Wohnungs- oder Teileigentum auf diesem.

(8) Sind Baumaßnahmen an Straßen, die nicht dem öffentlichen Verkehr gewidmet sind, deshalb besonders kostspielig, weil die Straßen im Zusammenhang mit der Bewirtschaftung oder Ausbeutung von Grundstücken oder im Zusammenhang mit einem gewerblichen Betrieb außergewöhnlich abgenutzt werden, so können zur Deckung der Mehrkosten von den Eigentümerinnen und Eigentümern oder zur Nutzung dinglich Berechtigten dieser Grundstücke oder von diesen Unternehmen besondere Straßenbeiträge erhoben werden. Diese sind nach den Mehrkosten zu bemessen, die die oder der Beitragspflichtige verursacht.

(9) In der Satzung kann bestimmt werden, dass der Beitrag und eine Vorauszahlung auf den Beitrag auf Antrag der Beitragsschuldnerin oder des Beitragsschuldners durch Bescheid in eine Schuld umgewandelt wird, die in höchstens 20 Jahresleistungen zu entrichten ist. Der Antrag ist vor Fälligkeit des Beitrags beziehungsweise der Vorauszahlung zu stellen. Wird der Beitrag früher als einen Monat nach Bekanntgabe des Beitragsbescheids fällig, so ist der Antrag innerhalb eines Monats nach Bekanntgabe zu

stellen. In dem Bescheid sind Höhe und Zeitpunkt der Fälligkeit der Jahresleistungen zu bestimmen. Der jeweilige Restbetrag ist jährlich mit höchstens drei vom Hundert über dem zu Beginn des Jahres geltenden Basiszinssatz nach § 247 des Bürgerlichen Gesetzbuchs zu verzinsen. Der Beitragsschuldner kann am Ende jeden Jahres den Restbetrag ohne weitere Zinsverpflichtung tilgen. Die Jahresraten sind wiederkehrende Leistungen im Sinne des § 10 Absatz 1 Nummer 3 des Gesetzes über die Zwangsversteigerung und die Zwangsverwaltung. Bei Veräußerung des Grundstücks oder des Erbbaurechts wird der Beitrag in voller Höhe des Restbetrags fällig.

§ 8 a
Wiederkehrender Beitrag für Verkehrsanlagen

(1) Die Gemeinden können durch Satzung bestimmen, dass anstelle der Erhebung einmaliger Beiträge die jährlichen Investitionsaufwendungen für die öffentlichen Straßen, Wege und Plätze (Verkehrsanlagen) ihres gesamten Gebiets oder einzelner Abrechnungseinheiten (Gebietsteile) als wiederkehrender Beitrag auf alle in dem Gebiet oder in der Abrechnungseinheit gelegenen Grundstücke verteilt werden, denen durch die Möglichkeit der Inanspruchnahme der im Abrechnungsgebiet gelegenen Verkehrsanlagen ein besonderer Vorteil geboten wird. Die Entscheidung über die eine Einheit bildenden Verkehrsanlagen trägt die Gemeinde in Wahrnehmung ihres Selbstverwaltungsrechts unter Beachtung der örtlichen Gegebenheiten. Einer weitergehenden Begründung bedarf die Entscheidung nur, wenn statt sämtlicher Verkehrsanlagen des gesamten Gebiets der Gemeinde lediglich Verkehrsanlagen einzelner, von einander abgrenzbarer Gebietsteile als einheitliche öffentliche Einrichtung bestimmt werden.

(2) Die zu einem Abrechnungsgebiet zusammengefassten Verkehrsanlagen gelten als einheitliche kommunale Einrichtung. Die Bildung eines Abrechnungsgebiets setzt voraus, dass die Straßen in einem räumlichen und funktionalen Zusammenhang stehen. Ein derartiger Zusammenhang kann insbesondere deshalb gegeben sein, weil die Verkehrsanlagen

1. innerhalb der im Zusammenhang bebauten Ortsteile der Gemeinde oder
2. innerhalb selbständiger städtebaulicher Einheiten oder
3. innerhalb einzelner Baugebiete (§ 1 Abs. 2 der Baunutzungsverordnung)

liegen. Die Abrechnungsgebiete sind in der Satzung zu bestimmen.

(3) Der Beitragssatz wird ermittelt, indem die jährlichen Investitionsaufwendungen für alle Verkehrsanlagen des Abrechnungsgebiets nach Abzug des Gemeindeanteils (Absatz 4) auf die Grundstücke verteilt werden, die der Beitragspflicht nach Absatz 1 unterliegen. Bei der Ermittlung des Beitragssatzes kann anstelle der jährlichen Investitionsaufwendungen vom Durchschnitt der in dem Zeitraum von bis zu fünf Jahren zu erwartenden Investitionsaufwendungen ausgegangen werden. Weichen nach Ablauf dieses Zeitraums die tatsächlichen von den im Durchschnitt erwarteten Investitionsaufwendungen ab, so ist das Beitragsaufkommen der folgenden Jahre entsprechend auszugleichen.

(4) Bei der Ermittlung der Beiträge bleibt ein dem Vorteil der Allgemeinheit entsprechender Teil (Gemeindeanteil) außer Ansatz, der dem bei den Beitragsschuldnern zuzurechnenden Verkehrsaufkommen entspricht. Der Gemeindeanteil ist in der Satzung festzulegen und beträgt nicht weniger als 15 vom Hundert des Aufwandes.

(5) Die Beitragsschuld entsteht jeweils mit Ablauf des 31. Dezember für das abgelaufene Kalenderjahr. Auf die Beitragsschuld können ab Beginn des Kalenderjahres angemessene Vorauszahlungen verlangt werden.

(6) Im Übrigen gilt § 8 Abs. 5 und 7 entsprechend.

(7) Um eine Doppelbelastung von Grundstückseigentümerinnen oder Grundstückseigentümern oder Erbbauberechtigten zu vermeiden, treffen die Gemeinden durch Satzung Überleitungsregelungen für die Fälle, in denen vor oder nach der Einführung des wiederkehrenden Beitrags Erschließungsbeiträge oder Ausgleichsbeträge nach dem Baugesetzbuch oder Kosten der erstmaligen Herstellung aufgrund öffentlich-rechtlicher Verträge, insbesondere Erschließungsverträge, sonstiger städtebaulicher Verträge oder aufgrund eines Vorhaben- und Erschließungsplans nach dem Baugesetzbuch geleistet worden sind oder zu leisten sind. Entsprechendes gilt, wenn von einmaligen Beiträgen nach § 8 auf wiederkehrende Beiträge oder wenn von wiederkehrenden Beiträgen auf einmalige Beiträge umgestellt wird. Für Fälle nach Satz 1 und Satz 2, erste Alternative ist ein Zeitraum zu bestimmen, innerhalb dessen die Grundstücke bei der Ermittlung des wiederkehrenden Beitrags nicht berücksichtigt und nicht beitragspflichtig werden. Bei der Bestimmung des Zeitraums sollen die übliche Nutzungsdauer der Verkehrsanlagen und der Umfang der einmaligen Belastung berücksichtigt werden. Bei der Umstellung von wiederkehrenden Beiträgen auf einmalige Beiträge ist in der Satzung der Umfang der Anrechnung von geleisteten wiederkehrenden Beiträgen auf den nächsten einmaligen Beitrag zu bestimmen. Dabei können wiederkehrende Beiträge, die nach der letzten mit wiederkehrenden Beiträgen finanzierten Investitionsmaßnahme an der Verkehrsanlage gezahlt worden sind, auf den einmaligen Beitrag angerechnet werden. Wiederkehrende Beiträge, deren Zahlung, gerechnet ab dem Zeitpunkt der Entstehung der Beitragspflicht nach § 8 Abs. 1 Satz 3, länger als der Zeitraum der üblichen Nutzungsdauer zurückliegt, können auf den einmaligen Beitrag nicht angerechnet werden.

(8) Soweit für Straßenbaumaßnahmen bereits Vorauszahlungen nach § 8 Abs. 4 Satz 4 erhoben worden sind, bestimmt die Gemeinde durch Satzung, ob die Straßenbaumaßnahme nach der zum Zeitpunkt der Erhebung der Vorauszahlung geltenden Regelung abgerechnet und abgeschlossen oder ob diese in den wiederkehrenden Beitrag einbezogen werden soll.

§ 9
Besonderheiten für leitungsgebundene Einrichtungen

(1) In der Beitragssatzung für leitungsgebundene Einrichtungen kann bestimmt werden, dass Gebäude oder selbständige Gebäudeteile, die nach der Art ihrer Nutzung keinen Bedarf nach Anschluss an die Einrichtung haben oder nicht angeschlossen werden dürfen, bei der Ermittlung der Beitragshöhe nach § 8 bei mit solchen Gebäuden oder Gebäudeteilen bebauten Grundstücke unberücksichtigt bleiben; dies gilt nicht für Gebäude oder Gebäudeteile, die tatsächlich angeschlossen sind.

(2) Für bebaute Grundstücke, bei denen der nicht bebaute Teil des Grundstücks wesentlich größer ist als bei dem Durchschnitt der bebauten Grundstücke im Satzungsgebiet, kann in der Beitragssatzung für leitungsgebundene Einrichtungen eine Begrenzung der beitragspflichtigen Grundstücksfläche vorgenommen werden. Bei der Ermittlung der Begrenzung sollen die durchschnittliche Grundstücksgröße, die Bebauungsdichte und die bauliche Nutzung im Satzungsgebiet berücksichtigt werden; Grundstücke im Außenbereich bleiben dabei außer Ansatz. Im Heranziehungsbescheid ist die Grundstücksfläche, auf die sich der Beitrag bezieht, festzulegen.

(3) Für unbebaute Grundstücke, die innerhalb eines im Zusammenhang bebauten Ortsteils oder des Geltungsbereiches eines Bebauungsplanes liegen, kann durch Satzung für leitungsgebundene Einrichtungen bestimmt werden, dass die Beitragspflicht erst als entstanden gilt, wenn das Grundstück mit anzuschließenden Gebäuden bebaut oder tatsächlich angeschlossen worden ist.

(4) Ändern sich im Falle der Beitragsbemessung nach Absatz 1 oder 2 die für die Beitragsbemessung maßgebenden Umstände nachträglich und erhöht sich dadurch der Vorteil, so entsteht damit ein zusätzlicher Beitrag.

(5) Beiträge nach den Absätzen 3 und 4 sind unabhängig davon, ob noch ein Aufwand zu decken ist, zu erheben; sie sind zur Minderung der Gebührenbelastung aller an die Einrichtung Angeschlossenen zu verwenden.

(6) Werden Regelungen nach den Absätzen 1 bis 3 getroffen, so kann die Heranziehung zu bereits früher entstandenen höheren Beiträgen eine erhebliche Härte im Sinne

des § 222 Abgabenordnung darstellen, soweit der früher entstandene Beitrag höher ist als der nach den Absätzen 1 bis 3 und der dazu erlassenen Satzung ermittelte Beitrag. In diesen Fällen kann hinsichtlich des Differenzbetrages auf die Erhebung von Zinsen verzichtet werden.

§ 9 a
Haus- und Grundstücksanschlüsse

(1) In der Satzung kann bestimmt werden, dass den beitragsberechtigten kommunalen Körperschaften der Aufwand für die Herstellung, Erneuerung, Veränderung und Beseitigung sowie die Kosten für die Unterhaltung eines Haus- oder Grundstücksanschlusses an leitungsgebundenen Ver- und Entsorgungseinrichtungen erstattet wird. Der Aufwand und die Kosten können in der tatsächlich geleisteten Höhe oder nach Einheitssätzen erstattet werden. Eine Deckung dieses Aufwandes oder dieser Kosten über die Erhebung von Beiträgen oder Gebühren ist in diesem Falle ausgeschlossen.

(2) Der Erstattungsanspruch entsteht mit der endgültigen Herstellung der Anschlussleitung oder des Anschlusskanals, im Übrigen mit der Beendigung der Maßnahme. Für den Anspruch gelten die Vorschriften dieses Gesetzes entsprechend.

§ 10
Kur- und Tourismusabgaben

(1) Gemeinden und Gemeindeteile können als Kur-, Erholungs- oder Tourismusort anerkannt werden.

(2) Im Bereich der Anerkennung als Kur- oder Erholungsort kann für die Herstellung, Verwaltung und Unterhaltung der zu Kur- und Erholungszwecken bereitgestellten öffentlichen Einrichtungen eine Kurabgabe erhoben werden. Als Aufwendungen der Gemeinde gelten auch Kosten, die ihr im Rahmen eines überregionalen Verbunds entstehen, der den Kur- und Erholungsgästen die Möglichkeit der kostenlosen Benutzung des öffentlichen Personennahverkehrs einräumt. Kosten, die einem Dritten entstehen, dessen sich die Gemeinde zur Durchführung der in Satz 1 und 2 beschriebenen Maßnahmen bedient, gelten als Aufwendungen der Gemeinde, wenn sie dem Dritten von der Gemeinde geschuldet werden. Mehrere Gemeinden, die als Kur- oder Erholungsort anerkannt worden sind, können eine gemeinsame Kurabgabe erheben, deren Ertrag die Gesamtaufwendungen für die in Satz 1 und 2 genannten Maßnahmen nicht übersteigen darf.

(3) Die Kurabgabe wird von allen Personen erhoben, die sich im Erhebungsgebiet aufhalten, ohne dort ihren gewöhnlichen Aufenthalt zu haben (ortsfremd) und denen die Möglichkeit zur Benutzung von öffentlichen Einrichtungen oder Teilnahme an Veranstaltungen geboten wird. Als ortsfremd gilt auch, wer im Erhebungsgebiet Eigentümerin oder Eigentümer oder Besitzerin oder Besitzer einer Wohnungseinheit ist, und soweit sie oder er es überwiegend zu Erholungszwecken benutzt. Als ortsfremd gilt nicht, wer im Erhebungsgebiet arbeitet oder in Ausbildung steht.

(4) Wer Personen beherbergt oder ihnen Wohnraum zu Erholungszwecken überlässt, kann verpflichtet werden, die beherbergten Personen zu melden, die Kurabgabe einzuziehen und abzuführen; sie oder er haftet für die rechtzeitige und vollständige Einziehung und Abführung der Kurabgabe. Satz 1 gilt entsprechend für diejenige oder denjenigen, die oder der Standplätze zum Aufstellen von Zelten, Wohnwagen, Wohnmobilen und ähnlichen Einrichtungen oder Bootsliegeplätze Dritten überlässt. Die in Satz 1 genannten Pflichten können Reiseunternehmerinnen oder Reiseunternehmern auferlegt werden, wenn die Kurabgabe in dem Entgelt enthalten ist, das die Reiseteilnehmerinnen und Reiseteilnehmer an die Reiseunternehmerinnen oder Reiseunternehmer zu entrichten haben. In den Fällen, in denen Wohnungsgeber, Betreiber oder die sonst durch Satzung Verpflichteten mit der Abwicklung der Beherbergung und Nutzungsüberlassung Dritte beauftragen, die gewerbsmäßig diese Abwicklungen übernehmen, können durch Satzung auch den beauftragten Dritten die Pflichten und die Haftung auferlegt werden.

(5) Das Recht zur Erhebung von Gebühren für die Benutzung besonderer öffentlicher Einrichtungen oder allgemein zugänglicher Veranstaltungen wird durch die Erhebung einer Kurabgabe nicht berührt.

(6) Gemeinden können laufende Tourismusabgaben für Zwecke der Tourismuswerbung und zur Deckung von Aufwendungen
1. nach Absatz 2 Satz 1 erheben, wenn sie ganz oder teilweise als Kur- oder Erholungsort anerkannt sind,
2. für die Herstellung, Verwaltung und Unterhaltung der zu kulturellen und touristischen Zwecken bereitgestellten öffentlichen Einrichtungen erheben, wenn sie ganz oder teilweise als Tourismusort anerkannt sind.

Absatz 2 Satz 3 gilt entsprechend. Soweit eine Gemeinde teilweise als Kur-, Erholungs- oder Tourismusort anerkannt ist, bestimmt sie durch Satzung das Gebiet, in dem sie eine Tourismusabgabe erhebt, nach ihren örtlichen Verhältnissen und entsprechend den Vorteilen durch den Tourismus für die in der Gemeinde selbständig tätigen Personen und Personenvereinigungen. Sie kann Vorausleistungen bis zur voraussichtlichen Höhe der Tourismusabgabe erheben.

(7) Die Tourismusabgabe wird von Personen und Personenvereinigungen erhoben, denen durch den Tourismus wirtschaftliche Vorteile geboten werden.

(8) Beschließt die Gemeindevertretung, eine Tourismusabgabe zu erheben, ist sie befugt, von allen Personen und Personenvereinigungen, denen durch den Tourismus wirtschaftliche Vorteile geboten werden, diejenigen Auskünfte vor Erlass der Satzung nach § 2 KAG einzuholen, die sie benötigt, um die Bemessungsgrundlagen zu ermitteln.

(9) Das für Tourismus zuständige Ministerium wird ermächtigt, durch Verordnung die Anerkennungsvoraussetzungen und das Anerkennungsverfahren für Kur-, Erholungs- und Tourismusorte zum Zweck der Erhebung einer Kur- und Tourismusabgabe zu bestimmen. Die Verordnung[2] muss Regelungen enthalten über
1. die natürlichen und hygienischen Bedingungen, medizinischen und sonstigen öffentlichen Einrichtungen, die vorhanden sein müssen, damit Gemeinden oder Gemeindeteile als Kur- oder Erholungsort anerkannt werden können, sowie
2. die natürlichen Bedingungen und Einrichtungen zur kulturellen und sonstigen Freizeitbetätigung, die vorhanden sein müssen, damit Gemeinden oder Gemeindeteile als Tourismusort anerkannt werden können; dazu zählen insbesondere die landschaftliche Lage, das Vorhandensein bedeutender kultureller Einrichtungen, internationaler Veranstaltungen, sonstiger bedeutender Freizeiteinrichtungen, geeigneter Angebote für die Naherholung sowie ein damit korrespondierendes Tourismusaufkommen.

Abschnitt III
Verfahrensvorschriften
§ 11
Anwendung von Landesrecht

(1) Auf die Festsetzung und Erhebung von kommunalen Abgaben findet das Landesverwaltungsgesetz Anwendung. Im Übrigen ist die Abgabenordnung sinngemäß anzuwenden. Die §§ 16 und 18 bleiben unberührt.

(2) Abweichend von Absatz 1 Satz 2 dürfen die im Zusammenhang mit der Erhebung einer Hundesteuer von der erhebenden Stelle erfassten und gespeicherten Namen sowie die Anschriften von Hundehalterinnen und Hundehaltern im Einzelfall anderen Behörden mitgeteilt werden, wenn diese die Auskunft zur Verfolgung von Ordnungswidrigkeiten benötigen. Entsprechendes gilt für die Weitergabe der genannten Daten an Dritte, wenn diese zur Durchsetzung von Schadensersatzforderungen benötigt werden. Der Auskunftsanspruch ist glaubhaft zu machen.

§ 12
Geltung der Bescheide über wiederkehrende Abgaben

In Bescheiden über kommunale Abgaben, die für einen Zeitabschnitt erhoben werden, kann bestimmt werden, dass diese Bescheide auch für die folgenden Zeitabschnitte gelten. Dabei ist anzugeben, an welchen Tagen und mit wel-

---
[2] Landesverordnung über die Anerkennung als Kurort, Erholungsort oder Tourismusort (KurortVO) vom 28.11.2019 (GVOBl. Schl.-H. S. 574).

chen Beträgen die Abgaben jeweils fällig werden. Ändern sich die Berechnungsgrundlagen oder der Betrag der Abgaben, sind neue Bescheide zu erlassen.

§ 13
Kleinbeträge und Steuervereinbarungen

(1) Die Satzung kann regeln, dass kommunale Abgaben nicht festgesetzt, erhoben, nachgefordert oder erstattet werden, wenn der Betrag eine bestimmte Höhe voraussichtlich nicht übersteigt oder die Kosten der Einziehung oder Erstattung außer Verhältnis zu dem Betrag stehen.

(2) Das Ministerium für Inneres, ländliche Räume und Integration kann durch Verordnung die Höhe des nach Absatz 1 festzulegenden Betrages begrenzen und Vorschriften über die Abrundung von Abgabenbeträgen erlassen.

(3) Vereinbarungen mit einer Abgabenschuldnerin oder einem Abgabenschuldner über die Erhebung, insbesondere die Abrechnung, Fälligkeit und Pauschalierung von Steuern, sind nur zulässig, wenn sie die Besteuerung vereinfachen und das steuerliche Ergebnis nicht wesentlich verändern.

§ 14
Vollstreckung privatrechtlicher Entgelte

Privatrechtliche Entgelte dürfen im Verwaltungswege beigetrieben werden, wenn sie von abgabenberechtigten Körperschaften, ihren Eigenbetrieben oder Eigengesellschaften für die Benutzung einer im öffentlichen Interesse unterhaltenen Einrichtung nach einem Tarif erhoben werden, der bekanntgemacht worden ist oder zur Einsichtnahme ausliegt.

§ 15
Festsetzungsverjährung; zeitliche Obergrenze für die Festsetzung von Abgaben zur Abgrenzung von Vorteilen

(1) Abweichend von § 169 Abs. 2 Nr. 1 der Abgabenordnung beträgt die Festsetzungsfrist vier Jahre; für Nebenleistungen beträgt die Festsetzungsfrist ein Jahr. Fristen, deren Lauf spätestens mit Ablauf des Jahres 1976 begonnen hat, werden nach den bisherigen Vorschriften berechnet.

(2) Die Festsetzung von Abgsbenansprüchen zur Abgeltung von Vorteilen ist ungeachtet ihrer Entstehung oder Verjährung spätestens nach 20 Jahren seit Ablauf des Kalenderjahres, in dem die Vorteilslage entstanden ist, ausgeschlossen.

Abschnitt IV
Straf- und Bußgeldvorschriften

§ 16
Abgabenhinterziehung

(1) Mit Freiheitsstrafe bis zu zwei Jahren oder mit Geldstrafe wird bestraft, wer
1. der Behörde, deren Träger der öffentlichen Verwaltung die Abgabe zusteht, oder einer anderen Behörde über abgabenrechtlich erhebliche Tatsachen unrichtige oder unvollständige Angaben macht oder
2. die Behörde, deren Träger der öffentlichen Verwaltung die Abgabe zusteht, pflichtwidrig über abgabenrechtlich erhebliche Tatsachen in Unkenntnis lässt

und dadurch Abgaben verkürzt oder nicht gerechtfertigte Abgabenvorteile für sich oder eine andere oder einen anderen erlangt. § 370 Abs. 4, §§ 371 und 376 der Abgabenordnung gelten entsprechend.

(2) Der Versuch ist strafbar.

(3) Für das Strafverfahren gelten die §§ 385, 393, 395 bis 398 und 407 der Abgabenordnung entsprechend.

§ 17
(entfällt)

§ 18
Leichtfertige Abgabenverkürzung und Abgabengefährdung

(1) Ordnungswidrig handelt, wer als Abgabenpflichtige oder Abgabenpflichtiger oder bei Wahrnehmung der Angelegenheiten einer oder eines Abgabenpflichtigen eine der in § 16 Abs. 1 Satz 1 bezeichneten Taten leichtfertig begeht (leichtfertige Abgabenverkürzung). § 370 Abs. 4 und § 378 Abs. 3 der Abgabenordnung gelten entsprechend.

(2) Ordnungswidrig handelt auch, wer vorsätzlich oder leichtfertig
1. Belege ausstellt, die in tatsächlicher Hinsicht unrichtig sind, oder
2. einer Vorschrift einer Abgabensatzung zur Sicherung oder Erleichterung der Abgabenerhebung, insbesondere zur Anmeldung und Anzeige von Tatsachen, zur Führung von Aufzeichnungen oder Nachweisen, zur Kennzeichnung oder Vorlegung von Gegenständen oder zur Erhebung und Abführung von Abgaben zuwiderhandelt

und es dadurch ermöglicht, Abgaben zu verkürzen oder nicht gerechtfertigte Abgabenvorteile zu erlangen (Abgabengefährdung). Die Ordnungswidrigkeit nach Nummer 2 kann nur verfolgt werden, wenn die Vorschrift für einen bestimmten Tatbestand auf diese Bußgeldvorschrift verweist.

(3) Die Ordnungswidrigkeit nach Absatz 1 kann mit einer Geldbuße bis zu 2 500 Euro, die Ordnungswidrigkeit nach Absatz 2 kann mit einer Geldbuße bis zu 500 Euro geahndet werden.

(4) Die Verfolgung der Ordnungswidrigkeit verjährt in zwei Jahren.

(5) Für das Bußgeldverfahren gelten neben den Vorschriften des Gesetzes über Ordnungswidrigkeiten die §§ 393, 396, 397 und 407 der Abgabenordnung entsprechend.

(6) Die durch Bußgeldbescheid der Verwaltungsbehörden festgesetzten Geldbußen stehen dem Träger der öffentlichen Verwaltung zu, der Gläubiger der Abgabe ist, auf die sich die Ordnungswidrigkeit bezieht; das gilt entsprechend für Nebenfolgen, die zu einer Geldleistung verpflichten.

§ 19
(entfällt)

Abschnitt V
Übergangs- und Schlussvorschriften

§ 20
Erschließungsbeiträge

Dieses Gesetz gilt für die Erhebung von Erschließungsbeiträgen nach dem Baugesetzbuch entsprechend, soweit sich aus dem Baugesetzbuch nichts anderes ergibt.

§ 21
(Änderungsvorschriften)

§ 22
Schlussvorschriften

(1) Die Gemeinde Helgoland kann durch Satzung regeln, dass Passagiere der Helgoland anlaufenden Schiffe mit Landungsbooten der Gemeinde oder in ihrem Auftrage mit den von ihr bestimmten Fahrzeugen ein- und ausgebootet werden und dass für das Ein- und Ausbooten und für die Benutzung der Landungsbrücke in diesem Zusammenhang von den Betreiberinnen und Betreibern der Helgoland anlaufenden Schiffe oder von den Helgolandbesuchenden direkt Gebühren erhoben werden. Sofern Helgolandbesuchende ohne Ein- und Ausbooten angelandet werden oder das Ein- und Ausbooten mit Landungsbooten erfolgt, die weder im Eigentum der Gemeinde Helgoland stehen noch in ihrem Auftrag eingesetzt werden, kann die Gemeinde Helgoland durch Satzung regeln, dass für die Benutzung der von der Gemeinde für an- und abreisende Helgolandbesuchende betriebenen Einrichtungen, insbesondere für die Benutzung der Landungsbrücke, von den in Satz 1 genannten Personen Gebühren erhoben werden.

(2) Die Vorschriften des dritten Teils des Straßen- und Wegegesetzes des Landes Schleswig-Holstein in der Fassung der Bekanntmachung vom 2. April 1996 (GVOBl. Schl.-H. S. 413) werden durch dieses Gesetz nicht berührt.

(3) Unberührt bleibt das Recht zur Heranziehung zu Hand- und Spanndiensten, soweit es bei Inkrafttreten dieses Gesetzes kraft Satzung oder Herkommens besteht.

§ 23
(Inkrafttreten)

Gesetz
über die Einrichtung von Partnerschaften zur Attraktivierung von City-, Dienstleistungs- und Tourismusbereichen (PACT-Gesetz)
vom 13. Juli 2006
– GVOBl. Schl.-H. S. 158 –

Der Landtag hat das folgende Gesetz beschlossen:

§ 1

(1) Zur Förderung der Wirtschaft und zur Verbesserung der Versorgung der Bevölkerung mit Waren und Dienstleistungen kann die Gemeinde, insbesondere auf private Initiative hin, durch Beschluss der Gemeindevertretung bestimmte abgegrenzte Bereiche ihrer gewachsenen, städtebaulich integrierten City-, Dienstleistungs- und Tourismusbereiche festlegen. In diesen können sich private Partnerschaften zur Attraktivierung der Bereiche oder von Teilbereichen bilden. Sie entwickeln Maßnahmen zur Stärkung des Bereiches oder des Teilbereiches. Dabei sollen die städtebaulichen Zielsetzungen der Gemeinde unterstützt werden.

(2) Der Beschluss ist ortsüblich bekannt zu machen.

§ 2

(1) Grundeigentümerinnen und Grundeigentümer sowie Erbbauberechtigte der im festgelegten Bereich gelegenen Grundstücke benennen eine Aufgabenträgerin oder einen Aufgabenträger und übertragen ihr oder ihm das Recht zur Antragstellung und Durchführung der geplanten Maßnahmen.
Durch Beschluss nach § 1 Abs. 1 kann die Gemeinde bestimmen, dass Grundeigentümerinnen, Grundeigentümer, Erbbauberechtigte und Gewerbetreibende die Rechte nach Satz 1 gemeinsam ausüben können. Freiberuflerinnen und Freiberufler, Gewerbetreibende im Falle des Satzes 1 sowie Dritte können sich an den geplanten Maßnahmen beteiligen.

(2) Als Grundstücke gelten alle im Grundbuch verzeichneten Flächen mit Ausnahme der öffentlichen Grün-, Verkehrs- und Wasserflächen.

(3) Die Aufgabenträgerin oder der Aufgabenträger muss bei der Antragstellung ihre oder seine Zuverlässigkeit und ausreichende finanzielle Leistungsfähigkeit nachweisen und sich in einem öffentlich-rechtlichen Vertrag mit der Gemeinde verpflichten, die sich aus diesem Gesetz und der Satzung nach § 3 ergebenden Ziele und Verpflichtungen umzusetzen.

(4) Die Gemeinde unterrichtet alle Grundeigentümerinnen, Grundeigentümer, Erbbauberechtigten und Gewerbetreibenden nach Absatz 1 Satz 1 oder 2 schriftlich über den Antrag, insbesondere über die geplanten Maßnahmen und deren Finanzierung. Die unterrichteten Personen können dem Antrag innerhalb eines Monats ab Zugang der Unterrichtung gegenüber der Gemeinde widersprechen. Wenn mehr als ein Drittel der unterrichteten Personen widersprochen haben, darf die Satzung nicht erlassen werden. Grundeigentümerinnen und Grundeigentümer sowie Erbbauberechtigte können je Grundstück, Gewerbetreibende je Betrieb, nur eine Stimme abgeben.

(5) Die Gemeinde soll die Öffentlichkeit und die Träger öffentlicher Belange vor Erlass der Satzung in geeigneter Weise beteiligen.

(6) Auf Erlass der Satzung besteht kein Anspruch.

§ 3

(1) Zur Finanzierung der Maßnahmen erhebt die Gemeinde aufgrund einer Satzung eine Abgabe. §§ 2 sowie 11 bis 18 des Kommunalabgabengesetzes gelten entsprechend. Die Satzung muss neben den in § 2 des Kommunalabgabengesetzes geforderten Angaben mindestens auch

1. den Geltungsbereich und die Geltungsdauer,
2. die Ziele und Maßnahmen (§ 1 Abs. 1),
3. die Bestimmung der Aufgabenträgerin oder des Aufgabenträgers (§ 2 Abs. 1),
4. die Höhe der Kostenpauschale für den Verwaltungsaufwand der Gemeinde (Absatz 6 Satz 1) und
5. die Mittelverwendung (Absatz 6 Satz 2 und 3)

festlegen.

(2) Abgabenpflichtig sind alle Grundeigentümerinnen, Grundeigentümer und Erbbauberechtigte nach § 2 Abs. 1 Satz 1. Soweit die Rechte gemäß § 2 Abs. 1 Satz 2 von den Grundeigentümerinnen und Grundeigentümern, den Erbbauberechtigten und den Gewerbetreibenden gemeinsam ausgeübt werden, sind auch die Gewerbetreibenden abgabenpflichtig.

(3) Die Gemeinde kann in der Satzung

1. Grundeigentümerinnen und Grundeigentümer sowie Erbbauberechtigte, wenn das Grundstück baulich nicht genutzt werden kann oder die Nutzung ausschließlich zu Zwecken des Gemeindebedarfs ausgeübt wird, oder
2. Gewerbetreibende, die aufgrund der Lage ihres Betriebsstandortes oder der Art des Gewerbes erkennbar keinen Vorteil von den Maßnahmen haben können,

von der Abgabenpflicht ausnehmen.

(4) Die Gemeinde kann Abgabenpflichtige von der Abgabe befreien, wenn die Heranziehung zu der Abgabe eine unverhältnismäßige Härte begründen würde.

(5) Die Abgabe ist nach festen Verteilungsmaßstäben von den Abgabenpflichtigen zu erheben. Die Verteilungsmaßstäbe können miteinander verbunden werden. Legt die Gemeinde bei der Abgabenbemessung den Einheitswert zugrunde, übermittelt das für die Grundsteuererhebung zuständige Finanzamt auf Ersuchen der Gemeinde die für die Abgabenerhebung erforderlichen Daten.

(6) Das Aufkommen aus der Abgabe steht der Aufgabenträgerin oder dem Aufgabenträger abzüglich einer Kostenpauschale zur Abgeltung des gemeindlichen Verwaltungsaufwandes zu. Sie oder er hat die Einnahmen aus dem Abgabenaufkommen abgesondert von ihren oder seinen eigenen Mitteln treuhänderisch ausschließlich für die geplanten Maßnahmen zu verwenden und sicher zu stellen, dass die Aufrechnung mit eigenen Verbindlichkeiten, die nicht aus der Tätigkeit als Aufgabenträgerin oder Aufgabenträger folgen, ausgeschlossen ist. Die Aufgabenträgerin oder der Aufgabenträger hat der Gemeinde die ordnungs- und zweckmäßige Mittelverwendung auf Verlangen unverzüglich, mindestens jedoch jährlich, schriftlich nachzuweisen.

(7) Die Gemeinde muss die Sonderabgabe in einer dem Haushaltsplan beigefügten Anlage dokumentieren.

(8) Nicht verwendete Mittel hat die Aufgabenträgerin oder der Aufgabenträger der Gemeinde zu erstatten. Diese zahlt sie an die Abgabenpflichtigen zurück.

§ 4

Die Satzung tritt mit dem Ende ihrer Geltungsdauer, spätestens jedoch fünf Jahre nach ihrem Inkrafttreten, außer Kraft. Eine Verlängerung oder Änderung der Satzung ist innerhalb der fünf Jahre unter den gleichen Voraussetzungen wie der erstmalige Erlass möglich.

§ 5

Dieses Gesetz tritt am Tage nach seiner Verkündung in Kraft.

Landesverordnung über die Eigenbetriebe der Gemeinden
(Eigenbetriebsverordnung – EigVO)
vom 5. Dezember 2017
– GVOBl. Schl.-H. S. 558 –

Aufgrund des § 135 Absatz 3 der Gemeindeordnung in der Fassung der Bekanntmachung vom 28. Februar 2003 (GVOBl. Schl.-H. S. 57), zuletzt geändert durch Artikel 1 des Gesetzes vom 14. März 2017 (GVOBl. Schl.-H. S. 140), verordnet das Ministerium für Inneres, ländliche Räume und Integration:

§ 1
Eigenbetrieb

(1) Eigenbetriebe der Gemeinden sind wirtschaftliche Unternehmen ohne eigene Rechtspersönlichkeit nach § 106 der Gemeindeordnung.

(2) Mehrere Eigenbetriebe einer Gemeinde können zu einem Eigenbetrieb zusammengefasst werden; Eigenbetriebe gleicher Art und Aufgabenstellung sollen zu einem Eigenbetrieb zusammengefasst werden.

§ 2
Leitung des Eigenbetriebes

(1) Die Werkleitung wird in ehrenamtlich verwalteten Gemeinden durch die Gemeindevertretung bestellt. In hauptamtlich verwalteten Gemeinden und Städten gelten §§ 55 und 65 der Gemeindeordnung.

(2) Die Werkleitung besteht aus einer Werkleiterin oder einem Werkleiter oder mehreren Werkleiterinnen oder Werkleitern, von denen eine oder einer zur oder zum Ersten Werkleiterin oder Werkleiter bestellt werden kann.

(3) Sind mehrere Werkleiterinnen oder Werkleiter bestellt, entscheidet bei Meinungsverschiedenheiten innerhalb der Werkleitung die Erste Werkleiterin oder der Erste Werkleiter, soweit die Betriebssatzung nichts anderes bestimmt.

(4) Die Bürgermeisterin oder der Bürgermeister ist Dienstvorgesetzte oder Dienstvorgesetzter der Werkleitung. Sie oder er regelt die Geschäftsverteilung innerhalb der Werkleitung. Im Übrigen bestimmt die Werkleitung die innere Organisation des Eigenbetriebes.

§ 3
Aufgaben der Werkleitung

(1) Die Werkleitung leitet den Eigenbetrieb und ist für seine wirtschaftliche Führung verantwortlich. Ihr obliegt insbesondere die laufende Betriebsführung. Die Betriebssatzung bestimmt diese Geschäfte.

(2) Die Werkleitung hat die Bürgermeisterin oder den Bürgermeister über alle wichtigen Angelegenheiten des Eigenbetriebes rechtzeitig zu unterrichten. Das Nähere regelt die Betriebssatzung.

§ 4
Vertretung des Eigenbetriebes

(1) Die Werkleitung vertritt die Gemeinde in den Angelegenheiten des Eigenbetriebes, die ihrer Entscheidung unterliegen. Die Betriebssatzung kann der Werkleitung weitergehende Vertretungsbefugnisse einräumen. Besteht die Werkleitung aus mehreren Werkleiterinnen oder Werkleitern, sind jeweils zwei von ihnen zur gemeinsamen Vertretung berechtigt, soweit die Betriebssatzung nichts anderes bestimmt. Die Betriebssatzung bestimmt die Stellvertretung der Werkleitung.

(2) Die Werkleitung kann Betriebsangehörige für einzelne Angelegenheiten und für bestimmte Sachgebiete mit ihrer Vertretung beauftragen.

(3) Die Namen der Vertretungsberechtigten und der Umfang ihrer Vertretungsbefugnis werden durch die Bürgermeisterin oder den Bürgermeister örtlich bekannt gemacht. Die Werkleiterinnen oder der Werkleiter unterzeichnen unter dem Namen des Eigenbetriebes.

(4) Für Erklärungen des Eigenbetriebes, durch die die Gemeinde verpflichtet werden soll, gelten die entsprechenden Vorschriften der Gemeindeordnung. Dies gilt nicht für die Geschäfte der laufenden Betriebsführung und für Geschäfte nach Absatz 1 Satz 2.

§ 5
Beschlüsse der Gemeindevertretung

(1) Beschlüsse der Gemeindevertretung sind unbeschadet des § 28 der Gemeindeordnung erforderlich für

1. den Erlass, die Änderung und die Aufhebung der Betriebssatzung,
2. die wesentliche Aus- und Umgestaltung oder die Auflösung des Eigenbetriebes,
3. den Abschluss von Verträgen, die für die Gemeinde von erheblicher finanzieller Bedeutung sind, soweit sie nicht zur laufenden Betriebsführung gehören oder die Betriebssatzung etwas anderes bestimmt,
4. die Festsetzung der allgemeinen Lieferbedingungen, insbesondere der allgemeinen privatrechtlichen Entgelte,
5. die Feststellung und die Änderung des Wirtschaftsplanes,
6. die Entnahme von Eigenkapital aus dem Eigenbetrieb,
7. die Gewährung von Darlehen der Gemeinde an den Eigenbetrieb oder des Eigenbetriebes an die Gemeinde,
8. die Feststellung des Jahresabschlusses und die Behandlung des Jahresergebnisses,
9. die Anwendung der Haushaltswirtschaft nach den Grundsätzen der doppelten Buchführung.

(2) Unberührt bleibt das Recht der Gemeindevertretung nach § 45 der Gemeindeordnung, einen Werkausschuss zu bilden und ihm bestimmte Entscheidungen zu übertragen. In den Fällen des Absatzes 1 Nummer 4, 5, 8 und 9 kann die Gemeindevertretung die Entscheidung auf den Werkausschuss übertragen.

§ 6
Betriebssatzung

Die Betriebssatzung muss Vorschriften enthalten über

1. den Gegenstand und den Namen des Eigenbetriebes,
2. die Höhe des Stammkapitals,
3. die Zusammensetzung der Werkleitung,
4. die Zuständigkeit für die Betriebsführung und den Abschluss von Verträgen.

§ 7
Vermögen des Eigenbetriebes

(1) Der Eigenbetrieb ist finanzwirtschaftlich als Sondervermögen der Gemeinde zu verwalten und nachzuweisen. Auf die Erhaltung des Sondervermögens ist hinzuwirken.

(2) Der Eigenbetrieb ist mit einem dem Gegenstand und dem Betriebsumfang angemessenen Eigenkapital auszustatten.

§ 8
Maßnahmen zur Erhaltung des Vermögens
und der Leistungsfähigkeit

(1) Für die dauernde technische und wirtschaftliche Leistungsfähigkeit des Eigenbetriebes ist zu sorgen. Insbesondere sind alle notwendigen Instandhaltungsarbeiten rechtzeitig durchzuführen.

(2) Sämtliche Lieferungen, Leistungen und Darlehen, auch im Verhältnis zwischen dem Eigenbetrieb und der Gemeinde, zu einem anderen Eigenbetrieb der Gemeinde, einem Kommunalunternehmen der Gemeinde oder einer Gesellschaft, an der die Gemeinde beteiligt ist, sind angemessen zu ver-

güten. Der Eigenbetrieb kann, soweit dies steuerrechtlich anerkannt ist, jedoch abweichend von Satz 1

1. Wasser für den Brandschutz, für die Reinigung von Straßen und Abwasseranlagen sowie für öffentliche Zier- und Straßenbrunnen unentgeltlich oder verbilligt liefern,
2. Anlagen für die Löschwasserversorgung unentgeltlich oder verbilligt zur Verfügung stellen,
3. auf die Entgelte für die Lieferung von Elektrizität, Gas, Wasser, Kälte und Wärme einen Preisnachlass gewähren.

(3) Für die technische und wirtschaftliche Fortentwicklung des Eigenbetriebes und, soweit die Abschreibungen nicht ausreichen, für Erneuerungen sollen aus dem Jahresgewinn Rücklagen gebildet werden. Bei umfangreichen Investitionen kann neben die Eigenfinanzierung die Finanzierung aus Krediten treten; Eigenkapital und Fremdkapital sollen in einem angemessenen Verhältnis zueinander stehen.

(4) Die Gemeinde darf Eigenkapital nur ausnahmsweise entnehmen, wenn dadurch die Erfüllung der Aufgaben und die zukünftige Entwicklung des Eigenbetriebes nicht beeinträchtigt werden. Vor der Beschlussfassung der Gemeindevertretung ist die Werkleitung zu hören; sie hat schriftlich Stellung zu nehmen.

(5) Der Jahresgewinn soll so hoch sein, dass neben angemessenen Rücklagen nach Absatz 3 mindestens eine marktübliche Verzinsung des Eigenkapitals erwirtschaftet wird.

(6) Ein etwaiger Jahresverlust kann nur dann auf neue Rechnung vorgetragen werden, wenn nach der Finanzplanung Gewinne zu erwarten sind; anderenfalls ist er aus Haushaltsmitteln der Gemeinde auszugleichen. Die Gewinne der folgenden fünf Jahre sind zunächst zur Verlusttilgung zu verwenden. Ein nach Ablauf von fünf Jahren nicht getilgter Verlustvortrag kann durch Absetzen von den Rücklagen des Eigenbetriebes ausgeglichen werden, wenn es die Eigenkapitalausstattung zulässt; anderenfalls ist der Verlust aus Haushaltsmitteln der Gemeinde unverzüglich auszugleichen.

§ 9
Kassenwirtschaft

Vorübergehend nicht benötigte Kassenbestände der Sonderkasse des Eigenbetriebes sollen in Abstimmung mit der Kassenlage der Gemeinde angelegt werden. Wenn die Gemeinde die Mittel vorübergehend bewirtschaftet, ist sicherzustellen, dass diese dem Eigenbetrieb bei Bedarf wieder zur Verfügung stehen.

§ 10
Wirtschaftsjahr

Wirtschaftsjahr ist das Haushaltsjahr der Gemeinde. Wenn die Art des Eigenbetriebes es erfordert, kann das für Inneres zuständige Ministerium ein abweichendes Wirtschaftsjahr zulassen.

§ 11
Leitung des Rechnungswesens

Alle Zweige des Rechnungswesens sind einheitlich zu leiten. Hat der Eigenbetrieb eine Werkleiterin oder einen Werkleiter für die kaufmännischen Angelegenheiten, ist diese oder dieser für das Rechnungswesen verantwortlich.

§ 12
Wirtschaftsplan

(1) Der Eigenbetrieb hat vor Beginn eines jeden Wirtschaftsjahres einen Wirtschaftsplan aufzustellen. Dieser besteht aus dem Erfolgsplan, dem Vermögensplan, dem Stellenplan und einer Zusammenstellung der nach den §§ 95 f und 95 g der Gemeindeordnung genehmigungspflichtigen Kreditaufnahmen und Verpflichtungsermächtigungen. In der Zusammenstellung sind auch der Höchstbetrag der Kassenkredite und die Summe der Erträge, die Summe der Aufwendungen und Jahresgewinn oder der Jahresverlust des Erfolgsplans sowie der Gesamtbetrag der Einzahlungen und Auszahlungen des Vermögensplans aufzuführen.

(2) Dem Wirtschaftsplan sind als Anlagen beizufügen:
1. ein Vorbericht, der den Wirtschaftsplan insgesamt erläutert,
2. ein Erfolgsübersichtsplan bei Betrieben mit mehr als einem Betriebszweig,
3. ein fünfjähriger Finanzplan,
4. eine Übersicht über die aus Verpflichtungsermächtigungen in den einzelnen Jahren voraussichtlich fällig werdenden Auszahlungen.

(3) Ist der Wirtschaftsplan zu Beginn des Wirtschaftsjahres noch nicht beschlossen, gilt § 95 c der Gemeindeordnung entsprechend.

(4) Der Wirtschaftsplan ist zu ändern, wenn
1. das Jahresergebnis sich gegenüber dem Erfolgsplan erheblich verschlechtern wird und diese Verschlechterung die Haushaltslage der Gemeinde beeinträchtigt oder eine Änderung des Vermögensplanes bedingt,
2. zum Ausgleich des Vermögensplanes erheblich höhere Zuführungen der Gemeinde oder höhere Kredite erforderlich werden,
3. im Vermögensplan weitere Verpflichtungsermächtigungen vorgesehen werden sollen oder
4. eine erhebliche Änderung der im Stellenplan ausgewiesenen Stellen erforderlich wird, es sei denn, dass es sich um eine vorübergehende Einstellung von Aushilfskräften handelt.

§ 13
Erfolgsplan, Erfolgsübersichtsplan

(1) Der Erfolgsplan muss alle vorausehbaren Erträge und Aufwendungen des Wirtschaftsjahres enthalten. Er ist wie die Gewinn- und Verlustrechnung zu gliedern.

(2) Die veranschlagten Erträge, Aufwendungen und Zuweisungen an Rücklagen sind, insbesondere soweit sie von den Vorjahreszahlen erheblich abweichen, zu erläutern. Zum Vergleich sind die Zahlen des Erfolgsplanes des laufenden Jahres und die abgerundeten Zahlen der Gewinn- und Verlustrechnung des Vorjahres anzugeben.

(3) Sind bei der Ausführung des Erfolgsplanes erfolggefährdende Mindererträge zu erwarten, hat die Werkleitung die Bürgermeisterin oder den Bürgermeister unverzüglich zu unterrichten. Erfolggefährdende Mehraufwendungen bedürfen der Zustimmung der Bürgermeisterin oder des Bürgermeisters, es sei denn, dass sie unabweisbar sind. Sind sie unabweisbar, ist die Bürgermeisterin oder der Bürgermeister unverzüglich zu unterrichten.

(4) Der Erfolgsübersichtsplan ist wie die Erfolgsübersicht (§ 21 Absatz 3) zu gliedern.

§ 14
Vermögensplan

(1) Der Vermögensplan muss alle vorausehbaren Einzahlungen und Auszahlungen des Wirtschaftsjahres, die sich aus den Änderungen des Anlagevermögens (Erneuerung, Erweiterung, Neubau, Veräußerung) und aus der Kreditwirtschaft ergeben, sowie die notwendigen Verpflichtungsermächtigungen enthalten.

(2) Auf der Einzahlungsseite des Vermögensplanes sind die vorhandenen oder zu beschaffenden Deckungsmittel nachzuweisen. Deckungsmittel, die aus dem Haushalt der Gemeinde stammen, müssen mit den Ansätzen im Haushaltsplan der Gemeinde übereinstimmen.

(3) Die Auszahlungen und die Verpflichtungsermächtigungen für Änderungen des Anlagevermögens sind nach Vorhaben getrennt zu veranschlagen und zu erläutern. Die Vorhaben sind nach dem Anlagennachweis (§ 22 Absatz 2) und die einzelnen Auszahlungen, soweit möglich, nach Anlageteilen zu gliedern. § 12 der Gemeindehaushaltsverordnung-Doppik vom 30. August 2012 (GVOBl. Schl.-H. S. 646), zuletzt geändert durch Verordnung vom 10. Juni 2016 (GVOBl. Schl.-H. S. 410), ist anzuwenden.

(4) Für die Inanspruchnahme der Auszahlungsansätze gilt § 28 Absatz 1 der Gemeindehaushaltsverordnung-Doppik entsprechend. Die Auszahlungsansätze sind übertragbar.

(5) Auszahlungen einer Anlagengruppe entsprechend dem Anlagennachweis sind gegenseitig deckungsfähig; die deckungsberechtigten Auszahlungsansätze können zu Lasten

der deckungspflichtigen Ansätze erhöht werden. Mehrauszahlungen für das Einzelvorhaben, die einen in der Betriebssatzung festzusetzenden Betrag überschreiten, bedürfen der Zustimmung der Bürgermeisterin oder des Bürgermeisters. Die Betriebssatzung kann eine andere Regelung vorsehen.

§ 15
Stellenplan

Der Stellenplan muss die im Wirtschaftsjahr erforderlichen Stellen für Beamtinnen und Beamte und Arbeitnehmerinnen und Arbeitnehmer enthalten. Zum Vergleich sind die Zahlen der im laufenden Wirtschaftsjahr ausgewiesenen und der tatsächlich besetzten Stellen anzugeben. § 9 der Gemeindehaushaltsverordnung-Doppik gilt entsprechend.

§ 16
Finanzplanung

Der Finanzplan besteht aus
1. einer nach Jahren gegliederten Übersicht über die Entwicklung der Auszahlungen und der Deckungsmittel des Vermögensplanes entsprechend der für diesen vorgeschriebenen Ordnung und
2. einer Übersicht über die Entwicklung der Einzahlungen und Auszahlungen des Eigenbetriebes, die sich auf die Finanzplanung für den Haushalt der Gemeinde auswirken.

§ 17
Buchführung und Kostenrechnung

(1) Der Eigenbetrieb führt seine Rechnung nach den Regeln der kaufmännischen doppelten Buchführung. Die Art der Buchungen muss die zwangsläufige Fortschreibung der Vermögens- und Schuldenteile ermöglichen. Eine Anlagenbuchführung muss vorhanden sein.

(2) Die Vorschriften des Dritten Buches des Handelsgesetzbuches über Buchführung, Inventar und Aufbewahrung finden unbeschadet des Satzes 2 Anwendung. § 257 Absatz 3 bis 5 des Handelsgesetzbuches findet nur auf Handelsbriefe Anwendung.

(3) Der Eigenbetrieb hat die für Kostenrechnungen erforderlichen Unterlagen zu führen und nach Bedarf Kostenrechnungen zu erstellen.

§ 18
Zwischenberichte

Die Werkleitung soll die Bürgermeisterin oder den Bürgermeister vierteljährlich, mindestens jedoch halbjährlich, über die Entwicklung der Erträge und Aufwendungen, dazu zählen auch Änderungen im Stellenplan, sowie über die Abwicklung des Vermögensplanes schriftlich unterrichten. Soweit ein Werkausschuss besteht, ist dieser ebenfalls entsprechend zu unterrichten.

§ 19
Jahresabschluss

Der Jahresabschluss besteht aus der Bilanz, der Gewinn- und Verlustrechnung und dem Anhang. Die Allgemeinen Vorschriften, die Ansatzvorschriften, die Vorschriften über die Bilanz und die Gewinn- und Verlustrechnung, die Bewertungsvorschriften und die Vorschriften über den Anhang für den Jahresabschluss der großen Kapitalgesellschaften im Dritten Buch des Handelsgesetzbuches finden entsprechende Anwendung, soweit sich aus dieser Verordnung nichts anderes ergibt.

§ 20
Bilanz

(1) Die Bilanz ist, wenn der Gegenstand des Betriebes keine abweichende Gliederung bedingt, die gleichwertig sein muss, nach Formblatt 1 (Anlage 1) aufzustellen; eine weitere Gliederung ist zulässig. § 268 Absatz 1 bis 3, § 270 sowie § 272 des Handelsgesetzbuches finden keine Anwendung.

(2) Das Stammkapital ist mit seinem in der Betriebssatzung festgelegten Betrag anzusetzen.

(3) Für die Behandlung von Kapitalzuschüssen der öffentlichen Hand, der Zuschüsse Nutzungsberechtigter und Beiträge findet § 40 Absatz 5, 6 und 9 Gemeindehaushaltsverordnung-Doppik entsprechende Anwendung.

§ 21
Gewinn- und Verlustrechnung, Erfolgsübersicht

(1) Die Gewinn- und Verlustrechnung ist, wenn der Gegenstand des Betriebes keine abweichende Gliederung bedingt, die gleichwertig sein muss, nach Formblatt 4 (Anlage 4) aufzustellen; eine weitere Gliederung ist zulässig.

(2) Bei Versorgungsbetrieben muss der Ertrag aus Energielieferungen (Strom, Gas, Kälte, Wärme) und Wasserlieferungen in jedem Wirtschaftsjahr 365, in Schaltjahren 366 Tage umfassen und auf den Bilanzstichtag abgegrenzt sein.

(3) Eigenbetriebe mit mehr als einem Betriebszweig haben zum Ende eines jeden Wirtschaftsjahres eine Erfolgsübersicht aufzustellen, die nach Formblatt 5 (Anlage 5) zu gliedern ist; eine weitere Gliederung ist zulässig. Dabei sind gemeinsame Aufwendungen und Erträge sachgerecht auf die Betriebszweige aufzuteilen, soweit Lieferungen und Leistungen nicht gesondert verrechnet werden (Formblatt 5, Zeilen 1 b und 14 b).

§ 22
Anhang, Anlagennachweis

(1) Für die Darstellung im Anhang sowie auf der Internetseite des Finanzministeriums gilt § 285 Nummer 9 und 10 des Handelsgesetzbuches mit der Maßgabe, dass die Angaben für die Mitglieder der Werkleitung und des Werkausschusses zu machen sind. § 285 Nummer 9 Buchstabe a des Handelsgesetzbuches ist mit der Maßgabe anzuwenden, dass die für die Tätigkeit im Geschäftsjahr gewährten Gesamtbezüge der Mitglieder der Werkleitung sowie die für die Tätigkeit im Geschäftsjahr gewährten Leistungen für die Mitglieder des Werk-ausschusses im Anhang des Jahresabschlusses sowie auf der Internetseite des Finanzministeriums für jede Personengruppe sowie zusätzlich unter Namensnennung die Bezüge und Leistungen für jedes einzelne Mitglied der Personengruppe unter Aufgliederung nach Komponenten im Sinne des § 285 Nummer 9 Buchstabe a des Handelsgesetzbuches angegeben werden, soweit es sich um Leistungen des Eigenbetriebes handelt. Die individualisierte Ausweisungspflicht gilt auch für Leistungen entsprechend § 102 Absatz 2 Satz 1 Nummer 8 Halbsatz 2 der Gemeindeordnung. § 285 Nummer 8 und § 286 Absatz 2 bis 4 des Handelsgesetzbuches finden keine Anwendung.

(2) In einem Anlagennachweis ist die Entwicklung der einzelnen Posten des Anlagevermögens einschließlich der Finanzanlagen nach den Formblättern 2 und 3 (Anlagen 2 und 3) darzustellen; der Anlagennachweis ist Bestandteil des Anhangs.

§ 23
Lagebericht

(1) Im Lagebericht sind mindestens der Geschäftsverlauf und die Lage des Eigenbetriebes so darzustellen, dass ein den tatsächlichen Verhältnissen entsprechendes Bild vermittelt wird.

(2) Im Lagebericht ist auch einzugehen auf
1. Vorgänge von besonderer Bedeutung, die nach dem Schluss des Wirtschaftsjahres eingetreten sind,
2. die voraussichtliche Entwicklung des Eigenbetriebes,
3. den Bereich Forschung und Entwicklung.

(3) Im Lagebericht sind ferner zu erläutern
1. die Änderungen im Bestand der zum Eigenbetrieb gehörenden Grundstücke und grundstücksgleichen Rechte,
2. die Änderungen im Bestand, in der Leistungsfähigkeit und im Ausnutzungsgrad der wichtigsten Anlagen,
3. der Stand der Anlagen im Bau und die geplanten Bauvorhaben,
4. die Entwicklung des Eigenkapitals und der Rückstellungen jeweils unter Angabe von Anfangsbestand, Zugängen und Entnahmen,
5. die Umsatzerlöse mittels einer Mengen- und Entgeltstatistik des Berichtsjahres im Vergleich mit dem Vorjahr,
6. der Personalaufwand mittels einer Statistik über die zahlenmäßige Entwicklung der Belegschaft unter Angabe der Gesamtsummen der Entgelte, Vergütungen, sozialen

Abgaben, Aufwendungen für Altersversorgung und Unterstützung einschließlich der Beihilfen und der sonstigen sozialen Aufwendungen für das Wirtschaftsjahr.

§ 24
Rechenschaft

(1) Die Werkleitung hat innerhalb von drei Monaten den Jahresabschluss sowie den Lagebericht und bei Betrieben mit mehr als einem Betriebszweig die Erfolgsübersicht aufzustellen. Danach ist der Jahresabschluss nach den Vorschriften des Kommunalprüfungsgesetzes in der Fassung der Bekanntmachung vom 28. Februar 2003 (GVOBl. Schl.-H. S. 129), zuletzt geändert durch Gesetz vom 30. Juni 2016 (GVOBl. Schl.-H. S. 552), zu prüfen, sofern der Eigenbetrieb nicht von der Jahresabschlussprüfung befreit ist. Der Jahresabschluss und der Lagebericht sind von der Werkleiterin oder vom Werkleiter, bei einer Werkleitung mit mehreren Werkleiterinnen oder Werkleitern von sämtlichen Werkleiterinnen oder Werkleitern unter Angabe des Datums zu unterzeichnen und zusammen mit der Erfolgsübersicht der Bürgermeisterin oder dem Bürgermeister vorzulegen.

(2) Die in Absatz 1 genannten Unterlagen sind mit einer Stellungnahme der Bürgermeisterin oder des Bürgermeisters der Gemeindevertretung oder, soweit die Entscheidung über die Feststellung des Jahresabschlusses auf den Werkausschuss übertragen wurde, dem Werkausschuss vorzulegen. Der Jahresabschluss soll innerhalb eines Jahres nach Schluss des Wirtschaftsjahres festgestellt werden. Im Beschluss über die Feststellung des Jahresabschlusses sind die Bilanzsumme, die Summe der Erträge, die Summe der Aufwendungen und der Jahresgewinn oder der Jahresverlust des Jahresabschlusses aufzuführen. Gleichzeitig ist über die Behandlung des Jahresergebnisses zu beschließen.

(3) Sofern der Eigenbetrieb von der Jahresabschlussprüfung befreit ist, sind der Beschluss über die Feststellung des Jahresabschlusses unter Angabe des Datums der Feststellung sowie die beschlossene Behandlung des Jahresergebnisses bekannt zu machen. Gleichzeitig sind der Jahresabschluss und der Lagebericht an sieben Tagen öffentlich auszulegen; in der Bekanntmachung ist auf die Auslegung hinzuweisen.

§ 25
Anwendung der Haushaltswirtschaft nach den Grundsätzen der doppelten Buchführung

Für die Wirtschaftsführung und das Rechnungswesen der Eigenbetriebe ist auch die Anwendung der Gemeindehaushaltsverordnung-Doppik zulässig mit der Maßgabe, dass

1. Eigenbetriebe mit mehr als einem Betriebszweig für den Schluss eines jeden Wirtschaftsjahres eine Ergebnisrechnung für jeden Betriebszweig aufzustellen haben, die in den Anhang aufzunehmen ist; dabei sind gemeinsame Aufwendungen und Erträge sachgerecht auf die Betriebszweige aufzuteilen, soweit Lieferungen und Leistungen nicht gesondert verrechnet werden,
2. in der Bilanz zusätzlich die Position Stammkapital mit dem in der Betriebssatzung festgesetzten Betrag anzusetzen ist,
3. im Anhang sowie auf der Internetseite des Finanzministeriums die für die Tätigkeit im Geschäftsjahr gewährten Gesamtbezüge der Mitglieder der Werkleitung sowie die für die Tätigkeit im Geschäftsjahr gewährten Leistungen für die Mitglieder des Werkausschusses für jede Personengruppe sowie zusätzlich unter Namensnennung die Bezüge und Leistungen für jedes Mitglied dieser Personengruppe unter Aufgliederung nach Komponenten im Sinne des § 285 Nummer 9 Buchstabe a des Handelsgesetzbuches erfolgt, soweit es sich um Leistungen des Eigenbetriebes handelt; die individualisierte Ausweisungspflicht gilt auch für Leistungen entsprechend § 102 Absatz 2 Satz 1 Nummer 8 Halbsatz 2 der Gemeindeordnung,
4. auf die Erstellung einer Finanzrechnung und von Teilfinanzrechnungen verzichtet werden kann.

Im Fall des Satzes 1 gilt diese Verordnung mit folgenden Maßgaben:
1. §§ 19 bis 23 finden keine Anwendung,
2. an die Stelle des Begriffs der Gewinn- und Verlustrechnung tritt der Begriff Ergebnisrechnung,
3. bei Eigenbetrieben mit mehr als einem Betriebszweig kann abweichend von § 13 Absatz 4 auf die Erstellung eines Erfolgsübersichtsplans verzichtet werden.

§ 26
Anlagen

Die Anlagen 1 bis 5 sind Bestandteil dieser Verordnung[1].

§ 27
Inkrafttreten, Befristung

Diese Verordnung tritt am 31. Dezember 2017 in Kraft und tritt mit Ablauf von fünf Jahren nach ihrem Inkrafttreten außer Kraft.

---
1 Vom Abdruck der Anlagen wurde abgesehen.

Landesverordnung über Kommunalunternehmen als Anstalt des öffentlichen Rechts (KUVO)
vom 3. April 2017
– GVOBl. Schl.-H. S. 244 –

Aufgrund des § 135 Absatz 5 der Gemeindeordnung und § 19 d Absatz 5 des Gesetzes über die kommunale Zusammenarbeit verordnet das Ministerium für Inneres und Bundesangelegenheiten:

§ 1
Anwendungsbereich

Diese Verordnung gilt für wirtschaftliche Unternehmen und nichtwirtschaftliche Einrichtungen der Gemeinde, die in der Rechtsform einer Anstalt des öffentlichen Rechts nach § 106 a der Gemeindeordnung errichtet sind oder nach Umwandlung in dieser Rechtsform bestehen (Kommunalunternehmen). Sie gilt entsprechend für gemeinsame Kommunalunternehmen nach §§ 19 b bis 19 d des Gesetzes über die kommunale Zusammenarbeit. Sie gilt nicht für Unternehmen und Einrichtungen, für die aufgrund bundes- oder landesrechtlicher Bestimmungen Sonderregelungen getroffen sind.

§ 2
Organe des Kommunalunternehmens

Organe des Kommunalunternehmens sind der Vorstand und der Verwaltungsrat.

§ 3
Vorstand

(1) Der Vorstand leitet das Kommunalunternehmen in eigener Verantwortung, soweit nicht gesetzlich oder durch die Satzung nach § 106 a Absatz 2 der Gemeindeordnung (Organisationssatzung) etwas anderes bestimmt ist. Der Vorstand vertritt das Kommunalunternehmen gerichtlich und außergerichtlich.

(2) Der Vorstand hat dem Verwaltungsrat in allen Angelegenheiten auf Anforderung Auskunft zu geben und ihn über alle wichtigen Vorgänge rechtzeitig zu unterrichten.

(3) Besteht der Vorstand aus mehreren Personen, sind, soweit die Organisationssatzung nichts anderes bestimmt, sämtliche Vorstandsmitglieder nur gemeinschaftlich zur Vertretung des Kommunalunternehmens befugt. Die Mitglieder des Vorstandes haben vertrauensvoll und eng zum Wohl des Kommunalunternehmens zusammenzuarbeiten.

§ 4
Verwaltungsrat

(1) Der Verwaltungsrat überwacht die Geschäftsführung des Vorstandes. Gegenstand der Überwachung ist die Ordnungsmäßigkeit, die Zweckmäßigkeit und die Wirtschaftlichkeit der Geschäftsführung. Zu diesem Zweck kann der Verwaltungsrat insbesondere die Bücher und Schriften des Kommunalunternehmens sowie die Vermögensgegenstände einsehen und prüfen. Ferner kann der Verwaltungsrat vom Vorstand jederzeit einen Bericht verlangen über die Angelegenheiten des Kommunalunternehmens, über seine rechtlichen und geschäftlichen Beziehungen zu verbundenen Unternehmen sowie über geschäftliche Vorgänge bei diesen Unternehmen, die auf die Lage des Kommunalunternehmens von erheblichem Einfluss sein können. Auch ein einzelnes Mitglied kann einen solchen Bericht, jedoch nur an den Verwaltungsrat, verlangen.

(2) Der Verwaltungsrat bestellt den Vorstand bei der erstmaligen Bestellung auf höchstens fünf Jahre; eine erneute befristete Bestellung ist zulässig. Er entscheidet, soweit andere Rechtsvorschriften dem nicht entgegenstehen, außerdem über

1. den Erlass von Satzungen gemäß § 106 a Absatz 3 Satz 2 der Gemeindeordnung,
2. Entscheidungen nach § 28 Satz 1 Nummer 18 der Gemeindeordnung,
3. die Feststellung des Wirtschaftsplans und des Jahresabschlusses,
4. die Festsetzung allgemeiner privatrechtlicher Entgelte,
5. den Vorschlag an die Prüfungsbehörde für die Bestellung der Abschlussprüferin oder des Abschlussprüfers,
6. die Ergebnisverwendung.

Im Fall des Satzes 2 Nummer 1 und Nummer 2 unterliegen die Entscheidungen des Verwaltungsrates dem Zustimmungsvorbehalt der Gemeindevertretung oder des Hauptausschusses, soweit die Gemeindevertretung die Entscheidung übertragen hat. Für Sitzungen des Verwaltungsrates über Abgabensatzungen gilt § 35 der Gemeindeordnung entsprechend. Dem Verwaltungsrat obliegt außerdem die Entscheidung in den durch die Organisationssatzung der Gemeinde bestimmten Angelegenheiten des Kommunalunternehmens. In der Organisationssatzung kann ferner vorgesehen werden, dass bei Entscheidungen der Organe des Kommunalunternehmens von grundsätzlicher Bedeutung die Zustimmung der Gemeindevertretung erforderlich ist.

(3) In dem Verwaltungsrat soll die gesetzliche Vertreterin oder der gesetzliche Vertreter die Gemeinde vertreten. Sie oder er kann eine Beschäftigte oder einen Beschäftigten der Gemeinde, vorzugsweise aus der Beteiligungsverwaltung mit ihrer oder seiner Vertretung beauftragen. Die Mitglieder des Verwaltungsrates wählen aus ihrer Mitte eine Vorsitzende oder einen Vorsitzenden, sowie eine stellvertretende Vorsitzende oder einen stellvertretenden Vorsitzenden.

(4) Die Gemeindevertretung bestellt die weiteren Mitglieder des Verwaltungsrates und deren Stellvertreterinnen und Stellvertreter für die Dauer von fünf Jahren; bei vorzeitigem Ausscheiden eines Mitglieds aus dem Verwaltungsrat ist eine Nachfolgerin oder ein Nachfolger für die restliche Amtszeit zu bestellen. Die Mitglieder des Verwaltungsrates sollen über die entsprechende Sachkunde verfügen und haben sich entsprechend fortlaufend fortzubilden. Abweichend von Satz 1 endet die Amtszeit von Mitgliedern des Verwaltungsrates, die der Gemeindevertretung angehören, mit dem Ende der Wahlzeit oder dem vorzeitigen Ausscheiden aus der Gemeindevertretung.

(5) Die Mitglieder des Verwaltungsrates haben das Interesse der Gemeinde zu verfolgen und auf Verlangen Auskunft zu erteilen; die §§ 19 bis 25 der Gemeindeordnung gelten entsprechend. Die Gemeinde ist über Entscheidungen zur Steuerung des Kommunalunternehmens zur Erreichung strategischer Ziele möglichst frühzeitig zu unterrichten, insbesondere über Kreditaufnahmen, die nicht im Wirtschaftsplan des Kommunalunternehmens enthalten sind.

(6) Die Mitglieder des Verwaltungsrates können in besonders begründeten Fällen jederzeit mit Zweidrittelmehrheit der Mitglieder der Gemeindevertretung abberufen werden. Die Mitglieder des Verwaltungsrates üben ihr Amt bis zum Amtsantritt der neuen Mitglieder weiter aus.

(7) Mitglieder des Verwaltungsrates können nicht sein:

1. Bedienstete des Kommunalunternehmens,
2. leitende Bedienstete von juristischen Personen oder sonstigen Organisationen des öffentlichen oder privaten Rechts, an denen das Kommunalunternehmen mit mehr als 50 % beteiligt ist; eine Beteiligung am Stimmrecht genügt,
3. Bedienstete der Rechtsaufsichtsbehörde, die unmittelbar mit Aufgaben der Aufsicht über die Anstalt befasst sind.

(8) Die Mitglieder des Verwaltungsrates können eine angemessene Entschädigung für die Teilnahme an dessen Sitzungen erhalten. Gewinnbeteiligungen dürfen ihnen nicht gewährt werden. Das Nähere regelt die Gemeinde durch die Organisationssatzung.

(9) Vorstandsmitgliedern gegenüber vertritt das vorsitzende Mitglied des Verwaltungsrates das Kommunalunternehmen gerichtlich und außergerichtlich. Es vertritt das Kommunalunternehmen auch, wenn noch kein Vorstand vorhanden oder der Vorstand handlungsunfähig ist.

§ 5
Verschwiegenheitspflicht

Die Mitglieder der Organe des Kommunalunternehmens haben über alle vertraulichen Angaben und Geschäfts- und Betriebsgeheimnisse des Kommunalunternehmens auch nach ihrem Ausscheiden Verschwiegenheit zu bewahren. Diese Pflicht gilt nicht gegenüber den Organen der Gemeinde.

§ 6
Organisationssatzung

Die Organisationssatzung muss neben dem gesetzlich vorgeschriebenen Mindestinhalt Bestimmungen enthalten über
1. die Zusammensetzung, Aufgaben und Anzahl der Mitglieder des Verwaltungsrates und des Vorstandes,
2. die Geschäftsordnung des Verwaltungsrates und des Vorstandes, falls dieser aus mehr als einer Person besteht,
3. die Beschlussfähigkeit des Verwaltungsrates,
4. Bekanntmachungen.

§ 7
Zusammenfassung von Kommunalunternehmen

Die Ver- und Entsorgungsunternehmen einer Gemeinde sollen, wenn sie Kommunalunternehmen sind, zu einem Kommunalunternehmen zusammengefasst werden. Das Gleiche gilt für Verkehrsunternehmen und Unternehmen gleicher Art und Aufgabenstellung. Ver- und Entsorgungsunternehmen, Verkehrsunternehmen und sonstige Kommunalunternehmen und nichtwirtschaftliche Einrichtungen einer Gemeinde können zu einem einheitlichen oder verbundenen Kommunalunternehmen zusammengefasst werden.

§ 8
Umwandlung von Regiebetrieben

Vor der Umwandlung eines Regiebetriebes in ein Kommunalunternehmen ist eine Eröffnungsbilanz gemäß den für alle Kaufleute geltenden Vorschriften des Handelsgesetzbuchs (HGB) aufzustellen.

§ 9
Finanzausstattung

Das Kommunalunternehmen ist mit einem dem Gegenstand und dem Unternehmensumfang angemessenen Stammkapital auszustatten. Die Gemeinde haftet nicht für Verbindlichkeiten des Kommunalunternehmens.

§ 10
Finanzierung von Investitionen

Für die technische und wirtschaftliche Fortentwicklung des Kommunalunternehmens und, soweit die verdienten Abschreibungen nicht ausreichen, für Erneuerungen sollen aus dem Jahresgewinn Rücklagen gebildet werden. Bei umfangreichen Investitionen kann neben der Eigenfinanzierung die Finanzierung aus Krediten treten. Eigenkapital und Fremdkapital sollen in einem angemessenen Verhältnis zueinander stehen.

§ 11
Leitung des Rechnungswesens

Alle Zweige des Rechnungswesens sind einheitlich zu leiten. Hat das Kommunalunternehmen ein Vorstandsmitglied, das für die kaufmännischen Angelegenheiten zuständig ist, ist dieses für das Rechnungswesen verantwortlich.

§ 12
Kassengeschäfte

Die Anordnung und die Ausführung finanzwirksamer Vorgänge sind personell und organisatorisch zu trennen. Die mit diesen Aufgaben Betrauten dürfen nicht durch ein Angehörigenverhältnis im Sinne des § 81 Absatz 5 des Landesverwaltungsgesetzes verbunden sein.

§ 13
Leistungen im Verhältnis zwischen Kommunalunternehmen und Gemeinde

Sämtliche Lieferungen, Leistungen und Darlehen sind auch im Verhältnis zwischen dem Kommunalunternehmen und der Gemeinde, einem anderen Kommunalunternehmen oder einem Eigenbetrieb der Gemeinde oder einer Gesellschaft, an der die Gemeinde beteiligt ist, angemessen zu vergüten. Das Kommunalunternehmen kann jedoch, soweit dies steuerrechtlich anerkannt ist und andere Rechtsvorschriften nicht entgegenstehen,
1. Wasser für den Brandschutz, für die Reinigung von Straßen und Abwasseranlagen sowie für öffentliche Zier- und Straßenbrunnen unentgeltlich oder verbilligt liefern,
2. Anlagen für die Löschwasserversorgung unentgeltlich oder verbilligt zur Verfügung stellen,
3. auf die Entgelte für Leistungen von Elektrizität, Gas, Wasser, Kälte und Wärme einen Preisnachlass gewähren.

§ 14
Gewinn und Verlust

(1) Im Fall eines wirtschaftlichen Kommunalunternehmens soll der Jahresgewinn so hoch sein, dass neben angemessenen Rücklagen nach § 10 mindestens eine marktübliche Verzinsung des Eigenkapitals erwirtschaftet wird. Verfügt das Unternehmen über verschiedene wirtschaftliche Sparten, gilt für jede Satz 1.

(2) Ein Jahresverlust ist auf neue Rechnung vorzutragen. Die Gewinne der folgenden fünf Jahre sind zunächst zur Verlusttilgung zu verwenden. Eine Verbesserung der Ertragslage ist anzustreben. Ein nach Ablauf von fünf Jahren nicht getilgter Verlustvortrag kann durch Abbuchung von den Rücklagen ausgeglichen werden, wenn das die Eigenkapitalausstattung zulässt.

§ 15
Wirtschaftsjahr

Wirtschaftsjahr ist das Kalenderjahr. Wenn die Art oder die betrieblichen Bedürfnisse des Kommunalunternehmens es erfordern, kann die Organisationssatzung ein hiervon abweichendes Wirtschaftsjahr bestimmen.

§ 16
Wirtschaftsplan

(1) Das Kommunalunternehmen hat vor Beginn eines jeden Wirtschaftsjahres einen Wirtschaftsplan aufzustellen. Dieser besteht aus dem Erfolgsplan und dem Vermögensplan. Dem Wirtschaftsplan ist ein Stellenplan entsprechend § 9 der Gemeindehaushaltsverordnung - Doppik (GemHVO - Doppik) vom 30. August 2012 (GVOBl. Schl.-H. S. 646), zuletzt geändert durch Verordnung vom 10. Juni 2016 (GVOBl. Schl.-H. S. 410), beizufügen.

(2) Dem Wirtschaftsplan sind als Anlagen beizufügen:
1. ein Vorbericht, der den Wirtschaftsplan insgesamt erörtert,
2. ein Erfolgsübersichtsplan bei Kommunalunternehmen mit mehr als einem Unternehmenszweig,
3. ein fünfjähriger Finanzplan.

Der Wirtschaftsplan muss der Gemeindevertretung vor Beginn des Wirtschaftsjahres zur Kenntnis gegeben werden.

(3) Der Wirtschaftsplan ist unverzüglich zu ändern, wenn
1. das Jahresergebnis sich gegenüber dem Erfolgsplan erheblich verschlechtern wird und diese Verschlechterung eine Änderung des Vermögensplans bedingt oder
2. zum Ausgleich des Vermögensplans erheblich höhere Kredite erforderlich werden oder
3. eine erhebliche Änderung der im Stellenplan vorgesehenen Stellen erforderlich wird, es sei denn, dass es sich um eine vorübergehende Einstellung von Aushilfskräften handelt.

§ 17
Erfolgsplan, Erfolgsübersichtsplan

(1) Der Erfolgsplan muss alle voraussehbaren Erträge und Aufwendungen des Wirtschaftsjahres enthalten. Er ist mindestens wie die Gewinn- und Verlustrechnung (§ 24 Absatz 1) zu gliedern.

(2) Die veranschlagten Erträge, Aufwendungen und Zuweisungen zu den Rücklagen sind ausreichend zu begründen, insbesondere soweit sie von den Vorjahreszahlen erheblich abweichen. Zum Vergleich sind die Zahlen des Erfolgsplans des laufenden Jahres und die abgerechneten Zahlen der Gewinn- und Verlustrechnung des Vorjahres daneben zu stellen.

(3) Von der Veranschlagung abweichende, erfolgsgefährdende Mehraufwendungen bedürfen der Zustimmung des Verwaltungsrates.
(4) Der Erfolgsübersichtsplan ist wie die Erfolgsübersicht (§ 24 Absatz 3) zu gliedern.

§ 18
Vermögensplan

(1) Der Vermögensplan muss mindestens alle voraussehbaren Einzahlungen und Auszahlungen des Wirtschaftsjahres, die sich aus Anlagenänderungen (Erneuerung, Erweiterung, Neubau, Veräußerung) und aus der Kreditwirtschaft des Kommunalunternehmens ergeben, enthalten.
(2) Die vorhandenen oder zu beschaffenden Deckungsmittel des Vermögensplanes sind nachzuweisen. Deckungsmittel, die aus dem Haushalt der Gemeinde stammen, müssen mit den Ansätzen im Haushaltsplan der Gemeinde übereinstimmen.
(3) Die Auszahlungen für Anlagenänderungen sind nach Vorhaben getrennt zu veranschlagen und zu erläutern. Die Vorhaben sind nach dem Anlagennachweis (§ 25 Absatz 2) und die Ansätze, soweit möglich, nach Anlageteilen zu gliedern. § 12 der GemHVO-Doppik ist anzuwenden.
(4) Für die Inanspruchnahme der Auszahlungsansätze gilt § 28 Absatz 1 GemHVO-Doppik sinngemäß.
(5) Auszahlungen können für gegenseitig oder einseitig deckungsfähig erklärt werden. Mehrauszahlungen, die einen in der Organisationssatzung als Bestandteil der Bestimmungen über die Wirtschaftsführung festzusetzenden Betrag überschreiten, bedürfen der Zustimmung des Verwaltungsrates. Bei Eilbedürftigkeit tritt an die Stelle der Zustimmung des Verwaltungsrates die Zustimmung des Vorstandes. Der Verwaltungsrat ist unverzüglich zu unterrichten.

§ 19
Finanzplanung

Der fünfjährige Finanzplan besteht aus einer nach Jahren gegliederten Übersicht über die Entwicklung der Auszahlungen und der Deckungsmittel des Vermögensplanes entsprechend der für diesen vorgeschriebenen Ordnung sowie einer Übersicht über die Entwicklung der Einzahlungen und Auszahlungen des Kommunalunternehmens, die sich auf die Finanzplanung für den Haushalt der Gemeinde auswirken. Der Finanzplan ist der Gemeinde zur Kenntnis zu geben. § 5 Absatz 3 GemHVO-Doppik gilt entsprechend.

§ 20
Buchführung und Kostenrechnung

(1) Das Kommunalunternehmen führt seine Rechnung nach den Regeln der kaufmännischen doppelten Buchführung.
(2) Die Vorschriften des Dritten Buchs des Handelsgesetzbuchs über Buchführung, Inventar und Aufbewahrung sind anzuwenden.
(3) Das Kommunalunternehmen hat die für Kostenrechnungen erforderlichen Unterlagen zu führen und nach Bedarf Kostenrechnungen zu erstellen.

§ 21
Berichtspflichten

(1) Der Vorstand hat den Verwaltungsrat vierteljährlich über die Abwicklung des Vermögens- und des Erfolgsplans schriftlich zu unterrichten, dazu zählen auch Änderungen im Stellenplan. Die Organisationssatzung kann Vorschriften über eine andere Frist von nicht mehr als sechs Monaten und über den Inhalt der Zwischenberichte enthalten.
(2) Sind bei der Ausführung des Erfolgsplans Erfolg gefährdende Mindererträge oder Mehraufwendungen zu erwarten, hat der Vorstand den Verwaltungsrat unverzüglich zu unterrichten. Sind darüber hinaus Verluste zu erwarten, die Auswirkungen auf den Haushalt der Gemeinde haben können, ist diese unverzüglich zu unterrichten.

§ 22
Jahresabschluss

Für den Schluss eines jeden Wirtschaftsjahres ist ein Jahresabschluss aufzustellen, der aus der Bilanz, der Gewinn- und Verlustrechnung und dem Anhang besteht. Die allgemeinen Vorschriften, die Vorschriften über den Ansatz, die Bilanz, die Gewinn- und Verlustrechnung, die Bewertung und über den Anhang, die nach dem Dritten Buch des Handelsgesetzbuchs (Erster und Zweiter Abschnitt) für den Jahresabschluss der großen Kapitalgesellschaften gelten, finden sinngemäß Anwendung, soweit sich aus dieser Verordnung nichts anderes ergibt.

§ 23
Bilanz

(1) Die Bilanz ist, wenn der Gegenstand des Kommunalunternehmens keine abweichende Gliederung bedingt, die gleichwertig sein muss, entsprechend dem Formblattmuster der Anlage 1 zur Eigenbetriebsverordnung vom 15. August 2007 (GVOBl. Schl.-H. S. 404), zuletzt geändert durch Verordnung vom 31. Mai 2017 (GVOBl. Schl.-H. S. 242), aufzustellen. § 268 Absatz 1 und 3, § 270 sowie § 272 des Handelsgesetzbuches finden keine Anwendung.
(2) Das Stammkapital ist mit seinem in der Organisationssatzung festgelegten Betrag anzusetzen.
(3) Ertragszuschüsse können als Passivposten nach Formblatt 1 Posten C der Anlage 1 der Eigenbetriebsverordnung ausgewiesen oder von den Anschaffungs- oder Herstellungskosten der bezuschussten Anlagen abgesetzt werden. Werden Ertragszuschüsse passiviert, sind jährlich diejenigen Teilbeträge als Umsatzerlöse in die Gewinn- und Verlustrechnung zu übernehmen, die an der Wirtschaftlichkeit der bezuschussten Unternehmensleistungen jeweils fehlen. Soweit das Kommunalunternehmen Bauzuschüsse aufgrund allgemeiner Lieferbedingungen oder einer Satzung erhebt, gelten sie als Ertragszuschüsse. Werden derartige Ertragszuschüsse passiviert, sind sie, soweit das Kommunalabgabengesetz des Landes Schleswig-Holstein in der Fassung der Bekanntmachung 10. Januar 2005 (GVOBl. Schl.-H. S. 27), zuletzt geändert durch Gesetz vom 19. Januar 2017 (GVOBl. Schl.-H. S. 28), keine andere Regelung vorsieht, jährlich mit einem Anteil aufzulösen, der der Höhe der jährlichen Abschreibung des bezuschussten Anlagevermögens entspricht. Kapitalzuschüsse der öffentlichen Hand, die die Gemeinde für das Kommunalunternehmen erhalten hat, sind dem Eigenkapital zuzuführen, soweit die den Zuschuss bewilligende Stelle nichts Gegenteiliges bestimmt oder steuerrechtliche Bestimmungen dem nicht entgegenstehen. Im Übrigen finden auf die Bilanzierung der Zuschüsse die allgemeinen Grundsätze ordnungsmäßiger Buchführung Anwendung. Die Verpflichtung, Gebühren und Entgelte nach dem Kommunalabgabengesetz zu kalkulieren, bleibt unberührt.

§ 24
Gewinn- und Verlustrechnung, Erfolgsübersicht

(1) Die Gewinn- und Verlustrechnung ist, wenn der Gegenstand des Kommunalunternehmens keine abweichende Gliederung bedingt, die gleichwertig sein muss, unbeschadet einer weiteren Gliederung entsprechend dem Formblattmuster der Anlage 4 zur Eigenbetriebsverordnung aufzustellen.
(2) Bei Versorgungsunternehmen muss der Ertrag aus Energielieferungen (Strom, Gas, Kälte, Wärme) und Wasserlieferungen in jedem Wirtschaftsjahr 365, in Schaltjahren 366 Tage, umfassen und auf den Bilanzstichtag abgegrenzt sein.
(3) Kommunalunternehmen mit mehr als einem Unternehmenszweig haben zum Ende eines jeden Wirtschaftsjahres außerdem eine Erfolgsübersicht aufzustellen. Die Erfolgsübersicht ist mindestens nach dem Formblattmuster der Anlage 5 zur Eigenbetriebsverordnung zu gliedern. Dabei sind gemeinsame Aufwendungen und Erträge sachgerecht auf die Unternehmenszweige aufzuteilen, soweit Lieferungen und Leistungen nicht gesondert verrechnet werden.

§ 25
Anhang, Anlagennachweis

(1) § 285 Nummer 8 und § 286 Absatz 2 bis 4 HGB finden keine Anwendung. Die in § 285 Nummer 9 und 10 HGB genannten Angaben sind in entsprechender Anwendung dieser Vorschriften für die Mitglieder des Vorstandes und des Verwaltungsrates zu machen, die Angaben gemäß § 285

Nummer 9 HGB jedoch nur, soweit es sich um Leistungen des Kommunalunternehmens handelt. § 285 Nummer 9 Buchstabe a des Handelsgesetzbuches ist mit der Maßgabe anzuwenden, dass die für die Tätigkeit im Geschäftsjahr gewährten Gesamtbezüge der Mitglieder des Vorstandes sowie die für die Tätigkeit im Geschäftsjahr gewährten Leistungen für die Mitglieder des Verwaltungsrates im Anhang des Jahresabschlusses für jede Personengruppe sowie zusätzlich unter Namensnennung die Bezüge und Leistungen für jedes einzelne Mitglied dieser Personengruppen unter Aufgliederung nach Komponenten im Sinne des § 285 Nummer 9 Buchstabe a des Handelsgesetzbuches angegeben werden, soweit es sich um Leistungen des Kommunalunternehmens handelt. Die individualisierte Ausweisungspflicht gilt auch für Leistungen entsprechend §102 Absatz 2 Satz 1 Nummer 8 Halbsatz 2 der Gemeindeordnung.

(2) In einem Anlagennachweis als Bestandteil des Anhangs ist die Entwicklung der einzelnen Posten des Anlagevermögens einschließlich der Finanzanlagen entsprechend dem Formblattmuster der Anlagen 2 und 3 zur Eigenbetriebsverordnung darzustellen.

§ 26
Lagebericht

Der Lagebericht muss die in § 289 HGB genannten Sachverhalte behandeln. Im Lagebericht ist auch einzugehen auf

1. die Änderungen im Bestand der zum Kommunalunternehmen gehörenden Grundstücke und grundstücksgleichen Rechte,
2. die Änderungen in Bestand, Leistungsfähigkeit und Ausnutzungsgrad der wichtigsten Anlagen,
3. den Stand der Anlagen im Bau und der geplanten Bauvorhaben,
4. die Entwicklung des Eigenkapitals und der Rückstellungen jeweils unter Angabe von Anfangsstand, Zugängen und Entnahmen,
5. die Umsatzerlöse mittels einer Entgeltstatistik des Berichtsjahres im Vergleich mit dem Vorjahr,
6. den Personalaufwand mittels einer Statistik über die zahlenmäßige Entwicklung der Belegschaft unter Angabe der Gesamtsumme der Löhne, Gehälter, Vergütungen, sozialen Abgaben, Aufwendungen für Altersversorgung und Unterstützung einschließlich der Beihilfen und der sonstigen sozialen Aufwendungen für das Wirtschaftsjahr.

§ 27
Aufstellung, Behandlung und Offenlegung des Jahresabschlusses und des Lageberichts

(1) Der Vorstand hat den Jahresabschluss, den Lagebericht und bei Kommunalunternehmen mit mehr als einem Unternehmenszweig die Erfolgsübersicht innerhalb von drei Monaten nach Ende des Wirtschaftsjahres aufzustellen, in der Folge nach den Vorschriften des Kommunalprüfungsgesetzes in der Fassung der Bekanntmachung vom 28. Februar 2003 (GVOBl. Schl.-H. S. 129), zuletzt geändert durch Gesetz vom 30. Juni 2016 (GVOBl. Schl.-H. S. 162), prüfen zu lassen, sofern das Kommunalunternehmen nicht von der Jahresabschlussprüfung befreit ist, und nach Durchführung der Abschlussprüfung und Vorliegen des durch die Prüfungsbehörde übermittelten Prüfungsberichts dem Verwaltungsrat zur Feststellung vorzulegen. Der Jahresabschluss und der Lagebericht sind vom Vorstand unter Angabe des Datums zu unterzeichnen. Bei der Feststellung des Jahresabschlusses hat der Verwaltungsrat über die Entlastung des Vorstandes zu entscheiden.

(2) Bei der Abschlussprüfung ist der Lagebericht auch darauf zu prüfen, ob § 26 Satz 2 beachtet ist und ob die sonstigen Angaben im Lagebericht nicht eine falsche Vorstellung von der Lage des Kommunalunternehmens erwecken. Bei der Beurteilung der wirtschaftlichen Verhältnisse ist bei Kommunalunternehmen mit mehr als einem Unternehmenszweig die Erfolgsübersicht zu berücksichtigen.

(3) Der Beschluss über die Feststellung des Jahresabschlusses ist örtlich bekannt zu machen. In der örtlichen Bekanntmachung ist

1. die Tatsache, dass ein uneingeschränkter, ein durch Hinweise ergänzter oder ein eingeschränkter Bestätigungsvermerk erteilt oder ein Bestätigungsvermerk versagt wurde,
2. ein Hinweis, ob die Prüfungsbehörde ergänzende Feststellungen getroffen hat,
3. der Beschluss über die Feststellung des Jahresabschlusses unter Angabe des Datums der Feststellung und
4. die beschlossene Behandlung des Jahresergebnisses unter Angabe des Jahresergebnisses

anzugeben. Gleichzeitig sind der Jahresabschluss, der Lagebericht, sowie der Bestätigungsvermerk oder der Vermerk über dessen Versagung sowie gegebenenfalls die ergänzenden Feststellungen an sieben Tagen öffentlich auszulegen; in der Bekanntmachung ist auf die Auslegung hinzuweisen.

§ 28
Anwendung der Haushaltswirtschaft nach den Grundsätzen der doppelten Buchführung

Für die Wirtschaftsführung und das Rechnungswesen der Kommunalunternehmen ist auch die Anwendung der Gemeindehaushaltsverordnung-Doppik zulässig mit der Maßgabe, dass

1. Kommunalunternehmen mit mehr als einem Unternehmenszweig für den Schluss eines jeden Wirtschaftsjahres eine Ergebnisrechnung für jeden Unternehmenszweig aufzustellen haben, die in den Anhang aufzunehmen ist; dabei sind gemeinsame Aufwendungen und Erträge sachgerecht auf die Unternehmenszweige aufzuteilen, soweit Lieferungen und Leistungen nicht gesondert verrechnet werden,
2. im Anhang sowie auf der Internetseite des Finanzministeriums die für die Tätigkeit im Geschäftsjahr gewährten Gesamtbezüge der Mitglieder des Vorstandes sowie die für die Tätigkeit im Geschäftsjahr gewährten Leistungen für die Mitglieder des Verwaltungsrates für jede Personengruppe sowie zusätzlich unter Namensnennung die Bezüge und Leistungen für jedes einzelne Mitglied dieser Personengruppen unter Aufgliederung nach Komponenten im Sinne des § 285 Nummer 9 Buchstabe a des Handelsgesetzbuches erfolgt, soweit es sich um Leistungen des Kommunalunternehmens handelt, die individualisierte Ausweisungspflicht gilt auch für Leistungen entsprechend §102 Absatz 2 Satz 1 Nummer 8 Halbsatz 2 der Gemeindeordnung,
3. in der Bilanz zusätzlich die Position Stammkapital mit dem in der Organisationssatzung festgesetzten Betrag anzusetzen ist,
4. auf die Erstellung einer Finanzrechnung und von Teilfinanzrechnungen verzichtet werden kann und
5. vor der Umwandlung eines Regiebetriebes in ein Kommunalunternehmen eine Eröffnungsbilanz gemäß den Vorschriften der GemHVO-Doppik aufzustellen ist.

Im Fall des Satzes 1 gilt diese Verordnung mit folgenden Maßgaben:

1. Für §§ 17 bis 20 gelten die entsprechenden Regelungen der GemHVO-Doppik,
2. §§ 22 bis 26 finden keine Anwendung,
3. an die Stelle des Begriffs der Gewinn- und Verlustrechnung tritt der Begriff Ergebnisrechnung,
4. bei der Umstellung von den handelsrechtlichen Vorschriften auf die Vorschriften nach der GemHVO-Doppik ist eine Überleitungsrechnung zu erstellen und im Anhang zu erläutern.

§ 29
Inkrafttreten, Außerkrafttreten

Diese Verordnung tritt am Tag nach der Verkündung in Kraft. Sie tritt mit Ablauf des 27. April 2022 außer Kraft. Mit Inkrafttreten dieser Verordnung tritt die Landesverordnung über Kommunalunternehmen als Anstalt des öffentlichen Rechts vom 1. Dezember 2008 (GVOBl. Schl.-H. S. 735), geändert durch Verordnung vom 27. November 2013 (GVOBl. Schl.-H. S. 533), außer Kraft.

Landesbeamtengesetz (LBG)
in der Fassung vom 26. März 2009
– GVOBl. Schl.-H. S. 93 –

Zuletzt geändert durch Gesetz vom 8. September 2020 (GVOBl. Schl.-H. S. 516)

Inhaltsübersicht

Abschnitt I
Allgemeine Vorschriften

- § 1 Geltungsbereich
- § 2 Verleihung der Dienstherrnfähigkeit durch Satzung
- § 3 Oberste Dienstbehörden, Dienstvorgesetzte und Vorgesetzte

Abschnitt II
Beamtenverhältnis

- § 4 Vorbereitungsdienst
- § 5 Beamtinnen und Beamte auf Probe in Ämtern mit leitender Funktion
- § 6 Ehrenbeamtinnen und Ehrenbeamte
- § 7 Beamtinnen und Beamte auf Zeit
- § 8 Zulassung von Ausnahmen für die Berufung in das Beamtenverhältnis
- § 9 Zuständigkeit für die Ernennung, Wirkung der Ernennung
- § 10 Stellenausschreibung, Feststellung der gesundheitlichen Eignung
- § 11 Feststellung der Nichtigkeit der Ernennung, Verbot der Führung der Dienstgeschäfte
- § 12 Rücknahme der Ernennung

Abschnitt III
Laufbahn

- § 13 Laufbahn
- § 14 Zugangsvoraussetzungen zu den Laufbahnen
- § 15 Bei einem anderen Dienstherrn erworbene Vorbildung und Laufbahnbefähigung
- § 16 Erwerb der Laufbahnbefähigung aufgrund von im Ausland erworbenen Berufsqualifikationen
- § 17 Andere Bewerberinnen und Bewerber
- § 18 Einstellung
- § 19 Probezeit
- § 20 Beförderung
- § 21 Aufstieg
- § 22 Personalentwicklung, Qualifizierung und Fortbildung
- § 23 Benachteiligungsverbot, Nachteilsausgleich
- § 24 Laufbahnwechsel
- § 25 Laufbahnverordnungen
- § 26 Ausbildungs- und Prüfungsverordnungen

Abschnitt IV
Landesinterne Abordnung, Versetzung und Körperschaftsumbildung

- § 27 Grundsatz
- § 28 Abordnung
- § 29 Versetzung

Abschnitt V
Beendigung des Beamtenverhältnisses

Unterabschnitt 1
Entlassung und Verlust der Beamtenrechte

- § 30 Entlassung kraft Gesetzes
- § 31 Entlassung durch Verwaltungsakt
- § 32 Zuständigkeit, Verfahren und Wirkung der Entlassung
- § 33 Wirkung des Verlustes der Beamtenrechte und eines Wiederaufnahmeverfahrens
- § 34 Gnadenrecht

Unterabschnitt 2
Ruhestand und einstweiliger Ruhestand

- § 35 Ruhestand wegen Erreichen der Altersgrenze
- § 36 Ruhestand auf Antrag
- § 37 Einstweiliger Ruhestand
- § 38 Einstweiliger Ruhestand bei Umbildung von Körperschaften
- § 39 Einstweiliger Ruhestand bei Umbildung und Auflösung von Behörden
- § 40 Beginn des einstweiligen Ruhestandes

Unterabschnitt 3
Dienstunfähigkeit

- § 41 Verfahren bei Dienstunfähigkeit und begrenzter Dienstfähigkeit
- § 42 Ruhestand bei Beamtenverhältnis auf Probe
- § 43 Wiederherstellung der Dienstfähigkeit
- § 44 Ärztliche Untersuchung

Unterabschnitt 4
Gemeinsame Bestimmungen

- § 45 Beginn des Ruhestandes, Zuständigkeiten

Abschnitt VI
Rechtliche Stellung im Beamtenverhältnis

Unterabschnitt 1
Allgemeines

- § 46 Verschwiegenheitspflicht, Aussagegenehmigung
- § 47 Diensteid
- § 48 Verbot der Führung der Dienstgeschäfte
- § 49 Verbot der Annahme von Belohnungen und Geschenken
- § 50 Dienstvergehen von Ruhestandsbeamtinnen und Ruhestandsbeamten
- § 51 Schadensersatz
- § 52 Übergang von Schadensersatzansprüchen
- § 53 Ausschluss und Befreiung von Amtshandlungen
- § 54 Wohnungswahl, Dienstwohnung
- § 55 Aufenthalt in erreichbarer Nähe
- § 56 Dienstkleidungsvorschriften
- § 57 Amtsbezeichnung
- § 58 Dienstjubiläen
- § 59 Dienstliche Beurteilung, Dienstzeugnis

Unterabschnitt 2
Arbeitszeit und Urlaub

- § 60 Regelmäßige Arbeitszeit, Bereitschaftsdienst, Mehrarbeit
- § 61 Teilzeitbeschäftigung
- § 62 Teilzeitbeschäftigung und Beurlaubung aus familiären Gründen
- § 62 a Familienpflegezeit
- § 63 Altersteilzeit
- § 63 a Altersteilzeit 63plus
- § 64 Urlaub ohne Dienstbezüge
- § 65 Höchstdauer von Beurlaubung und unterhälftiger Teilzeit
- § 66 Hinweispflicht und Benachteiligungsverbot
- § 67 Fernbleiben vom Dienst, Erkrankung
- § 68 Urlaub
- § 69 Mandatsurlaub

Unterabschnitt 3
Nebentätigkeit und Tätigkeit nach Beendigung des Beamtenverhältnisses

- § 70 Nebentätigkeit
- § 71 Pflicht zur Übernahme einer Nebentätigkeit
- § 72 Anzeigefreie Nebentätigkeiten
- § 73 Verbot einer Nebentätigkeit
- § 74 Ausübung von Nebentätigkeiten
- § 75 Verfahren
- § 76 Rückgriffsanspruch der Beamtin und des Beamten
- § 77 Erlöschen der mit dem Hauptamt verbundenen Nebentätigkeiten

| § 78 | Verordnungsermächtigung |
| § 79 | Tätigkeit nach Beendigung des Beamtenverhältnisses |

Unterabschnitt 4
Fürsorge

§ 80	Beihilfe in Krankheits-, Pflege- und Geburtsfällen
§ 81	Mutterschutz, Elternzeit
§ 82	Arbeitsschutz
§ 83	Ersatz von Sachschäden
§ 83 a	Erfüllung durch den Dienstherrn bei Schmerzensgeldansprüchen
§ 84	Reise- und Umzugskosten

Unterabschnitt 5
Personalakten

§ 85	Inhalt der Personalakten, Zugang zu Personalakten, ersetzendes Scannen
§ 86	Beihilfeunterlagen
§ 87	Anhörung
§ 88	Auskunftsrecht
§ 89	Übermittlung von Personalakten und Auskunft an Dritte
§ 89 a	Auftragsverarbeitung von Personalaktendaten
§ 90	Löschung von Personalaktendaten
§ 91	Aufbewahrungsfristen
§ 92	Automatisierte Verarbeitung von Personalaktendaten

Abschnitt VII
Beteiligung der Spitzenorganisationen

| § 93 | Beteiligung der Spitzenorganisationen der Gewerkschaften und Berufsverbände |

Abschnitt VIII
Landesbeamtenausschuss

§ 94	Aufgaben des Landesbeamtenausschusses
§ 95	Mitglieder
§ 96	Rechtsstellung der Mitglieder
§ 97	Geschäftsordnung und Verfahren
§ 98	Beschlüsse
§ 99	Beweiserhebung, Amtshilfe
§ 100	Geschäftsstelle

Abschnitt IX
Beschwerdeweg und Rechtsschutz

§ 101	Anträge und Beschwerden
§ 102	Verwaltungsrechtsweg
§ 103	Vertretung des Dienstherrn
§ 104	Zustellung von Verfügungen und Entscheidungen

Abschnitt X
Besondere Vorschriften für einzelne Beamtengruppen

| § 105 | Allgemeines |

Unterabschnitt 1
Landtag

| § 106 | Beamtinnen und Beamte des Landtages |

Unterabschnitt 2
Polizeivollzug

§ 107	Laufbahnen der Polizeivollzugsbeamtinnen und Polizeivollzugsbeamten
§ 108	Altersgrenze
§ 109	Polizeidienstunfähigkeit
§ 110	Gemeinschaftsunterkunft
§ 111	Dienstkleidung
§ 112	Heilfürsorge

Unterabschnitt 3
Feuerwehr

| § 113 | Beamtinnen und Beamte des feuerwehrtechnischen Dienstes |

Unterabschnitt 4
Straf- und Abschiebungshaftvollzug

| § 114 | Beamtinnen und Beamte des Straf- und Abschiebungshaftvollzugs |

Unterabschnitt 5
Körperschaften

| § 115 | Zuständigkeit |

Unterabschnitt 6
Hochschulen

§ 116	Allgemeines
§ 117	Rechtsstellung
§ 118	Professorinnen und Professoren
§ 119	Juniorprofessorinnen und Juniorprofessoren
§ 120	Wissenschaftliche und künstlerische Mitarbeiterinnen und Mitarbeiter
§ 121	Verwaltungsvorschriften für das beamtete wissenschaftliche und künstlerische Personal an Hochschulen

Unterabschnitt 7
Schulen

| § 122 | Beamtinnen und Beamte im Schuldienst |

Unterabschnitt 8
Steuerverwaltung

| § 123 | Beamtinnen und Beamte der Steuerverwaltung |

Unterabschnitt 9
Landesrechnungshof

| § 124 | Mitglieder des Landesrechnungshofs |

Abschnitt XI
Übergangs- und Schlussvorschriften

§ 125	Erlass von Zulassungsbeschränkungen
§ 126	Verzinsung, Abtretung, Verpfändung, Aufrechnung, Zurückbehaltung, Belassung und Rückforderung von Leistungen
§ 127	Verwaltungsvorschriften
§ 127 a	Geltungsdauer von Laufbahn-, Ausbildungs- und Prüfungsverordnungen
§ 128	Übergangsregelungen für Beamtinnen und Beamte auf Probe
§ 129	Übergangsregelung für Beamtinnen und Beamte in einem Amt mit leitender Funktion im Beamtenverhältnis auf Zeit
§ 130	Übergangsregelung für am 31. März 2009 vorhandene Laufbahnbefähigungen
§ 131	Übergangsregelung für am 31. März 2009 vorhandene Regelungen über Laufbahngruppen und Laufbahnbefähigungen
§ 132	Übergangsregelung für bis zum 31. März 2009 erlassene Laufbahn-, Ausbildungs- und Prüfungsordnungen
§ 133	Übergangsregelung für Beamtinnen und Beamte der Fischereiaufsicht

Abschnitt I
Allgemeine Vorschriften

§ 1
Geltungsbereich

(1) Dieses Gesetz gilt neben dem Beamtenstatusgesetz (BeamtStG) vom 17. Juni 2008 (BGBl. I S. 1010), geändert durch Artikel 15 Abs. 16 des Gesetzes vom 5. Februar 2009 (BGBl. I S. 160), soweit nichts anderes bestimmt ist, für die Beamtinnen und Beamten

1. des Landes,

2. der Gemeinden, Kreise und Ämter und

3. der sonstigen der Aufsicht des Landes unterstehenden Körperschaften des öffentlichen Rechts ohne Gebietshoheit sowie der rechtsfähigen Anstalten und Stiftungen des öffentlichen Rechts.

(2) Dieses Gesetz gilt nicht für die öffentlich-rechtlichen Religionsgesellschaften und ihre Verbände. Diesen bleibt es überlassen, die Rechtsverhältnisse ihrer Beamtinnen und Beamten sowie Seelsorgerinnen und Seelsorger entsprechend zu regeln.

§ 2
Verleihung der Dienstherrnfähigkeit durch Satzung
(§ 2 BeamtStG)

Soweit die Dienstherrnfähigkeit durch Satzung verliehen wird, bedarf diese der Genehmigung der obersten Aufsichtsbehörde.

§ 3
Oberste Dienstbehörden, Dienstvorgesetzte und Vorgesetzte

(1) Oberste Dienstbehörde ist die oberste Behörde des Dienstherrn, in deren Dienstbereich die Beamtin oder der Beamte ein Amt bekleidet.

(2) Dienstvorgesetzte oder Dienstvorgesetzter ist, wer für beamtenrechtliche Entscheidungen über die persönlichen Angelegenheiten der Beamtin oder des Beamten zuständig ist.

(3) Vorgesetzte oder Vorgesetzter ist, wer der Beamtin oder dem Beamten für die dienstliche Tätigkeit Weisungen erteilen kann.

(4) Wer Dienstvorgesetzte oder Dienstvorgesetzter und wer Vorgesetzte oder Vorgesetzter ist, richtet sich nach dem Aufbau der öffentlichen Verwaltung. Ist eine Dienstvorgesetzte oder ein Dienstvorgesetzter nicht vorhanden und ist nicht gesetzlich geregelt, wer diese Aufgaben wahrnimmt, bestimmt für die Landesbeamtinnen und Landesbeamten die zuständige oberste Landesbehörde, im Übrigen die oberste Aufsichtsbehörde, wer für die beamtenrechtlichen Entscheidungen nach Absatz 2 zuständig ist. Nach Beendigung des Beamtenverhältnisses nimmt die Behörde, bei der die Beamtin oder der Beamte zuletzt beschäftigt war, die Aufgabe der oder des Dienstvorgesetzten wahr.

(5) Die oberste Dienstbehörde kann Zuständigkeiten der oder des Dienstvorgesetzten auch teilweise auf andere Behörden übertragen.

(6) Die Landesregierung wird ermächtigt, Aufgaben der obersten Dienstbehörden und der Dienstvorgesetzten des Landes durch Verordnung auf eine Behörde zum Zweck einer zentralen Personalverwaltung vollständig oder teilweise zu übertragen. Sie kann zu diesem Zweck durch Verordnung eine Landesoberbehörde errichten oder ein zugeordnetes Amt bilden.

Abschnitt II
Beamtenverhältnis

§ 4
Vorbereitungsdienst
(§ 4 BeamtStG)

(1) Der Vorbereitungsdienst wird im Beamtenverhältnis auf Widerruf abgeleistet.

(2) Die nach § 26 zuständige Behörde wird ermächtigt, durch Verordnung abweichend von Absatz 1 zu bestimmen, dass anstelle des Beamtenverhältnisses auf Widerruf der Vorbereitungsdienst in einem Ausbildungsverhältnis außerhalb des Beamtenverhältnisses abgeleistet wird. Auf die Auszubildenden sind mit Ausnahme von § 7 Abs. 1 Nr. 2 und § 33 Abs. 1 Satz 3 BeamtStG die für Beamtinnen und Beamte im Vorbereitungsdienst geltenden Vorschriften entsprechend anzuwenden, soweit nicht durch Gesetz oder aufgrund eines Gesetzes etwas anderes bestimmt wird. Wer sich gegen die freiheitlich demokratische Grundordnung im Sinne des Grundgesetzes betätigt, darf nicht in den Vorbereitungsdienst aufgenommen werden. Anstelle des Diensteides ist eine Verpflichtungserklärung nach dem Verpflichtungsgesetz vom 2. März 1974 (BGBl. I S. 469), geändert durch § 1 des Gesetzes vom 15. August 1974 (BGBl. I S. 1942), abzugeben.

(3) Rechtsreferendarinnen und Rechtsreferendare werden in einem öffentlich-rechtlichen Ausbildungsverhältnis ausgebildet. Abweichend von Absatz 2 Satz 2 erhalten sie statt der den Beamtinnen und Beamten im Vorbereitungsdienst zu gewährleistenden Alimentation eine monatliche Unterhaltsbeihilfe. Das für Justiz zuständige Ministerium wird ermächtigt, im Einvernehmen mit dem Finanzministerium die näheren Einzelheiten über die Bestandteile, die Höhe und die Gewährung der Unterhaltsbeihilfe durch Verordnung[1] zu regeln.

§ 5
Beamtinnen und Beamte auf Probe in Ämtern mit leitender Funktion
(§§ 4, 22 BeamtStG)

(1) Ein Amt mit leitender Funktion wird zunächst unter Berufung in das Beamtenverhältnis auf Probe übertragen. Die regelmäßige Probezeit dauert zwei Jahre. Die Probezeit kann bei besonderer Bewährung verkürzt werden, jedoch nicht auf weniger als ein Jahr. Zeiten, in denen der Beamtin oder dem Beamten eine leitende Funktion bereits übertragen worden ist, können auf die Probezeit angerechnet werden. Eine Verlängerung der Probezeit ist nicht zulässig.

(2) Ämter mit leitender Funktion im Sinne des Absatzes 1 sind die der Besoldungsordnung B angehörenden Ämter mit leitender Funktion sowie die der Besoldungsordnung A oder B angehörenden Ämter der Leiterinnen und Leiter von Behörden oder Teilen von Behörden, soweit sie nicht richterliche Unabhängigkeit besitzen. Im Bereich der der Aufsicht des Landes unterstehenden Körperschaften des öffentlichen Rechts mit und ohne Gebietshoheit und der rechtsfähigen Anstalten und Stiftungen des öffentlichen Rechts zählen zu den Ämtern der Leiterinnen und Leiter von Teilen von Behörden die mindestens der Besoldungsgruppe A 12 angehörenden Ämter der Leiterinnen und Leiter von Dezernaten, Fachbereichen, Ämtern und Abteilungen und vergleichbarer Organisationseinheiten sowie die Ämter der leitenden Verwaltungsbeamtinnen und leitenden Verwaltungsbeamten der Ämter nach der Amtsordnung. Absatz 1 gilt nicht für die in § 37 genannten Ämter.

(3) In ein Amt mit leitender Funktion darf nur berufen werden, wer

1. sich in einem Beamtenverhältnis auf Lebenszeit oder einem Richterverhältnis auf Lebenszeit befindet und
2. in dieses Amt auch als Beamtin oder Beamter auf Lebenszeit berufen werden könnte.

Der Landesbeamtenausschuss kann Ausnahmen von Satz 1 zulassen.

(4) Das Beamtenverhältnis auf Lebenszeit oder das Richterverhältnis auf Lebenszeit besteht bei demselben Dienstherrn neben dem Beamtenverhältnis auf Probe fort. Vom Tage der Ernennung an ruhen für die Dauer der Probezeit die Rechte und Pflichten aus dem Amt, das der Beamtin oder dem Beamten zuletzt im Beamtenverhältnis auf Lebenszeit oder im Richterverhältnis auf Lebenszeit übertragen worden ist, mit Ausnahme der Pflicht zur Amtsverschwiegenheit und des Verbotes der Annahme von Belohnungen und Geschenken.

(5) Wird die Beamtin oder der Beamte während der Probezeit in ein anderes Amt mit leitender Funktion versetzt oder umgesetzt, das in dieselbe Besoldungsgruppe eingestuft ist wie das zuletzt übertragene Amt mit leitender Funktion, läuft die Probezeit weiter. Wird der Beamtin oder dem Beamten ein höher eingestuftes Amt mit leitender Funktion übertragen, beginnt eine erneute Probezeit.

(6) Mit dem erfolgreichen Abschluss der Probezeit ist der Beamtin oder dem Beamten das Amt mit leitender Funktion auf Dauer im Beamtenverhältnis auf Lebenszeit zu übertragen. Einer Richterin oder einem Richter darf das Amt mit leitender Funktion auf Dauer im Beamtenverhältnis auf Lebenszeit beim gleichen Dienstherrn nur übertragen werden, wenn sie oder er die Entlassung aus dem Richteramt schriftlich verlangt. Wird nach Ablauf der Probezeit das Amt mit leitender Funktion nicht auf Dauer übertragen, endet der Anspruch auf Besoldung aus diesem Amt. Auch weitere Ansprüche aus diesem Amt bestehen nicht.

(7) Wird das Amt mit leitender Funktion nicht auf Dauer übertragen, ist eine erneute Verleihung dieses Amtes unter Berufung in ein Beamtenverhältnis auf Probe erst nach Ablauf eines Jahres zulässig.

---

[1] Landesverordnung über die Unterhaltsbeihilfe an Rechtsreferendarinnen und Rechtsreferendare vom 24.8.2020 (GVOBl. Schl.-H. S. 559), geändert durch LVO vom 21.5.2021 (GVOBl. Schl.-H. S. 649).

§ 6
Ehrenbeamtinnen und Ehrenbeamte
(§ 5 BeamtStG)

(1) Für Ehrenbeamtinnen und Ehrenbeamte gelten das Beamtenstatusgesetz und dieses Gesetz nach Maßgabe der Absätze 2 bis 4.

(2) Nach Vollendung des 65. Lebensjahres können Ehrenbeamtinnen und Ehrenbeamte verabschiedet werden. Sie sind zu verabschieden, wenn die sonstigen Voraussetzungen für die Versetzung einer Beamtin oder eines Beamten in den Ruhestand gegeben sind. Das Ehrenbeamtenverhältnis endet auch ohne Verabschiedung durch Zeitablauf, wenn es für eine bestimmte Amtszeit begründet worden ist. Es endet ferner durch Abberufung, wenn diese durch Rechtsvorschrift zugelassen ist.

(3) Auf Ehrenbeamtinnen und Ehrenbeamte sind insbesondere die Vorschriften über die Verpflichtung zur Weiterführung des Beamtenverhältnisses (§ 7 Abs. 2 Satz 1), das Erlöschen privatrechtlicher Arbeitsverhältnisse (§ 9 Abs. 5), die Laufbahnen (§§ 13 bis 26), die Abordnung und Versetzung (§§ 27 bis 29), die Entlassung nach Erreichen der Altersgrenze (§ 23 Abs. 1 Nr. 5 BeamtStG), das Dienstjubiläum (§ 58), die Nebentätigkeiten (§ 40 BeamtStG, §§ 72, 73, § 74 Abs. 1 und § 75), die Arbeitszeit (§ 60), die Wohnung (§ 54) und den Arbeitsschutz (§ 82) nicht anzuwenden.

(4) Die Unfallfürsorge für Ehrenbeamtinnen und Ehrenbeamte und ihre Hinterbliebenen richtet sich nach § 79 des Beamtenversorgungsgesetzes Schleswig-Holstein (SHBeamtVG) vom 26. Januar 2012 (GVOBl. Schl.-H. S. 153).

(5) Im Übrigen regeln sich die Rechtsverhältnisse nach den für die Ehrenbeamtinnen und Ehrenbeamten geltenden besondern Rechtsvorschriften.

§ 7
Beamtinnen und Beamte auf Zeit
(§ 6 BeamtStG)

(1) Ein Beamtenverhältnis auf Zeit kann nur begründet werden, wenn dies gesetzlich bestimmt ist. Für Beamtinnen und Beamte auf Zeit finden die Vorschriften über die Probezeit keine Anwendung. Ist Voraussetzung für die Ernennung die Wahl durch eine Vertretungskörperschaft, ist die Vertretungskörperschaft nach Bekanntgabe des Wahlergebnisses an diese gebunden.

(2) Soweit durch Gesetz nichts anderes bestimmt ist, ist die Beamtin oder der Beamte auf Zeit verpflichtet, nach Ablauf der Amtszeit das Amt weiterzuführen, wenn sie oder er unter mindestens gleich günstigen Bedingungen für wenigstens die gleiche Zeit wieder in dasselbe Amt berufen werden soll. Kommt die Beamtin oder der Beamte auf Zeit dieser Verpflichtung nicht nach, ist sie oder er mit Ablauf der Amtszeit aus dem Beamtenverhältnis zu entlassen. Wird die Beamtin oder der Beamte auf Zeit im Anschluss an ihre oder seine Amtszeit erneut in dasselbe Amt für eine weitere Amtszeit berufen, gilt das Beamtenverhältnis als nicht unterbrochen.

(3) Soweit durch Gesetz nichts anderes bestimmt ist, tritt die Beamtin oder der Beamte auf Zeit vor Erreichen der Altersgrenze mit Ablauf der Zeit, für die sie oder er ernannt ist, in den Ruhestand, wenn sie oder er nicht entlassen oder im Anschluss an ihre oder seine Amtszeit für eine weitere Amtszeit erneut in dasselbe oder ein höherwertiges Amt berufen wird. Eine Beamtin oder ein Beamter auf Zeit im einstweiligen Ruhestand befindet sich mit Ablauf der Amtszeit dauernd im Ruhestand.

(4) Hauptberufliche Präsidentinnen oder Präsidenten sowie Kanzlerinnen und Kanzler von Hochschulen, die in dieser Eigenschaft zu Beamtinnen oder Beamten auf Zeit ernannt sind, treten nach Ablauf ihrer Amtszeit oder mit Erreichen der Altersgrenze nur dann in den Ruhestand, wenn sie eine Dienstzeit von mindestens zehn Jahren in einem Beamtenverhältnis mit Dienstbezügen zurückgelegt haben oder vor einem Beamtenverhältnis auf Lebenszeit zu Beamtinnen oder Beamten auf Zeit ernannt worden waren. Präsidentinnen oder Präsidenten sowie Kanzlerinnen und Kanzler, die zur Wahrnehmung ihres Amtes aus einem Beamtenverhältnis auf Lebenszeit beurlaubt wurden, treten abweichend von Satz 1 erst in den Ruhestand, wenn sie ihr Amt für die Dauer von zwei aufeinander folgenden Amtszeiten wahrgenommen haben.

(5) Das Beamtenverhältnis der Beamtinnen und Beamten auf Zeit, für deren Berufung in das Beamtenverhältnis es einer Wahl bedarf (Wahlbeamtinnen und Wahlbeamte), endet auch durch Abwahl oder Abberufung, wenn diese gesetzlich vorgesehen ist. Mit ihrer Abwahl oder Abberufung treten die Wahlbeamtinnen oder Wahlbeamten in den einstweiligen Ruhestand.

(6) Ein Beamtenverhältnis auf Zeit kann nicht in ein solches auf Lebenszeit umgewandelt werden, ein Beamtenverhältnis auf Lebenszeit kann nicht in ein solches auf Zeit umgewandelt werden.

§ 8
Zulassung von Ausnahmen für die Berufung
in das Beamtenverhältnis
(§ 7 BeamtStG)

Ausnahmen nach § 7 Abs. 3 BeamtStG lässt die oberste Dienstbehörde zu.

§ 9
Zuständigkeit für die Ernennung,
Wirkung der Ernennung
(§ 8 BeamtStG)

(1) Die Landesbeamtinnen und Landesbeamten werden, soweit gesetzlich nichts anderes bestimmt ist, von der Ministerpräsidentin oder dem Ministerpräsidenten ernannt. Sie oder er kann ihre oder seine Befugnis auf andere Stellen übertragen.

(2) Die Beamtinnen und Beamten nach § 1 Abs. 1 Nr. 2 und 3 werden von der obersten Dienstbehörde ernannt, soweit durch Gesetz, Verordnung oder Satzung nichts anderes bestimmt ist.

(3) Einer Ernennung bedarf es auch bei der Verleihung eines anderen Amtes mit anderer Amtsbezeichnung beim Wechsel der Laufbahngruppe.

(4) Die Ernennung wird mit dem Tage der Aushändigung der Ernennungsurkunde wirksam, wenn nicht in der Urkunde ein späterer Tag bestimmt ist.

(5) Mit der Begründung des Beamtenverhältnisses erlischt ein privatrechtliches Arbeitsverhältnis zum Dienstherrn.

§ 10
Stellenausschreibung, Feststellung der
gesundheitlichen Eignung
(§ 9 BeamtStG)

(1) Die Bewerberinnen und Bewerber sollen durch Stellenausschreibung ermittelt werden. Einer Einstellung soll eine öffentliche Ausschreibung vorausgehen. Unberührt bleiben die gesetzlichen Vorschriften über die Auswahl der Wahlbeamtinnen und Wahlbeamten der Gemeinden, Kreise, Ämter und der sonstigen Körperschaften, Anstalten und Stiftungen des öffentlichen Rechts sowie das Gleichstellungsgesetz vom 13. Dezember 1994 (GVOBl. Schl.-H. S. 562), zuletzt geändert durch Artikel 7 des Gesetzes vom 26. März 2009 (GVOBl. Schl.-H. S. 132).

(2) Die gesundheitliche Eignung für die Berufung in ein Beamtenverhältnis auf Lebenszeit oder in ein anderes Beamten- oder Beschäftigungsverhältnis mit dem Ziel der späteren Verwendung im Beamtenverhältnis auf Lebenszeit ist aufgrund eines ärztlichen Gutachtens (§ 44) festzustellen.

§ 11
Feststellung der Nichtigkeit der Ernennung,
Verbot der Führung der Dienstgeschäfte
(§ 11 BeamtStG)

(1) Die Nichtigkeit der Ernennung wird von der obersten Dienstbehörde oder der von ihr bestimmten Behörde festgestellt. Die Feststellung kann erst getroffen werden, wenn im Fall

1. des § 11 Abs. 1 Nr. 1 BeamtStG die schriftliche Bestätigung der Wirksamkeit der Ernennung nach § 11 Abs. 2 Nr. 1 BeamtStG,

2. des § 11 Abs. 1 Nr. 2 BeamtStG die Bestätigung der Ernennung nach § 11 Abs. 2 Nr. 2 BeamtStG oder
3. des § 11 Abs. 1 Nr. 3 Buchst. a BeamtStG die Zulassung einer Ausnahme nach § 11 Abs. 2 Nr. 3 BeamtStG

abgelehnt worden ist. Die Feststellung der Nichtigkeit ist der Beamtin oder dem Beamten oder den versorgungsberechtigten Hinterbliebenen schriftlich bekannt zu geben.

(2) Sobald der Grund für die Nichtigkeit bekannt wird, kann der Ernannten oder dem Ernannten jede weitere Führung der Dienstgeschäfte verboten werden; bei einer Ernennung nach § 8 Abs. 1 Nr. 1 BeamtStG ist sie zu verbieten. Das Verbot der Amtsführung kann frühestens mit der Bekanntgabe der Nichtigkeit nach Absatz 1 ausgesprochen werden.

(3) Die bis zu dem Verbot der Führung der Dienstgeschäfte vorgenommenen Amtshandlungen der Ernannten oder des Ernannten sind in gleicher Weise gültig, wie wenn die Ernennung wirksam gewesen wäre.

(4) Die der Ernannten oder dem Ernannten gewährten Leistungen können belassen werden.

§ 12
Rücknahme der Ernennung
(§ 12 BeamtStG)

(1) Die Rücknahme der Ernennung wird von der obersten Dienstbehörde erklärt und ist der Beamtin oder dem Beamten schriftlich bekannt zu geben. Die Rücknahme muss in den Fällen des § 12 Abs. 1 Nr. 3 und 4 BeamtStG innerhalb einer Frist von sechs Monaten erfolgen, nachdem die oberste Dienstbehörde von der Ernennung und dem Grund der Rücknahme Kenntnis erlangt hat. Die Rücknahme der Ernennung ist auch nach Beendigung des Beamtenverhältnisses zulässig.

(2) § 11 Abs. 3 und 4 gilt entsprechend.

Abschnitt III
Laufbahn

§ 13
Laufbahn

(1) Eine Laufbahn umfasst alle Ämter, die derselben Fachrichtung und derselben Laufbahngruppe angehören.

(2) Es gibt folgende Fachrichtungen:
1. Justiz
2. Polizei
3. Feuerwehr
4. Steuerverwaltung
5. Bildung
6. Gesundheits- und soziale Dienste
7. Agrar- und umweltbezogene Dienste
8. Technische Dienste
9. Wissenschaftliche Dienste
10. Allgemeine Dienste.

(3) Die Zugehörigkeit zur Laufbahngruppe richtet sich nach der für die Laufbahn erforderliche Vor- und Ausbildung. Zur Laufbahngruppe 2 gehören alle Laufbahnen, die einen Hochschulabschluss oder einen gleichwertigen Bildungsstand voraussetzen. Zur Laufbahngruppe 1 gehören alle übrigen Laufbahnen. Innerhalb der Laufbahngruppen kann abhängig von der Vor- und Ausbildung nach Einstiegsämtern unterschieden werden.

(4) Soweit erforderlich, können innerhalb einer Laufbahn fachspezifisch ausgerichtete Laufbahnzweige gebildet werden. Laufbahnzweige sind Ämter einer Laufbahn, die aufgrund einer gleichen Qualifikation zusammengefasst werden. Die Laufbahnbefähigung wird durch die Einrichtung eines Laufbahnzweiges nicht eingeschränkt.

(5) Bei der Gestaltung der Laufbahnen sind unter Berücksichtigung des besoldungsrechtlichen Grundsatzes der funktionsbezogenen Bewertung der Ämter insbesondere die regelmäßig zu durchlaufenden Ämter festzulegen.

§ 14
Zugangsvoraussetzungen zu den Laufbahnen

(1) Für die Laufbahnen der Laufbahngruppe 1 sind für das erste Einstiegsamt mindestens zu fordern
1. als Bildungsvoraussetzung der erfolgreiche Besuch einer allgemein bildenden Schule oder ein als gleichwertig anerkannter Bildungsstand und
2. als sonstige Voraussetzung ein Vorbereitungsdienst oder eine abgeschlossene Berufsausbildung, bei Laufbahnen mit besonderen Anforderungen ein Vorbereitungsdienst und eine abgeschlossene Berufsausbildung.

(2) Für die Laufbahnen der Laufbahngruppe 1 sind für das zweite Einstiegsamt mindestens zu fordern
1. als Bildungsvoraussetzung
   a) ein Mittlerer Schulabschluss oder ein Realschulabschluss oder
   b) der Erste allgemeinbildende Schulabschluss oder ein Hauptschulabschluss und eine förderliche abgeschlossene Berufsausbildung oder
   c) der Erste allgemeinbildende Schulabschluss oder ein Hauptschulabschluss und eine abgeschlossene Ausbildung in einem öffentlich-rechtlichen Ausbildungsverhältnis oder
   d) ein als gleichwertig anerkannter Bildungsstand
und
2. als sonstige Voraussetzung
   a) eine abgeschlossene Berufsausbildung und eine geeignete hauptberufliche Tätigkeit oder
   b) ein mit einer Laufbahnprüfung abgeschlossener Vorbereitungsdienst oder eine inhaltlich dessen Anforderungen entsprechende abgeschlossene berufliche Ausbildung oder Fortbildung oder
   c) bei Laufbahnen mit besonderen Anforderungen eine abgeschlossene Berufsausbildung und ein Vorbereitungsdienst.

(3) Für die Laufbahnen der Laufbahngruppe 2 sind für das erste Einstiegsamt mindestens zu fordern
1. als Bildungsvoraussetzung ein mit einem Bachelorgrad abgeschlossenes Hochschulstudium oder ein gleichwertiger Abschluss und
2. als sonstige Voraussetzung
   a) eine geeignete hauptberufliche Tätigkeit oder
   b) ein mit einer Prüfung abgeschlossener Vorbereitungsdienst.

Die Voraussetzungen nach Nummer 2 entfallen, wenn das Hochschulstudium die wissenschaftlichen Erkenntnisse und Methoden sowie die berufspraktischen Fähigkeiten und Kenntnisse vermittelt, die zur Erfüllung der Aufgaben in der Laufbahn erforderlich sind.

(4) Für die Laufbahnen der Laufbahngruppe 2 sind für das zweite Einstiegsamt mindestens zu fordern
1. als Bildungsvoraussetzung ein mit einem Mastergrad oder einem gleichwertigen Abschluss abgeschlossenes Hochschulstudium und
2. als sonstige Voraussetzung
   a) eine geeignete hauptberufliche Tätigkeit oder
   b) ein mit einer Prüfung abgeschlossener Vorbereitungsdienst.

Absatz 3 Satz 2 gilt entsprechend.

§ 15
Bei einem anderen Dienstherrn erworbene Vorbildung und Laufbahnbefähigung

(1) Die Zulassung zum Vorbereitungsdienst einer Laufbahn darf nicht deshalb abgelehnt werden, weil die Bewerberin oder der Bewerber die für ihre oder seine Laufbahn vorgeschriebene Vorbildung im Bereich eines anderen Dienstherrn erworben hat.

(2) Wer die Laufbahnbefähigung bei einem anderen Dienstherrn außerhalb des Geltungsbereiches dieses Gesetzes er-

worben hat, besitzt, soweit erforderlich nach Durchführung von Maßnahmen nach § 24 Satz 3, die Befähigung für eine Laufbahn nach §§ 13 und 14.

§ 16
Erwerb der Laufbahnbefähigung aufgrund von im Ausland erworbenen Berufsqualifikationen

(1) Die Laufbahnbefähigung kann auch aufgrund
1. der Richtlinie 2005/36/EG),
2. eines mit einem Drittstaat geschlossenen Vertrages, in dem die Bundesrepublik Deutschland und die Europäische Union einen entsprechenden Anspruch auf Anerkennung der Berufsqualifikationen eingeräumt haben, oder
3. einer auf eine Tätigkeit im öffentlichen Dienst vorbereitenden Berufsqualifikation, die in einem von § 7 Absatz 1 Nummer 1 Buchstabe c BeamtStG nicht erfassten Drittstaat erworben worden ist,

erworben werden.

(2) Das Nähere, insbesondere die Zuständigkeit und die Inhalte des Anerkennungsverfahrens sowie die Ausgleichsmaßnahmen, kann die Landesregierung, für die Laufbahnen der Fachrichtung Bildung (§ 13 Absatz 2 Nummer 5) das für Schulwesen zuständige Ministerium, durch Rechtsverordnung regeln.

(3) Das Berufsqualifikationsfeststellungsgesetz vom 1. Juni 2014 (GVOBl. Schl.-H. S. 92), Ressortbezeichnungen ersetzt durch Verordnung vom 16. März 2015 (GVOBl. Schl.-H. S. 96), findet mit Ausnahme des § 17 keine Anwendung.

§ 17
Andere Bewerberinnen und Bewerber

(1) In das Beamtenverhältnis kann auch berufen werden, wer, ohne die vorgeschriebenen Zugangsvoraussetzungen zu erfüllen, die Befähigung für die Laufbahn durch Lebens- und Berufserfahrung innerhalb oder außerhalb des öffentlichen Dienstes erworben hat (andere Bewerberinnen oder Bewerber). Dies gilt nicht, wenn eine bestimmte Vorbildung, Ausbildung oder Prüfung durch besondere Regelung außerhalb des Beamtenrechts vorgeschrieben oder eine besondere Vorbildung oder Fachausbildung nach der Eigenart der Laufbahnaufgaben zwingend erforderlich ist.

(2) Die Befähigung von anderen Bewerberinnen oder anderen Bewerbern ist durch den Landesbeamtenausschuss festzustellen.

§ 18
Einstellung

Eine Ernennung unter Begründung eines Beamtenverhältnisses (Einstellung) ist im Beamtenverhältnis auf Probe oder auf Lebenszeit nur in einem Einstiegsamt zulässig. Abweichend von Satz 1 kann
1. bei entsprechenden beruflichen Erfahrungen oder sonstigen Qualifikationen, die zusätzlich zu den in § 14 geregelten Zugangsvoraussetzungen erworben wurden, wenn die Laufbahnvorschriften dies bestimmen,
2. für die in § 37 genannten Beamtinnen und Beamten oder
3. bei Zulassung einer Ausnahme durch den Landesbeamtenausschuss

auch eine Einstellung in einem höheren Amt vorgenommen werden.

§ 19
Probezeit

(1) Probezeit ist die Zeit im Beamtenverhältnis auf Probe, während der sich die Beamtinnen und Beamten nach Erwerb der Befähigung für die Laufbahn bewähren sollen.

(2) Die regelmäßige Probezeit dauert in allen Laufbahnen drei Jahre. Zeiten hauptberuflicher Tätigkeit innerhalb oder außerhalb des öffentlichen Dienstes können auf die Probezeit angerechnet werden, soweit die Tätigkeit nach Art und Bedeutung der Tätigkeit in der Laufbahn gleichwertig ist. Die Mindestprobezeit beträgt in der Laufbahngruppe 1 sechs Monate und in der Laufbahngruppe 2 ein Jahr. Die Mindestprobezeit kann unterschritten werden, wenn die anrechenbaren Zeiten im Beamtenverhältnis mit Dienstbezügen abgeleistet worden sind.

(3) Eignung, Befähigung und fachliche Leistung der Beamtin oder des Beamten sind zweimal im Rahmen einer dienstlichen Beurteilung zu bewerten. Für die Feststellung der Bewährung gilt ein strenger Maßstab. Bei Entlassung wegen mangelnder Bewährung oder Verkürzung der Probezeit ist eine Beurteilung ausreichend.

(4) Die Probezeit kann bis zu einer Höchstdauer von fünf Jahren verlängert werden.

(5) Die in § 37 genannten Beamtinnen und Beamten leisten keine Probezeit.

§ 20
Beförderung

(1) Beförderung ist eine Ernennung, durch die der Beamtin oder dem Beamten ein anderes Amt mit höherem Endgrundgehalt verliehen wird.

(2) Eine Beförderung ist nicht zulässig
1. während der Probezeit,
2. vor Feststellung der Eignung für einen höher bewerteten Dienstposten in einer Erprobungszeit von mindestens drei Monaten Dauer; dies gilt nicht in den Fällen des § 5 sowie für die Beamtinnen und Beamten nach den §§ 7, 37 und 124,
3. vor Ablauf von zwei Jahren seit der letzten Beförderung, es sei denn, dass das derzeitige Amt nicht durchlaufen zu werden braucht.

Ämter, die regelmäßig zu durchlaufen sind, dürfen nicht übersprungen werden.

(3) Der Landesbeamtenausschuss kann Ausnahmen von Absatz 2 zulassen.

§ 21
Aufstieg

Beamtinnen und Beamte mit der Befähigung für eine Laufbahn der Laufbahngruppe 1 können auch ohne Erfüllung der für die Laufbahn vorgeschriebenen Zugangsvoraussetzungen durch Aufstieg eine Befähigung für die Laufbahn der Laufbahngruppe 2 erwerben. Für den Aufstieg ist die Ablegung einer Prüfung zu verlangen; die Laufbahnvorschriften können Ausnahmen bestimmen.

§ 22
Personalentwicklung, Qualifizierung und Fortbildung

Die berufliche Entwicklung in der Laufbahn und der Aufstieg setzen eine entsprechende Qualifizierung, insbesondere die erforderliche Fortbildung, voraus. Die Beamtinnen und Beamten sind verpflichtet, an der dienstlichen Fortbildung teilzunehmen und sich selbst fortzubilden. Der Dienstherr hat durch geeignete Maßnahmen für die Fortbildung der Beamtinnen und Beamten zu sorgen. Fortbildung und weitere Maßnahmen der Qualifizierung können Bestandteil einer Personalentwicklung sein.

§ 23
Benachteiligungsverbot, Nachteilsausgleich

(1) Schwangerschaft, Mutterschutz, Elternzeit und die Betreuung von Kindern oder die Pflege einer oder eines nach ärztlichem Gutachten pflegebedürftigen Angehörigen dürfen sich bei der Einstellung und der beruflichen Entwicklung nach Maßgabe der Absätze 2 und 3 nicht nachteilig auswirken.

(2) Haben sich die Anforderungen an die fachliche Eignung einer Bewerberin oder eines Bewerbers für die Einstellung in den öffentlichen Dienst in der Zeit erhöht, in der sich ihre oder seine Bewerbung um Einstellung infolge der Geburt oder Betreuung eines Kindes verzögert hat, und hat sie oder er sich innerhalb von drei Jahren nach der Geburt dieses Kindes oder sechs Monate nach Erfüllung der ausbildungsmäßigen Einstellungsvoraussetzungen beworben, ist der Grad ihrer oder seiner fachlichen Eignung nach den Anfor-

derungen zu prüfen, die zu dem Zeitpunkt bestanden haben, zu dem sie oder er sich ohne die Geburt des Kindes hätte bewerben können. Für die Berechnung des Zeitraums der Verzögerung sind die Fristen nach § 4 Abs. 1 des Bundeselterngeld- und Elternzeitgesetzes vom 5. Dezember 2006 (BGBl. I S. 2748), geändert durch Artikel 6 Abs. 8 des Gesetzes vom 19. August 2007 (BGBl. I S. 1970), sowie nach § 3 Abs. 2 des Mutterschutzgesetzes in der Fassung der Bekanntmachung vom 20. Juni 2002 (BGBl. I S. 2318), geändert durch Artikel 2 Abs. 10 des Gesetzes vom 5. Dezember 2006 (BGBl. I S. 2748), zugrunde zu legen. Die Sätze 1 und 2 gelten entsprechend für die Verzögerung der Einstellung wegen der tatsächlichen Pflege einer oder eines nach ärztlichem Gutachten pflegebedürftigen sonstigen Angehörigen.

(3) Zum Ausgleich beruflicher Verzögerungen infolge
1. der Geburt oder der tatsächlichen Betreuung oder Pflege eines Kindes unter achtzehn Jahren oder
2. der tatsächlichen Pflege einer oder eines nach ärztlichem Gutachten pflegebedürftigen sonstigen Angehörigen

kann die Beamtin oder der Beamte ohne Mitwirkung des Landesbeamtenausschusses abweichend von § 20 Abs. 2 Nr. 1 und 2 während der Probezeit und vor Ablauf eines Jahres seit Beendigung der Probezeit befördert werden. Das Ableisten der vorgeschriebenen Probezeit bleibt unberührt.

(4) Die Absätze 2 und 3 sind entsprechend anzuwenden für Zeiten
1. eines Wehrdienstes,
2. von ehemaligen Soldatinnen und Soldaten nach § 8 a des Soldatenversorgungsgesetzes in der Fassung der Bekanntmachung vom 16. September 2009 (BGBl. I S. 3054), zuletzt geändert durch Gesetz vom 28. August 2013 (BGBl. I S. 3386),
3. eines Zivildienstes oder Bundesfreiwilligendienstes,
4. eines Entwicklungsdienstes,
5. eines freiwilligen sozialen oder freiwilligen ökologischen Jahres nach dem Jugendfreiwilligendienstegesetz vom 16. Mai 2008 (BGBl. I S. 842), geändert durch Gesetz vom 20. Dezember 2011 (BGBl. I S. 2854).

§ 24
Laufbahnwechsel

Ein Wechsel von einer Laufbahn in eine andere Laufbahn derselben Laufbahngruppe ist zulässig, wenn die Beamtin oder der Beamte die Befähigung für die neue Laufbahn besitzt. Besitzt die Beamtin oder der Beamte nicht die Befähigung für die neue Laufbahn, ist ein Laufbahnwechsel durch Entscheidung der für die Gestaltung der Laufbahn zuständigen obersten Landesbehörde zulässig. Dabei soll eine Einführung vorgesehen werden, deren Umfang allgemein oder einzelfallbezogen zu bestimmen ist. Ist eine bestimmte Vorbildung oder Ausbildung durch besondere gesetzliche Regelung vorgeschrieben oder eine besondere Vorbildung oder Fachausbildung nach der Eigenart der neuen Aufgabe zwingend erforderlich, ist ein Wechsel nur durch entsprechende Maßnahmen zum Erwerb der Befähigung für die neue Laufbahn zulässig.

§ 25
Laufbahnverordnungen

(1) Unter Berücksichtigung der §§ 13 bis 24 ist die nähere Ausgestaltung der Laufbahnen durch Verordnung zu bestimmen. Dabei sollen insbesondere geregelt werden
1. die Gestaltung der Laufbahnen, insbesondere die Einrichtung von Laufbahnzweigen und die regelmäßig zu durchlaufenden Ämter (§ 13),
2. der Erwerb der Laufbahnbefähigung (§§ 14 bis 17); dabei sind auch die Mindestdauer eines Vorbereitungsdienstes und einer hauptberuflichen Tätigkeit zu regeln,
3. die Durchführung von Prüfungen einschließlich der Prüfungsnote,
4. Voraussetzungen für die Einstellung in einem höheren Amt als einem Einstiegsamt (§ 18 Satz 2 Nr. 1),
5. die Probezeit, insbesondere ihre Verlängerung und Anrechnung von Zeiten hauptberuflicher Tätigkeit auf die Probezeit (§ 19),
6. die Voraussetzungen und das Verfahren für Beförderungen und den Aufstieg sowie für Personalentwicklungsmaßnahmen, die darauf gerichtet sind, Beamtinnen und Beamte auf die Übernahme bestimmter Ämter und Funktionen vorzubereiten (§§ 20, 21, 22),
7. Voraussetzungen für den Laufbahnwechsel (§ 24),
8. Grundsätze der Qualifizierung und Fortbildung im Rahmen der Personalentwicklung (§ 22),
9. Grundsätze für dienstliche Beurteilungen (§ 59),
10. Einzelheiten des Nachteilsausgleichs (§ 23),
11. Ausgleichsmaßnahmen zugunsten von schwerbehinderten Menschen,
12. Besonderheiten für Beamtinnen und Beamte nach § 1 Abs. 1 Nr. 2 und 3.

(2) Die Landesregierung erlässt durch Verordnung nach Absatz 1 die Vorschriften, die für alle Laufbahnen einheitlich gelten (Allgemeine Laufbahnverordnung[2]). Darüber hinaus erforderliche Vorschriften erlässt die für die Gestaltung der jeweiligen Laufbahn zuständige oberste Landesbehörde im Einvernehmen mit der Ministerpräsidentin oder dem Ministerpräsidenten durch Verordnung nach Absatz 1.

§ 26
Ausbildungs- und Prüfungsverordnungen

(1) Die für die Gestaltung der Laufbahn zuständige oberste Landesbehörde trifft im Benehmen mit der Ministerpräsidentin oder dem Ministerpräsidenten durch Verordnung Vorschriften über die Ausbildung und Prüfung. Dabei sollen, unter Berücksichtigung der Regelungen der Laufbahnverordnungen, insbesondere geregelt werden
1. die Voraussetzungen für die Zulassung zur Ausbildung,
2. die Ausgestaltung der Ausbildung, einschließlich der theoretischen und praktischen Ausbildung,
3. die Anrechnung von Zeiten einer für die Ausbildung förderlichen berufspraktischen Tätigkeit sowie sonstiger Zeiten auf die Dauer der Ausbildung,
4. Vorschriften über Zwischenprüfungen, soweit erforderlich,
5. die Durchführung von Prüfungen,
6. die Wiederholung von Prüfungen und Prüfungsteilen sowie die Rechtsfolgen bei endgültigem Nichtbestehen der Prüfung,
7. die Folgen von Versäumnissen und Unregelmäßigkeiten,
8. das Rechtsverhältnis der oder des Betroffenen während der Ausbildung.

(2) Studien- und Prüfungsordnungen für berufsqualifizierende Studiengänge, die zum Eintritt in den öffentlichen Dienst berechtigen, müssen die in Absatz 1 Satz 2 Nr. 1 bis 7 getroffenen Regelungen berücksichtigen.

(3) Verordnungen, die aufgrund des Absatzes 1 erlassen werden, können abweichend von § 60 des Landesverwaltungsgesetzes im Amtsblatt für Schleswig-Holstein oder im Nachrichtenblatt für das Ministerium für Bildung, Wissenschaft und Kultur des Landes Schleswig-Holstein verkündet werden. Auf sie ist unter Angabe der Stelle ihrer Verkündung und des Tages ihres Inkrafttretens nachrichtlich im Gesetz- und Verordnungsblatt für Schleswig-Holstein hinzuweisen.

Abschnitt IV
Landesinterne Abordnung, Versetzung und Körperschaftsumbildung

§ 27
Grundsatz

---

[2] *Allgemeine Laufbahnverordnung vom 19.5.2009 (GVOBl. Schl.-H. S. 236), zuletzt geändert durch LVO vom 10.11.2020 (GVOBl. Schl.-H. S. 858).*

(1) Die Vorschriften dieses Abschnitts gelten für landesinterne Abordnungen, Versetzungen und Körperschaftsumbildungen.
(2) Die Abordnung und die Versetzung werden von der abgebenden Stelle verfügt. Ist mit der Abordnung oder Versetzung ein Wechsel des Dienstherrn verbunden, darf sie nur in schriftlichen Einverständnis mit der aufnehmenden Stelle verfügt werden.
(3) Auf landesinterne Körperschaftsumbildungen sind die §§ 16 bis 19 BeamtStG entsprechend anzuwenden. Die obersten Aufsichtsbehörden können in den Fällen, in denen voraussichtlich in absehbarer Zeit der Tatbestand des Satzes 1 in Verbindung mit § 16 BeamtStG eintreten wird, anordnen, dass in den beteiligten Körperschaften Ernennungen im Sinne des § 8 BeamtStG nur mit Genehmigung der Aufsichtsbehörde stattfinden dürfen. Die Genehmigung ist zu versagen, wenn diese Ernennungen die Durchführung von Maßnahmen nach Satz 1 in Verbindung mit § 16 BeamtStG beeinträchtigen oder zu einer wesentlichen Mehrbelastung der Körperschaften führen würden. Die Anordnung darf höchstens für die Dauer eines Jahres ergehen. Sie ist den beteiligten Körperschaften zuzustellen.

§ 28
Abordnung

(1) Beamtinnen und Beamte können aus dienstlichen Gründen vorübergehend ganz oder teilweise zu einer ihrem Amt entsprechenden Tätigkeit an eine andere Dienststelle desselben oder eines anderen Dienstherrn abgeordnet werden.
(2) Aus dienstlichen Gründen ist eine Abordnung vorübergehend ganz oder teilweise auch zu einer nicht dem Amt entsprechenden Tätigkeit zulässig, wenn der Beamtin oder dem Beamten die Wahrnehmung der neuen Tätigkeit aufgrund der Vorbildung oder Berufsausbildung zuzumuten ist. Dabei ist auch die Abordnung zu einer Tätigkeit, die nicht einem Amt mit demselben Grundgehalt entspricht, zulässig. Die Abordnung nach den Sätzen 1 und 2 bedarf der Zustimmung der Beamtin oder des Beamten, wenn sie die Dauer von zwei Jahren übersteigt.
(3) Die Abordnung zu einem anderen Dienstherrn bedarf der Zustimmung der Beamtin oder des Beamten. Abweichend von Satz 1 ist die Abordnung auch ohne diese Zustimmung zulässig, wenn die neue Tätigkeit einem Amt mit demselben Grundgehalt entspricht und die Abordnung die Dauer von fünf Jahren nicht übersteigt.
(4) Werden Beamtinnen oder Beamte zu einem anderen Dienstherrn abgeordnet, finden auf sie, soweit zwischen den Dienstherren nichts anderes vereinbart ist, die für den aufnehmenden Dienstherrn geltenden Vorschriften über die Pflichten und Rechte der Beamtinnen und Beamten mit Ausnahme der Regelungen über Amtsbezeichnung, Besoldung, Krankenfürsorge, Versorgung, Altersgeld und Hinterbliebenenaltersgeld entsprechende Anwendung. Zur Zahlung der ihnen zustehenden Leistungen ist auch der Dienstherr verpflichtet, zu dem sie abgeordnet sind.

§ 29
Versetzung

(1) Beamtinnen und Beamte können auf ihren Antrag oder aus dienstlichen Gründen in ein Amt einer Laufbahn versetzt werden, für die sie die Befähigung besitzen.
(2) Aus dienstlichen Gründen können Beamtinnen und Beamte auch ohne ihre Zustimmung in ein Amt mit mindestens demselben Endgrundgehalt der bisherigen Laufbahn oder einer anderen Laufbahn, auch im Bereich eines anderen Dienstherrn, versetzt werden. Stellenzulagen gelten hierbei nicht als Bestandteile des Endgrundgehalts. Besitzen die Beamtinnen und Beamten nicht die Befähigung für die andere Laufbahn, sind sie verpflichtet an Maßnahmen für den Erwerb der neuen Befähigung teilzunehmen.
(3) Bei der Auflösung oder einer wesentlichen Änderung des Aufbaus oder der Aufgaben einer Behörde oder der Verschmelzung von Behörden können Beamtinnen und Beamte, deren Aufgabengebiet davon berührt ist, auch ohne ihre Zustimmung in ein anderes Amt derselben oder einer anderen Laufbahn mit geringerem Endgrundgehalt im Bereich desselben Dienstherrn versetzt werden, wenn eine dem bisherigen Amt entsprechende Verwendung nicht möglich ist. Das Endgrundgehalt muss mindestens dem Amtes entsprechen, das die Beamtin oder der Beamte vor dem bisherigen Amt innehatte. Absatz 2 Satz 2 und 3 ist anzuwenden.
(4) Wird die Beamtin oder der Beamte in ein Amt eines anderen Dienstherrn versetzt, wird das Beamtenverhältnis mit dem neuen Dienstherrn fortgesetzt.

Abschnitt V
Beendigung des Beamtenverhältnisses

Unterabschnitt 1
Entlassung und Verlust der Beamtenrechte

§ 30
Entlassung kraft Gesetzes
(§ 22 BeamtStG)

(1) Die oberste Dienstbehörde oder die von ihr bestimmte Behörde entscheidet darüber, ob die Voraussetzungen des § 22 Abs. 1, 2 oder 3 BeamtStG vorliegen und stellt den Tag der Beendigung des Beamtenverhältnisses fest.
(2) Für die Anordnung der Fortdauer des Beamtenverhältnisses nach § 22 Abs. 2 BeamtStG ist die oberste Dienstbehörde zuständig.
(3) Beamtinnen oder Beamte des Landes, die zu Hochschullehrerinnen oder Hochschullehrern sowie zu wissenschaftlichen und künstlerischen Mitarbeiterinnen oder Mitarbeitern im Beamtenverhältnis auf Zeit oder zu Präsidentinnen oder Präsidenten oder zu Kanzlerinnen oder Kanzlern einer Hochschule ernannt werden, sind abweichend von § 22 Abs. 3 BeamtStG für die Dauer des Beamtenverhältnisses auf Zeit oder der Wahlzeit unter Fortfall der Dienstbezüge zu beurlauben. Satz 1 gilt entsprechend für Beamtinnen und Beamte des Landes, die an einer Hochschule eines anderen Dienstherrn in ein öffentlich-rechtliches Dienstverhältnis auf Zeit zur Übernahme einer Gast- oder Vertretungsprofessur eines anderen Dienstherrn berufen werden.
(4) Beamtinnen und Beamte auf Widerruf im Vorbereitungsdienst sind mit dem Ablauf des Tages aus dem Beamtenverhältnis entlassen, an dem ihnen
1. das Bestehen einer Prüfung oder
2. das endgültige Nichtbestehen einer Prüfung oder vorgeschriebenen Zwischenprüfung

bekannt gegeben worden ist. Im Fall von Satz 1 Nr. 1 endet das Beamtenverhältnis jedoch frühestens nach Ablauf der für den Vorbereitungsdienst im Allgemeinen oder im Einzelfall festgesetzten Zeit.

§ 31
Entlassung durch Verwaltungsakt
(§ 23 BeamtStG)

(1) Das Verlangen nach § 23 Abs. 1 Satz 1 Nr. 4 BeamtStG muss der Dienstvorgesetzten oder dem Dienstvorgesetzten gegenüber erklärt werden. Die Erklärung kann, solange die Entlassungsverfügung noch nicht zugegangen ist, innerhalb von zwei Wochen nach Zugang bei der Dienstvorgesetzten oder dem Dienstvorgesetzten, mit Zustimmung der nach § 32 Abs. 1 für die Entlassung zuständigen Behörde auch nach Ablauf dieser Frist, zurückgenommen werden. Die Entlassung ist für den beantragten Zeitpunkt auszusprechen. Sie kann jedoch solange hinausgeschoben werden, bis die Beamtinnen und Beamten ihre Amtsgeschäfte ordnungsgemäß erledigt haben, längstens drei Monate, bei Schulleiterinnen und Schulleitern sowie Lehrerinnen und Lehrern an öffentlichen Schulen bis zum Ende des laufenden Schulhalbjahres, bei dem beamteten wissenschaftlichen und künstlerischen Personal an Hochschulen bis zum Ablauf des Semesters oder Trimesters.
(2) Die Frist für die Entlassung nach § 23 Abs. 3 BeamtStG beträgt bei einer Beschäftigungszeit
1. bis zu drei Monaten zwei Wochen zum Monatsschluss,

2. von mehr als drei Monaten sechs Wochen zum Schluss eines Kalendervierteljahres.

Als Beschäftigungszeit gilt die Zeit ununterbrochener Tätigkeit im Beamtenverhältnis auf Probe bei demselben Dienstherrn.

(3) Im Falle des § 23 Abs. 3 Satz 1 Nr. 1 BeamtStG ist vor der Entlassung der Sachverhalt in entsprechender Anwendung der §§ 21 bis 29 des Landesdisziplinargesetzes vom 18. März 2003 (GVOBl. Schl.-H. S. 154) aufzuklären. Abweichend von Absatz 2 kann die Entlassung ohne Einhaltung einer Frist erfolgen.

(4) Sind Beamtinnen und Beamte nach § 23 Abs. 3 Satz 1 Nr. 3 BeamtStG entlassen worden, sind sie auf ihre Bewerbung bei gleichwertiger Eignung vorrangig zu berücksichtigen.

(5) Für Beamtinnen und Beamte auf Widerruf, die wegen eines Dienstvergehens entlassen werden sollen, ist Absatz 3 anzuwenden.

§ 32
Zuständigkeit, Verfahren und Wirkung der Entlassung

(1) Die Entlassung nach § 23 BeamtStG wird von der Stelle schriftlich verfügt, die für die Ernennung zuständig wäre. Soweit durch Gesetz, Verordnung oder Satzung nichts anderes bestimmt ist, tritt die Entlassung im Falle des § 23 Abs. 1 Satz 1 Nr. 1 BeamtStG mit der Zustellung, im Übrigen mit dem Ende des Monats wirksam, der auf den Monat folgt, in dem der Beamtin oder dem Beamten die Entlassungsverfügung zugestellt worden ist.

(2) Nach der Entlassung haben frühere Beamtinnen und frühere Beamte keinen Anspruch auf Leistungen des früheren Dienstherrn, soweit gesetzlich nichts anderes bestimmt ist. Sie dürfen die Amtsbezeichnung und die im Zusammenhang mit dem Amt verliehenen Titel nur führen, wenn ihnen die Erlaubnis nach § 57 Abs. 4 erteilt worden ist.

§ 33
Wirkung des Verlustes der Beamtenrechte und eines Wiederaufnahmeverfahrens (§ 24 BeamtStG)

(1) Endet das Beamtenverhältnis nach § 24 Abs. 1 BeamtStG, haben frühere Beamtinnen oder frühere Beamte keinen Anspruch auf Leistungen des früheren Dienstherrn, soweit gesetzlich nichts anderes bestimmt ist. Sie dürfen die Amtsbezeichnung und die im Zusammenhang mit dem Amt verliehenen Titel nicht führen.

(2) Wird eine Entscheidung, durch die der Verlust der Beamtenrechte bewirkt worden ist, im Wiederaufnahmeverfahren durch eine Entscheidung ersetzt, die diese Wirkung nicht hat, hat die Beamtin oder der Beamte, sofern sie oder er die Altersgrenze noch nicht erreicht hat und noch dienstfähig ist, Anspruch auf Übertragung eines Amtes derselben oder einer vergleichbaren Laufbahn wie das bisherige Amt und mit mindestens demselben Grundgehalt. Bis zur Übertragung des neuen Amtes erhält sie oder er, auch für die zurückliegende Zeit, die Leistungen des Dienstherrn, die ihr oder ihm aus dem bisherigen Amt zugestanden hätten. Die Sätze 1 und 2 gelten entsprechend für Beamtinnen und Beamte auf Zeit, auf Probe und auf Widerruf; für Beamtinnen und Beamte auf Zeit jedoch nur insoweit, als ihre Amtszeit noch nicht abgelaufen ist.

(3) Ist aufgrund des im Wiederaufnahmeverfahren festgestellten Sachverhalts oder aufgrund eines rechtskräftigen Strafurteils, das nach der früheren Entscheidung ergangen ist, ein Disziplinarverfahren mit dem Ziel der Entfernung aus dem Beamtenverhältnis eingeleitet worden, verlieren Beamtinnen und Beamte die ihnen zustehenden Ansprüche, wenn auf Entfernung aus dem Beamtenverhältnis erkannt wird; bis zur rechtskräftigen Entscheidung können die Ansprüche nicht geltend gemacht werden. Satz 1 gilt entsprechend in Fällen der Entlassung von Beamtinnen auf Probe und auf Widerruf sowie von Beamten auf Probe oder auf Widerruf wegen eines Verhaltens nach § 23 Abs. 3 Satz 1 Nr. 1 BeamtStG.

(4) Beamtinnen und Beamte müssen sich auf die ihnen im Falle des § 24 Abs. 2 BeamtStG zustehenden Dienstbezüge ein anderes Arbeitseinkommen oder einen Unterhaltsbeitrag anrechnen lassen; sie sind zur Auskunft hierüber verpflichtet.

§ 34
Gnadenrecht

(1) Der Ministerpräsidentin oder dem Ministerpräsidenten steht hinsichtlich des Verlustes der Beamtenrechte (§ 24 BeamtStG) das Gnadenrecht zu.

(2) Wird im Gnadenwege der Verlust der Beamtenrechte in vollem Umfang beseitigt, gilt von diesem Zeitpunkt ab § 33 Abs. 2 bis 4 entsprechend.

Unterabschnitt 2
Ruhestand und einstweiliger Ruhestand

§ 35
Ruhestand wegen Erreichen der Altersgrenze (§ 25 BeamtStG)

(1) Für Beamtinnen und Beamte bildet die Vollendung des 67. Lebensjahres die Altersgrenze. Für einzelne Beamtengruppen kann durch Gesetz eine andere Altersgrenze bestimmt werden. Beamtinnen und Beamte auf Lebenszeit und auf Zeit treten mit dem Ende des Monats in den Ruhestand, in dem sie die Altersgrenze erreichen. Abweichend hiervon treten Lehrerinnen und Lehrer mit Ablauf des letzten Monats des Schulhalbjahres, das beamtete wissenschaftliche und künstlerische Personal an Hochschulen mit Ablauf des letzten Monats des Semesters oder Trimesters, in welchem die Altersgrenze erreicht wird, in den Ruhestand.

(2) Beamtinnen und Beamte auf Lebenszeit oder auf Zeit, die vor dem 1. Januar 1947 geboren sind, erreichen die Regelaltersgrenze mit Vollendung des 65. Lebensjahres. Für Beamtinnen und Beamte auf Lebenszeit oder auf Zeit, die nach dem 31. Dezember 1946 geboren sind, wird die Regelaltersgrenze wie folgt angehoben:

Geburtsjahr	Anhebung um Monate	Altersgrenze Jahr	Monat
1947	1	65	1
1948	2	65	2
1949	3	65	3
1950	4	65	4
1951	5	65	5
1952	6	65	6
1953	7	65	7
1954	8	65	8
1955	9	65	9
1956	10	65	10
1957	11	65	11
1958	12	66	0
1959	14	66	2
1960	16	66	4
1961	18	66	6
1962	20	66	8
1963	22	66	10

(3) Beamtinnen und Beamte auf Lebenszeit, denen
1. Altersteilzeit nach § 88 a Abs. 3 Satz 4 des Landesbeamtengesetzes in der bis zum 31. März 2009 geltenden Fassung,
2. bis zum Eintritt in den Ruhestand
   a) eine Teilzeitbeschäftigung nach § 88 a Abs. 1 in Verbindung mit § 88 Abs. 5 des Landesbeamtengesetzes in der bis zum 31. März 2009 geltenden Fassung oder
   b) Urlaub nach § 88 c Abs. 1 Nr. 2 des Landesbeamtengesetzes in der bis zum 31. März 2009 geltenden Fassung

bewilligt worden ist, erreichen die Altersgrenze mit Vollendung des 65. Lebensjahres.

(4) Die oberste Dienstbehörde kann den Eintritt in den Ruhestand um bis zu drei Jahre hinausschieben
1. aus dienstlichen Gründen mit Zustimmung der Beamtin oder des Beamten oder
2. auf Antrag der Beamtin oder des Beamten, wenn dienstliche Interessen nicht entgegenstehen.

Das für Hochschulen zuständige Ministerium kann seine Befugnis nach Satz 1 auf die Hochschulen übertragen.

(5) Für hauptamtliche Wahlbeamtinnen und Wahlbeamte der kommunalen Körperschaften gilt keine gesetzliche Altersgrenze[3]. Die §§ 36 und 45 Abs. 1 bleiben unberührt.

§ 36
Ruhestand auf Antrag

(1) Beamtinnen und Beamte auf Lebenszeit oder auf Zeit können auf Antrag in den Ruhestand versetzt werden, wenn sie das 63. Lebensjahr vollendet haben.

(2) Beamtinnen und Beamte auf Lebenszeit oder auf Zeit, die schwerbehindert im Sinne des § 2 Abs. 2 des Neunten Buches Sozialgesetzbuch vom 19. Juni 2001 (BGBl. I S. 1046), zuletzt geändert durch Artikel 5 des Gesetzes vom 22. Dezember 2008 (BGBl. I S. 2959), sind, können auf Antrag in den Ruhestand versetzt werden, wenn sie das 62. Lebensjahr vollendet haben.

(3) Beamtinnen und Beamte auf Lebenszeit oder auf Zeit, die schwerbehindert im Sinne des § 2 Abs. 2 des Neunten Buches Sozialgesetzbuch sind und vor dem 1. Januar 1952 geboren sind, können auf ihren Antrag in den Ruhestand versetzt werden, wenn sie das 60. Lebensjahr vollendet haben. Für Beamtinnen und Beamte auf Lebenszeit oder auf Zeit, die schwerbehindert im Sinne des § 2 Abs. 2 des Neunten Buches Sozialgesetzbuch sind und nach dem 31. Dezember 1951 geboren sind, wird die Altersgrenze wie folgt angehoben:

Geburtsjahr	Anhebung um Monate	Altersgrenze Jahr	Monat
1952	1	60	1
1953	2	60	2
1954	3	60	3
1955	4	60	4
1956	5	60	5
1957	6	60	6
1958	7	60	7
1959	8	60	8
1960	9	60	9
1961	10	60	10
1962	11	60	11
1963	12	61	0
1964	14	61	2
1965	16	61	4
1966	18	61	6
1967	20	61	8
1968	22	61	10

Satz 1 gilt entsprechend für am 1. Januar 2011 vorhandene und im Sinne des § 2 Abs. 2 des Neunten Buches Sozialgesetzbuch schwer behinderte Beamtinnen und Beamte auf Lebenszeit, die vor dem 1. Januar 2011 eine bis zum Beginn des Ruhestandes bewilligte
1. Teilzeitbeschäftigung nach § 61 Abs. 1 Satz 2 oder nach § 88 a Abs. 1 in Verbindung mit § 88 Abs. 5 des Landesbeamtengesetzes in der bis zum 31. März 2009 geltenden Fassung oder
2. Altersteilzeit nach § 63 Abs. 1 Satz 4 oder nach § 88 a Abs. 3 Satz 4 des Landesbeamtengesetzes in der bis zum 31. März 2009 geltenden Fassung oder
3. Beurlaubung nach § 64 Abs. 1 Nr. 2 oder nach § 88 c Abs. 1 Nr. 2 des Landesbeamtengesetzes in der bis zum 31. März 2009 geltenden Fassung

angetreten haben.

(4) Beamtinnen und Beamte auf Lebenszeit mit Dienstbezügen, die das 60. Lebensjahr vollendet haben und in Verwaltungsbereichen beschäftigt sind, in denen ein Personalüberhang besteht, können auf ihren Antrag in den Ruhestand versetzt werden, wenn dienstliche Belange nicht entgegenstehen und entsprechende Planstellen oder ein Äquivalent eingespart werden. Die Verwaltungsbereiche nach Satz 1 werden durch die Landesregierung bestimmt. Im Bereich der der Aufsicht des Landes unterstehenden Körperschaften des öffentlichen Rechts mit und ohne Gebietshoheit und rechtsfähigen Anstalten und Stiftungen des öffentlichen Rechts trifft die oberste Dienstbehörde diese Bestimmung mit Zustimmung der Aufsichtsbehörde. Für die Beamtinnen und Beamten des Landtages trifft die Landtagspräsidentin oder der Landtagspräsident, für die Beamtinnen und Beamten des Landesrechnungshofs trifft die Präsidentin oder der Präsident des Landesrechnungshofs die erforderlichen Regelungen.

(5) § 35 Absatz 1 Satz 4 gilt in den Fällen der Absätze 1 bis 3 entsprechend.

§ 37
Einstweiliger Ruhestand (§ 30 BeamtStG)

Die Ministerpräsidentin oder der Ministerpräsident kann auf Vorschlag der Landesregierung Beamtinnen und Beamte jederzeit in den einstweiligen Ruhestand versetzen, wenn ihnen eines der folgenden Ämter übertragen worden ist:
1. Staatssekretärin oder Staatssekretär,
2. Regierungssprecherin oder Regierungssprecher der Landesregierung.

§ 38
Einstweiliger Ruhestand bei Umbildung von Körperschaften

Die Frist, innerhalb derer Beamtinnen und Beamte nach § 18 Abs. 2 BeamtStG oder nach § 27 Abs. 3 dieses Gesetzes in Verbindung mit § 18 Abs. 2 BeamtStG in den einstweiligen Ruhestand versetzt werden können, beträgt ein Jahr.

§ 39
Einstweiliger Ruhestand bei Umbildung und Auflösung von Behörden (§ 31 BeamtStG)

Die Versetzung in den einstweiligen Ruhestand ist nur zulässig, soweit aus Anlass der Auflösung oder Umbildung Planstellen eingespart werden. Die Versetzung in den einstweiligen Ruhestand kann nur innerhalb einer Frist von einem Jahr nach Auflösung oder Umbildung der Behörde ausgesprochen werden.

§ 40
Beginn des einstweiligen Ruhestandes

Der einstweilige Ruhestand beginnt mit dem Zeitpunkt, in dem die Versetzung in den Ruhestand der Beamtin oder dem Beamten bekannt gegeben wird. Ein späterer Zeitpunkt kann festgesetzt werden; in diesem Fall beginnt der einstweilige Ruhestand spätestens mit dem Ende der drei Monate, die auf den Monat der Bekanntgabe folgen. Die Verfügung kann bis zum Beginn des einstweiligen Ruhestandes zurückgenommen werden.

---

[3] Übergangsregelung gemäß Art. 5 Abs. 2 Satz 1 des Gesetzes vom 5.5.2015 (GVOBl. Schl.-H. S. 105): Für hauptamtliche Wahlbeamtinnen und Wahlbeamte der kommunalen Körperschaften, die in der am 29.5.2015 laufenden Amtszeit das 68. Lebensjahr vollenden, gilt dieser Zeitpunkt als gesetzliche Altersgrenze gemäß § 35 Abs. 5 LBG bisheriger Fassung.

Unterabschnitt 3
Dienstunfähigkeit

§ 41
Verfahren bei Dienstunfähigkeit und begrenzter Dienstfähigkeit
(§§ 26, 27 BeamtStG)

(1) Bestehen Zweifel an der Dienstfähigkeit der Beamtin oder des Beamten, ist sie oder er verpflichtet, sich nach Weisung der oder des Dienstvorgesetzten ärztlich untersuchen und, falls die Ärztin oder der Arzt es für erforderlich hält, auch beobachten zu lassen. Kommt die Beamtin oder der Beamte trotz wiederholter schriftlicher Weisung ohne hinreichenden Grund dieser Verpflichtung nicht nach, kann sie oder er so behandelt werden, als ob Dienstunfähigkeit vorläge.

(2) Die Frist nach § 26 Abs. 1 Satz 2 BeamtStG beträgt sechs Monate.

(3) Stellt die oder der Dienstvorgesetzte aufgrund des ärztlichen Gutachtens (§ 44) die Dienstunfähigkeit der Beamtin oder des Beamten fest, entscheidet die nach § 45 Abs. 2 zuständige Behörde über die Versetzung in den Ruhestand. Die über die Versetzung in den Ruhestand entscheidende Behörde ist an die Erklärung der oder des Dienstvorgesetzten nicht gebunden; sie kann auch andere Beweise erheben.

(4) Werden Rechtsbehelfe gegen die Verfügung über die Versetzung in den Ruhestand eingelegt, werden mit Beginn des auf die Zustellung der Verfügung folgenden Monats die Dienstbezüge einbehalten, die das Ruhegehalt übersteigen.

(5) In den Fällen der begrenzten Dienstfähigkeit (§ 27 BeamtStG) gelten Absatz 1 Satz 1 und die Absätze 2 bis 4 sowie § 45 Abs. 2 und 4 entsprechend. § 73 Abs. 1 Satz 1 gilt mit der Maßgabe, dass die durchschnittliche zeitliche Beanspruchung durch eine oder mehrere Nebentätigkeiten ein Fünftel der nach § 27 Abs. 2 BeamtStG verminderten Arbeitszeit überschreitet.

§ 42
Ruhestand bei Beamtenverhältnis auf Probe
(§ 28 BeamtStG)

Die Entscheidung über die Versetzung in den Ruhestand nach § 28 Abs. 2 BeamtStG von Beamtinnen und Beamten auf Probe trifft die oberste Dienstbehörde im Einvernehmen mit dem Finanzministerium. Die oberste Dienstbehörde kann ihre Befugnis im Einvernehmen mit dem Finanzministerium auf andere Behörden übertragen.

§ 43
Wiederherstellung der Dienstfähigkeit
(§ 29 BeamtStG)

(1) Die Frist, innerhalb derer Ruhestandsbeamtinnen oder Ruhestandsbeamte bei wiederhergestellter Dienstfähigkeit die erneute Berufung in das Beamtenverhältnis verlangen können (§ 29 Abs. 1 BeamtStG), beträgt zehn Jahre.

(2) Die Dienstfähigkeit der Ruhestandsbeamtin oder des Ruhestandsbeamten nach § 29 Abs. 5 Satz 1 BeamtStG kann alle zwei Jahre überprüft werden; in begründeten Fällen kann die Dienstfähigkeit auch früher überprüft werden. § 44 Abs. 2 gilt entsprechend. Von einer regelmäßigen Nachprüfung ist abzusehen, wenn von dem nach § 44 Abs. 1 zuständigen Ärztin oder dem nach § 44 Abs. 1 zuständigen Arzt die Feststellung getroffen wurde, dass aufgrund des Krankheitsbildes eine Wiederherstellung der Dienstfähigkeit auszuschließen ist.

(3) Nach Ablauf von zehn Jahren seit Eintritt in den Ruhestand ist eine erneute Berufung in das Beamtenverhältnis nur mit Zustimmung der Ruhestandsbeamtin oder des Ruhestandsbeamten zulässig. Der Lauf der Zehnjahresfrist nach Satz 1 ist so lange gehemmt, wie eine ärztliche Untersuchung (§ 44) aus von der Ruhestandsbeamtin oder dem Ruhestandsbeamten zu vertretenden Gründen nicht stattfinden kann.

(4) Kommt die Ruhestandsbeamtin oder der Ruhestandsbeamte trotz wiederholter schriftlicher Weisung ohne hinreichenden Grund der Verpflichtung nach § 29 Abs. 5 Satz 1 BeamtStG nicht nach, kann sie oder er so behandelt werden, als ob Dienstfähigkeit vorläge.

§ 44
Ärztliche Untersuchung

(1) Die ärztliche Untersuchung wird von Amtsärztinnen und Amtsärzten, beamteten Ärztinnen oder Ärzten oder sonstigen von der Behörde bestimmten Ärztinnen oder Ärzten durchgeführt. Die Behörde hat die Beamtin oder den Beamten in ihrer Aufforderung zur ärztlichen Untersuchung auf deren Zweck hinzuweisen.

(2) Die Ärztin oder der Arzt teilt der Behörde die wesentlichen Feststellungen und Gründe des Ergebnisses der ärztlichen Untersuchung mit.

Unterabschnitt 4
Gemeinsame Bestimmungen

§ 45
Beginn des Ruhestandes, Zuständigkeiten

(1) Der Eintritt oder die Versetzung in den Ruhestand setzt eine Wartezeit von fünf Jahren nach Maßgabe des Beamtenversorgungsrechts voraus.

(2) Die Versetzung in den Ruhestand wird, soweit durch Gesetz, Verordnung oder Satzung nichts anderes bestimmt ist, von der Behörde verfügt, die für die Ernennung der Beamtin oder des Beamten zuständig wäre. Die Verfügung ist der Beamtin oder dem Beamten schriftlich zuzustellen; sie kann bis zum Beginn des Ruhestands zurückgenommen werden.

(3) Der Ruhestand beginnt, soweit gesetzlich nichts anderes bestimmt ist, mit dem Ende des Monats, in dem die Verfügung über die Versetzung in den Ruhestand der Beamtin oder dem Beamten zugestellt worden ist. Auf Antrag oder mit ausdrücklicher Zustimmung der Beamtin oder des Beamten kann ein anderer Zeitpunkt festgesetzt werden.

Abschnitt VI
Rechtliche Stellung im Beamtenverhältnis

Unterabschnitt 1
Allgemeines

§ 46
Verschwiegenheitspflicht, Aussagegenehmigung
(§ 37 BeamtStG)

(1) Die Kontaktstelle zur Bekämpfung der Korruption in Schleswig-Holstein ist eine außerdienstliche Stelle im Sinne des § 37 Abs. 2 Satz 1 Nr. 3 BeamtStG.

(2) Die Genehmigung nach § 37 Abs. 3 BeamtStG erteilt die oder der Dienstvorgesetzte oder, wenn das Beamtenverhältnis beendet ist, die oder der letzte Dienstvorgesetzte.

(3) Sind Aufzeichnungen (§ 37 Abs. 6 BeamtStG) auf Bild-, Ton- oder Datenträgern gespeichert, die körperlich nicht herausgegeben werden können oder bei denen eine Herausgabe nicht zumutbar ist, sind diese Aufzeichnungen auf Verlangen dem Dienstherrn zu übermitteln und zu löschen. Die Beamtin oder der Beamte hat auf Verlangen über die nach Satz 1 zu löschenden Aufzeichnungen Auskunft zu geben.

§ 47
Diensteid
(§ 38 BeamtStG)

(1) Die Beamtin oder der Beamte hat folgenden Diensteid zu leisten:

„Ich schwöre, das Grundgesetz für die Bundesrepublik Deutschland, die Landesverfassung und alle in der Bundesrepublik Deutschland geltenden Gesetze zu wahren und meine Amtspflichten gewissenhaft zu erfüllen, so wahr mir Gott helfe."

(2) Der Eid kann auch ohne die Worte „so wahr mir Gott helfe" geleistet werden.

(3) Erklärt eine Beamtin oder ein Beamter, dass sie oder er aus Glaubens- oder Gewissensgründen keinen Eid leisten wolle, kann sie oder er anstelle der Worte „Ich schwöre" eine andere Beteuerungsformel sprechen.

(4) In den Fällen, in denen nach § 7 Abs. 3 BeamtStG eine Ausnahme von § 7 Abs. 1 Nr. 1 BeamtStG zugelassen worden ist, kann von einer Eidesleistung abgesehen werden. Die Beamtin oder der Beamte hat, sofern gesetzlich nichts anderes bestimmt ist, zu geloben, dass sie oder er ihre oder seine Amtspflichten gewissenhaft erfüllen wird.

(5) Die gesetzlichen Vorschriften über die Vereidigung der kommunalen Wahlbeamtinnen und Wahlbeamten bleiben unberührt.

§ 48
Verbot der Führung der Dienstgeschäfte
(§ 39 BeamtStG)

(1) Über das Verbot der Führung der Dienstgeschäfte nach § 39 BeamtStG entscheidet die oder der Dienstvorgesetzte.

(2) Wird einer Beamtin oder einem Beamten die Führung ihrer oder seiner Dienstgeschäfte verboten, können ihr oder ihm auch das Tragen der Dienstkleidung und Ausrüstung, der Aufenthalt in den Diensträumen oder in den dienstlichen Unterkünften und die Führung der dienstlichen Ausweise und Abzeichen untersagt werden.

§ 49
Verbot der Annahme von
Belohnungen und Geschenken
(§ 42 BeamtStG)

(1) Ausnahmen nach § 42 Abs. 1 BeamtStG erteilt die oberste Dienstbehörde oder die letzte oberste Dienstbehörde. Die Befugnis kann auf andere Stellen übertragen werden.

(2) Für den Umfang des Herausgabeanspruchs nach § 42 Abs. 2 BeamtStG gelten die Vorschriften des Bürgerlichen Gesetzbuches über die Herausgabe einer ungerechtfertigten Bereicherung entsprechend. Die Herausgabepflicht nach Satz 1 umfasst auch die Pflicht, dem Dienstherrn Auskunft über Art, Umfang und Verbleib des Erlangten zu geben.

§ 50
Dienstvergehen von Ruhestandsbeamtinnen
und Ruhestandsbeamten
(§ 47 BeamtStG)

Bei Ruhestandsbeamtinnen und Ruhestandsbeamten oder früheren Beamtinnen und Beamten mit Versorgungsbezügen gilt es als Dienstvergehen auch, wenn sie

1. entgegen § 29 Abs. 2 oder 3 oder entgegen § 30 Abs. 3 in Verbindung mit § 29 Abs. 2 BeamtStG einer erneuten Berufung in das Beamtenverhältnis schuldhaft nicht nachkommen,
2. ihre Verpflichtung nach § 29 Abs. 4 oder 5 Satz 1 BeamtStG verletzen oder
3. bei der Abrechnung der ihnen gemäß § 80 zustehenden Beihilfe in Krankheits-, Pflege- und Geburtsfällen Manipulationen zum Nachteil der beihilfegewährenden Stelle vornehmen.

§ 51
Schadensersatz
(§ 48 BeamtStG)

(1) Hat der Dienstherr Dritten Schadensersatz geleistet, gilt als Zeitpunkt, in dem der Dienstherr Kenntnis im Sinne der Verjährungsvorschriften des Bürgerlichen Gesetzbuchs erlangt, der Zeitpunkt, in dem der Ersatzanspruch gegenüber dem Dritten vom Dienstherrn anerkannt oder dem Dienstherrn gegenüber rechtskräftig festgestellt wird.

(2) Leistet die Beamtin oder der Beamte dem Dienstherrn Ersatz und hat dieser einen Ersatzanspruch gegen einen Dritten, geht der Ersatzanspruch auf die Beamtin oder den Beamten über.

§ 52
Übergang von Schadensersatzansprüchen

(1) Werden Beamtinnen oder Beamte oder Versorgungsberechtigte oder deren Angehörige verletzt oder getötet, geht ein gesetzlicher Schadensersatzanspruch, der diesen Personen infolge der Körperverletzung oder der Tötung gegen einen Dritten zusteht, insoweit auf den Dienstherrn über, als dieser

1. während einer auf der Körperverletzung beruhenden Aufhebung der Dienstfähigkeit oder
2. infolge der Körperverletzung oder Tötung

zur Gewährung von Leistungen verpflichtet ist. Ist eine Versorgungskasse zur Gewährung der Versorgung verpflichtet, geht der Anspruch auf sie über. Übergegangene Ansprüche dürfen nicht zum Nachteil der oder des Verletzten oder der Hinterbliebenen geltend gemacht werden.

(2) Absatz 1 gilt für Altersgeldberechtigte und deren Hinterbliebene entsprechend.

§ 53
Ausschluss und Befreiung von Amtshandlungen

§§ 81 und 81 a des Landesverwaltungsgesetzes gelten entsprechend für dienstliche Tätigkeiten außerhalb eines Verwaltungsverfahrens.

§ 54
Wohnungswahl, Dienstwohnung

(1) Beamtinnen oder Beamte haben ihre Wohnung so zu nehmen, dass sie in der ordnungsgemäßen Wahrnehmung ihrer Dienstgeschäfte nicht beeinträchtigt werden.

(2) Wenn die dienstlichen Verhältnisse es erfordern, kann die oder der Dienstvorgesetzte die Beamtin oder den Beamten anweisen, die Wohnung innerhalb bestimmter Entfernung von der Dienststelle zu nehmen oder eine Dienstwohnung zu beziehen.

§ 55
Aufenthalt in erreichbarer Nähe

Wenn und solange besondere dienstliche Verhältnisse es dringend erfordern, kann die Beamtin oder der Beamte angewiesen werden, sich während der dienstfreien Zeit in erreichbarer Nähe ihres oder seines Dienstortes aufzuhalten.

§ 56
Dienstkleidungsvorschriften

Beamtinnen und Beamte sind verpflichtet Dienstkleidung zu tragen, wenn dies bei der Ausübung des Dienstes üblich oder erforderlich ist. Die Vorschriften über die Dienstkleidung erlässt die zuständige oberste Landesbehörde.

§ 57
Amtsbezeichnung

(1) Die Ministerpräsidentin oder der Ministerpräsident setzt die Amtsbezeichnungen der Beamtinnen und Beamten fest, soweit gesetzlich nichts anderes bestimmt ist oder sie oder er die Ausübung dieser Befugnis nicht anderen Stellen überträgt.

(2) Beamtinnen und Beamte führen im Dienst die Amtsbezeichnung des ihnen übertragenen Amtes. Sie dürfen sie auch außerhalb des Dienstes führen. Nach dem Wechsel in ein anderes Amt dürfen sie die bisherige Amtsbezeichnung nicht mehr führen. Ist das neue Amt mit einem niedrigeren Grundgehalt verbunden, darf neben der neuen Amtsbezeichnung die des früheren Amtes mit dem Zusatz „außer Dienst" oder „a. D." geführt werden. Bei dem Wechsel in ein anderes Amt infolge von Organisationsmaßnahmen darf die bisherige Amtsbezeichnung auch geführt werden, wenn das neue Amt mit demselben Grundgehalt verbunden ist.

(3) Ruhestandsbeamtinnen und Ruhestandsbeamte dürfen die ihnen bei der Versetzung in den Ruhestand zustehende Amtsbezeichnung mit dem Zusatz „außer Dienst" oder „a. D." und die im Zusammenhang mit dem Amt verliehenen Titel weiter führen. Ändert sich die Bezeichnung des früheren Amtes, darf die geänderte Amtsbezeichnung geführt werden.

(4) Einer entlassenen Beamtin oder einem entlassenen Beamten kann die für sie oder ihn zuletzt zuständige oberste Dienstbehörde die Erlaubnis erteilen, die Amtsbezeichnung mit dem Zusatz „außer Dienst" oder „a. D." sowie die im Zusammenhang mit dem Amt verliehenen Titel zu führen. Die Erlaubnis kann widerrufen werden, wenn die frühere Beamtin oder der frühere Beamte sich ihrer als nicht würdig erweist.

§ 58
Dienstjubiläen

(1) Die Beamtinnen und Beamten werden bei Dienstjubiläen durch Aushändigung einer Dankurkunde und Gewährung einer Jubiläumszuwendung geehrt.

(2) Das Nähere regelt die Landesregierung durch Verordnung. In ihr kann bestimmt werden, dass der Beamtin oder dem Beamten, gegen die oder den die Disziplinarmaßnahme einer Kürzung der Dienstbezüge oder einer Zurückstufung verhängt oder aufgrund des § 14 Abs. 1 des Landesdisziplinargesetzes nicht verhängt worden ist, eine Jubiläumszuwendung nicht gewährt wird.

§ 59
Dienstliche Beurteilung, Dienstzeugnis

(1) Eignung, Befähigung und fachliche Leistung der Beamtinnen und Beamten sind dienstlich zu beurteilen. Erfolgt eine Auswahlentscheidung auch auf der Grundlage dienstlicher Beurteilungen, besitzen die Beurteilungen hinreichende Aktualität, deren Ende des Beurteilungszeitraumes zum Zeitpunkt der Auswahlentscheidung nicht länger als drei Jahre zurückliegt.

(2) Beamtinnen und Beamten wird auf Antrag ein Dienstzeugnis über Art und Dauer der bekleideten Ämter erteilt, wenn sie daran ein berechtigtes Interesse haben oder das Beamtenverhältnis beendet ist. Das Dienstzeugnis muss auf Verlangen auch über die ausgeübte Tätigkeit und die erbrachten Leistungen Auskunft geben.

Unterabschnitt 2
Arbeitszeit und Urlaub

§ 60
Regelmäßige Arbeitszeit, Bereitschaftsdienst, Mehrarbeit

(1) Die regelmäßige Arbeitszeit darf wöchentlich im Durchschnitt 41 Stunden nicht überschreiten.

(2) Soweit der Dienst in Bereitschaft besteht, kann die regelmäßige Arbeitszeit entsprechend den dienstlichen Bedürfnissen angemessen verlängert werden. Sie soll grundsätzlich wöchentlich im Durchschnitt 48 Stunden nicht überschreiten.

(3) Beamtinnen und Beamte sind verpflichtet, ohne Entschädigung über die regelmäßige Arbeitszeit hinaus Dienst zu tun, wenn zwingende dienstliche Verhältnisse dies erfordern und sich die Mehrarbeit auf Ausnahmefälle beschränkt. Werden sie durch eine dienstlich angeordnete oder genehmigte Mehrarbeit mehr als fünf Stunden im Monat über die regelmäßige Arbeitszeit hinaus beansprucht, ist ihnen innerhalb eines Jahres für die über die regelmäßige Arbeitszeit hinaus geleistete Mehrarbeit entsprechende Dienstbefreiung zu gewähren. Bei teilzeitbeschäftigten Beamtinnen und Beamten ist die Mindestdauer der Mehrarbeit nach Satz 2 im Verhältnis der ermäßigten zur regelmäßigen Arbeitszeit herabzusetzen. Ist die Dienstbefreiung aus zwingenden dienstlichen Gründen nicht möglich, können an ihrer Stelle Beamtinnen und Beamte in Besoldungsgruppen mit aufsteigenden Gehältern eine Mehrarbeitsvergütung erhalten.

(4) Das Nähere, insbesondere zur Dauer der Arbeitszeit, zu Möglichkeiten ihrer flexiblen Ausgestaltung, Verteilung und Bezugszeiträumen einschließlich Pausen und Ruhezeiten und zu Einzelheiten der Gewährung einer Ausgleichszahlung im Falle der endgültigen Verhinderung der Inanspruchnahme eines Zeitausgleichs für Zeitguthaben, regelt die Landesregierung durch Verordnung.

§ 61
Teilzeitbeschäftigung
(§ 43 BeamtStG)

(1) Beamtinnen und Beamten mit Dienstbezügen soll auf Antrag Teilzeitbeschäftigung mit mindestens der Hälfte der regelmäßigen Arbeitszeit bewilligt werden, soweit dienstliche Belange nicht entgegenstehen. Unter den gleichen Voraussetzungen kann die Teilzeitbeschäftigung für einen Zeitraum bis zu sieben Jahren auch in der Weise bewilligt werden,

1. dass dabei der Teil, um den die Arbeitszeit ermäßigt ist, zu einem ununterbrochenen Zeitraum zusammengefasst wird, der am Ende der bewilligten Teilzeitbeschäftigung liegen muss (Freistellungsphase) oder
2. dass am Ende des Bewilligungszeitraums eine Arbeitszeitreduzierung steht, die durch eine entsprechend höhere Arbeitszeit in der Anfangsphase erbracht wird.

(2) Während der Teilzeitbeschäftigung nach Absatz 1 und Absatz 4 dürfen entgeltliche Tätigkeiten nur in dem Umfang ausgeübt werden wie es Vollzeitbeschäftigten gestattet ist. Ausnahmen können zugelassen werden, soweit durch die Tätigkeiten dienstliche Pflichten nicht verletzt werden.

(3) Die oder der Dienstvorgesetzte kann nachträglich die Dauer der Teilzeitbeschäftigung beschränken oder den Umfang der zu leistenden Arbeitszeit erhöhen, soweit zwingende dienstliche Belange dies erfordern. Sie oder er hat eine Änderung des Umfangs der Teilzeitbeschäftigung oder den Übergang zur Vollzeitbeschäftigung zuzulassen, wenn der Beamtin oder dem Beamten die Teilzeitbeschäftigung im bisherigen Umfang nicht mehr zugemutet werden kann und dienstliche Belange nicht entgegenstehen.

(4) Beamtinnen und Beamten im Vorbereitungsdienst, bei denen zum Zeitpunkt der Antragstellung die Schwerbehinderteneigenschaft nach § 2 Absatz 2 oder die Gleichstellung nach § 2 Absatz 3 des Neunten Buches Sozialgesetzbuch festgestellt ist, soll auf Antrag Teilzeitbeschäftigung mit mindestens der Hälfte der regelmäßigen Arbeitszeit bewilligt werden, soweit dienstliche Belange nicht entgegenstehen.

§ 62
Teilzeitbeschäftigung und Beurlaubung aus familiären Gründen

(1) Beamtinnen und Beamten mit Dienstbezügen ist auf Antrag

1. Teilzeitbeschäftigung mit mindestens 25 % der regelmäßigen Arbeitszeit,
2. Urlaub ohne Dienstbezüge

zu bewilligen, wenn sie mindestens ein Kind unter 18 Jahren oder eine sonstige pflegebedürftige Angehörige oder einen sonstigen pflegebedürftigen Angehörigen tatsächlich betreuen oder pflegen und zwingende dienstliche Belange der Bewilligung nicht entgegenstehen. Der Bewilligung einer Teilzeitbeschäftigung nach Satz 1 Nummer 1 im Umfang von 25 % bis unter 50 % dürfen dienstliche Belange nicht entgegenstehen. Beamtinnen und Beamten im Vorbereitungsdienst kann aus den in Satz 1 genannten Gründen Teilzeitbeschäftigung mit mindestens der Hälfte der regelmäßigen Arbeitszeit bewilligt werden, wenn dienstliche Belange nicht entgegenstehen. Die Pflegebedürftigkeit ist durch Vorlage eines ärztlichen Gutachtens oder einer Bescheinigung der Pflegekasse oder des Medizinischen Dienstes der Krankenversicherung oder durch Vorlage einer entsprechenden Bescheinigung einer privaten Krankenversicherung nachzuweisen.

(2) Während einer Freistellung vom Dienst nach Absatz 1 dürfen nur solche Nebentätigkeiten ausgeübt werden, die dem Zweck der Freistellung nicht zuwiderlaufen.

(3) § 61 Abs. 3 Satz 2 gilt entsprechend.

(4) Der Dienstherr hat durch geeignete Maßnahmen den aus familiären Gründen Beurlaubten die Verbindung zum Beruf und den beruflichen Wiedereinstieg zu erleichtern.

§ 62 a
Familienpflegezeit

(1) Beamtinnen und Beamten mit Dienstbezügen ist auf Antrag für die Dauer von längstens 48 Monaten Teilzeitbeschäftigung als Familienpflegezeit zur Pflege einer oder eines pflegebedürftigen Angehörigen zu bewilligen, es sei denn, dass zwingende dienstliche Belange entgegenstehen. Der Bewilligung einer Familienpflegezeit mit tatsächlicher Arbeitszeit in der Pflegephase im Umfang von 25 % bis unter 50 % der regelmäßigen Arbeitszeit und in den Fällen des Absatzes 2 Satz 3 dürfen dienstliche Belange nicht entgegenstehen. Beamtinnen und Beamten im Vorbereitungs-

dienst kann Familienpflegezeit mit tatsächlicher Arbeitszeit in der Pflegephase im Umfang mit mindestens der Hälfte der regelmäßigen Arbeitszeit bewilligt werden, wenn dienstliche Belange nicht entgegenstehen. Die Pflegebedürftigkeit ist durch Vorlage eines ärztlichen Gutachtens oder einer Bescheinigung der Pflegekasse oder des Medizinischen Dienstes der Krankenversicherung oder durch Vorlage einer entsprechenden Bescheinigung einer privaten Krankenversicherung nachzuweisen.

(2) Die Teilzeitbeschäftigung wird in der Weise bewilligt, dass die Beamtinnen und Beamten ihre tatsächliche Arbeitszeit während einer zusammenhängenden Pflegephase bis zu längstens 24 Monaten um den Anteil der reduzierten Arbeitszeit ermäßigen, welcher mit Beendigung der Pflegephase in der ebenso langen Nachpflegephase erbracht wird. In der Pflegephase muss unbeschadet der Regelung des Satzes 3 mindestens 25 % der regelmäßigen Arbeitszeit erbracht werden. Die Teilzeitbeschäftigung kann auch in der Weise bewilligt werden, dass in der Pflegephase der Teil, um den die Arbeitszeit während der Familienpflegezeit ermäßigt ist, zu einem ununterbrochenen Zeitraum von bis zu sechs Monaten zusammengefasst wird. Eine nachträgliche Verlängerung der Pflegephase auf bis zu sechs Monate im Falle des Satzes 3 oder bis zu 24 Monate im Falle des Satzes 1 ist möglich.

(3) Für die Bemessung der Höhe der monatlichen Dienstbezüge gilt § 7 Absatz 1 und 2 Besoldungsgesetz Schleswig-Holstein (SHBesG) entsprechend für den Durchschnitt der reduzierten Arbeitszeit zur regelmäßigen Arbeitszeit im Zeitraum der Pflege- und Nachpflegephase.

(4) Die Pflegephase der Familienpflegezeit endet vorzeitig mit Ablauf des Monats, der auf den Monat folgt, in dem die Voraussetzungen der Pflege eines pflegebedürftigen Angehörigen nach Absatz 1 wegfallen.

(5) Die Familienpflegezeit ist mit Wirkung für die Vergangenheit zu widerrufen,

1. bei Beendigung des Beamtenverhältnisses in den Fällen des § 21 BeamtStG,
2. bei einem auf Antrag der Beamtin oder des Beamten erfolgten Wechsel des Dienstherrn,
3. wenn Umstände eintreten, welche die vorgesehene Abwicklung unmöglich machen oder wesentlich erschweren, oder
4. in besonderen Härtefällen, wenn der Beamtin oder dem Beamten die Fortsetzung der Teilzeitbeschäftigung nicht mehr zuzumuten ist und dienstliche Belange nicht entgegenstehen.

(6) Die Familienpflegezeit kann vom Dienstherrn anstelle des Widerrufs

1. im Falle einer Beurlaubung aus familiären Gründen von mehr als einem Monat nach § 62 Absatz 1 oder
2. im Falle einer Elternzeit

unterbrochen und mit der restlichen Pflegezeit oder mit einer entsprechend verkürzten Nachpflegephase fortgesetzt werden.

(7) Gleichzeitig mit dem Widerruf wird der Arbeitszeitstatus entsprechend der nach dem Modell zu erbringenden Dienstleistung festgesetzt. Zuviel gezahlte Bezüge sind von der Beamtin oder dem Beamten zurückzuzahlen. Dies gilt nicht für die überzahlten Bezüge des Zeitraums der Pflegephase, soweit er bereits in der Nachpflegephase ausgeglichen wurde. § 15 Absatz 2 Satz 3 SHBesG gilt entsprechend.

(8) Eine neue Familienpflegezeit kann erst für die Zeit nach Beendigung der Nachpflegephase bewilligt werden.

(9) Die Beamtin oder der Beamte ist verpflichtet, jede Änderung der Tatsachen mitzuteilen, die für die Bewilligung maßgeblich sind. § 62 Absatz 2 gilt entsprechend.

§ 63
Altersteilzeit

(1) Beamtinnen und Beamten mit Dienstbezügen kann auf Antrag, der sich auf die Zeit bis zum Beginn des Ruhestandes erstrecken muss, Teilzeitbeschäftigung mit 60% der bisherigen Arbeitszeit bewilligt werden, wenn die Beamtin oder der Beamte das fünfundfünfzigste Lebensjahr vollendet hat und zwingende dienstliche Belange nicht entgegenstehen (Altersteilzeit). Ist der Durchschnitt der Arbeitszeit der letzten zwei Jahre vor Beginn der Altersteilzeit geringer als die bisherige Arbeitszeit, ist dieser zugrunde zu legen. Bei begrenzt dienstfähigen Beamtinnen und Beamten (§ 27 BeamtStG) ist die herabgesetzte Arbeitszeit zugrunde zu legen. Die ermäßigte Arbeitszeit kann auch nach § 61 Abs. 1 Satz 2 abgeleistet werden; der Bewilligungszeitraum darf dabei zwölf Jahre nicht überschreiten. Die oberste Dienstbehörde kann von der Anwendung des Satzes 1 ganz oder für bestimmte Verwaltungsbereiche und Beamtengruppen absehen, die Altersteilzeit auf bestimmte Verwaltungsbereiche und Beamtengruppen beschränken und abweichend von Satz 1 Nr. 1 eine höhere Altersgrenze festlegen. Sie kann bestimmen, dass die ermäßigte Arbeitszeit nur nach Satz 4 abgeleistet werden darf. Die Entscheidungen nach den Sätzen 5 und 6 unterliegen der Mitbestimmung nach dem Mitbestimmungsgesetz Schleswig-Holstein vom 11. Dezember 1990 (GVOBl. Schl.-H. S. 577), zuletzt geändert durch Artikel 5 des Gesetzes vom 26. März 2009 (GVOBl. Schl.-H. S. 131).

(2) § 61 Abs. 2 gilt entsprechend; § 61 Abs. 3 Satz 2 ist sinngemäß anzuwenden.

§ 63 a
Altersteilzeit 63plus

(1) Beamtinnen und Beamten mit Dienstbezügen kann auf Antrag, der sich auf die Zeit bis zum Eintritt in den Ruhestand wegen Erreichens der Altersgrenze erstrecken muss, Teilzeitbeschäftigung bewilligt werden, wenn die Beamtin oder der Beamte das 63. Lebensjahr vollendet, ihre oder seine Leistungen ausweislich einer dienstlichen Beurteilung die Anforderungen übertreffen und dienstliche Belange nicht entgegenstehen (Altersteilzeit 63plus). Die Teilzeitbeschäftigung muss mit mindestens 50 % der regelmäßigen Arbeitszeit beantragt werden; sie darf nicht mehr als 90 % der regelmäßigen Arbeitszeit betragen.

(2) Für Beamtinnen und Beamte, die schwerbehindert im Sinne des § 2 Absatz 2 des Neunten Buches Sozialgesetzbuch sind, gilt Absatz 1 mit der Maßgabe, dass

1. bei ihnen die nach § 36 Absatz 2 oder 3 maßgebende Altersgrenze an die Stelle des 63. Lebensjahres tritt,
2. sich der Antrag mindestens auf die Zeit erstrecken muss, zu der sie nach vollendetem 65. Lebensjahr auf Antrag in den Ruhestand versetzt werden können.

(3) § 61 Absatz 2 gilt entsprechend.

§ 64
Urlaub ohne Dienstbezüge

(1) Beamtinnen und Beamten mit Dienstbezügen kann

1. auf Antrag Urlaub ohne Dienstbezüge bis zur Dauer von insgesamt sechs Jahren,
2. nach Vollendung des 50. Lebensjahres auf Antrag, der sich auf die Zeit bis zum Beginn des Ruhestandes erstrecken muss, Urlaub ohne Dienstbezüge

bewilligt werden, wenn dienstliche Belange nicht entgegenstehen.

(2) § 61 Abs. 2 und 3 Satz 2 gilt entsprechend.

§ 65
Höchstdauer von Beurlaubung und unterhälftiger Teilzeit

(1) Teilzeitbeschäftigung mit weniger als der Hälfte der regelmäßigen Arbeitszeit nach § 62 Absatz 1 Satz 1 Nummer 1 oder § 62 a Absatz 1, Urlaub nach § 62 Absatz 1 Satz 1 Nummer 2 und Urlaub nach § 64 Absatz 1 dürfen insgesamt die Dauer von 17 Jahren nicht überschreiten. Dabei bleibt eine unterhälftige Teilzeitbeschäftigung während einer Elternzeit unberücksichtigt. Satz 1 findet bei Urlaub nach § 64 Abs. 1 Nr. 2 keine Anwendung, wenn es der Beamtin oder dem Beamten nicht mehr zuzumuten ist, zur Voll- oder Teilzeitbeschäftigung zurückzukehren.

(2) Der Bewilligungszeitraum kann bei Beamtinnen und Beamten im Schul- und Hochschuldienst bis zum Ende des laufenden Schulhalbjahres, Semesters oder Trimesters ausgedehnt werden.

§ 66
Hinweispflicht und Benachteiligungsverbot

(1) Wird eine Reduzierung der Arbeitszeit oder eine langfristige Beurlaubung nach den §§ 61 bis 64 beantragt, ist die Beamtin oder der Beamte schriftlich auf die Folgen reduzierter Arbeitszeit oder langfristiger Beurlaubungen hinzuweisen, insbesondere auf die Folgen für Ansprüche aufgrund beamtenrechtlicher Regelungen.

(2) Die Reduzierung der Arbeitszeit nach den §§ 61 bis 63 darf das berufliche Fortkommen nicht beeinträchtigen. Eine unterschiedliche Behandlung von Beamtinnen und Beamten mit reduzierter Arbeitszeit gegenüber Beamtinnen und Beamten mit regelmäßiger Arbeitszeit ist nur zulässig, wenn zwingende sachliche Gründe sie rechtfertigen.

§ 67
Fernbleiben vom Dienst, Erkrankung

Die Beamtin oder der Beamte darf dem Dienst nicht ohne Genehmigung ihrer oder seiner Dienstvorgesetzten oder ihres oder seines Dienstvorgesetzten fernbleiben. Sie oder er hat eine Dienstunfähigkeit infolge Krankheit unter Angabe ihrer voraussichtlichen Dauer unverzüglich anzuzeigen. Dauert die Dienstunfähigkeit länger als drei Kalendertage, hat sie oder er eine ärztliche Bescheinigung vorzulegen; dies gilt auf Verlangen der oder des Dienstvorgesetzten auch bei kürzerer Dauer der Dienstunfähigkeit. Bei längerer Dauer kann die oder der Dienstvorgesetzte erneut die Vorlage von ärztlichen Bescheinigungen verlangen. Die Beamtin oder der Beamte ist verpflichtet, sich nach Weisung der oder des Dienstvorgesetzten von einer Amtsärztin oder einem Amtsarzt oder einer sonstigen beamteten Ärztin oder einem sonstigen beamteten Arzt untersuchen zu lassen; die Kosten dieser Untersuchung trägt der Dienstherr. § 44 Abs. 1 Satz 2 und Abs. 2 gilt entsprechend.

§ 68
Urlaub
(§ 44 BeamtStG)

(1) Die Landesregierung regelt durch Verordnung Einzelheiten der Gewährung von Erholungsurlaub, insbesondere die Dauer des Erholungsurlaubs, die Gewährung von Zusatzurlaub, die Einzelheiten der Gewährung einer Urlaubsabgeltung für aufgrund von Dienstunfähigkeit bis zur Beendigung des Beamtenverhältnisses nicht in Anspruch genommenen Erholungsurlaub, die Voraussetzungen für die Urlaubsgewährung und das Verfahren.

(2) Den Beamtinnen und Beamten kann Urlaub aus anderen Anlässen (Sonderurlaub) gewährt werden. Die Landesregierung regelt durch Verordnung Einzelheiten der Gewährung von Sonderurlaub, insbesondere die Voraussetzungen und die Dauer des Sonderurlaubs, das Verfahren sowie ob und inwieweit die Dienstbezüge während eines Sonderurlaubs zu belassen sind.

§ 69
Mandatsurlaub

(1) Für eine Beamtin oder einen Beamten, die oder der in die gesetzgebende Körperschaft eines anderen Landes gewählt worden ist und deren oder dessen Amt kraft Gesetzes mit dem Mandat unvereinbar ist, gelten die maßgebenden Vorschriften des Gesetzes über die Rechtsverhältnisse der Mitglieder des Deutschen Bundestages (Abgeordnetengesetz des Bundes) in der Fassung der Bekanntmachung vom 21. Februar 1996 (BGBl. I S. 326), zuletzt geändert durch Artikel 12 a des Gesetzes vom 5. Februar 2009 (BGBl. I S. 160), entsprechend.

(2) Einer Beamtin oder einem Beamten, die oder der in die gesetzgebende Körperschaft eines anderen Landes gewählt worden ist und deren oder dessen Rechte und Pflichten aus dem Dienstverhältnis nicht nach Absatz 1 ruhen, ist zur Ausübung des Mandats auf Antrag

1. die Arbeitszeit bis auf 30 % der regelmäßigen Arbeitszeit zu ermäßigen; die Dienstbezüge sind entsprechend zu kürzen,

oder

2. Urlaub ohne Bezüge zu gewähren.

Der Antrag soll jeweils für einen Zeitraum von mindestens sechs Monaten gestellt werden. § 23 Abs. 5 des Abgeordnetengesetzes des Bundes ist sinngemäß anzuwenden. Auf eine Beamtin oder einen Beamten, der oder dem nach Satz 1 Nr. 2 Urlaub ohne Bezüge gewährt wird, ist § 7 Abs. 1, 3 und 4 des Abgeordnetengesetzes des Bundes sinngemäß anzuwenden; § 40 Abs. 2 des Schleswig-Holsteinischen Abgeordnetengesetzes in der Fassung der Bekanntmachung vom 13. Februar 1991 (GVOBl. Schl.-H. S. 100), zuletzt geändert durch Gesetz vom 14. Juli 2008 (GVOBl. Schl.-H. S. 322), bleibt unberührt.

(3) Zur Ausübung einer Tätigkeit als Mitglied einer kommunalen Vertretung ist der Beamtin oder dem Beamten der erforderliche Urlaub unter Weitergewährung der Bezüge zu gewähren.

Unterabschnitt 3
Nebentätigkeit und Tätigkeit
nach Beendigung des Beamtenverhältnisses

§ 70
Nebentätigkeit

(1) Nebentätigkeit ist die Wahrnehmung eines Nebenamtes oder einer Nebenbeschäftigung.

(2) Nebenamt ist ein nicht zu einem Hauptamt gehörender Kreis von Aufgaben, der aufgrund eines öffentlich-rechtlichen Dienst- oder Amtsverhältnisses wahrgenommen wird.

(3) Nebenbeschäftigung ist jede sonstige, nicht zu einem Hauptamt gehörende Tätigkeit innerhalb oder außerhalb des öffentlichen Dienstes.

(4) Als Nebentätigkeit gilt nicht die Wahrnehmung öffentlicher Ehrenämter sowie einer unentgeltlichen Vormundschaft, Betreuung oder Pflegschaft eines Angehörigen. Die Übernahme eines öffentlichen Ehrenamtes ist vorher schriftlich mitzuteilen.

§ 71
Pflicht zur Übernahme einer Nebentätigkeit

Beamtinnen und Beamte sind verpflichtet, auf schriftliches Verlangen ihrer Dienstvorgesetzten

1. eine Nebentätigkeit im öffentlichen Dienst,

2. eine Nebentätigkeit im Vorstand, Aufsichtsrat, Verwaltungsrat oder in einem sonstigen Organ einer Gesellschaft, Genossenschaft oder eines in einer anderen Rechtsform betriebenen Unternehmens, wenn dies im öffentlichen Interesse liegt,

zu übernehmen und fortzuführen, sofern diese Tätigkeit ihrer Vorbildung oder Berufsausbildung entspricht und sie nicht über Gebühr in Anspruch nimmt.

§ 72
Anzeigefreie Nebentätigkeiten
(§ 40 BeamtStG)

(1) Der Anzeigepflicht nach § 40 Satz 1 BeamtStG unterliegen nicht

1. Nebentätigkeiten, zu deren Übernahme die Beamtin oder der Beamte nach § 71 verpflichtet ist,

2. die Verwaltung eigenen oder der Nutznießung der Beamtin oder des Beamten unterliegenden Vermögens,

3. die Tätigkeit zur Wahrung von Berufsinteressen in Gewerkschaften und Berufsverbänden oder in Organen von Selbsthilfeeinrichtungen der Beamtinnen und Beamten und

4. unentgeltliche Nebentätigkeiten; folgende Tätigkeiten sind anzeigepflichtig, auch wenn sie unentgeltlich ausgeübt werden:

a) Wahrnehmung eines nicht unter Nummer 1 fallenden Nebenamtes,

b) Übernahme einer Testamentsvollstreckung oder einer anderen als in § 70 Abs. 4 genannten Vormundschaft, Betreuung oder Pflegschaft,
c) gewerbliche oder freiberufliche Tätigkeiten oder die Mitarbeit bei einer dieser Tätigkeiten,
d) Eintritt in ein Organ eines Unternehmens mit Ausnahme einer Genossenschaft.

(2) Die oder der Dienstvorgesetzte kann aus begründetem Anlass verlangen, dass die Beamtin oder der Beamte über eine von ihr oder ihm ausgeübte anzeigefreie Nebentätigkeit, insbesondere über deren Art und Umfang sowie über die Entgelte und geldwerten Vorteile hieraus, schriftlich Auskunft erteilt.

§ 73
Verbot einer Nebentätigkeit

(1) Soweit durch die Nebentätigkeit die Beeinträchtigung dienstlicher Interessen zu besorgen ist, ist ihre Übernahme einzuschränken oder ganz oder teilweise zu untersagen. Dies ist insbesondere der Fall, wenn die Nebentätigkeit

1. nach Art und Umfang die Arbeitskraft so stark in Anspruch nimmt, dass die ordnungsgemäße Erfüllung der dienstlichen Pflichten behindert werden kann,
2. die Beamtin oder den Beamten in einen Widerstreit mit den dienstlichen Pflichten bringen kann,
3. in einer Angelegenheit ausgeübt wird, in der die Behörde, der die Beamtin oder der Beamte angehört, tätig wird oder tätig werden kann,
4. die Unparteilichkeit oder Unbefangenheit der Beamtin oder des Beamten beeinflussen kann,
5. zu einer wesentlichen Einschränkung der künftigen dienstlichen Verwendbarkeit der Beamtin oder des Beamten führen kann,
6. dem Ansehen der öffentlichen Verwaltung abträglich sein kann.

Die Voraussetzung des Satzes 2 Nr. 1 gilt in der Regel als erfüllt, wenn die zeitliche Beanspruchung durch eine oder mehrere Nebentätigkeiten acht Stunden in der Woche überschreitet.

(2) Schriftstellerische, wissenschaftliche, künstlerische oder Vortragstätigkeiten sowie die mit Lehr- oder Forschungsaufgaben zusammenhängende selbständige Gutachtertätigkeit von wissenschaftlichem Hochschulpersonal sind nur einzuschränken oder ganz oder teilweise zu untersagen, wenn die konkrete Gefahr besteht, dass bei ihrer Ausübung dienstliche Pflichten verletzt werden.

(3) Nach ihrer Übernahme ist eine Nebentätigkeit einzuschränken oder ganz oder teilweise zu untersagen, soweit bei ihrer Übernahme oder Ausübung dienstliche Pflichten verletzt werden.

§ 74
Ausübung von Nebentätigkeiten

(1) Die Beamtin oder der Beamte darf Nebentätigkeiten nur außerhalb der Arbeitszeit ausüben, es sei denn, sie oder er hat sie auf Verlangen, Vorschlag oder Veranlassung der oder des Dienstvorgesetzten übernommen oder die oder der Dienstvorgesetzte hat ein dienstliches Interesse an der Übernahme der Nebentätigkeit durch die Beamtin oder den Beamten anerkannt. Ausnahmen dürfen nur in besonders begründeten Fällen, insbesondere im öffentlichen Interesse, zugelassen werden, wenn dienstliche Gründe nicht entgegenstehen und die versäumte Arbeitszeit vor- oder nachgeleistet wird.

(2) Bei der Ausübung von Nebentätigkeiten dürfen Einrichtungen, Personal oder Material des Dienstherrn nur bei Vorliegen eines öffentlichen oder wissenschaftlichen Interesses mit dessen Genehmigung und gegen Entrichtung eines angemessenen Entgelts in Anspruch genommen werden. Das Entgelt ist nach den dem Dienstherrn entstehenden Kosten zu bemessen und muss den besonderen Vorteil berücksichtigen, der der Beamtin oder dem Beamten durch die Inanspruchnahme entsteht.

§ 75
Verfahren

(1) Anzeigen, Anträge und Entscheidungen, die die Übernahme und Ausübung einer Nebentätigkeit betreffen, bedürfen der Schriftform. Die Übernahme soll mindestens einen Monat vorher angezeigt werden. Die Beamtin oder der Beamte hat dabei die für die Entscheidung erforderlichen Nachweise, insbesondere über Art und Umfang der Nebentätigkeit sowie die Entgelte und geldwerten Vorteile hieraus, zu führen; jede Änderung ist unverzüglich schriftlich anzuzeigen.

(2) Über die Einschränkung oder Untersagung einer Nebentätigkeit soll innerhalb eines Monats entschieden werden; die Frist beginnt mit dem Zeitpunkt, zu dem die erforderlichen Unterlagen vorliegen.

§ 76
Rückgriffsanspruch der
Beamtin und des Beamten

Beamtinnen und Beamte, die aus einer auf Verlangen, Vorschlag oder Veranlassung der oder des Dienstvorgesetzten ausgeübten Tätigkeit im Vorstand, Aufsichtsrat, Verwaltungsrat oder in einem sonstigen Organ einer Gesellschaft, Genossenschaft oder eines in einer anderen Rechtsform betriebenen Unternehmens haftbar gemacht werden, haben gegen den Dienstherrn Anspruch auf Ersatz des ihnen entstandenen Schadens. Ist der Schaden vorsätzlich oder grob fahrlässig herbeigeführt worden, ist der Dienstherr nur dann ersatzpflichtig, wenn die Beamtin oder der Beamte auf Verlangen einer oder eines Vorgesetzten gehandelt hat.

§ 77
Erlöschen der mit dem Hauptamt
verbundenen Nebentätigkeiten

Endet das Beamtenverhältnis, enden, wenn im Einzelfall nichts anderes bestimmt wird, auch die Nebenämter und Nebenbeschäftigungen, die im Zusammenhang mit dem Hauptamt übertragen worden sind oder die auf Verlangen, Vorschlag oder Veranlassung der oder des Dienstvorgesetzten übernommen worden sind.

§ 78
Verordnungsermächtigung

Die zur Ausführung der §§ 70 bis 77 notwendigen Vorschriften über die Nebentätigkeit der Beamtinnen und Beamten erlässt die Landesregierung durch Verordnung[4]. In ihr kann insbesondere bestimmt werden,

1. welche Tätigkeiten als öffentlicher Dienst im Sinne dieser Vorschriften anzusehen sind oder ihm gleichstehen,
2. welche Tätigkeiten als öffentliche Ehrenämter im Sinne des § 70 Abs. 4 anzusehen sind,
3. ob und inwieweit eine im öffentlichen Dienst ausgeübte oder auf Verlangen, Vorschlag oder Veranlassung der oder des Dienstvorgesetzten übernommene Nebentätigkeit vergütet wird oder eine erhaltene Vergütung abzuführen ist,
4. unter welchen Voraussetzungen die Beamtin oder der Beamte bei der Ausübung einer Nebentätigkeit Einrichtungen, Personal oder Material des Dienstherrn in Anspruch nehmen darf und in welcher Höhe hierfür ein Entgelt an den Dienstherrn zu entrichten ist; das Entgelt kann pauschaliert und in einem Prozentsatz des aus der Nebentätigkeit erzielten Bruttoeinkommens festgelegt werden und bei unentgeltlich ausgeübter Nebentätigkeit ganz oder teilweise entfallen,
5. dass die Beamtin oder der Beamte verpflichtet werden kann, nach Ablauf eines jeden Kalenderjahres der oder dem Dienstvorgesetzten die ihr oder ihm zugeflossenen Entgelte und geldwerten Vorteile aus Nebentätigkeiten anzugeben.

§ 79
Tätigkeit nach Beendigung
des Beamtenverhältnisses
(§ 41 BeamtStG)

(1) Die Anzeigepflicht für die Aufnahme einer Tätigkeit nach § 41 Satz 1 BeamtStG besteht für Ruhestandsbeamtinnen und Ruhestandsbeamte oder frühere Beamtinnen und Beamte mit Versorgungsbezügen für einen Zeitraum von fünf Jahren nach Beendigung des Beamtenverhältnisses (Karenzfrist),

---

[4] *Nebentätigkeitsverordnung, Nr. 155;*
Hochschulnebentätigkeitsverordnung, Nr. 156.

soweit es sich um eine Erwerbstätigkeit oder sonstige Beschäftigung handelt, die mit der dienstlichen Tätigkeit in den letzten fünf Jahren vor Beendigung des Beamtenverhältnisses im Zusammenhang steht. Satz 1 gilt für Ruhestandsbeamtinnen und Ruhestandsbeamte, die mit Erreichen der Regelaltersgrenze oder zu einem späteren Zeitpunkt in den Ruhstand treten, mit der Maßgabe, dass an die Stelle der fünfjährigen eine dreijährige Karenzfrist tritt. Die Anzeige hat gegenüber der oder dem letzten Dienstvorgesetzten zu erfolgen.

(2) Zuständig für die Untersagung nach § 41 Satz 2 BeamtStG ist die oder der letzte Dienstvorgesetzte.

Unterabschnitt 4
Fürsorge
§ 80
Beihilfe in Krankheits-, Pflege- und Geburtsfällen

(1) Die Landesregierung regelt durch Verordnung[5] die Gewährung von Beihilfen an die Beamtinnen und Beamten und Versorgungsempfängerinnen und Versorgungsempfänger in Krankheits-, Pflege- und Geburtsfällen, bei Maßnahmen zur Früherkennung von Krankheiten und bei Schutzimpfungen, insbesondere Art und Umfang der beihilfefähigen Aufwendungen und Maßnahmen, das Verfahren, das Zusammentreffen mehrerer Beihilfeberechtigungen und die Begrenzung der Beihilfen bei von dritter Seite zustehenden Leistungen. Die Beihilfe ist eine die Eigenvorsorge ergänzende Fürsorgeleistung.

(2) Eine Beihilfe wird nur gewährt, wenn sie innerhalb von zwei Jahren nach Entstehen der Aufwendungen oder Ausstellung der Rechnung beantragt wird und wenn die mit dem Antrag geltend gemachten Aufwendungen 100,00 Euro übersteigen. Erreichen die Aufwendungen aus zehn Monaten diese Summe nicht, wird abweichend von Satz 1 auch hierfür die Beihilfe gewährt, wenn diese Aufwendungen 15,00 Euro übersteigen.

(3) Beihilfefähig sind grundsätzlich nur Maßnahmen, die medizinisch notwendig und in ihrer Wirksamkeit nachgewiesen sind, bei denen die Leistungserbringung nach einer wissenschaftlich allgemein anerkannten Methode erfolgt und die wirtschaftlich angemessen sind. Daneben kann die Beihilfefähigkeit vom Vorliegen bestimmter medizinischer Indikationen abhängig gemacht werden.

(4) Beihilfeberechtigt sind
1. Beamtinnen und Beamte und entpflichtete Hochschullehrerinnen und Hochschullehrer,
2. Versorgungsempfängerinnen und Versorgungsempfänger sowie frühere Beamtinnen und Beamte, die wegen Dienstunfähigkeit oder Erreichens der Altersgrenze entlassen worden sind oder wegen Ablaufs der Dienstzeit ausgeschieden sind,
3. Witwen und Witwer sowie die in § 27 SHBeamtVG genannten Kinder der unter den Nummern 1 und 2 aufgeführten Personen.

In der Verordnung nach Absatz 1 kann geregelt werden, unter welchen Voraussetzungen auch andere natürliche und juristische Personen als Beihilfeberechtigte gelten. Nicht beihilfeberechtigt sind Ehrenbeamtinnen und Ehrenbeamte sowie Beamtinnen und Beamte und Versorgungsempfängerinnen und Versorgungsempfänger, denen Leistungen nach § 11 des Europaabgeordnetengesetzes vom 6. April 1979 (BGBl. I S. 413), zuletzt geändert durch Artikel 1 des Gesetzes vom 23. Oktober 2008 (BGBl. I S. 2020), oder entsprechenden vorrangigen bundesrechtlichen Vorschriften sowie entsprechenden kirchenrechtlichen Vorschriften zustehen.

(5) Beihilfeberechtigung besteht nur, wenn und solange Dienstbezüge, Amtsbezüge, Anwärterbezüge, Ruhegehalt, Übergangsgebührnisse aufgrund gesetzlichen Anspruchs, Witwengeld, Witwergeld, Waisengeld oder Unterhaltsbeitrag gezahlt werden. Sie besteht auch

1. wenn Bezüge wegen Anwendung von Ruhens- oder Anrechnungsvorschriften nicht gezahlt werden,
2. während einer Elternzeit, soweit nicht bereits aufgrund einer Teilzeitbeschäftigung unmittelbar ein Anspruch auf Beihilfe besteht,
3. bei Alleinerziehenden während einer Beurlaubung ohne Dienstbezüge zur tatsächlichen Betreuung mindestens eines Kindes unter 18 Jahren nach § 62 Absatz 1 Satz 1 Nummer 2,
4. während einer Beurlaubung ohne Dienstbezüge zur tatsächlichen Pflege einer oder eines sonstigen pflegebedürftigen Angehörigen nach § 62 Absatz 1 Satz 1 Nummer 2,
5. bei einer sonstigen Freistellung vom Dienst unter Fortfall der Bezüge bis zu einer Dauer von einem Monat.

Beamtinnen und Beamten ist in Fällen einer Beurlaubung ohne Dienstbezüge nach § 64 Abs. 1 Nr. 2 bei der Bewilligung des Urlaubs ein Anspruch auf Gewährung von Beihilfe (Beihilfeberechtigung) zuzusprechen, wenn die Beamtin oder der Beamte in einem Verwaltungsbereich beschäftigt ist, in dem eine Personalüberhang besteht, entsprechende Planstellen oder ein Äquivalent eingespart werden und der Urlaub bis zum 31. Dezember 2015 angetreten wird.

(6) Beihilfe wird auch zu den Aufwendungen berücksichtigungsfähiger Angehöriger gewährt. Berücksichtigungsfähige Angehörige sind die Ehegattin oder der Ehegatte oder die eingetragene Lebenspartnerin oder der eingetragene Lebenspartner der oder des Beihilfeberechtigten sowie die im Familienzuschlag nach § 44 des Besoldungsgesetzes Schleswig-Holstein (SHBesG) vom 26. Januar 2012 (GVOBl. Schl.-H. S. 153) berücksichtigen Kinder der oder des Beihilfeberechtigten. Hinsichtlich der Geburt eines nichtehelichen Kindes des Beihilfeberechtigten gilt die Mutter des Kindes als berücksichtigungsfähige Angehörige. Beihilfe für die Ehegattin oder den Ehegatten, die eingetragene Lebenspartnerin oder den eingetragenen Lebenspartner der oder des Beihilfeberechtigten wird nicht gewährt, wenn der Gesamtbetrag der Einkünfte (§ 2 Absatz 3 in Verbindung mit Absatz 5a des Einkommensteuergesetzes) dieser Personen im zweiten Kalenderjahr vor der Stellung des Beihilfeantrages 20.000,00 Euro übersteigt, es sei denn, dass diesen Personen trotz ausreichender und rechtzeitiger Krankenversicherung wegen angeborener Leiden oder bestimmter Krankheiten aufgrund eines individuellen Ausschlusses keine Versicherungsleistung gewährt werden oder dass die Leistungen hierfür auf Dauer eingestellt worden sind.

(7) Die Beihilfe bemisst sich nach einem Prozentsatz der beihilfefähigen Aufwendungen (Bemessungssatz). Der Bemessungssatz beträgt für Aufwendungen, die entstanden sind für

1. Beamtinnen und Beamte und entpflichtete Hochschullehrerinnen und Hochschullehrer	50 %,
2. die Empfängerin oder den Empfänger von Versorgungsbezügen, die oder der als solche oder solcher beihilfeberechtigt ist	70 %,
3. die Ehegattin oder den Ehegatten, die eingetragene Lebenspartnerin oder den eingetragenen Lebenspartner	70 %,
4. ein Kind sowie eine Waise, die als solche beihilfeberechtigt ist,	80 %,
5. die Mutter eines nichtehelichen Kindes des Beihilfeberechtigten hinsichtlich der Geburt	70 %.

Sind zwei oder mehr Kinder berücksichtigungsfähig, beträgt der Bemessungssatz für die oder den Beihilfeberechtigten nach Satz 2 Nr. 1 70 %.
Bei mehreren Beihilfeberechtigten beträgt der Bemessungssatz nur bei einer oder einem von ihnen zu bestimmenden Berechtigten 70 %;

---

[5] Beihilfeverordnung vom 15.11.2016 (GVOBl. Schl.-H. S. 863), zuletzt geändert durch Gesetz vom 8.9.2020 (GVOBl. Schl.-H. S. 516).

die Bestimmung kann nur in Ausnahmefällen neu getroffen werden.

(8) In der Verordnung nach Absatz 1 kann vorgesehen werden, dass die errechnete Beihilfe durch jährliche, unter sozialen Gesichtspunkten und nach Besoldungsgruppen zu staffelnde pauschalierte Beträge (Selbstbehalte) gemindert wird; dabei können mehrere Besoldungsgruppen zusammengefasst werden. Die Selbstbehalte dürfen 1,0 % des jeweiligen jährlichen Grundgehalts grundsätzlich nicht übersteigen.

§ 81
Mutterschutz, Elternzeit
(§ 46 BeamtStG)

Die Landesregierung regelt durch Verordnung[6] die der Eigenart des öffentlichen Dienstes entsprechende Anwendung der Vorschriften

1. des Mutterschutzgesetzes auf Beamtinnen,
2. des Bundeselterngeld- und Elternzeitgesetzes auf Beamtinnen und Beamte.

§ 82
Arbeitsschutz

(1) Die im Bereich des Arbeitsschutzes aufgrund der §§ 18 und 19 des Arbeitsschutzgesetzes vom 7. August 1996 (BGBl. I S. 1246), zuletzt geändert durch Artikel 15 Abs. 89 des Gesetzes vom 5. Februar 2009 (BGBl. I S. 160), erlassenen Verordnungen der Bundesregierung gelten für die Beamtinnen und Beamten entsprechend, soweit nicht die Landesregierung durch Verordnung Abweichendes regelt.

(2) Die Landesregierung kann durch Verordnung für bestimmte Tätigkeiten des öffentlichen Dienstes, insbesondere bei der Polizei und den Feuerwehren bestimmen, dass die Vorschriften des Arbeitsschutzgesetzes ganz oder zum Teil nicht anzuwenden sind, soweit öffentliche Belange dies zwingend erfordern, insbesondere zur Aufrechterhaltung oder Wiederherstellung der öffentlichen Sicherheit. In der Verordnung ist gleichzeitig festzulegen, wie die Sicherheit und der Gesundheitsschutz bei der Arbeit unter Berücksichtigung der Ziele des Arbeitsschutzgesetzes auf andere Weise gewährleistet werden.

(3) Das Jugendarbeitsschutzgesetz vom 12. April 1976 (BGBl. I S. 965), zuletzt geändert durch Artikel 3 Abs. 2 des Gesetzes vom 31. Oktober 2008 (BGBl. I S. 2149), gilt für jugendliche Beamtinnen und Beamte entsprechend. Soweit die Eigenart des Polizeivollzugsdienstes und die Belange der inneren Sicherheit es erfordern, kann das Ministerium für Inneres, ländliche Räume und Integration durch Verordnung Ausnahmen von den Vorschriften des Jugendarbeitsschutzgesetzes für jugendliche Polizeivollzugsbeamtinnen und Polizeivollzugsbeamte bestimmen.

§ 83
Ersatz von Sachschäden

(1) Sind in Ausübung oder infolge des Dienstes, ohne dass ein Dienstunfall eingetreten ist, Kleidungsstücke oder sonstige Gegenstände, die üblicherweise zur Wahrnehmung des Dienstes mitgeführt werden, beschädigt oder zerstört worden oder abhandengekommen, kann der Beamtin oder dem Beamten Ersatz geleistet werden. Dies gilt nicht, wenn die Beamtin oder der Beamte den Schaden vorsätzlich oder grob fahrlässig herbeigeführt hat.

(2) Sind durch Gewalttaten Dritter, die im Hinblick auf das pflichtgemäße dienstliche Verhalten von Beamtinnen und Beamten oder wegen ihrer Eigenschaft als Beamtinnen und Beamte begangen worden sind, Gegenstände beschädigt oder zerstört worden, die ihnen oder ihren Familienangehörigen gehören, oder sind ihnen dadurch sonstige, nicht unerhebliche Vermögensschäden zugefügt worden, können zum Ausgleich einer hierdurch verursachten, außergewöhnlichen wirtschaftlichen Belastung Leistungen gewährt werden. Gleiches gilt in den Fällen, in denen sich die Gewalttat gegen den Dienstherrn richtet und ein Zusammenhang zum Dienst besteht.

(3) Anträge auf Leistungen nach den Absätzen 1 und 2 sind innerhalb einer Ausschlussfrist von drei Monaten nach Eintritt des Schadens schriftlich zu stellen. Die Leistungen werden nur gewährt, soweit der Beamtin oder dem Beamten der Schaden nicht auf andere Weise ersetzt werden kann. Hat der Dienstherr Leistungen gewährt, gehen gesetzliche Schadenersatzansprüche der Beamtin oder des Beamten gegen Dritte insoweit auf den Dienstherrn über. Übergegangene Ansprüche dürfen nicht zum Nachteil der oder des Geschädigten geltend gemacht werden.

§ 83 a
Erfüllung durch den Dienstherrn
bei Schmerzensgeldansprüchen[7]

(1) Hat die Beamtin oder der Beamte wegen eines tätlichen rechtswidrigen Angriffs, der sich gegen sie in Ausübung des Dienstes oder außerhalb des Dienstes wegen der Eigenschaft als Beamtin oder Beamter erleidet, einen rechtskräftig festgestellten Anspruch auf Schmerzensgeld gegen einen Dritten, kann der Dienstherr auf Antrag die Erfüllung dieses Anspruchs bis zur Höhe des festgestellten Schmerzensgeldbetrags übernehmen, soweit dies zur Vermeidung einer unbilligen Härte notwendig ist. Der rechtskräftigen Feststellung steht ein Vergleich nach § 794 Absatz 1 Nummer 1 ZPO gleich, sobald er unwiderruflich und soweit er der Höhe nach angemessen ist.

(2) Eine unbillige Härte liegt insbesondere vor, wenn die Vollstreckung über einen Betrag von mindestens 250 € erfolglos geblieben ist. Der Dienstherr kann die Übernahme der Erfüllung verweigern, wenn auf Grund desselben Sachverhalts Zahlungen als Unfallausgleich gemäß § 39 SHBeamtVG gewährt werden, oder wenn eine Zahlung als einmalige Unfallentschädigung gemäß § 48 SHBeamtVG oder als Schadensausgleich in besonderen Fällen gemäß § 49 Absatz 1 Satz 2 SHBeamtVG gewährt wird.

(3) Die Übernahme der Erfüllung ist innerhalb einer Ausschlussfrist von zwei Jahren nach Rechtskraft des Urteils schriftlich unter Nachweis der Vollstreckungsversuche zu beantragen. Die Entscheidung trifft die oberste Dienstbehörde oder die von ihr bestimmte Behörde; für Beamtinnen und Beamte des Landes kann die Landesregierung die Zuständigkeit auf die für die Festsetzung der Dienst- oder Versorgungsbezüge zuständige Behörde übertragen. Soweit der Dienstherr die Erfüllung übernommen hat, gehen die Ansprüche auf ihn über. Der Übergang der Ansprüche kann nicht zum Nachteil des oder der Geschädigten geltend gemacht werden.

§ 84
Reise- und Umzugskosten

Für die Reise- und Umzugskostenvergütung der Beamtinnen und Beamten gelten mit Ausnahme des Dienstrechtlichen Begleitgesetzes vom 30. Juli 1996 (BGBl. I S. 1183) die jeweiligen Bundesvorschriften entsprechend mit der Maßgabe, dass

1. bei Einstellungen an einem anderen Ort als dem bisherigen Wohnort keine Umzugskostenvergütung und kein Trennungsgeld gewährt werden,
2. die Pauschvergütung nach § 10 des Bundesumzugskostengesetzes in der Fassung der Bekanntmachung vom 11. Dezember 1990 (BGBl. I S. 2682), zuletzt geändert durch Artikel 15 Abs. 42 des Gesetzes vom 5. Februar 2009 (BGBl. I S. 160), um 30 % gemindert wird,
3. für Beamtinnen und Beamte auf Widerruf im Vorbereitungsdienst aus Anlass der Ausbildung abweichende Regelungen durch die oberste Dienstbehörde im Einver-

---

6 *Mutterschutzverordnung vom 12.2.2019 (GVOBl. Schl.-H. S. 51); Elternzeitverordnung in der Fassung vom 18.12.2001 (GVOBl. Schl.-H. S. 2002 S. 6), zuletzt geändert durch LVO vom 25.2.2020 (GVOBl. Schl.-H. S. 162).*

7 *Übergangsregelung gemäß Artikel 2 des Gesetzes vom 31.3.2015 (GVOBl. Schl.-H. S. 104): Für Schadensersatzansprüche gemäß § 83 a LBG, die vor dem 1.4.2015 begründet wurden und deren Frist zur Übernahme der Erfüllung durch den Dienstherren gemäß § 83 a Abs. 3 Satz 1 am 1.1.2015 noch nicht abgelaufen war, kann der Antrag mit einer Ausschlussfrist von sechs Monaten nach Inkrafttreten dieser Regelung (1.4.2015) gestellt werden.*

nehmen mit der für das Reisekostenrecht zuständigen obersten Landesbehörde getroffen werden können,
4. für eingetragene Lebenspartnerinnen oder Lebenspartner das Gleiche gilt wie für Eheleute,
5. § 4 Abs. 1 Satz 2 des Bundesreisekostengesetzes vom 26. Mai 2005 (BGBl. I S. 1418), geändert durch Artikel 15 Abs. 51 des Gesetzes vom 5. Februar 2009 (BGBl. I S. 160), keine Anwendung findet.

Die oberste Dienstbehörde oder die von ihr bestimmte Behörde wird ermächtigt, in begründeten Fällen Ausnahmen von Satz 1 Nr. 1 zuzulassen.

Unterabschnitt 5
Personalakten
(§ 50 BeamtStG)

§ 85
Inhalt der Personalakten, Zugang zu Personalakten, ersetzendes Scannen

(1) Der Dienstherr darf personenbezogene Daten einschließlich Daten im Sinne von Artikel 9 Absatz 1 der Verordnung (EU) 2016/6791 (Verarbeitung besonderer Kategorien personenbezogener Daten) über Bewerberinnen und Bewerber, Beamtinnen und Beamte sowie ehemalige Beamtinnen und Beamte verarbeiten, soweit dies zur Begründung, Durchführung, Beendigung oder Abwicklung des Dienstverhältnisses oder zur Durchführung organisatorischer, personeller und sozialer Maßnahmen, insbesondere auch zu Zwecken der Personalplanung oder des Personaleinsatzes, erforderlich ist oder eine Rechtsvorschrift oder eine Vereinbarung nach dem Mitbestimmungsgesetz Schleswig-Holstein dies erlaubt. Für das Verfahren der Verarbeitung besonderer Kategorien personenbezogener Daten gilt § 12 des Landesdatenschutzgesetzes entsprechend.

(2) Andere Unterlagen als Personalaktendaten dürfen in die Personalakte nicht aufgenommen werden. Die Akte kann in Teilen oder vollständig elektronisch geführt werden. Nicht Bestandteil der Personalakte sind Unterlagen, die besonderen, von der Person und dem Dienstverhältnis sachlich zu trennenden Zwecken dienen, insbesondere Vorgänge, die von Behörden im Rahmen der Aufsicht oder zur Rechnungsprüfung angelegt werden, Prüfungs-, Sicherheits- und Kindergeldakten sowie Unterlagen über ärztliche und psychologische Untersuchungen und Tests mit Ausnahme deren Ergebnisse. Kindergeldakten können mit Besoldungs-, Versorgungs-, Altersgeld- und Hinterbliebenenaltersgeldakten verbunden geführt werden, wenn diese von der übrigen Personalverwaltung getrennt sind und von einer der Personalverwaltung getrennten Organisationseinheit bearbeitet werden.

(3) Die Personalakte kann nach sachlichen Gesichtspunkten in Grundakte und Teilakten gegliedert werden. Teilakten können bei der für die betreffenden Aufgabenbereich zuständigen Behörde geführt werden. Nebenakten (Unterlagen, die sich auch in der Grundakte oder in Teilakten befinden) dürfen nur geführt werden, wenn die personalverwaltende Behörde nicht zugleich Beschäftigungsbehörde ist oder wenn mehrere personalverwaltende Behörden für die Beamtin oder den Beamten zuständig sind. In die Grundakte ist ein vollständiges Verzeichnis aller Teil- und Nebenakten aufzunehmen. Wird die Personalakte nicht vollständig in Schriftform oder vollständig elektronisch geführt, ist schriftlich festzulegen, welche Teile in welcher Form geführt werden.

(4) Zugang zur Personalakte dürfen nur Beschäftigte haben, die mit der Bearbeitung von Personalangelegenheiten beauftragt sind, und nur soweit dies zu Zwecken der Personalverwaltung oder der Personalwirtschaft erforderlich ist.

(5) Die §§ 19 bis 22 des Gendiagnostikgesetzes vom 31. Juli 2009 (BGBl. I S. 2529) und eine aufgrund von § 21 des Gendiagnostikgesetzes erlassene Rechtsverordnung gelten entsprechend.

(6) Soweit Personalakten teilweise oder ausschließlich elektronisch geführt werden, werden Papierdokumente in elektronische Dokumente übertragen und in der elektronischen Akte gespeichert. Dabei ist entsprechend dem Stand der Technik sicherzustellen, dass die elektronischen Dokumente mit den Papierdokumenten bildlich und inhaltlich übereinstimmen, wenn sie lesbar gemacht werden. Nach der Übertragung in elektronische Dokumente sollen diese Papierdokumente vernichtet werden, sobald ihre weitere Aufbewahrung nicht mehr aus rechtlichen Gründen oder zur Qualitätssicherung des Übertragungsvorgangs erforderlich ist. § 89 a gilt entsprechend.

§ 86
Beihilfeunterlagen

(1) Unterlagen über Beihilfen sind stets als Teilakte zu führen. Diese ist von der übrigen Personalakte getrennt aufzubewahren. Sie soll in einer von der übrigen Personalverwaltung getrennten Organisationseinheit bearbeitet werden; Zugang sollen nur Beschäftigte dieser Organisationseinheit haben.

(2) Die Beihilfeakte darf für andere als für Beihilfezwecke nur verwendet oder übermittelt werden, wenn

1. die Einleitung oder Durchführung eines im Zusammenhang mit einem Beihilfeantrag stehenden behördlichen oder gerichtlichen Verfahrens dies erfordert oder

2. soweit es zur Abwehr erheblicher Nachteile für das Gemeinwohl, einer sonst unmittelbar drohenden Gefahr für die öffentliche Sicherheit oder einer schwerwiegenden Beeinträchtigung der Rechte einer anderen Person erforderlich ist.

Die Organisationseinheit darf Beihilfeunterlagen auch zum Zwecke der Geltendmachung eines Anspruches auf Abschläge nach § 1 des Gesetzes über Rabatte für Arzneimittel vom 22. Dezember 2010 (BGBl. I S. 2262), zuletzt geändert durch Gesetz vom 4. Mai 2017 (BGBl. I S. 1050), speichern.

(3) Absätze 1 und 2 gelten entsprechend für Unterlagen über Heilfürsorge und Heilverfahren.

§ 87
Anhörung

(1) Beamtinnen und Beamte sind zu Beschwerden, Behauptungen und Bewertungen, die für sie ungünstig sind oder ihnen nachteilig werden können, vor deren Aufnahme in die Personalakte zu hören, soweit die Anhörung nicht nach anderen Rechtsvorschriften erfolgt. Die Äußerung der Beamtinnen und Beamten ist zur Personalakte zu nehmen.

(2) Der Beamtin oder dem Beamten ist jede Beurteilung zu eröffnen und mit ihr oder ihm zu erörtern, bevor sie in die Personalakte aufgenommen wird. Die Beamtin oder Beamte kann sich dazu äußern. Die Äußerung der Beamtin oder des Beamten ist zur Personalakte zu nehmen.

§ 88
Auskunftsrecht

(1) Beamtinnen und Beamte können während und nach Beendigung des Beamtenverhältnisses Auskunft über die in ihrer Personalakte befindlichen Daten auch in Form der Einsichtnahme verlangen. Satz 1 gilt entsprechend für andere Akten, die personenbezogene Daten über sie enthalten und für ihr Dienstverhältnis verarbeitet werden, soweit gesetzlich nichts anderes bestimmt ist.

(2) Bevollmächtigten der Beamtinnen und Beamten ist Auskunft zu gewähren, soweit dienstliche Gründe nicht entgegenstehen.

(3) Wird die Auskunft in Form der Einsichtnahme verlangt, bestimmt die personalaktenführende Behörde, wo die Einsicht gewährt wird. Die Einsichtnahme ist unzulässig, wenn die Daten der betroffenen Person mit Daten Dritter oder geheimhaltungsbedürftigen nichtpersonenbezogenen Daten derart verbunden sind, dass ihre Trennung nicht oder nur mit unverhältnismäßig großem Aufwand möglich ist. In diesem Fall ist den Beamtinnen und Beamten Auskunft zu erteilen.

(4) Auch Hinterbliebenen und deren Bevollmächtigten ist Auskunft zu gewähren, wenn ein berechtigtes Interesse glaubhaft gemacht wird. Soweit dienstliche Gründe nicht entgegenstehen, können Kopien gefertigt werden. Absatz

3 gilt entsprechend.ist den Beamtinnen und Beamten Auskunft zu erteilen.

§ 89
Übermittlung von Personalakten und Auskunft an Dritte

(1) Soweit es zur Erfüllung der durch Rechtsvorschrift vorgesehenen Aufgaben erforderlich ist, ist es ohne Einwilligung der Beamtin oder des Beamten zulässig für Zwecke der Personalverwaltung oder Personalwirtschaft, die Personalakte
1. der obersten Dienstbehörde,
2. dem Landesbeamtenausschuss,
3. einer im Rahmen der Dienstaufsicht weisungsbefugten Behörde,
4. einem ressortübergreifend zuständigen Dienstleistungszentrum oder
5. Ärztinnen und Ärzten sowie Psychologinnen und Psychologen, die im Auftrag der personalverwaltenden Behörde ein Gutachten erstellen,

zu übermitteln. Das Gleiche gilt für andere Behörden desselben oder eines anderen Dienstherrn, soweit diese an einer Personalentscheidung mitwirken.

(2) Ohne Einwilligung der Beamtin oder des Beamten ist es zulässig, Personalaktendaten an die Ministerpräsidentin oder den Ministerpräsidenten, die von ihr oder ihm bestimmte oberste Landesbehörde oder eine beauftragte öffentliche Stelle zu Zwecken des ressortübergreifenden zentralen Personalmanagements innerhalb der Landesverwaltung zu übermitteln und dort für diese Zwecke weiterzuverarbeiten.

(3) Personenbezogene Daten aus der Personalakte dürfen auch ohne Einwilligung der Betroffenen genutzt oder an eine andere Behörde oder beauftragte Stelle weitergegeben werden, soweit sie für die Festsetzung und Berechnung der Besoldung, Versorgung, Beihilfe, des Altersgeldes oder Hinterbliebenenaltersgeldes, der Reisekosten, der Nachversicherungsbeiträge in der Sozialversicherung oder für die Prüfung der Kindergeldberechtigung erforderlich sind.

(4) Auskünfte an Dritte dürfen nur mit Einwilligung der Beamtin oder des Beamten erteilt werden, es sei denn, die Empfängerinnen oder Empfänger machen ein rechtliches Interesse an der Kenntnis der zu übermittelnden Daten glaubhaft und es besteht kein Grund zu der Annahme, dass das schutzwürdige Interesse der Betroffenen an der Geheimhaltung überwiegt. Auf der Grundlage der Artikel 50, 56 und 56 a der Richtlinie 2005/36/EG dürfen im Rahmen der europäischen Verwaltungszusammenarbeit nach § 36 a bis § 36 e des Landesverwaltungsgesetzes die erforderlichen Auskünfte aus der Personalakte auch ohne Einwilligung der Beamtin oder des Beamten erteilt werden. Inhalt und Empfängerin oder Empfänger der Auskunft sind der Beamtin oder dem Beamten schriftlich mitzuteilen.

(5) Für Auskünfte aus der Personalakte gelten Absatz 1 und 2 entsprechend. Soweit möglich, ist von einer Übermittlung abzusehen. Übermittlung und Auskunft sind auf den jeweils erforderlichen Umfang zu beschränken.

§ 89 a
Auftragsverarbeitung von Personalaktendaten

(1) Die Verarbeitung von Personalaktendaten im Auftrag der personalverwaltenden Behörde gemäß des Artikels 28 der Verordnung (EU) 2016/679 ist zulässig,
1. soweit sie erforderlich ist
   a) für die automatisierte Erledigung von Aufgaben oder
   b) zur Verrichtung technischer Hilfstätigkeiten durch automatisierte Einrichtungen, und
2. wenn der Verantwortliche die Einhaltung der beamten- und datenschutzrechtlichen Vorschriften durch den Auftragsverarbeiter regelmäßig kontrolliert.

Die Verarbeitung von Personalaktendaten im Sinne des § 7 des Landesdatenschutzgesetzes einschließlich hierzu erlassener Rechtsverordnungen darf auch im Auftrag einer zentralen Stelle erfolgen.

(2) Die Auftragserteilung einschließlich der Unterauftragserteilung bedarf der vorherigen Zustimmung der obersten Dienstbehörde. Zu diesem Zweck hat der Verantwortliche der obersten Dienstbehörde rechtzeitig vor der Auftragserteilung schriftlich mitzuteilen:
1. den Auftragsverarbeiter, die von diesem getroffenen technischen und organisatorischen Maßnahmen und die ergänzenden Festlegungen nach Artikel 28 Absatz 3 der Verordnung (EU) 2016/679,
2. die Aufgabe, zu deren Erfüllung der Auftragsverarbeiter die Daten verarbeiten soll,
3. die Art der Daten, die für den Verantwortlichen verarbeitet werden sollen, und den Kreis der Beschäftigten, auf den sich diese Daten beziehen, sowie
4. die beabsichtigte Erteilung von Unteraufträgen durch den Auftragsverarbeiter.

(3) Eine nichtöffentliche Stelle darf nur beauftragt werden, wenn
1. beim Verantwortlichen sonst Störungen im Geschäftsablauf auftreten können oder der Auftragsverarbeiter die übertragenen Aufgaben erheblich kostengünstiger erledigen kann und
2. die beim Auftragsverarbeiter mit der Datenverarbeitung beauftragten Beschäftigten besonders auf den Schutz der Personalaktendaten verpflichtet sind.

In dem Auftrag ist schriftlich festzulegen, dass der Auftragsverarbeiter eine Kontrolle durch die oder den Landesbeauftragten für Datenschutz zu dulden hat.

§ 90
Löschung von Personalaktendaten

(1) Personalaktendaten über Beschwerden, Behauptungen und Bewertungen, auf die die Tilgungsvorschriften des Landesdisziplinargesetzes keine Anwendung finden, sind,
1. falls sie sich als unbegründet oder falsch erwiesen haben, mit Einwilligung der Beamtin oder des Beamten unverzüglich aus der Personalakte zu löschen und zu vernichten,
2. falls sie für Beamtinnen oder Beamte ungünstig sind oder ihnen nachteilig werden können, auf ihren Antrag nach drei Jahren zu löschen und zu vernichten; dies gilt nicht für dienstliche Beurteilungen.

Die Frist nach Satz 1 Nr. 2 wird durch erneute Sachverhalte im Sinne dieser Vorschrift oder durch die Einleitung eines Straf- oder Disziplinarverfahrens unterbrochen. Stellt sich der erneute Vorwurf als unbegründet oder falsch heraus, gilt die Frist als nicht unterbrochen.

(2) Mitteilungen in Strafsachen, soweit sie nicht Bestandteil einer Disziplinarakte sind, sowie Auskünfte aus dem Bundeszentralregister sind mit Einwilligung der Beamtin oder des Beamten nach drei Jahren zu löschen und zu vernichten. Absatz 1 Satz 2 und 3 gilt entsprechend.

§ 91
Aufbewahrungsfristen

(1) Personalakten sind nach ihrem Abschluss von der personalaktenführenden Behörde fünf Jahre aufzubewahren. Personalakten sind abgeschlossen,
1. wenn die Beamtin oder der Beamte nach Ablauf des Vorbereitungsdienstes aus dem Beamtenverhältnis auf Widerruf ausgeschieden ist,
2. wenn die Beamtin oder der Beamte ohne versorgungsberechtigte Hinterbliebene verstorben ist, mit Ablauf des Todesjahres,
3. wenn Versorgungs-, Altersgeld- oder Hinterbliebenenaltersgeldansprüche bestehen, mit Ablauf des fünften Jahres nach Ablauf des Kalenderjahres, in dem die Versorgungs-, Alters- oder Hinterbliebenenaltersgeldpflicht erlischt,
4. wenn keine Versorgungs-, Altersgeld- oder Hinterbliebenenaltersgeldansprüche bestehen, mit Ablauf des Jahres der Vollendung der Regelaltersgrenze, in den Fällen des § 24 BeamtStG und § 10 des Landesdisziplinargesetzes

jedoch erst, wenn mögliche Versorgungsempfängerinnen, Versorgungsempfänger, Altersgeld- oder Hinterbliebenenaltersgeldberechtigte nicht mehr vorhanden sind.

(2) Unterlagen über Beihilfen, Heilfürsorge, Heilverfahren, Unterstützungen, Erholungsurlaub, Erkrankungen, Umzugs- und Reisekosten sind fünf Jahre nach Ablauf des Jahres, in dem die Bearbeitung des einzelnen Vorgangs abgeschlossen wurde, aufzubewahren. Abweichend von Satz 1 sind Unterlagen aus denen die Art einer Erkrankung ersichtlich ist, spätestens drei Jahre nach Abschluss der Bearbeitung zu löschen und zu vernichten. An Stelle der Vernichtung kann auch eine Rückgabe erfolgen.

(3) Versorgungs-, Altersgeld- und Hinterbliebenenaltersgeldakten sind fünf Jahre nach Ablauf des Jahres, in dem die letzte Versorgungs-, Alters- oder Hinterbliebenenaltersgeldzahlung geleistet worden ist, aufzubewahren; besteht die Möglichkeit eines Wiederauflebens des Anspruchs, sind die Akten 30 Jahre aufzubewahren.

(4) Die Personalakten werden nach Ablauf der Aufbewahrungszeit gelöscht und vernichtet, sofern sie nicht vom Landesarchiv oder einem anderen zuständigen öffentlichen Archiv übernommen werden.

§ 92
Automatisierte Verarbeitung von Personalaktendaten

(1) Personalaktendaten dürfen in automatisierten Verfahren nur für Zwecke der Personalverwaltung oder der Personalwirtschaft verarbeitet werden. Ihre Übermittlung ist nur nach Maßgabe des § 89 zulässig. Ein automatisierter Datenabruf durch andere als die von Satz 2 erfassten Behörden ist unzulässig, soweit nicht durch besondere Rechtsvorschrift etwas anderes bestimmt ist.

(2) Personalaktendaten im Sinne des § 86 dürfen automatisiert nur im Rahmen ihrer Zweckbestimmung und nur von den übrigen Personaldateien technisch und organisatorisch getrennt verarbeitet werden.

(3) Von den Unterlagen über medizinische oder psychologische Untersuchungen und Tests dürfen im Rahmen der Personalverwaltung nur die Ergebnisse automatisiert verarbeitet werden, soweit sie die Eignung betreffen und ihre Verarbeitung dem Schutz der Beamtin oder des Beamten dient. Die Ergebnisse dürfen auch für statistische Zwecke genutzt werden, sofern die Einzelangaben über persönliche und sachliche Verhältnisse nicht mehr oder nur mit einem unverhältnismäßig großen Aufwand an Zeit, Kosten und Arbeitskraft einer bestimmten oder bestimmbaren natürlichen Person zugeordnet werden können (Anonymisierung).

(4) Die Verarbeitungs- und Nutzungsformen automatisierter Personalverwaltungsverfahren sind zu dokumentieren und einschließlich des jeweiligen Verwendungszweckes sowie der regelmäßigen Empfängerinnen oder Empfänger und des Inhalts automatisierter Datenübermittlung allgemein bekannt zu geben.

Abschnitt VII
Beteiligung der Spitzenorganisationen

§ 93
Beteiligung der Spitzenorganisationen der Gewerkschaften und Berufsverbände
(§ 53 BeamtStG)

(1) Die Spitzenorganisationen der zuständigen Gewerkschaften und der Berufsverbände sind bei der Gestaltung des Beamtenrechts rechtzeitig und umfassend mit dem Ziel sachgerechter Verständigung zu beteiligen.

(2) Die obersten Landesbehörden und die Spitzenorganisationen der Gewerkschaften und Berufsverbände kommen regelmäßig zu Gesprächen über allgemeine und grundsätzliche Fragen des Beamtenrechts zusammen. Darüber hinaus können aus besonderem Anlass weitere Gespräche vereinbart werden.

(3) Die Entwürfe allgemeiner beamtenrechtlicher Regelungen der Spitzenorganisationen wird einer angemessenen Frist zur Stellungnahme zugeleitet. Daneben kann auch eine mündliche Erörterung erfolgen. Vorschläge der Spitzenorganisationen, die in Gesetzentwürfen keine Berücksichtigung gefunden haben, werden dem Landtag in der Vorlage unter Angabe der Gründe mitgeteilt. Das Nähere des Beteiligungsverfahrens kann zwischen der Landesregierung und den Spitzenorganisationen durch Vereinbarung ausgestaltet werden.

Abschnitt VIII
Landesbeamtenausschuss

§ 94
Aufgaben des Landesbeamtenausschusses

(1) Der Landesbeamtenausschuss wirkt an Personalentscheidungen mit dem Ziel mit, die einheitliche Durchführung der beamtenrechtlichen Vorschriften sicherzustellen. Er übt seine Tätigkeit unabhängig und in eigener Verantwortung aus.

(2) Der Landesbeamtenausschuss hat neben den im Gesetz geregelten Entscheidungen über beamtenrechtliche Ausnahmen folgende Aufgaben:

1. zu Beschwerden von Beamtinnen und Beamten und zurückgewiesenen Bewerberinnen und Bewerbern in Angelegenheiten von grundsätzlicher Bedeutung Stellung zu nehmen,
2. Empfehlungen zur Beseitigung von Mängeln in der Handhabung der beamtenrechtlichen Vorschriften zu geben und hierzu Vorschläge zur Änderung, Ergänzung oder Neufassung zu unterbreiten

§ 95
Mitglieder

(1) Der Landesbeamtenausschuss besteht aus neun Mitgliedern.

(2) Die Landesregierung beruft die ordentlichen und stellvertretenden Mitglieder auf die Dauer von vier Jahren. Vier ordentliche und drei stellvertretende Mitglieder sind aufgrund von Vorschlägen aus der Landesverwaltung zu berufen, davon

1. ein ordentliches Mitglied aus der für das allgemeine öffentliche Dienstrecht zuständigen obersten Landesbehörde,
2. ein ordentliches und ein stellvertretendes Mitglied aus dem für Grundsatzfragen der Beamtenbesoldung und Beamtenversorgung zuständigen Ministerium,
3. ein ordentliches und ein stellvertretendes Mitglied aus dem für kommunale Angelegenheiten zuständigen Ministerium und
4. ein ordentliches und ein stellvertretendes Mitglied aus der für ressortübergreifende Personalangelegenheiten zuständigen obersten Landesbehörde.

Ein ordentliches und ein stellvertretendes Mitglied werden aus dem Kreis der Richterinnen und Richter der Verwaltungsgerichtsbarkeit berufen. Zwei ordentliche und zwei stellvertretende Mitglieder werden aufgrund von Vorschlägen der Spitzenorganisationen der zuständigen Gewerkschaften und Berufsverbände auf Landesebene und zwei ordentliche und zwei stellvertretende Mitglieder aufgrund von Vorschlägen der kommunalen Landesverbände des Landes Schleswig-Holstein berufen.

(3) Vorsitzende oder Vorsitzender des Landesbeamtenausschusses ist das nach Absatz 2 Satz 2 Nummer 1 berufene Mitglied. Bei deren oder dessen Verhinderung nimmt das ordentliche Mitglied aus dem für kommunale Angelegenheiten zuständigen Ministerium die Aufgaben der Vorsitzenden oder des Vorsitzenden wahr. Sind beide verhindert, tritt an ihre Stelle das Mitglied, das dem Landesbeamtenausschuss am längsten ununterbrochen als Mitglied angehört, bei gleichlanger Mitgliedschaft das lebensältere.

(4) Bei der Berufung der Mitglieder sollen Frauen und Männer jeweils zur Hälfte berücksichtigt werden. Von den Vorschlagsberechtigten soll jeweils eine Frau und ein Mann pro Gremienplatz benannt werden. Die Landesregierung wählt eine Person als Mitglied aus. Die Person, die nicht als Mitglied bestimmt wurde, wird als stellvertretendes Mitglied berufen.

(5) Sämtliche Mitglieder mit Ausnahme der Richterin oder des Richters der Verwaltungsgerichtsbarkeit müssen sich in

einem Beamtenverhältnis zu einem der in § 1 Absatz 1 genannten Dienstherren befinden.
(6) Scheidet ein nach Absatz 3 berufenes Mitglied vor Ablauf der Amtszeit aus dem Landesbeamtenausschuss aus, wird ein neues Mitglied nur für den Rest der Amtszeit berufen.

§ 96
Rechtsstellung der Mitglieder

(1) Die Mitglieder des Landesbeamtenausschusses sind unabhängig und nur dem Gesetz unterworfen. Sie üben ihre Tätigkeit innerhalb dieser Schranken in eigener Verantwortung aus.
(2) Die Mitglieder dürfen wegen ihrer Tätigkeit nicht dienstlich gemaßregelt, benachteiligt oder bevorzugt werden.
(3) Die Mitgliedschaft im Landesbeamtenausschuss endet
1. durch Zeitablauf,
2. wenn eine der Voraussetzungen fortfällt, unter denen sie berufen worden sind, oder
3. wenn sie in einem Strafverfahren rechtskräftig zu einer Freiheitsstrafe verurteilt werden oder gegen sie in einem Disziplinarverfahren eine Disziplinarmaßnahme, die über einen Verweis hinausgeht, unanfechtbar ausgesprochen worden ist.
§ 39 BeamtStG findet keine Anwendung.

§ 97
Geschäftsordnung und Verfahren

(1) Der Landesbeamtenausschuss gibt sich eine Geschäftsordnung.
(2) Die Sitzungen des Landesbeamtenausschusses sind nicht öffentlich.
(3) Beauftragten der beteiligten obersten Dienstbehörde sowie Beschwerdeführerinnen und Beschwerdeführern kann Gelegenheit zur Stellungnahme in der Verhandlung gegeben werden.

§ 98
Beschlüsse

(1) Soweit dem Landesbeamtenausschuss eine Entscheidungsbefugnis eingeräumt ist, binden seine Beschlüsse die beteiligten Verwaltungen.
(2) Beschlüsse werden mit Stimmenmehrheit gefasst; zur Beschlussfähigkeit ist die Anwesenheit von mindestens fünf Mitgliedern erforderlich. Bei Stimmengleichheit entscheidet die Stimme der oder des Vorsitzenden. Beschlüsse können auch schriftlich oder elektronisch im Umlaufverfahren gefasst werden. Das Nähere regelt die Geschäftsordnung.
(3) Beschlüsse von allgemeiner Bedeutung sind zu veröffentlichen.

§ 99
Beweiserhebung, Amtshilfe

(1) Der Landesbeamtenausschuss kann zur Durchführung seiner Aufgaben in entsprechender Anwendung der Vorschriften der Verwaltungsgerichtsordnung Beweise erheben.
(2) Alle Dienststellen haben dem Landesbeamtenausschuss unentgeltlich Amtshilfe zu leisten und auf Verlangen Auskünfte zu erteilen sowie Akten vorzulegen, wenn dies zur Durchführung seiner Aufgaben erforderlich ist.

§ 100
Geschäftsstelle

Der Landesbeamtenausschuss wird zur Durchführung seiner Aufgaben durch die in der für das allgemeine öffentliche Dienstrecht zuständigen obersten Landesbehörde eingerichteten Geschäftsstelle unterstützt. Die Geschäftsstelle bereitet die Sitzungen des Landesbeamtenausschusses vor und führt seine Beschlüsse aus.

Abschnitt IX
Beschwerdeweg und Rechtsschutz

§ 101
Anträge und Beschwerden

(1) Beamtinnen und Beamte können Anträge und Beschwerden vorbringen; hierbei haben sie den Dienstweg einzuhalten. Der Beschwerdeweg bis zur obersten Dienstbehörde steht offen.
(2) Richtet sich die Beschwerde gegen die unmittelbare Vorgesetzte oder Dienstvorgesetzte oder den unmittelbaren Vorgesetzten oder Dienstvorgesetzten, kann sie bei der oder dem nächsthöheren Vorgesetzten oder Dienstvorgesetzten unmittelbar eingereicht werden.

§ 102
Verwaltungsrechtsweg
(§ 54 BeamtStG)

Widerspruch und Anfechtungsklage gegen Abordnung (§ 28) oder Versetzung (§ 29) haben keine aufschiebende Wirkung.

§ 103
Vertretung des Dienstherrn

(1) Bei Klagen aus dem Beamtenverhältnis wird der Dienstherr durch die oberste Dienstbehörde vertreten, der die Beamtin oder der Beamte untersteht oder bei der Beendigung des Beamtenverhältnisses unterstanden hat. Bei Ansprüchen nach den §§ 64 bis 72 SHBeamtVG wird der Dienstherr durch die oberste Dienstbehörde vertreten, deren sachlicher Weisung die Regelungsbehörde untersteht.
(2) Besteht die oberste Dienstbehörde nicht mehr, und ist eine andere Dienstbehörde nicht bestimmt, tritt an ihre Stelle das zuständige Fachministerium.
(3) Die oberste Dienstbehörde kann die Vertretung durch allgemeine Anordnung anderen Behörden übertragen; die Anordnung ist zu veröffentlichen.

§ 104
Zustellung von Verfügungen
und Entscheidungen

Verfügungen oder Entscheidungen, die Beamtinnen und Beamten oder Versorgungsberechtigten nach den Vorschriften dieses Gesetzes bekannt zu geben sind, sind zuzustellen, wenn durch sie eine Frist in Lauf gesetzt wird oder Rechte der Beamtinnen und Beamten oder Versorgungsberechtigten durch sie berührt werden.

Abschnitt X
Besondere Vorschriften
für einzelne Beamtengruppen

§ 105
Allgemeines

Für die in diesem Abschnitt genannten Beamtengruppen gelten die Vorschriften dieses Gesetzes nach Maßgabe der folgenden Bestimmungen.

Unterabschnitt 1
Landtag

§ 106
Beamtinnen und Beamte des Landtages

Die Beamtinnen und Beamten des Landtages sind Beamtinnen und Beamte des Landes. Ihre Ernennung, Entlassung und Zurruhesetzung werden durch die Landtagspräsidentin oder den Landtagspräsidenten im Benehmen mit dem Ältestenrat vorgenommen. Die Landtagspräsidentin oder der Landtagspräsident ist oberste Dienstbehörde.

Unterabschnitt 2
Polizeivollzug

§ 107
Laufbahnen der Polizeivollzugsbeamtinnen
und Polizeivollzugsbeamten

Das Ministerium für Inneres, ländliche Räume und Integration erlässt durch Verordnung Vorschriften über die Laufbahnen der Polizeivollzugsbeamtinnen und Polizeivollzugsbeamten; in ihnen ist auch zu regeln, welche Beamtengruppen zum Polizeivollzugsdienst gehören. Dabei kann von den Vorschriften der §§ 14, 20 Abs. 2 Satz 2 und §§ 21, 30 Abs. 4 abgewichen werden, soweit die besonderen Verhältnisse des Polizeivollzugsdienstes dies erfordern.

§ 108
Altersgrenze

(1) Die Altersgrenze für die Polizeivollzugsbeamtinnen und Polizeivollzugsbeamten bildet die Vollendung des 62. Lebensjahres.

(2) Polizeivollzugsbeamtinnen und Polizeivollzugsbeamte auf Lebenszeit, die vor dem 1. Januar 1952 geboren sind, treten mit dem Ende des Monats in den Ruhestand, in dem sie das 60. Lebensjahr vollenden. Für Polizeivollzugsbeamtinnen und Polizeivollzugsbeamte, die nach dem 31. Dezember 1951 geboren sind, wird die Altersgrenze wie folgt angehoben:

Geburtsjahr	Anhebung um Monate	Altersgrenze Jahr	Altersgrenze Monat
1952	1	60	1
1953	2	60	2
1954	3	60	3
1955	4	60	4
1956	5	60	5
1957	6	60	6
1958	7	60	7
1959	8	60	8
1960	9	60	9
1961	10	60	10
1962	11	60	11
1963	12	61	0
1964	14	61	2
1965	16	61	4
1966	18	61	6
1967	20	61	8
1968	22	61	10

Satz 1 gilt entsprechend für Polizeivollzugsbeamtinnen und Polizeivollzugsbeamte auf Lebenszeit, die vor dem 1. Januar 2011 eine bis zum Beginn des Ruhestandes bewilligte
1. Teilzeitbeschäftigung nach § 61 Abs. 1 Satz 2 oder nach § 88 a Abs. 1 in Verbindung mit § 88 Abs. 5 des Landesbeamtengesetzes in der bis zum 31. März 2009 geltenden Fassung oder
2. Altersteilzeit nach § 63 Abs. 1 Satz 4 oder nach § 88 a Abs. 3 Satz 4 Landesbeamtengesetzes in der bis zum 31. März 2009 geltenden Fassung oder
3. Beurlaubung nach § 64 Abs. 1 Nr. 2 oder nach § 88 c Abs. 1 Nr. 2 des Landesbeamtengesetzes in der bis zum 31. März 2009 geltenden Fassung

angetreten haben.

(3) § 35 Abs. 4 gilt entsprechend.

§ 109
Polizeidienstunfähigkeit

Die Polizeivollzugsbeamtin oder der Polizeivollzugsbeamte ist dienstunfähig, wenn sie oder er den besonderen gesundheitlichen Anforderungen des Polizeivollzugsdienstes nicht mehr genügt und nicht zu erwarten ist, dass sie oder er seine volle Verwendungsfähigkeit innerhalb von zwei Jahren wiedererlangt (Polizeidienstunfähigkeit), es sei denn, die auszuübende Funktion erfordert bei Beamtinnen oder Beamten auf Lebenszeit diese besonderen gesundheitlichen Anforderungen auf Dauer nicht mehr uneingeschränkt.

§ 110
Gemeinschaftsunterkunft

(1) Die Polizeivollzugsbeamtin oder der Polizeivollzugsbeamte ist auf Anordnung des Dienstvorgesetzten verpflichtet, in einer Gemeinschaftsunterkunft zu wohnen und an einer Gemeinschaftsverpflegung teilzunehmen.

(2) Die Verpflichtung nach Absatz 1 kann einer Polizeivollzugsbeamtin oder einem Polizeivollzugsbeamten, die Beamtin oder Beamter auf Lebenszeit ist, für besondere Einsätze oder Lehrgänge oder für seine Aus- oder Weiterbildung auferlegt werden. Für die übrigen Polizeivollzugsbeamtinnen und Polizeivollzugsbeamten können unter den Voraussetzungen des § 62 Abs. 1 Satz 1 Ausnahmen von Absatz 1 zugelassen werden.

(3) Die Unterkunft wird unentgeltlich gewährt. § 43 Abs. 2 SHBesG bleibt unberührt.

§ 111
Dienstkleidung

(1) Die uniformierten Polizeivollzugsbeamtinnen oder Polizeivollzugsbeamten erhalten die Bekleidung und Ausrüstung, die die besondere Art ihres Dienstes erfordert.

(2) Das Nähere regelt das Ministerium für Inneres, ländliche Räume und Integration im Einvernehmen mit dem Finanzministerium.

§ 112
Heilfürsorge

(1) Polizeivollzugsbeamtinnen und Polizeivollzugsbeamten haben Anspruch auf Heilfürsorge, solange sie Dienst- oder Anwärterbezüge erhalten. Heilfürsorge wird auch
1. während einer Elternzeit, soweit nicht bereits aufgrund einer Teilzeitbeschäftigung unmittelbar ein Anspruch auf Heilfürsorge besteht,
2. Alleinerziehenden während einer Beurlaubung ohne Dienstbezüge nach § 62 Abs. 1 Satz 1 Nr. 2 Buchst. a,
3. bei einer sonstigen Freistellung vom Dienst unter Fortfall der Bezüge bis zur Dauer von einem Monat,
4. für die Erstversorgung des Neugeborenen im Zuge der Entbindung einer Heilfürsorgeberechtigten bis zum sechsten Lebenstag, soweit für das Kind kein anderer Versicherungsschutz besteht,

gewährt. Heilfürsorge ist Sachbezug im Sinne des § 13 Abs. 1 SHBesG und wird mit einem monatlichen Betrag in Höhe von 1,4 % des jeweiligen Grundgehalts oder des Anwärtergrundbetrags auf die Besoldung angerechnet; dies gilt nicht für die in Satz 2 Nr. 1 bis 3 geregelten Fälle.

(2) Das Ministerium für Inneres, ländliche Räume und Integration regelt im Einvernehmen mit dem Finanzministerium durch Verordnung[8] Art und Umfang der Heilfürsorge. Heilfürsorge umfasst die ärztliche und zahnärztliche Versorgung und Vorsorge einschließlich der Verordnung von physikalischen und therapeutischen Maßnahmen sowie von Heil- und Hilfsmitteln grundsätzlich nach den Bestimmungen des Fünften Buches Sozialgesetzbuch vom 20. Dezember 1988 (BGBl. I S. 2477), zuletzt geändert durch Artikel 6 des Gesetzes vom 21. Dezember 2008 (BGBl. I S. 2940); Näheres regelt die Verordnung nach Satz 1.

(3) Über die Leistungen der Heilfürsorge hinaus oder neben den Leistungen der Heilfürsorge kann Beihilfe nicht gewährt werden. Neu eingestellte oder zum Land Schleswig-Holstein versetzte Polizeivollzugsbeamtinnen und Polizeivollzugsbeamte können die Gewährung von Heilfürsorge innerhalb von sechs Monaten nach der Einstellung oder der Versetzung schriftlich ablehnen. In diesem Fall erhalten sie ab dem Ersten des auf die Ablehnung folgenden Monats Beihilfe nach § 80. Ein Widerruf ist ausgeschlossen. Die Sätze 2 bis 4 gelten entsprechend für Polizeivollzugsbeamtinnen und Polizeivollzugsbeamte, die nach Abschluss des Vorbereitungsdienstes zu Beamtinnen und Beamten auf Probe ernannt werden.

Unterabschnitt 3
Feuerwehr

§ 113
Beamtinnen und Beamte
des feuerwehrtechnischen Dienstes

(1) Für die Beamtinnen und Beamten des feuerwehrtechnischen Dienstes, die im Brandbekämpfungs- und Hilfeleistungsdienst (Einsatzdienst) stehen, bildet die Vollendung des 60. Lebensjahres die Altersgrenze. Zum Einsatzdienst kann auch der Einsatz im Rettungsdienst gehören. § 35 Absatz 4 gilt entsprechend.

---

8 *Heilfürsorgeverordnung vom 16.12.2010 (GVOBl. Schl.-H. S. 852), zuletzt geändert durch LVO vom 25.11.2020 (GVOBl. Schl.-H. S. 922).*

(2) Die Beamtinnen und Beamten nach Absatz 1 werden hinsichtlich der Dienstunfähigkeit (Feuerwehrdienstunfähigkeit) den Polizeivollzugsbeamtinnen und Polizeivollzugsbeamten gleichgestellt. § 109 findet entsprechende Anwendung.

(3) Den Beamtinnen und Beamten des Einsatzdienstes ist freie Dienstkleidung zu stellen.

(4) Die Beamtinnen und Beamten des Einsatzdienstes haben Anspruch auf Heilfürsorge in entsprechender Anwendung des § 112. Das Ministerium für Inneres, ländliche Räume und Integration regelt durch Verordnung Art und Umfang der Heilfürsorge. Heilfürsorge umfasst die ärztliche und zahnärztliche Versorgung und Vorsorge einschließlich der Verordnung von physikalischen und therapeutischen Maßnahmen sowie von Heil- und Hilfsmitteln grundsätzlich nach den Bestimmungen des Fünften Buches Sozialgesetzbuch; Näheres regelt die Verordnung nach Satz 2.

(5) Den Beamtinnen und Beamten des Einsatzdienstes können innerhalb der Berufsfeuerwehr oder der hauptamtlichen Wachabteilung einer Freiwilligen Feuerwehr auch Aufgaben übertragen werden, die nicht dem Einsatzdienst zuzurechnen sind.

(6) Beamtinnen und Beamten des feuerwehrtechnischen Dienstes auf Verwendungen, die im besonderen dienstlichen oder im besonderen öffentlichen Interesse des Landes liegen, werden dem Einsatzdienst gleichgestellt; Einzelheiten regelt die oberste Dienstbehörde durch Verwaltungsvorschrift.

Unterabschnitt 4
Straf- und Abschiebungshaftvollzug

§ 114
Beamtinnen und Beamte des Straf- und Abschiebungshaftvollzugs

Auf die Beamtinnen und Beamten der Fachrichtung Justiz in der Laufbahngruppe 1 mit dem zweiten Einstiegsamt in den Laufbahnzweigen allgemeiner Vollzugsdienst, Werkdienst und Abschiebungshaftvollzug finden die §§ 108 und 109 entsprechende Anwendung. Gleiches gilt für Vollzugsdienstleiterinnen und Vollzugsdienstleiter sowie Werkdienstleiterinnen und Werkdienstleiter, die der Fachrichtung Justiz in der Laufbahngruppe 2 mit dem ersten Einstiegsamt angehören.

Unterabschnitt 5
Körperschaften

§ 115
Zuständigkeit

(1) Die in diesem Gesetz übertragenen oder zu übertragenden Zuständigkeiten obliegen bei den der Aufsicht des Landes unterstehenden Körperschaften, den rechtsfähigen Anstalten und den Stiftungen des öffentlichen Rechts, die Behörden nicht besitzen, der zuständigen Verwaltungsstelle.

(2) Hat eine Beamtin oder ein Beamter keine Dienstvorgesetzte oder keinen Dienstvorgesetzten, bestimmt die oberste Aufsichtsbehörde, wer die nach diesem Gesetz der oder dem Dienstvorgesetzten übertragenen Zuständigkeiten wahrnimmt.

(3) Unberührt bleiben Vorschriften, die anderen Stellen bei der Ernennung und Entlassung von Beamtinnen und Beamten Rechte einräumen.

(4) Die Versetzung in den einstweiligen Ruhestand nach § 27 Abs. 3 dieses Gesetzes in Verbindung mit § 18 Abs. 2 BeamtStG bedarf der Zustimmung der Aufsichtsbehörde.

(5) Satzungen, die durch die oberste Aufsichtsbehörde genehmigt sind, stehen gesetzlichen Vorschriften im Sinne des § 7 Abs. 1 Satz 1 dieses Gesetzes und § 11 Abs. 2 Nr. 1 zweiter Halbsatz BeamtStG gleich.

(6) Soweit nach diesem Gesetz für Entscheidungen in Einzelfällen eine Zuständigkeit des Finanzministeriums vorgesehen ist, entfällt sie für die Beamtinnen und Beamten der Gemeinden, Kreise, Ämter und Zweckverbände, soweit es sich nicht um einen Fall von allgemeiner oder grundsätzlicher Bedeutung handelt.

Unterabschnitt 6
Hochschulen

§ 116
Allgemeines

Die Vorschriften für Hochschullehrerinnen und Hochschullehrer nach diesem Abschnitt gelten nur für die als Lehrerinnen und Lehrer an Hochschulen ernannten Professorinnen und Professoren und Juniorprofessorinnen und Juniorprofessoren.

§ 117
Rechtsstellung

(1) Einer Ernennung im Sinne des § 8 BeamtStG bedarf es auch, wenn die Dienstzeit der Hochschullehrerinnen oder Hochschullehrer sowie wissenschaftlichen und künstlerischen Mitarbeiterinnen oder Mitarbeiter im Beamtenverhältnis auf Zeit verlängert werden soll.

(2) Die Vorschriften dieses Gesetzes über die Laufbahnen und den einstweiligen Ruhestand sind auf Hochschullehrerinnen und Hochschullehrer nicht anzuwenden; ein Eintritt von zu Beamtinnen oder Beamten auf Zeit ernannten Hochschullehrerinnen oder Hochschullehrern in den Ruhestand mit Ablauf der Dienstzeit ist ausgeschlossen. Die Vorschriften dieses Gesetzes über die Arbeitszeit mit Ausnahme der §§ 61 bis 65 sind auf Hochschullehrerinnen und Hochschullehrer nicht anzuwenden. Erfordert der Aufgabenbereich einer Hochschuleinrichtung eine regelmäßige oder planmäßige Anwesenheit, können diese Vorschriften im Einzelfall für anwendbar erklärt werden; die Vorschriften über den Verlust der Bezüge wegen nicht genehmigtem schuldhaften Fernbleibens vom Dienst sind anzuwenden.

(3) § 61 BeamtStG gilt für landesinterne Versetzungen oder Abordnungen entsprechend.

(4) Hochschullehrerinnen und Hochschullehrer haben ihren Erholungsurlaub in der unterrichtsfreien Zeit zu nehmen.

(5) Soweit Hochschullehrerinnen und Hochschullehrer Beamtinnen oder Beamte auf Zeit sind, ist das Dienstverhältnis, sofern dienstliche Gründe nicht entgegenstehen, auf Antrag der Beamtin oder des Beamten aus den in Satz 2 genannten Gründen zu verlängern. Gründe für eine Verlängerung sind:

1. Beurlaubung nach § 62 Abs. 1 Satz 1 Nr. 2 und § 64,
2. Beurlaubung nach § 69 Abs. 2 Nr. 2,
3. Beurlaubung für eine wissenschaftliche oder künstlerische Tätigkeit oder eine außerhalb des Hochschulbereichs oder im Ausland durchgeführte wissenschaftliche, künstlerische oder berufliche Fort- oder Weiterbildung nach § 18 der Sonderurlaubsverordnung vom 9. Dezember 2008 (GVOBl. Schl.-H. S. 836), geändert durch Artikel 22 des Gesetzes vom 26. März 2009 (GVOBl. Schl.-H. S. 136),
4. a) Wehrdienst,
   b) Zeiten von ehemaligen Soldatinnen und Soldaten nach § 8 des Soldatenversorgungsgesetzes,
   c) Zivildienst oder Bundesfreiwilligendienst,
   d) Entwicklungsdienst,
   e) Freiwilliges soziales oder freiwilliges ökologisches Jahr nach dem Jugendfreiwilligendienstegesetz,
5. Inanspruchnahme von Elternzeit nach der Elternzeitverordnung vom 18. Dezember 2001 (GVOBl. Schl.-H. 2002 S. 6), zuletzt geändert durch Artikel 23 des Gesetzes vom 26. März 2009 (GVOBl. Schl.-H. S. 136), oder Beschäftigungsverbot nach §§ 1, 2, 3 und 8 der Mutterschutzverordnung in der Fassung der Bekanntmachung vom 23. Dezember 1992 (GVOBl. Schl.-H. S. 24), zuletzt geändert durch Artikel 24 des Gesetzes vom 26. März 2009 (GVOBl. Schl.-H. S. 137), in dem Umfang, in dem eine Erwerbstätigkeit nicht erfolgt ist,
6. Beurlaubung nach § 27 Abs. 2 Satz 3 des Hochschulgesetzes vom 28. Februar 2007 (GVOBl. Schl.-H. S. 184), zuletzt geändert durch Artikel 8 des Gesetzes vom 26. März 2009 (GVOBl. Schl.-H. S. 132).

Satz 1 gilt entsprechend im Falle einer
1. Teilzeitbeschäftigung,
2. Ermäßigung der Arbeitszeit nach § 69 Abs. 2 Nr. 1 oder
3. Freistellung zur Wahrnehmung von Aufgaben in einer Personal- oder Schwerbehindertenvertretung oder als Gleichstellungsbeauftragte,

wenn die Ermäßigung mindestens ein Fünftel der regelmäßigen Arbeitszeit betrug. Eine Verlängerung darf den Umfang der Beurlaubung, Freistellung oder der Ermäßigung der Arbeitszeit und in den Fällen des Satzes 2 Nr. 1 bis 3 und 6 und des Satzes 3 die Dauer von jeweils zwei Jahren nicht überschreiten. Mehrere Verlängerungen nach Satz 2 Nr. 1 bis 3 und 6 und Satz 3 dürfen insgesamt die Dauer von drei Jahren nicht überschreiten. Verlängerungen nach Satz 2 Nr. 5 dürfen, auch wenn sie mit anderen Verlängerungen zusammentreffen, insgesamt vier Jahre nicht überschreiten.

(6) Die zu Beamtinnen und Beamten auf Zeit ernannten Hochschullehrerinnen und Hochschullehrer gelten mit dem Ablauf ihrer Dienstzeit als entlassen.

§ 118
Professorinnen und Professoren

(1) Die Professorinnen und Professoren werden, soweit sie in das Beamtenverhältnis berufen werden, zu Beamtinnen und Beamten auf Zeit für höchstens sechs Jahre oder auf Lebenszeit ernannt.

(2) Eine weitere Berufung in ein Beamtenverhältnis auf Zeit ist möglich, wenn
1. die Gesamtdauer der befristeten Amtszeit zehn Jahre nicht überschreitet und
2. die Professorin oder der Professor vor Ablauf der letzten Amtszeit das 45. Lebensjahr noch nicht vollendet haben wird.

§ 117 Abs. 5 gilt entsprechend.

(3) Die Professorinnen und Professoren können den Antrag nach § 35 Absatz 4 Satz 1 Nummer 2 nur bis spätestens 18 Monate vor Ablauf des letzten Monats des Semesters oder Trimesters, in welchem die Altersgrenze erreicht wird, stellen.

§ 119
Juniorprofessorinnen und Juniorprofessoren

Juniorprofessorinnen und Juniorprofessoren werden, soweit sie in das Beamtenverhältnis berufen werden, für die Dauer von bis zu vier Jahren zu Beamtinnen und Beamten auf Zeit ernannt. Eine Verlängerung des Beamtenverhältnisses auf Zeit ist unter den Voraussetzungen des § 64 Absatz 5 des Hochschulgesetzes zulässig. Eine weitere Verlängerung ist nicht zulässig; dies gilt auch für eine erneute Einstellung als Juniorprofessorin oder Juniorprofessor.

§ 120
Wissenschaftliche und künstlerische Mitarbeiterinnen und Mitarbeiter

(1) Die wissenschaftlichen und künstlerischen Mitarbeiterinnen und Mitarbeiter, soweit sie im Beamtenverhältnis beschäftigt sind (§ 68 Abs. 4 des Hochschulgesetzes), werden für die Dauer von höchstens sechs Jahren zu Beamtinnen und Beamten auf Zeit ernannt. § 117 Abs. 5 mit Ausnahme der Sätze 5 und 6 gilt entsprechend. Nach Erreichen der Höchstdauer von insgesamt sechs Jahren ist eine weitere Verlängerung oder eine erneute Einstellung als wissenschaftliche oder künstlerische Mitarbeiterin oder als wissenschaftlicher oder künstlerischer Mitarbeiter in einem Beamtenverhältnis auf Zeit unzulässig. Die Beamtinnen und Beamten gelten mit Ablauf ihrer Dienstzeit als entlassen.

(2) Die wissenschaftlichen und künstlerischen Mitarbeiterinnen und Mitarbeiter, denen in besonders begründeten Fällen Daueraufgaben an der Hochschule übertragen werden sollen, werden, soweit sie im Beamtenverhältnis beschäftigt sind (§ 68 Abs. 4 des Hochschulgesetzes), zu Beamtinnen oder Beamten auf Lebenszeit ernannt. Vor der Ernennung leisten sie eine Probezeit nach den allgemeinen Vorschriften des Laufbahnrechts ab.

§ 121
Verwaltungsvorschriften für das beamtete wissenschaftliche und künstlerische Personal an Hochschulen

Soweit für die Durchführung dieses Abschnitts Verwaltungsvorschriften erforderlich sind, werden diese durch die für die Hochschulen zuständige oberste Landesbehörde erlassen.

Unterabschnitt 7
Schulen

§ 122
Beamtinnen und Beamte im Schuldienst

In den Vorschriften für die Laufbahnen der Fachrichtung Bildung (§ 13 Abs. 2 Nr. 5) kann die zuständige oberste Landesbehörde von den Regelungen des Abschnitts III abweichen, insbesondere von den Vorschriften über

1. die Zuordnung von Ämtern in der Laufbahngruppe 2 (§ 14),
2. die Anzahl der Beurteilungen während der Probezeit (§ 19 Abs. 3 Satz 1) sowie
3. die Zuständigkeit für den Erlass von Ausbildungs- und Prüfungsordnungen,

soweit die besonderen Verhältnisse es erfordern.

Unterabschnitt 8
Steuerverwaltung

§ 123
Beamtinnen und Beamte der Steuerverwaltung

Das Finanzministerium wird ermächtigt, in den Vorschriften für die Laufbahnen der Fachrichtung Steuerverwaltung (§ 13 Abs. 2 Nr. 4) von den Regelungen der §§ 14 und 21 abzuweichen, soweit die besonderen Verhältnisse es erfordern.

Unterabschnitt 9
Landesrechnungshof

§ 124
Mitglieder des Landesrechnungshofs

Für die Mitglieder des Landesrechnungshofs gilt dieses Gesetz, soweit im Gesetz über den Landesrechnungshof Schleswig-Holstein vom 2. Januar 1991 (GVOBl. Schl.-H. S 3), zuletzt geändert durch Artikel 20 des Gesetzes vom 26. März 2009 (GVOBl. Schl.-H. S. 136), nichts Abweichendes bestimmt ist.

Abschnitt XI
Übergangs- und Schlussvorschriften

§ 125
Erlass von Zulassungsbeschränkungen

(1) Die Einstellung in einen Vorbereitungsdienst, der auch für die Ausübung eines Berufes außerhalb des öffentlichen Dienstes Voraussetzung ist, kann in einzelnen Laufbahnen, Fachgebieten oder Fächern auf Zeit beschränkt werden, soweit die Zahl der zur Verfügung stehenden Ausbildungsplätze nicht für alle Bewerberinnen und Bewerber ausreicht.

(2) Die Zahl der zur Verfügung stehenden Ausbildungsplätze richtet sich

1. nach den im Haushaltsplan zur Verfügung stehenden Stellen für Anwärterinnen und Anwärter sowie Referendarinnen und Referendare oder, sofern keine Stellen ausgewiesen sind, nach den Mitteln für Anwärterinnen und Anwärter sowie Referendarinnen und Referendare sowie
2. nach der räumlichen, sächlichen und personellen Ausstattung der Ausbildungseinrichtungen und den fachlichen Gegebenheiten als Voraussetzung für eine sachgerechte Ausbildung; dabei darf die Erfüllung der Aufgabe der öffentlichen Einrichtung und der Rechtspflege nicht unzumutbar beeinträchtigt werden.

(3) Stehen nicht genügend Ausbildungsplätze für alle Bewerberinnen und Bewerber zur Verfügung, werden sie in einem Auswahlverfahren nach folgenden Grundsätzen vergeben:

1. Mindestens 65 %, im juristischen Vorbereitungsdienst mindestens 20 % nach Eignung und fachlicher Leistung der Bewerberinnen und Bewerber,
2. mindestens 10 % nach der Dauer der Zeit seit der ersten Antragstellung auf Einstellung in den Vorbereitungsdienst bei ununterbrochener Meldung zu jedem Einstellungstermin in Schleswig-Holstein (Wartezeit),
3. bis zu 10 % für besondere persönliche oder soziale Härtefälle.

(4) Durch die Wahrnehmung von Zeiten
1. eines Wehrdienstes,
2. von ehemaligen Soldatinnen und Soldaten nach § 8 a des Soldatenversorgungsgesetzes,
3. eines Zivildienstes oder Bundesfreiwilligendienstes,
4. eines Entwicklungsdienstes,
5. eines freiwilligen sozialen oder freiwilligen ökologischen Jahres

darf der Bewerberin oder dem Bewerber kein Nachteil entstehen. Gleiches gilt für berufliche Verzögerungen infolge
1. der Geburt oder der tatsächlichen Betreuung oder Pflege eines Kindes unter 18 Jahren oder
2. der tatsächlichen Pflege einer oder eines nach ärztlichem Gutachten pflegebedürftigen sonstigen Angehörigen.

(5) Die oberste Landesbehörde wird ermächtigt, durch Verordnung
1. die Laufbahn, die Laufbahnzweige, Fachgebiete oder Fächer, für die die Einstellung in den Vorbereitungsdienst nach Absatz 1 beschränkt wird,
2. a) das Nähere über die Ermittlung der Ausbildungskapazität unter Berücksichtigung der Besonderheiten der Laufbahn,
   b) die Anteile nach Absatz 3,
   c) die Einzelheiten der Auswahl unter den Bewerberinnen und Bewerbern,
3. das Nähere zur Berücksichtigung von Dienstzeiten sowie diesen gleichgestellten Zeiten nach Absatz 4 bei der Wartezeit und
4. das Bewerbungs- und Einstellungsverfahren

zu bestimmen. Bei der Beurteilung der Eignung und fachlichen Leistung nach Absatz 3 Nr. 1 können auch eine nicht durch besondere Umstände zu begründende überlange Studiendauer zu Lasten der Bewerberin oder des Bewerbers, der künftigen Laufbahn dienende Erfahrungen zugunsten der Bewerberin oder des Bewerbers berücksichtigt werden. Unterschiedliche Prüfungsanforderungen und Unterschiede in der Bewertung der Prüfungsleistungen der Prüfung, die Voraussetzung für die Einstellung in den Vorbereitungsdienst ist, können zugunsten oder zu Lasten der Bewerberin oder des Bewerbers berücksichtigt werden.

(6) Gliedert sich die Laufbahnbefähigung in unterschiedliche fachliche Befähigungen auf, kann die für die Gestaltung der Laufbahn zuständige oberste Landesbehörde durch Verordnung bestimmen, dass vor Anwendung der Auswahlgrundsätze nach Absatz 3 bis zu 80 % der Ausbildungsplätze an Bewerberinnen und Bewerber mit Fachgebieten und Fächern vergeben werden, für die zur Wahrung eines überragend wichtigen Gemeinschaftsgutes ein von der Einstellungsbehörde festzustellender dringender Bedarf an ausgebildeten Bewerberinnen und Bewerbern besteht. Unter diesen Bewerberinnen und Bewerbern wird nach den Grundsätzen des Absatzes 3 ausgewählt.

(7) Sind nach den Absätzen 5 oder 6 mehrere oberste Landesbehörden zuständig, tritt die Landesregierung an die Stelle der obersten Landesbehörde.

§ 126
Verzinsung, Abtretung, Verpfändung, Aufrechnung, Zurückbehaltung, Belassung und Rückforderung von Leistungen

Bei Leistungen aus dem Beamtenverhältnis, die weder Besoldung im Sinne des SHBesG noch Versorgung im Sinne des SHBeamtVG sind, gelten für die Verzinsung, die Abtretung, die Verpfändung, das Aufrechnungs- und Zurückbehaltungsrecht sowie die Belassung und die Rückforderung § 4 Abs. 5 und §§ 14 und 15 SHBesG entsprechend.

§ 127
Verwaltungsvorschriften

Die Ministerpräsidentin oder der Ministerpräsident kann zur Durchführung des Gesetzes allgemeine Verwaltungsvorschriften erlassen, soweit das Gesetz nichts anderes bestimmt.

§ 127 a
Geltungsdauer der Laufbahn-, Ausbildungs- und Prüfungsverordnungen

Für die auf der Grundlage dieses Gesetzes erlassenen und zu erlassenden Laufbahnverordnungen sowie Ausbildungs- und Prüfungsverordnungen findet § 62 des Landesverwaltungsgesetzes keine Anwendung. Dies gilt entsprechend für Verordnungen im Sinne des Satzes 1, die auf der Grundlage des Landesbeamtengesetzes in seiner bis zum 31. März 2009 geltenden Fassung erlassen wurden. Sofern Verordnungen, die vor dem 1. Januar 2011 erlassen wurden, eine Befristung enthalten, gelten sie unbefristet weiter.

§ 128
Übergangsregelungen für Beamtinnen und Beamte auf Probe

(1) Beamtinnen und Beamten auf Probe, denen nach Erwerb der Laufbahnbefähigung bis zum 1. April 2009 noch kein Amt verliehen wurde, ist am 1. April 2009 ein Amt übertragen.

(2) Beamtinnen und Beamte, die sich nach Erwerb der Laufbahnbefähigung am 1. April 2009 im Beamtenverhältnis auf Probe für eine spätere Verwendung als Beamtin oder Beamter auf Lebenszeit befinden, sind zu Beamtinnen und Beamten auf Lebenszeit zu ernennen,
1. wenn sie die Probezeit erfolgreich abgeschlossen haben und
2. seit der Berufung in das Beamtenverhältnis auf Probe mindestens drei Jahre vergangen sind oder wenn sie das 27. Lebensjahr vollendet haben.

Dabei setzen Beamtinnen und Beamte, deren Probezeit vor dem 1. April 2009 begonnen hat, abweichend von § 19 die Probezeit nach den bis zum 31. März 2009 geltenden Vorschriften fort, soweit dieses für die Betreffenden günstiger ist.

§ 129
Übergangsregelung für Beamtinnen und Beamte in einem Amt mit leitender Funktion im Beamtenverhältnis auf Zeit

Beamtinnen und Beamten, die sich am 31. März 2009 in einem Beamtenverhältnis nach § 20 b des Landesbeamtengesetzes in der bis zum 31. März 2009 geltenden Fassung befinden, ist mit Wirkung vom 1. April 2009 das Amt mit leitender Funktion im Beamtenverhältnis auf Probe nach § 5 übertragen; § 20 b Abs. 4 Satz 2 des Landesbeamtengesetzes in der bis zum 31. März 2009 geltenden Fassung findet Anwendung. Zeiten, die in dem Beamtenverhältnis auf Zeit zurückgelegt worden sind, können auf die Probezeit angerechnet werden. Auf vor dem 1. April 2009 beendete Beamtenverhältnisse auf Zeit nach § 20 b des Landesbeamtengesetzes in der bis zum 31. März 2009 geltenden Fassung findet § 15 a des Beamtenversorgungsgesetzes – Überleitungsfassung für Schleswig-Holstein – in der bis zum 31. März 2009 geltenden Fassung Anwendung.

§ 130
Übergangsregelung für am 31. März 2009 vorhandene Laufbahnbefähigungen

Beamtinnen und Beamte sowie Bewerberinnen und Bewerber, die die Laufbahnbefähigung im Geltungsbereich dieses Gesetzes vor dem 1. April 2009 erworben haben, besitzen die Befähigung für eine Laufbahn nach § 14 in der ab 1. April 2009 geltenden Fassung. Dabei entspricht

1. die Laufbahngruppe des einfachen Dienstes der Laufbahngruppe 1 mit dem ersten Einstiegsamt,

2. die Laufbahngruppe des mittleren Dienstes der Laufbahngruppe 1 mit dem zweiten Einstiegsamt,
3. die Laufbahngruppe des gehobenen Dienstes der Laufbahngruppe 2 mit dem ersten Einstiegsamt,
4. die Laufbahngruppe des höheren Dienstes der Laufbahngruppe 2 mit dem zweiten Einstiegsamt.

§ 131
Übergangsregelung für am 31. März 2009 vorhandene Regelungen über Laufbahngruppen und Laufbahnbefähigungen

(1) Soweit in landesrechtlichen Vorschriften auf eine Laufbahngruppe nach § 19 Abs. 2 oder § 200 Abs. 2 des Landesbeamtengesetzes in der bis zum 31. März 2009 geltenden Fassung oder eine Befähigung hierfür Bezug genommen wird, gilt die Zuordnung nach § 130 entsprechend.

(2) Bei der Anwendung von Bundesrecht gilt Absatz 1 sinngemäß.

(3) Bis zum Inkrafttreten der Allgemeinen Laufbahnverordnung (§ 25 Abs. 2 Satz 1) bedürfen Beförderungen von Beamtinnen und Beamten des bisherigen gehobenen Dienstes in ein Amt der Laufbahngruppe 2 ab dem zweiten Einstiegsamt der vorherigen Zustimmung des Ministeriums für Inneres, ländliche Räume und Integration.

§ 132
Übergangsregelung für bis zum 31. März 2009 erlassene Laufbahn-, Ausbildungs- und Prüfungsordnungen

In den Laufbahn-, Ausbildungs- und Prüfungsordnungen, die aufgrund von § 25 a des Landesbeamtengesetzes in der bis zum 31. März 2009 geltenden Fassung erlassen worden sind, kann bis zum 31. Dezember 2012 von § 13 Abs. 2 abgewichen werden.

§ 133
Übergangsregelung für Beamtinnen und Beamte der Fischereiaufsicht

Auf die Beamtinnen und Beamten der Fischereiaufsicht in der Laufbahngruppe 1 finden die §§ 108 und 109 bis zum 31. Januar 2019 entsprechend Anwendung.

Nebentätigkeitsverordnung (NtVO)
vom 30. März 1990
– GVOBl. Schl.-H. S. 257 –

Zuletzt geändert durch LVO vom 19. Mai 2009 (GVOBl. Schl.-H. S. 260)

Inhaltsübersicht
Abschnitt I
Allgemeines

- § 1 Geltungsbereich
- § 2 Persönliche Lebensgestaltung
- § 3 Einordnung in ein Hauptamt
- § 4 Nebentätigkeit im öffentlichen Dienst
- § 5 Öffentliche Ehrenämter
- § 6 Abwicklungsfrist
- § 7 Auskunftspflicht

Abschnitt II
Vergütung für Nebentätigkeiten

- § 8 Vergütung
- § 9 Vergütungsverbot für Nebentätigkeiten im öffentlichen Dienst
- § 10 Ablieferungspflicht und Abrechnung

Abschnitt III
Inanspruchnahme von Einrichtungen, Personal und Material des Dienstherrn

- § 11 Genehmigungspflicht
- § 12 Grundsätze für die Entrichtung des Nutzungsentgelts
- § 13 Allgemeines Nutzungsentgelt
- § 14 Nutzungsentgelt für ärztliche und zahnärztliche Nebentätigkeiten
- § 15 Festsetzung des Nutzungsentgelts

Abschnitt IV
Zuständigkeit, Übergangs- und Schlußbestimmungen

- § 16 Zuständigkeit
- § 17 gestrichen
- § 18 Inkrafttreten

Aufgrund des § 85 des Landesbeamtengesetzes verordnet die Landesregierung:

Abschnitt I
Allgemeines

§ 1
Geltungsbereich

(1) Diese Verordnung gilt für die Beamtinnen und Beamten des Landes, der Gemeinden, der Kreise, der Ämter und der sonstigen der Aufsicht des Landes unterstehenden Körperschaften des öffentlichen Rechts ohne Gebietshoheit sowie der rechtsfähigen Anstalten und Stiftungen des öffentlichen Rechts. Die Hochschulnebentätigkeitsverordnung[1] bleibt unberührt.

(2) Diese Verordnung gilt mit Ausnahme der §§ 9 und 10 für die Nebentätigkeit der Ehrenbeamtinnen und Ehrenbeamten sinngemäß.

§ 2
Persönliche Lebensgestaltung

Eine Nebentätigkeit (§ 70 Abs. 1 des Landesbeamtengesetzes – LBG) liegt nicht vor bei Tätigkeiten, die nach allgemeiner Anschauung zur persönlichen Lebensgestaltung gehören.

§ 3
Einordnung in ein Hauptamt

Tätigkeiten, die für das Land, eine Gemeinde, einen Kreis, ein Amt oder eine sonstige der Aufsicht des Landes unterstehende Körperschaft des öffentlichen Rechts ohne Gebietshoheit oder eine rechtsfähige Anstalt oder Stiftung des öffentlichen Rechts ausgeübt werden, sind grundsätzlich in ein Hauptamt einzuordnen. Sie sollen in ein Hauptamt eingeordnet werden, wenn sie mit ihm im Zusammenhang stehen. Ein Zusammenhang mit dem Hauptamt besteht, wenn die Tätigkeit durch Rechts- oder Verwaltungsvorschrift mit einem bestimmten Amt verbunden ist oder wenn sie der Beamtin oder dem Beamten als Inhaberin oder Inhaber des Hauptamtes übertragen worden ist.

§ 4
Nebentätigkeit im öffentlichen Dienst

(1) Nebentätigkeit im öffentlichen Dienst ist jede nicht hauptamtlich ausgeübte Tätigkeit für

1. den Bund, eine bundesunmittelbare Körperschaft, Anstalt oder Stiftung des öffentlichen Rechts,

2. ein Land, eine Gemeinde, einen Kreis oder ein Amt, eine sonstige der Aufsicht eines Landes unterstehende Körperschaft des öffentlichen Rechts ohne Gebietshoheit sowie für eine rechtsfähige Anstalt oder Stiftung des öffentlichen Rechts oder

3. einen Verband von juristischen Personen des öffentlichen Rechts.

Ausgenommen ist eine Nebentätigkeit für öffentlich-rechtliche Religionsgesellschaften oder deren Verbände.

(2) Einer Nebentätigkeit im öffentlichen Dienst steht gleich eine Nebentätigkeit für

1. Unternehmen, Vereinigungen oder Einrichtungen, deren Kapital (Grundkapital, Stammkapital) sich unmittelbar oder mittelbar ganz oder überwiegend in öffentlicher Hand befindet oder die ganz oder überwiegend aus öffentlichen Mitteln unterhalten werden,

2. zwischenstaatliche oder überstaatliche Einrichtungen, an denen eine juristische Person oder ein Verband im Sinne des Absatzes 1 durch Zahlung von Beiträgen oder Zuschüssen oder in anderer Weise beteiligt ist,

3. natürliche oder juristische Personen des Privatrechtes, wenn diese Tätigkeit der Wahrung von Belangen einer juristischen Person oder eines Verbandes im Sinne des Absatzes 1 dient.

§ 5
Öffentliche Ehrenämter

Öffentliche Ehrenämter, deren Wahrnehmung nach § 70 Abs. 4 Satz 1 des Landesbeamtengesetzes nicht als Nebentätigkeit gilt, sind

1. die Tätigkeit als Ehrenbeamtin oder Ehrenbeamter,

2. die ehrenamtliche Tätigkeit als Mitglied einer kommunalen Vertretung oder eines nach Kommunalrecht gebildeten Organs, Ausschusses oder Ortsbeirats,

3. die ehrenamtliche Tätigkeit als von einer kommunalen Vertretung gewähltes Mitglied eines Ausschusses, der aufgrund eines Gesetzes gebildet worden ist,

4. die ehrenamtliche Tätigkeit in den Kreis-, Landes- oder Bundesverbänden der Gemeinden, Kreise und Ämter,

5. die ehrenamtliche Tätigkeit als Mitglied einer öffentlichen Feuerwehr oder als verpflichtete Helferin oder verpflichteter Helfer des Katastrophenschutzes,

6. die Tätigkeit als ehrenamtliche Richterin oder ehrenamtlicher Richter, Schöffin oder Schöffe, Schiedsfrau oder Schiedsmann,

7. die ehrenamtliche Tätigkeit als Mitglied von Organen oder Ausschüssen der Sozialversicherungsträger und ihrer Verbände sowie der Bundesagentur für Arbeit,

8. die sonstige in Rechtsvorschriften als ehrenamtlich bezeichnete Tätigkeit oder auf behördlicher Bestellung

---
[1] *Hochschulnebentätigkeitsverordnung, Nr. 156.*

oder auf Wahl beruhende unentgeltliche Mitwirkung bei der Erfüllung öffentlicher Aufgaben.

§ 6
Abwicklungsfrist

Wird eine Nebentätigkeit nach ihrer Übernahme eingeschränkt oder ganz oder teilweise untersagt (§ 73 Abs. 3 LBG), soll eine angemessene Frist zur Abwicklung der Nebentätigkeit eingeräumt werden, soweit dienstliche Interessen nicht entgegenstehen.

§ 7
Auskunftspflicht

Die Beamtin oder der Beamte hat auf Verlangen der oder des Dienstvorgesetzten nach Ablauf eines jeden Kalenderjahres über die Gesamtsumme der ihr oder ihm zugeflossenen Entgelte und geldwerten Vorteile aus Nebentätigkeiten Auskunft zu geben.

Abschnitt II
Vergütung für Nebentätigkeiten

§ 8
Vergütung

(1) Vergütung für eine Nebentätigkeit ist jede Gegenleistung in Geld oder geldwerten Vorteilen, auch wenn kein Rechtsanspruch auf sie besteht.

(2) Vergütungen im Sinne des Absatzes 1 sind nicht
1. Reisekostenvergütungen im Sinne des § 1 Abs. 2 des Bundesreisekostengesetzes bis zu dem nach diesem Gesetz höchstens zulässigen Betrag für Tagegeld,
2. der Ersatz sonstiger barer Auslagen, wenn keine Pauschalierung vorgenommen wird.

(3) Pauschalierte Aufwandsentschädigungen sind in vollem Umfang, Reisekostenvergütungen insoweit, als sie den Höchstbetrag nach Absatz 2 Nr. 1 übersteigen, als Vergütung anzusehen. Dies gilt nicht für Vergütungen im Sinne des § 9 des Bundesreisekostengesetzes.

§ 9
Vergütungsverbot für Nebentätigkeiten im öffentlichen Dienst

(1) Juristische Personen im Sinne des § 3 Satz 1 dürfen für bei ihnen ausgeübte Nebentätigkeiten eine Vergütung nicht gewähren, soweit in Rechtsvorschriften nichts anderes bestimmt ist. Abweichend hiervon können Vergütungen gewährt werden bei einer
1. Lehr-, Unterrichts-, Vortrags- oder Prüfungstätigkeit,
2. Tätigkeit auf dem Gebiet der wissenschaftlichen Forschung,
3. künstlerischen oder schriftstellerischen Tätigkeit,
4. Tätigkeit als Gutachterin oder Gutachter,
5. Tätigkeit, für die auf andere Weise eine geeignete Arbeitskraft ohne erheblichen Mehraufwand nicht gewonnen werden kann,
6. Tätigkeit während eines Urlaubs ohne Dienstbezüge,
7. Tätigkeit, deren unentgeltliche Ausübung nicht zugemutet werden kann.

Eine Vergütung darf nicht gewährt werden, soweit zur Ausübung der Nebentätigkeit eine Entlastung im Hauptamt erfolgt.

(2) Vergütungen für Nebentätigkeiten nach Absatz 1 dürfen im Kalenderjahr insgesamt einen Betrag von 5.550 Euro nicht übersteigen. In den Fällen des Absatzes 1 Satz 2 Nr. 1 bis 6 darf der Betrag im Einzelfall überschritten werden, insbesondere wenn anderenfalls die Ausübung der Nebentätigkeit nicht zugemutet werden kann.

§ 10
Ablieferungspflicht und Abrechnung

(1) Erhält eine Beamtin oder ein Beamter Vergütungen für eine oder mehrere Nebentätigkeiten, die im öffentlichen Dienst (§ 4) oder auf Verlangen, Vorschlag oder Veranlassung der oder des Dienstvorgesetzten ausgeübt werden, so ist der Betrag an den Dienstherrn im Hauptamt abzuliefern, um den die Vergütungen für die in einem Kalenderjahr ausgeübten Nebentätigkeiten den Betrag nach § 9 Abs. 2 Satz 1 übersteigen. Soweit mit der Vergütung Aufwendungen abgegolten werden, insbesondere
1. Reisekosten im Sinne des § 8 Abs. 2,
2. für die Inanspruchnahme von Einrichtungen, Personal oder Material des Dienstherrn einschließlich eines Vorteilsausgleichs,
3. für sonstige Hilfeleistungen und selbstbeschafftes Material,

bleiben diese unberücksichtigt, wenn hierfür kein gesonderter Ersatz geleistet worden ist.

(2) Erhaltene Vergütungen sind abzurechnen und abzuliefern, sobald sie den Betrag übersteigen, der nach Absatz 1 zu belassen ist, es sei denn, die oder der Dienstvorgesetzte bestimmt einen späteren Zeitpunkt der Fälligkeit. Werden die abzuliefernden Beträge nicht innerhalb eines Monats nach Fälligkeit entrichtet, ist von dem rückständigen Betrag ein jährlicher Zuschlag in Höhe von 3 % über dem Basiszinssatz zu erheben, wenn der rückständige Betrag 100 Euro übersteigt.

(3) Die Absätze 1 und 2 gelten auch für Beamtinnen und Beamte im Ruhestand sowie frühere Beamtinnen und Beamte, soweit sie Vergütungen für Nebentätigkeiten erhalten, die sie vor der Beendigung des Beamtenverhältnisses ausgeübt haben.

(4) Die Absätze 1 bis 3 sind nicht anzuwenden auf Vergütungen für
1. Lehr-, Unterrichts-, Vortrags- oder Prüfungstätigkeiten,
2. Tätigkeiten auf dem Gebiet der wissenschaftlichen Forschung,
3. künstlerische und schriftstellerische Tätigkeiten,
4. Sachverständigentätigkeiten für Gerichte oder Staatsanwaltschaften,
5. ärztliche, zahnärztliche oder tierärztliche Tätigkeiten als Gutachterin oder Gutachter für öffentlich-rechtliche Versicherungsträger oder für andere juristische Personen des öffentlichen Rechts sowie ärztliche, zahnärztliche oder tierärztliche Verrichtungen dieser Personen, für die nach Gebührenordnungen Gebühren zu zahlen sind,
6. Tätigkeiten aufgrund eines Vertrages nach § 7 der Hochschulnebentätigkeitsverordnung,
7. die Tätigkeit von Professorinnen und Professoren im Klinikvorstand,
8. Tätigkeiten des an den Hochschulen des Landes sowie an den Hochschulen angegliederten Einrichtungen hauptberuflich tätigen beamteten wissenschaftlichen und künstlerischen Personals für privatrechtlich organisierte Gesellschaften, bei denen eine Hochschule, auf die das Hochschulgesetz vom 28. Februar 2007 (GVOBl. Schl.-H. S. 184) anzuwenden ist, die Mehrheit der Gesellschaftsanteile hält,
9. Tätigkeiten während eines Urlaubs ohne Dienstbezüge

(5) Bei Tätigkeiten, die zur Wahrung von Interessen des Landes Schleswig-Holstein in länderübergreifend aufgrund staatsvertraglicher Verpflichtung zusammengesetzten Gremien ausgeübt werden, können im Einzelfall durch die Landesregierung Ausnahmen von der Ablieferungspflicht für diese Tätigkeit nach Absatz 1 bis zur Höhe des in § 9 Abs. 2 Satz 1 genannten Betrages zugelassen werden.

Abschnitt III
Inanspruchnahme von Einrichtungen, Personal und Material des Dienstherrn

§ 11
Genehmigungspflicht

(1) Die Beamtin oder der Beamte bedarf der vorherigen schriftlichen oder elektronischen Genehmigung der oder des Dienstvorgesetzten, wenn bei der Ausübung einer Nebentätigkeit Einrichtungen, Personal oder Material ihres

oder seines Dienstherrn in Anspruch genommen werden soll.

(2) Einrichtungen sind die sächlichen Mittel, insbesondere die Diensträume und deren Ausstattung einschließlich Apparate und Instrumente, mit Ausnahme des Fachschrifttums. Material sind die verbrauchbaren Sachen und die Energie.

(3) Personal darf nur innerhalb der Arbeitszeit und nur im Rahmen der übertragenen Dienstaufgaben in Anspruch genommen werden; aus Anlass der Mitwirkung an der Nebentätigkeit darf Mehrarbeit, Bereitschaftsdienst oder Rufbereitschaft nicht angeordnet, genehmigt oder vergütet werden. Vereinbarungen über eine private Mitarbeit außerhalb der Arbeitszeit im Rahmen einer eigenen Nebentätigkeit bleiben unberührt.

(4) Die Genehmigung darf nur erteilt werden, wenn ein öffentliches oder wissenschaftliches Interesse an der Ausübung der Nebentätigkeit besteht. Die Genehmigung ist widerruflich; sie kann befristet werden. In dem Genehmigungsbescheid ist der Umfang der zugelassenen Inanspruchnahme anzugeben. Die Genehmigung darf nur unter der Auflage erteilt werden, daß ein Nutzungsentgelt für die Inanspruchnahme von Einrichtungen, Personal oder Material sowie ein Ausgleich für den erwachsenen wirtschaftlichen Vorteil gezahlt wird; § 12 Abs. 1 Satz 2 bleibt unberührt.

§ 12
Grundsätze für die Entrichtung des Nutzungsentgelts

(1) Für die Inanspruchnahme von Einrichtungen, Personal oder Material des Dienstherrn ist ein angemessenes Nutzungsentgelt zu entrichten. Auf die Entrichtung eines Nutzungsentgelts kann ganz oder teilweise verzichtet werden, wenn

1. die Nebentätigkeit unentgeltlich ausgeübt wird,
2. die Nebentätigkeit auf Verlangen, Vorschlag oder Veranlassung der oder des Dienstvorgesetzten ausgeübt wird oder diese oder dieser ein dienstliches Interesse an der Nebentätigkeit anerkannt hat oder
3. der Betrag 100 Euro im Kalenderjahr nicht übersteigt.

(2) Die Höhe des Nutzungsentgelts richtet sich nach den Grundsätzen der Kostendeckung und des Vorteilsausgleichs.

(3) Nehmen mehrere Beamtinnen und Beamte Einrichtungen, Personal oder Material gemeinschaftlich in Anspruch, sind sie als Gesamtschuldner zur Entrichtung des Nutzungsentgelts verpflichtet.

§ 13
Allgemeines Nutzungsentgelt

(1) Das Nutzungsentgelt (Kostenerstattung und Vorteilsausgleich) wird pauschaliert nach einem Vomhundertsatz der für die Nebentätigkeit bezogenen Bruttovergütung bemessen. Bruttovergütung ist die Gesamtheit aller durch die Nebentätigkeit erzielten Einnahmen einschließlich der darauf zu entrichtenden Umsatzsteuer, vermindert um Reisekostenvergütungen.

(2) Das Nutzungsentgelt beträgt
1. für die Inanspruchnahme von
Einrichtungen 5 v.H.,
Personal 10 v.H. und
Material 5 v.H. (Kostenerstattung),
2. als Ausgleich des durch die Inanspruchnahme entstehenden Vorteils zusätzlich 10 v.H. (Vorteilsausgleich).

(3) Abweichend von den Absätzen 1 und 2 kann die oberste Dienstbehörde im Einvernehmen mit dem Finanzministerium für die Festsetzung des Nutzungsentgelts Gebührenordnungen oder sonstige allgemeine Kostentarife für anwendbar erklären, soweit sie die entstandenen Kosten decken und die Vorteile ausgleichen. Bei Beamtinnen und Beamten der Träger der Sozialversicherung erteilt das Ministerium für Soziales, Gesundheit, Jugend, Familie und Senioren das Einvernehmen anstelle des Finanzministeriums. Bei Beamtinnen und Beamten der Gemeinden, Kreise, Ämter und Zweckverbände entfällt das Einvernehmen des Finanzministeriums.

(4) Steht die Kostenerstattung nach Absatz 2 Nr. 1 in keinem angemessenen Verhältnis zu dem tatsächlichen Wert der Inanspruchnahme, so kann sie dementsprechend erhöht oder herabgesetzt werden; kann sie nicht genau ermittelt werden, ist sie zu schätzen. Daneben ist ein Vorteilsausgleich nach Absatz 2 Nr. 2 zu entrichten.

(5) Wird die Nebentätigkeit unentgeltlich ausgeübt, bemißt sich das Nutzungsentgelt nach dem Wert der Inanspruchnahme von Einrichtungen, Personal oder Material; der Vorteilsausgleich entfällt.

§ 14
Nutzungsentgelt für ärztliche und zahnärztliche Nebentätigkeiten

(1) Für wahlärztliche sowie sonstige stationäre (voll-, teil-, vor- und nachstationäre) ärztliche Leistungen ist folgendes Nutzungsentgelt (Kostenerstattung und Vorteilsausgleich) zu entrichten:

1. für die nicht pflegesatzfähigen Kosten gemäß § 24 Abs. 2 in Verbindung mit § 7 Abs. 2 Satz 2 Nr. 4 der Bundespflegesatzverordnung in der Fassung der Bekanntmachung vom 26. September 1994 (BGBl. I, S. 2750), zuletzt geändert durch Verordnung vom 18. Dezember 1995 (BGBl. I, S. 2006) und

2. als Ausgleich der von Nummer 1 nicht erfassten Kosten sowie als Vorteilsausgleich ein Nutzungsentgelt von der um die Kosten nach Nummer 1 verminderten jährlichen Bruttovergütung; es beträgt im Kalenderjahr

20 % der Bruttovergütung bis 256.000 Euro,

30 % der Bruttovergütung über 256.000 Euro bis 511.000 Euro,

40 % der Bruttovergütung über 511.000 Euro bis 767.000 Euro,

50 % der Bruttovergütung über 767.000 Euro.

(2) Für ambulante ärztliche Leistungen einschließlich Gutachten sind als Nutzungsentgelt zu entrichten:
1. die Kosten nach einem von der obersten Dienstbehörde im Einvernehmen mit dem Finanzministerium zu erlassenden oder für anwendbar zu erklärenden Tarif und
2. als Vorteilsausgleich ein Betrag in Höhe von 25 % der um die Kostenerstattung nach Nummer 1 verminderten jährlichen Bruttovergütung.

Bei Beamtinnen und Beamten der Träger der Sozialversicherung erteilt das Ministerium für Soziales, Gesundheit, Jugend, Familie und Senioren das Einvernehmen anstelle des Finanzministeriums. Bei Beamtinnen und Beamten der Gemeinden, Kreise, Ämter und Zweckverbände entfällt das Einvernehmen des Finanzministeriums.

(3) Soweit aufgrund von anderen Rechtsvorschriften eine den Grundsätzen der Kostendeckung entsprechende Kostenerstattung geleistet wird, ist ein Vorteilsausgleich nach Absatz 2 Nr. 2 zu entrichten.

(4) § 13 Abs. 4 Satz 1 gilt entsprechend. Daneben ist ein Vorteilsausgleich nach Absatz 2 Nr. 2 zu entrichten.

(5) Ist die Nebentätigkeit unentgeltlich ausgeübt worden oder eine in Rechnung gestellte Vergütung endgültig nicht erlangt worden, beschränkt sich das Nutzungsentgelt

1. in den Fällen nach Absatz 1 auf die jeweilige Kostenerstattung nach den Vorschriften der Bundespflegesatzverordnung und

2. in den Fällen nach Absatz 2 auf die Kostenerstattung nach Absatz 2 Nr. 1.

3. In den Fällen nach Absatz 3 ist § 13 Abs. 5 anzuwenden.

Grundlage für die Berechnung der Kostenerstattung ist die üblicherweise festzusetzende oder festgesetzte Vergütung der ärztlichen Leistung.

(6) Für ärztliche und zahnärztliche Nebentätigkeiten außerhalb des klinischen Bereichs richtet sich die Höhe des Nutzungsentgelts nach den allgemeinen Bestimmungen des § 13.

§ 15
Festsetzung des Nutzungsentgelts

(1) Das Nutzungsentgelt wird von der oder dem Dienstvorgesetzten festgesetzt; sie oder er kann Abschlagszahlungen verlangen.

(2) Soweit die oder der Dienstvorgesetzte nichts anderes bestimmt, sind ihr oder ihm die für die Festsetzung des Nutzungsentgelts erforderlichen Angaben innerhalb eines Monats nach Beendigung der Inanspruchnahme, bei fortlaufender Inanspruchnahme bis zum 1. Februar und 1. August für das jeweils abgelaufene Kalenderhalbjahr, schriftlich oder elektronisch mitzuteilen. Kommt die Beamtin oder der Beamte dieser Verpflichtung trotz einer Mahnung nicht nach, wird das Nutzungsentgelt aufgrund einer Schätzung festgesetzt.

(3) Ist die Höhe des zu entrichtenden Nutzungsentgelts bereits zum Zeitpunkt der Genehmigung zu übersehen, soll es zugleich mit der Genehmigung festgesetzt werden.

(4) Das Nutzungsentgelt wird einen Monat nach der Festsetzung fällig, im Falle des Absatzes 3 einen Monat nach dem Ende der Inanspruchnahme.

(5) Wird das Nutzungsentgelt nicht bis zum Fälligkeitstermin entrichtet, gerät die Beamtin oder der Beamte in Verzug. Ab Eintritt des Verzugsdatums ist von dem rückständigen Betrag ein jährlicher Zuschlag in Höhe von 3 % über dem Basiszinssatz nach § 247 des Bürgerlichen Gesetzbuches zu erheben, wenn der rückständige Betrag 100 Euro übersteigt.

(6) Die Beamtin oder der Beamte ist verpflichtet, die für die Berechnung erforderlichen Unterlagen fünf Jahre, vom Tage der Festsetzung des Nutzungsentgelts an gerechnet, aufzubewahren, wenn es 100 Euro im Kalenderjahr überschreitet.

Abschnitt IV
Zuständigkeit, Übergangs- und Schlußbestimmungen

§ 16
Zuständigkeit

Die oder der Dienstvorgesetzte kann die ihr oder ihm zustehenden Befugnisse ganz oder teilweise auf nachgeordnete Behörden ihres oder seines Geschäftsbereichs übertragen; in diesem Fall tritt die nachgeordnete Behörde an die Stelle der oder des Dienstvorgesetzten.

§ 17
– gestrichen –

§ 18
Inkrafttreten

Diese Verordnung tritt am 15. April 1990 in Kraft. Gleichzeitig tritt die Verordnung über die Nebentätigkeit der Beamten und Richter in der Fassung der Bekanntmachung vom 23. Januar 1975 (GVOBl. Schl.-H. S. 21), zuletzt geändert durch Landesverordnung vom 18. Dezember 1981 (GVOBl. Schl.-H. S. 350), außer Kraft.

Landesverordnung über die Nebentätigkeit der im Hochschulbereich tätigen Beamtinnen und Beamte
(Hochschulnebentätigkeitsverordnung – HNtVO)
in der Fassung vom 2. Juni 2009
– GVOBl. Schl.-H. S. 338 –

Aufgrund des § 78 des Landesbeamtengesetzes verordnet die Landesregierung:

Inhaltsübersicht:

Abschnitt I
Allgemeines
§ 1 Geltungsbereich

Abschnitt II
Grundsätze
§ 2 Umfang des Hauptamtes
§ 3 Einzelne Nebentätigkeiten
§ 4 Verfahren
§ 5 Auskunftspflicht

Abschnitt III
Nebentätigkeit in der Krankenversorgung
§ 6 Zulässige Nebentätigkeiten

Abschnitt IV
Inanspruchnahme von Personal, Einrichtungen und Material
§ 7 Genehmigungspflicht
§ 8 Allgemeine Genehmigung

Abschnitt V
Nutzungsentgelt
§ 9 Allgemeines
§ 10 Grundsätze für die Bemessung des Nutzungsentgelts
§ 11 Allgemeines Nutzungsentgelt

Abschnitt VI
Verfahren
§ 12 Auskunfts- und Aufzeichnungspflicht
§ 13 Festsetzung und Fälligkeit des Nutzungsentgelts

Abschnitt VII
Übergangs- und Schlussvorschriften
§ 14 Übergangsvorschrift für Direktorinnen und Direktoren, die am 31. Dezember 2002 eine Abteilung des Klinikums geleitet haben
§ 15 Vertretung der Direktorin oder des Direktors in den Fällen des § 14 Abs. 1
§ 16 Übergangsvorschrift für das Nutzungsentgelt bei Privatliquidation
§ 17 Inkrafttreten, Außerkrafttreten

Abschnitt I
Allgemeines

§ 1
Geltungsbereich

(1) Diese Verordnung gilt, soweit nachstehend nichts anderes bestimmt ist, für das an den Hochschulen des Landes hauptberuflich tätige beamtete wissenschaftliche und künstlerische Personal im Sinne der §§ 60, 64, 67 oder 68 des Hochschulgesetzes sowie für die wissenschaftlichen Beamtinnen und Beamten an den Hochschulen angegliederten Einrichtungen.

(2) Diese Verordnung gilt entsprechend für Professorinnen und Professoren, die in den Ruhestand getreten sind und vertretungsweise die Dienstgeschäfte einer Professorin oder eines Professors wahrnehmen.

(3) Die Nebentätigkeitsverordnung vom 30. März 1990 (GVOBl. Schl.-H. S. 257), zuletzt geändert durch Verordnung vom 19. Mai 2009 (GVOBl. Schl.-H. S. 260), findet entsprechend Anwendung, soweit nachstehend nichts anderes bestimmt ist.

Abschnitt II
Grundsätze

§ 2
Umfang des Hauptamtes

(1) Tätigkeiten, die zu den Dienstaufgaben des Hauptamtes gehören, dürfen nicht als Nebentätigkeiten wahrgenommen werden.

(2) Die Erstattung von Gutachten und die Durchführung von Untersuchungen, zu denen die Hochschule aufgrund von Rechts- oder Verwaltungsvorschriften verpflichtet ist, gehören zu den hauptamtlichen Aufgaben. Gleiches gilt für die Erstattung von Gutachten in Berufungsverfahren für Hochschulen und für oberste Landes- und Bundesbehörden, die für Hochschulen zuständig sind. Haben Gutachten oder Beratungen im Wesentlichen das Ergebnis einer im Hauptamt durchgeführten Forschungstätigkeit zum Inhalt, so zählen auch die Gutachtenerstattung oder die Beratertätigkeit zum Hauptamt.

§ 3
Einzelne Nebentätigkeiten

(1) Die Ausübung einer freiberuflichen Tätigkeit ist zulässig, wenn

1. sie grundsätzlich in der Form einer Beteiligung an einer Gesellschaft oder der Mitarbeit in einem Büro ausgeübt wird,
2. das Büro in vertretbarer Nähe zum Dienstort liegt,
3. eine Trennung der Aufgaben und sachlichen und personellen Ausstattung des Büros von den Einrichtungen der Hochschule gewährleistet ist und
4. sichergestellt ist, dass die Beamtin oder der Beamte durch die Ausübung der Nebentätigkeit nicht daran gehindert wird, der Hochschule an vier Tagen wöchentlich für Dienstaufgaben uneingeschränkt zur Verfügung zu stehen.

Satz 1 gilt entsprechend für die selbständige Tätigkeit in einem Unternehmen, das Betreiben eines Labors, eines Instituts oder einer ähnlichen Einrichtung. Liegen die Voraussetzungen nach Satz 1 Nr. 1 bis 4 nicht vor, ist die Ausübung einer freiberuflichen Tätigkeit zu versagen.

(2) Die Teilnahme an der kassenärztlichen Versorgung ist zulässig, wenn

1. ein Vertrag des Universitätsklinikums Schleswig-Holstein mit der Kassenärztlichen Vereinigung über die Inanspruchnahme der medizinischen Einrichtungen nicht besteht oder nicht zustande kommt und
2. eine ausreichende Krankenversorgung nicht gewährleistet werden kann.

Liegen die Voraussetzungen nach Satz 1 Nr. 1 und 2 nicht vor, ist die Teilnahme an der kassenärztlichen Versorgung zu versagen.

§ 4
Verfahren

Anzeigen, Anträge und Entscheidungen, die die Übernahme und Ausübung einer Nebentätigkeit betreffen, bedürfen der Schriftform. Die Übernahme soll mindestens einen Monat vorher angezeigt werden. Die Beamtin oder der Beamte hat dabei alle für die Entscheidung erforderlichen Nachweise, insbesondere über Art und Umfang der Nebentätigkeit sowie die Entgelte und geldwerten Vorteile hieraus zu führen; jede Änderung ist unverzüglich schriftlich anzuzeigen. Ferner ist mitzuteilen, in welchem Umfang Personal, Einrichtungen und Material des Dienstherrn in Anspruch genommen werden sollen.

§ 5
Auskunftspflicht

Die Beamtin oder der Beamte hat auf Verlangen der oder des Dienstvorgesetzten nach Ablauf eines jeden Kalenderjahres über die Gesamtsumme der ihr oder ihm zugeflossenen Entgelte und geltwerten Vorteile aus Nebentätigkeiten Auskunft zu geben.

Abschnitt III
Nebentätigkeit in der Krankenversorgung

§ 6
Zulässige Nebentätigkeiten

(1) Leiterinnen und Leiter einer Abteilung des Universitätsklinikums Schleswig-Holstein nehmen diese Aufgabe auf der Basis eines privatrechtlichen Vertrages wahr. Der Vertrag wird vom Universitätsklinikum Schleswig-Holstein unmittelbar mit der Leiterin oder dem Leiter abgeschlossen. Die Übernahme dieser Tätigkeit gilt als zulässige Nebentätigkeit. Für kommissarische Leiterinnen und Leiter einer Abteilung sowie für Leiterinnen oder Leiter einer Sektion gelten die Sätze 1 bis 3 entsprechend.

(2) Mit Leiterinnen oder Leitern von Zentralen Einrichtungen sowie mit Oberärztinnen oder Oberärzten im Universitätsklinikum Schleswig-Holstein kann ein privatrechtlicher Vertrag abgeschlossen werden. Die Übernahme dieser Tätigkeit gilt als zulässige Nebentätigkeit. Gleiches gilt für privatrechtliche Verträge, die eine Tochtergesellschaft des Universitätsklinikums Schleswig-Holstein mit Leiterinnen oder Leitern einer ihrer Abteilungen oder mit Oberärztinnen oder Oberärzten sowie mit Personal im Sinne von § 1 Abs. 1 abschließt, das zeitanteilig am Universitätsklinikum Schleswig-Holstein beschäftigt ist.

Abschnitt IV
Inanspruchnahme von Personal, Einrichtungen und Material

§ 7
Genehmigungspflicht

(1) Die Inanspruchnahme von Personal, Einrichtungen oder Material des Landes bei der Ausübung einer Nebentätigkeit bedarf der vorherigen schriftlichen oder elektronischen Genehmigung der oder des Dienstvorgesetzten.

(2) Einrichtungen sind die sächlichen Mittel, insbesondere Diensträume und deren Ausstattung mit Apparaten und Instrumenten, ausgenommen Bibliotheken. Material sind insbesondere verbrauchbare Sachen und Energie.

(3) Personal darf nur innerhalb der Dienstzeit und nur im Rahmen der ihm übertragenen Dienstaufgaben in Anspruch genommen werden. Durch die Inanspruchnahme dürfen die Gelegenheit zu eigener wissenschaftlicher Arbeit, soweit sie innerhalb der Dienstzeit zulässig ist, und die sonstigen Aufgaben des Hauptamtes nicht beeinträchtigt werden. Soweit Personal während der Dienstzeit in Anspruch genommen wird, darf aus diesem Anlass Mehrarbeit, Bereitschaftsdienst oder Rufbereitschaft weder angeordnet, genehmigt noch vergütet werden. Vereinbarungen über eine private Mitarbeit außerhalb der Arbeitszeit im Rahmen einer eigenen Nebentätigkeit bleiben unberührt.

§ 8
Allgemeine Genehmigung

Die nach § 7 Abs. 1 erforderliche Genehmigung für die Inanspruchnahme von Personal, Einrichtungen und Material des Landes gilt für wissenschaftliche oder künstlerische Nebentätigkeiten und für Nebentätigkeiten in der Krankenversorgung allgemein als erteilt, es sei denn, dass

1. sich die Inanspruchnahme, mit Ausnahme in der Krankenversorgung, voraussichtlich auf einen Zeitraum von mehr als drei Monaten erstrecken wird,
2. eine Nebentätigkeit ausgeübt werden soll, die geheim zu halten ist oder deren wissenschaftliche Ergebnisse nicht veröffentlicht werden dürfen,
3. im Zusammenhang mit der Nebentätigkeit im Bereich von Einrichtungen des Landes mit radioaktiven Stoffen umgegangen werden soll und hierzu nach den geltenden Strahlenschutzbestimmungen zusätzliche Genehmigungen oder Auflagen erforderlich sind.

Abschnitt V
Nutzungsentgelt

§ 9
Allgemeines

(1) Für die Inanspruchnahme von Personal, Einrichtungen und Material des Dienstherrn ist ein angemessenes Nutzungsentgelt zu entrichten. Auf ein Nutzungsentgelt kann ganz oder teilweise verzichtet werden, wenn

1. die Beamtin oder der Beamte die Nebentätigkeit auf Verlangen, Vorschlag oder Veranlassung der oder des Dienstvorgesetzten übernommen hat oder diese oder dieser ein dienstliches Interesse an der Nebentätigkeit anerkannt hat,
2. eine Nebentätigkeit unentgeltlich ausgeübt wird,
3. das Nutzungsentgelt 100 EUR im Kalenderjahr nicht überschreitet oder
4. Mitarbeiterinnen oder Mitarbeiter einer Hochschule bei der Ausübung künstlerischer Nebentätigkeit die ihnen für die Wahrnehmung ihres Hauptamtes zugewiesenen Arbeitsräume benutzen.

(2) Die Höhe des Nutzungsentgelts richtet sich nach den Grundsätzen der Kostendeckung und des Vorteilsausgleichs.

(3) Nehmen mehrere Beamtinnen und Beamte Einrichtungen, Personal oder Material des Dienstherrn in Anspruch, sind sie als Gesamtschuldner zur Entrichtung des Nutzungsentgelts verpflichtet.

(4) Das nach dieser Verordnung zu entrichtende Nutzungsentgelt ist bei der Ermittlung des nach § 10 der Nebentigkeitsverordnung abzuliefernden Betrages von der Vergütung abzusetzen.

§ 10
Grundsätze für die Bemessung des Nutzungsentgelts

(1) Bei der Bemessung des Nutzungsentgelts sind zugrunde zu legen

1. die Kosten für
   a) das in Anspruch genommene Personal einschließlich der Verwaltungskosten,
   b) die Beschaffung, Unterhaltung und Verwaltung der Einrichtungen,
   c) die Beschaffung und Verwaltung des Materials und
2. der Vorteil, den die Mitarbeiterin oder der Mitarbeiter wirtschaftlich durch die Bereitstellung von Personal, Einrichtungen und Material des Landes hat.

(2) Wird die Nebentätigkeit unentgeltlich ausgeübt, bemisst sich die Höhe des Nutzungsentgelts nach dem Wert der Inanspruchnahme von Personal, Einrichtungen und Material; der Vorteilsausgleich entfällt.

§ 11
Allgemeines Nutzungsentgelt

(1) Das Nutzungsentgelt wird in der Regel pauschaliert und beträgt

1. bei Inanspruchnahme von
   a) Personal 10 %,
   b) Einrichtungen 5 %,
   c) Material 5 % und
2. als Ausgleich des durch die Inanspruchnahme entstehenden Vorteils zusätzlich 10 % der Bruttovergütung. Bruttovergütung ist die Gesamtheit aller durch die Nebentätigkeit erzielten Einnahmen einschließlich der darauf zu entrichtenden Umsatzsteuer vermindert um Reisekostenvergütungen.

(2) Steht das nach Absatz 1 errechnete Nutzungsentgelt in keinem angemessenen Verhältnis zu dem Umfang der Inanspruchnahme von Personal, Einrichtungen und Material, so kann das Entgelt entsprechend dem Wert der Inanspruchnahme erhöht oder herabgesetzt werden. Können die dem Land für Personal, Einrichtungen und Material zu erstattenden Kosten nicht genau ermittelt werden, sind sie möglichst wirklichkeitsnah zu schätzen. Neben diesen Kosten ist ein Entgelt als Vorteilsausgleich in Höhe von 10 % der Bruttovergütung an das Land abzuführen.

Abschnitt VI
Verfahren

§ 12
Auskunfts- und Aufzeichnungspflicht

(1) Die Beamtin oder der Beamte hat die für die Berechnung des Nutzungsentgelts notwendigen Angaben über Art und Umfang der Inanspruchnahme von Personal, Einrichtungen und Material des Landes sowie die aus der Nebentätigkeit erzielten Einnahmen aufzuzeichnen und auf Verlangen vorzulegen. Die Aufzeichnungen sind fünf Jahre, gerechnet vom Tage der Festsetzung des Nutzungsentgelts, aufzubewahren.

(2) Für Beamtinnen und Beamte, deren private Mitarbeit bei Nebentätigkeit vergütet worden ist, gilt Absatz 1 entsprechend.

§ 13
Festsetzung und Fälligkeit
des Nutzungsentgelts

(1) Das von der Beamtin oder dem Beamten zu zahlende Nutzungsentgelt wird von der oder dem Dienstvorgesetzten festgesetzt. Sie oder er kann die Befugnis ganz oder teilweise übertragen. Abschlagszahlungen können verlangt werden.

(2) Die für die Festsetzung des Nutzungsentgelts erforderlichen Angaben sind der zuständigen Stelle bis zum 1. Februar und 1. August für das jeweils vorherige Kalenderhalbjahr, im übrigen innerhalb von vier Wochen nach Beendigung der Nebentätigkeit schriftlich mitzuteilen, soweit die oder der Dienstvorgesetzte nichts anderes bestimmt. Werden die erforderlichen Angaben trotz einer Mahnung nicht mitgeteilt, so wird das Nutzungsentgelt aufgrund einer Schätzung festgesetzt.

(3) Das Nutzungsentgelt wird einen Monat nach Festsetzung fällig.

(4) Wird das Nutzungsentgelt nicht innerhalb eines Monats nach Fälligkeit entrichtet, gerät die Beamtin oder der Beamte in Verzug. Ab Eintritt des Verzugsdatums ist von dem rückständigen Betrag ein jährlicher Zuschlag in Höhe von 3 % über dem Basiszinssatz nach § 247 des Bürgerlichen Gesetzbuches zu erheben, wenn der rückständige Betrag 100 EUR überschreitet.

Abschnitt VII
Übergangs- und Schlussvorschriften

§ 14
Übergangsvorschrift für Direktorinnen und
Direktoren, die am 31. Dezember 2002 eine
Abteilung des Klinikums geleitet haben

(1) Für Direktorinnen und Direktoren, die bereits am 31. Dezember 2002 eine Abteilung des Klinikums geleitet haben, ist es zulässig,

1. in das Klinikum aufgenommene Patientinnen und Patienten stationär (voll-, teil-, vor- und nachstationär) und

2. Patientinnen und Patienten während der Sprechstunden innerhalb des Klinikums ambulant persönlich zu beraten, zu untersuchen und zu behandeln und hierfür eine besondere Vergütung (Privatliquidation) zu fordern, wenn die Patientinnen und Patienten die persönliche Beratung, Untersuchung oder Behandlung (Privatbehandlung) durch die Direktorin oder den Direktor wünschen.

(2) Die Nebentätigkeit nach Absatz 1 ist nur insoweit zulässig, als die Dienstpflichten, insbesondere die ärztlichen Pflichten gegenüber allen Patientinnen und Patienten, eine Privatbehandlung zulassen und durch die Nebentätigkeit auch in zeitlicher Hinsicht die ordnungsgemäße Erfüllung dienstlicher Aufgaben nicht beeinträchtigt wird.

(3) Eine Privatbehandlung liegt vor, wenn die ärztlichen Leistungen durch die Direktorin oder den Direktor selbst erbracht werden. Soweit Mitarbeiterinnen oder Mitarbeiter mit ärztlichen Aufgaben zur Unterstützung herangezogen werden, ist Privatliquidation nur zulässig, wenn die liquidationsberechtigte Ärztin oder der liquidationsberechtigte Arzt die Maßnahmen zur Diagnose und zur Behandlung der Patienten individuell anordnet, deren Auswirkungen selbst beobachtet und dafür die persönliche Verantwortung übernimmt.

(4) Die Direktorinnen und Direktoren dürfen Mitarbeiterinnen und Mitarbeiter mit ärztlichen Aufgaben zur Privatbehandlung heranziehen. Den Mitarbeiterinnen und Mitarbeitern ist eine Vergütung in angemessener Höhe zu gewähren, soweit sie außerhalb der Arbeitszeit an der Privatbehandlung mitgewirkt haben. Die Vergütung bedarf einer schriftlichen oder in elektronischer Form getroffenen Vereinbarung. Die Vergütung für eine Mitwirkung innerhalb der Arbeitszeit darf gewährt und angenommen werden.

(5) Die stationäre Behandlung von Patientinnen und Patienten ist im Rahmen der jeweils für diesen Zweck zur Verfügung gestellten Betten und des jeweils verfügbaren Personals zulässig. Die Zahl der für die Privatbehandlung in Anspruch genommenen Betten soll im Jahresdurchschnitt 15 % der Anzahl der Betten je Abteilung nicht überschreiten, die in dem nach § 2 des Gesetzes zur Ausführung des Krankenhausfinanzierungsgesetzes vom 12. Dezember 1986 (GVOBl. Schl.-H. S. 302), zuletzt geändert durch Haushaltsgesetz vom 12. Dezember 2001 (GVOBl. Schl.-H. S. 365), Zuständigkeiten und Ressortbezeichnungen zuletzt ersetzt durch Verordnung vom 12. Oktober 2005 (GVOBl. Schl.-H. S. 487, ber. 2006 S. 241), aufgestellten Krankenhausplan für Schleswig-Holstein in der jeweils geltenden Fassung festgelegt ist. In kleinen Abteilungen kann das für Hochschulen zuständige Ministerium in Einzelfällen Ausnahmen zulassen.

(6) Außerhalb des Klinikums ist die Konsiliartätigkeit in Einzelfällen zulässig; die Ausübung einer besonderen Privatpraxis ist nicht gestattet.

§ 15
Vertretung der Direktorin oder des Direktors
in den Fällen des § 14 Abs. 1

Die Direktorinnen und Direktoren, denen das Recht zur Privatliquidation nach § 14 Abs. 1 zusteht, dürfen bei Verhinderung ihre bestellte Vertreterin oder ihren bestellten Vertreter zu Privatbehandlungen ermächtigen, wenn die Patientinnen und Patienten dazu ihr Einverständnis erklären. Die Ermächtigung einer anderen Ärztin oder eines anderen Arztes der Abteilung durch die Direktorin oder durch den Direktor ist im Einzelfall ausnahmsweise möglich. Eine Privatliquidation der Direktorin oder des Direktors ist nur zulässig, wenn die vertretende Person einen ihrer Leistung entsprechenden Anteil an der Vergütung erhält; die vertretene Person kann die ihr erwachsenen Kosten einbehalten.

§ 16
Übergangsvorschrift für das Nutzungsentgelt
bei Privatliquidation

(1) Für in klinischen Abteilungen stationär erbrachte Leistungen sind zu erstatten:

1. a) Die nicht pflegesatzfähigen Kosten gemäß § 19 Abs. 2 Krankenhausentgeltgesetzes in Verbindung mit § 7 Abs. 2 Satz 2 Nr. 4 der Bundespflegesatzverordnung vom 26. September 1994 (BGBl. I S. 2750), zuletzt geändert durch Artikel 4 des Gesetzes vom 17. März 2009 (BGBl. I S. 534), und

b) zum Ausgleich der von Buchstabe a nicht erfassten Kosten sowie als Vorteilsausgleich ein Nutzungsentgelt von der um die Kosten nach Buchstabe a verminderten Bruttovergütung; es beträgt im Kalenderjahr

- 20 % der Bruttovergütung bis 256.000 €,
- 30 % der Bruttovergütung über 256.000 € bis 511.000 €,
- 40 % der Bruttovergütung über 511.000 € bis 767.000 €,
- 50 % der Bruttovergütung über 767.000 €.

2. Werden die stationären Leistungen aufgrund einer vor dem 1. Januar 1993 erteilten Nebentätigkeitsgenehmigung erbracht, ist abweichend von Satz 1 ein Nutzungsentgelt zu erstatten, das im Kalenderjahr

- 25 % der Bruttovergütung bis 256.000 €,
- 35 % der Bruttovergütung über 256.000 € bis 383.000 €,
- 40 % der Bruttovergütung über 383.000 € bis 511.000 €,
- 45 % der Bruttovergütung über 511.000 € bis 639.000 €,
- 50 % der Bruttovergütung über 639.000 € beträgt.

(2) Für in klinischen Abteilungen ambulant erbrachte Leistungen sind zu erstatten:

1. die Kosten nach dem jeweiligen von dem für Hochschulen zuständigen Ministerium erlassenen oder für anwendbar erklärten Tarif und
2. zum Ausgleich der von Nummer 1 nicht erfassten Kosten sowie als Vorteilsausgleich ein Nutzungsentgelt in Höhe von 25 % der um die Kostenerstattung nach Nummer 1 verminderten Bruttovergütung.

(3) Für in medizinisch-theoretischen Abteilungen und Instituten erbrachte Leistungen ist im Ausgleich der Kosten sowie als Vorteilsausgleich ein Nutzungsentgelt zu erstatten; es beträgt im Kalenderjahr

- 35 % der Bruttovergütung bis 51.000 €,
- 40 % der Bruttovergütung über 51.000 € bis 102.000 €,
- 45 % der Bruttovergütung über 102.000 € bis 256.000 €,
- 50 % der Bruttovergütung über 256.000 €.

§ 11 Abs. 2 ist entsprechend anzuwenden.

(4) Kosten, die das Universitätsklinikum Schleswig-Holstein der Patientin oder dem Patienten oder Dritten unmittelbar in Rechnung stellt, sind nicht zu erstatten.

(5) Ist für wahlärztliche Leistungen eine Vergütung nicht gefordert oder eine in Rechnung gestellte Vergütung endgültig nicht erlangt worden, beschränkt sich das Nutzungsentgelt

1. in den Fällen nach Absatz 1 auf die jeweilige Kostenerstattung nach den Vorschriften der Bundespflegesatzverordnung,
2. in den Fällen nach Absatz 2 auf die Kostenerstattung nach Absatz 2 Nr. 1,
3. in den Fällen nach Absatz 3 auf die Hälfte des jeweils festgesetzten Prozentsatzes. Grundlage für die Berechnung nach den Nummern 1 und 3 ist die festgesetzte oder üblicherweise festzusetzende Vergütung.

§ 17
Inkrafttreten, Außerkrafttreten

Diese Verordnung tritt am Tag nach ihrer Verkündung in Kraft. Gleichzeitig tritt die Hochschulnebentätigkeitsverordnung in der Fassung der Bekanntmachung vom 1. Februar 1996 (GVOBl. Schl.-H. S. 189), zuletzt geändert durch Artikel 2 der Verordnung vom 10. Dezember 2008 (GVOBl. Schl.-H. S. 843), außer Kraft.

Gesetz
zur Gleichstellung der Frauen im öffentlichen Dienst
(Gleichstellungsgesetz – GstG)
vom 13. Dezember 1994
– GVOBl. Schl.-H. S. 562 –

Zuletzt geändert durch Gesetz vom 16. Januar 2019 (GVOBl. Schl.-H. S. 30)

Inhaltsverzeichnis

Abschnitt I
Einleitende Vorschriften

§ 1 Gesetzeszweck
§ 2 Geltungsbereich

Abschnitt II
Maßnahmen zur Gleichstellung

§ 3 Vergabe von Ausbildungsplätzen
§ 4 Einstellung
§ 5 Beförderung und Übertragung höherwertiger Tätigkeiten
§ 6 Härteklausel
§ 7 Arbeitsplatzausschreibung
§ 8 Auswahlgrundsätze
§ 9 Höchstaltersgrenzen
§ 10 Fort- und Weiterbildung
§ 11 Frauenförderplan
§ 12 Teilzeitbeschäftigung
§ 13 Beurlaubung
§ 14 Familiengerechte Arbeitszeit
§ 15 Gremienbesetzung
§ 16 Verbot sexueller Belästigung

Abschnitt III
Gleichstellungsbeauftragte

§ 17 Geltungsbereich
§ 18 Bestellung von Gleichstellungsbeauftragten
§ 19 Aufgaben und Rechte der Gleichstellungsbeauftragten in Fachangelegenheiten
§ 20 Aufgaben und Rechte der Gleichstellungsbeauftragten in Personalangelegenheiten
§ 21 Fachliche Weisungsfreiheit der Gleichstellungsbeauftragten
§ 22 Widerspruchsrecht der Gleichstellungsbeauftragten
§ 23 Geltung für die Gleichstellungsbeauftragten der Gemeinden, Kreise und Ämter und für die Frauenbeauftragten der Hochschulen

Abschnitt IV
Schlußvorschriften

§ 24 Berichtspflicht
§ 25 Änderung des Landesbeamtengesetzes
§ 26 Übergangsvorschriften
§ 27 Inkrafttreten

Abschnitt I
Einleitende Vorschriften

§ 1
Gesetzeszweck

Dieses Gesetz dient der Verwirklichung des Grundrechtes der Gleichberechtigung von Frauen und Männern. Es fördert die Gleichstellung der Frauen im öffentlichen Dienst insbesondere durch

1. die Schaffung von Arbeitsbedingungen, die für beide Geschlechter die Vereinbarkeit von Familie und Beruf ermöglichen,
2. die Kompensation von Nachteilen, die vor allem Frauen als Folge der geschlechtsspezifischen Arbeitsteilung erfahren,
3. die gerechte Beteiligung von Frauen an allen Lohn-, Vergütungs- und Besoldungsgruppen sowie in Gremien.

§ 2
Geltungsbereich

(1) Dieses Gesetz gilt, soweit gesetzlich nichts anderes bestimmt ist, für das Land, die Gemeinden, Kreise und Ämter und für die der Aufsicht des Landes unterstehenden Körperschaften des öffentlichen Rechts ohne Gebietshoheit, die rechtsfähigen Anstalten und Stiftungen des öffentlichen Rechts. Es gilt nicht für die gemeinsamen Einrichtungen des Landes Schleswig-Holstein mit anderen Ländern.

(2) Beschäftigte im Sinne dieses Gesetzes sind die Beamtinnen und Beamten, Richterinnen und Richter, Angestellten, Arbeiterinnen und Arbeiter sowie die Auszubildenden der Träger der öffentlichen Verwaltung nach Absatz 1. Dieses Gesetz gilt nicht für Ehrenbeamtinnen und Ehrenbeamte und kommunale Wahlbeamtinnen und Wahlbeamte.

Abschnitt II
Maßnahmen zur Gleichstellung

§ 3
Vergabe von Ausbildungsplätzen

(1) Bei gleichwertiger Eignung, Befähigung und fachlicher Leistung sind Ausbildungsplätze vorrangig an Frauen zu vergeben, wenn sich in dem betreffenden Ausbildungsberuf oder in der betreffenden Laufbahn bei dem jeweiligen in § 2 genannten Träger der öffentlichen Verwaltung weniger Frauen als Männer befinden.

(2) Absatz 1 gilt nicht, wenn die Ausbildung Voraussetzung für die Ausübung eines Berufes auch außerhalb des öffentlichen Dienstes ist.

§ 4
Einstellung

(1) Bei gleichwertiger Eignung, Befähigung und fachlicher Leistung sind Frauen bei Begründung eines Beamten- oder Richterverhältnisses vorrangig zu berücksichtigen, wenn sich in der betreffenden Laufbahn im Geschäftsbereich der für die Personalauswahl zuständigen Dienststelle weniger Frauen als Männer befinden; bei laufbahnfreien Ämtern ist auf den Anteil in der jeweiligen Besoldungsgruppe abzustellen. Soweit die Einstellung von einer Dienststelle für mehrere Geschäftsbereiche durchgeführt wird, ist der Frauenanteil in diesen Geschäftsbereichen insgesamt zugrunde zu legen.

(2) Bei Begründung eines Arbeitsverhältnisses sind Frauen bei gleichwertiger Eignung, Befähigung und fachlicher Leistung vorrangig zu berücksichtigen, wenn sich in der betreffenden Fallgruppe einer Vergütungs- oder Lohngruppe im Geschäftsbereich der für die Personalauswahl zuständigen Dienststelle weniger Frauen befinden als Männer. Sind mehrere Fallgruppen von Vergütungs- oder Lohngruppen einer Laufbahn vergleichbar, ist der Anteil der Frauen in diesen Fallgruppen insgesamt maßgeblich. Absatz 1 Satz 2 gilt entsprechend.

(3) Für Beamtenverhältnisse und Beschäftigungsverhältnisse, die zum Zwecke der Ausbildung begründet werden, gilt § 3.

§ 5
Beförderung und Übertragung höherwertiger Tätigkeiten

(1) Bei gleichwertiger Eignung, Befähigung und fachlicher Leistung sind Frauen vorrangig zu befördern, wenn sich in dem angestrebten Beförderungsamt der Laufbahn im Geschäftsbereich der für die Personalauswahl zuständigen

Dienststelle weniger Frauen als Männer befinden. Satz 1 gilt entsprechend, wenn, ohne daß sich die Amtsbezeichnung ändert, ein anderes Amt mit höherem Endgrundgehalt übertragen wird.

(2) Bei gleichwertiger Eignung, Befähigung und fachlicher Leistung sind Frauen vorrangig höherwertige Tätigkeiten, die eine Höhergruppierung auslösen, zu übertragen, wenn sich in der damit verbundenen Fallgruppe einer Vergütungs- oder Lohngruppe im Geschäftsbereich der für die Personalauswahl zuständigen Dienststelle weniger Frauen als Männer befinden.

(3) Die Absätze 1 und 2 gelten entsprechend für eine Versetzung, Abordnung oder Umsetzung, für die Zulassung zum Aufstieg oder für sonstige personelle Maßnahmen, die eine künftige Beförderung, eine ihr gleichgestellte Maßnahme oder eine Übertragung höherwertiger Tätigkeiten ermöglichen.

§ 6
Härteklausel

Die §§ 3 bis 5 gelten nicht, wenn in der Person eines Mitbewerbers so schwerwiegende Gründe vorliegen, daß seine Nichtberücksichtigung auch unter Beachtung des Gebotes zur Gleichstellung der Frauen eine unzumutbare Härte bedeuten würde.

§ 7
Arbeitsplatzausschreibung

(1) In Bereichen, in denen Frauen nach Maßgabe der §§ 3 bis 5 unterrepräsentiert sind, müssen freie Arbeitsplätze ausgeschrieben werden. In der Ausschreibung sind die Anforderungen des zu besetzenden Arbeitsplatzes anzugeben. Sie ist so abzufassen, daß sie durchgängig Frauen und Männer gleichermaßen anspricht. Es ist darauf hinzuweisen, daß Frauen bei gleichwertiger Eignung, Befähigung und fachlicher Leistung vorrangig berücksichtigt werden.

(2) Freie Arbeitsplätze sind solche, die
1. neu geschaffen worden sind oder
2. besetzbar geworden sind durch
   a) Ausscheiden von Beschäftigten aus dem aktiven Dienst des jeweiligen Trägers der öffentlichen Verwaltung,
   b) Beurlaubung ohne Dienstbezüge oder Teilzeittätigkeit von Beschäftigten für die Dauer dieser Zeit,
   c) Versetzung, Abordnung, Zuweisung oder Umsetzung von Beschäftigten.

(3) Die Ausschreibung muß mindestens dienststellenübergreifend erfolgen, soweit innerhalb des jeweiligen Trägers der öffentlichen Verwaltung Bewerbungen möglich sind, die den Anforderungen des zu besetzenden Arbeitsplatzes entsprechen; bei Führungspositionen soll grundsätzlich eine öffentliche Ausschreibung erfolgen.

(4) Die Absätze 1 bis 3 gelten auch für Ausbildungsplätze, soweit nicht ein Ausbildungsanspruch besteht.

(5) Mit Zustimmung der Gleichstellungsbeauftragten kann
1. von einer Ausschreibung in den Fällen des Absatzes 2 Nr. 2 Buchst. b und c oder
2. von einer öffentlichen Ausschreibung für Führungspositionen

abgesehen werden. § 97 des Hochschulgesetzes bleibt unberührt. Bei Verweigerung der Zustimmung durch die Gleichstellungsbeauftragte gilt § 22 Abs. 2 bis 4 entsprechend.

(6) Die Absätze 1 bis 3 gelten nicht für
1. Beamtinnen und Beamte nach § 37 des Landesbeamtengesetzes oder
2. Arbeitsplätze, die für Beschäftigte vorgesehen sind,
   a) die nach einer Beurlaubung, einer Abordnung oder einer Zuweisung zurückkehren,
   b) die für ihr berufliches Fortkommen erfolgreich an einem Auswahlverfahren teilgenommen haben,
   c) die erstmalig einen Arbeitsplatz besetzen, nachdem sie vor Beginn einer bei dem jeweiligen Träger der öffentlichen Verwaltung abgeschlossenen Ausbildung oder vor Einstellung an einem Vorstellungsgespräch oder an einem Auswahlverfahren erfolgreich teilgenommen haben oder
   d) deren bisherige Arbeitsplätze aufgrund von Organisationsentscheidungen entfallen sind bzw. sollen oder
   e) die auf der Grundlage eines mit Gleichstellungsbeauftragter und Personalrat sowie den für ressortübergreifende Personalentwicklungsmaßnahmen zuständigen Stellen abgestimmten Personalentwicklungskonzeptes versetzt, abgeordnet, zugewiesen oder umgesetzt werden.

(7) Für jeden neu besetzten Arbeitsplatz ist festzuhalten,
1. ob er an eine Frau oder einen Mann vergeben wurde,
2. ob eine Ausschreibung erfolgt ist und
3. wenn ja, wie hoch der Anteil von Frauen unter den eingegangenen Bewerbungen und den zum Vorstellungsgespräch eingeladenen Personen war,
4. und mit wie vielen Frauen und Männern das Auswahlgremium besetzt war.

§ 8
Auswahlgrundsätze

(1) Die Qualifikation ist ausschließlich an solchen Eignungs-, Befähigungs- und fachlichen Leistungsmerkmalen zu messen, die den Anforderungen der Laufbahn oder des Berufs oder im Falle eines Personalentwicklungskonzeptes der angestrebten Stelle entsprechen.

(2) Für die Beurteilung der Eignung sind Erfahrungen und Fähigkeiten aus der Betreuung von Kindern oder Pflegebedürftigen einzubeziehen, soweit diese Qualifikationen für die zu übertragenden Aufgaben von Bedeutung sind.

(3) Bei der Feststellung von Eignung, Befähigung und fachlicher Leistung darf das Dienst- oder Lebensalter nur berücksichtigt werden, wenn sich dadurch die beruflichen Kenntnisse erweitert haben. Im übrigen können Dienst- oder Lebensalter berücksichtigt werden, soweit die §§ 3 bis 6 nicht entgegenstehen.

(4) Der Familienstand darf nicht nachteilig berücksichtigt werden.

(5) Schwangerschaft und die Möglichkeit einer Schwangerschaft dürfen nicht zum Nachteil einer Frau berücksichtigt werden.

(6) Die Absätze 1 bis 5 gelten entsprechend für Ausbildungsplätze.

§ 9
Höchstaltersgrenzen

(1) Höchstaltersgrenzen für den Zugang zum öffentlichen Dienst, die nicht unmittelbar durch Gesetz bestimmt sind, erhöhen sich für Bewerberinnen und Bewerber, die wegen der Betreuung eines Kindes unter 18 Jahren oder einer oder eines sonstigen pflegebedürftigen Angehörigen von einer Bewerbung vor Erreichen des ansonsten maßgeblichen Höchstalters abgesehen haben, um 4 Jahre, bei Betreuung mehrerer Personen um höchstens 8 Jahre, jedoch nicht über das 50. Lebensjahr hinaus. Satz 1 gilt nur insoweit, als nicht bereits aufgrund anderer Rechtsvorschriften eine Überschreitung des regelmäßig geltenden Höchstalters zulässig ist.

(2) Absatz 1 gilt entsprechend für Höchstaltersgrenzen, die das berufliche Fortkommen im öffentlichen Dienst betreffen. Eine Höchstaltersgrenze von 58 Jahren für den Aufstieg in nächsthöhere Laufbahngruppen bleibt unberührt.

(3) Gesetze und Verordnungen, die das berufliche Fortkommen im öffentlichen Dienst nach Erreichen eines bestimmten Lebensalters erschweren, sind nicht anzuwenden, wenn Beschäftigte das maßgebliche Lebensalter wegen der Betreuung eines Kindes unter 18 Jahren, einer oder eines sonstigen pflegebedürftigen Angehörigen überschreiten.

§ 10
Fort- und Weiterbildung

(1) Zu beruflichen Fort- und Weiterbildungsveranstaltungen sollen Frauen und Männer im Rahmen des angesprochenen Adressatenkreises zu gleichen Anteilen zugelassen werden; Frauen sind mindestens entsprechend ihrem Anteil an den Bewerbungen zuzulassen. Kann nicht nach Satz 1 verfahren werden, weil nur ein Teilnahmeplatz zu vergeben ist, müssen Frauen und Männer alternierend berücksichtigt werden, wenn die Veranstaltung wiederholt angeboten wird; anderenfalls entscheidet das Los.

(2) In Programme zur beruflichen Fort- und Weiterbildung sind Veranstaltungen zum Thema Gleichstellung von Frauen aufzunehmen. Bei Veranstaltungen zu Führungsverhalten, Personal- oder Organisationsangelegenheiten ist das Thema Gleichstellung einzubeziehen.

§ 11
Frauenförderplan

(1) Jede einen Stellenplan bewirtschaftende Dienststelle mit regelmäßig mindestens 20 Beschäftigten hat für jeweils vier Jahre einen Frauenförderplan aufzustellen. Personalstellen mehrerer Dienststellen können in einem Frauenförderplan zusammengefaßt werden.

(2) Personalstellen im Sinne dieses Gesetzes sind Planstellen und Stellen im Sinne von § 17 der Landeshaushaltsordnung Schleswig-Holstein sowie alle Stellen, die in Erläuterungen zu Haushaltsplänen ausgewiesen sind. In Dienststellen, in denen keine Planstellen vorhanden sind und in denen § 17 der Landeshaushaltsordnung Schleswig-Holstein keine Wirksamkeit entfaltet, sind Personalstellen im Sinne des Gesetzes alle Stellen, die in Stellenplänen geführt werden.

(3) Grundlage des Frauenförderplans sind eine Bestandsaufnahme und eine Analyse der Beschäftigtenstruktur sowie eine Schätzung der im Geltungsbereich des Frauenförderplans zu besetzenden Personalstellen, möglichen Beförderungen und durch Abbau wegfallenden Stellen.

(4) Der Frauenförderplan enthält für jeweils zwei Jahre verbindliche Zielvorgaben, bezogen auf den Anteil der Frauen bei Einstellungen und Beförderungen zur Erhöhung des Frauenanteils in Bereichen, in denen Frauen unterrepräsentiert sind. In den Zielvorgaben ist zumindest ein Frauenanteil vorzusehen, der dem Anteil der Frauen an der nächstniedrigeren Besoldungs-, Vergütungs- und Lohngruppe entspricht. Bei Neueinstellungen sind Frauen zur Hälfte zu berücksichtigen.

(5) In dem Frauenförderplan ist festzulegen, in welcher Zeit und mit welchen personellen, organisatorischen und fortbildenden Maßnahmen die Gleichstellungsverpflichtung nach § 1 gefördert werden soll. Wenn personalwirtschaftliche Maßnahmen vorgesehen sind, durch die Stellen gesperrt werden oder wegfallen sollen, hat der Frauenförderplan Zielvorgaben zu enthalten, nach denen der Frauenanteil zumindest gleichbleibt.

(6) An der Erstellung des Frauenförderplans ist die Gleichstellungsbeauftragte von Anfang an zu beteiligen. Die Rechte des Personalrats bleiben unberührt.

(7) Die Frauenförderpläne werden von der Dienststellenleitung in den Dienststellen, deren Personalstellen sie betreffen, bekanntgemacht.

(8) Solange kein Frauenförderplan aufgestellt ist, dürfen in Bereichen, in denen Frauen unterrepräsentiert sind, keine Einstellungen und Beförderungen vorgenommen werden. Dies gilt nicht für die Übergangszeit nach § 26 Abs. 1. Ist der Frauenförderplan wegen eines Verfahrens nach §§ 52 ff. des Mitbestimmungsgesetzes noch nicht in Kraft, dürfen keine Einstellungen und Beförderungen vorgenommen werden, die dem bereits aufgestellten Frauenförderplan zuwiderlaufen.

(9) § 12 Abs. 1 Satz 4 des Hochschulgesetzes bleibt unberührt.

§ 12
Teilzeitbeschäftigung

(1) Alle Arbeitsplätze sind grundsätzlich auch mit Teilzeitbeschäftigten besetzbar, wenn nicht zwingende dienstliche Belange die Besetzung mit Vollzeitbeschäftigten erfordern. In einer Arbeitsplatzausschreibung ist auf die Möglichkeit zur Teilzeitbeschäftigung hinzuweisen.

(2) Teilzeitbeschäftigung muß mit mindestens der Hälfte der regelmäßigen wöchentlichen Arbeitszeit angeboten werden, soweit nicht durch Rechtsvorschrift etwas anderes bestimmt ist. Die reduzierte Stundenzahl von Teilzeitbeschäftigten ist im Rahmen des Haushaltsrechtes personell auszugleichen. Von Möglichkeiten zur Zusammenfassung mehrerer Reststellen ist Gebrauch zu machen. Beschäftigungsverhältnisse, die die sozialversicherungspflichtige Grenze unterschreiten, dürfen nicht begründet werden.

(3) Teilzeitbeschäftigte dürfen in ihrer beruflichen Entwicklung gegenüber Vollzeitbeschäftigten nicht benachteiligt werden.

(4) Streben Beschäftigte, die aus familiären Gründen teilzeitbeschäftigt sind, wieder eine Vollzeitbeschäftigung an, sind sie bei der Neubesetzung eines gleichwertigen Arbeitsplatzes vorrangig zu berücksichtigen.

(5) Als Teilzeitbeschäftigung im Sinne dieses Gesetzes gelten nur auf Dauer angelegte Beschäftigungen.

§ 13
Beurlaubung

(1) Urlaubs- und Krankheitsvertretungen sowie sonstige zulässig befristete Beschäftigungsmöglichkeiten sind vorrangig Beschäftigten anzubieten, die aus familiären Gründen beurlaubt sind, soweit dies nicht dem Zweck der Beurlaubung entgegensteht.

(2) § 12 Abs. 4 gilt entsprechend, sofern aus familiären Gründen beurlaubte Beschäftigte wieder eine Teilzeit- oder eine Vollzeitbeschäftigung anstreben.

(3) Für die Beurlaubung von Arbeitnehmerinnen und Arbeitnehmern ist § 62 des Landesbeamtengesetzes entsprechend anzuwenden.

§ 14
Familiengerechte Arbeitszeit

Im Rahmen der gesetzlichen, tarifvertraglichen oder sonstigen Regelungen der Arbeitszeit und der dienstlichen Möglichkeiten sind im Einzelfall Beschäftigten mit Familienpflichten bei Bedarf geänderte Arbeitszeiten einzuräumen.

§ 15
Gremienbesetzung

(1) Bei Benennungen und Entsendungen von Vertreterinnen und Vertretern für Kommissionen, Beiräte, Ausschüsse, Vorstände, Verwaltungs- und Aufsichtsräte sowie für vergleichbare Gremien, deren Zusammensetzung nicht durch besondere gesetzliche Vorschriften geregelt ist, sollen Frauen und Männer jeweils hälftig berücksichtigt werden. Bestehen Benennungs- oder Entsendungsrechte nur für eine Person, sollen Frauen und Männer alternierend berücksichtigt werden, wenn das Gremium für jeweils befristete Zeiträume zusammengesetzt wird; anderenfalls entscheidet das Los. Bestehen Benennungs- oder Entsendungsrechte für eine ungerade Personenzahl, gilt Satz 2 entsprechend für die letzte Person.

(2) Sind Organisationen, die nicht Träger der öffentlichen Verwaltung sind, oder sonstige gesellschaftliche Gruppierungen zur Benennung oder Entsendung von Mitgliedern für öffentlich-rechtliche Beschluß- oder Beratungsgremien berechtigt, gilt Absatz 1 entsprechend.

§ 16
Verbot sexueller Belästigung

(1) Sexuelle Belästigung ist verboten. Die Dienststellenleitung bzw. die nach dem Landesdisziplinargesetz zuständige Behörde stellt unter Beteiligung der Gleichstellungsbeauftragten sicher, dass in Fällen sexueller Belästigung die gebotenen arbeits- oder dienstrechtlichen Maßnahmen ergriffen werden.

(2) Aus Anlass von Beschwerden über sexuelle Belästigung dürfen den betroffenen Beschäftigten keine Nachteile entstehen. Insbesondere die Zuweisung eines anderen Arbeitsplatzes ist nur mit ihrer Zustimmung und mit Zustimmung der Gleichstellungsbeauftragten zulässig. Bei Verweigerung der Zustimmung durch die Gleichstellungsbeauftragte gilt § 22 Abs. 2 bis 4 entsprechend.

Abschnitt III
Gleichstellungsbeauftragte

§ 17
Geltungsbereich

Die nachfolgenden Vorschriften über die Gleichstellungsbeauftragte gelten, soweit in § 23 nichts anderes bestimmt ist, nicht für die Gleichstellungsbeauftragten in den Gemeinden, Kreisen und Ämtern und an den Hochschulen.

§ 18
Bestellung von Gleichstellungsbeauftragten

(1) In allen Dienststellen mit mindestens fünf ständig Beschäftigten ist eine Gleichstellungsbeauftragte zu bestellen. In Dienststellen mit mindestens 20 Beschäftigten ist darüber hinaus eine Stellvertreterin zu bestellen. Die Bestellung obliegt der Leiterin oder dem Leiter der Dienststelle und darf nicht ohne Zustimmung der betroffenen Frau erfolgen. Die weiblichen Beschäftigten haben ein Vorschlagsrecht.

(2) Die Gleichstellungsbeauftragte soll keiner Personalvertretung angehören und nur in ihrer Eigenschaft als Gleichstellungsbeauftragte mit Personalangelegenheiten befaßt sein.

(3) Die Gleichstellungsbeauftragte ist der Leiterin oder dem Leiter der Dienststelle unmittelbar zu unterstellen. Die anderweitigen dienstlichen Verpflichtungen der Gleichstellungsbeauftragten sind ihrer Aufgabe anzupassen.

(4) Die Gleichstellungsbeauftragte darf bei der Wahrnehmung ihrer Aufgaben nicht behindert und wegen ihrer Tätigkeit weder bevorzugt noch benachteiligt werden.

(5) Die Leiterin oder der Leiter der Dienststelle können die Bestellung im Einverständnis mit der Gleichstellungsbeauftragten aufheben oder aus gewichtigen dienstlichen Gründen widerrufen. Unterliegt die Dienststelle der Dienstaufsicht durch eine übergeordnete Dienststelle, kann die Bestellung nur mit Zustimmung der Gleichstellungsbeauftragten der übergeordneten Dienststelle widerrufen werden. Die Bestellung einer Gleichstellungsbeauftragten an einer obersten Landesbehörde kann nur mit Zustimmung des Ministeriums für Justiz, Europa, Verbraucherschutz und Gleichstellung widerrufen werden. Das Arbeitsverhältnis einer Gleichstellungsbeauftragten kann nur unter den Voraussetzungen des § 626 des Bürgerlichen Gesetzbuches gekündigt werden. Dies gilt auch für die Kündigung des Arbeitsverhältnisses einer ehemaligen Gleichstellungsbeauftragten, wenn seit Beendigung der Bestellung weniger als zwei Jahre verstrichen sind. Vor Versetzung und Abordnung ist sie ungeachtet der unterschiedlichen Aufgabenstellung in gleicher Weise wie die Mitglieder des Personalrats geschützt.

(6) Kann die Bestellung einer Gleichstellungsbeauftragten nicht erfolgen, weil an der Dienststelle keine Frau oder keine zur Übernahme des Amtes bereite Frau beschäftigt ist, so ist die Gleichstellungsbeauftragte der zuständigen übergeordneten Dienststelle zuständig.

(7) Die Absätze 1 bis 5 gelten entsprechend für die Vertreterin der Gleichstellungsbeauftragten.

§ 19
Aufgaben und Rechte der Gleichstellungsbeauftragten in Fachangelegenheiten

(1) Die Gleichstellungsbeauftragte ist im Rahmen der jeweiligen fachlichen Zuständigkeit ihrer Dienststelle an allen Angelegenheiten des Geschäftsbereiches zu beteiligen, die Auswirkungen auf die Gleichstellung von Frauen haben können.

(2) Die Dienststelle hat die Gleichstellungsbeauftragte so frühzeitig zu beteiligen, daß deren Initiativen, Anregungen, Bedenken oder sonstige Stellungnahmen berücksichtigt werden können. Die Gleichstellungsbeauftragte kann in Unterlagen, die zur Erfüllung ihrer Aufgaben erforderlich sind, Einsicht nehmen. Ihr sind die erforderlichen Auskünfte zu erteilen. Die Gleichstellungsbeauftragte kann an Besprechungen, Sitzungen oder Konferenzen teilnehmen, soweit Angelegenheiten beraten werden, die Auswirkungen auf die Gleichstellung von Frauen haben können.

§ 20
Aufgaben und Rechte der Gleichstellungsbeauftragten in Personalangelegenheiten

(1) Die Gleichstellungsbeauftragte hat bei allen personellen, sozialen und organisatorischen Angelegenheiten auf die Gleichstellung von Frauen, insbesondere auf Einhaltung dieses Gesetzes, hinzuwirken. Zwischen der Gleichstellungsbeauftragten und den Beschäftigten ist der Dienstweg nicht einzuhalten.

(2) Die Gleichstellungsbeauftragte ist insbesondere bei Stellenausschreibungen, Einstellungen, Beförderungen und Höhergruppierungen, Kündigungen und Entlassungen sowie vorzeitigen Versetzungen in den Ruhestand, einschließlich vorhergehender Planungen, zu beteiligen. § 19 Abs. 2 gilt entsprechend. Soweit dies zur Erfüllung ihrer Aufgaben erforderlich ist, ist der Gleichstellungsbeauftragten auch in Personalakten Einsicht zu gewähren. Die Gleichstellungsbeauftragte ist bei Vorstellungsgesprächen und Auswahlverfahren teilnahmeberechtigt, soweit diese nicht durch ein Gremium geführt werden, dessen Zusammensetzung durch Gesetz geregelt ist. Sie ist stimmberechtigt, wenn eine Personalentscheidung von einem Gremium, dessen Zusammensetzung nicht durch Gesetz geregelt ist, durch Abstimmung getroffen wird.

(3) Die Leiterin oder der Leiter der Dienststelle haben die Gleichstellungsbeauftragte über die Beschäftigungsstruktur, insbesondere in den Bereichen, in denen Frauen nach Maßgabe der §§ 3 bis 5 unterrepräsentiert sind, fortlaufend zu unterrichten. Die Gleichstellungsbeauftragte ist befugt, Beschäftigten und Bewerberinnen und Bewerbern, für deren Personalangelegenheiten die Dienststelle zuständig ist, Auskünfte über die Beschäftigungsstruktur zu erteilen.

§ 21
Fachliche Weisungsfreiheit der Gleichstellungsbeauftragten

(1) Die Gleichstellungsbeauftragte ist in Ausübung der ihr nach diesem Gesetz übertragenen Aufgaben und Rechte von fachlichen Weisungen frei. Diese Tätigkeit ist daher nur auf Antrag zu beurteilen.

(2) Die Gleichstellungsbeauftragte kann sich ohne Einhaltung des Dienstweges an andere Gleichstellungsbeauftragte und an das Ministerium für Justiz, Europa, Verbraucherschutz und Gleichstellung des Landes Schleswig-Holstein wenden, sich mit ihnen beraten und Informationen austauschen, soweit nicht personenbezogene Daten übermittelt werden. Die Regelungen über die Schweigepflicht und die Amtsverschwiegenheit bleiben unberührt.

§ 22
Widerspruchsrecht der Gleichstellungsbeauftragten

(1) Verstößt die Dienststelle nach Auffassung der Gleichstellungsbeauftragten gegen die §§ 3 bis 8, 12, 13, 15 Abs. 1 oder § 16, so kann die Gleichstellungsbeauftragte Widerspruch erheben. Sie kann Beschäftigte oder Bewerberinnen und Bewerber davon unterrichten, daß sie Widerspruch erhoben hat.

(2) Widerspricht die Gleichstellungsbeauftragte bei einer obersten Landesbehörde, darf die Maßnahme nur auf ausdrückliche Weisung der Leiterin oder des Leiters der Dienststelle in dem Benehmen mit dem Ministerium für Justiz, Europa, Verbraucherschutz und Gleichstellung des Landes Schleswig-Holstein weiterverfolgt werden; das Letztent-

scheidungsrecht bleibt der jeweiligen obersten Landesbehörde.

(3) Widerspricht die Gleichstellungsbeauftragte einer Dienststelle der nachgeordneten Landesverwaltung einer beabsichtigten Personalentscheidung und tritt ihr die Leiterin oder der Leiter der Dienststelle nicht bei, so ist die Entscheidung der Dienststelle einzuholen, die als zuständige übergeordnete Landesbehörde die Dienstaufsicht ausübt. Deren Gleichstellungsbeauftragte ist zu beteiligen. Ist die übergeordnete Dienststelle eine oberste Landesbehörde, gilt Absatz 2 entsprechend. Bei dreistufigem Verwaltungsaufbau hat die Leiterin oder der Leiter der übergeordneten Dienststelle die Entscheidung der obersten Landesbehörde einzuholen, wenn sie oder er der Auffassung ihrer Gleichstellungsbeauftragten nicht beitritt; Absatz 2 gilt entsprechend.

(4) Erhebt die Gleichstellungsbeauftragte einer der Aufsicht des Landes unterstehenden Körperschaft des öffentlichen Rechts ohne Gebietshoheit, einer rechtsfähigen Anstalt oder Stiftung des öffentlichen Rechts Widerspruch und tritt ihr die Leiterin oder der Leiter der Dienststelle nicht bei, so kann die Gleichstellungsbeauftragte die zuständige Aufsichtsbehörde unterrichten. Die Gleichstellungsbeauftragte bei der Aufsichtsbehörde ist von dieser zu beteiligen.

§ 23
Geltung für die Gleichstellungsbeauftragten der Gemeinden, Kreise, Ämter und Hochschulen

(1) § 20 sowie § 21 Abs. 1 Satz 2 und Abs. 2 gelten auch für die Gleichstellungsbeauftragten, die nach § 2 Abs. 3 der Gemeindeordnung, § 2 Abs. 3 der Kreisordnung sowie § 22 a der Amtsordnung zu bestellen sind. In den Gemeinden, Kreisen und Ämtern entscheidet in den Fällen des § 7 Abs. 5 und § 16 Abs. 2 bei Verweigerung der Zustimmung durch die Gleichstellungsbeauftragte die jeweil oberste Dienstbehörde abschließend; § 22 findet keine Anwendung. Das Land fördert die kommunalen Gleichstellungsbeauftragten durch Einrichtung einer Geschäftsstelle nach Maßgabe des Haushalts.

(2) § 21 gilt auch für die Gleichstellungsbeauftragten in den Hochschulen nach § 27 des Hochschulgesetzes.

Abschnitt IV
Schlußvorschriften

§ 24
Berichtspflicht

(1) Die Landesregierung berichtet dem Landtag alle vier Jahre über die Durchführung dieses Gesetzes.

(2) Im Rahmen des Geltungsbereichs nach § 2 mit Ausnahme der Hochschulen berichten die verwaltungsleitenden Organe den Repräsentativorganen als obersten Entscheidungs- und Überwachungsorganen im Abstand von vier Jahren über die Durchführung dieses Gesetzes in ihren Bereichen.

(3) Der Bericht gibt Auskunft über die bisherigen und geplanten Maßnahmen zur Durchführung dieses Gesetzes, insbesondere über die Entwicklung des Frauenanteils in den Besoldungs-, Vergütungs- und Lohngruppen.

§ 25
(nicht abgedruckt)

§ 26
Übergangsvorschriften

(1) Frauenförderpläne sind innerhalb von einem Jahr nach Inkrafttreten dieses Gesetzes aufzustellen.

(2) Gleichstellungsbeauftragte sind, soweit nicht bereits bestellt, innerhalb der folgenden sechs Monate nach Inkrafttreten dieses Gesetzes zu bestellen.

§ 27
Inkrafttreten

Dieses Gesetz tritt am Tage nach seiner Verkündung in Kraft.

Landesdisziplinargesetz (LDG)
vom 18. März 2003
– GVOBl. Schl.-H. S. 154 –

Zuletzt geändert durch Gesetz vom 10. April 2017 (GVOBl. Schl.-H. S. 222)

Inhaltsübersicht

Erster Teil
Allgemeine Bestimmungen

- § 1 Persönlicher Geltungsbereich
- § 2 Sachlicher Geltungsbereich
- § 3 Gebot der Beschleunigung
- § 4 Ergänzende Anwendung des Landesverwaltungsgesetzes und der Verwaltungsgerichtsordnung

Zweiter Teil
Disziplinarmaßnahmen

- § 5 Arten der Disziplinarmaßnahmen
- § 6 Verweis
- § 7 Geldbuße
- § 8 Kürzung der Dienstbezüge
- § 9 Zurückstufung
- § 10 Entfernung aus dem Beamtenverhältnis
- § 11 Kürzung des Ruhegehalts
- § 12 Aberkennung des Ruhegehalts
- § 13 Bemessung der Disziplinarmaßnahme
- § 14 Zulässigkeit von Disziplinarmaßnahmen nach Straf- oder Bußgeldverfahren
- § 15 Disziplinarmaßnahmeverbot wegen Zeitablaufs
- § 16 Verwertungsverbot, Entfernung aus der Personalakte

Dritter Teil
Behördliches Disziplinarverfahren

Abschnitt I
Einleitung, Ausdehnung und Beschränkung

- § 17 Einleitung von Amts wegen
- § 18 Einleitung auf Antrag der Beamtin oder des Beamten
- § 19 Ausdehnung und Beschränkung

Abschnitt II
Durchführung

- § 20 Unterrichtung, Belehrung und Anhörung der Beamtin oder des Beamten
- § 21 Zentrale Disziplinarbehörde
- § 22 Pflicht zur Durchführung von Ermittlungen, Ausnahmen und Bindungen
- § 23 Zusammentreffen von Disziplinarverfahren mit Strafverfahren oder anderen Verfahren, Aussetzung
- § 24 Beweiserhebung
- § 25 Zeuginnen und Zeugen, Sachverständige
- § 26 Herausgabe von Unterlagen
- § 27 Beschlagnahmen und Durchsuchungen
- § 28 Protokoll
- § 29 Innerdienstliche Informationen
- § 30 Abschließende Anhörung
- § 31 Abgabe des Disziplinarverfahrens

Abschnitt III
Abschlussentscheidung

- § 32 Einstellungsverfügung
- § 33 Disziplinarverfügung
- § 34 Erhebung der Disziplinarklage
- § 35 Beteiligung der obersten Dienstbehörde
- § 36 Verfahren bei nachträglicher Entscheidung im Straf- oder Bußgeldverfahren
- § 37 Kostentragungspflicht

Abschnitt IV
Vorläufige Dienstenthebung und Einbehaltung von Bezügen

- § 38 Zulässigkeit
- § 39 Rechtswirkungen
- § 40 Verfall und Nachzahlung der einbehaltenen Bezüge

Vierter Teil
Gerichtliches Disziplinarverfahren

- § 41 Anwendung des Bundesdisziplinargesetzes, Besetzung der Kammer für Disziplinarsachen
- § 42 Ausschluss des Vorverfahrens
- § 43 Beamtenbeisitzerinnen und Beamtenbeisitzer

Fünfter Teil
Unterhaltsbeitrag, Unterhaltsleistung und Begnadigung

- § 44 Unterhaltsbeitrag bei Entfernung aus dem Beamtenverhältnis oder Aberkennung des Ruhegehalts
- § 45 Unterhaltsleistung bei Mithilfe zur Aufdeckung von Straftaten
- § 46 Begnadigung

Sechster Teil
Besondere Bestimmungen

- § 47 Kommunalbeamtinnen und Kommunalbeamte
- § 48 Dienstvorgesetzte
- § 49 Ausübung der Disziplinarbefugnisse bei Ruhestandsbeamtinnen und Ruhestandsbeamten
- § 50 Übergangsbestimmungen

Erster Teil
Allgemeine Bestimmungen

§ 1
Persönlicher Geltungsbereich

Dieses Gesetz gilt für Beamtinnen und Beamte sowie Ruhestandsbeamtinnen und Ruhestandsbeamte im Sinne des Landesbeamtengesetzes. Frühere Beamtinnen und Beamte, die Unterhaltsbeiträge nach den Bestimmungen des Beamtenversorgungsgesetzes Schleswig-Holstein (SHBeamtVG) vom 26. Januar 2012 (GVOBl. Schl.-H. S. 153) oder entsprechender früherer Regelungen beziehen, gelten bis zum Ende dieses Bezuges als Ruhestandsbeamtinnen und Ruhestandsbeamte, ihre Bezüge als Ruhegehalt.

§ 2
Sachlicher Geltungsbereich

(1) Dieses Gesetz findet Anwendung auf die

1. von Beamtinnen und Beamten während ihres Beamtenverhältnisses begangenen Dienstvergehen (§ 47 Abs. 1 des Beamtenstatusgesetzes) und

2. von Ruhestandsbeamtinnen und Ruhestandsbeamten

   a) während ihres Beamtenverhältnisses begangenen Dienstvergehen (§ 47 Abs. 1 des Beamtenstatusgesetzes) und

   b) nach Eintritt in den Ruhestand begangenen als Dienstvergehen geltenden Handlungen (§ 47 Abs. 2 des Beamtenstatusgesetzes).

(2) Für Beamtinnen und Beamte oder Ruhestandsbeamtinnen und Ruhestandsbeamte, die früher in einem anderen Dienstverhältnis als Beamtinnen und Beamte, Richterinnen und Richter, Berufssoldatinnen und Berufssoldaten oder Soldatinnen und Soldaten auf Zeit gestanden haben, gilt dieses Gesetz auch wegen solcher Dienstvergehen, die sie in dem früheren Dienstverhältnis oder als Versorgungsberechtigte aus einem solchen Dienstverhältnis begangen haben; auch bei den aus einem solchen Dienstverhältnis Ausgeschiedenen und Entlassenen gelten Handlungen, die in § 47 Abs. 2 des Beamtenstatusgesetzes bezeichnet sind, als Dienstvergehen.

§ 3
Gebot der Beschleunigung

Alle Beteiligten haben auf eine beschleunigte Durchführung des Disziplinarverfahrens hinzuwirken.

§ 4
Ergänzende Anwendung des Landesverwaltungsgesetzes und der Verwaltungsgerichtsordnung

Zur Ergänzung dieses Gesetzes sind die Bestimmungen des Landesverwaltungsgesetzes und der Verwaltungsgerichtsordnung anzuwenden.

Zweiter Teil
Disziplinarmaßnahmen

§ 5
Arten der Disziplinarmaßnahmen

(1) Disziplinarmaßnahmen gegen Beamtinnen und Beamte sind:
1. Verweis,
2. Geldbuße,
3. Kürzung der Dienstbezüge,
4. Zurückstufung und
5. Entfernung aus dem Beamtenverhältnis.

(2) Disziplinarmaßnahmen gegen Ruhestandsbeamtinnen und Ruhestandsbeamte sind:
1. Kürzung des Ruhegehalts und
2. Aberkennung des Ruhegehalts.

(3) Bei Ehrenbeamtinnen und Ehrenbeamten sind nur Verweis, Geldbuße und Entfernung aus dem Beamtenverhältnis zulässig.

(4) Bei Beamtinnen und Beamten auf Probe und auf Widerruf sind nur Verweis und Geldbuße zulässig.

§ 6
Verweis

Der Verweis ist der schriftliche Tadel eines bestimmten Verhaltens der Beamtin oder des Beamten. Missbilligende Äußerungen (Zurechtweisungen, Ermahnungen oder Rügen), die nicht ausdrücklich als Verweis bezeichnet werden, sind keine Disziplinarmaßnahmen.

§ 7
Geldbuße

(1) Die Geldbuße kann bis zur Höhe der monatlichen Dienst- oder Anwärterbezüge der Beamtin oder des Beamten verhängt werden. Erhält die Beamtin oder der Beamte keine Dienst- oder Anwärterbezüge, darf eine Geldbuße bis zum Betrag von 500 Euro verhängt werden.

(2) Die Geldbuße fließt dem Dienstherrn zu. Sie kann von den Dienst- oder Anwärterbezügen oder den Versorgungsbezügen oder den nach § 40 Abs. 2 nachzuzahlenden Bezügen einbehalten werden, wenn sie oder ein Teilbetrag von ihr nicht rechtzeitig gezahlt wird.

§ 8
Kürzung der Dienstbezüge

(1) Die Kürzung der Dienstbezüge besteht in der prozentualen Verminderung der monatlichen Dienst- oder Anwärterbezüge um höchstens 20 % auf längstens drei Jahre. Sie erstreckt sich auf alle Ämter, die die Beamtin oder der Beamte bei Eintritt der Unanfechtbarkeit der Entscheidung inne hat. Hat die Beamtin oder der Beamte aus einem früheren öffentlich-rechtlichen Dienstverhältnis einen Versorgungsanspruch erworben, bleibt dieser von der Kürzung der Dienstbezüge unberührt.

(2) Die Kürzung der Dienstbezüge beginnt mit dem Kalendermonat, der auf den Eintritt der Unanfechtbarkeit der Entscheidung folgt. Tritt die Beamtin oder der Beamte vor Eintritt der Unanfechtbarkeit der Entscheidung in den Ruhestand, gilt eine entsprechende Kürzung des Ruhegehalts als festgesetzt. Tritt die Beamtin oder der Beamte während der Dauer der Kürzung der Dienstbezüge in den Ruhestand, wird ihr oder sein Ruhegehalt entsprechend wie die Dienstbezüge für denselben Zeitraum gekürzt. Sterbegeld sowie Witwen- und Waisengeld werden nicht gekürzt.

(3) Die Kürzung der Dienstbezüge wird gehemmt, solange die Beamtin oder der Beamte ohne Dienstbezüge beurlaubt ist. Der Zeitraum kann in der Disziplinarverfügung verkürzt werden, wenn und soweit dies im Hinblick auf die Dauer des Disziplinarverfahrens angezeigt ist und dieser Umstand nicht bereits bei der Bemessung der Maßnahme berücksichtigt worden ist.

(4) Während der Dauer der Kürzung der Dienstbezüge darf die Beamtin oder der Beamte nicht befördert werden. Der Zeitraum kann in der Disziplinarverfügung verkürzt werden, wenn und soweit dies im Hinblick auf die Dauer des Disziplinarverfahrens angezeigt ist und dieser Umstand nicht bereits bei der Benennung der Maßnahme berücksichtigt worden ist.

(5) Die Rechtsfolgen der Kürzung der Dienstbezüge erstrecken sich auch auf ein neues Beamtenverhältnis. Dies gilt nicht bei der Ernennung zur Wahlbeamtin auf Zeit oder zum Wahlbeamten auf Zeit.

§ 9
Zurückstufung

(1) Die Zurückstufung ist die Versetzung der Beamtin oder des Beamten in ein Amt derselben Laufbahn mit geringerem Endgrundgehalt, wobei eine Zurückstufung in ein Amt unterhalb des zweiten Einstiegsamts der Laufbahn nur zulässig ist, wenn die Beamtin oder der Beamte unterhalb des zweiten Einstiegsamts der Laufbahn eingestellt worden ist. Die Beamtin oder der Beamte verliert alle Rechte aus dem bisherigen Amt einschließlich der damit verbundenen Dienstbezüge und der Befugnis, die bisherige Amtsbezeichnung zu führen. Soweit nichts Abweichendes bestimmt ist, enden mit der Zurückstufung auch die Ehrenämter und die Nebentätigkeiten, die die Beamtin oder der Beamte im Zusammenhang mit dem bisherigen Amt oder auf Verlangen, Vorschlag oder Veranlassung der oder des Dienstvorgesetzten übernommen hat.

(2) Die Dienstbezüge aus dem neuen Amt werden von dem Kalendermonat an gezahlt, der auf den Eintritt der Unanfechtbarkeit der Maßnahme folgt. Tritt die Beamtin oder der Beamte vor Eintritt der Unanfechtbarkeit der Entscheidung in den Ruhestand, erhält sie oder er Versorgungsbezüge nach der in der Entscheidung bestimmten Besoldungsgruppe.

(3) Die Beamtin oder der Beamte darf frühestens fünf Jahre nach Eintritt der Unanfechtbarkeit der Maßnahme wieder befördert werden. Der Zeitraum kann in der Disziplinarverfügung verkürzt werden, wenn und soweit dies im Hinblick auf die Dauer des Disziplinarverfahrens angezeigt ist.

(4) § 8 Abs. 5 gilt entsprechend.

§ 10
Entfernung aus dem Beamtenverhältnis

(1) Mit der Entfernung aus dem Beamtenverhältnis verliert die Beamtin oder der Beamte den Anspruch auf Dienstbezüge und Versorgung sowie die Befugnis, die Amtsbezeichnung und die im Zusammenhang mit dem Amt verliehenen Titel zu führen und die Dienstkleidung zu tragen.

(2) Die Zahlung der Dienstbezüge wird mit dem Ende des Kalendermonats eingestellt, in dem die Entscheidung unanfechtbar wird. Tritt die Beamtin oder der Beamte in den Ruhestand, bevor die Entscheidung über die Entfernung aus dem Beamtenverhältnis unanfechtbar wird, gilt die Entscheidung als Aberkennung des Ruhegehalts.

(3) Die aus dem Beamtenverhältnis entfernte Beamtin oder der aus dem Beamtenverhältnis entfernte Beamte erhält für die Dauer von sechs Monaten einen Unterhaltsbeitrag in Höhe von 50 % der Dienstbezüge, die ihr oder ihm bei Eintritt der Unanfechtbarkeit der Entscheidung zustehen; eine Einbehaltung nach § 38 Abs. 1 Satz 1 bleibt unberücksichtigt. Die Gewährung des Unterhaltsbeitrags kann in der Entscheidung ganz oder teilweise ausgeschlossen werden, soweit die Beamtin oder der Beamte ihrer nicht würdig bei dem erkennbaren Umständen nicht bedürftig ist. Sie kann in der Entscheidung über sechs Monate hinaus verlängert werden, soweit dies notwendig ist, um eine unbillige Härte zu vermeiden; die Beamtin oder der Beamte hat die Umstände glaubhaft zu machen.

(4) Die Entfernung aus dem Beamtenverhältnis und ihre Rechtsfolgen erstrecken sich auf alle Ämter, die die Beam-

tin oder der Beamte bei Eintritt der Unanfechtbarkeit der Entscheidung inne hat. Ist eines von mehreren Ämtern ein Ehrenamt und wird die Disziplinarmaßnahme nur wegen eines in dem Ehrenamt oder im Zusammenhang mit diesem begangenen Dienstvergehens verhängt, können die Entfernung aus dem Beamtenverhältnis und ihre Rechtsfolgen auf das Ehrenamt und die in Verbindung mit ihm übernommenen Nebentätigkeiten beschränkt werden.

(5) Wird eine Beamtin oder ein Beamter, die oder der früher in einem anderen Dienstverhältnis bei einem unter das Landesbeamtengesetz fallenden Dienstherrn gestanden hat, aus dem Beamtenverhältnis entfernt, verliert sie oder er auch die Ansprüche aus dem früheren Dienstverhältnis, wenn diese Disziplinarmaßnahme wegen eines Dienstvergehens ausgesprochen wird, das in dem früheren Dienstverhältnis begangen wurde.

(6) Ist eine Beamtin oder ein Beamter aus dem Beamtenverhältnis entfernt worden, darf sie oder er nicht wieder zur Beamtin oder zum Beamten ernannt werden; es soll auch kein anderes Beschäftigungsverhältnis zum Land, den Gemeinden, Kreisen, Ämtern sowie sonstigen der Aufsicht des Landes unterstehenden Körperschaften des öffentlichen Rechts ohne Gebietshoheit sowie den rechtsfähigen Anstalten und Stiftungen des öffentlichen Rechts begründet werden.

§ 11
Kürzung des Ruhegehalts

Die Kürzung des Ruhegehalts besteht in der prozentualen Verminderung der monatlichen Ruhegehalts um höchstens 20 % auf längstens drei Jahre. § 8 Abs. 1 Satz 2 und 3 sowie Abs. 2 Satz 1 und 4 gilt entsprechend.

§ 12
Aberkennung des Ruhegehalts

(1) Mit der Aberkennung des Ruhegehalts verliert die Ruhestandsbeamtin oder der Ruhestandsbeamte den Anspruch auf Versorgung und die Befugnis, die Amtsbezeichnung und die Titel zu führen, die im Zusammenhang mit dem früheren Amt verliehen wurden. Die Hinterbliebenen verlieren den Anspruch auf Versorgung.

(2) Nach der Aberkennung des Ruhegehalts erhält die Ruhestandsbeamtin oder der Ruhestandsbeamte bis zur Gewährung einer Rente aufgrund einer Nachversicherung, längstens jedoch für die Dauer von sechs Monaten, einen Unterhaltsbeitrag in Höhe von 50 % des Ruhegehalts, das ihr oder ihm bei Eintritt der Unanfechtbarkeit der Entscheidung zusteht; eine Einbehaltung des Ruhegehalts nach § 38 Abs. 2 bleibt unberücksichtigt. § 10 Abs. 3 Satz 2 und 3 gilt entsprechend.

(3) Die Aberkennung des Ruhegehalts und ihre Rechtsfolgen erstrecken sich auf alle Ämter, die die Ruhestandsbeamtin oder der Ruhestandsbeamte bei Eintritt in den Ruhestand inne gehabt hat.

(4) § 10 Abs. 2 Satz 1 sowie Abs. 5 und 6 gilt entsprechend.

§ 13
Bemessung der Disziplinarmaßnahme

(1) Die Entscheidung über eine Disziplinarmaßnahme ergeht nach pflichtgemäßem Ermessen. Die Disziplinarmaßnahme ist nach der Schwere des Dienstvergehens zu bemessen. Das Persönlichkeitsbild der Beamtin oder des Beamten ist angemessen zu berücksichtigen. Ferner soll berücksichtigt werden, in welchem Umfang die Beamtin oder der Beamte das Vertrauen des Dienstherrn oder der Allgemeinheit beeinträchtigt hat.

(2) Eine Beamtin oder ein Beamter, die oder der durch ein Dienstvergehen das Vertrauen des Dienstherrn oder der Allgemeinheit endgültig verloren hat, ist aus dem Beamtenverhältnis zu entfernen. Der Ruhestandsbeamtin oder dem Ruhestandsbeamten wird das Ruhegehalt aberkannt, wenn sie oder er als noch im Dienst befindliche Beamter oder Beamtin aus dem Beamtenverhältnis hätte entfernt werden müssen.

§ 14
Zulässigkeit von Disziplinarmaßnahmen nach Straf- oder Bußgeldverfahren

(1) Ist gegen eine Beamtin oder einen Beamten im Straf- oder Bußgeldverfahren unanfechtbar eine Strafe oder Geldbuße verhängt worden oder kann eine Tat nach § 153 a Abs. 1 Satz 5 oder Abs. 2 Satz 2 der Strafprozessordnung nach der Erfüllung von Auflagen und Weisungen nicht mehr als Vergehen verfolgt werden, darf wegen desselben Sachverhalts ein Verweis oder eine Geldbuße nicht ausgesprochen werden. Eine Kürzung der Dienstbezüge oder eine Kürzung des Ruhegehalts darf nur ausgesprochen werden, wenn dies zusätzlich erforderlich ist, um die Beamtin oder den Beamten zur Pflichterfüllung anzuhalten.

(2) Ist die Beamtin oder der Beamte im Straf- oder Bußgeldverfahren rechtskräftig freigesprochen worden, darf wegen des Sachverhalts, der Gegenstand der gerichtlichen Entscheidung gewesen ist, eine Disziplinarmaßnahme nur verhängt werden, wenn dieser Sachverhalt ein Dienstvergehen darstellt, ohne den Tatbestand einer Straf- oder Bußgeldvorschrift zu erfüllen.

§ 15
Disziplinarmaßnahmeverbot wegen Zeitablaufs

(1) Sind seit der Vollendung eines Dienstvergehens mehr als zwei Jahre vergangen, darf ein Verweis nicht mehr ausgesprochen werden.

(2) Sind seit der Vollendung eines Dienstvergehens mehr als drei Jahre vergangen, darf eine Geldbuße, eine Kürzung der Dienstbezüge oder eine Kürzung des Ruhegehalts nicht mehr ausgesprochen werden.

(3) Sind seit der Vollendung eines Dienstvergehens mehr als sieben Jahre vergangen, darf eine Zurückstufung nicht mehr ausgesprochen werden.

(4) Die Fristen der Absätze 1 bis 3 werden durch die Einleitung des Disziplinarverfahrens, die Erhebung der Disziplinarklage, die Erhebung der Nachtragsdisziplinarklage oder die Anordnung oder Ausdehnung von Ermittlungen gegen Beamtinnen und Beamte auf Probe oder auf Widerruf unterbrochen.

(5) Die Fristen der Absätze 1 bis 3 sind für die Dauer des gerichtlichen Disziplinarverfahrens, für die Dauer einer Aussetzung des Disziplinarverfahrens nach § 23 oder für die Dauer der Beteiligung des Personalrats gehemmt. Ist vor Ablauf der Frist wegen desselben Sachverhalts ein Straf- oder Bußgeldverfahren eingeleitet oder eine Klage aus dem Beamtenverhältnis erhoben worden, ist die Frist für die Dauer dieses Verfahrens gehemmt.

§ 16
Verwertungsverbot, Entfernung aus der Personalakte

(1) Ein Verweis, eine Geldbuße, eine Kürzung der Dienstbezüge und eine Kürzung des Ruhegehalts dürfen nach drei Jahren und eine Zurückstufung darf nach sieben Jahren bei weiteren Disziplinarmaßnahmen und bei sonstigen Personalmaßnahmen nicht mehr berücksichtigt werden (Verwertungsverbot). Die Beamtin oder der Beamte gilt nach dem Eintritt des Verwertungsverbots als von der Disziplinarmaßnahme nicht betroffen.

(2) Die Frist, nach deren Ablauf das Verwertungsverbot eintritt, beginnt mit der Abschlussentscheidung der oder des Dienstvorgesetzten oder des Disziplinargerichts. Sie endet nicht, solange ein gegen die Beamtin oder den Beamten eingeleitetes Straf- oder Disziplinarverfahren nicht unanfechtbar abgeschlossen ist, eine andere Disziplinarmaßnahme berücksichtigt werden darf, eine Entscheidung über die Kürzung der Dienstbezüge noch nicht vollstreckt ist oder ein gerichtliches Verfahren über die Beendigung des Beamtenverhältnisses oder über die Geltendmachung von Schadensersatz gegen die Beamtin oder den Beamten anhängig ist.

(3) Eintragungen in der Personalakte über die Disziplinarmaßnahme sind nach Eintritt des Verwertungsverbots von Amts wegen zu entfernen und zu vernichten. Auf Antrag der Beamtin oder des Beamten unterbleibt die Entfernung. Der Antrag ist innerhalb eines Monats zu stellen, nachdem der

Beamtin oder dem Beamten die bevorstehende Entfernung mitgeteilt und sie oder er auf das Antragsrecht und die Antragsfrist hingewiesen worden ist. Wird der Antrag gestellt, ist das Verwertungsverbot bei den Eintragungen zu vermerken. Solange das Beförderungsverbot gemäß § 9 Absatz 3 andauert, gilt Satz 1 mit der Maßgabe, dass ein Eintrag über diese Tatsache bis zum Fristende in der Personalakte verbleibt.

(4) Für Disziplinarvorgänge, die nicht zu einer Disziplinarmaßnahme geführt haben, findet § 90 Abs. 1 des Landesbeamtengesetzes mit der Maßgabe Anwendung, dass die Entfernung und Vernichtung der betreffenden Vorgänge auch in den Fällen der Nummer 2 von Amts wegen erfolgt, sofern die Beamtin oder der Beamte keinen Antrag stellt. Im Übrigen gelten Absatz 1 Satz 2, Absatz 2 und Absatz 3 Satz 2, 3 und 4 entsprechend.

Dritter Teil
Behördliches Disziplinarverfahren
Abschnitt I
Einleitung, Ausdehnung und Beschränkung

§ 17
Einleitung von Amts wegen

(1) Liegen zureichende tatsächliche Anhaltspunkte vor, die den Verdacht eines Dienstvergehens rechtfertigen, hat die oder der Dienstvorgesetzte ein Disziplinarverfahren einzuleiten. Die Einleitung ist aktenkundig zu machen. Die oberste Dienstbehörde ist unverzüglich von der Einleitung des Disziplinarverfahrens zu unterrichten. Sie kann das Disziplinarverfahren jederzeit an sich ziehen.

(2) Ein Disziplinarverfahren wird nicht eingeleitet, wenn wegen § 5 Absatz 2, § 14 oder wegen § 15 eine Disziplinarmaßnahme voraussichtlich nicht ausgesprochen werden darf. Die Gründe sind aktenkundig zu machen und der Beamtin oder dem Beamten bekannt zu geben.

(3) Hat eine Beamtin oder ein Beamter zwei oder mehrere Ämter inne, die nicht im Verhältnis von Haupt- zu Nebenamt stehen, und beabsichtigt die oder der Dienstvorgesetzte, zu deren oder dessen Geschäftsbereich eines dieser Ämter gehört, ein Disziplinarverfahren gegen die Beamtin oder den Beamten einzuleiten, teilt sie oder er dies den Dienstvorgesetzten mit, die für die anderen Ämter zuständig sind. Ein weiteres Disziplinarverfahren gegen die Beamtin oder den Beamten wegen desselben Sachverhalts nicht eingeleitet werden. Hat eine Beamtin oder ein Beamter zwei oder mehrere Ämter inne, die im Verhältnis von Haupt- zu Nebenamt stehen, kann nur die oder der Dienstvorgesetzte ein Disziplinarverfahren gegen sie oder ihn einleiten, die oder der für das Hauptamt zuständig ist.

(4) Die Zuständigkeiten nach den Absätzen 1 und 3 werden durch eine Beurlaubung, Abordnung und eine Zuweisung nicht berührt.

§ 18
Einleitung auf Antrag
der Beamtin oder des Beamten

(1) Die Beamtin oder der Beamte sowie die Ruhestandsbeamtin oder der Ruhestandsbeamte kann bei der oder dem Dienstvorgesetzten oder der obersten Dienstbehörde die Einleitung eines Disziplinarverfahrens gegen sich selbst beantragen, um sich von dem Verdacht eines Dienstvergehens zu entlasten.

(2) Der Antrag darf nur abgelehnt werden, wenn keine zureichenden tatsächlichen Anhaltspunkte vorliegen, die den Verdacht eines Dienstvergehens rechtfertigen. Die Entscheidung ist der Antragstellerin oder dem Antragsteller mitzuteilen.

(3) § 17 Abs. 1 Satz 2 bis 4 sowie Abs. 3 und 4 gilt entsprechend.

§ 19
Ausdehnung und Beschränkung

(1) Das Disziplinarverfahren kann bis zum Erlass einer Entscheidung nach den §§ 32 bis 34 auf neue Handlungen ausgedehnt werden, die den Verdacht eines Dienstvergehens rechtfertigen. Die Ausdehnung ist aktenkundig zu machen.

(2) Das Disziplinarverfahren kann bis zum Erlass einer Entscheidung nach den §§ 32 bis 34 beschränkt werden, indem solche Handlungen ausgeschieden werden, die für die Art und Höhe der zu erwartenden Disziplinarmaßnahme voraussichtlich nicht ins Gewicht fallen. Die Beschränkung ist aktenkundig zu machen. Die ausgeschiedenen Handlungen können nicht wieder in das Disziplinarverfahren einbezogen werden, es sei denn, die Voraussetzungen für die Beschränkung entfallen nachträglich. Werden die ausgeschiedenen Handlungen nicht wieder einbezogen, können sie nach dem unanfechtbaren Abschluss des Disziplinarverfahrens nicht Gegenstand eines neuen Disziplinarverfahrens sein.

Abschnitt II
Durchführung

§ 20
Unterrichtung, Belehrung und Anhörung
der Beamtin oder des Beamten

(1) Die Beamtin oder der Beamte ist über die Einleitung und die Ausdehnung des Disziplinarverfahrens unverzüglich zu unterrichten, sobald dies ohne Gefährdung der Aufklärung des Sachverhalts möglich ist. Hierbei ist ihr oder ihm zu eröffnen, welches Dienstvergehen ihr oder ihm zur Last gelegt wird. Sie oder er ist gleichzeitig darauf hinzuweisen, dass es ihr oder ihm freisteht, sich mündlich oder schriftlich zu äußern oder nicht zur Sache auszusagen und sich jederzeit einer Bevollmächtigten oder eines Bevollmächtigten oder Beistands zu bedienen.

(2) Für die Abgabe einer schriftlichen Äußerung wird der Beamtin oder dem Beamten eine Frist von einem Monat und für die Abgabe der Erklärung, sich mündlich äußern zu wollen, eine Frist von zwei Wochen gesetzt. Hat die Beamtin oder der Beamte rechtzeitig erklärt, sich mündlich äußern zu wollen, ist die Anhörung innerhalb von drei Wochen nach Eingang der Erklärung durchzuführen. Ist die Beamtin oder der Beamte aus zwingenden Gründen gehindert, eine Frist nach Satz 1 einzuhalten oder einer Ladung zur mündlichen Verhandlung Folge zu leisten, und hat sie oder er dies unverzüglich mitgeteilt, ist die maßgebliche Frist zu verlängern oder sie oder er erneut zu laden. Die Fristsetzungen und Ladungen sind der Beamtin oder dem Beamten zuzustellen.

(3) Ist die nach Absatz 1 Satz 2 und 3 vorgeschriebene Belehrung unterblieben oder unrichtig erfolgt, darf die Aussage der Beamtin oder des Beamten nicht zu ihrem oder seinem Nachteil verwertet werden.

§ 21
Zentrale Disziplinarbehörde

(1) Die Zentrale Disziplinarbehörde wirkt auf eine einheitliche Ausübung der Disziplinarbefugnis bei schweren Dienstvergehen hin. Sie ist in Disziplinarverfahren, die voraussichtlich zu Maßnahmen nach § 5 Abs. 1 Nr. 3, 4 oder 5 oder § 5 Abs. 2 führen werden, unverzüglich zu unterrichten. Verfahrensabschließende Entscheidungen sind ihr in diesen Fällen mitzuteilen.

(2) Die Zentrale Disziplinarbehörde kann auf Antrag der zuständigen obersten Dienstbehörde ein eingeleitetes Disziplinarverfahren, das voraussichtlich zu einer Maßnahme nach § 5 Abs. 1 Nr. 4 oder 5 oder § 5 Abs. 2 Nr. 2 führen wird, durchführen. Sie hat in diesen Fällen die Befugnisse der Dienstvorgesetzten und obersten Dienstbehörden nach den Vorschriften dieses Gesetzes. Maßnahmen der Zentralen Disziplinarbehörde, die das behördliche Disziplinarverfahren abschließen, sollen im Einvernehmen mit der obersten Dienstbehörde erfolgen.

(3) Die Zentrale Disziplinarbehörde berät alle Dienstvorgesetzten und obersten Dienstbehörden in der Anwendungsbereich dieses Gesetzes bei der Durchführung von Disziplinarverfahren. Zu diesem Zwecke dürfen ihr die im Einzelfall erforderlichen Personalaktendaten der oder des Betroffenen übermittelt werden. Nach Abschluss der Beratung sind die überlassenen Unterlagen zurückzugeben und die bei ihr gespeicherten personenbezogenen Daten zu löschen.

(4) Zentrale Disziplinarbehörde ist das Ministerium für Inneres, ländliche Räume und Integration. Hinsichtlich der Aufgaben nach den Absätzen 1 und 2 ist sie nur zuständig für die Beamtinnen und Beamten des Landes mit Ausnahme der Staatsanwältinnen und Staatsanwälte und der Bereiche des Landtags und des Landesrechnungshofs.

§ 22
Pflicht zur Durchführung von Ermittlungen, Ausnahmen und Bindungen

(1) Zur Aufklärung des Sachverhalts sind die erforderlichen Ermittlungen durchzuführen. Dabei sind die belastenden, die entlastenden und die Umstände zu ermitteln, die für die Bemessung einer Disziplinarmaßnahme bedeutsam sind. Das Ergebnis der Ermittlungen ist schriftlich festzuhalten. Die oberste Dienstbehörde kann die Ermittlungen an sich ziehen. Die oder der Dienstvorgesetzte kann zur Durchführung der Ermittlungen im Einzelfall oder auf Dauer geeignete Bedienstete als Ermittlungsführerin oder Ermittlungsführer bestellen. Stehen geeignete Bedienstete nicht zur Verfügung, können auch andere geeignete Personen bestellt werden. Unbeschadet dessen kann die oder der Dienstvorgesetzte jederzeit die Ermittlungen an sich ziehen und Beweiserhebungen selbst durchführen. Die Ermittlungsführerin oder der Ermittlungsführer ist an die Weisungen der oder des Dienstvorgesetzten gebunden und soll als Bedienstete oder Bediensteter bei Übertragung im Einzelfall für die Dauer der Aufgabe im Hauptamt entlastet werden.

(2) Von Ermittlungen ist abzusehen, soweit der Sachverhalt auf Grund der tatsächlichen Feststellungen eines rechtskräftigen Urteils im Straf- oder Bußgeldverfahren oder im verwaltungsgerichtlichen Verfahren, durch das nach § 11 des Besoldungsgesetzes Schleswig-Holstein (SHBesG) vom 26. Januar 2012 (GVOBl. Schl.-H. S. 153) über den Verlust der Besoldung bei schuldhaftem Fernbleiben vom Dienst entschieden worden ist, feststeht. Von Ermittlungen kann auch abgesehen werden, soweit der Sachverhalt auf sonstige Weise aufgeklärt ist, insbesondere nach der Durchführung eines anderen gesetzlich geordneten Verfahrens.

(3) Die tatsächlichen Feststellungen eines rechtskräftigen Urteils in einem Verfahren nach Absatz 2 Satz 1 sind in einem Disziplinarverfahren, das denselben Sachverhalt zum Gegenstand hat, bindend. Die in einem anderen gesetzlich geordneten Verfahren getroffenen tatsächlichen Feststellungen sind nicht bindend, können aber der Entscheidung im Disziplinarverfahren ohne nochmalige Prüfung zu Grunde gelegt werden.

§ 23
Zusammentreffen von Disziplinarverfahren mit Strafverfahren oder anderen Verfahren, Aussetzung

(1) Ist gegen die Beamtin oder den Beamten wegen des Sachverhalts, der dem Disziplinarverfahren zu Grunde liegt, im Strafverfahren die öffentliche Klage erhoben worden, wird das Disziplinarverfahren ausgesetzt; das Disziplinarverfahren kann ausgesetzt werden, wenn die Staatsanwaltschaft nach § 160 der Strafprozessordnung mit der Erforschung des Sachverhalts, der dem Disziplinarverfahren zu Grunde liegt, begonnen hat. Die Aussetzung unterbleibt, wenn keine begründeten Zweifel am Sachverhalt bestehen oder wenn im Strafverfahren aus Gründen nicht verhandelt werden kann, die in der Person der Beamtin oder des Beamten liegen.

(2) Das nach Absatz 1 Satz 1 ausgesetzte Disziplinarverfahren ist unverzüglich fortzusetzen, wenn die Voraussetzungen des Absatzes 1 Satz 2 nachträglich eintreten, spätestens mit dem rechtskräftigen Abschluss des Strafverfahrens.

(3) Das Disziplinarverfahren kann auch ausgesetzt werden, wenn in einem anderen gesetzlich geordneten Verfahren über eine Frage zu entscheiden ist, deren Beurteilung für die Entscheidung im Disziplinarverfahren von wesentlicher Bedeutung ist. Absatz 1 Satz 2 und Absatz 2 gelten entsprechend.

§ 24
Beweiserhebung

(1) Die erforderlichen Beweise sind zu erheben. Hierbei können insbesondere

1. schriftliche dienstliche Auskünfte eingeholt,
2. Urkunden und Akten beigezogen,
3. der Augenschein eingenommen sowie
4. Zeuginnen und Zeugen sowie Sachverständige vernommen oder ihre schriftliche Äußerung eingeholt

werden.

(2) Niederschriften über Aussagen von Personen, die schon in einem anderen gesetzlich geordneten Verfahren vernommen worden sind sowie Niederschriften über einen richterlichen Augenschein können ohne nochmalige Beweiserhebung verwertet werden.

(3) Über einen Beweisantrag der Beamtin oder des Beamten ist nach pflichtgemäßem Ermessen zu entscheiden. Dem Beweisantrag ist stattzugeben, soweit er für die Tat- oder Schuldfrage oder für die Bemessung einer Disziplinarmaßnahme von Bedeutung sein kann.

(4) Der Beamtin oder dem Beamten ist Gelegenheit zu geben, an der Vernehmung von Zeuginnen und Zeugen sowie Sachverständigen sowie an der Einnahme des Augenscheins teilzunehmen und hierbei sachdienliche Fragen zu stellen. Die Beamtin oder der Beamte kann von der Teilnahme ausgeschlossen werden, soweit dies aus wichtigen Gründen, insbesondere mit Rücksicht auf den Zweck der Ermittlungen oder zum Schutz der Rechte Dritter, erforderlich ist. Ein schriftliches Gutachten ist ihr oder ihm zugänglich zu machen, soweit nicht zwingende Gründe dem entgegenstehen.

§ 25
Zeuginnen und Zeugen, Sachverständige

(1) Zeuginnen und Zeugen sind zur Aussage und Sachverständige zur Erstattung von Gutachten verpflichtet. Die Bestimmungen der Strafprozessordnung über die Pflicht, als Zeugin oder Zeuge auszusagen oder als Sachverständige oder Sachverständiger ein Gutachten zu erstatten, über die Ablehnung von Sachverständigen sowie über die Vernehmung von Angehörigen des öffentlichen Dienstes als Zeuginnen und Zeugen oder Sachverständige gelten entsprechend.

(2) Verweigern Zeuginnen, Zeugen oder Sachverständige ohne Vorliegen eines der in den §§ 52 bis 55 und § 76 der Strafprozessordnung bezeichneten Gründe die Aussage oder die Erstattung des Gutachtens, kann das Verwaltungsgericht um die Vernehmung ersucht werden. In dem Ersuchen sind der Gegenstand der Vernehmung darzulegen sowie die Namen und Anschriften der Beteiligten anzugeben. Das Verwaltungsgericht entscheidet über die Rechtmäßigkeit der Verweigerung der Aussage oder der Erstattung des Gutachtens.

(3) Ein Ersuchen nach Absatz 2 darf nur von Dienstvorgesetzten oder ihren Vertreterinnen oder Vertretern gestellt werden.

§ 26
Herausgabe von Unterlagen

Die Beamtin oder der Beamte hat Schriftstücke, Zeichnungen, elektronische Datenträger, bildliche Darstellungen und Aufzeichnungen einschließlich technischer Aufzeichnungen, die einen dienstlichen Bezug aufweisen, auf Verlangen für das Disziplinarverfahren zur Verfügung zu stellen. Das Verwaltungsgericht kann die Herausgabe auf Antrag durch Beschluss anordnen und sie durch die Festsetzung von Zwangsgeld erzwingen; für den Antrag gilt § 25 Abs. 3 entsprechend. Der Beschluss ist unanfechtbar.

§ 27
Beschlagnahmen und Durchsuchungen

(1) Das Verwaltungsgericht kann auf Antrag durch Beschluss Beschlagnahmen und Durchsuchungen anordnen; § 25 Abs. 3 gilt entsprechend. Die Anordnung darf nur getroffen werden, wenn die Beamtin oder der Beamte des ihr oder ihm zur Last gelegten Dienstvergehens dringend verdächtig ist und die Maßnahme zu der Bedeutung der Sache und der zu erwartenden Disziplinarmaßnahme nicht außer Verhältnis steht. Die Bestimmungen der Strafprozessordnung über Beschlagnahmen und Durchsuchungen gelten

entsprechend, soweit nicht in diesem Gesetz etwas anderes bestimmt ist.

(2) Die Maßnahmen nach Absatz 1 dürfen nur durch die nach der Strafprozessordnung dazu berufenen Behörden durchgeführt werden.

(3) Durch Absatz 1 wird das Grundrecht der Unverletzlichkeit der Wohnung (Artikel 13 Abs. 1 des Grundgesetzes) eingeschränkt.

§ 28
Protokoll

Über Anhörungen der Beamtin oder des Beamten sowie über Beweiserhebungen sind Protokolle aufzunehmen; § 168 a der Strafprozessordnung gilt entsprechend. Bei der Einholung von schriftlichen dienstlichen Auskünften und bei der Beiziehung von Urkunden und Akten genügt die Aufnahme eines Aktenvermerks.

§ 29
Innerdienstliche Informationen

(1) Die Vorlage von Personalakten und anderen Behördenunterlagen mit personenbezogenen Daten sowie die Erteilung von Auskünften aus diesen Akten und Unterlagen an die mit Disziplinarvorgängen befassten Stellen und die Verarbeitung oder Nutzung der so erhobenen personenbezogenen Daten im Disziplinarverfahren sind, soweit nicht andere Rechtsvorschriften dem entgegenstehen, auch gegen den Willen der Beamtin oder des Beamten oder Betroffener zulässig, wenn und soweit die Durchführung des Disziplinarverfahrens dies erfordert und überwiegende Belange der Beamtin oder des Beamten, anderer Betroffener oder der ersuchten Stellen nicht entgegenstehen.

(2) Zwischen den Dienststellen eines oder verschiedener Dienstherrn sowie zwischen den Teilen einer Dienststelle sind Mitteilungen über Disziplinarverfahren, über Tatsachen aus Disziplinarverfahren und über Entscheidungen der Disziplinarorgane sowie die Vorlage hierüber geführter Akten zulässig, wenn und soweit dies zur Durchführung des Disziplinarverfahrens, im Hinblick auf die künftige Übertragung von Aufgaben oder Ämtern an die Beamtin oder den Beamten oder im Einzelfall aus besonderen dienstlichen Gründen unter Berücksichtigung der Belange der Beamtin oder des Beamten oder anderer Betroffener erforderlich ist.

§ 30
Abschließende Anhörung

Nach der Beendigung der Ermittlungen ist der Beamtin oder dem Beamten Gelegenheit zu geben, sich abschließend mündlich oder schriftlich zum Ermittlungsbericht zu äußern; § 20 Abs. 2 gilt entsprechend. Die Anhörung unterbleibt, wenn das Disziplinarverfahren nach § 32 Abs. 2 Nr. 2 oder 3 eingestellt werden soll.

§ 31
Abgabe des Disziplinarverfahrens

Hält die oder der Dienstvorgesetzte nach dem Ergebnis der Anhörungen und Ermittlungen ihre oder seine Befugnisse nicht für ausreichend, führt sie oder er die Entscheidung der obersten Dienstbehörde herbei. Diese kann das Disziplinarverfahren an die Dienstvorgesetzte oder den Dienstvorgesetzten zurückgeben, wenn sie weitere Ermittlungen für geboten oder deren oder dessen Befugnisse für ausreichend hält.

Abschnitt III
Abschlussentscheidung

§ 32
Einstellungsverfügung

(1) Das Disziplinarverfahren wird eingestellt, wenn
1. ein Dienstvergehen nicht erwiesen ist,
2. ein Dienstvergehen zwar erwiesen ist, die Verhängung einer Disziplinarmaßnahme jedoch nicht angezeigt erscheint,
3. nach den §§ 14 oder 15 eine Disziplinarmaßnahme nicht ausgesprochen werden darf oder
4. das Disziplinarverfahren oder eine Disziplinarmaßnahme aus sonstigen Gründen unzulässig ist.

(2) Das Disziplinarverfahren wird ferner eingestellt, wenn
1. die Beamtin oder der Beamte stirbt,
2. das Beamtenverhältnis durch Entlassung, Verlust der Beamtenrechte oder Entfernung aus dem Beamtenverhältnis endet oder
3. bei einer Ruhestandsbeamtin oder einem Ruhestandsbeamten die Folgen einer gerichtlichen Entscheidung nach § 70 Absatz 1 SHBeamtVG eintreten oder in einem anderen Disziplinarverfahren auf Aberkennung des Ruhegehalts erkannt worden ist.

Satz 1 Nummer 2 gilt nicht, wenn unmittelbar im Anschluss an eine Entlassung gemäß § 30 Absatz 4 des Landesbeamtengesetzes ein Beamtenverhältnis auf Probe begründet werden soll.

(3) Die Einstellungsverfügung ist zu begründen und zuzustellen.

§ 33
Disziplinarverfügung

(1) Ist ein Verweis, eine Geldbuße, eine Kürzung der Dienstbezüge, eine Kürzung des Ruhegehalts oder eine Zurückstufung angezeigt, wird eine solche Maßnahme durch Disziplinarverfügung ausgesprochen. Diese ist zu begründen und zuzustellen.

(2) Die Dienstvorgesetzten sind zu Verweisen, Geldbußen und Kürzungen der Dienstbezüge gegen die ihnen unterstellten Beamtinnen und Beamten befugt. Kürzungen des Ruhegehalts werden von den nach § 49 für die Ausübung der Disziplinarbefugnisse zuständigen Dienstvorgesetzten ausgesprochen.

(3) Zurückstufungen werden von der obersten Dienstbehörde ausgesprochen.

§ 34
Erhebung der Disziplinarklage

(1) Soll gegen die Beamtin oder den Beamten auf Entfernung aus dem Beamtenverhältnis oder auf Aberkennung des Ruhegehalts erkannt werden, ist gegen sie oder ihn Disziplinarklage zu erheben.

(2) Die Disziplinarklage wird bei Beamtinnen und Beamten durch die oberste Dienstbehörde, bei Ruhestandsbeamtinnen und Ruhestandsbeamten durch die nach § 49 zur Ausübung der Disziplinarbefugnisse zuständigen Dienstvorgesetzten erhoben.

§ 35
Beteiligung der obersten Dienstbehörde

Die Einstellungsverfügung und die Disziplinarverfügung sind vor ihrem Erlass der obersten Dienstbehörde zwecks Einholung der Zustimmung zuzuleiten. Äußert sich diese innerhalb eines Monats nicht, gilt die Zustimmung als erteilt. Die oberste Dienstbehörde kann das Disziplinarverfahren zurückgeben, wenn sie weitere Ermittlungen für geboten hält. Satz 1 gilt nicht für Einstellungs- und Disziplinarverfügungen gegen Beamtinnen und Beamte
1. der Gemeinden und kreisangehörigen Städte über 20.000 Einwohnerinnen und Einwohner,
2. der Kreise und kreisfreien Städte und
3. kommunaler Zweckverbände, die der Aufsicht des Ministeriums für Inneres, ländliche Räume und Integration unterliegen.

§ 36
Verfahren bei nachträglicher Entscheidung im Straf- oder Bußgeldverfahren

Ergeht nach dem Eintritt der Unanfechtbarkeit der Disziplinarverfügung in einem Straf- oder Bußgeldverfahren, das wegen desselben Sachverhalts eingeleitet worden ist, unanfechtbar eine Entscheidung, nach der gemäß § 14 die Disziplinarmaßnahme nicht zulässig wäre, ist die Disziplinarverfügung von der oder dem Dienstvorgesetzten, die oder der sie erlassen hat, aufzuheben und das Disziplinarverfahren einzustellen, sobald diese oder dieser Kenntnis von der Entscheidung erlangt hat.

§ 37
Kostentragungspflicht

(1) Das behördliche Disziplinarverfahren ist gebührenfrei.

(2) Der Beamtin, gegen die oder dem Beamten, gegen den oder dem eine Disziplinarmaßnahme ausgesprochen wird, können die entstandenen Auslagen auferlegt werden. Bildet das Dienstvergehen, das der Beamtin oder dem Beamten zur Last gelegt wird, nur zum Teil die Grundlage für die Disziplinarverfügung oder sind durch Ermittlungen, deren Ergebnis zugunsten der Beamtin oder des Beamten ausgefallen ist, besondere Auslagen entstanden, können ihr oder ihm diese nur in verhältnismäßigem Umfang auferlegt werden.

(3) Wird das Disziplinarverfahren eingestellt, trägt der Dienstherr die entstandenen Auslagen. Erfolgt die Einstellung trotz Vorliegens eines Dienstvergehens, können die Auslagen der Beamtin oder dem Beamten auferlegt oder im Verhältnis geteilt werden.

(4) Soweit der Dienstherr die entstandenen Auslagen trägt, hat er der Beamtin oder dem Beamten auch die Aufwendungen zu erstatten, die zur zweckentsprechenden Rechtsverfolgung notwendig waren. Hat sich die Beamtin oder der Beamte einer oder eines Bevollmächtigten oder eines Beistandes bedient, sind auch deren oder dessen Gebühren und Auslagen erstattungsfähig. Aufwendungen, die durch das Verschulden der Beamtin oder des Beamten entstanden sind, hat diese oder dieser selbst zu tragen; das Verschulden einer Vertreterin oder eines Vertreters ist ihr oder ihm zuzurechnen.

Abschnitt IV
Vorläufige Dienstenthebung
und Einbehaltung von Bezügen

§ 38
Zulässigkeit

(1) Die für die Erhebung der Disziplinarklage zuständige Behörde kann eine Beamtin oder einen Beamten gleichzeitig mit oder nach der Einleitung des Disziplinarverfahrens unter Einbehaltung von bis zu 50 % der monatlichen Dienst- oder Anwärterbezüge vorläufig des Dienstes entheben, wenn

1. im Disziplinarverfahren voraussichtlich auf Entfernung aus dem Beamtenverhältnis oder auf Aberkennung des Ruhegehalts erkannt werden wird oder

2. bei einer Beamtin oder einem Beamten auf Probe oder auf Widerruf voraussichtlich eine Entlassung nach § 23 Abs. 3 Satz 1 Nr. 1 des Beamtenstatusgesetzes oder nach § 23 Abs. 4 Satz 1 des Beamtenstatusgesetzes in Verbindung mit § 31 Abs. 5 des Landesbeamtengesetzes erfolgen wird.

Die Einbehaltung von Bezügen kann auch nach der Dienstenthebung erfolgen. Ohne Einbehaltung von Dienst- oder Anwärterbezügen kann sie gleichzeitig mit oder nach der Einleitung des Disziplinarverfahrens die Beamtin oder den Beamten außerdem vorläufig des Dienstes entheben, wenn durch ihr oder sein Verbleiben im Dienst der Dienstbetrieb oder die Ermittlungen wesentlich beeinträchtigt würden und die vorläufige Dienstenthebung zu der Bedeutung der Sache und der zu erwartenden Disziplinarmaßnahme nicht außer Verhältnis steht. § 39 des Beamtenstatusgesetzes bleibt unberührt.

(2) Für Ruhestandsbeamtinnen und Ruhestandsbeamte gilt Absatz 1 Satz 1 Nr. 1 entsprechend.

§ 39
Rechtswirkungen

(1) Die vorläufige Dienstenthebung wird mit der Zustellung, die Einbehaltung von Bezügen mit dem auf die Zustellung folgenden Fälligkeitstag wirksam und vollziehbar. Sie erstrecken sich auf alle Ämter, die die Beamtin oder der Beamte inne hat.

(2) Für die Dauer der vorläufigen Dienstenthebung ruhen die im Zusammenhang mit dem Amt entstandenen Ansprüche auf Aufwandsentschädigung.

(3) Ist die Beamtin oder der Beamte schuldhaft dem Dienst ferngeblieben und wird sie oder er während dieser Zeit vorläufig des Dienstes enthoben, dauert der nach § 11 SHBesG begründete Verlust der Bezüge fort. Er endet mit dem Zeitpunkt, zu dem die Beamtin oder der Beamte ihren oder seinen Dienst aufgenommen hätte, wenn sie oder er hieran nicht durch die vorläufige Dienstenthebung gehindert worden wäre. Der Zeitpunkt ist von der für die Erhebung der Disziplinarklage zuständigen Behörde festzustellen und der Beamtin oder dem Beamten mitzuteilen.

(4) Die vorläufige Dienstenthebung und die Einbehaltung von Bezügen enden mit dem rechtskräftigen Abschluss des Disziplinarverfahrens.

§ 40
Verfall und Nachzahlung der einbehaltenen Bezüge

(1) Die nach § 38 einbehaltenen Bezüge verfallen, wenn

1. im Disziplinarverfahren auf Entfernung aus dem Beamtenverhältnis oder auf Aberkennung des Ruhegehalts erkannt worden ist,

2. in einem wegen desselben Sachverhalts eingeleiteten Strafverfahren eine Strafe verhängt worden ist, die den Verlust der Rechte als Beamtin oder Beamter oder Ruhestandsbeamtin oder Ruhestandsbeamter zur Folge hat,

3. das Disziplinarverfahren auf Grund des § 32 Abs. 1 Nr. 3 eingestellt worden ist und ein neues Disziplinarverfahren, das innerhalb von drei Monaten nach der Einstellung wegen desselben Sachverhalts eingeleitet worden ist, zur Entfernung aus dem Beamtenverhältnis oder zur Aberkennung des Ruhegehalts geführt hat oder

4. das Disziplinarverfahren aus den Gründen des § 32 Abs. 2 Nr. 2 oder 3 eingestellt worden ist und die für die Erhebung der Disziplinarklage zuständige Behörde festgestellt hat, dass die Entfernung aus dem Beamtenverhältnis oder die Aberkennung des Ruhegehalts gerechtfertigt gewesen wäre.

(2) Wird das Disziplinarverfahren auf andere Weise als in den Fällen des Absatzes 1 unanfechtbar abgeschlossen, sind die nach § 38 einbehaltenen Bezüge nachzuzahlen. Auf die nachzuzahlenden Dienstbezüge können Einkünfte aus genehmigungspflichtigen Nebentätigkeiten angerechnet werden, die die Beamtin oder der Beamte aus Anlass der vorläufigen Dienstenthebung ausgeübt hat, wenn eine Disziplinarmaßnahme verhängt worden ist oder die für die Erhebung der Disziplinarklage zuständige Behörde feststellt, dass ein Dienstvergehen erwiesen ist. Die Beamtin oder der Beamte ist verpflichtet, über die Höhe solcher Einkünfte Auskunft zu geben.

Vierter Teil
Gerichtliches Disziplinarverfahren

§ 41
Anwendung des Bundesdisziplinargesetzes,
Besetzung der Kammer für Disziplinarsachen

(1) Soweit sich aus diesem Gesetz nichts anderes ergibt, gilt für das gerichtliche Disziplinarverfahren Teil 4 des Bundesdisziplinargesetzes entsprechend. Soweit durch Rechtsvorschriften die elektronische Form der Übermittlung an die Verwaltungsgerichte vorgeschrieben ist, gelten diese Maßgaben auch für das gerichtliche Disziplinarverfahren. Im Übrigen können dem Gericht elektronische Dokumente übermittelt werden. Für die Einreichung und Unterzeichnung gelten die allgemeinen Bestimmungen über den elektronischen Rechtsverkehr mit den Verwaltungsgerichten. Die Aktenführung durch die Gerichte in Disziplinarsachen richtet sich nach den allgemeinen Bestimmungen.

(2) Der Kammer für Disziplinarsachen gehört mindestens eine Frau an. Richtet sich das Disziplinarverfahren gegen eine Beamtin, so sollen der Kammer mindestens zwei Frauen angehören.

§ 42
Ausschluss des Vorverfahrens

Vor der Erhebung der verwaltungsgerichtlichen Klage der Beamtin oder des Beamten findet ein Vorverfahren nicht statt.

§ 43
Beamtenbeisitzerinnen und Beamtenbeisitzer

(1) Die ehrenamtlichen Verwaltungsrichterinnen und Verwaltungsrichter (Beamtenbeisitzerinnen und Beamtenbeisitzer) müssen auf Lebenszeit oder auf Zeit ernannte Beamtinnen und Beamte bei einem unter das Landesbeamtengesetz fallenden Dienstherrn sein.

(2) Das für die Justiz zuständige Ministerium stellt für jeweils fünf Kalenderjahre eine Vorschlagsliste von Beamtinnen und Beamten auf, aus der die Beamtenbeisitzerinnen und Beamtenbeisitzer auszulosen sind. Hierbei ist die doppelte Anzahl der durch die Präsidentin oder den Präsidenten des Verwaltungsgerichts als erforderlich bezeichneten Beamtenbeisitzerinnen und Beamtenbeisitzer zugrunde zu legen. In den Listen sind die Beamtinnen und Beamten nach Laufbahngruppen und Verwaltungszweigen gegliedert aufzuführen. Die obersten Landesbehörden, die kommunalen Landesverbände und die im Land bestehenden Spitzenorganisationen der zuständigen Gewerkschaften und Berufsverbände der Beamtinnen und Beamten können für die Aufnahme von Beamtinnen und Beamten in die Listen Vorschläge machen.

(3) Für jeden Senat des Oberverwaltungsgerichts, der für Disziplinarsachen zuständig ist, werden die Beamtenbeisitzerinnen und Beamtenbeisitzer für eine Amtszeit von fünf Jahren von zwei vom Präsidium des Oberverwaltungsgerichts bestimmten Richterinnen und Richtern ausgelost und in der Reihenfolge der Auslosung in Listen eingetragen. Für Fälle unvorhergesehener Verhinderung von Beamtenbeisitzerinnen oder Beamtenbeisitzern sind mindestens zwei Vertreterinnen oder Vertreter auszulosen und in Hilfslisten einzutragen. Über die Auslosung wird von der Urkundsbeamtin oder dem Urkundsbeamten der Geschäftsstelle eine Niederschrift aufgenommen. Das Oberverwaltungsgericht setzt die Beamtenbeisitzerinnen und Beamtenbeisitzer von ihrer Auslosung in Kenntnis und teilt dem Verwaltungsgericht die Namen der ausgelosten Beamtinnen und Beamten mit.

(4) Für jede Kammer des Verwaltungsgerichts, die für Disziplinarsachen zuständig ist, werden die Beamtenbeisitzerinnen und Beamtenbeisitzer von zwei vom Präsidium des Verwaltungsgerichts bestimmten Verwaltungsgerichtsdirektorinnen oder Verwaltungsgerichtsdirektoren aus den vom Oberverwaltungsgericht nicht ausgelosten Beamtinnen und Beamten ausgelost. Absatz 3 gilt entsprechend.

(5) Bei der Heranziehung der Beamtenbeisitzerinnen und Beamtenbeisitzer ist unter Berücksichtigung von § 41 Abs. 1 dieses Gesetzes in Verbindung mit § 46 Abs. 1 Satz 3 des Bundesdisziplinargesetzes sowie von § 41 Abs. 2 die Reihenfolge einzuhalten, die sich aus der Eintragung in die Listen ergibt. Wird die Auslosung weiterer Beamtenbeisitzerinnen und Beamtenbeisitzer erforderlich, ist sie nur für den Rest der Amtszeit vorzunehmen.

(6) Für Verfahren gegen Beamtinnen und Beamte oder Ruhestandsbeamtinnen und Ruhestandsbeamte im Sinne des Bundesbeamtengesetzes gelten die Absätze 2 bis 5 mit der Maßgabe, dass das für die Justiz zuständige Ministerium die Vorschlagsliste von der zuständigen obersten Bundesbehörde anfordert. Die obersten Bundesbehörden und die Spitzenorganisationen der zuständigen Gewerkschaften und Berufsverbände der Beamtinnen und Beamten können Beamtinnen und Beamte des Bundes für die Listen vorschlagen.

Fünfter Teil
Unterhaltsbeitrag, Unterhaltsleistung und Begnadigung

§ 44
Unterhaltsbeitrag bei Entfernung aus dem Beamtenverhältnis oder bei Aberkennung des Ruhegehalts

(1) Die Zahlung des Unterhaltsbeitrags nach § 10 Abs. 3 oder § 12 Abs. 2 beginnt, soweit in der Entscheidung nichts anderes bestimmt ist, zum Zeitpunkt des Verlusts der Dienstbezüge oder des Ruhegehalts.

(3) Die Zahlung des Unterhaltsbeitrags nach § 12 Abs. 2 steht unter dem Vorbehalt der Rückforderung, wenn und soweit für den gleichen Zeitraum eine Rente auf Grund der Nachversicherung gewährt wird. Zur Sicherung des Rückforderungsanspruchs hat die Ruhestandsbeamtin oder der Ruhestandsbeamte eine entsprechende Abtretungserklärung abzugeben.

(3) Das Gericht kann in der Entscheidung bestimmen, dass der Unterhaltsbeitrag ganz oder teilweise an Personen gezahlt wird, zu deren Unterhalt die Beamtin oder der Beamte oder die Ruhestandsbeamtin oder der Ruhestandsbeamte verpflichtet ist; nach Rechtskraft der Entscheidung kann dies die oberste Dienstbehörde bestimmen.

(4) Auf den Unterhaltsbeitrag werden Erwerbs- und Erwerbsersatzeinkommen im Sinne des § 18 a Abs. 2 sowie Abs. 3 Satz 1 und 2 des Vierten Buchs Sozialgesetzbuch angerechnet. Die frühere Beamtin oder der frühere Beamte oder die frühere Ruhestandsbeamtin oder der frühere Ruhestandsbeamte ist verpflichtet, der obersten Dienstbehörde alle Änderungen in seinen oder ihren Verhältnissen, die für die Zahlung des Unterhaltsbeitrags bedeutsam sein können, unverzüglich anzuzeigen. Kommt sie oder er dieser Pflicht schuldhaft nicht nach, kann ihr oder ihm der Unterhaltsbeitrag ganz oder teilweise mit Wirkung für die Vergangenheit entzogen werden. Die Entscheidung trifft die oberste Dienstbehörde.

(5) Der Anspruch auf den Unterhaltsbeitrag erlischt, wenn ein anderes Beschäftigungsverhältnis im Sinne des § 10 Abs. 6 begründet wird.

§ 45
Unterhaltsleistung bei Mithilfe zur Aufdeckung von Straftaten

(1) Im Falle der Entfernung aus dem Beamtenverhältnis oder der Aberkennung des Ruhegehalts kann die zuletzt zuständige oberste Dienstbehörde der ehemaligen Beamtin oder dem ehemaligen Beamten oder der ehemaligen Ruhestandsbeamtin oder dem ehemaligen Ruhestandsbeamten, die oder der gegen das Verbot der Annahme von Belohnungen oder Geschenken verstoßen hat, die Gewährung einer monatlichen Unterhaltsleistung zusagen, wenn sie oder er aus sein Wissen über Tatsachen offenbart hat, deren Kenntnis dazu beigetragen hat, Straftaten, insbesondere nach den §§ 331 bis 335 des Strafgesetzbuches, zu verhindern oder über ihren oder seinen eigenen Tatbeitrag hinaus aufzuklären. Die Nachversicherung ist durchzuführen.

(2) Die Unterhaltsleistung ist als Prozentsatz der Anwartschaft auf eine Altersrente, die sich aus der Nachversicherung ergibt, oder einer entsprechenden Leistung aus der berufsständischen Alterssicherung mit folgenden Maßgaben festzusetzen:

1. Die Unterhaltsleistung darf die Höhe der Rentenanwartschaft aus der Nachversicherung nicht erreichen und

2. Unterhaltsleistung und Rentenanwartschaft aus der Nachversicherung dürfen zusammen den Betrag nicht übersteigen, der sich als Ruhegehalt nach § 16 Abs. 1 SHBeamtVG ergäbe.

Die Höchstgrenzen nach Satz 1 gelten auch für die Zeit des Bezugs der Unterhaltsleistung; an die Stelle der Rentenanwartschaft aus der Nachversicherung tritt die anteilige Rente.

(3) Die Zahlung der Unterhaltsleistung an die frühere Beamtin oder den früheren Beamten kann erst erfolgen, wenn diese oder dieser das 65. Lebensjahr vollendet hat oder eine Rente wegen Erwerbs- oder Berufsunfähigkeit aus der gesetzlichen Rentenversicherung oder eine entsprechende Leistung aus der berufsständischen Versorgung erhält.

(4) Der Anspruch auf die Unterhaltsleistung erlischt bei erneutem Eintritt in den öffentlichen Dienst sowie in den Fällen, die bei der Ruhestandsbeamtin oder einem Ruhestandsbeamten das Erlöschen der Versorgungsbezüge nach § 70 SHBeamtVG zur Folge hätten. Die hinterbliebene Ehegattin oder der hinterbliebene Ehegatte erhält 55 % der

Unterhaltsleistung, wenn zum Zeitpunkt der Entfernung aus dem Beamtenverhältnis oder der Aberkennung des Ruhegehalts die Ehe bereits bestanden hatte.

§ 46
Begnadigung

(1) Der Ministerpräsidentin oder dem Ministerpräsidenten steht das Begnadigungsrecht in Disziplinarsachen nach diesem Gesetz zu. Die Befugnis kann übertragen werden. Die Übertragung ist im Amtsblatt für Schleswig-Holstein zu veröffentlichen.

(2) Wird die Entfernung aus dem Beamtenverhältnis oder die Aberkennung des Ruhegehalts im Gnadenwege aufgehoben, gilt § 34 Abs. 2 des Landesbeamtengesetzes entsprechend.

Sechster Teil
Besondere Bestimmungen

§ 47
Kommunalbeamtinnen und Kommunalbeamte

Für die Beamtinnen und Beamten der Gemeinden, Kreise, Ämter und kommunalen Zweckverbände nehmen die Kommunalaufsichtsbehörden die Aufgaben der obersten Dienstbehörde im Sinne dieses Gesetzes wahr. Haben die Beamtinnen und Beamten keine Dienstvorgesetzte oder keinen Dienstvorgesetzten mit Disziplinarbefugnis, nehmen die Kommunalaufsichtsbehörden auch die Aufgaben der oder des Dienstvorgesetzten im Sinne dieses Gesetzes wahr. § 17 Abs. 1 Satz 3 und 4 und § 22 Abs. 1 Satz 3 finden keine Anwendung.

§ 48
Dienstvorgesetzte

Die obersten Landesbehörden werden ermächtigt, für ihren Bereich durch Rechtsverordnung, sofern dies erforderlich ist, festzulegen, wer Dienstvorgesetzte oder Dienstvorgesetzter im Sinne dieses Gesetzes ist. Dabei können von § 17 Abs. 4 abweichende Zuständigkeiten bestimmt werden.

§ 49
Ausübung der Disziplinarbefugnisse bei Ruhestandsbeamtinnen und Ruhestandsbeamten

Bei Ruhestandsbeamtinnen und Ruhestandsbeamten werden die Disziplinarbefugnisse durch die zum Zeitpunkt des Eintritts in den Ruhestand zuständige oberste Dienstbehörde ausgeübt. Diese kann ihre Befugnisse durch allgemeine Anordnung ganz oder teilweise auf nachgeordnete Dienstvorgesetzte übertragen. Besteht die zuständige oberste Dienstbehörde nicht mehr, bestimmt das Ministerium für Inneres, ländliche Räume und Integration, welche Behörde zuständig ist.

§ 50
Übergangsbestimmungen

(1) Nach bisherigem Recht eingeleitete Disziplinarverfahren werden nach bisherigem Recht fortgeführt und abgeschlossen.

(2) Ungeachtet dessen steht den Beamtinnen und Beamten sowie den Ruhestandsbeamtinnen und Ruhestandsbeamten bis zur Erhebung der Disziplinarklage das Recht zu, sich für die Anwendbarkeit dieses Gesetzes zu entscheiden. Die Rechtsausübung ist der Einleitungbehörde schriftlich anzuzeigen; sie ist nicht widerrufbar. In diesen Fällen verbleibt es für das weitere Disziplinarverfahren bei der Zuständigkeit der Einleitungsbehörde. Die Durchführung der nach diesem Gesetz erforderlichen Ermittlungen kann die Einleitungsbehörde auf die bisherige Untersuchungsführerin oder den bisherigen Untersuchungsführer oder eine andere Beamtin oder einen anderen Beamten übertragen.

Gesetz des Landes Schleswig-Holstein über die Besoldung der Beamtinnen und Beamten sowie Richterinnen und Richter (Besoldungsgesetz Schleswig-Holstein – SHBesG) vom 26. Januar 2012
– GVOBl. Schl.-H. S. 153 –

Zuletzt geändert durch Gesetz vom 18. März 2021 (GVOBl. Schl.-H. S. 309)

Inhaltsübersicht:

Abschnitt I
Allgemeine Vorschriften

- § 1 Geltungsbereich
- § 2 Besoldung
- § 3 Regelung durch Gesetz
- § 4 Anspruch auf Besoldung
- § 5 Weitergewährung der Besoldung bei Versetzung in den einstweiligen Ruhestand oder bei Abwahl von Wahlbeamtinnen und Wahlbeamten auf Zeit
- § 6 Besoldung bei mehreren Hauptämtern
- § 7 Besoldung bei Teilzeitbeschäftigung
- § 8 Besoldung bei begrenzter Dienstfähigkeit
- § 9 Sonderzuschläge zur Sicherung der Funktions- und Wettbewerbsfähigkeit
- § 9 a Zuschlag bei Hinausschieben des Eintritts in den Ruhestand
- § 10 Kürzung der Besoldung bei Gewährung einer Versorgung durch eine zwischenstaatliche oder überstaatliche Einrichtung
- § 11 Verlust der Besoldung bei schuldhaftem Fernbleiben vom Dienst
- § 12 Anrechnung anderer Einkünfte auf die Besoldung
- § 13 Anrechnung von Sachbezügen auf die Besoldung
- § 14 Abtretung von Bezügen, Verpfändung, Aufrechnungs- und Zurückbehaltungsrecht
- § 15 Rückforderung von Bezügen
- § 16 Verjährung von Ansprüchen
- § 17 Anpassung der Besoldung
- § 17 a Anpassung der Besoldung zum 1. Juni 2021
- § 17 b Strukturelle Erhöhung der Besoldung in den Jahren 2021, 2022 und 2024
- § 18 Versorgungsrücklage
- § 19 Aufwandsentschädigungen, sonstige Geldzuwendungen und Sachleistungen
- § 20 Zahlungsweise

Abschnitt II
Grundgehalt, Leistungsbezüge an Hochschulen

Unterabschnitt 1
Allgemeine Grundsätze

- § 21 Grundsatz der funktionsgerechten Besoldung
- § 22 Bestimmung des Grundgehalts nach dem Amt

Unterabschnitt 2
Vorschriften für Beamtinnen und Beamte der Besoldungsordnung A und B

- § 23 Besoldungsordnungen A und B
- § 24 Hauptamtliche Wahlbeamtinnen und Wahlbeamte auf Zeit der Gemeinden, Ämter und Kreise
- § 25 Einstiegsämter für Beamtinnen und Beamte
- § 26 Beförderungsämter
- § 27 Obergrenzen für Beförderungsämter
- § 28 Bemessung des Grundgehaltes
- § 29 Öffentlich-rechtliche Dienstherren
- § 30 Nicht zu berücksichtigende Dienstzeiten

Unterabschnitt 3
Vorschriften für Professorinnen und Professoren sowie hauptberufliche Leiterinnen, Leiter und Mitglieder von Leitungsgremien an Hochschulen

- § 31 Besoldungsordnung W
- § 32 Leistungsbezüge
- § 33 Berufungs- und Bleibeleistungsbezüge
- § 34 Besondere Leistungsbezüge
- § 35 Funktionsleistungsbezüge
- § 36 Ruhegehaltfähigkeit der Leistungsbezüge
- § 37 Forschungs-, Lehr- und Transferzulagen
- § 38 Verordnungsermächtigung
- § 39 Übergangsvorschrift für vorhandene Ämter der Bundesbesoldungsordnung C in der bis zum 22. Februar 2002 geltenden Fassung
- § 39 a Anrechnungs- und Übergangsregelung aus Anlass des Gesetzes zur Änderung des Besoldungsgesetzes Schleswig-Holstein – strukturelle Änderung der Besoldung von Professorinnen und Professoren vom 14. Juni 2013

Unterabschnitt 4
Vorschriften für Richterinnen, Richter, Staatsanwältinnen und Staatsanwälte

- § 40 Besoldungsordnung R
- § 41 Bemessung des Grundgehaltes

Unterabschnitt 5
Vorschriften für den Bereich der Sozialversicherung

- § 42 Besondere Vorschriften für den Bereich der Sozialversicherung

Abschnitt III
Familienzuschlag

- § 43 Grundlage des Familienzuschlages
- § 44 Stufen des Familienzuschlages
- § 45 Änderung des Familienzuschlages

Abschnitt IV
Zulagen, Vergütungen

Unterabschnitt 1
Zulagen

- § 46 Allgemeine Vorschriften zu Amtszulagen und Stellenzulagen
- § 47 Allgemeine Stellenzulage
- § 47 a Aufwachsende Strukturzulage
- § 48 Sicherheitszulage
- § 49 Zulage für Polizei und Steuerfahndung
- § 50 Feuerwehrzulage
- § 51 Zulage für Beamtinnen und Beamte bei Justizvollzugseinrichtungen, Psychiatrischen Krankenhäusern, Erziehungsanstalten und in Abschiebungshafteinrichtungen
- § 52 Zulage für Beamtinnen und Beamte mit Meisterprüfung oder Abschlussprüfung als staatlich geprüfte Technikerin oder staatlich geprüfter Techniker
- § 53 Zulage für Beamtinnen und Beamte der Steuerverwaltung
- § 54 Zulage für Beamtinnen und Beamte der Justizverwaltung mit herausgehobener Tätigkeit bei Gerichten und Staatsanwaltschaften
- § 55 Zulage für Professorinnen und Professoren mit mehreren Ämtern
- § 56 Zulage für Juniorprofessorinnen und Juniorprofessoren
- § 57 Zulage für Beamtinnen und Beamte bei obersten Behörden oder bei obersten Gerichtshöfen des Bundes oder eines anderen Landes
- § 58 Ausgleichszulagen
- § 58 a Ausgleichszulage bei Dienstherrenwechsel
- § 59 Leistungsprämien und Leistungszulagen
- § 60 Erschwerniszulagen
- § 61 Zulage für die Wahrnehmung befristeter Funktionen

Unterabschnitt 2
Vergütungen

§ 62 Mehrarbeitsvergütung
§ 63 Vergütung für die Teilnahme an Sitzungen kommunaler Vertretungskörperschaften und ihrer Ausschüsse
§ 64 Vergütung für Beamtinnen und Beamte im Vollstreckungsdienst
§ 64 a Vergütung für Gerichtsvollzieherinnen und Gerichtsvollzieher
§ 65 Prüfungsvergütung für Juniorprofessorinnen und Juniorprofessoren sowie wissenschaftliche und künstlerische Mitarbeiterinnen und Mitarbeiter

Abschnitt V
Auslandsdienstbezüge

§ 66 Auslandsbesoldung

Abschnitt VI
Anwärterbezüge

§ 67 Anwärterbezüge
§ 68 Anwärterbezüge nach Ablegung der Laufbahnprüfung
§ 69 Anwärtersonderzuschläge
§ 70 Unterrichtsvergütung für Lehramtsanwärterinnen und Lehramtsanwärter
§ 71 Anrechnung anderer Einkünfte
§ 72 Kürzung der Anwärterbezüge

Abschnitt VII
Vermögenswirksame Leistungen

§ 73 Vermögenswirksame Leistungen
§ 74 Höhe der vermögenswirksamen Leistungen
§ 75 Konkurrenzen
§ 76 Anlage der vermögenswirksamen Leistungen

Abschnitt VIII
Übergangs- und Schlussvorschriften

§ 77 Allgemeine Verwaltungsvorschriften und Zuständigkeitsregelungen
§ 78 gestrichen
§ 79 Überleitung von Ämtern
§ 80 Übergangsregelung bei Gewährung einer Versorgung durch eine zwischenstaatliche oder überstaatliche Einrichtung
§ 81 Künftig wegfallende Ämter
§ 82 Einweisung in eine Planstelle, Ausweisung von Planstellen
§ 83 Anlagen

Anlagen

Anlage 1 Besoldungsordnungen A und B (SHBesO A und B)
Anlage 2 Besoldungsordnung W (SHBesO W)
Anlage 3 Besoldungsordnung C kw (SHBesO C kw)
Anlage 4 Besoldungsordnung R (SHBesO R)
Anlage 5 Grundgehaltssätze der Besoldungsordnungen A, B, W, R und C kw
Anlage 6 Familienzuschlag
Anlage 7 Anwärtergrundbetrag
Anlage 8 Amtszulagen und Stellenzulagen

Abschnitt I
Allgemeine Vorschriften

§ 1
Geltungsbereich

(1) Dieses Gesetz gilt für die Besoldung
1. der Beamtinnen und Beamten des Landes,
2. der Beamtinnen und Beamten der Gemeinden, Kreise und Ämter und
3. der Beamtinnen und Beamten der sonstigen der Aufsicht des Landes unterstehenden Körperschaften des öffentlichen Rechts ohne Gebietshoheit und der rechtsfähigen Anstalten und Stiftungen des öffentlichen Rechts.

(2) Dieses Gesetz gilt mit Ausnahme der Unterabschnitte 2, 3 und 5 des Abschnittes II, des Unterabschnittes 2 des Abschnittes IV sowie des Abschnittes VI entsprechend für die Besoldung der Richterinnen und Richter des Landes, soweit gesetzlich nichts anderes bestimmt ist.

(3) Dieses Gesetz gilt auch für die Arbeitnehmerinnen und Arbeitnehmer (Beschäftigte) der in Absatz 1 genannten Träger der öffentlichen Verwaltung, soweit dies in den einzelnen Vorschriften des Gesetzes bestimmt ist.

(4) Dieses Gesetz gilt nicht für
1. die Ehrenbeamtinnen und Ehrenbeamten, die Beamtinnen und Beamten auf Widerruf, die nebenbei verwendet werden, und die ehrenamtlichen Richterinnen und Richter und
2. die Kirchen, Religionsgesellschaften und Weltanschauungsgemeinschaften des öffentlichen Rechts und ihre Verbände und Einrichtungen in Schleswig-Holstein.

§ 2
Besoldung

(1) Zur Besoldung gehören folgende Dienstbezüge:
1. Grundgehalt,
2. Leistungsbezüge für Professorinnen und Professoren, hauptberufliche Leiterinnen und Leiter sowie Mitglieder von Leitungsgremien an Hochschulen,
3. Familienzuschlag,
4. Zulagen,
5. Vergütungen,
6. Auslandsdienstbezüge.

(2) Zur Besoldung gehören ferner folgende sonstige Bezüge:
1. Anwärterbezüge,
2. jährliche Sonderzahlungen,
3. vermögenswirksame Leistungen,
4. Zuschläge.

§ 3
Regelung durch Gesetz

(1) Die Besoldung der Beamtinnen und Beamten wird durch Gesetz geregelt.

(2) Zusicherungen, Vereinbarungen und Vergleiche, die der Beamtin oder dem Beamten eine höhere als die ihr oder ihm gesetzlich zustehende Besoldung verschaffen sollen, sind unwirksam. Das Gleiche gilt für Versicherungsverträge, die zu diesem Zweck abgeschlossen werden.

(3) Die Beamtin oder der Beamte kann auf die ihr oder ihm gesetzlich zustehende Besoldung weder ganz noch teilweise verzichten. Ausgenommen hiervon sind die vermögenswirksamen Leistungen und Leistungen im Rahmen einer Entgeltumwandlung für vom Dienstherrn geleaste Dienstfahrräder, die der Beamtin oder dem Beamten auch zur privaten Nutzung überlassen werden, wenn es sich um Fahrräder im verkehrsrechtlichen Sinne handelt. Eine Entgeltumwandlung nach Satz 2 setzt ferner voraus, dass sie für eine Maßnahme erfolgt, die vom Dienstherrn den Beamtinnen und Beamten angeboten wird und es ihnen freigestellt ist, ob sie das Angebot annehmen.

§ 4
Anspruch auf Besoldung

(1) Die Beamtinnen und Beamten haben Anspruch auf Besoldung. Der Anspruch entsteht mit dem Tag, an dem ihre Ernennung, Versetzung, Übernahme oder ihr Übertritt in den Dienst eines der in § 1 Abs. 1 genannten Dienstherren wirksam wird. Wird ein Amt auf Grund einer Regelung nach § 24 eingestuft, entsteht der Anspruch mit der Maßnahme, die der Einweisungsverfügung entspricht.

(2) Der Anspruch auf Besoldung endet mit Ablauf des Tages, an dem die Beamtin oder der Beamte aus dem Dienstverhältnis ausscheidet, soweit gesetzlich nichts anderes bestimmt ist.

(3) Besteht der Anspruch auf Besoldung nicht für einen vollen Kalendermonat, wird nur der Teil der Bezüge gezahlt, der auf den Anspruchszeitraum entfällt, soweit gesetzlich nichts anderes bestimmt ist.

(4) Die Dienstbezüge nach § 2 Abs. 1 Nr. 1 bis 3 und 6 werden monatlich im Voraus gezahlt. Die anderen Bezüge werden monatlich im Voraus gezahlt, soweit nichts anderes bestimmt ist.

(5) Werden Bezüge nach dem Tag der Fälligkeit gezahlt, besteht kein Anspruch auf Verzugszinsen.

(6) Bei der Berechnung von Bezügen nach § 2 sind die sich ergebenden Bruchteile eines Cents unter 0,5 abzurunden und Bruchteile von 0,5 und mehr aufzurunden. Zwischenrechnungen werden jeweils auf zwei Dezimalstellen durchgeführt. Jeder Bezügebestandteil ist einzeln zu runden.

§ 5
Weitergewährung der Besoldung bei Versetzung in den einstweiligen Ruhestand oder bei Abwahl von Wahlbeamtinnen und Wahlbeamten auf Zeit

(1) In den einstweiligen Ruhestand versetzte Beamtinnen oder Beamte erhalten für den Monat, in dem ihnen die Versetzung in den einstweiligen Ruhestand mitgeteilt worden ist, und für die folgenden drei Monate die Bezüge weiter, die ihnen am Tag vor der Versetzung zustanden; Änderungen beim Familienzuschlag sind zu berücksichtigen. Aufwandsentschädigungen werden nur bis zum Beginn des einstweiligen Ruhestandes gezahlt.

(2) Beziehen in den einstweiligen Ruhestand versetzte Beamtinnen oder Beamte Einkünfte aus einer Verwendung im Dienst eines öffentlich-rechtlichen Dienstherrn (§ 29 Abs. 1) oder eines Verbandes, dessen Mitglieder öffentlich-rechtliche Dienstherren sind, werden die Bezüge um den Betrag dieser Einkünfte verringert. Dem Dienst bei einem öffentlich-rechtlichen Dienstherrn steht gleich die Tätigkeit im Dienst einer zwischenstaatlichen oder überstaatlichen Einrichtung, an der ein öffentlich-rechtlicher Dienstherr oder ein Verband, dessen Mitglieder öffentlich-rechtliche Dienstherren sind, durch Zahlung von Beiträgen oder Zuschüssen oder in anderer Weise beteiligt ist. Die Entscheidung, ob die Voraussetzungen erfüllt sind, trifft das für das Besoldungsrecht zuständige Ministerium oder die von ihm bestimmte Stelle.

(3) Wird eine Wahlbeamtin oder ein Wahlbeamter auf Zeit abgewählt, gelten die Absätze 1 und 2 entsprechend; an die Stelle der Mitteilung über die Versetzung in den einstweiligen Ruhestand tritt die Mitteilung über die Abwahl oder der sonst bestimmte Beendigungszeitpunkt für das Beamtenverhältnis auf Zeit. Satz 1 gilt entsprechend für die Fälle des Eintritts in den einstweiligen Ruhestand kraft Gesetzes.

§ 6
Besoldung bei mehreren Hauptämtern

Hat die Beamtin oder der Beamte mit Genehmigung der obersten Dienstbehörde gleichzeitig mehrere besoldete Hauptämter inne, wird die Besoldung aus dem Amt mit den höheren Dienstbezügen gewährt, soweit gesetzlich nichts anderes bestimmt ist. Sind für die Ämter Dienstbezüge in gleicher Höhe vorgesehen, werden die Dienstbezüge aus dem ihr oder ihm zuerst übertragenen Amt gezahlt, soweit gesetzlich nichts anderes bestimmt ist.

§ 7
Besoldung bei Teilzeitbeschäftigung

(1) Bei Teilzeitbeschäftigung werden die Dienstbezüge und die Anwärterbezüge im gleichen Verhältnis wie die Arbeitszeit gekürzt.

(2) Bei Teilzeitbeschäftigungen mit ungleichmäßig verteilter Arbeitszeit, die sich in Zeiten der Beschäftigung und Zeiten der Freistellung aufteilen, werden Zulagen, deren Voraussetzung die tatsächliche Verwendung in dem zulagenfähigen Bereich oder die Ausübung der zulagenfähigen Tätigkeit ist, abweichend von Absatz 1 entsprechend dem Umfang der tatsächlich geleisteten Arbeitszeit gewährt.

(3) Die Landesregierung wird ermächtigt, durch Verordnung bei Altersteilzeit nach § 63 des Landesbeamtengesetzes sowie nach entsprechenden Bestimmungen für Richterinnen und Richter die Gewährung eines nichtruhegehaltfähigen Altersteilzeitzuschlags zur Besoldung zu regeln. Altersteilzeitzuschlag und Besoldung dürfen zusammen 83 % der Nettobesoldung nicht überschreiten, die nach der bisherigen Arbeitszeit, die für die Bemessung der ermäßigten Arbeitszeit zugrunde gelegt worden ist, zustehen würde; § 8 ist zu berücksichtigen. Für den Fall der vorzeitigen Beendigung der Altersteilzeit ist ein Ausgleich zu regeln.

(4) Abweichend von Absatz 3 wird in den Fällen der Altersteilzeit nach § 63 des Landesbeamtengesetzes oder nach den entsprechenden Bestimmungen für Richterinnen und Richter zusätzlich zur Besoldung nach Absatz 1 ein nicht ruhegehaltfähiger Zuschlag gewährt; der Zuschlag beträgt 50 % des Unterschiedsbetrages der bei Beschäftigung mit der regelmäßigen Arbeitszeit zustehenden Dienstbezüge und der entsprechend der aufgrund der Altersteilzeit reduzierten Arbeitszeit zustehenden Dienstbezüge. Dienstbezüge im Sinne des Satzes 1 sind das Grundgehalt, der Familienzuschlag, Amtszulagen, Stellenzulagen, Leistungsbezüge für Professorinnen und Professoren, Kanzlerinnen und Kanzler sowie hauptberufliche Leiterinnen, Leiter und Mitglieder von Leitungsgremien an Hochschulen sowie Überleitungs- und Ausgleichszulagen, die wegen Wegfalls solcher Dienstbezüge gewährt werden. Bezüge, die nicht der anteiligen Kürzung nach Absatz 1 unterliegen, bleiben unberücksichtigt. Für den Fall, dass die Altersteilzeit vorzeitig beendet wird, ist ein Ausgleich zu regeln. Der Zuschlag ist von der Beamtin oder dem Beamten zu erstatten, sofern die Teilzeitbeschäftigung aufgrund eines Antragsruhestands nach § 36 Absatz 1 Landesbeamtengesetz oder entsprechender Vorschriften oder aus sonstigen Gründen, die von der Beamtin oder dem Beamten zu vertreten sind, vor Erreichen der Altersgrenze oder nach § 36 Absatz 2 oder 3 Landesbeamtengesetz oder nach entsprechenden Bestimmungen für Richterinnen und Richter vor Vollendung des 65. Lebensjahres beendet wird.

§ 8
Besoldung bei begrenzter Dienstfähigkeit

(1) Bei begrenzter Dienstfähigkeit nach § 27 des Beamtenstatusgesetzes erhalten Beamtinnen und Beamte sowie Richterinnen und Richter Besoldung entsprechend § 7 Absatz 1. Diese wird um einen nicht ruhegehaltfähigen Zuschlag ergänzt. Der Zuschlag beträgt 50 % des Unterschiedsbetrages zwischen den nach Satz 1 gekürzten Dienstbezügen und den Dienstbezügen, die begrenzt Dienstfähige bei Vollzeitbeschäftigung erhalten würden. Wird die Arbeitszeit in begrenzter Dienstfähigkeit aufgrund einer Teilzeitbeschäftigung nochmals verringert, verringert sich der Zuschlag nach Satz 3 entsprechend dem Verhältnis zwischen der wegen begrenzter Dienstfähigkeit verringerten Arbeitszeit und der nochmals verringerten Arbeitszeit.

(2) Wurden bereits vor dem 1. Januar 2021 Dienstbezüge nach § 8 Absatz 1 Satz 2 und ein Zuschlag nach § 8 Absatz 2 in der jeweils bis 31. Dezember 2020 geltenden Fassung gewährt, werden diese Bezüge unverändert weitergewährt, solange dies für die oder den Berechtigten günstiger ist als die Anwendung des § 8 Absatz 1 in der ab dem 1. Januar 2021 geltenden Fassung.

§ 9
Sonderzuschläge zur Sicherung der Funktions- und Wettbewerbsfähigkeit

(1) Zur Sicherung der Funktions- und Wettbewerbsfähigkeit des öffentlichen Dienstes dürfen nicht ruhegehaltfähige Sonderzuschläge gewährt werden, wenn ein bestimmter Dienstposten andernfalls insbesondere im Hinblick auf die fachliche Qualifikation sowie die Bedarfs- und Bewerberlage nicht anforderungsgerecht besetzt werden kann und die Deckung des Personalbedarfs dies im konkreten Fall erfordert. Der Zuschlag kann auch Beamtinnen und Beamten gewährt werden, um deren Verbleib auf dem Dienstposten zu sichern und die Abwanderung zu verhindern.

(2) Der Sonderzuschlag darf monatlich einen Höchstbetrag von 600 Euro nicht übersteigen. Die Gewährung des Sonderzuschlags kann von der Erfüllung von Auflagen abhängig gemacht werden. Der Sonderzuschlag wird, wenn nichts anderes bestimmt ist, in fünf Schritten um jeweils 20 % sei-

nes Ausgangsbetrages jährlich verringert, erstmals ein Jahr nach dem Entstehen des Anspruchs. Der Sonderzuschlag kann auch befristet gewährt werden; ergänzend kann dann festgelegt werden, dass er aufgrund einer Beförderung vor Ablauf der Befristung wegfällt. Der Sonderzuschlag kann rückwirkend höchstens für drei Monate gewährt werden. § 7 Absatz 1 gilt entsprechend.

(3) Die Ausgaben für die Sonderzuschläge dürfen 0,2 % der im jeweiligen Haushaltsplan veranschlagten jährlichen Besoldungsausgaben, zuzüglich der im Rahmen einer flexibilisierten Haushaltsführung für diesen Zweck erwirtschafteten Mittel, nicht überschreiten.

(4) Die Entscheidung über die Gewährung von Sonderzuschlägen trifft die oberste Dienstbehörde.

§ 9 a
Zuschlag bei Hinausschieben des Eintritts in den Ruhestand[1]

(1) Wenn die Deckung des Personalbedarfs es erfordert, kann bei einem Hinausschieben des Eintritts in den Ruhestand nach § 35 Absatz 4 des Landesbeamtengesetzes oder nach entsprechenden Bestimmungen für Richterinnen und Richter ein Zuschlag gewährt werden. Die Entscheidung über die Gewährung des Zuschlags trifft die oberste Dienstbehörde unter Berücksichtigung der Qualifikation, der fachlichen Leistung sowie der gesundheitlichen Eignung der Beamtinnen und Beamten.

(2) Der Zuschlag beträgt bei Beschäftigung mit der regelmäßigen Arbeitszeit 10 % des Grundgehalts. Abweichend von Satz 1 beträgt der Zuschlag bis zum 31. Dezember 2018 15 % des Grundgehalts.

(3) Bei einer Teilzeitbeschäftigung beträgt der Zuschlag 50 % des Unterschiedsbetrages der bei Beschäftigung mit der regelmäßigen Arbeitszeit zustehenden Dienstbezüge und der entsprechend der aufgrund der Teilzeitbeschäftigung reduzierten Arbeitszeit zustehenden Dienstbezüge. Dienstbezüge im Sinne des Satzes 1 sind das Grundgehalt, der Familienzuschlag, Amtszulagen, Stellenzulagen, Leistungsbezüge für Professorinnen und Professoren, Kanzlerinnen und Kanzler sowie hauptberufliche Leiterinnen, Leiter und Mitglieder von Leitungsgremien an Hochschulen sowie Überleitungs- und Ausgleichszulagen, die wegen Wegfalls solcher Dienstbezüge gewährt werden. Bezüge, die nicht der anteiligen Kürzung nach § 7 Absatz 1 unterliegen, bleiben unberücksichtigt.

(4) Die Zuschläge sind nicht ruhegehaltfähig. Sie werden erst gewährt ab Beginn des Kalendermonats, der auf den Zeitpunkt folgt, zu dem ohne das Hinausschieben der Eintritt in den Ruhestand wegen des Erreichens der gesetzlichen Altersgrenze erfolgt wäre.

(5) Bei einem Hinausschieben des Eintritts in den Ruhestand nach § 108 Absatz 3 oder § 113 Absatz 1 Satz 3 des Landesbeamtengesetzes gelten die Absätze 1 bis 4 entsprechend.

(6) Die Landesregierung legt dem Landtag zum Stand 31. Dezember 2024 einen Bericht zur Evaluierung der Umsetzung des Zuschlags bei Hinausschieben des Eintritts in den Ruhestand vor.

§ 10
Kürzung der Besoldung bei Gewährung einer Versorgung durch eine zwischenstaatliche oder überstaatliche Einrichtung

(1) Erhält die Beamtin oder ein Beamter aus der Verwendung im öffentlichen Dienst einer zwischenstaatlichen oder überstaatlichen Einrichtung eine Versorgung, werden ihre oder seine Dienstbezüge gekürzt. Die Kürzung beträgt 1,79375 % für jedes in zwischenstaatlichen oder überstaatlichen Dienst vollendete Jahr; ihr oder ihm verbleiben jedoch mindestens 40 % ihrer oder seiner Dienstbezüge. Erhält sie oder er als Invaliditätspension die Höchstversorgung aus ihrem oder seinem Amt bei der zwischenstaatlichen oder überstaatlichen Einrichtung, werden die Dienstbezüge um 60 % gekürzt. Der Kürzungsbetrag darf die von der zwischenstaatlichen oder überstaatlichen Einrichtung gewährte Versorgung nicht übersteigen.

(2) Als Zeit im zwischenstaatlichen oder überstaatlichen Dienst wird auch die Zeit gerechnet, in welcher die Beamtin oder der Beamte ohne Ausübung eines Amtes bei einer zwischenstaatlichen oder überstaatlichen Einrichtung einen Anspruch auf Vergütung oder sonstige Entschädigung hat und Ruhegehaltsansprüche erwirbt. Entsprechendes gilt für Zeiten nach dem Ausscheiden aus dem Dienst einer zwischenstaatlichen oder überstaatlichen Einrichtung, die dort bei der Berechnung des Ruhegehalts wie Dienstzeiten berücksichtigt werden.

(3) Dienstbezüge im Sinne des Absatzes 1 sind Grundgehalt, Familienzuschlag, Amtszulagen, ruhegehaltfähige Stellenzulagen und ruhegehaltfähige Leistungsbezüge für Professorinnen, Professoren, hauptberufliche Leiterinnen und Leiter sowie Mitglieder von Leitungsgremien an Hochschulen.

§ 11
Verlust der Besoldung bei schuldhaftem Fernbleiben vom Dienst

Bleibt die Beamtin oder der Beamte ohne Genehmigung schuldhaft dem Dienst fern, verliert sie oder er für die Zeit des Fernbleibens ihre oder seine Bezüge. Dies gilt auch bei einem Fernbleiben vom Dienst für Teile eines Tages. Der Verlust der Bezüge ist festzustellen.

§ 12
Anrechnung anderer Einkünfte auf die Besoldung

(1) Hat eine Beamtin oder ein Beamter Anspruch auf Besoldung für eine Zeit, in der sie oder er nicht zur Dienstleistung verpflichtet war, kann ein infolge der unterbliebenen Dienstleistung in dieser Zeitraum erzieltes anderes Einkommen auf die Besoldung angerechnet werden. Die Beamtin oder der Beamte ist zur Auskunft verpflichtet. In den Fällen einer vorläufigen Dienstenthebung auf Grund eines Disziplinarverfahrens gelten die besonderen Vorschriften des Landesdisziplinargesetzes.

(2) Erhält eine Beamtin oder ein Beamter im Rahmen einer Zuweisung nach § 20 des Beamtenstatusgesetzes anderweitige Bezüge, werden diese auf die Besoldung angerechnet. In besonderen Fällen kann die oberste Dienstbehörde im Einvernehmen mit dem für das Besoldungsrecht zuständigen Ministerium von der Anrechnung ganz oder teilweise absehen.

§ 13
Anrechnung von Sachbezügen auf die Besoldung

(1) Erhält eine Beamtin oder ein Beamter Sachbezüge, werden diese unter Berücksichtigung ihres wirtschaftlichen Wertes mit einem angemessenen Betrag auf die Besoldung angerechnet, soweit nichts anderes bestimmt ist.

(2) Das Nähere über die Anrechnung von Sachbezügen regelt die fachlich zuständige oberste Landesbehörde im Einvernehmen mit dem Ministerium für Inneres, ländliche Räume und Integration und dem Finanzministerium, oder, sofern der Geschäftsbereich mehrerer oberster Landesbehörden betroffen ist, das Finanzministerium im Einvernehmen mit dem Ministerium für Inneres, ländliche Räume und Integration durch Verwaltungsvorschriften.

§ 14
Abtretung von Bezügen, Verpfändung, Aufrechnungs- und Zurückbehaltungsrecht

(1) Die Beamtin oder der Beamte kann, wenn gesetzlich nichts anderes bestimmt ist, Ansprüche auf Bezüge nur abtreten oder verpfänden, soweit sie der Pfändung unterliegen.

(2) Gegenüber Ansprüchen auf Bezüge kann der Dienstherr ein Aufrechnungs- oder Zurückbehaltungsrecht nur in Höhe des pfändbaren Teils der Bezüge geltend machen. Dies gilt nicht, soweit gegen die Beamtin oder den Beamten ein Anspruch auf Schadensersatz wegen vorsätzlicher unerlaubter Handlung besteht.

---

1 § 9 a findet auch auf Beamtinnen und Beamte Anwendung, bei denen der Eintritt in den Ruhestand vor seinem Inkrafttreten am 1.1.2016 hinausgeschoben worden ist (Artikel 5 des Gesetzes vom 18.12.2015, GVOBl. Schl.-H. S. 426).

§ 15
Rückforderung von Bezügen

(1) Wird eine Beamtin oder ein Beamter durch eine gesetzliche Änderung ihrer oder seiner Bezüge einschließlich der Einreihung ihres oder seines Amtes in die Besoldungsgruppen der Besoldungsordnungen mit rückwirkender Kraft schlechter gestellt, sind die Unterschiedsbeträge nicht zu erstatten.

(2) Im Übrigen regelt sich die Rückforderung zuviel gezahlter Bezüge nach den Vorschriften des Bürgerlichen Gesetzbuchs über die Herausgabe einer ungerechtfertigten Bereicherung, soweit gesetzlich nichts anderes bestimmt ist. Der Kenntnis des Mangels des rechtlichen Grundes der Zahlung steht es gleich, wenn der Mangel so offensichtlich war, dass die Empfängerin oder der Empfänger ihn hätte erkennen müssen. Von der Rückforderung kann aus Billigkeitsgründen mit Zustimmung der obersten Dienstbehörde oder der von ihr bestimmten Stelle ganz oder teilweise abgesehen werden.

(3) Geldleistungen, die für die Zeit nach dem Tode der Beamtin oder des Beamten auf ein Konto bei einem Geldinstitut überwiesen wurden, gelten als unter Vorbehalt erbracht. Das Geldinstitut hat sie der überweisenden Stelle zurück zu überweisen, wenn diese sie als zu Unrecht erbracht zurückfordert. Eine Verpflichtung zur Rücküberweisung besteht nicht, soweit über den entsprechenden Betrag bei Eingang der Rückforderung bereits anderweitig verfügt wurde, es sei denn, dass die Rücküberweisung aus einem Guthaben erfolgen kann. Das Geldinstitut darf den überwiesenen Betrag nicht zur Befriedigung eigener Forderungen verwenden.

(4) Soweit Geldleistungen für die Zeit nach dem Tode der Beamtin oder des Beamten, zu Unrecht erbracht worden sind, haben die Personen, die die Geldleistungen in Empfang genommen oder über den entsprechenden Betrag verfügt haben, diesen Betrag der überweisenden Stelle zu erstatten, sofern er nicht nach Absatz 3 von dem Geldinstitut zurücküberwiesen wird. Ein Geldinstitut, das eine Rücküberweisung mit dem Hinweis abgelehnt hat, dass über den entsprechenden Betrag bereits anderweitig verfügt wurde, hat der überweisenden Stelle auf Verlangen Namen und Anschrift der Personen, die über den Betrag verfügt haben, und etwaiger neuer Kontoinhaberinnen oder Kontoinhaber zu benennen. Ein Anspruch gegen die Erben bleibt unberührt.

§ 16
Verjährung von Ansprüchen

Für die Verjährung von Ansprüchen nach diesem Gesetz gelten die Vorschriften des Bürgerlichen Gesetzbuchs.

§ 17
Anpassung der Besoldung

Die Besoldung wird entsprechend der Entwicklung der allgemeinen wirtschaftlichen und finanziellen Verhältnisse und unter Berücksichtigung der mit den Dienstaufgaben verbundenen Verantwortung durch Gesetz regelmäßig angepasst. Soweit gesetzlich nicht abweichend geregelt, ergibt sich die Höhe der Besoldung aus den Anlagen 5 bis 8 dieses Gesetzes.

§ 17 a
Anpassung der Besoldung zum 1. Juni 2021

(1) Ab 1. Juni 2021 erhöhen sich um 0,4 %
1. die Grundgehaltssätze,
2. die Amtszulagen sowie die allgemeine Stellenzulage nach § 47 Besoldungsgesetz Schleswig-Holstein,
3. die Grundgehaltssätze (Gehaltssätze),
    a) in den fortgeltenden Besoldungsordnungen und Besoldungsgruppen der Hochschullehrerinnen und Hochschullehrer,
    b) in den Regelungen über künftig wegfallende Ämter,
4. die Höchstbeträge für Sondergrundgehälter und Zuschüsse zum Grundgehalt sowie festgesetzte Sondergrundgehälter und Zuschüsse nach fortgeltenden Besoldungsordnungen der Hochschullehrerinnen und Hochschullehrer,
5. die in festen Beträgen ausgewiesenen Zuschüsse zum Grundgehalt nach den Nummern 1 und 2 und die allgemeine Stellenzulage nach Nummer 2 Buchstabe b der Vorbemerkungen der Anlage II des Bundesbesoldungsgesetzes in der bis zum 22. Februar 2002 geltenden Fassung,
6. die Bemessungsgrundlagen der Zulagen, Aufwandsentschädigungen und von anderen Bezügen nach Artikel 14 § 5 des Reformgesetzes vom 24. Februar 1997 (BGBl. I S. 322), zuletzt geändert durch Gesetz vom 19. Februar 2006 (BGBl. I S. 334),
7. die Anrechnungsbeträge nach Artikel 14 § 4 Absatz 2 des Reformgesetzes,
8. die Beträge der Amtszulagen nach Anlage 2 der durch Artikel 1 des Gesetzes vom 12. Dezember 2008 (GVOBl. Schl.-H. S. 785) übergeleiteten Verordnung über die Überleitung in die im Zweiten Gesetz zur Vereinheitlichung und Neuregelung des Besoldungsrechts in Bund und Ländern geregelten Ämter und über die künftig wegfallenden Ämter vom 1. Oktober 1975 (BGBl. I S. 2608), zuletzt angepasst durch Artikel 2 des Gesetzes vom 29. Mai 2019 (GVOBl. Schl.-H. S. 120).

(2) Der Familienzuschlag mit Ausnahme der Erhöhungsbeträge für die Besoldungsgruppen A 4 und A 5 wird um 0,4 % erhöht.

(3) Die Anwärtergrundbeträge werden um 0,4 % erhöht.

§ 17 b
Strukturelle Erhöhung der Besoldung in den Jahren 2021, 2022 und 2024

(1) In Ergänzung zu der entsprechend § 17 geregelten jährlichen Anpassungen der Besoldung erfolgt zum 1. Juni 2021 eine weitere Anpassung der Besoldung um 0,4 % und zum 1. Juni 2022 eine weitere Anpassung um 0,6 %. Die Umsetzung erfolgt durch gesonderte gesetzliche Regelung.

(2) In Ergänzung zu § 17 a Absatz 3 in der Fassung des Artikels 1 des Gesetzes vom 8. September 2020 (GVOBl. Schl.-H. S. 516) erfolgt in 2024 eine Anhebung der Besoldung bis einschließlich der jeweils vierten Erfahrungsstufen der Besoldungsgruppen um 1 %. Die Umsetzung erfolgt durch gesonderte gesetzliche Regelung.

§ 18
Versorgungsrücklage

(1) Um die Versorgungsleistungen angesichts der demographischen Veränderungen und des Anstieges der Zahl der Versorgungsempfängerinnen und Versorgungsempfänger sicherzustellen, wird eine Versorgungsrücklage als Sondervermögen aus der Verminderung der Besoldungs- und Versorgungsanpassungen nach Absatz 2 gebildet. Damit soll zugleich das Besoldungs- und Versorgungsniveau in gleichmäßigen Schritten von durchschnittlich 0,2 % abgesenkt werden.

(2) In der Zeit vom 1. Januar 1999 bis zum 31. Dezember 2017 werden die Anpassungen der Besoldung nach § 17 gemäß Absatz 1 Satz 2 vermindert. Der Unterschiedsbetrag gegenüber der nicht nach Satz 1 verminderten Anpassung wird dem Sondervermögen zugeführt. Die Mittel des Sondervermögens dürfen nur zur Finanzierung künftiger Versorgungsausgaben verwendet werden.

(3) Der Versorgungsrücklage wird im Zeitraum nach Absatz 2 Satz 1 zusätzlich 50 % der Verminderung der Versorgungsausgaben durch das Versorgungsänderungsgesetz 2001 vom 20. Dezember 2001 (BGBl. I S. 3926) zugeführt.

(4) Das Nähere wird durch das Landesversorgungsrücklagegesetz vom 18. Mai 1999 (GVOBl. Schl.-H. S. 113), zuletzt geändert durch Artikel 39 des Gesetzes vom 15. Juni 2004 (GVOBl. Schl.-H. S. 153), geregelt.

§ 19
Aufwandsentschädigungen, sonstige Geldzuwendungen und Sachleistungen

(1) Aufwandsentschädigungen dürfen nur gewährt werden, wenn und soweit aus dienstlicher Veranlassung finanzielle Aufwendungen entstehen, deren Übernahme der Beamtin

oder dem Beamten nicht zugemutet werden kann, und der Haushaltsplan Mittel zur Verfügung stellt. Aufwandsentschädigungen in festen Beträgen sind nur zulässig, wenn auf Grund tatsächlicher Anhaltspunkte oder tatsächlicher Erhebungen nachvollziehbar ist, dass und in welcher Höhe dienstbezogene finanzielle Aufwendungen typischerweise entstehen. Die Festsetzung von Aufwandsentschädigungen in festen Beträgen erfolgt im Einvernehmen mit der obersten Dienstbehörde und für Beamtinnen und Beamte des Landes dem Finanzministerium. Die Landesregierung wird ermächtigt, durch Verordnung für die Beamtinnen und Beamten der in § 1 Abs. 1 Nr. 2 und 3 genannten Dienstherren zu bestimmen, wer Aufwandsentschädigungen erhalten kann, und dabei Höchstgrenzen festzulegen. Diese Vorschriften dürfen von den für die Beamtinnen und Beamten des Landes im Haushaltsplan erfassten Regelungen nur abweichen, wenn dies wegen der Verschiedenheit der Verhältnisse sachlich notwendig ist.

(2) Sonstige Geldzuwendungen oder Sachleistungen können zur Förderung klimafreundlicher Mobilität oder zur Gesundheitsförderung gewährt werden, wenn im Haushaltsplan oder in dem entsprechenden Plan einer Kommune oder einer sonstigen Körperschaft, Anstalt oder Stiftung des öffentlichen Rechts Mittel dafür zur Verfügung gestellt werden. Leistungen nach Satz 1 werden nicht als Sachbezug nach § 13 auf die Besoldung angerechnet.

(3) Öffentlich-rechtliche Kreditinstitute und öffentlich-rechtliche Versicherungen sowie deren Verbände, dürfen neben der Besoldung nach § 2 und neben Aufwandsentschädigungen nach Absatz 1 sonstige Geldzuwendungen an ihre Beamtinnen und Beamten gewähren, soweit dies aus Gründen ihrer Stellung im Wettbewerb erfolgt. Sonstige Geldzuwendungen sind alle Zuwendungen in Geld und geldwerte Leistungen, die Beamtinnen und Beamten unmittelbar oder mittelbar von ihrem Dienstherrn erhalten.

§ 20
Zahlungsweise

Für die Zahlung der Besoldung nach § 2 sowie von Aufwandsentschädigungen und sonstigen Geldzuwendungen nach § 19 hat die Empfängerin oder der Empfänger auf Verlangen der zuständigen Behörde ein Konto anzugeben, für das die Verordnung (EU) Nummer 260/2012 gilt. Die Übermittlungskosten mit Ausnahme der Kosten für die Gutschrift auf dem Konto trägt der Dienstherr, die Kontoeinrichtungs-, Kontoführungs- oder Buchungsgebühren trägt die Empfängerin oder der Empfänger. Eine Auszahlung auf andere Weise kann nur zugestanden werden, wenn die Empfängerin oder der Empfänger die Einrichtung oder Benutzung eines Kontos aus wichtigem Grund nicht zugemutet werden kann.

Abschnitt II
Grundgehalt, Leistungsbezüge an Hochschulen

Unterabschnitt 1
Allgemeine Grundsätze

§ 21
Grundsatz der funktionsgerechten Besoldung

Die Funktionen der Beamtinnen und Beamten sind nach den mit ihnen verbundenen Anforderungen sachgerecht zu bewerten und Ämtern zuzuordnen. Eine Funktion kann mehreren Ämtern einer Laufbahngruppe mit gleichem Einstiegsamt zugeordnet werden. Die Ämter sind nach ihrer Wertigkeit unter Berücksichtigung der gemeinsamen Belange aller Dienstherren den Besoldungsgruppen zuzuordnen.

§ 22
Bestimmung des Grundgehaltes nach dem Amt

(1) Das Grundgehalt der Beamtin oder des Beamten bestimmt sich nach der Besoldungsgruppe des ihr oder ihm verliehenen Amtes. Ist ein Amt noch nicht in einer Besoldungsordnung enthalten oder ist es mehreren Besoldungsgruppen zugeordnet, bestimmt sich das Grundgehalt nach der Besoldungsgruppe, die in der Einweisungsverfügung bestimmt ist; die Einweisung bedarf bei Körperschaften, Anstalten und Stiftungen des öffentlichen Rechts in den Fällen, in denen das Amt in einer Besoldungsordnung noch nicht enthalten ist, der Zustimmung der fachlich zuständigen obersten Aufsichtsbehörde im Einvernehmen mit dem für das Besoldungsrecht zuständigen Ministerium.

(2) Ist einem Amt gesetzlich eine Funktion zugeordnet oder richtet sich die Zuordnung eines Amtes zu einer Besoldungsgruppe einschließlich der Gewährung von Amtszulagen nach einem gesetzlich festgelegten Bewertungsmaßstab, insbesondere nach der Zahl der Planstellen, nach der Einwohnerzahl einer Gemeinde, eines Kreises oder eines Amtes oder nach der Schülerzahl einer Schule, gibt die Erfüllung dieser Voraussetzungen allein keinen Anspruch auf die Besoldung aus diesem Amt.

Unterabschnitt 2
Vorschriften für Beamtinnen und Beamte der Besoldungsordnung A und B

§ 23
Besoldungsordnungen A und B

(1) Die Ämter der Beamtinnen und Beamten und ihre Besoldungsgruppen werden in den Besoldungsordnungen geregelt. § 24 bleibt unberührt.

(2) Die Besoldungsordnung A – aufsteigende Gehälter – und die Besoldungsordnung B – feste Gehälter – sind Anlage 1. Die Grundgehaltssätze der Besoldungsgruppen sind in der Anlage 5 ausgewiesen.

(3) Über die Beifügung von Zusätzen zu den Grundamtsbezeichnungen nach der Vorbemerkung Nummer 1 Abs. 1 der Anlage 1 zu diesem Gesetz entscheidet, soweit sie sich nicht durch Laufbahnverordnungen oder Ausbildungs- und Prüfungsordnungen geregelt sind, für die Beamtinnen und Beamten des Landes die Ministerpräsidentin oder der Ministerpräsident im Einvernehmen mit dem Finanzministerium. Für die in § 1 Abs. 1 Nr. 2 und 3 genannten Dienstherren gelten die für die Beamtinnen und Beamten des Landes festgelegten Zusätze entsprechend, soweit nicht die Ministerpräsidentin oder der Ministerpräsident im Einvernehmen mit dem Finanzministerium und der fachlich zuständigen obersten Aufsichtsbehörde Ausnahmen zulässt.

§ 24
Hauptamtliche Wahlbeamtinnen und Wahlbeamte auf Zeit der Gemeinden, Ämter und Kreise[2]

Das Ministerium für Inneres, ländliche Räume und Integration wird ermächtigt, im Einvernehmen mit dem für das Besoldungsrecht zuständigen Ministerium durch Verordnung die Ämter der hauptamtlichen Wahlbeamtinnen und Wahlbeamten auf Zeit der Gemeinden, Kreise und Ämter unter Berücksichtigung der Zahl der Einwohnerinnen und Einwohner den Besoldungsgruppen der Besoldungsordnungen A und B zuzuordnen; dabei können bei den einzelnen Körperschaften einer Größenklasse höchstens zwei Besoldungsgruppen für ein Amt vorgesehen werden.

§ 25
Einstiegsämter für Beamtinnen und Beamte

(1) Die Einstiegsämter für Beamtinnen und Beamte sind folgenden Besoldungsgruppen zuzuweisen:

1. In der Laufbahngruppe 1 als erstes Einstiegsamt der Besoldungsgruppe A 5 und als zweites Einstiegsamt der Besoldungsgruppen A 6, A 7 oder A 8,
2. in der Laufbahngruppe 2 als erstes Einstiegsamt der Besoldungsgruppe A 9 und als zweites Einstiegsamt der Besoldungsgruppe A 13.

(2) Das Einstiegsamt kann in Laufbahnen oder Laufbahnzweigen, bei denen im ersten oder zweiten Einstiegsamt Anforderungen gestellt werden, die bei sachgerechter Bewertung zwingend die Zuweisung des Einstiegsamtes zu einer

---
[2] Kommunalbesoldungsverordnung vom 24.4.2012 (GVOBl. Schl.-H. S. 489, berichtigt S. 547), zuletzt geändert durch LVO vom 4.12.2018 (GVOBl. Schl.-H. S. 815).

anderen Besoldungsgruppe als nach Absatz 1 erfordern, der höheren Besoldungsgruppen zugewiesen werden.

(3) Die Einstiegsämter werden in den Besoldungsordnungen bestimmt.

§ 26
Beförderungsämter

Beförderungsämter dürfen mit Ausnahme der Fälle des § 21 Satz 2 grundsätzlich nur eingerichtet werden, wenn sie sich von den Ämtern der niedrigeren Besoldungsgruppe nach der Wertigkeit der zugeordneten Funktionen wesentlich abheben.

§ 27
Obergrenzen für Beförderungsämter

(1) Die Landesregierung wird ermächtigt durch Verordnung nach Maßgabe sachgerechter Bewertung Obergrenzen für die Zahl der Beförderungsämter der Beamtinnen und Beamten der in § 1 Abs. 1 Nr. 1 und 3 genannten Dienstherren festzulegen. Dabei sind Besonderheiten der einzelnen Laufbahnen und Funktionen zu berücksichtigen sowie Bestimmungen zur befristeten Überschreitung von Stellenobergrenzen bei organisatorischen Veränderungen zu treffen. Das Dienstleistungszentrum Personal wird ermächtigt, nach Maßgabe sachgerechter Bewertung von der Stellenobergrenzenverordnung abzuweichen.

(2) Das Ministerium für Inneres, ländliche Räume und Integration wird ermächtigt, im Einvernehmen mit dem für das Besoldungsrecht zuständigen Ministerium durch Verordnung nach Maßgabe sachgerechter Bewertung Obergrenzen für die Zahl der Beförderungsämter der Beamtinnen und Beamten der in § 1 Abs. 1 Nr. 2 genannten Dienstherren festzulegen. Dabei sind Besonderheiten der einzelnen Laufbahnen und Funktionen zu berücksichtigen sowie Bestimmungen zur befristeten Überschreitung von Stellenobergrenzen bei organisatorischen Veränderungen zu treffen.

§ 28
Bemessung des Grundgehaltes

(1) Das Grundgehalt wird, soweit gesetzlich nichts anderes bestimmt ist, nach der dienstlichen Erfahrung (Erfahrungsstufen) bemessen. Das Aufsteigen in den Erfahrungsstufen beginnt im Anfangsgrundgehalt der jeweiligen Besoldungsgruppe am Ersten des Monats, in dem die Beamtin oder der Beamte erstmals in ein Dienstverhältnis mit Dienstbezügen bei einem öffentlich-rechtlichen Dienstherrn eingestellt wird. Davor liegende

1. Zeiten in einem hauptberuflichen privatrechtlichen Arbeitsverhältnis bei einem öffentlich-rechtlichen Dienstherrn,
2. Zeiten in einem öffentlich-rechtlichen Dienstverhältnis oder hauptberuflichen privatrechtlichen Arbeitsverhältnis bei Kirchen, Religionsgesellschaften und Weltanschauungsgemeinschaften des öffentlichen Rechts,
3. Dienstzeiten nach dem Soldatenlaufbahnrecht als Berufssoldatin, Berufssoldat, Soldatin oder Soldat auf Zeit,
4. Zeiten von mindestens vier Monaten bis zu insgesamt zwei Jahren, in denen Wehrdienst, Zivildienst, Bundesfreiwilligendienst, Entwicklungsdienst oder ein freiwilliges soziales oder ökologisches Jahr geleistet wurde,
5. Zeiten einer Kinderbetreuung bis zu drei Jahren für jedes Kind,
6. Zeiten der tatsächlichen Pflege von nach ärztlichem Gutachten pflegebedürftigen nahen Angehörigen (Eltern, Schwiegereltern, Eltern von eingetragenen Lebenspartnerinnen und Lebenspartnern, Ehegatten, eingetragene Lebenspartnerinnen und Lebenspartnern, Geschwistern oder Kindern) bis zu drei Jahren für jeden nahen Angehörigen sind zu berücksichtigen. Hauptberufliche Zeiten vor der Einstellung in ein Beschäftigungsverhältnis bei einem öffentlich-rechtlichen Dienstherrn können ganz oder teilweise berücksichtigt werden, soweit sie für die Verwendung der Beamtin oder des Beamten förderlich sind. Zeiten weiterbildender Masterstudiengänge können bis zu zwei Jahren und Zeiten einer Promotion bis zu einem Jahr ganz oder teilweise berücksichtigt werden, soweit sie für die Verwendung der Beamtin oder des Beamten förderlich sind. Sonstige

Ausbildungszeiten bleiben unberücksichtigt. Eine Mehrfachanrechnung der in den Sätzen 3 bis 5 aufgeführten Zeiten ist ausgeschlossen. Bei einer Einstellung in einem Beförderungsamt rechnet die Anrechnung der Zeiten nach den Sätzen 3 bis 5 ab der dem Anfangsgrundgehalt im Einstiegsamt der jeweiligen Laufbahn entsprechenden Stufe. Die Summe der Zeiten nach den Sätzen 3 bis 5 wird auf volle Monate abgerundet. Die Entscheidung über das Vorliegen der Voraussetzungen der Sätze 4 und 5 trifft die zuständige oberste Dienstbehörde oder die von ihr bestimmte Stelle.

(2) Das Grundgehalt steigt bis zur Erfahrungsstufe 5 im Abstand von zwei Jahren, bis zur Erfahrungsstufe 9 im Abstand von drei Jahren und darüber hinaus im Abstand von vier Jahren.

(3) Der Aufstieg in den Erfahrungsstufen wird um Zeiten einer Beurlaubung ohne Dienstbezüge sowie um Zeiten einer Unterbrechung des Beschäftigungsverhältnisses hinausgeschoben. Dies gilt nicht für

1. Zeiten einer Kinderbetreuung bis zu drei Jahren für jedes Kind,
2. Zeiten der tatsächlichen Pflege von nach ärztlichem Gutachten pflegebedürftigen nahen Angehörigen (Eltern, Schwiegereltern, Eltern von eingetragenen Lebenspartnerinnen und Lebenspartnern, Ehegatten, eingetragene Lebenspartnerinnen und Lebenspartnern, Geschwistern oder Kindern) bis zu drei Jahren für jeden nahen Angehörigen,
3. Zeiten einer Beurlaubung ohne Dienstbezüge, wenn die oberste Dienstbehörde oder die von ihr bestimmte Stelle vor Beginn der Beurlaubung schriftlich anerkannt hat, dass die Beurlaubung dienstlichen Interessen oder öffentlichen Belangen dient,
4. Zeiten eines Grundwehrdienstes oder Zivildienstes.

Zeiten nach Satz 1 werden auf volle Monate abgerundet.

(4) Für Zeiten, in denen eine Beamtin oder ein Beamter als Abgeordnete oder Abgeordneter im Europäischen Parlament, im Deutschen Bundestag oder in einer gesetzgebenden Körperschaft eines anderen Landes tätig war, ist § 37 Abs. 1 Satz 1 des Schleswig-Holsteinischen Abgeordnetengesetzes vom 13. Februar 1991 (GVOBl. Schl.-H. S. 100), zuletzt geändert durch Artikel 5 des Gesetzes vom 26. Januar 2012 (GVOBl. Schl.-H. S. 153), entsprechend anzuwenden.

(5) Die Beamtin oder der Beamte verbleibt in ihrer oder seiner bisherigen Erfahrungsstufe, solange sie oder er vorläufig des Dienstes enthoben ist. Führt ein Disziplinarverfahren nicht zur Entfernung aus dem Beamtenverhältnis oder endet das Dienstverhältnis nicht durch Entlassung auf Antrag der Beamtin oder des Beamten oder infolge strafgerichtlicher Verurteilung, regelt sich das Aufsteigen im Zeitraum seiner vorläufigen Dienstenthebung nach Absatz 2.

(6) Bei dauerhaft herausragenden Leistungen kann Beamtinnen und Beamten der Besoldungsordnung A für den Zeitraum bis zum Erreichen der nächsten Stufe das Grundgehalt der nächsthöheren Stufe gezahlt werden (Leistungsstufe). Die Landesregierung wird ermächtigt, nähere Regelungen durch Verordnung zu treffen.

(7) Entspricht die Leistung der Beamtin oder des Beamten nicht den mit dem Amt verbundenen Mindestanforderungen, verbleibt sie oder er in ihrer oder seiner bisherigen Stufe (Aufstiegshemmung). Grundlage für diese Feststellung ist die dienstliche Beurteilung. Liegt eine solche nicht vor, ist sie älter als ein Jahr oder nicht mehr aktuell, ist bei offensichtlichen Leistungsmängeln im Sinne des Satzes 1 eine aktuelle gesonderte Leistungsfeststellung oder dienstliche Beurteilung zu erstellen. Die Beamtin oder der Beamte ist frühzeitig auf Leistungsmängel hinzuweisen. In jährlichen Abständen, beginnend mit dem Wirksamwerden der Aufstiegshemmung, ist zu prüfen, ob die Beamtin oder der Beamte die mit dem Amt verbundenen Mindestanforderungen wieder erfüllt. Ist dies der Fall, ist die Beamtin oder der Beamte vom ersten Tag des auf die erneute Leistungsfeststellung oder dienstliche Beurteilung folgenden Monats der nächsthöheren Stufe zuzuordnen. Die weitere Zuordnung zu den Stufen bestimmt sich wieder nach der Leistung und den Erfahrungszeiten nach Absatz 2.

(8) Die Gewährung von Leistungsstufen und die Aufstiegshemmung nach den Absätzen 6 und 7 finden für Beamtinnen und Beamte im Beamtenverhältnis auf Probe nach § 4 Abs. 3 des Beamtenstatusgesetzes keine Anwendung.

(9) Entscheidungen nach dieser Vorschrift sind der Beamtin oder dem Beamten schriftlich bekanntzugeben.

(10) Absatz 1 Satz 3 Nummer 4 in der ab 1. September 2016 geltenden Fassung ist auf Antrag der am 1. September 2016 vorhandenen Beamtinnen und Beamten entsprechend anzuwenden.

§ 29
Öffentlich-rechtliche Dienstherren

(1) Öffentlich-rechtliche Dienstherren im Sinne dieses Gesetzes sind der Bund, die Länder, die Gemeinden, Kreise, Ämter und Gemeindeverbände sowie andere Körperschaften, Anstalten und Stiftungen des öffentlichen Rechts mit Ausnahme der öffentlich-rechtlichen Religionsgesellschaften und ihrer Verbände. Satz 1 gilt auch für Einrichtungen in der ehemaligen Deutschen Demokratischen Republik, wenn sie auch im Geltungsbereich des Grundgesetzes juristische Personen des öffentlichen Rechts gewesen wären.

(2) Der Tätigkeit im Dienst eines öffentlich-rechtlichen Dienstherrn stehen gleich:
1. Für Staatsangehörige eines Mitgliedstaates der Europäischen Union die ausgeübte gleichartige Tätigkeit im öffentlichen Dienst einer Einrichtung der Europäischen Union oder im öffentlichen Dienst eines Mitgliedstaates der Europäischen Union und
2. die von Spätaussiedlerinnen und Spätaussiedlern ausgeübte gleichartige Tätigkeit im Dienst eines öffentlich-rechtlichen Dienstherrn ihres Herkunftslandes.

§ 30
Nicht zu berücksichtigende Dienstzeiten

(1) Zeiten einer Tätigkeit für das Ministerium für Staatssicherheit oder das Amt für Nationale Sicherheit sind bei der Bemessung des Grundgehaltes nach § 28 nicht zu berücksichtigen. Dies gilt auch für Zeiten, die vor einer solchen Tätigkeit zurückgelegt worden sind. Satz 1 gilt auch für Zeiten einer Tätigkeit als Angehöriger der Grenztruppen der ehemaligen Deutschen Demokratischen Republik.

(2) Absatz 1 Satz 1 und 2 gelten auch für Zeiten einer Tätigkeit, die auf Grund einer besonderen persönlichen Nähe zum System der ehemaligen Deutschen Demokratischen Republik übertragen war. Das Vorliegen dieser Voraussetzung wird insbesondere widerlegbar vermutet, wenn die Beamtin oder der Beamte
1. vor oder bei Übertragung der Tätigkeit eine hauptamtliche oder hervorgehobene ehrenamtliche Funktion in der Sozialistischen Einheitspartei Deutschlands, dem Freien Deutschen Gewerkschaftsbund, der Freien Deutschen Jugend oder einer vergleichbaren systemunterstützenden Partei oder Organisation innehatte oder
2. als mittlere oder obere Führungskraft in zentralen Staatsorganen, als obere Führungskraft beim Rat eines Bezirkes, als Vorsitzende oder Vorsitzender des Rates eines Kreises oder einer kreisfreien Stadt oder in einer vergleichbaren Funktion tätig war oder
3. hauptamtlich Lehrende oder Lehrender an den Bildungseinrichtungen der staatstragenden Parteien oder einer Massen- oder gesellschaftlichen Organisation war oder
4. Absolventin oder Absolvent der Akademie für Staat und Recht oder einer vergleichbaren Bildungseinrichtung war.

Unterabschnitt 3
Vorschriften für Professorinnen und Professoren sowie hauptberufliche Leiterinnen, Leiter und Mitglieder von Leitungsgremien an Hochschulen

§ 31
Besoldungsordnung W

Die Ämter der Professorinnen und Professoren sowie der Kanzlerinnen und Kanzler und die Besoldungsgruppen sind in der Besoldungsordnung W (Anlage 2) geregelt. Die Grundgehaltssätze sind in der Anlage 5 ausgewiesen. Die Sätze 1 und 2 gelten auch für hauptberufliche Leiterinnen und Leiter sowie Mitglieder von Leitungsgremien an Hochschulen, die nicht Professorinnen oder Professoren sind, soweit ihre Ämter nicht Besoldungsgruppen der Besoldungsordnungen A oder B zugewiesen sind.

§ 32
Leistungsbezüge

(1) In den Besoldungsgruppen W 2 und W 3 werden nach Maßgabe der nachfolgenden Bestimmungen neben dem als Mindestbezug gewährten Grundgehalt variable Leistungsbezüge vergeben:
1. Aus Anlass von Berufungs- und Bleibeverhandlungen,
2. für besondere Leistungen in Forschung, Lehre, Kunst, Weiterbildung und Nachwuchsförderung sowie
3. für die Wahrnehmung von Funktionen oder besonderen Aufgaben im Rahmen der Hochschulselbstverwaltung oder der Hochschulleitung.

In der Besoldungsgruppe W 1 kann nach zweijähriger Tätigkeit ein Leistungsbezug nach Satz 1 Nr. 2 vergeben werden. Kanzlerinnen und Kanzler erhalten einen Leistungsbezug nach Satz 1 Nr. 3.

(2) Die Leistungsbezüge nach Absatz 1 nehmen an allgemeinen Besoldungsanpassungen mit dem Prozentsatz teil, um den die Grundgehälter der Besoldungsordnung W angepasst werden.

(3) Leistungsbezüge dürfen den Unterschiedsbetrag zwischen den Grundgehältern der Besoldungsgruppe W 3 und der Besoldungsgruppe B 10 übersteigen, wenn dies erforderlich ist, um eine Professorin oder einen Professor aus dem Bereich außerhalb der deutschen Hochschulen zu gewinnen oder um die Abwanderung einer Professorin oder eines Professors in den Bereich außerhalb der deutschen Hochschulen abzuwenden. Leistungsbezüge dürfen den Unterschiedsbetrag zwischen den Grundgehältern der Besoldungsgruppe W 3 und der Besoldungsgruppe B 10 ferner übersteigen, wenn eine Professorin oder ein Professor bereits an ihrer oder seiner bisherigen Hochschule Leistungsbezüge erhält, die den Unterschiedsbetrag zwischen den Grundgehältern der Besoldungsgruppe W 3 und der Besoldungsgruppe B 10 übersteigen und dies erforderlich ist, um die Professorin oder den Professor für eine schleswig-holsteinische Hochschule zu gewinnen oder ihre oder seine Abwanderung an eine andere deutsche Hochschule zu verhindern. Die Sätze 1 und 2 gelten entsprechend für hauptberufliche Leiterinnen, Leiter und Mitglieder von Leitungsgremien an Hochschulen, die nicht Professorinnen oder Professoren sind.

§ 33
Berufungs- und Bleibeleistungsbezüge

(1) Aus Anlass von Berufungs- und Bleibeverhandlungen können Leistungsbezüge gewährt werden, soweit dies erforderlich ist, um eine Professorin oder einen Professor für die Hochschule zu gewinnen (Berufungsleistungsbezüge) oder zum Verbleiben an der Hochschule zu bewegen (Bleibeleistungsbezüge). Bei der Entscheidung hierüber sind insbesondere die individuelle Qualifikation, die besondere Bedeutung der Professur, die Bewerberlage und die Arbeitsmarktsituation in dem jeweiligen Fach zu berücksichtigen.

(2) Berufungs- und Bleibeleistungsbezüge können befristet oder unbefristet vergeben werden.

(3) Neue und höhere Berufungs- und Bleibeleistungsbezüge sollen bei einem Ruf einer anderen Hochschule im Inland oder einer Hausberufung frühestens nach Ablauf von drei Jahren seit der letzten Gewährung aus einem solchen Anlass gewährt werden.

(4) Die Gewährung von Bleibeleistungsbezügen setzt voraus, dass die Professorin oder der Professor den Ruf einer anderen Hochschule oder das Einstellungsangebot eines anderen Arbeitgebers vorlegt.

§ 34
Besondere Leistungsbezüge

(1) Für besondere Leistungen in den Bereichen Forschung, Lehre, Kunst, Weiterbildung oder Nachwuchsförderung, die

erheblich über dem Durchschnitt liegen und in der Regel über mehrere Jahre erbracht werden müssen, können Leistungsbezüge gewährt werden (besondere Leistungsbezüge).

(2) Besondere Leistungsbezüge können als Einmalzahlung oder als monatliche Zahlungen für einen Zeitraum von bis zu fünf Jahren befristet vergeben werden. Im Falle einer wiederholten Vergabe können laufende besondere Leistungsbezüge unbefristet vergeben werden. Unbefristete monatliche besondere Leistungsbezüge sind mit einem Widerrufsvorbehalt für den Fall des erheblichen Leistungsabfalls auszustatten.

§ 35
Funktionsleistungsbezüge

(1) Leistungsbezüge für die Wahrnehmung von Funktionen oder besonderen Aufgaben im Rahmen der Hochschulselbstverwaltung oder der Hochschulleitung (Funktionsleistungsbezüge) werden gewährt

1. den hauptamtlichen Präsidentinnen und Präsidenten,
2. den Kanzlerinnen und Kanzlern und
3. Professorinnen und Professoren, die neben ihren Hochschullehraufgaben das Amt einer Dekanin, eines Dekans, einer Prodekanin, eines Prodekans, einer Präsidentin, eines Präsidenten, einer Vizepräsidentin oder eines Vizepräsidenten wahrnehmen.

Für die Wahrnehmung besonderer Aufgaben im Rahmen der Hochschulselbstverwaltung oder -leitung können Funktionsleistungsbezüge gewährt werden.

(2) Die Bemessung der Funktionsleistungsbezüge richtet sich nach § 21, insbesondere sind die im Einzelfall mit der Aufgabe verbundene Verantwortung und Belastung sowie die Größe und Bedeutung der Hochschule zu berücksichtigen. Funktionsleistungsbezüge können ganz oder teilweise erfolgsabhängig vereinbart werden.

(3) Die Höhe der Funktionsleistungsbezüge der Kanzlerinnen und Kanzler bemisst sich nach Anlage 9.

§ 36
Ruhegehaltfähigkeit der Leistungsbezüge

(1) Unbefristet gewährte Leistungsbezüge nach den §§ 33 und 34 sind ruhegehaltfähig, soweit sie jeweils mindestens zwei Jahre bezogen worden sind. Befristet gewährte Leistungsbezüge nach den §§ 33 und 34 sind ruhegehaltfähig, soweit sie für ruhegehaltfähig erklärt wurden und jeweils mindestens für zehn Jahre bezogen worden sind. Ruhegehaltfähige Leistungsbezüge nach den Sätzen 1 und 2 sind zusammen bis zu einer Höhe von 34 % des jeweiligen Grundgehaltes ruhegehaltfähig. Zur Erfüllung der Fristen nach den Sätzen 1 und 2 werden Zeiten nicht nacheinander bezogener Leistungsbezüge addiert; Zeiten des Bezugs von Berufungs- und Bleibeleistungsbezügen sowie besonderen Leistungsbezügen bei anderen Dienstherren können ganz oder teilweise berücksichtigt werden.

(2) Leistungsbezüge nach den §§ 33 und 34 können über das in Absatz 1 genannte Maß hinaus bis zur Höhe von 68 % des jeweiligen Grundgehaltes für ruhegehaltfähig erklärt werden, soweit unter Berücksichtigung der jeweiligen Sonderzuschüsse nach Vorbemerkung Nummer 2 zur Bundesbesoldungsordnung C in der bis zum 22. Februar 2002 geltenden Fassung nach Maßgabe des Bundesbesoldungs- und -versorgungsanpassungsgesetzes 2000 vom 19. April 2001 (BGBl. I S. 618) der in Absatz 2 Satz 2 dieser Vorbemerkung definierte Gesamtbetrag der Sonderzuschüsse am 31. Dezember 2004, unter Berücksichtigung der weiteren Besoldungsanpassungen nicht überschritten wird.

(3) Funktionsleistungsbezüge nach § 35 sind, soweit sie für ruhegehaltfähig erklärt wurden, ruhegehaltfähig, sofern sie für das Amt einer Präsidentin oder eines Präsidenten oder einer Kanzlerin oder eines Kanzlers einer Hochschule vergeben werden und die Präsidentin oder der Präsident oder die Kanzlerin oder der Kanzler das Amt mindestens zwei Jahre wahrgenommen hat. Im Übrigen sind sie, soweit sie für ruhegehaltfähig erklärt wurden, im Umfang von 25 % ruhegehaltfähig, wenn sie mindestens zwei Jahre bezogen worden sind, und zu 50 % ruhegehaltfähig, sofern sie mindestens für vier Jahre bezogen worden sind.

(4) Bei mehreren befristeten Leistungsbezügen wird der für die Beamtin oder den Beamten günstigste Betrag als ruhegehaltfähiger Dienstbezug berücksichtigt. Treffen ruhegehaltfähige Leistungsbezüge nach den §§ 33 und 34 mit solchen nach § 35 zusammen, wird nur der bei der Berechnung des Ruhegehalts für die Beamtin oder den Beamten günstigere Betrag als ruhegehaltfähiger Dienstbezug berücksichtigt.

§ 37
Forschungs-, Lehr- und Transferzulagen

(1) Hochschullehrerinnen und Hochschullehrern der Besoldungsordnung W, die Mittel privater Dritter für Forschungs- und Lehrvorhaben der Hochschule einwerben und diese Vorhaben im Hauptamt durchführen, kann für die Dauer des Drittmittelflusses aus diesen Mitteln eine nicht ruhegehaltfähige Zulage gewährt werden, soweit die Drittmittelgeberin oder der Drittmittelgeber bestimmte Mittel ausdrücklich zu diesem Zweck vorgesehen hat. Eine Zulage darf nur gewährt werden, soweit neben den übrigen Kosten des Forschungs- und Lehrvorhabens auch die Zulagenbeträge durch die Drittmittel gedeckt sind. Die im Rahmen des Lehrvorhabens anfallende Lehrtätigkeit ist auf die Lehrverpflichtung nicht anzurechnen.

(2) Hochschullehrerinnen und Hochschullehrer der Besoldungsordnung W, deren wissenschaftliche Transferleistungen in die Wirtschaft aus Mitteln Dritter prämiert werden, kann aus diesen Mitteln eine nicht ruhegehaltfähige Zulage gewährt werden, soweit bei der Prämierung bestimmte Mittel ausdrücklich für diesen Zweck vorgesehen worden sind.

(3) Die Zulagen nach Absatz 1 und 2 dürfen zusammen jährlich 100 % des Jahresgrundgehalts nach Anlage 5 nicht überschreiten.

§ 38
Verordnungsermächtigung

Das für das Hochschulwesen zuständige Ministerium wird ermächtigt, im Einvernehmen mit dem für das Besoldungsrecht zuständigen Ministerium die Grundsätze für die Ausgestaltung der Leistungsbezüge nach den §§ 33 bis 35 sowie die Forschungs-, Lehr- und Transferzulagen nach § 37 durch Verordnung zu regeln und dabei insbesondere Regelungen über

1. die zuständigen Stellen und das Verfahren,
2. die Voraussetzungen für die Gewährung,
3. die Höhe der Leistungsbezüge sowie der Forschungs-, Lehr- und Transferzulagen,
4. die Kriterien für besondere Leistungen nach § 34,
5. die Ruhegehaltfähigkeit von Leistungsbezügen im Rahmen des § 36 und
6. die Verpflichtung der Hochschulen, über gewährte Leistungsbezüge und die Zulagen nach § 37 jährlich zu berichten

zu treffen. Die Aufgaben können auf die Hochschulen zur Regelung durch Satzung übertragen werden.

§ 39
Übergangsvorschrift für vorhandene Ämter der Bundesbesoldungsordnung C in der bis zum 22. Februar 2002 geltenden Fassung

(1) Die Ämter der am 1. Januar 2005 im Amt befindlichen Professorinnen und Professoren, Hochschuldozentinnen und Hochschuldozenten, Oberassistentinnen und Oberassistenten, Oberingenieurinnen und Oberingenieure sowie wissenschaftlichen und künstlerischen Assistentinnen und Assistenten der Bundesbesoldungsordnung C in der bis zum 22. Februar 2002 geltenden Fassung werden als künftig wegfallende Ämter in der Besoldungsordnung C kw (Anlage 3) fortgeführt. Für diese Beamtinnen und Beamten gelten die Vorschriften dieses Gesetzes nach Maßgabe der Absätze 2 bis 5.

(2) Die Grundgehaltssätze der Besoldungsordnung C kw sind in der Anlage 5 ausgewiesen. Das Grundgehalt wird, soweit gesetzlich nichts anderes bestimmt ist, nach dienstlicher Erfahrung (Erfahrungsstufen) bemessen. Die Zuordnung zu der Grundgehaltstabelle der Besoldungsordnung

C kw erfolgt betragsmäßig entsprechend dem am 29. Februar 2012 zustehenden Grundgehalt. Das Grundgehalt steigt mit der Zuordnung im Abstand von zwei Jahren bis zur Endstufe. Bereits in einer Stufe mit dem entsprechenden Grundgehaltsbetrag verbrachte Zeiten mit Anspruch auf Grundgehalt werden angerechnet. § 28 Abs. 3, 4, 5 und 9 gelten entsprechend.

(3) Ein nach dem bis zum 22. Februar 2002 geltenden Recht zustehender Zuschuss zum Grundgehalt nach den Vorbemerkungen Nr. 1 und 2 zur Bundesbesoldungsordnung C wird in Höhe des am 29. Februar 2012 zustehenden Betrages unverändert weitergewährt. Ist der Zuschuss zum Grundgehalt unter der Voraussetzung gewährt worden, dass er beim Aufsteigen in den Stufen um den Steigerungsbetrag des Grundgehaltes zu vermindern ist, ist diese Maßgabe auch im Fall des Stufenaufstiegs nach Absatz 2 Satz 3 zu beachten. Im Falle eines befristeten Zuschusses gelten die Sätze 1 und 2 nur für die Zeit der Befristung. Die Gewährung neuer oder die Erhöhung bestehender Zuschüsse ist ausgeschlossen. Die Zuschüsse zum Grundgehalt sind Dienstbezüge im Sinne des § 2 Abs. 1, § 7 Abs. 1, § 8 Abs. 3, § 10 Abs. 3, § 59 Abs. 1 Satz 5, Abs. 5 Satz 1.

(4) Professorinnen und Professoren, die zusätzlich zu den Aufgaben des ihnen verliehenen Amtes Leitungsaufgaben an einer Hochschule wahrnehmen, erhalten abhängig von der Messzahl im Sinne der Vorbemerkung Nummer 6 zu den Besoldungsordnungen A und B (Anlage 1) eine Stellenzulage nach Anlage 8. Werden mehrere Leitungsaufgaben wahrgenommen, erhält die Professorin oder der Professor nur die höhere Stellenzulage; nimmt sie oder er eine der Leitungsaufgaben mehrfach wahr, erhält sie oder er die Stellenzulage nur einmal. Eine Stellenzulage wird nicht gewährt, wenn eine hauptberufliche Leiterin oder ein hauptberuflicher Leiter einer Hochschule oder eine hauptberufliche Vorsitzende, ein hauptberuflicher Vorsitzender oder ein hauptberufliches Mitglied eines Hochschulleitungsgremiums zugleich weitere Leitungsaufgaben wahrnimmt. Satz 4 gilt entsprechend für die hauptberuflichen ständigen Vertreterinnen und Vertreter.

(5) Auf Antrag wird Professorinnen und Professoren der Besoldungsgruppe C 4 kw ein Amt der Besoldungsgruppe W 3 und Professorinnen und Professoren der Besoldungsgruppen C 2 kw und C 3 kw ein Amt der Besoldungsgruppe W 2 übertragen. Der Antrag ist unwiderruflich. Eine Ausgleichszulage nach § 58 darf nicht gezahlt werden. Professorinnen und Professoren, die bis zum 28. Februar 2015 die Übertragung eines Amtes der Besoldungsordnung W beantragt haben, kann aus diesem Anlass ein ruhegehaltfähiger Berufungs- und Bleibeleistungsbezug gewährt werden. Dieser darf den Unterschiedsbetrag aus dem bisherigen C-Grundgehaltssatz und dem W-Grundgehaltssatz nicht übersteigen. Im Fall eines nachgewiesenen Rufs auf eine Professur einer anderen Hochschule kann Professorinnen und Professoren der Besoldungsgruppen C 2 kw und C 3 kw im Rahmen von Bleibeverhandlungen ein Amt der Besoldungsgruppe W 3 übertragen werden.

§ 39 a
Anrechnungs- und Übergangsregelung aus Anlass des Gesetzes zur Änderung des Besoldungsgesetzes Schleswig-Holstein – strukturelle Änderung der Besoldung von Professorinnen und Professoren vom 14. Juni 2013

(1) Leistungsbezüge nach § 33 bis 34 und § 39 Abs. 5 oder der entsprechenden Regelungen des durch Artikel 1 des Gesetzes vom 12. Dezember 2008 (GVOBl. Schl.-H. S. 785) übergeleiteten Bundesbesoldungsgesetzes, zuletzt geändert durch Gesetz vom 26. Januar 2012 (GVOBl. Schl.-H. S. 153), in der bis zum 29. Februar 2012 geltenden Fassung, die auf Basis von vor dem 1. Januar 2013 getroffenen Entscheidungen gewährt werden, vermindern sich nach Maßgabe der Sätze 2 und 3 um die sich aus der nach dem Gesetz vom 14. Juni 2013 (GVOBl. Schl.-H. S. 272) ergebenden Erhöhung der Grundgehälter in Höhe von bis zu 655,05 Euro in W 2 und bis zu 396,75 Euro in W 3 entsprechend. Sofern mehrere Leistungsbezüge gewährt werden, werden die Leistungsbezüge bis zu dem maßgeblichen Höchstbetrag der Anhebung des Grundgehalts in folgender Reihenfolge vermindert:

1. Leistungsbezüge nach § 39 Abs. 5,
2. unbefristete Leistungsbezüge nach § 33,
3. unbefristete Leistungsbezüge nach § 34,
4. befristete Leistungsbezüge nach § 33 und
5. befristete Leistungsbezüge nach § 34.

Soweit die Leistungsbezüge nach Satz 2 ruhegehaltfähig sind, bezieht sich die Kürzung jeweils vorrangig auf den ruhegehaltfähigen Anteil.

(2) Bis zum 31. Dezember 2014 wird Kanzlerinnen und Kanzlern der Universitäten und der Fachhochschule Kiel auf Antrag ein Amt der Besoldungsgruppe W 3, Kanzlerinnen und Kanzlern der Fachhochschulen und der Kunsthochschulen auf Antrag ein Amt der Besoldungsgruppe W 2 übertragen.

Unterabschnitt 4
Vorschriften für Richterinnen, Richter, Staatsanwältinnen und Staatsanwälte

§ 40
Besoldungsordnung R

Die Ämter der Richterinnen, Richter, Staatsanwältinnen und Staatsanwälte, mit Ausnahme der Ämter der Vertreterinnen und Vertreter des öffentlichen Interesses bei den Gerichten der Verwaltungsgerichtsbarkeit, und ihre Besoldungsgruppen sind in der Besoldungsordnung R (Anlage 4) geregelt. Die Grundgehaltssätze der Besoldungsgruppen sind in der Anlage 5 ausgewiesen.

§ 41
Bemessung des Grundgehaltes

Das Grundgehalt wird, soweit die Besoldungsordnung nicht feste Gehälter vorsieht, nach der dienstlichen Erfahrung (Erfahrungsstufen) bemessen. Das Grundgehalt steigt bis zum Erreichen des Endgrundgehalts im Abstand von zwei Jahren. § 28 Abs. 1, 3, 4, 5 und 9, § 29 sowie § 30 gelten entsprechend.

Unterabschnitt 5
Vorschriften für den Bereich der Sozialversicherung

§ 42
Besondere Vorschriften für den Bereich der Sozialversicherung

(1) Die der Aufsicht des Landes unterstehenden Körperschaften des öffentlichen Rechts im Bereich der Sozialversicherung haben bei der Aufstellung ihrer Dienstordnungen für die dienstordnungsmäßigen Angestellten

1. den Rahmen dieses Gesetzes, insbesondere das für die Beamtinnen und Beamten des Landes geltende Besoldungs- und Stellengefüge, einzuhalten und
2. alle sonstigen Geldzuwendungen sowie die Versorgung im Rahmen und nach den Grundsätzen der für die Beamtinnen und Beamten des Landes geltenden Bestimmungen zu regeln.

(2) Die nach § 19 Abs. 1 Satz 3 erlassene Verordnung gilt entsprechend.

Abschnitt III
Familienzuschlag

§ 43
Grundlage des Familienzuschlages

(1) Der Familienzuschlag wird nach der Anlage 6 gewährt. Seine Höhe richtet sich nach der Besoldungsgruppe und der Stufe, die den Familienverhältnissen der Beamtin oder des Beamten entspricht. Für Beamtinnen und Beamte auf Widerruf im Vorbereitungsdienst (Anwärterinnen oder Anwärter) ist die Besoldungsgruppe des Einstiegsamtes maßgebend, in das die Anwärterin oder der Anwärter nach Abschluss des Vorbereitungsdienstes unmittelbar eintritt.

(2) Bei ledigen Beamtinnen und Beamten, die auf Grund dienstlicher Verpflichtungen in einer Gemeinschaftsunterkunft wohnen, werden 75 % des in Anlage 6 ausgebrachten Betrages auf das Grundgehalt angerechnet. Steht ihnen Kindergeld nach dem Einkommensteuergesetz oder nach

dem Bundeskindergeldgesetz zu oder würde es ihnen ohne Berücksichtigung des § 64 oder § 65 des Einkommensteuergesetzes oder des § 3 oder § 4 des Bundeskindergeldgesetzes zustehen, erhalten sie zusätzlich den Unterschiedsbetrag zwischen der Stufe 1 und der Stufe des Familienzuschlages, der der Anzahl der Kinder entspricht. § 44 Abs. 5 gilt entsprechend.

§ 44
Stufen des Familienzuschlages

(1) Zur Stufe 1 gehören Beamtinnen und Beamte, wenn sie

1. verheiratet sind oder in eingetragener Lebenspartnerschaft nach dem Lebenspartnerschaftsgesetz vom 16. Februar 2001 (BGBl. I S. 266), zuletzt geändert am 6. Juli 2009 (BGBl. I S. 1696, 1700), leben,
2. verwitwet sind oder ihre Lebenspartnerin oder ihren Lebenspartner überleben,
3. geschieden sind oder ihre Ehe oder eingetragene Lebenspartnerschaft aufgehoben oder für nichtig erklärt ist, wenn sie aus der letzten Ehe oder der letzten eingetragenen Lebenspartnerschaft zum Unterhalt verpflichtet sind,
4. in anderen als den in Nummer 1 bis 3 genannten Fällen ein Kind nicht nur vorübergehend in ihre Wohnung aufgenommen haben, für das ihnen Kindergeld nach dem Einkommensteuergesetz oder nach dem Bundeskindergeldgesetz zusteht oder ohne Berücksichtigung der §§ 64 und 65 des Einkommensteuergesetzes oder der §§ 3 und 4 des Bundeskindergeldgesetzes zustehen würde, sowie andere Beamtinnen und Beamte, die eine Person nicht nur vorübergehend in ihre Wohnung aufgenommen haben, weil sie aus beruflichen oder gesundheitlichen Gründen ihrer Hilfe bedürfen; als in die Wohnung aufgenommen gilt ein Kind auch dann, wenn die Beamtin oder der Beamte es auf ihre oder seine Kosten anderweitig untergebracht hat, ohne dass dadurch die häusliche Verbindung mit ihr oder ihm aufgehoben werden soll; beanspruchen mehrere nach dieser Vorschrift oder einer entsprechenden Vorschrift im öffentlichen Dienst Anspruchsberechtigte oder aufgrund einer Tätigkeit im öffentlichen Dienst Versorgungsberechtigte wegen der Aufnahme einer Person oder mehrerer Personen in die gemeinsam bewohnte Wohnung einen Familienzuschlag der Stufe 1 oder eine entsprechende Leistung, wird der Betrag der Stufe 1 des für die Beamtin oder den Beamten oder die Richterin oder den Richter maßgebenden Familienzuschlages nach der Zahl der Berechtigten anteilig gewährt; Halbsatz 3 gilt entsprechend, wenn bei gemeinsamem Sorgerecht der getrennt lebenden Eltern ein Kind bei beiden Eltern zu gleichen Teilen Aufnahme gefunden hat.

(2) Zur Stufe 2 und den folgenden Stufen gehören die Beamtinnen und Beamten der Stufe 1, denen Kindergeld nach dem Einkommensteuergesetz oder nach dem Bundeskindergeldgesetz zusteht oder ohne Berücksichtigung des § 64 oder § 65 des Einkommensteuergesetzes oder des § 3 oder § 4 des Bundeskindergeldgesetzes zustehen würde. Die Stufe richtet sich nach der Anzahl der berücksichtigungsfähigen Kinder. Die Sätze 1 und 2 gelten sinngemäß für Beamtinnen und Beamte, die in eingetragenen Lebenspartnerschaften leben, sofern sie Kinder ihrer Lebenspartnerin oder ihres Lebenspartners in ihren Haushalt aufgenommen haben.

(3) Ledige und geschiedene Beamtinnen und Beamte sowie Beamtinnen und Beamte, deren Ehe oder eingetragene Lebenspartnerschaft aufgehoben oder für nichtig erklärt ist, denen Kindergeld nach dem Einkommensteuergesetz oder nach dem Bundeskindergeldgesetz zusteht oder ohne Berücksichtigung des § 64 oder § 65 des Einkommensteuergesetzes oder des § 3 oder § 4 des Bundeskindergeldgesetzes zustehen würde, erhalten zusätzlich zum Grundgehalt den Unterschiedsbetrag zwischen der Stufe 1 und der Stufe des Familienzuschlages, der der Anzahl der berücksichtigungsfähigen Kinder entspricht. Absatz 5 gilt entsprechend.

(4) Ist die Ehegattin eines Beamten oder der Ehegatte einer Beamtin als Beamtin, Beamter, Richterin, Richter, Arbeitnehmerin oder Arbeitnehmer im öffentlichen Dienst tätig oder ist sie oder er auf Grund einer Tätigkeit im öffentlichen Dienst nach beamtenrechtlichen Grundsätzen versorgungsberechtigt und stünde ihr oder ihm ebenfalls der Familienzuschlag der Stufe 1 oder einer der folgenden Stufen oder eine entsprechende Leistung in Höhe von mindestens der Hälfte des Höchstbetrages der Stufe 1 des Familienzuschlages zu, erhält die Beamtin oder der Beamte den Betrag der Stufe 1 des für sie oder ihn maßgebenden Familienzuschlages zur Hälfte; dies gilt auch für die Zeit, für die die Ehegattin Mutterschaftsgeld bezieht. Satz 1 findet auf den Betrag keine Anwendung, wenn beide Ehegatten teilzeitbeschäftigt sind und dabei zusammen die regelmäßige Arbeitszeit eines Vollzeitbeschäftigten nicht erreichen. § 7 findet auf den Betrag keine Anwendung, wenn einer der Ehegatten vollbeschäftigt oder nach beamtenrechtlichen Grundsätzen versorgungsberechtigt ist oder beide Ehegatten teilzeitbeschäftigt sind und dabei zusammen mindestens die Regelarbeitszeit einer oder eines Vollzeitbeschäftigten erreichen. Die Sätze 1 und 2 gelten entsprechend für Beamtinnen und Beamte, die in eingetragenen Lebenspartnerschaften leben.

(5) Stünde neben der Beamtin oder dem Beamten einer anderen Person, die im öffentlichen Dienst steht oder auf Grund einer Tätigkeit im öffentlichen Dienst nach beamtenrechtlichen Grundsätzen oder nach einer Ruhelohnordnung versorgungsberechtigt ist, der Familienzuschlag nach Stufe 2 oder einer der folgenden Stufen zu, wird der auf das Kind entfallende Betrag des Familienzuschlages der Beamtin oder dem Beamten gewährt, wenn und soweit ihr oder ihm das Kindergeld nach dem Einkommensteuergesetz oder nach dem Bundeskindergeldgesetz gewährt wird oder ohne Berücksichtigung des § 65 des Einkommensteuergesetzes oder des § 4 des Bundeskindergeldgesetzes vorrangig zu gewähren wäre; dem Familienzuschlag nach Stufe 2 oder einer der folgenden Stufen stehen vergleichbare Leistungen oder das Mutterschaftsgeld gleich. Auf das Kind entfällt derjenige Betrag, der sich aus der für die Anwendung des Einkommensteuergesetzes oder des Bundeskindergeldgesetzes maßgebenden Reihenfolge der Kinder ergibt. § 7 findet auf den Betrag keine Anwendung, wenn eine oder einer der Anspruchsberechtigten im Sinne des Satzes 1 vollbeschäftigt oder nach beamtenrechtlichen Grundsätzen versorgungsberechtigt ist oder mehrere Anspruchsberechtigte teilzeitbeschäftigt sind und dabei zusammen mindestens die Regelarbeitszeit einer oder eines Vollzeitbeschäftigten erreichen.

(6) Ist einer anderen Person, die im öffentlichen Dienst steht, aufgrund eines Tarifvertrages für den öffentlichen Dienst eine Abfindung für kinderbezogene Entgeltbestandteile gewährt worden, schließt dieses einen Anspruch auf den Familienzuschlag nach Stufe 2 oder einer der folgenden Stufen für dasselbe Kind aus.

(7) Öffentlicher Dienst im Sinne der Absätze 1, 4, 5 und 6 ist die Tätigkeit im Dienste des Bundes, eines Landes, einer Gemeinde, eines Kreises, eines Amtes oder sonstiger Körperschaften, Anstalten und Stiftungen des öffentlichen Rechts oder der Verbände von solchen; ausgenommen ist die Tätigkeit bei öffentlich-rechtlichen Religionsgesellschaften oder ihren Verbänden, sofern nicht bei organisatorisch selbständigen Einrichtungen, insbesondere bei Schulen, Hochschulen, Krankenhäusern, Kindergärten, Altersheimen, die Voraussetzungen des Satzes 3 erfüllt sind. Dem öffentlichen Dienst steht die Tätigkeit im Dienst einer zwischenstaatlichen oder überstaatlichen Einrichtung gleich, an der eine der in Satz 1 bezeichneten Körperschaften oder einer der bezeichneten Verbände durch Zahlung von Beiträgen oder Zuschüssen oder in anderer Weise beteiligt ist. Dem öffentlichen Dienst steht ferner gleich die Tätigkeit im Dienst eines sonstigen Arbeitgebers, der die für den öffentlichen Dienst geltenden Tarifverträge oder Tarifverträge wesentlich gleichen Inhaltes oder die darin oder in Besoldungsgesetzen über Familienzuschläge oder Sozialzuschläge getroffenen Regelungen oder vergleichbare Regelungen anwendet, wenn eine der in Satz 1 bezeichneten Körperschaften oder Verbände durch Zahlung von Beiträgen oder Zuschüssen oder in anderer Weise beteiligt ist. Die Entscheidung, ob die Voraussetzungen erfüllt sind, trifft das für das Besoldungsrecht zuständige Ministerium oder die von ihm bestimmte Stelle.

(8) Die Bezügestellen des öffentlichen Dienstes (Absatz 7) dürfen die zur Durchführung dieser Vorschrift erforderli-

chen personenbezogenen Daten erheben und untereinander austauschen.

§ 45
Änderung des Familienzuschlages

Der Familienzuschlag wird vom Ersten des Monats an gezahlt, in den das hierfür maßgebende Ereignis fällt. Er wird nicht mehr gezahlt für den Monat, in dem die Anspruchsvoraussetzungen an keinem Tage vorgelegen haben. Die Sätze 1 und 2 gelten entsprechend für die Zahlung von Teilbeträgen der Stufen des Familienzuschlages.

Abschnitt IV
Zulagen, Vergütungen

Unterabschnitt 1
Zulagen

§ 46
Allgemeine Vorschriften zu Amtszulagen und Stellenzulagen

(1) Für herausgehobene Funktionen können Amtszulagen und Stellenzulagen vorgesehen werden. Sie dürfen 75 % des Unterschiedsbetrages zwischen dem Endgrundgehalt der Besoldungsgruppe der Beamtin oder des Beamten und dem Endgrundgehalt der nächsthöheren Besoldungsgruppe nicht übersteigen, soweit nichts anderes bestimmt ist.

(2) Die Amtszulagen sind unwiderruflich und ruhegehaltfähig. Sie gelten als Bestandteil des Grundgehaltes.

(3) Die Stellenzulagen dürfen nur für die Dauer der Wahrnehmung der herausgehobenen Funktionen gewährt werden. Wird der Beamtin oder dem Beamten vorübergehend eine andere Funktion übertragen, die zur Herbeiführung eines im besonderen öffentlichen Interesse liegenden unaufschiebbaren und zeitgebundenen Ergebnisses im Inland wahrgenommen werden muss, wird für die Dauer ihrer Wahrnehmung die Stellenzulage weiter gewährt; sie wird für höchstens drei Monate auch weiter gewährt, wenn die vorübergehende Übertragung einer anderen Funktion zur Sicherung der Funktionsfähigkeit des Behördenbereichs, in dem die Beamtin oder der Beamte eingesetzt wird, dringend erforderlich ist. Daneben wird eine Stellenzulage für diese andere Funktion nur in der Höhe des Mehrbetrages gewährt. Die Entscheidung, ob die Voraussetzungen des Satzes 2 vorliegen, trifft die oberste Dienstbehörde im Einvernehmen mit dem für das Besoldungsrecht zuständigen Ministerium.

(4) Die Stellenzulagen sind widerruflich und nur ruhegehaltfähig, soweit dies gesetzlich bestimmt ist.

§ 47
Allgemeine Stellenzulage

Eine das Grundgehalt ergänzende ruhegehaltfähige Stellenzulage nach Anlage 8 erhalten

1. Beamtinnen und Beamte der Laufbahngruppe 1 in Laufbahnen mit dem Einstiegsamt der Besoldungsgruppe A 6, in Laufbahnen mit dem Einstiegsamt der Besoldungsgruppe A 7 (Allgemeine Dienste, Technische Dienste, Feuerwehr, Steuerverwaltung, Justiz im Laufbahnzweig Verwaltungsdienst in Justizvollzugsanstalten und im Laufbahnzweig der Justizfachwirtinnen und Justizfachwirte bei den Gerichten und Staatsanwaltschaften sowie Agrar- und umweltbezogene Dienste im Laufbahnzweig Fischereiverwaltung) und in Laufbahnen mit dem Einstiegsamt der Besoldungsgruppe A 8 (Polizei, Justiz bei Verwendung in Funktionen des allgemeinen Vollzugsdienstes oder Werkdienstes bei den Justizvollzugsanstalten und in der Funktion des Abschiebungshaftvollzugs bei einer Abschiebungshafteinrichtung sowie Gerichtsvollzieherinnen und Gerichtsvollzieher)
   a) in den Besoldungsgruppen A 6 bis A 8
   b) in der Besoldungsgruppe A 9 und
2. Beamtinnen und Beamte
   a) in den Besoldungsgruppen A 9 bis A 13 der Laufbahngruppe 2 mit dem ersten Einstiegsamt in der Besoldungsgruppe A 9,
   b) in den Fachrichtungen Technische Dienste und Feuerwehr in den Besoldungsgruppen A 10 bis A 13 der Laufbahngruppe 2 mit dem ersten Einstiegsamt in der Besoldungsgruppe A 10,
   c) in der Besoldungsgruppe A 13 der Laufbahngruppe 2 mit dem zweiten Einstiegsamt in der Besoldungsgruppe A 13 sowie in der Besoldungsgruppe C 1 kw,
   d) im Amtsanwaltsdienst in den Besoldungsgruppen A 12 und A 13 der Laufbahngruppe 2 mit dem ersten Einstiegsamt A 12.

§ 47a
Aufwachsende Strukturzulage

(1) Lehrkräfte mit der Befähigung für das Lehramt an Grundschulen oder dem Lehramt an Grund- und Hauptschulen erhalten ergänzend zu ihrem Grundgehalt der Besoldungsgruppe A 12 eine jährlich aufwachsende monatliche Strukturzulage in folgender Staffelung

1. ab dem 1. August 2020 in Höhe von 80,00 Euro,
2. ab dem 1. August 2021 in Höhe von 160,00 Euro,
3. ab dem 1. August 2022 in Höhe von 240,00 Euro,
4. ab dem 1. August 2023 in Höhe von 320,00 Euro und
5. ab dem 1. August 2024 bis zum 31. Juli 2025 in Höhe von 400,00 Euro.

Die aufwachsende Strukturzulage ist ruhegehaltfähig, sofern sie ohne Grunde nach zwei Jahre bezogen worden ist und kein Anspruch auf eine Versorgung aus der Besoldungsgruppe A 13 besteht. Sie ist in Höhe der zuletzt zugestandenen Zulage ruhegehaltfähig.

(2) Die Strukturzulage entfällt mit der Übertragung eines Amtes der Besoldungsgruppe A 13.

§ 48
Sicherheitszulage

Beamtinnen und Beamte erhalten für die Dauer ihrer Verwendung beim Verfassungsschutz des Landes Schleswig-Holstein eine Stellenzulage nach Anlage 8.

§ 49
Zulage für Polizei und Steuerfahndung

(1) Polizeivollzugsbeamtinnen und Polizeivollzugsbeamte sowie Beamtinnen und Beamte des Steuerfahndungsdienstes erhalten eine Stellenzulage nach Anlage 8, soweit ihnen Dienstbezüge nach der Besoldungsordnung A oder Anwärterbezüge zustehen.

(2) Die Stellenzulage wird nicht neben der Sicherheitszulage nach § 48 gewährt.

(3) Durch die Stellenzulage werden die Besonderheiten des jeweiligen Dienstes, insbesondere der mit dem Posten- und Streifendienst sowie dem Nachtdienst verbundene Aufwand sowie der Aufwand für Verzehr mit abgegolten.

(4) Beamtinnen und Beamte mit einer Verwendung an Bord seegehender Schiffe oder Boote, die nach Auftrag oder Einsatz überwiegend zusammenhängend mehrstündig außerhalb der Grenze der Seefahrt verwendet werden, erhalten eine Stellenzulage nach Anlage 8.

§ 50
Feuerwehrzulage

(1) Beamtinnen und Beamte im Einsatzdienst der Feuerwehr erhalten eine Stellenzulage nach Anlage 8, soweit ihnen Dienstbezüge nach der Besoldungsordnung A oder Anwärterbezüge zustehen.

(2) Durch die Stellenzulage werden die Besonderheiten des Einsatzdienstes der Feuerwehr, insbesondere der mit dem Nachtdienst verbundene Aufwand sowie der Aufwand für Verzehr mit abgegolten.

§ 51
Zulage für Beamtinnen und Beamte bei Justizvollzugseinrichtungen, Psychiatrischen Krankenhäusern, Erziehungsanstalten und in Abschiebungshafteinrichtungen

(1) Beamtinnen und Beamte bei Justizvollzugseinrichtungen, in abgeschlossenen Vorführbereichen der Gerichte so-

wie in geschlossenen Abteilungen oder Stationen Psychiatrischer Krankenhäuser und Entziehungsanstalten, in denen Maßregeln der Besserung und Sicherung vollzogen werden, und in Abschiebungshafteinrichtungen erhalten eine Stellenzulage nach Anlage 8, soweit ihnen Dienstbezüge nach der Besoldungsordnung A oder Anwärterbezüge zustehen.

(2) Die Stellenzulage wird für Beamtinnen und Beamte in Abschiebungshafteinrichtungen nicht neben einer Zulage für Polizei und Steuerfahndung nach § 49 gewährt.

§ 52
Zulage für Beamtinnen und Beamte
mit Meisterprüfung oder Abschlussprüfung
als staatlich geprüfte Technikerin oder
staatlich geprüfter Techniker

Beamtinnen und Beamte der Laufbahngruppe 1 in Laufbahnen mit dem zweiten Einstiegsamt ab der Besoldungsgruppe A 6, in denen die Meisterprüfung oder die Abschlussprüfung als staatlich geprüfte Technikerin oder staatlich geprüfter Techniker vorgeschrieben ist, erhalten, wenn sie die Prüfung bestanden haben, eine Stellenzulage nach Anlage 8.

§ 53
Zulage für Beamtinnen und Beamte
der Steuerverwaltung

(1) Beamtinnen und Beamte der Laufbahngruppe 1 mit dem zweiten Einstiegsamt sowie der Laufbahngruppe 2 mit dem ersten Einstiegsamt in der Fachrichtung Steuerverwaltung erhalten bis Besoldungsgruppe A 13 für die Zeit ihrer überwiegenden Verwendung im Außendienst der Steuerprüfung eine Stellenzulage nach Anlage 8. Satz 1 gilt auch für die Prüfungsbeamtinnen und Prüfungsbeamten der Finanzgerichte, die überwiegend im Außendienst tätig sind.

(2) Die Stellenzulage wird nicht neben der Zulage für Polizei und Steuerfahndung nach § 49 gewährt.

(3) Die allgemeinen Verwaltungsvorschriften zu Absatz 1 erlässt das Finanzministerium im Einvernehmen mit dem für das Besoldungsrecht zuständigen Ministerium.

§ 54
Zulage für Beamtinnen und Beamte der
Justizverwaltung mit herausgehobener Tätigkeit bei
Gerichten und Staatsanwaltschaften

Beamtinnen und Beamte der Laufbahngruppe 1 mit dem ersten Einstiegsamt in der Fachrichtung Justiz erhalten für die Dauer der Ausübung herausgehobener Tätigkeiten bei den Gerichten und Staatsanwaltschaften eine Stellenzulage nach Anlage 8, soweit sie keine Amtszulage nach den Fußnoten 4 oder 5 zu Besoldungsgruppe A 6 erhalten.

§ 55
Zulage für Professorinnen und Professoren
mit mehreren Ämtern

Professorinnen und Professoren an einer Hochschule, die zugleich das Amt einer Richterin oder eines Richters der Besoldungsgruppe R 1 oder R 2 ausüben, erhalten, solange sie beide Ämter bekleiden, die Dienstbezüge aus ihrem Amt als Professorin oder Professor und eine nichtruhegehaltfähige Zulage nach Anlage 8.

§ 56
Zulage für Juniorprofessorinnen und
Juniorprofessoren

Professorinnen und Professoren der Besoldungsgruppe W 1 erhalten, wenn sie sich als Hochschullehrerinnen oder Hochschullehrer bewährt haben, ab dem Zeitpunkt der ersten Verlängerung des Beamtenverhältnisses auf Zeit eine nicht ruhegehaltfähige Zulage nach Anlage 8.

§ 57
Zulage für Beamtinnen und Beamte bei obersten
Behörden oder bei obersten Gerichtshöfen des Bundes
oder eines anderen Landes

(1) Hat der Bund oder ein anderes Land für seine Beamtinnen und Beamten bei seinen obersten Behörden oder Gerichtshöfen eine Zulagenregelung getroffen, erhalten Beamtinnen und Beamte während der Verwendung bei den obersten Behörden oder obersten Gerichtshöfen des Bundes oder eines anderen Landes die Stellenzulage in der nach dem Besoldungsrecht des Bundes oder dieses Landes bestimmten Höhe, wenn der Dienstherr, bei dem die Beamtin oder der Beamte verwendet wird, diese Stellenzulage erstattet.

(2) Die Konkurrenz- und Anrechnungsregelungen des Bundes oder des Landes, bei dem die Verwendung erfolgt, sind anzuwenden.

(3) Eine Ausgleichszulage nach § 58 wird nach Beendigung der Verwendung nicht gewährt.

§ 58
Ausgleichszulagen

(1) Verringern sich die Dienstbezüge einer Beamtin oder eines Beamten, weil

1. sie oder er nach § 29 Abs. 2 oder 3 des Landesbeamtengesetzes versetzt ist oder

2. sie oder er zur Vermeidung der Versetzung in den Ruhestand wegen Dienstunfähigkeit anderweitig verwendet wird oder

3. sie oder er die durch Rechts- oder Verwaltungsvorschrift festgesetzten besonderen gesundheitlichen Anforderungen, ohne dass sie oder er dies zu vertreten hat, nicht mehr erfüllt und deshalb anderweitig verwendet wird oder

4. sich die Zuordnung zu einer seiner Besoldungsgruppe nach der Schülerzahl einer Schule richtet und diese Voraussetzung wegen zurückgehender Schülerzahlen nicht mehr erfüllt ist oder

5. sie oder er in die nächsthöhere Laufbahn aufgestiegen ist,

erhält sie oder er eine Ausgleichszulage. Sie wird in Höhe des Unterschiedsbetrages zwischen ihren oder seinen jeweiligen Dienstbezügen und den Dienstbezügen gewährt, die ihr oder ihm in ihrer oder seiner bisherigen Verwendung zugestanden hätten; Veränderungen in der besoldungsrechtlichen Bewertung bleiben unberücksichtigt. Die Ausgleichszulage ist ruhegehaltfähig, soweit sie ruhegehaltfähige Dienstbezüge ausgleicht. Die Ausgleichszulage wird Beamtinnen und Beamten auf Zeit nur für die restliche Amtszeit gewährt. Bei jeder Erhöhung der Dienstbezüge vermindert sich die Ausgleichszulage um ein Drittel des Erhöhungsbetrages, soweit sie für Stellenzulagen gezahlt wird.

(2) Verringern sich ihre oder seine Dienstbezüge außer in den Fällen des § 58 a einer Beamtin oder eines Beamten aus anderen dienstlichen Gründen, erhält sie oder er eine Ausgleichszulage entsprechend Absatz 1 Satz 2 bis 5. Dies gilt auch, wenn eine Ruhegehaltempfängerin oder ein Ruhegehaltempfänger erneut in ein Beamtenverhältnis berufen wird und ihre oder seine neuen Dienstbezüge geringer sind als die Dienstbezüge, die sie oder er bis zu ihrer oder seiner Zurruhesetzung bezogen hat.

(3) Der Wegfall einer Stellenzulage wird nur ausgeglichen, wenn die Beamtin oder der Beamte mindestens fünf Jahre ununterbrochen zulageberechtigt verwendet worden ist. Eine Unterbrechung ist unschädlich, wenn sie wegen öffentlicher Belange oder aus zwingenden dienstlichen Gründen geboten ist und die Dauer eines Jahres nicht überschreitet. Der Zeitraum der Unterbrechung ist nicht auf die Frist nach Satz 1 anzurechnen.

(4) Die Ausgleichszulage wird nicht gewährt, wenn die Verringerung der Dienstbezüge auf einer Disziplinarmaßnahme beruht, wenn ein Amt mit leitender Funktion im Beamtenverhältnis auf Probe nicht auf Dauer übertragen wird oder wenn in der neuen Verwendung Auslandsbesoldung gezahlt wird.

(5) Dienstbezüge im Sinne dieser Vorschrift sind das Grundgehalt, Amts- und Stellenzulagen. Zu den Dienstbezügen rechnen auch Überleitungszulagen und Ausgleichszulagen, soweit sie wegen des Wegfalls oder der Verminderung von Dienstbezügen nach Satz 1 gewährt werden.

§ 58 a
Ausgleichszulage bei Dienstherrenwechsel

(1) Wird eine Beamtin, ein Beamter, eine Richterin oder ein Richter auf eigenen Antrag oder aufgrund einer erfolgreichen Bewerbung in ein statusrechtlich dem früheren Amt wertgleiches Amt in den Geltungsbereich dieses Gesetzes

versetzt oder im unmittelbaren Anschluss an ein vorheriges Beamtenverhältnis im Geltungsbereich dieses Gesetzes ernannt und vermindern sich aus diesem Grund ihre oder seine Dienstbezüge, kann sie oder er eine Ausgleichszulage erhalten, wenn für die Gewinnung ein dringendes dienstliches Bedürfnis besteht. Diese wird in Höhe des Unterschiedsbetrages zwischen den Dienstbezügen nach diesem Gesetz und den Dienstbezügen, die ihr oder ihm in der bisherigen Verwendung zugestanden haben, gewährt. Maßgeblich sind die Verhältnisse zum Zeitpunkt des Dienstherrenwechsels. In Fällen einer Beurlaubung ohne Dienstbezüge oder Elternzeit sind die Verhältnisse zu Grunde zu legen, die bei einer Beendigung der Freistellung am Tag vor der Versetzung oder Ernennung maßgebend wären. Die Ausgleichszulage ist auf Basis einer Vollzeitbeschäftigung zu berechnen und bei einer Teilzeitbeschäftigung im Geltungsbereich dieses Gesetzes nach § 7 Absatz 1 zu vermindern. Bei jeder Erhöhung der Dienstbezüge vermindert sich die Ausgleichszulage um die Hälfte des Erhöhungsbetrages.

(2) Dienstbezüge im Sinne des Absatzes 1 sind das Grundgehalt, Amts- und Stellenzulagen. § 58 Absatz 3 gilt entsprechend.

(3) Bei einer Versetzung aus dienstlichen Gründen, die nicht unter Absatz 1 fällt, einer Übertragung eines niedrigeren Amtes im Zuge einer Körperschaftsumbildung, einer Übernahme oder einem Übertritt ist eine Ausgleichszulage, soweit nachstehend nicht abweichend geregelt, entsprechend Absatz 1 zu gewähren. Zur Bestimmung der Ausgleichszulage ist in diesen Fällen auch eine in der bisherigen Verwendung gewährte Ausgleichszulage oder eine andere Leistung einzubeziehen, die für die Verringerung von Grundgehalt und grundgehaltsergänzenden Zulagen zustand. Die Ausgleichszulage nach den Sätzen 1 und 2 ist ruhegehaltfähig, soweit sie ruhegehaltfähige Dienstbezüge ausgleicht. Bei jeder Erhöhung der Dienstbezüge vermindert sich die Ausgleichszulage um ein Drittel des Erhöhungsbetrages. Als Bestandteil der Versorgungsbezüge verringert sie sich bei jeder auf das Grundgehalt bezogenen Erhöhung der Versorgungsbezüge um ein Drittel des Erhöhungsbetrages.

(4) Die Entscheidung über die Gewährung der Ausgleichszulage bei Dienstherrnwechsel trifft die oberste Dienstbehörde.

(5) Für die zum 1. September 2016 vorhandenen Fälle sind die bis zum 31. August 2016 geltenden Bestimmungen weiter anzuwenden, sofern die danach geltenden Anspruchsvoraussetzungen weiter erfüllt sind.

§ 59
Leistungsprämien und Leistungszulagen

(1) Die Landesregierung wird ermächtigt, zur Abgeltung von herausragenden besonderen Leistungen durch Verordnung die Gewährung von Leistungsprämien (Einmalzahlungen) und Leistungszulagen an Beamtinnen und Beamte in Besoldungsgruppen der Besoldungsordnung A zu regeln.

(2) Leistungsprämien und Leistungszulagen sind nicht ruhegehaltfähig; erneute Bewilligungen sind möglich. Die Zahlung von Leistungszulagen ist zu befristen; bei Leistungsabfall sind sie zu widerrufen. Leistungsprämien dürfen das Anfangsgrundgehalt der Besoldungsgruppe der Beamtin oder des Beamten, Leistungszulagen dürfen monatlich 7 % des Anfangsgrundgehaltes nicht übersteigen. Die Entscheidung über die Bewilligung trifft die zuständige oberste Dienstbehörde oder die von ihr bestimmte Stelle.

(3) Leistungsprämien und Leistungszulagen können nur im Rahmen ausdrücklicher haushaltsrechtlicher Regelungen gewährt werden. In der Verordnung sind Anrechnungs- oder Ausschlussvorschriften zu Zahlungen, die aus demselben Anlass geleistet werden, vorzusehen. Bei Übertragung eines Amtes mit höherem Endgrundgehalt (Grundgehalt) oder bei Gewährung einer Amtszulage können in der Verordnung Anrechnungs- oder Ausschlussvorschriften zu Leistungszulagen vorgesehen werden.

§ 60
Erschwerniszulagen

Die Landesregierung wird ermächtigt, durch Verordnung die Gewährung von Zulagen zur Abgeltung besonderer, bei der Bewertung des Amtes oder bei der Regelung der Anwärterbezüge nicht berücksichtigter Erschwernisse (Erschwerniszulagen) zu regeln. Die Zulagen sind widerruflich und nicht ruhegehaltfähig. Es kann bestimmt werden, inwieweit mit der Gewährung von Erschwerniszulagen ein besonderer Aufwand der Beamtin oder des Beamten mit abgegolten ist.

§ 61
Zulage für die Wahrnehmung befristeter Funktionen

(1) Wird einer Beamtin oder einem Beamten eine herausgehobene Funktion befristet übertragen, kann sie oder er eine Zulage zu ihren oder seinen Dienstbezügen erhalten. Satz 1 gilt entsprechend für die Übertragung einer herausgehobenen Funktion, die üblicherweise nur befristet wahrgenommen wird. Die Zulage kann ab dem siebten Monat der ununterbrochenen Wahrnehmung bis zu einer Dauer von höchstens fünf Jahren gezahlt werden.

(2) Die Zulage wird bis zur Höhe des Unterschiedsbetrages zwischen dem Grundgehalt und dem Grundgehalt der Besoldungsgruppe, die der Wertigkeit der wahrgenommenen Funktion entspricht, höchstens jedoch der dritten folgenden Besoldungsgruppe, gewährt. Die Zulage vermindert sich bei jeder Beförderung um den jeweiligen Erhöhungsbetrag. Eine Ausgleichszulage nach § 58 wird nicht gewährt.

(3) Die Entscheidung über die Zahlung der Zulage trifft im Rahmen haushaltsrechtlicher Bestimmungen die oberste Dienstbehörde.

Unterabschnitt 2
Vergütungen

§ 62
Mehrarbeitsvergütung

(1) Die Landesregierung wird ermächtigt, durch Verordnung die Gewährung einer Mehrarbeitsvergütung (§ 60 Abs. 3 Satz 4 des Landesbeamtengesetzes) für Beamtinnen und Beamte zu regeln, soweit die Mehrarbeit nicht durch Dienstbefreiung ausgeglichen wird. Die Vergütung darf nur für Beamtinnen und Beamte in Bereichen vorgesehen werden, in denen nach Art der Dienstverrichtung eine Mehrarbeit messbar ist. Die Höhe der Vergütung ist nach dem Umfang der tatsächlich geleisteten Mehrarbeit festzusetzen und unter Zusammenfassung von Besoldungsgruppen zu staffeln.

(2) Abweichend von Absatz 1 erhalten teilzeitbeschäftigte Beamtinnen und Beamte eine Mehrarbeitsvergütung in Höhe der anteiligen Besoldung, soweit die individuelle Arbeitszeit und die geleistete Mehrarbeit die regelmäßige Arbeitszeit der vollbeschäftigten Beamtinnen und Beamten nicht überschreiten. Besoldung im Sinne des Satzes 1 ist das Grundgehalt, der Familienzuschlag sowie die in festen Monatsbeträgen gezahlten Zulagen und Aufwandsentschädigungen.

(3) Das für Bildung zuständige Ministerium wird ermächtigt, im Einvernehmen mit dem für das Besoldungsrecht zuständigen Ministerium durch Verordnung einen angemessenen Ausgleich sowie das Verfahren für die Fälle zu regeln, in denen Lehrkräfte infolge Versetzung in den Ruhestand wegen Dienstunfähigkeit oder eines anderen von ihnen nicht zu vertretenden Grundes gehindert waren, einen zeitlichen Ausgleich für die von ihnen geleisteten Vorgriffstunden in dem dafür vorgesehenen Zeitraum in Anspruch zu nehmen.

§ 63
Vergütung für die Teilnahme an Sitzungen kommunaler Vertretungskörperschaften und ihrer Ausschüsse

(1) Das Ministerium für Inneres, ländliche Räume und Integration wird ermächtigt, im Einvernehmen mit dem für das Besoldungsrecht zuständigen Ministerium durch Verordnung die Gewährung einer Vergütung für Beamtinnen und Beamte der Gemeinden mit weniger als 40.000 Einwohnerinnen und Einwohnern, soweit diesen Beamtinnen und Beamten Dienstbezüge nach der Besoldungsordnung A zustehen, zu regeln, wenn die Beamtinnen oder Beamten als Protokollführerinnen oder Protokollführer regelmäßig

an Sitzungen kommunaler Vertretungskörperschaften oder ihrer Ausschüsse außerhalb der regelmäßigen Arbeitszeit teilnehmen. Die Sitzungsvergütung darf den Betrag nach Anlage 8 nicht übersteigen. Sie darf nicht neben einer Aufwandsentschädigung gewährt werden; ein allgemein mit der Sitzungstätigkeit verbundener Aufwand wird mit abgegolten. Die Vergütung entfällt, wenn die Arbeitsleistung durch Dienstbefreiung ausgeglichen werden kann.

(2) Absatz 1 gilt entsprechend für Beamtinnen und Beamte der Ämter. Maßgebende Einwohnerzahl für die Ämter ist die Summe der Einwohnerzahlen der amtsangehörigen Gemeinden. Führt eine amtsfreie Gemeinde die Geschäfte eines Amtes oder einer anderen Gemeinde, werden die Einwohnerzahlen zusammengezählt.

§ 64
Vergütung für Beamtinnen und Beamte im Vollstreckungsdienst

(1) Die Landesregierung wird ermächtigt, durch Verordnung die Gewährung einer Vergütung für Gerichtsvollzieherinnen und Gerichtsvollzieher und andere im Vollstreckungsdienst tätige Beamtinnen und Beamte zu regeln. Maßstab für die Festsetzung der Vergütung sind die vereinnahmten Gebühren oder Beträge. Für die Vergütung können Höchstsätze für die einzelnen Vollstreckungsaufträge sowie für das Kalenderjahr festgesetzt werden. Ein Teil der Vergütung kann für ruhegehaltfähig erklärt werden. Es kann bestimmt werden, inwieweit die Vergütung ein besonderer Aufwand der Beamtin oder des Beamten mit abgegolten ist.

(2) Das für Justiz zuständige Ministerium wird ermächtigt, im Einvernehmen mit dem für das Besoldungsrecht zuständigen Ministerium durch Verordnung die Abgeltung der den Gerichtsvollzieherinnen und Gerichtsvollziehern für die Verpflichtung zur Einrichtung und Unterhaltung eines Büros entstehenden Kosten zu regeln.

§ 64 a
Vergütung für Gerichtsvollzieherinnen und Gerichtsvollzieher

(1) Das für Justiz zuständige Ministerium wird ermächtigt, durch Rechtsverordnung im Einvernehmen mit dem für Besoldung zuständigen Ministerium die Gewährung einer Vergütung für Gerichtsvollzieherinnen und Gerichtsvollzieher zu regeln. Die Gerichtsvollzieherinnen und Gerichtsvollzieher erhalten die Vergütung zusätzlich zu der ihnen sonst zustehenden Besoldung. Maßstab für die Festsetzung der Vergütung sind die vereinnahmten Gebühren und Dokumentenpauschalen.

(2) Für die Vergütung können Höchstsätze für die einzelnen Vollstreckungsaufträge sowie für das Kalenderjahr festgesetzt werden. Es kann bestimmt werden, inwieweit mit der Vergütung auch die besonderen, für die Gerichtsvollziehertätigkeit typischen Aufwendungen mit abgegolten sind und eine zusätzliche Aufwandsentschädigung ganz oder teilweise ausgeschlossen ist. Typische Aufwendungen sind insbesondere die Aufwendungen für die Einrichtung und den Betrieb des Büros sowie für Nachtdienste. Es kann ferner bestimmt werden, inwieweit im Einzelfall eine besondere Vergütung gewährt wird, wenn die regelmäßig zustehenden Vergütungsbeträge zur Deckung der typischen Aufwendungen nicht ausreichen. Ein Teil der Vergütung kann für ruhegehaltfähig erklärt werden.

(3) Die Vergütungsregelung wird bei wesentlichen Änderungen der für ihre Festsetzung maßgeblichen Umstände, längstens jedoch nach einem Erfahrungszeitraum von jeweils drei Jahren, durch das für Justiz zuständige Ministerium im Einvernehmen mit dem für Besoldung zuständigen Ministerium unter besonderer Beachtung der Belange des Haushalts überprüft.

§ 65
Prüfungsvergütung für Juniorprofessorinnen und Juniorprofessoren sowie wissenschaftliche und künstlerische Mitarbeiterinnen und Mitarbeiter

Das für das Hochschulwesen zuständige Ministerium wird im Einvernehmen mit dem für das Besoldungsrecht zuständigen Ministerium ermächtigt, für Professorinnen und Professoren der Besoldungsgruppe W 1 sowie beamtete wissenschaftliche und künstlerische Mitarbeiterinnen und Mitarbeiter an einer Hochschule durch Verordnung eine Vergütung zur Abgeltung zusätzlicher Belastungen zu regeln, die durch die Mitwirkung an Hochschul- und Staatsprüfungen entstehen.

Abschnitt V
Auslandsdienstbezüge

§ 66
Auslandsbesoldung

(1) Beamtinnen und Beamte, die im Ausland verwendet werden, erhalten neben den Dienstbezügen, die ihnen bei einer Verwendung im Inland zustehen, Auslandsdienstbezüge, Kaufkraftausgleich und Auslandsverwendungszuschlag (Auslandsbesoldung) in entsprechender Anwendung der für Bundesbeamtinnen und Bundesbeamte geltenden Bestimmungen mit der Maßgabe, dass bei eingetragenen Lebenspartnerschaften die für die Ehepartnerinnen und Ehepartner geltenden Bestimmungen entsprechend anzuwenden sind. Auslandsbesoldung kann auch bei einer Zuweisung nach § 20 des Beamtenstatusgesetzes im Ausland gewährt werden.

(2) Auslandsdienstbezüge, die vor dem Inkrafttreten dieses Gesetzes nach dem 5. Abschnitt des durch Artikel 1 des Gesetzes vom 12. Dezember 2008 (GVOBl. Schl.-H. S. 785) übergeleiteten Bundesbesoldungsgesetzes, zuletzt geändert durch Artikel 5 des Gesetzes vom 16. Juni 2011 (GVOBl. Schl.-H. S. 188), (Bundesbesoldungsgesetz - Überleitungsfassung für Schleswig-Holstein) gewährt werden, werden bis zum 28. Februar 2014 bei einer unveränderten Auslandsverwendung in gleicher Höhe weitergewährt, soweit sie die Auslandsbesoldung nach Absatz 1 übersteigen.

Abschnitt VI
Anwärterbezüge

§ 67
Anwärterbezüge

(1) Beamtinnen und Beamte auf Widerruf im Vorbereitungsdienst (Anwärterinnen und Anwärter) erhalten Anwärterbezüge.

(2) Zu den Anwärterbezügen gehören der Anwärtergrundbetrag nach Anlage 7 und die Anwärtersonderzuschläge. Daneben werden der Familienzuschlag und die vermögenswirksamen Leistungen gewährt. Eine jährliche Sonderzahlung kann auf Grund besonderer gesetzlicher Regelung gewährt werden. Zulagen und Vergütungen werden nur gewährt, wenn dies gesetzlich besonders bestimmt ist.

(3) Anwärterinnen und Anwärter mit dienstlichem Wohnsitz im Ausland erhalten zusätzlich Bezüge entsprechend der Auslandsbesoldung. Der Berechnung des Mietzuschusses sind der Anwärtergrundbetrag, der Familienzuschlag der Stufe 1 und der Anwärtersonderzuschlag zugrunde zu legen.

(4) Absatz 3 gilt nicht für Anwärterinnen und Anwärter, die bei einer von ihnen selbst gewählten Stelle im Ausland ausgebildet werden. Die für Bundesbeamtinnen und Bundesbeamte geltenden Bestimmungen über den Kaufkraftausgleich gelten mit der Maßgabe, dass mindestens die Bezüge nach Absatz 2 verbleiben.

(5) Für Anwärterinnen und Anwärter, die im Rahmen ihres Vorbereitungsdienstes ein Studium ableisten, kann die Gewährung der Anwärterbezüge von der Erfüllung von Auflagen abhängig gemacht werden.

§ 68
Anwärterbezüge nach Ablegung der Laufbahnprüfung

Endet das Beamtenverhältnis einer Anwärterin oder eines Anwärters kraft Rechtsvorschrift mit dem Bestehen oder endgültigem Nichtbestehen der Laufbahnprüfung, werden die Anwärterbezüge und der Familienzuschlag für die Zeit nach der Ablegung der Prüfung bis zum Ende des laufenden Monats weitergewährt. Wird bereits vor diesem Zeitpunkt ein Anspruch auf Bezüge aus einer hauptberuflichen Tätigkeit bei einem öffentlich-rechtlichen Dienstherrn (§ 29 Abs. 1) oder bei einer Ersatzschule erworben, werden die Anwärterbezüge und der Familienzuschlag nur bis zum Tage vor Beginn dieses Anspruchs belassen.

§ 69
Anwärtersonderzuschläge

(1) Besteht ein erheblicher Mangel an qualifizierten Bewerberinnen und Bewerbern kann das für das Besoldungsrecht zuständige Ministerium oder die von ihm bestimmte Stelle Anwärtersonderzuschläge gewähren. Sie sollen 70 % des Anwärtergrundbetrages nicht übersteigen. Sie dürfen im Ausnahmefall bei Vorliegen eines dringenden dienstlichen Grundes höchstens bis 100 % des Anwärtergrundbetrages betragen.

(2) Anspruch auf Anwärtersonderzuschläge besteht nur, wenn die Anwärterin oder der Anwärter
1. nicht vor dem Abschluss des Vorbereitungsdienstes oder wegen schuldhaftem Nichtbestehen der Laufbahnprüfung ausscheidet und
2. nach Bestehen der Laufbahnprüfung mindestens fünf Jahre als Beamtin oder Beamter im öffentlichen Dienst (§ 29) in der Laufbahn verbleibt, für die sie oder er die Befähigung erworben hat, oder, wenn das Beamtenverhältnis nach Bestehen der Laufbahnprüfung endet, in derselben Laufbahn in ein Beamtenverhältnis im öffentlichen Dienst (§ 29) für mindestens die gleiche Zeit eintritt.

(3) Werden die in Absatz 2 genannten Voraussetzungen aus Gründen, die die Anwärterin, der Beamte, die frühere Beamtin oder der frühere Beamte zu vertreten hat, nicht erfüllt, ist der Anwärtersonderzuschlag in voller Höhe zurückzuzahlen. Der Rückzahlungsbetrag vermindert sich für jedes nach Bestehen der Laufbahnprüfung abgeleistete Dienstjahr um jeweils ein Fünftel. § 15 bleibt unberührt.

§ 70
Unterrichtsvergütung für Lehramtsanwärterinnen und Lehramtsanwärter

(1) Anwärterinnen und Anwärtern für ein Lehramt an öffentlichen Schulen kann für selbständig erteilten Unterricht eine Unterrichtsvergütung gewährt werden.

(2) Unterrichtsvergütung darf nur für tatsächlich geleistete Unterrichtsstunden gewährt werden, die über die im Rahmen der Ausbildung festgesetzten Unterrichtsstunden hinaus zusätzlich selbständig erteilt werden. Unterrichtsvergütung wird für höchstens vierundzwanzig im Kalendermonat selbständig geleistete Unterrichtsstunden gewährt. Zu den im Rahmen der Ausbildung nach Satz 1 zu erteilenden Unterrichtsstunden, für die eine Unterrichtsvergütung nicht gewährt wird, zählen Hospitationen, Unterricht unter Anleitung und, soweit dies gefordert wird, Unterricht in eigener Verantwortung der Anwärterin oder des Anwärters.

(3) Die Unterrichtsvergütung darf die für das angestrebte Lehramt festgesetzten Beträge der Mehrarbeitsvergütung nicht überschreiten. Die oberste Dienstbehörde bestimmt im Einvernehmen mit dem für das Besoldungsrecht zuständigen Ministerium die Höhe der Unterrichtsvergütung.

§ 71
Anrechnung anderer Einkünfte

(1) Erhalten Anwärterinnen und Anwärter ein Entgelt für eine Nebentätigkeit innerhalb oder für eine anzeigepflichtige Nebentätigkeit außerhalb des öffentlichen Dienstes, wird das Entgelt auf die Anwärterbezüge angerechnet, soweit es diese übersteigt. Als Anwärtergrundbetrag werden jedoch mindestens 30 % des Anfangsgrundgehaltes der maßgeblichen Einstiegsbesoldungsgruppe der Laufbahn gewährt.

(2) Hat die Anwärterin oder der Anwärter einen arbeitsrechtlichen Anspruch auf Entgelt für eine in den Ausbildungsrichtlinien vorgeschriebene Tätigkeit außerhalb des öffentlichen Dienstes, wird das Entgelt auf die Anwärterbezüge angerechnet, soweit die Summe von Entgelt, Anwärterbezügen und Familienzuschlag übersteigt, die einer Beamtin oder einem Beamten mit gleichem Familienstand im Einstiegsamt der Laufbahn in der ersten Stufe zusteht.

(3) Übt eine Anwärterin oder ein Anwärter gleichzeitig eine Tätigkeit im öffentlichen Dienst mit mindestens der Hälfte der dafür geltenden regelmäßigen Arbeitszeit aus, gilt § 6 entsprechend.

§ 72
Kürzung der Anwärterbezüge

(1) Die oberste Dienstbehörde oder die von ihr bestimmte Stelle kann den Anwärtergrundbetrag bis auf 30 % des Grundgehaltes, das einer Beamtin oder einem Beamten der entsprechenden Laufbahn in der ersten Stufe zusteht, herabsetzen, wenn die Anwärterin oder der Anwärter die vorgeschriebene Laufbahnprüfung nicht bestanden hat oder sich die Ausbildung aus einem von der Anwärterin oder dem Anwärter zu vertretenden Grunde verzögert.

(2) Von der Kürzung ist abzusehen
1. bei Verlängerung des Vorbereitungsdienstes infolge genehmigten Fernbleibens oder Rücktritts von der Prüfung,
2. in besonderen Härtefällen.

(3) Wird eine Zwischenprüfung nicht bestanden oder ein sonstiger Leistungsnachweis nicht erbracht, ist die Kürzung auf den sich daraus ergebenden Zeitraum der Verlängerung des Vorbereitungsdienstes zu beschränken.

Abschnitt VII
Vermögenswirksame Leistungen

§ 73
Vermögenswirksame Leistungen

(1) Beamtinnen und Beamte erhalten vermögenswirksame Leistungen nach dem Fünften Vermögensbildungsgesetz in der Fassung vom 4. März 1994 (BGBl. I S. 406), zuletzt geändert durch Artikel 12 des Gesetzes vom 16. Juli 2009 (BGBl. I S. 1959).

(2) Vermögenswirksame Leistungen werden für die Kalendermonate gewährt, in denen der oder dem Berechtigten Dienstbezüge oder Anwärterbezüge zustehen und sie oder er diese Bezüge erhält.

(3) Der Anspruch auf die vermögenswirksamen Leistungen entsteht frühestens für den Kalendermonat, in dem die oder der Berechtigte die nach § 76 erforderlichen Angaben mitteilt, und für die beiden vorangegangenen Monate desselben Kalenderjahres.

§ 74
Höhe der vermögenswirksamen Leistungen

(1) Die vermögenswirksamen Leistungen betragen monatlich 6,65 Euro. Teilzeitbeschäftigte erhalten den Betrag der dem Verhältnis der ermäßigten zur regelmäßigen Arbeitszeit entspricht; bei begrenzter Dienstfähigkeit gilt Entsprechendes.

(2) Beamtinnen und Beamte auf Widerruf im Vorbereitungsdienst, deren Anwärterbezüge zuzüglich der Stufe 1 des Familienzuschlags 971,45 Euro monatlich nicht erreichen, erhalten monatlich 13,29 Euro.

(3) Für die Höhe der vermögenswirksamen Leistungen sind die Verhältnisse am Ersten des Kalendermonats maßgebend. Wird das Dienstverhältnis nach dem Ersten des Kalendermonats begründet, ist für diesen Monat der Tag des Beginns des Dienstverhältnisses maßgeblich.

(4) Die vermögenswirksamen Leistungen sind bis zum Ablauf der auf den Monat der Mitteilung nach § 76 folgenden drei Kalendermonate, danach monatlich im Voraus zu zahlen.

§ 75
Konkurrenzen

(1) Die vermögenswirksamen Leistungen werden der oder dem Berechtigten im Kalendermonat nur einmal gewährt.

(2) Bei mehreren Dienstverhältnissen ist das Dienstverhältnis maßgebend, aus dem die oder der Berechtigte einen Anspruch auf vermögenswirksame Leistungen hat. Sind solche Leistungen für mehrere Dienstverhältnisse vorgesehen, sind sie aus dem zuerst begründeten Dienstverhältnis zu zahlen.

(3) Erreichen die vermögenswirksamen Leistungen nach Absatz 2 nicht den Betrag nach § 74, ist der Unterschiedsbetrag aus dem anderen Dienstverhältnis zu zahlen.

(4) Die Absätze 1 bis 3 gelten entsprechend für vermögenswirksame Leistungen aus einem anderen Rechtsverhältnis, auch wenn die Regelungen im Einzelnen nicht übereinstimmen.

§ 76
Anlage der vermögenswirksamen Leistungen

(1) Die oder der Berechtigte teilt der oder dem Dienstvorgesetzten oder einer von ihr oder ihm bestimmten Stelle schriftlich die Art der gewählten Anlage mit und gibt hierbei, soweit dies nach der Art der Anlage erforderlich ist, das Unternehmen oder Institut mit der Nummer des Kontos an, auf das die Leistungen eingezahlt werden sollen.

(2) Für die vermögenswirksamen Leistungen nach diesem Gesetz und die vermögenswirksame Anlage von Teilen der Bezüge nach dem Fünften Vermögensbildungsgesetz soll die oder der Berechtigte möglichst dieselbe Anlageart und dasselbe Unternehmen oder Institut auswählen.

(3) Der Wechsel der Anlage bedarf im Fall des § 11 Abs. 3 Satz 2 des Fünften Vermögensbildungsgesetzes nicht der Zustimmung der nach Absatz 1 zuständigen Stelle, wenn die oder der Berechtigte diesen Wechsel aus Anlass der erstmaligen Gewährung der vermögenswirksamen Leistungen verlangt.

Abschnitt VIII
Übergangs- und Schlussvorschriften

§ 77
Allgemeine Verwaltungsvorschriften und Zuständigkeitsregelungen

Das für das Besoldungsrecht zuständige Ministerium erlässt die allgemeinen Verwaltungsvorschriften zu diesem Gesetz.

§ 78
- gestrichen -

§ 79
Überleitung von Ämtern

(1) Am 1. Januar 2019 vorhandene Beamtinnen und Beamte, denen am 31. Dezember 2018 ein erstes Einstiegsamt der Laufbahngruppe 1 in Besoldungsgruppe A 3 oder ein zweites Einstiegsamt der Laufbahngruppe 1 in A 6 verliehen war, sind entsprechend der in Artikel 1 Nummer 8 Buchstabe a bis c des Gesetzes vom 8. November 2018 (GVOBl. Schl.-H. S. 691) geregelten Anhebung der Einstiegsämter mit Wirkung vom 1. Januar 2019 in das neue Einstiegsamt A 4 oder A 7 übergeleitet.

(2) Am 1. Januar 2016 vorhandene Beamtinnen und Beamte, denen am 31. Dezember 2015 ein zweites Einstiegsamt der Laufbahngruppe 1 in Besoldungsgruppe A 6 oder A 7 verliehen war, sind entsprechend der in Artikel 7 Nummer 5 Buchstabe a und b des Haushaltsbegleitgesetzes vom 16. Dezember 2015 (GVOBl. Schl.-H. S. 500) geregelten Anhebung der Einstiegsämter mit Wirkung vom 1. Januar 2016 in das neue Einstiegsamt A 7 oder A 8 übergeleitet.

(3) Am 1. Januar 2017 vorhandene Beamtinnen und Beamte, denen am 31. Dezember 2016 ein zweites Einstiegsamt der Laufbahngruppe 1 in Besoldungsgruppe A 7 verliehen war, sind entsprechend der in Artikel 2 Nummer 3 des Haushaltsbegleitgesetzes 2017 vom 14. Dezember 2016 (GVOBl. Schl.-H. S. 999) geregelten Anhebung des Einstiegsamtes mit Wirkung vom 1. Januar 2017 in das neue Einstiegsamt A 8 übergeleitet.

(4) Am 1. August 2019 vorhandene Beamtinnen und Beamte, denen zu ihrer Besoldung in der Besoldungsgruppe A 15 eine Amtszulage nach Fußnote 9 in der bis zum 31. Juli 2019 geltenden Fassung dieses Gesetzes gewährt wurde, erhalten entsprechend Artikel 2 Buchstabe b des Gesetzes vom 24. Juni 2019 (GVOBl. Schl.-H. S. 188) mit Wirkung vom 1. August 2019 eine Amtszulage nach Fußnote 6.

(5) Am 1. August 2019 vorhandene Beamtinnen und Beamte mit der Befähigung für das Lehramt an Grund- und Hauptschulen oder mit der Befähigung für das Lehramt an Grundschulen, denen ein Beförderungsamt verliehen worden ist, sind entsprechend der in Artikel 1 Nummer 2 Buchstabe b des Gesetzes vom 24. Juni 2019 (GVOBl. Schl.-H. S. 188) geregelten Anhebung der Ämter mit Wirkung vom 1. August 2019 in ein neues Amt übergeleitet, wenn die Schülerzahl, die für die besoldungsrechtliche Bewertung des bisherigen Amtes maßgeblich ist, auch zu diesem Zeitpunkt noch besteht.

(6) Am 1. August 2020 vorhandene Beamtinnen und Beamte mit der Befähigung für das Lehramt an Grund- und Hauptschulen oder mit der Befähigung für das Lehramt an Grundschulen, denen ein Beförderungsamt verliehen worden ist, sind entsprechend der in Artikel 3 Nummer 4 des Gesetzes vom 24. Juni 2019 (GVOBl. Schl.-H. S. 188) geregelten Anhebung der Ämter mit Wirkung vom 1. August 2020 in ein neues Amt übergeleitet, wenn die Schülerzahl, die für die besoldungsrechtliche Bewertung des bisherigen Amtes maßgeblich ist, auch zu diesem Zeitpunkt noch besteht.

(7) Am 1. August 2025 vorhandene Lehrkräfte, denen am 31. Juli 2025 ein erstes Einstiegsamt der Laufbahngruppe 2 in Besoldungsgruppe A 12 mit der Amtsbezeichnung „Lehrkraft" verliehen war, sind entsprechend der in Artikel 4 des Gesetzes vom 24. Juni 2019 (GVOBl. Schl.-H. S. 188) geregelten Anhebung des Einstiegsamtes mit Wirkung vom 1. August 2025 in das neue Einstiegsamt A 13 übergeleitet.

(8) Am 1. Januar 2021 vorhandene Beamtinnen und Beamte, denen am 31. Dezember 2020 ein Amt der Besoldungsgruppe A 2, A 3 oder A 4 verliehen war, werden mit Wirkung vom 1. Januar 2021 in das der jeweiligen Laufbahn entsprechende Amt der Besoldungsgruppe A 5 übergeleitet.

§ 80
Übergangsregelung bei Gewährung einer Versorgung durch eine zwischenstaatliche oder überstaatliche Einrichtung

Bei Zeiten im Sinne des § 10 Abs. 1 Satz 1, die bis zum 31. Dezember 1991 zurückgelegt sind, ist § 8 des Bundesbesoldungsgesetzes in der bis zu diesem Zeitpunkt geltenden Fassung anzuwenden. Für Zeiten ab dem 1. Januar 1992 bis zum 31. Dezember 2002 beträgt die Kürzung nach § 10 Abs. 1 Satz 2 1,875 %. Für Zeiten ab dem 1. Januar 2003 bis zum 31. März 2011 ist der Prozentsatz des § 10 Abs. 1 Satz 2 vervielfältigt mit dem jeweiligen in § 69 e Abs. 3 und 4 des Beamtenversorgungsgesetzes – Überleitungsfassung für Schleswig-Holstein – in der bis zum 29. Februar 2012 geltenden Fassung genannten Faktor anzuwenden.

§ 81
Künftig wegfallende Ämter

Ämter, die nicht mehr benötigt werden, werden für vorhandene Amtsinhaberinnen und Amtsinhaber in den Anhang zu den Besoldungsordnungen oder in den Besoldungsordnungen „künftig wegfallend" ausgebracht. Diese Ämter dürfen anderen Beamtinnen und Beamten nicht verliehen werden. Einer Amtsinhaberin oder einem Amtsinhaber nach Satz 1 kann jedoch im Wege der Beförderung ein ebenfalls als künftig wegfallend bezeichnetes Amt verliehen werden, sofern nicht eine Beförderung in ein in den Besoldungsordnungen A, B, W und R ausgebrachtes Amt möglich ist.

§ 82
Einweisung in eine Planstelle, Ausweisung von Planstellen

(1) § 49 Abs. 1 und 2 der Landeshaushaltsordnung gelten für die in § 1 Abs. 1 Nr. 2 und 3 genannten Dienstherren entsprechend.

(2) Die im Haushaltsplan ausgewiesenen Planstellen für Beamtinnen und Beamte dürfen, soweit das dienstliche Bedürfnis es zulässt, auch mit Beamtinnen und Beamten einer niedrigeren Besoldungsgruppe derselben oder einer anderen Laufbahn besetzt werden. Abweichend hiervon können Planstellen des ersten Einstiegsamtes der Laufbahngruppe 2 auch mit Beamtinnen und Beamten der Laufbahngruppe 1 besetzt werden, wenn sie in die Aufgaben der neuen Laufbahn eingeführt werden oder sich darin zu bewähren haben.

§ 83
Anlagen

Die Anlagen 1 bis 9 sind Bestandteil dieses Gesetzes.

Anlage 1
Besoldungsordnungen A und B (SHBesO A und B)
Vorbemerkungen

1. Amtsbezeichnungen

(1) Die in der Besoldungsordnung A gesperrt gedruckten Amtsbezeichnungen sind Grundamtsbezeichnungen. Den Grundamtsbezeichnungen können Zusätze, die
1. auf den Dienstherrn oder den Verwaltungsbereich,
2. auf die Fachrichtung,
3. auf den Laufbahnzweig

hinweisen, beigefügt werden. Die Grundamtsbezeichnungen „Rätin" oder „Rat", „Oberrätin" oder „Oberrat", „Direktorin" oder „Direktor" und „Leitende Direktorin" oder „Leitender Direktor" dürfen nur in Verbindung mit einem Zusatz nach Satz 2 verliehen werden.

(2) Den Grundamtsbezeichnungen beigefügte Zusätze bezeichnen die Funktionen, die diesen Ämtern zugeordnet werden können, nicht abschließend.

(3) Den Beamtinnen und Beamten, deren Amtsbezeichnung sich durch Überleitung ändert, kann auf Antrag durch die oberste Dienstbehörde gestattet werden, für ihre Person ihre bisherige Amtsbezeichnung weiterhin zu führen, sofern diese ein deutlich erkennbare Heraushebung hinweist, die mit der neuen Amtsbezeichnung nicht verbunden ist.

2. Verwendung der Amtsbezeichnungen „Direktorin und Professorin" oder „Direktor und Professor" in den Besoldungsgruppen B 1, B 2 und B 3

(1) Die Ämter „Direktorin und Professorin" oder „Direktor und Professor" in den Besoldungsgruppen B 1, B 2 und B 3 dürfen nur an Beamtinnen und Beamte verliehen werden, denen in wissenschaftlichen Forschungseinrichtungen oder in Dienststellen und Einrichtungen mit eigenen wissenschaftlichen Forschungsbereichen überwiegend wissenschaftliche Forschungsaufgaben obliegen.

(2) Das Institut für Weltwirtschaft ist eine Dienststelle und Einrichtung mit eigenen wissenschaftlichen Forschungsbereichen im Sinne des Absatzes 1.

(3) Ist in einer kollegial organisierten Forschungseinrichtung einer „Direktorin und Professorin" oder einem „Direktor und Professor" in den Besoldungsgruppen B 2 oder B 3 zusätzlich zu ihren oder seinen sonstigen Funktionen die Leitung der Forschungseinrichtung mit zeitlicher Begrenzung übertragen, erhält sie oder er für die Dauer der Wahrnehmung dieser Funktionen eine Stellenzulage nach Anlage 8.

3. Ämter der Lehrkräfte in der Schulaufsicht und Schulverwaltung sowie in Einrichtungen der Lehrkräfteaus- und Lehrkräftefortbildung

Die Ämter für Lehrkräfte einschließlich der Beförderungsämter werden nach Maßgabe des Haushaltsplans auch in der Schulaufsicht und Schulverwaltung sowie in Einrichtungen der Lehrkräfteaus- und Lehrkräftefortbildung verwendet werden.

4. Lehrkräfte mit Lehrbefähigungen nach dem Recht der ehemaligen DDR

Lehrkräfte mit einer Lehrbefähigung nach dem Recht der ehemaligen Deutschen Demokratischen Republik werden unter Berücksichtigung der Ämter für Lehrkräfte, die in der Besoldungsordnung A ausgewiesen sind, eingestuft.

5. Leiterinnen und Leiter von unteren Landesbehörden sowie Leiterinnen und Leiter von allgemeinbildenden oder berufsbildenden Schulen

Die Ämter der Leiterinnen und Leiter von unteren Landesbehörden mit einem örtlich begrenzten Zuständigkeitsbereich sowie die Ämter der Leiterinnen und Leiter von allgemeinbildenden oder berufsbildenden Schulen werden nur in Besoldungsgruppen der Besoldungsordnung A eingestuft. Für die Leiterinnen und Leiter von besonders großen und besonders bedeutenden unteren Landesbehörden können nach Maßgabe des Haushalts Planstellen der Besoldungsgruppe A 16 mit einer Amtszulage nach Anlage 8 ausgestattet werden.

6. Stellvertretende Leiterinnen und Leiter oberer Landesbehörden

Für stellvertretende Leiterinnen und Leiter oberer Landesbehörden, deren Aufgaben sich nach sachgerechter Bewertung aus der Besoldungsgruppe A 16 herausheben, können nach Maßgabe des Haushalts Planstellen der Besoldungsgruppe A 16 mit einer Amtszulage nach Anlage 8 ausgestattet werden.

Besoldungsordnung A

Besoldungsgruppe A 4
- nicht besetzt -

Besoldungsgruppe A 5
Betriebsassistentin oder Betriebsassistent [1)2)5)]
Erste Justizhauptwachtmeisterin oder Erster Justizhauptwachtmeister [2)3)5)]
Oberamtsmeisterin oder Oberamtsmeister [2)4)5)]
Oberbetriebsmeisterin oder Oberbetriebsmeister [2)5)]

[1)] Erhält eine Amtszulage nach Anlage 8.
[2)] Soweit nicht in der Besoldungsgruppe A 6.
[3)] Erhält eine Amtszulage nach Anlage 8.
[4)] Erhält eine Amtszulage nach Anlage 8, wenn sie oder er im Sitzungsdienst der Gerichte eingesetzt ist.
[5)] Als erstes Einstiegsamt der Laufbahngruppe 1.

Besoldungsgruppe A 6
Betriebsassistentin oder Betriebsassistent [1)]
Erste Justizhauptwachtmeisterin oder Erster Justizhauptwachtmeister [1)2)4)5)]
Oberamtsmeisterin oder Oberamtsmeister [1)]
Oberbetriebsmeisterin oder Oberbetriebsmeister [1)]
Sekretärin oder Sekretär [3)]
Werkmeisterin oder Werkmeister [3)]

[1)] Soweit nicht in der Besoldungsgruppe A 5.
[2)] Erhält eine Amtszulage nach Anlage 8.
[3)] Als zweites Einstiegsamt der Laufbahngruppe 1.
[3)] Als zweites Einstiegsamt der Laufbahngruppe 1.
[4)] Erhält als Leitung einer Justizwachtmeisterei mit bis zu neun Mitarbeiterinnen und Mitarbeitern eine Amtszulage nach Anlage 8.
[5)] Erhält als Leitung einer Justizwachtmeisterei mit zehn oder mehr Mitarbeiterinnen und Mitarbeitern eine Amtszulage nach Anlage 8.

Besoldungsgruppe A 7
Brandmeisterin oder Brandmeister [1)]
Obersekretärin oder Obersekretär [2)]
Oberwerkmeisterin oder Oberwerkmeister

[1)] Als Einstiegsamt der Laufbahngruppe 1 in der Fachrichtung Feuerwehr.
[2)] Als zweites Einstiegsamt der Laufbahngruppe 1 in den Fachrichtungen Allgemeine Dienste, Technische Dienste und Steuerverwaltung, für den Laufbahnzweig Verwaltungsdienst in Justizvollzugsanstalten und für den Laufbahnzweig der Justizfachwirtinnen und Justizfachwirte bei den Gerichten und Staatsanwaltschaften in der Fachrichtung Justiz und für den Laufbahnzweig Fischereiverwaltung in der Fachrichtung Agrar- und umweltbezogene Dienste.

Besoldungsgruppe A 8
Gerichtsvollzieherin oder Gerichtsvollzieher [1)]
Hauptsekretärin oder Hauptsekretär [3)]
Hauptwerkmeisterin oder Hauptwerkmeister [3)]
Oberbrandmeisterin oder Oberbrandmeister
Polizeiobermeisterin oder Polizeiobermeister [2)]

[1)] Als zweites Einstiegsamt der Laufbahngruppe 1 in der Fachrichtung Justiz im Laufbahnzweig Gerichtsvollzieherdienst.
[2)] Als zweites Einstiegsamt der Laufbahngruppe 1 in der Fachrichtung Polizei.
[3)] Als zweites Einstiegsamt der Laufbahngruppe 1 in der Fachrichtung Justiz.

bei Verwendung in Funktionen des Allgemeinen Vollzugsdienstes oder des Werkdienstes bei den Justizvollzugsanstalten und in der Funktion des Abschiebungshaftvollzugs bei einer Abschiebungshafteinrichtung.

Besoldungsgruppe A 9

Amtsinspektorin oder Amtsinspektor [1]
Betriebsinspektorin oder Betriebsinspektor [1]
Hauptbrandmeisterin oder Hauptbrandmeister [1]
Inspektorin oder Inspektor [2) 3)]
Kriminalkommissarin oder Kriminalkommissar [4]
Obergerichtsvollzieherin oder Obergerichtsvollzieher [1]
Polizeihauptmeisterin oder Polizeihauptmeister [1]
Polizeikommissarin oder Polizeikommissar [4]

[1] *Für Funktionen, die sich von denen der Besoldungsgruppe A 9 abheben, können nach Maßgabe sachgerechter Bewertung jeweils bis zu 30% der Stellen mit einer Amtszulage nach Anlage 8 ausgestattet werden. Stellenbruchteile, die sich bei Anwendung der Obergrenzenregelung ergeben, dürfen von 0,5 an aufgerundet werden. Wird in der Laufbahngruppe 1 mit dem zweiten Einstiegsamt nur eine Planstelle mit der Besoldungsgruppe A 9 ausgewiesen, darf diese Planstelle ebenfalls mit der Amtszulage nach Anlage 8 ausgestattet werden, wenn nach Maßgabe sachgerechter Bewertung Funktionen wahrgenommen werden, die sich von denen der Besoldungsgruppe A 9 abheben.*
[2] *Als erstes Einstiegsamt der Laufbahngruppe 2.*
[3] *Als erstes Einstiegsamt der Laufbahngruppe 2 in den Fachrichtungen Technische Dienste und Feuerwehr, wenn der Aufstieg aus der Laufbahngruppe 1 erfolgreich absolviert wurde.*
[4] *Als erstes Einstiegsamt der Laufbahngruppe 2 in der Fachrichtung Polizei.*

Besoldungsgruppe A 10

Fachlehrkraft
– soweit eine zu einem Hochschulstudium berechtigende Schulbildung oder eine Studienqualifikation nach § 39 Abs. 1 des Hochschulgesetzes vom 28. Februar 2007 (GVOBl. Schl.-H. S. 184), zuletzt geändert durch Artikel 12 des Gesetzes vom 9. März 2010 (GVOBl. Schl.-H. S. 356), und die erforderliche Vorbildung nach den Bestimmungen der Landesverordnung über die Laufbahnen der Lehrerinnen und Lehrer (SH.LLVO) in der Fassung der Bekanntmachung vom 30. Januar 1998, zuletzt geändert durch Verordnung vom 22. Juni 2009 (GVOBl. Schl.-H. S. 382), nachgewiesen werden – [1) 2)]
Kriminaloberkommissarin oder Kriminaloberkommissar
Oberinspektorin oder Oberinspektor [3]
Polizeioberkommissarin oder Polizeioberkommissar [4]

[1] *Als erstes Einstiegsamt der Laufbahngruppe 2 in der Fachrichtung Bildung.*
[2] *Soweit nicht in der Besoldungsgruppe A 11.*
[3] *Als erstes Einstiegsamt der Laufbahngruppe 2 in den Fachrichtungen Technische Dienste, Feuerwehr und Agrar- und umweltbezogene Dienste, Laufbahnzweig Landwirtschaftsverwaltung, wenn das für den Zugang zur Laufbahn geforderte abgeschlossene Hochschulstudium nachgewiesen wurde.*
[4] *Als erstes Einstiegsamt der Laufbahngruppe 2 der Fachrichtung Polizei, Laufbahnzweig Wasserschutzpolizeidienst, wenn ein Befähigungszeugnis nach der Seeleute-Befähigungsverordnung nach Maßgabe der Polizeilaufbahnverordnung vorliegt.*

Besoldungsgruppe A 11

Amtfrau oder Amtmann
Fachlehrkraft
– soweit eine zu einem Hochschulstudium berechtigende Schulbildung oder eine Studienqualifikation nach § 39 Abs. 1 des Hochschulgesetzes und die erforderliche Vorbildung nach den Bestimmungen der SH.LLVO nachgewiesen werden – [1) 2)]
Kriminalhauptkommissarin oder Kriminalhauptkommissar [3]
Polizeihauptkommissarin oder Polizeihauptkommissar [3]

[1] *Als erstes Einstiegsamt der Laufbahngruppe 2 in der Fachrichtung Bildung.*
[2] *In diese Besoldungsgruppe können nur Beamtinnen und Beamte eingestuft werden, die eine achtjährige Lehrtätigkeit oder eine vierjähri-*

ge Dienstzeit seit Einstellung mindestens in der Besoldungsgruppe A 10 verbracht haben.
[3] *Soweit nicht in der Besoldungsgruppe A 12.*

Besoldungsgruppe A 12

Amtsanwältin oder Amtsanwalt [1]
Amtsrätin oder Amtsrat
Kriminalhauptkommissarin oder Kriminalhauptkommissar [2]
Polizeihauptkommissarin oder Polizeihauptkommissar [2]
Rechnungsrätin oder Rechnungsrat
– als Prüfungsbeamtin oder Prüfungsbeamter beim Landesrechnungshof –
Lehrkraft [*)]
– an allgemeinbildenden Schulen mit der Befähigung für das Lehramt an Grund- und Hauptschulen – [3]
– mit der Befähigung für das Lehramt an Grundschulen – [3]
Berufschullehrkraft [3]

[*)] *Gemäß Artikel 4 des Gesetzes vom 24.6.2019 (GVOBl. Schl.-H. S. 188) wird dieses Amt mit Wirkung vom 1.8.2025 der Besoldungsgruppe A 13 zugeordnet.*
[1] *Als erstes Einstiegsamt der Laufbahngruppe 2 in der Fachrichtung Justiz im Laufbahnzweig Amtsanwaltsdienst.*
[2] *Soweit nicht in der Besoldungsgruppe A 11.*
[3] *Als erstes Einstiegsamt der Laufbahngruppe 2 der Fachrichtung Bildung.*

Besoldungsgruppe A 13

Akademische Rätin oder Akademischer Rat
– als wissenschaftliche oder künstlerische Mitarbeiterin oder als wissenschaftlicher oder künstlerischer Mitarbeiter an einer Hochschule –
Ärztin oder Arzt
Berufsschuloberlehrerin oder Berufsschuloberlehrer – [2]
Erste Kriminalhauptkommissarin oder Erster Kriminalhauptkommissar [13]
Erste Polizeihauptkommissarin oder Erster Polizeihauptkommissar [13]
Fachschuloberlehrerin oder Fachschuloberlehrer – [2]
Konrektorin oder Konrektor
– als stellvertretende Leiterin oder stellvertretender Leiter einer Grundschule mit mehr als 80 bis zu 360 Schülerinnen und Schülern – [4]
– als Koordinatorin oder Koordinator an einer mit einer Grundschule verbundenen Gemeinschaftsschule mit bis zu 360 Schülerinnen und Schülern in der Primarstufe – [3) 17)]
– als Koordinatorin oder Koordinator an einer organisatorischen Verbindung mit mehr als 540 Schülerinnen und Schülern in der Primarstufe – [3) 5) 17)]
– als Koordinatorin oder Koordinator an einer mit einem Förderzentrum verbundenen Gemeinschaftsschule mit bis zu 180 Schülerinnen und Schülern im Förderzentrumsbereich – [4) 6) 7)]
– als Koordinatorin oder Koordinator für schulfachliche Aufgaben an Gemeinschaftsschulen ab 240 bis zu 360 Schülerinnen und Schülern in der Sekundarstufe I – [3) 4) 6) 8)]
Konservatorin oder Konservator
Kustodin oder Kustos
Lehrkraft im Justizvollzugsdienst [9]
Oberamtsanwältin oder Oberamtsanwalt [10]
Oberamtsrätin oder Oberamtsrat [11) 12) 13)]
Oberrechnungsrätin oder Oberrechnungsrat [13]
– als Prüfungsbeamtin oder Prüfungsbeamter beim Landesrechnungshof -
Polizeischuloberlehrkraft [8]
Rätin oder Rat [14]
Realschullehrkraft
– mit der Befähigung für das Lehramt an Realschulen – [15]

Sekundarschullehrkraft mit dem Schwerpunkt Sekundarstufe I
- mit der Befähigung für das Lehramt an Sekundarschulen mit dem Schwerpunkt Sekundarstufe I – [15)][18)]

Gemeinschaftsschullehrkraft
- mit der Befähigung für das Lehramt an Gemeinschaftsschulen – [15)][18)]

Rektorin oder Rektor
- als Leiterin oder Leiter einer Grundschule mit bis zu 80 Schülerinnen und Schülern – [4)]

Förderzentrumslehrkraft
- mit der Befähigung für das Lehramt für Sonderpädagogik – [15)]

Sonderschullehrkraft
- mit der Befähigung für das Lehramt an Sonderschulen – [15)]

Studienrätin oder Studienrat
- mit der Befähigung für das Lehramt an Gymnasien oder an berufsbildenden Schulen – [16)]
- mit der Befähigung für das Sekundarschullehramt mit zwei Fächern auf dem Niveau der Sekundarstufen I und II – [16)]

Studienrätin oder Studienrat an einer Fachhochschule

Zweite Konrektorin oder Zweiter Konrektor
- einer Grundschule mit mehr als 540 Schülerinnen und Schülern – [4)]

[1)] Soweit nicht in der Besoldungsgruppe A 14.
[2)] Nur bei Erfüllung besonderer Voraussetzungen nach Maßgabe der LVO-Bildung vom 19. Juli 2016 (GVOBl. Schl.-H. S. 574); das Amt gehört der Laufbahngruppe 2 mit dem ersten Einstiegsamt an.
[3)] Für Lehrkräfte mit der Befähigung für das Lehramt an Grund- und Hauptschulen.
[4)] Erhält eine Amtszulage nach Anlage 8.
[5)] Organisatorische Verbindung gemäß §§ 9, 60 des Schulgesetzes (SchulG).
[6)] Für Lehrkräfte mit der Befähigung für das Lehramt an Sonderschulen oder für das Lehramt für Sonderpädagogik.
[7)] Für die Berechnung der Schülerzahlen werden die Schülerinnen und Schüler mit festgestelltem sonderpädagogischen Förderbedarf im Förderzentrum und die Hälfte der Schülerinnen und Schüler in integrativen Maßnahmen an Grundschulen und allgemeinbildenden weiterführenden Schulen zugrunde gelegt.
[8)] Für Lehrkräfte mit der Befähigung für das Lehramt an Realschulen, an Gemeinschaftsschulen oder der für Sekundarschullehrkräfte mit dem Schwerpunkt Sekundarstufe I.
[9)] Erhält eine Stellenzulage für Beamtinnen und Beamte in Justizvollzugseinrichtungen, Psychiatrischen Krankenhäuser und Entziehungsanstalten nach § 51 SHBesG.
[10)] Für Funktionen einer Amtsanwältin oder eines Amtsanwalts bei einer Staatsanwaltschaft, die sich von denen der Besoldungsgruppe A 13 abheben, können nach Maßgabe sachgerechter Bewertung bis zu 20% der Stellen für Oberamtsanwältinnen und Oberamtsanwälte mit einer Amtszulage nach Anlage 8 ausgestattet werden.
[11)] Für Beamtinnen und Beamte mit dem ersten Einstiegsamt der Laufbahngruppe 2 in den Fachrichtungen Feuerwehr und Technische Dienste von Funktionen, die sich von denen der Besoldungsgruppe A 13 abheben, nach Maßgabe sachgerechter Bewertung bis zu 20% der für technische Beamtinnen und Beamte ausgebrachten Stellen der Besoldungsgruppe A 13 mit einer Amtszulage nach Anlage 8 ausgestattet werden.
[12)] Für Beamtinnen und Beamte als Rechtspflegerinnen oder Rechtspfleger können für diese Funktionen bei Gerichten und Staatsanwaltschaften, die sich von denen der Besoldungsgruppe A 13 abheben, nach Maßgabe sachgerechter Bewertung bis zu 20% der für Rechtspflegerinnen und Rechtspfleger ausgebrachten Stellen der Besoldungsgruppe A 13 mit einer Amtszulage nach Anlage 8 ausgestattet werden.
[13)] Für Beamtinnen und Beamte mit dem ersten Einstiegsamt der Laufbahngruppe 2 der nicht in den Fußnoten 10 bis 12 genannten Fachrichtungen, Laufbahnzweige und Funktionen können für Funktionen, die sich von denen der Besoldungsgruppe A 13 abheben, nach Maßgabe sachgerechter Bewertung bis zu 20% der ausgebrachten Stellen der Besoldungsgruppe A 13 mit einer Amtszulage nach Anlage 8 ausgestattet werden. Stellenbruchteile, die sich bei Anwendung der Obergrenzenregelung ergeben, dürfen von 0,5 an aufgerundet werden. Werden in der Laufbahngruppe 2 mit dem ersten Einstiegsamt höchstens vier Planstellen mit der Besoldungsgruppe A 13 ausgewiesen, darf eine Planstelle ebenfalls mit der Amtszulage nach Anlage 8 ausgestattet werden, wenn nach Maßgabe sachgerechter Bewertung Funktionen wahrgenommen werden, die sich von denen der Besoldungsgruppe A 13 abheben.
[14)] Als zweites Einstiegsamt der Laufbahngruppe 2.
[15)] Als erstes Einstiegsamt der Laufbahngruppe 2 in der Fachrichtung Bildung.
[16)] Als zweites Einstiegsamt der Laufbahngruppe 2 in der Fachrichtung Bildung.
[17)] Für Lehrkräfte mit der Befähigung für das Lehramt an Grundschulen.
[18)] Mit zwei Fächern auf dem Niveau der Sekundarstufe I oder mit einem Fach auf dem Niveau der Sekundarstufe I und einem Fach auf dem Niveau der Sekundarstufe I und II.

Besoldungsgruppe A 14

Akademische Oberrätin oder Akademischer Oberrat
- als wissenschaftliche oder künstlerische Mitarbeiterin oder wissenschaftlicher oder künstlerischer Mitarbeiter an einer Hochschule –

Ärztin oder Arzt [1)]

Chefärztin oder Chefarzt [2)]

Oberärztin oder Oberarzt [3)]

Oberkonservatorin oder Oberkonservator

Oberkustodin oder Oberkustos

Oberrätin oder Oberrat

Konrektorin oder Konrektor
- als stellvertretende Leiterin oder stellvertretender Leiter einer Grundschule mit mehr als 360 Schülerinnen und Schülern –
- als stellvertretende Leiterin oder stellvertretender Leiter einer Gemeinschaftsschule mit bis zu 360 Schülerinnen und Schülern – [4)][5)]
- als stellvertretende Leiterin oder stellvertretender Leiter einer Gemeinschaftsschule mit mehr als 360 Schülerinnen und Schülern – [4)][5)][6)]
- als stellvertretende Leiterin oder stellvertretender Leiter einer organisatorischen Verbindung mit bis zu 360 Schülerinnen und Schülern – [5)][7)][11)][13)][14)]
- als stellvertretende Leiterin oder stellvertretender Leiter einer organisatorischen Verbindung mit mehr als 360 Schülerinnen und Schülern – [5)][6)][7)][11)][13)][14)]
- als Koordinatorin oder Koordinator an einer mit einer Grundschule verbundenen Gemeinschaftsschule mit mehr als 360 bis zu 540 Schülerinnen und Schülern in der Primarstufe – [11)][14)]
- als Koordinatorin oder Koordinator an einer mit einer Grundschule verbundenen Gemeinschaftsschule mit mehr als 540 Schülerinnen und Schülern in der Primarstufe – [6)][11)][14)]
- als Koordinatorin oder Koordinator für schulfachliche Aufgaben an Gemeinschaftsschulen mit mehr als 360 bis zu 540 Schülerinnen und Schülern in der Sekundarstufe I – [4)][5)][8)]
- als Koordinatorin oder Koordinator für schulfachliche Aufgaben an Gemeinschaftsschulen mit mehr als 540 Schülerinnen und Schülern in der Sekundarstufe I – [4)][5)][6)][9)]
- als Koordinatorin oder Koordinator an einer mit einem Förderzentrum verbundenen Gemeinschaftsschule mit mehr als 180 Schülerinnen und Schülern im Förderzentrumsbereich – [5)][10)]
- als Koordinatorin oder Koordinator an einer organisatorischen Verbindung mit mehr als 180 Schülerinnen und Schülern im Förderzentrumsbereich – [5)][7)][10)]

Oberstudienrätin oder Oberstudienrat
- an einer Fachhochschule –

- mit der Befähigung für das Lehramt an Gymnasien oder an berufsbildenden Schulen –
- mit der Befähigung für das Sekundarschullehramt mit zwei Fächern auf dem Niveau der Sekundarstufen I und II –
- als Studienleiterin oder Studienleiter im Sachgebiet Grundschulen im Institut für Qualitätsentwicklung an Schulen Schleswig-Holstein (IQSH) – [11)][14)]
- als Studienleiterin oder Studienleiter im Sachgebiet Gemeinschaftsschulen im IQSH – [4)]
- als Studienleiterin oder Studienleiter im Sachgebiet Sonderpädagogik im IQSH – [5)]
- als Koordinatorin oder Koordinator für schulfachliche Aufgaben an Gemeinschaftsschulen ab 240 bis zu 540 Schülerinnen und Schülern in der Sekundarstufe I – [6)][8)][15)]

Polizeischulkonrektorin oder Polizeischulkonrektor

Rektorin oder Rektor
- im Justizvollzugsdienst – [12)]
- als Leiterin oder Leiter einer Grundschule mit mehr als 80 bis zu 180 Schülerinnen und Schülern –
- als Leiterin oder Leiter einer Grundschule mit mehr als 180 bis zu 360 Schülerinnen und Schülern – [6)]
- als Leiterin oder Leiter einer Gemeinschaftsschule bis zu 360 Schülerinnen und Schülern – [4)][5)][6)]
- als Leiterin oder Leiter einer organisatorischen Verbindung mit bis zu 360 Schülerinnen und Schülern – [5)][6)][7)] [11)][13)][14)]

Sonderschulkonrektorin oder Sonderschulkonrektor oder Förderzentrumskonrektorin oder Förderzentrumskonrektor
- als die ständige Vertreterin oder der ständige Vertreter der Leiterin oder des Leiters eines Förderzentrums mit dem Förderschwerpunkt Lernen mit mehr als 90 bis zu 180 Schülerinnen und Schülern; für Schülerinnen und Schüler mit sonstigen Förderschwerpunkten mit mehr als 60 bis zu 120 Schülerinnen und Schülern – [10)]
- als die ständige Vertreterin oder der ständige Vertreter der Leiterin oder des Leiters eines Förderzentrums mit dem Förderschwerpunkt Lernen mit mehr als 180 Schülerinnen und Schülern; für Schülerinnen und Schüler mit sonstigen Förderschwerpunkten mit mehr als 120 Schülerinnen und Schülern – [6)][10)]
- als die ständige Vertreterin oder der ständige Vertreter der Leiterin oder des Leiters eines Förderzentrums mit Heim – [6)]

Sonderschulrektorin oder Sonderschulrektor oder Förderzentrumsrektorin oder Förderzentrumsrektor
- eines Förderzentrums mit dem Förderschwerpunkt Lernen mit bis zu 90 Schülerinnen und Schülern; für Schülerinnen und Schüler mit sonstigen Förderschwerpunkten mit bis zu 60 Schülerinnen und Schülern – [10)]
- eines Förderzentrums mit dem Förderschwerpunkt Lernen mit mehr als 90 bis zu 180 Schülerinnen und Schülern; für Schülerinnen und Schüler mit sonstigen Förderschwerpunkten mit mehr als 60 bis zu 120 Schülerinnen und Schülern – [6)][10)]

Zweite Sonderschulkonrektorin oder Zweiter Sonderschulkonrektor oder
Zweite Förderzentrumskonrektorin oder Zweiter Förderzentrumskonrektor
- als Koordinatorin oder Koordinator für den Krankenhausunterricht in einem Kreis oder einer kreisfreien Stadt, wenn mehr als fünf Stellen zu koordinieren sind –
- eines Förderzentrums mit Heim und mit mehr als 90 Schülerinnen und Schülern – [10)]
- eines Förderzentrums mit dem Schwerpunkt Sehen mit mehr als 150 Schülerinnen und Schülern – [10)]
- eines Förderzentrums mit dem Förderschwerpunkt Lernen mit mehr als 270 Schülerinnen und Schülern; für Schülerinnen und Schüler mit sonstigen Förderschwerpunkten mit mehr als 180 Schülerinnen und Schülern – [10)]

- am Landesförderzentrum Hören zur Koordinierung schulfachlicher Aufgaben –

[1)] *Soweit nicht in der Besoldungsgruppe A 13.*
[2)] *Soweit nicht in den Besoldungsgruppen A 15 oder A 16.*
[3)] *Soweit nicht in der Besoldungsgruppe A 15.*
[4)] *Für Lehrkräfte mit der Befähigung für das Lehramt an Grund- und Hauptschulen, an Realschulen, an Gemeinschaftsschulen oder für Sekundarschullehrkräfte mit dem Schwerpunkt Sekundarstufe I.*
[5)] *Für Lehrkräfte mit der Befähigung für das Lehramt an Sonderschulen oder für das Lehramt für Sonderpädagogik.*
[6)] *Erhält eine Amtszulage nach Anlage 8.*
[7)] *Organisatorische Verbindung gemäß §§ 9, 60 SchulG.*
[8)] *Die Anzahl der Koordinatorinnen oder Koordinatoren beträgt bei mehr als 360 bis zu 540 Schülerinnen und Schülern 2.*
[9)] *Die Anzahl der Koordinatorinnen oder Koordinatoren beträgt bei mehr als 540 bis zu 670 Schülerinnen und Schülern 3 und ab 670 Schülerinnen und Schülern 4.*
[10)] *Für die Berechnung der Schülerzahlen werden die Schülerinnen und Schüler mit festgestelltem sonderpädagogischen Förderbedarf im Förderzentrum und die Hälfte der Schülerinnen und Schüler in integrativen Maßnahmen an Grundschulen und allgemein bildenden weiterführenden Schulen zugrunde gelegt. Dabei gilt als Mindestschülerzahl die Schülerzahl des Schuljahres 2007/2008. Sind nach diesem Zeitpunkt Förderzentren zusammengelegt worden, soll nach dem Günstigkeitsprinzip die Gesamtschülerzahl der Ursprungsschulen zugrunde gelegt werden.*
[11)] *Für Lehrkräfte mit der Befähigung für das Lehramt an Grund- und Hauptschulen.*
[12)] *Erhält eine Stellenzulage für Beamtinnen und Beamte in Justizvollzugseinrichtungen, Psychiatrischen Krankenhäuser und Entziehungsanstalten nach § 51 SHBesG.*
[13)] *Die Einstufung der Leitungsfunktionen des jeweils verbundenen Förderzentrums darf nicht unterschritten werden.*
[14)] *Für Lehrkräfte mit der Befähigung für das Lehramt an Grundschulen.*
[15)] *Für Lehrkräfte mit der Befähigung für das Lehramt an Gymnasien oder an berufsbildenden Schulen oder für Lehrkräfte mit der Befähigung für das Sekundarschullehramt mit zwei Fächern auf dem Niveau der Sekundarstufen I und II.*

Besoldungsgruppe A 15

Akademische Direktorin oder Akademischer Direktor
- als wissenschaftliche oder künstlerische Mitarbeiterin oder wissenschaftlicher oder künstlerischer Mitarbeiter an einer Hochschule –

Chefärztin oder Chefarzt [1)]

Direktorin oder Direktor

Hauptkonservatorin oder Hauptkonservator

Hauptkustodin oder Hauptkustos

Oberärztin oder Oberarzt [2)]

Polizeischulrektorin oder Polizeischulrektor

Regierungsschuldirektorin oder Regierungsschuldirektor
- als Schulaufsichtsbeamtin oder Schulaufsichtsbeamter oder als Beamtin oder Beamter im Schulverwaltungsdienst der zuständigen oberen oder obersten Landesbehörde –

Rektorin oder Rektor
- als Leiterin oder Leiter einer Grundschule mit mehr als 360 Schülerinnen und Schülern –
- als Leiterin oder Leiter einer Gemeinschaftsschule mit mehr als 360 Schülerinnen und Schülern – [3)][4)]
- als Leiterin oder Leiter einer organisatorischen Verbindung mit mehr als 360 Schülerinnen und Schülern – [5)][11)][12)]

Sonderschulrektorin oder Sonderschulrektor oder
Förderzentrumsrektorin oder Förderzentrumsrektor
- eines Förderzentrums mit Förderschwerpunkt Lernen mit mehr als 180 Schülerinnen und Schülern; für Schüle-

rinnen und Schüler mit sonstigen Förderschwerpunkten mit mehr als 120 Schülerinnen und Schülern – [7)]
– eines Förderzentrums mit Heim

Studiendirektorin oder Studiendirektor
– an einer Fachhochschule –
– an einer Hochschule –
– als Leiterin oder Leiter einer berufsbildenden Schule mit bis zu 80 Schülerinnen und Schülern – [8)]
– als Leiterin oder Leiter einer berufsbildenden Schule mit mehr als 80 bis zu 360 Schülerinnen und Schülern – [6) 8)]
– als Leiterin oder Leiter eines nicht voll ausgebauten Gymnasiums – [6)]
– als Leiterin oder Leiter eines voll ausgebauten Gymnasiums mit bis zu 360 Schülerinnen und Schülern – [6)]
– als Leiterin oder Leiter einer Gemeinschaftsschule ohne gymnasiale Oberstufe mit bis zu 1.000 Schülerinnen und Schülern – [6) 9)]
– als Leiterin oder Leiter einer organisatorischen Verbindung mit bis zu 360 Schülerinnen und Schülern – [5) 6) 9)]
– als stellvertretende Leiterin oder stellvertretender Leiter einer berufsbildenden Schule mit mehr als 80 bis zu 360 Schülerinnen und Schülern – [8)]
– als stellvertretende Leiterin oder stellvertretender Leiter einer berufsbildenden Schule mit mehr als 360 Schülerinnen und Schülern – [6) 8)]
– als stellvertretende Leiterin oder stellvertretender Leiter eines Gymnasiums im Aufbau mit
– mehr als 540 Schülerinnen und Schülern, wenn die oberste Jahrgangsstufe fehlt, [6)]
– mehr als 670 Schülerinnen und Schülern, wenn die zwei oberen Jahrgangsstufen fehlen, [6)]
– mehr als 800 Schülerinnen und Schülern, wenn die drei oberen Jahrgangsstufen fehlen, [6)]
– als stellvertretende Leiterin oder stellvertretender Leiter eines nicht voll ausgebauten Gymnasiums –
– als stellvertretende Leiterin oder stellvertretender Leiter eines voll ausgebauten Gymnasiums mit bis zu 360 Schülerinnen und Schülern
– als stellvertretende Leiterin oder stellvertretender Leiter eines voll ausgebauten Gymnasiums mit mehr als 360 Schülerinnen und Schülern – [6)]
– als stellvertretende Leiterin oder stellvertretender Leiter einer Gemeinschaftsschule ohne gymnasiale Oberstufe mit bis zu 1.000 Schülerinnen und Schülern – [9)]
– als stellvertretende Leiterin oder stellvertretender Leiter einer Gemeinschaftsschule ohne gymnasiale Oberstufe mit mehr als 1.000 Schülerinnen und Schülern – [6) 9)]
– als stellvertretende Leiterin oder stellvertretender Leiter einer Gemeinschaftsschule mit gymnasialer Oberstufe mit mehr als 360 Schülerinnen und Schülern – [6) 9)]
– als stellvertretende Leiterin oder stellvertretender Leiter einer organisatorischen Verbindung mit bis zu 360 Schülerinnen und Schülern – [5) 9)]
– als stellvertretende Leiterin oder stellvertretender Leiter einer organisatorischen Verbindung mit mehr als 360 Schülerinnen und Schülern – [5) 6) 9)]
– als zweite stellvertretende Leiterin oder zweiter stellvertretender Leiter an einem Regionalen Berufsbildungszentrum – [6) 9)]
– als Koordinatorin oder Koordinator für schulfachliche Aufgaben an Gemeinschaftsschulen mit mehr als 540 Schülerinnen und Schülern in der Sekundarstufe I – [9) 13)]
– als Koordinatorin oder Koordinator an einer mit einer gymnasialen Oberstufe verbundenen Gemeinschaftsschule – [9)]
– als Koordinatorin oder Koordinator schulfachlicher Aufgaben – [10)]
– als Leiterin oder Leiter des Sachgebietes Grundschulen im IQSH – [11)]

– als Leiterin oder Leiter des Sachgebietes Gemeinschaftsschulen im IQSH – [12)]
– als Leiterin oder Leiter des Sachgebietes Sonderpädagogik im IQSH – [4)]
– als Studienleiterin oder Studienleiter im Sachgebiet Gymnasien im IQSH – [9)]
– als Studienleiterin oder Studienleiter im Landesseminar Berufliche Bildung im IQSH – [9)]
– als Studienleiterin oder Studienleiter im Dezernat Landesseminar Berufliche Bildung im Schleswig-Holsteinischen Institut für Berufliche Bildung – Landesamt - (SHIBB)

[1)] Soweit nicht in den Besoldungsgruppen A 14 oder A 16.
[2)] Soweit nicht in der Besoldungsgruppe A 14.
[3)] Für Lehrkräfte mit der Befähigung für das Lehramt an Grund- und Hauptschulen, an Realschulen, an Gemeinschaftsschulen oder für Sekundarschullehrkräfte mit dem Schwerpunkt Sekundarstufe I.
[4)] Für Lehrkräfte mit der Befähigung für das Lehramt an Sonderschulen oder für das Lehramt für Sonderpädagogik.
[5)] Organisatorische Verbindung gemäß §§ 9, 60 SchulG.
[6)] Erhält eine Amtszulage nach Anlage 8.
[7)] Für die Berechnung der Schülerzahlen werden die Schülerinnen und Schüler mit festgestelltem sonderpädagogischen Förderbedarf im Förderzentrum und die Hälfte der Schülerinnen und Schüler in integrativen Maßnahmen an Grundschulen und allgemeinbildenden weiterführenden Schulen zugrunde gelegt. Dabei gilt als Mindestschülerzahl die Schülerzahl des Schuljahres 2007/2008. Sind nach diesem Zeitpunkt Förderzentren zusammengelegt worden, soll nach dem Günstigkeitsprinzip die Gesamtschülerzahl der Ursprungsschulen zugrunde gelegt werden.
[8)] Bei Schulen mit Teilzeitunterricht rechnen 2,5 Unterrichtsteilnehmerinnen oder Unterrichtsteilnehmer mit Teilzeitunterricht als einer.
[9)] Für Lehrkräfte mit der Befähigung für das Lehramt an Gymnasien oder an berufsbildenden Schulen oder für Lehrkräfte mit der Befähigung für das Sekundarschullehramt mit zwei Fächern auf dem Niveau der Sekundarstufen I und II.
[10)] Höchstens 30% der Gesamtzahl der planmäßigen Beamtinnen und Beamten mit der Befähigung für das Lehramt an Gymnasien oder an berufsbildenden Schulen oder für Lehrkräfte mit der Befähigung für das Sekundarschullehramt mit zwei Fächern auf dem Niveau der Sekundarstufen I und II.
[11)] Für Lehrkräfte mit der Befähigung für das Lehramt an Grundschulen oder an Grund- und Hauptschulen.
[12)] Die Einstufung der Leitungsfunktionen des jeweils verbundenen Förderzentrums darf nicht unterschritten werden.
[13)] Die Anzahl der Koordinatoren oder Koordinatoren beträgt bei mehr als 540 bis zu 670 Schülerinnen und Schülern 3 und ab 670 Schülerinnen und Schülern 4.

Besoldungsgruppe A 16

Abteilungsdirektorin oder Abteilungsdirektor
Chefärztin oder Chefarzt [1)]
Direktorin oder Direktor des AZV Südholstein – Kommunalunternehmen –
– als alleiniges Vorstandsmitglied – [2)]
Landeskonservatorin oder Landeskonservator
Leitende Akademische Direktorin oder Leitender Akademischer Direktor
– als wissenschaftliche oder künstlerische Mitarbeiterin oder wissenschaftlicher oder künstlerischer Mitarbeiter an einer Hochschule – [3)]
Leitende Direktorin oder Leitender Direktor [2)]
Leitende Regierungsschuldirektorin oder Leitender Regierungsschuldirektor
– als Schulaufsichtsbeamtin oder Schulaufsichtsbeamter oder als Beamtin oder Beamter im Schulverwaltungsdienst der zuständigen oberen Landesbehörde –
– als Leiterin oder Leiter des Dezernats „Landesseminar Berufliche Bildung" im Schleswig-Holsteinischen Institut für Berufliche Bildung - Landesamt - SHIBB – [5)]
Ministerialrätin oder Ministerialrat

- bei einer obersten Landesbehörde – 2) 8)
- als Landesbeauftrage oder Landesbeauftragter für Politische Bildung 7)

Oberstudiendirektorin oder Oberstudiendirektor
- an einer Hochschule –
- als Leiterin oder Leiter einer berufsbildenden Schule mit mehr als 360 Schülern, 4)
- als Leiterin oder Leiter eines Gymnasiums im Aufbau
  - mit mehr als 540 Schülern, wenn die oberste Jahrgangsstufe fehlt,
  - mit mehr als 670 Schülern, wenn die zwei oberen Jahrgangsstufen fehlen,
  - mit mehr als 800 Schülern, wenn die drei oberen Jahrgangsstufen fehlen,
- als Leiterin oder Leiter eines voll ausgebauten Gymnasiums mit mehr als 360 Schülern,
- als Leiterin oder Leiter einer Gemeinschaftsschule ohne gymnasiale Oberstufe mit mehr als 1000 Schülerinnen und Schülern – 5)
- als Leiterin oder Leiter einer Gemeinschaftsschule mit gymnasialer Oberstufe mit mehr als 360 Schülerinnen und Schülern – 5)
- als Leiterin oder Leiter einer organisatorischen Verbindung mit mehr als 360 Schülerinnen und Schülern – 5) 6)
- als Leiterin oder Leiter einer Abteilung im IQSH
- als Leiterin oder Leiter des Sachgebietes Gymnasien im IQSH – 5)
- als Leiterin oder Leiter des Sachgebietes Gemeinschaftsschulen im IQSH – 5)

Verbandsdirektorin oder Verbandsdirektor des Zweckverbandes Ostholstein 2)

Landesbeauftragte oder Landesbeauftragter für Menschen mit Behinderung 7)

Leiterin oder Leiter der Clearingstelle Windenergie

---

1) Soweit nicht in den Besoldungsgruppen A 14 oder A 15.
2) Soweit nicht in der Besoldungsgruppe B 2.
3) Nur in Stellen von besonderer Bedeutung.
4) Bei Schulen mit Teilzeitunterricht rechnen 2,5 Unterrichtsteilnehmer mit Teilzeitunterricht als einer.
5) Für Lehrkräfte mit der Befähigung für das Lehramt an Gymnasien oder an berufsbildenden Schulen.
6) Organisatorische Verbindung gemäß §§ 9, 60 SchulG.
7) Das Grundgehalt der oder des Landesbeauftragten für Politische Bildung und der oder des Landesbeauftragten für Menschen mit Behinderung bemisst sich abweichend von § 28 Abs. 1 SHBesG nach der höchsten Erfahrungsstufe.
8) Für herausgehobene Leitungsfunktionen, die sich von der Besoldungsgruppe A 16 abheben, können nach Maßgabe sachgerechter Bewertung bis zu 10 % der für Ministerialrätinnen und Ministerialräte ausgebrachten Stellen der Besoldungsgruppe B 2 mit einer Amtszulage nach Anlage 8 ausgestattet werden. Stellenbruchteile, die sich bei Anwendung der Obergrenzenregelung ergeben, dürfen von 0,5 an aufgerundet werden.

Besoldungsordnung B

Besoldungsgruppe B 1

Direktorin und Professorin oder Direktor und Professor

Besoldungsgruppe B 2

Abteilungsdirektorin oder Abteilungsdirektor als Leiterin oder Leiter einer großen und bedeutenden Abteilung bei einer Dienststelle oder Einrichtung, wenn deren Leiterin oder Leiter mindestens in Besoldungsgruppe B 5 eingestuft ist oder mindestens eine entsprechende Vergütung erhält

Direktorin oder Direktor des AZV Südholstein – Kommunalunternehmen –
- als alleiniges Vorstandsmitglied – 1)

Direktorin und Professorin oder Direktor und Professor
- als Leiterin oder Leiter einer wissenschaftlichen Forschungseinrichtung – 2)
- bei einer wissenschaftlichen Forschungseinrichtung oder in einem wissenschaftlichen Forschungsbereich als Leiterin oder Leiter einer Abteilung, eines Fachbereichs, eines Instituts sowie einer großen oder bedeutenden Gruppe (Unterabteilung) oder eines großen oder bedeutenden Laboratoriums, soweit ihre Leiterin oder sein Leiter nicht einer Unterabteilungsleiterin, einem Unterabteilungsleiter, einer Gruppenleiterin oder einem Gruppenleiter unmittelbar unterstellt ist –

Hauptgeschäftsführerin oder Hauptgeschäftsführer der Handwerkskammer Flensburg 3)

Leitende Kreisverwaltungsdirektorin oder Leitender Kreisverwaltungsdirektor als hauptamtliche Vertreterin oder hauptamtlicher Vertreter der Landrätin oder des Landrates bei der Wahrnehmung von Aufgaben als untere Landesbehörde

Ministerialrätin oder Ministerialrat
- als Vertreterin oder Vertreter einer Abteilungsleiterin oder eines Abteilungsleiters bei einer obersten Landesbehörde –
- als Vertreterin oder Vertreter einer Abteilungsleiterin oder eines Abteilungsleiters des Landesrechnungshofs
- als Leiterin oder Leiter des Amtes für Bundesbau
- Leiterin oder Leiter des Amtes für Planfeststellung Verkehr

Stellvertretende Direktorin oder Stellvertretender Direktor des Landesamts für Landwirtschaft, Umwelt und ländliche Räume

Stellvertretende Direktorin oder Stellvertretender Direktor des Landesbetriebs für Straßenbau und Verkehr

Stellvertretende Geschäftsführerin oder Stellvertretender Geschäftsführer der Landwirtschaftskammer SchleswigHolstein

Verbandsdirektorin oder Verbandsdirektor des Zweckverbandes Ostholstein 1)

---

1) Nach Ablauf einer Amtszeit als bestellte Verbandsdirektorin, bestellter Verbandsdirektor oder Vorstand von sechs Jahren. Zeiten entsprechender Verwendung können im Falle einer Umstrukturierung der Einrichtung berücksichtigt werden.
2) Soweit die Funktion nicht einem in eine höhere oder niedrigere Besoldungsgruppe eingestuften Amt zugeordnet ist.
3) Soweit nicht in der Besoldungsgruppe B 3.

Besoldungsgruppe B 3

Direktorin oder Direktor der Anstalt Schleswig-Holsteinische Landesforsten

Direktorin oder Direktor des Dienstleistungszentrums Personal

Direktorin oder Direktor des Landesamtes für Küstenschutz, Nationalpark und Meeresschutz

Direktorin oder Direktor des Landeskriminalamts

Direktorin oder Direktor des Landeslabors Schleswig-Holstein – Lebensmittel-, Veterinär- und Umweltuntersuchungsamt

Direktorin oder Direktor des Landesamts für Vermessung und Geoinformation

Direktorin oder Direktor des Landesamtes für soziale Dienste

Direktorin oder Direktor des Schleswig-Holsteinischen Instituts für berufliche Bildung – Landesamt – (SHIBB)

Direktorin oder Direktor des Landesamtes für Ausländerangelegenheiten

Direktorin und Professorin oder Direktor und Professor
- als Leiterin oder Leiter einer wissenschaftlichen Forschungseinrichtung – 1)
- bei einer wissenschaftlichen Forschungseinrichtung oder in einem wissenschaftlichen Forschungsbereich als Leiterin oder Leiter einer großen Abteilung, eines großen Fachbereichs oder eines großen Instituts –

Geschäftsführerin oder Geschäftsführer der Versorgungsausgleichskasse der Kommunalverbände in Schleswig-Holstein

Hauptgeschäftsführerin oder Hauptgeschäftsführer der Handwerkskammer Flensburg 2)

Hauptgeschäftsführerin oder Hauptgeschäftsführer der Handwerkskammer Lübeck [3)]

Landespolizeidirektorin oder Landespolizeidirektor

Präsidentin oder Präsident der Verwaltungsfachhochschule, wenn sie oder er zugleich die Geschäfte des Ausbildungszentrums für Verwaltung führt

[1)] *Soweit die Funktion nicht einem in eine niedrigere Besoldungsgruppe eingestuften Amt zugeordnet ist.*
[2)] *Soweit nicht in der Besoldungsgruppe B 2.*
[3)] *Soweit nicht in der Besoldungsgruppe B 4.*

Besoldungsgruppe B 4

Direktorin oder Direktor bei der Deutschen Rentenversicherung Nord
– als stellvertretende Geschäftsführerin oder stellvertretender Geschäftsführer

Direktorin oder Direktor des Instituts für Qualitätsentwicklung an Schulen Schleswig-Holstein

Direktorin oder Direktor des Landesamts für Landwirtschaft, Umwelt und ländliche Räume

Direktorin oder Direktor des Landesbetriebs Straßenbau und Verkehr Schleswig-Holstein

Hauptgeschäftsführerin oder Hauptgeschäftsführer der Handwerkskammer Lübeck [1)]

Leitende Ministerialrätin oder Leitender Ministerialrat
– als Abteilungsleiterin oder Abteilungsleiter bei einer obersten Landesbehörde – [2)]
– als Abteilungsleiterin oder Abteilungsleiter des Landesrechnungshofs – [2)]

[1)] *Soweit nicht in der Besoldungsgruppe B 3.*
[2)] *Soweit nicht in der Besoldungsgruppe B 5.*

Besoldungsgruppe B 5

Geschäftsführerin oder Geschäftsführer der Landwirtschaftskammer Schleswig-Holstein

Erste Direktorin oder Erster Direktor der Deutschen Rentenversicherung Nord
– als Geschäftsführerin oder Geschäftsführer

Ministerialdirigentin oder Ministerialdirigent
– als Abteilungsleiterin oder Abteilungsleiter bei einer obersten Landesbehörde – [1) 2)]
– als Abteilungsleiterin oder Abteilungsleiter und Mitglied des Landesrechnungshofs – [1)]
– als Landesbeauftragte oder Landesbeauftragter für Datenschutz –

[1)] *Soweit nicht in der Besoldungsgruppe B 4.*
[2)] *Erhält für die Dauer der Bestellung zur stellvertretenden Staatssekretärin oder zur alleinigen stellvertretenden Landtagsdirektorin oder zum stellvertretenden Landtagsdirektor eine widerrufliche Zulage in Höhe von 11 % des Grundgehalts der Besoldungsgruppe B 5.*

Besoldungsgruppe B 6

Bürgerbeauftragte oder Bürgerbeauftragter für soziale Angelegenheiten

Besoldungsgruppe B 7

Vizepräsidentin oder Vizepräsident des Landesrechnungshofs

Besoldungsgruppe B 8

Direktorin oder Direktor des Landtages

Besoldungsgruppe B 9

Präsidentin oder Präsident des Landesrechnungshofs

Staatssekretärin oder Staatssekretär

Besoldungsgruppe B 10
– nicht besetzt –

Besoldungsgruppe B 11
– nicht besetzt –

Anhang zu den Besoldungsordnungen A und B
Künftig wegfallende Ämter und Amtsbezeichnungen

Besoldungsordnung A 6

Präparatorin oder Präparator

Besoldungsgruppe A 9

Lehrwerkmeisterin oder Lehrwerkmeister an einer Berufsschule [1)]

[1)] *Das Amt gehört der Laufbahngruppe 1 mit dem zweiten Einstiegsamt an.*

Besoldungsgruppe A 14

Kanzlerin oder Kanzler an einer Fachhochschule, soweit nicht in einer anderen Besoldungsgruppe

Kanzlerin oder Kanzler der Universität Flensburg

Kanzlerin oder Kanzler der Musikhochschule Lübeck

Kanzlerin oder Kanzler einer staatlichen Hochschule mit einer Messzahl bis 1.000

Besoldungsgruppe A 15

Kanzlerin oder Kanzler der Fachhochschulen Flensburg und Lübeck

Kanzlerin oder Kanzler einer staatlichen Hochschule mit einer Messzahl von 1.001 bis 2.000

Schulrätin oder Schulrat als Schulaufsichtsbeamtin oder Schulaufsichtsbeamter unterhalb der Landesebene [1)]

Studiendirektorin oder Studiendirektor
– als Studienleiterin oder Studienleiter im Landesseminar Berufliche Bildung im IQSH.

[1)] *Erhält eine Amtszulage nach Anlage 8 (dort: BesGr. A 15, Fußnote 6).*

Besoldungsgruppe A 16

Direktorin oder Direktor einer Ingenieurschule

Kanzlerin oder Kanzler der Medizinischen Universität zu Lübeck

Kanzlerin oder Kanzler der Fachhochschule Kiel

Kanzlerin oder Kanzler einer staatlichen Hochschule mit einer Messzahl von 2.001 bis 4.000

Oberseefahrtschuldirektorin oder Oberseefahrtschuldirektor

Verbandsdirektorin oder Verbandsdirektor des Zweckverbandes Verband Kieler Umland, soweit nicht in der Besoldungsgruppe B 2

Besoldungsgruppe B 2

Direktorin oder Direktor der Landeszentrale für politische Bildung

Kanzlerin oder Kanzler einer Hochschule mit einer Messzahl von 4001 bis 6000

Rektorin oder Rektor
– als hauptberufliche Rektorin oder hauptberuflicher Rektor einer Hochschule mit einer Messzahl bis 1000 gemäß Nummer 20 der Anlage I zum Bundesbesoldungsgesetz –

Verbandsdirektorin oder Verbandsdirektor des Zweckverbandes Verband Kieler Umland [1)]

[1)] *Nach Ablauf einer Amtszeit als bestellte Verbandsdirektorin oder als bestellter Verbandsdirektor von sechs Jahren.*

Besoldungsgruppe B 3

Direktorin oder Direktor des Pflanzenschutzamtes

Direktorin oder Direktor des Landesvermessungsamts

Kanzlerin oder Kanzler einer Hochschule mit einer Messzahl von 6001 bis 10.000

Landesmuseumsdirektorin oder Landesmuseumsdirektor

Rektorin oder Rektor
– als hauptberufliche Rektorin oder hauptberuflicher Rektor einer Hochschule mit einer Messzahl von 1001 bis 2000 gemäß Nummer 20 der Anlage I zum Bundesbesoldungsgesetz
– als hauptberufliche Rektorin oder hauptberuflicher Rektor der Fachhochschule Westküste

Stellvertretende Direktorin oder Stellvertretender Direktor der Landwirtschaftskammer Schleswig-Holstein

Stellvertretende Geschäftsführerin oder stellvertretender Geschäftsführer der Landwirtschaftskammer Schleswig-Holstein

Direktorin oder Direktor des Finanzverwaltungsamtes

Besoldungsgruppe B 4

Direktor bei einem Regionalträger der gesetzlichen Rentenversicherung
- als stellvertretender Geschäftsführer oder Mitglied der Geschäftsführung, wenn der Erste Direktor in Besoldungsgruppe B 5 eingestuft ist –

Kanzlerin oder Kanzler der Universität Kiel

Kanzlerin oder Kanzler einer staatlichen Hochschule mit einer Messzahl von mehr als 10.000

Rektorin oder Rektor
- als hauptberufliche Rektorin oder hauptberuflicher Rektor einer Hochschule mit einer Messzahl von 2001 bis 4000 gemäß Nummer 20 der Anlage I zum Bundesbesoldungsgesetz

Besoldungsgruppe B 5

Erster Direktor eines Regionalträgers der gesetzlichen Rentenversicherung
- als Geschäftsführer oder Vorsitzender der Geschäftsführung bei mehr als 2,3 Millionen und höchstens 3,7 Millionen Versicherten und laufenden Rentenfällen –

Besoldungsgruppe B 6

Direktorin oder Direktor der Landwirtschaftskammer Schleswig-Holstein, soweit nicht in der Besoldungsgruppe B 5

Geschäftsführerin oder Geschäftsführer der Landwirtschaftskammer Schleswig-Holstein

Landesschuldirektorin oder Landesschuldirektor

Besoldungsgruppe B 7

Ministerialdirigentin oder Ministerialdirigent als Abteilungsleiterin oder Abteilungsleiter, soweit Vertreterin oder Vertreter der Chefin oder des Chefs der Staatskanzlei oder der Amtschefin oder des Amtschefs einer obersten Landesbehörde

Rektorin oder Rektor der Universität Kiel [1]

[1] Beamtinnen und Beamte, die bis zu ihrer Wahl zur Rektorin oder zum Rektor als Professorin oder Professor der Besoldungsgruppe C 4 ein höheres Grundgehalt zuzüglich des Ortszuschlags und der Zuschläge nach Nummer 1 und 2 der Vorbemerkungen zu der Bundesbesoldungsordnung C bezogen haben, erhalten eine Ausgleichszulage. Diese wird in Höhe des Unterschiedsbetrages zwischen dem jeweiligen Grundgehalt und Ortszuschlag der Beamtin oder des Beamten und dem Grundgehalt zuzüglich des Ortszuschlages und der Zuschüsse, das ihr oder ihm in ihrem oder seinem bisherigen Amt zugestanden hätte, gewährt. Die Ausgleichszulage ist ruhegehaltfähig, soweit sie zum Ausgleich des Grundgehalts, des Ortszuschlages oder eines ruhegehaltfähigen Zuschusses dient.

Besoldungsgruppe B 9

Direktorin oder Direktor des Landtages

Besoldungsgruppe B 10

Präsidentin oder Präsident des Landesrechnungshofs

Staatssekretärin oder Staatssekretär

Anlage 2
Besoldungsordnung W (SHBesO W)
Besoldungsgruppe W 1

Professorin oder Professor als Juniorprofessorin oder Juniorprofessor [1]

[1] Nach § 64 des Hochschulgesetzes vom 28. Februar 2007 (GVOBl. Schl.-H. S. 18[4]), zuletzt geändert durch Artikel 12 des Gesetzes vom 9. März 2010 (GVOBl. Schl.-H. S. 35[6]) an einer Universität oder gleichgestellten Hochschule.

Besoldungsgruppe W 2

Professorin oder Professor an einer Fachhochschule [1]

Professorin oder Professor an einer Kunsthochschule [1]

Professorin oder Professor an einer Pädagogischen Hochschule [1]

Universitätsprofessorin oder Universitätsprofessor [1]

Kanzlerin oder Kanzler einer staatlichen Hochschule mit einer Messzahl bis 1.000

Kanzlerinnen und Kanzler der Fachhochschulen Flensburg, Lübeck und Westküste, der Muthesius-Kunsthochschule und der Musikhochschule [2]

[1] Soweit nicht in der Besoldungsgruppe W 3.

Besoldungsgruppe W 3

Professorin oder Professor an einer Fachhochschule [1]

Professorin oder Professor an einer Kunsthochschule [1]

Professorin oder Professor an einer Pädagogischen Hochschule [1]

Universitätsprofessorin oder Universitätsprofessor [1]

Präsidentin oder Präsident der … [2]

Kanzlerinnen und Kanzler der Universitäten und der Fachhochschule Kiel [2]

Hauptamtliche Vizepräsidentin oder hauptamtlicher Vizepräsident für Medizin der Universität zu Lübeck

Hauptamtliche Dekanin oder hauptamtlicher Dekan der medizinischen Fakultät der Christian-Albrechts-Universität zu Kiel.

[1] Soweit nicht in der Besoldungsgruppe W 2.
[2] Der Amtsbezeichnung ist ein Zusatz beizufügen, der auf die Hochschule hinweist, der die Amtsinhaberin oder der Amtsinhaber angehört.

Anlage 3
Besoldungsordnung C kw (SHBesO C kw)
Besoldungsgruppe C 1 kw

Künstlerische Assistentin oder Künstlerischer Assistent

Wissenschaftliche Assistentin oder Wissenschaftlicher Assistent

Besoldungsgruppe C 2 kw

Hochschuldozentin oder Hochschuldozent [1]

Oberassistentin oder Oberassistent [1]

Oberingenieurin oder Oberingenieur

Professorin oder Professor an einer Fachhochschule [2]

Professorin oder Professor an einer Kunsthochschule [3]

Professorin oder Professor an einer wissenschaftlichen Hochschule [3]
- an einer künstlerisch-wissenschaftlichen Hochschule –

Universitätsprofessorin oder Universitätsprofessor [3] [4]

[1] Erhält eine Stellenzulage nach Anlage 8, soweit als Oberarzt einer Hochschulklinik tätig.
[2] Soweit nicht in der Besoldungsgruppe C 3 kw.
[3] Soweit nicht in der Besoldungsgruppe C 3 kw oder C 4 kw.
[4] Auch an einer künstlerischwissenschaftlichen Hochschule, soweit die Hochschule das Recht zur Promotion und Habilitation besitzt.

Besoldungsgruppe C 3 kw

Professorin oder Professor an einer Fachhochschule [1]

Professorin oder Professor an einer Kunsthochschule [2]

Professorin oder Professor an einer wissenschaftlichen Hochschule [2]

Universitätsprofessorin oder Universitätsprofessor [2] [3]

[1] Soweit nicht in der Besoldungsgruppe C 2 kw.
[2] Soweit nicht in der Besoldungsgruppe C 2 kw oder C 4 kw.
[3] Auch an einer künstlerischwissenschaftlichen Hochschule, soweit die Hochschule das Recht zur Promotion und Habilitation besitzt.

Besoldungsgruppe C 4 kw

Professorin oder Professor an einer Kunsthochschule [1]

Professorin oder Professor an einer wissenschaftlichen Hochschule [1)]

Universitätsprofessorin oder Universitätsprofessor [1) 2)]

[1)] *Soweit nicht in den Besoldungsgruppe C 2 kw und C 3 kw.*

[2)] *Auch an einer künstlerisch-wissenschaftlichen Hochschule, soweit die Hochschule das Recht zur Promotion und Habilitation besitzt.*

Anlage 4
Besoldungsordnung R (SHBesO R)
Besoldungsgruppe R 1
Richterin oder Richter am Amtsgericht
– als ständige Vertretung der Direktorin oder des Direktors – [4)]
Richterin oder Richter am Arbeitsgericht
Richterin oder Richter am Landgericht
Richterin oder Richter am Sozialgericht
Richterin oder Richter am Verwaltungsgericht
Direktorin oder Direktor des Arbeitsgerichts [1)]
Erste Staatsanwältin oder Erster Staatsanwalt [3)]
Staatsanwältin oder Staatsanwalt [2)]

[1)] *An einem Gericht mit bis zu 3 Richterplanstellen; erhält eine Amtszulage nach Anlage 8.*

[2)] *Erhält als Gruppenleiterin oder Gruppenleiter bei der Staatsanwaltschaft bei einem Landgericht mit 4 Planstellen und mehr für Staatsanwältinnen und Staatsanwälte eine Amtszulage nach Anlage 8; anstatt einer Planstelle für eine Oberstaatsanwältin oder einen Oberstaatsanwalt als Abteilungsleiterin oder Abteilungsleiter können bei einer Staatsanwaltschaft mit 4 und 5 Planstellen für Staatsanwältinnen und Staatsanwälte eine Planstelle für eine Staatsanwältin oder einen Staatsanwalt als Gruppenleiterin oder Gruppenleiter und bei einer Staatsanwaltschaft mit 6 und mehr Planstellen für Staatsanwältinnen und Staatsanwälte 2 Planstellen für Staatsanwältinnen oder Staatsanwälte als Gruppenleiterinnen oder Gruppenleiter ausgebracht werden.*

[3)] *Erhält eine Amtszulage nach Anlage 8.*

[4)] *Erhält als ständige Vertretung der Direktorin oder des Direktors eine Amtszulage nach Anlage 8.*

Besoldungsgruppe R 2
Richterin oder Richter am Amtsgericht
– als weitere aufsichtsführende Richterin oder weiterer aufsichtsführender Richter – [1)]
– als ständige Vertretung der Direktorin oder des Direktors – [2)]
Richterin oder Richter am Finanzgericht
Richterin oder Richter am Landessozialgericht
Richterin oder Richter am Oberlandesgericht
Richterin oder Richter am Oberverwaltungsgericht
Richterin oder Richter am Sozialgericht
– als weitere aufsichtsführende Richterin oder weiterer aufsichtsführender Richter – [1)]
– als ständige Vertretung der Direktorin oder des Direktors – [2)]
Vorsitzende Richterin oder Vorsitzender Richter am Landgericht
Vorsitzende Richterin oder Vorsitzender Richter am Verwaltungsgericht
Direktorin oder Direktor des Amtsgerichts [3)]
Direktorin oder Direktor des Arbeitsgerichts [3)]
Direktorin oder Direktor des Sozialgerichts [3)]
Vizepräsidentin oder Vizepräsident des Amtsgerichts [4)]
Vizepräsidentin oder Vizepräsident des Landgerichts [5)]
Vizepräsidentin oder Vizepräsident des Verwaltungsgerichts [5)]
Oberstaatsanwältin oder Oberstaatsanwalt
– als Abteilungsleiterin oder Abteilungsleiter bei einer Staatsanwaltschaft bei einem Landgericht – [6)]
– als Dezernentin oder Dezernent bei einer Staatsanwaltschaft bei einem Oberlandesgericht –

[1)] *An einem Gericht mit 12 und mehr Richterplanstellen. Bei 18 Richterplanstellen und auf je 6 Richterplanstellen kann für weitere aufsichtsführende Richterinnen und Richter je eine Richterplanstelle der Besoldungsgruppe R 2 ausgebracht werden.*

[2)] *An einem Gericht mit 8 und mehr Richterplanstellen.*

[3)] *An einem Gericht mit 4 und mehr Richterplanstellen; erhält an einem Gericht mit 8 und mehr Richterplanstellen eine Amtszulage nach Anlage 8.*

[4)] *Als ständige Vertretung einer Präsidentin oder eines Präsidenten der Besoldungsgruppe R 3 oder R 4; erhält an einem Gericht mit 16 und mehr Richterplanstellen eine Amtszulage nach Anlage 8.*

[5)] *Erhält als ständige Vertretung einer Präsidentin oder eines Präsidenten der Besoldungsgruppe R 3 oder R 4 eine Amtszulage nach Anlage 8.*

[6)] *Auf je 4 Planstellen für Staatsanwältinnen und Staatsanwälte kann eine Planstelle für eine Oberstaatsanwältin oder einen Oberstaatsanwalt als Abteilungsleiterin oder Abteilungsleiter ausgebracht werden; erhält als ständige Vertretung einer Leitenden Oberstaatsanwältin oder eines Leitenden Oberstaatsanwalts der Besoldungsgruppe R 3 oder R 4 eine Amtszulage nach Anlage 8.*

Besoldungsgruppe R 3
Vorsitzende Richterin oder Vorsitzender Richter am Finanzgericht
Vorsitzende Richterin oder Vorsitzender Richter am Landesarbeitsgericht
Vorsitzende Richterin oder Vorsitzender Richter am Landessozialgericht
Vorsitzende Richterin oder Vorsitzender Richter am Oberlandesgericht
Vorsitzende Richterin oder Vorsitzender Richter am Oberverwaltungsgericht
Präsidentin oder Präsident des Amtsgerichts [1)]
Präsidentin oder Präsident des Landgerichts [1)]
Präsidentin oder Präsident des Verwaltungsgerichts [1)]
Vizepräsidentin oder Vizepräsident des Finanzgerichts [3)]
Vizepräsidentin oder Vizepräsident des Landesarbeitsgerichts [3)]
Vizepräsidentin oder Vizepräsident des Landgerichts [2)]
Vizepräsidentin oder Vizepräsident des Landessozialgerichts [3)]
Vizepräsidentin oder Vizepräsident des Oberverwaltungsgerichts [3)]
Leitende Oberstaatsanwältin oder Leitender Oberstaatsanwalt
– als Leiterin oder Leiter einer Staatsanwaltschaft bei einem Landgericht – [4) 5)]
– als Abteilungsleiterin oder Abteilungsleiter bei einer Staatsanwaltschaft bei einem Oberlandesgericht –

[1)] *An einem Gericht mit bis zu 40 Richterplanstellen einschließlich der Richterplanstellen der Gerichte, über die die Präsidentin oder der Präsident die Dienstaufsicht führt.*

[2)] *Als ständige Vertretung der Präsidentin oder des Präsidenten eines Gerichts mit 81 und mehr Richterplanstellen, einschließlich der Richterplanstellen der Gerichte, über die die Präsidentin oder der Präsident die Dienstaufsicht führt.*

[3)] *Erhält als ständige Vertretung einer Präsidentin oder eines Präsidenten der Besoldungsgruppe R 6 eine Amtszulage nach Anlage 8.*

[4)] *Mit 11 bis 40 Planstellen für Staatsanwältinnen und Staatsanwälte.*

[5)] *Erhält als ständige Vertretung einer Generalstaatsanwältin oder eines Generalstaatsanwalts der Besoldungsgruppe R 6 eine Amtszulage nach Anlage 8.*

Besoldungsgruppe R 4
Präsidentin oder Präsident des Amtsgerichts [1)]
Präsidentin oder Präsident des Landgerichts [1)]
Präsidentin oder Präsident des Verwaltungsgerichts [1)]
Vizepräsidentin oder Vizepräsident des Oberlandesgerichts [2)]
Leitende Oberstaatsanwältin oder Leitender Oberstaatsanwalt
– als Leiterin oder Leiter einer Staatsanwaltschaft bei einem Landgericht – [3)]

[1)] *An einem Gericht mit 41 bis 80 Richterplanstellen einschließlich der Richterplanstellen der Gerichte, über die die Präsidentin oder der Präsident die Dienstaufsicht führt.*

[2)] *Als ständige Vertretung einer Präsidentin oder eines Präsidenten der Besoldungsgruppe R 8.*

[3)] *Mit 41 und mehr Planstellen für Staatsanwältinnen und Staatsanwälte.*

Besoldungsgruppe R 5
Präsidentin oder Präsident des Finanzgerichts [1]
Präsidentin oder Präsident des Landgerichts [2]

[1] *An einem Gericht mit bis zu 25 Richterplanstellen im Bezirk.*
[2] *An einem Gericht mit 81 bis 150 Richterplanstellen einschließlich der Richterplanstellen der Gerichte, über die die Präsidentin oder der Präsident die Dienstaufsicht führt.*

Besoldungsgruppe R 6
Präsidentin oder Präsident des Landesarbeitsgerichts [1]
Präsidentin oder Präsident des Landessozialgerichts [1]
Präsidentin oder Präsident des Landgerichts [2]
Präsidentin oder Präsident des Oberverwaltungsgerichts [1]
Generalstaatsanwältin oder Generalstaatsanwalt
– als Leiterin oder Leiter einer Staatsanwaltschaft bei einem Oberlandesgericht – [3]

[1] *An einem Gericht mit 26 bis 100 Richterplanstellen im Bezirk.*
[2] *An einem Gericht mit 151 und mehr Richterplanstellen einschließlich der Richterplanstellen der Gerichte, über die die Präsidentin oder der Präsident die Dienstaufsicht führt.*
[3] *Mit 101 und mehr Planstellen für Staatsanwältinnen und Staatsanwälte im Bezirk.*

Besoldungsgruppe R 7
– nicht besetzt –

Besoldungsgruppe R 8
Präsidentin oder Präsident des Landessozialgerichts [1]
Präsidentin oder Präsident des Oberlandesgerichts [1]

[1] *An einem Gericht mit 101 und mehr Richterplanstellen im Bezirk.*

Vom Abdruck der Anlagen 5 bis 9 wurde abgesehen.

Gesetz über die Mitbestimmung der Personalräte (Mitbestimmungsgesetz Schleswig-Holstein – MBG Schl.-H.)[1]
vom 11. Dezember 1990
– GVOBl. Schl.-H. S. 577 –

Zuletzt geändert durch Gesetz vom 23. November 2020 (GVOBl. Schl.-H. S. 871)

Inhaltsverzeichnis

Abschnitt I
Allgemeine Vorschriften

- § 1 Bildung von Personalräten und Grundsätze der Zusammenarbeit
- § 2 Gegenstand und Ziele der Zusammenarbeit
- § 3 Beschäftigte
- § 4 Beamtinnen und Beamte
- § 5 Arbeitnehmerinnen und Arbeitnehmer
- § 6 (gestrichen)
- § 7 Gruppe
- § 8 Dienststellen
- § 9 Schweigepflicht

Abschnitt II
Personalrat

Unterabschnitt 1
Wahl und Zusammensetzung

- § 10 Wahl von Personalräten
- § 11 Wahlrecht
- § 12 Wählbarkeit
- § 13 Anzahl der Mitglieder des Personalrates
- § 14 Vertretung der Gruppen
- § 15 Wahlverfahren
- § 16 Schutz der Wahlhandlung
- § 17 Kosten der Wahl
- § 18 Wahlanfechtung

Unterabschnitt 2
Amtszeit

- § 19 Regelmäßige Amtszeit
- § 20 Neuwahl aus besonderen Gründen
- § 21 Ausschluß und Auflösung
- § 22 Erlöschen und Ruhen der Mitgliedschaft
- § 23 Ersatzmitglieder

Unterabschnitt 3
Geschäftsführung

- § 24 Vorstand
- § 25 Einberufung und Leitung von Sitzungen
- § 26 Nichtöffentlichkeit und Zeitpunkt der Sitzungen
- § 27 Beschlußfassung und Beschlußfähigkeit
- § 28 Beratung und Abstimmung
- § 29 Aussetzung von Beschlüssen des Personalrates und der Gruppenvertretungen
- § 30 Teilnahme von Sachverständigen, Mitgliedern der Stufenvertretungen und Beauftragten der Gewerkschaften
- § 31 Teilnahme weiterer Personen
- § 32 Geschäftsordnung und Sitzungsniederschrift
- § 33 Sprechstunden
- § 34 Kosten
- § 35 Beiträge

Unterabschnitt 4
Rechtsstellung der Personalratsmitglieder

- § 36 Freistellung
- § 37 Schulungs- und Bildungsveranstaltungen
- § 38 Kündigung, Versetzung und Abordnung

Abschnitt III
Personalversammlung

- § 39 Allgemeines
- § 40 Einberufung, Tätigkeitsbericht
- § 41 Zeitpunkt
- § 42 Aufgaben
- § 43 Teilnahme weiterer Personen

Abschnitt IV
Stufenvertretungen, Gesamtpersonalrat und Arbeitsgemeinschaften auf Landesebene

- § 44 Stufenvertretungen
- § 45 Gesamtpersonalrat
- § 46 Arbeitsgemeinschaften auf Landesebene

Abschnitt V
Mitbestimmung des Personalrates

Unterabschnitt 1
Allgemeines

- § 47 Grundsätze der Zusammenarbeit zwischen Dienststelle und Personalrat
- § 48 Sachliche Amtsführung
- § 49 Unterrichtung des Personalrates
- § 50 Arbeitsschutz und Unfallverhütung

Unterabschnitt 2
Mitbestimmung

- § 51 Umfang der Mitbestimmung
- § 52 Mitbestimmungsverfahren
- § 53 Bildung der Einigungsstelle, Kosten
- § 54 Verhandlung und Beschlußfassung der Einigungsstelle
- § 55 Aufhebung von Beschlüssen der Einigungsstelle
- § 56 Initiativrecht des Personalrate
- § 57 Dienstvereinbarungen
- § 58 Durchführung von Entscheidungen

Unterabschnitt 3
Allgemeine Regelungen auf Landesebene

- § 59 Vereinbarungen mit den Spitzenorganisationen der Gewerkschaften

Unterabschnitt 4
Zuständigkeiten der Personalräte

- § 60 Personalräte und Stufenvertretungen
- § 61 Gesamtpersonalrat

Abschnitt VI
Jugend- und Ausbildungsvertretung

- § 62 Errichtung
- § 63 Wahlberechtigung und Wählbarkeit
- § 64 Anzahl der Mitglieder der Jugend- und Ausbildungsvertretung
- § 65 Wahlverfahren
- § 66 Befugnisse und Tätigkeit
- § 67 Jugendversammlung
- § 68 Jugend- und Ausbildungsstufenvertretungen

Abschnitt VII
Vertretung der Referendarinnen und Referendare im juristischen Vorbereitungsdienst (Referendarrat)

- § 69 Errichtung
- § 70 Wahlrecht und Wählbarkeit
- § 71 Anzahl der Mitglieder des Referendarrates
- § 72 Wahlverfahren
- § 73 Geschäftsführung und Rechtsstellung
- § 74 Referendarversammlung

---

1 Zur Gültigkeit einzelner Bestimmungen siehe die Entscheidungsformel des Bundesverfassungsgerichts aus seinem Beschluss vom 24.5.1995 – 2 BvF 1/92 – BVerfGE 93, 37 (41) sowie GVOBl. Schl.-H. 1992 S. 362.

Abschnitt VIII
Vertretung der nichtständigen Beschäftigten und des Krankenpflegepersonals

§ 75 Nichtständige Beschäftigte
§ 76 Krankenpflegepersonal

Abschnitt IX
Vorschriften für besondere Verwaltungszweige und die Behandlung von Verschlußsachen

Unterabschnitt 1
Besondere Vorschriften für die Hochschulen

§ 77 Hochschulen

Unterabschnitt 2
Schulen, Institut für Qualitätsentwicklung und Schleswig-Holsteinisches Institut für berufliche Bildung - Landesamt - (SHIBB)

§ 78 Bildung der Personalräte
§ 79 Stufenvertretungen bei den unteren Schulaufsichtsbehörden und dem Schleswig-Holsteinischen Institut für berufliche Bildung - Landesamt - (SHIBB)
§ 80 Hauptpersonalräte
§ 81 Sondervorschriften für Personalräte und Stufenvertretung

Unterabschnitt 3
Andere Verwaltungszweige und Behandlung von Verschlußsachen

§ 82 Theater und Orchester
§ 83 Gemeinden, Ämter, Kreise und Zweckverbände
§ 84 Körperschaften des öffentlichen Rechts ohne Gebietshoheit, rechtsfähige Anstalten und Stiftungen des öffentlichen Rechts
§ 85 Behandlung von Verschlußsachen

Abschnitt X
Schwerbehindertenvertretung und Vertrauensmann der Zivildienstleistenden

§ 86 Schwerbehindertenvertretung
§ 87 Vertrauensmann der Zivildienstleistenden

Abschnitt XI
Gerichtliche Entscheidungen

§ 88 Entscheidungen der Verwaltungsgerichte
§ 89 Fachkammern und Fachsenate bei den Verwaltungsgerichten

Abschnitt XII
Schlußvorschriften

§ 90 Unzulässigkeit von Vereinbarungen
§ 91 Wahlordnung
§ 92 Richterinnen und Richter, Staatsanwältinnen und Staatsanwälte
§ 93 Änderung des Landesrichtergesetzes
§ 94 Erstmalige Wahlen nach diesem Gesetz
§ 94 a Übergangspersonalräte bei der Neubildung von Dienststellen im Rahmen von Umstrukturierungen
§ 95 Erstmalige Berufung von ehrenamtlichen Richterinnen und Richtern am Schleswig-Holsteinischen Oberverwaltungsgericht
§ 96 Übergangsregelung für Freistellungen
§ 97 Inkrafttreten

Abschnitt I
Allgemeine Vorschriften

§ 1
Bildung von Personalräten und Grundsätze der Zusammenarbeit

(1) In den Dienststellen (§ 8) des Landes, der Gemeinden, der Kreise und der Ämter sowie der der Aufsicht des Landes unterstehenden Körperschaften des öffentlichen Rechts ohne Gebietshoheit und der rechtsfähigen Anstalten und Stiftungen des öffentlichen Rechts werden Personalräte gebildet.

(2) Dienststelle und Personalrat arbeiten eng und gleichberechtigt zusammen unter Beachtung der Gesetze und Tarifverträge, um den Grundrechten der in der Dienststelle tätigen Beschäftigten zu praktischer Wirksamkeit im Arbeitsleben zu verhelfen und um zugleich zur Erfüllung der der Dienststelle obliegenden Aufgaben beizutragen. Das gleiche gilt für die Zusammenarbeit der Personalräte untereinander. Dienststelle und Personalrat wirken vertrauensvoll mit den im Personalrat vertretenen Gewerkschaften und mit den Arbeitgebervereinigungen zusammen.

(3) Der Personalrat ist Teil der Verwaltung.

(4) Die Mitglieder des Personalrates führen ihr Amt unentgeltlich als Ehrenamt.

(5) Die Aufgaben der Gewerkschaften und Arbeitgebervereinigungen, insbesondere die Wahrnehmung der Interessen ihrer Mitglieder, werden durch dieses Gesetz nicht berührt.

(6) Berufsverbände, die als Zusammenschlüsse von Mitgliedern von Berufsgruppen des öffentlichen Dienstes handeln und die ihre Mitglieder gegenüber Dienstherren und Arbeitgebern vertreten, sind Gewerkschaften im Sinne dieses Gesetzes.

§ 2
Gegenstand und Ziele der Zusammenarbeit

(1) Der Personalrat bestimmt mit bei allen Maßnahmen der Dienststelle

1. für die in der Dienststelle tätigen Beschäftigten,
2. für Personen, die der Dienststelle nicht als Beschäftigte angehören, jedoch für sie oder die ihr angehörenden Beschäftigten tätig sind und die innerhalb der Dienststelle beschäftigt werden.

(2) Der Personalrat und die Dienststelle haben gemeinsam dafür zu sorgen, daß

1. alle für die Beschäftigten geltenden Gesetze, Verordnungen, Tarifverträge, Dienstvereinbarungen und Verwaltungsvorschriften durchgeführt werden,
2. alle Beschäftigten der Dienststelle und alle Personen, die sich um eine Beschäftigung in der Dienststelle bewerben, nach Recht und Billigkeit behandelt werden, insbesondere daß jede unterschiedliche Behandlung von Personen wegen ihrer Abstammung, Religion, Nationalität, Staatsangehörigkeit, Herkunft politischen oder gewerkschaftlichen Betätigung oder Einstellung oder wegen ihres Geschlechtes unterbleibt,
3. Maßnahmen durchgeführt werden, die der Dienststelle und ihren Beschäftigten dienen,
4. Anregungen von Beschäftigten nachgegangen und sie, soweit begründet, verwirklicht werden und berechtigten Beschwerden abgeholfen wird,
5. Maßnahmen durchgeführt werden, die der Gleichstellung von Frauen und Männern dienen, insbesondere Frauenförderpläne aufgestellt, vereinbart und durchgeführt werden,
6. die Vereinigungsfreiheit gewahrt bleibt und
7. die Wahl der Schwerbehindertenvertretung durchgeführt wird.

(3) Der Personalrat und die Dienststelle fördern insbesondere

1. die Eingliederung und die berufliche Entwicklung Arbeitsloser, Schwerbehinderter sowie älterer und sonstiger schutzbedürftiger Personen in die Dienststelle,
2. die Eingliederung ausländischer Beschäftigter in die Dienststelle und das Verständnis zwischen ausländischen und deutschen Beschäftigten,
3. die Belange zeitweise in der Dienststelle tätiger Beschäftigter und
4. im Rahmen der dienstlichen Notwendigkeiten und Möglichkeiten die vielseitige Verwendung der Beschäftigten unter Wahrung ihrer Belange.

(4) Dienststelle und Personalrat haben bei ihren Entscheidungen das gesellschaftliche, wirtschaftliche und ökologische Umfeld zu berücksichtigen.

§ 3
Beschäftigte

(1) Beschäftigte im Sinne dieses Gesetzes sind die Beamtinnen und Beamten sowie die Arbeitnehmerinnen und Arbeitnehmer der in § 1 Abs.1 bezeichneten Träger der öffentlichen Verwaltung und Personen, die aufgrund anderer Rechtsverhältnisse in der Dienststelle tätig sind. Richterinnen und Richter, Staatsanwältinnen und Staatsanwälte sind Beschäftigte im Sinne dieses Gesetzes, wenn sie in einer der in § 1 Abs. 1 genannten Verwaltungen zur Wahrnehmung einer nicht richterlichen oder nicht staatsanwaltlichen Tätigkeit beschäftigt werden.

(2) Als Beschäftigte im Sinne dieses Gesetzes gelten nicht
1. Personen im Ehrenbeamtenverhältnis,
2. Personen, die überwiegend zu ihrer Heilung, Wiedereingewöhnung, Besserung oder Erziehung beschäftigt werden,
3. Personen, deren Beschäftigung überwiegend durch Beweggründe karitativer oder religiöser Art bestimmt ist.

§ 4
Beamtinnen und Beamte

Wer Beamtin oder Beamter ist, bestimmt das Beamtenrecht. § 3 Abs. 2 Nr. 1 bleibt unberührt. Beschäftigte in einem öffentlich-rechtlichen Ausbildungsverhältnis stehen Personen im Beamtenverhältnis gleich.

§ 5
Arbeitnehmerinnen und Arbeitnehmer

Arbeitnehmerinnen und Arbeitnehmer im Sinne dieses Gesetzes sind
1. Beschäftigte, die nach ihrem Arbeitsvertrag oder dem für sie anzuwendenden Tarifvertrag als Arbeitnehmerin oder Arbeitnehmer beschäftigt werden,
2. Personen, die sich in einer beruflichen Ausbildung befinden.

§ 6
(gestrichen)

§ 7
Gruppe

In jeder Dienststelle bilden Beamtinnen und Beamte sowie Arbeitnehmerinnen und Arbeitnehmer je eine Gruppe. Die in § 3 Abs. 1 Satz 2 bezeichneten Richterinnen und Richter, Staatsanwältinnen und Staatsanwälte treten zur Gruppe der Beamtinnen und Beamten.

§ 8
Dienststellen

(1) Dienststellen im Sinne dieses Gesetzes sind die Behörden, Verwaltungsstellen und Betriebe der in § 1 Abs. 1 bezeichneten Träger der öffentlichen Verwaltung sowie die Gerichte. Eigenbetriebe und Krankenanstalten gelten als selbständige Dienststellen.

(2) Nebenstellen oder Teile von Dienststellen, die räumlich weit von diesen entfernt liegen oder durch Aufgabenbereich und Organisation eigenständig sind, sind von der obersten Dienstbehörde zu Dienststellen im Sinne dieses Gesetzes zu erklären, wenn
1. die Mehrheit ihrer wahlberechtigten Beschäftigten in geheimer Abstimmung beschließt oder
2. die oberste Dienstbehörde mit Zustimmung der Mehrheit der wahlberechtigten Beschäftigten oder des Personalrates für erforderlich hält. Der Personalrat kann einen entsprechenden Antrag stellen.

(3) Mehrere Dienststellen eines Verwaltungszweiges sind durch die oberste Dienstbehörde zu einer Dienststelle im Sinne dieses Gesetzes zusammenzufassen, sofern die Voraussetzungen des sinngemäß anzuwendenden Absatzes 2 Nr. 1 und 2 vorliegen.

(4) Dienststellen, in denen nach § 10 keine Personalräte gewählt werden können, sind zur Bildung eines gemeinsamen Personalrates mit Dienststellen des gleichen Verwaltungszweiges durch die gemeinsame oberste Dienstbehörde zusammenzufassen. Ist eine gemeinsame oberste Dienstbehörde nicht, vorhanden, so trifft die gemeinsame Aufsichtsbehörde die Entscheidung.

(5) Für die Dienststelle handelt ihre Leiterin oder ihr Leiter (Dienststellenleitung). Sie oder er kann sich durch die sie oder ihn ständig vertretenden oder in der Sache entscheidungsbefugten Beschäftigten vertreten lassen.

§ 9
Schweigepflicht

(1) Personen, die Aufgaben oder Befugnisse nach diesem Gesetz wahrnehmen oder wahrgenommen haben, haben über die ihnen dabei bekanntgewordenen Angelegenheiten und Tatsachen Stillschweigen zu bewahren.

(2) Abgesehen von den Fällen des § 49 Abs. 3 Satz 3 und des § 85 gilt die Schweigepflicht nicht für Mitglieder des Personalrates untereinander sowie gegenüber der Jugend- und Auszubildendenvertretung, den Ersatzmitgliedern sowie Vertrauensleuten nach diesem Gesetz; sie entfällt ferner gegenüber den vorgesetzten Dienststellen, den bei ihnen gebildeten Stufenvertretungen, gegenüber der Einigungsstelle und gegenüber dem Gesamtpersonalrat, wenn der Personalrat sie im Rahmen ihrer Befugnisse anruft.

(3) Die Schweigepflicht gilt entsprechend für Personen, die das Protokoll führen, und Ersatzmitglieder. Sie gilt ferner für die Dienststellenleitung und alle anderen Personen, die an der Sitzung teilnehmen.

(4) Die Schweigepflicht besteht nicht für Angelegenheiten oder Tatsachen, die offenkundig sind, ihrer Bedeutung nach keiner Geheimhaltung bedürfen oder die die Dienststelle als nicht geheimhaltungsbedürftig bezeichnet hat.

Abschnitt II
Personalrat

Unterabschnitt 1
Wahl und Zusammensetzung

§ 10
Wahl von Personalräten

(1) In allen Dienststellen, die in der Regel mindestens fünf Wahlberechtigte beschäftigen, von denen drei wählbar sind, werden Personalräte gewählt.

(2) Frauen und Männer sind bei der Bildung des Personalrates entsprechend ihrem Anteil an den wahlberechtigten Beschäftigten der Dienststelle zu berücksichtigen. Der Wahlvorstand stellt fest, wie hoch der Frauenanteil an wahlberechtigten Beschäftigten bzw. in den einzelnen Gruppen ist. Die Wahlvorschläge müssen mindestens so viele Bewerberinnen und Bewerber enthalten, wie erforderlich sind, um die anteilige Verteilung der Sitze im Personalrat auf Frauen und Männer zu erreichen.

§ 11
Wahlrecht

(1) Wahlberechtigt zur Personalvertretung einer Dienststelle (Personalrat) sind alle Beschäftigten der Dienststelle, die das 16. Lebensjahr vollendet haben, es sei denn, daß sie infolge Richterspruchs das Recht, in öffentlichen Angelegenheiten zu wählen oder zu stimmen oder Rechte aus öffentlichen Wahlen zu erlangen, nicht besitzen. Das gleiche gilt für verurteilte ausländische Beschäftigte, wenn durch Richterspruch festgestellt ist, daß die Verurteilung bei deutschen Staatsangehörigen zum Verlust der in Satz 1 genannten Rechte führen würde. Beschäftigte, die am Wahltag bereits länger als sechs Monate unter Wegfall der Dienstbezüge oder des Arbeitsentgelts beurlaubt sind, sind nicht wahlberechtigt.

(2) Zu einer Dienststelle abgeordnete Beschäftigte werden in ihr wahlberechtigt, sobald die Abordnung länger als drei Monate gedauert hat; im gleichen Zeitpunkt erlischt das Wahlrecht bei der bisherigen Dienststelle. Das gilt nicht für Beschäftigte, die als Mitglieder einer Stufenvertretung oder des Gesamtpersonalrats von ihren dienstlichen Aufgaben freigestellt sind, sowie für Beschäftigte, die an Lehrgängen teilnehmen. Satz 1 gilt ferner nicht, wenn feststeht, daß die

Beschäftigten spätestens innerhalb von weiteren drei Monaten in die bisherige Dienststelle zurückkehren werden.
(3) Beschäftigte, die bei mehreren Dienststellen verwendet werden, sind nur in der Dienststelle wahlberechtigt, in der sie überwiegend tätig sind. Bei anteilig gleicher Tätigkeit sind sie nur in der Stammdienststelle wahlberechtigt.
(4) Beamtinnen und Beamte im Vorbereitungsdienst und Beschäftigte in entsprechender Berufsausbildung sind nur bei ihrer Stammdienststelle wahlberechtigt. § 68 findet auf Beamtinnen und Beamte im Vorbereitungsdienst der Lehrerlaufbahnen keine Anwendung.
(5) Referendarinnen und Referendare im juristischen Vorbereitungsdienst sind nur zu der Wahl des Referendarrates (§ 69) wahlberechtigt; ein Wahlrecht zur Jugend- und Ausbildungsvertretung besteht nicht.
(6) Nichtständig Beschäftigte (§ 75) und das Krankenpflegepersonal (§ 76) sind nur zu den Wahlen ihrer jeweiligen Vertretungen wahlberechtigt; ein Wahlrecht zur Jugend- und Ausbildungsvertretung besteht nicht.

§ 12
Wählbarkeit

(1) Wählbar sind alle Wahlberechtigten, die am Wahltag
1. seit sechs Monaten dem Geschäftsbereich ihrer obersten Dienstbehörde angehören und
2. seit einem Jahr im öffentlichen Dienst beschäftigt sind.

Satz 1 Nr. 1 und 2 gelten nicht für die Beamtinnen und Beamten im Vorbereitungsdienst der Lehrerlaufbahnen bei den Wahlen nach § 80.
(2) Die in § 11 Abs. 4 genannten Personen mit Ausnahme der Beamtinnen und Beamten im Vorbereitungsdienst der Lehrerlaufbahnen sind nicht in eine Stufenvertretung oder einen Gesamtpersonalrat wählbar.
(3) Nicht wählbar für die Personalräte ihrer Dienststellen sind die Dienststellenleitung, die sie ständig Vertretenden sowie Beschäftigte, die zu Einstellungen, Entlassungen oder sonstigen Entscheidungen, die den Status der Beschäftigten verändern, befugt sind. Das gleiche gilt für Beschäftigte, die zu einer anderen Dienststelle abgeordnet sind und in der bisherigen Dienststelle keinen Dienst leisten, sobald die Abordnung länger als drei Monate gedauert hat.
(4) Besteht eine Dienststelle weniger als ein Jahr oder werden Dienststellen neu geordnet, so sind alle diejenigen wählbar, die in ihren bisherigen Dienststellen wählbar waren.

§ 13
Anzahl der Mitglieder des Personalrates

Der Personalrat besteht in Dienststellen mit in der Regel
5 bis 20 Wahlberechtigten aus einer Person,
21 bis 50 Wahlberechtigten aus drei Mitgliedern,
51 bis 150 Wahlberechtigten aus fünf Mitgliedern,
151 bis 300 Wahlberechtigten aus sieben Mitgliedern,
301 bis 600 Wahlberechtigten aus neun Mitgliedern,
601 bis 1200 Wahlberechtigten aus elf Mitgliedern,
1201 und mehr Wahlberechtigte aus dreizehn Mitgliedern.
Maßgebend ist die Anzahl der Wahlberechtigten am Tage des Erlasses des Wahlausschreibens. § 14 bleibt unberührt.

§ 14
Vertretung der Gruppen

(1) Sind in der Dienststelle Angehörige beider Gruppen beschäftigt, so muß jede Gruppe entsprechend ihrer Stärke im Personalrat vertreten sein, wenn dieser aus mindestens drei Mitgliedern besteht. Wenn eine Gruppe in der Regel fünf oder mehr Wahlberechtigte umfaßt, von denen drei oder mehr wählbar sind, so muß sie mit mindestens einem Mitglied im Personalrat berücksichtigt werden. Bei gleicher Stärke entscheidet das Los.
(2) Die Feststellung des Zahlenverhältnisses erfolgt durch den Wahlvorstand nach dem Höchstzahlenverfahren.
(3) Die Verteilung der Mitglieder des Personalrates auf die Gruppen kann von den Vorschriften der Absätze 1 und 2 abweichen, wenn jede Gruppe dies vor der Neuwahl in getrennter geheimer Abstimmung beschließt. Die Abstimmung führt der Wahlvorstand auf Antrag von mindestens einem Zehntel der Wahlberechtigten jeder Gruppe durch.
(4) Jede Gruppe kann auch Angehörige der anderen Gruppen vorschlagen und wählen. Die Gewählten gelten als Angehörige derjenigen Gruppenvertretung, für die sie vorgeschlagen worden sind.

§ 15
Wahlverfahren

(1) Der Personalrat wird in geheimer und unmittelbarer Wahl gewählt.
(2) Besteht der Personalrat aus mehr als einer Person, so wählen Beamtinnen und Beamte, Arbeitnehmerinnen und Arbeitnehmer ihre Vertretung (§ 14) je in getrennten Wahlgängen, es sei denn, daß die wahlberechtigten Angehörigen jeder Gruppe vor der Wahl in getrennten geheimen Abstimmungen die gemeinsame Wahl beschließen. Der Beschluß bedarf der Mehrheit der Stimmen aller Wahlberechtigten jeder Gruppe. Die Abstimmung führt der Wahlvorstand auf Antrag mindestens eines Zehntels der Wahlberechtigten einer Gruppe durch.
(3) Die Wahl wird nach den Grundsätzen der Verhältniswahl (Listenwahl) durchgeführt. Wird nur ein Wahlvorschlag eingereicht, so findet Mehrheitswahl statt. Besteht der Personalrat aus einer Person oder steht einer Gruppe nur ein Sitz im Personalrat zu, erfolgt die Wahl mit der Mehrheit der abgegebenen Stimmen.
(4) Zur Wahl des Personalrates können die wahlberechtigten Beschäftigten und jede in der Dienststelle vertretene Gewerkschaft Wahlvorschläge machen. Jeder Wahlvorschlag muß von mindestens einem Zwanzigstel der wahlberechtigten Gruppenangehörigen, auf jeden Fall von mindestens drei Wahlberechtigten unterzeichnet sein. In jedem Fall genügt die Unterzeichnung durch fünfzig wahlberechtigte Gruppenangehörige. Die nach § 12 Abs. 3 nicht wählbaren Beschäftigten dürfen keine Wahlvorschläge einreichen oder unterzeichnen.
(5) Ist gemeinsame Wahl beschlossen worden, so muß jeder Wahlvorschlag von mindestens einem Zwanzigstel der wahlberechtigten Beschäftigten unterzeichnet sein. Absatz 4 Satz 2 bis 4 gilt entsprechend.
(6) Jede oder jeder Beschäftigte der Dienststelle kann nur auf jeweils einem Wahlvorschlag benannt werden.
(7) Der Dienststellenleitung und den Gewerkschaften, die Wahlvorschläge eingereicht haben, ist eine Abschrift der Wahlniederschrift zu übersenden.

§ 16
Schutz der Wahlhandlung

(1) Niemand darf die Wahl des Personalrates behindern oder in einer gegen die guten Sitten verstoßenden Weise, insbesondere durch Zufügen oder Androhen von Nachteilen oder Versprechen von Vorteilen, beeinflussen. Niemand darf in der Ausübung des aktiven und passiven Wahlrechtes beschränkt werden.
(2) § 38 Abs. 1 und 2 Satz 1 und 2 gilt für Mitglieder des Wahlvorstandes und sich für die Wahl bewerbende Beschäftigte entsprechend, Absatz 2 Satz 1 und 2 mit der Maßgabe, daß die Abordnung oder Versetzung bis zur Dauer von drei Monaten nach Bekanntgabe des Wahlergebnisses auf dienstlich unabweisbare Fälle beschränkt werden.

§ 17
Kosten der Wahl

Die Kosten der Wahl trägt die Dienststelle. Notwendiges Versäumen von Arbeitszeit infolge der Ausübung des Wahlrechtes, der Teilnahme an den Personalversammlungen oder der Betätigung im Wahlvorstand hat keine Minderung der Dienstbezüge oder des Arbeitsentgeltes zur Folge. Für die Mitglieder des Wahlvorstandes gelten § 34 Abs. 1 Satz 2 und § 35 Abs. 2 entsprechend. Wahlvorstandsmitglieder sind unter Fortzahlung der Dienstbezüge oder des Arbeitsentgelts und Übernahme der Kosten bis zu drei Arbeitstage für die Teilnahme an Schulungs- und Bildungsveranstaltungen vom Dienst freizustellen, soweit diese Kenntnisse vermitteln, die für die Tätigkeit im Dienst nützlich sind. Über den Umfang der notwendigen Dienstbefreiung entscheidet der Wahlvorstand unter Ausschluß des betroffenen Mitgliedes.

§ 18
Wahlanfechtung

(1) Die Wahl ist anfechtbar, wenn gegen wesentliche Vorschriften über das Wahlrecht, die Wahlart oder das Wahlverfahren verstoßen worden ist. Die Wahl bleibt gültig, wenn der Verstoß das Wahlergebnis nicht geändert oder beeinflußt haben kann.

(2) Wahlberechtigte und im Personalrat vertretene Gewerkschaften sowie solche, die zur Personalratswahl Wahlvorschläge eingereicht haben, können die Wahl anfechten. Zur Anfechtung ist auch die Dienststelle berechtigt. Die Anfechtung hat binnen einer Frist von zwei Wochen nach Bekanntgabe des Wahlergebnisses durch Klage gegen den Personalrat beim Schleswig-Holsteinischen Verwaltungsgericht zu erfolgen.

(3) Bis zur rechtskräftigen Entscheidung nimmt der gewählte Personalrat die Aufgaben und Befugnisse nach diesem Gesetz wahr, es sei denn, daß das Verwaltungsgericht auf Antrag der der Wahl Anfechtenden einstweilig eine andere Regelung trifft. Satz 1 gilt bei Anfechtung der Wahl einer Gruppe entsprechend.

(4) Wird die Wahl nur einer Gruppe für ungültig erklärt, so ist der Wahlvorstand aus Angehörigen dieser Gruppe zu bilden.

Unterabschnitt 2
Amtszeit

§ 19
Regelmäßige Amtszeit

(1) Die Amtszeit des Personalrates beträgt vier Jahre. Sie beginnt mit dem Tag der Konstituierung des neugewählten Personalrates. Sie verlängert sich bis längstens zum 31. Mai des Jahres, in dem die regelmäßigen Personalratswahlen stattfinden, wenn diese vorher noch nicht abgeschlossen sind.

(2) Die Personalratswahlen finden in der Zeit vom 1. März bis 31. Mai statt. Dies gilt nicht für Wahlen infolge der Neubildung von Dienststellen, für Wahlen in Dienststellen, in denen ein Personalrat nicht besteht, es sei denn, daß die Beschäftigten auf eine Wahl verzichten, und für Wahlen nach § 20. In den Fällen des Satzes 2 gelten die Wahlen nur bis zum nächsten gesetzlichen Wahltermin, es sei denn, daß die Amtszeit des Personalrates zu Beginn des gesetzlichen Wahltermins noch nicht ein Jahr betragen hat; in diesem Fall ist der Personalrat erst zum übernächsten gesetzlichen Wahltermin zu wählen.

§ 20
Neuwahl aus besonderen Gründen

(1) Der Personalrat ist neu zu wählen, wenn
1. mit Ablauf von achtzehn Monaten, vom Tag der Wahl gerechnet, die Anzahl der Wahlberechtigten um die Hälfte, mindestens aber um fünfzig gestiegen oder gesunken ist,
2. die Gesamtanzahl der Mitglieder des Personalrates auch nach Eintreten sämtlicher Ersatzmitglieder mehr als fünfundzwanzig vom Hundert der vorgeschriebenen Zahl gesunken ist,
3. der Personalrat mit der Mehrheit seiner Mitglieder seinen Rücktritt beschlossen hat,
4. nach § 18 die Wahl mit Erfolg angefochten ist,
5. der Personalrat durch gerichtliche Entscheidung nach § 21 aufgelöst ist oder
6. aus anderen Gründen ein Personalrat nicht besteht, auf Antrag eines Zehntels der Wahlberechtigten.

(2) In den Fällen des Absatzes 1 Nr. 1 und 2 nimmt der bestehende Personalrat im Fall der Nummer 3 der zurückgetretene Personalrat, in den Fällen der Nummern 4 und 5 der die Neuwahl durchführende Wahlvorstand die Aufgaben und Befugnisse des Personalrates nach diesem Gesetz wahr, bis der neue Personalrat gewählt ist und die Wahlen nach § 25 Abs. 1 durchgeführt sind.

(3) Für die Neuwahl der Gruppenvertretung gilt Absatz 1 Nr. 3 bis 6 entsprechend. Außerdem ist eine Neuwahl innerhalb der Gruppe einzuleiten, wenn die Gesamtzahl der Mitglieder einer Gruppenvertretung auch nach Eintreten sämtlicher Ersatzmitglieder um mehr als fünfundzwanzig vom Hundert gesunken ist oder eine Gruppenvertretung nicht mehr besteht. Die Aufgaben und Befugnisse einer nicht mehr bestehenden Gruppenvertretung nimmt bis zur Neuwahl der Personalrat mit seinen verbleibenden Mitgliedern wahr.

§ 21
Ausschluß und Auflösung

(1) Auf Antrag eines Viertels der Wahlberechtigten, der Dienststellenleitung oder einer in der Dienststelle vertretenen Gewerkschaft kann das Verwaltungsgericht den Ausschluß eines Mitgliedes aus dem Personalrat oder die Auflösung der Gruppenvertretung oder des Personalrates wegen grober Vernachlässigung oder grober Verletzung gesetzlicher Befugnisse oder Pflichten beschließen. § 25 Abs. 3 Satz 2 bleibt unberührt. Der Personalrat kann aus den gleichen Gründen den Ausschluß eines Mitgliedes beantragen.

(2) Bis zur rechtskräftigen Entscheidung über die Klage nimmt der Personalrat, die Gruppenvertretung oder das Mitglied die Aufgaben und Befugnisse nach diesem Gesetz wahr, es sei denn, daß das Verwaltungsgericht auf Antrag einstweilig eine andere Regelung trifft.

(3) Ist der Personalrat oder die Gruppenvertretung aufgelöst, so setzt das den Vorsitz führende Mitglied der für Personalvertretungssachen zuständigen Kammer des Verwaltungsgerichtes einen Wahlvorstand ein. Dieser hat unverzüglich eine Neuwahl einzuleiten.

§ 22
Erlöschen und Ruhen der Mitgliedschaft

(1) Die Mitgliedschaft im Personalrat erlischt durch
1. Ablauf der Amtszeit
2. Niederlegung des Amtes,
3. Beendigung des Dienstverhältnisses,
4. Ausscheiden aus der Dienststelle,
5. Verlust der Wählbarkeit,
6. gerichtliche Entscheidung nach § 21,
7. Feststellung nach Ablauf der in § 18 Abs. 2 bezeichneten Frist, dass das Personalratsmitglied nicht wählbar war.

Die Mitgliedschaft in der Jugend- und Ausbildungsvertretung erlischt ferner durch Beendigung des Ausbildungsverhältnisses. Die Mitgliedschaft in der Jugend- und Ausbildungsvertretung wird für die restliche Wahlperiode weiter fortgesetzt, wenn das bisherige Mitglied im unmittelbaren Anschluss an sein Ausscheiden wieder eingestellt und einer Dienststelle im Bereich der Jugend- und Ausbildungsvertretung, der es bisher angehörte, zugewiesen wird.

(2) Die Mitgliedschaft im Personalrat wird durch einen Wechsel der Gruppenzugehörigkeit eines Mitgliedes nicht berührt. Das Mitglied bleibt Vertreterin oder Vertreter der Gruppe, die es gewählt hat.

(3) Solange Beamtinnen und Beamten nach § 39 des Beamtenstatusgesetzes die Führung der Dienstgeschäfte verboten oder nach § 38 des Landesdisziplinargesetzes vorläufig des Dienstes enthoben sind, ruht ihre Mitgliedschaft.

(4) Die Feststellungen nach den Absätzen 1 bis 3 trifft der Personalrat.

§ 23
Ersatzmitglieder

(1) Scheidet ein Mitglied aus dem Personalrat aus, so tritt ein Ersatzmitglied ein. Das gleiche gilt, wenn ein Mitglied des Personalrates zeitweilig verhindert ist. Es ist in diesem Fall verpflichtet, dies dem den Vorsitz führenden Vorstands-

mitglied des Personalrates mitzuteilen, das für die Ladung des Ersatzmitgliedes sorgt.

(2) Die Ersatzmitglieder werden aus den nichtgewählten Beschäftigten derjenigen Vorschlagslisten entnommen, denen die zu ersetzenden Mitglieder angehören. Ist das ausgeschiedene oder verhinderte Mitglied mit einfacher Stimmenmehrheit (§ 15 Abs. 3 Satz 2 und 3) gewählt, so tritt die nichtgewählte Person mit der nächsthöchsten Stimmenzahl als Ersatzmitglied ein.

(3) § 22 Abs. 2 gilt entsprechend bei einem Wechsel der Gruppenzugehörigkeit vor Eintritt des Ersatzmitgliedes in den Personalrat.

(4) Ist der Personalrat durch gerichtliche Entscheidung aufgelöst, treten Ersatzmitglieder nicht ein.

Unterabschnitt 3
Geschäftsführung

§ 24
Vorstand

(1) Der Personalrat bildet aus seiner Mitte einen Vorstand. Die Anzahl der Vorstandsmitglieder bestimmt er nach den Erfordernissen der Geschäftsführung. Dabei sind Frauen und Männer entsprechend ihrem Anteil an den gewählten Personalratsmitgliedern zu berücksichtigen. Die Vorstandsmitglieder werden mit einfacher Stimmenmehrheit gewählt. Bei Stimmengleichheit entscheidet das Los.

(2) Die Gruppenvertretungen können zusätzlich Mitglieder in den Vorstand zur Wahrnehmung von Aufgaben in Gruppenangelegenheiten wählen. Absatz 1 Satz 4 gilt entsprechend.

(3) Der Vorstand führt die laufenden Geschäfte. Die Aufgaben und die Geschäftsverteilung legt der Personalrat nach Erfordernissen des Geschäftsführungsbedarfs und persönlicher Eignung sowie nach beruflichen und fachlichen Kenntnissen fest.

(4) Der Personalrat wählt ein Vorstandsmitglied, das den Vorsitz im Personalrat übernimmt, und zugleich Vorstandsmitglieder für seine Vertretung. Absatz 1 Satz 3 und 4 gelten entsprechend.

(5) Das den Vorsitz führende Vorstandsmitglied vertritt den Personalrat im Rahmen der von diesem gefaßten Beschlüsse.

(6) Abweichend von Absatz 5 vertreten in den Fällen des § 28 Abs. 3 und 4 das den Vorsitz führende Vorstandsmitglied und im Falle einer Wahl nach Absatz 2 das von der Gruppenvertretung gewählte Vorstandsmitglied gemeinsam den Personalrat im Rahmen der von der Gruppenvertretung gefaßten Beschlüsse.

§ 25
Einberufung und Leitung von Sitzungen[2]

(1) Spätestens zehn Arbeitstage nach dem Tag, an dem das Wahlergebnis festgestellt worden ist, hat der Wahlvorstand die Mitglieder des Personalrates zur Vornahme der nach § 24 vorgeschriebenen Wahlen einzuberufen und bis zu deren Abschluß die Sitzung zu leiten.

(2) Die weiteren Sitzungen beraumt das den Vorsitz führende Vorstandsmitglied des Personalrates an. Es setzt die Tagesordnung fest, lädt die Mitglieder des Personalrates zu den Sitzungen rechtzeitig unter Mitteilung der Tagesordnung ein und leitet die Verhandlung. Satz 2 gilt auch für die Ladung der Mitglieder der Jugend- und Ausbildungsvertretung, der Schwerbehindertenvertretung, des Vertrauensmannes der Zivildienstleistenden, der Vertretung der nichtständig Beschäftigten und der Vertretung des Krankenpflegepersonals, soweit ein Teilnahmerecht an der Sitzung besteht.

(3) Auf Antrag

1. eines Viertels der Mitglieder des Personalrates,
2. der Mehrheit einer Gruppenvertretung,
3. der Dienststellenleitung,
4. der Schwerbehindertenvertretung in Angelegenheiten, die besonders schwerbehinderte Beschäftigte betreffen,
5. der Mehrheit der Mitglieder der Jugend- und Ausbildungsvertretung in Angelegenheiten, die besonders die jugendlichen Beschäftigten betreffen,
6. der Mehrheit der Vertretung der nichtständig Beschäftigten in Angelegenheiten, die besonders die nichtständig Beschäftigten betreffen,
7. der Mehrheit der Vertretung des Krankenpflegepersonals in Angelegenheiten, die besonders das Krankenpflegepersonal betreffen, oder
8. des Vertrauensmannes der Zivildienstleistenden in Angelegenheiten, die besonders die Zivildienstleistenden betreffen,

ist innerhalb von zehn Arbeitstagen eine Sitzung anzuberaumen und der Gegenstand, dessen Beratung beantragt ist, auf die Tagesordnung zu setzen. Dies gilt auch für die in der Dienststelle vertretenen Gewerkschaften, wenn sie beabsichtigen, die Auflösung des Personalrates oder den Ausschluß eines Mitgliedes des Personalrates nach § 21 Abs. 1 Satz 1 zu beantragen.

§ 26
Nichtöffentlichkeit und Zeitpunkt der Sitzungen

Die Sitzungen des Personalrates sind nicht öffentlich. Der Personalrat kann eine ihm nicht als Mitglied angehörende Person zur Protokollführung hinzuziehen. Die Sitzungen finden in der Regel während der Arbeitszeit statt. Der Personalrat hat bei der Anberaumung seiner Sitzungen auf die dienstlichen Erfordernisse und die Verteilung und Lage der Arbeitszeit von teilzeitbeschäftigten Mitgliedern Rücksicht zu nehmen. Die Dienststellenleitung ist vom Zeitpunkt der Sitzung rechtzeitig zu verständigen.

§ 27
Beschlußfassung und Beschlußfähigkeit

(1) Der Personalrat beschließt mit einfacher Stimmenmehrheit der anwesenden Mitglieder. Bei Stimmengleichheit ist ein Antrag abgelehnt.

(2) Der Personalrat ist nur beschlußfähig, wenn mindestens die Hälfte seiner in der Angelegenheit stimmberechtigten Mitglieder anwesend ist. Können Mitglieder des Personalrates oder andere Teilnahmeberechtigte an der Sitzung nicht teilnehmen, sollen sie vertreten werden.

(3) An der Beratung und Beschlußfassung über Angelegenheiten, die die persönlichen Interessen eines Mitgliedes des Personalrates unmittelbar berühren, nimmt dieses Mitglied nicht teil. Entsprechendes gilt für diejenigen Personen, die berechtigt sind, an den Sitzungen des Personalrates teilzunehmen.

(4) In personellen Angelegenheiten kann der Personalrat beschließen, daß betroffene Beschäftigte vom Personalrat gehört werden. Auf die dienstlichen Verhältnisse ist Rücksicht zu nehmen.

§ 28
Beratung und Abstimmung

(1) Über die Angelegenheiten der Beschäftigten wird vom Personalrat gemeinsam beraten und beschlossen.

(2) Der Personalrat kann mit der Mehrheit der Stimmen der Gruppenvertretung jeder Gruppe beschließen, über welche Angelegenheiten, die lediglich die Angehörigen einer Gruppe betreffen (Gruppenangelegenheiten), getrennt beraten wird. Betreffen Angelegenheiten die Angehörigen zweier Gruppen, kann der Personalrat mit gleicher Mehrheit beschließen, über welche Angelegenheiten der betroffenen Gruppen gemeinsam beraten wird.

(3) Die Gruppenvertretung kann mit der Mehrheit ihrer Mitglieder beschließen, über welche Angelegenheiten sie allein abstimmt. Aufgrund eines solchen Beschlusses kann

---

[2] Zur Möglichkeit einer Beschlussfassung per Audio- oder Videoübertragung siehe das Gesetz über mitbestimmungsrechtliche Sonderregelungen aus Anlass der Ausbreitung des Coronavirus SARS-CoV-2 vom 8.5.2020 (GVOBl. Schl.-H. S. 220, 267), geändert durch Gesetz vom 23.11.2020 (GVOBl. Schl.-H. S. 872).

der Personalrat auch entsprechende Regelungen in der Geschäftsordnung treffen.

(4) In einer Gruppenangelegenheit, die nicht unter Absatz 3 fällt, kann nach gemeinsamer Beratung oder Beschlußfassung im Personalrat die Gruppenvertretung beschließen, daß sie über die Angelegenheit allein abstimmt. Hat in einem solchen Fall der Personalrat bereits einen Beschluß gefaßt, kann die Gruppenvertretung hiervon abweichen.

§ 29
Aussetzung von Beschlüssen des Personalrates und der Gruppenvertretungen

(1) Der Beschluß des Personalrates ist für die Dauer von zehn Arbeitstagen auszusetzen, wenn
1. die Mehrheit einer Gruppenvertretung,
2. der Vertrauensmann der Zivildienstleistenden,
3. die Mehrheit der Mitglieder oder das an der Sitzung teilnehmende Mitglied der
   a) Jugend- und Ausbildungsvertretung,
   b) Vertretung der nichtständigen Beschäftigten,
   c) Vertretung des Krankenpflegepersonals oder
   d) Schwerbehindertenvertretung

dies beantragt, soweit durch den Beschluß wichtige Interessen der jeweils vertretenen Beschäftigten erheblich beeinträchtigt werden. Das gleiche gilt, wenn die Mehrheit der Mitglieder des Personalrates, die einem in der Dienststelle zahlenmäßig in der Minderheit befindlichen Geschlecht angehören, dies beantragt, soweit durch einen Beschluß des Personalrates wichtige Interessen ihres Geschlechtes erheblich beeinträchtigt werden. Die Aussetzung des Beschlusses führt zu einer Verlängerung der in § 52 Abs. 2 Satz 3 genannten Beteiligungsfrist um zehn Arbeitstage. Die Dienststelle ist unverzüglich zu unterrichten.

(2) Innerhalb der Frist soll eine Verständigung gesucht werden. Der Personalrat oder die Antragstellenden können sich der Unterstützung der im Personalrat vertretenen Gewerkschaften bedienen.

(3) Nach Ablauf dieser Frist ist über die Angelegenheit neu zu beschließen. Wird der erste Beschluß bestätigt oder nur unerheblich geändert, so kann ein Antrag auf Aussetzung nicht erneut gestellt werden.

(4) Für Beschlüsse der Gruppenvertretungen gelten Absatz 1 Satz 1 Nr. 2 und 3, Satz 2 bis 4 sowie Absatz 2 und 3 entsprechend.

§ 30
Teilnahme von Sachverständigen, Mitgliedern der Stufenvertretungen und Beauftragten der Gewerkschaften

(1) Der Personalrat kann von Fall zu Fall beschließen, dass zu den Sitzungen für die Dauer der Beratung Sachverständige hinzugezogen werden. Dabei ist sicherzustellen, dass schutzwürdige personenbezogene Daten nur verarbeitet oder erörtert werden, wenn die betroffenen Personen eingewilligt haben oder die Daten offenkundig sind.

(2) Der Personalrat kann bei Angelegenheiten von allgemeiner Bedeutung beschließen, dass auswärtige Mitglieder der Stufenvertretungen, die bei den übergeordneten Dienststellen bestehen, mit beratender Stimme an seinen Sitzungen teilnehmen.

(3) Auf Antrag eines Viertels der Mitglieder des Personalrates oder in Gruppenangelegenheiten der Mehrheit einer Gruppenvertretung können Beauftragte der in der Dienststelle vertretenen Gewerkschaften für die Dauer der Beratung an den Sitzungen teilnehmen. § 25 Abs. 3 Satz 2 bleibt unberührt. Absatz 1 Satz 2 gilt entsprechend.

§ 31
Teilnahme weiterer Personen

(1) Ein Mitglied der Jugend- und Ausbildungsvertretung, das von dieser benannt wird, kann an allen Sitzungen des Personalrates beratend teilnehmen. An der Behandlung von Angelegenheiten, die besonders die jugendlichen Beschäftigten betreffen, kann die gesamte Jugend- und Ausbildungsvertretung beratend teilnehmen. Bei Beschlüssen, die überwiegend die jugendlichen Beschäftigten betreffen, hat die Jugend- und Ausbildungsvertretung Stimmrecht.

(2) Die Schwerbehindertenvertretung kann an allen Sitzungen des Personalrates mit beratender Stimme teilnehmen.

(3) An der Behandlung von Angelegenheiten, die auch die Interessen der nichtständigen Beschäftigten oder des Krankenpflegepersonals betreffen, kann deren Vertretung mit beratender Stimme teilnehmen. Bei Beschlüssen, die besonders das Krankenpflegepersonal betreffen, hat die Vertretung des Krankenpflegepersonals Stimmrecht.

(4) An der Behandlung von Angelegenheiten, die auch die Interessen der Zivildienstleistenden betreffen, kann der Vertrauensmann der Zivildienstleistenden mit beratender Stimme teilnehmen.

(5) Die Dienststellenleitung oder deren Beauftragte nehmen an Sitzungen, die auf Verlangen der Dienststellenleitung einberufen sind oder zu denen diese ausdrücklich eingeladen ist, teil. Sie darf während der Beratung und Beschlußfassung nicht anwesend sein.

§ 32
Geschäftsordnung und Sitzungsniederschrift

(1) Der Personalrat gibt sich eine Geschäftsordnung.

(2) Über jede Verhandlung des Personalrates ist eine Niederschrift aufzunehmen. Die Niederschrift muß mindestens Angaben enthalten über
1. Ort und Tag der Sitzung,
2. den behandelten Gegenstand und die gestellten Anträge und
3. den Wortlaut der Beschlüsse und die Stimmenmehrheit, mit der sie gefaßt sind.

Die Niederschrift ist von dem den Vorsitz führenden Mitglied und einem weiteren Mitglied des Personalrates zu unterzeichnen. Der Niederschrift ist eine Anwesenheitsliste beizufügen, in die sich alle teilnehmenden Personen eigenhändig einzutragen haben.

(3) Haben die Jugend- und Ausbildungsvertretung, die Schwerbehindertenvertretung, die Vertretung der nichtständig Beschäftigten, des Krankenpflegepersonals, der Vertrauensmann der Zivildienstleistenden, die Dienststellenleitung oder Beauftragte der in der Dienststelle vertretenen Gewerkschaften ganz oder teilweise an der Sitzung teilgenommen, ist ihnen der diesbezügliche Teil der Niederschrift in Abschrift zuzuleiten.

(4) Einwendungen gegen die Niederschrift sind unverzüglich schriftlich zu erheben; sie werden der Niederschrift beigefügt.

(5) Beschäftigten ist bei sie betreffenden personellen Maßnahmen auf Antrag der entsprechende Beschluß des Personalrates mitzuteilen. Auf Verlangen der Beschäftigten soll der Personalrat seinen Beschluß begründen.

§ 33
Sprechstunden

(1) Der Personalrat und die Jugend- und Ausbildungsvertretung können gemeinsam oder getrennte Sprechstunden während der Arbeitszeit einrichten. Ort und Zeit bestimmen sie im Einvernehmen mit der Dienststelle.

(2) An getrennten Sprechstunden des Personalrates kann ein Mitglied der Jugend- und Ausbildungsvertretung, an getrennten Sprechstunden der Jugend- und Ausbildungsvertretung kann ein Mitglied des Personalrates beratend teilnehmen.

(3) Der Besuch der Sprechstunden oder die sonstige Inanspruchnahme des Personalrates oder der Jugend- und Ausbildungsvertretung haben keine Minderung der Dienstbezüge oder des Arbeitsentgeltes der Beschäftigten zur Folge.

§ 34
Kosten

(1) Die durch die Tätigkeit des Personalrates oder der von ihm beauftragten Mitglieder entstehenden Kosten trägt die Dienststelle. Hierzu gehören auch

1. die notwendigen Kosten für Gutachten, die der Personalrat zur Durchführung seiner Aufgaben in Auftrag gegeben hat,
2. Kosten für verwaltungsgerichtliche Verfahren in den Fällen des § 88; werden die Kosten des Rechtsstreites dem Personalrat auferlegt, so gelten sie als Kosten nach Absatz 1 Satz 1,
3. Kosten für Reisen von Mitgliedern des Personalrates nach dem Bundesreisekostengesetz, die dieser zur Erfüllung seiner gesetzlichen Aufgaben beschließt; vom Dienst teilweise und voll freigestellte Mitglieder von Stufenvertretungen erhalten die ihnen entstandenen Mehrausgaben für Fahrten zwischen Wohnung und Sitz der Stufenvertretung nach §§ 4 und 5 Bundesreisekostengesetz erstattet,
4. Kosten für Beschäftigte, die auf Beschluß des Personalrates zu einer Personalratssitzung eingeladen werden, nach den Vorschriften des Bundesreisekostengesetzes,
5. Kosten des sachlichen Geschäftsbedarfes des Personalrates,
6. Kosten zur Deckung des Informationsbedarfes durch Literatur und rechtliche Beratungen.

In den Fällen des Satzes 2 Nr. 3 bis 6 sind Beschlüsse des Personalrates für die Dienststelle bindend, soweit sie sich im Rahmen der für den Personalrat bereitgestellten Haushaltsmittel halten, es sei denn, daß das Schleswig-Holsteinische Verwaltungsgericht sie auf Antrag der Dienststelle aufhebt. Der Antrag ist innerhalb von zehn Arbeitstagen nach Unterrichtung der Dienststelle über den Beschluß des Personalrates zu stellen.

(2) Für die Sitzungen, die Sprechstunden und die laufende Geschäftsführung hat die Dienststelle in erforderlichem Umfang Räume und Büropersonal zur Verfügung zu stellen.

(3) Dem Personalrat sind in allen Dienststellen Plätze für Bekanntmachungen und Anschläge zur Verfügung zu stellen. Der Personalrat kann schriftliche Mitteilungen an die Beschäftigten herausgeben.

(4) Die zur Erfüllung seiner gesetzlichen Aufgaben und zur Deckung seines Geschäfts- und Informationsbedarfes bewilligten Haushaltsmittel im Sinne von Absatz 1 Satz 2 Nr. 3 bis 6 können auf seinen Antrag dem Personalrat zur eigenverantwortlichen Verwaltung zur Verfügung gestellt werden.

§ 35
Beiträge

Der Personalrat darf für seine Zwecke von den Beschäftigten keine Beiträge erheben oder annehmen.

Unterabschnitt 4
Rechtsstellung der Personalratsmitglieder

§ 36
Freistellung

(1) Versäumnis von Arbeitszeit sowie die Nichterfüllung dienstplanmäßiger Leistungen, die zur ordnungsgemäßen Durchführung der Aufgaben des Personalrates nicht zu vermeiden sind, haben keine Minderung der Dienstbezüge, des Arbeitsentgeltes und aller Zulagen zur Folge.

(2) Werden Mitglieder des Personalrates durch die Erfüllung ihrer Aufgaben mehr als fünf Stunden im Monat über die regelmäßige Arbeitszeit hinaus beansprucht, so ist ihnen Dienstbefreiung in entsprechendem Umfang zu gewähren. Satz 1 gilt sinngemäß, soweit keine regelmäßige Arbeitszeit besteht oder Personalratsarbeit außerhalb der Arbeitszeit stattfindet.

(3) Mitglieder des Personalrates sind von ihrer dienstlichen Tätigkeit ganz oder teilweise freizustellen, soweit es nach Umfang und Art der Dienststelle zur ordnungsgemäßen Durchführung ihrer Aufgaben erforderlich ist. Auf Beschluß des Personalrates ist von ihrer dienstlichen Tätigkeit ganz freigestellt in Dienststellen mit in der Regel

200 bis 500 Beschäftigten ein Mitglied,
501 bis 1.000 Beschäftigten zwei Mitglieder,
1.001 bis 2.000 Beschäftigten drei Mitglieder und bei je weiteren angefangenen 1.000 Beschäftigten ein weiteres Mitglied.

Bei der Auswahl der freizustellenden Mitglieder soll der Personalrat zunächst die Vorstandsmitglieder berücksichtigen. Die von den Gruppenvertretungen gewählten Vorstandsmitglieder sind dabei entsprechend dem Umfang der ihnen obliegenden Aufgaben in Gruppenangelegenheiten freizustellen. Von den Sätzen 3 und 4 kann durch einstimmigen Beschluß sämtlicher Mitglieder des Personalrates abgewichen werden. Scheiden freigestellte Mitglieder des Personalrates aus, so gelten für nachfolgende Mitglieder die Sätze 3 bis 5 entsprechend. Der Dienststelle sind die Namen der freigestellten Mitglieder des Personalrates unverzüglich bekanntzugeben.

(4) Sollen Mitglieder des Personalrates teilweise oder über die Grenzen des Absatz 3 Satz 2 hinaus von ihrer dienstlichen Tätigkeit freigestellt werden, so entscheidet im Falle der Nichteinigung das Schleswig-Holsteinische Verwaltungsgericht auf Antrag der Dienststelle oder des Personalrates.

(5) Für freigestellte Mitglieder des Personalrates sind bei Bedarf Planstellen und Stellen entsprechender Wertigkeit bereitzustellen. Die Summe der Teilfreistellungen ist entsprechend zu berücksichtigen.

(6) Freistellungen dürfen nicht zu einer Beeinträchtigung des beruflichen Werdeganges führen. Zeiten einer Freistellung gelten als Bewährungszeit im Sinne der beamtenrechtlichen bzw. tarifrechtlichen Bestimmungen. Für freigestellte Mitglieder des Personalrates entfallen dienstliche Beurteilungen. Bei teilweise freigestellten Mitgliedern des Personalrates erstrecken sich die dienstlichen Beurteilungen nur auf die verbliebene dienstliche Tätigkeit.

(7) Von ihrer dienstlichen Tätigkeit freigestellte Mitglieder des Personalrates dürfen von Maßnahmen der Berufsbildung innerhalb und außerhalb der Verwaltung nicht ausgeschlossen werden. Innerhalb eines Jahres nach Beendigung der Freistellung eines Mitgliedes des Personalrates ist diesem in besonderer Weise Gelegenheit zu geben, sich fortzubilden.

§ 37
Schulungs- und Bildungsveranstaltungen

(1) Die Mitglieder des Personalrates sind unter Fortzahlung der Dienstbezüge oder des Arbeitsentgelts und unter Übernahme der Kosten für die Teilnahme an Schulungs- und Bildungsveranstaltungen bis zu zwanzig Arbeitstage je Amtszeit vom Dienst freizustellen, soweit diese Kenntnisse vermitteln, die für die Tätigkeit im Personalrat erforderlich sind. Ersatzmitglieder jeder Wahlvorschlagsliste entsprechend der von dieser Liste gewählten Anzahl von Personalratsmitgliedern können unter den gleichen Voraussetzungen bis zu zehn Arbeitstage vom Dienst freigestellt werden.

(2) Unbeschadet des Absatzes 1 hat jedes Mitglied des Personalrates während seiner regelmäßigen Amtszeit Anspruch auf Freistellung vom Dienst unter Fortzahlung der Dienstbezüge oder des Arbeitsentgelts für insgesamt fünfzehn Arbeitstage zur Teilnahme an Schulungs- und Bildungsveranstaltungen, die von der Bundeszentrale für politische Bildung oder von der oder dem Landesbeauftragten für politische Bildung als für die Personalratsarbeit nützlich anerkannt sind. Hinsichtlich der Zahl der teilnahmeberechtigten Ersatzmitglieder und des Umfangs der Freistellung gilt Absatz 1 entsprechend.

(3) Das den Vorsitz führende Mitglied des Personalrates sowie die es vertretenden Mitglieder des Personalrates haben unter Fortzahlung der Dienstbezüge oder des Arbeitsentgelts bis zu fünf Arbeitstage in zwei Jahren Anspruch auf Teilnahme an einer von einer Gewerkschaft oder einem Berufsverband einberufenen Konferenz der Personalräte. Absätze 1 und 2 bleiben unberührt.

(4) Beschlüsse des Personalrates über die Teilnahme an Veranstaltungen im Sinne der Absätze 1 bis 3 haben die dienstlichen Interessen angemessen zu berücksichtigen und sind der Dienststelle rechtzeitig mitzuteilen. Sie sind für die

Dienststelle bindend, es sei denn, daß das Schleswig-Holsteinische Verwaltungsgericht sie auf Antrag der Dienststelle aufhebt. Der Antrag ist innerhalb von zehn Arbeitstagen nach Unterrichtung der Dienststelle über den Beschluß des Personalrates zu stellen. Im Falle des Absatzes 1 tritt die Bindungswirkung nur ein, soweit sich die Beschlüsse des Personalrates im Rahmen der bereitgestellten Haushaltsmittel halten.

(5) Die zur Teilnahme von Mitgliedern des Personalrates an Schulungs- und Bildungsveranstaltungen nach Absatz 1 bewilligten Haushaltsmittel können dem Personalrat zur eigenverantwortlichen Verwaltung zur Verfügung gestellt werden.

§ 38
Kündigung, Versetzung und Abordnung

(1) Für die Mitglieder des Personalrates, die in einem Arbeitsverhältnis stehen, gelten die §§ 15 und 16 des Kündigungsschutzgesetzes entsprechend. Der Kündigungsschutz gilt auch für ein ehemaliges Personalratsmitglied für die Dauer von zwei Jahren nach seinem Ausscheiden. Mitglieder, die in einem Beamtenverhältnis auf Widerruf oder auf Probe stehen, können nur mit Zustimmung der Gruppenvertretung der Beamtinnen und Beamten, der das Mitglied angehört, entlassen werden.

(2) Mitglieder des Personalrates dürfen gegen ihren Willen nur versetzt oder abgeordnet werden, wenn dies auch unter Berücksichtigung der Mitgliedschaft im Personalrat aus wichtigen dienstlichen Gründen unvermeidbar ist. Als Versetzung im Sinne des Satzes 1 gilt auch die mit einem Wechsel des Dienstortes verbundene Umsetzung in derselben Dienststelle; das Einzugsgebiet im Sinne des Umzugskostenrechtes gehört zum Dienstort. Die Versetzung oder Abordnung von Mitgliedern des Personalrates bedarf der Zustimmung des Personalrates, dem das Mitglied angehört.

(3) Soweit nicht zwingende dienstliche Gründe entgegenstehen, darf ein Mitglied des Personalrates für die Dauer von zwei Jahren nach seinem Ausscheiden nur mit Aufgaben betraut werden, die mindestens seiner früher ausgeübten Funktion gleichwertig sind. Ihm soll auf Antrag in besonderer Weise die Möglichkeit gegeben werden, sich fortzubilden.

(4) Absatz 1 bis 3 gilt entsprechend für Ersatzmitglieder, wenn sie mindestens dreimal zur Vertretung herangezogen worden sind. Die in Absatz 1 Satz 2 genannte Frist rechnet ab der letztmaligen Vertretung.

Abschnitt III
Personalversammlung

§ 39
Allgemeines

(1) Die Personalversammlung besteht aus den Beschäftigten der Dienststelle. Sie wird von dem den Vorsitz führenden Mitglied des Personalrates geleitet. Sie ist nicht öffentlich.

(2) Kann nach den dienstlichen Verhältnissen, örtlichen oder anderen sachlichen Gesichtspunkten eine gemeinsame Versammlung aller Beschäftigten nicht stattfinden, so sind Teilversammlungen abzuhalten.

(3) Der Personalrat kann Versammlungen in bestimmten Verwaltungseinheiten der Dienststelle oder Versammlungen eines bestimmten Personenkreises durchführen.

(4) Auf Beschluß der zuständigen Personalräte kann zur Behandlung gemeinsamer Angelegenheiten eine gemeinsame Personalversammlung mehrerer Dienststellen oder Dienststellenteile stattfinden. Die zuständigen Personalräte bestimmen zugleich, welches der vorsitzenden Mitglieder eines Personalräte die Leitung der gemeinsamen Versammlung übernimmt.

§ 40
Einberufung, Tätigkeitsbericht

(1) Personalversammlungen sind in der Regel einmal im Kalenderhalbjahr durchzuführen. Mindestens einmal im Jahr hat der Personalrat in einer Personalversammlung einen Tätigkeitsbericht zu erstatten.

(2) Mindestens einmal im Jahr soll die Dienststellenleitung über die Aufgabenentwicklung der Dienststelle, über die Personalentwicklung unter besonderer Berücksichtigung eines angemessenen Anteils von Frauen in allen Besoldungs- und Arbeitsentgeltgruppen, über die Situation der schwerbehinderten Menschen sowie über die Arbeitsweise der Dienststelle unter besonderer Berücksichtigung der technologischen Entwicklung Bericht erstatten.

(3) Der Personalrat ist berechtigt und auf Antrag der Dienststellenleitung oder eines Viertels der wahlberechtigten Beschäftigten verpflichtet, innerhalb von zwanzig Arbeitstagen eine Personalversammlung einzuberufen und den Gegenstand, dessen Beratung beantragt ist, auf die Tagesordnung zu setzen.

(4) Auf Antrag einer in der Dienststelle vertretenen Gewerkschaft muß der Personalrat vor Ablauf von vier Wochen nach Eingang des Antrages eine Personalversammlung nach Absatz 1 einberufen, wenn im vorhergegangenen Kalenderhalbjahr keine Personalversammlung durchgeführt worden ist. Das gilt nicht, wenn der Personalrat für das folgende Vierteljahr eine Personalversammlung geplant hat.

§ 41
Zeitpunkt

(1) Personalversammlungen finden während der Arbeitszeit statt, soweit nicht die dienstlichen Verhältnisse eine andere Regelung erfordern. Die Teilnahme an der Personalversammlung hat keine Minderung der Dienstbezüge oder des Arbeitsentgeltes sowie aller Zulagen zur Folge. Soweit in den Fällen des Satzes 1 Personalversammlungen aus dienstlichen Gründen außerhalb der Arbeitszeit stattfinden müssen, ist als Ausgleich für die Teilnahme Dienstbefreiung in entsprechendem Umfang zu gewähren.

(2) Den Beschäftigten werden die notwendigen Fahrkosten für die Reise von der Beschäftigungsstelle zum Versammlungsort und zurück nach den Vorschriften des Bundesreisekostengesetzes erstattet. Dies gilt nicht für Beamtinnen und Beamte im Vorbereitungsdienst sowie Auszubildende, die an zentralen Ausbildungslehrgängen teilnehmen.

§ 42
Aufgaben

(1) Die Personalversammlung darf alle Angelegenheiten behandeln, die die Dienststelle oder ihre Beschäftigten betreffen, insbesondere Tarif-, Besoldungs- und Sozialangelegenheiten sowie Fragen der Gleichstellung von Frau und Mann. Sie kann dem Personalrat im Rahmen seiner Aufgaben und Befugnisse Anträge unterbreiten und zu seinen Beschlüssen Stellung nehmen. Der Personalrat hat die Beschäftigten in geeigneter Weise umgehend über die Behandlung der Anträge und die Durchführung entsprechender Maßnahmen zu informieren.

(2) Die Personalversammlung kann beschließen, daß der Personalrat die Beschäftigten zu bestimmten Themen schriftlich informiert.

(3) Niemand darf für Äußerungen in der Personalversammlung gemaßregelt werden, es sei denn, daß durch sie gegen dienstliche Pflichten verstoßen wird.

§ 43
Teilnahme weiterer Personen

(1) Die Dienststellenleitung ist unter Mitteilung der Tagesordnung rechtzeitig einzuladen. Ihr oder ihren Beauftragten ist in der Personalversammlung das Wort zu erteilen.

(2) Beauftragte aller in der Dienststelle vertretenen Gewerkschaften und der Arbeitgebervereinigung, der die Dienststelle angehört, sind berechtigt, mit beratender Stimme an der Personalversammlung teilzunehmen. Sie können Änderungen und Ergänzungen der Tagesordnung beantragen. Der Personalrat hat die Einberufung der Personalversammlung den in Satz 1 genannten Gewerkschaften und der Arbeitgebervereinigung rechtzeitig unter Übersendung der Tagesordnung und Angabe des Ortes mitzuteilen.

(3) An der Personalversammlung können Beauftragte der Jugend- und Ausbildungsvertretung, der Stufenvertretungen und des Gesamtpersonalrates mit beratender Stimme teilnehmen. Absatz 2 Satz 3 gilt entsprechend.

(4) Der Personalrat oder die Personalversammlung können von Fall zu Fall beschließen, daß zu einzelnen Punkten Sachverständige gehört werden sollen.

Abschnitt IV
Stufenvertretungen, Gesamtpersonalrat und Arbeitsgemeinschaften auf Landesebene

§ 44
Stufenvertretungen

(1) Für den Geschäftsbereich mehrstufiger Verwaltungen und Gerichte werden bei den Behörden der Mittelstufe Bezirkspersonalräte, bei den obersten Dienstbehörden Hauptpersonalräte gebildet (Stufenvertretungen).

(2) Die Mitglieder des Bezirkspersonalrates werden von den zum Geschäftsbereich der Behörde der Mittelstufe, die Mitglieder des Hauptpersonalrates von den zum Geschäftsbereich der obersten Dienstbehörde gehörenden Beschäftigten gewählt.

(3) Die §§ 10 bis 12, § 13 Satz 2 und 3 sowie §§ 14 bis 18 gelten entsprechend. § 12 Abs. 3 gilt nur für die betreffenden Beschäftigten der Dienststelle, bei der die Stufenvertretung zu errichten ist. Die Stufenvertretung besteht bei in der Regel
bis zu 3.000 Wahlberechtigten aus sieben Mitgliedern,
3.001 bis 5.000 Wahlberechtigten aus neun Mitgliedern,
5.001 und mehr Wahlberechtigte aus elf Mitgliedern.

(4) Beim Ministerium für Inneres, ländliche Räume und Integration wird für alle Beschäftigten der Polizei ein Hauptpersonalrat gebildet. Beim für Wissenschaft zuständigen Ministerium wird für alle Beschäftigten des Geschäftsbereiches Wissenschaft ein Hauptpersonalrat gebildet.

(5) Für die Amtszeit, die Geschäftsführung und Rechtsstellung der Stufenvertretungen gelten die §§ 19 bis 38 mit Ausnahme des § 36 Abs. 3 Satz 2 entsprechend.

§ 45
Gesamtpersonalrat

(1) Bestehen in einer Dienststelle des Landes, in einer Stufenvertretung nicht zu bilden ist, in einer Gemeinde, in einem Kreis oder Amt oder in einer der Aufsicht des Landes unterstehenden Körperschaft des öffentlichen Rechts ohne Gebietshoheit, einer rechtsfähigen Anstalt oder Stiftung des öffentlichen Rechts mehrere Personalräte, so ist ein Gesamtpersonalrat zu bilden.

(2) Die Dienststelle, bei der der Gesamtpersonalrat errichtet werden soll, bestellt den Wahlvorstand.

(3) Die Mitglieder des Gesamtpersonalrates werden von den Beschäftigten der Dienststellen gewählt, für die ein Gesamtpersonalrat gebildet werden soll.

(4) Die §§ 10 bis 18 gelten entsprechend. § 12 Abs. 3 gilt nur für die betreffenden Beschäftigten der Dienststelle, bei der der Gesamtpersonalrat errichtet wird.

(5) Für die Amtszeit, die Geschäftsführung und die Rechtsstellung des Gesamtpersonalrates gelten die §§ 19 bis 38 mit Ausnahme des § 36 Abs. 3 Satz 2 entsprechend.

§ 46
Arbeitsgemeinschaften auf Landesebene

(1) Die Hauptpersonalräte, die Hauptrichterräte und der Hauptstaatsanwaltsrat im Bereich der Landesverwaltung bilden die Arbeitsgemeinschaft der Hauptpersonalräte. Die Personalräte der obersten Landesbehörden, bei denen kein Hauptpersonalrat gebildet wird, gelten insoweit als Hauptpersonalräte. Die Hauptpersonalräte, die Hauptrichterräte und der Hauptstaatsanwaltsrat entsenden je ein Mitglied in die Arbeitsgemeinschaft der Hauptpersonalräte. Gelten bei einer obersten Dienstbehörde mehrere Personalräte als Hauptpersonalräte, entsenden sie zusammen ein Mitglied in die Arbeitsgemeinschaft der Hauptpersonalräte.

(2) Die Personalräte der obersten Landesbehörden bilden die Arbeitsgemeinschaft der Personalräte der obersten Landesbehörden.

(3) In Angelegenheiten, die von allgemeiner Bedeutung sind und über den Geschäftsbereich einer obersten Landesbehörde hinausgehen, sind die Arbeitsgemeinschaften zu beteiligen. Die Rechte der Hauptpersonalräte, der Hauptrichterräte, des Hauptstaatsanwaltsrates und der Personalräte werden hierdurch nicht berührt. § 59 bleibt unberührt.

(4) Die §§ 19, 22, 24 Abs. 1 und 3 bis 5, §§ 26, 27 Abs. 1 und 2, § 32 Abs. 1 und 2, § 34 Abs. 1 und §§ 35 bis 38 mit Ausnahme des § 36 Abs. 3 Satz 2 gelten entsprechend. Die Zusammenarbeit mit der Arbeitsgemeinschaft der Hauptschwerbehindertenvertretungen beim Land in Schleswig-Holstein richtet sich nach § 86 Abs. 3.

Abschnitt V
Mitbestimmung des Personalrates

Unterabschnitt 1
Allgemeines

§ 47
Grundsätze der Zusammenarbeit zwischen Dienststelle und Personalrat

(1) Die Dienststellenleitung (§ 8 Abs. 5) und der Personalrat sollen mindestens einmal im Monat zu einer gemeinsamen Besprechung zusammentreten. In diesen Besprechungen haben die Dienststellenleitung und der Personalrat alle beabsichtigten Maßnahmen und Initiativen rechtzeitig und eingehend zu erörtern. In ihnen sollen auch Fragen der Gleichstellung von Frauen und Männern, der zweckmäßigen Gestaltung des Dienstbetriebes sowie alle Vorgänge, die die Dienststelle oder ihre Beschäftigten betreffen, behandelt werden. Die Dienststellenleitung und der Personalrat haben über strittige Fragen mit dem ernsten Willen zur Einigung zu verhandeln und Vorschläge für die Beilegung von Meinungsverschiedenheiten zu machen. Sie sind berechtigt, sachkundige Beschäftigte oder Sachverständige zu den Besprechungen hinzuzuziehen; § 30 Abs. 1 Satz 2 gilt entsprechend. Die Schwerbehindertenvertretung ist hinzuzuziehen.

(2) Die Dienststellenleitung und der Personalrat haben alles zu unterlassen, was geeignet ist, die Arbeit und den Frieden in der Dienststelle zu gefährden. Insbesondere dürfen die Dienststellenleitung und der Personalrat keine Maßnahmen des Arbeitskampfes gegeneinander durchführen. Arbeitskämpfe der Tarifvertragsparteien werden hierdurch nicht berührt.

(3) Außenstehende Stellen dürfen erst angerufen werden, wenn eine Einigung in der Dienststelle nicht erzielt worden ist.

§ 48
Sachliche Amtsführung

(1) Die Dienststellenleitung und der Personalrat müssen sich so verhalten, daß das Vertrauen der Beschäftigten in die Objektivität und Neutralität ihrer Amtsführung nicht beeinträchtigt wird. Die Dienststellenleitung und der Personalrat haben jede parteipolitische Betätigung in der Dienststelle zu unterlassen; die Behandlung von Tarif-, Besoldungs- und Sozialangelegenheiten wird hierdurch nicht berührt.

(2) Beschäftigte, die Aufgaben nach diesem Gesetz wahrnehmen, werden dadurch in der Betätigung für ihre Gewerkschaft auch in der Dienststelle nicht beschränkt.

§ 49
Unterrichtung des Personalrates

(1) Der Personalrat ist zur Durchführung seiner Aufgaben über alle Angelegenheiten, die sich auf die Beschäftigten erstrecken oder auswirken, frühzeitig, fortlaufend, umfassend und anhand der einschlägigen Unterlagen zu unterrichten. Dies gilt insbesondere für Folgen für Arbeitsplätze, Arbeitsbedingungen, Arbeitsinhalte, Arbeitsorganisation und Qualifikationsanforderungen und bei Personalplanungen;

in Planungsgruppen ist der Personalrat von Anfang an einzubeziehen. Der Personalrat kann jederzeit eine Beratung der erwogenen Maßnahmen verlangen. § 47 Abs. 1 bleibt unberührt.

(2) Schriftliche Unterlagen und in Dateisystemen gespeicherte Daten, über die die Dienststelle verfügt, sind dem Personalrat in geeigneter Weise bereitzustellen, soweit dies für die Erfüllung der Aufgaben des Personalrates erforderlich ist. Dazu gehören bei Einstellungen die Unterlagen der sich bewerbenden Personen. Soweit diese in den Fällen des § 51 Abs. 4 nicht die Beteiligung des Personalrates beantragt haben, dürfen ihre Bewerbungsunterlagen nur mit ihrer Einwilligung bereitgestellt werden.

(3) Das Ergebnis einer dienstlichen Beurteilung (Gesamtnote, verbale Zusammenfassung und Verwendungsvorschlag) ist dem Personalrat offenzulegen, soweit dies für die Erfüllung der Aufgaben des Personalrates erforderlich ist. Dienstliche Beurteilungen sind im Übrigen auf Verlangen der betroffenen Personen dem Personalrat offenzulegen. Personalakten dürfen nur mit Einwilligung der betroffenen Personen und nur von den von ihnen bestimmten Mitgliedern des Personalrates eingesehen werden.

(4) An Vorstellungsgesprächen und Auswahlverfahren sowie an Prüfungen und Eignungsfeststellungen, die eine Dienststelle von den Beschäftigten ihres Bereiches oder von Personen, die sich um Einstellung bewerben, abnimmt, sowie an der Auswertung von Tests dieser Personen kann ein Mitglied des für diesen Bereich zuständigen Personalrates beratend teilnehmen. Zu Besprechungen zur Herstellung einheitlicher Beurteilungsmaßstäbe, die die Dienststelle durchführt oder von Dritten durchführen läßt, ist ein Mitglied des Personalrates hinzuzuziehen.

(5) Durch Dienstvereinbarungen können Regelungen über das Verfahren zur Unterrichtung des Personalrates getroffen werden.

(6) Es dürfen im Rahmen der Erfüllung der Aufgaben des Personalrates auch Daten im Sinne von Artikel 9 Absatz 1 der Verordnung (EU) 2016/6791 verarbeitet werden, soweit dies im Einzelfall zur Erfüllung der Aufgaben nach diesem Gesetz erforderlich ist. § 12 Landesdatenschutzgesetz gilt entsprechend.

§ 50
Arbeitsschutz und Unfallverhütung

(1) Der Personalrat hat bei der Bekämpfung von Unfall- und Gesundheitsgefahren die für den Arbeitsschutz zuständigen Behörden, die Träger der gesetzlichen Unfallversicherung und die übrigen in Betracht kommenden Stellen durch Anregung, Beratung und Auskunft zu unterstützen und sich für die Durchführung der Vorschriften über den Arbeitsschutz und die Unfallverhütung in der Dienststelle einzusetzen.

(2) Die Dienststelle und die in Absatz 1 genannten Stellen sind verpflichtet, den Personalrat oder die von ihm bestimmten Mitglieder bei allen im Zusammenhang mit dem Arbeitsschutz oder der Unfallverhütung stehenden Besichtigungen und Fragen und bei Unfalluntersuchungen hinzuzuziehen. Die Dienststelle hat dem Personalrat unverzüglich die den Arbeitsschutz oder die Unfallverhütung betreffenden Auflagen und Anordnungen der in Absatz 1 genannten Stellen mitzuteilen.

(3) An den Besprechungen der Dienststelle mit Sicherheitsbeauftragten im Rahmen des § 22 Abs. 2 des Siebten Buches Sozialgesetzbuch oder dem Arbeitsschutzausschuß nach § 11 des Gesetzes über Betriebsärzte, Sicherheitsingenieure und andere Fachkräfte für Arbeitssicherheit nehmen vom Personalrat beauftragte Personalratsmitglieder teil.

(4) Der Personalrat erhält die Niederschriften über Untersuchungen, Besichtigungen und Besprechungen, zu denen er nach Absatz 2 und 3 hinzuzuziehen ist.

(5) Die Dienststelle hat dem Personalrat eine Durchschrift des Unfallanzeige nach § 193 Abs. 5 des Siebten Buches Sozialgesetzbuch oder des nach beamtenrechtlichen Vorschriften zu erstattenden Berichtes auszuhändigen.

Unterabschnitt 2
Mitbestimmung

§ 51
Umfang der Mitbestimmung

(1) Der Personalrat bestimmt mit bei allen personellen, sozialen, organisatorischen und sonstigen innerdienstlichen Maßnahmen, die die Beschäftigten der Dienststelle insgesamt, Gruppen von ihnen oder einzelne Beschäftigte betreffen oder sich auf sie auswirken. Das gleiche gilt, wenn die Dienststelle Maßnahmen für Personen trifft, die der Dienststelle nicht angehören, jedoch für sie oder die ihr angehörenden Beschäftigten tätig sind und die innerhalb der Dienststelle beschäftigt werden. Die Mitbestimmung findet nicht statt bei Weisungen an einzelne oder mehrere Beschäftigte, die die Erledigung dienstlicher Obliegenheiten oder zu leistender Arbeit regeln.

(2) Absatz 1 Satz 2 gilt sinngemäß für Vereinbarungen der Dienststelle mit Dritten für deren Beschäftigte, die für die Dienststelle tätig sind und die innerhalb der Dienststelle beschäftigt werden.

(3) Der Personalrat kann seine Zustimmung durch Vereinbarung mit der Dienststelle für bestimmte Einzelfälle oder Gruppen von Fällen vorab erteilen. § 49 bleibt unberührt.

(4) In Personalangelegenheiten der in § 12 Abs. 3 Satz 1 bezeichneten Beschäftigten und der Beschäftigten im Beamtenverhältnis auf Zeit mit Ausnahme des in § 120 Landesbeamtengesetz genannten Personenkreises bestimmt der Personalrat nur auf Antrag der Betroffenen mit. Die Betroffenen sind von der beabsichtigten Maßnahme rechtzeitig vorher in Kenntnis zu setzen und auf das Antragsrecht hinzuweisen. § 37 Abs. 5 Hochschulgesetz bleibt unberührt.

(5) Soweit Mitbestimmungsfälle über die beabsichtigten Maßnahmen hinaus schutzwürdige persönliche Interessen von Beschäftigten berühren, ist die Mitbestimmung von der vorher einzuholenden Zustimmung der Betroffenen abhängig. Die Dienststelle ist verpflichtet, das den Vorsitz im Personalrat führende Vorstandsmitglied und im Falle des § 24 Abs. 2 die von den Gruppenvertretungen gewählten Vorstandsmitglieder über die beabsichtigte Maßnahme zu unterrichten.

(6) Die Mitbestimmung entfällt bei personellen Maßnahmen für Beamtinnen und Beamte der Besoldungsordnung B und vergleichbare Arbeitnehmerinnen und Arbeitnehmer.

(7) Die Mitbestimmung entfällt beim Erlaß von Rechtsvorschriften, bei dem Zustandekommen von allgemeinen Regelungen nach § 59 und bei Organisationsentscheidungen der Ministerpräsidentin oder des Ministerpräsidenten, der Landesregierung und der Ministerinnen und Minister, die auf deren verfassungsmäßigen Rechten beruhen.

§ 52
Mitbestimmungsverfahren

(1) Eine der Mitbestimmung des Personalrates unterliegende Maßnahme kann nur mit seiner Zustimmung getroffen werden.

(2) Unbeschadet des § 49 unterrichtet die Dienststellenleitung den Personalrat von der beabsichtigten Maßnahme und beantragt seine Zustimmung. Der Personalrat kann verlangen, daß die Dienststellenleitung die beabsichtigte Maßnahme begründet. Der Personalrat hat über die beantragte Zustimmung zu beschließen und den Beschluß der Dienststellenleitung innerhalb von zehn Arbeitstagen mitzuteilen. In dringenden Fällen kann die Dienststellenleitung diese Frist auf fünf Arbeitstage abkürzen. Die Maßnahme gilt als gebilligt, wenn nicht der Personalrat innerhalb der genannten Frist die Zustimmung unter Angabe der Gründe schriftlich verweigert. Soweit der Personalrat dabei Beschwerden oder Behauptungen tatsächlicher Art vorträgt, die für Beschäftigte ungünstig sind und nachteilig werden können, hat die Dienststelle den Beschäftigten Gelegenheit zur Äußerung zu geben; die Äußerungen sind aktenkundig zu machen.

(3) Kommt in der Landesverwaltung zwischen der Leitung einer nachgeordneten Dienststelle und dem Personalrat eine Einigung nicht zustande, so kann die Dienststellenlei-

tung oder der Personalrat die Angelegenheit innerhalb von zehn Arbeitstagen auf dem Dienstweg der übergeordneten Dienststelle, bei der eine Stufenvertretung besteht, vorlegen. Die Dienststellenleitung der übergeordneten Dienststelle hat die Stufenvertretung unverzüglich zu unterrichten und kann ihre Zustimmung beantragen. Absatz 2 Satz 3 bis 5 gilt entsprechend.

(4) Ist die übergeordnete Dienststelle eine Behörde der Mittelstufe und kommt zwischen ihr und dem Bezirkspersonalrat eine Einigung nicht zustande, so kann die Dienststellenleitung oder der Bezirkspersonalrat die Angelegenheit innerhalb von zehn Arbeitstagen der obersten Dienstbehörde vorlegen. Die oberste Dienstbehörde hat den Hauptpersonalrat unverzüglich zu unterrichten und kann seine Zustimmung beantragen. Absatz 2 Satz 3 bis 5 gilt entsprechend.

(5) Kommt zwischen der Leitung der obersten Dienstbehörde und der bei ihr bestehenden zuständigen Personalvertretung eine Einigung nicht zustande, so kann die Leitung der obersten Dienstbehörde oder die bei ihr bestehende zuständige Personalvertretung innerhalb von zehn Arbeitstagen die Einigungsstelle anrufen. Wird die Einigungsstelle nach § 53 Abs. 1 Satz 1 von Fall zu Fall gebildet, so hat die Anrufung bei der nach § 53 Abs. 2 für die Bildung der Einigungsstelle zuständigen Stelle innerhalb der Frist nach Satz 1 zu erfolgen.

(6) Kommt bei Gemeinden, Ämtern und Kreisen, Hochschulen oder sonstigen Körperschaften, Anstalten und Stiftungen des öffentlichen Rechts mit einstufigem Verwaltungsaufbau zwischen der Dienststellenleitung und dem Personalrat eine Einigung nicht zustande, so kann die Dienststellenleitung oder der Personalrat die Angelegenheit innerhalb von zehn Arbeitstagen der obersten Dienstbehörde oder dem obersten Organ vorlegen. Die oberste Dienstbehörde oder das oberste Organ hat den Personalrat unverzüglich hierüber zu unterrichten und kann seine Zustimmung beantragen. Absatz 2 Satz 3 bis 5 gilt entsprechend. Kommt eine Einigung nicht zustande, so kann die oberste Dienstbehörde, das oberste Organ oder der Personalrat innerhalb von zehn Arbeitstagen die Einigungsstelle anrufen. Sind Dienststellenleitung und oberstes Organ identisch, so kann die Einigungsstelle direkt angerufen werden. Absatz 5 Satz 2 gilt entsprechend.

(7) Die in den Absätzen 1 bis 6 genannten Fristen können im Einzelfall in beiderseitigem Einvernehmen zwischen der jeweiligen Dienststelle und der Personalvertretung verkürzt oder verlängert werden. § 29 Abs. 1 bleibt unberührt. Durch Dienstvereinbarung können andere Fristen vorgesehen werden.

(8) Die Dienststelle kann Maßnahmen, die der Natur der Sache nach keinen Aufschub dulden, bis zur endgültigen Entscheidung vorläufig regeln. Die vorläufige Regelung ist als solche zu kennzeichnen und von der Dienststelle zu begründen.

(9) Die Dienststelle kann eilbedürftige Maßnahmen regeln, wenn ihre Auswirkungen auf die Beschäftigten gering und von kurzer Dauer sind und der mit ihnen bezweckte Erfolg anderenfalls nicht eintreten könnte. Die Regelungen sind dem Personalrat mitzuteilen.

(10) Die Dienststelle kann eilbedürftige Maßnahmen regeln, die die künstlerische Betätigung sowie die Darbietung und Verbreitung eines Kunstwerks unmittelbar berühren. Absatz 9 Satz 2 ist anzuwenden.

§ 53
Bildung der Einigungsstelle, Kosten

(1) Die Einigungsstelle wird von Fall zu Fall gebildet. Die nach § 52 Abs. 5 oder 6 zur Anrufung berechtigte Dienststelle und Personalvertretung können durch Dienstvereinbarung regeln, daß die Einigungsstelle für die jeweilige Dauer der Amtszeit der Personalvertretung als ständige Einrichtung gebildet wird.

(2) Die Einigungsstelle wird bei der obersten Dienstbehörde, bei der Aufsicht des Landes unterstehenden Körperschaften des öffentlichen Rechts ohne Gebietshoheit, den rechtsfähigen Anstalten und Stiftungen des öffentlichen Rechts beim obersten Organ gebildet. In Zweifelsfällen bestimmt die zuständige oberste Landesbehörde die Stelle, bei der die Einigungsstelle zu bilden ist.

(3) Die Einigungsstelle besteht aus je zwei Mitgliedern, die von der nach § 52 Abs. 5 oder 6 zur Anrufung berechtigten Dienststelle und der Personalvertretung unverzüglich nach Eintritt des Nichteinigungsfalles bestellt werden, und einem weiteren unparteiischen Mitglied, auf das sich die bestellten Mitglieder mehrheitlich einigen und das den Vorsitz führt. Es ist innerhalb von zehn Arbeitstagen nach Bestellung der übrigen Mitglieder zu bestellen. Die Mitglieder der Einigungsstelle üben ihr Amt unabhängig und frei von Weisungen aus.

(4) Kommt eine Einigung über den Vorsitz in dieser Frist nicht zustande, bestellt die Präsidentin oder der Präsident des Oberverwaltungsgerichtes das den Vorsitz der Einigungsstelle führende unparteiische Mitglied aus einer Liste, die sie oder er zu Beginn der Amtszeit der Personalräte aufgrund von Vorschlägen der obersten Landesbehörden, der Spitzenorganisationen der Gewerkschaften und der Arbeitgeberverbände aufstellt. Die vorgeschlagenen Personen müssen die Befähigung zum Richteramt besitzen oder die Voraussetzungen des § 110 Satz 1 des Deutschen Richtergesetzes oder die Voraussetzungen für die Einstellung in eine Laufbahn des höheren Dienstes erfüllen. Die bestellten Mitglieder können ihr oder ihm Vorschläge unterbreiten. Die Präsidentin oder der Präsident des Oberverwaltungsgerichtes ist an die Liste und die Vorschläge nicht gebunden.

(5) Unter den Mitgliedern, die von der zuständigen Personalvertretung bestellt werden, soll sich ein Mitglied im Beamten- und ein Mitglied im Arbeitnehmerverhältnis befinden, soweit diese jeweils eine Gruppe nach § 14 bilden. Betrifft die Angelegenheit lediglich die Beschäftigten einer Gruppe, so muß mindestens eines der in Satz 1 genannten Mitglieder dieser Gruppe angehören.

(6) Für die Mitglieder der Einigungsstelle gelten § 34 Abs. 1 und 2 dieses Gesetzes sowie § 97 des Landesverwaltungsgesetzes entsprechend.

(7) Das unparteiische Mitglied der Einigungsstelle erhält für die Behandlung jedes Einzelfalles eine Entschädigungspauschale, deren Höhe die Landesregierung durch Rechtsverordnung bestimmt, oder die Erstattung der Auslagen nach Absatz 6.

§ 54
Verhandlung und Beschlußfassung der Einigungsstelle

(1) Die Verhandlung der Einigungsstelle ist nicht öffentlich. Der nach § 52 Abs. 5 oder 6 beteiligten Dienststelle und Personalvertretung ist Gelegenheit zur Äußerung zu geben. Im Einvernehmen mit den Beteiligten kann die Äußerung schriftlich erfolgen.

(2) Auf Antrag von zwei Mitgliedern der Einigungsstelle kann eine sachverständige Person, die auch einer in der beteiligten Dienststelle vertretenen Gewerkschaft oder einem Arbeitgeberverband angehören kann, an der Sitzung der Einigungsstelle für die Dauer der Verhandlung beratend teilnehmen. § 30 Abs. 1 Satz 2 gilt entsprechend.

(3) Die Einigungsstelle entscheidet nach mündlicher Beratung durch Beschluß. Er wird von den Mitgliedern der Einigungsstelle mit Stimmenmehrheit gefaßt. Der Beschluß muß sich unter Berücksichtigung der Grundsätze des § 2 Abs. 2 und 3 im Rahmen der geltenden Rechtsvorschriften, insbesondere des Haushaltsrechtes, halten. Er soll innerhalb von zwanzig Arbeitstagen nach Anrufung der Einigungsstelle ergehen.

(4) Der Beschluß ist schriftlich abzufassen und zu begründen und von dem unparteiischen Mitglied zu unterzeichnen. Er ist den Beteiligten nach Absatz 1 Satz 2 unverzüglich zu übersenden. Der Beschluß ist für die Beteiligten bindend in den Fällen

1. Beginn und Ende der täglichen Arbeitszeit und der Pausen sowie die Verteilung der Arbeitszeit auf die einzelnen Wochentage,

2. Regelung der Ordnung in der Dienststelle und des Verhaltens der Beschäftigten,
3. Gestaltung der Arbeitsplätze,
4. Maßnahmen zur Verhütung von Dienst- und Arbeitsunfällen und sonstigen Gesundheitsschädigungen,
5. Zeit, Ort und Art der Auszahlung der Dienstbezüge und Arbeitsentgelte,
6. Aufstellung des Urlaubsplanes, Festsetzung der zeitlichen Lage des Erholungsurlaubes für einzelne Beschäftigte, wenn zwischen der Dienststelle und den beteiligten Beschäftigten kein Einverständnis erzielt wird,
7. Errichtung, Verwaltung und Auflösung von Sozialeinrichtungen ohne Rücksicht auf ihre Rechtsform,
8. Grundsätze über die Bewertung von anerkannten Vorschlägen im Rahmen des betrieblichen Vorschlagwesens,
9. Aufstellung von Sozialplänen einschließlich Plänen für Umschulungen zum Ausgleich oder zur Minderung von wirtschaftlichen Nachteilen, die den Beschäftigten infolge von Rationalisierungsmaßnahmen entstehen,
10. Gewährung und Ablehnung von Unterstützungen, Vorschüssen, Darlehen und entsprechenden sozialen Zuwendungen,
11. Zuweisung, Ablehnung und Kündigung von Wohnungen, über die die Dienststelle verfügt, sowie der allgemeinen Festsetzung der Nutzungsbedingungen,
12. Zuweisung, Ablehnung und Kündigung von Dienst- und Pachtland, über das die Dienststelle verfügt, sowie der allgemeinen Festsetzung der Nutzungsbedingungen,
13. Fragen der Gestaltung der Arbeitsentgelte bei Arbeitnehmerinnen und Arbeitnehmern innerhalb der Dienststelle, insbesondere die Aufstellung entsprechender Grundsätze und Methoden und deren Änderung sowie die Festsetzung der Akkord-Prämiensätze und vergleichbare leistungsbezogener Arbeitsentgelte, einschließlich der Geldfaktoren,
14. Durchführung der Berufsausbildung bei Arbeitnehmerinnen und Arbeitnehmern,
15. Auswahl von Arbeitnehmerinnen und Arbeitnehmern für die Teilnahme an Fortbildungsveranstaltungen,
16. Inhalt von Personalfragebogen für Arbeitnehmerinnen und Arbeitnehmer,
17. Beurteilungsrichtlinien für Arbeitnehmerinnen und Arbeitnehmer,

wenn er nicht von der zuständigen Dienststelle nach § 55 Abs. 1 spätestens innerhalb einer Frist von zwanzig Arbeitstagen nach Übersendung ganz oder teilweise aufgehoben wird. In den übrigen Fällen beschließt die Einigungsstelle eine Empfehlung an die zuständige Dienststelle; diese entscheidet sodann endgültig.

§ 55
Aufhebung von Beschlüssen der Einigungsstelle

(1) Die nach § 52 Abs. 5 oder 6 für die Anrufung der Einigungsstelle zuständige Dienststelle kann Beschlüsse der Einigungsstelle nach § 54 Abs. 4 Satz 3, die wegen ihrer Auswirkungen auf das Gemeinwesen die Regierungsverantwortung wesentlich berühren, spätestens innerhalb einer Frist von zwanzig Arbeitstagen nach Übersendung ganz oder teilweise aufheben und endgültig entscheiden.

(2) Die nach § 52 Abs. 5 oder 6 für die Anrufung der Einigungsstelle zuständige Dienststelle kann Beschlüsse der Einigungsstelle, die Maßnahmen betreffen, die zur Durchführung einer Maßnahme in Angelegenheiten im Sinne von Absatz 1 erforderlich sind, spätestens innerhalb einer Frist von zwanzig Arbeitstagen nach Übersendung ganz oder teilweise aufheben und endgültig entscheiden.

(3) Die nach § 52 Abs. 5 oder 6 für die Anrufung der Einigungsstelle zuständige Dienststelle kann Beschlüsse der Einigungsstelle in Personalangelegenheiten der Beschäftigten mit überwiegend wissenschaftlicher oder künstlerischer Tätigkeit spätestens innerhalb einer Frist von zwanzig Arbeitstagen nach Übersendung ganz oder teilweise aufheben und endgültig entscheiden.

(4) Die Aufhebung von Beschlüssen der Einigungsstelle ist von der dafür zuständigen Dienststelle zu begründen. Das unparteiische Mitglied der Einigungsstelle sowie die am Einigungsverfahren beteiligten Dienststellen und Personalvertretungen sind unverzüglich schriftlich über die Aufhebung unter Beifügung der Begründung zu unterrichten.

§ 56
Initiativrecht des Personalrates

(1) Im Rahmen seiner Aufgaben nach §§ 1 und 2 kann der Personalrat in allen personellen, sozialen, organisatorischen und sonstigen innerdienstlichen Angelegenheiten Maßnahmen bei der Dienststelle beantragen, die die Beschäftigten der Dienststelle insgesamt, Gruppen von ihnen oder einzelne Beschäftigte betreffen oder sich auf sie auswirken. Das gleiche gilt für Anträge an die Dienststelle, die Personen betreffen, die der Dienststelle nicht angehören, jedoch für sie oder für die ihr angehörenden Beschäftigten tätig sind und die innerhalb der Dienststelle beschäftigt werden.

(2) Absatz 1 Satz 2 gilt sinngemäß für Vereinbarungen der Dienststelle mit Dritten für deren Beschäftigte, die für die Dienststelle tätig sind und die innerhalb der Dienststelle beschäftigt werden.

(3) In personellen Angelegenheiten der Beschäftigten nach § 51 Abs. 4 oder in Fällen des § 51 Abs. 5 kann ein Antrag nach Absatz 1 nur mit Zustimmung der Betroffenen gestellt werden.

(4) In personellen Angelegenheiten der Beschäftigten nach § 51 Abs. 6 und in Angelegenheiten nach § 51 Abs. 7 kann ein Antrag nach Absatz 1 nicht gestellt werden.

(5) Der Antrag des Personalrates ist der Dienststellenleitung schriftlich vorzulegen. Die Dienststellenleitung kann verlangen, daß der Personalrat ihn begründet. Die Dienststellenleitung hat unverzüglich über den Antrag zu entscheiden. Ist sie in der beantragten Angelegenheit nicht entscheidungsbefugt, hat sie den Antrag unverzüglich mit einer Stellungnahme der zuständigen Dienststelle weiterzuleiten.

(6) Stimmt die nach Absatz 5 für die Entscheidung zuständige Dienststellenleitung dem Antrag des Personalrates nicht zu, so hat sie die Ablehnung zu begründen und den Personalrat schriftlich unter Beifügung der Begründung zu unterrichten. Für das weitere Verfahren ist § 52 Abs. 3 bis 7 anzuwenden.

(7) Für das Verfahren vor der Einigungsstelle gilt § 54, für die Wirksamkeit oder Aufhebung des Beschlusses der Einigungsstelle gilt § 55.

§ 57
Dienstvereinbarungen

(1) Dienstvereinbarungen sind zu allen personellen, sozialen, organisatorischen und sonstigen innerdienstlichen Angelegenheiten zulässig, soweit sie nicht Einzelangelegenheiten und gesetzliche oder tarifrechtliche Regelungen oder allgemeine Regelungen nach § 59 nicht entgegenstehen. Dienstvereinbarungen sind unzulässig, soweit sie Arbeitsentgelte oder sonstige Arbeitsbedingungen betreffen, die durch Tarifvertrag geregelt sind oder üblicherweise geregelt werden; dies gilt nicht, wenn ein Tarifvertrag den Abschluß ergänzender Dienstvereinbarungen zuläßt.

(2) Dienstvereinbarungen sind durch die Dienststelle und den Personalrat schriftlich zu schließen, von beiden Seiten zu unterzeichnen und in geeigneter Weise bekanntzumachen.

(3) Dienstvereinbarungen, die für einen größeren Bereich gelten, gehen den Dienstvereinbarungen für einen kleineren Bereich vor, soweit nichts anderes vereinbart worden ist.

(4) Dienstvereinbarungen können, soweit nicht anderes vereinbart ist, von beiden Seiten mit einer Frist von drei Monaten gekündigt werden.

(5) Nach Ablauf einer Dienstvereinbarung gelten ihre Regelungen in Angelegenheiten weiter, in denen ein Beschluß der Einigungsstelle nicht nach § 55 aufgehoben werden

kann, bis sie durch eine andere Dienstvereinbarung ersetzt werden, soweit nichts anderes vereinbart worden ist.

§ 58
Durchführung von Entscheidungen

(1) Entscheidungen, an denen der Personalrat beteiligt war, führt die Dienststelle in angemessener Frist durch, es sei denn, daß im Einzelfall etwas anderes vereinbart wurde.

(2) Führt die Dienststelle eine Entscheidung, die
1. auf einer Dienstvereinbarung beruht oder
2. aufgrund einer Initiative des Personalrates zustande gekommen ist,

nicht unverzüglich oder nicht zum vereinbarten Zeitpunkt durch oder leitet sie die vorgesehene Maßnahme nicht ein, so kann das Einigungsverfahren durchgeführt oder sogleich das Verwaltungsgericht angerufen werden. §§ 52 bis 54 gelten sinngemäß.

(3) Unzulässig ist die Durchführung von Maßnahmen, die
1. ohne die gesetzlich vorgeschriebene Beteiligung,
2. unter einem Verstoß gegen wesentliche Verfahrensvorschriften

erfolgt. Maßnahmen, die entgegen Satz 1 durchgeführt worden sind, sind zurückzunehmen, soweit Rechtsvorschriften nicht entgegenstehen.

Unterabschnitt 3
Allgemeine Regelungen auf Landesebene

§ 59
Vereinbarungen mit den Spitzenorganisationen der Gewerkschaften

(1) Allgemeine Regelungen in Angelegenheiten, die nach § 51 der Mitbestimmung unterliegen und die über den Geschäftsbereich einer zuständigen obersten Landesbehörde hinausgehen, sind zwischen den Spitzenorganisationen der zuständigen Gewerkschaften und der zuständigen obersten Landesbehörde zu vereinbaren.

(2) Allgemeine Regelungen, die wegen ihrer Auswirkungen auf das Gemeinwesen die Regierungsverantwortung wesentlich berühren, insbesondere solche
1. in personellen Angelegenheiten der Beamtinnen und Beamten,
2. in organisatorischen Angelegenheiten,
3. in Angelegenheiten, die die Gestaltung von Lehrveranstaltungen im Rahmen des Vorbereitungsdienstes zum Inhalt haben,
4. über die Auswahl von Lehrpersonen im Rahmen des Vorbereitungsdienstes

können durch die Landesregierung ganz oder teilweise aufgehoben werden.

(3) Kommt eine allgemeine Regelung nicht zustande, kann sie abweichend von Absatz 1 durch die Landesregierung getroffen werden, nachdem die zuständige oberste Landesbehörde oder die beteiligten Spitzenorganisationen die Verhandlungen unter Angabe der hierfür maßgebenden Gründe schriftlich für gescheitert erklärt haben. Die Landesregierung kann allgemeine Regelungen, die keinen Aufschub dulden, bis zum Abschluß einer Vereinbarung nach Absatz 1 vorläufig treffen. Die vorläufige Regelung ist als solche zu kennzeichnen.

(4) Allgemeine Regelungen gelten auch für die Beschäftigten der Landtagsverwaltung und des Landesrechnungshofes, wenn sie im Einvernehmen mit der Präsidentin oder dem Präsidenten des Schleswig-Holsteinischen Landtages und der Präsidentin oder dem Präsidenten des Landesrechnungshofes erfolgen. Absätze 2 und 3 bleiben unberührt.

(5) Vereinbarungen nach Absatz 1 oder Regelungen der Landesregierung nach Absatz 3 gehen Dienstvereinbarungen nach § 57 vor.

Unterabschnitt 4
Zuständigkeiten der Personalräte

§ 60
Personalräte und Stufenvertretungen

(1) In Angelegenheiten, zu deren Entscheidung die Dienststelle befugt ist, ist der bei ihr gebildete Personalrat zu beteiligen. Bei Abordnung und Versetzung sind die Personalräte der abgebenden und der aufnehmenden Dienststelle zu beteiligen.

(2) In anderen Angelegenheiten ist anstelle des Personalrates die bei der zuständigen Dienststelle gebildete Stufenvertretung zu beteiligen.

(3) Hat eine Dienststelle über beteiligungspflichtige Angelegenheiten von Beschäftigten zu entscheiden, die ihr nicht angehören, und ist eine für diese Beschäftigten zuständige Personalvertretung bei ihr nicht vorhanden, so beteiligt auf Ersuchen der entscheidungsbefugten Dienststelle die Dienststelle, der die Beschäftigten angehören, die zuständige Personalvertretung.

(4) Soweit sich die Ministerpräsidentin oder der Ministerpräsident nach Artikel 38 der Landesverfassung Aufgaben vorbehalten hat, deren Durchführung im Einzelfall der Beteiligung unterliegt, beteiligt die oberste Landesbehörde, deren Geschäftsbereich die Maßnahme betrifft, ihre zuständige Personalvertretung.

(5) Vor einem Beschluß in Angelegenheiten, die einzelne Beschäftigte oder Dienststellen betreffen, gibt die Stufenvertretung dem Personalrat Gelegenheit zur Äußerung und beteiligt in gemeinsamen Angelegenheiten des Personalrates das den Vorsitz führende Mitglied, in Gruppenangelegenheiten auch das von der Gruppe gewählte Vorstandsmitglied an den Verhandlungen mit der Dienststelle. In diesem Fall verlängern sich die Fristen nach § 52 Abs. 2 Satz 3 um fünf Arbeitstage. Satz 2 gilt nicht, wenn die Stufenvertretungen im Rahmen des Verfahrens nach § 52 angerufen werden.

(6) Werden im Geschäftsbereich von Dienststellen, die der Dienstaufsicht durch übergeordnete Behörden unterstehen, personelle oder andere Maßnahmen von einer Dienststelle getroffen, bei der aus anderen Gründen als nach § 20 Abs. 1 Nr. 1 bis 5 kein zuständiger Personalrat vorhanden ist, so werden die Beteiligungsrechte von der Stufenvertretung der übergeordneten Dienststelle bis zur Wahl eines Personalrates wahrgenommen. Dies gilt nicht, wenn die Wahl zum regelmäßigen Wahlzeitraum auf Wunsch der Beschäftigten nicht zustande gekommen ist.

§ 61
Gesamtpersonalrat

(1) Der Gesamtpersonalrat ist nur zuständig für die Behandlung von Angelegenheiten, die mehrere in ihm zusammengefaßte Dienststellen betreffen und die nicht durch die einzelnen Personalräte und Stufenvertretungen innerhalb ihres Geschäftsbereiches geregelt werden können. Er ist den einzelnen Personalräten und Stufenvertretungen nicht übergeordnet.

(2) Die §§ 47 bis 58 sind auf den Gesamtpersonalrat entsprechend anzuwenden.

Abschnitt VI
Jugend- und Ausbildungsvertretung

§ 62
Errichtung

In Dienststellen, bei denen Personalräte errichtet sind und denen in der Regel mindestens fünf zur Jugend- und Ausbildungsvertretung wahlberechtigte Beschäftigte angehören, werden Jugend- und Ausbildungsvertretungen gebildet.

§ 63
Wahlberechtigung und Wählbarkeit

(1) Wahlberechtigt sind
1. die Beschäftigten, die das 18. Lebensjahr noch nicht vollendet haben, sowie

2. die Beamtinnen, Beamten, Arbeitnehmerinnen und Arbeitnehmer im Vorbereitungsdienst, die anderen Beschäftigten in einem öffentlich-rechtlichen Ausbildungsverhältnis und die Auszubildenden und Praktikantinnen und Praktikanten

(jugendliche Beschäftigte). Im Übrigen gilt § 11 entsprechend.

(2) Wählbar sind

1. die Wahlberechtigten nach Absatz 1 sowie
2. die Wahlberechtigten nach § 11, die am Wahltag das 27. Lebensjahr noch nicht vollendet haben.

Nicht wählbar sind die Mitglieder des Personalrats.

§ 64
Anzahl der Mitglieder der Jugend- und Ausbildungsvertretung

(1) Die Jugend- und Ausbildungsvertretung besteht in Dienststellen mit in der Regel

5 bis 20	jugendlichen Beschäftigten aus einer Person,
21 bis 50	jugendlichen Beschäftigten aus drei Mitgliedern,
51 bis 200	jugendlichen Beschäftigten aus fünf Mitgliedern,
mehr als 200	jugendlichen Beschäftigten aus sieben Mitgliedern.

(2) Die Jugend- und Ausbildungsvertretung soll sich aus Angehörigen der verschiedenen Beschäftigungsarten der der Dienststelle angehörenden jugendlichen Beschäftigten zusammensetzen. § 10 Abs. 2 gilt entsprechend.

§ 65
Wahlverfahren

(1) Der Personalrat bestimmt den Wahlvorstand. Im übrigen gelten die Vorschriften über die Wahlen zum Personalrat entsprechend. § 14 findet keine Anwendung.

(2) Die Amtszeit der Jugend- und Ausbildungsvertretung beträgt zwei Jahre. Die Wahlen finden in der Zeit vom 1. Oktober bis zum 31. Dezember statt. Soweit die §§ 19 bis 23 keine unmittelbar geltenden Bestimmungen für die Jugend- und Ausbildungsvertretung enthalten, gelten sie entsprechend.

(3) Besteht die Jugend- und Ausbildungsvertretung aus drei oder mehr Mitgliedern, so wählt sie aus ihrer Mitte ein Mitglied, das den Vorsitz übernimmt und die laufenden Geschäfte führt, sowie ein stellvertretendes Mitglied.

§ 66
Befugnisse und Tätigkeit

(1) Die Jugend- und Ausbildungsvertretung hat dafür zu sorgen, daß

1. die zugunsten der jugendlichen Beschäftigten geltenden Gesetze, Verordnungen, Tarifverträge, Dienstvereinbarungen und Verwaltungsvorschriften durchgeführt werden,
2. Maßnahmen gemeinsam mit dem Personalrat durchgeführt werden, die den jugendlichen Beschäftigten dienen, insbesondere in Angelegenheiten der Berufsausbildung,
3. Anregungen von jugendlichen Beschäftigten, insbesondere zu Fragen der Berufsausbildung nach gegangen wird und sie, soweit begründet, verwirklicht werden und berechtigten Beschwerden abgeholfen wird.

(2) Die Zusammenarbeit der Jugend- und Ausbildungsvertretung mit dem Personalrat bestimmt sich nach § 25 Abs. 2 Satz 3 und Abs. 3 Satz 1 Nr. 5, § 29 Abs. 1 Satz 1 Nr. 3 a, § 31 Abs. 1 sowie § 33 Abs. 1 und 2. Die außerordentliche Kündigung von Mitgliedern der Jugend- und Ausbildungsvertretung, des Wahlvorstandes und von Personen, die sich um einen Sitz in der Jugend- und Ausbildungsvertretung bewerben, und in einem Arbeitsverhältnis stehen, bedarf der Zustimmung des Personalrates. § 38 gilt entsprechend.

(3) Für die Geschäftsführung der Jugend- und Ausbildungsvertretung sind § 24 Abs. 3 und 5, § 25 Abs. 1, Abs. 2 Satz 1 und 2, §§ 26, 27, 29, § 30 Abs. 1, § 31 Abs. 2, §§ 32, 33 Abs. 3, §§ 34, 35 sowie § 48, für die Rechtsstellung §§ 36 und 37 mit Ausnahme des § 36 Abs. 3 Satz 2 sinngemäß anzuwenden.

(4) Sitzungen der Jugend- und Ausbildungsvertretung finden nach Verständigung des Personalrates statt. Hinsichtlich der Schwerbehindertenvertretung gilt § 25 Abs. 2 Satz 3 entsprechend. An den Sitzungen der Jugend- und Ausbildungsvertretung kann ein vom Personalrat beauftragtes Personalratsmitglied teilnehmen, es sei denn, daß die Mehrheit der Jugend- und Ausbildungsvertretung dem widerspricht.

(5) Zur Durchführung ihrer Aufgaben ist die Jugend- und Ausbildungsvertretung durch den Personalrat rechtzeitig und umfassend zu unterrichten. § 49 gilt sinngemäß. Die zur Durchführung ihrer Aufgaben erforderlichen Unterlagen werden ihr durch den Personalrat bereitgestellt.

(6) Der Personalrat hat die Jugend- und Ausbildungsvertretung zu Besprechungen zwischen Dienststellenleitung und Personalrat hinzuzuziehen, wenn Angelegenheiten behandelt werden, die besonders jugendliche Beschäftigte betreffen. Dies gilt nicht, soweit Personalangelegenheiten von Dienstvorgesetzten und von Personen mit Ausbildungsaufgaben behandelt werden, es sei denn, daß die Betroffenen zugestimmt haben.

§ 67
Jugendversammlung

(1) Die Jugend- und Ausbildungsvertretung hat in der Regel einmal in jedem Kalenderjahr eine Jugendversammlung durchzuführen. Sie wird von dem den Vorsitz führenden Mitglied der Jugend- und Ausbildungsvertretung geleitet. Das den Vorsitz des Personalrates führende oder ein vom Personalrat beauftragtes anderes Mitglied soll an der Jugendversammlung teilnehmen.

(2) Die Jugend- und Ausbildungsvertretung ist berechtigt und auf Wunsch mindestens eines Viertels der jugendlichen Beschäftigten verpflichtet, eine Jugendversammlung einzuberufen und den beantragten Beratungsgegenstand auf die Tagesordnung zu setzen.

(3) Die für die Personalversammlung geltenden Vorschriften sind sinngemäß anzuwenden.

§ 68
Jugend- und Ausbildungsstufenvertretungen

(1) In der Landesverwaltung werden für den Geschäftsbereich mehrstufiger Verwaltungen, in denen Stufenvertretungen bestehen, bei den Mittelbehörden Bezirksjugend- und Ausbildungsvertretungen und bei den obersten Landesbehörden Hauptjugend- und Ausbildungsvertretungen gebildet.

(2) Für die Jugend- und Ausbildungsstufenvertretungen gelten § 44 Abs. 2 sowie §§ 62 bis 66 entsprechend.

Abschnitt VII
Vertretung der Referendarinnen und Referendare im juristischen Vorbereitungsdienst (Referendarrat)

§ 69
Errichtung

(1) Als Vertretung der Referendarinnen und Referendare im juristischen Vorbereitungsdienst des Landes wird bei der Präsidentin oder dem Präsidenten des Schleswig-Holsteinischen Oberlandesgerichtes ein Referendarrat gebildet.

(2) Der Referendarrat nimmt die Aufgaben eines Personalrates gegenüber der Präsidentin oder dem Präsidenten des Schleswig-Holsteinischen Oberlandesgerichtes und gegenüber allen anderen Dienststellen wahr, soweit ausschließlich Referendarinnen und Referendare betroffen sind. In allen anderen Angelegenheiten vertritt der zuständige Personalrat die Referendarinnen und Referendare.

(3) Der Referendarrat nimmt gleichzeitig die Aufgaben eines Bezirks- und eines Hauptreferendarrates wahr.

§ 70
Wahlrecht und Wählbarkeit

(1) Wahlberechtigt zum Referendarrat sind alle Referendarinnen und Referendare, die sich am Wahltage im juristischen Vorbereitungsdienst befinden, es sei denn, daß sie unter Wegfall der Unterhaltsbeihilfe beurlaubt oder einer Ausbildungsstelle außerhalb des Landes zugewiesen sind. § 11 Abs. 1 Satz 1 und 2 gilt entsprechend.

(2) Wählbar sind alle Wahlberechtigten, die sich nicht bereits zur Ausbildung in den Wahlstationen befinden.

§ 71
Anzahl der Mitglieder des Referendarrats

Der Referendarrat besteht aus sieben Mitgliedern. Er soll sich aus Angehörigen aller Landgerichtsbezirke zusammensetzen. § 10 Abs. 2 gilt entsprechend.

§ 72
Wahlverfahren

(1) Die Vorschriften über die Wahlen zum Personalrat gelten entsprechend. § 14 findet keine Anwendung.

(2) Die Amtszeit des Referendarrates beträgt ein Jahr; §§ 19 bis 23 gelten entsprechend. Der Eintritt in eine Wahlstation führt nicht zum Erlöschen der Mitgliedschaft nach § 70 Abs. 2 i.V.m. § 22 Abs. 1 Nr. 5.

§ 73
Geschäftsführung und Rechtsstellung

Für die Geschäftsführung gelten die §§ 24 bis 35, für die Rechtsstellung des Referendarrates die §§ 36 bis 38 mit Ausnahme des § 36 Abs. 3 Satz 2 sinngemäß.

§ 74
Referendarversammlung

Der Referendarrat hat in der Regel einmal in jedem Kalenderjahr eine Versammlung der Referendarinnen und Referendare (Referendarversammlung) durchzuführen. Die für die Personalversammlung geltenden Vorschriften sind im übrigen sinngemäß anzuwenden.

Abschnitt VIII
Vertretung der nichtständig Beschäftigten und des Krankenpflegepersonals

§ 75
Nichtständige Beschäftigte

(1) Sind in einer Dienststelle während bestimmter Dienstzeiten des Jahres oder zur Erfüllung bestimmter Aufgaben, deren Zeitdauer von vornherein auf weniger als ein Jahr begrenzt ist, mindestens fünf Beschäftigte nur vorübergehend tätig, so wählen diese mit einfacher Stimmenmehrheit eine Vertretung der nichtständigen Beschäftigten. Die Vertretung besteht bei

5 bis 40	nichtständigen Beschäftigten aus einer Person,
41 bis 100	nichtständigen Beschäftigten aus drei Mitgliedern,
101 und mehr	nichtständigen Beschäftigten aus fünf Mitgliedern.

Das gleiche gilt für Beschäftigte im Schul- und Hochschulbereich, deren Arbeitsverträge von vornherein auf weniger als ein Jahr begrenzt sind.

(2) Der Personalrat bestimmt den Wahlvorstand. Im übrigen gelten für die Wahl der Mitglieder der Vertretung § 10 Abs. 2, §§ 11, 12 und 15 bis 18 entsprechend mit Ausnahme der Vorschriften über die Dauer der Zugehörigkeit zur Dienststelle und zum öffentlichen Dienst. Besteht die Vertretung der nichtständigen Beschäftigten aus drei oder mehr Mitgliedern, so wählt sie aus ihrer Mitte ein Mitglied, das den Vorsitz übernimmt und die laufenden Geschäfte führt, sowie ein stellvertretendes Mitglied.

(3) Die Amtszeit der in Absatz 1 bezeichneten Mitglieder endet mit Ablauf des für die Beschäftigung der nichtständigen Beschäftigten vorgesehenen Zeitraumes oder mit Wegfall der Voraussetzungen für ihre Wahl. § 19 Abs. 1 Satz 2, § 20 Abs. 1 und 2 sowie §§ 21 bis 23 gelten entsprechend.

(4) Die Zusammenarbeit der Vertretung der nichtständigen Beschäftigten mit dem Personalrat bestimmt sich nach § 25 Abs. 2 Satz 3, Abs. 3 Satz 1 Nr. 6, § 29 Abs. 1 Satz 1 Nr. 3 b sowie § 31 Abs. 3. § 38 gilt entsprechend.

(5) Für die Geschäftsführung der Vertretung der nichtständigen Beschäftigten sind § 24 Abs. 3, § 25 Abs. 1 und 2, §§ 26, 27, 29, 30 Abs. 1, § 32 Abs. 2, § 34 Abs. 1 Satz 1 und 2, Abs. 2 bis 4, sowie §§ 35 und 48, für die Rechtsstellung § 36 Abs. 1 bis 3 Satz 1, Abs. 4, Abs. 6 Satz 1 und Abs. 7 Satz 1 sowie § 37 sinngemäß anzuwenden.

§ 76
Krankenpflegepersonal

(1) Sind in einem öffentlichen Krankenhaus oder in einer sonstigen öffentlichen Heilanstalt in der Regel mindestens fünf Beschäftigte als Krankenpflegepersonal tätig, die in keinem unmittelbaren Arbeitsverhältnis zum Träger der Anstalt stehen, so wählen diese eine Vertretung des Krankenpflegepersonals. § 10 Abs. 2, §§ 11, 12, 15 bis 19, § 20 Abs. 1 und 2, §§ 21 bis 23 sowie § 75 Abs. 1 Satz 2, Abs. 2 Satz 1 und 3 sind entsprechend anzuwenden.

(2) Die Zusammenarbeit der Vertretung des Krankenpflegepersonals mit dem Personalrat bestimmt sich nach § 25 Abs. 2 Satz 3, Abs. 3 Satz 1 Nr. 7, § 29 Abs. 1 Satz 1 Nr. 3 c sowie § 31 Abs. 3.

(3) Für die Geschäftsführung der Vertretung des Krankenpflegepersonals sind § 24 Abs. 3, § 25 Abs. 1 und 2, §§ 26, 27, 29, 30 Abs. 1, § 32 Abs. 2, § 34 Abs. 1 Satz 1 und 2, Abs. 2 bis 4, §§ 35 und 48, für die Rechtsstellung § 36 Abs. 1 bis 3 Satz 1, Abs. 4, Abs. 6 Satz 1 und Abs. 7 Satz 1 sowie § 37 sinngemäß anzuwenden.

Abschnitt IX
Vorschriften für besondere Verwaltungszweige und die Behandlung von Verschlußsachen

Unterabschnitt 1
Besondere Vorschriften für die Hochschulen

§ 77
Hochschulen

(1) Auf Hochschullehrerinnen und Hochschullehrer findet dieses Gesetz keine Anwendung.

(2) Für Beschäftigte mit Lehraufgaben oder wissenschaftlicher Tätigkeit werden an den Hochschulen besondere Personalräte gewählt; § 14 findet entsprechende Anwendung.

(3) Die Beschäftigten, die weder dem Lehrkörper angehören noch wissenschaftlich tätig sind, wählen eigene Personalräte nach den allgemeinen Vorschriften.

(4) Für die Mitglieder der nach Absatz 2 gebildeten besonderen Personalräte, deren Arbeitsverhältnisse befristet sind, bleiben die Arbeitsverhältnisse unbeschadet der vereinbarten Befristung für die Dauer bestehen, für die ein Kündigungsschutz in einem unbefristeten Arbeitsverhältnis nach § 38 Abs. 1 bestanden hätte, höchstens jedoch für die Dauer eines Jahres.

(5) Für Mitglieder der nach Absatz 2 gebildeten besonderen Personalräte, die in einem Beamtenverhältnis auf Zeit tätig sind, gilt § 38 Abs. 2 entsprechend. Nach Ablauf des Beamtenverhältnisses auf Zeit werden sie im Rahmen der rechtlichen Möglichkeiten für die Dauer weiterbeschäftigt, für die ein befristetes Arbeitsverhältnis nach Absatz 4 fortbestehen würde.

(6) Unterliegen Maßnahmen (§ 51) der Entscheidung des Hochschulrats, des Senats, der Fachbereichskonvente oder vergleichbarer Organe der Hochschule, so finden §§ 52 bis 55 keine Anwendung. § 83 Abs. 1 Satz 2 bis 6 ist sinngemäß anzuwenden. Satz 1 und 2 gilt auch bei Entscheidungen von Ausschüssen, zu deren Bildung die in Satz 1 genannten Organe nach dem Hochschulgesetz verpflichtet sind.

(7) Unterliegen Maßnahmen (§ 51) der Entscheidung des Präsidiums, des Dekanats oder vergleichbarer Organe, sind die §§ 52 bis 55 anzuwenden. Das Präsidium ist oberste Dienstbehörden im Sinne dieses Gesetzes bei Maßnahmen in Wahrnehmung eigener Angelegenheiten. Satz 1 gilt auch bei Entscheidungen von Ausschüssen der in Absatz 6 Satz 1 genannten Organe, deren Bildung den genannten Organen nach dem Hochschulgesetz möglich ist; § 83 Abs. 1 Satz 2 bis 6 ist sinngemäß anzuwenden.

Unterabschnitt 2
Schulen, Institut für Qualitätsentwicklung und Schleswig-Holsteinisches Institut für berufliche Bildung - Landesamt - (SHIBB)

§ 78
Bildung der Personalräte

(1) Schulen sind Dienststellen im Sinne dieses Gesetzes. Für Regionale Berufsbildungszentren finden die für Schulen geltenden Bestimmungen Anwendung. § 83 Abs. 1 gilt entsprechend; der Verwaltungsrat und, soweit gebildet, die Gewährträgerversammlung stehen den in § 83 Abs. 1 genannten Organen gleich. § 84 ist mit Ausnahme des Absatzes 1 nicht anzuwenden.

(2) Die Lehrkräfte und die schulischen Assistenzkräfte der Schule wählen den Personalrat der Lehrkräfte (L). § 79 Abs. 2 Satz 2 gilt entsprechend.

(3) Die übrigen Beschäftigten an den Schulen wählen eigene Personalräte nach den allgemeinen Vorschriften, soweit sie nicht zu einem anderen, bei ihrem Dienstherrn gebildeten Personalrat wahlberechtigt sind.

(4) Das Institut für Qualitätsentwicklung ist eine Dienststelle im Sinne dieses Gesetzes. Am Institut für Qualitätsentwicklung wird je ein Personalrat gebildet für

1. die hauptamtlichen Studienleiterinnen und Studienleiter und
2. die übrigen hauptberuflich dort tätigen Beschäftigten.

(5) Am Schleswig-Holsteinischen Institut für berufliche Bildung - Landesamt - (SHIBB) wird je ein Personalrat gebildet für

1. die hauptamtlichen Studienleiterinnen und Studienleiter und
2. die übrigen hauptberuflich dort tätigen Beschäftigten.

§ 79
Stufenvertretungen bei den unteren Schulaufsichtsbehörden und dem Schleswig-Holsteinischen Institut für berufliche Bildung - Landesamt - (SHIBB)

(1) Bei den unteren Schulaufsichtsbehörden wird eine Stufenvertretung für die Lehrkräfte einschließlich der Erzieherinnen und Erzieher sowie der Sozialpädagoginnen und Sozialpädagogen gebildet. § 13 ist anzuwenden.

(2) Innerhalb der Stufenvertretung werden die Lehrkräfte an Grundschulen, Förderzentren und Gemeinschaftsschulen ohne Sekundarstufe II mit jeweils mindestens einem Sitz berücksichtigt.

(3) Beim Schleswig-Holsteinischen Institut für berufliche Bildung - Landesamt - (SHIBB) wird eine Stufenvertretung für die an den berufsbildenden Schulen beschäftigten Lehrkräfte gebildet.

§ 80
Hauptpersonalräte

(1) Für die im Landesbereich beschäftigten Lehrkräfte, die hauptamtlichen Studienleiterinnen oder Studienleiter des Instituts für Qualitätsentwicklung und die Beamtinnen und Beamten im Vorbereitungsdienst der Lehrerlaufbahnen, deren oberste Dienstbehörde das für Bildung zuständige Ministerium ist, wird beim für Bildung zuständigen Ministerium ein Hauptpersonalrat der Lehrkräfte (L) gebildet. Er besteht aus siebzehn Mitgliedern. Jede Gruppe von Lehrkräften wird mit mindestens einem Sitz berücksichtigt. Je eine Gruppe von Lehrkräften bilden die Lehrkräfte an

1. Grundschulen, Förderzentren, Gemeinschaftsschulen ohne Sekundarstufe II und den entsprechenden organisatorischen Verbindungen,
2. Gemeinschaftsschulen mit Sekundarstufe II und den entsprechenden organisatorischen Verbindungen,
3. Gymnasien.

Innerhalb der Gruppe der Grundschulen, Förderzentren, Gemeinschaftsschulen ohne Sekundarstufe II und der entsprechenden organisatorischen Verbindungen werden die Lehrkräfte an Grundschulen, Förderzentren, Regionalschulen und Gemeinschaftsschulen mit jeweils mindestens einem Sitz berücksichtigt. Die Verteilung der Sitze erfolgt nach dem d'Hondtschen Höchstzahlverfahren. Bei gleicher Höchstzahl entscheidet das Los, welcher Gruppe der Sitz zusteht.

(2) Die in Absatz 1 nicht genannten Beschäftigten der Landesverwaltung, deren oberste Dienstbehörde das für Bildung zuständige Ministerium ist, wählen den Hauptpersonalrat beim für Bildung zuständigen Ministerium.

(3) Für die im Landesbereich beschäftigten Lehrkräfte, die hauptamtlichen Studienleiterinnen und Studienleiter des Landesseminars für berufliche Bildung und die Beamtinnen und Beamten im Vorbereitungsdienst der Lehrerlaufbahnen, deren oberste Dienstbehörde das Schleswig-Holsteinische Institut für berufliche Bildung - Landesamt - (SHIBB) übergeordnete oberste Landesbehörde ist, wird bei der dem SHIBB übergeordneten obersten Landesbehörde ein Hauptpersonalrat der Lehrkräfte (L) gebildet.

(4) Die in Absatz 3 nicht genannten Beschäftigten der Landesverwaltung, deren oberste Dienstbehörde die dem SHIBB übergeordnete oberste Landesbehörde ist, wählen den Hauptpersonalrat bei der dem SHIBB übergeordneten obersten Landesbehörde.

§ 81
Sondervorschriften für Personalräte und Stufenvertretung

Für die Personalräte der Lehrkräfte gelten folgende Sondervorschriften:

1. Die Kosten nach den §§ 17 und 34 Abs. 1 Nr. 1, 4, 5 und 6 sowie Abs. 2 tragen die Träger der sächlichen Kosten der Dienststellen, die Kosten nach § 34 Abs. 1 Nr. 2 und 3 tragen die Dienstherren der Lehrkräfte.
2. Für die Gruppen der Lehrkräfte gilt § 14 entsprechend. Innerhalb der Gruppen der Lehrkräfte ist nicht nach dem Status der Beschäftigten, sondern nach der Schulart zu unterscheiden; soweit keine Gruppen von Lehrkräften bestehen, obliegen die Aufgaben von Gruppenvertretungen den Personalräten der Lehrkräfte.
3. Auf die Arbeitnehmerinnen und Arbeitnehmer sind die für Beamtinnen und Beamte geltenden Vorschriften dieses Gesetzes anzuwenden.
4. In den Fällen des § 36 Absatz 2 und Absatz 3 Satz 1 ermäßigt das für Bildung zuständige Ministerium die Pflichtstundenzahl in angemessener Weise durch Verordnung, soweit nicht Nummer 5 einschlägig ist.
5. In den Fällen des § 36 Absatz 2 und Absatz 3 Satz 1 ermäßigt im Bereich der beruflichen Bildung die dem Schleswig-Holsteinischen Institut für berufliche Bildung - Landesamt - (SHIBB) übergeordnete oberste Landesbehörde die Pflichtstundenzahl in angemessener Weise durch Verordnung.

Unterabschnitt 3
Andere Verwaltungszweige und Behandlung von Verschlußsachen

§ 82
Theater und Orchester

(1) An den öffentlichen Theatern und Orchestern werden besondere Personalräte für die künstlerisch tätigen Personen gebildet.

(2) Das nicht künstlerische Personal wählt eigene Personalräte nach den allgemeinen Vorschriften.

§ 83
Gemeinden, Ämter, Kreise und Zweckverbände

(1) Unterliegen Maßnahmen (§ 51) der Entscheidung der Gemeindevertretung, des Amtsausschusses, des Kreistages, der Verbandsversammlung oder vergleichbarer Organe, so finden §§ 52 bis 55 keine Anwendung. Steht eine Entscheidung nach Satz 1 bevor, unterrichtet die Dienststellenleitung unverzüglich und unbeschadet des § 49 den Personalrat hiervon. Das den Vorsitz führende Mitglied des Personalrates ist berechtigt, vor der Entscheidung an den Sitzungen dieser Organe für die Dauer der Beratung über die Maßnahme teilzunehmen. Es kann die Auffassung des Personalrates darlegen und an der Erörterung der Maßnahme teilnehmen. In Gruppenangelegenheiten tritt in den Fällen des § 28 Abs. 3 und 4 das von der Gruppenvertretung gewählte Vorstandsmitglied hinzu. Für Anträge des Personalrates nach § 56 Abs. 1 gelten die Sätze 1 bis 4 entsprechend.

(2) Der Verbandsvorstand oder ein vergleichbares Organ ist oberste Dienstbehörde im Sinne dieses Gesetzes. Die §§ 52 bis 55 sind anzuwenden. Satz 2 gilt auch bei Entscheidungen von Ausschüssen in der in Absatz 1 Satz 1 genannten Organe; Absatz 1 Satz 2 bis 6 ist sinngemäß anzuwenden.

(3) Die Personalräte und Gesamtpersonalräte bei Gebietskörperschaften können überregionale Arbeitsgemeinschaften bilden.

§ 84
Körperschaften des öffentlichen Rechts ohne Gebietshoheit, rechtsfähige Anstalten und Stiftungen des öffentlichen Rechts

(1) § 51 Abs. 1 und § 56 Abs. 1 gelten nicht für Personalangelegenheiten der leitenden Angestellten der Körperschaften des öffentlichen Rechts ohne Gebietshoheit, der rechtsfähigen Anstalten und Stiftungen des öffentliches Rechts, wenn sie nach Dienststellung und Dienstvertrag

1. zur selbständigen Einstellung und Entlassung von Beschäftigten der Dienststelle berechtigt sind oder
2. Generalvollmacht oder Prokura haben oder
3. im wesentlichen eigenverantwortlich Aufgaben wahrnehmen, die ihnen regelmäßig wegen ihrer Bedeutung für den Bestand und die Entwicklung der Dienststelle im Hinblick auf besondere Erfahrungen und Kenntnisse übertragen werden.

Eine beabsichtigte Einstellung oder personelle Veränderung eines in Satz 1 genannten leitenden Angestellten ist dem Personalrat rechtzeitig mitzuteilen.

(2) Auf öffentlich-rechtliche Kreditinstitute und öffentlich-rechtliche Versicherungsunternehmen, die überwiegend im Wettbewerb mit privatrechtlich organisierten Unternehmen stehen und auf Dataport finden § 51 Abs. 1 und § 56 Abs. 1 bei Organisationsentscheidungen einschließlich damit unmittelbar zusammenhängender organisatorischer Vorbereitungs- und Folgemaßnahmen keine Anwendung. Dies gilt nicht für die menschengerechte Gestaltung der Arbeitsplätze und die Einführung, Anwendung und Änderung technischer Einrichtungen, die geeignet sind, das Verhalten oder die Leistungen des Beschäftigten zu überwachen.

(3) Auf öffentlich-rechtliche Kreditinstitute und öffentlich-rechtliche Versicherungsunternehmen, die überwiegend im Wettbewerb mit privatrechtlich organisierten Unternehmen stehen und auf Dataport findet § 2 Abs. 1 Nr. 2 keine Anwendung. § 52 Abs. 2 Sätze 3 und 4 finden mit der Maßgabe Anwendung, daß der Beschluß des Personalrates der Dienststelle innerhalb von fünf Arbeitstagen mitzuteilen ist und diese Frist auf drei Arbeitstage abgekürzt werden kann.

(4) § 8 Abs. 3 gilt auch für öffentlich-rechtliche Versicherungsunternehmen, die der Aufsicht des Landes unterstehen, soweit sie gleichartige Aufgaben erfüllen und zwischen ihnen Verwaltungs- und Organgemeinschaften bestehen. An die Stelle der obersten Dienstbehörde tritt die Aufsichtsbehörde.

(5) Die §§ 45 und 83 gelten entsprechend für Körperschaften des öffentlichen Rechts ohne Gebietshoheit und für rechtsfähige Anstalten und Stiftungen des öffentlichen Rechts. Der Verwaltungsrat eines öffentlich-rechtlichen Kreditinstituts, eines öffentlich-rechtlichen Versicherungsunternehmens oder von Dataport und der Aufsichtsrat des Universitätsklinikums Schleswig-Holstein stehen den in § 83 Abs. 1, der Vorstand den in § 83 Abs. 2 Satz 1 genannten Organen gleich.

(6) Für das Universitätsklinikum Schleswig-Holstein gilt § 77 Abs. 1 bis 5 entsprechend. Das im Bereich des Universitätsklinikums Schleswig-Holstein tätige wissenschaftliche Personal der Hochschule im Sinne des § 77 Abs. 2 ist nur im Klinikum wahlberechtigt.

§ 85
Behandlung von Verschlußsachen

(1) Soweit eine Maßnahme, an der der Personalrat beteiligt ist, als Verschlußsache mindestens des Geheimhaltungsgrades „VS-Vertraulich" eingestuft ist, tritt an die Stelle des Personalrates ein Ausschuß. Dem Ausschuß gehört höchstens je ein von den Gruppenvertretungen gewähltes Mitglied der im Personalrat vertretenen Gruppen an. Die Mitglieder des Ausschusses müssen nach den dafür geltenden Bestimmungen ermächtigt sein, Kenntnis von Verschlußsachen des in Betracht kommenden Geheimhaltungsgrades zu erhalten. Personalräte bei Dienststellen, die Mittelbehörden nachgeordnet sind, bilden keinen Ausschuß; an ihre Stelle tritt der Ausschuß des Bezirkspersonalrates.

(2) Wird in Dienststellen des Landes der zuständige Ausschuß nicht rechtzeitig gebildet, ist der Ausschuß des bei der Dienststelle bestehenden Bezirkspersonalrates oder, wenn dieser nicht rechtzeitig gebildet ist, der Ausschuß des bei der obersten Landesbehörde bestehenden Hauptpersonalrates zu beteiligen.

(3) Die Einigungsstelle (§ 53) besteht in den in Absatz 1 Satz 1 bezeichneten Fällen aus je einem Mitglied, das von der obersten Landes- oder obersten Dienstbehörde und der bei ihr bestehenden zuständigen Personalvertretung bestellt wird und einem den Vorsitz führenden unparteiischen Mitglied, die nach den dafür geltenden Bestimmungen ermächtigt sind, von Verschlußsachen des in Betracht kommenden Geheimhaltungsgrades Kenntnis zu erhalten.

(4) Die §§ 30, 31 und 60 Abs. 5 sind nicht anzuwenden. Angelegenheiten, die als Verschlußsachen mindestens des Geheimhaltungsgrades „VS-Vertraulich" eingestuft sind, werden in der Personalversammlung nicht behandelt.

(5) Die oberste Landes- oder oberste Dienstbehörde kann anordnen, daß in den Fällen des Absatzes 1 Satz 1 dem Ausschuß und der Einigungsstelle Unterlagen nicht vorgelegt und Auskünfte nicht erteilt werden dürfen, soweit dies zur Vermeidung von Nachteilen für das Wohl der Bundesrepublik Deutschland oder eines ihrer Länder oder aufgrund internationaler Verpflichtungen geboten ist. Im Verfahren nach § 89 sind die gesetzlichen Voraussetzungen für die Anordnung glaubhaft zu machen.

Abschnitt X
Schwerbehindertenvertretung und Vertrauensmann der Zivildienstleistenden

§ 86
Schwerbehindertenvertretung

(1) Die Zusammenarbeit der Schwerbehindertenvertretung mit dem Personalrat bestimmt sich nach § 25 Abs. 2 Satz 3, Abs. 3 Satz 1 Nr. 4, § 29 Abs. 1 Satz 1 Nr. 3 d sowie § 31 Abs. 2, die Zusammenarbeit mit der Jugend- und Ausbildungsvertretung nach § 66 Abs. 4.

(2) Für die Teilnahme der Schwerbehindertenvertretung an Sitzungen der Personalvertretungen, des Gesamtpersonalrates und der Jugend- und Ausbildungsvertretungen gilt § 34 entsprechend.

(3) Eine Vertreterin oder ein Vertreter der Arbeitsgemeinschaft der Hauptschwerbehindertenvertretungen beim Land Schleswig-Holstein kann an allen Sitzungen der Arbeitsgemeinschaften auf Landesebene beratend teilnehmen, die

Tagesordnung und der Zeitpunkt der Sitzungen sind rechtzeitig mitzuteilen.

§ 87
Vertrauensmann der Zivildienstleistenden

Die Zusammenarbeit des Vertrauensmannes der Zivildienstleistenden mit dem Personalrat bestimmt sich nach § 25 Abs. 2 Satz 3, Abs. 3 Satz 1 Nr. 8, § 29 Abs. 1 Satz 1 Nr. 2 sowie § 31 Abs. 4.

Abschnitt XI
Gerichtliche Entscheidungen

§ 88
Entscheidungen der Verwaltungsgerichte

(1) Die Verwaltungsgerichte, im letzten Rechtszug das Bundesverwaltungsgericht, entscheiden insbesondere über

1. wesentliche Verstöße gegen Vorschriften des Wahlrechtes, der Wahlart oder des Wahlverfahrens (§ 18 Abs. 1),
2. den Ausschluß eines Mitgliedes aus dem Personalrat oder die Auflösung der Gruppenvertretung oder des Personalrates (§ 21 Abs. 1),
3. Wahlberechtigung und Wählbarkeit,
4. Amtszeit und Zusammensetzung der Personalvertretungen und der in den §§ 62, 68, 69, 75 und 76 genannten Mitglieder,
5. Zuständigkeit, Geschäftsführung und Rechtsstellung der Personalvertretungen und der in den §§ 62, 68, 69, 75 und 76 genannten Mitglieder,
6. Bestehen oder Nichtbestehen von Dienstvereinbarungen,
7. den Ersatz der Zustimmung der Gruppenvertretung oder des Personalrates nach § 38 Abs. 1 Satz 3 und Abs. 2 Satz 3,
8. die Aufhebung von Beschlüssen der Einigungsstelle nach § 54 Abs. 3,
9. die Pflicht zur Durchführung von Entscheidungen nach § 58 Abs. 2 sowie
10. die Pflicht zur Zurücknahme von Maßnahmen nach § 58 Abs. 3.

(2) Die Vorschriften des Arbeitsgerichtsgesetzes über das Beschlußverfahren gelten entsprechend.

§ 89
Fachkammern und Fachsenate bei den Verwaltungsgerichten

(1) Für die nach diesem Gesetz zu treffenden Entscheidungen sind bei den Verwaltungsgerichten des ersten und zweiten Rechtszuges Fachkammern (Fachsenate) zu bilden.

(2) Die Fachkammer besteht aus einer oder einem Vorsitzenden und ehrenamtlichen Richterinnen und Richtern. Die ehrenamtlichen Richterinnen und Richter müssen Beschäftigte des öffentlichen Dienstes im Sinne des § 3 sein. Sie werden durch die Landesregierung oder die von ihr bestimmte Stelle je zur Hälfte auf Vorschlag

1. der unter den Beschäftigten vertretenen Spitzenorganisationen der Gewerkschaften und
2. der in § 1 bezeichneten Dienststellen

berufen. Für die Berufung und Stellung der ehrenamtlichen Richterinnen und Richter und ihre Heranziehung zu den Sitzungen gelten die Vorschriften des Arbeitsgerichtsgesetzes über ehrenamtliche Richterinnen und Richter entsprechend.

(3) Die Fachkammer wird tätig in der Besetzung mit einer oder einem Vorsitzenden und je zwei nach Absatz 2 Satz 3 berufenen ehrenamtlichen Mitgliedern. Unter den in Absatz 2 Satz 3 Nr. 1 bezeichneten Beschäftigten muß sich eine Person im Beamten- und im Arbeitnehmerverhältnis befinden.

Abschnitt XII
Schlußvorschriften

§ 90
Unzulässigkeit von Vereinbarungen

Soweit dieses Gesetz nichts anderes bestimmt, können durch Tarifvertrag, Dienstvereinbarungen oder sonstige Vereinbarungen abweichende Regelungen nicht getroffen werden.

§ 91
Wahlordnung

(1) Zur Regelung der in den §§ 10 bis 18, 44, 45, 62 bis 65, 68 bis 72, 75 und 76 bezeichneten Wahlen und Wahlgrundsätze werden durch Rechtsverordnung[3] der Landesregierung Vorschriften erlassen, insbesondere über

1. die Bestellung des Wahlvorstandes,
2. die Vorbereitung der Wahl des Personalrates,
3. die Aufstellung des Verzeichnisses der wahlberechtigten Beschäftigten,
4. die Ermittlung der Zahl der zu wählenden Personalratsmitglieder und die Verteilung der Sitze auf die Gruppen,
5. die Frist für die Einsichtnahme in das Verzeichnis der wahlberechtigten Beschäftigten und die Erhebung von Einsprüchen,
6. das Wahlausschreiben und die Fristen für seine Bekanntmachung,
7. die Einreichung, den Inhalt und die Bekanntgabe der Wahlvorschläge,
8. die Stimmabgabe,
9. die Feststellung des Wahlergebnisses und die Fristen für seine Bekanntmachung,
10. die Wahlniederschrift,
11. die Aufbewahrung der Wahlakten,
12. das Wahlverfahren bei Vorliegen eines oder mehrerer Wahlvorschläge (Mehrheitswahl, Verhältniswahl) sowie
13. das Wahlverfahren zur Wahl des Bezirkspersonalrates, des Hauptpersonalrates und des Gesamtpersonalrates.

(2) Die Wahlordnung muß Regelungen über die Wahl von Frauen und Männern entsprechend ihrem Anteil an den wahlberechtigten Beschäftigten der Dienststelle vorsehen. Sie hat Regelungen für den Fall vorzusehen, daß die Wahlvorschläge nicht dem in Satz 1 genannten Anteil von Frauen und Männern entsprechen.

§ 92
Richterinnen und Richter, Staatsanwältinnen und Staatsanwälte

Das Gesetz findet für Richterinnen und Richter, Staatsanwältinnen und Staatsanwälte keine Anwendung. § 3 Abs. 1 Satz 2 bleibt unberührt.

§ 93
Änderung des Landesrichtergesetzes

(siehe dort)

§ 94
Erstmalige Wahlen nach diesem Gesetz

(1) Neuwahlen von Personalräten und des Referendarrates sind in der Zeit vom 1. März bis zum 31. Mai 1991, Neuwahlen zu den Jugend- und Ausbildungsvertretungen und zu dem Personalrat und dem Gesamtpersonalrat nach § 78 Abs. 4 Satz 2 sind erstmalig in der Zeit vom 1. Oktober bis zum 31. Dezember 1991, alsdann jeweils in dem nach §§ 19, 65 Abs. 2 Satz 1, § 72 Abs. 2 Satz 1 und § 78 Abs. 4 Satz 3 vorgesehenen Wahlzeitraum durchzuführen. Die Neuwahl des Hauptpersonalrates Wissenschaft nach § 44 Absatz 4 wird erstmalig in der Zeit vom 1. März bis zum 31. Mai 2015 durchgeführt.

(2) Abweichend von Absatz 1 Halbsatz 1 sind im Geschäftsbereich des Ministeriums für Justiz, Europa, Verbraucher-

---

[3] Landesverordnung über die Wahl der Personalräte (Wahlordnung zum Mitbestimmungsgesetz Schleswig-Holstein) vom 4.12.2018 (GVOBl. Schl.-H. S. 817).

schutz und Gleichstellung die Neuwahlen von Personalräten und des Referendarrates erstmalig in der Zeit vom 1. April bis zum 30. Juni 1991 durchzuführen. Die Präsidentin oder der Präsident des Schleswig-Holsteinischen Oberlandesgerichtes bestimmt den Wahlvorstand für die erstmaligen Wahlen zum Referendarrat. Die Wahlordnung regelt das Nähere.

(3) Die Amtszeit der bestehenden Jugend- und Ausbildungsvertretungen verlängert sich bis zum Abschluß der Wahlen nach Absatz 1.

§ 94 a
Übergangspersonalräte bei der Neubildung von Dienststellen im Rahmen von Umstrukturierungen

(1) Entsteht bei der Umbildung von Behörden oder Körperschaften eine neue Dienststelle, für die nach § 10 ein Personalrat zu wählen ist, bilden die Beschäftigten der neuen Dienststelle, die in ihren bisherigen Dienststellen Personalratsmitglieder waren, bis zur konstituierenden Sitzung des zu wählenden Personalrats, längstens sechs Monate nach der Neubildung der Dienststelle, übergangsweise den Personalrat. Eine Beauftragte oder ein Beauftragter der Dienststellenleitung lädt innerhalb von zwei Wochen nach der Neubildung der Dienststelle zur ersten Sitzung des Personalrates ein und leitet die nach § 24 durchzuführenden Wahlen. Der Personalrat hat innerhalb weiterer zwei Wochen drei Wahlberechtigte als Wahlvorstand und eine von ihnen als Vorsitzende oder einen von ihnen als Vorsitzenden zu bestellen. Zusätzlich kann eine gleiche Anzahl Ersatzmitglieder bestellt werden.

(2) Führt die Neubildung einer Dienststelle im Sinne des Absatzes 1 Satz 1 zu einer Wahl eines bisher nicht vorhandenen Gesamtpersonalrats oder einer bisher nicht vorhandenen Stufenvertretung, gilt Absatz 1 entsprechend.

(3) Die in den bisherigen Dienststellen abgeschlossenen Dienstvereinbarungen nach § 57 gelten für die Beschäftigten aus diesen Dienststellen bis zum Abschluss neuer Vereinbarungen, längstens für ein Jahr nach der Neubildung der Dienststelle, fort, sofern sie nicht durch Zeitablauf oder Kündigung vorher außer Kraft treten.

§ 95
Erstmalige Berufung von ehrenamtlichen Richterinnen und Richtern am Schleswig-Holsteinischen Oberverwaltungsgericht

Abweichend von § 89 Abs. 2 Satz 4 dieses Gesetzes in Verbindung mit § 20 des Arbeitsgerichtsgesetzes endet die Wahldauer der für das Schleswig-Holsteinische Oberverwaltungsgericht erstmalig berufenen ehrenamtlichen Richterinnen und Richter am 30. April 1994.

§ 96
Übergangsregelung für Freistellungen

Bis zum 31. Mai 1993 findet § 36 Abs. 3 Satz 2 in folgender Fassung Anwendung:

„Auf Beschluß des Personalrates werden von ihrer dienstlichen Tätigkeit ganz freigestellt in Dienststellen mit in der Regel

   300 bis 600 Beschäftigten ein Mitglied

   601 bis 1.000 Beschäftigten zwei Mitglieder,

1.001 bis 2.000 Beschäftigten drei Mitglieder

und bei je angefangenen 1.000 Beschäftigten ein weiteres Mitglied."

§ 97
Inkrafttreten

Dieses Gesetz tritt mit Ausnahme des § 95 am 1. Januar 1991 in Kraft. Gleichzeitig tritt das Personalvertretungsgesetz in der Fassung der Bekanntmachung vom 22. Februar 1982 (GVOBl. Schl.-H. S. 41), zuletzt geändert durch Gesetz vom 7. Juni 1990 (GVOBl. Schl.-H. S. 364), außer Kraft. § 95 tritt am 1. April 1991 in Kraft.

Gesetz
zum Schutz der Natur
(Landesnaturschutzgesetz – LNatSchG)[1]
vom 24. Februar 2010
– GVOBl. Schl.-H. S. 301, ber. S. 486 –

Zuletzt geändert durch Gesetz vom 13. November 2019 (GVOBl. Schl.-H. S. 425)

Der Landtag hat das folgende Gesetz beschlossen:

Inhaltsübersicht

Kapitel 1
Allgemeine Vorschriften

- § 1 Regelungsgegenstand dieses Gesetzes; Sicherung und Entwicklung der biologischen Vielfalt
- § 2 Zuständigkeiten, Aufgaben und Befugnisse, vertragliche Vereinbarungen, Zusammenarbeit der Behörden; einheitlicher Ansprechpartner; Datenschutzregelung
- § 3 Land-, Forst- und Fischereiwirtschaft
- § 3 a Beobachtung von Natur und Landschaft
- § 4 Begriffsbestimmungen

Kapitel 2
Landschaftsplanung

- § 5 Instrumente und Verfahren der Landschaftsplanung
- § 6 Landschaftsprogramm und Landschaftsrahmenpläne
- § 7 Landschaftspläne und Grünordnungspläne

Kapitel 3
Allgemeiner Schutz von Natur und Landschaft

- § 8 Eingriffe in Natur und Landschaft
- § 9 Verursacherpflichten, Inanspruchnahme landwirtschaftlicher Flächen, Unzulässigkeit von Eingriffen; Ermächtigung zum Erlass von Rechtsverordnungen
- § 10 Bevorratung von Kompensationsmaßnahmen
- § 11 Verfahren
- § 11 a Besondere Vorschriften für den Abbau von oberflächennahen Bodenschätzen, Abgrabungen und Aufschüttungen

Kapitel 4
Schutz bestimmter Teile von Natur und Landschaft

Abschnitt I
Biotopverbund;
geschützte Teile von Natur und Landschaft

- § 12 Biotopverbund
- § 12 a Erklärung zum geschützten Teil von Natur und Landschaft
- § 13 Naturschutzgebiete
- § 14 Biosphärenreservate
- § 15 Landschaftsschutzgebiete
- § 16 Naturparke
- § 17 Naturdenkmäler
- § 18 Geschützte Landschaftsbestandteile
- § 19 Verfahren zum Erlass oder zur Änderung der Schutzverordnungen
- § 20 Betreuung geschützter Gebiete
- § 21 Gesetzlich geschützte Biotope

Abschnitt II
Netz „Natura 2000"

- § 22 Auswahl der Gebiete, Erhaltungsziele
- § 23 Schutzerklärung
- § 24 Allgemeine Schutzvorschriften
- § 25 Verträglichkeit und Unzulässigkeit von Projekten; Ausnahmen; grenzüberschreitende Projekte
- § 26 Gentechnisch veränderte Organismen

Abschnitt III
Pflege- und Entwicklungsmaßnahmen

- § 27 Pflege- und Entwicklungsmaßnahmen auf geschützten Flächen

Kapitel 5
Artenschutz, Haltung gefährlicher Tiere

- § 28 Tiergehege
- § 28 a Bewirtschaftungsvorgaben
- § 28 b Horstschutz
- § 28 c Verbot des Anlockens und Fütterns von Wölfen
- § 29 Haltung gefährlicher Tiere

Kapitel 6
Erholung in Natur und Landschaft

- § 30 Betreten der freien Landschaft; Wander- und Reitwege
- § 31 Sperren von Wegen und Grundflächen in der freien Landschaft
- § 32 Gemeingebrauch am Meeresstrand
- § 33 Schutz des Meeresstrandes, der Küstendünen und Strandwälle
- § 34 Sondernutzung am Meeresstrand
- § 35 Schutzstreifen an Gewässern
- § 36 Bootsliegeplätze
- § 37 Zelten und Aufstellen von beweglichen Unterkünften
- § 38 Naturerlebnisräume
- § 39 Skipisten

Kapitel 7
Mitwirkung von Naturschutzvereinigungen, landesrechtliche Organisationen

Abschnitt I
Mitwirkung von Naturschutzvereinigungen

- § 40 Anerkennung von Naturschutzvereinigungen, Mitwirkung von anerkannten Naturschutzvereinigungen
- § 41 Landesnaturschutzverband Schleswig-Holstein
- § 42 Mitteilungs- und Zustellungsverfahren

Abschnitt II
Landesrechtliche Organisationen

- § 43 Landesbeauftragte für Naturschutz
- § 44 Beiräte und Kreisbeauftragte für Naturschutz
- § 45 Naturschutzdienst
- § 46 gestrichen
- § 47 Stiftung Naturschutz Schleswig-Holstein

Kapitel 8
Eigentumsbindung, Ausnahmen, Finanzielle Förderung

- § 48 Duldungspflicht
- § 49 Befugnisse von Beauftragten und Bediensteten der Naturschutzbehörden
- § 50 Vorkaufsrecht
- § 51 Ausnahmen
- § 52 Maßnahmen des Naturschutzes
- § 53 Einschränkung von Grundrechten
- § 54 Entschädigung und Ausgleich
- § 55 Härteausgleich
- § 56 Finanzielle Förderung

Kapitel 9
Bußgeldvorschriften

- § 57 Ordnungswidrigkeiten
- § 58 Einziehung

---

[1] Das Landesnaturschutzgesetz wurde als Artikel 1 des Gesetzes zum Schutz der Natur vom 24.3.2010 (GVOBl. Schl.-H. S. 301) verkündet, das nach seinem Artikel 4 am 1.3.2010 in Kraft trat.

Kapitel 10
Übergangsvorschriften

§ 59 Weitergeltende Verordnungen und Satzungen
§ 60 Bestehende Naturschutzverordnungen
§ 61 Bestehende Landschaftsschutzverordnungen
§ 62 Übergangsvorschrift für Sondernutzungen
§ 63 Übergangsvorschriften für sonstige Eingriffe in die Natur
§ 64 aufgehoben
§ 65 Bauliche Anlagen im Schutzstreifen an Gewässern
§ 66 Übergangsvorschrift für arten- und strukturreiches Dauergrünland

Kapitel 1
Allgemeine Vorschriften

§ 1
Regelungsgegenstand dieses Gesetzes; Sicherung und Entwicklung der biologischen Vielfalt
(zu § 1 BNatSchG)

(1) In diesem Gesetz werden Regelungen getroffen, die das Gesetz über Naturschutz und Landschaftspflege (Bundesnaturschutzgesetz – BNatSchG) vom 29. Juli 2009 (BGBl. I S. 2542), zuletzt geändert durch Artikel 4 Absatz 100 des Gesetzes vom 7. August 2013 (BGBl. I S. 3154), Zuständigkeiten und Ressortbezeichnungen ersetzt durch Artikel 421 der Verordnung vom 31. August 2015 (BGBl. I S. 1474), ergänzen oder von diesem im Sinne von Artikel 72 Abs. 3 Satz 1 Nr. 2 des Grundgesetzes abweichen. Soweit in diesem Gesetz die Nichtgeltung von Regelungen des Bundesnaturschutzgesetzes angeordnet wird, handelt es sich um Abweichungen im Sinne von Satz 1. Soweit innerhalb des Bundesnaturschutzgesetzes auf Vorschriften des Bundesnaturschutzgesetzes verwiesen wird, die durch dieses Gesetz ergänzt werden oder von denen abgewichen wird, gelten diese Vorschriften auch im Rahmen der Verweisungen in der ergänzten oder abweichenden Fassung dieses Gesetzes. Satz 3 gilt nicht für Verweisungen in den Kapiteln 5 und 6 des Bundesnaturschutzgesetzes sowie für die Verweisungen in § 67 Abs. 3 BNatSchG, soweit diese auf Befreiungen von Regelungen im Kapitel 5 des Bundesnaturschutzgesetzes Anwendung finden.

(2) Über § 1 Absatz 2 BNatSchG hinaus ist zur dauerhaften Sicherung und Entwicklung der biologischen Vielfalt darauf hinzuwirken, dass bei der Nutzung von Natur und Landschaft durch Land-, Forst- und Fischereiwirtschaft sowie im Rahmen von Freizeitaktivitäten wildlebende Tiere und Pflanzen sowie ihre Lebensgrundlagen nur soweit beeinträchtigt werden, wie es für den beabsichtigten Zweck unvermeidlich ist.

§ 2
Zuständigkeiten, Aufgaben und Befugnisse, vertragliche Vereinbarungen, Zusammenarbeit der Behörden; einheitlicher Ansprechpartner; Datenschutzregelung
(zu § 3 Absatz 1, 2 und 3, §§ 8 und 9, §§ 20 bis 22, § 30 Absatz 4, § 32 Absatz 5 sowie § 39 Absatz 4 BNatSchG)

(1) Die für Naturschutz und Landschaftspflege zuständigen Behörden (Naturschutzbehörden) sind

1. das für Naturschutz zuständige Ministerium als oberste Naturschutzbehörde,
2. das Landesamt für Landwirtschaft, Umwelt und ländliche Räume als obere Naturschutzbehörde,
3. die für den Nationalpark „Schleswig-Holsteinisches Wattenmeer" zuständige Behörde als obere und untere Naturschutzbehörde,
4. die Landrätinnen und Landräte und die Bürgermeisterinnen und Bürgermeister der kreisfreien Städte als untere Naturschutzbehörde.

Sie führen das Bundesnaturschutzgesetz, dieses Gesetz und die aufgrund dieser Gesetze erlassenen Vorschriften durch.

(2) Die Kreise und kreisfreien Städte nehmen diese Aufgabe zur Erfüllung nach Weisung wahr.

(3) Die oberste Naturschutzbehörde bestimmt, soweit die Zuständigkeiten nicht in diesem Gesetz geregelt sind, durch Verordnung die für die Ausführung des Bundesnaturschutzgesetzes, dieses Gesetzes und der aufgrund dieser Gesetze erlassenen Vorschriften zuständigen Behörden.[2]

(4) § 3 Abs. 2 BNatSchG gilt entsprechend für sonstige naturschutzrechtliche Vorschriften und für Maßnahmen zur Abwehr von sonstigen Gefahren für Natur und Landschaft. Sind Teile von Natur und Landschaft rechtswidrig zerstört, beschädigt oder verändert worden, ordnet die zuständige Naturschutzbehörde die nach § 11 Absatz 7 und 8 Satz 1 bis 5 vorgesehenen Maßnahmen an. Eine Anordnung, die ein Grundstück betrifft und sich an die Eigentümerin oder den Eigentümer oder die Nutzungsberechtigte oder den Nutzungsberechtigten richtet, ist auch für deren oder dessen Rechtsnachfolgerin oder Rechtsnachfolger verbindlich. Die örtlichen Ordnungsbehörden und die Polizei haben die Naturschutzbehörden von allen Vorgängen zu unterrichten, die deren Eingreifen erfordern oder für deren Entscheidung von Bedeutung sein können. Diese Verpflichtung gilt im Verhältnis der unteren Naturschutzbehörden zueinander entsprechend.

(5) Abweichend von § 3 Absatz 3 BNatSchG können die Naturschutzbehörden bei Maßnahmen des Naturschutzes und der Landschaftspflege prüfen, ob der Zweck mit angemessenem Aufwand auch durch vertragliche Vereinbarungen erreicht werden kann.

(6) Für die Erteilung von Genehmigungen nach § 39 Abs. 4 BNatSchG gilt § 111 a Landesverwaltungsgesetz. Das Genehmigungsverfahren kann über eine einheitliche Stelle nach den Vorschriften des Landesverwaltungsgesetzes abgewickelt werden.

(7) Die Naturschutzbehörden sowie Beauftragte der Naturschutzbehörden dürfen zur Arten- und Biotopkartierung, bei der Aufstellung von Bewirtschaftungs- und Maßnahmenplänen für Natura 2000-Gebiete, bei der Vorbereitung der Biotopverbund- und Landschaftsplanung, zur Eintragung in das Naturschutzbuch und beim Erlass von allgemeinverbindlichen Regelungen wie den Erlass von Schutzverordnungen und Artenschutzprogrammen Namen, Anschriften und Geburtsdaten der Betroffenen und Angaben zur Lage, Größe, Beschaffenheit sowie zu Eigentums- und Nutzungsverhältnissen der betroffenen Grundstücke verarbeiten. Sind Daten bei anderen öffentlichen Stellen oder innerhalb einer öffentlichen Stelle in einer anderen organisatorischen Gliederung für andere Zwecke erhoben worden, dürfen die Naturschutzbehörden diese Daten für die in Satz 1 genannten Zwecke verarbeiten.

(8) Die Organe, Behörden und sonstigen Stellen der Träger öffentlicher Verwaltung sollen bei der Erfüllung ihrer Aufgaben und im Rahmen ihrer Zuständigkeiten die Ziele des Naturschutzes mit verwirklichen. Dabei soll die Aus- und Fortbildung im Bereich des Natur- und Landschaftsschutzes besondere Berücksichtigung finden.

§ 3
Land-, Forst- und Fischereiwirtschaft
(zu § 5 BNatSchG)

Abweichend von § 5 Absatz 2 BNatSchG kann die für Naturschutz und Landwirtschaft zuständige oberste Landesbehörde durch Verordnung die Grundsätze der guten fachlichen Praxis nach § 5 Absatz 2 BNatSchG unter besonderer Beachtung der Nachhaltigkeit der Nutzung, des Gewässerschutzes und der Erhaltung der Biodiversität näher konkretisieren. Die Vorschriften des landwirtschaftlichen Fachrechts bleiben unberührt.

§ 3 a
Beobachtung von Natur und Landschaft
(zu § 6 Abs. 2 BNatSchG)

Die Beobachtung dient auch der gezielten und fortlaufenden Ermittlung, Beschreibung und Bewertung des Zustandes der wildlebenden Tier- und Pflanzenarten mit ihren

---

[2] *Naturschutzzuständigkeitsverordnung, Nr. 201.*

wesentlichen Lebensgemeinschaften und Lebensräumen. Die oberste Naturschutzbehörde stellt dazu einen Bericht zur biologischen Vielfalt auf. Die zuständige Naturschutzbehörde schreibt die Roten Listen fort.

§ 4
Begriffsbestimmungen
(zu § 7 Absatz 1 Nummer 6 und 7 BNatSchG)

(1) Die in Schleswig-Holstein zu besonderen Schutzgebieten im Sinne von Artikel 4 Absatz 4 der Richtlinie 92/43/EWG2) erklärten Gebiete von gemeinschaftlicher Bedeutung sind in der Anlage 1 zu diesem Gesetz aufgelistet. Die Anlage 1 ist Bestandteil dieses Gesetzes.

(2) Die nach der Richtlinie 2009/147/EG zu Europäischen Vogelschutzgebieten erklärten Gebiete sind in der Anlage 2 zu diesem Gesetz aufgelistet. Die Anlage 2 ist Bestandteil dieses Gesetzes.[3]

Kapitel 2
Landschaftsplanung

§ 5
Instrumente und Verfahren der Landschaftsplanung
(zu §§ 9, 10 und 11 BNatSchG)

(1) Unbeschadet § 9 Absatz 3 BNatSchG wird die oberste Naturschutzbehörde ermächtigt, durch Verordnung für die Pläne nach § 9 Absatz 2 Satz 2 BNatSchG das Nähere über die formalen und inhaltlichen Anforderungen, die Berücksichtigungs- und Begründungspflicht gemäß § 9 Absatz 5 BNatSchG, das Verfahren, die Beteiligung und Mitwirkung, die Bekanntgabe der Pläne sowie die Notwendigkeit ihrer Fortschreibung zu regeln.

(2) Für Landschaftsrahmen- und Grünordnungspläne, für die § 64 in der bis zum 23. Juni 2016 geltenden Fassung Anwendung fand, gelten die Vorschriften dieses Gesetzes.

§ 6
Landschaftsprogramm und Landschaftsrahmenpläne
(zu § 10 BNatSchG)

(1) Darstellung und Inhalt des Landschaftsprogramms und der Landschaftsrahmenpläne haben den Anforderungen des Landesentwicklungsplanes sowie der Regionalpläne zu entsprechen. § 9 Abs. 3 Satz 3 BNatSchG bleibt unberührt.

(2) Die raumbedeutsamen Inhalte nach § 10 Abs. 1 BNatSchG werden unter Abwägung mit anderen raumbedeutsamen Planungen und Maßnahmen nach Maßgabe des Landesplanungsgesetzes in der Fassung der Bekanntmachung vom 10. Februar 1996 (GVOBl. Schl.-H. S. 232), geändert durch Artikel 3 des Gesetzes vom 15. Dezember 2005 (GVOBl. Schl.-H. S. 542), in die Raumordnungspläne aufgenommen. Weichen die übernommenen Inhalte von den Darstellungen im Landschaftsprogramm oder in den Landschaftsrahmenplänen ab, sind die Gründe darzulegen.

(3) Landschaftsprogramm und Landschaftsrahmenpläne werden von der obersten Naturschutzbehörde unter Beteiligung der betroffenen Träger öffentlicher Belange erarbeitet und fortgeschrieben; sie werden im Amtsblatt für Schleswig-Holstein bekannt gemacht.[4]

§ 7
Landschaftspläne und Grünordnungspläne
(zu § 11 BNatSchG)

(1) Landschaftspläne und Grünordnungspläne bestehen aus einem Grundlagen- und einem Planungsteil. Um Naturräumen gerecht zu werden und gemeindeübergreifende Planungen zu erleichtern, können mehrere Gemeinden einen gemeinsamen Landschaftsplan aufstellen.

(2) Abweichend von § 11 Abs. 3 BNatSchG sind die geeigneten Inhalte der Landschaftspläne und Grünordnungspläne nach Abwägung im Sinne des § 1 Abs. 7 des Baugesetzbuches als Darstellungen oder Festsetzungen in die Bauleitpläne zu übernehmen.

(3) Landschaftspläne und Grünordnungspläne werden von den aufstellenden Gemeinden beschlossen. Die Pläne sind mit den Nachbargemeinden abzustimmen. Die Gemeinden beteiligen bei der Aufstellung die Behörden und sonstigen Träger öffentlicher Belange, die Naturschutzbehörden, die nach § 3 des Umwelt-Rechtsbehelfsgesetzes in der Fassung der Bekanntmachung vom 8. April 2013 (BGBl. I S. 753), zuletzt geändert durch Artikel 2 Absatz 52 des Gesetzes vom 7. August 2013 (BGBl. I S. 3154), vom Land anerkannten Naturschutzvereinigungen, die auf örtlicher Ebene tätigen Naturschutzvereine und die Öffentlichkeit. Landschaftspläne und Grünordnungspläne sind bekannt zu machen.

Kapitel 3
Allgemeiner Schutz von Natur und Landschaft

§ 8
Eingriffe in Natur und Landschaft
(zu § 14 BNatSchG)

(1) Eingriffe im Sinne von § 14 Absatz 1 BNatSchG können insbesondere sein:

1. die Errichtung von baulichen Anlagen auf bisher baulich nicht genutzten Grundflächen, von Straßen, versiegelten land- und forstwirtschaftlichen Wirtschaftswegen, Bahnanlagen und sonstigen Verkehrsflächen außerhalb der im Zusammenhang bebauten Ortsteile und die wesentliche Änderung dieser Anlagen;

2. die Gewinnung von oberflächennahen Bodenschätzen oder sonstige Abgrabungen, Aufschüttungen, Auffüllungen, Auf- oder Abspülungen, wenn die betroffene Bodenfläche größer als 1.000 m2 oder die zu verbringende Menge mehr als 30 m3 beträgt;

3. die Anlage oder wesentliche Änderung von Flug-, Lager-, Ausstellungs-, Camping-, Golf- und Sportplätzen im Außenbereich;

4. die Errichtung oder wesentliche Änderung von Hafen-, Küsten- und Uferschutzanlagen, Seebrücken, Stegen, Bootsliege- und sonstigen Plätzen, Bootsschuppen, Sportboothäfen sowie von Offshore-Anlagen;

5. die Errichtung von immissionsschutzrechtlich genehmigungsbedürftigen Anlagen sowie Deponien;

6. der Ausbau, das Verrohren, das Aufstauen, Absenken und Ableiten von oberirdischen Gewässern sowie Benutzungen dieser Gewässer, die den Wasserstand, den Wasserabfluss, die Gewässergüte oder die Fließgeschwindigkeit nicht nur unerheblich verändern;

7. das Aufstauen, Absenken, Umleiten oder die Veränderung der Güte von Grundwasser;

8. die Errichtung oder wesentliche Änderung von Sende- und Leitungsmasten sowie das Verlegen oberirdischer und unterirdischer Versorgungs- oder Entsorgungsleitungen außerhalb der Straßen- und Gleiskörpers oder Materialtransportleitungen und sonstigen Leitungen im Außenbereich;

9. die Umwandlung von Wald und die Beseitigung oder wesentliche Beeinträchtigung von Parkanlagen, ortsbildprägenden oder landschaftsbestimmenden Einzelbäumen oder Baumgruppen außerhalb des Waldes, von Alleen und Ufervegetationen;

10. die Anlage neuer Einrichtungen zur Intensivierung der Entwässerung von Überschwemmungswiesen, feuchten Wiesen und Weiden, Streuwiesen, Sumpfdotterblumenwiesen und sonstigen Feuchtgebieten, der Grünlandumbruch auf erosionsgefährdeten Hängen, in Überschwemmungsgebieten, auf Standorten mit hohem Grundwasserstand sowie auf Moorstandorten;

11. die Errichtung oder wesentliche Änderung von freistehenden Einfriedigungen und Einzäunungen im Außenbereich in anderer als der für die Weidetierhaltung üblichen und von Forst- oder Baumschulkulturen in anderer als für diese üblichen Art;

---

[3] Vom Abdruck der Anlage wurde abgesehen. Die Anlage 2 wurde durch LVO vom 27.3.2019 (GVOBl. Schl.-H. S. 85) zuletzt geändert.
[4] Landschaftsprogramm siehe Amtsbl. Schl.-H. 1999, S. 348.

12. die Errichtung und der Betrieb von Tiergehegen einschließlich in und auf Gewässern;
13. die Neuanlage von Weihnachtsbaum- und Schmuckreisigkulturen außerhalb des Waldes;
14. die Verwendung von nicht oder nicht dauerhaft genutzten Standorten sowie sonstiger nicht genutzter Flächen zur land- oder forstwirtschaftlichen Nutzung und
15. die Beseitigung oder erhebliche Beeinträchtigung von gesetzlich geschützten Biotopen, naturnahen Feldgehölzen, Waldmänteln, Kratts, unbewirtschafteten Naturwäldern, der Feldraine, Gewässerränder und Mergelkuhlen.

(2) Abweichend von § 14 Absatz 2 BNatSchG sind ebenfalls nicht als Eingriffe anzusehen
1. von den Naturschutzbehörden angeordnete oder geförderte Naturschutzmaßnahmen zur Herstellung, Pflege und Entwicklung von Flächen und Landschaftselementen,
2. Unterhaltungsmaßnahmen an Gewässern nach § 39 Wasserhaushaltsgesetz (WHG) vom 31. Juli 2009 (BGBl. I S. 2585), zuletzt geändert durch Gesetz vom 18. Juli 2017 (BGBl. I S. 2771), sowie § 25 Landeswassergesetz vom 13. November 2019 (GVOBl. Schl.-H. S. 425).

§ 9
Verursacherpflichten, Inanspruchnahme landwirtschaftlicher Flächen, Unzulässigkeit von Eingriffen; Ermächtigung zum Erlass von Rechtsverordnungen
(zu § 15 BNatSchG)

(1) Abweichend von § 15 Abs. 2 und 6 BNatSchG sind bei der Umwandlung von Wald auf Maßnahmen nach § 15 Abs. 2 BNatSchG und Ersatzzahlungen nach § 15 Abs. 6 BNatSchG Leistungen nach § 9 Abs. 6 des Landeswaldgesetzes anzurechnen.

(2) Die gemäß § 15 BNatSchG festgesetzten und durchgeführten Ausgleichs- und Ersatzmaßnahmen dürfen nur im Rahmen einer Genehmigung der zuständigen Naturschutzbehörde beseitigt oder verändert werden. Abweichend von § 15 Abs. 2 BNatSchG schließen die Ausgleichs- und Ersatzmaßnahmen Maßnahmen zur Sicherung des angestrebten Erfolgs ein. § 15 Abs. 4 BNatSchG bleibt unberührt.

(3) Abweichend von § 15 Abs. 5 BNatSchG darf ein Eingriff auch dann nicht zugelassen oder durchgeführt werden, wenn ihm andere Vorschriften des Naturschutzrechts entgegenstehen.

(4) Die nach § 15 Abs. 6 BNatSchG zu leistende Ersatzzahlung ist in den Fällen des § 17 Abs. 1 BNatSchG in Verbindung mit § 11 Abs. 1 an die zu beteiligende zuständige Naturschutzbehörde, in den Fällen des 17 Abs. 3 BNatSchG in Verbindung mit § 11 Absatz 2 und § 11 a an die für die Genehmigung zuständige Naturschutzbehörde, bei Eingriffen, die von Bundesbehörden zugelassen oder durchgeführt werden, an die oberste Naturschutzbehörde zu leisten. Sie ist abweichend von § 15 Absatz 6 Satz 6 BNatSchG vor Beginn des Eingriffs zu leisten.

(5) Abweichend von § 15 Abs. 6 Satz 7 BNatSchG ist die Ersatzzahlung zweckgebunden für Maßnahmen des Naturschutzes und der Landschaftspflege, für die nicht bereits nach anderen Vorschriften eine rechtliche Verpflichtung besteht, sowie zur Sicherung des angestrebten Erfolgs zu verwenden. Die von den unteren Naturschutzbehörden vereinnahmten Mittel, die nicht innerhalb von drei Jahren nach Satz 1 verwendet worden sind, fallen an die oberste Naturschutzbehörde.

(6) Abweichend von § 15 Absatz 7 Satz 2 BNatSchG wird die Landesregierung ermächtigt, hinsichtlich der folgenden Nummern 2 und 3 auch abweichend von einer Verordnung nach § 15 Absatz 7 Satz 1 BNatSchG, durch Verordnung das Nähere zur Kompensation von Eingriffen zu regeln, insbesondere
1. abweichend von § 15 Abs. 2 Satz 3 BNatSchG zur Bestimmung des maßgeblichen Naturraums,
2. abweichend von § 15 Abs. 7 Satz 1 Nr. 1 BNatSchG zu Inhalt, Art und Umfang von Ausgleichs- und Ersatzmaßnahmen insbesondere auch zur Entsiegelung, zur Wiedervernetzung von Lebensräumen und zur Bewirtschaftung und Pflege sowie zur Festlegung diesbezüglicher Standards, insbesondere für vergleichbare Eingriffsarten,
3. abweichend von § 15 Abs. 7 Satz 1 Nr. 2 BNatSchG die Höhe der Ersatzzahlung und das Verfahren zu ihrer Erhebung,
4. zu Art und Form der in das Kompensationsverzeichnis nach § 17 Absatz 6 BNatSchG aufzunehmenden Daten einschließlich ihrer Weiterverarbeitung und Veröffentlichung.[5]

(7) Abweichend von § 15 Absatz 7 Satz 1 und 2 BNatSchG wird die oberste Naturschutzbehörde ermächtigt, durch Verordnung die Anerkennung von Agenturen zu regeln, die – auch im Auftrag Dritter – Kompensationsmaßnahmen durchführen, für deren Unterhaltung und dauerhafte Sicherung sorgen sowie Kompensationsmaßnahmen oder hierfür geeignete Flächen bevorraten und vertreiben. Die Agenturen müssen landesweit tätig sein und sich verpflichten, die Weisungen der obersten Naturschutzbehörde zu befolgen. Die Eingriffsverursachenden können ihre Kompensationsverpflichtung mit befreiender Wirkung entgeltlich auf eine anerkannte Agentur übertragen.

§ 10
Bevorratung von Kompensationsmaßnahmen
(zu § 16 BNatSchG)

(1) Der Anspruch nach § 16 Abs. 1 BNatSchG ist handelbar.

(2) Die Landesregierung wird gemäß § 16 Abs. 2 BNatSchG ermächtigt, unbeschadet Absatz 1 durch Verordnung die Bevorratung von vorgezogenen Ausgleichs- und Ersatzmaßnahmen mittels Ökokonten, Flächenpools oder anderer Maßnahmen, insbesondere die Erfassung, Bewertung oder Buchung vorgezogener Ausgleichs- und Ersatzmaßnahmen in Ökokonten, deren Genehmigungsbedürftigkeit sowie den Übergang der Verantwortung nach § 15 Abs. 4 BNatSchG auf Dritte, die vorgezogene Ausgleichs- und Ersatzmaßnahmen durchführen, zu regeln.

(3) Maßnahmen der Gemeinden nach § 135 a Abs. 2 Satz 2 des Baugesetzbuches oder eines Vorhabenträgers aufgrund eines städtebaulichen Vertrages nach §§ 11 oder 12 des Baugesetzbuches bleiben unberührt.

§ 11
Verfahren
(zu § 17 BNatSchG)

(1) In den Fällen des § 17 Abs. 1 BNatSchG entscheidet die zuständige Behörde über den Ausgleich, den Ersatz oder die Ersatzzahlung im Einvernehmen, im Übrigen im Benehmen mit der zuständigen Naturschutzbehörde. § 18 BNatSchG bleibt unberührt.

(2) Abweichend von § 17 Abs. 3 Satz 1 BNatSchG ist eine Genehmigung auch erforderlich für Eingriffe von Behörden, es sei denn, diese handeln im Rahmen ihrer öffentlich-rechtlichen Aufgaben und Befugnisse.

(3) Die schriftliche Genehmigung nach § 17 Abs. 3 Satz 2 BNatSchG ist von der Verursacherin oder dem Verursacher zu beantragen. Verursacherin oder Verursacher ist die Trägerin oder der Träger der Maßnahme, im Übrigen ist Verursacherin oder Verursacher die Person, die in die Natur und Landschaft eingreift oder eingreifen lässt.

(4) Soweit die zuständige Behörde nach § 17 Abs. 4 Satz 2 BNatSchG Gutachten verlangt, sind diese zu begründen.

(5) Unbeschadet § 17 Abs. 5 Satz 1 BNatSchG kann die für die Zulassung des Eingriffs zuständige Behörde, soweit erforderlich, im Zulassungsbescheid die Durchführung von Ausgleichs- und Ersatzmaßnahmen ganz oder teilweise vor der Durchführung des Eingriffs verlangen. Abweichend von § 17 Abs. 5 Satz 1 BNatSchG kann eine Sicherheitsleistung auch für eine spätere Wiederherstellung eines ordnungsgemäßen Zustandes von Natur und Landschaft (erforderliche Rückbaumaßnahmen) verlangt werden.

(6) § 17 Abs. 6 und 11 BNatSchG gelten nicht für Flächen,

---

5 *Ökokonto- und Kompensationsverzeichnisverordnung vom 28.3.2017 (GVOBl. Schl.-H. S. 223), geändert durch LVO vom 5.7.2018 (GVOBl. Schl.-H. S. 394).*

1. die kleiner als 1.000 m² sind,
2. auf denen der Eingriff durchgeführt wird oder
3. die im Gebiet desselben Bebauungsplans festgesetzt sind.

Auszüge aus dem Kompensationsverzeichnis stellt die zuständige Naturschutzbehörde zur Verfügung.

(7) § 17 Abs. 8 Satz 1 und Absatz 11 BNatSchG gelten nicht. Wird ein Eingriff ohne die erforderliche Zulassung oder Anzeige vorgenommen, ergreift die zuständige Naturschutzbehörde unbeschadet der Zuständigkeit anderer Behörden unverzüglich die erforderlichen Maßnahmen. Sie kann insbesondere die Einstellung anordnen und jede daraus gezogene Nutzung untersagen und die Einhaltung dieser Verfügung durch geeignete Maßnahmen, zum Beispiel Versiegeln, Sperren oder Verschließen, sicherstellen.

(8) § 17 Abs. 8 Satz 2 und Absatz 11 BNatSchG gelten nicht. Ist der Eingriff nicht zulässig, ist der ursprüngliche Zustand wiederherzustellen. Soweit eine Wiederherstellung des früheren Zustandes nicht oder nur mit unverhältnismäßigem Aufwand möglich ist, hat die Verursacherin oder der Verursacher die Beeinträchtigungen durch Ausgleichs- oder Ersatzmaßnahmen auszugleichen. Soweit dies nicht möglich ist, ist eine Ersatzzahlung entsprechend § 15 Abs. 6 BNatSchG in Verbindung mit § 9 Abs. 4 zu entrichten. Die zuständige Naturschutzbehörde kann die Maßnahmen auf Kosten der Verursacherin oder des Verursachers oder der Eigentümerin oder des Eigentümers auch von einem Dritten vornehmen lassen. Anordnungen nach den Sätzen 2 bis 5 können nur innerhalb von zwölf Monaten, nachdem die zuständige Naturschutzbehörde Kenntnis von dem Eingriff erlangt hat, erfolgen.

(9) § 17 Abs. 9 Satz 3 und Absatz 11 BNatSchG gelten nicht. Soweit nicht in anderen Rechtsvorschriften oder in der zu erteilenden naturschutzrechtlichen Genehmigung etwas anderes bestimmt ist, erlischt die Eingriffsgenehmigung, wenn mit dem Eingriff nicht innerhalb von drei Jahren nach Bestandskraft begonnen wurde oder ein begonnener Eingriff länger als ein Jahr unterbrochen worden ist. Die Eingriffsgenehmigung kann auf schriftlichen Antrag auch wiederholt jeweils bis zu einem Jahr, in besonderen Fällen bis zu zwei Jahren, verlängert werden; sie kann rückwirkend verlängert werden, wenn der Antrag vor Fristablauf bei der für die Eingriffsgenehmigung zuständigen Behörde eingegangen ist. Die nach Satz 3 zuständige Behörde kann den Verursacher oder die Verursacherin verpflichten, bei einer Unterbrechung den Eingriff in dem bis dahin vorgenommenen Umfang zu kompensieren.

(10) § 17 Abs. 10 BNatSchG gilt entsprechend für Vorhaben nach Anlage 1 des Landes-UVP-Gesetzes.

§ 11 a
Besondere Vorschriften für den Abbau von oberflächennahen Bodenschätzen, Abgrabungen und Aufschüttungen
(zu § 17 Absatz 1, 3 und 4, § 15 Absatz 5 und § 18 Absatz 3 BNatSchG)

(1) Über die Eingriffsgenehmigung für
1. die Gewinnung von Kies, Sand, Ton, Steinen oder anderen selbständig verwertbaren Bodenbestandteilen (oberflächennahe Bodenschätze) oder
2. andere Abgrabungen sowie Aufschüttungen, Auf- oder Abspülungen oder das Auffüllen von Bodenvertiefungen

entscheidet gemäß § 17 Absatz 1 letzter Halbsatz BNatSchG, auch abweichend von § 18 Absatz 3 BNatSchG, die zuständige Naturschutzbehörde. Abweichend von § 15 Absatz 5 BNatSchG darf der Eingriff über § 9 Absatz 3 hinaus auch dann nicht zugelassen werden, wenn ihm bodenschutzrechtliche Regelungen entgegenstehen.

(2) Abweichend von § 17 Absatz 3 Satz 3 und 4 BNatSchG gilt die Genehmigung der beantragten Eingriffe als erteilt und gelten die zur Durchführung des § 15 Absatz 2 in Verbindung mit § 9 Absatz 2 erforderlichen Entscheidungen und Maßnahmen als getroffen, wenn die zuständige Naturschutzbehörde nicht innerhalb von drei Monaten nach Eingang des vollständigen Antrages entschieden hat; dies gilt nicht in Verfahren, die aufgrund ihres Umfanges, wegen notwendiger Beteiligung Dritter oder wegen besonderer Schwierigkeiten eines längeren Prüfungs- und Entscheidungszeitraums bedürfen; die zuständige Naturschutzbehörde teilt dies vor Ablauf der in Halbsatz 1 genannten Frist der Antragstellerin oder dem Antragsteller unter Angabe der Gründe mit. Abweichend von § 17 Absatz 4 BNatSchG gelten die Angaben im Antrag als vollständig, wenn die zuständige Naturschutzbehörde nicht innerhalb von vier Wochen nach Eingang des Antrages bei ihr weitere Unterlagen nachfordert.

(3) Mit dem Antrag gelten alle nach anderen öffentlich-rechtlichen Vorschriften für die Gewinnung von oberflächennahen Bodenschätzen, für Abgrabungen, Aufschüttungen, Auf- oder Abspülungen erforderlichen Anträge auf behördliche Zulassungen oder Anzeigen als gestellt. Fristen in anderen öffentlich-rechtlichen Zulassungs- oder Anzeigevorschriften beginnen mit dem Eingang des vollständigen Antrages bei der jeweils zuständigen Fachbehörde zu laufen. Die zuständige Naturschutzbehörde hat die nach anderen öffentlich-rechtlichen Vorschriften erforderlichen Zulassungen anderer Behörden einzuholen und gleichzeitig mit ihrer Genehmigung auszuhändigen. Versagt eine andere Behörde, die nach anderen öffentlich-rechtlichen Vorschriften dazu befugt ist, ihre Zulassung, teilt sie dies unter Benachrichtigung der zuständigen Naturschutzbehörde und dem Antragsteller durch schriftlichen Bescheid unmittelbar mit.

(4) Die Genehmigung nach Satz 1 ist nur erforderlich, wenn die betroffene Bodenfläche größer als 1.000 m² ist oder die zu verbringende Menge mehr als 30 m³ beträgt. Die Genehmigung ist auch nicht erforderlich für die Gewinnung von Bodenschätzen, die nach den Vorschriften des Bundesberggesetzes vom 13. August 1980 (BGBl. I S. 1310), zuletzt geändert durch Artikel 4 Absatz 71 des Gesetzes vom 7. August 2013 (BGBl. I S. 3154), eines zugelassenen Betriebsplans bedarf, wenn die Zulassung im Einvernehmen mit der zuständigen Naturschutzbehörde erfolgt. § 34 BNatSchG bleibt unberührt.

(5) Die Vorschriften dieses Paragrafen gelten nicht für Planfeststellungsverfahren und für Genehmigungen nach § 35 Absatz 3 des Kreislaufwirtschaftsgesetzes vom 24. Februar 2012 (BGBl. I S. 212), zuletzt geändert durch Gesetz vom 22. Mai 2013 (BGBl. I S. 1324).

Kapitel 4
Schutz bestimmter Teile von Natur und Landschaft

Abschnitt I
Biotopverbund; geschützte Teile von Natur und Landschaft

§ 12
Biotopverbund
(zu § 20 Absatz 1 BNatSchG)

Es ist darauf hinzuwirken, dass der Biotopverbund mindestens 15 Prozent der Fläche des Landes umfasst. Innerhalb des Biotopverbundes sollen mindestens zwei Prozent der Landesfläche zu Wildnisgebieten entwickelt werden. Wildnisgebiete sind große, unveränderte oder nur leicht veränderte Naturgebiete, in denen von natürlichen Prozessen beherrscht werden und in denen sich die Natur weitgehend unbeeinflusst von menschlichen Nutzungen entwickeln kann.

§ 12 a
Erklärung zum geschützten Teil von Natur und Landschaft
(zu § 22 BNatSchG)

(1) Abweichend von § 22 Abs. 1 Satz 3 BNatSchG kann die Erklärung zu einem Naturschutzgebiet auch mit der Erklärung zu einem Landschaftsschutzgebiet verbunden werden, vor allem zur Sicherung des Entwicklungsbereichs für ein Naturschutzgebiet.

(2) Unbeschadet § 22 Abs. 3 BNatSchG dürfen Flächen oder Objekte, deren Unterschutzstellung nach den §§ 23 bis 26, 28 und 29 BNatSchG eingeleitet worden ist, von der Bekanntmachung der Auslegung nach § 19 Abs. 2 Satz 2 an bis zum Inkrafttreten der Verordnung, längstens für drei

Jahre, nur verändert werden, soweit dies den Schutzzweck der beabsichtigten Schutzerklärung nicht gefährdet. Die im Zeitpunkt der Bekanntmachung ausgeübte rechtmäßige Bodennutzung bleibt unberührt.

(3) Die zuständige Naturschutzbehörde kann Teile von Natur und Landschaft gemäß § 22 Abs. 3 Satz 1 BNatSchG durch Verordnung, bei betroffenen Einzelgrundstücken auch durch Verwaltungsakt, einstweilig sicherstellen. Ist während der Geltungsdauer einer einstweiligen Sicherstellung nach § 22 Abs. 3 BNatSchG das Verfahren zur Unterschutzstellung durch Bekanntmachung der Auslegung nach § 19 Abs. 2 Satz 2 eingeleitet worden, tritt die Verordnung erst mit dem Inkrafttreten der Unterschutzstellung außer Kraft.

(4) Die Absätze 2 und 3 sowie § 22 Abs. 3 BNatSchG gelten entsprechend für Flächen und Objekte, die durch Satzungen von Gemeinden nach § 18 Abs. 3 geschützt werden sollen.

(5) Die zuständige Naturschutzbehörde registriert die nach § 20 Abs. 2 Nr. 1 und 3 bis 7 BNatSchG geschützten Gebiete in einem Naturschutzbuch.

(6) Nach § 20 Abs. 2 Nr. 1 und 3 bis 7 BNatSchG geschützte sowie gemäß den Absätzen 3 und 4 in Verbindung mit § 22 Abs. 3 BNatSchG einstweilig sichergestellte Teile von Natur und Landschaft sind kenntlich zu machen. Die Art der Kennzeichnung bestimmt die zuständige Naturschutzbehörde durch Verwaltungsvorschrift und gibt sie im Amtsblatt für Schleswig-Holstein bekannt. Die Kennzeichnung und die Begriffsbezeichnung dürfen nur für die nach diesem Abschnitt geschützten Teile von Natur und Landschaft verwendet werden.

§ 13
Naturschutzgebiete
(zu § 23 BNatSchG)

(1) Die oberste Naturschutzbehörde kann Gebiete im Sinne von § 23 Abs. 1 BNatSchG durch Verordnung zu Naturschutzgebieten erklären.

(2) Abweichend von § 23 Abs. 2 Satz 1 BNatSchG können in der Verordnung nach Absatz 1 auch bestimmte Einwirkungen, die von einem Naturschutzgebiet unmittelbar benachbarten Flächen ausgehen, verboten werden, soweit der Schutzzweck dieses erfordert. Unbeschadet der Verordnung nach Absatz 1 sind Nutzungen im Naturschutzgebiet zulässig, wenn und soweit sie dem Schutzzweck nicht entgegenstehen.

(3) Abweichend von § 23 Abs. 2 Satz 1 BNatSchG sind
1. in Naturschutzgebieten die Freisetzung und der Anbau von gentechnisch veränderten Organismen,
2. in einem Abstand von weniger als 3.000 Meter von Naturschutzgebieten die Freisetzung und der Anbau von gentechnisch veränderten Organismen,
3. in Naturschutzgebieten das Aufsteigen und Landen lassen von Flugmodellen und unbemannten Luftfahrtsystemen

untersagt.

(4) Abweichend von § 23 Abs. 2 Satz 2 BNatSchG
1. dürfen Naturschutzgebiete unbeschadet der Verordnung nach Absatz 1 ohne besondere Zulassung nur auf Wegen oder dafür ausgewiesenen Flächen betreten werden,
2. kann durch die Verordnung nach Absatz 1 der Gemeingebrauch an Gewässern oder am Meeresstrand sowie die Befugnis zum Betreten von Wald eingeschränkt werden.

§ 14
Biosphärenreservate
(zu § 25 BNatSchG)

(1) Abweichend von § 25 Abs. 1 BNatSchG können zu Biosphärenreservaten nur Gebiete erklärt werden, die zusätzlich zu den in der Bestimmung genannten Voraussetzungen von der UNESCO anerkannt worden sind. Abweichend von § 25 Abs. 1 Nr. 2 BNatSchG im Übrigen kann das Gebiet in wesentlichen Teilen auch die Voraussetzungen eines Nationalparks erfüllen. Soweit das Gebiet in wesentlichen Teilen die Voraussetzungen eines Nationalparks erfüllt, kann es abweichend von § 25 Abs. 1 Nr. 3 BNatSchG auch nur in Teilen den in der Bestimmung genannten Zwecken dienen.

(2) § 25 Abs. 3 BNatSchG gilt nicht. Biosphärenreservate sind entsprechend dem Einfluss menschlicher Tätigkeit in Kern-, Pflege- und Entwicklungszonen zu unterteilen.

(3) Die rechtsverbindliche Erklärung zum Biosphärenreservat gibt die oberste Naturschutzbehörde ab. Sie kann auch durch Verordnung die zur Verwirklichung der Schutzziele erforderlichen Bestimmungen erlassen. § 23 Abs. 2 Satz 1 und § 26 Abs. 2 BNatSchG bleiben unberührt.

§ 15
Landschaftsschutzgebiete
(zu § 26 BNatSchG)

Die untere Naturschutzbehörde kann Gebiete im Sinne von § 26 Abs. 1 BNatSchG durch Verordnung zu Landschaftsschutzgebieten erklären. In den Fällen des § 12 a Absatz 1 erlässt die oberste Naturschutzbehörde die Verordnung.

§ 16
Naturparke
(zu § 27 BNatSchG)

(1) § 27 Absatz 1 und 3 BNatSchG gelten nicht. Die oberste Naturschutzbehörde kann durch Allgemeinverfügung großräumige Gebiete, die

1. zu einem wesentlichen Teil Naturschutzgebiete, Landschaftsschutzgebiete, Natura 2000-Gebiete oder Naturdenkmäler enthalten und
2. sich wegen ihrer landschaftlichen Voraussetzungen für die Erholung besonders eignen,

zu Naturparken erklären.

(2) Die Erklärung nach Absatz 1 Satz 2 bestimmt den Träger des Naturparks, den Umfang seiner Aufgaben sowie die Schutz- und Entwicklungsziele. § 22 Absatz 1 Satz 2 BNatSchG ist nicht anwendbar.

§ 17
Naturdenkmäler
(zu § 28 BNatSchG)

(1) Die untere Naturschutzbehörde kann durch Verordnung Einzelschöpfungen der Natur oder entsprechende Flächen nach § 28 Abs. 1 BNatSchG zu Naturdenkmälern erklären. Abweichend von § 28 Abs. 1 BNatSchG kann, soweit es zum Schutz des Naturdenkmals erforderlich ist, auch seine Umgebung mit einbezogen werden.

(2) Abweichend von § 28 Abs. 1 BNatSchG sind als Einzelschöpfungen der Natur insbesondere Kolke, Quellen, Findlinge sowie alte oder seltene Bäume anzusehen. Als Naturdenkmäler können auch Fundstellen der erdgeschichtlichen Pflanzen- und Tierwelt ausgewiesen werden.

(3) Abweichend von § 28 Abs. 2 BNatSchG kann in der Verordnung auch die erhebliche Beeinträchtigung und nachhaltige Störung der im Bereich des Naturdenkmals wild lebenden Pflanzen und Tiere verboten werden.

§ 18
Geschützte Landschaftsbestandteile
(zu § 29 BNatSchG)

(1) Die untere Naturschutzbehörde kann durch Verordnung oder Einzelanordnung Teile von Natur und Landschaft im Sinne von § 29 Abs. 1 BNatSchG zu geschützten Landschaftsbestandteilen erklären.

(2) Abweichend von § 29 Abs. 2 Satz 2 BNatSchG ist für den Fall einer Bestandsminderung die Verpflichtung zu einer angemessenen und zumutbaren Ersatzpflanzung oder zur Leistung von Ersatz in Geld vorzusehen.

(3) Solange und soweit die untere Naturschutzbehörde keine Erklärung nach Absatz 1 Satz 1 vornimmt, kann die Gemeinde die entsprechenden Anordnungen als Satzung oder Einzelanordnung treffen. In verbindlich überplanten Gebieten (§ 30 des Baugesetzbuches) sowie in im Zusammenhang bebauten Ortsteilen (§ 34 des Baugesetzbuches) legt die Gemeinde das Gebiet durch Satzung fest. Die Festlegung kann als Festsetzung in Bebauungspläne und in Satzungen nach § 34 Abs. 4 Satz 1 Nr. 1 und 2 des Baugesetzbuches aufgenommen werden. Die verfahrensrechtlichen Vorschriften des Baugesetzbuches gelten entsprechend.

§ 19
Verfahren zum Erlass oder zur Änderung der Schutzverordnungen
(zu § 22 Abs. 2 Satz 1 BNatSchG)

(1) Vor dem Erlass einer Schutzverordnung nach diesem Abschnitt sind die Gemeinden, Behörden und sonstigen öffentlichen Planungsträger, deren Aufgabenbereiche durch das Vorhaben berührt werden kann, zu hören. Die zuständige Naturschutzbehörde räumt ihnen dafür eine angemessene Frist ein. Verspätet eingegangene Stellungnahmen werden nicht mehr berücksichtigt, es sei denn, die vorgebrachten Belange waren der zuständigen Naturschutzbehörde bereits bekannt oder hätten ihr bekannt sein müssen oder sind für die Rechtmäßigkeit der Entscheidung von Bedeutung.

(2) Der Entwurf der Schutzverordnung ist mit den dazugehörenden Karten für die Dauer eines Monats in den Ämtern und amtsfreien Gemeinden, in deren Gebiet sich die Verordnung voraussichtlich auswirkt, öffentlich auszulegen. Ort und Dauer der Auslegung haben die genannten Körperschaften mindestens eine Woche vorher mit dem Hinweis darauf örtlich bekannt zu machen, dass jedermann bis zu zwei Wochen nach Ablauf der Auslegungszeit bei ihnen oder bei der zuständigen Naturschutzbehörde schriftlich oder zur Niederschrift Stellungnahmen abgeben kann.

(3) Die Beteiligung nach Absatz 1 kann gleichzeitig mit dem Verfahren nach Absatz 2 durchgeführt werden.

(4) Die zuständige Naturschutzbehörde prüft die fristgerecht abgegebenen Stellungnahmen. Sie teilt das Ergebnis den Personen, die Stellungnahmen abgegeben haben, mündlich in einem gemeinsamen Termin oder schriftlich mit.

(5) Von der Anwendung der Absätze 1 bis 4 kann abgesehen werden, wenn
1. eine Verordnung nach § 12 a Absatz 3 erlassen werden soll,
2. eine bestehende Verordnung geändert oder dem geltenden Recht angepasst werden soll oder nach Durchführung des Verfahrens nach den Absätzen 1 bis 4 der Entwurf einer Verordnung geändert werden soll,
3. es sich um ein Gebiet oder Objekt handelt, das zu Zwecken des Naturschutzes erworben oder bereitgestellt worden ist,
4. ein Naturdenkmal oder ein geschützter Landschaftsbestandteil betroffen ist oder eine Verordnung nur auf Grundstücke weniger und bekannter Eigentümerinnen oder Eigentümer oder auf nach § 30 BNatSchG in Verbindung mit § 21 und nach § 35 geschützte Grundflächen erstreckt werden soll,
5. in einer bestehenden Verordnung nur die Erhaltungsziele für ein Gebiet fortgeschrieben werden sollen.

In den Fällen des Satzes 1 Nr. 3 und 4 sind die betroffenen Eigentümerinnen und Eigentümer, Nutzungsberechtigten und Gemeinden innerhalb einer angemessenen Frist anzuhören. In den Fällen des Satzes 1 Nr. 2 sind anzuhören, wenn es sich um wesentliche räumliche oder sachliche Erweiterungen handelt.

(6) Die Absätze 1 bis 5 gelten entsprechend für die Aufhebung von Verordnungen.

(7) Die Abgrenzung eines Schutzgebietes ist in der Verordnung
1. im einzelnen zu beschreiben oder
2. grob zu beschreiben und zeichnerisch in Karten darzustellen, die
   a) als Bestandteil der Verordnung im jeweiligen Verkündungsblatt abgedruckt werden oder
   b) als Ausfertigungen bei den zu benennenden Naturschutzbehörden, den Ämtern und amtsfreien Gemeinden eingesehen werden können.

Die Karten nach Nummer 2 müssen in hinreichender Klarheit erkennen lassen, welche Grundstücke zum Schutzgebiet gehören; bei Zweifeln gelten die Flächen als nicht betroffen. Bei Schutzgebieten, deren Abgrenzungen durch Wasserflächen im Gültigkeitsbereich der Seeschifffahrtsstraßenordnung in der Fassung der Bekanntmachung vom 22. Oktober 1998 (BGBl. I S. 3209, ber. 1999 S. 193), zuletzt geändert durch Artikel 1 der Verordnung vom 11. März 2009 (BGBl. I S. 507), verlaufen, sind die dortigen Abgrenzungen durch Eintrag in eine amtliche Seekarte oder durch Definition der Linien anhand geographischer Koordinaten oder durch Definition der Linien anhand von Bezügen zu Merkmalen der amtlichen Seekarten darzustellen.

(8) Die Gemeinden erlassen Satzungen nach § 18 Abs. 3 in entsprechender Anwendung der Absätze 1 bis 7.

§ 20
Betreuung geschützter Gebiete

(1) Juristischen oder natürlichen Personen, die die Gewähr für eine sachgerechte Aufgabenerfüllung bieten, kann auf Antrag die fachliche Betreuung von geschützten Teilen von Natur und Landschaft übertragen werden. Über den Antrag entscheidet bei geschützten Landschaftsbestandteilen die Gemeinde, bei anderen geschützten Gebieten die zuständige Naturschutzbehörde.

(2) Die Übertragung ist zu befristen; sie kann widerrufen werden. Ein Anspruch auf Erstattung von Kosten wird durch sie nicht begründet. Das Land beteiligt sich an den notwendigen Aufwendungen im Rahmen der verfügbaren Haushaltsmittel.

(3) Die ein Naturschutzgebiet betreuenden Personen sind vor einer Änderung oder Aufhebung der Schutzverordnung und vor Genehmigungen der Naturschutzbehörde aufgrund der Schutzverordnung, welche das Naturschutzgebiet oder Gegenstände dieses Gebietes erheblich beeinträchtigen können, zu hören.

(4) In Naturparken übernimmt die Betreuung der in der Erklärung bestimmte Träger.

(5) Die Betreuung beinhaltet,
1. die Entwicklung des Schutzgegenstandes und der Tier- und Pflanzenwelt sowie ihrer Ökosysteme zu beobachten und schriftlich festzuhalten,
2. Vorschläge zur Verbesserung der Wirksamkeit der durch die Naturschutzbehörde getroffenen Regelungen und Maßnahmen zu unterbreiten,
3. Maßnahmen des Naturschutzes nach Genehmigung durch die Naturschutzbehörde auszuführen,
4. die Öffentlichkeit über das Schutzgebiet zu informieren und
5. jährlich einen Betreuungsbericht zu erstellen.

§ 21
Gesetzlich geschützte Biotope
(zu § 30 BNatSchG)

(1) Weitere gesetzlich geschützte Biotope im Sinne des § 30 Abs. 2 Satz 2 BNatSchG sind:
1. alle Binnendünen, die nicht bereits von § 30 Abs. 2 Satz 1 Nr. 3 BNatSchG erfasst sind,
2. Staudenfluren stehender Binnengewässer und der Waldränder,
3. Alleen,
4. Knicks,
5. artenreiche Steilhänge und Bachschluchten,
6. arten- und strukturreiches Dauergrünland.

Für Knicks, die Wald im Sinne des § 2 Abs. 1 Satz 2 Nr. 3 des Landeswaldgesetzes sind, gelten ausschließlich die Bestimmungen des Landeswaldgesetzes.

(2) § 30 Abs. 2 BNatSchG gilt nicht für
1. die notwendigen Maßnahmen zur Unterhaltung der Deiche, Dämme, Sperrwerke und des Deichzubehörs sowie der notwendigen Unterhaltung der Häfen, Gewässer und der erforderlichen Maßnahmen zur Erhaltung und Sicherung der öffentlich gewidmeten Straßen, Wege und Plätze,
2. notwendige Vorlandarbeiten (Grüpp- und Lahnungsarbeiten sowie notwendige Maßnahmen zur Gefahrenabwehr für Deiche, Dämme, Sperrwerke und Deichzubehör) und die Beweidung von Deichvorländereien, soweit diese Gebiete nicht im Nationalpark „Schleswig-Holsteinisches Wattenmeer" liegen.

(3) Eine Ausnahme gemäß § 30 Abs. 3 BNatSchG von dem Verbot des § 30 Abs. 2 BNatSchG kann nur zugelassen werden für stehende Binnengewässer im Sinne des § 30 Abs. 2 Nr. 1 BNatSchG, die Kleingewässer sind, und für Knicks.

(4) Bei Knicks ist das traditionelle Knicken alle 10 bis 15 Jahre in der Zeit vom 1. Oktober bis einschließlich des letzten Tages des Monats Februar bei Erhalt der Überhälter und Entfernen des Schnittgutes vom Knickwall eine zulässige Pflege- und Bewirtschaftungsmaßnahme. Das Fällen von Überhältern bis zu einem Stammumfang von zwei Metern gemessen in einem Meter Höhe über dem Erdboden ist zulässig, sofern in dem auf den Stock gesetzten Abschnitt mindestens ein Überhälter je 40 bis 60 Meter Knicklänge erhalten bleibt. Ausgenommen hiervon sind
1. Bäume, die auf der Grundlage der Biotopverordnung vom 22. Januar 2009 (GVOBl. Schl.-H. S. 48) in ihrer am 22. Februar 2009 geltenden Fassung als nachwachsende Überhälter stehen gelassen oder neu angepflanzt wurden,
2. Bäume, die im baurechtlichen Innenbereich nach § 34 Baugesetzbuch über eine Baumschutzsatzung geschützt oder in einem Bebauungsplan als zu erhalten festgesetzt sind und für deren Fällung keine Ausnahme oder Befreiung erteilt wurde sowie
3. landschaftsbestimmende oder ortsbildprägende Bäume oder Baumgruppen.

Zulässig ist das seitliche Einkürzen der Knickgehölze senkrecht in einer Entfernung von einem Meter vom Knickwallfuß bis zu einer Höhe von vier Metern. Bei ebenerdigen Pflanzungen ist ferner das Einkürzen oder Aufputzen unter Beachtung eines Mindestabstands von einem Meter vom Wurzelhals der am Rand des Gehölzstreifens angepflanzten Bäume zulässig. Das Einkürzen ist frühestens drei Jahre nach dem „Auf-den-Stock-setzen" und danach nur in mindestens dreijährigem Abstand zulässig. Zulässig ist die fachgerechte Pflege der Knickwallflanken im Zeitraum vom 15. November bis einschließlich des letzten Tages des Monats Februar.

(5) Auf Ackerflächen an Knicks darf ein 50 cm breiter Schutzstreifen, gemessen ab dem Knickwallfuß, nicht ackerbaulich genutzt, mit Kulturpflanzen eingesät oder bestellt, gedüngt oder mit Pflanzenschutzmitteln behandelt werden. Die Bepflanzung mit nicht heimischen Gehölzen und krautigen Pflanzen sowie die gärtnerische Nutzung des Schutzstreifens sind unzulässig.

(6) Abweichend von § 30 Abs. 5 BNatSchG gilt bei gesetzlich geschützten Biotopen, die während der Laufzeit einer vertraglichen Vereinbarung oder der Teilnahme an öffentlichen Programmen zur Bewirtschaftungsbeschränkung entstanden sind, das Verbot des § 30 Abs. 2 BNatSchG auch nicht für die Wiederaufnahme einer sonstigen Nutzung. Satz 1 gilt entsprechend bei der ein- oder mehrmaligen Verlängerung des Vertrages während der Laufzeit der Folgeverträge, sofern sich diese zeitlich ohne Unterbrechung an den jeweils vorangegangenen anschließen. § 30 Absatz 5 BNatSchG gilt nicht für gesetzlich geschützte Biotope, die im Rahmen der vertraglichen Vereinbarung oder des öffentlichen Programms zur Bewirtschaftungsbeschränkung zu entwickeln waren.

(7) Die oberste Naturschutzbehörde erlässt eine Verordnung, die die gesetzlich geschützten Biotoptypen nach § 30 Abs. 2 BNatSchG, auch abweichend von dieser Regelung, sowie Absatz 1 und 3 anhand der Standortverhältnisse oder der Vegetation definiert und Mindestgrößen festlegt. Die Verordnung kann die zulässigen Schutz-, Pflege- und Bewirtschaftungsmaßnahmen regeln.[6]

(8) Unbeschadet § 30 Abs. 7 Satz 1 BNatSchG
1. wird die Registrierung bei Bedarf aktualisiert,
2. werden die flächenscharf registrierten Biotope den Eigentümern mitgeteilt; bei unverhältnismäßigem Aufwand kann die Mitteilung durch örtliche Bekanntmachung erfolgen.

Für stehende Binnengewässer im Sinne des § 30 Abs. 2 Nr. 1 BNatSchG, die Kleingewässer im Sinne des Absatzes 3 sind, sowie für Knicks gelten § 30 Abs. 7 Satz 1 BNatSchG in Verbindung mit Satz 1 nicht, wenn diese Daten über andere öffentlich-rechtliche Vorschriften den Landesbehörden bereits vorliegen und bei der zuständigen Naturschutzbehörde zur flächendeckenden Kartierung zusammengeführt werden können.

(9) Die oberste Naturschutzbehörde wird ermächtigt, durch Verordnung[7] besondere Vorschriften für die Bekämpfung und Verhütung von Bränden zum Schutz der Moore und Heiden zu erlassen. § 23 Abs. 3 Satz 2 des Landeswaldgesetzes gilt entsprechend.

Abschnitt II
Netz „Natura 2000"

§ 22
Auswahl der Gebiete, Erhaltungsziele
(zu § 32 Abs. 1 BNatSchG)

(1) Zuständig für die Auswahl der Gebiete nach § 32 Abs. 1 BNatSchG und die Schätzung der Kosten nach § 32 Abs. 1 Satz 4 BNatSchG ist die oberste Naturschutzbehörde. Sie beteiligt bei der Auswahl der Gebiete die Betroffenen einschließlich der Behörden und öffentlichen Planungsträger sowie der nach § 3 des Umweltrechtsbehelfsgesetzes anerkannten Naturschutzvereinigungen. Die Beteiligung erfolgt durch Bekanntmachung im Amtsblatt für Schleswig-Holstein.

(2) Die oberste Naturschutzbehörde leitet die Gebietsauswahl und gleichzeitig die Kostenschätzung aufgrund eines entsprechenden Beschlusses der Landesregierung an das für den Naturschutz zuständige Bundesministerium weiter und gibt die Gebietsauswahl sowie die Erhaltungsziele einschließlich einer Übersichtskarte im Maßstab 1:250.000 unverzüglich im Amtsblatt für Schleswig-Holstein bekannt. Die zuständige Naturschutzbehörde führt die Abgrenzungskarten im Maßstab 1:25.000 und sichert sie archivmäßig. Verläuft die Abgrenzung durch Meeresflächen, ist sie durch Definition der Linien anhand geografischer Koordinaten darzustellen.

(3) Die Landesregierung kann durch Verordnung
1. die Anlage 2 zu § 4 um Gebiete ergänzen, wenn und soweit dies erforderlich ist, um die Auswahlpflicht nach § 32 Abs. 1 BNatSchG zu erfüllen;
2. die jeweilige Abgrenzung der Gebiete nach Anlage 2 zu § 4 anpassen, insbesondere wenn und soweit dies wegen der tatsächlichen Entwicklung des betroffenen Gebietes erforderlich ist;
3. Gebiete aus der Anlage 2 zu § 4 herausnehmen, wenn deren Auswahl als Europäische Vogelschutzgebiete nach Maßgabe der Richtlinie 2009/147/EG vom 30. November 2009 (ABl. EU L 20 vom 26. Januar 2010, S. 7) nicht mehr geboten ist.

(4) Die oberste Naturschutzbehörde schreibt die Erhaltungsziele für die nach Absatz 1 ausgewählten Gebiete fort. Sie gibt die aktualisierten Erhaltungsziele im Amtsblatt für Schleswig-Holstein bekannt.

§ 23
Schutzerklärung
(zu § 32 Abs. 2 bis 4 BNatSchG)

(1) Die zuständige Naturschutzbehörde setzt, soweit dies für die Gebietsbegrenzungen nach § 32 Abs. 3 Satz 1 BNatSchG erforderlich ist, die Abgrenzungskarten nach § 22 Abs. 2 in Karten im Maßstab 1:5.000 um und verwahrt diese archivmäßig. Bei Schutzgebieten, deren Abgrenzungen durch Wasserflächen im Gültigkeitsbereich der Seeschifffahrtsstraßenordnung verlaufen, sind die dortigen Abgrenzungen durch Eintrag in eine amtliche Seekarte oder durch Definition der Linien anhand von Bezügen zu Merkmalen der amtlichen Seekarten darzustellen.

(2) Abweichend von § 32 Abs. 4 BNatSchG kann die Unterschutzstellung nach § 32 Abs. 2 und 3 BNatSchG nicht unterbleiben, wenn zur Wahrung sonstiger Interessen des

---
6 Biotopverordnung vom 13. Mai 2019 (GVOBl. Schl.-H. S. 146), geändert durch LVO vom 9.4.2021 (GVOBl. Schl.-H. S. 507).

7 Landesverordnung zum Brandschutz der Wälder, Moore und Heiden vom 31.1.2013 (GVOBl. Schl.-H. S. 92, berichtigt S. 121); zuletzt geändert durch LVO vom 9.4.2021 (GVOBl. Schl.-H. S. 507).

Gemeinwohls, auch solcher sozialer oder wirtschaftlicher Art, besondere Bestimmungen erforderlich sind.

§ 24
Allgemeine Schutzvorschriften
(zu § 33 BNatSchG)

(1) Abweichend von § 33 Abs. 1 BNatSchG ist es in Europäischen Vogelschutzgebieten, die in der Anlage 2 zu § 4 in Spalte 4 gekennzeichnet sind, auch verboten, Dauergrünland in Ackerland umzuwandeln und die Binnenentwässerung von Dauergrünland insbesondere durch Dränung zu verstärken. Die Naturschutzbehörde kann Maßnahmen nach Satz 1 zulassen, wenn dies mit den Erhaltungszielen des Gebietes vereinbar ist. Kann die Maßnahme zu einer Beeinträchtigung des Erhaltungsziels führen, kann sie nur zugelassen werden, wenn die Umwandlung in Acker an anderer Stelle innerhalb des Europäischen Vogelschutzgebietes durch die Neuschaffung von Dauergrünland oder die Verstärkung der Binnenentwässerung durch geeignete biotopgestaltende Maßnahmen innerhalb des Europäischen Vogelschutzgebietes ausgeglichen wird. Unbeschadet der Sätze 2 und 3 gilt die land-, forst- und fischereiwirtschaftliche Bodennutzung im Rahmen der guten fachlichen Praxis in der Regel nicht als Verstoß gegen das Verbot des § 33 Abs. 1 Satz 1 BNatSchG. Die Sätze 1 bis 4 sowie § 33 BNatSchG gelten nicht, soweit ein sonstiger gleichwertiger Schutz nach Maßgabe des § 32 Abs. 2 bis 4 BNatSchG besteht. Weitergehende Schutzvorschriften bleiben unberührt.

(2) § 33 Abs. 1 BNatSchG gilt entsprechend für der Europäischen Kommission gemeldete und im Amtsblatt für Schleswig-Holstein nach § 22 Abs. 2 bekannt gemachte, aber noch nicht in die Liste nach Artikel 4 Abs. 2 Unterabsatz 3 der Richtlinie 92/43/EWG eingetragene Gebiete.

(3) Natura 2000-Gebiete können kenntlich gemacht werden. Die Art der Kennzeichnung bestimmt die zuständige Naturschutzbehörde durch Verwaltungsvorschrift und gibt sie im Amtsblatt für Schleswig-Holstein bekannt. Die Kennzeichnung und die Begriffsbezeichnung dürfen nur für Natura 2000-Gebiete verwendet werden.

§ 25
Verträglichkeit und Unzulässigkeit von Projekten; Ausnahmen; grenzüberschreitende Projekte
(zu § 34 BNatSchG)

(1) Die Prüfung der Verträglichkeit des Projektes nach § 34 Abs. 1 BNatSchG sowie die Prüfung, ob die Voraussetzungen einer Ausnahme nach § 34 Abs. 3 und 4 BNatSchG vorliegen, werden von der Behörde durchgeführt, die nach anderen Rechtsvorschriften für die behördliche Gestattung oder Entgegennahme einer Anzeige zuständig ist oder das Projekt selbst durchführt. Sie trifft ihre Entscheidung im Benehmen mit der für die Eingriffsregelung zuständigen Naturschutzbehörde. Ist eine gesonderte Eingriffszulassung der Naturschutzbehörde erforderlich, entscheidet diese über Verträglichkeit und Zulässigkeit.

(2) Auf gemäß § 34 Abs. 2 BNatSchG unzulässige Projekte ist § 11 Absatz 7 und 8 Satz 1 und 2 entsprechend anwendbar, soweit nicht eine Ausnahme nach § 34 Abs. 3 bis 5 BNatSchG zugelassen werden kann.

(3) Zuständige Behörde nach § 34 Abs. 4 Satz 2 BNatSchG und § 34 Abs. 5 Satz 2 BNatSchG ist die nach Absatz 1 zuständige Behörde. Sie wird über die jeweilige oberste Landesbehörde tätig.

(4) Die zur Sicherung des Zusammenhanges des Europäischen ökologischen Netzes „Natura 2000" nach § 34 Abs. 5 Satz 1 BNatSchG vorzusehenden Maßnahmen sind dem Projektträger aufzuerlegen. Sie müssen in der Regel zu dem Zeitpunkt wirksam sein, in dem die Beeinträchtigung des Gebietes durch das Projekt eintritt.

(5) Wenn ein in einem anderen Land oder Mitgliedstaat der Europäischen Union geplantes Vorhaben erhebliche Auswirkungen auf Natura 2000-Gebiete in Schleswig-Holstein haben kann, ersucht die Behörde, die für ein gleichartiges Verfahren in Schleswig-Holstein zuständig wäre, die zuständige Behörde in dem anderen Land oder Mitgliedstaat um Unterlagen über das Vorhaben. § 58 des Gesetzes über die Umweltverträglichkeitsprüfung (UVPG) gilt entsprechend.

(6) Wenn ein Vorhaben in Schleswig-Holstein erhebliche Auswirkungen auf Natura 2000-Gebiete in einem anderen Land oder Mitgliedstaat der Europäischen Union haben kann, unterrichtet die zuständige Behörde frühzeitig die von dem anderen Land oder Mitgliedstaat benannte Behörde anhand von geeigneten Unterlagen. § 54 UVPG gilt entsprechend.

§ 26
Gentechnisch veränderte Organismen
(zu § 35 BNatSchG)

Abweichend von § 35 Nummer 2 BNatSchG ist § 34 Absatz 1 und 2 BNatSchG auch entsprechend anzuwenden auf Maßnahmen nach § 35 Nummer 2 BNatSchG außerhalb eines Natura 2000-Gebiets. Diejenige oder derjenige, die oder der Maßnahmen nach § 35 BNatSchG oder nach Satz 1 beabsichtigt, hat dies zuvor der zuständigen Naturschutzbehörde anzuzeigen. Die zuständige Naturschutzbehörde bestätigt den Eingang der Anzeige schriftlich. Die beabsichtigte Maßnahme darf zwei Monate nach Eingang der Anzeige begonnen werden, wenn die zuständige Naturschutzbehörde sie nicht zuvor entsprechend § 34 Absatz 2 BNatSchG für unzulässig erklärt hat. Bei Maßnahmen, die aufgrund ihres Umfangs, wegen notwendiger Beteiligung Dritter oder wegen besonderer Schwierigkeiten eines längeren Prüfungs- und Entscheidungszeitraums bedürfen, kann die zuständige Naturschutzbehörde vor Ablauf der in Satz 4 genannten Frist der oder dem Anzeigenden unter Angabe der Gründe mitteilen, dass diese Frist nicht gilt; in diesem Fall teilt sie der oder dem Anzeigenden nach Abschluss der Prüfung entweder mit, dass das Vorhaben durchgeführt werden kann oder erklärt es entsprechend § 34 Absatz 2 BNatSchG für unzulässig.

Abschnitt III
Pflege- und Entwicklungsmaßnahmen

§ 27
Pflege- und Entwicklungsmaßnahmen
auf geschützten Flächen (zu § 22 Abs. 1 Satz 2, §§ 30, 32 Abs. 5 BNatSchG)

(1) Die zuständige Naturschutzbehörde legt die Maßnahmen fest, die zur Pflege und zur Entwicklung

1. der gesetzlich geschützten Biotope,
2. der Natura 2000-Gebiete,
3. der geschützten Gebiete und Flächen, deren Schutzerklärungen keine Maßnahmen des Naturschutzes (§ 22 Abs. 1 Satz 2 BNatSchG) vorsehen,

erforderlich sind. In den Fällen des Satzes 1 Nr. 2 müssen die Planung und der Vollzug der Maßnahmen ökologische, wissenschaftliche und kulturelle Erfordernisse berücksichtigen, wobei den wirtschaftlichen und Freizeit bedingten Erfordernissen Rechnung zu tragen ist. Abweichend von § 32 Abs. 5 BNatSchG stellt die zuständige Naturschutzbehörde dabei unter geeigneter Beteiligung der Betroffenen Bewirtschaftungs- und Maßnahmenpläne für die jeweiligen Gebiete auf, soweit dies erforderlich ist, und veröffentlicht diese in geeigneter Weise.

(2) Die unteren Naturschutzbehörden unterbreiten Vorschläge für die Maßnahmen und setzen die festgelegten Maßnahmen um, soweit nicht die nach Absatz 1 zuständige Naturschutzbehörde im Einzelfall eine andere Regelung trifft.

(3) Unterliegen unter Schutz gestellte Teile von Natur und Landschaft auch einem Schutz nach dem Denkmalschutzgesetz, darf die zuständige Naturschutzbehörde Maßnahmen zum Schutz, zur Pflege und Entwicklung nur im Einvernehmen mit der jeweils zuständigen Denkmalschutzbehörde durchführen oder zulassen.

Kapitel 5
Artenschutz, Haltung gefährlicher Tiere

§ 28
Tiergehege (zu § 43 Abs. 5 BNatSchG)

(1) § 43 Abs. 3 Satz 1 BNatSchG gilt nicht. Gemäß § 43 Abs. 5 BNatSchG bedürfen die Einrichtung, Erweiterung, wesentliche Änderung und der Betrieb von Tiergehegen der Genehmigung durch die untere Naturschutzbehörde im Einvernehmen mit der örtlich zuständigen Tierschutzbehörde. Mit dem Antrag auf Genehmigung gelten alle anderen nach öffentlich-rechtlichen Vorschriften erforderlichen Anträge auf behördliche Zulassung als gestellt. § 11 a Absatz 3 Satz 2 bis 4 gilt entsprechend. Genehmigungspflichtig ist auch der Wechsel der Betreiberin oder des Betreibers des Tiergeheges. Die Genehmigung ist zu erteilen, wenn die Einhaltung der sich aus § 43 Abs. 2 BNatSchG ergebenden Anforderungen sichergestellt ist.

(2) Absatz 1 Satz 2 bis 5 und die Anforderungen des § 43 Abs. 2 BNatSchG gelten nicht für Gehege,
1. die unter staatlicher Aufsicht stehen,
2. die nur für kurze Zeit aufgestellt werden oder eine Fläche von nicht mehr als 50 m² beanspruchen oder
3. in denen nur eine geringe Anzahl an Tieren mit geringen Anforderungen an ihre Haltung gehalten werden.

(3) Die oberste Naturschutzbehörde ist zuständige Landesbehörde nach § 4 Nr. 20 Buchst. a Satz 2 des Umsatzsteuergesetzes in der Fassung der Bekanntmachung vom 21. Februar 2005 (BGBl. I S. 386), zuletzt geändert durch Artikel 8 des Gesetzes vom 16. Juli 2009 (BGBl. I S. 1959), soweit Tiergehege betroffen sind.

§ 28 a
Bewirtschaftungsvorgaben
(zu § 44 Absatz 4 Satz 3 BNatSchG)

Die oberste Naturschutzbehörde wird ermächtigt, durch Verordnung oder Allgemeinverfügung Bewirtschaftungsvorgaben gegenüber den verursachenden Land-, Forst- oder Fischwirten anzuordnen, soweit dies erforderlich ist, um sicherzustellen, dass sich der Erhaltungszustand der lokalen Population einer Art nach § 44 Absatz 4 Satz 2 BNatSchG durch die Bewirtschaftung nicht verschlechtert.

§ 28 b
Horstschutz

Unbeschadet weitergehender Rechtsvorschriften ist es verboten, die Nistplätze sowie dort befindliche Bruten von Schwarzspechten, Schwarzstörchen, Graureihern, Seeadlern, Rotmilanen und Kranichen durch Aufsuchen, Fotografieren, Filmen, Abholzungen oder andere Handlungen in einem Umkreis von 100 m zu gefährden. Von dem Verbot in Satz 1 kann die zuständige Naturschutzbehörde Ausnahmen zulassen.

§ 28 c
Verbot des Anlockens und Fütterns
von Wölfen

Das Anlocken sowie das Füttern von Wölfen ist, außer in Tiergehegen und im Falle des § 45 Absatz 5 BNatSchG, verboten.

§ 29
Haltung gefährlicher Tiere

Die Haltung von Tieren wild lebender Arten, die Menschen lebensgefährlich werden können, insbesondere von Tieren aller großen Katzen- und Bärenarten, Wölfen, Krokodilen und Giftschlangen ist unzulässig. Die zuständige Naturschutzbehörde kann Ausnahmen zulassen.

Kapitel 6
Erholung in Natur und Landschaft

§ 30
Betreten der freien Landschaft; Wander- und Reitwege
(zu § 59 Abs. 2 Satz 2 BNatSchG)

(1) In der freien Landschaft darf jeder neben den für die Öffentlichkeit gewidmeten Straßen, Wegen und sonstigen Flächen nur Privatwege (private Straßen und Wege aller Art) sowie Wegeränder zum Zwecke der Erholung unentgeltlich betreten und sich dort vorübergehend aufhalten. § 32 bleibt unberührt.

(2) Privatwege dürfen auch zum Radfahren und Fahren mit dem Krankenfahrstuhl genutzt werden. Reiterinnen und Reiter dürfen Privatwege nur benutzen, wenn diese trittfest oder als Reitwege gekennzeichnet sind. Die Befugnisse nach Absatz 1 und Satz 1 bestehen nicht für eingefriedigte Grundstücke, die mit Wohngebäuden bebaut sind oder auf denen Gartenbau oder Teichwirtschaft betrieben werden. Das Betreten von Naturschutzgebieten und anderen geschützten Flächen richtet sich nach den jeweiligen Schutzverordnungen und Anordnungen.

(3) Gemeinden und Kreise sollen geeignete und zusammenhängende Wander- und Reitwege im Verbund mit sonstigen Straßen, Wegen und Flächen, die Reiten zulässig ist oder auf denen das Reiten zulässig ist, einrichten oder auf ihre Einrichtung hinwirken, soweit ein Bedarf besteht und Belange des Naturschutzes nicht entgegenstehen. § 18 Abs. 3 und 4 des Landesgesetzes gilt entsprechend. Die Leistungsfähigkeit der Gemeinden und Kreise ist hierbei zu berücksichtigen.

(4) Wanderwege und Reitwege sind durch Kennzeichnung auszuweisen; die oberste Naturschutzbehörde bestimmt die Art der Kennzeichnung. Eigentümerinnen und Eigentümer oder sonstige Berechtigte haben Markierungen zu dulden. Wanderwege sowie Lehrpfade dürfen nicht als Reitwege gekennzeichnet werden.

(5) Die Vorschriften des Landeswaldgesetzes über die Kennzeichnung von Reitwegen bleiben unberührt.

§ 31
Sperren von Wegen in der freien Landschaft
(zu § 59 Abs. 2 Satz 2 BNatSchG)

(1) Wege, die gemäß § 30 benutzt werden dürfen, können mit Genehmigung der Gemeinde befristet gesperrt werden, soweit der Schutz der Erholungssuchenden oder der Natur oder schutzwürdige Interessen der Eigentümerinnen oder Eigentümer oder sonstiger Nutzungsberechtigten dies erfordern. Die Genehmigung ergeht unbeschadet privater Rechte Dritter. Eine Genehmigung ist nicht erforderlich, wenn ein Weg nicht länger als einen Tag zur Abwendung einer vorübergehenden Gefahr für den Erholungsverkehr gesperrt werden muss. Aus den in Satz 1 genannten Gründen kann auch die befristete Sperrung anordnen.

(2) Gesperrte Wege und Flächen sind zu kennzeichnen; die Art der Kennzeichnung bestimmt die oberste Naturschutzbehörde.

§ 32
Gemeingebrauch am Meeresstrand
(zu § 59 Abs. 2 Satz 2 BNatSchG)

(1) Jeder darf den Meeresstrand auf eigene Gefahr betreten und sich dort aufhalten. Das Mitführen kleiner Boote für die Zeit des Strandbesuchs sowie das Aufstellen von Strandkörben durch Strandanlieger für den eigenen Bedarf während der Badesaison ist gestattet, soweit der allgemeine Badebetrieb nicht beeinträchtigt wird.

(2) Das Reiten und das Mitführen von Hunden ist auf Strandabschnitten mit regem Badebetrieb in der Zeit vom 1. April bis zum 31. Oktober verboten, wenn nicht die Gemeinde im Rahmen einer zugelassenen Sondernutzung etwas anderes bestimmt. Das Verbot gilt nicht für Diensthunde von Behörden, Hunde des Such- und Rettungsdienstes sowie des Katastrophenschutzes, Blindenführhunde sowie Behindertenbegleithunde im Rahmen ihres bestimmungsgemäßen Einsatzes und ihrer Ausbildung.

§ 33
Schutz des Meeresstrandes, der Küstendünen und Strandwälle (zu §§ 30 Abs. 8, 59 Abs. 2 Satz 2 BNatSchG)

(1) Es ist verboten,
1. auf dem Meeresstrand mit Fahrzeugen zu fahren oder solche aufzustellen, ausgenommen Reinigungs- und Baufahrzeuge in öffentlichem Interesse, Rettungsfahrzeuge und Krankenfahrstühle,
2. auf dem Meeresstrand zu zelten oder Strandkörbe oder ähnliche Einrichtungen aufzustellen, ausgenommen im Rahmen des § 32 Abs. 1 Satz 2, oder

3. in Küstendünen oder auf Strandwällen außerhalb der gekennzeichneten Wege zu fahren, zu zelten, Wohnwagen, Wohnmobile oder andere Fahrzeuge aufzustellen.

Können im Falle von Satz 1 Nr. 3 Küstendünen oder Strandwälle erheblich beeinträchtigt werden, beurteilt sich die Zulässigkeit der Handlung ausschließlich nach § 30 BNatSchG in Verbindung mit § 21.

(2) Die zuständige Naturschutzbehörde kann Ausnahmen von dem Verbot in Absatz 1 zulassen. Sie kann Teile des Strandes aus den in § 31 Abs. 1 Satz 1 genannten Gründen ganz oder teilweise sperren sowie auf Strandabschnitten das Reiten einschränken oder untersagen.

(3) Weitergehende Rechtsvorschriften bleiben unberührt.

§ 34
Sondernutzung am Meeresstrand
(zu § 59 Abs. 2 Satz 2 BNatSchG)

(1) Die zuständige Naturschutzbehörde kann einer Gemeinde auf Antrag widerruflich das Recht einräumen, einen bestimmten Teil des Meeresstrandes für den Badebetrieb[8] oder für andere Zwecke zu nutzen (Sondernutzung). Bei der Einräumung der Sondernutzung ist ein angemessenes Verhältnis zwischen abgabepflichtigem Strand einerseits und abgabefreiem Strand andererseits zu gewährleisten.

(2) Die Landesregierung bestimmt Inhalte und Beschränkungen der Sondernutzung sowie das Genehmigungsverfahren durch Verordnung.

§ 35
Schutzstreifen an Gewässern
(zu § 61 BNatSchG)

(1) Abweichend von § 61 BNatSchG gelten für die Errichtung und Änderung baulicher Anlagen an Gewässern ausschließlich die Absätze 2 bis 6.

(2) An Gewässern erster Ordnung sowie Seen und Teichen mit einer Größe von einem Hektar und mehr dürfen bauliche Anlagen in einem Abstand von 50 Meter landwärts von der Uferlinie nicht errichtet oder wesentlich erweitert werden. An den Küsten ist abweichend von Satz 1 ein Abstand von mindestens 150 Meter landwärts von der mittleren Hochwasserlinie an der Nordsee und von der Mittelwasserlinie an der Ostsee einzuhalten. Bei Steilufern bemessen sich die Abstände landwärts von der oberen Böschungskante des Steilufers.

(3) Absatz 2 gilt nicht
1. für öffentliche Häfen,
2. für bauliche Anlagen, die in Ausübung wasserrechtlicher Erlaubnisse oder Bewilligungen, zum Zwecke des Küsten- und Hochwasserschutzes oder der Unterhaltung oder des Ausbaus eines oberirdischen Gewässers errichtet oder wesentlich geändert werden,
3. für
   a) aufgrund eines rechtsverbindlichen Bebauungsplanes oder einer Satzung nach § 34 Absatz 4 Satz 1 Nummer 3 des Baugesetzbuches zulässige Vorhaben,
   b) Vorhaben innerhalb des zukünftigen Plangeltungsbereiches, wenn der Plan den Stand nach § 33 des Baugesetzbuches erreicht hat, sowie
   c) Vorhaben, für die im Bereich von im Zusammenhang bebauten Ortsteilen nach § 34 Baugesetzbuch ein Anspruch auf Bebauung besteht,
4. für die bauliche Erweiterung eines zulässigerweise errichteten land-, forst-, fischereiwirtschaftlichen oder gewerblichen Betriebes, wenn die Erweiterung im Verhältnis zum vorhandenen Gebäude und Betrieb angemessen ist,
5. für nach § 36 zugelassene Stege und für Sportboothäfen.

(4) Ausnahmen von Absatz 2 können zugelassen werden
1. für bauliche Anlagen, die

   a) dem Rettungswesen, der Landesverteidigung, dem fließenden öffentlichen Verkehr, der Schifffahrt, der Trinkwasserversorgung, der Abwasseraufbereitung und -entsorgung oder Wirtschaftsbetrieben, die auf einen Standort dieser Art angewiesen sind, dienen oder
   b) allein oder im Zusammenhang mit anderen baulichen Anlagen das Ortsbild oder die Stadtgestalt prägen oder von städtebaulicher Bedeutung sind,
2. für notwendige bauliche Anlagen, die ausschließlich dem Badebetrieb, dem Wassersport oder der berufsmäßigen Fischerei dienen sowie für räumlich damit verbundene Dienstwohnungen, wenn ständige Aufsicht oder Wartung erforderlich ist,
3. für kleine bauliche Anlagen, die dem Naturschutz oder der Versorgung von Badegästen und Wassersportlern dienen, sowie für einzelne Bootsschuppen und
4. für die Aufstellung, Änderung oder Ergänzung von Bebauungsplänen oder einer Satzung nach § 34 Absatz 4 Satz 1 Nummer 3 des Baugesetzbuches.

(5) Bei nach den Absätzen 3 und 4 zugelassenen Vorhaben gelten die Vorschriften des Kapitels 3 entsprechend.

(6) Die oberste Naturschutzbehörde wird ermächtigt, die Regelungen der Absätze 2 bis 5 durch Verordnung auf Gewässer zweiter Ordnung auszudehnen, soweit die Ziele des Bundesnaturschutzgesetzes, dieses Gesetzes und das Interesse der Allgemeinheit am Schutz der Gewässer dies erfordern.

§ 36
Bootsliegeplätze (zu §§ 17 Abs. 1 und 3, 30 BNatSchG)

(1) Abweichend von § 17 Abs. 1 und 3 BNatSchG in Verbindung mit § 11 Absatz 1 bis 5 sowie von § 30 BNatSchG gelten für Nutzungen von Wasserflächen im Sinne des Absatzes 2 Satz 1 die Absätze 2 und 3.

(2) Wer eine Wasserfläche mit Hilfe einer Boje, eines Steges oder einer anderen Anlage als Liegeplatz für ein Sportboot außerhalb eines Hafens benutzen will, benötigt die Genehmigung der zuständigen Naturschutzbehörde. Sportboote sind, unabhängig von der Antriebsart, Wasserfahrzeuge jeder Art, die für Sport- und Freizeitzwecke bestimmt sind. Die Genehmigung ersetzt alle anderen nach Naturschutzrecht erforderlichen Gestattungen. Sie ist zu erteilen, wenn
1. naturschutzrechtliche Vorschriften nicht entgegenstehen und
2. die Nutzung eines Hafens oder einer Gemeinschaftsanlage in zumutbarer Entfernung nicht möglich ist.

Satz 4 Nr. 2 gilt nicht für Anlagen der nach § 3 Umwelt-Rechtsbehelfsgesetz anerkannten Naturschutzvereinigungen oder ihrer Mitgliedsvereine, die für Zwecke des Naturschutzes genutzt werden. Andere Rechtsvorschriften bleiben unberührt.

(3) Anlagen nach Absatz 2, die vor dem 19. November 1982 errichtet worden sind, gelten als genehmigt.

§ 37
Zelten und Aufstellen
von beweglichen Unterkünften

(1) Zelte oder sonstige bewegliche Unterkünfte (Wohnwagen, Wohnmobile) dürfen nur auf den hierfür zugelassenen Plätzen aufgestellt und benutzt werden. Verkehrsrechtliche Regelungen bleiben unberührt. Die Gemeinde kann außerhalb von Campingplätzen die Aufstellung und Benutzung von Zelten oder nach dem Straßenverkehrsrecht zugelassenen beweglichen Unterkünften für Gruppen von bis zu 35 Personen für einen Zeitraum von bis zu sechs Monaten genehmigen. Entscheidungen nach Satz 3 werden als Aufgabe zur Erfüllung nach Weisung getroffen. Satz 3 gilt entsprechend für Zeltlager mit mehr als fünf Zelten, die im Rahmen einer Jugend-, Sport- oder ähnlichen Veranstaltung für kurze Zeit außerhalb von geschlossenen Ortschaften aufgeschlagen werden sollen. Die nach Satz 3 und 5 zugelassenen

---

[8] Siehe auch das Badesicherheits- und Wasserrettungsgesetz vom 22.6.2020 (GVOBl. Schl.-H. S. 352), geändert durch Gesetz vom 13.10.2020 (GVOBl. Schl.-H. S. 756).

Zelte und bewegliche Unterkünfte gelten nicht als bauliche Anlagen im Sinne der Landesbauordnung.

(2) Nichtmotorisierte Wanderer dürfen außer in Nationalparken und Naturschutzgebieten abseits von Campingplätzen für eine Nacht zelten, wenn sie privatrechtlich dazu befugt sind und keine anderen Rechtsvorschriften entgegenstehen. Auf Grundstücken, die zum engeren Wohnbereich gehören, dürfen Zelte und sonstige bewegliche Unterkünfte nur für den persönlichen Gebrauch der Nutzungsberechtigten aufgestellt werden.

§ 38
Naturerlebnisräume

(1) Naturerlebnisräume sollen den Besucherinnen und Besuchern ermöglichen, Natur, Naturzusammenhänge und den unmittelbaren Einfluss des Menschen auf die Natur zu erfahren. Das Betreten erfolgt auf eigene Gefahr.

(2) Die oberste Naturschutzbehörde oder mit ihrer Zustimmung auch die unteren Naturschutzbehörden können auf Antrag eines Trägers begrenzte Landschaftsteile, die sich wegen

1. der vorhandenen oder entwicklungsfähigen natürlichen Strukturen und
2. der Nähe zu Naturschutzgebieten oder sonst bedeutsamen Flächen für den Naturschutz oder
3. der Nähe zu Gemeinde- oder Informationszentren

zu den in Absatz 1 genannten Zwecken eignen, als Naturerlebnisräume anerkennen. Als Träger kommen vor allem Gemeinden und sonstige juristische Personen des öffentlichen Rechts in Betracht.

§ 39
Skipisten

Die Errichtung, der Betrieb sowie die wesentliche Änderung von Skipisten und zugehörigen Einrichtungen bedürfen der Genehmigung der zuständigen Naturschutzbehörde. Bei der Genehmigung ist die Umweltverträglichkeitsprüfung entsprechend den Vorschriften des Landes-UVP-Gesetzes sowie des UVPG durchzuführen. § 11 a gilt entsprechend.

Kapitel 7
Mitwirkung von Naturschutzvereinigungen, landesrechtliche Organisationen

Abschnitt I
Mitwirkung von Naturschutzvereinigungen

§ 40
Anerkennung von Naturschutzvereinigungen, Mitwirkung von anerkannten Naturschutzvereinigungen
(zu § 63 BNatSchG)

(1) Zuständige Behörde nach § 3 Abs. 3 des Umwelt-Rechtsbehelfsgesetzes für die Anerkennung, die Rücknahme und den Widerruf der Anerkennung von Vereinigungen, die im Schwerpunkt die Ziele des Naturschutzes und der Landschaftspflege fördern, ist die oberste Naturschutzbehörde. Sie kann die von ihr anerkannten Naturschutzvereinigungen im Amtsblatt für Schleswig-Holstein bekannt machen.

(2) Abweichend von § 63 Absatz 2 BNatSchG gelten die Mitwirkungsrechte auch vor der Zulassung von Projekten oder Plänen nach § 34 Abs. 3 und 4 sowie § 36 BNatSchG, bei denen die Prüfung der Verträglichkeit ergeben hat, dass sie zu erheblichen Beeinträchtigungen eines Natura 2000-Gebietes führen.

(3) Abweichend von § 63 Abs. 3 Satz 1 BNatSchG gelten für Verfahren, die von einer Landesbehörde durchgeführt werden, ausschließlich § 87 Abs. 2 Nr. 1 und 2, Abs. 4 und § 88 Abs. 2 des Landesverwaltungsgesetzes entsprechend.

§ 41
Landesnaturschutzverband Schleswig-Holstein

(1) Ein rechtsfähiger Zusammenschluss von

1. nach § 3 des Umwelt-Rechtsbehelfsgesetzes vom Land Schleswig-Holstein anerkannten Naturschutzvereinigungen sowie

2. Vereinigungen, die nach ihrer Satzung und bisherigen Tätigkeit vorrangig und nicht nur vorübergehend Ziele des Naturschutzes fördern,

kann auf Antrag von der obersten Naturschutzbehörde als Landesnaturschutzverband Schleswig-Holstein anerkannt werden.

(2) Voraussetzung ist, dass der Zusammenschluss

1. sich nach seiner Satzung zur Aufgabe gemacht hat, für die Verwirklichung der Ziele des Naturschutzes im Lande Schleswig-Holstein einzutreten und die Arbeit von Naturschutzvereinigungen zu koordinieren,

2. nach seiner Satzung, dem Mitgliederkreis sowie der Leistungsfähigkeit die Gewähr für eine dauernde Erfüllung seiner Aufgaben bietet und

3. aus der weitaus größten Anzahl der überörtlich tätigen Naturschutzvereinigungen im Sinne des Absatzes 1 Nr. 1 besteht.

(3) Für die Dauer des Bestehens eines Landesnaturschutzverbandes kann ein weiterer Zusammenschluss von Naturschutzvereinigungen nicht anerkannt werden. Die Anerkennung ist zu widerrufen, wenn ihre Voraussetzungen nicht mehr gegeben sind oder wenn der Landesnaturschutzverband seine Aufgaben nicht oder während eines längeren Zeitraums unzulänglich erfüllt hat.

(4) Dem Landesnaturschutzverband sind abweichend von § 63 Abs. 2 BNatSchG die Mitwirkungsrechte nach § 63 Abs. 2 BNatSchG sowie § 40 Abs. 2 eingeräumt. Er berät die nach § 3 des Umwelt-Rechtsbehelfsgesetzes vom Land Schleswig-Holstein anerkannten Naturschutzvereinigungen bei ihren Stellungnahmen im Rahmen ihrer Mitwirkung. Er koordiniert die Vorschläge von Mitgliedern in die Beiräte und für die Betreuung geschützter Gebiete. Er ist ferner anzuhören vor der Aufstellung von allgemeinen Plänen der obersten Landesbehörden, welche die Belange des Naturschutzes nicht unerheblich berühren.

(5) Das Land beteiligt sich im Rahmen der verfügbaren Haushaltsmittel an den Kosten der Geschäftsführung.

§ 42
Mitteilungs- und Zustellungsverfahren

(1) In den Fällen des § 63 Abs. 2 Nr. 1 bis 4, 6 und 7 BNatSchG hat die für die jeweilige Entscheidung zuständige Behörde oder, sofern die Entscheidungsbehörde nicht die Anhörungsbehörde ist, die für die Anhörung zuständige Behörde den anerkannten Naturschutzvereinigungen die Planauslegung unter Beifügung sämtlicher Unterlagen rechtzeitig mitzuteilen. Für Planänderungen gilt Satz 1 entsprechend.

(2) In Verfahren, in denen anerkannte Naturschutzvereinigungen nach § 63 Abs. 2 Nr. 1 bis 4 BNatSchG beteiligt worden sind, teilt die Behörde ihnen die jeweilige Entscheidung mit. Entscheidungen nach § 63 Abs. 2 Nr. 6 und 7 BNatSchG stellt sie den beteiligten anerkannten Naturschutzvereinigungen mit einer Rechtsbehelfsbelehrung zu.

(3) In den Fällen des § 63 Abs. 2 Nr. 5 BNatSchG und § 40 Abs. 2 hat die für die Entscheidung zuständige Behörde

1. die zur Mitwirkung berechtigten anerkannten Naturschutzvereinigungen über den Eingang eines Antrages auf Befreiung oder Ausnahme zu benachrichtigen und ihnen zugleich eine angemessene Frist zur Einsicht in einschlägige Sachverständigengutachten und zur Äußerung zu dem Antrag einzuräumen; sie stellt ihnen die Entscheidung über den Antrag auf Befreiung oder Ausnahme zu, wenn die anerkannten Naturschutzvereinigungen von ihrem Mitwirkungsrecht innerhalb der gesetzten Frist Gebrauch gemacht haben; dies gilt auch, wenn die anerkannte Naturschutzvereinigung Beteiligte im Sinne des Landesverwaltungsgesetzes ist,

2. die Beteiligten unverzüglich über die Zustellung nach Nummer 1 zu unterrichten und sie auf die Rechtsbehelfsmöglichkeiten nach § 64 BNatSchG mit den sich daraus ergebenden Folgen für die Bestandskraft der Entscheidung über den Antrag auf Befreiung hinzuweisen.

Abschnitt II
Landesrechtliche Organisationen

§ 43
Landesbeauftragte für Naturschutz

(1) Die oberste Naturschutzbehörde beruft eine Landesbeauftragte oder einen Landesbeauftragten für Naturschutz.

(2) Die oder der Landesbeauftragte für Naturschutz unterstützt und berät die oberste und obere Naturschutzbehörde und vermittelt zwischen ihnen und den Bürgerinnen und Bürgern. Auf Verlangen sind die Vorhaben und Maßnahmen mit der oder dem Landesbeauftragten für Naturschutz zu erörtern.

(3) Die oder der Landesbeauftragte für Naturschutz wird durch einen Beirat unterstützt und kann sich bei einzelnen Aufgaben von einem Beiratsmitglied vertreten lassen. Die Anzahl der Mitglieder des Beirats soll zwölf nicht überschreiten. Der Beirat setzt sich aus Kreisbeauftragten gemäß § 44 und ökologischen Sachverständigen zusammen. Die Mitglieder des Beirats werden von der obersten Naturschutzbehörde berufen; die nach § 3 des Umwelt-Rechtsbehelfsgesetzes vom Land Schleswig-Holstein anerkannten Naturschutzvereinigungen, der Landesnaturschutzverband, die oder der Landesbeauftragte für Naturschutz und die Hochschulen können Vorschläge unterbreiten.

(4) Die oder der Landesbeauftragte für Naturschutz ist ehrenamtlich für das Land tätig und an Weisungen nicht gebunden. Das Nähere über die Berufung, Amtsdauer, Entschädigung, Zusammensetzung und die Geschäftsführung des Beirats sowie über die Stellung und Befugnisse der oder des Landesbeauftragten für Naturschutz regelt die oberste Naturschutzbehörde durch Verordnung.[9]

§ 44
Beiräte und Kreisbeauftragte für Naturschutz

(1) Bei den unteren Naturschutzbehörden sind eine Kreisbeauftragte oder ein Kreisbeauftragter für Naturschutz zu bestellen und ein Beirat für den Naturschutz zu bilden. Die Kreisbeauftragten und die Beiräte haben die unteren Naturschutzbehörden in wichtigen Angelegenheiten des Naturschutzes zu unterstützen und fachlich zu beraten. Zu diesem Zweck sind sie rechtzeitig zu unterrichten. Sie können Maßnahmen des Naturschutzes anregen und auf Verlangen zu hören; sie sind in allen Fällen zu beteiligen, in denen auch Naturschutzvereinigungen beteiligt werden. Die oder der Kreisbeauftragte unterstützt die untere Naturschutzbehörde und vermittelt zwischen der Behörde und Bürgerinnen und Bürgern.

(2) Die Kreisbeauftragten für Naturschutz und die Beiratsmitglieder sind ehrenamtlich tätig. Das Nähere über die Zusammensetzung, die Berufung, die Amtsdauer, den Vorsitz, die Vertretung und die Entschädigung der Beiräte sowie über die Berufung, die Amtsdauer, die Vertretung und die Entschädigung der Kreisbeauftragten regelt die untere Naturschutzbehörde, die den Beirat beruft und die oder der Kreisbeauftragten bestellt, durch Satzung. Darin regelt sie ferner die Beteiligung der Beiräte und der Kreisbeauftragten an ihren Entscheidungen.

§ 45
Naturschutzdienst

(1) Die Naturschutzbehörden können für ein bestimmtes Gebiet sachkundige Personen mit der Aufgabe bestellen, Zuwiderhandlungen gegen Rechtsvorschriften, die dem Schutz der Natur dienen oder die Erholung in der freien Natur regeln und deren Übertretung mit Strafe oder Geldbuße bedroht ist, festzustellen und abzuwehren. Die zu Ermittlungspersonen der Staatsanwaltschaft bestimmten Beamtinnen und Beamten der Forst-, Jagd- und Fischereiverwaltung des Bundes, des Landes, der Gemeinden und Körperschaften des öffentlichen Rechts sind für ihren Dienstbezirk Mitglieder des Naturschutzdienstes. Bestätigte Jagd- und Fischereiaufseherinnen und bestätigte Jagd- und Fischereiaufseher gelten als sachkundig.

(2) Soweit es zur Erfüllung ihrer Aufgaben erforderlich ist, sind die Mitglieder des Naturschutzdienstes berechtigt, in ihrem Dienstbezirk
1. Grundstücke zu betreten,
2. die Identität einer Person festzustellen; § 181 des Landesverwaltungsgesetzes gilt entsprechend,
3. eine Person vorübergehend vom Ort zu verweisen und ihr vorübergehend das Betreten des Ortes zu verbieten und
4. unberechtigt entnommene Gegenstände, gehaltene oder erworbene Pflanzen und Tiere sowie solche Gegenstände sicherzustellen, die bei Zuwiderhandlungen nach Absatz 1 verwendet wurden oder verwendet werden sollen; die §§ 210 bis 213 des Landesverwaltungsgesetzes gelten entsprechend.

(3) Die Mitglieder des Naturschutzdienstes haben die untere Naturschutzbehörde über alle nachteiligen Veränderungen in der Natur zu informieren und durch Aufklärung darauf hinzuwirken, dass Schäden von der Natur abgewendet werden.

(4) Die Mitglieder des Naturschutzdienstes sind während der Wahrnehmung ihrer Aufgaben Angehörige der Naturschutzbehörde im Außendienst; sie müssen bei dieser Tätigkeit ein Dienstabzeichen tragen und einen Dienstausweis mit sich führen, der bei Vornahme einer Amtshandlung auf Verlangen vorzuzeigen ist.

(5) Die Mitglieder des Naturschutzdienstes sind ehrenamtlich tätig. Die oberste Naturschutzbehörde kann im Benehmen mit dem Ministerium für Inneres, ländliche Räume und Integration durch Verordnung die Voraussetzungen für die Eignung, die Begründung, die Abberufung, die rechtliche Stellung, die Aus- und Fortbildung, Maßstäbe für eine Entschädigung, Vorschriften über den Dienstausweis und Dienstabzeichen sowie über den Einsatz von informationstechnischen Geräten und elektronischen Datenträgern regeln.[10]

§ 46
– gestrichen –

§ 47
Stiftung Naturschutz Schleswig-Holstein

(1) Unter dem Namen „Stiftung Naturschutz Schleswig-Holstein" besteht eine rechtsfähige Stiftung des öffentlichen Rechts fort. Der Bezirk der Stiftung erstreckt sich auf das Land Schleswig- Holstein. Die Stiftung führt das Landessiegel. Aufsichtsbehörde ist die oberste Naturschutzbehörde.

(2) Die Stiftung hat den Zweck, nach näherer Regelung in der Satzung
1. den Erwerb, die langfristige Anpachtung und die sonstige zivilrechtliche Sicherung von Grundstücken in Schleswig-Holstein, die für den Naturschutz und die Sicherung des Naturhaushalts von besonderer Bedeutung sind, durch geeignete Träger zu fördern,
2. die Maßnahmen nach Nummer 1 selbst zu betreiben,
3. für den Naturschutz geeignete Grundstücke von anderen Verwaltungsträgern für Zwecke des Naturschutzes zu übernehmen,
4. die Grundstücke nach Nummer 2 und 3 zu verwalten und sie den Naturschutzzielen entsprechend zu schützen, zu pflegen und gegebenenfalls zu entwickeln.

Die Stiftung kann sich durch die Satzung auch andere Aufgaben stellen, die dem Naturschutz förderlich sind. Die Stiftung nimmt ihre Aufgaben zur Erfüllung nach Weisung wahr. Die Zuständigkeiten der Naturschutzbehörden bleiben unberührt.

(3) Die Stiftung verfolgt ausschließlich und unmittelbar steuerbegünstigte Zwecke im Sinne der §§ 51 bis 68 der Abgabenordnung. Die Stiftung kann sich zur Durchführung der Aufgaben nach Absatz 2 Dritter bedienen.

---

9 *Naturschutzbeiratsverordnung vom 11.10.2018 (GVOBl. Schl.-H. S. 663), geändert durch LVO vom 9.4.2021 (GVOBl. Schl.-H. S. 507).*

10 *Landesverordnung über den Naturschutzdienst vom 27.9.2018 (GVOBl. Schl.-H. S. 653), geändert durch LVO vom 9.4.2021 (GVOBl. Schl.-H. S. 507).*

(4) Das Stiftungsvermögen ist einschließlich der Zustiftungen zu erhalten. Richtlinien des Finanzministeriums für die Anlage von Stiftungsvermögen sind zu berücksichtigen. Näheres über die Vermögensverwaltung regelt die Satzung.

(5) Die Stiftung erfüllt ihren Zweck insbesondere durch Verwendung
1. der Erträge des Stiftungsvermögens,
2. der Zuwendungen Dritter.

(6) Organe der Stiftung sind der Stiftungsvorstand und der Stiftungsrat.

(7) Der Stiftungsvorstand besteht aus einer Vorsitzenden oder einem Vorsitzenden und höchstens zwei stellvertretenden Mitgliedern, die von der für den Naturschutz zuständigen Ministerin oder dem für den Naturschutz zuständigen Minister auf Vorschlag des Stiftungsrates berufen werden. Nach näherer Regelung in der Satzung führt der Vorstand die Geschäfte und vertritt die Stiftung gerichtlich und außergerichtlich.

(8) Der Stiftungsrat soll aus nicht mehr als 15 Mitgliedern bestehen. Sie sind ehrenamtlich tätig und werden von der für den Naturschutz zuständigen Ministerin oder dem für den Naturschutz zuständigen Minister berufen. Nach Maßgabe der Satzung nimmt der Stiftungsrat alle Angelegenheiten der Stiftung wahr, soweit sie nicht auf die Vorsitzende oder den Vorsitzenden oder den Vorstand übertragen worden sind. Der Stiftungsrat erlässt die Satzung, wählt den Vorstand und beschließt den Haushalt; die Beschlüsse bedürfen der Genehmigung der Aufsichtsbehörde.

(9) Die Amtszeit der Mitglieder der Organe beträgt fünf Jahre; der Vorstand bleibt bis zum Zusammentritt eines neu berufenen Vorstands im Amt. Anstelle eines ausgeschiedenen Mitglieds ist für den Rest der Amtszeit ein neues Mitglied zu berufen. Ein Mitglied kann abberufen werden, wenn dafür ein wichtiger Grund vorliegt.

(10) Die Satzung regelt auch Ausnahmen von den Haushaltsbestimmungen nach § 105 Abs. 2 der Landeshaushaltsordnung und lässt zu, dass Grundstücke von anderen geeigneten Trägern verwaltet werden.

(11) Im Falle des Erlöschens der Stiftung hat das Land Schleswig-Holstein das ihm zufallende Vermögen im Sinne des Stiftungszwecks zu verwenden.

Kapitel 8
Eigentumsbindung, Ausnahmen, Finanzielle Förderung

§ 48
Duldungspflicht (zu § 65 BNatSchG)

(1) Gemäß § 65 Abs. 1 Satz 2 BNatSchG
a) besteht über § 65 Abs. 1 BNatSchG hinaus für die Eigentümerinnen und Eigentümer sowie sonstigen Nutzungsberechtigten von Grundstücken eine Duldungspflicht auch für das Betreten von Grundstücken im Zusammenhang mit Maßnahmen im Sinne des § 65 Abs. 1 BNatSchG,
b) kann die zuständige Naturschutzbehörde die Duldung von Maßnahmen des Naturschutzes aufgrund von Regelungen in Rechtsakten der Europäischen Gemeinschaften auch anordnen, wenn die zu duldende Maßnahme zu einer unzumutbaren Beeinträchtigung der Nutzung des Grundstücks führt und eine Vereinbarung über die Inanspruchnahme des Grundstücks für die Durchführung der Maßnahmen des Naturschutzes nicht zustande kommt. Diese Anordnung berechtigt die Naturschutzbehörde, die Fläche für die festgesetzten Zwecke zu nutzen. Sie ist gegenüber der Rechtsnachfolgerin oder dem Rechtsnachfolger wirksam.

(2) Abweichend von § 65 Absatz 1 BNatSchG soll die zuständige Naturschutzbehörde den der Duldungspflicht Gelegenheit geben, die vorgesehene Maßnahme selbst durchzuführen oder in Auftrag zu geben. Die dabei entstandenen Kosten werden von der zuständigen Behörde auf Antrag bis zur Höhe der Kosten erstattet, die entstanden wären, wenn die Behörde die Maßnahme selbst durchgeführt oder in Auftrag gegeben hätte. Führen die Duldungspflichtigen die Maßnahme nicht selbst durch, soll die Behörde ihnen bekannt geben, von wem und wann die Maßnahme durchgeführt wird.

§ 49
Befugnisse von Beauftragten und Bediensteten der Naturschutzbehörden
(zu § 65 Abs. 3 BNatSchG)

(1) Beauftragte und Bedienstete der Naturschutzbehörden dürfen
1. zur Wahrnehmung ihrer Aufgaben Grundstücke mit Ausnahme von Wohngebäuden betreten und dort nach rechtzeitiger Ankündigung auch Vermessungen, Bestandserhebungen, Bodenuntersuchungen, Bodenproben und ähnliche Arbeiten vornehmen und
2. in den Fällen der §§ 42 und 43 BNatSchG sowie § 28 an Ort und Stelle überprüfen, ob die Vorschriften und Anforderungen zum Schutz von Tieren wild lebender Arten eingehalten werden.

Das Betretungsrecht nach § 208 des Landesverwaltungsgesetzes sowie nach dem Gesetz über Ordnungswidrigkeiten in Verbindung mit § 102 der Strafprozessordnung bleibt unberührt.

(2) Die Ankündigung nach Absatz 1 Nr. 1 kann in geeigneten Fällen durch örtliche Bekanntmachung erfolgen; die Kosten trägt diejenige Naturschutzbehörde, die auf deren Veranlassung die Bekanntmachung erfolgt. Eine Ankündigung kann unterbleiben, wenn sie mit unverhältnismäßigem Verwaltungsaufwand verbunden ist.

(3) Bei Betrieben, die der Bergaufsicht unterstehen, haben Untersuchungen und Kontrollen im Einvernehmen mit der Bergbehörde zu erfolgen.

§ 50
Vorkaufsrecht
(zu § 66 BNatSchG)

(1) Abweichend von § 66 Absatz 1 BNatSchG steht dem Land nur ein Vorkaufsrecht zu an Grundstücken,
1. die in Natura 2000-Gebieten, Nationalparks und Naturschutzgebieten oder als solchen einstweilig sichergestellten Gebieten liegen,
2. die in einem Abstand von bis zu 50 Meter an Natura 2000-Gebiete angrenzen,
3. auf denen sich Moor- oder Anmoorböden im Sinne des § 4 Absatz 1 Satz 1 Nummer 1 Buchstabe e und f des Gesetzes zur Erhaltung von Dauergrünland vom 7. Oktober 2013 (GVOBl. Schl.-H. S. 387) befinden oder
4. auf denen sich Vorranggewässer nach der Anlage 3 zu diesem Gesetz befinden sowie die in einem Abstand von bis zu 50 Meter an Vorranggewässer angrenzen; die Anlage 3 ist Bestandteil dieses Gesetzes.

Liegen die Merkmale des Satzes 1 Nummer 1 bis 4 nur bei einem Teil des Grundstücks vor, so erstreckt sich das Vorkaufsrecht nur auf diesen Teil. Die Eigentümerin oder der Eigentümer kann verlangen, dass sich der Vorkauf auf das gesamte Grundstück erstreckt, wenn ihr oder ihm der weitere Verbleib in ihrem oder seinem Eigentum wirtschaftlich nicht zuzumuten ist. Die für die Ausübung des Vorkaufsrechts zuständige Naturschutzbehörde kann durch Allgemeinverfügung, die öffentlich bekanntzugeben ist, Grundstücke näher bestimmen, die dem Vorkaufsrecht nach Satz 1 nicht unterliegen oder für die sie auf die Ausübung des Vorkaufsrechts verzichtet.

(2) Das Vorkaufsrecht wird nicht dadurch ausgeschlossen, dass in dem Veräußerungsvertrag ein geringeres als das vereinbarte Entgelt beurkundet wird. Dem Land gegenüber gilt das beurkundete Entgelt als vereinbart.

(3) Abweichend von § 66 Absatz 3 Satz 3 BNatSchG haben die beurkundende Notarin oder der beurkundende Notar sowie die Beteiligten dem Land über den Inhalt des geschlossenen Vertrages der für die Ausübung des Vorkaufsrechts zuständigen Naturschutzbehörde unverzüglich mitzuteilen. Die Mitteilung der Verkäuferin oder des Verkäufers wird durch die Mitteilung der Käuferin oder des Käufers oder der beurkundenden Notarin oder des beurkundenden Notars nach Satz 1 ersetzt.

(4) Das Vorkaufsrecht darf nur ausgeübt werden, wenn dies aus Gründen des Naturschutzes und der Landschaftspflege einschließlich der Erholungsvorsorge erforderlich ist.

(5) Das Vorkaufsrecht bedarf nicht der Eintragung in das Grundbuch. Es geht rechtsgeschäftlich und landesrechtlich begründeten Vorkaufsrechten mit Ausnahme solcher auf den Gebieten des Grundstücksverkehrs und des Siedlungswesens im Rang vor. Bei einem Eigentumserwerb auf Grund der Ausübung des Vorkaufsrechts erlöschen durch Rechtsgeschäft begründete Vorkaufsrechte. Die §§ 463 bis 468, 469 Absatz 2, 471, 1098 Absatz 2 und die §§ 1099 bis 1102 des Bürgerlichen Gesetzbuches finden Anwendung. Das Vorkaufsrecht erstreckt sich nicht auf einen Verkauf, der an eine Ehepartnerin oder einen Ehepartner, eingetragene Lebenspartnerin oder eingetragenen Lebenspartner oder einen Verwandten ersten Grades erfolgt.

(6) Das Vorkaufsrecht kann auf Antrag auch zugunsten von Körperschaften und Stiftungen des öffentlichen Rechts und anerkannten Naturschutzvereinigungen ausgeübt werden.

§ 51
Ausnahmen

Soweit in diesem Gesetz sowie in den aufgrund dieses Gesetzes erlassenen oder fortgeltenden Rechtsvorschriften Ausnahmen vorgesehen sind, ohne dass die Voraussetzungen für die Erteilung näher festgelegt sind, kann die zuständige Naturschutzbehörde Ausnahmen zulassen, wenn sich dies mit den Belangen des Naturschutzes und der Landschaftspflege vereinbaren lässt und auch keine sonstigen öffentlichen Belange entgegenstehen.

§ 52
Maßnahmen des Naturschutzes
(zu §§ 17, 30 und 67 BNatSchG)

Abweichend von den §§ 17, 30 und 67 BNatSchG ist eine Eingriffsgenehmigung oder eine Ausnahme oder Befreiung vom gesetzlichen Biotopschutz nach den Vorschriften des Bundesnaturschutzgesetzes, dieses Gesetzes und den aufgrund dieses Gesetzes erlassenen Rechtsvorschriften nicht erforderlich für Maßnahmen des Naturschutzes, soweit sie nach den Vorschriften des Kapitels 4 festgelegt oder vorgesehen sind.

§ 53
Einschränkung von Grundrechten

Für Maßnahmen, die nach dem Bundesnaturschutzgesetz oder nach diesem Gesetz getroffen werden können, werden das Recht auf Freiheit der Person (Artikel 2 Abs. 2 Satz 2 des Grundgesetzes) und das Recht der Unverletzlichkeit der Wohnung (Artikel 13 des Grundgesetzes) eingeschränkt.

§ 54
Entschädigung und Ausgleich
(zu § 68 BNatSchG)

(1) Eine Entschädigung nach § 68 BNatSchG darf 100 Prozent des Verkehrswertes des Grundstücks nicht überschreiten. Zur Leistung der Entschädigung ist der Träger der öffentlichen Verwaltung verpflichtet, dessen Behörde die Rechtsvorschrift erlassen oder eine entschädigungspflichtige Maßnahme getroffen hat. Soweit das Land zur Entschädigung verpflichtet ist, ist für die Leistung und Festsetzung der Entschädigung einschließlich der Ausübung der Rechte nach Satz 5 die obere Naturschutzbehörde zuständig. Über die Entschädigung ist zumindest dem Grunde nach in Verbindung mit der Maßnahme zu entscheiden. Der Träger der öffentlichen Verwaltung kann von den durch eine entschädigungspflichtige Maßnahme betroffenen Eigentümerinnen und Eigentümern die Eintragung einer beschränkten persönlichen Dienstbarkeit oder Grunddienstbarkeit mit dem Inhalt verlangen, dass die Nutzung, für die die Entschädigung gezahlt werden soll, auf dem Grundstück nicht mehr ausgeübt werden kann.

(2) Kommt im Falle der Übernahme eines Grundstücks nach § 68 Abs. 2 Satz 3 BNatSchG eine Einigung nicht zustande, kann die Eigentümerin oder der Eigentümer die Entziehung des Eigentums verlangen. Die Eigentümerin oder der Eigentümer kann den Antrag auf Entziehung des Eigentums bei der Enteignungsbehörde des Landes stellen. Für das Verfahren findet das für die Enteignung von Grundeigentum geltende Enteignungsrecht des Landes Anwendung.

(3) In den Fällen des § 48 Abs. 1 Buchst. b gelten § 68 Abs. 2 BNatSchG und die Absätze 1 und 2 mit der Maßgabe, dass auch Wirtschaftserschwernisse der Eigentümerin oder dem Eigentümer oder Nutzungsberechtigten angemessen in Geld zu entschädigen sind.

§ 55
Härteausgleich
(Abweichung von § 68 Abs. 4 BNatSchG)

Wird durch Maßnahmen des Naturschutzes oder der Landschaftspflege Berechtigten ein wirtschaftlicher Nachteil zugefügt, der für sie in ihren persönlichen Lebensumständen, insbesondere im wirtschaftlichen und sozialen Bereich, eine besondere Härte bedeutet, ohne dass nach § 68 BNatSchG in Verbindung mit § 54 eine Entschädigung zu leisten ist, kann ihnen auf Antrag ein Härteausgleich in Geld gewährt werden, soweit dies zur Vermeidung oder zum Ausgleich der besonderen Härte geboten erscheint. § 54 Absatz 1 Satz 2 und 3 gilt entsprechend.

§ 56
Finanzielle Förderung

Das Land fördert im Rahmen der im Haushalt bereitgestellten Mittel

1. Maßnahmen des Naturschutzes und der Landschaftspflege, der Naturschutzbildung einschließlich von Naturerlebnisräumen, Maßnahmen der Erholung in Natur und Landschaft sowie
2. Formen der Wissensvermittlung, der Bewusstseinsbildung sowie Handlungsperspektiven, die zum Schutz, Erhalt und zur ökologischen Gestaltung von Natur, Landschaft und Umwelt beitragen.

Kapitel 9
Bußgeldvorschriften

§ 57
Ordnungswidrigkeiten
(zu § 69 BNatSchG)

(1) § 69 Abs. 3 Nr. 19 und 26 BNatSchG gilt nicht.

(2) Ordnungswidrig handelt, wer, ohne dass eine Ausnahme zugelassen oder eine Befreiung erteilt wurde, vorsätzlich oder fahrlässig

1. entgegen § 23 Abs. 2 Satz 1 BNatSchG Handlungen, die nach Maßgabe einer Verordnung nach § 13 Abs. 1 zu einer Zerstörung, Beschädigung oder Veränderung eines Naturschutzgebietes oder seiner Bestandteile oder zu seiner nachhaltigen Störung führen können, vornimmt,
2. entgegen § 26 Abs. 2 BNatSchG Handlungen vornimmt, die nach Maßgabe einer Verordnung nach § 15 den Charakter eines Landschaftsschutzgebietes verändern oder dem besonderen Schutzzweck zuwiderlaufen,
3. entgegen § 28 Abs. 2 BNatSchG Handlungen vornimmt, die nach Maßgabe einer Verordnung nach § 17 Abs. 1 zu einer Zerstörung, Beschädigung oder Veränderung eines Naturdenkmales oder seiner geschützten Umgebung führen oder führen können,
4. entgegen § 29 Abs. 2 BNatSchG einen geschützten Landschaftsbestandteil beseitigt oder Handlungen vornimmt, die nach Maßgabe einer Verordnung, Satzung oder Einzelanordnung nach § 18 Abs. 1 oder 3 zu seiner Zerstörung, Beschädigung oder Veränderung führen können,
5. entgegen § 30 Abs. 2 BNatSchG Handlungen vornimmt, die ein in § 21 Abs. 1 genanntes Biotop zerstören oder sonst erheblich beeinträchtigen können,
6. entgegen § 33 Abs. 1 BNatSchG in Verbindung mit § 24 Abs. 2 in den dort genannten Gebieten eine Veränderung oder Störung vornimmt,
7. entgegen § 11 a ohne Eingriffsgenehmigung der zuständigen Naturschutzbehörde oberflächennahe Bodenschätze abbaut oder andere Abgrabungen, Aufschüttungen, Auf- oder Abspülungen oder das Auffüllen von Bodenvertiefungen vornimmt,

8. entgegen § 13 Absatz 3
   a) in Naturschutzgebieten gentechnisch veränderte Organismen freisetzt oder anbaut oder
   b) in einem Abstand von weniger als 3.000 Meter von Naturschutzgebieten gentechnisch veränderte Organismen freisetzt oder anbaut oder
   c) in Naturschutzgebieten Flugmodelle oder unbemannte Luftfahrtsysteme aufsteigen oder landen lässt,
9. entgegen § 24 Abs. 1 in den dort genannten Europäischen Vogelschutzgebieten Dauergrünland in Ackerland umwandelt und die Binnenentwässerung von Dauergrünland verstärkt,
10. entgegen § 28 Abs. 1 ohne Genehmigung Tiergehege einrichtet, ändert, betreibt oder die Betreiberin oder den Betreiber wechselt,
11. entgegen § 28 b ohne Ausnahmegenehmigung Handlungen vornimmt, die Nistplätze von sich dort befindliche Bruten von Schwarzspechten, Schwarzstörchen, Graureihern, Seeadlern, Rotmilanen und Kranichen gefährden,
12. entgegen § 28 c Wölfe anlockt und füttert,
13. entgegen § 29 unbefugt Tiere wild lebender Arten hält, die Menschen lebensgefährlich werden können, insbesondere alle großen Katzen- und Bärenarten, Wölfe, Krokodile und Giftschlangen,
14. in der freien Landschaft andere als die in § 30 Abs. 1 und 2 bezeichneten Wege und die in § 30 Abs. 1 und 2 bezeichneten Wege und Flächen anders als in der dort bezeichneten Art benutzt,
15. entgegen § 31 Abs. 1 Wege oder Flächen in der freien Landschaft, die nach § 30 betreten oder benutzt werden dürfen, sperrt,
16. entgegen § 32 Abs. 1 den Badebetrieb beeinträchtigt,
17. entgegen § 32 Abs. 2 an Strandabschnitten mit regem Badebetrieb in der Zeit vom 1. April bis zum 31. Oktober reitet oder Hunde mitführt, ohne dass dies die Gemeinde im Rahmen einer Sondernutzung zugelassen hat,
18. entgegen § 33 Abs. 1 Nr. 1 auf dem Meeresstrand mit Fahrzeugen fährt oder solche aufstellt,
19. entgegen § 33 Abs. 1 Nr. 2 auf dem Meeresstrand unbefugt zeltet oder Strandkörbe oder ähnliche Einrichtungen aufstellt,
20. entgegen § 33 Abs. 1 Nr. 3 in Küstendünen oder auf Strandwällen außerhalb der gekennzeichneten Wege fährt, zeltet, Wohnwagen, Wohnmobile oder andere Fahrzeuge aufstellt,
21. entgegen § 35 Absatz 2 Satz 1 an Gewässern erster Ordnung sowie Seen und Teichen von einem Hektar und mehr bauliche Anlagen in einem Abstand von 50 Meter landwärts von der Uferlinie errichtet oder wesentlich erweitert, oder entgegen § 35 Absatz 2 Satz 2 an den Küsten bauliche Anlagen in einem Abstand von bis zu 150 Meter landeinwärts von der mittleren Hochwasserlinie an der Nordsee oder von der Mittelwasserlinie an der Ostsee errichtet oder wesentlich erweitert,
22. entgegen § 36 Abs. 2 ohne Genehmigung eine Wasserfläche mit Hilfe einer Boje, eines Steges oder einer anderen Anlage als Liegeplatz für ein Sportboot außerhalb eines Hafens nutzt,
23. entgegen § 37 Abs. 1 Zelte oder sonstige bewegliche Unterkünfte außerhalb der hierfür zugelassenen Plätze aufstellt oder nutzt,
24. als Wanderer entgegen § 37 Absatz 2 unbefugt länger als eine Nacht abseits von Campingplätzen zeltet,
25. entgegen § 60 Nummer 7 im Naturschutzgebiet Hunde nicht angeleint mitführt,
26. einer aufgrund dieses Gesetzes oder aufgrund des Bundesnaturschutzgesetzes erlassenen vollziehbaren schriftlichen Anordnung, die auf diese Bußgeldvorschrift verweist, zuwiderhandelt oder einer aufgrund dieses Gesetzes erlassenen Rechtsverordnung oder Satzung zuwiderhandelt, soweit sie für bestimmte Tatbestände auf diese Bußgeldvorschrift verweist,
27. Auflagen, die mit einer auf diesem Gesetz oder aufgrund dieses Gesetzes erlassenen Rechtsverordnung, Zulassung, Genehmigung oder Befreiung verbunden sind, nicht vollständig oder nicht rechtzeitig erfüllt, soweit diese Maßnahmen auf diese Bußgeldvorschrift verweisen.

(3) Ordnungswidrig handelt auch, wer vorsätzlich oder fahrlässig unbefugt
1. im Feld ausgediente Fahrzeuge abstellt oder
2. Zeichen oder Vorrichtungen, die zur Sperrung, zur Kennzeichnung von kennzeichnungsbedürftigen Flächen oder Gegenständen dienen, entfernt, beschädigt, zerstört oder auf andere Weise unbrauchbar macht.

(4) Ordnungswidrig handelt ferner, wer vorsätzlich oder fahrlässig
1. einer Vorschrift über Naturdenkmäler oder Naturschutzgebiete nach § 16 des Reichsnaturschutzgesetzes vom 26. Juni 1935 (RGBl. I S.821), zuletzt geändert durch Gesetz vom 25. Februar 1971 (GVOBl. Schl.-H. S. 66),
2. einer Verordnung über Naturdenkmäler oder Naturschutzgebiete nach § 15 Abs. 1 des Reichsnaturschutzgesetzes, oder
3. einer Verordnung über geschützte Landschaftsteile oder Landschaftsschutzgebiete nach §§ 5 und 19 des Reichsnaturschutzgesetzes zuwiderhandelt.

Soweit in Strafvorschriften der in Absatz 1 genannten Verordnungen Verweisungen auf die §§ 21 und 22 des Reichsnaturschutzgesetzes allein oder in Verbindung mit Verweisungen auf die §§ 15 oder 16 der Verordnung zur Durchführung des Reichsnaturschutzgesetzes vom 31. Oktober 1935 (RGBl. I S. 1275), geändert durch Verordnung vom 16. September 1938 (RGBl. I S. 1184), enthalten sind, gelten diese als Verweisungen auf Absatz 4.

(5) Die Ordnungswidrigkeit kann in den Fällen des Absatz 2 Nummer 1 bis 6, 8, 10 und 26 mit einer Geldbuße bis zu 50.000 Euro, in den übrigen Fällen mit einer Geldbuße bis zu 10.000 Euro geahndet werden.

§ 58
Einziehung

Ist eine Ordnungswidrigkeit nach diesem Gesetz begangen worden, können

1. Gegenstände, auf die sich die Ordnungswidrigkeit bezieht, und
2. Gegenstände, die zu ihrer Begehung oder Vorbereitung gebraucht worden oder bestimmt gewesen sind,

eingezogen werden. § 23 des Gesetzes über Ordnungswidrigkeiten ist anzuwenden.

Kapitel 10
Übergangsvorschriften

§ 59
Weitergeltende Verordnungen und Satzungen

(1) Verordnungen und Satzungen, die aufgrund des preußischen Feld- und Forstpolizeigesetzes in der Fassung der Bekanntmachung vom 21. Januar 1926, des Reichsnaturschutzgesetzes, des Landschaftspflegegesetzes in den bis zum 30. Juni 1993 jeweils geltenden Fassungen sowie aufgrund des Landesnaturschutzgesetzes in den bis zum Inkrafttreten dieses Gesetzes jeweils geltenden Fassungen zum Schutz und zur Sicherstellung von Gebieten und Landschaftsbestandteilen erlassen wurden, gelten nach Inkrafttreten dieses Gesetzes weiter, soweit sie nicht widersprechen. Abweichend von § 22 Abs. 3 Satz 1 BNatSchG richtet sich die Geltungsdauer der Verordnungen oder Satzungen zur einstweiligen Sicherstellung, die bei Inkrafttreten dieses Gesetzes gelten, nach § 22 Abs. 2 des Landesnaturschutzgesetzes in der vor Inkrafttreten dieses Gesetzes geltenden Fassung.

(2) Verordnungen und Satzungen, die aufgrund der in Absatz 1 Satz 1 genannten Gesetze erlassen worden sind, können auf der Grundlage der Ermächtigungen dieses Gesetzes in Verbindung mit § 19 durch eine entsprechende Rechtsvorschrift aufgehoben und geändert werden.

(3) Verfahren zum Erlass von Schutzverordnungen oder Satzungen, die beim Inkrafttreten dieses Gesetzes bereits eingeleitet worden sind, sind nach Maßgabe der Vorschriften dieses Gesetzes fortzuführen.

(4) Für Verordnungen und Satzungen nach Absatz 1 gilt § 57 Absatz 2 Nummer 26 entsprechend.

§ 60
Bestehende Naturschutzverordnungen

In einem Naturschutzgebiet, das vor dem Inkrafttreten des Landesnaturschutzgesetzes vom 16. Juni 1993 (GVOBl. Schl.-H. S. 215) durch Verordnung unter Schutz gestellt worden ist, gelten, unbeschadet der Vorschriften der Naturschutzverordnung im Übrigen, bis zu einer Neuregelung aufgrund dieses Gesetzes mindestens folgende Verbote:

1. Die bei Inkrafttreten dieses Gesetzes zulässige Nutzung darf nicht intensiviert, bestehende Nutzungen dürfen nicht zum Nachteil der Natur verändert werden.
2. Wiesen und Dauergrünland dürfen nicht mehr als bisher entwässert und nicht umgebrochen werden. Pflanzenschutzmittel und Klärschlamm dürfen auf diese Flächen nicht aufgebracht werden.
3. Die Errichtung oder wesentliche Änderung von baulichen Anlagen aller Art und die Vornahme sonstiger Eingriffe im Sinne des § 14 BNatSchG i.V.m. § 8 ist unzulässig.
4. Im Rahmen der in einer Verordnung zugelassenen Ausübung des Jagdrechts dürfen Wildäcker, Fütterungseinrichtungen und Hochsitze mit geschlossenen Aufbauten mit mehr als 10 m³ umbautem Raum nicht errichtet werden.
5. Im Rahmen der in einer Verordnung zugelassenen Ausübung des Angelsports darf das Angeln nur von zugewiesenen Plätzen aus stattfinden.
6. Das Betreten ist nur auf dafür ausgewiesenen Wegen und Flächen zulässig, das Reiten nur auf ausgewiesenen Reitwegen.
7. Hunde dürfen nur angeleint mitgeführt werden. § 32 Absatz 2 Satz 2 gilt entsprechend.

§ 61
Bestehende Landschaftsschutzverordnungen

(1) In einem Landschaftsschutzgebiet, das vor dem Inkrafttreten des Landschaftsschutzgesetzes vom 16. Juni 1993 (GVOBl. Schl.-H. S. 215) durch Verordnung unter Schutz gestellt worden ist, gelten im Außenbereich, unbeschadet der Landschaftsschutzverordnung im Übrigen, bis zu einer Neuregelung aufgrund dieses Gesetzes mindestens folgende Verbote:

1. Die Errichtung baugenehmigungspflichtiger Anlagen und Hochspannungsleitungen ist unzulässig.
2. Plätze aller Art, Straßen und andere Verkehrsflächen mit festem Belag dürfen nicht angelegt werden.

Einfriedigungen von Hausgrundstücken, von landwirtschaftlich genutzten Grundstücken oder von schutzbedürftigen Forst- und Sonderkulturen in der üblichen und landschaftsgerechten Art sind zulässig.

(2) Eine Ausnahme kann zugelassen werden für

1. wesentliche Änderungen der in Absatz 1 genannten Anlagen sowie für Vorhaben nach § 35 Abs. 1 und 4 des Baugesetzbuches,
2. das Verlegen oder die wesentliche Änderung von ober- oder unterirdischen Leitungen, ausgenommen im Straßenkörper, elektrischen Weidezäunen und Rohrleitungen zur Bewässerung landwirtschaftlicher Flächen und für die Versorgung von Weidevieh,
3. die Errichtung anderer als nach Absatz 1 zulässiger Einfriedigungen aller Art,
4. die Durchführung von Veranstaltungen außerhalb öffentlicher Verkehrsflächen, die mit erheblichem Lärm verbunden sind oder auf andere Weise die Ruhe der Natur oder den Naturgenuss durch außergewöhnlichen Lärm stören,
5. die Aufstellung von Zelten oder sonstigen beweglichen Unterkünften außerhalb der dafür bestimmten Plätze.

§ 62
Übergangsvorschrift für Sondernutzungen

Sondernutzungen am Meeresstrand im Sinne des § 34, die unwiderruflich oder unbefristet erteilt wurden, können aus wichtigem Grund widerrufen werden.

§ 63
Übergangsvorschriften für sonstige Eingriffe in die Natur

Eingriffe in die Natur, die vor dem Inkrafttreten dieses Gesetzes nach dem Landesnaturschutzgesetz vom 24. Februar 2010 (GVOBl. Schl.-H. S. 301, ber. S. 486), zuletzt geändert durch Artikel 2 des Gesetzes vom 13. Juli 2011 (GVOBl. Schl.-H. S. 225), oder anderen Rechtsvorschriften genehmigt, aber noch nicht begonnen oder nicht beendet worden sind, können nach Maßgabe der Genehmigung verwirklicht werden; die Behörde, die den Eingriff zugelassen hat, ist jedoch befugt, nach diesem Gesetz zulässige Nebenbestimmungen nachträglich anzuordnen. Abweichend von § 17 Abs. 3 Satz 1 BNatSchG ist eine Genehmigung auch erforderlich für Eingriffe, die vor Inkrafttreten dieses Gesetzes beantragt, aber noch nicht beschieden wurden. Satz 2 gilt entsprechend für bis zum 28. Februar 2010 erfolgte Eingriffsgenehmigungen, die nach dem 1. März 2010 abgeändert werden sollen.

§ 64
(aufgehoben)

§ 65
Übergangsvorschrift für bauliche Anlagen im Schutzstreifen an Gewässern

(1) Die Errichtung oder wesentliche Änderung baulicher Anlagen an Gewässern nach § 35 Absatz 2 im Innenbereich, die vor dem 24. Juni 2016 genehmigt, aber noch nicht begonnen oder nicht beendet worden ist, kann nach Maßgabe der Genehmigung verwirklicht werden. Sonstige öffentlich-rechtliche Anforderungen einschließlich solcher des Naturschutzrechts bleiben unberührt.

(2) § 35 Absatz 2 gilt nicht für Flächen, für die in einem am 24. Juni 2016 rechtswirksamen Flächennutzungsplan eine Bebauung vorgesehen ist, oder dessen bisher vorgesehene Bebauung umgewidmet werden soll. Satz 1 tritt am 23. Juni 2021 außer Kraft.

§ 66
Übergangsvorschrift für arten- und strukturreiches Dauergrünland

(1) Auf Abschnitte von Vorhaben, für die am 24. Juni 2016 das Planfeststellungsverfahren eröffnet und die Bekanntgabe der Planauslegung veranlasst ist, findet § 21 Absatz 1 Satz 1 Nummer 6 keine Anwendung.

(2) § 21 Absatz 6 gilt auch bei arten- und strukturreichem Dauergrünland, das während der Laufzeit einer vertraglichen Vereinbarung oder der Teilnahme an öffentlichen Programmen zur Bewirtschaftungsbeschränkung entstanden und durch Gesetz zum geschützten Biotop erklärt worden ist.

Landesverordnung
über die Zuständigkeit der Naturschutzbehörden
(Naturschutzzuständigkeitsverordnung – NatSchZVO)
vom 4. Oktober 2018
– GVOBl. Schl.-H. S. 658 –

Aufgrund des § 2 Absatz 3 des Landesnaturschutzgesetzes (LNatSchG) vom 24. Februar 2010 (GVOBl. Schl.-H. S. 301, ber. S. 486), zuletzt geändert durch Artikel 21 des Gesetzes vom 2. Mai 2018 (GVOBl. Schl.-H. S. 162), verordnet das Ministerium für Energiewende, Landwirtschaft, Umwelt, Natur und Digitalisierung:

§ 1
Zuständigkeit der obersten Naturschutzbehörde

Die oberste Naturschutzbehörde ist zuständig

1. für alle nach dem Landesnaturschutzgesetz (LNatSchG), Bundesnaturschutzgesetz (BNatSchG) vom 29. Juli 2009 (BGBl. I S. 2542), zuletzt geändert durch Artikel 1 des Gesetzes vom 15. September 2017 (BGBl. I S. 3434) sowie nach den aufgrund dieser Gesetze erlassenen Verordnungen zu treffenden behördlichen Entscheidungen
    a) in den Küstengewässern,
    b) auf den Binnenwasserstraßen des Bundes und
    c) auf sonstigen Flächen,
   die nicht zum Gebiet einer Gemeinde gehören; als solche ist sie auch zu beteiligen, soweit im Bundesnaturschutzgesetz, im Landesnaturschutzgesetz und in den dazu ergangenen Rechtsvorschriften nichts anderes bestimmt ist; von dieser örtlichen Zuständigkeit ausgenommen sind
    a) das gemeindefreie Gebiet Sachsenwald,
    b) der Forstgutsbezirk Buchholz sowie
    c) der Nationalpark Schleswig-Holsteinisches Wattenmeer,
2. für die Genehmigung eines Eingriffs nach § 17 Absatz 1 BNatSchG in Verbindung mit § 11 Absatz 2 und § 11a LNatSchG, wenn die Verursacherin des Eingriffs eine oberste Landesbehörde ist,
3. für die nach § 9 Absatz 2 LNatSchG zu erteilende Genehmigung zur Beseitigung oder Veränderung von Ausgleichs- und Ersatzmaßnahmen, die von ihr oder mit ihrem Einvernehmen festgesetzt oder durchgeführt worden sind,
4. für die Erteilung des Einvernehmens oder des Benehmens nach § 17 Absatz 1 BNatSchG in Verbindung mit § 11 Absatz 2 LNatSchG, wenn eine oberste oder obere Landesbehörde zuständige Behörde für die Zulassung oder die Entgegennahme der Anzeige eines Eingriffs oder für die Durchführung des Eingriffs im Rahmen ihrer hoheitlichen Tätigkeit ist; dies gilt nicht für Entscheidungen des Landesamtes für Landwirtschaft, Umwelt und ländliche Räume,
5. für die Abgabe einer Stellungnahme nach § 17 Absatz 2 BNatSchG,
6. für die Bestimmung und Bekanntgabe der Art der Kennzeichnung geschützter und einstweilig sichergestellter Teile von Natur und Landschaft nach § 12a Absatz 6 Satz 2 LNatSchG sowie von Natura 2000-Gebieten nach § 24 Absatz 3 LNatSchG,
7. für den Abschluss vertraglicher Vereinbarungen nach § 32 Absatz 4 BNatSchG,
8. für die Festlegung von Pflege- und Entwicklungsmaßnahmen auf geschützten Flächen nach § 27 Absatz 1 Satz 1 LNatSchG,
9. für die Aufstellung von Bewirtschaftungs- und Maßnahmenplänen für Natura 2000-Gebiete außerhalb des Nationalparks Schleswig-Holsteinisches Wattenmeer nach § 27 Absatz 1 Satz 3 LNatSchG,
10. für die Weiterleitung von Informationen, die zur Erfüllung der Berichtspflichten des Bundes aus der Richtlinie (EWG) 92/43 sowie aus der Richtlinie (EG) 2009/147 erforderlich sind,
11. für die Aufstellung von Artenhilfsprogrammen und die Umsetzung von Maßnahmen nach § 38 Absatz 2 BNatSchG,
12. für die Information des Bundesamtes für Naturschutz nach § 48a BNatSchG über jede Früherkennung der Einbringung oder des Vorkommens invasiver gebietsfremder Arten von unionsweiter Bedeutung nach Artikel 16 der Verordnung (EU) Nummer 1143/2014,
13. für die Abstimmung von Managementmaßnahmen mit anderen Mitgliedstaaten der europäischen Union nach § 40e Absatz 1 BNatSchG,
14. für die Bestimmung der für die Entgegennahme toter Tiere und Pflanzen zuständigen Stelle nach § 45 Absatz 4 BNatSchG,
15. für die Bestimmung der für die Entgegennahme von Tieren nach § 45 Absatz 5 Satz 3 BNatSchG zuständigen Stelle und
16. für die Ausübung der Fachaufsicht über die oberen und unteren Naturschutzbehörden.

§ 2
Zuständigkeit der oberen Naturschutzbehörden

(1) Die oberen Naturschutzbehörden sind zuständig

1. für die Beobachtung von Natur und Landschaft nach § 6 BNatSchG,
2. für die Erarbeitung von Fachbeiträgen für die Planung anderer Behörden und Stellen sowie deren Beratung nach näherer Weisung,
3. für die Erarbeitung von fachlichen Planungs- und Entscheidungshilfen für die Naturschutzbehörden,
4. für die Eintragung der geschützten Gebiete in ein Naturschutzbuch nach § 12a Absatz 5 LNatSchG,
5. für die Erfassung und wissenschaftliche Betreuung der Naturschutzgebiete, Biosphärenreservate, gesetzlich geschützten Biotope und Natura 2000-Gebiete,
6. für die Übertragung der fachlichen Betreuung eines Naturschutzgebietes oder eines Gebietes des Netzes Natura 2000, soweit das Gebiet nach § 32 Absatz 2 BNatSchG geschützt ist oder nach § 32 Absatz 4 BNatSchG ein gleichwertiger Schutz gewährleistet ist, auf juristische oder natürliche Personen nach § 20 Absatz 1 LNatSchG,
7. für die Durchführung und Aktualisierung der flächendeckenden Kartierung von gesetzlich geschützten Biotopen einschließlich der Mitteilung an die Eigentümerinnen und Eigentümer nach § 30 Absatz 7 BNatSchG in Verbindung mit § 21 Absatz 6 LNatSchG,
8. für die Führung und die Sicherung der Abgrenzungskarten nach § 22 Absatz 2 Satz 2 LNatSchG sowie für ihre Umsetzung und Verwahrung nach § 23 Absatz 1 LNatSchG,
9. für die Erstellung und Verwirklichung der Schutz-, Pflege- und Entwicklungsziele nach § 38 Absatz 1 BNatSchG,
10. für die Genehmigung des gewerbsmäßigen Entnehmens, Be- oder Verarbeitens wild lebender Pflanzen nach § 39 Absatz 4 BNatSchG, sonstige öffentliche oder privatrechtliche Auflagen oder Verpflichtungen sowie eventuelle Förderungen,
11. für die Genehmigung für das Ausbringen von Pflanzen in der freien Natur, deren Art in dem betreffenden Gebiet in freier Natur nicht oder seit mehr als 100 Jahren

nicht mehr vorkommt, sowie von Tieren nach § 40 Absatz 1 BNatSchG,
12. für das Treffen von Maßnahmen gegen invasive Arten nach § 40a Absatz 1 BNatSchG,
13. für die unverzügliche Meldung von invasiven Arten in einer frühen Phase der Invasion nach § 40a Absatz 1 Satz 1 Nummer 1 BNatSchG im Sinne des Artikels 16 der Verordnung (EU) Nummer 1143/2014 an die oberste Naturschutzbehörde,
14. hinsichtlich invasiver Arten in einer frühen Phase der Invasion:
   a) für das Treffen von Maßnahmen gegen diese invasiven Arten nach § 40a Absatz 1 Satz 1 Nummer 1 und 2 BNatSchG im Sinne des Artikels 17 der Verordnung (EU) Nummer 1143/2014,
   b) für die Anordnung der Beseitigung dieser invasiven Arten und der dafür geeigneten Verfahren nach § 40a Absatz 3 BNatSchG und
   c) für die Beseitigung dieser invasiven Arten nach § 40a Absatz 4 BNatSchG,
15. für die Erteilung von Genehmigungen nach § 40c BNatSchG und deren Überwachung,
16. für die Entgegennahme von Mitteilungen nach § 44 Absatz 6 BNatSchG,
17. für die Entgegennahme der Meldung der Aufnahme eines Tieres nach § 45 Absatz 5 Satz 4 BNatSchG,
18. nach § 45 Absatz 5 Satz 5 BNatSchG, die Herausgabe des aufgenommenen Tieres zu verlangen,
19. nach § 45 Absatz 7 Satz 1 BNatSchG Ausnahmen von den Verboten des § 44 BNatSchG zuzulassen,
20. für die Erteilung von Befreiungen nach § 67 Absatz 1 BNatSchG von den Vorschriften des § 40 BNatSchG und für die Erteilung von Befreiungen nach § 67 Absatz 2 BNatSchG von den Vorschriften des § 44 BNatSchG,
21. nach § 4 Absatz 3 der Bundesartenschutzverordnung (BArtSchV) vom 16. Februar 2005 (BGBl. I S. 258, 896), zuletzt geändert durch Artikel 10 des Gesetzes vom 21. Januar 2013 (BGBl. I S. 95), Ausnahmen von den Verboten des § 4 Absatz 1 BArtSchV zuzulassen.

(2) Das Landesamt für Landwirtschaft, Umwelt und ländliche Räume ist ferner zuständig
1. für die Fortschreibung der Roten Listen gemäß § 3a Satz 3 LNatSchG,
2. für die Vorbereitung von Verordnungen über Naturschutzgebiete nach § 13 LNatSchG und die Durchführung der Verfahren zu ihrem Erlass nach § 19 LNatSchG,
3. für die nach § 26 LNatSchG in Verbindung mit § 35 BNatSchG erforderlichen Entscheidungen und Maßnahmen,
4. für die Zulassung von Ausnahmen vom Haltungsverbot für besonders gefährliche Tierarten nach § 29 LNatSchG,
5. für die Ausübung des Vorkaufsrechts nach § 50 LNatSchG in Verbindung mit § 66 BNatSchG,
6. für die Weiterverarbeitung und Veröffentlichung der von den unteren Naturschutzbehörden übermittelten Daten nach § 7 Absatz 3 der Ökokonto- und Kompensationsverzeichnisverordnung vom 28. März 2017 (GVOBl. Schl.-H. S. 223),
7. für die Ausführung von Aufgaben des Naturschutzes durch den Betrieb der Integrierten Stationen des Landes,
8. für die Zusammenstellung von Daten für alle invasiven Arten nach Artikel 4 der Verordnung (EU) Nummer 1143/2014,
9. geeignete Erntebestände für die Produktion gebietseigener Gehölze nach § 40 Absatz 1, auch in Verbindung mit § 54 Absatz 4b BNatSchG, anzuerkennen und diese in einem Register zu führen,
10. für das Führen eines Registers über die berechtigte Haltung im Sinne von § 40b BNatSchG und im Sinne des Artikels 32 der Verordnung (EU) Nummer 1143/2014,
11. für die Festlegung von Managementmaßnahmen nach § 40e Absatz 1 und 2 BNatSchG,
12. für die Beteiligung der Öffentlichkeit im Rahmen der Festlegung der Managementmaßnahmen nach § 40f BNatSchG,
13. für die Festlegung der Unterbringung der nach § 47 BNatSchG eingezogenen oder beschlagnahmten Tiere, sowie
14. nach § 48 Absatz 1 Nummer 4 BNatSchG für alle übrigen Aufgaben im Sinne der Verordnung (EG) Nummer 338/97,
15. nach § 2 Absatz 1 Satz 2 BArtSchV weitergehende Ausnahmen für die in Satz 1 genannten Pilze zuzulassen,
16. nach § 2 Absatz 2 BArtSchV Ausnahmen von den Verboten des § 44 Absatz 1 Nummer 1 und Absatz 2 BNatSchG für Weinbergschnecken (Helix pomatia) mit einem Gehäusedurchmesser von mindestens 30 Millimeter zuzulassen,
17. nach § 6 BArtSchV
   a) Ausnahmen von der Verpflichtung zur Führung eines Aufnahme- und Auslieferungsbuches zuzulassen,
   b) ein Verfahren anzuerkennen, durch das eine ausreichende Überwachung sichergestellt ist,
18. nach § 7 BArtSchV
   a) den Nachweis für das Vorliegen der Anforderungen zum Halten von besonders geschützten und von in § 3 Absatz 1 Satz 1 BArtSchV genannten Wirbeltieren zu verlangen,
   b) die Anzeige über die Haltung von unter Buchstabe a genannten Wirbeltieren entgegenzunehmen,
   c) Ausnahmen von § 7 Absatz 2 BArtSchV zuzulassen,
19. nach § 11 Absatz 3 und 4 BArtSchV Informationen über Maßnahmen zur Rückführung eines in den Freiflug gestellten oder aus einem Gehege entwichenen Greifvogelhybriden entgegenzunehmen,
20. nach § 13 BArtSchV
   a) dem Absehen von der jeweils als vorrangig bezeichneten Kennzeichnungsmethode zuzustimmen,
   b) die verbindliche Kennzeichnungsmethode festzulegen,
21. nach § 14 BArtSchV
   a) Ausnahmen von der Kennzeichnungspflicht zuzulassen,
   b) vor Inkrafttreten der Bundesartenschutzverordnung angebrachte Kennzeichnungen anzuerkennen,
22. nach § 15 Absatz 6 BArtSchV die vierteljährlichen Angaben über die ausgegebenen Kennzeichen und deren Empfänger entgegenzunehmen.

(3) Der Landesbetrieb für Küstenschutz, Nationalpark und Meeresschutz ist ferner zuständig für die Aufstellung von Bewirtschaftungs- und Maßnahmenplänen für die innerhalb des Nationalparks Schleswig-Holsteinisches Wattenmeer liegenden Anteile der Natura 2000-Gebiete nach § 27 Absatz 1 Satz 3 LNatSchG.

§ 3
Zuständigkeit der oberen und der unteren Naturschutzbehörden

Die oberen und die unteren Naturschutzbehörden sind zuständig
1. den Nachweis nach § 46 Absatz 1 BNatSchG oder die Glaubhaftmachung nach § 46 Absatz 2 BNatSchG zu verlangen,
2. für die Kontrolle auf das Vorhandensein invasiver Arten nach § 40a Absatz 2 BNatSchG,
3. den Nachweis oder die Glaubhaftmachung nach § 40b BNatSchG zu verlangen,

4. nach § 47 BNatSchG Tiere und Pflanzen einzuziehen oder zu beschlagnahmen,
5. nach § 52 Absatz 1 BNatSchG Auskünfte zu verlangen,
6. nach § 6 Absatz 3 BArtSchV die Aushändigung der Aufnahme- und Auslieferungsbücher zu verlangen,
7. nach § 13 Absatz 3 BArtSchV die Vorlage der Dokumentationen zu verlangen.

§ 4
Zuständigkeit der unteren Naturschutzbehörden

(1) Die unteren Naturschutzbehörden sind zuständig, soweit im Bundesnaturschutzgesetz, im Landesnaturschutzgesetz und in den dazu ergangenen Rechtsvorschriften nichts anderes bestimmt ist. Abweichend von § 1 Nummer 1 ist die untere Naturschutzbehörde nach § 17 Absatz 1 BNatSchG in Verbindung mit § 11 LNatSchG zu beteiligen, wenn ein Sportboothafen teilweise innerhalb nicht eingemeindeter Gewässer errichtet oder wesentlich geändert werden soll.

(2) Abweichend von § 2 Absatz 1 Nummer 17 sind die unteren Naturschutzbehörden zuständig, nach § 45 Absatz 7 Satz 1 BNatSchG, Ausnahmen zur Abwehr erheblicher Schäden durch Saatkrähen (Corvus frugilegus L.) sowie für Vergrämungsabschüsse von Kormoranen (Phalacrocorax carbo L.) zuzulassen.

(3) Die unteren Naturschutzbehörden können Beseitigungsmaßnahmen für alle ungenehmigt ausgebrachten Arten, die eine Gefährdung von Ökosystemen, Biotopen oder Arten darstellen können, sowie für invasive Arten nach § 7 Absatz 2 Nummer 9 Buchstabe a BNatSchG anordnen, soweit nicht die Zuständigkeit der oberen Naturschutzbehörden gemäß § 2 Absatz 1 Nummer 14 Buchstabe b oder c gegeben ist.

§ 5
Sonstige Zuständigkeiten

Ausnahmen und Befreiungen von Satzungen und Gemeindeverordnungen erteilt die Bürgermeisterin oder der Bürgermeister. Über im Rahmen von Baumschutzsatzungen erforderlich werdende Ersatzpflanzungen oder Ersatzleistungen entscheiden die Bürgermeisterin oder der Bürgermeister nach Maßgabe des § 11 LNatSchG. Sofern die Erteilung einer Ausnahme oder Befreiung mit einem Eingriff gemäß § 14 BNatSchG verbunden ist, gilt § 11 Absatz 1 LNatSchG.

§ 6
Beteiligung der Fischereibehörde

Entscheidungen auf der Grundlage des Kapitels 5 des Bundesnaturschutzgesetzes oder aufgrund dieses Kapitels ergangener Rechtsvorschriften treffen die oberen und unteren Naturschutzbehörden im Einvernehmen mit der oberen Fischereibehörde, wenn betroffene besonders geschützte Arten auch dem Fischereirecht unterliegen.

§ 7
Konzentration von Zuständigkeiten

Bedarf ein Vorhaben nach dem Landesnaturschutzgesetz, dem Bundesnaturschutzgesetz oder Rechtsakten der Europäischen Gemeinschaften neben einer Genehmigung, Ausnahme oder Befreiung durch die untere Naturschutzbehörde oder durch den Landesbetrieb für Küstenschutz, Nationalpark und Meeresschutz auch einer Entscheidung der obersten Naturschutzbehörde, entscheidet die oberste Naturschutzbehörde zugleich für die nachgeordnete Naturschutzbehörde nach den für die ersetzte Entscheidung maßgeblichen Vorschriften. Entsprechendes gilt, wenn ein Vorhaben neben einer artenschutzrechtlichen Genehmigung, Ausnahme oder Befreiung durch die obere Naturschutzbehörde auch einer Entscheidung der obersten Naturschutzbehörde bedarf. Eine Beteiligung im Sinne von Einvernehmen oder Benehmen ist keine Entscheidung im Sinne von Satz 1.

§ 8
Inkrafttreten, Außerkrafttreten

Diese Verordnung tritt am Tag nach ihrer Verkündung in Kraft. Gleichzeitig tritt die Landesverordnung zur Übertragung von Zuständigkeiten nach dem Landesnaturschutzgesetz vom 1. April 2007 (GVOBl. Schl.-H. S 227) außer Kraft.

Waldgesetz für das Land Schleswig-Holstein
(Landeswaldgesetz – LWaldG)
vom 5. Dezember 2004
– GVOBl. Schl.-H. S. 461 –

Zuletzt geändert durch Gesetz vom 13. Dezember 2018 (GVOBl. Schl.-H. S. 773)

Inhaltsverzeichnis
Abschnitt I
Allgemeine Vorschriften

§ 1 Grundsatz, Gesetzeszweck
§ 2 Begriffsbestimmungen

Abschnitt II
Rücksichtnahmegebot

§ 3 (gestrichen)
§ 4 Sicherung der Waldfunktionen bei Planungen und Maßnahmen von Trägern öffentlicher Vorhaben

Abschnitt III
Waldbewirtschaftung, Walderhaltung, Neuwaldbildung

§ 5 Bewirtschaftung des Waldes
§ 6 Zielsetzungen für den Staats- und Körperschaftswald
§ 7 Ausnahmen vom Kahlschlagsverbot
§ 8 Wiederaufforstung und natürliche Wiederbewaldung
§ 9 Umwandlung von Wald
§ 10 Erstaufforstung
§ 11 Teilung von Waldgrundstücken
§ 12 Nachbarrechte und Nachbarpflichten

Abschnitt IV
Besonders geschützte Waldgebiete

§ 13 (gestrichen)
§ 14 Naturwald
§ 15 Erlass von Naturwaldverordnungen
§ 16 (gestrichen)

Abschnitt V
Betreten des Waldes

§ 17 Betreten des Waldes
§ 18 Reiten im Wald
§ 19 Haftung
§ 20 Sperren von Wald
§ 20 a Kulturschutzzäune
§ 21 Kennzeichnung des Waldes

Abschnitt VI
Waldschutz

§ 22 Schutzmaßnahmen gegen Schadorganismen
§ 23 Schutzmaßnahmen gegen Waldbrände
§ 24 Waldabstand

Abschnitt VII
Förderung der Forstwirtschaft

§ 25 Förderung der Forstwirtschaft
§ 26 (gestrichen)
§ 27 (gestrichen)

Abschnitt VIII
Entschädigung, Härteausgleich

§ 28 Entschädigung, Übernahmeverlangen
§ 29 (gestrichen)
§ 30 (gestrichen)
§ 31 Härteausgleich

Abschnitt IX
Forstverwaltung, Forstaufsicht

§ 32 Forstbehörden
§ 33 Aufgaben und Befugnisse der Forstbehörden, Auskunftserteilung
§ 34 Sachliche Zuständigkeit
§ 35 Waldkataster
§ 36 Gebührenfreiheit
§ 37 (gestrichen)

Abschnitt X
Schlussbestimmungen

§ 38 Ordnungswidrigkeiten
§ 39 Anwendung des Gesetzes in besonderen Fällen
§ 40 (gestrichen)
§ 41 Befreiungen
§ 42 Übergangsregelungen
§ 43 Inkrafttreten

Abschnitt I
Allgemeine Vorschriften

§ 1
Grundsatz, Gesetzeszweck

(1) Der Wald in Schleswig-Holstein gehört zu den Naturreichtümern des Landes, ist eine unverzichtbare Lebensgrundlage der Menschen und bietet unersetzbaren Lebensraum für Pflanzen und Tiere. Nach Maßgabe dieses Gesetzes ist der Wald in seiner Gesamtheit zu schützen und in seiner Lebens- und Funktionsfähigkeit dauerhaft zu erhalten.

(2) Zweck dieses Gesetzes ist es

1. den Wald

   a) wegen seines wirtschaftlichen Nutzens, insbesondere als Ressource des nachwachsenden Rohstoffes Holz (Nutzfunktion),

   b) wegen seiner Bedeutung für die Umwelt, insbesondere für die dauernde Leistungsfähigkeit des Naturhaushalts, die wild lebenden Tiere und Pflanzen und deren genetische Vielfalt, den Boden, den Wasserhaushalt, das Klima, die Luft und die Atmosphäre sowie das Landschaftsbild (Schutzfunktion) und

   c) wegen seiner Bedeutung für die Erholung der Bevölkerung (Erholungsfunktion)

   zu erhalten, naturnah zu entwickeln, zu mehren und seine nachhaltige Bewirtschaftung zu sichern;

2. die nachhaltige Forstwirtschaft zu fördern und die Waldbesitzenden bei der Erfüllung ihrer Aufgaben nach diesem Gesetz zu unterstützen;

3. einen Ausgleich zwischen den Rechten, Pflichten und wirtschaftlichen Interessen der Waldbesitzenden und den Interessen der Allgemeinheit zu gewährleisten.

§ 2
Begriffsbestimmungen

(1) Wald im Sinne dieses Gesetzes ist jede mit Waldgehölzen bestockte Grundfläche. Als Wald gelten auch

1. kahl geschlagene oder durch Brand oder Naturereignisse entstandene Waldkahlflächen und verlichtete Grundflächen,

2. Waldwege, Waldschneisen, Waldblößen, Waldwiesen, Waldeinteilungsstreifen sowie mit dem Wald verbundene Wildäsungsflächen und Sicherungsstreifen,

3. im und am Wald gelegene Knicks,

4. Holzlagerplätze und sonstige mit dem Wald verbundene und ihm dienende Flächen wie Pflanzgärten, Parkplätze, Spielplätze, Liegewiesen und Anlagen naturnaher Kindertageseinrichtungen, die der naturpädagogischen Erziehung und Bildung von Kindern dienen,

5. Kleingewässer, Moore, Heiden und sonstige ungenutzte Ländereien von untergeordneter Bedeutung, sofern und solange diese mit Wald verbunden und natürliche Bestandteile der Waldlandschaft sind, unbeschadet anderer Rechtsvorschriften,

6. gemäß § 9 Abs. 6 Satz 2 für die natürliche Neuwaldbildung vorgesehene, als Ersatzaufforstung zugelassene Flächen.

Wald sind nicht
1. in der Flur oder im bebauten Gebiet gelegene kleinere Flächen, die nur mit einzelnen Baumgruppen, Baumreihen oder Hecken bestockt sind,
2. Baumschulen,
3. Weihnachtsbaum- und Schmuckreisigkulturen,
4. Schnellwuchsplantagen sowie
5. zum Wohnbereich gehörende Parkanlagen und mit Waldgehölzen bestandene Friedhöfe, ausgenommen Friedhöfe, auf denen die Waldfunktionen (§ 1 Abs. 2 Nr. 1) erhalten bleiben.

(2) Waldwege im Sinne dieses Gesetzes sind nicht dem öffentlichen Verkehr gewidmete dauerhaft angelegte oder naturfeste forstliche Wirtschaftswege, die von zweispurigen Fahrzeugen ganzjährig befahren werden können (Fahrwege), sowie besonders gekennzeichnete Wanderwege, Radwege und Reitwege. Rückegassen und Gliederungslinien der Betriebsplanung sind keine Waldwege. Die Bestimmungen der § 3 Abs. 1 Nr. 4 Buchst. a und § 15 Abs. 2 und 3 des Straßen- und Wegegesetzes in der Fassung der Bekanntmachung vom 25. November 2003 (GVOBl. Schl.-H. S. 631, ber. 2004 S. 140) bleiben unberührt.

(3) Waldgehölze im Sinne dieses Gesetzes sind alle Waldbaum- und Waldstraucharten ohne Rücksicht auf Alter und Zustand. Bestockung ist der flächenhafte Bewuchs mit Waldgehölzen ohne Rücksicht auf Verteilung und Art der Entstehung. Standortheimisch ist eine Baumart, wenn sich ihr jeweiliger Wuchsstandort im natürlichen Verbreitungsgebiet der betreffenden Art befindet oder in der Nacheiszeit befand.

Abschnitt II
Rücksichtnahmegebot

§ 3
(gestrichen)

§ 4
Sicherung der Waldfunktionen bei Planungen und Maßnahmen von Trägern öffentlicher Vorhaben

Die Träger öffentlicher Vorhaben haben bei Planungen und Maßnahmen, die eine Inanspruchnahme von Waldflächen vorsehen oder die in ihren Auswirkungen Waldflächen betreffen können,
1. die Funktionen des Waldes nach § 1 Abs. 2 Nr. 1 angemessen zu berücksichtigen; sie sollen Wald nur in Anspruch nehmen, soweit der Planungszweck nicht auf anderen Flächen verwirklicht werden kann, und
2. die Forstbehörden bereits bei der Vorbereitung der Planungen und Maßnahmen zu unterrichten und anzuhören, soweit nicht nach § 45 Abs. 2 des Bundeswaldgesetzes und sonstigen Rechtsvorschriften eine andere Form der Beteiligung vorgeschrieben ist.

Abschnitt III
Waldbewirtschaftung, Walderhaltung, Neuwaldbildung

§ 5
Bewirtschaftung des Waldes

(1) Die Bewirtschaftung des Waldes hat im Rahmen seiner Zweckbestimmung ordnungsgemäß, nachhaltig und nach den Grundsätzen der guten fachlichen Praxis zu erfolgen. Sie soll die Nutz-, Schutz- und Erholungsfunktion des Waldes stetig und auf Dauer gewährleisten.

(2) Grundsätze der guten fachlichen Praxis sind insbesondere:
1. Langfristigkeit der forstlichen Produktion und Sicherung einer nachhaltigen Holzerzeugung;
2. Erhaltung der Waldökosysteme als Lebensraum einer artenreichen heimischen Pflanzen- und Tierwelt;
3. Aufbau naturnaher, standortgerechter Wälder mit hinreichendem Anteil standortheimischer Baumarten unter Ausnutzung geeigneter Naturverjüngung und Verwendung geeigneten forstlichen Vermehrungsgutes bei Erhaltung der genetischen Vielfalt;
4. bedarfsgerechte Walderschließung unter größtmöglicher Schonung von Landschaft, Waldboden und -bestand;
5. Anwendung von bestandes- und -bodenschonenden Techniken, insbesondere bei Verjüngungsmaßnahmen, Holznutzung und -bringung;
6. Nutzung der Möglichkeiten des integrierten Pflanzenschutzes unter weitestgehendem Verzicht auf Pflanzenschutzmittel;
7. Verzicht auf Einbringung gentechnisch modifizierter Organismen im Wald;
8. Anpassung der Wilddichten an die natürliche Biotopkapazität der Waldökosysteme.

(3) Kahlschläge sind verboten, sofern sie nicht nach § 7 zugelassen sind. Kahlschläge sind alle Hiebmaßnahmen, die freilandähnliche Verhältnisse bewirken und damit mindestens zeitweilig zu einer erheblichen Beeinträchtigung von Schutzfunktionen des Waldes führen. Ein Kahlschlag liegt regelmäßig dann vor, wenn der Holzvorrat auf einer zusammenhängenden Fläche von über 0,3 Hektar auf weniger als 60 % des nach gebräuchlichen Ertragstafeln oder bekannter standörtlicher Wuchsleistung üblichen Holzvorrats abgesenkt wird. Nicht als Kahlschläge gelten Hiebmaßnahmen, die
1. einer gesicherten Verjüngung dienen,
2. aus Gründen der Verkehrssicherung oder
3. aufgrund von Brand oder Naturereignissen wie Sturmschäden oder Schädlingsbefall

notwendig sind. Diese sind der Forstbehörde vorher, im Falle von Satz 4 Nr. 1 und 3 mindestens zwei Wochen vorher, anzuzeigen.

(4) Weitergehende Anforderungen aufgrund des Landesnaturschutzgesetzes bleiben unberührt.

§ 6
Zielsetzungen für den Staats- und Körperschaftswald

Der Staats- und Körperschaftswald dient in besonderem Maße dem Allgemeinwohl. Er ist unter besonderer Berücksichtigung der Schutz- und Erholungsfunktion zu bewirtschaften, zu entwickeln und zu vermehren. 10 Prozent der Gesamtfläche des Staats- und Körperschaftswaldes sollen zur Schaffung eines Netzes von Naturwäldern aus der Bewirtschaftung genommen werden.

§ 7
Ausnahmen vom Kahlschlagsverbot

(1) Die Forstbehörde kann vom Verbot des § 5 Abs. 3 Ausnahmen für Kahlschläge bis zu zwei Hektar zulassen.

(2) Eine Ausnahme soll unbeschadet weitergehender Rechtsvorschriften, insbesondere des Landesnaturschutzgesetzes, nur zugelassen werden, wenn überwiegende öffentliche Interessen den Kahlschlag erfordern und gewährleistet ist, dass sich auf der Fläche nach dem Kahlschlag ein Waldbestand mit überwiegendem Anteil an standortheimischen Baumarten entwickelt.

(3) Der Kahlschlag kann von der Forstbehörde flächenmäßig begrenzt werden. Mit seiner Durchführung darf erst nach seiner Zulassung begonnen werden.

§ 8
Wiederaufforstung und natürliche Wiederbewaldung

(1) Die waldbesitzende Person hat Waldkahlflächen außerhalb von Naturwäldern unabhängig von der Ursache ihrer Entstehung
1. in angemessener Frist mit Waldbäumen wieder aufzuforsten (Wiederaufforstung) oder

2. einer natürlichen Verjüngung zu überlassen, sofern diese mit einem hinreichenden Anteil an standortheimischen Waldbäumen und -sträuchern innerhalb von fünf Jahren nach Entstehung der Kahlfläche auf wesentlichen Teilen der Fläche zu erwarten ist (natürliche Wiederbewaldung),

es sei denn, die Forstbehörde bestimmt etwas anderes. Ist im Fall des Satzes 1 Nr. 2 eine solche Verjüngung innerhalb von fünf Jahren nicht entstanden und gesichert, hat die waldbesitzende Person die Flächen unverzüglich wieder aufzuforsten.

(2) Verlichtete Waldbestände außerhalb von Naturwäldern hat die waldbesitzende Person unabhängig von der Ursache ihrer Entstehung in angemessener Frist zu unterpflanzen oder zu ergänzen, soweit diese sich nicht ausreichend natürlich verjüngen.

(3) Die Forstbehörde kann die Wiederaufforstung von unbestockten oder unvollständig bestockten Flächen unabhängig von der Ursache ihrer Entstehung anordnen, wenn die Flächen Wald im Sinne dieses Gesetzes sind oder gewesen sind.

(4) Zur Sicherung der Wiederaufforstung oder natürlichen Wiederbewaldung kann von der waldbesitzenden Person Sicherheit in der Höhe verlangt werden, die die voraussichtlichen Kosten für die Wiederaufforstung oder natürliche Wiederbewaldung einschließlich der Nachbesserung sowie für die erforderliche Sicherung der Kultur oder natürlichen Verjüngung bis längstens fünf Jahre nach ihrer Begründung deckt.

§ 9
Umwandlung von Wald

(1) Wald darf nur mit vorheriger Genehmigung der Forstbehörde abgeholzt, gerodet oder auf sonstige Weise in eine andere Nutzungsart umgewandelt werden (Umwandlung). Die Umwandlung von Wald, der auf natürliche Weise auf Flächen entstanden ist, für die zuvor aufgrund anderer öffentlich-rechtlicher Vorschriften rechtsverbindlich eine andere Nutzungsart festgesetzt worden ist, bedarf bis zum Ablauf von zehn Jahren nach Inkrafttreten der Festsetzung keiner Genehmigung.

(2) Die Forstbehörde entscheidet über die Zulassung des mit der Umwandlung verbundenen Eingriffs in Natur und Landschaft im Einvernehmen mit der zuständigen Naturschutzbehörde. Versagt die Naturschutzbehörde ihr Einvernehmen, erlässt diese unter Benachrichtigung der Forstbehörde den Ablehnungsbescheid. Die Sätze 1 und 2 gelten nicht für die Genehmigung von Eingriffen durch den Abbau oberflächennaher Bodenschätze, Abgrabungen oder Aufschüttungen im Wald.

(3) Die Genehmigung ist zu versagen, wenn die Erhaltung des Waldes im überwiegenden öffentlichen Interesse liegt. Dies ist in der Regel der Fall, wenn die beabsichtigte Umwandlung
1. Naturwald beeinträchtigen würde,
2. benachbarten Wald gefährden oder die Erhaltung oder Bildung geschlossener Waldbestände beeinträchtigen würde oder
3. der Wald für die Erholung der Bevölkerung von wesentlicher Bedeutung ist.

Die Umwandlung von Wald zur Errichtung von Windenergieanlagen mit einer Höhe von mehr als 10 Metern ist unzulässig.

(4) Die Genehmigung der Waldumwandlung gilt als erteilt, wenn die nach Absatz 2 zuständige Behörde nicht innerhalb von drei Monaten nach Eingang des vollständigen Antrages entschieden hat. Der Antrag auf Genehmigung muss neben den Unterlagen (Pläne und Beschreibungen) alle Angaben enthalten, die zur Beurteilung der Waldumwandlung einschließlich der nach Absatz 6 und 7 erforderlichen Maßnahmen und Entscheidungen erforderlich sind. Satz 1 gilt nicht in Verfahren, die aufgrund ihres Umfanges, wegen notwendiger Beteiligung Dritter oder wegen besonderer Schwierigkeiten eines längeren Prüfungs- und Entscheidungszeitraums bedürfen; die nach Absatz 2 zuständige Behörde teilt dies vor Ablauf der in Satz 1 genannten Frist der Antragstellerin oder dem Antragsteller unter Angabe der Gründe mit.

(5) Die Genehmigung für Vorhaben nach Anlage 1 des Landes-UVP-Gesetzes kann nur in einem Verfahren erteilt werden, das den dort genannten Anforderungen entspricht.

(6) Wird die Umwandlung genehmigt, ist die waldbesitzende Person verpflichtet, eine Fläche, die nicht Wald ist und dem umzuwandelnden Wald nach naturräumlicher Lage, Beschaffenheit und künftiger Funktion gleichwertig ist oder werden kann, aufzuforsten (Ersatzaufforstung), es sei denn, die Forstbehörde bestimmt etwas anderes. Im Einzelfall kann die Forstbehörde auch eine durch natürliche Gehölzsukzession entstehende Neuwaldfläche (natürliche Neuwaldbildung) als Ersatzaufforstung zulassen; § 8 Abs. 1 Satz 1 Nr. 2 und Satz 2 gelten entsprechend. Ist die Ersatzaufforstung nicht möglich, legt die Forstbehörde eine Ausgleichszahlung fest und entscheidet über ihre Verwendung. Die Höhe der Ausgleichszahlungen bemisst sich nach den Kosten, die die waldbesitzende Person für eine Ersatzaufforstung hätte aufwenden müssen. Um die Erfüllung der Ersatzaufforstungsverpflichtung oder anderer Nebenstimmungen zu gewährleisten, kann die Forstbehörde eine Sicherheitsleistung verlangen; § 8 Abs. 4 gilt entsprechend.

(7) Die waldbesitzende Person kann die Anrechnung einer von ihr oder Dritten ohne rechtliche Verpflichtung und ohne finanzielle Förderung durchgeführten Erstaufforstung oder einer natürlichen Neuwaldbildung als Ersatzaufforstung für künftige Waldumwandlungen verlangen, wenn die Forstbehörde der Anrechnung der Maßnahme vorher zugestimmt hat und die Anrechenbarkeit zum Zeitpunkt der Umwandlung feststellt. Der Anspruch auf Anrechnung ist handelbar.

(8) Die Genehmigung nach Absatz 1 Satz 1 ist zu befristen; die Frist darf fünf Jahre nicht überschreiten. Eine nach Absatz 4 erteilte Genehmigung gilt als auf fünf Jahre befristet erteilt. Die Waldfläche darf erst unmittelbar vor der Verwirklichung der anderen Nutzung abgeholzt oder gerodet werden. Bis dahin bleibt die waldbesitzende Person zur Einhaltung der Vorschriften zur Bewirtschaftung des Waldes und zum Waldschutz verpflichtet.

(9) Die Absätze 1 bis 8 gelten entsprechend, wenn Wald in eine halboffene Weidelandschaft einbezogen wird. Soweit waldähnlicher Bewuchs erst während der Nutzung einer Fläche als halboffene Weidelandschaft entsteht, gilt dieser für die Dauer der Nutzung nicht als Wald im Sinne von § 2.

(10) Die Umwandlung von Wald in denkmalgeschützten historischen Garten-, Park- und Friedhofsanlagen bedarf keiner Genehmigung nach Absatz 1. Die waldbesitzende Person hat die Umwandlung der zuständigen Forstbehörde vor Beginn der Maßnahme anzuzeigen.

§ 10
Erstaufforstung

(1) Nicht als Wald genutzte Grundflächen dürfen nur mit vorheriger Genehmigung der Forstbehörde aufgeforstet werden (Erstaufforstung).

(2) Die Genehmigung schließt gemäß § 17 Abs. 1 BNatSchG die Entscheidung über den Eingriff nach § 15 BNatSchG in Verbindung mit § 9 Abs. 2 bis 6 LNatSchG ein. Sie ergeht insofern gemäß § 17 Abs. 1 letzter Halbsatz BNatSchG im Einvernehmen mit der zuständigen Naturschutzbehörde. Versagt die Naturschutzbehörde ihr Einvernehmen, erlässt diese unter Benachrichtigung der Forstbehörde den Ablehnungsbescheid. Für Vorhaben, die in Anlage 1 des Landes-UVP-Gesetzes aufgeführt sind, kann die Genehmigung nur in einem Verfahren erteilt werden, das den Anforderungen des Landes-UVP-Gesetzes entspricht. Wird durch die Erstaufforstung ein Knick erheblich beeinträchtigt, gelten die Sätze 1 bis 4 entsprechend für die Erteilung einer Ausnahme nach § 30 Abs. 3 BNatSchG in Verbindung mit § 21 Abs. 3 LNatSchG sowie für eine Befreiung nach § 67 BNatSchG.

(3) Die Genehmigung ist zu erteilen, wenn nicht
1. die Grundfläche öffentlich-rechtlich verbindlich für andere Zwecke vorgesehen ist oder
2. der Erstaufforstung ein anderes überwiegendes öffentliches Interesse entgegensteht.

(4) Die Genehmigung gilt als erteilt, wenn die nach Absatz 2 zuständige Behörde nicht innerhalb von drei Monaten nach Eingang des vollständigen Antrages entschieden hat. Der Antrag auf Genehmigung muss neben den Unterlagen (Pläne und Beschreibungen) alle Angaben enthalten, die zur Beurteilung der Erstaufforstung erforderlich sind. Satz 1 gilt nicht in Verfahren, die aufgrund ihres Umfanges, wegen notwendiger Beteiligung Dritter oder wegen besonderer Schwierigkeiten eines längeren Prüfungs- und Entscheidungszeitraums bedürfen; die nach Absatz 2 zuständige Behörde teilt dies vor Ablauf der in Satz 1 genannten Frist der Antragstellerin oder dem Antragsteller unter Angabe der Gründe mit.

(5) Die Genehmigung ist zu befristen. Die Frist darf fünf Jahre nicht überschreiten. Eine nach Absatz 4 Satz 1 erteilte Genehmigung gilt als auf fünf Jahre befristet erteilt.

§ 11
Teilung von Waldgrundstücken

(1) Die Teilung von Waldgrundstücken bedarf der vorherigen Genehmigung der Forstbehörde, wenn eines der dadurch entstehenden Teilgrundstücke kleiner als drei Hektar ist. Die Genehmigung darf nur erteilt werden, wenn gewährleistet ist, dass die geteilten Waldgrundstücke weiterhin gemäß § 5 bewirtschaftet werden können.

(2) Die Genehmigung der Umwandlung eines Waldgrundstückes schließt die Genehmigung seiner Teilung nach Absatz 1 ein.

(3) Das Grundbuchamt darf auf Grund eines nach Absatz 1 genehmigungsbedürftigen Rechtsvorganges eine Eintragung im Grundbuch erst vornehmen, wenn der Genehmigungsbescheid vorgelegt wird.

(4) Ist auf Grund eines nicht genehmigten Rechtsvorganges eine Eintragung im Grundbuch vorgenommen worden, kann die Forstbehörde, falls die Genehmigung erforderlich war, das Grundbuchamt um die Eintragung eines Widerspruchs ersuchen. Der Widerspruch ist zu löschen, wenn die Forstbehörde darum ersucht oder wenn dem Grundbuchamt die Genehmigung nachgewiesen wird.

(5) Besteht die auf Grund eines nicht genehmigten Rechtsvorganges vorgenommene Eintragung einer Grundstücksteilung ein Jahr, gilt die Teilung als genehmigt, es sei denn, dass vor Ablauf dieser Zeit ein Widerspruch der Forstbehörde im Grundbuch eingetragen oder seine Eintragung beantragt worden ist.

(6) Ist zu einem Rechtsvorgang eine Genehmigung nicht erforderlich, hat die Genehmigungsbehörde auf Antrag einer oder eines Beteiligten darüber ein Zeugnis auszustellen. Das Zeugnis steht der Genehmigung gleich.

§ 12
Nachbarrechte und Nachbarpflichten

(1) Waldbesitzende haben bei der Bewirtschaftung ihres Waldes und sonstigen Maßnahmen auf Grund dieses Gesetzes auf die schutzwürdigen Interessen der Eigentümerinnen oder Eigentümer oder Nutzungsberechtigten benachbarter Grundstücke angemessene Rücksicht zu nehmen, soweit dies im Rahmen der Vorschriften dieses Gesetzes möglich und zumutbar ist. Sie haben ihre Maßnahmen in der Nähe der Grenzen aufeinander abzustimmen und insbesondere Maßnahmen zu unterlassen, durch die benachbarte Waldflächen offensichtlich der Gefahr des Windwurfs, der Aushagerung oder des Rindenbrandes ausgesetzt werden.

(2) Ist die Bewirtschaftung einer Waldfläche, insbesondere die Holzfällung oder die Abfuhr von Walderzeugnissen, ohne Benutzung eines fremden Grundstückes nicht oder nur mit unverhältnismäßig großen Nachteilen möglich, sind die Eigentümerinnen oder Eigentümer oder Nutzungsberechtigten des fremden Grundstücks verpflichtet, auf Antrag der Waldbesitzenden die Benutzung im notwendigen Umfang zu gestatten. Die Waldbesitzenden haben den dadurch entstehenden Schaden zu ersetzen. Für die Benutzung nicht öffentlicher Wege kann eine angemessene Vergütung verlangt werden.

(3) Wird eine Grundfläche erstmalig aufgeforstet oder eine Kahlfläche an landwirtschaftlich oder erwerbsgärtnerisch genutzten Nachbargrundstücken wieder aufgeforstet, gilt § 37 des Nachbarrechtsgesetzes für das Land Schleswig-Holstein vom 24. Februar 1971 (GVOBl. Schl.-H. S. 54), zuletzt geändert durch Artikel 4 des Gesetzes vom 19. November 1982 (GVOBl. Schl.-H. S. 256), mit der Maßgabe, dass die dort ausgesprochenen Verpflichtungen für die Waldbesitzenden nur für Waldbäume bestehen, deren Stämme näher als vier Meter zum Nachbargrundstück stehen.

§ 13
(gestrichen)

Abschnitt IV
Besonders geschützte Waldgebiete

§ 14
Naturwald

(1) Naturwälder dienen insbesondere folgenden Zwecken:
1. Sicherung einer ungestörten natürlichen Entwicklung standortspezifischer Lebensräume für Tiere und Pflanzen,
2. Waldökologischer Forschung,
3. Dauerbeobachtung von Waldlebensgemeinschaften sowie
4. Sicherung genetischer Informationen.

(2) Die in der Anlage zu diesem Gesetz genannten und in Abgrenzungskarten im Maßstab 1 : 25.000 dargestellten Flächen im Eigentum der Stiftung Naturschutz Schleswig-Holstein und der Anstalt Schleswig-Holsteinische Landesforsten werden zur Sicherung der ungestörten Entwicklung der geologischen und biologischen Prozesse im Wald zu Naturwäldern erklärt und nach Maßgabe des Absatzes 4 unter Schutz gestellt. Die Anlage ist Bestandteil dieses Gesetzes[1]. Die Forstbehörde setzt die Abgrenzungskarten nach Satz 1, soweit dies aus Gründen der Rechtsklarheit erforderlich ist, in Karten mit dem Maßstab 1 : 5.000 um und verwahrt diese archivmäßig. Die oberste Forstbehörde kann durch Verordnung die jeweilige Gebietsabgrenzung anpassen, wenn dies aus Gründen des überwiegenden öffentlichen Interesses erforderlich ist. Weitergehende Schutzvorschriften bleiben unberührt.

(3) Weitere Waldflächen, die unter Verzicht auf Bewirtschaftungsmaßnahmen dauerhaft sich selbst überlassen werden sollen, können durch Verordnung zu Naturwald erklärt werden.

(4) Handlungen, die zu einer Zerstörung, Beschädigung oder Veränderung des Naturwaldes oder seiner Bestandteile oder zu einer erheblichen oder dauerhaften Störung der Lebensgemeinschaften führen können, sind verboten.

(5) Unberührt von den Verboten des Absatzes 4 bleiben
1. in den Naturwäldern nach Absatz 2 bis zum 31. Dezember 2020 die Entnahme von nicht standortheimischen Gehölzen und Neophyten,
2. die Ausübung des Jagdrechts,
3. zur Verkehrssicherung und Unterhaltung von Wegen, Leitungen und Denkmalen sowie zur Gefahrenabwehr für Deiche, Dämme, Sperrwerke und des Deichzubehörs notwendige Maßnahmen,
4. die erforderliche Unterhaltung von Gewässern, die Vorflut dienen sowie
5. Maßnahmen zur Wiederherstellung des natürlichen Wasserhaushalts.

(6) Die Forstbehörde kann im Einvernehmen mit der oberen Naturschutzbehörde Ausnahmen von den Verboten des Absatzes 4 zulassen zur Gewinnung von forstlichem Vermehrungsgut sowie zur Umsetzung von Maßnahmen des Naturschutzes, insbesondere zur Sicherung der Erhaltungsziele des Netzes Natura-2000 und zum Schutz der Habitate besonders geschützter Arten.

§ 15
Erlass von Naturwaldverordnungen

(1) Verordnungen nach § 14 Absatz 3 erlässt die oberste Forstbehörde.

---

[1] *Vom Abdruck der Anlagen wurde abgesehen.*

(2) Vor dem Erlass einer Verordnung sind die Gemeinden, Behörden und sonstigen öffentlichen Planungsträger, auf deren Aufgabenbereiche sich die Verordnung voraussichtlich auswirkt, zu hören. Die oberste Forstbehörde räumt ihnen dafür eine angemessene Frist ein. Verspätet eingegangene Stellungnahmen werden nicht mehr berücksichtigt, es sei denn, die vorgebrachten Belange waren der obersten Forstbehörde bereits bekannt oder hätten ihr bekannt sein müssen oder sind für die Rechtmäßigkeit der Verordnung von Bedeutung.

(3) Der Entwurf der Verordnung ist mit den dazugehörenden Karten für die Dauer eines Monats in den Ämtern und amtsfreien Gemeinden, in deren Gebiet sich die Verordnung voraussichtlich auswirkt, öffentlich auszulegen. Ort und Dauer der Auslegung sind in den genannten Körperschaften mindestens eine Woche vorher mit dem Hinweis darauf örtlich bekannt zu machen, dass jedermann bis zu zwei Wochen nach Ablauf der Auslegungszeit bei ihnen oder bei der obersten Forstbehörde schriftlich oder zur Niederschrift Stellungnahmen abgeben kann.

(4) Die Beteiligung nach Absatz 2 kann gleichzeitig mit dem Verfahren nach Absatz 3 durchgeführt werden.

(5) Die oberste Forstbehörde prüft die fristgerecht abgegebenen Stellungnahmen. Sie teilt das Ergebnis den Personen, die Stellungnahmen abgegeben haben, mündlich in einem gemeinsamen Termin oder schriftlich mit.

(6) Von der Anwendung der Absätze 2 bis 5 kann abgesehen werden, wenn
1. eine bestehende Verordnung geändert oder dem geltenden Recht angepasst werden soll oder nach Durchführung des Verfahrens nach den Absätzen 2 bis 5 der Entwurf einer Verordnung geändert werden soll,
2. es sich um ein Gebiet handelt, das zu Zwecken der Naturwaldbildung erworben oder bereitgestellt worden ist oder
3. eine Verordnung nur auf Grundstücke weniger und bekannter Eigentümerinnen oder Eigentümer erstreckt werden soll.

In den Fällen des Satzes 1 Nummer 2 und 3 sind die betroffenen Eigentümerinnen und Eigentümer, Nutzungsberechtigten und Gemeinden innerhalb einer angemessenen Frist anzuhören. In den Fällen des Satzes 1 Nummer 1 sind sie anzuhören, wenn es sich um wesentliche räumliche oder sachliche Erweiterungen handelt.

(7) Die Absätze 1 bis 6 gelten entsprechend für die Aufhebung von Verordnungen.

(8) Die Abgrenzung eines Naturwalds ist in der Verordnung
1. im Einzelnen zu beschreiben oder
2. grob zu beschreiben und zeichnerisch in Karten darzustellen, die
   a) als Bestandteil der Verordnung im jeweiligen Verkündungsblatt abgedruckt werden oder
   b) als Ausfertigung bei der zu benennenden Forstbehörde, den Ämtern und amtsfreien Gemeinden eingesehen werden können.

Die Karten nach Nummer 2 müssen in hinreichender Klarheit erkennen lassen, welche Grundstücke zum Naturwald gehören; bei Zweifeln gelten die Flächen als nicht betroffen.

§ 16
(gestrichen)

Abschnitt V
Betreten des Waldes

§ 17
Betreten des Waldes

(1) Jeder Mensch darf den Wald zum Zwecke der naturverträglichen Erholung auf eigene Gefahr betreten. Das Betreten in der Zeit von Sonnenuntergang bis Sonnenaufgang (Nachtzeit) ist auf Waldwege beschränkt. Auch bei Tage auf Waldwege beschränkt ist das Radfahren, das Fahren mit Krankenfahrstühlen, das Skilaufen und das nicht durch Motorkraft oder Zugtiere bewirkte Schlittenfahren.

(2) Nicht gestattet sind
1. das Betreten von Waldflächen und -wegen, in deren Bereich Holz eingeschlagen, aufbereitet, gerückt oder gelagert wird oder Wegebaumaßnahmen durchgeführt werden,
2. das Betreten von Forstkulturen, Pflanzgärten, Wildäckern sowie sonstigen forstwirtschaftlichen, fischereiwirtschaftlichen oder jagdlichen Einrichtungen und Anlagen,
3. sonstige Benutzungsarten des Waldes wie das Fahren, ausgenommen nach Absatz 1, das Abstellen von Fahrzeugen und Wohnwagen, das Zelten sowie die Mitnahme von gezähmten Wildtieren und Haustieren mit Ausnahme angeleinter Hunde auf Waldwegen sowie
4. die Durchführung organisierter Veranstaltungen im Wald,

es sei denn, dass hierfür eine Zustimmung der waldbesitzenden Person vorliegt. Die Waldfunktionen und sonstige Rechtsgüter dürfen auf Grund dieser Zustimmung nicht beeinträchtigt werden. § 20 und andere Vorschriften des öffentlichen Rechts, die die Regelungen der Absätze 1 bis 3 einschränken oder solche Einschränkungen zulassen, bleiben unberührt.

(3) Das Wegegebot sowie der Leinenzwang nach Absatz 2 Nr. 3 gelten nicht für Diensthunde von Behörden, Hunde des Such- und Rettungsdienstes und des Katastrophenschutzes, Blindenführhunde sowie Behindertenbegleithunde und Jagdhunde im Rahmen ihres bestimmungsgemäßen Einsatzes und ihrer Ausbildung.

(4) Wer sich im Wald befindet, hat sich so zu verhalten, dass die Lebensgemeinschaft Wald nicht mehr als unvermeidbar beeinträchtigt, die Bewirtschaftung des Waldes nicht behindert, der Wald und darin gelegene Einrichtungen und Anlagen nicht gefährdet, geschädigt oder verunreinigt und die Erholung oder sonstige schutzwürdige Interessen anderer nicht beeinträchtigt werden. Weitergehende Rechtsvorschriften bleiben unberührt.

§ 18
Reiten im Wald

(1) Das Reiten ist im Wald auf eigene Gefahr gestattet
1. auf besonders gekennzeichneten Waldwegen (Reitwegen),
2. auf privaten Straßen mit Bitumen-, Beton- oder vergleichbarer Decke,
3. auf allen dem öffentlichen Verkehr gewidmeten Straßen und Wegen.

Trittfeste Fahrwege in öffentlichem Eigentum, die in der freien Landschaft verlaufende Straßen, Wege und Flächen, auf denen das Reiten oder das Fahren mit Pferdegespannen zulässig ist, verbinden, werden von der unteren Forstbehörde nach Anhörung der Waldbesitzenden als Reitwege oder, wenn sie Fahrwege verbinden, als Reit- und Fahrwege ausgewiesen. Sie sind von der waldbesitzenden Person nach § 21 zu kennzeichnen. Fahrwege gelten als trittfest, wenn sie mit Pferden beritten oder befahren werden können und bei der voraussichtlichen Nutzungsintensität Trittschäden nicht zu erwarten sind. Die Ausweisung ist jederzeit widerruflich und steht unter dem Vorbehalt der nachträglichen Aufnahme, Änderung oder Ergänzung von Nebenbestimmungen. Weitergehende Befugnisse und Absprachen mit der waldbesitzenden Person und der betroffenen Gemeinde sowie anderweitige Rechtsvorschriften bleiben unberührt. § 17 Abs. 2 Satz 2 gilt entsprechend.

(2) Gemeinden sollen darauf hinwirken, dass in ausreichendem Umfang geeignete und zusammenhängende Reitwege und Reit- und Fahrwege im Verbund mit sonstigen Straßen, Wegen und Flächen eingerichtet werden.

(3) Die oberste Forstbehörde kann durch Rechtsverordnung Näheres über das Reiten und Fahren mit Pferdegespannen im Walde, insbesondere eine Pflicht zur Kennzeichnung der Pferde, und über die Heranziehung der Reitenden zu Abgaben für die Anlage und Unterhaltung von Reitwegen regeln, wobei in der Verordnung die Höhe, das Verfahren

der Erhebung und die Art der Verwaltung und Verwendung der Mittel zu regeln sind.

§ 19
Haftung

Durch das Betreten und sonstige Benutzungsarten des Waldes werden keine besonderen Sorgfalts- und Verkehrssicherungspflichten der Waldbesitzenden begründet. Die Waldbesitzenden und sonstigen Grundbesitzenden haften insbesondere regelmäßig nicht für

1. typische sich aus dem Wald und der Bewirtschaftung des Waldes (§ 5) und den Regelungen für Naturwald (§ 14) ergebende Gefahren, insbesondere durch Bäume oder Teile von Bäumen und den Zustand von Wegen,
2. Gefahren, die dadurch entstehen, dass beim Betreten oder bei sonstigen Benutzungsarten des Waldes (§§ 17 und 18) schlechte Witterungs- oder Sichtverhältnisse nicht berücksichtigt werden sowie
3. Gefahren abseits von Waldwegen, insbesondere durch waldtypische Geländeverhältnisse, Gruben, Gräben und Rohrdurchlässe.

§ 20
Sperren von Wald

(1) Die waldbesitzende Person kann mit vorheriger Genehmigung der Forstbehörde das Betreten oder sonstige Benutzungsarten des Waldes nach § 17 Abs. 1 oder § 18 Abs. 1 ganz oder teilweise untersagen und entsprechende Einrichtungen anbringen (Sperren des Waldes), wenn und solange

1. die Sperrung aus wichtigen Gründen des Waldschutzes, der Wald- und Wildbewirtschaftung, der Verkehrssicherung oder zur Vermeidung erheblicher Schäden am Wald erforderlich ist,
2. Störungen die Erhaltung bestimmter wildlebender Tier- und Pflanzenarten wesentlich beeinträchtigen können oder
3. ein anderer wichtiger Grund die Sperrung im Einzelfall erfordert

und wesentliche Belange der Allgemeinheit, insbesondere die Erholung der Bevölkerung nicht entgegenstehen. Eine Sperrung kann von der Forstbehörde auch von Amts wegen angeordnet werden. Sperrungen sind zu befristen; sie können widerrufen oder eingeschränkt werden. Weitergehende Rechtsvorschriften bleiben unberührt.

(2) Beabsichtigt eine waldbesitzende Person, eine Waldfläche in der Zeit vom 1. September bis zum 30. April nicht länger als insgesamt drei Wochen nach Absatz 1 Satz 1 Nr. 1 zu sperren, genügt die vorherige Anzeige bei der Forstbehörde. In der Anzeige sind die Tage, die Größe und Lage der gesperrten Waldflächen anzugeben.

(3) Das Nähere zu den Voraussetzungen und zum Verfahren beim Sperren von Wald kann die oberste Forstbehörde durch Verordnung regeln.

(4) Liegen die Voraussetzungen für ein Sperren des Waldes nicht oder nicht mehr vor, hat die waldbesitzende Person die Sperrung unverzüglich zu beseitigen.

§ 20 a
Kulturschutzzäune

Nicht mehr benötigte oder unbrauchbare Zäune zum Schutz von Forstpflanzen gegen Wildschäden (Kulturschutzzäune) sind unverzüglich von den Waldbesitzenden zu entfernen.

§ 21
Kennzeichnung des Waldes

(1) Wald ist von der waldbesitzenden Person in dem notwendigen Umfang so zu kennzeichnen, dass für die Waldbesuchenden erkennbar ist, welche Waldwege und sonstigen Waldflächen

1. nach § 20 ganz oder teilweise gesperrt oder
2. nach § 18 als Reitwege eingerichtet sind.

Die Kennzeichnung der in Satz 1 genannten Waldflächen und -wege von Amts wegen hat die waldbesitzende Person zu dulden.

(2) Die oberste Forstbehörde kann durch Verordnung[2] nähere Vorschriften über die Kennzeichnung des Waldes erlassen.

Abschnitt VI
Waldschutz

§ 22
Schutzmaßnahmen gegen Schadorganismen

(1) Wird der Wald in erheblichem Umfang von Schadorganismen bedroht oder befallen, ist die waldbesitzende Person verpflichtet, in erforderlichem Umfang nach den Grundsätzen des integrierten Pflanzenschutzes anerkannt wirksame Gegenmaßnahmen zu ergreifen. Dabei ist präventiven Waldbaumaßnahmen der Vorrang einzuräumen. Die Forstbehörde ist ermächtigt, bei stark zunehmendem, auf benachbarte Flächen anderer waldbesitzender Personen übergreifendem oder überörtlichem Befall mit Schadorganismen besondere Anordnungen zu treffen. Die Sätze 1 und 2 gelten nicht für Naturwälder nach § 14.

(2) In der Zeit vom 1. Mai bis zum 30. September darf gefälltes Nadelholz unentrindet weder im Wald noch innerhalb von drei Kilometern Entfernung von der Grenze des nächsten mit Nadelbäumen bestockten Waldes gelagert werden. Kann das aufgearbeitete Nadelderbholz im Einzelfall nicht unverzüglich entrindet oder aus dem Wald abtransportiert werden, ist eine vorbeugende, sachgemäße Behandlung des an zentraler Stelle zu lagernden Holzes mit anerkannt wirksamen Mitteln gegen den Befall mit Schadorganismen zulässig. Absatz 1 Satz 2 gilt entsprechend.

§ 23
Schutzmaßnahmen gegen Waldbrände

(1) Zur Verhütung von Waldbränden kann die Forstbehörde gegenüber Waldbesitzenden die notwendigen Schutzmaßnahmen anordnen. Sie ist berechtigt, Waldbesitzenden die Herstellung technischer Einrichtungen oder die Durchführung technischer Maßnahmen im Rahmen ihres Leistungsvermögens aufzuerlegen, soweit dies zur Verhütung und Bekämpfung von Waldbränden erforderlich ist.

(2) Die Forstbehörde kann nach Anhörung der betroffenen Waldbesitzenden Schutzmaßnahmen, die ihrer Art nach nur für mehrere Waldbesitzende gemeinsam getroffen werden können, auf deren Kosten selbst durchführen. Bei Gefahr im Verzug kann die Anhörung unterbleiben.

(3) Die oberste Forstbehörde kann durch Verordnung besondere Vorschriften für die Verhütung und Bekämpfung von Waldbränden erlassen. Dabei kann sie insbesondere

1. den Umfang der für jede Person zumutbaren Hilfeleistung beim Löschen und Melden von Wald-, Moor- und Heidebränden regeln,
2. den Gebrauch von Feuer und Licht regeln und das Rauchen ganz oder teilweise verbieten.

§ 24
Waldabstand

(1) Zur Verhütung von Waldbränden, zur Sicherung der Waldbewirtschaftung und der Walderhaltung, wegen der besonderen Bedeutung von Waldrändern für den Naturschutz sowie zur Sicherung von baulichen Anlagen vor Gefahren durch Windwurf oder Waldbrand ist es verboten, Vorhaben im Sinne des § 29 des Baugesetzbuches in einem Abstand von weniger als 30 m vom Wald (Waldabstand) durchzuführen. Satz 1 gilt nicht für genehmigungs- und anzeigefreie Vorhaben gemäß § 69 der Landesbauordnung sowie für Anlagen des öffentlichen Verkehrs, jeweils mit Ausnahme von Gebäuden.

(2) Der Waldabstand ist nachrichtlich in die Bebauungspläne oder Satzungen nach § 34 Abs. 4 Satz 1 Nr. 2 und 3 des Baugesetzbuches aufzunehmen. Die zuständige Bauaufsichtsbehörde kann Unterschreitungen des Abstandes im Einvernehmen mit der Forstbehörde zulassen, wenn eine Gefährdung nach Absatz 1 Satz 1 nicht zu besorgen ist. Eine

---

[2] *Landesverordnung zur Kennzeichnung des Waldes vom 19.12.2011 (GVOBl. Schl.-H. 2012 S. 96), zuletzt geändert durch LVO vom 9.4.2021 (GVOBl. Schl.-H. S. 507).*

Unterschreitung des Waldabstands zugunsten von baulichen Anlagen waldpädagogischer Einrichtungen kann bereits zugelassen werden, wenn diese nicht durch Windwurf oder Waldbrand gefährdet werden und von einer keine Waldbrandgefahr ausgeht. Ist die Unterschreitung Voraussetzung für die Zulässigkeit eines Vorhabens in Gebieten mit Bebauungsplänen oder Satzungen nach § 34 Abs. 4 Satz 1 Nr. 2 und 3 des Baugesetzbuches, erfolgt die Entscheidung bei der Aufstellung, Änderung oder Ergänzung des Bebauungsplanes oder der Satzung.

Abschnitt VII
Förderung der Forstwirtschaft

§ 25
Förderung der Forstwirtschaft

(1) Waldbesitzende sollen zur Aufrechterhaltung und Weiterentwicklung einer nachhaltigen Forstwirtschaft, die sowohl die wirtschaftliche als auch die ökologische und soziale Leistungsfähigkeit der Forstbetriebe sicherstellt, nach Maßgabe des Landeshaushalts fachlich und finanziell gefördert werden.

(2) Es soll eine fachliche Förderung erfolgen durch unentgeltliche Beratung des Privat- und Körperschaftswaldes. Durch die Beratung sollen insbesondere die Besitzenden des kleinen und mittleren Privat- und Körperschaftswaldes in der Bewirtschaftung ihres Waldes nach den Vorschriften dieses Gesetzes unterstützt, aus- und fortgebildet werden. Die Beratung ist Aufgabe der Landwirtschaftskammer.

(3) Waldbesitzende, die kein ausreichendes eigenes Fachpersonal besitzen, können mit der Landwirtschaftskammer oder einer anderen fachkundigen öffentlich-rechtlichen Körperschaft sowie mit fachkundigen privaten Unternehmen oder Einzelpersonen eine fachliche Betreuung vereinbaren. Diese besteht in der über die Beratung hinausgehenden forstbetrieblichen Dienstleistungen, insbesondere bei der Waldbegründung und -pflege, bei der Holzernte, beim Unternehmereinsatz und beim Holzverkauf.

(4) Privatwaldbesitzenden und forstwirtschaftlichen Zusammenschlüssen können Finanzhilfen gewährt werden. Einzelheiten, insbesondere zu den Voraussetzungen einer finanziellen Förderung, regelt die oberste Forstbehörde im Einvernehmen mit dem Finanzministerium durch Richtlinien.

§§ 26, 27
(gestrichen)

Abschnitt VIII
Entschädigung, Härteausgleich

§ 28
Entschädigung, Übernahmeverlangen

(1) Werden Waldbesitzenden oder sonstigen Personen durch dieses Gesetz oder durch Maßnahmen und Entscheidungen aufgrund dieses Gesetzes Beschränkungen ihrer Nutzungsrechte oder Pflichten auferlegt, die im Einzelfall zu einer schweren und unzumutbaren Belastung führen und nicht durch andere Maßnahmen auf ein verhältnismäßiges Maß reduziert werden können, haben sie gegen das Land einen Anspruch auf angemessene Entschädigung in Geld. Die Entschädigung darf 100 % des Verkehrswertes des Grundstücks nicht überschreiten.

(2) Über den Anspruch auf Entschädigung ist zumindest dem Grunde nach in Verbindung mit der Maßnahme oder Entscheidung nach Absatz 1 von der zuständigen Forstbehörde zu entscheiden. Die Höhe der Entschädigung setzt die oberste Forstbehörde in der für die Enteignung von Grundeigentum geltenden landesrechtlichen Vorschriften fest.

(3) Soll die Maßnahme oder Entscheidung nach Absatz 1 zum Schutz einer Siedlung oder eines anderen, öffentlichen Aufgaben dienenden Grundstücks erfolgen, können bei Schutz der Siedlung die Gemeinde, im Übrigen der Träger der öffentlichen Aufgabe angemessen zum Ersatz der zu leistenden Entschädigungen herangezogen werden. § 421 BGB ist entsprechend anzuwenden. An den Verfahren nach Absatz 1 ist die Gemeinde zu beteiligen.

(4) Die Eigentümerin oder der Eigentümer des Grundstücks kann anstelle einer Entschädigung vom Land die Übernahme des Grundstücks zum Verkehrswert verlangen, wenn es ihr oder ihm mit Rücksicht auf die in Absatz 1 genannten Nutzungsbeschränkungen wirtschaftlich nicht mehr zuzumuten ist, das Grundstück in der bisherigen oder einer anderen zulässigen Art zu nutzen. Der Anspruch nach Satz 1 ist binnen zwei Jahren nach der den Entschädigungsanspruch auslösenden Versagung oder Erklärung bei der zuständigen Forstbehörde geltend zu machen.

(5) Kommt eine Einigung über die Übernahme nicht zu Stande, kann die Eigentümerin oder der Eigentümer den Antrag auf Entziehung des Eigentums an dem Grundstück bei der Enteignungsbehörde des Landes stellen. Auf die Entziehung des Eigentums und die Entschädigung sind die für die Enteignung geltenden landesrechtlichen Vorschriften anzuwenden.

(6) Waldbesitzende, deren an Naturwald grenzende Waldflächen als Folge der Regelung in § 22 Absatz 1 Satz 4 erheblich geschädigt werden, haben gegen das Land einen Anspruch auf angemessene Entschädigung in Geld. § 254 BGB gilt entsprechend. Über den Anspruch entscheidet die Forstbehörde auf Antrag.

§§ 29, 30
(gestrichen)

§ 31
Härteausgleich

Wird durch Maßnahmen auf Grund dieses Gesetzes der waldbesitzenden oder einer anderen berechtigten Person ein wirtschaftlicher Nachteil zugefügt, der für die betroffene Person in ihren persönlichen Lebensumständen, insbesondere im wirtschaftlichen und sozialen Bereich, eine besondere Härte bedeutet, ohne dass nach § 28 eine Entschädigung zu leisten oder das Grundstück zu übernehmen ist, kann der betroffenen Person auf Antrag ein Härteausgleich in Geld gewährt werden, soweit dies zur Vermeidung oder zum Ausgleich der besonderen Härte geboten erscheint. § 28 Abs. 1 gilt entsprechend.

Abschnitt IX
Forstverwaltung, Forstaufsicht

§ 32
Forstbehörden

(1) Oberste Forstbehörde ist das Ministerium für Energiewende, Landwirtschaft, Umwelt, Natur und Digitalisierung. Es nimmt auch die Befugnisse der höheren Forstbehörde nach § 45 Abs. 2 des Bundeswaldgesetzes wahr.

(2) Untere Forstbehörde ist das Landesamt für Landwirtschaft, Umwelt und ländliche Räume.

§ 33
Aufgaben und Befugnisse der Forstbehörden, Auskunftserteilung

(1) Die Forstbehörden haben

1. darüber zu wachen, dass die Bestimmungen nach diesem Gesetz oder anderen auf die Erhaltung des Waldes und die Sicherung der ordnungsgemäßen, nachhaltigen und naturnahen Bewirtschaftung des Waldes gerichteten Vorschriften erfüllt werden,

2. Zuwiderhandlungen gegen diese Rechtsvorschriften zu verhüten und zu verfolgen oder bei deren Verfolgung mitzuwirken

und zu diesem Zweck die nach pflichtgemäßem Ermessen notwendigen Anordnungen zu treffen. Die Zwangsmittel gemäß § 235 Landesverwaltungsgesetz für den Vollzug der Anordnungen gegenüber einer waldbesitzenden Person beschränken sich auf das Zwangsgeld und die Ersatzvornahme.

(2) Die Beauftragten der Forstbehörde sind befugt, zur Wahrnehmung ihrer Aufgaben nach Absatz 1 den Wald und angrenzende Grundstücke zu betreten. Die Waldbesitzenden können verlangen, dass vor einer daraufhin beabsichtigten Anordnung nach Absatz 1 eine gemeinsame Besichtigung mit dem Beauftragten der Forstbehörde durchgeführt wird.
(3) Die Waldbesitzenden haben die zur Durchführung dieses Gesetzes erforderlichen Auskünfte zu erteilen und die Einsichtnahme in die Unterlagen zu ermöglichen.

§ 34
Sachliche Zuständigkeit

Soweit in diesem Gesetz und in den Verordnungen auf Grund dieses Gesetzes nichts anderes bestimmt ist, ist die untere Forstbehörde sachlich zuständig.

§ 35
Waldkataster

(1) Die Forstbehörden sind berechtigt, ein Waldkataster zu führen und dafür Sachdaten und personenbezogene Daten zu Grundstücken und deren Verfügungsberechtigten zu verarbeiten, insbesondere als Grundlage der
1. Wahrnehmung von Aufgaben als Träger öffentlicher Belange,
2. nach Eigentumsarten getrennten Erfassung von Waldflächen,
3. Anrechnung von Ersatzaufforstungen für künftige Waldumwandlungen,
4. Erklärung von Wald zu Naturwald,
5. Durchführung von Waldschutzmaßnahmen,
6. Förderung der Neuwaldbildung.

(2) Das Waldkataster umfasst Sachdaten und personenbezogene Daten zu Grundstücken im Zuständigkeitsbereich der Forstbehörde, soweit diese für ein flurstückbezogenes Basisinformationssystem der Forstbehörde erforderlich sind. Die Grundlage der Daten ist das Liegenschaftskataster gemäß Abschnitt III des Vermessungs- und Katastergesetzes in der Fassung vom 12. Mai 2004 (GVOBl. Schl.-H. S. 128) in Verbindung mit dem Grundbuch.
(3) Die Daten werden gemäß § 13 Abs. 3 Nr. 4 des Vermessungs- und Katastergesetzes von den Forstbehörden bei den Katasterämtern erhoben. Sie werden auf Antrag der Forstbehörde mindestens einmal pro Jahr auf Datenträgern übergeben oder automatisiert übermittelt. Die Forstbehörden dürfen den Katasterämtern für deren Zwecke fortgeführte Daten zu Waldgrundstücken auf Datenträgern übergeben oder automatisiert übermitteln.
(4) Die Forstbehörden dürfen personenbezogene Daten, die gemäß § 33 Abs. 3 erhoben wurden, für die Zwecke des Waldkatasters verarbeiten.
(5) Die zu den Waldgrundstücken gespeicherten Daten sind fortzuführen.

§ 36
Gebührenfreiheit

Alle Amtshandlungen der Forstbehörden, die der Ausführung dieses Gesetzes und der aufgrund dieses Gesetz ergehenden Verordnungen dienen, sind, mit Ausnahme der Umwandlungsgenehmigung und der Amtshandlungen im Vollzugsverfahren, gebührenfrei.

§ 37
(aufgehoben)

Abschnitt X
Schlussbestimmungen

§ 38
Ordnungswidrigkeiten

(1) Ordnungswidrig handelt, wer vorsätzlich oder fahrlässig
1. entgegen § 14 Absatz 4 Handlungen vornimmt, die zu einer Zerstörung, Beschädigung oder Veränderung des Naturwaldes oder seiner Bestandteile oder zu einer erheblichen oder dauerhaften Störung der Lebensgemeinschaften führen können;
2. einer aufgrund dieses Gesetzes erlassenen vollziehbaren schriftlichen Anordnung, die auf diese Bußgeldvorschrift verweist, zuwiderhandelt oder einer aufgrund dieses Gesetzes erlassenen Verordnung zuwiderhandelt, soweit sie für bestimmte Tatbestände auf diese Bußgeldvorschrift verweist;
3. als waldbesitzende Person
   a) entgegen § 5 Abs. 3 Satz 1 Kahlschläge durchführt, ohne dass sie nach § 7 zugelassen sind,
   b) entgegen § 5 Abs. 3 Satz 5 Hiebmaßnahmen nicht oder nicht rechtzeitig vorher anzeigt,
   c) entgegen § 8 Abs. 1 Satz 2 eine Waldkahlfläche außerhalb von Naturwäldern unabhängig von der Ursache ihrer Entstehung nicht unverzüglich wieder aufforstet,
   d) entgegen § 9 Abs. 1 Wald ohne vorherige Genehmigung der Forstbehörde abholzt, rodet oder auf sonstige Weise in eine andere Nutzungsart umwandelt,
   e) entgegen § 9 Abs. 8 Satz 3 eine Waldfläche nicht erst unmittelbar vor der Verwirklichung der anderen Nutzung abholzt oder rodet;
4. ohne waldbesitzende Person zu sein,
   a) Kahlschläge durchführt, ohne dass sie nach § 7 zugelassen sind,
   b) Wald in eine andere Nutzungsart umwandelt, ohne dass die Umwandlung nach § 9 Abs. 1 vorher genehmigt war,
   c) entgegen § 9 Abs. 8 Satz 3 eine Waldfläche nicht erst unmittelbar vor der Verwirklichung der anderen Nutzung abgeholzt oder rodet.

(2) Ordnungswidrig handelt auch, wer vorsätzlich oder fahrlässig
1. als waldbesitzende Person
   a) entgegen § 8 Abs. 1 Waldkahlflächen außerhalb von Naturwäldern unabhängig von der Ursache ihrer Entstehung nicht in angemessener Frist mit Waldbaumarten wieder aufforstet oder einer natürlichen Verjüngung überlässt, sofern diese mit einem hinreichenden Anteil an standortheimischen Waldbäumen und -sträuchern innerhalb von fünf Jahren nach Entstehung der Kahlfläche auf wesentlichen Teilen der Fläche zu erwarten ist, es sei denn, die Forstbehörde hat etwas anderes bestimmt,
   b) entgegen § 8 Abs. 2 verlichtete Waldbestände außerhalb von Naturwäldern nicht in angemessener Frist unterpflanzt oder ergänzt, soweit diese sich nicht ausreichend natürlich verjüngen,
   c) entgegen § 9 Abs. 6 Satz 1 keine Ersatzaufforstung vornimmt, es sei denn, dass die Forstbehörde gemäß § 9 Abs. 6 Satz 2 eine natürliche Neuwaldbildung als Ersatzaufforstung zugelassen oder etwas anderes bestimmt hat,
   d) eine Waldfläche ohne die nach § 20 erforderliche vorherige Genehmigung oder Anzeige sperrt;
   e) entgegen § 20 Abs. 4 die Sperrung nach Fortfall der Voraussetzungen nicht unverzüglich beseitigt;
2. entgegen § 10 Abs. 1 eine nicht als Wald genutzte Grundfläche ohne vorherige Genehmigung der Forstbehörde aufforstet;
3. entgegen § 17 Abs. 1 Satz 2 den Wald zur Nachtzeit abseits der Waldwege betritt;
4. entgegen § 17 Abs. 1 Satz 3 abseits der Waldwege Rad fährt, mit Krankenfahrstühlen fährt, Ski läuft oder Schlitten fährt;
5. entgegen § 17 Abs. 2 ohne Zustimmung der waldbesitzenden Person
   a) Waldflächen und -wege betritt, in deren Bereich Holz eingeschlagen, aufbereitet, gerückt oder gelagert wird oder Wegebaumaßnahmen durchgeführt werden,

b) Forstkulturen, Pflanzgärten, Wildäcker sowie sonstige forstwirtschaftliche, fischereiwirtschaftliche oder jagdliche Einrichtungen und Anlagen betritt,

c) sonstige Benutzungsarten des Waldes wie das Fahren, ausgenommen nach § 17 Abs. 1, das Abstellen von Fahrzeugen und Wohnwagen, das Zelten sowie die Mitnahme von gezähmten Wildtieren und Haustieren mit Ausnahme angeleinter Hunde auf Waldwegen vornimmt,

d) organisierte Veranstaltungen im Wald durchführt;

6. entgegen § 17 Abs. 4 sich im Wald so verhält, dass die Lebensgemeinschaft Wald mehr als unvermeidbar beeinträchtigt, die Bewirtschaftung des Waldes behindert, der Wald und die darin gelegenen Einrichtungen oder Anlagen gefährdet, geschädigt oder verunreinigt oder die Erholung oder sonstige schutzwürdige Interessen anderer beeinträchtigt werden;

7. entgegen § 18 Abs. 1 unbefugt im Wald außerhalb der besonders gekennzeichneten Waldwege (Reitwege), der privaten Straßen mit Bitumen-, Beton- oder vergleichbarer Decke, dem öffentlichen Verkehr gewidmeten Straßen und Wegen oder auf Fahrwegen ohne Zustimmung des Waldbesitzenden reitet;

8. entgegen § 20 gesperrte Waldflächen betritt, befährt oder auf ihnen reitet.

(3) Ordnungswidrig handelt ferner, wer vorsätzlich oder fahrlässig unbefugt im Wald

1. Waldgehölze oder die zu ihrem Schutz dienenden Vorrichtungen,

2. Waldwege, Bestandteile oder Zubehör der Waldwege, Dämme, Böschungen oder Gewässer,

3. Vorrichtungen oder Warnschilder, die zur Verhütung von Unfällen angebracht sind,

4. Zeichen oder Vorrichtungen, die zur Abgrenzung, Vermessung, Sperrung, zur Kennzeichnung von kennzeichnungsbedürftigen Waldflächen, von Versuchsflächen oder von Walderzeugnissen oder als Wegweiser dienen, insbesondere Einfriedungen, Hecken, Geländer, Tore, Schlagbäume, Abteilungssteine oder Schilder oder

5. forstwirtschaftliche, fischereiwirtschaftliche, jagdbetriebliche oder der Erholung dienende Einrichtungen oder Anlagen sowie ihr Zubehör

entfernt, beschädigt, zerstört oder auf andere Weise unbrauchbar macht.

(4) Ordnungswidrig handelt außerdem, wer vorsätzlich oder fahrlässig unbefugt

1. im Wald aufgeschichtete oder gebündelte Holzstöße oder angehäufte Bodenerzeugnisse von ihrem Standort entfernt, umwirft, in Unordnung bringt oder der Stützen beraubt,

2. Wildgattertore, Schlagbäume oder ähnliche Vorrichtungen, die zum Schutz von Forstkulturen, Naturverjüngungen, Dickungen, Pflanzgärten oder Wildäckern oder zur Sperrung dienen, öffnet oder befugterweise geöffnete nicht wieder schließt,

3. das zur Bewässerung einer Waldfläche dienende Wasser ableitet und dadurch diese Fläche oder ein anderes Grundstück nachteilig beeinflusst oder Gräben, Wälle oder sonstige Anlagen, die der Be- oder Entwässerung von Waldflächen dienen, verändert, beschädigt oder beseitigt.

(5) Die Ordnungswidrigkeit kann geahndet werden

1. in den Fällen des Absatzes 1 mit einer Geldbuße von bis zu 50.000 Euro,

2. in den Fällen der Absätze 2 bis 4 mit einer Geldbuße von bis zu 2.500 Euro.

(6) Gegenstände, auf die sich die Ordnungswidrigkeit bezieht oder die zu ihrer Begehung oder Vorbereitung gebraucht worden oder bestimmt gewesen sind, können eingezogen werden. § 23 des Gesetzes über Ordnungswidrigkeiten ist anzuwenden.

§ 39
Anwendung des Gesetzes in besonderen Fällen

Auf Flächen, die Zwecken

1. der Landesverteidigung einschließlich des Schutzes der Zivilbevölkerung,

2. des Bundesgrenzschutzes oder

3. des zivilen Luftverkehrs

dienen, sind die §§ 3 bis 10, 13 und 14 nur anzuwenden, soweit dadurch die bestimmungsgemäße Nutzung nicht beeinträchtigt wird. Das Verfahren richtet sich in diesen Fällen nach § 45 Abs. 2 des Bundeswaldgesetzes.

§ 40
(gestrichen)

§ 41
Befreiungen

Die zuständige Forstbehörde kann auf Antrag von den Geboten und Verboten dieses Gesetzes und den aufgrund dieses Gesetzes erlassenen oder fortgeltenden Rechtsvorschriften Befreiungen erteilen, wenn

1. die Durchführung der Vorschrift im Einzelfall zu einer nicht beabsichtigten Härte führen würde und keine überwiegenden öffentlichen Belange entgegenstehen oder

2. ein überwiegendes öffentliches Interesse die Befreiung erfordert.

§ 42
Übergangsregelungen

(1) Verordnungen, durch die Wald zu Erholungswald erklärt worden ist, treten mit Inkrafttreten dieses Gesetzes außer Kraft. Gleichzeitig erlöschen alle Ansprüche auf Entschädigung sowie auf sonstige Zahlungen, Zuschüsse oder Erstattungen, die auf Grund der Erklärung zu Erholungswald entstanden und noch nicht geltend gemacht worden sind. Für die entsprechend den Bedürfnissen des Erholungsverkehrs geschaffenen und erhaltungswürdigen Wege, Bänke, Schutzhütten und ähnlichen Anlagen oder Erholungseinrichtungen bleiben die Gemeinden unterhaltspflichtig, soweit die Unterhaltung nicht freiwillig von Dritten übernommen wurde.

(2) Auf Abschnitte von Vorhaben, für die am 24. Juni 2016 das Planfeststellungsverfahren eröffnet und die Bekanntgabe der Planauslegung veranlasst ist, findet § 14 Absatz 4 keine Anwendung, wenn Naturwälder nach § 14 Absatz 2 berührt sind.

§ 43
Inkrafttreten

Dieses Gesetz tritt am 1. Januar 2005 in Kraft. Gleichzeitig tritt das Landeswaldgesetz in der Fassung der Bekanntmachung vom 11. August 1994 (GVOBl. Schl.-H. S. 438), zuletzt geändert durch Gesetz vom 13. Mai 2003 (GVOBl. Schl.-H. S. 246) außer Kraft.

Landeswassergesetz (LWG)[1]
vom 13. November 2019
– GVOBl. Schl.-H. S. 425 –

Zuletzt geändert durch Gesetz vom 22. Juni 2020 (GVOBl. Schl.-H. S. 352)

Inhaltsübersicht

**Teil 1
Allgemeine Bestimmungen**

**Abschnitt 1
Geltungsbereich**

- § 1 Geltungsbereich
- § 2 Einteilung der oberirdischen Gewässer und der Küstengewässer

**Abschnitt 2
Eigentum an den Gewässern**

- § 3 Eigentum an den Gewässern erster Ordnung
- § 4 Eigentum an den Gewässern zweiter Ordnung
- § 5 Eigentum an den Außentiefs
- § 6 Eigentum an kommunalen Häfen in Küstengewässern
- § 7 Bisheriges Eigentum
- § 8 Inseln
- § 9 Verlandungen an oberirdischen Gewässern
- § 10 Uferlinie

**Teil 2
Gewässerbenutzungen**

**Abschnitt 1
Gemeinsame Bestimmungen**

- § 11 Gehobene Erlaubnis
- § 12 Erlöschen einer Erlaubnis oder Bewilligung, Rückbau
- § 13 Erlaubnisfreie Benutzungen
- § 14 Verfahren
- § 15 Zusammentreffen mehrerer Erlaubnis- oder Bewilligungsanträge
- § 16 Alte Rechte und alte Befugnisse
- § 17 Rechtsverordnungen zur Gewässerbewirtschaftung

**Abschnitt 2
Oberirdische Gewässer**

**Unterabschnitt 1
Gemeingebrauch, Anlagen**

- § 18 Gemeingebrauch
- § 19 Benutzung mit Motorfahrzeugen
- § 20 Erweiterung des Gemeingebrauchs
- § 21 Einschränkung des Gemeingebrauchs und des Befahrens mit Wasserfahrzeugen
- § 22 Anliegergebrauch
- § 23 Anlagengenehmigung
- § 24 Stauanlagen

**Unterabschnitt 2
Gewässerunterhaltung**

- § 25 Umfang der Unterhaltung
- § 26 Gewässerrandstreifen
- § 27 Unterhaltungslast bei Gewässern erster Ordnung
- § 28 Unterhaltungspflicht bei Gewässern zweiter Ordnung
- § 29 Unterhaltungspflicht bei Außentiefs
- § 30 Erfüllung der Unterhaltungspflicht
- § 31 Umlage des Unterhaltungsaufwandes auf die Unterhaltungspflichtigen
- § 32 Aufrechterhaltene Unterhaltungspflichten
- § 33 Übernahme der Unterhaltung
- § 34 Ersatzvornahme
- § 35 Besondere Pflichten bei der Gewässerunterhaltung
- § 36 Behördliche Entscheidungen zur Gewässerunterhaltung
- § 37 Unterhaltung von Anlagen in und an Gewässern
- § 38 Förderung der Unterhaltung durch das Land

**Abschnitt 3
Grundwasser**

- § 39 Beschränkung der erlaubnisfreien Benutzung von Grundwasser
- § 40 Erdaufschlüsse

**Teil 3
Wasserversorgung, Wasserschutzgebiete**

- § 41 Öffentliche Wassergewinnungsanlagen und Wasserentnahmen für die öffentliche Wasserversorgung
- § 42 Wasserschutzgebiete
- § 43 Verfahren zur Festsetzung von Wasserschutzgebieten

**Teil 4
Abwasserbeseitigung**

- § 44 Pflicht zur Abwasserbeseitigung
- § 45 Übertragung der Abwasserbeseitigungspflicht auf Eigentümer, Nutzungsberechtigte und Anlagenbetreiber
- § 46 Übertragung der Abwasserbeseitigungspflicht auf Dritte
- § 47 Anforderungen an Abwassereinleitungen
- § 48 Einleiten von Abwasser in öffentliche Abwasseranlagen (Indirekteinleitung)
- § 49 Einleiten von Abwasser in private Abwasseranlagen
- § 50 Beseitigung von Stoffen zusammen mit Abwasser
- § 51 Bau und Betrieb von Abwasseranlagen
- § 52 Genehmigung für Abwasserbehandlungsanlagen und Regenrückhaltebecken
- § 53 Zulassung von Untersuchungsstellen und Fachkundigen

**Teil 5
Gewässerausbau**

- § 54 Besondere Pflichten hinsichtlich des Ausbaues
- § 55 Vorteilsausgleich
- § 56 Pflicht zum Ausbau

**Teil 6
Küsten- und Hochwasserschutz**

**Abschnitt 1
Allgemeine Vorschriften**

- § 57 Grundsätze des Küsten- und Hochwasserschutzes
- § 58 Begriffsbestimmungen
- § 59 Hochwasserrisikogebiete
- § 60 Öffentliche Aufgaben
- § 61 Förderung durch das Land
- § 62 Hochwasser- und Sturmflutwarnungen

---

[1] Das Landeswassergesetz wurde als Artikel 1 des Wasserrechtsmodernisierungsgesetzes vom 13.11.2019 (GVOBl. Schl.-H. S. 425) verkündet, das nach seinem Artikel 12 am 1.1.2020 in Kraft trat.

§	Titel
§ 63	Zulassung von Bauten des Küstenschutzes, Planfeststellung
§ 64	Duldungspflichten

**Abschnitt 2
Deiche, sonstige Hochwasserschutzanlagen**

- § 65 Einteilung der Deiche
- § 66 Bestandteile und Abmessungen der Deiche
- § 67 Deichkataster
- § 68 Widmung, Umwidmung, Entwidmung von Deichen
- § 69 Unterhaltung von Deichen und sonstigen Hochwasserschutzanlagen
- § 70 Benutzungen von Deichen
- § 71 Deichschau
- § 72 Eigentum an Deichen
- § 73 Deichvorland

**Abschnitt 3
Hochwasserschutz und Hochwasservorsorge an oberirdischen Gewässern**

- § 74 Überschwemmungsgebiete und vorläufige Sicherung
- § 75 Besondere Schutzvorschriften für Überschwemmungsgebiete
- § 76 Baugenehmigungen in Risikogebieten an oberirdischen Gewässern
- § 77 Ausnahmen in Überschwemmungsgebieten
- § 78 Verfahren zur Festsetzung von Überschwemmungsgebieten

**Abschnitt 4
Küstenschutz**

- § 79 Errichten und Ändern von Halligwarften
- § 80 Genehmigungspflicht für Anlagen an der Küste
- § 81 Nutzungsverbote und Nutzungsbeschränkungen an der Küste
- § 82 Errichtung baulicher Anlagen an der Küste

**Teil 7
Planfeststellungsverfahren, Enteignung**

- § 83 Planfeststellung und Plangenehmigung
- § 84 Anwendbare Vorschriften bei Planfeststellungs- und Plangenehmigungsverfahren
- § 85 Enteignung, vorzeitige Besitzeinweisung

**Teil 8
Wasserwirtschaftliche Planung und Dokumentation**

- § 86 Bewirtschaftung in Flussgebietseinheiten
- § 87 Verfahren bei der Aufstellung und Aktualisierung von Bewirtschaftungsplänen und Maßnahmenprogrammen
- § 88 Verfahren beim Hochwasser-Risikomanagement
- § 89 Datenverarbeitung
- § 90 Messdienst, gewässerkundliche Messanlagen
- § 91 Verfahren für die Festsetzung von Duldungs- und Gestattungsverpflichtungen

**Teil 9
Verkehrsrechtliche Vorschriften**

- § 92 Freie Benutzung der Gewässer
- § 93 Verkehrsrechtliche Anordnungen
- § 94 Besondere Pflichten im Interesse der Schifffahrt
- § 95 Zulassung von Häfen und Anlagen, Konzessionierung von Seeverkehrsleistungen
- § 96 Genehmigungsverfahren
- § 97 Sportboothäfen
- § 98 Hafenabgaben
- § 99 Verkehrsbehörden
- § 100 Aufgaben der Verkehrsbehörden

**Teil 10
Zuständigkeiten, Verfahren**

- § 101 Wasserbehörden
- § 102 Küstenschutzbehörden
- § 103 Besondere Zuständigkeiten
- § 104 Ausgleich
- § 105 Antrag, Schriftform
- § 106 Aussetzung des Verfahrens

**Teil 11
Gewässeraufsicht, Bußgeldbestimmungen**

- § 107 Aufgaben und Befugnisse im Rahmen der Gewässeraufsicht und der Gefahrenabwehr
- § 108 Bauabnahme
- § 109 Kosten der Gewässeraufsicht
- § 110 Selbstüberwachung
- § 111 Ordnungswidrigkeiten

**Teil 12
Übergangs- und Schlussvorschriften**

- § 112 Verweisung
- § 113 Übergangsvorschriften

Teil 1
Allgemeine Bestimmungen

Abschnitt 1
Geltungsbereich

**§ 1
Geltungsbereich (zu § 2 WHG)**

(1) Dieses Gesetz gilt für folgende Gewässer:
1. oberirdische Gewässer,
2. Küstengewässer,
3. Grundwasser, unabhängig vom Gehalt an löslichen Bestandteilen.

Es gilt auch für Teile dieser Gewässer.

(2) Das Wasserhaushaltsgesetz mit Ausnahme der §§ 89 und 90 und dieses Gesetz sind nicht anzuwenden auf
1. Gräben und kleine Wasseransammlungen, die nicht der Vorflut oder der Vorflut der Grundstücke nur einer Eigentümerin oder eines Eigentümers dienen, und
2. Grundstücke, die zur Fischzucht oder Fischhaltung oder zu sonstigen Zwecken mit Wasser bespannt werden und mit einem anderen Gewässer nur dadurch verbunden sind, dass sie durch künstliche Vorrichtungen aus diesem gefüllt oder in dieses abgelassen werden.

(3) Die oberirdischen Gewässer, die nicht Binnenwasserstraßen des Bundes sind, werden seewärts durch Siele, Schleusen und Schöpfwerke begrenzt. Wo derartige Merkmale nicht vorhanden sind, bestimmt die oberste Wasserbehörde durch Verordnung die Begrenzung; sie soll die Küstenlinie an der Mündung der oberirdischen Gewässer zweckmäßig verbinden.

**§ 2
Einteilung der oberirdischen Gewässer und der Küstengewässer**

(1) Die oberirdischen Gewässer und die Küstengewässer mit Ausnahme des wild abfließenden Wassers werden eingeteilt in

1. Gewässer erster Ordnung:
   a) die Bundeswasserstraßen im Sinne des Bundeswasserstraßengesetzes in der Fassung der Bekanntmachung vom 23. Mai 2007 (BGBl. I S. 962, ber. 2008 S. 1980), zuletzt geändert durch Artikel 4 des Gesetzes vom 29. November 2018 (BGBl. I S. 2237),
   b) die sonstigen Bundeswasserstraßen,
   c) die in der Anlage 1[2] aufgeführten Gewässer,

---

[2] Vom Abdruck der Anlage wurde abgesehen.

d) die Landeshäfen, soweit sie nicht Bundeswasserstraßen sind,

e) die Fortsetzung der oberirdischen Gewässer (§ 1 Absatz 3) bis zur Einmündung in die Seewasserstraßen einschließlich der Fortsetzung der binnenwasserabführenden Gewässer zweiter Ordnung zwischen den Landesschutzdeichen und der Elbe (Außentiefs), soweit sie nach § 29 vom Land zu unterhalten sind;

2. Gewässer zweiter Ordnung:
alle anderen Gewässer.

(2) Oberirdische Gewässer, die von einem oberirdischen Gewässer abzweigen und sich wieder mit diesem vereinigen (Nebenarme), Flutmulden und ähnliche Verzweigungen eines Gewässers sowie Mündungsarme eines oberirdischen Gewässers gehören zu der Ordnung, der das Hauptgewässer an der Abzweigungsstelle angehört. Gehört das Hauptgewässer der ersten Ordnung an, so wird die Zugehörigkeit im Sinne von Satz 1 in der Anlage zu Absatz 1 Nummer 1 Buchstabe c bestimmt.

(3) Die oberste Wasserbehörde wird ermächtigt, die in Absatz 1 Nummer 1 Buchstabe c genannte Anlage durch Verordnung zu ändern, wenn ein Gewässer Bundeswasserstraße geworden ist, die Eigenschaft als Bundeswasserstraße verloren hat oder infolge veränderter Umstände seine Bedeutung als Gewässer erster Ordnung verloren hat.

Abschnitt 2
Eigentum an den Gewässern

§ 3
Eigentum an den Gewässern erster Ordnung

Die Gewässer erster Ordnung sind Eigentum des Landes, soweit sie nicht Bundeswasserstraßen sind.

§ 4
Eigentum an den Gewässern zweiter Ordnung

(1) Die Gewässer zweiter Ordnung gehören den Eigentümerinnen oder Eigentümern der Ufergrundstücke.

(2) Gehören die Ufergrundstücke verschiedenen Eigentümerinnen oder Eigentümern, so ist die Eigentumsgrenze

1. für gegenüberliegende Ufergrundstücke eine Linie, die durch die Mitte des Gewässers bei Mittelwasserstand und im Tidegebiet bei mittlerem Tidehochwasserstand führt,

2. für nebeneinanderliegende Ufergrundstücke eine Linie, die von dem Endpunkt der Landgrenze rechtwinklig zu der in Nummer 1 bezeichneten Linie führt.

Abweichende Vereinbarungen sind zulässig.

(3) Als Mittelwasserstand gilt das Mittel der Wasserstände derjenigen zwanzig Jahre, die jeweils dem letzten Jahr vorangehen, dessen Jahreszahl durch zehn teilbar ist. Das mittlere Tidehochwasser ist das Mittel der Tidehochwasserstände der zehn Jahre, die der Festsetzung der Mittellinie vorangehen. Liegen keine Pegelbeobachtungen für diesen Zeitraum vor, kann eine andere Jahresreihe verwendet werden.

§ 5
Eigentum an den Außentiefs

Die Außentiefs (§ 2 Absatz 1 Nummer 1 Buchstabe e) gehören denjenigen, die nach § 29 unterhaltungspflichtig sind. Im Falle des § 29 Absatz 2 steht das Eigentum denjenigen zu, die die Unterhaltungspflicht erfüllen (§ 30).

§ 6
Eigentum an kommunalen Häfen in Küstengewässern

Kommunale Häfen in Küstengewässern und ihre Hafeneinfahrten, soweit sie nicht Seewasserstraßen sind, gehören ihren Trägern.

§ 7
Bisheriges Eigentum

Bisherige Eigentums- und Aneignungsrechte an den Gewässern im Sinne der §§ 3, 4, 5 und 6 bleiben unberührt.

§ 8
Inseln

Inseln, die sich im Gewässer bilden, gehören den Eigentümerinnen oder Eigentümern des Gewässers innerhalb ihrer Eigentumsgrenzen.

§ 9
Verlandungen an oberirdischen Gewässern

(1) Eine Verlandung an oberirdischen Gewässern, die durch allmähliches Anlanden oder Zurücktreten des Wassers entstanden ist, wächst den Eigentümerinnen oder Eigentümern der Ufergrundstücke zu, wenn

1. sie mit dem bisherigen Ufer bei Mittelwasserstand und im Tidegebiet bei mittlerem Tidehochwasserstand zusammenhängt,

2. sich darauf Pflanzenwuchs gebildet hat und

3. seitdem drei Jahre verstrichen sind.

(2) Bei Seen und Teichen, die nicht den Eigentümerinnen oder Eigentümern der Ufergrundstücke gehören, fallen Verlandungen den Eigentümerinnen oder Eigentümern des Gewässers zu.

§ 10
Uferlinie

(1) Die Grenze zwischen dem Gewässer und den Ufergrundstücken (Uferlinie) wird durch die Linie des Mittelwasserstandes und im Tidegebiet durch die Linie des mittleren Tidehochwasserstandes bestimmt.

(2) Die Wasserbehörde kann die Uferlinie festsetzen und angemessen bezeichnen. Die Anliegerinnen oder Anlieger (§ 26 Absatz 2 WHG) und die sonst Beteiligten sind vorher zu hören.

Teil 2
Gewässerbenutzungen

Abschnitt 1
Gemeinsame Bestimmungen

§ 11
Gehobene Erlaubnis (zu § 15 WHG)

Eine gehobene Erlaubnis kann nach Maßgabe von § 15 WHG in einem Verfahren nach § 14 Absatz 1 und 2 erteilt werden. Die gehobene Erlaubnis ist als solche zu bezeichnen.

§ 12
Erlöschen einer Erlaubnis oder Bewilligung, Rückbau (zu § 13 WHG)

(1) Ist eine Erlaubnis oder eine Bewilligung ganz oder teilweise erloschen, so kann die Wasserbehörde zum Wohl der Allgemeinheit anordnen, dass die Unternehmerin oder der Unternehmer die Anlagen für die Benutzung des Gewässers ganz oder teilweise bestehen lässt oder sie auf ihre oder seine Kosten beseitigt und den früheren Zustand wieder herstellt.

(2) Bleibt hiernach eine Anlage ganz oder teilweise bestehen, so haben diejenigen sie zu unterhalten, in deren Interesse sie bestehen bleibt. Soweit es für die Unterhaltung erforderlich ist, können sie von der Unternehmerin oder dem Unternehmer verlangen, ihnen die Anlage gegen Entschädigung zu übereignen.

(3) Soweit wasserwirtschaftliche Gründe dies erfordern, kann die Wasserbehörde unbeschadet des Absatzes 1 gegenüber der Unternehmerin oder dem Unternehmer den Rückbau der Anlage zur Grundwasserbenutzung anordnen.

§ 13
Erlaubnisfreie Benutzungen
(zu §§ 25, 43, 46 Absatz 3 WHG)

(1) Eine Erlaubnis, eine gehobene Erlaubnis oder eine Bewilligung ist nicht erforderlich für Benutzungen

1. der oberirdischen Gewässer durch das Einleiten von Grund- und Quellwasser sowie Niederschlagswasser im

Rahmen der Anforderungen nach § 18 Absatz 2 Nummer 2 bis 4,
2. der Küstengewässer
   a) durch das Einleiten oder Einbringen von Stoffen oder Geräten im Rahmen der guten fachlichen Praxis der Fischerei, soweit es sich nicht um intensive Fischzucht handelt und keine signifikanten nachteiligen Veränderungen seiner Eigenschaften zu erwarten sind,
   b) durch das Einleiten von Grund- und Quellwasser,
   c) durch das Einleiten von Niederschlagswasser von
      aa) reinen Wohngrundstücken und Flächen mit hinsichtlich der Niederschlagswasserbelastung vergleichbarer Nutzung und
      bb) anderen Flächen in reinen und allgemeinen Wohngebieten bis zu einer befestigten Fläche von 5.000 m^2,
   d) durch das Einbringen und Einleiten von Stoffen von Schiffen aus, die in Fahrt sind, sofern dies durch den Betrieb der Schiffe verursacht und durch internationale oder supranationale Vorschriften zugelassen ist,
   e) durch das Einbringen von Urnen unter den Voraussetzungen des § 15 Absatz 4 Bestattungsgesetz vom 4. Februar 2005 (GVOBl. Schl.-H. S. 70), zuletzt geändert durch Artikel 38 des Gesetzes vom 2. Mai 2018 (GVOBl. Schl.-H. S. 162),
3. des Grundwassers
   a) durch das Einleiten von Niederschlagswasser mittels Versickerung über eine belebte Bodenzone von
      aa) reinen Wohngrundstücken und Flächen mit hinsichtlich der Niederschlagswasserbelastung vergleichbarer Nutzung und
      bb) anderen Flächen in reinen und allgemeinen Wohngebieten bis zu einer befestigten Fläche von 1.000 m^2,
      cc) ländlichen Wegen im Sinne von § 3 Absatz 1 Nummer 4 des Straßen- und Wegegesetzes des Landes Schleswig-Holstein (StrWG) in der Fassung der Bekanntmachung vom 25. November 2003 (GVOBl. Schl.-H. S. 631, ber. 2004 S. 140), zuletzt geändert durch Artikel 6 des Gesetzes vom 13. Dezember 2018 (GVOBl. Schl.-H. S. 773),
   b) durch das Einleiten von Niederschlagswasser mittels Versickerung in Rigolen und Schächten von reinen Wohngrundstücken und Flächen mit hinsichtlich der Niederschlagswasserbelastung vergleichbarer Nutzung bis zu einer befestigten Fläche von 300 m^2; die Benutzung ist der Wasserbehörde zwei Monate vorher anzuzeigen,
   c) durch das Entnehmen, Zutagefördern, Zutageleiten oder Ableiten von Grundwasser in geringen Mengen für Zwecke des nicht gewerblichen Gartenbaus.
Das Einleiten von Niederschlagswasser nach Nummer 3 Buchstabe a und b darf nur außerhalb von Wasser- und Quellschutzgebieten und außerhalb von Altlasten, altlastverdächtigen Flächen, Flächen mit schädlicher Bodenveränderung und Verdachtsflächen im Sinne des Bundes-Bodenschutzgesetzes vom 17. März 1998 (BGBl. I S. 502), zuletzt geändert durch Artikel 3 Absatz 3 der Verordnung vom 27. September 2017 (BGBl. I S. 3465), erlaubnisfrei erfolgen.
(2) Die Wasserbehörde kann in den Fällen des Absatzes 1 Nummer 1 Anordnungen zum Schutz der oberirdischen Gewässer treffen. Gleiches gilt in den Fällen des Absatzes 1 Nummer 3 Buchstabe a und b zum Schutz des Grundwassers.
(3) Die oberste Wasserbehörde kann durch Verordnung die erlaubnisfreie Beseitigung von Niederschlagswasser von Straßen zulassen und hierfür Anforderungen an Art, Menge, Herkunft und Beschaffenheit und an die Einrichtungen zur Beseitigung stellen.

§ 14
Verfahren (zu §§ 11 bis 15 und 22 WHG, abweichend von § 18 Absatz 2 Satz 2 WHG)

(1) Für das Verfahren zur Erteilung oder Änderung einer gehobenen Erlaubnis oder Bewilligung sowie zum Ausgleich von Rechten und Befugnissen (§ 22 WHG) gelten § 140 sowie die §§ 136 und 143 des Landesverwaltungsgesetzes (LVwG) entsprechend. Abweichend von § 18 Absatz 2 WHG darf die Bewilligung aus den in § 117 Absatz 2 Satz 1 Nummer 2 bis 5 LVwG genannten Gründen widerrufen werden. Zusätzlich zu den in § 140 Absatz 5 Satz 2 LVwG genannten Hinweisen muss die Bekanntmachung die Hinweise enthalten,
1. dass nach Ablauf der Frist eingehende Anträge auf Erteilung einer gehobenen Erlaubnis oder Bewilligung in demselben Verfahren nicht berücksichtigt werden (§ 15 Satz 3),
2. dass nach Ablauf der Frist erhobene Einwendungen wegen nachteiliger Wirkungen nur in einer nachträglichen Entscheidung berücksichtigt werden können, wenn die oder der Betroffene die nachteiligen Wirkungen während des Verfahrens nicht voraussehen konnte (§ 14 Absatz 6 WHG),
3. dass wegen nachteiliger Wirkungen einer erlaubten oder bewilligten Benutzung gegen die Inhaberin oder den Inhaber der gehobenen Erlaubnis oder Bewilligung nur vertragliche Ansprüche geltend gemacht werden können (§ 16 WHG).
(2) Von dem Verfahren nach Absatz 1 kann abgesehen werden, wenn eine befristete gehobene Erlaubnis verlängert werden soll, der Sachverhalt sich nicht wesentlich geändert hat und das Wohl der Allgemeinheit oder die Belange Dritter nicht erstmalig oder zusätzlich berührt werden. Der Antrag auf Verlängerung der Frist ist spätestens sechs Monate vor deren Ablauf bei der Wasserbehörde zu stellen. Bis zur Entscheidung über diesen Antrag darf die Benutzung im Rahmen der gehobenen Erlaubnis fortgesetzt werden.
(3) Eine Erlaubnis kann in einem vereinfachten Verfahren für folgende Gewässerbenutzungen erteilt werden:
1. Einleitungen von unbelastetem Grund- und Niederschlagswasser,
2. Sanierungen von Grundwasserverunreinigungen, wenn in der Sanierungsentscheidung die Einzelheiten von Art und Umfang der Sanierung bestimmt sind,
3. Benutzungen von wasserwirtschaftlich untergeordneter Bedeutung, wenn die Benutzung zu einem vorübergehenden Zweck und für einen Zeitraum von weniger als einem Jahr ausgeübt wird.
Die Erlaubnis gilt in dem beantragten Umfang als erteilt, wenn der Antrag Angaben zu Art, Ort, Umfang und Dauer der Benutzung sowie die Bezeichnung des benutzten Gewässers und eine Beschreibung des Vorhabens enthält und die Wasserbehörde nicht innerhalb von zwei Monaten widerspricht. Die Wasserbehörde hat den Eingang des Antrags schriftlich zu bestätigen. Die Frist nach Satz 2 beginnt zu laufen, sobald die Unterlagen vollständig bei der Wasserbehörde vorliegen. Satz 2 gilt nicht in Verfahren, die auf Grund ihres Umfanges, wegen der notwendigen Beteiligung Dritter oder wegen besonderer Umstände des Einzelfalles eines längeren Prüfungs- und Entscheidungszeitraums bedürfen. Die Wasserbehörde teilt dies rechtzeitig vor Ablauf der in Satz 2 genannten Frist der Antragstellerin oder dem Antragsteller unter Angabe der Gründe mit.

§ 15
Zusammentreffen mehrerer Erlaubnis- oder Bewilligungsanträge
(zu §§ 10 und 11 WHG)

Treffen Anträge auf Erteilung einer Erlaubnis oder einer Bewilligung zusammen, die sich gegenseitig auch dann ausschließen, wenn Bedingungen und Auflagen festgesetzt werden, so entscheidet zunächst die Bedeutung der beabsichtigten Benutzung für das Wohl der Allgemeinheit, sodann ihre Bedeutung für die Volkswirtschaft unter besonderer Berücksichtigung der wasserwirtschaftlichen

Auswirkungen. Stehen hiernach mehrere beabsichtigte Benutzungen einander gleich, so gebührt zunächst dem Antrag der Gewässereigentümerin oder des Gewässereigentümers vor Anträgen anderer Personen der Vorzug, sodann dem Antrag, der zuerst gestellt wurde. Nach Ablauf der Frist, die in der Bekanntmachung des beabsichtigten Unternehmens bestimmt worden ist, werden neue Erlaubnis- oder Bewilligungsanträge in demselben Verfahren nicht mehr berücksichtigt.

§ 16
Alte Rechte und alte Befugnisse (zu § 20 WHG)

(1) Eine Erlaubnis oder eine Bewilligung ist nicht erforderlich für Benutzungen nach § 20 Absatz 1 WHG, wenn am 1. März 1960 rechtmäßige Anlagen für ihre Ausübung vorhanden waren.

(2) Inhalt und Umfang alter Rechte und alter Befugnisse bestimmen sich, soweit sie auf einem besonderen Titel beruhen, nach diesem, im Übrigen nach bisherigem Recht.

(3) Ist ein altes Recht oder eine alte Befugnis ganz oder teilweise erloschen, so gilt § 12 entsprechend.

§ 17
Rechtsverordnungen zur Gewässerbewirtschaftung
(zu § 23 WHG)

Die in § 23 Absatz 3 Satz 1 WHG enthaltene Ermächtigung der Landesregierung wird in Verbindung mit § 23 Absatz 3 Satz 2 WHG auf die oberste Wasserbehörde übertragen. Die Verordnungen[3] nach Satz 1 sind in den Fällen des § 23 Absatz 1 Nummer 3, 5, 6 und 11 WHG im Einvernehmen mit dem für Wirtschaft zuständigen Ministerium zu erlassen.

Abschnitt 2
Oberirdische Gewässer

Unterabschnitt 1
Gemeingebrauch, Anlagen

§ 18
Gemeingebrauch (zu § 25 WHG)

(1) Jedermann darf unter den Voraussetzungen des § 25 WHG auf eigene Gefahr die oberirdischen Gewässer zum Baden, Waschen, Tränken, Schwemmen und Eissport benutzen. Landeseigene Seen dürfen auch für den Tauchsport benutzt werden.

(2) Unter den gleichen Voraussetzungen

1. darf Wasser in geringen Mengen für einen vorübergehenden Zweck entnommen werden,
2. darf Grund- und Quellwasser eingeleitet werden, sofern das zugeführte Wasser nicht Stoffe enthält, die geeignet sind, das Gewässer schädlich zu verunreinigen oder eine sonstige nachteilige Veränderung seiner Eigenschaften herbeizuführen,
3. darf Niederschlagswasser von
    a) reinen Wohngrundstücken und Flächen mit hinsichtlich der Niederschlagswasserbelastung vergleichbarer Nutzung und
    b) anderen Flächen in reinen und allgemeinen Wohngebieten bis zu einer befestigten Fläche von 1.000 m²
    eingeleitet werden,
4. darf Grund- und Niederschlagswasser von ländlichen Wegen im Sinne von § 3 Absatz 1 Nummer 4 StrWG eingeleitet werden und
5. dürfen Stoffe und Geräte im Rahmen der guten fachlichen Praxis der Fischerei eingebracht werden, soweit es sich nicht um intensive Fischzucht handelt und keine signifikanten nachteiligen Veränderungen der Eigenschaften des oberirdischen Gewässers zu erwarten sind.

(3) Die fließenden Gewässer und die landeseigenen Seen dürfen mit kleinen Fahrzeugen ohne Motorkraft befahren werden. Sonstige Seen, die von einem Gewässer durchflossen werden, dürfen mit solchen Fahrzeugen durchfahren werden. Satz 1 gilt auch für Seen, die nur teilweise im Eigentum des Landes stehen, hinsichtlich der landeseigenen Seeteile.

(4) Unbeschadet der Absätze 1 und 3 sollen das Land die Benutzung der landeseigenen Seen, die Gemeinden und Kreise mit den Eigentümerinnen oder Eigentümern und den Nutzungsberechtigten die Benutzung privateigener Seen im Interesse der Erholung der Bevölkerung sowie des Sports vertraglich regeln.

(5) Die Anliegerinnen oder Anlieger eines Gewässers (§ 26 Absatz 2 WHG) haben zu dulden, dass kleine Fahrzeuge ohne Motorkraft um Stauanlagen oder sonstige Hindernisse herumgetragen werden, soweit nicht einzelne Grundstücke von der Wasserbehörde aufgrund eines Antrages der Anliegerinnen oder Anlieger ausgeschlossen sind.

(6) Die Absätze 1 bis 3 gelten nicht für Gewässer in Hofräumen, Gärten und Parkanlagen, die Eigentum der Anliegerinnen oder Anlieger sind, sowie für ablassbare Teiche, die ausschließlich der Fischzucht oder der Teichwirtschaft dienen.

§ 19
Benutzung mit Motorfahrzeugen

(1) Wer nicht schiffbare Gewässer erster Ordnung und Gewässer zweiter Ordnung, mit Ausnahme von Sportboothäfen, mit Motorfahrzeugen benutzen will, bedarf der Genehmigung. Dies gilt nicht für die Wahrnehmung von Aufgaben der Gewässerunterhaltung, der Gewässeraufsicht nach § 107, des gewässerkundlichen Messdienstes nach § 90, der Fischereiaufsicht, des Rettungswesens, der Landespolizei, der Berufsfischerei und für den Eigenbedarf der Gewässereigentümerin oder des Gewässereigentümers. Dies gilt auch nicht für schwerbehinderte Menschen im Sinne von § 2 Absatz 2 und 3 SGB IX, die Inhaber eines Fischereischeins nach § 26 des Landesfischereigesetzes sind, für die Benutzung eines kleinen Fahrzeugs mit einem Elektromotor mit einer Leistung bis zu 900 Watt.

(2) Die Genehmigung ist zu versagen oder mit Nebenbestimmungen nach § 107 LVwG zu versehen, wenn zu erwarten ist, dass insbesondere wegen der Art, Größe oder Zahl der Wasserfahrzeuge durch das Befahren das Wohl der Allgemeinheit, vor allem die öffentliche Wasserversorgung, Natur oder Landschaft, die Gewässer oder ihre Ufer oder die öffentliche Sicherheit beeinträchtigt werden. Vor der Entscheidung über die Erteilung der Genehmigung sind die untere Naturschutzbehörde und die oder der Unterhaltungspflichtige zu hören.

(3) Absatz 1 Satz 1 und Absatz 2 gelten für Wohnboote entsprechend.

§ 20
Erweiterung des Gemeingebrauchs (zu § 25 WHG)

Die untere Wasserbehörde kann durch Verordnung im Interesse des Wasser- und Eissports und der Erholung für die Seen und die in § 18 Absatz 6 bezeichneten Gewässer den Gemeingebrauch nach § 18 Absatz 1 und Absatz 3 Satz 1 ganz oder teilweise zulassen.

§ 21
Einschränkung des Gemeingebrauchs und des
Befahrens mit Wasserfahrzeugen (zu § 25 WHG)

(1) Die untere Wasserbehörde kann

1. zum Schutz und zur Erhaltung von Natur und Landschaft,
2. zur Verhütung von Nachteilen für die öffentliche Sicherheit,
3. zur Verhinderung nachteiliger Veränderungen der Eigenschaften des Wassers oder anderer Beeinträchtigungen des Wasserhaushaltes, der Gewässerökologie oder der Uferbereiche, insbesondere zum Schutz der öffentlichen Wasserversorgung,

---

[3] siehe insbesondere LVO über die Beseitigung von kommunalem Abwasser (KomAbwVO) vom 1.7.1997 (GVOBl. Schl.-H. S. 357), zuletzt geändert durch LVO vom 17.2.2000 (GVOBl. Schl.-H. S. 203); Badegewässerverordnung vom 10.9.2018 (GVOBl. Schl.-H. S. 462)

4. zur Gewährleistung der Benutzung eines Gewässers aufgrund von Erlaubnissen, Bewilligungen, alten Rechten oder alten Befugnissen oder des Eigentümer- oder Anliegergebrauchs

den Gemeingebrauch nach § 18 sowie das Befahren mit Wasserfahrzeugen auf nicht schiffbaren Gewässern erster Ordnung und auf Gewässern zweiter Ordnung durch Verordnung regeln, beschränken oder verbieten. Sind Regelungen nach Satz 1 aus überörtlichen Gründen für das Landesgebiet oder Teile des Landesgebietes erforderlich, erlässt die oberste Wasserbehörde die Verordnung. § 19 bleibt unberührt.

(2) Unter den Voraussetzungen des Absatzes 1 können die unteren Wasserbehörden den Gemeingebrauch und das Befahren nach § 19 für den Einzelfall durch Verwaltungsakt regeln, beschränken oder verbieten.

§ 22
Anliegergebrauch (zu § 26 Absatz 2 WHG)

(1) Die Benutzung der oberirdischen Gewässer durch Anliegerinnen und Anlieger nach § 26 Absatz 2 WHG erstreckt sich nicht auf die in § 18 Absatz 6 bezeichneten Gewässer.

(2) § 21 gilt für den Anliegergebrauch entsprechend.

§ 23
Anlagengenehmigung (zu § 36 Absatz 1 WHG)

(1) Die Errichtung oder die wesentliche Änderung von Anlagen in oder an oberirdischen Gewässern bedarf der Genehmigung der Wasserbehörde. Die Genehmigungspflicht nach Satz 1 gilt auch für Anlagen,
1. die einer erlaubnispflichtigen Benutzung, der Unterhaltung oder dem Ausbau eines Gewässers dienen,
2. in oder an Bundeswasserstraßen im Sinne des Bundeswasserstraßengesetzes,
3. die nach § 95 genehmigungspflichtig sind,
4. die wassergefährdende Stoffe befördern,

wenn durch sie eine Verunreinigung des Wassers oder eine nachteilige Veränderung seiner Eigenschaften oder des Wasserabflusses zu besorgen ist.

(2) Die Genehmigung gilt als erteilt, wenn die Wasserbehörde nicht binnen zwei Monaten nach Eingang des Antrages anders entscheidet. Die Frist nach Satz 1 beginnt zu laufen, sobald die Unterlagen vollständig bei der Wasserbehörde vorliegen. Die Wasserbehörde hat den Eingang des Antrags und den Fristbeginn nach Satz 2, soweit dieser vom Zeitpunkt des Antragseingangs abweicht, schriftlich zu bestätigen. Die Genehmigung darf nur versagt werden, wenn zu erwarten ist, dass das beabsichtigte Unternehmen das Wohl der Allgemeinheit, insbesondere die öffentliche Sicherheit, beeinträchtigt. Sie kann mit Bedingungen versehen, mit Auflagen verbunden oder befristet werden, soweit dies zur Wahrung des Wohls der Allgemeinheit oder zur Erfüllung von öffentlich-rechtlichen Vorschriften, die dem Vorhaben entgegenstehen können, erforderlich ist. Die Aufnahme, Änderung oder Ergänzung von Nebenbestimmungen im Sinne von Satz 5 sowie der Widerruf sind auch nach Unanfechtbarkeit der Genehmigung zulässig, wenn dies zur Erreichung der Bewirtschaftungsziele nach den §§ 27 bis 31 WHG erforderlich ist und das Maßnahmenprogramm nach § 82 WHG entsprechende Anforderungen enthält. Im Falle eines Widerrufs nach Satz 6 gilt § 117 Absatz 6 LVwG entsprechend.

§ 24
Stauanlagen (zu § 36 Absatz 2 WHG)

(1) Jede Stauanlage mit festgesetzter Stauhöhe muss mit mindestens einer Staumarke versehen sein, an der die während des Sommers und des Winters einzuhaltenden Stauhöhen und, wenn der Wasserstand auf bestimmter Mindesthöhe zu halten ist, auch die Mindesthöhe deutlich angegeben sind. Die Höhenpunkte sind auf unverrückbare und unvergängliche Festpunkte zu beziehen.

(2) Die Staumarke wird auf Kosten des oder der Stauberechtigten von der Wasserbehörde gesetzt; diese nimmt darüber eine Urkunde auf. Die Unternehmerin oder der Unternehmer der Stauanlage und, soweit erforderlich, auch die anderen Beteiligten sind hinzuzuziehen.

(3) Die Oberkante der Schützen und der schützenähnlichen Verschlussvorrichtungen darf bei geschlossener Stauanlage nicht über der höchsten, durch die Staumarke zugewiesenen Stauhöhe liegen.

(4) Die oder der Stauberechtigte und diejenigen, die die Stauanlage betreiben, haben Staumarke und Festpunkte zu erhalten, dafür zu sorgen, dass sie sichtbar und zugänglich bleiben, jede Beschädigung und Veränderung unverzüglich der Wasserbehörde anzuzeigen und bei amtlichen Prüfungen unentgeltlich Arbeitshilfe zu leisten.

(5) Die oder der Stauberechtigte und diejenigen, die die Stauanlage betreiben, haben die Anlage einschließlich aller Einrichtungen, die für den Wasserabfluss wichtig sind, in ordnungsgemäßem Zustand, insbesondere so zu erhalten, dass kein Wasser verschwendet wird. Sie können hierzu von der Wasserbehörde angehalten werden.

(6) Wer die Stauanlage betreibt, hat ihre beweglichen Teile zu öffnen oder zu schließen, wenn dadurch die Unterhaltung der Gewässer erheblich erleichtert wird und die Wasserbehörde es anordnet. Wird durch eine solche Anordnung nachträglich die Ausübung des Staurechts erheblich beeinträchtigt, so ist der oder dem Stauberechtigten von der oder dem Unterhaltungspflichtigen des Gewässers zu entschädigen.

(7) Das Wasser darf weder über die durch die Staumarke festgesetzte Höhe aufgestaut noch unter die festgesetzte Mindesthöhe abgelassen werden.

(8) Die Wasserbehörde kann bei Hochwassergefahr anordnen, unverzüglich das aufgestaute Wasser unter die Höhe der Staumarke zu senken und den Wasserstand möglichst auf dieser Höhe zu halten. Ein Anspruch auf Entschädigung besteht nicht.

(9) Aufgestaute Wassermassen dürfen nur so abgelassen werden, dass keine Gefahren oder Nachteile für fremde Grundstücke oder Anlagen entstehen, die Ausübung von Wasserbenutzungsrechten nicht beeinträchtigt und die Unterhaltung der Gewässer nicht erschwert wird.

(10) Eine Stauanlage darf nur mit Genehmigung der Wasserbehörde dauernd außer Betrieb gesetzt oder beseitigt werden. § 12 gilt entsprechend.

Unterabschnitt 2
Gewässerunterhaltung

§ 25
Umfang der Unterhaltung
(zu § 39 WHG, abweichend von § 39 Absatz 1 Satz 2 Nummer 2 WHG)

(1) Die Gewässerunterhaltung umfasst neben den in § 39 Absatz 1 Satz 2 WHG genannten Maßnahmen insbesondere auch:
1. die Erhaltung und Sicherung eines ordnungsgemäßen Wasserabflusses,
2. abweichend von § 39 Absatz 1 Satz 2 Nummer 2 WHG Maßnahmen zur Verhinderung oder Beseitigung von Uferabbrüchen nur, soweit sie den Wasserabfluss erheblich behindern oder zu einer Gefährdung von Deichen und Dämmen führen können,
3. an schiffbaren Gewässern Maßnahmen zur Verhütung oder Beseitigung von Schäden an Ufergrundstücken, die durch die Schifffahrt entstehen können oder entstanden sind, wenn die Schäden den Bestand der Ufergrundstücke erheblich gefährden.

Die Vorschriften über den Gewässerausbau bleiben unberührt.

(2) Neben den in § 39 Absatz 2 WHG genannten Vorgaben ist bei der Gewässerunterhaltung außerdem den Belangen des Hochwasserschutzes Rechnung zu tragen. Die Gewässerunterhaltung darf nicht zu einer Beeinträchtigung der direkt von den Gewässern abhängenden Landökosysteme und Feuchtgebiete, der in § 29 Absatz 4 WHG bezeichneten Schutzgebiete und der nach § 30 Absatz 2 des Bundesnaturschutzgesetzes in Verbindung mit § 21 Absatz 1 des Landesnaturschutzgesetzes vom 24. Februar 2010 (GVOBl. Schl.-H. S. 301,

ber. S. 486), zuletzt geändert durch Landesverordnung vom 27. März 2019 (GVOBl. Schl.-H. S. 85), geschützten Biotope im Hinblick auf deren Wasserhaushalt führen.

(3) Die Unterhaltung der Außentiefs (§ 2 Absatz 1 Nummer 1 Buchstabe e) umfasst die Erhaltung eines ordnungsgemäßen Wasserabflusses.

§ 26
Gewässerrandstreifen (abweichend von § 38 Absatz 3, zu § 38 Absatz 4 WHG)

(1) Abweichend von § 38 Absatz 3 WHG sind Gewässerrandstreifen nicht einzurichten an kleinen Gewässern von wasserwirtschaftlich untergeordneter Bedeutung im Sinne von § 28 Absatz 2 und an Seen mit einer Fläche von weniger als einem Hektar.

(2) Innerhalb der Gewässerrandstreifen ist in einer Breite von einem Meter landseits des Gewässers, über die Beschränkungen des § 38 Absatz 4 WHG hinaus, verboten:
1. das Pflügen von Ackerland und
2. die Anwendung von Pflanzenschutzmitteln und Düngemitteln.

(3) Die oberste Wasserbehörde kann durch Verordnung die Breite der Gewässerrandstreifens abweichend festsetzen. In der Verordnung kann bestimmt werden, dass in den Gewässerrandstreifen Ackerland in Dauergrünland umzuwandeln ist und die Verwendung von Pflanzenschutzmitteln und Düngemitteln verboten ist. Soweit durch Regelungen der Verordnung das Eigentum unzumutbar beschränkt wird und diese Beschränkung nicht durch eine Befreiung vermieden werden kann, ist eine Entschädigung zu leisten.

§ 27
Unterhaltungslast bei Gewässern erster Ordnung (zu § 40 Absatz 1 und abweichend von § 40 Absatz 2 WHG)

Die Unterhaltung der Gewässer erster Ordnung mit Ausnahme der Bundeswasserstraßen nach § 2 Absatz 1 Nummer 1 Buchstabe a und b obliegt dem Land. Abweichend von § 40 Absatz 2 WHG kann die Aufgabe der Unterhaltung an Gewässern nach Satz 1 sowie an anderen in der Unterhaltungspflicht des Landes liegenden Gewässern durch öffentlich-rechtlichen Vertrag auf Wasser- und Bodenverbände übertragen werden.

§ 28
Unterhaltungspflicht bei Gewässern zweiter Ordnung (abweichend von § 40 Absatz 1 WHG)

(1) Die Unterhaltung der fließenden Gewässer zweiter Ordnung und der Seen und Teiche, durch die sie fließen oder zu denen sie abfließen, obliegt abweichend von § 40 Absatz 1 WHG
1. den Eigentümerinnen oder Eigentümern des Gewässers,
2. den Anliegerinnen oder Anliegern,
3. den Eigentümerinnen oder Eigentümern von Grundstücken und Anlagen, die aus der Unterhaltung Vorteile haben oder die die Unterhaltung erschweren, und
4. den anderen Eigentümerinnen oder Eigentümern von Grundstücken im Einzugsgebiet. Zu den Grundstücken im Einzugsgebiet rechnen im vollen Umfang auch solche Grundstücke, die Mulden, Senken, Kuhlen oder ähnliche Bodenvertiefungen enthalten, aus denen ein oberirdisches Abfließen in ein nach Satz 1 zu unterhaltendes Gewässer nicht möglich ist oder gewöhnlich nicht stattfindet. Das gleiche gilt für Grundstücke, die von Erdwällen umschlossen sind.

(2) Absatz 1 gilt nicht für kleine Gewässer von wasserwirtschaftlich untergeordneter Bedeutung. Die Unterhaltung dieser Gewässer obliegt den in Absatz 1 Nummer 1 bis 3 Genannten. Als solche Gewässer gelten
1. Gewässer, soweit sie ein Gebiet von weniger als 20 ha entwässern,
2. Gewässer, die keine besondere Bedeutung für die Vorflut haben,

3. Gewässer, die überwiegend der Entwässerung von Verkehrsflächen oder die ausschließlich der Ableitung von Abwasser dienen.

(3) Bei Zweifeln über die Bedeutung von Gewässern entscheidet die Wasserbehörde nach Anhörung der Wasser- und Bodenverbände und der Anliegergemeinden. Sie kann dabei auch Ausnahmen von Absatz 2 Satz 3 Nummer 1 zulassen, wenn dies aus Gründen einer ordnungsgemäßen Vorflut erforderlich ist.

§ 29
Unterhaltungspflicht bei Außentiefs (zu § 40 Absatz 1 WHG)

(1) Die Unterhaltung der Außentiefs obliegt dem Land, wenn ihre Begrenzungsmerkmale (§ 1 Absatz 3) landwärts in einem Deich liegen, der in der Unterhaltungspflicht des Landes steht.

(2) Im Übrigen sind die Außentiefs von denjenigen zu unterhalten, die für die oberirdischen Gewässer unterhaltungspflichtig sind, deren Fortsetzung das Außentief ist. Unterhaltungspflichten anderer bleiben unberührt.

§ 30
Erfüllung der Unterhaltungspflicht (zu § 40 Absatz 1 WHG)

(1) Die Unterhaltungspflicht nach § 28 wird von Wasser- und Bodenverbänden erfüllt.

(2) Soweit die Erfüllung der Unterhaltungspflicht durch Wasser- und Bodenverbände unzweckmäßig ist oder derartige Verbände noch nicht bestehen, erfüllen
1. bei Gewässern im Sinne des § 28 Absatz 1 Satz 1 die Anliegergemeinden,
2. bei Gewässern im Sinne des § 28 Absatz 2 die Eigentümerin oder der Eigentümer des Gewässers und, wenn sich diese oder dieser nicht ermitteln lässt, die Eigentümerinnen oder Eigentümer der Ufergrundstücke

die Unterhaltungspflicht. Über die Zweckmäßigkeit entscheidet die Wasserbehörde.

§ 31
Umlage des Unterhaltungsaufwandes auf die Unterhaltungspflichtigen (zu § 40 Absatz 1 WHG)

(1) Für die Wasser- und Bodenverbände, die die Unterhaltungspflicht nach § 28 erfüllen (Unterhaltungsverbände), gilt das Recht der Wasser- und Bodenverbände. Im Falle des § 28 Absatz 1 Satz 1 gilt als Vorteil im Sinne des § 30 Absatz 1 des Wasserverbandsgesetzes vom 12. Februar 1991 (BGBl. I S. 405), zuletzt geändert durch Artikel 1 des Gesetzes vom 15. Mai 2002 (BGBl. I S. 1578), auch die Möglichkeit des Abfließens oder der unterirdischen Abgabe des auf einer Grundfläche anfallenden Niederschlagswassers in das zu unterhaltende Gewässer oder dessen Zuflüsse.

(2) Wer die Unterhaltungspflicht nach § 30 Absatz 2 Nummer 2 erfüllt, kann von den in § 28 Absatz 2 bezeichneten Unterhaltungspflichtigen eine angemessene Kostenbeteiligung in entsprechender Anwendung der nach § 21 Absatz 1 des Landeswasserverbandsgesetzes in der Fassung der Bekanntmachung vom 11. Februar 2008 (GVOBl. Schl.-H. S. 86), geändert durch Artikel 11 des Gesetzes vom 14. Dezember 2016 (GVOBl. Schl.-H. S. 999), geltenden Maßstäbe fordern. Im Streitfall stellt die Wasserbehörde das Verhältnis der Kostenbeteiligung durch Verwaltungsakt fest.

§ 32
Aufrechterhaltene Unterhaltungspflichten (zu § 40 Absatz 2 WHG)

An die Stelle der nach den §§ 27 bis 30 zur Unterhaltung Verpflichteten treten, wenn am 1. März 1960
1. in einem Beschluss, der eine Verleihung ausspricht oder ein Zwangsrecht begründet, in einem sonstigen besonderen Titel oder in einer gewerberechtlichen Genehmigung der Unternehmerin oder dem Unternehmer die Verpflichtung zur Unterhaltung eines Gewässers auferlegt ist, die Unternehmerin oder der Unternehmer auf die Dauer der Verpflichtung;

2. aufgrund öffentlich-rechtlicher Vereinbarung die Unterhaltung abweichend geregelt ist, die oder der danach Verpflichtete.

§ 33
Übernahme der Unterhaltung (abweichend von § 40 Absatz 2 WHG)

(1) Abweichend von § 40 Absatz 2 WHG kann die Erfüllung der Unterhaltungspflicht aufgrund einer Vereinbarung unter Zustimmung der Wasserbehörde mit öffentlich-rechtlicher Wirkung von einer oder einem anderen übernommen werden.

(2) Gemeinden und Kreise können die ihnen aus der Übernahme der Unterhaltung erwachsenden Kosten auf die Unterhaltungspflichtigen ihres Gebietes umlegen.

§ 34
Ersatzvornahme (zu § 40 Absatz 4 WHG)

(1) Wird die Unterhaltungspflicht, die nicht einer öffentlich-rechtlichen Körperschaft obliegt, nicht oder nicht genügend erfüllt, so haben die Anliegergemeinden die jeweils erforderlichen Unterhaltungsarbeiten durchzuführen.

(2) Die Ersatzvornahme muss, außer bei Gefahr im Verzug, schriftlich angedroht werden. In der Androhung ist die Höhe des Kostenbetrages für die Ersatzvornahme vorläufig zu veranschlagen und der oder dem Verpflichteten eine angemessene Frist zur Vornahme der erforderlichen Unterhaltungsarbeiten zu setzen.

§ 35
Besondere Pflichten bei der
(zu § 41 WHG)

(1) Soweit nicht erhebliche Nachteile für die bisherige Nutzung entstehen, haben die Anlieger und die Hinterlieger neben den in § 41 Absatz 1 WHG geregelten Duldungspflichten außerdem zu dulden, dass die Unterhaltungspflichtige auf ihren Grundstücken den Aushub einebnet. § 41 Absatz 4 WHG gilt entsprechend.

(2) Fischereiberechtigte können keine Entschädigung verlangen, wenn ihr Recht durch die Unterhaltung beeinträchtigt wird. Den Fischereiberechtigten sind die beabsichtigten Maßnahmen entsprechend § 41 Absatz 1 Satz 2 WHG vorher anzukündigen.

§ 36
Behördliche Entscheidungen zur Gewässerunterhaltung (zu § 42 Absatz 1 und abweichend von § 42 Absatz 2 WHG)

(1) Die untere Wasserbehörde erlässt die nach § 42 Absatz 1 Nummer 1 und 2 WHG zulässigen behördlichen Entscheidungen und Festlegungen der nach § 25 WHG erforderlichen Unterhaltungsmaßnahmen durch wasserbehördliche Anordnung. Dabei können Art und Umfang der Unterhaltungsmaßnahmen und die hierfür einzuhaltenden Fristen näher bestimmt werden, sofern das Maßnahmenprogramm hierzu keine weitergehenden Anforderungen enthält.

(2) Die wasserbehördlichen Anordnungen können auch allgemein für mehrere Gewässer, für mehrere Unterhaltungspflichtige oder für Einzugsgebiete oder Teileinzugsgebiete durch Verordnung geregelt werden. Sind Regelungen für das Landesgebiet oder Teile des Landesgebietes erforderlich, erlässt die oberste Wasserbehörde die Verordnung.

(3) Abweichend von § 42 Absatz 2 WHG stellt die untere Wasserbehörde nur in den Fällen des § 31 Absatz 2 Satz 2 das Verhältnis der Kostenbeteiligung fest.

§ 37
Unterhaltung von Anlagen in und an Gewässern
(zu § 36 WHG)

(1) Anlagen in und an Gewässern sind von der Unternehmerin oder dem Unternehmer so zu erhalten, dass nachteilige Einwirkungen auf den Zustand ausgeschlossen sind, den die oder der Unterhaltungspflichtige des Gewässers zu erhalten hat.

(2) Die Unternehmerin oder der Unternehmer hat die Kosten der Gewässerunterhaltung zu ersetzen, soweit sie durch diese Anlage bedingt sind.

§ 38
Förderung der Unterhaltung durch das Land
(zu § 40 Absatz 1 WHG)

(1) Das Land gewährt den Wasser- und Bodenverbänden, den Gemeinden und den Teilnehmergemeinschaften im Sinne des § 16 des Flurbereinigungsgesetzes in der Fassung der Bekanntmachung vom 16. März 1976 (BGBl. I S. 56), zuletzt geändert durch Artikel 17 des Gesetzes vom 19. Dezember 2008 (BGBl. I S. 2794), auf Antrag einen Zuschuss im Rahmen der zur Verfügung stehenden Haushaltsmittel für ihre wasserwirtschaftlichen Aufgaben.

(2) Die Abwicklung des Bewilligungsverfahrens wird von dem Landesverband der Wasser- und Bodenverbände Schleswig-Holstein als Aufgabe zur Erfüllung nach Weisung wahrgenommen.

(3) Die oberste Wasserbehörde regelt Einzelheiten, insbesondere zu Verfahren und materiellen Anforderungen der Zuschussgewährung, durch Verwaltungsvorschrift.

Abschnitt 3
Grundwasser

§ 39
Beschränkung der erlaubnisfreien Benutzung von Grundwasser
(zu § 46 Absatz 3 WHG)

Eine Anzeige ist erforderlich, wenn im Falle des § 46 Absatz 1 Nummer 1 WHG das Entnehmen, Zutagefördern, Zutageleiten oder Ableiten von Grundwasser für den landwirtschaftlichen Hofbetrieb in der Summe aller Entnahmestellen eine Menge von 4.000 Kubikmetern im Kalenderjahr pro Betrieb überschreitet. Soll die für die Anzeigepflicht maßgebliche Nutzungsmenge durch die Erweiterung der Nutzung erstmals überschritten werden, bedarf die gesamte Nutzung der Entnahmestelle der Anzeige. Grundwasserbenutzungen nach Satz 1, die vor dem 1. Januar 2020 begonnen wurden, sind der Wasserbehörde bis zum 1. Januar 2021 anzuzeigen.

§ 40
Erdaufschlüsse
(zu §§ 13a, 49 Absatz 1 Satz 1 WHG)

(1) Die Zuständigkeiten der Bergbehörden bleiben von der Regelung des § 49 Absatz 1 WHG unberührt. Entscheidungen der Bergbehörden ergehen im Einvernehmen mit der Wasserbehörde.

(2) Eine Erlaubnis gemäß § 9 Absatz 2 Nummer 3 WHG ist in oder unter Gebieten, in denen untertägiger Bergbau betrieben wird oder worden ist, zu versagen. Dies gilt ab der Ausweisung der Gebiete in Karten durch die oberste Wasserbehörde. Deren Veröffentlichung kann in der Form erfolgen, dass im Amtsblatt für Schleswig-Holstein darauf verwiesen wird, wo diese eingesehen werden können.

(3) Eine Erlaubnis gemäß § 9 Absatz 2 Nummer 3 oder Nummer 4 WHG darf unbeschadet der Versagungsgründe gemäß § 13a Absatz 1 WHG nur erteilt werden, wenn eine nachteilige Veränderung der Grundwasserbeschaffenheit nicht zu besorgen ist.

(4) Eine Anzeigepflicht gemäß § 49 Absatz 1 Satz 1 WHG besteht jedenfalls für Erdaufschlüsse, die mehr als zehn Meter in den Boden eindringen.

(5) Wer Erdarbeiten oder Bohrungen vornimmt, ist für dadurch verursachte nachteilige qualitative und quantitative Veränderungen eines Gewässers sowie dadurch verursachte Schäden verantwortlich.

(6) Die Wasserbehörde hat die Arbeiten zu untersagen und die Einstellung begonnener Arbeiten anzuordnen, wenn eine Verunreinigung oder nachteilige quantitative Veränderung von Gewässern zu besorgen oder eingetreten ist und die Schäden nicht durch Inhalts- und Nebenbestimmungen verhütet, beseitigt oder ausgeglichen werden können. Die Wasserbehörde kann die Wiederherstellung des früheren Zustands verlangen, wenn Rücksichten auf den Wasserhaushalt dies erfordern.

(7) Die unvorhergesehene Erschließung von Grundwasser haben der Vorhabenträger sowie der mit den Arbeiten Beauftragte

der Wasserbehörde unverzüglich mitzuteilen. Die Arbeiten, die zur Erschließung geführt haben, sind einstweilen einzustellen. Die Wasserbehörde trifft die erforderlichen Anordnungen.

Teil 3
Wasserversorgung, Wasserschutzgebiete

§ 41
Öffentliche Wassergewinnungsanlagen und Wasserentnahmen für die öffentliche Wasserversorgung (zu § 50 WHG)

(1) Entsprechen vorhandene Wassergewinnungsanlagen nicht den Anforderungen nach § 50 Absatz 4 WHG, hat die Unternehmerin oder der Unternehmer die erforderlichen Maßnahmen durchzuführen.

(2) Durch Verordnung der obersten Wasserbehörde oder durch Entscheidung der unteren Wasserbehörde können Träger der öffentlichen Wasserversorgung verpflichtet werden, auf ihre Kosten die Beschaffenheit des für Zwecke der öffentlichen Wasserversorgung gewonnenen oder gewinnbaren Wassers zu untersuchen oder durch eine von der Wasserbehörde bestimmten Stelle untersuchen zu lassen.

§ 42
Wasserschutzgebiete (zu §§ 51 bis 53 WHG)

(1) In Wasserschutzgebieten sind jegliche Handlungen zu unterlassen, die den Schutz des Grundwassers gefährden könnten. Es ist darauf hinzuwirken, dass Stoffe, die die Eignung des Grundwassers zur Trinkwassergewinnung beeinträchtigen können, insbesondere Dünge- oder Pflanzenschutzmittel, nicht in das Grundwasser verlagert werden. Die oberste Wasserbehörde kann durch Rechtsverordnungen Regelungen für alle, mehrere oder einzelne Wasserschutzgebiete nach § 51 Absatz 1 in Verbindung mit § 52 Absatz 1 Satz 1 WHG erlassen.

(2) Die Abgrenzung der Schutzgebiete und ihrer Zonen sind in Rechtsverordnungen nach § 51 Absatz 1 oder § 53 Absatz 4 WHG grob zu beschreiben und in Karten darzustellen, die bei Behörden eingesehen werden können; die Behörden sind in der Rechtsverordnung zu benennen. Die Karten müssen mit hinreichender Klarheit erkennen lassen, welche Grundstücke zum Schutzgebiet und seinen einzelnen Zonen gehören. Im Zweifel gelten die Grundstücke als nicht zugehörig.

(3) § 52 Absatz 5 WHG gilt auch für Anordnungen, die die ordnungsgemäße Nutzung im Rahmen des Erwerbsgartenbaus einschränken.

§ 43
Verfahren zur Festsetzung von Wasserschutzgebieten (zu § 51 Absatz 1 WHG)

(1) Die Festsetzung eines Wasserschutzgebietes erfolgt durch die oberste Wasserbehörde auf Antrag des Begünstigten oder von Amts wegen. Die für die Festsetzung eines Wasserschutzgebietes nach § 51 Absatz 1 Nummer 1 WHG erforderlichen Unterlagen, insbesondere Karten, Pläne und Gutachten, sind von dem durch die Festsetzung Begünstigten in Abstimmung mit der obersten Wasserbehörde zu erstellen und dieser vorzulegen. Kommt der Begünstigte seiner Verpflichtung nicht nach, so hat er der Wasserbehörde die für die Erstellung der Unterlagen entstehenden Kosten zu erstatten. Begünstigter ist derjenige, dessen Fassungsanlagen durch die Schutzgebietsverordnung geschützt werden soll.

(2) Vor dem Erlass einer Verordnung nach § 51 Absatz 1 WHG holt die oberste Wasserbehörde die Stellungnahmen der Behörden ein, deren Aufgabenbereich durch das Vorhaben berührt wird.

(3) Auf Veranlassung der obersten Wasserbehörde ist der Verordnungsentwurf nach Absatz 2 mit den zugehörigen Unterlagen in den Städten, amtsfreien Gemeinden und Ämtern, die im voraussichtlichen Geltungsbereich der Verordnung liegen, einen Monat zur Einsicht auszulegen. Jede oder jeder, deren oder dessen Belange durch die geplante Verordnung voraussichtlich berührt werden, kann bis zwei Wochen nach Ablauf der Auslegungsfrist schriftlich oder zur Niederschrift bei der obersten Wasserbehörde, der Stadt, der amtsfreien Gemeinde oder dem Amt Anregungen vorbringen oder Bedenken gegen den Verordnungsentwurf erheben.

(4) Die Städte, amtsfreien Gemeinden und Ämter, in denen der Verordnungsentwurf und die Unterlagen auszulegen sind, haben die Auslegung mindestens eine Woche vorher örtlich bekannt zu machen. In der Bekanntmachung ist darauf hinzuweisen,

1. wo und in welchem Zeitraum der Verordnungsentwurf zur Einsicht ausgelegt ist,
2. dass etwaige Anregungen und Bedenken bei den in der Bekanntmachung zu bezeichnenden Stellen innerhalb der Einwendungsfrist vorzubringen sind und
3. dass bei Ausbleiben von Personen, die Anregungen vorgebracht oder Bedenken erhoben haben, in dem Erörterungstermin auch ohne sie verhandelt werden kann und verspätete Anregungen und Bedenken bei der Erörterung und Entscheidung unberücksichtigt bleiben können.

Darüber hinaus sind in der Bekanntmachung der räumliche Geltungsbereich der geplanten Verordnung und die Einteilung in Schutzzonen grob zu beschreiben.

(5) Wird durch eine spätere Änderung des Verordnungsentwurfes das Gebiet einer anderen Gemeinde nicht nur unerheblich betroffen oder wird der Verordnungsentwurf in seinen Grundzügen verändert, so ist das Verfahren nach den Absätzen 2 bis 4 zu wiederholen.

(6) Die Absätze 1 bis 5 sind nicht anzuwenden, wenn eine Verordnung nur unwesentlich geändert oder dem geltenden Recht angepasst werden soll.

(7) Auf eine Auslegung kann verzichtet werden, wenn der Kreis der Betroffenen bekannt ist und ihnen innerhalb angemessener Frist Gelegenheit gegeben wird, den Verordnungsentwurf einzusehen.

(8) Nach Ablauf der Frist nach Absatz 3 Satz 2 hat die oberste Wasserbehörde die rechtzeitig vorgebrachten Anregungen oder Bedenken gegen das Vorhaben und die Stellungnahmen mit dem Träger der Wasserversorgung, den Behörden sowie den Personen, die Anregungen vorgebracht oder Bedenken erhoben haben, zu erörtern. Die Behörden, der Träger der Wasserversorgung und diejenigen, die Anregungen vorgebracht oder Bedenken erhoben haben, sind von dem Erörterungstermin zu benachrichtigen.

Teil 4
Abwasserbeseitigung

§ 44
Pflicht zur Abwasserbeseitigung (zu § 54 Absatz 2, § 56 WHG)

(1) Die Gemeinden sind zur Abwasserbeseitigung im Rahmen der Selbstverwaltung verpflichtet, soweit in den nachfolgenden Vorschriften nichts anderes bestimmt ist. Sie können sich zur Erfüllung dieser Aufgabe Dritter bedienen. Ergänzend zu § 54 Absatz 2 WHG umfasst die Verpflichtung zur Abwasserbeseitigung auch das Einsammeln und Abfahren des in abflusslosen Gruben gesammelten Abwassers und die Einleitung und Behandlung in Abwasserbeseitigungsanlagen. Die Abwasserbeseitigung kann auch mit Hilfe von zu diesem Zweck errichteten offenen Anlagen zum Sammeln, Fortleiten und Versickern des Abwassers (zum Beispiel Mulden oder offene Gräben) erfolgen. Die Anlagen nach Satz 4 sind keine Gewässer.

(2) Abwasser ist von denjenigen, bei denen es anfällt, der oder dem Beseitigungspflichtigen zu überlassen. Absatz 5 bleibt unberührt.

(3) Die Gemeinden regeln die Abwasserbeseitigung durch Satzung (Abwassersatzung) und schreiben darin insbesondere vor, wie und in welcher Zusammensetzung und Beschaffenheit ihnen das Abwasser zu überlassen ist und welches Abwasser nicht oder aufgrund von § 48 nur mit einer Genehmigung oder nach einer Vorbehandlung überlassen werden darf. Die Abwassersatzung ist örtlich bekannt zu machen. Es ist ausreichend, die Anlagen der Abwassersatzung zur Einsichtnahme bereitzuhalten. In der Bekannt-

machung der Abwassersatzung ist darauf hinzuweisen, wo die Abwassersatzung und die Anlagen eingesehen werden können. Das Benutzungsverhältnis kann öffentlich-rechtlich oder privatrechtlich ausgestaltet werden. Für die Erhebung von Gebühren und Entgelten gelten die Vorschriften des Kommunalabgabengesetzes mit der Maßgabe, dass bei deren Bemessung für die Festsetzung der Gebühren die vorhersehbaren späteren Kosten für die Entschlammung von Abwasseranlagen berücksichtigt werden können. Hat ein Indirekteinleiter aufgrund von § 48 Anforderungen zu erfüllen, ist er insoweit abwasserbeseitigungspflichtig.

(4) Die Gemeinden können in ihrer Abwassersatzung regeln, dass in ihrem Gemeindegebiet oder in Teilen davon Anlagen zur Nutzung, Versickerung, Verdunstung oder lokalen Rückhaltung von Niederschlagswasser vorgeschrieben werden, soweit wasserwirtschaftliche Belange (insbesondere Versickerungsfähigkeit, Grundwasserabstand) oder gesundheitliche Belange nicht entgegenstehen. Die Satzungsregelung kann als Festsetzung in den Bebauungsplan aufgenommen werden. § 10 Absatz 3 des Baugesetzbuchs findet unter Ausschluss der übrigen Voraussetzungen des Baugesetzbuchs auf diese Festsetzung Anwendung.

(5) Abweichend von Absatz 1 Satz 1 ist anstelle der Gemeinde zur Beseitigung verpflichtet:
1. für das durch landwirtschaftlichen Gebrauch verunreinigte Abwasser, das dazu bestimmt ist, auf landwirtschaftlich, forstwirtschaftlich oder gärtnerisch genutzte Böden aufgebracht zu werden, diejenige oder derjenige, bei der oder dem das Abwasser anfällt,
2. für das verunreinigte Niederschlagswasser nach § 19 Absatz 5 der Verordnung über Anlagen zum Umgang mit wassergefährdenden Stoffen vom 18. April 2017 (BGBl. I S. 905), die Betreiberin oder der Betreiber der Biogasanlage, wenn die ordnungsgemäße Beseitigung als Abwasser erfolgt.

§ 45
Übertragung der Abwasserbeseitigungspflicht auf Eigentümer, Nutzungsberechtigte und Anlagenbetreiber

(1) Die Gemeinde kann die Abwasserbeseitigungspflicht nach Maßgabe der Absätze 2 bis 4 durch Satzung übertragen. Die Satzung bedarf insoweit der Genehmigung der Wasserbehörde.

(2) Die Gemeinde kann in der Abwassersatzung für einzelne Grundstücke oder für bestimmte Teile ihres Gebietes die Beseitigung von häuslichem Schmutzwasser durch Betrieb von Kleinkläranlagen auf die Grundstückseigentümerinnen oder -eigentümer oder die Nutzungsberechtigten eines Grundstücks übertragen, wenn die Übernahme des Schmutzwassers technisch oder wegen der unverhältnismäßigen Kosten nicht möglich ist und eine gesonderte Beseitigung das Wohl der Allgemeinheit nicht beeinträchtigt. Die Verpflichtung zur Beseitigung des in Kleinkläranlagen anfallenden Schlamms bleibt unberührt. Die Gewässer, in die eingeleitet werden soll, sind in der Abwassersatzung zu bezeichnen.

(3) In der Abwassersatzung kann durch die Gemeinde die Pflicht zur Beseitigung von Schmutzwasser aus gewerblichen Betrieben und anderen Anlagen auf den gewerblichen Betrieb oder die Betreiberin oder den Betreiber der Anlage übertragen werden, wenn das Schmutzwasser wegen seiner Art und Menge nicht zusammen mit dem in Haushaltungen anfallenden Schmutzwasser beseitigt werden kann und eine gesonderte Beseitigung des Schmutzwassers das Wohl der Allgemeinheit nicht beeinträchtigt. Satz 1 gilt entsprechend für die Pflicht zur Beseitigung des beim gewerblichen Betrieb anfallenden Niederschlagswassers, wenn technisch keine Möglichkeit der Behandlung des Niederschlagswassers durch gemeindliche Anlagen besteht. Sollen kommunales Abwasser und Abwasser aus einem gewerblichen Betrieb gemeinsam behandelt werden, kann die Wasserbehörde die Abwasserbehandlung mit Zustimmung der betroffenen Gemeinde und des gewerblichen Betriebes auf diesen übertragen, wenn die Abwasserbehandlung durch den gewerblichen Betrieb zweckmäßiger ist.

(4) Die Gemeinde kann in der Abwassersatzung die Pflicht zur Beseitigung des anfallenden Niederschlagswassers auf die Grundstückseigentümerinnen oder Grundstückseigentümer oder die Nutzungsberechtigten eines Grundstücks übertragen, sofern dies ohne unverhältnismäßige Kosten möglich und wasserwirtschaftlich sinnvoll ist. Die für die Beseitigung erforderlichen Anlagen müssen den allgemein anerkannten Regeln der Technik entsprechen. Unbeschadet des Satzes 1 kann die Gemeinde auf Antrag der Grundstückseigentümerin oder des Grundstückseigentümers oder der oder des Nutzungsberechtigten mit Zustimmung der Wasserbehörde die Pflicht zur Beseitigung des Niederschlagswassers im Einzelfall unter den Voraussetzungen des Satzes 1 auf diese oder diesen übertragen.

(5) Zur Beseitigung von Niederschlagswasser, das außerhalb von im Zusammenhang bebauten Ortslagen auf öffentlichen Verkehrsanlagen anfällt, ist der Träger der Anlagen verpflichtet; soweit es innerhalb von im Zusammenhang bebauten Ortslagen anfällt, ist die Gemeinde zur Beseitigung verpflichtet. Auf öffentlichen Straßen anfallendes Niederschlagswasser ist vom jeweiligen Träger der Straßenbaulast abzuleiten und zu beseitigen; in den Fällen des § 12 Absatz 2 StrWG trifft die Verpflichtung den Träger der Baulast für die Straßenentwässerungseinrichtungen.

§ 46
Übertragung der Abwasserbeseitigungspflicht auf Dritte (zu § 56 WHG)

(1) Die Gemeinden können die Aufgabe der Abwasserbeseitigung zusammen mit dem Satzungsrecht durch öffentlich-rechtlichen Vertrag auf Wasser- und Bodenverbände, in denen sie Mitglied sind, übertragen. Die §§ 44 und 45 gelten entsprechend. Der öffentlich-rechtliche Vertrag muss den Gemeinden ein Kündigungsrecht einräumen. Der Vertrag bedarf der Genehmigung der Kommunalaufsichtsbehörde im Einvernehmen mit der Wasserbehörde.

(2) Die zur Abwasserbeseitigung Verpflichteten können zu Zweckverbänden oder zu Verbänden im Sinne des Wasserverbandsgesetzes zusammengeschlossen werden. Unbeschadet des § 7 des Gesetzes über kommunale Zusammenarbeit (GkZ) in der Fassung der Bekanntmachung vom 28. Februar 2003 (GVOBl. Schl.-H. S. 122), zuletzt geändert durch Artikel 4 des Gesetzes vom 21. Juni 2016 (GVOBl. Schl.-H. S. 528), ist ein Zusammenschluss insbesondere dann möglich, wenn dadurch eine Beeinträchtigung des Wohls der Allgemeinheit, insbesondere eine Gewässerverunreinigung, vermieden oder verringert oder die Abwasserbeseitigung insgesamt wirtschaftlicher gestaltet werden kann. Absatz 1 bleibt unberührt.

(3) Wenn es aus Gründen des Allgemeinwohls erforderlich ist, können die Gemeinden die Aufgabe der Abwasserbeseitigung zusammen mit dem Satzungsrecht ganz oder teilweise ortsnah auf andere Körperschaften des öffentlichen Rechts oder auf rechtsfähige Anstalten des öffentlichen Rechts durch öffentlich-rechtlichen Vertrag übertragen. Der Vertrag bedarf der Genehmigung der Kommunalaufsichtsbehörde im Einvernehmen mit der Wasserbehörde. § 18 Absatz 1 und 3 bis 6 GkZ sowie die §§ 19 und 21 GkZ finden Anwendung. Die Körperschaft oder Anstalt wird im Umfang der ihr übertragenen Aufgaben abwasserbeseitigungspflichtig. § 18 Absatz 2 GkZ gilt mit der Maßgabe, dass den Gemeinden in der Vereinbarung ein Mitwirkungsrecht bei der Erfüllung der Aufgabe einzuräumen ist. Die Übertragung auf eine rechtsfähige Anstalt des öffentlichen Rechts darf nur befristet und widerruflich erfolgen. Satz 2 und 3 gilt entsprechend. Im Falle einer Kündigung nach Satz 7 und der damit verbundenen Rückübertragung der Aufgabe der Abwasserbeseitigung auf die Gemeinde endet ab dem Zeitpunkt der Rückübertragung die Mitgliedschaft der Gemeinde in dem Zweckverband nach § 2 GkZ, sofern die Gemeinde keine weiteren Aufgaben auf den Zweckverband übertragen hat. § 106a der Gemeindeordnung bleibt in den Fällen der Übertragung der Aufgabe der Abwasserbeseitigung auf ein eigenes Kommunalunternehmen unberührt.

§ 47
Anforderungen an Abwassereinleitungen
(zu §§ 57, 83 WHG)

Entsprechen Abwassereinleitungen nicht den Anforderungen nach § 57 WHG, eines Bewirtschaftungsplanes nach § 83 WHG oder verbindlichen Vorschriften internationaler oder supranationaler Vereinbarungen, ordnet die Wasserbehörde die erforderlichen Maßnahmen an, damit die Einleitungen innerhalb einer angemessenen Frist den Anforderungen entsprechen.

§ 48
Einleiten von Abwasser in öffentliche Abwasseranlagen (Indirekteinleitung)
(zu § 58 WHG)

(1) Der Indirekteinleiter hat mindestens einen Monat vor der beabsichtigten Einleitung des Abwassers in eine öffentliche Abwasseranlage bei der zuständigen Behörde einen vollständigen Antrag auf Genehmigung zu stellen oder die Einleitung anzuzeigen. Für Genehmigungen gemäß § 58 Absatz 1 Satz 1 WHG gilt § 13 Absatz 2 Nummer 3 WHG entsprechend.

(2) Die Genehmigung nach § 58 WHG gilt als widerruflich erteilt, wenn
1. eine serienmäßig hergestellte Abwasservorbehandlungsanlage verwendet wird, bei der die Anforderungen der Abwasserverordnung als eingehalten gelten,
2. die Anlage entsprechend der allgemeinen Bauartgenehmigung oder der allgemeinen bauaufsichtlichen Zulassung oder der nach Landesrecht erfolgten Zulassung sowie nach § 60 Absatz 1 Satz 2 WHG eingebaut, betrieben, gewartet und überprüft wird und
3. die Indirekteinleitung angezeigt ist.

(3) Zuständig für die Genehmigung der Indirekteinleitung nach § 58 WHG sind die Gemeinden als Träger der Abwasserbeseitigungspflicht oder diejenigen, auf die die Aufgabe nach § 46 übertragen worden ist. Sie überwachen alle im Zusammenhang mit der Indirekteinleitung stehenden Verpflichtungen und treffen zur Abwehr von Zuwiderhandlungen hiergegen sowie zur Abwehr von Gefahren für die öffentliche Sicherheit, die von der Indirekteinleitung und von den mit dieser in Zusammenhang stehenden Abwasseranlagen ausgehen, die nach pflichtgemäßem Ermessen erforderlichen Maßnahmen. Kommt die Betreiberin oder der Betreiber einer Verpflichtung nach § 60 Absatz 2 WHG nicht nach, ordnet der Träger der Abwasserbeseitigungspflicht die erforderlichen Maßnahmen unter Fristsetzung an. Die Aufgaben werden zur Erfüllung nach Weisung wahrgenommen.

(4) Für vorhandene Indirekteinleitungen, die nicht den Anforderungen nach § 58 Absatz 2 WHG entsprechen, sind die erforderlichen Maßnahmen bis zum 1. Januar 2022 durchzuführen. Bei vorhandenen Indirekteinleitungen kann die nach Absatz 2 Nummer 3 erforderliche Anzeige bis zum 1. Juli 2020 erfolgen.

(5) Der Träger der Abwasserbeseitigungspflicht hat ein Verzeichnis aller Indirekteinleitungen aus gewerblichen und nicht gewerblichen Betrieben zu führen (Indirekteinleiterkataster). Das Verzeichnis hat Angaben über die Art, Herkunft, Menge und die genehmigte Qualität des indirekt eingeleiteten Abwassers zu enthalten. Das Indirekteinleiterkataster ist der oberen Wasserbehörde in einem von dieser vorgegebenen Datenformat bis zum 1. Januar 2022 und auf Anforderung vorzulegen.

(6) Wer der Überwachung durch den Träger der Abwasserbeseitigungspflicht unterliegt, hat die Kosten für die Überwachung zu tragen.

§ 49
Einleiten von Abwasser in private Abwasseranlagen
(zu § 59 WHG)

(1) Für Einleitungen von gewerblichem Abwasser durch Dritte in private Abwasseranlagen gilt § 48 Absatz 1 und 2 entsprechend. Eine Genehmigung gilt im Sinne von § 48 Absatz 2 als erteilt, wenn durch vertragliche Regelungen zwischen dem Betreiber der privaten Abwasseranlage und dem Einleiter die Einhaltung der Anforderungen nach § 58 Absatz 2 WHG sichergestellt und die Einleitung der zuständigen Behörde angezeigt ist.

(2) § 48 Absatz 5 gilt entsprechend.

§ 50
Beseitigung von Stoffen zusammen mit Abwasser
(zu § 55 Absatz 3 WHG und § 58 Absatz 1 Satz 3 WHG)

Die Einleitung von flüssigen Stoffen, die kein Abwasser sind, in öffentliche und private Abwasseranlagen bedarf der Genehmigung der Wasserbehörde.

§ 51
Bau und Betrieb von Abwasseranlagen
(zu § 60 WHG)

(1) Als nach § 60 Absatz 1 WHG jeweils in Betracht kommende Regeln der Technik für die Errichtung und den Betrieb von Abwasseranlagen gelten auch die technischen Bestimmungen, die von der obersten Wasserbehörde durch öffentliche Bekanntmachung im Amtsblatt für Schleswig-Holstein eingeführt werden.

(2) Kommt die Betreiberin oder der Betreiber der Verpflichtung nach § 60 Absatz 2 WHG nicht nach, ordnet die Wasserbehörde die erforderlichen Maßnahmen unter Fristsetzung an.

(3) Die Abwasseranlagen sind entsprechend den Regeln der Technik hochwassersicher zu errichten und zu betreiben. Zur Unterhaltung der Anlagen gehören insbesondere auch Vorkehrungen, um durch Störungen im Betrieb der Anlage oder durch Reparaturen verursachte Verschlechterungen der Ablaufwerte zu vermeiden. Für den Betrieb nach § 60 Absatz 1 WHG ist in ausreichender Zahl Personal zu beschäftigen, das eine geeignete Ausbildung besitzt.

(4) Regenrückhaltebecken sind technische Anlagen zur Regenwasserrückhaltung. Ihre bestimmungsgemäße Funktionsfähigkeit ist zu erhalten.

§ 52
Genehmigung für Abwasserbehandlungsanlagen und Regenrückhaltebecken
(zu § 60 Absatz 3 und 7 WHG)

(1) Die Errichtung, der Betrieb sowie die wesentliche Änderung von Abwasserbehandlungsanlagen, die nicht unter § 60 Absatz 3 WHG fallen, sowie von Regenrückhaltebecken sind genehmigungspflichtig. Die Genehmigungspflicht entfällt für
1. Anlagen zum Behandeln von häuslichem Schmutzwasser, bei denen der Schmutzwasseranfall acht m3/d nicht übersteigt,
2. Abwasserbehandlungsanlagen, für die nach den bauordnungsrechtlichen Vorschriften auch hinsichtlich wasserrechtlicher Anforderungen Verwendbarkeits-, Anwendbarkeits- und Übereinstimmungsnachweise zu führen sind,
3. Abwasservorbehandlungsanlagen, soweit sie nicht nach § 60 Absatz 3 Satz 1 Nummer 3 WHG der Genehmigungspflicht unterliegen,
4. Abwasserbehandlungsanlagen nach Maßgabe des Absatzes 3 und
5. Regenrückhaltebecken, soweit diese an die Kanalisation des Abwasserbeseitigungspflichtigen angeschlossen werden.

(2) Darüber hinaus kann die oberste Wasserbehörde durch Verordnung weitere Anlagen von der Genehmigungspflicht nach Absatz 1 ausnehmen, insbesondere wenn die Anlagen und ihr Betrieb von wasserwirtschaftlich untergeordneter Bedeutung sind oder wenn Anforderungen in technischen Regelwerken oder in Bundes- oder Landesrecht eine weitere Genehmigungspflicht entbehrlich machen.

(3) Abwasserbehandlungsanlagen können durch das Deutsche Institut für Bautechnik der Bauart nach zugelassen werden, wenn sie serienmäßig hergestellt werden und nicht unter die Bestimmungen nach Absatz 1 Satz 2 Nummer 2 fallen. Die Bauartzulassung kann inhaltlich beschränkt, be-

fristet und unter Auflagen erteilt werden. Bauartzulassungen anderer Länder gelten auch in Schleswig-Holstein.

§ 53
Zulassung von Untersuchungsstellen und Fachkundigen (zu §§ 58 und 61 WHG)

(1) Die oberste Wasserbehörde kann durch Verordnung die Aufgaben bestimmen, die durch von der oberen Wasserbehörde zugelassene Untersuchungsstellen oder Fachkundige durchzuführen sind. Sie kann in der Verordnung die Voraussetzungen für die Zulassung festlegen und dabei insbesondere

1. die personelle und betriebliche Ausstattung der Untersuchungsstellen einschließlich der Fachkunde und der Zuverlässigkeit der betriebsleitenden Personen,
2. die Anforderungen für die Sicherung der Qualität der Prüf- und Untersuchungsergebnisse einschließlich der Teilnahme an wiederkehrenden Maßnahmen zur externen Qualitätssicherung,
3. die Voraussetzungen für einen Widerruf der Zulassung,
4. den Rahmen für die Höhe der Vergütung und die Erstattung von Auslagen der Untersuchungsstellen

regeln.

(2) Weist eine Untersuchungsstelle oder eine Fachkundige oder ein Fachkundiger eine gültige und vollständige Akkreditierung eines evaluierten Akkreditierungssystems nach, soll die obere Wasserbehörde diese bei ihrer Zulassungsentscheidung berücksichtigen.

Teil 5
Gewässerausbau

§ 54
Besondere Pflichten hinsichtlich des Ausbaues (zu §§ 67 bis 71 WHG)

Soweit es zur Vorbereitung oder zur Durchführung des Ausbauunternehmens erforderlich ist, haben Anliegerinnen oder Anlieger oder Hinterliegerinnen oder Hinterlieger nach vorheriger Ankündigung zu dulden, dass die Ausbauunternehmerin oder der Ausbauunternehmer oder deren oder dessen Beauftragte die Grundstücke betreten und vorübergehend benutzen. Entstehen Schäden, so kann die oder der Geschädigte Schadenersatz verlangen.

§ 55
Vorteilsausgleich (zu §§ 67 bis 71 WHG)

(1) Die Eigentümerinnen oder Eigentümer der Ufergrundstücke haben zum Ausbau der Ufer, soweit er nach dem festgestellten Plan zur Erhaltung, Sicherung oder Verbesserung des Wasserabflusses im Gewässer erforderlich ist, der Unternehmerin oder dem Unternehmer einen angemessenen Kostenbeitrag zu leisten. Der Beitrag darf die Vorteile nicht übersteigen, die den Eigentümerinnen oder Eigentümern durch Sicherung des Bestandes ihrer Ufergrundstücke erwachsen.

(2) Absatz 1 gilt entsprechend, wenn der Ausbau unter der Uferlinie durchgeführt werden muss, um einer künftigen Behinderung des Wasserabflusses durch Uferabbrüche vorzubeugen.

§ 56
Pflicht zum Ausbau (zu §§ 67 bis 71 WHG)

(1) Bei Gewässern zweiter Ordnung kann die Wasserbehörde diejenigen, die gemäß § 30 die Unterhaltungspflicht erfüllen, zulasten der Unterhaltungspflichtigen zum Ausbau verpflichten, wenn die in § 27 WHG genannten Bewirtschaftungsziele dies erfordern und das Maßnahmenprogramm nach § 82 WHG entsprechende Ausbaumaßnahmen vorsieht. Es können insbesondere Art und Umfang der Ausbaumaßnahmen und die hierfür einzuhaltenden Fristen bestimmt werden.

(2) Legt der Ausbau den nach Absatz 1 Verpflichteten Lasten auf, die in keinem Verhältnis zu dem den Ausbaupflichtigen erwachsenden Vorteil und deren Leistungsfähigkeit stehen, hat sich das Land an der Aufbringung der Kosten angemessen zu beteiligen und die Verpflichteten hierdurch ausreichend zu entlasten.

Teil 6
Küsten- und Hochwasserschutz

Abschnitt 1
Allgemeine Vorschriften

§ 57
Grundsätze des Küsten- und Hochwasserschutzes

(1) Küsten- und Hochwasserschutz ist eine Aufgabe derjenigen, die davon Vorteile haben, soweit nach Maßgabe der folgenden Bestimmungen nicht andere dazu verpflichtet sind.

(2) Die Wasser- und Küstenschutzbehörden haben im Rahmen ihrer Zuständigkeit für das Hochwasserrisikomanagement auf eine Begrenzung der Hochwasserrisiken hinzuwirken. Zum Hochwasserrisikomanagement zählen alle Maßnahmen der Vermeidung, des Schutzes und der Vorsorge, die dem Schutz der Bevölkerung und der Sachgüter vor Küsten- und Flusshochwasser dienen.

§ 58
Begriffsbestimmungen

(1) Küstenschutz ist der Schutz der Küstengebiete vor Meeresüberflutungen und die Sicherung der Küsten gegen Uferrückgang und Erosion einschließlich der Sicherung der Wattgebiete. Der Küstenschutz unterteilt sich in:

1. den Schutz der Küstengebiete vor Meeresüberflutungen durch Neubau, Verstärkung und Unterhaltung von Deichen, Halligwarften, Sperrwerken und sonstigen Hochwasserschutzanlagen (Küstenhochwasserschutz);
2. die Sicherung der Küsten gegen Uferrückgang und Erosion durch Neubau, Verstärkung, Unterhaltung von Buhnen, Deckwerken, Sicherungsdämmen, durch Erhalt des Deichvorlandes sowie durch andere Maßnahmen (Küstensicherung).

Den Küsten und Küstengebieten gleichgestellt sind die Niederungen und Ufer, die im Einflussbereich der Meere liegen.

(2) Flächenhafter Küstenschutz ist die Sicherung der Wattgebiete in ihrer wellendämpfenden Wirkung vor Küstenschutzanlagen und der Küste.

(3) Deiche sind künstliche, wallartige Bodenaufschüttungen mit befestigten Böschungen, die zum Schutz von Gebieten gegen Überschwemmungen durch Sturmfluten oder abfließendes Oberflächenwasser errichtet werden.

(4) Deichvorland ist das bewachsene Land zwischen der wasserseitigen Grenze des äußeren Schutzstreifens eines Deiches und der Uferlinie.

(5) Sicherungsdämme sind künstliche, wallartige Erhöhungen, die dazu dienen, schädliche Umströmungen von Inseln und Halligen zu unterbinden und zur langfristigen Stabilität des Wattenmeeres beitragen.

(6) Dämme sind künstliche, wallartige Erhöhungen, die zu anderen Zwecken errichtet werden, jedoch auch dem Hochwasserschutz dienen können.

(7) Halligwarften sind flächenhafte Aufhöhungen auf Halligen zum Schutz vor Sturmfluten.

(8) Sonstige Hochwasserschutzanlagen sind technische Einrichtungen wie Wände, Mauern und andere Anlagen, die wie Deiche dem Hochwasserschutz dienen. Den sonstigen Hochwasserschutzanlagen gleichgestellt sind die zur Küstensicherung im Sinne des § 60 Absatz 6 auf dem Meeresboden oder dem Meeresstrand vorgenommenen Vor- und Aufspülungen und Aufschüttungen sowie die hieraus landwärts der Uferlinie durch Wellen- oder Windeinfluss gebildeten Anhäufungen von Sand.

(9) Sperrwerke sind Bauwerke mit Sperrvorrichtungen, die dem Schutz eines Gebiets vor erhöhten Außenwasserständen zu dienen bestimmt sind.

(10) Meeresstrand ist der aus Sand, Kies, Geröll, Geschiebelehm oder ähnlichem Material bestehende und im Wir-

kungsbereich der Wellen liegende Küstenstreifen, der seeseitig durch die Uferlinie und landseitig durch den Beginn des geschlossenen Pflanzenwuchses, den Böschungsfuß von Steilufern und Dünen, den Deichfuß oder aber einer baulichen Anlage begrenzt wird.

(11) Dünen sind oberhalb des Meeresstrandes in der Regel durch Windeinfluss gebildete Anhäufungen von Sand.

(12) Strandwälle sind die von der Brandung im Bereich oberhalb der Uferlinie gebildete Anhäufungen von Sand, Kies und Geröll.

(13) Steilufer sind oberhalb des Meeresstrandes oder der Uferlinie dem Wellenangriff ausgesetzte, steil ansteigende natürliche Geländestufen.

§ 59
Hochwasserrisikogebiete (zu §§ 73, 74 WHG)

(1) Hochwasserrisikogebiete nach § 73 WHG werden von der obersten Wasserbehörde in den Hochwassergefahrenkarten und Hochwasserrisikokarten nach § 74 WHG bekannt gemacht. Bei Hochwasserrisikogebieten an der Küste ergeben sich Risiken aus Meeresüberflutungen, an oberirdischen Gewässern aus Überflutungen durch Flusshochwasser.

(2) Als Küstengebiete, innerhalb derer entsprechend § 73 Absatz 1 WHG die aus eindringendem Meerwasser resultierenden Hochwasserrisiken zu bewerten sind, gelten die von der obersten Wasserbehörde anhand hydrologischer Kenngrößen ermittelten und in den Hochwasserrisikomanagementplänen abgegrenzten Gebiete.

§ 60
Öffentliche Aufgaben

(1) Der Bau, die Verstärkung und die Unterhaltung von Deichen, Sicherungsdämmen, Dämmen und sonstigen Hochwasserschutzanlagen, die im Interesse des Wohls der Allgemeinheit erforderlich sind, ist eine öffentliche Aufgabe. Sie obliegt

1. hinsichtlich der Landesschutzdeiche (§ 65 Nummer 1) dem Land,
2. hinsichtlich der Regionaldeiche (§ 65 Nummer 2) auf den Halligen und Inseln und der Sicherungsdämme (§ 58 Absatz 5) zu den Halligen und Inseln, mit Ausnahme des Hindenburgdammes, dem Land, vorbehaltlich bestehender abweichender Verpflichtungen,
3. hinsichtlich aller übrigen Regionaldeiche (§ 65 Nummer 2), der Mittel- und Binnendeiche (§ 65 Nummer 3 und 4) und der Dämme (§ 58 Absatz 6) den Wasser- und Bodenverbänden. Ist die Bildung eines Wasser- und Bodenverbandes unzweckmäßig, so sind die Gemeinden bau- und unterhaltungspflichtig. Bestehende Verpflichtungen anderer bleiben unberührt.

Die Unterhaltungspflicht kann durch öffentlich-rechtlichen Vertrag auf einen Dritten übertragen werden; der Vertrag bedarf der Genehmigung der Küstenschutzbehörde oder der Wasserbehörde.

(2) Der Bau, die Verstärkung und die Unterhaltung von Halligwarften obliegen, soweit dies im Interesse des Wohls der Allgemeinheit erforderlich ist, den Gemeinden. Das Land nimmt den Bau und die Verstärkung von Halligwarften für die Gemeinden wahr, soweit dies aus Gründen des Küstenschutzes erforderlich ist.

(3) Die Unterhaltung und der Betrieb der Sperrwerke in Landesschutzdeichen obliegen dem Land, soweit nicht ein anderer dazu gesetzlich oder vertraglich verpflichtet ist.

(4) Ist ungewiss oder streitig, wer zur Unterhaltung eines Deiches oder sonstiger Hochwasserschutzanlagen verpflichtet ist, so sind die Gemeinden vorläufig für die Unterhaltung zuständig. Die Gemeinden können von den Unterhaltungspflichtigen Ersatz ihrer Aufwendungen verlangen.

(5) Diejenigen, deren Grundstücke durch Deiche, Dämme oder sonstige Hochwasserschutzanlagen gemäß Absatz 1 Satz 2 Nummer 3 geschützt werden, können zu den Kosten des Baus und der Unterhaltung nach dem Maß ihres Vorteils herangezogen werden. Im Streitfall setzt die zuständige Wasserbehörde oder Küstenschutzbehörde nach Anhörung der Beteiligten den Beitrag fest.

(6) Die Inseln und Halligen sowie die Wattgebiete im Sinne eines flächenhaften Küstenschutzes nach § 58 Absatz 2 zu sichern, ist Aufgabe des Landes. Sicherungsmaßnahmen sind so zu treffen, wie es im Interesse des Wohls der Allgemeinheit und des Küstenschutzes erforderlich ist. Ansprüche Dritter ergeben sich nicht. Bestehende Verpflichtungen anderer bleiben unberührt.

(7) Die Sicherung des Deichvorlandes nach § 58 Absatz 4 obliegt dem Land, soweit dies zur Erhaltung der Schutzfunktion der in der Unterhaltungsverpflichtung des Landes stehenden Deiche erforderlich ist. Absatz 6 Sätze 2 bis 4 gilt entsprechend.

§ 61
Förderung durch das Land

(1) Das Land gewährt den Wasser- und Bodenverbänden und Gemeinden, die Deiche und Dämme nach § 60 zu unterhalten haben, auf Antrag einen Zuschuss zu ihren Aufwendungen. § 38 Absatz 2 und 3 gilt entsprechend.

(2) § 56 gilt entsprechend, wenn Vorteilhabende zur Umsetzung von Maßnahmen nach Hochwasserrisikomanagementplänen gemäß § 75 Absatz 1 WHG verpflichtet sind und dadurch unverhältnismäßig belastet werden.

§ 62
Hochwasser- und Sturmflutwarnungen
(zu § 79 Absatz 2 WHG)

Die oberste Wasser- und oberste Küstenschutzbehörde stellen den Behörden, deren Aufgabenbereiche berührt werden, und der Bevölkerung Informationen zum räumlich differenzierten Hochwasserrisiko zur Verfügung. Vor einem zu erwartenden Hochwasser warnen sie die Bevölkerung und die Behörden, deren Aufgabenbereiche berührt werden, in geeigneter Form. Sie können die Aufgabe auf andere Behörden übertragen.

§ 63
Zulassung von Bauten des Küstenschutzes,
Planfeststellung (zu § 68 WHG)

(1) Das Errichten, Beseitigen, Verstärken oder wesentliche Umgestalten von Deichen, Sicherungsdämmen und Sperrwerken (Bauten des Küstenschutzes) in und an Küstengewässern, die dem Schutz gegen Sturmfluten oder in anderer Weise dem Küstenschutz dienen, bedarf eines Planfeststellungsbeschlusses oder einer Plangenehmigung.

(2) Die Verstärkung oder Änderung von Deichen, Sicherungsdämmen oder Sperrwerken kann ohne Durchführung eines Planfeststellungsverfahrens oder Plangenehmigungsverfahrens zugelassen werden, wenn

1. es sich um eine Verstärkung oder Änderung innerhalb des bereits bestehenden Deiches einschließlich des Zubehörs handelt oder das Vorhaben von unwesentlicher Bedeutung ist und
2. nach dem Landes-UVP-Gesetz vom 13. Mai 2003 (GVOBl. Schl.-H. S. 246), zuletzt geändert durch Artikel 1 des Gesetzes vom 13. Dezember 2018 (GVOBl. Schl.-H. S. 773), keine Verpflichtung zur Durchführung einer Umweltverträglichkeitsprüfung besteht.

(3) Die für die Genehmigung nach Absatz 2 zuständige Küstenschutzbehörde hat die nach anderen öffentlich-rechtlichen Vorschriften erforderlichen Zulassungen anderer Behörden einzuholen und gleichzeitig mit ihrer Genehmigung auszuhändigen. Mit dem Antrag gelten alle nach öffentlich-rechtlichen Vorschriften erforderlichen Anträge auf behördliche Zulassungen und Anzeigen als gestellt. Versagt eine andere Behörde, die nach anderen Vorschriften dazu befugt ist, ihre Zulassung, teilt sie dies unter Benachrichtigung der Küstenschutzbehörde der Antragstellerin oder dem Antragsteller durch schriftlichen Bescheid mit. § 11a des Landesnaturschutzgesetzes findet keine Anwendung.

(4) § 17 WHG gilt entsprechend für die Zulassung des vorzeitigen Beginns in einem Planfeststellungsverfahren und einem Plangenehmigungsverfahren.

§ 64
Duldungspflichten

Soweit es zur Planung und zur Durchführung von Maßnahmen zum Bau oder zur Unterhaltung von Deichen, Sicherungsdämmen, Dämmen, Sperrwerken, sonstigen Hochwasserschutzanlagen oder Küstenschutzanlagen erforderlich ist, haben die Eigentümerinnen oder Eigentümer und die Nutzungsberechtigten der anliegenden und hinterliegenden Grundstücke nach Ankündigung zu dulden, dass die Bau- oder Unterhaltungspflichtigen oder deren Beauftragte die Grundstücke betreten, vorübergehend nutzen oder aus ihnen Bestandteile entnehmen, wenn diese anderweitig nur mit unverhältnismäßig hohen Kosten beschafft werden können. Entstehen Schäden, so können die Betroffenen Schadensersatz verlangen. Das Recht der Wasser- und Bodenverbände bleibt unberührt.

Abschnitt 2
Deiche, sonstige Hochwasserschutzanlagen

§ 65
Einteilung der Deiche

Die Deiche werden nach ihrer Bedeutung und ihren Aufgaben in folgende Gruppen eingeteilt:

1. Landesschutzdeiche:

   Deiche mit hoher Schutzwirkung, die Küstengebiete vor Sturmfluten, auch im Zusammenwirken mit einem weiteren Deich oder einer sonstigen Hochwasserschutzanlage (Deichanlagen), schützen; vorrangig sollen Leib und Leben von Menschen an ihren Wohnstätten sowie außergewöhnlich hohe Sachwerte geschützt werden,

2. Regionaldeiche:

   Deiche mit eingeschränkter Schutzwirkung, die Küstengebiete vor Sturmfluten schützen; als solche gelten auch die Halligdeiche.

3. Mitteldeiche:

   Deiche, die dazu dienen, im Falle der Zerstörung eines Landesschutzdeiches oder eines Regionaldeiches Überschwemmungen einzuschränken,

4. Binnendeiche:

   Deiche, die zum Schutz vor Überschwemmungen durch abfließendes Oberflächenwasser dienen.

§ 66
Bestandteile und Abmessungen der Deiche

(1) Deiche bestehen aus dem Deichkörper und dem Deichzubehör. Zum Deichkörper gehören alle Einbauten insbesondere Schleusen, Siele, Stöpen, Deckwerke, Fußsicherungen, Überschlagssicherungen, Treibselabfuhrwege, Mauern, Rampen und Deichverteidigungswege. Zum Deichzubehör gehören die Schutzstreifen beiderseits des Deichkörpers sowie Sicherungsanlagen, die unmittelbar der Erhaltung des Deichkörpers und der Schutzstreifen dienen. Bei Landesschutzdeichen ist der äußere Schutzstreifen zwanzig Meter, der innere Schutzstreifen zehn Meter breit. Bei Regional- und Mitteldeichen sind der äußere Schutzstreifen zehn Meter, der innere Schutzstreifen jeweils fünf Meter breit. Binnendeiche haben Schutzstreifen von je fünf Meter Breite.

(2) Die oberste Küstenschutzbehörde setzt den Sicherheitsstandard und die zugehörigen Bemessungsgrundlagen der Landesschutzdeiche und der Regionaldeiche in der Zuständigkeit des Landes fest.

(3) Die Sollabmessungen für Mittel- und Binnendeiche sowie Regionaldeiche, die nicht unter Absatz 2 fallen, ergeben sich aus dem Plan für den Deich und dem Anlagenverzeichnis der oder des Bau- und Unterhaltungspflichtigen, ergänzend aus der Zulassung der Anlage.

§ 67
Deichkataster

(1) Jeder Unterhaltungspflichtige hat für seine Küstenschutzanlagen oder Binnendeiche ein Kataster einzurichten, zu führen und bei baulichen Veränderungen fortzuschreiben. Das Kataster muss enthalten:

1. Lageplan, Längsschnitt und Querschnitte der Anlage sowie

2. Angaben über besondere Bauwerke, Einrichtungen der Deichverteidigung, Eigentum, genehmigte Benutzungen, die nicht nur vorübergehenden Zwecken dienen, Rechte aufgrund besonderer Rechtstitel und Verpflichtungen Dritter.

(2) Das Kataster ist nach Aufstellung und nach Fortschreibung der unteren Küstenschutzbehörde oder der unteren Wasserbehörde vorzulegen.

§ 68
Widmung, Umwidmung, Entwidmung von Deichen

(1) Ein Deich erhält die Eigenschaft eines Landesschutz-, Regional-, Mittel- oder Binnendeiches durch Widmung. Wird ein Deich verbreitert, erhöht oder begradigt, so gelten die neu hinzukommenden Teile mit der Bauabnahme nach § 108 Absatz 1 als gewidmet. Deiche, die am 15. Januar 1981 nicht gewidmet waren, gelten als gewidmet, und zwar als Deich derjenigen Gruppe im Sinne des § 65, der er seiner Aufgabe und Bedeutung nach angehört.

(2) Haben sich Aufgabe oder Bedeutung eines Deiches geändert, ist er entsprechend umzuwidmen.

(3) Deiche, die ihre Schutzfunktion im Sinne des § 65 verloren haben oder deren weitere Erhaltung im Interesse des Wohls der Allgemeinheit nicht mehr geboten ist, sind zu entwidmen.

(4) Die Widmung, Umwidmung oder Entwidmung wird auf Antrag des Bau- oder Unterhaltungspflichtigen von der obersten Küstenschutzbehörde oder der unteren Wasserbehörde verfügt und im Amtsblatt für Schleswig-Holstein bekannt gemacht. Dies gilt nicht für die in Absatz 1 Satz 2 genannten Fälle. In den Gemeinden, durch die der Deich verläuft, sind die Unterlagen zur Widmung, Umwidmung oder Entwidmung vier Wochen zur Einsicht auszulegen. Zeit und Ort der Auslegung sind öffentlich bekannt zu machen. Einwendungen gegen die Widmung, Umwidmung oder Entwidmung können diejenigen erheben, die Vorteile haben. Die Einwendungen sind spätestens innerhalb von zwei Wochen nach Beendigung der Auslegung schriftlich zu erheben. In der Bekanntmachung ist auf die Ausschlussfrist hinzuweisen. Die fristgerecht erhobenen Einwendungen werden unter Beteiligung des Unterhaltungspflichtigen erörtert.

(5) Wird in einem förmlichen Verfahren aufgrund anderer gesetzlicher Vorschriften ein Deich gewidmet, entwidmet oder umgewidmet, so gilt er als gewidmet, entwidmet oder umgewidmet, sobald die den Widmungsakt einschließende behördliche Entscheidung unanfechtbar geworden ist.

§ 69
Unterhaltung von Deichen und sonstigen Hochwasserschutzanlagen

(1) Die Unterhaltung von Deichen umfasst die Pflicht, den Deich in seinem Bestand und in seinen Abmessungen so zu erhalten, dass er seinen Schutzzweck jederzeit erfüllen kann. Wenn ein Deich die in § 66 bestimmten Merkmale nicht mehr besitzt, ist er so wiederherzustellen, dass die vorgeschriebenen Anforderungen erreicht werden.

(2) Im Rahmen der Unterhaltung des Deiches hat die oder der Unterhaltungspflichtige insbesondere

1. die Grasnarbe so zu pflegen, dass sie dem Wasserangriff ausreichend Widerstand leisten kann, insbesondere Anschwemmungen (Treibsel) so rechtzeitig zu entfernen, dass die Grasnarbe keinen Schaden erleidet,

2. Beschädigungen des Deiches und der Grasnarbe unverzüglich zu beseitigen und

3. für den Deich schädliche Tiere und Pflanzen zu bekämpfen.

(3) Anlagen, die am oder im Deichkörper sowie am oder im Deichzubehör Bestandteile eines Deiches im Sinne von § 66 sind, sind von denjenigen zu unterhalten, die sie errichtet haben oder betreiben. Das Recht anderer bleiben unberührt. Die Unterhaltungspflichtigen haben die Anlagen entsprechend den Anforderungen des Küsten-

schutzes zu unterhalten und die Kosten der Deichunterhaltung zu erstatten, die durch die Anlagen bedingt sind.

(4) Die Unterhaltung von sonstigen Hochwasserschutzanlagen umfasst die Pflicht, die Anlage in ihrem Bestand insoweit zu erhalten, dass deren Sicherungsfunktion gewährleistet wird. Zur Unterhaltung von Anlagen gemäß § 58 Absatz 8 Satz 2 kann auch die Rückverlagerung der durch Wind und Wellen aus der sonstigen Hochwasserschutzanlage in die nähere Umgebung ausgetragenen Materialien gehören; § 11a des Landesnaturschutzgesetzes findet keine Anwendung.

§ 70
Benutzungen von Deichen

(1) Jede Benutzung des Deiches einschließlich seines Zubehörs, die seine Funktionsfähigkeit beeinträchtigen kann, ist unzulässig. Insbesondere ist es verboten, auf oder in dem Deich
1. Vieh zu treiben, Großvieh zu weiden oder andere Haus- und Nutztiere zu halten,
2. zu reiten oder mit Fahrzeugen aller Art außerhalb der dem öffentlichen Verkehr gewidmeten Deichverteidigungswege und der Überfahrten zu fahren oder zu parken,
3. Material, Geräte oder Boote zu lagern,
4. Anlagen zu errichten oder wesentlich zu ändern sowie Gegenstände aller Art, insbesondere Badekabinen, Strandkörbe, Bänke, Buden oder Stände aufzustellen, zu lagern oder abzulagern, Zäune, Brücken oder Deichtreppen zu errichten sowie Rohre oder Kabel zu verlegen,
5. Veranstaltungen durchzuführen,
6. Bäume oder Sträucher zu pflanzen,
7. Gräser oder Treibsel abzubrennen und
8. nicht angeleinte Hunde mitzuführen.

Fahrräder sind von dem Verbot in Satz 1 Nummer 2 ausgenommen. Verbote oder Beschränkungen nach anderen Rechtsvorschriften bleiben unberührt.

(2) Die Verbote nach Absatz 1 gelten nicht für Maßnahmen, die der Erhaltung und Verbesserung der Funktionsfähigkeit, der Unterhaltung, der Wiederherstellung oder der Verteidigung des Deiches oder dem Erhalt und der Bewirtschaftung des Vorlandes dienen.

(3) Die untere Küstenschutzbehörde oder die untere Wasserbehörde kann auf Antrag Ausnahmen von den Verboten des Absatzes 1 zulassen, wenn die Funktionsfähigkeit des Deiches nicht beeinträchtigt wird.

(4) Das Betreten und Benutzen von Deichen einschließlich Zubehör begründen keine besonderen Sorgfalts- und Verkehrssicherungspflichten der Deichverantwortlichen. Diese haften insbesondere regelmäßig nicht für typische sich aus dem Deich, der Unterhaltung und der Nutzung, insbesondere der Beweidung, ergebende Gefahren, wie durch Treibsel, Schafkot, Ausschläge oder Schadstellen.

(5) Die untere Küstenschutzbehörde oder die untere Wasserbehörde kann die Benutzung der Deiche im Sinne von § 66 Absatz 1 durch Verfügung regeln, einschränken oder untersagen, wenn eine Beeinträchtigung der ordnungsgemäßen Unterhaltung, der Funktionsfähigkeit oder der öffentlichen Sicherheit zu besorgen ist.

§ 71
Deichschau

(1) Der ordnungsgemäße Zustand der Landesschutzdeiche ist als Aufgabe der Aufsicht nach § 107 einmal jährlich, derjenige aller weiteren Deiche und sonstigen Hochwasserschutzanlagen mindestens alle zwei Jahre zu schauen.

(2) An der Deichschau von Landesschutzdeichen und Regionaldeichen sind Vertreter der unteren Katastrophenschutzbehörden und der angrenzenden Wasser- und Bodenverbände zu beteiligen. An der Deichschau der übrigen Deiche und sonstigen Hochwasserschutzanlagen sind die Unterhaltungspflichtigen zu beteiligen.

§ 72
Eigentum an Deichen

(1) Das Eigentum an den Landesschutzdeichen, die seit dem 1. Januar 1971 vom Land zu unterhalten sind, und an allen übrigen Deichen öffentlich-rechtlicher Körperschaften, die nach § 60 vom Land zu unterhalten sind, geht in dem Umfang unentgeltlich auf das Land über, in dem es der bisherigen Aufgabenträger zugestanden hat. Die untere Küstenschutzbehörde hat den Antrag auf Berichtigung des Grundbuches oder bei grundbuchfreien Grundstücken auf Fortführung des Katasters zu stellen. Zum Nachweis des Eigentums gegenüber dem Grundbuchamt oder Landesamt für Vermessung und Geoinformation genügt die Bestätigung der unteren Küstenschutzbehörde, dass das Eigentum an den Deichen und deren Zubehör dem Land zusteht.

(2) Verliert ein Deich seine Eigenschaft als Landesschutzdeich, so geht das Eigentum unentgeltlich auf die künftige Unterhaltungspflichtige oder den künftigen Unterhaltungspflichtigen über. Absatz 1 Satz 2 und 3 gilt entsprechend.

§ 73
Deichvorland

Durch die Nutzung des Deichvorlandes, dessen zu erhaltende Breite von der obersten Küstenschutzbehörde festgelegt wird, dürfen die Belange des Küstenschutzes, insbesondere die Sicherheit und die Unterhaltung der Deiche, nicht beeinträchtigt werden. Die Eigentümerinnen oder Eigentümer und die Nutzungsberechtigten sind verpflichtet, das Deichvorland zum Schutze des Deiches zu pflegen. Die untere Küstenschutzbehörde kann zum Schutz der Belange des Küstenschutzes im Sinne von Satz 1 Anordnungen treffen. Für die Nutzung des Deichvorlands gilt § 70 entsprechend.

Abschnitt 3
Hochwasserschutz und Hochwasservorsorge an oberirdischen Gewässern

§ 74
Überschwemmungsgebiete und vorläufige Sicherung
(zu § 76 und § 78 Absatz 6 WHG)

(1) Überschwemmungsgebiete sind
1. die Gebiete zwischen oberirdischen Gewässern und Binnendeichen oder sonstigen Hochwasserschutzanlagen sowie
2. die in § 76 Absatz 1 Satz 1 WHG bezeichneten sonstigen Gebiete.

Dies gilt auch für Gebiete an oberirdischen Gewässern, die von den Gezeiten beeinflusst werden.

(2) Die Ermächtigung zur Festsetzung von Überschwemmungsgebieten wird auf die oberste Wasserbehörde übertragen. Sie kann durch Verordnung Überschwemmungsgebiete auch abweichend von Absatz 1 Nummer 1 festsetzen.

(3) Die Abgrenzung eines Überschwemmungsgebietes ist in der Rechtsverordnung nach § 76 Absatz 2 WHG grob zu beschreiben und in Karten darzustellen, die bei Behörden eingesehen werden können. Die Behörden sind in der Rechtsverordnung zu benennen. Die Karten müssen mit hinreichender Klarheit erkennen lassen, welche Grundstücke zum Überschwemmungsgebiet gehören.

(4) Die vor dem 10. Mai 2005 durch Verordnung bestimmten Überschwemmungsgebiete gelten als festgesetzt im Sinne von § 31 b Absatz 2 Satz 3 Wasserhaushaltsgesetz in der Fassung vom 3. Mai 2005 (BGBl. I S. 1224) und § 106 Absatz 3 Wasserhaushaltsgesetz vom 31. Juli 2009 (BGBl. I S. 2585).

(5) Die in den ab dem 22. Dezember 2019 geltenden Gefahrenkarten nach § 74 Absatz 2 WHG dargestellten Gebiete, in denen ein Hochwasserereignis einmal in 100 Jahren zu erwarten ist oder die zur Hochwasserentlastung und Rückhaltung beansprucht werden (§ 76 Absatz 2 Satz 1 Nummer 2 WHG), gelten bis zur Festsetzung als Überschwemmungsgebiet als vorläufig gesichert. Die vorläufige Sicherung endet mit Inkrafttreten der Verordnung nach

§ 76 Absatz 2 WHG, spätestens jedoch zehn Jahre nach Veröffentlichung der Gefahren- und Risikokarten gemäß § 74 Absatz 6 WHG.

(6) Die oberste Wasserbehörde kann über die vorläufige Sicherung gemäß Absatz 5 hinaus oder hiervon abweichend die Karte eines Überschwemmungsgebietes, das bereits ermittelt, aber noch nicht nach § 76 Absatz 2 WHG festgesetzt ist, im Amtsblatt für Schleswig-Holstein veröffentlichen (vorläufige Sicherung im Einzelfall). Auf die nach § 78 Absatz 6 WHG entsprechende Geltung des § 78 Absatz 1 bis 5 WHG ist in der Veröffentlichung hinzuweisen. Die vorläufige Sicherung endet mit Inkrafttreten der Verordnung nach § 76 Absatz 2 WHG, spätestens jedoch zehn Jahre nach Veröffentlichung der Karte.

§ 75
Besondere Schutzvorschriften für Überschwemmungsgebiete
(zu §§ 77, 78, 78a WHG)

(1) Für Überschwemmungsgebiete im Sinne von § 74 Absatz 1 gelten § 78 und § 78a WHG entsprechend.

(2) In Überschwemmungsgebieten im Sinne von § 74 Absatz 1 kann die untere Wasserbehörde allgemein oder im Einzelfall anordnen, dass die Nutzungsberechtigten von Grundstücken

1. Gegenstände und Ablagerungen sowie bauliche und sonstige Anlagen, die den Wasserabfluss behindern, beseitigen,
2. Grundstücke so bewirtschaften, wie es zum schadlosen Abfluss des Hochwassers, insbesondere zur Verhütung von Bodenabschwemmungen oder zur Vermeidung des Abschwemmens von Düngemitteln oder Pflanzenbehandlungsmitteln, erforderlich ist,
3. Vertiefungen einebnen,
4. Düngemittel oder Pflanzenschutzmittel nicht oder nur in bestimmtem Umfang anwenden.

(3) Die untere Wasserbehörde kann Anordnungen zum Erhalt oder zur Rückgewinnung von Rückhalteflächen treffen, soweit dies für den Hochwasserschutz erforderlich ist. § 78a Absatz 5 Satz 4 WHG gilt entsprechend.

§ 76
Baugenehmigungen in Risikogebieten an oberirdischen Gewässern
(zu § 78b Absatz 2 WHG)

In den Gebieten, für die nach § 74 Absatz 2 WHG Gefahrenkarten erstellt sind, können Baugenehmigungen nur im Einvernehmen mit der unteren Wasserbehörde erteilt werden.

§ 77
Ausnahmen in Überschwemmungsgebieten

Die Wasserbehörde ist zuständige Behörde nach § 78 Absatz 2, 3, 5 und 6 Satz 2 WHG, § 78a Absatz 2 WHG und § 78c WHG.

§ 78
Verfahren zur Festsetzung von Überschwemmungsgebieten
(zu § 76 Absatz 2 WHG)

(1) Für das Verfahren zur Festsetzung von Überschwemmungsgebieten nach § 76 Absatz 2 WHG oder § 74 Absatz 2 dieses Gesetzes gilt § 43 Absatz 2 bis 8 entsprechend. Abweichend von § 43 Absatz 4 Satz 3 reicht es für die Bekanntmachung aus, wenn der räumliche Geltungsbereich des Überschwemmungsgebietes ersichtlich ist aus Karten im Maßstab 1:5.000 oder aus Karten im Maßstab 1:50.000 und in diesem Fall darauf hingewiesen wird, wo Karten im Maßstab 1:5.000 eingesehen werden können.

(2) In dem Verfahren zur Festsetzung von Überschwemmungsgebieten nach § 76 Absatz 2 WHG oder § 74 Absatz 2 dieses Gesetzes ist auch die Öffentlichkeit zu beteiligen. Der betroffenen Öffentlichkeit wird im Rahmen der Auslegung nach § 43 Absatz 3 Gelegenheit zur Äußerung gegeben. Auf eine Auslegung kann abweichend von § 43 Absatz 7 nicht verzichtet werden. Ein Erörterungstermin entsprechend § 43 Absatz 8 ist mindestens eine Woche vorher örtlich bekannt zu machen.

Abschnitt 4
Küstenschutz

§ 79
Errichten und Ändern von Halligwarften

(1) Das Errichten, Beseitigen, Verstärken oder wesentliche Umgestalten von Halligwarften bedarf der Genehmigung der unteren Küstenschutzbehörde. Sie hat die nach anderen öffentlich-rechtlichen Vorschriften erforderlichen Zulassungen anderer Behörden einzuholen und gleichzeitig mit ihrer Genehmigung auszuhändigen. Mit dem Antrag gelten alle nach anderen öffentlich-rechtlichen Vorschriften erforderlichen Anträge auf behördliche Zulassungen und Anzeigen als gestellt. Versagt eine andere Behörde, die nach anderen Vorschriften dazu befugt ist, eine Zulassung, teilt sie dies unter Benachrichtigung der Küstenschutzbehörde der Antragstellerin oder dem Antragsteller durch schriftlichen Bescheid mit. § 11a des Landesnaturschutzgesetzes findet keine Anwendung.

(2) Die Genehmigung kann für Vorhaben nach Absatz 1, für die nach Anlage 1 des Landes-UVP-Gesetzes eine Verpflichtung zur Durchführung einer Umweltverträglichkeitsprüfung besteht, nur in einem Verfahren erteilt werden, das den Anforderungen des Landes-UVP-Gesetzes entspricht. In den Fällen, in denen keine Verpflichtung zur Durchführung einer Umweltverträglichkeitsprüfung besteht, gelten die Bestimmungen des § 111a LVwG.

(3) Die Eigentümerinnen oder Eigentümer und die Nutzungsberechtigten der Halligwarften haben die Böschungen der Halligwarften nach § 58 Absatz 7 so zu nutzen, dass deren Funktionsfähigkeit nicht beeinträchtigt wird. § 70 gilt entsprechend. Entlang der oberen Böschungskante der Halligwarften ist ein vier Meter breiter Schutzstreifen von jeder Bebauung, Bepflanzung und schädigenden Nutzung freizuhalten. Bei Warftverstärkungen oder Warfterhöhungen, die nach dem 1. September 1999 fertig gestellt worden sind, beträgt der Schutzstreifen sieben Meter; bestehende Rechte und Nutzungen bleiben unberührt.

§ 80
Genehmigungspflicht für Anlagen an der Küste

(1) Die Errichtung, Beseitigung oder wesentliche Änderung von Anlagen an der Küste oder im Küstengewässer bedürfen der Genehmigung der unteren Küstenschutzbehörde, soweit nachteilige Wirkungen, insbesondere auch im Sinne von § 58 Absatz 2, nicht auszuschließen sind. Die Genehmigungspflicht besteht nicht für Schifffahrtszeichen im Sinne des Bundeswasserstraßengesetzes. § 11a des Landesnaturschutzgesetzes findet auf Genehmigungen nach Satz 1 keine Anwendung.

(2) Die Genehmigung kann für Vorhaben nach Absatz 1, für die nach dem Gesetz über die Umweltverträglichkeitsprüfung (UVPG) in der Fassung vom 24. Februar 2010 (BGBl. I S. 94), zuletzt geändert durch Artikel 2 des Gesetzes vom 8. September 2017 (BGBl. I S. 3370) oder dem Landes-UVP-Gesetz eine Verpflichtung zur Durchführung einer Umweltverträglichkeitsprüfung besteht, nur in einem Verfahren erteilt werden, das den Anforderungen des UVPG, auch in Verbindung mit dem Landes-UVP-Gesetz entspricht. In den Fällen, in denen keine Verpflichtung zur Durchführung einer Umweltverträglichkeitsprüfung besteht, gelten die Bestimmungen des § 111a LVwG.

(3) Die Genehmigung ist zu versagen, wenn von Anlagen nach Absatz 1 und den Vorhaben zum Erhalt von Vorland eine Beeinträchtigung des Wohls der Allgemeinheit, insbesondere der Belange des Küstenschutzes oder der öffentlichen Sicherheit zu erwarten ist, die nicht durch Auflagen verhütet oder ausgeglichen werden kann. Genehmigungspflichten anderer Rechtsvorschriften bleiben unberührt.

(4) Diejenigen, die die Anlage errichtet haben, tragen die Verantwortung für den ordnungsgemäßen Zustand der Anlage. Nach Beendigung der Nutzung ist die Anlage von der oder dem Bau- und Unterhaltungspflichtigen zu beseitigen.

Die untere Küstenschutzbehörde kann Maßnahmen zur Herstellung eines ordnungsgemäßen Zustandes oder der Beseitigung der Anlage anordnen.

§ 81
Nutzungsverbote und Nutzungsbeschränkungen an der Küste

(1) Auf Anlagen, die dem Küstenschutz im Sinne von § 58 Absatz 1 dienen, in den Dünen, auf dem Meeresstrand und auf den Strandwällen ist es verboten,

1. schützenden Bewuchs wesentlich zu verändern oder zu beseitigen,
2. Sand, Kies, Geröll, Steine oder Grassoden zu entnehmen,
3. Material, Gegenstände oder Geräte zu lagern oder abzulagern,
4. Abgrabungen, Aufschüttungen, Auf- oder Abspülungen oder Bohrungen vorzunehmen.

Satz 1 gilt entsprechend

1. an Steilufern und innerhalb eines Bereiches von 50 Meter landwärts der oberen Böschungskante,
2. auf dem Meeresboden in einem Bereich von weniger als sechs Meter Wassertiefe unter Seekarten-Null, mindestens jedoch innerhalb von 200 Meter Entfernung von der Uferlinie.

(2) Verbote oder Beschränkungen nach anderen Rechtsvorschriften bleiben unberührt. Die untere Küstenschutzbehörde kann auf Antrag von den Verboten des Absatzes 1 Ausnahmen zulassen, wenn keine Beeinträchtigung des Wohls der Allgemeinheit, insbesondere der Belange des Küstenschutzes oder der öffentlichen Sicherheit zu erwarten ist, die nicht durch Auflagen verhütet oder ausgeglichen werden kann. Für den Antrag gelten die Bestimmungen des § 111a LVwG.

(3) Die untere Küstenschutzbehörde kann zur Sicherung und Erhaltung der Küste die Nutzung und Benutzung des Meeresstrandes, des Meeresbodens, der Strandwälle, der Dünen, der Steilufer und der sonstigen Flächen und Anlagen, die dem Küstenschutz und der Landerhaltung zu dienen bestimmt oder geeignet sind, durch Verfügung regeln, beschränken oder untersagen.

§ 82
Errichtung baulicher Anlagen an der Küste

(1) Bauliche Anlagen dürfen

1. in einer Entfernung bis zu 50 Meter landwärts vom Fußpunkt der Innenböschung von Landesschutzdeichen und bis zu 25 Meter vom Fußpunkt der Innenböschung von Regionaldeichen,
2. im Deichvorland,
3. in einer Entfernung bis zu 150 Meter landwärts von der oberen Böschungskante eines Steilufers oder vom seewärtigen Fußpunkt einer Düne oder eines Strandwalles,
4. in den Hochwasserrisikogebieten an der Küste (§ 59 Absatz 1 Satz 2)

nicht errichtet oder wesentlich geändert werden.

(2) Absatz 1 gilt nicht

1. in öffentlichen Häfen,
2. für bauliche Anlagen, die aufgrund eines Planfeststellungsverfahrens, in Ausübung wasserrechtlicher Erlaubnisse oder Bewilligungen oder zum Zwecke des Küstenschutzes errichtet oder wesentlich geändert werden,
3. für die Errichtung oder wesentliche Änderung von Schifffahrtszeichen oder baulichen Anlagen der Wasser- und Schifffahrtsverwaltung des Bundes, die für die Sicherheit und Leichtigkeit des Verkehrs sowie für die Sicherheit der Bundeswasserstraßen erforderlich sind,
4. für bauliche Anlagen, die aufgrund eines am 9. September 2016 rechtsverbindlichen Bebauungsplanes errichtet oder wesentlich geändert werden oder für die in den Fällen des Absatz 1 Nummer 3 und 4 im Bereich von im Zusammenhang bebauten Ortsteilen (§ 34 BauGB) am 9. September 2016 ein Anspruch auf Bebauung bestand,
5. für bauliche Anlagen, die aufgrund eines rechtsverbindlichen Bebauungsplanes, der die zur Gewährleistung der Sicherheit der Wohn- und Arbeitsbevölkerung erforderlichen Hochwasserschutzmaßnahmen festsetzt, in dessen Rahmen die öffentliche Trägerschaft der Hochwasserschutzmaßnahmen sichergestellt ist und dem die untere Küstenschutzbehörde ausdrücklich zugestimmt hat, errichtet oder wesentlich geändert werden und
6. im Falle des Absatz 1 Nummer 4 für bauliche Anlagen, die aufgrund eines rechtsverbindlichen Bebauungsplanes in Gebieten errichtet oder wesentlich geändert werden, die durch Landesschutzdeiche im Sinne von § 65 Nummer 1 oder durch Schutzanlagen mit einem mit den Landesschutzdeichen vergleichbaren ausreichenden Schutzstandard geschützt werden oder wenn die zur ausreichenden Minderung der Hochwasserrisiken erforderlichen Maßnahmen mit Herstellung der baulichen Anlage durchgeführt werden.

(3) Ausnahmen von dem Verbot des Absatzes 1 sind zulässig, wenn sie mit den Belangen des Küstenschutzes und des Hochwasserschutzes vereinbar sind und wenn das Verbot im Einzelfall zu einer besonderen Härte führen würde oder ein dringendes öffentliches Interesse vorliegt. Ist eine Betroffenheit der Belange des Küstenschutzes und des Hochwasserschutzes auszuschließen, kann in den Fällen des Absatzes 1 Nummer 3 und 4 eine Ausnahme auch ungeachtet der Voraussetzungen des Satzes 1 gewährt werden. Über Ausnahmen entscheidet gleichzeitig mit der Erteilung der Baugenehmigung oder einer nach anderen Vorschriften notwendigen Genehmigung die dafür zuständige Behörde im Einvernehmen mit der Küstenschutzbehörde. Liegt für das Vorhaben nach den baurechtlichen oder anderen Vorschriften nach Satz 3 kein Genehmigungserfordernis vor, entscheidet die Küstenschutzbehörde über die Genehmigung nach Satz 1 und 2.

Teil 7
Planfeststellungsverfahren, Enteignung

§ 83
Planfeststellung und Plangenehmigung
(zu §§ 67, 68 WHG)

(1) Im Planfeststellungsverfahren ergehen Entscheidungen über

1. den Ausbau von Gewässern im Sinne von § 67 Absatz 2 Satz 1 WHG,
2. den Bau von Deichen und Dämmen im Sinne von § 67 Absatz 2 Satz 3 WHG und sonstigen Hochwasserschutzanlagen, die den Binnenhochwasserabfluss beeinflussen, und
3. die Errichtung und Veränderung von Deichen, Sicherungsdämmen und Sperrwerken im Sinne von § 63.

(2) Ergänzend zu § 68 Absatz 3 Nummer 1 WHG darf der Plan auch festgestellt oder genehmigt werden, wenn eine Beeinträchtigung des Wohls der Allgemeinheit zu erwarten ist, diese aber durch Bedingungen und Auflagen verhütet oder ausgeglichen werden kann.

§ 84
Anwendbare Vorschriften bei Planfeststellungs- und Plangenehmigungsverfahren
(zu § 70 und abweichend von § 70 Absatz 1 Halbsatz 2 WHG)

(1) Abweichend von § 70 Absatz 1 Halbsatz 2 WHG gelten für das Planfeststellungsverfahren und die Plangenehmigung die §§ 139 bis 145 LVwG, soweit in den Absätzen 2 bis 4, in § 85 und den übrigen Vorschriften dieses Gesetzes nichts anderes bestimmt ist. § 19 WHG bleibt unberührt.

(2) § 141 Absatz 2 Satz 2 und 3 und § 142 Absatz 2 und 3 LVwG sind nicht anzuwenden. Anstelle der in Satz 1 genannten Vorschriften des Landesverwaltungsgesetzes findet § 14 Absatz 3 bis 6 WHG mit der Maßgabe entsprechende Anwendung, dass § 14 Absatz 3 Satz 2, Absatz 4 und Absatz 6 Satz 2 WHG außerdem gilt, wenn Ausgleichsmaßnahmen wirtschaftlich nicht vertretbar sind. Dient der

Gewässerausbau dem Wohl der Allgemeinheit, findet zusätzlich § 16 Absatz 2 WHG entsprechende Anwendung.

(3) Ergänzend zu dem in § 70 Absatz 1 Halbsatz 1 WHG genannten § 13 Absatz 2 WHG finden § 13 Absatz 2 WHG und § 107 Absatz 2 LVwG entsprechende Anwendung.

(4) Der Widerruf ist auch nach Unanfechtbarkeit des Planfeststellungsbeschlusses oder der Plangenehmigung zulässig, wenn dies zur Erreichung der Bewirtschaftungsziele nach § 27 WHG erforderlich ist und das Maßnahmenprogramm nach § 82 WHG entsprechende Anforderungen enthält. Im Falle des Widerrufs gilt § 117 Absatz 6 LVwG entsprechend.

(5) Eine Planfeststellung oder eine Plangenehmigung kann für ein Vorhaben, für das nach dem Landes-UVP-Gesetz oder dem UVPG eine Verpflichtung zur Durchführung einer Umweltverträglichkeitsprüfung besteht, nur in einem Verfahren erteilt werden, das den Anforderungen des UVPG, auch in Verbindung mit dem Landes-UVP-Gesetz entspricht.

§ 85
Enteignung, vorzeitige Besitzeinweisung
(zu § 71 und abweichend von § 71 Absatz 1 Satz 1 und § 71a WHG)

(1) Abweichend von § 71 Absatz 1 Satz 1 WHG ist für ein Unternehmen der öffentlichen Wasserversorgung, der öffentlichen Abwasserbeseitigung, des Küsten- und Hochwasserschutzes oder des Ausbaus von Gewässern im öffentlichen Interesse, das der Planfeststellung bedarf, die Enteignung zulässig. Satz 1 gilt für Plangenehmigungen entsprechend, wenn Rechte anderer nur unwesentlich beeinträchtigt werden. Für das Verfahren gelten die allgemeinen landesrechtlichen Vorschriften über die Enteignung.

(2) Ist der sofortige Beginn von Bauarbeiten geboten und weigert sich die Eigentümerin oder der Eigentümer oder die Besitzerin oder der Besitzer, den Besitz eines für das Unternehmen benötigten Grundstücks durch Vereinbarung unter Vorbehalt aller Entschädigungsansprüche zu überlassen, so hat die Enteignungsbehörde die Unternehmerin oder den Unternehmer auf Antrag nach Feststellung des Plans oder Erteilung der Plangenehmigung in den Besitz einzuweisen. Der Planfeststellungsbeschluss oder die Plangenehmigung müssen vollziehbar sein. Weiterer Voraussetzungen bedarf es nicht.

(3) Die Enteignungsbehörde hat spätestens sechs Wochen nach Eingang des Antrags über die Besitzeinweisung mit den Beteiligten mündlich zu verhandeln. Hierzu sind die Unternehmerin oder der Unternehmer und die Betroffenen zu laden. Dabei ist den Betroffenen der Antrag auf Besitzeinweisung mitzuteilen. Die Ladungsfrist beträgt drei Wochen. Mit der Ladung sind die Betroffenen aufzufordern, etwaige Einwendungen gegen den Antrag möglichst vor der mündlichen Verhandlung bei der Enteignungsbehörde einzureichen. Sie sind außerdem darauf hinzuweisen, dass auch bei Nichterscheinen über den Antrag auf Besitzeinweisung und andere im Verfahren zu erledigende Anträge entschieden werden kann.

(4) Soweit der Zustand des Grundstücks von Bedeutung ist, hat ihn die Enteignungsbehörde vor der Besitzeinweisung in einer Niederschrift festzustellen oder durch eine Sachverständige oder einen Sachverständigen ermitteln zu lassen. Den Beteiligten ist eine Abschrift der Niederschrift oder des Ermittlungsergebnisses zu übersenden.

(5) Der Beschluss über die Besitzeinweisung soll der Unternehmerin oder dem Unternehmer und den Betroffenen spätestens zwei Wochen nach der mündlichen Verhandlung zugestellt werden. Die Besitzeinweisung wird in dem von der Enteignungsbehörde bezeichneten Zeitpunkt wirksam. Dieser Zeitpunkt soll auf höchstens zwei Wochen nach Zustellung der Anordnung über die vorzeitige Besitzeinweisung an die Besitzerin oder den Besitzer festgesetzt werden. Durch die Besitzeinweisung wird der Besitzerin oder dem Besitzer der Besitz entzogen und die Unternehmerin oder der Unternehmer neuer Besitzer. Die Unternehmerin oder der Unternehmer darf auf dem Grundstück das im Antrag auf Besitzeinweisung bezeichnete Bauvorhaben ausführen und die dafür notwendigen Maßnahmen treffen.

(6) Die Unternehmerin oder der Unternehmer hat für die durch die vorzeitige Besitzeinweisung entstehenden Vermögensnachteile eine Entschädigung zu leisten, soweit die Nachteile nicht durch die Verzinsung der Geldentschädigung für die Entziehung oder Beschränkung des Eigentums oder eines anderen Rechts ausgeglichen werden. Art und Höhe der Entschädigung sind von der Enteignungsbehörde in einem Beschluss festzusetzen.

(7) Wird der festgestellte Plan oder die Plangenehmigung aufgehoben, so ist auch die vorzeitige Besitzeinweisung aufzuheben und die vorherige Besitzerin oder der vorherige Besitzer wieder in den Besitz einzuweisen. Die Unternehmerin oder der Unternehmer hat für alle durch die vorzeitige Besitzeinweisung entstandenen besonderen Nachteile eine Entschädigung zu leisten.

(8) Ein Rechtsbehelf gegen eine vorzeitige Besitzeinweisung hat keine aufschiebende Wirkung. Der Antrag auf Anordnung der aufschiebenden Wirkung nach § 80 Absatz 5 Satz 1 der Verwaltungsgerichtsordnung kann nur innerhalb eines Monats nach Zustellung des Besitzeinweisungsbeschlusses gestellt und begründet werden.

Teil 8
Wasserwirtschaftliche Planung und Dokumentation

§ 86
Bewirtschaftung in Flussgebietseinheiten
(zu § 7 Absatz 5 WHG)

(1) Die Gewässer des Landes werden zur Sicherung ihrer Qualität und des Hochwasserschutzes in folgenden Flussgebietseinheiten bewirtschaftet:

1. Eider
   a) mit den Einzugsgebieten und Teileinzugsgebieten Arlau, Bongsieler Kanal, Husumer Mühlenau, Miele, Treene und Wiedau/Alte Au und den weiteren Einzugsgebieten, die zwischen der Grenze zu Dänemark und dem Punkt mit den Koordinaten 54° 01' 30" N und 08° 48' 06" O in die Nordsee entwässern,
   b) mit dem den in Nummer 1 Buchstabe a genannten oberirdischen Gewässern zugeordnetem Grundwasser,
   c) mit dem Küstengewässer der Nordsee, das begrenzt wird
      aa) im Norden
         durch die Grenze zu Dänemark,
      bb) im Osten
         durch die Küstenlinie bei mittlerem Tidehochwasserstand,
      cc) im Süden
         durch eine Linie, die von dem Punkt mit den Koordinaten 54° 01' 30" N und 08° 48' 06" O geradlinig nach Westen bis zum Schnittpunkt bei 54° 05' 00" N und 08° 24' 24" O mit der unter Doppelbuchstabe dd beschriebenen Grenze verläuft,
      dd) im Westen
         durch die Linie, auf der sich jeder Punkt eine Seemeile seewärts der Basislinien befindet.

2. Schlei-Trave
   a) mit den Einzugsgebieten und Teileinzugsgebieten Schwentine, Flensburger Förde, Kossau, Schlei, Trave und den weiteren Einzugsgebieten, die zwischen der Grenze zu Dänemark und der Grenze mit Mecklenburg-Vorpommern in die Ostsee entwässern,
   b) mit dem den in Nummer 2 Buchstabe a genannten oberirdischen Gewässern zugeordnetem Grundwasser,

c) mit dem Küstengewässer der Ostsee, das begrenzt wird
   aa) im Norden
       durch die Grenze zu Dänemark,
   bb) im Osten
       durch die Linie, auf der sich jeder Punkt eine Seemeile seewärts der Basislinien oder der Küstenlinie bei mittlerem Wasserstand befindet,
   cc) im Süden
       durch eine Linie mit den Endpunkten
       aaa) mit den Koordinaten 53° 57' 27,0" N und 10° 54' 17" O und
       bbb) dem Schnittpunkt mit der unter Doppelbuchstabe bb beschriebenen Grenze bei gerader Verbindung mit dem Punkt mit den Koordinaten 54° 06' 13" N und 11° 07' 30" O,
   dd) im Westen
       durch die Küstenlinie bei mittlerem Wasserstand.
3. Elbe
   a) mit den Einzugsgebieten Alster, Bille, Elbe-Lübeck-Kanal, Krückau, Pinnau, Nord-Ostsee-Kanal, Stör und den weiteren Einzugsgebieten, die zwischen der Landesgrenze zu Mecklenburg-Vorpommern und der seewärtigen Grenze der Bundeswasserstraße Elbe in die Elbe entwässern,
   b) mit dem den in Nummer 3 Buchstabe a genannten oberirdischen Gewässern zugeordnetem Grundwasser,
   c) mit dem Küstengewässer der Nordsee, das begrenzt wird
      aa) im Norden
          durch die unter Nummer 1 Buchstabe c Doppelbuchstabe cc beschriebene Grenze,
      bb) im Osten
          durch die seewärtige Grenze der Bundeswasserstraße Elbe (Anlage 1 Nummer 9 zu § 1 Absatz 1 Nummer 1 des Bundeswasserstraßengesetzes),
      cc) im Süden
          durch die Landesgrenze zu Niedersachsen,
      dd) im Westen
          durch die Linie, auf der sich jeder Punkt eine Seemeile seewärts der Basislinie befindet,
   d) mit dem Küstengewässer um Helgoland, das begrenzt wird durch die Linie, auf der sich jeder Punkt eine Seemeile seewärts der Basislinie rund um Helgoland befindet.
Die Gebiete sind in der beigefügten Anlage 2[4] dargestellt.

(2) Die Bewertung der Hochwasserrisiken und die Bestimmung der Risikogebiete gemäß § 73 WHG erfolgt für jede der in Absatz 1 genannten Flussgebietseinheiten.

§ 87
Verfahren bei der Aufstellung und Aktualisierung von Bewirtschaftungsplänen und Maßnahmenprogrammen
(zu §§ 7, 82 bis 85 WHG)

(1) Die oberste Wasserbehörde wird ermächtigt, durch Verwaltungsabkommen mit den nach § 7 WHG Beteiligten Einzelheiten der Koordinierung zu regeln.

(2) Die Bewirtschaftungspläne oder deren Teile, die sich auf die in Schleswig-Holstein liegenden Gebiete einer Flussgebietseinheit beziehen, sowie die entsprechenden Maßnahmenprogramme können ganz oder in Teilen von der obersten Wasserbehörde für behördenverbindlich erklärt werden. Die Verbindlichkeitserklärung und ein Hinweis, wo das Maßnahmenprogramm und der Bewirtschaftungsplan einsehbar sind, werden im Amtsblatt für Schleswig-Holstein veröffentlicht.

---
4 *Vom Abdruck der Anlage wurde abgesehen.*

(3) Im Rahmen der aktiven Beteiligung aller interessierten Stellen gemäß § 85 WHG unterrichtet die Flussgebietsbehörde auf der Ebene der Flussgebietseinheiten die betroffenen und interessierten Behörden, Verbände und Körperschaften über die Vorarbeiten und die Entwürfe zur Planung. Unterhalb der Ebene der Flussgebietseinheiten informiert sie diejenigen, deren Belange durch die Planung fachlich berührt sind, und gibt ihnen Gelegenheit, durch Entwürfe, Beiträge und die Einbringung von Daten und Informationen aktiv an der Planung mitzuwirken.

§ 88
Verfahren beim Hochwasser-Risikomanagement
(zu §§ 7, 79 WHG)

(1) Die oberste Wasserbehörde wird ermächtigt, durch Verwaltungsabkommen mit den nach § 7 WHG Beteiligten Einzelheiten der Koordinierung des Hochwasserschutzes zu regeln.

(2) Spätestens ein Jahr vor der Veröffentlichung der Risikomanagementpläne (§ 75 Absatz 1 WHG) sind ihre Entwürfe zu veröffentlichen. Innerhalb von sechs Monaten nach der Veröffentlichung der Entwürfe kann bei der obersten Wasserbehörde schriftlich oder zur Niederschrift Stellung genommen werden.

(3) Die Veröffentlichung der Hochwasser-Risikobewertung, der Gefahren- und Risikokarten und der Risikomanagementpläne kann in der Form erfolgen, dass im Amtsblatt für Schleswig-Holstein darauf hingewiesen wird, wo diese eingesehen werden können. Die Risikomanagementpläne können dabei ganz oder in Teilen von der obersten Wasserbehörde für behördenverbindlich erklärt werden.

§ 89
Datenverarbeitung (zu § 88 WHG)

(1) Die Wasserbehörden, Küstenschutzbehörden oder Körperschaften oder rechtsfähige Anstalten des öffentlichen Rechts dürfen im Rahmen der ihnen übertragenen Aufgaben, insbesondere zur Durchführung von wasserbehördlichen Verwaltungsverfahren, zur Durchführung der Gewässeraufsicht und der Gefahrenabwehr (§§ 107 bis 111), für die Aufstellung des Maßnahmenprogramms und des Bewirtschaftungsplanes, die Ermittlung der Art und des Ausmaßes der anthropogenen Belastungen einschließlich der Belastungen aus diffusen Quellen, die wirtschaftliche Analyse der Wassernutzung, für die Aufstellung und Durchführung von Förderprogrammen, für die Ausweisung von Wasserschutz- und Überschwemmungsgebieten, für die Durchführung von Entschädigungs- und Ausgleichsverfahren (§ 104), für die Durchführung des gewässerkundlichen Mess- und Beobachtungsdienstes und für wissenschaftliche Untersuchungen im Zusammenhang mit den vorgenannten Aufgaben insbesondere folgende personen- und betriebsbezogene Daten verarbeiten:

1. Name, Anschrift und Beruf der Gewässerbenutzerinnen oder Gewässerbenutzer, Anlagenbetreiberinnen oder Anlagenbetreiber, Antragstellerinnen oder Antragsteller oder der Nutzerinnen oder Nutzer von Grundflächen,
2. Lage, Größe, Belegenheit und Nutzungsart eines Grundstücks oder einer Anlage sowie die Zahl der auf dem Grundstück wohnenden Personen,
3. Umfang der Gewässerbenutzung, insbesondere Daten über Menge und Beschaffenheit des entnommenen Wassers oder der eingeleiteten oder eingebrachten Stoffe,
4. Produktionsart von Betrieben einschließlich der dort eingesetzten Stoffe und Anlagen, für landwirtschaftliche Betriebe auch Angaben über Ertrag, Dünge- und Pflanzenschutzmitteleinsatz, Viehbestand, Betriebsgröße,
5. Name, Anschrift und Lage der Grundstücke der nach den verfahrensrechtlichen Vorschriften zu beteiligenden Dritten oder sonstigen Personen,
6. Höhe und Art von öffentlichen Leistungen sowie Zeitpunkt einer etwaigen Flächenübernahme (Kauf, Pacht).

(2) Die personen- und betriebsbezogenen Daten dürfen von der die Daten erhebenden Wasserbehörde oder Körperschaft oder rechtsfähigen Anstalt des öffentlichen Rechts an Trä-

ger wasserwirtschaftlicher Maßnahmen, andere Wasserbehörden sowie Körperschaften oder rechtsfähige Anstalten des öffentlichen Rechts, die Aufgaben nach den wasserrechtlichen Vorschriften erfüllen, übermittelt werden, wenn und soweit dies für deren Aufgabenerfüllung erforderlich ist. Die Übermittlung von personen- und betriebsbezogenen Daten an Behörden anderer Länder und des Bundes an übergeordnete und zwischenstaatliche Stellen ist in dem zur Erfüllung der bestehenden Verpflichtungen erforderlichen Umfang, insbesondere zur Erfüllung der Koordinierungspflicht nach § 88 Absatz 3 WHG zulässig. Im Falle des § 104 Satz 8 dürfen die Wasserbehörden Verstöße der Nutzungsberechtigten gegen die Bewirtschaftung landwirtschaftlich oder für Zwecke des Erwerbsgartenbaus genutzter Flächen regelnde Bestimmungen dem Ausgleichspflichtigen mitteilen, damit dieser über Ausgleichszahlungen entscheiden kann. Werden Daten zu wissenschaftlichen Zwecken von Hochschulen oder anderen wissenschaftlichen Einrichtungen oder Dritten, die das Land mit der Durchführung wasserwirtschaftlicher Aufgaben oder Untersuchungen beauftragt hat, benötigt, bedarf die Übermittlung des Einvernehmens der oberen Wasserbehörde.

(3) Sind Daten bei anderen öffentlichen Stellen oder innerhalb einer öffentlichen Stelle bei einer anderen organisatorischen Gliederung für andere Zwecke erhoben worden, dürfen die Wasser- und Küstenschutzbehörden diese Daten für die in Absatz 1 genannten Zwecke verarbeiten.

(4) Die unteren Wasserbehörden übermitteln der obersten Wasserbehörde auf Anforderung ihnen vorliegende Daten, die diese zur Erfüllung der unter Absatz 1 in Verbindung mit der nach § 101 Absatz 2 zu erlassenden Verordnung genannten Aufgaben benötigt. Die oberste Wasserbehörde gibt hierfür ein einheitliches Datenformat vor und stellt die zu nutzende erforderliche Software zur Verfügung. Die Einzelheiten zu den zu übermittelnden Daten und zur Form der Datenübermittlung regelt die oberste Wasserbehörde durch Verwaltungsvorschrift, die insbesondere Umfang, Zeitpunkte oder Zyklen einer Datenübermittlung regeln kann.

(5) Den unteren Wasserbehörden zu übermittelnde Daten sind auf Anforderung elektronisch zur Verfügung zu stellen.

§ 90
Messdienst, gewässerkundliche Messanlagen
(zu § 91 WHG)

(1) Die obere Wasserbehörde und die untere Küstenschutzbehörde führen gewässerkundliche Vermessungen und den gewässerkundlichen Mess- und Beobachtungsdienst durch. Für diese Tätigkeiten gelten § 7 und § 8 des Gesetzes über die Landesvermessung und das Liegenschaftskataster (Vermessungs- und Katastergesetz - VermKatG -) in der Neufassung vom 12. Mai 2004 (GVOBl. Schl.-H. S. 128), geändert durch Artikel 2 des Gesetzes vom 15. Dezember 2010 (GVOBl. Schl.-H. S. 782), Ressortbezeichnungen ersetzt durch Artikel 8 der Verordnung vom 16. März 2015 (GVOBl. Schl.-H. S. 96), entsprechend.

(2) Soweit die Ordnung des Wasserhaushalts es erfordert, haben die Eigentümerinnen oder Eigentümer oder die Nutzungsberechtigten eines Grundstücks oder einer baulichen Anlage auf Verlangen der Wasserbehörde oder der Küstenschutzbehörde zu dulden, dass gewässerkundliche Messanlagen auf dem Grundstück oder der Anlage errichtet oder betrieben und Grundstücke hierzu betreten werden. In diesen Fällen ist eine Entschädigung zu leisten.

§ 91
Verfahren für die Festsetzung von Duldungs- und Gestattungsverpflichtungen
(zu §§ 91 bis 95 WHG)

Die untere Wasserbehörde setzt die Duldungs- und Gestattungsverpflichtungen nach den §§ 91 bis 94 WHG auf Antrag fest. Über die Höhe der Entschädigung nach § 95 WHG. Den Anträgen sind die zur Beurteilung erforderlichen Pläne (Zeichnungen, Nachweise und Beschreibungen) beizufügen.

Teil 9
Verkehrsrechtliche Vorschriften

§ 92
Freie Benutzung der Gewässer

Jedermann darf die sonstigen Bundeswasserstraßen (§ 2 Absatz 1 Nummer 1 Buchstabe b), die schiffbaren Gewässer erster Ordnung (Teil A der Anlage 1), die schiffbaren Außentiefs und die öffentlichen Häfen für den Verkehr benutzen, soweit die Benutzung nach diesem Gesetz oder nach anderen Vorschriften nicht beschränkt ist.

§ 93
Verkehrsrechtliche Anordnungen

(1) Das für Verkehr zuständige Ministerium kann zur Abwehr von Gefahren für die öffentliche Sicherheit, insbesondere im Interesse der Sicherheit und Leichtigkeit des Verkehrs, zur Erhaltung der Schiffbarkeit der Gewässer, zur Ordnung der Benutzung von Häfen, Landungsstegen und Anlagen und zur Verhütung von Gefahren für die Umwelt durch Verordnung[5] Regelungen treffen über

1. das Verhalten im Verkehr auf den schiffbaren Gewässern erster Ordnung und den schiffbaren Außentiefs;
2. das Verhalten in den öffentlichen Häfen und auf Landungsstegen;
3. die Anforderungen an den Bau, die Einrichtung, die Ausrüstung, die Bemannung, den Betrieb, die Benutzung, die Kennzeichnung und den Freibord von Wasserfahrzeugen;
4. die Anforderungen an die Eignung und Befähigung von Führerinnen und Führern von Wasserfahrzeugen;
5. das Verfahren für den Nachweis der Erfüllung der Anforderungen nach den Nummern 3 und 4.

Die Nummern 3 bis 5 gelten auch für den gewerblichen Betrieb von Wasserfahrzeugen auf nicht schiffbaren Gewässern erster Ordnung und auf Gewässern zweiter Ordnung.

(2) Das für Verkehr zuständige Ministerium kann in den Verordnungen nach Absatz 1 Satz 1 andere Behörden ermächtigen, Anordnungen zur Wahrung der in Absatz 1 Nummer 1 bis 5 genannten Belange zu erlassen, die an bestimmte Personen oder einen bestimmten Personenkreis gerichtet sind und ein Gebot oder Verbot enthalten. Die Dienstkräfte der Wasserschutzpolizei und anderer im Sinne von Satz 1 ermächtigter Behörden sind zur Durchführung der schifffahrts- und hafenrechtlichen Vorschriften im Geltungsbereich der Verordnung nach Absatz 1 Satz 1 Nummer 2 jederzeit befugt, Grundstücke, Anlagen und Einrichtungen sowie Wasserfahrzeuge zu betreten und Prüfungen vorzunehmen. Die Schiffsführerin oder der Schiffsführer oder ihre oder seine Vertretung sowie Personen, unter deren Obhut Fahrzeuge, Anlagen oder Einrichtungen stehen, haben das Betreten zu dulden und den in Satz 2 genannten Dienstkräften über Bauart, Ausrüstung und Ladung der Fahrzeuge sowie über Vorkommnisse auf der Reise Auskunft zu erteilen und die Schiffs- und Ladepapiere auf Verlangen zur Prüfung auszuhändigen.

(3) Wohnräume dürfen gegen den Willen der oder des Berechtigten nur betreten werden, wenn dies zur Verhütung einer dringenden Gefahr erforderlich ist. Satz 1 gilt auch für das Betreten von Geschäftsräumen außerhalb der üblichen Betriebs- oder Geschäftszeit. Das Grundrecht der Unverletzlichkeit der Wohnung (Artikel 13 des Grundgesetzes) wird insoweit eingeschränkt.

(4) Die Absätze 1 bis 3 gelten mit Ausnahme der Regelung der Hafenaufsicht (Hafenpolizei) nicht für Bundeswasserstraßen.

---

5 *Hafenverordnung vom 25.11.2014 (GVOBl. Schl.-H. S. 385), zuletzt geändert durch LVO vom 4.3.2021 (GVOBl. Schl.-H. S. 298); Hafensicherheitsverordnung (HSVO) vom 6.2.2015 (GVOBl. Schl.-H. S. 58), zuletzt geändert durch LVO vom 27.1.2021 (GVOBl. Schl.-H. S. 134); Landesbinnenschiffsuntersuchungsverordnung vom 24.9.2009 (GVOBl. Schl.-H. S. 656), zuletzt geändert durch LVO vom 15.10.2018 (GVOBl. Schl.-H. S. 687).*

§ 94
Besondere Pflichten im Interesse der Schifffahrt

Die Anliegerinnen oder Anlieger von Gewässern im Sinne des § 92 haben das Landen und Befestigen von Schiffen, das Aufstellen von Verkehrs- und Einteilungszeichen und in Notfällen das Aussetzen der Ladung zu dulden.

§ 95
Zulassung von Häfen und Anlagen, Konzessionierung von Seeverkehrsleistungen

(1) Die Errichtung oder wesentliche Änderung eines Handelshafens in oder an einer Seeschifffahrtsstraße, eines Hafens für die Binnenschifffahrt an einem schiffbaren Gewässer erster Ordnung und eines Landungssteges zum Laden und Löschen von Schiffen mit mehr als 1.350 t Tragfähigkeit bedarf der vorherigen Durchführung eines Planfeststellungsverfahrens, das den Anforderungen des UVPG entspricht.

(2) Einer Genehmigung bedürfen

1. die Errichtung oder wesentliche Änderung eines Hafens oder eines Landungssteges, die keiner Planfeststellung bedarf und die Errichtung eines Sportboothafens,
2. die Einrichtung oder der Betrieb einer Fähre über Gewässer erster Ordnung; das gleiche gilt für einen sonstigen Übersetzverkehr über die Elbe,
3. die Errichtung oder die wesentliche Änderung von Anlagen in, über oder unter den Wasserflächen der in § 92 genannten Gewässer oder an ihren Ufern,
4. Baggerungen oder die Entnahme von Sand, Kies und Steinen sowie Anschüttungen in öffentlichen Häfen,
5. das Setzen und Betreiben von Schifffahrtszeichen in den Häfen.

(3) Für Vorhaben, die in der Anlage 1 zum UVPG aufgeführt sind, ist eine Umweltverträglichkeitsprüfung durchzuführen, die den dort genannten Anforderungen entspricht.

(4) Seeverkehrsdienstleistungen im Verkehr mit Inseln und Halligen bedürfen einer Genehmigung der nach § 99 zuständigen Verkehrsbehörde (Genehmigungsbehörde), wenn dies zur Sicherstellung der ganzjährigen, angemessenen Versorgung der Inseln und Halligen erforderlich ist. Werden für einen gemeinwirtschaftlichen Linienverkehr Ausgleichszahlungen gefordert, so kann die Genehmigungsbehörde verschiedene Linienverkehre durch Netzbildung zusammenfassen. Vor der Netzbildung sind die betroffenen Unternehmen und die Gemeinden zu hören. Die Genehmigung ist zu erteilen, wenn das Schifffahrtsunternehmen die Voraussetzungen nach Satz 1 erfüllt.

(5) Absatz 2 Nummer 3 bis 5 gilt nicht für die Häfen und für die Teile der Häfen, die in Bundeswasserstraßen im Sinne des Bundeswasserstraßengesetzes einbezogen sind, sowie nicht für Anlagen, die einer erlaubnis- oder bewilligungspflichtigen Benutzung dienen.

§ 96
Genehmigungsverfahren

(1) Einem Antrag auf Erteilung einer Genehmigung nach § 95 sind die zur Beurteilung erforderlichen Unterlagen (zum Beispiel Zeichnungen, Nachweisungen und Beschreibungen) beizufügen.

(2) Die Genehmigung kann versagt werden, wenn Tatsachen vorliegen, die die Antragstellerin oder den Antragsteller oder die für die Leitung des Unternehmens bestimmten Personen als unzuverlässig erscheinen lassen, oder wenn zu besorgen ist, dass das beabsichtigte Unternehmen das Wohl der Allgemeinheit, insbesondere öffentliche Verkehrsinteressen, gefährden würde. Nebenbestimmungen nach § 107 LVwG sind zulässig.

(3) Die Genehmigung kann widerrufen werden, wenn ihre Voraussetzungen nicht mehr vorliegen oder wenn die Unternehmerin oder der Unternehmer wiederholt oder schwer gegen die ihr oder ihm durch Rechtsvorschrift oder Verwaltungsakt auferlegten Pflichten verstoßen hat. Die §§ 116 und 117 LVwG bleiben unberührt.

(4) Die Unternehmerin oder der Unternehmer eines Hafens oder eines Landungssteges im Sinne des § 95 Absatz 1 und Absatz 2 Nummer 1 ist verpflichtet, den Betrieb ordnungsgemäß einzurichten und zu führen. Die zuständige Behörde kann die Unternehmerin oder den Unternehmer auf Antrag von der Betriebspflicht befreien; sie muss sie oder ihn hiervon befreien, wenn ihr oder ihm die Fortführung des Betriebes nicht mehr zuzumuten ist.

(5) Zum ordnungsgemäßen Betrieb eines Hafens gehören auch die Einrichtung, der Betrieb und die Unterhaltung der erforderlichen Anlagen und Vorrichtungen zur Entsorgung von Schiffen sowie zur Verhütung schädlicher Umwelteinwirkungen durch den Hafenbetrieb. Das für Verkehr zuständige Ministerium wird ermächtigt, durch Verordnung[6] im Einvernehmen mit dem für Abfall zuständigen Ministerium zur Durchführung von internationalen Rechtsvorschriften und von bindenden Beschlüssen der Europäischen Gemeinschaften die erforderliche Rechtsvorschriften zu erlassen und hierbei insbesondere Regelungen zu treffen über

1. die Erhebung einer öffentlich-rechtlichen oder privatrechtlichen Abgabe,
2. den Gebührenrahmen,
3. die Benutzungspflicht einschließlich der Ausnahmen hiervon,
4. Informations- und Meldepflichten.

Die Unternehmerin oder der Unternehmer kann sich zur Erfüllung ihrer oder seiner Verpflichtungen Dritter bedienen. Entsprechen zugelassene Häfen nicht den Anforderungen, so hat die Verkehrsbehörde sicherzustellen, dass die Unternehmerin oder der Unternehmer innerhalb angemessener Frist ihre oder seine Verpflichtungen erfüllt.

(6) Mit einem Antrag auf Genehmigung eines Sportboothafens gelten alle nach anderen öffentlich-rechtlichen Vorschriften für die Errichtung eines Sportboothafens erforderlichen Anträge auf behördliche Zulassung als gestellt. Die Verkehrsbehörde hat die nach anderen öffentlich-rechtlichen Vorschriften erforderlichen Genehmigungen, Zustimmungen, Bewilligungen und Erlaubnisse einzuholen und gleichzeitig mit ihrer Genehmigung zu übersenden, sofern durch Rechtsvorschriften nichts anderes bestimmt ist. Versagt eine andere Behörde, die nach anderen öffentlich-rechtlichen Vorschriften dazu befugt ist, diese Zulassung, teilt sie dies unter Benachrichtigung der Verkehrsbehörde der Antragstellerin oder dem Antragsteller durch schriftlichen Bescheid unmittelbar mit.

(7) Die Vorschriften über den Ausbau oberirdischer Gewässer bleiben unberührt.

§ 97
Sportboothäfen

(1) Das für Verkehr zuständige Ministerium wird ermächtigt, durch Verordnung[7] Mindestanforderungen an die Ausstattung und den Betrieb von Sportboothäfen zu bestimmen sowie die Erhebung von Entgelten für die Nutzung von Sportboothäfen zu regeln. Insbesondere können Vorschriften über

1. Art und Umfang der Anlagen und Einrichtungen, die erforderlich sind, um die Anforderungen der Hygiene, die ordnungsgemäße Abwasser-, Altöl- und Abfallbeseitigung, die Wasserversorgung, die Erste Hilfe und den Brandschutz sicherzustellen,
2. die Errichtung von Stellplätzen für Fahrzeuge,
3. die Pflichten der Betreiberin oder des Betreibers und der Benutzerinnen und Benutzer des Sportboothafens und
4. die Erhebung und den Rahmen von Abgaben und Nutzungsentgelten

erlassen werden. In der Verordnung können die für die Durchführung der Verordnung zuständigen Behörden be-

---

[6] *Hafenentsorgungsverordnung vom 9.12.2002 (GVOBl. Schl.-H. S. 303), zuletzt geändert durch LVO vom 7.6.2021 (GVOBl. Schl.-H. S. 784).*

[7] *Sportboothafenverordnung vom 21.4.2010 (GVOBl. Schl.-H. S. 442), geändert durch LVO vom 3.5.2021 (GVOBl. Schl.-H. S. 578).*

stimmt werden. Für die Festsetzung von Hafenabgaben für kommunale Häfen gilt das KAG.

(2) Sportboothäfen sind Wasser- und Grundflächen, die als ständige Anlege- oder zusammenhängende Liegeplätze für mindestens 20 Sportboote bestimmt sind oder benutzt werden.

§ 98
Hafenabgaben

Das für Verkehr zuständige Ministerium setzt durch Verordnung[8] die Hafenabgaben für die landeseigenen Häfen, soweit sie vom Land betrieben werden, unter Berücksichtigung der wirtschaftlichen Lage des Hafenbetriebes, der technischen Entwicklung und des Wohls der Allgemeinheit, insbesondere der öffentlichen Verkehrsinteressen, fest. Hinsichtlich der Festsetzung der Hafenabgaben für die kommunalen Häfen gilt das KAG.

§ 99
Verkehrsbehörden

(1) Das für Verkehr zuständige Ministerium ist Verkehrsbehörde für die in § 100 genannten Aufgaben, soweit diese

1. die schiffbaren Gewässer erster Ordnung, soweit sie nicht Bundeswasserstraßen sind, und die schiffbaren Außentiefs,
2. die landeseigenen Häfen und Landungsstege sowie deren Zufahrten,
3. die übrigen öffentlichen Häfen und Landungsstege sowie deren Zufahrten, mit Ausnahme der in § 95 Absatz 2 Nummer 2 bis 4 genannten Tatbestände

betreffen.

(2) Die Landrätinnen oder die Landräte und die Bürgermeisterinnen oder die Bürgermeister der kreisfreien Städte als Kreisordnungsbehörden sind Verkehrsbehörden, soweit nichts anderes bestimmt ist. Sie sind Verkehrsbehörden nach § 96 Absatz 6 Satz 2.

(3) Das für Verkehr zuständige Ministerium kann

1. durch Verordnung seine Zuständigkeit nach Absatz 1 ganz oder teilweise auf andere Behörden zur Erfüllung nach Weisung übertragen,
2. in der Verordnung nach § 93 Absatz 1 Satz 1 Nummer 2 Hafenbehörden einrichten; es kann dabei auch Behörden sowie solche juristischen Personen des Privatrechts, denen der Betrieb von Häfen obliegt, zu Hafenbehörden bestimmen,
3. abweichend von Absatz 2 die Zuständigkeit durch Verordnung anders regeln.

§ 100
Aufgaben der Verkehrsbehörden

(1) Die Verkehrsbehörden sind für die Aufgaben im Rahmen dieses Gesetzes zuständig, soweit es sich handelt um

1. den Verkehr auf den Gewässern mit Ausnahme der Bundeswasserstraßen,
2. den Zustand, die Benutzung und den Betrieb von Häfen, Landungsstegen und sonstigen Verkehrseinrichtungen und
3. Entscheidungen nach § 95.

(2) Soweit die Verkehrsbehörden nach Absatz 1 zuständig sind, sind sie auch befugt, Maßnahmen zu treffen, um Zuwiderhandlungen gegen dieses Gesetz oder die aufgrund dieses Gesetzes ergangenen Verordnungen abzuwehren.

Teil 10
Zuständigkeiten, Verfahren

§ 101
Wasserbehörden

(1) Die Durchführung des Wasserhaushaltsgesetzes, dieses Gesetzes und der aufgrund dieser Gesetze erlassenen Verordnungen ist Aufgabe der Wasserbehörden, soweit durch Rechtsvorschrift nicht etwas anderes bestimmt ist. Wasserbehörden sind

1. das für Wasserwirtschaft zuständige Ministerium als oberste Wasserbehörde,
2. das Landesamt für Landwirtschaft, Umwelt und ländliche Räume als obere Wasserbehörde,
3. die Landrätinnen oder die Landräte und die Bürgermeisterinnen oder die Bürgermeister der kreisfreien Städte als untere Wasserbehörden.

(2)[9] Die oberste Wasserbehörde bestimmt durch Verordnung[10], welche Behörden als Wasserbehörden für die einzelnen Aufgaben zuständig sind, soweit die Zuständigkeiten nicht in diesem Gesetz geregelt sind.

§ 102
Küstenschutzbehörden

(1) Oberste Küstenschutzbehörde ist das für den Küstenschutz zuständige Ministerium.

(2) Untere Küstenschutzbehörden sind die von der obersten Küstenschutzbehörde durch Verordnung bestimmten Behörden.

(3)[11] Die oberste Küstenschutzbehörde bestimmt durch Verordnung, welche Behörden für die einzelnen Aufgaben des Küstenschutzes zuständig sind, soweit die Zuständigkeiten nicht in diesem Gesetz geregelt sind.

§ 103
Besondere Zuständigkeiten

(1) Sind in derselben Sache mehrere Wasserbehörden örtlich zuständig oder ist es zweckmäßig, ein wasserwirtschaftliches Vorhaben in benachbarten Bezirken einheitlich zu regeln, kann die oberste Wasserbehörde die zuständige Wasserbehörde bestimmen.

(2) Ist in derselben Sache auch die Zuständigkeit einer Behörde eines anderen Landes begründet, kann abweichend von den §§ 9 und 25 Absatz 2 LVwG die oberste Landesbehörde mit der zuständigen Behörde des anderen Landes die gemeinsam zuständige Behörde durch Verwaltungsvereinbarung bestimmen.

(3) Soweit die Wasserbehörde für die Durchführung von Planfeststellungs- und förmlichen Verfahren zuständig ist, ist sie auch Anhörungsbehörde.

§ 104
Ausgleich (abweichend von § 99 WHG)

Abweichend von § 99 Satz 2 WHG findet für einen Ausgleich nach § 99 Satz 1 WHG § 96 Absatz 1 und 5 WHG keine Anwendung. Der Ausgleich bemisst sich nach den Aufwendungen und Erträgen, die ohne Anordnungen bei einer ordnungsgemäßen land- oder forstwirtschaftlichen oder erwerbsgärtnerischen Nutzung erzielbar wären. Er ist auf jährlich zum 1. Juli für das vorherige Kalenderjahr fällig werdenden Betrag in Geld zu leisten. Der Anspruch erlischt, wenn er nicht bis zum 1. Februar des auf den Antragszeitraum folgenden Jahres mit den erforderlichen Nachweisen beantragt wird. Der Ausgleichsanspruch entsteht nicht, soweit die wirtschaftlichen Nachteile durch zumutbare betriebliche Maßnahmen oder durch andere Leistungen aus öffentlichen Haushalten oder von Dritten ausgeglichen werden können. Verstößt die oder der Nutzungsberechtigte gegen eine die Bewirtschaftung regelnde Schutzbestimmung, Anordnung oder Auflage, kann der Ausgleich ganz oder teilweise versagt oder auch mit Wirkung für die Vergangenheit zurückgefordert werden. Die oberste Wasserbehörde kann durch Verordnung[12] Vorschriften erlassen über die Höhe des Ausgleichs, die Pauschalierung der Ausgleichszahlungen, die Festsetzung von Geringfügigkeitsgrenzen und das Verfahren. Dabei kann

---

8 Hafenabgabenverordnung vom 22.10.2013 (GVOBl. Schl.-H. S. 412), zuletzt geändert durch LVO vom 2.11.2015 (GVOBl. Schl.-H. S. 387).

9 § 101 Absatz 2 ist bereits am 29.11.2019 in Kraft getreten (Artikel 12 Absatz 2 des Gesetzes vom 13.11.2019, GVOBl. Schl.-H. S. 425).

10 Wasser- und Küstenschutzbehördenzuständigkeitsverordnung vom 4.12.2019 (GVOBl. Schl.-H. S. 638).

11 § 102 Absatz 3 ist bereits am 29.11.2019 in Kraft getreten (Artikel 12 Absatz 2 des Gesetzes vom 13.11.2019, GVOBl. Schl.-H. S. 425).

12 Ausgleichsverordnung vom 7.3.2014 (GVOBl. Schl.-H. S. 55).

bestimmt werden, dass der Anspruch gegenüber der oder dem nach § 97 WHG Begünstigten geltend zu machen ist. Für Streitigkeiten steht der Rechtsweg zu den ordentlichen Gerichten offen.

§ 105
Antrag, Schriftform

(1) Anträge, über die die Wasserbehörden zu entscheiden haben, sind mit den zur Beurteilung erforderlichen Plänen wie Zeichnungen, Nachweisungen, Begutachtungen und Beschreibungen einzureichen. Schriftstücke, die Betriebs- oder Geschäftsgeheimnisse enthalten, sind als solche zu kennzeichnen und getrennt von den übrigen Unterlagen vorzulegen. Ihr Inhalt muss, soweit dies ohne Preisgabe des Geheimnisses möglich ist, so ausführlich dargestellt sein, dass Dritte beurteilen können, ob und in welchem Umfange sie von den Auswirkungen des Vorhabens betroffen werden können.

(2) Werden Benutzungen ohne die erforderliche Erlaubnis oder Bewilligung ausgeübt, Gewässer, Deiche oder Anlagen ohne die erforderliche Planfeststellung, Genehmigung oder Eignungsfeststellung ausgebaut, errichtet, geändert, angebaut oder betrieben, kann die Wasserbehörde verlangen, dass ein Antrag gestellt und die erforderlichen Pläne vorgelegt werden.

(3) Offensichtlich unzulässige Anträge und mangelhafte Anträge, die die Antragstellerin oder der Antragsteller innerhalb einer ihr oder ihm gesetzten angemessenen Frist nicht ergänzt, können ohne weitere Verfahren zurückgewiesen werden.

§ 106
Aussetzung des Verfahrens

(1) Sind gegen einen Antrag Einwendungen aufgrund von Privatrechtsverhältnissen erhoben worden, so kann die Wasserbehörde entweder über den Antrag unter Vorbehalt dieser Einwendungen entscheiden oder das Verfahren aussetzen, bis die Einwendungen erledigt sind. Das Verfahren ist auszusetzen, wenn bei Bestehen des Privatrechtsverhältnisses der Antrag abzuweisen wäre.

(2) Wird das Verfahren ausgesetzt, so ist eine Frist zu bestimmen, in der Klage zu erheben ist.

Teil 11
Gewässeraufsicht, Bußgeldbestimmungen

§ 107
Aufgaben und Befugnisse im Rahmen der Gewässeraufsicht und der Gefahrenabwehr
(zu §§ 100, 101 WHG)

(1) Die Gewässeraufsicht ist Aufgabe der Wasserbehörden und der Küstenschutzbehörden, soweit nicht etwas anderes bestimmt ist. Sie haben insbesondere den Ausbau, den Zustand und die Benutzung der Gewässer und ihrer Ufer, den Zustand und die Benutzung der Überschwemmungs- und Wasserschutzgebiete sowie der Hochwasserrisikogebiete, den Bau, den Zustand und die Benutzung der Deiche, Sicherungsdämme, Dämme, Sperrwerke und sonstigen Hochwasserschutzanlagen sowie der im Wasserhaushaltsgesetz, in diesem Gesetz oder in den aufgrund dieser Gesetze erlassenen Vorschriften geregelten Anlagen zu überwachen.

(2) Die Küstenschutzbehörden überwachen die Erfüllung der nach den küstenschutzrechtlichen Vorschriften bestehenden Verpflichtungen und treffen nach pflichtgemäßem Ermessen die erforderlichen Maßnahmen. § 100 und § 101 WHG gelten entsprechend.

(3) Die unteren Wasserbehörden und die unteren Küstenschutzbehörden treffen die erforderlichen Maßnahmen zur Abwehr von Gefahren für Gewässer und von Gefahren, die durch Sturmfluten und Hochwasserereignisse oder den Zustand oder die Benutzung der Gewässer, der Deiche, Sicherungsdämme, Dämme, Sperrwerke und sonstigen Hochwasserschutzanlagen, der Überschwemmungs- und Wasserschutzgebiete, der Hochwasserrisikogebiete sowie der im Wasserhaushaltsgesetz, in diesem Gesetz oder in den aufgrund dieser Gesetze erlassenen Vorschriften geregelten Anlagen hervorgerufen werden und die öffentliche Sicherheit bedrohen.

(4) Für die Erfüllung der der oberen Wasserbehörde sowie der unteren Küstenschutzbehörde nach § 90 übertragenen Aufgaben gilt § 101 Absatz 1 Satz 2 WHG entsprechend.

§ 108
Bauabnahme

(1) Bauvorhaben, die einer Erlaubnis, Bewilligung, Genehmigung oder Planfeststellung nach dem Wasserhaushaltsgesetz, diesem Gesetz oder nach einer aufgrund dieser Gesetze erlassenen Verordnung bedürfen, sind nach Fertigstellung von der Wasserbehörde oder der Küstenschutzbehörde daraufhin zu überprüfen, ob sie entsprechend den genehmigten Plänen und Zeichnungen sowie den festgesetzten Bedingungen und Auflagen ausgeführt worden sind (Bauabnahme). Über die beanstandungsfreie Abnahme ist eine Bescheinigung (Abnahmeschein) auszustellen. Vor Aushändigung des Abnahmescheines darf die Anlage nicht benutzt werden. Die Wasserbehörde oder die Küstenschutzbehörde können im Einzelfall die Benutzung ganz oder teilweise zulassen oder auf die Abnahme ganz oder teilweise verzichten, wenn eine Gefährdung der öffentlichen Sicherheit und Ordnung nicht zu erwarten ist.

(2) Die Abnahme gilt als erteilt, wenn die Wasserbehörde oder die Küstenschutzbehörde nicht innerhalb von vier Wochen nach Zugang des Antrages widersprechen.

(3) Die Bauüberwachung nach § 107 Absatz 1 und die Bauabnahme nach Absatz 1 entfallen für Bauvorhaben des Bundes, der Länder, der Kreise, der Gemeinden und sonstigen Körperschaften des öffentlichen Rechts, wenn die Leitung der Entwurfsarbeiten und die Bauüberwachung einem Beamten mit der Befähigung für die Laufbahngruppe 2 zweites Einstiegsamt der Fachrichtung Technische Dienste übertragen sind, sowie für Bauvorhaben, die einer baurechtlichen oder gewerberechtlichen Überwachung oder Abnahme bedürfen.

§ 109
Kosten der Gewässeraufsicht

(1) Wer der Gewässeraufsicht unterliegt, hat die Kosten für die Überwachung zu tragen.

(2) Die Wasserbehörde oder die Küstenschutzbehörde können Kosten, die in Wahrnehmung der Aufgaben der Gewässeraufsicht entstanden sind, denjenigen auferlegen, die das Tätigwerden der Wasserbehörde oder der Küstenschutzbehörde durch eine unbefugte Benutzung oder durch eine Verletzung von Pflichten nach dem Wasserhaushaltsgesetz, diesem Gesetz oder einer aufgrund dieser Gesetze erlassenen Verordnung veranlasst haben. Zu diesen Kosten gehören insbesondere Kosten für die Ermittlung des Verantwortlichen.

§ 110
Selbstüberwachung (zu §§ 36, 50, 61 WHG)

(1) Wer Anlagen zur Benutzung eines Gewässers im Sinne von § 9 WHG sowie Anlagen nach den §§ 36 und 50 WHG und §§ 23 und 41 betreibt, hat den ordnungsgemäßen Zustand und Betrieb dieser Anlagen sowie ihre Auswirkungen auf die Gewässer und ihre Umwelt auf eigene Kosten zu überwachen. Er hat die Anlagen mit den dazu erforderlichen Einrichtungen und Geräten auszurüsten, Untersuchungen durchzuführen und ihre Ergebnisse aufzuzeichnen und aufzubewahren. Die Verpflichtung zur Selbstüberwachung umfasst auch eine mit dem Betrieb der Anlage zusammenhängende Gewässerbenutzung, insbesondere das benutzte Gewässer, die Menge und Beschaffenheit des benutzten Wassers, des entnommenen Rohwassers einschließlich des Grund- und des für die Trinkwasserversorgung genutzten Oberflächenwassers des Gewässers im Einzugsgebiet oder des eingeleiteten Abwassers, sowie die Einleitung von Abwasser in öffentliche Abwasseranlagen. Rechtsverordnungen gemäß § 62 Absatz 4 Nummer 3 und 4 WHG bleiben unberührt. Die Wasserbehörde kann von der Verpflichtung zur Selbstüberwachung ganz oder teilweise befreien, wenn bei kleinen Anlagen eine Beeinträchtigung des Gewässers nicht zu erwarten ist.

(2) Die oberste Wasserbehörde kann zum Schutze der Gewässer durch Verordnung Vorschriften über die Selbstüberwachung erlassen und dabei festlegen,
1. welche Untersuchungsmethoden, Überwachungseinrichtungen und -geräte anzuwenden, vorzuhalten oder einzubauen sind,
2. die Art, den Ort, den Zeitpunkt und die Häufigkeit von Probennahmen und anderen Überwachungsmaßnahmen,
3. welche Überwachungsarten und Ergebnisse aufzuzeichnen und der Wasserbehörde mitzuteilen sind und in welcher Form und in welchen Zeitabständen dies zu erfolgen hat,
4. welche Untersuchungen und Überwachungsmaßnahmen von Untersuchungsstellen nach § 53 durchzuführen sind.

Die oberste Wasserbehörde wird ermächtigt, eine von § 62 LVwG abweichende Geltungsdauer der Verordnung nach Satz 1 zu bestimmen.

§ 111
Ordnungswidrigkeiten

(1) Ordnungswidrig handelt, wer vorsätzlich oder fahrlässig
1. entgegen § 18 Absatz 3 mit kleinen Fahrzeugen ohne Motorkraft Seen befährt oder durchfährt, ohne dass dies als Gemeingebrauch gestattet ist,
2. entgegen § 19 ohne Genehmigung ein nicht schiffbares Gewässer erster Ordnung oder ein Gewässer zweiter Ordnung mit einem Motorfahrzeug benutzt oder auf einem solchen Gewässer ein Wohnboot hält,
3. ohne die nach § 23 Absatz 1 erforderliche Genehmigung Anlagen in oder an oberirdischen Gewässern errichtet oder wesentlich verändert,
4. einer Nebenbestimmung nach § 23 Absatz 2 Satz 3 zuwiderhandelt,
5. die nach § 24 Absatz 4 vorgeschriebene Anzeige nicht erstattet,
6. ohne die nach § 24 Absatz 10 erforderliche Genehmigung eine Stauanlage dauernd außer Betrieb setzt oder beseitigt,
7. innerhalb des ein Meter breiten Gewässerrandstreifens gemäß § 26 Absatz 2 Ackerland pflügt oder Pflanzenschutzmittel oder Düngemittel anwendet,
8. entgegen § 30 seiner Verpflichtung zur Erfüllung der Unterhaltungspflicht an Gewässern zweiter Ordnung nicht nachkommt,
9. eine vollziehbare Anordnung nach § 36 Absatz 1 oder Absatz 2 nicht befolgt,
10. die nach § 40 Absatz 4 vorgeschriebene Anzeige nicht erstattet,
11. nicht die vom Träger der Abwasserbeseitigungspflicht nach § 48 Absatz 3 festgesetzten Maßnahmen durchführt,
12. entgegen § 50 ohne Genehmigung flüssige Stoffe, die kein Abwasser sind, in öffentliche oder private Abwasseranlagen einleitet,
13. nicht die von der Wasserbehörde nach § 51 Absatz 2 festgesetzten Anpassungsmaßnahmen durchführt,
14. eine Abwasserbehandlungsanlage oder ein Regenrückhaltebecken ohne eine nach § 52 Absatz 1 erteilte Genehmigung errichtet oder wesentlich ändert oder betreibt oder Auflagen, die in der Genehmigung festgesetzt sind, nicht befolgt,
15. seinen Verpflichtungen zur Selbstüberwachung von Wasserversorgungs- oder Abwasseranlagen nicht nachkommt oder den dazu aufgrund einer Verordnung nach § 110 erlassenen Vorschriften zuwiderhandelt, sofern die Verordnung für einen bestimmten Tatbestand auf diese Bußgeldvorschrift verweist,
16. ohne die nach § 70 Absatz 3 erforderliche Ausnahmegenehmigung entgegen § 70 Absatz 1 die dort genannten Handlungen vornimmt,
17. entgegen § 73 Satz 4 im Vorland eine der in Nummer 16 bezeichneten Handlungen ohne die nach § 70 Absatz 3 erforderliche Ausnahmegenehmigung vornimmt,
18. in Überschwemmungsgebieten im Sinne von § 74 Absatz 1 Nummer 1 eine gemäß § 75 Absatz 1 in Verbindung mit § 78 Absatz 4 WHG oder § 78a Absatz 1 Satz 1 Nummer 1 bis 8 WHG untersagte Handlung vornimmt oder einer vollziehbaren Anordnung gemäß § 75 Absatz 2 oder 3 zuwiderhandelt,
19. entgegen § 79 Absatz 1 eine Halligwarft ohne Genehmigung errichtet, beseitigt, verstärkt oder wesentlich umgestaltet,
20. entgegen § 80 Küstenschutzanlagen oder sonstige Anlagen an der Küste ohne die erforderliche Genehmigung errichtet, wesentlich ändert oder beseitigt,
21. entgegen § 80 Absatz 4 Satz 2 nach Beendigung der Nutzung die Anlage nicht beseitigt,
22. ohne die nach § 81 Absatz 2 erforderliche Ausnahmegenehmigung entgegen § 81 Absatz 1 Satz 1 die dort genannten Handlungen vornimmt,
23. ohne die nach § 81 Absatz 2 erforderliche Ausnahmegenehmigung entgegen § 81 Absatz 1 Satz 2 in Verbindung mit Satz 1 die dort genannten Handlungen vornimmt,
24. entgegen § 82 Absatz 1 ohne die nach § 82 Absatz 3 erforderliche Ausnahmegenehmigung
   a) in einer Entfernung bis zu 50 Meter landwärts vom Fußpunkt der Innenböschung von Landesschutzdeichen und bis zu 25 Meter vom Fußpunkt der Innenböschung von Regionaldeichen,
   b) im Deichvorland,
   c) in einer Entfernung bis zu 150 Meter landwärts von der oberen Böschungskante eines Steilufers oder vom seewärtigen Fußpunkt einer Düne oder eines Strandwalles,
   d) in den Hochwasserrisikogebieten an der Küste (§ 59 Absatz 1 Satz 2)

   bauliche Anlagen errichtet oder wesentlich ändert,
25. eine vollziehbare Anordnung nach § 93 Absatz 2 nicht befolgt,
26. ohne die nach § 95 Absatz 1 und 2 erforderlichen Zulassungen
   a) Häfen oder Landungsstege errichtet,
   b) Hafenanlagen errichtet oder verändert,
   c) in öffentlichen Häfen baggert, Sand, Kies oder Steine entnimmt oder anschüttet oder Schifffahrtszeichen setzt oder betreibt.

(2) Ordnungswidrig handelt ferner, wer vorsätzlich oder fahrlässig einer aufgrund
1. des § 17, des § 21, des § 53 oder
2. des § 93 Absatz 1, § 96 Absatz 5 Satz 2, § 97 Absatz 1 Satz 1 oder § 98 Satz 1

erlassenen Verordnung oder einer nach § 44 erlassenen Satzung zuwiderhandelt, sofern die Verordnung oder die Satzung für einen bestimmten Tatbestand auf diese Bußgeldvorschrift verweist.

(3) Die Ordnungswidrigkeit kann mit einer Geldbuße bis zu 50.000 Euro geahndet werden.

Teil 12
Übergangs- und Schlussvorschriften
§ 112
Verweisung

Soweit in Gesetzen oder Verordnungen auf Vorschriften verwiesen ist, die durch dieses Gesetz außer Kraft gesetzt werden, treten an deren Stelle die entsprechenden Vorschriften des Wasserhaushaltsgesetzes und dieses Gesetzes.

§ 113
Übergangsvorschriften

(1) Über Planfeststellungen von Abwasserbehandlungsanlagen ist von den bislang zuständigen Behörden nach bisherigem Recht zu entscheiden, sofern bei Inkrafttreten dieses Gesetzes die Auslegung im Sinne des § 140 Absatz 3 LVwG abgeschlossen ist.

(2) § 82 Absatz 1 Nummer 1, Zweiter Fall, Nummer 3 und 4 gelten nicht für Flächen, für die in einem am 9. September 2016 rechtswirksamen Flächennutzungsplan eine Bebauung vorgesehen ist oder dessen bisher vorgesehene Bebauung umgewidmet werden soll und wenn bei den Bauvorhaben die Schutzvorkehrungen aus § 82 Absatz 2 Nummer 6 eingehalten werden. Satz 1 tritt am 8. September 2021 außer Kraft.

(3) Der Betrieb oder die wesentliche Änderung von Abwasserbehandlungsanlagen, die nach § 35 Absatz 1 Satz 1 des Landeswassergesetzes in der bis zum 31. Dezember 2019 geltenden Fassung planfestgestellt waren, bedürfen der Planfeststellung. Für das Planfeststellungsverfahren gelten die §§ 68 bis 70 WHG sowie die §§ 83 und 84 entsprechend. Anlagen im Sinne von Satz 1 sind lediglich genehmigungspflichtig, wenn ein Bebauungsplan Festsetzungen für den Standort der Anlage enthält.

Fischereigesetz für das Land Schleswig-Holstein (Landesfischereigesetz – LFischG) vom 10. Februar 1996
– GVOBl. Schl.-H. S. 211 –

Zuletzt geändert durch Gesetz vom 22. Oktober 2018 (GVOBl. Schl.-H. S. 690)

Inhaltsübersicht
Präambel

Erster Teil
Allgemeine Vorschriften

- § 1 Geltungsbereich
- § 2 Geschlossene Gewässer
- § 3 Fischereirecht und Hegepflicht

Zweiter Teil
Fischereiberechtigung

- § 4 Fischereirecht in Küstengewässern
- § 5 Fischereirecht in Binnengewässern
- § 6 Selbständiges Fischereirecht
- § 7 Fischereibuch
- § 8 Veränderung von Gewässern
- § 9 Übertragung und Verkauf von Fischereirechten
- § 10 Vereinigung, Erlöschen und Aufhebung von Fischereirechten

Dritter Teil
Ausübung des Fischereirechts

- § 11 Grundsätze zur Ausübung des Fischereirechts durch Dritte
- § 12 Fischereipachtvertrag
- § 13 Hege
- § 14 Fischereierlaubnisschein
- § 15 Zugang zum Gewässer und Uferbetretungsrecht
- § 16 Fischerei an Stauanlagen
- § 17 Fischereiausübung in Abzweigungen
- § 18 Fischwechsel
- § 19 Fischfang auf überfluteten Grundstücken

Vierter Teil
Fischereibezirk

- § 20 Fischereibezirk, Fischhegebezirk
- § 21 Hegepläne

Fünfter Teil
Fischereigenossenschaft

- § 22 Fischereigenossenschaft
- § 23 Satzung der Fischereigenossenschaft
- § 24 Aufsicht über die Fischereigenossenschaft
- § 25 Auseinandersetzung, Abwicklung

Sechster Teil
Fischereischein und Fischereischeinprüfung

- § 26 Fischereischein
- § 27 Fischereischeinprüfung
- § 28 Versagungsgründe und Einziehung des Fischereischeins
- § 29 Fischereiabgabe

Siebenter Teil
Schutz der Fischbestände

- § 30 Schutz der Fische, der Gewässer und der Fischerei
- § 31 Verbotene Fangmethoden
- § 32 Schutzvorrichtungen an technischen Anlagen
- § 33 Ablassen von Gewässern
- § 34 Fischwege
- § 35 Schonbezirke
- § 36 Mitführen von Fanggeräten
- § 37 Anzeige von Fischsterben
- § 38 Übertragbare Fischkrankheiten
- § 39 Tierschutz

Achter Teil
Muschelfischerei

- § 40 Muschelfischerei
- § 41 Muschelkulturen

Neunter Teil
Fischereiverwaltung

- § 42 Fischereibehörden
- § 43 Fischereiaufsicht
- § 44 Befugnisse der Fischereiaufsicht

Zehnter Teil
Entschädigung

- § 45 Entschädigung

Elfter Teil
Ordnungswidrigkeiten

- § 46 Ordnungswidrigkeiten

Zwölfter Teil
Schlußbestimmungen

- § 47 Übergangsvorschriften
- § 48 Aufhebung bestehender Vorschriften
- § 49 Inkrafttreten

Präambel:

Die Fischerei in den Küsten- und Binnengewässern Schleswig-Holsteins bildet einen wichtigen wirtschaftlichen und soziokulturellen Bestandteil der schleswig-holsteinischen Gesellschaft. Ihre Erhaltung ist notwendig.

Die Küsten- und Binnengewässer und die in ihnen lebenden Tiere und Pflanzen sind bedeutende Bestandteile des Naturhaushaltes. Schutz, Erhaltung und Entwicklung dieser Lebensräume mit ihrer vielfältigen Tier- und Pflanzenwelt und eine gute Wasserqualität sind Voraussetzung für eine Nutzung der in ihnen lebenden Fischbestände. Der Schutz dieser Fischbestände in ihrer natürlichen Artenvielfalt und ihrer nachhaltigen Nutzungsmöglichkeit ist Ziel dieses Gesetzes.

Erster Teil
Allgemeine Vorschriften

§ 1
Geltungsbereich

Dieses Gesetz regelt die Fischerei in den Küsten- und Binnengewässern Schleswig-Holsteins sowie die Fischerzeugung in besonderen Anlagen.

§ 2
Definitionen

(1) Fische im Sinne dieses Gesetzes sind Fische, Schalen- und Krustentiere, Neunaugen sowie andere fischereilich nutzbare Wasserlebewesen mit Ausnahme von Säugetieren und dem Jagdrecht unterliegenden Tierarten.

(2) Küstengewässer sind alle innerhalb der Landesgrenzen liegenden Teile der Nord- und Ostsee bis zur seewärtigen Grenze des Küstenmeeres der Bundesrepublik Deutschland einschließlich der Wattflächen, Außentiefs, Priele, der offenen Meeresbuchten, der außerhalb der Schutzdeiche liegenden Fleete, Flutmulden, Uferauskolkungen und sonstiger lagunenähnlicher Strandseen, der Häfen und Hafenanlagen und der Strecken von Flussläufen und anderen Gewässern, die in der Anlage mit ihren Grenzen zu den Küstengewässern aufgeführt sind; bei allen anderen Flussläufen enden die Küstengewässer vor deren Mündungen.

(3) Binnengewässer sind alle anderen ständig oder zeitweilig oberirdisch in Betten fließenden oder stehenden Gewässer. Dazu gehören auch Teichwirtschaften und vergleichbare Anlagen.

(4) Geschlossene Gewässer sind

1. angelegte stehende Gewässer sowie Anlagen zur Fischerzeugung, denen es an einer für den Fischwechsel geeigneten Verbindung mit einem natürlichen Gewässer fehlt,
2. stehende Gewässer, die zum unmittelbaren Haus-, Hof- oder sonstigen Betriebsbereich gehören, nicht größer als 0,5 Hektar sind und keine für den Fischwechsel geeignete Verbindung mit einem offenen Gewässer haben (private Kleingewässer).

Nicht unter Satz 1 fallende Gewässer sind offene Gewässer.

§ 3
Fischereirecht und Hegepflicht

(1) Das Fischereirecht gibt den Fischereiberechtigten die Befugnis, in einem Gewässer Fische zu hegen, zu fangen und sich anzueignen (Fischerei). Das Fischereirecht erstreckt sich auch auf alle Entwicklungsstadien der Fische; artenschutzrechtliche Bestimmungen bleiben unberührt. Die Fischereiberechtigten haben die Pflicht, einen der Größe und Beschaffenheit des Gewässers entsprechenden artenreichen, heimischen und gesunden Fischbestand aufzubauen und zu erhalten sowie die Gewässerfauna und -flora in und am Gewässer zu schonen und zu schützen (Hege).

(2) Eine Hegepflicht besteht nur für offene Binnengewässer.

(3) Die Fischereirechte gehören dem Privatrecht an; § 1004 des Bürgerlichen Gesetzbuchs findet Anwendung.

Zweiter Teil
Fischereiberechtigung

§ 4
Fischereirecht in Küstengewässern

(1) Durch Eigentum an Küstengewässern wird kein Fischereirecht begründet. In den Küstengewässern besteht, mit Ausnahme der Muschelfischerei und der Bereiche, in denen selbständige Fischereirechte bestehen, freier Fischfang, soweit er nicht durch Rechtsvorschriften der Europäischen Union, des Bundes, des Landes oder durch dieses Gesetz oder durch Abkommen mit anderen Staaten eingeschränkt wird.

(2) Soweit keine selbständigen oder beschränkt selbständigen Fischereirechte bestehen, hat in den Küstengewässern jede natürliche Person das Recht des freien Fischfangs mit der Handangel. Handangel im Sinne dieses Gesetzes ist jedes zum Fang von Fischen bestimmte Rutenangelgerät, die Pödderangel, das Senknetz bis zu einer Größe von einem Quadratmeter, der Schiebehamen bis zu einer Breite von zwei Metern oder ein mit diesen vergleichbares anderes Gerät.

(3) Andere Fanggeräte als die Handangel dürfen nur von Erwerbsfischerinnen oder Erwerbsfischern (Haupt- und Nebenerwerb) eingesetzt werden, die eine Ausbildung zur Fischwirtin oder zum Fischwirt oder eine gleichwertige Berufsausbildung abgeschlossen haben.

(4) Personen, die bei Inkrafttreten dieses Gesetzes als Erwerbsfischerinnen oder Erwerbsfischer bei der oberen Fischereibehörde gemeldet sind und nicht die Voraussetzungen des Absatzes 3 erfüllen, dürfen die Fischerei in bisheriger Art und bisherigem Umfang weiter ausüben.

(5) Personen, die nicht Erwerbsfischerinnen oder Erwerbsfischer sind, kann die obere Fischereibehörde die Benutzung einzelner Arten von Fanggeräten in geringem Umfang unter Nebenbestimmungen gestatten.

§ 5
Fischereirecht in Binnengewässern

In den Binnengewässern steht der Eigentümerin oder dem Eigentümer des Gewässergrundstücks das Fischereirecht zu. Mit neuen Fischereirechten darf ein Gewässer unbeschadet des § 6 nicht belastet werden.

§ 6
Selbständiges Fischereirecht

(1) Fischereirechte, die nicht der Eigentümerin oder dem Eigentümer des Gewässergrundstücks zustehen (selbständige Fischereirechte), selbständige Fischereirechte, die auf das Hegen, Fangen oder aneignen bestimmter Fischarten, auf die Benutzung bestimmter Fanggeräte oder in anderer Hinsicht eingeschränkt sind (beschränkte selbständige Fischereirechte) oder selbständige Fischereirechte, die nur zum Fischfang für den häuslichen Gebrauch für den Eigenbedarf und der Familienangehörigen, die im eigenen Haushalt leben (Küchenfischereirechte), berechtigen und zum Zeitpunkt des Inkrafttretens dieses Gesetzes ohne Widerspruch im Fischereibuch (altes Fischereibuch) gemäß § 11 des Fischereigesetzes vom 11. Mai 1916 (GS. S. 55), zuletzt geändert durch Gesetz vom 16. Juni 1993 (GVOBl. Schl.-H. S. 215), eingetragen sind, bleiben bestehen. Gleiches gilt für alle im alten Fischereibuch eingetragenen Fischereirechte in Küstengewässern einschließlich der eingetragenen Widersprüche.

(2) Ein selbständiges Fischereirecht ist ein das Gewässergrundstück belastendes Recht. Es kann auf Antrag in das Grundbuch eingetragen werden.

(3) Ein selbständiges Fischereirecht, das mit dem Eigentum an einem Grundstück verbunden ist, verbleibt bei dessen Teilung, wenn nichts anderes entsprechend § 10 vereinbart wird, bei der ältesten Hofstelle oder, wenn eine solche nicht vorhanden ist, bei dem größten Teilgrundstück. Bei einer Teilung in gleiche Teile verbleibt das Fischereirecht bei dem Teilgrundstück, das die oberste Fischereibehörde bestimmt. Eine Vereinbarung, nach der das Fischereirecht mit mehreren Teilgrundstücken verbunden bleiben soll, ist nichtig.

§ 7
Fischereibuch

(1) Fischereirechte gemäß § 6 Abs. 1 werden von Amts wegen in ein Fischereibuch eingetragen, das von der oberen Fischereibehörde geführt wird (neues Fischereibuch).

(2) Fischereirechte, gegen die ein Widerspruch im alten Fischereibuch eingetragen ist, werden auf Antrag der fischereiberechtigten Person in das neue Fischereibuch nur eingetragen, wenn ein rechtskräftiges Urteil oder eine Einigung über das Bestehen des Fischereirechts vorgelegt wird. Andernfalls erlöschen sie mit Ablauf von zehn Jahren nach Inkrafttreten dieses Gesetzes.

(3) Auf Fischereirechte, die im Grundbuch eingetragen sind, ist diese Vorschrift nicht anzuwenden.

(4) Das alte Fischereibuch gilt nach Ablauf der in Absatz 2 genannten Frist als geschlossen.

(5) Das für Fischerei zuständige Ministerium wird ermächtigt, durch Verordnung spezifische Bestimmungen für die Verarbeitung personenbezogener Daten zur Erfüllung der Aufgaben nach dieser Vorschrift sowie sonstige Maßnahmen zu erlassen, um eine rechtmäßige und nach Treu und Glauben erfolgende Verarbeitung zu gewährleisten[1].

§ 8
Veränderung von Gewässern

(1) Verläßt ein fließendes Gewässer infolge natürlicher Ereignisse sein Bett oder bildet sich ein neuer Arm, so gehen die der Eigentümerin oder dem Eigentümer des Gewässers zustehenden Fischereirechte am alten Gewässer auch auf das neue fließende Gewässer über.

(2) Wird ein fließendes Gewässer künstlich abgeleitet, so gehen die in Absatz 1 genannten Fischereirechte auf das neue fließende Gewässer über, wenn dieses mehr als die Hälfte des Abflusses bei gewöhnlichem Wasserstand aufzunehmen bestimmt ist. Die Fischerei in dem alten Gewässer steht der Person zu, die die Ableitung hergestellt hat. Die nach Satz 1 fischereiberechtigte Person kann von dieser für die Verminderung des Wertes ihres Fischereirechts Entschädigung verlangen.

---

[1] *Landesverordnung zur Durchführung des Landesfischereigesetzes (LFischG-DVO) vom 1.6.2018 (GVOBl. Schl.-H. S. 354)*

(3) Umfang und räumliche Ausdehnung der Fischereirechte im neuen fließenden Gewässer (Absatz 1 und 2) bestimmen sich nach denjenigen im alten Gewässer.

§ 9
Übertragung und Verkauf von Fischereirechten

(1) Ein selbständiges Fischereirecht kann durch Rechtsgeschäft übertragen werden. Das Rechtsgeschäft bedarf der notariellen Beurkundung. Die Eigentümerin oder der Eigentümer des belasteten Gewässergrundstücks hat ein Vorkaufsrecht, das nur innerhalb von drei Monaten nach Mitteilung des Kaufvertrages an die Vorkaufsberechtigten ausgeübt werden kann. Dies gilt nicht, wenn sich ein selbständiges Fischereirecht über mehrere Gewässergrundstücke erstreckt. Die Vorschriften der §§ 463 bis 468, 469 Abs. 1 und § 471 des Bürgerlichen Gesetzbuchs finden entsprechende Anwendung.

(2) Ist das selbständige Fischereirecht mit dem Eigentum an einem Grundstück verbunden, das mit einem Recht Dritter belastet ist, so kann dieses Fischereirecht nur übertragen werden, wenn diese in öffentlich beglaubigter Form zustimmen, es sei denn, ihr Recht wird durch die Übertragung nicht berührt.

(3) Sind mit dem selbständigen Fischereirecht Nebenrechte, insbesondere zum Trocknen der Netze oder zur Rohrnutzung verbunden, so gehen auch diese mit dem Erwerb über.

(4) Ist ein Gewässergrundstück mit mehreren selbständigen Fischereirechten belastet, so können diese durch Rechtsgeschäft nur an eine an dem gleichen Gewässergrundstück fischereiberechtigte Person oder an die Eigentümerin oder den Eigentümer des belasteten Gewässergrundstücks übertragen werden. Treten hierbei Vermögensnachteile auf, findet § 45 Anwendung. Absatz 1 Satz 2 und 3 gelten entsprechend.

(5) Beschränkte selbständige Fischereirechte oder Küchenfischereirechte können nur ungeteilt vererbt oder nur durch Rechtsgeschäft unter Lebenden nur an die Eigentümerin oder den Eigentümer des belasteten Gewässergrundstücks übertragen werden. Absatz 1 Satz 1 und 3 und Absatz 4 Satz 2 gelten entsprechend.

(6) Ist ein Gewässergrundstück mit mehreren beschränkten selbständigen Fischereirechten oder Küchenfischereirechten belastet, so gilt Absatz 5 entsprechend.

§ 10
Vereinigung, Erlöschen und Aufhebung von Fischereirechten

(1) Vereinigt sich ein selbständiges Fischereirecht gemäß § 9 Abs.1 und 2 mit dem Eigentum des belasteten Gewässergrundstücks oder gemäß § 9 Abs. 4 mit einem anderen selbständigen Fischereirecht, so erlischt es als eigenes Recht.

(2) Beschränkte selbständige Fischereirechte können gegen angemessene Entschädigung der Inhaberin oder des Inhabers aufgehoben werden, wenn dies im öffentlichen Interesse verlangt wird. Die Entscheidung über die Aufhebung trifft die oberste Fischereibehörde.

(3) Die Entschädigung hat zu leisten, wer die Aufhebung verlangt. Die Entschädigung richtet sich nach den für die Enteignung von Grundeigentum geltenden landesrechtlichen Vorschriften.

Dritter Teil
Ausübung des Fischereirechts

§ 11
Grundsätze zur Ausübung des Fischereirechts durch Dritte

(1) Die Ausübung des Fischereirechts kann, soweit sein Inhalt nicht entgegensteht, von der Eigentümerin oder dem Eigentümer (fischereiberechtigten Person) einer Person (fischereiausübungsberechtigten Person) in vollem Umfang (Fischereipachtvertrag) oder unter Beschränkung auf den Fischfang (Fischereierlaubnis) übertragen werden. Eine Unterverpachtung bedarf der Zustimmung der fischereiberechtigten Person. Eine Fischereierlaubnis wird durch die Erteilung des Erlaubnisscheins durch die fischereiberechtigte oder fischereiausübungsberechtigte Person wirksam.

(2) Wer fischereiberechtigt ist und sein Fischereirecht in vollem Umfang verpachtet hat, ist nicht befugt, selbst zu fischen oder Erlaubnisscheine auszustellen, es sei denn, sie oder er hat sich dieses Recht im Fischereipachtvertrag vorbehalten.

(3) Fischereiberechtigte in geschlossenen Gewässern können Einzelpersonen ermächtigen, die Fischereirecht an ihrer Stelle in vollem Umfang auszuüben. Die Ermächtigung wird erst durch Anzeige bei der oberen Fischereibehörde wirksam. Die fischereiausübungsberechtigte Person gilt als Fischereiberechtigte oder Fischereiberechtigter.

(4) Wenn mehrere Personen ein oder mehrere Fischereirechte an derselben Gewässerstrecke haben, kann die obere Fischereibehörde auf Antrag bestimmen, dass das Fischereirecht nur nach Absatz 1 ausgeübt werden darf. Einigen sich die Beteiligten über die Nutzung nicht, so kann die obere Fischereibehörde sie vorläufig regeln.

(5) Bei Veräußerung des Fischereirechts gelten die §§ 566 bis 567 b, 1056 und 2135 des Bürgerlichen Gesetzbuchs entsprechend.

§ 12
Fischereipachtvertrag

(1) Zur Übertragung der vollen Ausübung des Fischereirechts bedarf es eines Fischereipachtvertrages in schriftlicher Form. In dem Vertrag ist die Pachtzeit auf mindestens zwölf Jahre festzusetzen. Kürzere Pachtzeiten kann die obere Fischereibehörde in begründeten Ausnahmefällen zulassen.

(2) Die obere Fischereibehörde kann zum Schutz des Fischbestandes sowie des Gewässers, seiner Ufer, seiner Tier- und Pflanzenwelt und seiner typischen Strukturen und Funktionen bestimmen, wie viele Personen höchstens ein Gewässer oder eine Gewässerstrecke nutzen dürfen und in welcher Art und Weise dies geschehen darf.

(3) Wer ein Fischereirecht pachtet, muß selbst einen gültigen Fischereischein (§ 26) besitzen. Pachtet ein Fischereiverein ein Fischereirecht, so muß mindestens eine vertretungsberechtigte Person einen gültigen Fischereischein besitzen. Satz 1 und 2 gelten nicht für geschlossene Gewässer.

(4) Die Verpächterin oder der Verpächter hat den neu abgeschlossenen oder geänderten Fischereipachtvertrag innerhalb eines Monats der oberen Fischereibehörde zur Genehmigung vorzulegen. Das Genehmigungsverfahren kann über eine einheitliche Stelle nach den Vorschriften des Landesverwaltungsgesetzes abgewickelt werden.

(5) Für die Genehmigung gilt § 111 a des Landesverwaltungsgesetzes. Die obere Fischereibehörde beanstandet den Vertrag, wenn er den Bestimmungen dieses Gesetzes nicht entspricht oder zu befürchten ist, dass die Pächterin oder der Pächter den durch dieses Gesetz begründeten Verpflichtungen nicht nachkommt. Beanstandet die obere Fischereibehörde innerhalb der Frist nach § 111 a Abs. 2 des Landesverwaltungsgesetzes den Vertrag, gilt die Genehmigungsfiktion nicht. In dem Beanstandungsbescheid sind die Vertragsparteien aufzufordern, den Vertrag binnen eines Monats nach Bekanntgabe des Bescheides in bestimmter Weise zu ändern; die obere Fischereibehörde entscheidet über den geänderten Vertrag innerhalb eines Monats. Im Übrigen gilt § 111 a des Landesverwaltungsgesetzes. Kommen die Vertragsparteien der Aufforderung nicht nach, so ist die Genehmigung zu versagen.

(6) Pachtverträge, die den Absätzen 1 bis 3 nicht entsprechen, sind nichtig. Für die Dauer eines Rechtsstreites kann die obere Fischereibehörde die Ausübung der Fischerei vorläufig regeln.

(7) Pachtverträge, die vor Inkrafttreten dieses Gesetzes abgeschlossen worden sind, gelten bis zum Ablauf ihrer Pachtperiode weiter.

§ 13
Hege

(1) Wird das Fischereirecht in vollem Umfang verpachtet, obliegt die Hege grundsätzlich der Pächterin oder dem Pächter als Fischereiausübungsberechtigten, es sei denn, die Verpächterin oder der Verpächter behält sich diese Pflicht im Pachtvertrag ausdrücklich vor. Wird das Fischereirecht unter dem Vorbehalt nach § 11 Abs. 2 verpachtet, obliegt die Hegepflicht neben den in Satz 1 genannten Personen der Verpächterin oder dem Verpächter. Im Pachtvertrag kann abweichend von Satz 2 vereinbart werden, dass einer der Vertragspartner die Hegepflicht übernimmt.

(2) Die obere Fischereibehörde kann Ausnahmen von der Hegeverpflichtung zulassen, wenn diese nicht erforderlich oder der hegepflichtigen Person wegen der Beschaffenheit des Gewässers nicht zuzumuten ist.

(3) Besatz in Küsten- oder offenen Binnengewässern ist in der Regel nur zulässig mit heimischen und nicht gebietsfremden Fischen. Besatzmaßnahmen dürfen nicht zu Beeinträchtigungen der natürlichen Lebensgemeinschaft führen.

§ 14
Fischereierlaubnisschein

(1) Wer in einem Gewässer, ohne fischereiberechtigt oder fischereiausübungsberechtigt zu sein, den Fischfang ausübt, muß einen gültigen Fischereierlaubnisschein der fischereiberechtigten oder fischereiausübungsberechtigten Person bei sich führen.

(2) Ein Fischereierlaubnisschein darf nur an Personen ausgegeben werden, die einen gültigen Fischereischein (§ 26) besitzen oder von der Fischereischeinpflicht befreit sind.

(3) Die obere Fischereibehörde kann zur Erhaltung eines angemessenen Fischbestandes für offene Gewässer
1. die Höchstzahl der Fischereierlaubnisscheine festsetzen und
2. die Fischereierlaubnisscheine auf bestimmte Fischarten, Fangmengen, Fangzeiten oder Fangmittel beschränken.

(4) Ein Fischereierlaubnisschein ist nicht erforderlich:
1. zum Fischfang in Gegenwart der nach § 11 zur Ausstellung befugten Person;
2. zum Fischfang in geschlossenen Gewässern.

(5) Der Fischereierlaubnisschein muß mindestens folgende Angaben enthalten:
1. die Erlaubnis zum Fischfang,
2. die Bezeichnung der zur Ausstellung des Fischereierlaubnisscheines berechtigten Person sowie deren Unterschrift oder die Unterschrift ihres Bevollmächtigten,
3. den Namen, den Vornamen und das Geburtsdatum der Inhaberin oder des Inhabers des Fischereierlaubnisscheines,
4. das Datum der Ausstellung und die Gültigkeitsdauer,
5. die Bezeichnung der Gewässer oder der Gewässerstrecken, auf die sich der Fischereierlaubnisschein bezieht,
6. Einschränkungen von Betretungsbefugnissen und
7. Angaben über die zugelassenen Fanggeräte und Fahrzeuge.

§ 15
Zugang zum Gewässer und Uferbetretungsrecht

(1) Fischereiberechtigte, Fischereiausübungsberechtigte und ihre Hilfspersonen sowie Fischereierlaubnisscheininhaberinnen und -inhaber sind befugt, die an das Gewässer angrenzenden Ufer, Inseln, Anlandungen und Schiffahrtsanlagen sowie Brücken, Wehre, Schleusen und sonstige Wasserbauwerke zum Zwecke der Ausübung der Fischerei auf eigene Gefahr zu betreten und zu benutzen, soweit öffentlich-rechtliche Vorschriften nicht entgegenstehen. Die Befugnis kann auch auf Grund von privatrechtlichen Vereinbarungen mit den Fischereiberechtigten eingeschränkt werden. Grundsätzlich ist auf die Tier- und Pflanzenwelt Rücksicht zu nehmen.

(2) Die Befugnis nach Absatz 1 erstreckt sich nicht auf Gebäude, zum unmittelbaren Haus-, Wohn- und Hofbereich gehörende Grundstücksteile und gewerbliche Anlagen mit Ausnahme von Campingplätzen.

(3) Können die Fischereiberechtigten, die Fischereiausübungsberechtigten oder die Fischereierlaubnisscheininhaberinnen oder -inhaber das Gewässer nicht auf einem zum allgemeinen Gebrauch bestimmten Weg oder nur auf einem unzumutbaren Umweg erreichen und kommt trotz entsprechender Bemühungen eine Vereinbarung mit der Eigentümerin oder dem Eigentümer oder den Nutzungsberechtigten zum Betreten von Grundstücken nicht zustande, so kann die obere Fischereibehörde auf Antrag der Fischereiberechtigten oder Fischereiausübungsberechtigten nach Anhörung der Betroffenen Ort und Umfang des Betretungsrechtes sowie die Höhe der Entschädigung festsetzen. Das Betreten der Grundstücke erfolgt auf eigene Gefahr.

(4) Sind die Fischereiberechtigten Eigentümerinnen oder Eigentümer oder Nutzungsberechtigte des Ufergrundstücks oder der Grundstücke, über die der Zugang zum Gewässer führt, so gilt die Erlaubnis zum Betreten dieser Grundstücke in zumutbarem Umfang mit dem Abschluß eines Fischereipachtvertrages oder eines Fischereierlaubnisscheines als erteilt.

(5) Die Fischereiberechtigten, die Fischereiausübungsberechtigten, die Fischereierlaubnisscheininhaberinnen oder -inhaber haben die der Grundstückseigentümerin oder dem Grundstückseigentümer oder den Nutzungsberechtigten entstandenen Schäden, auch wenn sie durch ihre Hilfspersonen verursacht wurden, auszugleichen.

§ 16
Fischerei an Stauanlagen

Die Fischereiberechtigten, die Fischereiausübungsberechtigten oder die Fischereierlaubnisscheininhaberinnen oder -inhaber dürfen Stauanlagen nicht in ihrem ordnungsgemäßen Betrieb behindern, wenn sie dazu kein besonderes Recht haben.

§ 17
Fischereiausübung in Abzweigungen

(1) Fischereiberechtigte in Abzweigungen müssen die Ausübung ihrer Fischereirechte den in den angrenzenden Strecken des Hauptgewässers zur Fischerei Berechtigten auf Verlangen gegen eine angemessene Entschädigung überlassen, wenn sie nicht bereit sind, die zum Schutz und zur wirtschaftlichen Nutzung der Fischgewässer notwendigen Maßnahmen gemeinschaftlich mit ihnen zu treffen.

(2) Der Anspruch nach Absatz 1 bestimmt sich hinsichtlich des Umfangs und der räumlichen Ausdehnung der Fischerei in der Abzweigung nach den Fischereirechten im Hauptgewässer.

(3) Mehrere an derselben Strecke des Hauptgewässers zur Fischerei Berechtigte können den Anspruch nur gemeinschaftlich geltend machen; sie haften als Gesamtschuldner.

(4) Mehrere an derselben Strecke der Abzweigung zur Fischerei Berechtigte können nur gemeinschaftlich in Anspruch genommen werden und müssen sämtlich zu Maßnahmen nach Absatz 1 bereit sein. Die Entschädigung ist einzeln festzusetzen.

(5) Die Höhe der Entschädigung ist nach dem Wert der Fischereirechte an der Abzweigung zu bemessen.

(6) Wird durch natürliche oder künstliche Veränderungen in den fließenden Gewässern die Fischerei betroffen, so können die Beteiligten eine andere Festsetzung der Entschädigung und der sonstigen Überlassungsbedingungen verlangen.

(7) Steht ein fließendes fließendes oder stehendes Gewässer in Verbindung mit einem blind endenden Gewässer, mit einem Hafen oder einem Stichkanal, der der Schiffahrt dient, gelten die Absätze 1 bis 6 entsprechend, mit der Einschränkung, daß die gegnerische fischereiberechtigte Person alternativ die Fischerei ruhen lassen kann, wenn dieses für die Fischerei im Hauptgewässer nicht nachteilig ist.

§ 18
Fischwechsel

(1) In einem offenen Gewässer dürfen keine Fischereivorrichtungen den Wechsel der Fische verhindern.

(2) Durch ständige Fischereivorrichtungen darf ein offenes Gewässer zum Zwecke des Fischfangs nicht auf mehr als der halben Breite der Wasserfläche für den Wechsel der Fische versperrt werden. Ständige Fischereivorrichtungen müssen einen Abstand von mindestens 200 m zueinander haben. Die Errichtung neuer und die Erweiterung bestehender ständiger Fischereivorrichtungen in Binnengewässern ist verboten.

(3) Auf bestehende ständige Fischereivorrichtungen sind die Absätze 1 und 2 bis zum 31. Dezember 2019 nicht anzuwenden, wenn ein Recht auf deren Benutzung bereits zum Zeitpunkt des Inkrafttretens dieses Gesetzes bestand.

(4) Ständige Fischereivorrichtungen sind künstliche Anlagen, die unter dauernder Befestigung am Ufer oder im Bett ins Gewässer eingebaut sind, insbesondere feststehende Fischwehre, Fischzäune und Fischfallen. Die Eigenschaft der Vorrichtung als einer ständigen wird dadurch nicht ausgeschlossen, daß das angebrachte Fanggerät entfernt werden kann. Freistehende Pfähle gelten nicht als ständige Fischereivorrichtungen.

(5) Die obere Fischereibehörde kann zu wissenschaftlichen Zwecken, aus Gründen des Fischartenschutzes oder zum Erhalt kulturhistorisch bedeutsamer Anlagen im Einzelfall Ausnahmen von den Absätzen 1 und 2 zulassen.

§ 19
Fischfang auf überfluteten Grundstücken

(1) Tritt ein Gewässer über seine Ufer, so ist auf den überfluteten Grundstücken jeglicher Fischfang verboten. Maßnahmen, die die Rückkehr der Fische in das Gewässer erschweren oder verhindern, sind unzulässig.

(2) Fische, die in Gräben oder anderen Vertiefungen, die nicht mehr in Verbindung mit den Gewässern stehen, zurückbleiben, können sich die oder der Fischereiberechtigte oder Fischereiausübungsberechtigte innerhalb von einer Woche nach Rückgang des Wassers aneignen. Schäden, die dabei am überfluteten Grundstück entstehen, haben die Fischereiberechtigten oder Fischereiausübungsberechtigten zu ersetzen. Sie haften auch für Schäden, die durch ihre Hilfspersonen verursacht werden.

(3) Nach Ablauf der Frist nach Absatz 2 steht dieses Aneignungsrecht der Eigentümerin oder dem Eigentümer oder sonstigen Nutzungsberechtigten des Grundstücks zu. Untermaßige, geschützte oder einer Schonzeit unterliegende Fische sind von den in Satz 1 genannten Aneignungsberechtigten in das Ursprungsgewässer zurückzusetzen.

Vierter Teil
Hegepläne und Fischereigenossenschaft

§ 20
(gestrichen)

§ 21
Hegepläne

(1) Hegepflichtige Personen, die ihre Fischereiberechtigung bzw. Fischereiausübungsberechtigung nutzen, haben Hegepläne aufzustellen, in denen Bestimmungen zu treffen sind über
1. Fischereiaufwand,
2. Fänge und
3. Besatz- und sonstige Hegemaßnahmen.

Inhaber benachbarter Fischereirechte und benachbarte Fischereiausübungsberechtigte können sich zusammenschließen und einem gemeinsamen Hegeplan aufstellen. Der Hegeplan erstreckt sich auf einen Zeitraum von mindestens drei Jahren und höchstens fünf Jahren. Das Hegejahr ist das Kalenderjahr. Einzelheiten zur Aufstellung und Genehmigung der Hegepläne kann die oberste Fischereibehörde durch Verordnung regeln.

(2) Die Hegepläne sind der oberen Fischereibehörde zu übermitteln und von ihr zu genehmigen. In Naturschutzgebieten ergeht die Genehmigung im Einvernehmen mit der oberen Naturschutzbehörde. Die Genehmigung ist zu versagen, wenn die in den Hegeplänen festgesetzten Maßnahmen nicht geeignet erscheinen, die Hegeziele gemäß § 3 Abs. 1 zu erreichen.

(3) Wird nicht bis zum 1. Februar nach Ablauf des Zeitraums nach Absatz 1 ein neuer Hegeplan aufgestellt oder wird dieser aus Gründen, die von der hegepflichtigen Person zu vertreten sind, nicht genehmigt, so kann die obere Fischereibehörde nach einmaliger Aufforderung zur Vorlage oder Überarbeitung unter Fristsetzung von einem Monat den Hegeplan auf Kosten der pflichtigen Person aufstellen.

(4) Erfüllt eine fischereiberechtigte oder fischereiausübungsberechtigte Person ihre Verpflichtungen aus den Hegeplänen trotz Fristsetzung nicht, kann die obere Fischereibehörde nach vorheriger Androhung die erforderlichen Maßnahmen im Wege der Ersatzvornahme durchführen.

Fünfter Teil
Fischereigenossenschaft

§ 22
Fischereigenossenschaft

(1) Inhaber benachbarter Fischereirechte können sich zu einer Fischereigenossenschaft zusammenschließen. Diese wird nach der Einrichtung des entsprechenden Fischereibezirkes durch einen Gründungsbeschluß gebildet. Die Fischereigenossenschaften sind Körperschaften des öffentlichen Rechts. Sie müssen ihren Sitz in Schleswig-Holstein haben. Die Errichtung bedarf der Genehmigung der obersten Fischereibehörde. Die Errichtung ist ortsüblich bekanntzumachen.

(2) Die Fischereigenossenschaft hat die Aufgabe, die auf Grund des Hegeplanes notwendigen Maßnahmen durchzuführen. Darüber hinaus kann sie eine gemeinsame Bewirtschaftung innerhalb der Grenzen ihrer Fischereirechte verfolgen.

(3) Die Fischereigenossenschaft wird durch den Vorstand gerichtlich und außergerichtlich vertreten. Der Vorstand besteht aus der oder dem Vorsitzenden und höchstens zwei weiteren Mitgliedern. Er wird von der Genossenschaftsversammlung gewählt.

(4) Das Stimmrecht der einzelnen Mitglieder der Fischereigenossenschaft richtet sich nach der Größe ihrer Gewässerfläche. Jedes Mitglied hat mindestens eine Stimme. Beschlüsse der Genossenschaftsversammlung bedürfen der Mehrheit der abgegebenen Stimmen. Bis zur erstmaligen Wahl des Vorstands obliegt die Vertretungsbefugnis für die Fischereigenossenschaft einem von der obersten Fischereibehörde zu bestellenden Mitglied.

(5) Soweit im Pachtvertrag nichts anderes vereinbart ist, tritt die fischereiausübungsberechtigte Person an die Stelle der fischereiberechtigten Person in die sich aus der Mitgliedschaft in der Fischereigenossenschaft ergebenden Rechte und Pflichten ein. Ist ein Fischereirecht an mehrere Personen verpachtet, so bestimmen sie eine gemeinschaftliche Vertretung für die Wahrnehmung der Rechte und Pflichten innerhalb der Fischereigenossenschaft.

(6) Für den Anteil der Mitglieder an den Nutzungen und Lasten gilt Absatz 4 Satz 1 entsprechend. Durch Beschluß der Genossenschaftsversammlung kann ein anderer Maßstab bestimmt werden.

(7) Die Fischereigenossenschaft hat ein Mitgliederverzeichnis zu führen, aus dem der Umfang der Stimmrechte sowie die Beitragsverhältnisse der Mitglieder hervorgehen.

(8) Eine im Zeitpunkt des Inkrafttretens dieses Gesetzes bestehende Fischereigenossenschaft gilt als Genossenschaft im Sinne des Absatzes 1. Ihre Satzung ist innerhalb von zwei Jahren den Vorschriften dieses Gesetzes anzupassen.

§ 23
Satzung der Fischereigenossenschaft

(1) Die Fischereigenossenschaft gibt sich eine Satzung, die Bestimmungen enthält insbesondere über:
1. den Namen und den Sitz der Genossenschaft,
2. das Gebiet der Genossenschaft,
3. die Gesamtzahl der Stimmrechte,
4. die Rechte und Pflichten der Mitglieder unter Berücksichtigung der Größe der Gewässerfläche, an der ihr Fischereirecht besteht,
5. die Zusammensetzung und die Wahl des Vorstands sowie seine Befugnisse,
6. das Haushaltswesen und die Kassen-, Rechnungsführung und Rechnungsprüfung,
7. die Voraussetzungen und die Form für die Einberufung der Genossenschaftsversammlung,
8. die Beschlußfähigkeit und das Verfahren bei der Abstimmung sowie die Gegenstände, über die die Genossenschaftsversammlung zu beschließen hat,
9. die Form der Bekanntmachungen der Genossenschaft.

(2) Die Satzung und ihre Änderungen bedürfen der Genehmigung der oberen Fischereibehörde. Sie sind nach der Genehmigung durch die Genossenschaft ortsüblich bekanntzumachen.

§ 24
Aufsicht über die Fischereigenossenschaft

Die Fischereigenossenschaft untersteht der Aufsicht des Landes nach Maßgabe des § 52 des Landesverwaltungsgesetzes. Aufsichtsbehörde ist die obere Fischereibehörde.

§ 25
Auseinandersetzung, Abwicklung

Beschließen die Mitglieder der Fischereigenossenschaft deren Auflösung, erfolgt die Abwicklung durch den Vorstand. Die Genossenschaftsversammlung beschließt innerhalb eines Jahres nach Auflösung der Fischereigenossenschaft über die Verwendung des verbleibenden Vermögens. Wird innerhalb dieser Frist kein Beschluß getroffen, ist das Vermögen entsprechend dem Stimmrecht der Mitglieder an diese auszuzahlen. Die obere Fischereibehörde kann die Frist verlängern, wenn der Abschluß der Abwicklung aus zwingenden Gründen innerhalb der Frist nicht möglich ist.

Sechster Teil
Fischereischein und Fischereischeinprüfung

§ 26
Fischereischein

(1) Wer den Fischfang ausübt, muß einen auf ihren oder seinen Namen lautenden gültigen Fischereischein mit sich führen und diesen auf Verlangen den Fischereiaufsichtsbeamtinnen oder Fischereiaufsichtsbeamten, den Polizeivollzugskräften, den Fischereiberechtigten, den Fischereiausübungsberechtigten oder den Fischereiaufseherinnen oder Fischereiaufsehern vorzeigen. Der Fischereischein ist nur gültig, wenn der Nachweis über die Entrichtung der Fischereiabgabe erbracht ist.

(2) Ein Fischereischein ist nicht erforderlich in Teichwirtschaften, in besonderen Anlagen der Fischerzeugung, in privaten Kleingewässern sowie für Personen, die den Fischfang in Küstengewässern aufgrund von inter- oder supranational vereinbarten Zugangsrechten ausüben, für Personen, die zur Unterstützung des Fischereiberechtigten oder Fischereiausübungsberechtigten oder ihrer Hilfspersonen, die einen Fischereischein besitzen, zusammen mit diesen den Fischfang ausüben. Einen Fischereischein erhalten keine Personen, die das zwölfte Lebensjahr noch nicht vollendet haben. Sie bedürfen beim Fischfang der Aufsicht eines Inhabers eines gültigen Fischereischeins.

(3) Der Fischereischein wird auf Lebenszeit erteilt.

(4) Fischereischeine anderer Bundesländer gelten auch in Schleswig-Holstein, solange die Inhaberin oder der Inhaber die Hauptwohnung nicht in Schleswig-Holstein hat.

(5) Die oberste Fischereibehörde wird ermächtigt, durch Verordnung das Verfahren und die Zuständigkeit auch abweichend von Satz 2 und Satz 3 für die Erteilung und Registrierung
1. der Fischereischeine,
2. der befristeten Ausnahmegenehmigungen von der Fischereischeinpflicht (Urlauberfischereischeine), deren Gültigkeit auf 28 hintereinander liegende Tage zu begrenzen ist, sowie
3. weitere Ausnahmen von der Fischereischeinpflicht

zu regeln. Für die Erteilung des Fischereischeins an Erwerbsfischer und -fischerinnen ist die obere Fischereibehörde zuständig. Für die Erteilung des Fischereischeins an andere Personen sind die örtlichen Ordnungsbehörden zuständig.

§ 27
Fischereischeinprüfung

(1) Die Erteilung eines Fischereischeins ist vom Bestehen einer Fischereischeinprüfung abhängig, in der die erforderlichen Kenntnisse über die Fischkunde, die Hege und Pflege der Fischgewässer, die Fanggeräte und deren Gebrauch, die Behandlung gefangener Fische und die fischereirechtlichen, naturschutzrechtlichen und tierschutzrechtlichen Vorschriften nachgewiesen werden müssen.

(2) Die Fischereischeinprüfung kann unter Aufsicht des Landes von den Fischereiverbänden durchgeführt werden. Die Prüfung muß allen zu gleichen Bedingungen zugänglich sein.

(3) Von der Ablegung der Fischereischeinprüfung ist befreit,
1. wer die Prüfung als Fischwirtin oder Fischwirt oder eine gleichgestellte Prüfung abgelegt hat oder ein Fischereipatent nach der Schiffsoffizier-Ausbildungsverordnung oder einen entsprechenden Befähigungsausweis aufgrund anerkannter internationaler Abkommen besitzt,
2. wer in einem anderen Bundesland eine Fischereischeinprüfung abgelegt hat, oder
3. wer die Prüfung zum höheren oder mittleren Fischereiverwaltungsdienst abgelegt hat oder Aufgaben der Fischereiaufsicht bei einer Fischereibehörde wahrnimmt.

(4) Das Verfahren, die Anforderungen bei der Fischereischeinprüfung und weitere Ausnahmen kann die oberste Fischereibehörde durch Verordnung regeln.

§ 28
Versagungsgründe und Einziehung des Fischereischeins

(1) Der Fischereischein kann Personen versagt werden,
1. die wegen Fischwilderei oder wegen vorsätzlicher Beschädigung von Anlagen, Fahrzeugen, Geräten oder Vorrichtungen, die der Fischerei oder der Fischzucht dienen, oder von Wasserbauten rechtskräftig verurteilt worden sind,
2. die wegen Fälschung eines Fischereischeins oder einer sonstigen zur Ausübung der Fischerei erforderlichen Bescheinigung rechtskräftig verurteilt worden sind, oder
3. die wegen Verstoßes gegen fischereirechtliche oder naturschutzrechtliche Vorschriften oder wegen Tierquälerei rechtskräftig verurteilt oder mit einem Bußgeld belegt worden sind,
4. die unter Betreuung stehen.

Aus den in Satz 1 Nr. 1 bis 3 genannten Gründen kann der Fischereischein nicht mehr versagt werden, wenn fünf Jahre nach Rechtskraft des Urteils oder des Bußgeldes verstrichen sind.

(2) Ist gegen eine Person ein Straf- oder Bußgeldverfahren eingeleitet, so kann die Entscheidung darüber, ob ihr ein Fischereischein zu erteilen ist, bis zum Abschluß des Verfahrens ausgesetzt werden, wenn im Falle der Verurteilung oder Verhängung eines Bußgelds der Fischereischein versagt werden kann. Werden nach Erteilung des Fischereisch-

eins Gründe bekannt, die bereits vorher vorhanden waren oder später entstanden sind und die eine Versagung gerechtfertigt hätten, so kann die Behörde, die den Fischereischein erteilt hat, diesen für ungültig erklären und einziehen.

§ 29
Fischereiabgabe

(1) Wer die Fischerei ausüben will, hat pro Kalenderjahr eine Fischereiabgabe zu entrichten. Die Abgabe kann für bis zu vier Jahre im Voraus entrichtet werden.

(2) Von der Fischereiabgabe ist befreit, wer aufgrund des § 26 Abs. 2 keinen Fischereischein benötigt.

(3) Das Aufkommen aus der Fischereiabgabe steht dem Land zu.

(4) Die oberste Fischereibehörde verwendet die Mittel unter Abzug der Verwaltungskosten nach pflichtgemäßem Ermessen zur Förderung der Fischbestände, der Gewässer und der Fischerei. Es sind insbesondere zu fördern:
1. zeitlich begrenzte Besatzmaßnahmen von überörtlicher Bedeutung, speziell zur Wiedereinbürgerung verschollener oder stark gefährdeter Arten,
2. Maßnahmen zur Verbesserung der fischereilichen und ökologischen Verhältnisse in den Gewässern,
3. Maßnahmen zur Ermittlung der Fischbestände und ihrer Nahrungsgrundlagen, sofern sie von überörtlicher Bedeutung sind,
4. Schulung, Ausbildung und Fortbildung von Fischereiaufseherinnen oder Fischereiaufsehern, Gewässerwartinnen oder Gewässerwarten und Ausbilderinnen oder Ausbildern,
5. Aufwandsentschädigungen für ehrenamtliche Fischereiaufsichtspersonen (§ 43 Abs. 3),
6. Öffentlichkeitsarbeit für die Fischerei, sofern sie von überörtlicher Bedeutung ist.

(5) Vor der Verwendung der Mittel hat die oberste Fischereibehörde einen von ihr für diesen Zweck einberufenen Fischereiabgabeausschuss zu hören. Der Fischereiabgabeausschuss soll sich aus vier Vertreterinnen oder Vertretern der Verbände der Erwerbsfischerei, drei Vertreterinnen oder Vertretern der Verbände der Nichterwerbsfischerei, zwei Vertreterinnen oder Vertretern der Natur- und Umweltschutzverbände sowie einer Vertreterin oder eines Vertreters der oberen Naturschutzbehörde und der oberen Fischereibehörde zusammensetzen.

(6) Die Höhe der Fischereiabgabe, das Verfahren zur Erhebung der Fischereiabgabe und das Verfahren über den Nachweis über die Entrichtung der Abgabe regelt die oberste Fischereibehörde durch Verordnung[2]. Darin kann festgelegt werden, in welchem Umfang den Erhebungsstellen Teile der Abgabe zur Abgeltung ihres Verwaltungsaufwandes belassen werden.

Siebenter Teil
Schutz der Fischbestände

§ 30
Schutz der Fische, der Gewässer und der Fischerei

(1) Zur Durchführung dieses Gesetzes, insbesondere zum Schutz der Fische, der Fischbestände, ihrer Lebensgrundlagen und zur nachhaltigen Sicherung der Fischerei und der Aquakultur oder soweit es zur Durchführung von Rechtsakten des Rates und der Kommission der Europäischen Union, die die Ausübung der Fischerei im Hinblick auf den Schutz und die Nutzung der Fischbestände und der Erhaltung der biologischen Vielfalt in den Gewässern oder die Überwachung der Ausübung der Fischerei betreffen, erforderlich ist, kann die oberste Fischereibehörde durch Verordnung Bestimmungen treffen über:
1. die Schonzeiten der Fische, einschließlich der Verbote oder der Beschränkungen des Fischens während der Schonzeiten,
2. das Mindestmaß der Fische sowie die Behandlung untermaßiger oder während der Schonzeit gefangener Fische,
3. die Anlandung, die Beförderung, den Verkauf und die Verwertung untermaßiger oder während der Schonzeit gefangener Fische,
4. Verbote oder Beschränkungen des Aussetzens von Fischen, die den natürlichen Fischbestand des Gewässers beeinträchtigen oder gefährden können, oder von Maßnahmen, die zu einer Veränderung des Erbguts bei Fischen führen,
5. die Art, Beschaffenheit, Anzahl, Anwendung und zeitliche und örtliche Verwendung der Fischereigeräte,
6. den Schutz der Fischlaichplätze, des Fischlaichs, der Fischbrut, der Aufwuchsplätze und des Winterlagers der Fische,
7. den Schutz der Fischnährtiere,
8. das Einlassen zahmen Wassergeflügels in Gewässer,
9. Art und Zeit der Gewässerunterhaltung zum Schutz des Fischlaichs,
10. die aus Rücksichten auf den öffentlichen Verkehr und die Schiffahrt sowie zur Vermeidung gegenseitiger Störung beim Fischen und zur Erleichterung der Aufsichtsführung beim Fischfang zu beachtende Ordnung,
11. die Kennzeichnung und Registrierung der Fischereifahrzeuge und der in Gewässern ausliegenden Fanggeräte und Fischbehälter,
12. Aquakulturanlagen einschließlich der Registrierung aller beantragten Einführungen und Umsiedlungen nicht heimischer oder gebietsfremder Arten,
13. das Führen statistischer Aufzeichnungen über die erzielten Fänge, die Erzeugungsmengen und die vorgenommenen Besatzmaßnahmen einschließlich deren Anzeige an die obere Fischereibehörde und
14. die Registrierung von Fischereibetrieben und anderen Personen, die die Erstvermarktung von Aal durchführen.

(2) Bei Inkrafttreten dieses Gesetzes bestehende Rechte auf Benutzung ständiger Fischereivorrichtungen sowie auf Gebrauch eines anderen bestimmten Fangmittels werden durch Absatz 1 Nr. 5 nicht berührt, wenn die fischereiberechtigte Person nur hiermit die Fischerei ausüben darf.

(3) Während der Dauer der Schonzeiten müssen ständige Fischereivorrichtungen (§ 18 Abs. 4) in offenen Gewässern beseitigt sein. Soweit die Rücksicht auf die Erhaltung des Fischbestandes es gestattet, kann die obere Fischereibehörde Ausnahmen zulassen.

(4) Absatz 1 Nr. 1 und 2 gelten nicht für Fischeier, Fischbrut und Fische, die aus Anlagen zur Fischzucht oder Fischhaltung stammen.

(5) Zu wissenschaftlichen Zwecken kann die obere Fischereibehörde Ausnahmen von Absatz 1 zulassen.

(6) Vor Erlaß einer Verordnung nach Absatz 1 sollen die beruflichen und nichtberuflichen Fischereiverbände sowie die Naturschutzverbände beteiligt werden.

§ 31
Verbotene Fangmethoden

(1) Es ist verboten, beim Fischfang schädigende Mittel, insbesondere künstliches Licht, explodierende, betäubende und giftige Mittel sowie verletzende Geräte, mit Ausnahme von Angelhaken, anzuwenden. Langleinen bleiben der Erwerbsfischerei vorbehalten.

(2) Die obere Fischereibehörde kann für wissenschaftliche Zwecke Ausnahmen von den Bestimmungen des Absatzes 1 zulassen.

(3) Die Ausübung des Fischfangs unter Anwendung des elektrischen Stroms ist verboten. Die oberste Fischereibehörde kann Ausnahmen von diesem Verbot durch Verordnung zulassen.

---

[2] Landesverordnung zur Durchführung des Landesfischereigesetzes (LFischG-DVO) vom 1.6.2018 (GVOBl. Schl.-H. S. 354)

§ 32
Schutzvorrichtungen an technischen Anlagen

(1) Wer Anlagen zur Wasserentnahme, Wasserregulierung oder Turbinen errichtet oder betreibt, hat auf eigene Kosten geeignete, dem jeweiligen Stand der Technik entsprechende wirksame Vorrichtungen, die das Eindringen von Fischen verhindern, anzubringen, anzuwenden und zu unterhalten.

(2) Sind solche Vorrichtungen mit dem Vorhaben nicht vereinbar oder steht ihr Nutzen für die betroffenen Fischbestände in keinem angemessenen Verhältnis zum Aufwand oder wird durch getroffene Schutzmaßnahmen nur eine Teilpopulation effektiv geschützt, hat die Betreiberin oder der Betreiber an Stelle der Verpflichtung nach Absatz 1 jährlich einen angemessenen Beitrag für die Erhaltung des Fischbestandes oder für andere geeignete, insbesondere lebensraumverbessernde Maßnahmen, zu leisten. Der Beitrag ist unter Berücksichtigung des Ausmaßes der Schädigung des Fischbestandes nach Anhörung der Betroffenen von der oberen Fischereibehörde festzusetzen. Weitergehende Ansprüche auf Entschädigung oder Schadensersatz nach anderen Vorschriften bleiben unberührt.

§ 33
Ablassen von Gewässern

Wer zum Ablassen eines Gewässers berechtigt ist, hat der fischereiberechtigten oder der fischereiausübungsberechtigten Person den Beginn und die voraussichtliche Dauer des Ablassens mindestens zehn Tage vorher schriftlich mitzuteilen. Bei Gefahr im Verzug, insbesondere bei Hochwasser, Eisgang oder unvorhergesehenen Ausbesserungen eines Triebwerks kann sofort abgelassen werden. Die fischereiberechtigte oder fischereiausübungsberechtigte Person und die obere Fischereibehörde sind hiervon unverzüglich in Kenntnis zu setzen.

§ 34
Fischwege

(1) Wer Anlagen in einem Gewässer errichtet oder grundlegend erneuert, die den Wechsel der Fische verhindern oder erheblich beeinträchtigen, hat auf eigene Kosten Fischwege oder sonstige für den Wechsel der Fische geeignete Einrichtungen von ausreichender Größe und Wasserbeschickung anzulegen, zu betreiben und zu unterhalten.

(2) Die für die wasserrechtliche Entscheidung zuständige Behörde kann im Einvernehmen mit der oberen Fischereibehörde Ausnahmen von Absatz 1 zulassen, insbesondere wenn
1. die Anlage nur einen vorübergehenden Zweck hat und ihre anschließende unverzügliche Beseitigung gewährleistet ist oder
2. die für die Anlegung und Unterhaltung des Fischwegs entstehenden Kosten in keinem angemessenen Verhältnis zu den Vorteilen für die Fischerei stehen oder sonstige Nachteile entstehen, die schwerwiegender sind als die durch die Anlegung des Fischwegs für die Fischerei entstehenden Vorteile.

(3) Ist die Errichtung eines Fischwegs nicht möglich, wird durch getroffene Schutzmaßnahmen nur eine Teilpopulation effektiv geschützt oder ist eine Ausnahme nach Absatz 2 zugelassen, hat die Betreiberin oder der Betreiber an Stelle der Verpflichtung nach Absatz 1 jährlich einen angemessenen Beitrag für die Erhaltung des Fischbestandes durch Fischbesatz oder andere geeignete, insbesondere lebensraumverbessernde Maßnahmen, zu leisten. § 32 Abs. 2 Satz 2 und 3 gelten entsprechend.

(4) Die Eigentümerin oder der Eigentümer von Anlagen, die bei Inkrafttreten dieses Gesetzes bestehen, müssen die Anlegung, den Betrieb und die Unterhaltung eines Fischwegs gegen angemessene Entschädigung in Geld dulden, wenn dies zur Erhaltung eines angemessenen Fischbestandes erforderlich und mit der Anlage technisch vereinbar ist. Weitergehende Vorschriften bleiben unberührt.

(5) Die oberste Fischereibehörde kann die Anlegung, den Betrieb und die Unterhaltung von Fischwegen davon abhängig machen, inwieweit die hierdurch Begünstigten sich verpflichten, sich in angemessener Weise an den Bau- und Betriebskosten zu beteiligen.

(6) Die obere Fischereibehörde entscheidet aufgrund der fischereiökologischen Notwendigkeiten, in welchen Zeiten des Jahres die Fischweg offengehalten werden muß.

(7) In Fischwegen sowie 25 Meter ober- und unterhalb eines Fischweges ist jede Art des Fischfangs verboten. Satz 1 gilt nicht für naturnahe Fischwege, die die gesamte Gewässerbreite einnehmen. Die oberste Fischereibehörde kann durch Verordnung von Satz 1 und Satz 2 abweichende Regelungen treffen. Werden durch das Verbot Fischereirechte beeinträchtigt, so hat Entschädigung zu leisten, wer den Fischweg unterhält.

(8) Zur wissenschaftlichen Überprüfung der Funktionsfähigkeit des Fischwegs oder aus Gründen des Fischartenschutzes, insbesondere Laichfischfang kann die obere Fischereibehörde Ausnahmen von Absatz 7 zulassen.

§ 35
Schonbezirke

(1) Die oberste Fischereibehörde kann durch Verordnung zu Schonbezirken erklären:
1. Gewässerteile, die für den Bestand oder den Wechsel der Fische von besonderer Bedeutung sind (Fischschonbezirke),
2. Gewässer oder Gewässerteile, die besonders geeignete Laich- und Aufwuchsplätze für Fische sind (Laichschonbezirke).

Die beabsichtigte Einrichtung von Schonbezirken ist in den betreffenden Gemeinden für die Dauer von einem Monat öffentlich bekanntzumachen. Dabei ist darauf hinzuweisen, daß Einwendungen binnen eines Monats nach der Bekanntmachung schriftlich bei der oberen Fischereibehörde zu erheben sind. Verspätet eingehende Einwendungen müssen nicht berücksichtigt werden.

(2) In der Verordnung nach Absatz 1 können für festgesetzte Zeiten der Fischfang sowie Störungen, die die Fortpflanzung und den Bestand der Fische gefährden, insbesondere die Räumung, das Mähen, die Entnahme von Pflanzen, Schlamm, Erde, Sand, Kies und Steinen, das Fahren mit Booten mit Ausnahme der Benutzung von Fahrzeugen der Fischerei, der Wasser- und Eissport sowie der Gemeingebrauch am Gewässer beschränkt oder verboten werden. Dies gilt nicht für unaufschiebbare Maßnahmen zur Gewässerunterhaltung und zum Gewässerausbau. Die obere Fischereibehörde kann für wissenschaftliche Zwecke Ausnahmen von den Bestimmungen des Absatzes 1 zulassen.

(3) Kommt eine Regelung nach Absatz 2 einer Enteignung gleich, hat das Land dafür eine angemessene Entschädigung zu leisten. Liegt die Festsetzung eines Schonbezirkes ganz oder überwiegend im Interesse bestimmter fischereiberechtigter oder fischereiausübungsberechtigter Personen, so kann die Erklärung zum Schonbezirk davon abhängig gemacht werden, daß die Begünstigten sich dem Land gegenüber verpflichten, Entschädigungen nach Satz 1 ganz oder teilweise zu erstatten.

(4) Schonbezirke sind durch die obere Fischereibehörde zu kennzeichnen. Die Kennzeichnung ist ohne Entschädigung zu dulden.

(5) Beim Inkrafttreten dieses Gesetzes bestehende Schonbezirke bleiben aufrechterhalten.

§ 36
Mitführen von Fanggeräten

(1) Außerhalb der Grenzen des freien Fischfangs darf keine Person auf Wasserfahrzeugen gebrauchsfertige Fanggeräte mit sich führen oder sich mit unverpacktem Fanggerät außerhalb der zum allgemeinen Gebrauch bestimmten Wege an Fischgewässern aufhalten, es sei denn, daß sie in dem Gewässer fischereiberechtigt oder fischereiausübungsberechtigt ist oder sich auf dem Wege zwischen ihrem Wohnort und einem Gewässer befindet, in dem sie den Fischfang ausüben darf.

(2) Innerhalb der Grenzen des freien Fischfangs bleiben die Vorschriften der Europäischen Union und des Bundes über das Mitführen von Fanggeräten unberührt.

(3) Niemand darf auf Wasserfahrzeugen oder auf oder an Gewässern unerlaubte Fanggeräte mitführen.

§ 37
Anzeige von Fischsterben

(1) Die Fischereiberechtigten oder Fischereiausübungsberechtigten sind verpflichtet, Fischsterben unverzüglich der nach § 43 Abs. 1 zuständigen Fischereibehörde oder einer Polizeidienststelle anzuzeigen. Die Anzeigepflicht nach den tierseuchenrechtlichen Vorschriften bleibt unberührt.

(2) Die oberste Fischereibehörde kann durch Verordnung die Mitwirkungspflichten der Fischereiberechtigten oder der Fischereiausübungsberechtigten bei der Bekämpfung eines Fischsterbens regeln.

§ 38
Übertragbare Fischkrankheiten

(1) Es ist verboten,
1. Fische, die von einer übertragbaren Krankheit befallen oder krankheitsverdächtig sind, in Gewässer einzubringen,
2. Fische, die von einer übertragbaren Krankheit befallen oder krankheitsverdächtig sind, zur Zucht oder zum Besatz in den Verkehr zu bringen,
3. aus Teichen oder sonstigen zur Fischhaltung bestimmten Behältern, in denen eine übertragbare Fischkrankheit verbreitet ist oder Verdacht darauf besteht, Fische in andere Gewässer abschwimmen oder tote Fische in andere Gewässer abtreiben zu lassen.

(2) Die oberste Fischereibehörde bestimmt durch Verordnung, welche Fischkrankheiten übertragbare Krankheiten im Sinne dieses Gesetzes sind. Krankheitsverdächtig ist jeder Fisch, an dem sich Erscheinungen zeigen, die den Ausbruch einer übertragbaren Krankheit befürchten lassen. Außerdem ist krankheitsverdächtig jeder Fisch in einem Teich oder in einem sonstigen, zur Fischhaltung bestimmten Behälter, solange sich in diesen oder in anderen Teichen oder Behältern, die mit ihm eine ständige Wasserverbindung besitzen, erkrankte Fische befinden.

(3) Schutzmaßnahmen gegen übertragbare Fischkrankheiten richten sich nach den tierseuchenrechtlichen Vorschriften.

§ 39
Tierschutz

(1) Ordnungsgemäße Fischerei hat im Rahmen der tierschutzrechtlichen Vorschriften stattzufinden. Im Rahmen der ordnungsgemäßen Fischerei sind insbesondere verboten
1. das Wettfischen,
2. die Verwendung lebender Wirbeltiere als Köder,
3. das Fischen mit der Handangel, das von Vornherein nur auf das Zurücksetzen von gefangenen Fischen ausgerichtet ist sowie
4. das Aussetzen von Fischen in fangfähiger Größe zum Zwecke des alsbaldigen Wiederfangs mit der Handangel.

(2) Die Tötung von Fischen hat tierschutzgerecht nach Maßgabe der Verordnung zum Schutz von Tieren im Zusammenhang mit der Schlachtung oder Tötung (Tierschutz-Schlachtverordnung) vom 3. März 1997 (BGBl. I S. 405), zuletzt geändert durch Gesetz vom 13. April 2006 (BGBl. I S. 855), zu erfolgen, vorausgesetzt es erscheint ihnen mehr als unvermeidbare Schmerzen oder Leiden zuzufügen.

(3) Die oberste Fischereibehörde kann durch Verordnung die Ausübung der ordnungsgemäßen Fischerei regeln.

Achter Teil
Muschelfischerei

§ 40
Muschelfischerei

(1) Die Ausübung der Muschelfischerei und der Muschelzucht in den Küstengewässern bedarf der Erlaubnis des Landes Schleswig-Holstein. Zuständig für die Erteilung der Erlaubnis ist die oberste Fischereibehörde. Das Erlaubnisverfahren kann über eine einheitliche Stelle nach den Vorschriften des Landesverwaltungsgesetzes abgewickelt werden. Soweit der Nationalpark Schleswig-Holsteinisches Wattenmeer oder Naturschutzgebiete betroffen sind, wird die Erlaubnis im Einvernehmen mit der obersten Naturschutzbehörde erteilt. Die Erlaubnis soll insbesondere versagt werden, wenn die Belange der übrigen Fischerei, der Gemeingebrauch an den Küstengewässern, Belange des Insel- und Küstenschutzes oder des Naturschutzes erheblich beeinträchtigt werden. Für die Erlaubnis gilt § 111 a des Landesverwaltungsgesetzes.

(2) Die oberste Fischereibehörde kann durch Verordnung eine Beschränkung der Muschelfischerei hinsichtlich der Art und Größe der Fahrzeuge und der Art, Größe und Anzahl der Fanggeräte festlegen.

(3) Um eine nachhaltige Nutzung der Muschelvorkommen zu gewährleisten und um vor allem in Naturschutzgebieten und im Nationalpark Schleswig-Holsteinisches Wattenmeer eine möglichst naturschonende Muschelfischerei zu bewahren, soll die oberste Fischereibehörde ein Programm zur Bewirtschaftung der Muschelressourcen erstellen. Soweit der Nationalpark Schleswig-Holsteinisches Wattenmeer oder Naturschutzgebiete betroffen sind, wird das Programm im Einvernehmen mit der obersten Naturschutzbehörde erstellt. Die Umsetzung und Überwachung führt die obere Fischereibehörde durch.

(4) Um das Einschleppen von seuchenartigen Krankheiten und Muschelschädlingen zu verhindern, ist es verboten,
1. Muscheln, die aus Gebieten außerhalb der schleswig-holsteinischen Küstengewässer stammen, in schleswig-holsteinische Gewässer auszubringen,
2. Muschelfischereifahrzeuge in schleswig-holsteinischen Küstengewässern zu benutzen, die zuvor in anderen Gewässern zum Muschelfang oder zur Beförderung von Muscheln verwendet wurden.

Darüber hinaus gelten die §§ 37 und 38 entsprechend.

(5) Die obere Fischereibehörde kann in Fällen, in denen nachweisbar keine Gefahr der Einschleppung von seuchenartigen Krankheiten oder Muschelschädlingen besteht, Befreiungen von den Verboten nach Absatz 4 zulassen.

§ 41
Muschelkulturen

(1) Die oberste Fischereibehörde kann Teile der Küstengewässer zur Aussaat, Aufzucht, Ernte und Lagerung von Muscheln (Muschelkulturen) zu Muschelkulturbezirken erklären. Im Nationalpark Schleswig-Holsteinisches Wattenmeer und in Naturschutzgebieten ist hierfür das Einvernehmen der obersten Naturschutzbehörde erforderlich. § 40 Abs. 1 Satz 5 gilt entsprechend. In den Kernzonen des Nationalparks Schleswig-Holsteinisches Wattenmeer und auf seinen trockenfallenden Wattflächen dürfen keine Muschelkulturen angelegt werden. Die Erklärung zum Muschelkulturbezirk ist im Amtlichen Anzeiger, Beilage zum Amtsblatt für Schleswig-Holstein, bekanntzumachen.

(2) Die oberste Fischereibehörde kann natürlichen oder juristischen Personen genehmigen, Muschelkulturbezirke durch die Anlage von Muschelkulturen zu nutzen. Die Genehmigung kann mit Nebenbestimmungen insbesondere über Kontrollen, Meldepflichten, Nutzungsabgaben und Gebühren versehen werden. In die Genehmigung ist aufzunehmen, daß Entschädigungsansprüche gegen das Land Schleswig-Holstein ausgeschlossen sind, wenn die Kulturen insbesondere durch natürliche Ereignisse beeinträchtigt worden sind.

(3) Genehmigungen anderer Behörden bleiben durch die Vorschriften der Absätze 1 und 2 unberührt.

(4) Die Muschelwerbung innerhalb eines Muschelkulturbezirkes ist nur den Berechtigten und ihren Hilfspersonen gestattet. Dritten ist es verboten, innerhalb des Bezirkes den Fischfang auszuüben.

Neunter Teil
Fischereiverwaltung

§ 42
Fischereibehörden und Datenverarbeitung

(1) Das für die Fischerei zuständige Ministerium als oberste Fischereibehörde wird ermächtigt, die Zuständigkeit der obersten und der oberen Fischereibehörde durch Rechtsverordnung zu bestimmen.

(2) Personenbezogene Daten dürfen von der oberen Fischereibehörde, den örtlichen Ordnungsbehörden und den aufgrund von § 27 Abs. 2 beliehenen Fischereiverbänden zur Erfüllung ihrer Aufgaben, insbesondere zur Fischereiaufsicht, zur Erhebung der Fischereiabgabe, zur Ausgabe von Fischereischeinen, zur Erstellung der Fischereistatistiken und zu fischereiwissenschaftlichen Zwecken verarbeitet werden. Die Offenlegung personenbezogener Daten durch Übermittlung an andere öffentliche Stellen ist zulässig, soweit dies zur jeweiligen Aufgabenerfüllung erforderlich ist. Das Nähere darüber,

1. welche Arten von Daten verarbeitet werden,
2. an welche Einrichtungen und für welche Zwecke die personenbezogenen Daten durch Übermittlung offengelegt, verbreitet oder in anderer Form bereitgestellt werden dürfen,
3. wie lange die Daten gespeichert werden dürfen,
4. welcher Zweckbindung die Daten unterliegen und
5. welche Verarbeitungsvorgänge und -verfahren angewandt werden,

regelt das für Fischerei zuständige Ministerium durch Verordnung.

§ 43
Fischereiaufsicht

(1) Die Aufsicht über die Fischerei in den Küstengewässern führen die obere Fischereibehörde und die Wasserschutzpolizei Schleswig-Holstein durch, in den Binnengewässern die obere Fischereibehörde.

(2) Zur Durchführung der Fischereiaufsicht kann die obere Fischereibehörde zuverlässige, sachkundige und mit den Aufgaben der Fischereiaufsicht vertraute Personen zu ehrenamtlichen Fischereiaufseherinnen oder Fischereiaufsehern bestellen. Sie sind zur gewissenhaften Ausübung ihrer ehrenamtlichen Tätigkeit zu verpflichten. Sie unterliegen den Weisungen der oberen Fischereibehörde.

(3) Die Fischereiberechtigten oder die Fischereiausübungsberechtigten können zum Schutz ihrer Fischereirechte geeignete Personen (private Fischereiaufseherinnen oder Fischereiaufseher) bestellen, die auf Antrag amtlich bestätigt werden, wenn gegen ihre Eignung und Zuverlässigkeit keine Bedenken bestehen. Die privaten Fischereiaufseherinnen und Fischereiaufseher haben Anordnungen der Fischereiaufsichtspersonen zu befolgen.

§ 44
Befugnisse der Fischereiaufsicht

(1) Die Fischereiaufsichtsbeamtinnen oder Fischereiaufsichtsbeamten, die Fischereiaufsichtsassistentinnen oder Fischereiaufsichtsassistenten der oberen Fischereibehörde, die Polizeivollzugskräfte der Wasserschutzpolizei und die ehrenamtlichen Fischereiaufseherinnen oder Fischereiaufseher (Fischereiaufsichtspersonen) sind in Wahrnehmung der Aufgaben der Fischereiaufsicht befugt:

1. Wasserfahrzeuge, Grundstücke und Ufer zu betreten,
2. die Personalien festzustellen,
3. den Fischereischein, den Fischereierlaubnisschein sowie nach anderen Rechtsvorschriften notwendige Fischereidokumente zu prüfen,
4. die mitgeführten oder ausliegenden Fanggeräte, die Fische und Fanggeräte in Wasser- und Landfahrzeugen sowie die Fischbehälter zu überprüfen,
5. die Schiffsführung von Fischereifahrzeugen aufzufordern, einen bestimmten Hafen anzulaufen.

Die Schiffsführung eines Wasserfahrzeugs, von dem aus Fischfang betrieben wird, hat auf Anruf sofort ihr Fahrzeug anzuhalten, auf Verlangen die Fischereiaufsichtspersonen an Bord zu lassen und ihren Anordnungen Folge zu leisten. Die Weiterfahrt ist erst zulässig, wenn die Fischereiaufsichtsperson dies gestattet.

Für die privaten amtlich bestätigten Fischereiaufseherinnen und Fischereiaufseher gilt Absatz 1 Nr. 1, 3 und 4 entsprechend.

(2) Die obere Fischereibehörde kann im Einzelfall die Anordnungen treffen, die zur Beseitigung festgestellter oder zur Vermeidung künftiger Verstöße gegen dieses Gesetz oder aufgrund dieses Gesetzes erlassener Rechtsverordnungen notwendig sind.

(3) Die Fischereiaufsichtsperson hat bei dienstlichem Einschreiten auf Verlangen ihren Dienstausweis vorzuzeigen, es sei denn, dass ihr dies aus Sicherheitsgründen nicht zugemutet werden kann. Die Fischereiaufsichtspersonen sind darüber hinaus befugt, Personen,

1. die unberechtigt fischen,
2. die auf oder an Gewässern, in denen sie nicht zur Ausübung der Fischerei berechtigt sind, mit Fanggeräten angetroffen werden, oder
3. die eine sonstige Zuwiderhandlung gegen fischereiliche Vorschriften begehen,

die gefangenen Fische und die Fanggeräte abzunehmen.

(4) Weitere Befugnisse der Fischereiaufsichtspersonen kann die oberste Fischereibehörde durch Verordnung regeln.

(5) Für Maßnahmen, die nach diesem Gesetz getroffen werden können, werden das Recht auf Freiheit der Person (Art. 2 Abs. 2 Satz 2 des Grundgesetzes), das Recht der Unverletzlichkeit der Wohnung (Art. 13 des Grundgesetzes) und das Recht auf Eigentum (Art. 14 Abs. 1 des Grundgesetzes) eingeschränkt.

Zehnter Teil
Entschädigung

§ 45
Entschädigung

(1) Werden den Eigentümerinnen oder Eigentümern oder anderen Nutzungsberechtigten durch Maßnahmen aufgrund dieses Gesetzes und hierauf beruhender Verordnungen, behördlicher Maßnahmen oder Anordnungen Beschränkungen ihrer Nutzungsrechte oder Pflichten in einem Ausmaß auferlegt, die über die Sozialbindung der Eigentümerin oder des Eigentümers hinausgehen, haben sie Anspruch auf Entschädigung. Die Vermögensnachteile, die durch die Maßnahmen verursacht worden sind, müssen angemessen ausgeglichen werden.

(2) Zur Entschädigung ist die oder der Begünstigte verpflichtet.

(3) Die Entschädigung ist in Geld zu leisten. Sie kann auch in wiederkehrenden Leistungen bestehen.

(4) Über Entschädigungsansprüche nach diesem Gesetz entscheidet die obere Fischereibehörde.

Elfter Teil
Ordnungswidrigkeiten

§ 46
Ordnungswidrigkeiten

(1) Ordnungswidrig handelt, wer vorsätzlich oder fahrlässig

1. entgegen § 3 Abs. 1 der Hegepflicht nicht ordnungsgemäß nachkommt,
2. entgegen § 4 Abs. 3, 4 und 5 ein nicht zugelassenes Fanggerät benutzt,
3. entgegen § 13 Abs. 3 Besatzmaßnahmen durchführt,
4. entgegen § 14 Abs. 1 ohne Fischereierlaubnisschein den Fischfang ausübt oder entgegen Absatz 5 mit Fanggeräten oder Fahrzeugen fischt, die im Erlaubnisschein nicht eingetragen sind,

5. entgegen § 18 Abs. 1 und 2 den Wechsel der Fische verhindert,
6. entgegen § 26 den Fischfang ausübt, ohne den vorgeschriebenen gültigen Fischereischein bei sich zu führen oder diesen auf Verlangen einer zur Kontrolle berechtigten Person zur Einsichtnahme nicht aushändigt,
7. entgegen § 31 beim Fischen verbotene Mittel anwendet,
8. entgegen § 33 ein Gewässer ablässt,
9. entgegen § 34 Abs. 7 in Fischwegen oder oberhalb oder unterhalb auf den für den Fischfang verbotenen Strecken fischt,
10. entgegen § 36 an oder auf Gewässern Fischereigeräte gebrauchsfertig mitführt,
11. entgegen § 38 Fische, die von einer übertragbaren Krankheit befallen sind, in ein Gewässer einsetzt oder aus Teichen oder sonstigen zur Fischhaltung bestimmten Behältern abtreiben oder abschwimmen lässt,
12. entgegen den Verboten in § 39 die Fischerei ausübt,
13. entgegen § 41 Abs. 4 Muschelkulturen befischt,
14. entgegen § 44 einem Verlangen der Fischereiaufsichtspersonen nicht nachkommt oder
15. entgegen den auf Grund dieses Gesetzes erlassenen Verordnungen handelt, soweit sie für einen bestimmten Tatbestand auf diese Vorschrift verweisen,
16. einer unmittelbar geltenden Vorschrift in Rechtsakten der Europäischen Union zuwiderhandelt, die zur Ausübung der Fischerei und der Fischerzeugung im Sinne des § 1 im Hinblick auf
    a) den Schutz der Fischbestände, die Erhaltung der aquatischen Arten und Lebensräume oder
    b) die Überwachung

    erlassen worden sind, soweit eine Rechtsverordnung nach Absatz 2 für einen bestimmten Tatbestand auf diese Bußgeldvorschrift verweist.

(2) Die oberste Fischereibehörde wird ermächtigt, durch Verordnung die Tatbestände zu bezeichnen, die als Ordnungswidrigkeit nach Absatz 1 Nummer 16 geahndet werden können.

(3) Ist eine Ordnungswidrigkeit nach diesem Gesetz oder nach einer Verordnung, die aufgrund dieses Gesetzes erlassen wurde, begangen worden, können

1. Gegenstände, auf die sich die Ordnungswidrigkeit bezieht, und
2. Gegenstände, die zu ihrer Begehung oder Vorbereitung gebraucht wurden oder bestimmt gewesen sind,

eingezogen werden. § 23 des Gesetzes über Ordnungswidrigkeiten ist anzuwenden.

(4) Ordnungswidrigkeiten können mit einer Geldbuße bis zu 25.000,– Euro geahndet werden.

(5) Verwaltungsbehörde im Sinne des § 36 Abs. 1 Nr. 1 des Gesetzes über Ordnungswidrigkeiten ist die obere Fischereibehörde.

§§ 47, 48
aufgehoben

§ 49
Inkrafttreten

Dieses Gesetz tritt am Tage nach seiner Verkündung in Kraft.

Anlage:
(zu § 1 Abs. 2)

Grenzen der Küstengewässer in Flußläufen

Bezeichnung des Gewässers	Ausgangspunkt des Küstengewässers
Eider	flussabwärts der Schleuse Nordfeld
Stör	flussabwärts der Straßenbrücke im Zuge der B 77 in Itzehoe
Krückau	flussabwärts der ehemaligen Wassermühle Piening am Mühledamm in Elmshorn
Pinnau	flussabwärts der Straßenbrücke im Zuge der B 431 in Uetersen
Trave	Verbindungslinie der Köpfe der Süderinnenmole und Norderaußenmole
Elbe	Landesgrenze zwischen Schleswig-Holstein und Hamburg bei Wedel

Landesverordnung
über die zuständigen Behörden nach immissionsschutzrechtlichen sowie sonstigen technischen und medienübergreifenden Vorschriften des Umweltschutzes (ImSchV-ZustVO)
vom 20. Oktober 2008
– GVOBl. Schl.-H. S. 540 –

Zuletzt geändert durch LVO vom 16. Januar 2020 (GVOBl. Schl.-H. S. 33)

§ 1
Besondere Zuständigkeiten

(1) Das Ministerium für Energiewende, Landwirtschaft, Umwelt, Natur und Digitalisierung ist zuständig für

1. die Bekanntgabe von Sachverständigen nach § 29 b Absatz 1 Bundes-Immissionsschutzgesetz (BImSchG) in der Fassung der Bekanntmachung vom 17. Mai 2013 (BGBl. I S. 1274), zuletzt geändert durch Artikel 55 des Gesetzes vom 29. März 2017 (BGBl. I S. 626),
2. die Erteilung des Einvernehmens für Ausnahmen von Verboten oder Beschränkungen des Kraftfahrzeugverkehrs nach § 40 Absatz 1 BImSchG,
3. den Erlass von Rechtsverordnungen nach § 44 Absatz 2 und § 47 Absatz 7 BImSchG,
4. die Aufstellung eines nach § 47 Absatz 1 und Absatz 3 BImSchG in Verbindung mit § 27 der Verordnung über Luftqualitätsstandards und Emissionshöchstmengen (39. BImSchV) vom 2. August 2010 (BGBl. I S. 1065) erforderlichen Luftreinhalteplans,
5. die Aufstellung eines nach § 47 Absatz 2 BImSchG in Verbindung mit § 28 der 39. BImSchV erforderlichen Plans für kurzfristige Maßnahmen,
6. die Aufstellung, Überprüfung und Aktualisierung von Überwachungsplänen nach § 52 Absatz 1 b und § 52 a Absatz 1 BImSchG,
7. die Entgegennahme und Weiterleitung von Mitteilungen und Informationen nach § 19 Absatz 4 und 5 der Störfallverordnung (12. BImSchV) in der Fassung der Bekanntmachung vom 15. März 2017 (BGBl. I S. 483), geändert durch Artikel 58 des Gesetzes vom 29. März 2017 (BGBl. I S. 626),
8. die Inanspruchnahme einer Fristverlängerung oder Ausnahme nach § 21 Absatz 2 der 39. BImSchV,
9. das Ergreifen von Maßnahmen bei grenzüberschreitender Luftverschmutzung nach § 29 der 39. BImSchV,
10. die Aufgaben der zuständigen Behörde zur Weiterleitung im Sinne der 39. BImSchV,
11. die Anerkennung von Vereinigungen nach § 3 Absatz 3 Umwelt-Rechtsbehelfsgesetz in der Fassung der Bekanntmachung vom 8. April 2013 (BGBl. I S. 753), zuletzt geändert durch Artikel 3 des Gesetzes vom 30. November 2016 (BGBl. I S. 2749),

(1 a) Das Ministerium für Energiewende, Landwirtschaft, Umwelt, Natur und Digitalisierung – Amt für Planfeststellung Energie – ist zuständig für den Vollzug

1. der §§ 20 bis 23 des Gesetzes über die Umweltverträglichkeitsprüfung (UVPG) in der Fassung der Bekanntmachung vom 24. Februar 2010 (BGBl. I S. 94), zuletzt geändert durch Artikel 2 des Gesetzes vom 30. November 2016 (BGBl. I S. 2749), hinsichtlich der Vorhaben nach den Nummern 19.4 bis 19.7 der Anlage 1 des UVPG,
2. der §§ 4, 5, 7, 8, 8 a und 11 der Rohrfernleitungsverordnung vom 27. September 2002 (BGBl. I S. 3777, ber. S. 3809), zuletzt geändert durch Artikel 99 des Gesetzes vom 29. März 2017 (BGBl. I S. 626), hinsichtlich der Vorhaben nach den Nummern 19.4 bis 19.7 der Anlage 1 des UVPG,
3. der §§ 4, 4 a, 5, 7, 8, 8 a und 11 der Rohrfernleitungsverordnung hinsichtlich der Vorhaben nach § 2 Absatz 2 Satz 1 Nummer 2 Rohrfernleitungsverordnung.

(2) Das Landesamt für Landwirtschaft, Umwelt und ländliche Räume ist zuständig für

1. die Bekanntgabe von Stellen nach § 26 BImSchG und § 13 Absatz 3 der Verordnung über kleine und mittlere Feuerungsanlagen (1. BImSchV) vom 26. Januar 2010 (BGBl. I S. 38), zuletzt geändert durch Artikel 16 Absatz 4 des Gesetzes vom 10. März 2017 (BGBl. I S. 420),
2. die Beteiligung nach § 40 Absatz 2 BImSchG,
3. die Durchführung regelmäßiger Untersuchungen zur Überwachung der Luftqualität nach § 44 Absatz 1 BImSchG,
4. die Aufstellung eines Emissionskatasters nach § 46 Absatz 1 BImSchG,
5. die Bekanntgabe von Überschreitungen festgelegter Informations- oder Alarmschwellen nach § 46 a Satz 2 BImSchG,
6. die Mitteilungen nach § 47 c Absatz 5 und 6 sowie nach § 47 d Absatz 7 BImSchG,
7. die Aufstellung, Überprüfung und Aktualisierung von Überwachungsprogrammen nach § 52 Absatz 1 b und § 52 a Absatz 2 BImSchG, soweit nicht das Landesamt für Bergbau, Energie und Geologie nach Absatz 3 zuständig ist,
8. die Entgegennahme und Weiterleitung von Mitteilungen und Informationen nach § 61 BImSchG,
9. die Probenahme und Überprüfung von Kraftstoffen und Heizölen nach § 52 BImSchG in Verbindung mit der Verordnung über die Beschaffenheit und die Auszeichnung der Qualitäten von Kraft- und Brennstoffen (10. BImSchV) vom 8. Dezember 2010 (BGBl. I S. 1849), zuletzt geändert durch Artikel 1 der Verordnung vom 1. Dezember 2014 (BGBl. I S. 1890),
10. die Einrichtung eines Überwachungssystems nach § 16 Absatz 1 sowie die Erstellung und Durchführung eines Überwachungsprogramms nach § 16 Absatz 2 Störfall-Verordnung (12. BImSchV), soweit nicht das Landesamt für Bergbau, Energie und Geologie nach Absatz 3 zuständig ist,
11. die Festlegung von Vereinfachungen nach § 3 Abs. 2 Satz 1 der Verordnung über Emissionserklärungen (11. BImSchV) in der Fassung der Bekanntmachung vom 5. März 2007 (BGBl. I S. 289), zuletzt geändert durch Artikel 2 der Verordnung vom 9. Januar 2017 (BGBl. I S. 42),
12. die Marktüberwachung nach § 10 Absatz 1 Nummer 2 der Verordnung über Emissionsgrenzwerte für Verbrennungsmotoren (28. BImSchV) vom 20. April 2004 (BGBl. I S. 614, 1423), zuletzt geändert durch Verordnung vom 31. August 2015 (BGBl. I S. 1474),
13. die Durchführung der Aufgaben der 39. BImSchV, außer den Bemühungen nach § 26 der 39. BImSchV und soweit Absatz 1 nichts anderes bestimmt,
14. die Durchführung der Aufgaben der Verordnung über Verdunstungskühlanlagen, Kühltürme und Nassabscheider (42. BImSchV) vom 12. Juli 2017 (BGBl. I S. 2379), soweit nicht das Landesamt für Bergbau, Energie und Geologie nach Absatz 3 zuständig ist,
15. Durchführung der Aufgaben der Verordnung über mittelgroße Feuerungs-, Gasturbinen- und Verbrennungsmotoranlagen (44. BImSchV) vom 13. Juni 2019

(BGBl. I S. 804), soweit nicht das Landesamt für Bergbau, Energie und Geologie nach Absatz 3 zuständig ist,

16. die Erteilung von Bescheinigungen nach § 27 Abs. 5 und § 66 Abs. 1 Nr. 4 a Erneuerbare-Energien-Gesetz vom 25. Oktober 2008 (BGBl. I S. 2074), zuletzt geändert durch Artikel 5 des Gesetzes vom 20. Dezember 2012 (BGBl. I S. 2730), aufgehoben durch Artikel 23 Satz 2 des Gesetzes vom 21. Juli 2014 (BGBl. I S. 1066), in Verbindung mit § 66 Absatz 1 des Erneuerbaren-Energien-Gesetzes in der am 1. Januar 2012 geltenden Fassung und § 100 Absatz 2 Satz 1 Nummer 10 Buchstabe c des Erneuerbare-Energien-Gesetzes vom 21. Juli 2014 (BGBl. I S. 1066), zuletzt geändert durch Gesetz vom 22. Dezember 2016 (BGBl. I S. 3106),

17. die Überwachung der Einhaltung der immissionsschutzrechtlichen Anforderungen nach § 4 Abs. 1 Landes-Immissionsschutzgesetz vom 6. Januar 2009 (GVOBl. Schl.-H. S. 2), geändert durch Gesetz vom 13. Oktober 2011 (GVOBl. Schl.-H. S. 280), Zuständigkeiten und Ressortbezeichnungen ersetzt durch Artikel 67 der Verordnung vom 4. April 2013 (GVOBl. Schl.-H. S. 143), beschriebenen Anwendungsbereich,

18. die Überwachung nach § 5 Absatz 1 und 3 des Benzinbleigesetzes vom 5. August 1971 (BGBl. I S. 1234), zuletzt geändert durch Artikel 73 der Verordnung vom 31. August 2015 (BGBl. I S. 1474), soweit nicht das Landesamt für Bergbau, Energie und Geologie nach Absatz 3 zuständig ist,

19. die Erteilung einer gesonderten Genehmigung nach § 4 Absatz 4 Satz 2 Treibhausgas-Emissionshandelsgesetz vom 21. Juli 2011 (BGBl. I S. 1475), zuletzt geändert durch Artikel 4 des Gesetzes vom 18. Juli 2016 (BGBl. I S. 1666), soweit nicht das Landesamt für Bergbau, Energie und Geologie nach Absatz 3 zuständig ist.

(3) Das Landesamt für Bergbau, Energie und Geologie ist zuständig, soweit die Anlagen der Bergaufsicht unterstehen und soweit sich nicht eine besondere Zuständigkeit aus Absatz 1, 1a oder 2 ergibt.

§ 2
Genehmigungen und Anzeigen

Zuständige Behörden für Genehmigungen nach § 4 Absatz 1 und den §§ 8, 16, 16a und 23b, Zulassungen des vorzeitigen Beginns nach § 8a und für Anzeigen nach § 15 und 23a und Vorbescheide nach § 9 BImSchG sind

1. für Anlagen von Betrieben, die der Bergaufsicht unterstehen, das Landesamt für Bergbau, Energie und Geologie,
2. für Anzeigen nach § 15
   a) für nicht gewerbliche Anlagen die Bürgermeisterinnen und Bürgermeister der amtsfreien Gemeinden und die Amtsvorsteherinnen und Amtsvorsteher als örtliche Ordnungsbehörden und
   b) für Anzeigen im Zusammenhang mit Rechtsverordnungen nach § 38 Absatz 2 und § 39 die Landrätinnen und Landräte und die Bürgermeisterinnen und Bürgermeister der kreisfreien Städte als Kreisordnungsbehörden,
3. im Übrigen das Landesamt für Landwirtschaft, Umwelt und ländliche Räume.

§ 3
Überwachung

Soweit in § 1 dieser Verordnung oder durch eine andere Rechtsvorschrift nichts Anderes bestimmt ist, sind zuständige Behörden nach § 52 BImSchG

1. das Landesamt für Landwirtschaft, Umwelt und ländliche Räume für
   a) gewerbliche Anlagen,
   b) Anlagen des Bundes, des Landes, der Kreise, der Ämter und Gemeinden,
   c) Betriebsbereiche, die unter den Anwendungsbereich der 12. BImSchV fallen,
   d) Anlagen, die im Rahmen wirtschaftlicher Unternehmungen Verwendung finden, ausgenommen sind Gaststätten, auf Messen, Ausstellungen, Märkten, Sportfesten, sportlichen und kulturellen Veranstaltungen, Jahrmärkten, Volksfesten und bei Musikdarbietungen betriebene Anlagen sowie nicht genehmigungsbedürftige Anlagen der Land- und Forstwirtschaft,
2. das Landesamt für Bergbau, Energie und Geologie für Anlagen, die der Bergaufsicht unterstehen,
3. die Landrätinnen und Landräte und die Bürgermeisterinnen und Bürgermeister der kreisfreien Städte als Kreisordnungsbehörden für die Einhaltung der Rechtsverordnungen nach § 38 Absatz 2 und § 39 BImSchG ergebenden Anforderungen und
4. die Bürgermeisterinnen und Bürgermeister der amtsfreien Gemeinden und die Amtsvorsteherinnen und Amtsvorsteher als örtliche Ordnungsbehörden in allen anderen Fällen.

§ 4
Vollzug und Anordnungen

Die in § 3 genannten Behörden sind in den dort genannten Bereichen, soweit nichts anderes bestimmt ist, auch zuständig für

1. Anordnungen nach §§ 17, 20, 24, 25 und 25a BImSchG,
2. den weiteren Vollzug des Bundes-Immissionsschutzgesetzes und der darauf erlassenen Verordnungen.

§ 5
Festsetzung einer Entschädigung

Zuständige Behörde für die Festsetzung der nach § 42 Absatz 3 BImSchG zu beantragenden Entschädigung ist der Landesbetrieb Straßenbau und Verkehr Schleswig-Holstein.

§ 6
Übertragung der Ermächtigung zum Erlass von Verordnungen

(1) Die Ermächtigung zum Erlass von Verordnungen nach § 23 Absatz 2 BImSchG wird auf das Ministerium für Energiewende, Landwirtschaft, Umwelt, Natur und Digitalisierung übertragen. Das Ministerium für Energiewende, Landwirtschaft, Umwelt, Natur und Digitalisierung erlässt die erforderlichen Verordnungen im Einvernehmen mit dem Ministerium für Wirtschaft, Verkehr, Arbeit, Technologie und Tourismus.

(2) Die Befugnis zur Änderung der Landesverordnung über die zuständigen Behörden nach immissionsschutzrechtlichen sowie sonstigen technischen und medienübergreifenden Vorschriften des Umweltschutzes wird auf das Ministerium für Energiewende, Landwirtschaft, Umwelt, Natur und Digitalisierung übertragen.

Gesetz
zum Schutz vor Luftverunreinigungen, Geräuschen und ähnlichen Umwelteinwirkungen
(Landes-Immissionsschutzgesetz – LImSchG)
vom 6. Januar 2009
– GVOBl. Schl.-H. S. 2 –

Zuletzt geändert durch Gesetz vom 29. November 2018 (GVOBl. Schl.-H. S. 770)

Der Landtag hat das folgende Gesetz beschlossen:

§ 1
Zweck und Geltungsbereich

Dieses Gesetz dient der Vorbeugung und dem Schutz vor schädlichen Umwelteinwirkungen, die durch die Errichtung und den Betrieb von Anlagen sowie durch das Verhalten Einzelner hervorgerufen werden können.

§ 2
Begriffsbestimmungen

Die Begriffe der schädlichen Umwelteinwirkungen, der Immissionen, der Emissionen, der Luftverunreinigungen, der Anlagen, des Betriebsbereiches und des Standes der Technik werden in dem Gesetz im Sinne des § 3 des Bundes- Immissionsschutzgesetzes verwandt. Anlagen im Sinne dieses Gesetzes sind auch Kraftfahrzeuge und ihre Anhänger, Schienen-, Luft-, und Wasserfahrzeuge, soweit sie nicht zum Personen- oder Güterverkehr auf öffentlichen Verkehrswegen oder im Luftraum eingesetzt werden.

§ 3
Ortsrechtliche Vorschriften

(1) Zum Schutz vor schädlichen Einwirkungen durch Luftverunreinigungen, Geräusche oder sons- tige Emissionen können Gemeinden unter Beachtung der Ziele und Erfordernisse der Raumordnung und Landesplanung durch Verordnung vorschreiben, dass

1. bestimmte Geräte oder Maschinen nach den Maßgaben des § 8 der Geräte- und Maschinenlärmschutzverordnung vom 29. August 2002 (BGBl. I S. 3478), zuletzt geändert durch Artikel 6 Abs. 5 der Verordnung vom 6. März 2007 (BGBl. I S. 261), nicht oder nur eingeschränkt betrieben werden dürfen, es sei denn, der Betrieb erfolgt in Erfüllung gesetzlicher Aufgaben oder Pflichten oder im Rahmen einer landwirtschaftlichen Tätigkeit,
2. das Entfachen von offenen Feuern örtlich und zeitlich begrenzt ist,
3. der Betrieb von akustischen Einrichtungen und Geräten zur Fernhaltung von Tieren von empfindlichen landwirtschaftlichen Anbaugebieten, durch den die Nachbarschaft und die Allgemeinheit erheblich belästigt werden kann, untersagt ist, soweit die Fernhaltung mit anderen verhältnismäßigen Mitteln erreicht werden kann,
4. sonstige näher zu bestimmende Tätigkeiten nicht oder nur eingeschränkt ausgeübt werden dürfen.

(2) Soweit erforderlich kann in einer Verordnung nach Absatz 1 eine Anzeigepflicht einschließlich der Festlegung von Art und Umfang der Anzeige vorgesehen werden.

§ 4
Schutz vor sonstigen Gefahren

(1) Für Anlagen in Betriebsbereichen oder Teilen von Betriebsbereichen im Sinne von § 3 Abs. 5 a Bundes-Immissionsschutzgesetz, die nicht gewerblichen Zwecken dienen und die nicht im Rahmen wirtschaftlicher Unternehmungen Verwendung finden, gelten § 1 Abs. 1 und 2, § 2 sowie der Zweite und Vierte Teil der Störfall-Verordnung in der Fassung der Bekanntmachung vom 8. Juni 2005 (BGBl. I S. 1598) entsprechend.

(2) Das Ministerium für Energiewende, Landwirtschaft, Umwelt, Natur und Digitalisierung bestimmt die für die Überwachung der Einhaltung der immissionsschutzrechtlichen Anforderungen zuständige Behörde durch Verordnung.

§ 5
Ordnungswidrigkeiten

Ordnungswidrig handelt, wer vorsätzlich oder fahrlässig einer aufgrund § 3 erlassenen ortsrechtlichen Verordnung zuwider handelt, soweit die Verordnung für einen bestimmten Tatbestand auf diese Vorschrift verweist. Ordnungswidrigkeiten können mit einer Geldbuße geahndet werden.

§ 6
Inkrafttreten

Dieses Gesetz tritt am Tage nach der Verkündung in Kraft. Gleichzeitig tritt das Seveso-II-Umsetzungsgesetz vom 7. November 2000 (GVOBl. Schl.-H. S. 582) außer Kraft.

Gesetz
zur Ausführung und Ergänzung des Bundes-Bodenschutzgesetzes
(Landesbodenschutz- und Altlastengesetz – LBodSchG)
vom 14. März 2002
– GVOBl. Schl.-H. S. 60 –

Zuletzt geändert durch Gesetz vom 13. November 2019 (GVOBl. Schl.-H. S. 425)

Inhaltsübersicht

Abschnitt I
Allgemeine Vorschriften

- § 1 Ziele des Bodenschutzes
- § 2 Mitteilungs- und Auskunftspflichten, Betretungs- und Untersuchungsrechte
- § 3 Pflichten der Behörden
- § 4 Behördliche Anordnungen

Abschnitt II
Boden- und Altlasteninformationen

- § 5 Kataster und Informationssysteme
- § 6 Datenübermittlung an Dritte, Zugang zu Daten
- § 7 (gestrichen)
- § 8 (gestrichen)

Abschnitt III
Ergänzende Regelungen

- § 9 Sanierung schädlicher Bodenveränderungen
- § 10 Ausgleich für Nutzungsbeschränkungen
- § 11 Sachverständige und Untersuchungsstellen

Abschnitt IV
Behörden, Zuständigkeiten

- § 12 Sachliche Zuständigkeit
- § 13 Bodenschutzbehörden
- § 14 (gestrichen)

Abschnitt V
Schlussbestimmungen

- § 15 Ordnungswidrigkeiten
- § 16 (gestrichen)
- § 17 In-Kraft-Treten

Abschnitt I
Allgemeine Vorschriften

§ 1
Ziele des Bodenschutzes

Die Funktionen des Bodens sind auf der Grundlage des Bundes-Bodenschutzgesetzes (BBodSchG), dieses Gesetzes sowie der aufgrund dieser Gesetze erlassenen Verordnungen nachhaltig zu schützen, zu bewahren und wiederherzustellen. Beeinträchtigungen der natürlichen Funktionen des Bodens und seiner Funktion als Archiv der Natur- und Kulturgeschichte sollen im Rahmen der Gesetze soweit wie möglich vermieden und die Inanspruchnahme von Flächen auf das notwendige Maß beschränkt werden.

§ 2
Mitteilungs- und Auskunftspflichten, Betretungs- und Untersuchungsrechte

(1) Die in § 4 Abs. 3, 5 und 6 Bundes-Bodenschutzgesetz (BBodSchG) Genannten und die Behörden sind verpflichtet, konkrete Anhaltspunkte nach § 3 Bundes-Bodenschutz- und Altlastenverordnung vom 12. Juli 1999 (BGBl. I S. 1554) für das Vorliegen einer schädlichen Bodenveränderung oder Altlast auf einem Grundstück unverzüglich der zuständigen Bodenschutzbehörde mitzuteilen. Sie haben der zuständigen Bodenschutzbehörde und deren Beauftragten alle Auskünfte zu erteilen und die Unterlagen vorzulegen, die diese zur Erfüllung der Aufgaben nach dem Bundes-Bodenschutzgesetz oder diesem Gesetz benötigen. Die Verpflichtungen nach Satz 1 und 2 bestehen nicht, soweit die Verpflichteten durch die Mitteilung oder Auskunft sich selbst oder einen der in § 383 Abs. 1 Nr. 1 bis 3 der Zivilprozessordnung bezeichneten Angehörigen der Gefahr strafrechtlicher Verfolgung oder eines Verfahrens nach dem Gesetz über Ordnungswidrigkeiten aussetzen würden.

(2) Die Grundstückseigentümerin oder der Grundstückseigentümer und die Inhaberin oder der Inhaber der tatsächlichen Gewalt sind verpflichtet, der Bodenschutzbehörde und deren Beauftragten zur Wahrnehmung ihrer Aufgaben nach dem Bundes-Bodenschutzgesetz und nach diesem Gesetz den Zutritt zu Grundstücken und die Vornahme von Ermittlungen, insbesondere die Entnahme von Boden-, Wasser-, Bodenluft- und Aufwuchsproben, zu gestatten und die Einrichtung von Messstellen zu dulden. Die Maßnahmen nach Satz 1 sollen den Duldungspflichtigen vorher bekannt gegeben werden; ihnen ist die Anwesenheit bei der Durchführung der Maßnahmen nach Satz 1 zu gestatten. Hinsichtlich der Unterrichtung nach Satz 1 Verpflichteten über Maßnahmen für Zwecke des Bodeninformationssystems nach § 5 Abs. 2 Nr. 1 gilt § 9 Abs. 1 Satz 4 BBodSchG entsprechend. Zur Abwehr von gegenwärtigen erheblichen Gefahren für die öffentliche Sicherheit ist den zuständigen Bodenschutzbehörden auch der Zutritt zu Wohn-, Geschäfts- und Betriebsräumen und die Vornahme von Ermittlungen in diesen Räumen zu gewähren. Die §§ 208 und 209 Landesverwaltungsgesetz gelten entsprechend. Das Grundrecht der Unverletzlichkeit der Wohnung (Artikel 13 des Grundgesetzes) wird insoweit eingeschränkt.

(3) Soweit Ermittlungen nach Absatz 2 dem Bodeninformationssystem nach § 5 Abs. 2 Nr. 1 dienen, sind den nach Absatz 2 Verpflichteten die durch die Ermittlungen entstandenen Schäden zu ersetzen. Im Übrigen finden die Regelungen der §§ 221 bis 226 des Landesverwaltungsgesetzes entsprechende Anwendung.

§ 3
Pflichten der Behörden

Die Behörden sind verpflichtet, den Bodenschutzbehörden die zur Wahrnehmung ihrer Aufgaben benötigten Akten, Daten, Tatsachen und Erkenntnisse, einschließlich personen- und betriebsbezogener Daten, auf Anforderung zu übermitteln.

§ 4
Behördliche Anordnungen

Zur Erfüllung der Pflichten, die sich aus diesem Gesetz und den aufgrund dieses Gesetzes erlassenen Verordnungen ergeben, können die Bodenschutzbehörden die erforderlichen Anordnungen treffen. Die Kosten der nach Satz 1 angeordneten Maßnahmen tragen die zur Durchführung Verpflichteten. § 24 BBodSchG gilt entsprechend.

Abschnitt II
Boden- und Altlasteninformationen

§ 5
Kataster und Informationssysteme

(1) Die zuständige Bodenschutzbehörde erfasst altlastverdächtige Flächen und Altlasten sowie Verdachtsflächen und Flächen mit schädlichen Bodenveränderungen in einem laufend fortzuschreibenden Boden- und Altlastenkataster. Dabei sind die für die Erforschung und Abwehr von Gefahren und die für die Feststellung der Ordnungspflichtigen benötigten Daten, Tatsachen und Erkenntnisse zu sammeln, aufzubereiten und zu bewerten. Dazu gehören insbesondere

1. Lage, Größe und Zustand der in Satz 1 genannten Flächen,
2. frühere, bestehende und geplante Nutzungen auf den Flächen und im Einwirkungsbereich,

3. Art, Menge und Beschaffenheit von Abfällen und Stoffen, die abgelagert worden sein können oder mit denen umgegangen worden sein kann,
4. Boden- und Grundwasserverhältnisse sowie Umwelteinwirkungen auf den Flächen und deren Einwirkungsbereich sowie
5. die Pflichtigen nach § 4 Abs. 3, 5 und 6 BBodSchG.

Außerdem sind in das Boden- und Altlastenkataster die bei der Untersuchung, Beurteilung und Sanierung der Flächen und bei der Durchführung sonstiger Maßnahmen oder bei der Überwachung ermittelten Daten aufzunehmen.

(2) Die zuständige Bodenschutzbehörde erfasst und bewertet
1. in einem Bodeninformationssystem landesweit raumbezogene Daten über
   a) Bodenaufbau und -verbreitung, insbesondere unter Nutzung der Daten aus der geowissenschaftlichen Kartierung,
   b) Bodenzustand und -beschaffenheit, insbesondere aus Bodenzustandsuntersuchungen sowie
   c) Bodenentwicklung und -veränderung, insbesondere von Dauerbeobachtungsflächen und
2. in einem Altlasteninformationssystem die von den zuständigen Bodenschutzbehörden regelmäßig zu übermittelnden Kataster nach Absatz 1.

(3) Für die Daten nach Absatz 1 und 2 besteht eine zeitlich unbeschränkte Aufbewahrungspflicht. Personenbezogene Daten, deren Aufbewahrung für die Aufgabenerfüllung nicht mehr erforderlich ist, sind unverzüglich zu löschen. Daten über altlastverdächtige Flächen und Altlasten, die nach der Bewertung durch die zuständige Bodenschutzbehörde die Voraussetzungen des § 2 Abs. 5 und 6 BBodSchG nicht oder nicht mehr erfüllen, sowie Daten über Verdachtsflächen und Flächen mit schädlichen Bodenveränderungen, die nach der Bewertung durch die zuständige Bodenschutzbehörde die Voraussetzungen des § 2 Abs. 3 und 4 BBodSchG nicht oder nicht mehr erfüllen, sollen mit besonderer Kennzeichnung archiviert werden, soweit dies für die Aufgabenwahrnehmung der Bodenschutzbehörden und der in § 6 genannten Behörden erforderlich ist. Daten über Flächen, die den zuständigen Bodenschutzbehörden in sonstiger Weise im Zuge der Altlastenbearbeitung nach dem BBodSchG und diesem Gesetz bekannt werden, können mit besonderer Kennzeichnung archiviert werden, soweit dies für die Aufgabenwahrnehmung der Bodenschutzbehörden und der Datenübermittlung gemäß § 6 erforderlich ist. Nach Satz 3 und 4 archivierte Daten, die für die Aufgabenerfüllung nicht mehr erforderlich sind, sind unverzüglich zu löschen.

§ 6
Datenübermittlung an Dritte, Zugang zu Daten

(1) Die im Boden- und Altlastenkataster (§ 5 Abs. 1) oder im Boden- und Altlasteninformationssystem (§ 5 Abs. 2) enthaltenen Daten können an Behörden, die Aufgaben nach dem Bundes-Bodenschutzgesetz oder diesem Gesetz wahrnehmen, regelmäßig, auch durch Einrichtung eines automatisierten Verfahrens, das einen Abruf ermöglicht, übermittelt werden.

(2) Die Daten können außerdem auf Ersuchen an andere Behörden und an Unternehmen, die die öffentliche Ver- und Entsorgung leitungsgebunden durchführen, übermittelt werden, soweit dies zur Erfüllung ihrer Aufgaben erforderlich ist.

§ 7
(gestrichen)

§ 8
(gestrichen)

Abschnitt III
Ergänzende Regelungen

§ 9
Sanierung schädlicher Bodenveränderungen

Bei schädlichen Bodenveränderungen, von denen aufgrund von Art, Ausbreitung oder Menge der Schadstoffe in besonderem Maße Gefahren, erhebliche Nachteile oder erhebliche Belästigungen für den Einzelnen oder die Allgemeinheit ausgehen, kann die zuständige Bodenschutzbehörde von den nach § 4 Abs. 3 oder 6 BBodSchG Verpflichteten Sanierungsuntersuchungen, Erstellung von Sanierungsplänen und Durchführung von Eigenkontrollmaßnahmen verlangen. Die §§ 13, 14, 15 Abs. 2 und 3 sowie § 24 BBodSchG gelten entsprechend.

§ 10
Ausgleich für Nutzungsbeschränkungen

(1) Über die Gewährung eines Ausgleichs nach § 10 Abs. 2 BBodSchG entscheidet die zuständige Bodenschutzbehörde im Einvernehmen mit der obersten Bodenschutzbehörde auf Antrag der Betroffenen. Dabei können landwirtschaftliche oder andere geeignete Sachverständige hinzugezogen werden. Die Sachverständigen oder die Bodenschutzbehörden können von den Betroffenen die erforderlichen Auskünfte und die Einsicht in die Betriebsunterlagen verlangen. Die oberste Bodenschutzbehörde wird ermächtigt, durch Verordnung Vorschriften über die Höhe des Ausgleichs, die Pauschalierung der Ausgleichszahlungen, die Festsetzung von Geringfügigkeitsgrenzen und das Verfahren zu erlassen.

(2) Der Ausgleich ist durch das Land durch eine jährlich zum 1. März für die Zeit der Nutzungsbeschränkung des vorhergehenden Kalenderjahres fällige Geldleistung zu gewähren. Die Fälligkeit der Geldleistung kann abweichend vereinbart werden. Ordnet die zuständige Bodenschutzbehörde eine nutzungsbeschränkende Maßnahme an, hat sie zugleich darüber zu entscheiden, ob ein Ausgleichsanspruch dem Grunde nach besteht. Ein Anspruch besteht nicht, soweit die wirtschaftlichen Nachteile durch andere Leistungen für die Beschränkung der land- und forstwirtschaftlichen Nutzung eines Grundstücks aus öffentlichen Haushalten oder von Dritten ausgeglichen werden.

(3) Der Anspruch verjährt in drei Jahren. Die Verjährungsfrist beginnt jeweils mit dem Ende des Kalenderjahres, für das der Anspruch hätte geltend gemacht werden können.

(4) Für Streitigkeiten steht der Rechtsweg zu den Verwaltungsgerichten offen.

§ 11
Sachverständige und Untersuchungsstellen

(1) Die oberste Bodenschutzbehörde wird ermächtigt, durch Verordnung[1]
1. Einzelheiten der an Sachverständige und Untersuchungsstellen nach § 18 Satz 1 BBodSchG zu stellenden Anforderungen,
2. Art und Umfang der von ihnen wahrzunehmenden Aufgaben,
3. die Vorlage der Ergebnisse ihrer Tätigkeit und
4. die Bekanntgabe von Sachverständigen und Untersuchungsstellen, welche die Anforderungen erfüllen,

festzulegen.

(2) Sachverständige und Untersuchungsstellen, die nachweisen, dass sie den in der Verordnung nach Absatz 1 festgelegten Anforderungen genügen, werden auf Antrag durch die in der Verordnung zu bezeichnenden Stellen anerkannt. Die Anerkennung kann befristet und auf bestimmte Aufgabenbereiche beschränkt werden. Das Anerkennungsverfahren und die Voraussetzungen für den Widerruf der Anerkennung werden in der Verordnung nach Absatz 1 geregelt.

(3) Anerkennungen anderer Länder mit vergleichbaren Anforderungen gelten auch in Schleswig-Holstein.

---

1 *Die Aufgaben der Anerkennung und Überwachung sind durch Staatsvertrag vom 14.6.2007 (GVOBl. Schl.-H. S. 475) auf Hamburg übertragen worden. Die Anerkennung und Überwachung richtet sich inhaltlich nach der Landesverordnung zur Anerkennung und Überwachung von Untersuchungsstellen für Bodenschutz und Altlasten nach § 18 BBodSchG vom 16.7.2014 (GVOBl. Schl.-H. S. 168). Für die Festsetzung und Erhebung von Gebühren gilt das hamburgische Recht.*

Abschnitt IV
Behörden, Zuständigkeiten

§ 12
Bodenschutzbehörden

(1) Die Bodenschutzbehörden führen das Bundes-Bodenschutzgesetz, dieses Gesetz und die aufgrund dieser Gesetze erlassenen Verordnungen durch. Bodenschutzbehörden sind:
1. das für den Bodenschutz und Altlasten zuständige Ministerium als oberste Bodenschutzbehörde,
2. das Landesamt für Landwirtschaft, Umwelt und ländliche Räume als obere Bodenschutzbehörde,
3. die Landrätinnen und Landräte der Kreise und die Bürgermeisterinnen und Bürgermeister der kreisfreien Städte als untere Bodenschutzbehörden.

(2) Die Kreise und kreisfreien Städte nehmen die Aufgabe nach Absatz 1 Satz 2 Nr. 3 zur Erfüllung nach Weisung wahr.

§ 13
Zuständigkeiten

Die Landesregierung wird ermächtigt, soweit die Zuständigkeiten[2] nicht in diesem Gesetz geregelt sind, durch Verordnung die für die Ausführung des Bundes-Bodenschutzgesetzes, dieses Gesetzes und der aufgrund dieser Gesetze erlassenen Verordnungen zuständigen Behörden zu bestimmen. Sie kann die Befugnis auf die oberste Bodenschutzbehörde übertragen.

§ 14
(gestrichen)

---
2 Nr. *286.*

Abschnitt V
Schlussbestimmungen

§ 15
Ordnungswidrigkeiten

(1) Ordnungswidrig handelt, wer vorsätzlich oder fahrlässig
1. entgegen § 2 Abs. 1 Satz 1 eine Meldung nicht oder nicht unverzüglich erstattet,
2. entgegen § 2 Abs. 1 Satz 2 Auskünfte nicht oder nicht rechtzeitig erteilt oder Unterlagen nicht vorlegt,
3. entgegen § 2 Abs. 2 den Zutritt zu Grundstücken und Wohnräumen und die Vornahme von Ermittlungen sowie die Entnahme von Bodenproben nicht gestattet,
4. einer vollziehbaren Anordnung nach § 4 zuwiderhandelt,
5. einer Verordnung nach § 11 Abs. 1 oder einer vollziehbaren Anordnung aufgrund einer solchen Verordnung zuwiderhandelt, soweit die Verordnung für einen bestimmten Tatbestand auf diese Bußgeldvorschrift verweist.

(2) Ordnungswidrigkeiten nach Absatz 1 Nr. 1, 2, 4 und 5 können mit einer Geldbuße bis zu 10 000 Euro, Ordnungswidrigkeiten nach Absatz 1 Nr. 3 mit einer Geldbuße bis zu 50 000 Euro geahndet werden.

(3) Verwaltungsbehörde im Sinne von § 36 Abs. 1 Nr. 1 des Gesetzes über Ordnungswidrigkeiten ist bei Ordnungswidrigkeiten nach diesem Gesetz die jeweils für die Aufgabe zuständige Bodenschutzbehörde.

§ 16
(gestrichen)

§ 17
In-Kraft-Treten

Dieses Gesetz tritt am Tage nach der Verkündung in Kraft. Gleichzeitig tritt die Verordnung über die zuständigen Behörden nach dem Bundes-Bodenschutzgesetz vom 8. Februar 1999 (GVOBl. Schl.-H. S. 58) außer Kraft.

Landesverordnung
über die Zuständigkeit der Bodenschutzbehörden (BodSchZustVO)
vom 11. Juli 2007
– GVOBl. Schl.-H. S. 341 –

Aufgrund des § 13 Satz 1 des Landesbodenschutz- und Altlastengesetzes (LBodSchG) vom 14. März 2002 (GVOBl. Schl.-H. S. 60), zuletzt geändert durch Gesetz vom 12. Juni 2007 (GVOBl. Schl.-H. S. 292) verordnet die Landesregierung:

§ 1
Zuständigkeit der
obersten Bodenschutzbehörde

Die oberste Bodenschutzbehörde ist für die Ausübung der Fachaufsicht über die obere und die unteren Bodenschutzbehörden zuständig.

§ 2
Zuständigkeit der
oberen Bodenschutzbehörde

Die obere Bodenschutzbehörde ist zuständig für
1. das Boden- und das Altlasteninformationssystem nach § 5 Abs. 2 LBodSchG,
2. die Wahrnehmung übergeordneter wissenschaftlicher Aufgaben des Bodenschutzes und der Altlastenbearbeitung und der entsprechenden Beratung anderer Behörden.

§ 3
Zuständigkeit der
unteren Bodenschutzbehörden

Die unteren Bodenschutzbehörden sind, soweit in dieser Verordnung nichts anderes bestimmt ist, zuständig für die Durchführung des Bundes-Bodenschutzgesetzes, des Landesbodenschutz- und Altlastengesetzes und der aufgrund dieser Gesetze erlassenen Verordnungen.

§ 4
Zuständigkeiten der Landwirtschaftskammer

Die Landwirtschaftskammer nimmt die Aufgaben
1. der Landwirtschaftlichen Fachbehörde im Sinne der Bundes-Bodenschutz- und Altlastenverordnung vom 12. Juli 1999 (BGBl. I S. 1554), zuletzt geändert durch Artikel 2 der Verordnung vom 23. Dezember 2004 (BGBl. I S. 3758),
2. der Landwirtschaftlichen Beratungsstelle im Sinne des Bundes-Bodenschutzgesetzes vom 17. März 1998 (BGBl. I S. 502), zuletzt geändert durch Artikel 3 des Gesetzes vom 9. Dezember 2004 (BGBl. I S. 3214),

wahr.

§ 5
Übertragung der Verordnungsermächtigung

Die Ermächtigung zum Erlass einer Verordnung nach § 13 LBodSchG wird auf die oberste Bodenschutzbehörde übertragen.

§ 6
Inkrafttreten

Diese Verordnung tritt am 9. August 2007 in Kraft.

Abfallwirtschaftsgesetz für das Land Schleswig-Holstein (Landesabfallwirtschaftsgesetz – LAbfWG)
in der Fassung der Bekanntmachung vom 18. Januar 1999
– GVOBl. Schl.-H. S. 26 –

Zuletzt geändert durch Gesetz vom 8. Januar 2019 (GVOBl. Schl.-H. S. 16)

Inhaltsübersicht

Erster Teil
Einleitende Bestimmungen

- § 1 Ziel der Abfallwirtschaft
- § 2 Pflichten der Träger der öffentlichen Verwaltung

Zweiter Teil
Entsorgung durch öffentlich-rechtliche Entsorgungsträger

- § 3 Öffentlich-rechtliche Entsorgungsträger
- § 3 a (gestrichen)
- § 4 Abfallwirtschaftliche Maßnahmen
- § 5 Satzung
- § 6 Verbotswidrig abgelagerte Abfälle
- § 7 Verbot der Wegnahme getrennt bereitgestellter Abfälle

Dritter Teil
Planung der Abfallentsorgung

- § 8 Abfallwirtschaftsplan des Landes
- § 9 (gestrichen)

Vierter Teil
Organisation der Entsorgung von besonders überwachungsbedürftigen Abfällen

- § 10 (gestrichen)
- § 11 Zentrale Stelle für die Organisation der Entsorgung von gefährlichen Abfällen
- § 12 Gebühren und Auslagen

Fünfter Teil
Abfallentsorgungsanlagen

- § 13 (gestrichen)
- § 14 Veränderungssperre
- § 15 (gestrichen)
- § 16 Vorzeitige Besitzeinweisung
- § 17 Enteignung
- § 18 (gestrichen)
- § 19 (gestrichen)
- § 20 Grundstücke im Einwirkungsbereich
- § 21 (gestrichen)

Sechster Teil
Weitergabe von Daten

- § 22 Datenverarbeitung
- § 23 (gestrichen)
- § 24 (gestrichen)

Siebter Teil
Behörden, Zuständigkeiten

- § 25 Abfallentsorgungsbehörden
- § 26 Zuständigkeiten
- § 27 (gestrichen)
- § 28 (gestrichen)
- § 29 (gestrichen)
- § 30 (gestrichen)
- § 31 (gestrichen)
- § 32 (gestrichen)
- § 33 (gestrichen)
- § 33 a (gestrichen)
- § 34 (gestrichen)

Achter Teil
Schlußbestimmungen

- § 35 Ordnungswidrigkeiten
- § 36 (gestrichen)
- § 37 (Inkrafttreten)

Erster Teil
Einleitende Bestimmungen

§ 1
Ziel der Abfallwirtschaft

Ziel des Gesetzes ist die Förderung der Kreislaufwirtschaft zur Schonung der natürlichen Ressourcen und die Gewährleistung der umweltverträglichen Beseitigung von Abfällen.

§ 2
Pflichten der Träger der öffentlichen Verwaltung

Das Land, die Gemeinden und Gemeindeverbände sowie die anderen Träger der öffentlichen Verwaltung sollen bei der Gestaltung von Arbeitsabläufen und in ihrem sonstigen Handeln, vor allem im Beschaffungs- und Auftragswesen und bei Bauvorhaben, vorrangig umweltschonende und aus Abfällen hergestellte Erzeugnisse verwenden und auch bei Unternehmen in einer Rechtsform des privaten Rechts, an denen sie beteiligt sind, hierauf hinwirken.

Zweiter Teil
Entsorgung durch öffentlich-rechtliche Entsorgungsträger

§ 3
Öffentlich-rechtliche Entsorgungsträger

(1) Öffentlich-rechtliche Entsorgungsträger nach § 17 des Kreislaufwirtschaftsgesetzes (KrWG) vom 24. Februar 2012 (BGBl. I S. 212) sind die Kreise und kreisfreien Städte. Sie haben die Aufgabe, die Abfallentsorgung in eigener Verantwortung zu erfüllen.

(2) Die Entsorgungspflicht richtet sich nach § 20 KrWG. Die öffentlich-rechtlichen Entsorgungsträger können unter den Voraussetzungen des § 20 Absatz 2 KrWG Abfälle durch Satzung (§ 5) oder Anordnung für den Einzelfall mit Zustimmung der oberen Abfallentsorgungsbehörde von der Entsorgung ganz oder teilweise ausschließen.

(3) Die Entsorgungspflicht umfaßt auch die Pflicht, die zur Entsorgung der Abfälle notwendigen Anlagen und Einrichtungen vorzuhalten und neue Anlagen und Einrichtungen rechtzeitig zu planen und ihre Zulassung zu beantragen. Bestandteil dieser Pflicht ist insbesondere die Standortfindung für Deponien einschließlich vergleichender Untersuchung von geeigneten Standorten.

(4) Ein Kreis kann Gemeinden, Ämtern oder Zweckverbänden durch Satzung oder durch öffentlich-rechtlichen Vertrag, die der Genehmigung der Kommunalaufsichtsbehörde bedürfen, die Aufgabe der Abfallentsorgung ganz oder teilweise übertragen, wenn dies mit den Grundsätzen geordneter Abfallentsorgung vereinbar ist; im Falle der Übertragung auf einen Zweckverband kann der Kreis dem Zweckverband als Mitglied beitreten. Davon ausgenommen ist die Aufstellung des Abfallwirtschaftskonzepts durch den Kreis nach § 4. Die Übertragung ist nur auf Antrag zulässig. Sie ist zu befristen und kann befristet verlängert werden, soweit die in Satz 1 genannten Voraussetzungen der Übertragung noch vorliegen. Absatz 1 Satz 2 gilt entsprechend. Bei der Durchführung der übertragenen Aufgaben sind die Vorgaben des Abfallwirtschaftskonzepts des Kreises zu beachten. Soweit eine Aufgabe entgegen den Vorgaben des Abfallwirtschaftskonzepts des Kreises übertragen worden ist, ist die Aufgabe innerhalb einer angemessenen Frist zurückzuübertragen.

(5) Die öffentlich-rechtlichen Entsorgungsträger können die Gemeinden und Ämter mit deren Zustimmung durch Satzung oder in öffentlich-rechtlichen Verträgen gegen Kosten-

ersatz verpflichten, sie bei der Durchführung von Maßnahmen der Abfallentsorgung in ihrem Gebiet zu unterstützen.

§ 3 a
(gestrichen)

§ 4
Abfallwirtschaftliche Maßnahmen

(1) Die Kreise und kreisfreien Städte erstellen für ihr Gebiet ein Abfallwirtschaftskonzept und schreiben es alle fünf Jahre fort. Darin sind insbesondere darzustellen:
1. Die bestehende Entsorgungssituation,
2. die Maßnahmen und Ziele der Abfallvermeidung, der Abfallberatung und der Abfallverwertung,
3. Maßnahmen zur Schadstoffentfrachtung,
4. die Methoden, Anlagen und Einrichtungen der Abfallverwertung und der sonstigen Entsorgung, die zur Gewährleistung der Entsorgungssicherheit für die nächsten zehn Jahre notwendig sind.

Bei der Aufstellung des Abfallwirtschaftskonzeptes sind die Vorgaben des Abfallwirtschaftsplanes zu berücksichtigen. Das Abfallwirtschaftskonzept ist mit den angrenzenden Kreisen und kreisfreien Städten abzustimmen und der obersten Abfallentsorgungsbehörde zuzuleiten.

(2) Die öffentlich-rechtlichen Entsorgungsträger erstellen für jedes Jahr bis zum 31. März des Folgejahres eine Bilanz über Art, Herkunft und Menge der ihrer Entsorgungspflicht unterliegenden Abfälle sowie über deren Verwertung und sonstige Entsorgung und teilen diese der zuständigen Abfallentsorgungsbehörde mit. Inhalt und Form können von der zuständigen Abfallentsorgungsbehörde vorgegeben werden. Die Sätze 1 und 2 gelten auch für Entsorgungsträger, soweit ihnen Pflichten der öffentlich-rechtlichen Entsorgungsträger nach den § 72 Absatz 1 KrWG übertragen wurden. Die Daten können für statistische Zwecke weitergegeben werden.

§ 5
Satzung

(1) Die öffentlich-rechtlichen Entsorgungsträger regeln die Entsorgung der Abfälle, für die sie nach § 20 KrWG entsorgungspflichtig sind, durch Satzung. Dabei sind die Ziele des § 1 zu beachten. Die Satzung soll insbesondere Vorschriften darüber enthalten, in welcher Weise, an welchem Ort und zu welcher Zeit dem öffentlich-rechtlichen Entsorgungsträger die Abfälle zu überlassen sind, unter welchen Voraussetzungen die von dem öffentlich-rechtlichen Entsorgungsträger zu entsorgenden Abfälle als in seinem Gebiet angefallen gelten. Die Besitzerinnen und Besitzer von Abfällen sind zur getrennten Überlassung verpflichtet, soweit dies zur Erfüllung der Anforderungen nach §§ 6, 7, § 9 Absatz 1 und § 14 Absatz 1 KrWG erforderlich ist oder in einer Rechtsverordnung nach dem Kreislaufwirtschafts- und Abfallgesetz vorgesehen ist.

(2) Die Erhebung von Gebühren durch die öffentlich-rechtlichen Entsorgungsträger richtet sich nach dem Kommunalabgabengesetz des Landes Schleswig-Holstein mit der Maßgabe, daß
1. die für die Ablagerung von Abfällen erhobenen Gebühren alle Kosten für die Errichtung und den Betrieb der Deponie, einschließlich einer gegebenenfalls vom Betreiber zu leistenden Sicherheit oder einem zu erbringenden gleichwertigen Sicherungsmittel, sowie die geschätzten Kosten für die Stillegung und die Nachsorge für einen Zeitraum von mindestens 30 Jahren abdecken müssen,
2. im Rahmen des Äquivalenz- und Kostendeckungsprinzips entsprechend den Abfallmengen gestaffelte Gebühren erhoben werden können,
3. in die Bemessung von Abfallentsorgungsgebühren die benutzungsunabhängigen Betriebskosten (Fixkosten) der vorgehaltenen Bioabfallentsorgung und darüber hinaus sämtliche fixen und variablen Kosten der weiteren neben der Bioabfallentsorgung vorgehaltenen besonderen Abfallentsorgungsteilleistungen, wie zum Beispiel der Sperrmüllentsorgung, unabhängig von deren tatsächlicher Inanspruchnahme einbezogen werden können, soweit die jeweiligen Teilleistungen – gegebenenfalls auf Antrag – in Anspruch genommen werden können,
4. bei der Gebührenbemessung auch berücksichtigt werden können
   a) die Kosten der Beratung und Aufklärung über die Abfallvermeidung und -verwertung,
   b) die Planungs- und Untersuchungskosten für künftige Abfallentsorgungsanlagen,
   c) die vorhersehbaren späteren Kosten für Investitionen an Abfallentsorgungsanlagen sowie die tatsächlichen und vorhersehbaren späteren Kosten für Stilllegungs- und Nachsorgemaßnahmen an noch nicht endgültig stillgelegten Abfallentsorgungsanlagen, soweit eine Einbeziehung dieser Kosten (Investitions-, Stilllegungs-, Nachsorgekosten) in die Gebührenkalkulation bisher nicht erfolgt ist, und zwar auch dann, wenn diese Abfallentsorgungsanlagen, soweit es sich dabei um Abfalldeponien handelt, bereits teilweise verfüllt oder rekultiviert sind, und
   d) die tatsächlichen und vorhersehbaren späteren Kosten für Nachsorgemaßnahmen an stillgelegten Abfallentsorgungsanlagen, solange diese Abfallentsorgungsanlagen Teil der öffentlichen Einrichtung des öffentlich-rechtlichen Entsorgungsträgers sind und der Nachsorge bedürfen und soweit eine Einbeziehung dieser Nachsorgekosten in die Gebührenkalkulation gemäß Buchstabe c nicht erfolgt ist.

(3) Die öffentlich-rechtlichen Entsorgungsträger können die Ämter oder Gemeinden mit deren Zustimmung durch Satzung oder in öffentlich-rechtlichen Verträgen verpflichten, die von dem öffentlich-rechtlichen Entsorgungsträger beschlossenen Gebühren gegen Kostenersatz in ihrem Namen für sie zu erheben. Die Pflicht zur Erhebung der Gebühren geht zu dem in der Satzung bestimmten Zeitpunkt auf die Ämter und Gemeinden über.

(4) Erheben Verbände oder Selbstverwaltungskörperschaften der Wirtschaft nach § 72 Absatz 1 KrWG in Verbindung mit § 17 Absatz 5 des Kreislaufwirtschafts- und Abfallgesetzes vom 27. September 1994 (BGBl. I S. 2705), zuletzt geändert durch Gesetz vom 6. Oktober 2011 (BGBl I S. 1986), Gebühren, findet Absatz 2 entsprechende Anwendung.

§ 6
Verbotswidrig abgelagerte Abfälle

(1) Abfälle, die entgegen § 28 KrWG auf einem Grundstück in der freien Landschaft verbotswidrig abgelagert worden sind, sind von dem öffentlich-rechtlichen Entsorgungsträger, zu dessen Gebiet das Grundstück gehört, zum Zweck der Entsorgung einzusammeln, wenn die Verursacherin oder der Verursacher nicht ermittelt werden können und nicht andere zum Einsammeln verpflichtet sind. Dies gilt auch für Kraftfahrzeuge oder Anhänger ohne gültige amtliche Kennzeichen, soweit die in § 20 Absatz 3 KrWG genannten Voraussetzungen vorliegen.

(2) Abfälle, die entgegen § 28 KrWG auf einem anderen Grundstück verbotswidrig abgelagert worden sind, sind dem öffentlich-rechtlichen Entsorgungsträger, zu dessen Gebiet das Grundstück gehört, nach Maßgabe der Satzung (§ 5) von der Besitzerin oder dem Besitzer des Grundstücks zur Entsorgung zu überlassen, wenn Maßnahmen gegen die Verursacherin oder den Verursacher nicht hinreichend erfolgversprechend sind und nicht andere aufgrund eines bestehenden Rechtsverhältnisses zur Überlassung verpflichtet sind.

(3) Andere Unterhaltungs-, Verkehrssicherungs- und Reinigungspflichten bleiben unberührt.

§ 7
Verbot der Wegnahme getrennt bereitgestellter Abfälle

Abfälle, die die überlassungspflichtige Besitzerin oder der überlassungspflichtige Besitzer (§ 17 Absatz 1 KrWG) in Erfüllung einer satzungsrechtlichen Verpflichtung (§ 5 Absatz 1 Satz 3) oder aufgrund einer entsprechenden Empfehlung getrennt von den sonstigen Abfällen zum Einsammeln durch den öffentlich-rechtlichen Entsorgungsträger oder dessen Beauftragten bereitgestellt hat, dürfen Dritte nicht an sich nehmen, um sie gewerblich zu verwenden.

Dritter Teil
Planung der Abfallwirtschaft

§ 8
Abfallwirtschaftsplan des Landes

(1) Die oberste Abfallentsorgungsbehörde erstellt in Abstimmung mit den öffentlich-rechtlichen Entsorgungsträgern einen Abfallwirtschaftsplan nach § 30 KrWG.

(2) Der Abfallwirtschaftsplan des Landes kann in sachlichen und räumlichen Plänen aufgestellt werden (Teilpläne).

(3) Die oberste Abfallentsorgungsbehörde wird aufgrund von § 30 Absatz 4 KrWG ermächtigt, durch Verordnung Ausweisungen im Sinne des § 30 Absatz 1 Satz 3 Nummer 2 und Satz 4 KrWG im Abfallwirtschaftsplan des Landes unter Beachtung der Ziele und Erfordernisse der Raumordnung und der Landesplanung und unter Berücksichtigung der Aussagen der Landschaftsrahmenpläne ganz oder teilweise für verbindlich zu erklären. Es können Abfallbeseitigungsanlagen bestimmt werden, deren sich die Beseitigungspflichtigen zu bedienen haben (Einzugsbereiche).

§ 9
(gestrichen)

Vierter Teil
Organisation der Entsorgung von besonders überwachungsbedürftigen Abfällen

§ 10
(gestrichen)

§ 11
Zentrale Stelle für die Organisation der Entsorgung von gefährlichen Abfällen

(1) Die Organisation der Entsorgung der besonders überwachungsbedürftigen Abfälle obliegt einer Einrichtung, die von der obersten Abfallentsorgungsbehörde durch Verordnung bestimmt wird (zentrale Stelle für die Organisation der Entsorgung von besonders überwachungsbedürftigen Abfällen).

(2) Die oberste Abfallentsorgungsbehörde wird ermächtigt, ein Unternehmen in der Rechtsform des privaten Rechts zur zentralen Stelle zu bestimmen, wenn

1. das Unternehmen durch seine Kapitalausstattung, innere Organisation sowie Fach- und Sachkunde der Mitarbeiterinnen und der Mitarbeiter Gewähr für eine ordnungsgemäße Aufgabenwahrnehmung bietet und
2. das Land Schleswig-Holstein an dem Unternehmen entsprechend dem Interesse des Landes beteiligt ist und einen ausreichenden Einfluß insbesondere im Aufsichtsrat oder einem entsprechenden Überwachungsorgan erhält.

(3) Die zentrale Stelle unterliegt als Träger der öffentlichen Verwaltung bei der Wahrnehmung ihrer Aufgaben der Fachaufsicht der obersten Abfallentsorgungsbehörde.

(4) Die zentrale Stelle hat die Besitzerinnen und Besitzer von besonders überwachungsbedürftigen Abfällen über Möglichkeiten der Vermeidung, Verwertung und sonstigen Entsorgung zu beraten. Soweit die zentrale Stelle feststellt, daß eine Vermeidung dieser Abfälle nicht möglich ist, hat sie den Besitzerinnen und Besitzern von besonders überwachungsbedürftigen Abfällen unter den vorhandenen Entsorgungseinrichtungen die geeigneten Entsorgungsanlagen nachzuweisen. Ist dies nicht möglich, legt sie die Gründe dafür dar.

(5) Die zentrale Stelle ist befugt,
1. den Abfällen Proben zu entnehmen oder entnehmen zu lassen und Analysen zur Beurteilung der Abfälle von der Abfallbesitzerin oder dem Abfallbesitzer zu verlangen oder durch Dritte anfertigen zu lassen,
2. der Abfallbesitzerin oder dem Abfallbesitzer aufzuerlegen, wie die Abfälle bereitzustellen sind, insbesondere eine Vorbehandlung der Abfälle zu fordern,
3. die Entsorgung der Abfälle in der vorgesehenen Anlage zu untersagen, wenn sie nach den abfallrechtlichen Vorschriften unzulässig ist oder gegen landesrechtliche Andienungspflichten verstößt.

(6) Die oberste Abfallentsorgungsbehörde wird ermächtigt, der zentralen Stelle durch Verordnung Überwachungsaufgaben der gefährlichen und nicht gefährlichen Abfälle zu übertragen.

§ 12
Gebühren und Auslagen

(1) Die zentrale Stelle erhebt für Amtshandlungen nach diesem Gesetz und nach dem Kreislaufwirtschaftsgesetz und den auf ihrer Grundlage erlassenen Verordnungen Verwaltungsgebühren und Auslagen. Das Verwaltungskostengesetz des Landes Schleswig-Holstein gilt entsprechend.

(2) Die oberste Abfallentsorgungsbehörde wird ermächtigt, die einzelnen Amtshandlungen, für die Verwaltungsgebühren erhoben werden, und die Gebührensätze durch Verordnung zu bestimmen. Die §§ 3 bis 6 und § 10 Abs. 1 Satz 3 des Verwaltungskostengesetzes des Landes Schleswig-Holstein gelten entsprechend.

Fünfter Teil
Abfallentsorgungsanlagen

§ 13
(gestrichen)

§ 14
Veränderungssperre

(1) Nach Festlegung des Standortes einer Abfallbeseitigungsanlage im Abfallwirtschaftsplan des Landes oder ab Beginn der Auslegung der Pläne im Planfeststellungsverfahren oder des Antrags und der Unterlagen für Abfallentsorgungsanlagen im Genehmigungsverfahren nach § 10 des Bundes-Immissionsschutzgesetzes (BImSchG) oder von dem Zeitpunkt an, zu dem den Betroffenen Gelegenheit gegeben wird, den Plan einzusehen, dürfen auf den von der geplanten Anlage betroffenen Flächen wesentliche wertsteigernde oder die Errichtung der geplanten Anlage erheblich erschwerende Veränderungen nicht vorgenommen werden. Veränderungen, die in rechtlich zulässiger Weise vorher begonnen worden sind, Unterhaltungsarbeiten und die Fortführung einer bisher rechtmäßig ausgeübten Nutzung werden hiervon nicht berührt.

(2) Dauert die Veränderungssperre länger als vier Jahre, so kann die Eigentümerin oder der Eigentümer oder die oder der sonst zur Nutzung Berechtigte für die dadurch entstandenen Vermögensnachteile vom Träger des Vorhabens eine angemessene Entschädigung in Geld verlangen. Die Eigentümerin oder der Eigentümer kann ferner verlangen, daß der Träger des Vorhabens die vom Plan betroffenen Flächen übernimmt, wenn es ihr oder ihm mit Rücksicht auf die Veränderungssperre wirtschaftlich nicht zuzumuten ist, die Grundstücke in der bisherigen oder einer anderen zulässigen Art zu nutzen. Für die Übernahme des Eigentums sowie für die Festsetzung und die Bemessung der Entschädigung ist § 17 Abs. 3 bis 5 entsprechend anzuwenden.

(3) Die oberste Abfallentsorgungsbehörde kann von der Veränderungssperre nach Absatz 1 Ausnahmen zulassen, wenn überwiegende öffentliche Belange nicht entgegenstehen und die Einhaltung der Veränderungssperre zu einer offensichtlich nicht beabsichtigten Härte führen würde. Vor der Zulassung der Ausnahme sind der Träger des Vorhabens und die betroffenen Gemeinden zu hören.

§ 15
(gestrichen)

§ 16
Vorzeitige Besitzeinweisung

(1) Ist der sofortige Beginn von Bauarbeiten geboten und ist die Eigentümerin oder der Eigentümer, die Besitzerin oder der Besitzer nicht bereit, den Besitz eines für die Errichtung einer Deponie benötigten Grundstücks durch Vereinbarung unter Vorbehalt aller Entschädigungsansprüche zu überlassen, hat die Enteignungsbehörde die zuständige Behörde auf Antrag nach Feststellung des Plans oder nach Erteilung der Plangenehmigung in den Besitz einzuweisen. Der Planfeststellungsbeschluss oder die Plangenehmigung müssen vollziehbar sein. Weiterer Voraussetzungen bedarf es nicht. Hinsichtlich der Verfahrensregelungen ist § 43 Abs. 2 bis 6 des Straßen- und Wegegesetzes des Landes Schleswig-Holstein in der Fassung der Bekanntmachung vom 25. November 2003 (GVOBl. Schl.-H. S. 631, ber. 2004 S. 140), Zuständigkeiten und Ressortbezeichnungen ersetzt durch Verordnung vom 12. Oktober 2005 (GVOBl. Schl.-H. S. 487), entsprechend anzuwenden.

(2) Auf das Verfahren der vorzeitigen Besitzeinweisung sind für den Fall der Veräußerung des für die Maßnahme benötigten Grundstücks die Vorschriften der §§ 265 und 325 der Zivilprozessordnung über das Verfahren bei Veräußerung der Streitsache und die Rechtswirkungen für die Beteiligten und den Rechtsträger (Erwerber) entsprechend anzuwenden.

(3) In Rechtsstreitigkeiten, die eine vorzeitige Besitzeinweisung nach diesem Gesetz zum Gegenstand haben, entscheidet das Oberverwaltungsgericht im ersten Rechtszug.

§ 17
Enteignung

(1) Die für die Zulassung (Planfeststellung nach § 35 Absatz 2 KrWG oder Genehmigung nach § 35 Absatz 3 KrWG) zuständigen Behörden haben das Recht zur Enteignung, soweit diese zur Ausführung
1. eines nach § 35 Absatz 2 KrWG festgestellten Planes oder
2. einer nach § 35 Absatz 3 KrWG erteilten Genehmigung

erforderlich ist.

(2) Erklärt sich eine beteiligte Person zur Übertragung oder Beschränkung des Grundeigentums oder eines anderen Rechtes schriftlich bereit, so kann unmittelbar das Entschädigungsfeststellungsverfahren durchgeführt werden.

(3) Im übrigen finden die für die Enteignung von Grundeigentum geltenden Vorschriften Anwendung.

§ 18
(gestrichen)

§ 19
(gestrichen)

§ 20
Grundstücke im Einwirkungsbereich von Deponien

Die Eigentümerinnen und Eigentümer sowie die Nutzungsberechtigten von Grundstücken im Einwirkungsbereich von Deponien haben die erforderlichen Maßnahmen zur Untersuchung der Auswirkungen der Deponie auf die Schutzgüter des § 15 Absatz 2 KrWG zu dulden. Sie haben der zuständigen Behörde und deren Beauftragten sowie der Betreiberin oder dem Betreiber, der ehemaligen Betreiberin oder dem ehemaligen Betreiber oder deren Rechtsnachfolgerin oder Rechtsnachfolger das Betreten der Grundstücke zu diesem Zweck zu gestatten. Hierdurch entstandene Vermögensnachteile sind durch angemessene Entschädigung in Geld auszugleichen. Der Entschädigungsanspruch richtet sich gegen die Betreiberin oder den Betreiber, die ehemalige Betreiberin oder den ehemaligen Betreiber oder ihre Rechtsnachfolgerin oder Rechtsnachfolger.

§ 21
(gestrichen)

Sechster Teil
Weitergabe von Daten

§ 22
Datenverarbeitung

(1) Für die Durchführung der in § 25 aufgeführten Rechtsvorschriften dürfen die in der Verordnung nach § 26 genannten Behörden sowie die öffentlich-rechtlichen Entsorgungsträger zum Zwecke der Erfüllung der ihnen durch diese Vorschriften zugewiesenen Aufgaben die erforderlichen personen- und betriebsbezogenen Daten verarbeiten. Die Abfallerzeugerinnen und Abfallerzeuger und Abfallbesitzerinnen und Abfallbesitzer von Abfällen aus privaten Haushaltungen haben die erforderlichen Auskünfte zu erteilen.

(2) Die öffentlich-rechtlichen Entsorgungsträger dürfen die zur Durchführung des § 17 Absatz 1 Satz 1 KrWG und des § 5 und der damit verbundenen Aufgaben der Überwachung, Beratung, Gebührenerhebung und Gebührenfestsetzung erforderlichen personenbezogenen Daten der Abfallerzeugerinnen und Abfallerzeuger oder Abfallbesitzerinnen und Abfallbesitzer von Abfällen aus privaten Haushaltungen mit folgenden Maßgaben verarbeiten:
1. Die erforderlichen personenbezogenen Daten sind durch Satzung zu bestimmen und das Verfahren ihrer Verarbeitung im einzelnen festzulegen.
2. Die in Satz 1 genannten Aufgaben dürfen von Dritten im Auftrage der öffentlich-rechtlichen Entsorgungsträger wahrgenommen werden.

(3) Werden die nach diesem Gesetz zuständigen Behörden oder die zentrale Stelle nach Durchführung der in Absatz 1 genannten Vorschriften als Ordnungsbehörden tätig, gelten für die Verarbeitung personenbezogener Daten die §§ 177 bis 179, 181, 188 Abs. 1 Satz 1 und Abs. 2, §§ 190 bis 194, 196 und 197 des Landesverwaltungsgesetzes entsprechend.

§§ 23 und 24
(gestrichen)

Siebter Teil
Behörden, Zuständigkeiten

§ 25
Abfallentsorgungsbehörden

(1) Die Durchführung von Rechtsakten der Europäischen Union im Bereich der Abfallwirtschaft, des Abfallverbringungsgesetzes vom 19. Juli 2007 (BGBl. I S. 1462), zuletzt geändert durch Gesetz vom 1. November 2016 (BGBl. I S. 2452), des Kreislaufwirtschaftsgesetzes vom 24. Februar 2012 (BGBl. I S. 212), zuletzt geändert durch Gesetz vom 20. Juli 2017 (BGBl. I S. 2808), des Elektro- und Elektronikgerätegesetzes vom 20. Oktober 2015 (BGBl. I S. 1739), zuletzt geändert durch Gesetz vom 27. Juni 2017 (BGBl. I S. 1966), des Batteriegesetzes vom 25. Juni 2009 (BGBl. I S. 1582), zuletzt geändert durch Gesetz vom 13. April 2017 (BGBl. I S. 872), des Verpackungsgesetzes vom 5. Juli 2017 (BGBl. I S. 2234), dieses Gesetzes und der aufgrund dieser Gesetze erlassenen Verordnungen ist Aufgabe der Abfallentsorgungsbehörden, soweit durch Rechtsvorschrift nicht etwas anderes bestimmt ist. Abfallentsorgungsbehörden sind
1. das für die in Satz 1 genannten Bereiche zuständige Ministerium als oberste Abfallentsorgungsbehörde,
2. das Landesamt für Landwirtschaft, Umwelt und ländliche Räume als obere Abfallentsorgungsbehörde,
3. die Landrätinnen und Landräte der Kreise und die Bürgermeisterinnen und Bürgermeister der kreisfreien Städte als untere Abfallentsorgungsbehörde.

(2) Die Kreise und kreisfreien Städte nehmen diese Aufgabe zur Erfüllung nach Weisung wahr.

§ 26
Zuständigkeiten

Die Landesregierung wird ermächtigt, die Zuständigkeiten für die Durchführung der in § 25 genannten Vorschriften durch Rechtsverordnung zu bestimmen. Sie kann diese

Befugnis durch Verordnung[1] auf die oberste Abfallentsorgungsbehörde übertragen.

§§ 27 bis 34
(gestrichen)

Achter Teil
Schlußbestimmungen

§ 35
Ordnungswidrigkeiten

(1) Ordnungswidrig handelt, wer vorsätzlich oder fahrlässig

1. entgegen § 7 als Dritter getrennt bereitgestellte Abfälle an sich nimmt,
2. einer Untersagungsanordnung der zentralen Stelle nach § 11 Abs. 5 Nr. 3 zuwiderhandelt,
3. entgegen § 14 Veränderungen auf den vom Plan getroffenen Flächen vornimmt.

(2) Die Ordnungswidrigkeit kann mit einer Geldbuße bis zu fünfzigtausend Euro geahndet werden.

§ 36
(gestrichen)

§ 37
(Inkrafttreten)

---
[1] Nr. 291

Landesverordnung
über die zuständigen Behörden nach abfallrechtlichen Vorschriften
(LAbfWZustVO)
vom 11. Juli 2007
– GVOBl. Schl.-H. S. 341 –

Zuletzt geändert durch LVO vom 16. Juni 2021 (GVOBl. Schl.-H. S. 841)

Aufgrund von § 63 des Kreislaufwirtschafts- und Abfallgesetzes (KrW-/AbfG) vom 27. September 1994 (BGBl. I S. 2705), zuletzt geändert durch Artikel 7 des Gesetzes vom 9. Dezember 2006 (BGBl. I S. 2819), sowie § 26 in Verbindung mit § 11 Abs. 6 des Landesabfallwirtschaftsgesetzes (LAbfWG) in der Fassung der Bekanntmachung vom 18. Januar 1999 (GVOBl. Schl.-H. S. 26), zuletzt geändert durch Gesetz vom 12. Juni 2007 (GVOBl. Schl.-H. S. 289), verordnet die Landesregierung:

§ 1
Zuständigkeit der obersten Abfallentsorgungsbehörde

Die oberste Abfallentsorgungsbehörde ist zuständig für

1. die Aufstellung und Änderung der Abfallwirtschaftspläne sowie die Beteiligung der Öffentlichkeit nach §§ 30 bis 32 des Kreislaufwirtschaftsgesetzes (KrWG) vom 24. Februar 2012 (BGBl. I S. 212), zuletzt geändert durch Artikel 2 Absatz 2 des Gesetzes vom 9. Dezember 2020 (BGBl. I S. 2873),
2. Beteiligung am Abfallvermeidungsprogramm des Bundes gemäß § 33 Absatz 1 KrWG oder Erstellen eines Landesabfallvermeidungsprogramms gemäß § 33 Absatz 2 KrWG,
3. Verlängerung von Pflichtenübertragungen gemäß § 72 Absatz 1 Satz 2 KrWG,
4. die Durchführung von § 18 des Verpackungsgesetzes (VerpackG) vom 5. Juli 2017 (BGBl. I S. 2234),
5. die Ausübung der Fachaufsicht über die in dieser Verordnung aufgeführten Landesbehörden.

§ 2
Zuständigkeit der oberen Abfallentsorgungsbehörde

(1) Die obere Abfallentsorgungsbehörde ist zuständige Behörde für

1. Anerkennung von Trägern der Qualitätssicherung nach § 12 Absatz 5 KrWG,
2. Entgegennahme von Anzeigen und Durchführung des Verfahrens nach § 18 KrWG,
3. Zustimmungen nach § 20 Absatz 3 KrWG,
4. die Zulassung von Ausnahmen nach § 28 Absatz 2 KrWG, ausgenommen für pflanzliche Abfälle sowie Erdaushub, Straßenaufbruch, Bauschutt und Räumgut aus der Unterhaltung von Gewässern zweiter Ordnung, die nicht durch Schadstoffe verunreinigt sind,
5. Verpflichtungen und Festsetzungen nach § 29 Absatz 1 KrWG,
6. die Übertragung der Befugnisse zur Beseitigung von Abfällen nach § 29 Absatz 2 KrWG,
7. Verpflichtungen und Festsetzungen nach § 29 Absatz 3 KrWG,
8. Maßnahmen im Zusammenhang mit der Erkundung von geeigneten Standorten für Deponien und öffentlich zugängliche Abfallbeseitigungsanlagen nach § 34 KrWG,
9. Genehmigungs- und Anzeigeverfahren nach § 35 Absatz 1 KrWG,
10. Planfeststellungen nach § 35 Absatz 2 KrWG einschließlich der Durchführung von Anhörungsverfahren und Erörterungsterminen,
11. Verpflichtungen zur Leistung von Sicherheiten nach § 36 Absatz 3 und § 37 Absatz 2 KrWG,
12. die regelmäßige Prüfung und Aktualisierung von Auflagen nach § 36 Absatz 4 KrWG,
13. Zulassung des vorzeitigen Beginns nach § 37 KrWG,
14. Anordnungen und Untersagungen nach § 39 Absatz 1 KrWG,
15. Durchführung des § 40 KrWG,
16. Annahme der Emissionserklärung nach § 41 KrWG,
17. Durchführung des § 44 Absatz 2 KrWG,
18. Auskunftserteilung nach § 46 Absatz 2 KrWG,
19. Durchführung der abfallrechtlichen Marktüberwachung
    a) nach § 47 Absatz 1 Satz 1 und 2 KrWG in Verbindung mit § 25 Absatz 1 und 3, § 26 Absatz 2 und 3, § 27 Absatz 1, § 28 Absatz 1 und 2 und Absatz 4 Satz 1 und 2 des Produktsicherheitsgesetzes (ProdSG) vom 8. November 2011 (BGBl. I S. 2178, ber. 2012 S. 131), zuletzt geändert durch Artikel 18 des Gesetzes vom 12. Mai 2021 (BGBl. I S. 1087), zur Überprüfung und Gewährleistung der Einhaltung der Anforderungen nach §§ 3 und 5 Elektro- und Elektronikgeräte-Stoff-Verordnung (ElektroStoffV) vom 19. April 2013 (BGBl. I S. 1111), zuletzt geändert durch Artikel 12 des Gesetzes vom 12. Mai 2021 (BGBl. I S. 1087), sowie § 8 Absatz 2 und § 9 Altfahrzeug-Verordnung (AltfahrzeugV) in der Fassung der Bekanntmachung vom 21. Juni 2002 (BGBl. I S. 2214), zuletzt geändert durch Artikel 1 der Verordnung vom 18. November 2020 (BGBl. I S. 2451),
    b) nach § 2 Absatz 3 des Elektro- und Elektronikgerätegesetzes (ElektroG) vom 20. Oktober 2015 (BGBl. I S. 1739), zuletzt geändert durch Artikel 14 des Gesetzes vom 12. Mai 2021 (BGBl. I S. 1087), in Verbindung mit § 47 Absatz 1 Satz 1 und 2 KrWG in Verbindung mit § 25 Absatz 1 und 3, § 26 Absatz 2 und 3, § 27 Absatz 1, § 28 Absatz 1 und Absatz 4 Satz 1 und 2 ProdSG zur Überprüfung und Gewährleistung der Einhaltung der Anforderungen nach §§ 3 und 5 ElektroStoffV,
    c) nach § 2 Absatz 2 VerpackG in Verbindung mit § 47 Absatz 1 Satz 1 und 2 KrWG in Verbindung mit § 25 Absatz 1 und 3, § 26 Absatz 2 und 3, § 27 Absatz 1, § 28 Absatz 1 und 2 und Absatz 4 Satz 1 und 2 ProdSG zur Überprüfung und Gewährleistung der Einhaltung der Anforderungen nach §§ 5 und 6 des VerpackG,
    d) nach § 1 Absatz 3 des Batteriegesetzes (BattG) vom 25. Juni 2009 (BGBl. I S. 1582), zuletzt geändert durch Artikel 1 des Gesetzes vom 3. November 2020 (BGBl. I S. 2280), in Verbindung mit § 28 Absatz 2 BattG in Verbindung mit § 47 Absatz 1 Satz 1 und 2 KrWG in Verbindung mit § 25 Absatz 1 und 3, § 26 Absatz 2 und 3, § 27 Absatz 1, § 28 Absatz 1 und Absatz 4 Satz 1 und 2 ProdSG zur Überprüfung und Gewährleistung der Einhaltung der Anforderungen nach § 8 Absatz 2 und § 9 AltfahrzeugV sowie
    e) nach § 28 Absatz 2 BattG in Verbindung mit § 47 KrWG zur Überprüfung und Gewährleistung der Einhaltung der Anforderungen nach §§ 3 und 17 BattG,
20. Durchführung des § 56 KrWG sowie Durchführung der Entsorgungsfachbetriebeverordnung vom 2. Dezember 2016 (BGBl. I S. 2770), geändert durch Artikel 2 Absatz 2 des Gesetzes vom 5. Juli 2017 (BGBl. I S. 2234),

21. Durchführung der Deponieverordnung (DepV) vom 27. April 2009 (BGBl. I S. 900), zuletzt geändert durch Artikel 2 der Verordnung vom 30. Juni 2020 (BGBl. I S. 1533),
22. Durchführung der Gewinnungsabfallverordnung (GewinnungsabfV) vom 27. April 2009 (BGBl. I S. 900), zuletzt geändert durch Gesetz vom 24. Februar 2012 (BGBl. I S. 212),
23. Durchführung des § 7 Absatz 1 BattG,
24. Notifizierung, Bestimmung oder Festlegung einer Stelle nach § 3 Absatz 8 Satz 1, Absatz 8a, 8b und § 4 Absatz 9 Satz 1 und Absatz 10, § 9 Absatz 2 Satz 6 und Absatz 2a der Bioabfallverordnung (BioAbfV) in der Fassung der Bekanntmachung vom 4. April 2013 (BGBl. I S. 658), zuletzt geändert durch Artikel 3 Absatz 2 der Verordnung vom 27. September 2017 (BGBl. I S. 3465), § 6 Absatz 6 Satz 1 der Altholzverordnung (AltholzV) vom 15. August 2002 (BGBl. I S. 3302), zuletzt geändert durch Artikel 120 der Verordnung vom 19. Juni 2020 (BGBl. I S. 1328), § 33 Absatz 2 der Klärschlammverordnung vom 27. September 2017 (BGBl. I S. 3465), zuletzt durch Artikel 137 der Verordnung vom 19. Juni 2020 (BGBl. I S. 1328),
25. Bekanntgabe einer Stelle nach § 11 Absatz 4 Satz 1 der Gewerbeabfallverordnung (GewAbfV) vom 18. April 2017 (BGBl. I S. 896), geändert durch Artikel 2 Absatz 3 des Gesetzes vom 5. Juli 2017 (BGBl. I S. 2234),
26. Anerkennung von Lehrgängen nach § 9 Absatz 1 Nummer 3 und Absatz 2 Satz 2 der Abfallbeauftragtenverordnung (AbfBeauftrV) vom 2. Dezember 2016 (BGBl. I S. 2789), geändert durch Artikel 2 Absatz 1 des Gesetzes vom 5. Juli 2017 (BGBl. I S. 2234),
27. Anerkennung von Lehrgängen nach § 4 Absatz 3 Satz 1, Absatz 5, § 5 Absatz 1 Satz 1 Nummer 2 und Absatz 3 Satz 2 der Anzeige- und Erlaubnisverordnung (AbfAEV) vom 5. Dezember 2013 (BGBl. I S. 4043), zuletzt geändert durch Artikel 2 Absatz 1 des Gesetzes vom 3. Juli 2018 (BGBl. I S. 1084),
28. Durchführung der Artikel 7 Absatz 3, 13 und 14 der Verordnung (EU) Nr. 1257/2013 des Europäischen Parlaments und des Rates vom 20. November 2013 über das Recycling von Schiffen und zur Änderung der Verordnung (EG) Nr. 1013/2006 und der Richtlinie 2009/16/EG (ABl. L 330 S. 1), geändert durch Beschluss (EU) 2018/853 des Europäischen Parlaments und des Rates vom 14. Juni 2018 (ABl. L 150 S. 155),
29. Entscheidungen bei Abfällen, die in Küstengewässern, die nicht zum Gebiet einer Gemeinde gehören, anfallen oder entsorgt werden,
30. Entgegennahme und Zusammenfassung der Abfallbilanzen der öffentlich-rechtlichen Entsorgungsträger nach § 4 Absatz 2 des Landesabfallwirtschaftsgesetzes (LAbfWG) in der Fassung der Bekanntmachung vom 18. Januar 1999 (GVOBl. Schl.-H. S. 26), zuletzt geändert durch Artikel 1 des Gesetzes vom 8. Januar 2019 (GVOBl. Schl.-H. S. 16).

(2) Die obere Abfallentsorgungsbehörde ist zuständige Behörde für die Überwachung nach § 47 KrWG von Deponien sowie der
1. gewerblichen Anlagen,
2. Anlagen des Bundes, des Landes, des Kreise, der Ämter und Gemeinden,
3. Anlagen, die im Rahmen wirtschaftlicher Unternehmungen Verwendung finden, sowie
4. Anlagen im Sinne des Bundes-Immissionsschutzgesetzes (BImSchG) in der Fassung der Bekanntmachung vom 17. Mai 2013 (BGBl. I S. 1274), zuletzt geändert durch Artikel 2 Absatz 1 des Gesetzes vom 9. Dezember 2020 (BGBl. I S. 2873), in denen Abfälle mitverwertet oder mitbeseitigt werden,
soweit die Anlagen nach § 4 BImSchG genehmigungsbedürftig oder aufgrund einer Verordnung nach § 23 BImSchG anzeigepflichtig sind.

(3) Soweit es sich um Deponien oder Anlagen im Sinne von Absatz 2 handelt, ist die obere Abfallentsorgungsbehörde zuständige Behörde für:
1. Maßnahmen zur Durchsetzung der Pflichten nach den §§ 7 bis 9a und 15 KrWG,
2. Anordnungen nach § 47 Absatz 3 KrWG,
3. Verlangen der Vorlage von Registern nach § 49 Absatz 4 KrWG,
4. Anordnungen im Einzelfall nach § 51 Absatz 1 KrWG,
5. Entgegennahme von Anzeigen und Mitteilungen nach § 58 KrWG,
6. Anordnungen zur Bestellung eines Betriebsbeauftragten für Abfall nach § 59 Absatz 2 KrWG,
7. Durchführung von § 60 Absatz 3 KrWG in Verbindung mit § 55 Absatz 1 und Absatz 2 Satz 1 und 2 BImSchG,
8. Durchführung der AbfBeauftrV,
9. Überwachung der Einhaltung der Pflichten nach § 3 POP-Abfall-Überwachungs-Verordnung (POP-AbfallÜberwV) vom 17. Juli 2017 (BGBl. I S. 2644),
10. Anordnung und Widerruf nach § 8 der Nachweisverordnung (NachwV) vom 20. Oktober 2006 (BGBl. I S. 2298), zuletzt geändert durch Artikel 5 Absatz 5 des Gesetzes vom 23. Oktober 2020 (BGBl. I S. 2232), und § 4 Absatz 1 Satz 3 POP-Abfall-ÜberwV in Verbindung mit § 8 NachwV,
11. Zustimmung nach § 24 Absatz 4 Satz 5 NachwV zur abweichenden Ordnung von Praxisbelegen,
12. Überwachung der Registerpflichten nach § 25 NachwV und § 5 Absatz 1 Satz 2 POP-Abfall-ÜberwV in Verbindung mit § 25 NachwV,
13. Befreiung und Anordnung von Register- und Nachweispflichten nach § 26 NachwV, § 4 Absatz 1 Satz 3 POP-Abfall-ÜberwV in Verbindung mit § 26 NachwV und § 5 Absatz 1 Satz 2 POP-Abfall-ÜberwV in Verbindung mit § 26 NachwV,
14. Bestimmung der Nachweisführung in besonderen Fällen nach § 27 NachwV, § 4 Absatz 1 Satz 3 POP-Abfall-ÜberwV in Verbindung mit § 27 NachwV und § 5 Absatz 1 Satz 2 POP-Abfall-ÜberwV in Verbindung mit § 27 NachwV,
15. Erteilung der Kennnummer für Erzeuger und Entsorger nach § 28 Absatz 1 NachwV, § 4 Absatz 1 Satz 3 POP-Abfall-ÜberwV in Verbindung mit § 28 Absatz 1 NachwV und § 5 Absatz 1 Satz 2 POP-Abfall-ÜberwV in Verbindung mit § 28 Absatz 1 NachwV,
16. Entgegennahme der Register nach § 4 Absatz 1 der PCB/PCT-Abfallverordnung (PCBAbfallV) vom 26. Juni 2000 (BGBl. I S. 932), zuletzt geändert durch Gesetz vom 24. Februar 2012 (BGBl. I S. 212),
17. Überwachung der Einhaltung der Pflichten nach den §§ 3, 4 und 5 der Versatzverordnung (VersatzV) vom 24. Juli 2002 (BGBl. I S. 2833), zuletzt geändert durch Gesetz vom 24. Februar 2012 (BGBl. I S. 212),
18. Durchführung der AltholzV,
19. Durchführung der Altölverordnung in der Fassung der Bekanntmachung vom 16. April 2002 (BGBl. I S. 1368), zuletzt geändert durch Artikel 1 der Verordnung vom 5. Oktober 2020 (BGBl. I S. 2091),
20. Durchführung der Abfallverzeichnis-Verordnung vom 10. Dezember 2001 (BGBl. I S. 3379), zuletzt geändert durch Artikel 1 der Verordnung vom 30. Juni 2020 (BGBl. I S. 1533),
21. Überwachung der Verpflichtungen nach § 12 Absatz 1 und 2 BattG,
22. Durchführung der BioAbfV,
23. Durchführung AltfahrzeugV,
24. Durchführung der GewAbfV,
25. Überwachung der Einhaltung der Betreiberpflichten nach §§ 20, 21 und 22 ElektroG.

(4) Absätze 1 bis 3 gelten nicht für

1. vor Inkrafttreten des bis zum 31. Mai 2012 geltenden Kreislaufwirtschafts- und Abfallgesetzes (KrW-/AbfG) vom 30. September 1994 (BGBl. I S. 2705) bereits betriebene oder zugelassene Deponien, in denen ausschließlich Erdaushub oder Straßenaufbruch, die nicht durch Schadstoffe verunreinigt sind, oder unbelasteter Bauschutt oder Betonschlamm beseitigt werden;
2. vor dem 1. Juli 1993 stillgelegte Deponien.

§ 3
Zuständigkeit der unteren Abfallentsorgungsbehörden

Soweit durch diese Verordnung oder durch andere Rechtsvorschriften nichts anderes bestimmt ist, sind die unteren Abfallentsorgungsbehörden für die Durchführung der in § 25 Absatz 1 Satz 1 LAbfWG genannten Rechtsvorschriften zuständig.

§ 4
Zuständigkeit der Bürgermeisterinnen und Bürgermeister der amtsfreien Gemeinden und der Amtsdirektorinnen und Amtsdirektoren, in ehrenamtlich verwalteten Ämtern der Amtsvorsteherinnen und Amtsvorsteher

Die Bürgermeisterinnen und Bürgermeister der amtsfreien Gemeinden und die Amtsdirektorinnen und Amtsdirektoren, in ehrenamtlich verwalteten Ämtern die Amtsvorsteherinnen und Amtsvorsteher, sind zuständige Behörden für
1. die Überwachung der Entsorgung von Abfällen unbedeutenden Umfangs,
2. die Überwachung der Entsorgung von Kraftfahrzeugen oder Anhängern, die Abfall sind, und
3. das Anbringen der Aufforderung nach § 20 Absatz 3 KrWG.

Diese Aufgaben werden den amtsfreien Gemeinden und Ämtern zur Erfüllung nach Weisung übertragen.

§ 5
Zuständigkeiten der Bergbehörden

Sollen Abfälle in Anlagen entsorgt werden, die der Bergaufsicht unterliegen, ist bei der Ausführung des Kreislaufwirtschaftsgesetzes das Landesamt für Bergbau, Energie und Geologie (LBEG) des Landes Niedersachsen für Schleswig-Holstein zuständige Behörde für die Durchführung des § 29 Absatz 3, des § 35 Absatz 2 bis 5, der §§ 36, 37, 40, 41, 42, 47, 49, 50, 51, 58 und 59 Absatz 2 KrWG sowie für die Durchführung der Deponieverordnung und der Versatzverordnung.

§ 6
Zuständigkeit der Landwirtschaftskammer Schleswig-Holstein

Die Landwirtschaftskammer Schleswig-Holstein ist zuständige landwirtschaftliche Fachbehörde nach der Bioabfallverordnung und nach der Klärschlammverordnung. Sie erstellt die Auf- oder Einbringungspläne über die auf landwirtschaftlich genutzten Böden verwerteten Klärschlämme nach § 35 Satz 1 der Klärschlammverordnung als Aufgabe zur Erfüllung nach Weisung.

§ 7
Zuständigkeit der Zentralen Stelle für die Überwachung der Entsorgung von gefährlichen Abfällen

(1) Zur zentralen Stelle für die Überwachung der Entsorgung von gefährlichen Abfällen nach § 11 Absatz 1 und 2 des Landesabfallwirtschaftsgesetzes wird die „Gesellschaft für die Organisation der Entsorgung von Sonderabfällen (GOES) mbH" mit Sitz in Neumünster bestimmt.

(2) Die zentrale Stelle für die Überwachung der Entsorgung von gefährlichen Abfällen ist zuständig für
1. die Entgegennahme von Anzeigen nach § 26 Absatz 2 KrWG,
2. die Freistellung nach § 26 Absatz 3 KrWG und § 4 Absatz 3 Satz 3 POP-Abfall-ÜberwV in Verbindung mit § 26 Absatz 3 KrWG,
3. die Feststellung der Wahrnehmung der Produktverantwortung nach § 26 Absatz 4 KrWG,
4. die Freistellung von der Nachweispflicht nach § 26a Absatz 1 KrWG,
5. Verlangen der Vorlage von Registern nach § 49 Absatz 4 KrWG bei Sammlern, Beförderern, Händlern und Maklern von gefährlichen Abfällen gemäß § 49 Absatz 3 KrWG zur Überprüfung der Zuverlässigkeit nach § 3 AbfAEV,
6. Verlangen der Vorlage von Registern nach § 49 Absatz 4 KrWG bei Entsorgern im Sinne von § 49 Absatz 2 KrWG, soweit es sich um die weitere Entsorgung nach Maßgabe des Abfallverbringungsgesetzes vom 19. Juli 2007 (BGBl. I S. 1462), zuletzt geändert durch Artikel 360 Absatz 1 der Verordnung vom 19. Juni 2020 (BGBl. I S. 1328), handelt,
7. Durchführung der §§ 53 und 54 KrWG,
8. Entgegennahme von Anzeigen nach § 58 Absatz 1 in Verbindung mit § 27 KrWG,
9. die Entgegennahme der Nachweiserklärungen nach § 3 NachwV oder § 4 Absatz 1 Satz 3 POP-Abfall-ÜberwV in Verbindung mit § 3 NachwV,
10. die Bestätigungen und Prüfungen nach § 4 NachwV und § 4 Absatz 1 Satz 3 POP-Abfall-ÜberwV in Verbindung mit § 4 NachwV sowie gegebenenfalls die Anforderung von Ergänzungen der Nachweiserklärung,
11. die Bestätigung der Zulässigkeit der vorgesehenen Entsorgung nach § 5 NachwV und § 4 Absatz 1 Satz 3 POP-Abfall-ÜberwV in Verbindung mit § 5 NachwV,
12. die Übersendung des bestätigten Entsorgungsnachweises nach § 6 Absatz 1 NachwV und § 4 Absatz 1 Satz 3 POP-Abfall-ÜberwV in Verbindung mit § 6 Absatz 1 NachwV,
13. die Übersendung der Unterlagen im Falle einer Ablehnung nach § 6 Absatz 5 NachwV und § 4 Absatz 1 Satz 3 POP-Abfall-ÜberwV in Verbindung mit § 6 Absatz 5 NachwV,
14. die Freistellung nach § 7 Absatz 1 Satz 1 Nummer 2 NachwV und § 4 Absatz 1 Satz 3 POP-Abfall-ÜberwV in Verbindung mit § 7 Absatz 1 Satz 1 Nummer 2 NachwV,
15. die Entgegennahme der Nachweiserklärung nach § 7 Absatz 4 NachwV und § 4 Absatz 1 Satz 3 POP-Abfall-ÜberwV in Verbindung mit § 7 Absatz 4 NachwV,
16. die den Nummern 9 bis 15 entsprechenden Aufgaben nach § 9 NachwV und § 4 Absatz 1 Satz 3 POP-Abfall-ÜberwV in Verbindung mit § 9 Absatz 1 Satz 1 Nummer 1 bis 3 sowie Absatz 2 bis 6 NachwV,
17. die Entgegennahme der Ausfertigungen 2 (rosa) und 3 (blau) der Begleitscheine nach § 11 Absatz 3 NachwV und § 4 Absatz 1 Satz 3 POP-Abfall-ÜberwV in Verbindung mit § 11 Absatz 3 NachwV,
18. die Übersendung der Ausfertigung 2 (rosa) der Begleitscheine an die für die Abfallerzeugerin oder den Abfallerzeuger zuständige Behörde nach § 11 Absatz 4 NachwV und § 4 Absatz 1 Satz 3 POP-Abfall-ÜberwV in Verbindung mit § 11 Absatz 4 NachwV,
19. Zulassung nach § 14 Satz 1 NachwV und § 4 Absatz 1 Satz 3 POP-Abfall-ÜberwV in Verbindung mit § 14 Satz 1 NachwV,
20. die Übersendung des bestätigten Entsorgungsnachweises an die für die Abfallerzeugerin oder den Abfallerzeuger zuständige Behörde im Falle der elektronischen Nachweisführung nach § 19 Absatz 3 NachwV und § 4 Absatz 1 Satz 3 POP-Abfall-ÜberwV in Verbindung mit § 19 Absatz 3 NachwV,
21. die Entgegennahme der Meldung durch den Nachweispflichtigen im Falle der Störung des Kommunikationssystems nach § 22 Absatz 1 NachwV und § 4 Absatz 1 Satz 3 POP-Abfall-ÜberwV in Verbindung mit § 22 Absatz 1 NachwV,

22. die Anordnung im Falle der wiederholten oder nicht kurzfristigen Störung des Kommunikationssystems nach § 22 Absatz 2 NachwV und § 4 Absatz 1 Satz 3 POP-Abfall-ÜberwV in Verbindung mit § 22 Absatz 2 NachwV,
23. die Erteilung von Kennnummern für Makler, Händler, Sammler und Beförderer nach § 28 Absatz 1 NachwV, § 4 Absatz 1 Satz 3 in Verbindung mit § 28 Absatz 1 NachwV und § 5 Absatz 1 Satz 2 POP-Abfall-ÜberwV in Verbindung mit § 28 Absatz 1 NachwV,
24. die Vergabe der Kennnummern nach § 28 Absatz 2 NachwV, § 4 Absatz 1 Satz 3 in Verbindung mit § 28 Absatz 2 NachwV und § 5 Absatz 1 Satz 2 POP-Abfall-ÜberwV in Verbindung mit § 28 Absatz 2 NachwV,
25. Durchführung der AbfAEV, soweit nicht nach § 2 Absatz 1 die obere Abfallentsorgungsbehörde zuständig ist,
26. die Erteilung von Zustimmungen und Genehmigungen sowie die Erhebung von Einwänden nach der Verordnung (EG) Nummer 1013/2006[1],
27. die Durchführung des Abfallverbringungsgesetzes.

§ 8
Sonstige Zuständigkeiten

Die Kreisordnungsbehörden sind zuständige tierärztliche Fachbehörden und die unteren Forstbehörden zuständige Forstbehörden nach der Bioabfallverordnung.

§ 9
Abwehr von Zuwiderhandlungen

Für die Abwehr von Zuwiderhandlungen gegen die in § 25 Absatz 1 Satz 1 LAbfWG genannten Vorschriften und für den Erlass von Anordnungen nach § 62 KrWG sind als Ordnungsbehörden zuständig

1. die unteren Abfallentsorgungsbehörden, soweit sie nach § 3 zuständige Behörden sind,
2. die obere Abfallentsorgungsbehörde, soweit sie nach § 2 zuständige Behörde ist, und für Ordnungswidrigkeitenverfahren, soweit die Zentrale Stelle für die Überwachung der Entsorgung von gefährlichen Abfällen nach § 7 zuständige Behörde ist,
3. die Bürgermeisterinnen und Bürgermeister der amtsfreien Gemeinden und die Amtsdirektorinnen und Amtsdirektoren, in ehrenamtlich verwalteten Ämtern die Amtsvorsteherinnen und Amtsvorsteher, soweit sie nach § 4 zuständige Behörden sind,
4. die Bergbehörden, soweit sie nach § 5 zuständige Behörden sind,
5. die Zentrale Stelle für die Überwachung der Entsorgung von gefährlichen Abfällen, soweit sie nach § 7 die zuständige Behörde ist mit Ausnahme der Durchführung von Ordnungswidrigkeitenverfahren.

§ 10
(aufgehoben)

§ 11
Übertragung der Verordnungsermächtigung

Die Ermächtigung zum Erlass einer Verordnung nach § 26 LAbfWG wird auf die oberste Abfallentsorgungsbehörde übertragen.

§ 12
Inkrafttreten

Die Verordnung tritt am Tage nach ihrer Verkündung in Kraft. Gleichzeitig tritt die Verordnung über die Organisation der Entsorgung von Sonderabfällen vom 7. Oktober 1996 (GVOBl. 1996 S. 609) außer Kraft.

---

1 Verordnung (EG) Nummer 1013/2006 des Europäischen Parlaments und des Rates vom (14. Juni 2006) über die Verbringung von Abfällen (ABl. L 190 S. 1, zuletzt ber. 2015 ABl. L 277 S. 61), zuletzt geändert durch Verordnung (EU) 2020/2174 vom 19. Oktober 2020 (ABl. L 433 S. 11)

Landesgesetz über die Umweltverträglichkeitsprüfung
(Landes-UVP-Gesetz – LUVPG)
vom 13. Mai 2003
– GVOBl. Schl.-H. S. 246 –

Zuletzt geändert durch Gesetz vom 13. November 2019 (GVOBl. Schl.-H. S. 425)

Inhaltsübersicht

§ 1 Zweck und Anwendungsbereich des Gesetzes
§ 2 Begriffsbestimmungen
§ 3 Pflicht zur Umweltprüfung
§ 4 Verfahren, Anwendung von Bundesrecht
§ 5 Landschaftsplanungen
§ 6 Zuständige Behörden
§ 7 Übergangsvorschriften
§ 8 Anlagen

§ 1
Zweck und Anwendungsbereich des Gesetzes

(1) Zweck dieses Gesetzes ist es sicherzustellen, dass bei bestimmten öffentlichen und privaten Vorhaben sowie bei bestimmten Plänen und Programmen zur wirksamen Umweltvorsorge nach einheitlichen Grundsätzen
1. die Auswirkungen auf die Umwelt im Rahmen von Umweltprüfungen (Umweltverträglichkeitsprüfung und Strategische Umweltprüfung) frühzeitig und umfassend ermittelt, beschrieben und bewertet werden,
2. die Ergebnisse der durchgeführten Umweltprüfungen
   a) bei allen behördlichen Entscheidungen über die Zulässigkeit von Vorhaben,
   b) bei der Aufstellung oder Änderung von Plänen und Programmen
so früh wie möglich berücksichtigt werden.
(2) Dieses Gesetz gilt für
1. die in Anlage 1 aufgeführten Vorhaben,
2. die in Anlage 2 aufgeführten Pläne und Programme sowie
3. sonstige Pläne und Programme, für die nach § 3 Absatz 2 Satz 1 Nummer 3 oder 4 oder § 3 Absatz 4 eine Strategische Umweltprüfung oder Vorprüfung durchzuführen ist.
§ 1 Absatz 2 und 3 des Gesetzes über die Umweltverträglichkeitsprüfung (UVPG) finden Anwendung.

§ 2
Begriffsbestimmungen

Die Begriffsbestimmungen des § 2 UVPG gelten entsprechend für das Landesrecht.

§ 3
Pflicht zur Umweltprüfung

(1) Eine Umweltverträglichkeitsprüfung (UVP) ist für Vorhaben der Anlage 1 unter den dort genannten Voraussetzungen durchzuführen. Sofern in Anlage 1 für ein Vorhaben eine Vorprüfung vorgesehen ist, sind die Kriterien der Anlage 3 des UVPG nach Maßgabe des § 7 Absatz 1 und 2 UVPG anzuwenden.
(2) Eine Strategische Umweltprüfung (SUP) ist für Pläne und Programme durchzuführen, die
1. in Anlage 2 Nummer 1 aufgeführt sind oder
2. in Anlage 2 Nummer 2 aufgeführt sind und für Entscheidungen über die Zulässigkeit von in Anlage 1 dieses Gesetzes aufgeführten Vorhaben oder von Vorhaben, die nach einer Umweltverträglichkeitsprüfung oder Vorprüfung des Einzelfalls bedürfen, einen Rahmen im Sinne des Satzes 2 setzen,
3. einer Verträglichkeitsprüfung nach § 36 Satz 1 Nummer 2 des Bundesnaturschutzgesetzes (BNatSchG) unterliegen oder
4. nicht unter Nummer 1 oder Nummer 2 fallen, aber für die Entscheidung über die Zulässigkeit von in Anlage 1 dieses Gesetzes oder in Anlage 1 des UVPG aufgeführten oder anderen Vorhaben einen Rahmen im Sinne des Satzes 2 setzen und nach einer Vorprüfung des Einzelfalls im Sinne des Absatzes 3 voraussichtlich erhebliche Umweltauswirkungen haben.

Pläne und Programme setzen einen Rahmen für die Entscheidung über die Zulässigkeit von Vorhaben, wenn sie Festlegungen mit Bedeutung für spätere Zulassungsentscheidungen, insbesondere zum Bedarf, zur Größe, zum Standort, zur Beschaffenheit, zu Betriebsbedingungen von Vorhaben oder zur Inanspruchnahme von Ressourcen, enthalten.

(3) Hängt die Durchführung einer Strategischen Umweltprüfung von einer Vorprüfung des Einzelfalls ab, hat die zuständige Behörde aufgrund einer überschlägigen Prüfung unter Berücksichtigung der in Anlage 6 des UVPG aufgeführten Kriterien einzuschätzen, ob der Plan oder das Programm voraussichtlich erhebliche Umweltauswirkungen hat, die im weiteren Aufstellungsverfahren zu berücksichtigen wären. Bei der Vorprüfung nach Satz 1 ist zu berücksichtigen, inwieweit Umweltauswirkungen durch Vermeidungs- und Verminderungsmaßnahmen offensichtlich ausgeschlossen werden. Die Behörden, deren umwelt- und gesundheitsbezogener Aufgabenbereich durch den Plan oder das Programm berührt wird, sind bei der Vorprüfung nach Satz 1 zu beteiligen. Die Durchführung und das Ergebnis der Vorprüfung sind zu dokumentieren.

(4) Werden Pläne und Programme nach Absatz 2 Satz 1 Nummer 1 bis 3 nur geringfügig geändert oder legen sie die Nutzung kleiner Gebiete auf lokaler Ebene fest, so ist eine Strategische Umweltprüfung nur dann durchzuführen, wenn eine Vorprüfung des Einzelfalls im Sinne des Absatzes 3 ergibt, dass der Plan oder das Programm voraussichtlich erhebliche Umweltauswirkungen hat. Die §§ 13 und 13a des Baugesetzbuchs sowie § 8 Absatz 2 des Raumordnungsgesetzes bleiben unberührt.

(5) § 5 Absatz 12 des Landesplanungsgesetzes bleibt unberührt.

§ 4
Verfahren, Anwendung von Bundesrecht

(1) Im Rahmen des § 3 sind für
1. die Feststellung der Pflicht zur Durchführung einer Umweltverträglichkeitsprüfung oder einer Strategischen Umweltprüfung einschließlich der notwendigen Vorprüfung,
2. die Durchführung der Umweltverträglichkeitsprüfung für Vorhaben oder der Strategischen Umweltprüfung für Pläne und Programme,
3. die Berücksichtigung der Ergebnisse der Umweltverträglichkeitsprüfung oder der Strategischen Umweltprüfung bei der Zulassung des Vorhabens oder der Aufstellung oder Änderung von Plänen und Programmen,
4. die Überwachung der Vorhaben, Pläne und Programme, für die eine Pflicht zur Durchführung einer Umweltverträglichkeitsprüfung oder Strategischen Umweltprüfung besteht und
5. die Berichterstattung an die Europäische Kommission
die §§ 4 bis 34, 38 bis 64, 72 und 73, die Anlagen 2 bis 4 und 6 UVPG und die zu diesem Bundesgesetz ergangenen allgemeinen Verwaltungsvorschriften entsprechend anzuwenden. Anstelle der Anlagen 1 und 5 UVPG sind die Anlagen 1 und 2 dieses Gesetzes anzuwenden.

(2) Die zur Durchführung der Umweltprüfungen erforderlichen Verwaltungsvorschriften erlässt das für Umwelt zu-

ständige Ministerium im Einvernehmen mit den Ministerien, deren Geschäftsbereich berührt wird.

§ 5
Landschaftsplanungen

(1) Bei der Aufstellung oder Änderung von Landschaftsplanungen nach den §§ 10 und 11 BNatSchG sowie den §§ 6 und 7 des Landesnaturschutzgesetzes sind in die Darstellung und Begründung nach § 9 Absatz 2 und 3 BNatSchG die Umweltauswirkungen auf die in § 2 Absatz 1 UVPG genannten Schutzgüter aufzunehmen. Die Begründung der Landschaftsplanungen erfüllt die Funktion eines Umweltberichtes nach § 40 UVPG.

(2) Die Inhalte von Landschaftsplanungen, bei denen eine Strategische Umweltprüfung durchgeführt worden ist, sollen bei der Umweltprüfung anderer Pläne und Programme herangezogen werden. § 40 Absatz 4 UVPG und § 9 Absatz 5 Satz 3 BNatSchG finden entsprechende Anwendung.

§ 6
Zuständige Behörden

(1) Die Feststellung, dass eine Pflicht zur Durchführung einer Umweltprüfung nach Bundesrecht oder nach diesem Gesetz besteht, sowie die Durchführung der Umweltverträglichkeitsprüfung oder der Strategischen Umweltprüfung obliegt der für die Entscheidung über die Zulässigkeit des Vorhabens oder der für die Aufstellung oder Änderung des Plans oder Programms zuständigen Behörde.

(2) Bedarf ein Vorhaben der Zulassung durch mehrere Landesbehörden, ist eine dieser Behörden federführend im Sinne des § 31 UVPG, auch in Verbindung mit § 4 Absatz 1 dieses Gesetzes, für die Durchführung der Umweltverträglichkeitsprüfung zuständig.

(3) Federführende Behörde im Sinne des Absatzes 2 ist

1. für Vorhaben nach den Nummern 3.1, 4.1 und 5.1 der Anlage 1 zu diesem Gesetz die zuständige Naturschutzbehörde,
2. für Vorhaben nach Nummer 11 der Anlage 1 zum UVPG das für Reaktorsicherheit und Strahlenschutz zuständige Ministerium,
3. für Vorhaben nach der Nummer 13 der Anlage 1 zum UVPG mit Ausnahme der Nummer 13.16 in Verbindung mit der Nummer 1.1 der Anlage 1 zu diesem Gesetz die für die wasserrechtliche Entscheidung zuständige Wasserbehörde,
4. für Vorhaben nach der Nummer 13.16 der Anlage 1 zum UVPG in Verbindung mit der Nummer 1.1. der Anlage 1 zu diesem Gesetz die zuständige Küstenschutzbehörde,
5. für Vorhaben nach Nummer 17.1 der Anlage 1 zum UVPG in Verbindung mit Nummer 3.2 der Anlage 1 zu diesem Gesetz sowie für Vorhaben nach Nummer 17.2 der Anlage 1 zum UVPG die zuständige Forstbehörde.

§ 7
Übergangsvorschriften

(1) Für Vorhaben, für die das Verfahren zur Feststellung der UVP-Pflicht im Einzelfall nach § 6 oder § 7 Nummer 2 in der Fassung dieses Gesetzes, die vor dem 16. Mai 2017 galt, vor dem 16. Mai 2017 eingeleitet wurde, sind die §§ 4 bis 8 in der bis dahin geltenden Fassung dieses Gesetzes weiter anzuwenden.

(2) Verfahren nach § 3 Absatz 1 sind nach der Fassung dieses Gesetzes, die vor dem 16. Mai 2017 galt, zu Ende zu führen, wenn vor diesem Zeitpunkt

1. das Verfahren zur Unterrichtung über voraussichtlich beizubringende Unterlagen in der bis dahin geltenden Fassung des § 5 Absatz 1 UVPG eingeleitet wurde oder
2. die Unterlagen nach § 6 UVPG in der bis dahin geltenden Fassung des UVPG vorgelegt wurden.

(3) Verfahren nach § 3 Absatz 2 sind nach der Fassung dieses Gesetzes, die vor dem 16. Mai 2017 galt, zu Ende zu führen, wenn vor diesem Zeitpunkt der Untersuchungsrahmen nach § 14f Absatz 1 UVPG in der bis dahin geltenden Fassung des UVPG festgelegt wurde.

§ 8
Anlagen

Die Anlagen 1 und 2 sind Bestandteil dieses Gesetzes.

Anlage 1
(zu § 1 Absatz 2 Satz 1 Nummer 1)

Liste „UVP-pflichtige Vorhaben"

Nachstehende Vorhaben fallen nach § 1 Absatz 2 Satz 1 Nummer 1 in den Anwendungsbereich dieses Gesetzes. Soweit nachstehend eine allgemeine Vorprüfung oder eine standortbezogene Vorprüfung des Einzelfalls vorgesehen ist, nimmt dies Bezug auf die Regelungen des § 7 Absatz 1 und 2 UVPG.

Legende:

Nr.	=	Nummer des Vorhabens
Vorhaben	=	Art des Vorhabens mit ggf. Größen- oder Leistungswerten nach § 6 Satz 2 UVPG sowie Prüfwerten für Größe und Leistung nach § 7 Absatz 5 Satz 3 UVPG
X in Spalte 1	=	Vorhaben ist UVP-pflichtig
A in Spalte 2	=	allgemeine Vorprüfung des Einzelfalls: siehe § 7 Absatz 1 Satz 1 UVPG
S in Spalte 2	=	standortbezogene Vorprüfung des Einzelfalls: siehe § 7 Absatz 2 Satz 1 UVPG

Nr.	Vorhaben	Spalte 1	Spalte 2
1	Wasserwirtschaftliche Vorhaben		
1.1	Deiche, Sicherungsdämme und Sperrwerke (Bauten des Küstenschutzes), Siele, Schleusen und sonstige Küstenschutzanlagen sowie meerestechnische Arbeiten, die geeignet sind, Veränderungen der Küste mit sich zu bringen, mit Ausnahme der Unterhaltung und Wiederherstellung solcher Bauten (zu Anlage 1 Nr. 13.16 des Gesetzes über die Umweltverträglichkeitsprüfung)		A
2	Verkehrsvorhaben		
2.1	Bau von Schnellstraßen im Sinne der Nummer 7 Buchst. b des Anhangs I der Richtlinie 97/11/EG zur Änderung der Richtlinie 85/337/EWG über die Umweltverträglichkeitsprüfung bei bestimmten öffentlichen und privaten Projekten;	X	
2.2	Bau einer neuen vier- oder mehrstreifigen Landes-, Kreis- oder Gemeindestraße oder einer sonstigen Straße, wenn diese neue Straße eine durchgehende Länge von 10 Kilometern oder mehr aufweist;	X	
2.3	Bau einer vier- oder mehrstreifigen Landes-, Kreis- oder Gemeindestraße oder einer sonstigen Straße durch Verlegung und/oder Ausbau einer bestehenden Straße, wenn dieser geänderte Straßenabschnitt eine durchgehende Länge von 10 Kilometern oder mehr aufweist;	X	
2.4	Bau oder Ausbau von sonstigen Landes-, Kreis- oder Gemeindestraßen oder sonstigen Straßen, wenn diese Straße einen durchschnittlichen täglichen Verkehr von mehr als 10.000 Kraftfahrzeugen in 24 Stunden aufweist;		A
2.5	Bau- oder Ausbau von sonstigen Landes-, Kreis- oder Gemeindestraßen oder sonstiger Straßen einschließlich von unselbstständigen Rad- und Gehwegen, wenn die Maßnahme		
	a) einer Verträglichkeitsprüfung nach § 34 des Bundesnaturschutzgesetzes und § 25 des Landesnaturschutzgesetzes unterliegt, durch ein Naturschutzgebiet oder Nationalpark führt oder in der Schutzzone I oder II eines Wasserschutzgebietes liegt;		S
	b) in gesetzlich geschützten Biotopen nach § 30 des Bundesnaturschutzgesetzes und § 21 des Landesnaturschutzgesetzes, ausgenommen Knickdurchbrüche, oder in geschützten Landschaftsbestandteilen oder auf einer Länge von 500 Metern oder mehr in Wäldern nach § 2 Abs. 1 Landeswaldgesetz liegt;		S
	c) geeignet ist, ein Kulturdenkmal im Sinne des § 2 Absatz 2 des Denkmalschutzgesetzes oder über einen Denkmalbereich im Sinne des § 2 Absatz 3 Nummer 3 des Denkmalschutzgesetzes oder deren Umgebung zu beeinträchtigen oder innerhalb eines Grabungsschutzgebietes im Sinne des § 2 Absatz 3 Nummer 4 des Denkmalschutzgesetzes liegt;		S
2.6	Bau oder Ausbau von sonstigen Landes-, Kreis- oder Gemeindestraßen oder sonstiger Straßen, mit Ausnahme der unselbstständigen Rad- und Gehwege, wenn die Maßnahme		
	a) auf einer Länge von 1 Kilometer oder mehr in Wasserschutzgebieten der Schutzzone III, in Biosphärenreservaten, in Landschaftsschutzgebieten oder in Naturparks liegt;		S
	b) auf einer Länge von 1 Kilometer und mehr in festgesetzten Gebieten liegt, in denen die in Vorschriften der Europäischen Union oder auf deren Grundlage festgelegten Umweltqualitätsnormen bereits überschritten sind;		S
	c) auf einer Länge von 1 Kilometer oder mehr in Verdichtungsräumen gemäß Landesraumordnungsplan oder in Mittel- oder Oberzentren liegt;		S

Nr.				
3	Land- und Forstwirtschaftliche Vorhaben			
3.1	Projekte zur Verwendung von Ödland oder naturnahen Flächen zu intensiver Landwirtschaftsnutzung ab einer Fläche von 1 ha;		S	
3.2	Erstaufforstung im Sinne des Bundeswaldgesetzes			
3.2.1	mit 20 ha bis weniger als 50 ha Wald (Abweichung zu Anlage 1 Nr. 17.1.2 des Gesetzes über die Umweltverträglichkeitsprüfung)		S	
3.2.2	Für Erstaufforstungen im Sinne des Bundeswaldgesetzes mit 2 ha bis weniger als 20 ha Wald bedarf es abweichend von Anlage 1 Nr. 17.1.3 des Gesetzes über die Umweltverträglichkeitsprüfung keiner standortbezogenen Vorprüfung des Einzelfalls.			
4	Abbauvorhaben			
4.1	Andere als bergbauliche Vorhaben zum Abbau von oberflächennahen Rohstoffen, insbesondere Tagebau und Torfgewinnung;			
4.1.1	Ab einer beanspruchten Abbaufläche von 25 ha oder mehr;	X		
4.1.2	Bei einer Abbaufläche von 1 bis weniger als 25 ha;		S	
5	Fremdenverkehr und Freizeit			
5.1	Skipisten, Skilifte, Seilbahnen und zugehörige Einrichtungen.			A
6	Bau eines Feriendorfes, eines Hotelkomplexes oder einer sonstigen großen Einrichtung für die Ferien- und Fremdenbeherbergung im Außenbereich (§ 35 BauGB)			
6.1	Mit einer Bettenzahl von jeweils insgesamt 300 oder mehr oder mit einer Gästezimmerzahl von jeweils 200 oder mehr	X		
6.2	Mit einer Bettenzahl von jeweils 100 bis weniger als 300 oder mit einer Gästezimmerzahl von jeweils insgesamt 80 bis weniger als 200			A
7	Bau eines Freizeitparks innerhalb der im Zusammenhang bebauten Ortsteile (§ 34 BauGB) oder im Außenbereich (§ 35 BauGB) mit einer Größe von			
7.1	10 ha oder mehr	X		
7.2	4 ha bis weniger als 10 ha			A
8	Bau eines Parkplatzes innerhalb der im Zusammenhang bebauten Ortsteile (§ 34 BauGB) oder im Außenbereich (§ 35 BauGB) mit einer Größe von			
8.1	1 ha oder mehr	X		
8.2	0,5 ha bis weniger als 1 ha			A
9	Bau eines Einkaufszentrums, eines großflächigen Einzelhandelsbetriebes oder eines sonstigen großflächigen Handelsbetriebs im Sinne des § 11 Abs. 3 Satz 1 der Baunutzungsverordnung innerhalb der im Zusammenhang bebauten Ortsteile (§ 34 BauGB) oder im Außenbereich (§ 35 BauGB) mit einer zulässigen Geschossfläche von			
9.1	5000 m^2 oder mehr	X		
9.2	1200 m^2 bis weniger als 5000 m^2			A
10	Flurbereinigung			
10.1	Bau der gemeinschaftlichen und öffentlichen Anlagen im Sinne des Flurbereinigungsgesetzes			A

Anlage 2
(zu § 1 Absatz 2 Satz 1 Nummer 2 und 3)

Liste „SUP-pflichtige Pläne und Programme"

Nachstehende Pläne und Programme fallen nach § 1 Absatz 2 Satz 1 Nummer 2 und 3 in den Anwendungsbereich dieses Gesetzes.

Legende:
Nr. = Nummer des Plans oder Programms
Plan oder Programm = Art des Plans oder des Programms

Nr.	Plan oder Programm
1	Obligatorische Strategische Umweltprüfung nach § 3 Absatz 2 Satz 1 Nummer 1
1.1	Landschaftsplanungen nach den §§ 10 und 11 des Bundesnaturschutzgesetzes sowie den §§ 6 und 7 des Landesnaturschutzgesetzes.
2	Strategische Umweltprüfung bei Rahmensetzung nach § 3 Absatz 2 Satz 1 Nummer 2

Landesbauordnung für das Land Schleswig-Holstein (LBO)
in der Fassung der Bekanntmachung vom 22. Januar 2009
– GVOBl. Schl.-H. S. 6 –

Zuletzt geändert durch Gesetz vom 1. Oktober 2019 (GVOBl. Schl.-H. S. 398)

Inhaltsübersicht

Erster Teil
Allgemeine Vorschriften

§ 1 Anwendungsbereich
§ 2 Begriffe
§ 3 Allgemeine Anforderungen

Zweiter Teil
Das Grundstück und seine Bebauung

§ 4 Bebauung der Grundstücke mit Gebäuden
§ 5 Zugänge und Zufahrten auf den Grundstücken
§ 6 Abstandflächen, Abstände
§ 7 Teilung von Grundstücken
§ 8 Nicht überbaute Flächen der bebauten Grundstücke, Kleinkinderspielplätze
§ 9 Sicherheit und Überschaubarkeit der Wegführung

Dritter Teil
Bauliche Anlagen

Abschnitt I
Gestaltung

§ 10 Gestaltung
§ 11 Anlagen der Außenwerbung, Warenautomaten

Abschnitt II
Allgemeine Anforderungen an die Bauausführung

§ 12 Baustelle
§ 13 Standsicherheit
§ 14 Schutz gegen schädliche Einflüsse
§ 15 Brandschutz
§ 16 Wärme-, Schall-, Erschütterungsschutz
§ 17 Verkehrssicherheit
§ 17 a Bauarten

Abschnitt III
Bauprodukte

§ 17 b Allgemeine Anforderungen für die Verwendung von Bauprodukten
§ 17 c Anforderungen für die Verwendung von CE-gekennzeichneten Bauprodukten
§ 18 Verwendbarkeitsnachweise
§ 19 Allgemeine bauaufsichtliche Zulassung
§ 20 Allgemeines bauaufsichtliches Prüfzeugnis
§ 21 Nachweis der Verwendbarkeit von Bauprodukten im Einzelfall
§ 22 Übereinstimmungsbestätigung
§ 23 Übereinstimmungserklärung der Herstellerin oder des Herstellers
§ 24 Zertifizierung
§ 25 Prüf-, Zertifizierungs- und Überwachungsstellen
§ 26 Besondere Sachkunde- und Sorgfaltsanforderungen

Abschnitt IV
Brandverhalten von Baustoffen und Bauteilen;
Wände, Decken, Dächer

§ 27 Allgemeine Anforderungen an das Brandverhalten von Baustoffen und Bauteilen
§ 28 Tragende Wände, Stützen
§ 29 Außenwände
§ 30 Trennwände
§ 31 Brandwände
§ 32 Decken
§ 33 Dächer

Abschnitt V
Rettungswege, Öffnungen, Umwehrungen

§ 34 Erster und zweiter Rettungsweg
§ 35 Treppen
§ 36 Notwendige Treppenräume, Ausgänge
§ 37 Notwendige Flure, offene Gänge
§ 38 Fenster, Türen, sonstige Öffnungen
§ 39 Umwehrungen

Abschnitt VI
Technische Gebäudeausrüstung

§ 40 Aufzüge
§ 41 Leitungsanlagen, Installationsschächte und -kanäle
§ 42 Lüftungsanlagen
§ 43 Feuerungsanlagen, sonstige Anlagen zur Wärmeerzeugung, Brennstoffversorgung
§ 44 Sanitäre Anlagen, Wasserzähler
§ 45 Kleinkläranlagen, Gruben und Anlagen zum Lagern von Jauche, Gülle, Festmist und Silagesickersäften
§ 46 Aufbewahrung fester Abfall- und Wertstoffe
§ 47 Blitzschutzanlagen

Abschnitt VII
Nutzungsbedingte Anforderungen

§ 48 Aufenthaltsräume
§ 49 Wohnungen
§ 50 Stellplätze und Garagen, Abstellanlagen für Fahrräder
§ 51 Sonderbauten
§ 52 Barrierefreies Bauen

Vierter Teil
Die am Bau Beteiligten

§ 53 Grundpflichten
§ 54 Bauherrin oder Bauherr
§ 55 Entwurfsverfasserin oder Entwurfsverfasser
§ 56 Unternehmerin oder Unternehmer
§ 57 Bauleiterin oder Bauleiter

Fünfter Teil
Bauaufsichtsbehörden, Verfahren

§ 58 Bauaufsichtsbehörden, Fachaufsicht
§ 59 Aufgaben und Befugnisse der Bauaufsichtsbehörden
§ 60 Bestehende Anlagen
§ 61 Sachliche und örtliche Zuständigkeit
§ 62 Genehmigungsbedürftige Vorhaben
§ 63 Verfahrensfreie Bauvorhaben, Beseitigung von Anlagen
§ 64 Bauantrag, Bauvorlagen
§ 65 Bauvorlageberechtigung
§ 66 Vorbescheid
§ 67 Behandlung des Bauantrages
§ 68 Genehmigungsfreistellung
§ 69 Vereinfachtes Baugenehmigungsverfahren
§ 70 Bautechnische Nachweise
§ 71 Abweichungen
§ 72 Beteiligung der Nachbarinnen oder Nachbarn
§ 72 a Beteiligung der Öffentlichkeit
§ 73 Baugenehmigung, Baubeginn
§ 73 a Typengenehmigung
§ 74 Teilbaugenehmigung
§ 75 Geltungsdauer
§ 76 Genehmigung Fliegender Bauten
§ 77 Bauaufsichtliche Zustimmung
§ 78 Bauüberwachung
§ 79 Bauzustandsanzeigen, Aufnahme der Nutzung
§ 80 Baulasten, Baulastenverzeichnis
§ 81 Elektronische Kommunikation

Sechster Teil
Ordnungswidrigkeiten, Verordnungs- und Satzungsermächtigungen,
Übergangs- und Schlussvorschriften

§ 82 Ordnungswidrigkeiten

§ 83   Verordnungsermächtigungen
§ 83a Technische Baubestimmungen
§ 84   Örtliche Bauvorschriften
§ 85   Übergangsvorschriften
§ 86   Inkrafttreten, Außerkrafttreten

Erster Teil
Allgemeine Vorschriften

§ 1
Anwendungsbereich

(1) Dieses Gesetz gilt für bauliche Anlagen und Bauprodukte. Es gilt auch für Grundstücke sowie für andere Anlagen und Einrichtungen, an die in diesem Gesetz oder in Vorschriften aufgrund dieses Gesetzes Anforderungen gestellt werden.

(2) Dieses Gesetz gilt nicht für

1. Anlagen des öffentlichen Verkehrs einschließlich Zubehör, Nebenanlagen und Nebenbetriebe, ausgenommen Gebäude,
2. Anlagen, die der Bergaufsicht unterliegen, ausgenommen Gebäude,
3. Leitungen, die der öffentlichen Versorgung mit Wasser, Gas, Elektrizität, Wärme, der öffentlichen Abwasserentsorgung oder der Telekommunikation dienen,
4. Rohrleitungen, die dem Ferntransport von Stoffen dienen,
5. Kräne und Krananlagen mit Ausnahme der Kranbahnen und Kranfundamente,
6. Schiffe und schwimmende Anlagen in Häfen, für die wasserverkehrsrechtliche Regelungen getroffen sind,
7. Messestände in Messe- und Ausstellungsgebäuden.

§ 2
Begriffe

(1) Bauliche Anlagen sind mit dem Erdboden verbundene, aus Bauprodukten hergestellte Anlagen; eine Verbindung mit dem Boden besteht auch dann, wenn die Anlage durch eigene Schwere auf dem Boden ruht oder auf ortsfesten Bahnen begrenzt beweglich ist oder wenn die Anlage nach ihrem Verwendungszweck dazu bestimmt ist, überwiegend ortsfest benutzt zu werden. Bauliche Anlagen sind auch

1. Aufschüttungen und Abgrabungen,
2. Lagerplätze, Abstellplätze und Ausstellungsplätze, ausgenommen Bootslagerplätze am Meeresstrand,
3. Campingplätze,
4. Stellplätze für Kraftfahrzeuge und deren Zufahrten, Abstellanlagen für Fahrräder,
5. künstliche Hohlräume unter der Erdoberfläche,
6. Sport- und Spielflächen,
7. Bolz- und Kinderspielplätze,
8. Freizeit- und Vergnügungsparks,
9. Golfplätze,
10. Sportboothäfen,
11. Gerüste,
12. Hilfseinrichtungen zur statischen Sicherung von Bauzuständen.

Anlagen sind bauliche Anlagen und sonstige Anlagen und Einrichtungen im Sinne des § 1 Abs. 1 Satz 2.

(2) Barrierefrei sind bauliche Anlagen, soweit sie für Menschen mit Behinderung in der allgemein üblichen Weise, ohne besondere Erschwernis und grundsätzlich ohne fremde Hilfe zugänglich und nutzbar sind.

(3) Gebäude sind selbstständig benutzbare, überdeckte bauliche Anlagen, die von Menschen betreten werden können und geeignet oder bestimmt sind, dem Schutz von Menschen, Tieren oder Sachen zu dienen.

(4) Gebäude werden in folgende Gebäudeklassen eingeteilt, wobei sich die maßgebliche Höhe nach Satz 2 bestimmt:

1. Gebäudeklasse 1:
   a) freistehende Gebäude mit einer Höhe bis zu 7 m und nicht mehr als zwei Nutzungseinheiten von insgesamt nicht mehr als 400 m² und
   b) freistehende land- oder forstwirtschaftlich genutzte Gebäude,
2. Gebäudeklasse 2:
   Gebäude mit einer Höhe bis zu 7 m und nicht mehr als zwei Nutzungseinheiten von insgesamt nicht mehr als 400 m²,
3. Gebäudeklasse 3:
   sonstige Gebäude mit einer Höhe bis zu 7 m,
4. Gebäudeklasse 4:
   Gebäude mit einer Höhe bis zu 13 m und Nutzungseinheiten mit jeweils nicht mehr als 400 m²,
5. Gebäudeklasse 5:
   sonstige Gebäude einschließlich unterirdischer Gebäude.

Höhe im Sinne des Satzes 1 ist das Maß der Fußbodenoberkante des höchstgelegenen Aufenthaltsraumes über der festgelegten Geländeoberfläche im Mittel an den Gebäudeaußenwänden des jeweiligen Gebäudes. Die festgelegte Geländeoberfläche ist die in einem Bebauungsplan festgesetzte oder in der Baugenehmigung oder Teilbaugenehmigung bestimmte Geländeoberfläche; andernfalls gilt die Höhe der natürlichen Geländeoberfläche als festgelegt. Die Grundflächen der Nutzungseinheiten im Sinne dieses Gesetzes sind die Brutto-Grundflächen; bei der Berechnung der Brutto-Grundflächen nach Satz 1 bleiben Flächen in Kellergeschossen außer Betracht.

(5) Sonderbauten sind Anlagen und Räume besonderer Art oder Nutzung, die einen der Tatbestände des § 51 Abs. 2 erfüllen.

(6) Aufenthaltsräume sind Räume, die zum nicht nur vorübergehenden Aufenthalt von Menschen bestimmt oder geeignet sind.

(7) Geschosse sind oberirdische Geschosse, wenn ihre Deckenoberkanten im Mittel mehr als 1,40 m über die festgelegte Geländeoberfläche hinausragen; im Übrigen sind sie Kellergeschosse. Hohlräume zwischen der obersten Decke und der Bedachung, in denen Aufenthaltsräume nicht möglich sind, sind keine Geschosse.

(8) Vollgeschosse sind oberirdische Geschosse, wenn sie über mindestens drei Viertel ihrer Grundfläche eine Höhe von mindestens 2,30 m haben. Ein gegenüber mindestens einer Außenwand des Gebäudes zurückgesetztes oberstes Geschoss oder ein Geschoss mit mindestens einer geneigten Dachfläche ist ein Vollgeschoss, wenn es über mindestens drei Viertel der Grundfläche des darunter liegenden Geschosses eine Höhe von mindestens 2,30 m hat; die Höhe der Geschosse wird von der Oberkante des Fußbodens bis zur Oberkante des Fußbodens der darüber liegenden Decke, bei Geschossen mit Dachflächen bis zur Oberkante der Dachhaut gemessen.

(9) Stellplätze sind Flächen, die dem Abstellen von Kraftfahrzeugen außerhalb der öffentlichen Verkehrsflächen dienen. Garagen sind Gebäude oder Gebäudeteile zum Abstellen von Kraftfahrzeugen. Ausstellungs-, Verkaufs-, Werk- und Lagerräume für Kraftfahrzeuge sind keine Stellplätze oder Garagen.

(10) Feuerstätten sind in oder an Gebäuden ortsfest genutzte Anlagen oder Einrichtungen, die dazu bestimmt sind, durch Verbrennung Wärme zu erzeugen.

(11) Bauprodukte sind

1. Produkte, Baustoffe, Bauteile und Anlagen sowie Bausätze gemäß Artikel 2 Nummer 2 der Verordnung (EU) Nummer 305/2011, die hergestellt werden, um dauerhaft in bauliche Anlagen eingebaut zu werden,
2. aus Produkten, Baustoffen, Bauteilen sowie Bausätzen gemäß Artikel 2 Nummer 2 der Verordnung (EU) Nummer 305/2011 vorgefertigte Anlagen, die hergestellt werden, um mit dem Erdboden verbunden zu werden,

und deren Verwendung sich auf die Anforderungen nach § 3 Absatz 2 auswirken kann.

(12) Bauart ist das Zusammenfügen von Bauprodukten zu baulichen Anlagen oder Teilen von baulichen Anlagen. Das Zusammenfügen von Komponenten eines Bausatzes im Sinne des Absatzes 11 gilt nicht als Bauart.

(13) Nicht geregelte Bauprodukte sind Bauprodukte, für die es Technische Baubestimmungen oder allgemein anerkannte Regeln der Technik nicht gibt oder die von diesen wesentlich abweichen. Ausgenommen sind Bauprodukte, die für die Erfüllung der Anforderungen dieses Gesetzes nur untergeordnete Bedeutung haben.

(14) Campingplätze sind Grundstücke, auf denen mehr als fünf Wohnwagen, Zelte und Campinghäuser zum Zwecke der Benutzung aufgestellt sind oder aufgestellt werden sollen.

§ 3
Allgemeine Anforderungen

(1) Bei der Planung, Errichtung, Änderung und Nutzungsänderung baulicher Anlagen und der Gestaltung von Grundstücken ist auf den Schutz der natürlichen Grundlagen des Lebens sowie auf die besonderen Belange von Familien mit Kindern, von alten Menschen sowie Menschen mit Behinderung durch den Grundsatz barrierefreien Bauens Rücksicht zu nehmen.

(2) Anlagen sind so anzuordnen, zu errichten, zu ändern und instand zu halten, dass die öffentliche Sicherheit, insbesondere Leben und Gesundheit, nicht gefährdet werden und keine unzumutbaren Belästigungen entstehen; dabei sind die Grundanforderungen an Bauwerke gemäß Anhang I der Verordnung (EU) Nummer 305/2011 zu berücksichtigen.

(3) Die der Wahrung der Anforderungen nach Absatz 2 dienenden allgemein anerkannten Regeln der Technik sind zu beachten. Von diesen Regeln kann abgewichen werden, wenn mit einer anderen Lösung in gleichem Maße nachweislich die allgemeinen Anforderungen des Absatzes 2 erfüllt werden. Als allgemein anerkannte Regeln der Technik gelten auch die von der obersten Bauaufsichtsbehörde durch Verwaltungsvorschrift als technische Baubestimmungen eingeführten technischen Regeln.

(4) Für die Beseitigung von Anlagen und für die Änderung ihrer Nutzung gelten die Absätze 2 und 3 entsprechend.

Zweiter Teil
Das Grundstück und seine Bebauung

§ 4
Bebauung der Grundstücke mit Gebäuden

(1) Das Baugrundstück muss nach seiner Beschaffenheit für die bauliche Anlage so geeignet sein, dass durch Wasser, Feuchtigkeit sowie andere chemische, physikalische oder biologische Einflüsse Gefahren oder unzumutbare Belästigungen nicht entstehen.

(2) Gebäude dürfen nur errichtet werden, wenn das Grundstück in angemessener Breite an einer befahrbaren öffentlichen Verkehrsfläche liegt oder wenn das Grundstück eine befahrbare, öffentlich-rechtlich gesicherte Zufahrt zu einer befahrbaren öffentlichen Verkehrsfläche hat. Wohnwege ohne Befahrbarkeit sind zulässig, wenn Bedenken wegen des Brandschutzes nicht bestehen.

(3) Ein Gebäude auf mehreren Grundstücken ist nur zulässig, wenn durch Baulast gesichert ist, dass dadurch keine Verhältnisse eintreten können, die Vorschriften dieses Gesetzes oder aufgrund dieses Gesetzes widersprechen.

§ 5
Zugänge und Zufahrten auf den Grundstücken

(1) Von öffentlichen Verkehrsflächen ist insbesondere für die Feuerwehr ein geradliniger Zu- oder Durchgang zu rückwärtigen Gebäuden zu schaffen; zu anderen Gebäuden ist er zu schaffen, wenn der zweite Rettungsweg dieser Gebäude über Rettungsgeräte der Feuerwehr führt. Zu Gebäuden, bei denen die Oberkante der Brüstung von zum Anleitern bestimmten Fenstern oder Stellen mehr als 8 m über Gelände liegt, ist in den Fällen des Satzes 1 anstelle eines Zu- oder Durchgangs eine Zu- oder Durchfahrt zu schaffen. Ist für die Personenrettung der Einsatz von Hubrettungsfahrzeugen erforderlich, sind die dafür erforderlichen Aufstell- und Bewegungsflächen vorzusehen. Bei Gebäuden, die ganz oder mit Teilen mehr als 50 m von einer öffentlichen Verkehrsfläche entfernt sind, sind Zufahrten oder Durchfahrten nach Satz 2 bis vor und hinter den Gebäuden gelegenen Grundstücksteilen und Bewegungsflächen herzustellen, wenn sie aus Gründen des Feuerwehreinsatzes erforderlich sind.

(2) Zu- und Durchfahrten, Aufstellflächen und Bewegungsflächen müssen für Feuerwehrfahrzeuge ausreichend befestigt und tragfähig sein; sie sind als solche zu kennzeichnen und ständig frei zu halten; die Kennzeichnung von Zufahrten muss von der öffentlichen Verkehrsfläche aus sichtbar sein.

§ 6
Abstandflächen, Abstände

(1) Vor den Außenwänden von Gebäuden sind Abstandflächen von oberirdischen Gebäuden freizuhalten. Satz 1 gilt entsprechend für andere Anlagen, von denen Wirkungen wie von Gebäuden ausgehen, gegenüber Gebäuden und Grundstücksgrenzen. Wirkungen wie von Gebäuden gehen von ihnen insbesondere aus, wenn sie länger als 5 m und höher als 2 m sind, bei Terrassen, wenn sie höher als 1 m sind. Eine Abstandfläche ist nicht erforderlich vor Außenwänden, die an Grundstücksgrenzen errichtet werden, wenn nach planungsrechtlichen Vorschriften an die Grenze gebaut werden muss oder gebaut werden darf.

(2) Abstandflächen sowie Abstände nach § 31 Abs. 2 Nr. 1 und § 33 Abs. 2 müssen auf dem Grundstück selbst liegen. Sie dürfen auch auf öffentlichen Verkehrs-, Grün- und Wasserflächen liegen, jedoch nur bis zu deren Mitte. Abstandflächen sowie Abstände im Sinne des Satzes 1 dürfen sich ganz oder teilweise auf andere Grundstücke erstrecken, wenn öffentlich-rechtlich gesichert ist, dass sie nicht überbaut werden; diese Abstandflächen dürfen auf die auf diesen Grundstücken erforderlichen anderen Abstandflächen nicht angerechnet werden.

(3) Die Abstandflächen dürfen sich nicht überdecken; dies gilt nicht für
1. Außenwände, die in einem Winkel von mehr als 75° zueinander stehen,
2. Außenwände zu einem fremder Sicht entzogenen Gartenhof bei Wohngebäuden der Gebäudeklassen 1 und 2,
3. Gebäude und andere bauliche Anlagen, die in den Abstandflächen zulässig sind.

(4) Die Tiefe der Abstandfläche bemisst sich nach der Wandhöhe; sie wird senkrecht zur Wand gemessen. Wandhöhe ist das Maß von der festgelegten Geländeoberfläche bis zum Schnittpunkt der Wand mit der Dachhaut oder bis zum oberen Abschluss der Wand. Zur Wandhöhe werden jeweils hinzugerechnet

1. zu einem Viertel die Höhe von
  a) Dächern und Dachteilen, die von Dachflächen mit einer Neigung von mehr als 45° begrenzt werden,
  b) Dächern mit Dachgauben oder Dachaufbauten, deren Gesamtbreite je Dachfläche mehr als die Hälfte der Gebäudewand beträgt,

2. voll die Höhe von Dächern und Dachteilen, die von Dachflächen mit einer Neigung von mehr als 70° begrenzt werden.

Das sich ergebende Maß ist H.

(5) Die Tiefe der Abstandflächen beträgt 0,4 H, mindestens 3 m. In Gewerbe- und Industriegebieten genügt eine Tiefe von 0,2 H, mindestens 3 m. Vor der Außenwand von Wohngebäuden der Gebäudeklassen 1 und 2 mit nicht mehr als drei oberirdischen Geschossen genügt als Tiefe der Abstandfläche 3 m. Werden von einer städtebaulichen Satzung oder einer Satzung nach § 84 Außenwände zugelassen oder vorgeschrieben, vor denen Abstandflächen größerer oder geringerer Tiefe als nach den Sätzen 1 bis 3 liegen müssten, finden die Sätze 1 bis 3 keine Anwendung, es sei denn, die Satzung ordnet die Geltung dieser Vorschriften an.

(6) Bei der Bemessung der Abstandflächen bleiben außer Betracht

1. vor die Außenwand vortretende Bauteile wie Gesimse und Dachüberstände, wenn sie
   a) nicht mehr als 1,50 m vor diese Außenwand vortreten und
   b) mindestens 2 m von der gegenüber liegenden Nachbargrenze entfernt bleiben,
2. Vorbauten, wenn sie
   a) insgesamt nicht mehr als ein Drittel der jeweiligen Wandlänge in Anspruch nehmen,
   b) nicht mehr als 1,50 m vor die Außenwand vortreten und
   c) mindestens 2 m von der gegenüber liegenden Nachbargrenze entfernt bleiben,
3. bei Gebäuden an der Grundstücksgrenze die Seitenwände von Vorbauten in den Maßen der Nummer 2 a und b und Dachaufbaute, auch wenn sie nicht an der Grundstücksgrenze errichtet werden,
4. Maßnahmen zum Zwecke der Energieeinsparung und Solaranlagen an bestehenden Gebäuden unabhängig davon, ob diese den Anforderungen der Absätze 2 bis 6 Nummer 1 bis 3 entsprechen, wenn ein Abstand von mindestens 2,30 m zur Nachbargrenze erhalten bleibt.

(7) In den Abstandflächen eines Gebäudes sowie ohne eigene Abstandflächen sind, auch wenn sie nicht an die Grundstücksgrenze oder an das Gebäude angebaut werden, zulässig
1. Garagen,
2. Gebäude ohne Aufenthaltsräume und Feuerstätten, die der Telekommunikation, der öffentlichen Versorgung mit Wasser, Gas, Elektrizität, Wärme oder der öffentlichen Abwasserversorgung dienen,
3. sonstige Gebäude ohne Aufenthaltsräume,
4. gebäudeunabhängige Solaranlagen mit einer mittleren Höhe bis zu 2,75 m und einer Gesamtlänge je Grundstücksgrenze von 9 m,
5. Stützwände und geschlossene Einfriedungen in Gewerbe- und Industriegebieten, außerhalb dieser Baugebiete mit einer Höhe bis zu 1,50 m.

Soweit die in Satz 1 genannten Gebäude den Abstand zur Grundstücksgrenze unterschreiten, darf ausschließlich darauf errichteter Anlagen zur Gewinnung von Solarenergie
1. deren Gesamtlänge an keiner der jeweiligen Grundstücksgrenzen des Baugrundstücks größer als 9 m sein und
2. deren mittlere Wandhöhe 2,75 m über der an der Grundstücksgrenze festgelegten Geländeoberfläche nicht übersteigen.

In den in Satz 1 Nr. 3 genannten Gebäuden sind Leitungen und Zähler für Energie und Wasser, Feuerstätten für flüssige oder gasförmige Brennstoffe mit einer Nennwärmeleistung bis 28 kW und Wärmepumpen entsprechender Leistung zulässig.

(8) In den Abstandflächen sowie ohne eigene Abstandflächen sind Kleinkinderspielplätze, Abstellanlagen für Fahrräder ohne Überdachung, Schwimmbecken, Terrassen, Pergolen und Überdachungen von Freisitzen sowie untergeordnete bauliche Anlagen wie offene Einfriedungen zulässig.

(9) Wird bei bestehenden Gebäuden, die in Gebieten liegen, die überwiegend dem Wohnen oder der Innenentwicklung von Städten und Gemeinden dienen, zusätzlicher Wohnraum geschaffen, gelten die Absätze 2 bis 5 nicht bei
1. Änderungen innerhalb von Gebäuden,
2. Nutzungsänderungen, wenn der Abstand des Gebäudes zu den Nachbargrenzen mindestens 2,50 Meter beträgt oder die Außenwand als Gebäudeabschlusswand ausgebildet ist,
3. der Neuerrichtung oder dem Ausbau von Dachräumen oder eines Dachgeschosses innerhalb der Abmessungen bestehender Dachräume oder des Dachgeschosses,
4. der nachträglichen Errichtung eines Dach- oder Staffelgeschosses, wenn deren Abstandflächen innerhalb der Abstandflächen des bestehenden Gebäudes liegen und ein Abstand zur Nachbargrenze von mindestens 2,50 Meter eingehalten wird.

Dachgauben und ähnliche Dachaufbauten, Fenster und sonstige Öffnungen in Dächern oder Wänden sind unbeschadet der §§ 31 und 33 so anzuordnen, dass von ihnen keine Belästigungen oder Störungen ausgehen können, die für die Nachbarinnen und Nachbarn unzumutbar sind. Satz 1 und 2 gelten nicht für Gebäude nach Absatz 7.

(10) An bestehenden Gebäuden können bei der nachträglichen Errichtung vor die Außenwand vortretender Aufzüge, Treppen und Treppenräume geringere Tiefen von Abstandflächen zugelassen werden, wenn wesentliche Beeinträchtigungen angrenzender oder gegenüberliegender Räume nicht zu befürchten sind und zu Nachbargrenzen ein Abstand von mindestens 3 Meter eingehalten wird.

§ 7
Teilung von Grundstücken

(1) Durch die Teilung eines Grundstückes dürfen keine Verhältnisse geschaffen werden, die Vorschriften dieses Gesetzes oder aufgrund dieses Gesetzes widersprechen.

(2) Soll bei einer Teilung nach Absatz 1 von Vorschriften dieses Gesetzes oder aufgrund dieses Gesetzes abgewichen werden, ist § 71 entsprechend anzuwenden.

§ 8
Nicht überbaute Flächen der bebauten Grundstücke, Kleinkinderspielplätze

(1) Die nicht überbauten Flächen der bebauten Grundstücke sind
1. wasseraufnahmefähig zu belassen oder herzustellen und
2. zu begrünen oder zu bepflanzen,

soweit dem nicht die Erfordernisse einer anderen zulässigen Verwendung der Flächen entgegenstehen. Satz 1 findet keine Anwendung, soweit Satzungen Festsetzungen zu den nicht überbauten Flächen treffen.

(2) Bei der Errichtung von Gebäuden mit mehr als zehn Wohnungen ist auf dem Baugrundstück oder in unmittelbarer Nähe auf einem anderen geeigneten Grundstück ein ausreichend großer Spielplatz für noch nicht schulpflichtige Kinder (Kleinkinder) anzulegen, dessen dauerhafte Nutzung für diesen Zweck öffentlich-rechtlich gesichert sein muss. Dies gilt nicht, wenn in unmittelbarer Nähe eine Gemeinschaftsanlage oder ein sonstiger für die Kinder nutzbarer Spielplatz geschaffen wird oder vorhanden oder ein solcher Spielplatz wegen der Art und der Lage der Wohnung nicht erforderlich ist. Bei bestehenden Gebäuden nach Satz 1 kann die Anlage von Spielplätzen für Kleinkinder verlangt werden, sofern auf dem Baugrundstück die benötigten Flächen in geeigneter Lage und Größe vorhanden sind. Die Gemeinde kann durch Satzung für genau abgegrenzte Teile des Gemeindegebietes bestimmen, dass für bestehende Gebäude nach Satz 1 Spielplätze für Kleinkinder anzulegen sind.

§ 9
Sicherheit und Überschaubarkeit der Wegführung

Die Fuß- und Radwege auf den Grundstücken zwischen öffentlicher Verkehrsfläche, Gemeinschaftsanlagen und Eingängen von Gebäuden mit mehr als zwei Wohnungen müssen überschaubar und barrierefrei gestaltet und beleuchtet sein.

Dritter Teil
Bauliche Anlagen

Abschnitt I
Gestaltung

§ 10
Gestaltung

Bauliche Anlagen müssen nach Form, Maßstab, Verhältnis der Baumassen und Bauteile zueinander, Werkstoff und Farbe so gestaltet sein, dass sie nicht verunstaltet wirken. Bauliche Anlagen dürfen das Straßen-, Orts- und Landschaftsbild nicht verunstalten.

§ 11
Anlagen der Außenwerbung, Warenautomaten

(1) Anlagen der Außenwerbung (Werbeanlagen) sind alle ortsfesten Einrichtungen, die der Ankündigung oder Anprei-

sung oder als Hinweis auf Gewerbe oder Beruf dienen und vom öffentlichen Verkehrsraum aus sichtbar sind. Hierzu zählen insbesondere Schilder, Beschriftungen, Bemalungen, Lichtwerbungen, Schaukästen sowie für Zettelanschläge und Bogenanschläge oder Lichtwerbung bestimmte Säulen, Tafeln und Flächen.

(2) Für Werbeanlagen, die bauliche Anlagen sind, gelten die in diesem Gesetz an bauliche Anlagen gestellten Anforderungen. Werbeanlagen, die keine baulichen Anlagen sind, dürfen weder bauliche Anlagen noch das Straßenbild, Orts- oder Landschaftsbild verunstalten oder die Sicherheit des Verkehrs gefährden. Die störende Häufung von Werbeanlagen ist unzulässig.

(3) Außerhalb der im Zusammenhang bebauten Ortsteile sind Werbeanlagen unzulässig. Ausgenommen sind, soweit in anderen Vorschriften nichts anderes bestimmt ist,
1. Werbeanlagen an der Stätte der Leistung,
2. Schilder, die die Inhaberin oder den Inhaber und die Art gewerblicher Betriebe kennzeichnen (Hinweisschilder), wenn sie vor Ortsdurchfahrten auf einer Tafel zusammengefasst sind,
3. einzelne Hinweiszeichen an Verkehrsstraßen und Wegabzweigungen, die im Interesse des Verkehrs auf außerhalb der Ortsdurchfahrten liegende Betriebe oder versteckt liegende Stätten aufmerksam machen,
4. Werbeanlagen an und auf Flugplätzen, Sportanlagen und Versammlungsstätten, soweit sie nicht in die freie Landschaft wirken,
5. Werbeanlagen auf Ausstellungs- und Messegeländen.

(4) In Kleinsiedlungsgebieten, reinen Wohngebieten, allgemeinen Wohngebieten und Dorfgebieten sind Werbeanlagen nur zulässig an der Stätte der Leistung sowie Anlagen für amtliche Mitteilungen und zur Unterrichtung der Bevölkerung über kirchliche, kulturelle, politische, sportliche und ähnliche Veranstaltungen; freie Flächen dieser Anlagen dürfen auch für andere Werbung verwendet werden. In reinen Wohngebieten darf an der Stätte der Leistung nur mit Hinweisschildern geworben werden. Auf öffentlichen Verkehrsflächen können ausnahmsweise auch andere Werbeanlagen in Verbindung mit baulichen Anlagen, die dem öffentlichen Personennahverkehr dienen, zugelassen werden, soweit diese die Eigenart des Gebietes und das Ortsbild nicht beeinträchtigen.

(5) Die Absätze 1 bis 4 gelten für Warenautomaten entsprechend.

(6) Die Vorschriften dieses Gesetzes sind nicht anzuwenden auf
1. Anschläge und Lichtwerbung an dafür genehmigten Säulen, Tafeln und Flächen,
2. Werbemittel an Zeitungs- und Zeitschriftenverkaufsstellen,
3. Auslagen und Dekorationen in Fenstern und Schaukästen,
4. Wahlwerbung für die Dauer eines Wahlkampfes,
5. Werbemittel für einmalige Veranstaltungen, die längstens für die Dauer von 14 Tagen aufgestellt oder angebracht werden.

Abschnitt II
Allgemeine Anforderungen an die Bauausführung

§ 12
Baustelle

(1) Baustellen sind so einzurichten, dass bauliche Anlagen ordnungsgemäß errichtet, geändert oder beseitigt werden können und Gefahren oder vermeidbare Belästigungen nicht entstehen.

(2) Bei Bauarbeiten, durch die unbeteiligte Personen gefährdet werden können, ist die Gefahrenzone abzugrenzen oder durch Warnzeichen zu kennzeichnen. Baustellen müssen, soweit erforderlich, mit einem Bauzaun abgegrenzt, mit Schutzvorrichtungen gegen herabfallende Gegenstände versehen und beleuchtet sein.

(3) Bei der Ausführung nicht verfahrensfreier Bauvorhaben haben die Unternehmerinnen oder Unternehmer an der Baustelle ein Schild, das die Bezeichnung des Bauvorhabens sowie die Namen und Anschriften der Entwurfsverfasserin oder des Entwurfsverfassers, der Bauleiterin oder des Bauleiters und der Unternehmerinnen oder Unternehmer für den Rohbau enthalten muss, dauerhaft und von der öffentlichen Verkehrsfläche aus sichtbar anzubringen.

(4) Bäume, Hecken und sonstige Bepflanzungen, die aufgrund von Rechtsvorschriften zu erhalten sind, müssen während der Bauausführung geschützt werden.

(5) Bei der Baustelleneinrichtung und während der Bauausführung ist mit Grund und Boden sparsam und sorgsam umzugehen.

§ 13
Standsicherheit

(1) Jede bauliche Anlage muss im Ganzen und in ihren einzelnen Teilen für sich allein standsicher sein. Die Standsicherheit anderer baulicher Anlagen und die Tragfähigkeit des Baugrundes der Nachbargrundstücke dürfen nicht gefährdet werden.

(2) Die Verwendung gemeinsamer Bauteile für mehrere bauliche Anlagen ist zulässig, wenn öffentlich-rechtlich gesichert ist, dass die gemeinsamen Bauteile bei der Beseitigung einer der baulichen Anlagen bestehen bleiben.

§ 14
Schutz gegen schädliche Einflüsse

Bauliche Anlagen müssen so angeordnet und beschaffen sein, dass durch Einflüsse im Sinne des § 4 Abs. 1 Gefahren oder unzumutbare Belästigungen nicht entstehen.

§ 15
Brandschutz

Anlagen sind so zu planen, anzuordnen, zu errichten, zu ändern und instand zu halten, dass der Entstehung eines Brandes und der Ausbreitung von Feuer und Rauch (Brandausbreitung) vorgebeugt wird und bei einem Brand die Rettung von Menschen und Tieren sowie wirksame Löscharbeiten möglich sind; hierbei sind auch die Belange der Menschen mit Behinderung zu berücksichtigen.

§ 16
Wärme-, Schall-, Erschütterungsschutz

(1) Gebäude müssen einen ihrer Nutzung und den klimatischen Verhältnissen entsprechenden Wärmeschutz haben.

(2) Gebäude müssen einen ihrer Nutzung entsprechenden Schallschutz haben. Geräusche, Erschütterungen oder Schwingungen, die von ortsfesten Einrichtungen in baulichen Anlagen oder auf Baugrundstücken ausgehen, sind so zu dämmen, dass Gefahren oder unzumutbare Belästigungen nicht entstehen.

§ 17
Verkehrssicherheit

(1) Bauliche Anlagen und die dem Verkehr dienenden nicht überbauten Flächen von bebauten Grundstücken müssen verkehrssicher sein.

(2) Die Sicherheit des öffentlichen Verkehrs darf durch bauliche Anlagen oder deren Nutzung nicht gefährdet werden.

§ 17a
Bauarten

(1) Bauarten dürfen nur angewendet werden, wenn bei ihrer Anwendung die baulichen Anlagen bei ordnungsgemäßer Instandhaltung während einer dem Zweck entsprechenden angemessenen Zeitdauer die Anforderungen dieses Gesetzes oder aufgrund dieses Gesetzes erfüllen und für ihren Anwendungszweck tauglich sind.

(2) Bauarten, die von Technischen Baubestimmungen nach § 83a Absatz 2 Nummer 2 oder Nummer 3 Buchstabe a wesentlich abweichen oder für die es allgemein anerkannte Regeln der Technik nicht gibt, dürfen bei der Errichtung, Änderung und Instandhaltung baulicher Anlagen nur angewendet werden, wenn für sie

1. eine allgemeine Bauartgenehmigung durch das Deutsche Institut für Bautechnik oder
2. eine vorhabenbezogene Bauartgenehmigung durch die oberste Bauaufsichtsbehörde

erteilt worden ist. § 19 Absatz 2 bis 7 gilt entsprechend.

(3) Anstelle einer allgemeinen Bauartgenehmigung genügt ein allgemeines bauaufsichtliches Prüfzeugnis für Bauarten, wenn die Bauart nach allgemein anerkannten Prüfverfahren beurteilt werden kann. In der Verwaltungsvorschrift nach § 83a werden diese Bauarten mit der Angabe der maßgebenden technischen Regeln bekannt gemacht. § 20 Absatz 2 gilt entsprechend.

(4) Wenn Gefahren im Sinne des § 3 Absatz 2 nicht zu erwarten sind, kann die oberste Bauaufsichtsbehörde im Einzelfall oder für genau begrenzte Fälle allgemein festlegen, dass eine Bauartgenehmigung nicht erforderlich ist.

(5) Bauarten bedürfen einer Bestätigung ihrer Übereinstimmung mit den Technischen Baubestimmungen nach § 83a Absatz 2, den allgemeinen Bauartgenehmigungen, den allgemeinen bauaufsichtlichen Prüfzeugnissen für Bauarten oder den vorhabenbezogenen Bauartgenehmigungen; als Übereinstimmung gilt auch eine Abweichung, die nicht wesentlich ist. § 22 Absatz 2 gilt für die Anwenderin oder den Anwender der Bauart entsprechend.

(6) Bei Bauarten, deren Anwendung in außergewöhnlichem Maß von der Sachkunde und Erfahrung der damit betrauten Personen oder von einer Ausstattung mit besonderen Vorrichtungen abhängt, kann in der Bauartgenehmigung oder durch Verordnung der obersten Bauaufsichtsbehörde vorgeschrieben werden, dass die Anwenderin oder der Anwender über solche Fachkräfte und Vorrichtungen verfügt und den Nachweis hierüber gegenüber einer Prüfstelle nach § 25 Satz 1 Nummer 6 zu erbringen hat. In der Verordnung können Mindestanforderungen an die Ausbildung, die durch Prüfung nachzuweisende Befähigung und die Ausbildungsstätten einschließlich der Anerkennungsvoraussetzungen gestellt werden.

(7) Für Bauarten, die einer außergewöhnlichen Sorgfalt bei Ausführung oder Instandhaltung bedürfen, kann in der Bauartgenehmigung oder durch Verordnung der obersten Bauaufsichtsbehörde die Überwachung dieser Tätigkeiten durch eine Überwachungsstelle nach § 25 Satz 1 Nummer 5 vorgeschrieben werden.

Abschnitt III
Bauprodukte[1]

§ 17b
Allgemeine Anforderungen für die Verwendung von Bauprodukten

(1) Bauprodukte dürfen nur verwendet werden, wenn bei ihrer Verwendung die baulichen Anlagen bei ordnungsgemäßer Instandhaltung während einer dem Zweck entsprechenden angemessenen Zeitdauer die Anforderungen dieses Gesetzes oder aufgrund dieses Gesetzes erfüllen und gebrauchstauglich sind.

(2) Bauprodukte, die in Vorschriften anderer Vertragsstaaten des Abkommens vom 2. Mai 1992 über den europäischen Wirtschaftsraum genannten technischen Anforderungen entsprechen, dürfen verwendet werden, wenn das geforderte Schutzniveau gemäß § 3 Absatz 2 gleichermaßen dauerhaft erreicht wird.

---

[1] Mit dem Gesetz zur Änderung der Landesbauordnung vom 1.10.2019 (GVOBl. Schl.-H. S. 398) wollte der Gesetzgeber offenbar die Abschnitte III und IV der LBO neu bezeichnen, Abschnitt III mit § 17b beginnen lassen, § 27 aus Abschnitt III herauslösen und Abschnitt IV zuordnen. Diese Änderungen hat er aber nur für die Inhaltsübersicht geregelt, nicht für den weiteren Gesetzestext. In der hier wiedergegebenen Fassung werden die für die Inhaltsübersicht geregelten Änderungen redaktionell auch im Gesetzestext übernommen. Die Überschrift des Abschnitts III lautete bisher: „Bauprodukte, Bauarten; Brandverhalten von Baustoffen und Bauteilen". Die Überschrift des Abschnitts IV lautete bisher: „Wände, Decken, Dächer".

§ 17c
Anforderungen für die Verwendung von CE-gekennzeichneten Bauprodukten

Ein Bauprodukt, das die CE-Kennzeichnung trägt, darf verwendet werden, wenn die erklärten Leistungen allen in diesem Gesetz oder aufgrund dieses Gesetzes festgelegten Anforderungen für die Verwendung entsprechen. Die §§ 18 bis 26 Absatz 1 gelten nicht für Bauprodukte, die CE-Kennzeichnung aufgrund der Verordnung (EU) Nummer 305/2011 tragen.

§ 18
Verwendbarkeitsnachweise

(1) Ein Verwendbarkeitsnachweis (§§ 19 bis 21) ist für ein Bauprodukt erforderlich, wenn
1. es keine Technische Baubestimmung und keine allgemein anerkannte Regel der Technik gibt,
2. das Bauprodukt von einer Technischen Baubestimmung (§ 83a Absatz 2 Nummer 3) wesentlich abweicht oder
3. eine Verordnung nach § 83 Absatz 5a es vorsieht.

(2) Ein Verwendbarkeitsnachweis ist nicht erforderlich für ein Bauprodukt,
1. das von einer allgemein anerkannten Regel der Technik abweicht, für das jedoch die Gleichwertigkeit mit der allgemein anerkannten Regel der Technik gegeben ist, oder
2. das für die Erfüllung der Anforderungen dieses Gesetzes oder aufgrund dieses Gesetzes nur eine untergeordnete Bedeutung hat.

(3) Die Technischen Baubestimmungen nach § 83a enthalten eine nicht abschließende Liste von Bauprodukten, die keines Verwendbarkeitsnachweises nach Absatz 1 bedürfen.

§ 19
Allgemeine bauaufsichtliche Zulassung

(1) Das Deutsche Institut für Bautechnik erteilt unter den Voraussetzungen des § 18 Absatz 1 eine allgemeine bauaufsichtliche Zulassung für derartige, nicht geregelte Bauprodukte, wenn deren Verwendbarkeit im Sinne des § 17b Absatz 1 nachgewiesen ist.

(2) Die zur Begründung des Antrags erforderlichen Unterlagen sind beizufügen. Soweit erforderlich, sind Probestücke von der Antragstellerin oder dem Antragsteller zur Verfügung zu stellen oder durch Sachverständige, die das Deutsche Institut für Bautechnik bestimmen kann, zu entnehmen oder Probeausführungen unter Aufsicht der Sachverständigen herzustellen. § 67 Abs. 2 gilt entsprechend.

(3) Das Deutsche Institut für Bautechnik kann für die Durchführung der Prüfung die sachverständige Stelle und für Probeausführungen die Ausführungsstelle und Ausführungszeit vorschreiben.

(4) Die allgemeine bauaufsichtliche Zulassung wird widerruflich und für eine bestimmte Frist erteilt, die in der Regel fünf Jahre beträgt. Die Zulassung kann mit Nebenbestimmungen erteilt werden. Sie kann auf schriftlichen Antrag in der Regel um fünf Jahre verlängert werden; § 75 Abs. 2 Satz 2 gilt entsprechend.

(5) Die Zulassung wird unbeschadet der Rechte Dritter erteilt.

(6) Das Deutsche Institut für Bautechnik macht die von ihm erteilten allgemeinen bauaufsichtlichen Zulassungen nach Gegenstand und wesentlichen Inhalt öffentlich bekannt.

(7) Allgemeine bauaufsichtliche Zulassungen nach dem Recht anderer Bundesländer gelten auch im Geltungsbereich dieses Gesetzes.

§ 20
Allgemeines bauaufsichtliches Prüfzeugnis

(1) Bauprodukte, die nach allgemein anerkannten Prüfverfahren beurteilt werden, bedürfen anstelle einer allgemeinen bauaufsichtlichen Zulassung nur eines allgemeinen bauaufsichtlichen Prüfzeugnisses. Dies wird mit der Angabe der maßgebenden technischen Regeln in den Technischen Baubestimmungen nach § 83a bekannt gemacht.

(2) Ein allgemeines bauaufsichtliches Prüfzeugnis wird von einer Prüfstelle nach § 25 Satz 1 Nummer 1 für derartige, nicht geregelte Bauprodukte nach Absatz 1 erteilt, wenn deren Verwendbarkeit im Sinne des § 17b Absatz 1 nachgewiesen ist. § 19 Absatz 2 und Absatz 4 bis 7 gilt entsprechend. Die Anerkennungsbehörde für Stellen nach § 25 Satz 1 Nummer 1 oder für die nach einer Verordnung aufgrund § 83 Absatz 5 Nummer 1 zuständigen Stellen kann allgemeine bauaufsichtliche Prüfzeugnisse zurücknehmen oder widerrufen; die §§ 116 und 117 des Landesverwaltungsgesetzes finden Anwendung.

§ 21
Nachweis der Verwendbarkeit von Bauprodukten im Einzelfall

Mit Zustimmung der obersten Bauaufsichtsbehörde dürfen unter den Voraussetzungen des § 18 Absatz 1 im Einzelfall nicht geregelte Bauprodukte verwendet werden, wenn ihre Verwendbarkeit im Sinne des § 17b Absatz 1 nachgewiesen ist. Wenn Gefahren im Sinne des § 3 Absatz 2 nicht zu erwarten sind, kann die oberste Bauaufsichtsbehörde im Einzelfall erklären, dass ihre Zustimmung nicht erforderlich ist.

§ 22
Übereinstimmungsbestätigung

(1) Bauprodukte bedürfen einer Bestätigung ihrer Übereinstimmung mit den Technischen Baubestimmungen nach § 83a Absatz 2, den allgemeinen bauaufsichtlichen Zulassungen, den allgemeinen bauaufsichtlichen Prüfzeugnissen oder den Zustimmungen im Einzelfall; als Übereinstimmung gilt auch eine Abweichung, die nicht wesentlich ist.

(2) Die Bestätigung der Übereinstimmung erfolgt durch Übereinstimmungserklärung der Herstellerin oder des Herstellers (§ 23).

(3) Die Übereinstimmungserklärung hat die Herstellerin oder der Hersteller durch Kennzeichnung der Bauprodukte mit dem Übereinstimmungszeichen (Ü-Zeichen) unter Hinweis auf den Verwendungszweck abzugeben.

(4) Das Ü-Zeichen ist auf dem Bauprodukt, auf einem Beipackzettel oder auf seiner Verpackung oder, wenn dies Schwierigkeiten bereitet, auf dem Lieferschein oder auf einer Anlage zum Lieferschein anzubringen.

(5) Ü-Zeichen aus anderen Bundesländern und aus anderen Staaten gelten auch im Geltungsbereich dieses Gesetzes.

§ 23
Übereinstimmungserklärung der Herstellerin oder des Herstellers

(1) Die Herstellerin oder der Hersteller darf eine Übereinstimmungserklärung nur abgeben, wenn sie oder er durch werkseigene Produktionskontrolle sichergestellt hat, dass das von ihr oder ihm hergestellte Bauprodukt den maßgebenden technischen Regeln, der allgemeinen bauaufsichtlichen Zulassung, dem allgemeinen bauaufsichtlichen Prüfzeugnis oder der Zustimmung im Einzelfall entspricht.

(2) In den Technischen Baubestimmungen nach § 83a, in den allgemeinen bauaufsichtlichen Zulassungen, in den allgemeinen bauaufsichtlichen Prüfzeugnissen oder in den Zustimmungen im Einzelfall kann eine Prüfung des Bauproduktes durch eine Prüfstelle vor Abgabe der Übereinstimmungserklärung vorgeschrieben werden, wenn dies zur Sicherung einer ordnungsgemäßen Herstellung erforderlich ist. In diesen Fällen hat die Prüfstelle das Bauprodukt daraufhin zu überprüfen, ob es den maßgebenden technischen Regeln, der allgemeinen bauaufsichtlichen Zulassung, dem allgemeinen bauaufsichtlichen Prüfzeugnis oder der Zustimmung im Einzelfall entspricht.

(3) In den Technischen Baubestimmungen nach § 83a, in den allgemeinen bauaufsichtlichen Zulassungen oder in den Zustimmungen im Einzelfall kann eine Zertifizierung vor Abgabe der Übereinstimmungserklärung vorgeschrieben werden, wenn dies zum Nachweis einer ordnungsgemäßen Herstellung eines Bauproduktes erforderlich ist. Die oberste Bauaufsichtsbehörde kann im Einzelfall die Verwendung von Bauprodukten ohne Zertifizierung gestatten, wenn nachgewiesen ist, dass diese Bauprodukte den technischen Regeln, Zulassungen, Prüfzeugnissen oder Zustimmungen nach Absatz 1 entsprechen.

(4) Bauprodukte, die nicht in Serie hergestellt werden, bedürfen nur einer Übereinstimmungserklärung nach Absatz 1, sofern nichts anderes bestimmt ist.

§ 24
Zertifizierung

(1) Der Herstellerin oder dem Hersteller ist ein Übereinstimmungszertifikat von einer Zertifizierungsstelle nach § 25 zu erteilen, wenn das Bauprodukt

1. den Technischen Baubestimmungen nach § 83a Absatz 2, der allgemeinen bauaufsichtlichen Zulassung, dem allgemeinen bauaufsichtlichen Prüfzeugnis oder der Zustimmung im Einzelfall entspricht und
2. einer werkseigenen Produktionskontrolle sowie einer Fremdüberwachung nach Maßgabe des Absatzes 2 unterliegt.

(2) Die Fremdüberwachung ist von Überwachungsstellen nach § 25 durchzuführen. Die Fremdüberwachung hat regelmäßig zu überprüfen, ob das Bauprodukt den Technischen Baubestimmungen nach § 83a Absatz 2, der allgemeinen bauaufsichtlichen Zulassung, dem allgemeinen bauaufsichtlichen Prüfzeugnis oder der Zustimmung im Einzelfall entspricht.

§ 25
Prüf-, Zertifizierungs- und Überwachungsstellen

Die oberste Bauaufsichtsbehörde kann eine natürliche oder juristische Person als

1. Prüfstelle für die Erteilung allgemeiner bauaufsichtlicher Prüfzeugnisse (§ 20 Abs. 2),
2. Prüfstelle für die Überprüfung von Bauprodukten vor Bestätigung der Übereinstimmung (§ 23 Absatz 2),
3. Zertifizierungsstelle (§ 24 Absatz 1),
4. Überwachungsstelle für die Fremdüberwachung (§ 24 Absatz 2),
5. Überwachungsstelle für die Überwachung nach § 17a Absatz 7 und § 26 Absatz 2 oder
6. Prüfstelle für die Überprüfung nach § 17a Absatz 6 und § 26 Absatz 1

anerkennen, wenn sie oder die bei ihr Beschäftigten nach ihrer Ausbildung, Fachkenntnis, persönlichen Zuverlässigkeit, ihrer Unparteilichkeit und ihren Leistungen die Gewähr dafür bieten, dass diese Aufgaben den öffentlich-rechtlichen Vorschriften entsprechend wahrgenommen werden, und wenn sie über die erforderlichen Vorrichtungen verfügen. Satz 1 ist entsprechend auf Behörden anzuwenden, wenn sie ausreichend mit geeigneten Fachkräften besetzt und mit den erforderlichen Vorrichtungen ausgestattet sind. Die Anerkennung von Prüf-, Zertifizierungs- und Überwachungsstellen anderer Bundesländer gilt auch im Geltungsbereich dieses Gesetzes.

§ 26
Besondere Sachkunde- und Sorgfaltsanforderungen

(1) Bei Bauprodukten, deren Herstellung in außergewöhnlichem Maß von der Sachkunde und Erfahrung der damit betrauten Personen oder von einer Ausstattung mit besonderen Vorrichtungen abhängt, kann in der allgemeinen bauaufsichtlichen Zulassung, in der Zustimmung im Einzelfall oder durch Verordnung der obersten Bauaufsichtsbehörde vorgeschrieben werden, dass die Herstellerin oder der Hersteller über solche Fachkräfte und Vorrichtungen verfügt und den Nachweis hierüber gegenüber einer Prüfstelle nach § 25 Satz 1 Nummer 6 zu erbringen hat. In der Verordnung können Mindestanforderungen an die Ausbildung, die durch Prüfung nachzuweisende Befähigung und die Ausbildungsstätten einschließlich der Anerkennungsvoraussetzungen gestellt werden.

(2) Für Bauprodukte, die wegen ihrer besonderen Eigenschaften oder ihres besonderen Verwendungszwecks einer außergewöhnlichen Sorgfalt bei Einbau, Transport, Instandhaltung oder Reinigung bedürfen, kann in der allgemeinen

bauaufsichtlichen Zulassung, in der Zustimmung im Einzelfall oder durch Verordnung der obersten Bauaufsichtsbehörde die Überwachung dieser Tätigkeiten durch eine Überwachungsstelle nach § 25 Satz 1 Nummer 5 vorgeschrieben werden, soweit diese Tätigkeiten nicht bereits durch die Verordnung (EU) Nummer 305/2011 erfasst sind.

Abschnitt IV
Brandverhalten von Baustoffen und Bauteilen; Wände, Decken, Dächer[2]

§ 27
Allgemeine Anforderungen an das Brandverhalten von Baustoffen und Bauteilen

(1) Nach den Anforderungen an ihr Brandverhalten werden
1. nichtbrennbare,
2. schwerentflammbare,
3. normalentflammbare

Baustoffe unterschieden. Baustoffe, die nicht mindestens normalentflammbar sind, (leichtentflammbare Baustoffe) dürfen nicht verwendet werden; dies gilt nicht, wenn sie in Verbindung mit anderen Baustoffen normalentflammbar sind.

(2) Nach den Anforderungen an ihre Feuerwiderstandsfähigkeit werden
1. feuerbeständige,
2. hochfeuerhemmende,
3. feuerhemmende

Bauteile unterschieden. Die Feuerwiderstandsfähigkeit bezieht sich bei tragenden und aussteifenden Bauteilen auf deren Standsicherheit im Brandfall, bei raumabschließenden Bauteilen auf deren Widerstand gegen die Brandausbreitung. Bauteile werden zusätzlich nach dem Brandverhalten ihrer Baustoffe unterschieden in
1. Bauteile aus nichtbrennbaren Baustoffen,
2. Bauteile, deren tragende und aussteifende Teile aus nichtbrennbaren Baustoffen bestehen und die bei raumabschließenden Bauteilen zusätzlich eine in Bauteilebene durchgehende Schicht aus nichtbrennbaren Baustoffen haben,
3. Bauteile, deren tragende und aussteifende Teile aus brennbaren Baustoffen bestehen und die allseitig eine brandschutztechnisch wirksame Bekleidung aus nichtbrennbaren Baustoffen (Brandschutzbekleidung) und Dämmstoffe aus nichtbrennbaren Baustoffen haben,
4. Bauteile aus brennbaren Baustoffen.

Soweit in diesem Gesetz oder in Vorschriften aufgrund dieses Gesetzes nichts andere bestimmt ist, müssen
1. Bauteile, die feuerbeständig sein müssen, mindestens den Anforderungen des Satzes 3 Nr. 2,
2. Bauteile, die hochfeuerhemmend sein müssen, mindestens den Anforderungen des Satzes 3 Nr. 3

entsprechen. Unbeschadet des § 71 sind abweichend von Absatz 2 Satz 4 andere Bauteile, die feuerbeständig oder hochfeuerhemmend sein müssen, aus brennbaren Baustoffen zulässig, sofern sie den Planungs-, Bemessungs- und Ausführungsregelungen der Technischen Baubestimmungen nach § 83a entsprechen. Satz 5 gilt nicht für Wände nach § 31 Absatz 3 Satz 1 und Wände nach § 36 Absatz 4 Satz 1 Nummer 1.

§ 28
Tragende Wände, Stützen

(1) Tragende und aussteifende Wände und Stützen müssen im Brandfall ausreichend lang standsicher sein. Sie müssen
1. in Gebäuden der Gebäudeklasse 5 feuerbeständig,
2. in Gebäuden der Gebäudeklasse 4 hochfeuerhemmend,
3. in Gebäuden der Gebäudeklassen 2 und 3 feuerhemmend,

sein. Satz 2 gilt

[2] Siehe Fußnote 1.

1. für Geschosse im Dachraum nur, wenn darüber noch Aufenthaltsräume möglich sind; § 30 Abs. 4 bleibt unberührt,
2. nicht für Balkone, ausgenommen offene Gänge, die als notwendige Flure dienen.

(2) Im Kellergeschoss müssen tragende und aussteifende Wände und Stützen
1. in Gebäuden der Gebäudeklassen 3 bis 5 feuerbeständig,
2. in Gebäuden der Gebäudeklassen 1 und 2 feuerhemmend

sein.

§ 29
Außenwände

(1) Außenwände und Außenwandteile wie Brüstungen und Schürzen sind so auszubilden, dass eine Brandausbreitung auf und in diesen Bauteilen ausreichend lang begrenzt ist.

(2) Nichttragende Außenwände und nichttragende Teile tragender Außenwände müssen aus nichtbrennbaren Baustoffen bestehen; sie sind aus brennbaren Baustoffen zulässig, wenn sie als raumabschließende Bauteile feuerhemmend sind. Satz 1 gilt nicht für
1. Türen und Fenster,
2. Fugendichtungen und
3. brennbare Dämmstoffe in nichtbrennbaren geschlossenen Profilen der Außenwandkonstruktion.

(3) Oberflächen von Außenwänden sowie Außenwandbekleidungen müssen einschließlich der Dämmstoffe und Unterkonstruktionen schwerentflammbar sein; Unterkonstruktionen aus normalentflammbaren Baustoffen sind zulässig, wenn die Anforderungen nach Absatz 1 erfüllt sind. Balkonbekleidungen, die über die erforderliche Umwehrungshöhe hinaus hochgeführt werden, und mehr als zwei Geschosse überbrückende Solaranlagen an Außenwänden müssen schwerentflammbar sein. Baustoffe, die schwerentflammbar sein müssen, in Bauteilen nach Satz 1 Halbsatz 1 und Satz 2 dürfen nicht brennend abfallen oder abtropfen.

(4) Bei Außenwandkonstruktionen mit geschossübergreifenden Hohl- oder Lufträumen wie hinterlüfteten Außenwandbekleidungen sind gegen die Brandausbreitung die erforderlichen Vorkehrungen zu treffen. Satz 1 gilt für Doppelfassaden entsprechend.

(5) Die Absätze 2, 3 Satz 1 und 2 und Absatz 4 Satz 1 gelten nicht für Gebäude der Gebäudeklassen 1 bis 3; Absatz 4 Satz 2 gilt nicht für Gebäude der Gebäudeklassen 1 und 2.

§ 30
Trennwände

(1) Trennwände nach Absatz 2 müssen als raumabschließende Bauteile von Räumen oder Nutzungseinheiten innerhalb von Geschossen ausreichend lang widerstandsfähig gegen die Brandausbreitung sein.

(2) Trennwände sind erforderlich
1. zwischen Nutzungseinheiten sowie zwischen Nutzungseinheiten und anders genutzten Räumen, ausgenommen notwendigen Fluren,
2. zum Abschluss von Räumen mit Explosions- oder erhöhter Brandgefahr,
3. zwischen Aufenthaltsräumen und anders genutzten Räumen im Kellergeschoss.

(3) Trennwände nach Absatz 2 Nr. 1 und 3 müssen die Feuerwiderstandsfähigkeit der tragenden und aussteifenden Bauteile des Geschosses haben, jedoch mindestens feuerhemmend sein. Trennwände nach Absatz 2 Nr. 2 müssen feuerbeständig sein.

(4) Die Trennwände nach Absatz 2 sind bis zur Rohdecke, im Dachraum bis unter die Dachhaut zu führen; werden in Dachräumen Trennwände nur bis zur Rohdecke geführt, ist diese Decke als raumabschließendes Bauteil einschließlich der sie tragenden und aussteifenden Bauteile feuerhemmend herzustellen.

(5) Öffnungen in Trennwänden nach Absatz 2 sind nur zulässig, wenn sie auf die für die Nutzung erforderliche Zahl

und Größe beschränkt sind; sie müssen feuerhemmende, dicht- und selbstschließende Abschlüsse haben.

(6) Die Absätze 1 bis 5 gelten nicht für Wohngebäude der Gebäudeklassen 1 und 2.

§ 31
Brandwände

(1) Brandwände müssen als raumabschließende Bauteile zum Abschluss von Gebäuden (Gebäudeabschlusswand) oder zur Unterteilung von Gebäuden in Brandabschnitte (innere Brandwand) ausreichend lang die Brandausbreitung auf andere Gebäude oder Brandabschnitte verhindern.

(2) Brandwände sind erforderlich

1. als Gebäudeabschlusswand, ausgenommen von Kleingaragen und Gebäuden mit Abstellräumen mit nicht mehr als 20 m² Grundfläche sowie von Gebäuden im Sinne des § 6 Abs. 7 Satz 1 Nr. 3 mit nicht mehr als 20 m² Grundfläche, wenn diese Abschlusswände an oder mit einem Abstand von weniger als 2,50 m gegenüber der Grundstücksgrenze errichtet werden, es sei denn, dass ein Abstand von mindestens 5 m zu bestehenden oder nach den baurechtlichen Vorschriften zulässigen künftigen Gebäuden gesichert ist,
2. als innere Brandwand zur Unterteilung ausgedehnter Gebäude in Abständen von nicht mehr als 40 m,
3. als innere Brandwand zur Unterteilung landwirtschaftlich genutzter Gebäude in Brandabschnitte von nicht mehr als 10.000 m³ Brutto-Rauminhalt,
4. als Gebäudeabschlusswand zwischen Wohngebäuden und angebauten landwirtschaftlich genutzten Gebäuden sowie als innere Brandwand zwischen dem Wohnteil und dem landwirtschaftlich genutzten Teil eines Gebäudes.

(3) Brandwände müssen auch unter zusätzlicher mechanischer Beanspruchung feuerbeständig sein und aus nichtbrennbaren Baustoffen bestehen. Anstelle von Brandwänden sind in den Fällen des Absatzes 2 Nummer 1 bis 3 zulässig

1. für Gebäude der Gebäudeklasse 4 Wände, die auch unter zusätzlicher mechanischer Beanspruchung hochfeuerhemmend sind,
2. für Gebäude der Gebäudeklassen 1 bis 3 hochfeuerhemmende Wände,
3. für Gebäude der Gebäudeklassen 1 bis 3 Gebäudeabschlusswände, die jeweils von innen nach außen die Feuerwiderstandsfähigkeit der tragenden und aussteifenden Teile des Gebäudes, mindestens jedoch feuerhemmende Bauteile, und von außen nach innen die Feuerwiderstandsfähigkeit feuerbeständiger Bauteile haben.

In den Fällen des Absatzes 2 Nummer 4 sind anstelle von Brandwänden feuerbeständige Wände zulässig, wenn der Brutto-Rauminhalt des landwirtschaftlich genutzten Gebäudes oder Gebäudeteils nicht größer als 2.000 m³ ist.

(4) Brandwände müssen bis zur Bedachung durchgehen und in allen Geschossen übereinander angeordnet sein. Abweichend davon sind anstelle innerer Brandwände Wände geschossweise versetzt angeordnet werden, wenn

1. die Wände im Übrigen Absatz 3 Satz 1 entsprechen,
2. die Decken, soweit sie in Verbindung mit diesen Wänden stehen, feuerbeständig sind, aus nichtbrennbaren Baustoffen bestehen und keine Öffnungen haben,
3. die Bauteile, die diese Wände und Decken unterstützen, feuerbeständig sind und aus nichtbrennbaren Baustoffen bestehen,
4. die Außenwände in der Breite des Versatzes in dem Geschoss oberhalb oder unterhalb des Versatzes feuerbeständig sind und
5. Öffnungen in den Außenwänden im Bereich des Versatzes so angeordnet oder andere Vorkehrungen so getroffen sind, dass eine Brandausbreitung in andere Brandabschnitte nicht zu befürchten ist.

(5) Brandwände sind 0,30 m über die Bedachung zu führen oder in Höhe der Dachhaut mit einer beiderseits 0,50 m auskragenden feuerbeständigen Platte aus nichtbrennbaren Baustoffen abzuschließen; darüber dürfen brennbare Teile des Daches nicht hinweggeführt werden. Bei Gebäuden der Gebäudeklassen 1 bis 3 sind Brandwände mindestens bis unter die Dachhaut zu führen. Verbleibende Hohlräume sind vollständig mit nichtbrennbaren Baustoffen auszufüllen.

(6) Müssen Gebäude oder Gebäudeteile, die über Eck zusammenstoßen, durch eine Brandwand getrennt werden, so muss der Abstand dieser Wand von der inneren Ecke mindestens 5 m betragen; das gilt nicht, wenn der Winkel der inneren Ecke mehr als 120° beträgt oder mindestens eine Außenwand auf 5 m Länge als öffnungslose feuerbeständige Wand an nichtbrennbaren Baustoffen, bei Gebäuden der Gebäudeklassen 1 bis 4 als öffnungslose hochfeuerhemmende Wand, ausgebildet ist.

(7) Bauteile mit brennbaren Baustoffen dürfen über Brandwände nicht hinweggeführt werden. Bei Außenwandkonstruktionen, die eine seitliche Brandausbreitung begünstigen können wie hinterlüftete Außenwandbekleidungen oder Doppelfassaden, sind gegen die Brandausbreitung im Bereich der Brandwände besondere Vorkehrungen zu treffen. Außenwandbekleidungen von Gebäudeabschlusswänden müssen einschließlich der Dämmstoffe und Unterkonstruktionen nichtbrennbar sein. Bauteile dürfen in Brandwände nur soweit eingreifen, dass deren Feuerwiderstandsfähigkeit nicht beeinträchtigt wird; für Leitungen, Leitungsschlitze und Schornsteine gilt dies entsprechend.

(8) Öffnungen in Brandwänden sind unzulässig. Sie sind in inneren Brandwänden nur zulässig, wenn sie auf die für die Nutzung erforderliche Zahl und Größe beschränkt sind; die Öffnungen müssen feuerbeständige, dicht- und selbstschließende Abschlüsse haben.

(9) In inneren Brandwänden sind feuerbeständige Verglasungen nur zulässig, wenn sie auf die für die Nutzung erforderliche Zahl und Größe beschränkt sind.

(10) Absatz 2 Nr. 1 gilt nicht für seitliche Wände von Vorbauten im Sinne des § 6 Abs. 6, wenn sie von dem Nachbargebäude oder der Nachbargrenze einen Abstand einhalten, der ihrer eigenen Ausladung entspricht, mindestens jedoch 1 m beträgt.

(11) Die Absätze 4 bis 10 gelten entsprechend auch für Wände, die nach Absatz 3 Satz 2 und 3 anstelle von Brandwänden zulässig sind.

§ 32
Decken

(1) Decken müssen als tragende und raumabschließende Bauteile zwischen Geschossen im Brandfall ausreichend lang standsicher und widerstandsfähig gegen die Brandausbreitung sein. Sie müssen

1. in Gebäuden der Gebäudeklasse 5 feuerbeständig,
2. in Gebäuden der Gebäudeklasse 4 hochfeuerhemmend,
3. in Gebäuden der Gebäudeklassen 2 und 3 feuerhemmend

sein. Satz 2 gilt

1. für Geschosse im Dachraum nur, wenn darüber Aufenthaltsräume angeordnet sind; § 30 Abs. 4 bleibt unberührt.
2. nicht für Balkone, ausgenommen offene Gänge, die als notwendige Flure dienen.

(2) Im Kellergeschoss müssen Decken

1. in Gebäuden der Gebäudeklassen 3 bis 5 feuerbeständig,
2. in Gebäuden der Gebäudeklassen 1 und 2 feuerhemmend

sein. Decken müssen feuerbeständig sein

1. unter und über Räumen mit Explosions- oder erhöhter Brandgefahr, ausgenommen in Wohngebäuden der Gebäudeklassen 1 und 2,
2. zwischen dem landwirtschaftlich genutzten Teil und dem Wohnteil eines Gebäudes.

(3) Der Anschluss der Decken an die Außenwand ist so herzustellen, dass er den Anforderungen aus Absatz 1 Satz 1 genügt.

(4) Öffnungen in Decken, für die eine Feuerwiderstandsfähigkeit vorgeschrieben ist, sind nur zulässig
1. in Gebäuden der Gebäudeklassen 1 und 2,
2. innerhalb derselben Nutzungseinheit mit nicht mehr als insgesamt 400 m² in nicht mehr als zwei Geschossen,
3. im Übrigen, wenn sie auf die für die Nutzung erforderliche Zahl und Größe beschränkt sind und Abschlüsse mit der Feuerwiderstandsfähigkeit der Decke haben.

§ 33
Dächer

(1) Bedachungen müssen gegen eine Brandbeanspruchung von außen durch Flugfeuer und strahlende Wärme ausreichend lang widerstandsfähig sein (harte Bedachung).
(2) Bedachungen, die die Anforderungen nach Absatz 1 nicht erfüllen, sind zulässig bei Gebäuden der Gebäudeklassen 1 bis 3, wenn die Dächer der Gebäude
1. einen Abstand von der Grundstücksgrenze von mindestens 12 m,
2. von Gebäuden auf demselben Grundstück mit harter Bedachung einen Abstand von mindestens 15 m,
3. von Gebäuden auf demselben Grundstück mit Bedachungen, die die Anforderungen nach Absatz 1 nicht erfüllen, einen Abstand von mindestens 24 m,
4. von Gebäuden auf demselben Grundstück ohne Aufenthaltsräume und ohne Feuerstätten mit nicht mehr als 50 m³ Brutto-Rauminhalt einen Abstand von mindestens 5 m

einhalten. Soweit Gebäude nach Satz 1 Abstand halten müssen, genügt bei Wohngebäuden und Ferienwohngebäuden jeweils der Gebäudeklasse 1 in den Fällen
1. des Satzes 1 Nr. 1 ein Abstand von mindestens 6 m,
2. des Satzes 1 Nr. 2 ein Abstand von mindestens 9 m,
3. des Satzes 1 Nr. 3 ein Abstand von mindestens 12 m.

Gebäude mit harter Bedachung müssen von vorhandenen Gebäuden mit weicher Bedachung nach Satz 1 auf demselben Grundstück einen Abstand von mindestens 15 m, von vorhandenen Gebäuden mit weicher Bedachung nach Satz 2 auf demselben Grundstück einen Abstand von mindestens 9 m einhalten. Abweichungen von den Sätzen 1 und 2 sind auf Halligen, Warften sowie in Ortskernen mit bauhistorisch oder volkskundlich wertvollem Baubestand zulässig, wenn wegen der Lage der Gebäude zueinander Bedenken hinsichtlich des Brandschutzes zurückgestellt werden können. Abweichungen von Satz 3 sind zulässig, wenn wegen des Brandschutzes Bedenken nicht bestehen. Zur Befestigung weicher Bedachung dürfen nur nichtbrennbare Stoffe verwendet werden. In den Fällen des Satzes 1 Nr. 1 und des Satzes 2 Nr. 1 gilt § 6 Abs. 2 Satz 2 entsprechend.

(3) Die Absätze 1 und 2 gelten nicht für
1. Gebäude ohne Aufenthaltsräume und ohne Feuerstätten mit nicht mehr als 50 m³ Brutto-Rauminhalt,
2. lichtdurchlässige Bedachungen aus nichtbrennbaren Baustoffen; brennbare Fugendichtungen und brennbare Dämmstoffe in nichtbrennbaren Profilen sind zulässig,
3. Dachflächenfenster, Oberlichte und Lichtkuppeln von Wohngebäuden,
4. Eingangsüberdachungen und Vordächer aus nichtbrennbaren Baustoffen,
5. Eingangsüberdachungen aus brennbaren Baustoffen, wenn die Eingänge nur zu Wohnungen führen.

(4) Abweichend von den Absätzen 1 und 2 sind
1. lichtdurchlässige Teilflächen aus brennbaren Baustoffen in Bedachungen nach Absatz 1 und
2. begrünte Bedachungen

zulässig, wenn eine Brandentstehung bei einer Brandbeanspruchung von außen durch Flugfeuer und strahlende Wärme nicht zu befürchten ist oder Vorkehrungen hiergegen getroffen werden.

(5) Dachüberstände, Dachgesimse und Dachaufbauten, lichtdurchlässige Bedachungen, Dachflächenfenster, Oberlichte, Lichtkuppeln und Solaranlagen sind so anzuordnen und herzustellen, dass Feuer nicht auf andere Gebäudeteile und Nachbargrundstücke übertragen werden kann. Von Brandwänden und von Wänden, die anstelle von Brandwänden zulässig sind, müssen mindestens 1,25 m entfernt sein
1. Dachflächenfenster, Lichtkuppeln und Öffnungen in der Bedachung, wenn diese Wände nicht mindestens 0,30 m über die Bedachung geführt sind,
2. Solaranlagen, Dachgauben und ähnliche Dachaufbauten aus brennbaren Baustoffen, wenn sie nicht durch diese Wände gegen Brandübertragung geschützt sind.

(6) Dächer von traufseitig aneinander gebauten Gebäuden müssen als raumabschließende Bauteile für eine Brandbeanspruchung von innen nach außen einschließlich der sie tragenden und aussteifenden Bauteile feuerhemmend sein. Öffnungen in diesen Dachflächen müssen, waagerecht gemessen, mindestens 2 m von der Brandwand oder der Wand, die anstelle der Brandwand zulässig ist, entfernt sein.

(7) Dächer von Anbauten, die an Außenwände mit Öffnungen oder ohne Feuerwiderstandsfähigkeit anschließen, müssen innerhalb eines Abstands von 5 m von diesen Wänden als raumabschließende Bauteile für eine Brandbeanspruchung von innen nach außen einschließlich der sie tragenden und aussteifenden Bauteile die Feuerwiderstandsfähigkeit der Decken des Gebäudeteils haben, an den sie angebaut werden. Dies gilt nicht für Anbauten an Wohngebäude der Gebäudeklassen 1 bis 3.

(8) Für vom Dach aus vorzunehmende Arbeiten sind sicher benutzbare Vorrichtungen anzubringen.

Abschnitt V
Rettungswege, Öffnungen, Umwehrungen

§ 34
Erster und zweiter Rettungsweg

(1) Für Nutzungseinheiten mit mindestens einem Aufenthaltsraum wie Wohnungen, Praxen, selbstständige Betriebsstätten müssen in jedem Geschoss mindestens zwei voneinander unabhängige Rettungswege ins Freie vorhanden sein; beide Rettungswege dürfen jedoch innerhalb des Geschosses über denselben notwendigen Flur führen.

(2) Für Nutzungseinheiten nach Absatz 1, die nicht zu ebener Erde liegen, muss der erste Rettungsweg über eine notwendige Treppe führen. Der zweite Rettungsweg kann eine weitere notwendige Treppe sein oder über eine mit Rettungsgeräten der Feuerwehr erreichbare Stelle der Nutzungseinheit führen. Ein zweiter Rettungsweg ist nicht erforderlich, wenn die Rettung über einen sicher erreichbaren Treppenraum möglich ist, in den Feuer und Rauch nicht eindringen können (Sicherheitstreppenraum).

(3) Gebäude, deren zweiter Rettungsweg über Rettungsgeräte der Feuerwehr führt und bei denen die Oberkante der Brüstung von zum Anleitern bestimmten Fenstern oder Stellen mehr als 8 m über der festgelegten Geländeoberfläche liegt, dürfen nur errichtet werden, wenn die Feuerwehr über die erforderlichen Rettungsgeräte wie Hubrettungsfahrzeuge verfügt. Bei Sonderbauten ist der zweite Rettungsweg über Rettungsgeräte der Feuerwehr nur zulässig, wenn keine Bedenken wegen der Personenrettung bestehen.

§ 35
Treppen

(1) Jedes nicht zu ebener Erde liegende Geschoss und der benutzbare Dachraum eines Gebäudes müssen über mindestens eine Treppe zugänglich sein (notwendige Treppe). Statt notwendiger Treppen sind Rampen mit bis zu 6 % Neigung zulässig.

(2) Einschiebbare Treppen und Rolltreppen sind als notwendige Treppen unzulässig. In Gebäuden der Gebäudeklassen 1 und 2 sind einschiebbare Treppen und Leitern als Zugang zu einem Dachraum ohne Aufenthaltsraum zulässig.

(3) Notwendige Treppen sind in einem Zuge zu allen angeschlossenen Geschossen zu führen; sie müssen mit den Treppen zum Dachraum unmittelbar verbunden sein. Dies gilt nicht für Treppen

1. in Gebäuden der Gebäudeklassen 1 bis 3,
2. nach § 36 Abs. 1 Satz 3 Nr. 2.

(4) Die tragenden Teile notwendiger Treppen müssen
1. in Gebäuden der Gebäudeklasse 5 feuerhemmend und aus nichtbrennbaren Baustoffen,
2. in Gebäuden der Gebäudeklasse 4 aus nichtbrennbaren Baustoffen,
3. in Gebäuden der Gebäudeklasse 3 aus nichtbrennbaren Baustoffen oder feuerhemmend

sein. Tragende Teile von Außentreppen nach § 36 Abs. 1 Satz 3 Nr. 3 für Gebäude der Gebäudeklassen 3 bis 5 müssen aus nichtbrennbaren Baustoffen bestehen.

(5) Die nutzbare Breite der Treppenläufe und Treppenabsätze notwendiger Treppen muss für den größten zu erwartenden Verkehr ausreichen.

(6) Treppen müssen einen festen und griffsicheren Handlauf haben. Für Treppen sind Handläufe auf beiden Seiten und Zwischenhandläufe vorzusehen, soweit die Verkehrssicherheit dies erfordert.

(7) Eine Treppe darf nicht unmittelbar hinter einer Tür beginnen, die in Richtung der Treppe aufschlägt; zwischen Treppe und Tür ist ein ausreichender Treppenabsatz anzuordnen.

(8) In und an Gebäuden, in denen mit der Anwesenheit von Kindern gerechnet werden muss, darf bei Treppen ohne Setzstufen oder ohne geschlossene Unterseiten das lichte Maß der Öffnung zwischen den Trittstufen 12 cm nicht übersteigen.

§ 36
Notwendige Treppenräume, Ausgänge

(1) Jede notwendige Treppe muss zur Sicherstellung der Rettungswege aus den Geschossen ins Freie in einem eigenen, durchgehenden Treppenraum liegen (notwendiger Treppenraum). Notwendige Treppenräume müssen so angeordnet und ausgebildet sein, dass die Nutzung der notwendigen Treppen im Brandfall ausreichend lang möglich ist. Notwendige Treppen sind ohne eigenen Treppenraum zulässig
1. in Gebäuden der Gebäudeklassen 1 und 2,
2. für die Verbindung von höchstens zwei Geschossen innerhalb derselben Nutzungseinheit von insgesamt nicht mehr als 200 m², wenn in jedem Geschoss ein anderer Rettungsweg erreicht werden kann,
3. als Außentreppe, wenn ihre Nutzung ausreichend sicher ist und im Brandfall nicht gefährdet werden kann.

(2) Von jeder Stelle eines Aufenthaltsraumes sowie eines Kellergeschosses muss mindestens ein Ausgang in einen notwendigen Treppenraum oder ins Freie in höchstens 35 m Entfernung erreichbar sein. Übereinander liegende Kellergeschosse müssen jeweils mindestens zwei Ausgänge in notwendige Treppenräume oder ins Freie haben. Sind mehrere notwendige Treppenräume erforderlich, müssen sie so verteilt sein, dass sie möglichst entgegengesetzt liegen und die Rettungswege möglichst kurz sind.

(3) Jeder notwendige Treppenraum muss einen unmittelbaren Ausgang ins Freie haben. Sofern der Ausgang eines notwendigen Treppenraumes nicht unmittelbar ins Freie führt, muss der Raum zwischen dem notwendigen Treppenraum und dem Ausgang ins Freie
1. mindestens so breit sein wie die dazugehörigen Treppenläufe,
2. Wände haben, die die Anforderungen an die Wände des Treppenraumes erfüllen,
3. rauchdichte und selbstschließende Abschlüsse zu notwendigen Fluren haben und
4. ohne Öffnungen zu anderen Räumen, ausgenommen zu notwendigen Fluren, sein.

(4) Die Wände notwendiger Treppenräume müssen als raumabschließende Bauteile
1. in Gebäuden der Gebäudeklasse 5 die Bauart von Brandwänden haben,
2. in Gebäuden der Gebäudeklasse 4 auch unter zusätzlicher mechanischer Beanspruchung hochfeuerhemmend und
3. in Gebäuden der Gebäudeklasse 3 feuerhemmend

sein; § 28 Absatz 2 Nummer 1 bleibt unberührt. Dies ist nicht erforderlich für Außenwände von Treppenräumen, die aus nichtbrennbaren Baustoffen bestehen und durch andere an die Außenwände anschließende Gebäudeteile im Brandfall nicht gefährdet werden können. Der obere Abschluss notwendiger Treppenräume muss als raumabschließendes Bauteil die Feuerwiderstandsfähigkeit der Decken des Gebäudes haben; dies gilt nicht, wenn der obere Abschluss das Dach ist und die Treppenraumwände bis unter die Dachhaut reichen.

(5) In notwendigen Treppenräumen und in Räumen nach Absatz 3 Satz 2 müssen
1. Bekleidungen, Putze, Dämmstoffe, Unterdecken und Einbauten aus nichtbrennbaren Baustoffen bestehen,
2. Wände und Decken aus brennbaren Baustoffen eine Bekleidung aus nichtbrennbaren Baustoffen in ausreichender Dicke haben,
3. Bodenbeläge, ausgenommen Gleitschutzprofile, aus mindestens schwerentflammbaren Baustoffen bestehen.

(6) In notwendigen Treppenräumen müssen Öffnungen
1. zu Kellergeschossen, zu nicht ausgebauten Dachräumen, Werkstätten, Läden, Lager- und ähnlichen Räumen sowie zu sonstigen Räumen und Nutzungseinheiten mit einer Fläche von mehr als 200 m², ausgenommen Wohnungen, mindestens feuerhemmende, rauchdichte und selbstschließende Abschlüsse,
2. zu notwendigen Fluren rauchdichte und selbstschließende Abschlüsse,
3. zu sonstigen Räumen und Nutzungseinheiten mindestens dicht- und selbstschließende Abschlüsse

haben. Die Feuerschutz- und Rauchschutzabschlüsse dürfen lichtdurchlässige Seitenteile und Oberlichte enthalten, wenn der Abschluss insgesamt nicht breiter als 2,50 m ist.

(7) Notwendige Treppenräume müssen zu beleuchten sein. Notwendige Treppenräume in Gebäuden mit einer Höhe nach § 2 Absatz 4 Satz 2 von mehr als 13 m eine Sicherheitsbeleuchtung haben.

(8) Notwendige Treppenräume müssen belüftet und zur Unterstützung wirksamer Löscharbeiten entraucht werden können. Sie müssen
1. in jedem oberirdischen Geschoss unmittelbar ins Freie führende Fenster mit einem freien Querschnitt von mindestens 0,50 m² haben, die geöffnet werden können, oder
2. an der obersten Stelle eine Öffnung zur Rauchableitung haben.

In den Fällen des Satzes 2 Nummer 1 ist in Gebäuden der Gebäudeklasse 5 mit einer Höhe nach § 2 Absatz 4 Satz 2 von mehr als 13 m an der obersten Stelle eine Öffnung zur Rauchableitung erforderlich; in den Fällen des Satzes 2 Nummer 2 sind in Gebäuden der Gebäudeklassen 4 und 5, soweit dies zur Erfüllung der Anforderungen nach Satz 1 erforderlich ist, besondere Vorkehrungen zu treffen. Öffnungen zur Rauchableitung nach Satz 2 und 3 müssen in jedem Treppenraum einen freien Querschnitt von mindestens 1 m² und Vorrichtungen zum Öffnen ihrer Abschlüsse haben, die vom Erdgeschoss sowie vom obersten Treppenabsatz aus bedienbar sind.

§ 37
Notwendige Flure, offene Gänge

(1) Flure, über die Rettungswege aus Aufenthaltsräumen oder aus Nutzungseinheiten mit Aufenthaltsräumen zu Ausgängen in notwendige Treppenräume oder ins Freie führen (notwendige Flure), müssen so angeordnet und ausgebildet sein, dass die Nutzung im Brandfall ausreichend lang möglich ist. Notwendige Flure sind nicht erforderlich
1. in Wohngebäuden der Gebäudeklassen 1 und 2,
2. in sonstigen Gebäuden der Gebäudeklassen 1 und 2, ausgenommen in Kellergeschossen,

3. innerhalb von Nutzungseinheiten mit nicht mehr als 200 m² und innerhalb von Wohnungen,
4. innerhalb von Nutzungseinheiten, die einer Büro- oder Verwaltungsnutzung dienen, mit nicht mehr als 400 m²; das gilt auch für Teile größerer Nutzungseinheiten, wenn diese Teile nicht größer als 400 m² sind, Trennwände nach § 30 Abs. 2 Nr. 1 haben und jeder Teil unabhängig von anderen Teilen Rettungswege nach § 34 Abs. 1 hat.

(2) Notwendige Flure müssen so breit sein, dass sie für den größten zu erwartenden Verkehr ausreichen. In den Fluren ist eine Folge von weniger als drei Stufen unzulässig.

(3) Notwendige Flure sind durch nichtabschließbare, rauchdichte und selbstschließende Abschlüsse in Rauchabschnitte zu unterteilen. Die Rauchabschnitte sollen nicht länger als 30 m sein. Die Abschlüsse sind bis an die Rohdecke zu führen; sie dürfen bis an die Unterdecke der Flure geführt werden, wenn die Unterdecke feuerhemmend ist. Notwendige Flure mit nur einer Fluchtrichtung, die zu einem Sicherheitstreppenraum führen, dürfen nicht länger als 15 m sein. Die Sätze 1 bis 4 gelten nicht für offene Gänge nach Absatz 5.

(4) Die Wände notwendiger Flure müssen als raumabschließende Bauteile feuerhemmend, in Kellergeschossen, deren tragende und aussteifende Bauteile feuerbeständig sein müssen, feuerbeständig sein. Die Wände sind bis an die Rohdecke zu führen. Sie dürfen bis an die Unterdecke der Flure geführt werden, wenn die Unterdecke feuerhemmend und ein demjenigen nach Satz 1 vergleichbarer Raumabschluss sichergestellt ist. Türen in diesen Wänden müssen dicht schließen; Öffnungen zu Lagerbereichen im Kellergeschoss müssen feuerhemmende, dicht- und selbstschließende Abschlüsse haben.

(5) Für Wände und Brüstungen notwendiger Flure mit nur einer Fluchtrichtung, die als offene Gänge vor den Außenwänden angeordnet sind, gilt Absatz 4 entsprechend. Fenster sind in diesen Außenwänden ab einer Brüstungshöhe von 0,90 m zulässig.

(6) In notwendigen Fluren sowie in offenen Gängen nach Absatz 5 müssen
1. Bekleidungen, Putze, Unterdecken und Dämmstoffe aus nichtbrennbaren Baustoffen bestehen,
2. Wände und Decken aus brennbaren Baustoffen eine Bekleidung aus nichtbrennbaren Baustoffen in ausreichender Dicke haben.

§ 38
Fenster, Türen, sonstige Öffnungen

(1) Können die Fensterflächen nicht gefahrlos vom Erdboden, vom Innern des Gebäudes, von Loggien oder Balkonen aus gereinigt werden, so sind Vorrichtungen wie Aufzüge, Halterungen oder Stangen anzubringen, die eine Reinigung von außen ermöglichen.

(2) Glastüren und andere Glasflächen, die bis zum Fußboden allgemein zugänglicher Verkehrsflächen herabreichen, müssen bruchsicher sein und sind so zu kennzeichnen, dass sie leicht erkannt werden können. Weitere Schutzmaßnahmen sind für größere Glasflächen vorzusehen, wenn dies die Verkehrssicherheit erfordert.

(3) Eingangstüren von Wohnungen, die über Aufzüge erreichbar sein müssen, müssen eine lichte Durchgangsbreite von mindestens 0,90 m haben.

(4) Jedes Kellergeschoss ohne Fenster muss mindestens eine Öffnung mit einem freien Querschnitt von mindestens 0,50 m² ins Freie haben, um eine Rauchableitung zu ermöglichen. Gemeinsame Kellerlichtschächte für übereinander liegende Kellergeschosse sind unzulässig.

(5) Fenster, die als Rettungswege nach § 34 Abs. 2 Satz 2 dienen, müssen im Lichten mindestens 0,90 m x 1,20 m groß und dürfen nicht höher als 1,20 m über der Fußbodenoberkante angeordnet sein. Liegen diese Fenster in Dachschrägen oder Dachaufbauten, so darf ihre Unterkante oder ein davor liegender Austritt von der Traufkante horizontal gemessen nicht mehr als 1 m entfernt sein.

§ 39
Umwehrungen

(1) In, an und auf baulichen Anlagen sind zu umwehren oder mit Brüstungen zu versehen:
1. Flächen, die im Allgemeinen zum Begehen bestimmt sind und unmittelbar an mehr als 1 m tiefer liegende Flächen angrenzen; dies gilt nicht, wenn die Umwehrung dem Zweck der Flächen widerspricht,
2. nicht begehbare Oberlichte und Glasabdeckungen in Flächen, die im Allgemeinen zum Begehen bestimmt sind, wenn sie weniger als 0,50 m aus diesen Flächen herausragen,
3. Dächer oder Dachteile, die zum auch nur zeitweiligen Aufenthalt von Menschen bestimmt sind,
4. Öffnungen in begehbaren Decken sowie in Dächern oder Dachteilen nach Nummer 3, wenn sie nicht sicher abgedeckt sind,
5. nicht begehbare Glasflächen in Decken sowie in Dächern oder Dachteilen nach Nummer 3,
6. die freien Seiten von Treppenläufen, Treppenabsätzen und Treppenöffnungen (Treppenaugen),
7. Kellerlichtschächte und Betriebsschächte, die an Verkehrsflächen liegen, wenn sie nicht verkehrssicher abgedeckt sind.

(2) In Verkehrsflächen liegende Kellerlichtschächte und Betriebsschächte sind in Höhe der Verkehrsfläche verkehrssicher abzudecken. An und in Verkehrsflächen liegende Abdeckungen müssen gegen unbefugtes Abheben gesichert sein. Fenster, die unmittelbar an Treppen liegen und deren Brüstung unter der notwendigen Umwehrungshöhe liegen, sind zu sichern.

(3) Fensterbrüstungen von Flächen mit einer Absturzhöhe bis zu 12 m müssen mindestens 0,80 m, von Flächen mit mehr als 12 m Absturzhöhe mindestens 0,90 m hoch sein. Geringere Brüstungshöhen sind zulässig, wenn durch andere Vorrichtungen wie Geländer die nach Absatz 4 vorgeschriebenen Mindesthöhen eingehalten werden.

(4) Andere notwendige Umwehrungen müssen folgende Mindesthöhen haben:
1. Umwehrungen zur Sicherung von Öffnungen in begehbaren Decken und Dächern sowie Umwehrungen von Flächen mit einer Absturzhöhe

von 1 m bis zu 12 m	0,90 m,
2. Umwehrungen von Flächen mit mehr als 12 m Absturzhöhe	1,10 m.

Abschnitt VI
Technische Gebäudeausrüstung

§ 40
Aufzüge

(1) Aufzüge im Innern von Gebäuden müssen eigene Fahrschächte haben, um eine Brandausbreitung in andere Geschosse ausreichend lang zu verhindern. In einem Fahrschacht dürfen bis zu drei Aufzüge liegen. Aufzüge ohne eigene Fahrschächte sind zulässig
1. innerhalb eines notwendigen Treppenraumes, ausgenommen in Hochhäusern,
2. innerhalb von Räumen, die Geschosse überbrücken,
3. zur Verbindung von Geschossen, die offen miteinander in Verbindung stehen dürfen,
4. in Gebäuden der Gebäudeklassen 1 und 2;

sie müssen sicher umkleidet sein.

(2) Die Fahrschachtwände müssen als raumabschließende Bauteile
1. in Gebäuden der Gebäudeklasse 5 feuerbeständig und aus nichtbrennbaren Baustoffen,
2. in Gebäuden der Gebäudeklasse 4 hochfeuerhemmend,
3. in Gebäuden der Gebäudeklasse 3 feuerhemmend

sein; Fahrschachtwände aus brennbaren Baustoffen müssen schachtseitig eine Bekleidung aus nichtbrennbaren Baustof-

Landesbauordnung

fen in ausreichender Dicke haben. Fahrschachttüren und andere Öffnungen in Fahrschachtwänden mit erforderlicher Feuerwiderstandsfähigkeit sind so herzustellen, dass die Anforderungen nach Absatz 1 Satz 1 nicht beeinträchtigt werden.

(3) Fahrschächte müssen zu lüften sein und eine Öffnung zur Rauchableitung mit einem freien Querschnitt von mindestens 2,5 % der Fahrschachtgrundfläche, mindestens jedoch 0,10 m² haben. Diese Öffnung darf einen Abschluss haben, der sich im Brandfall selbsttätig öffnet und von mindestens einer geeigneten Stelle aus bedienbar ist. Die Lage der Rauchaustrittsöffnungen muss so gewählt werden, dass der Rauchaustritt durch Windeinfluss nicht beeinträchtigt wird.

(4) Gebäude mit einer Höhe nach § 2 Absatz 4 Satz 2 von mehr als 13 m müssen Aufzüge in ausreichender Zahl haben; dies gilt nicht, soweit bei bestehenden Gebäuden zusätzlicher Wohnraum durch Änderung des Dachgeschosses oder durch Errichtung zusätzlicher Geschosse geschaffen wird. Von diesen Aufzügen muss mindestens ein Aufzug Kinderwagen, Rollstühle, Krankentragen und Lasten aufnehmen können und Haltestellen in allen Geschossen mit Aufenthaltsräumen und erforderlichen Nebenräumen haben. Dieser Aufzug muss von allen Geschossen mit Aufenthaltsräumen und erforderlichen Nebenräumen im Gebäude und von der öffentlichen Verkehrsfläche aus barrierefrei erreichbar sein.

(5) Fahrkörbe zur Aufnahme einer Krankentrage müssen eine nutzbare Grundfläche von mindestens 1,10 m x 2,10 m, zur Aufnahme eines Rollstuhls von mindestens 1,10 m x 1,40 m haben; Türen müssen eine lichte Durchgangsbreite von mindestens 0,90 m haben. In einem Aufzug für Rollstühle und Krankentragen darf der für Rollstühle nicht erforderliche Teil der Fahrkorbgrundfläche durch eine verschließbare Tür abgesperrt werden. Vor den Aufzügen muss eine ausreichende Bewegungsfläche vorhanden sein.

§ 41
Leitungsanlagen, Installationsschächte und -kanäle

(1) Leitungen dürfen durch raumabschließende Bauteile, für die eine Feuerwiderstandsfähigkeit vorgeschrieben ist, nur hindurchgeführt werden, wenn eine Brandausbreitung über einen ausreichend lang bemessenen Zeitraum nicht zu befürchten ist oder Vorkehrungen hierfür getroffen sind; dies gilt nicht

1. für Gebäude der Gebäudeklassen 1 und 2,
2. innerhalb von Wohnungen,
3. innerhalb derselben Nutzungseinheit mit nicht mehr als insgesamt 400 m² in nicht mehr als zwei Geschossen.

(2) In notwendigen Treppenräumen, in Räumen nach § 36 Absatz 3 Satz 2 und in notwendigen Fluren sind Leitungsanlagen nur zulässig, wenn eine Nutzung als Rettungsweg im Brandfall ausreichend lang möglich ist.

(3) Für Installationsschächte und -kanäle gelten Absatz 1 sowie § 42 Absatz 2 und 3 entsprechend.

§ 42
Lüftungsanlagen

(1) Lüftungsanlagen müssen betriebssicher und brandsicher sein; sie dürfen den ordnungsgemäßen Betrieb von Feuerungsanlagen nicht beeinträchtigen.

(2) Lüftungsleitungen sowie deren Bekleidungen und Dämmstoffe müssen aus nichtbrennbaren Baustoffen bestehen; brennbare Baustoffe sind zulässig, wenn ein Beitrag der Lüftungsleitung zur Brandentstehung und Brandweiterleitung nicht zu befürchten ist. Lüftungsleitungen dürfen raumabschließende Bauteile, für die eine Feuerwiderstandsfähigkeit vorgeschrieben ist, nur überbrücken, wenn eine Brandausbreitung ausreichend lang nicht zu befürchten ist oder wenn Vorkehrungen hiergegen getroffen sind.

(3) Lüftungsanlagen sind so herzustellen, dass sie Gerüche, Staub und Geräusche nicht in andere Räume übertragen.

(4) Lüftungsanlagen dürfen nicht in Abgasanlagen eingeführt werden; die gemeinsame Nutzung von Lüftungsleitungen zur Lüftung und zur Ableitung der Abgase von Feuerstätten ist zulässig, wenn keine Bedenken wegen der Betriebssicherheit und des Brandschutzes bestehen. Die Abluft ist ins Freie zu führen. Gerüche, Staub und Geräusche aus Lüftungsanlagen dürfen nicht zu Gesundheitsbeeinträchtigungen oder unzumutbaren Belästigungen in der Nachbarschaft führen. Nicht zur Lüftungsanlage gehörende Einrichtungen sind in Lüftungsleitungen unzulässig.

(5) Die Absätze 2 und 3 gelten nicht
1. für Gebäude der Gebäudeklassen 1 und 2,
2. innerhalb von Wohnungen,
3. innerhalb derselben Nutzungseinheit mit nicht mehr als 400 m² in nicht mehr als zwei Geschossen.

(6) Für raumlufttechnische Anlagen und Warmluftheizungen gelten die Absätze 1 bis 5 entsprechend.

§ 43
Feuerungsanlagen, sonstige Anlagen zur Wärmeerzeugung, Brennstoffversorgung

(1) Feuerstätten und Abgasanlagen (Feuerungsanlagen) müssen betriebssicher und brandsicher sein.

(2) Feuerstätten dürfen in Räumen nur aufgestellt werden, wenn nach der Art der Feuerstätte und nach Lage, Größe, baulicher Beschaffenheit und Nutzung der Räume Gefahren nicht entstehen.

(3) Abgase von Feuerstätten sind durch Abgasleitungen, Schornsteine und Verbindungsstücke (Abgasanlagen) so abzuführen, dass keine Gefahren oder unzumutbaren Belästigungen entstehen. Abgasanlagen sind in solcher Zahl und Lage und so herzustellen, dass die Feuerstätten des Gebäudes ordnungsgemäß angeschlossen werden können. Sie müssen leicht gereinigt werden können.

(4) Behälter und Rohrleitungen für brennbare Gase und Flüssigkeiten müssen betriebssicher und brandsicher sein. Diese Behälter sowie feste Brennstoffe sind so aufzustellen oder zu lagern, dass keine Gefahren oder unzumutbaren Belästigungen entstehen.

(5) Für die Aufstellung von ortsfesten Verbrennungsmotoren, Blockheizkraftwerken, Brennstoffzellen und Verdichtern sowie die Ableitung ihrer Verbrennungsgase gelten die Absätze 1 bis 3 entsprechend.

§ 44
Sanitäre Anlagen, Wasserzähler

(1) Fensterlose Bäder und Toiletten sind nur zulässig, wenn eine wirksame Lüftung gewährleistet ist.

(2) Jede Wohnung oder Nutzungseinheit in Gebäuden, die überwiegend Wohnzwecken dienen, muss einen eigenen Wasserzähler haben. Die Eigentümerinnen oder Eigentümer bestehender Gebäude sind verpflichtet, Wohnungen ohne eigene Wasserzähler im Rahmen einer Erneuerung oder wesentlichen Änderung der Trinkwasserinstallationen im Gebäude, mit solchen Einrichtungen nachträglich auszurüsten. Abweichungen sind zuzulassen, soweit die Ausrüstung wegen besonderer Umstände durch einen unangemessenen Aufwand oder in sonstiger Weise zu unverhältnismäßigen Kosten führt.

§ 45
Kleinkläranlagen, Gruben und Anlagen zum Lagern von Jauche, Gülle, Festmist und Silagesickersäften

(1) Kleinkläranlagen und Gruben müssen wasserdicht und ausreichend groß sein. Sie müssen eine dichte und sichere Abdeckung sowie Reinigungs- und Entleerungsöffnungen haben. Diese Öffnungen dürfen nur vom Freien aus zugänglich sein. Die Anlagen sind so zu entlüften, dass Gesundheitsschäden oder unzumutbare Belästigungen nicht entstehen. Die Zuleitungen zu Abwasserentsorgungsanlagen müssen geschlossen, dicht und, soweit erforderlich, zum Reinigen geeignet sein.

(2) Anlagen zum Lagern von Jauche, Gülle, Festmist und Silagesickersäften sind mit wasserundurchlässigen Böden anzulegen. Die Wände müssen auch wasserundurchlässig sein. Flüssige Abgänge aus Ställen und Anlagen zum Lagern von Festmist sind in Jauche- und Güllebehälter,

aus Silagen in dichte Behälter, insbesondere Güllebehälter, zu leiten, die keine Verbindung zu Abwasserbeseitigungsanlagen haben dürfen.

§ 46
Aufbewahrung fester Abfall- und Wertstoffe

Feste Abfall- und Wertstoffe dürfen innerhalb von Gebäuden vorübergehend aufbewahrt werden, in Gebäuden der Gebäudeklassen 3 bis 5 jedoch nur, wenn die dafür bestimmten Räume
1. Trennwände und Decken als raumabschließende Bauteile mit der Feuerwiderstandsfähigkeit der tragenden Wände und
2. Öffnungen vom Gebäudeinnern zum Aufstellraum mit feuerhemmenden, dicht- und selbstschließenden Abschlüssen haben,
3. unmittelbar vom Freien entleert werden können und
4. eine ständig wirksame Lüftung haben.

In Wohngebäuden ist der Einbau von Abfallschächten unzulässig. Bei der Errichtung sonstiger Gebäude ist die Anlage von Abfallschächten nur zulässig, wenn eine getrennte Erfassung der festen Abfall- und Wertstoffe sichergestellt ist.

§ 47
Blitzschutzanlagen

Bauliche Anlagen, bei denen nach Lage, Bauart oder Nutzung Blitzschlag leicht eintreten oder zu schweren Folgen führen kann, sind mit dauernd wirksamen Blitzschutzanlagen zu versehen.

Abschnitt VII
Nutzungsbedingte Anforderungen

§ 48
Aufenthaltsräume

(1) Aufenthaltsräume müssen eine lichte Raumhöhe von mindestens 2,40 m haben. Aufenthaltsräume im Dachraum müssen eine lichte Höhe von mindestens 2,30 m über mindestens der Hälfte ihrer Grundfläche haben; Raumteile mit einer lichten Höhe bis zu 1,50 m bleiben bei der Berechnung der Grundfläche außer Betracht.

(2) Aufenthaltsräume müssen unmittelbar ins Freie führende Fenster mit solcher Anzahl und Beschaffenheit haben, dass die Räume ausreichend belüftet und mit Tageslicht belichtet werden können (notwendige Fenster). Das Rohbaumaß der Fensteröffnungen muss mindestens ein Achtel der nutzbaren Grundfläche des Raumes einschließlich der nutzbaren Grundfläche verglaster Vorbauten und Loggien haben. Oberlichter anstelle von Fenstern sind zulässig, wenn wegen der Nutzung des Aufenthaltsraumes Bedenken nicht bestehen. Verglaste Vorbauten und Loggien sind vor notwendigen Fenstern zulässig, wenn für die dahinter liegenden Räume eine ausreichende Belichtung mit Tageslicht und Lüftung sichergestellt ist.

(3) Aufenthaltsräume, deren Nutzung eine Belichtung mit Tageslicht verbietet, sowie Verkaufsräume, Schank- und Speisegaststätten, ärztliche Behandlungs-, Sport-, Spiel-, Werk- und ähnliche Räume sind ohne Fenster zulässig.

§ 49
Wohnungen

(1) Jede Wohnung muss eine Küche oder Kochnische haben. Fensterlose Küchen oder Kochnischen sind zulässig, wenn eine wirksame Lüftung gewährleistet ist.

(2) Jede Wohnung bis zu 50 m² nutzbarer Grundfläche muss über Abstellraum von mindestens 3,50 m², jede Wohnung mit mehr als 50 m² nutzbarer Grundfläche über Abstellraum von mindestens 6 m² verfügen. In Wohngebäuden der Gebäudeklassen 3 bis 5 sind leicht erreichbare und gut zugängliche abschließbare Abstellräume für Kinderwagen, Fahrräder sowie abgetrennt auch für Rollstühle und Mobilitätshilfen herzustellen. Sie sind auch ebenerdig in der Abstandsfläche von Gebäuden zulässig.

(3) Jede Wohnung muss ein Bad mit Badewanne oder Dusche und eine Toilette haben. Toiletten für Wohnungen müssen innerhalb der Wohnung liegen.

(4) In Wohnungen müssen Schlafräume, Kinderzimmer und Flure, über die Rettungswege von Aufenthaltsräumen führen, jeweils mindestens einen Rauchwarnmelder haben. Die Rauchwarnmelder müssen so eingebaut und betrieben werden, dass Brandrauch frühzeitig erkannt und gemeldet wird. Die Eigentümerinnen und Eigentümer vorhandener Wohnungen sind verpflichtet, jede Wohnung bis zum 31. Dezember 2010 mit Rauchwarnmelder auszurüsten. Die Sicherstellung der Betriebsbereitschaft obliegt den unmittelbaren Besitzerinnen oder Besitzern, es sei denn, die Eigentümerin oder der Eigentümer übernimmt diese Verpflichtung selbst.

§ 50
Stellplätze und Garagen, Abstellanlagen für Fahrräder

(1) Bauliche Anlagen sowie andere Anlagen, bei denen ein Zu- oder Abgangsverkehr zu erwarten ist, dürfen nur errichtet werden, wenn Stellplätze oder Garagen in ausreichender Größe und in geeigneter Beschaffenheit (notwendige Stellplätze oder Garagen) sowie Abstellanlagen für Fahrräder hergestellt werden. Ihre Anzahl und Größe richtet sich nach Art und Anzahl der tatsächlich vorhandenen und zu erwartenden Kraftfahrzeuge und Fahrräder der ständigen Benutzerinnen und Benutzer und der Besucherinnen und Besucher der Anlagen. Wird die Anzahl durch eine örtliche Bauvorschrift nach § 84 Absatz 4 Nummer 8 festgelegt, ist diese maßgeblich. Es kann gestattet werden, dass die notwendigen Stellplätze oder Garagen sowie die Abstellanlagen für Fahrräder innerhalb einer angemessenen Frist nach Fertigstellung der Anlage im Sinne des Satzes 1 hergestellt werden. Mit Einverständnis der Gemeinde kann ganz oder teilweise auf die Herstellung von Stellplätzen und Garagen und die Zahlung eines Geldbetrages zur Ablösung verzichtet werden. Das gilt insbesondere dann, wenn eine günstige Anbindung an den öffentlichen Personennahverkehr besteht oder ausreichende Fahrradwege vorhanden sind oder die Schaffung oder Erneuerung von Wohnraum, die im öffentlichen Interesse liegt, erschwert oder verhindert würde. Stellplätze, Garagen oder Abstellanlagen für Fahrräder können mit Einverständnis der Gemeinde in allen Baugebieten für verschiedene Vorhaben mehrfach genutzt werden, wenn sich ihre Nutzungszeiten nicht überschneiden und deren Zuordnung zu den Vorhaben öffentlich-rechtlich gesichert ist.

(2) Änderungen von Anlagen nach Absatz 1 sind nur zulässig, wenn Stellplätze oder Garagen sowie Abstellanlagen für Fahrräder in solcher Anzahl und Größe hergestellt werden, dass sie die infolge der Änderung zusätzlich zu erwartenden Kraftfahrzeuge und Fahrräder aufnehmen können. Absatz 1 Satz 5 bis 7 gilt entsprechend.

(3) Für bestehende bauliche Anlagen und sonstige Anlagen kann die Bauaufsichtsbehörde im Einzelfall die Herstellung von Stellplätzen oder Garagen sowie Abstellanlagen für Fahrräder fordern, wenn dies im Hinblick auf die Art und Anzahl der Kraftfahrzeuge und der Fahrräder der ständigen Benutzerinnen und ständigen Benutzer und der Besucherinnen und Besucher der Anlage aus Gründen der Sicherheit des Verkehrs geboten ist. Die hierfür benötigten Flächen müssen in geeigneter Lage und Größe auf dem Baugrundstück oder in zumutbarer Entfernung davon vorhanden sein oder durch zumutbare Maßnahmen frei und zugänglich gemacht werden können. Die Gemeinde kann durch örtliche Bauvorschrift bestimmen, dass in genau abgegrenzten Teilen des Gemeindegebietes Stellplätze oder Garagen sowie Abstellanlagen für Fahrräder für bestehende bauliche Anlagen herzustellen sind, wenn die Bedürfnisse des ruhenden oder fließenden Verkehrs dies erfordern.

(4) Die Herstellung von Garagen anstelle von Stellplätzen oder von Stellplätzen anstelle von Garagen kann im Einzelfall gefordert werden, wenn die öffentliche Sicherheit oder die in Absatz 9 genannten Erfordernisse dies gebieten.

(5) Die Stellplätze und Garagen sowie Abstellanlagen für Fahrräder sind auf dem Baugrundstück herzustellen; die Stellplätze und Garagen dürfen auch in zumutbarer Entfernung vom Baugrundstück, die Abstellanlagen für Fahrräder in unmittelbarer Nähe auf einem geeigneten Grundstück

hergestellt werden, dessen Benutzung für diesen Zweck öffentlich-rechtlich gesichert wird. Die Verpflichtung zur Herstellung notwendiger Stellplätze kann mit Einverständnis der Gemeinde auch durch Zahlung eines Geldbetrages erfüllt werden; Absatz 6 Satz 3 und 4 gilt entsprechend. Die Bauaufsichtsbehörde kann, wenn Gründe des Verkehrs dies erfordern, im Einzelfall bestimmen, dass die Stellplätze oder Garagen sowie Abstellanlagen für Fahrräder auf dem Baugrundstück oder auf einem anderen Grundstück herzustellen sind. Die Gemeinde kann durch örtliche Bauvorschrift für genau abgegrenzte Teile des Gemeindegebietes die Herstellung von Stellplätzen und Garagen untersagen oder einschränken, wenn und soweit Gründe des Verkehrs, städtebauliche Gründe oder Gründe des Umweltschutzes dies erfordern.

(6) Ist die Herstellung von Stellplätzen und Garagen oder Abstellanlagen für Fahrräder nach Absatz 5 Satz 1 nicht oder nur unter großen Schwierigkeiten möglich, so kann die Bauaufsichtsbehörde mit Einverständnis der Gemeinde verlangen, dass die oder der zur Herstellung Verpflichtete an die Gemeinde einen Geldbetrag zahlt. Dies gilt auch, wenn nach Absatz 3 Satz 3 für bestehende bauliche Anlagen Stellplätze und Garagen oder Abstellanlagen für Fahrräder gefordert werden. Der Geldbetrag ist zur Herstellung zusätzlicher öffentlicher Parkeinrichtungen oder zusätzlicher privater Stellplätze und Stellplatzanlagen, zur Modernisierung und Instandhaltung öffentlicher Parkeinrichtungen oder zur Herstellung und Modernisierung baulicher Anlagen sowie anderer Anlagen und Einrichtungen für den öffentlichen Personennahverkehr und für den Fahrradverkehr, die den Bedarf an Parkeinrichtungen verringern, zu verwenden. Der Geldbetrag, den die oder der zur Herstellung von Stellplätzen oder Garagen Verpflichtete zu zahlen hat, darf 80 % der durchschnittlichen Herstellungskosten von Parkeinrichtungen nach Satz 3, der Geldbetrag, den die oder der zur Herstellung von Abstellanlagen für Fahrräder Verpflichtete zu zahlen hat, darf 80 % der durchschnittlichen Herstellungskosten von Abstellanlagen für Fahrräder, jeweils einschließlich der Kosten des Grunderwerbs im Gemeindegebiet oder in bestimmten Teilen des Gemeindegebietes, nicht übersteigen.

(7) Wird in einem Gebäude, dessen Fertigstellung mindestens drei Jahre zurückliegt, eine Wohnung geteilt oder Wohnraum durch Änderung der Nutzung, durch Aufstocken oder durch Änderung des Daches eines solchen Gebäudes geschaffen, braucht der dadurch verursachte Mehrbedarf an Stellplätzen und Garagen und Abstellanlagen für Fahrräder nicht gedeckt zu werden, wenn dies auf dem Grundstück nicht oder nur unter großen Schwierigkeiten möglich ist.

(8) Stellplätze, Garagen, Abstellanlagen für Fahrräder und ihre Nebenanlagen müssen überschaubar und verkehrssicher sein; Stellplätze und Garagen müssen entsprechend dem Gefährlichkeitsgrad der Treibstoffe, der Anzahl und Art der abzustellenden Kraftfahrzeuge dem Brandschutz genügen. Abfließende Treib- und Schmierstoffe müssen unschädlich beseitigt werden können. Garagen und ihre Nebenanlagen müssen zu lüften sein.

(9) Stellplätze und Garagen müssen so angeordnet und ausgeführt werden, dass ihre Benutzung die Gesundheit nicht schädigt und das Arbeiten und Wohnen, die Ruhe und die Erholung in der Umgebung durch Lärm oder Gerüche nicht über das zumutbare Maß hinaus stört. Stellplatzanlagen sollen durch Bepflanzungen mit standortgerechten Bäumen und Sträuchern gestaltet werden; § 8 Abs. 1 ist entsprechend anzuwenden.

(10) Neu errichtete Stellplätze und Garagen sollen von den zugeordneten Gebäuden aus barrierefrei erreichbar sein. Stellplätze für Wohnungen und bauliche Anlagen nach § 52 müssen in ausreichender Anzahl barrierefrei sein.

(11) Stellplätze und Garagen müssen von den öffentlichen Verkehrsflächen aus auf möglichst kurzem Wege verkehrssicher zu erreichen sein. Rampen sollen in Vorgärten nicht angelegt werden. Es kann verlangt werden, dass Hinweise auf Stellplätze und Garagen angebracht werden.

(12) Für das Abstellen nicht ortsfester Geräte mit Verbrennungsmotoren gelten die Absätze 8 und 9 sinngemäß.

§ 51
Sonderbauten

(1) An Sonderbauten können im Einzelfall zur Verwirklichung der allgemeinen Anforderungen nach § 3 Abs. 2 besondere Anforderungen gestellt werden. Erleichterungen können gestattet werden, soweit es der Einhaltung von Vorschriften wegen der besonderen Art oder Nutzung baulicher Anlagen oder Räume oder wegen besonderer Anforderungen nicht bedarf. Die Anforderungen und Erleichterungen nach den Sätzen 1 und 2 können sich insbesondere erstrecken auf

1. die Anordnung der baulichen Anlagen auf dem Grundstück,
2. die Abstände von Nachbargrenzen, von anderen baulichen Anlagen auf dem Grundstück und von öffentlichen Verkehrsflächen sowie auf die Größe der freizuhaltenden Flächen der Grundstücke,
3. die Öffnungen nach öffentlichen Verkehrsflächen und nach angrenzenden Grundstücken,
4. die Anlage von Zu- und Abfahrten,
5. die Anlage von Grünstreifen, Baumpflanzungen und anderen Pflanzungen sowie die Begrünung oder Beseitigung von Halden und Gruben,
6. die Bauart und Anordnung aller für die Stand- und Verkehrssicherheit, den Brand-, Wärme-, Schall- oder Gesundheitsschutz wesentlichen Bauteile und die Verwendung von Baustoffen,
7. Brandschutzanlagen und -einrichtungen und sonstige Brandschutzvorkehrungen,
8. die Löschwasserrückhaltung,
9. die Anordnung und Herstellung von Aufzügen, Treppen, Treppenräumen, Fluren, Ausgängen und sonstigen Rettungswegen,
10. die Beleuchtung und Energieversorgung,
11. die Lüftung und Rauchableitung,
12. die Feuerungsanlagen und Heizräume,
13. die Wasserversorgung,
14. die Aufbewahrung und Entsorgung von Abwasser und festen Abfall- und Wertstoffen,
15. die Stellplätze und Garagen sowie Abstellanlagen für Fahrräder,
16. die barrierefreie Nutzbarkeit,
17. die zulässige Zahl der Benutzerinnen oder Benutzer, Anordnung und Zahl der zulässigen Sitz- und Stehplätze bei Versammlungsstätten, Tribünen und Fliegenden Bauten,
18. die Zahl der Toiletten für Besucherinnen oder Besucher,
19. Umfang, Inhalt und Zahl besonderer Bauvorlagen, insbesondere eines Brandschutzkonzepts,
20. weitere zu erbringende Bescheinigungen,
21. die Bestellung und Qualifikation der Bauleiterin oder des Bauleiters und der Fachbauleiterinnen oder Fachbauleiter,
22. den Betrieb und die Nutzung einschließlich der Bestellung und der Qualifikation einer oder eines Brandschutzbeauftragten,
23. Erst-, Wiederholungs- und Nachprüfungen und die Bescheinigungen, die hierüber zu erbringen sind.

(2) Sonderbauten sind Anlagen und Räume besonderer Art oder Nutzung, die einen der nachfolgenden Tatbestände erfüllen:

1. Hochhäuser (Gebäude mit einer Höhe nach § 2 Absatz 4 Satz 2 von mehr als 22 m),
2. bauliche Anlagen mit einer Höhe von mehr als 30 m,

3. Gebäude mit mehr als 1.600 m² Grundfläche des Geschosses mit der größten Ausdehnung, ausgenommen Wohngebäude,
4. Verkaufsstätten, deren Verkaufsräume und Ladenstraßen eine Grundfläche von insgesamt mehr als 800 m² haben,
5. Gebäude mit Räumen, die einer Büro- oder Verwaltungsnutzung dienen und einzeln eine Grundfläche von mehr als 400 m² haben,
6. Gebäude mit Räumen, die einzeln für die Nutzung durch mehr als 100 Personen bestimmt sind,
7. Versammlungsstätten
   a) mit Versammlungsräumen, die insgesamt mehr als 200 Besucherinnen oder Besucher fassen, wenn diese Versammlungsräume gemeinsame Rettungswege haben,
   b) im Freien mit Szenenflächen sowie Freisportanlagen jeweils mit Tribünen, die keine Fliegenden Bauten sind und insgesamt mehr als 1.000 Besucherinnen oder Besucher fassen,
8. Schank- und Speisegaststätten mit mehr als 40 Gastplätzen einschließlich Gastplätzen im Freien, die gemeinsame Rettungswege durch das Gebäude haben, oder mehr als 1.000 Gastplätzen im Freien, Beherbergungsstätten mit mehr als zwölf Betten und Vergnügungsstätten mit mehr als 150 m² Grundfläche,
9. Krankenhäuser,
10. Wohnheime,
11. Tageseinrichtungen für Kinder, Menschen mit Behinderung und alte Menschen, sonstige Einrichtungen zur Unterbringung oder Pflege von Personen,
12. Schulen, Hochschulen und ähnliche Einrichtungen,
13. Justizvollzugsanstalten und bauliche Anlagen für den Maßregelvollzug,
14. Freizeit- und Vergnügungsparks,
15. Garagen mit mehr als 1.000 m² Nutzfläche,
16. Fliegende Bauten, soweit sie einer Ausführungsgenehmigung bedürfen,
17. Regallager mit einer Oberkante Lagerguthöhe von mehr als 7,50 m,
18. bauliche Anlagen, deren Nutzung durch Umgang oder Lagerung von Stoffen mit Explosions- oder erhöhter Brand- und Gesundheitsgefahr verbunden ist,
19. Anlagen und Räume, die in den Nummern 1 bis 18 nicht aufgeführt und deren Art oder Nutzung mit vergleichbaren Gefahren verbunden sind.

(3) Die Bauaufsichtsbehörden können auch Anforderungen an die Beschaffenheit von Maschinen und anderen beweglichen Teilen, die in Verbindung mit baulichen Anlagen aufgestellt werden, stellen. Dies gilt auch für die Nachweise, dass die Anforderungen erfüllt sind, und für die heranzuziehenden sachverständigen Personen sowie sachverständigen Stellen.

§ 52
Barrierefreies Bauen

(1) In Gebäuden mit mehr als zwei Wohnungen müssen die Wohnungen mindestens eines Geschosses barrierefrei erreichbar sein; diese Verpflichtung kann auch durch eine entsprechende Zahl barrierefrei erreichbarer Wohnungen in mehreren Geschossen erfüllt werden. In diesen Wohnungen müssen die Wohn- und Schlafräume, eine Toilette, ein Bad, die Küche oder die Kochnische sowie die zu diesen Räumen führenden Flure barrierefrei, insbesondere mit dem Rollstuhl zugänglich, sein. § 40 Absatz 4 gilt entsprechend. Bei Wohnungen nach Satz 1 sind die Anforderungen nach § 49 Absatz 2 barrierefrei zu erfüllen.

(2) Bauliche Anlagen, die öffentlich zugänglich sind, müssen in den dem allgemeinen Besucher- und Benutzerverkehr dienenden Teilen barrierefrei sein. Dies gilt insbesondere für
1. Einrichtungen der Kultur und des Bildungswesens,
2. Sport- und Freizeitstätten,
3. Einrichtungen des Gesundheitswesens,
4. Büro-, Verwaltungs- und Gerichtsgebäude,
5. Verkaufs-, Gast- und Beherbergungsstätten,
6. Stellplätze, Garagen und Toilettenanlagen.

Für die der zweckentsprechenden Nutzung dienenden Räume und Anlagen genügt es, wenn sie in dem erforderlichen Umfang barrierefrei sind. Toilettenräume und notwendige Stellplätze für Besucherinnen oder Besucher und Benutzerinnen oder Benutzer müssen in der erforderlichen Anzahl barrierefrei sein.

(3) Für
1. Wohnheime, Tagesstätten, Werkstätten und Heime für Menschen mit Behinderung,
2. Altenheime, Altenwohnheime, Altenpflegeheime und Altenbegegnungsstätten,
3. Kindertagesstätten und Jugendhilfeeinrichtungen nach § 45 SGB VIII

gilt Absatz 2 für die gesamte Anlage und die gesamten Einrichtungen.

(4) Abweichungen von Absatz 1 können zugelassen werden, soweit wegen schwieriger Geländeverhältnisse, ungünstiger vorhandener Bebauung oder im Hinblick auf die Sicherheit der Menschen mit Behinderung oder alter Menschen die Anforderungen nur mit einem unverhältnismäßigen Mehraufwand erfüllt werden können.

Vierter Teil
Die am Bau Beteiligten

§ 53
Grundpflichten

Bei der Planung, Errichtung, Änderung, Nutzungsänderung, Instandhaltung und Beseitigung von Anlagen sind die Bauherrin oder der Bauherr und im Rahmen ihres Wirkungskreises die anderen am Bau Beteiligten dafür verantwortlich, dass die öffentlich-rechtlichen Vorschriften eingehalten werden.

§ 54
Bauherrin oder Bauherr

(1) Die Bauherrin oder der Bauherr hat zur Vorbereitung, Überwachung und Ausführung eines nicht verfahrensfreien Bauvorhabens sowie die Beseitigung von Anlagen geeignete Beteiligte nach Maßgabe der §§ 55 bis 57 zu bestellen, soweit sie oder er nicht selbst zur Erfüllung der Verpflichtungen nach diesen Vorschriften geeignet ist. Der Bauherrin oder dem Bauherrn obliegen außerdem die nach den öffentlich-rechtlichen Vorschriften erforderlichen Anträge, Anzeigen und Nachweise. Sie oder er hat die zur Erfüllung der Anforderungen dieses Gesetzes oder aufgrund dieses Gesetzes erforderlichen Nachweise und Unterlagen zu den vom Entwurfsverfasser festgelegten Eigenschaften von verwendeten Bauprodukten und den angewandten Bauarten bereitzuhalten. Werden Bauprodukte verwendet, die die CE-Kennzeichnung nach der Verordnung (EU) Nummer 305/2011 tragen, ist die Leistungserklärung bereitzuhalten. Die Bauherrin oder der Bauherr hat vor Baubeginn den Namen und die Anschrift der Bauleiterin oder des Bauleiters und während der Bauausführung einen Wechsel dieser Person unverzüglich der Bauaufsichtsbehörde schriftlich mitzuteilen. Die Mitteilung ist von der Bauleiterin oder dem Bauleiter und bei einem Wechsel von der neuen Bauleiterin oder dem neuen Bauleiter mit zu unterschreiben. Wechselt die Bauherrin oder der Bauherr, hat die neue Bauherrin oder der neue Bauherr dies der Bauaufsichtsbehörde unverzüglich schriftlich mitzuteilen. Die Bauherrin oder der Bauherr hat der Entwurfsverfasserin oder dem Entwurfsverfasser sowie den Personen, die nach § 70 Abs. 2 Satz 1 die bautechnischen Nachweise aufgestellt haben, den Baubeginn anzuzeigen und die Bauüberwachung zu veranlassen.

(2) Treten bei einem Bauvorhaben mehrere Personen als Bauherrin oder Bauherr auf, so kann die Bauaufsichtsbehörde verlangen, dass ihr gegenüber eine Vertreterin oder ein Vertreter bestellt wird, die oder der die die Bauherrin oder

dem Bauherrn nach den öffentlich-rechtlichen Vorschriften obliegenden Verpflichtungen zu erfüllen hat. Im Übrigen findet § 80 b Abs. 1 Satz 2 und 3 und Abs. 2 des Landesverwaltungsgesetzes entsprechende Anwendung.

§ 55
Entwurfsverfasserin oder Entwurfsverfasser

(1) Die Entwurfsverfasserin oder der Entwurfsverfasser muss nach Sachkunde und Erfahrung zur Vorbereitung des jeweiligen Bauvorhabens geeignet sein. Sie oder er ist für die Vollständigkeit und Brauchbarkeit ihres oder seines Entwurfs verantwortlich. Die Entwurfsverfasserin oder der Entwurfsverfasser hat dafür zu sorgen, dass die für die Ausführung notwendigen Einzelzeichnungen, Einzelberechnungen und Anweisungen geliefert werden und den genehmigten oder den durch die Genehmigungsfreistellung nach § 68 erfassten Bauvorlagen und den öffentlich-rechtlichen Vorschriften entsprechen.

(2) Hat die Entwurfsverfasserin oder der Entwurfsverfasser auf einzelnen Fachgebieten nicht die erforderliche Sachkunde und Erfahrung, so sind geeignete Fachplanerinnen oder Fachplaner heranzuziehen. Diese sind für die von ihnen gefertigten Unterlagen, die sie zu unterzeichnen haben, verantwortlich. Für das ordnungsgemäße Ineinandergreifen aller Fachplanungen bleibt die Entwurfsverfasserin oder der Entwurfsverfasser verantwortlich.

§ 56
Unternehmerin oder Unternehmer

(1) Jede Unternehmerin oder jeder Unternehmer ist für die mit den genehmigten oder den durch die Genehmigungsfreistellung nach § 68 erfassten Bauvorlagen und den öffentlich-rechtlichen Anforderungen übereinstimmende Ausführung der von ihr oder ihm übernommenen Arbeiten und insoweit für die ordnungsgemäße Einrichtung und den sicheren Betrieb der Baustelle verantwortlich. Sie oder er hat die zur Erfüllung der Anforderungen dieses Gesetzes oder aufgrund dieses Gesetzes erforderlichen Nachweise und Unterlagen zu den verwendeten Bauprodukten und den angewandten Bauarten zu erbringen und auf der Baustelle bereitzuhalten. Bei Bauprodukten, die die CE-Kennzeichnung nach der Verordnung (EU) Nummer 305/2011 tragen, ist die Leistungserklärung bereitzuhalten.

(2) Jede Unternehmerin oder jeder Unternehmer hat auf Verlangen der Bauaufsichtsbehörde für Arbeiten, bei denen die Sicherheit der Anlage in außergewöhnlichem Maße von der besonderen Sachkenntnis und Erfahrung der Unternehmerin oder des Unternehmers oder von einer Ausstattung des Unternehmens mit besonderen Vorrichtungen abhängt, nachzuweisen, dass sie oder er für diese Arbeiten geeignet ist und über die erforderlichen Vorrichtungen verfügt.

§ 57
Bauleiterin oder Bauleiter

(1) Die Bauleiterin oder der Bauleiter hat darüber zu wachen, dass die Baumaßnahme entsprechend den genehmigten oder den durch die Genehmigungsfreistellung nach § 68 erfassten Bauvorlagen und den öffentlich-rechtlichen Anforderungen durchgeführt wird, und die dafür erforderlichen Weisungen zu erteilen. Sie oder er hat im Rahmen dieser Aufgabe auf den sicheren bautechnischen Betrieb der Baustelle, insbesondere auf das gefahrlose Ineinandergreifen der Arbeiten der Unternehmerinnen oder Unternehmer, zu achten. Die Verantwortlichkeit der Unternehmerinnen oder Unternehmer bleibt unberührt.

(2) Die Bauleiterin oder der Bauleiter muss über die für ihre oder seine Aufgabe erforderliche Sachkunde und Erfahrung verfügen. Verfügt sie oder er auf einzelnen Teilgebieten nicht über die erforderliche Sachkunde, so sind geeignete Fachbauleiterinnen oder Fachbauleiter heranzuziehen. Diese treten insoweit an die Stelle der Bauleiterin oder des Bauleiters. Die Bauleiterin oder der Bauleiter hat die Tätigkeit der Fachbauleiterinnen oder Fachbauleiter und ihre oder seine Tätigkeit aufeinander abzustimmen.

Fünfter Teil
Bauaufsichtsbehörden, Verwaltungsverfahren

§ 58
Bauaufsichtsbehörden, Fachaufsicht

(1) Bauaufsichtsbehörden sind

1. das Ministerium für Inneres, ländliche Räume und Integration als oberste Bauaufsichtsbehörde und
2. die Landrätinnen oder Landräte und Bürgermeisterinnen oder Bürgermeister der kreisfreien Städte als untere Bauaufsichtsbehörden.

(2) Die oberste Bauaufsichtsbehörde kann durch Verordnung[3] die Aufgaben der unteren Bauaufsichtsbehörde und in besonderen Fällen, wenn einzelne Aufgaben sonst nur erschwert erfüllt werden können, auch einzelne Aufgaben der unteren Bauaufsichtsbehörde auf amtsfreie Gemeinden und Ämter übertragen. In diesen Fällen wird die Bürgermeisterin oder der Bürgermeister oder die Amtsdirektorin oder der Amtsdirektor, in ehrenamtlich verwalteten Ämtern die Amtsvorsteherin oder der Amtsvorsteher, untere Bauaufsichtsbehörde.

(3) Die Aufgaben der Bauaufsichtsbehörden werden, soweit durch Gesetz nichts anderes bestimmt ist, nach Weisung erfüllt.

(4) Fachaufsichtsbehörden sind

1. über die unteren Bauaufsichtsbehörden nach Absatz 1 Nr. 2 und über die Bürgermeisterinnen oder Bürgermeister der amtsfreien Gemeinden sowie über die Amtsdirektorinnen oder die Amtsdirektoren, in ehrenamtlich verwalteten Ämtern die Amtsvorsteherinnen oder Amtsvorsteher, der Ämter, denen alle Aufgaben der unteren Bauaufsichtsbehörde übertragen wurden, die oberste Bauaufsichtsbehörde und

2. über die Bürgermeisterinnen oder Bürgermeister der übrigen Gemeinden sowie über die Amtsdirektorinnen oder die Amtsdirektoren, in ehrenamtlich verwalteten Ämtern die Amtsvorsteherinnen oder Amtsvorsteher, der übrigen Ämter die Landrätinnen oder die Landräte.

§ 59
Aufgaben und Befugnisse der Bauaufsichtsbehörden

(1) Die Bauaufsichtsbehörden haben bei der Errichtung, Änderung, Nutzungsänderung und Beseitigung sowie bei der Nutzung und Instandhaltung von Anlagen nach pflichtgemäßem Ermessen darüber zu wachen, dass die öffentlich-rechtlichen Vorschriften und die aufgrund dieser Vorschriften erlassenen Anordnungen eingehalten werden. Sie haben die nach pflichtgemäßem Ermessen erforderlichen Maßnahmen zu treffen.

(2) Die Bauaufsichtsbehörden können nach Absatz 1 Satz 2 insbesondere

1. die Einstellung der Arbeiten anordnen, wenn Anlagen im Widerspruch zu öffentlich-rechtlichen Vorschriften errichtet, geändert oder beseitigt werden; dies gilt auch dann, wenn
  a) die Ausführung eines Vorhabens entgegen den Vorschriften des § 73 Absatz 6 und 8 begonnen wurde, oder
  b) bei der Ausführung
     aa) eines genehmigungsbedürftigen Bauvorhabens von den genehmigten Bauvorlagen,
     bb) eines genehmigungsfreigestellten Bauvorhabens von den eingereichten Unterlagen
     abgewichen wird,
  c) Bauprodukte verwendet werden, die entgegen der Verordnung (EU) Nummer 305/2011 keine CE-

---

[3] *Landesverordnung zur Übertragung von Aufgaben der unteren Bauaufsichtsbehörde auf amtsfreie Gemeinden und Ämter (8. VO-LBO) vom 19.9.1974 (GVOBl. Schl.-H. S. 349), zuletzt geändert durch LVO vom 3.12.2008 (GVOBl. Schl.-H. S. 741).*

Kennzeichnung oder entgegen § 22 kein Ü-Zeichen tragen,

d) Bauprodukte verwendet werden, die unberechtigt mit der CE-Kennzeichnung oder dem Ü-Zeichen (§ 22 Absatz 3) gekennzeichnet sind,

2. die Verwendung von Bauprodukten, die entgegen § 22 mit dem Ü-Zeichen gekennzeichnet sind, untersagen und deren Kennzeichnung entwerten oder beseitigen lassen,

3. die teilweise oder vollständige Beseitigung von Anlagen anordnen, die im Widerspruch zu öffentlich-rechtlichen Vorschriften errichtet oder geändert werden, wenn nicht auf andere Weise rechtmäßige Zustände hergestellt werden können, oder wenn aufgrund des Zustandes einer Anlage auf Dauer eine Nutzung nicht mehr zu erwarten ist, insbesondere bei Ruinen,

4. die Nutzung von Anlagen, die im Widerspruch zu öffentlich-rechtlichen Vorschriften genutzt werden, untersagen.

Bei einem Verstoß gegen § 7 Abs. 1 gilt Satz 1 Nr. 3 und 4 sinngemäß.

(3) Werden unzulässige Arbeiten nach Absatz 2 Nr. 1 trotz einer schriftlich oder mündlich verfügten Einstellung fortgesetzt, kann die Bauaufsichtsbehörde die Baustelle versiegeln oder die an der Baustelle vorhandenen Bauprodukte, Geräte, Maschinen und Bauhilfsmittel in amtlichen Gewahrsam bringen.

(4) Bauaufsichtliche Genehmigungen und sonstige Maßnahmen gelten auch für und gegen Rechtsnachfolgerinnen oder Rechtsnachfolger.

(5) Die Bauaufsichtsbehörden können zur Erfüllung ihrer Aufgaben nach Anhörung und auf Kosten der Bauherrin oder des Bauherrn Sachverständige und sachverständige Stellen heranziehen. Eine Anhörung entfällt, wenn es sich um die Heranziehung eines Prüfamtes für Standsicherheit, einer Prüfingenieurin oder eines Prüfingenieurs für Standsicherheit oder einer Prüfingenieurin oder eines Prüfingenieurs für Brandschutz handelt. Die unteren Bauaufsichtsbehörden sind verpflichtet, sich bei bauaufsichtlichen Prüfaufgaben, wie beispielsweise bei Teilen der bautechnischen Prüfung von Bauvorlagen nach § 64 Abs. 2, Sachverständiger zu bedienen. Als Sachverständige gelten auch die Prüfämter für Standsicherheit.

(6) Auf die Anerkennung als Sachverständige oder Sachverständiger besteht kein Anspruch. Dies gilt nicht für die Einrichtung von Prüfämtern für Standsicherheit.

(7) Die mit dem Vollzug dieses Gesetzes beauftragten Personen sind berechtigt, in Ausübung ihres Amtes Grundstücke und Anlagen einschließlich der Wohnungen zu betreten. Das Grundrecht der Unverletzlichkeit der Wohnung nach Artikel 13 des Grundgesetzes wird insoweit eingeschränkt.

§ 60
Bestehende Anlagen

(1) Werden in diesem Gesetz oder in Vorschriften aufgrund dieses Gesetzes andere Anforderungen als nach dem bisherigen Recht gestellt, so kann verlangt werden, dass bestehende oder nach genehmigten Bauvorlagen bereits begonnene Anlagen dem geltenden Baurecht angepasst werden, wenn dies zur Erhaltung der öffentlichen Sicherheit erforderlich ist.

(2) Sollen Anlagen wesentlich geändert werden, so kann gefordert werden, dass auch die nicht unmittelbar berührten Teile der baulichen Anlage mit diesem Gesetz oder den aufgrund dieses Gesetzes erlassenen Vorschriften in Einklang gebracht werden, wenn

1. die Bauteile, die diesen Vorschriften nicht mehr entsprechen, mit den beabsichtigten Arbeiten in einem konstruktiven Zusammenhang stehen und

2. die Durchführung dieser Vorschriften bei den von den Arbeiten nicht berührten Teilen der Anlage keine unzumutbaren Mehrkosten verursacht.

§ 61
Sachliche und örtliche Zuständigkeit

(1) Für den Vollzug dieses Gesetzes sowie anderer öffentlich-rechtlicher Vorschriften für die Errichtung, Änderung, Nutzung, Instandhaltung oder die Beseitigung von Anlagen ist die untere Bauaufsichtsbehörde zuständig, soweit nichts anderes bestimmt ist. Die örtlichen Ordnungsbehörden haben die untere Bauaufsichtsbehörde von allen Vorgängen zu unterrichten, die deren Eingreifen erfordern können.

(2) Örtlich zuständig sind die Bauaufsichtsbehörden oder die Ordnungsbehörden, in deren Bezirk die Anlage durchgeführt wird.

§ 62
Genehmigungsbedürftige Vorhaben

(1) Die Errichtung, Änderung, Nutzungsänderung und die Beseitigung von Anlagen bedürfen der Baugenehmigung, soweit in den §§ 63, 68, 76 und 77 nichts anderes bestimmt ist; die Verpflichtung zur Einhaltung der Anforderungen, die durch öffentlich-rechtliche Vorschriften an Anlagen gestellt werden, sowie die bauaufsichtlichen Eingriffsbefugnisse bleiben hiervon unberührt.

(2) Die Erlaubnis nach den aufgrund des § 34 des Produktsicherheitsgesetzes vom 8. November 2011 (BGBl. I S. 2178, 2179, ber. 2012 I S. 131), geändert durch Artikel 435 der Verordnung vom 31. August 2015 (BGBl. I S. 1474), erlassenen Vorschriften, die Erlaubnis nach § 15 Absatz 1 der Biostoffverordnung vom 15. Juli 2013 (BGBl. I S. 2514) sowie die Genehmigung nach § 7 des Atomgesetzes in der Fassung der Bekanntmachung vom 15. Juli 1985 (BGBl. I S. 1565), zuletzt geändert durch Artikel 1 des Gesetzes vom 20. November 2015 (BGBl. I S. 2053), schließen eine Genehmigung nach Absatz 1 sowie eine Zustimmung nach § 77 ein. Die für die Genehmigung oder Erlaubnis zuständige Behörde entscheidet im Benehmen mit der zuständigen Bauaufsichtsbehörde, bei Anlagen nach § 7 des Atomgesetzes im Benehmen mit der obersten Bauaufsichtsbehörde. Die Bauüberwachung nach § 78 obliegt der Bauaufsichtsbehörde, bei Anlagen nach § 7 des Atomgesetzes der obersten Bauaufsichtsbehörde.

§ 63
Verfahrensfreie Bauvorhaben, Beseitigung von Anlagen

(1) Verfahrensfrei sind

1. folgende Gebäude:

   a) Gebäude ohne Aufenthaltsräume, ohne Toiletten und ohne Feuerstätten mit Ausnahme von Garagen, Verkaufs- und Ausstellungsständen mit einem Brutto-Rauminhalt bis zu 30 m³, im Außenbereich bis zu 10 m³,

   b) notwendige Garagen nach § 6 Abs. 7 Satz 1 sowie notwendige Garagen in den Abmessungen des § 6 Abs. 7 Satz 2, auch jeweils einschließlich nach § 6 Abs. 7 Satz 1 Nr. 3 genutzter Räume bis 20 m² Grundfläche,

   c) landwirtschaftlich, forstwirtschaftlich oder erwerbsgärtnerisch genutzte Gebäude ohne Aufenthaltsräume, ohne Toiletten und ohne Feuerstätten bis zu 4 m Firsthöhe, wenn sie nur zur Unterbringung von Ernteerzeugnissen, Geräten oder zum vorübergehenden Schutz von Tieren bestimmt sind,

   d) Gewächshäuser und Folientunnel zum Schutz von Kulturpflanzen mit einer Grundfläche von bis zu 1600 m² und einer Höhe von bis zu 6 Meter, die einem landwirtschaftlichen Betrieb im Sinne des § 201 des Baugesetzbuchs oder einem Betrieb der gartenbaulichen Erzeugung dienen. Sollen Vorhaben im Sinne des Satzes 1 nicht nur vorübergehend aufgestellt werden, sind sie der Gemeinde schriftlich zur Kenntnis zu geben. Die Gemeinde kann schriftlich erklären, dass ein Baugenehmigungsverfahren durchgeführt werden soll oder eine vorläufige Untersagung gemäß § 15 Absatz 1 Satz 2 des Baugesetzbuchs beantragen,

e) Fahrgastunterstände, die dem öffentlichen Personenverkehr oder der Schülerbeförderung dienen,
f) Schutzhütten für Wanderer, die jedermann zugänglich sind und keine Aufenthaltsräume haben,
g) Überdachungen ebenerdiger Terrassen mit einer Fläche bis zu 30 m² und einer Tiefe bis zu 3 m,
h) Gartenlauben in Kleingartenanlagen im Sinne des § 1 Abs. 1 des Bundeskleingartengesetzes vom 28. Februar 1983 (BGBl. I S. 210), zuletzt geändert durch Artikel 11 des Gesetzes vom 19. September 2006 (BGBl. I S. 2146),
i) untergeordnete bauliche Anlagen zur Aufnahme sanitärer Anlagen auf Standplätzen von Campingplätzen mit einem Brutto-Rauminhalt bis zu 15 m³, wenn hierfür entsprechende Festsetzungen in einem Bebauungsplan getroffen worden sind,
j) Campinghäuser im Sinne des § 1 Absatz 6 Camping- und Wochenendplatzverordnung vom 13. Juli 2010 (GVOBl. Schl.-H. S. 522, geändert durch Verordnung vom 24. Juli 2015 (GVOBl. Schl.-H. S. 301)) auf Aufstellplätzen von Wochenendplätzen auf genehmigten Campingplätzen;

2. Anlagen der technischen Gebäudeausrüstung:
   a) Abgasanlagen in und an Gebäuden sowie freistehende Abgasanlagen mit einer Höhe bis zu 10 m; § 68 Abs. 10 Satz 1 und § 79 Abs. 3 Satz 2 erster Halbsatz gelten entsprechend,
   b) Aufzüge,
   c) sonstige Anlagen der technischen Gebäudeausrüstung, die nicht durch hochfeuerhemmende oder feuerbeständige Decken oder Wände geführt werden;

3. folgende Anlagen zur Nutzung erneuerbarer Energien:
   a) Solaranlagen in, an und auf Dach- und Außenwandflächen, ausgenommen bei oberirdischen Gebäuden der Gebäudeklassen 4 und 5 sowie Hochhäusern, und die damit verbundene Änderung der Nutzung oder der äußeren Gestalt des Gebäudes,
   b) gebäudeunabhängige Solaranlagen mit einer Höhe bis zu 2,75 m und einer Gesamtlänge bis zu 9 m,
   c) Windenergieanlagen bis zu 10 m Höhe gemessen von der Geländeoberfläche bis zum höchsten Punkt der vom Rotor bestrichenen Fläche und einem Rotordurchmesser bis zu drei Meter in Kleinsiedlungs-, Kern-, Gewerbe- und Industriegebieten sowie in vergleichbaren Sondergebieten und im Außenbereich, soweit es sich nicht um geschützte Teile von Natur und Landschaft im Sinne des § 20 Absatz 2 des Bundesnaturschutzgesetzes oder um Natura 2000-Gebiete im Sinne von § 7 Absatz 1 Nummer 8 des Bundesnaturschutzgesetzes handelt,
   soweit sie nicht an Kulturdenkmalen oder im Umgebungsschutzbereich von Kulturdenkmalen angebracht oder aufgestellt werden;

4. folgende Anlagen der Ver- und Entsorgung:
   a) Brunnen,
   b) Anlagen, die der Telekommunikation, der öffentlichen Versorgung mit Elektrizität, Gas, Öl, Wärme und Wasser oder der öffentlichen Abwasserbeseitigung dienen; ausgenommen sind oberirdische Anlagen und Gebäude mit einem Brutto-Rauminhalt oder Behälterinhalt von mehr als 100 m³,
   c) Blockheizkraftwerke, Brennstoffzellen und Wärmepumpen; § 79 Abs. 3 Satz 2 zweiter Halbsatz gilt entsprechend,
   d) Flüssiggastankstellen mit einem Flüssiggaslagerbehälter mit weniger als drei Tonnen Fassungsvermögen für die Eigenversorgung von Fahrzeugen,
   e) Tankstellen mit einem Dieselkraftstoff-Lagerbehälter bis zu 1 m³ Inhalt für die Eigenversorgung von Fahrzeugen mit Dieselkraftstoff;

5. folgende Masten, Antennen und ähnliche Anlagen:
   a) unbeschadet der Nummer 4 Buchst. b Antennen einschließlich der Masten mit einer Höhe bis zu 10 m und Parabolantennenanlagen bis zu einer Größe der Reflektorschalen mit 1,20 m Durchmesser, jeweils mit zugehörigen Versorgungseinheiten mit einem Brutto-Rauminhalt bis zu 10 m³ sowie, soweit sie in, auf oder an einer bestehenden baulichen Anlage errichtet werden, die damit verbundene Änderung der Nutzung oder der äußeren Gestalt der Anlage,
   b) Masten und Unterstützungen für Fernsprechleitungen, für Leitungen zur Versorgung mit Elektrizität, für Seilbahnen und für Leitungen sonstiger Verkehrsmittel, für Sirenen und für Fahnen,
   c) Masten, die aus Gründen des Brauchtums errichtet werden,
   d) Flutlichtmasten mit einer Höhe bis zu 10 m auf Sportanlagen;

6. folgende Behälter:
   a) ortsfeste Behälter für Flüssiggas mit einem Fassungsvermögen von weniger als drei Tonnen, für nicht verflüssigte Gase mit einem Brutto-Rauminhalt bis zu 6 m³,
   b) ortsfeste Behälter für brennbare oder wassergefährdende Flüssigkeiten mit einem Brutto-Rauminhalt bis zu 10 m³ einschließlich Rohrleitungen, Auffangräumen und Auffangvorrichtungen sowie der zugehörigen Betriebs- und Sicherungseinrichtungen sowie Schutzvorkehrungen,
   c) ortsfeste Behälter sonstiger Art mit einem Brutto-Rauminhalt bis zu 50 m³ und einer Höhe bis zu 6 m,
   d) Gärfutterbehälter mit einer Höhe bis zu 6 m und Schnitzelgruben,
   e) Fahrsilos, landwirtschaftliche Silos, Kompostanlagen,
   f) Wasserbecken mit einem Beckeninhalt bis zu 100 m³;

7. folgende Wände, Einfriedungen und Sichtschutzwände:
   a) Stützwände mit einer Höhe bis zu 2 m sowie dazugehörige Umwehrungen bis zu 1,10 m Höhe,
   b) Wände und Einfriedungen bis zu 1,50 m Höhe,
   c) offene, sockellose Einfriedungen für Grundstücke, die einem land- oder forstwirtschaftlichen Betrieb dienen,
   d) Sichtschutzwände bis zu 2 m Höhe und bis zu 5 m Länge;

8. private Verkehrsanlagen einschließlich Brücken und Durchlässen mit einer lichten Weite bis zu 5 m und Untertunnelungen mit einem Durchmesser bis zu 3 m;

9. selbständige Aufschüttungen oder Abgrabungen, die nicht größer als 1.000 m² sind und deren zu verbringende Menge nicht mehr als 30 m³ beträgt;

10. folgende Anlagen in Gärten und zur Freizeitgestaltung:
    a) Schwimmbecken mit einem Beckeninhalt bis zu 100 m³, im Außenbereich nur als Nebenanlage eines höchstens 50 m entfernten Gebäudes mit Aufenthaltsräumen,
    b) luftgetragene Schwimmbeckenüberdachungen bis zu 100 m² Grundfläche, außer im Außenbereich,
    c) Sprungschanzen, Sprungtürme und Rutschbahnen mit einer Höhe bis zu 10 m,
    d) Stege,
    e) Anlagen, die der zweckentsprechenden Einrichtung von Spiel-, Abenteuerspiel-, Bolz- und Sportplätzen, Reit- und Wanderwegen, Trimm- und

Lehrpfaden dienen, ausgenommen Gebäude und Tribünen,
f) Anlagen, die der Gartennutzung, der Gartengestaltung oder der zweckentsprechenden Einrichtung von Gärten dienen, ausgenommen Gebäude und Einfriedungen,
g) Wohnwagen, Zelte und bauliche Anlagen, die keine Gebäude sind, auf Standplätzen von genehmigten Campingplätzen;

11. folgende tragende und nichttragende Bauteile:
    a) nichttragende und nichtaussteifende Bauteile in baulichen Anlagen,
    b) Fenster und Türen sowie die dafür bestimmten Öffnungen,
    c) Außenwandbekleidungen einschließlich Maßnahmen der Wärmedämmung und Verblendungen, ausgenommen bei oberirdischen Gebäuden der Gebäudeklassen 4 und 5 sowie Hochhäusern, und Verputz baulicher Anlagen,
    d) Bedachung einschließlich Maßnahmen der Wärmedämmung ausgenommen bei oberirdischen Gebäuden der Gebäudeklassen 4 und 5 sowie Hochhäusern;

12. folgende Werbeanlagen, soweit sie nicht an Kulturdenkmalen oder im Umgebungsschutzbereich von Kulturdenkmalen angebracht oder aufgestellt werden:
    a) Werbeanlagen mit einer Ansichtsfläche bis zu 1 m²,
    b) Warenautomaten,
    c) Werbeanlagen, die nach ihrem erkennbaren Zweck nur vorübergehend für höchstens zwei Monate angebracht werden; im Außenbereich nur soweit sie einem landwirtschaftlichen Betrieb dienen,
    d) Werbeanlagen, die an der Stätte der Leistung vorübergehend angebracht oder aufgestellt werden, soweit sie nicht mit dem Boden oder einer baulichen Anlage verbunden sind,
    e) Schilder, die Inhaberinnen oder Inhaber und Art gewerblicher Betriebe kennzeichnen (Hinweisschilder), sowie vor Ortsdurchfahrten auf einer einzigen Tafel zusammengefasst sind,
    f) Werbeanlagen in durch Bebauungsplan festgesetzten Gewerbe-, Industrie- und vergleichbaren Sondergebieten an der Stätte der Leistung mit einer Höhe bis zu 10 m über der festgelegten Geländeoberfläche
    sowie, soweit sie in, auf oder an einer bestehenden baulichen Anlage errichtet werden, die damit verbundene Änderung der Nutzung oder der äußeren Gestalt der Anlage;

13. folgende vorübergehend aufgestellte oder benutzbare Anlagen:
    a) Baustelleneinrichtungen einschließlich der Lagerhallen, Schutzhallen und Unterkünfte,
    b) Gerüste,
    c) Toilettenwagen,
    d) Behelfsbauten, die der Landesverteidigung, dem Katastrophenschutz oder der Unfallhilfe dienen,
    e) bauliche Anlagen, die für höchstens drei Monate auf genehmigtem Messe- oder Ausstellungsgelände errichtet werden, ausgenommen Fliegende Bauten,
    f) Verkaufsstände und andere bauliche Anlagen auf Straßenfesten, Volksfesten und Märkten, ausgenommen Fliegende Bauten;

14. folgende Plätze:
    a) unbefestigte Lager- und Abstellplätze, die einem land- oder forstwirtschaftlichen Betrieb dienen,
    b) notwendige Stellplätze mit einer Nutzfläche bis zu 50 m² je Grundstück sowie deren Zufahrten und Fahrgassen,
    c) Ausstellungsplätze, Abstellplätze und Lagerplätze bis zu 300 m² Fläche, außer in Wohngebieten und im Außenbereich,
    d) Kleinkinderspielplätze im Sinne des § 8 Abs. 2 Satz 1;

15. folgende sonstige Anlagen:
    a) Fahrradabstellanlagen,
    b) Zapfsäulen und Tankautomaten genehmigter Tankstellen sowie Ladepunkte für Elektrofahrzeuge,
    c) Regale mit einer Höhe bis zu 7,50 m Oberkante Lagergut,
    d) Grabdenkmale auf Friedhöfen, Feldkreuze, Denkmäler und Skulpturen jeweils mit einer Höhe bis zu 4 m,
    e) die Herstellung oder Änderung künstlicher Hohlräume unter der Erdoberfläche bis zu 100 m³ Rauminhalts,
    f) untergeordnete bauliche Anlagen mit einem Brutto-Rauminhalt bis zu 30 m³, im Außenbereich bis zu 10 m³,
    g) andere unbedeutende Anlagen oder unbedeutende Teile von Anlagen wie Hauseingangsüberdachungen, Markisen, Rollläden, Terrassen, Maschinenfundamente, Straßenfahrzeugwaagen, Pergolen, Jägerstände, Wildfütterungen, Bienenfreistände, Taubenhäuser, Hofeinfahrten und Teppichstangen.

(2) Verfahrensfrei ist die Änderung der Nutzung von Anlagen, wenn
1. für die neue Nutzung keine anderen öffentlich-rechtlichen Anforderungen als für die bisherige Nutzung in Betracht kommen, die im bauaufsichtlichen Verfahren zu prüfen sind,
2. die Errichtung oder Änderung der Anlagen nach Absatz 1 verfahrensfrei wäre.

(3) Verfahrensfrei ist die Beseitigung von
1. Anlagen nach Absatz 1,
2. freistehenden Gebäuden der Gebäudeklassen 1 und 3,
3. sonstigen Anlagen, die keine Gebäude sind, mit einer Höhe bis zu 10 m.

Satz 1 gilt nicht, soweit es sich um Kulturdenkmale handelt. Die beabsichtigte Beseitigung von nicht nach Satz 1 verfahrensfrei gestellten Anlagen und Gebäuden sowie Anlagen und Gebäuden nach Satz 2 ist mindestens einen Monat zuvor der Bauaufsichtsbehörde anzuzeigen. Die Sätze 1 und 3 gelten nicht für die genehmigungsbedürftige Beseitigung kerntechnischer Anlagen. Bei Gebäuden der Gebäudeklasse 2 muss die Standsicherheit von Gebäuden, an die das zu beseitigende Gebäude angebaut ist, von einer Person aus der Liste nach § 15 Absatz 1 Satz 1 Nummer 5 des Architekten- und Ingenieurkammergesetzes bestätigt sein. Bei sonstigen nicht freistehenden Gebäuden muss die Standsicherheit von Gebäuden, an die das zu beseitigende Gebäude angebaut ist, bauaufsichtlich geprüft sein; Halbsatz 1 gilt entsprechend, wenn die Beseitigung des Gebäudes sich auf andere Weise auf die Standsicherheit anderer Gebäude auswirken kann. Die Sätze 5 und 6 gelten nicht, soweit an verfahrensfreie Gebäude angebaut ist. § 73 Absatz 6 Satz 1 Nummer 3 und Absatz 8 gilt sinngemäß.

(4) Verfahrensfrei sind Instandhaltungsarbeiten.

§ 64
Bauantrag, Bauvorlagen

(1) Über den Bauantrag entscheidet die untere Bauaufsichtsbehörde. Der Bauantrag ist schriftlich bei der Gemeinde einzureichen. Diese hat ihn unverzüglich, spätestens jedoch innerhalb einer Woche nach Eingang, an die untere Bauaufsichtsbehörde weiterzuleiten. Die Gemeinde soll mit der Übersendung des Bauantrages eine Stellungnahme abgeben; § 36 Absatz 2 des Baugesetzbuchs bleibt unberührt.

(2) Mit dem Bauantrag sind alle für die Beurteilung des Bauvorhabens und die Bearbeitung des Bauantrages er-

forderlichen Unterlagen (Bauvorlagen)[4] einzureichen. Es kann gestattet werden, dass einzelne Bauvorlagen nachgereicht werden. Mit dem Bauantrag gelten alle nach anderen öffentlich-rechtlichen Vorschriften für die Errichtung, Änderung, Nutzung oder die Beseitigung von Anlagen oder Werbeanlagen erforderlichen Anträge auf Genehmigung, Zustimmung, Bewilligung und Erlaubnis als gestellt, soweit durch Rechtsvorschriften nichts anderes bestimmt ist. § 71 Absatz 2 bleibt unberührt.

(3) In besonderen Fällen kann zur Beurteilung der Einwirkung der Anlage auf die Umgebung verlangt werden, dass die Anlage in geeigneter Weise auf dem Grundstück dargestellt wird.

(4) Die Bauherrin oder der Bauherr und die Entwurfsverfasserin oder der Entwurfsverfasser haben den Bauantrag, die Entwurfsverfasserin oder der Entwurfsverfasser auch die Bauvorlagen zu unterschreiben. Die von Fachplanerinnen oder Fachplanern nach § 55 Abs. 2 bearbeiteten Bauvorlagen müssen von diesen unterschrieben sein. Die Bauaufsichtsbehörde kann von der Bauherrin oder dem Bauherrn, die oder der nicht Grundstückseigentümerin oder Grundstückseigentümer ist, die Vorlage einer Zustimmungserklärung der Grundstückseigentümerin oder des Grundstückseigentümers zu dem Bauvorhaben fordern.

§ 65
Bauvorlageberechtigung

(1) Bauvorlagen für die nicht verfahrensfreie Errichtung und Änderung von Gebäuden müssen von einer Entwurfsverfasserin oder einem Entwurfsverfasser, welche oder welcher bauvorlageberechtigt ist, unterschrieben werden (§ 64 Abs. 4 Satz 1). § 55 Abs. 1 bleibt unberührt.

(2) Die Beschränkungen des Absatzes 1 gelten nicht
1. für Bauvorlagen, die üblicherweise von Fachkräften mit anderer Ausbildung als nach Absatz 3 bis 5 verfasst werden, und
2. bei geringfügigen oder technisch einfachen Bauvorhaben.

(3) Bauvorlageberechtigt ist, wer aufgrund
1. des Architekten- und Ingenieurkammergesetzes die Berufsbezeichnung „Architektin" oder „Architekt" zu führen berechtigt ist,
2. des § 9 Abs. 1 des Architekten- und Ingenieurkammergesetzes in die Liste der bauvorlageberechtigten Ingenieurinnen oder Ingenieure eingetragen ist oder bei deren oder dessen Tätigkeit als auswärtige Ingenieurin oder Ingenieur die Voraussetzungen des § 9 a des Architekten- und Ingenieurkammergesetzes vorliegen,
3. des Architekten- und Ingenieurkammergesetzes die Berufsbezeichnung „Innenarchitektin" oder „Innenarchitekt" zu führen berechtigt ist für die zu den Berufsaufgaben der Innenarchitektin oder des Innenarchitekten gehörenden Planungen nach § 1 Abs. 1 Nr. 2 des Architekten- und Ingenieurkammergesetzes oder
4. des Architekten- und Ingenieurkammergesetzes die Berufsbezeichnung „Landschaftsarchitektin" oder „Landschaftsarchitekt" zu führen berechtigt ist für die zu den Berufsaufgaben der Landschaftsarchitektin oder des Landschaftsarchitekten gehörenden Planungen nach § 1 Abs. 1 Nr. 3 des Architekten- und Ingenieurkammergesetzes.

(4) Bauvorlageberechtigt für Wohngebäude der Gebäudeklasse 1 und untergeordnete eingeschossige Anbauten an bestehende Wohngebäude der Gebäudeklassen 1 bis 3 sind auch Diplomingenieurinnen oder Diplomingenieure, Bachelor- und Master-Absolventinnen oder -Absolventen der Studiengänge Architektur, Hochbau oder Bauingenieurwesen, die an einer Wissenschaftlichen Hochschule, Fachhochschule oder gleichrangigen Bildungseinrichtung das Studium erfolgreich abgeschlossen haben, sowie Meisterinnen oder Meister des Maurer-, Zimmerer-, Beton- und Stahlbetonbauerhandwerks und staatlich geprüfte Technikerinnen oder Techniker.

(5) Unternehmen dürfen Bauvorlagen als Entwurfsverfasserin oder Entwurfsverfasser unterschreiben, wenn diese unter der Leitung einer oder eines Bauvorlageberechtigten nach den Absätzen 3 und 4 aufstellen. Auf den Bauvorlagen ist der Name der oder des Bauvorlageberechtigten anzugeben.

(6) Entwurfsverfasserinnen und Entwurfsverfasser nach den Absätzen 3 und 4 müssen ausreichend berufshaftpflichtversichert oder in sonstiger Weise für ihre Tätigkeit adäquat haftpflichtversichert sein. Das Bestehen des Versicherungsschutzes für Entwurfsverfasserinnen und Entwurfsverfasser nach Absatz 3 überwacht die Architekten- und Ingenieurkammer Schleswig-Holstein. Sie ist zuständige Stelle im Sinne des § 117 Absatz 2 des Versicherungsvertragsgesetzes vom 23. November 2007 (BGBl. I S. 2631), zuletzt geändert durch Artikel 15 des Gesetzes vom 19. Februar 2016 (BGBl. I S. 254). Die Entwurfsverfasserinnen und Entwurfsverfasser sind verpflichtet, der Architekten- und Ingenieurkammer und Bauherren sowie der Architekten- und Ingenieurkammer im Einzelfall bestehende Haftungsausschlussgründe unverzüglich zu offenbaren.

§ 66
Vorbescheid

Vor Einreichen des Bauantrages ist auf Antrag der Bauherrin oder des Bauherrn zu einzelnen Fragen des Bauvorhabens ein Vorbescheid zu erteilen. Der Vorbescheid gilt drei Jahre. § 64, § 67 Abs. 1, 2 und 5, § 69 Abs. 5 bis 9, §§ 72, 73 Absatz 1 bis 4 und § 75 Abs. 2 gelten entsprechend.

§ 67
Behandlung des Bauantrages

(1) Die Bauaufsichtsbehörde hört zum Bauantrag die Gemeinde und diejenigen Stellen,
1. deren Beteiligung oder Anhörung für die Entscheidung über den Bauantrag durch Rechtsvorschrift vorgeschrieben ist, oder
2. ohne deren Stellungnahme die Genehmigungsfähigkeit des Bauantrages nicht beurteilt werden kann;

die Beteiligung oder Anhörung entfällt, wenn die Gemeinde oder die jeweilige Stelle dem Bauantrag bereits vor Einleitung des Baugenehmigungsverfahrens zugestimmt hat. Bedarf die Erteilung der Baugenehmigung der Zustimmung oder des Einvernehmens einer anderen Körperschaft, Behörde oder sonstigen Stelle, so gilt diese als erteilt, wenn nicht einen Monat nach Eingang des Ersuchens unter Angabe der Gründe verweigert wird; von der Frist nach Halbsatz 1 abweichende Regelungen durch Rechtsvorschriften bleiben unberührt. Stellungnahmen bleiben unberücksichtigt, wenn sie nicht innerhalb eines Monats nach Aufforderung zur Stellungnahme bei der Bauaufsichtsbehörde eingehen, es sei denn, die verspätete Stellungnahme ist für die Rechtmäßigkeit der Entscheidung über den Bauantrag von Bedeutung.

(2) Ist der Bauantrag unvollständig oder weist er sonstige erhebliche Mängel auf, fordert die Bauaufsichtsbehörde die Bauherrin oder den Bauherrn zur Behebung der Mängel innerhalb einer angemessenen Frist auf, die zwei Monate nicht überschreiten soll. Werden die Mängel innerhalb dieser Frist nicht behoben, gilt der Antrag als zurückgenommen.

(3) Legt die Bauherrin oder der Bauherr Bescheinigungen einer sachverständigen Person oder sachverständigen Stelle im Sinne einer Verordnung nach § 83 Abs. 4 Satz 1 Nr. 4 in Verbindung mit Satz 2 und 3 vor, so wird vermutet, dass die bauaufsichtlichen Anforderungen insoweit erfüllt sind. Die Bauaufsichtsbehörde kann die Vorlage solcher Bescheinigungen verlangen. § 70 bleibt unberührt.

(4) Die nicht prüfpflichtigen bautechnischen Nachweise müssen bei Baubeginn der Bauherrin oder dem Bauherrn, die prüfpflichtigen bautechnischen Nachweise müssen spätestens zehn Werktage vor Baubeginn geprüft bei der Bauaufsichtsbehörde vorliegen.

---
[4] Landesverordnung zur Vereinfachung des bauaufsichtlichen Verfahrens vom 5.2.2020 (GVOBl. Schl.-H. S. 118).

(5) Die Bauaufsichtsbehörde hat, soweit andere Behörden zuständig sind, die für die Errichtung, Änderung, Nutzung oder Beseitigung von Anlagen nach anderen öffentlich-rechtlichen Vorschriften erforderlichen Genehmigungen, Zustimmungen, Bewilligungen und Erlaubnisse einzuholen und mit der Baugenehmigung gleichzeitig auszuhändigen, soweit durch Rechtsvorschriften nichts anderes bestimmt ist. Versagt eine andere Behörde, die nach anderen öffentlich-rechtlichen Vorschriften dazu befugt ist, diese Genehmigung, Bewilligung oder Erlaubnis, so teilt sie dies, wenn bauaufsichtliche Gründe dem Bauantrag nicht entgegenstehen, unter Benachrichtigung der Bauaufsichtsbehörde der Antragstellerin oder dem Antragsteller durch schriftlichen Bescheid unmittelbar mit.

(6) Soweit die Errichtung, Änderung oder Beseitigung baulicher Anlagen für den Nachweis der Liegenschaften in öffentlichen Registern von Bedeutung ist, hat die Bauaufsichtsbehörde die registerführende Behörde über die erteilte Baugenehmigung und die durch die Genehmigungsfreistellung nach § 68 erfassten Bauvorhaben zu unterrichten.

(7) Personenbezogene Daten, die der Bauaufsichtsbehörde im Zusammenhang mit von ihr durchzuführenden Verwaltungsverfahren bekannt werden, dürfen an Behörden und sonstige öffentliche Stellen übermittelt werden, soweit

1. dies für die Einholung einer Genehmigung, Zustimmung, Bewilligung oder Erlaubnis nach anderen öffentlich-rechtlichen Vorschriften erforderlich ist (Absatz 5, § 64 Abs. 2),
2. dies notwendig ist, um die Vereinbarkeit mit öffentlich-rechtlichen Vorschriften zu prüfen oder
3. dadurch die gesetzlich vorgeschriebene Fortführung des Nachweises der Liegenschaften in öffentlichen Registern gewährleistet wird,

an andere Stellen daneben auch, soweit

4. es erforderlich ist, dass die Bauaufsichtsbehörde sich zur ordnungsgemäßen Erfüllung ihrer Aufgaben der besonderen Sachkunde der Stellen bedient.

Außerdem darf die Bauaufsichtsbehörde Baubeginn und Lage des Baugrundstücks an andere Behörden und sonstige öffentliche Stellen zur Bekämpfung der Schwarzarbeit und illegalen Beschäftigung nach dem Schwarzarbeitsbekämpfungsgesetz vom 23. Juli 2004 (BGBl. I S. 1842), zuletzt geändert durch Artikel 2 des Gesetzes vom 2. Dezember 2014 (BGBl. I S. 1922), übermitteln. Darüber hinaus dürfen personenbezogene Daten an andere Behörden, sonstige öffentliche Stellen oder andere Stellen nur mit Einwilligung der Bauherrin oder des Bauherrn oder aufgrund besonderer gesetzlicher Zulassungen übermittelt werden. Die Bauaufsichtsbehörde hat, wenn die Bauherrin oder der Bauherr entsprechende zusätzliche Bauvorlagen einreicht, die Übermittlung ohne Nennung von Namen und Anschrift der Bauherrin oder des Bauherrn, der Entwurfsverfasserin oder des Entwurfsverfassers und der oder des Bauvorlageberechtigten vorzunehmen, wenn der Zweck der Übermittlung auch auf diese Weise ohne zusätzliche Erschwerung erreicht werden kann.

(8) Liegen die Voraussetzungen für das vereinfachte Baugenehmigungsverfahren nach § 69 vor, soll die Bauaufsichtsbehörde unter Benachrichtigung der Bauherrin oder des Bauherrn das Vorhaben in dieses Verfahren übernehmen, wenn die Bauherrin oder der Bauherr nicht innerhalb von drei Wochen nach Zugang der Benachrichtigung widerspricht; der Ablauf der Frist gilt als Eingang der Bauvorlagen nach § 69 Abs. 6. Satz 1 gilt nicht für verfahrensfreie Vorhaben nach § 63.

§ 68
Genehmigungsfreistellung

(1) Keiner Genehmigung bedarf unter den Voraussetzungen des Absatzes 2 die Errichtung, Änderung und Nutzungsänderung baulicher Anlagen, die keine Sonderbauten sind. § 63 bleibt unberührt. Satz 1 gilt nicht für die Errichtung, Änderung oder Nutzungsänderung

1. eines oder mehrerer Gebäude, wenn dadurch dem Wohnen dienende Nutzungseinheiten mit einer Größe von insgesamt mehr als 5.000 m² Brutto-Grundfläche geschaffen werden, und
2. baulicher Anlagen, die öffentlich zugänglich sind, wenn dadurch die gleichzeitige Nutzung durch mehr als 100 zusätzliche Besucherinnen oder Besucher ermöglicht wird,

die innerhalb des angemessenen Sicherheitsabstands im Sinne des § 3 Absatz 5c des Bundes-Immissionsschutzgesetzes liegen; ist der angemessene Sicherheitsabstand nicht bekannt, ist maßgeblich, ob sich das Vorhaben innerhalb des Achtungsabstands des Betriebsbereichs befindet.

(2) Ein Bauvorhaben nach Absatz 1 Satz 1 ist genehmigungsfrei gestellt, wenn

1. es im Geltungsbereich eines Bebauungsplans im Sinne des § 30 Abs. 1 oder 2 des Baugesetzbuchs liegt,
2. es den Festsetzungen des Bebauungsplans nicht widerspricht; wenn ein Widerspruch zu den Festsetzungen des Bebauungsplans vorliegt, bedarf es eines entsprechenden Antrags auf Erteilung einer Ausnahme oder Befreiung,
3. die Erschließung gesichert ist und
4. die Gemeinde keine vorläufige Untersagung nach § 15 Absatz 1 Satz 2 des Baugesetzbuchs beantragt oder nicht innerhalb der Frist nach Absatz 3 Satz 2 erklärt, dass ein vereinfachtes Baugenehmigungsverfahren durchgeführt werden soll; die Erklärung kann auch erfolgen, wenn Bauvorhaben innerhalb des angemessenen Sicherheitsabstandes nach § 3 Absatz 5c des Bundes-Immissionsschutzgesetzes oder innerhalb des Achtungsabstands des Betriebsbereichs errichtet werden sollen.

(3) Die Bauherrin oder der Bauherr hat die erforderlichen Bauvorlagen bei der Gemeinde einzureichen; eine weitere Ausfertigung ist zeitgleich bei der Bauaufsichtsbehörde einzureichen, wenn die Bürgermeisterin oder der Bürgermeister der Gemeinde nicht Bauaufsichtsbehörde ist. Mit dem Bauvorhaben darf, auch wenn im Vorwege bereits notwendige Abweichungen sowie Ausnahmen oder Befreiungen nach § 31 des Baugesetzbuchs erteilt worden sind, einen Monat nach Einreichung der erforderlichen Bauvorlagen bei der Gemeinde und der Bauaufsichtsbehörde begonnen werden; werden mit der Genehmigungsfreistellung erforderliche Abweichungen sowie Ausnahmen oder Befreiungen nach § 31 des Baugesetzbuchs beantragt, darf unter Berücksichtigung des § 73 Absatz 4 mit den Bauarbeiten erst begonnen werden, wenn dem schriftlichen Antrag entsprochen wurde. Der Bauherrin oder dem Bauherrn müssen bei Baubeginn die bautechnischen Nachweise und im Fall des § 70 Abs. 3 Satz 1 Nr. 2 die geprüften bautechnischen Nachweise vorliegen.

(4) Einer bauaufsichtlichen Prüfung bedarf es nicht. § 59 Abs. 1 bleibt unberührt.

(5) Über Abweichungen sowie Ausnahmen und Befreiungen nach § 31 des Baugesetzbuchs entscheidet die Bauaufsichtsbehörde auf besonderen Antrag.

(6) Die Bauvorlagen, mit Ausnahme der bautechnischen Nachweise, müssen von Entwurfsverfasserinnen oder Entwurfsverfassern gefertigt werden, die nach § 65 Abs. 3 bauvorlageberechtigt sind. Die Entwurfsverfasserinnen oder Entwurfsverfasser, die Aufstellerinnen oder Aufsteller der bautechnischen Nachweise und die Fachplanerinnen oder Fachplaner nach § 55 Abs. 2 haben die Erklärung abzugeben, dass die von ihnen gefertigten Bauvorlagen den öffentlich-rechtlichen Vorschriften entsprechen.

(7) Die bautechnischen Nachweise müssen von Personen aufgestellt sein, die in der Liste nach § 15 Abs. 1 Satz 1 Nr. 5 des Architekten- und Ingenieurkammergesetzes eingetragen sind. § 70 bleibt im Übrigen unberührt. § 64 Abs. 2 Satz 1 und Abs. 4 Satz 1 und 2, § 73 Absatz 6 Satz 1 Nummer 2 und 3, Absatz 7 und 8 sind sinngemäß anzuwenden.

(8) Die Bauherrin oder der Bauherr hat eine Bauleiterin oder einen Bauleiter im Sinne des § 57 zu bestellen.

(9) Die Erklärung der Gemeinde nach Absatz 2 Nr. 4 erste Alternative kann insbesondere erfolgen, wenn sie eine Überprüfung der sonstigen Voraussetzungen des Absatzes 2

oder des Bauvorhabens aus anderen Gründen für erforderlich hält. Auf den Verzicht der Erklärungsmöglichkeit besteht kein Rechtsanspruch. Erklärt die Gemeinde, dass ein vereinfachtes Baugenehmigungsverfahren durchgeführt werden soll, hat sie unter Benachrichtigung der Bauherrin oder des Bauherrn die Bauvorlagen an die Bauaufsichtsbehörde weiterzuleiten, wenn die Bauherrin oder der Bauherr nicht innerhalb von drei Wochen nach Zugang der Benachrichtigung widerspricht. Absatz 13 Satz 2 und 3 gilt entsprechend.

(10) Für die Feuerungsanlagen im Sinne des § 43 Abs. 1 muss die Bauherrin oder der Bauherr zehn Werktage vor Baubeginn der Feuerungsanlage eine Bescheinigung der bevollmächtigten Bezirksschornsteinfegerin oder des bevollmächtigten Bezirksschornsteinfegers einholen, aus der hervorgeht, dass sie den öffentlich-rechtlichen Vorschriften entsprechen und die Abgasanlagen, wie Schornsteine, Abgasleitungen und Verbindungsstücke, und die Feuerstätten so aufeinander abgestimmt sind, dass beim bestimmungsgemäßen Betrieb Gefahren oder unzumutbare Belästigungen nicht zu erwarten sind. § 79 Abs. 3 Satz 2 gilt entsprechend.

(11) Die Bauherrin oder der Bauherr hat, soweit andere Behörden zuständig sind, die für die Errichtung, Änderung, Erweiterung oder die Beseitigung der in Absatz 1 genannten Bauvorhaben nach anderen öffentlich-rechtlichen Vorschriften erforderlichen Genehmigungen, Zustimmungen, Bewilligungen und Erlaubnisse vor Baubeginn einzuholen.

(12) Die Bauherrin oder der Bauherr kann für Vorhaben nach Absatz 1 auch das vereinfachte Baugenehmigungsverfahren nach § 69 durchführen lassen.

(13) Liegen die Voraussetzungen für das Verfahren der Genehmigungsfreistellung nicht vor, soll die Bauaufsichtsbehörde unter Benachrichtigung der Gemeinde und der Bauherrin oder des Bauherrn das Vorhaben in das erforderliche bauaufsichtliche Verfahren übernehmen, wenn die Bauherrin oder der Bauherr nicht innerhalb von drei Wochen nach Zugang der Benachrichtigung widerspricht. Mit Zugang der Benachrichtigung gilt der Baubeginn als untersagt. Der Ablauf der Frist von drei Wochen nach Zugang der Benachrichtigung gilt als Eingang der Bauvorlagen nach § 69 Abs. 6.

§ 69
Vereinfachtes Baugenehmigungsverfahren

(1) Außer bei Sonderbauten wird nicht geprüft die Vereinbarkeit der Vorhaben mit den Vorschriften dieses Gesetzes und den Vorschriften aufgrund dieses Gesetzes. § 65 Abs. 4, §§ 68 und 70 bleiben unberührt.

(2) Über Abweichungen sowie Ausnahmen und Befreiungen nach § 31 des Baugesetzbuchs entscheidet die Bauaufsichtsbehörde auf besonderen Antrag.

(3) Auch soweit eine Prüfung entfällt, sind die Bauvorlagen, mit Ausnahme der nicht prüfpflichtigen bautechnischen Nachweise, einzureichen. § 67 Abs. 4 gilt entsprechend.

(4) Die Bauvorlagen, mit Ausnahme der bautechnischen Nachweise, müssen von Entwurfsverfasserinnen oder Entwurfsverfassern gefertigt werden, die nach § 65 Abs. 3 bauvorlageberechtigt sind. Die Entwurfsverfasserinnen oder Entwurfsverfasser, die Aufstellerinnen oder Aufsteller der bautechnischen Nachweise und die Fachplanerinnen oder Fachplaner im Sinne des § 55 Abs. 2 haben die Erklärung abzugeben, dass die von ihnen gefertigten Bauvorlagen den öffentlich-rechtlichen Vorschriften entsprechen.

(5) Beim Eingang unvollständiger Bauvorlagen bei der Bauaufsichtsbehörde soll sie innerhalb von drei Wochen schriftlich der Bauherrin oder dem Bauherrn die noch einzureichenden Bauvorlagen angeben. Werden innerhalb einer angemessenen Frist, die zwei Monate nicht überschreiten soll, die Bauvorlagen nicht nachgereicht, gilt der Antrag als zurückgenommen.

(6) Die Bauaufsichtsbehörde hat über den Bauantrag spätestens innerhalb einer Frist von drei Monaten nach Eingang der Bauvorlagen bei ihr, bei unvollständigen Bauvorlagen innerhalb einer Frist von drei Monaten nach Eingang der noch einzureichenden Bauvorlagen zu entscheiden.

(7) Sind für das Vorhaben Abweichungen oder Ausnahmen oder Befreiungen nach § 31 des Baugesetzbuchs erforderlich oder liegt es in einem Landschaftsschutzgebiet, verlängert sich die Frist nach Absatz 6 um einen Monat.

(8) Ergibt sich bei der weiteren Prüfung der Bauvorlagen, dass noch zusätzliche Unterlagen erforderlich sind, oder macht es die Beteiligung anderer Behörden, öffentlicher Stellen, anderer Stellen oder von Nachbarinnen oder Nachbarn oder der Öffentlichkeit erforderlich, kann die Bauaufsichtsbehörde die sich aus den Absätzen 6 und 7 ergebende Frist angemessen, längstens um drei weitere Monate, verlängern und auch die zusätzlichen Unterlagen von der Bauherrin oder dem Bauherrn nachfordern. Die Bauaufsichtsbehörde kann die Frist nach Satz 1 um den Zeitraum der nach § 72a geregelten Öffentlichkeitsbeteiligung verlängern, längstens jedoch um sechs Monate.

(9) Die Genehmigung gilt als erteilt, wenn sie nicht innerhalb der Frist versagt wird. Nach Ablauf der Frist ist dieses auf Antrag der Bauherrin oder des Bauherrn schriftlich zu bestätigen.

(10) § 68 Abs. 10 gilt entsprechend.

(11) Liegen die Voraussetzungen für das Baugenehmigungsverfahren nach § 67 vor, soll die Bauaufsichtsbehörde das Vorhaben unter Benachrichtigung der Bauherrin oder des Bauherrn in dieses Verfahren übernehmen, wenn die Bauherrin oder der Bauherr nicht innerhalb von drei Wochen nach Zugang der Benachrichtigung widerspricht.

§ 70
Bautechnische Nachweise

(1) Die Einhaltung der Anforderungen an die Standsicherheit, den Brand-, Schall-, Wärme- und Erschütterungsschutz ist durch bautechnische Nachweise nachzuweisen; dies gilt nicht für verfahrensfreie Bauvorhaben nach § 63, einschließlich der Beseitigung von Anlagen, soweit nicht in diesem Gesetz oder in Vorschriften aufgrund dieses Gesetzes anderes bestimmt ist.

(2) Bei

1. Gebäuden der Gebäudeklassen 1 bis 3,

2. sonstigen baulichen Anlagen, die keine Gebäude sind,

prüft die Bauaufsichtsbehörde die bautechnischen Nachweise nicht, wenn diese von Personen aufgestellt worden sind, die in die Liste nach § 15 Abs. 1 Satz 1 Nr. 5 des Architekten- und Ingenieurkammergesetzes eingetragen sind; Absatz 3 Satz 1 Nr. 2 bleibt unberührt. § 65 Abs. 6 gilt sinngemäß. Werden die bautechnischen Nachweise von verschiedenen Personen aufgestellt, ist jede Person für die von ihr gefertigten Unterlagen verantwortlich; für das ordnungsgemäße Ineinandergreifen dieser Nachweise hat eine dieser von der Bauherrin oder dem Bauherrn der Bauaufsichtsbehörde zu benennenden Personen die Verantwortung zu übernehmen. Die in Satz 1 genannten Personen haben bei der Bauausführung die Einhaltung der bautechnischen Anforderungen zu überwachen; Satz 3 letzter Halbsatz gilt entsprechend. Abweichend von Satz 1 ist die Aufstellung der bautechnischen Nachweise auch von Personen zulässig, die nicht in der Liste nach § 15 Abs. 1 Satz 1 Nr. 5 des Architekten- und Ingenieurkammergesetzes eingetragen sind; die von diesen Personen aufgestellten Nachweise sind zu prüfen. Satz 5 ist im Verfahren der Genehmigungsfreistellung nach § 68 nicht anwendbar.

(3) Der Standsicherheitsnachweis muss durch eine Prüfingenieurin oder einen Prüfingenieur für Standsicherheit oder ein Prüfamt für Standsicherheit bauaufsichtlich geprüft und bescheinigt werden bei

1. Sonderbauten und Gebäuden der Gebäudeklassen 4 und 5,

2. a) Gebäuden der Gebäudeklassen 1 bis 3,
   b) Behältern, Brücken, Stützmauern, Tribünen,
   c) sonstigen baulichen Anlagen, die keine Gebäude sind, mit einer Höhe von mehr als 10 m,

   wenn dies nach Maßgabe eines in der Verordnung nach § 83 Abs. 3 geregelten Kriterienkatalogs erforderlich ist;

das gilt nicht für Wohngebäude der Gebäudeklassen 1 und 2.
Hinsichtlich der übrigen bautechnischen Nachweise gilt Absatz 2 sinngemäß.

(4) Bei Gebäuden der Gebäudeklasse 4, ausgenommen Sonderbauten sowie Mittel- und Großgaragen, ist der Brandschutznachweis von

1. einer Prüfingenieurin oder einem Prüfingenieur für Brandschutz oder
2. einer oder einem für das Bauvorhaben Bauvorlageberechtigten aus einem anderen Mitgliedstaat der Europäischen Union oder einem nach dem Recht der Europäischen Gemeinschaften gleichgestellten Staat, die oder der den Tätigkeitsbereich und die erforderlichen Kenntnisse des Brandschutzes entsprechend Nummer 1 nachgewiesen hat, die oder der unter Beachtung des § 6 Absatz 9 des Architekten- und Ingenieurkammergesetzes in einer von der Architekten- und Ingenieurkammer Schleswig-Holstein zu führenden Liste eingetragen ist,

zu erstellen; vergleichbare Eintragungen anderer Bundesländer gelten auch im Geltungsbereich dieses Gesetzes. Wenn der Brandschutznachweis nicht von einer Person im Sinne des Satzes 1 erstellt wird, ist der Brandschutz durch eine Person im Sinne des Satzes 1 nachzuweisen und zu bescheinigen, es sei denn, die Bauaufsichtsbehörde prüft den Brandschutz selbst. Für Personen, die in einem anderen Mitgliedstaat der Europäischen Union oder einem nach dem Recht der Europäischen Gemeinschaften gleichgestellten Staat zur Erstellung von Brandschutznachweisen niedergelassen sind, gilt § 9 a Absatz 3 des Architekten- und Ingenieurkammergesetzes mit der Maßgabe entsprechend, dass die Anzeige oder der Antrag auf Erteilung einer Bescheinigung bei der Architekten- und Ingenieurkammer einzureichen ist.

(5) Bei

1. Sonderbauten,
2. Mittel- und Großgaragen,
3. Gebäuden der Gebäudeklasse 5

ist der Brandschutznachweis von einer Prüfingenieurin oder einem Prüfingenieur für Brandschutz bauaufsichtlich zu prüfen und zu bescheinigen, es sei denn, die Bauaufsichtsbehörde prüft den Brandschutz selbst.

(6) Werden bautechnische Nachweise durch eine Prüfingenieurin oder einen Prüfingenieur für Standsicherheit oder ein Prüfamt für Standsicherheit oder Brandschutznachweise durch eine Prüfingenieurin oder einen Prüfingenieur für Brandschutz bauaufsichtlich geprüft und bescheinigt, werden die entsprechenden Anforderungen auch in den Fällen des § 71 nicht durch die Bauaufsichtsbehörde geprüft. Einer bauaufsichtlichen Prüfung oder Bescheinigung bedarf es ferner nicht, soweit für bauliche Anlagen Standsicherheitsnachweise vorliegen, die von einem Prüfamt für Standsicherheit allgemein geprüft sind (Typenprüfung); Typenprüfungen anderer Länder gelten auch im Geltungsbereich dieses Gesetzes.

§ 71
Abweichungen

(1) Die Bauaufsichtsbehörde kann Abweichungen von Anforderungen dieses Gesetzes und aufgrund dieses Gesetzes erlassener Vorschriften zulassen, wenn sie unter Berücksichtigung des Zwecks der jeweiligen Anforderung und unter Würdigung der öffentlich-rechtlich geschützten nachbarlichen Belange mit den öffentlichen Belangen, insbesondere den Anforderungen des § 3 Abs. 2, vereinbar sind. Unter den Voraussetzungen des Satzes 1 sind Abweichungen zuzulassen, wenn bei bestehenden Gebäuden zusätzlicher Wohnraum durch Änderung des Dachgeschosses oder durch Errichtung zusätzlicher Geschosse geschaffen wird und das Vorhaben ansonsten nicht oder nur mit unzumutbarem Aufwand verwirklicht werden kann. § 83a Absatz 1 Satz 3 bleibt unberührt.

(2) Die Zulassung von Abweichungen nach Absatz 1 sowie von Ausnahmen und Befreiungen nach § 31 des Baugesetzbuchs ist gesondert schriftlich zu beantragen; der Antrag ist zu begründen. Für Anlagen, die keiner Genehmigung bedürfen, sowie für Abweichungen von Vorschriften, die im Genehmigungsverfahren nicht geprüft werden, gilt Satz 1 entsprechend. Im Baugenehmigungsverfahren nach § 67 bedarf es für Ausnahmen nach § 31 des Baugesetzbuchs keines schriftlichen Antrags.

(3) Über Abweichungen nach Absatz 1 Satz 1 von örtlichen Bauvorschriften nach § 84 entscheidet die Bauaufsichtsbehörde im Einvernehmen mit der Gemeinde; § 36 Abs. 2 Satz 2 und 3 des Baugesetzbuchs gilt entsprechend.

(4) Über Abweichungen sowie Ausnahmen und Befreiungen nach § 31 des Baugesetzbuchs, die nicht im Verfahren nach den §§ 67 oder 69 beantragt werden als beantragt gelten, ist innerhalb einer Frist von zwei Monaten nach Eingang der vollständigen Bauvorlagen zu entscheiden. Ist das Einvernehmen der Gemeinde erforderlich, darf diese Frist insoweit überschritten werden, als dass innerhalb eines Monats nach Zugang der Erklärung des Einvernehmens zu entscheiden ist. § 69 Abs. 5 und 9 gilt entsprechend.

§ 72
Beteiligung der Nachbarinnen oder Nachbarn

(1) Die Bauaufsichtsbehörde soll die Eigentümerinnen oder Eigentümer benachbarter Grundstücke (Nachbarinnen oder Nachbarn) vor Erteilung von Abweichungen sowie Ausnahmen und Befreiungen nach § 31 des Baugesetzbuchs benachrichtigen, wenn zu erwarten ist, dass öffentlich-rechtlich geschützte nachbarliche Belange berührt werden. Auch sonst soll nach Satz 1 verfahren werden, wenn die Baumaßnahme öffentlich-rechtlich geschützte nachbarliche Belange berührt. Die Bauherrin oder der Bauherr hat der Bauaufsichtsbehörde auf Verlangen die betroffenen Nachbarinnen oder Nachbarn namhaft zu machen und Unterlagen zu ihrer Beteiligung zur Verfügung zu stellen. Einwendungen sind innerhalb eines Monats nach Zugang der Benachrichtigung bei der Bauaufsichtsbehörde schriftlich oder zur Niederschrift vorzubringen. Mit Ablauf einer Frist von einem Monat nach der Bekanntmachung des Bauvorhabens sind die öffentlich-rechtlichen Einwendungen beteiligter Nachbarinnen und Nachbarn gegen das Bauvorhaben ausgeschlossen; hierauf ist in der Benachrichtigung hinzuweisen.

(2) Die Benachrichtigung entfällt, wenn die zu benachrichtigenden Nachbarinnen oder Nachbarn die Lagepläne und Bauzeichnungen unterschrieben oder dem Bauvorhaben auf andere Weise zugestimmt haben.

(3) Haben die Nachbarinnen oder Nachbarn dem Bauvorhaben nicht zugestimmt, ist ihnen die Baugenehmigung oder die Entscheidung über die Abweichungen sowie Ausnahmen und Befreiungen nach § 31 des Baugesetzbuchs zuzustellen. Bei mehr als 20 Nachbarn, denen die Entscheidung nach Satz 1 zuzustellen ist, kann die Zustellung nach Satz 1 durch eine öffentliche Bekanntgabe ersetzt werden; die zu diesem Zweck durchzuführende örtliche Bekanntmachung muss den verfügenden Teil der Entscheidung nach Satz 1, die Rechtsbehelfsbelehrung sowie einen Hinweis darauf zu enthalten, wo die Akten des Verfahrens eingesehen werden können.

§ 72a
Beteiligung der Öffentlichkeit

(1) Bei baulichen Anlagen, die aufgrund ihrer Beschaffenheit oder ihres Betriebs geeignet sind, die Allgemeinheit oder die Nachbarschaft zu gefährden, zu benachteiligen oder zu belästigen, kann die Bauaufsichtsbehörde anstelle einer Nachbarbeteiligung nach § 72 auf Antrag der Bauherrin oder des Bauherrn das Bauvorhaben in ihrem amtlichen Veröffentlichungsblatt und zusätzlich entweder im Internet oder in örtlichen Tageszeitungen, die im Bereich des Standorts der Anlage verbreitet sind, öffentlich bekannt machen.

(2) Bei der Errichtung, Änderung oder Nutzungsänderung

1. eines oder mehrerer Gebäude, wenn dadurch dem Wohnen dienende Nutzungseinheiten mit einer Größe von insgesamt mehr als 5.000 m² Brutto-Grundfläche geschaffen werden,

2. baulicher Anlagen, die öffentlich zugänglich sind, wenn dadurch die gleichzeitige Nutzung durch mehr als 100

zusätzliche Besucherinnen oder Besucher ermöglicht wird,
3. baulicher Anlagen, die nach Durchführung des Bauvorhabens Sonderbauten nach § 51 Absatz 2 Nummer 9, 11, 12 oder 14 sind, und
4. von Camping- und Wochenendplätzen

ist das Bauvorhaben nach Absatz 1 öffentlich bekannt zu machen, wenn es innerhalb des angemessenen Sicherheitsabstands im Sinne des § 3 Absatz 5c des Bundes-Immissionsschutzgesetzes liegt; ist der angemessene Sicherheitsabstand nicht bekannt, ist maßgeblich, ob sich das Vorhaben innerhalb des Achtungsabstands des Betriebsbereichs befindet. Satz 1 gilt nicht, wenn eine diesen Anforderungen entsprechende Öffentlichkeitsbeteiligung bereits im Rahmen eines anderen Verfahrens stattgefunden hat, insbesondere, wenn dem Gebot, den angemessenen Sicherheitsabstand zu wahren, bereits in einem Bebauungsplan Rechnung getragen wurde.

(3) Bei der Bekanntmachung nach Absatz 1 und 2 ist über Folgendes zu informieren:
1. über den Gegenstand des Vorhabens,
2. über die für die Genehmigung zuständige Behörde, bei der der Antrag nebst Unterlagen zur Einsicht ausgelegt wird, sowie wo und wann Einsicht genommen werden kann,
3. darüber, dass Personen, deren Belange berührt sind, und Vereinigungen, welche die Anforderungen von § 3 Absatz 1 oder § 2 Absatz 2 des Umwelt-Rechtsbehelfsgesetzes in der Fassung der Bekanntmachung vom 8. April 2013 (BGBl. I S. 753), zuletzt geändert durch Artikel 2 Absatz 18 des Gesetzes vom 20. Juli 2017 (BGBl. I S. 2808), erfüllen (betroffene Öffentlichkeit), Einwendungen bei einer in der Bekanntmachung bezeichneten Stelle bis zu zwei Wochen nach Ablauf der Auslegungsfrist erheben können; dabei ist darauf hinzuweisen, dass mit Ablauf der Frist alle öffentlich-rechtlichen Einwendungen ausgeschlossen sind und der Ausschluss von umweltbezogenen Einwendungen nur für das Genehmigungsverfahren gilt,
4. dass die Zustellung der Entscheidung über die Einwendungen durch öffentliche Bekanntmachung ersetzt werden kann.

Bei der Bekanntmachung nach Absatz 2 ist zusätzlich über Folgendes zu informieren:
1. gegebenenfalls die Feststellung der UVP-Pflicht des Vorhabens nach § 5 des Gesetzes über die Umweltverträglichkeitsprüfung (UVPG) sowie erforderlichenfalls die Durchführung einer grenzüberschreitenden Beteiligung nach den §§ 55 und 56 UVPG,
2. die Art möglicher Entscheidungen oder, soweit vorhanden, den Entscheidungsentwurf,
3. gegebenenfalls weitere Einzelheiten des Verfahrens zur Unterrichtung der Öffentlichkeit und Anhörung der betroffenen Öffentlichkeit.

(4) In dem nach Absatz 3 Satz 1 Nummer 2 bekannt gemachten Zeitraum sind der Antrag und die Bauvorlagen sowie die entscheidungserheblichen Berichte und Empfehlungen, die der Bauaufsichtsbehörde im Zeitpunkt der Bekanntmachung vorliegen, einen Monat zur Einsicht auszulegen. Bauvorlagen, die Geschäfts- oder Betriebsgeheimnisse enthalten, sind nicht auszulegen; für sie gilt § 10 Absatz 2 des Bundes-Immissionsschutzgesetzes entsprechend. Bis zwei Wochen nach Ablauf der Auslegungsfrist kann die Öffentlichkeit gegenüber der Bauaufsichtsbehörde schriftlich oder zur Niederschrift Einwendungen erheben; mit Ablauf dieser Frist sind alle öffentlich-rechtlichen Einwendungen ausgeschlossen. Satz 3 gilt für umweltbezogene Einwendungen nur für das Genehmigungsverfahren.

(5) Die Zustellung der Baugenehmigung nach der Öffentlichkeitsbeteiligung nach Absatz 1 kann durch öffentliche Bekanntmachung ersetzt werden; § 72 Absatz 3 Satz 2 gilt entsprechend. Wurde die Öffentlichkeitsbeteiligung nach Absatz 2 durchgeführt, ist die Baugenehmigung öffentlich bekannt zu machen. Die öffentliche Bekanntmachung wird dadurch bewirkt, dass der verfügende Teil der Baugenehmigung und die Rechtsbehelfsbelehrung bekannt gemacht werden; auf Auflagen ist hinzuweisen. In die Begründung der Baugenehmigung sind die wesentlichen tatsächlichen und rechtlichen Gründe, die die Behörde zu ihrer Entscheidung bewogen haben, die Behandlung der Einwendungen sowie Angaben über das Verfahren zur Beteiligung der Öffentlichkeit aufzunehmen; § 73 Absatz 2 bleibt unberührt. Eine Ausfertigung der gesamten Baugenehmigung ist vom Tage nach der öffentlichen Bekanntmachung an zwei Wochen zur Einsicht auszulegen. In der öffentlichen Bekanntmachung ist anzugeben, dass nach der öffentlichen Bekanntmachung die Baugenehmigung und ihre Begründung bis zum Ablauf der Widerspruchsfrist von den Personen, die Einwendungen erhoben haben, schriftlich angefordert werden können; zusätzlich ist anzugeben, wo und wann die Baugenehmigung und ihre Begründung eingesehen werden können. Mit dem Ende der Auslegungsfrist gilt die Baugenehmigung auch Dritten gegenüber, die keine Einwendungen erhoben haben, als zugestellt; darauf ist in der Bekanntmachung hinzuweisen.

§ 73
Baugenehmigung, Baubeginn

(1) Die Baugenehmigung ist zu erteilen, wenn dem Bauvorhaben keine öffentlich-rechtlichen Vorschriften entgegenstehen, die im bauaufsichtlichen Genehmigungsverfahren zu prüfen sind; die Bauaufsichtsbehörde darf den Bauantrag auch ablehnen, wenn das Bauvorhaben gegen sonstige öffentlich-rechtliche Vorschriften verstößt. Die durch eine Umweltverträglichkeitsprüfung ermittelten, beschriebenen und bewerteten Umweltauswirkungen sind nach Maßgabe der hierfür geltenden Vorschriften zu berücksichtigen.

(2) Die Baugenehmigung bedarf der Schriftform; sie ist nur insoweit zu begründen, wie von nachbarschützenden Vorschriften eine Abweichung, eine Ausnahme oder eine Befreiung nach § 31 des Baugesetzbuchs erteilt wird und die Nachbarin oder der Nachbar nicht nach § 72 Abs. 3 zugestimmt hat.

(3) Die Baugenehmigung kann mit Auflagen, mit Bedingungen, einem Vorbehalt des Widerrufs und einem Vorbehalt der nachträglichen Aufnahme, Änderung oder Ergänzung einer Auflage sowie befristet erteilt werden.

(4) Die Baugenehmigung wird unbeschadet der privaten Rechte Dritter erteilt.

(5) Die Gemeinde ist, wenn ihre Bürgermeisterin oder ihr Bürgermeister nicht Bauaufsichtsbehörde ist, von der Erteilung, Verlängerung der Geltungsdauer, Ablehnung, Rücknahme und dem Widerruf einer Baugenehmigung, Teilbaugenehmigung, eines Vorbescheides, einer Zustimmung, einer Abweichung, einer Ausnahme oder einer Befreiung nach § 31 des Baugesetzbuchs zu unterrichten. Eine Ausfertigung des Bescheides ist beizufügen.

(6) Mit der Bauausführung oder mit der Ausführung des jeweiligen Bauabschnitts darf erst begonnen werden, wenn
1. die Baugenehmigung der Bauherrin oder dem Bauherrn zugegangen ist sowie
2. die geprüften bautechnischen Nachweise nach § 70 und
3. die Baubeginnsanzeige

der Bauaufsichtsbehörde vorliegen. §§ 68 und 69 Abs. 9 bleiben unberührt.

(7) Vor Baubeginn muss die Grundrissfläche des Gebäudes abgesteckt und seine Höhenlage festgelegt sein. Baugenehmigungen und Bauvorlagen müssen auf der Baustelle von Baubeginn an vorliegen.

(8) Die Bauherrin oder der Bauherr hat den Ausführungsbeginn genehmigungsbedürftiger Vorhaben und die Wiederaufnahme der Bauarbeiten nach einer Unterbrechung von mehr als drei Monaten mindestens eine Woche vorher der Bauaufsichtsbehörde schriftlich mitzuteilen (Baubeginnsanzeige).

§ 73a
Typengenehmigung

(1) Für bauliche Anlagen, die in derselben Ausführung an mehreren Stellen errichtet werden sollen, wird auf Antrag

durch die oberste Bauaufsichtsbehörde eine Typengenehmigung erteilt, wenn die baulichen Anlagen oder Teile von baulichen Anlagen den Anforderungen nach diesem Gesetz oder aufgrund dieses Gesetzes erlassenen Vorschriften entsprechen. Eine Typengenehmigung kann auch für bauliche Anlagen erteilt werden, die in unterschiedlicher Ausführung, aber nach einem bestimmten System und aus bestimmten Bauteilen an mehreren Stellen errichtet werden sollen; in der Typengenehmigung ist die zulässige Veränderbarkeit festzulegen. Für Fliegende Bauten wird eine Typengenehmigung nicht erteilt.

(2) Die Typengenehmigung gilt fünf Jahre. Die Frist kann auf Antrag jeweils bis zu fünf Jahren verlängert werden; § 75 Absatz 2 Satz 2 gilt entsprechend.

(3) Die oberste Bauaufsichtsbehörde kann Typengenehmigungen anderer Länder auch im Land Schleswig-Holstein anerkennen.

(4) Eine Typengenehmigung entbindet nicht von der Verpflichtung, ein bauaufsichtliches Verfahren durchzuführen. Die in der Typengenehmigung entschiedenen Fragen sind von der Bauaufsichtsbehörde nicht mehr zu prüfen.

§ 74
Teilbaugenehmigung

Ist ein Bauantrag eingereicht, so kann der Beginn der Bauarbeiten für die Baugrube und für einzelne Bauteile oder Bauabschnitte auf schriftlichen Antrag schon vor Erteilung der Baugenehmigung schriftlich gestattet werden (Teilbaugenehmigung). § 73 gilt entsprechend.

§ 75
Geltungsdauer

(1) Die Baugenehmigung und Teilbaugenehmigung erlöschen, wenn innerhalb von drei Jahren nach ihrer Erteilung mit der Ausführung des Vorhabens nicht begonnen oder die Ausführung länger als ein Jahr unterbrochen worden ist; Entsprechendes gilt im Verfahren der Genehmigungsfreistellung nach § 68. Satz 1 gilt auch für die Entscheidungen über andere öffentlich-rechtliche Anforderungen, die in die Baugenehmigung eingeschlossen werden.

(2) Die Frist nach Absatz 1 kann auf schriftlichen Antrag jeweils bis zu zwei Jahren verlängert werden; dies gilt nicht für das Verfahren der Genehmigungsfreistellung nach § 68. Die Frist kann auch rückwirkend verlängert werden, wenn der Antrag vor Fristablauf bei der Bauaufsichtsbehörde eingegangen ist.

§ 76
Genehmigung Fliegender Bauten

(1) Fliegende Bauten sind bauliche Anlagen, die geeignet und bestimmt sind, an verschiedenen Orten wiederholt aufgestellt und zerlegt zu werden. Baustelleneinrichtungen und Baugerüste sind keine Fliegenden Bauten.

(2) Fliegende Bauten bedürfen, bevor sie erstmals aufgestellt und in Gebrauch genommen werden, einer Ausführungsgenehmigung. Dies gilt nicht für

1. Fliegende Bauten mit einer Höhe bis zu 5 m, die nicht dazu bestimmt sind, von Besucherinnen oder Besuchern betreten zu werden,
2. Fliegende Bauten mit einer Höhe bis zu 5 m, die für Kinder betrieben werden und eine Geschwindigkeit von höchstens 1 m/s haben,
3. Bühnen, die Fliegende Bauten sind, einschließlich Überdachungen und sonstigen Aufbauten mit einer Höhe bis zu 5 m, einer Grundfläche bis zu 100 m² und einer Fußbodenhöhe bis zu 1,50 m,
4. erdgeschossige Zelte und betretbare Verkaufsstände, die Fliegende Bauten sind, jeweils mit einer Grundfläche bis zu 75 m²,
5. aufblasbare Spielgeräte mit einer Höhe des betretbaren Bereichs von bis zu 5 m oder mit überdachten Bereichen, bei denen die Entfernung zum Ausgang nicht mehr als drei Meter, sofern ein Absinken der Überdachung konstruktiv verhindert wird, nicht mehr als 10 m, beträgt.

(3) Die Ausführungsgenehmigung wird von der unteren Bauaufsichtsbehörde erteilt, in deren Bereich die Antragstellerin oder der Antragsteller ihre oder seine Hauptwohnung oder ihre oder seine gewerbliche Niederlassung hat. Hat die Antragstellerin oder der Antragsteller ihre oder seine Hauptwohnung oder ihre oder seine gewerbliche Niederlassung außerhalb der Bundesrepublik Deutschland, so ist die Bauaufsichtsbehörde zuständig, in deren Bereich der Fliegende Bau erstmals aufgestellt und in Gebrauch genommen werden soll.

(4) Die oberste Bauaufsichtsbehörde kann durch Verordnung bestimmen, dass Ausführungsgenehmigungen für Fliegende Bauten nur durch bestimmte Bauaufsichtsbehörden erstellt werden dürfen.[5]

(5) Die Genehmigung wird für eine bestimmte Frist erteilt, die höchstens fünf Jahre betragen soll. Sie kann auf schriftlichen Antrag von der für die Erteilung der Ausführungsgenehmigung zuständigen Behörde jeweils bis zu fünf Jahre verlängert werden; § 75 Abs. 2 Satz 2 gilt entsprechend. Die Genehmigungen werden in ein Prüfbuch eingetragen, dem eine Ausfertigung der mit einem Genehmigungsvermerk versehenen Bauvorlagen beizufügen ist. Ausführungsgenehmigungen anderer Bundesländer gelten auch im Geltungsbereich dieses Gesetzes.

(6) Die Inhaberin oder der Inhaber der Ausführungsgenehmigung hat den Wechsel ihrer oder seiner Hauptwohnung, ihrer oder seiner gewerblichen Niederlassung oder die Übertragung des Fliegenden Baues an Dritte der Bauaufsichtsbehörde anzuzeigen, die die Ausführungsgenehmigung erteilt hat. Die Behörde hat die Änderungen in das Prüfbuch einzutragen und sie, wenn mit den Änderungen ein Wechsel der Zuständigkeit verbunden ist, der nunmehr zuständigen Behörde mitzuteilen.

(7) Fliegende Bauten, die nach Absatz 2 Satz 1 einer Ausführungsgenehmigung bedürfen, dürfen unbeschadet anderer Vorschriften nur in Gebrauch genommen werden, wenn ihre Aufstellung der Bauaufsichtsbehörde des Aufstellungsortes unter Vorlage des Prüfbuches angezeigt ist. Die Bauaufsichtsbehörde kann die Inbetriebnahme dieser Fliegenden Bauten von einer Gebrauchsabnahme abhängig machen. Das Ergebnis der Abnahme ist in das Prüfbuch einzutragen. In der Ausführungsgenehmigung kann bestimmt werden, dass Anzeigen nach Satz 1 nicht erforderlich sind, wenn eine Gefährdung im Sinne des § 3 Abs. 2 nicht zu erwarten ist.

(8) Die für die Erteilung der Gebrauchsabnahme zuständige Bauaufsichtsbehörde kann mit Auflagen machen die Aufstellung oder den Gebrauch Fliegender Bauten untersagen, soweit dies nach den örtlichen Verhältnissen oder zur Abwehr von Gefahren erforderlich ist, insbesondere weil die Betriebs- oder Standsicherheit oder nicht mehr gewährleistet ist oder weil von der Ausführungsgenehmigung abgewichen wird. Wird die Aufstellung oder der Gebrauch untersagt, so ist dies in das Prüfbuch einzutragen. Die ausstellende Behörde ist zu benachrichtigen, das Prüfbuch ist einzuziehen und der ausstellenden Behörde zuzuleiten, wenn die Herstellung ordnungsgemäßer Zustände innerhalb angemessener Frist nicht zu erwarten ist.

(9) Bei Fliegenden Bauten, die von Besucherinnen oder Besuchern betreten und längere Zeit an einem Aufstellungsort betrieben werden, kann die für die Gebrauchsabnahme zuständige Bauaufsichtsbehörde aus Gründen der Sicherheit Nachabnahmen durchführen. Das Ergebnis der Nachabnahme ist in das Prüfbuch einzutragen.

(10) § 64 Abs. 2 und 4 und § 78 Abs. 1, 3 und 4 gelten entsprechend.

§ 77
Bauaufsichtliche Zustimmung

(1) Nicht verfahrensfreie Bauvorhaben bedürfen keiner Genehmigung, Genehmigungsfreistellung und Bauüberwachung, wenn

---

[5] *Landesverordnung zur Übertragung der Zuständigkeit für die Ausführungsgenehmigungen von Fliegenden Bauten vom 15.12.2016 (GVOBl. Schl.-H. 2017 S. 4).*

1. die Leitung der Entwurfsarbeiten und die Bauüberwachung einer Baudienststelle des Bundes oder eines Landes übertragen ist und
2. die Baudienststelle mindestens mit einer oder einem Bediensteten mit der Befähigung zum höheren bautechnischen Verwaltungsdienst und mit sonstigen geeigneten Fachkräften ausreichend besetzt ist.

Solche baulichen Anlagen bedürfen der Zustimmung der Bauaufsichtsbehörde. Mit Ausnahme von Anlagen, für die nach § 72a Absatz 2 eine Öffentlichkeitsbeteiligung durchzuführen ist, entfällt die Zustimmung, wenn die Gemeinde nicht widerspricht und, soweit ihre öffentlich-rechtlich geschützten Belange von Abweichungen, Ausnahmen oder Befreiungen nach § 31 des Baugesetzbuchs berührt sein können, die Nachbarinnen und Nachbarn dem Bauvorhaben zustimmen. Keiner Genehmigung, Genehmigungsfreistellung oder Zustimmung bedürfen unter den Voraussetzungen des Satzes 1 Baumaßnahmen in oder an bestehenden Gebäuden, soweit sie nicht zu einer Erweiterung des Bauvolumens oder zu einer nicht verfahrensfreien Nutzungsänderung führen, sowie die Beseitigung baulicher Anlagen.

(2) Im Zustimmungsverfahren wird nicht geprüft die Vereinbarkeit der Vorhaben mit den Vorschriften dieses Gesetzes und den Vorschriften aufgrund dieses Gesetzes. § 65 Abs. 4 und § 68 bleiben unberührt. Die Bauaufsichtsbehörde führt bei Anlagen, die einer Zustimmung nach Absatz 1 Satz 3 bedürfen, die Öffentlichkeitsbeteiligung nach § 72a Absatz 2 durch.

(3) Die Bauaufsichtsbehörde entscheidet über Abweichungen sowie Ausnahmen und Befreiungen nach § 31 des Baugesetzbuchs von den zu prüfenden sowie an anderen Vorschriften, soweit sie nachbarschützend sind und die Nachbarinnen oder Nachbarn nicht zugestimmt haben. Im Übrigen bedarf die Zulässigkeit von Abweichungen sowie Ausnahmen und Befreiungen nach § 31 des Baugesetzbuchs keiner bauaufsichtlichen Entscheidung.

(4) Der Antrag auf Zustimmung nach Absatz 1 Satz 2 ist bei der Bauaufsichtsbehörde einzureichen. § 64 Abs. 2 bis 4 gilt entsprechend.

(5) Die Gemeinde ist vor Erteilung der Zustimmung zu hören. § 36 Abs. 2 Satz 2 Halbsatz 1 des Baugesetzbuchs gilt entsprechend. Für das Zustimmungsverfahren gelten im Übrigen die §§ 66 und 67 sowie 73 bis 75 sinngemäß; § 64 Abs. 1 ist nicht anzuwenden.

(6) Anlagen, die der Landesverteidigung, dienstlichen Zwecken der Bundespolizei oder dem zivilen Bevölkerungsschutz dienen, sind abweichend von den Absätzen 1 bis 5 der Bauaufsichtsbehörde vor Baubeginn in geeigneter Weise zur Kenntnis zu bringen; Absatz 1 Satz 3 Halbsatz 1 gilt entsprechend. Im Übrigen wirken die Bauaufsichtsbehörden nicht mit. § 76 Abs. 2 bis 10 findet auf Fliegende Bauten, die der Landesverteidigung, dienstlichen Zwecken der Bundespolizei oder dem zivilen Bevölkerungsschutz dienen, keine Anwendung.

(7) Die öffentliche Baudienststelle trägt die Verantwortung dafür, dass Entwurf und Ausführung der baulichen Anlagen den öffentlich-rechtlichen Vorschriften entsprechen.

§ 78
Bauüberwachung

(1) Die Bauaufsichtsbehörde kann die Einhaltung der öffentlich-rechtlichen Vorschriften und Anforderungen und die ordnungsgemäße Erfüllung der Pflichten der am Bau Beteiligten überprüfen.

(2) Die Prüfingenieurin oder der Prüfingenieur für Standsicherheit überwacht nach näherer Maßgabe der Verordnung nach § 83 Abs. 2 die Bauausführung bei baulichen Anlagen nach § 70 Abs. 3 hinsichtlich des von ihr oder ihm oder einem Prüfamt für Standsicherheit bauaufsichtlich geprüften Standsicherheitsnachweises.

(3) Die Person, die in die Liste nach § 15 Abs. 1 Satz 1 Nr. 5 des Architekten- und Ingenieurkammergesetzes eingetragen ist, überwacht die Bauausführung bei baulichen Anlagen nach § 70 Abs. 2 Satz 1 hinsichtlich des von ihr oder ihm aufgestellten Standsicherheitsnachweises.

(4) Die Prüfingenieurin oder der Prüfingenieur für Brandschutz überwacht nach näherer Maßgabe der Verordnung nach § 83 Absatz 2 die Bauausführung bei baulichen Anlagen nach § 70 Absatz 5 hinsichtlich des von ihr oder ihm bauaufsichtlich geprüften und bescheinigten Brandschutznachweises. Wird der Brandschutznachweis nicht von einer Prüfingenieurin oder einem Prüfingenieur für Brandschutz nach § 70 Absatz 5 geprüft und bescheinigt, überwacht die Bauaufsichtsbehörde die Bauausführung in der Regel selbst oder bestimmt eine geeignete Person für die Überwachung nach Satz 1.

(5) Bei Gebäuden der Gebäudeklasse 4, ausgenommen Sonderbauten sowie Mittel- und Großgaragen, ist die mit dem Brandschutznachweis übereinstimmende Bauausführung von der Nachweiserstellerin oder dem Nachweisersteller oder einer oder einem anderen Nachweisberechtigten im Sinne des § 70 Abs. 4 Satz 1 zu bestätigen. Wird die übereinstimmende Bauausführung durch eine Prüfingenieurin oder einen Prüfingenieur für Brandschutz bescheinigt oder nach Satz 1 bestätigt, findet insoweit eine Überwachung durch die Bauaufsichtsbehörde nicht statt.

(6) Im Rahmen der Bauüberwachung können Proben von Bauprodukten, soweit erforderlich, auch aus fertigen Bauteilen zu Prüfzwecken entnommen werden.

(7) Im Rahmen der Bauüberwachung ist jederzeit Einblick in die Genehmigungen, Zulassungen, Prüfzeugnisse, Übereinstimmungszertifikate, Zeugnisse und Aufzeichnungen über die Prüfungen von Bauprodukten, in die CE-Kennzeichnungen und Leistungserklärungen nach der Verordnung (EU) Nummer 305/2011 als auch zugehörige Montage- und Gebrauchsanleitungen, in die Bautagebücher und andere vorgeschriebene Aufzeichnungen zu gewähren.

(8) Die Bauaufsichtsbehörde, die Prüfingenieurin oder der Prüfingenieur für Standsicherheit, die Prüfingenieurin oder der Prüfingenieur für Brandschutz sowie die in die Liste nach § 15 Absatz 1 Satz 1 Nummer 5 des Architekten- und Ingenieurkammergesetzes eingetragenen prüfbefreiten Aufstellerinnen oder Aufsteller der bautechnischen Nachweise haben, soweit sie oder er im Rahmen der Bauüberwachung Erkenntnisse über systematische Rechtsverstöße gegen die Verordnung (EU) Nummer 305/2011 erlangen, diese der obersten Bauaufsichtsbehörde als für die Marktüberwachung zuständigen Stelle mitzuteilen.

§ 79
Bauzustandsanzeigen, Aufnahme der Nutzung

(1) Die Bauaufsichtsbehörde kann verlangen, dass ihr Beginn und Beendigung bestimmter Bauarbeiten angezeigt werden. Die Bauarbeiten dürfen erst fortgesetzt werden, wenn die Bauaufsichtsbehörde der Fortführung der Bauarbeiten zugestimmt hat.

(2) Die Bauherrin oder der Bauherr hat die beabsichtigte Aufnahme der Nutzung einer nicht verfahrensfreien baulichen Anlage mindestens zwei Wochen vorher der Bauaufsichtsbehörde anzuzeigen. Mit der Anzeige nach Satz 1 sind vorzulegen

1. bei Bauvorhaben nach § 70 Abs. 3 eine Bescheinigung der Prüfingenieurin oder des Prüfingenieurs für Standsicherheit über die ordnungsgemäße Bauausführung hinsichtlich der Standsicherheit (§ 78 Abs. 2),
2. bei Bauvorhaben nach § 70 Abs. 2 Satz 1 eine Bescheinigung der Person, die in die Liste nach § 15 Abs. 1 Satz 1 Nr. 5 des Architekten- und Ingenieurkammergesetzes eingetragen ist, über die ordnungsgemäße Bauausführung hinsichtlich der Standsicherheit (§ 78 Abs. 3),
3. bei Bauvorhaben nach § 70 Absatz 5 eine Bescheinigung der Prüfingenieurin oder des Prüfingenieurs für Brandschutz oder der durch die Bauaufsichtsbehörde bestimmten Person über die ordnungsgemäße Bauausführung hinsichtlich des Brandschutzes (§ 78 Absatz 4), sofern die Bauaufsichtsbehörde nicht selbst überwacht,
4. in den Fällen des § 78 Abs. 5 die jeweilige Bestätigung.

(3) Eine bauliche Anlage darf erst genutzt werden, wenn sie selbst, Zufahrtswege, Wasserversorgungs- und Abwasserentsorgungs- sowie Gemeinschaftsanlagen in dem er-

forderlichen Umfang sicher benutzbar sind, nicht jedoch vor dem in Absatz 2 Satz 1 bezeichneten Zeitpunkt. Feuerstätten dürfen erst in Betrieb genommen werden, wenn die bevollmächtigte Bezirksschornsteinfegerin oder der bevollmächtigte Bezirksschornsteinfeger die Tauglichkeit und die sichere Benutzbarkeit der Abgasanlagen bescheinigt hat; Verbrennungsmotoren und Blockheizkraftwerke dürfen erst dann in Betrieb genommen werden, wenn sie oder er die Tauglichkeit und sichere Benutzbarkeit der Leitungen zur Abführung von Verbrennungsgasen bescheinigt hat.

§ 80
Baulasten, Baulastenverzeichnis

(1) Durch Erklärung gegenüber der Bauaufsichtsbehörde können Grundstückseigentümerinnen oder Grundstückseigentümer öffentlich-rechtliche Verpflichtungen zu einem ihre Grundstücke betreffenden Tun, Dulden oder Unterlassen übernehmen, die sich nicht schon aus öffentlich-rechtlichen Vorschriften ergeben. Baulasten werden unbeschadet der privaten Rechte Dritter mit der Eintragung in das Baulastenverzeichnis wirksam. Die Erklärung und die Eintragung wirken auch gegenüber Rechtsnachfolgerinnen oder Rechtsnachfolgern.

(2) Die Erklärung nach Absatz 1 bedarf der Schriftform; die Unterschrift muss beglaubigt oder vor der Bauaufsichtsbehörde geleistet oder vor ihr anerkannt werden.

(3) Die Baulast geht durch schriftlichen Verzicht der Bauaufsichtsbehörde unter. Der Verzicht ist zu erklären, wenn ein öffentliches Interesse an der Baulast nicht mehr besteht. Vor dem Verzicht sollen die oder der Verpflichtete und die durch die Baulast Begünstigten angehört werden. Der Verzicht wird mit der Löschung der Baulast im Baulastenverzeichnis wirksam.

(4) Das Baulastenverzeichnis wird von der Bauaufsichtsbehörde geführt. In das Baulastenverzeichnis können auch eingetragen werden

1. andere baurechtliche Verpflichtungen der Grundstückseigentümerin oder des Grundstückseigentümers zu einem ihr oder sein Grundstück betreffenden Tun, Dulden oder Unterlassen,

2. Auflagen, Bedingungen, Befristungen und Widerrufsvorbehalte.

(5) Wer ein berechtigtes Interesse darlegt, kann in das Baulastenverzeichnis Einsicht nehmen oder sich Abschriften erteilen lassen.

§ 81
Elektronische Kommunikation

(1) § 52 a des Landesverwaltungsgesetzes findet in den Fällen des § 64 Absatz 1, 2 und 4, § 66, § 68 Abs. 3, § 71, § 73 Abs. 2, § 74, § 76 Abs. 3 und 10, § 77 Abs. 1 Satz 2 und Abs. 4 sowie § 80 Abs. 2 keine Anwendung.

(2) Die oberste Bauaufsichtsbehörde kann im Einzelfall zeitlich begrenzte Ausnahmen von Absatz 1 zur Erprobung der Ausgestaltung und Abwicklung eines elektronischen Antragsverfahrens zulassen.

Sechster Teil
Ordnungswidrigkeiten, Verordnungs- und Satzungsermächtigungen, Übergangs- und Schlussvorschriften

§ 82
Ordnungswidrigkeiten

(1) Ordnungswidrig handelt, wer vorsätzlich oder fahrlässig

1. einer nach § 83 erlassenen Verordnung oder einer nach § 84 Abs. 1 oder 3 erlassenen Satzung zuwiderhandelt, sofern die Verordnung oder die Satzung für einen bestimmten Tatbestand auf diese Bußgeldvorschrift verweist,

2. einer vollziehbaren schriftlichen Anordnung der Bauaufsichtsbehörde zuwiderhandelt, die aufgrund dieses Gesetzes oder aufgrund einer nach diesem Gesetz zulässigen Verordnung oder Satzung erlassen worden ist, sofern die Anordnung auf die Bußgeldvorschrift verweist,

3. ohne die erforderliche Genehmigung (§ 62 Abs. 1), Teilbaugenehmigung (§ 74), Abweichung (§ 71) oder abweichend davon bauliche Anlagen errichtet, ändert, benutzt oder entgegen § 63 Absatz 3 Satz 3 bis 6 beseitigt,

4. entgegen § 68 Abs. 3 mit der Ausführung eines Bauvorhabens beginnt,

5. entgegen § 76 Abs. 2 Fliegende Bauten ohne Ausführungsgenehmigung oder entgegen § 76 Abs. 7 ohne Anzeige oder Abnahme in Gebrauch nimmt,

6. entgegen § 73 Absatz 6 Bauarbeiten, entgegen § 63 Absatz 3 Satz 8 mit der Beseitigung einer Anlage beginnt, entgegen § 79 Abs. 1 Bauarbeiten fortsetzt oder entgegen § 79 Abs. 2 bauliche Anlagen nutzt,

7. die Baubeginnsanzeige nach § 73 Absatz 8 nicht oder nicht fristgerecht erstattet,

8. Bauprodukte entsprechend § 22 Absatz 3 mit dem Ü-Zeichen kennzeichnet, ohne dass dafür die Voraussetzungen nach § 23 Absatz 1 vorliegen,

9. Bauprodukte entgegen § 22 Absatz 3 ohne Ü-Zeichen verwendet,

10. Bauarten entgegen § 17a ohne Bauartgenehmigung oder allgemeines bauaufsichtliches Prüfzeugnis für Bauarten anwendet,

11. als Bauherrin oder Bauherr, Entwurfsverfasserin oder Entwurfsverfasser, Unternehmerin oder Unternehmer, Bauleiterin oder Bauleiter oder als deren Vertreterin oder Vertreter § 54 Abs. 1, § 55 Abs. 1 Satz 3, § 56 Abs. 1 oder § 57 Abs. 1 zuwiderhandelt,

12. als Bauherrin oder Bauherr, Unternehmerin oder Unternehmer oder als Bauleiterin oder Bauleiter entgegen § 12 Abs. 2 bei Gefährdung unbeteiligter Personen durch die Baustelle die Gefahrenzone nicht oder nicht ausreichend abgrenzt oder durch Warnzeichen nicht oder nicht ausreichend kennzeichnet, oder Baustellen, soweit es erforderlich ist, nicht mit einem Bauzaun abgrenzt und mit Schutzvorrichtungen gegen herabfallende Gegenstände versieht und beleuchtet,

13. als Unternehmerin oder Unternehmer entgegen § 12 Abs. 3 bei der Ausführung genehmigungsbedürftiger Bauvorhaben oder Bauvorhaben im Sinne des § 68 Abs. 1 nicht an der Baustelle dauerhaft ein Schild anbringt, das die Bezeichnung des Bauvorhabens und die Namen und Anschriften der Entwurfsverfasserin oder des Entwurfsverfassers, der Bauleiterin oder des Bauleiters und der Unternehmerin oder des Unternehmers enthält,

14. als Bauherrin oder Bauherr, Unternehmerin oder Unternehmer oder als Bauleiterin oder Bauleiter entgegen § 12 Abs. 4 Bäume, Hecken und sonstige Bepflanzungen nicht schützt,

15. als Entwurfsverfasserin oder Entwurfsverfasser oder als Aufstellerin oder Aufsteller der bautechnischen Nachweise nach § 70 Abs. 2, die in die Liste nach § 15 Abs. 1 Satz 1 Nr. 5 des Architekten- und Ingenieurkammergesetzes eingetragen sind, entgegen § 65 Abs. 6 Satz 1 nicht ausreichend berufshaftpflichtversichert ist und im Einzelfall bestehende Haftungsausschlussgründe nach § 65 Abs. 6 Satz 4 nicht unverzüglich offenbart,

16. als Entwurfsverfasserin oder Entwurfsverfasser, als Aufstellerin oder Aufsteller der bautechnischen Nachweise oder als Fachplanerin oder Fachplaner nach § 55 Abs. 2 eine unrichtige Erklärung im Sinne des § 68 Abs. 6 oder des § 69 Abs. 4 abgibt,

17. als Entwurfsverfasserin oder Entwurfsverfasser den Vorschriften dieses Gesetzes über das barrierefreie Bauen nach § 52 zuwiderhandelt.

(2) Ordnungswidrig handelt auch, wer wider besseren Wissens

1. unrichtige Angaben macht oder unrichtige Pläne oder Unterlagen vorlegt, um einen nach diesem Gesetz möglichen Verwaltungsakt zu erwirken oder zu verhindern,

2. als Prüfingenieurin oder Prüfingenieur für Standsicherheit unrichtige Prüfberichte erstellt, als Prüfingenieurin oder Prüfingenieur für Brandschutz oder als Prüfsachverständige oder Prüfsachverständiger unrichtige Be-

scheinigungen über die Einhaltung bauordnungsrechtlicher Anforderungen ausstellt,
3. unrichtige Angaben zur Einstufung nach Kriterienkatalog gemäß der Anforderung nach § 70 Absatz 3 Satz 1 Nummer 2 macht.

(3) Die Ordnungswidrigkeit kann mit einer Geldbuße bis zu 500.000 Euro geahndet werden.

(4) Ist eine Ordnungswidrigkeit nach Absatz 1 Nr. 8 bis 10 begangen worden, können Gegenstände, auf die sich die Ordnungswidrigkeit bezieht, eingezogen werden. § 19 des Gesetzes über Ordnungswidrigkeiten ist anzuwenden.

(5) Verwaltungsbehörde im Sinne des § 36 Abs. 1 Nr. 1 des Gesetzes über Ordnungswidrigkeiten ist in den Fällen des Absatzes 1 Nr. 8 bis 10 die oberste Bauaufsichtsbehörde, in dem Fall des Absatzes 1 Nr. 15 der Vorstand der Architekten- und Ingenieurkammer Schleswig-Holstein und in den übrigen Fällen der Absätze 1 und 2 die untere Bauaufsichtsbehörde.

§ 83
Verordnungsermächtigungen

(1) Zur Verwirklichung der in den §§ 3, 17a Absatz 1 und 17b Absatz 1 bezeichneten Anforderungen wird die oberste Bauaufsichtsbehörde ermächtigt, durch Verordnung[6] Vorschriften zu erlassen über
1. die nähere Bestimmung allgemeiner Anforderungen der §§ 4 bis 50,
2. Anforderungen an Feuerungsanlagen, sonstige Anlagen zur Wärmeerzeugung und Brennstoffversorgung (§ 43),
3. besondere Anforderungen oder Erleichterungen, die sich aus der besonderen Art oder Nutzung der baulichen Anlagen für Errichtung, Änderung, Unterhaltung, Betrieb und Nutzung ergeben (§ 51), sowie über die Anwendung solcher Anforderungen auf bestehende bauliche Anlagen dieser Art,
4. Erst-, Wiederholungs- und Nachprüfung von Anlagen, die zur Verhütung erheblicher Gefahren oder Nachteile ständig ordnungsgemäß unterhalten werden müssen, und die Erstreckung dieser Nachprüfungspflicht auf bestehende Anlagen,
5. die Anwesenheit fachkundiger Personen beim Betrieb technisch schwieriger baulicher Anlagen und Einrichtungen wie Bühnenbetriebe und technisch schwierige Fliegende Bauten einschließlich des Nachweises der Befähigung dieser Personen,
6. Art, Umfang und Höhe der in § 65 Abs. 6 Satz 1 vorgeschriebenen Berufshaftpflichtversicherung.

(2) Die oberste Bauaufsichtsbehörde wird ermächtigt, durch Verordnung Vorschriften zu erlassen über
1. Prüfingenieurinnen und Prüfingenieure für Standsicherheit und Prüfämter für Standsicherheit sowie Prüfingenieurinnen und Prüfingenieure für Brandschutz, denen bauaufsichtliche Prüfaufgaben einschließlich der Bauüberwachung und der Bauzustandsbesichtigung übertragen werden, sowie
2. Prüfsachverständige, die im Auftrag der Bauherrin oder des Bauherrn oder der oder des sonstigen nach Bauordnungsrecht Verantwortlichen die Einhaltung bauordnungsrechtlicher Anforderungen prüfen und bescheinigen.

Die Verordnungen nach Satz 1 regeln, soweit erforderlich,
1. die Fachbereiche und die Fachrichtungen, in denen die Prüfingenieurinnen und Prüfingenieure für Standsicherheit, Prüfämter für Standsicherheit, Prüfingenieurinnen und Prüfingenieure für Brandschutz und Prüfsachverständige tätig werden,
2. die Anerkennungsvoraussetzungen und das Anerkennungsverfahren,

3. Erlöschen, Rücknahme und Widerruf der Anerkennung einschließlich der Festlegung einer Altersgrenze,
4. die Aufgabenerledigung,
5. die Vergütung.

Die oberste Bauaufsichtsbehörde kann durch Verordnung ferner
1. den Leiterinnen oder Leitern und stellvertretenden Leiterinnen oder Leitern von Prüfämtern für Standsicherheit die Stellung einer oder eines Prüfsachverständigen nach Satz 1 Nummer 2 zuweisen,
2. soweit für bestimmte Fachbereiche und Fachrichtungen Prüfingenieurinnen und Prüfingenieure für Brandschutz oder Prüfsachverständige nach Satz 1 Nummer 1 oder 2 noch nicht in ausreichendem Umfang anerkannt sind, anordnen, dass die von diesen Personen zu prüfenden und zu bescheinigenden bauordnungsrechtlichen Anforderungen durch die Bauaufsichtsbehörde geprüft werden können.

(3) Die oberste Bauaufsichtsbehörde wird ermächtigt, durch Verordnung Vorschriften zu erlassen über
1. Umfang, Inhalt und Zahl der erforderlichen Bauvorlagen einschließlich der Bauvorlagen bei der Anzeige der beabsichtigten Beseitigung von Anlagen nach § 63 Absatz 2 Satz 3 und bei der Genehmigungsfreistellung nach § 68,
2. die erforderlichen Anträge, Anzeigen, Nachweise, Bescheinigungen und Bestätigungen, auch bei verfahrensfreien Bauvorhaben,
3. das Verfahren im Einzelnen.

Sie kann dabei für verschiedene Arten von Bauvorhaben unterschiedliche Anforderungen und Verfahren festlegen.

(4) Die oberste Bauaufsichtsbehörde wird ermächtigt, zur Vereinfachung, Erleichterung und Beschleunigung des bauaufsichtlichen Verfahrens oder zur Entlastung der Bauaufsichtsbehörden durch Verordnung Vorschriften zu erlassen über
1. weitere und weitergehende Ausnahmen von der Genehmigungsbedürftigkeit oder Genehmigungsfreistellung,
2. die Änderung des Baugenehmigungsverfahrens oder Genehmigungsfreistellungsverfahrens sowie die Einführung sonstiger Verfahren für bestimmte Vorhaben; sie kann auch vorschreiben, dass auf die behördliche Prüfung öffentlich-rechtlicher Vorschriften ganz oder teilweise verzichtet wird,
3. den vollständigen oder teilweisen Wegfall der bautechnischen Prüfung bei bestimmten Arten von Bauvorhaben,
4. die Übertragung von Prüfaufgaben der Bauaufsichtsbehörde im Rahmen des bauaufsichtlichen Verfahrens einschließlich der Bauüberwachung und Bauzustandsbesichtigung auf sachverständige Personen oder sachverständige Stellen,
5. Prüfaufgaben nach § 59 Abs. 5 Satz 3, bei denen sich die Bauaufsichtsbehörde bestimmter sachverständiger Personen bedienen muss,
6. die Aufsicht über sachverständige Personen und sachverständige Stellen,
7. die Einrichtung, die Aufgaben und die Zusammensetzung eines Landesausschusses für Standsicherheit,
8. die Heranziehung von sachverständigen Personen und sachverständigen Stellen nach § 59 Abs. 5 Satz 1.

Sie kann dafür Voraussetzungen festlegen, die die verantwortlichen Personen nach den §§ 54 bis 57 oder die sachverständigen Personen oder sachverständigen Stellen zu erfüllen haben; in den Fällen des Satzes 1 Nr. 3 und 4 sind die erforderlichen Voraussetzungen zu regeln. Dabei können die Fachbereiche, in denen sachverständige Personen oder sachverständige Stellen tätig werden, bestimmt und insbesondere Mindestanforderungen an die Fachkenntnis sowie in zeitlicher und sachlicher Hinsicht an die Berufserfahrung festgelegt, eine laufende Fortbildung vorgeschrieben, durch Prüfungen nachzuweisende Befähigung erfordert, der Nachweis der persönlichen Zuverlässigkeit und einer ausreichenden Haftpflichtversicherung gefordert und Al-

---
6 *Landesverordnung zur Vereinfachung des bauaufsichtlichen Verfahrens vom 10.3.2010 (GVOBl. Schl.-H. S. 379), geändert durch LVO vom 28.1.2015 (GVOBl. Schl.-H. S. 52).*

tersgrenzen festgesetzt werden. Die oberste Bauaufsichtsbehörde kann darüber hinaus auch eine Anerkennung der sachverständigen Personen und sachverständigen Stellen vorschreiben, das Verfahren und die Voraussetzungen für die Anerkennung, ihren Widerruf, ihre Rücknahme und ihr Erlöschen sowie für Prüfungen die Bestellung und Zusammensetzung der Prüfungsorgane und das Prüfungsverfahren regeln.

(5) Die oberste Bauaufsichtsbehörde wird ermächtigt, durch Verordnung

1. die Zuständigkeit für die Anerkennung von Prüf-, Zertifizierungs- und Überwachungsstellen (§ 25) auf andere Behörden zu übertragen; die Zuständigkeit kann auch auf eine Behörde eines anderen Landes übertragen werden, die der Aufsicht einer obersten Bauaufsichtsbehörde untersteht oder an deren Willensbildung die oberste Bauaufsichtsbehörde mitwirkt,
2. das Ü-Zeichen festzulegen und zu diesem Zeichen zusätzliche Angaben zu verlangen,
3. das Anerkennungsverfahren nach § 25, die Voraussetzungen für die Anerkennung, ihre Rücknahme, ihren Widerruf und ihr Erlöschen zu regeln, insbesondere auch Altersgrenzen festzulegen, sowie eine ausreichende Haftpflichtversicherung zu fordern,
4. Vorschriften zu erlassen über die Verwaltungsgebühren, Vergütung und den Auslagenersatz für die Tätigkeit von Behörden, Personen, Stellen und Überwachungsgemeinschaften nach § 25.

(5a) Die oberste Bauaufsichtsbehörde wird ermächtigt, durch Verordnung Vorschriften darüber zu erlassen, dass für bestimmte Bauprodukte und Bauarten, auch soweit sie Anforderungen nach anderen Rechtsvorschriften unterliegen, hinsichtlich dieser Anforderungen § 17a Absatz 2 und die §§ 18 bis 26 ganz oder teilweise anwendbar sind, wenn die anderen Rechtsvorschriften dies verlangen oder zulassen.

(6) Die oberste Bauaufsichtsbehörde wird ermächtigt, durch Verordnung zu bestimmen, dass die Anforderungen der aufgrund des § 34 des Produktsicherheitsgesetzes und des § 49 Absatz 4 des Energiewirtschaftsgesetzes vom 7. Juli 2005 (BGBl. I S. 1970, ber. S. 3621), zuletzt geändert durch Artikel 9 des Gesetzes vom 19. Februar 2016 (BGBl. I S. 254), erlassenen Verordnungen entsprechend für Anlagen gelten, die weder gewerblichen noch wirtschaftlichen Zwecken dienen und in deren Gefahrenbereich auch keine Arbeitnehmerinnen oder Arbeitnehmer beschäftigt werden. Sie kann auch die Verfahrensvorschriften dieser Verordnungen für anwendbar erklären oder selbst das Verfahren bestimmen sowie Zuständigkeiten und Gebühren regeln. Dabei kann sie auch vorschreiben, dass danach zu erteilende Erlaubnisse der Baugenehmigung oder der Zustimmung nach § 77 einschließlich der zugehörigen Abweichungen einschließen sowie dass § 35 Absatz 2 des Produktsicherheitsgesetzes insoweit Anwendung findet.

(7) Die Landesregierung wird ermächtigt, die Ausstattung sowie den Betrieb von Campingplätzen durch Verordnung zu regeln, insbesondere

1. Art und Größe der Belegungsflächen und der Zelte und anderen beweglichen Unterkünfte sowie der festen Unterkünfte,
2. Art und Umfang der Ausstattung, die erforderlich ist, um die Anforderungen der Hygiene, die ordnungsgemäße Ver- und Entsorgung, die Erste Hilfe und den Brandschutz sicherzustellen,
3. die Anlage von Grünflächen und Stellflächen für Fahrzeuge und
4. die Pflichten der Betreiberin oder des Betreibers und der Benutzerinnen und Benutzer des Campingplatzes.

In der Verordnung können das bauaufsichtliche Verfahren und die für die Durchführung der Verordnung zuständigen Behörden bestimmt werden.

§ 83a
Technische Baubestimmungen

(1) Die Anforderungen nach § 3 Absatz 2 können durch Technische Baubestimmungen konkretisiert werden. Die Technischen Baubestimmungen sind zu beachten. Von den in den Technischen Baubestimmungen enthaltenen Planungs-, Bemessungs- und Ausführungsregelungen kann abgewichen werden, wenn mit einer anderen Lösung in gleichem Maße die Anforderungen erfüllt werden und in der Technischen Baubestimmung eine Abweichung nicht ausgeschlossen ist; die §§ 17a Absatz 2, § 18 Absatz 1 und § 71 Absatz 1 bleiben unberührt.

(2) Die Konkretisierungen können durch Bezugnahmen auf technische Regeln und deren Fundstellen oder auf andere Weise erfolgen, insbesondere in Bezug auf

1. bestimmte bauliche Anlagen oder ihre Teile,
2. die Planung, Bemessung und Ausführung baulicher Anlagen und ihrer Teile,
3. die Leistung von Bauprodukten in bestimmten baulichen Anlagen oder ihren Teilen, insbesondere
   a) Planung, Bemessung und Ausführung baulicher Anlagen bei Einbau eines Bauprodukts,
   b) Merkmale von Bauprodukten, die sich für einen Verwendungszweck auf die Erfüllung der Anforderungen nach § 3 Absatz 2 auswirken,
   c) Verfahren für die Feststellung der Leistung eines Bauprodukts im Hinblick auf Merkmale, die sich für einen Verwendungszweck auf die Erfüllung der Anforderungen nach § 3 Absatz 2 auswirken,
   d) zulässige oder unzulässige besondere Verwendungszwecke,
   e) die Festlegung von Klassen und Stufen in Bezug auf bestimmte Verwendungszwecke,
   f) die für einen bestimmten Verwendungszweck anzugebende oder erforderliche und anzugebende Leistung in Bezug auf ein Merkmal, das sich für einen Verwendungszweck auf die Erfüllung der Anforderungen nach § 3 Absatz 2 auswirkt, soweit vorgesehen in Klassen und Stufen,
4. die Bauarten und die Bauprodukte, die nur eines allgemeinen bauaufsichtlichen Prüfzeugnisses nach § 17a Absatz 3 oder § 20 Absatz 1 bedürfen,
5. Voraussetzungen zur Abgabe der Übereinstimmungserklärung für ein Bauprodukt nach § 23,
6. die Art, den Inhalt und die Form technischer Dokumentation.

(3) Die Technischen Baubestimmungen sollen nach den Grundanforderungen gemäß Anhang I der Verordnung (EU) Nummer 305/2011 gegliedert sein.

(4) Die Technischen Baubestimmungen enthalten die in § 18 Absatz 3 genannte Liste.

(5) Die oberste Bauaufsichtsbehörde erlässt die zur Durchführung dieses Gesetzes oder der Rechtsvorschriften auf Grund dieses Gesetzes erforderlichen Technischen Baubestimmungen auf der Grundlage des vom Deutschen Instituts für Bautechnik im Einvernehmen mit den obersten Bauaufsichtsbehörden der Länder veröffentlichten Musters der Technischen Baubestimmungen (MVVTB) als technische Verwaltungsvorschrift nach Absatz 1. Bei Bekanntgabe kann hinsichtlich ihres Inhalts auf die Fundstelle verwiesen werden.

§ 84
Örtliche Bauvorschriften

(1) Die Gemeinden können durch Satzung örtliche Bauvorschriften erlassen über

1. besondere Anforderungen an die äußere Gestaltung baulicher Anlagen sowie von Werbeanlagen und Warenautomaten zur Erhaltung und Gestaltung von Ortsbildern,
2. über das Verbot von Werbeanlagen und Warenautomaten aus ortsgestalterischen Gründen,

3. den barrierefreien Zugang von öffentlichen Verkehrswegen, Stellplätzen und Garagen zu den Wohnungen auch innerhalb des Grundstücks,
4. die Lage, Größe, Beschaffenheit, Ausstattung und Unterhaltung von Kleinkinderspielplätzen (§ 8 Abs. 2),
5. die Gestaltung einschließlich der barrierefreien Gestaltung der Plätze für bewegliche Abfallbehälter und der unbebauten Flächen der bebauten Grundstücke sowie über die Notwendigkeit, Art, Gestaltung und Höhe von Einfriedungen; dabei kann bestimmt werden, dass Vorgärten nicht als Arbeitsflächen oder Lagerflächen benutzt werden dürfen,
6. die Begrünung baulicher Anlagen,
7. von § 6 abweichende Maße der Abstandflächentiefe, soweit dies zur Gestaltung des Ortsbildes oder zur Verwirklichung der Festsetzungen einer städtebaulichen Satzung erforderlich ist und eine ausreichende Belichtung sowie der Brandschutz gewährleistet sind,
8. Zahl und Beschaffenheit der notwendigen Stellplätze oder Garagen sowie Abstellanlagen für Fahrräder (§ 50 Absatz 1), die unter Berücksichtigung der Sicherheit und Leichtigkeit des Verkehrs, der Bedürfnisse des ruhenden Verkehrs und der Erschließung durch Einrichtungen des öffentlichen Personennahverkehrs für Anlagen erforderlich sind, bei denen ein Zu- und Abgangsverkehr mit Kraftfahrzeugen und Fahrrädern zu erwarten ist, einschließlich des Mehrbedarfs bei Änderungen und Nutzungsänderungen der Anlagen sowie die Ablösung der Herstellungspflicht und die Höhe der Ablösungsbeträge.

(2) Die Satzung kann auch nach § 10 des Baugesetzbuchs bekannt gemacht werden.

(3) Örtliche Bauvorschriften können als Festsetzungen in Bebauungspläne und in Satzungen nach § 34 Abs. 4 Satz 1 Nr. 2 und 3 des Baugesetzbuchs aufgenommen werden. Die verfahrensrechtlichen Vorschriften des Baugesetzbuchs gelten entsprechend.

(4) Anforderungen nach den Absätzen 1 und 2 können innerhalb der örtlichen Bauvorschrift auch in Form zeichnerischer Darstellungen gestellt werden. Ihre Bekanntgabe kann dadurch ersetzt werden, dass dieser Teil der örtlichen Bauvorschrift bei der Gemeinde zur Einsicht ausgelegt wird; hierauf ist in den örtlichen Bauvorschriften hinzuweisen.

§ 85
Übergangsvorschriften

(1) Die vor Inkrafttreten dieses Gesetzes eingeleiteten Verfahren sind nach den bisherigen Vorschriften weiterzuführen. § 60 bleibt unberührt.

(2) Die Baugenehmigungen, für die § 85 a in der Fassung vom 1. Juli 2016 Anwendung findet, haben nach dem 31. Dezember 2019 weiterhin Bestand.

(3) Die Verwendung des Ü-Zeichens auf Bauprodukten, die die CE-Kennzeichnung aufgrund der Verordnung (EU) Nummer 305/2011 tragen, ist nicht zulässig. Sind bereits in Verkehr gebrachte Bauprodukte, die die CE-Kennzeichnung aufgrund der Verordnung (EU) Nummer 305/2011 tragen, mit dem Ü-Zeichen gekennzeichnet, verliert das Ü-Zeichen mit dem Inkrafttreten dieses Gesetzes seine Gültigkeit.

(4) In der bis zum Inkrafttreten dieses Gesetzes geltenden Fassung für Bauarten erteilte allgemeine bauaufsichtliche Zulassungen oder Zustimmungen im Einzelfall gelten als Bauartgenehmigung fort.

(5) Bestehende Anerkennungen als Prüf-, Überwachungs- und Zertifizierungsstellen bleiben in dem bis zum Inkrafttreten dieses Gesetzes geregelten Umfang wirksam. Vor dem Inkrafttreten dieses Gesetzes gestellte Anträge gelten als Anträge nach diesem Gesetz.

§ 86
Inkrafttreten, Außerkrafttreten

(1) Dieses Gesetz tritt am ersten Tage des auf seine Verkündung folgenden dritten Monats in Kraft. Abweichend von Satz 1 treten die Vorschriften über die Ermächtigung zum Erlass von Rechtsvorschriften am Tage nach der Verkündung in Kraft.

(2) Gleichzeitig treten die Landesbauordnung in der Fassung der Bekanntmachung vom 10. Januar 2000 (GVOBl. Schl.-H. S. 47, ber. S. 213), zuletzt geändert durch Artikel 2 des Gesetzes vom 20. Juli 2007 (GVOBl. Schl.-H. S. 364), und Artikel 1 Abs. 1 des Gesetzes zur Ausführung des Baugesetzbuchs und zur Änderung der Landesbauordnung (Baugesetzbuch-Ausführungsgesetz – AGBauGB) vom 21. Oktober 1998 (GVOBl. Schl.-H. S. 303), geändert durch Gesetz vom 20. Dezember 2004 (GVOBl. Schl.-H. 2005 S. 3), außer Kraft.

Gesetz zur Ausführung des Baugesetzbuchs und zur Änderung der Landesbauordnung (Baugesetzbuch-Ausführungsgesetz – AGBauGB) vom 21. Oktober 1998
– GVOBl. Schl.-H. S. 303 –

Zuletzt geändert durch Gesetz vom 8. Oktober 2009 (GVOBl. Schl.-H. S. 640)

Artikel 1
Gesetz zur Ausführung des Baugesetzbuchs

(1) (aufgehoben)

(2) § 34 Abs. 1 Satz 1 des Baugesetzbuchs ist bis zum 31. Dezember 2004 nicht für Einkaufszentren, großflächige Einzelhandelsbetriebe und sonstige großflächige Handelsbetriebe im Sinne des § 11 Abs. 3 der Baunutzungsverordnung anzuwenden.

(3) Die Frist nach § 35 Abs. 4 Satz 1 Nr. 1 Buchst. c des Baugesetzbuchs als Voraussetzung für die Änderung der bisherigen Nutzung eines Gebäudes im Außenbereich ist nicht anzuwenden.

Artikel 2
Änderung der Landesbauordnung

Artikel 3
Übergangsvorschriften

Artikel 4

Dieses Gesetz tritt zwei Wochen nach seiner Verkündung in Kraft.

Gesetz
über die Landesplanung (Landesplanungsgesetz – LaplaG)
vom 27. Januar 2014[1]
– GVOBl. Schl.-H. S. 8 –

Zuletzt geändert durch Gesetz vom 12. November 2020 (GVOBl. Schl.-H. S. 808)

Inhaltsübersicht:

Abschnitt I
Allgemeine Bestimmungen

§ 1 Regelungsbereich
§ 2 Aufgaben der Raumordnung
§ 3 Planungsräume
§ 4 Landesplanungsbehörde

Abschnitt II
Raumordnungspläne

§ 5 Allgemeine Vorschriften über Raumordnungspläne
§ 5 a Digitale Öffentlichkeitsbeteiligung bei Verfahren nach dem Landesplanungsgesetz
§ 6 Planänderungsverfahren
§ 7 Planerhaltung
§ 8 Landesentwicklungsplan
§ 9 Regionalpläne

Abschnitt III
Verwirklichung der Planung, Zusammenarbeit, Raumordnungsverfahren

§ 10 Raumordnerische Zusammenarbeit
§ 11 Bauleitplanung
§ 12 Abstimmung von Planungen und Maßnahmen, Auskunftspflicht
§ 13 Zielabweichung
§ 13 a Erprobung von Entwicklungsmaßnahmen, Evaluation
§ 14 Raumordnungsverfahren
§ 15 Durchführung und Ergebnis des Raumordnungsverfahrens
§ 16 Gebühren für Raumordnungsverfahren
§ 17 Vereinfachtes Raumordnungsverfahren
§ 18 Untersagung raumbedeutsamer Planungen und Maßnahmen, Anpassung an Ziele der Raumordnung
§ 19 Ersatzleistungen

Abschnitt IV
Landesplanungsrat, Raumordnungsbericht, Raumbeobachtung

§ 20 Landesplanungsrat
§ 21 Organisation des Landesplanungsrates
§ 22 Raumordnungsbericht
§ 23 Raumbeobachtung, Raumordnungsinformationssystem

Abschnitt V
Zentralörtliches System

§ 24 Zentrale Orte und Stadtrandkerne
§ 25 Ländliche Zentralorte
§ 26 Unterzentren
§ 27 Unterzentren mit Teilfunktionen von Mittelzentren
§ 28 Mittelzentren und Mittelzentren im Verdichtungsraum
§ 29 Oberzentren
§ 30 Stadtrandkerne

Abschnitt I
Allgemeine Bestimmungen

§ 1
Regelungsbereich

Dieses Gesetz regelt für die Raumordnung in Schleswig-Holstein Ergänzungen zum und Abweichungen vom Raumordnungsgesetz (ROG).

§ 2
Aufgaben der Raumordnung

(1) Aufgabe der Raumordnung ist es, den Gesamtraum des Landes Schleswig-Holstein und seine Teilräume nach Maßgabe der Leitvorstellungen und der Grundsätze der §§ 1 und 2 ROG zu entwickeln, zu ordnen und zu sichern. Dabei muss insbesondere dafür Sorge getragen werden, dass

1. durch Raumordnungspläne die unterschiedlichen Anforderungen an den Raum aufeinander abgestimmt und die auf der jeweiligen Planungsebene auftretenden räumlichen Nutzungskonflikte ausgeglichen werden und hierdurch zugleich Vorsorge für einzelne Raumfunktionen und Raumnutzungen getroffen wird,

2. die raumwirksamen Planungen der Ministerien (Fachplanungen des Landes), der Gemeinden, Gemeindeverbände, Kreise und aller anderen Planungsträger entsprechend den Erfordernissen der Raumordnung abgestimmt werden,

3. durch regionale und überregionale Zusammenarbeit sowie das Setzen von Entwicklungsimpulsen die Potenziale und Synergieeffekte einer zukunftsorientierten Gestaltung des Landes Schleswig-Holstein einschließlich ihrer Landesgrenzen überschreitenden Bezüge aufgegriffen und gestärkt werden; hierdurch soll auch die nachhaltige Raumentwicklung Schleswig-Holsteins verbessert werden, die gleichzeitig zur Wettbewerbsfähigkeit des Landes beiträgt.

(2) Der Gesamtraum schließt auch den Untergrund im Landesgebiet von Schleswig-Holstein ein. Untergrund im Sinne dieses Gesetzes sind diejenigen unterirdischen Bereiche, denen aufgrund ihrer Tieflage für oberflächige Nutzungen, insbesondere solche baulicher Art, in der Regel keine Bedeutung zukommt.

§ 3
Planungsräume

Schleswig-Holstein ist in drei regionale Planungsräume eingeteilt.

Planungsraum I:
Kreisfreie Stadt Flensburg, Kreise Nordfriesland und Schleswig-Flensburg.

Planungsraum II:
Kreisfreie Städte Kiel und Neumünster, Kreise Plön und Rendsburg-Eckernförde.

Planungsraum III:
Kreisfreie Stadt Lübeck, Kreise Dithmarschen, Herzogtum Lauenburg, Ostholstein, Pinneberg, Segeberg, Steinburg und Stormarn.

§ 4
Landesplanungsbehörde

Landesplanungsbehörde ist die für die Raumordnung und die Landesplanung zuständige oberste Landesbehörde.

Abschnitt II
Raumordnungspläne

§ 5
Allgemeine Vorschriften über Raumordnungspläne

(1) Raumordnungspläne sind der Landesentwicklungsplan als landesweiter Raumordnungsplan und die Regionalpläne für die Planungsräume. Planungsträger für die Raumordnungspläne ist die Landesplanungsbehörde. Das Verfahren zur Aufstellung der Raumordnungspläne richtet sich nach

---

[1] Diese Fassung des Landesplanungsgesetzes wurde als Artikel 1 des Gesetzes zur Neufassung des Landesplanungsgesetzes und zur Aufhebung des Landesentwicklungsgrundsätzegesetzes vom 27.1.2014 (GVOBl. Schl.-H. S. 8) verkündet, das nach seinem Artikel 3 rückwirkend zum 1.1.2014 in Kraft trat.

den Absätzen 4 bis 11 und den §§ 7 bis 10 und 13 ROG. Die Raumordnungspläne legen die anzustrebende räumliche Entwicklung für einen Zeitraum von regelmäßig fünfzehn Jahren fest (Planungszeitraum). Sie sind bei Bedarf der Entwicklung anzupassen und insoweit gemäß § 6 Absatz 1 zu ändern. § 6 bleibt unberührt.

(2) In den Raumordnungsplänen ist sicherzustellen, dass den räumlichen Erfordernissen der Verteidigung, des Zivilschutzes und der Konversion nicht mehr benötigter ehemaliger militärischer Liegenschaften Rechnung getragen wird.

(3) Die raumrelevanten Inhalte der regionalen und überregionalen Landschaftsplanung sowie die räumlichen Erfordernisse des Klimaschutzes und der Anpassung an den Klimawandel sind bei der Aufstellung von Raumordnungsplänen zu berücksichtigen. Im Untergrund können in den Raumordnungsplänen einzelne unterirdische Teilräume bestimmten öffentlichen Zwecken gewidmet oder im Interesse eines öffentlichen Zwecks gegenüber bestimmten Veränderungen geschützt werden. Ein derartiger Zweck kann auch in der Erhaltung bestimmter Beschaffenheiten des Untergrundes, insbesondere besonderer geologischer oder geomorphologischer Formationen, bestehen.

(4) Die Landesplanungsbehörde informiert frühzeitig über die geplante Aufstellung eines Raumordnungsplans. Das Aufstellungsverfahren leitet die Landesplanungsbehörde durch Bekanntmachung der allgemeinen Planungsabsichten im Amtsblatt für Schleswig-Holstein ein. Die Landesplanungsbehörde veröffentlicht diese Bekanntmachung nachrichtlich im Internet.

(5) Zu dem Entwurf eines Raumordnungsplans erhalten nach § 9 Absatz 2 ROG neben der Öffentlichkeit insbesondere folgende in ihren Belangen berührte öffentliche Stellen (Beteiligte) frühzeitig Gelegenheit zur Stellungnahme:
1. Kreisangehörige Städte und Gemeinden,
2. die Kreise,
3. die kreisfreien Städte,
4. die sonstigen öffentlichen Stellen nach § 3 Absatz 1 Nummer 5 ROG,
5. die nach § 40 des Landesnaturschutzgesetzes vom 24. Februar 2010 (GVOBl. Schl.-H. S. 301, ber. S. 486), zuletzt geändert durch Artikel 2 des Gesetzes vom 13. Juli 2011 (GVOBl. S. 225), anerkannten Vereine sowie der Landesnaturschutzverband,
6. Nachbarländer und -staaten,
7. Personen des Privatrechts, für die eine Beachtenspflicht nach § 4 Absatz 1 Satz 2 ROG begründet werden soll,
8. die Kommunalen Landesverbände,
9. die Industrie- und Handelskammern sowie die Handwerkskammern,
10. sonstige Verbände und Vereinigungen, insbesondere Verbände und Vereinigungen der dänischen Minderheit, der Friesen sowie der deutschen Sinti und Roma.

(6) Der Entwurf eines Raumordnungsplans, seine Begründung und der Umweltbericht werden durch die Landesplanungsbehörde unverzüglich nach Entscheidung der Landesregierung im Internet bereitgestellt.

(7) Den Beteiligten nach Absatz 5 sind die nach § 9 Absatz 2 ROG erforderlichen Unterlagen zugänglich zu machen. Sie sollen hierzu im Internet bereitgestellt oder in elektronischer Form übermittelt werden. Zusätzlich werden die Unterlagen den kreisfreien sowie kreisangehörigen Städten in schriftlicher Form übersandt. Zu der Abgabe einer Stellungnahme gegenüber der Landesplanungsbehörde ist den Beteiligten nach Absatz 5 eine Frist von höchstens vier Monaten zu setzen; im Fall der Bereitstellung der Unterlagen im Internet ist mit der Fristsetzung die Internetadresse anzugeben. Mit der Fristsetzung ist auf die Folgen verspäteter Stellungnahmen gemäß § 9 Absatz 2 Satz 4 ROG hinzuweisen. Die Stellungnahmen können in schriftlicher oder elektronischer Form erfolgen. Die kreisangehörigen Städte und Gemeinden leiten ihre Stellungnahmen der Landesplanungsbehörde und den Kreisen zu.

(8) Die Landesplanungsbehörde leitet die Öffentlichkeitsbeteiligung durch Bekanntmachung im Amtsblatt Schleswig-Holstein ein, die sie zusätzlich nachrichtlich im Internet veröffentlicht. Die für die Beteiligung der Öffentlichkeit erforderliche Auslegung der Unterlagen nach § 9 Absatz 2 ROG erfolgt bei den Kreisen und kreisfreien Städten für die Dauer von einem Monat. Die Auslegung hat unverzüglich nach Übersendung der Unterlagen durch die Landesplanungsbehörde zu erfolgen. Die in Satz 2 genannten Behörden machen Ort und Zeit der Auslegung sowie die Internetadresse mindestens eine Woche vor Beginn der Auslegung örtlich bekannt. In der Bekanntmachung ist darauf hinzuweisen, dass Äußerungen in schriftlicher oder elektronischer Form während der Frist nach § 5 Absatz 7 abgegeben werden können. Mit der Fristsetzung ist in der Bekanntmachung auf die Folgen verspäteter Stellungnahmen gemäß § 9 Absatz 2 Satz 4 ROG hinzuweisen. Die Kosten der Bekanntmachung trägt die Landesplanungsbehörde. Die eingegangenen Stellungnahmen aus der Beteiligung nach Satz 2 sind unverzüglich an die Landesplanungsbehörde weiterzuleiten.

(9) Wird der Entwurf des Raumordnungsplans, der Gegenstand der Beteiligung nach den Absätzen 6 bis 8 gewesen ist, geändert und wird hierdurch eine erneute Beteiligung erforderlich, soll sich diese auf die geänderten Teile beschränken. Die Dauer der Auslegung und die Frist zur Stellungnahme sind für die erneute Beteiligung angemessen zu verkürzen.

(10) Der Landesentwicklungsplan wird von der Landesregierung mit Zustimmung des Landtags als Rechtsverordnung beschlossen. Vor dem Beschluss der Landesregierung ist der Landesplanungsrat zu beteiligen. Die Veröffentlichung des Landesentwicklungsplans erfolgt im Internet und durch Bereithaltung bei der Landesplanungsbehörde; hierauf ist in der Rechtsverordnung im Gesetz- und Verordnungsblatt hinzuweisen. Die Unterlagen nach § 10 Absatz 2 ROG werden bei der Landesplanungsbehörde zur Einsichtnahme bereitgehalten und von der Landesplanungsbehörde im Internet bereitgestellt. Der Hinweis nach § 10 Absatz 2 Satz 2 ROG muss auch die Angabe der Internetadresse enthalten.

(11) Die Regionalpläne sind zeitnah dem Landesentwicklungsplan anzupassen. Regionalpläne werden von der Landesregierung als Rechtsverordnungen beschlossen. Vor dem Beschluss der Landesregierung ist der Landesplanungsrat zu beteiligen. Die Veröffentlichung der Regionalpläne erfolgt im Internet und durch Bereithaltung bei der Landesplanungsbehörde; hierauf ist in der Rechtsverordnung im Gesetz- und Verordnungsblatt hinzuweisen. Die Unterlagen nach § 10 Absatz 2 ROG werden bei der Landesplanungsbehörde zur Einsichtnahme bereitgehalten und von der Landesplanungsbehörde im Internet bereitgestellt. Der Hinweis nach § 10 Absatz 2 Satz 2 ROG muss auch die Angabe der Internetadresse enthalten.

(12) Durchführung und Inhalte der Umweltprüfung von Raumordnungsplänen richten sich nach § 8 ROG.

§ 5a
Digitale Öffentlichkeitsbeteiligung bei Verfahren nach dem Landesplanungsgesetz

(1) Die Landesplanungsbehörde kann festlegen, dass für Verfahren dieses Gesetzes im Fall einer vorgeschriebenen Auslegung, abweichend von den Vorschriften dieses Gesetzes sowie des ROG, die Absätze 2 und 3 anzuwenden sind. Dies gilt insbesondere bei einer fortgeschrittenen Planung oder bei einer erneuten Auslegung nach § 9 Absatz 3 ROG sowie bei landesweiten oder lokalen Ausgangs- und Kontaktbeschränkungen.

(2) Soweit für Verfahren dieses Gesetzes eine Auslegung von Unterlagen oder Entscheidungen angeordnet ist, kann, abweichend von § 9 Absatz 2 Satz 2 ROG und § 15 Absatz 3 Satz 2 ROG sowie abweichend von § 5 Absatz 8 Satz 2 und § 15 Absatz 3 Satz 2 und Satz 5, die Auslegung durch eine Veröffentlichung im Internet ersetzt werden. Für die Veröffentlichung im Internet gilt § 86a Absatz 1 Satz 2 des Landesverwaltungsgesetzes entsprechend. In der Bekanntmachung der Auslegung ist darauf hinzuweisen, dass und wo die Veröffentlichung im Internet erfolgt. Soweit gesetz-

liche Regelungen den Zugang über ein zentrales Internetportal vorsehen, bleiben diese unberührt.

(3) Die angeordnete Auslegung kann daneben als zusätzliches Informationsangebot erfolgen, soweit dies nach Feststellung der Landesplanungsbehörde den Umständen nach möglich und erforderlich ist. Unterbleibt eine Auslegung nach Satz 1 bei den in § 5 Absatz 8 Satz 2 sowie § 15 Absatz 3 Satz 2 und Satz 5 genannten Stellen, hat die Landesplanungsbehörde zusätzlich zur Veröffentlichung nach Absatz 2 Satz 1 eine andere Zugangsmöglichkeit zu eröffnen, etwa durch die digitale Bereitstellung oder Auslegung in den Räumen der Landesplanungsbehörde oder sonstiger Behörden des Landes. Auf diese Zugangsmöglichkeiten ist in der Bekanntmachung hinzuweisen.

(4) Unterbleibt die Auslegung nach Absatz 3, entfällt die Pflicht zur Übersendung der Unterlagen in schriftlicher Form nach § 5 Absatz 7 Satz 3. Abweichend von § 5 Absatz 8 Satz 4 sowie § 15 Absatz 3 Satz 2 und Satz 5 entfallen die dort genannten Bekanntmachungspflichten.

(5) Die Landesplanungsbehörde berichtet dem Landtag innerhalb von zwei Jahren nach Inkrafttreten dieses Gesetzes, ob sich die Regelungen der Absätze 1 bis 4 in der Praxis bewährt haben, und über die Erfahrungen mit der Anwendung.

§ 6
Planänderungsverfahren

(1) Die Raumordnungspläne sind bei Bedarf zu ändern. Dies kann auch in sachlichen oder räumlichen Teilabschnitten geschehen. Für die Änderung finden die für die Aufstellung geltenden Regelungen des § 5 entsprechende Anwendung.

(2) Geringfügige Änderungen von Raumordnungsplänen können in einem vereinfachten Verfahren durchgeführt werden, wenn die Grundzüge der Planung nicht berührt werden und nach § 8 Absatz 2 Satz 1 ROG festgestellt worden ist, dass die Änderungen voraussichtlich keine erheblichen Umweltauswirkungen haben werden. Das vereinfachte Verfahren wird abweichend von § 5 Absatz 4 mit der Zuleitung des Entwurfs zur Änderung des Raumordnungsplans und dessen Begründung an die Beteiligten eingeleitet. Abweichend von § 9 Absatz 1 ROG in Verbindung mit § 7 Absatz 7 ROG brauchen nur die in § 5 Absatz 5 Nr. 1 bis 8 Genannten beteiligt zu werden.

§ 7
Planerhaltung

(1) Für die Verletzung von Verfahrens- und Formvorschriften dieses Gesetzes bei der Aufstellung oder Änderung von Raumordnungsplänen gilt § 11 ROG.

(2) Die Verletzung von Verfahrens- und Formvorschriften bei der Aufstellung von Raumordnungsplänen ist der Landesplanungsbehörde als zuständiger Stelle im Sinne von § 11 Absatz 5 Satz 1 ROG geltend zu machen.

§ 8
Landesentwicklungsplan

(1) Der Landesentwicklungsplan enthält auf der Grundlage von § 1 Absatz 3 ROG und §§ 7 und 13 ROG die Ziele und Grundsätze der Raumordnung, die für das ganze Land einschließlich des Küstenmeeres oder für die räumliche Beziehung der Landesteile untereinander von Bedeutung sind.

(2) Die Kreise und kreisfreien Städte sind frühzeitig an der Erarbeitung des Landesentwicklungsplans zu beteiligen. Parallel zum Beteiligungsverfahren gemäß § 5 Absatz 5 wird der Innen- und Rechtsausschuss des Landtags über den Stand der Arbeiten unterrichtet. Ihm wird Gelegenheit zur Stellungnahme gegeben.

§ 9
Regionalpläne

Regionalpläne entwickeln sich aus dem Landesentwicklungsplan und enthalten die Ziele, Grundsätze und sonstigen Erfordernisse der Raumordnung für die in § 3 festgelegten Planungsräume. Die Kreise und kreisfreien Städte sind frühzeitig an der Erarbeitung des Regionalplanes für den jeweiligen Planungsraum zu beteiligen; die kreisangehörigen Städte und Gemeinden sind hierbei einzubeziehen.

Abschnitt III
Verwirklichung der Planung, Zusammenarbeit, Raumordnungsverfahren

§ 10
Raumordnerische Zusammenarbeit

Neben den Instrumenten des Abschnittes III ist zur Verwirklichung der Erfordernisse der Raumordnung insbesondere von den Möglichkeiten der raumordnerischen Zusammenarbeit nach § 14 ROG Gebrauch zu machen.

§ 11
Bauleitplanung

(1) Die Gemeinden haben der Landesplanungsbehörde frühzeitig die beabsichtigte Aufstellung von Bauleitplänen anzuzeigen (Planungsanzeige).

(2) Soweit erforderlich teilt die Landesplanungsbehörde den Gemeinden innerhalb einer Frist von zwei Monaten, nach der ihr beurteilungsfähige Planunterlagen vorliegen, die zu beachtenden Erfordernisse der Raumordnung (§ 3 Absatz 1 Nummer 1 ROG) mit. Näheres dazu regelt die Landesplanungsbehörde. Die Pflicht, Ziele der Raumordnung nach § 4 ROG zu beachten, bleibt unberührt.

(3) Die Landesplanungsbehörde kann auf eine Planungsanzeige verzichten. Näheres dazu regelt die Landesplanungsbehörde.

(4) Zur Vorbereitung ihrer Stellungnahme nach Absatz 2 Satz 1 kann die Landesplanungsbehörde ein Abstimmungsverfahren durchführen (raumplanerisches Abstimmungsverfahren), in das insbesondere die Gemeinden und Kreise und die weiteren Träger öffentlicher Belange einzubeziehen sind, auf deren Belange oder deren Aufgaben sich die Planung voraussichtlich erheblich auswirken wird. Dies sowie Art und Umfang der erforderlichen Unterlagen sind der Gemeinde, die die Planungsanzeige vorgelegt hat, mitzuteilen. Zur Durchführung des Verfahrens kann die Frist nach Absatz 2 Satz 1 angemessen verlängert werden.

§ 12
Abstimmung von Planungen und Maßnahmen, Auskunftspflicht

(1) Öffentliche Stellen und Personen des Privatrechts nach § 4 Absatz 1 Satz 2 ROG haben ihre raumbedeutsamen Planungen und Maßnahmen aufeinander und untereinander abzustimmen. Die Landesplanungsbehörde ist in die Abstimmung einzubeziehen.

(2) Die öffentlichen Stellen haben der Landesplanungsbehörde frühzeitig Auskunft über die raumbedeutsamen Planungen und Maßnahmen aus ihrem Zuständigkeits- und Aufgabenbereich zu erteilen. Soweit dies erforderlich ist, gibt die Landesplanungsbehörde ihnen die Ziele der Raumordnung bekannt, die im Rahmen der Durchführung der Planungen und Maßnahmen zu beachten sind. § 11 Absatz 4 gilt entsprechend.

(3) Die Auskunftspflicht nach Absatz 2 Satz 1 gilt auch für natürliche und juristische Personen des Privatrechts sowie nichtrechtsfähige Vereinigungen.

§ 13
Zielabweichung

(1) Die Landesplanungsbehörde kann nur in einem besonderen Verfahren entscheiden, dass von Zielen der Raumordnung abgewichen werden kann (Zielabweichungsverfahren). Sie entscheidet hierüber ergänzend zu § 6 Absatz 2 ROG im Einvernehmen mit den jeweils fachlich berührten obersten Landesbehörden und nach Beteiligung der weiteren jeweils fachlich berührten öffentlichen Stellen.

(2) Auf eine Zielabweichung besteht kein Anspruch.

§ 13a
Erprobung von Entwicklungsmaßnahmen, Evaluation[2]

---

[2] Gemäß Artikel 3 Satz 2 des Gesetzes vom 26.8.2020 (GVOBl. Schl.-H. S. 500) tritt § 13a LaplaG mit Ablauf von 15 Jahren nach seinem Inkrafttreten außer Kraft. § 13a LaplaG trat am 4.9.2020 in Kraft.

(1) Zur Erprobung einer innovativen, möglichst interkommunalen Entwicklungsmaßnahme, insbesondere zu Zwecken der Digitalisierung, der Siedlungsentwicklung, der Daseinsvorsorge, der Mobilität, des Klimaschutzes und der Energiewende kann die Landesplanungsbehörde im Einzelfall auf der Basis eines raumordnerischen Vertrages nach § 14 Absatz 2 Satz 1 Nummer 1 ROG eine räumlich oder zeitlich oder eine räumlich und zeitlich begrenzte Abweichung von Zielen der Raumordnung zulassen. Der raumordnerische Vertrag nach Satz 1 kann eine Zielabweichungsentscheidung vorbereiten oder ersetzen. § 6 Absatz 2 ROG und § 13 gelten entsprechend.

(2) Die Landesplanungsbehörde wertet die Entwicklungsmaßnahmen nach Absatz 1 aus und entscheidet bei Bedarf über eine Anpassung der Raumordnungspläne.

§ 14
Raumordnungsverfahren

(1) Die Durchführung des Raumordnungsverfahrens richtet sich nach § 15 und § 16 ROG, soweit dieses Gesetz nichts anderes regelt. Nach Maßgabe des § 49 Absatz 1 des Gesetzes über die Umweltverträglichkeitsprüfung (UVPG) ist für das Raumordnungsverfahren eine Umweltverträglichkeitsprüfung durchzuführen.

(2) Im Raumordnungsverfahren werden Vorhaben zu einem möglichst frühen Zeitpunkt unter überörtlichen Gesichtspunkten überprüft und dazu untereinander und mit den Erfordernissen der Raumordnung abgestimmt. Sofern keine Umweltverträglichkeitsprüfung nach Maßgabe des § 49 Absatz 1 UVPG durchgeführt wird, schließt das Raumordnungsverfahren die Ermittlung, Beschreibung und Bewertung der raumbedeutsamen Auswirkungen des Vorhabens auf die in § 2 Absatz 1 UVPG genannten Schutzgüter entsprechend dem Verfahrensstand ein (raumordnerische Umweltverträglichkeitsprüfung).

(3) Zuständig für die Durchführung von Raumordnungsverfahren für Vorhaben nach § 1 der Raumordnungsverordnung vom 13. Dezember 1990 (BGBl. I S. 2766), zuletzt geändert durch Artikel 5 Absatz 35 des Gesetzes vom 24. Februar 2012 (BGBl. I S. 212), ist die Landesplanungsbehörde.

(4) Für weitere raumbedeutsame Vorhaben, die nicht unter die Raumordnungsverordnung fallen, kann die Landesplanungsbehörde im Einzelfall ein Raumordnungsverfahren durchführen, wenn dies raumordnerisch erforderlich ist.

(5) Über die Einleitung eines Raumordnungsverfahrens entscheidet die Landesplanungsbehörde; auf die Einleitung besteht kein Rechtsanspruch.

§ 15
Durchführung und Ergebnis des Raumordnungsverfahrens

(1) Die Landesplanungsbehörde erörtert mit dem Träger des Vorhabens Gegenstand, Umfang und Methoden sowie sonstige erhebliche Fragen des Raumordnungsverfahrens. Anschließend legt sie Art und Umfang der erforderlichen Unterlagen nach § 15 Absatz 2 Satz 1 ROG fest, die für die raumordnerische Beurteilung notwendig sind und ihr vom Träger des Vorhabens vorzulegen sind. Die Unterlagen sind auch in elektronischer Form zur Verfügung zu stellen und sollen mindestens folgende Angaben enthalten:

1. Beschreibung des Vorhabens mit Angaben über Standort, Art und Umfang, Emissionen und Reststoffe, Bedarf an Grund und Boden sowie andere Ansprüche an Natur und Umwelt und seine wirtschaftlichen Zielsetzungen,
2. Beschreibung der durch das Vorhaben bedingten Infrastrukturanforderungen,
3. Beschreibung der räumlichen Ausgangslage, insbesondere ihrer ökologischen sowie kulturhistorischen Ausstattung,
4. Beschreibung der Maßnahmen, mit denen erhebliche Beeinträchtigungen durch das Vorhaben auf den insgesamt betroffenen Raum vermieden oder vermindert werden,
5. Beschreibung der auch nach Vornahme von Maßnahmen nach Nummer 4 erwarteten erheblichen Auswirkungen des Vorhabens auf den insgesamt betroffenen Raum,
6. Beschreibung möglicher Ausgleichs- und Ersatzmaßnahmen für unvermeidbare Beeinträchtigungen,
7. Darstellung der wesentlichen Gründe für den benannten Standort sowie ernsthaft in Betracht kommender Standort- oder Trassenalternativen.

Bei den erforderlichen Angaben ist von den allgemein anerkannten Prüfungsmethoden und dem allgemeinen Kenntnisstand auszugehen. Eine allgemeinverständliche Zusammenfassung der Angaben ist beizufügen. Die Unterlagen nach Satz 3 sind von dem Träger des Vorhabens vorzulegen, soweit dies zumutbar ist. Dies gilt ebenso für die Vorlage von Gutachten, die die Landesplanungsbehörde verlangen kann, soweit diese für die raumordnerische Beurteilung erforderlich sind.

(2) Im Raumordnungsverfahren sind, soweit sie berührt sein können, zu beteiligen:

1. Die öffentlichen Stellen nach § 15 Absatz 3 Satz 1 ROG sowie
2. die nach § 40 des Landesnaturschutzgesetzes anerkannten Vereine, der Landesnaturschutzverband sowie sonstige Verbände und Vereinigungen.

Die Landesplanungsbehörde bestimmt den Kreis der Beteiligten und legt die Art und Weise der Beteiligung fest. Sie kann Dritte einbeziehen. Soweit Raumordnungsverfahren grundsätzliche Fragen der Landesplanung berühren, soll die Landesplanungsbehörde den Landesplanungsrat (§ 20) beteiligen.

(3) Die Landesplanungsbehörde beteiligt die Öffentlichkeit über das Internet sowie über die Ämter und amtsfreien Gemeinden. Die Ämter und amtsfreien Gemeinden, in denen sich das Vorhaben voraussichtlich auswirken wird, haben die Unterlagen nach Absatz 1 einen Monat zur Einsicht auszulegen; Ort und Zeit der Auslegung sind von den Ämtern und den amtsfreien Gemeinden mindestens eine Woche vorher auf Kosten des Trägers des Vorhabens örtlich bekannt zu machen. Zusätzlich stellt die Landesplanungsbehörde die Unterlagen im Internet bereit. Jedermann kann sich bis zwei Wochen nach Ablauf der Auslegungszeit in schriftlicher sowie in elektronischer Form bei der Landesplanungsbehörde zu dem Vorhaben äußern; darauf ist in der Bekanntmachung hinzuweisen. Das Ergebnis des Raumordnungsverfahrens ist in den nach Satz 2 bestimmten Ämtern und Gemeinden einen Monat zur Einsicht auszulegen; Ort und Zeit der jeweiligen Auslegungen sind von den nach Satz 2 bestimmten Ämtern und Gemeinden mindestens eine Woche vorher auf Kosten des Trägers des Vorhabens örtlich bekannt zu machen. Die Landesplanungsbehörde veröffentlicht das Ergebnis des Raumordnungsverfahrens im Internet; hierauf ist in der Bekanntmachung nach Satz 2 hinzuweisen.

(4) Die Landesplanungsbehörde kann im Einzelfall von Absatz 3 Satz 2 bis 6 abweichende Bestimmungen treffen; sie kann abweichend von § 15 Absatz 3 ROG insbesondere die Beteiligung der Öffentlichkeit auf eine Unterrichtung beschränken, wenn die zu erwartenden Auswirkungen des Vorhabens sowie eine erweiterte Wirkung des Raumordnungsverfahrens nach Absatz 8 nur von geringer Bedeutung sind.

(5) Zur Unterrichtung der Öffentlichkeit nach Absatz 4 ist das Vorhaben in einer Kurzbeschreibung nach Standort, Art und Umfang sowie seiner allgemeinen Zielsetzung von den Ämtern und amtsfreien Gemeinden, in denen sich das Vorhaben voraussichtlich auswirken wird, auf Kosten des Trägers des Vorhabens ortsüblich bekannt zu machen; über das Ergebnis des Raumordnungsverfahrens ist die Öffentlichkeit entsprechend zu unterrichten. Zusätzlich stellt die Landesplanungsbehörde die Unterlagen im Internet bereit. Rechtsansprüche werden durch die Unterrichtung und die Beteiligung der Öffentlichkeit nicht begründet; die Begründung von Rechten im nachfolgenden Zulassungsverfahren bleibt unberührt.

(6) Als Ergebnis des Raumordnungsverfahrens wird in einer raumordnerischen Beurteilung festgestellt,

1. ob Vorhaben mit den Erfordernissen der Raumordnung übereinstimmen,

2. wie Vorhaben unter den Gesichtspunkten der Raumordnung aufeinander abgestimmt oder durchgeführt werden können und
3. welche Auswirkungen im Sinne des § 15 Absatz 1 Satz 2 ROG ein Vorhaben hat und wie sie zu bewerten sind.

(7) Das Ergebnis des Raumordnungsverfahrens ist von den öffentlichen Stellen bei raumbedeutsamen Planungen und Maßnahmen, die den im Raumordnungsverfahren beurteilten Gegenstand betreffen, nach Maßgabe des § 4 ROG zu berücksichtigen. Das Gleiche gilt bei Genehmigungen, Planfeststellungen oder sonstigen behördlichen Entscheidungen über die Zulässigkeit des Vorhabens nach Maßgabe der dafür geltenden Vorschriften. Das Ergebnis des Raumordnungsverfahrens hat gegenüber dem Träger des Vorhabens und gegenüber Einzelnen keine unmittelbare Rechtswirkung und ersetzt nicht die Genehmigungen, Planfeststellungen oder sonstigen behördlichen Entscheidungen nach anderen Rechtsvorschriften. Die Pflicht, Ziele der Raumordnung nach § 4 ROG zu beachten, bleibt unberührt.

(8) In nachfolgenden Zulassungsverfahren kann von den vorgeschriebenen Anforderungen für die Prüfung der Umweltverträglichkeit abgesehen werden, wenn diese Verfahrensschritte bereits im Raumordnungsverfahren erfolgt sind. Die Anhörung der Öffentlichkeit und die Bewertung der Umweltauswirkungen können auf zusätzliche oder andere erhebliche Umweltauswirkungen beschränkt werden, sofern die Öffentlichkeit im Raumordnungsverfahren nach Absatz 3 beteiligt wurde.

§ 16
Kosten für Raumordnungsverfahren

Für die Durchführung von Raumordnungsverfahren werden gegenüber dem Träger des Vorhabens Kosten nach dem Verwaltungskostengesetz des Landes Schleswig-Holstein (VwKostG SH) erhoben. Satz 1 gilt auch für vom Träger des Vorhabens veranlasste Verfahrenseinstellungen.

§ 17
Beschleunigtes Raumordnungsverfahren

Die Landesplanungsbehörde kann nach Maßgabe des § 16 ROG ein beschleunigtes Raumordnungsverfahren durchführen. Abweichend von § 15 Absatz 3 ROG kann die Beteiligung der Öffentlichkeit auf eine Unterrichtung gemäß § 15 Absatz 5 beschränkt werden.

§ 18
Untersagung raumbedeutsamer Planungen und Maßnahmen, Anpassung an Ziele der Raumordnung

(1) Die Landesplanungsbehörde kann raumbedeutsame Planungen und Maßnahmen im Einzelfall nach Maßgabe des § 12 ROG untersagen.

(2) Abweichend von § 12 Absatz 2 ROG kann die Landesplanungsbehörde gegenüber den in § 4 ROG genannten öffentlichen Stellen auch bestimmen, dass raumbedeutsame Planungen und Maßnahmen zur Windenergienutzung sowie Entscheidungen über deren Zulässigkeit in einzelnen Planungsräumen befristet allgemein untersagt sind. Die Untersagung ist zulässig, wenn sich ein Raumordnungsplan in Aufstellung befindet, in dem als Ziel der Raumordnung eine räumliche Konzentration der Windenergienutzung bei gleichzeitigem Ausschluss an anderer Stelle im Planungsraum vorgesehen ist, und zu befürchten steht, dass Planungen und Maßnahmen zur Windenergienutzung außerhalb der dafür zukünftig vorgesehenen Gebiete die Verwirklichung der vorgesehenen Ziele der Raumordnung unmöglich machen oder wesentlich erschweren würden. Die Dauer der Untersagung beträgt bis zu zwei Jahre. Die Landesplanungsbehörde kann die Untersagung um ein weiteres Jahr verlängern. Die Landesplanungsbehörde kann allgemein für räumlich abgegrenzte Gebiete des Planungsraums oder im Einzelfall gegenüber den in § 4 ROG genannten öffentlichen Stellen Befreiungen von der Untersagung nach Satz 1 zulassen, wenn und soweit raumbedeutsame Planungen oder Maßnahmen nicht befürchten lassen, dass die Verwirklichung der in Aufstellung befindlichen Ziele der Raumordnung unmöglich gemacht oder wesentlich erschwert wird."

(3) Vorhaben, die vor dem Eintritt der Wirksamkeit der Untersagung genehmigt worden sind, sowie Unterhaltungsarbeiten und die Fortführung einer bisher ausgeübten Nutzung werden von der Untersagung nicht berührt.

(4) Bei Entscheidungen nach § 4 Absatz 1 Satz 1 Nr. 2 und 3 und Absatz 2 ROG kann die öffentliche Stelle das Verfahren für die Geltungsdauer einer befristeten raumordnerischen Untersagung aussetzen.

(5) Die Landesplanungsbehörde kann verlangen, dass die Träger der Bauleitplanung ihre Flächennutzungspläne und Bebauungspläne an die Ziele der Raumordnung anpassen. Rechtsbehelfe gegen ein Anpassungsverlangen haben keine aufschiebende Wirkung.

§ 19
Ersatzleistungen

(1) Hat eine Gemeinde Dritte nach §§ 39 bis 44 des Baugesetzbuches (BauGB) zu entschädigen, weil sie einen Bebauungsplan zur Anpassung an einen Raumordnungsplan ändern oder aufheben muss, leistet ihr die Landesplanungsbehörde Ersatz.

(2) Ein Anspruch auf Ersatzleistung ist ausgeschlossen, wenn die Gemeinde die Landesplanungsbehörde nicht rechtzeitig vor Inkrafttreten des Raumordnungsplanes darüber unterrichtet hat, dass ein bestehender oder in Aufstellung oder in Änderung befindlicher Bebauungsplan den Zielen des in Aufstellung befindlichen Raumordnungsplanes zuwiderläuft und Entschädigungsansprüche bei einer Anpassung des Bebauungsplanes nicht ausgeschlossen sind. Das Gleiche gilt, soweit die Gemeinde von einer oder einem durch die Maßnahme Begünstigten Ersatz verlangen kann.

(3) Muss der Träger einer nach § 18 Absatz 1 oder Absatz 2 untersagten Planung oder Maßnahme aufgrund der Untersagung eine Dritte oder einen Dritten entschädigen, ersetzt ihr oder ihm die Landesplanungsbehörde die hierdurch entstehenden notwendigen Aufwendungen. Die Ersatzleistung ist ausgeschlossen, wenn die Untersagung von dem Planungsträger verschuldet ist oder aus Anlass der Untersagung aus anderen Rechtsgründen Entschädigungsansprüche bestehen.

Abschnitt IV
Landesplanungsrat, Raumordnungsbericht, Raumbeobachtung

§ 20
Landesplanungsrat

(1) Zur Mitwirkung an den Aufgaben der Landesplanungsbehörde wird ein Landesplanungsrat gebildet. Er hat die Aufgabe, die Landesplanungsbehörde in grundsätzlichen Fragen, insbesondere bei der Aufstellung der Raumordnungspläne, zu beraten.

(2) Die Landesplanungsbehörde hat dem Landesplanungsrat in seinen Sitzungen über den Stand der Landesplanung und über wichtige Angelegenheiten ihres Aufgabenbereichs zu berichten.

§ 21
Organisation des Landesplanungsrates

(1) Den Vorsitz im Landesplanungsrat hat das für die Raumordnung und Landesplanung zuständige Mitglied der Landesregierung. Zudem gehören dem Landesplanungsrat an:

1. je eine Vertreterin oder ein Vertreter der im Schleswig-Holsteinischen Landtag vertretenen Parteien auf Vorschlag der Landtagsfraktionen,

2. je zwei Vertreterinnen oder Vertreter der Kommunalen Landesverbände auf deren Vorschlag,

3. je eine Vertreterin oder ein Vertreter jeder der drei Industrie- und Handelskammern, jeder der zwei Handwerkskammern, der Landwirtschaftskammer und der Architekten- und Ingenieurkammer Schleswig-Holstein auf deren Vorschlag der Kammern,

4. eine Vertreterin oder ein Vertreter der Akademie für die ländlichen Räume Schleswig-Holsteins e.V. auf deren Vorschlag,

5. zwei Vertreterinnen oder Vertreter der Gewerkschaften auf Vorschlag des Deutschen Gewerkschaftsbundes, Landesbezirk Nord,
6. zwei Vertreterinnen oder Vertreter der Vereinigung der Unternehmensverbände in Hamburg und Schleswig-Holstein, davon eine Vertreterin oder ein Vertreter der Arbeitgeber der Land- und Forstwirtschaft auf Vorschlag der Vereinigung der Unternehmensverbände,
7. zwei Vertreterinnen oder Vertreter der anerkannten Naturschutzvereinigungen nach § 3 Absatz 3 Umwelt-Rechtsbehelfsgesetz vom 7. Dezember 2006 (BGBl. I S. 2816), zuletzt geändert durch Gesetz vom 24. Februar 2012 (BGBl. I S. 212), in Verbindung mit § 40 Absatz 1 Landesnaturschutzgesetz in Schleswig-Holstein auf deren Vorschlag sowie zwei auf dem Gebiet der Ökologie sachkundige Wissenschaftlerinnen oder Wissenschaftler auf Vorschlag des für Umwelt zuständigen Ministeriums in Abstimmung mit den Umweltverbänden,
8. zwei auf dem Gebiet der Raumordnung sachkundige Wissenschaftlerinnen oder Wissenschaftler auf Vorschlag der oder des Vorsitzenden,
9. eine Vertreterin oder ein Vertreter des Landessportverbandes Schleswig-Holstein e.V. auf dessen Vorschlag,
10. eine Vertreterin oder ein Vertreter des Landesfrauenrates Schleswig-Holstein e.V. auf dessen Vorschlag,
11. eine Vertreterin oder ein Vertreter des Landesjugendrings Schleswig-Holstein e.V. auf dessen Vorschlag,
12. eine Vertreterin oder ein Vertreter des Landeskulturverbandes Schleswig-Holstein e.V. auf dessen Vorschlag,
13. eine Vertreterin oder ein Vertreter des Tourismusverbandes Schleswig-Holstein e.V. auf dessen Vorschlag,
14. eine Vertreterin oder ein Vertreter des Verbandes norddeutscher Wohnungsunternehmen Landesverband Schleswig-Holstein e.V. auf dessen Vorschlag,
15. eine Vertreterin oder ein Vertreter des Landesseniorenrates auf dessen Vorschlag,
16. eine Vertreterin oder ein Vertreter für Angelegenheiten von Menschen mit Behinderung auf Vorschlag der oder des Landesbeauftragten für diesen Bereich,
17. je eine Vertreterin oder ein Vertreter der Minderheiten der Dänen, der Friesen sowie der deutschen Roma und Sinti auf Vorschlag der oder des Landesbeauftragten für Minderheiten und
18. eine Vertreterin oder ein Vertreter für Angelegenheiten von Menschen mit Migrationshintergrund auf Vorschlag der oder des Bevollmächtigten für Integration.

(2) Die oder der Vorsitzende beruft die Mitglieder des Landesplanungsrates auf Vorschlag der in Absatz 1 Satz 2 genannten Stellen.

(3) Die oder der Vorsitzende kann weitere Mitglieder in den Landesplanungsrat berufen. Die Gesamtzahl der Mitglieder des Landesplanungsrates soll fünfzig nicht überschreiten.

(4) Bei der Berufung der Mitglieder des Landesplanungsrates nach den Absätzen 2 und 3 sind Frauen und Männer zu gleichen Teilen zu berücksichtigen. Bestehen Rechte einzelner Stellen für Vorschläge zur Berufung nach Absatz 1 Satz 2 nur für eine Person, sollen Frauen und Männer von Amtszeit zu Amtszeit alternierend berücksichtigt werden.

(5) Die Mitglieder des Landesplanungsrates werden für die Dauer einer Wahlperiode des Landtages berufen. Eine Mitgliedschaft endet
1. durch vorzeitigen Verzicht des Mitgliedes oder
2. durch Abberufung und Berufung eines neuen Mitgliedes auf Vorschlag der gemäß Absatz 1 Vorschlagsberechtigten.
Eine wiederholte Berufung von Mitgliedern ist zulässig. Die Tätigkeit ist ehrenamtlich.

(6) Der Landesplanungsrat kann für die Behandlung von Einzelfragen Ausschüsse bilden und Sachverständige hinzuziehen.

(7) Die Mitglieder der Landesregierung können an den Sitzungen des Landesplanungsrates und seiner Ausschüsse teilnehmen oder zu diesen Sitzungen Vertreterinnen oder Vertreter entsenden.

(8) Der Landesplanungsrat soll mindestens zweimal jährlich zusammentreten; er kann von dem oder der Vorsitzenden jederzeit einberufen werden. Er muss einberufen werden, wenn wenigstens ein Drittel seiner Mitglieder es beantragt.

(9) Der Landesplanungsrat gibt sich eine Geschäftsordnung.

§ 22
Raumordnungsbericht

Die Landesregierung berichtet dem Landtag in regelmäßigen Abständen über die räumliche Entwicklung des Landes, den Stand von Raumordnungsplänen und über gegebenenfalls erforderliche Änderungen des Zentralörtlichen Systems (Raumordnungsbericht). Die Landesregierung legt dem Landtag alle drei Jahre einen detaillierten Bericht zur Flächeninanspruchnahme vor. Wenn in dem Berichtszeitraum die anzustrebende anteilige Reduktion des Flächenverbrauches nicht erreicht worden ist, muss der Bericht mögliche weitere Maßnahmen für die Umsetzung der Reduktion des Flächenverbrauches enthalten.

§ 23
Raumbeobachtung, Raumordnungsinformationssystem

Die Landesplanungsbehörde beobachtet laufend die landesweite räumliche Entwicklung (Raumbeobachtung) und führt alle raumbedeutsamen Planungen und Maßnahmen, die zur Wahrnehmung der Aufgaben der Landesplanung von Bedeutung sind, in einem Raumordnungsinformationssystem zusammen. Öffentliche Planungsträger sowie die Personen des Privatrechts nach § 4 Absatz 1 Satz 2 ROG sind verpflichtet, der Landesplanungsbehörde die von ihnen beabsichtigten raumbedeutsamen Planungen und Maßnahmen zur Führung des Raumordnungsinformationssystems sowie wesentliche Änderungen mitzuteilen und mittels geeigneter Geodatendienste oder in anderer geeigneter digitaler Form bereitzustellen.

Abschnitt V
Zentralörtliches System
§ 24
Zentrale Orte und Stadtrandkerne

(1) Zentrale Orte sind

Oberzentren,

Mittelzentren und Mittelzentren im Verdichtungsraum,

Unterzentren und Unterzentren mit Teilfunktionen eines Mittelzentrums und

ländliche Zentralorte.

Im näheren Umkreis von Mittel- und Oberzentren sowie von Hamburg werden Stadtrandkerne festgelegt. Stadtrandkerne sind

Stadtrandkerne I. Ordnung,

Stadtrandkerne I. Ordnung mit Teilfunktionen eines Mittelzentrums und

Stadtrandkerne II. Ordnung.

Zu Zentralen Orten und Stadtrandkernen sind Gemeinden zu bestimmen.

(2) Zentrale Orte und Stadtrandkerne haben übergemeindliche Versorgungsfunktionen für die ihnen zugeordneten Verflechtungsbereiche (Nahbereiche, Mittelbereiche, Oberbereiche).

(3) Die Landesregierung legt unter Anwendung der Kriterien der §§ 25 bis 30 die Zentralen Orte und Stadtrandkerne durch Verordnung fest und ordnet sie den verschiedenen Stufen zu. Durch die Verordnung[3] erfolgt auch die Festlegung der Nah- und Mittelbereiche. Ergeben sich aus dem Raumordnungsbericht nach § 22 erforderliche Änderungen, ist die Verordnung anzupassen.

(4) Unter Personen im Sinne der §§ 25 bis 30 ist die Zahl der Einwohnerinnen und Einwohner zu verstehen, die sich aus

---

3 *Verordnung zum Zentralörtlichen System vom 5.9.2019 (GVOBl. Schl.-H. S. 348).*

der amtlichen Bevölkerungsfortschreibung des Statistischen Amtes für Hamburg und Schleswig-Holstein ergibt.

§ 25
Ländliche Zentralorte

(1) Ländliche Zentralorte dienen überwiegend der Grundversorgung eines Nahbereiches.

(2) Ein ländlicher Zentralort darf nur festgelegt werden, wenn im Nahbereich mindestens 5.000 Personen, davon mindestens 1.000 im baulich zusammenhängenden Siedlungsgebiet, leben. In Gebieten mit einer Bevölkerungsdichte von über 80 Personen je Quadratkilometer sollen diese Werte erheblich überschritten werden. Zentrale Orte sollen mindestens sechs Kilometer voneinander entfernt sein; jedoch sollen Wohnplätze höchstens zwölf Kilometer von einem Zentralen Ort entfernt sein.

§ 26
Unterzentren

(1) Unterzentren dienen überwiegend der Grundversorgung eines Nahbereiches. Unterzentren sollen durch die Bevölkerungszahl ihres Nahbereiches, die Größe des Zentralen Ortes und bessere Ausstattung gegenüber ländlichen Zentralorten hervorgehoben sein.

(2) Ein Unterzentrum darf nur festgelegt werden, wenn im Nahbereich mindestens 10.000 Personen, davon mindestens 4.000 im baulich zusammenhängenden Siedlungsgebiet, leben. In Gebieten mit einer Bevölkerungsdichte von über 80 Personen je Quadratkilometer sollen diese Werte erheblich überschritten werden; im Übrigen gelten die Abstandskriterien des § 25 Absatz 2 Satz 3.

(3) Abweichend von Absatz 2 Satz 1 können in den strukturschwachen ländlichen Räumen Unterzentren auch dann festgelegt werden, wenn im Nahbereich mindestens 7.500 Personen, davon mindestens 3.000 im baulich zusammenhängenden Siedlungsgebiet, leben. Der Landesentwicklungsplan legt die strukturschwachen ländlichen Räume fest.

§ 27
Unterzentren mit Teilfunktionen von Mittelzentren

(1) Außerhalb der im Landesentwicklungsplan festgelegten Ordnungsräume können in Gebieten, die mehr als zehn Kilometer von Oberzentren oder Mittelzentren entfernt liegen, Unterzentren mit Teilfunktionen eines Mittelzentrums festgelegt werden, wenn sie für die Nahbereiche von mehreren Unterzentren, ländlichen Zentralorten oder Stadtrandkernen über die Grundversorgung hinaus mindestens teilweise Versorgungsfunktionen zur Deckung des gehobenen, längerfristigen Bedarfs ausüben. Die Festlegung kann nur erfolgen, wenn in dem gesamten Mittelbereich mehr als 20.000 Personen, davon mindestens 10.000 im baulich zusammenhängenden Siedlungsgebiet, leben.

(2) Abweichend von Absatz 1 können in den strukturschwachen ländlichen Räumen des Landes, die im Landesentwicklungsplan festgelegt sind, Unterzentren mit Teilfunktionen eines Mittelzentrums auch dann festgelegt werden, wenn mindestens 7.000 Personen im baulich zusammenhängenden Siedlungsgebiet leben.

§ 28
Mittelzentren und Mittelzentren im Verdichtungsraum

(1) Mittelzentren und Mittelzentren im Verdichtungsraum haben über den Nahbereich und über die Grundversorgung hinausgehende Versorgungsfunktionen und Zentralitätsbedeutung.

(2) Mittelzentren und Mittelzentren im Verdichtungsraum sollen in ihrem Mittelbereich für die Nahbereiche mehrerer Unterzentren, ländlicher Zentralorte oder Stadtrandkerne oder für Teile dieser Nahbereiche differenzierte Versorgungsmöglichkeiten zur Deckung des gehobenen längerfristigen Bedarfs bieten und über ein breites Wirtschaftsgefüge mit Ansätzen zur Ausbildung eines industriellen Potentials verfügen.

(3) Ein Mittelzentrum darf nur festgelegt werden, wenn im Mittelbereich mindestens 40.000 Personen, davon mindestens 15.000 im baulich zusammenhängenden Siedlungsgebiet, leben. Mittelzentren sollen mindestens zwölf Kilometer von benachbarten Mittel- oder Oberzentren entfernt liegen.

(4) Mittelzentren im Verdichtungsraum sollen wenigstens 80.000 Personen in ihrem Mittelbereich, davon 25.000 im baulich zusammenhängenden Siedlungsgebiet, aufweisen. Der Landesentwicklungsplan kennzeichnet die gemeinsam von Bund und Ländern festgelegten Verdichtungsräume.

§ 29
Oberzentren

Oberzentren sollen für mehrere Mittelbereiche oder für Teile von diesen Einrichtungen zur Deckung des spezialisierten höheren Bedarfs bieten (Oberbereiche); sie sollen ein starkes, differenziertes Wirtschaftsgefüge mit einem bedeutenden industriellen Potential aufweisen, dessen Wachstum anzustreben ist.

§ 30
Stadtrandkerne

(1) In einem Umkreis von zehn Kilometern um Mittel- und Oberzentren sowie um Hamburg sollen in der Regel keine Zentralen Orte festgelegt werden. Hier sollen Stadtrandkerne I. und II. Ordnung ausgewiesen werden, die zentrale Teilfunktionen in engem räumlichen Zusammenhang und für einen räumlich begrenzten Bereich wahrnehmen.

(2) Stadtrandkerne I. Ordnung entsprechen nach ihrer Zentralitätsfunktion unter Berücksichtigung der besonderen Verhältnisse in Stadtrandgebieten den Unterzentren. Sie sollen einen Bereich von mindestens 20.000 Personen versorgen.

(3) Stadtrandkerne I. Ordnung, die über ihren Versorgungsbereich hinaus Versorgungsfunktionen für Teilbereiche einer differenzierten Versorgung zur Deckung des gehobenen längerfristigen Bedarfs ausüben, können als Stadtrandkerne I. Ordnung mit Teilfunktionen eines Mittelzentrums festgelegt werden, wenn in ihren Mittelbereichen mindestens 40.000 Personen, davon mindestens 20.000 im Stadtrandkern, leben.

(4) Stadtrandkerne II. Ordnung entsprechen nach ihrer Zentralitätsfunktion unter Berücksichtigung der besonderen Verhältnisse in Stadtrandgebieten den ländlichen Zentralorten und sollen einen Bereich von mindestens 10.000 Personen versorgen."

Straßen- und Wegegesetz des Landes Schleswig-Holstein (StrWG)
in der Fassung der Bekanntmachung vom 25. November 2003
– GVOBl. Schl.-H. S. 631, berichtigt GVOBl. Schl.-H. 2004 S. 140 –

Zuletzt geändert durch Gesetz vom 22. April 2021 (GVOBl. Schl.-H. S. 430)

Inhaltsübersicht:

Erster Teil
Allgemeine Bestimmungen

- § 1 Geltungsbereich
- § 2 Öffentliche Straßen
- § 3 Einteilung der öffentlichen Straßen
- § 4 Ortsdurchfahrten
- § 5 (gestrichen)
- § 6 Widmung
- § 7 Umstufung
- § 8 Einziehung
- § 8 a Entscheidung über Widmung, Umstufung und Einziehung in der Planfeststellung
- § 9 Sicherheitsvorschriften

Zweiter Teil
Straßenbaulast und Eigentum

- § 10 Straßenbaulast
- § 11 Träger der Straßenbaulast für die Landesstraßen und Kreisstraßen
- § 12 Träger der Straßenbaulast für die Ortsdurchfahrten
- § 13 Träger der Straßenbaulast für die Gemeindestraßen
- § 14 Kostenausgleich bei Gemeindeverbindungsstraßen
- § 15 Träger der Straßenbaulast für die sonstigen öffentlichen Straßen
- § 16 Verpflichtungen Dritter
- § 17 Wechsel der Straßenbaulast
- § 18 Ausübung der Eigentumsrechte
- § 18 a Bepflanzungen an Straßen
- § 19 Grundbuchberichtigung und Vermessung

Dritter Teil
Gemeingebrauch, Sondernutzung und Nutzung nach bürgerlichem Recht

- § 20 Gemeingebrauch
- § 21 Sondernutzung
- § 22 (gestrichen)
- § 23 Sondernutzung an Gemeindestraßen und sonstigen öffentlichen Straßen
- § 24 Zufahrten
- § 25 Unterbrechung von Zufahrten
- § 26 Gebühren für Sondernutzungen
- § 27 Vergütung von Mehrkosten
- § 28 Nutzung nach bürgerlichem Recht

Vierter Teil
Anbau an Straßen und Schutzmaßnahmen

- § 29 Anbauverbote
- § 30 Anbaubeschränkungen
- § 31 Baubeschränkung bei geplanten Straßen
- § 32 Entschädigung für Anbauverbote und Anbaubeschränkungen
- § 33 Schutzmaßnahmen

Fünfter Teil
Kreuzungen und Umleitungen

- § 34 Kreuzungen und Einmündungen
- § 35 Bau und Änderung von Kreuzungen
- § 35 a Kreuzungen mit Gewässern
- § 36 Unterhaltung von Kreuzungen
- § 36 a Unterhaltung der Kreuzungen mit Gewässern
- § 36 b Verordnungen
- § 37 Sicherung von Kreuzungen
- § 38 Umleitungen

Sechster Teil
Planung, Planfeststellung, Plangenehmigung und Enteignung

- § 39 Planungen
- § 39 a Vorarbeiten und Schlussvermessung
- § 40 Erfordernis der Planfeststellung
- § 40 a Anhörungsverfahren
- § 40 b Planfeststellungsbeschluss, Plangenehmigung
- § 40 c Rechtswirkungen der Planfeststellung und der Plangenehmigung
- § 40 d Planänderung vor Fertigstellung des Vorhabens
- § 41 (gestrichen)
- § 42 Veränderungssperre und Planungsgebiete
- § 43 Vorzeitige Besitzeinweisung
- § 44 Enteignung und Entschädigung
- § 44 a Sonstige Entschädigungsfeststellungen

Siebenter Teil
Reinigung und Bezeichnung der Straßen

- § 45 Straßenreinigung
- § 46 Verunreinigung von Straßen
- § 47 Straßennamen und Hausnummern

Achter Teil
Aufsicht und Zuständigkeiten

- § 48 Straßenaufsicht
- § 49 Straßenaufsicht über Kreise und Gemeinden
- § 50 Straßenaufsicht über andere Träger der Straßenbaulast
- § 51 Ausbauvorschriften
- § 52 Behörden nach diesem Gesetz
- § 53 Verwaltung der Kreisstraßen
- § 54 Verwaltung der Ortsdurchfahrten von Bundesstraßen
- § 55 Behörden nach dem Bundesfernstraßengesetz

Neunter Teil
Ordnungswidrigkeiten, Übergangs- und Schlussbestimmungen

- § 56 Ordnungswidrigkeiten
- § 57 Vorhandene öffentliche Straßen (Übergangsvorschrift zu den §§ 2 und 3)
- § 58 (gestrichen)
- § 59 (gestrichen)
- § 60 Übernahme von Brücken (Übergangsvorschrift zu den §§ 11, 12 und 16)
- § 61 Eigentumsübergang (Übergangsvorschrift zu § 17)
- § 62 Sondernutzung (Übergangsvorschrift zu den §§ 21 ff.)
- § 63 (gestrichen)
- § 64 (gestrichen)
- § 65 Heranziehung von Anliegerinnen und Anliegern zur Straßenreinigung und deren Kosten (Übergangsvorschrift zu § 45)
- § 66 Aufhebung von Vorschriften
- § 67 Inkrafttreten

Erster Teil
Allgemeine Bestimmungen

§ 1
Geltungsbereich

Dieses Gesetz regelt die Rechtsverhältnisse an öffentlichen Straßen. Für Bundesfernstraßen gilt es nur, soweit dies ausdrücklich bestimmt ist.

§ 2
Öffentliche Straßen

(1) Öffentliche Straßen sind Straßen, Wege und Plätze, die dem öffentlichen Verkehr gewidmet sind.

(2) Zu den öffentlichen Straßen gehören:

1. der Straßenkörper,
   insbesondere der Straßengrund, der Straßenunterbau, die Straßendecke, die Brücken, Tunnel, Durchlässe, Dämme, Gräben, Entwässerungsanlagen, Böschungen, Stützmauern, Trenn-, Rand-, Seiten- und Sicherheitsstreifen sowie die Gehwege und Radwege, auch wenn sie ohne unmittelbaren räumlichen Zusammenhang im Wesentli-

chen mit der für den Kraftfahrzeugverkehr bestimmten Fahrbahn gleichlaufen,
2. der Luftraum über dem Straßenkörper,
3. das Zubehör,
das sind die Verkehrszeichen, die Verkehrseinrichtungen und -anlagen aller Art, die der Sicherheit des Straßenverkehrs oder dem Anliegerschutz dienen, einschließlich der Lärmschutzanlagen, und die Bepflanzung,
4. die Nebenanlagen,
das sind Anlagen, die überwiegend den Aufgaben der Straßenbauverwaltung dienen, z.B. Straßenmeistereien, Gerätehöfe, Läger, Lagerplätze, Ablagerungs- und Entnahmestellen, Hilfsbetriebe und -einrichtungen.
(3) Bei öffentlichen Straßen auf Staudämmen und Staumauern sowie auf Deichen oder über Deiche gehören zum Straßenkörper nur der Straßenoberbau sowie die Trenn-, Seiten-, Rand- und Sicherheitsstreifen.

§ 3
Einteilung der öffentlichen Straßen

(1) Die öffentlichen Straßen werden nach ihrer Verkehrsbedeutung in folgende Straßengruppen eingeteilt:
1. Landesstraßen,
das sind Straßen, die zusammen mit den Bundesfernstraßen ein Verkehrsnetz bilden und überwiegend dem weiträumigen Verkehr innerhalb des Landes zu dienen bestimmt sind.
2. Kreisstraßen,
das sind Straßen, die überwiegend dem überörtlichen Verkehr innerhalb eines Kreises oder einer kreisfreien Stadt oder mit benachbarten Kreisen oder kreisfreien Städten oder dem Anschluss von Gemeinden an Bundesfernstraßen, Landesstraßen, Eisenbahnhaltestellen, Schiffsladeplätze und ähnliche Einrichtungen zu dienen bestimmt sind.
3. Gemeindestraßen,
das sind Straßen, die überwiegend dem Verkehr innerhalb einer Gemeinde oder zwischen benachbarten Gemeinden dienen. Zu ihnen gehören:
a) die Ortsstraßen,
das sind Straßen, die dem Verkehr innerhalb der geschlossenen Ortslage (§ 4 Abs. 1 Satz 2 und 3) oder innerhalb ausgewiesener Baugebiete dienen, mit Ausnahme der Ortsdurchfahrten;
b) die Gemeindeverbindungsstraßen,
das sind Straßen, die vorwiegend den nachbarlichen Verkehr der Gemeinden oder Ortsteile untereinander oder den Verkehr mit anderen öffentlichen Verkehrswegen innerhalb des Gemeindegebietes vermitteln.
4. Sonstige öffentliche Straßen,
das sind
a) die öffentlichen Feld- und Waldwege, die ausschließlich der Bewirtschaftung von Feld- und Waldgrundstücken dienen;
b) die beschränkt öffentlichen Straßen,
das sind Straßen, die einem beschränkten öffentlichen Verkehr dienen, insbesondere die Friedhofs-, Kirchen- und Schulwege, die Wanderwege sowie die selbständigen Geh- und Radwege;
c) Straßen, Wege und Plätze, die dem öffentlichen Verkehr gewidmet sind und keiner anderen Straßengruppe angehören.

(2) Für die öffentlichen Straßen werden Straßenverzeichnisse geführt. Für Gemeindestraßen und sonstige öffentliche Straßen können die Straßenverzeichnisse in vereinfachter Form eingerichtet werden (Bestandsverzeichnisse). In die Straßenverzeichnisse ist Einsicht zu gewähren.

§ 4
Ortsdurchfahrten

(1) Die Ortsdurchfahrt ist der Teil einer Landesstraße oder Kreisstraße, der innerhalb der geschlossenen Ortslage liegt und auch der Erschließung der anliegenden Grundstücke oder der mehrfachen Verknüpfung des Ortsstraßennetzes dient. Geschlossene Ortslage ist der Teil des Gemeindegebietes, der in geschlossener oder offener Bauweise zusammenhängend bebaut ist. Einzelne unbebaute Grundstücke oder einseitige Bebauung unterbrechen den Zusammenhang nicht.

(2) Die obere Straßenbaubehörde setzt nach Anhörung der Gemeinde, der Baugenehmigungsbehörde und der Träger der Straßenbaulast die Grenzen der Ortsdurchfahrt fest. Sie kann hierbei von der Regel des Absatzes 1 abweichen, insbesondere wenn die Mehrzahl der innerhalb der geschlossenen Ortslage liegenden Grundstücke nicht unmittelbar durch Zufahrten an die Landesstraße oder Kreisstraße angeschlossen ist oder wenn die geschlossene Ortslage eine geringe Länge hat.

§ 5
(gestrichen)

§ 6
Widmung

(1) Die Widmung von Kreis- und Gemeindestraßen sowie von sonstigen öffentlichen Straßen verfügt der Träger der Straßenbaulast. Die Widmung von Landesstraßen verfügt die obere Straßenbaubehörde. Soll ein anderer als das Land, ein Kreis oder eine Gemeinde Träger der Straßenbaulast werden, so verfügt die Widmung auf dessen Antrag die Straßenaufsichtsbehörde. Die erstmalige Einstufung in eine Straßengruppe und Beschränkungen auf bestimmte Benutzungsarten oder Benutzungszwecke sind in der Verfügung festzulegen.

(2) Die Widmung ist von der verfügenden Behörde öffentlich bekannt zu machen.

(3) Voraussetzung für die Widmung ist, dass der Träger der Straßenbaulast Eigentümer des der Straße dienenden Grundstückes ist oder die Eigentümerin oder der Eigentümer und die sonst zur Nutzung dinglich Berechtigten der Widmung zugestimmt oder das Grundstück für die Straße zur Verfügung gestellt haben oder der Träger der Straßenbaulast nach § 43 oder nach einem anderen förmlichen Verfahren unanfechtbar in den Besitz eingewiesen ist.

(4) Wird in einem förmlichen Verfahren aufgrund anderer gesetzlicher Vorschriften der Bau oder die Änderung von Straßen unanfechtbar angeordnet, so gilt die Straße mit der Überlassung für den öffentlichen Verkehr als gewidmet, sofern sie in der Anordnung als öffentlich bezeichnet, in eine Straßengruppe eingestuft und der Träger der Straßenbaulast bestimmt worden ist. Die Behörde, die nach Absatz 1 für die Widmung zuständig wäre, soll die Überlassung für den öffentlichen Verkehr, die Straßengruppe und Beschränkungen auf bestimmte Benutzungsarten oder Benutzungszwecke öffentlich bekannt machen.

(5) Wird eine öffentliche Straße verbreitert, begradigt, durch Verkehrsanlagen ergänzt oder unwesentlich verlegt, so gelten die neu hinzukommenden Straßenteile mit der Überlassung für den öffentlichen Verkehr als gewidmet, sofern die Voraussetzung des Absatzes 3 vorliegt. Einer öffentlichen Bekanntmachung bedarf es nicht.

(6) Durch privatrechtliche Verfügungen oder durch Verfügungen im Wege der Zwangsvollstreckung über die der Straße dienenden Grundstücke oder Rechte an ihnen wird die Widmung nicht berührt.

§ 7
Umstufung

(1) Hat sich die Verkehrsbedeutung einer Straße geändert, so ist sie in die entsprechende Straßengruppe umzustufen (Aufstufung, Abstufung).

(2) Die Aufstufung zur Landesstraße oder Kreisstraße und die Abstufung von Landesstraßen oder Kreisstraße verfügt die obere Straßenbaubehörde. Die beteiligten Träger der Straßenbaulast sind zu hören. Die Verfügung ist öffentlich bekannt zu machen.

(3) In den Fällen des Absatzes 2 soll die Umstufung nur zum Ende des Haushaltsjahres ausgesprochen und sechs Monate vorher den beteiligten Trägern der Straßenbaulast angekündigt werden.

(4) Über die Aufstufung von sonstigen öffentlichen Straßen zu Gemeindestraßen und über die Abstufung von Gemeindestraßen zu sonstigen öffentlichen Straßen entscheidet der Träger der Straßenbaulast.

§ 8
Einziehung

(1) Eine öffentliche Straße, die keine Verkehrsbedeutung mehr hat, kann eingezogen werden. Eine öffentliche Straße ist einzuziehen, wenn Gründe des öffentlichen Wohls vorliegen, die gegenüber privaten Interessen überwiegen.

(2) Die Einziehung von Landesstraßen verfügt die obere Straßenbaubehörde. Die Einziehung von Kreis- und Gemeindestraßen sowie von sonstigen öffentlichen Straßen verfügt der Träger der Straßenbaulast. Ist ein anderer als das Land, ein Kreis, eine kreisfreie Stadt oder eine Gemeinde Träger der Straßenbaulast, so verfügt die Straßenaufsichtsbehörde die Einziehung auf dessen Antrag.

(3) In den Gemeinden, die die Straße berührt, sind Pläne der einzuziehenden Straße vier Wochen zur Einsicht auszulegen. Zeit und Ort der Auslegung sind vom Träger der Straßenbaulast nach seinen Regeln und auf seine Kosten öffentlich bekannt zu machen, um jedermann, dessen Belange durch die Einziehung berührt werden, Gelegenheit zu Einwendungen zu geben. In der Bekanntmachung ist auf die Ausschlussfrist nach Absatz 4 hinzuweisen.

(4) Einwendungen gegen die Einziehung sind spätestens innerhalb von zwei Wochen nach Beendigung der Auslegung schriftlich oder zu Protokoll bei der zuständigen Gemeindeverwaltung zu erheben.

(5) Die Einziehung ist vom Träger der Straßenbaulast nach seinen Regeln und auf seine Kosten öffentlich bekannt zu machen.

(6) Wird in einem förmlichen Verfahren aufgrund anderer gesetzlicher Vorschriften eine öffentliche Straße aufgehoben, so gilt sie als eingezogen, sobald das Verfahren unanfechtbar geworden ist, es sei denn, dass ein anderer Zeitpunkt bestimmt worden ist.

(7) Wird ein Teil einer öffentlichen Straße anlässlich eines Ausbaues oder Umbaues für dauernd dem Gemeingebrauch entzogen, ohne dass hierdurch der Bestand der Straße oder der bestehende Anschluss eines Nachbargrundstückes beeinträchtigt wird, so gilt der Straßenteil als eingezogen; die Absätze 1 bis 5 finden keine Anwendung.

§ 8 a
Entscheidung über Widmung, Umstufung und Einziehung in der Planfeststellung

Die Widmung, Umstufung und Einziehung von Straßen einschließlich der Bundesstraßen kann auch in einem Planfeststellungsbeschluss oder in einer Plangenehmigung nach § 40 Abs. 1 bis 3 dieses Gesetzes oder nach § 17 Abs. 1 des Bundesfernstraßengesetzes durch die für die Planfeststellung oder die Plangenehmigung zuständige Behörde verfügt werden. Die beteiligten Träger der Straßenbaulast sind zu hören. Die Verfügung ist öffentlich bekannt zu machen. Die Bekanntmachung ist entbehrlich, wenn die Entscheidung bereits in den im Planfeststellungsverfahren ausgelegten Plänen als solche kenntlich gemacht und mit dem Planfeststellungsbeschluss bekannt gemacht worden ist. Die Widmung wird mit der Verkehrsübergabe, die Umstufung wird mit der Ingebrauchnahme für den neuen Verkehrszweck, und die Einziehung wird mit der Sperrung wirksam.

§ 9
Sicherheitsvorschriften

(1) Die Träger der Straßenbaulast haben dafür einzustehen, dass ihre Bauten allen Anforderungen der Sicherheit genügen. Behördlicher Genehmigungen, Erlaubnisse und Abnahmen durch andere als die Straßenbaubehörden bedarf es nicht. Dies gilt nicht für Kunstbauten, es sei denn, sie werden

1. unter verantwortlicher Leitung einer Straßenbaubehörde des Landes oder einer Gebietskörperschaft, der die Baugenehmigungsbefugnis zusteht, ausgeführt oder

2. auf der Grundlage einer straßenaufsichtlich genehmigten Planung ausgeführt und nach ihrer Abnahme von der Straßenaufsichtsbehörde freigegeben.

Für Baudenkmäler gilt Satz 2 nur, soweit ein Planfeststellungsverfahren durchgeführt oder eine Plangenehmigung erteilt worden ist.

(2) Die Straßenbaubehörden können Prüfaufgaben, die ihnen aufgrund des Absatzes 1 an Stelle der Bauaufsichtsbehörden obliegen, nach den für die Bauaufsichtsbehörden geltenden Vorschriften auf besondere Sachverständige übertragen; die Landesbauordnung findet insoweit entsprechende Anwendung. Dies gilt auch für Bundesstraßen.

(3) Die Befugnisse der Straßenaufsichtsbehörde bleiben unberührt.

Zweiter Teil
Straßenbaulast und Eigentum

§ 10
Straßenbaulast

(1) Die Straßenbaulast umfasst alle mit dem Bau und der Unterhaltung der Straßen zusammenhängenden Aufgaben. Die Träger der Straßenbaulast haben nach ihrer Leistungsfähigkeit die Straßen in einem dem regelmäßigen Verkehrsbedürfnis genügenden Zustand anzulegen, zu unterhalten, zu erweitern oder sonst zu verbessern. Soweit sie hierzu unter Berücksichtigung ihrer Leistungsfähigkeit außerstande sind, haben sie auf den nicht verkehrssicheren Zustand vorbehaltlich anderweitiger Anordnungen der Straßenverkehrsbehörden durch Warnzeichen hinzuweisen.

(2) Beim Bau und bei der Unterhaltung der Straßen sind die allgemein anerkannten Regeln der Baukunst und der Technik zu beachten. Den Bedürfnissen sehbehinderter Menschen soll durch entsprechende Orientierungshilfen, denjenigen mit beeinträchtigter Mobilität durch barrierefreie Gehwegübergänge Rechnung getragen werden; die Belange von älteren Menschen und Kindern sind zu berücksichtigen. Den Belangen des Natur- und Umweltschutzes ist Rechnung zu tragen; weitergehende Vorschriften des Natur- und Umweltschutzes bleiben unberührt.

(3) Die Träger der Straßenbaulast sollen über die ihnen nach Absatz 1 obliegenden Aufgaben hinaus die Straßen bei Schnee und Eisglätte räumen und streuen. Die Vorschriften des § 45 bleiben unberührt.

(4) Die mit dem Bau, der Unterhaltung und der Überwachung der Verkehrssicherheit der öffentlichen Straßen zusammenhängenden Aufgaben werden als Amtspflichten in Ausübung hoheitlicher Tätigkeit wahrgenommen. Das gilt auch für die Bundesstraßen.

§ 11
Träger der Straßenbaulast
für die Landesstraßen und Kreisstraßen

(1) Träger der Straßenbaulast sind:

a) für die Landesstraßen das Land,

b) für die Kreisstraßen die Kreise und die kreisfreien Städte.

(2) Absatz 1 gilt nicht für die Ortsdurchfahrten, soweit für diese Straßenbaulast den Gemeinden obliegt (§ 12).

§ 12
Träger der Straßenbaulast
für die Ortsdurchfahrten

(1) Die Gemeinden mit mehr als 20.000 Einwohnerinnen und Einwohnern sind Träger der Straßenbaulast für die Ortsdurchfahrten. Maßgebend für die Einwohnerzahl sind die Ergebnisse der amtlichen Volkszählungen. Die Straßenbaulast wechselt mit Ablauf des zweiten auf die Volkszählung folgenden Jahres. Entsteht durch eine Gebietsänderung ein Gemeindegebiet, das bei der letzten amtlichen Volkszählung mehr als 20.000 Einwohnerinnen und Einwohner gehabt hätte, wechselt die Straßenbaulast mit Ablauf des zweiten auf die Gebietsänderung folgenden Jahres. Entsteht durch Gebietsänderung ein Gemeindegebiet, das bei der letzten amtlichen Volkszählung weniger als 20.000 Einwoh-

nerinnen und Einwohner gehabt hätte, wechselt die Straßenbaulast mit der Gebietsänderung.

(2) Soweit dem Land oder den Kreisen die Straßenbaulast für die Ortsdurchfahrten obliegt, erstreckt sich diese nicht auf Gehwege, Parkplätze, Standspuren und Straßenentwässerungseinrichtungen, auf Radwege und gemeinsame (kombinierte) Geh- und Radwege nur insoweit, als sie auch auf den anschließenden freien Strecken vorhanden oder vorgesehen sind; das Land oder die Kreise haben sich jedoch an den Kosten der Herstellung von Straßenentwässerungseinrichtungen im Verhältnis der Größen der Entwässerungsflächen zu beteiligen.

(3) Führt eine Ortsdurchfahrt in Gemeinden mit nicht mehr als 20.000 Einwohnerinnen und Einwohnern über Straßen und Plätze, die wesentlich breiter angelegt sind als die Landesstraßen oder Kreisstraßen, so ist die seitliche Begrenzung der Ortsdurchfahrt von der oberen Straßenbaubehörde besonders festzulegen. Kommt ein Einvernehmen nicht zustande, so entscheidet die Straßenaufsichtsbehörde.

(4) Die Gemeinden sind Träger der Straßenbaulast für die Straßenteile, die nach den Absätzen 2 und 3 nicht in der Straßenbaulast des Landes oder eines Kreises stehen.

§ 13
Träger der Straßenbaulast
für die Gemeindestraßen

Träger der Straßenbaulast für die Gemeindestraßen sind die Gemeinden.

§ 14
Kostenausgleich bei
Gemeindeverbindungsstraßen

(1) Soweit eine Gemeindeverbindungsstraße ausschließlich oder überwiegend dem Verkehrsbedürfnis anderer Gemeinden dient, haben diese nach Maßgabe ihres Nutzens der baulastpflichtigen Gemeinde die im Rahmen der Straßenbaulast erforderlichen Aufwendungen zu erstatten. Dies gilt auch für Brücken und Kunstbauten an und auf der Gemeindegrenze.

(2) Die beteiligten Gemeinden können die Baulast mit Zustimmung der Straßenaufsichtsbehörde auch durch Vereinbarung regeln.

§ 15
Träger der Straßenbaulast
für die sonstigen öffentlichen Straßen

(1) Träger der Straßenbaulast für die sonstigen öffentlichen Straßen sind die Gemeinden.

(2) Absatz 1 gilt nicht für die Unterhaltung der öffentlichen Feld- und Waldwege (§ 3 Abs. 1 Nr. 4 Buchst. a), soweit die Anliegerinnen und Anlieger bisher unterhaltungspflichtig waren. Unterhaltungspflichtig sind die Eigentümerinnen und Eigentümer der Grundstücke, über die diese Wege bewirtschaftet werden. Der Umfang der Unterhaltungspflicht der einzelnen Eigentümerinnen und Eigentümer richtet sich nach dem Verhältnis der Einheitswerte der Grundstücke. Soweit Gemeinden oder kommunale Zweckverbände die Unterhaltung von öffentlichen Feld- und Waldwegen bereits freiwillig übernommen haben, sind die Gemeinden unterhaltungspflichtig.

(3) Werden öffentliche Feld- und Waldwege, die nach Absatz 2 von den Anliegerinnen und Anliegern zu unterhalten sind, unter Verwendung öffentlicher Förderungsmittel mit Zustimmung der Gemeinde ausgebaut, so geht die Unterhaltungspflicht auf die Gemeinde über. Die Gemeinde kann die Zustimmung nur aus wichtigem Grunde verweigern. Die Zustimmung kann durch eine Entscheidung der Straßenaufsichtsbehörde ersetzt werden.

§ 16
Verpflichtungen Dritter

(1) Die §§ 11 bis 15 finden keine Anwendung, soweit die Straßenbaulast oder eine sonstige Verpflichtung zur Herstellung, Änderung oder Unterhaltung von Straßen oder Straßenteilen aufgrund von Rechtsvorschriften oder sonstiger öffentlich-rechtlicher Verpflichtungen anderen obliegt oder übertragen wird.

(2) Bürgerlich-rechtliche Verpflichtungen über die Erfüllung der Aufgaben aus der Straßenbaulast lassen diese unberührt.

§ 17
Wechsel der Straßenbaulast

(1) Wechselt die Straßenbaulast, so gehen das Eigentum an der öffentlichen Straße (§ 2 Abs. 2), soweit es bisher dem Land oder einer Gebietskörperschaft zustand, sowie alle Rechte und Pflichten, die mit der Straße im Zusammenhang stehen, ohne Entschädigung auf den neuen Träger der Straßenbaulast über. Das Eigentum an Nebenanlagen (§ 2 Abs. 2 Nr. 4) verbleibt beim Wechsel der Straßenbaulast für eine Straße beim bisherigen Träger der Straßenbaulast, es sei denn, dass etwas anderes ausdrücklich bestimmt oder vereinbart ist.

(2) Verbindlichkeiten, die bei der Durchführung von Bau- und Unterhaltungsmaßnahmen entstanden sind, sind vom Übergang ausgeschlossen; soweit diese Verbindlichkeiten dinglich gesichert sind, hat der neue Eigentümer einen Befreiungsanspruch.

(3) Der bisherige Träger der Straßenbaulast hat dem neuen Träger der Straßenbaulast dafür einzustehen, dass er die Straße in dem durch die Verkehrsbedeutung gebotenen Umfang ordnungsgemäß unterhalten und den notwendigen Grunderwerb durchgeführt hat.

(4) Hat der bisherige Träger der Straßenbaulast oder mit dessen Zustimmung ein Dritter besondere Anlagen für Zwecke der öffentlichen Versorgung oder Abwasserbeseitigung in der Straße gehalten, so ist der neue Träger der Straßenbaulast verpflichtet, diese weiterhin zu dulden. § 21 Abs. 2 und 3 und § 27 finden entsprechende Anwendung.

§ 18
Ausübung der Eigentumsrechte

(1) Ist der Träger der Straßenbaulast nicht Eigentümer der Grundstücke, die für die öffentliche Straße in Anspruch genommen worden sind, so steht ihm die Ausübung der Rechte der Eigentümerin oder des Eigentümers insoweit zu, als dies die Aufrechterhaltung des Gemeingebrauchs und die Verwaltung und Unterhaltung erfordern. Im gleichen Umfang obliegt es ihm, die Pflichten der Eigentümerin oder des Eigentümers zu erfüllen.

(2) Der Träger der Straßenbaulast hat die für die öffentliche Straße in Anspruch genommenen Grundstücke auf Antrag der Eigentümerin oder des Eigentümers spätestens innerhalb einer Frist von fünf Jahren nach der Antragstellung zu erwerben. Der Lauf dieser Frist ist gehemmt, solange der Erwerb der Grundstücke durch Umstände verzögert wird, die der Träger der Straßenbaulast nicht zu vertreten hat. Das Recht der Eigentümerin oder des Eigentümers, die Zustimmung zur Inanspruchnahme ihres oder seines Grundstücks für eine öffentliche Straße von dem vorherigen Abschluss eines Grunderwerbsvertrages abhängig zu machen, bleibt unberührt.

(3) Kommt innerhalb der Frist des Absatzes 2 zwischen der Eigentümerin oder dem Eigentümer und dem Träger der Straßenbaulast eine Einigung über den Erwerb der Grundstücke nicht zustande, so kann jeder der Beteiligten die Durchführung des Enteignungsverfahrens beantragen. § 44 Abs. 3 findet Anwendung.

(4) Hat die Eigentümerin oder der Eigentümer einen Antrag nach Absatz 2 nicht gestellt oder später zurückgenommen, findet Absatz 3 entsprechende Anwendung, wenn der Träger der Straßenbaulast seine Bereitschaft zum Erwerb des Grundstücks erklärt hat und innerhalb einer Frist von fünf Jahren eine Einigung über den Erwerb nicht zustande kommt, es sei denn, dass die Eigentümerin oder der Eigentümer der Inanspruchnahme der Grundstücke für die öffentliche Straße nachweislich vor ihrer Inanspruchnahme widersprochen hat.

(5) Waren bei Inkrafttreten dieses Gesetzes Grundstücke für die öffentliche Straße bereits in Anspruch genommen, so verkürzen sich die nach den Absätzen 2 bis 4 einzuhaltenden Fristen auf zwei Jahre.

(6) Die Absätze 2 und 3 finden keine Anwendung, wenn und solange dem Träger der Straßenbaulast durch eine Dienstbarkeit oder ein sonstiges dingliches Recht die Verfügungsbefugnis eingeräumt ist.

§ 18 a
Bepflanzungen an Straßen

(1) Der Träger der Straßenbaulast hat den Straßenkörper und die Lärmschutzwälle unter Beachtung der Belange der Verkehrssicherheit zu bepflanzen, zu pflegen und zu unterhalten. Straßen- und Wegeränder sowie Lärmschutzwälle sollen so erhalten und gestaltet werden, dass sie sich naturnah entwickeln können. Ihre Unterhaltung soll auf die Bedeutung als Teil der Biotopverbundsysteme ausgerichtet werden. Die Straßenanliegerinnen und -anlieger haben alle hierfür erforderlichen Maßnahmen zu dulden, soweit hiervon keine enteignende Wirkung ausgeht.

(2) In Ortsdurchfahrten im Zuge von Landes- und Kreisstraßen kann die Befugnis nach Absatz 1 Satz 1 der Gemeinde mit deren Einvernehmen übertragen werden. Über die Kosten ist eine Vereinbarung mit der Gemeinde abzuschließen, die auch eine Ablösung laufender Unterhaltungskosten zum Gegenstand haben kann.

§ 19
Grundbuchberichtigung und Vermessung

(1) Bei Übergang des Eigentums an öffentlichen Straßen nach § 17 Abs. 1 hat der neue Träger der Straßenbaulast unverzüglich den Antrag auf Berichtigung des Grundbuchs oder bei grundbuchfreien Grundstücken auf Fortführung des Liegenschaftskatasters zu stellen. Zum Nachweis des Eigentumsübergangs gegenüber dem Grundbuchamt oder der für die Führung des Liegenschaftskatasters zuständigen Behörde genügt die Bestätigung des bisherigen Trägers der Straßenbaulast, dass das Eigentum an dem Grundstück dem neuen Träger der Straßenbaulast zusteht. Antrag und Bestätigung sind mit dem Amtssiegel und Amtsstempel des jeweiligen Trägers der Straßenbaulast zu versehen. Ist das Land Träger der Straßenbaulast, so ist zuständige Behörde die obere Straßenbaubehörde.

(2) Der bisherige Träger der Straßenbaulast ist verpflichtet, das übergehende Grundstück auf seine Kosten vermessen und vermarken zu lassen. Er hat auch die durch die Fortführung des Katasters entstehenden Kosten zu tragen oder zu erstatten. Wird diese Verpflichtung nicht innerhalb eines Jahres nach dem Übergang der Straßenbaulast erfüllt, so ist der neue Träger der Straßenbaulast berechtigt, die Vermessung und Vermarkung auf Kosten des bisherigen Trägers der Straßenbaulast durchführen zu lassen.

Dritter Teil
Gemeingebrauch, Sondernutzung und Nutzung nach bürgerlichem Recht

§ 20
Gemeingebrauch

(1) Der Gebrauch der öffentlichen Straßen ist jedermann im Rahmen der Widmung und der Straßenverkehrsvorschriften zum Verkehr gestattet (Gemeingebrauch). Kein Gemeingebrauch liegt vor, wenn die Straße nicht vorwiegend zum Verkehr, sondern zu anderen Zwecken benutzt wird.

(2) Der bisher ortsüblich gewesene Gemeingebrauch an sonstigen öffentlichen Straßen soll nicht eingeschränkt werden, solange dieser gemeinverträglich ist.

(3) Auf die Aufrechterhaltung des Gemeingebrauchs besteht kein Anspruch.

§ 21
Sondernutzung

(1) Die Benutzung der öffentlichen Straßen über den Gemeingebrauch hinaus (Sondernutzung) bedarf der Erlaubnis des Trägers der Straßenbaulast, bei Landesstraßen und bei Kreisstraßen in der Verwaltung des Landes der Erlaubnis der oberen Straßenbaubehörde. In Ortsdurchfahrten erteilt die Gemeinde die Erlaubnis. Die Erlaubnis darf, soweit es sich nicht um Zufahrten im Sinne des § 24 handelt, der land- oder forstwirtschaftlichen Nutzung dienen, nur auf Zeit oder auf Widerruf erteilt werden. Für die Erlaubnis können Bedingungen und Auflagen festgesetzt werden. Eine Auflage kann auch bezwecken, Belastungen der Umwelt, die mit der Ausübung einer Sondernutzung verbunden sein können, zu vermeiden oder gering zu halten.

(2) Die Erlaubnisnehmerin oder der Erlaubnisnehmer hat dem Träger der Straßenbaulast alle Kosten zu ersetzen, die diesem durch die Sondernutzung zusätzlich entstehen. Hierfür kann der Träger der Straßenbaulast angemessene Vorschüsse und Sicherheiten verlangen.

(3) Die Erlaubnisnehmerin oder der Erlaubnisnehmer ist verpflichtet, mit der Sondernutzung verbundene Anlagen nach den gesetzlichen Vorschriften und anerkannten Regeln der Technik zu errichten und zu unterhalten. Beim Erlöschen oder beim Widerruf der Erlaubnis sowie bei der Einziehung der Straße hat die Erlaubnisnehmerin oder der Erlaubnisnehmer auf Verlangen des Trägers der Straßenbaulast innerhalb einer angemessenen Frist die Anlagen auf ihre oder seine Kosten zu entfernen und den benutzten Straßenteil in einen ordnungsgemäßen Zustand zu versetzen.

(4) Durch den Wechsel des Trägers der Straßenbaulast wird eine nach Absatz 1 erteilte Erlaubnis nicht berührt.

(5) Die Erlaubnisnehmerin oder der Erlaubnisnehmer hat gegen den Träger der Straßenbaulast keinen Ersatzanspruch bei Widerruf oder bei Sperrung, Änderung oder Einziehung der Straße.

(6) Ist nach den Vorschriften des Straßenverkehrsrechts eine Erlaubnis für eine übermäßige Straßenbenutzung oder eine Ausnahmegenehmigung erforderlich, so bedarf es keiner Erlaubnis nach Absatz 1. Vor ihrer Entscheidung hat die hierfür zuständige Behörde die sonst für die Sondernutzungserlaubnis zuständige Behörde zu hören. Die von dieser geforderten Bedingungen, Auflagen und Sondernutzungsgebühren sind der Antragstellerin oder dem Antragsteller in der Erlaubnis oder Ausnahmegenehmigung aufzuerlegen.

(7) Wird eine Straße ohne die erforderliche Erlaubnis benutzt oder kommt eine Erlaubnisnehmerin oder ein Erlaubnisnehmer ihren oder seinen Verpflichtungen nicht nach, so kann die für die Erteilung der Erlaubnis zuständige Behörde die erforderlichen Maßnahmen zur Beendigung der Benutzung oder zur Erfüllung der Auflagen anordnen. Sind solche Anordnungen nicht oder nur unter unverhältnismäßig hohem Aufwand möglich oder nicht erfolgversprechend, so kann sie den rechtswidrigen Zustand auf Kosten oder des Pflichtigen nach § 238 des Landesverwaltungsgesetzes beseitigen oder beseitigen lassen; weiterer Voraussetzungen bedarf es nicht. Die vorstehenden Vorschriften finden auf Bundesstraßen entsprechende Anwendung.

§ 22
(gestrichen)

§ 23
Sondernutzung an Gemeindestraßen
und sonstigen öffentlichen Straßen

(1) Die Gemeinden können den Gebrauch der Gemeindestraßen über den Gemeingebrauch hinaus (Sondernutzung) sowie die Benutzung der Gemeindestraßen für die Zwecke der öffentlichen Versorgung abweichend von § 21 Abs. 1 bis 5 und § 28 Abs. 1 Nr. 1 und 2 durch Satzung regeln. Dies gilt auch für Kreis- und Landesstraßen innerhalb der Ortsdurchfahrten.

(2) Die Benutzung der sonstigen öffentlichen Straßen über den Gemeingebrauch hinaus (Sondernutzung) regelt sich nach bürgerlichem Recht; Absatz 1 sowie § 21 Abs. 6 finden entsprechende Anwendung.

(2 a) Werbeanlagen, die in unmittelbarem Zusammenhang mit Wahlen und Volksentscheiden stehen, sind für einen Zeitraum von sechs Wochen vor bis spätestens zwei Wochen nach dem Wahl- oder Abstimmungstag zu erlauben. Werbeanlagen, die in unmittelbarem Zusammenhang mit Volksbegehren stehen, sind für die Dauer der Eintragungsfrist nach § 12 Absatz 3 des Gesetzes über Initiativen aus dem Volk, Volksbegehren und Volksentscheid in der Fassung vom 5. April 2004 (GVOBl. Schl.-H. S. 108), zuletzt geändert

durch Artikel 18 der Landesverordnung zur Anpassung von Rechtsvorschriften an geänderte Zuständigkeiten der obersten Landesbehörden und geänderte Ressortbezeichnungen vom 16. Januar 2019 (GVOBl. Schl.-H. S. 30), zuzüglich zwei Wochen nach Ablauf dieser Frist zu erlauben. Größe, Zahl und Standorte von Werbeanlagen nach Satz 1 und 2 dürfen nur aus Gründen der Sicherheit und Ordnung des Verkehrs, zum Schutz von Orten von städtebaulich, denkmalpflegerisch, kulturell oder historisch herausragender überregionaler Bedeutung sowie aus naturschutzfachlichen Gründen beschränkt werden.

(3) Wird eine Gemeindestraße oder eine sonstige öffentliche Straße durch Bewirtschaftung, Ausbeutung oder sonstige Art der Benutzung eines Grundstücks vorübergehend oder dauernd in einem das gewöhnliche Maß erheblich übersteigenden Umfang benutzt, so kann von der Inhaberin oder dem Inhaber des Betriebes, der Eigentümerin oder dem Eigentümer, der Besitzerin oder dem Besitzer oder der oder dem sonst Nutzungsberechtigten des Grundstücks eine Beteiligung an den Kosten der Straßenunterhaltung und -instandsetzung insoweit gefordert werden, als sie durch die außergewöhnliche Benutzung veranlasst werden.

§ 24
Zufahrten

(1) Zufahrten zu Landesstraßen und Kreisstraßen gelten außerhalb einer nach § 4 Abs. 2 festgesetzten Ortsdurchfahrt als Sondernutzung.

(2) Der Träger der Straßenbaulast kann von der Erlaubnisnehmerin oder dem Erlaubnisnehmer alle Maßnahmen verlangen, die wegen der örtlichen Lage, der Art und Ausgestaltung der Zufahrt oder aus Gründen der Sicherheit oder Leichtigkeit des Verkehrs erforderlich sind.

(3) Die Änderung einer Zufahrt bedarf ebenfalls der Erlaubnis nach § 21 Abs. 1. Eine Änderung liegt auch vor, wenn die Zufahrt gegenüber dem bisherigen Zustand einem wesentlich größeren oder andersartigen Verkehr dienen soll.

(4) Eine Erlaubnis nach § 21 Abs. 1 ist nicht erforderlich, wenn Zufahrten geschaffen oder geändert werden

a) zu baulichen Anlagen, bei denen in einem Verfahren nach § 29 oder § 30 die Zufahrt nach Maßgabe des Dritten Teils geregelt ist,

b) in einem Siedlungs- oder Flurbereinigungsverfahren, dem der Träger der Straßenbaulast insoweit zugestimmt hat.

(5) Zufahrten, die nicht auf einer Erlaubnis nach § 21 Abs. 1 beruhen, sind so zu errichten und zu unterhalten, dass sie den Anforderungen der Sicherheit und Leichtigkeit des Verkehrs sowie den anerkannten Regeln der Technik genügen. Absatz 2 findet entsprechende Anwendung.

(6) Die Absätze 1 bis 5 sind auch auf Zugänge anzuwenden.

§ 25
Unterbrechung von Zufahrten

Werden durch den Bau von öffentlichen Straßen Zufahrten zu Grundstücken unterbrochen, die keine anderweitige ausreichende Verbindung mit dem öffentlichen Verkehrsnetz besitzen, so hat der Träger der Straßenbaulast einen angemessenen Ersatz zu schaffen oder, soweit das nicht zumutbar ist, eine angemessene Entschädigung in Geld zu gewähren. Das gilt nicht für Zufahrten, die aufgrund einer widerruflichen Erlaubnis bestehen.

§ 26
Gebühren für Sondernutzungen

(1) Für die Sondernutzungen können Gebühren erhoben werden.

(2) Wird im Fall des § 21 Abs. 1 Satz 2 die Erlaubnis für die Sondernutzung durch eine Gemeinde erteilt, die nicht Träger der Straßenbaulast ist, so ist die Gemeinde zur Erhebung der Gebühren berechtigt.

(3) Für Sondernutzungen zum Zwecke der Wahlwerbung sind Gebühren nicht zulässig.

(4) In den Fällen des § 24 Abs. 6 sind Gebühren nicht zulässig.

(5) In den Fällen des § 62 Abs. 5 sind Gebühren nur zulässig, sofern auch eine Befristung oder ein Widerrufsvorbehalt zulässig ist.

(6) Die Gemeinden und Kreise regeln die Erhebung von Sondernutzungsgebühren durch Satzung. Das für Verkehr zuständige Ministerium regelt die Erhebung von Gebühren für die Sondernutzung an den Straßen, für die das Land Träger der Straßenbaulast ist oder die vom Land verwaltet werden, durch Verordnung[1]. Die Gebührensätze sind nach Art und Ausmaß der Einwirkungen auf die Straße und nach dem wirtschaftlichen Interesse der Nutzungsberechtigten zu bemessen. Die Sätze 1 bis 3 gelten auch für die Bundesstraßen.

§ 27
Vergütung von Mehrkosten

Wenn eine öffentliche Straße wegen der Art des Gebrauches durch eine andere oder einen anderen aufwendiger hergestellt werden muss, hat die oder der andere dem Träger der Straßenbaulast die Mehrkosten für den Bau und die Unterhaltung zu vergüten. Das gilt nicht für Haltestellenbuchten für den Linienverkehr. Der Träger der Straßenbaulast kann angemessene Vorschüsse oder Sicherheiten verlangen.

§ 28
Nutzung nach bürgerlichem Recht

(1) Die Einräumung von Rechten zur Nutzung der öffentlichen Straßen richtet sich nach bürgerlichem Recht, soweit nicht durch Gesetz etwas anderes bestimmt ist und sofern

1. der Gemeingebrauch nicht beeinträchtigt wird oder

2. die Nutzung der öffentlichen Versorgung dient oder

3. weder das Land noch eine Gebietskörperschaft Träger der Straßenbaulast der genutzten Straßenteile ist.

Nutzungen des Luftraums über öffentlichen Straßen sind in der Regel bis zu einer Höhe von 4,50 m als Sondernutzungen zu behandeln; im Übrigen unterliegt ihre Behandlung dem bürgerlichen Recht.

(2) Soweit die Gemeinde nicht Träger der Straßenbaulast für die Ortsdurchfahrten ist, hat der Träger der Straßenbaulast die Verlegung von Leitungen, die der öffentlichen Versorgung einschließlich der Abwasserbeseitigung dienen, auf Antrag der Gemeinde unentgeltlich zu genehmigen, wenn die Verlegung in seine Straßenteile erforderlich ist. Im Übrigen dürfen solche Leitungen nur mit Zustimmung der Gemeinde in den Ortsdurchfahrten verlegt werden. Die Gemeinde kann die Zustimmung nur aus wichtigem Grunde verweigern.

(3) Kommt in den Fällen des Absatzes 2 Satz 1 keine Einigung zwischen der Gemeinde und dem Träger der Straßenbaulast zustande, so entscheidet die Straßenaufsichtsbehörde. Die Zustimmung der Gemeinde nach Absatz 2 Satz 3 kann durch eine von dem für Verkehr zuständigen Ministerium im Einvernehmen mit dem für Inneres zuständigen Ministerium getroffene Entscheidung ersetzt werden.

(4) § 27 sowie Bestimmungen, nach denen aufgrund anderer Rechtsvorschriften eine öffentlich-rechtliche Erlaubnis erforderlich ist, bleiben unberührt.

Vierter Teil
Anbau an Straßen und Schutzmaßnahmen

§ 29
Anbauverbote

(1) Außerhalb der zur Erschließung der anliegenden Grundstücke bestimmten Teile der Ortsdurchfahrt dürfen Hochbauten jeder Art an

a) Landesstraßen in einer Entfernung bis zu 20 m und

b) Kreisstraßen in einer Entfernung bis zu 15 m,

jeweils gemessen vom äußeren Rand der befestigten, für den Kraftfahrzeugverkehr bestimmten Fahrbahn, nicht errichtet werden.

---

1 *Landesverordnung über die Erhebung von Gebühren für Sondernutzungen vom 3.12.2020 (GVOBl. Schl.-H. S. 984)*

(2) Anlagen der Außenwerbung an Straßen nach Absatz 1 stehen außerhalb der zur Erschließung der anliegenden Grundstücke bestimmten Teile der Ortsdurchfahrt den Hochbauten gleich. An Brücken und im Luftraum über diesen Straßen ist eine Außenwerbung nicht gestattet. Absatz 1 gilt entsprechend auch für Aufschüttungen und Abgrabungen größeren Umfangs; weitergehende Vorschriften bleiben unberührt.

(3) Der Träger der Straßenbaulast kann unbeschadet sonstiger Baubeschränkungen Ausnahmen von dem Anbauverbot zulassen, wenn es im Einzelfall zu einer offenbar nicht beabsichtigten Härte führen würde und die Abweichung vom Anbauverbot mit den öffentlichen Belangen vereinbar ist oder wenn Gründe des Wohls der Allgemeinheit die Abweichung erfordern. Ausnahmen können mit Bedingungen und Auflagen versehen werden. Bei Werbeanlagen ist eine Ausnahme am Ort der eigenen Leistung zulässig, soweit die Anlagen auf die eigene Leistung hinweisen und öffentliche Belange, insbesondere die Sicherheit des Verkehrs und die Sichtverhältnisse, nicht beeinträchtigt werden. Ausnahmen für Werbeanlagen im Sinne des § 23 Absatz 2 a Satz 1 und 2 sind zulässig, soweit öffentliche Belange, insbesondere die Sicherheit des Verkehrs und die Sichtverhältnisse, nicht beeinträchtigt werden. Die Vorschriften des Dritten Teils bleiben unberührt.

(4) Die Gemeinden können durch Satzung vorschreiben, dass bestimmte Gemeindeverbindungsstraßen vom Anbau nach Absatz 1 freizuhalten sind, soweit dies für die Sicherheit oder Leichtigkeit des Verkehrs, die Sichtverhältnisse, die Ausbauabsichten oder die Straßenbaugestaltung erforderlich ist. Das Anbauverbot darf sich nur auf eine Entfernung bis zu 10 m, gemessen vom äußeren Rand der befestigten, für den Kraftfahrzeugverkehr bestimmten Fahrbahn, erstrecken. Die Absätze 2 und 3 finden Anwendung.

(5) Die Absätze 1 und 4 finden keine Anwendung, soweit das Bauvorhaben den Festsetzungen eines rechtsverbindlichen Bebauungsplanes entspricht, der außerdem mindestens die Begrenzung der Verkehrsflächen enthält und unter Mitwirkung des Trägers der Straßenbaulast zustande gekommen ist.

(6) Werden Werbeanlagen entgegen den Bestimmungen der Absätze 1 bis 3 errichtet oder geändert, so kann die obere Straßenbaubehörde im Wege des Verwaltungszwangs die teilweise oder vollständige Beseitigung der Werbeanlagen an Landesstraßen und an Kreisstraßen, deren Verwaltung ihr übertragen worden ist, anordnen. Im Übrigen ordnet die örtliche Bauaufsichtsbehörde die Beseitigung der entgegen den Bestimmungen der Absätze 1 und 3 errichteten Hochbauten im Wege des Verwaltungszwangs an. Die vorstehenden Vorschriften finden auf Bundesstraßen entsprechende Anwendung.

§ 30
Anbaubeschränkungen

(1) Außerhalb der zur Erschließung der anliegenden Grundstücke bestimmten Teile der Ortsdurchfahrt dürfen Genehmigungen für bauliche Anlagen in einer Entfernung bis zu 40 m bei Landesstraßen und bis zu 30 m bei Kreisstraßen, jeweils gemessen vom äußeren Rand der befestigten, für den Kraftfahrzeugverkehr bestimmten Fahrbahn, von der Baugenehmigungsbehörde oder der Behörde, die nach anderen Vorschriften für eine Genehmigung zuständig ist, nur nach Zustimmung des Trägers der Straßenbaulast erteilt werden. Die Zustimmung gilt als erteilt, wenn sie nicht innerhalb von zwei Monaten nach Eingang des Ersuchens unter Angabe von Gründen verweigert wird.

(2) Die Zustimmung des Trägers der Straßenbaulast ist auch erforderlich, wenn infolge der Errichtung oder Änderung von baulichen Anlagen außerhalb der zur Erschließung der anliegenden Grundstücke bestimmten Teile der Ortsdurchfahrt Zufahrten zu einer Landes- oder Kreisstraße geschaffen oder geändert werden sollen.

(3) Bedürfen die baulichen Anlagen im Sinne des Absatzes 1 keiner Baugenehmigung oder keiner Genehmigung nach anderen Vorschriften, so tritt an die Stelle der Zustimmung die Genehmigung des Trägers der Straßenbaulast.

(4) Die Zustimmung oder Genehmigung des Trägers der Straßenbaulast darf nur versagt oder mit Auflagen erteilt werden, soweit dies wegen der Sicherheit oder Leichtigkeit des Verkehrs, der Ausbauabsichten oder der Straßenbaugestaltung nötig ist. Die Vorschriften des Dritten Teils bleiben unberührt.

(5) Die Vorschriften der Absätze 1 und 2 finden keine Anwendung, sofern die Voraussetzungen des § 29 Abs. 5 vorliegen.

(6) Die für die Genehmigung nach Absatz 3 zuständige Behörde kann gegenüber dem Träger der Straßenbaulast die Beseitigung der ohne ihre Genehmigung errichteten baulichen Anlage im Wege des Verwaltungszwangs anordnen. Diese Vorschrift findet auf Bundesstraßen entsprechende Anwendung.

§ 31
Baubeschränkung bei geplanten Straßen

Bei geplanten öffentlichen Straßen gelten die Beschränkungen des § 29 Abs. 1 bis 4 und des § 30 Abs. 1 bis 3 im Planfeststellungsverfahren vom Beginn der Auslegung der Pläne und von dem Zeitpunkt an, zu dem nach den Betroffenen nach § 140 Abs. 3 Satz 2 des Landesverwaltungsgesetzes Gelegenheit gegeben wird, den Plan einzusehen, oder, falls ein Planfeststellungsverfahren nicht durchgeführt wird, vom Beginn der Bauausführung an. Von gesetzlich zustehenden Möglichkeiten, eine Baugenehmigung schon in einem früheren Zeitpunkt zu verweigern, soll Gebrauch gemacht werden. Satz 1 gilt nicht für genehmigte Bauvorhaben während der Geltungsdauer der Baugenehmigung.

§ 32
Entschädigung für Anbauverbote
und Anbaubeschränkungen

(1) Wird infolge der Anwendung des § 29 Abs. 1 bis 4, des § 30 Abs. 1 bis 3 und des § 31 die bauliche Nutzung eines Grundstückes, auf deren Zulassung bisher ein Rechtsanspruch bestand, ganz oder teilweise aufgehoben, so kann die Eigentümerin oder der Eigentümer insoweit eine angemessene Entschädigung in Geld verlangen, als ihre oder seine Vorbereitungen zur baulichen Nutzung des Grundstückes in dem bisher zulässigen Umfang für sie oder ihn an Wert verlieren oder eine wesentliche Wertminderung des Grundstückes eintritt. Zur Entschädigung ist der Träger der Straßenbaulast verpflichtet.

(2) In den Fällen des § 31 entsteht der Anspruch nach Absatz 1 erst, wenn der Plan unanfechtbar festgestellt oder mit der Bauausführung begonnen worden ist, spätestens jedoch nach Ablauf von vier Jahren, nachdem die Beschränkungen in Kraft getreten sind.

§ 33
Schutzmaßnahmen

(1) Zum Schutze der Straßen vor nachteiligen Einwirkungen der Natur, wie Schneeverwehungen, Steinschlag, Überschwemmungen haben die Eigentümerinnen und Eigentümer und die Besitzerinnen und Besitzer von benachbarten Grundstücken die Anlage der notwendigen Einrichtungen vorübergehend zu dulden.

(2) Der Träger der Straßenbaulast hat den Betroffenen die Durchführung der Maßnahmen nach Absatz 1 zwei Wochen vorher anzukündigen, es sei denn, dass Gefahr im Verzuge ist. Die Betroffenen können die Maßnahmen im Benehmen mit dem Träger der Straßenbaulast selbst durchführen.

(3) Anpflanzungen, Zäune sowie Stapel, Haufen und andere mit dem Grundstück nicht fest verbundene Einrichtungen dürfen nicht angelegt oder unterhalten werden, wenn sie die Verkehrssicherheit beeinträchtigen.

(4) Werden Einrichtungen entgegen Absatz 3 angelegt oder unterhalten, so sind sie auf schriftliches Verlangen des Trägers der Straßenbaulast von der Eigentümerin oder dem Eigentümer oder der Besitzerin oder dem Besitzer des Grundstückes binnen einer angemessenen Frist zu beseitigen. Nach Ablauf der Frist kann der Träger der Straßenbaulast die Einrichtungen auf Kosten der oder des Betroffenen beseitigen. Die Ersatzvornahme ist mindestens zwei Wochen vorher schriftlich anzukündigen, es sei denn, dass Gefahr im Verzuge ist.

(5) Der Träger der Straßenbaulast hat den Betroffenen die durch Maßnahmen nach Absatz 1 verursachten Aufwendungen und Schäden in Geld zu ersetzen. Das gleiche gilt für die Beseitigung von Einrichtungen nach Absatz 3, soweit die Einrichtungen beim Inkrafttreten dieses Gesetzes bereits vorhanden waren oder die Voraussetzungen für ihre Beseitigung erst später infolge des Neubaues oder Ausbaues einer öffentlichen Straße eingetreten sind. § 40 bleibt unberührt.

Fünfter Teil
Kreuzungen und Umleitungen

§ 34
Kreuzungen und Einmündungen

(1) Kreuzungen im Sinne dieses Gesetzes sind Überschneidungen öffentlicher Straßen, auch wenn sie in verschiedenen Ebenen liegen.

(2) Einmündungen öffentlicher Straßen stehen den Kreuzungen gleich.

§ 35
Bau und Änderung von Kreuzungen

(1) Beim Bau einer neuen Kreuzung hat der Träger der Straßenbaulast der neu hinzukommenden öffentlichen Straße die entstehenden Kosten zu tragen. Zu ihnen gehören auch die Kosten der Änderungen, die durch die neue Kreuzung an den anderen öffentlichen Straßen unter Berücksichtigung der übersehbaren Verkehrsentwicklung notwendig sind. Die Änderung einer bestehenden Kreuzung ist als neue Kreuzung zu behandeln, wenn eine Straße, die nach Beschaffenheit ihrer Fahrbahn nicht geeignet und nicht dazu bestimmt war, einen allgemeinen Kraftfahrzeugverkehr aufzunehmen, zu einer diesem Verkehr dienenden öffentlichen Straße ausgebaut wird.

(2) Werden mehrere öffentliche Straßen gleichzeitig neu angelegt, so haben die Träger der Straßenbaulast die Kosten der Kreuzungsanlage im Verhältnis der Fahrbahnbreiten der an der Kreuzung beteiligten Straßenäste zu tragen. Bei der Bemessung der Breite der Rad- und Gehwege, die Trennstreifen und befestigten Seitenstreifen einzubeziehen.

(3) Wird eine höhenungleiche Kreuzung geändert, so fallen die dadurch entstehenden Kosten

1. demjenigen Träger der Straßenbaulast zur Last, der die Änderung verlangt oder hätte verlangen müssen,
2. den beteiligten Trägern der Straßenbaulast zur Last, die die Änderung verlangen oder hätten verlangen müssen, und zwar im Verhältnis der Fahrbahnbreiten der an der Kreuzung beteiligten Straßenäste nach der Änderung.

(4) Wird eine höhengleiche Kreuzung geändert, so gilt für die dadurch entstehenden Kosten der Änderung Absatz 2. Beträgt jedoch der durchschnittliche tägliche Verkehr mit Kraftfahrzeugen auf einem der an der Kreuzung beteiligten Straßenäste nicht mehr als 20 Prozent des Verkehrs auf anderen beteiligten Straßenästen, so haben die Träger der Straßenbaulast der verkehrsstärkeren Straßenäste im Verhältnis der Fahrbahnbreiten den Anteil der Änderungskosten mitzutragen, der auf den Träger der Straßenbaulast des verkehrsschwächeren Straßenastes entfallen würde.

(5) Ergänzungen an Kreuzungsanlagen sind wie Änderungen zu behandeln.

(6) Die Absätze 1 bis 4 finden keine Anwendung, soweit etwas anderes vereinbart ist.

(7) Hat ein Träger der Straßenbaulast Schutzmaßnahmen nach § 33 durchgeführt, so kann er von den anderen Trägern der Straßenbaulast Kostenerstattung nach Maßgabe des Absatzes 4 verlangen.

(8) Wird über den Bau neuer oder die wesentliche Änderung bestehender Kreuzungen durch Planfeststellung entschieden, so soll zugleich die Aufteilung der Kosten geregelt werden.

§ 35 a
Kreuzungen mit Gewässern

(1) Werden öffentliche Straßen neu angelegt oder ausgebaut und müssen dazu Kreuzungen mit Gewässern (Brücken oder Unterführungen) hergestellt oder bestehende Kreuzungen geändert werden, so hat der Träger der Straßenbaulast die dadurch entstehenden Kosten zu tragen. Die Kreuzungsanlagen sind so auszuführen, dass unter Berücksichtigung der übersehbaren Entwicklung der wasserwirtschaftlichen Verhältnisse der Wasserabfluss nicht nachteilig beeinflusst wird und den Belangen des Natur- und Umweltschutzes Rechnung getragen wird.

(2) Werden Gewässer ausgebaut und werden dazu Kreuzungen mit öffentlichen Straßen hergestellt oder bestehende Kreuzungen geändert, so hat der Träger des Ausbauvorhabens die dadurch entstehenden Kosten zu tragen. Wird eine neue Kreuzung erforderlich, weil ein Gewässer hergestellt wird, so ist hinsichtlich der Bauausführung die übersehbare Verkehrsentwicklung auf der öffentlichen Straße zu berücksichtigen. Wird die Herstellung oder Änderung einer Kreuzung erforderlich, weil das Gewässer wesentlich umgestaltet wird, so sind die gegenwärtigen Verkehrsbedürfnisse zu berücksichtigen. Verlangt der Träger der Straßenbaulast weitergehende Änderungen, so hat er die Mehrkosten hierfür zu tragen.

(3) Wird eine Straße neu angelegt oder ausgebaut und wird gleichzeitig eine Gewässer hergestellt oder aus anderen als straßenbaulichen Gründen wesentlich umgestaltet, so dass eine neue Kreuzung entsteht, so haben der Träger der Straßenbaulast und der Träger des Gewässerausbaus die Kosten der Kreuzung je zur Hälfte zu tragen.

(4) Kommt über die Kreuzungsmaßnahme oder ihre Kosten eine Einigung nicht zustande, so ist darüber durch Planfeststellung zu entscheiden.

§ 36
Unterhaltung von Kreuzungen

(1) Bei höhengleichen Kreuzungen obliegt dem Träger der Straßenbaulast für die öffentliche Straße der höheren Straßengruppe die Unterhaltung der Kreuzungen in der Fahrbahnbreite seiner Straße; im Übrigen hat der Träger der Straßenbaulast für die kreuzende Straße die Kreuzung zu unterhalten.

(2) Bei Über- oder Unterführungen obliegt die Unterhaltung des Kreuzungsbauwerks dem Träger der Straßenbaulast der öffentlichen Straße der höheren Straßengruppe; die übrigen Teile der Kreuzung sind vom Träger der Straßenbaulast der Straße, zu der sie gehören, zu unterhalten.

(3) Bei Kreuzungen von öffentlichen Straßen der gleichen Straßengruppe obliegt die Unterhaltung der einzelnen Teile der Kreuzung jeweils dem Träger der Straßenbaulast für die Straßen, zu der die Teile gehören.

(4) In den Fällen des § 35 Abs. 1 hat der Träger der Straßenbaulast der neu hinzukommenden Straße dem Träger der Straßenbaulast der vorhandenen Straße die Mehrkosten für die Unterhaltung zu erstatten, die ihm durch die Regelung nach den Absätzen 1 bis 3 entstehen. Die Mehrkosten sind auf Verlangen eines Beteiligten abzulösen.

(5) Nach einer wesentlichen Änderung einer bestehenden Kreuzung haben die Träger der Straßenbaulast ihre veränderten Kosten für Unterhaltung und Erneuerung sowie für Wiederherstellung im Falle der Zerstörung durch höhere Gewalt ohne Ausgleich zu tragen.

(6) Abweichende Regelungen bleiben solange in Kraft, bis eine wesentliche Änderung oder Ergänzung an der Kreuzung durchgeführt worden ist.

§ 36 a
Unterhaltung der Kreuzungen mit Gewässern

(1) Der Träger der Straßenbaulast hat die Kreuzungsanlagen von öffentlichen Straßen und Gewässern auf seine Kosten zu unterhalten, soweit nichts anderes vereinbart oder durch Planfeststellung bestimmt wird. Die Unterhaltungspflicht des Trägers der Straßenbaulast erstreckt sich nicht auf Leitwerke, Leitpfähle, Dalben, Absetzpfähle oder ähnliche Einrichtungen zur Sicherung der Durchfahrt unter Brücken im Zuge von Straßen für die Schifffahrt sowie auf Schifffahrtszeichen. Soweit diese Einrichtungen auf Kosten des Trägers der Straßenbaulast herzustellen waren, hat dieser dem Unterhaltungspflichtigen die Unterhaltungskosten und die Kosten des Betriebes dieser Einrichtungen zu ersetzen oder auf Verlangen abzulösen.

(2) Wird im Falle des § 35 a Abs. 2 eine neue Kreuzung hergestellt, hat der Träger des Ausbauvorhabens die Mehr-

kosten für die Unterhaltung und den Betrieb der Kreuzungsanlage zu erstatten oder auf Verlangen abzulösen. Ersparte Unterhaltungskosten für den Fortfall vorhandener Kreuzungsanlagen sind anzurechnen.

(3) Die Absätze 1 und 2 gelten nicht, wenn beim Inkrafttreten dieser Vorschriften bereits eine andere Kostenregelung getroffen worden ist.

§ 36 b
Verordnungen

Das für Verkehr zuständige Ministerium wird ermächtigt, Verordnungen zu erlassen über

1. den Umfang der Kosten nach den §§ 35 und 35 a,
2. die Zugehörigkeit von Straßenanlagen zu Kreuzungsanlagen und von Teilen einer Kreuzung zu der einen oder anderen Straße nach § 36, die Zugehörigkeit von Anlagen einer Straße oder eines Gewässers zu einer Kreuzungsanlage nach § 36 a,
3. die Berechnung und die Zahlung von Ablösebeträgen nach § 36 Abs. 4 und § 36 a Abs. 2.

In den Fällen der Nummern 1, 3 und 4 wird die Verordnung im Einvernehmen mit dem für Wasserwirtschaft zuständigen Ministerium als oberster Wasserbehörde erlassen, sofern Belange der Wasserwirtschaft berührt sind.

§ 37
Sicherung von Kreuzungen

(1) Bauliche Anlagen jeder Art dürfen außerhalb von Baugebieten oder, soweit solche nicht ausgewiesen sind, außerhalb einer geschlossenen Ortslage nicht errichtet oder geändert werden, wenn dadurch die Sicht bei höhengleichen Kreuzungen von Straßen oder von Straßen mit dem öffentlichen Verkehr dienenden Schienenbahnen behindert und die Verkehrssicherheit beeinträchtigt wird. Das gilt auch für höhengleiche Einmündungen von Straßen.

(2) Die §§ 32 und 33 Abs. 3 bis 5 finden entsprechende Anwendung. Falls eine Enteignung erforderlich wird, finden die Vorschriften des Sechsten Teils Anwendung.

(3) Das für Verkehr zuständige Ministerium erlässt Richtlinien für die Gestaltung der freizuhaltenden Flächen.

§ 38
Umleitungen

(1) Bei vorübergehenden Verkehrsbeschränkungen auf einer öffentlichen Straße sind die Träger der Straßenbaulast anderer öffentlicher Straßen verpflichtet, die Umleitung des Verkehrs zu dulden und die hierfür erforderlichen Maßnahmen zu treffen.

(2) Vor Anordnung der Verkehrsbeschränkung haben die beteiligten Träger der Straßenbaulast im Benehmen miteinander festzustellen, welche Maßnahmen notwendig sind, um die Umleitungsstrecke für die Aufnahme des zusätzlichen Verkehrs verkehrssicher zu machen. Die hierfür nötigen Mehraufwendungen sind dem Träger der Straßenbaulast der Umleitungsstrecke zu erstatten. Dies gilt auch für Aufwendungen, die dieser zur Beseitigung wesentlicher durch die Umleitung verursachter Schäden machen muss. Der Träger der Straßenbaulast der Umleitungsstrecke kann verlangen, dass der andere Träger die Maßnahmen durchführt.

(3) Muss die Umleitung ganz oder zum Teil über private Straßen geführt werden, die dem öffentlichen Verkehr dienen, ohne diesem gewidmet zu sein, so ist die Eigentümerin oder der Eigentümer zur Duldung der Umleitung auf schriftliche Anforderung des Trägers der Straßenbaulast verpflichtet. Absatz 2 gilt entsprechend mit der Maßgabe, dass anstelle der Eigentümerin oder des Eigentümers der Träger der Straßenbaulast der umgeleiteten Strecke die erforderlichen Maßnahmen treffen kann. Nach Aufhebung der Umleitung hat der Träger der Straßenbaulast auf Antrag der Eigentümerin oder des Eigentümers den früheren Zustand der Straße wiederherzustellen.

(4) Bei Straßen, die infolge Verkehrsbeschränkungen außerhalb der gekennzeichneten Umleitung benutzt werden, besteht keine Ersatz- oder Entschädigungspflicht.

Sechster Teil
Planung, Planfeststellung, Plangenehmigung und Enteignung

§ 39
Planungen

(1) Die Straßenplanungen haben den Leitvorstellungen und Grundsätzen zur Entwicklung des Landes Schleswig-Holstein Rechnung zu tragen.

(2) Die Landesplanungsbehörde hat bei überörtlichen Planungen, die die Änderung oder den Bau neuer Straßen zur Folge haben können, unbeschadet weitergehender Vorschriften rechtzeitig das Benehmen mit den beteiligten Trägern der Straßenbaulast herzustellen. Die Träger der Straßenbaulast haben die Landesplanungsbehörde bei Straßenplanungen zu beteiligen, die für die Landesplanung von Bedeutung werden können.

§ 39 a
Vorarbeiten und Schlussvermessung

(1) Zur Vorbereitung der Planung haben Eigentümerinnen und Eigentümer sowie sonstige Nutzungsberechtigte auf ihrem Grundstück notwendige Vermessungen, Boden- und Grundwasseruntersuchungen einschließlich der vorübergehenden Anbringung von Markierungszeichen und sonstigen Vorarbeiten durch die Straßenbaubehörde oder von ihr Beauftragte zu dulden. Wohnungen dürfen nur mit Zustimmung der Wohnungsinhaberin oder des Wohnungsinhabers betreten werden. Satz 2 gilt nicht für Arbeits-, Betriebs- oder Geschäftsräume während der jeweiligen Arbeits-, Geschäfts- oder Aufenthaltszeiten.

(2) Die Absicht, Vorarbeiten auszuführen, ist den Eigentümerinnen und Eigentümern oder sonstigen Nutzungsberechtigten mindestens zwei Wochen vorher unmittelbar oder durch ortsübliche Bekanntmachung in den Gemeinden, in deren Bereich die Vorarbeiten auszuführen sind, auf Kosten des Trägers der Straßenbaulast bekannt zu geben.

(3) Entstehen durch eine Maßnahme nach Absatz 1 einer Eigentümerin oder einem Eigentümer oder einer oder einem sonstigen Nutzungsberechtigten unmittelbare Vermögensnachteile, so hat der Träger der Straßenbaulast eine angemessene Entschädigung in Geld zu leisten.

(4) Die Absätze 1 und 2 Satz 1 und Absatz 3 gelten auch für Vermessungen nach Abschluss der Straßenbauarbeiten.

§ 40
Erfordernis der Planfeststellung

(1) Landesstraßen dürfen nur gebaut oder geändert werden, wenn der Plan vorher festgestellt ist.

(2) Für den Bau oder die Änderung von Kreis- und Gemeindestraßen sowie von sonstigen öffentlichen Straßen ist ein Planfeststellungsverfahren durchzuführen, wenn ein Enteignungsverfahren notwendig ist oder wenn nach den Voraussetzungen der Anlage 1 zu § 1 Absatz 2 Satz 1 Nummer 1 des Landes-UVP-Gesetzes eine Umweltverträglichkeitsprüfung durchzuführen ist. Im Übrigen ist auf Antrag des Straßenbaulastträgers die Planfeststellung zulässig.

(3) Bei der Planfeststellung sind die von dem Vorhaben berührten öffentlichen und privaten Belange einschließlich der Umweltverträglichkeit im Rahmen der Abwägung zu berücksichtigen. Für das Planfeststellungsverfahren gelten die §§ 139 bis 145 des Landesverwaltungsgesetzes nach Maßgabe dieses Gesetzes.

(4) In einer Planfeststellung oder Plangenehmigung für Straßen nach den Absätzen 1 und 2 kann im Rahmen der Gesamtplanung gleichzeitig auch über den Bau, die Veränderung oder die Aufhebung anderer öffentlicher Straßen beschlossen werden.

(5) Wird eine Planfeststellung oder ein Plangenehmigungsverfahren nach dem Bundesfernstraßengesetz durchgeführt, so kann im Rahmen der Gesamtplanung gleichzeitig auch eine Planfeststellung oder eine Plangenehmigung für den Bau, die Veränderung oder die Aufhebung anderer öffentlicher Straßen stattfinden. Auf diese finden die Vorschriften des Bundesfernstraßengesetzes über die Planfeststellung entspre-

chende Anwendung. Die Verpflichtung der Planfeststellungsbehörde nach § 17b Absatz 1 Nummer 2 des Bundesfernstraßengesetzes, bei Meinungsverschiedenheiten die Weisung des für Verkehr zuständigen Bundesministeriums einzuholen, erstreckt sich nicht auf die Planung der anderen öffentlichen Straßen im Sinne des Satzes 1.

§ 40 a
Anhörungsverfahren

Für das Anhörungsverfahren gilt § 140 des Landesverwaltungsgesetzes mit folgenden Maßgaben:

1. Die Anhörungsbehörde kann auf eine Erörterung verzichten, wenn sie den Beteiligten mitgeteilt hat, dass sie beabsichtigt, auf eine Erörterung zu verzichten und keine Beteiligte oder kein Beteiligter innerhalb einer hierfür gesetzten angemessenen Frist Einwendungen dagegen erhoben hat. Findet keine Erörterung statt, hat die Anhörungsbehörde ihre Stellungnahme innerhalb von sechs Wochen nach Ablauf der Einwendungsfrist abzugeben und zusammen mit den sonstigen in § 140 Absatz 9 des Landesverwaltungsgesetzes aufgeführten Unterlagen der Planfeststellungsbehörde zuzuleiten.

2. Soll ein ausgelegter Plan geändert werden, kann von der Erörterung im Sinne des § 140 Absatz 6 des Landesverwaltungsgesetzes und des § 18 Absatz 1 Satz 3 des Gesetzes über die Umweltverträglichkeitsprüfung abgesehen werden, wenn die Behörde den Beteiligten mitgeteilt hat, dass sie beabsichtigt, auf eine Erörterung zu verzichten und keine Beteiligte oder kein Beteiligter innerhalb einer hierfür gesetzten angemessenen Frist Einwendungen dagegen erhoben hat.

§ 40 b
Planfeststellungsbeschluss, Plangenehmigung

(1) Für Planfeststellungsbeschluss und Plangenehmigung gilt § 141 des Landesverwaltungsgesetzes mit der Maßgabe, dass dem Planfeststellungsbeschluss oder der Plangenehmigung stets eine Rechtsbehelfsbelehrung im Sinne des § 108 Absatz 5 des Landesverwaltungsgesetzes beizufügen ist.

(2) Bebauungspläne nach § 9 des Baugesetzbuchs ersetzen die Planfeststellung nach § 40. Wird eine Ergänzung notwendig oder soll von Festsetzungen des Bebauungsplans abgewichen werden, ist die Planfeststellung insoweit zusätzlich durchzuführen. In diesen Fällen gelten die §§ 40, 43 Absatz 1, 2, 4 und 5 sowie § 44 Absatz 1 bis 4 des Baugesetzbuchs.

(3) Die Planfeststellungsbehörde stellt den Plan fest, erteilt die Plangenehmigung und trifft die Entscheidung nach § 141 Absatz 7 des Landesverwaltungsgesetzes.

§ 40 c
Rechtswirkungen der Planfeststellung und der Plangenehmigung

Für die Rechtswirkungen der Planfeststellung und Plangenehmigung gilt § 142 des Landesverwaltungsgesetzes mit folgenden Maßgaben:

1. Wird mit der Durchführung des Plans nicht innerhalb von zehn Jahren nach Eintritt der Unanfechtbarkeit begonnen, tritt er außer Kraft, es sei denn, er wird vorher auf Antrag des Trägers des Vorhabens von der Planfeststellungsbehörde um höchstens fünf Jahre verlängert.

2. Vor der Entscheidung nach Nummer 1 ist eine auf den Antrag begrenzte Anhörung nach dem für die Planfeststellung oder für die Plangenehmigung vorgeschriebenen Verfahren durchzuführen.

3. Für die Zustellung und Auslegung sowie die Anfechtung der Entscheidung über die Verlängerung sind die Bestimmungen über den Planfeststellungsbeschluss beziehungsweise die Plangenehmigung entsprechend anzuwenden.

§ 40 d
Planänderung vor Fertigstellung des Vorhabens

Für die Planergänzung und das ergänzende Verfahren im Sinne des § 142 Absatz 1a Satz 2 des Landesverwaltungsgesetzes und für die Planänderung vor Fertigstellung des Vorhabens gilt § 143 des Landesverwaltungsgesetzes mit der Maßgabe, dass im Fall § 143 Absatz 1 des Landesverwaltungsgesetzes von einer Erörterung im Sinne des § 140 Absatz 6 des Landesverwaltungsgesetzes und des § 18 Absatz 1 Satz 3 des Gesetzes über die Umweltverträglichkeitsprüfung abgesehen werden kann, wenn die Behörde den Beteiligten mitgeteilt hat, dass sie beabsichtigt, auf eine Erörterung zu verzichten und keine Beteiligte oder kein Beteiligter innerhalb einer hierfür gesetzten angemessenen Frist Einwendungen dagegen erhoben hat. Im Übrigen gelten für das neue Verfahren die Vorschriften dieses Gesetzes.

§ 41
(aufgehoben)

§ 42
Veränderungssperre und Planungsgebiete

(1) Vom Beginn der Auslegung der Pläne im Planfeststellungsverfahren oder von dem Zeitpunkt an, zu dem den Betroffenen nach § 140 Abs. 3 Satz 2 des Landesverwaltungsgesetzes Gelegenheit gegeben wird, den Plan einzusehen, dürfen auf den vom Plan betroffenen Flächen bis zu ihrer Übernahme durch den Träger der Straßenbaulast wesentliche wertsteigernde oder den geplanten Straßenbau erheblich erschwerende Veränderungen nicht vorgenommen werden (Veränderungssperre). Veränderungen, die in rechtlich zulässiger Weise vorher begonnen worden oder von einer rechtswirksamen Genehmigung erfasst sind, Unterhaltungsarbeiten und die Fortführung einer bisher ausgeübten Nutzung werden hiervon nicht berührt.

(2) Dauert die Veränderungssperre länger als vier Jahre, so können die Eigentümerinnen und Eigentümer für die dadurch entstandenen Vermögensnachteile vom Träger der Straßenbaulast eine angemessene Entschädigung in Geld sowie die Übernahme der vom Plan betroffenen Flächen verlangen, wenn es ihnen mit Rücksicht auf die Veränderungssperre wirtschaftlich nicht mehr zuzumuten ist, die Grundstücke in der bisherigen oder einer anderen zulässigen Art zu benutzen. Kommt keine Einigung über die Übernahme zustande, so können sie die Entziehung des Eigentums an den Flächen verlangen. Im Übrigen findet § 44 Anwendung.

(3) Zur Sicherung der Planung von Landesstraßen und Kreisstraßen kann das für Verkehr zuständige Ministerium durch Verordnung Planungsgebiete festlegen. Absatz 1 ist entsprechend anzuwenden. Die Festlegung tritt nach Ablauf von drei Jahren außer Kraft, sofern kein früherer Zeitpunkt bestimmt ist. Sie kann, wenn besondere Umstände es erfordern, auf vier Jahre verlängert werden. Die Festlegung tritt mit Beginn der Auslegung der Pläne im Planfeststellungsverfahren außer Kraft. Ihre Dauer ist auf die Vierjahresfrist nach Absatz 2 anzurechnen.

(4) Auf die Festlegung eines Planungsgebietes ist in Gemeinden, deren Gebiet betroffen wird, hinzuweisen. Planungsgebiete sind außerdem in Karten kenntlich zu machen, die in den Gemeinden während der Geltungsdauer der Festlegung zur Einsicht auszulegen sind.

(5) Der Träger der Straßenbaulast kann im Einzelfalle Ausnahmen von der Veränderungssperre zulassen, wenn die Durchführung von einer offenbar nicht beabsichtigten Härte führen würde und die Abweichung mit den öffentlichen Belangen vereinbar ist oder wenn Gründe des öffentlichen Wohles die Abweichung erfordern.

§ 43
Vorzeitige Besitzeinweisung

(1) Ist der sofortige Beginn von Bauarbeiten geboten und weigert sich die Eigentümerin oder der Eigentümer bzw. die Besitzerin oder der Besitzer, den Besitz eines für die Straßenbaumaßnahme benötigten Grundstücks durch Vereinbarung unter Vorbehalt aller Entschädigungsansprüche zu überlassen, so hat die Enteignungsbehörde den Träger der Straßenbaulast auf Antrag nach Feststellung des Plans oder Erteilung der Plangenehmigung in den Besitz einzuweisen. Der Planfeststellungsbeschluss oder die Plangenehmigung müssen vollziehbar sein. Weiterer Voraussetzungen bedarf es nicht.

(2) Die Enteignungsbehörde hat spätestens sechs Wochen nach Eingang des Antrags auf Besitzeinweisung mit den Beteiligten mündlich zu verhandeln. Hierzu sind der Träger der Straßenbaulast und die Betroffenen zu laden. Dabei ist

den Betroffenen der Antrag auf Besitzeinweisung mitzuteilen. Die Ladungsfrist beträgt drei Wochen. Mit der Ladung sind die Betroffenen aufzufordern, etwaige Einwendungen gegen den Antrag möglichst vor der mündlichen Verhandlung bei der Enteignungsbehörde einzureichen. Sie sind außerdem darauf hinzuweisen, dass auch bei Nichterscheinen über den Antrag auf Besitzeinweisung und andere im Verfahren zu erledigende Anträge entschieden werden kann.

(3) Soweit der Zustand des Grundstücks von Bedeutung ist, hat ihn die Enteignungsbehörde vor der Besitzeinweisung in einer Niederschrift festzustellen oder durch eine Sachverständige oder einen Sachverständigen ermitteln zu lassen. Den Beteiligten ist eine Abschrift der Niederschrift oder des Ermittlungsergebnisses zu übersenden.

(4) Der Beschluss über die Besitzeinweisung soll dem antragstellenden Träger der Straßenbaulast und den Betroffenen spätestens zwei Wochen nach der mündlichen Verhandlung zugestellt werden. Die Besitzeinweisung wird in dem von der Enteignungsbehörde bezeichneten Zeitpunkt wirksam. Dieser Zeitpunkt soll auf höchstens zwei Wochen nach Zustellung der Anordnung über die vorzeitige Besitzeinweisung an die Besitzerin oder den Besitzer festgesetzt werden. Durch die Besitzeinweisung wird der Besitzerin oder dem Besitzer der Besitz entzogen und der Träger der Straßenbaulast neuer Besitzer. Der Träger der Straßenbaulast darf auf dem Grundstück das im Antrag auf Besitzeinweisung bezeichnete Bauvorhaben ausführen und die dafür notwendigen Maßnahmen treffen.

(5) Der Träger der Straßenbaulast hat für die durch die vorzeitige Besitzeinweisung entstehenden Vermögensnachteile eine Entschädigung zu leisten, soweit die Nachteile nicht durch die Verzinsung der Geldentschädigung für die Entziehung oder Beschränkung des Eigentums oder eines anderen Rechts ausgeglichen werden. Art und Höhe der Entschädigung sind von der Enteignungsbehörde in einem Beschluss festzusetzen.

(6) Wird der festgestellte Plan oder die Plangenehmigung aufgehoben, so ist auch die vorzeitige Besitzeinweisung aufzuheben und die vorherige Besitzerin oder der vorherige Besitzer bald wieder in den Besitz einzuweisen. Der Träger der Straßenbaulast hat für alle durch die vorzeitige Besitzeinweisung entstandenen besonderen Nachteile eine Entschädigung zu leisten.

(7) Auf das Verfahren der vorzeitigen Besitzeinweisung sind für den Fall der Veräußerung des für die Straßenbaumaßnahme benötigten Grundstücks die Vorschriften der §§ 265 und 325 der Zivilprozessordnung über das Verfahren bei einer Veräußerung der Streitsache und die Rechtswirkungen für die Beteiligten und den Rechtsnachfolger (Erwerber) entsprechend anzuwenden. Dies gilt auch für das Verfahren der vorzeitigen Besitzeinweisung nach § 18 f des Bundesfernstraßengesetzes.

(8) In Rechtsstreitigkeiten, die eine vorzeitige Besitzeinweisung im Zusammenhang mit der Planung und dem Bau von Bundesfernstraßen nach § 18 f des Bundesfernstraßengesetzes betreffen, entscheidet das Oberverwaltungsgericht im ersten Rechtszug.

§ 44
Enteignung und Entschädigung

(1) Die Träger der Straßenbaulast haben zur Erfüllung ihrer Aufgaben das Enteignungsrecht. Die Enteignung ist zulässig, soweit sie zur Ausführung eines nach § 40 festgestellten oder genehmigten Bauvorhabens notwendig ist. Im Übrigen findet für das Verfahren vor der Enteignungsbehörde das für die Enteignung von Grundeigentum jeweils geltende Enteignungsrecht des Landes Anwendung, soweit sich aus den nachfolgenden Absätzen nichts anderes ergibt.

(2) Der festgestellte oder genehmigte Plan ist dem Enteignungsverfahren zugrunde zu legen und für die Enteignungsbehörde bindend. Der Planfeststellungsbeschluss oder die Plangenehmigung müssen vollziehbar sein.

(3) Hat sich eine Betroffene oder ein Betroffener mit der Übertragung oder Beschränkung des Eigentums oder eines anderen Rechts schriftlich einverstanden erklärt, so kann das Entschädigungsverfahren unmittelbar durchgeführt werden. Das gleiche gilt, soweit die oder der Betroffene bzw. die Rechtsvorgängerin oder der Rechtsvorgänger die Erlaubnis zur Inanspruchnahme des Grundeigentums für das nach Art und Umfang bestimmte Vorhaben erteilt hatte.

(4) Sofern der Träger der Straßenbaulast die Durchführung des Entschädigungsfeststellungsverfahrens nicht binnen einer angemessenen Frist nach Abschluss des Bauvorhabens beantragt, ist die Straßenaufsichtsbehörde berechtigt, den Antrag zu stellen und das Entschädigungsfeststellungsverfahren auf Kosten des Trägers der Straßenbaulast durchführen zu lassen.

§ 44 a
Sonstige Entschädigungsfeststellungen

Soweit der Träger der Straßenbaulast nach den §§ 25, 32, 33, 37 und 39 a dieses Gesetzes oder nach den §§ 8 a, 9, 11 und 16 a des Bundesfernstraßengesetzes oder aufgrund eines Planfeststellungsbeschlusses oder einer Plangenehmigung (§ 40 dieses Gesetzes und § 17 des Bundesfernstraßengesetzes in Verbindung mit § 141 Abs. 2 Satz 3 und § 142 Abs. 2 Satz 4 des Landesverwaltungsgesetzes) verpflichtet ist, eine Entschädigung in Geld zu leisten, und über die Höhe der Entschädigung keine Einigung zwischen den Betroffenen und dem Träger der Straßenbaulast zustande kommt, entscheidet auf Antrag einer oder eines Beteiligten die obere Straßenbaubehörde. Auf das Verfahren und den Rechtsweg finden die für die Enteignung geltenden Vorschriften entsprechende Anwendung.

Siebenter Teil
Reinigung und Bezeichnung der Straßen

§ 45
Straßenreinigung

(1) Alle innerhalb von Ortsdurchfahrten gelegenen Landes- und Kreisstraßen sind zu reinigen. Entsprechendes gilt für Gemeindestraßen und die sonstigen öffentlichen Straßen innerhalb der geschlossenen Ortslage sowie für die nach Absatz 3 besonders bestimmten Straßen. Art und Umfang der Reinigung richten sich nach den örtlichen Erfordernissen der öffentlichen Sicherheit.

(2) Zur Reinigung gehören auch die Schneeräumung auf den Fahrbahnen und Gehwegen, Radwegen und gemeinsamen (kombinierten) Geh- und Radwegen sowie bei Glatteis das Bestreuen der Gehwege, Radwege, gemeinsamen (kombinierten) Geh- und Radwege, Fußgängerüberwege und der besonders gefährlichen Fahrbahnstellen, bei denen die Gefahr auch bei Anwendung der im Verkehr erforderlichen Sorgfalt nicht oder nicht rechtzeitig erkennbar ist.

(3) Reinigungspflichtig sind die Gemeinden. Sie sind berechtigt, durch Satzung

1. einzelne außerhalb der geschlossenen Ortslage gelegene Straßen oder Straßenteile in die Reinigungspflicht einzubeziehen, soweit die anliegenden Grundstücke in geschlossener oder offener Bauweise zusammenhängend bebaut sind; einzelne unbebaute Grundstücke unterbrechen den Zusammenhang nicht,

2. die Reinigungspflicht ganz oder teilweise den Eigentümerinnen und Eigentümern der anliegenden Grundstücke oder den zur Nutzung dinglich Berechtigten aufzuerlegen,

3. die Eigentümerinnen und Eigentümer oder die zur Nutzung dinglich Berechtigten der anliegenden Grundstücke sowie der durch die Straße erschlossenen Grundstücke zu den entstehenden Kosten heranzuziehen; die Herangezogenen gelten als Benutzerinnen und Benutzer einer Einrichtung im Sinne des § 6 des Kommunalabgabengesetzes des Landes Schleswig-Holstein,

4. vorzusehen, dass auf Antrag der oder des Verpflichteten eine Dritte oder ein Dritter durch schriftliche Erklärung gegenüber der Gemeinde mit deren Zustimmung die Reinigungspflicht anstelle der Eigentümerin oder des Eigentümers oder der oder des zur Nutzung dinglich Berechtigten übernimmt,

5. Art und Umfang der Reinigungspflicht zu bestimmen.

(4) Die Absätze 1 bis 3 finden auf Bundesstraßen innerhalb der nach § 5 Abs. 4 des Bundesfernstraßengesetzes festgelegten Ortsdurchfahrt entsprechende Anwendung.

§ 46
Verunreinigung von Straßen

Wer eine öffentliche Straße über das übliche Maß hinaus verunreinigt, hat die Verunreinigung ohne Aufforderung und ohne schuldhafte Verzögerung zu beseitigen; andernfalls kann der Träger der Straßenbaulast – in Ortsdurchfahrten die Gemeinde – die Verunreinigung auf Kosten der Verursacherin oder des Verursachers beseitigen.

§ 47
Straßennamen und Hausnummern

(1) Die Gemeinden geben den Straßen Namen und bringen Namensschilder an. Sie tragen dafür Sorge, dass Hausnummern angebracht werden. Die Schilder für Straßennamen und Hausnummern sind so zu gestalten, anzubringen und zu unterhalten, dass die Orientierung ermöglicht wird.

(2) Die Eigentümerinnen und Eigentümer und Besitzerinnen und Besitzer von Grundstücken und Baulichkeiten aller Art haben das Anbringen der Straßennamen und Hausnummern zu dulden.

(3) Den Eigentümerinnen und Eigentümern können durch Satzung der Gemeinde die Kosten der Hausnummerierung auferlegt werden. Die Satzung kann die Durchführung der Hausnummerierung durch die Eigentümerinnen und Eigentümer vorschreiben und die Art der Nummernschilder bestimmen.

Achter Teil
Aufsicht und Zuständigkeiten

§ 48
Straßenaufsicht

Die Erfüllung der Aufgaben, die den Trägern der Straßenbaulast nach den gesetzlichen Vorschriften obliegen, wird durch die Straßenaufsicht überwacht.

§ 49
Straßenaufsicht über Kreise und Gemeinden

(1) Sind Kreise, Zweckverbände oder Gemeinden Träger der Straßenbaulast, so ist Straßenaufsichtsbehörde die Kommunalaufsichtsbehörde. Soweit hiernach das für Inneres zuständige Ministerium zuständig wäre, wird die Aufsicht von dem für Inneres zuständigen Ministerium und dem für Verkehr zuständigen Ministerium gemeinsam geführt. Für die Anordnung von Zwangsmaßnahmen nach den §§ 125 bis 127 der Gemeindeordnung und den §§ 64 bis 66 der Kreisordnung ist jedoch das für Inneres zuständige Ministerium allein zuständig.

(2) Für die Durchführung der Straßenaufsicht finden außer den Vorschriften dieses Gesetzes die Vorschriften der Gemeinde- und Kreisordnung über die Kommunalaufsicht Anwendung.

§ 50
Straßenaufsicht über andere Träger der Straßenbaulast

(1) Ist ein anderer als das Land, ein Kreis, ein Zweckverband oder eine Gemeinde Träger der Straßenbaulast, so ist Straßenaufsichtsbehörde die Landrätin oder der Landrat; soweit die Straße im Gebiet einer kreisfreien Stadt liegt, ist Straßenaufsichtsbehörde die Bürgermeisterin oder der Bürgermeister.

(2) Oberste Straßenaufsichtsbehörde ist im Falle des Absatzes 1 das für Verkehr zuständige Ministerium; es ist insoweit berechtigt, den Straßenaufsichtsbehörden Weisungen zu erteilen.

(3) Die Straßenaufsichtsbehörde kann anordnen, dass der Träger der Straßenbaulast notwendige Maßnahmen binnen einer angemessenen Frist erfüllt. Kommt der Träger der Straßenbaulast einer Anordnung nicht nach, so kann die Straßenaufsichtsbehörde die notwendigen Maßnahmen an seiner Stelle und auf seine Kosten verfügen und vollziehen.

(4) Ist das Land Träger der Straßenbaulast, so werden die Befugnisse der Straßenaufsichtsbehörde von dem für Verkehr zuständigen Ministerium wahrgenommen. Das gilt auch für die Aufsicht über die im Zuge dieser Straßen zuständigen Träger der Straßenbaulast im Sinne von Absatz 1.

§ 51
Ausbauvorschriften

Das für Verkehr zuständige Ministerium wird ermächtigt, durch Verordnung Mindestanforderungen für die technische Ausgestaltung der öffentlichen Straßen mit Ausnahme der sonstigen öffentlichen Straßen festzusetzen, wenn dies in Auswertung der Erfahrungen und der Forschung auf dem Gebiete des Straßenbaues oder aus Gründen der Verkehrssicherheit geboten ist.

§ 52
Behörden nach diesem Gesetz

(1) Oberste Landesstraßenbaubehörde ist das für Verkehr zuständige Ministerium.

(2) Obere Straßenbaubehörde ist der Landesbetrieb Straßenbau und Verkehr Schleswig-Holstein[2].

(3) Im Übrigen wird das für Verkehr zuständige Ministerium ermächtigt, die für die Ausführung dieses Gesetzes zuständigen Behörden durch Verordnung zu bestimmen. Dies gilt auch für eine von den Vorschriften dieses Gesetzes abweichende Bestimmung zuständiger Behörden, wenn hierdurch ein zweckmäßigeres Verwaltungshandeln erreicht werden soll[3].

§ 53
Verwaltung der Kreisstraßen

(1) Das Land kann die Aufgaben des Baues, der Unterhaltung und der Verwaltung der Kreisstraßen von den Trägern der Straßenbaulast übernehmen. Die Übernahme ist spätestens am 31. Oktober eines jeden Jahres zum Beginn des übernächsten Rechnungsjahres zu beantragen. Über die Anträge entscheidet das für Verkehr zuständige Ministerium.

(2) Anträge nach Absatz 1 binden die Träger der Straßenbaulast fünf Jahre vom Tage des Übergangs der Aufgaben auf das Land. Wird nicht spätestens bis zum 1. Dezember des vierten Jahres die Rückübertragung der Aufgaben beantragt, verlängert sich die Bindung um weitere fünf Jahre. Das gilt für die folgende Zeit entsprechend.

(3) Die Übernahme der Aufgaben nach Absatz 1 umfasst nicht die Aufgaben der Träger der Straßenbaulast bei Veränderungen des Straßenbestandes, insbesondere beim Grunderwerb, bei der Widmung, Umstufung und Einziehung, ferner nicht die Rechte und Pflichten, die von den Trägern der Straßenbaulast als Grundstückseigentümer wahrzunehmen sind. Die Träger der Straßenbaulast haben das Bestimmungsrecht über die bereitzustellenden Mittel und über die Bauprogramme. Sie tragen die Kosten des Baues und der Unterhaltung sowie die Kosten für das Unterhaltungspersonal. Sie tragen die nach Durchschnittssätzen zu bemessenden Entwurfs-, Bauleitungs- und Verwaltungskosten. Soweit Kreisstraßen bereits vor dem 1. Januar 1998 vom Land verwaltet worden sind, beginnt die Verpflichtung zur Tragung der Verwaltungskosten mit dem 1. Januar 2000. Das für Verkehr zuständige Ministerium wird ermächtigt, durch Rechtsverordnung nähere Einzelheiten der Verwaltung von Kreisstraßen durch das Land zu regeln.

(4) Soweit das Land unabhängig von den Voraussetzungen des Absatzes 1 die dort genannten Aufgaben aufgrund früherer Regelungen bereits wahrnimmt, werden diese Aufgabe weiterhin nach Maßgabe des Absatzes 3 vom Land wahrgenommen. Die Träger der Straßenbaulast können jedoch bis spätestens zum 31. Dezember 1998 erklären, ob sie die Aufgaben vom 1. Januar 2000 an selbst übernehmen. Geben

---

2 *Organisationserlass des Ministeriums für Wirtschaft, Verkehr, Arbeit, Technologie und Tourismus des Landes Schleswig-Holstein für den Landesbetrieb Straßenbau und Verkehr Schleswig-Holstein vom 07.12.2017 (Amtsbl. Schl.-H. S. 1632)*

3 *Landesverordnung zur Bestimmung von Zuständigkeiten in Straßenbau und Verkehr vom 30.6.2000 (GVOBl. Schl.-H. S. 544), zuletzt geändert durch LVO vom 3.12.2020 (GVOBl. Schl.-H. S. 991)*

sie eine solche Erklärung nicht ab, verlängert sich die Bindung über den 1. Januar 2000 hinaus um weitere fünf Jahre. Im Übrigen sind die Bestimmungen des Absatzes 2 Satz 2 und 3 entsprechend anzuwenden.

§ 54
Verwaltung der Ortsdurchfahrten von Bundesstraßen

(1) Die Verwaltung der Ortsdurchfahrten von Bundesstraßen obliegt den Gemeinden, soweit sie Träger der Straßenbaulast sind.

(2) Die oberste Landesstraßenbaubehörde kann die Verwaltung und Unterhaltung der Ortsdurchfahrten von Bundesstraßen, die in der Baulast des Bundes stehen, durch Vereinbarung den Gemeinden übertragen.

§ 55
Behörden nach dem Bundesfernstraßengesetz

(1) Oberste Landesstraßenbaubehörde und Straßenaufsichtsbehörde ist das für Verkehr zuständige Ministerium.

(2) Straßenbaubehörden im Sinne des Bundesfernstraßengesetzes sind
1. der Landesbetrieb Straßenbau und Verkehr Schleswig-Holstein,
2. die Gemeinden für Ortsdurchfahrten, soweit sie Träger der Straßenbaulast sind.

(3) Das für Verkehr zuständige Ministerium wird ermächtigt, durch Verordnung Aufgaben nach Absatz 1 auf nachgeordnete Behörden zu übertragen.

(4) Zuständige Behörde nach § 6 Abs. 3 des Bundesfernstraßengesetzes ist die obere Straßenbaubehörde.

Neunter Teil
Ordnungswidrigkeiten,
Übergangs- und Schlussbestimmungen

§ 56
Ordnungswidrigkeiten

(1) Ordnungswidrig handelt, wer vorsätzlich oder fahrlässig
1. eine öffentliche Straße entgegen § 21 Abs. 1 ohne die erforderliche Erlaubnis zu Sondernutzungen gebraucht oder den nach dieser Vorschrift erteilten Bedingungen und Auflagen zuwiderhandelt;
2. entgegen § 24 Abs. 5 Arbeiten an Zufahrten ohne die Zustimmung des Straßenbaulastträgers durchführt;
3. entgegen den §§ 29 bis 31 Anlagen errichtet, wesentlich verändert oder erteilten Bedingungen und Auflagen zuwiderhandelt;
4. die der Absteckung oder Kenntlichmachung einer neuen Trasse dienenden Merkmale wie Steine, Stangen, Pfähle, Tafeln, Dränrohre oder dergleichen fortnimmt, umwirft oder unkenntlich macht;
5. Einrichtungen nach § 33 Abs. 1 ihrer bestimmungsgemäßen Verwendung entzieht;
6. entgegen § 33 Abs. 4 Einrichtungen nicht beseitigt oder nach Beseitigung erneut anlegt;
7. entgegen § 39 a Vorarbeiten und Vermessungsarbeiten sowie das vorübergehende Anbringen von Markierungszeichen nicht duldet;
8. die ihr oder ihm durch eine Satzung nach § 45 Abs. 3 auferlegte oder von ihr oder ihm übernommene Reinigungspflicht nicht erfüllt;
9. eine von ihm verursachte Verunreinigung einer öffentlichen Straße entgegen § 46 nicht beseitigt;
10. entgegen § 42 Abs. 1 Satz 1 auf der vom Plan betroffenen Fläche oder in dem Planungsgebiet nach § 42 Abs. 3 Veränderungen vornimmt.

(2) Die Ordnungswidrigkeit kann in den Fällen des Absatzes 1 Nr. 1 bis 3 mit einer Geldbuße bis zu 2.556 Euro, in den Fällen des Absatzes 1 Nr. 4 bis 10 mit einer Geldbuße bis zu 511 Euro geahndet werden.

§ 57
Vorhandene öffentliche Straßen
(Übergangsvorschrift zu den §§ 2 und 3)

(1) Die bisher im Straßenverzeichnis eingetragenen Landstraßen I. Ordnung und II. Ordnung sind Landesstraßen und Kreisstraßen im Sinne dieses Gesetzes.

(2) Straßen, die beim Inkrafttreten dieses Gesetzes als Landstraßen I. oder II. Ordnung verwaltet und unterhalten werden, ohne im Straßenverzeichnis eingetragen oder auf andere Weise dem öffentlichen Verkehr gewidmet zu sein, gelten als Landesstraßen oder Kreisstraßen im Sinne des Gesetzes, sofern die Eintragung in das Straßenverzeichnis innerhalb von vier Jahren nach dem Inkrafttreten dieses Gesetzes nachgeholt wird; § 6 findet keine Anwendung.

(3) Alle Straßen, Wege und Plätze, die nach bisherigem Recht die Eigenschaft einer öffentlichen Straße besitzen, sind öffentliche Straßen im Sinne dieses Gesetzes. Soweit Straßen, Wege und Plätze bei Inkrafttreten dieses Gesetzes neben ihrer Erschließungsfunktion für die anliegenden Grundstücke einem nicht unerheblichen öffentlichen Verkehr gedient haben, gelten sie als öffentliche Straßen, es sei denn, dass sie nachweislich bei Inkrafttreten dieses Gesetzes nicht die Eigenschaft einer öffentlichen Straße besessen haben.

§ 58
(gestrichen)

§ 59
(gestrichen)

§ 60
Übernahme von Brücken
(Übergangsvorschrift zu den §§ 11, 12 und 16)

(1) Brücken im Zuge von Landesstraßen oder Kreisstraßen, die in der Baulast eines anderen stehen, sind von dem für die Landesstraßen oder Kreisstraßen zuständigen Träger der Straßenbaulast zu übernehmen, wenn der bisherige Träger der Baulast der Brücken unter Berücksichtigung seiner sonstigen gesetzlichen Verpflichtungen nicht in der Lage ist, den ihm nach § 10 obliegenden Pflichten dauernd zu genügen. Die Baulast für Brücken kann vom Träger der Straßenbaulast für die Landesstraßen oder Kreisstraßen auch dann übernommen werden, wenn diese Voraussetzungen nicht vorliegen.

(2) Die Landesregierung wird ermächtigt, durch Verordnung das Nähere über die zur Überleitung notwendigen Maßnahmen, die Ermittlung des für die Übernahme zu zahlenden Ablösungsbeträge, den Zeitpunkt der Übernahme und die Regelung des Eigentumsüberganges zu bestimmen.

§ 61
Eigentumsübergang
(Übergangsvorschrift zu § 17)

(1) Mit Inkrafttreten dieses Gesetzes geht das Eigentum an öffentlichen Straßen ohne Entschädigung auf den Träger der Straßenbaulast über, soweit es bisher bereits dem Lande oder einer Gebietskörperschaft zustand.

(2) § 17 Abs. 2 und § 19 finden Anwendung.

§ 62
Sondernutzung
(Übergangsvorschrift zu den §§ 21 ff.)

(1) Bei Inkrafttreten dieses Gesetzes bestehende unwiderrufliche Nutzungsrechte an öffentlichen Straßen können durch Enteignung aufgehoben oder beschränkt werden, sofern die Entwicklung des Verkehrs dies erforderlich macht. Ein Planfeststellungsverfahren findet nicht statt. Im Übrigen finden die für die Enteignung von Grundeigentum geltenden Vorschriften Anwendung.

(2) Für Sondernutzungen, die bei Inkrafttreten dieses Gesetzes durch bürgerlich-rechtliche Verträge vereinbart sind, gelten die Vorschriften über Sondernutzungen von dem Zeitpunkt an, zu dem die Verträge erstmals nach Inkrafttreten dieses Gesetzes kündbar sind.

(3) Der bisher ortsüblich gewesene Gebrauch der Gemeindestraßen und der sonstigen öffentlichen Straßen, soweit

diese in der Straßenbaulast der Gemeinde liegen, bleibt bis zum Erlass einer Satzung nach § 23 Abs. 1 zugelassen.

(4) Bei bereits vorhandenen Zufahrten an Landesstraßen oder Kreisstraßen im Sinne des § 24 Abs. 1 wird vermutet, dass die Erlaubnis unwiderruflich erteilt ist. § 24 findet entsprechende Anwendung.

(5) Die Erlaubnis für die Verlegung vorhandener Zufahrten an Landesstraßen und Kreisstraßen, für die ein unwiderrufliches Nutzungsrecht besteht, kann nur unbefristet und ohne Widerrufsvorbehalt erteilt werden, es sei denn, dass eine Änderung der Zufahrt eintritt oder, dass diese einem wesentlich größeren oder andersartigen Verkehr dienen soll. Das gleiche gilt für Zufahrten, die beim Ausbau von Landesstraßen und Kreisstraßen als Ersatz für den unterbrochenen notwendigen Anschluss an das Verkehrsnetz erstmalig angelegt werden.

§ 63
(gestrichen)

§ 64
(gestrichen)

§ 65
Heranziehung von Anliegerinnen und Anliegern zur Straßenreinigung und deren Kosten (Übergangsvorschrift zu § 45)

Bis zum Erlass neuer Satzungen nach § 45 Abs. 3 bleiben Satzungen und örtliches Gewohnheitsrecht, durch welche die Straßenanliegerinnen und -anlieger zur Reinigung von Straßen innerhalb der geschlossenen Ortslage oder zu einem Kostenbeitrag verpflichtet sind, in Kraft.

§ 66
Aufhebung von Vorschriften

§ 67
Inkrafttreten, Übergangsregelung

Schleswig-Holsteinisches Schulgesetz
(Schulgesetz – SchulG)
vom 24. Januar 2007
GVOBl. Schl.-H. S. 39

Zuletzt geändert durch Gesetz vom 16. Juni 2021 (GVOBl. Schl.-H. S. 723)

Inhaltsübersicht

Erster Teil
Auftrag und Gliederung des Schulwesens

Abschnitt I
Einleitende Vorschriften

- § 1 Geltungsbereich
- § 2 Begriffsbestimmungen
- § 3 Selbstverwaltung der Schule

Abschnitt II
Auftrag der Schule

- § 4 Bildungs- und Erziehungsziele
- § 4 a Digitale Lehr- und Lernformen
- § 5 Formen des Unterrichts
- § 6 Ganztagsschulen und Betreuungsangebote
- § 7 Religionsunterricht; Bekenntnis- und Weltanschauungsschulen

Abschnitt III
Gliederung des Schulwesens

- § 8 Schulstufen
- § 9 Schularten
- § 10 Bezeichnung und Name

Zweiter Teil
Besuch öffentlicher Schulen

Abschnitt I
Schulverhältnis

- § 11 Beginn und Inhalt des Schulverhältnisses
- § 12 Schulgeldfreiheit
- § 13 Lernmittel
- § 14 Schuljahr
- § 15 Beurlaubung
- § 16 Zeugnis, Leistungsbewertung
- § 17 Weisungen, Beaufsichtigung
- § 18 Dauer des Schulbesuchs
- § 19 Ende des Schulverhältnisses

Abschnitt II
Schulpflicht

- § 20 Umfang der Schulpflicht
- § 21 Erfüllung der Schulpflicht
- § 22 Beginn der Vollzeitschulpflicht
- § 23 Beginn und Ende der Berufsschulpflicht
- § 24 Zuständige Schule

Abschnitt III
Ergänzende Bestimmungen

- § 25 Maßnahmen bei Konflikten mit oder zwischen Schülerinnen und Schülern
- § 26 Verantwortung für den Schulbesuch
- § 27 Untersuchungen
- § 28 Durchsetzung der Schulpflicht
- § 29 Warenverkauf, Werbung, Sammlungen, Sponsoring und politische Betätigungen

Abschnitt IV
Datenschutz im Schulwesen

- § 30 Verarbeitung von Daten
- § 31 Datenübermittlung an Eltern volljähriger Schülerinnen und Schüler
- § 32 Wissenschaftliche Forschung in Schulen, Praktika und Prüfungsarbeiten im Rahmen der Lehrkräfteausbildung

Dritter Teil
Lehrkräfte an öffentlichen Schulen

Abschnitt I
Schulleiterinnen und Schulleiter, Lehrkräfte

- § 33 Schulleiterinnen und Schulleiter
- § 34 Lehrkräfte
- § 35 Dienstherr
- § 36 Persönliche Kosten

Abschnitt II
Mitwirkung bei der Bestellung der Schulleiterinnen und Schulleiter

- § 37 Beteiligte
- § 38 Schulleiterwahlausschuss
- § 39 Verfahren
- § 40 Ausnahmen

Vierter Teil
Öffentliche allgemein bildende Schulen und Förderzentren

Abschnitt I
Schularten

- § 41 Grundschule
- § 42 gestrichen
- § 43 Gemeinschaftsschule
- § 44 Gymnasium
- § 45 Förderzentrum
- § 46 Halligschulen
- § 46 a Sonstige Unterrichtseinrichtungen

Abschnitt II
Trägerschaft

Unterabschnitt 1
Allgemeine Bestimmungen

- § 47 Aufgaben der Selbstverwaltung
- § 48 Umfang der Aufgaben
- § 49 Verwaltung des Schulvermögens
- § 50 Unterstützung des Schulträgers
- § 51 Schulentwicklungsplanung der Kreise
- § 52 Mindestgröße von Schulen

Unterabschnitt 2
Schulträger

- § 53 Allgemein bildende Schulen
- § 54 Förderzentren
- § 55 Trägerschaft in besonderen Fällen
- § 56 Schulverband und öffentlich-rechtliche Verträge

Unterabschnitt 3
Errichtung von Schulen

- § 57 Zusammenwirken von Schulträgern und Land
- § 58 Errichtung
- § 59 Auflösung und Änderung
- § 60 Organisatorische Verbindung
- § 61 Genehmigung und Anordnung durch die Schulaufsicht

Abschnitt III
Mitwirkung der Lehrkräfte, Eltern, Schülerinnen und Schüler

Unterabschnitt 1
Konferenzen

- § 62 Zusammensetzung der Schulkonferenz
- § 63 Aufgaben und Verfahren der Schulkonferenz
- § 64 Lehrerkonferenz

---

1 Das Schulgesetz wurde als Artikel 1 des Gesetzes zur Weiterentwicklung des Schulwesens vom 24.1.2007 (GVOBl. Schl.-H. S. 39) verkündet, das nach seinem Artikel 3 § 2 im Wesentlichen am 9.2.2007 in Kraft trat.

§ 65	Klassenkonferenz
§ 66	Fachkonferenzen
§ 67	Beanstandungs- und Eilentscheidungsrecht
§ 68	Verfahrensgrundsätze

Unterabschnitt 2
Elternvertretungen

§ 69	Elternversammlung
§ 70	Elternvertretungen
§ 71	Klassenelternbeirat
§ 72	Schulelternbeirat
§ 73	Kreiselternbeirat
§ 74	Landeselternbeirat
§ 75	Kosten, Arbeitsgemeinschaften
§ 76	Ehrenamtliche Tätigkeit, Verfahrensgrundsätze
§ 77	Amtszeit
§ 78	Ausscheiden aus dem Amt

Unterabschnitt 3
Schülervertretungen, Schülerzeitungen, Schülergruppen

§ 79	Wesen und Aufgaben
§ 80	Tätigkeit der Schülervertreterinnen und Schülervertreter
§ 81	Schülervertretung in der Schule
§ 82	Kreisschülervertretung
§ 83	Landesschülervertretung
§ 84	Amtszeit; Verfahrensgrundsätze
§ 85	Verbindungslehrerinnen und Verbindungslehrer
§ 86	Schülerzeitungen
§ 87	Schülergruppen

Fünfter Teil
Öffentliche berufsbildende Schulen

Abschnitt I
Schularten

§ 88	Berufsschule
§ 89	Berufsfachschule
§ 90	Berufsoberschule
§ 91	Fachoberschule
§ 92	Berufliches Gymnasium
§ 93	Fachschule

Abschnitt II
Trägerschaft

§ 94	Allgemeine Bestimmungen, Errichtung und Auflösung
§ 95	Träger berufsbildender Schulen
§ 96	Genehmigung und Anordnung durch die Schulaufsicht

Abschnitt III
Mitwirkung der Lehrkräfte, Eltern, Schülerinnen und Schüler

§ 97	Konferenzen
§ 98	Elternvertretungen
§ 99	Schülervertretungen, Schülerzeitungen, Schülergruppen

Abschnitt IV
Regionale Berufsbildungszentren (RBZ)

§ 100	Errichtung und Rechtsform
§ 101	Aufgaben
§ 102	Mittel des Landes
§ 103	Organisation
§ 104	Organe
§ 105	Verwaltungsrat
§ 106	Geschäftsführung, Schulleitung
§ 107	Rechnungsprüfung
§ 108	Konferenzen
§ 109	Zusammenwirken von Land und RBZ
§ 110	Anwendbarkeit anderer Bestimmungen

Sechster Teil
Schullastenausgleich und Schülerbeförderung

§ 111	Schulkostenbeiträge für den Besuch von allgemein bildenden Schulen und von Förderzentren
§ 112	Schulkostenbeiträge für den Besuch von berufsbildenden Schulen
§ 113	Erstattungen an das Land
§ 114	Schülerbeförderung

Siebenter Teil
Schulen in freier Trägerschaft

Abschnitt I
Errichtung von Schulen in freier Trägerschaft

§ 115	Genehmigung von Ersatzschulen
§ 116	Anerkennung von Ersatzschulen
§ 117	Lehrkräfte an Ersatzschulen
§ 118	Errichtung und Untersagung von Ergänzungsschulen

Abschnitt II
Zuschüsse an Ersatzschulen

§ 119	Voraussetzungen
§ 120	Eigenanteil
§ 121	Grundlagen der Bemessung
§ 122	Höhe des Zuschusses
§ 123	Bewilligungsbescheid
§ 123 a	Zuschuss für Einrichtungen der Lehrkräftebildung für Ersatzschulen und bei zusätzlichen Bildungsgängen

Abschnitt III
Zuschüsse an Ersatzschulen der dänischen Minderheit

| § 124 | Förderung der Schulen der dänischen Minderheit |

Achter Teil
Aufsicht des Landes über das Schulwesen

Abschnitt I
Aufgaben der Schulaufsichtsbehörden, unterstützende Stellen

§ 125	Umfang der Aufsicht
§ 126	Schulgestaltung
§ 127	Lehr- und Lernmittel
§ 128	Mittel der Schulaufsicht

Abschnitt II
Organisation der Schulaufsichtsbehörden

§ 129	Schulaufsichtsbehörden
§ 129 a	Schleswig-Holsteinisches Institut für Berufliche Bildung - Landesamt - (SHIBB)
§ 130	Schulamt
§ 131	Schulaufsichtsbeamtinnen und Schulaufsichtsbeamte

Abschnitt III
Schulpsychologischer Dienst

| § 132 | Aufgaben des schulpsychologischen Dienstes |
| § 133 | Träger des schulpsychologischen Dienstes |

Abschnitt IV
Institut für Qualitätsentwicklung, Landesschulbeirat

| § 134 | Institut für Qualitätsentwicklung |
| § 135 | Landesschulbeirat |

Neunter Teil
Übergangs- und Schlussbestimmungen

§ 136	Ausschluss von Ansprüchen
§ 137	Land als Schulträger
§ 138	Schulversuche, Erprobung anderer Mitwirkungsformen
§ 139	Staatskirchenvertrag
§ 140	Externenprüfung, Anerkennung von Zeugnissen
§ 141	Widersprüche, Prozesskosten
§ 142	Abgrenzung zu anderen Bildungseinrichtungen
§ 143	Verkündung von Verordnungen
§ 144	Ordnungswidrigkeiten
§ 145	Einschränkung von Grundrechten
§ 146	Fortgeltende Rechte und Bestimmungen
§ 147	Übergangsbestimmungen für im Schuljahr 2013/14 bestehende Regionalschulen
§ 148	Sonstige Übergangsbestimmungen
§ 148 a	Erwerb von Schulabschlüssen in den Schuljahren 2019/20 und 2020/21

§ 148 b Erwerb von Schulabschlüssen in den Schuljahren 2019/20 und 2020/21 teilweise oder ganz ohne Abschlussprüfungen
§ 148 c Notenbildung im Schuljahr 2021/22
§ 149 Fortgeltende Rechte und Bestimmungen bei Gymnasien
§ 149 a Übergangsbestimmungen bei Gymnasien ab dem Schuljahr 2019/20
§ 150 gestrichen
§ 151 Übergangsbestimmung für die Berücksichtigung von Investitionskosten im Schullastenausgleich

Erster Teil
Auftrag und Gliederung des Schulwesens

Abschnitt I
Einleitende Vorschriften

§ 1
Geltungsbereich

(1) Dieses Gesetz gilt für die öffentlichen Schulen im Land Schleswig-Holstein.

(2) Auf private Schulen (Schulen in freier Trägerschaft) findet das Gesetz nur Anwendung, soweit dies ausdrücklich bestimmt ist.

§ 2
Begriffsbestimmungen

(1) Schulen sind alle auf Dauer bestimmten Unterrichtseinrichtungen, in denen unabhängig vom Wechsel der Lehrkräfte, Schülerinnen und Schüler durch planmäßiges und gemeinsames Lernen in einer Mehrzahl von Fächern und Lernbereichen und durch das gemeinsame Schulleben bestimmte Bildungs- und Erziehungsziele erreicht werden sollen. Förderzentren gelten abweichend von Satz 1 auch dann als Schulen, wenn sie ausschließlich Schülerinnen und Schüler fördern, die ein Schulverhältnis zu einer anderen öffentlichen Schule begründet haben.

(2) Öffentliche Schulen sind die Schulen, deren Träger das Land, die Kreise, die Gemeinden oder die in diesem Gesetz bestimmten Körperschaften des öffentlichen Rechts ohne Gebietshoheit sind. Die öffentlichen Schulen sind nichtrechtsfähige Anstalten des öffentlichen Rechts des Schulträgers. Die Träger der öffentlichen bildenden Schulen können diese als rechtsfähige Anstalten des öffentlichen Rechts errichten. Soweit die Schulen als nichtrechtsfähige Anstalten aufgrund dieses Gesetzes Verwaltungsakte an Schülerinnen und Schüler oder Eltern richten, gelten sie als untere Landesbehörden.

(3) Schulen in freier Trägerschaft sind die Schulen, deren Träger natürliche oder juristische Personen des Privatrechts sowie Kirchen, Religions- oder Weltanschauungsgemeinschaften sind, die die Rechte einer Körperschaft des öffentlichen Rechts besitzen.

(4) Schulen in freier Trägerschaft sind genehmigungspflichtige Schulen, wenn sie nach dem mit ihrer Errichtung verfolgten Gesamtzweck die allgemeinen Bildungsziele und -abschlüsse anstreben (Ersatzschulen). Schulen in freier Trägerschaft, die nicht genehmigungspflichtige Schulen sind, sind anzeigepflichtige Schulen (Ergänzungsschulen).

(5) Eltern im Sinne dieses Gesetzes sind
1. die nach Bürgerlichem Recht für die Person des Kindes Sorgeberechtigten; sind danach zwei Elternteile sorgeberechtigt, wird vermutet, dass jeder Elternteil auch für den anderen handelt,
2. die Lebenspartnerin oder der Lebenspartner eines allein sorgeberechtigten Elternteils im Rahmen des § 9 Lebenspartnerschaftsgesetz vom 16. Februar 2001 (BGBl. I S. 266), zuletzt geändert durch Artikel 3 in Verbindung mit Artikel 4 Abs. 2 des Gesetzes vom 6. Februar 2005 (BGBl. I S. 203),
3. die Betreuerin oder der Betreuer einer volljährigen Schülerin oder eines volljährigen Schülers für den schulischen Aufgabenkreis; die Bestellungsurkunde muss an der Schule vorgelegt werden.

Mitwirkungsrechte nach diesem Gesetz können anstelle der Eltern oder eines Elternteiles nach Satz 1 diejenigen wahrnehmen, denen die Erziehung des Kindes anvertraut oder mit anvertraut ist, soweit der Schule das Einverständnis der Eltern schriftlich nachgewiesen ist. Die Mitwirkungsrechte können jeweils von nicht mehr als zwei Personen wahrgenommen werden.

(6) Das Schulleistungsjahr (Jahrgangsstufe) umfasst das Unterrichtsangebot eines Schuljahres im Bildungsgang der Schularten.

(7) Innerhalb der Schulstufen nach § 8 wird das Vorhandensein einer Klasse je Jahrgangsstufe als Zug bezeichnet.

(8) Wohnung im Sinne dieses Gesetzes ist die Wohnung einer Person nach den §§ 20 oder 21 des Bundesmeldegesetzes vom 3. Mai 2013 (BGBl I S.1084), zuletzt geändert durch Artikel 2 a des Gesetzes vom 20. Juni 2015 (BGBl. I S. 970).

§ 3
Selbstverwaltung der Schule

(1) Die Schulen sind im Rahmen der geltenden Rechts- und Verwaltungsvorschriften selbständig in der Durchführung des Auftrages der Schule und in der Verwaltung ihrer eigenen Angelegenheiten. Die einzelne Schule gibt sich zur Ausgestaltung ihrer pädagogischen Arbeit und des Schullebens ein Schulprogramm, das der Schulaufsichtsbehörde vorlegt. Vor der Beschlussfassung ist der Schulträger zu hören. Das Schulprogramm ist von der Schulkonferenz in regelmäßigen Abständen zu überprüfen. Maßstab für das Schulprogramm und seine Überprüfung sind insbesondere die Bildungs- und Erziehungsziele, wie sie in § 4 formuliert sind. Dabei sind auch die Auswirkungen von Maßnahmen auf die Schülerinnen und Schüler unter dem Aspekt der Gleichstellung zu dokumentieren.

(2) Die öffentlichen Schulen können auf der Grundlage einer allgemein oder im Einzelfall erteilten Vollmacht und im Rahmen der ihnen zur Verfügung stehenden Mittel in Erfüllung ihres Bildungs- und Erziehungsauftrages Rechtsgeschäfte mit Wirkung für den Schulträger oder das Land abschließen und Verpflichtungen eingehen. Dabei handelt die Schulleiterin oder der Schulleiter in Vertretung des Schulträgers oder des Landes.

(3) Die Schulen sollen sich gegenüber ihrem Umfeld öffnen und insbesondere mit den Trägern der Kindertageseinrichtungen und der Jugendhilfe, den Jugendverbänden, den Migrationsfacheinrichtungen sowie mit anderen Institutionen im sozialen Umfeld von Kindern und Jugendlichen kooperieren. Die Schulen können mit der jeweiligen Einrichtung Verträge über Art, Umfang und Inhalt dieser Zusammenarbeit abschließen. Finanzielle Verpflichtungen für den Schulträger oder das Land können die Schulen eingehen, soweit ihnen für diesen Zweck Mittel zur Verfügung stehen.

Abschnitt II
Auftrag der Schule

§ 4
Bildungs- und Erziehungsziele

(1) Der Auftrag der Schule wird bestimmt durch das Recht des jungen Menschen auf eine seiner Begabung, seinen Fähigkeiten und seiner Neigung entsprechende Förderung und Ausbildung, durch das Recht der Eltern auf eine Schulbildung ihres Kindes sowie durch die staatliche Aufgabe, die einzelne Schülerin und den einzelnen Schüler auf ihre Stellung als Bürgerin und Bürger mit den entsprechenden Rechten und Pflichten vorzubereiten.

(2) Es ist die Aufgabe der Schule, die kognitiven, emotionalen, sozialen, kreativen und körperlichen Fähigkeiten des jungen Menschen unter Wahrung des Gleichberechtigungsgebots zu entwickeln. Der Bildungsauftrag der Schule basiert auf den im Grundgesetz verankerten Menschenrechten, den sie begründenden christlichen und humanistischen Wertvorstellungen und auf den Ideen der demokratischen, sozialen und liberalen Freiheitsbewegungen.

(3) Die Schule soll jungen Menschen kulturelle und gesellschaftliche Orientierung vermitteln. Sie soll dazu ermun-

tern, eigenständig zu denken und vermeintliche Gewissheiten und gesellschaftliche Strukturen auch kritisch zu überdenken. Die Schule soll die Bereitschaft zur Empathie und die Fähigkeit fördern, das eigene Weltbild in Frage zu stellen und Unsicherheiten selbstvertrauend auszuhalten.

(4) Die Schule soll dem jungen Menschen zu der Fähigkeit verhelfen, in einer ständig sich wandelnden und dabei zunehmend digitalisierten Welt ein erfülltes Leben zu führen. Sie soll dazu befähigen, Verantwortung im privaten, familiären und öffentlichen Leben zu übernehmen und für sich und andere Leistungen zu erbringen, insbesondere auch in Form von ehrenamtlichem Engagement. Es gehört zum Auftrag der Schule, die jungen Menschen zur Teilnahme am Arbeitsleben und zur Aufnahme einer hierfür erforderlichen Berufsausbildung zu befähigen. Sie arbeitet hierzu mit den nach dem Zweiten und Dritten Buch des Sozialgesetzbuchs (SGB II und III) zuständigen Trägern der Grundsicherung für Arbeitsuchende und der Arbeitsförderung zusammen und wirkt darauf hin, dass die Schülerinnen und Schüler Beratung und Betreuung für die Vermittlung in Ausbildungsverhältnisse oder Qualifizierungsangebote in Anspruch nehmen. Die Schule soll Kenntnisse gesellschaftlicher, wirtschaftlicher und historischer Zusammenhänge vermitteln, Verständnis für Natur und Umwelt schaffen und die Bereitschaft wecken, an der Erhaltung der Lebensgrundlagen von Pflanzen, Tieren und Menschen mitzuwirken.

(5) Die Schule schützt und fördert die Sprache der friesischen Volksgruppe und vermittelt Kenntnisse über deren Kultur und Geschichte.

(6) Die Schule soll die Offenheit des jungen Menschen gegenüber kultureller und religiöser Vielfalt, den Willen zur Völkerverständigung und die Friedensfähigkeit fördern. Sie soll den jungen Menschen befähigen, die besondere Verantwortung und Verpflichtung Deutschlands in einem gemeinsamen Europa sowie die Bedeutung einer gerechten Ordnung der Welt zu erfassen. Die Schule fördert das Verständnis für die Bedeutung der Heimat, den Beitrag der nationalen Minderheiten und Volksgruppen zur kulturellen Vielfalt des Landes sowie den Respekt vor der Minderheit der Sinti und Roma. Sie pflegt die niederdeutsche Sprache. Zum Bildungsauftrag der Schule gehört die Erziehung des jungen Menschen zur freien Selbstbestimmung in Achtung Andersdenkender, zum politischen und sozialen Handeln und zur Beteiligung an der Gestaltung der Arbeitswelt und der Gesellschaft im Sinne der freiheitlichen demokratischen Grundordnung.

(7) Die Bildungswege sind so zu gestalten, dass jungen Menschen unabhängig von der wirtschaftlichen oder gesellschaftlichen Stellung oder der nationalen Herkunft ihrer Eltern und unabhängig von ihrer Geschlechtszugehörigkeit der Zugang zu allen Schularten eröffnet und ein Schulabschluss ermöglicht wird, der ihrer Begabung, ihren Fähigkeiten und ihrer Neigung entspricht. Die Eltern bestimmen im Rahmen der Rechtsvorschriften darüber, welche Schule das Kind besucht.

(8) Bei der Erfüllung ihres Auftrages hat die Schule das verfassungsmäßige Recht der Eltern zur Erziehung ihrer Kinder (Artikel 6 Abs. 2 des Grundgesetzes) zu achten. Sie darf die religiösen und weltanschaulichen Grundsätze nicht verletzen, nach denen die Eltern ihre Kinder erzogen haben wollen.

(9) Auftrag der Schule ist es auch, die Sexualerziehung durch die Eltern in altersgemäßer Weise durch fächerübergreifenden Sexualkundeunterricht zu ergänzen.

(10) Zum Schutz der seelischen und körperlichen Unversehrtheit der Schülerinnen und Schüler verfügt die Schule über ein Präventions- und Interventionskonzept insbesondere zu Gefährdungen im Zusammenhang mit sexualisierter, psychischer und körperlicher Gewalt, zur allgemeinen Stärkung und Unterstützung der Persönlichkeitsentwicklung der Schülerinnen und Schüler sowie zu strukturellen Maßnahmen zum Umgang mit drohender und bestehender Gefährdung des Kindeswohls.

(11) Die Schule trägt vorbildhaft dazu bei, Schülerinnen und Schüler zu einer Lebensführung ohne Abhängigkeit von Suchtmitteln zu befähigen. Für alle Schulen gilt daher ein Rauch- und Alkoholverbot im Schulgebäude, auf dem Schulgelände und bei schulischen Veranstaltungen außerhalb der Schule. Das für Bildung zuständige Ministerium kann durch Verwaltungsvorschrift festlegen, unter welchen Voraussetzungen die Schulen bei schulischen Veranstaltungen außerhalb des Schulgeländes Ausnahmen hiervon zulassen können. Bei nichtschulischen Veranstaltungen kann der Schulträger durch die Benutzungsordnung Ausnahmen vom Verbot für den Bereich außerhalb des Schulgebäudes und beim Alkoholverbot auch für das Schulgebäude zulassen.

(12) Die Schülerinnen und Schüler, deren Eltern, die Lehrkräfte und das Betreuungspersonal (§ 34 Abs. 2 Satz 1, Abs. 3, 5 bis 7) sind zur gegenseitigen Rücksichtnahme und Achtung verpflichtet. Bei der Lösung von Konflikten und bei unterschiedlichen Interessen sollen sie konstruktiv zusammenarbeiten.

(13) Die Schule darf Sachverhalte nicht politisch einseitig behandeln. Sie muss sich parteipolitisch neutral verhalten.

(14) Schülerinnen und Schüler mit Behinderung sind besonders zu unterstützen. Das Ziel einer inklusiven Beschulung steht dabei im Vordergrund.

§ 4a
Digitale Lehr- und Lernformen

(1) Zur Erfüllung ihres Auftrags kann die Schule auch zur Verfügung stehende digitale Medien und Werkzeuge, insbesondere digitale Lehr- und Lernsysteme und Netzwerke, nutzen.

(2) Im besonderen Bedarfsfall können digitale Lehr- und Lernformen an die Stelle des Präsenzunterrichts treten, wenn der Schule sowie Schülerinnen und Schülern digitale Lehr- und Lernmittel zur Verfügung stehen. Der besondere Bedarf muss eine mögliche Beeinträchtigung des gemeinsamen Schullebens gemäß § 2 Absatz 1 und damit der sozialen Integrationsfunktion von Schule überwiegen. Schülerinnen und Schüler, die keinen oder keinen vollständigen Zugang zu den digitalen Lehr- und Lernformen haben, sind durch die Schule in anderer Weise in die Lehr- und Lernprozesse einzubeziehen und besonders zu unterstützen. Das Nähere hierzu kann das für Bildung zuständige Ministerium durch Verwaltungsvorschrift regeln.

§ 5
Formen des Unterrichts

(1) In den öffentlichen Schulen werden Schülerinnen und Schüler im Regelfall gemeinsam erzogen und unterrichtet. Aus pädagogischen Gründen kann in einzelnen Fächern zeitweise getrennter Unterricht stattfinden. Die begabungsgerechte und entwicklungsgemäße Förderung der einzelnen Schülerin und des einzelnen Schülers ist durchgängiges Unterrichtsprinzip in allen Schulen.

(2) Schülerinnen und Schüler sollen unabhängig von dem Vorliegen eines sonderpädagogischen Förderbedarfs gemeinsam unterrichtet werden, soweit es die organisatorischen, personellen und sächlichen Möglichkeiten erlauben und es der individuellen Förderung der Schülerinnen und Schüler mit sonderpädagogischem Förderbedarf entspricht (gemeinsamer Unterricht).

(3) Die besonderen Belange hochbegabter Schülerinnen und Schüler sind im Unterricht zu berücksichtigen, soweit es die organisatorischen, personellen und sächlichen Möglichkeiten erlauben.

(4) In der Regel wird der Unterricht in derselben Gruppe erteilt, soweit für einzelne Schularten nichts anderes bestimmt ist. Verbindlicher Unterricht kann schulart-, jahrgangs-, fächer- und lernbereichsübergreifend erteilt werden.

(5) Das für Bildung zuständige Ministerium regelt durch Verordnung das Nähere zu besonderen Schulformen für Berufstätige (Abendschulen) einschließlich der Aufnahmevoraussetzungen, der Dauer des Schulbesuchs und des notwendigen Umfangs einer Berufstätigkeit während des Schulbesuchs.

§ 6
Ganztagsschulen und Betreuungsangebote

(1) Soweit nicht für einzelne Schularten durch Rechtsvorschrift abweichend bestimmt, entscheiden die Schulträger

der allgemein bildenden Schulen und Förderzentren, ob diese als Ganztagsschulen in offener oder in gebundener Form geführt werden. Die Ganztagsschule verbindet Unterricht und weitere schulische Veranstaltungen zu einer pädagogischen Einheit, die mindestens an drei Wochentagen jeweils sieben Zeitstunden umfasst. Die Entscheidung des Schulträgers über die Einführung der Ganztagsschule bedarf der Genehmigung des für Bildung zuständigen Ministeriums. Das für Bildung zuständige Ministerium kann durch Verordnung regeln, in welchen Fällen berufsbildende Schulen als Ganztagsschulen gelten.

(2) Offene Ganztagsschulen bieten ergänzend zum planmäßigen Unterricht weitere schulische Veranstaltungen, für die sich Schülerinnen und Schüler freiwillig zur verbindlichen Teilnahme anmelden können. Die Schule kann die Teilnahme an bestimmten schulischen Veranstaltungen im Rahmen des Ganztagsangebotes für einzelne Schülerinnen und Schüler, die ihrer Förderung dienen, für verbindlich erklären.

(3) Ganztagsschulen in gebundener Form bieten am Vor- und Nachmittag lehrplanmäßigen Unterricht sowie ihn ergänzende schulische Veranstaltungen. Die Schülerinnen und Schüler sind zur Teilnahme verpflichtet. Die Schule kann darüber hinaus weitere schulische Veranstaltungen ohne Teilnahmeverpflichtung anbieten.

(4) Das für Bildung zuständige Ministerium kann für Ganztagsschulen durch Verordnung insbesondere regeln:
1. Grundsätze der Organisation,
2. die erforderliche räumliche, sächliche und personelle Ausstattung,
3. die verbindliche Ausgestaltung als Ganztagsschule für Schulen bestimmter Schulartern.

(5) Für Kinder im Grundschulalter können mit Zustimmung des Schulträgers über den zeitlichen Rahmen des planmäßigen Unterrichts hinaus Betreuungsangebote vorgehalten werden. Die Teilnahme ist freiwillig.

(6) Zur Unterstützung des Bildungs- und Erziehungsauftrages der Schule kann das Land bei besonderem Bedarf nach Maßgabe der vom Landtag bewilligten Haushaltsmittel Angebote der Schulträger fördern, die der Betreuung, Beratung und Unterstützung der Schülerinnen und Schüler dienen (Schulsozialarbeit).

§ 7
Religionsunterricht; Bekenntnis- und Weltanschauungsschulen

(1) Der Religionsunterricht ist in den öffentlichen Schulen ordentliches Lehrfach. Er ist unbeschadet der Rechte der Schulaufsichtsbehörden in Übereinstimmung mit den Grundsätzen der Religionsgemeinschaften zu erteilen.

(2) Die Eltern haben das Recht, die Schülerin oder den Schüler vom Religionsunterricht abzumelden. Dieses Recht steht der Schülerin und dem Schüler zu, wenn sie das 14. Lebensjahr vollendet haben. Schülerinnen und Schüler, die nicht am Religionsunterricht teilnehmen, erhalten stattdessen anderen gleichwertigen Unterricht.

(3) Schulen, in denen Kinder einer Religionsgemeinschaft nach den Grundsätzen des betreffenden Bekenntnisses (Bekenntnisschulen) oder nach den Grundsätzen einer Weltanschauung (Weltanschauungsschulen) erzogen und unterrichtet werden, sind nur als Schulen in freier Trägerschaft zulässig. Die öffentlichen Schulen fassen Schülerinnen und Schüler ohne Unterschied des Bekenntnisses und der Weltanschauung zusammen.

Abschnitt III
Gliederung des Schulwesens

§ 8
Schulstufen

(1) Die öffentlichen Schulen gliedern sich in pädagogischer Hinsicht in die Primarstufe (Jahrgangsstufen eins bis vier), die Sekundarstufe I (Jahrgangsstufen fünf bis neun oder zehn) und die Sekundarstufe II (Jahrgangsstufen zehn bis zwölf oder elf bis dreizehn).

(2) Die öffentlichen berufsbildenden Schulen gliedern sich in die Sekundarstufe II (Berufsschule, Berufsfachschule, Berufliches Gymnasium) und die Schularten, die auf der Sekundarstufe II aufbauen (Fachoberschule, Berufsoberschule, Fachschule).

§ 9
Schularten

(1) Die öffentlichen Schulen umfassen folgende Schularten:
1. die Grundschule;
2. die weiterführenden allgemein bildenden Schulen:
   a) die Gemeinschaftsschule,
   b) das Gymnasium;
3. die Berufsbildenden Schulen:
   a) die Berufsschule,
   b) die Berufsfachschule,
   c) die Berufsoberschule,
   d) die Fachoberschule,
   e) das berufliche Gymnasium,
   f) die Fachschule;
4. das Förderzentrum.

(2) Grundschulen, Gymnasien und Förderzentren können miteinander organisatorisch verbunden werden. Gemeinschaftsschulen können mit Grundschulen, Förderzentren und miteinander organisatorisch verbunden werden. Außerdem können berufsbildende Schulen miteinander organisatorisch verbunden werden.

(3) An den Gymnasien bilden die ersten beiden Jahrgangsstufen die Orientierungsstufe. Die Orientierungsstufe dient der Erprobung, der Förderung und der Beobachtung der Schülerin oder des Schülers, um in Zusammenarbeit mit den Eltern die Entscheidung über die Eignung der Schülerin oder des Schülers für das Gymnasium abzusichern. Das Gymnasium hat seinen Unterricht so zu gestalten und die Schülerin oder den Schüler so zu fördern, dass die Versetzung in die Jahrgangsstufe 7 am Gymnasium der Regelfall ist. Das Gymnasium weist die Schülerin oder den Schüler mit dem Abschluss der Orientierungsstufe der nächsten Jahrgangsstufe der Gemeinschaftsschule nur zu (Schrägversetzung), wenn die Leistungen trotz der individuellen Förderung den Anforderungen des Gymnasiums nicht genügen.

(4) Schulen aus dem gleichen oder benachbarten Einzugsbereich sollen pädagogisch zusammenarbeiten.

§ 10
Bezeichnung und Name

(1) Jede Schule führt eine Bezeichnung, in der die Schulart, der Schulträger und die Gemeinde, in der sich die Schule befindet, anzugeben sind. Bei organisatorischen Verbindungen von allgemein bildenden Schulen und Förderzentren oder Teilen von ihnen wird die Bezeichnung durch das für Bildung zuständige Ministerium festgelegt. Organisatorische Verbindungen von berufsbildenden Schulen führen die Bezeichnung „Berufliche Schule". An die Stelle der Schulart kann in den Fällen der §§ 45 und 46 eine vom für Bildung zuständigen Ministerium durch Verordnung zugelassene Bezeichnung treten.

(2) Der Schulträger kann der Bezeichnung einen Zusatz, insbesondere einen Namen hinzufügen. In dem Namen kann insbesondere auf einen im Schulprogramm festgelegten Schwerpunkt Bezug genommen werden. Der Zusatz ist der Schulaufsichtsbehörde anzuzeigen. Sie kann die Führung des Zusatzes insbesondere untersagen, wenn er eine Verwechselung mit anderen Schulen oder einen Irrtum über die Schulart hervorrufen kann.

(3) Schulen in freier Trägerschaft dürfen keine Bezeichnung führen, die eine Verwechselung mit öffentlichen Schulen hervorrufen kann. Unterrichtseinrichtungen, die keine Schulen im Sinne des § 2 Abs. 1 sind, dürfen keine Bezeichnung führen, die eine Verwechselung mit Schulen hervorrufen kann.

Zweiter Teil
Besuch öffentlicher Schulen
Abschnitt I
Schulverhältnis

§ 11
Beginn und Inhalt des Schulverhältnisses

(1) Mit der Aufnahme einer Schülerin oder eines Schülers in eine öffentliche Schule wird ein öffentlich-rechtliches Schulverhältnis begründet.

(2) Aufgrund des Schulverhältnisses sind die Schülerin und der Schüler berechtigt und verpflichtet, am Unterricht teilzunehmen, vorgesehene Prüfungen abzulegen und andere für verbindlich erklärte Schulveranstaltungen zu besuchen. Die Schule kann für einzelne Schülerinnen und Schüler die Teilnahme an bestimmten schulischen Veranstaltungen, die ihrer Förderung dienen, für verbindlich erklären. Darüber hinaus besteht die Verpflichtung, an vom für Bildung zuständigen Ministerium zugelassenen Tests, Befragungen und Erhebungen, die der Überprüfung der Qualität der schulischen Arbeit dienen, teilzunehmen; Gleiches gilt für Befragungen im Zusammenhang von Tests oder Erhebungen, wenn diese für die Untersuchungsergebnisse zur Qualität der schulischen Arbeit geeignet und erforderlich sind. Im Übrigen regelt das für Bildung zuständige Ministerium den Umfang der Teilnahmepflicht am Unterricht und an sonstigen Schulveranstaltungen sowie die Anforderungen an den Nachweis für gesundheitliche und körperliche Beeinträchtigungen durch Verordnung.

(3) In jedem Schuljahr erhalten die Schülerin und der Schüler Unterricht in der Jahrgangsstufe der Schulart, der sie aufgrund ihres Alters, ihrer Begabung und Leistung oder ihres Ausbildungsjahres während der Berufsausbildung zugewiesen sind. Die Schülerin und der Schüler haben im Unterricht mitzuarbeiten, die erforderlichen Arbeiten anzufertigen und die Hausaufgaben zu erledigen. Die Schülerin und der Schüler sollen ihrem Alter und ihrer Entwicklung entsprechend über den Stoffplan und ihren Leistungsstand unterrichtet werden. Bestehen im Rahmen der Vorschriften für den Unterricht Wahlmöglichkeiten, treffen die Eltern oder die volljährige Schülerin oder der volljährige Schüler die Entscheidung.

(4) Die Eltern unterstützen in ihrem Bereich die Bildungs- und Erziehungsmaßnahmen der Schule. Ihnen soll auf Verlangen im Rahmen der vorhandenen Möglichkeiten Gelegenheit gegeben werden, den Unterricht ihres Kindes zu besuchen. Sie sind berechtigt, sich unabhängig von den Zeugnissen über die schulische Entwicklung ihres Kindes unterrichten zu lassen.

§ 12
Schulgeldfreiheit

(1) Die Teilnahme am Unterricht, an anderen Schulveranstaltungen und an Schulprüfungen ist unentgeltlich.

(2) Absatz 1 gilt nicht für Schulveranstaltungen außerhalb des lehrplanmäßigen Unterrichts, für die Entgelte an Dritte zu entrichten sind oder für die Einrichtungen genutzt werden, die nicht zum Schulvermögen (§ 49 Abs. 1) gehören.

(3) Das für Bildung zuständige Ministerium kann durch Verordnung Höchstbeträge festsetzen, bis zu denen von Schülerinnen und Schülern Entgelte für die in Absatz 2 genannten Veranstaltungen verlangt werden können.

§ 13
Lernmittel

(1) Schülerinnen und Schüler erhalten unentgeltlich, in der Regel leihweise,
1. Schulbücher,
2. Gegenstände, die ausschließlich im Unterricht eingesetzt werden und in der Schule verbleiben,
3. zur Unfallverhütung vorgesehene Schutzkleidung.

(2) Schulbücher sind alle Bücher und Druckschriften, die überwiegend im Unterricht und bei der häuslichen Vor- und Nachbereitung des Unterrichts durch Schülerinnen und Schüler verwendet werden. Nicht zur Verfügung gestellt werden müssen Bücher und Druckschriften, die zwar im Unterricht eingesetzt werden, daneben aber erhebliche Bedeutung für den persönlichen Gebrauch haben können.

(3) Von der Schülerin und vom Schüler können Kostenbeiträge verlangt werden für
1. Sachen, die im Unterricht bestimmter Fächer verarbeitet werden und danach von der Schülerin und vom Schüler verbraucht werden oder ihnen verbleiben,
2. Verpflegung in der Schule.

(4) Die Schulträger stellen jährlich die zur Beschaffung der freien Lernmittel erforderlichen Haushaltsmittel bereit.

(5) Das für Bildung zuständige Ministerium kann durch Verordnung Mindestbeträge für die Gewährung der freien Lernmittel nach Absatz 1 und Höchstbeträge für Kostenbeiträge nach Absatz 3 festsetzen.

(6) Der Schulträger kann in sozialen Härtefällen über die in Absatz 2 Satz 2 genannten Einschränkungen hinaus Lernmittel zur Verfügung stellen.

§ 14
Schuljahr

(1) Das Schuljahr beginnt am 1. August und endet am 31. Juli des folgenden Jahres; das für Bildung zuständige Ministerium kann durch Verordnung für einzelne Schularten oder Schulen abweichende Regelungen treffen, soweit es besondere Umstände erfordern.

(2) Die Dauer und zeitliche Verteilung der Ferien sowie die Einteilung des Schuljahres in Schulhalbjahre regelt das für Bildung zuständige Ministerium durch Verordnung.

§ 15
Beurlaubung

Eine Schülerin oder ein Schüler kann auf Antrag aus wichtigem Grund vom Schulbesuch oder von der Teilnahme an einzelnen Unterrichts- oder Schulveranstaltungen beurlaubt werden.

§ 16
Zeugnis, Leistungsbewertung

(1) Die Schülerin und der Schüler haben am Ende des Schuljahres und beim Verlassen der Schule Anspruch auf ein Zeugnis, in dem die im Unterricht erbrachten Leistungen bewertet und erreichte Abschlüsse beurkundet werden.

(2) Die beteiligten Lehrkräfte und die Schulleiterin oder der Schulleiter im Rahmen ihrer oder seiner Aufgaben bewerten die Leistungen der Schülerinnen und Schüler in pädagogischer Verantwortung. Das für Bildung zuständige Ministerium kann nähere Beurteilungsgrundsätze festlegen.

(3) Bei Schülerinnen und Schülern mit einer lang andauernden oder vorübergehenden erheblichen Beeinträchtigung der Fähigkeit, ihr vorhandenes Leistungsvermögen darzustellen, hat die Schule bei Aufrechterhaltung der fachlichen Anforderungen der Beeinträchtigung angemessen Rechnung zu tragen (Nachteilsausgleich). Von einer Bewertung in einzelnen Fächern oder von abgrenzbaren fachlichen Anforderungen in allen Lernstandserhebungen, Prüfungen und Abschlussprüfungen kann abgesehen werden (Notenschutz),

1. wenn eine Lese-Rechtschreib-Schwäche oder eine Beeinträchtigung in der körperlichen Motorik, beim Sprechen, in der Sinneswahrnehmung oder aufgrund eines autistischen Verhaltens vorliegt,

2. aufgrund derer eine Leistung oder Teilleistung auch unter Gewährung von Nachteilsausgleich nicht erbracht und auch nicht durch eine andere vergleichbare Leistung ersetzt werden kann,

3. die einheitliche Anwendung eines allgemeinen, an objektiven Leistungsanforderungen ausgerichteten Bewertungsmaßstabs zum Nachweis des jeweiligen Bildungsstands nicht erforderlich ist und

4. die Eltern oder die volljährige Schülerin oder der volljährige Schüler dies beantragen.

Im Übrigen bleiben die schulrechtlichen Voraussetzungen für das Aufsteigen und die Versetzung innerhalb des jeweiligen Bildungsgangs sowie für den Erwerb von Abschlüssen unberührt. Anstelle des Absehens von der Bewertung können abgrenzbare fachliche Anforderungen zurückhaltend gewichtet werden, wenn dies durch Rechts- oder Verwaltungsvorschrift vorgesehen ist. Art und Umfang des Notenschutzes oder der zurückhaltenden Gewichtung sind im Zeugnis zu vermerken. Maßnahmen zur individuellen Förderung von Schülerinnen und Schülern, die abweichend von den regulären Anforderungen der allgemein bildenden oder berufsbildenden Schule unterrichtet werden, bleiben unberührt.

(4) Das für Bildung zuständige Ministerium kann durch Verordnung das Nähere über Formen und Arten von Zeugnissen, Notenstufen, eine entsprechende Punktebewertung, weitere Formen der Leistungsbewertung, Bewertungsgrundsätze, die weiteren Angaben im Zeugnis, die Gewährung von Nachteilsausgleich und Notenschutz einschließlich einer zurückhaltenden Gewichtung sowie von Absatz 1 abweichende Zeitpunkte, an denen Zeugnisse erteilt werden, regeln.

§ 17
Weisungen, Beaufsichtigung

(1) Die Schülerinnen und Schüler haben in der Schule und bei sonstigen Schulveranstaltungen die Weisungen der Schulleiterin oder des Schulleiters und der Lehrkräfte zu befolgen, die dazu bestimmt sind, die pädagogischen Ziele der Schule zu erreichen und die Ordnung an der Schule aufrechtzuerhalten. Sie dürfen in der Schule und bei sonstigen Schulveranstaltungen ihr Gesicht nicht verhüllen, es sei denn, schulische Gründe erfordern dies. Zur Vermeidung einer unbilligen Härte kann die Schulleiterin oder der Schulleiter Ausnahmen zulassen.

(2) Das Mitführen von Waffen in der Schule und bei schulischen Veranstaltungen ist untersagt. Als Waffen gelten dabei alle Waffen im Sinne des Waffengesetzes vom 11. Oktober 2002 (BGBl. I S. 3970, zuletzt ber. 2003 I S. 1957), zuletzt geändert durch Verordnung vom 19. Juni 2020 (BGBl. I S. 1328), unabhängig von waffenrechtlich geregelten Einzelerlaubnissen oder Regelungen, nach denen der Umgang erlaubnisfrei gestellt ist, sowie Gegenstände, die ihrer Art und den Umständen nach als Angriffs- oder Verteidigungsmittel mitgeführt werden. Über Ausnahmen im Rahmen der geltenden Rechts- und Verwaltungsvorschriften entscheidet die Schulleiterin oder der Schulleiter.

(3) Minderjährige Schülerinnen und Schüler sind während des Unterrichts, während des Aufenthalts auf dem Schulgelände in der Unterrichtszeit und bei sonstigen Schulveranstaltungen durch Lehrkräfte zu beaufsichtigen. Durch die Beaufsichtigung sollen die Schülerinnen und Schüler vor Gefahren geschützt werden, die sie aufgrund normaler altersgemäßer Erfahrung nicht selbst vorsehen und abwenden können, und vor Handlungen bewahrt werden, deren Auswirkungen sie aufgrund ihrer Entwicklung in der Regel nicht abzuschätzen vermögen. Zur Beaufsichtigung und zur Unfallverhütung können Schülerinnen und Schülern Weisungen erteilt werden.

(4) Mit der Beaufsichtigung können jeweils nach den Umständen des Einzelfalls auch Lehrkräfte anderer Schulen, Lehramtsstudentinnen und -studenten im Praktikum, Beschäftigte nach § 34 Abs. 5 und 6, zur Unterstützung der inklusiven Beschulung an der Schule eingesetzte Beschäftigter, Eltern, Schülerinnen und Schüler sowie vom Schulträger angestellte sonstige Personen betraut werden. Weiterhin kann die Beaufsichtigung von denjenigen Personen übernommen werden, die die Schülerinnen und Schüler im Rahmen von Praktika betreuen.

(5) Im Übrigen kann die Schule in der Schulordnung im Rahmen dieses Gesetzes Näheres über die Rechte und Pflichten der Schülerinnen und Schüler bestimmen.

§ 18
Dauer des Schulbesuchs

(1) Die regelmäßige Dauer des Schulbesuchs der einzelnen Schülerin und des einzelnen Schülers ergibt sich aus der Zahl der Schulleistungsjahre der Schularten (§§ 41 bis 45 und 88 bis 93).

(2) Bis zum Ende der Sekundarstufe I darf die regelmäßige Dauer des Schulbesuchs um zwei Jahre überschritten werden. Hierbei unberücksichtigt bleibt der Zeitraum zwischen einer nicht bestandenen Abschluss- und einer Wiederholungsprüfung.

(3) Der Besuch der Oberstufe des Gymnasiums, der Gemeinschaftsschule und des Beruflichen Gymnasiums dauert mindestens zwei und insgesamt höchstens vier Jahre; Absatz 2 Satz 2 gilt entsprechend.

(4) Auf Bildungsgänge der berufsbildenden Schularten, die mit einer Abschlussprüfung enden, findet Absatz 2 Satz 2 entsprechende Anwendung. Unbeschadet von Satz 1 kann der Besuch einer Berufsfachschule und einer Fachschule mit regelmäßiger Dauer von zwei und mehr Schuljahren

1. um ein Schuljahr verlängert werden, wenn zu erwarten ist, dass in dieser Zeit der Abschluss der Schule erreicht werden kann,
2. auf ein Schuljahr begrenzt werden, wenn aufgrund der in der ersten Jahrgangsstufe erzielten Leistungen nicht zu erwarten ist, dass der Bildungsgang erfolgreich abgeschlossen werden kann.

(5) Der Besuch der Förderzentren dauert mindestens bis zur Erfüllung der Vollzeitschulpflicht, sofern nicht zu einem früheren Zeitpunkt eine Umschulung in eine andere Schulart erfolgt. Das für Bildung zuständige Ministerium kann durch Verordnung für die verschiedenen Förderzentren eine längere Dauer des Schulbesuchs zulassen.

(6) Bei der Berechnung der Schulbesuchszeiten in den Fällen des Absatzes 2 bleibt bei einer Verweildauer von drei Schuljahren in der Eingangsstufe der Grundschule und in der flexiblen Übergangsphase jeweils ein Schuljahr unberücksichtigt. Die Schulaufsichtsbehörde kann weitere Ausnahmen zulassen, wenn Gründe vorliegen, die weder die Schülerin oder der Schüler noch die Eltern zu vertreten haben.

§ 19
Ende des Schulverhältnisses

(1) Das Schulverhältnis endet mit der Entlassung aus einer öffentlichen Schule.

(2) Die Entlassung erfolgt auf Antrag, wenn die Schülerin oder der Schüler die Schule wechselt oder eine nichtschulpflichtige Schülerin oder ein nichtschulpflichtiger Schüler von der Schule abgemeldet wird.

(3) Die Schülerin oder der Schüler ist entlassen, wenn das Ziel der besuchten Schule erreicht worden ist. Das ist beim Besuch von Grundschulen und Grundschulteilen mit dem Abschluss der vierten Jahrgangsstufe der Fall, soweit sie oder er diese Jahrgangsstufe nicht wiederholt. Die Schülerin oder der Schüler ist zu entlassen, wenn die in § 18 Abs. 2 bis 4 festgelegten Zeiten überschritten werden.

(4) Eine Schülerin oder ein Schüler kann nach Erfüllung der Vollzeitschulpflicht entlassen werden, wenn sie oder er innerhalb von 30 aufeinander folgenden Kalendertagen insgesamt 20 Unterrichtsstunden dem Unterricht unentschuldigt ferngeblieben ist oder sich durch wiederholte und unentschuldigte Abwesenheit bei schriftlichen Arbeiten unter Aufsicht der Leistungskontrolle in zwei oder mehr Fächern entzieht. Die Entlassung ist nur zulässig, wenn die Schülerin oder der Schüler sowie bei Minderjährigen deren Eltern auf diese Möglichkeit aus konkretem Anlass oder zu Beginn eines Schuljahres hingewiesen worden sind.

(5) Ist eine Schülerin oder ein Schüler aus einem der in den Absätzen 3 oder 4 genannten Gründen entlassen worden, kann ein Schulverhältnis mit einer anderen Schule der bislang besuchten Schulart nicht mehr begründet werden. Ebenso ausgeschlossen ist in den Fällen des Absatzes 4 die Aufnahme in die Oberstufe einer Schule einer anderen Schulart.

Abschnitt II
Schulpflicht

§ 20
Umfang der Schulpflicht

(1) Für Kinder und Jugendliche, die im Land Schleswig-Holstein ihre Wohnung oder ihre Ausbildungsstätte haben, besteht Schulpflicht. Andere Kinder und Jugendliche, die in einem Heim, einer Familienpflegestelle, einem Internat oder einem Krankenhaus untergebracht sind, können öffentliche Schulen im Lande besuchen. Völkerrechtliche Abkommen und zwischenstaatliche Vereinbarungen bleiben unberührt.

(2) Die Schulpflicht gliedert sich in

1. die Pflicht zum Besuch einer Grundschule und einer Schule der Sekundarstufe I oder eines Förderzentrums von insgesamt neun Schuljahren (Vollzeitschulpflicht) und
2. die Pflicht zum Besuch eines Bildungsganges der Berufsschule (Berufsschulpflicht).

(3) Die Schulaufsichtsbehörde kann Jugendliche, die im Ausland die dort geltende Schulpflicht erfüllt hatten, auf deren Antrag von der Vollzeitschulpflicht und der Berufsschulpflicht befreien, wenn insbesondere wegen der Kürze der verbleibenden Schulbesuchszeit eine sinnvolle Förderung nicht erwartet werden kann.

§ 21
Erfüllung der Schulpflicht

(1) Die Schulpflicht wird durch die Begründung eines Schulverhältnisses zu einer öffentlichen Schule oder durch den Besuch einer Ersatzschule erfüllt. Anderweitiger Unterricht darf nur ausnahmsweise von der Schulaufsichtsbehörde gestattet werden.

(2) Die Vollzeitschulpflicht ist durch den Besuch eines Förderzentrums zu erfüllen, wenn die oder der Schulpflichtige einer sonderpädagogischen Förderung bedarf und auch mit besonderen Hilfen dauernd oder vorübergehend in anderen Schularten nicht ausreichend gefördert werden kann. Über die Zuweisung zu einem geeigneten Förderzentrum entscheidet die Schulaufsichtsbehörde nach Anhörung und Beratung der Eltern.

§ 22
Beginn der Vollzeitschulpflicht

(1) Mit Beginn des Schuljahres werden alle Kinder, die bis zum 30. Juni des laufenden Kalenderjahres sechs Jahre alt geworden sind, schulpflichtig.

(2) Bei der Anmeldung stellt die Schule fest, ob die Kinder die deutsche Sprache hinreichend beherrschen, um im Unterricht in der Eingangsphase mitarbeiten zu können. Die Schule verpflichtet Kinder ohne die erforderlichen Sprachkenntnisse zur Teilnahme an einem Sprachförderkurs vor Aufnahme in die Schule, soweit sie nicht bereits in einer Kindertageseinrichtung entsprechend gefördert werden. Kinder, die aus gesundheitlichen Gründen nicht in der Lage sind, am Sprachförderkurs oder am Unterricht in der Eingangsphase teilzunehmen, können nach § 15 beurlaubt werden. In der Eingangsphase bleibt die Zeit einer Beurlaubung vom Unterricht aus gesundheitlichen Gründen bei der Berechnung der Schulbesuchszeiten nach § 18 Abs. 2 unberücksichtigt.

(3) Kinder, die zu Beginn des Schuljahres noch nicht schulpflichtig sind, können auf Antrag der Eltern in die Grundschule aufgenommen werden, wenn ihre körperliche, kognitive, emotionale und soziale Entwicklung erwarten lässt, dass sie erfolgreich in der Eingangsphase mitarbeiten können. Über den Antrag entscheidet die Schulleiterin oder der Schulleiter. Sie oder er kann für die Entscheidung ein schulärztliches und ein schulpsychologisches Gutachten heranziehen.

§ 23
Beginn und Ende der Berufsschulpflicht

(1) Die Berufsschulpflicht beginnt für Minderjährige mit dem Verlassen einer weiterführenden allgemein bildenden Schule oder eines Förderzentrums nach Erfüllung der Vollzeitschulpflicht und dauert

1. bis zum Abschluss eines bestehenden Ausbildungsverhältnisses oder,
2. wenn kein Ausbildungsverhältnis besteht, bis zum Ende des Schulhalbjahres, in dem die Schülerin oder der Schüler volljährig wird.

(2) Als Erfüllung der Berufsschulpflicht kann auch anerkannt werden, wenn die oder der Berufsschulpflichtige wegen einer Behinderung oder eines sonderpädagogischen Förderbedarfs in eine andere Einrichtung übertritt, sofern diese über ein entsprechendes Angebot verfügt.

(3) Abweichend von Absatz 1 Nr. 2 ist die Berufsschulpflicht auch erfüllt, wenn die oder der Schulpflichtige eine Einrichtung des berufsbildenden Schulwesens mit Vollzeitunterricht mit einer Dauer von mindestens einem Schuljahr oder eine andere Einrichtung mit vergleichbarem Bildungsauftrag besucht hat oder nach Feststellung der Schulaufsichtsbehörde anderweitig hinreichend ausgebildet ist.

(4) Die Berufsschulpflicht ruht, wenn die oder der Berufsschulpflichtige

1. mit mindestens 30 Wochenstunden am Unterricht einer Berufsfachschule in freier Trägerschaft teilnimmt, die Ergänzungsschule ist und von der Schulaufsichtsbehörde als ausreichender Ersatz für den Berufsschulunterricht anerkannt ist,
2. in einem Ausbildungsverhältnis für einen nichtärztlichen Heilberuf steht und die Ausbildung auch den Unterrichtsstoff der Berufsschule umfasst,
3. sich im Vorbereitungsdienst für eine Beamtenlaufbahn befindet,
4. eine Berufsschule außerhalb des Landes Schleswig-Holstein besucht.

(5) Tritt eine Volljährige oder ein Volljähriger in ein Ausbildungsverhältnis für einen anerkannten Ausbildungsberuf ein, wird sie oder er bis zum Ende des Ausbildungsverhältnisses berufsschulpflichtig. Dies gilt auch für Volljährige beim Eintritt in Qualifizierungsmaßnahmen, die auf eine anschließende Erstausbildung angerechnet werden sollen.

(6) Mit dem Eintritt in ein Umschulungsverhältnis für einen anerkannten Ausbildungsberuf mit mindestens zweijähriger Dauer wird die Umschülerin oder der Umschüler nicht erneut berufsschulpflichtig. Sie oder er kann in die Berufsschule einschließlich Bezirksfachklasse oder Landesberufsschule aufgenommen werden, wenn der Träger der Umschulungsmaßnahme oder der Umschulungsbetrieb sich bereit erklärt, für die Umschülerin oder den Umschüler abweichend von § 12 Abs. 1 einen Beitrag zu zahlen. Der Beitrag ist an den Schulträger zu zahlen. Dieser führt einen Anteil von 75 % an das Land ab.

(7) Die Höhe des nach Absatz 6 zu zahlenden Beitrags wird durch das für Bildung zuständige Ministerium für jedes Schuljahr im Voraus festgesetzt. Bei Besuch einer Landesberufsschule richtet sich der Beitrag nach den durchschnittlichen Sachkosten (§ 48 Abs. 1 Satz 2) und den durchschnittlichen Personalkosten (§ 36 Abs. 2). Bei Landesberufsschulen, die mit einem Schülerwohnheim verbunden sind (§ 125 Abs. 4), sind die Kosten der Unterhaltung und Bewirtschaftung des Heimes angemessen zu berücksichtigen. Bei Besuch einer Berufsschule oder Bezirksfachklasse richtet sich der Beitrag nach den durchschnittlichen laufenden Sachkosten (§ 48 Absatz 1 Satz 2) im Jahr 2010, die in den Jahren 2013 und 2014 jeweils um 4 % und sodann ab dem Jahr 2015 jährlich um den Prozentsatz zu erhöhen sind, der dem vom Statistischen Bundesamt festgestellten Veränderungsrate des Verbraucherpreisindex in dem vorvergangenen Jahr des Festsetzungszeitraumes nach Satz 1 entspricht, und den durchschnittlichen Personalkosten (§ 36 Absatz 2).

§ 24
Zuständige Schule

(1) Die Eltern oder die volljährigen Schülerinnen und Schüler wählen im Rahmen der von der Schulaufsichtsbehörde

nach Anhörung des Schulträgers festgesetzten Aufnahmemöglichkeiten aus dem vorhandenen Angebot an Grundschulen, weiterführenden allgemein bildenden Schulen und Förderzentren aus. Wird die Aufnahmemöglichkeit aus Gründen einer gleichmäßigen Auslastung von Schulen derselben Schulart festgesetzt, ist das Einvernehmen des Schulträgers erforderlich, soweit nicht ausnahmsweise ein dringendes öffentliches Interesse an der Festsetzung besteht; die Träger benachbarter Schulen derselben Schulart sind anzuhören.

(2) Kann die ausgewählte Schule wegen fehlender Aufnahmemöglichkeiten nicht besucht werden, sind die Schülerinnen und Schüler in die zuständige Schule aufzunehmen. Zuständig ist eine Schule des Schulträgers, in dessen Gebiet die zum Schulbesuch verpflichteten Kinder und Jugendlichen ihre Wohnung haben. Sind mehrere Schulen einer Schulart vorhanden, legt der Schulträger mit Zustimmung der Schulaufsichtsbehörde die zuständige Schule fest. Wird eine Schule gewählt, die der Schulträger des Wohnortes nicht vorhält, bestimmt die Schulaufsichtsbehörde die zuständige Schule im Gebiet eines anderen Schulträgers nach dessen Anhörung.

(3) Die Schulaufsicht kann vor Beginn des Anmeldeverfahrens im Einvernehmen mit dem Schulträger und den Trägern benachbarter Schulen derselben Schulart einen Zuständigkeitsbereich für die Schule festlegen, soweit dies aus Gründen einer gleichmäßigen Auslastung von Schulen derselben Schulart erforderlich ist; besteht ausnahmsweise ein dringendes öffentliches Interesse, kann ein Zuständigkeitsbereich nach Anhörung der Schulträger gebildet werden. Eltern oder volljährige Schülerinnen und Schüler, die im Zuständigkeitsbereich einer Schule ihre Wohnung haben, sind nicht zur Anmeldung an dieser Schule verpflichtet.

(4) Die Schulaufsichtsbehörde kann eine Schülerin oder einen Schüler mit sonderpädagogischem Förderbedarf abweichend von den Absätzen 1 bis 3 der Schule zuweisen, in der dem individuellen Förderbedarf am besten entsprochen werden kann. Wird die Schülerin oder der Schüler im gemeinsamen Unterricht nach § 5 Absatz 2 unterrichtet, legt die Schulaufsichtsbehörde auch das zuständige Förderzentrum fest.

(5) Die Aufnahme in berufsbildende Schulen erfolgt im Rahmen der von der Schulaufsichtsbehörde festgesetzten Aufnahmemöglichkeiten. Bei Berufsschulen ist abweichend von Satz 1 die zuständige Schule zu besuchen. Die Zuständigkeit richtet sich danach, in welchem Gebiet die zum Schulbesuch Verpflichteten ihre Ausbildungsstätte haben. Für Bezirksfachklassen bestimmt das für Bildung zuständige Ministerium die zuständige Schule. Dies gilt auch für Umschülerinnen und Umschüler nach § 23 Absatz 6. Mit Zustimmung ihres Ausbildungsbetriebes können die zum Schulbesuch Verpflichteten an einer anderen als der zuständigen Schule im Rahmen verfügbarer Plätze in vorhandenen Klassen aufgenommen werden, wenn diese näher oder verkehrsgünstiger zu ihrer Wohnung oder Ausbildungsstätte liegt. Besteht kein Ausbildungsverhältnis, ist die Berufsschule für den Schulbesuch zuständig, in dessen Gebiet die zum Schulbesuch Verpflichteten ihre Wohnung haben. Satz 6 gilt entsprechend.

(6) Die Schulaufsichtsbehörde kann Kinder, Jugendliche, Schülerinnen und Schüler aus wichtigem Grund abweichend von den Absätzen 1 bis 5 einer bestimmten Schule zuweisen. Ein wichtiger Grund kann insbesondere in der angemessenen Nutzung vorhandener Schulen oder in einem sonstigen schulorganisatorischen Anlass bestehen. Der Träger der aufnehmenden Schule ist vor der Zuweisung anzuhören.

Abschnitt III
Ergänzende Bestimmungen

§ 25
Maßnahmen bei bei Konflikten mit oder zwischen Schülerinnen und Schülern

(1) Die Erfüllung des Bildungsauftrages der Schule ist vor allem durch pädagogische Maßnahmen zu gewährleisten. In die Lösung von Konflikten sind alle beteiligten Personen einzubeziehen. Zu den Maßnahmen gehören insbesondere gemeinsame Absprachen, die fördernde Betreuung, die Förderung erwünschten Verhaltens, das erzieherische Gespräch mit der Schülerin oder dem Schüler, die Ermahnung, die mündliche oder schriftliche Missbilligung, die Beauftragung mit Aufgaben, die geeignet sind, die Schülerin oder den Schüler Fehler im Verhalten erkennen zu lassen, das Nachholen schuldhaft versäumten Unterrichts nach vorheriger Benachrichtigung der Eltern und die zeitweise Wegnahme von Gegenständen.

(2) Soweit Maßnahmen nach Absatz 1 Satz 3 nicht ausreichen, können Ordnungsmaßnahmen getroffen werden,
1. um die Schülerin oder den Schüler zur Einhaltung der Rechtsnormen oder der Schulordnung anzuhalten, oder
2. um die Schülerin oder den Schüler zur Befolgung von Anordnungen der Schulleitung oder einzelner Lehrkräfte anzuhalten, die zur Erfüllung des Bildungs- und Erziehungsauftrages der Schule erforderlich sind, oder
3. wenn eine Schülerin oder ein Schüler Gewalt als Mittel der Auseinandersetzung anwendet oder dazu aufruft.

(3) Ordnungsmaßnahmen sind:
1. Schriftlicher Verweis,
2. Ausschluss auf Zeit von Schulveranstaltungen außerhalb des Unterrichts,
3. Ausschluss in einem Fach bei schwerer oder wiederholter Störung des Unterrichts in diesem Fach bis zu einer Dauer von drei Wochen,
4. vorübergehende Zuweisung in eine Parallelklasse oder eine entsprechende organisatorische Gliederung bis zu einer Dauer von vier Wochen,
5. Ausschluss vom Unterricht bis zu einer Dauer von drei Wochen,
6. Überweisung in eine Parallelklasse oder eine entsprechende organisatorische Gliederung,
7. Überweisung in eine andere Schule mit dem gleichen Bildungsabschluss.

Körperliche Gewalt und andere entwürdigende Maßnahmen sind verboten. Ordnungsmaßnahmen sollen pädagogisch begleitet werden. Die Maßnahmen nach Satz 1 Nummer 4 bis 7 sollen nur bei schwerem oder wiederholtem Fehlverhalten der Schülerin oder des Schülers angewandt werden.

(4) Die Ordnungsmaßnahme muss in einem angemessenen Verhältnis zum Anlass stehen. Vor einer Ordnungsmaßnahme sind die Schülerin oder der Schüler und im Falle der Minderjährigkeit ihre oder seine Eltern zu hören. Eine in der Klasse tätige sozialpädagogische Fachkraft soll Gelegenheit zur Stellungnahme erhalten. Die Schülerin oder der Schüler kann eine zur Schule gehörende Person ihres oder seines Vertrauens beteiligen.

(5) Die Ordnungsmaßnahme nach Absatz 3 Satz 1 Nummer 7 ist vorher anzudrohen. Die Androhung kann bereits mit einem schriftlichen Verweis (Absatz 3 Satz 1 Nr. 1) verbunden sein. Einer Androhung bedarf es nicht, wenn der damit verfolgte Zweck nicht oder nicht mehr erreicht werden kann.

(6) Über die Ordnungsmaßnahme nach Absatz 3 Satz 1 Nummer 7 entscheidet die Schulaufsichtsbehörde auf Antrag der Schule; sie hat vor ihrer Entscheidung den aufnehmenden Schulträger anzuhören, wenn der Schulträger aufgrund dieser Maßnahme wechselt. Die Überweisung steht der Entlassung aus der bisher besuchten Schule gleich.

(7) In dringenden Fällen kann die Schulleiterin oder der Schulleiter eine Schülerin oder einen Schüler vorläufig vom Unterricht ausschließen, wenn auf andere Weise die Aufrechterhaltung eines geordneten Schulbetriebes nicht mehr gewährleistet werden kann. Der Ausschluss darf einen Zeitraum von bis zu zehn Schultagen nicht überschreiten. Die Entscheidung über die Anordnung einer Ordnungsmaßnahme nach Absatz 3 ist unverzüglich herbeizuführen.

(8) Widerspruch und Klage gegen die Anordnung von Ordnungsmaßnahmen nach Absatz 3 Satz 1 Nummer 2 bis 7

und Entscheidungen nach Absatz 7 haben keine aufschiebende Wirkung.

§ 26
Verantwortung für den Schulbesuch

(1) Eltern haben
1. dafür zu sorgen, dass sich die Schülerin oder der Schüler in ihrem oder seinem Sozialverhalten dahingehend entwickelt, dass sie oder er zu einer Teilnahme am Schulleben befähigt wird und die Schülerin oder der Schüler am Unterricht und an sonstigen Schulveranstaltungen teilnimmt sowie die Pflichten als Schülerin oder Schüler erfüllt,
2. die Schulpflichtige oder den Schulpflichtigen an- und abzumelden und dafür Sorge zu tragen, dass das Kind eine nach § 22 Abs. 2 Satz 2 bestehende Verpflichtung zur Teilnahme an einem Sprachförderkurs erfüllt,
3. die Schülerin oder den Schüler für die Teilnahme an Schulveranstaltungen zweckentsprechend auszustatten und die von der Schule verlangten Lernmittel zu beschaffen,
4. den zur Durchführung der Schulgesundheitspflege erlassenen Anordnungen nachzukommen,
5. bei Schulunfällen die notwendigen Angaben zu machen.

(2) Nach Erreichen der Volljährigkeit treffen die Pflichten nach Absatz 1 die Schülerin oder den Schüler.

(3) Die Schülerin oder der Schüler oder die zum Unterhalt Verpflichteten haben die Kosten des Schulbesuchs zu tragen, soweit nicht nach den §§ 12 und 13 Schulgeld- und Lernmittelfreiheit besteht. Zu den Kosten gehören auch die Kosten für ärztliche Atteste und ähnliche Bescheinigungen, die die Schulen als Nachweis im Einzelfall nach den jeweiligen Vorschriften verlangen können.

(4) Ausbildende, Arbeitgeber oder Dienstherren haben die Berufsschulpflichtige oder den Berufsschulpflichtigen unverzüglich zur Schule anzumelden, die zur Erfüllung der Pflicht zum Schulbesuch erforderliche Zeit zu gewähren und sie oder ihn zur Erfüllung der Berufsschulpflicht anzuhalten. Die gleichen Pflichten treffen, wer eine Minderjährige oder einen Minderjährigen länger als einen Monat beschäftigt, wenn diese oder dieser noch berufsschulpflichtig ist.

§ 27
Untersuchungen

(1) Kinder und Jugendliche, Schülerinnen und Schüler haben sich, soweit es zur Vorbereitung schulischer Maßnahmen und Entscheidungen erforderlich und durch Rechtsvorschrift zugelassen ist, schulärztlich, schulpsychologisch und sonderpädagogisch untersuchen zu lassen und müssen an vom für Bildung zuständigen Ministerium zugelassenen standardisierten Tests teilnehmen. Die zur Schulgesundheitspflege erforderlichen Maßnahmen regelt das für Bildung zuständige Ministerium durch Verordnung.

(2) Die untersuchende Stelle hat die Kinder, Jugendlichen, Schülerinnen und Schüler in einer ihrer Einsichtsfähigkeit gemäßen Form sowie die Eltern oder die volljährigen Schülerinnen und Schüler über Sinn und Grenzen der Untersuchung zu unterrichten. Besondere Erkenntnisse sind den Eltern oder den volljährigen Schülerinnen und Schülern mitzuteilen. Es ist Gelegenheit zur Besprechung der Testergebnisse, Gutachten und Untersuchungsergebnisse zu geben. § 30 Absatz 9 gilt entsprechend.

(3) Zur Durchführung der Untersuchungen nach Absatz 1 dürfen bei der untersuchenden Stelle diejenigen Anamnese- und Befunddaten als personenbezogene Daten verarbeitet werden, die für den Untersuchungszweck notwendig sind. Kinder, Jugendliche, Schülerinnen, Schüler und Eltern haben die erforderlichen Angaben zu machen. Die Schülerinnen und Schüler dürfen dabei über die persönlichen Angelegenheiten der Eltern nicht befragt werden.

(4) Die untersuchende Stelle darf an die Schule oder die durch Rechtsvorschrift vorgesehene zuständige Stelle übermitteln:

1. das im Sinne von Absatz 1 zur Vorbereitung schulischer Maßnahmen und Entscheidungen erforderliche Ergebnis einer Pflichtuntersuchung,
2. weitere Daten über Entwicklungsauffälligkeiten und gesundheitliche Beeinträchtigungen, wenn dies im Einzelfall für die Beschulung, insbesondere für die individuelle Förderung, erforderlich ist,
3. Daten nach Nummer 1 und 2, wenn dies zur Wahrnehmung der Dienst- oder Fachaufsicht oder innerhalb eines Verwaltungs-, Rechtsbehelfs- oder Gerichtsverfahrens zwingend erforderlich ist.

In den Fällen von Satz 1 Nummer 2 und 3 sind die Gründe für die Übermittlung zu dokumentieren.

(5) Zur Wahrung der ärztlichen Schweigepflicht und der Schweigepflicht der Schulpsychologinnen und Schulpsychologen ist sicherzustellen, dass die gespeicherten personenbezogenen Daten vor dem Zugriff unbefugter Dritter geschützt werden. § 12 des Landesdatenschutzgesetzes gilt entsprechend; im Übrigen findet § 30 Absatz 12 entsprechende Anwendung.

§ 28
Durchsetzung der Schulpflicht

(1) Nimmt eine Schülerin oder ein Schüler ohne berechtigten Grund nicht am Unterricht teil oder lässt sich nicht untersuchen (§ 27), kann die Schule oder die mit der Untersuchung beauftragte Stelle die Zuführung durch unmittelbaren Zwang anordnen und die Ordnungsbehörde oder eine andere geeignete Stelle um Vollzugsmaßnahmen ersuchen. Die Vorschriften des Landesverwaltungsgesetzes in der Fassung der Bekanntmachung vom 2. Juni 1992 (GVOBl. Schl.-H. S. 243, ber. S. 534), zuletzt geändert durch Artikel 1 des Gesetzes vom 21. Juni 2013 (GVOBl. Schl.-H. S. 254), über den Vollzug von Verwaltungsakten bleiben unberührt.

(2) Die Zuführung ist auf die Fälle zu beschränken, in denen andere Mittel der Einwirkung auf die Schülerinnen, die Schüler, die Eltern oder die Personen, denen die Betreuung schulpflichtiger Kinder anvertraut ist, die Ausbildenden oder die Arbeitgeber ohne Erfolg geblieben, nicht Erfolg versprechend oder nicht zweckmäßig sind.

§ 29
Warenverkauf, Werbung, Sammlungen, Sponsoring und politische Betätigungen

(1) Waren aller Art dürfen in öffentlichen Schulen bei schulischen Veranstaltungen weder angeboten noch verkauft werden. Dies gilt entsprechend für den Abschluss sonstiger Geschäfte.

(2) Werbemaßnahmen und nicht schulischen Zwecken dienende Sammlungen sind in öffentlichen Schulen unzulässig. Ebenso unzulässig ist die Übermittlung personenbezogener Daten der Schülerinnen, Schüler oder Eltern zu Werbezwecken und sonstigen Erhebungen. Schülerinnen und Schüler dürfen nicht für die Durchführung von Sammlungen geworben werden.

(3) Schulen dürfen zur Erfüllung ihrer Aufgaben ergänzend Zuwendungen von Dritten entgegennehmen und auf deren Leistungen in geeigneter Weise hinweisen (Sponsoring). Sponsoring muss mit dem Bildungs- und Erziehungsauftrag der Schule vereinbar sein und die Werbewirkung muss deutlich hinter dem schulischen Nutzen zurücktreten.

(4) Veranstaltungen durch nicht zur Schule gehörende Personen in oder außerhalb der Schule darf die Schulleiterin oder der Schulleiter als Schulveranstaltungen nur genehmigen, wenn sie von Bedeutung für den Bildungs- und Erziehungsauftrag der Schule sind.

(5) In den öffentlichen Schulen ist während der Unterrichtszeit die Tätigkeit politischer Parteien unzulässig. Dies gilt nicht im Rahmen der Auseinandersetzung mit deren Meinungsvielfalt nach Maßgabe des Absatzes 4.

(6) Über Ausnahmen vom Verbot des Absatzes 1 im schulischen Interesse entscheidet die Schulkonferenz. Über allgemeine Ausnahmen vom Verbot des Absatzes 1 und über Ausnahmen von den Verboten des Absatzes 2 entscheidet die Schulaufsichtsbehörde.

Abschnitt IV
Datenschutz im Schulwesen
§ 30
Verarbeitung von Daten[3]

(1) Personenbezogene Daten der Schülerinnen, Schüler und Eltern dürfen von den Schulen, den Schulträgern und Schulaufsichtsbehörden verarbeitet werden, soweit dies zur Erfüllung ihrer Aufgaben erforderlich ist. Es sind dies:

1. bei Schülerinnen und Schülern:

   Schüler-Kennnummer (auch landeseindeutig), Vor- und Familienname, Tag und Ort der Geburt, Geschlecht, Adressdaten (einschließlich Telefon und E-Mail-Adresse), Adressdaten im Fall einer Unterbringung gemäß § 111 Absatz 2, Staatsangehörigkeit, Herkunfts- und Verkehrssprache, Konfession, Krankenversicherung, Leistungs- und Schullaufbahndaten, Daten über das allgemeine Lernverhalten, das Sozialverhalten sowie über einen Unterstützungsbedarf im Übergang von der Schule zum Beruf, beabsichtigter Bildungs- oder Berufsweg nach Entlassung aus der Schule, die Ergebnisse der schulärztlichen, schulpsychologischen und sonderpädagogischen Untersuchungen, Daten über sonderpädagogischen Förderbedarf und Gesundheitsdaten, soweit sie für den Schulbesuch, insbesondere zur individuellen Förderung, von Bedeutung sind; bei Berufsschülerinnen und -schülern ferner die Daten über Vorbildung, Berufsausbildung, Berufspraktikum und Berufstätigkeit sowie die Adressdaten (einschließlich Telefon und E-Mail-Adresse) des Ausbildungsbetriebes oder der Praktikumsstelle;

2. bei Eltern:

   Name, Adressdaten (einschließlich Telefon und E-Mail-Adresse).

Schülerinnen, Schüler und Eltern haben die erforderlichen Angaben zu machen. Darüber hinaus dürfen personenbezogene Daten verarbeitet werden, soweit dies zur Nutzung digitaler Lehr- und Lernformen im Sinne des § 4a erforderlich ist. Dies gilt auch für Daten, die erst bei der Nutzung entstehen.

(2) Die Daten der Schulverwaltung dürfen grundsätzlich nur mit Datenverarbeitungsgeräten des Schulträgers oder des Regionalen Berufsbildungszentrums verarbeitet werden. Ausnahmen hiervon regelt das für Bildung zuständige Ministerium durch Verordnung. Es kann ferner für die Schulen für deren Verwaltungs- oder deren pädagogisch-didaktische Tätigkeit eine andere Stelle als Auftragsverarbeiter gemäß Artikel 28 der Verordnung (EU) 2016/6791 beauftragen, personenbezogene Daten von Schülerinnen und Schülern und deren Eltern in einem automatisierten Verfahren zu verarbeiten; die Schulen bleiben für die Datenverarbeitung verantwortlich, das für Bildung zuständige Ministerium ist zentral für die Gewährleistung der Ordnungsgemäßheit des automatisierten Verfahrens verantwortlich. Für automatisierte Verfahren, die mehreren Verantwortlichen gemeinsam die Verarbeitung personenbezogener Daten ermöglichen, kann das für Bildung zuständige Ministerium auf Grundlage von § 7 Absatz 4 des Landesdatenschutzgesetzes durch Verordnung Regelungen festlegen und eine zentrale Stelle bestimmen. Es kann ferner die nach Artikel 28 Absatz 3 der Verordnung (EU) 2016/679 erforderlichen Bestimmungen durch Verordnung regeln.

(3) Die Übermittlung personenbezogener Daten mit Ausnahme von Gesundheitsdaten im Sinne von Artikel 9 Absatz 1 der Verordnung (EU) 2016/679 zwischen den in Absatz 1 genannten Stellen und anderen öffentlichen Stellen ist zulässig, soweit dies zur jeweiligen Aufgabenerfüllung erforderlich ist. Gleiches gilt für die Datenübermittlung von und zu einer Schule in freier Trägerschaft. Die Übermittlung personenbezogener Daten an das Jobcenter (§ 6 d SGB II) oder die örtliche Agentur für Arbeit (§ 367 Absatz 2 SGB III) darf zu Zwecken der Förderung der beruflichen Ausbildung oder der Vermittlung in ein Ausbildungsverhältnis oder ein Qualifizierungsangebot erfolgen. Die Übermittlungsvorgänge sind aktenkundig zu machen.

(4) Die Übermittlung von Gesundheitsdaten im Sinne von Artikel 9 Absatz 1 der Verordnung (EU) 2016/679 zwischen den in Absatz 1 genannten Stellen und anderen öffentlichen Stellen ist zulässig, soweit dies zur jeweiligen Aufgabenerfüllung zwingend erforderlich ist. Absatz 3 Satz 4 und § 12 des Landesdatenschutzgesetzes gelten entsprechend.

(5) Für Zwecke der Schulverwaltung und der Schulaufsicht können durch das für Bildung zuständige Ministerium und das Statistische Amt für Hamburg und Schleswig-Holstein statistische Erhebungen durchgeführt werden. Zur Erstellung von Bildungsverlaufsanalysen auf wissenschaftlicher Grundlage können die Daten auch in pseudonymisierter Form unter den nachfolgenden Bedingungen verarbeitet werden:

1. Die Nutzung erfolgt ausschließlich durch Verwendung einer zweiten Datenbank, die nur pseudonymisierte Daten enthält;
2. die zweite Datenbank ist unter Berücksichtigung des Stands der Technik mit den erforderlichen technisch-organisatorischen Sicherheitsmaßnahmen zu schützen;
3. das Pseudonym ist so zu gestalten, dass ein Bezug zu Datensätzen der zweiten Datenbank herstellbar, die Identifikation einer Schülerin oder eines Schülers aber ausgeschlossen ist;
4. die Ergebnisse der pseudonymisierten Untersuchungen dürfen keine Einzelmerkmale enthalten, die einen Rückschluss auf die Identität einzelner Schülerinnen und Schüler zulassen.

(6) Um die Erfüllung der Schulpflicht zu gewährleisten, übermittelt die Meldebehörde der zuständigen Grundschule folgende Daten der im jeweiligen Schulbezirk gemeldeten Kinder, die im folgenden Jahr erstmals schulpflichtig werden:

1. Vor- und Familienname,
2. Tag und Ort der Geburt,
3. Geschlecht,
4. gesetzliche Vertreterin oder gesetzlicher Vertreter (Vor- und Familiennamen sowie Anschrift), abweichend hiervon in Fällen des § 51 Absatz 5 Nummer 2 des Bundesmeldegesetzes Vor- und Familiennamen nur der Personen, bei denen das Kind wohnt,
5. Staatsangehörigkeiten und
6. Anschrift.

(7) Ferner übermittelt die Meldebehörde dem zuständigen Schulamt zu dem in Absatz 6 genannten Zweck die dort genannten Daten sowie den Tag des Einzugs von schulpflichtigen Kindern und Jugendlichen (§§ 20, 22 und 23), die nach Schleswig-Holstein gezogen sind. Bei ausländischen schulpflichtigen Kindern und Jugendlichen sind die in Satz 1 genannten Daten dem zuständigen Schulamt auch dann zu übermitteln, wenn die Kinder und Jugendlichen aus dem Bezirk einer anderen Meldebehörde in Schleswig-Holstein zugezogen sind.

(8) Um die Erfüllung der Berufsschulpflicht zu gewährleisten, übermitteln die weiterführenden allgemein bildenden Schulen und die Förderzentren dem zuständigen Berufsschule die folgenden Daten der minderjährigen Schülerinnen und Schüler, die die Schule oder das Förderzentrum nach Erfüllung der Vollzeitschulpflicht verlassen:

1. Vor- und Familienname,
2. Tag und Ort der Geburt,
3. gesetzliche Vertreterin oder gesetzlicher Vertreter (Vor- und Familienname sowie Anschrift),
4. Anschrift,
5. Gesamtnoten und Ergebnisse der letzten beiden erteilten Zeugnisse,
6. Zeitpunkt und Ergebnis der Abschlussprüfung.

(9) Das Recht auf Auskunft und Einsichtnahme gemäß Artikel 15 der Verordnung (EU) 2016/679 kann eingeschränkt oder versagt werden, wenn der Schutz der betroffenen Schülerin oder des betroffenen Schülers, der Eltern oder

---

[3] Schul-Datenschutzverordnung vom 18.6.2018 (NBlMBWK S. 187), zuletzt geändert durch LVO vom 24.8.2020 (NBlMBWK S. 294).

Dritter dieses erfordert. Schülerinnen und Schüler sowie Eltern sind über die Einschränkung zu informieren, soweit ihr Zweck dadurch nicht gefährdet wird.

(10) Für persönliche Zwischenbewertungen des allgemeinen Lernverhaltens und des Sozialverhaltens in der Schule sowie persönliche Notizen der Lehrkräfte über Schülerinnen, Schüler und Eltern bestehen die Rechte der betroffenen Personen gemäß Artikel 12 bis 21 der Verordnung (EU) 2016/679 nicht. Die Lehrkraft hat durch geeignete Maßnahmen sicherzustellen, dass diese Daten vor dem Zugriff unbefugter Dritter geschützt werden. Die Daten dürfen für Entscheidungen und Maßnahmen innerhalb des Schulverhältnisses gemäß § 11 Absatz 1 verwendet werden. Eine Übermittlung der Daten ist nur an die zuständige Schulaufsichtsbehörde oder an ein Gericht für die Durchführung von Verwaltungs-, Rechtsbehelfs- oder Gerichtsverfahren zulässig.

(11) Soweit es zur Erfüllung der sich nach diesem Gesetz ergebenden Aufgaben der Schule und der Schulaufsicht sowie zur Wahrung gesetzlicher Mitwirkungsrechte erforderlich und es unter Wahrung der überwiegenden schutzwürdigenden Belange der betroffenen Personen sowie der Verordnung (EU) 2016/679 möglich und zulässig ist, kann das für Bildung zuständige Ministerium durch Verordnung regeln:
1. weitere Einzelheiten zur Datenverarbeitung, insbesondere zur Erhebung, Übermittlung, Organisation, zum Ordnen, zur Speicherung, Veränderung, Verwendung, Einschränkung der Verarbeitung, zum Löschen und zur Vernichtung,
2. den zulässigen Zweck sowie den Umfang der Verarbeitung von Daten,
3. die Datensicherung,
4. die Daten der Schulverwaltung,
5. die Datenverarbeitung durch Lehrkräfte außerhalb der Schule,
6. die Datenverarbeitung durch Elternvertretungen,
7. automatisierte Verfahren der Datenverarbeitung,
8. die für statistische Erhebungen maßgebenden Erhebungs- und Hilfsmerkmale, den Berichtszeitraum und die Periodizität,
9. die für die Aufgabe nach Absatz 5 Satz 2 zuständige Stelle,
10. Zeitpunkt und Stand der nach Absatz 6 zu übermittelnden Daten,
11. besondere technische und organisatorische Maßnahmen, die die Nutzung von digitalen Lehr- und Lernformen nach § 4a erforderlich macht.

(12) Regelungen in anderen Rechtsvorschriften des Landes, insbesondere im Landesdatenschutzgesetz, oder des Bundes über die Verarbeitung von Daten bleiben unberührt, soweit sich nicht aus den datenschutzrechtlichen Bestimmungen dieses Gesetzes etwas anderes ergibt.

§ 31
Datenübermittlung an Eltern volljähriger Schülerinnen und Schüler

Die Schule kann die Eltern volljähriger Schülerinnen und Schüler über Ordnungsmaßnahmen nach § 25 Abs. 3, das Ende des Schulverhältnisses nach § 19 Abs. 3 und 4 sowie ein den erfolgreichen Abschluss des Bildungsganges gefährdendes Absinken des Leistungsstandes unterrichten, soweit nicht die Schülerinnen und Schüler einer solchen Datenübermittlung generell oder im Einzelfall widersprechen. Die Schülerinnen und Schüler sind auf das Widerspruchsrecht rechtzeitig, im Regelfall zu Beginn des Schuljahres, in dem das 18. Lebensjahr vollendet wird, schriftlich hinzuweisen. Erheben sie Widerspruch, sind die Eltern hierüber zu unterrichten.

§ 32
Wissenschaftliche Forschung in Schulen, Praktika und Prüfungsarbeiten im Rahmen der Lehrkräfteausbildung

(1) Wissenschaftliche Forschungsvorhaben in den Schulen bedürfen der Genehmigung des für Bildung zuständigen Ministeriums. Die Schülerinnen, Schüler und die Eltern oder die volljährigen Schülerinnen und Schüler sind über das Ziel und den wesentlichen Inhalt des Forschungsvorhabens aufzuklären.

(2) Absatz 1 gilt nicht für Praktika und Prüfungsarbeiten im Rahmen der Lehrkräfteausbildung. Für diese Praktika und Prüfungsarbeiten können personenbezogene Daten der Schülerinnen und Schüler sowie Eltern einschließlich der bei der Schule gemäß § 30 Absatz 1 vorhandenen Daten im Sinne von Artikel 9 Absatz 1 der Verordnung (EU) 2016/679 verarbeitet werden, soweit geeignete Garantien, insbesondere die Pseudonymisierung oder die Anonymisierung (§ 13 Absatz 2 Satz 1 des Landesdatenschutzgesetzes), bestehen. Die in den Artikeln 13 Absatz 3, 15, 16, 18 und 21 der Verordnung (EU) 2016/679 vorgesehenen Rechte der betroffenen Person sind insoweit beschränkt, als ihre Wahrnehmung die spezifischen Zwecke der Praktika und Prüfungsarbeiten für die Lehrkräfteausbildung unmöglich machen oder ernsthaft beeinträchtigen würde.

Dritter Teil
Lehrkräfte an öffentlichen Schulen

Abschnitt I
Schulleiterinnen und Schulleiter, Lehrkräfte

§ 33
Schulleiterinnen und Schulleiter

(1) Jede Schule hat eine Schulleiterin oder einen Schulleiter. Sie müssen sich für die mit der Schulleitung verbundenen Aufgaben eignen. Dafür ist die Befähigung für eine Lehrtätigkeit an der betreffenden Schule erforderlich. Als weitere Eignungsmerkmale kommen insbesondere Erfahrungen durch die Tätigkeit in der Schulverwaltung, in der Lehreraus- und -fortbildung oder in leitender Stellung im Auslandsschuldienst in Betracht.

(2) Die Schulleiterinnen und Schulleiter tragen die Verantwortung für die Erfüllung des Bildungs- und Erziehungsauftrages der Schule und die Organisation und Verwaltung der Schule entsprechend den Rechts- und Verwaltungsvorschriften. Sie vertreten die Schule nach außen. Zu den Aufgaben der Schulleiterinnen und Schulleiter gehören insbesondere die Fortentwicklung der Qualität schulischer Arbeit einschließlich der Personalführung und -entwicklung sowie die Kooperation mit der Schulaufsicht, dem Schulträger und den Partnern der Schule. Sie fördern die Verbindung zu den Eltern, den für die außerschulische Berufsbildung Verantwortlichen sowie den Trägern der Jugend- und Sozialhilfe. Schulleiterinnen und Schulleiter sollen an der Auswahl der Lehrkräfte und des sonstigen an der Schule tätigen Personals mitwirken und sind verpflichtet, Unterrichtsbesuche vorzunehmen. Sie erteilen an der Schule Unterricht, soweit nicht das für Bildung zuständige Ministerium Ausnahmen hiervon zulässt.

(3) In Erfüllung ihrer Aufgaben sind die Schulleiterinnen und Schulleiter gegenüber den Lehrkräften, den an der Schule tätigen Personen nach § 34 Absatz 5 bis 7 und dem Verwaltungs- und Hilfspersonal des Schulträgers weisungsberechtigt. Sie entscheiden in allen Angelegenheiten, in denen nicht aufgrund einer Rechts- oder Verwaltungsvorschrift eine andere Stelle zuständig ist. Die Schulleiterinnen und Schulleiter sorgen dafür, dass die Lehrkräfte bei allen Bildungs- und Erziehungsfragen zusammenwirken. Zu ihrem Verantwortungsbereich gehört auch die Ausbildung der Lehrkräfte im Vorbereitungsdienst. Sie entscheiden im Rahmen der von der Lehrerkonferenz beschlossenen Grundsätze über die Fortbildungsplanung.

(4) Die Schulleiterinnen und Schulleiter verwalten im Rahmen des Schulbetriebs für den Schulträger das dem Schulzweck dienende Vermögen sowie die vom Schulträger und vom Land zugewiesenen Haushaltsmittel. Sie entscheiden über eine wesentliche Änderung in der Nutzung der Schulgebäude und -anlagen im Benehmen mit dem Schulträger. Die Schulleiterinnen und Schulleiter üben für den Schulträger das Hausrecht aus. Der Schulträger hat sie

in Angelegenheiten der Schule zu hören. Die Vertretung des Landes erfolgt nach Maßgabe besonderer Anordnungen.

(5) Die Schulleiterinnen und Schulleiter legen jährlich einen Rechenschaftsbericht gegenüber der Schulkonferenz ab, der insbesondere Auskunft über die Verwirklichung des Schulprogramms, die Verwendung der der Schule vom Schulträger und vom Land zur Verfügung gestellten Haushaltsmittel sowie über die Bewirtschaftung der der Schule zugewiesenen Planstellen und Stellen geben soll.

(6) Die Schulleiterinnen und Schulleiter können ihre Stellvertreterinnen oder Stellvertreter und andere Lehrkräfte beauftragen, Teile ihrer Aufgaben in ihrem Auftrag zu erfüllen.

(7) § 34 Absatz 8 gilt für die Schulleiterinnen und Schulleiter entsprechend.

§ 34
Lehrkräfte

(1) Lehrkräfte gestalten den Unterricht und die Förderung der Persönlichkeitsbildung im Rahmen der Bildungs- und Erziehungsziele gemäß § 4, der Lehrpläne und Fachanforderungen sowie des Schulprogramms in eigener pädagogischer Verantwortung. Sie sind dabei an die Weisungen und Anordnungen der Schulleiterin oder des Schulleiters und der Schulaufsichtsbehörden gebunden. Sie fördern alle Schülerinnen und Schüler umfassend und beraten deren Eltern in schulischen Angelegenheiten. Lehrkräfte wirken an der Gestaltung des Schullebens, an der Organisation der Schule und an der Fortentwicklung der Qualität schulischer Arbeit aktiv mit; damit verbunden ist auch die Verpflichtung, nach Anordnung der für Bildung zuständigen Ministeriums an Tests, Befragungen und Erhebungen teilzunehmen, die der Überprüfung der Qualität schulischer Arbeit dienen. Lehrkräfte stimmen sich in der pädagogischen Arbeit untereinander ab und arbeiten zusammen. Sie wirken bei der Ausbildung von Lehrkräften im Vorbereitungsdienst mit.

(2) Die Lehrtätigkeit an öffentlichen Schulen soll Lehrkräften übertragen werden, die die Befähigung für ein Lehramt besitzen. In Ausnahmefällen können Personen mit anderen Befähigungen als Lehrkräfte eingesetzt werden. Bei entsprechendem Unterrichtsbedarf ist auch eine stundenweise Beschäftigung zulässig. An Förderzentren kann für besondere Aufgaben die Lehrtätigkeit auch pädagogischen Fachkräften übertragen werden.

(3) Von den Religionsgemeinschaften gestelltes Lehrpersonal bedarf für die Erteilung des Religionsunterrichts an öffentlichen Schulen eines staatlichen Lehrauftrages. Es untersteht in Ausübung dieses Lehrauftrages der Schulaufsicht. Das Land erstattet den Religionsgemeinschaften die mit der Gestellung von Lehrkräften für den Religionsunterricht verbundenen Kosten nach Maßgabe von Vereinbarungen.

(4) Keine Lehrkraft darf gegen ihren Willen verpflichtet werden, Religionsunterricht zu erteilen. Inwieweit Lehrkräfte, die Religionsunterricht erteilen, der Religionsgemeinschaft des entsprechenden Bekenntnisses angehören müssen, richtet sich nach den mit den Religionsgemeinschaften getroffenen Vereinbarungen.

(5) Außer dem in den Absätzen 1 bis 3 genannten Personenkreis dürfen nur Lehrkräfte im Vorbereitungsdienst lehrplanmäßigen Unterricht erteilen. Studentinnen und Studenten können während eines schulischen Praktikums in der Masterphase des Lehramtsstudiums lehrplanmäßigen Unterricht unter fachlicher Aufsicht einer Lehrkraft erteilen.

(6) Zur Durchführung schulischer Veranstaltungen außerhalb des lehrplanmäßigen Unterrichts können auch Personen eingesetzt werden, die bei einem Schulträger, einem Elternverein oder einer Institution nach § 3 Abs. 3 beschäftigt sind.

(7) Die Schule kann zudem bei schulischen Veranstaltungen geeignete Personen zur Unterstützung der Lehrkräfte unter deren Verantwortung einsetzen. Ein Anspruch auf Entschädigung gegenüber dem Land und dem Schulträger besteht nicht.

(8) Die Lehrkräfte und das Betreuungspersonal gemäß Absatz 2 Satz 1, Absatz 3 und 5 Satz 1, Absatz 6 und 7 sowie Praktikantinnen und Praktikanten in einem Lehramtsstudiengang dürfen in der Schule und bei Schulveranstaltungen entsprechend § 34 Beamtenstatusgesetz ihr Gesicht nicht verhüllen, es sei denn, dienstliche oder gesundheitliche Gründe erfordern dies.

(9) Eine außerhalb Schleswig-Holsteins in anderen Bundesländern erworbene Befähigung für das Lehramt gilt als Befähigung nach Absatz 2, wenn durch einen Vergleich der nachgewiesenen Qualifikation mit den für Schleswig-Holstein geltenden Voraussetzungen zur Ausübung eines Lehramtes ihre Gleichwertigkeit festgestellt werden kann. Das für Bildung zuständige Ministerium stellt in diesen Fällen fest, welche Lehrämter einander entsprechen.

(10) Für außerhalb des Bundesgebietes erworbene Lehramtsabschlüsse gilt § 16 des Landesbeamtengesetzes. Auch in diesen Fällen ist die Gleichwertigkeit mit den für Schleswig-Holstein geltenden Voraussetzungen zur Ausübung eines Lehramtes erforderlich. Die Gleichwertigkeit kann festgestellt werden, wenn der Lehramtsabschluss keine wesentlichen fachwissenschaftlichen, fachdidaktischen, erziehungswissenschaftlichen oder schulpraktischen Defizite gegenüber der Ausbildung in Schleswig-Holstein aufweist. Die Feststellung der Gleichwertigkeit erfolgt auf der Grundlage der gutachterlichen Stellungnahme der von der Ständigen Konferenz der Kultusminister der Länder eingerichteten Gutachterstelle soweit die Entscheidung nicht aufgrund von Vereinbarungen der Ständigen Konferenz der Kultusminister oder von Rechtsvorschriften getroffen werden kann. Das Gesetz über die Feststellung der Gleichwertigkeit ausländischer Berufsqualifikationen in Schleswig-Holstein vom 1. Juni 2014 (GVOBl. Schl.-H. S. 92) findet mit Ausnahme des § 10 Absatz 3 keine Anwendung. Die Zuständigkeit für die Feststellung der Gleichwertigkeit kann auf das Institut für Qualitätsentwicklung an Schulen übertragen werden.

§ 35
Dienstherr

(1) Die Lehrkräfte an öffentlichen Schulen stehen im Dienst des Landes, soweit nicht in § 34 Abs. 3 etwas anderes bestimmt ist.

(2) Sind Klassen als Außenstellen öffentlicher Schulen in privaten Einrichtungen errichtet, stehen die Lehrkräfte im Dienst des Landes.

§ 36
Persönliche Kosten

(1) Das Land trägt die persönlichen Kosten der Lehrkräfte an öffentlichen Schulen.

(2) Persönliche Kosten im Sinne dieses Gesetzes sind Aufwendungen für die

1. Besoldung der Beamtinnen und Beamten und Entgelt der Beschäftigten,
2. Kosten der Vertretungen,
3. Versorgungsbezüge,
4. Umzugskosten und Trennungsgelder,
5. Reisekosten einschließlich der Reisekosten für Schulausflüge,
6. Beihilfen, Unterstützungen und Unfallfürsorgeleistungen, Zuschüsse zur Gemeinschaftsverpflegung,
7. Beiträge zur Sozialversicherung und zusätzlichen Altersversorgung,
8. Jubiläumsgelder und -zuwendungen, Mehrarbeitsvergütungen und Unterrichtsvergütungen für Lehrkräfte in Ausbildung,
9. Vergütungen für nebenamtlichen und nebenberuflichen Unterricht, soweit er lehrplanmäßig zu erteilen ist,
10. Kosten der gesundheitlichen Überwachung und der Stellenausschreibung und
11. Übernahme von Leitungs- und Mitwirkungsaufgaben bei Veranstaltungen der Lehrerbildung einschließlich der Abnahme von Prüfungen, der Lehrerfort- und -weiterbildung und der Unterrichtsfachberatung.

(3) Als persönliche Kosten gelten ferner die Aufwendungen für die Entschädigung ehrenamtlicher Prüferinnen und Prüfer.

Abschnitt II
Mitwirkung bei der Bestellung der Schulleiterinnen und Schulleiter

§ 37
Beteiligte

Bei der Besetzung der Stellen der Schulleiterinnen und Schulleiter an öffentlichen Schulen wirken der Schulträger, die Lehrkräfte, die Eltern und die Schülerinnen und Schüler in der Form eines Wahlverfahrens mit.

§ 38
Schulleiterwahlausschuss

(1) Für jedes Wahlverfahren wird vom Schulträger ein Schulleiterwahlausschuss gebildet. Mitglieder in den Schulleiterwahlausschuss entsenden der Schulträger, die Lehrkräfte, die Eltern und an weiterführenden Schulen auch die Schülerinnen und Schüler. Sie sollen sicherstellen, dass mindestens 40 % der Mitglieder Frauen sind. Dem Schulleiterwahlausschuss darf nicht angehören, wer sich um die Stelle beworben hat.

(2) Der Schulträger entsendet in den Schulleiterwahlausschuss zehn Mitglieder, die von der Vertretungskörperschaft gewählt werden. Diese Mitglieder müssen nicht der Vertretungskörperschaft angehören. Sie dürfen nicht Lehrkräfte oder Mitglieder des Schulelternbeirats der betroffenen Schule sein.

(3) Ist der Schulträger eine Gemeinde oder ein Kreis, kann jede Fraktion in der Vertretungskörperschaft verlangen, dass die Mitglieder im Schulleiterwahlausschuss durch Verhältniswahl gewählt werden. Ist der Schulträger ein Amt, wählen die stimmberechtigten Mitglieder des Amtsausschusses die Vertreterinnen und Vertreter des Schulträgers im Schulleiterwahlausschuss.

(4) In einer Gemeinde oder einem Kreis können die Mitglieder im Schulleiterwahlausschuss für die Dauer der Wahlperiode der Vertretungskörperschaft gewählt werden. In diesem Fall sind zusammen mit den Mitgliedern Stellvertreterinnen oder Stellvertreter zu wählen.

(5) Die Schule entsendet zehn Mitglieder, und zwar je fünf Vertreterinnen und Vertreter der Lehrkräfte und der Eltern. An weiterführenden Schulen treten an die Stelle von zwei Vertreterinnen oder Vertretern der Eltern zwei Vertreterinnen oder Vertreter der Schülerinnen und Schüler. Die Vertreterinnen und Vertreter der Lehrkräfte werden von der Lehrerkonferenz, die Vertreterinnen und Vertreter der Eltern vom Schulelternbeirat und die Vertreterinnen und Vertreter der Schülerinnen und Schüler an Gemeinschaftsschulen und Gymnasien von der Klassensprecherversammlung und an berufsbildenden Schulen von der Versammlung nach § 99 Abs. 2 Satz 3 gewählt. Vertreterinnen und Vertreter der Schülerinnen und Schüler müssen zum Zeitpunkt ihrer Wahl 16 Jahre alt sein. Zusammen mit den Mitgliedern können Stellvertreterinnen oder Stellvertreter gewählt werden.

(6) An Schulen mit weniger als sechs wählbaren Lehrkräften (§ 64 Abs. 2 Nr. 2) setzt sich der Schulleiterwahlausschuss zusammen aus
1. den Lehrkräften,
2. der gleichen Zahl Elternvertreterinnen und Elternvertreter und
3. den Vertreterinnen und Vertretern des Schulträgers entsprechend der Anzahl der Mitglieder zu Nummern 1 und 2.

(7) An Förderzentren, die ausschließlich Schülerinnen und Schüler fördern, die ein Schulverhältnis zu einer anderen öffentlichen Schule begründet haben, treten an die Stelle der Vertreterinnen und Vertreter der Eltern gemäß Absatz 5 Satz 1 weitere Vertreterinnen und Vertreter der Lehrkräfte. Im Fall des Absatzes 6 setzt sich der Schulleiterwahlausschuss zusammen aus der Anzahl der Lehrkräfte und der entsprechenden Anzahl von Vertreterinnen und Vertretern des Schulträgers.

§ 39
Verfahren

(1) Die Stellen der Schulleiterinnen und Schulleiter sind auszuschreiben.

(2) Das für Bildung zuständige Ministerium soll dem Schulleiterwahlausschuss aus den eingegangenen Bewerbungen bis zu vier geeignete Personen zur Wahl stellen. Dabei sollen weibliche und männliche Personen gleichermaßen berücksichtigt werden.

(3) Bewerbungen von an der betreffenden Schule tätigen Lehrkräften dürfen nur berücksichtigt werden, wenn besondere Gründe dafür vorliegen. Diese Einschränkung gilt nicht, wenn es sich bereits um eine wiederholte Ausschreibung der Stelle handelt.

(4) Das Vorschlagsrecht nach Absatz 5 erlischt, wenn der Schulleiterwahlausschuss innerhalb einer Frist von sechs Unterrichtswochen nach Zugang der Bewerbungsunterlagen beim Schulträger keine Wahl vornimmt.

(5) Gewählt und damit dem für Bildung zuständigen Ministerium zur Ernennung vorgeschlagen ist, wer mehr als die Hälfte der gesetzlichen Zahl der Stimmen erhält. Wird diese Mehrheit nicht erreicht, wird über dieselben vorgeschlagenen Personen erneut abgestimmt. Erhält auch dann niemand die erforderliche Mehrheit, findet eine Stichwahl zwischen zwei Personen statt, bei der gewählt ist, wer die meisten Stimmen erhält. Die Personen nehmen an der Stichwahl in der Reihenfolge der auf sie entfallenen Stimmenzahlen teil. Bei gleicher Stimmenzahl erlischt das Vorschlagsrecht.

(6) Bei den berufsbildenden Schulen führt die dem Schleswig-Holsteinischen Institut für Berufliche Bildung - Landesamt - (SHIBB) übergeordnete oberste Landesbehörde das Verfahren nach den Absätzen 1 bis 5 durch.

(7) Im Übrigen bleiben die dienstrechtlichen Vorschriften unberührt.

§ 40
Ausnahmen

(1) Auf die Anwendung der §§ 37 bis 39 kann nach Entscheidung des für Bildung zuständigen Ministeriums, bei berufsbildenden Schulen nach Entscheidung der dem SHIBB übergeordneten obersten Landesbehörde, verzichtet werden

1. bei einer Lehrkraft, die mindestens vier Jahre
   a) in der Schulverwaltung,
   b) in einer öffentlichen zwischenstaatlichen oder überstaatlichen Organisation oder einer ähnlichen Einrichtung oder
   c) in leitender Stellung in der Lehrerbildung oder in leitender Stellung im Auslandsschuldienst tätig war,
2. in den Fällen, in denen sich ein dringender dienstlicher Grund ergibt, insbesondere bei Auflösungen von Schulen,
3. für berufsbildende Schulen, deren Träger nicht ein Kreis oder eine kreisfreie Stadt ist, und
4. bei der Errichtung von Schulen einschließlich des Entstehens neuer Schulen durch organisatorische Verbindung sowie bei noch im Aufbau befindlichen Schulen (Schule im Entstehen).

(2) In den Fällen des Absatzes 1 Nr. 1, 2 und 4 ist der Schulleiterwahlausschuss ein Jahr nach Besetzung der Stelle zu hören, soweit ein Schulleiterwahlausschuss des Schulträgers die Lehrkraft nicht bereits in einem früheren Verfahren als Schulleiterin oder Schulleiter ausgewählt hat.

Vierter Teil
Öffentliche allgemein bildende Schulen und Förderzentren

Abschnitt I
Schularten

§ 41
Grundschule

(1) Die Grundschule vermittelt Schülerinnen und Schülern grundlegende Fähigkeiten, Fertigkeiten und Kenntnisse in

einem für alle Schülerinnen und Schüler gemeinsamen Bildungsgang. Dabei ist die unterschiedliche Lernentwicklung der Kinder Grundlage für eine individuelle Förderung ihrer kognitiven, emotionalen, sozialen, kreativen und körperlichen Fähigkeiten.

(2) Die Grundschule hat vier Jahrgangsstufen. Die Jahrgangsstufen eins und zwei bilden als Eingangsphase eine pädagogische Einheit; der Besuch kann entsprechend der Lernentwicklung der Schülerin oder des Schülers ein bis drei Schuljahre dauern. Die Schule entscheidet über die Ausgestaltung der Eingangsphase.

(3) Die Grundschule soll mit Kindertageseinrichtungen ihres Einzugsgebietes Vereinbarungen über das Verfahren und die Inhalte der Zusammenarbeit schließen und mit den weiterführenden allgemein bildenden Schulen pädagogisch zusammenarbeiten.

§ 42
gestrichen

§ 43
Gemeinschaftsschule

(1) In der Gemeinschaftsschule können Abschlüsse der Sekundarstufe I in einem gemeinsamen Bildungsgang ohne Zuordnung zu unterschiedlichen Schularten erreicht werden. Den unterschiedlichen Leistungsmöglichkeiten der Schülerinnen und Schüler wird durch Unterricht in binnendifferenzierender Form entsprochen. Abweichend hiervon können ab der Jahrgangsstufe sieben in einzelnen Fächern nach Leistungsfähigkeit und Neigung der Schülerinnen und Schüler differenzierte Lerngruppen gebildet werden.

(2) Mit der Versetzung in die zehnte Jahrgangsstufe erwerben die Schülerinnen und Schüler den Ersten allgemeinbildenden Schulabschluss. Davon unberührt können die Schülerinnen oder Schüler aufgrund des im ersten Halbjahr der Jahrgangsstufe neun erreichten Leistungsstandes verpflichtet werden, an einer Prüfung zum Erwerb des Ersten allgemeinbildenden Schulabschlusses teilzunehmen. Die Einzelheiten des Verfahrens, insbesondere die Voraussetzungen der Verpflichtung zur Teilnahme an Prüfungen und deren Ausgestaltung, regelt das für Bildung zuständige Ministerium durch Verordnung.

(3) Abweichend von Absatz 1 können ab der Jahrgangsstufe acht flexible Übergangsphasen gebildet werden, die drei Jahre dauern und die Schülerinnen und Schüler auf den Ersten allgemeinbildenden Schulabschluss vorbereiten sollen. Der Besuch der flexiblen Übergangsphase ist freiwillig. Absatz 2 Satz 1 und 2 findet keine Anwendung.

(4) Gemeinschaftsschulen entstehen auf Antrag der Schulträger durch die Verbindung von Schulen verschiedener Schularten oder durch eine Schulartänderung auf der Grundlage eines von den Schulen zu erarbeitenden pädagogischen Konzepts. Die Schulträger hören die betroffenen Schulen vor Antragstellung an. Die Änderung des pädagogischen Konzepts bedarf der Genehmigung der Schulaufsichtsbehörde. Der Schulträger ist anzuhören. Die Genehmigung kann insbesondere dann versagt werden, wenn die Änderung zusätzlichen Sach- oder Raumbedarf verursacht.

(5) Die Gemeinschaftsschule kann eine Oberstufe entsprechend § 44 Abs. 3 haben. Ein öffentliches Bedürfnis nach § 59 Satz 2 in Verbindung mit § 58 Abs. 2 gilt als gegeben, wenn

1. die Anzahl der Schülerinnen und Schüler an der Gemeinschaftsschule selbst zuzüglich der Schülerinnen und Schüler umliegender Schulen erwarten lässt, dass spätestens drei Jahre nach Eintritt des ersten Jahrgangs in die Einführungsphase der Oberstufe dauerhaft eine Anzahl von mindestens 50 Schülerinnen und Schülern in der Einführungsphase der Oberstufe erreicht wird, und

2. infolge der Erweiterung um die Oberstufe der Bestand einer allgemein bildenden Schule mit Oberstufe oder eines Beruflichen Gymnasiums, die oder das bisher allein die Erreichbarkeit einer Oberstufe dieser Schulart in zumutbarer Entfernung gewährleistet, nicht gefährdet wird.

Eine Genehmigung kann erst erteilt werden, wenn die Gemeinschaftsschule mindestens bis zur Jahrgangsstufe neun aufgewachsen ist.

(6) Im Einvernehmen mit dem jeweiligen Schul- oder Anstaltsträger können Gemeinschaftsschulen ohne Oberstufe mit allgemein bildenden Schulen mit Oberstufe oder mit Beruflichen Gymnasien zusammenarbeiten. Die fachliche und pädagogische Zusammenarbeit der Schulen ist schriftlich zu dokumentieren (Kooperationsvereinbarung). Der jeweilige Schul- oder Anstaltsträger ist frühzeitig zu beteiligen. Nach Zustimmung durch die Schulkonferenz (§ 63 Absatz 1 Nummer 17) oder die Pädagogische Konferenz (§ 108 Absatz 3 Satz 1 Nummer 5) schließen die Schulleiterinnen oder die Schulleiter die Kooperationsvereinbarung. Die Kooperationsvereinbarung wird wirksam, sobald sie von dem jeweiligen Schul- oder Anstaltsträger bei dem für Bildung zuständigen Ministerium angezeigt wird. Haben die Schulen unterschiedliche Träger, bedarf es der Anzeige durch beide. Schülerinnen und Schüler der Gemeinschaftsschule ohne Oberstufe haben bei Erfüllung der schulischen Leistungsvoraussetzungen einen Anspruch auf Aufnahme in die kooperierende Schule mit Oberstufe oder in das kooperierende Berufliche Gymnasium.

§ 44
Gymnasium

(1) Das Gymnasium vermittelt nach Begabung und Leistung geeigneten Schülerinnen und Schülern im Anschluss an die Grundschule eine allgemeine Bildung, die den Anforderungen für die Aufnahme eines Hochschulstudiums und einer vergleichbaren Berufsausbildung entspricht.

(2) Das Gymnasium umfasst neun Schulleistungsjahre in sechs Jahrgangsstufen und einer anschließenden Oberstufe. Die Schülerinnen und Schüler erwerben mit der Versetzung in die zehnte Jahrgangsstufe den Ersten allgemeinbildenden Schulabschluss und mit der Versetzung in die elfte Jahrgangsstufe den Mittleren Schulabschluss. In der Oberstufe können schulische Voraussetzungen für den Zugang zur Fachhochschule vermittelt werden. Das Gymnasium schließt mit der Abiturprüfung ab. Die bestandene Abiturprüfung enthält die Hochschulzugangsberechtigung.

(3) Das Gymnasium soll eine Oberstufe haben. In der Oberstufe werden die Schülerinnen und Schüler in einer Einführungs- und in einer Qualifikationsphase unterrichtet. Im Rahmen einer Profiloberstufe wird vertiefte Allgemeinbildung vermittelt und die Schülerinnen und Schüler setzen nach ihrer Neigung durch Auswahl eines Profils Schwerpunkte in ihrer schulischen Bildung.

§ 45
Förderzentrum

(1) Förderzentren unterrichten, erziehen und fördern Kinder, Jugendliche und Schülerinnen und Schüler mit sonderpädagogischem Förderbedarf und beraten Eltern und Lehrkräfte; die Förderung umfasst auch die Persönlichkeitsbildung. Sie fördern die inklusive Beschulung an allgemein bildenden und berufsbildenden Schulen. Sie nehmen Schülerinnen und Schüler auf, die in anderen Schularten auch mit besonderen Hilfen dauernd oder vorübergehend nicht ausreichend gefördert werden können. Förderzentren wirken an der Planung und Durchführung von Formen des gemeinsamen Unterrichts mit. Sie beteiligen sich zusammen mit Kindertageseinrichtungen und sonstigen Einrichtungen der Jugendhilfe zudem an der Förderung von Kindern, Jugendlichen und Schülerinnen und Schülern zur Vermeidung sonderpädagogischen Förderbedarfs. Förderzentren sollen eine individuelle Förderung entsprechend dem sonderpädagogischen Förderbedarf erteilen, soweit möglich die Aufhebung des sonderpädagogischen Förderbedarfs anstreben und dabei eine allgemeine Bildung vermitteln, auf die Eingliederung der Schülerinnen und Schüler in Schulen anderer Schularten hinwirken, zu den in diesem Gesetz vorgesehenen Abschlüssen führen sowie auf die berufliche Bildung vorbereiten. Das für Bildung zuständige Ministerium kann durch Verordnung weitere Abschlüsse in den Förderschwerpunkten Lernen und geistige Entwicklung vorsehen, die auch an Schülerinnen und Schüler mit sonderpädago-

gischem Förderbedarf vergeben werden können, die eine allgemein bildende Schule besuchen.
(2) Förderzentren bieten folgende Förderschwerpunkte:
1. Lernen,
2. Sprache,
3. emotionale und soziale Entwicklung,
4. geistige Entwicklung,
5. körperliche und motorische Entwicklung,
6. Hören,
7. Sehen,
8. autistisches Verhalten,
9. dauerhaft kranke Schülerinnen und Schüler.

Die Bezeichnung des Förderzentrums richtet sich nach dem sonderpädagogischen Schwerpunkt, in dem es vorrangig fördert.
(3) An den Förderzentren mit dem Schwerpunkt Hören wird der Unterricht für gehörlose Schülerinnen und Schüler neben der Laut- und Schriftsprache in deutscher Gebärdensprache und lautsprachbegleitenden Gebärden erteilt. Werden hörende und hörgeschädigte Schülerinnen und Schüler gemeinsam in einer Klasse unterrichtet, kann der Unterricht für die Schülerinnen und Schüler mit Hörschädigung im Rahmen der personellen Möglichkeiten auch in deutscher Gebärdensprache oder lautsprachbegleitenden Gebärden erteilt werden.

§ 46
Halligschulen

(1) Auf den Halligen werden in eigenständigen Unterrichtseinrichtungen schulpflichtige Kinder in einer Lerngruppe bis zur Jahrgangsstufe neun unterrichtet (Halligschulen). Die Aufnahme in die Lerngruppe führt zur Begründung eines Schulverhältnisses nach § 21 Absatz 1. Die für die Grundschule und die Gemeinschaftsschule geltenden Bestimmungen dieses Gesetzes und der Verordnungen nach § 126 Absatz 2 finden entsprechende Anwendung. Eine Halligschule ist zur Durchführung von Prüfungen und der Erteilung von Abschlüssen berechtigt, soweit durch die Beteiligung einer weiterführenden allgemein bildenden Schule an der Unterrichtsgestaltung und dem Prüfungsverfahren die Anforderungen an Abschlüsse der Sekundarstufe I erfüllt werden können.
(2) Abweichend von § 9 Absatz 2 können Halligschulen mit Grundschulen und Gemeinschaftsschulen organisatorisch verbunden werden.

§ 46 a
Sonstige Unterrichtseinrichtungen

(1) Schülerinnen und Schülern, die infolge einer längerfristigen Erkrankung nicht in der Lage sind, die Schule zu besuchen, soll im Rahmen der im Haushaltsplan zur Verfügung stehenden Mittel zu Hause oder im Krankenhaus erteilt werden. Das für Bildung zuständige Ministerium kann bei einer ausreichenden Zahl von Schülerinnen und Schülern in Krankenhäusern im Einvernehmen mit dem Krankenhausträger besondere Klassen als Außenstelle einer Schule einrichten.
(2) Schulpflichtige, die sich in Justizvollzugsanstalten befinden, von anderen Maßnahmen der Freiheitsentziehung betroffen oder in Heimen untergebracht sind, können in Schulen oder Klassen in den Räumen der Anstalt oder des Heimes unterrichtet werden.

Abschnitt II
Trägerschaft

Unterabschnitt 1
Allgemeine Bestimmungen

§ 47
Aufgaben der Selbstverwaltung

Die Schulträger verwalten ihre Schulangelegenheiten in eigener Verantwortung als pflichtige Selbstverwaltungsaufgabe, soweit dieses Gesetz nichts anderes bestimmt.

§ 48
Umfang der Aufgaben

(1) Die Schulträger haben die Aufgaben,
1. unter Berücksichtigung der Planung umliegender Schulträger Schulentwicklungspläne aufzustellen und regelmäßig fortzuschreiben und sich an der Abstimmung eines Schulentwicklungsplanes auf Kreisebene zu beteiligen; dabei sind insbesondere zur Sicherung ausreichender Oberstufenkapazitäten die Beruflichen Gymnasien einzubeziehen; die Schulentwicklungspläne sind dem für Bildung zuständigen Ministerium und, soweit diese die berufsbildenden Schulen einschließlich der Regionalen Berufsbildungszentren (RBZ) betreffen, auch dem SHIBB vorzulegen,
2. die Schulgebäude und -anlagen örtlich zu planen und bereitzustellen,
3. das Verwaltungs- und Hilfspersonal zu stellen,
4. den Sachbedarf des Schulbetriebes zu decken, soweit dieses Gesetz nichts anderes bestimmt.

Für diese Aufgaben tragen die Schulträger die Kosten; die Kosten zu Nummern 3 und 4 bilden die laufenden Kosten.
(2) Zum Sachbedarf des Schulbetriebes gehören alle Aufwendungen, die nicht persönliche Kosten nach § 36 sind, insbesondere die Aufwendungen für
1. die Unterhaltung und Bewirtschaftung der Schulgebäude und -anlagen sowie Mietzinsen oder vergleichbare regelmäßig wiederkehrende Zahlungen für die Nutzung von Schulgebäuden und -anlagen im Eigentum Dritter,
2. die Ausstattung der Schulgebäude und -anlagen mit Einrichtungsgegenständen und deren laufende Unterhaltung,
3. die Benutzung anderer Gebäude für schulische Zwecke,
4. die Bereitstellung und Bewirtschaftung von Räumen für die Schüler- und Elternvertretungen und die Personalvertretung,
5. die Beschaffung von Lernmitteln nach § 13 sowie der Lehr- und Unterrichtsmittel einschließlich der Ausstattung der Büchereien,
6. den Bürobedarf der Schule und der Schüler- und Elternvertretungen,
7. die Betreuung der Schülerinnen und Schüler in Ganztagsschulen und Zuschüsse zu ihrer Verpflegung,
8. die notwendige Beförderung der Schülerinnen und Schüler im Rahmen der Unterrichtszeit, von Schülerinnen und Schülern mit Behinderung auch auf dem Schulgelände, sowie Aufwendungen für die Schülerbeförderung nach § 114 Abs. 3,
9. den für sonderpädagogische Maßnahmen erforderlichen besonderen Sachbedarf,
10. die Haftpflichtversicherung der Schülerinnen und Schüler oder einen versicherungsähnlichen Schutz für die von Schülerinnen und Schülern verursachten Schäden, die sich bei Veranstaltungen der Schule in Betrieben oder beim Schülerlotsendienst ereignen,
11. die Versicherung oder einen versicherungsähnlichen Schutz gegen Sachschäden der Schülerinnen und Schüler bei Unfällen, die sich auf dem Schulweg, in der Schule oder bei Veranstaltungen der Schule einschließlich der Betriebserkundungen, Betriebspraktika, Wirtschaftspraktika, Praxiswochen und Praxistage ereignen,
12. die Versicherung oder einen versicherungsähnlichen Schutz bei Unfällen in der Schule oder bei Schulveranstaltungen für Personen, die sich zur Unterstützung des Schulbetriebs zur Verfügung stellen (§ 34 Abs. 7) und dabei einen Sachschaden erleiden,
13. die Zuschüsse für Schülerinnen und Schüler zur Teilnahme an Schulausflügen und den in Nummer 11 gesondert aufgeführten Veranstaltungen,
14. die Gebühren und Abgaben, die im Rahmen des Unterrichts entstehen,

15. die Kosten des Betriebs eines Heimes, das mit der Schule verbunden ist (§ 125 Abs. 4), soweit es sich nicht um die in § 54 Abs. 2 genannten Förderzentren handelt.

(3) Soweit für die Abgeltung von Urheberrechtsansprüchen mit Verwertungsgesellschaften die Zahlung von Pauschbeträgen vereinbart wird, kann das für Bildung zuständige Ministerium durch Verordnung für die Schulträger die Höhe, den Empfänger, die Zahlungsweise und die Berechnungsgrundlage der Pauschbeträge festlegen.

(4) Das Land kann bei Schulversuchen Zuschüsse zu dem versuchsbedingten Mehrbedarf für die Ausstattung (Absatz 2 Nr. 2) und zu den persönlichen Kosten der vom Schulträger für die Betreuung der Schülerinnen und Schüler in Ganztagsschulen angestellten Sozialpädagoginnen und Sozialpädagogen nach Maßgabe der im Haushaltsplan bereitgestellten Mittel gewähren.

§ 49
Verwaltung des Schulvermögens

(1) Die Schulträger stellen die Verwaltung der Schulgebäude und -anlagen und der für die Schule bereitgestellten beweglichen Sachen (Schulvermögen) sicher.

(2) Die Schulträger können Benutzungsordnungen (§ 45 Landesverwaltungsgesetz) nur insoweit erlassen, als der Schulbetrieb dadurch nicht beeinträchtigt wird. Heimordnungen von Schülerwohnheimen, die mit der Schule verbunden sind (§ 125 Abs. 4), bedürfen der Genehmigung des für Bildung zuständigen Ministeriums.

(3) Schulvermögen darf für außerschulische Zwecke nur bereitgestellt werden, soweit schulische Interessen nicht beeinträchtigt werden. Über die Bereitstellung entscheidet der Schulträger nach Anhörung der Schulleiterin oder des Schulleiters.

(4) Bei einem Wechsel der Trägerschaft hat der bisherige Schulträger die mit der Trägerschaft verbundenen Rechte und Pflichten auf den neuen Schulträger zu übertragen. Die beteiligten Schulträger sollen sich dabei auf einen angemessenen Interessenausgleich zu verständigen und können von Satz 1 abweichende Vereinbarungen schließen, soweit hierdurch die Wahrnehmung der Aufgaben durch den neuen Schulträger nicht beeinträchtigt wird. Für die bei dem Wechsel erforderlichen Rechts- und Tathandlungen werden öffentliche Abgaben sowie Gebühren und Auslagen nicht erhoben.

§ 50
Unterstützung des Schulträgers

Alle am Schulleben Beteiligten haben das Schulvermögen pfleglich zu behandeln und bei Maßnahmen der Unfallverhütung mitzuwirken. Die Verwaltung des Schulvermögens und der der Schule zugewiesenen Haushaltsmittel richtet sich nach dem für den Schulträger geltenden Haushaltsrecht; die Lehrkräfte haben dabei den Schulträger zu unterstützen. Der Schulträger kann Anordnungen treffen, soweit der Schulbetrieb dadurch nicht beeinträchtigt wird.

§ 51
Schulentwicklungsplanung der Kreise

Die Kreise sind verpflichtet, zur Sicherung eines gleichmäßigen, wohnortnahen und alle Schularten umfassenden Angebots eine Schulentwicklungsplanung unter Berücksichtigung der Jugendhilfeplanung und der Schulen in freier Trägerschaft aufzustellen und fortzuschreiben. Dabei sind insbesondere zur Sicherung ausreichender Oberstufenkapazitäten die Beruflichen Gymnasien einzubeziehen. Die Schulentwicklungsplanung ist mit den Schulträgern im Kreis und kreisübergreifend abzustimmen und dem für Bildung zuständigen Ministerium sowie, soweit diese die berufsbildenden Schulen einschließlich der RBZ betrifft, auch dem SHIBB vorzulegen.

§ 52
Mindestgröße von Schulen

Das für Bildung zuständige Ministerium kann durch Verordnung die Mindestgröße von Schulen der jeweiligen Schulart bestimmen.

Unterabschnitt 2
Schulträger

§ 53
Allgemein bildende Schulen

Die Gemeinden sind Träger der allgemein bildenden Schulen (§ 9 Abs. 1 Nr. 1 und 2). Die Trägerschaft soll Schulen unterschiedlicher Schularten umfassen, von denen mindestens eine die Möglichkeit bietet, den Mittleren Schulabschluss zu erreichen.

§ 54
Förderzentren

(1) Die Gemeinden sind Träger der Förderzentren mit dem Schwerpunkt Lernen (§ 45 Abs. 2 Nr. 1). Die Trägerschaft kann auch andere Förderschwerpunkte umfassen. § 53 Satz 2 gilt entsprechend. Das für Bildung zuständige Ministerium kann durch Verordnung auf Antrag dem Kreis die Trägerschaft übertragen, wenn ein geeigneter Träger nach Satz 1 und 2 nicht vorhanden ist; die betroffenen Gemeinden sind vorher zu hören.

(2) Träger von Förderzentren ist das Land, wenn die Zahl der Schülerinnen und Schüler mit einem sonderpädagogischen Förderbedarf nur einzelne Förderzentren erfordert und die Schülerinnen und Schüler deshalb in einem Heim wohnen oder von den Förderzentren im Rahmen einer integrativen Maßnahme unterstützt werden. Für den Schulträger handelt das fachlich zuständige Ministerium.

(3) In den Fällen des § 46 findet § 53 Satz 1 entsprechende Anwendung.

(4) In den Fällen der Absätze 2 und 3 kann der Schulträger die Wahrnehmung seiner Aufgaben durch öffentlich-rechtlichen Vertrag auf einen anderen Träger, insbesondere auf Einrichtungen der freien Wohlfahrtspflege, übertragen. Der Vertrag bedarf der Genehmigung der Schulaufsichtsbehörde.

§ 55
Trägerschaft in besonderen Fällen

(1) In den Fällen des § 46 a Abs. 1 gelten die §§ 53, 54 und 95 entsprechend dem angestrebten Bildungsziel; im Zweifelsfall entscheidet das für Bildung zuständige Ministerium.

(2) In den Fällen des § 46 a Abs. 2 obliegen die Aufgaben des Schulträgers dem Träger der Anstalt oder des Heimes.

(3) In den Fällen des § 46 findet § 53 Satz 1 entsprechende Anwendung.

§ 56
Schulverband und öffentlich-rechtliche Verträge

(1) Gemeinden können sich zu einem Zweckverband (Schulverband) als Schulträger zusammenschließen. § 53 Satz 2 findet entsprechende Anwendung. Abweichend von § 53 Satz 2 kann ein Schulverband allein für die Trägerschaft über Grundschulen gebildet werden, soweit zumindest eine der in der Trägerschaft befindlichen Grundschulen die Mindestgröße nach § 52 erfüllt. Dem Schulverband können auch Ämter angehören.

(2) In Schulverbänden werden die mit dem Schulverband verbundenen Lasten nach der im Durchschnitt der letzten drei Jahre die Schulen besuchenden Anzahl der Schülerinnen und Schüler auf die einzelnen Mitglieder verteilt, sofern nicht die Verbandssatzung einen anderen Verteilungsmaßstab bestimmt.

(3) Die für die Bildung oder für die Erweiterung eines Schulverbandes erforderlichen Rechts- und Tathandlungen sind frei von öffentlichen Abgaben und Verwaltungskosten.

(4) Anstelle der Bildung eines Schulverbandes können amtsangehörige Gemeinden die Schulträgerschaft nach Maßgabe des § 5 Abs. 1 der Amtsordnung auf das Amt übertragen. Soweit Schulträger zur Erfüllung der ihnen obliegenden Aufgaben die Verwaltung eines Dritten in Anspruch nehmen wollen, findet bei Gemeinden, Kreisen und Schulverbänden § 19 a des Gesetzes über kommunale Zusammenarbeit mit der Maßgabe Anwendung, dass diese selbst Träger einer Schule oder eines Förderzentrums sind. § 53 Satz 2 und Absatz 1 Satz 3 gelten entsprechend.

(5) Aufsichtsbehörde nach § 7 des Gesetzes über kommunale Zusammenarbeit ist das für Bildung zuständige Ministe-

rium, das im Einvernehmen mit dem für Kommunalaufsicht zuständigen Ministerium entscheidet.

Unterabschnitt 3
Errichtung von Schulen

§ 57
Zusammenwirken von Schulträgern und Land

Bei der Errichtung, Änderung und Auflösung der Schulen wirken das Land und die Schulträger zusammen.

§ 58
Errichtung

(1) Der Schulträger entscheidet über die Errichtung einer Schule. Die Entscheidung des Schulträgers bedarf der Genehmigung der Schulaufsichtsbehörde.

(2) Die Genehmigung setzt voraus, dass unter Berücksichtigung der Schulentwicklungsplanung des Schulträgers und des Kreises für die Errichtung der Schule ein öffentliches Bedürfnis besteht und die nach § 52 bestimmte Mindestgröße eingehalten wird.

(3) Der Schulträger ist verpflichtet, eine Schule zu errichten und zu unterhalten, wenn die Genehmigung durch die Schulaufsichtsbehörde erteilt worden ist.

§ 59
Auflösung und Änderung

Auf die Auflösung und die Änderung einer Schule ist § 58 entsprechend anzuwenden. Zur Änderung einer Schule zählen die Erweiterung um eine Oberstufe und die Einführung oder der Wegfall einer Schulart. Gleiches gilt für die Bildung oder Schließung einer Außenstelle.

§ 60
Organisatorische Verbindung

(1) Die Schulträger können Schulen oder Teile von Schulen nach Maßgabe des § 9 Absatz 2 zu einer neuen Schule im Sinne dieses Gesetzes zusammenfassen (organisatorische Verbindung). Die organisatorische Verbindung bedarf der Genehmigung der Schulaufsichtsbehörde. Sie führt zur Auflösung vollständig eingebundener Schulen; § 58 Abs. 1 und 2 und § 59 Satz 1 finden keine Anwendung. Die an den aufgelösten Schulen zum Zeitpunkt der organisatorischen Verbindung vorhandenen Lehrkräfte nach § 34 Abs. 1 und 2 sind mit der Entstehung der neuen Schule an diese versetzt; die Lehrkräfte im Vorbereitungsdienst sind der neuen Schule zur Ausbildung zugewiesen.

(2) Die Genehmigung setzt voraus, dass die durch die organisatorische Verbindung entstehende Schule die nach § 52 festgelegte Mindestgröße erfüllt. Werden nur Grundschulen miteinander organisatorisch verbunden, soll zumindest eine die nach § 52 festgelegte Mindestgröße erfüllen. Zudem ist bei der Genehmigung insbesondere zu berücksichtigen, dass die organisatorische Verbindung der Schulentwicklungsplanung der Schulträger (§ 48 Abs. 1 Nr. 1) und der Kreise (§ 51) entspricht.

(3) Sollen Schulen verschiedener Träger organisatorisch verbunden werden, haben diese entweder die Trägerschaft auf einen der bisherigen Träger zu übertragen, einen Schulverband zu gründen oder einen öffentlich-rechtlichen Vertrag über die Erfüllung der Trägerschaftsaufgaben durch einen der beteiligten Träger zu schließen. Das gilt auch dann, wenn eine Außenstelle mit der Schule eines anderen Trägers organisatorisch verbunden werden soll. In den Verträgen über die Erfüllung der Trägerschaftsaufgaben ist festzulegen, welcher der Beteiligten Schulträger im Sinne des § 38 Abs. 1 bis 3 und § 125 Abs. 3 Nr. 4 ist und in welchem Verhältnis die Beteiligten Mitglieder in den Schulleiterwahlausschuss entsenden.

(4) Befinden sich allgemein bildende Schulen eines Trägers in einem Gebäude oder sind deren Gebäude benachbart, können sie zu einer Schule verbunden werden.

§ 61
Genehmigung und Anordnung
durch die Schulaufsicht

(1) Die Teilung einer Schule und der Wechsel des Schulträgers bedürfen der Genehmigung der Schulaufsichtsbehörde.

(2) Wenn die für die Errichtung oder das Weiterbestehen einer Schule maßgebenden Voraussetzungen sich wesentlich geändert haben, kann die Schulaufsichtsbehörde die Änderung der Schule, deren Auflösung, die organisatorische Verbindung mit einer anderen Schule oder eine der in Absatz 1 genannten Maßnahmen nach Anhörung des Schulträgers anordnen.

Abschnitt III
Mitwirkung der Lehrkräfte, Eltern,
Schülerinnen und Schüler

Unterabschnitt 1
Konferenzen

§ 62
Zusammensetzung der Schulkonferenz

(1) Die Schulkonferenz ist im Rahmen ihrer Aufgaben das oberste Beschlussgremium der Schule. Die Schulleiterin oder der Schulleiter führt die Beschlüsse der Schulkonferenz aus.

(2) Die Schulkonferenz setzt sich nach Maßgabe der nachstehenden Bestimmungen aus einer jeweils gleichen Zahl von Vertreterinnen und Vertretern der Lehrkräfte, der Eltern und der Schülerinnen und Schüler zusammen. Dabei ist anzustreben, dass Frauen und Männer zu gleichen Teilen vertreten sind.

(3) An Schulen in Landeskrankenhäusern und Justizvollzugsanstalten besteht die Schulkonferenz aus den Lehrkräften und der Schülersprecherin oder dem Schülersprecher sowie deren oder dessen Stellvertreterin oder Stellvertreter, wenn eine Schülervertretung nach § 81 vorhanden ist. Beauftragte von Landeskrankenhäusern und Justizvollzugsanstalten können auf Vorschlag des Schulträgers an der Schulkonferenz mit beratender Stimme teilnehmen.

(4) Die Schulkonferenz besteht an Schulen

1. mit bis zu 300 Schülerinnen und Schülern aus je acht,
2. mit 301 bis 700 Schülerinnen und Schülern aus je zehn,
3. mit 701 bis 1.200 Schülerinnen und Schülern aus je zwölf,
4. mit über 1.200 Schülerinnen und Schülern aus je vierzehn

Vertreterinnen und Vertretern der Lehrkräfte, der Eltern und der Schülerinnen und Schüler. Entspricht die Zahl der Lehrkräfte an der Schule der Zahl nach Satz 1 oder liegt sie darunter, sind die Lehrkräfte Mitglieder der Schulkonferenz. Nach deren Zahl richtet sich auch die Zahl der Vertreterinnen und Vertreter der Eltern und der Schülerinnen und Schüler. Maßgabe für die zahlenmäßige Zusammensetzung der Schulkonferenz für zwei Schuljahre ist die Zahl der Schülerinnen und Schüler zehn Unterrichtstage nach Schuljahresbeginn. Je eine Vertreterin oder ein Vertreter des technischen Personals und der Verwaltungskräfte sowie insbesondere in Berücksichtigung der besonderen Anliegen der schulischen Ganztagsangebote eine Vertreterin oder ein Vertreter der Beschäftigten nach § 34 Absatz 6 sind Mitglieder der Schulkonferenz mit beratender Stimme. Je eine Vertreterin oder ein Vertreter der sozialpädagogischen Fachkräfte ist Mitglied mit beratender Stimme, soweit nicht eine sozialpädagogische Fachkraft als Vertreterin oder Vertreter der Lehrkräfte zum stimmberechtigten Mitglied der Schulkonferenz gewählt worden ist.

(5) Vertreterinnen und Vertreter der Schülerinnen und Schüler müssen mindestens die Jahrgangsstufe sieben erreicht haben. Eine Lehrkraft, die an mehreren Schulen tätig ist, kann Mitglied mehrerer Schulkonferenzen sein.

(6) An Schulen ohne Schülervertretung entfallen die Sitze der Schülerinnen und Schüler, an Schulen ohne Elternvertretung die der Eltern. Sind in einer Schule mehrere Schularten organisatorisch verbunden, sollen die Eltern sowie die Schülerinnen und Schüler der verschiedenen Schularten nach der Zahl der Schülerinnen und Schüler in den einzelnen Schularten angemessen vertreten sein. Die Schulleiterin oder der Schulleiter verteilt nach Anhörung des Schulelternbeirats und der Schülervertretung die Sitze angemessen auf die einzelnen Schularten.

(7) Die Schulleiterin oder der Schulleiter ist kraft Amtes Mitglied der Schulkonferenz und führt deren Geschäfte. Im

Falle der Verhinderung gilt dies für die Stellvertreterin oder den Stellvertreter entsprechend. Die übrigen Vertreterinnen und Vertreter der Lehrkräfte werden, soweit nicht alle Lehrkräfte Mitglieder sind, für die Dauer von zwei Schuljahren von den Lehrkräften gewählt. Die Mitgliedschaft in der Schulkonferenz erlischt am Ende der Tätigkeit, die zur Mitgliedschaft geführt hat.

(8) Zu den Vertreterinnen und Vertretern der Eltern, Schülerinnen und Schüler gehören kraft Amtes die oder der Vorsitzende des Schulelternbeirats und, sofern vorhanden, die Schülersprecherin oder der Schülersprecher. Die übrigen Vertreterinnen und Vertreter der Eltern werden vom Schulelternbeirat für die Dauer von zwei Schuljahren gewählt. Die übrigen Vertreterinnen und Vertreter der Schülerinnen und Schüler werden von dem obersten Beschlussorgan der Schülervertretung für die Dauer eines Schuljahres gewählt; das Statut der Schülervertretung kann eine Wahl durch alle Schülerinnen und Schüler vorsehen. Die Mitgliedschaft erlischt, wenn kein Kind der Vertreterin oder des Vertreters der Eltern die Schule mehr besucht oder die Vertreterin oder der Vertreter der Schülerinnen und Schüler die Schule verlässt.

(9) Für die Mitglieder können für den Fall der Verhinderung Stellvertreterinnen oder Stellvertreter gewählt werden.

(10) Die Gleichstellungsbeauftragte und die Verbindungslehrerin oder der Verbindungslehrer haben in der Schulkonferenz ein Rede- und Antragsrecht. Vertreterinnen und Vertreter des Personalrats können zur Schulkonferenz beratend hinzugezogen werden.

(11) Der Schulträger ist vorab über die Sitzungen der Schulkonferenz zu unterrichten. Eine Vertreterin oder ein Vertreter kann an den Sitzungen beratend teilnehmen. Sie oder er hat in der Schulkonferenz ein Rede- und Antragsrecht.

(12) Soweit nicht über personenbezogene Angelegenheiten beraten wird, können in den Fällen von Absatz 4 Satz 1 Nummer 1 und 2 bis zu zwei und in den Fällen von Absatz 4 Satz 1 Nummer 3 und 4 bis zu drei Klassensprecherinnen oder Klassensprecher aus den Jahrgangsstufen 5 und 6 an den Sitzungen mit beratender Stimme teilnehmen. In der Sitzung der Schulkonferenz gelten sie als Mitglieder der Schulkonferenz. Die Klassensprecherinnen und Klassensprecher stimmen sich ab, wer an der jeweils nächsten Sitzung der Schulkonferenz teilnimmt.

§ 63
Aufgaben und Verfahren der Schulkonferenz

(1) Die Schulkonferenz beschließt im Rahmen der geltenden Rechts- und Verwaltungsvorschriften über

1. Grundsätze der Erziehungs- und Unterrichtsarbeit an der Schule,
2. das Schulprogramm (§ 3 Abs. 1),
3. Grundsatzfragen der Anwendung von Rahmenrichtlinien und Lehrplänen, von Stundentafeln und Lehrmethoden,
4. Grundsätze für die Einführung von Schulbüchern und die Auswahl von Lehr- und Lernmitteln,
5. Grundsätze der Anwendung einheitlicher Maßstäbe für die Leistungsbewertung und Versetzung innerhalb der Schule sowie der Zeugniserteilung,
6. Grundsätze eines Förderkonzepts,
7. Grundsätze für Hausaufgaben und Klassenarbeiten,
8. Grundsätze für den schulart-, jahrgangs-, fächer- und lernbereichsübergreifenden Unterricht (§ 5 Absatz 4) und die Form der Differenzierung einschließlich der Bildung gemeinsamer Lerngruppen,
9. Grundsätze für die Mitarbeit von Eltern und anderen Personen im Unterricht und bei sonstigen Schulveranstaltungen (§ 34 Abs. 7),
10. die Ausgestaltung der Eingangsphase der Grundschule (§ 41 Abs. 2),
11. die Schulordnung einschließlich der Haus- und Pausenordnung und der Grundsätze der Aufsichtsführung sowie Grundsatzfragen der Aufrechterhaltung der Ordnung an der Schule,
12. die Stellung des Antrags auf Durchführung eines Schulversuchs (§ 138 Abs. 2),
13. die Einführung der Ganztagsschule,
14. die Einrichtung und den Umfang von Betreuungsangeboten (§ 6 Abs. 5),
15. wichtige Fragen der Zusammenarbeit mit Eltern, Schülerinnen und Schülern und deren Vertretung,
16. Grundsätze der Zusammenarbeit mit außerschulischen Einrichtungen und Institutionen (§ 3 Abs. 3),
17. das Eingehen einer Schulpartnerschaft und den Abschluss einer Kooperationsvereinbarung nach § 43 Absatz 6 Satz 2,
18. die Festlegung der täglichen Unterrichtszeit und die Zahl der Unterrichtstage in der Woche und die Daten der beweglichen Ferientage,
19. die Festlegung von Merkmalen für die Aufnahme von Schülerinnen und Schülern bei begrenzter Aufnahmemöglichkeit,
20. Grundsätze für Schulausflüge sowie Betriebserkundungen, Betriebspraktika, Wirtschaftspraktika, Praxiswochen und Praxistage,
21. Veranstaltungen der Schule,
22. Maßnahmen der Schule zur Schulwegsicherung, insbesondere Schulwegpläne, und den Einsatz von Schülerlotsen,
23. Vorschläge bei der Namensgebung für die Schule,
24. Maßnahmen zur Rationalisierung der Arbeit an der Schule sowie Empfehlungen für die Verwendung technischer Unterrichtsmittel,
25. Ausnahmen vom Verbot des Warenverkaufs und den Abschluss sonstiger Geschäfte (§ 29 Abs. 6 Satz 1),
26. grundsätzliche Fragen der Zusammenarbeit mit dem Schulträger, den Trägern der Jugendhilfe, den Berufsberatungsstellen, den zuständigen Stellen nach dem Berufsbildungsgesetz vom 23. März 2005 (BGBl. I S. 931), zuletzt geändert durch Artikel 232 der Verordnung vom 31. Oktober 2006 (BGBl. S. 2407/2435) und anderen Stellen.
27. Stellungnahmen zu Vorschlägen und Beschwerden von Schülerinnen, Schülern und Eltern, soweit diese eine über den Einzelfall hinausgehende Bedeutung haben,
28. Maßnahmen zur Förderung der Gleichstellung der Geschlechter und zur Wahrung des Gleichberechtigungsgebots,
29. Folgerungen aus Ergebnissen von Evaluationen und sonstigen Maßnahmen der Qualitätssicherung und -entwicklung,
30. sonstige Angelegenheiten, die der Konferenz von den Schulaufsichtsbehörden übertragen sind.

(2) Die Schulkonferenz ist anzuhören und kann eine Stellungnahme abgeben

1. vor Durchführung und vorzeitiger Beendigung eines Schulversuchs an der Schule,
2. zu Vorschlägen der zuständigen Behörden bei Teilung, organisatorischer Verbindung, Verlegung, Änderung und Auflösung der Schule, bei größeren Baumaßnahmen im Bereich der Schule und bei wichtigen organisatorischen Änderungen im Schulbetrieb,
3. vor wichtigen, die Schule betreffenden Entscheidungen über die Schülerbeförderung,
4. vor der Genehmigung wissenschaftlicher Forschungsvorhaben an der Schule.

(3) Die Schulkonferenz tagt mindestens einmal im Schulhalbjahr.

(4) Abweichend von § 68 Abs. 6 kommt ein Beschluss der Schulkonferenz nicht zustande, wenn die anwesenden Vertreterinnen und Vertreter der Lehrkräfte, der Eltern oder der Schülerinnen und Schüler jeweils einstimmig gegen den Antrag stimmen und sich auf diese Bestimmung berufen. Über den Gegenstand ist in einer weiteren Schulkonferenz erneut zu befinden, in der Satz 1 nicht nochmals an-

wendbar ist. Zwischen den beiden Schulkonferenzen muss ein Zeitraum von zwei Wochen liegen.

(5) In Angelegenheiten nach Absatz 1 Nr. 1 bis 13 kommt abweichend von § 68 Abs. 6 ein Beschluss der Schulkonferenz in der Zusammensetzung nach § 62 Abs. 2 nur zustande, wenn ihm die Mehrzahl der gewählten Vertreterinnen und Vertreter der Lehrkräfte in der Schulkonferenz oder ihrer Stellvertreterinnen oder Stellvertreter nach § 62 Abs. 9 zustimmt.

§ 64
Lehrerkonferenz

(1) Die Lehrerkonferenz berät die Schulleiterin oder den Schulleiter bei der Erfüllung der Aufgaben und erörtert alle für die Erziehungs- und Unterrichtsarbeit in der Schule notwendigen Maßnahmen. Neben den Lehrkräften ist eine Vertreterin oder ein Vertreter für die sozialpädagogischen Fachkräfte und die Beschäftigten nach § 34 Abs. 6, die oder der aus deren Mitte gewählt wird, stimmberechtigtes Mitglied. Die übrigen sozialpädagogischen Fachkräfte und Beschäftigten nach § 34 Abs. 6 können mit beratender Stimme an der Lehrerkonferenz teilnehmen.

(2) Die Lehrerkonferenz ist zuständig für
1. die Wahl der Vertreterinnen und Vertreter der Lehrkräfte für die Schulkonferenz; wählbar sind nur Lehrkräfte oder eine Vertreterin oder ein Vertreter der sozialpädagogischen Fachkräfte, die mindestens acht Wochenstunden Unterricht erteilen oder in entsprechendem Umfang tätig sind,
2. die Wahl der Vertreterinnen und Vertreter der Lehrkräfte für den Schulleiterwahlausschuss; wählbar sind nur Lehrkräfte, die mit mindestens der Hälfte ihrer Pflichtstundenzahl an der Schule unterrichten oder in entsprechendem Umfang tätig sind,
3. die Vorbereitung von Angelegenheiten, die in der Schulkonferenz behandelt werden,
4. Empfehlungen an die Schulkonferenz.

(3) Die Lehrerkonferenz beschließt im Rahmen der geltenden Rechts- und Verwaltungsvorschriften insbesondere über
1. Grundsätze für ein abgestimmtes Vorgehen in Bildungs- und Erziehungsfragen,
2. Grundsätze für die Koordinierung von Unterrichtsinhalten und -methoden,
3. Grundsätze für die Aufstellung des Stunden-, Aufsichts- und Vertretungsplanes sowie Grundsätze über die Verteilung der Verwaltungsarbeit auf die Lehrkräfte,
4. den Antrag auf Überweisung in eine andere Schule mit dem gleichen Bildungsabschluss nach § 25 Absatz 3 Satz 1 Nummer 7; sie hat der Schulkonferenz über ihre diesbezüglichen Beschlüsse zu berichten.
5. Grundsätze der Fortbildungsplanung,
6. Lehr- und Lernmittel nach Vorschlägen der Fachkonferenzen.

§ 65
Klassenkonferenz

(1) Die Lehrkräfte, die in einer Klasse oder Lerngruppe unterrichten, sowie die oder der Vorsitzende des Klassenelternbeirats und von der Jahrgangsstufe sieben an die Klassensprecherin oder der Klassensprecher arbeiten in der Klassenkonferenz zusammen. Sie sind stimmberechtigtes Mitglied der Klassenkonferenz, soweit sich nicht durch Absatz 4 oder in Rechtsvorschriften eine abweichende Regelung ergibt. Die Teilnahme eines weiteren Mitglieds des Klassenelternbeirats, einer weiteren Klassensprecherin oder eines weiteren Klassensprechers sowie der in der Klasse tätigen sozialpädagogischen Fachkräfte ist mit beratender Stimme möglich.

(2) Die Klassenkonferenz beschließt über
1. die Notwendigkeit und die Inhalte von Lernplänen sowie die Verpflichtung zur Teilnahme der Schülerin oder des Schülers an schulischen Veranstaltungen nach § 6 Abs. 2 Satz 2 und § 11 Abs. 2 Satz 2,
2. die ergänzende Beurteilung des allgemeinen Lernverhaltens und des Sozialverhaltens in der Schule bei Festsetzung der Zeugnisse für die Schülerinnen und Schüler sowie weitere Vermerke in Zeugnissen nach Maßgabe der Zeugnisordnung,
3. die Empfehlung zum Übergang in die Orientierungsstufe,
4. Versetzungen, die Zuweisung in andere Schularten und Bildungsgänge sowie die Empfehlungen zum Wiederholen einer Jahrgangsstufe oder zum Wechsel der Schulart,
5. Prüfungen, soweit dies durch die Prüfungsordnung bestimmt ist,
6. Ordnungsmaßnahmen nach § 25 Absatz 3 Satz 1 Nummer 1 bis 6 und die Widersprüche hiergegen,
7. Auszeichnung von Schülerinnen und Schülern,
8. Koordination von Hausaufgaben und Klassenarbeiten,
9. Schulausflüge, Betriebserkundungen, Betriebs- und Wirtschaftspraktika, Praxiswochen und Praxistage sowie andere Veranstaltungen der Klasse,
10. sonstige Angelegenheiten, die der Klassenkonferenz von den Schulaufsichtsbehörden übertragen sind.

(3) Ein schriftlicher Verweis kann auch von der Klassenlehrerin oder dem Klassenlehrer im Einvernehmen mit den Mitgliedern der Klassenkonferenz erteilt werden, ohne dass eine Sitzung einberufen wird. Berät die Klassenkonferenz über Ordnungsmaßnahmen oder Widersprüche gegen Ordnungsmaßnahmen, führt die Schulleiterin oder der Schulleiter oder eine von ihr oder ihm bestimmte Lehrkraft den Vorsitz.

(4) Wird die Klassenkonferenz als Versetzungs- oder Zeugniskonferenz oder bei Prüfungen tätig oder trifft sie sonstige Entscheidungen aufgrund der Beurteilung von Leistungen einer Schülerin oder eines Schülers, nehmen an den Sitzungen nur die Lehrkräfte teil. In diesem Konferenzen hat die Schulleiterin oder der Schulleiter oder eine von ihr oder ihm bestimmte Lehrkraft den Vorsitz; im Übrigen hat die Klassenlehrerin oder der Klassenlehrer den Vorsitz. Die oder der Vorsitzende des Klassenelternbeirats wird zur Teilnahme mit beratender Stimme eingeladen. Sie oder er kann sich von einem anderen Mitglied des Klassenelternbeirats begleiten und insbesondere dann vertreten lassen, wenn entsprechend § 81 des Landesverwaltungsgesetzes eine Mitwirkung bei der Beratung und Beschlussfassung ausgeschlossen ist.

(5) Die Klassenkonferenz ist mindestens zweimal im Schuljahr einzuberufen. Sie soll außerhalb ihrer Tätigkeit als Versetzungs- oder Zeugniskonferenz einmal im Schuljahr einberufen werden.

(6) Wird der Unterricht in der Oberstufe nicht in einem festen Klassen- oder Lerngruppenverband erteilt, gilt die gesamte Jahrgangsstufe als Lerngruppe gemäß Absatz 1 Satz 1. Klassensprecherin oder Klassensprecher ist dabei eine Schülerin oder ein Schüler, die oder der gemäß § 81 Absatz 2 Satz 3 für die Jahrgangsstufe in der Klassensprecherversammlung gewählt worden ist; eine Stellvertretung untereinander für die jeweilige Teilnahme an einer Sitzung ist zulässig.

§ 66
Fachkonferenzen

(1) Die Schulleiterin oder der Schulleiter soll für einzelne Fächer, Fächergruppen oder Fachrichtungen Fachkonferenzen bilden. Mitglieder der Fachkonferenz sind die Lehrkräfte, die für das entsprechende Fach (Fächergruppe, Fachrichtung) die Lehrbefähigung haben oder in ihm unterrichten; die Schulleiterin oder der Schulleiter kann an der Fachkonferenz teilnehmen. Eine von ihr oder ihm bestimmte Lehrkraft hat den Vorsitz. In Fachkonferenzen sind Fragen des Faches abzustimmen, die von der Sache her ein Zusammenwirken der Lehrkräfte erfordern.

(2) Je zwei Vertreterinnen oder Vertreter der Eltern und ab Jahrgangsstufe sieben der Schülerinnen und Schüler werden zu den Sitzungen eingeladen und können an ihnen mit beratender Stimme teilnehmen, soweit der Gegenstand der Beratung dies nicht ausschließt. Sie können sich im Verhinderungsfall vertreten lassen. Die Wahl erfolgt durch die Gremien nach § 62 Abs. 8 Satz 2 und 3.

(3) Die Fachkonferenz beschließt Vorschläge über

didaktische und methodische Fragen eines Faches,
1. die Ausgestaltung der Rahmenrichtlinien und Lehrpläne sowie die Umsetzung der Bildungsstandards sowie die Abstimmung des schulinternen Fachcurriculums,
2. die Erstellung und Auswertung von Vergleichs- und Parallelarbeiten,
3. die Erstellung und Auswertung von Parallelarbeiten sowie die Auswertung von Vergleichs- und Abschlussarbeiten und das jeweilige Fach betreffende Evaluationen,
4. die Verwendung von Haushaltsmitteln für das Fach,
5. die Einführung und Anschaffung neuer Lehr- und Lernmittel, insbesondere die Einführung von Schulbüchern,
6. den Aufbau von Sammlungen sowie die Einrichtung von Fachräumen und Werkstätten,
7. die Zusammenarbeit mit anderen Fachkonferenzen,
8. sonstige Angelegenheiten, die der Fachkonferenz von den Schulaufsichtsbehörden übertragen sind.

(4) Die Fachkonferenz soll mindestens zweimal im Schuljahr einberufen werden.

§ 67
Beanstandungs- und Eilentscheidungsrecht

(1) Die Schulleiterin oder der Schulleiter hat einem Konferenzbeschluss innerhalb von zwei Wochen zu widersprechen, wenn der Beschluss gegen Rechts- oder Verwaltungsvorschriften verstößt. Der Widerspruch ist gegenüber der Konferenz schriftlich oder elektronisch zu begründen. Über die Angelegenheit hat die Konferenz in einer neuen Sitzung nochmals zu beschließen. Die Sitzung muss innerhalb eines Monats nach Einlegung des Widerspruchs stattfinden.

(2) Unter den Voraussetzungen des Absatzes 1 hat die Schulleiterin oder der Schulleiter auch den neuen Beschluss zu beanstanden und unter Darlegung der verschiedenen Auffassungen unverzüglich die Entscheidung der Schulaufsichtsbehörde herbeizuführen.

(3) Widerspruch und Beanstandung haben aufschiebende Wirkung.

(4) Dringende Maßnahmen, die keinen Aufschub dulden und zu den Aufgaben der Schulkonferenz gehören, kann die Schulleiterin oder der Schulleiter vorläufig treffen. Die Angelegenheit ist auf die Tagesordnung der nächsten Schulkonferenz zu setzen, die darüber entscheidet.

§ 68
Verfahrensgrundsätze

(1) Die Sitzungen der Konferenzen finden in der Regel außerhalb der Unterrichtsstunden statt. Sie sind nicht öffentlich; jedoch können an den Sitzungen der Schulkonferenz Lehrkräfte, Eltern, Schülerinnen und Schüler sowie sonstige Mitarbeiterinnen und Mitarbeiter der Schule als Zuhörerinnen und Zuhörer teilnehmen, es sei denn, dass über personenbezogene Angelegenheiten beraten wird. Zu einzelnen Angelegenheiten können Sachverständige, weitere Eltern oder Schülerinnen und Schüler zur Beratung hinzugezogen werden. Die Mitglieder und die hinzugezogenen Personen sind zur Verschwiegenheit verpflichtet, soweit Beschlüsse Lehrkräfte, Eltern, Schülerinnen, Schüler oder Bedienstete des Schulträgers betreffen; im Übrigen gilt § 96 Abs. 2 bis 5 des Landesverwaltungsgesetzes entsprechend.

(2) Abgesehen von Klassen- und Fachkonferenzen wird die oder der Vorsitzende der Konferenz aus ihrer Mitte für die Dauer von zwei Schuljahren gewählt. Bis zur Wahl nimmt die Schulleiterin oder der Schulleiter die mit dem Vorsitz verbundenen Aufgaben wahr, soweit sie oder er diese Aufgaben nicht nach § 33 Abs. 6 auf eine andere Lehrkraft überträgt.

(3) Die oder der Vorsitzende beruft die Konferenzen mit einer Frist von mindestens zwei Wochen schriftlich ein. Mit der Einladung soll die Tagesordnung mit den Beratungsunterlagen versandt werden. Die oder der Vorsitzende muss eine Konferenz innerhalb von zwei Wochen einberufen, wenn ein Drittel der Mitglieder es verlangt. In Fällen besonderer Eilbedürftigkeit oder mit Zustimmung aller Mitglieder der Konferenz kann auf die Einhaltung der Frist nach Satz 1 verzichtet werden.

(4) Als Lehrkräfte im Sinne der Bestimmungen dieses Unterabschnitts gelten auch die Lehrkräfte im Vorbereitungsdienst.

(5) Entspricht die tatsächliche Mitgliederzahl einer Konferenz nicht der gesetzlichen Mitgliederzahl, hat dies auf die Beschlussfähigkeit keinen Einfluss. Eine Konferenz ist beschlussfähig, wenn alle Mitglieder geladen und mehr als die Hälfte anwesend sind. Ist eine Angelegenheit wegen Beschlussunfähigkeit zurückgestellt worden und wird die Konferenz wegen Behandlung desselben Gegenstandes erneut geladen, ist die Konferenz ohne Rücksicht auf die Zahl der erschienenen Mitglieder beschlussfähig. Solange die Beschlussfähigkeit nicht angezweifelt wird, gilt die Konferenz als beschlussfähig.

(6) Beschlüsse werden mit Stimmenmehrheit gefasst. Bei Stimmengleichheit entscheidet die Stimme der Schulleiterin oder des Schulleiters, soweit sie oder er der Konferenz angehört; ansonsten entscheidet die Stimme der oder des Vorsitzenden. Für den Ausschluss von Personen bei der Beratung und Beschlussfassung in einer Konferenz gilt § 81 des Landesverwaltungsgesetzes entsprechend. Bei der Stimmabgabe ist niemand an Weisungen gebunden. Das Stimmrecht kann nur persönlich ausgeübt werden.

(7) Wahlen sind geheim; sie können offen erfolgen, wenn alle anwesenden Wahlberechtigten zustimmen. Gewählt ist, wer von den abgegebenen Stimmen die meisten erhalten hat. Bei Stimmengleichheit entscheidet das von der Leiterin oder dem Leiter der Wahl zu ziehende Los.

(8) Über die Konferenz ist von einer Schriftführerin oder einem Schriftführer, die oder der von der Konferenz aus ihrer Mitte bestimmt wird, eine Niederschrift zu fertigen. Die Niederschrift muss Angaben enthalten über

1. die Bezeichnung der Konferenz,
2. den Ort und den Tag sowie Beginn und Ende der Sitzung,
3. die Namen der anwesenden Mitglieder und der sonstigen erschienenen Personen,
4. den behandelten Gegenstand und die gestellten Anträge,
5. den Wortlaut der gefassten Beschlüsse und
6. das Ergebnis der Wahlen.

Die Niederschrift ist von der oder dem Vorsitzenden und von der Schriftführerin oder dem Schriftführer zu unterschreiben. Sie bedarf der Genehmigung durch die Konferenz. Die Niederschrift ist zu den Schulakten zu nehmen und zehn Jahre aufzubewahren.

(9) Sitzungen können im Bedarfsfall auch unter Einsatz geeigneter informationstechnischer Übertragungsverfahren durchgeführt werden, in denen sich die Konferenzteilnehmerinnen und Konferenzteilnehmer gegenseitig in Echtzeit sehen und hören oder nur hören können. Soweit Wahlen nicht gemäß Absatz 7 Satz 1 2. Halbsatz offen erfolgen, ist sicherzustellen, dass die Wahlhandlung geheim vorgenommen werden kann und nur die Wahlberechtigten die ihnen jeweils zustehende Zahl an Stimmen abgeben.

(10) Die Konferenzen können sich im Rahmen der vorstehenden Verfahrensgrundsätze eine Geschäftsordnung geben, in der weitere Verfahrensregelungen, insbesondere über die Einberufung und Tagesordnung der Sitzungen, getroffen werden können.

(11) Innerhalb des schulischen Bildungsauftrages nach § 4 unterstützen die Schulleiterin oder der Schulleiter sowie die Lehrkräfte die Schülerinnen und Schüler, ihre Mitwirkungsrechte in Konferenzen rechtmäßig wahrnehmen zu können.

Unterabschnitt 2
Elternvertretungen

§ 69
Elternversammlung

(1) Die Eltern der Schülerinnen und Schüler einer Klasse kommen nach Bedarf, jedoch mindestens einmal im Schulhalbjahr, zur Elternversammlung zusammen. Bei abweichenden Organisationsformen des Unterrichts bilden die

Eltern für jede Jahrgangsstufe eine Elternversammlung. Das Nähere über die Bildung der Elternversammlung an Förderzentren regelt das für Bildung zuständige Ministerium durch Verordnung.

(2) Die Elternversammlung dient der Unterrichtung der Eltern über die geplante Unterrichtsgestaltung, Schulbücher und andere Fragen von allgemeiner Bedeutung für die Schülerinnen und Schüler. Die Eltern erörtern mit den Lehrkräften die Angelegenheiten der Erziehung und des Unterrichts, die die Schülerinnen und Schüler gemeinsam betreffen, einschließlich Fragen des Sexualkundeunterrichts.

(3) Bei Wahlen und Abstimmungen hat jeder Elternteil jeweils eine Stimme pro Kind. Ist nur ein Elternteil vorhanden oder nur einer anwesend, hat dieser zwei Stimmen pro Kind.

§ 70
Elternvertretungen

(1) Elternvertretungen sind Klassenelternbeirat, Schulelternbeirat, Kreiselternbeirat und Landeselternbeirat.

(2) Durch die Elternvertretungen werden die Eltern der Schülerinnen und Schüler gemeinsam an Erziehung und Unterricht beteiligt. An Landeskrankenhäusern und Justizvollzugsanstalten werden Elternvertretungen nicht gebildet.

(3) Aufgabe der Elternvertretungen ist es, im Rahmen ihres Wirkungskreises

1. das Vertrauen zwischen Schule und Elternhaus zu festigen und zu vertiefen,
2. das Interesse und die Verantwortung der Eltern für die Aufgaben der Erziehung zu wahren und zu pflegen,
3. der Elternschaft Gelegenheit zur Information und Aussprache zu geben,
4. Wünsche, Anregungen und Vorschläge der Eltern zur Verbesserung der Schulverhältnisse zu beraten und den zuständigen Stellen in Schule und Schulverwaltung zu unterbreiten und
5. das Verständnis der Öffentlichkeit für Erziehung und Unterricht in der Schule zu stärken.

§ 71
Klassenelternbeirat

(1) Die Elternversammlungen nach § 69 Abs. 1 wählen aus ihrer Mitte einen Elternbeirat, der aus der oder dem Vorsitzenden und zwei weiteren Mitgliedern bestehen soll.

(2) Die Klassenlehrerin oder der Klassenlehrer hat den Klassenelternbeirat über alle grundsätzlichen, die Klasse gemeinsam interessierenden Fragen zu unterrichten. Sie oder er ist verpflichtet, dem Klassenelternbeirat die notwendigen Auskünfte zu erteilen. Wird der Unterricht nicht im Klassenverband erteilt, bestimmt die Schulleiterin oder der Schulleiter die zuständige Lehrkraft.

§ 72
Schulelternbeirat

(1) Der Schulelternbeirat wird aus je einem von den Klassenelternbeiräten aus ihrer Mitte gewählten Mitglied gebildet; Klassenelternbeiräte einer ganzen Jahrgangsstufe gemäß § 69 Absatz 1 Satz 2, § 71 Absatz 1 wählen für je angefangene 29 Schülerinnen und Schüler ein Mitglied für den Schulelternbeirat. Er unterstützt die Arbeit der Elternbeiräte beim Zusammenwirken der Schule und der Elternschaft. Der Schulelternbeirat soll die Lehrerkonferenz einmal im Schuljahr über seine Arbeit informieren.

(2) Der Schulelternbeirat wählt aus seiner Mitte einen Vorstand, der aus der oder dem Vorsitzenden und zwei weiteren Mitgliedern bestehen soll.

(3) Die Schulleiterin oder der Schulleiter hat den Schulelternbeirat über alle grundsätzlichen, die Schule gemeinsam interessierenden Fragen zu unterrichten. Sie oder er ist verpflichtet, dem Schulelternbeirat die notwendigen Auskünfte zu erteilen.

(4) Der Zustimmung des Schulelternbeirats bedürfen die Festlegung der täglichen Unterrichtszeit, die Entscheidung über die Zahl der unterrichtsfreien Sonnabende im Monat, die Einführung der Ganztagsschule (§ 6 Abs. 1 bis 3), die Durchführung von Schulversuchen und die Entscheidungen über Ausnahmen vom Verbot des Warenverkaufs und den Abschluss sonstiger Geschäfte (§ 29 Abs. 6 Satz 1); die Zustimmung ist jeweils auf vier Jahre befristet. Kommt eine Einigung zwischen Schule und Schulelternbeirat nicht zustande, ist die Entscheidung der Schulaufsichtsbehörde herbeizuführen. Diese entscheidet, nachdem sie dem Schulelternbeirat über den Kreiselternbeirat Gelegenheit zur Stellungnahme gegeben hat.

§ 73
Kreiselternbeirat

(1) In den Kreisen und kreisfreien Städten werden Kreiselternbeiräte jeweils gebildet für

1. die Grundschulen und Förderzentren,
2. die Gemeinschaftsschulen,
3. die Gymnasien.

Der Kreiselternbeirat vertritt die Anliegen der Eltern der jeweiligen Schulart auf Kreisebene und unterstützt die Arbeit der Schul- und Klassenelternbeiräte.

(2) Die Kreiselternbeiräte für die Gymnasien und Gemeinschaftsschulen werden von je einem Mitglied der bestehenden Schulelternbeiräte gebildet. Der Kreiselternbeirat für die Grundschulen und Förderzentren umfasst höchstens zwölf Mitglieder, die von den Delegierten der vorhandenen Schulelternbeiräte aus deren Mitte gewählt werden; es soll sichergestellt werden, dass die Förderzentren durch mindestens ein Mitglied im Kreiselternbeirat vertreten werden. Sind in einer Schule Schulen oder Teile von Schulen verschiedener Schularten organisatorisch verbunden, wird die Elternvertretung dieser Schule an der Bildung des Kreiselternbeirats der jeweils betroffenen Schulart beteiligt.

(3) Der Kreiselternbeirat wählt aus seiner Mitte einen Vorstand, der aus der oder dem Vorsitzenden und zwei weiteren Mitgliedern bestehen soll.

(4) Die Schulaufsichtsbehörde hat den Kreiselternbeirat über alle grundsätzlichen, die Schulen gemeinsam interessierenden Fragen zu unterrichten. Sie ist verpflichtet, dem Kreiselternbeirat die notwendigen Auskünfte zu erteilen.

(5) Der Kreiselternbeirat ist bei der Bildung eines Schuleinzugsbereiches nach § 138 Abs. 3 durch das für den jeweiligen Bildungsbereich zuständige Ministerium und vor der Genehmigung der Errichtung, Änderung und Auflösung von Schulen durch die Schulaufsichtsbehörde anzuhören. Die Kreise und die kreisfreien Städte haben die Kreiselternbeiräte zur Schulbauplanung sowie zu beabsichtigten Änderungen in der Schülerbeförderung und der Schulentwicklungsplanung in ihrem Gebiet anzuhören.

§ 74
Landeselternbeirat

(1) Im Land werden Landeselternbeiräte gebildet jeweils für

1. die Grundschulen und Förderzentren,
2. die Gemeinschaftsschulen,
3. die Gymnasien.

(2) Jeder Kreiselternbeirat wählt aus seiner Mitte ein Mitglied für den Landeselternbeirat. Werden im Landeselternbeirat für die Grundschulen und Förderzentren Eltern aus Förderzentren nicht durch ein Mitglied vertreten, können die Mitglieder aus Förderzentren in den Kreiselternbeiräten ein zusätzliches Mitglied in den Landeselternbeirat wählen.

(3) Der Landeselternbeirat wählt aus seiner Mitte einen Vorstand, der aus der oder dem Vorsitzenden und zwei weiteren Mitgliedern bestehen soll. Der Kreiselternbeirat, dessen Mitglied zur oder zum Vorsitzenden des Landeselternbeirats gewählt wird, kann ein zusätzliches Mitglied in den Landeselternbeirat wählen.

(4) Der Landeselternbeirat vertritt die Anliegen der Eltern der jeweiligen Schulart auf Landesebene und unterstützt die Arbeit der Schul- und Kreiselternbeiräte. Er berät das für Bildung zuständige Ministerium in wichtigen allgemeinen Bildungs- und Erziehungsfragen und in Fragen des Schulwesens, durch die Belange der Eltern berührt werden, insbesondere bei der Änderung von Stundentafeln. Das für

Bildung zuständige Ministerium hat den Landeselternbeirat über alle grundsätzlichen, die Schulen gemeinsam interessierenden Fragen zu unterrichten und ihm die notwendigen Auskünfte zu erteilen.

§ 75
Kosten, Arbeitsgemeinschaften

(1) Die Kosten für die Tätigkeit der Elternvertretungen tragen im Rahmen der in den Haushaltsplänen zur Verfügung gestellten Mittel
1. in der Schule der Schulträger,
2. für die Kreiselternbeiräte die Kreise und kreisfreien Städte,
3. für die Landeselternbeiräte das Land.

(2) Das für Bildung zuständige Ministerium bestimmt durch Verordnung das Wahlverfahren (Wahlordnung) und die Höhe der Reisekostenvergütung und des Sitzungsgeldes sowie bei Landeselternbeiräten Voraussetzungen und Höhe eines Zuschusses zu den notwendigen nachgewiesenen Kosten einer entgeltlichen Betreuung von Kindern für die Teilnahme an Sitzungen. Das fachlich zuständige Ministerium regelt im Einvernehmen mit dem für Bildung zuständigen Ministerium durch Verordnung die Gewährung von Reisekostenvergütungen für Elternvertreterinnen und Elternvertreter an Schulen, die Schülerinnen und Schüler aus dem ganzen Land aufnehmen.

(3) Die Vorsitzenden der Kreiselternbeiräte und der Landeselternbeiräte bilden jeweils eine Arbeitsgemeinschaft. Kreiselternbeiräte und Landeselternbeiräte können im Rahmen der zur Verfügung stehenden Haushaltsmittel Veranstaltungen zur Unterrichtung von Mitgliedern der Schulelternbeiräte durchführen.

§ 76
Ehrenamtliche Tätigkeit, Verfahrensgrundsätze

(1) Die Tätigkeit in den Elternbeiräten ist ehrenamtlich. Die §§ 95 und 96 des Landesverwaltungsgesetzes gelten entsprechend. Die Mitglieder der Elternbeiräte sind im Rahmen ihrer Aufgabenstellung an Aufträge und Weisungen nicht gebunden. Die Mitglieder der Kreis- und Landeselternbeiräte sowie deren Vorstände erhalten für die Teilnahme an den Sitzungen Reisekostenvergütung und Sitzungsgeld. Die Mitglieder der Landeselternbeiräte sowie deren Vorstände erhalten für die Teilnahme an Sitzungen einen Zuschuss zu den notwendigen nachgewiesenen Kosten einer entgeltlichen Betreuung von Kindern, bei Mitgliedern der Kreiselternbeiräte sowie deren Vorständen entscheidet der Kostenträger gemäß § 75 Absatz 1 Nummer 2 über die Gewährung eines solchen Zuschusses.

(2) Die Mitglieder im Schulelternbeirat, Kreiselternbeirat und Landeselternbeirat haben Stellvertreterinnen oder Stellvertreter, die im Verhinderungsfall ihre Aufgaben wahrnehmen. Die Stellvertreterinnen und Stellvertreter sind zugleich Ersatzmitglieder, die im Fall des Ausscheidens der Mitglieder in deren Stellung nachrücken.

(3) Für die Ordnung in den Sitzungen, die Beschlussfähigkeit, die Beschlussfassung, die Wahlen und die Niederschrift über die Sitzungen der Elternbeiräte gilt § 68 entsprechend; für die Wahlen der Elternbeiräte findet die Wahlordnung für Elternbeiräte Anwendung. Die Elternbeiräte können sich im Rahmen dieser Verfahrensgrundsätze eine Geschäftsordnung geben, in der weitere Verfahrensregelungen, insbesondere über die Einberufung und Tagesordnung der Sitzungen, getroffen werden können.

(4) Bei Wahlen und Abstimmungen haben alle Elternbeiratsmitglieder das gleiche Stimmrecht. Das Stimmrecht ist nicht übertragbar. Wird die oder der Vorsitzende eines Elternbeirats nicht in der Wahlversammlung gewählt, bestimmt die Mitglieder des Vorstandes, wer von ihnen das Amt der oder des Vorsitzenden übernimmt.

(5) Sitzungen der Elternbeiräte sowie Elternversammlungen gemäß § 69 können im Bedarfsfall auch unter Einsatz geeigneter informationstechnischer Übertragungsverfahren durchgeführt werden, in denen sich die Teilnehmerinnen und Teilnehmer gegenseitig in Echtzeit sehen und hören oder nur hören können. Soweit Wahlen nicht entsprechend § 68 Absatz 7 Satz 1 2. Halbsatz oder gemäß der Wahlverordnung für Elternbeiräte vom 7. Mai 2012 (NBl. MBK Schl.-H. S. 113), geändert durch Verordnung vom 31. Mai 2017 (NBl. MBWK Schl.-H. S. 176), offen erfolgen, ist sicherzustellen, dass die Wahlhandlung geheim vorgenommen werden kann und nur die Wahlberechtigten die ihnen jeweils zustehende Zahl an Stimmen abgeben.

(6) Lehrkräfte können nicht Mitglied
1. eines Klassenelternbeirats, wenn sie in der Klasse unterrichten,
2. eines Schulelternbeirats, wenn sie in der Schule unterrichten, oder
3. eines Kreiselternbeirats oder Landeselternbeirats der Schulart, in der sie unterrichten, sein.

(7) Schulaufsichtsbeamtinnen und Schulaufsichtsbeamte können nicht Vorsitzende eines Schulelternbeirats oder Mitglied eines Kreis- oder Landeselternbeirats sein.

§ 77
Amtszeit

(1) Die Amtszeit der Elternbeiräte und der Elternbeiratsvorstände beträgt zwei Schuljahre. Abweichend von Satz 1 wird der Elternbeirat in der Sekundarstufe II (§ 8) für die Dauer des Bildungsganges gewählt. Abweichende Regelungen bestimmt die Schulkonferenz.

(2) Werden Klassen neu gebildet, wird der Klassenelternbeirat für den Rest der Amtszeit neu gewählt.

(3) Mitglieder von Elternbeiratsvorständen bleiben bis zur Neuwahl im Amt, soweit sie nicht nach § 78 ausscheiden.

§ 78
Ausscheiden aus dem Amt

(1) Ein Mitglied eines Klassenelternbeirats scheidet aus seinem Amt und dem Schulelternbeirat aus, wenn das Kind die Klasse verlässt.

(2) Ein Mitglied des Vorstandes des Schulelternbeirats scheidet aus seinem Amt aus, wenn keines seiner Kinder die Schule mehr besucht.

(3) Ein Mitglied des Kreiselternbeirats scheidet aus seinem Amt aus, wenn keines seiner Kinder eine Schule der entsprechenden Schulart im Kreis mehr besucht.

(4) Ein Mitglied des Landeselternbeirats scheidet aus seinem Amt aus, wenn keines seiner Kinder eine Schule der entsprechenden Schulart im Land mehr besucht.

(5) Ein Mitglied eines Elternbeirates scheidet durch Rücktritt aus seinem Amt aus.

(6) Ein Mitglied eines Elternbeirats kann durch das Gremium, das es gewählt hat, mit einer Mehrheit von zwei Dritteln der Stimmberechtigten abberufen werden. Die Elternversammlung kann abweichend von Satz 1 die von ihr gewählten Mitglieder des Elternbeirats mit einer Mehrheit von zwei Dritteln der Stimmen der anwesenden Stimmberechtigten abberufen.

Unterabschnitt 3
Schülervertretungen, Schülerzeitungen, Schülergruppen

§ 79
Wesen und Aufgaben

(1) Die Schülervertretung ist die gewählte Vertretung der Schülerinnen und Schüler in der Klasse und in der Schule. Sie ist Teil der Schule und gibt den Schülerinnen und Schülern die Möglichkeit gemeinsamer Mitwirkung an den die Schule betreffenden Angelegenheiten. Die Arbeit der Schülervertretungen dient auch der politischen Bildung.

(2) Die Schülervertretung hat folgende Aufgaben:
1. die Wahrnehmung gemeinsamer Anliegen der Schülerinnen und Schüler gegenüber der Schulleiterin oder dem Schulleiter, den Lehrkräften, den Elternvertreterinnen und Elternvertretern und Schulaufsichtsbehörden,
2. die Wahrnehmung selbstgestellter kultureller, fachlicher, sozialer und sportlicher Aufgaben innerhalb des Schulbereichs und

3. die Mitwirkung an der Gestaltung des Schullebens.

(3) Schülervertreterinnen und Schülervertreter können eine Schülerin oder einen Schüler ihrer oder seiner Schule auf deren oder dessen Wunsch bei der Wahrnehmung von Rechten gegenüber der Schulleiterin oder dem Schulleiter und den Lehrkräften, insbesondere bei Ordnungsmaßnahmen und Beschwerdefällen, unterstützen.

§ 80
Tätigkeit der Schülervertreterinnen und Schülervertreter

(1) Die Schülervertreterinnen und Schülervertreter sind ehrenamtlich tätig und als Mitglied in der Klassensprecherversammlung und der Schulkonferenz an Aufträge und Weisungen nicht gebunden. Schülervertreterinnen und Schülervertreter dürfen wegen ihres Amtes von der Schulleiterin, dem Schulleiter oder den Lehrkräften weder bevorzugt noch benachteiligt werden.

(2) Die Schulleiterin oder der Schulleiter darf in die Arbeit der Schülervertretung nur eingreifen, soweit es zur Einhaltung von Rechts- und Verwaltungsvorschriften erforderlich ist.

(3) Die Schulleiterinnen und Schulleiter, die Lehrkräfte und die Schulaufsichtsbehörden unterstützen die Schülervertretung bei der rechtmäßigen Erfüllung ihrer Aufgaben. Sie haben die Schülervertretung über alle grundsätzlichen, die Schülerinnen und Schüler gemeinsam interessierenden Fragen zu unterrichten.

(4) Die Kosten der Schülervertretungen und deren Arbeitsgemeinschaften tragen im Rahmen der in den Haushaltsplänen zur Verfügung gestellten Mittel

1. in der Schule der Schulträger,
2. für die Kreisschülervertretungen die Kreise und kreisfreien Städte,
3. für die Landesschülervertretungen das Land.

Das für Bildung zuständige Ministerium kann durch Verordnung Mindestsätze für die Kostenübernahme festlegen.

(5) Für privatrechtliche Rechtsgeschäfte, die nicht lediglich auf einen rechtlichen Vorteil abzielen, bedürfen Schülervertretungen einer für das einzelne Rechtsgeschäft ausgestellten Vollmacht des in Absatz 4 genannten Kostenträgers. Bei ihrem Fehlen können das Land, die Kreise und kreisfreien Städte oder die Schulträger durch ein Handeln der Schülervertreterinnen und Schülervertreter nicht verpflichtet werden.

§ 81
Schülervertretung in der Schule

(1) Die Schülervertretung in der Schule besteht aus der Klassensprecherin oder dem Klassensprecher, der Klassensprecherversammlung und der Schülersprecherin oder dem Schülersprecher. An Grundschulen und Klassen in Justizvollzugsanstalten können nur Klassensprecherinnen und Klassensprecher gewählt werden; ihre Tätigkeit beschränkt sich auf den Bereich der Klasse.

(2) Die Schülerinnen und Schüler einer Klasse wählen die Klassensprecherin oder den Klassensprecher aus ihrer Mitte. Ihr oder ihm ist Gelegenheit zu geben, Fragen der Schülervertretung mit der Klasse zu erörtern. Wird der Unterricht nicht im Klassenverband erteilt, wählen die Schülerinnen und Schüler einer Jahrgangsstufe für je 15 Schülerinnen und Schüler eine Vertreterin oder einen Vertreter für die Klassensprecherversammlung.

(3) Die Klassensprecherversammlungen der weiterführenden allgemein bildenden Schulen bestehen aus den Klassensprecherinnen und Klassensprechern. Durch Statut (§ 84 Abs. 10) kann vorgesehen werden, dass der Klassensprecherversammlung weitere Schülerinnen und Schüler angehören und Schülerversammlungen einberufen werden können. Die Klassensprecherversammlung kann aus ihrer Mitte einen Vorstand wählen.

(4) Die Schülersprecherin oder der Schülersprecher wird von den Schülerinnen und Schülern gewählt; im Statut (§ 84 Abs. 10) kann die Wahl durch die Klassensprecherversammlung vorgesehen werden. Die Schülersprecherinnen und Schülersprecher von Schulen eines Schulträgers können eine Arbeitsgemeinschaft bilden.

§ 82
Kreisschülervertretung

(1) Die Schülervertretungen der weiterführenden allgemein bildenden Schulen und der Förderzentren können eine jeweils auf die Schulart bezogene Kreisschülervertretung bilden. Die Schülervertretungen der berufsbildenden Schulen können sich an den Kreisschülervertretungen der weiterführenden allgemein bildenden Schulen beteiligen. Die Kreisschülervertretungen können sich zu gemeinsamen Kreisschülervertretungen zusammenschließen und hierfür das Wahlverfahren sowie die Anzahl und Verteilung der Sitze festlegen.

(2) Die Kreisschülervertretung unterstützt die Arbeit der Schülervertretung an den Schulen der jeweiligen Schulart sowie an den nach Absatz 1 Satz 2 beteiligten berufsbildenden Schulen.

(3) Für die Kreisschülervertretung handeln jeweils

1. das Kreisschülerparlament und
2. die Kreisschülersprecherin oder der Kreisschülersprecher.

(4) Das Kreisschülerparlament setzt sich aus je zwei Delegierten der Schülerschaft der einzelnen Schule nach Absatz 1 Satz 1 und 2 zusammen. Jede oder jeder Delegierte kann sich im Verhinderungsfall von einer Stellvertreterin oder einem Stellvertreter vertreten lassen. Das Kreisschülerparlament wählt jeweils aus seiner Mitte die Kreisschülersprecherin oder den Kreisschülersprecher und eine Stellvertreterin oder einen Stellvertreter.

§ 83
Landesschülervertretung

(1) Die Schülervertretungen der weiterführenden allgemein bildenden Schulen und der Förderzentren können eine jeweils auf die Schulart bezogene Landesschülervertretung bilden. Die Landesschülervertretungen können sich zu gemeinsamen Landesschülervertretungen zusammenschließen und hierfür das Wahlverfahren sowie die Anzahl und Verteilung der Sitze festlegen.

(2) Die Landesschülervertretung vertritt die Anliegen der Schülerinnen und Schüler der jeweiligen Schulart im Land und unterstützt die Arbeit der Schülervertretungen der jeweiligen Schulart an den Schulen.

(3) Für die Landesschülervertretung handeln jeweils

1. das Landesschülerparlament und
2. die Landesschülersprecherin oder der Landesschülersprecher.

(4) Das Landesschülerparlament setzt sich aus je einer oder einem Delegierten der Schülerschaft der einzelnen Schule zusammen. Die Schülerschaft jeder Ersatzschule kann eine Schülerin oder einen Schüler als Delegierte oder Delegierten in die das Landesschülerparlament nach Satz 1 entsenden, deren Schulart sie entspricht oder der sie vergleichbar ist. Jede oder jeder Delegierte kann sich im Verhinderungsfall von einer Stellvertreterin oder einem Stellvertreter vertreten lassen. Das Landesschülerparlament wählt jeweils aus seiner Mitte die Landesschülersprecherin oder den Landesschülersprecher und bis zu drei Stellvertreterinnen oder Stellvertreter.

§ 84
Amtszeit, Verfahrensgrundsätze

(1) Die Schülervertreterinnen und Schülervertreter werden jeweils für ein Schuljahr gewählt. Sie bleiben bis zur Neuwahl im Amt, soweit sie nicht nach den Absätzen 2 bis 6 ausscheiden.

(2) Eine Schülervertreterin oder ein Schülervertreter kann durch das Gremium, das sie oder ihn gewählt hat, mit einer Mehrheit von zwei Dritteln der Stimmberechtigten abberufen werden.

(3) Eine Klassensprecherin oder ein Klassensprecher verliert das Amt mit dem Ausscheiden aus der Klasse.

(4) Eine Schülersprecherin oder ein Schülersprecher der Schule verliert das Amt mit dem Ausscheiden aus der Schule.

(5) Ein Mitglied der Kreisschülervertretung scheidet aus seinem Amt aus, sobald es nicht mehr einer Schule der gleichen Schulart im Kreis angehört.

(6) Ein Mitglied der Landesschülervertretung scheidet aus seinem Amt aus, sobald es nicht mehr einer Schule der gleichen Schulart im Land angehört.

(7) Für die Ordnung in den Sitzungen, die Beschlussfähigkeit, die Beschlussfassung, die Wahlen der Schülervertretungen und die Niederschrift über die Sitzungen der Kreis- und Landesschülervertretungen gilt § 68 entsprechend. Für die Tätigkeit der Schülervertretungen gilt § 87 Abs. 2 entsprechend.

(8) Bei Wahlen und Abstimmungen haben alle Schülerinnen und Schüler und alle Schülervertreterinnen und Schülervertreter das gleiche Stimmrecht. Das Stimmrecht ist nicht übertragbar.

(9) Sitzungen können im Bedarfsfall auch unter Einsatz geeigneter informationstechnischer Übertragungsverfahren durchgeführt werden, in denen sich die Teilnehmerinnen und Teilnehmer gegenseitig in Echtzeit sehen und hören oder nur hören können. Soweit Wahlen nicht entsprechend § 68 Absatz 7 Satz 1 2. Halbsatz offen erfolgen, ist sicherzustellen, dass die Wahlhandlung geheim vorgenommen werden kann und nur die Wahlberechtigten die ihnen jeweils zustehende Zahl an Stimmen abgeben.

(10) Schülervertreterinnen und Schülervertreter erhalten für ihre Tätigkeit Unterrichtsbefreiung. Sie beträgt im Schuljahr für Mitglieder der Klassensprecherversammlung bis zu zwölf Unterrichtsstunden, für Delegierte zum Kreisschülerparlament bis zu weiteren sechs Unterrichtsstunden und für Delegierte zum Landesschülerparlament bis zu weiteren achtzehn Unterrichtsstunden. Über die in Satz 2 genannte Unterrichtsbefreiung hinaus können die Kreisschülersprecherin oder der Kreisschülersprecher eine Unterrichtsstunde in der Woche und die Landesschülersprecherin oder der Landesschülersprecher zwei Unterrichtsstunden in der Woche oder jeweils eine entsprechende Zahl von Tagen im Monat Unterrichtsbefreiung verlangen.

(11) Das für Bildung zuständige Ministerium erlässt ein Musterstatut, von dem in den Statuten der Schülervertretungen im Rahmen dieses Gesetzes abgewichen werden kann.

§ 85
Verbindungslehrerinnen und Verbindungslehrer

(1) Die Verbindungslehrerinnen und Verbindungslehrer haben die Aufgabe, die Schülervertretungen bei ihrer Tätigkeit zu beraten und zu unterstützen und bei Unstimmigkeiten und Konfliktfällen zwischen der Schülervertretung und der Schule oder der Schulaufsichtsbehörde zu vermitteln.

(2) Die Schülervertretung in der Schule kann eine Verbindungslehrerin oder einen Verbindungslehrer wählen. Wählbar sind nur Lehrkräfte mit der Befähigung für ein Lehramt. Die Wahl der Verbindungslehrerin oder des Verbindungslehrers erfolgt zu Beginn des Schuljahres für die Dauer von zwei Schuljahren. Sie oder er bleibt bis zur Neuwahl im Amt. Die Verbindungslehrerin oder der Verbindungslehrer kann beratend an den Klassenkonferenzen und den Fachkonferenzen teilnehmen; ausgenommen sind Zeugnis- oder Versetzungskonferenzen nach § 65 Abs. 4 und § 97. Das für Bildung zuständige Ministerium kann jeweils schulartbezogen oder schulartübergreifend Verbindungslehrerinnen oder Verbindungslehrer für die Kreisebene oder die Landesebene einsetzen. Die Kreisschülervertretung und die Landesschülervertretung haben jeweils für ihre Ebene ein Vorschlagsrecht. Die Sätze 3 und 4 finden für die Einsetzung entsprechende Anwendung. Jede Lehrkraft kann bis zu dreimal eingesetzt werden.

(3) Verbindungslehrerinnen und Verbindungslehrer haben das Recht, an den Sitzungen der Schülervertretungen teilzunehmen und sind nach Weisung der Schulleiterin oder des Schulleiters zur Aufsichtsführung bei Veranstaltungen der Schülervertretungen verpflichtet. Abweichend von Satz 1 ist bei den Verbindungslehrerinnen oder Verbindungslehrern auf Kreis- oder Landesebene die Schulaufsichtsbehörde weisungsbefugt.

(4) Die Verbindungslehrerin oder der Verbindungslehrer einer Schule kann mit einer Mehrheit von zwei Dritteln der Stimmberechtigten der Schülervertretung abberufen werden. Die Verbindungslehrerinnen oder Verbindungslehrer für die Kreis- oder Landesebene können aus wichtigem Grund vor Ablauf der Amtszeit durch das für Bildung zuständige Ministerium abberufen werden.

§ 86
Schülerzeitungen

Schülerzeitungen sind Zeitungen, die von Schülerinnen und Schülern geschrieben und für Schülerinnen und Schüler einer oder mehrerer Schulen herausgegeben werden. Sie werden in der Schule verteilt, stehen außerhalb der Verantwortung der Schule und unterliegen dem Presserecht.

§ 87
Schülergruppen

(1) Schülerinnen und Schüler einer Schule, die sich zu Gruppen mit fachlichen, sportlichen, kulturellen, konfessionellen oder politischen Zielen zusammenschließen, können im Rahmen des Absatzes 2 an ihrer Schule tätig sein, wenn sie der Schulleiterin oder dem Schulleiter schriftlich oder elektronisch ihre Zielsetzung und eine Mitschülerin oder einen Mitschüler als Verantwortliche oder Verantwortlichen benannt haben und solange sie durch ihre Zielsetzung oder ihre Tätigkeit an der Schule nicht gegen die Rechtsordnung verstoßen. Die oder der Verantwortliche muss das 14. Lebensjahr vollendet haben.

(2) Den Schülergruppen sollen außerhalb der Unterrichtszeiten unter Beachtung des § 17 Absatz 3 und 4 Räume in der Schule kostenlos zur Verfügung gestellt werden. Sie können durch Anschlag an den schulischen Bekanntmachungstafeln auf ihre Veranstaltungen hinweisen und Schülerzeitungen herausgeben. Für die Einladung von Personen, die nicht zur Schule gehören, zu Veranstaltungen der Schülergruppen gilt § 29 Abs. 4 und 5 entsprechend.

Fünfter Teil
Öffentliche berufsbildende Schulen

Abschnitt I
Schularten

§ 88
Berufsschule

(1) Die Berufsschule vermittelt fachbezogene Kenntnisse und Fertigkeiten, die für die angestrebte Berufsausbildung erforderlich sind, und erweitert die allgemeine Bildung. Mit dem erfolgreichen Abschluss der Berufsschule können weitere schulische Abschlüsse und Berechtigungen erworben werden.

(2) Die Berufsschule vermittelt Auszubildenden im Rahmen der dualen Berufsausbildung gemeinsam mit den ausbildenden Betrieben eine Berufsausbildung in einem anerkannten Ausbildungsberuf oder nach Ausbildungsregelungen der zuständigen Stellen nach dem Berufsbildungsgesetz. Der Unterricht erfolgt an einem oder zwei Wochentagen (Teilzeitunterricht) oder in zusammenhängenden Teilabschnitten (Blockunterricht).

(3) Die Berufsschule wird in Fachklassen für Einzelberufe, Berufsgruppen oder Berufsfelder verwandter Berufe, vom zweiten Jahr an für Einzelberufe oder Berufsgruppen gegliedert. Lassen sich Fachklassen an einer Berufsschule nicht bilden, soll das für Bildung zuständige Ministerium sie für die Einzugsbereiche mehrerer Berufsschulen als Bezirksfachklassen oder für das ganze Land als Landesberufsschulen bilden. In bestimmten Berufen kann auch für eine Fachrichtung oder einen Schwerpunkt oder eine andere Spezialisierung innerhalb eines Berufes eine Bezirksfachklasse oder eine Landesberufsschule gebildet werden.

(4) Das erste Jahr kann als Berufsgrundbildungsjahr mit Vollzeitunterricht oder in Zusammenarbeit mit den ausbildenden Betrieben oder überbetrieblichen Berufsbildungsstätten erfolgen.

(5) Die Berufsschule bereitet Jugendliche ohne Ausbildungsverhältnis, die berufsschulpflichtig sind, in Teilzeit- oder Vollzeitunterricht auf eine Berufsausbildung oder die Aufnahme einer beruflichen Tätigkeit vor.

§ 89
Berufsfachschule

(1) Die Berufsfachschule vermittelt in bestimmten Fachrichtungen in Vollzeit- oder Teilzeitunterricht eine berufliche Bildung oder eine abgeschlossene Berufsausbildung. Der Unterricht kann durch betriebliche Praxis ergänzt werden.

(2) Die Aufnahme in die Berufsfachschule setzt mindestens den Ersten allgemeinbildenden Schulabschluss voraus. Die Berufsfachschule vertieft und erweitert die allgemeine Bildung und kann zu weiteren schulischen Abschlüssen und Berechtigungen führen. Die mehrjährige Berufsfachschule schließt mit einer Prüfung ab.

(3) Die Berufsfachschule kann ein- und mehrjährige Bildungsgänge enthalten, für die auch der Mittlere Schulabschluss als Aufnahmevoraussetzung vorgeschrieben werden kann.

§ 90
Berufsoberschule

(1) Die Berufsoberschule vermittelt in bestimmten Fachrichtungen Schülerinnen und Schülern mit dem Mittleren Schulabschluss und abgeschlossener einschlägiger mindestens zweijähriger Berufsausbildung in einem anerkannten Ausbildungsberuf oder mindestens fünfjähriger einschlägiger Berufstätigkeit vertiefte Kenntnisse und Fähigkeiten, erweitert die allgemeine Bildung und führt zu einem Abschluss, der den Anforderungen für die Aufnahme eines fachgebundenen Hochschulstudiums entspricht (fachgebundene Hochschulreife); sie kann durch zusätzlichen Unterricht und Prüfung oder den Nachweis entsprechender Kenntnisse in einer zweiten Fremdsprache zu einem Abschluss führen, der den Anforderungen für die Aufnahme eines Hochschulstudiums (allgemeine Hochschulreife) und einer vergleichbaren Berufsausbildung entspricht.

(2) Die Berufsoberschule umfasst zwei Schulleistungsjahre bei Vollzeitunterricht, bei Teilzeitunterricht einen entsprechend längeren Zeitraum. Die Berufsoberschule schließt mit einer Prüfung ab.

(3) Schülerinnen und Schüler mit Fachhochschulreife und den beruflichen Aufnahmevoraussetzungen nach Absatz 1 Satz 1 können in das zweite Schulleistungsjahr aufgenommen werden; bei Teilzeitunterricht dauert der Schulbesuch entsprechend länger.

(4) An die Stelle des ersten Schulleistungsjahres der Berufsoberschule kann der Besuch der einjährigen Fachoberschule Jahrgangsstufe zwölf mit der Prüfung zum Erwerb der Fachhochschulreife treten. Der Unterricht des zweiten Schulleistungsjahres kann über eine um die Jahrgangsstufe dreizehn erweiterte Fachoberschule oder in organisatorischer Verbindung mit der Jahrgangsstufe dreizehn des Beruflichen Gymnasiums eingerichtet werden.

§ 91
Fachoberschule

Die Fachoberschule vermittelt in bestimmten Fachrichtungen Schülerinnen und Schülern mit dem Mittleren Schulabschluss und abgeschlossener einschlägiger mindestens zweijähriger Berufsausbildung in einem anerkannten Ausbildungsberuf oder mindestens fünfjähriger einschlägiger Berufstätigkeit durch einen einjährigen Vollzeitunterricht, bei Teilzeitunterricht durch einen entsprechend längeren Zeitraum, eine Bildung, die den Anforderungen für die Aufnahme eines Studiums an einer Fachhochschule (Fachhochschulreife) entspricht. Die Fachoberschule schließt mit einer Prüfung ab.

§ 92
Berufliches Gymnasium

(1) Das Berufliche Gymnasium vermittelt nach Begabung und Leistung geeigneten Schülerinnen und Schülern nach Abschluss der Sekundarstufe I durch berufsbezogene und allgemein bildende Unterrichtsinhalte eine Bildung, die den Anforderungen für die Aufnahme eines Hochschulstudiums und einer vergleichbaren Berufsausbildung entspricht. Es richtet sich dabei vorrangig an Schülerinnen und Schüler mit einem durch Prüfung erworbenen Mittleren Schulabschluss.

(2) Das Berufliche Gymnasium umfasst drei Schulleistungsjahre. Am Beruflichen Gymnasium können schulische Voraussetzungen für den Zugang zur Fachhochschule vermittelt werden. Das Berufliche Gymnasium schließt mit der Abiturprüfung ab. Die bestandene Abiturprüfung enthält die Hochschulzugangsberechtigung.

(3) Im Beruflichen Gymnasium werden die Schülerinnen und Schüler in einer Einführungsphase und in einer Qualifikationsphase unterrichtet. Sie bestimmen mit der Fachrichtung das Profil ihrer schulischen Bildung. Soweit die Schülerinnen und Schüler nicht bereits über einen Mittleren Schulabschluss verfügen, erwerben sie diesen mit der Versetzung in die Qualifikationsphase.

§ 93
Fachschule

(1) Die Fachschule vermittelt in bestimmten Fachrichtungen in Vollzeit- oder Teilzeitunterricht nach einer abgeschlossenen mindestens zweijährigen einschlägigen Berufsausbildung und mindestens einjähriger Berufstätigkeit durch Weiterbildung erweiterte berufliche Fachkenntnisse. Für einzelne Fachrichtungen können besondere berufliche Zugangsvoraussetzungen vorgeschrieben werden. Im Falle von Teilzeitunterricht verlängert sich der Zeitraum der Schulleistungsjahre entsprechend.

(2) Die Aufnahme in die Fachschule setzt je nach Fachrichtung den Ersten allgemeinbildenden Schulabschluss oder den Mittleren Schulabschluss voraus. Die Fachschule schließt mit einer Prüfung ab und kann zu weiteren schulischen Abschlüssen und Berechtigungen führen.

(3) Der Unterricht an der Fachschule kann durch betriebliche Praxis ergänzt werden.

Abschnitt II
Trägerschaft

§ 94
Allgemeine Bestimmungen, Errichtung und Auflösung

Auf die Trägerschaft an öffentlichen berufsbildenden Schulen finden die Bestimmungen der §§ 47 bis 50 mit Ausnahme des § 48 Abs. 1 Nr. 1 sowie die §§ 52 und 57 bis 60 entsprechende Anwendung.

§ 95
Träger berufsbildender Schulen

(1) Träger der berufsbildenden Schulen sind die Kreise und die kreisfreien Städte.

(2) Die Industrie- und Handelskammern und die Handwerkskammern können Träger von Landesberufsschulen mit wirtschaftlich-verwaltendem oder gewerblich-technischem Schwerpunkt sein; die Landwirtschaftskammer kann Träger von Landesberufsschulen mit landwirtschaftlichem Schwerpunkt sein.

(3) Der Schulträger kann die Wahrnehmung seiner Aufgaben durch öffentlich-rechtlichen Vertrag von Innungen, einen Innungsverband oder einen Verein übertragen. Der Vertrag bedarf der Genehmigung der Schulaufsichtsbehörde.

(4) Träger der Fachschule für Seefahrt ist das Land. Das Land kann ferner Träger von Berufsfachschulen mit landwirtschaftlichem Schwerpunkt sein.

§ 96
Genehmigung und Anordnung durch die Schulaufsicht

§ 61 findet auf öffentliche berufsbildende Schulen entsprechende Anwendung. Der Genehmigung der Schulaufsichtsbehörde bedürfen zudem die Einführung oder die Aufgabe einer Fachrichtung in der berufsbildenden Schule und die Einführung oder Abschaffung des Vollzeitunterrichts in der Berufsschule.

Abschnitt III
Mitwirkung der Lehrkräfte, Eltern, Schülerinnen und Schüler

§ 97
Konferenzen

(1) § 62 findet auf öffentliche berufsbildende Schulen mit der Maßgabe Anwendung, dass für die zahlenmäßige Zusammensetzung der Schulkonferenz auf die Zahl der Schülerinnen und Schüler am 15. Oktober abzustellen ist und sich die Anzahl der Vertreterinnen und Vertreter der Eltern auf den Anteil beschränkt, der dem Anteil der minderjährigen Schülerinnen und Schüler an der Gesamtzahl der Schülerinnen und Schüler an der jeweiligen berufsbildenden Schule in den Schularten Berufliches Gymnasium und Berufsfachschule entspricht. Abweichend von § 62 sind je zwei Vertreterinnen und Vertreter der Arbeitnehmer- und der Arbeitgeberseite Mitglieder der Schulkonferenz mit beratender Stimme. § 63 findet auf öffentliche berufsbildende Schulen mit der Maßgabe Anwendung, dass die Schulkonferenz zudem über wichtige Fragen der Zusammenarbeit mit den Ausbildungsbetrieben und Stellungnahmen zu Vorschlägen und Beschwerden von Ausbildenden beschließt.

(2) Die §§ 64 bis 68 finden auf öffentliche berufsbildende Schulen entsprechende Anwendung. Abweichend von § 64 Absatz 3 Nummer 4 beschließt die Klassenkonferenz unter Vorsitz der Schulleiterin oder des Schulleiters über den Antrag auf Überweisung in eine andere Schule mit dem gleichen Bildungsabschluss nach § 25 Absatz 3 Satz 1 Nummer 5; sie hat der Schulkonferenz über die diesbezüglichen Beschlüsse und ihre Gründe dafür zu berichten. § 66 Abs. 1 findet mit der Maßgabe Anwendung, dass Mitglieder der Fachkonferenz die Lehrkräfte sind, die für das entsprechende Fach, die Schulart oder den Ausbildungsberuf die Lehrbefähigung haben oder in ihm unterrichten. An den Fachkonferenzen der berufsbildenden Schulen sollen zudem je eine Vertreterin oder ein Vertreter der Arbeitnehmer- und der Arbeitgeberseite aus der Ausbildungspraxis ohne Stimmrecht teilnehmen. Sie werden jeweils von den Arbeitnehmervertretungen nach § 135 Abs. 3 Nr. 7 und den zuständigen Kammern für zwei Jahre benannt.

§ 98
Elternvertretungen

(1) Die Eltern der Schülerinnen und Schüler in der Berufsschule mit Vollzeitunterricht (§ 88 Abs. 4 und 5), der Berufsfachschule und dem Beruflichen Gymnasium bilden Elternvertretungen. Die §§ 69 bis 72 und 75 bis 78 finden entsprechende Anwendung. Die §§ 73 und 74 finden entsprechende Anwendung mit der Maßgabe, dass

1. ein Kreiselternbeirat gebildet wird, soweit mindestens drei berufsbildende Schulen im Kreis oder der kreisfreien Stadt vorhanden sind,
2. der Schulelternbeirat jeder berufsbildenden Schule aus seiner Mitte ein Mitglied in den Landeselternbeirat entsendet.

Soweit kein Kreiselternbeirat zu bilden ist, können sich die Elternvertretungen von berufsbildenden Schulen an einem Kreiselternbeirat der allgemein bildenden Schulen beteiligen.

(2) Die Kreise und die kreisfreien Städte haben die Schulelternbeiräte über die die Schule betreffende Schulbauplanung zu unterrichten.

§ 99
Schülervertretungen, Schülerzeitungen, Schülergruppen

(1) Soweit in den Absätzen 2 und 3 nicht abweichend geregelt, finden auf die Arbeit der Schülervertretung einschließlich der Unterstützung durch Verbindungslehrerinnen und Verbindungslehrer, der Schülerzeitungen und Schülergruppen die §§ 79 bis 81 und 83 bis 87 entsprechende Anwendung.

(2) An berufsbildenden Schulen bestehen die Klassensprecherversammlungen für die jeweilige Schulart; die Klassensprecherversammlungen wählen jeweils aus ihrer Mitte eine Vorsitzende oder einen Vorsitzenden. Für Berufsschulen können Tagessprecherinnen und Tagessprecher gewählt werden. Die Vorsitzenden und jeweils ein weiteres Mitglied der Klassensprecherversammlung sowie die Tagessprecherinnen und Tagessprecher wählen aus ihrer Mitte die Schülersprecherin oder den Schülersprecher.

(3) Eine Landesschülervertretung kann entweder bezogen auf die berufsbildenden Schulen als Schulart oder schulartübergreifend gemeinsam mit den weiterführenden allgemein bildenden Schulen und den Förderzentren gebildet werden. Das Landesschülerparlament setzt sich aus je zwei Delegierten der Schülerschaft der einzelnen Schule zusammen.

Abschnitt IV
Regionale Berufsbildungszentren (RBZ)

§ 100
Errichtung und Rechtsform

(1) Die Träger der öffentlichen berufsbildenden Schulen können diese durch Satzung oder öffentlich-rechtlichen Vertrag in der Rechtsform einer rechtsfähigen Anstalt des öffentlichen Rechts errichten. Die Anstalt führt in ihrem Namen die Bezeichnung „Regionales Berufsbildungszentrum" und den Zusatz „rechtsfähige Anstalt des öffentlichen Rechts". Für die Aufhebung eines RBZ findet Satz 1 entsprechende Anwendung. Soll mit der Aufhebung des RBZ die berufsbildende Schule auch als nichtrechtsfähige Anstalt des öffentlichen Rechts aufgelöst werden, findet § 94 in Verbindung mit den §§ 58 und 59 Anwendung.

(2) Die Anstalt kann aus einer oder mehreren öffentlichen berufsbildenden Schulen eines oder mehrerer Schulträger entstehen. Sie kann mehrere Anstaltsträger haben.

(3) Der Anstaltsträger erfüllt die sich aus § 48 ergebenden Aufgaben. Für die aus der Erfüllung des staatlichen Bildungsauftrages entstehenden Verbindlichkeiten des RBZ haftet er Dritten gegenüber, soweit nicht eine Befriedigung aus dem Vermögen des RBZ möglich ist.

§ 101
Aufgaben

Das RBZ erfüllt den staatlichen Bildungsauftrag der berufsbildenden Schulen nach den §§ 4, 7 und 88 bis 93. Darüber hinaus kann das RBZ im Rahmen zusätzlich erwirtschafteter eigener Mittel weitere, in diesem Gesetz nicht vorgesehene Angebote der beruflichen Weiterbildung in Abstimmung mit den örtlichen Weiterbildungsverbünden entwickeln und vorhalten.

§ 102
Mittel des Landes

Das Land stellt die Stellen der Lehrkräfte und die Mittel für deren persönliche Kosten zur Verfügung. Hat das Land Ansprüche Dritter auszugleichen, die durch die Tätigkeit der Lehrkräfte im Rahmen der Angebote des RBZ in der beruflichen Weiterbildung begründet sind, haftet hierfür im Innenverhältnis das RBZ.

§ 103
Organisation

Der Anstaltsträger regelt die innere Organisation des RBZ durch eine Satzung. Die Satzung enthält Bestimmungen über den Namen, den Sitz, die Aufgaben, die Organe und etwaige gesetzlich nicht vorgesehene Konferenzen des RBZ sowie deren Befugnisse, die Möglichkeit der Stellvertretung und der Übertragung von Aufgaben auf Dritte. Die Satzung bedarf der Genehmigung der Schulaufsichtsbehörde.

§ 104
Organe

Die Organe des RBZ sind der Verwaltungsrat und die Geschäftsführung. Hat das RBZ mehrere Anstaltsträger, kann zusätzlich eine Gewährträgerversammlung gebildet werden, die über die den Anstaltsträgern nach § 48 obliegenden Aufgaben entscheidet.

§ 105
Verwaltungsrat

(1) Der Anstaltsträger bestimmt die Mitglieder des Verwaltungsrates. Soweit nicht jeweils eine Vertreterin oder

ein Vertreter der Arbeitnehmer- und Arbeitgeberseite dem Verwaltungsrat als stimmberechtigtes Mitglied angehört, soll sie oder er an den Sitzungen des Verwaltungsrates mit beratender Stimme teilnehmen. Die Schulaufsichtsbehörde kann an den Sitzungen des Verwaltungsrates mit beratender Stimme teilnehmen.

(2) Der Verwaltungsrat führt die Aufsicht über die Tätigkeit der Geschäftsführung. Ihm obliegt insbesondere die Beschlussfassung

1. über die Feststellung und Änderung des Wirtschaftsplanes,
2. über die Feststellung des Geschäftsberichtes,
3. über die Entlastung der Geschäftsführung.

(3) Der Verwaltungsrat beschließt zudem auf Vorschlag der Pädagogischen Konferenz über

1. das Schulprogramm (§ 3 Abs. 1),
2. den Antrag auf Durchführung eines Schulversuchs,
3. die Grundsätze der Zusammenarbeit mit den Ausbildungsbetrieben und außerschulischen Institutionen.

(4) Der Verwaltungsrat kann jederzeit von der Geschäftsführung über alle Angelegenheiten des RBZ Berichterstattung verlangen.

§ 106
Geschäftsführung, Schulleitung

(1) Die Schulleiterin oder der Schulleiter führt die Geschäfte des RBZ. Durch Beschluss des Anstaltsträgers kann die Geschäftsführung um weitere Personen erweitert werden. Das Letztentscheidungsrecht hat die Schulleiterin oder der Schulleiter.

(2) Die Geschäftsführung führt die Geschäfte des RBZ nach Maßgabe der nach § 109 getroffenen Zielvereinbarungen. Sie trägt die Verantwortung für die Verwaltung der Schule und vertritt die Schule nach außen. Gegenüber dem anstaltseigenen Personal und dem Personal des Anstaltsträgers ist sie weisungsbefugt. Sie übt das Hausrecht aus. Die Geschäftsführung entscheidet über die Schulordnung, die Grundsätze der Aufsichtsführung und über Ausnahmen von den Verboten des § 29 Abs. 1. Sie legt die tägliche Unterrichtszeit, die Zahl der Unterrichtstage in der Woche und die Zeitpunkte der beweglichen Ferientage fest. Eine Vertretung des Landes ist unter den Voraussetzungen des § 3 Abs. 2 Satz 1 möglich.

(3) Für die pädagogische Arbeit des RBZ trägt die Schulleiterin oder der Schulleiter die Verantwortung. Innerhalb dieses Verantwortungsbereichs kann sie oder er den Lehrkräften Weisungen erteilen und entscheidet in allen Angelegenheiten, in denen nicht aufgrund einer Rechts- oder Verwaltungsvorschrift eine andere Stelle zuständig ist. Stellvertreterinnen oder Stellvertreter oder andere Lehrkräfte können beauftragt werden, Teile der Aufgaben der Schulleiterin oder des Schulleiters im Auftrage zu erfüllen.

§ 107
Rechnungsprüfung

Die Rechnungsprüfung erfolgt durch das jeweils zuständige Rechnungsprüfungsamt, sofern ein Kreis oder eine kreisfreie Stadt Anstaltsträger ist. Ist das nicht der Fall, wird die zuständige Stelle durch Satzung oder öffentlich-rechtlichen Vertrag bestimmt. Das RBZ unterliegt der überörtlichen Prüfung des Landesrechnungshofs nach dem Kommunalprüfungsgesetz in der Fassung vom 28. Februar 2003 (GVOBl. Schl.-H. S. 129), zuletzt geändert durch Artikel 5 des Gesetzes vom 14. Dezember 2006 (GVOBl. Schl.-H. S. 285). Das Prüfungsrecht des Landesrechnungshofs nach dem Gesetz über den Landesrechnungshof Schleswig-Holstein vom 2. Januar 1991 (GVOBl. Schl.-H. S. 3), zuletzt geändert durch Gesetz vom 4. Mai 2004 (GVOBl. Schl.-H. S. 128), bleibt unberührt.

§ 108
Konferenzen

(1) An einem RBZ findet die Mitwirkung der Lehrkräfte, Eltern, Schülerinnen und Schüler im Rahmen der Pädagogischen Konferenz, der Klassenkonferenz und sonstiger Konferenzen statt, die vom Anstaltsträger durch Satzung oder durch die Pädagogische Konferenz gebildet werden können.

(2) Auf die Zusammensetzung der Pädagogischen Konferenz findet § 97 Abs. 1 entsprechende Anwendung.

(3) Die Pädagogische Konferenz beschließt im Rahmen der geltenden Rechts- und Verwaltungsvorschriften über

1. Grundsatzfragen der Anwendung von Rahmenrichtlinien und Lehrplänen, von Stundentafeln und Lehrmethoden,
2. Grundsätze für die Einführung von Schulbüchern und die Auswahl von Lehr- und Lernmitteln,
3. Grundsätze für Hausaufgaben und Klassenarbeiten,
4. wichtige Fragen der Zusammenarbeit mit Eltern, Schülerinnen und Schülern,
5. das Eingehen einer Schulpartnerschaft und der Abschluss einer Kooperationsvereinbarung nach § 43 Absatz 6 Satz 2,
6. die Festlegung von Merkmalen für die Aufnahme von Schülerinnen und Schülern bei begrenzter Aufnahmemöglichkeit,
7. Grundsätze für Schulausflüge sowie Betriebserkundungen, Betriebspraktika, Wirtschaftspraktika, Praxiswochen und Praxistage,
8. Maßnahmen zur Rationalisierung der Arbeit an der Schule sowie Empfehlungen für die Verwendung technischer Unterrichtsmittel,
9. Stellungnahmen zu Vorschlägen und Beschwerden von Schülerinnen, Schülern, Eltern und Auszubildenden, soweit diese eine über den Einzelfall hinausgehende Bedeutung haben.

Sie kann die Wahrnehmung der vorgenannten Aufgaben auf andere von ihr oder dem Träger eingerichtete Konferenzen übertragen und deren Mitglieder bestimmen, soweit der Träger nicht bereits durch Satzung Regelungen getroffen hat. Entsprechendes gilt für die sich aus § 110 Abs. 1 in Verbindung mit § 64 Abs. 3 Nr. 1, 2, 4 und 6 sowie § 66 Abs. 3 ergebenden Aufgaben.

(4) Die Geschäftsführung hat die Pädagogische Konferenz vor Entscheidungen über die Zahl der Unterrichtstage in der Woche, die Zeitpunkte der beweglichen Ferientage, bei wichtigen organisatorischen Änderungen im Schulbetrieb und zu Folgerungen aus Ergebnissen von Evaluationen und sonstigen Maßnahmen der Qualitätssicherung und -entwicklung anzuhören.

§ 109
Zusammenwirken von Land und RBZ

(1) Das Schleswig-Holsteinische Institut für Berufliche Bildung - Landesamt - (SHIBB) und das RBZ schließen Zielvereinbarungen ab, insbesondere über:

1. die nähere Ausgestaltung der von dem RBZ zu erfüllenden Pflichten und Leistungen unter Berücksichtigung des öffentlichen Bedürfnisses,
2. die durch das SHIBB zu veranlassenden Stellenzuweisungen,
3. die durch das SHIBB zur Verfügung zu stellenden Mittel für die persönlichen Kosten der Lehrkräfte,
4. die Maßnahmen zur Sicherung der Qualität des Angebotes im Rahmen des staatlichen Auftrages.

(2) § 125 bleibt unberührt.

§ 110
Anwendbarkeit anderer Bestimmungen

(1) Die Bestimmungen dieses Gesetzes finden auf das RBZ sinngemäß Anwendung. Davon ausgenommen sind die §§ 10, 33 Absatz 2 Satz 2, Absatz 3 Satz 1, Absatz 4 bis 6, §§ 37, 38 und 40, §§ 52, 58, 59, 64 Absatz 1 und 2, § 66 Absatz 1, 2 und 4, § 96 Satz 2.

(2) Auf das Verfahren zur Besetzung der Stellen der Schulleiterinnen und Schulleiter am RBZ findet § 39 mit der Maßgabe Anwendung, dass die Aufgabe des Schulleiterwahlausschusses durch den Verwaltungsrat ausgeübt wird. Soweit nicht jeweils eine Vertreterin oder ein Vertreter der

Lehrkräfte, der Eltern nach § 98 Absatz 1 Satz 1 und der Schülerinnen und Schüler dem Verwaltungsrat als stimmberechtigtes Mitglied angehört, kann sie oder er an den Sitzungen des Verwaltungsrates in Ausübung der Aufgabe des Schulleiterwahlausschusses mit beratender Stimme teilnehmen. Die Vertreterin oder der Vertreter der Lehrkräfte wird von der pädagogischen Konferenz, die Vertreterin oder der Vertreter der Eltern wird vom Schulelternbeirat und die Vertreterin oder der Vertreter der Schülerinnen und Schüler wird von der Versammlung in sinngemäßer Anwendung von § 99 Absatz 2 Satz 2 gewählt.

Sechster Teil
Schullastenausgleich und Schülerbeförderung

§ 111
Schulkostenbeiträge für den Besuch von allgemein bildenden Schulen und von Förderzentren

(1) Eine Gemeinde hat für eine Schülerin oder einen Schüler, die oder der in ihrem Gebiet wohnt und eine Grundschule, eine weiterführende allgemein bildende Schule oder ein Förderzentrum besucht, an deren oder dessen Trägerschaft die Gemeinde nicht beteiligt ist, an den Schulträger einen Schulkostenbeitrag zu zahlen. Die Höhe des Schulkostenbeitrages bemisst sich nach dem laufenden Kosten gemäß § 48 Absatz 1 Satz 1 Nummer 3 und 4, den Verwaltungskosten sowie den Investitionskosten, die dem Schulträger jeweils unter Abzug erzielter Einnahmen bei laufenden Kosten und erzielter Erträge bei Investitionskosten umgerechnet auf die einzelne Schülerin und den einzelnen Schüler der jeweiligen Schule entstanden sind. Verwaltungskosten sind die Aufwendungen der Schulträger für Personal- und Sachmittel, die für die Wahrnehmung der Aufgaben nach § 48 erforderlich sind. Ist der Schulträger Träger von mehreren Schulen derselben Schulart, kann er den Schulkostenbeitrag einheitlich für diese Schulen aufgrund der in Satz 2 genannten Kosten festlegen.

(2) Ist eine Schülerin oder ein Schüler der in Absatz 1 Satz 1 genannten Schulen in einem Heim, einer Familienpflegestelle, einem Internat oder einem Krankenhaus untergebracht und ist dieses die Wohnung nach § 2 Abs. 8, hat die Gemeinde den Schulkostenbeitrag zu zahlen, in der die Schülerin oder der Schüler die Wohnung vor der erstmaligen Unterbringung hatte. Erfolgt die Unterbringung in einem Heim oder einem Krankenhaus auf Kosten eines Sozialleistungsträgers von außerhalb des Landes, besteht der Anspruch des Schulträgers auf Zahlung eines Schulkostenbeitrages abweichend von Satz 1 und Absatz 1 Satz 1 gegenüber dem Träger der Einrichtung. Satz 1 und 2 und Absatz 1 Satz 1 gelten entsprechend für einen Kreis oder eine kreisfreie Stadt beim Besuch eines Förderzentrums oder einer Förderzentrumsklasse der Schulart, deren Trägerschaft in § 54 Abs. 3 geregelt ist.

(3) Die Schulkostenbeiträge für eine Schülerin oder einen Schüler, die oder der als Asylbewerberin oder als Asylbewerber oder als Kind von Asylbewerberinnen oder Asylbewerbern nach Durchführung des Aufnahmeverfahrens einer Gemeinde in Schleswig-Holstein zugewiesen sind, trägt diese Gemeinde.

(4) Wird eine Schülerin oder ein Schüler mit sonderpädagogischem Förderbedarf nach § 5 Abs. 2 gemeinsam unterrichtet und wirkt hieran ein Förderzentrum in Trägerschaft einer Gemeinde mit, hat die Gemeinde, in der die Schülerin oder der Schüler wohnt, unabhängig von der Zahlungspflicht nach Absatz 1 Satz 1 auch an den Träger des Förderzentrums einen Schulkostenbeitrag zu zahlen. Für die Berechnung des Schulkostenbeitrages wird von den laufenden Kosten sowie den Verwaltungskosten des Schulträgers ein Betrag in Abzug gebracht, der dem prozentualen Anteil der Schülerinnen und Schüler entspricht, die zu dem Förderzentrum ein Schulverhältnis begründet haben. Der danach verbleibende Betrag wird auf die Schülerinnen und Schüler zu gleichen Teilen umgelegt, an deren gemeinsamen Unterricht in der allgemein bildenden Schule das Förderzentrum mitgewirkt hat.

(5) Ein Kreis oder eine kreisfreie Stadt hat für eine Schülerin oder einen Schüler, die oder der ein Förderzentrum in Trägerschaft des Landes besucht, an das Land einen Schulkostenbeitrag zu zahlen. Der Schulkostenbeitrag wird vom für Bildung zuständigen Ministerium für jedes Jahr im Voraus auf der Grundlage der im vorhergehenden Haushaltsjahr vom Land aufgewandten Mittel für eine Schülerin oder einen Schüler der Förderzentren nach § 54 Abs. 2 festgelegt; zu den Mitteln zählen nicht die Kosten des Internatsbetriebes und der Beschäftigten nach § 34. Die im Rahmen einer integrativen Maßnahme unterstützten Schülerinnen und Schüler bleiben bei der Berechnung nach Satz 2 unberücksichtigt.

(6) Soweit die Gemeinde und der Schulträger keine abweichende Vereinbarung treffen, sind maßgebend für die Berechnung des Schulkostenbeitrages eines Jahres

1. die Schülerzahl am für die jährliche Schulstatistik maßgeblichen Stichtag und

2. die Aufwendungen des Trägers nach Absatz 1 Satz 2 des vorvergangenen Jahres.

Hinsichtlich der Investitionskosten ist dabei ein Betrag anzusetzen, der sich aus den jährlichen Abschreibungen nach dem Gemeindehaushaltsrecht für die ab dem 1. Januar 2008 entstandenen Anschaffungs- und Herstellungskosten von Gebäuden, Anbauten und Außenanlagen bei Schulen sowie für technische Anlagen als Betriebsvorrichtungen bei Gebäuden einschließlich der Aufwendungen für Kreditzinsen ergibt. Außerplanmäßige Abschreibungen bleiben unberücksichtigt.

Von den Aufwendungen für ein Förderzentrum nach Absatz 1 Satz 2 wird ein Betrag in Abzug gebracht, der dem prozentualen Anteil der Schülerinnen und Schüler entspricht, an deren gemeinsamen Unterricht in der allgemein bildenden Schule das Förderzentrum mitgewirkt hat. Besteht der Anspruch gegen den Träger einer Einrichtung nach Absatz 2 Satz 2, ist die Schülerzahl am 15. eines jeden Monats maßgebend. Das für Bildung zuständige Ministerium kann weitere Einzelheiten zu den bei der Berechnung des Schulkostenbeitrages berücksichtigungsfähigen Aufwendungen durch Verordnung regeln.

(7) Die Ansprüche verjähren in vier Jahren. Die Verjährungsfrist beginnt mit der Entstehung des Anspruchs. Die Bestimmungen des Bürgerlichen Gesetzbuches über Hemmung und Neubeginn der Verjährung finden entsprechende Anwendung.

§ 112
Schulkostenbeiträge für den Besuch von berufsbildenden Schulen

(1) Für den Besuch von Bezirksfachklassen oder Landesberufsschulen kann der Schulträger für jede Schülerin und jeden Schüler von dem Kreis oder der kreisfreien Stadt, in deren Gebiet sich die Ausbildungsstätte befindet, einen Schulkostenbeitrag verlangen. Das Land kann den Schulkostenbeitrag verlangen, wenn die Schülerin oder der Schüler die Berufsschule in einem anderen Bundesland besucht und das Land dafür Beiträge zahlt.

(2) Mit Ausnahme der Beschulung im Rahmen der dualen Berufsausbildung und in sonstigen an der Berufsschule nicht in Vollzeitunterricht geführten Bildungsgängen kann der Träger einer berufsbildenden Schule für jede Schülerin und jeden Schüler von dem Kreis oder der kreisfreien Stadt, in deren Gebiet sich die Wohnung befindet, einen Schulkostenbeitrag verlangen. Für eine durch Teilzeitunterricht verlängerte Schulbesuchsdauer ist kein Schulkostenbeitrag zu zahlen.

(3) § 111 Abs. 1 Satz 2 bis 4, Abs. 6 Satz 1 und 5 sowie Abs. 7 findet entsprechende Anwendung. Für Landesberufsschulen ist vom für Bildung zuständigen Ministerium für jedes Haushaltsjahr im Voraus ein Schulkostenbeitrag nach den laufenden Kosten (§ 48 Abs. 1 Satz 2) sowie den Verwaltungs- und Investitionskosten der jeweiligen Landesberufsschule festzusetzen; bei Landesberufsschulen, die mit einem Schülerwohnheim verbunden sind (§ 125 Abs. 4), sind die Kosten der Unterhaltung und der Bewirtschaftung des Heimes angemessen zu berücksichtigen.

§ 113
Erstattungen an das Land

(1) Für eine Schülerin oder einen Schüler, die oder der eine Ersatzschule besucht, haben die nach § 111 Abs. 1 Satz 1, Abs. 2 und 5 oder § 112 Abs. 2 Verpflichteten an das Land einen Betrag zu erstatten, der dem Sachkostenanteil entspricht, den das Land nach den § 121 Absatz 4 und 6, § 122 Abs. 1 und § 124 Abs. 2 an den Ersatzschulträger zahlt. Soweit das Land auf vertraglicher Grundlage verpflichtet ist, für den Schulbesuch einer Schülerin oder eines Schülers außerhalb des Landes Schleswig-Holstein eine Ausgleichszahlung zu leisten, findet Satz 1 mit der Maßgabe Anwendung, dass

1. beim Besuch einer Ersatzschule ein Betrag zu erstatten ist, der dem Sachkostenanteil entspricht, den das Land bei dem Besuch einer vergleichbaren Ersatzschule innerhalb des Landes nach § 121 Absatz 4 und 6 und § 122 Abs. 1 an den Ersatzschulträger zu zahlen hätte, und
2. beim Besuch einer öffentlichen Schule ein Betrag zu erstatten ist, der dem Richtwert für das Jahr 2011 entspricht, der auf der Grundlage der §§ 111 und 112 in der bis zum 31. Dezember 2011 geltenden Fassung zu berechnen ist.

Besuchen Schülerinnen und Schüler mit Wohnsitz in dem Land, mit dem die vertragliche Grundlage besteht, eine öffentliche Schule die nach Satz 2 Nr. 2 Verpflichteten, mindert sich dessen zu leistende Erstattung um einen Betrag je Schülerin oder Schüler, der in entsprechender Anwendung des Satz 2 Nr. 2 zu berechnen ist.

(2) Die Höhe des Erstattungsbetrages nach Absatz 1 Satz 1 beträgt für den Besuch

1. einer Schule der dänischen Minderheit 100%,
2. eines Förderzentrums mit dem Förderschwerpunkt „Geistige Entwicklung" 100%,
3. einer allgemein bildenden Schule oder eines sonstigen Förderzentrums 80%,
4. einer berufsbildenden Schule 50%.

Die Höhe des Erstattungsbetrages nach Absatz 1 Satz 2 wird nach den den Vereinbarungen zu Grunde liegenden Berechnungsgrund-sätzen durch das für Bildung zuständige Ministerium festgesetzt.

(3) Bei der Berechnung des Erstattungsbetrages für den Besuch Freier Waldorfschulen werden die Schülerinnen und Schüler der Jahrgangsstufen eins bis vier denen der Grundschulen, im Übrigen denen der Gemeinschaftsschulen zugeordnet.

(4) Das Land kann von der Geltendmachung des Erstattungsbetrages absehen, wenn dieser für den Verpflichteten nach den Umständen des Einzelfalles, insbesondere wenn die Schülerin oder der Schüler ausschließlich zum Zwecke des Schulbesuchs bei dem Verpflichteten gemeldet ist, eine unzumutbare finanzielle Belastung bedeuten würde.

§ 114
Schülerbeförderung

(1) Die Schulträger der in den Kreisen liegenden öffentlichen Schulen sind Träger der Schülerbeförderung für Schülerinnen und Schüler, die Grundschulen, Jahrgangsstufen fünf bis zehn der weiterführenden allgemein bildenden Schulen sowie Förderzentren besuchen. Hiervon abweichend sind die Kreise Träger der Schülerbeförderung für

1. Schülerinnen und Schüler, die in ihrem Gebiet ihre Wohnung haben und eine öffentliche Schule der in Satz 1 genannten Schularten außerhalb der Kreise besuchen,
2. Schülerinnen und Schüler staatlicher Schulen, die in ihrem Gebiet liegen,
3. Fälle, in denen der Kreis die Trägerschaft an sich zieht, weil sonst ein Parallelverkehr von Schulbussen entstehen würde.

Die Unterstützungspflicht der Lehrkräfte, Eltern, Schülerinnen und Schüler nach § 50 gilt auch zu Gunsten des Trägers der Schülerbeförderung.

(2) Die Kreise bestimmen durch Satzung, welche Kosten für die Schülerbeförderung als notwendig anerkannt werden. Die Satzung kann vorsehen, dass nur die Kosten notwendig sind, die beim Besuch der nächstgelegenen Schule der gleichen Schulart entstehen würden; davon auszunehmen sind die Fälle, in denen das nächstgelegene Förderzentrum wegen fehlender Aufnahmemöglichkeiten nicht besucht werden kann. Die Satzung kann vorsehen, dass die Eltern oder die volljährige Schülerin oder der volljährige Schüler an den Kosten der Schülerbeförderung beteiligt werden (Eigenbeteiligung).

(3) Die notwendigen Kosten nach Absatz 2 tragen der Kreis zu zwei Dritteln und die Schulträger zu einem Drittel. Der Kostenanteil des Schulträgers wird diesem durch die Gemeinde, in der die Schülerin oder der Schüler die Wohnung hat, zur Hälfte nach den Durchschnittskosten des Schulträgers je beförderter Schülerin und beförderten Schülers erstattet, soweit diese Gemeinde an den Kosten nicht bereits nach den §§ 56 oder 111 beteiligt ist oder soweit zwischen dem Schulträger und der Gemeinde der Wohnung nichts anderes vereinbart wird. Soweit in den Fällen des Absatzes 1 Satz 2 Nr. 1 eine Schule außerhalb des Landes besucht wird, trägt der Kreis die vollen Kosten.

(4) Die Kreise als Träger der Schülerbeförderung nach Absatz 1 Satz 2 Nr. 2 haben einen Anspruch auf Erstattung ihres Kostenanteils nach Absatz 3 gegenüber den Kreisen und kreisfreien Städten, in deren Gebiet die Schülerinnen und Schüler ihre Wohnung haben.

(5) Die Kosten für den Einsatz eines Schulbusses im freigestellten Schülerverkehr werden dem Träger der Schülerbeförderung nur erstattet, wenn der Kreis seinen Einsatz zugelassen hat, weil die Benutzung öffentlicher Verkehrsmittel nicht möglich, der Schülerin oder dem Schüler nicht zumutbar oder wirtschaftlich nicht vertretbar ist. Der Kreis entscheidet über den Einsatz eines Schulbusses und überwacht in regelmäßigen Abständen seine weitere Notwendigkeit.

Siebenter Teil
Schulen in freier Trägerschaft

Abschnitt I
Errichtung von Schulen in freier Trägerschaft

§ 115
Genehmigung von Ersatzschulen

(1) Ersatzschulen dürfen nur mit vorheriger Genehmigung des für Bildung zuständigen Ministeriums errichtet und betrieben werden. Der Antrag auf Errichtung und Betrieb einer Ersatzschule ist spätestens bis zum 31. März zum kommenden Schuljahr zu stellen. Anträge, die nach diesem Zeitpunkt gestellt werden, gelten als für den Beginn des übernächsten Schuljahres gestellt.

(2) Als Errichtung einer Ersatzschule gelten auch die Einführung weiterer Schularten und Bildungsgänge, der Wechsel der Schulart, der Bildung einer Außenstelle und die in § 61 Abs. 1 und § 96 Satz 2 genannten Maßnahmen.

(3) Die Genehmigung ist zu erteilen, wenn

1. die Voraussetzungen des Artikels 7 Abs. 4 Satz 3 und 4 des Grundgesetzes vorliegen,
2. der Schulträger oder, falls dieser eine juristische Person ist, die gesetzlichen oder satzungsmäßig berufenen Vertreterinnen und Vertreter des Schulträgers und die Schulleiterin oder der Schulleiter geeignet sind, eine Schule verantwortlich zu führen, und die Gewähr dafür bieten, dass sie nicht gegen die verfassungsmäßige Ordnung verstoßen, und
3. die Schulgebäude und -anlagen den allgemeinen gesetzlichen Bestimmungen und den Anforderungen für einen geordneten Schulbetrieb entsprechen.

(4) Grundschulen in freier Trägerschaft sind nur zuzulassen, wenn das für Bildung zuständige Ministerium ein besonderes pädagogisches Interesse anerkennt, die Eltern die Errichtung einer Bekenntnis- oder Weltanschauungsschule beantragen oder eine Schule der dänischen Minderheit er-

richtet werden soll. Im Übrigen können Ersatzschulen von den Lernzielen, Lerninhalten, Lehrverfahren und Organisationsformen der Schularten des öffentlichen Schulwesens abweichen, solange sie den in den §§ 41 bis 46 sowie 88 bis 93 festgelegten Anforderungen für diese Schularten entsprechen. Darüber hinaus können Ersatzschulen als Schulen besonderer pädagogischer Prägung genehmigt werden, wenn das für Bildung zuständige Ministerium aufgrund ihrer Lernziele, Lerninhalte oder Lehrverfahren ein besonderes pädagogisches Interesse anerkennt.

(5) Ersatzschulen unterstehen der Rechtsaufsicht des Landes. Zuständig ist das für Bildung zuständige Ministerium. Es kann eine örtliche Prüfung vornehmen. Sind die Voraussetzungen für die Genehmigung entfallen, ist die Genehmigung zu widerrufen. Sie kann widerrufen werden, wenn der Schulträger Anordnungen der Schulaufsichtsbehörde wiederholt nicht befolgt oder festgestellte Mängel auch nach einer Mahnung nicht abstellt. Das für Bildung zuständige Ministerium kann mit der Wahrnehmung einzelner Aufgaben der Aufsicht die untere Schulaufsichtsbehörde beauftragen.

(6) Der Schulträger hat die in § 30 Absatz 1 Satz 2 aufgeführten Daten zu erheben und an das für Bildung zuständige Ministerium auf Anforderung jeweils jährlich zu statistische Zwecke, zu Zwecken der Bildungsplanung und zur Wahrnehmung der Rechtsaufsicht zu übermitteln; § 30 Absatz 1 Satz 2 und 3 und Absatz 4 gilt entsprechend.

§ 116
Anerkennung von Ersatzschulen

(1) Auf Antrag des Schulträgers kann das für Bildung zuständige Ministerium einer Ersatzschule, die die Gewähr dafür bietet, dass sie dauernd die an entsprechenden öffentlichen Schulen bestehenden Anforderungen erfüllt, die Eigenschaft einer anerkannten Ersatzschule in freier Trägerschaft verleihen. Die Anerkennung bedarf der Schriftform. Sie erstreckt sich auf die Schulart und die Fachrichtung, für die sie ausgesprochen worden ist.

(2) Mit der Anerkennung erhält die Ersatzschule das Recht, Prüfungen abzuhalten und Zeugnisse zu erteilen, die dieselbe Berechtigung verleihen wie die der öffentlichen Schulen. Die Anerkennung kann auf Antrag des Schulträgers auf die Abschlussprüfung beschränkt werden.

(3) Anerkannte Ersatzschulen sind verpflichtet, bei der Aufnahme und Versetzung von Schülerinnen und Schülern sowie bei der Abhaltung von Prüfungen und bei der Erteilung von Zeugnissen die für die öffentlichen Schulen geltenden Bestimmungen zu beachten. Abweichungen bedürfen der Zustimmung der Schulaufsichtsbehörde. Diese bestimmt auch die Zusammensetzung der Prüfungsausschüsse.

(4) Die Anerkennung ist zu widerrufen, wenn die Schule wiederholt oder schwer gegen die ihr nach Absatz 3 obliegenden Verpflichtungen verstoßen hat.

§ 117
Lehrkräfte an Ersatzschulen

(1) Schulleiterinnen, Schulleiter und Lehrkräfte an Ersatzschulen bedürfen einer Unterrichtsgenehmigung des für Bildung zuständigen Ministeriums.

(2) Die Lehrkräfte sollen eine wissenschaftliche Ausbildung nachweisen, die hinter der Ausbildung der Lehrkräfte an entsprechenden öffentlichen Schulen nicht zurücksteht. In Ausnahmefällen kann auf diese Voraussetzung verzichtet werden, wenn die für die vorgesehene Beschäftigung erforderlichen Fähigkeiten durch sonstige Leistungen nachgewiesen werden.

(3) Die Genehmigung kann versagt, zurückgenommen oder widerrufen werden, wenn die Voraussetzungen des Absatzes 2 nicht erfüllt sind oder wenn Tatsachen festgestellt abgeleistet haben, die einer Einstellung entgegenstehen oder eine Beendigung des Dienstverhältnisses rechtfertigen würden.

(4) Lehrkräfte, die mindestens ein Jahr der vorgeschriebenen Probezeit in einer öffentlichen Schuldienst abgeleistet haben, können bis zu zehn Jahren unter Fortfall der Dienstbezüge für eine Tätigkeit an Ersatzschulen in Schleswig-Holstein aus ihrem Beamtenverhältnis beurlaubt werden. Für andere Fälle der Beurlaubung bleibt § 68 Abs. 2 des Landesbeamtengesetzes unberührt.

(5) Für die Tätigkeit an Förderzentren in freier Trägerschaft können Lehrkräfte unter Fortzahlung der Dienstbezüge beurlaubt werden, wenn zur Deckung des Unterrichtsbedarfs anstelle der Schule in freier Trägerschaft eine entsprechende öffentliche Schule errichtet oder wesentlich erweitert werden müsste.

§ 118
Errichtung und Untersagung von Ergänzungsschulen

(1) Die Errichtung einer Ergänzungsschule ist der Schulaufsichtsbehörde vor Aufnahme des Unterrichts anzuzeigen. Die Lehrpläne sowie die Nachweise über den Schulträger, die Schuleinrichtungen und die Vorbildung der Leiterin oder des Leiters und der Lehrkräfte sind der Anzeige beizufügen. Das Verfahren zur Anzeige der Errichtung einer Ergänzungsschule kann über eine einheitliche Stelle nach den Vorschriften des Landesverwaltungsgesetzes abgewickelt werden.

(2) Die Errichtung oder Fortführung einer Ergänzungsschule kann von der Schulaufsichtsbehörde untersagt werden, wenn Schulträger, Leiterin oder Leiter, Lehrkräfte oder Einrichtungen der Ergänzungsschule nicht den Anforderungen entsprechen, die zum Schutz der Schülerinnen und Schüler und der Allgemeinheit an sie zu stellen sind, oder wenn die Ergänzungsschule die Aufgaben der öffentlichen Schulen beeinträchtigt und wenn den Mängeln nicht innerhalb einer von der Schulaufsichtsbehörde bestimmten Frist abgeholfen worden ist. Im Übrigen gilt § 115 Abs. 5 Satz 1 bis 4 entsprechend.

Abschnitt II
Zuschüsse an Ersatzschulen

§ 119
Voraussetzungen

(1) Das Land gewährt dem Träger einer Ersatzschule auf Antrag einen Zuschuss, wenn die Schule nach Genehmigung der Errichtung zwei Jahre ohne Beanstandung betrieben worden ist (Wartefrist).

(2) Abweichend von Absatz 1 kann das Land im Einzelfall Zuschüsse nach Maßgabe des Haushaltes gewähren, insbesondere wenn nach bereits einmal erfüllter Wartefrist ein Wechsel des Trägers oder ein Wechsel der Schulart erfolgt.

(3) Der Anspruch auf Zuschussgewährung besteht nicht oder erlischt, wenn der Träger der Ersatzschule einen erwerbswirtschaftlichen Gewinn erzielt oder erstrebt. Ist der Träger einer Ersatzschule keine Körperschaft im Sinne des § 51 Abs. 1 Satz 2 Abgabenordnung, besteht ein Anspruch auf Zuschussgewährung nur dann, wenn der Schulträger ausschließlich und unmittelbar gemeinnützige Zwecke verfolgt nach § 52 Abgabenordnung. Der Träger der Ersatzschule weist das Vorliegen der Voraussetzungen gemäß Satz 1 oder Satz 2 nach. Satz 1 bis 3 gilt nicht, wenn der Träger der Ersatzschule eine Kirche oder eine Religionsgemeinschaft oder eine Weltanschauungsgemeinschaft ist, die die Rechte einer Körperschaft des öffentlichen Rechts besitzt.

(4) Für die Berechnung des Zuschusses nach Absatz 1 ist die Jahresdurchschnittszahl der Schülerinnen und Schüler der Ersatzschulen mit dem nach §§ 121 und 122 jeweils maßgeblichen Anteil des Schülerkostensatzes zu multiplizieren. Die Durchschnittszahl wird nach der am 1. jedes Monats vorhandenen Zahl der Schülerinnen und Schüler errechnet. Die Ersatzschulen sind zu entsprechenden Auskünften und Nachweisen verpflichtet. Für die Berechnung sind nur diejenigen Schülerinnen und Schüler zu berücksichtigen, die entweder

1. ihre Wohnung in Schleswig-Holstein haben, oder
2. ihre Wohnung außerhalb Schleswig-Holsteins haben und für die das Land eine Erstattung aufgrund von Vereinbarungen mit Dritten verlangen kann, oder
3. mit Heimen verbundene Förderzentren besuchen, wenn sich anderenfalls nach den Umständen des Einzelfalls eine unzumutbare finanzielle Belastung für den Schulträger ergibt.

§ 120
Eigenanteil

Die Schulträger haben den Zuschuss des Landes durch eigene Mittel oder Einnahmen zu ergänzen. Sie können hierzu von den Eltern oder den Schülerinnen und Schülern einen angemessenen Beitrag verlangen. Die Schulträger von Schulen mit dem Förderschwerpunkt „geistige Entwicklung" sind von der Verpflichtung nach Satz 1 ausgenommen.

§ 121
Grundlagen der Bemessung

(1) Für die Bemessung des Zuschusses werden jährlich die Schülerkostensätze nach Maßgabe der Absätze 2 bis 6 ermittelt.

(2) Zugrunde zu legen sind die Personal- und Sachkosten, die im Landesdurchschnitt für den lehrplanmäßigen Unterricht einer Schülerin oder eines Schülers an einer öffentlichen Schule der vergleichbaren Schulart entstanden sind. Bei den Förderzentren wird jeweils ein Schülerkostensatz für Schülerinnen und Schüler mit sonderpädagogischem Förderbedarf in dem Förderschwerpunkt „Geistige Entwicklung" nach § 45 Abs. 2 Satz 1 Nr. 4 sowie ein Schülerkostensatz in den weiteren Förderschwerpunkten nach § 45 Abs. 2 Satz 1 mit Ausnahme der Nr. 4 gebildet. Bei den berufsbildenden Schulen wird in der Schulart Berufsschule zusätzlich ein Schülerkostensatz für berufsvorbereitende Maßnahmen gebildet.

(3) Als Personalkosten sind die Kosten nach § 36 Abs. 2 ohne Nummer 3 und 6 zu berücksichtigen, die im Jahr vor dem Bewilligungszeitraum ermittelt worden sind. Dies sind die Kosten, die in dem der Ermittlung vorausgehenden Jahr entstanden sind. Sie sind um einen Betrag zu erhöhen, der sich ergibt, wenn die Kosten der Besoldung der beamteten Lehrkräfte mit einem Prozentsatz multipliziert werden, der der Summe der Beitragssätze zur gesetzlichen

1. Arbeitslosenversicherung (§ 341 Abs. 2 SGB III),
2. Rentenversicherung (wie nach §§ 158, 160 SGB VI festgesetzt) sowie
3. Kranken- und Pflegeversicherung hinsichtlich des Arbeitgeberanteils (§§ 241, 249 SGB V, §§ 55, 58 SGB XI) entspricht. Maßgebend sind die im Jahr der Entstehung der Kosten geltenden Beitragssätze.

(4) Bei den Sachkosten werden die im Jahr 2010 im Landesdurchschnitt ermittelten Kosten (§ 48 Abs. 1 Satz 2) für eine Schülerin und einen Schüler der jeweiligen Schulart zu Grunde gelegt, die beginnend mit dem Bewilligungszeitraum 2014 einmalig um 4,1 % und sodann jährlich um den Prozentsatz zu erhöhen sind, der der vom Statistischen Bundesamt festgestellten Veränderungsrate des Verbraucherpreisindex in dem Jahr entspricht, das dem Bewilligungszeitraum um zwei Jahre vorausgeht. Bei den Sachkosten der Förderzentren in den Förderschwerpunkten nach § 45 Absatz 2 Satz 1 mit Ausnahme der Nummer 4 bleibt ein Anteil unberücksichtigt, der prozentual der Hälfte der Quote der in diesen Förderschwerpunkten in den öffentlichen Schulen inklusiv beschulten Schülerinnen und Schülern entspricht. Bei den Förderzentren in dem Förderschwerpunkt nach § 45 Absatz 2 Satz 1 Nummer 4 bleibt bei den Sachkosten ein Anteil unberücksichtigt, der prozentual einem Viertel der Quote der in diesem Förderschwerpunkt in den öffentlichen Schulen inklusiv beschulten Schülerinnen und Schüler entspricht. Maßgeblich für die Quoten nach den Sätzen 2 und 3 ist das Jahr, das dem Bewilligungszeitraum um zwei Jahre vorausgeht.

(5) Für die Bemessung des Schülerkostensatzes sind darüber hinaus 400 Euro jeweils in den Jahren 2021 und 2022 sowie 475 Euro jeweils für die Jahre 2023 und 2024 als Investitionskostenanteil zugrunde zu legen. Zum Ausgleich von Schulverwaltungskosten ist eine Pauschale von 30 Euro zu berücksichtigen. Für Schülerinnen und Schüler an allgemein bildenden Schulen bis einschließlich zur Jahrgangsstufe 10 ist zum Ausgleich der nicht bereits in den Sachkosten enthaltenen Kosten der Schülerbeförderung eine Pauschale von 100 Euro zu berücksichtigen. Zum Ausgleich von Kosten für Schulsozialarbeit ist eine Pauschale von 45 Euro zu berücksichtigen. Die Pauschalen nach Satz 2 und 3 sind beginnend mit dem Bewilligungszeitraum 2015 jährlich um den Prozentsatz zu erhöhen, der der vom Statistischen Bundesamt festgestellten Veränderungsrate des Verbraucherpreisindex in dem Jahr entspricht, das dem Bewilligungszeitraum um zwei Jahre vorausgeht.

(6) Für Schülerinnen und Schüler mit einem von der Schulaufsichtsbehörde festgestellten sonderpädagogischen Förderbedarf, die in einer allgemein bildenden oder berufsbildenden Ersatzschule beschult werden, erhöht sich der Schülerkostensatz um einen Zuschlag. Für die Berechnung der für den Zuschlag maßgeblichen Personalkosten der öffentlichen Förderzentren finden Absatz 2 Satz 1 und 2 sowie Absatz 3 entsprechende Anwendung. Für die Berechnung des Zuschlags für Schülerinnen und Schüler mit einem Förderschwerpunkt nach § 45 Absatz 2 Satz 1 ist zusätzlich der Sachkostenanteil zu berücksichtigen, der für die Bemessung des Sachkostenanteils gemäß Absatz 4 unberücksichtigt bleibt.

(7) Allgemein bildende oder berufsbildende Ersatzschulen, deren Schülergesamtzahl jahresdurchschnittlich gemäß § 119 Absatz 4 Satz 1 und Satz 2 einen Anteil von mindestens 3 % inklusiv beschulter Schülerinnen und Schüler mit sonderpädagogischem Förderbedarf in dem Schwerpunkt „Geistige Entwicklung" aufweist, erhalten auf Antrag für jede Schülerin oder jeden Schüler mit diesem Förderschwerpunkt zusätzlich einen Zuschuss in Höhe von 4.500 Euro.

§ 122
Höhe des Zuschusses

(1) Von den Schülerkostensätzen sind für die Berechnung des Zuschusses bei

1. den Förderzentren mit dem Förderschwerpunkt „Geistige Entwicklung" 100 %,
2. den sonstigen Förderzentren 90 %,
3. den allgemein bildenden und berufsbildenden Schulen 82 %,

zu berücksichtigen.

Wird an einer allgemein bildenden oder berufsbildenden Schule eine Schülerin oder ein Schüler mit einem von der Schulaufsichtsbehörde festgestellten sonderpädagogischen Förderbedarf beschult, sind abweichend von Nummer 3 und 4 für die Berechnung des Zuschusses von den Schülerkostensätzen bei einem Förderbedarf mit dem Schwerpunkt „Geistige Entwicklung" 100 % und bei weiteren Förderschwerpunkten 90 % zu berücksichtigen.

(2) Für den Zuschlag nach § 121 Absatz 6 sind von den maßgeblichen Kosten bei Schülerinnen und Schülern mit

1. dem Förderschwerpunkt „Geistige Entwicklung" 100 %,
2. weiteren Förderschwerpunkten 90 %

zu berücksichtigen.

(3) Ist eine Schule in freier Trägerschaft nicht mit einer Schulart im öffentlichen Schulwesen vergleichbar, wird sie unter Berücksichtigung ihres Bildungsangebots einer bestehenden Schulart zugeordnet. Für die Berechnung der Zuschüsse an die Freien Waldorfschulen wird

1. für die Jahrgangsstufen eins bis vier der Schülerkostensatz der Grundschulen und
2. für die Jahrgangsstufen fünf bis dreizehn der Schülerkostensatz der Gemeinschaftsschulen

zugrunde gelegt.

§ 123
Bewilligungsbescheid

(1) Das für Bildung zuständige Ministerium erlässt nach Prüfung der Unterlagen jeweils einen Bewilligungsbescheid. Im Bewilligungszeitraum können monatliche Teilbeträge gezahlt werden. Die erstmalige Gewährung eines Zuschusses bedarf eines Antrages des Schulträgers.

(2) Die Schulträger haben die Zuschüsse wirtschaftlich einzusetzen. Eine örtliche Prüfung der Schule durch die Bewilligungsbehörde oder den Landesrechnungshof bleibt vorbehalten.

§ 123 a
Zuschuss für Einrichtungen der Lehrkräftebildung für Ersatzschulen und bei zusätzlichen Bildungsgängen

(1) Einrichtungen der Aus-, Fort- und Weiterbildung Lehrkräfte an Ersatzschulen können nach Maßgabe des Haushaltes Zuschüsse zu ihren Personal- und Sachkosten erhalten.

(2) Hält eine Ersatzschule der Schulart Gymnasium oder Gemeinschaftsschule zusätzlich einen Bildungsgang vor,

der zu einem nach diesem Gesetz nicht vorgesehenen Abschluss mit Hochschulzugangsberechtigung führt, kann das Land nach Maßgabe der §§ 119 bis 123 einen Zuschuss gewähren, sofern der Schulträger auch für diesen Bildungsgang die Voraussetzungen des § 115 Abs. 3 erfüllt.

Abschnitt III
Zuschüsse an Ersatzschulen der dänischen Minderheit

§ 124
Förderung der Schulen der dänischen Minderheit

(1) Die Schulen der dänischen Minderheit gewährleisten deren kulturelle Eigenständigkeit im Sinne von Artikel 6 der Verfassung des Landes Schleswig-Holstein.

(2) Der Träger der Schulen der dänischen Minderheit erhält einen Zuschuss von 100 % der nach § 121 Absatz 1 bis 7 zu berechnenden Schülerkostensätze. Abweichend von § 122 Absatz 5 Satz 3 wird für jede Schülerin und für jeden Schüler bis einschließlich zur Jahrgangsstufe 10 für nicht bereits in den Sachkosten enthaltene Kosten der Schülerbeförderung ein Betrag in Höhe von 300 Euro berücksichtigt. Die §§ 119 mit Ausnahme des Absatz 4 Satz 4, 122, 123 und 123 a finden entsprechende Anwendung.

Achter Teil
Aufsicht des Landes über das Schulwesen

Abschnitt I
Aufgaben der Schulaufsichtsbehörden, unterstützende Stellen

§ 125
Umfang der Aufsicht

(1) Das Schulwesen untersteht der Aufsicht des Landes. Die Aufsicht umfasst die Gesamtheit der staatlichen Aufgaben zur inhaltlichen, organisatorischen und planerischen Gestaltung (Schulgestaltung) sowie die Beaufsichtigung der Schulen (Schulaufsicht).

(2) Die Schulgestaltung erstreckt sich insbesondere auf
1. die Festlegung der Inhalte und die Organisation des Unterrichts,
2. die zentrale Planung der Schulstandorte und
3. den Vorbereitungsdienst.

(3) Die Schulaufsicht umfasst bei den öffentlichen Schulen unbeschadet der sonstigen Bestimmungen dieses Gesetzes
1. die Beratung der Schulen, insbesondere der Lehrkräfte, bei der Erfüllung ihrer Aufgaben,
2. die Fachaufsicht über Erziehung und Unterricht in den Schulen,
3. die Dienstaufsicht über die Schulen,
4. die Rechtsaufsicht über die Schulträger bei der Erfüllung ihrer Aufgaben.

(4) Die Schulaufsicht bezieht die Aufsicht über ein Schülerwohnheim ein, das vom für Bildung zuständige Ministerium im Einvernehmen mit dem fachlich zuständigen Ministerium als mit der Schule verbunden anerkannt ist.

§ 126
Schulgestaltung

(1) Die Schulgestaltung im Rahmen dieses Gesetzes obliegt dem für Bildung zuständigen Ministerium. Es erlässt auf der Grundlage der Bildungs- und Erziehungsziele der Schule (§ 4), unter Beachtung der Lernfähigkeiten und des Lernverhaltens der Schülerinnen und Schüler sowie unter Berücksichtigung des Alters und Entwicklungsstandes der Jugendlichen die nachstehenden Vorschriften. Dabei ist auf eine einheitliche Entwicklung des Schulwesens in den Bundesländern Wert zu legen.

(2) Durch Verordnung sind für die öffentlichen Schulen Bestimmungen zu treffen über
1. das Verfahren und die Voraussetzungen für das Aufsteigen im Unterricht nach Jahrgangsstufen (Versetzung, Wiederholung und Überspringen von Jahrgangsstufen), die Zuweisung zu einem Bildungsgang und für den Wechsel der Schulart (einschließlich der Schrägversetzung und der Zuweisung zu Schulen, an denen weitere schulische Bildungsgänge eröffnet werden); dabei kann vorgesehen werden, dass für die Schülerinnen und Schüler individuelle Lern- und Förderpläne erstellt werden,
2. das Verfahren und die Voraussetzungen für die Aufnahme in Schulen,
3. die Gestaltung der Bildungsgänge, die Gestaltung und die Anforderungen der Abschlüsse, die durch die Abschlüsse eröffneten Zugangsmöglichkeiten zu weiteren schulischen Bildungsgängen und die Durchführung von Schulprüfungen einschließlich der Prüfungsgebiete, des Verfahrens, der Zusammensetzung der Prüfungsausschüsse, der Bewertungsmaßstäbe, der Anrechnung von Vorleistungen und der Voraussetzungen für das Bestehen der Prüfung, des Erwerbs einer Berufsbezeichnung sowie der Möglichkeiten der Wiederholung und der Entlassung als Folge nicht erreichter Versetzungen oder nicht bestandener Prüfungen,
4. die Voraussetzungen, unter denen die Schule oder die Schulaufsichtsbehörde im Einzelfall die Gleichwertigkeit schulischer Leistungen mit dem Abschluss eines anderen Bildungsganges oder einer anderen Schulart feststellen kann,
5. die Gleichwertigkeit von Fortbildungsprüfungen nach dem Berufsbildungsgesetz, der Handwerksordnung in der Fassung der Bekanntmachung vom 24. September 1998 (BGBl. I S. 3074), zuletzt geändert durch Artikel 146 der Verordnung vom 31. Oktober 2006 (BGBl. I S. 2407/2424), oder dem Seemannsgesetz vom 26. Juli 1957 (BGBl. I S. 713), zuletzt geändert durch Artikel 324 der Verordnung vom 31. Oktober 2006 (BGBl. I S. 2407/2450), mit einem schulischen Abschluss sowie die Anrechnung einer Berufsausbildung bei schulischen Abschlüssen,
6. die Gliederung der berufsbildenden Schulen nach Fachrichtungen,
7. die Gliederung und die Aufgaben der Förderzentren,
8. die Einrichtung von Lerngruppen für hochbegabte Schülerinnen und Schüler an bestimmten Schulen,
9. den Teil ihrer Arbeitszeit, den Lehrkräfte durch Unterricht erfüllen.

(3) Das für Bildung zuständige Ministerium kann in Verwaltungsvorschriften die Bildung, Teilung und Zusammenlegung von Klassen regeln. Es kann Näheres zu § 4 Absatz 5 und Absatz 6 Satz 4 durch Verwaltungsvorschrift regeln. Im Übrigen erlässt das für Bildung zuständige Ministerium die für die Durchführung des Unterrichts erforderlichen Verwaltungsvorschriften einschließlich Stundentafeln. In den Verwaltungsvorschriften sollen Vereinbarungen der Bundesländer zu Bildungsstandards berücksichtigt werden. Das für Bildung zuständige Ministerium kann zudem durch Verwaltungsvorschrift regeln, dass der Erfolg der pädagogischen Arbeit schulübergreifend und vergleichend überprüft werden kann, um die Gleichwertigkeit und Qualität sowie die Durchlässigkeit und Vielfalt des schulischen Bildungs- und Erziehungsangebotes zu gewährleisten.

(4) Das für Bildung zuständige Ministerium legt durch Verwaltungsvorschrift fest, ab welcher Jahrgangsstufe Fremdsprachen unterrichtet werden. Bei Schülerinnen und Schülern mit nichtdeutscher Herkunftssprache kann ihre Herkunftssprache als erste oder zweite Fremdsprache anerkannt werden.

§ 127
Lehr- und Lernmittel

Lehr- und Lernmittel müssen zur Erreichung der Bildungs- und Erziehungsziele der Schule (§ 4) geeignet sein und der Erfüllung des Bildungsauftrags der einzelnen Schulart dienen. Sie dürfen allgemeinen Verfassungsgrundsätzen und Rechtsvorschriften nicht widersprechen.

§ 128
Mittel der Schulaufsicht

(1) Im Rahmen der Rechtsaufsicht über die öffentlichen Schulträger steht der Schulaufsichtsbehörde das Auskunfts-

recht nach § 122 der Gemeindeordnung und § 61 der Kreisordnung zu. Die Befugnisse der Kommunalaufsichtsbehörde bleiben unberührt.

(2) Für Aufgaben, die der Aufsicht nach § 125 Abs. 3 Nr. 2 und 3 unterliegen, können die Schulaufsichtsbehörden im Einzelfall anstelle der Schule tätig werden, auch wenn die besonderen Voraussetzungen für die Ausübung des Selbsteintrittsrechtes nach § 16 Abs. 3 des Landesverwaltungsgesetzes nicht vorliegen.

Abschnitt II
Organisation der Schulaufsichtsbehörden

§ 129
Schulaufsichtsbehörden[4]

(1) Untere Schulaufsichtsbehörde ist das Schulamt. Obere Schulaufsichtsbehörde ist das Schleswig-Holsteinische Institut für Berufliche Bildung - Landesamt - (SHIBB). Oberste Schulaufsichtsbehörde ist das für Bildung zuständige Ministerium; es führt den Begriff Bildung in der Ressortbezeichnung.

(2) Zuständig ist
1. die untere Schulaufsichtsbehörde in den Kreisen für die Aufgaben nach § 125 Absatz 3 hinsichtlich der Grundschulen, Gemeinschaftsschulen und Förderzentren,
2. die untere Schulaufsichtsbehörde in den kreisfreien Städten für die Aufgaben nach § 125 Absatz 3 Nummer 1 bis 3 hinsichtlich der Grundschulen, Gemeinschaftsschulen und Förderzentren,
3. die obere Schulaufsichtsbehörde im Schleswig-Holsteinischen Institut für Berufliche Bildung - Landesamt - (SHIBB)
   a) für die Aufgaben nach § 125 Absatz 2 Nummer 1 bis 3 und Absatz 3 hinsichtlich der berufsbildenden Schulen einschließlich der Regionalen Berufsbildungszentren,
   b) für die Aufgaben nach § 125 Absatz 2 Nummer 1 bis 3 und Absatz 3 Nummer 1 bis 3 hinsichtlich der berufsbildenden Schulen, deren Träger das Land ist,
   c) für die Aufgaben nach § 125 Absatz 2 Nummer 1 bis 3 und Absatz 3 hinsichtlich besonderer berufsbildender Versuchsschulen,
4. die oberste Schulaufsichtsbehörde
   a) für die Aufgaben nach § 125 Absatz 3 hinsichtlich der Gymnasien, Gemeinschaftsschulen mit Oberstufe und der besonderen allgemeinbildenden Versuchsschulen sowie der Förderzentren als besondere Versuchsschulen,
   b) für die Aufgaben nach § 125 Absatz 3 Nummer 1 bis 3 hinsichtlich der allgemein bildenden Schulen und Förderzentren, deren Träger das Land ist,
   c) für die Aufgabe nach § 125 Absatz 3 Nummer 4 hinsichtlich der Grundschulen und Förderzentren, deren Träger ein Kreis, eine kreisfreie Stadt oder ein entsprechender Schulverband ist.

(3) Das für Bildung zuständige Ministerium kann durch Verordnung Aufgaben der obersten Schulaufsichtsbehörde auf die obere und die untere Schulaufsichtsbehörde übertragen.

(4) Verordnungen des für Bildung zuständigen Ministeriums und einzelne Vorschriften in diesen Verordnungen sind im Benehmen mit der dem SHIBB übergeordneten obersten Landesbehörde zu erlassen, soweit sie unmittelbar die berufsbildenden Schulen einschließlich der Regionalen Berufsbildungszentren betreffen; dies gilt auch für die Verordnung zu Zeugnissen gemäß § 16 Absatz 4 und für die Verordnung gemäß § 126 Absatz 2 Nummer 9. Im Übrigen sind das SHIBB und die ihm übergeordnete oberste Landesbehörde vor Erlass, Aufhebung oder Änderung einer Verordnung anzuhören.

---
4 Schulamtszuständigkeitsverordnung vom 4.7.1994 (NBlMBWFK/MF-BWS S. 237), Ressortbezeichnungen ersetzt durch LVO vom 16.1.2019 (GVOBl. Schl.-H. S. 30).

§ 129 a
Schleswig-Holsteinisches Institut für
Berufliche Bildung - Landesamt - (SHIBB)

(1) Das Schleswig-Holsteinische Institut für Berufliche Bildung - (SHIBB) nimmt als eine Landesoberbehörde Aufgaben der beruflichen Bildung wahr. Innerhalb seines Zuständigkeitsbereichs obliegen ihm die in § 134 Absatz 1 bestimmten Aufgaben des Instituts für Qualitätsentwicklung. Die dem SHIBB übergeordnete oberste Landesbehörde regelt die Arbeitszeit der am Institut tätigen Studienleiterinnen und Studienleiter durch Verordnung; das für Bildung zuständige Ministerium ist vorab anzuhören.

(2) Das SHIBB arbeitet bei der Aus-, Fort- und Weiterbildung von Lehrkräften sowie bei allen schulartübergreifenden pädagogischen, organisatorischen und rechtlichen Fragen eng mit der obersten und unteren Schulaufsicht, mit dem Institut für Qualitätsentwicklung und mit den Hochschulen des Landes zusammen.

(3) Beim SHIBB wird ein Kuratorium mit beratender Funktion in Angelegenheiten der beruflichen Bildung eingerichtet. Es setzt sich aus der gleichen Anzahl von Vertreterinnen und Vertretern der für Bildung, für Wirtschaft, für Landwirtschaft und für Gesundheit zuständigen Ministerien sowie gegebenenfalls weiterer oberster Landesbehörden, der Arbeitgeber, der Arbeitnehmer und der Schulträger sowie der berufsbildenden Schulen einschließlich der Regionalen Berufsbildungszentren zusammen. Das Nähere regelt eine Geschäftsordnung.

(4) Die Dienstaufsicht über das SHIBB obliegt der ihm übergeordneten obersten Landesbehörde. Die oberste Schulaufsichtsbehörde übt die Fachaufsicht über die obere Schulaufsicht im SHIBB aus.

§ 130
Schulamt

(1) Das Schulamt ist eine untere Landesbehörde.

(2) Das Schulamt besteht in den Kreisen aus der Landrätin oder dem Landrat und einer Schulrätin oder einem Schulrat oder mehreren Schulrätinnen und Schulräten. Bei der Erfüllung der Aufgaben des Schulamtes wirken die Landrätin oder der Landrat und die Schulrätinnen und Schulräte zusammen, jedoch sind die Schulrätinnen und Schulräte für die Beratung der Lehrkräfte und die Aufgaben nach § 125 Abs. 3 Nr. 2 und 3, die Landrätin oder der Landrat für die Aufgabe nach § 125 Abs. 3 Nr. 4 jeweils allein zuständig.

(3) Das Schulamt in den kreisfreien Städten besteht aus einer Schulrätin oder einem Schulrat oder mehreren Schulrätinnen und Schulräten, die die Aufgaben nach § 125 Abs. 3 Nr. 1 bis 3 wahrnehmen.

(4) Das für Bildung zuständige Ministerium kann durch Verordnung abweichend von den Absätzen 2 und 3 gemeinsame Schulämter für mehrere Kreise und kreisfreie Städte errichten. Die Verordnung muss die Bezeichnung des Schulamtes und dessen räumlichen Wirkungsbereich bestimmen; die sachliche Zuständigkeit richtet sich nach § 129 Absätze 2 und 3. Die alleinige Zuständigkeit der Landrätin oder des Landrates nach Absatz 2 Satz 2 für die Rechtsaufsicht über die Schulträger eines Kreises bleibt unberührt. Die Errichtung eines gemeinsamen Schulamtes setzt die Zustimmung der beteiligten Kreise oder kreisfreien Städte voraus.

§ 131
Schulaufsichtsbeamtinnen und
Schulaufsichtsbeamte

(1) Die Schulrätinnen und Schulräte sind Landesbeamtinnen und Landesbeamte. Der Kreis oder die kreisfreie Stadt ist vor ihrer Ernennung oder Versetzung zu hören.

(2) Die persönlichen Kosten der Schulrätinnen und Schulräte trägt das Land. Im Übrigen tragen die Kreise und die kreisfreien Städte die Kosten (Verwaltungs- und Zweckausgaben) der unteren Schulaufsichtsbehörde.

(3) Das für Bildung zuständige Ministerium kann Schulleiterinnen, Schulleiter und Lehrkräfte zu Schulaufsichtsbeamtinnen und Schulaufsichtsbeamten für besondere

Aufgaben bestellen und Schulaufsichtsbeamtinnen und Schulaufsichtsbeamten besondere Aufgaben übertragen.

(4) Die Schulaufsicht über den Religionsunterricht kann nur führen, wer Mitglied der betreffenden Religionsgemeinschaft ist. Erfüllt eine Schulaufsichtsbeamtin oder ein Schulaufsichtsbeamter diese Voraussetzungen nicht, hat das für Bildung zuständige Ministerium hierfür eine andere Landesbeamtin oder einen anderen Landesbeamten als Schulaufsichtsbeamtin oder Schulaufsichtsbeamten zu bestellen.

(5) Schulaufsichtsbeamtinnen und Schulaufsichtsbeamte müssen die Befähigung für mindestens ein Lehramt besitzen, die in der Regel einer der Schularten entspricht, deren Beaufsichtigung ihnen übertragen werden soll. Die Aufgaben der Schulaufsicht im für Bildung zuständigen Ministerium können in Ausnahmefällen auch auf Beamtinnen und Beamte mit der Befähigung zum Richteramt übertragen werden.

Abschnitt III
Schulpsychologischer Dienst

§ 132
Aufgaben des schulpsychologischen Dienstes

(1) Der schulpsychologische Dienst hilft bei Schulschwierigkeiten und unterstützt die Schulen und Schulaufsichtsbehörden in psychologischen Fragen. Er arbeitet mit anderen Beratungsdiensten zusammen.

(2) Soweit es zur Erfüllung der Aufgaben besonderer psychologischer Untersuchungen bedarf, ist hierfür die Einwilligung der Eltern oder der volljährigen Schülerin oder des volljährigen Schülers einzuholen.

(3) § 27 Abs. 5 gilt für die Verarbeitung personenbezogener Daten durch den schulpsychologischen Dienst entsprechend. Das für Bildung zuständige Ministerium kann durch Verordnung Regelungen zur Verarbeitung personenbezogener Daten durch den schulpsychologischen Dienst treffen, soweit dies unter Wahrung der Verordnung (EU) 2016/679 möglich und zulässig ist.

§ 133
Träger des schulpsychologischen Dienstes

(1) Träger des schulpsychologischen Dienstes sind die Kreise und kreisfreien Städte. Die Errichtung bedarf der Genehmigung des für Bildung zuständigen Ministeriums, dessen Aufsicht der schulpsychologische Dienst untersteht.

(2) Die im schulpsychologischen Dienst tätigen Beamtinnen, Beamten und Beschäftigten mit abgeschlossener Hochschulbildung (Schulpsychologinnen und Schulpsychologen) stehen im Dienst des Landes. Schulpsychologinnen und Schulpsychologen müssen eine Hochschulausbildung im Fach Psychologie abgeschlossen haben. Der Kreis oder die kreisfreie Stadt ist vor ihrer Ernennung oder Versetzung zu hören.

(3) Die persönlichen Kosten der Schulpsychologinnen und Schulpsychologen trägt das Land. Im Übrigen tragen die Kreise und kreisfreien Städte die Kosten (Verwaltungs- und Zweckausgaben) des schulpsychologischen Dienstes.

Abschnitt IV
Institut für Qualitätsentwicklung, Landesschulbeirat

§ 134
Institut für Qualitätsentwicklung

(1) Das Land unterhält zur Entwicklung und Sicherung der Qualität der schulischen Arbeit ein Institut für Qualitätsentwicklung (Institut). Zu den wesentlichen Aufgaben des Instituts gehören insbesondere die Organisation und Durchführung des Vorbereitungsdienstes und der Fort- und Weiterbildung der Lehrkräfte, die Schulentwicklung sowie die Unterstützung von Schule und Unterricht beim Einsatz der Informations- und Kommunikationstechnik. Das Institut berät und unterstützt zudem Lehrkräfte, Schulleiterinnen und Schulleiter, Eltern, Schulen und Schulaufsichtsbehörden in Fragen des Unterrichts und der schulischen Erziehung sowie die Schulträger in Fragen der Ausstattung von Schulen. Es arbeitet bei der Wahrnehmung seiner Aufgaben eng mit den Hochschulen des Landes zusammen.

(2) Das für Bildung zuständige Ministerium kann dem Institut weitere Aufgaben übertragen und die Wahrnehmung der in Absatz 1 genannten Aufgaben durch Verwaltungsvorschrift näher ausgestalten.

(3) Das für Bildung zuständige Ministerium regelt die Arbeitszeit der am Institut tätigen Studienleiterinnen und Studienleiter durch Verordnung.

§ 135
Landesschulbeirat

(1) Beim für Bildung zuständigen Ministerium wird der Landesschulbeirat gebildet. Seine Amtszeit dauert fünf Jahre. Er bleibt bis zum Zusammentritt des neuen Landesschulbeirats im Amt.

(2) Der Landesschulbeirat dient der Zusammenarbeit zwischen den am Schulwesen unmittelbar beteiligten Gruppen und mittelbar beteiligten öffentlichen Institutionen und berät das für Bildung zuständige Ministerium bei der Durchführung dieses Gesetzes. Er nimmt zu Grundsatzfragen des Schulwesens Stellung und berät das zuständige Ministerium bei grundsätzlichen Angelegenheiten des Schulwesens, insbesondere indem er vor Erlass von Verordnungen und der Verwaltungsvorschriften (§ 126 Absatz 3), die alle Schularten betreffen, gehört wird. Ihm sind die dazu notwendigen Auskünfte zu geben. Er ist berechtigt, dem für Bildung zuständigen Ministerium Vorschläge und Anregungen zu unterbreiten.

(3) Mitglieder des Landesschulbeirats sind

1. die oder der Vorsitzende und die oder der stellvertretende Vorsitzende des für Schulangelegenheiten zuständigen Ausschusses des Schleswig-Holsteinischen Landtages,
2. je eine oder ein von den Landeselternbeiräten gewählte Elternvertreterin oder gewählter Elternvertreter aus dem Bereich der Grundschulen, Gemeinschaftsschulen, Gymnasien, berufsbildenden Schulen und der Förderzentren,
3. je eine Vertreterin oder ein Vertreter der Lehrkräfte aus dem Bereich der Grundschulen, Gemeinschaftsschulen, Gymnasien, berufsbildenden Schulen und der Förderzentren,
4. je eine Vertreterin oder ein Vertreter der Hochschullehrerinnen und Hochschullehrer aus dem Bereich der Fachhochschulen sowie der Universitäten und gleichgestellten Hochschulen,
5. je eine Vertreterin oder ein Vertreter der Schülerinnen und Schüler an Gemeinschaftsschulen, Gymnasien, berufsbildenden Schulen und der Förderzentren,
6. je eine Vertreterin oder ein Vertreter der Industrie- und Handelskammern sowie der Handwerkskammern,
7. je eine Vertreterin oder ein Vertreter des Deutschen Gewerkschaftsbundes, des DBB Beamtenbundes und Tarifunion Landesbund Schleswig-Holstein,
8. zwei Vertreterinnen oder Vertreter des Landesausschusses für Berufsbildung,
9. zwei Vertreterinnen oder Vertreter des Landesjugendringes,
10. je eine Vertreterin oder ein Vertreter der Evangelisch-Lutherischen Kirche in Norddeutschland und der katholischen Kirche,
11. zwei Vertreterinnen oder Vertreter der Landesverbände der Gemeinden und Kreise in Schleswig-Holstein,
12. je eine Vertreterin oder ein Vertreter der deutschen Ersatzschulen und der Schulen der dänischen Minderheit und
13. je eine Vertreterin oder ein Vertreter der Landeselternvertretung der Kindertageseinrichtungen in Schleswig-Holstein.

(4) Der Landesschulbeirat wählt aus dem Kreis der in Absatz 3 Nr. 2 bis 13 genannten Mitglieder eine Vorsitzende oder einen Vorsitzenden und eine stellvertretende Vorsitzende oder einen stellvertretenden Vorsitzenden. Die oder der Vorsitzende beruft die Sitzungen nach Bedarf ein. Sie oder er muss eine

Sitzung einberufen, wenn das für Bildung zuständige Ministerium oder mindestens zehn Mitglieder es verlangen.

(5) Die Kosten des Landesschulbeirats trägt das Land.

(6) Das für Bildung zuständige Ministerium regelt durch Verordnung das Verfahren der Wahl oder Benennung der Mitglieder und die Höhe der Reisekostenvergütung und des Sitzungsgeldes. Die Geschäftsordnung des Landesschulbeirats bedarf der Genehmigung des für Bildung zuständigen Ministeriums. Für den Landesschulbeirat und seine Mitglieder gelten § 76 Abs. 1 bis 3 und 6, § 78 Abs. 4 und § 80 Abs. 1 entsprechend.

Neunter Teil
Übergangs- und Schlussbestimmungen

§ 136
Ausschluss von Ansprüchen

Die Bestimmungen im Vierten Teil Abschnitt II, im Fünften Teil Abschnitt II, im Sechsten und im Siebenten Teil begründen keine Ansprüche der Schulleiterinnen, Schulleiter, Lehrkräfte, Eltern, Schülerinnen oder Schüler gegen den Schulträger, den Träger der Schülerbeförderung oder das Land.

§ 137
Land als Schulträger

(1) Für Schulen, deren Träger das Land ist, kann die Landesregierung durch Verordnung die Zuständigkeiten für den Erlass von Verordnungen und Verwaltungsvorschriften nach § 126 Absatz 2 bis 4, für die Aufgaben nach § 125 Absatz 2 Nummer 1 und 2, Absatz 3 und 4 und die Zuständigkeiten der Schulaufsichtsbehörden nach § 129 abweichend von den Vorschriften dieses Gesetzes regeln sowie Aufgaben der Schulaufsichtsbehörden auf andere Landesbehörden übertragen. Im Schulleiterwahlausschuss hat das Land fünf Stimmen, die einheitlich abgegeben werden.

(2) Die Bestimmungen dieses Gesetzes, die für Maßnahmen der Schulträger die Genehmigung der Schulaufsichtsbehörde vorsehen, finden keine Anwendung, wenn das Land Schulträger ist. §§ 47 und § 54 Absatz 4 Satz 2 gelten nicht, wenn das Land beteiligt ist.

(3) Ein Kreis oder eine kreisfreie Stadt, in deren Gebiet eine berufsbildende Schule in Trägerschaft des Landes liegt, hat an das Land für jede Schülerin und jeden Schüler dieser Schule, die im Kreis oder der kreisfreien Stadt wohnen, einen Beitrag zu zahlen. Der Beitrag soll 37,5 % der im Landesdurchschnitt im Jahr 2010 auf jede Schülerin oder jeden Schüler der Schulart entfallenden laufenden Kosten decken. Die Kosten sind in den Jahren 2013 und 2014 jeweils um 4 % und sodann ab dem Jahr 2015 jährlich um den Prozentsatz zu erhöhen, der der vom Statistischen Bundesamt festgestellten Veränderungsrate des Verbraucherpreisindex in dem vorvergangenen Jahr des Festsetzungszeitraumes entspricht. Der Beitrag wird vom für Bildung zuständigen Ministerium für jedes Jahr im Voraus festgesetzt.

§ 138
Schulversuche, Erprobung anderer Mitwirkungsformen

(1) Schulversuche dienen dazu, das Schulwesen weiterzuentwickeln. Im Rahmen von Schulversuchen können Abweichungen von den Bestimmungen dieses Gesetzes und der aufgrund dieses Gesetzes erlassenen Verordnungen erprobt werden. Schulversuche und Modellvorhaben können sich insbesondere beziehen auf

1. schulische Organisationsformen, Unterschreitung der erforderlichen Mindestschülerzahlen gemäß Verordnung (§ 52) bei Grundschulen, Lehr- und Lernverfahren, Lernziele und -inhalte, Formen der Mitwirkung und der Leistungsbewertung sowie

2. den Bildungsauftrag, die Bildungsgänge und die Abschlüsse, die Aufnahmevoraussetzungen und die Zahl der Jahrgangsstufen.

Die im Rahmen eines Schulversuchs erreichbaren Abschlüsse und Berechtigungen müssen den Abschlüssen und Berechtigungen der allgemein bildenden oder berufsbildenden Schulen gleichwertig sein.

(2) Schulversuche können durch das für den jeweiligen Bildungsbereich zuständige Ministerium in bestehenden Schulen und in einzelnen besonderen Versuchsschulen durchgeführt werden. Der Schulträger ist anzuhören. Die Durchführung eines Schulversuchs kann auch vom Schulträger oder der Schule beim zuständigen Ministerium beantragt werden. Schulversuche sind zeitlich zu begrenzen und in angemessener Zeit daraufhin auszuwerten, wieweit ihre Ergebnisse auf das Schulwesen übertragbar sind. Die Ergebnisse sind zu veröffentlichen.

(3) Für Abweichungen von grundsätzlicher Art bedarf es der Einrichtung besonderer Versuchsschulen durch Verordnung des für den jeweiligen Bildungsbereich zuständigen Ministeriums. Der Besuch besonderer Versuchsschulen ist freiwillig. In der Verordnung kann das zuständige Ministerium den Schulträger und Schuleinzugsbereiche bestimmen, die Merkmale für die Aufnahme von Schülerinnen und Schülern bei begrenzter Aufnahmemöglichkeit festlegen und die Anwendung der §§ 111 bis 113 ausschließen. Entspricht die Schule nicht einer der in diesem Gesetz vorgesehenen Schularten, beschließt der Schulelternbeirat und die Klassensprecherversammlung jeweils für eine Amtszeit, in welcher Schulart sie sich an der Bildung des Kreiselternbeirats oder der Kreis- oder Landesschülervertretung beteiligen.

(4) Führen Schulversuche mit besonderen Versuchsschulen nach Abschluss des Versuchs nicht zu einer Änderung der Schularten nach diesem Gesetz, hat das zuständige Ministerium diese in Schulen der Schularten des § 9 umzuwandeln.

(5) Das für Bildung zuständige Ministerium kann auf Antrag für eine Schule befristet und versuchsweise zulassen, dass abweichend von den §§ 62 bis 66, 70 bis 72, 77, 78, 81, 84, 86, 87 und 97 bis 99 andere Formen der Mitwirkung erprobt werden. Der Antrag bedarf der Zustimmung von mindestens zwei Dritteln der Mitglieder der Schulkonferenz.

§ 139
Staatskirchenvertrag

Der Vertrag zwischen dem Land Schleswig-Holstein und den evangelischen Landeskirchen in Schleswig-Holstein vom 23. April 1957 (GVOBl. Schl.-H. S. 73) bleibt auch gegenüber der Evangelisch-Lutherischen Kirche in Norddeutschland als Rechtsnachfolgerin in diesem Vertrag unberührt.

§ 140
Externenprüfung, Anerkennung von Zeugnissen

(1) Die Schulaufsichtsbehörde kann für Personen, die weder eine öffentliche Schule noch eine nach § 116 staatlich anerkannte Ersatzschule besuchen, Prüfungen anbieten, mit denen Abschlüsse erworben werden können, die denjenigen an öffentlichen Schulen entsprechen (Externenprüfung). Die Schulaufsichtsbehörde kann auch die Teilnahme an den Prüfungen öffentlicher Schulen zulassen. Die Teilnehmerin oder der Teilnehmer soll ihre oder seine Wohnung in Schleswig-Holstein haben.

(2) Das für Bildung zuständige Ministerium erlässt die Prüfungsordnungen durch Verordnung. Dabei können ein Mindestalter für die Teilnahme und weitere Voraussetzungen für die Zulassung zur Prüfung vorgeschrieben werden. Bei der Zulassung und Prüfung sind die Lebens- und Berufserfahrungen der Teilnehmerinnen und Teilnehmer angemessen zu berücksichtigen. Im Übrigen gilt § 126 Absatz 2 Nummer 3 entsprechend.

(3) Das für Bildung zuständige Ministerium bewertet Bildungsnachweise, die

1. außerhalb des Bundesgebietes erworben wurden,
2. in Schleswig-Holstein erworben wurden, aber nicht in diesem Gesetz vorgesehen sind,

im Hinblick auf die Gleichwertigkeit mit Nachweisen der in diesem Gesetz vorgesehenen Schularten. Es hat bei seiner Entscheidung Vereinbarungen zu beachten, die das Land mit anderen Bundesländern geschlossen hat. In den Fällen einer Antragstellung nach § 81 a Aufenthaltsgesetz i. d. F. der

Bekanntmachung vom 25. Februar 2008 (BGBl. I S. 162), zuletzt geändert durch Artikel 169 der Verordnung vom 19. Juni 2020 (BGBl. I S. 1328), finden für die Bewertung gemäß Satz 1 und 2 die Regelungen zum Verfahren und zu den Fristen gemäß § 14 a Berufsqualifikationsfeststellungsgesetz Schleswig-Holstein vom 1. Juni 2014 (GVOBl. Schl.-H. S. 92), zuletzt geändert durch Gesetz vom 11. Dezember 2020 (GVOBl. Schl.-H. 1017), entsprechende Anwendung. Sind Antragstellerinnen oder Antragsteller aus ihrem Herkunftsland geflohen und deshalb ohne eigenes Verschulden daran gehindert, durch Originaldokument einen Nachweis über ihren erreichten schulischen Bildungsstand zu erbringen, so kann ein Prüfungsverfahren durchgeführt werden. Bei einem entsprechenden Prüfungsergebnis wird eine Bescheinigung erteilt, die insbesondere zum Besuch der Jahrgangsstufe 10 einer Gemeinschaftsschule oder vorläufig zum Besuch der Oberstufe (§ 43 Absatz 5, § 44 Absatz 3) oder des Beruflichen Gymnasiums berechtigt, sofern auch die übrigen Beschulungsvoraussetzungen erfüllt sind. Das für Bildung zuständige Ministerium regelt durch Verordnung, unter welchen Voraussetzungen die Zulassung zum Prüfungsverfahren erfolgt und welcher Aufenthaltsstatus oder Fluchtgrund dafür bestehen muss. Es regelt ferner die Durchführung des Prüfungsverfahrens und dessen Anforderungen sowie die Voraussetzungen, unter denen die Berechtigung erworben werden kann, eine bestimmte Schulart und Schul- oder Jahrgangsstufe zu besuchen. Es kann ferner durch Verordnung die Befugnis zur Entscheidung nach Satz 1 für Einzelfälle auf eine andere Behörde des Landes, der Kreise, der Gemeinden oder der Ämter übertragen.

§ 141
Widersprüche, Prozesskosten

(1) Über den Widerspruch gegen eine Entscheidung, die aufgrund der Beurteilung von Leistungen einer Schülerin oder eines Schülers getroffen ist, entscheidet die Schule, die den Verwaltungsakt erlassen hat. Sie entscheidet auch über den Widerspruch gegen Ordnungsmaßnahmen nach § 25 Absatz 3 Satz 1 Nummer 1 bis 6. Im Übrigen entscheidet über den Widerspruch die zuständige Schulaufsichtsbehörde.

(2) Über den Widerspruch gegen eine Entscheidung der unteren Schulaufsichtsbehörde entscheidet das für Bildung zuständige Ministerium.

(3) Kosten, die nach den Vorschriften des Landesverwaltungsgesetzes und des Prozessrechtes in Streitigkeiten über Entscheidungen nach den Absätzen 1 und 2 entstehen, trägt abweichend von den Regelungen über die Sachkosten (§ 48 Abs. 2 und § 131 Abs. 2) das Land.

(4) Abweichend von Absatz 1 und 2 sind die berufsbildenden Schulen einschließlich der RBZ für die Entscheidung über den Widerspruch gegen von ihr erlassene Verwaltungsakte zuständig. Absatz 3 gilt für die berufsbildenden Schulen entsprechend. Bei den RBZ trägt das Land jedoch nur die Kosten, die durch einen Widerspruch, eine Klage oder einen Antrag auf einstweiligen Rechtsschutz wegen einer Ordnungsmaßnahme, einer Versagung der Aufnahme in die Schule, einer Entlassung aus der Schule oder wegen einer Leistungsbeurteilung begründet sind.

§ 142
Abgrenzung zu anderen Bildungseinrichtungen

(1) Die Bestimmungen dieses Gesetzes mit Ausnahme von § 23 Absatz 6 und 7 finden keine Anwendung auf
1. Einrichtungen der Erwachsenenbildung,
2. Einrichtungen der Berufsbildung in einem öffentlich-rechtlichen Dienstverhältnis,
3. das Jugendaufbauwerk Schleswig-Holstein und andere berufsvorbereitende Lehrgänge, die nicht von öffentlichen Schulen durchgeführt werden,
4. die Ausbildung in nichtärztlichen Heilberufen, soweit sie durch Bundesrecht geregelt ist, mit Ausnahme der Ausbildung zum Pharmazeutisch-Technischen Assistenten; das für Bildung zuständige Ministerium kann durch Verordnung weitere Ausnahmen zulassen,
5. die Ausbildung in der Pflegehilfe, soweit diese in der Verantwortung von Einrichtungen durchgeführt wird, für die das für Gesundheit zuständige Ministerium zuständig ist,
6. die pädagogischen Angebote in Einrichtungen der Jugendhilfe.

(2) Für Klassen und Schulen in Justizvollzugsanstalten finden die Bestimmungen des Zweiten Teils (§§ 11 bis 32) und die §§ 86 und 87 nur insoweit Anwendung, als die Belange des Vollzuges nicht entgegenstehen.

§ 143
Verkündung von Verordnungen

Verordnungen, die aufgrund dieses Gesetzes erlassen werden, können abweichend von § 60 des Landesverwaltungsgesetzes im Nachrichtenblatt des für Bildung zuständigen Ministeriums verkündet werden. Auf sie ist unter Angabe der Stelle ihrer Verkündung und des Tages ihres Inkrafttretens nachrichtlich im Gesetz- und Verordnungsblatt für Schleswig-Holstein hinzuweisen.

§ 144
Ordnungswidrigkeiten

(1) Ordnungswidrig handelt, wer vorsätzlich oder fahrlässig
1. entgegen § 10 Abs. 3 für die von ihm betriebene Schule in freier Trägerschaft oder Unterrichtseinrichtung eine Bezeichnung führt, die eine Verwechselung mit öffentlichen Schulen hervorrufen kann,
2. entgegen § 11 Abs. 2 seiner Pflicht zur Teilnahme am Unterricht oder an einer sonstigen pflichtigen Schulveranstaltung nicht nachkommt,
3. entgegen § 26 Absatz 1 Kinder oder Jugendliche nicht zum Schulbesuch anmeldet oder nicht dafür sorgt, dass die Schülerin oder der Schüler am Unterricht teilnimmt, oder den zur Durchführung der Schulgesundheitspflege erlassenen Anordnungen nicht nachkommt,
4. entgegen § 26 Abs. 4 als Arbeitgeber, der nicht zugleich Ausbildender ist, Berufsschulpflichtige nicht zum Schulbesuch anmeldet,
5. entgegen § 115 Abs. 1 eine Ersatzschule ohne Genehmigung der Schulaufsichtsbehörde errichtet oder betreibt,
6. als Verantwortliche oder Verantwortlicher nach § 115 Abs. 3 Nr. 2 eine Lehrkraft an einer Ersatzschule ohne Genehmigung nach § 117 Abs. 1 unterrichten lässt,
7. entgegen § 117 Abs. 1 Unterricht an einer Ersatzschule ohne Genehmigung erteilt,
8. entgegen § 118 Abs. 1 die Errichtung einer Ergänzungsschule der Schulaufsichtsbehörde vor Aufnahme des Unterrichts nicht anzeigt,
9. entgegen § 118 Abs. 2 eine Ergänzungsschule errichtet oder fortführt.

(2) Die Ordnungswidrigkeit kann mit einer Geldbuße geahndet werden. Zuständige Verwaltungsbehörde nach § 36 Abs. 1 Nr. 1 des Gesetzes über Ordnungswidrigkeiten (OWiG) in der Fassung der Bekanntmachung vom 19. Februar 1987 (BGBl. I S. 602), zuletzt geändert durch Artikel 3 Abs. 6 des Gesetzes vom 12. Juli 2006 (BGBl. I S. 1466), sind die Landrätinnen und Landräte und die Bürgermeisterinnen und Bürgermeister der kreisfreien Städte.

§ 145
Einschränkung von Grundrechten

Die Grundrechte der Freiheit der Person und das Erziehungsrecht der Eltern (Artikel 2 Abs. 2 Satz 2 und Artikel 6 Abs. 2 des Grundgesetzes) werden nach Maßgabe der Bestimmungen über das Schulverhältnis (§ 6 Abs. 3, §§ 11, 15 bis 19 und 25) und über die Schulpflicht (§§ 20 bis 24) eingeschränkt. Das Grundrecht der körperlichen Unversehrtheit (Artikel 2 Abs. 2 Satz 1 des Grundgesetzes) wird nach Maßgabe der Bestimmung über Untersuchungen (§ 27) eingeschränkt. Das Grundrecht der freien Wahl der Ausbildungsstätte (Artikel 12 Abs. 1 des Grundgesetzes) wird nach Maßgabe der Bestimmungen über die örtlich zuständige Schule (§ 24), der Bestimmungen über die Eingangsvoraussetzungen der Schulen (§§ 41 bis 46, 88 bis 93) sowie der Verordnungen nach § 126 Abs. 2 und § 138 Abs. 3 eingeschränkt. Das Grundrecht der Unverletzlichkeit der Wohnung (Artikel 13 des Grundgesetzes) wird nach Maßgabe der Bestimmungen über digitale Lehr- und Lernformen (§ 4a) sowie die Verarbeitung von Daten nach § 30 Absatz 1 Satz 4 und 5 eingeschränkt.

§ 146
Fortgeltende Rechte und Bestimmungen

(1) Abweichend von § 9 Absatz 2 sind organisatorische Verbindungen zwischen Gymnasien und Gemeinschaftsschulen zulässig, soweit der Gemeinschaftsschulteil durch eine Schulartänderung nach § 147 Absatz 1 Satz 2 eines bereits am 31. Juli 2014 bestehenden Regionalschulteils entstanden ist.

(2) Abweichend von § 53 können Kreise Träger einer allgemein bildenden Schule sein, wenn sie zum Zeitpunkt des Inkrafttretens von § 148 Absatz 6 des Schleswig-Holsteinischen Schulgesetzes in der Fassung vom 24. Januar 2007 (GVOBl. Schl.-H. S. 39, ber. S. 276) bereits Träger der Schule waren und sie die Beibehaltung der Trägerschaft gegenüber dem für Bildung zuständigen Ministerium bis zum 31. Juli 2008 erklärt sowie das Einvernehmen der Gemeinde, in der die Schule belegen ist, nachgewiesen haben.

(3) Abweichend von § 95 können Innungen, Innungsverbände, gesetzliche Krankenkassen oder Vereine Träger einer öffentlichen berufsbildenden Schule sein, wenn ihnen die Trägerschaft zum Zeitpunkt des Inkrafttretens von § 148 Absatz 10 des Schleswig-Holsteinischen Schulgesetzes in der Fassung vom 24. Januar 2007 (GVOBl. Schl.-H. S. 39, ber. S. 276) bereits oblag. Wollen die in Satz 1 genannten Träger die Trägerschaft nicht beibehalten, geht diese zum 1. August eines Jahres auf die nach § 95 Absatz 1 verpflichteten Träger über, soweit diese bis zum 1. August des Vorjahres hierüber von den in Satz 1 genannten Trägern unterrichtet worden sind.

(4) Genehmigungen, die Schulen in freier Trägerschaft vor Inkrafttreten dieses Gesetzes erteilt waren, bleiben unberührt. Ist eine Ersatzschule als Schule der Schulart Regionalschule genehmigt, erlischt die Genehmigung mit Ablauf des 31. Juli 2016, soweit nicht auf Antrag des Schulträgers die Genehmigung bezogen auf eine in diesem Gesetz vorgesehene Schulart einschließlich der Bezeichnung der Schule geändert worden ist. Verliehene Berechtigungen bleiben in Kraft; sie sind zu entziehen, wenn die bei der Verleihung geforderten Voraussetzungen nicht mehr vorliegen. Abweichend von Satz 3 bleibt in den Fällen des Satzes 2 eine verliehene Anerkennung, die der nach § 116 bestimmten Schulart entspricht, in Kraft.

(5) Ab dem 1. Januar 2016 wird für die Schularten Gemeinschaftsschule und Regionalschule ein einheitlicher Schülerkostensatz nach § 121 Absatz 1 bis 5 ermittelt.

§ 147
Übergangsbestimmungen für im Schuljahr 2013/2014 bestehende Regionalschulen

(1) Im Schuljahr 2013/2014 bestehende Regionalschulen werden mit Ablauf des 31. Juli 2014 zu Gemeinschaftsschulen, wenn ihre Schülerzahl zu diesem Zeitpunkt unter Berücksichtigung der Anmeldungen für das Schuljahr 2014/2015 mindestens 240 Schülerinnen und Schüler in der Sekundarstufe I beträgt. Auf Regionalschulteile findet Satz 1 entsprechende Anwendung; abweichend hiervon werden Regionalschulteile in organisatorischer Verbindung mit Gymnasien unabhängig von der Schülerzahl zu Gemeinschaftsschulteilen. Die Schulen haben bis zum Ende des Schuljahres ein pädagogisches Konzept gemäß § 43 Absatz 1 und 4 zu erarbeiten und der Schulaufsicht zur Genehmigung vorzulegen. Sie können als offene Ganztagsschule geführt werden.

(2) Die von einer Schulartänderung gemäß Absatz 1 nicht erfassten Regionalschulen und Regionalschulteile, deren Schülerzahl am 1. August 2014 unter Berücksichtigung der Anmeldungen für das Schuljahr 2014/2015 mindestens 230 Schülerinnen und Schüler in der Sekundarstufe I beträgt, bleiben im Schuljahr 2014/2015 als Regionalschulen oder Regionalschulteile bestehen und können weitere Schülerinnen und Schüler in die Jahrgangsstufe fünf aufnehmen. Diese Schulen oder Schulteile werden mit Ablauf des 31. Juli 2015 zu Gemeinschaftsschulen oder Gemeinschaftsschulteilen, wenn ihre Schülerzahl zu diesem Zeitpunkt unter Berücksichtigung der Anmeldungen für das Schuljahr 2015/2016 mindestens 240 Schülerinnen und Schüler in der Sekundarstufe I beträgt. Absatz 1 Satz 3 und 4 gilt entsprechend. Erfolgt keine Schulartänderung gemäß Satz 2, wird die jeweilige Regionalschule oder der jeweilige Regionalschulteil aufgelöst und kann ab dem Schuljahr 2015/2016 keine weiteren Schülerinnen und Schüler in die jeweilige Jahrgangsstufe fünf mehr aufnehmen. Der Schulbetrieb wird spätestens mit Ablauf des Schuljahres 2019/2020 eingestellt. Die Schulaufsichtsbehörde kann eine frühere Aufgabe des Standortes und eine Fortsetzung des Schulbetriebes in den Gebäuden und Anlagen einer anderen Schule anordnen, wenn die Schülerzahl so weit abgesunken ist, dass eine den Anforderungen entsprechende Beschulung am bisherigen Standort nur mit einem nicht mehr in einem angemessenen Verhältnis stehenden Aufwand sichergestellt werden kann. Die Schulträger und Schulkonferenzen der betroffenen Schulen sind vor der Anordnung anzuhören. § 43 Absatz 6 findet auf die Schulen entsprechende Anwendung.

(3) Die von Absatz 1 und Absatz 2 nicht erfassten Regionalschulen und Regionalschulteile werden aufgelöst und können ab dem Schuljahr 2014/2015 keine weiteren Schülerinnen und Schüler in die jeweilige Jahrgangsstufe fünf mehr aufnehmen. Der Schulbetrieb wird spätestens mit Ablauf des Schuljahres 2018/2019 eingestellt. Absatz 2 Satz 6 bis 8 findet entsprechende Anwendung.

(4) Eine in Auflösung befindliche Regionalschule kann bei gleichzeitiger Änderung der Schulart mit einer Gemeinschaftsschule zu einer Schule der Schulart Gemeinschaftsschule organisatorisch verbunden werden. Der Standort der Regionalschule kann in diesem Fall als Außenstelle der Gemeinschaftsschule auch über das Schuljahr 2018/2019 hinaus genutzt werden.

(5) Schülerinnen und Schüler, die zum Zeitpunkt der Schulartänderung nach Absatz 1, Absatz 2 Satz 2 oder Absatz 4 einem der beiden Bildungsgänge einer Regionalschule zugeordnet sind, werden auch während des weiteren Schulbesuchs unter Zuordnung zu diesem Bildungsgang unterrichtet. Abweichend hiervon können die Schülerinnen und Schüler der Jahrgangsstufe fünf des Schuljahres 2013/2014 sowie im Fall des Absatzes 2 Satz 2 die Schülerinnen und Schüler der Jahrgangsstufe 2014/2015 in einem gemeinsamen Bildungsgang nach § 43 Absatz 1 Satz 1 unterrichtet werden. Satz 2 gilt für Schülerinnen und Schüler an Regionalschulen gemäß Absatz 4 entsprechend.

(6) Für die Schülerinnen und Schüler, die an einer Gemeinschaftsschule nach Maßgabe des Absatzes 5 einem Bildungsgang zugeordnet sind oder eine nach Absatz 2 Satz 4 oder Absatz 3 in Auflösung befindliche Regionalschule besuchen, finden die Bestimmungen über die Regionalschule und die Orientierungsstufe nach § 9 Absatz 3 und § 42 des Schleswig-Holsteinischen Schulgesetzes in der vor der Änderung durch Artikel 1 des Gesetzes vom 28. Januar 2011 (GVOBl. Schl.-H. S. 23, ber. S. 48) geltenden Fassung Anwendung.

(7) Die Amtszeit der an den Regionalschulen am 31. Juli 2014 vorhandenen Eltern- und Schülervertretungen bleibt von der Schulartänderung nach Absatz 1 und 4 oder der Auflösung nach Absatz 3 unberührt. § 73 Absatz 1 und 2, § 74 Absatz 1 und 2, § 82 Absatz 1 sowie § 83 Absatz 1 finden für diese Schulen im Schuljahr 2014/2015 mit der Maßgabe Anwendung, dass der jeweiligen Vertretung auf Kreis- und Landesebene für die Gemeinschaftsschulen auch die für die Schulart Regionalschule im Schuljahr 2013/2014 gewählten Vertreterinnen und Vertreter angehören. Ab dem Schuljahr 2015/2016 finden § 73 Absatz 1 und 2, § 74 Absatz 1 und 2, § 82 Absatz 1 sowie § 83 Absatz 1 mit der Maßgabe Anwendung, dass auf Kreis- und Landesebene Beiräte und Schülervertretungen für die Gemeinschaftsschulen gebildet werden, denen auch Vertreterinnen und Vertreter der in Auflösung befindlichen Regionalschulen angehören können.

(8) Am 31. Juli 2014 auf Kreis- oder Landesebene vorhandene Verbindungslehrerinnen und Verbindungslehrer für die Schulart Regionalschule bleiben für den Zeitraum, für den sie eingesetzt worden sind, im Amt. Ihr Aufgabenbereich bezieht sich auf alle von Absatz 1 und 2 erfassten Schulen und Schulteile. Für die anschließende Amtszeit unterfallen die in Auflö-

sung befindlichen Regionalschulen dem Aufgabenbereich der für die Gemeinschaftsschulen eingesetzten Lehrkräfte.

(9) Hinsichtlich der in Auflösung befindlichen Regionalschulen ist die untere Schulaufsichtsbehörde in den Kreisen für die Aufgaben nach § 125 Absatz 3 und in den kreisfreien Städten für die Aufgaben nach § 125 Absatz 3 Nummern 1 bis 3 zuständig. Die oberste Schulaufsichtsbehörde ist zuständig, soweit ein Kreis, eine kreisfreie Stadt oder ein entsprechender Schulverband Träger der in Auflösung befindlichen Regionalschule ist.

(10) Abweichend von § 135 Absatz 3 Nummern 2, 3 und 5 bleibt die Mitgliedschaft der Vertreterinnen und Vertreter der Regionalschulen in dem am 31. Juli 2014 bestehenden Landesschulbeirat für dessen restliche Amtszeit erhalten. Für die Amtszeit des nachfolgenden Landesschulbeirates findet § 135 Absatz 3 Nummern 2, 3 und 5 mit der Maßgabe Anwendung, dass als Vertreterinnen und Vertreter der Gemeinschaftsschulen auch Eltern, Schülerinnen und Schüler sowie Lehrkräfte der in Auflösung befindlichen Regionalschulen gewählt oder benannt werden können.

§ 148
Sonstige Übergangsbestimmungen

(1) Abweichend von § 46 Absatz 3 sind für Schülerinnen und Schüler der Halligschulen, die sich im Schuljahr 2014/2015 in der Jahrgangsstufe sechs oder einer höheren Jahrgangsstufe befinden, die Bestimmungen über die Regionalschule nach § 42 des Schleswig-Holsteinischen Schulgesetzes in dem nach der Änderung durch Artikel 1 des Gesetzes vom 28. Januar 2011 (GVOBl. Schl.-H. S. 23, ber. S. 48) geltenden Fassung anzuwenden.

(2) Abweichend von § 43 Absatz 1 können Schülerinnen und Schüler an Gemeinschaftsschulen in abschlussbezogenen Klassenverbänden unterrichtet werden, soweit diese vor dem Schuljahr 2014/2015 gebildet worden sind.

(3) Die §§ 39, 40, 109, 126, 129 und 141 finden in ihrer am 31. Juli 2020 geltenden Fassung bis zu dem Zeitpunkt Anwendung, an dem das Schleswig-Holsteinische Institut für Berufliche Bildung - Landesamt - (SHIBB) rechtswirksam errichtet worden ist. § 129a findet ab dem Zeitpunkt Anwendung, da das SHIBB rechtswirksam errichtet worden ist. Wird das SHIBB nicht im Geschäftsbereich des für Bildung zuständigen Ministeriums errichtet, gelten die auch oder nur für die berufsbildenden Schulen von diesem in dienstrechtlicher Hinsicht erlassenen Verwaltungsvorschriften bis zu ihrem Neuerlass, ihrer Änderung oder ihrer Aufhebung unverändert fort.

§ 148a
Erwerb von Schulabschlüssen in den Schuljahren 2019/20 und 2020/21

(1) Für die Durchführung von Abschlussprüfungen in den Schuljahren 2019/20 und 2020/21 kann aufgrund des Corona-Pandemie-Geschehens insbesondere in zeitlicher Hinsicht und in der Reihenfolge von Prüfungen von den sonst üblichen Prüfungsabläufen abgewichen werden. Gleiches gilt für die Bekanntgabe von Ergebnissen aus schriftlichen oder mündlichen Prüfungen. Soweit es für die Durchführung eines ordnungsgemäßen Prüfungsbetriebes zum Erwerb eines Schulabschlusses in den Schuljahren 2019/20 und 2020/21 erforderlich ist, können Prüfungen auch an Samstagen und an Ferientagen einschließlich schulbezogener beweglicher Ferientage durchgeführt werden.

(2) Mit der Abweichung in den Prüfungsabläufen gemäß Absatz 1 können fachpraktische Prüfungsteile insbesondere in schriftlichen Sprachprüfungen oder in Prüfungen im Fach Sport entfallen. Dieser Umstand kann bei der Gesamtbewertung der Prüfungsleistung für das Fach berücksichtigt werden

1. durch eine angemessene Einbeziehung bereits zuvor in dem jeweiligen Fach erbrachter schulischer Leistungen oder
2. bei Prüfungen in der ersten Fremdsprache durch die Möglichkeit für die Schülerin oder den Schüler, in dieser Sprache eine mündliche Prüfung zu absolvieren.

(3) Soweit es zum Schutz der Gesundheit der Prüflinge sowie der Prüferinnen und Prüfer zwingend erforderlich ist, können mündliche Prüfungen auch unter Einsatz geeigneter informationstechnischer Übertragungsverfahren durchgeführt werden, in denen sich Prüflinge sowie Prüferinnen und Prüfer gegenseitig in Echtzeit sehen und hören können; ein Anspruch auf Durchführung besteht nicht.

§ 148b
Erwerb von Schulabschlüssen in den Schuljahren 2019/20 und 2020/21 teilweise oder ganz ohne Abschlussprüfungen

(1) Soweit in diesem Gesetz oder in einer Verordnung auf der Grundlage dieses Gesetzes für den Erwerb eines Schulabschlusses eine Abschlussprüfung vorgesehen ist, kann davon in den Schuljahren 2019/20 und 2020/21 aufgrund des Corona-Pandemie-Geschehens durch Entscheidung des für Bildung zuständigen Ministeriums an den öffentlichen Schulen, den staatlich anerkannten Ersatzschulen sowie hinsichtlich des Ersten allgemeinbildenden Schulabschlusses und des Mittleren Schulabschlusses auch an Freien Waldorfschulen teilweise oder ganz abgewichen werden. Dies gilt auch für Schularten und Bildungsgänge, für die eine ausdrückliche gesetzliche Regelung zu einer Abschlussprüfung für den Erwerb des Schulabschlusses nicht besteht.

(2) Der Schulabschluss wird auf der Grundlage von Noten zuerkannt, die in den für den jeweiligen Abschluss relevanten Fächern, Kursen, Lernbereichen oder Lernfeldern im schulischen Unterricht erzielt worden sind. Dabei können die Noten in denjenigen Fächern, Kursen, Lernbereichen oder Lernfeldern, in denen eine Prüfung hätte werden müssen, besonders gewichtet werden. Prüfungsrechtlich relevante, bereits absolvierte und bewertbare Leistungen, wie insbesondere die besondere Lernleistung im Abitur oder die Projektprüfung im Ersten allgemeinbildenden Schulabschluss oder im Mittleren Schulabschluss, können berücksichtigt werden. Über die Zuerkennung oder die Nichtzuerkennung eines Schulabschlusses entscheidet ein hierzu an der Schule gebildeter Ausschuss; an berufsbildenden Schulen einschließlich der RBZ kann an die Stelle des Ausschusses die zuständige Konferenz treten. Können teilweise Prüfungen durchgeführt und bewertet werden, sind die Prüfungsergebnisse bei der Zuerkennung des Schulabschlusses zu berücksichtigen.

(3) Schulabschlüsse, die in den Schuljahren 2019/20 und 2020/21 auf der Grundlage der Absätze 1 und 2 erworben worden sind, gelten nach den Rechts- und Verwaltungsvorschriften des Landes als durch Prüfung erworben. Gleiches gilt für die Nichtzuerkennung des Schulabschlusses; diese gilt für die Schülerin oder den Schüler nach den Rechts- und Verwaltungsvorschriften des Landes als eine nicht bestandene Abschlussprüfung.

(4) Die Vorschriften zum Erwerb von Schulabschlüssen durch Versetzung in die nächste Jahrgangsstufe bleiben unberührt.

(5) Werden in den Schuljahren 2019/20 und 2020/21 Schulabschlüsse auf der Grundlage der Absätze 1 und 2 erworben, kann in Externenprüfungen (§ 140 Absatz 1) durch Entscheidung des für Bildung zuständigen Ministeriums teilweise oder ganz auf die Durchführung schriftlicher Prüfungen verzichtet werden. Der jeweilige Schulabschluss wird auf der Grundlage der Ergebnisse aus schriftlichen und mündlichen Prüfungen oder nur aus mündlichen Prüfungen zuerkannt. Um insbesondere die Fächer der schriftlichen Prüfungen im Abschluss berücksichtigen zu können, dürfen Anzahl und Fächer der Prüfungen von dem sonst üblichen Prüfungsverfahren abweichen. Soweit es zum Schutz der Gesundheit der Prüflinge sowie der Prüferinnen und Prüfer zwingend erforderlich ist, können mündliche Prüfungen auch unter Einsatz geeigneter informationstechnischer Übertragungsverfahren durchgeführt werden, in denen sich Prüflinge sowie Prüferinnen und Prüfer gegenseitig in Echtzeit sehen und hören können; ein Anspruch auf Durchführung besteht nicht.

§ 148c
Notenbildung im Schuljahr 2021/22

Soweit im Schuljahr 2021/22 aufgrund des Corona-Pandemie-Geschehens in der Schule kein oder nur ein eingeschränkter Unterricht stattfinden kann, sind fachbezogene Leistungen, die Schülerinnen und Schüler auf Veranlassung der Schule außerhalb des Präsenzunterrichts erbringen, bei der Leistungsbewertung und Notenbildung zu berücksichtigen, sofern eine angemessene Gewichtung der Leistung möglich ist.

§ 149
Fortgeltende Rechte und Bestimmungen bei Gymnasien

(1) Abweichend von § 44 Absatz 2 Satz 1 in seiner ab dem 1. August 2019 geltenden Fassung ist an einem Gymnasium ein achtjähriger Bildungsgang (acht Schulleistungsjahre in fünf Jahrgangsstufen und einer anschließenden dreijährigen Oberstufe) zulässig, wenn

1. das Gymnasium im Schuljahr 2017/18 allein einen achtjährigen Bildungsgang anbietet,
2. sich die Schulkonferenz bis zum 23. Februar 2018 in einer geheimen Abstimmung durch Beschluss mit einer Mehrheit von drei Vierteln der gesetzlichen Zahl der stimmberechtigten Vertreterinnen und Vertreter für eine Beibehaltung des achtjährigen Bildungsganges ausspricht und
3. das für Bildung zuständige Ministerium nach Anhörung des Schulträgers den Beschluss der Schulkonferenz genehmigt.

Gleiches gilt für Gymnasien, die im Schuljahr 2017/18 sowohl den acht- als auch den neunjährigen Bildungsgang anbieten, für die Beibehaltung dieses doppelten Bildungsgangangebotes. Der Wechsel von einem acht- und neunjährigen Bildungsgangangebot allein auf ein achtjähriges Bildungsgangangebot ist nicht zulässig. Wenn an einem Gymnasium der acht- und neunjährige Bildungsgang angeboten wird, kann das für Bildung zuständige Ministerium durch Verordnung die Mindestgröße der Lerngruppen je Bildungsgang festlegen.

(2) Abweichend von § 77 Absatz 1 Satz 1 wird der Elternbeirat in der Jahrgangsstufe sieben des achtjährigen Bildungsganges des Gymnasiums für die Dauer von drei Schuljahren gewählt.

§ 149 a
Übergangsbestimmungen bei Gymnasien ab dem Schuljahr 2019/20

(1) § 44 Absatz 2 Satz 1 findet

im Schuljahr 2019/20 für die Jahrgangsstufen 7 bis 12,
im Schuljahr 2020/21 für die Jahrgangsstufen 8 bis 12,
im Schuljahr 2021/22 für die Jahrgangsstufen 9 bis 12,
im Schuljahr 2022/23 für die Jahrgangsstufen 10 bis 12,
im Schuljahr 2023/24 für die Jahrgangsstufen 11 bis 12 und
im Schuljahr 2024/25 für die Jahrgangsstufe 12

in seiner am 31. Juli 2019 geltenden Fassung Anwendung, soweit an dem Gymnasium zum Schuljahr 2019/20 im Wechsel von einem allein vorhandenen achtjährigen Bildungsgang allein der neunjährige Bildungsgang eingeführt wird. Gleiches gilt für die Jahrgangsstufen im achtjährigen Bildungsgang an einem Gymnasium, an dem zum Schuljahr 2019/20 im Wechsel von einem acht- und neunjährigen Bildungsgangangebot allein der neunjährige Bildungsgang eingeführt wird.

(2) Für Schülerinnen und Schüler an Gymnasien, die durch das Wiederholen einer oder mehrerer Jahrgangsstufen in eine Jahrgangsstufe gelangen, deren Lerngruppen ausschließlich in dem Bildungsgang unterrichtet werden, dem sie zuvor nicht angehört haben, besteht kein Anspruch, weiterhin in dem bisher besuchten Bildungsgang unterrichtet zu werden.

(3) Genehmigungen zur Errichtung und zum Betrieb eines Gymnasiums mit einem achtjährigen oder einem acht- und neunjährigen Bildungsgang, die Ersatzschulen vor dem 1. August 2019 erteilt waren, bleiben unberührt.

§ 150
(gestrichen)

§ 151
Übergangsbestimmung für die Berücksichtigung von Investitionskosten im Schullastenausgleich

Abweichend von § 111 Absatz 1 Satz 2 und Absatz 6 Satz 2 ist bei der Berechnung der Schulkostenbeiträge in den Jahren 2021 und 2022 eine Pauschale für Investitionskosten jeweils in Höhe von 400 Euro zu berücksichtigen.

Gesetz
über die Hochschulen und das Universitätsklinikum Schleswig-Holstein
(Hochschulgesetz – HSG)
in der Fassung vom 5. Februar 2016
– GVOBl. Schl.-H. S. 40 –

Zuletzt geändert durch Gesetz vom 13. Dezember 2020 (GVOBl. Schl.-H. 2021 S. 2)

Inhaltsübersicht:

Abschnitt 1
Grundlagen

- § 1 Geltungsbereich
- § 2 Rechtsstellung der Hochschulen
- § 3 Aufgaben aller Hochschulen
- § 4 Freiheit von Wissenschaft und Kunst, Forschung, Lehre und Studium
- § 5 Qualitätssicherung
- § 6 Selbstverwaltungsangelegenheiten und Landesaufgaben
- § 7 Verfassung
- § 8 Staatliche Finanzierung, Haushaltswesen und Körperschaftsvermögen
- § 8 a Finanzierung von Forschung und Lehre in der klinischen Medizin
- § 9 Bauangelegenheiten
- § 10 (gestrichen)
- § 11 Ziel- und Leistungsvereinbarungen, Berichte
- § 12 Struktur- und Entwicklungsplanung der Hochschulen
- § 13 Mitglieder der Hochschule
- § 14 Rechte und Pflichten der Mitglieder
- § 15 Beschlüsse
- § 16 Öffentlichkeit der Sitzungen
- § 17 Wahlen

Abschnitt 2
Aufbau und Organisation der Hochschule

- § 18 Organe und Organisationsstruktur
- § 19 Hochschulrat
- § 20 Erweiterter Senat
- § 21 Senat
- § 22 Präsidium
- § 23 Präsidentin oder Präsident
- § 24 Vizepräsidentinnen und Vizepräsidenten
- § 25 Kanzlerin oder Kanzler
- § 26 Vorzeitige Beendigung der Amtszeit von Präsidiumsmitgliedern
- § 27 Gleichstellungsbeauftragte
- § 27 a Beauftragte oder Beauftragter für Diversität
- § 28 Fachbereich
- § 29 Fachbereichskonvent
- § 30 Dekanin oder Dekan
- § 31 Zusammenarbeit der Fachbereiche
- § 32 Fachbereich Medizin und Klinikum
- § 33 (gestrichen)
- § 34 Zentrale Einrichtungen
- § 35 Angegliederte Einrichtungen

Abschnitt 3
Forschung und Wissens- und Technologietransfer

- § 36 Grundsätze
- § 37 Forschung mit Mitteln Dritter

Abschnitt 4
Zugang und Einschreibung

- § 38 Allgemeine Bestimmungen
- § 39 Hochschulzugang
- § 40 Immatrikulationshindernisse, Rückmeldung und Beurlaubung
- § 41 Verwaltungsgebühren, Beiträge
- § 42 Entlassung
- § 43 Doktorandinnen und Doktoranden
- § 44 Gaststudierende
- § 45 Erhebung und Verarbeitung personenbezogener Daten

Abschnitt 5
Studium, Prüfungen, wissenschaftliche Qualifikation, Weiterbildung

- § 46 Studium
- § 47 Hochschuljahr
- § 48 Studienberatung
- § 49 Studiengänge
- § 50 Regelstudienzeit
- § 51 Prüfungen und Anrechnung außerhalb der Hochschule erworbener Kenntnisse und Fähigkeiten
- § 52 Prüfungsordnungen
- § 53 Hochschulgrade und Diploma Supplement
- § 54 Promotion
- § 54 a Promotionskolleg Schleswig-Holstein
- § 54 b Konzertexamen
- § 55 Habilitation
- § 56 Führen inländischer Grade
- § 57 Führen ausländischer Grade
- § 58 Wissenschaftliche Weiterbildung und berufsbegleitendes Studium
- § 59 Organisation der wissenschaftlichen Weiterbildung

Abschnitt 6
Hochschulpersonal

- § 60 Aufgaben der Hochschullehrerinnen und Hochschullehrer
- § 61 Einstellungsvoraussetzungen für Professorinnen und Professoren
- § 62 Berufung von Professorinnen und Professoren
- § 63 Dienstrechtliche Stellung der Professorinnen und Professoren
- § 64 Juniorprofessorinnen und Juniorprofessoren
- § 65 Außerplanmäßige Professur, Honorarprofessur, Seniorprofessur Privatdozentinnen und Privatdozenten
- § 66 Lehrbeauftragte
- § 67 Lehrkräfte für besondere Aufgaben
- § 68 Wissenschaftliche und künstlerische Mitarbeiterinnen und Mitarbeiter
- § 69 Studentische und wissenschaftliche Hilfskräfte
- § 70 Lehrverpflichtung
- § 71 Angehörige des öffentlichen Dienstes

Abschnitt 7
Studierendenschaft

- § 72 Rechtsstellung, Aufgaben, Organe
- § 73 Satzung
- § 74 Beitrag der Studierenden
- § 75 Haushaltswirtschaft, Haftung

Abschnitt 8
Hochschulen in freier Trägerschaft

- § 76 Staatliche Anerkennung
- § 77 Lehrkräfte
- § 78 Erlöschen und Aufhebung der Anerkennung
- § 79 Aufsicht
- § 80 Niederlassung externer Hochschulen
- § 81 Ordnungswidrigkeiten

Abschnitt 9
Klinikum

- § 82 Rechtsstellung und Campusstruktur
- § 83 Aufgaben
- § 84 Organe
- § 85 Aufgaben des Aufsichtsrats
- § 86 Zusammensetzung und Geschäftsführung des Aufsichtsrats
- § 86 a Aufgaben der Universitätsmedizinversammlung
- § 86 b Zusammensetzung und innere Ordnung der Universitätsmedizinversammlung
- § 86 c Aufgaben der Gewährträgerversammlung
- § 86 d Zusammensetzung der Gewährträgerversammlung
- § 87 Aufgaben des Vorstands
- § 87 a Zusammensetzung und Geschäftsführung des Vorstands
- § 88 Rechtsstellung des Campus
- § 88 a Aufgaben der Campusdirektion
- § 88 b Zusammensetzung und innere Ordnung der Campusdirektion
- § 89 Hauptberufliche Gleichstellungsbeauftragte
- § 90 Zentren, Kliniken, Departments, zentrale Einrichtungen und Leitung
- § 91 Personal
- § 92 Wirtschaftsführung, Gewährträgerhaftung

Abschnitt 10
Bestimmungen für einzelne Hochschulen, Schlussbestimmungen

- § 93 Künstlerische Hochschulen
- § 94 Fachhochschulen
- § 95 Verkündung von Verordnungen, Bekanntmachungen von Satzungen
- § 96 Studienkolleg an der Fachhochschule Kiel

Abschnitt 11
Ergänzende Vorschriften während der Corona-Pandemie

- § 97 Beschlüsse
- § 98 Öffentlichkeit der Sitzungen
- § 99 Wahlen
- § 100 Eignungsprüfungen
- § 101 Einteilung des Hochschuljahres
- § 102 Übergang vom Bachelor zum Master
- § 103 Regelstudienzeit
- § 104 Anerkennung von Studien- und Prüfungsleistungen
- § 105 Abweichende Lehr- und Prüfungsformate, Anrechnung, Freiversuch
- § 106 Stipendien
- § 107 Lehrverpflichtung
- § 108 Besondere Vorschriften, Verordnungsermächtigung

Abschnitt 1
Grundlagen

§ 1
Geltungsbereich

(1) Dieses Gesetz gilt für die staatlichen Hochschulen des Landes Schleswig-Holstein: die Christian-Albrechts-Universität zu Kiel, die Europa-Universität Flensburg, die Musikhochschule Lübeck, die Muthesius Kunsthochschule, die Fachhochschule Flensburg, die Fachhochschule Kiel, die Fachhochschule Lübeck, die Fachhochschule Westküste (Hochschulen). Es gilt auch für Hochschulen in freier Trägerschaft (nichtstaatliche Hochschulen), soweit dies im Abschnitt 8 bestimmt ist. Auf die Universität zu Lübeck findet dieses Gesetz Anwendung, soweit dies im Gesetz über die Stiftungsuniversität zu Lübeck bestimmt ist.

(2) Jede Hochschule kann ihren Namen im Einvernehmen mit dem für Hochschulen zuständigen Ministerium (Ministerium) durch ihre Verfassung ändern. Die Fachhochschulen können ihrer gesetzlichen Bezeichnung nach § 1 Absatz 1 die Bezeichnung „Hochschule für angewandte Wissenschaften" hinzufügen oder anstelle der gesetzlichen Bezeichnung nach § 1 Absatz 1 die Bezeichnungen „Hochschule" oder „Hochschule für angewandte Wissenschaften" verwenden.

(3) Dieses Gesetz regelt auch die Rechtsverhältnisse des Universitätsklinikums Schleswig-Holstein (Klinikum).

§ 2
Rechtsstellung der Hochschulen

(1) Staatliche Hochschulen werden durch Gesetz errichtet, zusammengelegt oder aufgehoben. Mit Ausnahme der Universität zu Lübeck sind sie rechtsfähige Körperschaften des öffentlichen Rechts mit dem Recht der Selbstverwaltung; die Universität zu Lübeck hat die Rechtsform einer öffentlich-rechtlichen Stiftung mit dem Recht der Selbstverwaltung. Die Überführung in eine Stiftung oder in eine andere Rechtsform bedarf eines Gesetzes.

(2) Die Hochschulen führen eigene Siegel. Sie haben das Recht, ihre bisherigen Wappen zu führen.

§ 3
Aufgaben aller Hochschulen

(1) Die Hochschulen dienen entsprechend ihrer Aufgabenstellung der Pflege und der Entwicklung der Wissenschaften und der Künste durch Forschung, Lehre, Studium und Weiterbildung in einem freiheitlichen, demokratischen und sozialen Rechtsstaat. Sie bereiten auf berufliche Tätigkeiten und Aufgaben im In- und Ausland vor, bei denen die Anwendung wissenschaftlicher Erkenntnisse und Methoden oder die Fähigkeit zu künstlerischer Gestaltung erforderlich oder nützlich ist, und vermitteln die dementsprechenden Kompetenzen.

(2) Zu den Aufgaben der Hochschulen zählt der Wissens- und Technologietransfer. Im Rahmen ihrer Aufgaben können sie mit Zustimmung des Ministeriums nicht rechtsfähige Anstalten gründen, sich an Unternehmen beteiligen oder eigene Unternehmen gründen. Auf privatrechtliche Beteiligungen der Hochschulen finden die §§ 65 bis 69 der Landeshaushaltsordnung Anwendung.

(3) Die Hochschulen wirken bei der Wahrnehmung ihrer Aufgaben untereinander und mit anderen Forschungs- und Bildungseinrichtungen zusammen. Sie fördern die internationale Zusammenarbeit im Hochschulbereich und den Austausch zwischen deutschen und ausländischen Hochschulen.

(4) Die Hochschulen fördern die Gleichstellung von Frauen und Männern. Sie ergreifen Maßnahmen zur Beseitigung bestehender Nachteile für ihre weiblichen Mitglieder und wirken insbesondere auf die Erhöhung des Frauenanteils in der Wissenschaft hin. Bei der Besetzung von Hochschulorganen und Hochschulgremien wirken sie darauf hin, dass Frauen und Männer zu gleichen Anteilen vertreten sind. Bei allen Vorschlägen und Entscheidungen sind die geschlechtsspezifischen Auswirkungen zu beachten. Das Nähere regeln die Hochschulen jeweils in ihrer Verfassung.

(5) Die Hochschulen wirken an der sozialen Förderung der Studierenden mit. Sie berücksichtigen die Vielfalt ihrer Mitglieder und Angehörigen bei der Erfüllung ihrer Aufgaben und tragen insbesondere dafür Sorge, dass alle Mitglieder und Angehörigen unabhängig von der Herkunft und der ethnischen Zugehörigkeit, des Geschlechts, des Alters, der sexuellen Identität, einer Behinderung oder der Religion und Weltanschauung gleichberechtigt an der Forschung, der Lehre, dem Studium und der Weiterbildung im Rahmen

ihrer Aufgaben, Rechte und Pflichten innerhalb der Hochschule teilhaben können. Hierzu berücksichtigen sie insbesondere die besonderen Bedürfnisse von

1. Studierenden und Promovierenden mit Behinderung, einer psychischen Erkrankung oder einer chronischen Krankheit; dabei wirken sie darauf hin, die Zugänglichkeit ihrer Angebote für Menschen mit Behinderung herzustellen und zu sichern,
2. Studierenden und Promovierenden mit Kindern oder pflegebedürftigen Angehörigen,
3. ausländischen Studierenden und
4. beruflich qualifizierten Studierenden ohne schulische Hochschulzugangsberechtigung

bei den Studienangeboten, der Studienorganisation und den Prüfungen.

(6) Die Hochschulen tragen den berechtigten Interessen ihres Personals auf gute Beschäftigungsbedingungen angemessen Rechnung. Dazu erlassen sie Regelungen in einem Verhaltenskodex, die insbesondere Rahmenvorgaben für den Abschluss unbefristeter und befristeter Beschäftigungsverhältnisse, für Vergütungen und Laufzeiten für Lehraufträge, für Maßnahmen zur besseren Vereinbarkeit von Familie und Beruf und zum Gesundheitsmanagement enthalten. Sie fördern die Weiterbildung ihres Personals und stellen die angemessene wissenschaftliche Betreuung ihres wissenschaftlichen Nachwuchses sicher.

(7) Die Hochschulen halten Verbindung zu ihren Absolventinnen und Absolventen und fördern die Vereinigung Ehemaliger.

(8) Die Hochschulen fördern den Schutz der natürlichen Lebensgrundlagen und beachten die Grundsätze nachhaltiger Entwicklung. Außerdem fördern sie in ihrem Bereich den Sport und die Kultur.

(9) Die Hochschulen können in ihrer Verfassung eine freiwillige Selbstverpflichtung festschreiben, die ein Streben der Hochschule auf eine friedliche und zivile Entwicklung der Gesellschaft verankert.

(10) Die Hochschulen unterrichten die Öffentlichkeit über die Erfüllung ihrer Aufgaben.

§ 4
Freiheit von Wissenschaft und Kunst, Forschung, Lehre und Studium

(1) Die Mitglieder und Angehörigen der Hochschule erfüllen die ihnen in Kunst und Wissenschaft, Forschung und Lehre obliegenden Aufgaben in der durch Artikel 5 Absatz 3 Satz 1 des Grundgesetzes verbürgten Freiheit. Sie gehen mit der ihnen verbürgten Freiheit verantwortungsvoll um.

(2) Das Land stellt sicher, dass sich an den Hochschulen Kunst und Wissenschaft, Forschung, Lehre und Studium frei entfalten können. Diese Pflicht obliegt auch den Hochschulen und ihren Organen. Zum verantwortungsvollen Umgang mit der Freiheit der Forschung sollen hochschulinterne Hinweise und Regeln erlassen und Ethikkommissionen als Ausschüsse des Senats gebildet werden. Bei der Bildung von Ethikkommissionen ist zu gewährleisten, dass Studierende, Promovierende sowie Vertreterinnen und Vertreter der Mitgliedergruppe des wissenschaftlichen Dienstes bei der Besetzung beteiligt werden.

(3) Die Freiheit der Forschung umfasst insbesondere die Fragestellung, die Methode und das Forschungsergebnis sowie dessen Bewertung und die Entscheidung über die Verbreitung. Die Organisation des Forschungsbetriebs in der Hochschule ist so zu gestalten, dass die Freiheit nach Satz 1 nicht beeinträchtigt wird. In diesem Rahmen sind Entscheidungen der zuständigen Organe und Stellen der Hochschule zulässig bezogen auf die Organisation des Forschungsbetriebes sowie bezüglich des Gegenstandes der Forschung insoweit, als sie sich auf die Förderung und Abstimmung von Forschungsvorhaben und auf die Bildung von Forschungsschwerpunkten beziehen. Die Sätze 1 bis 3 gelten für künstlerische Entwicklungsvorhaben und für die Kunstausübung entsprechend.

(4) Die Freiheit der Lehre umfasst insbesondere die wissenschaftliche und künstlerische Lehrmeinung, den Inhalt der Lehre, ihre Methode und die Form ihrer Darstellung. Entscheidungen der zuständigen Organe und Stellen der Hochschule in Fragen der Lehre sind zulässig, soweit sie sich im Lichte der Freiheit nach Satz 1 auf die Organisation des Lehrbetriebes, die Aufstellung und Einhaltung von Studien- und Prüfungsordnungen und die Bewertung der Lehre im Rahmen der Qualitätssicherung beziehen.

(5) Die Freiheit des Studiums umfasst, unbeschadet der Studien- und Prüfungsordnungen, insbesondere die freie Wahl von Lehrveranstaltungen, das Recht, innerhalb eines Studiengangs Schwerpunkte nach eigener Wahl zu bestimmen, sowie die Erarbeitung und Äußerung wissenschaftlicher und künstlerischer Meinungen.

§ 5
Qualitätssicherung

(1) Das Präsidium trägt die Gesamtverantwortung für die Qualität von Lehre, Forschung, Technologietransfer, wissenschaftlicher Weiterbildung, Gender Mainstreaming, Entscheidungs- und Verwaltungsprozessen sowie der Organisationsstruktur der Hochschule (§ 18 Absatz 2 Satz 5) und betreibt ein systematisches Qualitätsmanagement für die gesamte Hochschule. Die Qualität der Studienangebote sichert das Präsidium durch Akkreditierung und Studierendenfeedback; es gewährleistet eine regelmäßige Bewertung von Lehre, Forschung, wissenschaftlicher Weiterbildung sowie Technologietransfer durch interne und externe Evaluation.

(2) Die Hochschulen lassen Bachelor- und Masterstudiengänge in der Regel vor Erteilung der Genehmigung nach § 49 Absatz 6 durch eine vom Akkreditierungsrat anerkannte Einrichtung akkreditieren (Programmakkreditierung). Dabei sind insbesondere die Anforderungen der §§ 46 und 49 zu berücksichtigen. Die Programmakkreditierung kann nach Etablierung entsprechender Systeme durch andere Akkreditierungssysteme ergänzt oder ersetzt werden. Mit Zustimmung des Ministeriums können die Hochschulen eine Systemakkreditierung durch eine vom Akkreditierungsrat zertifizierte Agentur beantragen. Der Antrag ist über das Ministerium einzureichen.

(3) Das Ministerium wird ermächtigt, Rechtsverordnungen nach Artikel 4 und 16 Absatz 2 des Staatsvertrages über die Organisation eines gemeinsamen Akkreditierungssystems zur Qualitässicherung in Studium und Lehre an deutschen Hochschulen (Studienakkreditierungsstaatsvertrag) vom 20. Juni 2017 (GVOBl. Schl.-H. S. 470) zu erlassen und das Verhältnis zwischen Akkreditierung und Evaluierung, die zeitliche Abfolge sowie die Fristen durch Rechtsverordnung zu regeln. Weitere Einzelheiten zu den Qualitätssicherungsmaßnahmen regelt der Senat durch Satzung. Er regelt darin insbesondere Standards, Verfahren, Datenerhebung sowie die Beteiligung der Studierenden und bestimmt, welches Mitglied des Präsidiums für die Qualitätssicherung verantwortlich ist.

§ 6
Selbstverwaltungsangelegenheiten und Landesaufgaben

(1) Die Hochschulen nehmen ihre Aufgaben im eigenen Namen unter Rechtsaufsicht des Landes wahr (Selbstverwaltungsangelegenheiten). Die Hochschule erfüllt ihre Aufgaben, auch soweit es sich um Aufgaben zur Erfüllung nach Weisung (Landesaufgaben) handelt, durch eine einheitliche Verwaltung (Einheitsverwaltung).

(2) Die Hochschule kann Selbstverwaltungsangelegenheiten durch Satzungen regeln, auch soweit gesetzliche Vorschriften nicht bestehen. Bei Landesaufgaben kann die Hochschule Satzungen erlassen, soweit dies durch Gesetz vorgesehen ist.

(3) Die Hochschulen nehmen als Landesaufgaben wahr:
1. die ihnen übertragenen Personalangelegenheiten mit Ausnahme der Berufungen,
2. die Bewirtschaftung der zugewiesenen Finanzmittel,
3. die Verwaltung der ihnen zur Verfügung gestellten Gebäude und Grundstücke, soweit nichts Abweichendes vereinbart wird,

4. (gestrichen),
5. die Ermittlung der Ausbildungskapazität, die Vergabe von Studienplätzen und die Hochschulstatistik,
6. die Zulassung und Entlassung der Studierenden.

(4) Das Ministerium kann den Hochschulen weitere Angelegenheiten, die im Zusammenhang mit ihren Aufgaben stehen, als Landesaufgaben übertragen. Es hört sie zuvor zu der vorgesehenen Maßnahme an.

§ 7
Verfassung

Die Hochschule gibt sich eine Grundordnung (Verfassung) nach Maßgabe dieses Gesetzes, die der Genehmigung des Ministeriums bedarf. Die Verfassung wird vom Senat auf Vorschlag des Präsidiums beschlossen. Die Stellungnahme des Hochschulrats (§ 19 Absatz 1 Satz 1 Nummer 2) wird dem Senat vor der Beschlussfassung und dem Ministerium vor der Genehmigung zugeleitet.

§ 8
Staatliche Finanzierung, Haushaltswesen und Körperschaftsvermögen

(1) Das Land stellt den Hochschulen zur Erfüllung ihrer Aufgaben Finanzmittel nach Maßgabe des Landeshaushalts als Globalzuweisungen zur Verfügung. Die Hochschulen tragen zur Finanzierung ihrer Aufgaben durch Einwerbung von Mitteln Dritter und durch sonstige Einnahmen bei. Die Höhe der Globalzuweisungen bemisst sich nach den Aufgaben und Leistungen der Hochschule und wird im Wege der Ziel- und Leistungsvereinbarung (§ 11 Absatz 1) festgelegt. Die Hochschulen können sich durch Entnahmen aus bereits gebildeten Rücklagen mit Einwilligung des Ministeriums und des Finanzministeriums an der Finanzierung von Maßnahmen des Landes nach § 9 Absatz 1 Satz 1 und 3 beteiligen oder diese vollständig übernehmen.

(2) Die Hochschule stellt einen Haushaltsplan auf, der die Einnahmen, Ausgaben und den Stellenplan der Hochschule darstellt. Die Einnahmen der Hochschule bestehen aus den Globalzuweisungen, den Mitteln Dritter und den sonstigen Zuweisungen und Einnahmen. Über die Einnahmen und Ausgaben der Hochschulen sind dem Haushaltsplan des Landes Übersichten gemäß § 26 Absatz 3 Nummer 1 der Landeshaushaltsordnung beizufügen. Das Ministerium wird ermächtigt, durch Verordnung Einzelheiten über die Haushaltspläne, deren Aufstellung und Bewirtschaftung sowie über die Rechnungslegung und die Vermögensnachweise zu regeln; dies umfasst auch Regelungen über die Deckungsfähigkeit über § 20 Absatz 1 der Landeshaushaltsordnung hinaus, über die Verwendung von Mehreinnahmen und zweckgebundenen Einnahmen, über die Rücklagenbildung, deren Freigabe sowie deren zeitlicher Verwendung und deren Nachweis in Vermögensübersichten und über die Umschichtung von Investitionsmitteln in Leasingmittel. Im Rahmen dieser Verordnung kann die Hochschule durch Satzung Regelungen insbesondere zum Haushaltsaufstellungsverfahren, zum Bewirtschaftungsverfahren und zur Rechnungslegung erlassen. Die Satzung bedarf der Genehmigung des Ministeriums. Die Hochschulen führen eine Kosten-Leistungs-Rechnung ein.

(3) Aus Haushaltsmitteln des Landes zu beschaffende Vermögensgegenstände werden für das Land erworben.

(4) Die Finanzmittel für den Hochschulbau sind im Haushaltsplan des Landes besonders auszuweisen.

(5) Die Hochschulen können Körperschaftsvermögen haben. Dieses Vermögen und seine Erträge einschließlich das der rechtlich unselbständigen Stiftungen wird in einem eigenen, vom Hochschulrat zu genehmigenden Wirtschaftsplan ausgewiesen und außerhalb des Haushaltsplans der Hochschule vom Präsidium verwaltet. Die Wirtschaftsführung richtet sich im Übrigen nach § 105 Landeshaushaltsordnung. Abweichend von § 109 Landeshaushaltsordnung bestimmt der Hochschulrat, welche Stelle die Rechnung über das Körperschaftsvermögen zu prüfen hat und erteilt die Entlastung über den Rechnungsabschluss. Wirtschaftsplan und Rechnungslegung sind dem Ministerium anzuzeigen. Zuwendungen Dritter fließen in das Körperschaftsvermögen, es sei denn, sie werden zur Finanzierung von Forschungs- und Lehrvorhaben gewährt oder die Zuwendungsgeberin oder der Zuwendungsgeber hat etwas anderes bestimmt. Aus Rechtsgeschäften, die die Hochschule als Körperschaft abschließt, wird das Land weder berechtigt noch verpflichtet. Rechtsgeschäfte zu Lasten des Körperschaftsvermögens sind unter dem Namen der Hochschule mit dem Zusatz „Körperschaft des öffentlichen Rechts" abzuschließen.

§ 8 a
Finanzierung von Forschung und Lehre in der klinischen Medizin

(1) Das Land gewährt dem Klinikum auf der Grundlage der Ziel- und Leistungsvereinbarungen nach § 11 Absatz 2 für seine Aufgaben und die Aufgaben der Fachbereiche Medizin in der klinischen Medizin Finanzmittel für Forschung und Lehre. Im Klinikum sind die Mittel für Forschung und Lehre, einschließlich Drittmittel, sowie die Mittel für die Krankenversorgung und weitere Mittel getrennt zu bewirtschaften. Entscheidungen über die Grundsätze der Trennungsrechnung sind im Einvernehmen mit dem jeweiligen Fachbereich Medizin zu treffen. Ein Ausgleich zwischen den zu bewirtschaftenden Bereichen ist ausgeschlossen. Das Klinikum berichtet dem Ministerium jährlich im Rahmen des Jahresabschlusses über die bestimmungsgemäße Verwendung der Mittel.

(2) Soweit in der Zuweisung Finanzmittel für die Aufgaben des Fachbereichs Medizin an der Universität zu Lübeck enthalten sind, wird für diese Finanzmittel eine Personalkostenobergrenze für daraus finanzierte Beamtinnen und Beamte festgelegt; sie wird auf Grundlage der Personal-Ist-Kosten des Vorjahres, eines Aufschlags für zukünftige Personalentwicklungen und der nach § 11 Absatz 3 des Gesetzes über die Stiftungsuniversität zu Lübeck vom 24. September 2014 (GVOBl. Schl.-H. S. 306), geändert durch Gesetz vom 11. Januar 2016 (GVOBl. Schl.-H. S. 2), von dieser zu erbringenden Versorgungs- und Beihilfepauschalen für das kommende Haushaltsjahr ermittelt und bei besoldungsrechtlichen Änderungen entsprechend fortgeschrieben.

(3) Die Mittel für die Grundausstattung für Forschung und Lehre beinhalten Aufwendungen für die Pflichtlehre sowie einen davon festzulegenden prozentualen Anteil für Forschungs- und Lehrvorhaben einschließlich der leistungsorientierten Mittelverteilung. Sie werden in der Zuweisung für den Campus Kiel und den Campus Lübeck gesondert ausgewiesen. Die Regelungen sind vor der Zuweisung mit den Hochschulen und dem Klinikum zu erörtern. Soweit in der Zuweisung die Mittel für die Grundausstattung für Forschung und Lehre, für besondere Forschungs- und Lehrvorhaben sowie für Aufgaben des Klinikums in Forschung und Lehre (Gemeinkosten) nicht bestimmten Einrichtungen zugewiesen oder für bestimmte Aufgaben ausgewiesen sind, sind sie vom Vorstand in Abstimmung mit der Universitätsmedizinversammlung für Aufgaben in Forschung und Lehre zu verwenden.

(4) Die Dekanin oder der Dekan entscheidet über die Verwendung der Finanzmittel, die dem Klinikum für die Aufgaben des Fachbereichs, dem sie oder er angehört, zugewiesen werden. Die Rechte der Dekaninnen und Dekane gemäß § 30 Absatz 1 bleiben im Übrigen gewahrt.

(5) Einzelheiten der Bewirtschaftung regelt die Hauptsatzung des Klinikums.

§ 9
Bauangelegenheiten

(1) Planung und Durchführung von Maßnahmen des Neu- und Ausbaus sowie der Sanierung und Modernisierung einschließlich der Beschaffung von Großgeräten der Hochschulen und des Klinikums sind Aufgabe des Landes, soweit es sich nicht um Körperschaftsvermögen handelt. Baumaßnahmen müssen berücksichtigen die barrierefreie Gestaltung für Menschen mit Behinderung. Die Bauunterhaltung obliegt dem Land. Das Ministerium wird ermächtigt, durch Verordnung

1. für Baumaßnahmen der Hochschulen und des Klinikums Flächen- und Kostenrichtwerte für einzelne Fächer oder Fachgruppen festzulegen,
2. mit Zustimmung des Finanzministeriums die dem Land nach den Sätzen 1 und 3 obliegenden Aufgaben im Einzelfall ganz oder teilweise auf das Klinikum und Hochschulen zu übertragen.

(2) Für die Finanzmittel, die das Land aufgrund von Artikel 143 c Absatz 1 Satz 1, 1. Alternative des Grundgesetzes in Verbindung mit § 4 Absatz 1 und § 2 Absatz 1 Satz 1 des Entflechtungsgesetzes vom 11. September 2006 (BGBl. I S. 2098) vom Bund erhält, stellt es für die Erfüllung der Aufgabe nach Absatz 1 Finanzmittel in mindestens gleicher Höhe bereit.

(3) Vorhaben nach Absatz 1 Satz 1 für nichtstaatliche Hochschulen können in besonderen Fällen und mit Zustimmung des Landtages mitfinanziert werden.

§ 10
(gestrichen)

§ 11
Ziel- und Leistungsvereinbarungen, Berichte

(1) Das Land, vertreten durch das Ministerium, und die Hochschulen treffen jeweils Ziel- und Leistungsvereinbarungen über Aufgabenwahrnehmung und Entwicklung der Hochschule mit einer Laufzeit von in der Regel fünf Jahren. Darin werden die Zuweisungen im Rahmen des Haushaltsrechts, messbare und überprüfbare Ziele, die Prüfung des Umsetzungsstandes der Vereinbarungen sowie die Folgen von nicht erreichten Zielen festgelegt. Die Vereinbarung der Zuweisungen über mehrere Jahre bedarf der Zustimmung des Landtages.

(2) Für den Bereich der Forschung und Lehre in der klinischen Medizin sowie der durch Forschung und Lehre bedingten zusätzlichen Aufgaben in der Hochschulmedizin trifft das Land, vertreten durch das Ministerium, mit der Christian-Albrechts-Universität zu Kiel und dem Klinikum sowie mit der Universität zu Lübeck und dem Klinikum Ziel- und Leistungsvereinbarungen. Die Laufzeit soll fünf Jahre betragen. Absatz 1 Satz 2 und 3 gilt entsprechend.

(3) Die Hochschulen und das Klinikum berichten dem Ministerium über den Stand der Umsetzung der Ziel- und Leistungsvereinbarungen zum Ende der jeweiligen Laufzeit. Die Berichte enthalten aktuelle Angaben zu festgelegten Kennzahlen über den Berichtszeitraum. Das Ministerium bezieht die sich daraus ergebenden Folgerungen in die Verhandlungen für die nachfolgenden Ziel- und Leistungsvereinbarungen ein. Ergebnisse legt das Ministerium dem Landtag vor. Über Forschungstätigkeiten, die mit Drittmitteln finanziert werden, erstellen die beteiligten Hochschullehrerinnen und Hochschullehrer Übersichten, die der Ethikkommission vertraulich zur Kenntnis gegeben werden; die Ethikkommission kann ausführliche Informationen zur Erörterung verlangen.

(4) Kommt eine Ziel- und Leistungsvereinbarung nach Absatz 1 nicht rechtzeitig zustande, kann das Ministerium nach Anhörung der Hochschule die bisherige Globalzuweisung gemäß § 8 Absatz 1 Satz 1 nach Maßgabe des Landeshaushalts für einen Übergangszeitraum fortzahlen und Zielvorgaben erlassen, um die Aufgabenwahrnehmung und die Entwicklung der Hochschule zu gewährleisten. Dies gilt für Ziel- und Leistungsvereinbarungen nach Absatz 2 entsprechend.

§ 12
Struktur- und Entwicklungsplanung der Hochschulen

(1) Die Hochschulen stellen für einen Zeitraum von fünf Jahren Struktur- und Entwicklungspläne auf und schreiben sie fort. In diesen Plänen konkretisieren die Hochschulen ihre Aufgaben sowie die mit dem Ministerium abgeschlossenen Ziel- und Leistungsvereinbarungen, indem sie die vorgesehene fachliche, strukturelle, personelle und finanzielle Entwicklung unter Berücksichtigung des Grundsatzes der Chancengleichheit darstellen und Festlegungen für die künftige Verwendung von freiwerdenden Stellen von Professuren treffen. Die Pläne legen die Studienstruktur, die in den einzelnen Studiengängen angestrebten Studienanfängerplätze und Absolventenzahlen pro Jahr fest, ferner die Angebote der Weiterbildung, die Schwerpunkte der Forschung und des Wissens- und Technologietransfers, die angestrebten Drittmittel und die konkreten Maßnahmen der Qualitätssicherung. Zur Umsetzung der Aufgaben nach § 3 Absatz 4 enthalten die Struktur- und Entwicklungspläne jeweils einen Gleichstellungsplan.

(2) Die Struktur- und Entwicklungspläne werden innerhalb eines Monats nach der Beschlussfassung dem Ministerium zur Kenntnis gegeben.

§ 13
Mitglieder der Hochschule

(1) Mitglieder der Hochschule sind
1. die Professorinnen und Professoren, Juniorprofessorinnen und Juniorprofessoren (Mitgliedergruppe der Hochschullehrerinnen und Hochschullehrer),
2. die wissenschaftlichen und künstlerischen Mitarbeiterinnen und Mitarbeiter, die Lehrkräfte für besondere Aufgaben sowie Lehrbeauftragte, die sich länger als zwei Jahre mit mindestens vier Lehrverpflichtungsstunden an der Lehre der Hochschule beteiligen und die weder Mitglieder einer anderen Hochschule sind noch hauptberuflich eine andere Tätigkeit wahrnehmen (Mitgliedergruppe des wissenschaftlichen Dienstes),
3. die Studierenden, wissenschaftlichen Hilfskräfte und Doktorandinnen und Doktoranden, die keiner der übrigen Mitgliedergruppen angehören (Mitgliedergruppe der Studierenden),
4. die Mitarbeiterinnen und Mitarbeiter in Technik und Verwaltung (Mitgliedergruppe Technik und Verwaltung),
5. die Präsidentin oder der Präsident, die Kanzlerin oder der Kanzler.

Mitglieder der Gruppe nach Nummer 1 können auf Antrag, der an ihre Hochschule zu richten ist, eine Zweitmitgliedschaft an einer anderen Hochschule des Landes erhalten. Voraussetzung hierfür ist eine Vereinbarung der Hochschulen, die die Einzelheiten der Zusammenarbeit, insbesondere über Mitgliedschaftsrechte, Lehrdeputate, Ausstattungen und Kostenregelung, regelt und die dem Ministerium zwei Monate vor deren Inkrafttreten anzuzeigen ist; das Ministerium kann innerhalb eines Monats widersprechen. Die an der anderen Hochschule bestehenden Rechte und Pflichten gehen vor; das passive Wahlrecht zur Vizepräsidentin oder zum Vizepräsidenten und zur Dekanin oder zum Dekan ist an der anderen Hochschule ausgeschlossen. Mitglieder der Gruppe nach Nummer 1, die Mitglieder einer Hochschule in einem anderen Bundesland sind, können mit Zustimmung dieses Bundeslandes eine Zweitmitgliedschaft an einer Hochschule des Landes erhalten.

(2) Mitglieder der Hochschule können auch Personen sein, die, ohne Mitglieder nach Absatz 1 zu sein, in der Hochschule hauptberuflich tätig sind oder die Angehörige einer nach § 35 angegliederten Einrichtung sind; Mitglieder der Hochschule können auch Angehörige einer von Bund und Land geförderten außeruniversitären Forschungseinrichtung sein, sofern sie im Rahmen einer Kooperationsvereinbarung dienstliche Aufgaben an der Hochschule wahrnehmen. Die Hochschule regelt Voraussetzungen und Zuordnung zu den einzelnen Mitgliedergruppen in ihrer Verfassung. Die Mitgliedschaft bedarf daneben der Feststellung durch das Präsidium im Einzelfall.

(3) Die Fachhochschulen können in ihrer Verfassung eigene Regelungen zur Zuordnung der Mitarbeiterinnen und Mitarbeiter in die Mitgliedergruppe des wissenschaftlichen Dienstes und die Mitgliedergruppe Technik und Verwaltung treffen.

(4) Angehörige der Hochschule sind
1. die Mitglieder des Hochschulrates,
2. die in den Ruhestand getretenen Professorinnen und Professoren,
3. die hauptberuflich, jedoch nur vorübergehend in der Hochschule Tätigen,

4. die Lehrbeauftragten, soweit sie nicht Mitglieder nach Absatz 1 Nummer 2 sind, Honorarprofessorinnen und Honorarprofessoren, Seniorprofessorinnen und Seniorprofessoren, Privatdozentinnen und Privatdozenten sowie die sonstigen an der Hochschule nebenberuflich Tätigen,
5. die in einer Forschungseinrichtung hauptberuflich tätigen, beurlaubten Professorinnen und Professoren der Hochschule und
6. die Ehrenbürgerinnen und Ehrenbürger, Ehrensenatorinnen und Ehrensenatoren der Hochschule.

Soweit in diesem Gesetz nichts Näheres bestimmt ist, steht ihnen das aktive und passive Wahlrecht nur zu, wenn es in der Verfassung der Hochschule bestimmt ist. Die Verfassung der Hochschule regelt die weiteren Rechte und Pflichten der Angehörigen im Rahmen der Selbstverwaltung und bei der Erfüllung der Aufgaben der Hochschule. Sie kann weitere Personen zu Angehörigen der Hochschule bestimmen.

§ 14
Rechte und Pflichten der Mitglieder

(1) Alle Mitglieder und Angehörige der Hochschule sind verpflichtet dazu beizutragen, dass die Hochschule ihre Aufgaben erfüllen kann. Die Mitwirkung an der Selbstverwaltung der Hochschule ist Recht und Pflicht aller Mitglieder. Art und Umfang der Mitwirkung der einzelnen Mitgliedergruppen bestimmen sich nach Qualifikation, Funktion, Verantwortung und Betroffenheit der Mitglieder.

(2) Die Mitglieder eines Gremiums sind bei Ausübung ihres Stimmrechts an Weisungen insbesondere der Gruppe, die sie gewählt hat, nicht gebunden. Frauen und Männer sollen jeweils hälftig vertreten sein; ist dies nicht möglich, soll der Geschlechteranteil an dem Gremium mindestens dem Anteil an der Mitgliedergruppe entsprechen.

(3) Mitglieder und Angehörige der Hochschule sind zur Verschwiegenheit über alle Angelegenheiten verpflichtet, die ihnen bei ihrer ehrenamtlichen Tätigkeit bekannt geworden sind. Dies gilt nicht für Mitteilungen über Tatsachen, die offenkundig sind und keiner Geheimhaltung bedürfen.

(4) Für die Abberufung aus der ehrenamtlichen Tätigkeit gilt § 98 Landesverwaltungsgesetz entsprechend; abberufende Stelle ist der Senat. Dies gilt nicht für die Mitglieder des Präsidiums und des Hochschulrats.

(5) Hochschulmitglieder dürfen wegen ihrer Tätigkeit in den Gremien der Hochschule nicht benachteiligt oder begünstigt werden. Für Vertreterinnen und Vertreter der Mitgliedergruppe des wissenschaftlichen Dienstes und der Mitgliedergruppe Technik und Verwaltung im Senat oder in einem Fachbereichskonvent sowie für die nebenberuflich tätigen Gleichstellungsbeauftragten gelten die Vorschriften des Mitbestimmungsgesetzes Schleswig-Holsteins über den Schutz der Mitglieder der Personalvertretungen vor Versetzung, Abordnung oder Kündigung entsprechend.

(6) Verletzen Mitglieder oder Angehörige der Hochschule ihre Pflichten nach Absatz 1 oder 3, kann die Hochschule Maßnahmen zur Wiederherstellung der Ordnung treffen. Das Nähere regelt die Hochschule durch Satzung. Dienstrechtliche Maßnahmen bleiben unberührt.

(7) § 3 Absatz 4 sowie die §§ 7, 12 und 13 des Allgemeinen Gleichbehandlungsgesetzes vom 14. August 2006 (BGBl I S. 1897), zuletzt geändert durch Artikel 8 des Gesetzes vom 3. April 2013 (BGBl I S. 610), gelten entsprechend für alle Mitglieder und Angehörigen der Hochschule, die keine Beschäftigten der Hochschule sind.

§ 15
Beschlüsse

(1) Ein Gremium der Hochschule ist beschlussfähig, wenn mindestens die Hälfte aller stimmberechtigten Mitglieder anwesend ist und die Sitzung ordnungsgemäß einberufen wurde.

(2) Soweit das Gesetz keine andere Regelung trifft,
1. ist eine Stimmrechtsübertragung unzulässig,
2. kommen Beschlüsse mit der Mehrheit der abgegebenen Stimmen zustande; Stimmenthaltungen und ungültige Stimmen gelten als nicht abgegebene Stimmen; bei Stimmengleichheit ist ein Antrag abgelehnt.

(3) Ist ein Beschluss des Senats oder des Fachbereichskonvents in Angelegenheiten der Lehre, des Studiums oder der Prüfungen gegen die Stimmen der Mehrheit der Mitglieder der Gruppe der Studierenden gefasst worden, so muss die Angelegenheit auf Antrag dieser Gruppe in einer späteren Sitzung erneut beraten werden. Der Antrag darf in derselben Angelegenheit nur einmal gestellt werden. Satz 1 gilt nicht in unaufschiebbaren Angelegenheiten und bei Personal – einschließlich Berufungsangelegenheiten.

§ 16
Öffentlichkeit der Sitzungen

(1) Die Sitzungen des Erweiterten Senats, des Senats und der Fachbereichskonvente sind öffentlich. Die Öffentlichkeit kann durch Beschluss für die gesamte Sitzung oder für einzelne Tagesordnungspunkte ausgeschlossen werden; ein entsprechender Antrag wird in nichtöffentlicher Sitzung begründet, beraten und entschieden. Ebenso können durch Beschluss einzelne Tagesordnungspunkte nur hochschulöffentlich diskutiert werden. In nichtöffentlicher Sitzung gefasste Beschlüsse sind in geeigneter Weise bekannt zu geben. Die weiteren Organe und Gremien der Hochschule tagen nichtöffentlich.

(2) Personal- und Prüfungsangelegenheiten werden in nichtöffentlicher Sitzung behandelt. Entscheidungen über Personalangelegenheiten ergehen in geheimer Abstimmung. In Prüfungsangelegenheiten ist eine geheime Abstimmung nicht zulässig. Bei Berufungsangelegenheiten ist die Erörterung der wissenschaftlichen Qualifikation nicht als Personalangelegenheit anzusehen. Beschlüsse über Berufungsvorschläge ergehen in geheimer Abstimmung.

§ 17
Wahlen

(1) Soweit Organe und sonstige Gremien von Mitgliedergruppen zu wählen sind, werden die Mitglieder der Organe und sonstigen Gremien von den jeweiligen Mitgliedergruppen in freier, gleicher und geheimer Wahl unmittelbar gewählt.

(2) Die Amtszeit der Mitglieder der Organe und sonstigen Gremien soll zwei Jahre, die der Studierenden ein Jahr betragen, sofern das Gesetz nichts anderes regelt. Bei Wahlvorschlägen sollen Frauen und Männer zu gleichen Teilen Berücksichtigung finden.

(3) Die als Satzung zu erlassende Wahlordnung der Hochschule trifft die näheren Bestimmungen über Wahlen. Die Bestimmungen der Wahlordnung und die Festlegung des Zeitpunktes der Wahl sollen die Voraussetzung für eine möglichst hohe Wahlbeteiligung schaffen. Im Übrigen sind die für die Landtags- und Kommunalwahlen geltenden Grundsätze ordnungsgemäßer Wahldurchführung und Wahlprüfung anzuwenden.

(4) Über Wahlanfechtungen nach Feststellung des Wahlergebnisses entscheidet ein Wahlprüfungsausschuss. Gegen Entscheidungen des Wahlprüfungsausschusses findet ein Widerspruchsverfahren nicht statt.

Abschnitt 2
Aufbau und Organisation der Hochschule

§ 18
Organe und Organisationsstruktur

(1) Zentrale Organe der Hochschule sind
1. der Hochschulrat
2. der Erweiterte Senat
3. der Senat
4. das Präsidium.

(2) Die Hochschule legt ihre Organisationsstruktur mit Aufgabenverteilung, Kompetenzen und Verantwortlichkeiten in der Verfassung fest. Dabei sieht sie in der Regel Fachbereiche nach § 28 als die organisatorischen Grundeinheiten vor; Fachbereiche können auch Fakultäten genannt werden. Für interdisziplinäre Aufgaben kann die Hochschule Einrichtungen in abweichender Struktur schaffen und ihnen spezielle Kompetenzen zuweisen. Soweit die Hochschule keine Fachbereiche bildet,

gehen die Aufgaben, Kompetenzen und Verantwortlichkeiten der Dekanin oder des Dekans auf das Präsidium und die des Konvents auf den Senat über. Die Hochschule orientiert die Festlegung der Struktur daran, dass sie und ihre Mitglieder die ihnen obliegenden Aufgaben mit hoher wissenschaftlicher Qualität, interdisziplinär, effektiv und unter Berücksichtigung des Grundsatzes der Wirtschaftlichkeit erfüllen können. Das Präsidium evaluiert die Struktur in angemessenen Abständen, berichtet darüber dem Hochschulrat und Senat und wirkt auf notwendige Anpassungen hin.

(3) Die Hochschule kann hochschulübergreifende wissenschaftliche oder künstlerische Einrichtungen und Betriebseinheiten sowie Fakultäten und Sektionen als gemeinsame Einrichtungen mehrerer Hochschulen oder mit Forschungseinrichtungen bilden oder eine Außenstelle im inner- oder außereuropäischen Ausland einrichten, soweit das dort gültige Recht dies zulässt. Die beteiligten Hochschulen und die kooperierenden Einrichtungen legen unter Berücksichtigung ihrer fortbestehenden Leitungsverantwortung durch Vereinbarungen die Organisation und Aufgaben solcher gemeinsamer Einrichtungen fest, insbesondere die Personal- und Wirtschaftsverwaltung. Wird eine Außenstelle eingerichtet, schreibt diese die Studierenden als Studierende der Hochschule ein. § 40 Absatz 1 findet auf Studierende in Außenstellen keine Anwendung. Abweichend von § 17 und §§ 72 und 73 nehmen Studierende in Außenstellen nicht an den Wahlen der Mitglieder der Hochschulorgane und sonstiger Gremien sowie an den Wahlen zum Studierendenparlament und zu den Fachschaftsvertretungen teil und können selbst nicht gewählt werden.

§ 19
Hochschulrat

(1) Der Hochschulrat hat folgende Aufgaben:
1. Entscheidung bei Anrufung durch die Kanzlerin oder den Kanzler (§ 25 Absatz 1 Satz 5),
2. Stellungnahme zum Entwurf der Verfassung (§ 7),
3. Einvernehmen mit dem Senat zur Satzung über Qualitätssicherung (§ 5 Absatz 3),
4. Empfehlungen zur Profilbildung der Hochschule, zu Schwerpunkten in Forschung und Lehre sowie zur Struktur der Lehrangebote,
5. Stellungnahme zum Haushaltsplan,
6. Einvernehmen mit dem Senat über die Struktur- und Entwicklungsplanung der Hochschule,
7. Einvernehmen mit dem Senat über die Grundsätze für die Verteilung der Finanz- und Sachmittel sowie der Personalausstattung einschließlich Satzungen, insbesondere zu den Grundsätzen über die Vergütung der Professorinnen und Professoren und den Abschluss der Vergütungsvereinbarungen mit den Mitgliedern des Präsidiums mit Ausnahme der Präsidentin oder des Präsidenten,
8. Stellungnahme zur Einrichtung von Studiengängen,
9. Beratung der Berichte des Präsidiums, insbesondere der Berichte des Präsidiums über Qualitätssicherungsmaßnahmen,
10. Stellungnahme vor Abschluss von Ziel- und Leistungsvereinbarungen.

Die Aufgaben nach den Nummern 2 bis 7 erstrecken sich auch auf Änderungen bestehender Regelungen.

(2) Das Präsidium und die anderen Organe der Hochschule erteilen dem Hochschulrat alle Informationen, die er zur Wahrnehmung seiner Aufgaben benötigt. Der Hochschulrat hat das Recht, zu seinen Sitzungen das Erscheinen der Mitglieder des Präsidiums zu verlangen. Der Hochschulrat gibt dem Ministerium in der Regel Ort, Zeitpunkt und Tagesordnung seiner Sitzungen zur Kenntnis; das Ministerium kann eine Vertreterin oder einen Vertreter des Ministeriums zu den Sitzungen entsenden. Der Hochschulrat legt dem Senat und dem Ministerium spätestens alle zwei Jahre Rechenschaft über die Erfüllung seiner Aufgaben ab; der Rechenschaftsbericht ist in geeigneter Weise öffentlich bekannt zu machen.

(3) Der Hochschulrat hat fünf ehrenamtliche Mitglieder, davon sollen mindestens zwei Frauen sein. Vier der Mitglieder werden vom Senat vorgeschlagen und vom Ministerium bestellt. Die nach Satz 2 bestellten Mitglieder schlagen das weitere Mitglied als Vorsitzende oder Vorsitzenden des Hochschulrats vor, das ebenfalls der Bestellung durch das Ministerium bedarf. Vorgeschlagen und bestellt werden können mit dem Hochschulwesen vertraute Persönlichkeiten aus Wissenschaft, Wirtschaft, Kultur und Politik aus dem In- und Ausland, die nicht einer Hochschule oder einem Ministerium des Landes angehören. Die Amtszeit der Mitglieder beträgt vier Jahre; eine Wiederbestellung ist möglich. Das Ministerium soll die Mitglieder auf Vorschlag des Senats bei Vorliegen eines wichtigen Grundes entlassen. Scheidet ein Mitglied vor Ablauf der regulären Amtszeit aus, wird nach dem in Satz 1 bis 4 geregelten Verfahren eine Nachfolgerin oder ein Nachfolger für die volle Amtszeit vorgeschlagen und bestellt.

(4) Der Hochschulrat wählt eine Stellvertreterin oder einen Stellvertreter der oder des Vorsitzenden. Er gibt sich eine Geschäftsordnung.

(5) Die Präsidentin oder der Präsident gehört dem Hochschulrat mit beratender Stimme und Antragsrecht an. Die Gleichstellungsbeauftragte, die Vorsitzende oder der Vorsitzende des Senats sowie eine Vertreterin oder ein Vertreter des Allgemeinen Studierendenausschusses der Hochschule sind berechtigt, an den Sitzungen des Hochschulrats teilzunehmen; sie haben jeweils beratende Stimme und Antragsrecht.

(6) Die Hochschule stattet den Hochschulrat aus ihren Personal- und Sachmitteln aufgabengerecht aus. Reisekosten der ehrenamtlichen Mitglieder des Hochschulrats werden nach Maßgabe der Verfassung erstattet. Es kann eine Aufwandsentschädigung je Sitzung gewährt werden, deren Höhe in der Verfassung festzulegen ist. Die Höhe der Aufwandsentschädigung darf die monatliche Aufwandspauschale nach § 2 Absatz 2 Nummer 2 Buchstabe a der Entschädigungsverordnung vom 19. März 2008 (GVOBl. Schl.-H. S. 150), zuletzt geändert durch Verordnung vom 12. Oktober 2015 (GVOBl. Schl.-H. S. 366), nicht überschreiten. Für die Vorsitzende oder den Vorsitzenden des Hochschulrates darf die Aufwandsentschädigung um bis zu einem Drittel des festgelegten Betrages erhöht werden. Aufwandsentschädigungen dürfen für maximal vier Sitzungen im Jahr gewährt werden.

§ 20
Erweiterter Senat

(1) Der Erweiterte Senat ist, soweit durch dieses Gesetz nichts anderes bestimmt ist, zuständig für:
1. Nominierung der Mitglieder des Erweiterten Senats in den Findungskommissionen nach § 23 Absatz 6 und § 25 Absatz 2 durch die jeweiligen Mitgliedergruppen,
2. Stellungnahme zu einem Geschäftsbericht der Hochschule,
3. die Wahl der Gleichstellungsbeauftragten nach § 27,
4. die Wahl der oder des Beauftragten für Diversität nach § 27 a,
5. Entscheidungen über Würden und Ehrungen; die Zuständigkeit für die Ehrenpromotion bleibt unberührt,
6. Zustimmung zu Regelungen in einem Verhaltenskodex zu den Beschäftigungsbedingungen des Hochschulpersonals.

Der Senat kann dem Erweiterten Senat weitere Zuständigkeiten zuweisen, sofern diese nicht die Freiheit von Forschung und Lehre gemäß Artikel 5 Absatz 3 Satz 1 Grundgesetz betreffen. Eine solche Entscheidung bedarf der Mehrheit der Mitglieder des Senats sowie der Mehrheit der Vertreterinnen und Vertreter der Mitgliedergruppe nach § 13 Absatz 1 Satz 1 Nummer 1. Das Präsidium sowie die anderen Organe und Gremien der Hochschule erteilen dem Erweiterten Senat alle Informationen, die er zur Wahrnehmung seiner Aufgaben benötigt.

(2) Dem Erweiterten Senat gehören 48 Vertreterinnen oder Vertreter der Mitgliedergruppen nach § 13 Absatz 1 Satz 1 Nummern 1 bis 4 im Verhältnis 16 : 8 : 16 : 8 an. Hat die Hochschule weniger als 5.000 Mitglieder, besteht der Erweiterte Senat aus 24 Vertreterinnen und Vertretern der Mitgliedergruppen nach § 13 Absatz 1 Satz 1 Nummern 1 bis 4 im Verhältnis 8 : 4 : 8 : 4. Die Sitze sollen zu gleichen Teilen auf Frauen und Männer entfallen.

(3) Die Präsidentin oder der Präsident, die Vizepräsidentinnen und Vizepräsidenten, die Kanzlerin oder der Kanzler, Dekaninnen, Dekane, die Direktorin oder der Direktor des Zentrums für Lehrerbildung, die oder der Vorsitzende des Allgemeinen Studierendenausschusses, die Vorsitzenden der Personalräte, die Vertrauensfrau oder der Vertrauensmann der Schwerbehinderten und die Gleichstellungsbeauftragte gehören dem Erweiterten Senat mit Antragsrecht und beratender Stimme an. Die Hochschule kann in ihrer Verfassung weitere Personen bestimmen, die dem Erweiterten Senat mit Antragsrecht und beratender Stimme angehören. Für die Personalräte der Hochschule gilt § 77 Absatz 6 in Verbindung mit § 83 Absatz 1 Satz 2 bis 6 Mitbestimmungsgesetz Schleswig-Holstein vom 11. Dezember 1990 (GVOBl. Schl.-H. S. 577), zuletzt geändert durch Artikel 12 des Gesetzes vom 11. Dezember 2014 (GVOBl. Schl.-H. S. 464).

§ 21
Senat

(1) Der Senat berät in Angelegenheiten von Forschung, Lehre und Studium, die die gesamte Hochschule betreffen oder von grundsätzlicher Bedeutung sind. Er überwacht die Geschäftsführung des Präsidiums, soweit dies nicht Aufgabe des Hochschulrats ist. Der Senat ist, soweit durch dieses Gesetz nichts anderes bestimmt ist, zuständig für:

1. Beschlussfassung über die Verfassung,
2. Beschlussfassungen über die sonstigen von der Hochschule zu erlassenden Satzungen, soweit dieses Gesetz nichts anderes bestimmt,
3. (gestrichen),
4. Wahl und Abwahl der Präsidentin oder des Präsidenten, der Vizepräsidentinnen und der Vizepräsidenten sowie der Kanzlerin oder des Kanzlers,
5. Entscheidung über Forschungsschwerpunkte der Hochschule, den Erlass von Hinweisen und Regeln zum verantwortungsvollen Umgang mit der Freiheit der Forschung und zur Bildung von Ethikkommissionen,
6. Zustimmung zu einem Forschungsbericht der Hochschule,
7. (gestrichen),
8. Beschlussfassung über den Haushaltsplan,
9. Beschlussfassung über den Struktur- und Entwicklungsplan der Hochschule,
10. Stellungnahme vor Abschluss von Ziel- und Leistungsvereinbarungen,
11. Stellungnahmen und Vorschläge zur Einrichtung, Änderung und Aufhebung von Studiengängen,
12. Stellungnahmen zu Berufungsvorschlägen der Fachbereiche; § 18 Absatz 2 Satz 3 bleibt unberührt,
13. Entscheidungen über die Einrichtung, Änderung oder Aufhebung von Einrichtungen der Fachbereiche oder von gemeinsamen Einrichtungen und Außenstellen nach § 18 Absatz 3 nach Maßgabe der Verfassung und nach Anhörung der betroffenen Fachbereiche; § 18 Absatz 2 bleibt unberührt,
14. Entscheidungen von grundsätzlicher Bedeutung in Fragen der Förderung des wissenschaftlichen und künstlerischen Nachwuchses,
15. Stellungnahme zu Prüfungsordnungen der Fachbereiche vor deren Genehmigung durch das Präsidium, den Erlass der Prüfungsverfahrensordnung, den Erlass fachübergreifender Bestimmungen für Prüfungen, soweit einheitliche Studien- und Prüfungsbestimmungen erforderlich sind, und den Erlass von Grundsätzen für Habilitations- und Promotionsordnungen,
16. Stellungnahme zu besonderen Forschungsprojekten,
17. (gestrichen),
18. Beschlussfassung über die Grundsätze für die Verteilung der Finanz- und Sachmittel sowie der Personalausstattung einschließlich zugehöriger Satzungen, insbesondere zu den Grundsätzen über die Vergütung der Professorinnen und Professoren und den Abschluss der Vergütungsvereinbarungen mit den Mitgliedern des Präsidiums mit Ausnahme der Präsidentin oder des Präsidenten.

Das Präsidium sowie die anderen Organe und Gremien der Hochschule erteilen dem Senat alle Informationen, die er zur Wahrnehmung seiner Aufgaben benötigt.

(2) Der Senat kann zur Vorbereitung seiner Beschlüsse beratende Ausschüsse bilden; die Mitgliedergruppen nach § 13 Absatz 1 Nummer 1 bis 4 müssen darin angemessen vertreten sein. Er muss als zentrale Ausschüsse einen Studienausschuss, einen Ausschuss für Forschungs- und Wissenstransfer, einen Haushalts- und Planungsausschuss sowie einen Gleichstellungsausschuss bilden. Über die Einsetzung weiterer Ausschüsse entscheidet der Senat mit der Mehrheit seiner Mitglieder. Die Mitglieder der Ausschüsse werden vom Senat gewählt. Es können auch Mitglieder der Hochschule gewählt werden, die nicht Mitglied des Senats sind. Das Nähere regelt die Hochschule durch Satzung.

(3) Dem Senat gehören 23 Vertreterinnen und Vertreter der Mitgliedergruppen nach § 13 Absatz 1 Nummer 1 bis 4 im Verhältnis 12 : 4 : 4 : 3 an. Hat die Hochschule weniger als 5.000 Mitglieder, besteht der Senat aus 13 Vertreterinnen und Vertretern der Mitgliedergruppen nach § 13 Absatz 1 Nummer 1 bis 4 im Verhältnis 7 : 2 : 2 : 2. Die Mitglieder des Erweiterten Senats mit den entsprechend der Zahl der Vertreterinnen und Vertreter der Mitgliedergruppen jeweils höchsten Stimmenzahlen sind Mitglieder des Senats. Wenn ein Mitglied des Erweiterten Senats auf die Wahl in den Senat verzichtet, rückt das Mitglied mit der nächsthöheren Stimmenzahl in den Senat nach.

(4) Die Präsidentin oder der Präsident, Vizepräsidentinnen und Vizepräsidenten, die Kanzlerin oder der Kanzler, Dekaninnen, Dekane, die Direktorin oder der Direktor des Zentrums für Lehrerbildung, die oder der Vorsitzende des Allgemeinen Studierendenausschusses, die Vorsitzenden der Personalräte, die Vertrauensfrau oder der Vertrauensmann der Schwerbehinderten und die Gleichstellungsbeauftragte gehören dem Senat mit Antragsrecht und beratender Stimme an. Die Hochschule kann in ihrer Verfassung weitere Personen bestimmen, die dem Senat mit Antragsrecht und beratender Stimme angehören. Für die Personalräte der Hochschule gilt § 77 Absatz 6 in Verbindung mit § 83 Absatz 1 Satz 2 bis 6 Mitbestimmungsgesetz Schleswig Holstein vom 11. Dezember 1990 (GVOBl. Schl.-H. S. 577), zuletzt geändert durch Artikel 12 des Gesetzes vom 11. Dezember 2014 (GVOBl. Schl.-H. S. 464).

(5) Der Senat wählt aus der Mitte seiner gewählten Mitglieder eine Vorsitzende oder einen Vorsitzenden, die oder der die Sitzungen des Senats und des Erweiterten Senats einberuft und leitet, sowie eine Stellvertreterin oder einen Stellvertreter. Erklärt sich kein Mitglied des Senats dazu bereit, den Senatsvorsitz zu übernehmen, kann der Senat auch ein Mitglied des Präsidiums zur Vorsitzenden oder zum Vorsitzenden wählen.

§ 22
Präsidium

(1) Das Präsidium leitet die Hochschule. Es ist für alle Angelegenheiten zuständig, soweit dieses Gesetz nichts anderes bestimmt. Das Präsidium ist insbesondere zuständig für:

1. die Aufstellung der Struktur- und Entwicklungsplanung der Hochschule,
2. die Einrichtung, Änderung und Aufhebung von Studiengängen,
3. den Abschluss von Ziel- und Leistungsvereinbarungen mit dem Ministerium,
4. den Abschluss von Ziel- und Leistungsvereinbarungen mit den Fachbereichen und zentralen wissenschaftlichen Einrichtungen,
5. die Gewährleistung der Qualitätssicherung nach § 5,
6. die Genehmigungen der Prüfungsordnungen der Fachbereiche, der Prüfungsverfahrensordnung und fachübergreifender Bestimmungen für Prüfungen gemäß § 52 Absatz 1 Satz 2,
7. die Aufstellung und den Vollzug des Haushaltsplans der Hochschule,

8. die Vergabe von Leistungsbezügen und Zulagen, nach der Hochschul-Leistungsbezüge-Verordnung vom 17. Januar 2005 (GVOBl. Schl.-H. S. 46), mit Ausnahme von Leistungsbezügen der Präsidiumsmitglieder; das Präsidium entscheidet auf Vorschlag oder nach Anhörung der Dekanin oder des Dekans,
9. den Vorschlag gegenüber dem Ministerium zur Festsetzung von Zulassungszahlen.

(2) Die Präsidentin oder der Präsident führt den Vorsitz im Präsidium und verfügt über die Richtlinienkompetenz. Bei Stimmengleichheit gibt ihre oder seine Stimme den Ausschlag. Über die Geschäftsverteilung und Vertretung entscheidet das Präsidium auf Vorschlag der Präsidentin oder des Präsidenten. Innerhalb ihres Geschäftsbereichs nehmen die Mitglieder des Präsidiums ihre Aufgaben selbstständig wahr.

(3) Die Mitglieder des Präsidiums bedienen sich zur Erledigung ihrer Aufgaben der zentralen Verwaltung.

(4) Das Präsidium wirkt darauf hin, dass die Organe der Hochschule, die Fachbereiche und die Einrichtungen ihre Aufgaben wahrnehmen, dass die Mitglieder der Hochschule ihre Pflichten erfüllen und dass sie in ihren Rechten geschützt werden.

(5) Alle Gremien, Einrichtungen und Organe der Hochschule haben dem Präsidium Auskunft zu erteilen. Die Mitglieder des Präsidiums sind zu den Sitzungen aller Gremien der Hochschule unter Angabe der Tagesordnung einzuladen; sie haben das Recht, an den Sitzungen mit beratender Stimme teilzunehmen und sich jederzeit über die Arbeit der Gremien zu unterrichten. Das Präsidium kann Organe und sonstige Gremien zu gemeinsamen Sitzungen einberufen und die Sitzungen leiten. Die Sätze 1 bis 3 gelten nicht für den Hochschulrat.

(6) Das Präsidium bereitet die Beratungen des Hochschulrats und des Senats vor und führt seine Beschlüsse aus.

(7) Das Präsidium kann mit Ausnahme des Hochschulrats von allen Stellen der Hochschule im Rahmen von deren jeweiliger Zuständigkeit verlangen, dass über bestimmte Angelegenheiten beraten und entschieden wird.

(8) In unaufschiebbaren Angelegenheiten trifft das Präsidium für das zuständige Hochschulorgan mit Ausnahme des Hochschulrats die unerlässlichen Entscheidungen und Maßnahmen. Es hat das zuständige Organ unverzüglich zu unterrichten. Dieses kann die Entscheidungen aufheben; bereits entstandene Rechte Dritter bleiben unberührt.

(9) Dem Präsidium gehören an
1. die Präsidentin oder der Präsident,
2. nach Maßgabe der Verfassung bis zu drei weitere gewählte Vizepräsidentinnen und Vizepräsidenten und
3. die Kanzlerin oder der Kanzler.

Dem Präsidium soll mindestens eine Frau angehören.

(10) Die Präsidentin oder der Präsident beteiligt die Gleichstellungsbeauftragte bei allen ihren Aufgabenbereich betreffenden Angelegenheiten rechtzeitig und umfassend und gibt ihr regelmäßig Gelegenheit, dazu vorzutragen.

(11) Das Präsidium gibt sich eine Geschäftsordnung.

§ 23
Präsidentin oder Präsident

(1) Die Präsidentin oder der Präsident vertritt die Hochschule gerichtlich und außergerichtlich; sie oder er übt das Amt hauptberuflich aus.

(2) Die Präsidentin oder der Präsident ist zuständig für die laufenden Geschäfte der Hochschule, die Wahrung der Ordnung innerhalb der Hochschule und die Ausübung des Hausrechts.

(3) Bei unaufschiebbaren Angelegenheiten entscheidet die Präsidentin oder der Präsident anstelle des Präsidiums. Sie oder er hat in diesen Fällen das Präsidium unverzüglich zu unterrichten. Das Präsidium kann die Entscheidung aufheben, soweit durch ihre Ausführung nicht Rechte Dritter entstanden sind.

(4) Die Präsidentin oder der Präsident hat rechtswidrigen Beschlüssen oder Maßnahmen der Organe und Gremien der Hochschule binnen zwei Wochen zu widersprechen, ihren Vollzug auszusetzen und auf Abhilfe zu dringen. Der Widerspruch hat aufschiebende Wirkung. Weigern sich Organe, andere Gremien oder Mitglieder der Hochschule, einen rechtswidrigen Zustand zu beseitigen oder entsprechend einem Beschluss eines Kollegialorgans tätig zu werden, nimmt das Präsidium die notwendigen Maßnahmen vor, um die Rechtswidrigkeit zu beseitigen, und informiert das Ministerium über die Maßnahmen.

(5) Die Präsidentin oder der Präsident wird vom Senat gewählt und vom Ministerium bestellt. Die Hochschule schreibt die Stelle rechtzeitig öffentlich aus. Hochschulen mit weniger als 2.500 Mitgliedern können auf eine öffentliche Ausschreibung verzichten, wenn die Verfassung dies vorsieht. Auf eine Ausschreibung kann ganz verzichtet werden, wenn die amtierende Präsidentin oder der amtierende Präsident sich 15 Monate vor Ablauf der Amtszeit bereit erklärt, das Amt für eine weitere Amtsperiode zu übernehmen, und der Senat die Präsidentin oder den Präsidenten mit einer Mehrheit von zwei Dritteln seiner Mitglieder bestätigt. Zur Präsidentin oder zum Präsidenten kann bestellt werden, wer eine abgeschlossene Hochschulausbildung besitzt und aufgrund einer mehrjährigen verantwortlichen beruflichen Tätigkeit, insbesondere in Wissenschaft, Wirtschaft, Verwaltung oder Rechtspflege, erwarten lässt, dass sie oder er den Aufgaben des Amtes gewachsen ist.

(6) Zur Vorbereitung der Wahl richten der Hochschulrat und der Erweiterte Senat eine gemeinsame Findungskommission ein, die aus drei Mitgliedern des Hochschulrates und fünf Mitgliedern des Erweiterten Senates besteht; jedes Organ entsendet dabei mindestens ein weibliches Mitglied. Aus dem Erweiterten Senat sind für die Mitgliedergruppe nach § 13 Absatz 1 Satz 1 Nummer 1 zwei, für jede Mitgliedergruppe nach § 13 Absatz 1 Satz 1 Nummer 2 bis 4 je ein Mitglied zu nominieren. Den Vorsitz führt eines der vom Erweiterten Senat entsandten Mitglieder. Die Findungskommission legt nach Anhörung der Gleichstellungsbeauftragten einen Wahlvorschlag mit mindestens zwei Namen vor, der der Zustimmung von mindestens sechs Mitgliedern bedarf. Die Vorschlagsliste wird dem Senat zur Durchführung der Wahl vorgelegt. Bewerberinnen und Bewerber für das Amt der Präsidentin oder des Präsidenten dürfen am Verfahren im Präsidium, in der Findungskommission, im Erweiterten Senat und im Hochschulrat nicht mitwirken. Die Hochschule kann weitere Rechte und Pflichten der Findungskommission sowie Einzelheiten des Verfahrens in einer Satzung regeln.

(7) Die Amtszeit beträgt sechs Jahre. Wiederwahl ist möglich. Die Präsidentin oder der Präsident wird in ein Beamtenverhältnis auf Zeit oder ein befristetes privatrechtliches Dienstverhältnis berufen. Das aktive und passive Wahlrecht der Präsidentinnen und Präsidenten als Professorinnen oder Professoren ruht während der Wahlzeit.

(8) Die Präsidentin oder der Präsident kann aus wichtigem Grund mit einer Mehrheit von drei Vierteln der Mitglieder des Senats abgewählt werden.

(9) Die Präsidentin oder der Präsident kann beim Ministerium beantragen, während ihrer oder seiner Amtszeit im Rahmen eines Nebenamtes die Berechtigung zu Forschung und Lehre zu erhalten und das Recht, bei Prüfungen mitzuwirken. Ferner kann das Ministerium ihr oder ihm auf Antrag im Nebenamt die Wahrnehmung weiterer Aufgaben in der Hochschule oder im Klinikum ganz oder teilweise gestatten.

(10) Für Präsidentinnen und Präsidenten, die in einem befristeten privatrechtlichen Dienstverhältnis beschäftigt werden, gelten die Vorschriften über Bedienstete im Beamtenverhältnis auf Zeit entsprechend.

(11) Wird eine Hochschullehrerin oder ein Hochschullehrer im Dienste des Landes zur Präsidentin oder zum Präsident bestellt, wird sie oder er für die Dauer der Amtszeit ohne Bezüge beurlaubt; bei einer Professur auf Zeit endet die Beurlaubung mit dem Ende der Amtszeit. § 9 Absatz 5 Landesbeamtengesetz findet keine Anwendung.

(12) Ist durch die Ernennung zur Präsidentin oder zum Präsidenten ein Beamtenverhältnis auf Lebenszeit beendet wor-

den, so ist auf Antrag im unmittelbaren Anschluss an mindestens eine volle Amtszeit als Präsidentin oder Präsident ein dem früheren Rechtsstand entsprechendes Amt, das mit mindestens demselben Endgrundgehalt verbunden ist wie das frühere Amt, zu verleihen, wenn die allgemeinen beamtenrechtlichen Voraussetzungen erfüllt sind. Erfolgte die Bestellung in das Präsidentenamt aus einem Hochschullehreramt eines anderen Dienstherrn heraus, findet ein Berufungsverfahren nicht statt; das Amt ist in der Regel an der Hochschule zu übertragen, an der das Präsidentenamt wahrgenommen wurde. Bestand vor der Bestellung in das Präsidentenamt ein Angestelltenverhältnis im öffentlichen Dienst, so soll auf Antrag im unmittelbaren Anschluss an die Amtszeit eine Verwendung in einer der früheren Rechtsstellung vergleichbaren Tätigkeit im Landesdienst erfolgen; Satz 2 gilt entsprechend.

§ 24
Vizepräsidentinnen und Vizepräsidenten

(1) Die Vizepräsidentinnen und Vizepräsidenten werden auf Vorschlag der Präsidentin oder des Präsidenten vom Senat aus dem Kreis der Professorinnen und Professoren für eine Amtszeit von drei Jahren gewählt. Wiederwahl ist zulässig. Hat die Hochschule mehr als eine Vizepräsidentin oder einen Vizepräsidenten, kann nach Maßgabe der Hochschulverfassung eine Vizepräsidentin oder ein Vizepräsident auch aus dem Kreis der übrigen Hochschulmitglieder gewählt werden.

(2) Die Vizepräsidentinnen und Vizepräsidenten sind von ihren Dienstpflichten während ihrer Wahlzeit angemessen zu entlasten.

(3) Eine Vizepräsidentin oder ein Vizepräsident kann aus wichtigem Grund mit einer Mehrheit von drei Vierteln der Mitglieder des Senats abgewählt werden.

(4) Die hauptamtliche Vizepräsidentin oder der hauptamtliche Vizepräsident für Medizin der Universität zu Lübeck wird auf Vorschlag der Präsidentin oder des Präsidenten vom Senat für eine Amtszeit von fünf Jahren gewählt; das Vor-schlagsrecht ist nicht auf Professorinnen oder Professoren beschränkt, die Mitglied der Universität sind. Die dienstrechtliche Stellung der Vizepräsidentin oder des Vizepräsidenten für Medizin entspricht der Präsidentin oder des Präsidenten; § 23 Absatz 1 Satz 1, 1. Halbsatz, Absätze 2 bis 4, Absatz 5 Sätze 1 und 3, Absatz 6 und Absatz 7 Satz 1 und Satz 4 sowie § 71 Absatz 2 sind anzuwenden. Bei einer Wahl aus dem Kreis der Professorinnen und Professoren kann auf eine Ausschreibung verzichtet werden.

§ 25
Kanzlerin oder Kanzler

(1) Die Kanzlerin oder der Kanzler leitet die Verwaltung der Hochschule unter der Verantwortung der Präsidentin oder des Präsidenten unbeschadet der fachlichen Zuständigkeit der anderen Präsidiumsmitglieder für ihre Aufgabenbereiche. Sie oder er ist Beauftragte oder Beauftragter für den Haushalt. Erhebt die Kanzlerin oder der Kanzler Widerspruch gegen einen Beschluss des Präsidiums in einer Angelegenheit von finanzieller Bedeutung, ist erneut abzustimmen. Zwischen der ersten und der erneuten Abstimmung sollen mindestens sechs Tage liegen. Kommt bei einer erneuten Abstimmung ein Beschluss gegen die Stimme der Kanzlerin oder des Kanzlers zustande, kann diese oder dieser die Entscheidung des Hochschulrats über die Angelegenheit herbeiführen.

(2) Die Kanzlerin oder der Kanzler wird vom Senat auf Grundlage einer vorausgegangenen Ausschreibung gewählt. Zur Vorbereitung der Wahl richten die Präsidentin, der Hochschulrat und der Erweiterte Senat eine gemeinsame Findungskommission ein, die aus zwei Mitgliedern des Hochschulrates, vier Mitgliedern des Erweiterten Senates und der Präsidentin oder dem Präsidenten besteht. Die Präsidentin und der Hochschulrat entsenden dabei jeweils mindestens ein weibliches Mitglied. Aus dem Erweiterten Senat ist für jede Mitgliedergruppe nach § 13 Absatz 1 Satz 1 Nummer 1 bis 4 ein Mitglied zu nominieren. Den Vorsitz führt die Präsidentin oder der Präsident. Die Findungskommission legt nach Anhörung der Gleichstellungsbeauftragten einen Wahlvorschlag vor, der zu seiner Zustimmung von mindestens fünf Stimmen der Mitglieder des Hochschulrates und des Erweiterten Senates bedarf; der Wahlvorschlag soll mindestens zwei Kandidatinnen oder Kandidaten enthalten. Die Präsidentin oder der Präsident kann einzelne Kandidatinnen oder Kandidaten ablehnen. Die Vorschlagsliste wird dem Senat zur Durchführung der Wahl vorgelegt. Die Hochschule kann weitere Rechte und Pflichten der Findungskommission sowie Einzelheiten des Verfahrens in einer Satzung regeln. Die Amtszeit der Kanzlerin oder des Kanzlers beträgt sechs Jahre. Wiederwahl ist möglich. Auf eine Ausschreibung kann nach einer ersten Wiederwahl verzichtet werden, wenn die amtierende Kanzlerin oder der amtierende Kanzler sich 15 Monate vor Ablauf der Amtszeit bereit erklärt, das Amt für eine weitere Amtsperiode zu übernehmen, die Präsidentin oder der Präsident dem Verzicht auf die Ausschreibung zustimmt und der Senat den Kanzler oder die Kanzlerin mit der Mehrheit seiner Mitglieder im Amt bestätigt.

(3) Gewählt werden kann, wer eine abgeschlossene Hochschulausbildung besitzt und aufgrund einer mehrjährigen verantwortlichen beruflichen Tätigkeit, insbesondere in Wissenschaft, Wirtschaft, Verwaltung oder Rechtspflege, erwarten lässt, dass sie oder er den Aufgaben des Amtes gewachsen ist.

(4) Kanzlerinnen und Kanzler werden in ein Beamtenverhältnis auf Zeit berufen. Eine Mitarbeiterin oder ein Mitarbeiter des Landes ist im Falle der Ernennung zur Kanzlerin oder zum Kanzler für die Dauer der Wahlzeit unter Fortfall der Dienstbezüge zu beurlauben; im Fall eines privatrechtlichen Arbeitsverhältnisses ist ihr oder ihm Sonderurlaub ohne Fortzahlung der Bezüge zu gewähren. § 9 Absatz 5 Landesbeamtengesetz findet keine Anwendung, sofern die oder der Beschäftigte einen Antrag auf Beurlaubung aus ihrem oder seinem privatrechtlichen Arbeitsverhältnis gestellt hat.

(5) Die Kanzlerin oder der Kanzler kann aus wichtigem Grund mit einer Mehrheit von drei Vierteln der Mitglieder des Senats abgewählt werden.

§ 26
Vorzeitige Beendigung der Amtszeit
von Präsidiumsmitgliedern

(1) Scheidet eine Präsidentin oder ein Präsident vor Ablauf der regulären Amtszeit aus, wählt der Senat eine Nachfolgerin oder einen Nachfolger für die volle Amtszeit gemäß § 23 Absatz 7 Satz 1.

(2) Scheidet eine Vizepräsidentin oder ein Vizepräsident vor Ablauf der regulären Amtszeit aus, wählt der Senat auf Vorschlag der Präsidentin oder des Präsidenten eine Nachfolgerin oder einen Nachfolger für die volle Amtszeit gemäß § 24 Absatz 1 Satz 1.

(3) Scheidet eine Kanzlerin oder ein Kanzler vor Ablauf der regulären Amtszeit aus, wählt der Senat nach dem in § 25 Absatz 2 Satz 1 bis 9 geregelten Verfahren eine Nachfolgerin oder einen Nachfolger für die volle Amtszeit gemäß § 25 Abs. 2 Satz 10.

§ 27
Gleichstellungsbeauftragte

(1) Die Gleichstellungsbeauftragte berät und unterstützt die Hochschule dabei, ihren Gleichstellungsauftrag nach § 3 Absatz 4 zu erfüllen. Die Organe und Gremien der Hochschule haben die Gleichstellungsbeauftragte bei sie betreffenden Angelegenheiten so frühzeitig zu beteiligen, dass deren Initiativen, Anregungen, Bedenken oder sonstige Stellungnahmen berücksichtigt werden können. Sie erteilen der Gleichstellungsbeauftragten alle Informationen, die sie zur Wahrnehmung ihrer Aufgaben benötigt. Die Gleichstellungsbeauftragte ist fachlich weisungsfrei; zwischen ihr und den Beschäftigten ist der Dienstweg nicht einzuhalten. Sie ist im Rahmen ihrer Zuständigkeit berechtigt, an den Sitzungen aller Organe und Gremien mit Antragsrecht und beratender Stimme teilzunehmen, soweit keine anderen Zuständigkeiten geregelt sind. Das Präsidium ist verpflichtet, die Gleichstellungsbeauftragte bei sie betreffenden Angelegenheiten zu beteiligen und in die Beratung einzubeziehen. Die Hochschule hat der Gleichstellungsbeauftragten in dem erforderlichen Umfang Räume, Geschäftsbedarf und Personal zur Verfügung zu stellen.

(2) Trifft ein Organ der Hochschule im jeweiligen Zuständigkeitsbereich der Gleichstellungsbeauftragten eine Entscheidung, die nach Auffassung der Gleichstellungsbeauftragten gegen den Gleichstellungsauftrag nach § 3 Absatz

4 verstößt, kann die Gleichstellungsbeauftragte schriftlich unter Darlegung der Gründe binnen zwei Wochen widersprechen. Das Organ der Hochschule kann dem Widerspruch abhelfen oder seine Entscheidung bestätigen. Das Präsidium ist über Entscheidungen der Dekanin oder des Dekans und der Hochschulrat bei Entscheidungen des Präsidiums jeweils unter Beifügung des Widerspruchs zu unterrichten, wenn dem Widerspruch nicht abgeholfen wird. Eine Entscheidung darf erst nach Ablauf der Widerspruchsfrist und frühestens eine Woche nach Unterrichtung ausgeführt werden. Dies gilt nicht in unaufschiebbaren Angelegenheiten; im Fall einer unaufschiebbaren Angelegenheit sind die Gründe dafür der Gleichstellungsbeauftragten nachzuweisen. In derselben Angelegenheit ist der Widerspruch nicht einmal zulässig.

(3) Die Gleichstellungsbeauftragte der Hochschule nimmt ihre Aufgaben für den Zuständigkeitsbereich der zentralen Organe und zentralen Einrichtungen wahr. Sie ist zur Zielvereinbarung nach § 11 Absatz 1 Satz 1 vor deren Abschluss vom Präsidium zu hören; ihre Stellungnahme ist dem Ministerium vorzulegen. Ihre Amtszeit soll fünf Jahre betragen. Die Wiederwahl ist möglich. Der Senat kann zur Erarbeitung eines Wahlvorschlags einen Ausschuss einsetzen. Die Verfassung der Hochschule regelt insbesondere Wahl und Amtszeit der Gleichstellungsbeauftragten der Hochschule und ihrer Stellvertretung.

(4) In Hochschulen mit mehr als 2.000 Mitgliedern ist die Gleichstellungsbeauftragte der Hochschule hauptberuflich tätig. Die Hochschule hat in diesen Fällen die Stelle öffentlich auszuschreiben. Auf eine Ausschreibung kann nach einer ersten Wiederwahl verzichtet werden, wenn sich die amtierende Gleichstellungsbeauftragte 15 Monate vor Ablauf der Amtszeit bereit erklärt, das Amt weiter auszuüben und der Senat die Gleichstellungsbeauftragte mit der Mehrheit seiner Mitglieder im Amt bestätigt. Für die Gleichstellungsbeauftragte wird ein privatrechtliches Dienstverhältnis begründet. Wird nach einer ersten Wiederwahl die Gleichstellungsbeauftragte erneut im Amt bestätigt, ist das Dienstverhältnis zu entfristen. Wird eine Mitarbeiterin des Landes zur Gleichstellungsbeauftragten gewählt, ist sie für die Dauer der Wahlzeit unter Fortfall der Dienstbezüge zu beurlauben.

(5) In Hochschulen mit nicht mehr als 2.000 Mitgliedern ist die Gleichstellungsbeauftragte der Hochschule nebenberuflich tätig. Sie wird aus dem Kreis der an der Hochschule hauptberuflich tätigen Mitarbeiterinnen gewählt und ist von ihren Dienstpflichten angemessen zu befreien. Die Hochschule hat die Stelle hochschulöffentlich auszuschreiben. Absatz 4 Satz 3 gilt entsprechend.

(6) Die Gleichstellungsbeauftragte des Fachbereichs nimmt ihre Aufgaben für den Zuständigkeitsbereich des Fachbereichs wahr. Sie wird vom Fachbereichskonvent gewählt; ihre Amtszeit soll drei Jahre betragen. Absatz 3 Satz 4 bis 6 und Absatz 5 gelten entsprechend; an die Stelle des Senates tritt der Fachbereichskonvent.

§ 27 a
Beauftragte oder Beauftragter für Diversität

Die oder der Beauftragte für Diversität soll die Belange aller Hochschulangehörigen, insbesondere die der Studierenden und Promovierenden nach § 3 Absatz 5 Satz 3 vertreten. Ihre oder seine Amtszeit soll drei Jahre betragen. Sie oder er wirkt bei der Planung und Organisation der Lehr-, Studien-, und Arbeitsbedingungen für die Mitglieder und Angehörigen der Hochschule mit, insbesondere im Hinblick auf die Beseitigung bestehender Nachteile ein. Die oder der Beauftragte für Diversität ist fachlich weisungsfrei; zwischen ihr oder ihm und den Beschäftigten ist der Dienstweg nicht einzuhalten. Sie oder er hat das Recht, alle für eine Aufgabenwahrnehmung notwendigen und sachdienlichen Informationen von den Organen und Gremien der Hochschule einzuholen und mit Antrags- und Rederecht an den Sitzungen der Organe mit Ausnahme der Präsidiumssitzungen teilzunehmen. Die oder der Beauftragte für Diversität ist in Hochschulen mit mehr als 5.000 Studierenden hauptberuflich tätig. Die Hochschule hat in diesen Fällen die Stelle hochschulöffentlich auszuschreiben. Für die hauptberuflich Beauftragte oder den hauptberuflich Beauftragten für Di- versität wird ein privatrechtliches Dienstverhältnis begründet. Sie oder er ist für die Dauer der Wahlzeit unter Fortfall der Dienstbezüge zu beurlauben. In Hochschulen mit nicht mehr als 5.000 Studierenden ist die oder der Beauftragte für Diversität nebenberuflich tätig und zur Erfüllung ihrer oder seiner Aufgaben von ihren oder seinen sonstigen Dienstpflichten angemessen zu befreien. Das Nähere regelt die Hochschule in ihrer Verfassung.

§ 28
Fachbereich

(1) Der Fachbereich erfüllt unbeschadet der Gesamtverantwortung der Hochschule und der Zuständigkeiten der zentralen Hochschulorgane auf seinem Fachgebiet die Aufgaben der Hochschule. Zu seinen Aufgaben gehören insbesondere:

1. die Verwaltung der ihm zugewiesenen Personal- und Sachmittel,
2. die Gewährleistung der Vollständigkeit des Lehrangebots,
3. die ordnungsgemäße Durchführung von Studiengängen,
4. die Förderung der wissenschaftlichen Forschung, des Wissens- und Technologietransfers sowie der Weiterbildung,
5. Maßnahmen der Qualitätssicherung nach § 5,
6. die Vorbereitung von Berufungen,
7. die Förderung des wissenschaftlichen und künstlerischen Nachwuchses,
8. die Mitwirkung bei der Studienberatung nach § 48.

(2) Mitglieder des Fachbereichs sind die Mitglieder der Hochschule, die in diesem überwiegend tätig sind, die Studierenden, die in einem Studiengang immatrikuliert sind, dessen Durchführung dem Fachbereich obliegt, sowie die eingeschriebenen Doktorandinnen und Doktoranden. Studierende, die in mehreren Fachbereichen studieren, bestimmen bei der Immatrikulation, in welchem Fachbereich sie ihre mitgliedschaftlichen Rechte wahrnehmen. Angehörige des wissenschaftlichen Personals können mit Zustimmung der betroffenen Fachbereiche Mitglied in mehreren Fachbereichen sein.

(3) Organe des Fachbereichs sind der Fachbereichskonvent und die Dekanin oder der Dekan. Im Übrigen regelt der Fachbereich seine innere Organisationsstruktur nach Aufgaben, Kompetenzen und Verantwortlichkeiten durch Satzung, soweit nicht der Senat eine Entscheidung nach § 21 Absatz 1 Satz 3 Nummer 13 trifft oder in der Verfassung nichts anderes bestimmt ist. Die Satzung bedarf der Zustimmung des Senats.

§ 29
Fachbereichskonvent

(1) Der Fachbereichskonvent berät und entscheidet in allen Angelegenheiten des Fachbereichs, soweit durch dieses Gesetz oder die Verfassung nichts anderes bestimmt ist.

(2) Der Fachbereichskonvent besteht aus:

1. der Dekanin oder dem Dekan,
2. elf Vertreterinnen oder Vertretern der Mitgliedergruppen nach § 13 Absatz 1 Nummer 1 bis 4 im Verhältnis 6 : 2 : 2 : 1 und
3. der Gleichstellungsbeauftragten des Fachbereichs mit Antragsrecht und beratender Stimme.

Die Fachbereichssatzung kann vorsehen, dass abweichend von Satz 1 Nummer 2 dem Fachbereichskonvent 21 Vertreterinnen oder Vertreter der Mitgliedergruppen im Verhältnis 11 : 4 : 4 : 2 oder 31 Vertreterinnen oder Vertreter der Mitgliedergruppen im Verhältnis 16 : 6 : 6 : 3 angehören.

(3) Der Fachbereichskonvent kann zur Vorbereitung seiner Beschlüsse Ausschüsse bilden. Das Nähere wird in der Fachbereichssatzung geregelt.

§ 30
Dekanin oder Dekan

(1) Die Dekanin oder der Dekan leitet den Fachbereich, bereitet die Beschlüsse des Fachbereichskonvents vor und führt sie aus. Sie oder er entscheidet insbesondere über die Verwendung der Personal- und Sachmittel, die dem Fachbereich zugewiesen sind, sowie über den Einsatz der wissenschaftlichen, künstlerischen und sonstigen Mitarbeiterinnen

und Mitarbeiter des Fachbereichs; sie oder er unterrichtet darüber den Fachbereichskonvent. Die Dekanin oder der Dekan ist verantwortlich für die Sicherstellung des erforderlichen Lehrangebots und für die Studien- und Prüfungsorganisation sowie der schulpraktischen Studien. Hierzu kann sie oder er den zur Lehre verpflichteten Mitgliedern des Fachbereichs Weisungen erteilen; § 4 bleibt unberührt. Die Dekanin oder der Dekan beteiligt die Gleichstellungsbeauftragte des Fachbereichs bei allen ihren Aufgabenbereich betreffenden Angelegenheiten.

(2) Die Dekanin oder der Dekan wird vom Fachbereichskonvent aus dem Kreis der dem Fachbereich angehörenden Professorinnen und Professoren gewählt. Die Wahlzeit beträgt zwei Jahre. Die Wahlzeit der hauptamtlichen Dekanin oder des hauptamtlichen Dekans der medizinischen Fakultät der Christian-Albrechts-Universität zu Kiel beträgt fünf Jahre. Scheidet die Dekanin oder der Dekan vor Ablauf der regulären Amtszeit aus, kann der Konvent für den Rest der Amtszeit der ausgeschiedenen Dekanin oder des ausgeschiedenen Dekans eine Nachfolgerin oder einen Nachfolger wählen.

(3) Die Dekaninnen und Dekane sollen von ihren Dienstpflichten als Professorinnen und Professoren angemessen entlastet werden. Die Verfassung kann vorsehen, dass bei großen Fachbereichen die Dekaninnen und Dekane ihr jeweiliges Amt hauptberuflich ausüben; sie werden in diesem Fall aus ihrem bisherigen Amt beurlaubt. Der mitgliederrechtliche Status nach § 13 Absatz 1 Nummer 1 bleibt unberührt.

(4) Die dienstrechtliche Stellung der hauptamtlichen Dekanin oder des hauptamtlichen Dekans der medizinischen Fakultät der Christian-Albrechts-Universität zu Kiel entspricht der der Präsidentin oder des Präsidenten; § 23 Absatz 1 Satz 1, 1. Halbsatz, Absätze 2 bis 4, Absatz 5 Sätze 1 und 3, Absatz 6 und Absatz 7 Satz 1 und Satz 4 sowie Absatz 8 und § 71 Absatz 2 sind nicht anzuwenden. Bei einer Wahl aus dem Kreis der Professorinnen und Professoren kann auf eine Ausschreibung verzichtet werden. Bei einer Wiederwahl ent-sprechend § 23 Absatz 5 Satz 4 tritt an die Stelle des Senats der Fachbereichskonvent.

(5) Die Dekanin oder der Dekan wird durch bis zu zwei Prodekaninnen oder Prodekane vertreten. Sie werden aus dem Kreis der dem Fachbereichskonvent angehörenden Professorinnen und Professoren für mindestens zwei und höchstens vier Jahre gewählt.

(6) Die Dekaninnen, Dekane, Prodekaninnen und Prodekane können vom Fachbereichskonvent mit der Mehrheit von drei Vierteln seiner Mitglieder abberufen werden.

(7) Der Fachbereichskonvent bestellt auf Vorschlag der Dekanin oder des Dekans für die Dauer von mindestens zwei Jahren eine wissenschaftliche Beschäftigte oder einen wissenschaftlichen Beschäftigten oder mehrere wissenschaftliche Beschäftigte als Fachbereichsbeauftragte für Angelegenheiten der Lehre, des Studiums und der Prüfungen. Sie wirken insbesondere darauf hin, dass die Prüfungsordnungen erlassen werden, das erforderliche Lehrangebot sichergestellt wird und die von den Fakultäten zu erfüllenden Anforderungen des Qualitätsmanagementsystems nach § 5 umgesetzt werden. Die Dekanin oder der Dekan hört sie vor grundsätzlichen Entscheidungen an.

(8) Der Dekanin oder dem Dekan wird in der Regel eine Fachbereichsgeschäftsführerin oder ein Fachbereichsgeschäftsführer zugeordnet.

(9) Verletzen Beschlüsse des Fachbereichskonvents oder seiner Ausschüsse das Recht oder bewirken sie einen schweren Nachteil für die Erfüllung der Aufgaben des Fachbereichs oder der Hochschule, muss die Dekanin oder der Dekan die erneute Beratung und Beschlussfassung herbeiführen. Wird den Bedenken nicht abgeholfen, unterrichtet sie oder er die Präsidentin oder den Präsidenten.

(10) Bei unaufschiebbaren Angelegenheiten entscheidet die Dekanin oder der Dekan anstelle des Fachbereichskonvents. Sie oder er hat in diesen Fällen den Fachbereichskonvent unverzüglich zu unterrichten. Dieser kann die Entscheidung aufheben, soweit durch ihre Ausführung nicht Rechte Dritter entstanden sind.

§ 31
Zusammenarbeit der Fachbereiche

Alle Fachbereiche der Hochschule arbeiten insbesondere bei der inhaltlichen Ausgestaltung und der Organisation von Lehrangebot, Studium, Forschung und Weiterbildung interdisziplinär zusammen. Sie stimmen dabei die Struktur der von ihnen angebotenen Studiengänge (§ 49) und Forschungsschwerpunkte aufeinander ab. Die Erledigung dieser Aufgaben im Bereich der Lehrerbildung wird durch Satzung des Senats einem gemeinsamen Ausschuss zugewiesen. Der Senat kann weitere gemeinsame Ausschüsse durch Satzung einrichten.

§ 32
Fachbereich Medizin und Klinikum

Die Fachbereiche Medizin der Christian-Albrechts-Universität zu Kiel und der Universität zu Lübeck erfüllen ihre Aufgaben in der klinischen Medizin zusammen mit dem Klinikum. Planungen und Entscheidungen in der klinischen Medizin sind aufeinander abzustimmen. In Ausnahmefällen dürfen die Fachbereiche Medizin sich mit Zustimmung des Ministeriums Dritter bedienen. Die Fachbereiche Medizin werden von hauptamtlichen Dekaninnen oder Dekanen geleitet.[1]

§ 33
(gestrichen)

§ 34
Zentrale Einrichtungen

(1) Für die Durchführung von fachbereichsübergreifenden Aufgaben kann die Hochschule zentrale Einrichtungen bilden. Die Errichtung, Änderung und Aufhebung von zentralen Einrichtungen regelt das Präsidium durch Satzung.

(2) Alle bibliothekarischen Einrichtungen in der Hochschule werden in einer zentralen Einrichtung zusammengefasst. Sie fördert den freien Zugang zu wissenschaftlichen Informationen.

(3) Für die bibliothekarischen Einrichtungen sowie für die Kommunikations- und Datenverarbeitungseinrichtungen erlässt das Präsidium Benutzungsrahmenordnungen als Satzungen.

§ 35
Angegliederte Einrichtungen

(1) Das Ministerium kann im Einvernehmen mit der Hochschule einer außerhalb der Hochschule befindlichen Einrichtung, die
1. der Lehre, Forschung oder Kunst dient oder
2. Aufgaben wahrnimmt, die mit Aufgaben nach § 3 Absatz 1 und 2 zusammenhängen,

ohne Änderung der bisherigen Rechtsstellung die Stellung einer wissenschaftlichen oder künstlerischen Einrichtung an der Hochschule verleihen (angegliederte Einrichtung).

(2) Mitgliedern der Hochschule kann im Rahmen ihrer dienstlichen Aufgaben auch die Tätigkeit in angegliederten Einrichtungen übertragen werden.

Abschnitt 3
Forschung und
Wissens- und Technologietransfer

§ 36
Grundsätze

(1) Die Forschung dient der Gewinnung wissenschaftlicher Erkenntnisse sowie der wissenschaftlichen Grundlegung und Weiterentwicklung von Lehre und Studium. Gegenstand der Forschung sind unter Berücksichtigung der Aufgaben der Hochschule alle wissenschaftlichen Bereiche sowie die Anwendung wissenschaftlicher Erkenntnisse in der Praxis (Wissens- und Technologietransfer) einschließlich

---

[1] Übergangsregelung gemäß Artikel 4 des Gesetzes vom 14.3.2017 (GVOBl. Schl.-H. S. 142): Bis zur Ernennung einer hauptamtlichen Dekanin oder eines hauptamtlichen Dekans nimmt die bisherige nebenamtliche Dekanin oder der bisherige nebenamtliche Dekan die Aufgabe wahr. Ist kein Fachbereich eingerichtet, nimmt die Präsidentin oder der Präsident diese Aufgabe wahr. Die Präsidentin oder der Präsident kann durch die Wahl einer anderen Person durch den Senat in dieser Position ersetzt werden.

der Folgen, die sich aus der Anwendung wissenschaftlicher Erkenntnisse ergeben können.

(2) Die Hochschulen arbeiten intern (§ 31), miteinander und mit außeruniversitären Forschungseinrichtungen bei der Planung und Durchführung von Forschungsvorhaben zusammen. Auch eine Zusammenarbeit mit anderen Hochschulen und Forschungseinrichtungen des In- und Auslands sowie mit Unternehmen ist anzustreben. Präsidium und Verwaltung der Hochschule unterstützen die Fachbereiche und die Mitglieder der Hochschule bei der Einwerbung von Drittmitteln, beim Wissens- und Technologietransfer sowie bei Ausgründungen.

(3) Die Hochschulen fördern bei der Forschung die enge Verbindung mit der Lehre und die Zusammenarbeit mit der Berufspraxis.

§ 37
Forschung mit Mitteln Dritter

(1) Die in der Forschung tätigen Hochschulmitglieder sind berechtigt, im Rahmen ihrer dienstlichen Aufgaben auch solche Forschungsvorhaben durchzuführen, die nicht aus den der Hochschule zur Verfügung stehenden Finanzmitteln, sondern aus Mitteln Dritter finanziert werden (Drittmittelprojekte); ihre Verpflichtung zur Erfüllung der übrigen Dienstaufgaben bleibt unberührt. Die Durchführung von Drittmittelprojekten ist Teil der Hochschulforschung.

(2) Ein Hochschulmitglied ist berechtigt, ein Drittmittelprojekt in der Hochschule durchzuführen, wenn dies mit seinen dienstlichen Aufgaben vereinbar ist und die Erfüllung anderer Aufgaben der Hochschule sowie die Rechte und Pflichten anderer Personen dadurch nicht beeinträchtigt und entstehende Folgelasten angemessen berücksichtigt werden; die Forschungsergebnisse sollen in der Regel in absehbarer Zeit veröffentlicht werden.

(3) Ein Drittmittelprojekt ist über die Dekanin oder den Dekan des Fachbereiches dem Präsidium anzuzeigen; der Senat ist zu unterrichten. Das Präsidium darf die Inanspruchnahme von Personal, Sachmitteln und Einrichtungen der Hochschule nur untersagen oder durch Auflagen beschränken, soweit die Voraussetzungen des Absatzes 2 dies erfordern; der Fachbereich ist vorher zu hören.

(4) Die Mittel für Drittmittelprojekte, die in der Hochschule durchgeführt werden, sollen von der Hochschule verwaltet werden. Die Mittel sind bei den entsprechenden Titeln des Haushaltsplanes zu vereinnahmen und zu verausgaben. Sie sind für den Zweck zu verwenden, den die Geldgeberin oder der Geldgeber bestimmt hat, und nach deren oder dessen Bedingungen zu bewirtschaften, soweit gesetzliche oder tarifvertragliche Bestimmungen nicht entgegenstehen. Treffen die Bedingungen keine Regelung, so gelten ergänzend die Bestimmungen des Landes.

(5) Werden die Mittel Dritter von der Hochschule verwaltet, stellt die Hochschule die aus diesen Mitteln zu bezahlenden hauptberuflichen Mitarbeiterinnen und Mitarbeiter ein. Die Einstellung setzt voraus, dass die Mitarbeiterin oder der Mitarbeiter von dem Hochschulmitglied, das das Vorhaben durchführt, vorgeschlagen wurde. Werden die Mittel nicht von der Hochschule verwaltet, schließt das Hochschulmitglied die Arbeitsverträge mit den Mitarbeiterinnen und Mitarbeitern ab.

(6) Finanzielle Erträge der Hochschule aus Forschungsvorhaben, die in der Hochschule durchgeführt werden, insbesondere Einnahmen, die der Hochschule als Entgelt für die Inanspruchnahme von Personal, Sachmitteln und Einrichtungen zufließen, stehen der Hochschule für die Erfüllung ihrer Aufgaben zur Verfügung. Sie werden bei der Bemessung des Zuschussbedarfs der Hochschule nicht mindernd berücksichtigt.

Abschnitt 4
Zugang und Einschreibung

§ 38
Allgemeine Bestimmungen

(1) Deutsche im Sinne des Grundgesetzes und ihnen aufgrund von Rechtsvorschriften gleichgestellte Personen sind zu dem von ihnen gewählten Hochschulstudium berechtigt, wenn sie die dafür erforderliche Qualifikation (Studienqualifikation) nachweisen und wenn keine Immatrikulationshindernisse vorliegen. Die Zulassung zum Studium kann durch Festsetzung der Anzahl der höchstens aufzunehmenden Studienbewerberinnen und Studienbewerber für einzelne Studiengänge beschränkt werden. Näheres ist im Hochschulzulassungsgesetz geregelt.

(2) Staatsangehörige eines anderen Mitgliedstaates der Europäischen Union sind Deutschen nach Absatz 1 gleichgestellt, wenn die für das Studium erforderlichen Sprachkenntnisse nachgewiesen werden. Sonstige ausländische sowie staatenlose Studienbewerberinnen und Studienbewerber sind Deutschen nach Absatz 1 gleichgestellt, wenn sie eine deutsche Hochschulzugangsberechtigung besitzen.

(3) Studierende können sich für einen oder mehrere Studiengänge einschreiben, für den oder für die sie die Studienqualifikation nachweisen. In zwei oder mehrere zulassungsbeschränkte Studiengänge können Studierende nur eingeschrieben werden, wenn ein besonderes berufliches, wissenschaftliches oder künstlerisches Interesse am gleichzeitigen Studium in den zulassungsbeschränkten Studiengängen besteht. Ist der gewählte Studiengang mehreren Fachbereichen zugeordnet, bestimmt die Studienbewerberin oder der Studienbewerber bei der Einschreibung den Fachbereich, dem sie oder er angehören will.

(4) Studierende können nur an einer Hochschule eingeschrieben sein. Erfordert der gewählte Studiengang das gleichzeitige Studium an mehreren Hochschulen, schreibt sich die oder der Studierende an einer Hochschule ein und erhält an der oder den anderen Hochschulen den Status einer oder eines Gaststudierenden. Die beteiligten Hochschulen treffen in der Kooperationsvereinbarung (§ 49 Absatz 8) Regelungen über den Ausgleich von Aufwendungen, die Verteilung von Einnahmen sowie die Datenermittlung für statistische Erfassungen.

(5) Die Hochschule kann besonders begabten Schülerinnen oder Schülern die Teilnahme an Lehrveranstaltungen oder Modulen und Prüfungen gestatten. Die Schülerinnen und Schüler erhalten den Status von Gaststudierenden. Die Studienzeiten und dabei erbrachten Prüfungsleistungen werden in einem späteren Studium auf Antrag anerkannt.

§ 39
Hochschulzugang

(1) Zu einem Studium mit einem ersten Hochschulabschluss berechtigen folgende nachgewiesene schulische Hochschulzugangsberechtigungen:

1. die allgemeine Hochschulreife,
2. die fachgebundene Hochschulreife,
3. die allgemeine Fachhochschulreife,
4. die fachgebundene Fachhochschulreife.

Der Nachweis nach Satz 1 Nummer 1 berechtigt zum Studium an allen Hochschulen, der Nachweis nach Satz 1 Nummer 2 zum Studium an allen Hochschulen in der entsprechenden oder fachlich verwandten Fachrichtung, der Nachweis nach Satz 1 Nummer 3 zu einem Studium an einer Fachhochschule, der Nachweis nach Satz 1 Nummer 4 zu einem Studium an einer Fachhochschule in der entsprechenden oder fachlich verwandten Fachrichtung. Das für Bildung zuständige Ministerium regelt durch Verordnung, wodurch die Hochschulzugangsberechtigungen nach Absatz 1 Satz 1 Nummer 1 bis 4 nachgewiesen werden. Schulische Hochschulzugangsberechtigungen anderer Länder werden anerkannt.

(2) Neben schulischen Hochschulzugangsberechtigungen bestehen berufliche Hochschulzugangsberechtigungen. Inhaberinnen und Inhaber folgender Abschlüsse der beruflichen Aufstiegsfortbildung besitzen, sofern die zu den Fortbildungsabschlüssen führenden Lehrgänge jeweils mindestens 400 Unterrichtsstunden umfassen, eine allgemeine Hochschulzugangsberechtigung, die zum Studium an allen Hochschulen berechtigt:

1. Meisterinnen und Meister im Handwerk auf der Grundlage einer Verordnung nach §§ 45, 51 a, 122 Handwerksordnung (HwO) in der Fassung der Bekanntmachung

vom 24. September 1998 (BGBl. I S. 3074, ber. 2006 S. 2095), zuletzt geändert durch Artikel 2 des Gesetzes vom 17. Juli 2009 (BGBl. I S. 2091),

2. Inhaberinnen und Inhaber von Fortbildungsabschlüssen, für die Prüfungsregelungen auf der Grundlage einer Verordnung nach § 53 oder einer Regelung nach § 54 Berufsbildungsgesetz (BBiG) vom 23. März 2005 (BGBl. I S. 931), zuletzt geändert durch Artikel 15 Absatz 90 des Gesetzes vom 5. Februar 2009 (BGBl. I S. 160), oder auf der Grundlage einer Verordnung nach §§ 42, 42 a HwO oder gleichwertiger bundes- und landesrechtlicher Regelungen bestehen,
3. Inhaberinnen und Inhaber vergleichbarer Qualifikationen im Sinne des Seemannsgesetzes vom 26. Juli 1957 (BGBl. I S. 713), zuletzt geändert durch Artikel 324 der Verordnung vom 31. Oktober 2006 (BGBl. I S. 2407), insbesondere staatlicher Befähigungszeugnisse für den nautischen oder technischen Schiffsdienst,
4. Inhaberinnen und Inhaber von Fortbildungsabschlüssen von Fachschulen entsprechend der „Rahmenvereinbarung über Fachschulen" (Beschluss der Kultusministerkonferenz vom 7. November 2002 in der Fassung vom 9. Oktober 2009) in der jeweils geltenden Fassung,
5. Inhaberinnen und Inhaber von Abschlüssen vergleichbarer landesrechtlicher Fortbildungsregelungen für Berufe im Gesundheitswesen sowie im Bereich der sozialpflegerischen und sozialpädagogischen Berufe.

Beruflich qualifizierte Bewerberinnen und Bewerber, die nicht unter die in Satz 2 genannten Fallgruppen fallen, besitzen eine fachgebundene Hochschulzugangsberechtigung, wenn sie eine durch Bundesrecht oder durch Landesrecht geregelte, mindestens zweijährige Berufsausbildung in einem mit dem angestrebten Studiengang fachlich verwandten Bereich abgeschlossen haben, über mindestens dreijährige mit mindestens der Hälfte der regelmäßigen Arbeitszeit ausgeübte Berufspraxis in einem mit dem Studiengang fachlich verwandten Bereich verfügen und eine Hochschuleignungsprüfung bestanden haben. Diese fachgebundene Hochschulzugangsberechtigung berechtigt zum Studium an allen Hochschulen in der entsprechenden oder fachlich verwandten Fachrichtung. Über die fachliche Verwandtschaft mit dem angestrebten Studiengang entscheidet die Hochschule auf der Grundlage der in dem Abschlusszeugnis ausgewiesenen Anforderungen. Bei Bewerbungen um Studienplätze in Fächern, die in das zentrale Verfahren der gemeinsamen Einrichtung für Hochschulzulassung einbezogen sind, hat die Studienbewerberin oder der Studienbewerber vor der Bewerbung bei der Einrichtung eine Bescheinigung der Hochschule, an der das Studium beabsichtigt ist, über die fachliche Verwandtschaft einzuholen und der Bewerbung beizufügen. Einzelheiten über die beruflichen Hochschulzugangsberechtigungen, insbesondere über die Hochschuleignungsprüfung, regelt das Ministerium durch Verordnung.

(3) Sofern andere Länder weitergehende Regelungen für den Hochschulzugang beruflich qualifizierter Bewerberinnen und Bewerber treffen und insbesondere den Katalog der Fortbildungsabschlüsse gemäß Absatz 2 Satz 2 entsprechend den jeweiligen Landesregelungen erweitern, werden diese Hochschulzugangsberechtigungen nach einem Jahr nachweislich erfolgreich absolvierten Studiums zum Zwecke des Weiterstudiums in dem entsprechenden oder in einem fachlich verwandten Studiengang anerkannt.

(4) Die Hochschulen können Studienbewerberinnen oder Studienbewerber ohne Hochschulzugangsberechtigung, die eine Berufsausbildung mit mindestens befriedigenden Leistungen abgeschlossen haben und eine dreijährige Berufstätigkeit oder entsprechende Ersatzzeiten nachweisen, für die Dauer von zwei Semestern, insgesamt längstens für vier Semester, für einen Studiengang einschreiben (Probestudium). Danach entscheidet die Hochschule über die endgültige Einschreibung unter Berücksichtigung der Leistungen. Das Nähere regelt die Einschreibeordnung (§ 40 Absatz 5) der Hochschule.

(5) Eine der allgemeinen Hochschulreife entsprechende Qualifikation hat, wer im Geltungsbereich des Grundgesetzes ein Hochschulstudium oder ein Studium an einer Berufsakademie, das einem Fachhochschulstudium gleichgestellt ist, abgeschlossen hat, ohne die allgemeine Hochschulreife zu besitzen. Eine der fachgebundenen Hochschulreife entsprechende Qualifikation hat auch, wer in einem akkreditierten Bachelor-Studiengang an einer Fachhochschule oder einer Berufsakademie Leistungspunkte in einem drei Semester entsprechenden Umfang erworben hat. Bei Vorliegen einer nach Satz 2 erworbenen fachgebundenen Hochschulreife entscheidet die Hochschule über die fachliche Verwandtschaft des angestrebten Studienganges.

(6) In den Fächern Kunst, Musik und Sport setzt die Qualifikation für das Studium zusätzlich das Bestehen einer besonderen Eignungsprüfung voraus. Die Musikhochschule Lübeck und die Muthesius Kunsthochschule können für künstlerische Studiengänge, die nicht das Lehramt betreffen, bei außerordentlicher Befähigung der Bewerberin oder des Bewerbers in Ausnahmefällen vom Nachweis der allgemeinen Hochschulzugangsberechtigung abweichen. Die Befähigung ist vom Eignungsprüfungsausschuss festzustellen. Die Hochschule regelt durch Satzung, die der Zustimmung des Ministeriums bedarf, die Zulassung zu und die Durchführung von Eignungsprüfungen.

(7) Der Senat kann durch Satzung regeln, dass über die Voraussetzungen der Absätze 1 bis 5 hinaus der Nachweis einer praktischen Tätigkeit oder Fremdsprachenkenntnisse erforderlich sind. Die Satzung kann bestimmen, dass diese Voraussetzungen während des Studiums nachgeholt werden können.

§ 40
Immatrikulationshindernisse, Rückmeldung und Beurlaubung

(1) Die Einschreibung zum Studium ist zu versagen,
1. wenn die Studienbewerberin oder der Studienbewerber für einen zulassungsbeschränkten Studiengang nicht zugelassen ist,
2. wenn und solange die Studienbewerberin oder der Studienbewerber durch unanfechtbaren oder sofort vollziehbaren Bescheid vom Studium an allen Hochschulen eines Landes im Geltungsbereich des Grundgesetzes ausgeschlossen ist,
3. wenn die Studienbewerberin oder der Studienbewerber eine nach Prüfungsordnung erforderliche Prüfung an einer Hochschule in Deutschland in einem Studiengang endgültig nicht bestanden hat, für den jeweiligen Studiengang der jeweiligen Hochschulart,
4. wenn die Studienbewerberin oder der Studienbewerber die Erfüllung der Beitragspflicht zum Studentenwerk und zur Studierendenschaft nicht nachgewiesen hat oder
5. die Studienbewerberin oder der Studienbewerber die Voraussetzungen des § 254 Sozialgesetzbuch Fünftes Buch nicht erfüllt.

(2) Die Einschreibung zum Studium kann versagt werden, wenn die Studienbewerberin oder der Studienbewerber
1. die für den Zulassungsantrag vorgeschriebenen Formen und Fristen nicht einhält,
2. keine ausreichende Kenntnis der deutschen Sprache nachweist,
3. wegen einer vorsätzlich begangenen Straftat zu einer Freiheitsstrafe von mehr als einem Jahr rechtskräftig verurteilt ist, die Strafe noch nicht getilgt und nach Art der Straftat eine Gefährdung oder Störung des Studienbetriebs zu erwarten ist,
4. die Fähigkeit zur Bekleidung öffentlicher Ämter nicht besitzt oder
5. an einer Krankheit leidet, die die Gesundheit anderer Studierender gefährdet oder den ordnungsgemäßen Studienbetrieb ernstlich beeinträchtigen würde; in diesen Fällen kann die Vorlage eines amtsärztlichen Zeugnisses verlangt werden.

(3) Studierende, die nach Ablauf eines Semesters das Studium fortsetzen wollen, melden sich bei der Hochschule zurück.

(4) Auf Antrag können Studierende vom Studium beurlaubt werden, wenn ein wichtiger Grund nachgewiesen wird.

(5) Näheres zur Immatrikulation, Rückmeldung und Beurlaubung, insbesondere das Verfahren sowie die Gründe, die eine Beurlaubung rechtfertigen, regelt der Senat in der Einschreibordnung, die der Genehmigung des Präsidiums bedarf.

(6) Während der Beurlaubung können Studienleistungen nicht erbracht und Prüfungen an der Hochschule, an der die Beurlaubung ausgesprochen wurde, nicht abgelegt werden; eine Wiederholung nicht bestandener Prüfungen ist möglich. Abweichend von Satz 1, erster Halbsatz kann in Zeiten der Inanspruchnahme von Schutzfristen des Mutterschutzgesetzes in der Fassung der Bekanntmachung vom 20. Juni 2002 (BGBl. I S. 2318), zuletzt geändert durch Artikel 14 des Gesetzes vom 17. März 2009 (BGBl. I S. 1550), oder von Elternzeit im Sinne von § 15 Bundeselterngeld- und Elternzeitgesetz vom 5. Dezember 2006 (BGBl. I S. 2748), zuletzt geändert durch Artikel 10 des Gesetzes vom 28. März 2009 (BGBl. I S. 634), eine Prüfung auch erstmals abgelegt werden.

§ 41
Verwaltungsgebühren, Beiträge

Die Hochschule kann aufgrund von Satzungen für Dienstleistungen und für die Benutzung ihrer Einrichtungen angemessene Gebühren und die Erstattung von Auslagen erheben. Dies gilt für

1. die ersatzweise oder nachträgliche Ausstellung einer Urkunde,
2. die Bearbeitung der Einschreibung und der nicht fristgerechten Rückmeldung,
3. eine Amtshandlung, die nicht dem Studium oder einer Hochschulprüfung dient,
4. eine besondere Dienstleistung der Hochschulbibliotheken,
5. eine besondere Dienstleistung im Rahmen virtueller Studienangebote der Hochschulen,
6. die Teilnahme am Hochschulsport,
7. die Nutzung einer Hochschuleinrichtung außerhalb des Studiums und der Hochschulprüfungen,
8. (gestrichen),
9. die Teilnahme an einem Studienangebot als Gaststudierende oder Gaststudierender, es sei denn, die oder der Studierende ist nach § 38 Absatz 4 Satz 2 gleichzeitig an einer anderen Hochschule eingeschrieben, und
10. die Durchführung von Eignungsprüfungen.

Die Hochschule erhebt aufgrund einer Satzung Beiträge für die Teilnahme an einem Weiterbildungsangebot der Hochschule nach § 58 Absatz 1 mit Ausnahme von Promotionsstudiengängen und gleichstehenden Studienangeboten. Die §§ 3 bis 6 des Verwaltungskostengesetzes des Landes Schleswig-Holstein sind entsprechend anzuwenden.

§ 42
Entlassung

(1) Mit Ablauf des Monats, in dem das Zeugnis über die den Studiengang beendende Prüfung ausgehändigt wurde, spätestens mit Ende des Semesters, in dem die den Studiengang beendende Prüfung bestanden wurde, ist die oder der Studierende zu entlassen.

(2) Eine Studierende oder ein Studierender ist ferner zu entlassen, wenn

1. sie oder er dies beantragt,
2. ein Versagungsgrund nach § 40 Absatz 1 nachträglich eintritt,
3. sie oder er eine für den erfolgreichen Abschluss des Studiums erforderliche studienbegleitende Prüfung, eine Zwischen- oder Abschlussprüfung endgültig nicht bestanden hat, es sei denn, dass sie oder er den Studiengang wechselt oder
4. in dualen Studiengängen das Ausbildungsverhältnis rechtswirksam beendet und nicht innerhalb von drei Monaten ein neuer Ausbildungsvertrag geschlossen worden ist.

(3) Eine Studierende oder ein Studierender kann entlassen werden, wenn

1. ein Versagungsgrund nach § 40 Absatz 2 Nummer 3, 4 oder 5 nachträglich eintritt und eine Beurlaubung nicht möglich oder nicht ausreichend ist,
2. sie oder er, ohne beurlaubt zu sein, sich vor Beginn eines Semesters nicht ordnungsgemäß zum Weiterstudium zurückgemeldet hat oder
3. sie oder er vorsätzlich im Bereich der Hochschule durch sexuelle Belästigung im Sinne von § 3 Absatz 4 des Allgemeinen Gleichbehandlungsgesetzes die Würde einer anderen Person verletzt oder ihr im Sinne des § 238 des Strafgesetzbuches nachstellt.

Im Falle des Satzes 1 Nummer 3 ist mit der Entlassung eine Frist bis zur Dauer von zwei Jahren festzusetzen, innerhalb derer eine erneute Immatrikulation an einer Hochschule ausgeschlossen ist. Sie oder er kann auch entlassen werden, wenn sie oder er durch Anwendung von Gewalt, durch Aufforderung zur Gewalt oder Bedrohung mit Gewalt

1. den bestimmungsgemäßen Betrieb einer Hochschuleinrichtung, die Tätigkeit eines Hochschulorgans oder die Durchführung einer Hochschulveranstaltung behindert oder
2. ein Mitglied einer Hochschule von der Ausübung seiner Rechte und Pflichten abhält oder abzuhalten versucht.

Gleiches gilt, wenn eine Studierende oder ein Studierender an den in Satz 3 genannten Handlungen teilnimmt oder wiederholt gegen das Hausrecht verstößt, die Ordnung der Hochschule oder ihrer Veranstaltungen stört oder die Mitglieder der Hochschule hindert, ihre Rechte, Aufgaben oder Pflichten wahrzunehmen. Über die Entlassung entscheidet das Präsidium im förmlichen Verwaltungsverfahren nach §§ 130 bis 138 Landesverwaltungsgesetz.

(4) Bei einer Einschreibung in mehrere Studiengänge kann in den Fällen der Absätze 1 und 2 sowie des Absatzes 3 Satz 1 die Einschreibung für die Studiengänge bestehen bleiben, für die die Voraussetzungen für die Entlassung nicht vorliegen. Über den Zeitpunkt der Entlassung entscheidet die Hochschule.

§ 43
Doktorandinnen und Doktoranden

Personen, die eine Doktorarbeit anfertigen, werden als Doktorandinnen und Doktoranden an der Hochschule eingeschrieben, an der sie promovieren wollen. Näheres über die Dauer sowie das Verfahren regelt die Hochschule in der Einschreibordnung (§ 40 Absatz 5).

§ 44
Gaststudierende

Außer den Studierenden kann die Hochschule Gaststudierende aufnehmen. Die Hochschule regelt in der Einschreibordnung die Rechtsstellung und die Voraussetzungen für eine Aufnahme als Gaststudierende oder Gaststudierender sowie die Voraussetzungen, unter denen Gaststudierende zum Besuch von Lehrveranstaltungen, zur Teilnahme an Modulen sowie zur Ablegung von Prüfungen berechtigt sind.

§ 45
Erhebung und Verarbeitung personenbezogener Daten

Die Hochschulen dürfen unter Beachtung der datenschutzrechtlichen Bestimmungen von Studienbewerberinnen und Studienbewerbern, Studierenden, Prüfungskandidatinnen und Prüfungskandidaten, Promovierenden, Absolventinnen und Absolventen, anderen Mitgliedern und Angehörigen der Hochschule, sonstigen Nutzerinnen und Nutzern von Hochschuleinrichtungen und den staatlichen und kirchlichen Prüfungsämtern diejenigen personenbezogenen Daten erheben und verarbeiten, die für die Identifikation, die Zulassung, die Immatrikulation, die Rückmeldung, die Beurlaubung, die Teilnahme an Lehrveranstaltungen, die Prüfungen, die Nutzung von Hochschuleinrichtungen, die Befragung im Rahmen des Qualitätsmanagements und von Evaluationen nach § 5 Absatz 1 und 2, die Hochschulplanung sowie für Zwecke der Hochschulstatistik nach dem Hochschulstatistikgesetz vom 2. November 1990 (BGBl. I S. 2424), zuletzt geändert durch Artikel 1 des Gesetzes vom 2. März 2016 (BGBl. I S. 342), erforderlich sind. Sie dürfen ferner zum Zwecke der Kontaktpflege mit ehemaligen Hochschulmitgliedern erhobene Daten nutzen, sofern die Betroffenen nicht widersprechen. Das Ministerium bestimmt durch Verordnung, welche einzelnen der nach Satz 1 anzugebenden Daten für welche Verwendungszwecke verarbeitet oder sonst verwendet werden dürfen.

Abschnitt 5
Studium, Prüfungen, wissenschaftliche Qualifizierung, Weiterbildung

§ 46
Studium

(1) Durch Lehre und Studium sollen die Studierenden wissenschaftliche oder künstlerische Fachkompetenzen, Methodenkompetenzen sowie soziale Kompetenzen erwerben und sich auf ein berufliches Tätigkeitsfeld vorbereiten.

(2) Die Hochschulen haben die Aufgabe, im Zusammenwirken mit dem Ministerium Inhalte und Strukturen des Studiums im Hinblick auf die Entwicklung in Wissenschaft und Kunst, den Bedürfnissen der beruflichen Praxis sowie die Schaffung eines einheitlichen europäischen Hochschulraumes weiterzuentwickeln.

(3) Das Studium ist zweistufig aufgebaut. Erster Abschluss eines Hochschulstudiums ist der Bachelor. Abschluss eines weiteren Studiums ist der Master. Mit Inkrafttreten dieses Gesetzes werden keine Diplom- und Magisterstudiengänge mehr eingerichtet. Bestehende Diplom- und Magisterstudiengänge laufen aus. Studiengänge mit Staatsexamen oder mit kirchlichem Abschluss können weitergeführt werden, soweit bundesrechtliche Regelungen diese Abschlüsse vorsehen.

(4) Das Ministerium kann durch Verordnung besondere Regelungen über Rechte und Pflichten von Studierenden erlassen, die an einem Fernstudium oder an einem virtuellen Studiengang teilnehmen.

§ 47
Hochschuljahr

Die Einteilung des Hochschuljahres, Beginn und Ende der Unterrichtszeit und die Prüfungszeit bestimmt das Ministerium nach Anhörung der Hochschule durch Verordnung. Auf Antrag der Hochschule kann eine Einteilung in Trimester oder, angepasst an den internationalen Hochschulkalender, in Herbst- und Frühjahrssemester vorgesehen werden. Die Unterrichtszeit beträgt mindestens 31 Wochen pro Jahr.

§ 48
Studienberatung

Die Hochschule unterrichtet Studieninteressierte und Studierende über Studienmöglichkeiten sowie über Inhalte, Aufbau und Anforderungen eines Studiums. Dies geschieht durch eine zentrale Studienberatung. Die Fachbereiche unterstützen die Studierenden während ihres gesamten Studiums durch eine studienbegleitende fachliche Beratung.

§ 49
Studiengänge

(1) Ein Studiengang ist ein durch Prüfungsordnung geregeltes, auf einen Hochschulabschluss, ein Staatsexamen oder ein kirchliches Examen ausgerichtetes Studium. Sind aufgrund der Prüfungsordnung aus einer größeren Zahl zulässiger Fächer für das Studium Fächer auszuwählen, so ist jedes dieser Fächer ein Teilstudiengang. Für Teilstudiengänge gelten die Bestimmungen über Studiengänge entsprechend. Die Hochschulen können duale Studiengänge einrichten, in denen eine berufspraktische Ausbildung oder Tätigkeit systematisch mit dem Studium verbunden wird und beide Lernorte strukturell verzahnt sowie inhaltlich und organisatorisch aufeinander abgestimmt sind.

(2) Die Hochschule definiert in der Prüfungsordnung die mit dem Studiengang zu erreichende Qualifikation. Die Qualifikation muss die Befähigung für eine berufliche Tätigkeit oder einen beruflichen Vorbereitungsdienst umfassen und sich an den von der Kultusministerkonferenz beschlossenen Qualifikationsrahmen für Hochschulen orientieren. Das Nähere über die Umsetzung des Qualifikationsrahmen regelt das Ministerium durch Verordnung.

(3) Studiengänge sind in lernergebnisorientierte Module zu gliedern, die in der Regel mit nur einer, das Lernergebnis feststellenden, Prüfungsleistung abschließen. Für erfolgreich abgeschlossene Module sowie für Bachelor- und Masterarbeiten werden Leistungspunkte nach einem europäischen Leistungspunkte-System vergeben. Modulkataloge sind in geeigneter Form zu veröffentlichen. Das Nähere regelt das Ministerium durch Verordnung.

(4) Bachelorstudiengänge vermitteln grundlegende Fach-, Methoden- und Sozialkompetenzen, die die Voraussetzungen des Absatzes 2 Satz 2 erfüllen. Masterstudiengänge setzen einen ersten Hochschulabschluss oder einen gleichwertigen Abschluss an einer Berufsakademie voraus. Hochschulabschlüsse, die an einer anderen inländischen oder anerkannten ausländischen Hochschule erworben wurden, werden anerkannt, wenn die Hochschule keine wesentlichen Unterschiede zu den von ihr verliehenen Abschlüssen nachweist. Masterstudiengänge können einen Bachelorstudiengang fachlich fortführen oder fachübergreifend erweitern. Masterstudiengänge müssen nicht auf einem bestimmten vorangegangenen Bachelorstudiengang aufbauen, müssen ein vergleichbares Qualifikationsniveau erreichen wie Masterstudiengänge nach Satz 4. Für weiterbildende Masterstudiengänge gelten die §§ 58 und 59.

(5) Zur Qualitätssicherung können für den Zugang zu Masterstudiengängen weitere Voraussetzungen in der Prüfungsordnung bestimmt werden. Studierenden, die einen Bachelorabschluss an einer Fachhochschule erworben haben, ist im Rahmen der Voraussetzungen nach Satz 1 der Zugang zu Masterstudiengängen an einer Universität zu ermöglichen.

(6) Die Einrichtung, Änderung und Aufhebung von Studiengängen bedarf der Zustimmung des Ministeriums. Die Zustimmung zur Einrichtung oder Änderung setzt in der Regel eine Akkreditierung voraus. Vor Einleitung der Akkreditierung holt die Hochschule das grundsätzliche Einverständnis des Ministeriums ein, das sich bei lehramtsbezogenen Bachelor- und Masterstudiengängen zuvor mit dem für Bildung zuständigen Ministerium ins Benehmen setzt. Dabei berücksichtigt das Ministerium die Stellungnahme des Hochschulrats. Bei Vorliegen der erfolgreichen Akkreditierung und des grundsätzlichen Einverständnisses nach Satz 3 genehmigt das Ministerium die Einrichtung oder Änderung des Studienganges. Die sich aus der Akkreditierung ergebenden Auflagen sind umzusetzen. Die Genehmigung kann befristet erteilt werden. Wird ein Studiengang aufgehoben, ist den eingeschriebenen Studierenden der Abschluss innerhalb der Regelstudienzeit zu ermöglichen.

(7) Das Ministerium kann von einer Hochschule verlangen, einen Studiengang nach Absatz 1 einzurichten, aufzuheben oder zu ändern. Es gibt eine entsprechende Erklärung gegenüber dem Präsidium der Hochschule ab und kann eine angemessene Frist setzen, innerhalb derer die notwendigen Beschlüsse zu fassen sind. Das Verlangen ist zu begründen. Kommt die Hochschule dem Verlangen nicht rechtzeitig nach, kann das Ministerium die notwendigen Anordnungen anstelle der Hochschule treffen. Die Hochschule ist vorher zu hören.

(8) Ein Studiengang kann auch von mehreren staatlichen oder staatlich anerkannten Hochschulen gemeinsam durchgeführt werden. Voraussetzung ist, dass die Anteile am Lehrangebot jeweils mindestens 30 % betragen und die Hochschulen sich in einer vor der Akkreditierung abzuschließenden Vereinbarung über Gegenstand, Ausbildungsziel, Grundsätze der Finanzierung, Organisation, die von den Hochschulen zu leistenden Beiträge, die Durchführung von Akkreditierungsverfahren, die Zulassung in zulassungsbeschränkten Studiengängen sowie die Beteiligung an Einnahmen verständigen. Die Studierenden können sich nur an jeweils einer der Hochschulen nach Satz 1 einschreiben. Beteiligt sich eine Hochschule an einem Studiengang mit einem Lehranteil von weniger als 30 %, kooperiert sie mit einer oder mehreren Hochschulen nach Satz 1. Über die Einzelheiten der Kooperation schließen die Hochschulen eine Kooperationsvereinbarung.

§ 50
Regelstudienzeit

(1) Die Studienzeit, in der ein Abschluss erworben werden kann, der zu einer beruflichen Tätigkeit oder zu einem beruflichen Vorbereitungsdienst führt, ist die Regelstudienzeit. Die Regelstudienzeit schließt Zeiten einer in den Studiengang eingeordneten berufspraktischen Tätigkeit, praktische Studiensemester und Prüfungszeiten ein. Die

Regelstudienzeit ist maßgebend für die Gestaltung der Studiengänge durch die Hochschule, für die Sicherstellung des Lehrangebots, für die Gestaltung des Prüfungsverfahrens sowie für die Ermittlung und Festsetzung der Ausbildungskapazitäten und die Ermittlung der Studierendenzahlen bei der Hochschulplanung.

(2) Die Regelstudienzeit beträgt in Studiengängen,

1. die zu einem Bachelorgrad führen, mindestens drei und höchstens vier Jahre,
2. die zu einem Mastergrad führen, mindestens ein und höchstens zwei Jahre,
3. bei gestuften Studiengängen, die zu einem Bachelorabschluss und einem darauf aufbauenden, fachlich fortführenden oder fachübergreifend erweiternden Masterabschluss führen, insgesamt höchstens fünf Jahre.

In den auslaufenden Studiengängen, die zu einem Diplom oder Magistergrad führen sowie in den Studiengängen, die mit dem Staatsexamen oder kirchlichem Examen abschließen, beträgt die Regelstudienzeit

1. an Universitäten höchstens neun Semester,
2. an Kunsthochschulen sowie an Fachhochschulen höchstens acht Semester,
3. bei postgradualen Studiengängen höchstens vier Semester.

Mit Zustimmung des Ministeriums dürfen in besonders begründeten Fällen darüber hinausgehende Regelstudienzeiten festgesetzt werden; dies gilt auch für Studiengänge, die in besonderen Studienformen, zum Beispiel in Teilzeit, durchgeführt werden.

§ 51
Prüfungen und Anrechnung außerhalb der Hochschule erworbener Kenntnisse und Fähigkeiten

(1) Das Hochschulstudium wird durch eine Hochschulprüfung, eine staatliche oder kirchliche Prüfung oder durch eine Kombination von staatlicher Prüfung und Hochschulprüfung abgeschlossen, die studienbegleitend auf der Basis eines Leistungspunktesystems abgelegt wird. Noch bestehende Diplom- und Magisterstudiengänge sowie Studiengänge mit Staatsexamen können abweichend von Satz 1 und von § 49 Absatz 3 eine Abschlussprüfung vorsehen; in diesen Studiengängen findet eine Zwischenprüfung statt.

(2) Studien- und Prüfungsleistungen, die an inländischen oder anerkannten ausländischen Hochschulen erbracht worden sind, werden anerkannt, wenn die Hochschule keine wesentlichen Unterschiede zu den Leistungen, die sie ersetzen sollen, nachweist. Dabei sind die von der Kultusministerkonferenz und Hochschulrektorenkonferenz gebilligten Äquivalenzabkommen sowie Absprachen im Rahmen von Hochschulkooperationsvereinbarungen anzuwenden. Außerhalb von Hochschulen erworbene Kompetenzen und Fähigkeiten sind auf ein Hochschulstudium anzurechnen, wenn ihre Gleichwertigkeit mit den Kompetenzen und Fähigkeiten nachgewiesen ist, die im Studium zu erwerben sind und ersetzt werden sollen; insgesamt bis zu 50 % der für den Studiengang erforderlichen Leistungspunkte können angerechnet werden. Die Hochschulen regeln in der Prüfungsordnung, unter welchen Voraussetzungen Kenntnisse und Fähigkeiten, die außerhalb von Hochschulen erworben wurden, ohne Einstufungsprüfung angerechnet werden. In Einzelfällen ist eine Einstufungsprüfung zulässig.

(3) Prüfungsleistungen dürfen nur von Personen bewertet werden, die selbst mindestens die durch die Prüfung festzustellende oder eine gleichwertige Qualifikation besitzen.

(4) Abschlussarbeiten, insbesondere die Bachelor-, Master-, Diplom- oder Magisterarbeit sind von zwei Prüfungsberechtigten zu bewerten. Sonstige schriftliche Prüfungsleistungen können von zwei Prüfungsberechtigten bewertet werden; auf eine Zweitbewertung darf nicht verzichtet werden, wenn es sich um eine Wiederholungsprüfung handelt. Mündliche Prüfungen sind in der Regel von mehreren Prüfungsberechtigten oder von einem Prüfungsberechtigten sowie einer sachkundigen Beisitzerin oder einem sachkundigen Beisitzer abzunehmen; Satz 2, zweiter Halbsatz gilt entsprechend.

(5) Bei mündlichen Hochschulprüfungen sind Studierende, die sich der gleichen Prüfung zu einem späteren Zeitpunkt unterziehen wollen, als Zuhörerinnen und Zuhörer zugelassen, sofern die Kandidatin oder der Kandidat bei der Meldung zur Prüfung nicht widerspricht oder sich die Öffentlichkeit nicht wegen der besonderen Eigenart des Prüfungsfachs verbietet. Die Zulassung erstreckt sich nicht auf die Bekanntgabe des Prüfungsergebnisses.

§ 52
Prüfungsordnungen

(1) Hochschulprüfungen werden aufgrund von Prüfungsordnungen abgelegt, die als Satzungen der Fachbereiche erlassen und vom Präsidium genehmigt werden, sofern nicht durch Rechtsvorschrift etwas anderes bestimmt ist. Der Senat kann für alle Studiengänge der Hochschule in einer Satzung nach Anhörung der Fachbereiche fachübergreifende Bestimmungen für die Prüfungen und das Prüfungsverfahren (Prüfungsverfahrensordnung) erlassen, soweit einheitliche Studien- und Prüfungsbestimmungen unerlässlich sind.

(2) In den Prüfungsordnungen sind die Prüfungsanforderungen und das Prüfungsverfahren zu regeln. Insbesondere müssen die Prüfungsordnungen bestimmen,

1. welche Regelstudienzeit gilt,
2. wie sich das Studienvolumen in Semesterwochenstunden und Leistungspunkten bemisst,
3. wie der Abschlussgrad zu bezeichnen ist,
4. welche Qualifikation mit dem Studiengang erreicht wird (§ 49 Absatz 2)
5. welche Module der Studiengang umfasst,
6. welche Arten von Prüfungsleistungen zu erbringen sind,
7. (gestrichen),
8. innerhalb welcher Zeit die Bachelor- und die Masterarbeit oder sonstige schriftliche Abschlussarbeiten anzufertigen sind und welche Rechtsfolgen bei Fristüberschreitung eintreten,
9. wie oft und innerhalb welcher Zeit Prüfungsleistungen wiederholt werden dürfen,
10. nach welchen Grundsätzen die Prüfungsleistungen zu bewerten sind und wie das Gesamtprüfungsergebnis zu ermitteln ist,
11. wie sich die Prüfungsausschüsse zusammensetzen,
12. innerhalb welcher Frist Prüfungsleistungen zu bewerten sind,
13. in welcher Sprache die Prüfungen abgelegt werden, wenn die Prüfungssprache nicht Deutsch ist,
14. ach welchen Grundsätzen geeignete Nachteilsausgleiche für Studierende mit Behinderung zu gewähren sind.

(3) Die Prüfungsordnung kann regeln, welchen zeitlichen Gesamtumfang das Prüfungsverfahren hat und welche Rechtsfolgen bei Fristüberschreitung eintreten. Sie kann auch bestimmen, dass eine erstmals nicht bestandene Prüfung als nicht unternommen gilt, wenn sie innerhalb der Regelstudienzeit und zu dem in der Prüfungsordnung vorgesehenen Zeitpunkt abgelegt wurde (Freiversuch). In Diplom- und Magisterstudiengängen, in denen eine Abschlussprüfung vorgesehen ist, soll ein Freiversuch zugelassen werden; eine im Rahmen des Freiversuchs bestandene Abschlussprüfung kann zur Notenverbesserung einmal wiederholt werden. Die Prüfungsordnung kann ferner Regelungen treffen, nach denen eine Prüfung als endgültig nicht bestanden gilt, wenn die oder der Studierende die Regelstudienzeit um mindestens 50 % überschritten hat, ein Studienfortschritt nicht mehr feststellbar ist und trotz einer Studienberatung nicht mit einem Abschluss innerhalb eines angemessenen Zeitraums zu rechnen ist. An Kommissionen, die eine diesbezügliche Entscheidung zu treffen haben, ist eine von der Fachschaftsvertretung der Studierenden zu benennende Vertreterin oder ein zu benennender Vertreter der Studierenden zu beteiligen.

(4) War die oder der Studierende

1. wegen der Betreuung oder Pflege eines Kindes unter 14 Jahren oder eines pflegebedürftigen sonstigen Angehörigen,
2. wegen Behinderung oder längerer schwerer Krankheit,
3. wegen Schwangerschaft,
4. wegen Auslandsstudiums,
5. wegen Mitgliedschaft in Gremien der Hochschule oder in satzungsmäßigen Organen der Studierendenschaft oder des Studentenwerkes,
6. wegen des Erwerbs von Fremdsprachenkenntnissen während des Studiums zum Nachweis der Studienqualifikation,
7. wegen der Zurückstellung von der Teilnahme an Lehrveranstaltungen aus kapazitären Gründen oder
8. aus anderen wichtigen, in der eigenen Person liegenden Gründen, die die Einhaltung der vorgegebenen Studienzeit als außergewöhnliche Härte erscheinen lassen,

nachweislich gehindert, die Prüfung innerhalb der in Absatz 3 Satz 2 bis 4 vorgegebenen Zeiträume abzulegen, gilt die in der Prüfungsordnung nach Absatz 3 Satz 2 und 3 getroffene Regelung auch dann, wenn die Prüfung in angemessener Frist nach Ablauf der Regelstudienzeit abgelegt worden ist, oder es werden entsprechende Zeiten gemäß Absatz 3 Satz 4 nicht auf das Überschreiten der Regelstudienzeit angerechnet.

(5) Wird die Zulassung zur Prüfung davon abhängig gemacht, dass Prüfungsvorleistungen erbracht werden, sind diese in der Prüfungsordnung zu regeln. Hochschulprüfungen können abgelegt werden, sobald diese Leistungen nachgewiesen sind. Die Prüfungsordnungen legen die Fristen für die Meldung zur Prüfung fest.

(6) Die Prüfungsordnung kann vorsehen, dass Einzelunterricht im Fach Musik nur in dem in der Prüfungsordnung vorgesehenen Umfang erteilt wird.

(7) Eine Prüfungsordnung darf nur erlassen und genehmigt werden, wenn sie
1. nicht gegen eine Rechtsvorschrift verstößt,
2. eine Regelstudienzeit vorsieht, die § 50 entspricht,
3. die im Hochschulbereich erforderliche Einheitlichkeit oder Gleichwertigkeit der Ausbildung oder der Abschlüsse nicht gefährdet,
4. einer Empfehlung oder einer Vereinbarung entspricht, die die Länder geschlossen haben, um die Gleichwertigkeit einander entsprechender Studien- und Prüfungsleistungen sowie Studienabschlüsse und die Möglichkeit des Hochschulwechsels zu gewährleisten, und
5. die Inanspruchnahme der Schutzfristen nach §§ 3 und 6 des Mutterschutzgesetzes sowie Zeiten der Elternzeit ermöglicht.

(8) Das Ministerium kann zur Wahrung der Einheitlichkeit und Gleichwertigkeit von Hochschulprüfungen durch Verordnung allgemeine Bestimmungen für Prüfungsordnungen erlassen.

(9) Für staatliche Prüfungen gelten die Vorschriften über die Zwischenprüfung (§ 51 Absatz 1 Satz 2, zweiter Halbsatz) und die Prüfungsfristen (Absatz 5 Satz 3) entsprechend. Für den Erlass von Prüfungsordnungen für staatliche Prüfungen gelten die Absätze 2 bis 4 entsprechend, sofern nicht durch Rechtsvorschrift etwas anderes bestimmt ist. Bei Studiengängen, die mit einer staatlichen Prüfung abgeschlossen werden, erlässt das fachlich zuständige Ministerium die Prüfungsordnungen nach Anhörung der Hochschulen durch Verordnung.

(10) Für Studiengänge, die mit einem Staatsexamen oder einer kirchlichen Prüfung abschließen, erlässt der Fachbereich eine Studienordnung durch Satzung; für andere Studiengänge können die Fachbereiche Studienordnungen erlassen. In der Studienordnung sind auf der Grundlage der Prüfungsordnung das Studienziel, der Inhalt und der zweckmäßige Aufbau des Studiums einschließlich einer in den Studiengang eingeordneten praktischen Tätigkeit zu regeln. Es sind Gegenstand, Art und Umfang der Lehrveranstaltungen und Studienleistungen, die für den erfolgreichen Abschluss des Studiums erforderlich sind, zu bezeichnen. Studienordnungen bedürfen nicht der Zustimmung des Hochschulrats. Der Fachbereich kann einen Studienplan erstellen.

(11) Der Fachbereich kann die Teilnahme an den zum erforderlichen Lehrangebot gehörenden Lehrveranstaltungen beschränken, wenn
1. die Zahl der Bewerberinnen und Bewerber die Aufnahmefähigkeit einer Lehrveranstaltung übersteigt,
2. dies trotz einer erschöpfenden Nutzung der Ausbildungskapazitäten zur ordnungsgemäßen Durchführung des Studiums erforderlich ist und
3. den Studierenden die Teilnahme an einer entsprechenden Lehrveranstaltung in demselben Semester oder bei Vorliegen zwingender Gründe im darauf folgenden Semester ermöglicht wird.

Die Auswahlkriterien werden in der Studienordnung bestimmt.

(12) Eine verpflichtende Teilnahme der Studierenden an Lehrveranstaltungen darf als Teilnahmevoraussetzung für Prüfungsleistungen nicht geregelt werden, es sei denn, bei der Lehrveranstaltung handelt es sich um eine Exkursion, einen Sprachkurs, ein Praktikum, eine praktische Übung oder eine vergleichbare Lehrveranstaltung.

(13) Die Prüfungsordnungen der Hochschulen müssen vorschreiben, wie viele Prüfungen Studierende pro Tag höchstens absolvieren sollen.

§ 53
Hochschulgrade und Diploma Supplement

(1) Aufgrund einer Hochschulprüfung, die zu einer beruflichen Tätigkeit befähigt, verleiht die Hochschule
1. den Bachelorgrad als ersten Abschluss,
2. den Mastergrad als weiteren Abschluss,
3. den Diplomgrad mit der Angabe der Fachrichtung,
4. an den Universitäten und gleichgestellten Hochschulen sowie an der Musikhochschule Lübeck den Grad einer Magistra oder eines Magisters.

Die Hochschule kann den Diplomgrad auch aufgrund einer staatlichen oder kirchlichen Prüfung, mit der ein Hochschulstudium abgeschlossen wird, verleihen. Hierfür bedarf es einer Satzung des Fachbereichs. Der Diplomgrad, der nach dem Studium an einer Fachhochschule verliehen wird, erhält den Zusatz „Fachhochschule" oder „FH".

(2) Das Ministerium kann der Hochschule durch Verordnung das Recht verleihen, aufgrund einer Vereinbarung mit einer ausländischen Hochschule andere als die in Absatz 1 genannten Grade zu verleihen. Die Berechtigung der Hochschule, ihre bisherigen Hochschulgrade zu verleihen, bleibt unberührt.

(3) Aufgrund einer Vereinbarung mit einer anerkannten ausländischen Hochschule kann ein Hochschulgrad gemeinsam mit einer oder mehreren ausländischen Hochschulen (Joint Degree) verliehen werden, wenn
1. der dem Grad zu Grunde liegende Studiengang gemeinsam von den beteiligten Hochschulen entwickelt worden ist und abgestimmt betrieben wird,
2. die Prüfungsverfahren aufeinander abgestimmt sind und
3. die oder der Studierende mindestens ein Jahr in einem Bachelorstudiengang oder einem anderen grundständigen Studiengang oder mindestens ein halbes Jahr in einem Masterstudiengang an jeder der beteiligten Hochschulen studiert und mit Prüfungsleistungen erfolgreich abgeschlossen hat.

Die Vereinbarung mit der ausländischen Hochschule kann auch vorsehen, dass ein Hochschulgrad zusätzlich zu einem ausländischen Hochschulgrad verliehen wird (Doppelabschluss), wenn die Voraussetzungen von Satz 1 Nummer 3 erfüllt sind.

(4) Der Urkunde über die Verleihung des akademischen Grades fügt die Hochschule ein Diploma Supplement und auf schriftlichen Antrag der oder des Studierenden eine Aufstellung der absolvierten Kurse, der erworbenen Leistungspunkte und der einzelnen Noten („Transcript of Records") bei.

(5) Die Fachhochschulen und die Fachhochschule Wedel sind berechtigt, den Diplomgrad nach Absatz 1 auf Antrag

auch nachträglich an Personen zu verleihen, die sich in einem Ausbildungsgang befanden, der in einen Studiengang der Fachhochschule übergeleitet worden ist, und die aufgrund der Abschlussprüfung an der Fachhochschule von dieser graduiert worden sind.

(6) Das Ministerium ist berechtigt, auf Antrag an Personen, die in Schleswig-Holstein

1. die Ausbildung an einer Ingenieurschule oder an einer in den Fachhochschulbereich einbezogenen gleichrangigen Bildungseinrichtung erfolgreich abgeschlossen haben und graduiert werden konnten und
2. eine mindestens fünfjährige praktische Tätigkeit in dem der jeweiligen Abschlussprüfung entsprechenden Beruf ausgeübt haben,

die Berechtigung zur Führung eines Diplomgrades als staatliche Bezeichnung zu verleihen. Die Diplombezeichnungen entsprechen den Bezeichnungen der von den Fachhochschulen in der jeweiligen Fachrichtung verliehenen Hochschulgrade.

§ 54
Promotion

(1) Die Promotion dient dem Nachweis der Befähigung zu vertiefter selbständiger wissenschaftlicher Arbeit und beruht auf einer selbständigen wissenschaftlichen Arbeit (Dissertation) und einer mündlichen Prüfung. Die Promotion berechtigt zum Führen des Doktorgrades.

(2) Die Zulassung zum Promotionsverfahren setzt in der Regel einen Master- oder vergleichbaren Abschluss in einem universitären, einem künstlerisch-wissenschaftlichen oder in einem Fachhochschulstudiengang voraus. Wer einen entsprechenden Studiengang mit einem Bachelorgrad oder einen Studiengang an einer Fachhochschule mit einem Diplomgrad abgeschlossen hat, kann im Wege eines Eignungsfeststellungsverfahrens, das in der Promotionsordnung zu regeln ist, zum Promotionsverfahren zugelassen werden. Professorinnen oder Professoren der Fachhochschulen können an der Betreuung der Promotion beteiligt sowie zu Gutachterinnen und Gutachtern und zu Prüferinnen und Prüfern bestellt werden.

(3) Näheres über die Feststellung der Befähigung sowie über das Verfahren auch zur Verleihung einer Ehrenpromotion regelt der Fachbereich in der Promotionsordnung, die der Genehmigung des Präsidiums bedarf. In der Promotionsordnung kann geregelt werden, dass die Hochschule eine Versicherung an Eides Statt über die Eigenständigkeit der erbrachten wissenschaftlichen Leistungen verlangen und abnehmen kann. Für Promotionsverfahren von Fachhochschulabsolventinnen und -absolventen sind in die Promotionsordnung Bestimmungen über die Mitwirkung von Professorinnen und Professoren der Fachhochschulen aufzunehmen.

(4) Die Hochschulen sollen für ihre Promovierenden forschungsorientierte Studien anbieten und ihnen die Vertiefung von Schlüsselqualifikationen ermöglichen. Die Hochschulen können zur Durchführung von Promotionen aufgrund einer Satzung des Fachbereiches besondere Promotionsprogramme oder Promotionsstudiengänge anbieten und die Verleihung internationaler Doktorgrade erproben; die Programme und Studiengänge bedürfen der Zustimmung des Ministeriums.

(5) Das Recht, Promotionen und Ehrenpromotionen zu verleihen, haben die Christian-Albrechts-Universität zu Kiel, die Universität zu Lübeck, die Universität Flensburg, die Musikhochschule Lübeck sowie die Muthesius Kunsthochschule Kiel. Absolventinnen und Absolventen von Fachhochschulen können außerdem nach Maßgabe des § 54 Absatz 3 Satz 1 über das Promotionskolleg Schleswig-Holstein promoviert werden. Das Promotionskolleg Schleswig-Holstein kann auch Ehrenpromotionen verleihen.

(6) Die Promotion hochqualifizierter wissenschaftlicher Nachwuchskräfte und die Entwicklung herausragenden künstlerischen Nachwuchses werden gefördert. Die näheren Regelungen, insbesondere über die Förderungsarten, die Voraussetzungen für die Gewährung von Stipendien, den Umfang und die Dauer der Förderung sowie die Vergabeverfahren, trifft das Ministerium durch Verordnung.

§ 54 a
Promotionskolleg Schleswig-Holstein

(1) Universitäten und Fachhochschulen können gemeinsam unbeschadet des § 18 Absatz 3 auf Grundlage eines zwischen ihnen abzuschließenden öffentlich-rechtlichen Vertrages nach § 38 Absatz 1 Nummer 2 Landesverwaltungsgesetz mit Zustimmung des Ministeriums ein Promotionskolleg Schleswig-Holstein als hochschulübergreifende wissenschaftliche Einrichtung zur Durchführung von Promotionsverfahren gründen. Dabei sind insbesondere Regelungen für

1. Zweck und Aufgabe,
2. Name, Mitglieder Sitz und Rechtsform „öffentlich-rechtliche Körperschaft",
3. Organe, Zuständigkeiten, Verfahrensregelungen, wobei mindestens eine Versammlung der Verbandsmitglieder, der die Entscheidung über die grundsätzlichen Angelegenheiten, der Erlass von Satzungen und die Wahl und Überwachung des Vorstands zu übertragen ist, sowie ein Vorstand vorzusehen ist, der die Vertretung des Promotionskollegs gegenüber Dritten und die operativen Aufgaben wahrnimmt,
4. Finanzierung und
5. den Fall der Auflösung

vorzusehen. Die Zustimmung des Ministeriums ist abweichend von § 38 Absatz 4 Satz 1 Landesverwaltungsgesetz im Nachrichtenblatt des Ministeriums bekannt zu machen. Die für die Hochschulen geltenden haushaltsrechtlichen Vorschriften gelten entsprechend. Im Rahmen der Gesetze und des öffentlich-rechtlichen Vertrages in der Form des Zustimmungserlasses kann das Kolleg seine Angelegenheiten durch Satzung regeln. § 4 gilt entsprechend; die Gewährleistung dieser Rechte ist durch geeignete organisatorische Regelungen sicherzustellen.

(2) Im Rahmen von Kooperationsverträgen können Professorinnen und Professoren nichtstaatlicher Hochschulen nach den §§ 76 bis 81 sowie von Universitäten anderer Bundesländer und des Auslands an Promotionsverfahren des Promotionskollegs Schleswig-Holstein mitwirken. Studierende nichtstaatlicher Hochschulen nach den §§ 76 bis 81 können im Rahmen dieser Kooperationsverträge am Promotionskolleg promoviert werden.

(3) Das Ministerium kann durch Verordnung dem Promotionskolleg nach evaluations- und qualitätsgeleiteten Kriterien das Promotionsrecht verleihen, wenn die folgenden Voraussetzungen erfüllt sind:

1. Einrichtung und Zusammensetzung von Forschungsteams, denen mindestens drei Fachhochschulprofessorinnen oder –professoren sowie mindestens eine Universitätsprofessorin oder ein Universitätsprofessor angehören müssen,
2. Trennung von Betreuung und Begutachtung der Promotion und
3. besondere Qualifikation, insbesondere Forschungsstärke, Zweitmitgliedschaft an einer Universität oder zusätzliche wissenschaftliche Leistungen nach § 61 Absatz 1 Nummer 5 Buchstabe a im Rahmen einer Juniorprofessur oder durch eine Habilitation oder gleichwertige wissenschaftliche Leistungen, der beteiligten Fachschulprofessorinnen und –professoren.

§ 54 Absatz 5 Satz 1 und § 76 Absatz 6 Satz 6 bleiben unberührt.

(4) Das Erreichen der mit dem Promotionskolleg verfolgten Ziele wird frühestens fünf Jahre und spätestens sieben Jahre nach Gründung evaluiert.

§ 54 b
Konzertexamen

(1) Die an der Musikhochschule Lübeck angebotenen Studiengänge mit dem Ziel des Konzertexamens dienen der zusätzlichen künstlerischen Qualifikation oder Vertiefung des Studiums.

(2) Die Regelstudienzeit der zum Konzertexamen führenden Studiengänge soll höchstens vier Semester betragen. Zugangsvoraussetzung ist mindestens der hervorragende

Abschluss eines geeigneten künstlerischen Master- oder Diplomstudiengangs oder eines vergleichbaren Studiengangs. Das Nähere regeln die Prüfungsordnungen. Für die Teilnahme an Studiengängen mit dem Ziel des Konzertexamens können Beiträge gemäß § 41 Satz 3 und 4 erhoben werden.

§ 55
Habilitation

(1) Die Universitäten können Gelegenheit zur Habilitation geben. Das Nähere regelt der jeweilige Fachbereich durch Satzung, die der Genehmigung des Präsidiums bedarf.

(2) Mit der Habilitation werden die Lehrbefähigung zuerkannt und das Recht verliehen, dem Grad einer Doktorin oder eines Doktors den Zusatz „habilitata" oder „habilitatus" (abgekürzt „habil") anzufügen. Die nicht promovierten Habilitierten erhalten den akademischen Grad „Dr. habil.".

§ 56
Führen inländischer Grade

(1) Von einer deutschen staatlichen oder staatlich anerkannten Hochschule verliehene Hochschulgrade, Hochschulbezeichnungen oder Hochschultitel sowie entsprechende staatliche Grade, Bezeichnungen oder Titel (Grade) können im Geltungsbereich dieses Gesetzes geführt werden. Sieht die Promotionsordnung einer Hochschule aufgrund von § 54 Absatz 3 Satz 1 oder § 54 a Absatz 1 Satz 5 die Verleihung des Doktorgrades in der Form des „Doctor of Philosophy (Ph.D.)" vor, kann dieser Titel alternativ auch in der abgekürzten Form „Dr." geführt werden; eine gleichzeitige Führung der Abkürzungen „Ph.D." und „Dr." ist nicht zulässig.

(2) Grade dürfen nur verliehen werden, wenn landesrechtliche Bestimmungen es vorsehen. Bezeichnungen, die Graden zum Verwechseln ähnlich sind, dürfen nicht verliehen werden; ihre Verleihung darf nicht vermittelt werden.

(3) Ordnungswidrig handelt, wer vorsätzlich entgegen Absatz 2 Satz 1 Grade oder entgegen Absatz 2 Satz 2 zum Verwechseln ähnliche Bezeichnungen verleiht oder deren Verleihung vermittelt. Die Ordnungswidrigkeit kann mit einer Geldbuße bis zu 50.000 Euro geahndet werden.

§ 57
Führen ausländischer Grade

(1) Ein ausländischer Hochschulgrad, der von einer nach dem Recht des Herkunftslandes anerkannten Hochschule aufgrund eines durch Prüfung abgeschlossenen Studiums verliehen worden ist, kann in der Form, in der er verliehen wurde, unter Angabe der verleihenden Hochschule geführt werden. Dabei kann die verliehene Form in die lateinische Schrift übertragen und die im Herkunftsland zugelassene oder nachweislich allgemein übliche Abkürzung geführt und eine wörtliche Übersetzung in Klammern hinzugefügt werden. Dies gilt entsprechend für staatliche und kirchliche Grade. Die Umwandlung in einen inländischen Grad findet nicht statt.

(2) Ein ausländischer Ehrengrad, der von einer nach dem Recht des Herkunftslandes zur Verleihung berechtigten Stelle verliehen wurde, kann nach Maßgabe der für die Verleihung geltenden Rechtsvorschriften in der verliehenen Form unter Angabe der verleihenden Stelle geführt werden. Dabei kann die verliehene Form in die lateinische Schrift übertragen werden. Ehrengrade dürfen nicht geführt werden, wenn die ausländische Institution kein Recht zur Vergabe des entsprechenden Grades nach Absatz 1 hat.

(3) Die Regelungen der Absätze 1 und 2 gelten entsprechend für Hochschultitel und Hochschultätigkeitsbezeichnungen. Professorentitel dürfen grundsätzlich nur für die Dauer der Tätigkeit geführt werden.

(4) Das Ministerium wird ermächtigt, durch Verordnung

1. von den Absätzen 1 bis 3 abweichende begünstigende Regelungen, insbesondere für Berechtigte nach dem Bundesvertriebenengesetz sowie für das Führen ausländischer Professorentitel, zu treffen und
2. Einzelheiten zum Führen ausländischer Grade nach den Absätzen 1 bis 3 und 5, insbesondere zur Verleihungsform und zu Nachweispflichten über Art und Form der Verleihung, zu regeln.

(5) Eine von den Absätzen 1 bis 4 abweichende Grad- oder Titelführung ist untersagt. Durch Entgelt erworbene Titel und Grade dürfen nicht geführt werden. Wer einen Grad, Titel oder eine Hochschulbezeichnung führt, hat auf Verlangen der zuständigen Stelle die Berechtigung hierzu urkundlich nachzuweisen.

§ 58
Wissenschaftliche Weiterbildung und berufsbegleitendes Studium

(1) Das Angebot der wissenschaftlichen Weiterbildung umfasst

1. weiterbildende Masterstudiengänge,
2. Weiterbildungsangebote mit Abschlusszertifikat,
3. sonstige Weiterbildungsveranstaltungen,
4. Studiengänge, die berufsbegleitend angeboten werden.

Die Angebote der wissenschaftlichen Weiterbildung richten sich in der Regel an Personen mit qualifizierter berufspraktischer Erfahrung.

(2) Voraussetzung für den Zugang zu weiterbildenden Masterstudiengängen nach Absatz 1 Satz 1 Nummer 1 sind grundsätzlich ein Hochschulabschluss sowie berufspraktische Erfahrungen von in der Regel einem Jahr. Abweichend von § 49 Absatz 4 Satz 2 kann in Ausnahmefällen für weiterbildende Masterstudiengänge an die Stelle des Hochschulabschlusses eine Eingangsprüfung treten. Im Übrigen gelten die §§ 46, 48 bis 53 entsprechend. Für berufsbegleitende Studiengänge, die nicht unter Absatz 1 Satz 1 Nummer 1 fallen, gelten die §§ 38, 39, 48 bis 53.

(3) Weiterbildungsangebote, die mit einem Zertifikat abschließen (Absatz 1 Satz 1 Nummer 2) stehen Personen mit abgeschlossenem Hochschulstudium und solchen Personen offen, die für die Teilnahme erforderliche Eignung im Beruf oder auf andere Weise erworben haben. Wer am weiterbildenden Studium mit Zertifikat teilnimmt, ist Gaststudierende oder Gaststudierender. Die Hochschule kann Weiterbildungsangebote nach Absatz 1 Satz 1 Nummer 2 und 3 auch auf privatrechtlicher Grundlage anbieten.

(4) Die Hochschulen gewährleisten für ihr wissenschaftliches Personal das Angebot von Weiterbildungsveranstaltungen zur Vermittlung didaktischer Fähigkeiten.

§ 59
Organisation der wissenschaftlichen Weiterbildung

(1) In der Regel führen die Hochschulen Weiterbildungsstudiengänge selbst durch und bieten Weiterbildungsveranstaltungen als eigene Veranstaltungen an. Lehrangebote der wissenschaftlichen Weiterbildung gehören zu den Dienstaufgaben des Lehrpersonals der Hochschule. Die Verordnung nach § 70 Absatz 1 kann bestimmen, dass bis zu 10 % der vorhandenen Lehrkapazität für Weiterbildungsangebote eingesetzt werden können, wenn die Hochschule die entsprechende Durchführung des Weiterbildungsangebotes gewährleistet.

(2) Professorinnen und Professoren sowie wissenschaftlichen Mitarbeiterinnen und Mitarbeitern können im Zusammenhang mit dem Hauptamt Lehrtätigkeiten im Bereich der Weiterbildung auch als Tätigkeit im Nebenamt übertragen werden, wenn die entsprechende Lehrtätigkeit nicht auf ihre oder seine Lehrverpflichtung angerechnet wird. Die Hochschulen setzen die Höhe der Vergütung für Lehraufgaben nach Satz 1 im Rahmen der erzielten Einnahmen aus Beiträgen und privatrechtlichen Entgelten fest.

(3) Die Hochschulen können für Aufgaben der wissenschaftlichen Weiterbildung ihrem eigenen wissenschaftlichen Personal Lehraufträge erteilen, wenn die sonstigen Voraussetzungen für die Ausübung des Nebentätigkeitsrechts nach §§ 70 ff. des Landesbeamtengesetzes sowie der aufgrund § 78 des Landesbeamtengesetzes erlassenen Verordnung erfüllt sind.

(4) In besonderen Fällen können die Hochschulen in der wissenschaftlichen Weiterbildung mit Einrichtungen außerhalb des Hochschulbereiches kooperieren. Durch den Kooperationsvertrag ist sicherzustellen, dass es Aufgabe der Hochschule ist, das Lehrangebot inhaltlich und didaktisch zu entwickeln und dass Prüfungen in Verantwortung der Hochschule abgenommen werden. Der kooperierenden Einrichtung ist

es übertragen werden, die Weiterbildungsangebote zu organisieren, anzubieten und durchzuführen. Für die Leistungen der Hochschule vereinbart sie ein angemessenes Entgelt.

Abschnitt 6
Hochschulpersonal

§ 60
Aufgaben der Hochschullehrerinnen und Hochschullehrer

(1) Die Hochschullehrerinnen und Hochschullehrer nehmen die ihrer Hochschule jeweils obliegenden Aufgaben in Wissenschaft und Kunst, Forschung, Lehre, Weiterbildung sowie Wissens- und Technologietransfer in ihren Fächern nach näherer Ausgestaltung ihres Dienstverhältnisses selbständig wahr; in der Vorlesungszeit ist die persönliche Anwesenheit am Dienstort in der Regel an mindestens drei vollen Tagen pro Woche in der Zeit von Montag bis Freitag erforderlich. Sie sind verpflichtet, Lehrveranstaltungen ihres Fachs in allen Studiengängen und Studienbereichen abzuhalten und die zur Sicherstellung des Lehrangebots gefassten Beschlüsse durchzuführen. Sie wirken bei Eignungs-, Feststellungs- und Auswahlverfahren, beim Hochschulzugang und bei der Zulassung der Studienbewerberinnen und Studienbewerber sowie an akademischen und staatlichen Prüfungen mit; sie übernehmen die wissenschaftliche Betreuung von Doktorandinnen und Doktoranden; sie beteiligen sich an der Selbstverwaltung, an Aufgaben der Studienreform und an der Studienberatung. Soweit einer Hochschule weitere Aufgaben als Landesaufgaben im Sinne des § 6 Absatz 4 übertragen werden, gehört auch deren Wahrnehmung zu den hauptberuflichen Pflichten der Hochschullehrerinnen und Hochschullehrer. Auf Antrag einer Hochschullehrerin oder eines Hochschullehrers kann die Präsidentin oder der Präsident die Wahrnehmung von Aufgaben in einer Einrichtung der Kunst und Wissenschaft, die überwiegend aus staatlichen Finanzmitteln finanziert wird, zur dienstlichen Aufgabe im Hauptamt erklären, wenn dies mit der Erfüllung ihrer oder seiner übrigen Aufgaben vereinbar ist.

(2) Professorinnen und Professoren an Universitäten und Kunsthochschulen kann nach der Stellenbeschreibung von der Präsidentin oder dem Präsidenten als Dienstaufgabe eine überwiegende Tätigkeit in der Lehre (Lehrprofessur) oder ganz oder überwiegend in der Forschung übertragen werden.

(3) Professorinnen und Professoren können nach ihrer Anhörung verpflichtet werden, Lehrveranstaltungen in dem von ihnen vertretenen Fach an einer anderen staatlichen Hochschule abzuhalten und Prüfungen abzunehmen, soweit dies zur Gewährleistung des Lehrangebots oder im Rahmen des Zusammenwirkens von Hochschulen des Landes erforderlich ist. Die Hochschulen treffen darüber Vereinbarungen. Überschreitungen der regelmäßigen Lehrverpflichtung sind auszugleichen.

(4) Art und Umfang der von der einzelnen Hochschullehrerin oder dem einzelnen Hochschullehrer wahrzunehmenden Aufgaben richten sich unter Beachtung der Absätze 1 bis 3 nach der Ausgestaltung des Dienstverhältnisses und der Funktionsbeschreibung der Stelle. Die Festlegung steht unter dem Vorbehalt einer Überprüfung in angemessenen Abständen. Eine Änderung erfolgt im Benehmen mit dem Fachbereich; die oder der Betroffene ist vorher zu hören.

(5) Die Professorinnen und Professoren bleiben nach ihrem Eintritt in den Ruhestand zur Lehre berechtigt. Die Hochschule kann sie mit ihrem Einverständnis an Prüfungen beteiligen.

§ 61
Einstellungsvoraussetzungen für Professorinnen und Professoren

(1) Einstellungsvoraussetzungen für Professorinnen und Professoren sind neben den allgemeinen beamtenrechtlichen Voraussetzungen mindestens

1. ein zum Zugang für die Laufbahn der Laufbahngruppe 2, zweites Einstiegsamt berechtigendes abgeschlossenes Hochschulstudium,
2. pädagogische und didaktische Eignung,
3. besondere Befähigung zu wissenschaftlicher Arbeit, die in der Regel durch die gute Qualität einer Promotion nachgewiesen wird,
4. in der Regel der Nachweis einer mindestens zweijährigen wissenschaftlichen Tätigkeit an einer anderen, als der berufenden Hochschule oder an einer außeruniversitären Forschungseinrichtung und
5. darüber hinaus je nach Anforderungen der Stelle
    a) zusätzliche wissenschaftliche Leistungen,
    b) zusätzliche künstlerische Leistungen oder
    c) besondere Leistungen bei der Anwendung oder Entwicklung wissenschaftlicher Erkenntnisse und Methoden in einer mindestens fünfjährigen beruflichen Praxis, von der mindestens drei Jahre außerhalb des Hochschulbereichs ausgeübt worden sein müssen.

(2) Die zusätzlichen wissenschaftlichen Leistungen nach Absatz 1 Nummer 5 Buchstabe a werden im Rahmen einer Juniorprofessur oder durch eine Habilitation oder gleichwertige wissenschaftliche Leistungen, die auch außerhalb des Hochschulbereichs erbracht sein können, nachgewiesen. Bei Professorinnen und Professoren mit ärztlichen oder zahnärztlichen Aufgaben ist zusätzlich die Anerkennung als Fachärztin oder Facharzt nachzuweisen, soweit für das betreffende Fachgebiet im Geltungsbereich dieses Gesetzes eine entsprechende Qualifizierung vorgesehen ist.

(3) Auf eine Stelle, deren Funktionsbeschreibung die Wahrnehmung erziehungswissenschaftlicher oder fachdidaktischer Aufgaben in der Lehrerbildung vorsieht, soll nur berufen werden, wer eine mindestens dreijährige Schulpraxis nachweist.

(4) Professorinnen und Professoren an Fachhochschulen müssen die Voraussetzungen nach Absatz 1 Nummer 5 Buchstabe c erfüllen; Absatz 1 Nummer 4 findet für Professorinnen und Professoren an Fachhochschulen keine Anwendung. In besonders begründeten Ausnahmefällen können auch Professorinnen und Professoren eingestellt werden, wenn sie die Voraussetzungen nach Absatz 1 Nummer 5 Buchstabe a erfüllen.

(5) Soweit es der Eigenart des Faches und den Anforderungen der Stelle entspricht, können abweichend von Absatz 1 Nummer 1 bis 5 und den Absätzen 2 und 3 an künstlerischen Hochschulen sowie an Fachhochschulen mit Zustimmung des Ministeriums Professorinnen und Professoren eingestellt werden, die hervorragende fachbezogene Leistungen in der Praxis sowie pädagogische und didaktische Eignung nachweisen.

§ 62
Berufung von Professorinnen und Professoren

(1) Ist oder wird eine Stelle einer Professorin oder Professors (Professur) frei, prüft und entscheidet das Präsidium, ob und in welcher fachlichen Ausrichtung die Stelle befristet oder unbefristet besetzt werden soll. Die betroffenen Fachbereiche sind zu hören.

(2) Die Hochschule schreibt die Professur öffentlich und in geeigneten Fällen international aus. Die Ausschreibung, in der Art und Umfang der zu erfüllenden Aufgabe zu beschreiben sind, wird dem Ministerium rechtzeitig vor ihrer Veröffentlichung angezeigt; das Ministerium kann ihr innerhalb von drei Wochen nach Eingang widersprechen. Von der Ausschreibung einer Professur und der Durchführung des Berufungsverfahrens kann abgesehen werden, wenn

1. eine Professorin oder ein Professor in einem Beamtenverhältnis auf Zeit oder einem befristeten Beschäftigungsverhältnis, deren oder dessen bisherige Leistung im Rahmen einer Evaluation positiv bewertet worden ist, auf dieselbe Professur bei identischer Vergütung in einem Beamtenverhältnis auf Lebenszeit oder in einem unbefristeten Beschäftigungsverhältnis berufen werden soll oder
2. Dritte eine Professur personengebunden finanzieren und die oder der zu Berufende zuvor in berufungsähnliches Verfahren durchläuft, in dem Eignung, Befähigung und fachliche Leistung geprüft werden.

Von der Ausschreibung einer Professur kann abgesehen und das Berufungsverfahren angemessen vereinfacht werden, wenn
1. durch das Angebot dieser Stelle der Weggang einer Professorin oder eines Professors oder im Einzelfall einer Juniorprofessorin oder eines Juniorprofessors verhindert werden kann, die oder der einen nachgewiesenen höherwertigen Ruf einer anderen Hochschule erhalten hat,
2. eine Juniorprofessorin oder ein Juniorprofessor der eigenen Hochschule auf eine Professur in einem Beamtenverhältnis auf Lebenszeit oder einem unbefristeten Beschäftigungsverhältnis berufen werden soll und vor der Berufung eine durch Satzung der Hochschule geregelte interne und externe Leistungsevaluation mit positiver Leistungsbewertung durchgeführt worden ist oder
3. eine in besonderer Weise qualifizierte Persönlichkeit, deren Verbleib an der Hochschule in Hinblick auf die Stärkung der Qualität und Profilbildung im besonderen Interesse der Hochschule liegt, von einem unbefristeten oder befristeten Amt der Besoldungsgruppe W2 auf ein Amt der Besoldungsgruppe W3 berufen werden soll.

Die Entscheidung über den Verzicht auf die Ausschreibung nach Satz 3 oder 4 trifft das Präsidium auf Vorschlag oder nach Anhörung des Fachbereichs und der Gleichstellungsbeauftragten. Sie bedarf der Zustimmung durch das Ministerium. Für das Berufungsverfahren nach Satz 4 finden Absatz 4 Satz 2 und 5 sowie Absatz 5 Satz 1, Satz 2 zweiter Halbsatz, Satz 3 und 4 entsprechende Anwendung.

(3) Zur Vorbereitung des Berufungsvorschlags bildet der Fachbereich im Einvernehmen mit dem Präsidium einen Berufungsausschuss. In dem Berufungsausschuss verfügen die Professorinnen und Professoren über die absolute Mehrheit der Sitze und Stimmen. Dem Ausschuss gehören mindestens an
1. drei Hochschullehrerinnen und Hochschullehrer,
2. eine Angehörige oder ein Angehöriger der Mitgliedergruppe des wissenschaftlichen Dienstes und
3. eine Studierende oder ein Studierender.

In dem Berufungsausschuss sollen mindestens zwei Frauen Mitglieder sein, darunter mindestens eine Hochschullehrerin. Dem Berufungsausschuss können auch Mitglieder anderer Fachbereiche oder Hochschulen des In- und Auslands, nach § 35 angegliederter Einrichtungen oder anderer wissenschaftlicher Einrichtungen sowie im Einzelfall auch andere Personen angehören. Mindestens eine Hochschullehrerin oder ein Hochschullehrer soll einem anderen Fachbereich oder einer anderen Hochschule angehören. Soll die oder der zu Berufende an einer angegliederten Einrichtung tätig sein, die für die Professur überwiegend die erforderlichen Mittel zur Verfügung stellt, wird der Berufungsausschuss zur Hälfte mit Mitgliedern der Einrichtung besetzt.

(4) Der Berufungsausschuss erstellt unter Einholung auswärtiger und mindestens zwei vergleichender Gutachten einen Berufungsvorschlag, der drei Namen enthalten soll; bei künstlerischen Professuren an Kunsthochschulen und Fachhochschulprofessuren genügen auswärtige Gutachten. Grundlage des Vorschlags soll auch eine studiengangsbezogene Lehrveranstaltung der Bewerberinnen und Bewerber sein. Der Berufungsvorschlag kann mit deren Einwilligung auch die Namen von Personen enthalten, die sich nicht beworben haben. Mitglieder der eigenen Hochschule dürfen nur in begründeten Ausnahmefällen in den Berufungsvorschlag aufgenommen werden. Juniorprofessorinnen und Juniorprofessoren der eigenen Hochschule können in einen Berufungsvorschlag für die Besetzung von Stellen von Professorinnen und Professoren nur dann aufgenommen werden, wenn sie nach ihrer Promotion die Hochschule gewechselt hatten oder mindestens zwei Jahre außerhalb der berufenden Hochschule wissenschaftlich tätig waren. In dem Berufungsvorschlag sind die fachliche, pädagogische und persönliche Eignung eingehend und vergleichend zu würdigen und die gewählte Reihenfolge zu begründen.

(5) Die Gleichstellungsbeauftragte des Fachbereichs ist in die Beratung des Berufungsausschusses einzubeziehen und zu dem Vorschlag des Berufungsausschusses zu hören; ihre Äußerung ist der Vorschlagsliste beizufügen. Die Gleichstellungsbeauftragte kann verlangen, dass eine von ihr benannte Frau oder ein von ihr benannter Mann aus dem Kreis der Bewerberinnen und Bewerber in die Vorstellung und Begutachtung einbezogen wird; sie kann eine Professorin oder Sachverständige als Gutachterin vorschlagen. Die Studierenden im Fachbereichskonvent sind zu der pädagogischen Eignung der Vorzuschlagenden zu hören; ihre Äußerung ist der Vorschlagsliste beizufügen. Im Übrigen können die einzelnen stimmberechtigten Mitglieder des Berufungsausschusses sowie die Professorinnen und Professoren des jeweils betroffenen Fachbereichs ein Sondervotum abgeben, das dem Berufungsvorschlag beizufügen ist.

(6) Für das Verfahren zur Besetzung von Professuren in der klinischen Medizin gelten die Bestimmungen dieses Gesetzes mit folgenden Maßgaben:
1. einem Berufungsausschuss des Fachbereichs Medizin gehören zwei Mitglieder des Vorstands des Klinikums an, die sich vertreten lassen können, sowie eine Hochschullehrerin oder ein Hochschullehrer des jeweils anderen medizinischen Fachbereichs,
2. die Präsidentin oder der Präsident beruft die Hochschullehrerin oder den Hochschullehrer auf Vorschlag des Fachbereichskonvents nach Stellungnahme des Senats; mit dem Vorstand des Klinikums und der jeweiligen Campusdirektion ist, sofern die Hochschullehrerin oder der Hochschullehrer ein klinisches Fach vertritt und gleichzeitig einen Dienstleistungsvertrag mit dem Klinikum abschließen soll, Einvernehmen herzustellen.

(7) (gestrichen)

(8) Zur Förderung des Zusammenwirkens in Forschung und Lehre zwischen einer Hochschule und einer Forschungs- oder Bildungseinrichtung kann auf der Grundlage einer Vereinbarung beider Einrichtungen ein gemeinsames Berufungsverfahren durchgeführt werden. Die Vereinbarung kann insbesondere vorsehen, dass die Forschungs- oder Bildungseinrichtung in bestimmten Berufungsausschüssen der Hochschule vertreten ist. Dabei muss gewährleistet sein, dass die Hochschullehrerinnen und Hochschullehrer und die Vertreterinnen und Vertreter der Forschungs- oder Bildungseinrichtung, die den Hochschullehrerinnen und Hochschullehrern nach Funktion und Qualifikation gleichstehen, gemeinsam über die absolute Mehrheit der Sitze dieser Berufungsausschüsse verfügen. Absatz 3 gilt entsprechend.

(9) Die Präsidentin oder der Präsident beruft die Hochschullehrerinnen und Hochschullehrer auf Vorschlag des Fachbereichskonvents nach Stellungnahme des Senats, im Fall des Absatzes 3 Satz 7 im Einvernehmen mit der Leiterin oder dem Leiter der angegliederten Einrichtung; die Präsidentin oder der Präsident kann gesonderte Gutachten einholen. Sie oder er kann eine Professorin oder einen Professor abweichend von der Reihenfolge des Vorschlags des Fachbereichs berufen oder einen neuen Vorschlag anfordern, soweit gegen die Vorschläge Bedenken bestehen oder die Vorgeschlagenen den an sie ergangenen Ruf ablehnen. Ohne Vorschlag des Fachbereichs kann sie oder er eine Professorin oder einen Professor berufen, wenn
1. auch in einer zweiten Vorschlagsliste keine geeignete Person benannt ist oder
2. wenn der Fachbereich zehn Monate nach Einrichtung, Zuweisung oder Freiwerden der Stelle, bei Freiwerden durch Erreichen der Altersgrenze sechs Monate nach dem Freiwerden der Stelle, keinen Vorschlag vorgelegt hat oder der Aufforderung zur Vorlage eines Vorschlags bis zum Ablauf von sechs Monaten nicht nachgekommen ist.

(10) Bei einer Berufung dürfen Zusagen über die Ausstattung des vorgesehenen Aufgabenbereichs mit Personal- und Sachmitteln nur befristet für fünf Jahre und im Rahmen bereitstehender Finanzmittel erteilt werden. Die Zusagen können mit der Verpflichtung verbunden werden, dass die Professorin oder der Professor für eine angemessene, im Einzelnen zu bestimmende Zeit an der Hochschule bleiben wird. Für den Fall eines von der Professorin oder von dem Professor zu vertretenden vorzeitigen Ausscheidens aus der Hochschule kann eine vollständige oder teilweise Erstattung

der Mittel vereinbart werden. Die Erstattung setzt voraus, dass nach dem Ausscheiden der Professorin oder des Professors eine anderweitige Nutzung oder Verwertung dieser Mittel nicht oder nur mit wirtschaftlichem Verlust möglich ist. Die Zusagen stehen unter dem Vorbehalt struktureller Entscheidungen der Hochschule, der Evaluierung sowie der Entwicklung der zur Verfügung stehenden Finanzmittel.

§ 63
Dienstrechtliche Stellung der Professorinnen und Professoren

(1) Die Professorinnen und Professoren werden, soweit sie in das Beamtenverhältnis berufen werden, zu Beamtinnen und Beamten auf Zeit oder auf Lebenszeit ernannt. Vor der ersten Berufung einer Bewerberin oder eines Bewerbers in ein Professorenamt auf Lebenszeit kann das Dienstverhältnis zunächst auf zwei Jahre befristet werden. Eine Übernahme in ein Beamtenverhältnis auf Lebenszeit erfolgt, wenn nach Ablauf dieser Zeit der Fachbereichskonvent seine entsprechende Zustimmung erteilt.

(2) Ein privatrechtliches Dienstverhältnis kann befristet oder unbefristet begründet werden. Für befristete privatrechtliche Dienstverhältnisse gilt § 117 Absatz 5 und 6 des Landesbeamtengesetzes entsprechend. Professorinnen und Professoren, die zugleich eine Funktion im Klinikum nach § 90 Absatz 5 innehaben sollen, sollen die Professur auf der Grundlage eines privatrechtlichen Dienstverhältnisses erhalten.

(3) Mit der Berufung in das Beamtenverhältnis oder der Begründung eines privatrechtlichen Dienstverhältnisses ist zugleich die akademische Bezeichnung „Professorin" oder „Professor" verliehen. Die Professorin oder der Professor darf diese Bezeichnung nach dem Ausscheiden aus einem Dienstverhältnis als Professorin oder Professor ohne Zusatz weiterführen; im Falle eines Ausscheidens vor Erreichen der Altersgrenze gilt dies nur nach einer mindestens fünfjährigen Tätigkeit als Professorin oder Professor. Die Weiterführung der Bezeichnung kann von dem Präsidium nach Anhörung des Senats aus Gründen untersagt werden, die bei einer Beamtin oder einem Beamten zur Entfernung aus dem Beamtenverhältnis führen.

§ 64
Juniorprofessorinnen und Juniorprofessoren

(1) Juniorprofessorinnen und Juniorprofessoren haben die Aufgabe, sich durch die selbständige Wahrnehmung der ihrer Hochschule obliegenden Aufgaben in Wissenschaft, Forschung und Lehre sowie Weiterbildung für die Berufung auf eine Professur an einer Universität oder gleichgestellten Hochschule zu qualifizieren.

(2) Einstellungsvoraussetzungen für Juniorprofessorinnen und Juniorprofessoren sind neben den allgemeinen dienstlichen Voraussetzungen

1. ein zum Zugang für die Laufbahn der Laufbahngruppe 2, zweites Einstiegsamt berechtigendes abgeschlossenes Hochschulstudium,
2. pädagogische und didaktische Eignung, die durch eine entsprechende Vorbildung nachgewiesen oder ausnahmsweise im Berufungsverfahren festgestellt wird,
3. besondere Befähigung zu wissenschaftlicher Arbeit, die in der Regel durch die herausragende Qualität einer Promotion nachgewiesen wird.

Juniorprofessorinnen und Juniorprofessoren mit ärztlichen oder zahnärztlichen Aufgaben sollen zusätzlich die Anerkennung als Facharzt oder, soweit diese in dem jeweiligen Gebiet nicht vorgesehen ist, eine ärztliche Tätigkeit von mindestens fünf Jahren nach Erhalt der Approbation, Bestallung oder Erlaubnis der Berufsausübung nachweisen. Bei Juniorprofessorinnen oder Juniorprofessoren mit erziehungswissenschaftlichen und fachdidaktischen Aufgaben in der Lehrerbildung gilt § 61 Absatz 3 entsprechend.

(3) Sofern vor oder nach der Promotion eine Beschäftigung als wissenschaftliche Mitarbeiterin oder wissenschaftlicher Mitarbeiter oder als wissenschaftliche Hilfskraft erfolgt ist, sollen Promotions- und Beschäftigungsphase zusammen nicht mehr als sechs Jahre, im Bereich der Medizin nicht mehr als neun Jahre betragen haben. Verlängerungen nach § 2 Absatz 5 Satz 1 Nummern 1 und 3 bis 5 des Wissenschaftszeitvertragsgesetzes (WissZeitVG) vom 12. April 2007 (BGBl. I S. 506) bleiben hierbei außer Betracht. § 2 Absatz 3 Satz 1 WissZeitVG gilt entsprechend.

(4) Die Stellen für Juniorprofessorinnen und Juniorprofessoren sind öffentlich auszuschreiben. Die Juniorprofessorinnen und Juniorprofessoren werden von der Präsidentin oder dem Präsidenten auf Vorschlag des Fachbereichs berufen. § 62 Absatz 1 bis 5 und 8 bis 10 gilt entsprechend.

(5) Juniorprofessorinnen und Juniorprofessoren werden in der ersten Phase der Juniorprofessur für die Dauer von bis zu vier Jahren zu Beamtinnen und Beamten auf Zeit ernannt. Das Beamtenverhältnis einer Juniorprofessorin oder eines Juniorprofessors soll mit ihrer oder seiner Zustimmung vor dem Ablauf der ersten Phase bis zu einer Gesamtdauer von sechs Jahren verlängert werden, wenn sie oder er sich als Hochschullehrerin oder Hochschullehrer bewährt hat. Dies ist durch eine Evaluierung der Leistung in Lehre und Forschung sowie auf der Grundlage von Gutachten festzustellen, die von Professorinnen und Professoren des betreffenden Faches oder fachnaher Professorinnen oder Professoren an anderen Hochschulen eingeholt werden. Anderenfalls kann das Beamtenverhältnis mit Zustimmung der Juniorprofessorin oder des Juniorprofessors um bis zu einem Jahr verlängert werden. In besonderen Ausnahmefällen ist eine Verlängerung abweichend von Satz 4 um bis zu zwei weitere Jahre zulässig. Über die Verlängerung des Beamtenverhältnisses entscheidet die Präsidentin oder der Präsident auf Vorschlag des Fachbereichs. Im Übrigen ist eine weitere Verlängerung nur zulässig

1. in den Fällen des § 117 Absatz 5 Landesbeamtengesetz oder
2. für Schwerbehinderte, ihnen Gleichgestellte oder bei einer länger als drei Monate andauernden Erkrankung auf Antrag, soweit eine Nichtverlängerung eine unzumutbare Härte bedeuten würde.

Dies gilt auch für eine erneute Einstellung als Juniorprofessorin oder Juniorprofessor. In den Fällen des Satzes 7 Nummer 2 darf die Verlängerung insgesamt die Dauer von einem Jahr nicht überschreiten. Wird eine Mitarbeiterin oder ein Mitarbeiter des Landes mit Zustimmung ihres oder seines Dienstherrn zur Juniorprofessorin oder zum Juniorprofessor ernannt, ist sie oder er für die Dauer des Dienstverhältnisses als Juniorprofessorin oder Juniorprofessor unter Fortfall der Dienstbezüge zu beurlauben; im Falle eines vorherigen privatrechtlichen Dienstverhältnisses ist ihr oder ihm Sonderurlaub ohne Fortzahlung der Bezüge zu gewähren. § 9 Absatz 5 des Landesbeamtengesetzes findet keine Anwendung, sofern die oder der Beschäftigte einen Antrag auf Beurlaubung aus ihrem oder seinem privatrechtlichen Dienstverhältnis gestellt hat.

(6) Mit der Berufung in das Beamtenverhältnis ist das Recht verbunden, die Bezeichnung „Professorin" oder „Professor" als akademische Bezeichnung zu führen. Mit dem Ausscheiden aus dem Dienstverhältnis endet diese Berechtigung.

(7) Für Juniorprofessorinnen und Juniorprofessoren kann auch ein befristetes privatrechtliches Dienstverhältnis begründet werden. In diesem Fall gelten die Absätze 1 bis 6 entsprechend.

§ 65
Außerplanmäßige Professur, Honorar-Professur, Seniorprofessur, Privatdozentinnen und Privatdozenten

(1) Personen, die sich in Forschung und Lehre an der Hochschule bewährt haben und die die Einstellungsvoraussetzungen für Professorinnen und Professoren erfüllen, kann die Präsidentin oder der Präsident auf Vorschlag des Fachbereichs nach mindestens vierjähriger Lehrtätigkeit den Titel „außerplanmäßige Professorin" oder „außerplanmäßiger Professor" verleihen; mit der Verleihung ist kein Wechsel der Mitgliedergruppe nicht verbunden. Der Titel kann in der Form „Professorin" oder „Professor" geführt werden. Die Verleihung kann aus Gründen widerrufen werden, die bei einer Beamtin oder einem Beamten zur Entfernung aus dem Beamtenverhältnis führen würde. Der Widerruf ist auch zu-

lässig, wenn die Lehrbefugnis ohne hinreichenden Grund unangemessen lange Zeit nicht wahrgenommen wurde.

(2) Auf Vorschlag eines Fachbereichs kann die Präsidentin oder der Präsident mit Zustimmung des Senats einer außerhalb der Hochschule hauptberuflich tätigen Person den Titel „Honorar-Professorin" oder „Honorar-Professor" verleihen, wenn sie nach ihren wissenschaftlichen oder künstlerischen Leistungen den Voraussetzungen entspricht, die an Professorinnen und Professoren gestellt werden, und wenn sie bereit ist, an der Hochschule zu lehren. Der Titel kann in der Form „Professorin" oder „Professor" geführt werden. Honorar-Professorinnen und Honorar-Professoren sind berechtigt, in dem Fachgebiet zu lehren, für das sie bestellt sind. Sie können an Prüfungen wie Professorinnen und Professoren der Hochschule mitwirken. Die Hochschule kann ihnen Gelegenheit geben, sich an Forschungsvorhaben zu beteiligen. Für den Widerruf der Verleihung gilt Absatz 1 Satz 3 und 4 entsprechend.

(3) Die Hochschule kann in ihre Verfassung Regelungen über die Beschäftigung von Hochschullehrerinnen und Hochschullehrern oder anderen Persönlichkeiten aus der wissenschaftlichen oder künstlerischen Praxis, die die Voraussetzungen für eine Professur nach § 61 erfüllen, und die bereits in den Ruhestand getreten sind oder eine Rente beziehen, aufnehmen. Die in Satz 1 genannten Personen können mit der befristeten Wahrnehmung von Aufgaben in Lehre, Forschung, Weiterbildung und Kunst beauftragt werden. Sie können für die Dauer ihrer Beauftragung die Bezeichnung „Seniorprofessorin" oder „Seniorprofessor" führen und eine Vergütung erhalten. Mit Erlöschen, Widerruf oder Rücknahme der Beauftragung erlischt die Befugnis zur Führung der Bezeichnung „Seniorprofessorin" oder „Seniorprofessor".

(4) Auf Antrag erteilt die Präsidentin oder der Präsident mit Zustimmung des Fachbereichs einer oder einem Habilitierten die Lehrbefugnis. Die Befugnis ist mit dem Recht verbunden, die akademische Bezeichnung „Privatdozentin" oder „Privatdozent" zu führen. Die Privatdozentinnen und Privatdozenten sind zur Lehre berechtigt und verpflichtet. Sie können an Prüfungen beteiligt werden. Sie haben keinen Anspruch auf einen Arbeitsplatz oder eine Vergütung. Für Juniorprofessorinnen und Juniorprofessoren gilt diese Regelung nach erfolgreichem Abschluss der sechsjährigen Zeit als Juniorprofessorin oder Juniorprofessor entsprechend; für die Beurteilung des erfolgreichen Abschlusses gilt § 64 Absatz 5 Satz 3 entsprechend. Für den Widerruf der Verleihung gilt Absatz 1 Satz 3 und 4 entsprechend.

§ 66
Lehrbeauftragte

(1) Zur Ergänzung des Lehrangebots, an künstlerischen Hochschulen auch zur Sicherung des Lehrangebots in einem Fach, kann die Hochschule zeitlich befristete Lehraufträge erteilen. Die Hochschulen können vorübergehend Lehraufträge auch zur Sicherung des Lehrangebots erteilen, wenn dies inhaltlich oder aus Kapazitätsgründen geboten ist. Die Lehrbeauftragten nehmen ihre Lehraufgaben selbständig wahr.

(2) Der Lehrauftrag begründet ein öffentlich-rechtliches Rechtsverhältnis eigener Art zur Hochschule; ein Dienst- oder Arbeitsverhältnis entsteht nicht. Die Lehrbeauftragten erhalten eine Vergütung, es sei denn, dass sie von sich aus auf eine Vergütung verzichten oder dass die durch den Lehrauftrag entstehende Belastung bei der Bemessung der Dienstaufgaben eines hauptberuflich im öffentlichen Dienst Tätigen entsprechend berücksichtigt wird.

§ 67
Lehrkräfte für besondere Aufgaben

(1) Lehrkräften für besondere Aufgaben obliegt überwiegend die Aufgabe, in Abstimmung mit den zuständigen Professorinnen und Professoren, Studierenden Fachwissen, künstlerische oder praktische Fertigkeiten und Kenntnisse zu vermitteln.

(2) Hochschulen stellen Lehrkräfte für besondere Aufgaben, insbesondere wenn sie als Lektoren tätig sein sollen, in der Regel als Angestellte ein. Als Lehrkräfte für besondere Aufgaben können ferner Beamtinnen und Beamte tätig sein, die für diese Aufgaben aus dem Schuldienst an eine Hochschule abgeordnet werden. Eine Vollzeit-Abordnung soll vier Jahre, eine Teilzeit-Abordnung soll acht Jahre nicht überschreiten.

§ 68
Wissenschaftliche und künstlerische Mitarbeiterinnen und Mitarbeiter

(1) Wissenschaftliche Mitarbeiterinnen und Mitarbeiter erbringen wissenschaftliche Dienstleistungen in Forschung, Lehre und Weiterbildung. Zu den wissenschaftlichen Dienstleistungen gehören auch die Durchführung von Lehrveranstaltungen, die Tätigkeit in der Verwaltung der wissenschaftlichen Einrichtung oder Betriebseinheit, in der Studien- und Prüfungsorganisation, der Studienberatung und in anderen Aufgaben der Hochschule. Soweit es zur Gewährleistung des Lehrangebots erforderlich ist, können wissenschaftlichen Mitarbeiterinnen und Mitarbeitern abweichend von Satz 1 überwiegend Lehraufgaben als Dienstleistung übertragen werden. In einem medizinisch-klinischen Bereich obliegen ihnen auch Aufgaben in der Krankenversorgung; sie gelten als wissenschaftliche Dienstleistungen. Bei der Wahrnehmung von Aufgaben in der Krankenversorgung unterliegen die Mitarbeiterinnen und Mitarbeiter dem Direktionsrecht des Vorstands des Klinikums; die Wissenschaftsfreiheit und die ärztliche Freiheit bleiben unberührt.

(2) Lehraufgaben der wissenschaftlichen Mitarbeiterinnen und Mitarbeiter sind nach Gegenstand und Inhalt mit den für das Fach zuständigen Professorinnen und Professoren abzustimmen und unbeschadet des Rechts auf Äußerung der eigenen Lehrmeinung unter der fachlichen Verantwortung einer Professorin oder eines Professors durchzuführen. Wissenschaftlichen Mitarbeiterinnen und Mitarbeitern kann bei deren Eignung auch die selbständige Wahrnehmung von Aufgaben in Forschung und Lehre im Benehmen mit den fachlich zuständigen Professorinnen und Professoren übertragen werden.

(3) Wissenschaftliche Mitarbeiterinnen und Mitarbeiter, die befristet eingestellt werden, können im Rahmen ihrer Dienstaufgaben auch Gelegenheit zur Vorbereitung einer Promotion oder zu zusätzlichen wissenschaftlichen Leistungen erhalten.

(4) Die Hochschule beschäftigt die wissenschaftlichen Mitarbeiterinnen und Mitarbeiter befristet oder unbefristet im Beamtenverhältnis oder im privatrechtlichen Dienstverhältnis. Wenn das Beschäftigungsverhältnis aus den Globalzuweisungen finanziert wird, werden wissenschaftliche Mitarbeiterinnen und Mitarbeiter, die die Promotion oder eine vergleichbare Qualifikation anstreben, in befristeten Arbeitsverhältnissen beschäftigt, deren Dauer bei der ersten Anstellung drei Jahre betragen soll. Im Falle einer behinderungsbedingten Verzögerung des Abschlusses soll eine angemessene Überschreitung um bis zu 18 Monate zugelassen werden. Sie sollen mit mindestens der Hälfte der regelmäßigen Arbeitszeit des öffentlichen Dienstes beschäftigt werden (halbe Stelle). Zur Vorbereitung einer Promotion oder einer vergleichbaren Qualifikation erhalten sie mindestens ein Drittel der jeweiligen Arbeitszeit. Die ihnen übertragenen Aufgaben sollen zugleich der angestrebten Qualifikation förderlich sein. Wissenschaftliche und künstlerische Mitarbeiterinnen und Mitarbeiter, deren Beschäftigungsverhältnis aus den Globalzuweisungen finanziert wird und deren Aufgabe auch die Erbringung zusätzlicher wissenschaftlicher Leistungen (§ 61 Absatz 2) oder zusätzlicher künstlerischer Leistungen ist, werden in einem befristeten Arbeitsverhältnis oder als Akademische Rätinnen und Räte im Beamtenverhältnis auf Zeit für die Dauer von drei Jahren beschäftigt. Das Arbeits- oder Dienstverhältnis wird mit ihrer Zustimmung um die erforderliche Zeit nach Maßgabe des § 120 Landesbeamtengesetz verlängert, wenn die bisher erbrachten Leistungen positiv bewertet worden sind und zu erwarten ist, dass sie in dieser Zeit die zusätzlichen wissenschaftlichen oder künstlerischen Leistungen erbringen werden. Ihnen ist ein Zeitanteil von mindestens einem Drittel der Arbeitszeit zur eigenen wissenschaftlichen oder künstlerischen Arbeit zu gewähren. § 64 bleibt unberührt.

(5) Einstellungsvoraussetzungen für wissenschaftliche Mitarbeiterinnen und Mitarbeiter sind neben den allgemeinen dienstrechtlichen Voraussetzungen

1. bei Einstellung in ein befristetes Beamten- oder Angestelltenverhältnis ein den Anforderungen der dienstlichen Aufgaben entsprechendes abgeschlossenes Hochschulstudium; ergänzend kann die Promotion gefordert werden, wenn sie für die vorgesehene Dienstleistung erforderlich ist;
2. bei der Einstellung in das Beamtenverhältnis auf Probe oder auf Lebenszeit oder in ein unbefristetes Angestelltenverhältnis ein den Anforderungen der dienstlichen Aufgaben entsprechendes abgeschlossenes Hochschulstudium und der Nachweis einer qualifizierten Promotion. In besonderen Ausnahmefällen kann eine qualifizierte 2. Staatsprüfung an die Stelle der Promotion treten oder auf die Promotion verzichtet werden; in künstlerischen Fächern wird eine Promotion nicht vorausgesetzt.

§ 69
Studentische und wissenschaftliche Hilfskräfte

(1) Studentische und wissenschaftliche Hilfskräfte haben die Aufgabe, Studierende durch Tutorien in ihrem Studium zu unterstützen und Dienstleistungen in Forschung und Lehre zu erbringen; dies kann auch in Bibliotheken, Rechenzentren und in der Krankenversorgung geschehen.

(2) Studentische Hilfskräfte sollen in ihrem Studium so weit fortgeschritten sein, dass die ihnen übertragenen Arbeiten zugleich der eigenen wissenschaftlichen Weiterbildung dienen können; wissenschaftliche Hilfskräfte müssen ein Hochschulstudium abgeschlossen haben.

(3) Die Beschäftigung als studentische oder wissenschaftliche Hilfskraft erfolgt auf der Grundlage eines privatrechtlichen Arbeitsverhältnisses für jeweils bis zu zwölf Monate. Sie darf bei studentischen oder wissenschaftlichen Hilfskräften jeweils vier Jahre, zusammen maximal acht Jahre, nicht überschreiten. Die Hochschule kann das Nähere durch Satzung regeln.

§ 70
Lehrverpflichtung

(1) Das Ministerium legt den Umfang der regelmäßigen Lehrverpflichtung des hauptamtlichen wissenschaftlichen und künstlerischen Personals in einer Verordnung fest.

(2) Für die Dauer von in der Regel einem Semester kann die Hochschule Professorinnen und Professoren nach mindestens sieben gelesenen Semestern zur Förderung ihrer dienstlichen Forschungstätigkeit, zur Förderung künstlerischer Entwicklungsvorhaben, für eine ihrer Fortbildung dienliche praxisbezogene Tätigkeit oder für die Durchführung anwendungsbezogener Forschungs- und Entwicklungsvorhaben von der Verpflichtung zur Abhaltung von Lehrveranstaltungen unter Belassung ihrer Bezüge befreien. Eine Befreiung setzt voraus, dass die vollständige und ordnungsgemäße Durchführung der Lehre einschließlich der Prüfungen und die Betreuung der Studierenden und wissenschaftlichen Arbeiten nicht beeinträchtigt werden. Die Hochschule regelt die Voraussetzungen und das Verfahren in einer Satzung.

§ 71
Angehörige des öffentlichen Dienstes

(1) Die Beamtinnen und Beamten und die Angestellten an den Hochschulen sind Angehörige des öffentlichen Dienstes des Landes Schleswig-Holstein, das auch deren Dienstherr beziehungsweise Arbeitgeber ist.

(2) Dienstvorgesetzter der Mitglieder des Präsidiums ist das Ministerium. Die Präsidentinnen oder Präsidenten sind Dienstvorgesetzte aller Beamtinnen und Beamten an ihrer Hochschule.

Abschnitt 7
Studierendenschaft

§ 72
Rechtsstellung, Aufgaben, Organe

(1) Die an der Hochschule eingeschriebenen Studierenden bilden die Studierendenschaft. Die Studierendenschaft ist eine rechtsfähige Teilkörperschaft der Hochschule. An der Universität zu Lübeck ist die Studierendenschaft eine rechtsfähige Körperschaft des öffentlichen Rechts und als solche Glied der Hochschule. Sie nimmt ihre Angelegenheiten selbständig wahr und untersteht der Rechtsaufsicht des Präsidiums.

(2) Die Studierendenschaft hat die Aufgabe, die Interessen der Studierenden wahrzunehmen und bei der Verwirklichung von Zielen und Aufgaben der Hochschule mitzuwirken. Ihre Aufgabe ist es insbesondere,

1. die hochschulpolitischen Belange der Studierenden zu vertreten; dazu gehören auch alle Belange, die das Hochschulwesen berühren, und Stellungnahmen, die erkennbar an hochschulpolitische Fragen anknüpfen,
2. die politische Bildung und das staatsbürgerliche Verantwortungsbewusstsein der Studierenden sowie ihre Bereitschaft zum Einsatz für die Grund- und Menschenrechte und zur Toleranz auf der Grundlage der verfassungsmäßigen Ordnung zu fördern,
3. zu allen Fragen Stellung zu nehmen, die sich mit der Anwendung der wissenschaftlichen Erkenntnisse auf und der Abschätzung ihrer Folgen für Gesellschaft und Natur beschäftigen,
4. die wirtschaftlichen und sozialen Belange der Studierenden wahrzunehmen; hierzu können auch Maßnahmen gehören, die den Studierenden die preisgünstige Benutzung öffentlicher Verkehrsmittel ermöglichen,
5. die geistigen und kulturellen Interessen der Studierenden zu unterstützen,
6. den Studierendensport zu fördern,
7. die überregionalen und internationalen Beziehungen der Studierenden zu pflegen und
8. an Verfahren zur Qualitätssicherung in der Lehre mitzuwirken.

(3) Organe der Studierendenschaft sind das Studierendenparlament und der Allgemeine Studierendenausschuss. Das Studierendenparlament entscheidet über Angelegenheiten der Studierendenschaft. Es kann im Semester bis zu zwei Vollversammlungen einberufen; in dieser Zeit finden keine Lehrveranstaltungen statt. Die laufenden Geschäfte werden von dem Allgemeinen Studierendenausschuss geführt; er vertritt die Studierendenschaft nach außen.

(4) Die Satzung der Studierendenschaft kann deren Gliederung in Fachschaften vorsehen; in diesem Fall kann das Studierendenparlament mit einer Stimmenmehrheit von zwei Dritteln seiner Mitglieder die Einrichtung oder Auflösung von Fachschaften für die Studierenden eines Fachbereichs, eines oder mehrerer Studiengänge, Wahlfächer oder Studienabschnitte beschließen. Aufgabe der Fachschaften ist es, die fachlichen Belange ihrer angehörenden Studierenden zu vertreten. Die zentralen Organe der Studierendenschaft können ihnen keine Weisungen erteilen. Die Angelegenheiten der Fachschaften sind von einem Kollegialorgan (Fachschaftsvertretung) zu entscheiden. Sieht die Satzung der Studierendenschaft deren Gliederung in Fachschaften vor, können die Fachschaften als rechtsfähige Körperschaften des öffentlichen Rechts durch Verwaltungsakt der Hochschule errichtet werden. Als solche sind sie Gliedkörperschaften der Studierendenschaft und geben sich eine eigene Organisationssatzung, die Namen, Aufgaben, Mitgliedschaft und Organe der Körperschaft und deren Befugnisse festlegt. Die Errichtung ist im Nachrichtenblatt des Ministeriums bekanntzumachen.

§ 73
Satzung

(1) Die Studierendenschaft regelt ihre innere Ordnung durch eine Satzung, die vom Studierendenparlament beschlossen wird und der Genehmigung des Präsidiums bedarf.

(2) Die Satzung muss insbesondere Bestimmungen enthalten über

1. die Zusammensetzung, die Wahl, die Einberufung, die Befugnisse und die Beschlussfassung der Organe der Studierendenschaft,

2. die Amtszeit der Mitglieder der Organe der Studierendenschaft und den Verlust der Mitgliedschaft,
3. die Aufstellung und Ausführung des Haushaltsplans der Studierendenschaft, die Zuweisung von Finanzmitteln an die Fachschaften und die Rechnungslegung.

(3) Die Bestimmungen in Absatz 2 Nummer 1 über die Wahl sowie in Absatz 2 Nummer 3 können auch in besonderen Satzungen getroffen werden.

(4) Für die Wahlen zum Studierendenparlament und zu den Fachschaftsvertretungen gelten die §§ 15 und 17 entsprechend.

§ 74
Beitrag der Studierenden

(1) Die Studierenden leisten finanzielle Beiträge, die der Studierendenschaft zur Erfüllung ihrer gesetzlichen Aufgaben zur Verfügung stehen (Studierendenschaftsbeitrag).

(2) Das Studierendenparlament erlässt eine Beitragssatzung, die der Genehmigung des Präsidiums bedarf. Sie muss insbesondere Bestimmungen enthalten über die Beitragspflicht und die Höhe des Beitrags nach Absatz 1; Beitragsanteile, die den Studierenden die preisgünstige Benutzung öffentlicher Verkehrsmittel ermöglichen, sind ebenso gesondert auszuweisen wie Beitragsanteile zur Finanzierung von Kosten, die aufgrund von Erstattungsleistungen im Einzelfall entstehen können. Es ist ferner vorzusehen, dass Studierende von der Verpflichtung zur Zahlung der Anteile des Studierendenschaftsbeitrags, die sich auf die Aufgaben nach § 72 Absatz 2 Nummer 4 beziehen, befreit werden können, wenn sie nach den Umständen des Einzelfalls eine unangemessene Belastung darstellen würden.

§ 75
Haushaltswirtschaft, Haftung

(1) Für das Haushalts-, Kassen- und Rechnungswesen sind die für das Land Schleswig-Holstein geltenden Vorschriften, insbesondere die §§ 105 ff. der Landeshaushaltsordnung, entsprechend anzuwenden. Die Studierendenschaft entscheidet im Rahmen der Rechtsvorschriften über die zweckmäßige Verwendung der zur Verfügung stehenden Finanzmittel.

(2) Die Studierendenschaft stellt einen Haushaltsplan auf. Die Haushaltsführung der Studierendenschaft ist entweder von der Präsidentin oder dem Präsidenten oder einer Wirtschaftsprüfergesellschaft zu überprüfen.

(3) Für Verbindlichkeiten der Studierendenschaft haftet nur deren Vermögen.

Abschnitt 8
Hochschulen in freier Trägerschaft

§ 76
Staatliche Anerkennung

(1) Einrichtungen des Bildungswesens, die nicht in Trägerschaft des Landes Schleswig-Holstein stehen, dürfen nur mit staatlicher Anerkennung des Ministeriums als Hochschulen errichtet und betrieben werden. Die Verwendung der Bezeichnung „Hochschule", „Universität", „Kunsthochschule" oder „Fachhochschule" für eine nicht anerkannte Einrichtung des Bildungswesens allein oder in Wortverbindungen oder in einer entsprechenden fremdsprachlichen Übersetzung in der Öffentlichkeit ist unzulässig.

(2) Die Anerkennung nach Absatz 1 kann erteilt werden, wenn gewährleistet ist, dass

1. die Einrichtung Aufgaben nach § 3 wahrnimmt,
2. die Einrichtung ihre Aufgaben im Rahmen der staatlichen Ordnung nach dem Grundgesetz und der Verfassung des Landes Schleswig-Holstein erfüllt,
3. das Studium an dem Ziel nach § 46 Absatz 1 ausgerichtet ist,
4. eine Mehrzahl von nebeneinander bestehenden Studiengängen im Sinne von § 46 Absatz 3 und § 49 an der Einrichtung allein oder im Verbund mit anderen Einrichtungen des Bildungswesens vorhanden oder in einer zeitnahen Ausbauplanung vorgesehen ist,
5. das Studium und die Abschlüsse aufgrund der Prüfungsordnungen, des tatsächlichen Lehrangebots und der Regelstudienzeit im Sinne von § 50 Absatz 2 Satz 1 dem Studium und den Abschlüssen an den staatlichen Hochschulen gleichwertig sind; ihre Gleichwertigkeit ist durch eine Akkreditierung der Studiengänge nach § 5 Absatz 2 Satz 1 bis 3 vor ihrer jeweiligen Einrichtung nachzuweisen,
6. die Studienbewerberinnen und Studienbewerber die Voraussetzungen für die Zulassung zu einer entsprechenden staatlichen Hochschule nach den §§ 38 und 39 erfüllen,
7. die Lehre an Präsenzhochschulen überwiegend von hauptberuflichen Lehrkräften mit den Einstellungsvoraussetzungen gemäß § 61 erbracht wird, und im Übrigen alle Lehrenden die Einstellungsvoraussetzungen erfüllen, die für entsprechende Tätigkeiten an staatlichen Hochschulen gefordert werden,
8. die Angehörigen der Einrichtung an der Gestaltung des Studiums in sinngemäßer Anwendung der Grundsätze dieses Gesetzes mitwirken,
9. die wirtschaftliche und rechtliche Stellung der hauptberuflichen Lehrkräfte gesichert ist und
10. die finanziellen Verhältnisse des Trägers der Einrichtung erwarten lassen, dass die notwendigen Mittel zum Betrieb der Hochschule dauerhaft bereitgestellt werden.

Vor der erstmaligen staatlichen Anerkennung soll eine gutachterliche Stellungnahme einer vom Ministerium bestimmten sachverständigen Institution vorgelegt werden, in der das eingereichte Konzept in Hinblick auf die Qualität des Studiums und die Nachhaltigkeit der Organisation und Arbeitsfähigkeit der geplanten Hochschule positiv bewertet wird. Die Anerkennung wird zunächst für fünf Jahre erteilt. Ist die Hochschule während dieses Zeitraums vom Wissenschaftsrat institutionell akkreditiert worden, richtet sich die Dauer der nachfolgenden Anerkennung nach dem Ergebnis dieser Akkreditierung. Wurde die Hochschule während des ersten Anerkennungszeitraums nicht institutionell akkreditiert, kann sie nur noch einmal für höchstens fünf Jahre anerkannt werden; eine weitere Anerkennung ist möglich, wenn ein neuer Akkreditierungsversuch innerhalb dieses Anerkennungszeitraums erfolgreich war. Nach der erfolgreichen Wiederholung der institutionellen Akkreditierung (Reakkreditierung) kann die Hochschule unbefristet anerkannt werden.

(3) Über den Antrag auf Anerkennung entscheidet das Ministerium innerhalb einer Frist von sechs Monaten. Die Frist beginnt mit dem Eingang der vollständigen Unterlagen, zu denen auch das Ergebnis der Begutachtung nach Absatz 2 Satz 2 gehört. Sie kann einmal angemessen verlängert werden, wenn dies wegen der Schwierigkeit der Angelegenheit gerechtfertigt ist. Die Fristverlängerung ist zu begründen und rechtzeitig mitzuteilen. Das Anerkennungsverfahren kann über eine einheitliche Stelle nach den Vorschriften des Landesverwaltungsgesetzes abgewickelt werden. Im Anerkennungsbescheid sind die Studiengänge einschließlich der Hochschulgrade, auf die sich die Anerkennung erstreckt, und die Bezeichnung der Hochschule festzulegen. Die Anerkennung kann bei Erfüllung der Voraussetzungen des Absatzes 2 Satz 1 Nummer 5 durch Auflage erweitert werden. Abweichend von Absatz 2 Satz 1 Nummer 5 soll bei unbefristet anerkannten Hochschulen die Akkreditierung weiterer Studiengänge vor ihrer jeweiligen Einrichtung vorliegen. Für unbefristet anerkannte Hochschulen findet außerdem § 5 Absatz 2 Satz 4 und 5 Anwendung. In Studiengängen, deren Akkreditierung nach Absatz 2 Satz 1 Nummer 5 abgelaufen ist, dürfen neue Studierende erst wieder aufgenommen werden, wenn die Studiengänge reakkreditiert oder im Rahmen einer externen Begutachtung nach § 5 Absatz 1 Satz 2 evaluiert worden sind. Eine Anerkennung kann mit Auflagen versehen werden, die der Erfüllung der Voraussetzungen nach Absatz 2 Satz 1 dienen. Diese Auflagen können Auflagen und Empfehlungen vorausgegangener Studiengangsakkreditierungen nach Satz 10 und Absatz 2 Satz 1 Nummer 5, der Begutachtungen nach Absatz 2 Satz 4 oder institutioneller Akkreditierungen nach Absatz 2 Satz 4 zum Inhalt haben. Sämtliche Kosten für die Begutachtungen und Akkreditierungen tragen

die Antragstellerinnen und Antragsteller oder die Trägereinrichtungen der nichtstaatlichen Hochschulen.

(4) Für kirchliche Einrichtungen und für Einrichtungen, die eine Ausbildung für den öffentlichen Dienst vermitteln und von juristischen Personen des öffentlichen Rechts getragen werden, können Ausnahmen von den Voraussetzungen nach Absatz 2 Satz 1 Nummer 4 bis 7 zugelassen werden, sofern gewährleistet ist, dass das Studium demjenigen an einer staatlichen Hochschule gleichwertig ist.

(5) Nichtstaatliche Hochschulen führen eine Bezeichnung, aus der ersichtlich ist, ob es sich um eine Universität oder gleichgestellte Hochschule, um eine künstlerische Hochschule oder um eine Fachhochschule handelt. Die Bezeichnung muss einen Hinweis auf den Träger und die staatliche Anerkennung enthalten.

(6) Das an einer nichtstaatlichen Hochschule abgeschlossene Studium ist ein abgeschlossenes Hochschulstudium im Sinne dieses Gesetzes. Prüfungen werden aufgrund von Prüfungsordnungen im Sinne von § 52 abgelegt; für deren Veröffentlichung gilt § 95 Absatz 2 und 3 entsprechend. Für das Prüfungsverfahren und die Anerkennung von Kenntnissen und Fähigkeiten, die außerhalb von Hochschulen erworben wurden, findet § 51 entsprechende Anwendung. Die Vorsitzenden der Prüfungsausschüsse werden von dem Ministerium im Benehmen mit der Hochschule bestimmt. Aufgrund der bestandenen Abschlussprüfung kann die Hochschule einen Hochschulgrad verleihen; § 53 gilt entsprechend. Die Hochschule kann nach Maßgabe der Anerkennung Promotionen und Habilitationen durchführen und den Grad einer Doktorin oder eines Doktors ehrenhalber verleihen.

(7) Auf Antrag ist die Hochschule in ein Verfahren zum Nachweis und zur Vermittlung von Studienplätzen einzubeziehen.

(8) Der Bund kann zur Ausbildung von Beamtinnen und Beamten des gehobenen nichttechnischen Dienstes, die unmittelbar oder mittelbar im Bundesdienst stehen, Fachhochschulen und Außenstellen von Fachhochschulen in Schleswig-Holstein errichten und betreiben, wenn sie den nach den Absätzen 1 bis 4 errichteten Fachhochschulen gleichwertig sind. Die Gleichwertigkeit stellt das Ministerium fest. Die §§ 78 und 79 gelten entsprechend.

(9) Auf Verlangen des Ministeriums sind die bei der Erfüllung der Aufgaben erbrachten Leistungen zu bewerten. § 5 Absatz 1 sowie die aufgrund von § 5 Absatz 3 erlassene Verordnung gelten entsprechend. Für die Kosten kommt der Träger auf.

(10) Träger von nichtstaatlichen Hochschulen haben keinen Anspruch auf Zuschüsse des Landes. Auf Antrag kann ihnen das Land Zuschüsse nach Maßgabe des Landeshaushalts gewähren.

§ 77
Lehrkräfte

(1) Das Ministerium verleiht den an nichtstaatlichen Hochschulen hauptberuflich tätigen Lehrkräften für die Dauer ihrer Verwendung auf Antrag des Trägers das Recht, Bezeichnungen zu führen, die den Amtsbezeichnungen der Lehrkräfte an staatlichen Hochschulen entsprechen. § 63 Absatz 3 gilt entsprechend. Der Antrag nach Satz 1 kann nicht vor Ablauf der mit der Lehrkraft vereinbarten Probezeit und frühestens nach einer Beschäftigungszeit von mindestens sechs Monaten gestellt werden.

(2) Das Ministerium kann nichtstaatlichen Hochschulen die Beschäftigung von Lehrkräften untersagen, wenn bei diesen Tatsachen vorliegen, die bei Lehrkräften an staatlichen Hochschulen die Entlassung oder die Entfernung aus dem Beamtenverhältnis rechtfertigen würden.

(3) Leiterinnen, Leiter und die hauptamtlichen Lehrkräfte bedürfen zur Ausübung ihrer Tätigkeit der vorherigen Genehmigung des Ministeriums. Die Anstellungsverträge und die sonstigen Personalunterlagen sind zusammen mit dem Genehmigungsantrag vorzulegen. Über den Genehmigungsantrag entscheidet das Ministerium innerhalb einer Frist von drei Monaten. Die Frist beginnt mit Eingang der vollständigen Unterlagen. Sie kann einmal angemessen verlängert werden, wenn dies wegen der Schwierigkeit der Angelegenheit gerechtfertigt ist. Die Fristverlängerung ist zu begründen und rechtzeitig mitzuteilen. Das Genehmigungsverfahren kann über eine einheitliche Stelle nach den Vorschriften des Landesverwaltungsgesetzes abgewickelt werden.

(4) Nach Maßgabe der Anerkennung kann eine nichtstaatliche Hochschule auch Juniorprofessorinnen oder Juniorprofessoren im privatrechtlichen Dienstverhältnis einstellen. § 64 findet entsprechende Anwendung.

(5) Auf Vorschlag des Trägers und der Leitung der Hochschule kann das Ministerium Personen, die außerhalb der Hochschule hauptberuflich tätig sind, den Titel „Honorar-Professorin" oder „Honorar-Professor" verleihen. § 65 Absatz 2 gilt entsprechend.

§ 78
Erlöschen und Aufhebung der Anerkennung

(1) Die Anerkennung einer nichtstaatlichen Hochschule erlischt, wenn die Hochschule nicht binnen einer von dem Ministerium bestimmten Frist den Studienbetrieb aufnimmt oder wenn der Studienbetrieb ein Jahr geruht hat.

(2) Die Anerkennung ist aufzuheben, wenn die Voraussetzungen des § 76 Absatz 2 nicht gegeben waren oder später weggefallen sind. Sie kann aufgehoben werden, wenn eine nach § 79 Absatz 3 geforderte institutionelle Akkreditierung durch den Wissenschaftsrat versagt worden ist oder wenn Auflagen, die aus einem solchen Verfahren resultieren, nicht innerhalb einer bestimmten, vom Ministerium zu bestimmenden Frist umgesetzt worden sind.

(3) Beabsichtigt eine nichtstaatliche Hochschule, ihren Betrieb einzustellen, hat sie dieses dem Ministerium so rechtzeitig anzuzeigen, dass der ordnungsgemäße Abschluss des Studiums der Studierenden dieser Hochschule gewährleistet werden kann.

§ 79
Aufsicht

(1) Das Ministerium übt die Aufsicht über die nichtstaatlichen Hochschulen aus. Die Aufsicht dient der Feststellung, ob die Voraussetzungen nach § 76 Absatz 2 weiterhin vorliegen.

(2) Der Träger und die Organe der nichtstaatlichen Hochschule sind verpflichtet, dem Ministerium Auskünfte zu erteilen und alle Unterlagen zugänglich zu machen, die zur Durchführung der Aufsicht erforderlich sind. Besichtigungen und Besuche der Lehrveranstaltungen durch Beauftragte des Ministeriums erfolgen im Benehmen mit der Hochschule.

(3) Hat das Ministerium berechtigte Zweifel darüber, dass eine unbefristet anerkannte nichtstaatliche Hochschule nicht mehr den wissenschaftlichen Qualitätsanforderungen entspricht, kann es beim Wissenschaftsrat ein Verfahren zur institutionellen Akkreditierung beantragen.

§ 80
Niederlassungen externer Hochschulen

(1) Staatliche oder staatlich anerkannte Hochschulen aus Mitgliedstaaten der Europäischen Union oder aus anderen Ländern der Bundesrepublik Deutschland, die im Geltungsbereich dieses Gesetzes eine Niederlassung betreiben, müssen dem Ministerium die Aufnahme des Studienbetriebes anzeigen und darlegen, dass ihre im Geltungsbereich dieses Gesetzes angebotenen Studienprogramme einschließlich der dafür bereitgestellten personellen und sächlichen Ausstattung vom Sitzland anerkannt sind und die vom Sitzland verlangten Qualitätssicherungsmaßnahmen eingehalten werden.

(2) Wer im Gebiet des Landes Schleswig-Holstein eine Einrichtung betreibt, die keine Hochschule ist, die aber Studiengänge einer Hochschule durchführt oder zu Abschlüssen einer Hochschule hinführt (Franchising), hat die Aufnahme, Einstellung und wesentliche Änderung des Studienbetriebs wenigstens drei Monate im Voraus dem Ministerium anzuzeigen. Sie oder er ist verpflichtet, bei der Werbung für die Bildungsgänge darauf hinzuweisen, welche Hochschule die Prüfung abnimmt oder den Grad verleiht. Die Hochschule, deren Studiengang durchgeführt oder auf deren Abschluss hingeführt wird, muss nach dem Recht des Herkunftslandes anerkannt sein.

§ 81
Ordnungswidrigkeiten

(1) Ordnungswidrig handelt, wer vorsätzlich oder fahrlässig
1. entgegen § 76 Absatz 1 ohne die erforderliche staatliche Anerkennung eine Einrichtung des Bildungswesens als Hochschule errichtet oder betreibt,
2. entgegen § 76 Absatz 5 eine nichtstaatliche Hochschule ohne die vorgeschriebene Bezeichnung führt,
3. die Niederlassung einer in einem Mitgliedsstaat der Europäischen Union oder in einem Land der Bundesrepublik Deutschland anerkannten nichtstaatlichen Hochschule errichtet oder betreibt, ohne dies entsprechend § 80 dem Ministerium angezeigt oder dargelegt zu haben,
4. entgegen § 77 eine Berufsbezeichnung ohne Verleihung führt oder
5. für eine nicht anerkannte Einrichtung des Bildungswesens in der Öffentlichkeit die Bezeichnung „Hochschule", „Universität", „Kunsthochschule" oder „Fachhochschule" allein oder in Wortverbindungen oder einer entsprechenden fremdsprachlichen Übersetzung verwendet.

(2) Die Ordnungswidrigkeit kann mit einer Geldbuße bis zu 25.000 Euro geahndet werden.

Abschnitt 9
Klinikum

§ 82
Rechtsstellung und Campusstruktur

(1) Das Klinikum ist eine rechtsfähige Anstalt des öffentlichen Rechts der Christian-Albrechts-Universität zu Kiel und der Universität zu Lübeck. Es führt die Siegel der Hochschulen mit einer das Klinikum kennzeichnenden Umschrift.

(2) Das Klinikum gliedert sich in die nichtrechtsfähigen Anstalten Campus Kiel und Campus Lübeck. Die Campi werden jeweils von einer Campusdirektion geleitet. Das Klinikum ist Träger dieser nichtrechtsfähigen Anstalten.

(3) Das Klinikum kann ein oder mehrere campusübergreifende Zentren bilden, wenn hierfür wirtschaftliche, strukturelle oder wissenschaftliche Gründe vorliegen.

(4) Das Klinikum unterliegt der Rechtsaufsicht des Ministeriums.

(5) Das Klinikum regelt seine eigenen Angelegenheiten durch Satzungen, die der Genehmigung des Ministeriums bedürfen.

§ 83
Aufgaben

(1) Dem Klinikum obliegt zusammen mit den Fachbereichen Medizin die Sicherstellung von Forschung und Lehre in der klinischen Medizin und der damit verbundenen universitären Krankenversorgung in der Human- und Zahnmedizin. Es beteiligt sich an der ärztlichen Fort- und Weiterbildung und der Aus-, Fort- und Weiterbildung von Angehörigen anderer Berufe des Gesundheitswesens.

(2) Das Klinikum hält in enger Zusammenarbeit mit den Hochschulen die für Forschung und Studium notwendigen Voraussetzungen vor. Es wahrt die den Hochschulen in § 4 Absatz 3 und 4 eingeräumte Freiheit in Forschung und Lehre und stellt sicher, dass die Mitglieder der Hochschulen die durch Artikel 5 Absatz 3 Satz 1 des Grundgesetzes verbürgten Grundrechte und die ihnen in § 4 Absatz 1, 3, 4 und 5 eingeräumten Freiheiten wahrnehmen können.

(3) Zu den zentralen Zielen des Klinikums gehören darüber hinaus:
1. Förderung der wissenschaftlichen Exzellenz und der internationalen Wettbewerbsfähigkeit in Forschung und Lehre, insbesondere durch Stärkung der Verbindung von Grundlagenforschung und klinischer Medizin, durch Bildung von Forschungsschwerpunkten und -kooperationen sowie durch Sicherstellung der medizinischen Ausbildung im Verbund mit anderen Einrichtungen,
2. Sicherung der Krankenversorgung auf universitärem Niveau,
3. Stärkung der betriebswirtschaftlichen Effizienz,
4. Intensivierung der wissenschaftlichen Kooperationen mit anderen Bereichen der Christian-Albrechts-Universität zu Kiel und der Universität zu Lübeck,
5. Förderung des wissenschaftlichen Nachwuchses durch erleichterten Wechsel zwischen klinischen Tätigkeiten, Lehrtätigkeiten und Forschungstätigkeiten.

(4) Das Klinikum trägt den berechtigten Interessen seines Personals auf gute Beschäftigungsbedingungen angemessen Rechnung. Dazu erlässt es unter Wahrung der Beteiligungsrechte der Personalräte und mit Zustimmung des Aufsichtsrats Regelungen in einem Verhaltenskodex, der insbesondere Rahmenvorgaben für den Abschluss befristeter und unbefristeter Beschäftigungsverhältnisse, für Maßnahmen zur besseren Vereinbarkeit von Familie und Beruf und zum Gesundheitsmanagement enthalten soll. Es fördert die Weiterbildung seines Personals.

(5) Das Klinikum fördert die Gleichstellung von Frauen und Männern. Bei der Besetzung von Organen und Gremien des Klinikums ist darauf hinzuwirken, dass Frauen und Männer zu gleichen Anteilen vertreten sind.

(6) Das Klinikum nimmt als Landesaufgabe die Durchführung von Untersuchungen und Beratungen für den öffentlichen Gesundheitsdienst auf dem Gebiet der Hygiene und medizinischen Mikrobiologie wahr. Dafür hält es die dafür erforderlichen Einrichtungen an mindestens einem Standort als Medizinaluntersuchungsamt für die oberste Landesgesundheitsbehörde und die Kreise und kreisfreien Städte vor, um diese bei der Wahrnehmung ihrer Aufgaben nach dem Infektionsschutzgesetz vom 20. Juli 2000 (BGBl. I S. 1045), zuletzt geändert durch Artikel 4 des Gesetzes vom 18. Juli 2016 (BGBl. I S. 1666), und dem Gesundheitsdienstgesetz vom 14. Dezember 2001 (GVOBl. Schl.-H. S. 398), zuletzt geändert durch Artikel 1 des Gesetzes vom 13. Juli 2011 (GVOBl. Schl.-H. S. 218), zu unterstützen. Zuständige Fachaufsichtsbehörde ist das für Gesundheit zuständige Ministerium. Die zuständige Fachaufsichtsbehörde erstattet dem Klinikum jährlich die durch die Wahrnehmung der Landesaufgabe entstehenden zusätzlichen Personal-, Sach- und Investitionskosten, soweit diese nicht anderweitig gedeckt werden können. Über Maßnahmen der Fachaufsichtsbehörde ist das Ministerium zu unterrichten.

(7) Zu den weiteren Aufgaben des Klinikums gehören
1. die Durchführung von Leichenöffnungen (gerichtliche Obduktionen) nach § 87 Absatz 2 der Strafprozessordnung (StPO), und den damit unmittelbar in Zusammenhang stehenden Vor- und Nachbereitungsarbeiten und das Vorhalten der dafür erforderlichen Einrichtungen,
2. die Durchführung von körperlichen Untersuchungen nach § 81 a StPO (gerichtliche körperliche Untersuchungen) und den damit unmittelbar in Zusammenhang stehenden Vor- und Nachbereitungsarbeiten,
3. die Durchführung von Untersuchungen von Blut, Urin und weiteren Körperflüssigkeiten auf Alkohol und sonstige Drogen nach § 81 a StPO,
4. die Durchführung von molekulargenetischen Untersuchungen von Körperzellen oder durch Maßnahmen nach § 81 a Absatz 1 StPO erlangtem Material nach §§ 81 e ff. StPO und den damit unmittelbar in Zusammenhang stehenden Vor- und Nachbereitungsarbeiten.

(8) Die Erfüllung der Aufgaben nach den Absätzen 6 und 7 orientiert sich an dem Gebot der Wirtschaftlichkeit.

(9) Der Vorstand stellt bei den in den Absätzen 6 und 7 normierten Aufgaben Einvernehmen mit den jeweilig zuständigen Ministerien her, soweit die Aufstellung eines Wirtschaftsplans betroffen ist oder wesentliche Maßnahmen in organisatorischer oder struktureller Hinsicht getroffen werden sollen.

Das Einvernehmen ist wie folgt herzustellen:
1. In den Fällen des Absatzes 6 mit dem für Gesundheit zuständigen Ministerium,
2. in den Fällen des Absatzes 7 Nummer 1 und 2 mit dem für Justiz zuständigen Ministerium,

3. in den Fällen des Absatzes 7 Nummer 3 und 4 mit dem für Inneres zuständigen Ministerium.

(10) Das Klinikum kann im Sachzusammenhang mit seinen Aufgaben nach Absatz 1 weitere Leistungen auch über die Landesgrenzen hinaus erbringen. Das Ministerium kann dem Klinikum im Benehmen mit diesem durch Verordnung auch andere Aufgaben übertragen, wenn sie mit seinen Aufgaben zusammenhängen und die Übertragung für eine geordnete Aufgabenverteilung sachgerecht ist; das Land erstattet dem Klinikum die durch die Wahrnehmung der zusätzlichen Aufgaben entstehenden Kosten. Auf gemeinsamen Vorschlag des Klinikums und einer Hochschule hin kann das Ministerium durch Verordnung bestimmen, dass eine Einrichtung der Hochschule oder eine Einrichtung des Klinikums auf den jeweils anderen Träger übergeht. Es regelt dabei die Rechtsfolgen.

(11) Das Klinikum verfolgt ausschließlich und unmittelbar gemeinnützige Zwecke im Sinne der Abgabenordnung. Das Nähere regelt die Hauptsatzung.

(12) Zur Erfüllung seiner Aufgaben kann sich das Klinikum Dritter bedienen, sich an Unternehmen beteiligen und Unternehmen gründen. Durch den Gesellschaftsvertrag oder durch die Satzung ist sicherzustellen, dass die Ziele und Maßnahmen des Gesetzes zur Gleichstellung der Frauen im öffentlichen Dienst für Schleswig-Holstein entsprechend zur Anwendung gebracht werden. § 112 Absatz 2 Satz 1 der Landeshaushaltsordnung bleibt unberührt.

§ 84
Organe

Organe des Klinikums sind der Aufsichtsrat, die Universitätsmedizinversammlung, die Gewährträgerversammlung und der Vorstand.

§ 85
Aufgaben des Aufsichtsrats

(1) Der Aufsichtsrat überwacht die Geschäfte des Vorstands. Er entscheidet über die grundlegenden Ziele und in den grundsätzlichen Angelegenheiten des Klinikums in der Krankenversorgung, in der Zusammenarbeit mit den Hochschulen und bei den weiteren übertragenen Aufgaben.

(2) Zu den Aufgaben des Aufsichtsrats gehören insbesondere:
1. Nach Anhörung der Universitätsmedizinversammlung Entscheidung über die Struktur- und Entwicklungsplanung des Klinikums, deren Erstellung und Inhalte in der Hauptsatzung näher geregelt werden,
2. Erlass und Änderung der Satzung nach § 44 des Landesverwaltungsgesetzes (Hauptsatzung) im Einvernehmen mit der Universitätsmedizinversammlung,
3. Genehmigung von Eilentscheidungen der oder des Aufsichtsratsvorsitzenden,
4. Zustimmung zu außergewöhnlichen, über den Rahmen des laufenden Geschäftsbetriebes hinausgehenden Rechtsgeschäften, Maßnahmen und Regelungen,
5. Festlegung von Wertgrenzen für die Aufnahme von Krediten und die Zustimmung zur Aufnahme von Krediten oberhalb der Wertgrenzen,
6. Entscheidung über die Gründung, den Erwerb oder die Veräußerung von Beteiligungen,
7. Empfehlung zur Beschlussfassung über den Wirtschaftsplan an die Gewährträgerversammlung,
8. Empfehlung über die Beschlussfassung über die Feststellung des Jahresabschlusses und über die Ergebnisverwendung an die Gewährträgerversammlung,
9. Erlass, Änderung und Aufhebung von Satzungen und Zustimmung zu Regelungen in einem Verhaltenskodex zu den Beschäftigungsbedingungen des Klinikpersonals,
10. Entscheidungen über Eckwerte für Verträge der Professorinnen und Professoren für deren Tätigkeit in der Krankenversorgung nach § 90 Absatz 5, mit Oberärztinnen und Oberärzten nach § 90 Absatz 6 und mit außertariflich Beschäftigten; die Eckwerte sind für den Vorstand verbindlich,
11. Entscheidung über den Widerspruch des kaufmännischen Vorstands nach § 87a Absatz 4 nach Anhörung der Universitätsmedizinversammlung.

(3) Dienstvorgesetzte oder Dienstvorgesetzter der Mitglieder des Vorstands ist die oder der Vorsitzende des Aufsichtsrats.

§ 86
Zusammensetzung und Geschäftsführung des Aufsichtsrats

(1) Dem Aufsichtsrat des Klinikums gehören an:
1. die Ministerin oder der Minister, die Staatssekretärin oder der Staatssekretär des Ministeriums oder eine zu benennende leitende Mitarbeiterin oder ein zu benennender leitender Mitarbeiter des Ministeriums als Vorsitzende oder Vorsitzender,
2. die Ministerin oder der Minister, die Staatssekretärin oder der Staatssekretär des Ministeriums oder eine zu benennende leitende Mitarbeiterin oder ein zu benennender leitender Mitarbeiter des für Finanzen zuständigen Ministeriums,
3. die Ministerin oder der Minister, die Staatssekretärin oder der Staatssekretär des Ministeriums oder eine zu benennende leitende Mitarbeiterin oder ein zu benennender leitender Mitarbeiter des für Gesundheit zuständigen Ministeriums,
4. eine Vertreterin oder ein Vertreter, die oder der vom Deutschen Gewerkschaftsbund vorgeschlagen wird,
5. eine Sachverständige oder ein Sachverständiger aus der Gesundheitswirtschaft,
6. die oder der Vorsitzende des Gesamtpersonalrats für das wissenschaftliche Personal oder ein vom Gesamtpersonalrat für das wissenschaftliche Personal entsandtes Mitglied,
7. die oder der Vorsitzende des Gesamtpersonalrats für das nichtwissenschaftliche Personal oder ein vom Gesamtpersonalrat für das nichtwissenschaftliche Personal entsandtes Mitglied,
8. eine Sachverständige oder ein Sachverständiger aus der medizinischen Wissenschaft auf Vorschlag der Fachbereiche Medizin, die oder der weder dem Klinikum noch den Hochschulen angehört; sie oder er soll im Hauptamt Direktorin oder Direktor aus einer auswärtigen Universitätsklinik sein,
9. eine Sachverständige oder ein Sachverständiger aus dem Wirtschaftsleben.

(2) Die Mitglieder des Aufsichtsrats nach Absatz 1 führen je eine Stimme. Bei Stimmengleichheit entscheidet die Stimme der oder des Vorsitzenden. Die Mitglieder können im Falle ihrer Verhinderung ihre Stimme oder ihr Antragsrecht auf ein anderes Mitglied übertragen.

(3) Das Ministerium bestellt die Mitglieder des Aufsichtsrates. Dabei ist eine gleichzeitige Mitgliedschaft im Aufsichtsrat und in der Gewährträgerversammlung auszuschließen. Die regelmäßige Amtszeit beträgt fünf Jahre für die Mitglieder nach Absatz 1 Nummer 4, 5, 8 und 9.

(4) In allen Angelegenheiten, die Auswirkungen auf die Gleichstellung der Geschlechter haben können, hat der Aufsichtsrat die Gleichstellungsbeauftragte zu beteiligen.

(5) Die beiden Hochschulen haben jeweils das Recht, gegenüber der oder dem Vorsitzenden des Aufsichtsrates eine Vertreterin oder einen Vertreter mit Rede- und Antragsrecht für einzelne Sitzungen des Aufsichtsrates zu benennen.

(6) Die Hauptsatzung kann bestimmen, dass der Aufsichtsrat Ausschüsse bildet oder für bestimmte Arten von Angelegenheiten ein Ausschuss zwingend zu bilden ist. Der Aufsichtsrat kann einem so gebildeten Ausschuss die Zuständigkeit für die Vorbereitung einzelner Beschlüsse oder für bestimmte Arten von Angelegenheiten durch Beschluss übertragen. Der Ausschuss fasst Beschlussempfehlungen für den Aufsichtsrat.

(7) Die Hauptsatzung kann bestimmen, dass und unter welchen Voraussetzungen die oder der Vorsitzende des Aufsichtsrates in Eilfällen für den Aufsichtsrat entscheiden kann.

(8) Der Aufsichtsrat gibt sich eine Geschäftsordnung. Diese kann auch Regelungen über eine Beschlussfassung außerhalb von Sitzungen (Umlaufverfahren) treffen.

§ 86 a
Aufgaben der Universitätsmedizinversammlung

(1) Die Universitätsmedizinversammlung ist den Zielen des Klinikums verpflichtet und soll ihre einvernehmlich zu treffenden Entscheidungen am Ziel einer bestmöglichen Verzahnung von Forschung, Lehre und Krankenversorgung ausrichten. Zu den Aufgaben und Rechten der Universitätsmedizinversammlung gehören:
1. Abstimmungen und Planungen der Fachbereiche Medizin und Zustimmung zu Ziel- und Leistungsvereinbarungen mit dem Land,
2. Befassung mit wissenschaftsrelevanten Strukturfragen, Maßnahmen und Entscheidungen des Klinikums,
3. Abgabe einer Stellungnahme zur Struktur- und Entwicklungsplanung des Klinikums gegenüber dem Aufsichtsrat (§ 85 Absatz 2 Nummer 1),
4. Erklärung des Einvernehmens zum Erlass und zur Änderung der Satzung nach § 44 des Landesverwaltungsgesetzes (Hauptsatzung) gemäß § 85 Absatz 2 Nummer 2.

(2) Die Universitätsmedizinversammlung entscheidet über den Widerspruch, den eine Dekanin oder ein Dekan gemäß § 87 a Absatz 4 Satz 5 gegen Maßnahmen und Entscheidungen des Vorstands erhebt. Bis zur Entscheidung der Universitätsmedizinversammlung hat der Widerspruch aufschiebende Wirkung.

(3) Trifft die Universitätsmedizinversammlung keine einvernehmliche Entscheidung, entscheidet das Ministerium auf Antrag einer Hochschule oder des Vorstands.

§ 86 b
Zusammensetzung und innere Ordnung der Universitätsmedizinversammlung

(1) Die Mitglieder der Universitätsmedizinversammlung sind
1. die Christian-Albrechts-Universität zu Kiel,
2. die Universität zu Lübeck und
3. ohne Stimmrecht das Land Schleswig-Holstein, vertreten durch das Ministerium.

(2) Jedes Mitglied kann jeweils bis zu vier Vertreterinnen und Vertreter in die Universitätsmedizinversammlung entsenden. Von den entsandten Vertreterinnen oder Vertretern nach Absatz 1 Nummer 1 und 2 müssen jeweils zwei Personen dem jeweiligen Fachbereich Medizin angehören.

(3) Jedes nach Absatz 1 stimmberechtigte Mitglied besitzt jeweils eine Stimme.

(4) Der Vorstand des Klinikums kann mit Rede- und Antragsrecht an den Sitzungen teilnehmen. Ihm steht gegen Entscheidungen der Universitätsmedizinversammlung, die wesentliche strukturelle Belange des Klinikums betreffen, ein Widerspruchsrecht zu. Über den Widerspruch entscheidet das Ministerium.

(5) Die Universitätsmedizinversammlung gibt sich eine Geschäftsordnung. Diese kann auch Regelungen über eine Beschlussfassung außerhalb von Sitzungen (Umlaufverfahren) treffen.

§ 86 c
Aufgaben der Gewährträgerversammlung

(1) Aufgaben der Gewährträgerversammlung sind:
1. Bestellung und Abberufung der Mitglieder des Vorstands einschließlich der Vertragsangelegenheiten mit Abschluss von Ziel- und Leistungsvereinbarung; bei der Bestellung und Abberufung der Mitglieder des Vorstands nach § 87a Absatz 1 Nummer 4 ist die Gewährträgerversammlung an die Entscheidung der jeweiligen Fachbereichskonvente gebunden,
2. Entlastung der Mitglieder des Aufsichtsrats,
3. Entlastung des Vorstands,
4. Beanstandungsrecht der Entscheidungen des Aufsichtsrats zu § 85 Absatz 2 Nummer 2,
5. Grundsatzangelegenheiten zum Immobilien-ÖPP des Klinikums,
6. Beschlussfassung über den Wirtschaftsplan und über die Feststellung des Jahresabschlusses sowie über die Ergebnisverwendung,
7. Bestellung der Abschlussprüferin oder des Abschlussprüfers.

(2) Beschlüsse des Aufsichtsrats zu dem in Absatz 1 Nummer 4 genannten Punkt sind der Gewährträgerversammlung vorzulegen. Die Gewährträgerversammlung entscheidet innerhalb von vier Wochen oder verweist den Vorgang an den Aufsichtsrat zurück. Eine Entscheidung der Gewährträgerversammlung ersetzt den beanstandeten Beschluss.

§ 86 d
Zusammensetzung der Gewährträgerversammlung

(1) Mitglieder der Gewährträgerversammlung sind jeweils eine Bevollmächtigte oder ein Bevollmächtigter der für Wissenschaft, Finanzen und Gesundheit zuständigen Ministerien.

(2) Der Vorsitz der Gewährträgerversammlung obliegt dem für Finanzen zuständigen Ministerium.

(3) Die Mitglieder der Gewährträgerversammlung nach Absatz 1 führen je eine Stimme. Die Gewährträgerversammlung ist beschlussfähig, wenn von drei mindestens zwei Mitglieder anwesend sind und die Sitzung ordnungsgemäß einberufen wurde. Die Gewährträgerversammlung entscheidet einstimmig. Die Gewährträgerversammlung gibt sich eine Geschäftsordnung. Diese kann auch Regelungen über eine Beschlussfassung außerhalb von Sitzungen (Umlaufverfahren) treffen.

§ 87
Aufgaben des Vorstands

(1) Der Vorstand leitet das Klinikum und trägt die Verantwortung für die Erfüllung seiner Aufgaben. Er hat für die Erhaltung und Weiterentwicklung der Leistungsfähigkeit des Klinikums und seines Vermögens Sorge zu tragen. Die Aufgaben des Vorstands sind insbesondere
1. die Wahrnehmung der Verantwortung für die Einhaltung der gesetzlichen Bestimmungen im Klinikum,
2. die strategische Gesamtplanung des Klinikums unter Einbeziehung der Struktur- und Entwicklungspläne der Campi und der campusübergreifenden Zentren,
3. die Vorbereitung und Umsetzung von Beschlüssen des Aufsichtsrates, der Universitätsmedizinversammlung und der Gewährträgerversammlung,
4. die Beschlüsse zu Rahmenvorgaben für die Aufgabenerfüllung des Klinikums,
5. der Abschluss von Ziel- und Leistungsvereinbarungen und die Beobachtung ihrer Einhaltung mit
 a) den Campusdirektionen und den Leitungen der campusübergreifenden Zentren in Bezug auf die nach Maßgabe des Wirtschaftsplans umzusetzenden oder zu erreichenden Ziele als Ergänzung zu den Ziel- und Leistungsvereinbarungen in Bezug auf Forschung und Lehre und
 b) den Leitungen der Zentralen Einrichtungen, einschließlich der Zuweisung von Ressourcen an diese,
6. die Durchführung von Maßnahmen, die campusübergreifende und besondere wirtschaftliche Bedeutung haben,
7. die Organisation der Zentralverwaltung, deren Zuständigkeit im Einzelnen in der Hauptsatzung zu regeln ist,
8. die Verhandlungen und der Abschluss von Dienstleistungsverträgen über die Leitung und die stellvertretende Leitung von Kliniken und Sektionen und mit außertariflich Beschäftigten im Benehmen mit der jeweiligen Campusdirektion oder der Leitung des jeweiligen campusübergreifenden Zentrums sowie die hieraus sich ergebenden Personalverwaltungsangelegenheiten.

(2) Der Vorstand vertritt das Klinikum gerichtlich und außergerichtlich. Das Nähere regelt die Hauptsatzung.

§ 87 a
Zusammensetzung und Geschäftsführung des Vorstands

(1) Der Vorstand besteht aus
1. dem Vorstand für Krankenversorgung als Vorsitzender oder Vorsitzendem,
2. dem Kaufmännischen Vorstand,
3. dem Vorstand für Krankenpflege, Patientenservice und Personalangelegenheiten,
4. den Dekaninnen und Dekanen als Vorstandsmitglieder für Forschung und Lehre; falls kein Fachbereich im Bereich der klinischen Medizin besteht, tritt an die Stelle der Dekanin oder des Dekans als Vorstandsmitglied für Forschung und Lehre eine Vizepräsidentin oder ein Vizepräsident als Vorstandsmitglied für Forschung und Lehre; die Präsidien der beiden Hochschulen können einer Bestellung eines Vorstandsmitglieds nach Nummer 1 bis 3 gemeinsam widersprechen; über den Widerspruch entscheidet die Gewährträgerversammlung; abweichend von § 30 Absatz 2 Satz 1 muss die Wahl der Dekanin oder des Dekans nicht aus dem Kreis der zum Fachbereich gehörenden Professorenschaft erfolgen.

Die Vorstandsmitglieder üben ihr Amt hauptberuflich aus. Erstbestellungen erfolgen für bis zu drei Jahre, Folgebestellungen sind für bis zu fünf Jahre möglich. Die Vorstände für Forschung und Lehre werden für fünf Jahre bestellt.

(2) Der Vorstand gibt sich eine Geschäftsordnung, in der auch ein Gaststatus der Campusdirektionen zu regeln ist. Die Geschäftsordnung bedarf der Zustimmung des Aufsichtsrats.

(3) Der Vorstand entscheidet in grundsätzlichen Angelegenheiten in seiner Gesamtheit, soweit die Hauptsatzung nichts Abweichendes regelt. In Angelegenheiten, die nur Forschung und Lehre betreffen, entscheidet der Vorstand ohne die Mitglieder nach Absatz 1 Nummer 2 und 3.

(4) Bei Stimmengleichheit gibt die Stimme der oder des Vorsitzenden den Ausschlag. Dem Kaufmännischen Vorstand steht bei Entscheidungen oder Maßnahmen des Vorstandes, die wirtschaftliche Angelegenheiten des Klinikums betreffen, ein Widerspruchsrecht zu. Der Widerspruch ist erledigt, wenn der Vorstand mit der Stimme des Kaufmännischen Vorstands in gleicher Angelegenheit neu entscheidet. In den übrigen Fällen entscheidet der Aufsichtsrat. Einer Dekanin oder einem Dekan steht ein Widerspruchsrecht in Angelegenheiten zu, die Forschung und Lehre betreffen.

§ 88
Rechtsstellung des Campus

(1) Der Campus Kiel und der Campus Lübeck sind jeweils nichtrechtsfähige Anstalten des öffentlichen Rechts.

(2) Jeder Campus umfasst die ihm zugeordneten Teile des Klinikums. Das Nähere regelt die Hauptsatzung.

(3) Im Verhältnis zum Klinikum oder soweit dies darüber hinausgehend in der Hauptsatzung geregelt wird, verfügen die Campi über eigene Kompetenzen, deren Einhaltung das Land gewährleistet.

(4) Der Campus Kiel führt das Siegel der Christian-Albrechts-Universität zu Kiel, der Campus Lübeck führt das Siegel der Universität zu Lübeck, jeweils mit einer das Klinikum und den Campus kennzeichnenden Umschrift.

(5) Für den Campus Kiel und den Campus Lübeck werden vom Vorstand jeweils Segmentberichte aufgestellt.

(6) Das Nähere regelt die Hauptsatzung.

§ 88 a
Aufgaben der Campusdirektion

(1) Die Campusdirektion ist zuständig und verantwortlich für die örtlichen Belange und Interessen des Campus und für die Erfüllung der Aufgaben des Klinikums am Standort.

(2) Die Campusdirektion hat insbesondere folgende Aufgaben:
1. Aufstellung und Fortschreibung sowie Beschluss über den einheitlichen Struktur- und Entwicklungsplan für Forschung, Lehre und Krankenversorgung am jeweiligen Campus im Einvernehmen mit dem jeweiligen Medizinischen Fachbereich; den Zielen der wissenschaftlichen Profilierung am Campus ist dabei besonders Rechnung zu tragen,
2. Erteilung des Einvernehmens gegenüber dem Vorstand zum Abschluss von Verträgen nach § 90 Absatz 5 und 6,
3. Erteilung des Einvernehmens gegenüber dem Vorstand zur Eröffnung, Schließung oder zu wesentlichen Änderungen von Untergliederungen des Klinikums nach § 90 Absatz 1 am Campus,
4. die campusbezogene Sicherstellung der Forschung, Lehre und Krankenversorgung auf universitärem Niveau,
5. die Sicherstellung auf dem Campus, dass die Mitglieder der Universitäten ihre durch Artikel 5 Absatz 3 Satz 1 des Grundgesetzes verbürgten Grundrechte und die ihnen in § 4 Absatz 1, 3, 4 und 5 eingeräumten Freiheiten wahrnehmen können,
6. die campusbezogene abteilungsübergreifende Koordinierung von übergeordneten, interdisziplinären Aufgaben in der Krankenversorgung,
7. die campusbezogene Organisation und Wirtschaftsplanung des Campus nach Maßgabe der Hauptsatzung,
8. das campusbezogene Qualitätsmanagement,
9. der Abschluss von Ziel- und Leistungsvereinbarungen mit den Direktorinnen und Direktoren der Abteilungen, Leiterinnen und Leitern der Sektionen und Departments, die Zuweisung von Ressourcen an diese sowie die Sicherstellung der Einhaltung der Vorgaben,
10. die eigenverantwortliche Verhandlung von campusbezogenen Rechtsgeschäften sowie die Vorbereitung und die Durchführung von Maßnahmen in allen Angelegenheiten des Campus, die keine überwiegend campusübergreifende Bedeutung haben,
11. die Festlegung von Dienstanweisungen und Rahmenvorgaben, innerhalb derer die dem Campus zugeordneten Abteilungen, Sektionen und Departments ihre Aufgaben erledigen, sowie Sicherstellung der Umsetzung der Dienstanweisungen und Einhaltung der Rahmenvorgaben,
12. die Organisation der Campusverwaltung.

Das Nähere regelt die Hauptsatzung.

(3) Beschlüsse der Campusdirektion kommen mit der Mehrheit der Stimmen zustande. Bei Stimmengleichheit entscheidet die Stimme der Sprecherin oder des Sprechers der Campusdirektion. Der Kaufmännischen Direktorin oder dem Kaufmännischen Direktor steht bei Entscheidungen oder Maßnahmen der Campusdirektion, die wirtschaftliche Angelegenheiten des Klinikums betreffen, ein Widerspruchsrecht zu. Der Dekanin oder dem Dekan des medizinischen Fachbereichs oder der Vizepräsidentin oder dem Vizepräsidenten für Medizin steht ein Widerspruchsrecht in Angelegenheiten zu, die Forschung und Lehre betreffen. Wird den Widersprüchen nach Satz 2 und 3 durch erneute Entscheidung in der Campusdirektion mit den Stimmen des widersprechenden Mitglieds nicht abgeholfen, so erfolgt eine Beschlussfassung im Vorstand nach den Grundsätzen des § 87 a Absatz 3 und 4. Enthaltungen bei Beschlüssen der Campusdirektion sowie des Vorstands über eine Vorlage der Campusdirektion gelten nicht als Nein-Stimmen.

(4) Campusdirektion und Vorstand nehmen ihre Aufgaben in enger Zusammenarbeit wahr. Das Klinikum stellt der Campusdirektion nach Maßgabe des Wirtschaftsplanes angemessene Ressourcen zur Erfüllung ihrer Aufgaben zur Verfügung. Im Wirtschaftsplan ist die erforderliche Campusverwaltung vorzusehen; im Übrigen bedient die Campusdirektion sich der Verwaltung des Klinikums.

(5) Die Campusdirektion vertritt ihren Campus gegenüber dem Vorstand. Beschlüsse der Campusdirektion sind für den Vorstand bindend. Der Vorstand kann Beschlüssen der Campusdirektion widersprechen, soweit diese gegen gesetzliche Vorschriften, insbesondere gegen §§ 87 und 88 a, oder gegen die Hauptsatzung des Klinikums verstoßen. Über den Widerspruch entscheidet das Ministerium. Das

Recht des Vorstands zur Vertretung des Klinikums gemäß § 87 Absatz 2 bleibt unberührt.

(6) Das Nähere regelt die Hauptsatzung.

§ 88 b
Zusammensetzung und innere Ordnung der Campusdirektion

(1) Die Mitglieder der Campusdirektion sind

1. die Dekanin oder der Dekan des medizinischen Fachbereichs oder die Vizepräsidentin oder der Vizepräsident für Medizin als Wissenschaftliche Direktorin oder Wissenschaftlicher Direktor und Sprecherin oder Sprecher der Campusdirektion kraft Amtes,
2. die Kaufmännische Direktorin oder der Kaufmännische Direktor, die oder der vom Vorstand einstimmig bestellt wird,
3. die Ärztliche Direktorin oder der Ärztliche Direktor, die oder der aus dem Kreis der Abteilungsdirektorinnen oder Abteilungsdirektoren im Nebenamt vom Vorstand einstimmig bestellt wird,
4. die Pflege- oder Technische Direktorin oder der Pflege- oder Technische Direktor, die oder der vom Vorstand einstimmig bestellt wird, und
5. eine Vertreterin oder ein Vertreter des Präsidiums der jeweiligen Universität ohne Stimmrecht.

(2) Die Campusdirektion gibt sich eine Geschäftsordnung, die der Zustimmung des Aufsichtsrats bedarf.

(3) Die Hauptsatzung legt für jedes der Mitglieder der Campusdirektion nach Absatz 1 Nr. 2 bis 4 fest, welches Mitglied des Vorstands die Dienstvorgesetztenfunktion wahrnimmt. Das in der Hauptsatzung benannte Mitglied des Vorstands hat das Vorschlagsrecht für die Entscheidung des Vorstands über die Bestellung des betreffenden Mitglieds der Campusdirektion.

§ 89
Hauptberufliche Gleichstellungsbeauftragte

(1) Der Vorstand bestellt eine hauptberufliche Gleichstellungsbeauftragte. Sie ist auch für die Unternehmen zuständig, an denen das Klinikum eine Mehrheitsbeteiligung hält. Sie ist berechtigt, an den Sitzungen aller Organe und Gremien mit Antragsrecht und beratender Stimme teilzunehmen. Das Klinikum regelt das Verfahren durch Satzung.

(2) Das Klinikum schreibt die Stelle öffentlich aus. Stellung, Rechte und Pflichten der Gleichstellungsbeauftragten ergeben sich aus dem Gleichstellungsgesetz vom 13. Dezember 1994 (GVOBl. Schl.-H. S. 562), zuletzt geändert durch Artikel 5 des Gesetzes vom 11. Dezember 2014 (GVOBl. Schl.-H. S. 464), Zuständigkeiten und Ressortbezeichnungen zuletzt ersetzt durch Verordnung vom 16. März 2015 (GVOBl. Schl.-H. S. 96).

(3) Der Gleichstellungsbeauftragten sind in dem erforderlichen Umfang Räume, Geschäftsbedarf und Personal zur Verfügung zu stellen.

§ 90
Zentren, Kliniken, Departments, zentrale Einrichtungen und Leitung

(1) Das Klinikum kann in den Campi Zentren, Departments, Abteilungen und auch darüber hinaus zentrale Einrichtungen bilden. Diese Organisationseinheiten können im Einvernehmen mit der Campusdirektion und mit Zustimmung der Universitätsmedizinversammlung campusübergreifend organisiert sein.

(2) Die Kliniken und klinisch-theoretischen Institute (Abteilungen) sind die diagnostischen oder therapeutischen Grundeinheiten für die Krankenversorgung. In ihnen erfüllt das wissenschaftliche Personal des Fachbereichs Medizin in Forschung und Lehre; in Ausnahmefällen kann das Klinikum Abteilungen einrichten, die nicht Forschung und Lehre betreiben. Abteilungen können in besonderen Fällen in Sektionen gegliedert werden.

(3) Jede Abteilung ist einem Campus oder campusübergreifenden Zentrum zugeordnet. Die Campi oder campusübergreifenden Zentren koordinieren die Aufgaben der Abteilungen.

(5) Der Vorstand kann im Einvernehmen mit der jeweiligen Campusdirektion mit einer Professorin oder einem Professor ein privatrechtliches Dienstverhältnis begründen, in dem er ihr oder ihm eine besondere Funktion in der Krankenversorgung überträgt und in dem die Vertragsparteien die Rechte und Pflichten der Professorin oder des Professors einschließlich einer leistungsbezogenen Vergütung regeln. Das Dienstverhältnis kann einmalig auf bis zu zehn Jahre befristet werden. Dabei ist der Vorstand an die im Berufungsverfahren getroffene Entscheidung der Hochschulen über die Besetzung der Professur gebunden. Die mit der Leitung einer Abteilung betrauten Professorinnen und Professoren führen die Bezeichnung Direktorin oder Direktor. Direktorinnen und Direktoren haben betriebswirtschaftliche Grundkenntnisse nachzuweisen oder zeitnah nach Vertragsabschluss zu erwerben.

(6) Der Vorstand kann mit einer Leiterin oder einem Leiter einer zentralen Einrichtung und mit einer Oberärztin oder einem Oberarzt, die oder der nicht Professorin oder Professor ist, ein privatrechtliches Dienstverhältnis begründen. Auf dieser Grundlage schließt der Vorstand mit ihr oder ihm eine Ziel- und Leistungsvereinbarung für die Erbringung bestimmter Aufgaben unter Festlegung einer leistungsbezogenen Vergütung. Für diese Vereinbarungen ist das Einvernehmen der jeweiligen Campusdirektion erforderlich.

(7) Das Nähere zu den Absätzen 1 bis 4 regelt die Hauptsatzung.

§ 91
Personal

(1) Das nichtwissenschaftliche Personal, das im Bereich des Klinikums tätig sein soll, wird als Personal des Klinikums eingestellt und steht im Dienst des Klinikums. Das Klinikum hat Dienstherrnfähigkeit.

(2) Oberste Dienstbehörde und Dienstvorgesetzter des nichtwissenschaftlichen Personals des Klinikums ist der Vorstand.

(3) Das nichtwissenschaftliche Personal des Klinikums, zu dessen Aufgaben eine Tätigkeit in Forschung und Lehre gehört, nimmt diese Tätigkeit am Klinikum wahr.

(4) Das wissenschaftliche Personal, das im Bereich des Klinikums tätig sein soll, wird als Personal einer Hochschule eingestellt. § 90 Absatz 5 und 6 bleibt unberührt.

(5) Das wissenschaftliche Personal der Hochschulen, zu dessen Aufgaben nach den für das Dienstverhältnis geltenden Regelungen und der Funktionsbeschreibung der Stelle eine Tätigkeit im Aufgabenbereich Krankenversorgung gehört, nimmt diese Tätigkeit im Rahmen seiner dienstlichen Aufgaben am Klinikum wahr.

(6) Die zuständige Landesbehörde kann dem Klinikum die Personalangelegenheiten (§ 6 Absatz 3 Nummer 1) für das im Bereich des Klinikums tätige wissenschaftliche Personal der Christian-Albrechts-Universität zu Kiel mit Ausnahme der Personalangelegenheiten der Professorinnen und Professoren übertragen. Das Klinikum nimmt diese als Landesaufgabe wahr. Für das im Bereich des Klinikums tätige wissenschaftliche Personal der Universität zu Lübeck nimmt das Klinikum die Personalangelegenheiten mit Ausnahme der Personalangelegenheiten der Professorinnen und Professoren als Hochschulaufgabe wahr. § 62 Absatz 6 bleibt unberührt. Das Nähere regeln jeweils die Hochschulen und das Klinikum im Rahmen ihrer Rechte und Pflichten im Rahmen der Übertragung. Kann eine Einigung nicht erzielt werden, entscheidet das Ministerium.

§ 92
Wirtschaftsführung, Gewährträgerhaftung

(1) Der Vorstand beschließt einstimmig Rahmenvorgaben für die Teil-Wirtschaftspläne und stellt den Gesamt-Wirtschaftsplan auf. Der Gesamt-Wirtschaftsplan hat sich an der Struktur- und Entwicklungsplanung zu orientieren. Bei erheblichen Abweichungen im Vollzug des Gesamt-Wirtschaftsplans hat der Vorstand Maßnahmen zur Sicherung des Vollzugs zu treffen. Das Nähere regelt die Hauptsatzung.

(2) Die §§ 1 bis 87 und die §§ 106 bis 110 Landeshaushaltsordnung Schleswig-Holstein finden mit Ausnahme des § 65

Absatz 1 bis 5, des § 68 Absatz 1 und des § 69 keine Anwendung. § 3 Absatz 1 des Tariftreue- und Vergabegesetzes Schleswig-Holstein vom 31. Mai 2013 (GVOBl. Schl.-H. S. 239) findet auf das Klinikum keine Anwendung, soweit der Auftragswert den nach § 106 Absatz 1 des Gesetzes gegen Wettbewerbsbeschränkungen jeweils festgelegten Schwellenwert nicht erreicht. Gleiches gilt für die Tochterunternehmen des Klinikums, in denen das Klinikum Mehrheitsgesellschafter ist.

(3) Das Klinikum deckt seine Aufwendungen in der Krankenversorgung durch die für seine Leistungen vereinbarten oder festgelegten Entgelte und durch sonstige Erträge. Das Land kann dem Klinikum nach Maßgabe des Haushaltsplans Finanzmittel gewähren

1. zur Deckung der Mieten für Gebäude und Geräte,
2. zur Deckung der Kosten für die maximale Krankenhausversorgung, die nicht durch Leistungen anderer Kostenträger abgedeckt werden und
3. für Investitionen.

§ 8 a Absatz 1 Satz 4 gilt entsprechend. Die vom Land zugewiesenen Finanzmittel nach Satz 2 und nach § 8 a Absatz 1 bewirtschaftet das Klinikum als Landesaufgabe. Das Klinikum berichtet dem Ministerium jährlich im Rahmen des Jahresabschlusses über die bestimmungsgemäße Verwendung der Mittel.

(4) Das Klinikum stellt gemeinsam mit den Fachbereichen Medizin sicher, dass die Finanzmittel für Forschung und Lehre gesondert von den Finanzmitteln für die Krankenversorgung verwendet und ausgewiesen werden. Der Vorstand hat dem Aufsichtsrat und den Präsidien hierüber zu berichten und alle notwendigen Informationen zur Verfügung zu stellen.

(5) Das Klinikum bewirtschaftet die Personalmittel für das im Bereich des Klinikums tätige Personal der Hochschulen. Im Jahresabschluss des Klinikums sind Angaben zu Art und Anzahl dieses Personals zu machen.

(6) Drittmittelprojekte, die im Klinikum durchgeführt werden sollen, sind dem Vorstand anzuzeigen. Die Mittel können vom Klinikum verwaltet werden. Abweichend von § 37 Absatz 5 Satz 1 gilt für die Einstellung von hauptberuflichen nichtwissenschaftlichen Mitarbeiterinnen und Mitarbeitern § 91. Im Übrigen gilt § 37 Absatz 1, 2, 4 bis 6.

(7) Das Grundvermögen wird, soweit es für die betrieblichen Zwecke des Klinikums erforderlich ist, dem Klinikum dauerhaft zur Verfügung gestellt.

(8) Privatrechtliche Entgelte, die vom Klinikum für seine Benutzung nach einem Tarif erhoben werden, der bekannt gemacht worden ist oder zur Einsichtnahme ausliegt, dürfen im Verwaltungswege beigetrieben werden.

(9)² Das Ministerium legt im Einvernehmen mit dem Finanzministerium den Kreditrahmen für das Klinikum fest.

(10) Für die Verbindlichkeiten des Klinikums haftet das Land Schleswig-Holstein, soweit nicht Befriedigung aus dem Vermögen des Klinikums möglich ist (Gewährträgerhaftung).

(11) Die Landesregierung berichtet dem Landtag über den Jahresabschluss des Klinikums, die Verwendung des Jahresergebnisses und den Lagebericht.

Abschnitt 10
Bestimmungen für einzelne Hochschulen, Schlussbestimmungen

§ 93
Künstlerische Hochschulen

(1) Das Studium an der Musikhochschule Lübeck führt zu einer künstlerisch-wissenschaftlichen Qualifikation.

(2) Die Muthesius Kunsthochschule vermittelt eine künstlerische Qualifikation durch künstlerisch-praktische, methodische, theoretische und experimentelle Ausbildungsinhalte.

(3) Die Musikhochschule Lübeck und die Muthesius Kunsthochschule können in ihrer Verfassung regeln, ob und unter welchen Bedingungen Lehrbeauftragte, die nicht die Voraussetzungen des § 13 Absatz 1 Nummer 2 erfüllen, Mitglieder der Hochschule sind, gehören der Mitgliedergruppe des wissenschaftlichen Dienstes an.

(4) Die Präsidentin oder der Präsident kann Lehrbeauftragten der künstlerischen Bereiche, die die Einstellungsvoraussetzungen für Professorinnen und Professoren erfüllen und die seit mindestens zwei Jahren einen Lehrauftrag zur Sicherung des Lehrangebots (§ 66 Absatz 1 Satz 1) wahrnehmen, auf Vorschlag des Senats die akademische Bezeichnung „Professorin" oder „Professor" verleihen. Das Ministerium kann Richtlinien über die Verleihung der akademischen Bezeichnung erlassen. Endet der Lehrauftrag, entscheidet das Ministerium über die Weiterführung der Bezeichnung. § 63 Absatz 3 Satz 3 gilt entsprechend.

§ 94
Fachhochschulen

Die Fachhochschulen vermitteln durch anwendungsbezogene Lehre und Weiterbildung eine auf den Ergebnissen der Wissenschaft beruhende Ausbildung. Ziel der Ausbildung ist die Qualifizierung für berufliche Tätigkeitsfelder im In- und Ausland, die selbstständige Anwendung wissenschaftlicher Methoden und Erkenntnisse erfordern. Die Fachhochschulen betreiben praxisnahe Forschungs- und Entwicklungsvorhaben und fördern die Erschließung wissenschaftlicher Erkenntnisse für die Praxis.

§ 95
Verkündung von Verordnungen, Bekanntmachung von Satzungen

(1) Verordnungen, die aufgrund dieses Gesetzes erlassen werden, können abweichend von § 60 Landesverwaltungsgesetz im Nachrichtenblatt des Ministeriums verkündet werden. Auf sie ist unter Angabe der Stelle ihrer Verkündung und des Tages ihres Inkrafttretens nachrichtlich im Gesetz- und Verordnungsblatt für Schleswig-Holstein hinzuweisen.

(2) Satzungen der Hochschulen werden auf der Internetseite der jeweiligen Hochschule sowie durch einen hierauf verweisenden Hinweis im Nachrichtenblatt bekannt gemacht. Die hierfür genutzte Internetseite muss in ausschließlicher Verantwortung der Hochschule betrieben werden und deren sämtliche Bekanntmachungen an zentraler Stelle beinhalten. Die Satzungen müssen dort zur Dauer vorgehalten werden. Zu Beginn eines Kalenderjahres erstellt jede Hochschule ein Fundstellenverzeichnis aller auf ihrer Internetseite im vorangegangenen Kalenderjahr bekannt gegebenen Satzungen unter Angabe des Tages ihrer Bekanntmachung. Dieses Fundstellenverzeichnis wird vom Ministerium im ersten Nachrichtenblatt eines jeden Kalenderjahres veröffentlicht.

(3) Die Hochschulen erstellen von jeder Satzung zwei Originalausfertigungen. Eine Originalausfertigung ist für den Verbleib bei der Hochschule bestimmt, die zweite Originalausfertigung ist am Ende eines jeden Kalenderjahres dem Landesarchiv Schleswig-Holstein zur Aufbewahrung zu übersenden.

§ 96
Studienkolleg an der Fachhochschule Kiel

(1) Das Studienkolleg hat die Aufgabe, ausländische und staatenlose Studienbewerberinnen und -bewerber auf die Aufnahme eines Fachhochschulstudiums in dem angestrebten Studiengang sprachlich, fachlich und studienmethodisch vorzubereiten und eine Prüfung abzunehmen.

(2) Das Studienkolleg ist eine zentrale Einrichtung im Sinne des § 34 Absatz 1. Die Durchführung des Studienkollegs nimmt die Fachhochschule Kiel als eigene Aufgabe wahr. Das Ministerium nimmt die Rechtsaufsicht über das Studienkolleg wahr.

(3) Die Fachhochschule Kiel regelt durch eine Satzung die Organisation des Studienkollegs, den Zugang zum Studienkolleg,

---
2 Gemäß § 36 des Haushaltsgesetzes 2021 vom 25.2.2021 (GVOBl. Schl.-H. S. 172) legt abweichend von § 92 Absatz 9 das Finanzministerium im Einvernehmen mit dem Ministerium für Bildung, Wissenschaft und Kultur nach Zustimmung des Landtags den Kreditrahmen für das Klinikum fest.

die Dauer des Kollegbesuchs sowie die Notwendigkeit und Voraussetzungen für Abschlussprüfungen des Studienkollegs. Die Satzung bedarf der Genehmigung des Ministeriums.

(4) Kollegiatinnen und Kollegiaten, die das Studienkolleg besuchen, werden bis zum Bestehen oder endgültigen Nichtbestehen der Prüfung als Studierende der Fachhochschule Kiel eingeschrieben. Mit dem Bestehen der Prüfung wird kein Anspruch auf Einschreibung zum Fachstudium erworben. Der Kollegbesuch gilt nicht als Studium. Die am Studienkolleg tätigen Lehrkräfte werden der Mitgliedergruppe Technik und Verwaltung zugeordnet.

(5) Am Studienkolleg wird ein Beirat eingerichtet, dem je zwei Vertreterinnen oder Vertreter der Fachhochschule Kiel, des Studienkollegs und je eine Vertreterin oder ein Vertreter des für Bildung zuständigen Ministeriums sowie des Ministeriums angehören. Die Beiratsmitglieder werden auf Vorschlag der entsendenden Einrichtung von der Präsidentin oder dem Präsidenten der Fachhochschule bestellt. Aufgabe des Beirats ist es, das Studienkolleg bei der Durchführung der Aufgaben zu beraten. Vor Beschlussfassung des Senats über die Satzung des Studienkollegs ist der Beirat zu hören.

Abschnitt 11
Ergänzende Vorschriften während der Corona-Pandemie

§ 97 Beschlüsse (zu § 15)

(1) Für Beschlussfassungen können gesicherte elektronische Verfahren genutzt werden.

(2) In dringenden Angelegenheiten können Beschlüsse im Umlaufverfahren gefasst werden. Über die Beschlussfassung im Umlaufverfahren ist ebenfalls im Umlaufverfahren zu entscheiden.

§ 98
Öffentlichkeit der Sitzungen (zu § 16)

Gremien können ihre Sitzungen als Videokonferenz durchführen.

§ 99
Wahlen (zu § 17)

(1) Wahlen können in einem gesicherten elektronischen Verfahren durchgeführt werden.

(2) Ist bei Ablauf einer Amts- oder Wahlzeit noch kein neues Mitglied bestimmt, so übt das bisherige Mitglied sein Amt oder seine Funktion weiter aus. Das Ende der Amtszeit des nachträglich gewählten Mitglieds bestimmt sich so, als ob es sein Amt rechtzeitig angetreten hätte. Die Sätze 1 und 2 gelten auch für Vizepräsidentinnen und Vizepräsidenten sowie für Dekaninnen und Dekane.

§ 100
Eignungsprüfungen (zu § 39 Absatz 6)

Die Hochschulen können auf einzelne in der jeweiligen Eignungsprüfungsordnung festgelegten Prüfungselemente verzichten oder sie in anderer Form durchführen, sofern dies für die Durchführbarkeit der Prüfung erforderlich ist und die Prüfung insgesamt geeignet bleibt, die Studieneignung festzustellen. Die Änderungen sind in geeigneter Weise rechtzeitig bekanntzugeben.

§ 101
Einteilung des Hochschuljahres (zu § 47)

(1) Die Hochschulen können die Unterrichtszeiten für das Sommersemester 2020, das Wintersemester 2020/21 und das Sommersemester 2021 selbst festlegen.

(2) Für das Sommersemester 2020 können die Hochschulen Unterrichtszeiten und Prüfungszeiträume in der unterrichtsfreien Zeit festlegen. Sie können Lehrveranstaltungen und Prüfungen, die bis einschließlich Oktober anbieten, noch dem Sommersemester 2020 zurechnen.

(3) Für das Wintersemester 2020/21 soll der Unterrichtsbeginn auf den 2. November 2020 gelegt werden. Abweichungen von diesen Terminen sowie unterschiedliche Unterrichtszeiten für erste und höhere Semester sind mit Zustimmung des Ministeriums zulässig.

(4) Die gemäß der Absätze 1 bis 3 festgesetzten Termine sind rechtzeitig in geeigneter Form bekannt zu geben.

(5) Es sind mindestens 31 Unterrichtswochen pro Jahr festzulegen. Prüfungszeiträume dürfen sich um ein bis zu zwei Wochen pro Semester mit den Unterrichtszeiten überschneiden. Eine Unterschreitung der Zahl von 31 Unterrichtswochen ist nur mit Zustimmung des Ministeriums und nur in den Fällen zulässig, in denen der Unterrichtsbeginn auf den 2. November 2020 gelegt wird.

§ 102
Übergang vom Bachelor zum Master (zu § 49 Absatz 4)

Der Zugang zu einem Masterstudium kann befristet für zwei Semester, im Fall eines zweisemestrigen Masterstudiums für ein Semester, auch dann gewährt werden, wenn der erste Hochschulabschluss wegen des Fehlens einzelner Prüfungsleistungen noch nicht vorliegt, aber aufgrund des bisherigen Studienverlaufs und der bisher erbrachten Prüfungsleistungen zu erwarten ist, dass der Abschluss rechtzeitig bis zum Ende der Frist zu erwarten ist. Wird für den ersten Hochschulabschluss eine Mindestnote gefordert, ist die aus den bisher erbrachten Prüfungsleistungen ermittelte Durchschnittsnote maßgeblich. Die vorläufige Einschreibung erlischt, wenn der erfolgreiche erste Hochschulabschluss nicht fristgemäß nachgewiesen wurde (auflösende Bedingung).

§ 103
Regelstudienzeit (zu § 50)

(1) Für hochschulrechtliche und ausbildungsförderungsrechtliche Regelungen, die an die Regelstudienzeit oder an die Fachsemesterzahl anknüpfen, wertet die Hochschule das Sommersemester 2020 nicht als Fachsemester.

(2) Die Hochschulen erteilen Studierenden, die im Sommersemester 2020 eingeschrieben waren, auf Antrag eine Bescheinigung, dass sie bedingt durch die Corona-Pandemie Leistungsnachweise oder Prüfungsleistungen nicht erbringen konnten und dass dies den Ablauf des Studiums um ein Semester verzögert. Unberührt bleiben die Regelungen zu den Staatsexamina.

(3) Für Studierende, die im Sommersemester 2020 in einem Studiengang an einer staatlichen oder staatlich anerkannten Hochschule eingeschrieben und nicht beurlaubt sind, gilt eine von der in jeweiligen Prüfungsordnung auf Grundlage von § 50 Absatz 2 geregelten Regelstudienzeit abweichende, um ein Semester verlängerte individuelle Regelstudienzeit.

§ 104
Anerkennung von Studien- und Prüfungsleistungen
(zu § 51 Absatz 2)

Die Ablehnung der Anrechnung von Prüfungsleistungen darf nicht darauf gestützt werden, dass Prüfungsarten, Lehrveranstaltungsarten oder die Anzahl der Semesterwochenstunden infolge der Maßnahmen zur Bekämpfung der Ausbreitung des neuartigen Coronavirus SARS-CoV-2 abweichend von der jeweiligen Prüfungsordnung festgelegt wurden.

§ 105
Abweichende Lehr- und Prüfungsformate,
Anrechnung, Freiversuch (zu § 52 Absatz 2)

(1) Die Hochschulen können in ihren Studien- oder Prüfungsordnungen festgelegte Präsenzlehrveranstaltungsarten durch abweichende Lehrveranstaltungsarten ersetzen, die geeignet sind, die für die Erreichung der Lernziele des Moduls erforderlichen Kompetenzen zu vermitteln.

(2) Die Hochschulen können von der festgelegten Anzahl der Semesterwochenstunden abweichen.

(3) Die in der jeweiligen Prüfungsordnung festgelegten Prüfungsarten können auch nach Beginn der Unterrichtszeit durch andere Prüfungsarten ersetzt werden, sofern dies für die Durchführbarkeit der Prüfung erforderlich ist und die Prüfungsart geeignet ist, das Erreichen der Lernziele festzustellen.

(4) Die Hochschulen können von den Regelungen zu Prüfungsvorleistungen und weiteren Voraussetzungen für die Zulassung zu Prüfungen in angemessener Weise abweichen.

(5) Die Maßnahmen der Absätze 1 bis 4 sind in geeigneter Weise rechtzeitig bekanntzugeben. Sie bedürfen der Zustimmung der Dekanin oder des Dekans oder der Zustimmung des Prüfungsausschusses. Die Dekanin oder der Dekan kann eine Prodekanin oder einen Prodekan mit der Entscheidung beauftragen. Bei staatlichen oder kirchlichen Prüfungen bedürfen die Maßnahmen der Absätze 1 bis 4 der Zustimmung der für die jeweilige Prüfung zuständigen Stelle.

(6) Die Dekanin oder der Dekan legt fest, in welchen Studiengängen oder Modulen im Sommersemester 2020 abgelegte und nicht bestandene Prüfungen als nicht unternommen gelten, weil die Lehr- und Lern- oder die Prüfungsbedingungen durch Einschränkungen des Präsenzbetriebs wesentlich erschwert sind (Freiversuch). Die Dekanin oder der Dekan kann eine Prodekanin oder einen Prodekan oder den Prüfungsausschuss mit der Entscheidung beauftragen. Für Studierende, die Kinder unter 14 Jahren pflegen oder betreuen und deren Lern- oder Prüfungssituation wegen der Schließung von Schulen und Kindertageseinrichtungen wesentlich erschwert ist, gilt eine im Sommersemester 2020 abgelegte und nicht bestandene Prüfung als Freiversuch.

(7) Kann ein Praktikum nicht angetreten und nicht in angemessener Zeit nachgeholt werden, kann es unter Beachtung der Lernziele durch eine andere Leistung ersetzt werden. Konnte ein Praktikum nicht vollständig absolviert werden, kann es anerkannt werden, wenn die Lernziele als erreicht gewertet werden können.

§ 106
Stipendien (zu § 54 Absatz 6)

Die Hochschulen sollen auf Antrag die Bewilligungsdauer für ein Stipendium nach der Landesverordnung über die Förderung des wissenschaftlichen und des künstlerischen Nachwuchses (Stipendiumsverordnung - StpVO) um bis zu sechs Monate verlängern, wenn eine Stipendiatin oder ein Stipendiat sein oder ihr Promotionsvorhaben aufgrund der Corona-Pandemie unterbrechen muss oder es nur eingeschränkt fortsetzen kann.

§ 107
Lehrverpflichtung (zu § 70 Absatz 1 HSG)

(1) Sofern Lehrveranstaltungen in anderer als nach Prüfungs- oder Studienordnung vorgesehener Form durchgeführt werden, wird je Lehrperson die Lehrverpflichtung so angerechnet, als wäre die Lehrveranstaltung so abgehalten worden wie in der Studien- bzw. Prüfungsordnung vorgesehen. Kann eine Lehrveranstaltung nicht oder nicht alternativ angeboten bzw. abgehalten werden, wird dies über die Deputatskonten nach § 2 Absatz 3 LVVO ausgeglichen.

(2) Auf die Berichte nach § 9 Absatz 2 Satz 1 LVVO wird für das Jahr 2020 verzichtet.

§ 108
Besondere Vorschriften, Verordnungsermächtigung

(1) Von den in den Satzungen der Hochschulen geregelten Fristen kann zugunsten der Studierenden abgewichen werden. Geänderte Fristen sind in geeigneter Weise rechtzeitig bekannt zu geben.

(2) Das Ministerium wird ermächtigt,

1. ergänzend zu diesem Gesetz zur Sicherstellung der Lehre, zur Sicherstellung der Funktionsfähigkeit der Gremien der Hochschule und der Studierendenschaft sowie zur Förderung der Studierenden durch Rechtsverordnung Regelungen betreffend die Prüfungen, die Anerkennung von Prüfungsleistungen und sonstigen Leistungen, die Regelstudienzeit, die Lehrveranstaltung, die Amtszeit der Gremien der Hochschule und der Studierendenschaft sowie die Einschreibung zu erlassen und dabei von den Regelungen der Abschnitte 2, 4, 5, 6, 7, 11 des Hochschulgesetzes abzuweichen.

2. die Vorschriften dieses Abschnitts ganz oder teilweise außer Kraft zu setzen.

Gesetz zum Schutze der Kulturdenkmale (Denkmalschutzgesetz)
vom 30. Dezember 2014
– GVOBl. Schl.-H. S. 2 –

Zuletzt geändert durch Gesetz vom 1. September 2020 (GVOBl. Schl.-H. S. 508)

Inhaltsübersicht:

Gliederung

Präambel

**Abschnitt 1
Allgemeine Bestimmungen**

§ 1 Denkmalschutz und Denkmalpflege
§ 2 Begriffsbestimmungen, Anwendungsbereich
§ 3 Denkmalschutzbehörden
§ 4 Öffentliche Planungen und Maßnahmen, Welterbe
§ 5 Vertrauensleute
§ 6 Denkmalrat und Denkmalbeiräte
§ 7 Datenschutz

**Abschnitt 2
Schutz von Denkmalen**

§ 8 Schutz von unbeweglichen Kulturdenkmalen
§ 9 Unterschutzstellung von beweglichen Kulturdenkmalen
§ 10 Ausweisung von Schutzzonen

**Abschnitt 3
Umgang mit Denkmalen**

§ 11 Handhabung des Gesetzes
§ 12 Genehmigungspflichtige Maßnahmen
§ 13 Verfahren bei genehmigungspflichtigen Maßnahmen
§ 14 Kostenpflicht bei Eingriffen
§ 15 Funde
§ 16 Erhaltung des Denkmals
§ 17 Maßnahmen der Denkmalschutzbehörden

**Abschnitt 4
Ordnungswidrigkeiten und Straftaten**

§ 18 Ordnungswidrigkeiten
§ 19 Straftaten

**Abschnitt 5
Enteignung**

§ 20 Vorübergehende Inbesitznahme eines Kulturdenkmals
§ 21 Enteignung

**Abschnitt 6
Schlussvorschriften**

§ 22 Gebühren
§ 23 Staatsverträge mit Religionsgemeinschaften
§ 24 Übergangsvorschriften
§ 25 Inkrafttreten

Präambel

Grundlage für die Gestaltung der Zukunft ist die Erinnerung an die Vergangenheit. Sie stützt sich auf Orte, bewegliche und unbewegliche Objekte und immaterielle Zeugnisse wie Sprache, Brauchtum, traditionelle Handwerkstechniken oder Musik. Aufgabe des Denkmalschutzes und der Denkmalpflege ist es, diesem Grundbedürfnis des Einzelnen und der Gesellschaft nach Erinnerung zu dienen. Dies setzt die Zusammenarbeit von Behörden und Eigentümerinnen und Eigentümern, aber auch von anderen Betroffenen, z.B. Nutzerinnen und Nutzern oder ehrenamtlich Tätigen voraus. Denkmale sind materielle Zeugen menschlichen Wirkens. Sie dokumentieren historische Ereignisse und Entwicklungen, künstlerische Leistungen, technische Errungenschaften, soziale Lebenswirklichkeiten, unabhängig davon ob diese heute positiv oder negativ bewertet werden. Sie sind Teil des heutigen Lebensraumes und der heutigen Kultur. Durch Denkmale schützt und vertieft die Gesellschaft ihre Identität sowie Toleranz und Solidarität mit verschiedenen Gruppierungen, einschließlich den Minderheiten. Denkmalschutz und Denkmalpflege ermöglichen es künftigen Generationen, Geschichte zu erfahren, wahrzunehmen, zu interpretieren und zu hinterfragen. Erkenntnisse über Denkmale müssen daher öffentlich zugänglich sein. Daher ist es der Gesellschaft ein Anliegen, den überlieferten Denkmalbestand zu erhalten. Eine angemessene Nutzung begünstigt die langfristige Erhaltung. Jede Nutzung muss sich an der Substanzerhaltung orientieren.

**Abschnitt 1
Allgemeine Bestimmungen**

**§ 1
Denkmalschutz und Denkmalpflege**

(1) Denkmalschutz und Denkmalpflege liegen im öffentlichen Interesse. Sie dienen dem Schutz, der Erhaltung und der Pflege der kulturellen Lebensgrundlagen, die auch eingedenk der Verantwortung für die kommenden Generationen der besonderen Fürsorge jedes Einzelnen und der Gemeinschaft anvertraut sind. Mit diesen Kulturgütern ist im Rahmen einer nachhaltigen Ressourcennutzung schonend und werterhaltend umzugehen.

(2) Es ist Aufgabe von Denkmalschutz und Denkmalpflege, Denkmale nach Maßgabe dieses Gesetzes zu erfassen, wissenschaftlich zu erforschen und zu dokumentieren und das Wissen über Denkmale zu verbreiten. Dabei wirken Denkmalschutzbehörden und Eigentümerinnen und Eigentümer, Besitzerinnen und Besitzer und die sonst Verfügungsberechtigten zusammen.

(3) Das Land, die Kreise und die Gemeinden fördern diese Aufgabe. Das Land, die Kreise und die Gemeinden und alle Körperschaften und Stiftungen des öffentlichen Rechts haben sich ihren Denkmälern in besonderem Maße anzunehmen und diese vorbildlich zu pflegen.

**§ 2
Begriffsbestimmungen, Anwendungsbereich**

(1) Denkmale im Sinne dieses Gesetzes sind Kulturdenkmale und Schutzzonen.

(2) Kulturdenkmale sind Sachen, Gruppen von Sachen oder Teile von Sachen aus vergangener Zeit, deren Erforschung oder Erhaltung wegen ihres besonderen geschichtlichen, wissenschaftlichen, künstlerischen, technischen, städtebaulichen oder die Kulturlandschaft prägenden Wertes im öffentlichen Interesse liegen. Kulturdenkmale können beweglich und unbeweglich sein. Sie sind insbesondere Baudenkmale, archäologische Denkmale und Gründenkmale. Nach diesem Gesetz sind

1. Baudenkmale bauliche Anlagen oder Teile oder Mehrheiten von baulichen Anlagen oder Sachgesamtheiten;
2. archäologische Denkmale solche, die sich im Boden, in Mooren oder in einem Gewässer befinden oder befanden und aus denen mit archäologischer Methode Kenntnis von der Vergangenheit des Menschen gewonnen werden kann; hierzu gehören auch dingliche Zeugnisse wie Veränderungen und Verfärbungen in der natürlichen Bodenbeschaffenheit sowie Zeugnisse pflanzlichen und tierischen Lebens, wenn aus ihnen mit archäologischer

Methode Kenntnis von der Vergangenheit des Menschen gewonnen werden kann;
3. Gründenkmale von Menschen gestaltete Garten- und Landschaftsteile, wenn sie die Voraussetzungen des Satzes 1 erfüllen; Gründenkmale können insbesondere Garten-, Park- und Friedhofsanlagen einschließlich der dazugehörigen Wasser- und Waldflächen sein; sie können außerdem Alleen und Baumreihen sein;
4. bewegliche Kulturdenkmale Einzelgegenstände, Sammlungen und sonstige Gesamtheiten beweglicher Einzelgegenstände, die für die Geschichte und Kultur Schleswig-Holsteins eine besondere Bedeutung haben, nationales Kulturgut darstellen oder aufgrund internationaler Empfehlungen zu schützen sind.

Zu einem Kulturdenkmal können auch sein ortsfestes Zubehör und seine Ausstattung gehören.

(3) Schutzzonen sind Welterbestätten, soweit sie nicht als Kulturdenkmale geschützt sind, sowie Denkmalbereiche und Grabungsschutzgebiete. Nach diesem Gesetz sind
1. Welterbestätten die gemäß Artikel 11 Absatz 2 des Übereinkommens zum Schutz des Kultur- und Naturerbes der Welt vom 16. November 1972 (BGBl. II 1977 S. 215) in die „Liste des Erbes der Welt" eingetragenen Stätten, soweit sie dort nicht ausschließlich als Naturerbe eingetragen sind,
2. Pufferzonen definierte Gebiete um eine Welterbestätte zum Schutz ihres unmittelbaren Umfeldes, wesentlicher Sichtachsen und weiterer wertbestimmender Merkmale,
3. Denkmalbereiche historische Kulturlandschaften, kulturlandschaftliche Einheiten oder Mehrheiten von Sachen oder Kulturdenkmalen, die durch ihr Erscheinungsbild oder durch ihre Beziehung zueinander von besonderer geschichtlicher, wissenschaftlicher, künstlerischer, technischer, städtebaulicher oder die Kulturlandschaft prägender Bedeutung sind; Denkmalbereiche können auch
   a) aus Sachen bestehen, die einzeln die Voraussetzungen des Satzes 2 nicht erfüllen
   b) insbesondere Siedlungsstrukturen, Orts- oder Stadtgrundrisse, Stadt-, Ortsbilder und -silhouetten, Stadtteile und -viertel, Siedlungskerne oder Siedlungen sein,
4. Grabungsschutzgebiete abgegrenzte Bezirke, in denen archäologische Denkmale bekannt oder zu vermuten sind.

§ 3
Denkmalschutzbehörden

(1) Der Denkmalschutz obliegt dem Land, den Kreisen und den kreisfreien Städten. Die Kreise und kreisfreien Städte nehmen diese Aufgabe als Aufgabe zur Erfüllung nach Weisung wahr.

(2) Denkmalschutzbehörden sind:
1. das für Kultur zuständige Ministerium als oberste Denkmalschutzbehörde,
2. das Landesamt für Denkmalpflege Schleswig-Holstein und das Archäologische Landesamt Schleswig-Holstein als obere Denkmalschutzbehörden,
3. die Landrätinnen oder Landräte für die Kreise und die Bürgermeisterinnen oder Bürgermeister für die kreisfreien Städte als untere Denkmalschutzbehörden.

Die Aufgaben der oberen Denkmalschutzbehörden werden für den Bereich der Hansestadt Lübeck von deren Bürgermeisterin oder Bürgermeister wahrgenommen.

(3) Die unteren Denkmalschutzbehörden sind für den Vollzug dieses Gesetzes zuständig, soweit nicht durch Gesetz oder aufgrund eines Gesetzes etwas anderes bestimmt ist.

(4) Die oberen Denkmalschutzbehörden sind zugleich Fachaufsichtsbehörden über die unteren Denkmalschutzbehörden. Die oberen und unteren Denkmalschutzbehörden haben die jeweils zuständige Denkmalschutzbehörde über alle Vorgänge zu unterrichten, die ein Eingreifen erfordern. Die unteren Denkmalschutzbehörden haben der obersten einmal jährlich über ihren Mitteleinsatz für die Aufgaben des Denkmalschutzes und der Denkmalpflege, insbesondere den Personaleinsatz, zu berichten.

(5) Das Landesamt für Denkmalpflege Schleswig-Holstein ist zuständig für den Schutz und die Pflege der Kulturdenkmale und Schutzzonen mit Ausnahme der archäologischen Kulturdenkmale, Grabungsschutzgebiete, archäologischen Denkmalbereiche und archäologischen Welterbestätten. Das Archäologische Landesamt Schleswig-Holstein ist zuständig für die archäologischen Kulturdenkmale, Grabungsschutzgebiete, archäologische Denkmalbereiche und archäologische Welterbestätten.

(6) Die oberste Denkmalschutzbehörde kann durch Verordnung Zuständigkeiten nach diesem Gesetz auf die oberen oder die unteren Denkmalschutzbehörden übertragen, wenn dies für die Erledigung bestimmter Aufgaben zweckmäßiger ist.

§ 4
Öffentliche Planungen und Maßnahmen, Welterbe

(1) Die Belange des Denkmalschutzes und der Denkmalpflege sowie die Anforderungen des europäischen Rechts und der in Deutschland ratifizierten internationalen und europäischen Übereinkommen zum Schutz des materiellen kulturellen Erbes sind in die städtebauliche Entwicklung, Landespflege und Landesplanung einzubeziehen und bei allen öffentlichen Planungen und Maßnahmen angemessen zu berücksichtigen.

(2) Die juristische Person, die für die Verwaltung der Welterbestätte zuständig ist, richtet eine Welterbekoordination ein und benennt eine offizielle Welterbebeauftragte oder einen offiziellen Welterbebeauftragten für die Belange der Welterbestätte. Die juristische Person hat integrierte Planungs- und Handlungskonzepte in Form von Managementplänen aufzustellen und fortzuschreiben. Kommt sie ihrer Verpflichtung zur Aufstellung oder Fortschreibung des Managementplans auch nach einer von der zuständigen oberen Denkmalschutzbehörde gesetzten angemessenen Frist nicht nach, wird der Managementplan ersatzweise von der zuständigen oberen Denkmalschutzbehörde erstellt oder fortgeschrieben.

(3) Die Denkmalschutzbehörden und der oder die Welterbebeauftragte sind Träger öffentlicher Belange. Sie sind bei allen öffentlichen Planungen und Maßnahmen, die Belange des Welterbes, des Denkmalschutzes und der Denkmalpflege berühren können, so frühzeitig zu beteiligen, dass die in Absatz 1 genannten Belange sowie die Belange der Welterbestätte, ihrer Pufferzonen und ihrer wesentlichen Sichtachsen in die Abwägung mit anderen Belangen eingestellt und die Erhaltung und Nutzung der Denkmale sowie eine angemessene Gestaltung ihrer Umgebung sichergestellt werden können. Welterbestätten sind einschließlich ihrer Umgebung in ihrem außergewöhnlichen universellen Wert zu erhalten.

§ 5
Vertrauensleute

Die oberen Denkmalschutzbehörden können im Einvernehmen mit den Kreisen und kreisfreien Städten ehrenamtliche Vertrauensleute für Kulturdenkmale bestellen. Das Nähere regelt die oberste Denkmalschutzbehörde durch Verordnung.

§ 6
Denkmalrat und Denkmalbeiräte

(1) Die oberste Denkmalschutzbehörde bildet zur Beratung der Denkmalschutzbehörden einen Denkmalrat. Der Denkmalrat ist unabhängig. Er ist vor der Entscheidung über einen Widerspruch gegen eine Maßnahme nach § 9 und vor der Ausweisung einer Schutzzone nach § 10 Absatz 1 zu hören. Der Denkmalrat kann sich zu Einzelfällen sowie zu grundsätzlichen und aktuellen Fragestellungen des Denkmalschutzes und der Denkmalpflege äußern und ist berechtigt, Empfehlungen auszusprechen. Die Beschlüsse des Denkmalrates zu grundsätzlichen Fragen werden auf der Internetseite der obersten Denkmalschutzbehörde veröffentlicht.

(2) Die Kommunen und die unteren Denkmalschutzbehörden können im Benehmen mit den oberen Denkmalschutzbehörden ehrenamtliche Denkmalbeiräte bilden.

(3) Die Mitglieder des Denkmalrates sind ehrenamtlich tätig. Das Nähere über die Berufung, Amtsdauer, Entschädigung, Zusammensetzung und Geschäftsführung des Denkmalrates regelt die oberste Denkmalschutzbehörde durch Verordnung.

§ 7
Datenschutz

Die Denkmalschutzbehörden dürfen personenbezogene Daten verarbeiten, soweit dies zur Erfüllung der ihnen zugewiesenen Aufgaben erforderlich ist. Darüber hinaus dürfen die Denkmalschutzbehörden die zur jeweiligen Aufgabenerledigung erforderlichen personenbezogenen Daten an die Kommunen und unteren Bauaufsichtsbehörden übermitteln.

Abschnitt 2
Schutz von Denkmalen

§ 8
Schutz von unbeweglichen Kulturdenkmalen

(1) Unbewegliche Kulturdenkmale sind gesetzlich geschützt. Sie sind nachrichtlich in ein Verzeichnis (Denkmalliste) einzutragen. Der Schutz der Kulturdenkmale ist nicht von der Eintragung in die Denkmalliste abhängig. Die Denkmalliste ist nicht abschließend. Sie ist regelmäßig zu überprüfen, zu ergänzen und zu bereinigen. Die oberen Denkmalschutzbehörden führen die Denkmallisten für ihren jeweiligen Zuständigkeitsbereich.

(2) Die Denkmallisten sollen elektronisch geführt werden. Sie sind im Umfang der Verordnung nach Satz 4 öffentlich bekannt zu machen. Insbesondere sollen Angaben zur Belegenheit des Grundstücks, eine kurze Beschreibung des Kulturdenkmals sowie eine kurze Begründung der Denkmaleigenschaft in die Denkmalliste aufgenommen werden. Die oberste Denkmalschutzbehörde legt durch Verordnung fest, welche Daten in den Denkmallisten nach Absatz 1 zu verarbeiten und welche dieser Daten zu veröffentlichen sind.

(3) Von der Eintragung sind die Eigentümerinnen und Eigentümer unverzüglich zu benachrichtigen. Können sie nicht oder nur mit unverhältnismäßigem Aufwand ermittelt werden, gilt die Veröffentlichung der Eintragung in der Denkmalliste als öffentliche Benachrichtigung. Ebenso kann die Eintragung oder Löschung öffentlich bekannt gemacht werden, wenn mehr als 20 Personen betroffen sind. Benachrichtigt werden auch die Kommunen, in deren Gebiet das Kulturdenkmal liegt.

§ 9
Unterschutzstellung von beweglichen Kulturdenkmalen

(1) Die Unterschutzstellung beweglicher Kulturdenkmale wird von den oberen Denkmalschutzbehörden von Amts wegen oder auf Antrag der Eigentümerinnen oder Eigentümer durch Verwaltungsakt verfügt. Die Eintragung ist zu löschen, wenn ihre Voraussetzungen nicht mehr vorliegen. Die Einhaltung der gesetzlichen Schutzpflichten für bewegliche Kulturdenkmale kann von den Eigentümerinnen oder Eigentümern, den Besitzerinnen oder Besitzern oder den sonst Verfügungsberechtigten erst ab der Eintragung in die Denkmalliste der beweglichen Kulturdenkmale verlangt werden.

(2) Die Denkmalliste der beweglichen Kulturdenkmale wird gesondert von der übrigen Denkmalliste geführt. Sie darf nur von den Eigentümerinnen und Eigentümern, den sonst dinglich Berechtigten und den von ihnen ermächtigten Personen eingesehen werden. Die oberste Denkmalschutzbehörde legt durch Verordnung fest, welche Daten in den Denkmallisten nach Absatz 1 zu verarbeiten und welche dieser Daten zu veröffentlichen sind.

(3) Die obere Denkmalschutzbehörde kann anordnen, dass ein bewegliches Kulturdenkmal, mit dessen Eintragung in die Denkmalliste der beweglichen Kulturdenkmale zu rechnen ist, vorläufig als in die Liste eingetragen im Sinne dieses Gesetzes gilt, wenn die Gefahr einer Verschlechterung oder Ortsveränderung droht. Die Anordnung verliert ihre Wirksamkeit, wenn nicht spätestens binnen drei Monaten die endgültige Eintragung erfolgt.

§ 10
Ausweisung von Schutzzonen

(1) Die oberen Denkmalschutzbehörden können im Benehmen mit den betroffenen unteren und der obersten Denkmalschutzbehörden sowie den betroffenen Kommunen Denkmalbereiche und Grabungsschutzgebiete durch Verordnung ausweisen. In ihr sind Ausmaß, Bestandteile, Schutzziel und -zweck sowie die zur Erreichung des Schutzzwecks erforderlichen Genehmigungsvorbehalte festzulegen. Näheres zum Verfahren kann die oberste Denkmalschutzbehörde durch Verordnung regeln.

(2) Vom Welterbekomitee anerkannte Welterbestätten in ihren vom Welterbekomitee anerkannten Grenzen gelten als Schutzzonen, soweit sie nicht als Kulturdenkmal geschützt sind.

(3) Die Festlegung einer Schutzzone durch Verordnung ist nachrichtlich in der Denkmalliste zu vermerken.

(4) Die Festlegung von Schutzzonen ist zu veröffentlichen und den zuständigen Planungs- und Bauaufsichtsbehörden mitzuteilen.

Abschnitt 3
Umgang mit Denkmalen

§ 11
Handhabung des Gesetzes

Bei allen Maßnahmen ist auf die berechtigten Belange der Verpflichteten Rücksicht zu nehmen. Die Denkmalschutzbehörden sollen sie im Rahmen ihrer Möglichkeiten unterstützen und beraten.

§ 12
Genehmigungspflichtige Maßnahmen

(1) Der Genehmigung der unteren Denkmalschutzbehörde bedürfen

1. die Instandsetzung, die Veränderung und die Vernichtung eines Kulturdenkmals,
2. die Überführung eines Kulturdenkmals von heimatgeschichtlicher oder die Kulturlandschaft prägender Bedeutung an einen anderen Ort,
3. die Veränderung der Umgebung eines unbeweglichen Kulturdenkmals, wenn sie geeignet ist, seinen Eindruck wesentlich zu beeinträchtigen,

(2) Der Genehmigung der oberen Denkmalschutzbehörde bedürfen

1. alle Maßnahmen in Denkmalbereichen und in deren Umgebung, die geeignet sind, die Denkmalbereiche wesentlich zu beeinträchtigen; Maßnahmen nach Absatz 1 bleiben davon unberührt,
2. alle Maßnahmen in Grabungsschutzgebieten und Welterbestätten, die geeignet sind, diese zu beeinträchtigen oder zu gefährden,
3. Eingriffe in den Bestand eines Denkmals zum Zweck der Erforschung,
4. die Anwendung archäologischer Methoden, die geeignet sind, Kulturdenkmale aufzufinden, an Stellen, von denen bekannt ist oder den Umständen nach zu vermuten ist, dass sich dort Kulturdenkmale befinden,
5. das Verwenden von Mess- und Suchgeräten, die geeignet sind, Kulturdenkmale aufzufinden, ohne dazu nach anderen Rechtsvorschriften befugt zu sein,
6. Nachforschungen, Erdarbeiten oder taucherische Bergungen an Stellen, von denen bekannt ist oder den Umständen nach zu vermuten ist, dass sich dort Kulturdenkmale befinden, ohne dazu nach anderen Rechtsvorschriften befugt zu sein, oder
7. die ganze oder teilweise Inbesitznahme eines durch Grabung oder durch taucherische Bergung zu Tage getretenen Kulturdenkmals.

(3) Absatz 1 und 2 gelten nicht für Maßnahmen der oberen Denkmalschutzbehörden und ihrer Beauftragten. Berührt eine Maßnahme Genehmigungspflichten nach Absatz 1 und 2, ist die obere Denkmalschutzbehörde allein zuständig.

§ 13
Verfahren bei genehmigungspflichtigen Maßnahmen

(1) Die zuständige Denkmalschutzbehörde prüft innerhalb von vier Wochen, ob der Antrag unvollständig ist oder sonstige erhebliche Mängel aufweist. Ist das der Fall, fordert sie die Antragstellerin oder den Antragsteller zur Behebung der Mängel innerhalb einer angemessenen Frist auf. Werden die Mängel nicht innerhalb der Frist behoben, gilt der Antrag als zurückgewiesen. Die Genehmigung gilt als erteilt, wenn die zuständige Denkmalschutzbehörde nicht innerhalb von drei Monaten nach Eingang der vollständigen Antragsunterlagen bei der Denkmalschutzbehörde einen Bescheid erlassen hat. Die Frist ruht während der Untersuchung des Denkmals oder seiner Umgebung nach Absatz 6. Die Genehmigung erlischt, wenn mit der Maßnahme nach diesem Absatz nicht innerhalb dreier Jahre nach Erteilung der Genehmigung begonnen worden oder eine begonnene Maßnahme länger als ein Jahr unterbrochen ist, es sei denn, in anderen Rechtsvorschriften ist etwas anderes bestimmt; die Frist von einem Jahr kann auf Antrag um bis zu zwei Jahre verlängert werden.

(2) Die Genehmigung kann versagt werden, soweit dies zum Schutz der Denkmale erforderlich ist. Sie ist zu erteilen, wenn Gründe des Denkmalschutzes nicht entgegenstehen und der Status als Welterbestätte nicht gefährdet ist oder ein überwiegendes öffentliches Interesse die Maßnahme notwendig macht. Die öffentlichen und die privaten Belange sind miteinander und untereinander abzuwägen.

(3) Maßnahmen an Baudenkmalen, die die Eigentümerin oder der Eigentümer zum Zeitpunkt des Maßnahmebeginns in Unkenntnis der Denkmaleigenschaft veranlasst hat, gelten als genehmigt. Grob fahrlässige Unkenntnis steht der Kenntnis gleich. Bei Vorhaben, deren energiewirtschaftliche Notwendigkeit und deren vordringlicher Bedarf gesetzlich festgelegt sind, ist die Genehmigung zu erteilen. Für die Belange von Menschen mit Behinderung, von älteren Menschen sowie von anderen Personen mit Mobilitätsbeeinträchtigung sind bei öffentlich zugänglichen Denkmalen angemessene Vorkehrungen zu treffen. Bei allen anderen Denkmalen sind diese Belange besonders zu berücksichtigen. Bei Maßnahmen aus Gründen der Gefahrenabwehr bei überregionalen Infrastrukturen gilt die Genehmigung als erteilt. Maßnahmen nach Satz 6 sind zu dokumentieren und die untere Denkmalschutzbehörde ist unverzüglich zu informieren.

(4) Die Genehmigung kann mit Bedingungen oder Auflagen versehen werden.

(5) Die oberste Denkmalschutzbehörde wird ermächtigt, für bestimmte Gebiete, Denkmale oder Genehmigungstatbestände durch Verordnung festzulegen, dass die untere Denkmalschutzbehörde vor Erteilung der Genehmigung die Zustimmung der oberen Denkmalschutzbehörde einzuholen hat.

(6) Soweit es zur Entscheidung über die Genehmigung erforderlich ist, kann die zuständige Denkmalschutzbehörde verlangen, dass ihr die Untersuchung des Denkmals oder seiner Umgebung ermöglicht wird. Hält es die Behörde für diese Untersuchung im Einzelfall für nötig, Sachverständige oder sachverständige Stellen heranzuziehen, hat die Antragstellerin oder der Antragsteller im Rahmen des Zumutbaren die hierdurch entstehenden Kosten zu tragen.

§ 14
Kostenpflicht bei Eingriffen

Wird in ein Denkmal eingegriffen oder ist ein Eingriff beabsichtigt oder liegen zureichende Anhaltspunkte dafür vor, dass in ein Denkmal eingegriffen werden wird, hat die Verursacherin oder der Verursacher des Eingriffes die Kosten im Rahmen des Zumutbaren zu tragen, die für die Untersuchung, Erhaltung und fachgerechte Instandsetzung, Bergung, Dokumentation des Denkmals sowie die Veröffentlichung der Untersuchungsergebnisse anfallen. Soweit die Höhe der Kostentragung seitens der Verursacherin oder des Verursachers nicht einvernehmlich in einem öffentlich-rechtlichen Vertrag geregelt wird, wird sie in einem Bescheid der zuständigen oberen Denkmalschutzbehörde festgesetzt.

§ 15
Funde

(1) Wer Kulturdenkmale entdeckt oder findet, hat dies unverzüglich unmittelbar oder über die Gemeinde der oberen Denkmalschutzbehörde mitzuteilen. Die Verpflichtung besteht ferner für die Eigentümerin oder den Eigentümer und die Besitzerin oder den Besitzer des Grundstücks oder des Gewässers, auf oder in dem der Fundort liegt, und für die Leiterin oder den Leiter der Arbeiten, die zur Entdeckung oder zu dem Fund geführt haben. Die Mitteilung einer oder eines der Verpflichteten befreit die übrigen. Die nach Satz 2 Verpflichteten haben das Kulturdenkmal und die Fundstätte in unverändertem Zustand zu erhalten, soweit es ohne erhebliche Nachteile oder Aufwendungen von Kosten geschehen kann. Diese Verpflichtung erlischt spätestens nach Ablauf von vier Wochen seit der Mitteilung.

(2) Bewegliche Kulturdenkmale, die herrenlos sind oder die so lange verborgen gewesen sind, dass ihre Eigentümerinnen oder Eigentümer nicht mehr zu ermitteln sind, werden mit der Entdeckung Eigentum des Landes, wenn sie

1. bei staatlichen Nachforschungen oder
2. in Grabungsschutzgebieten im Sinne des § 2 Absatz 3 Nummer 4 oder
3. bei nicht genehmigten Grabungen oder Suchen

entdeckt werden oder

4. einen hervorragenden wissenschaftlichen Wert besitzen.

Mit Ausnahme der Fälle des Absatzes 2 Nummern 1 und 3 hat die Finderin oder der Finder Anspruch auf eine angemessene Belohnung. Über die Höhe entscheidet die oberste Denkmalschutzbehörde. Absatz 4 findet keine Anwendung.

(3) Ein gefundenes oder ausgegrabenes bewegliches Kulturdenkmal ist der oberen Denkmalschutzbehörde unbeschadet des Eigentumsrechts auf Verlangen befristet zur wissenschaftlichen Bearbeitung auszuhändigen.

(4) Das Land, der Kreis und die Gemeinde, in deren Gebiet ein bewegliches Kulturdenkmal entdeckt oder gefunden ist, haben in dieser Reihenfolge das Recht, die Ablieferung zu verlangen. Bei Funden im Gebiet der Hansestadt Lübeck steht dieses Recht der Hansestadt Lübeck zu, es sei denn von ihrem Recht keinen Gebrauch macht, dem Land zu. Die Ablieferung kann nur verlangt werden, wenn Tatsachen vorliegen, nach denen zu befürchten ist, dass der Erhaltungszustand des Gegenstandes verschlechtert wird oder der Gegenstand der wissenschaftlichen Forschung verlorengeht. Die Ablieferung kann nicht mehr verlangt werden, wenn

1. seit der Mitteilung drei Monate verstrichen sind,
2. die Eigentümerinnen oder Eigentümer den Erwerbsberechtigten nach Satz 1 und 2 die Ablieferung des Kulturdenkmals, bevor über die Ablieferungspflicht entschieden ist, angeboten und die Erwerbsberechtigten das Angebot nicht binnen drei Monaten angenommen haben.

Die obere Denkmalschutzbehörde entscheidet auf Antrag einer oder eines Beteiligten, ob die Voraussetzungen der Ablieferung vorliegen.

§ 16
Erhaltung des Denkmals

(1) Eigentümerinnen und Eigentümer, Besitzerinnen und Besitzer sowie die sonst Verfügungsberechtigten haben Denkmale im Rahmen des Zumutbaren zu erhalten, sachgemäß zu behandeln und vor Gefährdung zu schützen.

(2) Wer ein Denkmal vorsätzlich oder grob fahrlässig beschädigt, ist unabhängig von der Verhängung einer Geldbuße zum Ersatz des von ihm verursachten Schadens verpflichtet.

(3) Ein Eigentümerwechsel ist der oberen Denkmalschutzbehörde unverzüglich mitzuteilen. § 90 Absatz 3 der Gemeindeordnung bleibt unberührt.

§ 17
Maßnahmen der Denkmalschutzbehörden

(1) Die Denkmalschutzbehörden haben zur Wahrnehmung ihrer Aufgaben diejenigen Maßnahmen zu treffen, die ihnen nach pflichtgemäßem Ermessen erforderlich scheinen. Handlungen, die geeignet sind, ein Denkmal zu schädigen

oder zu gefährden, können untersagt werden. Im Einzelfall können die Denkmalschutzbehörden mit der Eigentümerin oder dem Eigentümer zur Pflege des Denkmals einen öffentlich-rechtlichen Vertrag über Abweichungen von Genehmigungstatbeständen oder Verfahren nach den durch dieses Gesetz oder aufgrund dieses Gesetzes ergangenen Vorschriften schließen.

(2) Kommen die Eigentümerinnen und Eigentümer, Besitzerinnen und Besitzer oder die sonst Verfügungsberechtigten ihren Verpflichtungen nach diesem Gesetz nicht nach, kann die obere Denkmalschutzbehörde auf deren Kosten die notwendigen Anordnungen treffen.

(3) Wer eine nach diesem Gesetz genehmigungspflichtige Maßnahme ohne Genehmigung der zuständigen Denkmalschutzbehörde beginnt oder eine genehmigte Maßnahme unsachgemäß durchführt, hat auf Anordnung der zuständigen Denkmalschutzbehörde und auf seine Kosten den alten Zustand wiederherzustellen oder das Kulturdenkmal auf andere geeignete Weise instand zu setzen.

(4) Eigentümerinnen und Eigentümer, Besitzerinnen und Besitzer und die sonst Verfügungsberechtigten haben den Denkmalschutzbehörden und ihren Beauftragten die Besichtigung von Denkmalen zu gestatten und ihnen Auskunft zu geben, soweit dies zur Durchführung des Denkmalschutzes und Denkmalpflege erforderlich ist. Das Gleiche gilt, wenn ein Kulturdenkmal vermutet wird. Wohnungen dürfen gegen den Willen der unmittelbaren Besitzerinnen und Besitzer nur zur Verhinderung einer dringenden Gefahr für Kulturdenkmale betreten werden. Das Grundrecht der Unverletzlichkeit der Wohnung (Artikel 13 des Grundgesetzes) wird insoweit eingeschränkt.

(5) Die obere Denkmalschutzbehörde kann die wirtschaftliche Nutzung eines Grundstücks oder eines Grundstücksteils beschränken, auf dem sich Denkmale befinden. Die bisherige Nutzung bleibt unberührt. Die Beschränkung nach Satz 1 ist auf Ersuchen der oberen Denkmalschutzbehörde im Grundbuch einzutragen. Macht die obere Denkmalschutzbehörde von dieser Möglichkeit Gebrauch, entfällt für Eigentümerinnen und Eigentümer die Mitteilungspflicht nach § 16 Absatz 3.

Abschnitt 4
Ordnungswidrigkeiten und Straftaten

§ 18
Ordnungswidrigkeiten

(1) Ordnungswidrig handelt, wer vorsätzlich oder fahrlässig
1. einer Verordnung, die aufgrund dieses Gesetzes erlassen wurde, zuwiderhandelt, soweit sie für einen bestimmten Tatbestand auf diese Bußgeldvorschrift verweist und nicht mit § 19 mit Strafe bewehrt ist,
2. die in § 12 bezeichneten Handlungen ohne Genehmigung vornimmt, soweit diese Handlungen nicht nach § 19 mit Strafe bewehrt sind,
3. den Mitteilungs- und Auskunftspflichten des § 15 Absatz 1 Satz 1 und 2 und des § 17 Absatz 4 Satz 1 und 2 zuwiderhandelt,
4. ein Kulturdenkmal, dessen Ablieferung gemäß § 15 Absatz 4 verlangt worden ist, beiseiteschafft, beschädigt oder zerstört.

(2) Ordnungswidrig handelt auch, wer wider besseres Wissen
1. unrichtige Angaben macht oder
2. unrichtige Pläne oder Unterlagen vorlegt,

um ein Tätigwerden der Denkmalschutzbehörden nach Maßgabe dieses Gesetzes zu erwirken oder zu verhindern.

(3) Gegenstände, auf die sich eine Ordnungswidrigkeit bezieht oder die zu ihrer Vorbereitung oder Begehung verwendet worden sind, können eingezogen werden. § 23 des Gesetzes über Ordnungswidrigkeiten findet Anwendung.

(4) Ordnungswidrigkeiten können mit einer Geldbuße bis zu hunderttausend Euro, in besonders schweren Fällen bis zu fünfhunderttausend Euro geahndet werden. Zuständige

Verwaltungsbehörde nach § 36 Absatz 1 Nummer 1 des Gesetzes über Ordnungswidrigkeiten sind die Landrätinnen oder Landräte und die Bürgermeisterinnen oder Bürgermeister der kreisfreien Städte.

§ 19
Straftaten

(1) Wer vorsätzlich
1. ohne die nach § 12 Absatz 1 Nummer 1 erforderliche Genehmigung ein Kulturdenkmal beschädigt oder zerstört oder
2. die in § 12 Absatz 2 Nummer 4 bis 7 genannten Handlungen vornimmt, ohne die dafür erforderliche Genehmigung zu haben,

wird mit Freiheitsstrafe bis zu zwei Jahren oder Geldstrafe bestraft, wenn die Tat nicht in anderen Vorschriften mit schwererer Strafe bedroht ist.

(2) Die zur Begehung einer Tat nach Absatz 1 verwendeten Geräte sollen eingezogen werden.

Abschnitt 5
Enteignung

§ 20
Vorübergehende Inbesitznahme eines
Kulturdenkmals

(1) Die obere Denkmalschutzbehörde kann ein Kulturdenkmal bis zur Dauer von einem Monat in Besitz nehmen, wenn auf andere Weise von ihm eine Schädigung nicht abgewendet werden kann. Wird innerhalb dieser Frist das Enteignungsverfahren eingeleitet, kann die Besitznahme bis zum Abschluss desselben verlängert werden.

(2) Die Anordnung ist den Beteiligten zuzustellen.

(3) Die Eigentümerin oder der Eigentümer des Kulturdenkmals ist für die durch den Besitzentzug entstehenden Vermögensnachteile zu entschädigen. Über Art und Höhe der Entschädigung entscheidet die obere Denkmalschutzbehörde nach Anhörung der Beteiligten.

§ 21
Enteignung

(1) Die Enteignung von Kulturdenkmalen ist zulässig, wenn auf andere Weise eine Gefahr für deren Erhaltung nicht zu beseitigen ist.

(2) Die Enteignung erfolgt zugunsten des Landes, des Kreises oder der Gemeinde, in dessen oder in deren Zuständigkeitsbereich sich das Kulturdenkmal befindet.

(3) Bei unbeweglichen Kulturdenkmalen findet das für die Enteignung von Grundeigentum geltende Landesrecht Anwendung.

(4) Bei beweglichen Kulturdenkmalen finden die §§ 1, 2, 4, 5, 7, 8, 11, 12, 24 bis 37, 39, 57 des Gesetzes über die Enteignung von Grundeigentum vom 11. Juni 1874 (GS. S. 221) in der Fassung der Bekanntmachung vom 31. Dezember 1971 (GVOBl. Schl.-H. S. 182), zuletzt geändert durch Artikel 11 des Gesetzes vom 15. Juni 2004 (GVOBl. Schl.-H. S. 153), entsprechende Anwendung.[1]

Abschnitt 6
Schlussvorschriften

§ 22
Gebühren

Entscheidungen und Eintragungen nach diesem Gesetz sind gebührenfrei. Das gilt auch für Beratungen der Eigentümerinnen und Eigentümer, der Besitzerinnen und Besitzer oder der sonst Verfügungsberechtigten.

§ 23
Staatsverträge mit
Religionsgemeinschaften

Unbeschadet der Regelungen in Staatskirchenverträgen zwischen dem Land Schleswig-Holstein mit Kirchen oder

---
[1] *Gesetz über die Enteignung von Grundeigentum, Nr.* **70**

Religionsgemeinschaften und abweichend von § 12 Absatz 1 Nummern 1 und 2 werden alle Maßnahmen an Kulturdenkmalen im Eigentum der Kirchen oder Religionsgemeinschaften, insbesondere Instandsetzung, Veränderung und Vernichtung, nur im Benehmen mit der oberen Denkmalschutzbehörde vorgenommen.

§ 24
Übergangsvorschriften

(1) Die vor dem Inkrafttreten dieses Gesetzes in das Denkmalbuch eingetragenen Kulturdenkmale gelten als nach Inkrafttreten dieses Gesetzes in die Denkmalliste eingetragen. Denkmalbereiche und Grabungsschutzgebiete, die vor dem Inkrafttreten dieses Gesetzes durch Verordnung festgelegt wurden, gelten nach Inkrafttreten dieses Gesetzes unverändert fort.

(2) Einfache Kulturdenkmale gemäß § 1 Absatz 2 des Denkmalschutzgesetzes in der Fassung vom 12. Januar 2012 (GVOBl. Schl.-H. S. 83), Zuständigkeiten und Ressortbezeichnungen ersetzt durch Artikel 5 der Verordnung vom 4. April 2013 (GVOBl. Schl.-H. S. 143), gelten als Kulturdenkmale für die Dauer einer Abschreibung gemäß §§ 7 i, 10 f, 10 g und 11 b Einkommensteuergesetz,

1. wenn die Bescheinigungsbehörde bis zum Tag vor dem Inkrafttreten des Gesetzes

a) einen entsprechenden Grundlagenbescheid (Bescheinigung für das Finanzamt) für Baumaßnahmen an Kulturdenkmalen erteilt hat,

b) die Erteilung eines solchen Grundlagenbescheides gemäß § 108 a Landesverwaltungsgesetz schriftlich zugesichert hat oder

2. wenn die für die Erteilung eines solchen Grundlagenbescheides erforderlichen Voraussetzungen für eine solche Zusicherung objektiv vorliegen.

(3) Vorhaben von überregionaler Bedeutung, deren Planfeststellung oder Plangenehmigung vor dem Inkrafttreten dieses Gesetzes bei der zuständigen Behörde beantragt wurden, werden nach den bis dahin geltenden Vorschriften des Denkmalschutzgesetzes in der Fassung vom 12. Januar 2012 zu Ende geführt. Dies gilt nur dann nicht, wenn der Träger des Vorhabens dies bei der zuständigen Planfeststellungsbehörde beantragt.

§ 25
Inkrafttreten

Dieses Gesetz tritt am Tag nach seiner Verkündigung in Kraft. Gleichzeitig tritt das Denkmalschutzgesetz vom 12. Januar 2012 (GVOBl. Schl.-H. S. 83), Zuständigkeiten und Ressortbezeichnungen ersetzt durch Artikel 5 der Verordnung vom 4. April 2013 (GVOBl. Schl.-H. S. 143), außer Kraft.

Gesetz
über die Presse (Landespressegesetz)
in der Fassung der Bekanntmachung vom 31. Januar 2005
– GVOBl. Schl.-H. S. 105 –

Zuletzt geändert durch Gesetz vom 11. Juni 2019 (GVOBl. Schl.-H. S. 145)

§ 1
Freiheit der Presse

(1) Die Presse ist frei. Sie dient der freiheitlichen demokratischen Grundordnung.

(2) Die Freiheit der Presse unterliegt nur den Beschränkungen, die durch das Grundgesetz unmittelbar und in seinem Rahmen durch dieses Gesetz zugelassen sind.

(3) Sondermaßnahmen jeder Art, die die Pressefreiheit beeinträchtigen, sind verboten.

(4) Berufsorganisationen der Presse mit Zwangsmitgliedschaft und eine mit hoheitlicher Gewalt ausgestattete Berufsgerichtsbarkeit der Presse sind unzulässig.

§ 2
Zulassungsfreiheit

Die Pressetätigkeit einschließlich der Errichtung eines Verlagsunternehmens oder eines sonstigen Betriebes des Pressegewerbes darf von irgendeiner Zulassung nicht abhängig gemacht werden.

§ 3
Öffentliche Aufgabe der Presse

Die Presse erfüllt dadurch eine öffentliche Aufgabe, dass sie Nachrichten beschafft und verbreitet, Stellung nimmt oder Kritik übt.

§ 4
Informationsrecht der Presse

(1) Die Behörden sind verpflichtet, den Vertreterinnen und Vertretern der Presse die der Erfüllung ihrer öffentlichen Aufgabe dienenden Auskünfte zu erteilen.

(2) Auskünfte können verweigert werden, soweit
1. hierdurch die sachgemäße Durchführung eines schwebenden Verfahrens vereitelt, erschwert, verzögert oder gefährdet werden könnte oder
2. Vorschriften über die Geheimhaltung entgegenstehen oder
3. ein überwiegendes öffentliches oder ein schutzwürdiges privates Interesse verletzt würde oder
4. ihr Umfang das zumutbare Maß überschreitet.

(3) Allgemeine Anordnungen, die einer Behörde Auskünfte an die Presse verbieten, sind unzulässig.

(4) Die Verlegerin oder der Verleger einer Zeitung oder Zeitschrift kann von den Behörden verlangen, dass ihr oder ihm deren amtliche Bekanntmachungen nicht später als ihren oder seinen Mitbewerberinnen und Mitbewerbern zur Verwendung zugeleitet werden.

§ 5
Sorgfaltspflicht der Presse

Die Presse hat alle Nachrichten vor ihrer Verbreitung mit der nach den Umständen gebotenen Sorgfalt auf Wahrheit, Inhalt und Herkunft zu prüfen. Die Verpflichtung, Druckwerke von strafbarem Inhalt freizuhalten, bleibt unberührt.

§ 6
Begriffsbestimmungen

(1) Druckwerke im Sinne dieses Gesetzes sind alle mittels der Buchdruckerpresse oder eines sonstigen zur Massenherstellung geeigneten Vervielfältigungsverfahrens hergestellten und zur Verbreitung bestimmten Schriften, besprochenen Tonträger, bildlichen Darstellungen mit und ohne Schrift, Bildträger und Musikalien mit Text oder Erläuterungen.

(2) Zu den Druckwerken gehören auch die vervielfältigten Mitteilungen, mit denen Nachrichtenagenturen, Pressekorrespondenzen, Materndienste und ähnliche Unternehmungen die Presse mit Beiträgen in Wort, Bild oder ähnlicher Weise versorgen. Als Druckwerke gelten ferner die von einem presseredaktionellen Hilfsunternehmen gelieferten Mitteilungen ohne Rücksicht auf die technische Form, in der sie geliefert werden.

(3) Den Bestimmungen dieses Gesetzes über Druckwerke unterliegen nicht
1. amtliche Druckwerke, soweit sie ausschließlich amtliche Mitteilungen enthalten,
2. die nur Zwecken des Gewerbes und Verkehrs, des häuslichen und geselligen Lebens dienenden Druckwerke, wie Formulare, Preislisten, Werbedrucksachen, Familienanzeigen, Geschäfts-, Jahres- und Verwaltungsberichte und dergleichen, sowie Stimmzettel für Wahlen.

(4) Periodische Druckwerke sind Zeitungen, Zeitschriften und andere in ständiger, wenn auch unregelmäßiger Folge und im Abstand von nicht mehr als sechs Monaten erscheinende Druckwerke.

§ 7
Impressum

(1) Auf jedem im Geltungsbereich dieses Gesetzes erscheinenden Druckwerk müssen Name oder Firma und Anschrift der Druckerin oder des Druckers und der Verlegerin oder des Verlegers, beim Selbstverlag der Verfasserin oder des Verfassers oder der Herausgeberin oder des Herausgebers, genannt sein.

(2) Auf den periodischen Druckwerken sind ferner der Name und die Anschrift der verantwortlichen Redakteurin oder des verantwortlichen Redakteurs anzugeben. Sind mehrere Redakteurinnen oder Redakteure verantwortlich, so muss das Impressum die in Satz 1 geforderten Angaben für jede oder jeden von ihnen enthalten. Hierbei ist kenntlich zu machen, für welchen Teil oder sachlichen Bereich des Druckwerks jede oder jeder einzelne verantwortlich ist. Für den Anzeigenteil ist eine Verantwortliche oder ein Verantwortlicher zu benennen; für diese oder diesen gelten die Vorschriften über die verantwortliche Redakteurin oder den verantwortlichen Redakteur entsprechend.

(3) Zeitungen und Anschlusszeitungen, die regelmäßig wesentliche Teile fertig übernehmen, haben im Impressum auch die oder den für den übernommenen Teil verantwortliche Redakteurin oder verantwortlichen Redakteur und die Verlegerin oder den Verleger des anderen Druckwerkes zu benennen.

(4) Die Verlegerin oder der Verleger eines periodischen Druckwerkes muss in regelmäßigen Zeitabschnitten im Druckwerk offen legen, wer an der Finanzierung des Unternehmens wirtschaftlich beteiligt ist, und zwar bei Tageszeitungen in der ersten Nummer jedes Kalendervierteljahres, bei anderen periodischen Druckschriften in der ersten Nummer jedes Kalenderjahres. Hierfür ist die Wiedergabe der im Handelsregister eingetragenen Beteiligungsverhältnisse ausreichend.

§ 8
Persönliche Anforderungen an die verantwortliche Redakteurin oder den verantwortlichen Redakteur

(1) Als verantwortliche Redakteurin oder verantwortlicher Redakteur kann tätig sein und beschäftigt werden, wer
1. seinen gewöhnlichen Aufenthalt innerhalb der Mitgliedstaaten der Europäischen Union oder der Vertragsstaaten des Abkommens über den Europäischen Wirtschaftsraum hat,

2. die Fähigkeit, öffentliche Ämter zu bekleiden, Rechte aus öffentlichen Wahlen zu erlangen oder in öffentlichen Angelegenheiten zu wählen oder zu stimmen, besitzt,
3. unbeschränkt geschäftsfähig ist,
4. unbeschränkt wegen einer Straftat, die sie oder er durch die Presse begangen hat, strafgerichtlich verfolgt werden kann.

(2) Die Vorschrift des Absatzes 1 Nummer 3 gilt nicht für Druckwerke, die von Jugendlichen für Jugendliche herausgegeben werden.

§ 9
Kennzeichnung entgeltlicher Veröffentlichungen

Hat die Verlegerin oder der Verleger eines periodischen Druckwerks für eine Veröffentlichung ein Entgelt erhalten, gefordert oder sich versprechen lassen, so hat sie oder er diese Veröffentlichung deutlich mit dem Wort „Anzeige" zu bezeichnen, soweit sie nicht schon durch Anordnung und Gestaltung allgemein als Anzeige zu erkennen ist.

§ 10
Datenverarbeitung zu journalistischen und literarischen Zwecken

Soweit Unternehmen und Hilfsunternehmen der Presse personenbezogene Daten zu journalistischen oder literarischen Zwecken verarbeiten, ist es den hiermit befassten Personen untersagt, diese personenbezogenen Daten zu anderen Zwecken zu verarbeiten (Datengeheimnis). Bei der Aufnahme ihrer Tätigkeit sind diese Personen auf das Datengeheimnis zu verpflichten. Das Datengeheimnis besteht auch nach Beendigung ihrer Tätigkeit fort. Im Übrigen finden für die Datenverarbeitung zu journalistischen oder literarischen Zwecken von den Kapiteln II bis VII und IX der Verordnung (EU) 2016/6791 nur die Artikel 5 Absatz 1 Buchstabe f in Verbindung mit Absatz 2, Artikel 24 und 32 sowie nur § 83 des Bundesdatenschutzgesetzes (BDSG) vom 30. Juni 2017 (BGBl. I S. 2097) Anwendung. Artikel 82 der Verordnung (EU) 2016/679 findet nur bei einem Verstoß gegen Artikel 5 Absatz 1 Buchstabe f, Artikel 24 und Artikel 32 Anwendung. § 83 BDSG gilt mit der Maßgabe, dass nur für eine Verletzung des Datengeheimnisses nach Satz 1 gehaftet wird.

§ 11
Gegendarstellungsanspruch

(1) Die verantwortliche Redakteurin oder der verantwortliche Redakteur und die Verlegerin oder der Verleger eines periodischen Druckwerks sind verpflichtet, eine Gegendarstellung der Person oder Stelle zum Abdruck zu bringen, die durch eine in dem Druckwerk aufgestellte Tatsachenbehauptung betroffen ist. Die Verpflichtung erstreckt sich auf alle Nebenausgaben des Druckwerks, in denen die Tatsachenbehauptung erschienen ist.

(2) Die Pflicht zum Abdruck einer Gegendarstellung besteht nicht, wenn die betroffene Person oder Stelle kein berechtigtes Interesse an der Veröffentlichung hat oder wenn die Gegendarstellung ihrem Umfang nach nicht angemessen ist. Überschreitet die Gegendarstellung nicht den Umfang des beanstandeten Textes, so gilt sie als angemessen. Die Gegendarstellung muss sich auf tatsächliche Angaben beschränken und darf keinen strafbaren Inhalt haben. Sie bedarf der Schriftform und muss von der oder dem Betroffenen oder ihrer oder seiner gesetzlichen Vertreterin oder ihrem oder seinem gesetzlichen Vertreter unterzeichnet sein. Diese können den Abdruck nur verlangen, wenn die Gegendarstellung der verantwortlichen Redakteurin, dem verantwortlichen Redakteur oder der Verlegerin oder dem Verleger unverzüglich, spätestens innerhalb von drei Monaten nach der Veröffentlichung, zugeht.

(3) Die Gegendarstellung muss in der nach Empfang der Einsendung nächstfolgenden, für den Druck nicht abgeschlossenen Nummer in dem gleichen Teil des Druckwerks und mit gleicher Schrift wie der beanstandete Text ohne Einschaltungen und Weglassungen abgedruckt werden. Der Abdruck ist kostenfrei, es sei denn, der beanstandete Text ist als Anzeige abgedruckt worden. Wer sich zu der Gegendarstellung in derselben Nummer äußert, muss sich auf tatsächliche Angaben beschränken. Die Gegendarstellung darf nicht in Form eines Leserbriefes erscheinen.

(4) Wird der frist- und formgerechte Abdruck der Gegendarstellung verweigert, so entscheiden auf Antrag der oder des Betroffenen die ordentlichen Gerichte. Die Vorschriften der Zivilprozessordnung über das Verfahren auf Erlass einer einstweiligen Verfügung gelten entsprechend mit der Maßgabe, dass in diesem Verfahren über den Gegendarstellungsanspruch endgültig entschieden wird. Eine Gefährdung des Anspruchs braucht nicht glaubhaft gemacht zu werden. Ist der Anspruch auf Abdruck der beantragten Gegendarstellung begründet, so ordnet das Gericht an, dass die verantwortliche Redakteurin oder der verantwortliche Redakteur und die Verlegerin oder der Verleger diese in der in Absatz 3 genannten Form und Frist veröffentlichen.

(5) Die Absätze 1 bis 4 gelten nicht für wahrheitsgetreue Berichte über öffentliche Sitzungen der gesetzgebenden oder beschließenden Organe des Bundes, der Länder und der Gemeinden (Gemeindeverbände) sowie der Gerichte.

§ 12
(gestrichen)

§ 13
Verbreitungsverbot für beschlagnahmte Druckwerke

Während der Dauer einer Beschlagnahme ist die Verbreitung des von ihr betroffenen Druckwerks oder der Wiederabdruck des die Beschlagnahme veranlassenden Teiles dieses Druckwerks verboten.

§ 14
Strafrechtliche Verantwortung

(1) Die Verantwortlichkeit für Straftaten, die mittels eines Druckwerks begangen werden, bestimmt sich nach den allgemeinen Strafgesetzen.

(2) Ist mittels eines Druckwerks eine rechtswidrige Tat begangen worden, die den Tatbestand eines Strafgesetzes verwirklicht, so wird, soweit sie oder er nicht wegen dieser Handlung schon nach Absatz 1 als Täterin, Täter, Teilnehmerin oder Teilnehmer strafbar ist, mit Freiheitsstrafe bis zu einem Jahr oder mit Geldstrafe bestraft

1. bei periodischen Druckwerken die verantwortliche Redakteurin oder der verantwortliche Redakteur, wenn sie oder er vorsätzlich oder fahrlässig ihre oder seine Verpflichtung verletzt hat, Druckwerke von strafbarem Inhalt freizuhalten,
2. bei sonstigen Druckwerken die Verlegerin oder der Verleger, wenn sie oder er vorsätzlich oder fahrlässig ihre oder seine Aufsichtspflicht verletzt hat und die rechtswidrige Tat hierauf beruht.

§ 15
Strafbare Verletzung der Presseordnung

Mit Freiheitsstrafe bis zu einem Jahr oder mit Geldstrafe wird bestraft, wer

1. als Verlegerin oder Verleger eine Person zur verantwortlichen Redakteurin oder zum verantwortlichen Redakteur bestellt, die nicht den Anforderungen des § 8 entspricht,
2. als verantwortliche Redakteurin oder verantwortlicher Redakteur zeichnet, obwohl sie oder er die Voraussetzungen des § 8 nicht erfüllt,
3. als verantwortliche Redakteurin, verantwortlicher Redakteur, Verlegerin oder Verleger – beim Selbstverlag als Verfasserin, Verfasser, Herausgeberin oder Herausgeber – bei einem Druckwerk strafbaren Inhalts den Vorschriften über das Impressum (§ 7) zuwiderhandelt,
4. entgegen dem Verbot des § 13 ein beschlagnahmtes Druckwerk verbreitet oder wieder abdruckt.

§ 16
Ordnungswidrigkeiten

(1) Ordnungswidrig handelt, wer vorsätzlich oder fahrlässig
1. als verantwortliche Redakteurin, verantwortlicher Redakteur, Verlegerin oder Verleger – beim Selbstverlag als Verfasserin, Verfasser, Herausgeberin oder Her-

ausgeber – den Vorschriften über das Impressum (§ 7) zuwiderhandelt, oder als Unternehmerin oder Unternehmer Druckwerke verbreitet, in denen die nach § 7 vorgeschriebenen Angaben (Impressum) ganz oder teilweise fehlen,

2. als Verlegerin, Verleger, Verantwortliche oder Verantwortlicher (§ 7 Abs. 2 Satz 4) eine Veröffentlichung gegen Entgelt nicht als Anzeige kenntlich macht oder kenntlich machen lässt (§ 9).

(2) Ordnungswidrig handelt auch, wer fahrlässig eine der in § 15 bezeichneten Handlungen begeht.

(3) Die Ordnungswidrigkeit kann mit einer Geldbuße bis zu 5 000 Euro geahndet werden.

(4) Zuständige Verwaltungsbehörden nach § 36 Abs. 1 Nr. 1 des Gesetzes über Ordnungswidrigkeiten sind die Landrätinnen und Landräte und die Bürgermeisterinnen und Bürgermeister der kreisfreien Städte.

§ 17
Verjährung

(1) Die Verfolgung von Straftaten,

1. die durch die Veröffentlichung oder Verbreitung von Druckwerken strafbaren Inhalts begangen werden oder

2. die sonst den Tatbestand einer Strafbestimmung dieses Gesetzes verwirklichen,

verjährt bei Verbrechen in einem Jahr, bei Vergehen in sechs Monaten. Bei Vergehen nach §§ 86, 86 a, § 130 Abs. 2 und 5, § 131 Abs. 1 und §§ 184 a, 184 b Abs. 1 bis 3 und § 184 c Abs. 1 bis 3 des Strafgesetzbuches sowie nach § 20 Abs. 1 Nr. 5 des Vereinsgesetzes vom 5. August 1964 (BGBl. I S. 593), zuletzt geändert durch Artikel 5 Abs. 2 des Gesetzes vom 22. August 2002 (BGBl. I S. 3390), gelten abweichend von Satz 1 die Vorschriften des Strafgesetzbuches über die Verfolgungsverjährung.

(2) Die Verfolgung der in § 16 genannten Ordnungswidrigkeiten verjährt in drei Monaten.

(3) Die Verjährung beginnt mit der Veröffentlichung oder Verbreitung des Druckwerks. Wird das Druckwerk in Teilen veröffentlicht oder verbreitet oder wird es neu aufgelegt, so beginnt die Verjährung erneut mit der Veröffentlichung oder Verbreitung der weiteren Teile oder Auflagen.

(4) Für die Verfolgung von Straftaten, die durch die Veröffentlichung oder Verbreitung von Druckwerken begangen werden, die

1. nicht das nach § 7 erforderliche Impressum enthalten oder

2. nicht zu den periodischen Druckwerken zählen,

gelten entgegen Absatz 1 Satz 1 und Absatz 3 die Vorschriften des Strafgesetzbuches über die Frist und den Beginn der Verfolgungsverjährung.

§ 18
(gestrichen)

§ 19
(Schlussbestimmungen)

Staatsvertrag über das Medienrecht in Hamburg und Schleswig-Holstein (Medienstaatsvertrag HSH) vom 13. Juni 2006
– GVOBl. Schl.-H. 2007 S. 109 –

Zuletzt geändert durch Staatsvertrag vom 2./11. Dezember 2020 (GVOBl. Schl.-H. 2021 S. 306)[1]

[1] Der Staatsvertrag vom 2./11.12.2020 (Achter Medienänderungsstaatsvertrag HSH) ist nach der Zustimmung des Schleswig-Holsteinischen Landtages und der Hamburgischen Bürgerschaft sowie nach Hinterlegung der Ratifizierungsurkunden am 12.3.2021 in Kraft getreten (Artikel 2 Satz 1 des Achten Medienänderungsstaatsvertrags HSH; § 1 Absatz 3 des Gesetzes zum Achten Staatsvertrag zur Änderung medienrechtlicher Vorschriften in Hamburg und Schleswig-Holstein vom 08.03.2021, GVOBl. Schl.-H. S. 305; Bekanntmachung des Ministerpräsidenten vom 30.3.2021, GVOBl. Schl.-H. S. 507).

Die Freie und Hansestadt Hamburg und das Land Schleswig-Holstein – zusammen in diesem Staatsvertrag „die Länder" genannt – schließen nachstehenden Staatsvertrag:

Inhaltsverzeichnis

Erster Abschnitt
Allgemeine Vorschriften

§ 1 Geltungsbereich
§ 2 Begriffsbestimmungen

Zweiter Abschnitt
Allgemeine Vorschriften für die Veranstaltung von privatem Rundfunk

§ 3 Programmaufgabe
§ 4 Programmgrundsätze, Meinungsumfragen
§ 5 Unzulässige Angebote, Jugendschutz
§ 6 Berichterstattung, Informationssendungen
§ 7 Kurzberichterstattung und Übertragung von Großereignissen im Fernsehen
§ 8 Verantwortlichkeit, Auskunftspflicht und Beschwerden
§ 9 Aufzeichnungspflicht und Einsichtnahme
§ 10 Gegendarstellung
§ 11 Europäische Produktionen, Eigen-, Auftrags- und Gemeinschaftsproduktionen im Fernsehen
§ 12 Informationspflicht
§ 13 Besondere Sendezeiten
§ 14 Verlautbarungen

Dritter Abschnitt
Finanzierung des privaten Rundfunks

§ 15 Finanzierung
§ 16 Werbung, Sponsoring, Teleshopping
§ 16 a Gewinnspiele

Vierter Abschnitt
Zulassung privater Rundfunkveranstalter

§ 17 Zulassung
§ 18 Zulassungsvoraussetzungen
§ 19 Sicherung der Meinungsvielfalt
§ 20 Zulassungsverfahren, Mitwirkungspflicht
§ 21 Rücknahme, Widerruf
§ 21 a Anwendung des Medienstaatsvertrages

Fünfter Abschnitt
Plattformen und Übertragungskapazitäten

1. Unterabschnitt
Zuordnung von terrestrischen Übertragungskapazitäten

§ 22 Zuordnung von terrestrischen Übertragungskapazitäten für die Verbreitung von Rundfunk und Telemedien
§ 23 Zuordnung von digitalen terrestrischen Übertragungskapazitäten für die Verbreitung von Rundfunk und Telemedien
§ 24 Widerruf der Zuordnungsentscheidung
§ 24 a Grenzüberschreitende Nutzung von Übertragungskapazitäten
§ 25 Vereinbarungen

2. Unterabschnitt
Zuweisung von terrestrischen Übertragungskapazitäten

§ 26 Zuweisung von terrestrischen Übertragungskapazitäten für privaten Rundfunk und Telemedien
§ 27 Rücknahme, Widerruf
§ 28 Zuweisung von Sendekapazität für Regionalfensterprogramme

3. Unterabschnitt
Lokaler Hörfunk in Schleswig-Holstein

§ 28 a Lokaler Hörfunk in Schleswig-Holstein

4. Unterabschnitt
Weiterverbreitung

§ 29 Unveränderte Weiterverbreitung
§ 30 gestrichen
§ 31 Medienplattformen und Benutzeroberflächen
§ 32 gestrichen

Sechster Abschnitt
Bürgermedien

1. Unterabschnitt
Hamburgischer Bürger- und Ausbildungskanal

§ 33 Hamburgischer Bürger- und Ausbildungskanal
§ 34 Trägerschaft

2. Unterabschnitt
Offener Kanal in Schleswig-Holstein

§ 35 Offener Kanal in Schleswig-Holstein

3. Unterabschnitt
Zusammenarbeit der Bürgermedien

§ 36 Zusammenarbeit

Siebter Abschnitt
Datenschutz

§ 37 Datenverarbeitung zu journalistischen Zwecken, Medienprivileg, Datenschutzaufsicht

Achter Abschnitt
Anstalt

§ 38 Aufgabe, Rechtsform und Organe
§ 39 Aufgaben des Medienrats
§ 40 Aufsicht
§ 41 Zusammensetzung des Medienrats
§ 42 Wahl des Medienrats
§ 43 Persönliche Voraussetzungen
§ 44 Amtszeit, Rechtsstellung und Vorsitz
§ 45 Sitzungen
§ 46 Beschlüsse
§ 47 Direktor
§ 48 Finanzierung der Anstalt
§ 49 Haushaltswesen
§ 50 Rechtsaufsicht

Neunter Abschnitt
Ordnungswidrigkeiten, Strafbestimmung

§ 51 Ordnungswidrige Handlungen
§ 52 Strafbestimmung

Zehnter Abschnitt
Modellversuche, Veranstaltungsrundfunk

§ 53 Modellversuche

§ 54 Veranstaltungsrundfunk, Sendungen in Gebäuden

**Elfter Abschnitt
Finanzierung besonderer Aufgaben**

§ 55 Finanzierung besonderer Aufgaben gemäß § 40 des Rundfunkstaatsvertrages

**Zwölfter Abschnitt
Übergangs- und Schlussbestimmungen**

§ 56 Kündigung
§ 57 Beitritt
§ 58 Übergangsbestimmungen für die Landesmedienanstalten
§ 59 Bestehende Satzungen, Zulassungen und Zuweisungen
§ 60 Inkrafttreten

**Erster Abschnitt
Allgemeine Vorschriften**

**§ 1
Geltungsbereich**

(1) Dieser Staatsvertrag gilt für die Veranstaltung und das Angebot, die Verbreitung und die Zugänglichmachung von Rundfunk durch private Rundfunkveranstalter und Telemedienanbieter, sowie für die Anbieter von Medienplattformen und Benutzeroberflächen, den Bürger- und Ausbildungskanal in Hamburg und den Offenen Kanal in Schleswig-Holstein. Er gilt ebenfalls für Modellversuche sowie für die Finanzierung besonderer Aufgaben nach § 112 des Medienstaatsvertrages. Die Bestimmungen des Jugendmedienschutz-Staatsvertrages über unzulässige Angebote finden Anwendung.

(2) Für bundesweit verbreitete private Angebote gilt anstelle der Bestimmung

1. über die Programmaufgabe nach § 3 Abs. 1 sowie über die Programmgrundsätze nach § 4 Absätze 1 bis 3 die Bestimmung in § 51 des Medienstaatsvertrages,
2. über die besonderen Sendezeiten nach § 13 die Bestimmung in § 68 des Medienstaatsvertrages,
3. über die Sicherung der Meinungsvielfalt in § 19 die Bestimmungen in den §§ 50, 59 bis 67 sowie 106 bis 109 des Medienstaatsvertrages,
4. über die Zulassung von Rundfunkprogrammen nach § 20 Abs. 1 Sätze 1 und 2 und Abs. 2 die Bestimmungen in den §§ 53 bis 58 des Medienstaatsvertrages,
5. über die ordnungswidrigen Handlungen nach § 51 die Bestimmung in § 115 des Medienstaatsvertrages sowie in § 24 des Jugendmedienschutz-Staatsvertrages,
6. über Straftaten nach § 52 die Bestimmung in § 23 des Jugendmedienschutz-Staatsvertrages.

(3) Für die Zuweisung von Übertragungskapazitäten für bundesweite Versorgungsbedarfe einschließlich deren Rücknahme und Widerruf gelten die Vorschriften des § 105 Abs. 1 Satz 1 Nr. 13 in Verbindung mit §§ 102, 108 Abs. 1 Nr. 2, Abs. 2 Nr. 2 sowie § 107 Abs. 2 des Medienstaatsvertrages.

(4) Für die Zuordnung von drahtlosen Übertragungskapazitäten für bundesweite Versorgungsbedarfe sowie deren Widerruf gilt die Vorschrift des § 101 Abs. 2 bis 6 des Medienstaatsvertrages.

(5) Für Teleshoppingkanäle gelten anstelle der Bestimmungen des Zweiten Abschnitts die Bestimmungen des I., II. und IV. Abschnitts des Medienstaatsvertrages, soweit dies dort ausdrücklich bestimmt ist.

(6) Für Hörfunkprogramme, die ausschließlich im Internet verbreitet werden, gelten die §§ 52 bis 58 des Medienstaatsvertrages, für solche die vor dem 7. November 2020 angezeigt wurden, gilt § 54 Abs. 3 des Medienstaatsvertrages.

(7) Der Staatsvertrag gilt für Telemedienanbieter gemäß § 1 Abs. 7 und 8 des Medienstaatsvertrages.

(8) Für öffentlich-rechtliche Rundfunkanstalten findet dieser Staatsvertrag nur Anwendung, soweit dies ausdrücklich bestimmt ist.

**§ 2
Begriffsbestimmungen**

(1) Die Begriffsbestimmungen und Regelungen in § 2 des Rundfunkstaatsvertrages gelten auch für die Anwendung dieses Staatsvertrages. Für unzulässige Angebote und Jugendschutz gelten die Begriffsbestimmungen des § 3 des Jugendmedienschutz-Staatsvertrages.

(2) Landesprogramme sind Programme mit dem inhaltlichen Schwerpunkt Hamburg oder Schleswig-Holstein. Länderprogramme sind Programme, deren inhaltlicher Schwerpunkt sich auf beide Länder bezieht; sie sind nicht länderübergreifende Angebote im Sinne von § 13 des Jugendmedienschutz-Staatsvertrages

(3) Anstalt ist die Medienanstalt Hamburg/Schleswig-Holstein (MA HSH).

**Zweiter Abschnitt
Allgemeine Vorschriften für die
Veranstaltung von privatem Rundfunk**

**§ 3
Programmaufgabe**

(1) Rundfunkprogramme nach diesem Staatsvertrag sollen in ihrer Gesamtheit und als Teil des dualen Rundfunksystems zur Information und Meinungsbildung beitragen, der Bildung, Beratung und Unterhaltung dienen und dadurch dem kulturellen Auftrag des Rundfunks entsprechen. Rundfunkveranstalter erfüllen dadurch eine öffentliche Aufgabe, dass sie Nachrichten beschaffen und verbreiten, Stellung nehmen und Kritik üben. Die Sendungen dürfen nicht einseitig einer Partei, einem Bekenntnis, einer Weltanschauung oder sonstigen Gruppe dienen. Die Erfüllung der Programmaufgabe erfolgt in eigener Verantwortung des Rundfunkveranstalters.

(2) Die Rundfunkveranstalter können untereinander, mit den öffentlich-rechtlichen Rundfunkanstalten und mit sonstigen Einrichtungen und Unternehmen Vereinbarungen über eine Zusammenarbeit in allen Aufgabenbereichen einschließlich gemeinsamer Programmgestaltung, Programmübernahme sowie Programmzulieferung durch Dritte abschließen und dabei auch unmittelbare oder mittelbare Beteiligungen eingehen. § 19 bleibt unberührt.

**§ 4
Programmgrundsätze, Meinungsumfragen**

(1) Die Rundfunkveranstalter haben in ihren Rundfunkprogrammen die verfassungsmäßige Ordnung einzuhalten. Sie dürfen sich nicht gegen die freiheitliche demokratische Grundordnung richten.

(2) Die Rundfunkveranstalter haben in ihren Rundfunkprogrammen die Würde des Menschen sowie die sittlichen, religiösen und weltanschaulichen Überzeugungen anderer zu achten. Sie sollen auf ein diskriminierungsfreies Miteinander hinwirken, zu sozialer Gerechtigkeit und zur Verwirklichung der Gleichberechtigung von Frauen und Männern beitragen sowie die Achtung vor Leben, Freiheit und körperlicher Unversehrtheit anderer stärken und zur Förderung von Minderheiten beitragen.

(3) Die Vorschriften der allgemeinen Gesetze und die gesetzlichen Bestimmungen zum Schutze der Jugend und des Rechts der persönlichen Ehre sind einzuhalten.

(4) Meinungsumfragen, die von Rundfunkveranstaltern durchgeführt werden, richten sich nach § 10 Abs. 2 des Rundfunkstaatsvertrages.

**§ 5
Unzulässige Angebote, Jugendschutz**

(1) Für unzulässige Angebote und Jugendschutz in Rundfunk und Telemedien gelten die Bestimmungen des Jugendmedienschutz-Staatsvertrages. § 13 des Jugendmedienschutz-Staatsvertrages bleibt unberührt.

(2) Bei nicht länderübergreifenden Angeboten soll die Anstalt gemäß § 14 Abs. 2 Satz 3 des Jugendmedienschutz-Staatsvertrages einen Antrag auf gutachterliche Befassung bei der Kommission für Jugendmedienschutz (KJM) stel-

len. Ist der Rundfunkveranstalter eines nicht länderübergreifenden Angebotes einer anerkannten Einrichtung der Freiwilligen Selbstkontrolle nach § 19 Abs. 2 des Jugendmedienschutz-Staatsvertrages angeschlossen, verfährt die Anstalt bei der Aufsicht entsprechend § 20 des Jugendmedienschutz-Staatsvertrages. § 21 des Jugendmedienschutz-Staatsvertrages gilt entsprechend.

§ 6
Berichterstattung, Informationssendungen

Die Berichterstattung und Informationssendungen richten sich nach § 10 Abs. 1 des Rundfunkstaatsvertrages.

§ 7
Kurzberichterstattung und Übertragung

Das Recht auf unentgeltliche Kurzberichterstattung im Fernsehen über Veranstaltungen und Ereignisse, die öffentlich zugänglich und von allgemeinem Informationsinteresse sind, richtet sich nach § 5 des Rundfunkstaatsvertrages. Für die Übertragung von Großereignissen gilt § 4 des Rundfunkstaatsvertrages.

§ 8
Verantwortlichkeit, Auskunftspflicht und Beschwerden

(1) Der Rundfunkveranstalter ist für den Inhalt des Rundfunkprogramms verantwortlich. Ein Rundfunkveranstalter, der nicht eine natürliche Person ist, muss der Anstalt Namen und Anschrift mindestens einer für den Inhalt des Rundfunkprogramms verantwortlichen Person benennen, die neben dem Rundfunkveranstalter für die Erfüllung der sich aus diesem Staatsvertrag ergebenden Verpflichtungen verantwortlich ist.

(2) Als verantwortliche Person darf nur benannt werden, wer unbeschränkt geschäftsfähig ist, unbeschränkt gerichtlich verfolgt werden kann, nicht infolge Richterspruchs die Fähigkeit zur Bekleidung öffentlicher Ämter verloren hat und einen Sitz im Versorgungsgebiet des Rundfunkprogramms oder im Fall des lokalen terrestrischen Hörfunks nach § 28 a im Geltungsbereich dieses Staatsvertrags hat.

(3) Die Anstalt teilt auf Verlangen Namen und Anschrift des Rundfunkveranstalters oder des für den Inhalt des Programms Verantwortlichen mit.

(4) Beschwerden können an die Anstalt gerichtet werden.

§ 9
Aufzeichnungspflicht und Einsichtnahme

(1) Sendungen sind vom Rundfunkveranstalter vollständig aufzuzeichnen und aufzubewahren. Bei der Verbreitung einer Aufzeichnung oder eines Films kann abweichend von Satz 1 die Aufzeichnung oder der Film aufbewahrt oder die Wiederbeschaffung sichergestellt werden.

(2) Die Pflicht zur Aufbewahrung nach Absatz 1 endet sechs Wochen nach dem Tag der Verbreitung. Wird innerhalb dieser Frist eine Sendung beanstandet, endet die Pflicht erst, wenn die Beanstandung durch rechtskräftige gerichtliche Entscheidung oder auf andere Weise erledigt ist.

(3) Die Anstalt kann innerhalb der Frist nach Absatz 2 jederzeit Aufzeichnungen und Filme einsehen oder deren unentgeltliche Übersendung verlangen.

(4) Wer schriftlich glaubhaft macht, in seinen Rechten berührt zu sein, kann vom Rundfunkveranstalter innerhalb der Frist nach Absatz 2 Satz 1 Einsicht in die Aufzeichnungen und Filme verlangen. Auf Antrag sind ihm gegen Erstattung der Selbstkosten Ausfertigungen, Abzüge oder Abschriften von der Aufzeichnung oder dem Film zu übersenden.

§ 10
Gegendarstellung

(1) Der Rundfunkveranstalter ist verpflichtet, eine Gegendarstellung der Person, Gruppe oder Stelle zu verbreiten, die durch eine in seiner Sendung aufgestellte Tatsachenbehauptung betroffen ist. Diese Pflicht besteht nicht, wenn die betroffene Person, Gruppe oder Stelle kein berechtigtes Interesse an der Verbreitung hat oder wenn die Gegendarstellung ihrem Umfang nach nicht angemessen ist. Überschreitet die Gegendarstellung nicht den Umfang des beanstandeten Teils der Sendung, gilt sie als angemessen.

(2) Die Gegendarstellung muss unverzüglich schriftlich verlangt werden und von dem Betroffenen oder seinem gesetzlichen Vertreter unterzeichnet sein. Sie muss die beanstandete Sendung und Tatsachenbehauptung bezeichnen, sich auf tatsächliche Angaben beschränken und darf keinen strafbaren Inhalt haben.

(3) Die Gegendarstellung muss unverzüglich in dem gleichen Bereich zu einer Sendezeit verbreitet werden, die der Zeit der Sendung gleichwertig ist. Die Verbreitung hat in einer der beanstandeten Sendung entsprechenden audiovisuellen Gestaltung zu erfolgen. Die Gegendarstellung muss ohne Einschaltungen und Weglassungen verbreitet werden. Eine Erwiderung auf die verbreitete Gegendarstellung darf nicht in unmittelbarem Zusammenhang mit dieser gesendet werden und muss sich auf tatsächliche Angaben beschränken.

(4) Die Gegendarstellung wird kostenlos verbreitet.

(5) Wird die Verbreitung einer Gegendarstellung verweigert, entscheiden auf Antrag des Betroffenen oder der ordentlichen Gerichte. Für die Geltendmachung des Anspruchs finden die Vorschriften der Zivilprozessordnung über das Verfahren auf Erlass einer einstweiligen Verfügung entsprechende Anwendung. Eine Gefährdung des Anspruchs braucht nicht glaubhaft gemacht werden. Ein Verfahren in der Hauptsache findet nicht statt.

(6) Die vorstehenden Bestimmungen gelten nicht für wahrheitsgetreue Berichte über öffentliche Sitzungen der gesetzgebenden und beschließenden Organe des Bundes, der Länder und der Gemeinden (Gemeindeverbände) sowie der Gerichte.

(7) Für Anbieter von Telemedien mit journalistisch-redaktionell gestalteten Angeboten gilt hinsichtlich der Gegendarstellung § 56 des Rundfunkstaatsvertrages entsprechend.

§ 11
Europäische Produktionen, Eigen-, Auftrags- und Gemeinschaftsproduktionen im Fernsehen

Für europäische Produktionen, für Eigen-, Auftrags- und Gemeinschaftsproduktionen im Fernsehen gilt § 6 des Rundfunkstaatsvertrages.

§ 12
Informationspflicht

Die Informationspflicht gemäß Artikel 6 Abs. 2 des Europäischen Übereinkommens über das grenzüberschreitende Fernsehen richtet sich nach § 9 Abs. 1 Sätze 2 und 3 des Rundfunkstaatsvertrages; die rechtsverbindlichen Berichtspflichten zum Rundfunk gegenüber zwischenstaatlichen Einrichtungen oder internationalen Organisationen richten sich nach § 9 Abs. 3 des Rundfunkstaatsvertrages.

§ 13
Besondere Sendezeiten

(1) Der Rundfunkveranstalter eines Landesvollprogramms oder eines Ländervollprogramms oder eines entsprechenden Programmteils hat Parteien und Vereinigungen, für die in seinem Sendegebiet ein Wahlvorschlag zum jeweiligen Landesparlament, zum Deutschen Bundestag oder zum Europäischen Parlament zugelassen worden ist, angemessene Sendezeiten entsprechend § 5 Abs. 1 des Parteiengesetzes zur Vorbereitung der Wahlen einzuräumen. Für Landesvollprogramme mit dem Schwerpunkt Schleswig-Holstein und für Ländervollprogramme oder entsprechende Programmteile gelten diese Bestimmungen entsprechend bei Gemeinde- und Kreiswahlen für Parteien und Vereinigungen, die im Landtag vertreten sind oder für die in der Mehrzahl der Kreise und kreisfreien Städte Wahlvorschläge zu den Kreis- und Stadtvertretungen zugelassen worden sind; dieses Erfordernis gilt nicht für die Parteien der dänischen Minderheit. Andere Sendungen einschließlich Werbesendungen dürfen nicht der Wahlvorbereitung oder Öffentlichkeitsarbeit einzelner Parteien oder Vereinigungen dienen.

(2) Von dem Rundfunkveranstalter eines Landesvollprogramms oder eines Ländervollprogramms sind der Nordelbischen Evangelisch-Lutherischen Kirche, der Katho-

lischen Kirche und der Jüdischen Gemeinde auf Wunsch angemessene Sendezeiten zur Übertragung religiöser Sendungen einzuräumen. Andere in den Ländern verbreitete Religionsgemeinschaften des öffentlichen Rechts können angemessen berücksichtigt werden.

(3) Die Vorschriften der allgemeinen Gesetze und die gesetzlichen Bestimmungen zum Schutze der Jugend und des Rechts der persönlichen Ehre sind einzuhalten. Für Inhalt und Gestaltung der Sendungen ist derjenige verantwortlich, dem die Sendezeit eingeräumt worden ist.

(4) In den Fällen der Absätze 1 und 2 kann der Veranstalter die Erstattung seiner Selbstkosten verlangen.

§ 14
Verlautbarungen

Der Rundfunkveranstalter hat der Bundesregierung und den Regierungen der Länder für amtliche Verlautbarungen angemessene Sendezeiten unverzüglich und unentgeltlich einzuräumen. Für Inhalt und Gestaltung der Sendungen ist derjenige verantwortlich, dem die Sendezeit eingeräumt worden ist.

Dritter Abschnitt
Finanzierung des privaten Rundfunks

§ 15
Finanzierung

Für die Finanzierung von Rundfunkprogrammen gilt § 43 des Rundfunkstaatsvertrages.

§ 16
Werbung, Sponsoring, Teleshopping

(1) Werbung, Sponsoring und Teleshopping richten sich nach den §§ 7 bis 8, 44 bis 45 a und 63 des Rundfunkstaatsvertrages; § 33 bleibt unberührt. § 21 des Jugendmedienschutz-Staatsvertrages.

(2) Auf Fernsehprogramme nach § 2 Abs. 2 finden §§ 7 Abs. 4 Satz 2, 7 Abs. 3 und 45 b Abs. 1 Satz 1 des Rundfunkstaatsvertrages keine Anwendung.

(3) Für Hörfunkprogramme nach § 2 Abs. 2 gilt § 7 Abs. 8 des Rundfunkstaatsvertrages entsprechend.

§ 16 a
Gewinnspiele

(1) Gewinnspielsendungen und Gewinnspiele in Rundfunk und vergleichbaren Telemedien gemäß § 58 Abs. 4 des Rundfunkstaatsvertrages sind zulässig. Sie unterliegen dem Gebot der Transparenz und des Teilnehmerschutzes. Sie dürfen nicht irreführend sein und den Interessen der Teilnehmer nicht schaden. Insbesondere ist im Programm über die Kosten der Teilnahme, die Teilnahmeberechtigung, die Spielgestaltung sowie über die Auflösung der gestellten Aufgabe zu informieren. Die Belange des Jugendschutzes sind zu wahren. Für die Teilnahme darf nur ein Entgelt bis zu 0,50 Euro verlangt werden; § 13 Abs. 1 Satz 3 des Rundfunkstaatsvertrages bleibt unberührt.

(2) Der Veranstalter hat der Anstalt auf Verlangen alle Unterlagen vorzulegen und Auskünfte zu erteilen, die zur Überprüfung der ordnungsgemäßen Durchführung der Gewinnspiele erforderlich sind.

Vierter Abschnitt
Zulassung privater Rundfunkveranstalter

§ 17
Zulassung

(1) Private Rundfunkveranstalter bedürfen einer Zulassung durch die Anstalt; § 20 Abs. 2 des Rundfunkstaatsvertrages bleibt unberührt. Die Zulassung wird für die beantragte Programmart (Hörfunk oder Fernsehen), Programmkategorie (Vollprogramm oder Spartenprogramm) und das beantragte Versorgungsgebiet, das in Schleswig-Holstein im Rahmen der technischen Möglichkeiten mindestens landesweit sein soll, erteilt. § 28 bleibt unberührt. Die Zulassung gilt für die beantragte Zeit, längstens jedoch für zehn Jahre. Eine Verlängerung ist zulässig. Die Zulassung erlischt, wenn der Rundfunkveranstalter nicht binnen drei Jahren nach Erteilung von ihr Gebrauch macht. Anbietern von Regionalfensterprogrammen sind gesonderte Zulassungen zu erteilen. Hierfür gilt § 28 Abs. 2 und 3 entsprechend.

(2) Absatz 1 gilt nicht, wenn ein Rundfunkveranstalter nach Artikel 2 der Richtlinie des Rates der Europäischen Gemeinschaften zur Koordinierung bestimmter Rechts- und Verwaltungsvorschriften der Mitgliedstaaten über die Ausübung der Fernsehtätigkeit der Rechtshoheit eines anderen Mitgliedstaates oder eines anderen Vertragsstaates des Abkommens über den europäischen Wirtschaftsraum unterliegt. Absatz 1 gilt ebenfalls nicht für die Veranstaltung von Angeboten des Sechsten Abschnitts.

(3) Die Zulassung ist nicht übertragbar. Die Anstalt kann die Übertragung der Zulassung jedoch ausnahmsweise genehmigen, wenn dies den Erfordernissen der Meinungsvielfalt und der Ausgewogenheit im Rahmen der Zulassung nicht widerspricht und die Kontinuität des Gesamtprogramms und des Sendebetriebs gesichert ist. Eine Übertragung liegt vor, wenn während einer Zulassungsperiode innerhalb eines Zeitraums von drei Jahren mehr als 50 vom Hundert der Kapital- oder Stimmrechtsanteile auf andere Gesellschafter oder Dritte übertragen werden.

§ 18
Zulassungsvoraussetzungen

(1) Eine Zulassung darf nur an eine natürliche oder juristische Person oder eine auf Dauer angelegte, nichtrechtsfähige Personenvereinigung erteilt werden, die

1. unbeschränkt geschäftsfähig ist,
2. die Fähigkeit, öffentliche Ämter zu bekleiden, nicht durch Richterspruch verloren hat,
3. das Grundrecht der freien Meinungsäußerung nicht nach Artikel 18 des Grundgesetzes verwirkt hat,
4. als Vereinigung nicht verboten ist,
5. ihren Wohnsitz oder Sitz in der Bundesrepublik Deutschland, einem sonstigen Mitgliedstaat der Europäischen Union oder einem anderen Vertragsstaat des Abkommens über den Europäischen Wirtschaftsraum hat und gerichtlich verfolgt werden kann,
6. die Gewähr dafür bietet, dass sie unter Beachtung der gesetzlichen Vorschriften und der auf dieser Grundlage erlassenen Verwaltungsakte Rundfunk veranstaltet.

(2) Die Voraussetzungen nach Absatz 1 Nr. 1 bis 3 und 6 müssen bei juristischen Personen oder nicht rechtsfähigen Personenvereinigungen von den gesetzlichen oder satzungsmäßigen Vertretern erfüllt sein. Einem Veranstalter in der Rechtsform einer Aktiengesellschaft darf nur dann eine Zulassung erteilt werden, wenn in der Satzung der Aktiengesellschaft bestimmt ist, dass die Aktien nur als Namensaktien oder stimmrechtslose Vorzugsaktien ausgegeben werden dürfen.

(3) Eine Zulassung darf nicht erteilt werden an juristische Personen des öffentlichen Rechts mit Ausnahme von Kirchen und Hochschulen sowie Einrichtungen der Medienausbildung, an deren gesetzlichen Vertreter und leitende Bedienstete sowie an politische Parteien und Wählervereinigungen. Gleiches gilt für Unternehmen, die im Verhältnis eines verbundenen Unternehmens im Sinne des § 15 des Aktiengesetzes zu den in Satz 1 Genannten stehen. Die Sätze 1 und 2 gelten für ausländische öffentliche oder staatliche Stellen entsprechend.

§ 19
Sicherung der Meinungsvielfalt

(1) Ein Antragsteller darf im Hörfunk und im Fernsehen jeweils ein analoges Rundfunkprogramm mit einer unmittelbaren oder mittelbaren Beteiligung von mehr als 50 vom Hundert der Kapital- oder Stimmrechte veranstalten. Zusätzlich darf er sich jeweils an einem analogen Programm mit bis zu 50 sowie jeweils an einem weiteren analogen Programm mit bis zu 25 vom Hundert der Kapital- oder Stimmrechte unmittelbar oder mittelbar beteiligen. Dabei sind Fensterprogramme im Sinne von § 25 Absatz 4 des Rundfunkstaatsvertrages und andere lokale oder regionale

Programme nicht einzubeziehen. Für die Zurechenbarkeit von Programmen gilt § 28 des Rundfunkstaatsvertrages entsprechend. Ein Antragsteller, der eine Veranstaltergemeinschaft ist, die aus mindestens drei voneinander unabhängigen Beteiligten besteht, von denen keiner 50 vom Hundert oder mehr der Kapital- oder Stimmrechte oder sonst einen vergleichbaren vorherrschenden Einfluss ausübt, darf, ohne die Beschränkungen nach den Sätzen 1 und 2, im Hörfunk und im Fernsehen jeweils bis zu drei analoge Rundfunkprogramme veranstalten.

(2) Ein Antragsteller, der bei Tageszeitungen im Versorgungsgebiet des Rundfunkprogramms eine marktbeherrschende Stellung hat, darf als Einzelanbieter oder im Rahmen einer Beteiligung gemäß 50 vom Hundert der Kapital- oder Stimmrechtsanteile nur mit der Auflage vielfaltsichernder Maßnahmen zugelassen werden. Absatz 1 Satz 3 gilt entsprechend. Für die vielfaltsichernden Maßnahmen gelten die §§ 30 bis 32 des Rundfunkstaatsvertrages entsprechend.

(3) Von den Bestimmungen der Absätze 1 und 2 kann die Anstalt Ausnahmen zulassen, wenn durch geeignete Auflagen die Sicherung der Meinungsvielfalt gewährleistet wird.

(4) Soweit Anhaltspunkte dafür vorliegen, dass ein Antragsteller durch die Verbreitung digitaler Rundfunkprogramme eine vorherrschende Meinungsmacht erlangt hat, kann die Anstalt geeignete Maßnahmen in entsprechender Anwendung von § 26 Abs. 3 und 4 des Rundfunkstaatsvertrages ergreifen.

§ 20
Zulassungsverfahren, Mitwirkungspflicht

(1) Der Antragsteller hat der Anstalt alle Angaben zur Prüfung der Bestimmungen in den §§ 17 bis 19 zu machen, zusätzlich Namen und Anschrift des für das Veranstaltungsunternehmen und des für das Programm Verantwortlichen mitzuteilen. Weist der Antragsteller diese Angaben nach, erteilt die Anstalt die Zulassung. Die Zulassung erfolgt unbeschadet telekommunikationsrechtlicher Erfordernisse, der Zuweisung terrestrischer Übertragungskapazitäten sowie von Vereinbarungen zur Nutzung von Kabelanlagen.

(2) Änderungen, die vor oder nach der Entscheidung über den Antrag eintreten und die für die Zulassung von Bedeutung sind, sowie jede Änderung der Beteiligungsverhältnisse hat der Antragsteller oder der Rundfunkveranstalter unverzüglich der Anstalt mitzuteilen. Die Änderungen dürfen nur dann von der Anstalt als unbedenklich bestätigt werden, wenn unter den veränderten Voraussetzungen eine Zulassung erteilt werden könnte.

§ 21
Rücknahme, Widerruf

(1) Die Zulassung wird zurückgenommen, wenn eine Zulassungsvoraussetzung gemäß § 18 nicht gegeben war oder eine Zulassungsbeschränkung gemäß § 19 nicht berücksichtigt wurde und innerhalb eines von der Anstalt bestimmten Zeitraums keine Abhilfe erfolgt.

(2) Die Zulassung wird widerrufen, wenn

1. nachträglich eine Zulassungsvoraussetzung gemäß § 18 entfällt oder eine Zulassungsbeschränkung gemäß § 19 eintritt und innerhalb des von der Anstalt bestimmten angemessenen Zeitraums keine Abhilfe erfolgt oder
2. der Rundfunkveranstalter gegen seine Verpflichtungen auf Grund dieses Staatsvertrages wiederholt schwerwiegend verstoßen und die Anweisungen der Anstalt innerhalb des von ihr bestimmten Zeitraums nicht befolgt hat.

(3) Der Rundfunkveranstalter wird für einen Vermögensnachteil, der durch die Rücknahme oder den Widerruf nach den Absätzen 1 und 2 eintritt, nicht entschädigt. Im Übrigen gelten für die Rücknahme und den Widerruf die gesetzlichen Bestimmungen des allgemeinen Verwaltungsrechts des Sitzlandes der Anstalt.

§ 21 a
Anwendung des Medienstaatsvertrages

Für Telemedien gelten die Bestimmungen des Medienstaatsvertrages in seiner jeweiligen Fassung.

Fünfter Abschnitt
Plattformen und Übertragungskapazitäten

1. Unterabschnitt
Zuordnung von terrestrischen Übertragungskapazitäten

§ 22
Zuordnung von analogen terrestrischen Übertragungskapazitäten für die Verbreitung von Rundfunk und Telemedien

(1) Stehen in Hamburg oder Schleswig-Holstein terrestrische (nicht leitungsgebundene) Übertragungskapazitäten für Rundfunkzwecke und Telemedien zur Verfügung, gibt die zuständige Landesregierung dies den betroffenen öffentlich-rechtlichen Rundfunkanstalten des Landesrechts sowie der Anstalt bekannt. Die zuständigen Landesregierungen fordern die öffentlich-rechtlichen Rundfunkanstalten und die Anstalt auf, sich über eine sachgerechte Zuordnung zu verständigen. Die Anstalt gibt den von ihr zugelassenen Rundfunkveranstaltern zuvor Gelegenheit zur Stellungnahme. Wird eine Verständigung erreicht, ordnet die zuständige Landesregierung die Übertragungskapazitäten entsprechend zu.

(2) Kommt eine Verständigung nach Absatz 1 innerhalb von drei Monaten nach der Bekanntgabe gemäß Absatz 1 Satz 1 nicht zustande, wird ein Schiedsverfahren durchgeführt. Der Schiedsstelle gehören je zwei Vertreter der betroffenen öffentlich-rechtlichen Rundfunkanstalten des Landesrechts sowie die gleiche Anzahl von Vertretern der Anstalt an. Erklärt die Anstalt, dass Interessen des privaten Rundfunks nicht betroffen sind, entsendet sie keine Vertreter. Die Mitglieder der Schiedsstelle sind der Landesregierung auf Aufforderung zu benennen. Die Schiedsstelle wählt mit einer Mehrheit von drei Viertel der Stimmen der Mitglieder ein vorsitzendes Mitglied, das bisher nicht Mitglied der Schiedsstelle ist. Können sich die Mitglieder der Schiedsstelle nicht auf ein vorsitzendes Mitglied verständigen, so wird dieses von der Präsidentin oder dem Präsidenten des Oberverwaltungsgerichts des jeweiligen Landes bestimmt. Die jeweils zuständige Landesregierung beruft die Sitzungen der Schiedsstelle in Abstimmung mit dem vorsitzenden Mitglied ein. An den Sitzungen der Schiedsstelle ist die jeweils zuständige Landesregierung mit beratender Stimme beteiligt. Die Schiedsstelle ist beschlussfähig, wenn mindestens drei Viertel der Mitglieder anwesend sind. Die Zahl der anwesenden Mitglieder ist für die Beschlussfähigkeit ohne Bedeutung, wenn die Schiedsstelle wegen Beschlussunfähigkeit zum zweiten Male zur Behandlung desselben Gegenstands einberufen ist; bei der zweiten Einberufung ist hierauf ausdrücklich hinzuweisen. Die Schiedsstelle macht der zuständigen Landesregierung einen begründeten Vorschlag über die Zuteilung der technischen Übertragungskapazitäten mit der Mehrheit der abgegebenen Stimmen. Bei Stimmengleichheit gibt die Stimme des vorsitzenden Mitglieds den Ausschlag. Der Vorschlag über die Zuordnung von Übertragungskapazitäten soll dabei folgende Kriterien berücksichtigen:

1. Sicherung der Grundversorgung mit Rundfunk,
2. Sicherung einer gleichwertigen Vielfalt der privaten Rundfunkprogramme,
3. programmliche Berücksichtigung landesweiter oder hamburgischer lokaler Belange,
4. Schließung von Versorgungslücken,
5. Berücksichtigung von programmlichen Interessen von Minderheiten,
6. Teilnahme des Rundfunks an der weiteren Entwicklung in sendetechnischer und programmlicher Hinsicht.

Bei der Zuordnungsentscheidung hat die Sicherstellung der Grundversorgung Vorrang; im Übrigen sind öffentlich-rechtlicher und privater Rundfunk gleichgestellt.

(3) Die Träger der Bürgermedien nach dem Sechsten Abschnitt sind berechtigt, die Übertragungskapazitäten weiter zu nutzen, die ihnen am 28. Februar 2007 zur Verfügung standen.

(4) Soweit Übertragungskapazitäten nicht vollständig für die Nutzung nach Absatz 1 Satz 4 oder Absatz 2 benötigt werden, ordnet die jeweils zuständige Landesregierung die benötigten Kapazitäten zu. Der Netzbetreiber ist berechtigt, die nicht für die Nutzung nach Absatz 1 Satz 4 oder Absatz 2 benötigten Übertragungskapazitäten nach Anzeige durch die jeweils zuständige Landesregierung für die Dauer der Rundfunknutzung für Telemedien zu verwenden. Werden die Übertragungskapazitäten insgesamt nicht für Nutzungen nach Absatz 1 Satz 4 oder Absatz 2 benötigt, ist der Netzbetreiber berechtigt, sie nach Anzeige durch die zuständige Landesregierung für die Dauer von bis zu fünf Jahren für Telemedien zu verwenden. Im Falle der Mitbenutzung durch Telemedien nach Satz 2 hat der Nutzer die Übertragungskapazitäten innerhalb von drei Monaten nach Beendigung der Rundfunknutzung freizumachen. Eine Entschädigung findet nicht statt.

§ 23
Zuordnung von digitalen terrestrischen Übertragungskapazitäten für die Verbreitung von Rundfunk und Telemedien

Für die Zuordnung digitaler terrestrischer Übertragungskapazitäten gilt § 22 Abs. 1 und 2 entsprechend. Telemedien sind angemessen zu berücksichtigen; dabei sollen verschiedene Anbieter und vielfältige Angebote Berücksichtigung finden.

§ 24
Widerruf der Zuordnungsentscheidung

Wird eine Übertragungskapazität nach Ablauf von zwölf Monaten nach einer Entscheidung nach den §§ 22 und 23 nicht für die Übertragung von Rundfunkprogrammen oder Telemedien genutzt, kann die zuständige Landesregierung die Zuordnungsentscheidung widerrufen und die Übertragungskapazität der Bundesnetzagentur für Elektrizität, Gas, Telekommunikation, Post und Eisenbahnen zurückgeben. Im Falle des Widerrufs einer Zuordnungsentscheidung findet eine Entschädigung nicht statt. Auf Antrag des Zuordnungsempfängers kann die zuständige Landesregierung die Frist verlängern.

§ 24 a
Grenzüberschreitende Nutzung von Übertragungskapazitäten

(1) Die terrestrische Übertragung von Rundfunkprogrammen, deren Rundfunkveranstalter in Hamburg oder Schleswig-Holstein terrestrische Übertragungskapazitäten zugewiesen sind und deren technische Reichweite bei voller Ausnutzung der ihnen jeweils zustehenden Übertragungskapazitäten über die Landesgrenze des jeweils anderen Landes hinausgehen, ist gegenseitig zulässig. Auf das jeweils andere Land gerichtete Programminhalte einschließlich Werbung sind bei grenzüberschreitender Verbreitung von Rundfunkprogrammen gegenseitig zulässig.

(2) Zur ergänzenden Versorgung der Bevölkerung im südlichen Holstein mit der 1. und 2. in Schleswig-Holstein zugelassenen, landesweiten Hörfunkkette nutzt Schleswig-Holstein

1. vom Standort Hamburg/Heinrich-Hertz-Turm aus mit westlicher Ausstrahlungsrichtung die UKW-Frequenzen 93,4 MHz (2 KW) und 100,0 MHz (2 KW),
2. vom Standort Hamburg/Lohbrügge aus mit nordöstlicher Ausstrahlungsrichtung die UKW-Frequenzen 102,0 MHz (100 W) und 107,7 MHz (100 W).

(3) Bei Wegfall der Voraussetzungen nach Absatz 2 können die dann jeweils nicht mehr genutzten Frequenzen zur ergänzenden Versorgung des Hamburger Sendegebiets von in Hamburg zugelassenen Rundfunkveranstaltern genutzt werden.

(4) Zur Verbesserung der Reichweiten bestehender Versorgungen oder Sendernetze von in Hamburg und der Schleswig-Holstein zugelassenen Hörfunkveranstaltern werden die UKW-Frequenzen 105,8 MHz am Standort Ahrensburg (500 W), 101,6 MHz am Standort Wedel (100 W) sowie 93,7 MHz am Standort Hamburg-Bergedorf (25 W) der Anstalt zugeordnet. Der Ausschluss von lokalem und regionalem terrestrischen Rundfunk in Schleswig-Holstein (§ 17 Abs. 1 Satz 2) bleibt unberührt.

§ 25
Vereinbarungen

Die Regierungen der Länder werden ermächtigt, zur besseren Nutzung bestehender und zur Schaffung zusätzlich nutzbarer Übertragungskapazitäten Vereinbarungen miteinander oder mit anderen Landesregierungen über grenzüberschreitende Frequenznutzungen und -koordinierungen, Frequenzverlagerungen und über die Einräumung von Standortnutzungen zu treffen. Die betroffenen öffentlich-rechtlichen Rundfunkanstalten und die Anstalt sind vor Abschluss der Vereinbarung zu beteiligen.

2. Unterabschnitt
Zuweisung von terrestrischen Übertragungskapazitäten

§ 26
Zuweisung von terrestrischen Übertragungskapazitäten für privaten Rundfunk und Telemedien

(1) Wird der Anstalt eine neue terrestrische Übertragungskapazität gemäß § 22 zugeordnet oder stehen ihr weitere analoge Übertragungskapazitäten zur Verfügung, gelten die Bestimmungen der Absätze 3 bis 10 und §§ 27 und 28.

(2) Wird der Anstalt eine neue digitale terrestrische Übertragungskapazität gemäß § 23 zugeordnet oder stehen ihr weitere digitale Übertragungskapazitäten zur Verfügung, kann die Anstalt sie privaten Rundfunkveranstaltern, dem Hamburgischen Bürger- und Ausbildungskanal, dem Offenen Kanal in Schleswig-Holstein, Anbietern von Telemedien oder Plattformanbietern zuweisen.

(3) Werden der Anstalt terrestrische Übertragungskapazitäten zugeordnet oder stehen ihr weitere Übertragungskapazitäten zur Verfügung, bestimmt sie unverzüglich Beginn und Ende einer Ausschlussfrist, innerhalb der schriftliche Anträge auf Zuweisung von Übertragungskapazitäten gestellt werden können. Die Anstalt bestimmt das Verfahren und die wesentlichen Anforderungen an die Antragstellung, insbesondere wie den Anforderungen dieses Staatsvertrages zur Sicherung der Meinungsvielfalt genügt werden kann; die Anforderungen sind in geeigneter Weise zu veröffentlichen (Ausschreibung).

(4) Kann nicht allen Anträgen auf Zuweisung von Übertragungskapazitäten entsprochen werden, wirkt die Anstalt auf eine Verständigung zwischen den Antragstellern hin. Kommt eine Verständigung zustande, legt sie diese ihrer Entscheidung über die Aufteilung der Übertragungskapazitäten zu Grunde, wenn nach den vorgelegten Unterlagen erwartet werden kann, dass in der Gesamtheit der Angebote die Vielfalt der Meinungen und Angebote zum Ausdruck kommt.

(5) Die Zuweisung darf nicht erteilt werden, wenn bei Berücksichtigung medienrelevanter verwandter Märkte eine vorherrschende Meinungsmacht entstünde. Für Veranstalter von Landesprogrammen oder Länderprogrammen gelten die Voraussetzungen des § 19 entsprechend.

(6) Lässt sich innerhalb der bestimmten Frist keine Einigung erzielen oder entspricht die vorgesehene Aufteilung voraussichtlich nicht dem Gebot der Meinungsvielfalt und der Angebotsvielfalt, weist die Anstalt dem Antragsteller die Übertragungskapazität zu, der am ehesten erwarten lässt, dass sein Angebot

1. die Meinungsvielfalt und Angebotsvielfalt fördert,
2. auch das öffentliche Geschehen, die politischen Ereignisse sowie das kulturelle Leben in den Ländern und Regionen darstellt und
3. bedeutsame politische, weltanschauliche und gesellschaftliche Gruppen zu Wort kommen lässt.

Teleshoppingkanäle können berücksichtigt werden. In die Auswahlentscheidung ist ferner einzubeziehen, ob das Angebot wirtschaftlich tragfähig erscheint sowie Nutzerinteressen und -akzeptanz hinreichend berücksichtigt. Außerdem kann berücksichtigt werden, inwieweit Finanzierungsgrundlage, Professionalität sowie infrastrukturelle Voraussetzungen für die Programmerstellung gesichert sind. Für den Fall, dass die Übertragungskapazität einem Anbieter einer Plattform zugewiesen werden soll, ist des Weiteren zu berücksichtigen, ob das betreffende Angebot den Zugang von Fernseh- und Hörfunkveranstaltern sowie Anbietern von vergleichbaren Telemedien einschließlich elektronischer Programmführer zu angemessenen Bedingungen ermöglicht und den Zugang chancengleich und diskriminierungsfrei gewährt. In bundesweit verbreitete Fernsehprogramme sollen regionale Fensterprogramme nach § 25 Abs. 4 des Rundfunkstaatsvertrages aufgenommen werden. In Schleswig-Holstein sollen Hörfunk-Vollprogramme, die als Landesprogramme verbreitet werden, zwei Stunden der täglichen Sendezeit regionale Fensterprogramme enthalten oder auf andere Weise einen Beitrag zur regionalen Berichterstattung leisten.

(7) Die Zuweisung ist nicht übertragbar und erfolgt für die Dauer von zehn Jahren. Sie kann einmalig um längstens zehn Jahre verlängert werden. Nach Ablauf der Verlängerung ist die Erteilung einer neuen Zuweisung nach Absatz 2 Satz 1 zulässig. Die Zuweisung ist sofort vollziehbar. § 17 Abs. 3 Satz 2 gilt entsprechend. Der schriftliche Antrag auf Verlängerung der Zuweisung soll spätestens 18 Monate vor Ablauf der Geltungsdauer bei der Anstalt eingegangen sein und von dieser innerhalb von spätestens sechs Monaten beschieden werden.

(8) Abweichend von Abs. 7 Sätze 1 und 2 erfolgt die Zuweisung der 2. in Schleswig-Holstein zugelassenen, landesweiten UKW-Kette nach Auslauf der bestehenden Zuweisung einmalig für die Dauer von drei Jahren. Bei der Ausschreibung gemäß Abs. 3 ist auf diese Besonderheit ausdrücklich hinzuweisen.

(9) Mit der Zuweisung hat der Rundfunkveranstalter im Rahmen der verfügbaren technischen Möglichkeiten sicherzustellen, dass das jeweilige Versorgungsgebiet mit dem Programm vollständig und gleichwertig versorgt wird. Der Rundfunkveranstalter hat die festgelegte Programmdauer und das der Zuweisung zugrunde liegende Programmschema einzuhalten. Wesentliche Änderungen bedürfen der Einwilligung der Anstalt. Die Anstalt kann angemessene Übergangsfristen einräumen.

(10) Die Zuweisung umfasst auch das Recht des Rundfunkveranstalters, die Leerzeilen seines Fernsehsignals für Fernsehtext und den Datenkanal seines Hörfunkkanals für Radiotext zu nutzen.

(11) Änderungen, die vor oder nach der Entscheidung über den Antrag eintreten und die für die Zuweisung von Bedeutung sind, hat der Antragsteller oder der Rundfunkveranstalter unverzüglich der Anstalt mitzuteilen.

§ 27
Rücknahme, Widerruf

(1) Die Zuweisung wird zurückgenommen, wenn die Vorgaben gemäß § 26 Abs. 6 nicht berücksichtigt wurden und innerhalb eines von der Anstalt bestimmten Zeitraums keine Abhilfe erfolgt.

(2) Die Zuweisung wird widerrufen, wenn

1. nachträglich wesentliche Veränderungen des Angebots eingetreten und vom Anbieter zu vertreten sind, nach denen das Angebot den Anforderungen des § 26 Abs. 6 nicht mehr genügt und innerhalb des von der Anstalt bestimmten Zeitraums keine Abhilfe erfolgt oder
2. das Angebot aus Gründen, die vom Anbieter zu vertreten sind, innerhalb des dafür vorgesehenen Zeitraums nicht oder nicht mit der festgesetzten Dauer begonnen oder fortgesetzt wird.

(3) Der Anbieter wird für einen Vermögensnachteil, der durch die Rücknahme oder den Widerruf nach den Absätzen 1 oder 2 eintritt, nicht entschädigt. Im Übrigen gilt für die Rücknahme und den Widerruf das Verwaltungsverfahrensgesetz des Sitzlandes der Anstalt.

§ 28
Zuweisung von Sendekapazität für Regionalfensterprogramme

(1) In den beiden bundesweit verbreiteten reichweitenstärksten Fernsehvollprogrammen sind mindestens im zeitlichen und regional differenzierten Umfang der Programmaktivitäten zum 1. Juli 2002 Fensterprogramme zur aktuellen und authentischen Darstellung der Ereignisse des politischen, wirtschaftlichen, sozialen und kulturellen Lebens in Hamburg und Schleswig-Holstein aufzunehmen.

(2) Der Hauptprogrammveranstalter hat organisatorisch sicherzustellen, dass die redaktionelle Unabhängigkeit des Fensterprogrammveranstalters gewährleistet ist. Fensterprogrammveranstalter und Hauptprogrammveranstalter sollen in der Regel zueinander nicht im Verhältnis eines verbundenen Unternehmens nach § 28 des Rundfunkstaatsvertrages stehen, es sei denn, der Hauptprogrammveranstalter gewährleistet durch organisatorische Maßnahmen die Unabhängigkeit der Berichterstattung. Mit der Organisation der Fensterprogramme ist zugleich Unabhängigkeit der Finanzierung durch den Hauptprogrammveranstalter sicherzustellen.

(3) Dem Fensterprogrammveranstalter ist eine gesonderte Zuweisung der erforderlichen Sendekapazität zu erteilen. Das Regionalfensterprogramm ist nach Anhörung des Hauptprogrammveranstalters getrennt auszuschreiben. Die Anstalt überprüft die eingehenden Anträge und teilt dem Hauptprogrammveranstalter die berücksichtigungsfähigen Anträge mit. Sie erörtert mit dem Hauptprogrammveranstalter diese Anträge mit dem Ziel, eine einvernehmliche Auswahl zu treffen. Kommt eine Einigung nicht zustande, wählt die Anstalt den Bewerber aus, dessen Programm die Erfüllung der Anforderungen nach Absatz 1 am besten erwarten lässt.

3. Unterabschnitt
Lokaler Hörfunk in Schleswig-Holstein

§ 28 a
Lokaler Hörfunk in Schleswig-Holstein

(1) Zur ergänzenden Versorgung der Bevölkerung insbesondere mit lokalen Informationen kann die Anstalt nach Maßgabe der folgenden Absätze für die zu zulässigen fünf Versorgungsgebiete in Schleswig-Holstein abweichend von § 17 Absatz 1 Satz 2 lokalen terrestrischen Hörfunk zulassen. Auf der Grundlage jeweiliger Marktanalysen entscheidet die Anstalt, dass bis zu zwei dieser lokalen Hörfunkprogramme kommerziell und die Übrigen nichtkommerziell veranstaltet werden. In den Regionen, in denen Regional- oder Minderheitensprachen beheimatet sind, ist die jeweilige Regional- oder Minderheitensprache in Sendungen und Beiträgen angemessen zu berücksichtigen.

(2) Für die Zuweisung an die lokalen Hörfunkveranstalter nach Absatz 1 werden der Anstalt UKW-Übertragungskapazitäten für folgende Versorgungsgebiete zugeordnet:

1. Region Sylt, Niebüll, Leck, Bredstedt,
2. Region Flensburg, Glücksburg, Tastrup,
3. Region Lübeck, Bad Schwartau, Krummesse, Ratzeburg,
4. Region Neumünster, Bordesholm, Nortorf, Padenstedt,
5. Region Rendsburg, Schleswig, Eckernförde.

Für die Zuweisung der Übertragungskapazitäten gilt das Verfahren nach § 26.

(3) Eine Zulassung und Zuweisung darf nur an einen Antragsteller mit einem redaktionellen Sitz im Geltungsbereich dieses Staatsvertrags erteilt werden, der nicht bereits Veranstalter eines auch terrestrisch verbreiteten Länder- oder Landesprogramms ist. Jeder Antragsteller darf nur eine Zulassung und eine Zuweisung für ein lokales terrestrisches Hörfunkprogramm erhalten oder sich abweichend von § 19 unabhängig von Umfang der Kapital- und Stimmrechtsanteile nur an einem Programm beteiligen. Mit einer späteren Zulassung als Veranstalter eines Länder- oder Landesprogramms erlöschen die Zulassung und Zuweisung für lokalen terrestrischen Hörfunk; eine Entschädigung für Vermögensnachteile wird nicht gewährt.

(4) Eine Zusammenarbeit lokaler Hörfunkveranstalter entsprechend § 3 Absatz 2 ist mit der Maßgabe zulässig, dass die Übernahme fremder Programmteile sich nicht nachteilig auf die aktuelle und authentische Darstellung der Ereignisse des politischen, wirtschaftlichen, sozialen und kulturellen Lebens in der jeweiligen Region des eigenen Gesamtangebotes auswirkt. Im Übrigen gelten die Vorschriften dieses Staatsvertrags und des Rundfunkstaatsvertrags sinngemäß.

(5) Im lokalen nichtkommerziellen Hörfunk in Schleswig-Holstein ist Werbung und Sponsoring unzulässig.

4. Unterabschnitt
Weiterverbreitung

§ 29
Unveränderte Weiterverbreitung

(1) Für die unveränderte Weiterverbreitung von Rundfunkprogrammen gilt § 103 des Medienstaatsvertrages.

(2) Anbieter von Rundfunkprogrammen und Medienplattformen werden für einen Vermögensnachteil, der durch die Untersagung nach § 109 Abs. 1 des Medienstaatsvertrages eintritt, nicht entschädigt.

§ 30
(gestrichen)

§ 31
Medienplattformen und Benutzeroberflächen

Für Anbieter von Medienplattformen und Benutzeroberflächen auf allen technischen Übertragungskapazitäten gelten die Regelungen des Medienstaatsvertrages in seiner jeweiligen Fassung.

§ 32
(gestrichen)

Sechster Abschnitt
Bürgermedien

1. Unterabschnitt
Hamburgischer Bürger- und Ausbildungskanal

§ 33
Hamburgischer Bürger- und Ausbildungskanal

(1) Für Hamburg kann im Hörfunk und im Fernsehen je ein Kanal für Projekte der Kinder- und Jugendarbeit, der Integration und der Stadtteil- und Regionalkultur sowie zur Ausbildung im Medienbereich betrieben werden, dessen Beiträge über Kabelanlagen oder terrestrisch verbreitet werden (Hamburgischer Bürger- und Ausbildungskanal). Der Kanal kann im Rahmen seiner Aufgaben nach Satz 1 auch Telemedien veranstalten. Werbung ist unzulässig. Von Nutzern oder der Trägerin produzierte oder verantwortete Sendungen können gesponsert werden; für das Sponsoring gilt § 8 des Rundfunkstaatsvertrages entsprechend. Beiträge staatlicher Stellen und Beiträge, die der Wahlvorbereitung oder Öffentlichkeitsarbeit einzelner Parteien oder an Wahlen beteiligter Vereinigungen dienen, sind nicht zulässig.

(2) Der Träger des Kanals, der die Voraussetzungen des § 18 erfüllen muss, legt die Zugangs- und Nutzungsbedingungen sowie das Nähere zur Durchführung des Kanals einschließlich der vom Träger zu gewährleistenden Bürgerbeteiligung fest. Die Anstalt ist darüber zu informieren und nimmt dazu innerhalb einer Frist von sechs Wochen Stellung.

(3) Der Träger kann Dritten Aufgaben des Kanals für Projekte der Kinder- und Jugendarbeit, der Integration und der Stadtteilkultur gemäß Absatz 1 ganz oder teilweise für einen Zeitraum von bis zu fünf Jahren übertragen. Die Verlängerung der Übertragung ist zulässig.

(4) Der Träger ist für den Inhalt der Angebote des Hamburgischen Bürger- und Ausbildungskanals verantwortlich; §§ 8 bis 10 gelten entsprechend.

(5) Der Träger ist berechtigt, im Einvernehmen mit der Anstalt Übertragungskapazitäten, die nicht für Aufgaben nach Absatz 1 benötigt werden, auch für Programme anderer Veranstalter befristet zur Verfügung zu stellen. Die Anstalt stellt dabei die Berücksichtigung der Kriterien zur Förderung der Programmvielfalt sicher. Es ist sicherzustellen, dass die Mitnutzung innerhalb von sechs Monaten beendet werden kann; in diesem Fall findet eine Entschädigung nicht statt.

§ 34
Trägerschaft

(1) Trägerin des Hamburgischen Bürger- und Ausbildungskanals ist die Hamburg Media School. Sie legt alle zwei Jahre, erstmalig zum 31. Dezember 2009, der Anstalt einen Bericht über die Erfüllung ihres Auftrags vor, auf dessen Grundlage über die Fortführung der Trägerschaft zu entscheiden ist.

(2) Die Anstalt überwacht die ordnungsgemäße Mittelverwendung und die Beachtung des Grundsatzes der Wirtschaftlichkeit und Sparsamkeit. Eine neue Trägerschaft kann nur im Einvernehmen mit dem Senat der Freien und Hansestadt Hamburg bestimmt werden.

2. Unterabschnitt
Offener Kanal in Schleswig-Holstein

§ 35
Offener Kanal in Schleswig-Holstein

(1) In Schleswig-Holstein werden im terrestrischen Hörfunk in den Bereichen Westküste, Lübeck und Kiel sowie im Kabelfernsehen in den Bereichen Flensburg und Kiel jeweils ein Offener Kanal für regionalen Bürgerfunk und zur Förderung der Medienkompetenz unterhalten. Der Offene Kanal gibt Gruppen und Personen, die nicht Rundfunkveranstalter sind (Nutzer), Gelegenheit, eigene Beiträge im Hörfunk oder Fernsehen regional zu verbreiten.

(2) Näheres regelt Schleswig-Holstein durch Gesetz[1].

(3) Die Rechtsaufsicht über den Offenen Kanal in Schleswig-Holstein führt der Direktor der Anstalt.

3. Unterabschnitt
Zusammenarbeit der Bürgermedien

§ 36
Zusammenarbeit

(1) Der Hamburgische Bürger- und Ausbildungskanal und der Offene Kanal in Schleswig-Holstein arbeiten bei der Erfüllung ihres Auftrages zusammen. Näheres regeln diese Einrichtungen durch Vereinbarung. Sie legen der Anstalt alle zwei Jahre einen Bericht über den Stand und die Perspektiven engerer Zusammenarbeit vor.

(2) Der Hamburgische Bürger- und Ausbildungskanal und der Offene Kanal in Schleswig-Holstein sind Einrichtungen im Sinne von § 5 Absatz 6 Nummer 1 des Rundfunkbeitragsstaatsvertrages.

Siebter Abschnitt
Datenschutz

§ 37
Datenverarbeitung zu journalistischen Zwecken, Medienprivileg, Datenschutzaufsicht

(1) Soweit mit den in § 57 Rundfunkstaatsvertrag genannten Stellen vergleichbare Anbieter personenbezogene Daten zu journalistischen Zwecken verarbeiten, ist den hiermit befassten Personen untersagt, diese personenbezogenen Daten zu anderen Zwecken zu verarbeiten (Datengeheimnis). Diese Personen sind bei der Aufnahme ihrer Tätigkeit auf das Datengeheimnis zu verpflichten. Das Datengeheimnis besteht auch nach Beendigung ihrer Tätigkeit fort. Im Übrigen finden für die Datenverarbeitung zu journalistischen Zwecken von der Verordnung (EU) 2016/679 des Europäischen Parlaments und des Rates vom 27. April 2016 zum Schutz der natürlichen Personen bei der Verarbeitung personenbezogener Daten, zum freien Datenverkehr und zur Aufhebung der Richtlinie 95/46/EG (Datenschutz-Grundverordnung) (ABl. L 119/1 vom 4. Mai 2016, S. 1; L 314 vom 22. November 2016 S. 72) außer den Kapiteln I, VIII, X und XI nur die Artikel 5 Absatz 1 Buchstabe f in Verbindung mit Absatz 2, Artikel 24, und Ar-

---

1 OK-Gesetz vom 18.09.2006 (GVOBl. Schl.-H. S. 204).

tikel 32 Anwendung. Artikel 82 und 83 der Verordnung (EU) 2016/679 gelten mit der Maßgabe, dass nur für eine Verletzung des Datengeheimnisses gemäß Sätze 1 bis 3 sowie für unzureichende Maßnahmen nach Artikel 5 Absatz 1 Buchstabe f, Artikel 24 und 32 der Verordnung (EU) 2016/679 gehaftet wird. Kapitel VIII der Verordnung (EU) 2016/679 findet keine Anwendung soweit Unternehmen, Hilfs- und Beteiligungsunternehmen der Presse der Selbstregulierung durch den Pressekodex und der Beschwerdeordnung des Deutschen Presserates unterliegen. Die Sätze 1 bis 5 gelten entsprechend für die zu den in Satz 1 genannten Stellen gehörenden Hilfs- und Beteiligungsunternehmen. Berufsverbände und andere Vereinigungen, die bestimmte Gruppen von verantwortlichen Stellen vertreten, können sich einen Verhaltenskodex geben, der in einem transparenten Verfahren erlassen und veröffentlicht wird. Den betroffenen Personen stehen nur die in Absätzen 2 und 3 genannten Rechte zu.

(2) Führt die journalistische Verarbeitung personenbezogener Daten zur Verbreitung von Gegendarstellungen der betroffenen Person oder zu Verpflichtungserklärungen, Beschlüssen oder Urteilen über die Unterlassung der Verbreitung oder über den Widerruf des Inhalts der Daten, so sind diese Gegendarstellungen, Verpflichtungserklärungen und Widerrufe zu den gespeicherten Daten zu nehmen und dort für dieselbe Zeitdauer aufzubewahren wie die Daten selbst sowie bei einer Übermittlung der Daten gemeinsam mit diesen zu übermitteln.

(3) Werden personenbezogene Daten von einem Anbieter nach Absatz 1 zu journalistischen Zwecken gespeichert, verändert, übermittelt, gesperrt oder gelöscht und wird die betroffene Person dadurch in ihrem Persönlichkeitsrecht beeinträchtigt, kann sie Auskunft über die zugrunde liegenden, zu ihrer Person gespeicherten Daten verlangen. Die Auskunft kann nach Abwägung der schutzwürdigen Interessen der Beteiligten verweigert werden, soweit
1. aus den Daten auf Personen, die bei der Vorbereitung, Herstellung oder Verbreitung mitgewirkt haben, geschlossen werden kann, oder
2. aus den Daten auf die Person des Einsenders oder des Gewährsträgers von Beiträgen, Unterlagen und Mitteilungen für den redaktionellen Teil geschlossen werden kann oder
3. durch die Mitteilung der recherchierten oder sonst erlangten Daten die journalistische Aufgabe des Anbieters durch Ausforschung des Informationsbestandes beeinträchtigt würde.

Die betroffene Person kann die unverzügliche Berichtigung unrichtiger personenbezogener Daten im Datensatz oder die Hinzufügung einer eigenen Darstellung von angemessenem Umfang verlangen. Die weitere Speicherung der personenbezogenen Daten ist rechtmäßig, wenn dies für die Ausübung des Rechts auf freie Meinungsäußerung und Information oder zur Wahrnehmung berechtigter Interessen erforderlich ist.

Die Sätze 1 bis 3 gelten nicht für Angebote von Unternehmen und Hilfsunternehmen der Presse, soweit diese der Selbstregulierung durch den Pressekodex und der Beschwerdeordnung des Deutschen Presserates unterliegen.

(4) Der Datenschutzbeauftragte des Sitzlandes der Anstalt ist die zuständige Aufsichtsbehörde im Sinne des Artikels 51 der Verordnung (EU) 2016/679. Der Datenschutzbeauftragte überwacht die Einhaltung der Datenschutzvorschriften dieses Staatsvertrags, der Verordnung (EU) 2016/679 und anderer Vorschriften über den Datenschutz. Eine Aufsicht erfolgt, soweit Unternehmen, Hilfs- und Beteiligungsunternehmen der Presse nicht der Selbstregulierung durch den Pressekodex und der Beschwerdeordnung des Deutschen Presserates unterliegen. Der Datenschutzbeauftragte hat die Aufgaben und Befugnisse entsprechend der Artikel 57 und 58 Absatz 1 bis 5 der Verordnung (EU) 2016/679. Bei dieser Tätigkeit stellt er das Benehmen mit dem Datenschutzbeauftragten des anderen Landes her. Bei der Zusammenarbeit mit anderen Aufsichtsbehörden hat er, soweit die Datenverarbeitung zu journalistischen Zwecken betroffen ist, den Informantenschutz zu wahren.

(5) Stellt der Datenschutzbeauftragte einen Verstoß gegen die Datenschutzbestimmungen fest, weist er den Anbieter nach Absatz 1 darauf hin. Wird der Verstoß anschließend nicht innerhalb einer von dem Datenschutzbeauftragten gesetzten Frist behoben, beanstandet der Datenschutzbeauftragte den Verstoß.

Achter Abschnitt
Anstalt

§ 38
Aufgabe, Rechtsform und Organe

(1) Die Aufgaben nach diesem Staatsvertrag werden von der Anstalt als rechtsfähiger Anstalt des öffentlichen Rechts mit Sitz in Norderstedt wahrgenommen, soweit nicht etwas anderes bestimmt ist. Der Anstalt obliegt ferner die Aufsicht über unzulässige Angebote und den Jugendschutz nach dem Jugendmedienschutz-Staatsvertrag. Sie ist die nach Landesrecht für private Anbieter zuständige Stelle im Sinne des Medienstaatsvertrages und des Jugendmedienschutz-Staatsvertrages (Landesmedienanstalt). Die Zuständigkeit der Anstalt für bundesweite Sachverhalte richtet sich nach dem VII. Abschnitt des Medienstaatsvertrages.

(2) Die Anstalt vertritt die Interessen der Allgemeinheit im Hinblick auf die in Absatz 1 genannten Aufgaben. Vorrangig obliegen ihr
1. die Beurteilung und Kontrolle der Programme, insbesondere hinsichtlich ihres Beitrages zur Förderung der Programmvielfalt,
2. die Beratung der Rundfunkveranstalter und anderer Inhalteanbieter sowie ihrer Dienstleister unter den Bedingungen der Konvergenz, insbesondere beim Analog-Digital-Umstieg,
3. die Mitwirkung bei der Fortentwicklung des dualen Rundfunksystems und des Medienstandortes Hamburg und Schleswig-Holstein,
4. die Mitwirkung bei der Umstellung von der analogen auf die digitale Übertragungstechnik, einschließlich der entsprechenden Beratung der Rundfunkveranstalter und Rundfunkteilnehmer,
5. die Zusammenarbeit mit den anderen Landesmedienanstalten. Im Rahmen ihrer Aufgaben und zur gemeinsamen Aufgabenerledigung mit anderen Landesmedienanstalten kann die Anstalt Verwaltungsabkommen abschließen.

Sie soll ferner im Rahmen ihrer haushaltsmäßigen Möglichkeiten
1. an den Förderungen aus Mitteln nach § 55 Absatz 4 Satz 5 für die danach vorgesehenen Zwecke im Rahmen einer Gesellschafterstellung in der Medienstiftung HSH mitwirken,
2. Aufträge zur Medienforschung vergeben,
3. Nutzer von audiovisuellen Angeboten beraten.

Die Anstalt kann im Rahmen ihrer haushaltsmäßigen Möglichkeiten Projekte der auditiven und audiovisuellen Medienkompetenz und Medienpädagogik fördern, die Dritte durchführen. Die Anstalt kann ferner Förderungen zur Unterstützung des privaten Rundfunks aus Bundes- und Landesfördermitteln vornehmen.[2]

(3) Die Anstalt hat das Recht der Selbstverwaltung. Sie hat Dienstherrnfähigkeit und wendet das Dienstrecht, das Gleichstellungsrecht sowie das Mitbestimmungsrecht ihres

---

[2] Protokollerklärung der Länder Hamburg und Schleswig-Holstein zum Achten Medienänderungsstaatsvertrag HSH vom 2./11.12.2021 (GVOBl. Schl.-H. S. 308): Die Länder schaffen mit der Neuregelung in § 38 Absatz 2 Satz 5 Medienstaatsvertrag HSH die Grundlage dafür, dass die Medienanstalt Hamburg/Schleswig-Holstein Förderungen des privaten Rundfunks aus Mitteln von Bund und Ländern vornehmen kann. Dies geschieht mit Blick auf die aktuellen Erfahrungen im Zusammenhang mit den Auswirkungen des Coronavirus. Die Länder nehmen auf Basis erster Erfahrungen mit entsprechenden Förderungen eine Überprüfung dieser und ggf. weiterer Vorschriften spätestens 2 Jahre nach Inkrafttreten des 8. Medienänderungsstaatsvertrags HSH in Aussicht.

Sitzlandes an. Angelegenheiten, die nicht unmittelbar der Erfüllung der Aufgaben der Anstalt dienen, können gegen Kostenerstattung von den zuständigen Behörden in Hamburg oder Schleswig-Holstein wahrgenommen werden.

(4) Organe der Anstalt sind
1. der Medienrat,
2. der Direktor.

Als weitere Organe dienen der Anstalt nach Maßgabe der Vorschriften des Rundfunkstaatsvertrages und des Jugendmedienschutz-Staatsvertrages die Kommission für Zulassung und Aufsicht (ZAK), die Gremienvorsitzendenkonferenz (GVK), die Kommission zur Ermittlung der Konzentration im Medienbereich (KEK) und die Kommission für Jugendmedienschutz (KJM).

(5) Die Anstalt gibt sich eine Satzung. Diese regelt Einzelheiten der Aufgaben des Medienrats und des Direktors, soweit die Angelegenheiten nicht im Einzelnen in diesem Staatsvertrag bestimmt sind.

(6) Die Anstalt ist Aufsichtsbehörde über Telemedien gemäß § 104 Abs. 1 und § 106 Abs. 1 des Medienstaatsvertrages sowie zuständig für die Verfolgung und Ahndung von Ordnungswidrigkeiten nach § 16 Abs. 1 und Abs. 2 Nr. 2 des Telemediengesetzes vom 26. Februar 2007 (BGBl. I S. 179), zuletzt geändert durch Gesetz vom 19. November 2020 (BGBl. I S. 2456). Die von ihr für Ordnungswidrigkeiten verhängten Bußgelder stehen der Anstalt zu.

(7) Die Anstalt ist zuständige Behörde gemäß § 2 Nr. 5 des EG-Verbraucherschutzdurchsetzungsgesetzes (VSchDG) vom 21. Dezember 2006 (BGBl. I S. 3367) bei Verdacht eines innergemeinschaftlichen Verstoßes privater Anbieter gegen Rechtsvorschriften, die zur Umsetzung der Durchführung der in Nr. 4 des Anhangs der Verordnung (EG) Nr. 2006/2004 genannten Rechtsaktes (EG-Fernsehrichtlinie) erlassen worden sind. Sie ist im Rahmen dieser Zuständigkeit auch zuständig für die Verfolgung und Ahndung von Ordnungswidrigkeiten nach § 9 Abs. 1 VSchDG.

§ 39
Aufgaben des Medienrats

(1) Der Medienrat überwacht die Einhaltung dieses Staatsvertrages und der für die privaten Rundfunkveranstalter geltenden Bestimmungen des Rundfunkstaatsvertrages.

(2) Der Medienrat nimmt die Aufgaben der Anstalt wahr, soweit sie nicht gemäß § 47 dem Direktor übertragen sind. Der Medienrat hat insbesondere folgende Aufgaben:

1. Erteilung, Rücknahme oder Widerruf der Zulassung,
2. Bestätigung der Zulassungsfreiheit von Rundfunkprogrammen auf Antrag durch Unbedenklichkeitsbescheinigung gem. § 54 Abs. 1 Medienstaatsvertrag,
3. Feststellung von Verstößen gegen die Anforderungen dieses Staatsvertrages, wobei die Aufsicht über die Programmaufgabe unter Beachtung des Beurteilungsspielraums gemäß § 3 Abs. 1 Satz 3 erfolgt,
4. Entscheidungen über Anerkennungen sowie Aufsichtsmaßnahmen gemäß § 5 Abs. 2 dieses Staatsvertrages in Verbindung mit § 19 Abs. 4 und § 20 Abs. 1 des Jugendmedienschutz-Staatsvertrages,
5. Entscheidung über die Zuweisung von Übertragungskapazitäten,
6. Entscheidung über die Untersagung der Weiterverbreitung,
7. Entscheidung über die Rangfolge in Kabelanlagen,
8. Feststellung des Haushaltsplans und Genehmigung des Jahresabschlusses der Anstalt sowie Entlastung des Direktors,
9. Feststellung eines jährlichen Rechenschaftsberichts,
10. Wahl und Abberufung des Direktors sowie Abschluss und Auflösung seines Dienstvertrages,
11. Zustimmung zur Einstellung, Eingruppierung und Entlassung der Bediensteten der Anstalt in vom Medienrat vorbehaltenen Fällen,
12. Erlass von Satzungen und Richtlinien sowie Entscheidung über den Erlass von Satzungen oder Richtlinien der Landesmedienanstalten; Satzungen sind bekannt zu machen,
13. Zustimmung zu Rechtsgeschäften, bei denen Verpflichtungen im Werte von mehr als 100.000 Euro eingegangen werden,
14. Entscheidungen über Aufsichtsmaßnahmen über Telemedien nach § 38 Abs. 6 Satz 1, 1. Halbsatz und über Ordnungswidrigkeiten gemäß § 51 sowie über die Verwendung der Einnahmen aus Bußgeldern,
15. Entscheidung über die Anerkennung einer Einrichtung als Einrichtung der Freiwilligen Selbstkontrolle, den Widerruf, die Aufhebung und die Beanstandung einer solchen Anerkennung gem. § 19 Abs. 5, 6, 8 Medienstaatsvertrag,
16. Entscheidung über die Förderung nach § 38 Abs. 2 Satz 4 und § 55 Absatz 2 Satz 2 und über diesbezügliche Förderrichtlinien, sowie über die Förderung nach § 38 Abs. 2 Satz 5,
17. Bestätigung der Unbedenklichkeit von Medienplattformen auf Antrag durch Unbedenklichkeitsbescheinigung gem. § 87 Medienstaatsvertrag.

(3) In Zweifelsfällen hinsichtlich der Aufgabenverteilung zwischen dem Medienrat und dem Direktor entscheidet der Medienrat.

§ 40
Aufsicht

(1) Der Medienrat kann feststellen, dass durch ein Rundfunkprogramm, durch einzelne Sendungen und Beiträge, durch die Weiterverbreitung von Rundfunkprogrammen, durch Inhalte von Telemedien oder sonst gegen diesen Staatsvertrag, den Rundfunkstaatsvertrag, den Jugendmedienschutz-Staatsvertrag, die Zulassung oder die Zuweisung verstoßen wird und Maßnahmen oder Unterlassungen vorsehen; § 5 bleibt unberührt. Die Aufsicht über die Programmaufgabe erfolgt unter Beachtung des Beurteilungsspielraums gemäß § 3 Abs. 1 Satz 3 (Missbrauchsaufsicht).

(2) Bei einem Verstoß weist der Direktor den Anbieter, den für das Rundfunkprogramm, die Sendung oder den Beitrag Verantwortlichen oder den Betreiber der Kabelanlage an, den Rechtsverstoß durch die vom Medienrat oder von ihm vorgesehenen Maßnahmen oder Unterlassungen zu beseitigen; bei einem Widerspruch erlässt er den Widerspruchsbescheid nach Vorgabe des Medienrats.

(3) Hat die Anstalt bereits einen Rechtsverstoß nach Absatz 1 beanstandet, so kann sie bei Fortdauer des Rechtsverstoßes oder bei einem weiteren Rechtsverstoß zusammen mit der Anweisung nach Absatz 2 das Ruhen der Zulassung bis zu vier Wochen anordnen. In schwerwiegenden Fällen kann die Anstalt die Zulassung entziehen. Eine Entschädigung findet nicht statt.

(4) Der Rundfunkveranstalter, der für das Rundfunkprogramm, die Sendung oder den Beitrag Verantwortliche und der Betreiber der Kabelanlage haben der Anstalt die zur Wahrnehmung der Aufsicht erforderlichen Auskünfte zu erteilen und entsprechende Unterlagen vorzulegen. Der Auskunftspflichtige kann die Auskunft auf solche Fragen verweigern, deren Beantwortung ihn selbst oder die in § 383 Abs. 1 Nummern 1 bis 3 der Zivilprozessordnung bezeichneten Angehörigen der Gefahr strafrechtlicher Verfolgung oder eines Verfahrens nach dem Gesetz über Ordnungswidrigkeiten aussetzen würde.

§ 41
Zusammensetzung des Medienrats

(1) Der Medienrat besteht aus vierzehn Mitgliedern. Sie sollen als Sachverständige besondere Eignung auf dem Gebiet der Medienpädagogik, Medienwissenschaft, des Journalismus, der Rundfunktechnik, der Medienwirtschaft oder sonstiger Medienbereiche nachweisen. Zwei Mitglieder müssen die Befähigung zum Richteramt haben. Frauen sind angemessen zu berücksichtigen.

(2) Solange und soweit Mitglieder in den Medienrat nicht gewählt worden sind, verringert sich die Zahl der gesetz-

lichen Mitglieder nach Absatz 1 entsprechend. Dasselbe gilt bei vorzeitigem Ausscheiden von Mitgliedern aus dem Medienrat, soweit und solange ein Ersatzmitglied nach Absatz 3 nicht zur Verfügung steht.

(3) In den Ländern werden jeweils ein erstes und ein zweites Ersatzmitglied gewählt. Scheidet ein Mitglied vorzeitig aus, folgt das erste Ersatzmitglied des jeweils betroffenen Landes für den Rest der Amtszeit nach und wird Mitglied des Medienrates. Das zweite Ersatzmitglied tritt dann an die Stelle des ersten Ersatzmitgliedes.

§ 42
Wahl des Medienrats

(1) Sieben Mitglieder des Medienrats sowie zwei Ersatzmitglieder werden in Hamburg durch die Bürgerschaft und sieben Mitglieder sowie zwei Ersatzmitglieder in Schleswig-Holstein durch den Landtag gewählt; eine einmalige Wiederwahl ist zulässig.

(2) Für die Wahl der Mitglieder des Medienrats ist jeweils jede gesellschaftlich relevante Gruppe, Organisation oder Vereinigung mit Sitz im jeweiligen Land vorschlagsberechtigt. Jeder Vorschlag muss eine Frau und einen Mann benennen. Diese Anforderung entfällt nur dann, wenn der Gruppe, Organisation oder Vereinigung auf Grund ihrer Zusammensetzung die Benennung einer Frau oder eines Mannes regelmäßig oder im Einzelfall nicht möglich ist; dies ist im Vorschlag schriftlich zu begründen.

(3) Die Präsidenten der Landesparlamente geben den Zeitpunkt für die Einreichung von Vorschlägen spätestens sechs Monate vor Ablauf der Amtszeit des bisherigen Medienrates im jeweiligen amtlichen Verkündungsblatt bekannt. Die Vorschläge sind bis spätestens drei Monate vor Ablauf der Amtszeit des bisherigen Medienrates für die hamburgischen Mitglieder bei der Bürgerschaft oder für die schleswig-holsteinischen Mitglieder beim Landtag einzureichen. Bei einer Überschreitung dieser Frist findet eine Wiedereinsetzung in den vorigen Stand nicht statt. In dem Vorschlag ist darzulegen, dass die Vorgeschlagenen die Eignung nach § 41 haben und dass keine Unvereinbarkeit nach § 43 besteht.

(4) In Hamburg erfolgt die Wahl auf Grund von Wahlvorschlägen der Fraktionen im Wege der Blockwahl. Das Bestimmungsrecht der Fraktionen für die Wahlvorschläge wird in der Weise ausgeübt, dass jeder Fraktion in der Reihenfolge der Fraktionsstärken zunächst das Vorschlagsrecht für ein Mitglied zusteht. Im Übrigen ist das Stärkeverhältnis der Fraktionen nach dem Hare/Niemeyer-Verfahren maßgebend.

(5) In Schleswig-Holstein erfolgt die Wahl durch den Landtag mit einer Mehrheit von zwei Dritteln seiner Mitglieder.

(6) Gruppen, Organisationen oder Vereinigungen, die einen Vorschlag eingereicht haben, dürfen je Land nur jeweils mit einer Person im Medienrat vertreten sein.

(7) Scheidet ein Mitglied vorzeitig aus, teilt der Medienrat dies dem jeweiligen Präsidenten des Landesparlamentes mit und informiert dabei über das Nachrücken der Ersatzmitglieder. Das jeweilige Landesparlament wählt für den Rest der Amtszeit einen Nachfolger und das zweite Ersatzmitglied. Absätze 2 bis 6 und § 41 gelten entsprechend; für die Einreichung von Nachbesetzungsvorschlägen gilt eine Frist von acht Wochen.

§ 43
Persönliche Voraussetzungen

Mitglied des Medienrats kann nicht sein, wer
1. den gesetzgebenden oder beschließenden Organen der Europäischen Gemeinschaften, des Europarates, des Bundes oder eines der Länder angehört oder Bediensteter einer obersten Bundes- oder Landesbehörde oder einer Gebietskörperschaft ist,
2. Mitglied eines Organs, Bediensteter, ständiger freier Mitarbeiter einer öffentlich-rechtlichen Rundfunkanstalt ist,
3. Rundfunkveranstalter oder Betreiber einer Kabelanlage oder einer anderen technischen Übertragungseinrichtung ist, zu ihnen in einem Dienst- oder Arbeitsverhältnis steht, von ihnen auf sonstige Weise wirtschaftlich abhängig oder an ihnen mehrheitlich beteiligt ist,

4. wirtschaftliche oder sonstige Interessen hat, welche die Erfüllung der Aufgaben als Mitglied des Medienrats gefährden.

Die Präsidenten der Landesparlamente stellen jeweils fest, ob einer der nach Satz 1 mit einer Mitgliedschaft unvereinbaren Gründe vorliegt; tritt ein Hinderungsgrund während der Amtszeit ein oder wird er erst während der Amtszeit bekannt, so endet die Mitgliedschaft mit der entsprechenden Feststellung durch den Präsidenten des jeweiligen Landesparlaments.

§ 44
Amtszeit, Rechtsstellung und Vorsitz

(1) Die Amtszeit des Medienrats beträgt fünf Jahre und beginnt mit seinem ersten Zusammentritt. Nach Ablauf der Amtszeit führt der Medienrat die Geschäfte bis zum Zusammentritt des neuen Medienrates weiter.

(2) Die Mitglieder des Medienrats sind ehrenamtlich tätig. Sie sind an Aufträge und Weisungen nicht gebunden. Sie erhalten ein Sitzungsgeld, das die Anstalt durch Satzung festlegt; die Satzung bedarf der Genehmigung der für die Genehmigung des Haushaltsplans zuständigen Behörde. Die Reisekostenerstattung erfolgt unter Berücksichtigung des Bundesreisekostenrechts.

(3) Der Medienrat wählt seinen Vorsitzenden und dessen Stellvertreter. Der Medienrat kann seinen Vorsitzenden und dessen Stellvertreter abberufen. Nach Beendigung der Amtszeit des Vorsitzenden und bis zur Neuwahl nimmt das älteste Mitglied des Medienrats die Aufgaben des Vorsitzenden wahr.

§ 45
Sitzungen

(1) Der Medienrat tritt mindestens einmal im Vierteljahr zu einer ordentlichen Sitzung zusammen. Auf Verlangen von drei Mitgliedern ist eine außerordentliche Sitzung einzuberufen. Die Sitzungen sind nicht öffentlich. Der Direktor und sein Stellvertreter nehmen an den Sitzungen des Medienrates teil.

(2) Die Regierungen der Länder sind berechtigt, zu den Sitzungen des Medienrates und seiner Ausschüsse Vertreter zu entsenden. Diese Vertreter sind jederzeit zu hören.

§ 46
Beschlüsse

(1) Der Medienrat ist beschlussfähig, wenn alle Mitglieder ordnungsgemäß geladen worden sind und mindestens neun Mitglieder anwesend sind.

(2) Der Medienrat fasst seine Beschlüsse grundsätzlich mit der einfachen Mehrheit seiner Mitglieder. Für Beschlüsse nach § 39 Abs. 2 Satz 2 Nummern 1, 5, 8 bis 10 und 11 sowie § 44 Abs. 3 Sätze 1 und 2 ist die Mehrheit von zwei Dritteln der Mitglieder des Medienrates erforderlich. Entscheidet der Medienrat über einen Widerspruch, ist die für die Ausgangsentscheidung vorgeschriebene Mehrheit erforderlich.

(3) Beschlussvorlagen sind den Mitgliedern und der für die Rechtsaufsicht zuständigen Behörde mindestens eine Woche vor der Sitzung vorzulegen. Maßgeblich ist der tatsächliche Eingang der Unterlagen. Die Unterlagen gelten am dritten Tag nach der Aufgabe zur Post als zugegangen, es sei denn, dass diese nicht oder zu einem späteren Zeitpunkt zugegangen sind. Der Tag der Aufgabe zur Post ist in den Akten zu vermerken. In besonders dringenden Fällen kann der Medienrat mit der Mehrheit gemäß Absatz 2 Satz 2 Ausnahmen beschließen.

(4) Der Medienrat kann den Vorsitzenden und dessen Stellvertreter mit den für die jeweiligen Beschlüsse geltenden Mehrheiten ermächtigen, gemeinsam in dringenden Angelegenheiten, in denen ein Beschluss des Medienrates nicht kurzfristig herbeigeführt werden kann, Beschlüsse für den Medienrat zu fassen. Der Medienrat ist in seiner nächsten Sitzung über die Beschlüsse zu unterrichten; er kann sie mit der einfachen Mehrheit der abgegebenen Stimmen aufheben.

(5) Das Nähere regelt die Satzung.

§ 47
Direktor

(1) Der Medienrat wählt den Direktor auf die Dauer von fünf Jahren. Nach Ablauf der Amtszeit führt der Direktor die Geschäfte bis zum Amtsantritt des Nachfolgers weiter. Der Medienrat kann den Direktor aus wichtigem Grund abberufen.

(2) Für den Direktor findet § 43 entsprechende Anwendung. Er darf dem Medienrat nicht angehören und soll die Befähigung zum Richteramt haben.

(3) Der Direktor vertritt die Anstalt gerichtlich und außergerichtlich. Die Satzung regelt die Vertretungsbefugnis. In der Satzung werden auch die Fälle bestimmt, in denen der Direktor zur Vertretung der Mitzeichnung bedarf.

(4) Der Direktor führt die laufenden Geschäfte der Anstalt. Er hat vor allem folgende Aufgaben:

1. Vorbereitung und Ausführung der Beschlüsse des Medienrates,
2. Überprüfung der Einhaltung der Zulassungs- und Zuweisungsbescheide einschließlich der Beteiligung bei späteren Änderungen,
3. Festsetzung und Einziehung der Gebühren, Auslagen und Abgaben,
4. Wahrnehmung der ihm durch Satzung übertragenen Aufgaben,
5. Aufstellung des Haushaltsplans und Feststellung des Jahresabschlusses der Anstalt,
6. Erstellung eines jährlichen Rechenschaftsberichts und dessen Veröffentlichung,
7. Einstellung, Eingruppierung und Entlassung der Bediensteten der Anstalt und Wahrnehmung der Befugnisse des Arbeitgebers,
8. Zusammenarbeit mit anderen Landesmedienanstalten,
9. Ausübung der Auskunftsrechte und Ermittlungsbefugnisse zur Sicherung der Meinungsvielfalt (§ 1 Abs. 2 Nr. 3 dieses Staatsvertrages in Verbindung mit § 22 Abs. 1 des Rundfunkstaatsvertrages),
10. Hinwirken auf eine sachgerechte Lösung bei Anrufung wegen Uneinigkeit über die Aufnahme eines Angebots in eine Medienplattform oder die Bedingungen der Aufnahme gem. § 83 Abs. 3 Medienstaatsvertrag,
11. Ausführung der Beschlüsse von ZAK, KJM und GVK einschließlich der Ausführung der Entscheidungen über Ordnungswidrigkeiten,
12. Verfolgung und Ahndung von Ordnungswidrigkeiten gemäß § 16 Abs. 1 und Abs. 2 Nr. 1 des Telemediengesetzes.

Er ist gesetzlicher Vertreter im Sinne von § 35 Abs. 3 und 5 Nr. 2 sowie § 37 Abs. 1 des Rundfunkstaatsvertrages.

(5) Der Direktor ist oberste Dienstbehörde und Dienstvorgesetzter der Beamten der Anstalt.

(6) Ständiger Vertreter im Sinne von § 35 Abs. 3 des Rundfunkstaatsvertrages ist der Stellvertreter des Direktors.

§ 48
Finanzierung der Anstalt

(1) Die Anstalt trägt alle zur Erfüllung ihrer Aufgaben erforderlichen Kosten. Sie finanziert sich aus eigenen Einnahmen (Gebühren, Auslagen) sowie einem Anteil an dem Rundfunkbeitrag gemäß § 55. Das Verwaltungskostengesetz des Sitzlandes gilt entsprechend.

(2) Für Amtshandlungen gegenüber einem Antragsteller, einem Rundfunkveranstalter, einem Plattformanbieter oder einem Betreiber einer Kabelanlage erhebt die Anstalt Verwaltungsgebühren und Auslagen. Die Einzelheiten über die Gebühren einschließlich der Gebührentatbestände und Gebührensätze sowie über die Auslagen werden durch Satzung der Anstalt festgestellt.

(3) Die Satzung bedarf der Zustimmung der für die Genehmigung des Haushaltsplans zuständigen Behörde.

§ 49
Haushaltswesen

(1) Für die Anstalt gelten die §§ 105 bis 107 und 109 bis 111 der Landeshaushaltsordnung des Landes Schleswig-Holstein entsprechend. Der Haushaltsplan bedarf der Genehmigung der Behörde nach § 50 Abs. 1. Er ist spätestens zwei Monate vor Ablauf des Haushaltsjahres vorzulegen.

(2) Das Nähere zur Aufstellung des Haushaltsplanes und der Jahresabrechnung sowie zur vorläufigen Haushalts- und Wirtschaftsführung regelt die Anstalt durch Satzung, die der Genehmigung der Behörde nach § 50 Abs. 1 bedarf.

(3) Zur Sicherung der Haushaltswirtschaft kann die Anstalt Rücklagen für besondere mittelfristige Projekte und Investitionen bilden, soweit dies für die stetige Erfüllung ihrer Aufgaben notwendig ist. Die jährliche Zuführung auf Rücklagen darf insgesamt fünf vom Hundert der jährlichen Einnahmen nicht übersteigen. Grund, Höhe und Zeitraum jeder Rücklage sind im Haushaltsplan zu begründen.

(4) Die Rechnungshöfe der Länder prüfen die Haushalts- und Wirtschaftsführung der Anstalt gemeinsam.

§ 50
Rechtsaufsicht

(1) Die Regierungen der Länder führen die Aufsicht über die Einhaltung der Bestimmungen dieses Staatsvertrages und der allgemeinen Rechtsvorschriften durch die Anstalt. Sie nehmen diese Aufgabe durch die Regierung eines der Länder im Wechsel von 15 Monaten wahr. Der Wechsel erfolgt in der Reihenfolge Hamburg – Schleswig-Holstein. Die jeweils aufsichtsführende Regierung beteiligt die andere Regierung vor Einleitung von Maßnahmen und bemüht sich um ein Einvernehmen. Die Anstalt hat die zur Vorbereitung der Rechtsaufsicht erforderlichen Auskünfte zu erteilen und Unterlagen vorzulegen.

(2) Die Rechtsaufsicht ist berechtigt, den Medienrat oder den Direktor schriftlich auf Maßnahmen oder Unterlassungen der Anstalt hinzuweisen, die diesen Staatsvertrag oder die allgemeinen Rechtsvorschriften verletzen, und sie aufzufordern, die Rechtsverletzung zu beseitigen. Wird die Rechtsverletzung nicht innerhalb eines von der Rechtsaufsicht bestimmten angemessenen Zeitraums behoben, weist sie den Medienrat oder den Direktor an, im Einzelnen festgelegte Maßnahmen auf Kosten der Anstalt durchzuführen. In Programmangelegenheiten sind Weisungen ausgeschlossen.

Neunter Abschnitt
Ordnungswidrigkeiten, Strafbestimmung

§ 51
Ordnungswidrige Handlungen

(1) Ordnungswidrig handelt, wer vorsätzlich oder fahrlässig

1. als Veranstalter von Rundfunk nach § 2 Abs. 2 die Tatbestände des § 49 Abs. 1 Satz Nr. 1 bis 15 und Nr. 19 bis 24 sowie Satz 2 Nr. 1 bis 4 des Rundfunkstaatsvertrages erfüllt oder Sendungen für Kinder durch Werbung oder Teleshopping unterbricht,
2. als Betreiber oder Anbieter die Tatbestände des § 49 Abs. 1 Satz 2 Nr. 5 bis 16 des Rundfunkstaatsvertrages erfüllt,
3. als Anbieter von nicht länderübergreifenden Angeboten gegen Bestimmungen des § 24 des Jugendmedienschutz-Staatsvertrages verstößt.

(2) Die Ordnungswidrigkeit kann mit einer Geldbuße bis zu 500.000 Euro geahndet werden.

(3) Die Anstalt ist zuständige Verwaltungsbehörde im Sinne des § 36 Absatz 1 Nr. 1 des Gesetzes über Ordnungswidrigkeiten für die Ordnungswidrigkeiten gemäß Absatz 1 Nr. 1 bis 4. Bei bundesweit verbreiteten Programmen hat die Anstalt die übrigen Landesmedienanstalten unverzüglich zu unterrichten. Die für Ordnungswidrigkeiten nach Satz 1 verhängten Bußgelder stehen der Anstalt zu.

(4) Die Verfolgung der in Absatz 1 genannten Ordnungswidrigkeiten verjährt in sechs Monaten. Der Lauf der Frist

beginnt mit der Sendung. Mit der Wiederholung der Sendung beginnt die Frist von neuem.

§ 52
Strafbestimmung

Mit Freiheitsstrafe bis zu einem Jahr oder Geldstrafe wird bestraft, wer entgegen § 5 Abs. 1 in Verbindung mit § 4 Abs. 2 Satz 1 Nummer 3 und Satz 2 des Jugendmedienschutz-Staatsvertrages Angebote verbreitet oder zugänglich macht, die offensichtlich geeignet sind, die Entwicklung von Kindern und Jugendlichen oder ihre Erziehung zu einer eigenverantwortlichen und gemeinschaftsfähigen Persönlichkeit unter Berücksichtigung der besonderen Wirkungsform des Verbreitungsmediums schwer zu gefährden. Handelt der Täter fahrlässig, so ist die Freiheitsstrafe bis zu sechs Monate oder die Geldstrafe bis zu 180 Tagessätze.

Zehnter Abschnitt
Modellversuche, Veranstaltungsrundfunk

§ 53
Modellversuche

(1) Um neue Rundfunktechniken, -programmformen und -dienste zu erproben, kann die Anstalt befristete Modellversuche für die Dauer von bis zu drei Jahren zulassen oder im Benehmen mit dem Netzbetreiber durchführen. Dabei können auch multimediale Angebote berücksichtigt werden. In begründeten Fällen ist eine Verlängerung der Versuchsdauer zulässig.

(2) Für Modellversuche gelten die Vorschriften dieses Staatsvertrages sinngemäß. Die Anstalt kann von ihnen abweichende und ergänzende Regelungen treffen, soweit der Versuchszweck dies erfordert; gleiche Zugangschancen sowie eine Vielfalt der Versuchsformen sind zu gewährleisten. Soweit erforderlich, kann die Anstalt auch Regelungen zur Nutzung der für Modellversuche zur Verfügung stehenden Übertragungskapazitäten treffen.

(3) Das Nähere zur Ausgestaltung eines Modellversuchs legt die Anstalt in der Ausschreibung und in der Zulassung fest.

§ 54
Veranstaltungsrundfunk, Sendungen in Gebäuden

(1) Die Anstalt weist zur Verfügung stehende Übertragungskapazitäten ohne Ausschreibung zu, wenn Sendungen

1. im örtlichen Bereich einer öffentlichen Veranstaltung und im zeitlichen Zusammenhang damit veranstaltet und verbreitet werden oder
2. für eine Mehrzahl von Einrichtungen angeboten werden, wenn diese für gleiche Zwecke genutzt und die Sendungen nur dort empfangen werden können und im funktionellen Zusammenhang mit den in diesen Einrichtungen zu erfüllenden Aufgaben stehen.

(2) Beschränken sich Sendungen auf ein Gebäude oder einen zusammengehörenden Gebäudekomplex, können die Sendungen ohne Zulassung durchgeführt werden.

(3) Die Einzelheiten zu den Absätzen 1 und 2 regelt die Anstalt durch Satzung, die der Genehmigung der Behörde nach § 50 Abs. 1 bedarf.

Elfter Abschnitt
Finanzierung besonderer Aufgaben

§ 55
Finanzierung besonderer Aufgaben
gemäß § 40 des Rundfunkstaatsvertrages

(1) Der sich in den Ländern nach § 40 Absatz 1 des Rundfunkstaatsvertrages in Verbindung mit § 10 Absatz 4 des Rundfunkbeitragsanteiles ergebende Nettobetrag des Rundfunkbeitragsanteils wird auf der Grundlage der nachstehenden Absätze 2 bis 4 in den Ländern gemeinsam verwendet.

(2) Der Anstalt stehen unbeschadet des Absatzes 4 Satz 2 für die Erfüllung ihrer Aufgaben 32,0 vom Hundert des Rundfunkbeitragsanteils nach Absatz 1 zu. Davon soll sie bis zu 3,2 vom Hundert für die finanzielle Unterstützung der nichtkommerziellen terrestrischen Veranstaltung von Rundfunk verwenden.

(3) Den Trägern der Bürgermedien nach dem Sechsten Abschnitt stehen 34,9 vom Hundert des Rundfunkbeitragsanteils nach Absatz 1 zu, und zwar 10,8 vom Hundert dem Hamburgischen Bürger- und Ausbildungskanal und 24,1 vom Hundert dem Offenen Kanal in Schleswig-Holstein.

(4) Dem Norddeutschen Rundfunk stehen 33,1 vom Hundert des Rundfunkbeitragsanteils nach Absatz 1 zu. Ferner stehen ihm die Mittel zu, die von der Anstalt nach Absatz 2 und den Trägern der Bürgermedien nach Absatz 3 nicht in Anspruch genommen werden. Er verwendet die Mittel nach Satz 1 für die Förderung des Medienstandortes Hamburg und Schleswig-Holstein, davon

1. 4,6 vom Hundert jährlich zur Förderung der Hamburg Media School,
2. 3,1 vom Hundert jährlich zur Förderung des Hans-Bredow-Instituts,
3. 25,4 vom Hundert zur Unterstützung der Filmförderung Hamburg/Schleswig-Holstein GmbH, und zwar davon
   a) 22,3 vom Hundert jährlich für die Förderung von Film- und Fernsehproduktionen und die Beratung von Produktionsunternehmen und
   b) 3,1 vom Hundert jährlich für ihre Filmwerkstatt in Kiel und für die Förderung von Filmfestivals in Schleswig-Holstein.

Die Mittel nach Satz 2 verwendet der Norddeutsche Rundfunk für Zwecke der Aus- und Weiterbildung im Medienbereich, insbesondere für die Unterstützung von Projekten der Zusammenarbeit von schleswig-holsteinischen und hamburgischen Ausbildungseinrichtungen im Medienbereich. Beim Norddeutschen Rundfunk bei Inkrafttreten des Sechsten Medienänderungsstaatsvertrages HSH bestehende Rücklagenmittel aus dem Aufkommen nach Absatz 1 sollen auslaufend verwendet werden für Maßnahmen nach Satz 4 und für die finanzielle Unterstützung von Projekten der Medienkompetenzförderung, die Dritte durchführen, sowie für die Bearbeitung der Förderungen. Eine Förderung von kommerziellen Rundfunkveranstaltern aus den Mitteln nach Abs. 1 ist ausgeschlossen.

Zwölfter Abschnitt
Übergangs- und Schlussbestimmungen

§ 56
Kündigung

(1) Dieser Staatsvertrag kann von den Ländern erstmals zum 1. Januar 2012 gekündigt werden. Die Kündigungsfrist beträgt zwei Jahre. Wird der Staatsvertrag nicht gekündigt, verlängert er sich stillschweigend um jeweils fünf Jahre. Im Falle der Kündigung tritt der Staatsvertrag nach Ablauf der Kündigungsfrist außer Kraft und die Anstalt ist aufgelöst.

(2) Nach der Kündigung oder Auflösung der Anstalt durch Vereinbarung schließen die Länder einen Staatsvertrag über die Auseinandersetzung.

(3) Für den Fall, dass ein Staatsvertrag über die Auseinandersetzung nicht innerhalb eines Jahres abgeschlossen wird, entscheidet ein Schiedsgericht über die Auseinandersetzung. Das Schiedsgericht kann auch eine einstweilige Regelung treffen.

(4) Einigen sich die Länder nicht über die Zusammensetzung des Schiedsgerichts, ernennen die Präsidenten der Oberverwaltungsgerichte der Länder gemeinsam ein aus vier Mitgliedern bestehendes Schiedsgericht. Die Schiedsrichter müssen die Befähigung zum Richteramt besitzen.

§ 57
Beitritt

Andere Länder können diesem Staatsvertrag beitreten. Der Beitritt bedarf eines Staatsvertrages der beteiligten Länder.

§ 58
Übergangsbestimmungen für die Landesmedienanstalten

(1) Mit Inkrafttreten dieses Staatsvertrages gehen sämtliche Rechte, Verbindlichkeiten und Pflichten, insbesondere auch Personal und Sach- sowie Finanzmittel, im Wege der Gesamtrechtsnachfolge von der Hamburgischen Anstalt für neue Medien (HAM) und der schleswig-holsteinischen Landesanstalt für Rundfunk und neue Medien (ULR) auf die neue Anstalt über. Mit Inkrafttreten dieses Staatsvertrages sind HAM und ULR aufgelöst.

(2) Die Gesamtrechtsnachfolge nach Absatz 1 schließt ein, dass sämtliche Rechte und Pflichten aus den zum Zeitpunkt des Inkrafttretens dieses Staatsvertrages bestehenden Arbeitsverhältnissen von der Anstalt übernommen werden; im Übrigen gilt § 613 a Abs. 1 Sätze 2 und 3 des Bürgerlichen Gesetzbuches entsprechend. Zur Absicherung der von der ULR bei der Versorgungsausgleichskasse der Kommunalverbände in Schleswig-Holstein (VAK) angemeldeten Beschäftigten, denen die ULR Anwartschaft auf Versorgung nach beamtrechtlichen Vorschriften oder Grundsätzen gewährleistet, stellt die Anstalt sicher, dass die nach der Satzung der VAK geforderten tatsächlichen und rechtlichen Voraussetzungen für eine freiwillige Mitgliedschaft der Anstalt erhalten bleiben oder geschaffen werden. Versorgungsabreden der HAM mit beurlaubten Beamtinnen oder Beamten der Freien und Hansestadt Hamburg gehen auf die Anstalt über; Entsprechendes gilt für insoweit getroffene Verwaltungsvereinbarungen zwischen der HAM und der Freien und Hansestadt Hamburg.

§ 59
Bestehende Satzungen, Zulassungen und Zuweisungen

(1) Bei Inkrafttreten dieses Staatsvertrages geltende Satzungen, Richtlinien und sonstige Festlegungen der HAM und der ULR bleiben so lange im jeweiligen Land gültig, bis an deren Stelle entsprechende Satzungen, Richtlinien und sonstige Entscheidungen der neuen Anstalt in Kraft getreten sind.

(2) In den Ländern bei Inkrafttreten dieses Staatsvertrages bestehende Zulassungen und Zuweisungen bleiben unberührt. Eine einmalige Verlängerung bestehender Zuweisungen gemäß § 26 Abs. 7 Satz 2 ist zulässig.

§ 60
Inkrafttreten

Dieser Staatsvertrag tritt am 1. März 2007 in Kraft. Sind bis zum 28. Februar 2007 nicht die Ratifikationsurkunden bei der Senatskanzlei des Landes Hamburg hinterlegt, wird der Staatsvertrag gegenstandslos.[3]

---

[3] *Bekanntmachung der Senatskanzlei vom 28.2.2007 über das Inkrafttreten des Medienstaatsvertrages am 1.3.2007 (HmbGVBl. S. 84).*

**Landesverordnung
zur Durchführung des Gesetzes für die Bibliotheken
in Schleswig-Holstein über die Anbietung und Ablieferung von Pflichtexemplaren
(Pflichtexemplarverordnung – PflEVO)
vom 19. Juni 2017
– GVOBl. Schl.-H. S. 420 –**

Aufgrund des § 11 des Bibliotheksgesetzes (BiblG) vom 30. August 2016 (GVOBl. Schl.-H. S. 791) verordnet das Ministerium für Justiz, Kultur und Europa:

§ 1
Zuständigkeit der Pflichtbibliotheken

Medienwerke in körperlicher Form sind der Universitätsbibliothek Kiel, der Schleswig-Holsteinischen Landesbibliothek und der Bibliothek der Hansestadt Lübeck (Pflichtbibliotheken) anzubieten. Das Angebot von Medienwerken in unkörperlicher Form erfolgt ausschließlich an die Universitätsbibliothek Kiel.

§ 2
Durchführung des Verfahrens

Die Universitätsbibliothek Kiel behält sich die Auswahl der digitalen Medien vor. Ein Anspruch auf Aufnahme einer digitalen Publikation in die Sammlung der Universitätsbibliothek Kiel besteht nicht.

§ 3
Anbietungspflicht, Festlegung von Zeitintervallen

(1) Erscheint ein Medienwerk sowohl in körperlicher als auch in unkörperlicher Form, sind beide Formen anzubieten. Dies gilt auch für unkörperliche Medienwerke, die bereits in körperlicher Form erschienen sind. Ebenfalls anzubieten sind unkörperliche Medienwerke auf Publikationsservern von Hochschulen und Forschungseinrichtungen. Internet-Auftritte oder auf Web-Seiten veröffentlichte unkörperliche Medienwerke werden unbeschadet des § 10 Absatz 5 Satz 2 BiblG nur nach Aufforderung durch die Universitätsbibliothek Kiel gesammelt.

(2) Die Universitätsbibliothek Kiel kann für die Sammlung unkörperlicher Medienwerke, die Aktualisierungen unterliegen, Zeitintervalle für die Übermittlung oder Bereitstellung festlegen.

§ 4
Entschädigung

(1) Der Antrag auf einen angemessenen Zuschuss für Medienwerke in körperlicher Form im Fall des § 10 Absatz 2 BiblG ist spätestens mit Ablieferung des Werks bei der jeweiligen Pflichtbibliothek zu stellen und zu begründen. Dabei sind Angaben über Herstellungskosten, Auflagenhöhe und Ladenpreis, gegebenenfalls Subskriptions-, Vorzugs- oder Abonnementspreis, zu machen.

(2) Ein Anspruch auf Erstattung ist ausgeschlossen, wenn die anbietungspflichtige Stelle zur Herstellung des Medienwerks einen Zuschuss aus öffentlichen Mitteln erhalten hat oder das Medienwerk im Print-on-demand-Verfahren hergestellt wird.

§ 5
Ausnahmen von der Anbietungspflicht

(1) Zusätzlich zu den in § 9 Absatz 3 BiblG genannten Ausnahmen sind von der Anbietungspflicht auch lediglich privaten Zwecken dienende unkörperliche Medienwerke befreit.

(2) Die Universitätsbibliothek Kiel kann auf die Sammlung unkörperlicher Medienwerke verzichten, wenn damit ein unverhältnismäßiger technischer Aufwand verbunden ist.

§ 6
Inkrafttreten, Außerkrafttreten

Diese Verordnung tritt am Tag nach ihrer Verkündung in Kraft. Sie tritt mit Ablauf von fünf Jahren nach ihrem Inkrafttreten außer Kraft.

Vergabegesetz Schleswig-Holstein (VGSH)[1]
vom 8. Februar 2019
– GVOBl. Schl.-H. S. 40 –

§ 1
Anwendungsbereich

(1) Dieses Gesetz gilt für das Land, die Kreise, die Gemeinden und die Gemeindeverbände in Schleswig-Holstein sowie die übrigen Auftraggeber im Sinne des § 98 des Gesetzes gegen Wettbewerbsbeschränkungen (GWB) vom 26. Juni 2013 (BGBl. I S. 1750), zuletzt geändert durch Artikel 10 Absatz 9 des Gesetzes vom 30. Oktober 2017 (BGBl. I S. 3618), die in Schleswig-Holstein öffentliche Aufträge oder Konzessionen im Sinne des GWB vergeben, deren Auftragswert die Schwellenwerte nach § 106 GWB nicht erreichen, soweit in diesem Gesetz nichts anderes bestimmt ist. Für die Schätzung des Auftragswerts gilt § 3 der Vergabeverordnung des Bundes vom 12. April 2016 (BGBl. I S. 624). Dieses Gesetz gilt nicht, soweit das Vergabeverfahren im Namen oder im Auftrag des Bundes oder eines anderen Bundeslandes oder gemeinsam mit Auftraggebern anderer Bundesländer durchgeführt wird.

(2) Für dieses Gesetz gelten die Ausnahmen der §§ 107, 108, 109, 116, 117 oder 145 GWB entsprechend.

(3) Für öffentliche Aufträge im Bereich des öffentlichen Personenverkehrs gelten die Regelungen dieses Gesetzes für die Vergabe öffentlicher Dienstleistungsaufträge im Sinne der Verordnung Nummer 1370/20071. Dieses Gesetz gilt auch für Beförderungsleistungen im Sinne von § 1 Freistellungs-Verordnung vom 30. August 1962 (BGBl. I S. 601), zuletzt geändert durch Verordnung vom 4. Mai 2012 (BGBl. I S. 1037).

§ 2
Verfahrensgrundsätze

(1) Öffentliche Aufträge und Konzessionen werden im Wege transparenter Verfahren und grundsätzlich im Wettbewerb vergeben unter Beachtung der Grundsätze der Wirtschaftlichkeit und der Verhältnismäßigkeit. Bei der Vergabe können gemäß § 97 Absatz 3 GWB Aspekte der Qualität und der Innovation sowie soziale, gleichstellungs- und umweltbezogene Aspekte Berücksichtigung finden. Strategische Ziele und Nachhaltigkeitsaspekte können in jeder Phase eines Vergabeverfahrens, von der Definition der Leistung über die Festlegung von Eignungs- und Zuschlagskriterien bis hin zur Vorgabe von Ausführungsbedingungen einbezogen werden.

(2) Die Teilnehmerinnen oder Teilnehmer an einem Vergabeverfahren sind gleich zu behandeln, es sei denn, eine Ungleichbehandlung ist aufgrund von Rechtsvorschriften ausdrücklich geboten oder gestattet.

(3) Mittelständische Interessen sind bei der Vergabe öffentlicher Aufträge und Konzessionen vornehmlich zu berücksichtigen, insbesondere durch die Beachtung des Gebotes der Losaufteilung. Grundsätzlich werden als eignungsbezogene Unterlagen nur Eigenerklärungen und Angaben gefordert; Ausnahmen bedürfen einer zu dokumentierenden Begründung. Nachweise, insbesondere Bescheinigungen Dritter, sollen nur von dem für den Zuschlag vorgesehenen Bieter verlangt werden. Bei Beschränkten Ausschreibungen, Freihändigen Vergaben und Verhandlungsvergaben sollen auch kleine und mittlere Unternehmen zur Angebotsabgabe aufgefordert werden.

§ 3
Verfahrensordnungen

(1) Bei öffentlichen Aufträgen sind anzuwenden:
1. die Verfahrensordnung für die Vergabe öffentlicher Liefer- und Dienstleistungsaufträge unterhalb der EU-Schwellenwerte (Unterschwellenvergabeordnung – UVgO) in der Fassung vom 2. Februar 2017 (BAnz. AT 7. Februar 2017, B1, 8. Februar 2017 B1),
2. die Vergabe- und Vertragsordnung für Bauleistungen (VOB), Abschnitt 1 der VOB/A 2016 vom 23. Juni 2016 in der Fassung der Bekanntmachung vom 1. Juli 2016 B4 sowie die VOB/B in der Ausgabe 2016 (BAnz. AT 13. Juli 2012 B3 mit den Änderungen, veröffentlicht in BAnz AT 19. Januar 2016 B3 sowie der Berichtigung in BAnz AT 1. April 2016 B1 2016).

(2) Die in Absatz 1 genannten UVgO und VOB sind bei deren Änderung oder Neufassung in der Fassung anzuwenden, die das für Wirtschaft zuständige Ministerium im Gesetz- und Verordnungsblatt für Schleswig-Holstein für verbindlich erklärt hat.[2]

(3) Aufträge von Sektorenauftraggebern im Sinne der §§ 100, 102 GWB werden in einem frei gestalteten Verfahren vergeben, welches sich nach den Grundsätzen des § 2 richtet. Satz 1 gilt entsprechend für die Vergabe von Dienstleistungskonzessionen durch Konzessionsgeber im Sinne der §§ 101, 105 GWB.

§ 4
Vergabemindestlohn, repräsentative Tarifverträge

(1) Unabhängig vom Erreichen der Schwellenwerte nach § 106 GWB dürfen alle öffentlichen Aufträge ab einem Einzelauftragswert von 20.000 Euro (ohne Umsatzsteuer) nur an Unternehmen vergeben werden, die sich verpflichten, ihren unmittelbar für die Leistungserbringung in Deutschland eingesetzten Beschäftigten, ohne Auszubildende, Praktikantinnen und Praktikanten, Hilfskräfte und Teilnehmende an Bundesfreiwilligendiensten, wenigstens ein Mindeststundenentgelt von 9,99 Euro (brutto) zu zahlen. Ein beauftragtes Unternehmen hat sicherzustellen, dass diese Pflicht auch von sämtlichen Nachunternehmen und Verleihern von Arbeitnehmern eingehalten wird. Dieser Absatz gilt nicht für bevorzugte Bieter gemäß § 224 Absatz 1 Satz 1 und Absatz 2 sowie § 226 des Neunten Buches Sozialgesetzbuch – Rehabilitation und Teilhabe behinderter Menschen – vom 23. Dezember 2016 (BGBl. I S. 3234), zuletzt geändert durch Artikel 23 des Gesetzes vom 17. Juli 2017 (BGBl. I S. 2541).

(2) Öffentliche Aufträge im Bereich des öffentlichen Personenverkehrs auf Straße und Schiene im Sinne des § 1 Absatz 3 Satz 1 dürfen nur an Unternehmen vergeben werden, die sich verpflichten, ihren bei der Ausführung der Leistung eingesetzten Beschäftigten, ohne Auszubildende, mindestens das in Schleswig-Holstein für diese Leistung in einem der einschlägigen und repräsentativen mit einer tariffähigen Gewerkschaft vereinbarten Tarifverträge vorgesehene Entgelt nach den tarifvertraglich festgelegten Modalitäten zu zahlen und die tariflich vereinbarten weiteren Leistungen zu gewähren. Während der Ausführungszeit sind tarifliche Änderungen nachzuvollziehen. Ein beauftragtes Unternehmen hat sicherzustellen, dass diese Pflichten auch von sämtlichen Nachunternehmen und Verleihern von Arbeitnehmern eingehalten werden. Ein bisheriger Betreiber ist verpflichtet, dem Auftraggeber auf Anforderung die für die nach der Verordnung Nummer 1370/2007 mögliche Anordnung eines Personalübergangs erforderlichen Unterlagen und Informationen zur Verfügung zu stellen oder entsprechende Einsicht zu gewähren. Hierdurch entstehende Aufwendungen des bisherigen Betreibers werden durch den öffentlichen Auftraggeber erstattet.

(3) Öffentliche Auftraggeber sind berechtigt, Kontrollen durchzuführen und Unterlagen anzufordern, um die Einhal-

---

1 Das Vergabegesetz wurde als Artikel 1 des Gesetzes zur Änderung des Vergaberechts in Schleswig-Holstein vom 8.2.2019 (GVOBl. Schl.-H. S. 40) verkündet, das nach seinem Artikel 3 am 1.4.2019 in Kraft trat.

2 Verbindlicherklärung der VOB/A vom 14.10.2016 (GVOBl. Schl.-H. S. 842) und der VOB/B vom 16.5.2016 (GVOBl. Schl.-H. S. 397).

tung der in Absatz 1 und 2 auferlegten Pflichten zu überprüfen.

(4) Öffentliche Auftraggeber müssen Vertragsbedingungen verwenden,
1. durch die die beauftragten Unternehmen verpflichtet sind, die in den Absatz 1 und 2 genannten Vorgaben einzuhalten,
2. die dem öffentlichen Auftraggeber ein Recht zur Kontrolle und Prüfung der Einhaltung der Vorgaben einräumen und dessen Umfang regeln,
3. die dem öffentlichen Auftraggeber ein vertragliches außerordentliches Kündigungsrecht sowie eine Vertragsstrafe für den Fall der Verletzung der in Absatz 1 und 2 genannten Pflichten oder einer Vereitelung der Kontrollen nach Absatz 3 einräumen.

§ 5
Rechtsverordnungen, Ausschuss

(1) Das für Wirtschaft zuständige Ministerium wird ermächtigt, durch Rechtsverordnung
1. einzelne Auftraggeber nach § 1 Absatz 1 von der Anwendung einzelner Normen der UVgO und der VOB/A auszunehmen,
2. abweichende Regelungen von den nach § 3 anzuwendenden UVgO und VOB/A zu treffen,
3. Wertgrenzen für öffentliche Aufträge zu bestimmen, unterhalb derer die UVgO oder die VOB/A nicht anzuwenden sind oder eine Beschränkte Ausschreibung, eine Verhandlungsvergabe oder eine Freihändige Vergabe zulässig ist,
4. nähere Regelungen für Vergaben nach § 3 Absatz 3 zu bestimmen.

(2) Das für Arbeit zuständige Ministerium wird ermächtigt, durch Rechtsverordnung festzustellen, welche Tarifverträge im Bereich des öffentlichen Personenverkehrs gemäß § 1 Absatz 3 Satz 1 repräsentativ im Sinne von § 4 Absatz 2 sind. Bei der Feststellung der Repräsentativität eines Tarifvertrages ist auf die Bedeutung des Tarifvertrages für die Arbeitsbedingungen der Arbeitnehmer abzustellen. Hierbei muss insbesondere auf
1. die Zahl der von den jeweils tarifgebundenen Arbeitgebern unter den Geltungsbereich des Tarifvertrages fallenden Beschäftigten oder
2. die Zahl der jeweils unter den Geltungsbereich des Tarifvertrages fallenden Mitglieder der Gewerkschaft, die den Tarifvertrag geschlossen hat, Bezug genommen werden.

(3) Das für Arbeit zuständige Ministerium wird ermächtigt, das Nähere zur Bestellung des Ausschusses nach Absatz 4, zu dessen Beratungsverfahren und Beschlussfassung, zu seiner Geschäftsordnung und Vertretung und Entschädigung seiner Mitglieder durch Rechtsverordnung zu regeln.

(4) Das für Arbeit zuständige Ministerium errichtet einen beratenden Ausschuss für die Feststellung der Repräsentativität der Tarifverträge. Es bestellt für die Dauer von vier Jahren je drei Vertreter von Gewerkschaften und von Arbeitgebern oder Arbeitgeberverbänden im Bereich des öffentlichen Personenverkehrs auf deren Vorschlag als Mitglieder. Die Beratungen koordiniert und leitet von dem für Arbeit zuständigen Ministerium beauftragte Person, die kein Stimmrecht hat. Der Ausschuss gibt eine schriftlich begründete Empfehlung ab. Kommt ein mehrheitlicher Beschluss über eine Empfehlung nicht zustande, so ist dies unter ausführlicher Darstellung der unterschiedlichen Positionen schriftlich mitzuteilen.

§ 6
Übergangsregelung

Für Vergabeverfahren, die vor dem Inkrafttreten dieses Gesetzes begonnen wurden, ist das Tariftreue- und Vergabegesetz Schleswig-Holstein vom 31. Mai 2013 (GVOBl. Schl.-H. S. 239) weiter anzuwenden.

Landesverordnung über die Vergabe öffentlicher Aufträge
(Schleswig-Holsteinische Vergabeverordnung – SHVgVO)
vom 1. April 2019
– GVOBl. Schl.-H. S. 72 –

Aufgrund des § 5 Absatz 1 Nummer 2, 3 und 4 des Vergabegesetzes Schleswig-Holstein (VGSH) vom 8. Februar 2019 (GVOBl. Schl.-H. S. 40) verordnet das Ministerium für Wirtschaft, Verkehr, Arbeit, Technologie und Tourismus:

§ 1
Zweck der Verordnung

Diese Verordnung regelt die bei der Vergabe öffentlicher Aufträge und Baukonzessionen einzuhaltenden Verfahren nebst Ausnahmen und Wertgrenzen. Bei Vergaben nach § 3 Absatz 3 VGSH gelten die Ausnahmen nach §§ 137 bis 140 sowie nach §§ 149, 150 des Gesetzes gegen Wettbewerbsbeschränkungen (GWB) in der Fassung der Bekanntmachung vom 26. Juni 2013 (BGBl. I S. 1750, 3245), zuletzt geändert durch Artikel 10 des Gesetzes vom 12. Juli 2018 (BGBl. I S. 1151), entsprechend.

§ 2
Schätzung der Auftragswerte

Die Schätzung der voraussichtlichen Auftragswerte erfolgt entsprechend § 3 der Vergabeverordnung in der Fassung vom 12. April 2016 (BGBl. I S. 624), zuletzt geändert durch Artikel 4 des Gesetzes vom 10. Juli 2018 (BGBl. I S. 1117), ohne Absatz 9. Auftragswert im Sinne dieser Verordnung ist der nach Satz 1 geschätzte Wert ohne Umsatzsteuer.

§ 3
Vergabe von Liefer- und Dienstleistungsaufträgen

(1) Öffentliche Auftraggeber nach § 1 Absatz 1 VGSH haben bei der Vergabe von Liefer- und Dienstleistungsaufträgen unterhalb der Schwellenwerte nach § 106 GWB die Bestimmungen der Unterschwellenvergabeordnung (UVgO) vom 2. Februar 2017 (BAnz AT vom 7. Februar, ber. 8 Februar 2017) nach § 3 Absatz 1 Nummer 1 VGSH anzuwenden, bis eine andere Fassung nach § 3 Absatz 2 VGSH für verbindlich erklärt wird.

(2) Es gelten folgende Ausnahmen von der UVgO:
1. §§ 7 und 38 UVgO sind anzuwenden mit der Maßgabe, dass die Durchführung von elektronischen Vergaben fakultativ ist und andere Verfahrensformen zulässig bleiben;
2. § 7 Absatz 3 Satz 2 UVgO ist nicht anzuwenden;
3. § 29 Absatz 1 UVgO ist fakultativ anwendbar;
4. §§ 39 und 40 UVgO sind bei Verhandlungsvergaben fakultativ anwendbar;
5. § 46 Absatz 1 Satz 1 und 2 UVgO ist für Vergaben bis zu einem Auftragswert von 50.000 Euro fakultativ;
6. freiberufliche Leistungen nach § 50 UVgO, die einem gesetzlichen Preisrecht unterfallen oder deren Gegenstand eine Aufgabe ist, deren Lösung nicht vorab eindeutig und erschöpfend beschrieben werden kann, können bis zu einem Auftragswert von 25.000 Euro im Wege eines Direktauftrages entsprechend § 14 Satz 1 UVgO vergeben werden; § 14 Satz 2 UVgO ist entsprechend anzuwenden.

(3) Für Verfahren nach der UVgO gelten folgende Wertgrenzen, die sich auf den Gesamtauftragswert beziehen:
1. eine Beschränkte Ausschreibung ohne Teilnahmewettbewerb ist zulässig bis zu einem Auftragswert von 100.000 Euro;
2. eine Verhandlungsvergabe ist zulässig bis zu einem Auftragswert von 100.000 Euro.

§ 4
Vergabe von Bauleistungen

(1) Öffentliche Auftraggeber und Konzessionsgeber haben bei der Vergabe von Bauaufträgen und Baukonzessionen unterhalb der Schwellenwerte nach § 106 GWB die Vergabe- und Vertragsordnung für Bauleistungen Teil A (VOB/A) Abschnitt 1 anzuwenden. Aufgrund § 3 Absatz 2 VGSH wird Abschnitt 1 der VOB/A vom 31. Januar 2019 in der Fassung der Bekanntmachung vom 19. Februar 2019 (BAnz AT 19. Februar 2019, B2) für verbindlich erklärt. § 12 Absatz 1 Nummer 1 VOB/A ist anzuwenden mit der Maßgabe, dass Auftragsbekanntmachungen auch auf dem Internetportals www.service.bund.de veröffentlicht werden müssen. Nicht verbindlich anzuwenden ist § 11 Absatz 6 Satz 2 VOB/A.

(2) Anstatt § 3a Absatz 2 Nummer 1 und Absatz 3 Satz 2 VOB/A gelten ergänzend zu den sonstigen Regelungen der VOB/A folgende Wertgrenzen, die sich auf den Gesamtauftragswert beziehen:
1. eine Beschränkte Ausschreibung ohne öffentlichen Teilnahmewettbewerb ist zulässig bis zu einem Auftragswert von 1.000.000 Euro;
2. ab Erreichen des Auftragswertes nach Nummer 1 ist eine Beschränkte Ausschreibung ohne öffentlichen Teilnahmewettbewerb zulässig für jedes Fachlos bis zu einem Einzelauftragswert von 100.000 Euro;
3. eine Freihändige Vergabe ist zulässig sowohl bis zu einem Auftragswert von 100.000 Euro als auch für jedes Fachlos bis zu einem Einzelauftragswert in Höhe von 50.000 Euro.

Bei Vergaben nach Satz 1 ist § 20 Absatz 4 VOB/A entsprechend anzuwenden. Bis zum 31. Dezember 2021 kann für Bauleistungen zu Wohnzwecken für jedes Gewerk eine Beschränkte Ausschreibung ohne Teilnahmewettbewerb bis zu einem Einzelauftragswert von 1.000.000 Euro und eine Freihändige Vergabe bis zu einem Einzelauftragswert von 100.000 Euro erfolgen.

(3) Die §§ 6 und 7 der Vergabeverordnung in der Fassung vom 12. April 2016 (BGBl. I S. 624), zuletzt geändert durch Artikel 4 des Gesetzes vom 10. Juli 2018 (BGBl. I S. 1117), sind entsprechend anzuwenden.

§ 5
Vorabinformation

Auftraggeber informieren die Bewerber und Bieter, deren Teilnahmeanträge oder Angebote nicht berücksichtigt werden sollen, per E-Mail, elektronisch oder per Telefax über den Namen des Unternehmens, dessen Angebot den Zuschlag erhalten soll und die Gründe der Nichtberücksichtigung (Vorabinformation) spätestens sieben Kalendertage vor Erteilung des Zuschlags. Dies gilt nicht für Bewerber oder Bieter, denen ihre Nichtberücksichtigung bereits vorher in Textform (§ 126b BGB) mitgeteilt worden ist. Für Vergaben mit einem Einzelauftragswert bis 50.000 Euro ist die Vorabinformation fakultativ anwendbar. Die zusätzliche Anwendung von § 19 Absatz 2 VOB/A sowie § 46 Absatz 1 Satz 1 und 3 UVgO ist nicht verpflichtend.

§ 6
Übergangsbestimmung

Bis zum Ablauf des 31. März 2019 begonnene Vergabeverfahren richten sich nach den Bestimmungen des Teils A der Vergabe- und Vertragsordnung für Leistungen (VOL/A) in der Fassung der Bekanntmachung vom 20. November 2009 (BAnz Nummer 196a vom 29. Dezember 2009, ber. BAnz Nummer 32 vom 26. Februar 2010, S. 755) sowie nach der VOB/A in der im VGSH vorgeschriebenen Fassung.

§ 7
Inkrafttreten, Außerkrafttreten

(1) Diese Verordnung tritt mit Wirkung vom 1. April 2019 in Kraft. Gleichzeitig tritt die Schleswig-Holsteinische Vergabeverordnung vom 13. November 2013 (GVOBl. Schl.-H. S. 439), zuletzt geändert durch Verordnung vom 12. September 2018 (GVOBl. Schl.-H. S. 472), außer Kraft.

(2) Diese Verordnung tritt mit Ablauf von fünf Jahren nach ihrem Inkrafttreten außer Kraft.

Landesverordnung zur Ausführung des Vierten Teils des Gesetzes gegen Wettbewerbsbeschränkungen vom 20. Juli 2009
– GVOBl. Schl.-H. S. 425 –

Zuletzt geändert durch LVO vom 27. Juli 2020 (GVOBl. Schl.-H. S. 454)

Aufgrund des § 106 Abs. 2 des Gesetzes gegen Wettbewerbsbeschränkungen (GWB) in der Fassung der Bekanntmachung vom 15. Juli 2005 (BGBl. I S. 2114), zuletzt geändert durch Artikel 13 Abs. 21 des Gesetzes vom 25. Mai 2009 (BGBl. I S. 1102), verordnet die Landesregierung:

§ 1
Anwendungsbereich

(1) Diese Verordnung regelt die Einrichtung, Organisation und Besetzung der Vergabekammern. Sie ist anzuwenden bei der Auftragsvergabe durch Auftraggeber im Sinne der §§ 98 bis 101 des Gesetzes gegen Wettbewerbsbeschränkungen (GWB) in der Fassung der Bekanntmachung vom 26. Juni 2013, zuletzt geändert durch Artikel 10 des Gesetzes vom 12. Juli 2018 mit Sitz in Schleswig-Holstein.

(2) Die Abgrenzung zwischen der Zuständigkeit der Vergabekammer Schleswig-Holstein und der Zuständigkeit der Vergabekammern des Bundes oder anderer Länder bestimmt sich nach § 159 GWB in der Fassung der Bekanntmachung vom 26. Juni 2013.

(3) Diese Verordnung ist nur anzuwenden, wenn die geschätzten Auftragswerte der zu vergebenden Aufträge ohne Umsatzsteuer die jeweiligen EU-Schwellenwerte erreichen oder überschreiten.

§ 2
Einrichtung

Beim für Wirtschaft zuständigen Ministerium sind eine Vergabekammer und eine Geschäftsstelle eingerichtet. Das Ministerium kann bei Bedarf zusätzliche Kammern einrichten.

§ 3
Besetzung

(1) Das für Wirtschaft zuständige Ministerium ernennt die Mitglieder der dort eingerichteten Vergabekammern. Das vorsitzende und das jeweils hauptamtlich beisitzende Mitglied sollen, mindestens einer von ihnen muss die Befähigung zum Richteramt haben. Die ehrenamtlich beisitzenden Mitglieder werden auf Vorschlag der Spitzenorganisationen und der öffentlich-rechtlichen Kammern der Wirtschaft ernannt.

(2) Für die Vergabekammern nach § 2 können alle Ministerien ergänzend nach Maßgabe von § 3 Absatz 1 geeignete Bedienstete vorschlagen.

(3) Das für Wirtschaft zuständige Ministerium führt unbeschadet des § 157 Absatz 1 GWB in der Fassung der Bekanntmachung vom 26.06.2013 die Dienstaufsicht über die Mitglieder der Vergabekammer.

§ 4
Organisation

Die Vergabekammer gibt sich eine Geschäftsordnung.

§ 5
Ermächtigung

Die Ermächtigung zur Änderung dieser Verordnung wird auf das für Wirtschaft zuständige Ministerium übertragen.

§ 6
Inkrafttreten

Diese Verordnung tritt am Tage nach ihrer Verkündung in Kraft. Gleichzeitig tritt die Landesverordnung zur Ausführung des Vierten Teils des Gesetzes gegen Wettbewerbsbeschränkungen vom 25. Juni 1999 (GVOBl. Schl.-H. S. 215), zuletzt geändert durch Verordnung vom 15. Mai 2007 (GVOBl. Schl.-H. S. 279), außer Kraft.

Gesetz
über die Ladenöffnungszeiten
(Ladenöffnungszeitengesetz – LÖffZG)
vom 29. November 2006
– GVOBl. Schl.-H. S. 243 –

Der Landtag hat das folgende Gesetz beschlossen:

§ 1
Geltungsbereich

Dieses Gesetz gilt für die Öffnung von Verkaufsstellen und das gewerbliche Feilhalten von Waren außerhalb von Verkaufsstellen.

§ 2
Begriffsbestimmungen

(1) Verkaufsstellen im Sinne dieses Gesetzes sind
1. Ladengeschäfte aller Art,
2. Verkaufsstände, falls in ihnen von einer festen Stelle aus ständig Waren zum Verkauf an jedermann feilgehalten werden; dem Feilhalten steht das Zeigen von Mustern, Proben und ähnlichem gleich, wenn Warenbestellungen in der Einrichtung entgegengenommen werden.

(2) Feiertage im Sinne dieses Gesetzes sind die gesetzlichen Feiertage.

(3) Reisebedarf im Sinne dieses Gesetzes sind insbesondere Zeitungen, Zeitschriften, Straßenkarten, Stadtpläne, Reiselektüre, Schreibmaterialien, Tabakwaren, Schnittblumen, Reisetoilettenartikel, Funktionsmaterialien für Film- und Fotozwecke, Tonträger, Bedarf für Reiseapotheken, Reiseandenken und Spielzeug geringeren Wertes sowie Lebens- und Genussmittel.

§ 3
Allgemeine Ladenöffnungs- und Ladenschlusszeiten

(1) Verkaufsstellen dürfen vorbehaltlich des Absatzes 2 an Werktagen ohne zeitliche Begrenzung geöffnet sein.

(2) Verkaufsstellen müssen für den geschäftlichen Verkehr mit Kunden geschlossen sein:
1. an Sonn- und Feiertagen,
2. am 24. Dezember, wenn dieser Tag auf einen Werktag fällt, ab 14.00 Uhr.

(3) Fällt der 24. Dezember auf einen Sonntag, dürfen abweichend von Absatz 2 Nr. 1 Verkaufsstellen bis 14.00 Uhr geöffnet sein, die
1. gemäß § 9 an Sonn- und Feiertagen geöffnet sein dürfen,
2. überwiegend Lebens- und Genussmittel feilhalten,
3. Weihnachtsbäume feilhalten.

(4) Für das gewerbliche Feilhalten von Waren an jedermann außerhalb von Verkaufsstellen gelten die nach diesem Gesetz zulässigen Öffnungen von Verkaufsstellen entsprechend.

§ 4
Verkauf bestimmter Waren an Sonn- und Feiertagen

(1) Abweichend von § 3 Abs. 2 Nr. 1 dürfen Verkaufsstellen, deren Angebot hauptsächlich aus Blumen und Pflanzen, Zeitungen und Zeitschriften oder Back- und Konditorwaren besteht, an Sonn- und Feiertagen, allerdings nicht am Karfreitag, für fünf Stunden geöffnet sein. Die zuständige Behörde kann den genauen Zeitraum der Öffnungszeiten durch Rechtsverordnung festlegen.

(2) Verkaufsstellen mit Zubehör, Andenken und zum sofortigen Verzehr bestimmten Lebensmitteln dürfen im unmittelbaren räumlichen und zeitlichen Zusammenhang mit Veranstaltungen an Sonn- und Feiertagen, allerdings nicht am Karfreitag, Ostersonntag, Pfingstsonntag, Volkstrauertag, Totensonntag und ersten Weihnachtstag, geöffnet sein.

(3) Ist eine Verkaufsstelle an Sonn- und Feiertagen geöffnet, hat die Inhaberin oder der Inhaber an der Verkaufsstelle gut sichtbar auf die Öffnungszeiten an Sonn- und Feiertagen hinzuweisen.

§ 5
Weitere Verkaufssonn- und Feiertage

(1) Abweichend von § 3 Abs. 2 Nr. 1 dürfen Verkaufsstellen aus besonderem Anlass an jährlich höchstens vier Sonn- und Feiertagen geöffnet sein. Die Tage werden von der zuständigen Behörde durch Rechtsverordnung bestimmt. Der Zeitraum der Öffnungszeiten ist anzugeben; er darf fünf zusammenhängende Stunden nicht überschreiten und muss spätestens um 18.00 Uhr enden. Die Zeit des Hauptgottesdienstes ist dabei zu berücksichtigen.

(2) Bei der Freigabe können die Öffnungszeiten nach Absatz 1 auf bestimmte Bezirke und Handelszweige beschränkt werden.

(3) Der Karfreitag, der 1. Mai, der Oster- und Pfingstsonntag, der Volkstrauertag und der Totensonntag, die Adventssonntage, die Sonn- und Feiertage im Dezember sowie der 24. Dezember dürfen nicht zur Öffnung von Verkaufsstellen nach dieser Vorschrift freigegeben werden.

§ 6
Apotheken

(1) Abweichend von § 3 Abs. 2 dürfen Apotheken auch während der Ladenschlusszeiten geöffnet sein. In dieser Zeit ist nur die Abgabe von Arznei-, Krankenpflege-, Säuglingspflege- und Säuglingsnährmitteln, hygienischen Artikeln sowie Desinfektionsmitteln gestattet.

(2) Die zuständige Behörde hat für eine Gemeinde oder für benachbarte Gemeinden mit mehreren Apotheken anzuordnen, dass während der Ladenschlusszeiten nach § 3 abwechselnd ein Teil der Apotheken geschlossen sein muss. An den geschlossenen Apotheken ist an sichtbarer Stelle ein Aushang anzubringen, der die zurzeit offenen Apotheken bekannt gibt. Dienstbereitschaft der Apotheken steht der Offenhaltung gleich.

§ 7
Tankstellen

(1) Abweichend von § 3 Abs. 2 dürfen Tankstellen auch während der Ladenschlusszeiten geöffnet sein.

(2) Während der Ladenschlusszeiten nach § 3 Abs. 2 ist nur die Abgabe von Ersatzteilen für Kraftfahrzeuge, soweit dies für die Erhaltung oder Wiederherstellung der Fahrbereitschaft notwendig ist, sowie die Abgabe von Betriebsstoffen und von Reisebedarf gestattet.

§ 8
Verkaufsstellen auf Personenbahnhöfen, Flug- und Fährhäfen; Gemeinden im Grenzgebiet

(1) Abweichend von § 3 Abs. 2 dürfen Verkaufsstellen für den Verkauf von Reisebedarf auf Personenbahnhöfen des Schienenverkehrs, auf Flug- und Fährhäfen während der Ladenschlusszeiten geöffnet sein.

(2) Abweichend von § 3 Abs. 2 Nr. 1 dürfen Verkaufsstellen für den Verkauf von Reisebedarf an Sonn- und Feiertagen innerhalb eines Zeitraums von 11.00 Uhr bis 23.00 Uhr in Gemeinden geöffnet sein, deren Gebiet unmittelbar an die Grenze zum Königreich Dänemark anschließt und in deren Gebiet eine Grenzübergangsstelle gelegen ist. Die zuständige Behörde wird ermächtigt, durch Rechtsverordnung die Dauer der Öffnungszeiten festzulegen und den Geltungsbereich auf Teile des Gemeindegebiets zu beschränken. Die Belange des Nachbarschutzes sind zu berücksichtigen.

§ 9
Kur- und Erholungsorte, Tourismusorte

(1) Die zuständige oberste Landesbehörde wird ermächtigt, im Einvernehmen mit der für das Sonn- und Feiertagsrecht zuständigen obersten Landesbehörde durch Verordnung[1] zu bestimmen, dass und unter welchen Voraussetzungen Verkaufsstellen in

1. Kur- und Erholungsorten im Sinne der Landesverordnung über die Anerkennung als Kur- oder Erholungsort vom 7. Dezember 1990 (GVOBl. Schl.-H. S. 654), zuletzt geändert durch Verordnung vom 16. September 2003 (GVOBl. Schl.-H. S. 503) und
2. einzeln zu benennenden Gemeinden und Gemeindeteilen, die von besonders starkem Urlaubstourismus geprägt sind,

abweichend von § 3 Abs. 2 Nr. 1 an Sonn- und Feiertagen in der Zeit vom 15. Dezember bis 31. Oktober geöffnet sein dürfen. Hiervon auszunehmen sind jeweils der Karfreitag und der erste Weihnachtstag. Am 1. Mai darf der Verkauf nur dann erlaubt werden, wenn die Ladeninhaberin oder der Ladeninhaber unter Freistellung aller Arbeitnehmerinnen und Arbeitnehmer den Verkauf persönlich durchführt.

(2) In der nach Absatz 1 erlassenen Rechtsverordnung kann die Erlaubnis zur Ladenöffnung an einzelnen Feiertagen zeitlich begrenzt werden. Die Ladenöffnung kann an Bedingungen geknüpft werden.

§ 10
Marktverkehr, Volksbelustigungen

(1) Während der Ladenschlusszeiten nach § 3 Abs. 2 Nr. 1 dürfen auf genehmigten Groß- und Wochenmärkten Waren zum Verkauf an die letzte Verbraucherin oder den letzten Verbraucher nicht feilgehalten werden; jedoch kann die zuständige Behörde nach den Vorschriften dieses Gesetzes oder nach aufgrund dieses Gesetzes erlassenen Vorschriften die Öffnung der Verkaufsstellen für einen geschäftlichen Verkehr auf Groß- und Wochenmärkten zulassen.

(2) Am 24. Dezember dürfen nach 14.00 Uhr Waren auch im sonstigen Marktverkehr nicht feilgehalten werden.

(3) § 3 Abs. 2 gilt nicht für Volksbelustigungen, die den Vorschriften des Titels III der Gewerbeordnung unterliegen und von der zuständigen Behörde genehmigt worden sind.

§ 11
Ausnahmen im öffentlichen Interesse

Die zuständige Behörde kann in Einzelfällen befristete Ausnahmen von den Vorschriften der §§ 3 bis 9 dieses Gesetzes bewilligen, wenn die Ausnahmen im öffentlichen Interesse erforderlich werden. Die Bewilligung kann jederzeit widerrufen werden.

§ 12
Aufsicht und Auskunft, Zuständigkeiten

(1) Die Aufsicht über die Ausführung der Vorschriften dieses Gesetzes und der aufgrund dieses Gesetzes erlassenen Vorschriften obliegt der zuständigen Behörde.

(2) Die Inhaberin oder der Inhaber von Verkaufsstellen und die in § 10 genannten Gewerbetreibenden sind verpflichtet, den Behörden auf Verlangen die zur Erfüllung der Aufgaben dieser Behörden erforderlichen Angaben wahrheitsgemäß und vollständig zu machen. Diese Auskunftspflicht obliegt auch den in Verkaufsstellen oder beim Feilhalten gemäß § 10 beschäftigten Arbeitnehmerinnen und Arbeitnehmern.

(3) Die am Sonn- und Feiertag geleistete Arbeit und der dafür nach den Vorschriften des Arbeitszeitgesetzes vom 6. Juni 1994 (BGBl. I S. 1170), zuletzt geändert durch Artikel 5 des Gesetzes vom 14. August 2006 (BGBl. I S. 1962), gewährte Freizeitausgleich ist mit Namen, Tag, Beschäftigungsart und -dauer der beschäftigten Arbeitnehmerinnen und Arbeitnehmer aufzuzeichnen. Die Aufzeichnungen sind mindestens ein Jahr aufzubewahren.

(4) Die zuständige oberste Landesbehörde wird ermächtigt, durch Rechtsverordnung[2] die nach diesem Gesetz zuständigen Behörden zu bestimmen.

§ 13
Beschäftigung von Arbeitnehmerinnen Arbeitnehmern

(1) Für die Beschäftigung von Arbeitnehmerinnen und Arbeitnehmern in Verkaufsstellen finden die §§ 3 bis 7 und 11 des Arbeitszeitgesetzes Anwendung.

(2) In Verkaufsstellen dürfen Arbeitnehmerinnen und Arbeitnehmer an Sonn- und Feiertagen nur während der zugelassenen Öffnungszeiten (§§ 3 bis 11 oder die hierauf gestützten Vorschriften), falls dies zur Erledigung von Vorbereitungs- und Abschlussarbeiten unerlässlich ist, während insgesamt weiterer dreißig Minuten beschäftigt werden.

(3) Die Arbeitsschutzbehörde kann in begründeten Einzelfällen Ausnahmen von den Vorschriften der Absätze 1 und 2 bewilligen. Die Bewilligung kann jederzeit widerrufen werden.

(4) Arbeitnehmerinnen und Arbeitnehmer können verlangen, an einem Sonnabend im Monat von der Arbeit freigestellt zu werden.

§ 14
Ordnungswidrigkeiten

(1) Ordnungswidrig handelt, wer vorsätzlich oder fahrlässig

1. als Inhaberin oder Inhaber einer Verkaufsstelle oder als Gewerbetreibende oder Gewerbetreibender im Sinne des § 10 einer Vorschrift der §§ 3, 4, 5 Abs. 1, einer nach § 5 Abs. 1 erlassenen Rechtsverordnung, § 6 Abs. 1, § 7 Abs. 2, § 8 oder einer nach § 9 erlassenen Rechtsvorschrift,
2. als Gewerbetreibende oder Gewerbetreibender im Sinne des § 10 einer Vorschrift des § 10 Abs. 1 und 2 über das Feilhalten von Waren im Marktverkehr oder außerhalb einer Verkaufsstelle,
3. Inhaberin oder Inhaber einer Verkaufsstelle einer Vorschrift des § 12 über die Auskunft oder
4. als Inhaberin oder Inhaber einer Verkaufsstelle oder als Gewerbetreibende oder Gewerbetreibender im Sinne des § 10 einer Vorschrift des § 13

zuwiderhandelt.

(2) Die Ordnungswidrigkeit nach Absatz 1 Nr. 1 und 4 kann mit einer Geldbuße bis zu fünfzehntausend Euro, die Ordnungswidrigkeit nach Absatz 1 Nr. 2 und 3 mit einer Geldbuße bis zu zweitausendfünfhundert Euro geahndet werden.

§ 15
Inkrafttreten; Übergangsregelungen

(1) Dieses Gesetz tritt am Tag seiner Verkündung in Kraft.

(2) Regelungen, die aufgrund bisher geltenden Rechts erlassen worden sind, behalten ihre Gültigkeit und können im Rahmen der Bestimmungen dieses Gesetzes geändert werden.

---

1 Bäderverordnung vom 15.6.2018 (GVOBl. Schl.-H. S. 383), zuletzt geändert durch LVO vom 5.5.2021 (GVOBl. Schl.-H. S. 580)

2 Landesverordnung über die zuständigen Behörden nach dem Ladenöffnungszeitengesetz vom 30.11.2006 (GVOBl. Schl.-H. S. 252)

Gesetz zum Schutz vor den Gefahren des Passivrauchens vom 10. Dezember 2007
– GVOBl. Schl.-H. S. 485 –

Zuletzt geändert durch Gesetz vom 25. Februar 2020 (GVOBl. Schl.-H. S. 139)

§ 1
Ziel und Schutzzweck des Gesetzes

(1) Ziel des Gesetzes ist es, vor den Gefahren des Passivrauchens zu schützen.

(2) Weitergehende Rauchverbote, die auf der Grundlage anderer Rechtsvorschriften erlassen wurden, bleiben von diesem Gesetz unberührt.

§ 2
Rauchverbot

(1) Das Rauchen ist nach Maßgabe der Absätze 2 bis 4 verboten in Gebäuden und sonstigen vollständig umschlossenen Räumen von

1. Behörden und allen sonstigen Einrichtungen von Trägern öffentlicher Verwaltung im Sinne des § 2 Abs. 1 und 2 des Landesverwaltungsgesetzes unabhängig von ihrer Rechtsform, in Gerichten und in Gebäuden anderer Organe der Rechtspflege mit Ausnahme von Justizvollzugseinrichtungen, Einrichtungen des Maßregelvollzugs und vergleichbaren Einrichtungen;
2. Krankenhäusern sowie Vorsorge- und Rehabilitationseinrichtungen im Sinne des § 107 des Fünften Buches des Sozialgesetzbuches unabhängig von ihrer Trägerschaft einschließlich dazugehöriger Kantinen, Cafeterien, Schulen und Werkstätten (Gesundheitseinrichtungen);
3. Heimen nach § 1 des Heimgesetzes in der Fassung der Bekanntmachung vom 5. November 2001 (BGBl. I S. 2970), zuletzt geändert durch Artikel 78 der Verordnung vom 31. Oktober 2006 (BGBl. I S. 2407);
4. Erziehungs- und Bildungseinrichtungen:
   a) Schulen im Sinne des § 1 des Schulgesetzes vom 24. Januar 2007 (GVOBl. Schl.-H. S. 39, ber. S. 276) in öffentlicher und freier Trägerschaft,
   b) Einrichtungen der Kinder- und Jugendhilfe nach § 45 des Achten Buches Sozialgesetzbuch und in Räumen, in denen Kindertagespflege nach § 43 SGB VIII geleistet wird,
   c) Trägern und Einrichtungen der Weiterbildung sowie Berufsbildungsstätten,
   d) staatlichen Hochschulen sowie Hochschulen in freier Trägerschaft im Sinne von § 1 Abs. 1 des Hochschulgesetzes vom 28. Februar 2007 (GVOBl. Schl.-H. S. 184);
5. allen Einrichtungen, die der Ausübung von Sport dienen (Sporteinrichtungen) unabhängig von ihrer Trägerschaft;
6. Einrichtungen, die der Bewahrung, Vermittlung, Aufführung und Ausstellung künstlerischer, unterhaltender oder historischer Inhalte oder Werke dienen, unabhängig von ihrer Trägerschaft, soweit sie der Öffentlichkeit zugänglich sind (Kultureinrichtungen);
7. Gaststätten im Sinne des § 1 des Gaststättengesetzes in der Fassung der Bekanntmachung vom 20. November 1998 (BGBl. I S. 3418), zuletzt geändert durch Artikel 149 der Verordnung vom 31. Oktober 2006 (BGBl. I S. 2407), unabhängig von der Konzession nach dem Gaststättengesetz;
8. öffentlichen Spielplätzen.

(2) Das Rauchverbot gilt nicht für Räume, die für Wohn- oder Übernachtungszwecke Bewohnerinnen und Bewohnern zur alleinigen Nutzung überlassen sind. Bei Kindertageseinrichtungen, öffentlichen Spielplätzen und Schulen gilt das Rauchverbot auch auf dem dazugehörigen Außengelände sowie in der für Kinder bestimmten Räumen einer Kindertagespflegestelle. Bei öffentlichen Spielplätzen gilt das Rauchverbot auch auf dem Außengelände, das nicht zu einem Gebäude oder sonstigen vollständig umschlossenen Raum im Sinne des Absatzes 1 gehört.

(3) Abweichend von Absatz 1 können in den dort genannten Einrichtungen und Gaststätten abgeschlossene Nebenräume eingerichtet werden, in denen das Rauchen gestattet ist. Voraussetzung hierfür ist,

1. dass diese Räume baulich so wirksam abgetrennt werden, dass eine Gesundheitsgefahr für andere durch passives Rauchen verhindert wird;
2. dass der Zutritt Personen unter 18 Jahren verwehrt ist.

In Gaststätten können auch gesonderte Veranstaltungsräume als Nebenräume im Sinne der Sätze 1 und 2 genutzt werden, wenn die Veranstalterin oder der Veranstalter dies ausdrücklich wünscht. Satz 2 Nr. 2 gilt hier nicht. Unter die Ausnahmeregelung fallen nicht Veranstaltungen, zu denen eine gewerbliche Anbieterin oder ein gewerblicher Anbieter einlädt. Satz 1 gilt nicht in Erziehungs- und Bildungseinrichtungen im Sinne von Absatz 1 Nr. 4 Buchst. a und b..

(4) Ausgenommen vom Rauchverbot nach Absatz 1 Satz 1 Nr. 7 sind Gaststätten mit einer Gastfläche von weniger als 75 Quadratmetern, die keine zubereiteten Speisen anbieten und nicht über eine entsprechende Erlaubnis nach § 3 GastG verfügen, keinen abgetrennten Nebenraum im Sinne des Absatzes 3 haben und zu denen Personen unter 18 Jahren der Zutritt verwehrt ist.

(5) In Einrichtungen im Sinne von Absatz 1 Nr. 2 und 3 kann die Leitung der Einrichtung im Einzelfall aufgrund einer ärztlichen oder therapeutischen Begründung Ausnahmen vom Rauchverbot nach Absatz 1 zulassen.

(6) Das Rauchverbot gilt nicht in Zelten für Traditions- und Festveranstaltungen, die nur vorübergehend, höchstens 21 aufeinander folgenden Tagen pro Kalenderjahr an einem Standort betrieben werden, wenn die Betreiberin oder der Betreiber das Rauchen erlaubt. § 3 gilt entsprechend.

§ 3
Hinweispflicht

Bereiche, in denen nach § 2 das Rauchen gestattet ist, sind deutlich sichtbar kenntlich zu machen. In derselben Weise ist deutlich sichtbar kenntlich zu machen, wenn Personen unter 18 Jahren der Zutritt nach § 2 verwehrt ist. Gaststätten im Sinne von § 2 Abs. 4. müssen im Eingangsbereich deutlich als Rauchergaststätte gekennzeichnet werden, zu denen Personen unter 18 Jahren keinen Zutritt haben.

§ 4
Verantwortlichkeit für die Umsetzung des Rauchverbotes

Verantwortlich für die Einhaltung des Rauchverbotes nach § 2 sowie für die Erfüllung der Hinweispflicht nach § 3 sind im Rahmen ihrer Befugnisse:

1. die Leitung der jeweiligen Einrichtung im Sinne von § 2 Abs. 1 Nr. 1 bis 6;
2. die Betreiberin oder der Betreiber der Gaststätte im Sinne von § 2 Abs. 1 Nr. 7;
3. die Betreiberin oder der Betreiber eines öffentlichen Spielplatzes im Sinne von § 2 Absatz 1 Nummer 8 und Absatz 2 Satz 2 und 3.

Soweit den Verantwortlichen nach Satz 1 ein Verstoß gegen das Rauchverbot bekannt wird, haben sie die notwendigen Maßnahmen zu ergreifen, um weitere Verstöße zu verhindern.

§ 5
Ordnungswidrigkeiten

(1) Ordnungswidrig handelt, wer vorsätzlich oder fahrlässig

1. entgegen § 2 in einem Rauchverbotsbereich raucht oder
2. entgegen seinen Verpflichtungen nach § 4 Satz 2 nicht die notwendigen Maßnahmen ergreift, um weitere Verstöße zu verhindern, oder
3. entgegen § 2 in einem Verbotsbereich den Zutritt Personen unter 18 Jahren nicht verwehrt, oder
4. der Hinweispflicht nach § 3 nicht nachkommt.

(2) Ordnungswidrigkeiten können mit einer Geldbuße von bis zu 1.000 Euro geahndet werden.

Landesverordnung
zur Bestimmung der zuständigen Behörden nach der Gewerbeordnung
(GewO-ZustVO)
vom 19. Januar 1988
– GVOBl. Schl.-H. S. 27 –

Zuletzt geändert durch LVO vom 29. Mai 2019 (GVOBl. Schl.-H. S. 165)

Aufgrund des § 28 Abs. 1 Satz 1 des Landesverwaltungsgesetzes in Verbindung mit § 155 Abs. 2 der Gewerbeordnung und aufgrund des § 67 Abs. 2 Satz 2 der Gewerbeordnung verordnet die Landesregierung:

§ 1

Die Zuständigkeit für die Ausführung der Gewerbeordnung und der nach diesem Gesetz ergangenen Rechtsverordnungen ergibt sich aus dem dieser Verordnung beigefügten Zuständigkeitsverzeichnis (Anlage); es ist Bestandteil dieser Verordnung.

§ 2

(1) Die fachlich zuständigen obersten Landesbehörden werden ermächtigt, das dieser Verordnung beigefügte Zuständigkeitsverzeichnis durch Verordnung zu ändern.

(2) Das Ministerium für Soziales, Gesundheit, Jugend, Familie und Senioren wird ermächtigt, das Zuständigkeitsverzeichnis in der jeweils geltenden Fassung bekanntzumachen, wenn es durch Änderungen unübersichtlich geworden ist. Er kann dabei Unstimmigkeiten des Wortlauts beseitigen und die Numerierung ändern.

§ 3

Diese Verordnung tritt am 1. Februar 1988 in Kraft. Gleichzeitig tritt die Landesverordnung zur Bestimmung der zuständigen Behörden nach der Gewerbeordnung vom 26. März 1971 (GVOBl. Schl.-H. S. 132), zuletzt geändert durch Verordnung vom 11. Juli 1980 (GVOBl. Schl.-H. S. 232), außer Kraft.

Anlage:

Zuständigkeitsverzeichnis

Gliederungs-nummer	Behörde	Sachliche Zuständigkeit
1	Oberste Landesbehörden	
1.1	Ministerium für Soziales, Gesundheit, Jugend, Familie und Senioren des Landes Schleswig-Holstein	
1.1.1 bis 1.1.10		(gestrichen)
1.1.11		§ 12 Abs. 2 Nr. 2 der Verordnung über Gashochdruckleitungen vom 17. Dezember 1974 (BGBl. I S. 3591)
1.1.12		§ 2 Abs. 5 der Verordnung über besondere Arbeitsschutzanforderungen bei Arbeiten im Freien in der Zeit vom 1. November bis 31. März vom 1. August 1968 (BGBl. I S. 901), zuletzt geändert durch Verordnung vom 20. März 1975 (BGBl. I S. 729)
1.2	Ministerium für Soziales, Gesundheit, Jugend, Familie und Senioren	
1.2.1		§ 30 der Gewerbeordnung
1.2.2		§ 114 c der Gewerbeordnung
1.3	Ministerium für Wirtschaft, Verkehr, Arbeit, Technologie und Tourismus des Landes Schleswig-Holstein	
1.3.1		§ 55 a Abs. 2 der Gewerbeordnung
2	Nachgeordnete Landesbehörden	
2.1	Staatliche Arbeitsschutzbehörde bei der Unfallkasse Schleswig-Holstein[1], Bergämter hinsichtlich der Anlagen, die der Bergaufsicht unterstehen	
2.1.1		§ 120 d Abs. 1 und 4, §§ 120 f und 139 i der Gewerbeordnung
2.1.2		§ 139 b der Gewerbeordnung
2.1.3		Arbeitsstättenverordnung vom 12. August 2004 (BGBl. I S. 2179), zuletzt geändert durch Artikel 2 des Gesetzes vom 20. Juli 2007 (BGBl. I S. 1595)
2.2	Staatliche Arbeitsschutzbehörde bei der Unfallkasse Schleswig-Holstein[1]	
2.2.1		Vorschriften nach § 120 e der Gewerbeordnung; die Zuständigkeit der Behörden nach den Nummern 1.1.13 und 2.1.3 bleibt unberührt.

---

[1] *Gemäß § 1 der Landesordnung vom 1.1.2008 (GVOBl. Schl.-H. S. 10), zuletzt geändert durch LVO vom 10.12.2012 (GVOBl. Schl.-H. S. 775), lautet die Bezeichnung jetzt „Staatliche Arbeitsschutzbehörde bei der Unfallkasse Nord".*

Gliederungs-nummer	Behörde	Sachliche Zuständigkeit
2.2.2.		§ 3 Abs. 2, §§ 4, 5 Abs. 1 und 2, § 6 Abs. 2, 3 und 4, § 8 Abs. 2 und 3, § 9 Abs. 2, §§ 10, 11 und 15 der Verordnung über Gashochdruckleitungen vom 17. Dezember 1974 (BGBl. I S. 3591), zuletzt geändert durch Artikel 380 der Verordnung vom 31. Oktober 2006 (BGBl. I S. 2407), soweit Gashochdruckleitungen im Sinne des § 1 Abs. 1 Nr. 2 der Verordnung betroffen sind.
3	Kommunale Behörden	
3.1	Landrätinnen und Landräte und Bürgermeisterinnen und Bürgermeister der kreisfreien Städte als Kreisordnungsbehörden	
3.1.1		§ 15 Abs. 2 der Gewerbeordnung; die Zuständigkeit anderer Behörden nach den Nummern 3.3.1 und 3.6.2 bleibt unberührt
3.1.2		§ 29 der Gewerbeordnung; in den Fällen des § 34 b der Gewerbeordnung; die Zuständigkeit anderer Behörden nach Nummer 3.3.2 bleibt unberührt
3.1.3		§ 34 b Abs. 1 der Gewerbeordnung; die Zuständigkeit anderer Behörden nach Nummer 3.3.3 bleibt unberührt
3.1.4		§ 55 Abs. 2 und § 60 c Abs. 2 Satz 1 der Gewerbeordnung hinsichtlich der Entscheidungen über Reisegewerbekarten sowie der Ausstellung von Zweitschriften der Reisegewerbekarten für Ausländer
3.1.5		§ 67 Abs. 2 der Gewerbeordnung
3.1.6		§ 142 Abs. 1 Satz 2 der Gewerbeordnung
3.2	Bürgermeisterinnen und Bürgermeister der kreisangehörigen Städte mit mehr als 20.000 Einwohnerinnen und Einwohnern	
3.2.1		§ 15 Abs. 2 der Gewerbeordnung, soweit diese Behörden für die Zulassung des Gewerbebetriebes zuständig sind
3.2.2		§ 29 der Gewerbeordnung in den Fällen des § 34 b der Gewerbeordnung, soweit diese Behörden für die Erteilung der Erlaubnis zum Betrieb des Gewerbes zuständig sind
3.2.3		§ 34 b Abs. 1 der Gewerbeordnung
3.3	Bürgermeister der amtsfreien Gemeinden sowie die Amtsdirektoren, in ehrenamtlich verwalteten Ämtern die Amtsvorsteher als örtliche Ordnungsbehörden	
3.3.1		§§ 14, 15 Abs. 1, § 15 a Abs. 4, §§ 33 a, 33 c Abs. 1 und 3, §§ 33 d, 33 i, 34 Abs. 1, § 34 a, §§ 35, 38 Abs. 2, § 55 a Abs. 1 Nr. 1, § 55 b Abs. 2, §§ 55 c, 55 e Abs. 2, § 56 Abs. 1 Nr. 3 Buchst. f und Abs. 2 Satz 3, §§ 59, 60 a Abs. 2 und 3, § 60 b Abs. 3 der Gewerbeordnung
3.3.2		§ 15 Abs. 2 der Gewerbeordnung, soweit diese Behörden für die Zulassung des Gewerbebetriebes zuständig sind
3.3.3		(gestrichen)
3.3.4		*§ 25 Abs. 1 der Gewerbeordnung, wenn ohne die nach den §§ 9 und 10 der Verordnung über brennbare Flüssigkeiten erforderliche Erlaubnis eine Anlage errichtet, betrieben oder verändert wird, mit Ausnahme von Anlagen von Landesbetrieben und Bundeszivilbetrieben; die Zuständigkeit der Behörden nach den Nummern 2.2.3 und 3.2.2 bleibt unberührt[1]*
3.3.5		§ 29 der Gewerbeordnung in den Fällen der §§ 33 a, 33 c, 33 d, 33 i, 34, 34 a, 34 c, 34 d, 34 e, 34 f, 34 h, 34 i und 59 sowie der Verordnungen nach §§ 34 g und 34 j der Gewerbeordnung, soweit nicht die Zuständigkeit nach Nummer 4.1.3 besteht.
3.3.6		§ 60 c Abs. 1, auch in Verbindung mit Abs. 2 Satz 2, § 60 d der Gewerbeordnung
3.3.7		§ 55 Abs. 2 und § 60 c Abs. 2 Satz 1 der Gewerbeordnung hinsichtlich der Entscheidungen über Reisegewerbekarten sowie der Ausstellung von Zweitschriften der Reisegewerbekarten; die Zuständigkeit der Behörden nach Nummer 3.1.4 bleibt unberührt.

---

1 Gemäß Artikel 15 Nr. 1 der LVO vom 12.12.2007 (GVOBl. Schl.-H. S. 621) sollte die Gliederungsnummer 3.6.3 gestrichen werden, die bereits gestrichen war. Die Streichung bezieht sich offenbar auf die Gliederungsnummer 3.6.4, denn der darin in Bezug genommene § 25 GewO war inzwischen weggefallen.

Gliederungs-nummer	Behörde	Sachliche Zuständigkeit
3.3.8		§ 69 Abs. 1 und 3, §§ 69 a, 69 b und 70 a der Gewerbeordnung; dies gilt auch für § 60 b Abs. 2 der Gewerbeordnung
3.3.9		§§ 115 a und 150 Abs. 2 der Gewerbeordnung
3.3.10		(gestrichen)
3.3.11		(gestrichen)
3.3.12		Versteigererverordnung in der Fassung der Bekanntmachung vom 1. Juni 1976 (BGBl. I S. 1345), zuletzt geändert durch Artikel 3 Abs. 3 des Gesetzes vom 16. Juni 1998 (BGBl. I S. 1291).
3.3.13		(gestrichen)
3.3.14		§ 1 der Verordnung über die Verpflichtung der Arbeitgeber zu Mitteilungen an die für die Gewerbeaufsicht zuständigen Landesbehörden vom 16. August 1968 (BGBl. I S. 981)
3.3.15		Pfandleiherverordnung in der Fassung der Bekanntmachung vom 1. Juni 1976 (BGBl. I S. 1334), zuletzt geändert durch Verordnung vom 14. November 2001 (BGBl. I S. 3073)
3.3.16		Bewachungsverordnung vom 7. Dezember 1995 (BGBl. I S. 1602), zuletzt geändert durch Artikel 11 des Gesetzes vom 10. November 2001 (BGBl. I S. 2992)
4	Behörden der Körperschaften, Anstalten und Stiftungen des öffentlichen Rechts	
4.1	Vorstände der Industrie- und Handelskammern	
4.1.1		§ 34 b Abs. 5 der Gewerbeordnung als weisungsfreie Pflichtaufgabe
4.1.2		§§ 34 c, 34 f, 34 h und 34 i sowie Zuständigkeiten aufgrund der Verordnungen nach §§ 34 g und 34 j der Gewerbeordnung als Landesaufgabe gemäß § 51 Landesverwaltungsgesetz
4.1.3		§ 29 der Gewerbeordnung in den Fällen der Erlaubniserteilung nach §§ 34 c, 34 d, 34 e, 34 f, 34 h und 34 i sowie der Verordnungen nach §§ 34 g und 34 j der Gewerbeordnung als Landesaufgabe gemäß § 51 Landesverwaltungsgesetz
4.1.4		Makler- und Bauträgerverordnung in der Fassung der Bekanntmachung vom 7. November 1990 (BGBl. I S. 2479), zuletzt geändert durch Artikel 2 der Verordnung vom 2. Mai 2012 (BGBl. I S. 1006)

Landesjustizgesetz (LJG)[1]
vom 17. April 2018
– GVOBl. Schl.-H. S. 231 –

Inhaltsübersicht:

Teil 1
Allgemeine Vorschriften

- § 1 Anwendungsbereich
- § 2 Bezeichnung der Gerichte
- § 3 Bezirke der Gerichte
- § 4 Aufhebung eines Gerichts
- § 5 Gerichtstage
- § 6 Amtstracht
- § 7 Geschäftsjahr

Teil 2
Justizverwaltung

Kapitel 1
Allgemeine Vorschriften

- § 8 Leitung der Gerichte und Staatsanwaltschaften
- § 9 Vertretung der Leitung von Gerichten und Staatsanwaltschaften
- § 10 Dienstaufsicht
- § 11 Fachaufsicht
- § 12 Zahl der Spruchkörper

Kapitel 2
Sicherheits- und ordnungsrechtliche Befugnisse

- § 13 Anwendungsbereich
- § 14 Hausrecht
- § 15 Vollzug sitzungspolizeilicher Maßnahmen
- § 16 Sicherung des Gewahrsams
- § 17 Anwendbarkeit des Landesverwaltungsgesetzes
- § 18 Anwendbarkeit der Vollzugsgesetze
- § 19 Auswahl der Maßnahme; Verhältnismäßigkeit
- § 20 Betroffene; Entschädigungsansprüche
- § 21 Aufschiebende Wirkung; Widerspruchsbescheid
- § 22 Vollzug von Anordnungen und Maßnahmen
- § 23 Zwangsmittel
- § 24 Unmittelbarer Zwang
- § 25 Einschränkung von Grundrechten

Kapitel 3
Aufbewahrung von Schriftgut

- § 26 Geltungsbereich, Begriffsbestimmung
- § 27 Verordnungsermächtigung, Aufbewahrungsfristen

Kapitel 4
Sonstige Geschäfte der Justizverwaltung

- § 28 Abgabe von Stellungnahmen
- § 29 Beglaubigung amtlicher Unterschriften zum Zwecke der Legalisation

Teil 3
Ordentliche Gerichtsbarkeit

Kapitel 1
Sitz und Bezirksgrenzen der Gerichte

- § 30 Amtsgerichte
- § 31 Landgerichte
- § 32 Oberlandesgericht

Kapitel 2
Gerichtsvollzieherinnen und Gerichtsvollzieher

- § 33 Aufgabenübertragung auf Gerichtsvollzieherinnen und Gerichtsvollzieher

Kapitel 3
Ausführungsbestimmungen zum Gesetz über das Verfahren in Familiensachen und in den Angelegenheiten der freiwilligen Gerichtsbarkeit

Abschnitt 1
Allgemeine Vorschriften

- § 34 Anwendbarkeit der Vorschriften des Gesetzes über das Verfahren in Familiensachen und in den Angelegenheiten der freiwilligen Gerichtsbarkeit und des Gerichtsverfassungsgesetzes
- § 35 Urkundsbeamtinnen und Urkundsbeamte der Geschäftsstelle
- § 36 Ausfertigung gerichtlicher Entscheidungen und Zeugnisse
- § 37 Beeidigung von Sachverständigen in einzelnen Angelegenheiten
- § 38 Siegelungen und Entsiegelungen durch Notarinnen und Notare

Abschnitt 2
Grundbuchsachen

- § 39 Selbständige Gerechtigkeiten

Abschnitt 3
Nachlasssachen

- § 40 Mitteilungspflicht der örtlichen Ordnungsbehörden
- § 41 Tod von Bediensteten einer öffentlichen Behörde

Abschnitt 4
Aufgebotsverfahren

- § 42 Bekanntmachung des Aufgebots
- § 43 Aufgebote aufgrund besonderer Bestimmungen

Kapitel 4
Ausführungsbestimmungen zum Gesetz über die Zwangsversteigerung und die Zwangsverwaltung

- § 44 Öffentliche Lasten
- § 45 Bestehen bleibende Rechte
- § 46 Befreiung von der Sicherheitsleistung
- § 47 Zwangsverwaltung-Verteilung
- § 48 Aufgebotsverfahren

Kapitel 5
Berufung von ehrenamtlichen Richterinnen und Richtern

- § 49 Berufung der Handelsrichterinnen und Handelsrichter und der Beisitzerinnen und Beisitzer in Steuerberater- und Steuerbevollmächtigtensachen

Kapitel 6
Ausführungsbestimmungen zum Gesetz über das gerichtliche Verfahren in Landwirtschaftssachen

- § 50 Vorschlagslisten
- § 51 Erbscheinsverfahren

Kapitel 7
Verfahren nach notariellem Berufsrecht

- § 52 Verfahren nach notariellem Berufsrecht

Teil 4
Arbeitsgerichtsbarkeit

Kapitel 1
Sitz und Bezirksgrenzen

- § 53 Arbeitsgerichte
- § 54 Landesarbeitsgericht

Kapitel 2
Ausführungsbestimmungen zum Arbeitsgerichtsgesetz

- § 55 Berufung der ehrenamtlichen Richterinnen und Richter

---

[1] Das Landesjustizgesetz wurde als Artikel 1 des Gesetzes zur Bereinigung des Landesrechts im Bereich der Justiz vom 17.4.2018 (GVOBl. Schl.-H. S. 231) verkündet, das nach seinem Artikel 7 am 1.6.2018 in Kraft trat.

Teil 5
Finanzgerichtsbarkeit

Kapitel 1
Sitz und Bezirksgrenzen

§ 56 Finanzgericht

Kapitel 2
Ausführungsbestimmungen zur Finanzgerichtsordnung

§ 57 Finanzrechtsweg

Teil 6
Sozialgerichtsbarkeit

Kapitel 1
Sitz und Bezirksgrenzen

§ 58 Sozialgerichte
§ 59 Landessozialgericht

Kapitel 2
Ausführungsbestimmungen zum Sozialgerichtsgesetz

§ 60 Zuständigkeitskonzentration
§ 61 Berufung der ehrenamtlichen Richterinnen und Richter
§ 62 Beteiligtenfähigkeit von Behörden
§ 63 Vollstreckungsbehörden

Teil 7
Verwaltungsgerichtsbarkeit

Kapitel 1
Sitz und Bezirksgrenzen

§ 64 Verwaltungsgericht
§ 65 Oberverwaltungsgericht

Kapitel 2
Ausführungsbestimmungen zur Verwaltungsgerichtsordnung

§ 66 Besetzung der Senate des Oberverwaltungsgerichts
§ 67 Entscheidung über die Gültigkeit von Rechtsvorschriften
§ 68 Vertrauensleute im Ausschuss zur Wahl der ehrenamtlichen Richterinnen und Richter
§ 69 Landesbehörden
§ 70 Kirchensteuer

Teil 8
Gerichte in Anwaltssachen

§ 71 Verfahren nach anwaltlichem Berufsrecht

Teil 9
Staatsanwaltschaften

§ 72 Staatsanwaltschaften
§ 73 Dienstliche Weisung im Einzelfall

Teil 10
Sprachmittlerinnen und Sprachmittler

§ 74 Dolmetscherinnen und Dolmetscher sowie Übersetzerinnen und Übersetzer
§ 75 Verzeichnis
§ 76 Voraussetzungen
§ 77 Fortsetzung der Bestellung, Widerruf
§ 78 Beeidigung, Ermächtigung und Verpflichtung
§ 79 Rechte und Pflichten
§ 80 Bestätigung der Übersetzung
§ 81 Ordnungswidrigkeit
§ 82 Vorübergehende Dienstleistungen
§ 83 Weitere Verfahrensvorschriften

Teil 11
Justizkostenrecht

Kapitel 1
Gebührenfreiheit, Stundung und Erlass von Kosten

§ 84 Gebührenfreiheit
§ 85 Stundung und Erlass von Kosten

Kapitel 2
Kosten in Angelegenheiten der Justizverwaltung; Einziehung justizieller Forderungen

§ 86 Allgemeines
§ 87 Geltung des Justizbeitreibungsgesetzes
§ 88 Geltung des Gerichtsvollzieherkostengesetzes
§ 89 Kosten in Hinterlegungssachen

Teil 1
Allgemeine Vorschriften

§ 1
Anwendungsbereich

Dieses Gesetz gilt für die Gerichte der ordentlichen Gerichtsbarkeit, der Arbeitsgerichtsbarkeit, der Sozialgerichtsbarkeit und der Verwaltungsgerichtsbarkeit sowie für das Finanzgericht und die Staatsanwaltschaften in Schleswig-Holstein. Auf das Landesverfassungsgericht findet es keine Anwendung. Für die Gerichte in Anwaltssachen gilt allein § 71.

§ 2
Bezeichnung der Gerichte

Die Gerichte führen in ihrer Bezeichnung den Namen der Gemeinde, in der sie ihren Sitz haben, soweit sich aus diesem Gesetz nichts anderes ergibt.

§ 3
Bezirke der Gerichte

(1) Gemeinden und Kreise gehören dem Gerichtsbezirk, dem sie zugeordnet sind, mit ihrem gesamten Gebiet an.

(2) Wird eine neue Gemeinde aus Gemeinden oder Teilen von Gemeinden gebildet, die verschiedenen Amtsgerichtsbezirken angehören, so wird die neue Gemeinde dem Amtsgerichtsbezirk zugeordnet, in dessen Bezirk zur Zeit der Gebietsänderung die Mehrheit der Einwohnerinnen und Einwohner der neuen Gemeinde ihren Wohnsitz hat; bei gleicher Einwohnerzahl ist die größere Fläche maßgebend.

(3) Bei der Neubildung von Kreisen gilt Absatz 2 für die Zuordnung des neuen Kreises zu den Arbeits- und Sozialgerichtsbezirken entsprechend.

(4) Wird durch eine Gebiets- oder Namensänderung von Gemeinden oder Kreisen oder durch eine Änderung der Gerichtsbezirke der Wortlaut dieses Gesetzes oder einer Anlage zu diesem Gesetz unrichtig, so ist das für Justiz zuständige Ministerium ermächtigt, die betreffende Vorschrift durch Bekanntmachung im Gesetz- und Verordnungsblatt für Schleswig-Holstein zu berichtigen.

§ 4
Aufhebung eines Gerichts

(1) Wird bei Aufhebung eines Gerichts der Bezirk dieses Gerichts geteilt und werden diese Teile zwei oder mehr Gerichten zugeordnet, so hat das für Justiz zuständige Ministerium durch Verordnung die Regeln zu bestimmen, nach denen die am Tage der Aufhebung bei dem aufzuhebenden Gericht noch anhängigen Verfahren auf die aufnehmenden Gerichte zu verteilen sind.

(2) Wird ein Gericht aufgehoben, so kann das für Justiz zuständige Ministerium durch Verordnung bestimmen, dass die bei dem aufzuhebenden Gericht tätigen Schöffinnen und Schöffen, Jugendschöffinnen und Jugendschöffen sowie ehrenamtlichen Richterinnen und Richter einem aufnehmenden Gericht oder den aufnehmenden Gerichten entsprechend der Zugehörigkeit ihres Wohnorts zum Bezirk des aufnehmenden Gerichts zugewiesen werden.

§ 5
Gerichtstage

Das für Justiz zuständige Ministerium kann durch Verordnung bestimmen, dass außerhalb des Sitzes eines Gerichts Gerichtstage abgehalten werden. Für die Arbeitsgerichtsbarkeit richtet sich das Abhalten von Gerichtstagen nach § 14 Absatz 4 des Arbeitsgerichtsgesetzes.

§ 6
Amtstracht

(1) Berufsrichterinnen und Berufsrichter, Handelsrichterinnen und Handelsrichter, Vertreterinnen und Vertreter der Staatsanwaltschaft und Urkundsbeamtinnen und Urkundsbeamte der Geschäftsstelle tragen in den zur Verhandlung oder zur Verkündung einer Entscheidung bestimmten Sitzungen eine Amtstracht, sofern nicht im Einzelfall nach Auffassung des Gerichts das Interesse an der Rechtsfindung eine andere Regelung gebietet. In Sitzungsterminen, die außerhalb des Sitzungssaales abgehalten werden, und bei anderen Amtshandlungen ist die Amtstracht nur dann zu tragen, wenn dies mit Rücksicht auf das Ansehen der Rechtspflege angemessen erscheint; die Entscheidung hierüber trifft das Gericht.

(2) Die näheren Ausführungsbestimmungen erlässt das für Justiz zuständige Ministerium.

§ 7
Geschäftsjahr

Das Geschäftsjahr ist das Kalenderjahr.

Teil 2
Justizverwaltung

Kapitel 1
Allgemeine Vorschriften

§ 8
Leitung der Gerichte und Staatsanwaltschaften

(1) Die Leitung der Amts-, Arbeits- und Sozialgerichte, mit Ausnahme der Amtsgerichte Kiel und Lübeck, erfolgt durch die Direktorin oder den Direktor. Die Leitung der übrigen Gerichte erfolgt durch die Präsidentin oder den Präsidenten (Präsidialgerichte). Die Staatsanwaltschaft bei dem Schleswig-Holsteinischen Oberlandesgericht wird durch die Generalstaatsanwältin oder den Generalstaatsanwalt geleitet, die Leitung der Staatsanwaltschaften bei den Landgerichten erfolgt jeweils durch die Leitende Oberstaatsanwältin oder den Leitenden Oberstaatsanwalt.

(2) Die Leiterinnen und Leiter der Gerichte und Staatsanwaltschaften können Richterinnen, Richtern, Beamtinnen, Beamten und weiteren Beschäftigten die Erledigung von Aufgaben der Justizverwaltung übertragen. Sofern sie nicht selbst die Dienstaufsicht ausüben, ist dafür die Zustimmung der die Dienstaufsicht ausübenden Stelle erforderlich.

§ 9
Vertretung der Leitung von Gerichten und Staatsanwaltschaften

Ist die Leiterin oder der Leiter eines Gerichts oder einer Staatsanwaltschaft verhindert, so nimmt die ständige Vertreterin oder der ständige Vertreter deren oder dessen Vertretung wahr; bei Präsidialgerichten ist dies die Vizepräsidentin oder der Vizepräsident. Ist eine ständige Vertreterin oder ein ständiger Vertreter nicht bestellt oder selbst verhindert, richtet sich die weitere Vertretung nach dem höchsten Endgrundgehalt, bei gleichem Endgrundgehalt nach dem höchsten allgemeinen Dienstalter und bei gleichem Dienstalter nach dem höchsten Lebensalter der Angehörigen des richterlichen oder staatsanwaltschaftlichen Dienstes. Das für Justiz zuständige Ministerium kann abweichende Regelungen treffen.

§ 10
Dienstaufsicht

(1) Oberste Dienstaufsichtsbehörde für alle Gerichte des Landes ist das für Justiz zuständige Ministerium.

(2) Die Dienstaufsicht üben weiterhin aus:
1. in der ordentlichen Gerichtsbarkeit:

a) die Präsidentin oder der Präsident des Oberlandesgerichts über das Schleswig-Holsteinische Oberlandesgericht und die Land- und Amtsgerichte,

b) die Präsidentin oder der Präsident des Landgerichts über das Landgericht und die Amtsgerichte des Landgerichtsbezirks mit Ausnahme der mit einer Präsidentin oder einem Präsidenten besetzten Amtsgerichte,

c) die Präsidentin oder der Präsident oder die Direktorin oder der Direktor des Amtsgerichts über das Gericht,

2. in der Arbeitsgerichtsbarkeit:

a) die Präsidentin oder der Präsident des Landesarbeitsgerichts über das Landesarbeitsgericht Schleswig-Holstein und die Arbeitsgerichte,

b) die Direktorin oder der Direktor des Arbeitsgerichts über das Gericht,

3. in der Sozialgerichtsbarkeit:

a) die Präsidentin oder der Präsident des Landessozialgerichts über das Schleswig-Holsteinische Landessozialgericht und die Sozialgerichte,

b) die Direktorin oder der Direktor des Sozialgerichts über das Gericht.

Die Dienstaufsicht über ein Gericht erstreckt sich auf alle dort tätigen Richterinnen und Richter, Beamtinnen und Beamten und weiteren Beschäftigten. Der Dienstaufsicht einer Direktorin oder eines Direktors unterliegen nicht die Richterinnen und Richter.

(3) Die weitere Dienstaufsicht über die Finanzgerichtsbarkeit richtet sich nach § 31 der Finanzgerichtsordnung, über die Verwaltungsgerichtsbarkeit nach § 38 der Verwaltungsgerichtsordnung (VwGO).

(4) Die Dienstaufsicht über die Staatsanwaltschaften richtet sich auch für die nicht-beamteten Beschäftigten nach § 147 Nummer 2 und Nummer 3 des Gerichtsverfassungsgesetzes (GVG).

§ 11
Fachaufsicht

Die Zuständigkeit für die Fachaufsicht über die Gerichte in Angelegenheiten der Justizverwaltung folgt der Zuständigkeit für die Dienstaufsicht. Das für Justiz zuständige Ministerium kann hiervon abweichende Regelungen treffen.

§ 12
Zahl der Spruchkörper

Die Präsidentin oder der Präsident oder die Direktorin oder der Direktor bestimmt nach Anhörung des Präsidiums die Zahl der Senate oder Kammern des von ihr oder ihm geleiteten Gerichts, soweit nicht durch Gesetz etwas anderes bestimmt ist. §§ 10 und § 11 bleiben unberührt.

Kapitel 2
Sicherheits- und ordnungsrechtliche Befugnisse

§ 13
Anwendungsbereich

(1) Die nachfolgenden Vorschriften regeln die Befugnisse der Leiterinnen und Leiter der Gerichte und Staatsanwaltschaften oder von ihnen beauftragter Beschäftigter der Gerichte und Staatsanwaltschaften bei der Ausübung des Hausrechts sowie des Justizwachtmeisterdienstes beim Vollzug sitzungspolizeilicher Maßnahmen sowie bei der Sicherung des Gewahrsams.

(2) Die Befugnisse der Justizbediensteten aufgrund anderer Vorschriften bleiben unberührt.

(3) Die Aufgaben und Befugnisse der Polizei und des Justizvollzugsdienstes bleiben unberührt.

§ 14
Hausrecht

(1) Die Leiterinnen und Leiter der Gerichte und Staatsanwaltschaften sowie die von ihnen beauftragten Beschäftigten können zum Zwecke der Gewährleistung eines ordnungsgemäßen Dienstbetriebes nach pflichtgemäßem

Ermessen die zur Aufrechterhaltung der Sicherheit und Ordnung im Behörden- oder Gerichtsgebäude und dem dazugehörigen Außenbereich erforderlichen Maßnahmen treffen, insbesondere

1. generelle Einlasskontrollen durchführen, auch unter Einsatz technischer Hilfsmittel, die zum Auffinden von zur Störung der Sicherheit und Ordnung verwendbarer Gegenstände geeignet sind,
2. eine Person und mitgeführte Sachen durchsuchen und unter Einsatz technischer Mittel absuchen, insbesondere wenn Tatsachen die Annahme rechtfertigen, dass sie Sachen mit sich führt, die nach Nummer 3 sichergestellt werden dürfen,
3. Waffen, gefährliche Gegenstände und sonstige Gegenstände, die geeignet sind, die Sicherheit und Ordnung zu stören, sicherstellen,
4. die Identität einer Person feststellen,
5. zur Abwehr einer nicht nur unerheblichen Gefahr für die Sicherheit und Ordnung eine Person vom Grundstück verweisen oder ihr vorübergehend das Betreten des Grundstücks verbieten.

(2) Gegenüber Organen der Rechtspflege sind Kontrollmaßnahmen, die über eine Identitätsfeststellung im Rahmen genereller Einlasskontrollen hinausgehen, regelmäßig nur bei besonderem Anlass zulässig. Ihre Rechtsstellung ist dabei zu berücksichtigen und nicht unangemessen zu beeinträchtigen.

(3) Mit dem Vollzug der getroffenen Maßnahmen soll der Justizwachtmeisterdienst beauftragt werden.

§ 15
Vollzug sitzungspolizeilicher Maßnahmen

Der Justizwachtmeisterdienst darf die gemäß den §§ 176 bis 180 GVG erlassenen Anordnungen im Wege des Vollzuges gemäß § 22 durchsetzen, soweit Bundesrecht keine Regelungen enthält.

§ 16
Sicherung des Gewahrsams

Der Justizwachtmeisterdienst ist befugt, Personen aufgrund richterlicher oder staatsanwaltschaftlicher Anordnung oder auf Ersuchen einer Justizvollzugsanstalt in Gewahrsam zu nehmen.

§ 17
Anwendbarkeit des Landesverwaltungsgesetzes

In Ergänzung der §§ 14 bis 16 sind je nach getroffener Maßnahme folgende Vorschriften des Landesverwaltungsgesetzes (LVwG) entsprechend anzuwenden:

1. § 181 Absatz 1 Satz 1 und Satz 2 Nummer 2, Absatz 2 bis 4 (Identitätsfeststellung);
2. § 182 (Prüfung von Berechtigungsscheinen);
3. § 200 Absatz 2 bis 4 (Verfahren bei Vorführung);
4. § 202 Absatz 1 Nummer 1 bis 3 in Verbindung mit § 203 Absatz 1, 2 und 3 Satz 2 (Durchsuchung von Personen);
5. § 206 Nummer 1, 2 und 5 in Verbindung mit § 207 (Durchsuchung von Sachen);
6. § 210 in Verbindung mit § 211 Absatz 1 und 2 (Sicherstellung von Sachen) mit der Maßgabe, dass eine sichergestellte Sache unverzüglich dem Polizeivollzugsdienst zu übergeben ist, sofern nicht die Sicherstellung vor Ablauf des Tages, an dem sie vorgenommen worden ist, aufgehoben werden soll.

§ 18
Anwendbarkeit der Vollzugsgesetze

Gegenüber Personen, die einer Freiheitsentziehung im Sinne der folgenden Vorschriften unterworfen sind, sind auch entsprechend anzuwenden:

1. bei Freiheitsentziehungen nach § 1 des Untersuchungshaftvollzugsgesetzes (UVollzG) vom 16. Dezember 2011 (GVOBl. Schl.-H. S. 322), geändert durch Artikel 4 des Gesetzes vom 21. Juli 2016 (GVOBl. Schl.-H. S. 618), oder nach § 1 Absatz 2 des Maßregelvollzugsgesetzes (MVollzG) vom 19. Januar 2000 (GVOBl. Schl.-H. S. 114), zuletzt geändert durch Artikel 2 des Gesetzes vom 7. Mai 2015 (GVOBl. Schl.-H. S.106, ber. S. 318): § 44 Absatz 1 und 2, § 48 Absatz 1, §§ 49, 51, 54 Absatz 1 und 2, §§ 55, 56 und 58 UVollzG, auch in Verbindung mit § 1 Absatz 2 UVollzG;
2. bei Freiheitsentziehungen nach § 1 des Landesstrafvollzugsgesetzes Schleswig-Holstein (LStVollzG SH) vom 21. Juli 2016 (GVOBl. Schl.-H. S. 618): § 102 Absatz 1, 2 und 4, § 107 Absatz 1, § 112 Absatz 1 und 2, §§ 108, 113, 114 und 115 LStVollzG SH;
3. bei Freiheitsentziehungen nach § 1 des Jugendstrafvollzugsgesetzes (JStVollzG) vom 19. Dezember 2007 (GVOBl. Schl.-H. S. 563), zuletzt geändert durch Artikel 3 des Gesetzes vom 21. Juli 2016 (GVOBl. Schl.-H. S. 618): § 64 Absatz 1 und 2, §§ 69, 70, 72, 76 Absatz 1 und 2, §§ 77, 78 und 80 JStVollzG;
4. bei Freiheitsentziehungen nach § 1 des Gesetzes über den Vollzug der Sicherungsverwahrung in Schleswig-Holstein (SVVollzG SH) vom 15. Mai 2013 (GVOBl. Schl.-H. S. 169), geändert durch Artikel 5 des Gesetzes vom 21. Juli 2016 (GVOBl. Schl.-H. S. 618), oder nach § 1 Absatz 1 MVollzG: § 83 Absatz 1 und 2, § 86 Satz 1, §§ 87, 90 Absatz 1 und 2, §§ 91, 92 und 93 SVVollzG SH.

Der Rechtsschutz der in Satz 1 genannten Personen gegen Maßnahmen des Justizwachtmeisterdienstes richtet sich nach § 119 a der Strafprozessordnung (StPO), §§ 109 bis 121 und 130 des Strafvollzugsgesetzes oder § 92 des Jugendgerichtsgesetzes.

§ 19
Auswahl der Maßnahme;
Verhältnismäßigkeit

(1) Im Einzelfall sind zur Wahrnehmung der Aufgaben nach den §§ 14 bis 16 diejenigen Maßnahmen zu treffen, die nach pflichtgemäßem Ermessen erforderlich erscheinen.

(2) Unter mehreren möglichen und geeigneten Maßnahmen ist diejenige zu wählen, die den Einzelnen und die Allgemeinheit voraussichtlich am wenigsten beeinträchtigt. Eine Maßnahme unterbleibt, wenn

1. ein durch sie zu erwartender Schaden erkennbar außer Verhältnis zu dem angestrebten Erfolg steht oder
2. sie zur Bedeutung der Sache außer Verhältnis steht.

§ 20
Betroffene; Entschädigungsansprüche

(1) Maßnahmen können, soweit nichts anderes bestimmt ist, gegenüber den in §§ 218 bis 220 LVwG bezeichneten Personen getroffen werden.

(2) §§ 221 bis 224, 226 LVwG sind entsprechend anzuwenden.

§ 21
Aufschiebende Wirkung;
Widerspruchsbescheid

(1) Widerspruch und Anfechtungsklage gegen unaufschiebbare Anordnungen und Maßnahmen im Sinne dieses Kapitels haben keine aufschiebende Wirkung.

(2) Über den Widerspruch gegen Verwaltungsakte entscheidet die Leiterin oder der Leiter des Gerichts oder der Staatsanwaltschaft, die oder der den Verwaltungsakt erlassen hat.

§ 22
Vollzug von Anordnungen und Maßnahmen

Soweit nichts anderes bestimmt ist, richtet sich der Vollzug von Anordnungen und Maßnahmen nach den §§ 14 bis 16 nach dem LVwG.

§ 23
Zwangsmittel

Als Zwangsmittel werden Ersatzvornahme (§ 238 LVwG) und unmittelbarer Zwang (§§ 239, 250 bis 259 LVwG) angewandt.

§ 24
Unmittelbarer Zwang

(1) Unmittelbarer Zwang im Sinne des § 251 Absatz 1 LVwG darf nur angewendet werden, wenn der damit verfolgte Zweck auf andere Weise nicht erreichbar erscheint.

(2) Die Zulassung von Hilfsmitteln der körperlichen Gewalt und Waffen regelt das für Justiz zuständige Ministerium. Als Hilfsmittel der körperlichen Gewalt können insbesondere Fesseln, technische Sperren und Reizstoffe zugelassen werden. Als Waffen können insbesondere Schlagstöcke zugelassen werden.

§ 25
Einschränkung von Grundrechten

Aufgrund dieses Kapitels können das Recht auf körperliche Unversehrtheit und die Freiheit der Person (Artikel 2 Absatz 2 Satz 1 und 2 des Grundgesetzes) eingeschränkt werden.

Kapitel 3
Aufbewahrung von Schriftgut

§ 26
Geltungsbereich, Begriffsbestimmung

(1) Die Vorschriften dieses Kapitels gelten für die Aufbewahrung von Schriftgut der ordentlichen Gerichtsbarkeit, der Fachgerichtsbarkeiten, der Staatsanwaltschaften, der Justizvollzugsbehörden und der Justizverwaltung, soweit nicht Rechtsvorschriften des Bundes oder des Landes inhaltsgleiche oder entgegenstehende Bestimmungen enthalten.

(2) Schriftgut im Sinne des Absatzes 1 sind unabhängig von ihrer Speicherungsform insbesondere Akten, Aktenregister, öffentliche Register, Grundbücher, Namensverzeichnisse, Karteien, Urkunden und Blattsammlungen sowie einzelne Schriftstücke, Bücher, Drucksachen, Kalender, Karten, Pläne, Zeichnungen, Lichtbilder, Bild-, Ton- und Datenträger und sonstige Gegenstände, die Bestandteile oder Anlagen der Akten geworden sind.

§ 27
Verordnungsermächtigung, Aufbewahrungsfristen

(1) Das für Justiz zuständige Ministerium bestimmt durch Verordnung das Nähere über das aufzubewahrende Schriftgut und die hierbei zu beachtenden Aufbewahrungsfristen.

(2) Die Regelungen zur Aufbewahrung des Schriftguts haben dem Grundsatz der Verhältnismäßigkeit, insbesondere der Beschränkung der Aufbewahrungsfristen auf das Erforderliche, Rechnung zu tragen. Bei der Bestimmung der Aufbewahrungsfristen sind insbesondere zu berücksichtigen

1. das Interesse der Betroffenen daran, dass die zu ihrer Person erhobenen Daten nicht länger als erforderlich gespeichert werden,
2. ein Interesse der Verfahrensbeteiligten, auch nach Beendigung des Verfahrens Ausfertigungen, Auszüge oder Abschriften aus den Akten erhalten zu können,
3. ein rechtliches Interesse nicht am Verfahren Beteiligter, Auskünfte aus den Akten erhalten zu können,
4. das Interesse von Verfahrensbeteiligten, Gerichten und Justizbehörden, dass die Akten nach Beendigung des Verfahrens noch für Wiederaufnahmeverfahren, zur Wahrung der Rechtseinheit, zur Fortbildung des Rechts oder für sonstige verfahrensübergreifende Zwecke der Rechtspflege zur Verfügung stehen.

(3) Die Aufbewahrungsfristen beginnen, soweit in der gemäß Absatz 1 erlassenen Rechtsverordnung keine anderweitigen Regelungen getroffen wurden, mit dem Ablauf des Jahres, in dem nach Beendigung des Verfahrens die Weglegung der Akten angeordnet wurde.

Kapitel 4
Sonstige Geschäfte der Justizverwaltung

§ 28
Abgabe von Stellungnahmen

Gerichte und Staatsanwaltschaften haben dem für Justiz zuständigen Ministerium auf Verlangen über Angelegenheiten der Gesetzgebung und der Justizverwaltung Stellungnahmen abzugeben.

§ 29
Beglaubigung amtlicher Unterschriften zum Zwecke der Legalisation

Die Beglaubigung amtlicher Unterschriften in gerichtlichen, notariellen oder staatsanwaltlichen Urkunden zum Zwecke der Legalisation erfolgt durch die Präsidentin oder den Präsidenten des Landgerichts. Die amtlichen Unterschriften in anderen Urkunden kann die Präsidentin oder der Präsident zum Zweck der Legalisation beglaubigen, wenn die Vertretung eines ausländischen Staates eine Beglaubigung durch ein Gericht verlangt. Das für Justiz zuständige Ministerium kann die näheren Einzelheiten des Verfahrens regeln, insbesondere die vorgenannten Aufgaben auch der Präsidentin oder dem Präsidenten oder der Direktorin oder dem Direktor eines Amtsgerichts übertragen.

Teil 3
Ordentliche Gerichtsbarkeit

Kapitel 1
Sitz und Bezirksgrenzen der Gerichte

§ 30
Amtsgerichte

(1) Die Sitze und Bezirke der Amtsgerichte ergeben sich aus der Anlage 1. Die Anlage ist Bestandteil dieses Gesetzes.[2]

(2) Die dem Lande Schleswig-Holstein vorgelagerten gemeindefreien Küstengewässer werden den Bezirken folgender Amtsgerichte zugelegt:

1. dem Amtsgericht Pinneberg

    die Küstengewässer um Helgoland, die begrenzt werden durch die geradlinige Verbindung der Punkte mit den Koordinaten

    54° 09'00" N - 7° 53'36" O
    54° 10'36" N - 7° 48'12" O
    54° 13'24" N - 7° 49'00" O
    54° 14'24" N - 7° 49'48" O
    54° 13'30" N - 7° 56'00" O
    54° 10'54" N - 7° 56'12" O
    54° 09'30" N - 7° 56'00" O,

2. dem Amtsgericht Husum

    mit Ausnahme der vorstehend beschriebenen die Küstengewässer der Nordsee, die begrenzt werden

    a) im Norden

    durch die Grenze zu Dänemark,

    b) im Westen

    durch die 12-Seemeilen-Grenze in südlicher Richtung bis zu dem Punkt mit den Koordinaten
    53° 59'38,5" N - 7° 43'45,1" O,

    c) im Süden

    durch eine Linie, die verläuft in östlicher Richtung geradlinig durch die Punkte mit den Koordinaten
    53° 59'38,5" N - 7° 43'45,1" O
    54° 01'23" N - 7° 52'02" O
    54° 01'42,043" N - 8° 23'44,192" O
    54° 01'39" N - 8° 30'00" O
    53° 58'00" N - 8° 46'00" O

    und von dort entlang der nördlichen Begrenzung des Klotzenlochs und der Wattgrenze des Neufelder Watts, weiter entlang der elbseitigen Grenze der Gemeinde Neufelder Koog bis zu der in der Elbe verlaufenden westlichen Grenze der Gemeinde Brunsbüttel,

3. dem Amtsgericht Kiel

    unbeschadet des Absatzes 3 die Küstengewässer der Ostsee zwischen der Grenze zu Dänemark und der Landesgrenze zu Mecklenburg-Vorpommern.

---

[2] Vom Abdruck der Anlage wurde abgesehen. Siehe auch die Berichtigung der Anlage vom 9.7.2018 (GVOBl. Schl.-H. S. 441).

(3) Der Fehmarnbelttunnel zwischen der Grenze zur Gemeinde Fehmarn und der Grenze zur ausschließlichen Wirtschaftszone Dänemarks gehört ab Inbetriebnahme zum Bezirk des Amtsgerichts Oldenburg in Holstein.

§ 31
Landgerichte

(1) Die Landgerichte haben ihren Sitz in Flensburg, Itzehoe, Kiel und Lübeck.

(2) Die Bezirke der Landgerichte umfassen die Bezirke der zugeordneten Amtsgerichte. Es werden zugeordnet

1. dem Bezirk des Landgerichts Flensburg die Amtsgerichte
   a) Flensburg,
   b) Husum,
   c) Niebüll,
   d) Schleswig;
2. dem Bezirk des Landgerichts Itzehoe die Amtsgerichte
   a) Elmshorn,
   b) Itzehoe,
   c) Meldorf,
   d) Pinneberg;
3. dem Bezirk des Landgerichts Kiel die Amtsgerichte
   a) Bad Segeberg,
   b) Eckernförde,
   c) Kiel,
   d) Neumünster,
   e) Norderstedt,
   f) Plön,
   g) Rendsburg;
4. dem Bezirk des Landgerichts Lübeck die Amtsgerichte
   a) Ahrensburg,
   b) Eutin,
   c) Lübeck,
   d) Oldenburg in Holstein,
   e) Ratzeburg,
   f) Reinbek,
   g) Schwarzenbek.

§ 32
Oberlandesgericht

(1) Das Oberlandesgericht hat seinen Sitz in Schleswig. Es führt die Bezeichnung „Schleswig-Holsteinisches Oberlandesgericht".

(2) Der Bezirk des Oberlandesgerichts umfasst die Bezirke der Landgerichte.

Kapitel 2
Gerichtsvollzieherinnen und Gerichtsvollzieher

§ 33
Aufgabenübertragung auf Gerichtsvollzieherinnen und Gerichtsvollzieher

(1) Die Gerichtsvollzieherinnen und Gerichtsvollzieher sind zuständig:
1. zur Aufnahme von Wechsel- und Scheckprotesten,
2. zur Vornahme freiwilliger Versteigerungen von beweglichen Sachen, von Früchten auf dem Halm und von Holz auf dem Stamme,
3. zur Anlegung und Abnahme von Siegeln im Auftrag des Gerichts,
4. zur Beurkundung des tatsächlichen Angebots einer Leistung.

(2) § 155 GVG gilt entsprechend.

Kapitel 3
Ausführungsbestimmungen zum Gesetz über das Verfahren in Familiensachen und in den Angelegenheiten der freiwilligen Gerichtsbarkeit

Abschnitt 1
Allgemeine Vorschriften

§ 34
Anwendbarkeit der Vorschriften des Gesetzes über das Verfahren in Familiensachen und in den Angelegenheiten der freiwilligen Gerichtsbarkeit und des Gerichtsverfassungsgesetzes

Auf die Angelegenheiten der freiwilligen Gerichtsbarkeit, die durch Landesgesetz den ordentlichen Gerichten übertragen sind, finden die Vorschriften des Gesetzes über das Verfahren in Familiensachen und in den Angelegenheiten der freiwilligen Gerichtsbarkeit (FamFG) Anwendung. Sie gelten als Angelegenheiten der freiwilligen Gerichtsbarkeit im Sinne des § 23 a Absatz 2 GVG.

§ 35
Urkundsbeamtinnen und Urkundsbeamte der Geschäftsstelle

(1) Handlungen einer Urkundsbeamtin oder eines Urkundsbeamten der Geschäftsstelle sind nicht aus dem Grunde unwirksam, weil sie von einer oder einem örtlich unzuständigen oder von der Ausübung ihres oder seines Amtes kraft Gesetzes ausgeschlossenen Urkundsbeamtin oder Urkundsbeamten vorgenommen worden sind.

(2) Die Zuziehung einer Urkundsbeamtin oder eines Urkundsbeamten der Geschäftsstelle kann in den Fällen, in welchen das Gesetz sie nicht vorschreibt, erfolgen, wenn sie zur sachgemäßen Erledigung des Geschäfts zweckmäßig ist.

§ 36
Ausfertigung gerichtlicher Entscheidungen und Zeugnisse

Die Ausfertigungen gerichtlicher Entscheidungen und Zeugnisse sind von der Urkundsbeamtin oder dem Urkundsbeamten der Geschäftsstelle zu unterschreiben und mit dem Gerichtssiegel zu versehen.

§ 37
Beeidigung von Sachverständigen in einzelnen Angelegenheiten

Das Amtsgericht kann für eine einzelne Angelegenheit außerhalb eines gerichtlichen Verfahrens eine Sachverständige oder einen Sachverständigen auch dann beeidigen, wenn alle bei dieser Angelegenheit beteiligten Personen dies beantragen und die Beeidigung nach dem Ermessen des Gerichts angemessen erscheint.

§ 38
Siegelungen und Entsiegelungen durch Notarinnen und Notare

Die Notarinnen und Notare sind im Rahmen eines Nachlasssicherungsverfahrens zur Anlegung und Abnahme von Siegeln zuständig.

Abschnitt 2
Grundbuchsachen

§ 39
Selbständige Gerechtigkeiten

Auf selbständige Gerechtigkeiten finden, soweit nicht ein anderes bestimmt ist, die sich auf Grundstücke beziehenden Vorschriften der Grundbuchordnung (GBO) sowie die für das Erbbaurecht geltenden Vorschriften des § 20 und des § 22 Absatz 2 GBO entsprechende Anwendung. Ein Grundbuchblatt wird nur auf Antrag der oder des Berechtigten angelegt, soweit sich nicht aus den für die Anlegung der Grundbücher geltenden Vorschriften ein anderes ergibt.

Abschnitt 3
Nachlasssachen

§ 40
Mitteilungspflicht der örtlichen Ordnungsbehörden

Erhalten die örtlichen Ordnungsbehörden von einem Todesfall Kenntnis, bei welchem gerichtliche Maßregeln zur Sicherung des Nachlasses angezeigt erscheinen können, so sollen sie dies dem Amtsgericht, in dessen Bezirke der Todesfall eingetreten ist, mitteilen.

§ 41
Tod von Bediensteten einer öffentlichen Behörde

(1) Nach dem Tode einer oder eines Bediensteten einer öffentlichen Behörde hat, unbeschadet der Zuständigkeit des Nachlassgerichts, die Behörde, welcher die oder der Verstorbene angehörte, oder die Aufsichtsbehörde für die Sicherung der amtlichen Akten und der sonstigen Sachen, deren Herausgabe aufgrund des Dienstverhältnisses verlangt werden kann, zu sorgen, soweit hierfür ein Bedürfnis besteht.

(2) Werden bei der Ausführung einer Maßregel, die das Gericht zur Sicherung eines Nachlasses angeordnet hat, Sachen der im Absatz 1 bezeichneten Art vorgefunden, so hat das Gericht die Behörde, welcher die oder der Verstorbene angehörte, oder die Aufsichtsbehörde hiervon zu benachrichtigen und ihr zugleich von den Sicherungsmaßregeln, die in Ansehung dieser Sachen vorgenommen worden sind, Mitteilung zu machen.

Abschnitt 4
Aufgebotsverfahren

§ 42
Bekanntmachung des Aufgebots

(1) Bezweckt das Aufgebotsverfahren die Kraftloserklärung einer Urkunde der in § 808 des Bürgerlichen Gesetzbuches (BGB) bezeichneten Art, so erfolgt die Veröffentlichung des Aufgebots in § 478 Absatz 2, 3 sowie in § 480 Absatz 1 und § 482 Absatz 1 FamFG vorgeschriebenen Bekanntmachungen, unbeschadet der Vorschriften des § 470 FamFG, durch einmalige Veröffentlichung in den Schleswig-Holsteinischen Anzeigen, Teil B. Diese Veröffentlichung unterbleibt, soweit sie aufgrund der Vorschriften des § 470 FamFG durch Veröffentlichung im Bundesanzeiger erfolgen muss. Die öffentliche Bekanntmachung des Aufgebots erfolgt außerdem durch Aushang an der Gerichtstafel oder durch Einstellung in ein elektronisches Informationssystem, das im Gericht öffentlich zugänglich ist. Das Gericht kann anordnen, dass die Veröffentlichung noch in anderen Blättern und zu mehreren Malen erfolgen oder dass die Veröffentlichung in den Schleswig-Holsteinischen Anzeigen, Teil B, abgesehen von dem Falle des Satzes 2, durch Maßnahmen nach Satz 3 ersetzt wird.

(2) Unterbleibt die Bekanntmachung des Aufgebots im Bundesanzeiger, so beginnt die Aufgebotsfrist mit der ersten Veröffentlichung in den Schleswig-Holsteinischen Anzeigen, Teil B. Diese Veröffentlichung tritt in dem bezeichneten Falle bei Anwendung des § 475 FamFG an die Stelle der Veröffentlichung im Bundesanzeiger.

§ 43
Aufgebote aufgrund besonderer Bestimmungen

(1) Bei Aufgeboten aufgrund der §§ 887, 927, 1104, 1112, 1170, 1171 BGB, des § 110 des Binnenschiffahrtsgesetzes in der Fassung der Bekanntmachung vom 20. Mai 1898 (RGBl. S. 369, 868), zuletzt geändert durch Artikel 1 des Gesetzes vom 5. Juli 2016 (BGBl. I S.1578), sowie der §§ 66 und 67 des Gesetzes über Rechte an eingetragenen Schiffen und Schiffsbauwerken vom 15. November 1940 (RGBl. S. 1499), zuletzt geändert durch Artikel 2 des Gesetzes vom 21. Januar 2013 (BGBl. I S. 91), erfolgt die Veröffentlichung des Aufgebots und des Ausschließungsbeschlusses in der in § 42 bestimmten Art.

(2) Bei Aufgeboten aufgrund des § 1162 BGB oder des § 136 des Gesetzes über die Zwangsversteigerung und die Zwangsverwaltung (ZVG) in der Fassung der Bekanntmachung vom 20. Mai 1898 (RGBl. S. 369, 713), zuletzt geändert durch Artikel 9 des Gesetzes vom 24. Mai 2016 (BGBl. I S. 1217), erfolgt die Veröffentlichung des Aufgebots, des Ausschließungsbeschlusses und der in § 478 Absatz 3 FamFG bezeichneten Beschlusses in der in § 42 bestimmten Art.

(3) Die Vorschriften des FamFG über das Aufgebotsverfahren finden auf Aufgebote, deren Zulässigkeit auf landesgesetzlichen Vorschriften beruht, nur Anwendung, wenn nach den bestehenden Vorschriften der Eintritt von Rechtsnachteilen durch besonderen Beschluss des Gerichts festgestellt werden muss.

Kapitel 4
Ausführungsbestimmungen zum Gesetz über die Zwangsversteigerung und die Zwangsverwaltung

§ 44
Öffentliche Lasten

Öffentliche Lasten eines Grundstücks im Sinne des § 10 Absatz 1 Nummer 3 und des § 156 Absatz 1 ZVG sind Abgaben und Leistungen, die nach Gesetz oder Verfassung auf dem Grundstück lasten und nicht auf einer privatrechtlichen Verpflichtung beruhen.

§ 45
Bestehen bleibende Rechte

(1) Die Rechte an einem Grundstück, die nach landesgesetzlichen Vorschriften zur Wirksamkeit gegenüber dem öffentlichen Glauben des Grundbuchs der Eintragung nicht bedürfen, bleiben, wenn sie nicht in einer Hypothek bestehen, auch dann bestehen, wenn sie bei der Feststellung des geringsten Gebots nicht berücksichtigt sind.

(2) Das gleiche gilt von den im Grundbuch als Leibgedinge, Leibzucht, Altenteil oder Auszug eingetragenen Dienstbarkeiten und Reallasten sowie von Grunddienstbarkeiten, die zur Wirksamkeit gegenüber dem öffentlichen Glauben des Grundbuchs der Eintragung nicht bedürfen.

§ 46
Befreiung von der Sicherheitsleistung

Eine Sicherheitsleistung kann nicht verlangt werden bei einem Gebot einer Gemeinde oder eines Gemeindeverbandes oder einer öffentlich-rechtlichen Kreditanstalt oder Sparkasse.

§ 47
Zwangsverwaltung-Verteilung

Ist bei der Verteilung eines im Zwangsverwaltungsverfahren erzielten Überschusses ein Anspruch aus einem eingetragenen Recht zu berücksichtigen, wegen dessen die oder der Berechtigte Befriedigung aus dem Grundstück lediglich im Wege der Zwangsverwaltung suchen kann, so ist in den Teilungsplan der ganze Betrag des Anspruchs aufzunehmen.

§ 48
Aufgebotsverfahren

(1) In dem Aufgebotsverfahren zum Zwecke der Ausschließung einer oder eines unbekannten Berechtigten von der Befriedigung aus einem zugeteilten Betrag erfolgt die öffentliche Bekanntmachung des Aufgebots nach den für die öffentliche Bekanntmachung eines Versteigerungstermins geltenden Vorschriften. Die Befugnis des Gerichts zu einer Anordnung gemäß § 39 Absatz 2 ZVG besteht ohne Rücksicht auf den Wert des Grundstücks.

(2) Die Aufgebotsfrist muss mindestens drei Monate betragen.

Kapitel 5
Berufung von ehrenamtlichen Richterinnen und Richtern

§ 49
Berufung der Handelsrichterinnen und Handelsrichter und der Beisitzerinnen und Beisitzer in Steuerberater- und Steuerbevollmächtigtensachen

Die Präsidentin oder der Präsident des Schleswig-Holsteinischen Oberlandesgerichts ernennt die Handelsrichterinnen und Handelsrichter sowie die Beisitzerinnen und Beisitzer in dem Senat und der Kammer für Steuerberater- und Steuerbevollmächtigtensachen und trifft alle im Zusammenhang damit erforderlichen Maßnahmen.

Kapitel 6
Ausführungsbestimmungen zum Gesetz über das gerichtliche Verfahren in Landwirtschaftssachen

§ 50
Vorschlagslisten

(1) Die Vorschlagslisten für die Berufung der ehrenamtlichen Richterinnen und Richter in Landwirtschaftssachen sind von der Landwirtschaftskammer Schleswig-Holstein aufzustellen.

(2) Für jede zur ehrenamtlichen Richterin oder zum ehrenamtlichen Richter vorgeschlagene Person sind insbesondere anzugeben:

1. Name und Vorname,
2. Wohnort,
3. Geburtsdatum,
4. Stellung im Beruf, insbesondere ob und wie viel Land sie oder er als selbstwirtschaftende Eigentümerin oder als selbstwirtschaftender Eigentümer oder als Verpächterin oder Verpächter oder als Pächterin oder Pächter innehat oder zuletzt innegehabt hat, und
5. frühere Vorschläge und Berufungen zur ehrenamtlichen Richterin oder zum ehrenamtlichen Richter in Landwirtschaftssachen unter Angabe des Gerichts.

(3) Reicht für ein Gericht die Zahl der vorgeschlagenen Personen nicht aus, um die erforderliche Anzahl von ehrenamtlichen Richterinnen oder Richtern zu bestimmen, so kann die Präsidentin oder der Präsident des Oberlandesgerichts für dieses Gericht eine Ergänzungsliste anfordern. Sie oder er bestimmt, wie viele Personen ergänzend vorzuschlagen sind.

§ 51
Erbscheinsverfahren

(1) In den Verfahren über die Erteilung, Einziehung oder Kraftloserklärung eines Erbscheins entscheidet das Gericht ohne Zuziehung ehrenamtlicher Richterinnen und Richter, wenn nicht die Zuziehung wegen der Besonderheit des Falles geboten ist. Dies ist insbesondere der Fall, wenn die Wirtschaftsfähigkeit der Hoferbin oder des Hoferben in Frage steht.

(2) In den in Absatz 1 genannten Verfahren finden die Vorschriften der § 14 Absatz 2 und § 30 des Gesetzes über das gerichtliche Verfahren in Landwirtschaftssachen vom 21. Juli 1953 (BGBl. I S. 667), zuletzt geändert durch Artikel 8 des Gesetzes vom 27. August 2017 (BGBl. I S. 3295), sowie die §§ 58, 66 FamFG, im ersten Rechtszug auch die Vorschriften der §§ 39, 41 Absatz 1 Satz 2 FamFG keine Anwendung; der in § 38 Absatz 3 FamFG vorgeschriebenen Begründung des Beschlusses bedarf es nicht, wenn ein Erbschein erteilt oder für kraftlos erklärt wird.

Kapitel 7
Verfahren nach notariellem Berufsrecht

§ 52
Verfahren nach notariellem Berufsrecht

(1) Vor Erhebung der Klage gegen Verwaltungsakte der Justizbehörden und der Notarkammer in Angelegenheiten des notariellen Berufsrechts findet ein Vorverfahren im Sinne von § 68 VwGO nicht statt.

(2) In Disziplinarverfahren gegen Notarinnen und Notare findet ein Widerspruchsverfahren nach § 41 Absatz 1 Satz 1 des Bundesdisziplinargesetzes vom 9. Juli 2001 (BGBl. I S. 1510), zuletzt geändert durch Artikel 3 des Gesetzes vom 19. Oktober 2016 (BGBl. I S. 2362), nicht statt.

Teil 4
Arbeitsgerichtsbarkeit

Kapitel 1
Sitz und Bezirksgrenzen

§ 53
Arbeitsgerichte

(1) Die Arbeitsgerichte haben ihren Sitz in Elmshorn, Flensburg, Kiel, Lübeck und Neumünster.

(2) Bezirke der Arbeitsgerichte sind

1. für das Arbeitsgericht Elmshorn die Kreise Dithmarschen, Pinneberg und Steinburg,
2. für das Arbeitsgericht Flensburg die Stadt Flensburg sowie die Kreise Nordfriesland und Schleswig-Flensburg,
3. für das Arbeitsgericht Kiel die Stadt Kiel sowie die Kreise Plön und Rendsburg-Eckernförde,
4. für das Arbeitsgericht Lübeck die Stadt Lübeck sowie die Kreise Herzogtum Lauenburg, Ostholstein und Stormarn,
5. für das Arbeitsgericht Neumünster die Stadt Neumünster sowie der Kreis Segeberg.

§ 54
Landesarbeitsgericht

(1) Das Landesarbeitsgericht hat seinen Sitz in Kiel. Es führt die Bezeichnung „Landesarbeitsgericht Schleswig-Holstein".

(2) Der Bezirk des Landesarbeitsgerichts umfasst das Gebiet des Landes Schleswig-Holstein.

Kapitel 2
Ausführungsbestimmungen zum Arbeitsgerichtsgesetz

§ 55
Berufung der ehrenamtlichen Richterinnen und Richter

Die Präsidentin oder der Präsident des Landesarbeitsgerichts Schleswig-Holstein beruft die ehrenamtlichen Richterinnen und Richter bei den Gerichten der Arbeitsgerichtsbarkeit und legt ihre Anzahl fest.

Teil 5
Finanzgerichtsbarkeit

Kapitel 1
Sitz und Bezirksgrenzen

§ 56
Finanzgericht

(1) Das Finanzgericht hat seinen Sitz in Kiel. Es führt die Bezeichnung „Schleswig-Holsteinisches Finanzgericht".

(2) Der Bezirk des Finanzgerichts umfasst das Gebiet des Landes Schleswig-Holstein.

Kapitel 2
Ausführungsbestimmungen zur Finanzgerichtsordnung

§ 57
Finanzrechtsweg

Der Finanzrechtsweg ist auch gegeben in öffentlich-rechtlichen Streitigkeiten über Steuern und andere öffentlich-rechtliche Abgaben, die der Landesgesetzgebung unterliegen und die von Landesfinanzbehörden im Sinne des § 2 Absatz 1 des Finanzverwaltungsgesetzes in der Fassung der Bekanntmachung vom 4. April 2006 (BGBl. I S. 846, ber. 1202), zuletzt geändert durch Artikel 8 des Gesetzes vom 14. August 2017 (BGBl. I S. 3122), verwaltet werden.

Teil 6
Sozialgerichtsbarkeit

Kapitel 1
Sitz und Bezirksgrenzen

§ 58
Sozialgerichte

(1) Die Sozialgerichte haben ihren Sitz in Itzehoe, Kiel, Lübeck und Schleswig.

(2) Bezirke der Sozialgerichte sind

1. für das Sozialgericht Itzehoe die Kreise Dithmarschen, Pinneberg und Steinburg,

2. für das Sozialgericht Kiel die Städte Kiel und Neumünster sowie der Kreis Plön,
3. für das Sozialgericht Lübeck die Stadt Lübeck sowie die Kreise Herzogtum Lauenburg, Ostholstein, Segeberg und Stormarn,
4. für das Sozialgericht Schleswig die Stadt Flensburg sowie die Kreise Schleswig-Flensburg, Rendsburg-Eckernförde und Nordfriesland.

§ 59
Landessozialgericht

(1) Das Landessozialgerichtgericht hat seinen Sitz in Schleswig. Es führt die Bezeichnung „Schleswig-Holsteinisches Landessozialgericht".

(2) Der Bezirk des Landessozialgerichts umfasst das Gebiet des Landes Schleswig-Holstein.

Kapitel 2
Ausführungsbestimmungen zum Sozialgerichtsgesetz

§ 60
Zuständigkeitskonzentration

Für Angelegenheiten des Kassenarztrechts werden Kammern bei dem Sozialgericht in Kiel gebildet, die auch für die Bezirke der Sozialgerichte Lübeck, Itzehoe und Schleswig zuständig sind.

§ 61
Berufung der ehrenamtlichen Richterinnen und Richter

Die Präsidentin oder der Präsident des Schleswig-Holsteinischen Landessozialgerichts beruft die ehrenamtlichen Richterinnen und Richter bei den Gerichten der Sozialgerichtsbarkeit und legt ihre Anzahl fest.

§ 62
Beteiligtenfähigkeit von Behörden

Behörden sind fähig, am Verfahren vor den Gerichten der Sozialgerichtsbarkeit im Sinne des § 70 des Sozialgerichtsgesetzes (SGG) beteiligt zu sein.

§ 63
Vollstreckungsbehörden

Vollstreckungsbehörden im Sinne des § 200 Absatz 2 Satz 2 SGG sind die nach den Vorschriften des LVwG über die Vollstreckung öffentlich-rechtlicher Geldforderungen zuständigen Stellen.

Teil 7
Verwaltungsgerichtsbarkeit

Kapitel 1
Sitz und Bezirksgrenzen

§ 64
Verwaltungsgericht

(1) Das Verwaltungsgericht hat seinen Sitz in Schleswig. Es führt die Bezeichnung „Schleswig-Holsteinisches Verwaltungsgericht".

(2) Der Bezirk des Verwaltungsgerichts umfasst das Gebiet des Landes Schleswig-Holstein.

§ 65
Oberverwaltungsgericht

(1) Das Oberverwaltungsgericht hat seinen Sitz in Schleswig. Es führt die Bezeichnung „Schleswig-Holsteinisches Oberverwaltungsgericht".

(2) Der Bezirk des Oberverwaltungsgerichts umfasst das Gebiet des Landes Schleswig-Holstein.

Kapitel 2
Ausführungsbestimmungen zur Verwaltungsgerichtsordnung

§ 66
Besetzung der Senate des Oberverwaltungsgerichts

(1) Die Senate des Oberverwaltungsgerichts entscheiden in der Besetzung von drei Richterinnen oder Richtern und zwei ehrenamtlichen Richterinnen oder Richtern.

(2) Bei Beschlüssen außerhalb der mündlichen Verhandlung wirken die ehrenamtlichen Richterinnen und Richter nicht mit. Dies gilt nicht für Beschlüsse in Verfahren nach § 67.

§ 67
Entscheidung über die Gültigkeit von Rechtsvorschriften

Das Oberverwaltungsgericht entscheidet im Rahmen seiner Gerichtsbarkeit auf Antrag über die Gültigkeit von im Rang unter dem Landesgesetz stehenden Rechtsvorschriften (§ 47 Absatz 1 Nummer 2 VwGO).

§ 68
Vertrauensleute im Ausschuss zur Wahl der ehrenamtlichen Richterinnen und Richter

(1) Der Landtag oder ein von ihm bestimmter Landtagsausschuss wählt die Vertrauensleute für den bei dem Oberverwaltungsgericht zu bildenden Ausschuss für die Wahl der ehrenamtlichen Richterinnen und Richter sowie ihre Vertreterinnen und Vertreter für die Dauer von fünf Jahren. Sie sind für denselben Zeitraum zugleich für den beim Verwaltungsgericht zu bildenden Wahlausschuss gewählt und bleiben nach Ablauf ihrer Amtsperiode bis zur Neuwahl im Amt. Wird während der Amtsperiode die Wahl einer neuen Vertrauensperson, einer neuen Vertreterin oder eines neuen Vertreters erforderlich, so erfolgt die Wahl für den Rest der Amtsperiode.

(2) Um eine angemessene Vertretung der Einwohnerinnen und Einwohner des Gerichtsbezirks für die Vertrauensleute zu gewährleisten, wird je eine Vertrauensperson gewählt aus

1. dem Kreis Schleswig-Flensburg und der Stadt Flensburg,
2. den Kreisen Dithmarschen und Nordfriesland,
3. den Kreisen Pinneberg und Steinburg,
4. dem Kreis Rendsburg-Eckernförde und der Stadt Kiel,
5. den Kreisen Segeberg und Stormarn sowie der Stadt Neumünster,
6. den Kreisen Ostholstein und Plön,
7. dem Kreis Herzogtum Lauenburg und der Stadt Lübeck.

(3) Die Berufung in das Amt einer Vertrauensperson dürfen nur ablehnen

1. Geistliche und Religionsdienerinnen und Religionsdiener,
2. Personen, die in einem öffentlichen Amt ehrenamtlich tätig sind oder die acht Jahre lang ein öffentliches Amt ehrenamtlich ausgeübt haben,
3. Ärztinnen und Ärzte, Krankenpflegerinnen und Krankenpfleger, Hebammen und Entbindungspfleger,
4. Apothekerinnen und Apotheker, die keine Gehilfinnen oder Gehilfen haben,
5. Personen, die das 65. Lebensjahr vollendet haben.

Im Übrigen kann in besonderen Härtefällen der Übernahme oder weiteren Ausübung des Amtes Befreiung gewährt werden.

(4) Die Landesregierung wird ermächtigt, durch Verordnung Vorschriften über die Wahl der Vertrauensleute zu erlassen. Sie kann die Ermächtigung durch Verordnung auf das für Justiz zuständige Ministerium übertragen.

§ 69
Landesbehörden

(1) Fähig, am Verfahren beteiligt zu sein, sind auch Landesbehörden (§ 61 Nummer 3 VwGO).

(2) Anfechtungs- und Verpflichtungsklagen sind gegen die Landesbehörde zu richten, die den angefochtenen Verwaltungsakt erlassen oder den beantragten Verwaltungsakt unterlassen hat (§ 78 Absatz 1 Nummer 2 VwGO).

§ 70
Kirchensteuer

(1) Wer zur Kirchensteuer herangezogen ist, kann gegen die letztinstanzliche kirchliche Entscheidung binnen eines Monats nach deren Zustellung das Verwaltungsgericht unmittelbar anrufen.

(2) Soweit sich die Klage darauf stützt, dass die der Kirchensteuer zugrundeliegende Maßstabsteuer unrichtig festgesetzt ist, wird in dem für die Maßstabsteuer geltenden Verfahren entschieden.

Teil 8
Gerichte in Anwaltssachen

§ 71
Verfahren nach anwaltlichem Berufsrecht

Vor Erhebung der Klage gegen Verwaltungsakte der Rechtsanwaltskammer in Angelegenheiten des anwaltlichen Berufsrechts findet ein Vorverfahren im Sinne von § 68 VwGO nicht statt.

Teil 9
Staatsanwaltschaften

§ 72
Staatsanwaltschaften

(1) Die Staatsanwaltschaften bestehen am Sitz des Schleswig-Holsteinischen Oberlandesgerichts sowie am Sitz der Landgerichte. Sie führen die Bezeichnung „Staatsanwaltschaft bei dem Schleswig-Holsteinischen Oberlandesgericht" oder „Staatsanwaltschaft bei dem Landgericht (Ortsbezeichnung)". Im Schriftverkehr dürfen sie die Kurzbezeichnung „Staatsanwaltschaft (Ortsbezeichnung)" führen.

(2) Die Staatsanwaltschaften bei den Landgerichten nehmen auch die staatsanwaltschaftlichen Geschäfte bei den Amtsgerichten ihres Bezirks wahr.

(3) Das für Justiz zuständige Ministerium regelt die Organisation und den Dienstbetrieb der Staatsanwaltschaften.

§ 73
Dienstliche Weisung im Einzelfall

Hat das für Justiz zuständige Ministerium nach § 147 Nummer 2 GVG eine dienstliche Anweisung erteilt, welche die Sachbehandlung oder Rechtsanwendung in einem Einzelfall betrifft, so teilt es dies der Landtagspräsidentin oder dem Landtagspräsidenten mit, sobald und soweit dies ohne Gefährdung des Untersuchungszwecks möglich ist. Dienstliche Anweisungen im Sinne von Satz 1 sind schriftlich zu dokumentieren.

Teil 10
Sprachmittlerinnen und Sprachmittler

§ 74
Dolmetscherinnen und Dolmetscher sowie Übersetzerinnen und Übersetzer

(1) Zur mündlichen und schriftlichen Sprachübertragung für gerichtliche und staatsanwaltliche Zwecke können Dolmetscherinnen oder Dolmetscher allgemein beeidigt (§ 189 GVG) und Übersetzerinnen oder Übersetzer ermächtigt (§ 142 Absatz 3 der Zivilprozessordnung – ZPO) werden.

(2) Die Tätigkeit der Dolmetscherinnen oder Dolmetscher umfasst die mündliche Sprachübertragung, die der Übersetzerinnen oder Übersetzer die schriftliche Sprachübertragung.

(3) Sprache im Sinne dieses Teils ist auch die Gebärdensprache.

(4) Die Präsidentin oder der Präsident des Schleswig-Holsteinischen Oberlandesgerichts ist für die Aufgaben nach diesem Teil zuständig, soweit sich aus diesem oder anderen Gesetzen nicht etwas anderes ergibt.

§ 75
Verzeichnis

(1) Es wird ein gemeinsames Verzeichnis der allgemein beeidigten Dolmetscherinnen und Dolmetscher und ermächtigten Übersetzerinnen und Übersetzer (Sprachmittlerinnen und Sprachmittler) geführt.

(2) In das Verzeichnis sind Name, Anschrift, Telekommunikationsverbindungen und E-Mail-Adresse, Beruf, etwaige Zusatzqualifikationen und die jeweilige Sprache aufzunehmen. Die hierfür erforderlichen Daten dürfen erhoben und gespeichert werden. Das Verzeichnis darf in automatisierte Abrufverfahren eingestellt sowie im Internet veröffentlicht werden.

(3) Die Einsichtnahme in das Verzeichnis ist jedermann gestattet. Bei der Einsichtnahme ist darauf hinzuweisen, dass eine Gewähr für die Zuverlässigkeit der in das Verzeichnis eingetragenen Personen nicht übernommen wird.

§ 76
Voraussetzungen

(1) Auf Antrag kann als Sprachmittlerin oder Sprachmittler allgemein beeidigt oder zur Bescheinigung der Richtigkeit und Vollständigkeit von Übersetzungen ermächtigt werden, wer persönlich und fachlich geeignet ist.

(2) Die persönliche Eignung besitzt insbesondere nicht, wer

1. in den letzten fünf Jahren vor Stellung des Antrages wegen eines Verbrechens oder wegen uneidlicher Falschaussage, falscher Versicherung an Eides Statt, falscher Verdächtigung, Verletzung des persönlichen Lebens- und Geheimbereichs, Begünstigung, Hehlerei, Geldwäsche, Strafvereitelung, Betruges oder Urkundenfälschung rechtskräftig verurteilt worden ist, oder

2. in ungeordneten Vermögensverhältnissen lebt, insbesondere über wessen Vermögen das Insolvenzverfahren eröffnet worden oder wer in das vom Insolvenzgericht oder Vollstreckungsgericht zu führende Verzeichnis (§ 26 Absatz 2 der Insolvenzordnung und § 882 b ZPO) eingetragen ist, oder

3. nicht bereit oder nicht tatsächlich in der Lage ist, den schleswig-holsteinischen Gerichten und Staatsanwaltschaften auf Anforderung kurzfristig zur Verfügung zu stehen.

(3) Die fachliche Eignung erfordert

1. ausreichende Sprachkenntnisse, die durch eine staatlich anerkannte Dolmetscher- oder Übersetzerprüfung oder eine vergleichbare Eignung nachzuweisen sind, und

2. sichere Kenntnisse der deutschen Rechtssprache.

Sprachkenntnisse im Sinne des Satzes 1 Nummer 1 setzen insbesondere voraus, dass die Antragstellerin oder der Antragsteller sich klar, strukturiert und ausführlich zu komplexen Sachverhalten äußern kann.

(4) Die Antragstellerin oder der Antragsteller hat die persönliche und fachliche Eignung durch Vorlage geeigneter Unterlagen nachzuweisen. Der Nachweis kann auch durch eine mindestens fünfjährige unbeanstandete berufsmäßige Tätigkeit als Sprachmittlerin oder Sprachmittler erbracht werden.

(5) Die Ermächtigung gilt nur für natürliche Personen, die Ermächtigung von Sprachmittleragenturen ist unzulässig.

§ 77
Fortsetzung der Bestellung, Widerruf

(1) Spätestens fünf Jahre nach Aufnahme in das Verzeichnis nach § 75 ist die Sprachmittlerin oder der Sprachmittler in schriftlicher Form aufzufordern, sich darüber zu erklären, ob sie oder er weiterhin in dem Verzeichnis geführt werden soll. Sie oder er wird aus dem Verzeichnis gelöscht, wenn sie oder er nicht binnen drei Monaten eine entsprechende Erklärung schriftlich oder in Textform abgibt. Die Aufforderung ist jeweils mit Ablauf weiterer fünf Jahre zu wiederholen.

(2) Die Übersetzerermächtigung oder das Recht, sich auf die allgemeine Beeidigung zu berufen, kann insbeson-

re widerrufen werden, wenn die Sprachmittlerin oder der Sprachmittler
1. die Voraussetzungen des § 76 nicht mehr erfüllt oder
2. wiederholt fehlerhafte Übertragungen ausgeführt hat.

Die Vorschriften der §§ 116 und 117 LVwG bleiben unberührt.

§ 78
Beeidigung, Ermächtigung und Verpflichtung

(1) Zur allgemeinen Beeidigung haben Dolmetscherinnen oder Dolmetscher einen Eid oder eine eidesgleiche Bekräftigung nach § 189 Absatz 1 GVG zu leisten.

(2) Sprachmittlerinnen oder Sprachmittler sind zur Geheimhaltung besonders zu verpflichten. § 1 Absatz 2 und 3 des Verpflichtungsgesetzes vom 2. März 1974 (BGBl. I S. 469, 547), geändert durch § 1 Nummer 4 des Gesetzes vom 15. August 1974 (BGBl. I S. 1942), gilt entsprechend.

(3) Über die Beeidigung und die Verpflichtung ist eine Niederschrift zu fertigen.

(4) Dolmetscherinnen oder Dolmetscher erhalten als Nachweis über die allgemeine Beeidigung eine beglaubigte Abschrift des Beeidigungsprotokolls. Übersetzerinnen oder Übersetzer erhalten eine Bescheinigung über die erteilte Ermächtigung. Ferner erhalten sie eine Abschrift über die Niederschrift der Verpflichtung.

(5) Zuständig für die Aufgaben nach den Absätzen 1 bis 4 ist die Präsidentin oder der Präsident des Landgerichts, in deren oder dessen Bezirk die Antragstellerin oder der Antragsteller ihre oder seine berufliche Niederlassung hat; in Ermangelung einer solchen ist der Wohnsitz maßgebend. Hat die Antragstellerin oder der Antragsteller in Schleswig-Holstein weder eine berufliche Niederlassung noch einen Wohnsitz, ist die Präsidentin oder der Präsident des Landgerichts zuständig, in deren oder dessen Bezirk die Antragstellerin oder der Antragsteller ihre oder seine Tätigkeit vorwiegend ausüben möchte. Bei einer Verlegung der beruflichen Niederlassung oder des Wohnsitzes in einen anderen Landgerichtsbezirk geht die Zuständigkeit auf dessen Präsidentin oder Präsidenten über.

§ 79
Rechte und Pflichten

(1) Sprachmittlerinnen oder Sprachmittler sind verpflichtet,
1. die übertragenen Aufgaben gewissenhaft, selbst und unparteiisch zu erfüllen,
2. Verschwiegenheit zu bewahren und Tatsachen, die ihnen bei ihrer Tätigkeit zur Kenntnis gelangen, weder zu verwerten noch Dritten mitzuteilen,
3. Aufträge der Gerichte und Staatsanwaltschaften zu übernehmen und kurzfristig zu erledigen, es sei denn, dass wichtige Gründe dem entgegenstehen,
4. der Präsidentin oder dem Präsidenten des Schleswig-Holsteinischen Oberlandesgerichts unverzüglich jede Änderung des Wohnsitzes oder der Niederlassung, ihrer Telekommunikationsverbindungen und gegebenenfalls E-Mail-Adresse, eine Verurteilung im Sinne des § 76 Absatz 2 Nummer 1 oder die Beantragung eines Insolvenzverfahrens gegen sie mitzuteilen.

(2) Die Übersetzerermächtigung umfasst das Recht, die Richtigkeit und Vollständigkeit von Übersetzungen aus und in die Sprache oder die Sprachen zu bescheinigen, für deren Übersetzung die Sprachmittlerin oder der Sprachmittler persönlich ermächtigt ist. Dies gilt auch für bereits vorgenommene Übersetzungen, die zur Prüfung der Richtigkeit und Vollständigkeit vorgelegt werden. Die Übersetzerin oder der Übersetzer ist verpflichtet, die ihr oder ihm anvertrauten Schriftstücke sorgsam aufzubewahren und von ihrem Inhalt Unbefugten keine Kenntnis zu geben.

(3) Nach Aushändigung des Nachweises nach § 78 Absatz 4 Satz 1 kann die Dolmetscherin oder der Dolmetscher die Bezeichnung „Für die Gerichte und Staatsanwaltschaften des Landes Schleswig-Holstein allgemein beeidigte Dolmetscherin (oder: beeidigter Dolmetscher) für (Angabe der Sprache/n)" führen. Nach Aushändigung der Bescheinigung über die Ermächtigung nach § 78 Absatz 4 Satz 2 kann die Übersetzerin oder der Übersetzer die Bezeichnung „Für die Gerichte und Staatsanwaltschaften des Landes Schleswig-Holstein ermächtigte Übersetzerin (oder: ermächtigter Übersetzer) für (Angabe der Sprache/n)" führen.

§ 80
Bestätigung der Übersetzung

(1) Die Richtigkeit und Vollständigkeit von schriftlichen Sprachübertragungen ist durch die Übersetzerin oder den Übersetzer zu bestätigen. Der Bestätigungsvermerk lautet:

„Die Richtigkeit und Vollständigkeit vorstehender Übersetzung aus der Sprache wird bescheinigt.

Ort, Datum, Unterschrift

Für die Gerichte und Staatsanwaltschaften des Landes Schleswig-Holstein ermächtigte Übersetzerin (oder: ermächtigter Übersetzer) für die ... Sprache."

(2) Die Bestätigung ist auf die Übersetzung zu setzen und zu unterschreiben. Sie hat kenntlich zu machen, wenn das übersetzte Dokument kein Original ist oder nur ein Teil des Dokuments übersetzt wurde. Sie soll auf Auffälligkeiten des übersetzten Dokuments, insbesondere unleserliche Worte, Änderungen oder Auslassungen hinweisen, sofern sich diese nicht aus der Übersetzung ergibt. Die Bestätigung kann auch in elektronischer Form nach § 126a BGB erteilt werden.

(3) Die Absätze 1 und 2 gelten entsprechend, wenn eine zur Prüfung der Richtigkeit und Vollständigkeit vorgelegte Übersetzung als richtig und vollständig bestätigt wird.

§ 81
Ordnungswidrigkeit

(1) Ordnungswidrig handelt, wer vorsätzlich oder fahrlässig
1. sich als allgemein beeidigte Dolmetscherin oder beeidigter Dolmetscher oder ermächtigte Übersetzerin oder ermächtigter Übersetzer für eine Sprache bezeichnet, ohne dazu berechtigt zu sein, oder
2. eine Bezeichnung führt, die der in Nummer 1 zum Verwechseln ähnlich ist.

(2) Die Ordnungswidrigkeit kann mit einer Geldbuße bis zu 5.000 Euro geahndet werden.

(3) Verwaltungsbehörde im Sinne des § 36 Absatz 1 Nummer 1 des Gesetzes über Ordnungswidrigkeiten ist die Leitende Oberstaatsanwältin oder der Leitende Oberstaatsanwalt der Staatsanwaltschaft bei dem Landgericht.

§ 82
Vorübergehende Dienstleistungen

(1) Dolmetscherinnen und Dolmetscher sowie Übersetzerinnen und Übersetzer, die in einem anderen Mitgliedstaat der Europäischen Union oder einem anderen Vertragsstaat des Abkommens über den Europäischen Wirtschaftsraum zur Ausübung einer in § 74 Absatz 1 genannten oder vergleichbaren Tätigkeit rechtmäßig niedergelassen sind, dürfen diese Tätigkeit auf dem Gebiet des Landes Schleswig-Holstein mit denselben Rechten und Pflichten wie eine in das Verzeichnis nach § 75 Absatz 1 eingetragene Person vorübergehend und gelegentlich auch ausüben (vorübergehende Dienstleistungen). Wenn weder die Tätigkeit noch die Ausbildung zu dieser Tätigkeit im Staat der Niederlassung reglementiert sind, gilt dies nur, wenn die Person die Tätigkeit dort während der vorhergehenden zehn Jahre mindestens ein Jahr ausgeübt hat.

(2) Vorübergehende Dienstleistungen sind nur zulässig, wenn die Person vor der ersten Erbringung von Dienstleistungen im Inland in Textform die Aufnahme der Tätigkeit angezeigt hat. Der Anzeige müssen neben den in das nach § 75 Absatz 2 Satz 1 zu führende Verzeichnis einzutragenden Angaben folgende Dokumente beigefügt sein:
1. eine Bescheinigung darüber, dass die Person in einem anderen Mitgliedstaat der Europäischen Union oder Vertragsstaat des Abkommens über den Europäischen Wirtschaftsraum rechtmäßig zur Ausübung einer der in § 74 Absatz 1 genannten oder vergleichbaren Tätigkeit niedergelassen ist und dass ihr die Ausübung dieser Tä-

tigkeit zum Zeitpunkt der Vorlage der Bescheinigung nicht, auch nicht vorübergehend, untersagt ist,
2. ein Berufsqualifikationsnachweis,
3. sofern der Beruf im Staat der Niederlassung nicht reglementiert ist, einen Nachweis darüber, dass die Person die Tätigkeit dort während der vorhergehenden zehn Jahre mindestens ein Jahr rechtmäßig ausgeübt hat, und
4. die Angabe der Berufsbezeichnung, unter der die Tätigkeit im Inland zu erbringen ist.

§ 79 Absatz 1 Nummer 4 gilt entsprechend. Die Anzeige ist jährlich zu wiederholen, wenn die Person beabsichtigt, während des betreffenden Jahres weiter vorübergehende Dienstleistungen im Inland zu erbringen.

(3) Sobald die Anzeige nach Absatz 2 vollständig vorliegt, wird mit der Aufnahme in das Verzeichnis nach § 75 Absatz 1 eine vorübergehende Registrierung oder ihre Verlängerung um ein Jahr vorgenommen. Das Verfahren ist kostenfrei.

(4) Die vorübergehenden Dienstleistungen der Dolmetscherin oder des Dolmetschers, der Übersetzerin oder des Übersetzers sind unter der in der Sprache des Niederlassungsstaates für die Tätigkeit bestehenden Berufsbezeichnung zu erbringen. Eine Verwechslung mit den in § 79 Absatz 3 aufgeführten Berufsbezeichnungen muss ausgeschlossen sein.

(5) Eine vorübergehend registrierte Person kann aus dem Verzeichnis nach § 75 Absatz 1 gestrichen werden, wenn begründete Tatsachen die Annahme rechtfertigen, dass die Dolmetscherin oder der Dolmetscher, die Übersetzerin oder der Übersetzer wiederholt fehlerhafte Sprachübertragungen ausgeführt hat. Eine Streichung ist darüber hinaus in der Regel gerechtfertigt, wenn die Person im Staat der Niederlassung nicht mehr rechtmäßig niedergelassen ist oder ihr die Ausübung der Tätigkeit dort untersagt wird, oder wenn sie beharrlich entgegen Absatz 4 eine unrichtige Berufsbezeichnung führt.

§ 83
Weitere Verfahrensvorschriften

(1) Verfahren nach diesem Teil des Gesetzes können über eine einheitliche Stelle nach den Vorschriften des LVwG abgewickelt werden.

(2) Anträge nach § 76 Absatz 1 und Anzeigen nach § 82 Absatz 2 sind unverzüglich, spätestens jedoch innerhalb von drei Monaten, zu bearbeiten. § 111 a Absatz 2 Satz 2 bis 4 LVwG gilt entsprechend.

Teil 11
Justizkostenrecht
Kapitel 1
Gebührenfreiheit, Stundung und Erlass von Kosten

§ 84
Gebührenfreiheit

(1) Von der Zahlung der Gebühren, die die ordentlichen Gerichte in Zivilsachen erheben, sind Kirchen, sonstige Religionsgesellschaften und Weltanschauungsvereinigungen befreit, die die Rechtsstellung einer Körperschaft des öffentlichen Rechts haben.

(2) Von der Zahlung der Gebühren nach dem Gerichts- und Notarkostengesetz (GNotKG) vom 23. Juli 2013 (BGBl. I S. 2586, 2666), zuletzt geändert durch Artikel 26 des Gesetzes vom 5. Juli 2017 (BGBl. I S. 2208), und dem Gesetz über Gerichtskosten in Familiensachen vom 17. Dezember 2008 (BGBl. I S. 2586, 2666), zuletzt geändert durch Artikel 3 des Gesetzes vom 17. Juli 2017 (BGBl. I S. 2424), sowie der Gebühren in Justizverwaltungsangelegenheiten sind Körperschaften, Vereinigungen und Stiftungen befreit, die gemeinnützigen oder mildtätigen Zwecken im Sinne des Steuerrechts dienen, soweit die Angelegenheit nicht einen steuerpflichtigen wirtschaftlichen Geschäftsbetrieb betrifft. Die steuerrechtliche Behandlung als gemeinnützig oder mildtätig ist durch eine Bescheinigung des Finanzamts (Freistellungsbescheid oder sonstige Bestätigung) nachzuweisen.

(3) Die Gebührenfreiheit nach Absatz 1 und 2 gilt auch für Beurkundungs- und Beglaubigungsgebühren. Die Gebührenfreiheit nach Absatz 1 gilt auch für die Gebühren der Gerichtsvollzieherinnen und Gerichtsvollzieher.

(4) Sonstige landesrechtliche Vorschriften, die in weiteren Fällen eine sachliche oder persönliche Befreiung von Kosten gewähren, bleiben unberührt.

§ 85
Stundung und Erlass von Kosten

(1) Gerichtskosten, nach § 59 Absatz 1 des Rechtsanwaltsvergütungsgesetzes vom 5. Mai 2004 (BGBl. I S. 718, 788), zuletzt geändert durch Artikel 2 Absatz 8 des Gesetzes vom 18. Juli 2017 (BGBl. I S.2739), auf die Landeskasse übergegangene Ansprüche und sonstige Ansprüche nach § 1 Absatz 1 Nummer 5 bis 9 des Justizbeitreibungsgesetzes (JBeitrG) in der Fassung der Bekanntmachung vom 27. Juni 2017 (BGBl. I S. 1926), zuletzt geändert durch Artikel 5 des Gesetzes vom 30. Juni 2017 (BGBl. I S. 2094), können gestundet werden, wenn ihre sofortige Einziehung mit besonderen Härten für die Zahlungspflichtige oder den Zahlungspflichtigen verbunden wäre und der Anspruch durch die Stundung nicht gefährdet wird.

(2) Ansprüche der in Absatz 1 genannten Art können ganz oder zum Teil erlassen werden, wenn

1. es zur Förderung öffentlicher Zwecke geboten erscheint;
2. die Einziehung mit besonderen Härten für die oder den Zahlungspflichtigen verbunden wäre;
3. es sonst aus besonderen Gründen der Billigkeit entspricht.

Entsprechendes gilt für die Erstattung oder Anrechnung bereits entrichteter Beträge.

(3) Für die Entscheidung ist das für Justiz zuständige Ministerium zuständig. Es kann diese Befugnis ganz oder teilweise oder für bestimmte Arten von Fällen auf nachgeordnete Behörden übertragen.

Kapitel 2
Kosten in Angelegenheiten der Justizverwaltung;
Einziehung justizieller Forderungen

§ 86
Allgemeines

(1) In Justizverwaltungsangelegenheiten erheben die Justizbehörden Kosten (Gebühren und Auslagen) nach dem Justizverwaltungskostengesetz (JVKostG) vom 23. Juli 2013 (BGBl. I S. 2586, 2655), zuletzt geändert durch Artikel 2 des Gesetzes vom 18. Juli 2017 (BGBl. I S. 2732). Hiervon ausgenommen sind Nummer 2001 des Kostenverzeichnisses zum JVKostG sowie Nummer 2000 Nummer 2 und Nummer 2002 des Kostenverzeichnisses zum JVKostG in den Fällen der Nummer 2001 des Kostenverzeichnisses zum JVKostG.

(2) Ergänzend gelten die nachfolgenden Vorschriften dieses Kapitels und das anliegende Gebührenverzeichnis (Anlage 2). Die Anlage ist Bestandteil dieses Gesetzes.[3]

(3) Abweichend von Absatz 1 und 2 werden Kosten für die Gewährung von Informationen aufgrund des Informationszugangsgesetzes für das Land Schleswig-Holstein vom 19. Januar 2012 (GVOBl. Schl.-H. S. 89, ber. S. 279), zuletzt geändert durch Artikel 1 und 2 des Gesetzes vom 5. Mai 2017 (GVOBl. Schl.-H. S. 279, ber. S. 509), nach dem Verwaltungskostengesetz des Landes Schleswig-Holstein vom 17. Januar 1974 (GVOBl. Schl.-H. S. 37), zuletzt geändert durch Artikel 7 des Gesetzes vom 19. Januar 2012 (GVOBl. Schl.-H. S. 89), Ressortbezeichnungen zuletzt ersetzt durch Artikel 8 der Verordnung vom 16. März 2015 (GVOBl. Schl.-H. S. 96), erhoben.

---

3 *Vom Abdruck der Anlage wurde abgesehen.*

§ 87
Geltung des Justizbeitreibungsgesetzes

Das JBeitrG gilt für die Einziehung der dort in § 1 Absatz 1 genannten Ansprüche auch insoweit, als diese Ansprüche nicht auf bundesrechtlicher Regelung beruhen.

§ 88
Geltung des Gerichtsvollzieherkostengesetzes

Soweit Vollstreckungsbeamtinnen und Vollstreckungsbeamte der Justizverwaltung im Verwaltungszwangsverfahren für andere als Justizbehörden tätig werden, sind die Vorschriften des Gerichtsvollzieherkostengesetzes vom 19. April 2001 (BGBl. I S. 623), zuletzt geändert durch Artikel 12 des Gesetzes vom 21. November 2016 (BGBl. I S. 2591), anzuwenden.

§ 89
Kosten in Hinterlegungssachen

(1) In Hinterlegungssachen setzt bei den Rahmengebühren nach Nummer 3.1 des Gebührenverzeichnisses (Anlage 2) Hinterlegungsstelle, bei den Rahmengebühren nach den Nummern 3.3 und 3.4 des Gebührenverzeichnisses die Stelle, die über die Beschwerde zu entscheiden hat, die Höhe der Gebühr fest.

(2) In Hinterlegungssachen werden als Auslagen erhoben
1. die Auslagen nach Teil 2 des Kostenverzeichnisses zum JVKostG mit Ausnahme von Nummer 2001,
2. die Beträge, die bei der Umwechslung von Zahlungsmitteln nach § 11 Absatz 2 Satz 2 des Hinterlegungsgesetzes vom 3. November 2010 (GVOBl. Schl.-H. S. 685), geändert durch Verordnung vom 22. September 2017 (GVOBl. Schl.-H. S. 432), oder bei der Besorgung von Geschäften nach § 14 des Hinterlegungsgesetzes an Banken oder an andere Stellen zu zahlen sind,
3. die Dokumentenpauschale für Abschriften, die anzufertigen sind, weil ein Antrag auf Annahme nicht in der erforderlichen Anzahl von Stücken vorgelegt worden ist.

(3) Die Kosten in Hinterlegungssachen werden bei der Hinterlegungsstelle angesetzt.

(4) Zuständig für Entscheidungen nach § 22 Absatz 1 JVKostG ist das Amtsgericht, bei dem die Hinterlegungsstelle eingerichtet ist. Das gleiche gilt für Einwendungen gegen Maßnahmen nach Absatz 5 Nummer 2 und 3.

(5) Im Übrigen gilt für die Kosten in Hinterlegungssachen abweichend vom JVKostG Folgendes:
1. Zur Zahlung der Kosten sind auch die empfangsberechtigte Person, an die oder für deren Rechnung die Herausgabe verfügt wurde, sowie diejenige oder derjenige verpflichtet, in deren oder dessen Interesse eine Behörde um die Hinterlegung ersucht hat.
2. Die Kosten können der Masse entnommen werden, soweit es sich um Geld handelt, das in das Eigentum des Landes übergegangen ist.
3. Die Herausgabe hinterlegter Sachen kann von der Zahlung der Kosten abhängig gemacht werden.
4. Die Nummern 1 bis 3 sind auf Kosten, die für das Verfahren über Beschwerden erhoben werden, nur anzuwenden, soweit diejenige Person, der die Kosten dieses Verfahrens auferlegt worden sind, empfangsberechtigt ist.
5. Kosten sind nicht zu erheben oder sind, falls sie erhoben wurden, zu erstatten, wenn die Hinterlegung aufgrund § 116 Absatz 1 Satz 2 Nummer 4 und § 116 a StPO erfolgte, um eine beschuldigte Person von der Untersuchungshaft zu verschonen, und die beschuldigte Person rechtskräftig außer Verfolgung gesetzt oder freigesprochen oder das Verfahren gegen sie eingestellt wird; ist der Verfall der Sicherheit rechtskräftig ausgesprochen worden, so werden bereits erhobene Kosten nicht erstattet.
6. Ist bei Vormundschaften, Betreuungen, Pflegschaften für Minderjährige und in den Fällen des § 1667 BGB aufgrund gesetzlicher Verpflichtung oder Anordnung des Vormundschaftsgerichts hinterlegt worden, gelten Absatz 1 der Vorbemerkung 1.1 und Absatz 2 Satz 1 der Vorbemerkung 3.1 des Kostenverzeichnisses zum GNotKG entsprechend.
7. Die Verjährung des Anspruchs auf Zahlung der Kosten hindert das Land nicht, nach den Nummern 2 und 3 zu verfahren.
8. § 4 Absatz 3 JVKostG findet keine Anwendung.

Landesverordnung zur Bestimmung von Zuständigkeiten in der Justiz (Justizzuständigkeitsverordnung – JZVO)[1]
vom 15. November 2019
– GVOBl. Schl.-H. S. 546 –

Zuletzt geändert durch LVO vom 7. Dezember 2020 (GVOBl. Schl.-H. S. 994)

Teil 1
Zuständigkeiten der Amtsgerichte

§ 1
Mahnsachen

Dem Amtsgericht Schleswig werden die Mahnverfahren für die Bezirke aller Amtsgerichte zugewiesen.

§ 2
Zentrales Vollstreckungsgericht

Zentrales Vollstreckungsgericht nach § 802k Absatz 1 und § 882h Absatz 1 der Zivilprozessordnung ist das Amtsgericht Schleswig.

§ 3
Registerführung

(1) Für die Führung des Handels-, Genossenschafts- und Vereinsregisters ist zuständig

1. im Bezirk des Landgerichts Kiel das Amtsgericht Kiel,
2. im Bezirk des Landgerichts Flensburg das Amtsgericht Flensburg,
3. im Bezirk des Landgerichts Lübeck das Amtsgericht Lübeck,
4. im Bezirk des Landgerichts Itzehoe das Amtsgericht Pinneberg.

(2) Die Führung des Partnerschaftsregisters wird für alle Amtsgerichtsbezirke dem Amtsgericht Kiel übertragen.

(3) Die Rechtspflegerinnen und Rechtspfleger sind zuständig für Geschäfte nach § 17 Nummer 1 des Rechtspflegergesetzes in der Fassung der Bekanntmachung vom 14. April 2013 (BGBl. I S. 778, ber. 2014 I S. 46), zuletzt geändert durch Gesetz vom 19. März 2020 (BGBl. I S. 541).

(3) Die Führung des Seeschiffsregisters, des Binnenschiffsregisters und des Schiffsbauregisters wird für alle Amtsgerichtsbezirke dem Amtsgericht Kiel übertragen. Die Urkundsbeamtin oder der Urkundsbeamte der Geschäftsstelle ist zuständig für

1. die Bekanntmachung der Eintragungen,
2. die Gestattung der Einsicht in die Registerakten,
3. die Erteilung von Abschriften aus dem Register oder den Registerakten,
4. die Beglaubigung der Abschriften,
5. die Erteilung von Bescheinigungen und Zeugnissen mit Ausnahme der Schiffsurkunden an dritte Personen oder Stellen in den gesetzlich vorgesehenen Fällen.

§ 4
Insolvenzsachen

(1) Zu Insolvenzgerichten werden bestimmt:

1. Im Landgerichtsbezirk Flensburg
   a) das Amtsgericht Flensburg für die Bezirke der Amtsgerichte Flensburg und Schleswig und
   b) die Amtsgerichte Husum und Niebüll jeweils für den eigenen Bezirk;
2. im Landgerichtsbezirk Itzehoe
   a) die Amtsgerichte Meldorf und Itzehoe jeweils für den eigenen Bezirk und
   b) das Amtsgericht Pinneberg für die Bezirke der Amtsgerichte Elmshorn und Pinneberg;
3. im Landgerichtsbezirk Kiel
   a) das Amtsgericht Kiel für den eigenen Bezirk,
   b) das Amtsgericht Norderstedt für die Bezirke der Amtsgerichte Norderstedt und Bad Segeberg und
   c) das Amtsgericht Neumünster für die Bezirke der Amtsgerichte Eckernförde, Neumünster, Plön und Rendsburg;
4. im Landgerichtsbezirk Lübeck
   a) das Amtsgericht Eutin für die Bezirke der Amtsgerichte Eutin und Oldenburg in Holstein,
   b) das Amtsgericht Lübeck für den eigenen Bezirk,
   c) das Amtsgericht Reinbek für die Bezirke der Amtsgerichte Ahrensburg und Reinbek und
   d) das Amtsgericht Schwarzenbek für die Bezirke der Amtsgerichte Ratzeburg und Schwarzenbek.

(2) Als Insolvenzgericht, an dem ein Gruppen-Gerichtsstand nach § 3a der Insolvenzordnung begründet werden kann, wird das Amtsgericht Kiel bestimmt.

§ 5
Landwirtschaftssachen

(1) Dem Amtsgericht Elmshorn wird die Zuständigkeit für alle Landwirtschaftssachen aus dem Bezirk des Amtsgerichtes Pinneberg übertragen.

(2) Dem Amtsgericht Bad Segeberg wird die Zuständigkeit für alle Landwirtschaftssachen aus den Bezirken der Amtsgerichte Neumünster und Norderstedt übertragen.

§ 6
Urheberrechtsstreitsachen

Alle Urheberrechtsstreitsachen, für die die Amtsgerichte zuständig sind, werden dem Amtsgericht Flensburg zugewiesen.

§ 7
Europäische Verfahren für geringfügige Forderungen

Angelegenheiten in Europäischen Verfahren für geringfügige Forderungen nach der Verordnung (EG) Nummer 861/2007 werden, soweit sie in die sachliche Zuständigkeit der Amtsgerichte fallen, für den Bezirk jedes Landgerichts dem Amtsgericht am Sitz des Landgerichts zugewiesen.

§ 8
Ausländische Beweisaufnahmeersuchen

Soweit Rechtshilfeersuchen nach der Verordnung (EG) Nummer 1206/2001, nach dem Haager Übereinkommen über die Beweisaufnahme im Ausland in Zivil- oder Handelssachen vom 18. März 1970 (BGBl. 1977 II S. 1472), nach dem Übereinkommen über den Zivilprozeß vom 1. März 1954 (BGBl. 1958 II S. 576) oder von ausländischen Stellen in strafrechtlichen Angelegenheiten eine Bild- und Tonübertragung umfassen, ist für die Erledigung das Amtsgericht am Sitz desjenigen Landgerichts zuständig, in dessen Bezirk die Verfahrenshandlung durchgeführt werden soll.

§ 9
Binnenschifffahrtssachen

Die Bestimmungen zur Zuweisung von Binnenschifffahrtssachen an das Amtsgericht Hamburg und das Hanseatische Oberlandesgericht in Hamburg in dem Staatsvertrag zwischen der Freien Hansestadt Bremen, der Freien und

---

[1] Die Justizzuständigkeitsverordnung wurde als Artikel 1 der Landesverordnung zur Bereinigung und Zusammenfassung von Zuständigkeitsbestimmungen für die Justiz vom 15.11.2019 (GVOBl. Schl.-H. S. 546) verkündet und trat nach deren Artikel 7 am 1.1.2020 in Kraft.

Hansestadt Hamburg sowie den Ländern Niedersachsen und Schleswig-Holstein über die gerichtliche Zuständigkeit in Binnenschifffahrtssachen vom 24. Juni 1983 (GVOBl. Schl.-H. 1984 S. 61) bleiben unberührt.

§ 10
Seerechtliche Verteilungsverfahren

Die Bestimmungen zur Übertragung der seerechtlichen Verteilungsverfahren auf das Amtsgericht Hamburg in dem Abkommen über die Zuständigkeit des Amtsgerichts Hamburg für die seerechtlichen Verteilungsverfahren vom 6. November 1991 (GVOBl. Schl.-H. 1992 S. 208) bleiben unberührt.

§ 11
Bereitschaftsdienst

(1) Für folgende Amtsgerichte werden gemeinsame Bereitschaftsdienstpläne aufgestellt:
1. im Landgerichtsbezirk Flensburg
   a) für die Amtsgerichte Husum und Niebüll sowie
   b) für die Amtsgerichte Flensburg und Schleswig;
2. im Landgerichtsbezirk Itzehoe
   a) für die Amtsgerichte Elmshorn und Pinneberg sowie
   b) für die Amtsgerichte Itzehoe und Meldorf;
3. im Landgerichtsbezirk Lübeck
   a) für die Amtsgerichte Lübeck, Eutin und Oldenburg in Holstein sowie
   b) für die Amtsgerichte Ahrensburg, Ratzeburg, Reinbek und Schwarzenbek für den Bereitschaftsdienst an den Wochenenden, den gesetzlichen Feiertagen und sonst allgemein dienstfreien Tagen; die Geschäfte des Bereitschaftsdienstes der Amtsgerichte Ahrensburg, Ratzeburg, Reinbek und Schwarzenbek in Straf- und Abschiebehaftsachen werden an den Wochenenden, den gesetzlichen Feiertagen und sonst allgemein dienstfreien Tagen von dem Amtsgericht Lübeck wahrgenommen.

(2) Im Landgerichtsbezirk Kiel werden die Geschäfte des Bereitschaftsdienstes wie folgt wahrgenommen:
1. sämtliche Geschäfte der Amtsgerichte Eckernförde, Kiel, Plön und Rendsburg von dem Amtsgericht Kiel;
2. sämtliche Geschäfte der Amtsgerichte Bad Segeberg, Neumünster und Norderstedt von dem Amtsgericht Neumünster.

(3) Zu dem Bereitschaftsdienst der Amtsgerichte nach den Absätzen 1 und 2 sind neben den Richterinnen und Richtern der beteiligten Amtsgerichte auch die Richterinnen und Richter der Landgerichte des Landes Schleswig-Holstein heranzuziehen, und zwar:
1. im Landgerichtsbezirk Flensburg
   die Richterinnen und Richter des Landgerichts Flensburg zum gemeinsamen Bereitschaftsdienst der Amtsgerichte Flensburg und Schleswig;
2. im Landgerichtsbezirk Itzehoe
   die Richterinnen und Richter des Landgerichts Itzehoe anteilig zum gemeinsamen Bereitschaftsdienst der Amtsgerichte Elmshorn und Pinneberg sowie zum gemeinsamen Bereitschaftsdienst der Amtsgerichte Itzehoe und Meldorf;
3. im Landgerichtsbezirk Lübeck
   die Richterinnen und Richter des Landgerichts Lübeck zum gemeinsamen Bereitschaftsdienst der Amtsgerichte Lübeck, Eutin und Oldenburg in Holstein;
4. im Landgerichtsbezirk Kiel
   die Richterinnen und Richter des Landgerichts Kiel anteilig zum Bereitschaftsdienst der Amtsgerichte Kiel und Neumünster.

§ 12
Beschleunigte Strafverfahren

(1) Folgende Strafsachen werden den in Absatz 2 bestimmten Amtsgerichten zugewiesen:

1. Entscheidungen über Anträge der Staatsanwaltschaft auf Erlass eines Haftbefehls gemäß § 127b Absatz 2 der Strafprozessordnung sowie die Ablehnung solcher Anträge Entscheidungen über die für diesen Fall gestellten Anträge auf Erlass eines auf § 112 oder § 112a der Strafprozessordnung gestützten Haftbefehls,
2. im Falle des Erlasses eines Haftbefehls gemäß § 127b Absatz 2 der Strafprozessordnung die nach § 126 Absatz 1 Satz 1 der Strafprozessordnung zu treffenden Entscheidungen und Maßnahmen sowie die sonst erforderlich werdenden richterlichen Untersuchungshandlungen,
3. die Verhandlungen und Entscheidungen in beschleunigten Verfahren nach Vorführung nach § 127b in Verbindung mit § 128 der Strafprozessordnung.

(2) Als zuständige Gerichte werden bestimmt
1. für den Landgerichtsbezirk Flensburg das Amtsgericht Flensburg;
2. für den Landgerichtsbezirk Itzehoe das Amtsgericht Itzehoe;
3. im Landgerichtsbezirk Kiel
   a) das Amtsgericht Kiel für die Bezirke der Amtsgerichte Eckernförde, Kiel, Plön und Rendsburg,
   b) das Amtsgericht Neumünster für die Bezirke der Amtsgerichte Bad Segeberg, Neumünster und Norderstedt;
4. für den Landgerichtsbezirk Lübeck das Amtsgericht Lübeck.

§ 13
Haftsachen

(1) Als Haftgericht werden bestimmt
1. für den Landgerichtsbezirk Flensburg das Amtsgericht Flensburg,
2. für den Landgerichtsbezirk Itzehoe das Amtsgericht Itzehoe,
3. für den Landgerichtsbezirk Kiel das Amtsgericht Neumünster,
4. für den Landgerichtsbezirk Lübeck das Amtsgericht Lübeck.

(2) In Strafsachen, in denen das Amtsgericht Haftbefehl erlassen hat, werden aus seinem Bezirk den in Absatz 1 als Haftgericht bestimmten Amtsgerichten zugewiesen
1. die nach § 126 Absatz 1 Satz 1 der Strafprozessordnung zu treffenden Entscheidungen und Maßnahmen sowie die sonst vor Erhebung der öffentlichen Klage erforderlich werdenden richterlichen Untersuchungshandlungen, sobald der Beschuldigte in die Vollzugsanstalt am Sitz des Haftgerichts eingeliefert worden ist und solange dort gegen ihn der Haftbefehl vollzogen oder in Unterbrechung der Untersuchungshaft Freiheitsstrafe vollstreckt wird,
2. die Verhandlung und Entscheidung der Strafsache (§§ 25 und 28 des Gerichtsverfassungsgesetzes), wenn der Haftbefehl gegen den Angeschuldigten bei Erhebung der öffentlichen Klage in dieser Sache in der Vollzugsanstalt am Sitz des Haftgerichts vollzogen oder in Unterbrechung der Untersuchungshaft Freiheitsstrafe vollstreckt wird.

(3) Hat das Beschwerdegericht den Haftbefehl erlassen, gilt für das Amtsgericht, das die vorangegangene Entscheidung erlassen hat, Absatz 2 entsprechend.

(4) Die Absätze 2 und 3 gelten nicht für Strafsachen gegen weibliche Be- oder Angeschuldigte sowie gegen Jugendliche und Heranwachsende im Sinne des § 1 Absatz 2 des Jugendgerichtsgesetzes.

§ 14
Bußgeldverfahren

Abweichend von § 68 Absatz 1 des Gesetzes über Ordnungswidrigkeiten ist in Bußgeldverfahren wegen Ordnungswidrigkeiten nach den §§ 24, 24a und 24c des Straßenverkehrsgesetzes bei einem Einspruch gegen den Bußgeldbescheid der Landrätin oder des Landrats jeweils das nachfolgend aufgeführte Amtsgericht zuständig, wenn die Ordnungswidrigkeit oder eine der Ordnungswidrigkeiten in dem bezeichneten Bezirk begangen worden ist:

1. das Amtsgericht Ahrensburg für den Bezirk der Amtsgerichte Ahrensburg und Reinbek sowie für die Gemeinde Tangstedt;
2. das Amtsgericht Norderstedt für seinen Bezirk mit Ausnahme der Gemeinde Tangstedt;
3. die Amtsgerichte Eckernförde, Elmshorn, Flensburg, Itzehoe, Lübeck, Niebüll, Oldenburg in Holstein und Pinneberg jeweils für ihren Bezirk.

§ 15
Wirtschaftsstrafsachen

(1) Für die zur Zuständigkeit der Amtsgerichte gehörenden Wirtschaftsstrafsachen sind die Amtsgerichte, die ihren Sitz am Ort des Landgerichts haben, für den Bezirk des Landgerichts zuständig. Im vorbereitenden Verfahren gilt dies nur für die Zustimmung des Gerichts nach § 153 Absatz 1 und § 153a Absatz 1 der Strafprozessordnung.

(2) Wirtschaftsstrafsachen im Sinne des Absatzes 1 sind Verfahren, die die in § 74c Absatz 1 des Gerichtsverfassungsgesetzes bezeichneten Straftaten zum Gegenstand haben.

(3) Eine aufgrund der Absätze 1 und 2 begründete Zuständigkeit geht einer nach § 13 begründeten Zuständigkeit vor.

Teil 2
Zuständigkeiten der Landgerichte

§ 16
Kammern für Handelssachen

Bei den Landgerichten bestehen nachfolgend aufgeführte Kammern für Handelssachen jeweils für den gesamten Bezirk des Landgerichts:

1. bei dem Landgericht Flensburg zwei Kammern für Handelssachen,
2. bei dem Landgericht Itzehoe zwei Kammern für Handelssachen,
3. bei dem Landgericht Kiel zwei Kammern für Handelssachen,
4. bei dem Landgericht Lübeck drei Kammern für Handelssachen.

§ 17
Kartellsachen

Die bürgerlichen Rechtsstreitigkeiten, für die nach § 87 des Gesetzes gegen Wettbewerbsbeschränkungen die Landgerichte ausschließlich zuständig sind, werden für die Bezirke aller Landgerichte dem Landgericht in Kiel zugewiesen.

§ 18
Wertpapierbereinigungssachen

Die Aufgaben der bei dem Landgericht Kiel gebildeten Kammern für Wertpapierbereinigung werden den dortigen Kammern für Handelssachen übertragen.

§ 19
Urheberrechtsstreitsachen

Alle Urheberrechtsstreitsachen, für die die Landgerichte in erster Instanz oder in der Berufungsinstanz zuständig sind, werden dem Landgericht Flensburg zugewiesen.

§ 20
Designstreitsachen

Alle Designstreitsachen, für die die Zuständigkeit eines Landgerichts gegeben ist, werden dem Landgericht Flensburg zugewiesen.

§ 21
Gemeinschaftsgeschmacksmusterstreitsachen

Gemeinschaftsgeschmacksmusterstreitsachen werden dem Landgericht Flensburg zugewiesen.

§ 22
Gemeinschaftsmarken- und Kennzeichenstreitsachen, Schutz des olympischen Emblems und der olympischen Bezeichnungen

(1) Gemeinschaftsmarkenstreitsachen, für die gemäß § 125e Absatz 1 des Markengesetzes die Landgerichte zuständig sind, werden für die Bezirke aller Landgerichte dem Landgericht Kiel zugewiesen.

(2) Kennzeichenstreitsachen, für die gemäß § 140 Absatz 1 des Markengesetzes die Landgerichte zuständig sind, werden für die Bezirke aller Landgerichte dem Landgericht Kiel zugewiesen.

(3) Alle Klagen, durch die ein Anspruch auf Grund des Gesetzes zum Schutz des olympischen Emblems und der olympischen Bezeichnungen geltend gemacht wird, werden für die Bezirke aller Landgerichte dem Landgericht Kiel zugewiesen.

§ 23
Patent-, Gemeinschaftspatent-, Gebrauchsmuster-, Halbleiterschutz- und Sortenschutzstreitsachen

Die Bestimmungen zur Zuweisung von Patent-, Gemeinschaftspatent-, Gebrauchsmuster-, Halbleiterschutz- und Sortenschutzstreitsachen an das Landgericht Hamburg in dem Abkommen über die Zuständigkeit des Landgerichts Hamburg für Rechtsstreitigkeiten über technische Schutzrechte vom 17. November 1992 (GVOBl. Schl.-H. 1993 S. 497) bleiben unberührt.

§ 24
Verfahren nach dem Wohnungseigentumsgesetz

Als gemeinsames Berufungs- und Beschwerdegericht für den Bezirk des Schleswig-Holsteinischen Oberlandesgerichts für Streitigkeiten nach § 43 Absatz 2 des Wohnungseigentumsgesetzes wird das Landgericht Itzehoe bestimmt.

§ 25
Baulandsachen

Die gerichtlichen Verhandlungen und Entscheidungen über Anträge nach § 217 des Baugesetzbuchs werden für alle Landgerichtsbezirke dem Landgericht Kiel zugewiesen.

§ 26
Verfahren über die Entschädigung für Opfer nationalsozialistischer Verfolgung, Wiedergutmachungssachen

(1) Das Landgericht in Kiel (Entschädigungskammer) ist in Verfahren nach dem Bundesentschädigungsgesetz für das ganze Land zuständig.

(2) Die Zuweisung von Wiedergutmachungssachen an die Wiedergutmachungskammer des Landgerichts Kiel durch die Erste Verordnung zur Durchführung des Gesetzes Nr. 59 (Rückerstattung feststellbarer Vermögensgegenstände an Opfer der nationalsozialistischen Unterdrückungsmaßnahmen) vom 26. September 1949 (GVOBl. Schl.-H. S. 189) bleibt unberührt.

§ 27
Wirtschaftsstrafsachen

Strafsachen gemäß § 74c Absatz 1 des Gerichtsverfassungsgesetzes werden zugewiesen

1. dem Landgericht Kiel für die Landgerichtsbezirke Flensburg und Kiel,
2. dem Landgericht Lübeck für die Landgerichtsbezirke Itzehoe und Lübeck.

§ 28
Strafvollstreckungssachen

(1) Die in die Zuständigkeit der Strafvollstreckungskammern fallenden Strafsachen werden zugewiesen

1. dem Landgericht Kiel für die Landgerichtsbezirke Flensburg und Kiel,
2. dem Landgericht Lübeck für die Landgerichtsbezirke Itzehoe und Lübeck.

(2) Die Bestimmungen zur Übertragung der Aufgaben der Strafvollstreckungskammern für die Justizvollzugsanstalt Glasmoor auf die Strafvollstreckungskammer bei dem

Landgericht Hamburg in dem Abkommen über die Zuständigkeit der Strafvollstreckungskammer bei dem Landgericht Hamburg vom 10. Oktober 1974 (GVOBl. Schl.-H. S. 475) bleiben unberührt.

Teil 3
Zuständigkeiten anderer Gerichte

§ 29
Staatsschutzsachen

Die Bestimmungen zur Zuweisung von Staatsschutzsachen an das Hanseatische Oberlandesgericht in Hamburg in dem Staatsvertrag zwischen dem Land Schleswig-Holstein und der Freien und Hansestadt Hamburg über die Zuständigkeit des Hanseatischen Oberlandesgerichts Hamburg in Staatsschutz-Strafsachen vom 16. Februar 2012 (GVOBl. Schl.-H. S. 550), bleiben unberührt.

§ 30
Bildung von Fachkammern

Bei den Gerichten für Arbeitssachen werden folgende Fachkammern gebildet:
1. bei dem Landesarbeitsgericht Schleswig-Holstein eine Fachkammer für den öffentlichen Dienst,
2. bei dem Arbeitsgericht Kiel eine Fachkammer für den öffentlichen Dienst,
3. bei dem Arbeitsgericht Lübeck eine Fachkammer für den öffentlichen Dienst und eine Fachkammer für die Seeschifffahrt.

§ 31
Gemeinsamer Finanzsenat

Die Bestimmungen in dem Staatsvertrag zwischen den Ländern Freie und Hansestadt Hamburg, Niedersachsen und Schleswig-Holstein über die Errichtung eines gemeinsamen Senats des Finanzgerichts vom 14. April 1981 (GVOBl. Schl.-H. S. 140), zuletzt geändert durch Staatsvertrag vom 10. März 2014 (GVOBl. Schl.-H. S. 103), zur Zuweisung von Sachen an den gemeinsamen Senat des Finanzgerichts Hamburg bleiben unberührt.

Teil 4
Zuständigkeiten
der Landesjustizverwaltung

§ 32
Führungsaufsichtsstellen

Die Aufsichtsstellen nach § 68a des Strafgesetzbuches werden bei den Landgerichten eingerichtet.

§ 33
Feststellungserklärungen zur Übertragung dinglicher Rechte

(1) Zuständige Behörde für die Feststellung, dass die Voraussetzungen für die Übertragung
1. eines Nießbrauchs nach § 1059a Absatz 1 Nummer 2 des Bürgerlichen Gesetzbuchs,
2. des Anspruchs auf Einräumung eines Nießbrauchs nach § 1059e in Verbindung mit § 1059a Absatz 1 Nummer 2 des Bürgerlichen Gesetzbuchs,
3. einer beschränkten persönlichen Dienstbarkeit oder des Anspruchs auf Einräumung einer beschränkten persönlichen Dienstbarkeit nach § 1092 Absatz 2 in Verbindung mit § 1059a Absatz 1 Nummer 2 des Bürgerlichen Gesetzbuchs,
4. eines Vorkaufsrechts nach § 1098 Absatz 3 in Verbindung mit § 1059a Absatz 1 Nummer 2 des Bürgerlichen Gesetzbuchs

gegeben sind, ist die Präsidentin oder der Präsident des Landgerichts, in dessen Bezirk der Sitz der übertragenen juristischen Person liegt. Das gilt auch, wenn der mit dem zu übertragenden Recht belastete Grundbesitz ganz oder teilweise außerhalb Schleswig-Holsteins belegen ist.

(2) Hat die übertragende juristische Person ihren Sitz im Ausland, ist für die Erteilung der Feststellungserklärung die Präsidentin oder der Präsident des Landgerichts zuständig, in dessen Bezirk der Sitz der erwerbenden Person liegt. Liegt auch dieser im Ausland, ist die Präsidentin oder der Präsident des Landgerichts zuständig, in dessen Bezirk der mit dem zu übertragenden Recht belastete Grundbesitz ganz oder teilweise belegen und die oder der zuerst mit der Übertragbarkeit befasst ist.

§ 34
Registereinsicht

Das Schleswig-Holsteinische Oberlandesgericht ist zuständige Stelle nach
1. § 79 Absatz 5 des Bürgerlichen Gesetzbuches,
2. § 9 Absatz 1 des Handelsgesetzbuches,
3. § 156 Absatz 1 Satz 1 des Genossenschaftsgesetzes in Verbindung mit § 9 Absatz 1 des Handelsgesetzbuches,
4. § 5 Absatz 2 des Partnerschaftsgesellschaftsgesetzes in Verbindung mit § 9 Absatz 1 des Handelsgesetzbuches.

§ 35
Angelegenheiten der Notarinnen und Notare

(1) Auf die Präsidentin oder den Präsidenten des Schleswig-Holsteinischen Oberlandesgerichts werden die folgenden Aufgaben und Befugnisse übertragen, die der Landesjustizverwaltung nach der Bundesnotarordnung zustehen:
1. die Bestellung von Notarinnen und Notaren (§ 12 Satz 1 der Bundesnotarordnung);
2. die Entlassung von Notarinnen und Notaren (§ 48 der Bundesnotarordnung);
3. die Amtsenthebung von Notarinnen und Notaren (§ 50 Absatz 3 Satz 1 der Bundesnotarordnung);
4. die Aufgaben der oder des Dienstvorgesetzten nach § 50 Absatz 4 Satz 3 der Bundesnotarordnung;
5. die Ernennung von Beisitzerinnen und Beisitzern des Disziplinargerichtes für Notarinnen und Notare und die Bestimmung der erforderlichen Zahl von Beisitzerinnen und Beisitzern (§ 103 Absatz 1 der Bundesnotarordnung);
6. die Stellung des Antrags auf Entscheidung über die Beendigung des Amtes einer Beisitzerin oder eines Beisitzers und auf Amtsenthebung einer Beisitzerin oder eines Beisitzers sowie ihre oder seine Entlassung aus dem Amt (§ 104 Absatz 1a Satz 3, Absatz 2 Satz 1 und Absatz 3 der Bundesnotarordnung).

(2) Den Präsidentinnen und Präsidenten der Landgerichte werden jeweils für ihren Geschäftsbereich folgende Aufgaben und Befugnisse übertragen:
1. die Zulassung von Ausnahmen von dem Verbot, ein besoldetes Amt innezuhaben (§ 8 Absatz 1 Satz 2 der Bundesnotarordnung);
2. die Festlegung der Grenzen des Amtsbereichs und ihre Änderung (§ 10a Absatz 1 Satz 2 der Bundesnotarordnung);
3. die Entgegennahme der Mitteilung des Versicherers nach § 19a Absatz 3 Satz 3 der Bundesnotarordnung;
4. die Aufgaben der zuständigen Stelle nach § 19a Absatz 5 der Bundesnotarordnung;
5. die Erteilung von Auskünften nach § 19a Absatz 6 der Bundesnotarordnung;
6. die Entscheidung über die Übertragung der Verwahrung nach § 51 Absatz 1 Satz 2 der Bundesnotarordnung;
7. die Erteilung der Erlaubnis, die Amtsbezeichnung „Notarin" oder „Notar" mit dem Zusatz „außer Dienst (a.D.)" weiterzuführen (§ 52 Absatz 2 der Bundesnotarordnung) und die Entscheidung über die Rücknahme oder den Widerruf dieser Erlaubnis (§ 52 Absatz 3 Satz 1 der Bundesnotarordnung);
8. die Bestellung einer Notariatsverwalterin oder eines Notariatsverwalters und ihr Widerruf (§ 57 Absatz 2 Satz 1, § 64 Absatz 1 Satz 3 der Bundesnotarordnung);
9. die Mitteilung an die Notariatsverwalterin oder den Notariatsverwalter über die Beendigung ihres oder seines Amtes (§ 64 Absatz 1 Satz 3 der Bundesnotarordnung).

(3) Die in den Vorschriften des Bundesdisziplinargesetzes der obersten Dienstbehörde zugewiesenen Aufgaben und Befugnisse werden in Disziplinarverfahren gegen Notarinnen und Notare auf die Präsidentin oder den Präsidenten des Schleswig-Holsteinischen Oberlandesgerichts übertragen.

§ 36
Angelegenheiten der Rechtsanwältinnen und Rechtsanwälte

Auf die Präsidentin oder den Präsidenten des Schleswig-Holsteinischen Oberlandesgerichts werden die folgenden Aufgaben und Befugnisse übertragen, die der Landesjustizverwaltung nach der Bundesrechtsanwaltsordnung zustehen:

1. die Entgegennahme der Mitteilungen nach § 36 Absatz 4 und § 160 Absatz 1 Satz 2 der Bundesrechtsanwaltsordnung;
2. die Aufgaben und Befugnisse nach dem Ersten und Zweiten Abschnitt des Fünften Teils der Bundesrechtsanwaltsordnung mit Ausnahme der Bestimmung der Zahl der Kammern des Schleswig-Holsteinischen Anwaltsgerichts und der Senate des Schleswig-Holsteinischen Anwaltsgerichtshofs (§ 92 Absatz 2 Satz 2, § 101 Absatz 2 Satz 2 der Bundesrechtsanwaltsordnung).

§ 37
Angelegenheiten der Rechtsdienstleistenden

(1) Die Aufgaben und Befugnisse nach dem Rechtsdienstleistungsgesetz werden der Präsidentin oder dem Präsidenten des Schleswig-Holsteinischen Oberlandesgerichts übertragen.

(2) Zuständige Aufsichtsbehörde für die Durchführung des Geldwäschegesetzes vom 23. Juni 2017 (BGBl. I S. 1822) für die nach § 2 Absatz 1 Nummer 11 des Geldwäschegesetzes Verpflichteten ist die Präsidentin oder der Präsident des Schleswig-Holsteinischen Oberlandesgerichts.

§ 38
Erteilung von Apostillen

Für die Erteilung der Apostille nach Artikel 3 Absatz 1 und Artikel 6 des Übereinkommens zur Befreiung ausländischer öffentlicher Urkunden von der Legalisation vom 5. Oktober 1961 (BGBl. 1965 II S. 876) sind zuständig:

1. das für Justiz zuständige Ministerium hinsichtlich aller öffentlichen Urkunden, die in seinem Geschäftsbereich ausgestellt sind, mit Ausnahme der in den Nummern 2 und 3 genannten Urkunden;
2. die Präsidentinnen und Präsidenten der Landgerichte Flensburg, Itzehoe, Kiel und Lübeck jeweils hinsichtlich der in ihrem Geschäftsbereich und der von den Notarinnen und Notaren, die in ihrem Bezirk ihren Amtssitz haben, ausgestellten öffentlichen Urkunden;
3. die Präsidentinnen und Präsidenten der Amtsgerichte Kiel und Lübeck jeweils hinsichtlich der in ihrem Geschäftsbereich ausgestellten öffentlichen Urkunden.

§ 39
Internationale Rechtshilfe in Zivil- und Handelssachen

Das für Justiz zuständige Ministerium ist

1. Kontaktstelle im Sinne des Artikel 2 der Entscheidung 2001/470/EG des Rates vom 28. Mai 2001 über die Einrichtung eines Europäischen Justiziellen Netzes für Zivil- und Handelssachen (ABl. L 174 S. 25), geändert durch Entscheidung 568/2009/EG des Europäischen Parlaments und des Rates vom 18. Juni 2009 (ABl. L 168 S. 35);
2. Zentralstelle im Sinne des Artikel 3 Absatz 1 der Verordnung (EG) Nummer 1206/2001;
3. zuständige Stelle für die Entgegennahme von Ersuchen auf unmittelbare Beweisaufnahme im Sinne des Artikel 17 Absatz 1 der Verordnung (EG) Nummer 1206/2001;
4. Zentralstelle im Sinne des Artikel 3 der Verordnung (EG) Nummer 1393/2007 vom 13. November 2007 über die Zustellung gerichtlicher und außergerichtlicher Schriftstücke in Zivil- oder Handelssachen in den Mitgliedstaaten („Zustellung von Schriftstücken") und zur Aufhebung der Verordnung (EG) Nummer 1348/2000 des Rates (ABl. L 324 S. 79), geändert durch Verordnung (EU) Nummer 517/2013 des Rates vom 13. Mai 2013 (ABl. L 158 S. 1);
5. Zentrale Behörde nach Artikel 2 und 18 Absatz 3 des Haager Übereinkommens vom 15. November 1965 über die Zustellung gerichtlicher und außergerichtlicher Schriftstücke im Ausland in Zivil- oder Handelssachen (BGBl. 1977 II S. 1452);
6. Zentrale Behörde nach Artikel 2 und 24 Absatz 2 des Haager Übereinkommens vom 18. März 1970 über die Beweisaufnahme im Ausland in Zivil- oder Handelssachen (BGBl. 1977 II S. 1472).

§ 40
Europäisches Justizielles Netz in Strafsachen

Die Aufgaben der Kontaktstelle im Sinne des Beschlusses 2008/976/JI des Rates vom 16. Dezember 2008 über das Europäische Justizielle Netz (ABl. L 348 S. 130) werden der Generalstaatsanwältin oder dem Generalstaatsanwalt des Landes Schleswig-Holstein zugewiesen.

§ 41
Europäisches Übereinkommen betreffend Auskünfte über ausländisches Recht

Das für Justiz zuständige Ministerium ist zuständig, eingehende Ersuchen nach dem Europäischen Übereinkommen betreffend Auskünfte über ausländisches Recht vom 7. Juni 1968 (BGBl. 1974 II S. 938) und nach dem Zusatzprotokoll vom 15. März 1978 (BGBl. 1987 II S. 60) zu dem Übereinkommen zu beantworten, die das zuständige Bundesministerium an Schleswig-Holstein weiterleitet. Es nimmt für Schleswig-Holstein die Aufgaben der Übermittlungsstelle im Sinne des Artikels 2 Absatz 2 des Übereinkommens wahr.

Teil 5
Übergangsbestimmungen

§ 42
Übergangsbestimmung

Für Verfahren, die bei Inkrafttreten dieser Verordnung anhängig sind, verbleibt es bei der bisherigen Zuständigkeit.

Gesetz
zur Ausführung von § 15 a des Gesetzes betreffend die Einführung der Zivilprozessordnung (Landesschlichtungsgesetz – LSchliG)
vom 11. Dezember 2001
– GVOBl. Schl.-H. S. 361, ber. GVOBl. Schl.-H. 2002 S. 218–

Zuletzt geändert durch LVO vom 7. Dezember 2020 (GVOBl. Schl.-H. S. 994)

Inhaltsübersicht
Erster Teil
§ 1 Anwendungsbereich
§ 2 Bescheinigung über erfolglosen Einigungsversuch

Zweiter Teil
§ 3 Gütestellen
§ 4 Auswahl der Gütestelle
§ 5 Schiedsämter
§ 6 Anwaltliche Gütestellen
§ 7 Verfahren vor den anwaltlichen Gütestellen
§ 8 Pflichten der anwaltlichen Gütestellen
§ 9 Kosten des Verfahrens vor den anwaltlichen Gütestellen

Dritter Teil
§ 10 Änderungen der Schiedsordnung
§ 11 Inkrafttreten

Erster Teil
Allgemeine Vorschriften
§ 1
Anwendungsbereich

(1) Die Erhebung der Klage ist erst zulässig, nachdem von einer Gütestelle nach § 3 versucht worden ist, die Streitigkeit einvernehmlich beizulegen, in

1. Streitigkeiten über Ansprüche nach Abschnitt 3 des Allgemeinen Gleichbehandlungsgesetzes vom 14. August 2006 (BGBl. I S.1897), zuletzt geändert durch Artikel 19 Abs. 10 des Gesetzes vom 12. Dezember 2007 (BGBl. I S. 2840)[1],

2. Streitigkeiten über Ansprüche wegen
   a) der in § 906 des Bürgerlichen Gesetzbuches geregelten Einwirkungen auf Grundstücke, sofern es sich nicht um Einwirkungen von einem gewerblichen Betrieb handelt,
   b) Überwuchses nach § 910 des Bürgerlichen Gesetzbuches,
   c) Hinüberfalls nach § 911 des Bürgerlichen Gesetzbuches,
   d) eines Grenzbaums nach § 923 des Bürgerlichen Gesetzbuches,
   e) der im Nachbarrechtsgesetz für das Land Schleswig-Holstein geregelten Nachbarrechte, sofern es sich nicht um Einwirkungen von einem gewerblichen Betrieb handelt,

3. Streitigkeiten über Ansprüche wegen Verletzung der persönlichen Ehre, die nicht in Presse oder Rundfunk begangen worden sind. Die Klägerin oder der Kläger hat eine von der Gütestelle ausgestellte Bescheinigung über einen erfolglosen Einigungsversuch mit der Klage einzureichen.

(2) Absatz 1 findet keine Anwendung auf
1. Klagen nach §§ 323, 324, 328 der Zivilprozessordnung, Widerklagen und Klagen, die binnen einer gesetzlichen oder gerichtlich angeordneten Frist zu erheben sind,
2. Streitigkeiten in Familiensachen,
3. Wiederaufnahmeverfahren,
4. Ansprüche, die im Urkunden-, Wechsel- oder Scheckprozess geltend gemacht werden,
5. die Durchführung des streitigen Verfahrens, wenn ein Anspruch im Mahnverfahren geltend gemacht worden ist,
6. Klagen wegen vollstreckungsrechtlicher Maßnahmen, insbesondere nach dem Achten Buch der Zivilprozessordnung,
7. Anträge nach § 404 der Strafprozessordnung,
8. Klagen, denen nach anderen gesetzlichen Bestimmungen ein Vorverfahren vorauszugehen hat.

Das gleiche gilt, wenn die Parteien nicht in demselben Landgerichtsbezirk wohnen oder ihren Sitz oder eine Niederlassung haben.

§ 2
Bescheinigung über erfolglosen Einigungsversuch

(1) Die Gütestelle erteilt auf Antrag eine unterschriebene Bescheinigung über die Erfolglosigkeit des Schlichtungsverfahrens, wenn

1. in der Schlichtungsverhandlung ein Vergleich nicht zustande gekommen ist,
2. allein die Antragsgegnerin oder der Antragsgegner dem Schlichtungstermin unentschuldigt ferngeblieben ist oder sich vor dem Schluss der Schlichtungsverhandlung unentschuldigt entfernt hat,
3. binnen einer Frist von drei Monaten seit Antragstellung und Zahlung des erforderlichen Vorschusses das beantragte Schlichtungsverfahren nicht durchgeführt worden ist,
4. die Gütestelle die Ausübung des Amtes nach § 18 der Schiedsordnung oder deshalb ablehnt, weil die Voraussetzungen nach § 1 dieses Gesetzes nicht vorliegen.

(2) Die Bescheinigung muss enthalten
1. die Namen, Vornamen und Anschriften der Parteien und ihrer gesetzlichen Vertreterinnen oder Vertreter,
2. Angaben über den Gegenstand des Streits, insbesondere die Anträge,
3. die Zeitpunkte des Antragseingangs und der Verfahrensbeendigung sowie
4. Ort und Zeit der Ausstellung.

Zweiter Teil
§ 3
Gütestellen

(1) Gütestellen sind
1. alle Rechtsanwältinnen und Rechtsanwälte, die nicht Parteivertreterinnen oder Parteivertreter sind, sowie sonstige Gütestellen, die Streitbeilegungen betreiben (allgemeine Gütestellen),
2. die Schiedsämter nach der Schiedsordnung für das Land Schleswig-Holstein vom 10. April 1991 (GVOBl. Schl.-H. S. 232), Zuständigkeiten und Ressortbezeichnungen ersetzt durch Verordnung vom 13. Februar 2001 (GVOBl. Schl.-H. S. 34), und
3. die anwaltlichen Gütestellen nach § 6.

(2) Gütestellen im Sinne des Absatzes 1 Nr. 1 und 3 sind auch Rechtsbeistände, die Mitglied einer Rechtsanwaltskammer sind.

---

[1] Nach Artikel 2 des Gesetzes vom 16.12.2008 (GVOBl. Schl.-H. S. 831) gilt § 1 Abs. 1 Nr. 1 nicht für Klagen, die vor dem 31.12.2008 bei Gericht eingegangen sind.

§ 4
Auswahl der Gütestelle

(1) Die Parteien können sich für einen Schlichtungsversuch einvernehmlich an eine allgemeine Gütestelle nach § 3 Nr. 1 wenden. Das Einvernehmen wird unwiderleglich vermutet, wenn die Verbraucherin oder der Verbraucher eine branchengebundene Gütestelle, eine Gütestelle der Industrie- und Handelskammer, der Handwerkskammer oder der Innung angerufen hat.

(2) Können sich die Parteien nicht auf eine allgemeine Gütestelle einigen, ist das Schlichtungsverfahren von einer Gütestelle nach § 3 Nr. 2 oder 3 durchzuführen. Unter mehreren örtlich zuständigen Gütestellen hat die antragstellende Partei die Wahl.

§ 5
Schiedsämter

Für das Schlichtungsverfahren vor dem Schiedsamt nach § 3 Nr. 2 gelten die §§ 14 bis 34 und 41 bis 49 der Schiedsordnung entsprechend.

§ 6
Anwaltliche Gütestellen

(1) Gütestelle nach § 3 Nr. 3 ist jede Rechtsanwältin und jeder Rechtsanwalt, die oder der auf Antrag durch die Schleswig-Holsteinische Rechtsanwaltskammer als Gütestelle zugelassen ist.

(2) Jede Rechtsanwältin und jeder Rechtsanwalt, die oder der sich gegenüber der Rechtsanwaltskammer verpflichtet hat, Schlichtung als dauerhafte Aufgabe zu betreiben, ist durch die Rechtsanwaltskammer als Gütestelle zuzulassen. Die Rechtsanwaltskammer kann die Zulassung wegen groben Verstoßes gegen die Pflichten nach § 8 dieses Gesetzes widerrufen.

(3) Die Aufsicht über die anwaltlichen Gütestellen führt die Rechtsanwaltskammer. Sie erlässt die hierzu erforderlichen Verwaltungsvorschriften. Sie kann von den Gütestellen jederzeit Auskunft über alle die Geschäftsführung betreffenden Angelegenheiten verlangen.

§ 7
Verfahren vor den anwaltlichen Gütestellen

Für das Verfahren vor den anwaltlichen Gütestellen gelten §§ 7 Abs. 1 Satz 2 und Abs. 2, § 10 Abs. 1, §§ 16 bis 18 und 19 Abs. 1, §§ 20 bis 34, 42 Abs. 1 und Abs. 2 Satz 1 und 2, 1. Halbsatz, § 43 Abs. 1, Abs. 2 Satz 1 und 3, § 44 Abs. 1, § 45 Abs. 3 und § 47 der Schiedsordnung entsprechend. § 14 der Schiedsordnung ist mit der Maßgabe anzuwenden, dass es für die örtliche Zuständigkeit der Gütestelle auf den Amtsgerichtsbezirk ankommt, in dem die Antragsgegnerin oder der Antragsgegner wohnt. § 44 Abs. 2 und 3 der Schiedsordnung ist mit der Maßgabe anzuwenden, dass die Vorschrift lediglich auf die Beitreibung der Ordnungsgelder Anwendung findet. § 48 Abs. 1 der Schiedsordnung ist mit der Maßgabe anzuwenden, dass die Ordnungsgelder der Gemeinde zufließen, in der die Gütestelle ihren Sitz hat.

§ 8
Pflichten der anwaltlichen Gütestellen

(1) Rechtsanwältinnen und Rechtsanwälte unterliegen auch bei der Ausübung ihrer Tätigkeit nach § 6 Abs. 1 ihren allgemeinen Berufspflichten. Ihnen steht hinsichtlich der Tatsachen, die Gegenstand des Schlichtungsverfahrens sind, ein Zeugnisverweigerungsrecht zu.

(2) Anwaltliche Gütestellen sind außer in den Fällen des § 16 der Schiedsordnung von der Ausübung ihres Amtes ausgeschlossen, wenn die Rechtsanwältin oder der Rechtsanwalt oder eine Person, die mit ihr oder ihm zur gemeinsamen Berufsausübung verbunden ist oder mit ihr oder ihm gemeinsame Geschäftsräume hat oder mit der sie oder ihn ein ständiges Dienstverhältnis verbindet, eine der Parteien des Schlichtungsverfahrens bereits oder einer anderen Angelegenheit vertreten oder beraten hat.

(3) Rechtsanwältinnen und Rechtsanwälte, die als Gütestelle nach § 6 Abs. 1 tätig werden, dürfen die Parteien des Schlichtungsverfahrens in derselben Angelegenheit weder vertreten noch beraten. Satz 1 gilt entsprechend für Personen, die mit den Schlichterinnen und Schlichtern zur gemeinsamen Berufsausübung verbunden sind oder mit ihnen gemeinsame Geschäftsräume haben oder mit denen sie ein ständiges Dienstverhältnis haben.

§ 9
Kosten des Verfahrens vor den anwaltlichen Gütestellen

(1) Die Gebühr für die Durchführung des Schlichtungsverfahrens vor der anwaltlichen Gütestelle beträgt 65 Euro; kommt ein Vergleich zustande, beträgt sie 130 Euro.

(2) Für Post- und Telekommunikationsdienstleistungen sowie Schreibauslagen steht der anwaltlichen Gütestelle eine Pauschale von 15 Euro zu. § 46 Abs. 1 Nr. 2, Abs. 2 Satz 1, 3 bis 5 der Schiedsordnung gilt entsprechend.

(3) Die anwaltliche Gütestelle hat ferner Anspruch auf Ersatz der auf die Gebühren und Auslagen entfallenden Umsatzsteuer, sofern diese nicht unerhoben bleibt.

(4) Eine Partei, die die Voraussetzungen für die Gewährung von Beratungshilfe nach den Vorschriften des Beratungshilfegesetzes vom 18. Juni 1980 (BGBl. I S. 689), zuletzt geändert durch Artikel 3 des Gesetzes vom 15. Dezember 1999 (BGBl. I S. 2400) erfüllt, ist von der Verpflichtung zur Zahlung der Vergütung befreit. In diesem Fall erstattet die Landeskasse der Gütestelle die Vergütung. §§ 4 Abs. 1, Abs. 2 Sätze 1 bis 3, §§ 5 und 6 des Beratungshilfegesetzes finden entsprechende Anwendung.

(5) Ist der Gütestelle die Vergütung nach Absatz 4 Satz 2 erstattet worden, geht der Anspruch auf Kostenerstattung, der sich aus der Verurteilung der gegnerischen Partei in die Prozesskosten im nachfolgenden Gerichtsverfahren ergibt, insoweit auf die Landeskasse über. Diese macht den Anspruch nach den Vorschriften über die Einziehung der Kosten des gerichtlichen Verfahrens geltend. In diesem Fall wird der Anspruch bei dem Gericht der Hauptsache angesetzt. Für die Entscheidung über eine gegen den Ansatz gerichtete Erinnerung und über die Beschwerde gilt § 5 des Gerichtskostengesetzes entsprechend.

Dritter Teil

§ 10
Änderung der Schiedsordnung

§ 11
Inkrafttreten

Dieses Gesetz tritt am ersten Tag des dritten auf die Verkündung folgenden Kalendermonats in Kraft.

Schleswig-Holsteinisches Richtergesetz
(Landesrichtergesetz – LRiG)
in der Fassung der Bekanntmachung vom 23. Januar 1992
– GVOBl. Schl.-H. S. 46 –

Zuletzt geändert durch Gesetz vom 4. Oktober 2019 (GVOBl. Schl.-H. S. 534)

Inhaltsverzeichnis
Erster Teil
Abschnitt I
Allgemeine Vorschriften

§ 1	Geltungsbereich	
§ 2	Richtereid	
§ 3	Ruhestand wegen Erreichen der Altersgrenze	
§ 3 a	Ruhestand auf Antrag	
§ 4	Übertragung eines weiteren Richteramtes	
§ 5	Aufgabenzuweisung	
§ 6	Geltung des Beamtenrechts	
§ 7	Teilzeitbeschäftigung und Beurlaubung aus familiären Gründen	
§ 7 a	Urlaub ohne Dienstbezüge	
§ 7 b	Teilzeitbeschäftigung	
§ 7 c	Altersteilzeit	
§ 7 d	Familienpflegezeit	
§ 7 e	Höchstdauer von Beurlaubung und unterhälftiger Teilzeit	
§ 7 f	Altersteilzeit 63plus	
§ 7 g	Hinweispflicht und Benachteiligungsverbot	
§ 8	Ernennung der ehrenamtlichen Richterinnen und Richter	
§ 9	Eid der ehrenamtlichen Richterinnen und Richter	

Abschnitt II
Richterwahl

- § 10 Zuständigkeiten des Richterwahlausschusses und des Landtages
- § 11 Zusammensetzung des Richterwahlausschusses
- § 12 Wahl der Abgeordneten
- § 13 Wahl der weiteren Mitglieder
- § 14 Wahlvorschläge (Vorschlagsliste)
- § 15 Neuwahl aufgrund nachträglicher Änderungen
- § 16 Erlöschen und Ruhen der Mitgliedschaft
- § 17 Ausschließungsgründe
- § 18 Nachrücken, Ersatzwahl und Vertretungsfälle
- § 19 Ausschreibung
- § 20 Einberufung
- § 21 Sitzung
- § 22 Beschlußfassung
- § 23 Übernahme und Entlassung von Richterinnen und Richtern auf Probe und kraft Auftrags
- § 24 (gestrichen)
- § 25 Vollziehung der Entscheidung
- § 26 Verschwiegenheitspflicht
- § 27 Entschädigung
- § 28 Geschäftsordnung

Abschnitt III
Vertretungen der Richterinnen und Richter sowie der Staatsanwältinnen und Staatsanwälte
1. Titel
Gemeinsame Vorschriften für Richtervertretungen

- § 29 Richterräte und Präsidialrat
- § 30 Wahlperiode
- § 31 Verbot der Amtsausübung
- § 32 Schweigepflicht
- § 33 Geschäftsordnung
- § 34 Kosten
- § 35 Rechtsweg in Angelegenheiten der Richtervertretung

2. Titel
Richterräte

- § 36 Aufgaben der Richterräte
- § 37 Bildung des Richterrats
- § 38 Bildung der Stufenvertretungen
- § 39 Zusammensetzung der Richterräte
- § 40 Geltung des Mitbestimmungsgesetzes Schleswig-Holstein
- § 41 Besondere Wahlvorschriften
- § 42 Gemeinsame Aufgaben von Richterrat und Personalrat

3. Titel
Präsidialrat
1. Aufgabe und Errichtung

- § 43 Aufgabe des Präsidialrats
- § 44 Bildung des Präsidialrats
- § 45 Zusammensetzung des Präsidialrats
- § 46 Wahl der Mitglieder des Präsidialrats
- § 47 Abordnung
- § 48 Ausscheiden und Ausschluß von Mitgliedern
- § 49 Neuwahlen; Eintritt der Stellvertreterinnen und Stellvertreter

2. Verfahren bei der Beteiligung

- § 50 Einleitung der Beteiligung
- § 51 Beschlußfassung des Präsidialrats
- § 52 Stellungnahme des Präsidialrates

4. Titel
Staatsanwaltsräte

- § 53 Bildung der Staatsanwaltsräte
- § 54 Aufgaben der Staatsanwaltsräte
- § 55 Geltung des Richter- und des Personalvertretungsrechts

Abschnitt IV
Richterdienstgerichte
1. Titel
Errichtung und Zuständigkeit

- § 56 Errichtung
- § 57 Zuständigkeit des Dienstgerichts
- § 58 Zuständigkeit des Dienstgerichtshofs

2. Titel
Besetzung
1. Berufsrichterinnen und Berufsrichter
a) Allgemeine Vorschriften

- § 59 Mitglieder der Richterdienstgerichte
- § 60 Bestimmung der Mitglieder
- § 61 Verbot der Amtsausübung
- § 62 Erlöschen des Amtes

b) Schleswig-Holsteinisches Dienstgericht für Richterinnen und Richter

- § 63 Besetzung
- § 64 Ständige Mitglieder
- § 65 Nichtständiges Mitglied

c) Schleswig-Holsteinischer Dienstgerichtshof für Richterinnen und Richter

- § 66 Besetzung
- § 67 Ständige Mitglieder
- § 68 Nichtständige Mitglieder

2. Staatsanwältinnen und Staatsanwälte als nichtständige Mitglieder

- § 69 Bestellung
- § 70 Reihenfolge der Mitwirkung

3. Titel
Disziplinarverfahren

- § 71 Anwendung des Landesdisziplinargesetzes

§ 72 Disziplinarmaßnahmen
§ 73 Entscheidungen des Dienstgerichts anstelle der obersten Dienstbehörde
§ 74 (gestrichen)
§ 75 Oberste Dienstbehörde
§ 76 Zulässigkeit der Revision
§ 77 Bekleidung mehrerer Ämter
§ 78 Verfahren gegen Richterinnen und Richter auf Probe und kraft Auftrags

4. Titel
Versetzungs- und Prüfungsverfahren

§ 79 Anwendung der Verwaltungsgerichtsordnung
§ 80 Vorläufige Untersagung der Amtsführung
§ 81 Versetzungsverfahren
§ 82 Prüfungsverfahren
§ 83 Versetzung in den Ruhestand wegen Dienstunfähigkeit
§ 84 Aussetzung des Verfahrens
§ 85 Kostenentscheidung in besonderen Fällen

Zweiter Teil
Übergangs- und Schlußvorschriften

§ 86 Übergangsvorschrift zu § 18
§ 87 Wiederaufnahme früherer Verfahren
§ 88 (gestrichen)
§ 89 Erlaß von Rechtsverordnungen

Erster Teil

Abschnitt I
Allgemeine Vorschriften

§ 1
Geltungsbereich

(1) Die rechtsprechende Gewalt wird durch Berufsrichterinnen und Berufsrichter sowie durch ehrenamtliche Richterinnen und Richter ausgeübt.

(2) Dieses Gesetz gilt, soweit es nichts anderes bestimmt, nur für Berufsrichterinnen und Berufsrichter.

§ 2
Richtereid

(1) Die Richterin oder der Richter hat vor einem Gericht in öffentlicher Sitzung folgenden Eid zu leisten:
„Ich schwöre, das Richteramt getreu dem Grundgesetz für die Bundesrepublik Deutschland, der Verfassung des Landes Schleswig-Holstein und dem Gesetz auszuüben, nach bestem Wissen und Gewissen ohne Ansehen der Person zu urteilen und nur der Wahrheit und Gerechtigkeit zu dienen, so wahr mir Gott helfe."

(2) Der Eid kann ohne die Worte „so wahr mir Gott helfe" geleistet werden.

§ 3
Ruhestand wegen Erreichen der Altersgrenze

(1) Richterinnen und Richter auf Lebenszeit oder auf Zeit treten mit dem Ende des Monats in den Ruhestand, in dem sie das 67. Lebensjahr vollenden (Altersgrenze).

(2) Richterinnen und Richter auf Lebenszeit oder auf Zeit, die vor dem 1. Januar 1947 geboren sind, erreichen die Regelaltersgrenze mit Vollendung des 65. Lebensjahres. Für Richterinnen und Richter auf Lebenszeit oder auf Zeit, die nach dem 31. Dezember 1946 geboren sind, wird die Regelaltersgrenze wie folgt angehoben:

Geburtsjahr	Anhebung um Monate	Altersgrenze Jahr	Monat
1947	1	65	1
1948	2	65	2
1949	3	65	3
1950	4	65	4
1951	5	65	5
1952	6	65	6
1953	7	65	7
1954	8	65	8
1955	9	65	9
1956	10	65	10
1957	11	65	11
1958	12	66	0
1959	14	66	2
1960	16	66	4
1961	18	66	6
1962	20	66	8
1963	22	66	10

(3) Die oberste Dienstbehörde schiebt auf Antrag der Richterin oder des Richters auf Lebenszeit oder auf Zeit, die oder der zu dem in Absatz 2 bestimmten Personenkreis gehört, den Eintritt in den Ruhestand um mindestens sechs Monate, höchstens jedoch bis zum Ablauf des Monats hinaus, in dem sie das 67. Lebensjahr vollendet haben. Der Antrag ist spätestens sechs Monate vor dem Erreichen der Altersgrenze zu stellen. Richterinnen und Richter, die innerhalb von sechs Monaten nach dem 1. Januar 2014 die Altersgrenze erreichen, sollen den Antrag unverzüglich stellen. Für Anträge auf eine erneute Hinausschiebung bis zum Erreichen der Höchstdauer nach Satz 1 gelten die Sätze 1 und 2 entsprechend.

(4) Richterinnen und Richter auf Lebenszeit, denen
1. Altersteilzeit nach § 7 c Satz 3 in der bis zum 31. März 2009 geltenden Fassung,
2. bis zum Eintritt in den Ruhestand
   a) eine Teilzeitbeschäftigung nach § 7 b Abs. 4 Satz 1 in der bis zum 31. März 2009 geltenden Fassung oder
   b) Urlaub nach § 7 a Abs. 1 Nr. 2 in der bis zum 31. März 2009 geltenden Fassung

bewilligt worden ist, erreichen die Altersgrenze mit Vollendung des 65. Lebensjahres.

§ 3 a
Ruhestand auf Antrag

(1) Richterinnen und Richter auf Lebenszeit oder auf Zeit sind auf Antrag in den Ruhestand zu versetzen, wenn sie das 63. Lebensjahr vollendet haben.

(2) Richterinnen und Richter auf Lebenszeit oder auf Zeit, die schwerbehindert im Sinne des § 2 Abs. 2 des Neunten Buches Sozialgesetzbuch vom 19. Juni 2001 (BGBl. I S. 1046), zuletzt geändert durch Artikel 5 des Gesetzes vom 22. Dezember 2008 (BGBl. I S. 2959), sind, sind auf Antrag in den Ruhestand zu versetzen, wenn sie das 62. Lebensjahr vollendet haben.

(3) Richterinnen und Richter auf Lebenszeit oder auf Zeit, die schwerbehindert im Sinne des § 2 Abs. 2 des Neunten Buches Sozialgesetzbuch sind und vor dem 1. Januar 1952 geboren sind, sind auf ihren Antrag in den Ruhestand zu versetzen, wenn sie das 60. Lebensjahr vollendet haben. Für Richterinnen und Richter auf Lebenszeit oder auf Zeit, die schwerbehindert im Sinne des § 2 Abs. 2 des Neunten Buches Sozialgesetzbuch sind und nach dem 31. Dezember 1951 geboren sind, wird die Altersgrenze wie folgt angehoben:

Geburtsjahr	Anhebung um Monate	Altersgrenze Jahr	Monat
1952	1	60	1
1953	2	60	2
1954	3	60	3
1955	4	60	4
1956	5	60	5
1957	6	60	6
1958	7	60	7
1959	8	60	8
1960	9	60	9
1961	10	60	10
1962	11	60	11
1963	12	61	0
1964	14	61	2

1965	16	61	4
1966	18	61	6
1967	20	61	8
1968	22	61	10

Satz 1 gilt entsprechend für am 1. Januar 2011 vorhandene und im Sinne des § 2 Abs. 2 des Neunten Buches Sozialgesetzbuch schwerbehinderte Richterinnen und Richter auf Lebenszeit, die vor dem 1. Januar 2011 eine bis zum Beginn des Ruhestandes bewilligte

1. Teilzeitbeschäftigung nach § 7 b Abs. 3 oder nach § 7 b Abs. 4 Satz 1 des Landesrichtergesetzes in der bis zum 31. März 2009 geltenden Fassung oder
2. Altersteilzeit nach § 7 c Abs. 1 Satz 4 oder nach § 7 c Satz 3 des Landesrichtergesetzes in der bis zum 31. März 2009 geltenden Fassung oder
3. Beurlaubung nach § 7 a Abs. 1 Nr. 2 oder nach § 7 a Abs. 1 Nr. 2 des Landesrichtergesetzes in der bis zum 31. März 2009 geltenden Fassung

angetreten haben.

§ 4
Übertragung eines weiteren Richteramtes

Einer Richterin oder einem Richter auf Lebenszeit an einem Arbeitsgericht kann ein weiteres Richteramt an einem Gericht desselben Gerichtszweiges übertragen werden, wenn es aus dienstlichen Gründen geboten und der Richterin oder dem Richter zumutbar ist.

§ 5
Aufgabenzuweisung

Richterinnen und Richtern können die Aufgaben einer oder eines Vorsitzenden oder stellvertretenden Vorsitzenden

1. eines Seeamts,
2. eines Umlegungsausschusses

übertragen werden.

§ 6
Geltung des Beamtenrechts

(1) Soweit das Deutsche Richtergesetz und dieses Gesetz nichts anderes bestimmen, gelten für die Rechtsverhältnisse der Richterinnen und Richter bis zu einer besonderen Regelung die Vorschriften für Landesbeamtinnen und Landesbeamte entsprechend.

(2) In Angelegenheiten der Richterinnen und Richter sowie der Staatsanwältinnen und Staatsanwälte gehört dem Landespersonalausschuß als ständiges Mitglied auch die Leiterin oder der Leiter der Allgemeinen Abteilung des Ministeriums für Justiz, Europa, Verbraucherschutz und Gleichstellung an. An die Stelle der übrigen Mitglieder (§ 95 Abs. 3 des Landesbeamtengesetzes) treten fünf Richterinnen oder Richter sowie eine Staatsanwältin oder ein Staatsanwalt als ordentliche und fünf Richterinnen oder Richter sowie eine Staatsanwältin oder ein Staatsanwalt als stellvertretende Mitglieder. Dabei sind die einzelnen Zweige der Gerichtsbarkeiten zu berücksichtigen. Die Berufsorganisationen der Richterinnen und Richter und der Staatsanwältinnen und Staatsanwälte können Vorschläge einreichen; § 95 Abs. 4 des Landesbeamtengesetzes ist anzuwenden. Die Vorschläge müssen mindestens die doppelte Anzahl der Mitglieder sowie Stellvertreterinnen und Stellvertreter enthalten.

§ 7
Teilzeitbeschäftigung und Beurlaubung aus familiären Gründen

(1) Richterinnen und Richtern mit Dienstbezügen ist auf Antrag

1. Teilzeitbeschäftigung mit mindestens 25 % des regelmäßigen Dienstes,
2. Urlaub ohne Dienstbezüge

bis zur Dauer von 15 Jahren zu bewilligen, wenn sie mindestens

a) ein Kind unter 18 Jahren oder
b) eine sonstige pflegebedürftige Angehörige oder einen sonstigen pflegebedürftigen Angehörigen

tatsächlich betreuen oder pflegen und zwingende dienstliche Belange der Bewilligung nicht entgegenstehen. Der Bewilligung einer Teilzeitbeschäftigung nach Satz 1 Nummer 1 im Umfang von 25 % bis unter 50 % dürfen dienstliche Belange nicht entgegenstehen. Die Pflegebedürftigkeit ist durch Vorlage eines ärztlichen Gutachtens oder einer Bescheinigung der Pflegekasse oder des Medizinischen Dienstes der Krankenversicherung oder durch Vorlage einer entsprechenden Bescheinigung einer privaten Krankenversicherung nachzuweisen.

(2) Anträge nach Absatz 1 Satz 1 Nr. 1 sind nur zu genehmigen, wenn die Richterin oder der Richter zugleich zustimmt, mit Beginn oder bei Änderung der Teilzeitbeschäftigung und beim Übergang zur Vollzeitbeschäftigung auch in einem anderen Gericht desselben Gerichtszweiges verwendet zu werden. Anträge nach Absatz 1 Satz 1 Nr. 2 sind nur dann zu genehmigen, wenn die Richterin oder der Richter zugleich einer Verwendung auch in einem anderen Richteramt desselben Gerichtszweiges zustimmt.

(3) Während einer Freistellung vom Dienst nach Absatz 1 Satz 1 dürfen nur solche Nebentätigkeiten ausgeübt werden, die dem Zweck der Freistellung nicht zuwiderlaufen.

(4) Die oder der Dienstvorgesetzte hat eine Änderung des Umfangs der Teilzeitbeschäftigung oder den Übergang zur Vollzeitbeschäftigung auf Antrag der Richterin oder des Richters zuzulassen, wenn dienstliche Belange nicht entgegenstehen.

(5) Der Dienstherr hat durch geeignete Maßnahmen den aus familiären Gründen Beurlaubten die Verbindung zum Beruf und den beruflichen Wiedereinstieg zu erleichtern.

§ 7 a
Urlaub ohne Dienstbezüge

(1) Richterinnen und Richtern ist

1. auf Antrag Urlaub ohne Dienstbezüge bis zur Dauer von insgesamt sechs Jahren,
2. nach Vollendung des 50. Lebensjahres auf Antrag, der sich auf die Zeit bis zum Beginn des Ruhestandes erstrecken muss, Urlaub ohne Dienstbezüge

zu bewilligen, wenn dienstliche Belange nicht entgegenstehen. § 7 Abs. 2 Satz 2 gilt entsprechend.

(2) Die oder der Dienstvorgesetzte hat eine vorzeitige Beendigung des bewilligten Urlaubs zuzulassen, wenn der Richterin oder dem Richter die Fortsetzung des Urlaubs im bewilligten Umfang nicht mehr zugemutet werden kann und dienstliche Belange nicht entgegenstehen.

(3) Während der Beurlaubung nach Absatz 1 dürfen entgeltliche Tätigkeiten nur in dem Umfang ausgeübt werden wie es Vollzeitbeschäftigten gestattet ist. Ausnahmen können zugelassen werden, soweit durch die Tätigkeiten dienstliche Belange nicht verletzt werden.

§ 7 b
Teilzeitbeschäftigung

(1) Richterinnen und Richtern ist auf Antrag Teilzeitbeschäftigung mit mindestens der Hälfte des regelmäßigen Dienstes zu bewilligen, wenn

1. das Aufgabengebiet des richterlichen Amtes Teilzeitbeschäftigung zulässt,
2. dienstliche Belange nicht entgegenstehen, und
3. die Richterin oder der Richter zustimmt, mit Beginn oder bei Änderung der Teilzeitbeschäftigung und beim Übergang zur Vollzeitbeschäftigung auch in einem anderen Richteramt desselben Gerichtszweiges verwendet zu werden.

(2) § 7 Abs. 4 und § 7 a Abs. 3 gelten entsprechend.

(3) Unter den gleichen Voraussetzungen des Absatzes 1 kann die Teilzeitbeschäftigung für einen Zeitraum bis zu sieben Jahren auch in der Weise bewilligt werden,

1. dass dabei der Teil, um den der Dienst ermäßigt ist, zu einem ununterbrochenen Zeitraum zusammengefasst wird, der am Ende der bewilligten Teilzeitbeschäftigung liegen muss (Freistellungsphase) oder

2. dass am Ende des Bewilligungszeitraums eine Reduzierung des Dienstes steht, die durch eine entsprechend höhere Dienstleistung in der Anfangsphase erbracht wird.

§ 7 c
Altersteilzeit

(1) Richterinnen und Richtern ist auf Antrag, der sich auf die Zeit bis zum Beginn des Ruhestandes erstrecken muss, Teilzeitbeschäftigung mit 60 % des bisherigen Dienstes zu bewilligen, wenn

1. das Aufgabengebiet des richterlichen Amtes Altersteilzeit zulässt,
2. die Richterin oder der Richter das fünfundfünfzigste Lebensjahr vollendet hat und
3. zwingende dienstliche Belange nicht entgegenstehen (Altersteilzeit).

Ist der Durchschnitt des Dienstes der letzten zwei Jahre vor Beginn der Altersteilzeit geringer als der bisherige Dienst, ist dieser zugrunde zu legen. Bei begrenzt dienstfähigen Richterinnen und Richtern ist der herabgesetzte Dienst zugrunde zu legen. Der ermäßigte Dienst kann auch nach § 7 b Abs. 3 abgeleistet werden; dabei darf der Bewilligungszeitraum zwölf Jahre nicht überschreiten..

(2) Die oberste Dienstbehörde kann von der Anwendung des Absatzes 1 Satz 1 ganz oder für bestimmte Gerichtszweige absehen und abweichend von Absatz 1 Satz 1 Nr. 2 eine höhere Altersgrenze festlegen. Sie kann bestimmen, dass der ermäßigte Dienst nur nach Absatz 1 Satz 4 abgeleistet werden darf. Die Entscheidungen unterliegen der Mitbestimmung.

(3) § 7 Abs. 4 ist sinngemäß anzuwenden; § 7 a Abs. 3 gilt entsprechend.

§ 7 d
Familienpflegezeit

(1) Richterinnen und Richtern mit Dienstbezügen ist auf Antrag für die Dauer von längstens 48 Monaten Teilzeitbeschäftigung als Familienpflegezeit zur Pflege einer oder eines pflegebedürftigen Angehörigen zu bewilligen, wenn

1. zwingende dienstliche Belange nicht entgegenstehen und
2. die Richterin oder der Richter zustimmt, mit Beginn oder bei Änderung der Teilzeitbeschäftigung und beim Übergang zur Vollzeitbeschäftigung auch in einem anderen Gericht desselben Gerichtszweiges verwendet zu werden.

Der Bewilligung einer Familienpflegezeit mit tatsächlicher Arbeitszeit in der Pflegephase im Umfang von 25 % bis unter 50 % des regelmäßigen Dienstes und in den Fällen des Absatzes 2 Satz 3 dürfen dienstliche Belange nicht entgegenstehen. Die Pflegebedürftigkeit ist durch Vorlage eines ärztlichen Gutachtens oder einer Bescheinigung der Pflegekasse oder des Medizinischen Dienstes der Krankenversicherung oder durch Vorlage einer entsprechenden Bescheinigung einer privaten Krankenversicherung nachzuweisen.

(2) Die Teilzeitbeschäftigung wird in der Weise bewilligt, dass die Richterin oder der Richter ihren tatsächlichen Dienst während einer zusammenhängenden Pflegephase bis zu längstens 24 Monaten um den Anteil des reduzierten Dienstes ermäßigen, welcher nach Beendigung der Pflegephase in der ebenso langen Nachpflegephase erbracht wird. In der Pflegephase muss unbeschadet der Regelung des Satzes 3 mindestens 25 % des regelmäßigen Dienstes erbracht werden. Die Teilzeitbeschäftigung kann auch in der Weise bewilligt werden, dass in der Pflegephase der Teil, um den der Dienst während der Familienpflegezeit ermäßigt ist, zu einem ununterbrochenen Zeitraum von bis zu sechs Monaten zusammengefasst wird. Eine nachträgliche Verlängerung der Pflegephase auf bis zu sechs Monate im Falle des Satzes 3 oder bis zu 24 Monate im Falle des Satzes 1 ist möglich.

(3) Für die Bemessung der Höhe der monatlichen Dienstbezüge gilt § 7 Absatz 1 und 2 Besoldungsgesetz Schleswig-Holstein (SHBesG) entsprechend für den Durchschnitt des reduzierten Dienstes zum regelmäßigen Dienst im Zeitraum der Pflege- und Nachpflegephase.

(4) Die Pflegephase der Familienpflegezeit endet vorzeitig mit Ablauf des Monats, der auf den Monat folgt, in dem die Voraussetzungen der Pflege eines pflegebedürftigen Angehörigen nach Absatz 1 weggefallen.

(5) Die Familienpflegezeit ist mit Wirkung für die Vergangenheit zu widerrufen,

1. bei Beendigung des Richterverhältnisses,
2. bei einem auf Antrag der Richterin oder des Richters erfolgten Wechsel des Dienstherrn,
3. wenn Umstände eintreten, welche die vorgesehene Abwicklung unmöglich machen oder wesentlich erschweren, oder
4. in besonderen Härtefällen, wenn der Richterin oder dem Richter die Fortsetzung der Teilzeitbeschäftigung nicht mehr zuzumuten ist und dienstliche Belange nicht entgegenstehen.

(6) Die Familienpflegezeit kann vom Dienstherrn anstelle des Widerrufs

1. im Falle einer Beurlaubung aus familiären Gründen von mehr als einem Monat nach § 7 Absatz 1 oder
2. im Falle einer Elternzeit

unterbrochen und mit der restlichen Pflegezeit oder mit einer entsprechend verkürzten Nachpflegephase fortgesetzt werden.

(7) Gleichzeitig mit dem Widerruf wird der Dienststatus entsprechend der nach dem Modell zu erbringenden Dienstleistung festgesetzt. Zuviel gezahlte Bezüge sind von der Richterin oder dem Richter zurückzuzahlen. Dies gilt nicht für die überzahlten Bezüge des Zeitraums der Pflegephase, soweit er bereits in der Nachpflegephase ausgeglichen wurde. § 15 Absatz 2 Satz 3 SHBesG gilt entsprechend.

(8) Eine neue Familienpflegezeit kann erst für die Zeit nach Beendigung der Nachpflegephase bewilligt werden.

(9) Die Richterin oder der Richter ist verpflichtet, jede Änderung der Tatsachen mitzuteilen, die für die Bewilligung maßgeblich sind. § 7 Absatz 3 gilt entsprechend.

§ 7 e
Höchstdauer von Beurlaubung und unterhälftiger Teilzeit

Teilzeitbeschäftigung mit weniger als der Hälfte des regelmäßigen Dienstes nach § 7 Absatz 1 Satz 1 Nummer 1 oder § 7 d Absatz 1 Satz 1, Urlaub nach § 7 Absatz 1 Satz 1 Nummer 2 und Urlaub nach § 7 Absatz 1 Satz 1 Nr. 2 dürfen insgesamt die Dauer von 17 Jahren nicht überschreiten. Dabei bleibt eine unterhälftige Teilzeitbeschäftigung während einer Elternzeit unberücksichtigt. Satz 1 findet bei Urlaub nach § 7 a Abs. 1 Satz 1 Nr. 2 keine Anwendung, wenn es der Richterin oder dem Richter nicht mehr zuzumuten ist, zur Voll- oder Teilzeitbeschäftigung zurückzukehren.

§ 7 f
Altersteilzeit 63plus

(1) Richterinnen und Richtern mit Dienstbezügen ist auf Antrag, der sich auf die Zeit bis zum Eintritt in den Ruhestand wegen Erreichens der Altersgrenze erstrecken muss, Teilzeitbeschäftigung zu bewilligen, wenn das Aufgabengebiet des richterlichen Amtes Altersteilzeit 63plus zulässt, die Richterin oder der Richter das 63. Lebensjahr vollendet hat und dienstliche Belange nicht entgegenstehen (Altersteilzeit 63plus). Die Teilzeitbeschäftigung muss mit mindestens 50 % des regelmäßigen Dienstes beantragt werden; sie darf nicht mehr als 90 % des regelmäßigen Dienstes betragen.

(2) Für Richterinnen und Richter, die schwerbehindert im Sinne des § 2 Absatz 2 des Neunten Buches Sozialgesetzbuch sind, gilt Absatz 1 mit der Maßgabe, dass

1. bei ihnen die nach § 3 a Absatz 2 oder 3 maßgebende Altersgrenze an die Stelle des 63. Lebensjahres tritt,
2. sich der Antrag mindestens auf die Zeit erstrecken muss, zu der sie nach vollendetem 65. Lebensjahr auf Antrag in den Ruhestand versetzt werden können.

(3) § 7 a Absatz 3 gilt entsprechend.

§ 7 g
Hinweispflicht und Benachteiligungsverbot

(1) Wird eine Teilzeitbeschäftigung oder eine langfristige Beurlaubung nach den §§ 7 bis 7 d und 7 f beantragt, ist die Richterin oder der Richter auf die Folgen hinzuweisen, insbesondere auf die Folgen für Ansprüche aufgrund dienstrechtlicher Regelungen.

(2) Die Teilzeitbeschäftigung nach den §§ 7, 7 b bis 7 d und 7 f darf das berufliche Fortkommen nicht beeinträchtigen. Eine unterschiedliche Behandlung von Richterinnen und Richtern mit Teilzeitbeschäftigung gegenüber Richterinnen und Richtern mit Vollzeitbeschäftigung ist nur zulässig, wenn zwingende sachliche Gründe sie rechtfertigen.

§ 8
Ernennung der ehrenamtlichen Richterinnen und Richter

(1) Die ehrenamtlichen Richterinnen und Richter, die nach den für sie geltenden Vorschriften berufen oder ernannt werden, erhalten eine Ernennungsurkunde. In der Ernennungsurkunde müssen die Worte „unter Berufung in das Richterverhältnis als ehrenamtliche Richterin" oder „unter Berufung in das Richterverhältnis als ehrenamtlicher Richter" enthalten sein.

(2) Für diese Richterinnen und Richter gelten die Vorschriften des Landesbeamtengesetzes über Ehrenbeamtinnen und Ehrenbeamte entsprechend.

(3) Die Absätze 1 und 2 gelten nicht für die ehrenamtlichen Richterinnen und Richter, die nach den für sie geltenden Vorschriften gewählt werden.

§ 9
Eid der ehrenamtlichen Richterinnen und Richter

Die Formeln für den Eid und das Gelöbnis der ehrenamtlichen Richterinnen und Richter (§ 45 Abs. 3, 4 und 6 des Deutschen Richtergesetzes) enthalten nach den Worten „getreu dem Grundgesetz für die Bundesrepublik Deutschland" zusätzlich die Worte „, der Verfassung des Landes Schleswig-Holstein".

Abschnitt II
Richterwahl

§ 10
Zuständigkeiten des Richterwahlausschusses und des Landtages

(1) Über die Ernennung auf Lebenszeit, Beförderung und Versetzung einer Richterin oder eines Richters entscheidet das Ministerium für Justiz, Europa, Verbraucherschutz und Gleichstellung gemeinsam mit dem Richterwahlausschuß.

(2) Absatz 1 gilt nicht für
a) die Berufung der Präsidentin oder des Präsidenten eines oberen Landesgerichts,
b) die Versetzung im Interesse der Rechtspflege (§ 31 des Deutschen Richtergesetzes) und für Versetzungen wegen Veränderung der Gerichtsorganisation (§ 32 des Deutschen Richtergesetzes).

(3) Die Präsidentinnen oder Präsidenten eines oberen Landesgerichts werden auf Vorschlag des Ministeriums für Justiz, Europa, Verbraucherschutz und Gleichstellung vom Landtag mit der Mehrheit von zwei Dritteln der abgegebenen Stimmen gewählt. Der Vorschlag soll drei Personen enthalten und mindestens eine Frau berücksichtigen. Dem Vorschlag sind die Personalübersichten für jede vorgeschlagene Bewerbung beizufügen. Die vorgeschlagenen Bewerberinnen und Bewerber sind durch den zuständigen Landtagsausschuß anzuhören. Die Anhörung des Ausschusses soll in öffentlicher, die anschließende Beratung und Beschlußfassung müssen in nichtöffentlicher Sitzung stattfinden.

§ 11
Zusammensetzung des Richterwahlausschusses

(1) Dem Richterwahlausschuß gehören als gewählte Mitglieder an
1. acht Abgeordnete des Landtages,
2. vier weitere Abgeordnete des Landtages, wenn über eine Anstellung, Beförderung oder Versetzung in der Arbeits- oder der Sozialgerichtsbarkeit zu entscheiden ist,
3. zwei Richterinnen oder Richter als ständige Mitglieder,
4. eine Richterin oder ein Richter des Gerichtszweiges, für den die Wahl stattfindet, als nichtständiges Mitglied,
5. eine Rechtsanwältin oder ein Rechtsanwalt,
6. je eine Vertreterin oder ein Vertreter der Arbeitgeberinnen und Arbeitgeber sowie der Arbeitnehmerinnen und Arbeitnehmer, wenn über eine Anstellung, Beförderung oder Versetzung in der Arbeits- oder der Sozialgerichtsbarkeit zu entscheiden ist.

(2) Frauen und Männer stellen jeweils die Hälfte der Mitglieder des Richterwahlausschusses.

(3) Die für Justiz zuständige Ministerin oder der für Justiz zuständige Minister führt den Vorsitz. Sie oder er hat kein Stimmrecht. Sie oder er kann sich nach Maßgabe der Geschäftsordnung der Landesregierung vertreten lassen.

§ 12
Wahl der Abgeordneten

(1) Zu Beginn jeder Wahlperiode, spätestens sechs Wochen nach seinem ersten Zusammentritt, wählt der Landtag mit der Mehrheit von zwei Dritteln der abgegebenen Stimmen die Mitglieder nach § 11 Abs. 1 Nr. 1 und 2 und für jedes Mitglied eine Abgeordnete oder einen Abgeordneten als Vertreterin oder Vertreter.

(2) Jede Fraktion des Landtages ist im Wahlverfahren für die Anzahl von Mitgliedern nach § 11 Abs. 1 Nr. 1 und 2 und deren Vertreterinnen und Vertreter nach der Reihenfolge der Höchstzahlen vorschlagsberechtigt, die sich durch Teilung der Zahlen der Sitze der Fraktionen durch 0,5 – 1,5 – 2,5 – usw. ergeben. Bei gleicher Höchstzahl entscheidet über das letzte Vorschlagsrecht das von der Präsidentin oder dem Präsidenten des Landtages zu ziehende Los. Jede Fraktion kann entsprechend ihrer Vorschlagsberechtigung eine Vorschlagsliste einbringen. Die Vorschlagsliste soll abwechselnd Frauen und Männer benennen.

(3) Kommt die Wahl innerhalb der Frist des Absatzes 1 nicht zustande, so tritt an die Stelle des Richterwahlausschusses der Landtag, bis eine Wahl durch den Landtag stattgefunden hat.

§ 13
Wahl der weiteren Mitglieder

(1) Der Landtag wählt spätestens sechs Wochen nach seinem ersten Zusammentritt mit der Mehrheit von zwei Dritteln der abgegebenen Stimmen die weiteren Mitglieder nach § 11 Abs. 1 Nr. 3 bis 6 und für jedes Mitglied eine Person als Vertreterin oder Vertreter. Für die Vorschlagsberechtigung und für den Fall, daß eine Wahl innerhalb dieser Frist nicht zustande kommt, gilt § 12 Abs. 2 und 3 entsprechend.

(2) Gewählt werden kann nur, wer durch einen Wahlvorschlag (§ 14) benannt worden ist. Der Landtag ist bei der Wahl der weiteren Mitglieder und deren Stellvertretungen nicht daran gebunden, ob diese Personen als Mitglied oder Stellvertretung vorgeschlagen worden sind.

(3) Als Mitglied nach § 11 Abs. 1 Nr. 3 und 4 können nur Richterinnen und Richter des Landes gewählt werden, die auf Lebenszeit ernannt und zum Landtag wählbar sind. Ausgenommen sind Mitglieder des Präsidialrats und deren Vertreterinnen und Vertreter sowie Richterinnen und Richter, die an ein Gericht außerhalb des Landes oder an eine Staatsanwaltschaft oder an eine Verwaltungsbehörde abgeordnet oder ohne Dienstbezüge beurlaubt sind.

(4) Als Mitglied nach § 11 Abs. 1 Nr. 5 kann nur eine Rechtsanwältin oder ein Rechtsanwalt gewählt werden, die oder der im Bezirk des Schleswig-Holsteinischen Oberlandesgerichts zugelassen und zum Landtag sowie zum Vorstand der Rechtsanwaltskammer (§§ 65, 66 BRAO) wählbar ist.

(5) Als Vertreterin oder Vertreter der Arbeitgeberinnen und Arbeitgeber sowie der Arbeitnehmerinnen und Arbeitnehmer nach § 11 Abs. 1 Nr. 6 können nur Personen gewählt werden, die zum Landtag wählbar sind.

§ 14
Wahlvorschläge (Vorschlagsliste)

(1) Für die Wahl der weiteren Mitglieder sind vorschlagsberechtigt
1. für die Mitglieder nach § 11 Abs. 1 Nr. 3 und ihre Vertreterinnen oder Vertreter alle Richterinnen und Richter des Landes, für das Mitglied nach § 11 Abs. 1 Nr. 4 und seine Vertreterin oder seinen Vertreter nur die Richterinnen und Richter des jeweiligen Gerichtszweiges. Nicht vorschlagsberechtigt sind Richterinnen und Richter, die an ein Gericht außerhalb des Landes oder an eine Staatsanwaltschaft oder Verwaltungsbehörde abgeordnet oder ohne Dienstbezüge beurlaubt sind,
2. für das Mitglied nach § 11 Abs. 1 Nr. 5 und seine Vertreterin oder seinen Vertreter der Vorstand der Schleswig-Holsteinischen Rechtsanwaltskammer und die im Bezirk des Schleswig-Holsteinischen Oberlandesgerichts zugelassenen Rechtsanwältinnen und Rechtsanwälte,
3. für das Mitglied der Arbeitgeberinnen und Arbeitgeber nach § 11 Abs. 1 Nr. 6 und seine Vertreterin oder seinen Vertreter die Vereinigung der Schleswig-Holsteinischen Unternehmensverbände e.V. und der kommunale Arbeitgeberverband Schleswig-Holstein, für das Mitglied der Arbeitnehmerinnen und Arbeitnehmer nach § 11 Abs. 1 Nr. 6 und seine Vertreterin oder seinen Vertreter der Deutsche Gewerkschaftsbund – Landesbezirk Nord.

(2) Jede Vorschlagsberechtigte und jeder Vorschlagsberechtigte darf für jedes zu wählende weitere Mitglied und dessen Vertreterin oder Vertreter jeweils nur einen Wahlvorschlag unterzeichnen.

(3) Ein Wahlvorschlag für ein ständiges richterliches Mitglied (§ 11 Abs. 1 Nr. 3) und dessen Vertreterin oder Vertreter muß von mindestens zehn, ein Wahlvorschlag für ein nichtständiges richterliches Mitglied (§ 11 Abs. 1 Nr. 4) und dessen Vertreterin oder Vertreter muß von mindestens drei Vorschlagsberechtigten unterzeichnet sein.

(4) Ein Wahlvorschlag für eine Rechtsanwältin oder einen Rechtsanwalt als Mitglied nach § 11 Abs. 1 Nr. 5 und deren Vertreterin oder dessen Vertreter muß vom Vorstand der Rechtsanwaltskammer oder von mindestens zehn vorschlagsberechtigten Rechtsanwältinnen und Rechtsanwälten unterzeichnet sein.

(5) Die Landesregierung wird ermächtigt, durch Verordnung nähere Regelungen über das Wahlverfahren, insbesondere über die Veranlassung und Einreichung von Wahlvorschlägen auch im Hinblick auf § 11 Abs. 2, die Ausübung des Vorschlagsrechts und die Feststellung des Vorschlagsergebnisses sowie die Erstellung einer Vorschlagsliste zu treffen.

§ 15
Neuwahl aufgrund nachträglicher Änderungen

(1) Sofern die Zusammensetzung der Mitglieder nach § 11 Absatz 1 Nummer 1 und 2 nicht mehr dem Verhältnis der Stärke der Fraktionen im Sinne des § 12 Absatz 2 entspricht oder sofern aufgrund des § 18 Absatz 1 Satz 1 der Richterwahlausschuss nicht mehr paritätisch besetzt ist (§ 11 Absatz 1 Nummer 1 und 2), können zwei Fraktionen oder 18 Abgeordnete verlangen, dass eine Neuwahl durchgeführt wird. Die Neuwahl der Mitglieder sowie deren Stellvertretungen ist innerhalb einer Frist von 12 Wochen nach Antragstellung vorzunehmen. Bis zu der erfolgten Neuwahl besteht der Richterwahlausschuss in der bisherigen Besetzung fort.

(2) Die Neuwahl erfolgt für die Mitglieder nach § 11 Absatz 1 Nummer 1 und 2 entsprechend § 12 Absatz 2, für die Mitglieder nach § 11 Absatz 1 Nummer 3 bis 6 aus den für die letzte Wahl eingereichten Vorschlagslisten. Ist eine der bestehenden Vorschlagslisten erschöpft oder wählt der Landtag die auf einer Vorschlagsliste stehenden Personen nicht, so sind unverzüglich neue Wahlvorschläge nach § 14 einzuholen.

§ 16
Erlöschen und Ruhen der Mitgliedschaft

(1) Die Mitgliedschaft im Richterwahlausschuß erlischt
1. mit der Neuwahl der Mitglieder des Richterwahlausschusses nach §§ 12 und 13, spätestens sechs Wochen nach dem ersten Zusammentritt des neugewählten Landtages,
2. durch schriftlichen Verzicht auf die Mitgliedschaft gegenüber dem Ministerium für Justiz, Europa, Verbraucherschutz und Gleichstellung,
3. durch Verlust der Wählbarkeit zum Landtag;
4. mit der Neuwahl nach § 15.

(2) Die Mitgliedschaft eines richterlichen Mitgliedes (§ 11 Abs. 1 Nr. 3 und 4) erlischt auch, wenn das Richterverhältnis zum Land Schleswig-Holstein endet. Die Mitgliedschaft eines nichtständigen richterlichen Mitgliedes (§ 11 Abs. 1 Nr. 4) erlischt ferner, wenn ihm ein Richteramt in einem Gerichtszweig übertragen worden ist, für den es nicht gewählt worden ist.

(3) Die Mitgliedschaft einer Rechtsanwältin oder eines Rechtsanwalts (§ 11 Abs. 1 Nr. 5) erlischt auch, wenn sie oder er nicht mehr als Rechtsanwältin oder Rechtsanwalt im Bezirk des Schleswig-Holsteinischen Oberlandesgerichts zugelassen ist.

(4) Die Mitgliedschaft eines richterlichen Mitglieds (§ 11 Abs. 1 Nr. 3 und 4) ruht, solange es vorläufig seines Dienstes enthoben ist oder ihm die Führung seiner Amtsgeschäfte vorläufig untersagt ist.

§ 17
Ausschließungsgründe

(1) Ein Mitglied des Richterwahlausschusses ist von der Mitwirkung ausgeschlossen, wenn die Voraussetzungen des § 41 Nr. 2, 2a oder 3 der Zivilprozeßordnung vorliegen oder wenn das Mitglied sich um eine ausgeschriebene Richterstelle bewirbt und die Richterstelle noch nicht besetzt ist.

(2) Ein Mitglied kann vom Ministerium für Justiz, Europa, Verbraucherschutz und Gleichstellung, einem anderen Mitglied des Richterwahlausschusses oder von einer Bewerberin oder einem Bewerber wegen Besorgnis der Befangenheit abgelehnt werden, wenn ein Grund vorliegt, der geeignet ist, Mißtrauen gegen seine Unparteilichkeit zu rechtfertigen. Das Mitglied hat einen Ablehnungsgrund auch selbst anzuzeigen.

(3) Über den Ausschluß eines Mitglieds nach Absatz 1 oder die Ablehnung nach Absatz 2 entscheiden die übrigen Mitglieder des Richterwahlausschusses ohne seine Vertreterin oder seinen Vertreter.

§ 18
Nachrücken, Ersatzwahl und Vertretungsfälle

(1) Ist nach § 16 Absatz 1 Nummer 2 oder 3 oder Absatz 2 oder 3 die Mitgliedschaft eines Mitglieds im Richterwahlausschuss erloschen, wird dessen Vertreterin oder Vertreter Mitglied des Richterwahlausschusses.

(2) Im Falle des Nachrückens gemäß Absatz 1 oder des Ausscheidens einer Stellvertretung nach § 16 Absatz 1 Nummer 2 oder 3 oder Absatz 2 oder 3 ist unverzüglich die Ersatzwahl der Stellvertretung durchzuführen. Vorschlagsberechtigt ist für die Ersatzwahl der Stellvertretungen von Mitgliedern nach § 11 Absatz 1 Nummer 1 und 2 die Fraktion, auf deren Vorschlag das ausgeschiedene Mitglied gewählt worden war. Die Ersatzwahl der Stellvertretungen von Mitgliedern nach § 11 Absatz 1 Nummer 3 bis 6 erfolgt aus den für die letzte Wahl eingereichten Vorschlagslisten. Ist die bestehende Vorschlagsliste erschöpft oder wählt der Landtag die nicht auf der Vorschlagsliste stehenden Personen nicht, so sind unverzüglich neue Wahlvorschläge nach § 14 einzuholen.

(3) Ist ein Mitglied des Richterwahlausschusses an der Ausübung seines Amtes verhindert oder von der Mitwirkung ausgeschlossen oder ruht seine Mitgliedschaft, so tritt die Vertreterin oder der Vertreter für die Dauer der Verhinderung, des Ausschlusses oder des Ruhens der Mitgliedschaft an seine Stelle. Die Verhinderung ist dem Ministerium für Justiz, Europa, Verbraucherschutz und Gleichstellung rechtzeitig anzuzeigen.

§ 19
Ausschreibung

Freie Richterstellen werden ausgeschrieben. Das Ausschreibungsverfahren regelt das zuständige Ministerium durch Verwaltungsvorschrift.

§ 20
Einberufung

(1) Das Ministerium für Justiz, Europa, Verbraucherschutz und Gleichstellung beruft die Sitzung des Richterwahlausschusses ein. Die Einladung muß eine Tagesordnung und eine Personalübersicht für jede Bewerberin und jeden Bewerber, in den Fällen des § 22 Abs. 3 für die vorgeschlagenen Bewerberinnen und Bewerber enthalten und den Mitgliedern spätestens eine Woche vor der Sitzung zugehen.

(2) Das Ministerium für Justiz, Europa, Verbraucherschutz und Gleichstellung leitet die Unterlagen aller Bewerberinnen und Bewerber, in den Fällen des § 22 Abs. 3 die Unterlagen der vorgeschlagenen Bewerberinnen und Bewerber, mit den Stellungnahmen des Präsidialrats und in den Fällen der §§ 18 und 36 des Arbeitsgerichtsgesetzes und des § 11 des Sozialgerichtsgesetzes mit dem Ergebnis der Beratung oder Anhörung der Berichterstatterin oder dem Berichterstatter zu, die oder der sie noch vor der Sitzung der Mitberichterstatterin oder dem Mitberichterstatter übersendet. Personalakten dürfen nur vorgelegt werden, wenn die Bewerberin oder der Bewerber zustimmt.

§ 21
Sitzung

(1) Die Sitzungen des Richterwahlausschusses sind in der Regel nicht öffentlich.

(2) Der Richterwahlausschuß kann in den Sitzungen Bewerberinnen und Bewerber sowie andere Personen anhören. Die Anhörung der Bewerberinnen und Bewerber nach § 22 Abs. 3 soll, die der übrigen kann in öffentlicher Sitzung stattfinden. Die anschließende Beratung und Beschlußfassung müssen in nichtöffentlicher Sitzung stattfinden.

(3) Über den Verlauf der Sitzung und das Ergebnis der Abstimmung wird eine Niederschrift angefertigt. Die oder der Vorsitzende kann eine Beamtin oder einen Beamten zur Protokollführung hinzuziehen.

§ 22
Beschlußfassung

(1) Der Richterwahlausschuß wählt die Bewerberin oder den Bewerber, die oder der für das Richteramt persönlich und fachlich am besten geeignet ist. Die Wahl darf erst stattfinden, wenn der Präsidialrat zu allen Bewerberinnen und Bewerbern Stellung genommen hat oder die Frist zur Stellungnahme verstrichen ist und wenn in den Fällen der §§ 18 und 36 des Arbeitsgerichtsgesetzes und des § 11 des Sozialgerichtsgesetzes die Beratung oder Anhörung stattgefunden hat.

(2) Der Richterwahlausschuß wählt in geheimer Abstimmung mit der Mehrheit von zwei Dritteln der abgegebenen Stimmen. Das gilt auch für Beschlüsse nach § 23 Abs. 1 und 2. Für andere Beschlüsse genügt die einfache Mehrheit der offen abgegebenen Stimmen. Erfolgt die Wahl einer Bewerberin oder eines Bewerbers nicht oder stimmt das Ministerium für Justiz, Europa, Verbraucherschutz und Gleichstellung nicht zu, so beruft das Ministerium für Justiz, Europa, Verbraucherschutz und Gleichstellung unverzüglich eine erneute Sitzung des Richterwahlausschusses ein oder schreibt die Stelle neu aus.

(3) In den Fällen des § 10 Abs. 1 erfolgt die Wahl einer Bewerberin oder eines Bewerbers für ein Richteramt, mit dem Dienstaufsichtsbefugnisse über Richterinnen und Richter verbunden sind, auf Vorschlag des Ministeriums für Justiz, Europa, Verbraucherschutz und Gleichstellung. Der Vorschlag soll drei Bewerberinnen und Bewerber enthalten und mindestens eine Frau berücksichtigen. Erfolgt die Wahl einer vorgeschlagenen Bewerberin oder eines vorgeschlagenen Bewerbers nicht, so beruft das Ministerium für Justiz, Europa, Verbraucherschutz und Gleichstellung unverzüglich eine erneute Sitzung des Richterwahlausschusses ein oder schreibt die Stelle neu aus. Beruft es erneut eine Sitzung ein, kann es neue Vorschläge unterbreiten.

(4) Der Richterwahlausschuß ist beschlußfähig, wenn von seinen Mitgliedern oder Vertreterinnen und Vertretern mindestens die Hälfte anwesend ist.

§ 23
Übernahme und Entlassung von Richterinnen und Richtern auf Probe und kraft Auftrags

(1) Wird eine Richterin oder ein Richter auf Probe oder kraft Auftrags, die oder der sich um eine Richterstelle beworben hat, nach § 22 Abs. 1 nicht gewählt, so kann der Richterwahlausschuß darüber beschließen, ob er der Übernahme in das Richterverhältnis auf Lebenszeit zustimmt.

(2) Hat der Richterwahlausschuß einen Beschluß nach Absatz 1 nicht gefaßt, so legt das Ministerium für Justiz, Europa, Verbraucherschutz und Gleichstellung spätestens dreieinhalb Jahre nach der Ernennung zur Richterin oder zum Richter auf Probe und zwei Jahre nach der Ernennung zur Richterin oder zum Richter kraft Auftrags die Unterlagen der Richterin oder des Richters dem Richterwahlausschuß zur Entscheidung vor, ob er die Übernahme in das Richterverhältnis auf Lebenszeit ablehnt. Personalakten dürfen nur vorgelegt werden, wenn die Richterin oder der Richter zustimmt.

(3) Lehnt der Richterwahlausschuß die Übernahme einer Richterin oder eines Richters auf Probe oder kraft Auftrags in das Richterverhältnis auf Lebenszeit nach Absatz 1 oder 2 ab, so ist die Richterin oder der Richter zu entlassen (§ 22 Abs. 2 Nr. 2, § 23 des Deutschen Richtergesetzes).

(4) Vor der Entlassung einer Richterin oder eines Richters auf Probe und kraft Auftrags nach § 22 Abs. 1, 2 Nr. 1 und Abs. 3 sowie § 23 des Deutschen Richtergesetzes ist der Richterwahlausschuss zu hören, falls nicht die Richterin oder Richter ihre oder seine Entlassung selbst beantragt oder ihr schriftlich, aber nicht in elektronischer Form zugestimmt hat.

§ 24
(gestrichen)

§ 25
Vollziehung der Entscheidung

Stimmt das Ministerium für Justiz, Europa, Verbraucherschutz und Gleichstellung der Wahl einer Bewerberin oder eines Bewerbers nach § 22 zu, so trifft es die weiteren Maßnahmen.

§ 26
Verschwiegenheitspflicht

Die Mitglieder des Richterwahlausschusses und ihre Vertreterinnen und Vertreter sind zur Verschwiegenheit verpflichtet. Das Ministerium für Justiz, Europa, Verbraucherschutz und Gleichstellung entscheidet über die Genehmigung zur Aussage in gerichtlichen Verfahren.

§ 27
Entschädigung

(1) Die Mitglieder des Richterwahlausschusses erhalten für ihre Tätigkeit die gleiche Entschädigung wie die Landtagsabgeordneten für die Teilnahme an der Sitzung eines Landtagsausschusses.

(2) Die Fahrkostenentschädigung der richterlichen Mitglieder richtet sich nach den für Richterinnen und Richter geltenden Vorschriften.

(3) Die Sachkosten des Richterwahlausschusses trägt das Land.

§ 28
Geschäftsordnung

Der Richterwahlausschuß gibt sich eine Geschäftsordnung, die der Zustimmung des Ministeriums für Justiz, Europa, Verbraucherschutz und Gleichstellung bedarf. In der Geschäftsordnung muß insbesondere bestimmt werden, nach welchen Grundsätzen die Berichterstatterinnen und Berichterstatter sowie die Mitberichterstatterinnen und Mitberichterstatter, von denen jeweils die eine Person Abgeordnete oder Abgeordneter und die andere Richterin oder Richter sein muß, ausgewählt werden.

Abschnitt III
Vertretungen der Richterinnen und Richter sowie der Staatsanwältinnen und Staatsanwälte

1. Titel
Gemeinsame Vorschriften für Richtervertretungen

§ 29
Richterräte und Präsidialrat

(1) Bei den Gerichten werden als Richtervertretungen gebildet:
1. Richterräte (Richterrat, Bezirksrichterrat, Hauptrichterrat);
2. der Präsidialrat.

(2) Die Mitgliedschaft in der Richtervertretung ist ein Ehrenamt.

§ 30
Wahlperiode

(1) Die Wahlperiode der Richtervertretung dauert vier Jahre.

(2) Die Richtervertretung führt ihre Geschäfte weiter, bis die neue Vertretung gewählt ist.

§ 31
Verbot der Amtsausübung

Ein Mitglied einer Richtervertretung, dem die Führung seiner Amtsgeschäfte nach § 35 des Deutschen Richtergesetzes vorläufig untersagt ist, kann während der Dauer der Untersagung sein Amt nicht ausüben.

§ 32
Schweigepflicht

(1) Die Mitglieder der Richtervertretung haben - auch nach dem Ausscheiden aus der Richtervertretung - über dienstliche Angelegenheiten oder Tatsachen, die ihnen aufgrund ihrer Zugehörigkeit zur Richtervertretung bekanntgeworden sind, Stillschweigen zu bewahren.

(2) Eine Schweigepflicht besteht nicht

a) gegenüber den übrigen Mitgliedern der Richtervertretung sowie gegenüber den Stufenvertretungen und gegenüber der vorgesetzten Dienststelle, wenn die Richtervertretung diese im Rahmen ihrer Befugnisse anruft,

b) für Angelegenheiten oder Tatsachen, die offenkundig oder ihrer Bedeutung nach nicht vertraulich sind.

§ 33
Geschäftsordnung

Die Richtervertretung regelt ihre Beschlußfassung und Geschäftsführung in einer Geschäftsordnung. Die Geschäftsordnung kann die Beschlußfassung im schriftlichen Verfahren zulassen.

§ 34
Kosten

Für die Kosten, die durch die Wahl und die Tätigkeit der Richtervertretung oder eines ihrer Mitglieder entstehen, gelten die §§ 17 und 34 des Mitbestimmungsgesetzes Schleswig-Holstein entsprechend.

§ 35
Rechtsweg in Angelegenheiten der Richtervertretung

(1) Für Rechtsstreitigkeiten aus der Bildung oder Tätigkeit der Richtervertretung steht der Rechtsweg zu den Verwaltungsgerichten offen.

(2) Das Verwaltungsgericht und das Oberverwaltungsgericht entscheiden in der Besetzung mit Berufsrichterinnen und Berufsrichtern ohne die Mitwirkung von ehrenamtlichen Verwaltungsrichterinnen und Verwaltungsrichtern. Das Verfahren bestimmt sich nach den Vorschriften der Verwaltungsgerichtsordnung. Ein Vorverfahren findet nicht statt.

(3) Das Verfahren ist gerichtskostenfrei.

2. Titel
Richterräte

§ 36
Aufgaben der Richterräte

Für die Aufgaben der Richterräte gilt § 51 des Mitbestimmungsgesetzes Schleswig-Holstein – mit Ausnahme der dem Präsidialrat vorbehaltenen Aufgaben – entsprechend.

§ 37
Bildung des Richterrats

(1) Ein Richterrat wird gebildet
1. in der ordentlichen Gerichtsbarkeit
   a) bei dem Oberlandesgericht,
   b) bei den Landgerichten,
   c) bei den Amtsgerichten, an denen in der Regel mindestens fünf Richterinnen und Richter beschäftigt sind;
2. in der Verwaltungsgerichtsbarkeit
   a) bei dem Oberverwaltungsgericht,
   b) bei dem Verwaltungsgericht;
3. in der Finanzgerichtsbarkeit bei dem Finanzgericht;
4. in der Arbeitsgerichtsbarkeit bei dem Landesarbeitsgericht als gemeinsamer Richterrat für das Landesarbeitsgericht und die Arbeitsgerichte;
5. in der Sozialgerichtsbarkeit
   a) bei dem Landessozialgericht,
   b) bei den Sozialgerichten, an denen in der Regel mindestens fünf Richterinnen und Richter beschäftigt sind.

(2) Gerichte, bei denen nach Absatz 1 kein Richterrat zu bilden ist, werden durch Beschluß des Präsidiums des übergeordneten Gerichts für die Bildung eines Richterrats zusammengefaßt, so daß die Zahl der Richterinnen und Richter insgesamt mindestens fünf beträgt. Sie können auch einem anderen Gericht desselben Gerichtszweiges zugeteilt werden, bei dem ein Richterrat gebildet ist.

§ 38
Bildung der Stufenvertretungen

(1) Bezirksrichterräte werden gebildet
1. in der ordentlichen Gerichtsbarkeit
   bei dem Oberlandesgericht;
2. in der Verwaltungsgerichtsbarkeit
   bei dem Oberverwaltungsgericht;
3. in der Sozialgerichtsbarkeit
   bei dem Landessozialgericht.

(2) Der Hauptrichterrat wird bei der obersten Dienstbehörde für alle ihr nachgeordneten Gerichtszweige gebildet. Ist im Geschäftsbereich der obersten Dienstbehörde nur ein Richterrat gebildet, stehen diesem zugleich die Rechte und Pflichten des Hauptrichterrates zu.

§ 39
Zusammensetzung der Richterräte

(1) Der Richterrat besteht

a) bei Gerichten mit mehr als zwanzig wahlberechtigten Richterinnen und Richtern aus drei Richterinnen oder Richtern,

b) im übrigen aus einer Richterin oder einem Richter.

(2) Der Bezirksrichterrat besteht aus drei Richterinnen oder Richtern.

(3) Der Hauptrichterrat besteht aus fünf Richterinnen oder Richtern.

§ 40
Geltung des Mitbestimmungsgesetzes Schleswig-Holstein

Soweit dieses Gesetz keine Bestimmungen enthält, gelten für die Richterräte, insbesondere ihre Wahl, für den Umfang und das Verfahren ihrer Beteiligung sowie für die Rechte und Pflichten ihrer Mitglieder, die Vorschriften des Mitbestimmungsgesetzes Schleswig-Holstein und die dazu erlassenen Durchführungsvorschriften entsprechend.

§ 41
Besondere Wahlvorschriften

(1) Eine Richterversammlung zur Bestellung des Wahlvorstandes für die Wahl des Richterrates findet nicht statt. An

ihrer Stelle bestellt die Leiterin oder der Leiter des Gerichts, bei dem der Richterrat zu bilden ist, den Wahlvorstand.

(2) Die Präsidentin oder der Präsident eines Gerichts und ihre oder seine ständige Vertreterin oder sein ständiger Vertreter können dem Richterrat nicht angehören. Eine aufsichtführende Richterin oder ein aufsichtführender Richter kann dem Richterrat nur angehören, wenn dieser nicht bei ihrem oder seinem Gericht gebildet wird.

§ 42
Gemeinsame Aufgaben
von Richterrat und Personalrat

(1) Sind an einer Angelegenheit sowohl der Richterrat als auch der Personalrat eines Gerichts beteiligt, so entsendet der Richterrat für die gemeinsame Beratung und Beschlußfassung Mitglieder in den Personalrat. Aufsichtführende Richterinnen und Richter dürfen nicht in den Personalrat ihres Gerichts entsandt werden.

(2) Der Richterrat entsendet
1. ein Mitglied, wenn der Personalrat aus drei Mitgliedern besteht,
2. zwei Mitglieder, wenn der Personalrat aus fünf oder mehr Mitgliedern besteht.

(3) Ist für ein Gericht nur eine Personalobfrau oder ein Personalobmann gewählt, so hat diese oder dieser dem Richterrat Gelegenheit zur Stellungnahme zu geben.

(4) Für den Bezirksrichterrat und den Hauptrichterrat gelten die Absätze 1 und 2 entsprechend. In den bei einem Landgericht gebildeten Bezirksrichterrat entsendet die Mitglieder der bei dem Landgericht gebildete Richterrat.

(5) Sind in einer Angelegenheit nur der Hauptrichterrat und der Hauptstaatsanwaltsrat beteiligt, entsendet der Hauptstaatsanwaltsrat zwei Mitglieder in den Hauptrichterrat.

3. Titel
Präsidialrat
1. Aufgabe und Errichtung

§ 43
Aufgabe des Präsidialrats

Der Präsidialrat ist vor jeder Einstellung, Ernennung auf Lebenszeit, Beförderung und Versetzung einer Richterin oder eines Richters, vor der Entscheidung über die Übernahme einer Richterin oder eines Richters auf Probe oder kraft Auftrags in das Richterverhältnis auf Lebenszeit (§ 23 Abs. 2) und vor der Entlassung einer Richterin oder eines Richters auf Probe oder kraft Auftrags (§ 23 Abs. 4) zu beteiligen.

§ 44
Bildung des Präsidialrats

Der Präsidialrat wird gemeinsam für die Gerichte der ordentlichen Gerichtsbarkeit, der Verwaltungsgerichtsbarkeit, der Finanzgerichtsbarkeit, der Arbeitsgerichtsbarkeit und der Sozialgerichtsbarkeit gebildet.

§ 45
Zusammensetzung des Präsidialrats

(1) Der Präsidialrat besteht aus
1. der Präsidentin oder dem Präsidenten des obersten Gerichts des Landes aus dem Gerichtszweig, dem das zu besetzende Amt zugehört, als Vorsitzender oder Vorsitzendem;
2. fünf von den Richterinnen und Richtern gewählten ständigen Mitgliedern, und zwar je
   a) einem Mitglied der ordentlichen Gerichtsbarkeit,
   b) einem Mitglied der Verwaltungsgerichtsbarkeit,
   c) einem Mitglied der Finanzgerichtsbarkeit,
   d) einem Mitglied der Arbeitsgerichtsbarkeit,
   e) einem Mitglied der Sozialgerichtsbarkeit;
3. drei von den Richterinnen und Richtern gewählten Mitgliedern aus dem Gerichtszweig, dem das zu besetzende Amt zugehört, sowie je einer Stellvertreterin oder einem Stellvertreter für jedes Mitglied.

(2) Die Stellvertretung der oder des Vorsitzenden nimmt die zuständige Vertreterin oder der zuständige Vertreter der jeweils zum Vorsitz berufenen Präsidentin oder des jeweils zum Vorsitz berufenen Präsidenten wahr.

§ 46
Wahl der Mitglieder des Präsidialrats

(1) Die nach § 45 Abs. 1 Nr. 2 und 3 zu wählenden Mitglieder werden in jedem Gerichtszweig von den Richterinnen und Richtern aus ihrer Mitte unmittelbar und geheim gewählt.

(2) Für die Wahl gelten die Vorschriften des § 40 über die Wahl des Bezirksrichterrats, in der Finanzgerichtsbarkeit und in der Arbeitsgerichtsbarkeit, sofern dort keine Stufenvertretung gebildet ist, des Richterrats, sinngemäß.

§ 47
Abordnung

Eine Richterin oder ein Richter, die oder der an ein Gericht eines anderen Gerichtszweiges oder an eine Verwaltungsbehörde abgeordnet ist, kann nicht Mitglied des Präsidialrats sein. Gehört sie oder er zur Zeit der Abordnung dem Präsidialrat an, so scheidet sie oder er aus ihm aus. Dasselbe gilt für die Abordnung einer Richterin oder eines Richters in den Bereich des Bundes oder eines anderen Landes.

§ 48
Ausscheiden und Ausschluß von Mitgliedern

(1) Ein gewähltes Mitglied scheidet aus dem Präsidialrat aus, wenn es sein Amt niederlegt oder seine Wählbarkeit verliert.

(2) Auf Antrag mindestens der Hälfte der Mitglieder des Präsidialrats oder auf Antrag der obersten Dienstbehörde kann ein Mitglied durch gerichtliche Entscheidung (§ 35) ausgeschlossen werden, wenn es seine Pflichten, insbesondere seine Schweigepflicht, verletzt.

§ 49
Neuwahlen;
Eintritt der Stellvertreterinnen und Stellvertreter

(1) Scheidet ein gewähltes Mitglied aus dem Präsidialrat aus oder wird es ausgeschlossen, so ist für den Rest der Wahlperiode eine Nachfolgerin oder ein Nachfolger für das Mitglied zu wählen.

(2) Ist ein Mitglied des Präsidialrats an der Ausübung seines Amtes verhindert, so tritt eine Stellvertreterin oder ein Stellvertreter für die Dauer der Verhinderung an seine Stelle. Dasselbe gilt, wenn ein Mitglied ausgeschieden oder ausgeschlossen ist, bis zur Wahl des neuen Mitglieds.

2. Verfahren bei der Beteiligung

§ 50
Einleitung der Beteiligung

Die oberste Dienstbehörde beantragt die Stellungnahme des Präsidialrates zu der persönlichen und fachlichen Eignung der Bewerberinnen und Bewerber, bei der Einstellung einer Richterin oder eines Richters auf Probe in den richterlichen Dienst zu der persönlichen und fachlichen Eignung der von ihr ausgewählten Bewerberin oder des von ihr ausgewählten Bewerbers. Sie fügt die Bewerbungen und die dienstlichen Beurteilungen der Bewerberinnen und Bewerber, bei der Einstellung einer Richterin oder eines Richters auf Probe in den richterlichen Dienst der von ihr ausgewählten Bewerberin oder des von ihr ausgewählten Bewerbers, bei. Im Fall des § 23 legt sie die dienstlichen Beurteilungen der Richterin oder des Richters auf Probe oder kraft Auftrags vor. Personalakten dürfen nur vorgelegt werden, wenn die Bewerberinnen und Bewerber oder Richterinnen und Richter zustimmen.

§ 51
Beschlußfassung des Präsidialrats

(1) Der Präsidialrat faßt seine Beschlüsse mit einfacher Mehrheit der Stimmen der Mitglieder, die in der Sitzung anwesend sind oder sich bei einer Beschlußfassung im schriftlichen Verfahren an der Abstimmung beteiligen. Bei Stimmengleichheit gibt die Stimme der oder des Vorsitzenden den Ausschlag.

(2) Der Präsidialrat ist beschlußfähig, wenn mindestens fünf seiner Mitglieder in der Sitzung anwesend sind. Faßt

der Präsidialrat Beschlüsse im schriftlichen Verfahren, so müssen sämtliche Mitglieder Gelegenheit zur Abstimmung erhalten.

§ 52
Stellungnahme des Präsidialrates

Der Präsidialrat gibt eine schriftliche Stellungnahme über die persönliche und fachliche Eignung der Bewerberinnen und Bewerber, im Falle einer Einstellung der Bewerberin oder des Bewerbers, ab. Er hat seine Stellungnahme binnen eines Monats, bei einer Einstellung binnen zehn Tagen, abzugeben. Die Frist beginnt mit dem Eingang des Antrages mit Unterlagen bei der Vorsitzenden oder dem Vorsitzenden des Präsidialrates. Die Stellungnahmen sind zu den Personalakten zu nehmen.

4. Titel
Staatsanwaltsräte

§ 53
Bildung der Staatsanwaltsräte

(1) Als Vertretungen der Staatsanwältinnen und Staatsanwälte werden gebildet
1. Staatsanwaltsräte bei den Staatsanwaltschaften,
2. ein Hauptstaatsanwaltsrat bei dem Ministerium für Justiz, Europa, Verbraucherschutz und Gleichstellung.

(2) Der Hauptstaatsanwaltsrat hat zugleich die Rechte und Pflichten einer Stufenvertretung bei der Behörde der Generalstaatsanwältin oder des Generalstaatsanwalts.

(3) Zu den Staatsanwältinnen und Staatsanwälten im Sinne dieses Titels gehören auch die Richterinnen und Richter auf Probe im staatsanwaltschaftlichen Dienst.

§ 54
Aufgabe der Staatsanwaltsräte

Für die Aufgaben der Staatsanwaltsräte gilt § 51 des Mitbestimmungsgesetzes Schleswig-Holstein entsprechend.

§ 55
Geltung des Richter- und des Personalvertretungsrechts

Soweit dieser Titel keine Bestimmungen enthält, gelten für die Staatsanwaltsräte die Vorschriften für Richterräte des 1. und 2. Titels entsprechend.

Abschnitt IV
Richterdienstgerichte

1. Titel
Errichtung und Zuständigkeit

§ 56
Errichtung

(1) Richterdienstgerichte sind das Schleswig-Holsteinische Dienstgericht für Richterinnen und Richter (Dienstgericht) und der Schleswig-Holsteinische Dienstgerichtshof für Richterinnen und Richter (Dienstgerichtshof).

(2) Das Dienstgericht wird bei dem Landgericht Kiel, der Dienstgerichtshof bei dem Oberlandesgericht errichtet.

(3) Die Geschäftsstelle des Gerichts, bei dem das Richterdienstgericht errichtet ist, nimmt auch die Aufgaben der Geschäftsstelle des Richterdienstgerichts wahr.

(4) Bei Bedarf können bei dem Dienstgericht mehrere Kammern, bei dem Dienstgerichtshof mehrere Senate gebildet werden. Die Anzahl der Kammern und Senate bestimmt das Ministerium für Justiz, Europa, Verbraucherschutz und Gleichstellung.

(5) Die Dienstaufsicht über die Richterdienstgerichte übt das Ministerium Justiz, Europa, Verbraucherschutz und Gleichstellung aus.

§ 57
Zuständigkeit des Dienstgerichts

(1) Das Dienstgericht entscheidet
1. in Disziplinarverfahren gegen Richterinnen und Richter, auch wenn sie sich im Ruhestand befinden,
2. über die Versetzung im Interesse der Rechtspflege (§ 31 des Deutschen Richtergesetzes),
3. bei Richterinnen und Richtern auf Lebenszeit oder auf Zeit über die
   a) Nichtigkeit einer Ernennung (§ 18 des Deutschen Richtergesetzes),
   b) Rücknahme einer Ernennung (§ 19 des Deutschen Richtergesetzes),
   c) Entlassung (§ 21 des Deutschen Richtergesetzes),
   d) Versetzung in den Ruhestand wegen Dienstunfähigkeit (§ 34 Satz 1 des Deutschen Richtergesetzes),
   e) eingeschränkte Verwendung wegen begrenzter Dienstfähigkeit,
4. bei Anfechtung
   a) einer Maßnahme wegen Veränderung der Gerichtsorganisation (§ 32 des Deutschen Richtergesetzes),
   b) der Übertragung eines weiteren Richteramtes (§ 27 Abs. 2 des Deutschen Richtergesetzes),
   c) der Abordnung einer Richterin oder eines Richters nach § 37 Abs. 3 des Deutschen Richtergesetzes,
   d) einer Verfügung, durch die eine Richterin oder ein Richter auf Probe oder kraft Auftrags entlassen, durch die ihre oder seine Ernennung zurückgenommen oder die Nichtigkeit ihrer oder seiner Ernennung festgestellt oder durch die sie oder er wegen Dienstunfähigkeit in den Ruhestand versetzt wird,
   e) der Heranziehung zu einer Nebentätigkeit,
   f) einer Maßnahme der Dienstaufsicht aus den Gründen des § 26 Abs. 3 des Deutschen Richtergesetzes,
   g) einer Verfügung nach den §§ 7 bis 7 d und f.

(2) Das Dienstgericht entscheidet ferner in Disziplinarverfahren gegen Staatsanwältinnen und Staatsanwälte, auch wenn sie sich im Ruhestand befinden.

§ 58
Zuständigkeit des Dienstgerichtshofs

Der Dienstgerichtshof entscheidet
1. über Berufungen gegen Urteile und über Beschwerden gegen Beschlüsse des Dienstgerichts,
2. in allen anderen Fällen, in denen nach den Vorschriften dieses Gesetzes und den danach anzuwendenden Verfahrensvorschriften das Gericht des zweiten Rechtszuges zuständig ist.

2. Titel
Besetzung

1. Berufsrichterinnen und Berufsrichter

a) Allgemeine Vorschriften

§ 59
Mitglieder der Richterdienstgerichte

(1) Die Mitglieder der Richterdienstgerichte müssen vorbehaltlich der §§ 69 und 70 hauptamtlich tätige und auf Lebenszeit ernannte Richterinnen und Richter sein. Sie müssen das fünfunddreißigste Lebensjahr vollendet haben.

(2) Die Präsidentin oder der Präsident eines Gerichts und ihre oder seine ständige Vertreterin oder ihr oder sein ständiger Vertreter können nicht Mitglied eines Richterdienstgerichts sein.

§ 60
Bestimmung der Mitglieder

Die Mitglieder werden von dem Präsidium des Gerichts, bei dem das Richterdienstgericht errichtet ist, für vier Jahre bestimmt. Nach Ablauf ihrer Amtszeit können sie wieder bestimmt werden. Scheidet ein Mitglied vor Ablauf seiner Amtszeit aus, so ist für den Rest der Amtszeit eine Nachfolgerin oder ein Nachfolger zu bestimmen.

§ 61
Verbot der Amtsausübung

Ein Mitglied eines Richterdienstgerichts, gegen das ein Disziplinarverfahren, das voraussichtlich mindestens zu einer Geldbuße führen wird, oder eine vorsätzliche Straftat ein Strafverfahren eingeleitet ist oder dem die Führung seiner Dienstgeschäfte nach § 35 des Deutschen Richtergesetzes vorläufig untersagt ist, kann während dieses Verfahrens oder der Dauer des Verbots sein Amt nicht ausüben.

§ 62
Erlöschen des Amtes

Das Amt des Mitgliedes eines Richterdienstgerichts erlischt, wenn
1. eine Voraussetzung für die Berufung der Richterin oder des Richters in dieses Amt wegfällt,
2. die Richterin oder der Richter im Strafverfahren zu einer Freiheitsstrafe oder im Disziplinarverfahren mindestens zu einer Geldbuße rechtskräftig verurteilt wird.

b) Schleswig-Holsteinisches Dienstgericht für Richterinnen und Richter

§ 63
Besetzung

Das Dienstgericht entscheidet in der Besetzung mit
a) einer oder einem Vorsitzenden und einer Beisitzerin oder einem Beisitzer als ständigen Mitgliedern,
b) einer nichtständigen Beisitzerin oder einem nichtständigen Beisitzer.

§ 64
Ständige Mitglieder

(1) Die oder der Vorsitzende und die ständige Beisitzerin oder der ständige Beisitzer sind aufgrund von Vorschlagslisten zu bestimmen, die die Präsidien des Oberlandesgerichts, des Oberverwaltungsgerichts, des Finanzgerichts, des Landesarbeitsgerichts und des Landessozialgerichts aufstellen.

(2) Zur oder zum Vorsitzenden ist für die einzelnen Amtsperioden (§ 60) jeweils eine Richterin oder ein Richter eines anderen Gerichtszweiges in der Reihenfolge: ordentliche Gerichtsbarkeit, Verwaltungsgerichtsbarkeit, Finanzgerichtsbarkeit, Arbeitsgerichtsbarkeit und Sozialgerichtsbarkeit zu bestimmen. Ausnahmen bedürfen der Zustimmung des vorschlagsberechtigten Präsidiums des Gerichtszweiges, der übergangen werden soll.

(3) Für jedes ständige Mitglied ist eine regelmäßige Vertreterin oder ein regelmäßiger Vertreter zu bestimmen. Hierfür gelten die Absätze 1 und 2 entsprechend.

(4) Ist auch die regelmäßige Vertreterin oder der regelmäßige Vertreter eines ständigen Mitglieds an der Mitwirkung verhindert, so bestimmt das Präsidium des Landgerichts Kiel aus den Richterinnen und Richtern dieses Gerichts eine zeitweilige Vertreterin oder einen zeitweiligen Vertreter.

§ 65
Nichtständiges Mitglied

(1) Die nichtständige Beisitzerin oder der nichtständige Beisitzer muß dem Gerichtszweig der betroffenen Richterin oder des betroffenen Richters angehören.

(2) Sie oder er ist nach der Reihenfolge von Vorschlagslisten heranzuziehen, die die Präsidien des Oberlandesgerichts, des Oberverwaltungsgerichts, des Finanzgerichts, des Landesarbeitsgerichts und des Landessozialgerichts aufstellen.

(3) Die Beisitzerin oder der Beisitzer ist bei der ersten Entscheidung heranzuziehen, die in einem Verfahren erforderlich wird. Die Heranziehung erstreckt sich auf das gesamte Verfahren. Ist eine Beisitzerin oder ein Beisitzer bei der ersten Entscheidung an der Mitwirkung verhindert, so tritt die nächstfolgende Beisitzerin oder der nächstfolgende Beisitzer für das gesamte Verfahren an ihre oder seine Stelle. Ist eine Beisitzerin oder ein Beisitzer bei späteren Entscheidungen verhindert, so vertritt sie oder ihn die nächstfolgende Beisitzerin oder der nächstfolgende Beisitzer für die Dauer der Verhinderung.

(4) Sind alle nichtständigen Beisitzerinnen und Beisitzer eines Gerichtszweiges an der Mitwirkung verhindert, so ist eine Beisitzerin oder ein Beisitzer aus der Vorschlagsliste eines anderen Gerichtszweiges heranzuziehen. Das Nähere bestimmt das Präsidium (§ 60 Satz 1) vor Beginn des Geschäftsjahres für dessen Dauer.

c) Schleswig-Holsteinischer Dienstgerichtshof für Richterinnen und Richter

§ 66
Besetzung

Der Dienstgerichtshof entscheidet in der Besetzung mit
a) einer oder einem Vorsitzenden und zwei Beisitzerinnen oder Beisitzern als ständigen Mitgliedern,
b) zwei nichtständigen Beisitzerinnen oder Beisitzern.

§ 67
Ständige Mitglieder

Für die Bestimmung der oder des Vorsitzenden und der ständigen Beisitzerinnen und Beisitzer sowie deren Vertreterinnen und Vertreter gilt § 64 entsprechend.

§ 68
Nichtständige Mitglieder

Für die nichtständigen Beisitzerinnen und Beisitzer gilt § 65 entsprechend.

2. Staatsanwältinnen und Staatsanwälte als nichtständige Mitglieder

§ 69
Bestellung

(1) In Disziplinarverfahren gegen Staatsanwältinnen und Staatsanwälte treten an die Stelle der nichtständigen Beisitzerinnen und Beisitzer der Richterdienstgerichte auf Lebenszeit ernannte Staatsanwältinnen und Staatsanwälte. Sie müssen das fünfunddreißigste Lebensjahr vollendet haben. Das Ministerium für Justiz, Europa, Verbraucherschutz und Gleichstellung bestellt sie auf vier Jahre als nichtständige Beisitzerinnen und Beisitzer. Die Berufsorganisationen der Staatsanwältinnen und Staatsanwälte können Vorschläge für die Bestellung einreichen.

(2) Die Leiterinnen und Leiter der Staatsanwaltschaften bei dem Oberlandesgericht und den Landgerichten sowie ihre ständigen Vertreterinnen und Vertreter können nicht Mitglieder eines Richterdienstgerichts sein.

(3) § 60 Sätze 2 und 3 sowie die §§ 61 und 62 gelten entsprechend.

§ 70
Reihenfolge der Mitwirkung

Das Präsidium des Gerichts, bei dem das Richterdienstgericht errichtet ist, regelt vor Beginn jedes Geschäftsjahres für seine Dauer die Reihenfolge, in der die nichtständigen Beisitzerinnen und Beisitzer herangezogen werden.

3. Titel
Disziplinarverfahren

§ 71
Anwendung des Landesdisziplinargesetzes

Für Disziplinarsachen (§ 57 Abs. 1 Nr. 1 und Abs. 2) gelten die Vorschriften des Landesdisziplinargesetzes sinngemäß, soweit dieses Gesetz nichts anderes bestimmt.

§ 72
Disziplinarmaßnahmen

(1) Gegen Richterinnen und Richter sowie Staatsanwältinnen und Staatsanwälte kann durch Disziplinarverfügung nur ein Verweis verhängt werden.

(2) Gegen eine Richterin oder einen Richter kann außer den in § 5 Abs. 1 des Landesdisziplinargesetzes vorgesehenen Disziplinarmaßnahmen auch die Disziplinarmaßnahme der Versetzung in ein anderes Richteramt mit gleichem Endgrundgehalt verhängt werden. Die Maßnahme kann mit Kürzung der Dienstbezüge, Versagen des Aufsteigens in den Stufen im Sinne des § 27 des Bundesbesoldungsgesetzes und Einstufung in eine niedrigere Stufe im Sinne des § 27 des Bundesbesoldungsgesetzes oder mit einer dieser Maßnahmen verbunden werden.

§ 73
Entscheidungen des Dienstgerichts anstelle der obersten Dienstbehörde

(1) Das Dienstgericht entscheidet in Verfahren gegen Richterinnen und Richter auf Antrag der obersten Dienstbehörde über die vorläufige Dienstenthebung, die Einbehaltung von Bezügen sowie die Aufhebung dieser Maßnahmen. Der Beschluss ist der obersten Dienstbehörde und der Richterin oder dem Richter zuzustellen. Gegen die Entscheidung des Dienstgerichts ist die Beschwerde zulässig.

(2) Sechs Monate nach der Rechtskraft der Entscheidung über die vorläufige Dienstenthebung und die Einbehaltung von Bezügen kann auch die oder der Beschuldigte die Aufhebung dieser Maßnahmen beantragen.

(3) Anstelle des Dienstgerichts entscheidet der Dienstgerichtshof, wenn bereits ein noch nicht rechtskräftiges Urteil des Dienstgerichts vorliegt.

§ 74
(gestrichen)

§ 75
Oberste Dienstbehörde

In Verfahren gegen Richterinnen und Richter der ordentlichen Gerichtsbarkeit und gegen Staatsanwältinnen und Staatsanwälte nimmt die Staatsanwaltschaft bei dem Oberlandesgericht die Aufgaben der obersten Dienstbehörde wahr. In Verfahren gegen Richterinnen und Richter der anderen Gerichtsbarkeiten kann die oberste Dienstbehörde der Staatsanwaltschaft bei dem Oberlandesgericht diese Aufgaben übertragen.

§ 76
Zulässigkeit der Revision

Gegen Urteile des Dienstgerichtshofs in Disziplinarverfahren steht den Beteiligten die Revision an das Dienstgericht des Bundes zu. Die Zulässigkeit der Revision und das Revisionsverfahren bestimmen sich nach den §§ 81 und 82 des Deutschen Richtergesetzes.

§ 77
Bekleidung mehrerer Ämter

(1) Ist eine Richterin zugleich Beamtin oder ein Richter zugleich Beamter, so gelten für sie oder ihn hinsichtlich der Zuständigkeit der Behörden und Dienstvorgesetzten die disziplinarrechtlichen Vorschriften für das Richteramt.

(2) Das Dienstgericht kann im Urteil die Wirkung der Entfernung aus dem Richterverhältnis auf das Richterverhältnis und auf die in Verbindung mit diesem bekleideten Nebenämter beschränken.

(3) Die Absätze 1 und 2 gelten für Staatsanwältinnen und Staatsanwälte entsprechend.

§ 78
Verfahren gegen Richterinnen und Richter auf Probe und kraft Auftrags

(1) Gegen eine Richterin oder einen Richter auf Probe und kraft Auftrags findet ein gerichtliches Disziplinarverfahren nicht statt.

(2) Ist eine Richterin oder ein Richter kraft Auftrags nach § 23 in Verbindung mit § 22 Abs. 3 des Deutschen Richtergesetzes aus ihrem oder seinem Richteramt entlassen worden, so steht dies der Durchführung eines Disziplinarverfahrens gegen sie oder ihn nach den Vorschriften für Beamtinnen und Beamte nicht entgegen.

(3) Soweit die Beiordnung einer Richterin oder eines Richters auf Probe oder kraft Auftrags zu einem Gericht nicht alsbald widerrufen werden kann, kann die Richterin oder der Richter wegen eines Dienstvergehens nur aufgrund oder infolge einer Entscheidung im Disziplinarverfahren, durch die mindestens eine Zurückstufung verhängt wird, entlassen werden. Es können alle gegen eine Richterin oder einen Richter auf Lebenszeit zulässigen Disziplinarmaßnahmen verhängt werden; in entsprechender Anwendung des § 72 Abs. 2 kann auf Beiordnung zu einem anderen Gericht erkannt werden. Für die vorläufige Dienstenthebung und die Einbehaltung der Dienstbezüge gilt § 73.

4. Titel
Versetzungs- und Prüfungsverfahren

§ 79
Anwendung der Verwaltungsgerichtsordnung

Für die Verfahren nach § 57 Abs. 1 Nr. 2 (Versetzungsverfahren) und Nr. 3 und 4 (Prüfungsverfahren) gelten die Vorschriften der Verwaltungsgerichtsordnung und des Teils 7 des Landesjustizgesetzes vom 17. April 2018 (GVOBl. Schl.-H. S. 231) sinngemäß, soweit dieses Gesetz nichts anderes bestimmt. Die Vorschriften über den Vorbescheid sind nicht anzuwenden. Ein Vorverfahren findet nur in den Fällen des § 57 Abs. 1 Nr. 4 statt. Die Vertreterin oder der Vertreter des öffentlichen Interesses wirkt nicht mit.

§ 80
Vorläufige Untersagung der Amtsführung

Für die vorläufige Untersagung der Amtsführung (§ 35 des Deutschen Richtergesetzes) gilt § 123 der Verwaltungsgerichtsordnung entsprechend.

§ 81
Versetzungsverfahren

(1) Das Versetzungsverfahren (§ 31 des Deutschen Richtergesetzes) wird durch einen Antrag der obersten Dienstbehörde eingeleitet.

(2) In seinem Urteil erklärt das Gericht eine der in § 31 des Deutschen Richtergesetzes vorgesehenen Maßnahmen für zulässig oder weist den Antrag der obersten Dienstbehörde zurück.

§ 82
Prüfungsverfahren

(1) Das Prüfungsverfahren wird in den Fällen des § 57 Abs. 1 Nr. 3 durch einen Antrag der obersten Dienstbehörde, in den Fällen des § 57 Abs. 1 Nr. 4 durch einen Antrag der Richterin oder des Richters eingeleitet.

(2) In den Fällen des § 57 Abs. 1 Nr. 3 Buchst. a stellt das Gericht die Nichtigkeit fest oder weist den Antrag zurück.

(3) In den Fällen des § 57 Abs. 1 Nr. 3 Buchst. b bis d stellt das Gericht die Zulässigkeit der Maßnahme fest oder weist den Antrag zurück.

(4) In den Fällen des § 57 Abs. 1 Nr. 4 Buchst. a bis e hebt das Gericht die angefochtene Maßnahme auf oder weist den Antrag zurück.

(5) In den Fällen des § 57 Abs. 1 Nr. 4 Buchst. f stellt das Gericht die Unzulässigkeit der Maßnahme fest oder weist den Antrag zurück.

§ 83
Versetzung in den Ruhestand wegen Dienstunfähigkeit

(1) Wird die Dienstunfähigkeit einer Richterin oder eines Richters aufgrund eines amtsärztlichen Gutachtens festgestellt und stimmt diese oder dieser einer Versetzung in den Ruhestand nicht zu, so beantragt die oberste Dienstbehörde bei dem Dienstgericht, die Zulässigkeit der Versetzung in den Ruhestand festzustellen. Gibt das Gericht dem Antrag statt, so ist die Richterin oder der Richter mit dem Ende des Monats, in dem die Entscheidung rechtskräftig geworden ist, in den Ruhestand zu versetzen.

(2) Werden Rechtsmittel gegen die Entscheidung über die Versetzung in den Ruhestand eingelegt, werden mit dem Ende des Monats, in dem die Entscheidung zugestellt worden ist, die Dienstbezüge einbehalten, die das Ruhegehalt übersteigen.

(3) Ist eine Richterin zugleich Beamtin oder ist ein Richter zugleich Beamter, so gelten für ihre oder seine Versetzung in den Ruhestand wegen Dienstunfähigkeit – auch hinsichtlich der Zuständigkeit der Behörden und der Dienstvorgesetzten – die Vorschriften für das Richteramt.

§ 84
Aussetzung des Verfahrens

(1) Ist eine Maßnahme der Dienstaufsicht aus den Gründen des § 26 Abs. 3 des Deutschen Richtergesetzes angefochten und hängt die Entscheidung hierüber von dem Bestehen oder Nichtbestehen eines Rechtsverhältnisses ab, das den Gegenstand eines anderen Verfahrens bildet oder bilden kann, so hat das Richterdienstgericht die Verhandlung bis zur Erledigung des anderen Verfahrens auszusetzen. Der Aussetzungsbeschluß ist zu begründen.

(2) Ist das Verfahren bei dem anderen Gericht noch nicht anhängig, so setzt das Richterdienstgericht in dem Aussetzungsbeschluß eine angemessene Frist zur Einleitung des Verfahrens. Nach fruchtlosem Ablauf der Frist weist es den Antrag ohne weitere Sachprüfung zurück.

(3) Hängt die Entscheidung eines anderen Gerichts als eines Richterdienstgerichts davon ab, ob eine Maßnahme der Dienstaufsicht aus den Gründen des § 26 Abs. 3 des Deutschen Richtergesetzes unzulässig ist, so hat das Gericht die Verhandlung bis zur Erledigung des Verfahrens vor dem Richterdienstgericht auszusetzen. Der Aussetzungsbeschluß ist zu begründen. Absatz 2 gilt sinngemäß.

§ 85
Kostenentscheidung in besonderen Fällen

In Verfahren nach § 57 Abs. 1 Nr. 2 und 3 Buchst. a und c kann das Gericht die Kosten nach billigem Ermessen der Staatskasse auferlegen, wenn die Richterin oder der Richter dem Antrag auf Feststellung oder Versetzung nicht widersprochen hat.

Zweiter Teil
Übergangs- und Schlußvorschriften

§ 86
Übergangsvorschrift zu § 18

§ 18 findet auch Anwendung, wenn die Mitgliedschaft im Richterwahlausschuss bereits vor dem 25. Oktober 2019 erloschen oder eine Stellvertretung ausgeschieden ist und eine Ersatzwahl bis dahin noch nicht erfolgt ist.

§ 87
Wiederaufnahme früherer Verfahren

Soweit die Richterdienstgerichte nach diesem Gesetz zuständig sind, entscheiden sie auch im Verfahren über die Wiederaufnahme von Verfahren, die vor den bisher zuständigen Gerichten rechtskräftig abgeschlossen worden sind.

§ 88
(gestrichen)

§ 89
Erlaß von Rechtsverordnungen
(gestrichen)

Gesetz
über die Ausbildung der Juristinnen und Juristen im Land Schleswig-Holstein
(Juristenausbildungsgesetz – JAG)
vom 20. Februar 2004
– GVOBl. Schl.-H. S. 66 –

Zuletzt geändert durch LVO vom 16. Januar 2019 (GVOBl. Schl.-H. S. 30)

§ 1
Ausbildungsverlauf und Ausbildungsziel

(1) Die juristische Ausbildung gliedert sich in ein Universitätsstudium und den Vorbereitungsdienst. Das Universitätsstudium schließt mit der ersten Prüfung ab, die sich aus einer staatlichen Pflichtfachprüfung und einer universitären Schwerpunktbereichsprüfung zusammensetzt. Der Vorbereitungsdienst schließt mit der erfolgreichen zweiten Staatsprüfung ab. Die Inhalte der juristischen Ausbildung und der Prüfungen berücksichtigen die rechtsprechende, verwaltende und rechtsberatende Praxis einschließlich der hierfür erforderlichen rhetorischen und kommunikativen Schlüsselqualifikationen wie die Fähigkeit zur Verhandlungs- und Gesprächsführung, Streitschlichtung, Mediation und Vernehmung. Fremdsprachenkompetenz ist durch den erfolgreichen Besuch einer fremdsprachlichen rechtswissenschaftlichen Veranstaltung oder eines rechtswissenschaftlich ausgerichteten Sprachkurses nachzuweisen. Die Prüfungen können auch Fremdsprachenkompetenz berücksichtigen.

(2) Die erste Prüfung hat die Aufgabe, festzustellen, ob die oder der Studierende das Ziel des Studiums der Rechtswissenschaft erreicht hat und damit für den Vorbereitungsdienst fachlich geeignet ist. Die oder der Studierende soll in der Prüfung zeigen, dass sie oder er das Recht mit Verständnis erfassen und anwenden kann und über die hierzu erforderlichen Kenntnisse in den Pflichtfächern sowie in dem jeweiligen Schwerpunktbereich verfügt.

(3) Die zweite Staatsprüfung hat die Aufgabe festzustellen, ob die Rechtsreferendarin oder der Rechtsreferendar zu selbstständiger eigenverantwortlicher Tätigkeit in allen Bereichen der Rechts- und Verwaltungspraxis fähig ist. Das Nähere wird durch die Übereinkunft der Länder Freie Hansestadt Bremen, Freie und Hansestadt Hamburg und Schleswig-Holstein über ein gemeinsames Prüfungsamt und die Prüfungsordnung für die Große Juristische Staatsprüfung in der Fassung der Bekanntmachung vom 28. Juli 1993 (GVOBl. Schl.-H. S. 389) geregelt.

§ 2
Regelstudienzeit

Die Regelstudienzeit beträgt einschließlich der ersten Prüfung neun Semester. Sie kann unterschritten werden, sofern die jeweils für die Zulassung zur universitären Schwerpunktbereichsprüfung und zur staatlichen Pflichtfachprüfung erforderlichen Leistungen nachgewiesen sind. Mindestens zwei Jahre müssen auf ein Studium an einer Universität im Geltungsbereich des Deutschen Richtergesetzes entfallen.

§ 3
Bewertung von Prüfungsleistungen

(1) Die Bewertung der einzelnen Leistungen zur Ablegung der ersten Prüfung richtet sich nach § 1 der Verordnung über eine Noten- und Punkteskala für die erste und zweite juristische Prüfung vom 3. Dezember 1981 (BGBl. I S. 1243). Die Bildung der Gesamtnote der universitären Schwerpunktbereichsprüfung, der staatlichen Pflichtfachprüfung und bei der Prüfungen gemäß Absatz 2 richtet sich nach § 2 der in Satz 1 genannten Verordnung.

(2) Die erste Prüfung ist bestanden, wenn mindestens in der universitären Schwerpunktbereichsprüfung und in der staatlichen Pflichtfachprüfung jeweils die Gesamtnote „ausreichend" erreicht wird. Aus diesem Ergebnis wird die Gesamtnote der ersten Prüfung gebildet; in die Gesamtnote der ersten Prüfung fließt das Ergebnis der bestandenen staatlichen Pflichtfachprüfung mit 70 Prozent und das Ergebnis der bestandenen universitären Schwerpunktbereichsprüfung mit 30 Prozent ein. Über das Ergebnis der bestandenen staatlichen Pflichtfachprüfung, der bestandenen universitären Schwerpunktbereichsprüfung und die Gesamtnote der ersten Prüfung wird ein Zeugnis erteilt. Wird die staatliche Pflichtfachprüfung in Schleswig-Holstein bestanden, erteilt das für die staatliche Pflichtfachprüfung zuständige Justizprüfungsamt das Zeugnis nach Satz 3.

§ 4
Prüferinnen und Prüfer in der ersten Prüfung

Zu Prüferinnen und Prüfern in der ersten Prüfung können berufen werden

1. Hochschullehrerinnen und Hochschullehrer sowie andere Professorinnen und andere Professoren des Rechtes an einer Universität,
2. Richterinnen, Richter, Staatsanwältinnen und Staatsanwälte,
3. Rechtsanwältinnen und Rechtsanwälte,
4. Juristinnen und Juristen, die im Landesdienst, in einer schleswig-holsteinischen Kommunalverwaltung oder bei den kommunalen Spitzenverbänden beschäftigt sind,
5. sonstige Personen, die aufgrund ihrer Tätigkeit in der Praxis geeignet erscheinen.

Nach Satz 1 Nr. 4 und 5 darf nur berufen werden, wer durch eine Prüfung vor einem Justizprüfungsamt oder einem Prüfungsamt für den höheren Verwaltungsdienst die Befähigung zum Richteramt oder zum höheren Verwaltungsdienst erworben hat.

§ 5
Zuständigkeit für die universitäre Schwerpunktbereichsprüfung

(1) Die Schwerpunktbereichsprüfung wird durch den für den Studiengang Rechtswissenschaften zuständigen Fachbereich der Universität nach Maßgabe des Deutschen Richtergesetzes selbstständig und in eigener Verantwortung durchgeführt. Der Fachbereich regelt die Ausbildung in den Schwerpunktbereichen sowie die Ausgestaltung der Schwerpunktbereichsprüfung einschließlich der Bestimmung der zuständigen Stellen im Rahmen der nachfolgenden Vorschriften durch Satzung und trifft die Entscheidungen in der Schwerpunktbereichsprüfung einschließlich der Entscheidungen über Widersprüche als eigene Angelegenheiten.

(2) Die Satzung legt die Schwerpunktbereiche fest und regelt deren Wahl durch die Studierenden. Sie kann vorsehen, dass bei erschöpfender Nutzung der Ausbildungskapazitäten kein Anspruch auf Teilnahme an einem bestimmten Schwerpunktbereichsstudium und einer bestimmten Schwerpunktbereichsprüfung besteht.

(3) Die Satzung bedarf der Genehmigung des für Justiz zuständigen Ministeriums, das diese im Einvernehmen mit dem für Hochschulen zuständigen Ministerium erteilt.

§ 6
Schwerpunktbereichsstudium

(1) Die Teilnahme am Schwerpunktbereichsstudium setzt das Bestehen einer Zwischenprüfung für den Studiengang Rechtswissenschaften voraus.

(2) Die Ausbildung im Schwerpunktbereich dient der Ergänzung und Vertiefung der in der Pflichtfachausbildung erworbenen juristischen Kenntnisse und Fähigkeiten sowie der Vermittlung interdisziplinärer und internationaler Bezüge des Rechtes. Lehrveranstaltungen des Schwerpunktbereichsstudiums können auch solche sein, die zur Vermittlung von Schlüsselqualifikationen oder im Rahmen

der fachspezifischen Fremdsprachenausbildung angeboten werden, nicht aber solche der Pflichtfachausbildung.

(3) Das Schwerpunktbereichsstudium umfasst mindestens sechzehn Semesterwochenstunden.

§ 7
Universitäre Schwerpunktbereichsprüfung

(1) Die Teilnahme an einer Prüfung in einem Schwerpunktbereich setzt ein vorangegangenes Studium nach § 6 in dem entsprechenden Schwerpunktbereich voraus. Im Rahmen der universitären Schwerpunktbereichsprüfung sind eine mindestens vierwöchige schriftliche wissenschaftliche Arbeit und eine mündliche Prüfung vorzusehen. In der mündlichen Prüfung soll zunächst die wissenschaftliche Arbeit verteidigt werden (Disputation); im zweiten Teil erstreckt sich die Prüfung auf den gesamten Stoff des Schwerpunktbereiches. Die Prüfung kann im Rahmen eines Seminars durchgeführt werden.

(2) Die universitäre Schwerpunktbereichsprüfung kann im Falle des Nichtbestehens als Ganzes einmal wiederholt werden. Die Satzung nach § 5 Abs. 1 Satz 2 kann vorsehen, dass ein Prüfungsversuch als nicht unternommen gilt, wenn die oder der Studierende sich so frühzeitig zu dieser Prüfung gemeldet und die vorgesehenen Prüfungsleistungen vollständig erbracht hat, dass die Regelstudienzeit für den Abschluss des gesamten Studiums eingehalten werden kann. Unter diesen Voraussetzungen soll die Prüfung auch im Falle des Bestehens als Nachbesserungsversuch einmal als Ganzes wiederholt werden können. Die Satzung kann weiter vorsehen, dass bei der Entscheidung über die Gesamtnote der universitären Schwerpunktbereichsprüfung von dem rechnerisch ermittelten Gesamtergebnis abgewichen werden kann, wenn dies aufgrund des Gesamteindruckes den Leistungsstand der oder des Studierenden besser kennzeichnet und die Abweichung auf das Bestehen der Prüfung keinen Einfluss hat. Die Abweichung darf ein Drittel des durchschnittlichen Umfanges einer Notenstufe nicht überschreiten.

(3) Jede Prüfungsleistung ist von mindestens zwei Prüferinnen oder Prüfern zu bewerten. In der universitären Schwerpunktbereichsprüfung können abweichend von § 4 als zweite Prüferin oder als zweiter Prüfer auch Hochschullehrerinnen und Hochschullehrer anderer Fachrichtungen sowie Personen, die die zweite Staatsprüfung erfolgreich abgelegt haben, berufen werden.

(4) In der Prüfungsordnung ist ferner zu bestimmen, wie die einzelnen Prüfungsleistungen bei der Ermittlung der Gesamtnote der Schwerpunktbereichsprüfung gewichtet werden. Sie kann eine Obergrenze für den Umfang der schriftlichen wissenschaftlichen Arbeiten festlegen und bestimmen, welche Rechtsfolgen sich aus der Überschreitung dieser Obergrenze ergeben.

§ 8
Eintritt in den Vorbereitungsdienst

(1) Wer die erste Prüfung bestanden hat, soll vorbehaltlich der Regelungen einer Zulassungsbeschränkung nach § 125 des Landesbeamtengesetzes[1] auf Antrag als Rechtsreferendarin oder Rechtsreferendar in den Vorbereitungsdienst eingestellt werden.

(2) Über den Antrag entscheidet die Präsidentin oder der Präsident des Oberlandesgerichtes nach Einsicht in die Prüfungsakten.

(3) Der Antrag ist abzulehnen, wenn die Bewerberin oder der Bewerber einer Zulassung nicht würdig ist. Dies ist in der Regel anzunehmen,

1. wenn sie oder er wegen einer vorsätzlich begangenen Tat von einem deutschen Gericht zu einer Freiheitsstrafe von mindestens einem Jahr rechtskräftig verurteilt und die Strafe noch nicht getilgt worden ist oder
2. solange der Bewerberin oder dem Bewerber die Freiheit entzogen ist.

(4) Die Aufnahme in den Vorbereitungsdienst kann versagt werden:

1. solange ein strafrechtliches Ermittlungsverfahren oder ein gerichtliches Strafverfahren wegen des Verdachts einer vorsätzlich begangenen Tat anhängig ist, das zu einer Verurteilung nach Absatz 3 Nr. 1 führen kann,
2. wenn für die Bewerberin oder den Bewerber eine Betreuerin oder ein Betreuer bestellt worden ist oder
3. wenn Tatsachen vorliegen, die die Bewerberin oder den Bewerber für den Vorbereitungsdienst als ungeeignet erscheinen lassen, insbesondere, wenn Tatsachen in der Person der Bewerberin oder des Bewerbers die Gefahr einer Störung des Dienstbetriebes oder die Gefahr begründen, dass durch die Aufnahme wichtige öffentliche Belange ernstlich beeinträchtigt würden.

(5) Die Ablehnung wird in den Prüfungsakten vermerkt.

§ 9
Öffentlich-rechtliches Ausbildungsverhältnis

(1) Der Vorbereitungsdienst wird in einem öffentlich-rechtlichen Ausbildungsverhältnis abgeleistet. § 4 des Landesbeamtengesetzes bleibt unberührt, soweit dieses Gesetz nichts Abweichendes regelt.

(2) Bei Antritt des Dienstes hat die Rechtsreferendarin oder der Rechtsreferendar folgende Erklärung abzugeben:

„Ich verpflichte mich, die Verfassung und Gesetze zu beachten und meine Dienstpflichten treu und gewissenhaft zu erfüllen." Über die Verpflichtung ist eine Niederschrift aufzunehmen und zu den Personalakten zu nehmen.

§ 10
Verlängerung des Vorbereitungsdienstes

(1) Erkrankt die Rechtsreferendarin oder der Rechtsreferendar, kann auf Antrag der Rechtsreferendarin oder des Rechtsreferendars die Präsidentin oder der Präsident des Oberlandesgerichtes den Vorbereitungsdienst um die Zeit der Erkrankung verlängern, wenn diese länger als zwei Wochen andauert.

(2) Der Vorbereitungsdienst kann auf Antrag der Rechtsreferendarin oder des Rechtsreferendars verlängert werden, wenn die Präsidentin oder der Präsident des Oberlandesgerichtes dies im Einzelfall aus zwingenden Gründen im Interesse der Ausbildung für erforderlich hält, jedoch nicht wegen unzureichender Leistungen.

§ 11
Ausscheiden aus dem Vorbereitungsdienst

(1) Mit der Bekanntgabe der Entscheidung über das Bestehen der zweiten Staatsprüfung oder das Nichtbestehen der ersten Wiederholungsprüfung enden der Vorbereitungsdienst und das öffentlich-rechtliche Ausbildungsverhältnis. Die Rechtsreferendarin oder der Rechtsreferendar ist mit dem Bestehen der zweiten Staatsprüfung befugt, die Bezeichnung „Rechtsassessorin" oder „Rechtsassessor" (Ass. iur.) zu führen.

(2) Die Rechtsreferendarin oder der Rechtsreferendar kann aus dem Vorbereitungsdienst entlassen werden, wenn ein wichtiger Grund vorliegt. Ein wichtiger Grund liegt insbesondere in den Fällen vor, in denen eine Beamtin oder ein Beamter auf Lebenszeit wegen Dienstunfähigkeit in den Ruhestand zu versetzen ist.

(3) Über die Entlassung einer Rechtsreferendarin oder eines Rechtsreferendars aus dem Vorbereitungsdienst entscheidet die Präsidentin oder der Präsident des Oberlandesgerichtes.

§ 12
Anrechnung auf das Universitätsstudium

(1) Studienleistungen aus anderen Studiengängen, die gleichwertig zu solchen Leistungen sind, die als Voraussetzungen für die Zulassung zur universitären Schwerpunktbereichsprüfung oder zur staatlichen Pflichtfachprüfung herangezogen werden, können auf Antrag angerechnet werden. Das gilt insbesondere für eine erfolgreich abgeschlossene Ausbildung für den gehobenen Justizdienst, für den gehobenen nichttechnischen Verwaltungsdienst oder Studienleistungen im Rahmen von Auslandsstudien. Gleichwertigkeit

---

[1] *Kapazitätsverordnung des juristischen Vorbereitungsdienstes vom 22.10.2019 (GVOBl. Schl.-H. S. 480), zuletzt geändert durch LVO vom 21.5.2021 (GVOBl. Schl.-H. S. 649)*

liegt vor, wenn die durch die Zulassungsvoraussetzungen verfolgten Ziele bereits durch die bisherigen Studien der Antragstellerin oder des Antragstellers erreicht sind. Eine Anrechnung von Studienzeiten im Umfang von mehr als achtzehn Monaten ist ausgeschlossen.

(2) Über die Anrechnung entscheidet das Dekanat des für den Studiengang Rechtswissenschaften zuständigen Fachbereiches der Universität mit Wirkung für die Zulassung zu beiden Teilprüfungen der ersten Prüfung. Sollen im Rahmen einer Anrechnung auch Zulassungsvoraussetzungen der staatlichen Pflichtfachprüfung erlassen werden oder Vorleistungen als gleichwertig mit Leistungsnachweisen, die Zulassungsvoraussetzung dieser Prüfung sind, anerkannt werden, so ist hierüber vor einer abschließenden Entscheidung das Einvernehmen mit dem für die staatliche Pflichtfachprüfung zuständigen Prüfungsamt herzustellen.

§ 13
Anrechnungen auf den Vorbereitungsdienst

(1) Auf den Vorbereitungsdienst darf nur eine erfolgreich abgeschlossene Ausbildung für den gehobenen Justizdienst oder für den gehobenen nichttechnischen Verwaltungsdienst mit nicht mehr als sechs Monaten angerechnet werden. Eine Anrechnung soll nur erfolgen, soweit das Ziel der hierdurch wegfallenden oder zu kürzenden Station durch die bisherige Ausbildung oder Tätigkeit der Bewerberin oder des Bewerbers bereits erreicht ist oder in einer kürzeren als der vorgeschriebenen Zeit erreicht werden kann. Anrechnungszeiten nach Satz 1 und § 12 dürfen insgesamt achtzehn Monate nicht überschreiten. Führt die Anrechnung nicht zum Wegfall, sondern nur zur Kürzung einer Station, so muss die verbleibende Ausbildungszeit mindestens drei Monate betragen.

(2) Die Präsidentin oder der Präsident des Oberlandesgerichtes entscheidet über eine Anrechnung auf den Vorbereitungsdienst und bestimmt gleichzeitig, welche Station oder Stationen dadurch gekürzt werden oder wegfallen. Soll die Pflichtstation bei einer Verwaltungsbehörde oder die Wahlstation im Schwerpunktbereich des Vorbereitungsdienstes „Staat und Verwaltung" gekürzt werden oder wegfallen, so bedarf es hierfür der Zustimmung der Ministerpräsidentin oder des Ministerpräsidenten.

§ 14
Ermächtigung zum Erlass einer Verordnung über die staatliche Pflichtfachprüfung und den Vorbereitungsdienst

Die Landesregierung erlässt durch Verordnung[2] nähere Vorschriften über die staatliche Pflichtfachprüfung und den Vorbereitungsdienst im Rahmen der Ausbildung der Juristinnen und Juristen. Diese regelt insbesondere:

1. die Errichtung und die Zusammensetzung eines Justizprüfungsamtes für die staatliche Pflichtfachprüfung, insbesondere die Dauer der Mitgliedschaft und die Unabhängigkeit der Prüferinnen und Prüfer,
2. die Ableistung praktischer Studienzeiten,
3. die Frist für die Meldung und die Voraussetzungen für die Zulassung zur staatlichen Pflichtfachprüfung, insbesondere den Nachweis eines ordnungsgemäßen Studiums sowie der erfolgreichen Teilnahme an einer Zwischenprüfung und an bestimmten Lehrveranstaltungen,
4. den zeitlich befristeten Ausschluss von der staatlichen Pflichtfachprüfung und den Verlust des Anspruches auf Zulassung zur staatlichen Pflichtfachprüfung in Fällen, in denen die Bewerberin oder der Bewerber sich in einem vorangegangenen Prüfungsverfahren prüfungswidrig verhalten hat oder nach bestandener Prüfung nicht in den Vorbereitungsdienst aufgenommen werden könnte,
5. den Prüfungsstoff, die Zusammensetzung der Prüfungsausschüsse, das Prüfungsverfahren, insbesondere Art, Zahl und Gewichtung der Prüfungsleistungen und die Folgen von Verstößen gegen Prüfungsbestimmungen,
6. das Bestehen, das Nichtbestehen, den Rücktritt und die Wiederholung der staatlichen Pflichtfachprüfung,
7. die Voraussetzungen, ob und unter welchen Bedingungen eine Prüfung auch im Fall des Bestehens wiederholt werden kann,
8. die zuständige Behörde für das Widerspruchsverfahren gegen Verwaltungsakte des Justizprüfungsamtes und
9. Regelungen für den Vorbereitungsdienst, insbesondere die Leitung, die nähere Ausgestaltung der Ausbildung, die Teilnahme an Ausbildungslehrgängen, Arbeitsgemeinschaften und sonstigen Lehrgängen sowie die Erteilung von Zeugnissen.

§ 15
Übergangsvorschriften

(1) Die Vorschriften der Landesverordnung über die Ausbildung der Juristinnen und Juristen (JAO) in der Fassung der Bekanntmachung vom 17. April 1997 (GVOBl. Schl.-H. S. 279), zuletzt geändert durch Verordnung vom 8. Januar 2002 (GVOBl. Schl.-H. S. 13), finden weiter Anwendung für Studierende, die vor dem 1. Juli 2003 ihr Studium aufgenommen haben und sich bis zum 1. Juli 2006 zur ersten Staatsprüfung gemeldet haben. Studierende, bei denen bei der Berechnung der Frist für den Freiversuch auf ihren Antrag Studienzeiten unberücksichtigt bleiben, werden auf gesonderten Antrag bis zum Ablauf des Verlängerungszeitraums, höchstens aber bis zum 1. Juli 2008, nach den Vorschriften der Landesverordnung über die Ausbildung der Juristinnen und Juristen im Land Schleswig-Holstein in der Fassung der Bekanntmachung vom 17. April 1997 (GVOBl. Schl.-H. S. 279), zuletzt geändert durch Landesverordnung vom 8. Januar 2002 (GVOBl. Schl.-H. S. 13) geprüft. In diesen Fällen findet auch eine Wiederholungsprüfung oder eine Wiederholungsprüfung zur Notenverbesserung nach bisherigem Recht statt, sofern die erneute Meldung zur Prüfung bis zum 1. Juli 2008 erfolgt.

(2) Die Vorschriften der Landesverordnung über die Ausbildung der Juristinnen und Juristen (JAO) finden ferner weiter Anwendung für Rechtsreferendarinnen und Rechtsreferendare, die den Vorbereitungsdienst bis zum Tage des Inkrafttretens dieses Gesetzes aufgenommen haben. Diese Referendarinnen und Referendare können ihren Vorbereitungsdienst bis zum 1. Januar 2006 nach bisherigem Recht beenden, wenn sie bis zu diesem Zeitpunkt mit ihrer Prüfung begonnen haben. Abweichend hiervon können Rechtsreferendarinnen und Rechtsreferendare, deren Ausbildung sich durch Inanspruchnahme von Elternzeit verlängert hat, auf Antrag bei der Präsidentin oder dem Präsidenten des Oberlandesgerichtes auch über den in Satz 2 festgelegten Zeitpunkt hinaus ihren Vorbereitungsdienst nach bisherigem Recht beenden.

(3) Die Landesregierung wird ermächtigt, die nach den Absätzen 1 und 2 weiter geltenden Bestimmungen nach Maßgabe des § 89 des Landesrichtergesetzes in seiner bis zum Inkrafttreten dieses Gesetzes geltenden Fassung durch Verordnung zu ändern oder aufzuheben.

§ 16
In- und Außerkrafttreten

Dieses Gesetz tritt am Tage nach seiner Verkündung in Kraft. Gleichzeitig treten

1. § 89 des Landesrichtergesetzes in der Fassung der Bekanntmachung vom 23. Januar 1992 (GVOBl. Schl.-H. S. 46), zuletzt geändert durch Gesetz vom 19. November 2001 (GVOBl. Schl.-H. S. 184), und
2. die Landesverordnung über die Ausbildung der Juristinnen und Juristen (JAO) in der Fassung der Bekanntmachung vom 17. April 1997 (GVOBl. Schl.-H. S. 279), zuletzt geändert durch Verordnung vom 8. Januar 2002 (GVOBl. Schl.-H. S. 13), soweit sie nicht für den in § 15 bestimmten Personenkreis weiter Anwendung findet, außer Kraft.

---

2 *Juristenausbildungsverordnung, Nr. 481*

Landesverordnung
über die Ausbildung der Juristinnen und Juristen
(Juristenausbildungsverordnung – JAVO)
vom 15. Februar 2014
– GVOBl. Schl.-H. S. 35 –

Zuletzt geändert durch LVO vom 9. Februar 2021 (GVOBl. Schl.-H. S. 154)

Aufgrund des § 14 des Juristenausbildungsgesetzes vom 20. Februar 2004 (GVOBl. Schl.-H. S. 66), zuletzt geändert durch Gesetz vom 26. März 2009 (GVOBl. Schl.-H. S. 93), Zuständigkeiten und Ressortbezeichnungen zuletzt ersetzt durch Verordnung vom 4. April 2013 (GVOBl. Schl.-H. S. 143), verordnet die Landesregierung:

Inhaltsübersicht:

Erster Teil
Allgemeines

§ 1   Universitätsstudium und staatliche Pflichtfachprüfung

Zweiter Teil
Staatliche Pflichtfachprüfung

Abschnitt I
Allgemeines

§ 2   Zulassungsvoraussetzungen für die staatliche Pflichtfachprüfung
§ 3   Prüfungsfächer
§ 4   Praktische Studienzeiten

Abschnitt II
Zulassung zur staatlichen Pflichtfachprüfung

§ 5   Zulassungsantrag und Zulassung
§ 6   Entscheidung über die Zulassung

Abschnitt III
Justizprüfungsamt

§ 7   Justizprüfungsamt
§ 8   Unabhängigkeit der Mitglieder des Justizprüfungsamtes
§ 9   Dauer der Mitgliedschaft

Abschnitt IV
Das Prüfungsverfahren

§ 10   Gliederung der Prüfung
§ 11   Aufsichtsarbeiten
§ 12   Anfertigung der Aufsichtsarbeiten
§ 13   Beurteilung der Aufsichtsarbeiten
§ 14   Anonymität
§ 15   Ausschluss von der mündlichen Prüfung
§ 16   Bekanntgabe der Ergebnisse der Aufsichtsarbeiten
§ 17   Prüfungsausschuss
§ 18   Mündliche Prüfung
§ 19   Rücktritt
§ 20   Schlussberatung
§ 21   Schlussentscheidung
§ 22   Freiversuch
§ 23   Wiederholung der Prüfung zur Notenverbesserung
§ 24   Wiederholung der Prüfung
§ 25   Täuschungsversuche und Verstöße gegen die Ordnung
§ 26   Entscheidungen des Prüfungsausschusses in der mündlichen Prüfung
§ 27   Niederschrift
§ 28   Einsicht in die Prüfungsakten
§ 29   Rechtsbehelf

Dritter Teil
Vorbereitungsdienst

§ 30   Leitung der Ausbildung und Dienstaufsicht
§ 31   Grundsätze der Ausbildung
§ 32   Dauer und Gliederung des Vorbereitungsdienstes
§ 33   Ausbildungslehrgänge
§ 34   Arbeitsgemeinschaften
§ 35   Zeugnisse
§ 36   Inkrafttreten, Außerkrafttreten

Erster Teil
Allgemeines

§ 1
Universitätsstudium und staatliche Pflichtfachprüfung

Diese Landesverordnung regelt den staatlichen Teil der ersten Prüfung (staatliche Pflichtfachprüfung) und den Vorbereitungsdienst nach Maßgabe des Deutschen Richtergesetzes in der Fassung der Bekanntmachung vom 19. April 1972 (BGBl. I S. 713), zuletzt geändert durch Verordnung vom 31. August 2015 (BGBl. I S. 1474), und des Juristenausbildungsgesetzes. Der staatlichen Pflichtfachprüfung geht ein Studium der Rechtswissenschaften voraus, in dessen Rahmen die Studierenden an Lehrveranstaltungen in den Prüfungsfächern teilnehmen müssen. Mindestens zwei Semester unmittelbar vor dem Antrag auf Zulassung zur staatlichen Pflichtfachprüfung müssen auf ein Studium der Rechtswissenschaften an einem in Schleswig-Holstein für diesen Studiengang zuständigen Fachbereich verwendet worden sein.

Zweiter Teil
Staatliche Pflichtfachprüfung

Abschnitt I
Allgemeines

§ 2
Zulassungsvoraussetzungen für die staatliche Pflichtfachprüfung

(1) Für die Zulassung zur staatlichen Pflichtfachprüfung muss die Bewerberin oder der Bewerber

1. an mindestens einer Lehrveranstaltung teilgenommen haben, in der Schlüsselqualifikationen vermittelt worden sind,
2. erfolgreich eine fremdsprachige rechtswissenschaftliche Veranstaltung oder einen rechtswissenschaftlich ausgerichteten Sprachkurs besucht haben,
3. an je einer Pflichtarbeitsgemeinschaft für Anfängerinnen und Anfänger im Bürgerlichen Recht, im Strafrecht und im Öffentlichen Recht teilgenommen haben,
4. praktische Studienzeiten nach § 4 absolviert haben,
5. studienbegleitend eine Zwischenprüfung im Studiengang Rechtswissenschaften erfolgreich abgelegt haben,
6. an je einer unter der wissenschaftlichen Verantwortung einer Hochschullehrerin oder eines Hochschullehrers durchgeführten Übung für Fortgeschrittene im Bürgerlichen Recht, im Strafrecht und im Öffentlichen Recht mit Erfolg teilgenommen haben und
7. an einer unter der wissenschaftlichen Verantwortung einer Hochschullehrerin oder eines Hochschullehrers durchgeführten rechtswissenschaftlichen Lehrveranstaltung, in der geschichtliche, philosophische oder gesellschaftliche Grundlagen des Rechtes und die Methoden

seiner Anwendung an Einzelthemen exemplarisch behandelt worden sind (Grundlagenveranstaltung), oder an einem entsprechenden Seminar mit Erfolg teilgenommen haben; dabei darf es sich nicht um das Seminar handeln, in dessen Rahmen die universitäre Schwerpunktbereichsprüfung abgenommen wird.

Soweit hauptamtliche wissenschaftliche Assistentinnen und Assistenten sowie Oberassistentinnen und Oberassistenten mit der eigenständigen Durchführung von Veranstaltungen nach Satz 1 Nummern 6 und 7 betraut sind, stehen sie Hochschullehrerinnen und Hochschullehrern gleich.

(2) Erfolgreich ist die Teilnahme

1. an einer fremdsprachlichen Veranstaltung, wenn die Bewerberin oder der Bewerber eine Aufsichtsarbeit angefertigt hat oder sich einer mündlichen Prüfung unterzogen hat, die mit mindestens „ausreichend" bewertet worden ist,
2. an einer Übung, wenn die Bewerberin oder der Bewerber eine Hausarbeit und eine Aufsichtsarbeit angefertigt hat, die mindestens mit „ausreichend" bewertet worden sind, und
3. an einer Grundlagenveranstaltung, wenn eine Hausarbeit, eine Aufsichtsarbeit, ein Referat oder eine gleichwertige Leistung mit mindestens „ausreichend" bewertet worden ist.

(3) Das Justizprüfungsamt kann von den Erfordernissen des Absatzes 1 Satz 1 aus wichtigem Grund Befreiung erteilen. Die Befreiung soll ausgesprochen werden, wenn die oder der Studierende an einer Universität im In- oder Ausland ordnungsgemäß immatrikuliert war und dort an einer gleichwertigen Lehrveranstaltung eines rechtswissenschaftlichen Fachbereiches teilgenommen beziehungsweise gleichwertige Leistungsnachweise erbracht hat. Die Befreiung ist auszusprechen, wenn das Dekanat des für den Studiengang Rechtswissenschaften zuständigen Fachbereiches der Universität allgemein oder im Einzelfall bestätigt, dass die Lehrveranstaltung oder der Leistungsnachweis des in- oder ausländischen rechtswissenschaftlichen Fachbereiches im Schwierigkeitsgrad den nach dieser Verordnung vorausgesetzten Lehrveranstaltungen oder Leistungsnachweisen entspricht. Eine Befreiung im Falle des Absatzes 1 Satz 1 Nummer 6 ist nur für bis zu zwei Übungen für Fortgeschrittene möglich, soweit die entsprechende Übung für Anfängerinnen und Anfänger für das jeweilige Fach oder die Zwischenprüfung erfolgreich absolviert worden ist. Ist die Anfertigung von Aufsichtsarbeiten zur Teilnahme der Übungen für Fortgeschrittene gemäß Absatz 2 Nummer 2 aufgrund besonderer, nicht von der oder dem Studierenden zu verantwortender Umstände nicht möglich, kann das Justizprüfungsamt für alle nach Absatz 1 Satz 1 Nummer 6 genannten Übungen für Fortgeschrittene eine Befreiung erteilen, wenn jeweils statt der Aufsichtsarbeit eine schriftliche Arbeit im entsprechenden Umfang der Aufsichtsarbeit angefertigt worden ist und soweit die entsprechende Übung für Anfängerinnen und Anfänger für das jeweilige Fach oder die Zwischenprüfung erfolgreich absolviert worden ist.

§ 3
Prüfungsfächer

(1) Prüfungsfächer sind die Pflichtfächer. Andere Rechtsgebiete dürfen im Zusammenhang mit den Prüfungsfächern zum Gegenstand der Prüfung gemacht werden, soweit lediglich Verständnis und Arbeitsmethode festgestellt werden sollen und Einzelwissen nicht vorausgesetzt wird.

(2) Pflichtfächer sind die Kernbereiche des Bürgerlichen Rechtes, des Strafrechtes und des Öffentlichen Rechtes sowie des Verfahrensrechtes einschließlich der europarechtlichen Bezüge, der rechtswissenschaftlichen Methoden und der philosophischen, geschichtlichen und gesellschaftlichen Grundlagen.

(3) Die Kernbereiche des Bürgerlichen Rechtes sind:

1. Aus dem Bürgerlichen Gesetzbuch (BGB) und seinen Nebengesetzen:
    a) die allgemeinen Lehren, das Erste Buch und aus dem Zweiten Buch der Erste bis Siebente Abschnitt,
    b) von den einzelnen Schuldverhältnissen des Achten Abschnittes des Zweiten Buches:
        aa) Kauf, Darlehensvertrag, Finanzierungshilfen und Ratenlieferungsverträge zwischen einem Unternehmer und einem Verbraucher, Schenkung, Mietvertrag, Dienstvertrag, Werkvertrag, Auftrag, Geschäftsführung ohne Auftrag, Gesellschaft, Bürgschaft, Schuldanerkenntnis, ungerechtfertigte Bereicherung und unerlaubte Handlungen,
        bb) im Überblick:
            die anderen Schuldverhältnisse des Achten Abschnittes,
        cc) im Überblick:
            das Produkthaftungsgesetz und die Halterhaftung nach dem Straßenverkehrsgesetz,
    c) aus dem Sachenrecht:
        aa) Besitz, die Allgemeinen Vorschriften über Rechte an Grundstücken, Inhalt, Erwerb und Verlust des Eigentums, die Ansprüche aus dem Eigentum, Hypothek und Grundschuld,
        bb) im Überblick:
            die anderen beschränkten dinglichen Rechte,
    d) aus dem Familienrecht im Überblick:
        Ehe und Familie und nichteheliche Lebensgemeinschaft,
    e) aus dem Erbrecht im Überblick:
        gesetzliche und testamentarische Erbfolge, Erbengemeinschaft, Testament und Erbvertrag, Pflichtteil und Erbschein,
2. aus dem Handelsrecht im Überblick:
    Kaufleute, Handelsregister, Handelsfirma, Prokura und Handlungsvollmacht, Allgemeine Vorschriften über Handelsgeschäfte und Handelskauf,
3. aus dem Gesellschaftsrecht im Überblick:
    das Recht der Personengesellschaften, das Recht der Kapitalgesellschaften unter besonderer Berücksichtigung der GmbH,
4. aus dem Arbeitsrecht im Überblick:
    Inhalt, Begründung und Beendigung des Arbeitsverhältnisses sowie Leistungsstörungen und Haftung im Arbeitsverhältnis einschließlich der zugehörigen Regelungen aus dem Tarifvertrags- und Betriebsverfassungsrecht und
5. aus dem Zivilverfahrensrecht im Überblick:
    a) aus dem Erkenntnisverfahren:
        Gerichtsverfassungsrechtliche Grundlagen, Verfahrensgrundsätze, Verfahren im ersten Rechtszug und Arten der Rechtsbehelfe,
    b) aus dem Vollstreckungsverfahren:
        Rechtsbehelfe, Allgemeine Vollstreckungsvoraussetzungen und Arten der Zwangsvollstreckung.

(4) Kernbereiche des Strafrechtes sind:

1. aus dem Strafgesetzbuch (StGB):
    a) allgemeine Lehren und aus dem Allgemeinen Teil der Erste und der Zweite Abschnitt, aus dem Dritten Abschnitt der Erste bis Dritte Titel,
    b) im Überblick:
        aus dem Dritten Abschnitt der Vierte bis Sechste Titel,
    c) aus dem Besonderen Teil:
        aa) der Sechste, Siebente, Neunte, Zehnte, Vierzehnte bis Dreiundzwanzigste, Fünfundzwanzigste, Siebenundzwanzigste und Achtundzwanzigste Abschnitt sowie aus dem Dreißigsten Abschnitt die §§ 331 bis 336,
        bb) im Überblick:
            der Elfte und Neunundzwanzigste Abschnitt sowie die übrigen Vorschriften des Dreißigsten Abschnittes,
2. aus dem Strafverfahrensrecht im Überblick:

Verfahrensgrundsätze und verfassungsrechtliche Bezüge des Strafprozessrechtes, allgemeiner Gang des Strafverfahrens, Rechtsstellung der Verfahrensbeteiligten, vorläufige Festnahme und Verhaftung, Beweisrecht sowie Rechtskraft.

(5) Kernbereiche des Öffentlichen Rechtes sind:
1. das Staatsrecht ohne Finanz- und Notstandsverfassung,
2. aus dem Verfassungsprozessrecht:
   die Verfassungsbeschwerde, der Organstreit, die abstrakte und die konkrete Normenkontrolle,
3. allgemeines Verwaltungsrecht, davon im Überblick das Verfahrensrecht,
4. aus dem Besonderen Verwaltungsrecht:
   a) das Recht der öffentlichen Sicherheit,
   b) aus dem Kommunalrecht:
      Verfassungsrechtliche Grundlagen, Aufgaben der Gemeinden, Kreise und Ämter einschließlich ihrer wirtschaftlichen Betätigung, Kommunalverfassung und Kommunalaufsicht,
   c) im Überblick:
      das Umweltrecht sowie das Bauplanungs- und Bauordnungsrecht,
5. aus dem Verwaltungsprozessrecht:
   a) die Zulässigkeit der verwaltungsrechtlichen Klage, die Klagearten, das Vorverfahren,
   b) im Überblick:
      vorläufiger Rechtsschutz und Instanzenzug,
6. aus dem Europarecht:
   die Europäische Union, die Organe und die Handlungsformen der Europäischen Gemeinschaften, die Rechtsquellenlehre und die Grundfreiheiten sowie der Rechtsschutz vor dem Gericht Erster Instanz und dem Europäischen Gerichtshof.

(6) Überblick im Sinne dieser Verordnung sind Kenntnisse von Inhalt und Struktur der geschriebenen und ungeschriebenen Normen, ihrer systematischen Bedeutung und ihrer Grundgedanken ohne Einzelheiten aus Rechtsprechung und Schrifttum.

§ 4
Praktische Studienzeiten

(1) Die Bewerberin oder der Bewerber muss während der vorlesungsfreien Zeit des Studiums an praktischen Studienzeiten von insgesamt drei Monaten teilgenommen haben.

(2) In den praktischen Studienzeiten sollen Anschauung und Information über die Rechtswirklichkeit, die sozialen Bedingungen und die Auswirkungen des Rechtes sowie der Zusammenhang von materiellem Recht und Verfahrensrecht vermittelt werden. Von den praktischen Studienzeiten sind in beliebiger Reihenfolge insgesamt drei Monate abzuleisten, und zwar
1. ein Monat bei einem Amtsgericht,
2. ein Monat bei einer Verwaltungsbehörde und
3. ein Monat nach Wahl bei einem Amtsgericht, einem anderen Gericht, einer Staatsanwaltschaft, einer Rechtsanwältin oder einem Rechtsanwalt, einer Verwaltungsbehörde oder einer sonstigen Ausbildungsstelle, bei der eine sachgerechte Ausbildung gewährleistet ist.

(3) Die Zulassung zu den praktischen Studienzeiten erfolgt auf Antrag der oder des Studierenden. Über den Antrag entscheidet in den Fällen des Absatzes 2 Satz 2 Nummern 1 und 3, soweit es sich um eine praktische Studienzeit bei einem Amtsgericht handelt, die Präsidentin oder der Präsident des Landgerichtes oder die Präsidentin oder der Präsident des Amtsgerichtes für den Bezirk des Amtsgerichtes und im Übrigen die mit der Ausbildung befasste Stelle. Sie führen jeweils die Aufsicht über die Ausbildung der oder des Studierenden in den praktischen Studienzeiten.

(4) Zu Beginn eines jeden Abschnittes der praktischen Studienzeiten wird die oder der Studierende von der Leitung der Ausbildungsstelle nach Maßgabe des Verpflichtungsgesetzes vom 2. März 1974 (BGBl. I S. 469, 547), geändert durch Gesetz vom 15. August 1974 (BGBl. I S. 1942), auf die gewissenhafte Erfüllung ihrer oder seiner Obliegenheiten verpflichtet. Nach dem jeweiligen Abschluss erhält die oder der Studierende eine Bescheinigung über die Teilnahme.

(5) Außerhalb Schleswig-Holsteins abgeleistete praktische Studienzeiten kann das Justizprüfungsamt als praktische Studienzeiten im Sinne des Absatzes 1 anerkennen, wenn sie die Voraussetzungen des Absatzes 2 erfüllen oder den Vorschriften eines anderen Landes über die Juristenausbildung genügen.

(6) Das Nähere regelt in den Fällen des Absatzes 2 Satz 2 Nummern 1 und 3 das Justizprüfungsamt, in den Fällen des Absatzes 2 Satz 2 Nummer 2 und soweit für die praktischen Studienzeiten nach Absatz 2 Satz 2 Nummer 3 eine Verwaltungsbehörde gewählt wird, die Ministerpräsidentin oder der Ministerpräsident. Sie können allgemein oder im Einzelfall andere Tätigkeiten als praktische Studienzeiten anerkennen, wenn diese bei einer sonstigen Stelle, bei der eine sachgerechte Ausbildung gewährleistet ist, abgeleistet werden.

(7) Mit Zustimmung des für Justiz zuständigen Ministeriums können das Justizprüfungsamt und die Ministerpräsidentin oder der Ministerpräsident andere Formen der praktischen Studienzeiten erproben.

Abschnitt II
Zulassung zur staatlichen Pflichtfachprüfung

§ 5
Zulassungsantrag und Zulassung

(1) Für die Teilnahme an der staatlichen Pflichtfachprüfung bedarf es der Zulassung. Die Antragstellerin oder der Antragsteller soll den schriftlichen Zulassungsantrag spätestens sechs Wochen vor Beginn der Prüfung und unmittelbar im Anschluss an das Studium bei dem Justizprüfungsamt einreichen. Die Antragstellung in elektronischer Form ist ausgeschlossen.

(2) Dem Antrag sind beizufügen:
1. Ein Nachweis über die Hochschulzugangsberechtigung,
2. Nachweise über den Verlauf des Studiums wie Studienbücher, Immatrikulations-, Studien- und Exmatrikulationsbescheinigungen,
3. Nachweise über die Zulassungsvoraussetzungen nach § 2 Absatz 1 Satz 1 oder über die Voraussetzungen einer Befreiung gemäß § 2 Absatz 3,
4. die Versicherung, dass die Antragstellerin oder der Antragsteller die Zulassung zur staatlichen Pflichtfachprüfung bisher bei keinem anderen Prüfungsamt beantragt hat oder die Angabe, wann und wo dies geschehen ist,
5. ein amtliches Führungszeugnis,
6. ein Lebenslauf,
7. eine Erklärung, ob die Antragstellerin oder der Antragsteller von der Möglichkeit des Freiversuches (§ 22) Gebrauch machen will und
8. bei Verzicht auf die Bekanntgabe nach § 16 ein entsprechender Antrag.

(3) Falls die erforderlichen Urkunden nicht vorgelegt werden können, kann der Nachweis auf andere Weise erbracht werden.

(4) Die Antragstellerin oder der Antragsteller kann sonstige Bescheinigungen, insbesondere über zusätzliche Studienleistungen, die sich auf ihren oder seinen Studiengang beziehen, vorlegen.

§ 6
Entscheidung über die Zulassung

(1) Das Justizprüfungsamt lässt die Antragstellerin oder den Antragsteller stets mit Wirkung für den nächsten möglichen Prüfungstermin zu.

(2) Die Zulassung ist zu versagen, wenn die Antragstellerin oder der Antragsteller

1. die Voraussetzungen des § 1 Satz 2 und 3 und des § 2 Absatz 1 nicht erfüllt,
2. die Zulassung bei einem anderen Prüfungsamt beantragt hat und das Prüfungsverfahren nicht abgeschlossen ist oder wenn sie oder er die Prüfung bei einem anderen Prüfungsamt nicht bestanden hat und die Voraussetzungen für einen Wechsel des Prüfungsamtes in der Wiederholungsprüfung gemäß § 24 nicht vorliegen,
3. aus gesundheitlichen Gründen prüfungsunfähig ist,
4. wenn die Antragstellerin oder der Antragsteller wegen einer vorsätzlich begangenen Tat von einem deutschen Gericht zu einer Freiheitsstrafe von mindestens einem Jahr rechtskräftig verurteilt und die Strafe noch nicht aus dem Bundeszentralregister getilgt worden ist oder
5. solange der Antragstellerin oder dem Antragsteller die Freiheit entzogen ist.

(3) Die Zulassung kann versagt werden,
1. wenn die Antragstellerin oder der Antragsteller ein in § 5 genanntes Zeugnis, eine Erklärung oder ein sonstiges Schriftstück dem Antrag nicht beigefügt hat,
2. wenn die Antragstellerin oder der Antragsteller im Hinblick auf die Zulassung falsche Angaben gemacht hat oder
3. solange ein strafrechtliches Ermittlungsverfahren oder ein gerichtliches Strafverfahren wegen des Verdachtes einer vorsätzlich begangenen Tat anhängig ist, das zu einer Verurteilung im Sinne von Absatz 2 Nummer 4 führen kann.

(4) Die Zulassung kann zurückgenommen oder widerrufen werden, wenn die Antragstellerin oder der Antragsteller sie durch eine falsche Angabe herbeigeführt hat oder nachträglich Tatsachen eintreten oder bekannt werden, die zu einer Versagung der Zulassung geführt hätten.

(5) In den Fällen der Absätze 2 bis 4 kann das Justizprüfungsamt eine Frist von bis zu zwölf Monaten festsetzen, vor deren Ablauf über ein erneutes Zulassungsgesuch der Antragstellerin oder des Antragstellers nicht entschieden wird.

Abschnitt III
Justizprüfungsamt

§ 7
Justizprüfungsamt

(1) Die staatliche Pflichtfachprüfung wird vor dem Justizprüfungsamt abgelegt. Das Justizprüfungsamt besteht aus der oder dem Vorsitzenden, deren Stellvertreterinnen und Stellvertretern und den weiteren Mitgliedern. Alle Mitglieder des Prüfungsamtes sind nebenamtlich oder nebenberuflich tätig.

(2) Die oder der Vorsitzende des Justizprüfungsamtes wird von dem für Justiz zuständigen Ministerium berufen. Sie oder er beruft die übrigen Mitglieder des Justizprüfungsamtes. Sie oder er führt die Aufsicht über den Geschäftsbetrieb des Justizprüfungsamtes und ist für alle Entscheidungen und sonstigen Maßnahmen im Rahmen des Prüfungsverfahrens zuständig, soweit nicht im Juristenausbildungsgesetz oder in dieser Verordnung etwas anderes geregelt ist.

(3) Personen im Sinne von § 4 Satz 1 Nummer 1 des Juristenausbildungsgesetzes werden auf Vorschlag des Dekanates des für den Studiengang Rechtswissenschaften zuständigen Fachbereiches der Universität berufen. Personen im Sinne von § 4 Satz 1 Nummer 3 des Juristenausbildungsgesetzes werden auf Vorschlag des Vorstandes der Schleswig-Holsteinischen Rechtsanwaltskammer berufen. Personen im Sinne von § 4 Satz 1 Nummer 4 des Juristenausbildungsgesetzes, die nicht im Geschäftsbereich des für Justiz zuständigen Ministeriums tätig sind, werden mit Zustimmung oder auf Vorschlag der Ministerpräsidentin oder des Ministerpräsidenten berufen. Bei der Berufung der Prüferinnen und Prüfer ist anzustreben, dass Frauen und Männer zu gleichen Anteilen vertreten sind; zu diesem Zweck sollen verstärkt Frauen als Mitglieder des Justizprüfungsamtes gewonnen werden.

(4) Aufsichtsbehörde für das Justizprüfungsamt ist das für Justiz zuständige Ministerium.

§ 8
Unabhängigkeit der Mitglieder des Justizprüfungsamtes

Die Mitglieder des Justizprüfungsamtes sind in der Ausübung ihres Amtes als Prüferinnen und Prüfer unabhängig und an Weisungen nicht gebunden. Die Beurteilungen von Prüfungsleistungen müssen durch die Mitglieder des Justizprüfungsamtes persönlich und unmittelbar erfolgen. Insbesondere bei der Korrektur schriftlicher Arbeiten ist die Hinzuziehung von Dritten zur Erstellung von Vorabkorrekturen oder Voten unzulässig.

§ 9
Dauer der Mitgliedschaft

(1) Das Justizprüfungsamt wird jeweils für die Dauer von fünf Jahren besetzt. Nachberufungen sind zulässig. Bei Ablauf der Frist verlängert sich die Mitgliedschaft bis zur Neubesetzung des jeweiligen Amtes.

(2) Die Mitgliedschaft im Justizprüfungsamt endet
1. bei Mitgliedern nach § 4 Satz 1 Nummer 1 des Juristenausbildungsgesetzes mit dem Eintritt in den Ruhestand, ihrer Emeritierung oder ihrem Ausscheiden aus dem für den Studiengang Rechtswissenschaften zuständigen Fachbereich der Universität,
2. bei Mitgliedern nach § 4 Satz 1 Nummer 2 des Juristenausbildungsgesetzes mit dem Ausscheiden aus dem Hauptamt,
3. bei Mitgliedern nach § 4 Satz 1 Nummer 3 des Juristenausbildungsgesetzes mit dem Erlöschen der Zulassung im Geltungsbereich dieser Verordnung oder mit Erreichen des siebenundsechzigsten Lebensjahres und
4. bei Mitgliedern nach § 4 Satz 1 Nummer 4 und 5 des Juristenausbildungsgesetzes mit dem Ausscheiden aus dem Hauptamt oder mit Erreichen des siebenundsechzigsten Lebensjahres.

(3) Dauert bei Ablauf der Mitgliedschaft ein bereits begonnenes Prüfungsverfahren an, verlängert sich die Mitgliedschaft bis zum Abschluss des Prüfungsverfahrens.

(4) Die oder der Vorsitzende des Justizprüfungsamtes kann im Einzelfall die Mitgliedschaft eines Mitgliedes des Prüfungsamtes im Zeitpunkt der Beendigung der Mitgliedschaft nach Absatz 2 um weitere fünf Jahre verlängern, soweit es sich nicht um die Verlängerung einer erstmaligen Berufung handelt.

Abschnitt IV
Das Prüfungsverfahren

§ 10
Gliederung der Prüfung

(1) Die Prüfung gliedert sich in:
1. Die Anfertigung von sechs Aufsichtsarbeiten in den Kernbereichen der Pflichtfächer und
2. die mündliche Prüfung in den Kernbereichen der Pflichtfächer einschließlich der wissenschaftlichen Methoden und der philosophischen, geschichtlichen und gesellschaftlichen Grundlagen.

(2) Die Prüfung beginnt mit den Aufsichtsarbeiten und endet mit der mündlichen Prüfung.

§ 11
Aufsichtsarbeiten

(1) Die Prüfung beginnt mit der Anfertigung der ersten Aufsichtsarbeit an dem vom Justizprüfungsamt bestimmten Termin.

(2) An je einem Tage sind Aufsichtsarbeiten aus den Pflichtfächern zu fertigen, und zwar
1. drei im Bürgerlichen Recht mit Schwerpunkt aus den Kernbereichen des Bürgerlichen Rechts gemäß § 3 Absatz 3,
2. eine im Strafrecht mit Schwerpunkt aus § 3 Absatz 4 Nummer 1 Buchstaben a und c und Nummer 2 und

3. zwei im Öffentlichen Recht mit Schwerpunkt aus § 3 Absatz 5 Nummern 1 bis 5.

Nach zwei Aufsichtsarbeiten ist jeweils ein prüfungsfreier Tag vorzusehen. Sämtliche Aufsichtsarbeiten sind innerhalb von zwei aufeinander folgenden Wochen anzufertigen. Für jede Aufsichtsarbeit stehen der Kandidatin oder dem Kandidaten fünf Stunden zur Verfügung. Bei Behinderungen oder länger dauernder Krankheit kann das Justizprüfungsamt auf schriftlichen Antrag der Kandidatin oder des Kandidaten rechtzeitig vor Beginn der Aufsichtsarbeiten die Bearbeitungszeit verlängern oder persönliche oder sachliche Hilfsmittel zulassen oder andere der Art der Beeinträchtigung angemessene Erleichterungen gewähren. Im Antrag ist die Beeinträchtigung darzulegen und durch ein amtsärztliches Attest, das die für die Beurteilung notwendigen medizinischen Befundtatsachen enthält, zu belegen.

(3) Die Aufsichtsarbeiten sollen einen tatsächlich einfachen Fall betreffen, der den Kandidatinnen und Kandidaten Gelegenheit gibt, Kenntnisse in den Pflichtfächern von einfachen bis zu anspruchsvollen Rechtsfragen anzuwenden.

(4) Die Kandidatin oder der Kandidat darf bei der Bearbeitung nur die vom Justizprüfungsamt zugelassenen Hilfsmittel benutzen.

§ 12
Anfertigung der Aufsichtsarbeiten

(1) Die Aufsicht bei der Anfertigung der Aufsichtsarbeiten führt ein Mitglied des Justizprüfungsamtes, eine Richterin oder ein Richter oder eine Staatsanwältin oder ein Staatsanwalt. Die Aufsicht führende Person wird vom Justizprüfungsamt bestellt. In Einzelfällen oder bei Verhinderung der Aufsicht führenden Person kann das Justizprüfungsamt auch Mitarbeiterinnen oder Mitarbeiter bestellen, die für das Justizprüfungsamt tätig sind.

(2) Die Kandidatin oder der Kandidat hat die Aufsichtsarbeit spätestens bei Ablauf der Bearbeitungsfrist an die Aufsicht führende Person abzugeben. Sie oder er versieht sie mit der ihr oder ihm zugeteilten Klausurkennziffer; die Arbeiten dürfen keine sonstigen Hinweise auf ihre oder seine Person enthalten.

(3) Die Aufsicht führende Person kann eine Kandidatin oder einen Kandidaten, die oder der sich eines Täuschungsversuches oder eines erheblichen Verstoßes gegen die Ordnung schuldig gemacht hat, von der Fortsetzung der Aufsichtsarbeit ausschließen.

(4) Die Aufsicht führende Person fertigt eine Niederschrift an und vermerkt in ihr jede Unregelmäßigkeit. Sie verschließt die Aufsichtsarbeiten in einem Umschlag und versiegelt ihn.

(5) Erscheint die Kandidatin oder der Kandidat zur Anfertigung einer Aufsichtsarbeit nicht oder liefert sie oder er diese nicht ab, ohne dass ein wichtiger Grund vorliegt, wird die Arbeit mit „ungenügend" bewertet.

(6) Die Entscheidung über das Vorliegen eines wichtigen Grundes für das Ausbleiben oder die Nichtablieferung einer Aufsichtsarbeit trifft das Justizprüfungsamt. Die Kandidatin oder der Kandidat hat nach Fortfall des wichtigen Grundes sämtliche Aufsichtsarbeiten zum nächstmöglichen Termin nachzuholen; bereits gefertigte Aufsichtsarbeiten werden nicht bewertet und sind für die Fortsetzung der Prüfung unmaßgeblich. Dies gilt nicht für Prüfungsleistungen, die im jeweils laufenden Prüfungsverfahren aufgrund eines Täuschungsversuchs gemäß § 25 Absatz 1 Nummer 3 mit „ungenügend" (0 Punkte) bewertet wurden.

(7) Krankheit ist nur dann als wichtiger Grund anzuerkennen, wenn sie unverzüglich durch ein amtsärztliches Zeugnis nachgewiesen wird. Schwangerschaft ist als wichtiger Grund anzuerkennen, wenn ein amtsärztliches Zeugnis oder ein Zeugnis der behandelnden Fachärztin oder des behandelnden Facharztes vorgelegt wird. Das Justizprüfungsamt kann von der Vorlage des Zeugnisses absehen, wenn offensichtlich ist, dass die Kandidatin oder der Kandidat infolge Krankheit die Prüfungsleistung nicht erbracht hat.

(8) Ergibt sich der Zeitpunkt des Wegfalles des wichtigen Grundes nicht aus einer Bescheinigung, insbesondere nicht aus einem amtsärztlichen Zeugnis, wird die Kandidatin oder der Kandidat zum nächsten möglichen Prüfungstermin geladen, es sei denn, sie oder er weist das Fortbestehen des wichtigen Grundes nach.

(9) Bei Störungen des ordnungsgemäßen Ablaufs des Termins zur Anfertigung einer Aufsichtsarbeit kann das Justizprüfungsamt

1. die Bearbeitungszeit angemessen verlängern;
2. für einzelne oder alle Kandidatinnen und Kandidaten die erneute Anfertigung dieser Aufsichtsarbeit anordnen oder ermöglichen.

Störungen des Prüfungsablaufs sind unverzüglich mitzuteilen. Die Berufung auf die Störung ist ausgeschlossen, wenn die Kandidatin oder der Kandidat sie nicht binnen eines Monats seit ihrem Eintritt schriftlich bei dem Justizprüfungsamt geltend gemacht hat.

§ 13
Beurteilung der Aufsichtsarbeiten

(1) Jede Aufsichtsarbeit wird durch zwei Mitglieder des Justizprüfungsamtes begutachtet und bewertet. Werden eine Beurteilung aller Aufsichtsarbeiten derselben Aufgabe wird durch dasselbe Mitglied vorgenommen; werden mehr als vierzig solcher Aufsichtsarbeiten abgeliefert, muss dasselbe Mitglied mindestens zwanzig von ihnen beurteilen.

(2) Die Prüferinnen und Prüfer nach Absatz 1 und die Reihenfolge der Beurteilungen bestimmt das Justizprüfungsamt. Die Prüferinnen und Prüfer müssen mit dem Gebiet, das die Aufgabe nach ihrem Schwerpunkt betrifft, besonders vertraut sein.

(3) Weichen die Bewertungen einer Aufsichtsarbeit um nicht mehr als drei Punkte voneinander ab, gilt das arithmetische Mittel als Punktzahl der Aufsichtsarbeit. Bei größeren Abweichungen versuchen die Prüferinnen oder Prüfer zunächst, ihre Bewertungen mindestens auf drei Punkte anzunähern. Gelingt dies nicht, wird die Aufsichtsarbeit zusätzlich durch die Vorsitzende oder den Vorsitzenden des Justizprüfungsamtes oder eine von ihr oder ihm bestimmte Person aus dem Kreis der mit dem jeweiligen Fach besonders vertrauten Mitglieder des Justizprüfungsamtes beurteilt. Entscheidet dieses Mitglied des Justizprüfungsamtes sich für eine von zwei Punktzahlen, gilt diese. Weichen alle Punktzahlen um nicht mehr als sechs Punkte voneinander ab, gilt der mittlere von ihnen. Bei größeren Abweichungen wird die Punktzahl in einer mündlichen Beratung aller Mitglieder, die die jeweilige Aufsichtsarbeit beurteilt haben, mit Stimmenmehrheit festgesetzt. § 196 Absatz 2 des Gerichtsverfassungsgesetzes gilt entsprechend.

§ 14
Anonymität

Die Person der Kandidatin oder des Kandidaten darf den die Leistungen bewertenden Mitgliedern des Justizprüfungsamtes erst nach Begutachtung aller Aufsichtsarbeiten bekannt gegeben werden. Die Anonymität der Kandidatinnen und Kandidaten soll auch im Widerspruchsverfahren gewahrt werden. Kenntnisse über die Person der Kandidatin oder des Kandidaten, die ein Mitglied des Justizprüfungsamtes vorher bei der Durchführung des Prüfungsverfahrens oder sonst erlangt, stehen seiner Mitwirkung nicht entgegen.

§ 15
Ausschluss von der mündlichen Prüfung

Sind sämtliche Aufsichtsarbeiten einer Kandidatin oder eines Kandidaten in ihrer Durchschnittspunktzahl mit weniger als 3,75 Punkten oder mehr als drei Aufsichtsarbeiten mit „mangelhaft" oder „ungenügend" bewertet worden, ist die Prüfung bereits aufgrund der schriftlichen Leistungen nicht bestanden und die Kandidatin oder der Kandidat vom mündlichen Teil der Prüfung ausgeschlossen. Die oder der Vorsitzende des Justizprüfungsamtes teilt dies durch schriftlichen Bescheid mit.

§ 16
Bekanntgabe der Ergebnisse
der Aufsichtsarbeiten

Der Kandidatin oder dem Kandidaten, die oder der nicht von der mündlichen Prüfung ausgeschlossen ist, werden die Ergebnisse der Aufsichtsarbeiten in angemessener Frist, spätestens jedoch zwei Wochen vor der mündlichen Prüfung bekannt gegeben. Hiervon ist abzusehen, wenn die Kandidatin oder der Kandidat einen entsprechenden Antrag stellt.

§ 17
Prüfungsausschuss

Die mündliche Prüfung wird von einem Prüfungsausschuss abgenommen, der einschließlich der oder des Vorsitzenden aus drei Mitgliedern des Justizprüfungsamtes besteht. Das Justizprüfungsamt bestimmt für jede Prüfung die Mitglieder des Prüfungsausschusses, wobei jedes Mitglied mit seinem Prüfungsgebiet besonders vertraut sein muss. Den Vorsitz im Prüfungsausschuss führt die oder der Vorsitzende des Justizprüfungsamtes oder ein Mitglied aus dem Kreis der Stellvertreterinnen und Stellvertreter.

§ 18
Mündliche Prüfung

(1) Zu einer Prüfung dürfen nicht mehr als fünf Kandidatinnen und Kandidaten geladen werden.

(2) Die mündliche Prüfung ist als eigenständiger Prüfungsabschnitt zu behandeln. Die Vorleistungen aus den Aufsichtsarbeiten werden dabei nicht berücksichtigt. Die mündliche Prüfung stellt in erster Linie eine Verständnisprüfung dar. Sie gliedert sich in drei Abschnitte. Geprüft werden die Pflichtfächer. Den Kandidatinnen und Kandidaten stehen die erforderlichen Gesetzestexte zur Verfügung.

(3) Rechtzeitig vor der mündlichen Prüfung werden den Mitgliedern des Prüfungsausschusses die Namen der Kandidatinnen und Kandidaten und die Ergebnisse ihrer Aufsichtsarbeiten mitgeteilt.

(4) Vor der Prüfung spricht die oder der Vorsitzende des Prüfungsausschusses mit jeder Kandidatin und jedem Kandidaten, um einen Eindruck von ihrer oder seiner Persönlichkeit zu gewinnen.

(5) Die mündliche Prüfung soll für jede Kandidatin und jeden Kandidaten etwa fünfundvierzig Minuten dauern. Die Prüfung ist durch angemessene Pausen zu unterbrechen.

(6) Wird die mündliche Prüfung ohne wichtigen Grund versäumt, ist die Prüfung nicht bestanden. Beim Vorliegen eines wichtigen Grundes ist die Kandidatin oder der Kandidat erneut mündlich zu prüfen; die Entscheidung trifft das Justizprüfungsamt. § 12 Absätze 6 bis 8 findet entsprechende Anwendung.

(7) Die oder der Vorsitzende des Prüfungsausschusses leitet die mündliche Prüfung. Sie oder er hat darauf zu achten, dass die Kandidatinnen und die Kandidaten in geeigneter Weise befragt werden. Bei Störungen des Prüfungsablaufs gilt § 12 Absatz 9 entsprechend.

(8) Die oder der Vorsitzende des Prüfungsausschusses kann anderen Kandidatinnen und Kandidaten, Studierenden des Studienganges Rechtswissenschaft sowie Mitgliedern des Justizprüfungsamtes die Anwesenheit in der mündlichen Prüfung gestatten.

§ 19
Rücktritt

Nach der Zulassung zur Prüfung ist ein Rücktritt nur mit Genehmigung der oder des Vorsitzenden des Justizprüfungsamtes möglich, die nur aus wichtigem Grund erteilt wird. Liegt eine solche Genehmigung nicht vor und tritt die Kandidatin oder der Kandidat dennoch die Prüfung nicht an, ist die Prüfung nicht bestanden.

§ 20
Schlussberatung

Im Anschluss an die mündliche Prüfung berät der Prüfungsausschuss über die mündlichen Leistungen. Für jeden der drei Prüfungsabschnitte ist eine Note nach § 3 des Juristenausbildungsgesetzes festzusetzen. § 196 Absatz 1 und 2 des Gerichtsverfassungsgesetzes ist entsprechend anzuwenden.

§ 21
Schlussentscheidung

(1) Im Anschluss an die Bewertung der Leistungen berät der Prüfungsausschuss über das Ergebnis der Prüfung und setzt die Gesamtnote fest. Dabei sind die in den sechs Aufsichtsarbeiten und den drei weiteren Teilen der mündlichen Prüfung erreichten Punktzahlen zusammenzuzählen und durch neun zu teilen. Das Gesamtergebnis ist bis auf zwei Dezimalstellen ohne Auf- oder Abrundung rechnerisch zu ermitteln.

(2) Die staatliche Pflichtfachprüfung ist bestanden, wenn die Kandidatin oder der Kandidat ein Gesamtergebnis von mindestens 4,00 Punkten erreicht. Darüber hinaus müssen in jedem Pflichtfach (Zivilrecht, Strafrecht und Öffentliches Recht) entweder in einer Aufsichtsarbeit oder in dem jeweiligen mündlichen Prüfungsteil mindestens 4,00 Punkte erreicht worden sein.

(3) Der Prüfungsausschuss kann bei der Entscheidung über das Ergebnis der staatlichen Pflichtfachprüfung ausnahmsweise von der rechnerisch ermittelten Gesamtnote abweichen, wenn dies aufgrund des Gesamteindruckes den Leistungsstand der Kandidatin oder des Kandidaten besser kennzeichnet und die Abweichung auf das Bestehen keinen Einfluss hat. Eine Erhöhung der oder ein Abschlag von der erzielten Punktzahl ist nur dann in Betracht zu ziehen, wenn die Bewertungen der einzelnen Prüfungsteile in auffälligem Maße auseinander fallen und die Abweichung auf das Bestehen keinen Einfluss hat (atypische Leistungskonstellation). Die Abweichung darf ein Drittel des durchschnittlichen Umfanges einer Notenstufe nicht überschreiten. § 13 Absatz 3 ist entsprechend anzuwenden. Danach ist die Gesamtnote nach § 3 des Juristenausbildungsgesetzes festzusetzen.

(4) Im Anschluss an die Beratung des Prüfungsausschusses wird das Ergebnis einschließlich der Einzelnoten den Kandidatinnen und den Kandidaten in Abwesenheit der Zuhörerinnen und Zuhörer verkündet und auf Wunsch der Kandidatin oder des Kandidaten außerhalb des Prüfungstermins durch die oder den Vorsitzenden des Prüfungsausschusses mündlich begründet.

(5) Wer die staatliche Pflichtfachprüfung bestanden hat, erhält ein Zeugnis, das die Gesamtnote dieser Prüfung mit der Notenbezeichnung enthält.

§ 22
Freiversuch

(1) Eine nicht bestandene staatliche Pflichtfachprüfung gilt als nicht unternommen (Freiversuch), wenn die Kandidatin oder der Kandidat

1. sich nach ununterbrochenem Studium bis zum Abschluss des siebten Fachsemesters zur Prüfung gemeldet hat oder
2. sich nach ununterbrochenem Studium und erfolgreichem Abschluss der universitären Schwerpunktbereichsprüfung bis zum Abschluss des achten Fachsemesters zur Prüfung gemeldet hat.

Die Kandidatin oder der Kandidat kann von einem solchen Freiversuch jederzeit zurücktreten. Eine erneute Prüfung gilt dann nicht als Freiversuch. Bereits erbrachte Prüfungsleistungen werden gegenstandslos.

(2) Der Freiversuch kann nur einmal in Anspruch genommen werden.

(3) Bei der Berechnung der Fristen des Absatzes 1 bleiben auf Antrag der Kandidatin oder des Kandidaten unberücksichtigt:

1. Studienzeiten, in denen sie oder er nachweislich wegen schwerer Krankheit oder aus einem anderen wichtigen, nicht in ihrer oder seiner Person liegenden Grunde beurlaubt oder längerfristig am Studium gehindert war,
2. bis zu zwei Semester eines wissenschaftlichen Studiums im Ausland, wenn dort nach Aufnahme des juristischen Studiums im Inland mindestens je Semester ein fremdsprachiger Leistungsnachweis in einer juristischen Disziplin erworben wurde,
3. bis zu zwei Semester einer nachgewiesenen Tätigkeit in gesetzlich vorgesehenen Gremien oder satzungsmäßigen Organen der Hochschule oder des Studentenwerkes; insoweit entscheidet das Justizprüfungsamt auf der Grundlage einer Empfehlung des für den Studiengang Rechtswissenschaften zuständigen Fachbereiches der

Universität über einen allgemein als gerechtfertigt angesehenen Zeitraum oder auf der Grundlage einer gleichwertigen Bescheinigung eines für den Studiengang Rechtswissenschaften zuständigen Fachbereiches einer anderen deutschen Universität,

4. Studienzeiten, in denen nachweislich Zeiten des Mutterschutzes lagen,

5. Studienzeiten, in denen die Kandidatin oder der Kandidat in entsprechender Anwendung von § 15 des Bundeselterngeld- und Elternzeitgesetzes vom 5. Dezember 2006 (BGBl. I S. 2748), zuletzt geändert durch Gesetz vom 15. Februar 2013 (BGBl. I S. 254), eine Elternzeit in Anspruch nehmen könnte und von der Universität vom Studium beurlaubt war,

6. ein Semester, wenn eine Kandidatin oder ein Kandidat nachweislich studienbegleitend eine europarechts- oder wirtschaftsorientierte Zusatzausbildung oder eine fachspezifische Fremdsprachenausbildung, die sich über mindestens sechzig Semesterwochenstunden erstreckt hat, an einer inländischen Universität erfolgreich abgeschlossen hat; der Nachweis über den erfolgreichen Abschluss ist durch eine Bescheinigung des für den Studiengang Rechtswissenschaften zuständigen Fachbereiches der Universität zu erbringen, an der die Ausbildung abgeschlossen wurde,

7. Studienzeiten, die als angemessener Ausgleich für unvermeidbare und erhebliche Verzögerungen im Studium aufgrund einer schweren Behinderung des Kandidaten oder des Kandidaten anzusehen sind; diese Verzögerungen sind durch den Ausweis nach § 69 Absatz 5 des Sozialgesetzbuches (SGB) Neuntes Buch (IX) – Rehabilitation und Teilhabe behinderter Menschen vom 19. Juni 2001 (BGBl. I S. 1046), zuletzt geändert durch Gesetz vom 29. März 2017 (BGBl. I S. 626), und durch ein unverzüglich einzuholendes amtsärztliches Attest nachzuweisen, das die für die Beurteilung nötigen Befundtatsachen und einen Vorschlag für die Dauer der Studienzeitverlängerung enthält,

8. ein Semester aus anderen wichtigen Gründen aufgrund eines Beschlusses des für den Studiengang Rechtswissenschaften zuständigen Fachbereiches, der diesen Grund anerkennt.

(4) Die Entscheidungen trifft das Justizprüfungsamt. Die Gesamtdauer der nach Absatz 3 Nummern 2, 3, 6 und 8 unberücksichtigt bleibenden Studienzeiten darf den Zeitraum von zwei Jahren nicht übersteigen. Liegen mehrere Gründe nach Absatz 3 Nummern 1 bis 8 vor, die sich auf denselben Zeitraum beziehen, bleibt dieser Zeitraum nur einmal unberücksichtigt. In nicht zu berücksichtigenden Zeiten dürfen grundsätzlich weder Prüfungen noch Zulassungsvoraussetzungen nach dieser Verordnung erbracht werden.

§ 23
Wiederholung der Prüfung zur Notenverbesserung

(1) Kandidatinnen und Kandidaten, die im Rahmen eines Freiversuches (§ 22 Absatz 1 Satz 1) die staatliche Pflichtfachprüfung vor dem Justizprüfungsamt in Schleswig-Holstein bestanden haben, können diese zur Verbesserung der Gesamtnote der staatlichen Pflichtfachprüfung einmal wiederholen. Der Antrag auf Zulassung muss innerhalb von neun Monaten nach Bekanntgabe des Ergebnisses der staatlichen Pflichtfachprüfung bei dem Justizprüfungsamt eingegangen sein. Eine Nachfrist wird nicht gewährt. Die Aufsichtsarbeiten müssen angefertigt sein, bevor der Vorbereitungsdienst aufgenommen wird; andernfalls endet die Notenverbesserungsprüfung mit Aufnahme des Vorbereitungsdienstes. Die staatliche Pflichtfachprüfung ist vollständig zu wiederholen (Wiederholungsprüfung zur Notenverbesserung). Die Kandidatin oder der Kandidat kann von einer begonnenen Wiederholungsprüfung jederzeit zurücktreten; eine erneute Wiederholung ist nicht zulässig.

(2) Die Kandidatin oder der Kandidat entscheidet, welches Prüfungsergebnis sie oder er gelten lassen will. Die Erklärung ist binnen einer Woche nach dem Tage der mündlichen Prüfung gegenüber dem Justizprüfungsamt schriftlich abzugeben. Trifft die Kandidatin oder der Kandidat nicht fristgerecht eine Wahl, gilt das bessere Prüfungsergebnis, bei gleichen Prüfungsergebnissen das frühere Prüfungsergebnis als gewählt. Die Rechtswirkungen der zuerst abgelegten Prüfung bleiben unberührt, wenn die Kandidatin oder der Kandidat das Ergebnis der Wiederholungsprüfung wählt.

§ 24
Wiederholung der Prüfung

(1) Hat die Kandidatin oder der Kandidat in einer Prüfung, die nicht als Freiversuch unternommen ist, die staatliche Pflichtfachprüfung nicht bestanden, darf sie oder er diese nur einmal wiederholen. Eine weitere staatliche Pflichtfachprüfung ist auch nach erneutem Studium nicht möglich.

(2) Die staatliche Pflichtfachprüfung ist vollständig zu wiederholen.

(3) Eine Kandidatin oder ein Kandidat, die oder der vor einem anderen Justizprüfungsamt die staatliche Pflichtfachprüfung nicht bestanden hat, kann von dem Justizprüfungsamt in Schleswig-Holstein zur Wiederholung der staatlichen Pflichtfachprüfung zugelassen werden, wenn dringende Gründe den Wechsel rechtfertigen, das Justizprüfungsamt des anderen Bundeslandes sich mit dem Wechsel einverstanden erklärt und die Wiederholungsprüfung vor dem anderen Justizprüfungsamt rechtlich zulässig wäre. Die Auflagen des Justizprüfungsamtes des anderen Bundeslandes behalten ihre Wirkung für das neue Prüfungsverfahren.

§ 25
Täuschungsversuche und Verstöße gegen die Ordnung

(1) Als Folgen eines prüfungswidrigen Verhaltens (Täuschungsversuch zu eigenem oder fremdem Vorteil oder erheblicher Verstoß gegen die Ordnung) werden nach pflichtgemäßem Ermessen folgende Maßnahmen ausgesprochen:

1. In geringfügigen Fällen soll die Kandidatin oder der Kandidat ermahnt werden,

2. der Kandidatin oder dem Kandidaten kann die Wiederholung einzelner oder mehrerer Prüfungsleistungen, auf die sich das prüfungswidrige Verhalten bezieht, aufgegeben werden,

3. Prüfungsleistungen, auf die sich das prüfungswidrige Verhalten bezieht, können mit „ungenügend" (0 Punkte) bewertet werden,

4. die staatliche Pflichtfachprüfung kann für nicht bestanden erklärt und die Anwendung von § 22 ausgeschlossen werden,

5. in besonders schweren Fällen kann die Kandidatin oder der Kandidat von einer Wiederholungsprüfung ausgeschlossen werden.

(2) Wird eine Täuschung nach Aushändigung des Zeugnisses bekannt, kann innerhalb einer Frist von fünf Jahren seit dem Tag der mündlichen Prüfung die Gesamtnote unter entsprechender Anwendung des Absatzes 1 Nummer 3 korrigiert werden oder die staatliche Pflichtfachprüfung für nicht bestanden erklärt werden.

§ 26
Entscheidungen des Prüfungsausschusses in der mündlichen Prüfung

Während der mündlichen Prüfung ist der Prüfungsausschuss für alle Entscheidungen nach dieser Verordnung zuständig. § 196 Absatz 1 des Gerichtsverfassungsgesetzes ist entsprechend anzuwenden.

§ 27
Niederschrift

(1) Über den Gang der mündlichen Prüfung und der Beratungen nach den §§ 20 und 21 ist eine Niederschrift aufzunehmen, in der

1. die Gegenstände und die Einzelergebnisse der mündlichen Prüfung,

2. die Einzelergebnisse der Aufsichtsarbeiten,

3. die Berechnungen nach § 21 Absatz 1 und

4. die Entscheidungen nach § 21 Absatz 3

festgehalten werden.
(2) Die Niederschrift ist von der oder dem Vorsitzenden des Prüfungsausschusses zu unterschreiben.

§ 28
Einsicht in die Prüfungsakten
(1) Wer sich der staatlichen Pflichtfachprüfung unterzogen hat, kann nach deren Abschluss innerhalb der Widerspruchsfrist seine Aufsichtsarbeiten, die Randbemerkungen und die Einzelbegutachtungen der Prüferinnen und Prüfer einsehen.
(2) Die Einsicht gewährt die Leitung der Geschäftsstelle in den Räumen des Justizprüfungsamtes auf schriftlichen oder mündlichen Antrag.

§ 29
Rechtsbehelf
Gegen abschließende Entscheidungen des Justizprüfungsamtes findet der Widerspruch statt.

Dritter Teil
Vorbereitungsdienst

§ 30
Leitung der Ausbildung und Dienstaufsicht
(1) Die Präsidentin oder der Präsident des Oberlandesgerichtes leitet die gesamte Ausbildung der Rechtsreferendarinnen und Rechtsreferendare und bewirtschaftet die hierfür im Landeshaushalt vorgesehenen Stellen. Sie oder er führt die Dienstaufsicht über die Rechtsreferendarinnen und Rechtsreferendare und prüft die Richtlinien über die Stationsausbildung mit dem Ziel der Sicherstellung einer sachgerechten Ausbildung.
(2) Vorgesetzte der Rechtsreferendarinnen und der Rechtsreferendare sind für die jeweilige Dauer der Ausbildung die zuständigen Ausbilderinnen und Ausbilder (Einzelausbilderinnen und Einzelausbilder, Arbeitsgemeinschaftsleiterinnen und Arbeitsgemeinschaftsleiter sowie Lehrgangsleiterinnen und Lehrgangsleiter) und die für die jeweilige Station zuständige Ausbildungsleitung. Die Rechtsreferendarin oder der Rechtsreferendar hat den für den Dienst gegebenen Anweisungen zu folgen.
(3) Die Präsidentin oder der Präsident des Oberlandesgerichtes überweist die Rechtsreferendarin oder den Rechtsreferendar in die einzelnen Stationen. Zur Überweisung in eine Station außerhalb des Geschäftsbereiches des für Justiz zuständigen Ministeriums muss die Zustimmung der Ministerpräsidentin oder des Ministerpräsidenten oder des zuständigen Fachministeriums oder der sonst verantwortlichen Stelle eingeholt werden. Die Ministerpräsidentin oder der Ministerpräsident überweist die Rechtsreferendarinnen und Rechtsreferendare auf Antrag an die Deutsche Hochschule für Verwaltungswissenschaften Speyer.
(4) Als Ausbildungsleitung für die jeweiligen Stationen wirken
1. bei dem Oberlandesgericht eine Richterin oder ein Richter für die Ausbildung in Zivilsachen nach § 32 Absatz 2 Nummer 2 und Absatz 3 Satz 1 Nummern 1, 3, 5 und 6 sowie § 34 Absatz 2 Satz 1 Nummern 2 und 4 Buchstabe b,
2. bei der Generalstaatsanwältin oder dem Generalstaatsanwalt des Landes Schleswig-Holstein eine Staatsanwältin oder ein Staatsanwalt für die Ausbildung in Strafsachen nach § 32 Absatz 2 Nummer 1 und Absatz 3 Satz 1 Nummer 2 sowie § 34 Absatz 2 Satz 1 Nummer 1,
3. bei der Ministerpräsidentin oder dem Ministerpräsidenten eine Juristin oder ein Jurist des höheren Dienstes für die Ausbildung in der Verwaltung nach § 32 Absatz 2 Nummer 3 und Absatz 3 Satz 1 Nummer 4 sowie § 34 Absatz 2 Satz 1 Nummer 3 und
4. bei der Rechtsanwaltskammer der Vorstand für die Ausbildung bei der Rechtsanwaltschaft nach § 32 Absatz 2 Nummer 4 und Absatz 3 Satz 1 Nummern 1 bis 6 sowie § 34 Absatz 2 Satz 1 Nummer 4 Buchstabe a

mit. Diese erlassen für den ihnen jeweils zugewiesenen Bereich nach Anhörung der Personalvertretung der Rechtsreferendarinnen und Rechtsreferendare Richtlinien für die Stationsausbildung sowie für die Ausbildungslehrgänge

und begleitenden Arbeitsgemeinschaften und betreuen die Rechtsreferendarinnen und Rechtsreferendare während der jeweiligen Station.
(5) Bei schwerwiegenden oder wiederholten Verstößen gegen Ausbildungsvorschriften durch einzelne Ausbilderinnen oder Ausbilder wirken die Präsidentin oder der Präsident des Oberlandesgerichtes und die für die jeweilige Station zuständige Ausbildungsleitung darauf hin, dass von einer erneuten Zuweisung von Rechtsreferendarinnen oder Rechtsreferendaren an die betreffende Ausbilderin oder den betreffenden Ausbilder abgesehen wird.

§ 31
Grundsätze der Ausbildung
(1) Der Vorbereitungsdienst soll die Rechtsreferendarinnen und Rechtsreferendare in die Aufgaben der Rechtspflege, der Verwaltung und der Anwaltschaft einführen. Sie oder er soll die im Studium erworbenen Kenntnisse und Fähigkeiten, auch in den Schlüsselqualifikationen, vertiefen und lernen, sie in der beruflichen Praxis umzusetzen. Hierzu sollen sie in den einzelnen Stationen so weit wie möglich mit der selbständigen und eigenverantwortlichen Wahrnehmung von Aufgaben aus der Rechtspflege, der Verwaltung und der Anwaltschaft betraut werden. Am Ende der Ausbildung sollen sie befähigt sein, sich in angemessener Zeit auch in solche Tätigkeiten einzuarbeiten, in denen sie nicht gesondert ausgebildet wurden.
(2) In der Wahlstation soll die Rechtsreferendarin oder der Rechtsreferendar ihre oder seine Ausbildung in dem von ihr oder ihm zu wählenden Schwerpunktbereich gemäß § 32 Absatz 3 ergänzen und vertiefen.
(3) Einer Einzelausbilderin oder einem Einzelausbilder sollen nicht mehr als zwei Rechtsreferendarinnen oder Rechtsreferendare zugewiesen werden. Besonders befähigten Ausbilderinnen und Ausbildern können mit ihrem Einverständnis maximal fünf Rechtsreferendarinnen und Rechtsreferendare zur Gruppenausbildung gleichzeitig zugeteilt werden.

§ 32
Dauer und Gliederung des Vorbereitungsdienstes
(1) Der Vorbereitungsdienst dauert zwei Jahre; davon entfallen auf die Pflichtstationen einundzwanzig Monate und auf die Wahlstation die letzten drei Monate der Ausbildung.
(2) Während der Pflichtstationen wird die Rechtsreferendarin oder der Rechtsreferendar ausgebildet:
1. Bei einer Staatsanwaltschaft oder, im Falle der Erschöpfung der Ausbildungskapazitäten bei den Staatsanwaltschaften, bei einem Amtsgericht in Strafsachen dreieinhalb Monate,
2. bei einem ordentlichen Gericht in Zivilsachen viereinhalb Monate,
3. bei einer Verwaltungsbehörde vier Monate und
4. bei einer Rechtsanwältin oder einem Rechtsanwalt neun Monate.
(3) Die Ausbildung während der Wahlstation findet nach Wahl der Rechtsreferendarin oder des Rechtsreferendars in einem der folgenden Schwerpunktbereiche statt:
1. Zivilrechtspflege mit Wahlstation bei einem Gericht in Zivilsachen,
2. Strafrechtspflege mit Wahlstation bei
   a) einem Gericht in Strafsachen oder
   b) einer Staatsanwaltschaft,
3. Familienrecht mit Wahlstation bei
   a) einem Amtsgericht in Familiensachen,
   b) einem Oberlandesgericht in Familiensachen oder
   c) einem Jugendamt,
4. Staat und Verwaltung mit Wahlstation bei
   a) einer Verwaltungsbehörde,
   b) einem Gericht der allgemeinen Verwaltungs-, Sozial- oder Finanzgerichtsbarkeit oder
   c) einer gesetzgebenden Körperschaft des Bundes oder eines Landes,
5. Wirtschaft und Steuern mit Wahlstation bei

a) einem Landgericht oder Oberlandesgericht (Handels-, Wettbewerbs- und Kartellsachen),
b) einem Finanzgericht,
c) einer Wirtschaftsprüferin oder einem Wirtschaftsprüfer, einer Wirtschaftsberaterin oder einem Wirtschaftsberater oder einer Steuerberaterin oder einem Steuerberater,
d) einem Wirtschaftsunternehmen,
e) einer Körperschaft wirtschaftlicher Selbstverwaltung oder
f) einer Behörde der Steuerverwaltung,

6. Arbeit und Soziales mit Wahlstationen bei
a) einem Gericht der Arbeits- oder Sozialgerichtsbarkeit,
b) einer Gewerkschaft,
c) einem Arbeitgeberverband,
d) einem Wirtschaftsunternehmen,
e) einer Behörde der Bundesagentur für Arbeit oder
f) einer Behörde der Sozialverwaltung.

Die Ausbildung in allen Wahlstationen kann auch bei einer Rechtsanwältin oder einem Rechtsanwalt, die in dem betreffenden Schwerpunktbereich fachlich besonders ausgewiesen ist, und mit Ausnahme des Schwerpunktbereiches nach Satz 1 Nummer 3 bei einer einschlägigen überstaatlichen, zwischenstaatlichen oder ausländischen Stelle oder einer sonstigen Stelle, bei der eine sachgerechte Ausbildung gewährleistet ist, durchgeführt werden.

(4) Die Ausbildung in der Pflichtstation bei einer Verwaltungsbehörde nach Absatz 2 Nummer 3 kann auf Antrag der Rechtsreferendarin oder des Rechtsreferendars für eine Dauer von zwei Monaten bei einem Gericht der Verwaltungs-, Sozial- oder Finanzgerichtsbarkeit stattfinden.

(5) Die Ausbildung in der Pflichtstation bei einer Verwaltungsbehörde nach Absatz 2 Nummer 3 oder die Ausbildung in der Wahlstation im Schwerpunktbereich Staat und Verwaltung nach Absatz 3 Nummer 4 kann auf Antrag der Rechtsreferendarin oder des Rechtsreferendars bis zu einer Dauer von drei Monaten auch an der Deutschen Hochschule für Verwaltungswissenschaften Speyer erfolgen. Stehen nicht genügend Ausbildungsplätze für alle Bewerberinnen und Bewerber zur Verfügung, trifft die Ministerpräsidentin oder der Ministerpräsident die Auswahl nach pflichtgemäßem Ermessen. In dem Fall, dass der Hochschulaufenthalt in der Pflichtstation nach Absatz 2 Nummer 3 erfolgt, ist der verbleibende Monat der Ausbildung in der Pflichtstation nach Absatz 2 Nummer 3 in einer Verwaltungsbehörde abzuleisten. Ist die Ausbildung an der Deutschen Hochschule für Verwaltungswissenschaften Speyer aufgrund des Einstellungstermins anders nicht zu ermöglichen, kann die Station gemäß Absatz 2 Nummer 4 zur Absolvierung der Station gemäß Absatz 2 Nummer 3 unterbrochen werden, sofern dies nicht zu einer mehrfachen Unterbrechung der Station gemäß Absatz 2 Nummer 4 führt und jeder Ausbildungsteil dieser Station eine Dauer von drei Monaten nicht unterschreitet.

(6) Die Ausbildung in der Pflichtstation bei einer Rechtsanwältin oder einem Rechtsanwalt nach Absatz 2 Nummer 4 kann auf Antrag der Rechtsreferendarin oder des Rechtsreferendars bis zu einer Dauer von drei Monaten bei einer Notarin oder einem Notar, einem Unternehmen, einem Verband oder bei einer sonstigen Ausbildungsstelle stattfinden, bei der eine sachgerechte Ausbildung in Rechtsberatung gewährleistet ist.

(7) Die Ausbildung in der Pflichtstation bei einer Verwaltungsbehörde nach Absatz 2 Nummer 3 kann nach Wahl der Rechtsreferendarin oder des Rechtsreferendars bis zu einer Dauer von vier Monaten bei einer geeigneten überstaatlichen, zwischenstaatlichen oder ausländischen Ausbildungsstelle stattfinden. Hierfür kann die Ausbildung bei einer Rechtsanwältin oder einem Rechtsanwalt nach Absatz 2 Nummer 4 unterbrochen werden, soweit dies nicht zu einer mehrfachen Unterbrechung dieser Station führt. Die Ausbildung in der Pflichtstation bei einer Rechtsanwältin oder einem Rechtsanwalt nach Absatz 2 Nummer 4 kann nach Wahl der Rechtsreferendarin oder des Rechtsreferendars bis zu einer Dauer von drei Monaten bei einer ausländischen Rechtsanwältin oder einem ausländischen Rechtsanwalt stattfinden. Die nach den Sätzen 1 bis 3 sowie nach Absatz 3 Satz 2 absolvierten Ausbildungszeiten dürfen insgesamt sieben Monate nicht überschreiten. Eine Station nach Absatz 2 Nummer 4 soll nicht weniger als drei Monate umfassen.

(8) Mindestens drei Monate vor Beginn der Wahlstation soll die Rechtsreferendarin oder der Rechtsreferendar der Präsidentin oder dem Präsidenten des Oberlandesgerichtes unter Bezugnahme des Schwerpunktbereiches die gewählte Stelle anzeigen.

(9) Hat eine Rechtsreferendarin oder ein Rechtsreferendar die zweite Staatsprüfung nicht bestanden, schließt sich unter Fortsetzung des öffentlich-rechtlichen Ausbildungsverhältnisses ein Ergänzungsvorbereitungsdienst an. Die Präsidentin oder der Präsident des Oberlandesgerichtes bestimmt Art und Dauer des Ergänzungsvorbereitungsdienstes, dessen Dauer bis zu sechs Monaten betragen kann. Die Präsidentin oder der Präsident des Oberlandesgerichtes kann für die Zulassung zur Wiederholungsprüfung Bedingungen für die Ausgestaltung des Ergänzungsvorbereitungsdienstes auferlegen. Die schriftlichen Leistungen der Wiederholungsprüfung sind im ersten Prüfungstermin nach Abschluss des Ergänzungsvorbereitungsdienstes zu erbringen.

(10) Auf Antrag der Rechtsreferendarin oder des Rechtsreferendars kann von der Anordnung eines Ergänzungsvorbereitungsdienstes abgesehen werden. Über den Antrag entscheidet die Präsidentin oder der Präsident des Oberlandesgerichtes. Die Rechtsreferendarin oder der Rechtsreferendar scheidet in diesem Fall mit Ablauf des regulären Vorbereitungsdienstes aus dem öffentlich-rechtlichen Ausbildungsverhältnis aus. Sie oder er muss ihre oder seine Vorstellung zur Ableistung der Wiederholungsprüfung spätestens innerhalb eines Jahres nach dem Ausscheiden aus dem Vorbereitungsdienst bei der Präsidentin oder dem Präsidenten des Oberlandesgerichtes beantragen.

§ 33
Ausbildungslehrgänge

(1) Unter Anrechnung auf die Station nach § 32 Absatz 2 Nummer 2 beginnt diese mit einem Ausbildungslehrgang bei einem Landgericht (Einführungslehrgang). Dieser erstreckt sich über drei Wochen, findet täglich statt und umfasst mindestens zwanzig Wochenstunden. Während des Lehrganges entfällt der Stationsdienst; die Teilnahme an dem Ausbildungslehrgang ist Pflicht und geht jedem anderen Dienst vor. Die Präsidentin oder der Präsident des Landgerichtes bestellt die Lehrgangsleiterin oder den Lehrgangsleiter.

(2) Die Präsidentin oder der Präsident des Oberlandesgerichtes kann auf Vorschlag der Präsidentin oder des Präsidenten des jeweiligen Landgerichtes anordnen, dass der Ausbildungslehrgang aus Gründen der Geschäftslage oder im Interesse der Ausbildung abweichend von Absatz 1 Satz 2 durchgeführt wird. Dabei darf die Mindestgesamtstundenzahl von sechzig Unterrichtsstunden nicht unterschritten werden. Absatz 1 Satz 3 erster Halbsatz findet keine Anwendung. Die Stationsausbildung soll an die geänderte Durchführung des Ausbildungslehrganges angepasst werden.

(3) Für die übrigen Pflichtstationen können Ausbildungslehrgänge durch das für Justiz zuständige Ministerium eingerichtet werden. Die Gesamtdauer aller Ausbildungslehrgänge darf drei Monate nicht überschreiten. Soweit für die Pflichtstationen nach § 32 Absatz 2 Nummern 3 und 4 Ausbildungslehrgänge eingerichtet werden, erfolgt dies im Einvernehmen mit der jeweiligen Ausbildungsleitung. Von der Teilnahme an Ausbildungslehrgängen können Rechtsreferendarinnen und Rechtsreferendare mit Ausnahme des Ausbildungslehrgangs nach Absatz 1 zur Wahrnehmung von Kursangeboten anwaltlicher Ausbildungseinrichtungen auf Antrag befreit werden.

(4) Werden für die übrigen Pflichtstationen Ausbildungslehrgänge eingerichtet, bestellt die Präsidentin oder der Präsident des Oberlandesgerichtes die Lehrgangsleiterinnen und Lehrgangsleiter auf Vorschlag und im Einvernehmen

mit den für die Ausbildungsleitung der jeweiligen Stationen zuständigen Stellen.

§ 34
Arbeitsgemeinschaften

(1) Während der Ausbildung in den Pflichtstationen nach § 32 Absatz 2 gehört die Rechtsreferendarin oder der Rechtsreferendar, abgesehen von der Zeit der Ausbildungslehrgänge, Arbeitsgemeinschaften an. Sie sollen jeweils aus nicht mehr als zwanzig Rechtsreferendarinnen und Rechtsreferendaren bestehen. Bei einer Ausbildung außerhalb des Landes Schleswig-Holstein kann die Präsidentin oder der Präsident des Oberlandesgerichtes aus wichtigem Grund von der Teilnahme an einer Arbeitsgemeinschaft befreien.

(2) Es sind folgende Arbeitsgemeinschaften einzurichten, die die Ausbildung in den zugeordneten Stationen begleiten und ergänzen:
1. Eine strafrechtliche Arbeitsgemeinschaft (Arbeitsgemeinschaft 1) während der Ausbildung bei einer Staatsanwaltschaft oder einem Amtsgericht in Strafsachen gemäß § 32 Absatz 2 Nummer 1,
2. eine zivilrechtliche Arbeitsgemeinschaft (Arbeitsgemeinschaft 2) während der Ausbildung bei einem ordentlichen Gericht in Zivilsachen gemäß § 32 Absatz 2 Nummer 2,
3. eine öffentlich-rechtliche Arbeitsgemeinschaft (Arbeitsgemeinschaft 3) während der Ausbildung bei einer Verwaltungsbehörde gemäß § 32 Absatz 2 Nummer 3 und
4. während der Ausbildung bei einer Rechtsanwältin oder einem Rechtsanwalt gemäß § 32 Absatz 2 Nummer 4
    a) eine anwaltsorientierte Arbeitsgemeinschaft (Arbeitsgemeinschaft 4) für die Dauer der ersten vier Monate in dieser Station und
    b) eine Wiederholungs- und Vertiefungsarbeitsgemeinschaft (Arbeitsgemeinschaft 5) für die Dauer der anschließenden drei Monate.

Der Unterricht findet mindestens einmal wöchentlich statt und umfasst mindestens vier Unterrichtsstunden. Die Ausbildungsleiterin oder der Ausbildungsleiter kann anordnen, dass die gesamte oder ein Teil der Arbeitsgemeinschaft als Blockunterricht innerhalb des ersten Monates in der jeweiligen Station ausgestaltet wird, es sei denn, in der betreffenden Station ist zwingend ein Einführungslehrgang vorgesehen.

(3) Die Teilnahme an einer Arbeitsgemeinschaft ist Pflicht; sie geht jedem anderen Dienst vor. Die Rechtsreferendarinnen und Rechtsreferendare haben darüber hinaus insbesondere die von der Arbeitsgemeinschaftsleiterin oder dem Arbeitsgemeinschaftsleiter oder von der für die jeweilige Station zuständigen Ausbildungsleitung vorgeschriebenen Aufsichtsarbeiten anzufertigen und abzuliefern.

(4) Neben den Arbeitsgemeinschaften werden bei den Landgerichten wöchentliche Klausurenkurse zur Vorbereitung auf die zweite Staatsprüfung durchgeführt. Die für die jeweiligen Stationen zuständigen Ausbildungsleitungen stellen hierfür geeignete Klausursachverhalte zur Verfügung und schlagen die Leiterinnen und Leiter dieser Kurse vor. Die Teilnahme für die Rechtsreferendarinnen und Rechtsreferendare ist freiwillig. Die Ausbildungsleiterinnen und Ausbildungsleiter sollen den Referendarinnen und Referendaren die Teilnahme ermöglichen und sie von anderen Dienstverpflichtungen befreien.

(5) Die Generalstaatsanwältin oder der Generalstaatsanwalt bestellt die Leiterinnen und Leiter der Arbeitsgemeinschaft 1. Die Präsidentin oder der Präsident des Landgerichtes bestellt die Leiterinnen und Leiter der Klausurenkurse sowie der Arbeitsgemeinschaften 2, 4 und 5, es sei denn, der Klausurenkurs oder die Arbeitsgemeinschaft wird vom Oberlandesgericht ausgerichtet. In diesen Fällen erfolgt die Bestellung durch die Präsidentin oder den Präsidenten des Oberlandesgerichtes. Die Leiterinnen und Leiter der Arbeitsgemeinschaft 4 werden vom Vorstand der Rechtsanwaltskammer vorgeschlagen. Die Ministerpräsidentin oder der Ministerpräsident bestellt die Leiterin oder den Leiter der Arbeitsgemeinschaft 3. Die Arbeitsgemeinschaften soll eine Richterin oder ein Richter, eine Staatsanwältin oder ein Staatsanwalt, eine Juristin oder ein Jurist des höheren Dienstes, eine Rechtsanwältin oder ein Rechtsanwalt leiten. Die Bestellung soll für vier Jahre erfolgen. Wiederbestellungen sind zulässig.

§ 35
Zeugnisse

(1) In den Pflichtstationen und in der Wahlstation erteilt die Ausbilderin oder der Ausbilder ein Zeugnis über Fähigkeiten, Kenntnisse, praktische Leistungen und den Ausbildungsstand des Rechtsreferendars. Haben in einer Ausbildungsstelle mehrere Ausbilderinnen oder Ausbilder über einen Zeitraum von jeweils mehr als drei Wochen die Ausbildung der Rechtsreferendarin oder des Rechtsreferendars übernommen, erteilen sie das Zeugnis gemeinsam. Soweit eine Ausbildung an der Deutschen Hochschule für Verwaltungswissenschaften Speyer stattfindet, genügt eine Teilnahmebescheinigung.

(2) Das Zeugnis weist eine Punktzahl und die entsprechende Note aus. § 3 des Juristenausbildungsgesetzes gilt entsprechend.

(3) Alle Ausbildungsleistungen sind alsbald mit der Rechtsreferendarin oder dem Rechtsreferendar zu besprechen. Bei mindestens drei geeigneten Ausbildungsleistungen ist zudem eine Bewertung vorzunehmen und bekannt zu geben. Die Zeugnisse der Stationen sind der Rechtsreferendarin oder dem Rechtsreferendar auf Verlangen rechtzeitig vor Ablauf des Abschnittes anzukündigen. Der Rechtsreferendarin oder dem Rechtsreferendar ist Gelegenheit zu geben, dazu Stellung zu nehmen und gegebenenfalls ergänzende Leistungen zu erbringen. Das Zeugnis ist spätestens einen Monat nach Abschluss der jeweiligen Ausbildung und in der Wahlstation zum Ende der Station dem Oberlandesgericht mitzuteilen.

(4) Über den Widerspruch gegen Ausbildungszeugnisse entscheidet die Präsidentin oder der Präsident des Oberlandesgerichtes.

§ 36
Inkrafttreten, Außerkrafttreten

(1) Diese Verordnung tritt am Tag nach der Verkündung in Kraft. Gleichzeitig tritt die Juristenausbildungsverordnung vom 19. März 2004 (GVOBl. Schl.-H. S. 88), zuletzt geändert durch Verordnung vom 29. März 2012 (GVOBl. Schl.-H. S. 442), Zuständigkeiten und Ressortbezeichnungen ersetzt durch Verordnung vom 4. April 2013 (GVOBl. Schl.-H. S. 143), außer Kraft.

(2) Diese Verordnung tritt mit Ablauf des 26. Februar 2024 außer Kraft.

Übereinkunft
der Länder Freie Hansestadt Bremen, Freie und Hansestadt Hamburg und Schleswig-Holstein über ein Gemeinsames Prüfungsamt und die Prüfungsordnung für die zweite Staatsprüfung für Juristen
in der Fassung vom 5. Mai 2005
– GVOBl. Schl.-H. S. 344 –

Zuletzt geändert durch Staatsvertrag vom 15./16./21. November 2007 (GVOBl. Schl.-H. 2008 S. 72), in Kraft getreten am 21. März 2008 (GVOBl. Schl.-H. S. 207)

§ 1
Das Gemeinsame Prüfungsamt

Die zweite Staatsprüfung wird vor dem bei dem Hanseatischen Oberlandesgericht in Hamburg errichteten Gemeinsamen Prüfungsamt der Länder Freie Hansestadt Bremen, Freie und Hansestadt Hamburg und Schleswig-Holstein abgelegt.

§ 2
Mitglieder des Gemeinsamen Prüfungsamtes

(1) Das Gemeinsame Prüfungsamt besteht aus dem Präsidenten und der erforderlichen Anzahl von Stellvertretern und weiteren Mitgliedern.

(2) Der Präsident des Gemeinsamen Prüfungsamtes ist der jeweilige Präsident des Hanseatischen Oberlandesgerichts in Hamburg. Er führt die Aufsicht über den Geschäftsbetrieb des Gemeinsamen Prüfungsamtes.

(3) Zu Mitgliedern des Gemeinsamen Prüfungsamtes können berufen werden:
1. Professoren des Rechts an einer Hochschule im Geltungsbereich des Deutschen Richtergesetzes,
2. Richter, Staatsanwälte, Rechtsanwälte und andere Personen, die die Befähigung zum Richteramt oder zum höheren Verwaltungsdienst besitzen.

(4) Die Mitglieder einschließlich der Stellvertreter des Präsidenten werden durch die zuständige Behörde der Freien und Hansestadt Hamburg im Einvernehmen mit den beteiligten Landesjustizverwaltungen berufen. Die Berufung erfolgt jeweils für die Dauer von fünf Jahren und erstreckt sich gegebenenfalls auch darüber hinaus bis zum Abschluss eines innerhalb dieser Frist begonnenen Prüfungsverfahrens. Eine mehrmalige Berufung ist zulässig.

(5) Außer durch Zeitablauf endet die Mitgliedschaft im Gemeinsamen Prüfungsamt bei Richtern und Beamten mit dem Ausscheiden aus dem Hauptamt, bei Hochschullehrern mit der Entpflichtung oder ihrem Ausscheiden aus den Hochschulen im Bereich der am Gemeinsamen Prüfungsamt beteiligten Länder, bei Rechtsanwälten mit dem Erlöschen oder der Rücknahme der Zulassung zur Rechtsanwaltschaft sowie bei Notaren mit dem Erlöschen ihres Amtes oder ihrer Entlassung aus dem Amt. Die zuständige Behörde der Freien und Hansestadt Hamburg kann im Einvernehmen mit den beteiligten Landesjustizverwaltungen die Mitgliedschaft im Einzelfall bis zum Ablauf des Berufungszeitraums (Absatz 4 Satz 2) verlängern.

(6) Die Mitglieder des Gemeinsamen Prüfungsamtes sind in der Beurteilung von Prüfungsleistungen unabhängig.

§ 3
(weggefallen)

§ 4
Zweck der Prüfung

(1) Die zweite Staatsprüfung hat die Aufgabe, festzustellen, ob der Referendar zu selbständiger eigenverantwortlicher Tätigkeit in allen Bereichen der Rechts- und Verwaltungspraxis fähig ist.

(2) Demgemäß soll geprüft werden, ob der Referendar zur Erfassung von Sachverhalten mit ihren rechtlichen, sozialen und wirtschaftlichen Grundlagen imstande ist, und ob er Aufgaben der beurteilenden und gestaltenden Rechtsanwendung methodisch bearbeiten und seine Ergebnisse sachgerecht begründen kann.

§ 5
Zulassung zur Prüfung

(1) Rechtzeitig vor Beginn der Aufsichtsarbeiten stellt der Oberlandesgerichtspräsident des Bezirks, in dem der Referendar ausgebildet worden ist, den Referendar dem Präsidenten des Gemeinsamen Prüfungsamtes vor und übersendet gleichzeitig die Personalakten. Das Vorstellungsschreiben enthält folgende Daten:
1. Vor- und Familienname,
2. Tag und Ort der Geburt,
3. gegenwärtige Anschrift (gegebenenfalls Telefonnummer),
4. Datum, Ort und Note der ersten Prüfung oder ersten Staatsprüfung,
5. Beginn des Vorbereitungsdienstes,
6. Beginn und Ende der bisherigen Pflicht- und Wahlstationen mit Angabe der Ausbildungsstellen,
7. Zeitpunkt des voraussichtlichen Abschlusses der letzten Station mit Angabe der Ausbildungsstelle.

Die in Satz 2 genannten Daten können dem Gemeinsamen Prüfungsamt nach Absprache mit diesem auf maschinell verwertbaren Datenträgern übermittelt werden.

(2) Ist der Referendar nicht im Bezirk eines der in der vertragschließenden Ländern belegenen Oberlandesgerichte ausgebildet worden, so kann der Oberlandesgerichtspräsident des Bezirks, in dem er seinen Wohnsitz oder ständigen Aufenthalt hat, ihn zur Prüfung vorstellen, wenn wichtige Gründe die Zulassung rechtfertigen.

(3) Spätestens bei Vorstellung nach Absatz 1 Satz 1 gibt der Referendar den von ihm gewählten Schwerpunktbereich an.

(4) Der Präsident des Gemeinsamen Prüfungsamts entscheidet über die Zulassung des Referendars zur Staatsprüfung.

(5) Der Referendar steht während des Prüfungsverfahrens unter der Dienstaufsicht des Oberlandesgerichtspräsidenten, der ihn zur Prüfung vorgestellt hat.

§ 6
Die Prüfung im Allgemeinen

(1) Die Prüfung beginnt mit der Bekanntgabe der Zulassung.

(2) Die Prüfung besteht aus acht Aufsichtsarbeiten und der abschließenden mündlichen Prüfung.

(3) Die Auswahl und Zuteilung von Prüfungsaufgaben erfolgt durch den Präsidenten des Gemeinsamen Prüfungsamtes oder durch ein von ihm beauftragtes Mitglied.

(4) Die Aufsichtsarbeiten werden nach Maßgabe des vom Präsidenten des Gemeinsamen Prüfungsamtes festgesetzten Termins zwischen dem 19. und dem 21. Ausbildungsmonat geschrieben.

(5) Beeinträchtigungen des Prüfungsablaufs sind unverzüglich zu rügen. Die Rüge ist spätestens nach Bekanntgabe des Prüfungsergebnisses unbeachtlich, es sei denn, der Referendar hat die Verspätung der Rüge nicht zu vertreten.

§ 7
Prüfungsgegenstände

(1) Der Präsident des Gemeinsamen Prüfungsamtes bestimmt im Einvernehmen mit den beteiligten Landesjustizverwaltungen nach Maßgabe der nachfolgenden Grundsätze die Prüfungsgegenstände der zweiten Staatsprüfung.

(2) Die Prüfung bezieht sich auf die Pflichtfächer und einen von dem Referendar gewählten Schwerpunktbereich. Pflichtfächer sind die Kernbereiche des Bürgerlichen Rechts, des Strafrechts und des Öffentlichen Rechts einschließlich des Verfahrensrechts, der europarechtlichen Bezüge sowie der Methoden der gerichtlichen, staatsanwaltschaftlichen, verwaltenden, rechtsberatenden und rechtsgestaltenden Praxis.

(3) Andere als die in Absatz 2 genannten Rechtsgebiete dürfen im Zusammenhang mit den Pflichtfächern zum Gegenstand der Prüfung gemacht werden, soweit lediglich Verständnis und Arbeitsmethode festgestellt werden sollen und Einzelwissen nicht vorausgesetzt wird.

§ 8
Aufsichtsarbeiten

(1) Für jede der acht an je einem Tag zu bearbeitenden Aufgaben stehen dem Referendar fünf Stunden zur Verfügung. Der Präsident des Gemeinsamen Prüfungsamtes verlängert auf Antrag behinderten Referendaren die Bearbeitungszeit und ordnet bei Art und Umfang der Behinderung angemessene Erleichterungen an, soweit dies zum Ausgleich der Behinderung notwendig ist.

(2) Die Aufgaben beziehen sich auf die Ausbildung in den Pflichtstationen. Sie sind zu entnehmen:
1. drei dem Bürgerlichen Recht ohne das Handels- und Gesellschaftsrecht,
2. eine dem Bürgerlichen Recht mit Schwerpunkt im Handels-, Gesellschafts- oder Zivilprozessrecht,
3. zwei dem Strafrecht und
4. zwei dem Öffentlichen Recht.

(3) Die Aufgaben sollen nach Möglichkeit auch Fragen des Verfahrensrechts enthalten. Bis zu vier Aufsichtsarbeiten können Fragestellungen aus dem Tätigkeitsbereich der rechtsberatenden Berufe zum Gegenstand haben. Der Referendar hat die in der jeweiligen Verfahrenssituation erforderliche Entscheidung oder Entschließung zu entwerfen. Wenn eine Begründung der Entscheidung oder Entschließung weder erforderlich noch üblich ist, sind die Gründe in einem Gutachten darzulegen.

(4) Der Präsident des Gemeinsamen Prüfungsamtes bestimmt die Hilfsmittel, die für die Anfertigung der Aufsichtsarbeiten benutzt werden dürfen. Die Benutzung anderer Hilfsmittel ist verboten.

§ 9
Anfertigung der Aufsichtsarbeiten

(1) Der Präsident des jeweiligen Oberlandesgerichts bestimmt den Aufsichtsführenden für die Anfertigung der Aufsichtsarbeiten.

(2) Der Referendar hat die Arbeit und den Aufgabentext spätestens mit Ablauf der Bearbeitungsfrist bei dem Aufsichtsführenden abzugeben. Er versieht beides mit der ihm zugeteilten Kennzahl; die Arbeit darf keinen sonstigen Hinweis auf seine Person enthalten.

(3) Der Aufsichtsführende fertigt eine Niederschrift an und vermerkt in ihr jede Unregelmäßigkeit.

(4) Ein Referendar, der sich eines andere Referendare störenden Ordnungsverstoßes schuldig macht, kann vom Aufsichtsführenden von der Fortsetzung der Arbeit ausgeschlossen werden, wenn er sein störendes Verhalten trotz Ermahnung nicht einstellt.

(5) Unternimmt ein Referendar einen Täuschungsversuch, so wird er unbeschadet der Vorschrift in Absatz 4 von der Fortsetzung der Arbeit nicht ausgeschlossen.

(6) In den Fällen der Absätze 4 und 5 fertigt der Aufsichtsführende über das Vorkommnis einen gesonderten Vermerk, den er nach Abschluß der jeweiligen Arbeit unverzüglich dem Präsidenten des Gemeinsamen Prüfungsamtes zur Entscheidung übermittelt.

(7) Erscheint ein Referendar zur Anfertigung einer Arbeit nicht oder liefert er eine Arbeit nicht ab, ohne daß er die Prüfung aus wichtigem Grunde nach § 22 unterbricht, so wird die Arbeit als ungenügend gewertet.

§ 10
(weggefallen)

§ 11
Bewertung der Aufsichtsarbeiten

(1) Jede Aufsichtsarbeit wird durch zwei Mitglieder des Gemeinsamen Prüfungsamtes begutachtet und bewertet. Mindestens eine Beurteilung aller Aufsichtsarbeiten derselben Aufgabe wird durch dasselbe Mitglied vorgenommen; werden mehr als vierzig solcher Arbeiten abgeliefert, muß dasselbe Mitglied wenigstens zwanzig von ihnen beurteilen.

(2) Die Mitglieder und die Reihenfolge der Beurteilungen bestimmt der Präsident des Gemeinsamen Prüfungsamtes. Die Mitglieder müssen mit dem Gebiet, das die Aufgabe nach ihrem Schwerpunkt betrifft, besonders vertraut sein.

(3) Weichen die Bewertungen einer Arbeit um mehr als drei Punkte voneinander ab, so gilt das arithmetische Mittel als Punktzahl der Aufsichtsarbeit. Bei größeren Abweichungen versuchen die Prüfer zunächst, ihre Bewertungen bis auf mindestens drei Punkte anzunähern. Gelingt dies nicht, so wird durch den Präsidenten des Gemeinsamen Prüfungsamtes oder einen von ihm bestimmten Stellvertreter die Arbeit beurteilt und die Punkzahl auf eine von den Prüfern erteilte Punktzahl oder eine dazwischen liegende Punktzahl festgesetzt.

§ 12
Leistungsbewertung

Für die Bewertung der Aufsichtsarbeiten nach § 11 und der mündlichen Prüfungsleistungen nach § 17 Abs. 1 sowie für die Bildung der Gesamtnote nach § 17 Abs. 2 gelten die Vorschriften der Verordnung über eine Noten- und Punkteskala für die erste und zweite juristische Prüfung vom 3. Dezember 1981 (BGBl. I S. 1243) in der jeweils geltenden Fassung[1].

§ 13
Bekanntgabe der Ergebnisse
der Aufsichtsarbeiten

Dem Referendar werden die Ergebnisse der Aufsichtsarbeiten in angemessener Frist, spätestens jedoch eine Woche vor der mündlichen Prüfung schriftlich mitgeteilt. Eine nähere Regelung erlässt der Präsident des Gemeinsamen Prüfungsamtes.

§ 14
Anonymität

(1) Mitteilungen über die Person des Referendars dürfen den Prüfern, Mitteilungen über die Personen der Prüfer dürfen dem Referendar erst nach Abschluss der Bewertung seiner Aufsichtsarbeiten gemacht werden. Kenntnis über die Person des Referendars, die ein Prüfer vorher durch seine Tätigkeit bei der verwaltungsmäßigen Durchführung des Prüfungsverfahrens erlangt, stehen seiner Mitwirkung nicht entgegen.

(2) Die Namen der Mitglieder des Prüfungsausschusses werden dem Referendar in der Frist des § 13 schriftlich mitgeteilt.

§ 15
Ausschluß von der mündlichen Prüfung

(1) Von der mündlichen Prüfung ist ausgeschlossen, wer in den Aufsichtsarbeiten nicht eine durchschnittliche Punktzahl von mindestens 3,75 und in mindestens vier Aufsichtsarbeiten, von denen eine aus dem Bürgerlichen Recht stammen muss, nicht mindestens die Punktzahl 4,0 erreicht hat. Satz 1 gilt nicht, wenn der Referendar in mindestens sechs Aufsichtsarbeiten, von denen jeweils eine aus dem Bürgerlichen Recht, Strafrecht und Öffentlichen Recht stammen muss, mindestens die Punktzahl 4,0 erreicht hat.

(2) Der nach Absatz 1 von der mündlichen Prüfung ausgeschlossene Referendar hat die Prüfung nicht bestanden. Der Präsident des Gemeinsamen Prüfungsamtes teilt das dem Referendar schriftlich mit.

---
1 Nr. 489

§ 16
Die mündliche Prüfung

(1) Die mündliche Prüfung wird von einem, einschließlich des Vorsitzenden, aus vier Prüfern bestehenden Prüfungsausschuss abgenommen. Die Prüfer werden vom Präsidenten des Gemeinsamen Prüfungsamtes aus den Mitgliedern dieses Amtes bestimmt. Nach Möglichkeit sollte mindestens ein Prüfer dem rechtsberatenden oder rechtsgestaltenden Tätigkeitsfeld entstammen. Vorsitzender des Ausschusses ist der Präsident des Gemeinsamen Prüfungsamtes oder einer seiner Stellvertreter.

(2) Rechtzeitig vor der mündlichen Prüfung werden den Mitgliedern des Prüfungsausschusses die Namen der Referendare, die Ergebnisse ihrer Aufsichtsarbeiten und der von ihnen gewählte Schwerpunktbereich mitgeteilt.

(3) Die mündliche Prüfung besteht aus einem Aktenvortrag und einem Prüfungsgespräch. Zu einer Prüfung sollen nicht mehr als fünf Referendare geladen werden. Auf Antrag des Referendars soll eine Einzelprüfung durchgeführt werden, sofern dafür Prüfer in ausreichender Zahl zur Verfügung stehen. Der Antrag ist spätestens vier Wochen vor Ende der Gesamtausbildung zu stellen.

(4) Die mündliche Prüfung beginnt mit dem in freier Rede gehaltenen Aktenvortrag. Der Vortrag ist dem Schwerpunktbereich zu entnehmen. Zur Vorbereitung des Vortrages unter Aufsicht werden dem Referendar die Akten eineinhalb Stunden vor Beginn des Vortrags ausgehändigt. Der Präsident des Gemeinsamen Prüfungsamtes bestimmt den Aufsichtsführenden für die Vorbereitung des Vortrags. Die Dauer des Vortrags soll zehn Minuten nicht überschreiten; anschließende Rückfragen sind zulässig. § 8 Abs. 1 Satz 2 und Abs. 4 gilt entsprechend.

(5) Das Prüfungsgespräch besteht aus je einem Abschnitt, der sich auf die drei Pflichtfächer sowie den Schwerpunktbereich nach § 7 Abs. 2 bezieht. Das Prüfungsgespräch soll für jeden Referendar nicht weniger als 40 Minuten dauern und ist durch mindestens eine angemessene Pause zu unterbrechen.

(6) Der Vorsitzende des Prüfungsausschusses leitet die mündliche Prüfung. Er hat darauf zu achten, dass ein sachgerechtes Prüfungsgespräch geführt wird. Er beteiligt sich selbst an der Prüfung. Ihm obliegt die Aufrechterhaltung der Ordnung.

(7) Die mündliche Prüfung ist für Referendare und andere Personen, die ein berechtigtes Interesse haben, öffentlich. Der Vorsitzende des Prüfungsausschusses kann die Öffentlichkeit ganz oder teilweise ausschließen, wenn ein wichtiger Grund vorliegt.

(8) Beauftragte Vertreter der zuständigen Behörde der Freien und Hansestadt Hamburg und der beteiligten Landesjustizverwaltungen können den Prüfungen jederzeit beiwohnen.

§ 17
Schlußberatung

(1) Im Anschluss an die mündliche Prüfung berät der Prüfungsausschuss über die Bewertung der mündlichen Prüfungsleistungen nach § 12. § 196 des Gerichtsverfassungsgesetzes gilt entsprechend. Bei Stimmengleichheit gibt die Stimme des Vorsitzenden den Ausschlag.

(2) Sodann ermittelt der Prüfungsausschuss aus den Bewertungen der schriftlichen und mündlichen Prüfungsleistungen die Punktzahl der Gesamtnote, die ohne Rundung auf zwei Dezimalstellen nach dem Komma errechnet wird. Für die Bildung der Gesamtnote werden die schriftlichen Prüfungsleistungen mit 70 vom Hundert und die mündlichen Prüfungsleistungen mit 30 vom Hundert gewichtet. Dabei sind zu berücksichtigen die jeweiligen Einzelbewertungen mit einem Anteil von 8,75 vom Hundert für jede Aufsichtsarbeit, von 8 vom Hundert für den Aktenvortrag und von 5,5 vom Hundert für jeden Abschnitt des Prüfungsgespräches.

(3) Der Prüfungsausschuss kann bei seiner Entscheidung über das Ergebnis der Prüfung von der rechnerisch ermittelten Gesamtnote abweichen, wenn dies aufgrund des Gesamteindrucks den Leistungsstand der Referendars besser kennzeichnet und die Abweichung auf das Bestehen der Prüfung keinen Einfluss hat; hierbei sind auch die Leistungen im Vorbereitungsdienst zu berücksichtigen. Die Abweichung darf ein Drittel des durchschnittlichen Umfangs einer Notenstufe nicht übersteigen. Eine rechnerisch ermittelte Anrechnung von im Vorbereitungsdienst erteilten Noten auf die Gesamtnote der Prüfung ist ausgeschlossen.

§ 18
Schlussentscheidung

(1) Die Prüfung ist bestanden, wenn die Punktzahl der Gesamtnote mindestens vier Punkte beträgt.

(2) Im Anschluß an die Beratung des Prüfungsausschusses wird die Gesamtnote einschließlich der in die Prüfungsnote eingegangenen Einzelnoten in Abwesenheit der Zuhörer dem Referendar verkündet und auf seinen Wunsch durch den Vorsitzenden des Prüfungsausschusses mündlich begründet.

(3) Wer die Prüfung bestanden hat, erhält darüber ein Zeugnis mit der Notenbezeichnung und der bis auf zwei Dezimalstellen ohne Auf- oder Abrundung errechneten Punktzahl der Gesamtnote.

§ 19
Prüfungsniederschrift

Über die mündliche Prüfung ist eine vom Vorsitzenden des Prüfungsausschusses zu unterzeichnende Niederschrift aufzunehmen, in der die Gegenstände und die Einzelbewertungen der mündlichen Prüfung, die Entscheidung nach § 17 Abs. 3, die Prüfungsnote und die Schlussentscheidung des Prüfungsausschusses mit der Gesamtnote festgestellt werden. Neben den Noten sind dabei auch die festgesetzten Punktzahlen niederzulegen.

§ 20
Ablehnung eines Prüfers

(1) Der Referendar kann ein Mitglied des Prüfungsausschusses für die mündliche Prüfung ablehnen, wenn einer der in § 41 Nummern 2 und 3 der Zivilprozeßordnung genannten Gründe oder sonst ein Grund vorliegt, der geeignet ist, Mißtrauen gegen die Unvoreingenommenheit des Prüfers zu rechtfertigen. Hat die Ablehnung Erfolg, nimmt der Referendar an einer anderen mündlichen Prüfung teil.

(2) Der Referendar hat das Ablehnungsgesuch schriftlich zu begründen und unverzüglich nach Bekanntwerden des Ablehnungsgrundes bei dem Gemeinsamen Prüfungsamt anzubringen.

(3) Über das Ablehnungsgesuch entscheidet der Präsident des Gemeinsamen Prüfungsamtes. Ist er selbst von der Ablehnung betroffen, entscheidet einer seiner Stellvertreter. Vor der Entscheidung ist der betroffene Prüfer zu hören. Einer Entscheidung bedarf es nicht, wenn der Prüfer das Ablehnungsgesuch für begründet hält.

§ 21
Ordnungsverstoß, Täuschungsversuch

(1) Ist ein Referendar gemäß § 9 Abs. 4 von der Fortsetzung einer Aufsichtsarbeit ausgeschlossen worden, so wird diese Arbeit als ungenügend gewertet. Macht sich ein Referendar in der mündlichen Prüfung eines das Prüfungsgespräch störenden Ordnungsverstoßes schuldig, so kann er von der weiteren Prüfung ausgeschlossen werden, wenn er sein störendes Verhalten trotz Abmahnung fortsetzt. In diesem Fall sind seine Leistungen in der mündlichen Prüfung als ungenügend zu werten.

(2) Unternimmt es ein Referendar, das Ergebnis der Prüfung durch Täuschung zu beeinflussen, so ist die davon betroffene Prüfungsleistung als ungenügend zu werten. Das Gleiche gilt, wenn ein Referendar nicht zugelassene Hilfsmittel benutzt oder mit sich führt. In schweren Fällen ist die Prüfung für nicht bestanden zu erklären.

(3) Über die Folgen eines in der mündlichen Prüfung begangenen Ordnungsverstoßes oder Täuschungsversuchs entscheidet der Prüfungsausschuß, in den übrigen Fällen der Präsident des Gemeinsamen Prüfungsamtes. Vor der

Entscheidung ist dem Referendar Gelegenheit zur Äußerung zu geben.

(4) Wird erst nach Aushändigung des Zeugnisses über das Bestehen der Prüfung bekannt, dass die Voraussetzungen des Absatzes 2 vorgelegen haben, so kann der Präsident des Gemeinsamen Prüfungsamtes innerhalb von fünf Jahren seit dem Tage der mündlichen Prüfung die Prüfung für nicht bestanden erklären. Das Prüfungszeugnis ist einzuziehen. Absatz 3 Satz 2 gilt entsprechend.

§ 22
Unterbrechung der Prüfung

(1) Der Referendar kann aus wichtigem Grund die Prüfung unterbrechen, ohne dass dadurch die bis dahin erbrachten Leistungen eines abgeschlossenen Prüfungsabschnitts berührt werden.

(2) Unterbricht er die Prüfung während der Anfertigung der Aufsichtsarbeiten, so nimmt er nach Wegfall des wichtigen Grundes zum nächstmöglichen Termin an sämtlichen Aufsichtsarbeiten teil. Unterbricht er sie während der mündlichen Prüfung, so nimmt er nach Wegfall des wichtigen Grundes an einer vollständigen mündlichen Prüfung einschließlich des Aktenvortrags teil.

(3) Die Entscheidung über das Vorliegen des wichtigen Grundes trifft der Präsident des Gemeinsamen Prüfungsamtes. Krankheit gilt nur dann als wichtiger Grund, wenn sie unverzüglich durch ein amts- oder personalärztliches Zeugnis nachgewiesen wird. Der Präsident des Gemeinsamen Prüfungsamtes kann auf die Vorlage des ärztlichen Zeugnisses verzichten, wenn offensichtlich ist, dass der Referendar erkrankt ist.

(4) Unterbricht der Referendar die Prüfung, ohne dass ein wichtiger Grund vorliegt, so ist die Prüfung nicht bestanden.

§ 23
Wiederholung der Prüfung

(1) Hat der Referendar die Prüfung nicht bestanden, so darf er sie einmal wiederholen.

(2) Die Regelung einer Zurückverweisung in den Vorbereitungsdienst (Ergänzungsvorbereitungsdienst) und der Vorbereitung auf die Wiederholungsprüfung bleibt den vertragschließenden Ländern vorbehalten. Ist der Referendar bereits von der mündlichen Prüfung ausgeschlossen, ist ein Ergänzungsvorbereitungsdienst vorzusehen.

(3) Wer dem Prüfungsausschuss der nicht bestandenen Prüfung angehört hat, wird in der mündlichen Prüfung der Wiederholungsprüfung nicht eingesetzt.

(4) Der Präsident des Gemeinsamen Prüfungsamtes kann auf Antrag eine zweite Wiederholung der Prüfung gestatten. Der Antrag ist über den Oberlandesgerichtspräsidenten einzureichen, in dessen Bezirk der Referendar zuletzt ausgebildet worden ist. Bei Gestattung der zweiten Wiederholung der Prüfung bestimmt der Präsident des Gemeinsamen Prüfungsamtes etwaige weitere Auflagen; ein Ergänzungsvorbereitungsdienst kann nicht angeordnet werden.

(5) Eine Anrechnung früherer Prüfungsleistungen findet nicht statt.

§ 23 a
Notenverbesserung

(1) Wer die Prüfung bei erstmaliger Ablegung vor dem Gemeinsamen Prüfungsamt bestanden hat, kann zur Verbesserung der Prüfungsnote auf Antrag einmal wiederholen (Notenverbesserung). Der Antrag muss spätestens vier Monate nach dem mündlichen Prüfungstermin der ersten Ablegung schriftlich an das Gemeinsame Prüfungsamt gerichtet werden.

(2) Die Prüfung ist vollständig zu wiederholen. § 22 findet entsprechende Anwendung. Eine Anrechnung früherer Prüfungsleistungen findet nicht statt.

(3) Für die Abnahme der Prüfung nach Absatz 1 erhebt das Gemeinsame Prüfungsamt eine aufwandbezogene und kostendeckende Gebühr. Die Gebühr ist mit Stellung des Antrags nach Absatz 1 zu entrichten. Die Gebühr wird nach Maßgabe einer Gebührenordnung für das Gemeinsame Prüfungsamt erhoben. Ergänzend gilt das Gebührengesetz vom 5. März 1986 (HmbGVBl. S. 37), zuletzt geändert am 11. Juli 2007 (HmbGVBl. S. 236), der Freien und Hansestadt Hamburg in der jeweils geltenden Fassung.

§ 24
Einsicht in die Prüfungsakten

(1) Nach Abschluss des Prüfungsverfahrens ist dem Referendar auf Antrag Einsicht in seine Aufsichtsarbeiten, die darauf bezogenen Gutachten der Prüfer und in die Prüfungsniederschriften zu gewähren, soweit er ein berechtigtes Interesse nachweist.

(2) Der Antrag ist binnen eines Monats nach Bekanntgabe der abschließenden Entscheidung beim Gemeinsamen Prüfungsamt einzureichen. § 60 der Verwaltungsgerichtsordnung gilt entsprechend.

(3) Die Einsichtnahme soll in der Geschäftsstelle des Gemeinsamen Prüfungsamtes genommen werden.

§ 25
Verfahren bei Widersprüchen

Über Widersprüche gegen Entscheidungen des Gemeinsamen Prüfungsamtes und seines Präsidenten entscheidet sein Präsident. Soweit ein Widerspruchsverfahren erfolglos ist, werden Gebühren nach Maßgabe des Gebührengesetzes vom 5. März 1986 (HmbGVBl. S. 37) der Freien und Hansestadt Hamburg in der jeweils geltenden Fassung erhoben.

§ 26
Zahl der Stellen des Gemeinsamen Prüfungsamtes

(1) Die Zahl der Stellen des Gemeinsamen Prüfungsamtes beträgt nach dem derzeitigen Stellenplan

1. im höheren Dienst 4,
2. im gehobenen Dienst 0,15,
3. im mittleren Dienst 3,05,
4. im einfachen Dienst 1 und
5. im Angestelltenverhältnis 1,75.

(2) Die Zahl der Stellen darf nur nach vorheriger Zustimmung der vertragschließenden Länder verändert werden.

§ 27
Umlagefähige Kosten

(1) Die ab dem Jahr 1998 umlagefähigen Kosten des Gemeinsamen Prüfungsamtes setzen sich zusammen aus

1. den Personalkosten der Richter, Beamten und Angestellten auf der Basis der jeweils aktuellen Werte der hamburgischen Personalkostentabelle einschließlich des Versorgungszuschlags (Budgetwert),
2. den sächlichen Kosten (ausschließlich Geschäftsbedarf, Kopierkosten, Druckereikosten, Geräte und Ausstattungen, Post- und Fernmeldegebühren, Miete, Bewirtschaftung und Unterhaltung der gemieteten Räume, Reisekosten, Prozesskosten, Fortbildung der Prüfer, Prüfungsvergütungen) sowie
3. einem Verwaltungsgemeinkostenzuschlag.

(2) Der Verwaltungsgemeinkostenzuschlag beträgt 12,5 vom Hundert des Budgetwerts. Eine Änderung bedarf des Einvernehmens der vertragschließenden Länder und wird erst mit Wirkung vom übernächsten auf den Festsetzungszeitpunkt folgenden Haushaltsjahr zur Abrechnungsgrundlage.

§ 28
Umlageschlüssel und Umlageverfahren

(1) Die nach § 27 Abs. 1 umlagefähigen Kosten des Gemeinsamen Prüfungsamtes werden auf die vertragschließenden Länder nach dem Verhältnis der aus diesen Ländern kommenden Prüflinge umgelegt.

(2) Nach Abschluss eines Kalenderjahres wird die Freie und Hansestadt Hamburg den Ländern Freie Hansestadt Bremen und Schleswig-Holstein eine Berechnung über die Gesamtkosten des Gemeinsamen Prüfungsamtes zur Erstattung des auf sie entfallenden Anteils übersenden. Diese geben zuvor der Freien und Hansestadt Hamburg unmittelbar nach Abschluss des Rechnungsjahres, spätestens aber am 30.

Januar des folgenden Kalenderjahres die Reisekosten auf, die den aus ihren Ländern kommenden Prüfern im vorangegangenen Rechnungsjahr ausgezahlt wurden. Zu den erstattungsfähigen Reisekosten gehören Bahnfahrten in der 2. Klasse und Übernachtungskosten; diese jedoch nur, wenn eine Anreise vom Wohnort am Morgen des Prüfungstages unzumutbar ist.

§ 29
Kündigung der Übereinkunft

(1) Diese Übereinkunft kann von jedem der vertragschließenden Länder auf den Schluss eines Kalenderjahres unter Einhaltung einer Kündigungsfrist von sechs Monaten gekündigt werden.

(2) Durch das Ausscheiden eines Landes wird die Wirksamkeit der Übereinkunft unter den übrigen Ländern nicht berührt.

§ 30
Personenbezeichnungen

Werden in der Länderübereinkunft für Personen Bezeichnungen in der männlichen Form verwendet, so gelten diese Bezeichnungen für Frauen in der weiblichen Form.

Verordnung
über eine Noten- und Punkteskala für die erste und zweite juristische Staatsprüfung
vom 3. Dezember 1981
– BGBl. I. S. 1243 –

Zuletzt geändert durch Gesetz vom 19. April 2006 (BGBl. I, S. 866),

Aufgrund des durch Artikel 1 Nr. 3 des Gesetzes vom 16. August 1980 (BGBl. I S. 1451) neu gefaßten § 5 d Abs. 1 Satz 5 des Deutschen Richtergesetzes wird mit Zustimmung des Bundesrates verordnet:

§ 1
Notenstufen und Punktzahlen

Die einzelnen Leistungen in der ersten und zweiten Prüfung sind mit einer der folgenden Noten und Punktzahlen zu bewerten:

sehr gut	eine besonders hervorragende Leistung	= 16 bis 18 Punkte
gut	eine erheblich über den durchschnittlichen Anforderungen liegende Leistung	= 13 bis 15 Punkte
vollbefriedigend	eine über den durchschnittlichen Anforderungen liegende Leistung	= 10 bis 12 Punkte
befriedigend	eine Leistung, die in jeder Hinsicht durchschnittlichen Anforderungen entspricht	= 7 bis 9 Punkte
ausreichend	eine Leistung, die trotz ihrer Mängel durchschnittlichen Anforderungen noch entspricht	= 4 bis 6 Punkte
mangelhaft	eine an erheblichen Mängeln leidende, im ganzen nicht mehr brauchbare Leistung	= 1 bis 3 Punkte
ungenügend	eine völlig unbrauchbare Leistung	= 0 Punkte

§ 2
Bildung von Gesamtnoten

(1) Soweit Einzelbewertungen zu einer Gesamtbewertung zusammengefaßt werden, ist die Gesamtnote bis auf zwei Dezimalstellen ohne Auf- oder Abrundung rechnerisch zu ermitteln.

(2) Den errechneten Punktwerten entsprechen folgende Notenbezeichnungen:

14.00–18.00	sehr gut
11.50–13.99	gut
9.00–11.49	vollbefriedigend
6.50–8.99	befriedigend
4.00–6.49	ausreichend
1.50–3.99	mangelhaft
0–1.49	ungenügend

§ 3
Übergangsvorschrift

(1) Die §§ 1 und 2 sind auf Prüfungen anzuwenden, die nach dem 1. Januar 1983 begonnen werden, soweit nicht das Landesrecht einen früheren Zeitpunkt für die Anwendung bestimmt. Das Ablegen von Prüfungsleistungen nach § 5 d Abs. 3 des Deutschen Richtergesetzes gilt nicht als Beginn der Prüfung.

(2) Für Wiederholungsprüfungen kann das Landesrecht abweichende Regelungen versehen.

§ 4
(aufgehoben)

§ 5
Inkrafttreten

Diese Verordnung tritt am Tag nach der Verkündung in Kraft.

Ausführungsgesetz zum Bürgerlichen Gesetzbuch für das Land Schleswig-Holstein (AGBGB Schl.-H.) vom 27. September 1974
– GVOBl. Schl.-H. S. 357 –

Zuletzt geändert durch Gesetz vom 17. April 2018 (GVOBl. Schl.-H. S. 231)

Inhaltsübersicht

**Abschnitt I
Altenteilsvertrag**

- § 1 Anwendungsbereich
- § 2 Dingliche Sicherung
- § 3 Auslegungsregeln
- § 4 Vorauszahlung
- § 5 Folgen der Nichterfüllung
- § 6 Leistung von Erzeugnissen
- § 7 Lastentragung
- § 8 Wohnung des Gläubigers
- § 9 Mitbenutzung der Wohnung des Schuldners
- § 10 Geldrente bei Aufgabe der Wohnung
- § 11 Kündigung der Wohnung durch den Schuldner
- § 12 Ehegatten als Berechtigte

**Abschnitt II
Schuldverschreibungen auf den Inhaber**

- § 13

**Abschnitt III
Unschädlichkeitszeugnis**

- § 14 Begriff
- § 15 Voraussetzungen der Erteilung
- § 16 Gesamtbelastung
- § 17 Feststellung der Unschädlichkeit
- § 18 Zuständigkeit
- § 19 Antrag

**Abschnitt IV
Sonstiges Grundstücksrecht**

- § 20 (weggefallen)
- § 21 Übertragung des Eigentums an buchungsfreien Grundstücken
- § 22 Kündigungsrecht bei Grundpfandrechten

**Abschnitt V
Staatshaftung**

- § 23 Haftung bei Unzurechnungsfähigkeit
- § 23 a Haftung für Gebührenbeamte

**Abschnitt VI
Übergangs- und Schlußvorschriften**

- § 24 Änderung von Vorschriften
- § 25 Aufhebung von Vorschriften
- § 26 Inkrafttreten

**Abschnitt V
Staatshaftung**

- § 23 Haftung bei Unzurechnungsfähigkeit
- § 23 a Haftung für Gebührenbeamte

Abschnitt I
Altenteilsvertrag

§ 1
Anwendungsbereich

Die Vorschriften dieses Abschnitts gelten für Schuldverhältnisse aus Verträgen nach Artikel 96 des Einführungsgesetzes zum Bürgerlichen Gesetzbuch, soweit die Beteiligten nichts anderes vereinbart haben.

§ 2
Dingliche Sicherung

Der Erwerber des Grundstücks (Schuldner) ist verpflichtet, dem Berechtigten (Gläubiger) auf dessen schriftliches Verlangen unverzüglich an dem Grundstück zu bestellen

1. eine Reallast zur Sicherung des Anspruchs auf wiederkehrende Leistungen, die er mit dem Gläubiger vereinbart hat,

2. eine beschränkte persönliche Dienstbarkeit zur Sicherung eines dem Gläubiger eingeräumten Rechts, ein Gebäude oder einen Gebäudeteil auf dem Grundstück zu bewohnen oder mitzubewohnen oder einen Teil des Grundstücks in anderer Weise zu benutzen.

Die Belastungen sind nach § 49 der Grundbuchordnung zu bestellen. Hat der Gläubiger ihre Bestellung verlangt, so ist der Schuldner verpflichtet, das Grundstück nicht mehr mit Rechten zu belasten, die diesen Belastungen zugunsten des Gläubigers im Range vorgehen.

§ 3
Auslegungsregeln

(1) Der Schuldner hat die Leistungen aus dem Vertrag im Zweifel für die Lebensdauer des Gläubigers zu entrichten.

(2) Die für die Leistungen festgesetzten Beträge oder Mengen bezeichnen im Zweifel die jährlichen Leistungen.

§ 4
Vorauszahlung

(1) Die Leistungen aus dem Vertrag sind im voraus zu entrichten.

(2) Geldleistungen sind für einen Monat vorauszuzahlen. Bei anderen Leistungen bestimmt sich der Zeitabschnitt, für den sie im voraus zu entrichten sind, nach ihrer Art und ihrem Zweck.

(3) Hat der Gläubiger den Beginn des Zeitabschnitts erlebt, für den eine Geldleistung im voraus zu zahlen ist, so gebührt ihm der volle Betrag, der auf diesen Zeitabschnitt entfällt.

§ 5
Folgen der Nichterfüllung

Erbringt der Schuldner eine Leistung nicht vertragsgemäß, so ist der Gläubiger nicht berechtigt, wegen der Nichterfüllung oder wegen des Verzuges nach § 323 oder § 326 des Bürgerlichen Gesetzbuchs zurückzutreten oder nach § 527 des Bürgerlichen Gesetzbuchs die Herausgabe des Grundstücks zu fordern.

§ 6
Leistung von Erzeugnissen

Hat der Schuldner Erzeugnisse der Art zu leisten, wie sie auf dem überlassenen Grundstück gewonnen werden, so kann der Gläubiger nur Erzeugnisse von der mittleren Art und Güte derjenigen verlangen, die bei ordnungsgemäßer Bewirtschaftung auf dem Grundstück zu gewinnen sind.

§ 7
Lastentragung

Der Gläubiger ist nicht verpflichtet, die Lasten zu tragen, die auf Grundstücksteile entfallen, die der Schuldner ihm zur Benutzung überlassen hat.

§ 8
Wohnung des Gläubigers

(1) Ist dem Gläubiger eine Wohnung zu gewähren, so hat der Schuldner sie ihm in einem Zustand zu übergeben, der zum vertragsgemäßen Gebrauch geeignet ist, und sie in diesem Zustand zu erhalten.

(2) Der Gläubiger ist berechtigt, seine Familie und die Personen in die Wohnung aufzunehmen, die er zu seiner Betreuung und Pflege benötigt.

(3) Wird die Wohnung ohne Verschulden einer Vertragspartei unbrauchbar, so hat sie der Schuldner so wiederherzustellen, wie es nach den Umständen der Billigkeit entspricht. Bis zur Wiederherstellung hat er dem Gläubiger eine angemessene andere Wohnung zu beschaffen.

§ 9
Mitbenutzung der Wohnung des Schuldners

(1) Ist dem Gläubiger eine Wohnung zu gewähren und hat er außerdem das Recht, die Wohnung des Schuldners mitzubenutzen, so gilt das Recht zur Mitbenutzung auch für die Familienangehörigen, die vom Gläubiger in seine Wohnung aufgenommen werden. Es gilt jedoch nicht für Personen, die erst nach dem Vertragsabschluß durch Eheschließung, Ehelicherklärung oder Annahme an Kindes Statt Familienangehörige des Gläubigers werden, und nicht für Kinder, die zur Zeit des Vertragsabschlusses aus seinem Haushalt ausgeschieden waren, es sei denn, daß dieser Ausschluß von der Mitbenutzung der Billigkeit widerspricht.

(2) Beschränkt sich das Wohnrecht des Gläubigers darauf, daß er und seine Familie die Wohnung des Schuldners mitbenutzen dürfen, so gilt dieses Recht nicht für die in Abs. 1 Satz 2 genannten Familienangehörigen.

§ 10
Geldrente bei Aufgabe der Wohnung

(1) Verläßt der Gläubiger das Grundstück für dauernd, so hat ihm der Schuldner neben den vereinbarten Geldleistungen eine Geldrente zu zahlen, die nach billigem Ermessen unter Berücksichtigung der Ursachen der Wohnungsaufgabe, der erhöhten Bedürfnisse und tatsächlichen Belastungen des Gläubigers sowie der Leistungsfähigkeit des Schuldners und des Wertes der Vorteile zu bestimmen ist, die er durch die Befreiung von der Pflicht zur Gewährung der Wohnung und zu Dienstleistungen erlangt.

(2) Der Schuldner hat dem Gläubiger auch die Umzugskosten zu erstatten, soweit die Billigkeit nach den Umständen dies erfordert.

§ 11
Kündigung der Wohnung durch den Schuldner

Ist ein den Vertragszweck entsprechendes Zusammenleben der Parteien auf dem Grundstück infolge des Verhaltens des Gläubigers oder einer zu seinem Hausstand gehörigen Person so erschwert, daß es dem Schuldner nicht mehr zugemutet werden kann, dem Gläubiger das Wohnen auf dem Grundstück zu gestatten, so kann der Schuldner die Wohnung unter Einhaltung einer angemessenen Frist kündigen.

§ 12
Ehegatten als Berechtigte

Sind Ehegatten Gläubiger und stirbt einer von ihnen, so bleiben das Wohnrecht und die damit zusammenhängenden Ansprüche unverändert. Die Verpflichtung des Schuldners zu Geld- und Sachleistungen, die den Ehegatten gemeinschaftlich zustanden, verringert sich auf 60 vom Hundert.

Abschnitt II
Schuldverschreibungen auf den Inhaber

§ 13

(1) Bei den vom Land Schleswig-Holstein ausgestellten Schuldverschreibungen auf den Inhaber hängt die Gültigkeit der Unterzeichnung davon ab, daß die Schuldverschreibung vorschriftsmäßig ausgefertigt ist. Die Aufnahme dieser Bestimmung in die Urkunde ist nicht erforderlich.

(2) Die Ausfertigung erfolgt bei den über das Kapital lautenden Schuldverschreibungen durch die Einprägung des Landeswappens mit einem Trockenstempel links neben der durch mechanische Vervielfältigung hergestellten Unterschrift der Finanzministerin oder des Finanzministers. Die zu diesen Schuldverschreibungen gehörenden Zins- und Erneuerungsscheine werden in gleicher Form ausgefertigt.

Abschnitt III
Unschädlichkeitszeugnis

§ 14
Begriff

(1) Das Eigentum an einem Teil eines Grundstücks (Trennstück) kann frei von Belastungen übertragen werden, wenn durch ein behördliches Zeugnis festgestellt wird, daß die Rechtsänderung für die Berechtigten unschädlich ist (Unschädlichkeitszeugnis).

(2) Unter der gleichen Voraussetzung kann ein dem jeweiligen Eigentümer eines anderen Grundstücks zustehendes Recht ohne Zustimmung derjenigen, zu deren Gunsten das andere Grundstück belastet ist, aufgehoben werden.

(3) Die Abs. 1 und 2 sind auf öffentliche Lasten nicht anzuwenden.

§ 15
Voraussetzungen der Erteilung

(1) Ein Unschädlichkeitszeugnis wird erteilt

1. nach § 14 Abs. 1, wenn das Trennstück im Verhältnis zum verbleibenden Teil des Grundstücks geringeren Wert und Umfang hat und für die Berechtigten ein Nachteil nicht zu erwarten ist,
2. nach § 14 Abs. 2, wenn für diejenigen, zu deren Gunsten das andere Grundstück belastet ist, ein Nachteil nicht zu erwarten ist, weil ihre Rechte nur geringfügig betroffen werden.

(2) Das Unschädlichkeitszeugnis kann auf einzelne Belastungen beschränkt werden.

§ 16
Gesamtbelastung

Besteht ein Recht an mehreren Grundstücken desselben Eigentümers (Gesamtbelastung), so gelten diese im Sinne der §§ 14 und 15 als ein Grundstück.

§ 17
Feststellung der Unschädlichkeit

(1) Das Unschädlichkeitszeugnis ersetzt die Bewilligung des Berechtigten.

(2) Auf eine Eintragung, die auf Grund des Unschädlichkeitszeugnisses bei einer Hypothek, einer Grundschuld oder einer Rentenschuld zu bewirken ist, sind die §§ 41 bis 43 der Grundbuchordnung nicht anzuwenden. Wird der Hypotheken-, Grundschuld- oder Rentenschuldbrief nachträglich vorgelegt, so hat das Grundbuchamt die Eintragung auf dem Brief zu vermerken.

§ 18
Zuständigkeit

(1) Für die Erteilung des Unschädlichkeitszeugnisses ist das Katasteramt zuständig, in dessen Bezirk das Grundstück liegt. Findet die Rechtsänderung (§ 14) in einem Flurbereinigungs- oder Siedlungsverfahren statt, so ist das Amt für Land- und Wasserwirtschaft zuständig, in dessen Bezirk das Grundstück liegt.

(2) Liegt ein Grundstück in den Bezirken mehrerer Katasterämter oder Ämter für Land- und Wasserwirtschaft, so ist das Katasteramt[1] oder Amt für Land- und Wasserwirtschaft zuständig, in dessen Bezirk der größere Teil liegt.

§ 19
Antrag

Unschädlichkeitszeugnisse werden nur auf Antrag erteilt. Den Antrag kann jeder stellen, der an der Feststellung der Unschädlichkeit ein rechtliches Interesse hat.

Abschnitt IV
Sonstiges Grundstücksrecht

§ 20
(weggefallen)

§ 21
Übertragung des Eigentums an buchungsfreien Grundstücken

Zur Übertragung des Eigentums an einem Grundstück, das im Grundbuch nicht eingetragen ist und auch nach der

---

1 Anstelle des Katasteramtes ist nunmehr das Landesamt für Vermessung und Geoinformation zuständig (§ 2 Abs. 2 der Landesverordnung über die Errichtung des Landesamtes für Vermessung und Geoinformation Schleswig-Holstein vom 15.12.2010, GVOBl. Schl.-H. S. 850).

Übertragung nicht eingetragen werden muß, genügt die Einigung des Veräußerers und des Erwerbers. Die Einigung bedarf der notariellen Beurkundung; sie kann nicht unter einer Bedingung oder Zeitbestimmung erfolgen.

§ 22
Kündigungsrecht bei Grundpfandrechten

Bei Hypothekenforderungen, Grundschulden und Rentenschulden kann das Kündigungsrecht des Eigentümers nur soweit ausgeschlossen werden, daß der Eigentümer nach zwanzig Jahren mit einer Frist von sechs Monaten kündigen darf.

Abschnitt V
Staatshaftung

§ 23
Haftung bei Unzurechnungsfähigkeit

Verletzt jemand in Ausübung eines ihm vom Land anvertrauten öffentlichen Amtes eine ihm gegenüber einem Dritten obliegende Amtspflicht, ist seine Verantwortlichkeit aber deshalb ausgeschlossen, weil er den Schaden im Zustand der Bewusstlosigkeit oder in einem die freie Willensbestimmung ausschließenden Zustand krankhafter Störung der Geistestätigkeit verursacht hat, hat das Land den Schaden zu ersetzen. Schadensersatz wird wie bei fahrlässigem Handeln geleistet, jedoch nur soweit die Billigkeit nach den Umständen des Einzelfalls die Schadloshaltung erfordert. Dies gilt entsprechend für Personen, denen eine der Aufsicht des Landes unterstehende Körperschaft, Anstalt oder Stiftung des öffentlichen Rechts ein öffentliches Amt anvertraut hat.

§ 23 a
Haftung für Gebührenbeamte

Die Staatshaftung für Personen, die, abgesehen von einer Entschädigung für Dienstaufwand, ausschließlich auf den Bezug von Gebühren angewiesen sind, ist ausgeschlossen.

Abschnitt VI
Übergangs- und Schlußvorschriften

§ 24
(Änderung von Vorschriften)

§ 25
(Aufhebung von Vorschriften)

§ 26
(Inkrafttreten)

Nachbarrechtsgesetz für das Land Schleswig-Holstein (NachbG Schl.-H.)
vom 24. Februar 1971
– GVOBl. Schl.-H. S. 54 –

Zuletzt geändert durch Gesetz vom 13. November 2019 (GVOBl. Schl.-H. S. 452)

Inhaltsverzeichnis

Abschnitt I
Allgemeine Vorschriften

- § 1 Geltungsbereich
- § 2 Erbbauberechtigter
- § 3 Verjährung

Abschnitt II
Nachbarwand

- § 4 Nachbarwand und Anbau
- § 5 Beschaffenheit der Nachbarwand
- § 6 Anbau an die Nachbarwand
- § 7 Anzeige des Anbaus
- § 8 Unterhaltung der Nachbarwand
- § 9 Beseitigung der Nachbarwand
- § 10 Veränderung der Nachbarwand

Abschnitt III
Grenzwand

- § 11 Grenzwand und Anbau
- § 12 Errichten der Grenzwand
- § 13 Anbau an die Grenzwand
- § 14 Errichten einer zweiten Grenzwand
- § 15 Einseitige Grenzwand
- § 16 Über die Grenze gebaute Wand

Abschnitt IV
Hammerschlags- und Leiterrecht

- § 17 Inhalt und Umfang
- § 18 Anzeige und Schadensersatz
- § 19 Nutzungsentschädigung

Abschnitt V
Höherführen von Schornsteinen, Lüftungsleitungen und Antennenanlagen

- § 20 Inhalt und Umfang
- § 21 Anzeige und Schadensersatz

Abschnitt VI
Fenster- und Lichtrecht

- § 22 Inhalt und Umfang
- § 23 Ausnahmen
- § 24 Ausschluß des Beseitigungsanspruchs

Abschnitt VII
Bodenerhöhung

- § 25

Abschnitt VIII
Traufe

- § 26

Abschnitt IX
Schutz des Grundwassers

- § 27

Abschnitt X
Einfriedigung bebauter oder gewerblich genutzter Grundstücke

- § 28 Allgemeine Einfriedigungspflicht
- § 29 Einfriedigungspflicht des Störers
- § 30 Standort der Einfriedigung
- § 31 Beschaffenheit der Einfriedigung
- § 32 Kosten der Errichtung und Unterhaltung
- § 33 Ausschluß des Einfriedigungsanspruchs
- § 34 Ausnahmen

Abschnitt XI
Einfriedigung landwirtschaftlich genutzter Grundstücke

- § 35 Einfriedigungspflicht
- § 36 Gemeinsame Errichtung und Unterhaltung einer Einfriedigung

Abschnitt XII
Grenzabstände für Anpflanzungen

- § 37 Grenzabstände
- § 38 Boden- und Klimaschutzpflanzungen
- § 39 Ausnahmen
- § 40 Ausschluß des Anspruchs auf Zurückschneiden
- § 41 Ersatzanpflanzungen und Grenzänderungen

Abschnitt XIII
Grenzabstände für Gebäude

- § 42 Grenzabstand
- § 43 Ausschluß des Beseitigungsanspruchs

Abschnitt XIV
Schlußvorschriften

- § 44 Übergangsvorschriften.
- § 45 Änderung des Wassergesetzes des Landes Schleswig-Holstein
- § 46 Außerkrafttreten von Vorschriften
- § 47 Inkrafttreten

Abschnitt I
Allgemeine Vorschriften

§ 1
Geltungsbereich

(1) Die §§ 4 bis 43 gelten nur, soweit zwingende öffentlich-rechtliche Vorschriften nicht entgegenstehen oder die Beteiligten nichts anderes vereinbaren.

(2) Die in diesem Gesetz vorgeschriebene Schriftform kann nicht abgedungen werden.

§ 2
Erbbauberechtigter

Ist ein Grundstück mit einem Erbbaurecht belastet, so tritt der Erbbauberechtigte an die Stelle des Eigentümers, soweit sich nach diesem Gesetz Rechte oder Pflichten für den Eigentümer eines Grundstücks ergeben.

§ 3
Verjährung

(1) Für die Verjährung der auf Zahlung gerichteten Ansprüche nach diesem Gesetz gelten die §§ 195, 197 Abs. 1 Nr. 3 bis 5 und Abs. 2, §§ 199, 201 bis 207 und 209 bis 217 des Bürgerlichen Gesetzbuches entsprechend.

(2) Für Ansprüche auf Schadensersatz nach diesem Gesetz ist darüber hinaus § 852 des Bürgerlichen Gesetzbuches entsprechend anzuwenden.

Abschnitt II
Nachbarwand

§ 4
Nachbarwand und Anbau

(1) Nachbarwand ist die auf der Grenze zweier Grundstücke von dem Eigentümer des einen Grundstücks mit schriftlicher Zustimmung des Eigentümers des anderen Grundstücks errichtete Wand, die den auf diesen Grundstücken errichteten oder zu errichtenden Bauwerken als Abschlußwand oder zur Unterstützung oder Aussteifung zu dienen bestimmt ist. Baut der Eigentümer des anderen Grundstücks

an die Nachbarwand an, gilt seine schriftliche Zustimmung als erteilt.

(2) Anbau an die Nachbarwand ist ihre Mitbenutzung als Abschlußwand oder zur Unterstützung oder Aussteifung eines auf dem Nachbargrundstück errichteten Bauwerks.

§ 5
Beschaffenheit der Nachbarwand

(1) Die Nachbarwand ist in einer solchen Bauart und Bemessung auszuführen, daß sie den Bauvorhaben beider Grundstückseigentümer genügt. Ist nichts anderes vereinbart, so braucht der Erbauer die Wand nur für einen Anbau herzurichten, der an die Bauart und Bemessung der Wand keine höheren Anforderungen stellt als sein eigenes Bauvorhaben.

(2) Erfordert keines der beiden Bauvorhaben eine dickere Wand als das andere, so darf die Nachbarwand höchstens mit der Hälfte ihrer notwendigen Dicke auf dem Nachbargrundstückseigentümer errichtet werden. Erfordert das Bauvorhaben auf dem zuerst bebauten Grundstück eine dickere Wand, so muß die Nachbarwand mindestens mit einem entsprechend größeren Teil ihrer Dicke auf dem zuerst bebauten Grundstück errichtet werden. Erfordert das Bauvorhaben auf dem Nachbargrundstück eine dickere Wand, so darf die Nachbarwand höchstens mit einem entsprechend größeren Teil ihrer Dicke auf dem Nachbargrundstück errichtet werden.

§ 6
Anbau an die Nachbarwand

(1) Der Eigentümer des Nachbargrundstücks ist berechtigt, an die Nachbarwand anzubauen. Für ein Unterfangen der Nachbarwand gilt § 14 Abs. 3 und 4 entsprechend.

(2) Der anbauende Eigentümer des Nachbargrundstücks hat dem Eigentümer des zuerst bebauten Grundstücks den halben Wert der Nachbarwand zu vergüten, soweit sie durch den Anbau genutzt wird.

(3) Die Vergütung ermäßigt sich angemessen, wenn die besondere Bauart oder Bemessung der Nachbarwand nicht erforderlich oder nur für das zuerst errichtete Bauwerk erforderlich war. Sie erhöht sich angemessen, wenn die besondere Bauart oder Bemessung der Nachbarwand nur für das später errichtete Bauwerk erforderlich ist.

(4) Steht die Nachbarwand mehr auf dem Nachbargrundstück, als in § 5 Abs. 2 vorgesehen oder davon abweichend vereinbart ist, so ermäßigt sich die Vergütung um den Wert des zusätzlich überbauten Bodens, wenn nicht die in § 912 Abs. 2 oder § 915 des Bürgerlichen Gesetzbuchs bestimmten Rechte ausgeübt werden.

(5) Die Vergütung wird mit der Fertigstellung des Anbaus im Rohbau fällig. Bei der Berechnung des Wertes der Nachbarwand ist von den zu diesem Zeitpunkt üblichen Baukosten auszugehen. Das Alter und der bauliche Zustand der Nachbarwand sind zu berücksichtigen. Auf Verlangen ist Sicherheit in Höhe der voraussichtlich zu gewährenden Vergütung zu leisten; der Anbau darf dann erst nach Leistung der Sicherheit begonnen oder fortgesetzt werden.

§ 7
Anzeige des Anbaus

(1) Die Einzelheiten des geplanten Anbaus sind spätestens zwei Monate vor Beginn der Bauarbeiten dem Eigentümer und, soweit dessen Besitz davon berührt wird, auch dem Nutzungsberechtigten des zuerst bebauten Grundstücks schriftlich anzuzeigen. Mit den Arbeiten darf erst nach Fristablauf begonnen werden.

(2) Ist der Aufenthalt des Eigentümers und des Nutzungsberechtigten nicht bekannt oder haben sie ihren Wohnsitz oder gewöhnlichen Aufenthalt im Ausland, so genügt die Anzeige an den unmittelbaren Besitzer.

§ 8
Unterhaltung der Nachbarwand

(1) Bis zum Anbau fallen die Unterhaltungskosten der Nachbarwand dem Eigentümer des zuerst bebauten Grundstücks alleine zur Last.

(2) Nach dem Anbau sind die Unterhaltungskosten für den gemeinsam genutzten Teil der Nachbarwand von beiden Grundstückseigentümern zu gleichen Teilen zu tragen. In den Fällen des § 6 Abs. 3 ermäßigt oder erhöht sich der Anteil des Anbauenden entsprechend der Anbauvergütung.

(3) Wird eines der beiden Bauwerke abgebrochen und nicht neu errichtet, so hat der Eigentümer des Grundstücks, auf dem das abgebrochene Bauwerk stand, die durch den Abbruch entstandenen Schäden zu beseitigen und die Außenfläche des bisher gemeinsam genutzten Teiles der Nachbarwand in einen für eine Außenwand geeigneten Zustand zu versetzen. Die Kosten der künftigen Unterhaltung fallen dem anderen Grundstückseigentümer alleine zur Last.

§ 9
Beseitigung der Nachbarwand

(1) Der Eigentümer des zuerst bebauten Grundstücks ist berechtigt, die Nachbarwand ganz oder teilweise zu beseitigen, solange und soweit noch nicht angebaut ist.

(2) Der anbauberechtigte Eigentümer des Nachbargrundstücks kann die Unterlassung der Beseitigung verlangen, wenn er die Absicht, die Nachbarwand ganz oder teilweise durch Anbau zu nutzen, dem Eigentümer des zuerst bebauten Grundstücks schriftlich anzeigt und spätestens innerhalb von sechs Monaten den erforderlichen Bauantrag bei der Bauaufsichtsbehörde einreicht.

(3) Absatz 2 ist nicht anwendbar, wenn der Eigentümer des zuerst bebauten Grundstücks, bevor er eine Anzeige nach Absatz 2 erhalten hat, die Absicht, die Nachbarwand ganz oder teilweise zu beseitigen, dem anbauberechtigten Eigentümer des Nachbargrundstücks schriftlich angezeigt hat und spätestens innerhalb von sechs Monaten den erforderlichen Antrag auf Abbruchgenehmigung bei der Bauaufsichtsbehörde einreicht.

(4) Macht der Eigentümer des zuerst bebauten Grundstücks von seinem Beseitigungsrecht Gebrauch, so hat er dem anbauberechtigten Eigentümer des Nachbargrundstücks für die Dauer der Nutzung des Nachbargrundstücks eine Vergütung nach § 912 Abs. 2 des Bürgerlichen Gesetzbuchs zu zahlen. Beseitigt der Eigentümer des zuerst bebauten Grundstücks die Nachbarwand ganz oder teilweise, obwohl er nach Absatz 2 zur Unterhaltung verpflichtet ist, so hat er dem anbauberechtigten Eigentümer des Nachbargrundstücks Ersatz für den durch die völlige oder teilweise Beseitigung der Anbaumöglichkeit zugefügten Schaden zu leisten; der Anspruch wird fällig, wenn das spätere Bauwerk im Rohbau fertiggestellt ist.

§ 10
Veränderung der Nachbarwand

(1) Jeder Grundstückseigentümer darf die Nachbarwand in voller Dicke auf seine Kosten erhöhen, wenn dadurch keine oder nur geringfügige Beeinträchtigungen für den anderen Grundstückseigentümer zu erwarten sind. Dabei darf der höher Bauende auf das Nachbardach einschließlich des Dachtragewerks einwirken, soweit dies erforderlich ist; er hat auf seine Kosten das Nachbardach mit der erhöhten Nachbarwand so zu verbinden, daß Schäden durch Gebäudebewegungen und Witterungseinflüsse vermieden werden. Für den erhöhten Teil der Nachbarwand gelten die §§ 6 bis 8 sowie 9 Abs. 1 bis 3 und Abs. 4 Satz 2 entsprechend.

(2) Die Absicht, das Recht nach Absatz 1 auszuüben, ist anzuzeigen; § 7 gilt entsprechend. Schaden, der bei Ausübung des Rechts nach Absatz 1 dem Eigentümer oder dem Nutzungsberechtigten des anderen Grundstücks entsteht, ist auch ohne Verschulden zu ersetzen. Auf Verlangen ist Sicherheit in Höhe des voraussichtlichen Schadens zu leisten; das Recht nach Absatz 1 darf dann erst nach Leistung der Sicherheit ausgeübt werden.

(3) Jeder Grundstückseigentümer darf die Nachbarwand auf seinem Grundstück verstärken.

Abschnitt III
Grenzwand

§ 11
Grenzwand und Anbau

(1) Grenzwand ist die unmittelbar an der Grenze zum Nachbargrundstück auf dem Grundstück des Erbauers errichtete Wand.

(2) Anbau an die Grenzwand ist ihre Mitbenutzung als Abschlußwand oder zur Unterstützung oder Aussteifung des neuen Bauwerks.

§ 12
Errichten der Grenzwand

(1) Der Grundstückseigentümer, der eine Grenzwand errichten will, hat dem Eigentümer des Nachbargrundstücks die Bauart und Bemessung der beabsichtigten Wand schriftlich anzuzeigen; § 7 Abs. 2 gilt entsprechend.

(2) Der Eigentümer des Nachbargrundstücks kann innerhalb von zwei Monaten nach Zugang der Anzeige verlangen, die Grenzwand so zu gründen, daß bei der späteren Durchführung seines Bauvorhabens zusätzliche Baumaßnahmen vermieden werden. Mit der Errichtung der Grenzwand darf erst nach Fristablauf begonnen werden.

(3) Die durch das Verlangen nach Absatz 2 entstehenden Mehrkosten sind zu erstatten. In Höhe der voraussichtlich erwachsenden Mehrkosten ist auf Verlangen des Erbauers der Grenzwand innerhalb von zwei Wochen Vorschuß zu leisten. Der Anspruch auf die besondere Gründung erlischt, wenn der Vorschuß nicht fristgerecht geleistet wird.

(4) Soweit der Erbauer der Grenzwand die besondere Gründung auch zum Vorteil seines Bauwerks nutzt, beschränkt sich die Erstattungspflicht des Eigentümers des Nachbargrundstücks auf den angemessenen Kostenanteil; darüber hinaus gezahlte Kosten können zurückgefordert werden.

§ 13
Anbau an die Grenzwand

(1) Der Eigentümer des Nachbargrundstücks darf eine Grenzwand durch Anbau nutzen, wenn der Eigentümer des Grundstücks, auf dem die Grenzwand errichtet ist, schriftlich zustimmt.

(2) Der anbauende Eigentümer des Nachbargrundstücks hat dem Eigentümer des Grundstücks, auf dem die Grenzwand errichtet ist, eine Vergütung zu zahlen, soweit er nicht schon nach § 12 Abs. 3 zu den Baukosten beizutragen hat; er hat ferner eine angemessene Vergütung dafür zu leisten, daß er den für die Errichtung einer eigenen Grenzwand erforderlichen Baugrund einspart. § 6 Abs. 2 und Abs. 3 Satz 1 sowie Abs. 5 gilt entsprechend.

(3) Für die Unterhaltungskosten der Grenzwand gilt § 8 entsprechend.

§ 14
Errichten einer zweiten Grenzwand

(1) Wer eine Grenzwand neben einer schon vorhandenen Grenzwand errichtet, ist verpflichtet, die Fuge zwischen den Grenzwänden auf eigene Kosten bündig mit den Außenflächen der Bauwerke zu verdecken.

(2) Der Erbauer der zweiten Grenzwand ist berechtigt, auf eigene Kosten durch übergreifende Bauteile einen den öffentlich-rechtlichen Vorschriften entsprechenden Anschluß an das bestehende Bauwerk herzustellen; er hat den Anschluß auf seine Kosten zu unterhalten.

(3) Muß der Eigentümer des Nachbargrundstücks zur Ausführung seines Bauvorhabens seine Grenzwand tiefer als die zuerst errichtete Grenzwand gründen, so darf er diese auf eigene Kosten unterfangen, wenn

1. dies nach den allgemein anerkannten Regeln der Baukunst unumgänglich ist oder nur mit unverhältnismäßig hohen Kosten vermieden werden könnte,
2. keine erhebliche Schädigung des zuerst errichteten Bauwerks zu besorgen ist und
3. das Bauvorhaben öffentlich-rechtlich zulässig ist.

(4) Für die Ausübung der Rechte nach Absatz 2 und 3 gilt § 10 Abs. 2 entsprechend.

§ 15
Einseitige Grenzwand

Der Eigentümer und der Nutzungsberechtigte eines Grundstücks haben Bauteile, die in den Luftraum ihres Grundstücks übergreifen, zu dulden, wenn

1. nach öffentlich-rechtlichen Vorschriften nur auf dem Nachbargrundstück bis an die Grenze gebaut werden darf,
2. die übergreifenden Bauteile öffentlich-rechtlichen Vorschriften nicht widersprechen,
3. sie die Benutzung seines Grundstücks nicht oder nur geringfügig beeinträchtigen und
4. sie nicht zur Vergrößerung der Nutzfläche dienen, insbesondere nicht zum Betreten bestimmt sind.

§ 16
Über die Grenze gebaute Wand

Die Vorschriften über die Grenzwand gelten entsprechend für die über die Grenze hinausreichende Wand, die nicht Nachbarwand ist, zu deren Duldung der Eigentümer des Nachbargrundstücks aber verpflichtet ist.

Abschnitt IV
Hammerschlags- und Leiterrecht

§ 17
Inhalt und Umfang

(1) Der Eigentümer und der Nutzungsberechtigte eines Grundstücks müssen dulden, daß ihr Grundstück einschließlich der Bauwerke von dem Eigentümer oder dem Nutzungsberechtigten des Nachbargrundstücks zur Vorbereitung und Durchführung von Bau-, Instandsetzungs- und Unterhaltungsarbeiten auf dem Nachbargrundstück vorübergehend betreten und benutzt wird, wenn und soweit

1. die Arbeiten anders nicht zweckmäßig oder nur mit unverhältnismäßig hohen Kosten durchgeführt werden können,
2. die mit der Duldung verbundenen Nachteile oder Belästigungen nicht außer Verhältnis zu dem von dem Berechtigten erstrebten Vorteil stehen und
3. das Vorhaben öffentlich-rechtlichen Vorschriften nicht widerspricht.

(2) Das Recht zur Benutzung umfaßt die Befugnis, auf oder über dem Grundstück Gerüste aufzustellen sowie die zu den Arbeiten erforderlichen Geräte und Baustoffe über das Grundstück zu bringen und dort niederzulegen.

(3) Das Recht ist so schonend wie möglich auszuüben. Es darf nicht zur Unzeit geltend gemacht werden.

(4) Absatz 1 findet auf den Eigentümer öffentlicher Verkehrsflächen keine Anwendung.

§ 18
Anzeige und Schadensersatz

Für die Verpflichtung zur Anzeige und die Verpflichtung zum Schadensersatz gelten die §§ 7 und 10 Abs. 2 entsprechend.

§ 19
Nutzungsentschädigung

(1) Wer ein Grundstück länger als zwei Wochen gemäß § 17 benutzt, hat für die ganze Zeit der Benutzung eine Nutzungsentschädigung zu zahlen. Diese ist so hoch wie die ortsübliche Miete für einen dem benutzten Grundstücksteil vergleichbaren gewerblichen Lagerplatz. Die Entschädigung ist nach dem Ablauf Von je zwei Wochen fällig.

(2) Nutzungsentschädigung kann nicht verlangt werden, soweit nach § 18 Ersatz für entgangene anderweitige Nutzung gefordert wird.

Abschnitt V
Höherführen von Schornsteinen, Lüftungsleitungen und Antennenanlagen

§ 20
Inhalt und Umfang

(1) Der Eigentümer und der Nutzungsberechtigte eines Grundstücks müssen dulden, daß an ihrem höheren Gebäude der Eigentümer oder der Nutzungsberechtigte des angrenzenden niederen Gebäudes ihre Schornsteine, Lüftungsleitungen und Antennenanlagen befestigen, wenn

1. die Erhöhung der Schornsteine und Lüftungsleitungen für die notwendige Zug- und Saugwirkung und die Erhöhung der Antennenanlagen für einen einwandfreien Empfang von Sendungen erforderlich ist und die Befestigung anders nicht zweckmäßig oder nur mit unverhältnismäßig hohen Kosten durchgeführt werden kann und
2. die Erhöhung und Befestigung öffentlich-rechtlichen Vorschriften nicht widerspricht.

(2) Der Eigentümer und der Nutzungsberechtigte des betroffenen Grundstücks müssen ferner dulden,

1. daß die höhergeführten Schornsteine, Lüftungsleitungen und Antennenanlagen des Nachbargrundstücks von ihrem Grundstück aus unterhalten und gereinigt werden, wenn die Unterhaltung und Reinigung ohne Benutzung ihres Grundstücks nicht oder nur mit unverhältnismäßig hohen Kosten durchgeführt werden kann und
2. daß die hierzu erforderlichen Anlagen auf ihrem Grundstück angebracht werden.

Sie können den Berechtigten darauf verweisen, an dem höheren Gebäude auf eigene Kosten außen eine Steigleiter anzubringen, wenn dadurch die in Satz 1 genannten Arbeiten ermöglicht werden.

(3) Die Absätze 1 und 2 gelten für Antennenanlagen nicht, wenn dem Berechtigten die Mitbenutzung der dazu geeigneten Antennenanlage des höheren Gebäudes gestattet wird.

§ 21
Anzeige und Schadensersatz

Für die Verpflichtung zur Anzeige und die Verpflichtung zum Schadensersatz gelten die §§ 7 und 10 Abs. 2 entsprechend.

Abschnitt VI
Fenster- und Lichtrecht

§ 22
Inhalt und Umfang

(1) In oder an der Außenwand eines Gebäudes, die parallel oder in einem Winkel bis zu 60 ° zur Grenze des Nachbargrundstücks verläuft, dürfen Fenster, Türen oder zum Betreten bestimmte Bauteile wie Balkone und Terrassen nur mit schriftlicher Zustimmung des Eigentümers des Nachbargrundstücks angebracht werden, wenn ein geringerer Abstand als 3 m von dem grenznächsten Punkt der Einrichtung bis zur Grenze eingehalten werden soll.

(2) Die Zustimmung muß erteilt werden, wenn keine oder nur geringfügige Beeinträchtigungen zu erwarten sind.

(3) Von einem Fenster oder einem zum Betreten bestimmten Bauteil, dem der Eigentümer des Nachbargrundstücks schriftlich zugestimmt hat oder das nach dem bisherigen Recht angebracht worden ist, müssen er und seine Rechtsnachfolger mit einem später errichteten Bauwerk mindestens 3 m Abstand einhalten. Dies gilt nicht, wenn das später errichtete Bauwerk den Lichteinfall nicht oder nur geringfügig beeinträchtigt.

§ 23
Ausnahmen

Eine Zustimmung nach § 22 ist nicht erforderlich

1. für lichtdurchlässige Wandbauteile, wenn sie undurchsichtig, schalldämmend und gegen Feuereinwirkung widerstandsfähig sind;
2. für Außenwände gegenüber Grenzen zu öffentlichen Verkehrsflächen, zu öffentlichen Grünflächen und zu oberirdischen Gewässern von mehr als 3 m Breite;
3. soweit nach öffentlich-rechtlichen Vorschriften Fenster und Türen angebracht werden müssen.

§ 24
Ausschluß des Beseitigungsanspruchs

(1) Der Anspruch auf Beseitigung einer Einrichtung, die einen geringeren als den in § 22 Abs. 1 und 3 vorgeschriebenen Abstand hat, ist ausgeschlossen, wenn nicht bis zum Ablauf des auf die Anbringung der Einrichtung folgenden Kalenderjahres Klage auf Beseitigung erhoben worden ist.

(2) Der Anspruch auf Beseitigung einer Einrichtung, die bei Inkrafttreten dieses Gesetzes vorhanden ist, ist ausgeschlossen, wenn

1. ihr Abstand dem bisherigen Recht entspricht oder
2. ihr Abstand nicht dem bisherigen Recht entspricht und nicht bis zum Ablauf des auf das Inkrafttreten dieses Gesetzes folgenden Kalenderjahres Klage auf Beseitigung erhoben worden ist.

(3) Wird das Gebäude, an dem sich die Einrichtung befand, oder das Bauwerk beseitigt, so gelten für einen Neubau die §§ 22 und 23.

Abschnitt VII
Bodenerhöhung

§ 25

Der Eigentümer, der den Boden seines Grundstücks über die Oberfläche des Nachbargrundstücks erhöht, muß einen solchen Grenzabstand einhalten oder solche Vorkehrungen treffen und unterhalten, daß eine Schädigung des Nachbargrundstücks durch Bodenbewegungen ausgeschlossen ist. Die Verpflichtung geht auf den Rechtsnachfolger über.

Abschnitt VIII
Traufe

§ 26

(1) Der Eigentümer und der Nutzungsberechtigte eines Grundstücks müssen ihre baulichen Anlagen so einrichten, daß Niederschlagswasser nicht auf das Nachbargrundstück tropft, auf dieses abgeleitet wird oder auf andere Weise dorthin übertritt.

(2) Absatz 1 findet keine Anwendung

1. auf freistehende Mauern entlang öffentlicher Verkehrsflächen oder öffentlicher Grünanlagen;
2. auf Niederschlagswasser, das von einer Nachbar- oder Grenzwand auf das Nachbargrundstück abläuft.

Abschnitt IX
Schutz des Grundwassers

§ 27

(1) Der Eigentümer und der Nutzungsberechtigte eines Grundstücks dürfen auf den Untergrund ihres Grundstücks nicht in einer Weise einwirken, daß der Grundwasserspiegel steigt oder sinkt oder die physikalische, chemische oder biologische Beschaffenheit des Grundwassers verändert wird, wenn dadurch die Benutzung eines anderen Grundstücks erheblich beeinträchtigt wird.

(2) Dies gilt nicht für Einwirkungen auf das Grundwasser

1. auf Grund einer Erlaubnis oder Bewilligung nach dem Wasserhaushaltsgesetz und dem Landeswassergesetz oder auf Grund eines alten Rechts oder einer alten Befugnis nach § 16 Landeswassergesetz oder
2. durch einen Gewässerausbau, für den ein Planfeststellungsverfahren nach dem Wasserhaushaltsgesetz und dem Landeswassergesetz durchgeführt worden ist, oder
3. durch Maßnahmen, für die auf Grund des Bundesfernstraßengesetzes, des Straßen- und Wegegesetzes des

Landes Schleswig-Holstein oder anderer Gesetze ein Planfeststellungsverfahren durchgeführt worden ist.

(3) Beeinträchtigungen des Grundwassers als Folge einer erlaubnisfreien Benutzung nach § 46 des Wasserhaushaltsgesetzes müssen ohne Entschädigung geduldet werden.

Abschnitt X
Einfriedigung bebauter oder gewerblich genutzter Grundstücke

§ 28
Allgemeine Einfriedigungspflicht

(1) Innerhalb eines im Zusammenhang bebauten Ortsteils ist der Eigentümer eines bebauten oder gewerblich genutzten Grundstücks auf Verlangen des Eigentümer des Nachbargrundstücks verpflichtet, sein Grundstück an der gemeinsamen Grenze einzufriedigen und die Einfriedigung zu unterhalten, soweit die Grenze nicht mit Gebäuden besetzt ist.

(2) Sind beide Grundstücke bebaut oder gewerblich genutzt, so sind beide Eigentümer gegenseitig verpflichtet, bei der Errichtung und Unterhaltung der Einfriedigung mitzuwirken, wenn einer von ihnen es verlangt. Jeder Eigentümer kann von dem anderen eine dem Interesse beider nach billigem Ermessen entsprechende Mitwirkung verlangen.

(3) Als gewerblich genutzt im Sinne der Absätze 1 und 2 gilt nicht ein Grundstück, das nur dem Erwerbsgartenbau dient.

§ 29
Einfriedigungspflicht des Störers

Gehen unzumutbare Beeinträchtigungen von einem bebauten oder gewerblich genutzten Grundstück aus, und besteht eine Einfriedigungspflicht nach § 28 nicht, so hat der Eigentümer dieses auf Verlangen des Eigentümers des Nachbargrundstücks insoweit an der gemeinsamen Grenze einzufriedigen und die Einfriedigung zu unterhalten, als dadurch die Beeinträchtigungen verhindert oder, falls nicht möglich oder zumutbar, gemildert werden können.

§ 30
Standort der Einfriedigung

(1) Die Einfriedigung ist in den Fällen der §§ 28 Abs. 1 und 29 entlang der Grenze des einzufriedigenden Grundstücks und im Falle des § 28 Abs. 2 auf der gemeinsamen Grenze zu errichten.

(2) Wird das an ein eingefriedigtes Grundstück angrenzende Grundstück bebaut oder gewerblich genutzt, so ist der Eigentümer des eingefriedigten Grundstücks berechtigt, die Einfriedigung auf eigene Kosten auf die gemeinsame Grenze zu versetzen.

§ 31
Beschaffenheit der Einfriedigung

(1) Die Einfriedigung muß ortsüblich sein; läßt sich eine Ortsüblichkeit nicht feststellen, so ist ein etwa 1,20 m hoher Zaun aus Maschendraht zu errichten. Schreiben öffentlich-rechtliche Vorschriften eine andere Art der Einfriedigung vor, so tritt diese an die Stelle denn Satz 1 genannten Einfriedigungsart.

(2) Bietet die Einfriedigung nach Absatz 1 keinen angemessenen Schutz vor Beeinträchtigungen, die von einem einzufriedigenden Grundstück ausgehen, so ist die Einfriedigung in dem erforderlichen Umfang zu verstärken, zu erhöhen oder zu vertiefen.

§ 32
Kosten der Errichtung und Unterhaltung

(1) Die Kosten der Errichtung und Unterhaltung der Einfriedigung tragen im Falle des § 28 Abs. 2 die Grundstückseigentümer je zur Hälfte. Dies gilt auch, wenn die Einfriedigung ganz auf einem der beiden Grundstücke errichtet ist.

(2) Die bei einer Einfriedigung nach § 31 Abs. 2 gegenüber einer Einfriedigung nach § 31 Abs. 1 entstehenden Mehrkosten der Errichtung und Unterhaltung trägt der Eigentümer, von dessen Grundstück die Beeinträchtigungen ausgehen. Wird eine Einfriedigung nach § 31 Abs. 2 nachträglich erforderlich, so ist sie von dem Eigentümer, von dessen Grundstück die Beeinträchtigungen ausgehen, auf eigene Kosten herzustellen, wenn der Eigentümer des anderen Grundstücks es verlangt.

(3) Wird das an ein eingefriedigtes Grundstück angrenzende Grundstück bebaut oder gewerblich genutzt, so ist der Eigentümer dieses Grundstücks verpflichtet, an den Eigentümer des eingefriedigten Grundstücks die Hälfte der Kosten der Errichtung der Einfriedigung unter angemessener Berücksichtigung der bisherigen Abnutzung zu zahlen. Der Berechnung sind die Kosten der Errichtung einer Einfriedigung nach § 31 Abs. 1, höchstens die tatsächlichen Aufwendungen einschließlich der Eigenleistungen zugrunde zu legen, wenn die von dem nachträglich bebauten oder gewerblich genutzten Grundstück ausgehenden Beeinträchtigungen nur die in § 31 Abs. 1 vorgesehene Einfriedigung erfordern.

§ 33
Ausschluß des Einfriedigungsanspruchs

Der Anspruch auf Errichtung oder Mitwirkung bei der Errichtung einer Einfriedigung ist ausgeschlossen, wenn auf dem einzufriedigenden Grundstück bei Inkrafttreten dieses Gesetzes eine Einfriedigung vorhanden ist und

1. die Einfriedigung dem bisherigen Recht entspricht oder
2. die Einfriedigung nicht dem bisherigen Recht entspricht und nicht bis zum Ablauf des auf das Inkrafttreten dieses Gesetzes folgenden Kalenderjahres Klage auf Errichtung oder Mitwirkung bei der Errichtung einer diesem Gesetz entsprechenden Einfriedigung erhoben worden ist.

§ 34
Ausnahmen

Die §§ 28 bis 33 gelten nicht für Einfriedigungen zwischen Grundstücken und den an sie angrenzenden öffentlichen Verkehrsflächen, öffentlichen Grünflächen und oberirdischen Gewässern.

Abschnitt XI
Einfriedigung landwirtschaftlich genutzter Grundstücke

§ 35
Einfriedigungspflicht

(1) Der Eigentümer eines landwirtschaftlich genutzten Grundstücks, das als Weideland dient, ist auf Verlangen des Eigentümers des Nachbargrundstücks verpflichtet, sein Grundstück an der gemeinsamen Grenze einzufriedigen und die Einfriedigung zu unterhalten. Die Einfriedigung muß so beschaffen sein, daß das Vieh das Nachbargrundstück nicht erreichen kann.

(2) Der Eigentümer eines landwirtschaftlich genutzten Grundstücks, das als Weideland dient und an einem Gewässer zweiter oder dritter Ordnung liegt, hat auf Verlangen desjenigen, der die Unterhaltungspflicht für das Gewässer nach § 40 Landeswassergesetz erfüllt, sein Grundstück an der Grenze zu dem Gewässer einzufriedigen und die Einfriedigung zu unterhalten. Die Einfriedigung muß so beschaffen sein, daß das Vieh die obere Böschungskante nicht erreichen kann.

(3) Eine Pflicht zur Einfriedigung nach Absatz 1 besteht nicht, soweit durch eine auf der gemeinsamen Grenze befindliche Einrichtung, insbesondere durch einen Graben oder Knick, das Vieh daran gehindert wird, das Nachbargrundstück zu erreichen.

§ 36
Gemeinsame Errichtung und Unterhaltung einer Einfriedigung

(1) Haben die Eigentümer zweier landwirtschaftlich genutzter Grundstücke vereinbart, daß eine Einfriedigung auf der gemeinsamen Grenze errichtet werden soll, so haben sie die Einfriedigung gemeinsam zu errichten und zu unterhalten; die §§ 28 Abs. 2 sowie 32 Abs. 1 und 2 Satz 2 gelten entsprechend. Solange einer der Grundstückseigentümer ein

Interesse an dem Fortbestand der Einfriedigung hat, darf sie nicht ohne seine Zustimmung geändert oder beseitigt werden; die Zustimmung bedarf bei einer schriftlichen Vereinbarung der Schriftform.

(2) Im Falle des § 35 Abs. 3 haben die Eigentümer der angrenzenden Grundstücke die auf der gemeinsamen Grenze befindliche Einrichtung gemeinsam zu unterhalten; die §§ 28 Abs. 2 und 32 Abs. 1 gelten entsprechend. Die Einrichtung darf nur mit Zustimmung beider Nachbarn geändert oder beseitigt werden.

Abschnitt XII
Grenzabstände für Anpflanzungen

§ 37
Grenzabstände

(1) Der Eigentümer und der Nutzungsberechtigte eines Grundstücks haben mit Bäumen, Sträuchern und Hecken (Anpflanzungen) von über 1,20 m Höhe einen solchen Abstand zum Nachbargrundstück einzuhalten, daß für jeden Teil der Anpflanzung der Abstand mindestens ein Drittel seiner Höhe über dem Erdboden beträgt. Der Abstand wird waagerecht und rechtwinklig zur Grenze gemessen.

(2) Anpflanzungen, die über die zulässige Höhe oder den zulässigen Abstand hinausgewachsen sind, sind auf Verlangen des Eigentümers des Nachbargrundstücks auf die zulässige Höhe oder den zulässigen Abstand zurückzuschneiden, wenn der Eigentümer oder der Nutzungsberechtigte sie nicht beseitigen will. Die Verpflichtung nach Satz 1 darf nur unter Beachtung der nach § 39 Absatz 5 Nummer 2 des Bundesnaturschutzgesetzes bestehenden Beschränkungen erfüllt werden.

§ 38
Boden- und Klimaschutzpflanzungen

(1) Mit Anpflanzungen zum Schutz landwirtschaftlich oder erwerbsgärtnerisch genutzter Grundstücke vor Witterungseinwirkungen (Boden- und Klimaschutzpflanzungen), die nicht über 7 m hoch sind, braucht der in § 37 Abs. 1 vorgeschriebene Grenzabstand nicht eingehalten zu werden. Wird die Höhe von 7 m überschritten, so gilt § 37 Abs. 2 entsprechend.

(2) Der Eigentümer und der Nutzungsberechtigte eines landwirtschaftlich oder erwerbsgärtnerisch genutzten oder eines ungenutzten Grundstücks müssen überhängende Zweige und eindringendes Wurzelwerk von Boden- und Klimaschutzpflanzungen, von denen keine erheblichen Beeinträchtigungen ausgehen, dulden.

§ 39
Ausnahmen

§ 37 gilt nicht für

1. Wald, bei Erst- und Wiederaufforstungen jedoch nur nach Maßgabe des § 18 Abs. 3 des Landeswaldgesetzes
2. Anpflanzungen, die hinter einer geschlossenen Einfriedigung vorgenommen werden und diese nicht überragen; als geschlossen gilt auch eine Einfriedigung, deren Bauteile breiter sind als die Zwischenräume;
3. Anpflanzungen auf öffentlichen Verkehrsflächen;
4. Anpflanzungen an den Grenzen zu öffentlichen Verkehrsflächen, zu öffentlichen Grünflächen und zu oberirdischen Gewässern von mehr als 4 m Breite;
5. Hecken, die nach § 30 Abs. 1 auf der Grenze angepflanzt werden oder die das öffentliche Recht als Einfriedigung vorschreibt.

§ 40
Ausschluß des Anspruchs auf Zurückschneiden

(1) Der Anspruch auf Zurückschneiden von Anpflanzungen ist ausgeschlossen, wenn die Anpflanzungen über die nach diesem Gesetz zulässige Höhe oder den nach diesem Gesetz zulässigen Abstand hinausgewachsen sind und nicht bis zum Ablauf des zweiten darauffolgenden Kalenderjahres Klage auf Zurückschneiden erhoben worden ist.

(2) Der Anspruch auf Zurückschneiden von Anpflanzungen, die bei Inkrafttreten dieses Gesetzes vorhanden sind, ist ausgeschlossen, wenn

1. ihr Grenzabstand dem bisherigen Recht entspricht, es sei denn, daß die Anpflanzungen noch nicht älter als fünf Jahre sind, oder
2. ihr Grenzabstand nicht dem bisherigen Recht entspricht und nicht bis zum Ablauf des zweiten auf das Inkrafttreten dieses Gesetzes folgenden Kalenderjahres Klage auf Zurückschneiden erhoben worden ist.

§ 41
Ersatzanpflanzungen und Grenzänderungen

(1) Werden für Anpflanzungen, bei denen der Anspruch auf Zurückschneiden nach § 40 ausgeschlossen ist, Ersatzanpflanzungen oder Nachpflanzungen vorgenommen, so sind die nach diesem Gesetz vorgeschriebenen Abstände einzuhalten.

(2) Unter Einhaltung des bisherigen Abstandes dürfen

1. einzelne abgestorbene Heckenpflanzen einer geschlossenen Hecke ersetzt werden,
2. einzelne Sträucher und Bäume in einem Knick nachgepflanzt werden,
3. Ersatzanpflanzungen für beseitigte Knicks vorgenommen werden.

(3) Die Rechtmäßigkeit des Abstandes wird durch nachträgliche Grenzänderungen nicht berührt; jedoch gilt Absatz 1 und 2 entsprechend.

Abschnitt XIII
Grenzabstände für Gebäude

§ 42
Grenzabstand

(1) Mit der Außenwand eines Gebäudes und vorspringenden Gebäudeteilen ist mindestens der in öffentlich-rechtlichen Vorschriften bestimmte Abstand zum Nachbargrundstück einzuhalten. Ist in einer Baugenehmigung ein anderer Abstand vorgeschrieben oder genehmigt worden, so ist mindestens dieser Abstand einzuhalten.

(2) Der Eigentümer des Nachbargrundstücks kann die Beseitigung eines Gebäudes oder Gebäudeteiles insoweit verlangen, als der in Absatz 1 genannte Abstand nicht eingehalten worden ist.

§ 43
Ausschluß des Beseitigungsanspruchs

(1) Der Anspruch auf Beseitigung eines Gebäudes oder Gebäudeteils ist ausgeschlossen, wenn

1. der Eigentümer des bebauten Grundstücks den nach § 42 Abs. 1 vorgeschriebenen Abstand bei der Bauausführung weder vorsätzlich noch grob fahrlässig nicht eingehalten hat, es sei denn, daß der Eigentümer des Nachbargrundstücks sofort nach der Abstandsunterschreitung Widerspruch erhoben hat, oder
2. der Eigentümer des Nachbargrundstücks nicht spätestens in dem der Abstandsunterschreitung folgenden Kalenderjahr Klage auf Beseitigung erhoben hat; die Frist endet frühestens mit dem Ablauf des Kalenderjahres, das auf das Inkrafttreten dieses Gesetzes folgt, oder
3. das Gebäude bei Inkrafttreten dieses Gesetzes länger als drei Jahre im Rohbau fertiggestellt war.

(2) Ist der Beseitigungsanspruch nach Absatz 1 Nr. 1 ausgeschlossen, so kann der Eigentümer des Nachbargrundstücks von dem Eigentümer des bebauten Grundstücks den Ersatz des Schadens verlangen, der durch die Verringerung der Nutzbarkeit des Nachbargrundstücks entstanden ist. Mindestens ist eine Entschädigung in Höhe der Nutzungsvorteile zu zahlen, die auf dem bebauten Grundstück durch die Abstandsunterschreitung entstehen.

Abschnitt XIV
Schlußvorschriften

§ 44
Übergangsvorschriften

(1) Der Umfang von Rechten, die bei Inkrafttreten dieses Gesetzes bestehen, richtet sich unbeschadet der § 24 Abs. 2, § 33, § 40 Abs. 2 und § 43 Abs. 1 nach diesem Gesetz.

(2) Ansprüche auf Zahlung aufgrund dieses Gesetzes bestehen nur, wenn das den Anspruch begründende Ereignis nach Inkrafttreten dieses Gesetzes eingetreten ist; anderenfalls behält es bei dem bisherigen Recht sein Bewenden.

§ 45
Änderung des Wassergesetzes des Landes Schleswig-Holstein

§ 46
Außerkrafttreten von Vorschriften

Das diesem Gesetz entgegenstehende oder gleichlautende Recht wird aufgehoben.

§ 47
Inkrafttreten

Dieses Gesetz tritt am 1. April 1971 in Kraft.

Gesetz über rechtsfähige Stiftungen des bürgerlichen Rechts (Stiftungsgesetz – StiftG) vom 2. März 2000
– GVOBl. Schl.-H. S. 208 –

Zuletzt geändert durch Gesetz vom 23 Juni 2020 (GVOBl. Schl.-H. S. 364)

Inhaltsverzeichnis
Abschnitt I
Allgemeine Vorschriften

- § 1 Begriffsbestimmung
- § 2 Anerkennung
- § 3 gestrichen
- § 4 Verwaltung der Stiftung
- § 5 Satzungsänderung, Zulegung, Zusammenlegung und Auflösung durch Stiftungsorgane
- § 6 Zweckänderung, Zulegung, Zusammenlegung und Aufhebung von Amts wegen
- § 7 Vermögensanfall
- § 8 Aufsicht und Unterrichtung
- § 9 Anzeigepflichtige Handlungen
- § 10 Prüfung
- § 11 Beanstandung
- § 12 Anordnung
- § 13 Abberufung von Mitgliedern der Stiftungsorgane
- § 14 Bestellung von Beauftragten
- § 15 Bekanntmachungen, Stiftungsverzeichnis
- § 16 Zuständigkeit

Abschnitt II
Besondere Vorschriften

- § 17 Kommunale Stiftungen
- § 18 Kirchliche Stiftungen
- § 19 Familienstiftungen

Abschnitt III
Übergangs- und Schlussvorschriften

- § 20 Bestehende Stiftungen
- § 21 Übergang von Zuständigkeiten
- § 22 Aufhebung bisher geltenden Rechts
- § 23 Inkrafttreten

Abschnitt I
Allgemeine Vorschriften

§ 1
Begriffsbestimmung

Stiftungen im Sinne dieses Gesetzes sind rechtsfähige Stiftungen des bürgerlichen Rechts (§§ 80 bis 88 des Bürgerlichen Gesetzbuches – BGB), die ihren Sitz im Lande Schleswig-Holstein haben.

§ 2
Anerkennung

Die zur Entstehung einer rechtsfähigen Stiftung außer dem Stiftungsgeschäft erforderliche Anerkennung (§ 80 BGB) erteilt das Ministerium für Inneres, ländliche Räume und Integration im Benehmen mit dem fachlich zuständigen Ministerium. Ist das Land Schleswig-Holstein Stifter oder Mitstifter oder erhält die Stiftung Zuwendungen des Landes Schleswig-Holstein ist vor der Anerkennung auch das Benehmen mit dem Finanzministerium herzustellen. Die Anerkennung ist schriftlich, aber nicht in elektronischer Form, zu erteilen.

§ 3
– gestrichen –

§ 4
Verwaltung der Stiftung

(1) Die zur Verwaltung der Stiftung berufenen Organe haben für die dauernde und nachhaltige Erfüllung des Stiftungszwecks zu sorgen.

(2) Das der Stiftung zur dauernden und nachhaltigen Erfüllung des Stiftungszwecks zugewandte Vermögen (Stiftungsvermögen) ist in seinem Bestand zu erhalten, es sei denn, dass die Satzung eine Ausnahme zulässt oder der Stifterwille anders nicht zu verwirklichen ist. Das Stiftungsvermögen ist von anderem Vermögen getrennt zu halten.

(3) Die Erträge des Stiftungsvermögens sowie die Zuwendungen von Dritten sind für den Stiftungszweck und die notwendigen Verwaltungskosten der Stiftung zu verwenden. Dies gilt jedoch nicht für Zuwendungen von Dritten, die nach dem Willen der oder des Zuwendenden dazu bestimmt sind, dem Stiftungsvermögen zugeführt zu werden (Zustiftungen). Diese werden Bestandteil des Stiftungsvermögens nach Absatz 2 Satz 1.

(4) Die Stiftungsorgane können Erträge dem Stiftungsvermögen zuführen, sofern dies notwendig ist, um die Ertragskraft des Stiftungsvermögens auch in Zukunft sicherzustellen, oder soweit sie im Einzelfall zur Erfüllung des Stiftungszwecks keine Verwendung finden. Dies gilt auch für Zuwendungen von Dritten, sofern dies nicht deren erklärtem Willen widerspricht.

(5) Ist das Stiftungsvermögen einer Stiftung derart geschwächt, dass die nachhaltige Erfüllung des Stiftungszwecks nicht mehr gewährleistet erscheint, so kann die zuständige Behörde schriftlich anordnen, dass die Erträge des Stiftungsvermögens ganz oder teilweise so lange anzusammeln und dem Stiftungsvermögen zuzuführen sind, bis die Stiftung wieder leistungsfähig ist.

(6) Sind die Mitglieder der Stiftungsorgane nicht hauptamtlich zur Verwaltung der Stiftung berufen, kann die Satzung

1. den Ersatz ihrer notwendigen Auslagen und ihres entgangenen Arbeitsverdienstes oder
2. die Gewährung einer angemessenen Aufwandsentschädigung

vorsehen.

(7) Über den Bestand und die Veränderungen des Stiftungsvermögens sowie alle Einnahmen und Ausgaben der Stiftung ist ordnungsgemäß Buch zu führen.

§ 5
Satzungsänderung, Zulegung, Zusammenlegung und Auflösung durch Stiftungsorgane

(1) Die nach der Satzung zuständigen Organe können die Satzung ändern, wenn

1. der Stiftungszweck und die Gestaltung der Stiftung nicht oder nur unwesentlich verändert werden oder
2. dies wegen einer wesentlichen Veränderung gegenüber den im Zeitpunkt der Entstehung der Stiftung bestehenden Verhältnissen angebracht ist;

Sie können die Stiftung

1. einer anderen Stiftung mit deren Zustimmung zulegen,
2. mit einer anderen zu einer neuen Stiftung zusammenlegen oder
3. auflösen,

wenn die in Satz 1 Nr. 2 genannte Voraussetzung gegeben ist; zu Lebzeiten der Stifterin oder des Stifters ist deren oder dessen Zustimmung erforderlich.

(2) Beschlüsse nach Absatz 1 bedürfen der Genehmigung der zuständigen Behörde. Im Falle des Absatzes 1 Satz 2 Nr. 1 erlischt die zugelegte Stiftung mit der Genehmigung, im Falle des Absatzes 1 Satz 2 Nr. 2 erlöschen die zusammengelegten Stiftungen und die neue Stiftung erlangt Rechtsfähigkeit. Mit dem Erlöschen geht das Vermögen einschließlich der Verbindlichkeiten der zugelegten Stiftung auf die andere Stiftung, das der zusammengelegten Stiftung auf die neue Stiftung über.

(3) Eine Verlegung des Sitzes der Stiftung in das oder aus dem Land Schleswig-Holstein bedarf auch dann der Genehmigung der zuständigen Behörde, wenn die Sitzverlegung nach dem Recht des bisherigen oder des künftigen Sitzes auch von der dort zuständigen Behörde zu genehmigen ist.

(4) Genehmigungen nach den Absätzen 2 und 3 sind schriftlich zu erteilen. Die Genehmigung einer Zulegung, Zusammenlegung oder Auflösung kann nicht in elektronischer Form erteilt werden.

§ 6
Zweckänderung, Zulegung, Zusammenlegung und Aufhebung von Amts wegen

(1) Die in § 87 BGB vorgesehenen Maßnahmen trifft das Ministerium für Inneres, ländliche Räume und Integration. Liegen die Voraussetzungen des § 87 Abs. 1 BGB vor, so ist das Ministerium für Inneres, ländliche Räume und Integration auch berechtigt, Stiftungen mit im Wesentlichen gleichartigen Zwecken

1. durch Zulegung zu verbinden oder
2. zu einer neuen Stiftung zusammenzulegen und dieser neuen Stiftung eine Satzung zu geben.

Im Falle des Satzes 2 Nr. 1 erlöschen die zugelegten Stiftungen mit der Zulegung. Im Falle des Satzes 2 Nr. 2 erlöschen die zusammengelegten Stiftungen mit der Zusammenlegung, die neue Stiftung erlangt Rechtsfähigkeit. Mit dem Erlöschen geht das Vermögen einschließlich der Verbindlichkeiten der zugelegten Stiftungen auf die andere Stiftung, das der zusammengelegten Stiftungen auf die neue Stiftung über.

(2) Maßnahmen nach Absatz 1 ergehen schriftlich, aber nicht in elektronischer Form, im Benehmen mit dem fachlich zuständigen Ministerium. Die Vorstände der beteiligten Stiftungen sollen gehört werden; zu Lebzeiten der Stifterin oder des Stifters soll auch diese oder dieser gehört werden.

§ 7
Vermögensanfall

(1) Enthält das Stiftungsgeschäft oder die Satzung für den Fall der Auflösung oder Aufhebung einer Stiftung keine Bestimmung über die Verwendung des Vermögens, so fällt das Vermögen einschließlich Verbindlichkeiten

1. einer kommunalen Stiftung (§ 17) an die kommunale Körperschaft,
2. einer kirchlichen Stiftung (§ 18) an die Aufsicht führende Kirche,
3. einer anderen Stiftung an das Land (Fiskus).

Ist eine Anfallberechtigte nach Satz 1 Nr. 2 nicht vorhanden, so fällt das Vermögen an den Fiskus.

(2) In den Fällen des Absatzes 1 Satz 1 Nr. 1 und 2 gelten die Vorschriften über eine dem Fiskus als gesetzlichem Erben anfallende Erbschaft und § 46 Satz 2 BGB entsprechend.

§ 8
Aufsicht und Unterrichtung

(1) Die zuständige Behörde übt die Aufsicht darüber aus, dass Rechtsvorschriften, das Stiftungsgeschäft und die Satzung beachtet werden.

(2) Die zuständige Behörde kann sich jederzeit über alle Angelegenheiten der Stiftung unterrichten; sie kann insbesondere Einrichtungen der Stiftung besichtigen sowie Berichte, Akten, Beschlüsse, Sitzungsniederschriften und sonstige Unterlagen einsehen oder auf Kosten der Stiftung anfordern, ferner die Geschäfts- und Kassenführung prüfen oder auf Kosten der Stiftung durch Sachverständige prüfen lassen. Der Vorstand hat die Bediensteten der zuständigen Behörde und die von ihr beauftragten Sachverständigen bei der Prüfung auf Verlangen zu unterstützen.

(3) Auf Antrag der Stiftung erteilt die zuständige Behörde eine Bescheinigung über die Befugnis zur rechtsgeschäftlichen Vertretung der Stiftung (Vertretungsbescheinigung). In der Vertretungsbescheinigung sind die Satzungsbestimmungen, auf die sich die Berechtigung zur rechtsgeschäftlichen Vertretung stützt, sowie die Personen, die zur rechtsgeschäftlichen Vertretung befugt sind, anzugeben.

(4) Der Vorstand hat der zuständigen Behörde jede Änderung der Zusammensetzung eines Stiftungsorgans unverzüglich anzuzeigen.

§ 9
Anzeigepflichtige Handlungen

(1) Die Stiftung hat bei der zuständigen Behörde folgende Maßnahmen anzuzeigen:

1. Umschichtungen des Stiftungsvermögens, die für den Bestand der Stiftung bedeutsam sind,
2. die Gewährung unentgeltlicher Zuwendungen, die nicht zur Erfüllung des Stiftungszweckes vorgenommen werden sollen,
3. die Eingehung von Verbindlichkeiten, die nicht im Rahmen des laufenden Geschäftsbetriebes erfolgt,
4. die Veräußerung oder wesentliche Veränderung von Sachen, die einen besonderen wissenschaftlichen, geschichtlichen oder künstlerischen Wert haben.

Widerspricht die zuständige Behörde nicht schriftlich innerhalb von vier Wochen seit Zugang der Anzeige, gilt die Maßnahme als genehmigt.

(2) Die zuständige Behörde kann Ausnahmen von der Anzeigepflicht zulassen.

§ 10
Prüfung

(1) Innerhalb von acht Monaten nach Schluss eines jeden Geschäftsjahres hat der Vorstand der zuständigen Behörde einen Bericht über die Erfüllung des Stiftungszweckes mit

1. einer ordnungsgemäßen Jahresabrechnung und einer Vermögensübersicht oder
2. einem Prüfbericht einer Behörde, einer Einrichtung im Sinne des § 340 k Abs. 2 und 3 des Handelsgesetzbuches, eines Prüfungsverbandes, einer öffentlich bestellten Wirtschaftsprüferin oder eines öffentlich bestellten Wirtschaftsprüfers, einer vereidigten Buchprüferin oder eines vereidigten Buchprüfers oder einer anerkannten Wirtschafts- oder Buchprüfungsgesellschaft

einzureichen. Auf Verlangen der zuständigen Behörde hat der Vorstand auf Kosten der Stiftung einen Prüfbericht nach Satz 1 Nr. 2 vorzulegen.

(2) Der Prüfbericht nach Absatz 1 Satz 1 Nr. 2 hat sich insbesondere auch auf die Erhaltung des Stiftungsvermögens und die satzungsgemäße Verwendung der Erträge des Stiftungsvermögens sowie der Zuwendungen von Dritten zu erstrecken; das Ergebnis ist in einem Abschlussvermerk festzustellen.

(3) Die zuständige Behörde prüft die Erhaltung des Stiftungsvermögens und die satzungsgemäße Verwendung der Stiftungsmittel nur in dem für erforderlich gehaltenen Umfang. Liegt ein Prüfbericht nach Absatz 1 Satz 1 Nr. 2 vor, kann die zuständige Behörde von einer eigenen Prüfung absehen.

(4) Die zuständige Behörde kann auf Antrag die Vorlagefrist nach Absatz 1 Satz 1 verlängern; Stiftungen mit jährlich im Wesentlichen gleichbleibenden Einnahmen und Ausgaben kann die zuständige Behörde gestatten, die Unterlagen nach Absatz 1 über mehrere Geschäftsjahre zusammengefasst einzureichen.

§ 11
Beanstandung

Die zuständige Behörde kann Beschlüsse und Maßnahmen der Stiftungsorgane, die das Recht verletzen oder gegen die Satzung oder das Stiftungsgeschäft verstoßen, beanstanden; sie kann verlangen, dass derartige Beschlüsse nicht vollzogen oder, soweit rechtlich möglich, bereits ausgeführte Maßnahmen rückgängig gemacht werden.

§ 12
Anordnung

Erfüllt die Stiftung nicht die Pflichten oder Aufgaben, die ihr nach Rechtsvorschrift, Satzung oder Stiftungsgeschäft obliegen, so kann die zuständige Behörde anordnen, dass die Stiftung innerhalb einer angemessenen Frist das Erforderliche veranlasst.

§ 13
Abberufung von Mitgliedern der Stiftungsorgane

Die zuständige Behörde kann Mitgliedern der Stiftungsorgane aus wichtigem Grund, insbesondere wegen grober Pflichtverletzung oder Unfähigkeit zur ordnungsmäßigen Geschäftsführung, die Geschäftsführung einstweilen untersagen oder ihre Abberufung sowie die Ernennung neuer Mitglieder verlangen.

§ 14
Bestellung von Beauftragten

Wenn und solange es zur ordnungsmäßigen Verwaltung der Stiftung erforderlich ist und die Befugnisse der zuständigen Behörde nach § 8 Abs. 2 und den §§ 10 bis 12 nicht ausreichen, kann die zuständige Behörde Beauftragte bestellen, die alle oder einzelne Aufgaben von Stiftungsorganen auf Kosten der Stiftung wahrnehmen. Der Aufgabenbereich der oder des Beauftragten und ihre oder seine Befugnisse sind in einer Bestallungsurkunde festzulegen; soweit die Aufgaben und Befugnisse der oder des Beauftragten reichen, ruht die Befugnis der Stiftungsorgane.

§ 15
Bekanntmachungen, Stiftungsverzeichnis

(1) Im Amtsblatt für Schleswig-Holstein sind bekannt zu machen
1. Anerkennungen unter Angabe des Stiftungszwecks nach § 80 und Maßnahmen nach § 87 BGB,
2. Genehmigungen nach § 5 Abs. 2 Satz 1 in Verbindung mit
   a) § 5 Abs. 1 Satz 1 Nr. 2, soweit sie sich auf eine wesentliche Änderung des Stiftungszwecks beziehen
   b) § 5 Abs. 1 Satz 2,
3. Genehmigungen nach § 5 Abs. 3,
4. Maßnahmen nach § 6 Abs. 1 Satz 2.

Zuständig ist die Behörde, die die Anerkennung ausgesprochen, die Genehmigung erteilt oder die Maßnahme getroffen hat. Die Stiftung hat die Kosten für die Bekanntmachung zu erstatten.

(2) Beim Ministerium für Inneres, ländliche Räume und Integration wird ein Verzeichnis aller Stiftungen geführt. In dieses werden eingetragen:
1. der Name,
2. der Sitz,
3. der Zweck,
4. das im Stiftungsgeschäft angegebene Stiftungsvermögen,
5. die Anschrift der Stiftung,
6. die Vertretungsberechtigung und die Zusammensetzung der vertretungsberechtigten Organe,
7. der Tag der Erteilung der Genehmigung oder Anerkennung,
8. der Tag des Erlöschens der Stiftung.

Die zuständige Behörde ist verpflichtet, dem Ministerium für Inneres, ländliche Räume und Integration die erforderlichen Angaben zu machen sowie Veränderungen mitzuteilen. Das Ministerium für Inneres, ländliche Räume und Integration ist berechtigt, das Stiftungsverzeichnis in geeigneter Weise, insbesondere auch auf elektronischem Wege, zu veröffentlichen.

(3) Eintragungen in das Stiftungsverzeichnis begründen nicht die Vermutung der Richtigkeit.

(4) Die Einsicht in das Stiftungsverzeichnis ist jeder Person gestattet. Ein darüber hinausgehender Informationszugangsanspruch hinsichtlich behördlicher Unterlagen über die Anerkennung und Beaufsichtigung einzelner Stiftungen nach dem Informationszugangsgesetz für das Land Schleswig Holstein besteht nicht.

§ 16
Zuständigkeit

(1) Träger der öffentlichen Verwaltung für Aufgaben nach diesem Gesetz sind das Land sowie die Gemeinden, Kreise und Ämter. Die Gemeinden, Kreise und Ämter nehmen diese Aufgaben als Landesaufgaben zur Erfüllung nach Weisung wahr; dies gilt nicht, soweit sie Aufgaben von Stiftungsorganen wahrnehmen.

(2) Zuständige Behörden im Sinne dieses Gesetzes sind die Landrätinnen oder Landräte und die Bürgermeisterinnen oder Bürgermeister der kreisfreien Städte, soweit in diesem Gesetz nichts Abweichendes bestimmt ist. Das Ministerium für Inneres, ländliche Räume und Integration kann im Einzelfall alle oder einzelne Befugnisse des § 5 Abs. 2, der §§ 8 bis 14 und des § 20 Abs. 1 Satz 2 und Abs. 2 an sich ziehen. In den Fällen, in denen das Land Schleswig-Holstein Stifter oder Mitstifter war oder in denen es der Stiftung institutionelle Förderung gewährt, ist zuständige Behörde das Ministerium für Inneres, ländliche Räume und Integration.

(3) Die Landesregierung kann durch Rechtsverordnung[1] die Zuständigkeit abweichend von Absatz 2 sowie von § 2 Abs. 1, § 3 Abs. 3, § 6 Abs. 1 Satz 1 und 2 und Abs. 2 Satz 1, § 15 Abs. 1 Satz 2, § 17 Abs. 3 und 4, § 18 Abs. 2 Satz 2, §§ 21 und 22 Abs. 3 Satz 2 regeln.

Abschnitt II
Besondere Vorschriften

§ 17
Kommunale Stiftungen

(1) Kommunale Stiftungen sind Stiftungen, deren Zweck im Aufgabenbereich einer Gemeinde, eines Kreises oder eines Amtes liegt und die von diesen Körperschaften verwaltet werden.

(2) Für die Verwaltung der kommunalen Stiftungen gelten neben § 4 die Vorschriften über die Haushaltswirtschaft der Gemeinden, Kreise und Ämter; hierbei sind die steuerrechtlichen und stiftungsrechtlichen Anforderungen zu beachten. § 9 Abs. 1 Satz 1 Nr. 3 findet keine Anwendung.

(3) Maßnahmen nach den §§ 5 und 6 sowie nach § 87 BGB treffen bei kommunalen Stiftungen die Gemeinden, Kreise und Ämter mit Genehmigung der Kommunalaufsichtsbehörde.

(4) Für Maßnahmen nach den §§ 8 bis 14 ist bei kommunalen Stiftungen die Kommunalaufsichtsbehörde zuständig.

(5) Die Befugnisse der Kommunalaufsichtsbehörde nach den Absätzen 3 und 4 nimmt das Ministerium für Inneres, ländliche Räume und Integration wahr, wenn der Kreis in einer von der Kommunalaufsichtsbehörde zu entscheidenden Angelegenheit unmittelbar beteiligt ist oder die Landrätin oder der Landrat einem Stiftungsorgan angehört.

§ 18
Kirchliche Stiftungen

(1) Kirchliche Stiftungen sind Stiftungen, die ausschließlich oder überwiegend kirchlichen Zwecken gewidmet sind und die
1. organisatorisch mit einer Kirche verbunden oder
2. in der Stiftungssatzung der kirchlichen Aufsicht unterstellt sind oder
3. ihre Zwecke nur sinnvoll in Verbindung mit einer Kirche erfüllen können.

Vor einer Anerkennung nach § 2 bedürfen kirchliche Stiftungen der Anerkennung durch die zuständige Kirchenbehörde.

(2) Bei Maßnahmen, die kirchliche Stiftungen betreffen, führt die nach diesem Gesetz zuständige Behörde das Einvernehmen mit der zuständigen Kirchenbehörde herbei. Bei Satzungsänderungen, durch die der Stiftungszweck geändert wird, sowie bei Zusammenlegungen, Auflösungen und Aufhebungen von kirchlichen Stiftungen bedarf es außer-

---

1 *Landesverordnung zur Durchführung des Stiftungsgesetzes, Nr. 511*

dem des Benehmens der Ministerin oder des Ministers für Justiz, Europa, Verbraucherschutz und Gleichstellung.

(3) Die Absätze 1 und 2 sowie § 7 Abs. 1 Satz 1 Nr. 2 und Satz 2 und Abs. 2 gelten entsprechend für die Stiftungen der Religionsgesellschaften und Weltanschauungsvereinigungen, die Körperschaften des öffentlichen Rechts sind.

§ 19
Familienstiftungen

Familienstiftungen sind Stiftungen, die nach dem Stiftungszweck ausschließlich oder überwiegend dem Wohle der Mitglieder einer oder mehrerer bestimmter Familien dienen. Für sie gelten die §§ 8 bis 14 nur insoweit, als sicherzustellen ist, dass ihr Bestand gewahrt bleibt und sie sich im Einklang mit den Rechtsvorschriften betätigen.

Abschnitt III
Übergangs- und Schlussvorschriften

§ 20
Bestehende Stiftungen

(1) Der Vorstand oder das nach dem Stiftungsgeschäft zuständige Organ hat eine Stiftungssatzung, die diesem Gesetz nicht entspricht, zu ändern oder zu ergänzen; ist eine Satzung nicht vorhanden, so ist sie zu erlassen. Beschlüsse nach Satz 1 bedürfen der Genehmigung der zuständigen Behörde. Die Genehmigung ist schriftlich zu erteilen.

(2) Die zuständige Behörde kann

1. die Satzung ergänzen, sofern sie unvollständig ist (§ 3 Abs. 2) und nicht nach Absatz 1 Satz 1 Halbsatz 1 ergänzt wird,
2. eine Satzung geben, sofern sie nicht vorhanden ist und nicht nach Absatz 1 Satz 1 Halbsatz 2 erlassen wird,

zu Lebzeiten der Stifterin oder des Stifters jedoch nur nach deren oder dessen Anhörung.

(3) Oberste Landesbehörde im Sinne des § 2 a des Gesetzes zur Änderung von Vorschriften des Fideikommiss- und Stiftungsrechts vom 28. Dezember 1950 (BGBl. I S. 820), geändert durch das Gesetz vom 3. August 1967 (BGBl. I S. 839), ist das Ministerium für Inneres, ländliche Räume und Integration.

§ 21
Übergang von Zuständigkeiten

Sind nach einem Stiftungsgeschäft oder einer Stiftungssatzung für Aufgaben nach diesem Gesetz öffentlich-rechtliche Stellen zuständig, geht deren Zuständigkeit auf die nach diesem Gesetz zuständigen Behörden über.

§ 22
Aufhebung bisher geltenden Rechts

(1) Aufhebung anderer Vorschriften

(2) Aufhebung anderer Vorschriften

(3) Unberührt bleiben die §§ 35 bis 37 und 46 bis 48 des Sparkassengesetzes für das Land Schleswig-Holstein in der Fassung der Bekanntmachung vom 3. Mai 1994 (GVOBl. Schl.-H. S. 231), geändert durch Gesetz vom 23. Januar 1998 (GVOBl. Schl.-H. S. 68); sie gehen den Bestimmungen dieses Gesetzes vor. Zuständige Behörde im Sinne dieses Gesetzes ist bei Stiftungen, die eine Sparkasse betreiben, das Ministerium für Inneres, ländliche Räume und Integration.

§ 23
(Inkrafttreten)

Landesverordnung
zur Durchführung des Stiftungsgesetzes
vom 24. Januar 1974
– GVOBl. Schl.-H. 1974 S. 48 –

Zuletzt geändert durch LVO vom 24.10.1996 (GVOBl. Schl.-H. S. 652)

Aufgrund des § 16 Abs. 3 des Stiftungsgesetzes vom 13. Juli 1972 (GVOBl. Schl.-H. S. 123) verordnet die Landesregierung:

§ 1

In den Fällen, in denen das Ministerium für Inneres, ländliche Räume und Integration nach § 16 Abs. 2 Satz 3 des Stiftungsgesetzes alle Aufsichtsbefugnisse (§§ 8 bis 14 des Stiftungsgesetzes) an sich zieht, ist es auch für die Entscheidung über Genehmigungen nach § 5 Abs. 2 und § 20 Abs. 1 Satz 2 des Stiftungsgesetzes zuständig.

§ 2

Diese Verordnung tritt am Tage nach ihrer Verkündung in Kraft.[1]

---

[1] *Dieser Landesverordnung ist als Anlage ein Muster der Stiftungssatzung und des Stiftungsgeschäftes beigefügt. Vom Abdruck wurde abgesehen.*

Stichwortverzeichnis

Die **halbfett** gedruckten Zahlen bezeichnen das Gesetz nach seiner Gliederungsnummer in dieser Sammlung, die anderen Zahlen die Artikel oder §§.

Abendschulen **350** 5
Abfallbehältnisse **300** 46
Abfälle
　verbotswidrig abgelagerte **290** 6; gefährliche **290** 11
Abfallschächte **300** 46
Abfallwirtschaft
　Abfallentsorgungsanlagen **290** 14 ff.; Abfallentsorgungsbehörden **290** 25 f.; Abfallwirtschaftskonzept **290** 4; Abfallwirtschaftsplan **290** 8; Deponien **290** 5, 20; Entsorgungsträger **290** 3; Satzungsermächtigung **290** 5; Trägerpflichten **290** 2; Übertragung auf andere **290** 3; Ziel **290** 1
Abgaben **1** 56, **125** 1
　Festsetzung und Erhebung **125** 11; Finanzrechtsweg **440** 57; Steuervereinbarungen **125** 13; Verjährung **125** 15; wiederkehrende **125** 12
Abgabenhinterziehung **125** 16
Abgabenhoheit **1** 56
Abgeordnete
　Angehörige des öffentlichen Dienstes **11** 35 ff., **150** 69; Ausscheiden **8** 45; Ausschluss von Sitzungen **10** 17a und 68; Eidesformel **10** 2; Entschädigung **1** 17, **11** 6; Erwerb und Verlust des Mandats **8** 9 und 42, **9** 61 bis 64 und 68, **11** 1; fraktionslose **12** 10; Indemnität, Immunität **1** 31, **10** 44; Schutz der Mandatsausübung **11** 2; Teilnahme an Landtagssitzungen **10** 47; Unvereinbarkeit von Amt und Mandat **11** 34; Urlaub **10** 47; verfassungsrechtliche Stellung **1** 17, **11** 46; Verhaltensregeln **11** 47; Wählbarkeit **8** 8; Zeugnisverweigerungsrecht **1** 31
Abgrabungen **200** 11a, **300** 2
Ablassen von Gewässern **275** 33
Abordnung **150** 27 f.
Abstandflächen **300** 6
Abstimmungsprüfung **1** 4, **5** 25
Abwasser **250** 44 ff.
Abwasseranlagen **250** 51 f.
Abwassersatzung **250** 44, 45, 46.
Akteneinsicht
　nach IZG **59** 5; gegenüber der Landesregierung **1** 29; beim Landesverfassungsgericht **25** 17; Untersuchungsausschüsse **1** 24, **15** 13 ; im Verwaltungsverfahren **50** 52f, 88 und 198
Allgemeinverfügung **50** 106
Altenteilvertrag **500** 1 ff.
Ältestenrat **1** 20, **10** 7 f.
Altlasten siehe Bodenschutz
Amnestie **1** 39
Amt (im verwaltungsorganisatorischen Sinne) **50** 5
Ämter **104** 1
　Aufgaben **104** 3 ff.; Behörden **50** 11; Dienstkräfte **104** 7 und 15 f.; und Gemeinden **104** 3 ff.; Geschäftsführung durch amtsangehörige Gemeinde **104** 23; gesetzlicher Vertreter **104** 24a; Gleichstellungsbeauftragte **104** 22a; Größe **104** 2; hauptamtlich verwaltete **104** 15a ff.; Hauptausschuss **104** 15d
Amtsdirektor
　Abberufung **104** 24a; Amtszeit **104** 15b; Disziplinarbehörde **170** 47; Stellvertretung **104** 15c; Teilnahme an Sitzungen der Gemeindevertretungen **104** 15b; Wahl **104** 15b; Wählbarkeit **104** 15b; Widerspruchsrecht **104** 24a
Amtsausschuss
　Aufgaben **104** 10; Ausschüsse **104** 10a; Gruppierungen **104** 11; Teilnahme von Gemeindevertretern **104** 10; Vorsitz **104** 12; Widerspruchsrecht von Gemeindevertretungen **104** 3; Zusammensetzung **104** 9
Amtshilfe **50** 32 ff.
　auf europäischer Ebene **50** 36a; gegenüber dem Landesverfassungsgericht **25** 25
Amtssprache **31** 1, **50** 82a
Amtstracht, Gerichte und Staatsanwaltschaften **440** 6
Amtsumlage **41** 28, **104** 22
Amtsverschwiegenheit **22** 4, **150** 46

Amtsvorsteher **104** 11 ff.
　Amtszeit **104** 11; Aufgaben **104** 12; beamtenrechtliche Stellung **104** 11; Eilzuständigkeit **104** 13; und Gemeindevertretungen **104** 13; und Leitender Verwaltungsbeamter **104** 15; Stellvertretung **104** 13 und 15; Wahl **104** 11; Widerspruchsrecht **104** 24a
Anbaubeschränkungen an Straßen **330** 29 ff.
Anfragen, große **1** 29, **10** 38
Anfragen, kleine **1** 29, **10** 36
Anhörung im Verwaltungsverfahren **50** 87, 133 und 140
Anlagen, bauliche
　Begriff **300** 2; Beseitigungsanordnung **300** 59; bestehende **300** 60; Eingriff in Natur und Landschaft **200** 8; Fliegende Bauten **300** 76; Gestaltung **300** 10; Nutzungsuntersagung **300** 59; Standsicherheit **300** 13; Verkehrssicherheit **300** 17
Anlieger, Straßenreinigung **330** 45 und 65
Anliegergebrauch **250** 22
Anonymität im Prüfungsrecht **481** 14, **482** 14
Anpflanzungen **505** 37 ff.
Anschluss- und Benutzungszwang **100** 17, **102** 17
Anstalten des öffentlichen Rechts **50** 41
Antennen **300** 63
Anwärterbezüge **180** 67 ff.
Arbeitszeit von Beamten **150** 60 ff.
　Ermäßigung, Teilzeit **150** 61 ff.; familiengerechte **159** 14
Aufenthaltsräume **300** 48
Aufforstungen **220** 8 ff.
Aufschüttungen **200** 11a, **300** 2, **505** 25
Aufsicht
　Bau- **300** 58; Dienst- **50** 14; Fach- **50** 14; Fischerei- **275** 33; über Gerichte **440** 10 f.; Gewässer- **250** 107 ff.; Hochschul- **360** 6 und 79; Kommunal- **100** 120, **102** 59, **104** 19, **106** 20; über die Medienanstalt HSH **385** 50; über den offenen Kanal **385** 35; über Rundfunkprogrammanbieter **385** 40; Schul- **350** 125 ff.; Stiftungs- **510** 8; Straßen- **330** 48 ff.
Aufsichtsarbeiten **481** 11, **482** 8
Aufsichtsrat, Klinikum **360** 85 f.
Aufträge, öffentliche **400** 1 ff.
Auftragswerte, Schätzung **401** 2
Aufzeichnungspflicht **385** 9
Aufzüge **300** 40
Ausbildungsverhältnisse, öffentlich-rechtliche **150** 4
Ausgaben **40** 6 und 34
　außer- und überplanmäßige **1** 60, **40** 37, **100** 82
Ausgleichsmandate **1** 16, **8** 3, **108** 10
Ausgleichsmaßnahmen, Naturschutzrecht **200** 9 bis 11
Auskunft im Verwaltungsverfahren **50** 83a
Auslandsbesoldung **180** 66
Aussagegenehmigung **150** 46
Ausschüsse
　Gemeinden, Kreise und Ämter **100** 45 ff., **102** 40 ff., **104** 10a; Hauptausschuss **100** 45a, **102** 40a, **104** 15d, **106** 12; an Hochschulen **360** 21 und 29; des Landtags **1** 23, **10** 9 f.; Sonderausschüsse **10** 9; im Verwaltungsverfahren **50** 100 ff. und 138
Außenwände **300** 29
Austauschvertrag **50** 123

Bachelor und Master **360** 5, 46 und 49
Bäderregelung **410** 9
Balkone **505** 22 ff.
barrierefreies Bauen **32** 11, **300** 2 und 52
barrierefreies Verwaltungshandeln **32** 12 ff.; **50** 52h
Bauantrag **300** 64
Bauanzeige **300** 68
Bauaufsicht
　Bauaufsichtsbehörden **300** 58 und 61; Eingriffsgrundlage (Generalklausel) **300** 59; Fachaufsicht im Bauwesen **300** 58
Bauausführung **300** 12 ff.
Baubeginn **300** 73

Baubeschränkungen an Straßen **330** 29 ff.
Baubestimmungen, technische **300** 83a
Baudenkmäler, Sicherheitsvorschriften **330** 9
Baueinstellung **300** 59
Baugenehmigung **300** 62 und 73
    Bauantrag **300** 64; Bauvorlagen **300** 64; Bauvorlageberechtigung **300** 65; Beteiligung anderer Behörden **300** 67; Fliegende Bauten **300** 76; genehmigungs- und anzeigefreie Vorhaben **300** 63; genehmigungsfreie, anzeigepflichtige Vorhaben **300** 68; Genehmigungspflicht **300** 62; Nachbarbeteiligung **300** 72; Teilbaugenehmigung **300** 74; Typenprüfung **300** 70; vereinfachtes Verfahren **300** 69; Vorbescheid **300** 66
Bauherr **300** 54
Baulasten **300** 80
Bauleistungen, Vergabe **401** 4
Bauleiter **300** 57
Bauleitplanung, Beteiligung der Landesplanung **320** 11
bauliche Anlagen siehe Anlagen, bauliche
Baumschutz/Baumschutzsatzungen **200** 18
Bauprodukte **300** 17b ff.
Baustelle **300** 12
Bauüberwachung **300** 78
Bauvorschriften, örtliche **300** 84
Bauwich **300** 6
Bauzustandsbesichtigung **300** 83
Beamte **150** 1 ff.
    Ehrenbeamte **150** 6; an Hochschulen **150** 116 ff.; bei sonstigen juristischen Personen des öffentlichen Rechts **150** 115; des Landtages **150** 106; auf Probe **150** 5; Strafvollzug **150** 216; Tod **440** 41; Wahlbeamte **150** 7; auf Zeit **150** 7, 35 und 36
Beamtenbesoldung siehe Besoldung
Beamtenverhältnis **150** 4
    Abordnung **150** 28; Amtsbezeichnung **150** 57; Amtsverschwiegenheit **150** 46; Arbeitszeit **150** 60 ff., **159** 14; Aussagegenehmigung **150** 46; Beendigung **150** 30 ff.; Beförderung **159** 5, **180** 26; Beihilfe **150** 8; Belohnungen **150** 49; Beschwerdeweg **150** 101; Beurteilung **150** 59; Dienstbehörde **150** 3; Diensteid **150** 47; Dienstjubiläum **150** 58; Dienstkleidung **150** 56; Dienstvergehen **150** 50; Dienstzeugnis **150** 55; Einstellung **31** 2, **40** 48 f., **150** 18, **190** 4; Einstiegsamt **180** 25; einstweiliger Ruhestand **150** 37 ff.; Elternzeit **150** 81; Entfernung aus dem Beamtenverhältnis **170** 10; Entlassung **150** 30 ff.; Ernennung **150** 9 ff. und 18; Fürsorge **150** 80; Haftung **150** 51; Laufbahnen **150** 13 ff.; Mutterschutz **150** 81; Nebentätigkeit **150** 70, **155** 1 ff., **156** 1 ff.; Personalakten **150** 85 ff.; auf Probe **150** 5, 18 f., 42 und 128; Probezeit **150** 5 und 19; Rechtsschutz **150** 101 ff.; Reise- und Umzugskosten **150** 84; Rücknahme der Ernennung **150** 12; Ruhestand **150** 35 ff.; Schmerzensgeldansprüche **150** 83a; Urlaub **150** 64 und 68; Verbot der Führung der Dienstgeschäfte **150** 11 und 48; Verbot sexueller Belästigung am Arbeitsplatz **190** 16; Verlust der Beamtenrechte **150** 30 ff.; Versetzung **150** 29; Wahlbeamte **150** 7; Wahlvorbereitungsurlaub **11** 33; Wohnung **150** 54; auf Zeit **150** 7
Beauftragter
    für den Haushalt **40** 9; als Kommunalaufsichtsmittel **100** 127, **102** 66; für Naturschutz **200** 43 f.
Bebauungsplan
    Beteiligung der Landesplanung **320** 11; Ersatzanspruch der Gemeinde wegen Entschädigungszahlung nach Anpassung **320** 19; Heilbarkeit und Unbeachtlichkeit formeller Fehler **100** 4
Bebaubarkeit von Grundstücken **300** 4
Befangenheit **50** 81a, **100** 22, **150** 53, **190** 37, **475** 17
Beglaubigung **50** 91
Begnadigung **1** 39, **170** 46
Behinderung, Menschen mit
    Begriff **32** 2; Berücksichtigung im Baurecht **300** 3 und 15; Förderung in der Schule **350** 4; gemeinsamer Unterricht **350** 5; Landesbeauftragter für **32** 4 ff.; Verbandsklagerecht **32** 3

Behörden **50** 3
    Abfallentsorgungs- **290** 25 f.; Auflösung **50** 8; Bauaufsichts- **300** 58; Beteiligtenfähigkeit in verwaltungsgerichtlichen Verfahren **440** 69; Bodenschutz- **285** 12; Denkmalschutz- **370** 3; Einrichtung/Errichtung **1** 52, **50** 8 f.; Fachaufsichtsbehörde im Bauwesen **300** 58; Fischerei- **275** 42; der Gemeinden, Kreise und Ämter **50** 11; Gemeindewahl- **8** 13; Kommunalaufsichts- **100** 121, **102** 60, **104** 19; von Körperschaften, Anstalten und Stiftungen **50** 12; Küstenschutz- **250** 102; Landes- **50** 4 ff.; Landesober- **50** 6; Landesplanungs- **320** 8; Naturschutz- **200** 2; Naturschutz- **200** 2, **201** 1 ff. und 7; oberste Landes- **50** 5; Ordnungs- **50** 164; der Polizei **80** 1; Schulaufsichts- **350** 58; Straßenbau- **330** 52 ff.; untere Landes- **50** 7 und 328, **51** 1; Verkehrs- nach Wasserrecht **250** 99; Vollstreckungs- **50** 263; Vollzugs- **50** 231; Wasser- **250** 101
Beihilfe **150** 80
Beiräte
    in Gemeinden und Kreisen **100** 47d, **102** 42a; für den kommunalen Finanzausgleich **41** 34; Landesbeirat zur Teilhabe von Menschen mit Behinderungen **32** 14; für Naturschutz **200** 44; im Verwaltungsverfahren **50** 100 ff.
Beistände **50** 79
Beiträge **125** 8 und 8a
    Erschließungs- **125** 20; haushaltsrechtliche Behandlung **40** 107; Kostenspaltung **125** 8; wiederkehrende **125** 8a
Bekanntmachung, örtliche **50** 329 und 329a, **55** 1 ff.
Bekenntnisschulen **350** 7
Beliehene **50** 2 und 24
Benutzung öffentlicher Einrichtungen **100** 18, **102** 18
Benutzungsgebühren **125** 6
Benutzungsordnung **50** 44 f.
Benutzungszwang **100** 17, **102** 17
Beobachtung von Natur und Landschaft **200** 3a
Berichtswesen **100** 28 und 45b, **102** 23 und 40b
Berufliches Gymnasium **350** 92
Berufsoberschule **350** 90
Berufsfachschule **350** 89
Berufsschule **350** 88
Berufsschulpflicht **350** 20 und 23
    Pflichten des Arbeitgebers **350** 26
Besoldung **150** 7, **180** 1 ff., **181** 1 ff.
    Anspruch **180** 4; Anwärterbezüge **180** 67 ff.; im Ausland **180** 66; bei begrenzter Dienstfähigkeit **180** 8; Grundgehalt **180** 22 und 28; Hochschullehrer **180** 31 ff.; Kürzung **180** 10 ff.; Richter **180** 40 f., **181** 3; Sachbezüge **180** 13; Staatsanwälte **180** 40 f., **181** 3; Rückforderung **180** 15; bei Teilzeitbeschäftigung **180** 7; Verjährung **180** 16; Zahlungsweise **180** 20; Zulagen **180** 46 ff.
Besoldungsgruppen **180** 25
Besoldungsordnungen **180** 23, **181** 2
Beteiligte am Verwaltungsverfahren **50** 78
Beteiligtenfähigkeit
    im Verwaltungsverfahren **50** 76; von Behörden im verwaltungsgerichtlichen Verfahren **440** 69
Betreten der freien Landschaft **200** 30
Betreten des Waldes **220** 17
Betreten von Grundstücken
    behördliche Betretungsrechte **100** 17, **200** 48 und 49, **220** 3, **275** 44, **285** 2; im Nachbarrecht **505** 17; Ufertretungsrecht und Zugang zum Wasser **275** 15
Betreuungsangebote in der Schule **350** 6
Betreuung unter Naturschutz stehender Gebiete **200** 20
Beurlaubung
    Abgeordnete **10** 47; Beamte **150** 64; Lehrer für eine Tätigkeit an einer Ersatzschule **350** 117; Richter **475** 7a f.; Schüler **350** 15; Studierende **360** 40; Urlaubs- und Krankheitsvertretungen **159** 13
Bevollmächtigte **25** 19; **50** 79
    einer Gemeinde **100** 51 und 56; eines Kreises **102** 50
Beweismittel **50** 84
Bewilligungsrichtlinien **50** 71
Bibliotheken an Hochschulen **360** 34
Bilanz (Gemeindehaushalt) **121** 48 ff.
Bildungsverlaufsanalyse **350** 30
Binnengewässer **275** 2

Stichwortverzeichnis

Biosphärenreservate **200** 14
Biotope **200** 21
Biotopverbund **200** 12
Blitzschutzanlagen **300** 47
Blutprobe **50** 183b
Bodenerhöhung **505** 25
Bodenschätze **200** 11
Bodenschutz
  Altlastenkataster **285** 5; Auskunftspflichten **285** 2; Bodenschutzbehörden **285** 12 f.; Eingriffsgrundlage (Generalklausel) **285** 4; Sanierung **285** 9; Ziele **285** 1
Bodycams **50** 184a
Bootsliegeplätze **200** 36
Brandschutz **300** 15
Brandwände **300** 31
Briefwahl **5** 22, **8** 22, **9** 2a, 17 ff. und 50, **108** 33
Brücken **330** 2 und 60
Büchereiwesen **1** 13, **41** 22
Bundesverfassungsgericht, Verfahrensführungspflicht der Landesregierung **1** 30
Bürger **100** 6, **102** 6
Bürgerbegehren **100** 16g, **101** 9 bis 11, **102** 16f
Bürgerentscheid **100** 16g, **101** 10 und 11, **102** 16f
Bürgermedien **385** 33 ff.
Bürgermeister **100** 50 ff., 55 ff. und 61 ff.
  als Amtsbezeichnung für den Stellvertreter des Oberbürgermeisters **100** 62
Bürgermeister, ehrenamtlicher **100** 50 ff.
  Abberufung **100** 40a; Aufgaben **100** 50; beamtenrechtliche Stellung **100** 50 und 53; als Dienstvorgesetzter **100** 50; und Gemeindevertretung **100** 48; gesetzlicher Vertreter der Gemeinde **100** 51; als Leiter der Gemeindeverwaltung in amtsfreien Gemeinden **100** 50; Repräsentation **100** 10; in ehrenamtlich verwalteten Städten **100** 60; Stellvertretung **100** 52a; Vorsitzender der Gemeindevertretung **100** 48; Wahl **100** 52; Widerspruchsrecht **100** 43 und 47
Bürgermeister, hauptamtlicher **100** 55 ff. und 61 ff.
  Abwahl **100** 40a und 57d; Amtszeit **100** 57; Aufgaben **100** 55 und 65; beamtenrechtliche Stellung **100** 57c, 58, 61 und 63; Dienstvorgesetzter **100** 45b; als Dienstvorgesetzter **100** 55 und 65; Disziplinarbehörde **170** 47; und Gemeinde-/Stadtvertretung **100** 36, 55 und 65; gesetzlicher Vertreter der Gemeinde/Stadt **100** 56 und 64:; und Hauptausschuss **100** 45a und 45b; Repräsentation **100** 10; in hauptamtlich verwalteten Städten **100** 60 ff.; und Stadträte **100** 65; Stellvertretung **100** 57e und 62; Wahl **100** 57 ff. und 61, **108** 46 ff.; Wählbarkeit **100** 57; Widerspruchsrecht **100** 43 und 47
Bürgervorsteher **100** 33
  Abberufung **100** 40a; Ordnung in den Sitzungen der Gemeindevertretung **100** 42; Repräsentation **100** 10; Verhandlungsleitung **100** 37; Wahl **100** 33

Campus (Universitätsklinikum) **360** 88
Campingplätze **200** 37, **300** 2, 62, 63 und 83

Dächer **300** 33
dänische Minderheit **1** 6
  Fraktionsstatus **10** 22, **12** 1; Fünf-Prozent-Klausel **8** 3; Schulen **350** 115 und 124
Daten, personenbezogene **50** 177, **90** 3 ff., 21
  Abfallrecht **290** 22; Abgeordnete **11** 47a; Auftragsverarbeitung **90** 38 ff.; Baurecht **300** 67; Beamtenrecht **150** 85 ff., **170** 21 und 29; Bodenschutzrecht **285** 6; Denkmalschutzrecht **370** 7; Gefahrenabwehrrecht **50** 177 und 191 ff.; Hochschule **360** 45; Kommunalwahlen **108** 61; Löschen **90** 6; Presserecht **380** 10; Rechte des Betroffenen **90** 8 ff. und 31 ff; Rundfunkrecht **385** 37; Schadensersatzansprüche **50** 225, **90** 30; Schulwesen **350** 30; Volksabstimmungen **5** 28; Volksabstimmungen **5** 28; Waldrecht **220** 35; Wasserrecht **250** 89; zwischen Ämtern und Gemeinden **104** 6

Datenschutz
  Landesbeauftragter **50** 186b; **90** 17 f., 36, 45 und 61 ff.; in Statistik und Wissenschaft **90** 13 und 26
Datenschutzbeauftragte **90** 58 ff.
Dauergrünland **200** 21, 24 und 66
Decken **300** 32
Deckungsfähigkeit **40** 20 und 46, **120** 17, **121** 22
Deckungsnachweispflicht **1** 54
Deiche **250** 65
  Benutzung **250** 70; Deichschau **250** 71; Einteilung **250** 65; Unterhaltung **250** 69; Widmung **250** 68
Deichvorland **250** 58 und 73
Dekan **360** 30 und 32
Demokratie **1** 2
Denkmal **370** 2
  archäologisches Denkmal **370** 2; Baudenkmal **370** 2; im Baurecht **300** 63; Gründenkmal **370** 2; Kulturdenkmal **370** 2, 8 und 9; Schutzzonen **370** 2 und 10
Denkmalbereich **370** 2 und 24
Denkmalliste **370** 8, 9, 10 und 24
Denkmalrat **370** 6
Denkmalschutz
  Begriff **370** 1; Funde **370** 15; genehmigungspflichtige Maßnahmen **370** 12; Kostenpflicht bei Eingriffen **370** 14; Vertrauensleute **370** 3
Deponien **290** 5, 20
Dienstaufsicht **50** 14 ff.
  über Gerichte und Staatsanwaltschaften **440** 10
Diensteid **150** 47
Dienstgerichte **475** 56 ff.
Dienstherrnfähigkeit **150** 1 und 2, **180** 29
Dienstordnungsangestellte **180** 42
Dienststelle **190** 8
Dienstunfähigkeit **150** 41 ff.
Dienstvergehen **150** 50
Dienstvorgesetzte **150** 3
Dienstzeiten, nicht zu berücksichtigende **180** 30
Dienstzeugnis **150** 59
Direktwahl
  Bürgermeister **100** 57, **100** 61; Landrat **102** 43
Disziplinarklage **170** 34
Disziplinarmaßnahmen **170** 5
  Arten **170** 5; Bemessung **170** 13; Doppelverwertungsverbot **170** 16; für Richter **475** 72; und Straf-/Bußgeldverfahren **170** 14; Verweis **170** 6; Zeitablauf **170** 15; Zurückstufung **170** 9; Disziplinarverfahren **170** 17 ff. und 41 ff.; für Kommunalbeamte **170** 47; für Richter **475** 71 ff.; vorläufige Dienstenthebung **170** 38 ff.; Zentrale Disziplinarbehörde **170** 21; Zuständigkeit bei Abordnung usw. **170** 17
Disziplinarverfügung **170** 33
Doppik **100** 75 ff., **121** 1 ff.
Doktoranden **360** 43
Drittmittelprojekte **360** 37
Drohnen **200** 13
Dünen **200** 21 und 33, **250** 58 und 81
Durchsuchung
  im Disziplinarrecht **170** 27; von Personen **50** 202, **440** 17; von Räumen **50** 208 und 275; von Sachen **50** 206, **440** 17; durch Untersuchungsausschüsse **15** 26

ehrenamtliche Tätigkeit **50** 93 ff., **100** 19 ff., **102** 19
  Benachteiligungsverbot im Arbeitsrecht **100** 24a; Entschädigung, Aufwendungsersatz **50** 97, **100** 24; an Hochschulen **360** 14; Pflicht zur Übernahme **100** 19, **102** 19; Schadensersatz **100** 24
Ehrenbeamte **150** 6
  Amtsvorsteher und Stellvertretende **104** 11; ehrenamtlicher Bürgermeister **100** 50; Entschädigung **100** 24; Ersatzansprüche **100** 24; Freizeitgewährung **100** 24a; Kündigungsverbot **100** 24a; Stellvertretende des Amtsdirektors **104** 15c; Stellvertretende des Bürgermeisters **100** 52a und 57e; Stellvertretende des Landrats **102** 48; Treuepflicht **100** 23
Ehrenbürger **100** 26
Eigenbetriebe **100** 106, **130** 1 ff., **190** 8
Eigengesellschaften **100** 104

Stichwortverzeichnis

Eilzuständigkeit
    Amtsvorsteher **104** 13; Bürgermeister **100** 50, 55 und 65; Landrat **102** 51; Naturschutzbehörde **200** 11; Ordnungsbehörde **50** 165
Einfriedigungspflicht **505** 28 ff. und 35 ff.
Eingriffe in Natur und Landschaft **200** 8 und 63
    Ausgleichs- und Ersatzmaßnahmen **200** 9 bis 11
Einheitliche Stelle **50** 138a ff. und 154
    Anwendung im Fachrecht **200** 2, **275** 12 und 40, **350** 118, **360** 76 und 77, **440** 83
Einigungsausschuss, parlamentarischer **1** 26, **10** 11
Einigungsstelle **190** 53 ff.
Einmündungen **330** 34
Einrichtungen, kostendeckende **120** 11
Einrichtungen, öffentliche **100** 18, **102** 18
Einwohner **100** 6, **102** 6
Einwohnerantrag **100** 16f, **101** 7 und 8, **102** 16e
Einwohnerfragestunde **100** 16c, **102** 16b
Einwohnerversammlung **100** 16b
Einwohnerzahl **50** 323, **100** 133
Eisenbahnen, Enteignung für **70** 23
elektronische Fußfessel **50** 201b
elektronische Kommunikation mit Behörden **50** 52a und 52b
Eltern **350** 2
    Elternbeiräte **350** 71 ff.; Elternversammlung **350** 69; Elternvertretung **350** 79 und 98; in der Fachkonferenz **350** 66; in der Klassenkonferenz **350** 65; im Landesschulbeirat **350** 135; in der Schulkonferenz **350** 62 und 97
Elternzeit **150** 81
E-Mail **50** 52a
Energiewendeministerium, Beteiligung **20** 10
Enquete-Kommissionen **10** 12
Enteignung
    Rechtsweg **70** 30; Verfahren **70** 15 ff.; Vollziehung **70** 32 ff.; Wirkung **70** 44 ff.; Zulässigkeit allgemein **70** 1; Zulässigkeit nach Fachgesetzen **250** 85, **290** 17, **330** 44, **370** 20 f.
Enteignungsentschädigung **250** 85, **330** 44
    Feststellung **70** 24; Höhe der Entschädigung **70** 8; Mieter und Pächter **70** 11
Entlastung der Landesregierung **40** 114
Entschädigungsansprüche
    Deponien **290** 20; im Fischereirecht **275** 8, 10, 15, 17, 34, 35 und 45; Naturschutzrecht **200** 54; Nachbargrundstück, Benutzung **505** 19; Nachbarwand, Anbau **505** 6; Nichtstörer **50** 221 ff.; im Straßenrecht **330** 44a; unbeteiligter Dritter **50** 222; im Waldrecht **220** 28 und 31; im Wasserrecht **250** 12, 24, 26, 35, 85, 90 und 91
Entwurfsverfasser **300** 55
Erdaufschlüsse **250** 40
Ergänzungsschule **350** 2 und 118
Ergänzungsvorbereitungsdienst **481** 32, **482** 23
Erholungsfunktion der Natur **200** 30 ff.
Ermessen **50** 73
Ersatzmaßnahmen, Naturschutzrecht **200** 9 bis 11
Ersatzschulen **350** 115 ff.
    Anerkennung **350** 116; Aufsicht **350** 115; der dänischen Minderheit **350** 115 und 124; Genehmigung **350** 115; Lehrkräfte **350** 117; Schullastenausgleich **350** 113; Zuschüsse **350** 119 ff.
Ersatzvornahme **50** 238; **440** 23
    Beseitigung von Einrichtungen an Straßen **330** 33; Forstbehörden **220** 33; Gewässerunterhaltung **250** 34; Hegepläne, Fischereirecht **275** 21; Kommunalaufsicht **100** 125, **102** 64; Kosten **65** 3, 17; Naturschutzrecht (bei Eingriffen in Natur und Landschaft) **200** 11
Ersatzwahl **8** 51
Ersatzzwangshaft **50** 240
Erschütterungsschutz **300** 16
erste Prüfung/Erste Juristische Staatsprüfung
    Anonymität **481** 11 ff.; Aufsichtsarbeiten **481** 11 ff.; Einsicht in die Prüfungsakten **481** 28; Freiversuch **481** 22; Justizprüfungsamt **480** 14, **481** 7; mündliche Prüfung **481** 18; Notenverbesserung **481** 23; Prüfer **480** 4, **481** 17; Prüfungsfächer **481** 3; Rücktritt **481** 19; staatliche Pflichtfachprüfung **481** 2 ff.; Täuschungsversuch

481 25; universitäre Schwerpunktprüfung **480** 5 und 7; Zulassungsvoraussetzungen **481** 2
Erststimme **8** 1, **9** 33, 53, 55 und 61
Erwachsenenbildung **1** 13, **350** 142
Euro-Stabilitätspakt **100** 75
Experimentierklausel
    allgemein im Verwaltungsrecht **50** 25a; kommunale Selbstverwaltung **100** 135a, **102** 73a, **104** 26a, **106** 24

Fachaufsicht **50** 14 ff.
    über Gerichte **440** 11
Fachbereiche **360** 18 und 28 ff.
Fachbereich Medizin **360** 32
Fachbereichsgeschäftsführer **360** 30
Fachbereichskonvent **360** 29
Fachgymnasium (Berufliches Gymnasium) **350** 92
Fachhochschulen **360** 94
Fachkonferenz **350** 66, 97
Fachoberschule **350** 91
Fachschule **350** 93
Fakultäten **360** 18 und 28 ff.
Familienstiftungen **510** 19
Familienzuschlag **180** 43 ff.
Fehlbetragszuweisungen **41** 17
Feldwege **330** 3
Fenster **300** 38, **505** 22 ff.
Fesselung von Personen **50** 255
Feuer, offene **281** 3
Feuerschutzsteuer **41** 30
Feuerungsanlagen **300** 43
Feuerwehrdienst **150** 113, **180** 50
Finanzausgleich, kommunaler **1** 57, **41** 1 ff.
Finanzausgleichsmasse **41** 3
Finanzausgleichsumlage **41** 29
Finanzminister/Finanzministerium
    Beteiligung **20** 9; Widerspruchsrecht **20** 23
Finanzrechtsweg **440** 57
Findungskommission **360** 20 und 23
Fischerei und Naturschutz **200** 3 und 28a, **201** 6
Fischereiabgabe **275** 29
Fischereiaufsicht **150** 133, **275** 43
Fischereibehörden **275** 42
Fischereibuch **275** 7
Fischereierlaubnisschein **275** 14
Fischereigenossenschaft **275** 22
Fischereirecht **275** 4 ff.
    Ausübung **275** 11 ff.; Gewässerunterhaltung **250** 35; Übertragung/Verkauf **275** 9
Fischereischein **275** 26
Fischfang, verbotene Methoden **275** 31
Fischwechsel und Fischwege **275** 18 und 34
Flüchtlinge, Unterkünfte **300** 85a
Flure **300** 37
Flussgebietseinheiten **250** 86
Förderzentren **350** 45
    Träger **350** 54
Formfehler **50** 114 f.
    Bebauungsplansatzung **100** 4
Forschung **360** 3, 4, 36 und 37
    in der Schule **350** 3
Forstbehörden **220** 32
Forstwege **220** 2
Forstwirtschaft
    Förderung **220** 25; und Naturschutz **200** 3 und 28a
Fragestunde **10** 37
Fraktionen
    in der Gemeindevertretung **100** 32a; Gruppierung im Amtsausschuss **104** 11; im Kreistag **102** 27a; im Landtag **1** 18 und 20, **10** 22, **12** 1 ff.
Fraktionsfinanzierung **12** 6
Fraktionsmitarbeiter **10** 16; **12** 5
Frauen, Gleichstellung **1** 9, **159** 1 ff., **360** 3 und 89
    Härteklausel **159** 6
Frauenförderplan **159** 11
Frauenhäuser, Finanzzuweisungen **41** 23
Friesisch

784

Behördensprache **31** 1 und **50** 82b; Beschilderung **31** 3 ff.; Einstellungskriterium **31** 2; friesische Volksgruppe **1** 5
Fristen und Termine **50** 89
  Sonnabende und Sonntage im Wahlrecht **8** 59, **108** 60

Ganztagsschule **350** 6
Garagen **300** 50
Gaststudierende **360** 38 und 44
Gebärdensprache **32** 10
Gebühren **125** 4
  für Amtshandlungen **50** 249, **65** 1 ff. und 12 ff.; Benutzungsgebühren **60** 23, **125** 6; Gebührenbemessung **60** 9 und 24; Gebührenfreiheit **60** 7 f., **440** 84; Pauschgebühren **60** 5; bei Unzuständigkeit **60** 15; Verjährung **60** 20; Verwaltungsgebühren **60** 7 ff. und 15, **125** 5
gefährliche Orte **50** 180
Gefahrenabwehr
  Baurecht **300** 59; Datenerhebung **50** 178 ff.; polizeiliche Generalklausel **50** 174; Naturschutzrecht **200** 2; Standardmaßnahmen **50** 199 ff.; Störer **50** 217 ff.; Vollzug **50** 228; Waldrecht **220** 33; Wasserrecht **250** 107; Zuständigkeit **50** 163
Gegendarstellungsanspruch **380** 11, **385** 10
Gemeinden **100** 1 ff.
  und **104** 3; amtsangehörige Gemeinde, Vertretung im Prozess **104** 3; Aufgaben **100** 2 f.; Behörden **50** 11; Bevollmächtigte **100** 51 und 56; Eigengesellschaften **100** 104; Gebiet **100** 13 ff., **101** 3 f.; gerichtliche Vertretung durch das Amt **104** 3; gesetzlicher Vertreter **100** 51, 56 und 64; Haushaltswirtschaft **1** 47, **100** 75 ff.; und Kreis **100** 2, **102** 20; Name **100** 11, **101** 2; öffentliche Einrichtungen **100** 18; Organe **100** 7; Personalräte, Einschränkung der Mitwirkung **190** 83; Repräsentation **100** 10; Selbstverwaltungsaufgaben **100** 2; Selbstverwaltungsrecht **1** 54, **100** 1; Städte **100** 59 ff.; Verpflichtungserklärungen, Form **100** 51 und 56; Vertretung in Gesellschaften **100** 104; Vertretung in Vereinigungen **100** 25; wirtschaftliche Betätigung **100** 101 ff.; wirtschaftliche Betätigung, Anzeigepflicht **100** 108; Wirtschaftlichkeit und Sparsamkeit **100** 8
Gemeindehaushalt **1** 55 und 95e
  Bilanz **121** 48; Doppelhaushalt **121** 7; Finanzbuchhaltung **100** 90, **121** 32; Finanzplanung **100** 83, **120** 23, **121** 5; Gesamtabschluss **100** 93, **121** 53; Haushaltsausgleich **120** 21, **121** 26; Haushaltsplan **100** 78 f., **120** 1 ff., **121** 1 ff.; Haushaltssatzung **100** 77; Jahresabschluss **100** 91, **121** 44; Jahresrechnung **100** 91; Kleinbeträge **120** 31; Liquidität **121** 27; Nachtragshaushalt **100** 80, **120** 32, **121** 8; Rücklagen **120** 19; Rückstellungen **121** 24; Vermögenshaushalt **120** 1; Verpflichtungsermächtigungen **100** 84, **120** 8, **121** 11; Verwaltungshaushalt **120** 1; vorläufige Haushaltsführung **100** 81; Wirtschaftlichkeit und Sparsamkeit **100** 8 und 75
Gemeindestraßen **330** 3, 13 und 23
Gemeindeverbindungsstraßen **330** 14
Gemeindevermögen **100** 88 und 89, **121** 39 ff.
Gemeindeversammlung **100** 54
Gemeindevertreter **100** 31
  Auskunftsrecht **100** 30; freies Mandat **100** 32; Rechte und Pflichten **100** 32; Unvereinbarkeit von Amt und Mandat **100** 31a
Gemeindevertretung
  Anzahl der Vertreter **108** 8; Aufgaben **100** 27 ff.; Auflösung **100** 44; Ausschüsse **100** 45 ff.; Beschlussfähigkeit **100** 38; Beschlussfassung **100** 39; Einberufung **100** 34; Fraktionen **100** 32a; Geschäftsordnung **100** 34; Öffentlichkeit **100** 35 ff.; Ordnung **100** 42; Vertretung in gerichtlichen Verfahren **100** 33; Vorsitz **100** 33, 37 und 36; Teilnahme des Bürgermeisters **100** 36; Wahl der Gemeindevertretung **108** 1 ff.; Widerspruchsrecht des Bürgermeisters **100** 43; Zusammensetzung **100** 31
Gemeindeverwaltung **100** 48 ff.
Gemeingebrauch **200** 32, **250** 18 ff., **330** 20 f.
Gemeinsames Prüfungsamt **482** 1 f.
Gemeinschaftsschule **350** 43

im Sinne bekenntnis- und weltanschauungsübergreifenden Unterrichts **1** 12, **350** 7
Genehmigungsfiktion **50** 111a
Gesamtabschluss **100** 93
Gesamtdeckungsgrundsatz **40** 8, **120** 15, **121** 19
Gesamtnoten **489** 2, **482** 12
Gesamtpersonalrat **190** 45
Geschäftsordnung
  Abweichen von der **10** 75; Auslegung der **10** 74, **20** 29; Fraktionen der Gemeindevertretung **100** 32a; Gemeindevertretung und Ausschüsse **100** 34 und 46; Kreistag und Ausschüsse **102** 29 und 41; Landesregierung **1** 29, **20** 1 ff.; Landtag **1** 14, **10** 1 ff.; Personalrat **190** 32; Richterwahlausschuss **475** 28
Gesetzentwürfe **1** 44
Gesetzesvorbehalt **50** 72
Gesetzesvorrang **1** 52, **50** 57 und 67
Gesetzgebungsverfahren
  Ausfertigung **1** 46, **20** 27; Initiative **1** 44, **10** 23; Inkrafttreten **1** 46; Lesungen **10** 25, 27 und 28; Schlussabstimmung **10** 30; verfassungsändernde **1** 47; Verkündung **1** 46
Gewahrsam von Personen **50** 204; **440** 16
Gewaltenteilung **1** 2
Gewässer
  alte Rechte **250** 16 Aufsicht **250** 107; Ausbau **250** 54 ff.; Benutzungen **250** 11 ff.; Eigentum **250** 3 ff.; Einteilung **250** 2; Entschädigung **250** 12, 24, 26, 35, 85, 90 und 91; Gemeingebrauch **250** 18 ff.; Kreuzungen mit Straßen **330** 35a und 36a; Motorfahrzeuge **250** 15; Verkehrsrecht **250** 92 ff.
Gewässeraufsicht **250** 107 ff.
Gewässerrandstreifen **250** 26
Gewässerunterhaltung **250** 25 ff.
  Duldungspflicht **250** 35; Kosten **125** 7; Pflichtige **250** 27 ff.; Umlage **250** 31; Zuschüsse des Landes **250** 38
Gewinnspiele im Rundfunk **385** 16a
Gleichstellung von Männern und Frauen **1** 9, **20** 10 und 14a, **159** 1 ff., **360** 3 und 89
  Härteklausel **159** 6
Gleichstellungsbeauftragte **100** 2, **102** 2, **104** 22a, **360** 27 und 89
  Teilnahme an der Schulkonferenz **350** 62
Golfplätze **300** 2
Grabungsschutzgebiete **370** 2
Grenzabstände **505** 37 ff.
Grenzwand **505** 11 ff.
  Anbau **505** 13; Errichtung **505** 12
Große kreisangehörige Stadt **100** 60a
Gründenkmal **370**
Grünordnungsplan **200** 7
Grundgehalt **180** 22 und 28
Grundrechte **1** 3
Grundschule **350** 41
Grundwasserschutz **505** 27
Gutachten **156** 2
Gütestellen **450** 3
Gymnasium **350** 44

Habilitation **360** 55
Häfen **200** 21 und 36, **250** 2, 6, 82, 93, 95 ff.
Halligschulen **350** 46 und 148
Halligwarften **250** 58, 60 und 79
Hammerschlagsrecht **505** 17
Handlungsfähigkeit **50** 77
Härteausgleich, Naturschutzrecht **200** 55
Hauptausschuss **100** 45a f., **102** 40a f., **104** 15d, **106** 12
  Aufgaben **100** 45b, **102** 40b; Berichtswesen **100** 45b, **102** 40b; als Dienstvorgesetzter **100** 45b, **102** 40b; Mitglieder **100** 45a, **102** 40a; Mitwirkung bei Aufgaben der unteren Landesbehörde **51** 2
Hauptpersonalrat **190** 44, 46, 80 und 94
Haushalt (Landeshaushalt) **1** 58, **40** 1 ff.
  Abschluss **40** 83; Beauftragter **40** 9; Betriebsmittel **40** 43; Bruttoveranschlagung **40** 15; Buchführung **40** 71 ff.; Gesamtdeckungsgrundsatz **40** 8; Haushaltsgesetz **1** 58, **40** 1; Haushaltsjahr **40** 4; Haushaltsrechnung **40** 80 ff.; Haushaltssperre **40** 41; Nachtragshaushalt **40** 33; vorläufige Haushaltsführung **1** 59, **40** 5; Übertragbarkeit von

785

Stichwortverzeichnis

Haushaltsmitteln **40** 19; Verpflichtungsermächtigungen **1** 58, **40** 6 und 38; Wirtschaftlichkeit und Sparsamkeit **40** 7
Haushaltsplan **40** 1 ff., **100** 78, **120** 1 ff.; **121** 1 ff., **360** 8 und 75
  Aufstellung **40** 11 ff.; Ausführung **40** 34 ff.; Bedeutung **40** 2; Beschluss **40** 29, **100** 79 und 95; Einzelpläne **40** 13, **120** 5; Entwurf **40** 28; Ergebnisplan **121** 2; Feststellung **40** 1; Finanzplan **121** 3; Genehmigung **40** 108; Gesamtplan **40** 13, **120** 4; Teilpläne **121** 4; Vollständigkeit **40** 11; Vorbericht **120** 3, **121** 6
häusliche Gewalt **50** 201a
Hausnummern **330** 47
Hausrecht
  Gemeindevertretung **100** 37; im Gericht **440** 13 ff.; Hochschule **360** 23; Kreistag **102** 32; im Landtag **1** 20, **10** 5; Schule **350** 33 und 106; bei der Staatsanwaltschaft **440** 13 ff.; bei Versammlungen **81** 21; und Video-Überwachung **90** 14
Heiden, Brandschutz **200** 21, **220** 23
Helgoland **41** 11, **125** 22
Hilfsbeamte **80** 10
Hochschulbau **360** 9 f.
Hochschulen **360** 1 ff.
  angegliederte Einrichtungen **360** 35; Aufgaben **360** 3; Aufsicht **360** 6 und 79; Bibliotheken **360** 34; gesetzliche Vertretung **360** 23; Haushaltsmittel und Haushaltsplan **360** 8; Kommunikationseinrichtungen **360** 34; Lehrangebot **360** 30; Mitglieder **360** 13; Name **360** 1; nichtstaatliche **360** 76 ff.; Organe **360** 18 ff.; Personal **360** 60 ff.; Personalrat **190** 77; Präsidium **360** 22 ff.; Prüfungen **360** 51 f.; Qualitätssicherung **360** 5; Satzungen **360** 6 und 95; Selbstverwaltungsrecht **360** 6; Struktur- und Entwicklungsplanung **360** 12; Studienordnungen **360** 52; Verfassung **360** 7; Vermögen **360** 8; zentrale Einrichtungen **360** 34; Zielvereinbarungen **360** 11 f.
Hochschulgrade **360** 53, 56 f. und 76
Hochschuljahr **360** 47
Hochschullehrer **150** 116 ff., **180** 31 ff., **360** 60 ff.
Hochschulrat **360** 19
Hochschulzugang **350** 44 und 92, **360** 38 f.
Höchstzahlenverfahren **8** 3, **108** 10
Hochwasser **250** 62 und 88
Hörfunk, lokaler **385** 28a
Horstschutz **200** 28b

Identitätsfeststellung **50** 181, **200** 45; **440** 14 und 17
Immunität **1** 31
Impressum **380** 7
Indemnität **1** 31
Informationsregister, zentrales **59** 11
Inhaberschuldverschreibung **500** 13
Inklusion **1** 7; **350** 6
Innenministerium, Beteiligung **20** 9
Inseln **250** 8, 60 und 95
Installationsanlagen **300** 41
Internet, Bekanntmachungen im **8** 70; **9** 70; **32** 12; **50** 68 und 86a; **55** 4, 6a und 7
Investitionsfonds, kommunaler **41** 19
IQSH **350** 134

Jahresabschluss **100** 91, **121** 44
Jahresrechnung **120** 37
Jugendliche **1** 6a
  Beteiligung **100** 47f
Jugendpresse **380** 8
Jugendschutz **385** 5
Jugendversammlung **190** 62
Juniorprofessor **150** 119, **180** 56 und 65, **360** 64
Jura-Studium **480** 1, **481** 1 f.
  Anrechnung anderer Studienzeiten **480** 12; praktische Studienzeiten **480** 4; Regelstudienzeit **480** 2; Schwerpunktbereichsstudium **480** 6; Zwischenprüfung **481** 2
Justizministerium, Beteiligung **20** 10
Justizprüfungsamt **480** 14, **481** 7

Kahlschlag **220** 5 und 7
Kameradschaftskasse **100** 97
Kanzler **360** 25

Kapazitätsverordnungen **150** 125
Kaufkraftausgleich **180** 66
Kellerlichtschächte **300** 38
Kinder und Jugendliche **1** 10
  Beteiligung **100** 47f
Klassenelternbeirat **350** 71 und 98
Klassenkonferenz **350** 65 und 97
Klassensprecher **350** 81 und 84
Klassensprecherversammlung **350** 81 und 99
Kleinkläranlagen **300** 45
Klinikum siehe Universitätsklinikum
Knicks **200** 21, **220** 2
Koedukation **350** 5
Kommunalaufsicht **100** 120 ff., **102** 59 ff., **104** 19
  Anordnungsrecht **100** 124, **102** 63; Beanstandungsrecht **100** 123, **102** 62; Bestellung von Beauftragten **100** 127, **102** 66; Ersatzvornahme **100** 125, **102** 64
kommunale Spitzenverbände, Anhörung **100** 132
kommunale Verfassungsbeschwerde **1** 44, **25** 47
Kommunalunternehmen **100** 106a, **131** 1 ff.
  gemeinsames **106** 19b
Kommunalwahl **108** 1 ff.
Konnexitätsprinzip **1** 57
Konsolidierungshilfen **41** 16
Konvent (Fachbereichskonvent) **360** 29
Körperschaft des öffentlichen Rechts **50** 37 ff.
Körperschaftswald **220** 2 und 6
Krankenhaus
  Wahlen im **8** 58, **9** 3, 7, 40 und 48 f.
Krankenpflegepersonal, Personalvertretung **190** 76
Kredite **1** 61, **100** 85 und 87
Kreise **1** 2 1 ff.
  Aufgaben **102** 2 f.; Behörden **50** 11; Beiräte **102** 42a; Bevollmächtigte **102** 50; Bürgerbegehren, Bürgerentscheid **102** 16f, **101** 11; Einwohnerantrag **101** 8, **102** 16e; Gebiet **102** 13 ff., **101** 5; und Gemeinden **100** 2, **102** 20 f.; gesetzlicher Vertreter **102** 50; Kreishaushaltswirtschaft **1** 55, **102** 57; Name **102** 11; öffentliche Einrichtungen **102** 18; Organe **102** 7; Personalräte, Einschränkung der Mitwirkung **190** 83; Repräsentation **102** 10; Selbstverwaltungsaufgaben **102** 2; Selbstverwaltungsrecht **1** 54, **102** 1; Verpflichtungserklärungen, Form **102** 50
Kreiselternbeirat **350** 73
Kreispräsident **102** 28
  Abberufung **102** 35a; Ordnung in den Sitzungen des Kreistages **102** 37; Repräsentation **102** 10; Verhandlungsleitung **102** 32; als Vertreter des Kreistags in gerichtlichen Verfahren **102** 28; Wahl **102** 28
Kreisschülervertretung **350** 82
Kreisstraßen **330** 3 und 53
Kreistag **102** 22 ff.
  Anzahl der Vertreter **108** 8; Aufgaben **102** 22; Auflösung **102** 39; Ausschüsse **102** 40; Beschlussfähigkeit **102** 33; Beschlussfassung **102** 34; Einberufung **102** 29; Fraktionen **102** 27a; Öffentlichkeit **102** 30; Ordnung **102** 37; Teilnahmerecht des Landrats **102** 31; Vorsitz **102** 37; Wahl **108** 1 ff.; Widerspruchsrecht des Landrats **102** 38 f.; Zusammensetzung **102** 26
Kreistagsabgeordnete **102** 26
  Auskunftsrecht **102** 25; freies Mandat **102** 27; Rechte und Pflichten **102** 27; Unvereinbarkeit **102** 26a
Kreisumlage **41** 27
Kreuzungen **330** 34
  mit Gewässern **330** 35a; Kostentragung **330** 35; Unterhaltung **330** 36
Kulturdenkmal **370** 2
  Ablieferung **370** 8; genehmigungspflichtige Maßnahmen **370** 12; gesetzlicher Schutz **370** 8; Umgebungsschutz **370** 12; Unterschutzstellung durch Verwaltungsakt **370** 9
Kulturförderung **1** 13
Künstlerische Hochschulen **360** 93
Kurabgabe **125** 10
Kurzberichterstattung **385** 7
Küstengewässer **50** 140; **250** 2, **275** 2
  gerichtliche Zuständigkeiten **440** 30
Küstenschutz **250** 57 ff.
  Anlagen **250** 63; Behörden **250** 102

786

Stichwortverzeichnis

Ladenöffnungszeiten **410** 3
Landesbeamtenausschuss **150** 94 ff.
Landesbeauftragter für Menschen mit Behinderung **32** 4 ff.
Landesbeauftragter für Datenschutz **50** 186b; **90** 17 f., 36, 45 und 61 ff.
    Aufgaben nach IZG **59** 13
Landesbehörden **50** 4 ff.
    allgemeine untere **51** 1 ff.; amtliches Verzeichnis **50** 10; Errichtung und Auflösung **50** 8; Landesoberbehörden **50** 6; oberste **50** 5; untere **50** 7 und 328, **51** 1 ff.
Landeselternbeirat **350** 74
Landesentwicklungsplan **320** 8
Landeshaushalt siehe Haushalt
Landeskriminalamt **80** 3
Landeslisten **8** 3, **9** 29 ff.
Landesnaturschutzverband **200** 41
Landesplanung **320** 1 ff.
    Aufgaben **320** 2; und Bauleitplanung **320** 11; Behörde **320** 4; Landesplanungsrat **320** 20; Raumordnungspläne **320** 5 ff., Raumordnungsverfahren **320** 14
Landespolizeiamt **80** 2
Landesrechnungshof **1** 64 und 65
    Anhörung **40** 103; Aufgaben **40** 88 ff., **40** 111; Behandlung von Angelegenheiten im Landtag **10** 26; Mitglieder, beamtenrechtliche Stellung **150** 124; Unterrichtung **40** 66, **40** 69, **40** 102
Landesregierung **1** 33 ff.
    Aktenvorlage **1** 29; Anfragen **1** 29, **10** 35; und Ausschüsse des Landtags **1** 27, **10** 16; Beratung **20** 14; einheitliche Vertretung nach außen **20** 26; Entlastung **1** 63; Geschäftsordnung **1** 36; Gesetzesinitiative **1** 44; Informationspflichten **1** 28; und Landtag **1** 27, **10** 48; oberste Landesbehörde **50** 5; Ressortverantwortlichkeit **1** 36, **20** 9; Richtlinienkompetenz **1** 36, **20** 1; Staatsverträge **1** 37; Zusammensetzung **1** 33
Landesschulbeirat **350** 135
Landesschülervertretung **350** 83
Landesstraßen **330** 3
Landesverfassungsgericht **1** 51, **25** 1 ff.
    Abstimmungsprüfung **25** 51; einstweilige Anordnung **25** 30; kommunale Verfassungsbeschwerde **25** 47; Normenkontrolle **25** 39 und 44; Organstreitigkeiten **25** 35; Präsident **25** 10; Richterwahl **10** 11a, **25** 4 ff.; Wahlprüfung **25** 49; Zuständigkeit **1** 28, 29 und 51, **5** 9 und 13, **8** 45, 49 und 50
Landesverordnungen **50** 54
ländliche Zentralorte **320** 25
Landrat **102** 43 ff.
    Abberufung **102** 35a; Amtszeit **102** 43; Aufgaben **102** 51; beamtenrechtliche Stellung **102** 46 und 49; Dienstvorgesetzter **102** 40b; Disziplinarbehörde **170** 47; gesetzlicher Vertreter des Kreises **102** 50; und Hauptausschuss **102** 40a und 40b; als Kommunalaufsichtsbehörde **100** 121, **104** 19; Landesbehörde, allgemeine untere **41** 1, **51** 1 ff.; Repräsentation **102** 10; Stellvertretung **102** 48; Teilnahme an Sitzungen des Kreistags **102** 31; als Vertreter des Kreises in Vereinigungen **100** 25 und **102** 51; Wahl **102** 43 ff.; Wählbarkeit **102** 43; Widerspruchsrecht **102** 38 und 42
Landschaftsbestandteile, geschützte **200** 18
Landschaftsplanung **200** 5 ff., **295** 5
    Landschaftsplan **200** 7; Landschaftsprogramm **200** 6; Landschaftsrahmenplan **200** 64
Landschaftsschutzgebiete **200** 15
Landtag **1** 16 ff., **10** 1 ff.
    Abstimmung **1** 22, **10** 18a und 59 ff.; Abweichen von der Geschäftsordnung **10** 75; aktuelle Stunde **10** 32; Alterspräsident **10** 1; Ältestenrat **10** 7 f.; Ausschüsse **1** 23 ff., **10** 9 ff.; Aufgaben **1** 16; Beschlussfähigkeit **10** 59; Beschlussfassung **1** 22, **10** 60; und Bundesrat **10** 14a; Enquete-Kommission **10** 12; und Europäische Union **10** 14a; Fraktionen **10** 22, **12** 1 ff.; Geschäftsordnung **1** 20, **10** 1 ff.; Informationspflicht **59** 2; konstituierende Sitzung **1** 19, **10** 1 ff.; als oberste Landesbehörde **50** 5; Opposition **1** 18; Ordnungsmaßnahmen des Präsidenten **10** 65 ff.; polizeiliche Maßnahmen im Landtagsgebäude **1** 32; Protokoll **10** 20; Redeordnung **10** 52 ff.; Schriftführer **1** 20, **10** 6; Sitzungspräsidium **10** 4; Untersuchungsausschüsse **1** 24; Verwaltung **1** 20, **10** 5; Wahl **1** 16, **8** 1 ff.; Wahlperiode **1** 19 und 43; Zwischenfragen und Zwischenbemerkungen **10** 53
Landtagspräsident **1** 20
    Abberufung **1** 20; als Dienstbehörde **1** 20, **10** 5, **150** 106; Hausrecht **1** 32; oberste Landesbehörde **50** 5; Ordnungsgewalt **1** 20, **10** 5; Stellvertretung **10** 5; Vizepräsidenten **1** 20, **10** 3 und 5; Wahl **1** 20, **10** 1
Landwirtschaft und Naturschutz **200** 3 und 28a
Laufbahnen **150** 13 ff.
Lehrbeauftragte **360** 66
Lehrerkonferenz **350** 64
Lehrkräfte **350** 34 und 117, **360** 67 und 77
Lehr- und Lernmittel **350** 13, 26 und 127
Leitender Verwaltungsbeamter **104** 15
    Beratung der Gemeinden **104** 15; Dienstvorgesetzter **104** 12; als Dienstvorgesetzter **104** 15; und Gemeindevertretungen **104** 13; Vertretung des Amtsvorstehers **104** 15
Leiterrecht **505** 19
Lüftungsanlagen **300** 42, **505** 20

Marktstandsgeld **125** 6
Master und Bachelor **360** 5, 46 und 49
Meeresstrand **200** 32 ff. und 62, **250** 58 und 81 f.
Medienanstalt HSH **385** 38 ff.
    Aufsicht **385** 50; Direktor **385** 47
Medienrat **385** 38 ff.
Medizinische Fakultät **360** 32
Mehrarbeitsvergütung **180** 62
Minderheit, dänische **1** 6
    Fraktionsstatus **10** 22, **12** 1; Fünf-Prozent-Klausel **8** 3; Schulen **350** 115 und 124
Minister **1** 33
    Amtseid **1** 35; Amtsverhältnis **1** 40, **22** 2 ff.; Amtszeit **1** 34, **22** 6; Berufung **1** 33; Bezüge **22** 7 f.; und Landtag **1** 27 und 29, **10** 48; und Landtagsausschüsse **1** 27 und 29, **10** 48; Ressortverantwortlichkeit **1** 36, **22** 9 und 10; Versorgung **22** 9 ff.; Vertretung **22** 11 und 13
Ministerpräsident **1** 33 ff., **22** 1 ff.
    Amtseid **1** 35; Amtsverhältnis **1** 40, **22** 2 ff.; Amtszeit **1** 34, **22** 6; Bezüge **22** 7 f.; Misstrauensvotum, konstruktives **1** 42, **10** 34; Richtlinienkompetenz **1** 36, **22** 1; staatsrechtliche Vertretung des Landes **1** 37; Versorgung **22** 9 ff.; Vertretung **1** 33, **22** 8; Wahl **1** 33
Mitarbeiter, wissenschaftlicher **150** 120, **180** 65, **360** 68
Mittelzentrum **320** 28
Mitwirkungsverbote **25** 15 f.; **50** 81a, **100** 22, **150** 53, **475** 17
Moore, Brandschutz **200** 21, **220** 23
Muschelfischerei **275** 40

Nachbarwand **505** 4 ff.
    Anbau **505** 6 f.; Beseitigung **505** 9; Dicke **505** 5; Schadensersatz bei Beseitigung **505** 9; Unterhaltung **505** 7; Veränderung **505** 10
Nachtragshaushalt **40** 13
Nachzeit **50** 324, **220** 17
    Vollstreckung **50** 278; Zustellung **50** 150
Nachwahl **8** 32, **9** 32
Nationalpark **200** 2
Natura 2000 **200** 2, 16 und 22 ff.
Naturdenkmäler **200** 17
Naturerlebnisräume **200** 38
Naturparke **200** 16
Naturschutz **1** 11; **200** 1 ff.
    Beauftragte für **200** 43 f.; Behörden **200** 2, **201** 1 ff. und 7; Beiräte für **200** 44; Duldungspflichten **200** 40; Eingriffe in Natur und Landschaft **200** 8 ff.; Eingriffsgrundlage (Generalklausel) **200** 2; einstweilige Sicherstellung **200** 12a und 59; Vereine und Verbände, Anerkennung und Beteiligung **200** 40; Verordnungen, **200** 19 und 60 f.; Vorkaufsrecht **200** 50
Naturschutzgebiete **200** 13 und 60
Naturschutzdienst **200** 45
Naturwald **220** 14 f.
Nebenbestimmungen zum Verwaltungsakt **50** 107

Nebentätigkeit **150** 70, **155** 1 ff., **156** 1 ff.
und Zurückstufung **170** 9
neues Steuerungsmodell **100** 135a, **102** 73a
Nichtstörer **50** 220 f.
Entschädigung **50** 221 ff.; Rechtsweg **50** 226; unbeteiligter Dritter **50** 222
niederdeutsche Sprache **1** 9
Niederschlagswasser, Ableitung **505** 26
Nistplätze, Schutz **200** 28b
Normenkontrolle **25** 39 und 44; **440** 67
Normenprüfungsstelle **20** 10a
Notenstufen **489** 1
Nutzen-Kosten-Untersuchungen **40** 7

Oberzentrum **320** 29
offener Kanal **385** 35
öffentliche Sicherheit **50** 162 ff.
öffentlich-rechtlicher Vertrag siehe Vertrag, öffentlich-rechtlicher
Opposition **1** 18
Ordnungsmaßnahmen in Sitzungen **1** 20, **20** 65 ff., **100** 42, **102** 37
Ordnungsbehörden **50** 164
Nachlassangelegenheiten **440** 40; und Polizei **50** 168, 172 und 334; örtliche Zuständigkeit **50** 166; sachliche Zuständigkeit **50** 165
Ordnungsruf **10** 66
Organstreitigkeiten **25** 35
Orientierungsstufe **350** 9 und 147
Ortsbeirat **100** 47c
Ortsdurchfahrten **330** 4, 12 und 54
Ortsteile **100** 47a
Ortsteilverfassung **100** 47b

pädagogische Ziele **350** 4
Parteien, staatliche Mittel **8** 55 f.
Parteiverbot, Folgen **8** 52
Personalakten **150** 85 ff.
Personalrat **190** 1 ff.
Amtszeit **190** 19; Auflösung **190** 21; Einigungsstelle **190** 53; Freistellung **190** 36; Gegenstand der Mitbestimmung **190** 2; Gemeinden, Kreise, Ämter **190** 83; Geschäftsführung **190** 24 ff.; Hochschulen **190** 77; Krankenpflegepersonal **190** 76; Mitbestimmung **190** 47 ff.; nichtständige Beschäftigte **190** 75; Schulen **190** 78 ff.; Schweigepflicht **190** 9; Theater und Orchester **190** 82; Verschlusssachen **190** 85; Wahl **190** 10 ff.; Zuständigkeiten **190** 60 f.
Personalversammlung **190** 39
Petitionsausschuss **1** 25, **10** 41
Pfändung **50** 285 ff.
Verfahren **50** 289; in Vermögensrechte **50** 300 ff.
pflegebedürftige Menschen, Schutz und Förderung für **1** 5a
Pflichtexemplare **390** 1
Planfeststellungsverfahren **50** 139 ff.
Abwägungsmängel **50** 142; Abwasseranlagen **250** 113; Anhörungsverfahren **50** 140; Aufhebung des Planfeststellungsbeschlusses **50** 144; Außerkrafttreten **50** 142; Duldungswirkung **50** 142; Einheitlichkeit bei mehreren Vorhaben **50** 145; Gestaltungswirkung **50** 142; Konzentrationswirkung **50** 142; Bauten des Küstenschutzes **250** 63; Planänderung **50** 140 und 143; Planfeststellungsbeschluss **50** 141 und 330 40b; Plangenehmigung **50** 141; Straßenbau **330** 40 ff.; nach Wasserrecht **250** 63, 83 ff., 95 und 103
Planstelle
Einweisung **40** 49, **180** 80; Umsetzung **40** 50
Planungsräume **320** 3
Platzverweisung **50** 201, **200** 45
Polizei
Begriff **50** 164; Behörden **80** 1; Dienststellen **80** 7; Hilfsbeamte **80** 12; Kosten **80** 13; Landeskriminalamt **80** 3; Landespolizeiamt **80** 2; und Ordnungsbehörden **50** 168, 172 und 334; und Versammlungen **81** 10
Polizeibeiräte **80** 8 f.
Polizeivollzugsbeamte **150** 107 ff.

Altersgrenze **150** 108; Besoldung/Zulage **180** 49; Dienstkleidung **150** 111; Dienstunfähigkeit **150** 41 und 109; Heilfürsorge **150** 112; Laufbahnen **150** 107
Präsidialrat **475** 29 ff. und 43 ff.
Presse **380** 1 ff.
Informationsrecht **380** 4; Kennzeichnungspflicht von Anzeigen **380** 10; öffentliche Aufgabe **380** 3; Sorgfaltspflicht **380** 5; strafrechtliche Verantwortung **380** 14
Präsidium der Hochschule **360** 22 ff.
Dienstvorgesetzter **360** 71; Präsident **360** 23
Pressefreiheit **380** 1
Primarstufe **350** 8
Privatbehandlung **156** 14
Privatdozent **360** 65
Privatgutachten **156** 2
Privatliquidation **156** 14 ff.
Privatwege **70** 3, **81**, 18, **200** 30
Prodekan **360** 30
Professor **360** 60 ff., **150** 118
Aufgaben **360** 60; außerplanmäßiger **360** 65; beamtenrechtliche Stellung **150** 118, **360** 63; Berufungsverfahren **360** 62; Besoldung **180** 31 ff. und 55; Honorarprofessor **360** 65; Lehrverpflichtung **360** 70
Programmgrundsätze **385** 4
Promotion **360** 54
Prüfungsordnungen **360** 52
Prüfung von Nichtschülern **350** 140

Radwege **330** 2, 12, 35 und 45
Rauchmelder **300** 49
Rauchverbot **415** 2
Rasterfahndung **50** 195 und 195a
Raumordnungsbericht **320** 12
Raumordnungsinformationssystem **320** 23
Raumordnungspläne **320** 5 ff.
Raumordnungsverfahren **320** 14
RBZ **350** 100 ff.
Rechnungslegung **1** 63, **40** 80
Rechnungsprüfung **40** 88, **100** 92
Rechnungsprüfungsamt **100** 92 und 114 ff.
Rechtsprechung **1** 2 und 50, **475** 1
Rechtsverordnungen **1** 45, **50** 53 ff.
Redakteure, persönliche Anforderungen **380** 8
Referendariat siehe Vorbereitungsdienst
Referendarrat **190** 69 ff.
Regelstudienzeit **360** 50
Regenwasser **505** 26
Regionales Berufsbildungszentrum **350** 100 ff.
Organisation **350** 103 ff.; Pädagogische Konferenz **350** 108; Schulleiter **350** 106
Regionalfensterprogramme **385** 18a
Regionalpläne **320** 9
Regionalschule **350** 147
Reiten im Wald **220** 18
Reitwege **200** 30 und 60, **220** 2, 18 und 21
Religionsunterricht **350** 7
Remonstration
bei der Anwendung unmittelbaren Zwanges **50** 253
Rettungswege **300** 34
Richter **1** 50, **475** 1 ff.
Altersgrenze **475** 3; Aufgabenzuweisung **475** 5; Besoldung **180** 40 f., **181** 3; Dienstgerichte **475** 56 ff.; Disziplinarverfahren **475** 71; Eid **475** 2 und 9; am Landesverfassungsgericht **25** 8; Präsidialrat **475** 29 ff. und 43 ff.; Versetzung **475** 79 ff.; Wahl **475** 10 ff.
Richterrat **475** 29 ff. und 36 ff.
Richterwahlausschuss **475** 11
Richtlinienkompetenz **1** 36, **22** 1
Rücklagen **40** 62, **120** 19, **130** 8, **131** 10, **385** 49
Rückstellungen **121** 24
Rüge **170** 6
Ruhestand **150** 35, **475** 3 ff.
einstweiliger **150** 37 ff., **180** 5
Rundfunk **385** 1
Aufsicht **385** 38 und 40; Finanzierung **385** 15 f. und 55; Modellversuche **385** 53; Pflichten des Veranstalters **385** 8 ff.; Programmgrundsätze **385** 4; Rücknahme und

788

Stichwortverzeichnis

Widerruf der Zulassung **385** 21; Sponsoring **385** 16; Übertragungskapazitäten **385** 22 ff.; Werbung **385** 16; Zulassungsvoraussetzungen **385** 18
Rundfunkgebühr, Verwendung **385** 55

Sachruf **10** 65
Sachverständige **25** 27, **50** 132, **300** 59
sanitäre Anlagen **300** 44
Satzungen **50** 65 ff.
  nach Abfallrecht **290** 5; Abgabensatzungen nach PACT-Gesetz **126** 3; von Ämtern **104** 24a; von Anstalten **50** 44 und 67; nach Baurecht **300** 84; von Gemeinden **100** 4; von gemeinsamen Kommunalunternehmen **105** 19; von Hochschulen **360** 6; von Kommunalunternehmen **100** 106a; von Kreisen **102** 4; von Körperschaften **50** 40; nach Naturschutzrecht **200** 18 und 19; von Stiftungen **50** 49 und 67; von Zweckverbänden **106** 5
Schallschutz **300** 16
Schenkungen an Gemeinden **100** 76
Schlüsselzuweisungen **41** 6 ff. und 37 f.
Schonbezirke, Fischerei **275** 35
Schornsteine **505** 20
Schulamt **350** 130
Schularten **350** 9
schulärztliche Untersuchung **350** 27
Schulaufsicht **350** 125 und 128 ff.
  Behörden **350** 125 ff.; Mittel **350** 128
Schulaufsichtsbeamte **350** 131
Schuldenbremse **1** 53 und 59a
Schule **350** 1 ff.
  Auflösung **350** 58; Beaufsichtigung der Schüler **350** 17; Behördenstatus **350** 2; Bekenntnisschule **350** 7; berufsbildende **350** 88 ff.; Betreuungsangebote **350** 6; dänische **350** 115 und 124; Elternvertretungen **350** 69 f. und 98; Ergänzungsschulen **350** 118; Errichtung **350** 57 ff.; Ersatzschulen (Schulen in freier Trägerschaft) **350** 115 ff.; Ganztagsunterricht **350** 6; gemeindehaushaltsrechtliche Behandlung **120** 11; Konferenzen **350** 62 ff. und 97; Landesschulbeirat **350** 135; Lehrkräfte **350** 34; Mindestgröße **350** 52; Name **350** 10; organisatorische Verbindung **350** 60; örtlich zuständige **350** 24; pädagogische Ziele **350** 4; Personalräte **190** 78; Rauchverbot **415** 2; Selbstverwaltung **350** 3 und 47; Staatskirchenvertrag **350** 139; Versetzungsregelungen **350** 126; Warenverkauf und Werbung **350** 29; Weltanschauungsschulen **350** 7; Widerspruch gegen Maßnahmen **350** 141
Schulelternbeirat **350** 72
Schulentwicklungsplanung **350** 51
Schüler siehe Schulverhältnis
  Schüler an Hochschulen **360** 38
Schülerbeförderung **350** 114
Schülergruppen **350** 87 und 99
Schülersprecher **350** 81 und 99
Schülervertretung **350** 79 ff. und 99
  Aufgaben **350** 79; freies Mandat **350** 80; Kostentragung **350** 80; und Schulleiter **350** 80
Schülerzeitungen **350** 86
Schulgeldfreiheit **350** 12
Schuljahr **350** 14
Schulkonferenz **350** 62 f. und 97
  Aufgaben **350** 63; Zusammensetzung **350** 62
Schullastenausgleich **350** 111 ff.
Schulleiter
  Aufgaben **350** 33; Wahl **350** 37 und 39; Wahlausschuss **350** 38; Widerspruchsrecht gegen Konferenzbeschlüsse **350** 67
Schulpflicht **1** 12, **350** 20 ff. und 26
schulpsychologischer Dienst **350** 132 f.
Schulrat **350** 131
Schulreifetest **350** 27
Schulsozialarbeit **41** 33
Schulstufen **350** 8
Schulträger **350** 47 ff., 53 ff., 94 ff., 115 und 137
  Aufgaben **350** 48; Mitwirkung in der Schulkonferenz **350** 62; Selbstverwaltungsaufgabe **350** 47
Schulverband **350** 56

Schulverhältnis
  Beginn **350** 11; Beurlaubung **350** 15; Dauer **350** 18; Ende **350** 19; Leistungsbewertung **350** 16; Ordnungsmaßnahmen **350** 17 und 25; Pflichten **350** 11; Weisungen **350** 17; Zeugnis **350** 16
Schulvermögen **350** 49
Schulversuche **350** 138
Schulzwang **350** 28
Schusswaffengebrauch **50** 256
Schutzzonen im Denkmalschutzrecht **370** 2 und 10
Schwerbehindertenvertretung **190** 86
Sekundarstufe I und II **350** 8
Selbstbewirtschaftungsmittel **40** 15
Selbstverwaltung
  Gemeinden **1** 54, **100** 1; Hochschulen **360** 6; Kreise **1** 54, **102** 1; Schulen **350** 3 und 47
Senat
  Gerichte **440** 12; Hochschulen **360** 20 und 21
sexuelle Belästigung, Verbot **159** 16
Skipisten **200** 39
Sicherstellung, einstweilige im Naturschutzrecht **200** 12a und 59
Sicherstellung von Sachen **50** 210, **440** 17
Sicherungsarrest **50** 315
Sinti und Roma **1** 6
Sonderabgabe nach PACT-Gesetz **126** 3
Sonderbedarfszuweisungen **41** 18
Sonderfinanzbuchhaltungen **100** 99
Sondernutzung
  Gewässer **250** 18 ff.; Meeresstrand **200** 34 und 62; Straßen **330** 21, 26 und 62
sonderpädagogischer Förderbedarf **350** 5 und 24
  Förderzentren **350** 45; Schulen in freier Trägerschaft **350** 122
Sondervermögen **40** 26 und 113, **100** 96 f., **121** 58
Sonn- und Feiertage, Ladenöffnung **410** 4 und 5
Sperren von Flächen und Wegen **200** 31
Sperren des Strandes **200** 33
Sperren des Waldes **220** 20
Spielplätze **300** 8
Sponsoring an Schulen **350** 29
Sport **1** 13, **360** 3 und 72
Sportbootshäfen **200** 35 f., **250** 95, 96 und 97
Staatsanwälte, Besoldung **180** 40 f., **181** 3
Staatsanwaltsrat **475** 53
Staatsexamen, juristisches siehe erste Prüfung/Erste Juristische Staatsprüfung sowie zweite Staatsprüfung für Juristen
Staatskanzlei **20** 4
Staatskirchenvertrag **350** 139
Staatssekretäre **20** 5 und 11
Staatsverträge **1** 37
Staatswald **220** 2 und 6
Staatsziele **1** 6 bis 15
Städte **100** 59 ff.
  große kreisangehörige **100** 60a
Stadtrandkerne **320** 30
Stadträte **100** 66 f.
  Abberufung **100** 40a; Anzahl **100** 66; Rechtsstellung **100** 67; Wahl **100** 67
Stadtrecht **100** 59
Standardmaßnahmen **50** 199
Stauanlage **250** 24
  Fischerei an Stauanlagen **275** 16
Steinschlag **330** 33
Stellenplan, Gemeinden **120** 5a, **121** 9
Stellplätze **300** 50
Steuern **125** 3
  Finanzrechtsweg **440** 57
Stiftungen des bürgerlichen Rechts
  Anerkennung **510** 2; Aufsicht **510** 8; Familienstiftungen **510** 19; kirchliche **510** 18; kommunale **510** 17; nichtrechtsfähige örtliche **100** 96; Satzungsänderung **510** 5 f.; Stiftungsverzeichnis **510** 15; Vermögen **510** 4; Verwaltung **510** 4
Stiftungen des öffentlichen Rechts **50** 46 ff.
Stiftung Naturschutz Schleswig-Holstein **200** 47

Stimmabgabe
 im Landtag **1** 22, **10** 63; Wahlen **8** 39, **108** 32
Stimmzettel **8** 33, **9** 33 und 72, **108** 28
Störer **50** 217 ff., **81** 7 und 21
Strand **200** 32 ff. und 62
Strandwälle **200** 33, **250** 58 und 81 f.
Straßen, öffentliche
 Anbaubeschränkungen **330** 29 ff.; Aufsicht **330** 48; Ausbau **330** 51; Baubeschränkungen **330** 29; Behörden **330** 52; Bepflanzungen **330** 18a; Einstufung **330** 6; Einteilung **330** 3; Einziehung **330** 8 und 8a; Gemeingebrauch **330** 20; Kreuzungen **330** 34 ff.; Namen und Hausnummern **330** 47; Nutzung nach bürgerlichem Recht **330** 28; Planung **330** 39; Reinigung **330** 45 und 65; Schutzmaßnahmen **330** 33; Sondernutzung **330** 21, 23 und 62; sonstige öffentliche **330** 3, 15 und 23; Umstufung **330** 7 und 8a; Verkehrssicherungspflicht **330** 10; Widmung **330** 6 und 8a
Straßenbaulast **330** 10
 und Eigentum **330** 18, 19 und 61; Finanzierung **41** 10; Träger **330** 11 ff.; Wechsel **330** 17
Straßenreinigungssatzung **330** 45 und 65
Straßenverzeichnisse **330** 3 und 57
Strategische Umweltprüfung **295** 3
studentische Hilfskräfte **360** 69
Studienberatung **360** 48
Studiengang **360** 49
Studienkolleg **360** 96
Studienordnungen **360** 53
Studierende/Studium **360** 13 und 46
 Beurlaubung **360** 40; Einschreibung **360** 40; Entlassung **360** 40; Freiheit des Studiums **360** 4; Gaststudierende **360** 44; Pflichten **360** 14 und 74; Prüfungen **360** 52; Regelstudienzeit **360** 50
Studierendenschaft, verfasste **360** 72 ff.
 Beitragspflicht **360** 74; Haushaltswirtschaft **360** 75
Stufenvertretung **190** 44 und 79
Sturmflutwarnungen **250** 62

Tariftreue **400** 4
Teilbaugenehmigung **300** 74
Teilzeitbeschäftigung **150** 61 ff., **475** 7 und 7b, **159** 12, **180** 7
Telekommunikationsüberwachung **50** 185a
Termine **50** 89
Tiere, wildlebende gefährliche **200** 29
Tiergehege **200** 28
Tierschutz **1** 11
Tourismusabgabe **125** 10
Traufe **505** 26
Trennstück **500** 14
Trennwände **300** 30
Treppen **300** 35 f.
Treuhandvermögen **100** 98, **121** 58
Türen **300** 30
Typenprüfung **300** 70

Übergangspersonalräte **190** 94a
Überhangmandate **1** 16, **8** 3, **108** 10
Übernachtungssteuer **125** 3
Überschwemmungsgebiete **250** 74 ff.
Übertragungskapazitäten, Zuordnung **385** 22 ff.
Uferbetretungsrecht **275** 15
Uferlinie **250** 10
Umleitungen **330** 38
Umwehrungen **300** 39
Umweltinformationen **59** 2
Umweltverträglichkeitsprüfung **295** 1 ff.
Uniformverbot **81** 8
Universitäten siehe Hochschulen
Universitätsklinikum **360** 1, 82 ff.
 Aufgaben **360** 83; Aufsichtsrat **360** 85 f.; Campusdirektion **360** 88a; Einrichtung **360** 90; Gewährleistungsversammlung **360** 86c und 86d; Gleichstellungsbeauftragte **360** 89; Personal **360** 91; Vorstand **360** 87 f.; Wirtschaftsplan **360** 92
Universitätsmedizinalversammlung **360** 86a
Unschädlichkeitszeugnis **500** 14 ff.

Unternehmen, wirtschaftliche **100** 101
Unternehmer, Bauvorhaben **300** 56
Unterricht **350** 5
 im Jugendstrafvollzug **350** 46a; im Krankenhaus **350** 46
Unterschwellenvergabe **400** 3; **401** 3
Untersuchungsausschüsse **1** 24, **10** 13
Untersuchungsgrundsatz **50** 83
Unterzentrum **320** 26 f.
Unvereinbarkeit von Amt und Mandat **11** 34, **100** 31a, **102** 26a, **108** 37 a
Urlaub **150** 68

Veränderungssperre **290** 14, **330** 42
Veranstaltungen, Schutz von **50** 181a
Veranstaltungsrundfunk **385** 54
Verbandsklagerecht
 Behinderte **32** 3; Naturschutz **200** 40
Verbindungslehrer **350** 85 und 99
 Teilnahme an der Schulkonferenz **350** 62
Verfahrensfehler **50** 114 f.
 Bebauungsplansatzung **100** 4
Vergabe öffentlicher Aufträge **400** 1 ff.; **401** 1 ff.
Vergabekammern **402** 2 ff.
Vergütungen, Offenlegungen **40** 65a; **100** 97 und 102
Verhaltensstörer **50** 218
Verhältnisausgleich **8** 3, **108** 10
Verkehrssicherheit
 bauliche Anlagen **300** 17; Straßen **330** 10
Verlautbarungsrecht **385** 14
Vermögensgegenstände, Erwerb und Veräußerung **40** 63, **100** 88 und 89
vermögenswirksame Leistungen **180** 73
Verordnung
 Begriff **50** 53; Form **50** 56; nach Hochschulrecht **360** 95; kommunaler Körperschaften **50** 55; Landesverordnungen **50** 54; nach Naturschutzrecht **200** 19 und 60 f.; Rechtsverordnungen **1** 45; nach Schulrecht **350** 126 und 143; über die öffentliche Sicherheit **50** 175; von Zweckverbänden **106** 19
Verpflichtungsermächtigungen **1** 58, **40** 16 und 38, **100** 84, **120** 8, **121** 11
Versammlungen **81** 1 ff.
 in geschlossenen Räumen **81** 19 ff.; unter freiem Himmel **81** 11 ff.; Versammlungsleitung **81** 5 f.,; Versammlungsverbot **81** 13 und 20
Versetzung **475** 81
Versiegelung von Flächen **300** 8
Versorgungsrücklage **180** 18
Vertrag, öffentlich-rechtlicher
 Austausch- **50** 123; Form **50** 124; Nichtigkeit **50** 126; Unwirksamkeit **50** 126; Vergleichs- **50** 122
Vertragsnaturschutz **200** 2
Vertragsstrafe, Tarifuntreue **400** 4
Vertrauensmann, Zivildienstleistende **190** 87
Verunreinigung von Straßen **330** 46
Verunstaltungsverbot **300** 10
Verwahrung **50** 212
Verwaltungsakt **50** 106 ff.
 Allgemeinverfügung **50** 106; Anhörung **50** 87; Begründung **50** 109; Bekanntgabe **50** 110; Bestimmtheit **50** 108; Ermessen **50** 73; Form **50** 108; Genehmigungsfiktion **50** 111a; Nebenbestimmungen **50** 107; Nichtigkeit **50** 113; Rechtsbehelfe **50** 119; Rücknahme **50** 116; Umdeutung **50** 115a; Unrichtigkeiten, offenbare **50** 115; Verfahrensfehler **50** 114; Vollzug **50** 228 ff. ; Widerruf **50** 117; Wiederaufgreifen des Verfahrens **50** 118a; Wirksamkeit **50** 112; Zusicherung **50** 108a; Zustellung **50** 116 f.
Verwaltungsgebühren **60** 1 ff., **125** 5, **360** 41
Verwaltungsgemeinschaft **106** 19a
Verwaltungsträger **50** 2
Verwaltungsverfahren **50** 74 ff.
 Akteneinsicht **50** 88; Amtssprache **50** 82a; Anhörung **50** 87; Begriff **50** 74; Beistände **50** 79; Beteiligte **50** 78; Beteiligtenfähigkeit **50** 76; Bevollmächtigte **50** 79; Beweismittel **50** 84; gleichförmige Eingaben **50** 80a und 80c; Handlungsfähigkeit **50** 77; Nichtförmlichkeit **50**

Stichwortverzeichnis

75; Vertreter, Bestellung durch Vormundschaftsgericht **50** 80; Wiedereinsetzung in den vorigen Stand **50** 90
Verwaltungsverfahren, förmliches **50** 130 ff.
   Anhörung **50** 133; Ausschluss des Vorverfahrens **50** 137; Ausschüsse **50** 138; Form von Anträgen **50** 131; Genehmigungsverfahren **50** 138a ff.; mündliche Verhandlung **50** 134 f.; Sternverfahren **50** 138d
Verwaltungszwang **50** 228 ff.
   Androhung **50** 236; Auslagen **65** 20; Einstellung **50** 241; Ersatzvornahme **50** 238; Kosten **50** 249, **65** 1 ff.; pflichtige Personen **50** 232; Sofortvollzug **50** 230; gegen Tiere **50** 246; Zulässigkeit **50** 229; Zwangsgeld **50** 237
Verweis **170** 6, **475** 72
Videokonferenz **10** 16a und 17b, **100** 35a, **102** 30a, **360** 98
Videoüberwachung **90** 14
Vogelschutzgebiete **200** 4
Volksbegehren **1** 49, **5** 11 ff.
   Antrag **5** 11; Beteiligungsrecht **5** 1 und 14; Eintragung **5** 15; Ergebnis **5** 19; gerichtliche Überprüfung **5** 13, **25** 53; Zulassungsentscheidung **5** 12
Volksentscheid
   Abstimmung **5** 23; Abstimmungsprüfung **1** 4, **5** 25, **25** 51; Abstimmungstag **5** 23; Beteiligungsrecht **5** 1; Ergebnis **5** 24 ff.; Frageform **5** 23; gerichtliche Überprüfung **5** 20 und 25, **25** 53; Zulässigkeit **5** 20
Volksgruppe, friesische **1** 6
Volkshochschulen **1** 13
Volksinitiative **1** 48, **5** 5 ff.
   Behandlung im Landtag **5** 10; Beteiligungsrecht **5** 1; gerichtliche Überprüfung **5** 9, **25** 53; Zulässigkeit **5** 8
Vollstreckung
   Kosten **65** 12; in unbewegliches Vermögen **50** 313; öffentlich-rechtlicher Geldforderungen **50** 262
Vollzug von Verwaltungsakten siehe Verwaltungszwang
Vorbereitungsdienst
   Anrechnung einer Ausbildung **480** 13; Arbeitsgemeinschaften **481** 34; Ausscheiden **480** 12; Dienstaufsicht **481** 30; Einführungslehrgang **481** 33; Ergänzungsvorbereitungsdienst **482** 23; Gliederung **481** 32; öffentlich-rechtliches Ausbildungsverhältnis **150** 4, **480** 9; Übergangsrecht **480** 15; Verlängerung **480** 10; Zeugnisse **481** 35
Vorbescheid **300** 66
Vorkaufsrecht **200** 50, **201** 2, **275** 9
Vorland **250** 58 und 73

Wählbarkeit **8** 8, **108** 6
Wahlbeamte **150** 7
   Besoldung **180** 24; Besoldung bei Abwahl **180** 5
Wahlbekanntmachung **9** 37
Wahlbenachrichtigung **9** 11
Wahlbezirke **8** 18, **9** 6 ff. **108** 16 und 49
Wahldauer **9** 38
Wahlen **1** 4 und 16, **8** 1 ff., **108** 1 ff., **350** 68, **360** 17
   Anfechtung **8** 57, **108** 58; Briefwahl **5** 22, **8** 22, **9** 17 ff. und 50, **108** 33; Gemeindewahlbehörden **8** 13; Gemeindewahlleiter **108** 12 f.; zum hauptamtlichen Bürgermeister **100** 57 ff. und 61, **108** 46 ff.; an Hochschulen **360** 26; Kreiswahlausschuss **8** 12, **108** 11 f.; Kreiswahlleiter **8** 12, **108** 12; Kreiswahlvorschläge **9** 23 ff.; Kommunalwahlen **108** 1 ff.; Landeslisten **8** 3, **9** 29 ff.; Landeswahlausschuss **8** 11, **9** 1, **108** 11; Landeswahlleiter **8** 11; zum Landrat **102** 43 ff.; zum Landtag **1** 16, **8** 1 ff.; Listennachfolger **8** 50, **9** 68, **108** 44; Nachrücken **8** 50, **9** 68, **108** 44; Nachwahl **8** 32, **9** 32, **108** 27; Neuwahl **8** 35; Sonderwahlbezirke **9** 7 und 48; Stimmabgabe **9** 44 f.; Stimmzettel **8** 23, **9** 33 und 72, **108** 24; Überhangmandate, Ausgleichsmandate **8** 3, **108** 10; Umfrageergebnisse, unzulässige Veröffentlichung **8** 38, **108** 30; ungültige Stimmen **8** 40, **9** 56 **108** 35; unzulässige Wahlpropaganda **8** 38, **9** 39, **108** 30; Vernichtung von Wahlunterlagen **9** 76; Zählung der Stimmen **9** 55
Wahlergebnis
   Bekanntgabe **9** 57 und 64; Bestätigung **8** 48; Feststellung **8** 41, **108** 34 ff.; Neufeststellung **8** 47, **108** 42
Wählerverzeichnis **8** 19, **9** 9 ff., **108** 17 und 50

Abschluss **9** 16; Berichtigung **9** 15; Einsicht in das **8** 19; Einsprüche **8** 20, **9** 13 f.
Wahlfriede **9** 39
Wahlgeheimnis **8** 36, **108** 31
Wahlkabine **9** 35
Wahlkreisausschuss **8** 17
Wahlhandlung **8** 36 ff., **9** 44 ff., **108** 29 ff.
Wahlkreise **8** 2 und 16, **9** 5, **108** 15
Wahlorgane **8** 10, **108** 11
Wahlprüfung **8** 43 ff., **9** 65 ff., **25** 49, **108** 38 ff. und 54
Wahlräume **8** 34, **9** 34
Wahlrecht, aktives **8** 5 ff., **108** 3 ff.
Wahlrecht, passives **8** 8, **108** 6
Wahlscheine **8** 21, **9** 17 ff., **108** 17
Wahlstatistik **8** 54a, **108** 57
Wahlsystem **1** 16, **8** 1 ff., **108** 7 ff. und 47
Wahltag **8** 4, **108** 1 und 48
Wahlurne **9** 36
Wahlvorschläge **8** 23 ff., **108** 18 ff. und 51
Wahlvorstand **8** 15, **9** 2 f., und 40 f., **108** 14
Wahlwerbung **330** 23 und 26
Wiederholungswahl **8** 46, **9** 67, **108** 41
Wald
   Bauverbot/Waldabstand **220** 24; Begriff **220** 2; Eingriffsgrundlage (Generalklausel) **220** 33; Grundstücksteilung **220** 11; gute fachliche Praxis **220** 5; Nachbarrechte und -pflichten **220** 12; Rodung **220** 9 und 38; Sperren des Waldes **220** 20; Umwandlung **200** 9, **220** 9
Waldbesitzende, Verkehrssicherungspflicht **220** 19
Waldbrände, Schutzmaßnahmen **220** 23
Waldfunktionen **220** 1
Waldkataster **220** 35
Waldorfschulen **350** 113 und 122
Waldschutzstreifen **220** 24
Waldwege **220** 2 und 17, **330** 3
Wände **300** 28
Wanderwege **200** 30, **220** 2
Wärmeschutz **300** 16
Warenautomaten **300** 11
Warften **250** 58 und 79
Wasserabfluss **250** 25
Wasserbehörden **250** 101
Wassergewinnungsanlagen **250** 41
Wasserrecht
   Eingriffsgrundlage (Generalklausel) **250** 107; Entschädigung **250** 12, 24, 26, 35, 85, 90 und 91
Wasserschutzgebiete **250** 42 f.
Wasserschutzpolizei **80** 2
Wasserversorgung **250** 41
Wasserzähler **300** 44
Weiterbildung **1** 13, **159** 10, **360** 58 f.
Weltanschauungsschulen **350** 7
Welterbestätten **370** 2 und 4
Werbeanlagen **300** 11 und 63
Werbung im Rundfunk **385** 16
Werbung an Schulen **350** 29
Widerspruchsverfahren **50** 119 und 333
   anwaltliches Berufsrecht **440** 71; Hausrecht in Gerichten und Staatsanwaltschaften **440** 21; notarielles Berufsrecht **440** 52; Zuständigkeiten **52** 1 ff.
Widmung **200** 68, **330** 6
Wiedereinsetzung in den vorherigen Stand **50** 90
wiederkehrende Beiträge **125** 8a
wildlebende gefährliche Tiere **200** 29
Windenergieanlagen **320** 18
Wirtschaftlichkeit und Sparsamkeit **100** 8 und 75
Wissenschaft **1** 13, **360** 4
wissenschaftliche Hilfskräfte **360** 69
wissenschaftlicher Mitarbeiter **150** 120, **360** 68
Wölfe **200** 28e
Wohnung **300** 49
Wohnungsverweisung **50** 201a
Wohnwagen **200** 37

Zelten **200** 37
zentrale Disziplinarbehörde **170** 21
zentrale Orte **320** 24 ff.

Stichwortverzeichnis

Zeugen **25** 27; **50** 132
Zeugnis **350** 16
Zeugnisverweigerungsrecht **1** 24
Zielabweichungsverfahren **320** 13
Zielvereinbarungen **360** 11 f.
Zivildienstleistende, Vertrauensmann **190** 87
Zufahrten, Zugänge **300** 5 und 79, **330** 24 f.
Zurückstufung **170** 9
Zusammenarbeit, kommunale **106** 1 ff.
Zusicherung **50** 108a
Zustandsstörer **50** 219
Zustellung **50** 146 ff.
  im Ausland **50** 154; an Bevollmächtigte **50** 152; elektronisch **50** 150; mittels Empfangsbekenntnis **50** 150; an gesetzliche Vertreter **50** 151; Heilung von Mängeln **50** 153; öffentliche **50** 155; Wahlrecht der Behörden **50** 147
Zwang, unmittelbarer **50** 239 und 250 ff.; **440** 24
Zwangsgeld **50** 237
Zweckverband **106** 2 ff.
Zweckverbandsumlage **106** 15
zweite Staatsprüfung für Juristen **482** 4 ff.
  Anonymität **482** 14; Aufsichtsarbeiten **482** 8 ff.; Einsicht in die Prüfungsakten **482** 24; Gemeinsames Prüfungsamt **482** 1 f.; mündliche Prüfung **482** 16; Prüfungsgegenstände **482** 7; Täuschungsversuch **482** 21; Unterbrechung der Prüfung **482** 22; Verbesserungsversuch **482** 23a; Widerspruch **482** 25; Zulassung **482** 5
Zweitstimme **8** 1, **9** 33, 55, 61 und 63